CAMPING
FRANCE 2007

Sélection 2007

Près de **3 000** terrains sélectionnés dont :
1 917 avec chalets, bungalows, mobile homes
797 pour camping-cars

Selection 2007	Auswahl 2007	Selectie 2007
Nearly **3,000** selected sites including: **1,917** with chalets, bungalows, mobile homes **797** with camper van facilities	Eine Auswahl von etwa **3 000** Campingplätzen, darunter: **1 917** mit Chalets, Bungalows, Mobil-Homes **797** ausgestattet für Wohnmobile	Een selectie van ongeveer **3.000** campings, waarvan: **1.917** met huisjes, bungalows, stacaravans **797** geschikt voor campers

 *Cher lecteur*

Amateur d' « hébergement au grand air »,
sous tente, en caravane, en camping-
car, dans un bungalow ou dans un
mobile home à louer, pour vous
Michelin a préparé avec le plus grand
soin ce guide qui est une sélection des
meilleurs terrains et emplacements
en France, ceux qui offrent les cadres
les plus agréables et des services de
qualité.

Fidèle à l'esprit de classification cher
à Michelin, ce guide vous propose en
outre de connaître en un coup d'œil
le niveau de chaque terrain grâce à un
symbole, allant de 1 à 5 tentes.

Quelques clefs pour utiliser ce guide

→ **Pour choisir un terrain**

Le guide est découpé en 21 régions.
Reportez-vous donc d'abord à la carte (p. 6)
et au sommaire des régions (p .8). Votre
choix fait, vous trouverez pour chaque
région, reconnaissable à son bandeau
de couleur, une carte détaillée où sont
situées toutes les localités où se trouve au
moins un terrain.

→ **Pour retrouver une localité**

Reportez-vous à l'index en fin de guide
qui répertorie par ordre alphabétique
toutes les localités citées.

→ **Pour décider selon certains critères**

Dans le tableau des localités (p. 28 à
61), classées par département, sont
spécifiés des aménagements ou services
particuliers comme la piscine, ou des
animations.

→ **Pour une description détaillée**

Pour bien profiter de la présentation
de chaque terrain, consultez dans
votre langue la légende des « Signes
conventionnels » (p. 12 à 27), puis
reportez vous aux descriptions des
terrains à partir de la page 66.

→ **Pour les non francophones**

Reportez-vous au lexique (p. 62) qui vous
permettra de mieux comprendre les
renseignements et descriptions.

 *Liebe Leser,*

für Sie als Liebhaber der
„Freiluftunterkunft" jeglicher Art
– ob im Zelt, im Wohnwagen, in
einem gemieteten Bungalow oder
Mobil-Home – hat Michelin mit
größter Sorgfalt diesen Führer
zusammengestellt. Er enthält eine
Auswahl der besten Camping- und
Stellplätze in Frankreich, die eine
angenehme Umgebung und gute
Dienstleistungen bieten.

Dank der von Michelin
vorgenommenen Art der
Klassifizierung können Sie außerdem
anhand dieses Führers durch das
Zelte-Symbol (1 bis 5 Zelte) auf
einen Blick die Einstufung der Plätze
erkennen.

Einige Hinweise zur Benutzung des Führers

→ **Auswahl eines Campingplatze**

Der Führer ist in 21 Regionen unterteilt
Schauen Sie sich zunächst die Karte
(S. 6) und das Verzeichnis der Regionen
(S. 8) an. Nachdem Sie so eine Auswahl
getroffen haben, finden Sie zu jeder
Region, die an ihrer farbigen Markierun
zu erkennen ist, eine Detailkarte mit
allen Orten, die mindestens einen Platz
besitzen.

→ **Ortswahl**

Im Register am Ende dieses Bandes sin
alle aufgeführten Orte alphabetisch
aufgelistet.

→ **Auswahl nach bestimmten Kriterien**

In der nach Departements geordneten
Ortstabelle (S. 28 bis 61) sind
Besonderheiten der Ausstattung oder
Dienstleistungen, wie beispielsweise ei
Swimmingpool, oder Freizeitangebote,
angegeben.

→ **Detaillierte Beschreibung**

Um die Beschreibung eines jeden
Platzes voll nutzen zu können,
sollten Sie sich zunächst mit der
„Zeichenerklärung" (S. 12 bis 27) in
Ihrer Sprache vertraut machen. Ab
S. 66 finden Sie die Beschreibung der
Campingplätze.

→ **Für nicht französischsprachige Leser**

Das Glossar (S. 62) hilft Ihnen, die
Informationen und Beschreibungen
besser zu verstehen.

Beste lezer,

Als liefhebber van een "verblijf in de buitenlucht", waarbij u in een tent, caravan, camper, bungalow of stacaravan overnacht, heeft Michelin met de grootste zorg deze gids voor u gemaakt, een selectie van de beste kampeerterreinen in Frankrijk, die stuk voor stuk in een mooie omgeving liggen en uitstekende kwaliteit bieden.

Zoals u weet maakt Michelin graag een indeling in categorieën, zodat u in deze gids in één oogopslag kunt zien welke klasse elk kampeerterrein heeft, dankzij een symbool van 1 tot 5 tenten.

Aanwijzingen voor een optimaal gebruik van deze gids
→ Om een kampeerterrein te kiezen

De gids is onderverdeeld in 21 streken. U kunt dus het beste eerst naar de kaart (blz. 6) en het overzicht van de streken (blz. 8) gaan. Als u uw keuze hebt bepaald, vindt u voor elke streek een gedetailleerde kaart waarop alle plaatsnamen staan vermeld die ten minste één kampeerterrein hebben. De streken zijn gemakkelijk terug te vinden dankzij de kleurstroken.

→ Om een plaatsnaam terug te vinden

In de index achter in de gids staan alle genoemde plaatsen op alfabetische volgorde.

→ Om op basis van bepaalde criteria te beslissen

In de lijst van plaatsnamen (blz. 28-61), die per departement zijn ingedeeld, staat vermeld welke voorzieningen of bijzondere diensten worden aangeboden, zoals een zwembad, of een animatieprogramma.

→ Voor een gedetailleerde beschrijving

Om een zo goed mogelijk beeld te krijgen van elk kampeerterrein, kunt u in uw taal de legenda van de "tekens" (blz. 12-27) raadplegen en daarna de beschrijvingen van de kampeerterreinen doornemen (vanaf blz. 66).

→ Voor wie geen Frans spreekt

Aan de hand van de woordenlijst (blz. 62) kunt u de gegevens en beschrijvingen beter begrijpen.

Dear Reader,

If you love the outdoor life – in a tent, a caravan, a camper van, a bungalow or a rental mobile home – this Michelin guide is for you. We have carefully prepared this selection of the best camping grounds in France, those with the nicest surroundings and the best facilities.

In the Michelin tradition of classification, this guide offers a quick reference for evaluating the category of the site: from 1 to 5 tents.

A few tips for using the guide
→ To select a campsite

The guide covers 21 regions. First, look at the map (p. 6) and at the table of regions (p .8). Once you have narrowed down your choice, turn to the detailed map for that region, easily recognized by the coloured band, where you can see all of the localities that have at least one camping ground.

→ To find a specific locality

Turn to the index at the end of the guide, where all the places are listed in alphabetical order.

→ To make a selection based on specific criteria

In the table of localities (p. 28 to 61), classified by "départements", all of the facilities and services can be seen at a glance: swimming pool, activities, etc.

→ For a detailed description

To get the most information about a given camping site, look at the key to "Conventional Signs" (p. 12 to 27) to understand the symbols for each site, descriptions for which start on page 66.

→ To understand French terms

For further assistance in reading the descriptions, turn to the Lexicon (p. 62) for a translation of common terms

4

INHALT

INHOUD

Karte der Regionen
ab Seite 6

Inhaltsverzeichnis der Regionen
ab Seite 8

Gebrauchsanweisung
ab Seite 10

Zeichenerklärung
ab Seite 12

Ortstabelle
ab Seite 28

Glossar
ab Seite 62

Ausgewählte Campingplätze
ab Seite 65

Register der aufgeführten Orte
ab Seite 847

Französischer Fragebogen
ab Seite 861

Englischer Fragebogen
ab Seite 863

Kaart van de streken
Blz. 6

Inhoudsopgave van de streken
Blz. 8

Gebruiksaanwijzing
Blz. 10

Tekens en afkortingen
Blz. 12

Lijst van plaatsnamen
Blz. 28

Woordenlijst
Blz. 62

De geselecteerde terreinen
Blz. 65

Inhoudsopgave van de plaatsnamen die in de gids staan
Blz. 847

Franstalige vragenlijste
Blz. 861

Engelstalige vragenlijste
Blz. 863

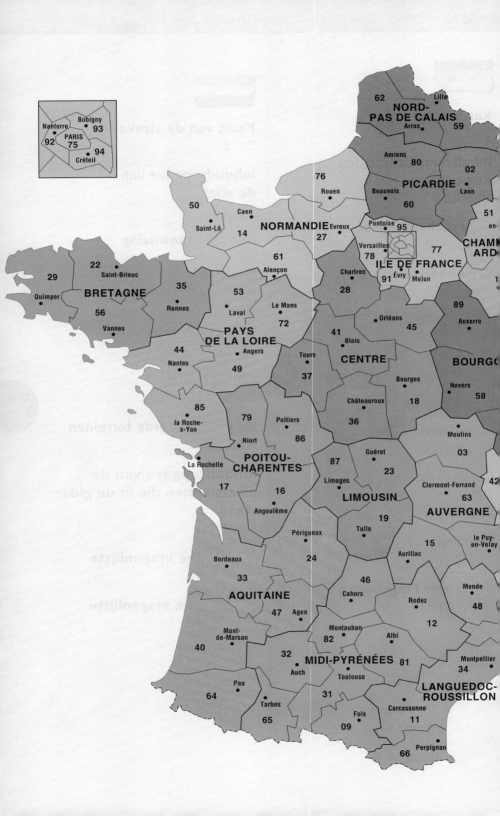

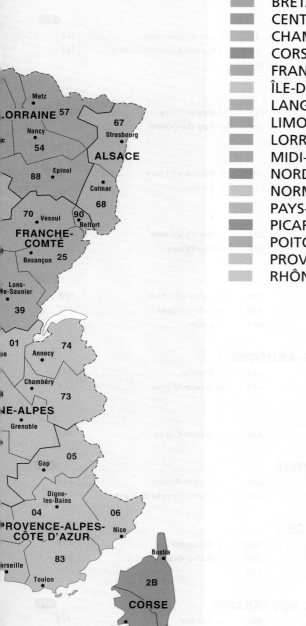

ALSACE
AQUITAINE
AUVERGNE
BOURGOGNE
BRETAGNE
CENTRE
CHAMPAGNE-ARDENNE
CORSE
FRANCHE-COMTE
ÎLE-DE-FRANCE
LANGUEDOC-ROUSSILLON
LIMOUSIN
LORRAINE
MIDI-PYRENEES
NORD-PAS-DE-CALAIS
NORMANDIE
PAYS-DE-LA-LOIRE
PICARDIE
POITOU-CHARENTES
PROVENCE
RHÔNE-ALPES

8

Informations pratiques sur la localité et référence
des publications Michelin

Practical information for each location and cross-reference
to Michelin publications

Praktische Hinweise zu dem Ort und anderen
Michelin-Publikationen

Praktische inlichtingen over de plaats en verwijzing naar
de Michelin-uitgaven

Classement Michelin des terrains
Michelin classification of selected sites
Michelin-Klassifizierung des Campingplatzes
Classificatie van de kampeerterreinen volgens Michelin

Coordonnées et fonctionnement du terrain
Addresses and facilities
Adresse und Ausstattung des Campingplatzes
Adressen en service van het kampeerterrein

Descriptif du terrain
Description of the site
Beschreibung des Campingplatzes
Beschrijving van het kampeerterrein

Tarifs haute saison
Peak season rates
Tarif in der Hochsaison
Tarieven hoogseizoen

Types de locations proposées et tarifs
Hire options and rates
Optionen und Preise
Huurmogelijkheden en tarieven

10

AQUITAINE

VITRAC 24200 – 329 I7 – G. Périgord – 767 h. – alt. 150
Office de tourisme, lieu-dit le bourg 05 53 28 5
Paris 541 – Brive-la-Gaillarde 64 – Cahors 54 – Gourd

Soleil Plage – 31 mars-30 sept.
05 53 28 33 33, info@soleilplage.fr
www.soleilplage.fr – R conseillée
8 ha/5 campables (199 empl.) plat, h
Tarif : ▮ ▮ 19,50 € – ▮ (10A)
vation 35 €
Location ▮ : 20 ▮ (4 à 6 pers.
▮ 1 borne 10 € – 5 ▮
Pour s'y rendre : E : 2,5 km, bo
À savoir : Espace aquatique pa
village de chalets

La Bouysse 1er avr.-30 sept
05 53 28 33 05, la-bouysse
Fax 05 53 30 58 52, labouysse
6 ha/3 campables (160 empl
petit bois attenant
Tarif : ▮ ▮ 12,90 € –
vation 20 €
Location ▮ ▮ (chale
680 €/sem. – appartem
Pour s'y rendre : E : 2,5
À savoir : Décoration f

112

Perpetuum –1er
05 53 28 35 18, luc
Fax 05 53 29 63 64, w
– R conseillée
4,5 ha (120 empl.) p
Tarif : ▮ ▮ ▮
vation 10 €
Location ▮ : 7
▮ (4 à 6 pers.
▮ 1 borne
Pour s'y rendre

Le Bosquet
05 53 28 3
www.lebosq
1,5 ha (60 em
Tarif : ▮ ▮
vation 5 €
Location :
Pour s'y

La Riv
05 5
Fax 05
– R co
1,5 ha
Tarif
vatio
Loc
Po

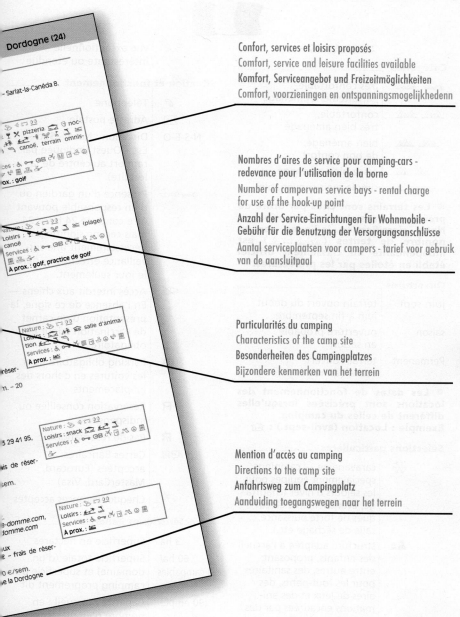

Confort, services et loisirs proposés
Comfort, service and leisure facilities available
Komfort, Serviceangebot und Freizeitmöglichkeiten
Comfort, voorzieningen en ontspanningsmogelijkhedenn

Nombres d'aires de service pour camping-cars -
redevance pour l'utilisation de la borne
Number of campervan service bays - rental charge
for use of the hook-up point
Anzahl der Service-Einrichtungen für Wohnmobile -
Gebühr für die Benutzung der Versorgungsanschlüsse
Aantal serviceplaatsen voor campers - tarief voor gebruik
van de aansluitpaal

Particularités du camping
Characteristics of the camp site
Besonderheiten des Campingplatzes
Bijzondere kenmerken van het terrein

11

Mention d'accès au camping
Directions to the camp site
Anfahrtsweg zum Campingplatz
Aanduiding toegangswegen naar het terrein

Pour les légendes détaillées se reporter aux pages 12 à 15
For detailed legends see pages 16 to 19
Einzelheiten der Zeichenerklärung siehe Seite 20 bis 23
Gedetailleerde verklaring van de tekens, zie blz. 24 en 27

TERRAINS

Catégories

⛰⛰⛰⛰ ⛰⛰⛰⛰	très confortable, parfaitement aménagé
⛰⛰⛰ ⛰⛰⛰	confortable, très bien aménagé
⛰⛰ ⛰⛰	bien aménagé, de bon confort
⛰ ⛰	assez bien aménagé
⛰ ⛰	simple mais convenable

● **Les terrains sont cités par ordre de préférence dans chaque catégorie. Notre classification indiquée par un nombre de tentes (⛰⛰⛰⛰ ... ⛰) est indépendante du classement officiel établi en étoiles par les préfectures.**

Ouvertures

juin-sept.	terrain ouvert du début juin à fin septembre
saison	ouverture probable en saison
Permanent	terrain ouvert toute l'année

● **Les dates de fonctionnement des locations sont précisées lorsqu'elles diffèrent de celles du camping. Exemple : Location (avril-sept.) : 🏠**

Sélections particulières

❄	caravaneige — campings spécialement équipés pour les séjours d'hiver (chauffage, branchements électriques de forte puissance, salle de séchage etc.).
👥	structure adaptée à l'accueil des enfants, proposant, entre autres, des sanitaires pour les tout-petits, des aires de jeux et des animations encadrées par des professionnels

Agrément et tranquillité

⛰⛰⛰⛰ ... ⛰	particulièrement agréable pour le cadre, la qualité et la variété des services proposés.
🕊🕊	terrain très tranquille, isolé — tranquille surtout la nuit

⇜⇜	vue exceptionnelle — vue intéressante ou étendue

Situation et fonctionnement

☎	Téléphone
✉	Adresse postale
N-S-E-O	Direction : Nord – Sud – Est – Ouest (indiquée par rapport au centre de la localité)
🔑	Présence d'un gardien ou d'un responsable pouvant être contacté 24 h sur 24 mais ceci ne signifie pas nécessairement une surveillance effective — gardé le jour seulement.
🚫🐕	Accès interdit aux chiens — En l'absence de ce signe, la présentation d'un carnet de vaccination à jour est obligatoire.
℗	Parking obligatoire pour les voitures en dehors des emplacements
R	Réservation conseillée ou indispensable
R̶	Pas de réservation
⊞	Cartes Bancaires acceptées (Eurocard, MasterCard, Visa)
čv	Chèques-vacances acceptés

Caractéristiques générales

3 ha	Superficie en hectares
60 ha/ 3 campables	Superficie totale (d'un domaine) et superficie du camping proprement dit
(90 empl.)	Capacité d'accueil : en nombre d'emplacements
⬭	Emplacements nettement délimités
⚘ ⚘⚘ ⚘⚘⚘	Ombrage léger — moyen — fort (sous-bois)
⚑	Au bord de l'eau avec possibilité de baignade

Confort

M	terrain d'équipement sanitaire moderne
▥	Installations chauffées
👨‍🦽	Installations sanitaires accessibles aux handicapés physiques
▤	Lavabos en cabines indivi-duelles (avec ou sans eau chaude)
♨	Salle de bains pour bébés
⚲	Postes distributeurs d'eau chaude
☺ ☙ ☇	Branchements individuels : Électricité – Eau – Évacuation

Services

🚐	Aire de service pour camping-cars
🚐 1 borne 4 € – 3 ▣ 15,50 €	Nombre de bornes – Emplacements aménagés pour camping-cars – nombre d'emplacements – redevance journalière pour l'emplacement.
▣	Lave-linge, laverie
🛒 ⚖	Supermarché — Magasin d'alimentation
🍲	Plats cuisinés à emporter
☏	Borne internet
📶	Wifi

Loisirs

☖ ✗	Bar (licence III ou IV) — Restauration
⌂	Salle de réunion, de séjour, de jeux
☺	Animations diverses (spor-tives, culturelles, détente)
👫	Club pour enfants
🏋 ♨s	Salle de remise en forme — Sauna
🛝	Jeux pour enfants
🚲 🎯	Location de vélos — Tir à l'arc
✗ ⌗	Tennis : de plein air – cou-vert
m	Golf miniature

🏊 🏄	Piscine : couverte – de plein air
🏊	Bains autorisés ou baignade surveillée
🛝	Toboggan aquatique
🐟	Pêche
⛵	Voile (école ou centre nautique)
🐎	Promenade à cheval ou équitation

● **La plupart des services et certains loi-sirs de plein air ne sont généralement accessibles qu'en saison, en fonction de la fréquentation du terrain et indépen-damment de ses dates d'ouverture.**

À prox.	Nous n'indiquons que les aménagements ou installa-tions qui se trouvent dans les environs.

Tarifs en €

Redevances journalières :

👤 5 €	par personne
🚗 2 €	pour le véhicule
▣ 7,50 €	pour l'emplacement (tente/caravane)
⚡ 2,50 € (4A)	pour l'électricité (nombre d'ampères)

Redevances forfaitaires :

👤🚗▣ 25 € ⚡ (10A)	emplacement pour 1 ou 2 personnes, véhicule et électricité compris

● **Les prix ont été établis en automne 2006 et s'appliquent à la haute saison (à défaut, nous mentionnons les tarifs pratiqués l'année précédente). Dans tous les cas, ils sont donnés à titre indi-catif et susceptibles d'être modifiés si le coût de la vie subit des variations importantes.**

● **Le nom des campings est inscrit en caractères maigres lorsque les proprié-taires ne nous ont pas communiqué tous leurs tarifs.**

● **Certaines prestations (piscine, ten-nis) de même que la taxe de séjour peuvent être facturées en sus.**

● **Les enfants bénéficient parfois de tarifs spéciaux ; se renseigner auprès du propriétaire.**

13

Locations et tarifs

15 🚐	Nombre d'unités Location de caravanes ou mobile homes sans sanitaires
(4 pers.) 198 à 335 €/sem.	Prix à la semaine, basse saison 198 et haute saison 335, pour 4 personnes maximum
12 🏠	Nombre d'unités Location de mobile homes
(4 à 6 pers.) 274 à 488 €/sem.	Prix à la semaine, basse saison 274 et haute saison 488, pour 6 personnes maximum
20 🏡	Nombre d'unités Location de bungalows ou chalets
(4 à 6 pers.) 305 à 595 €/sem.	Prix à la semaine, basse saison 305 et haute saison 595, pour 6 personnes maximum
6 🛏	Nombre d'unités Location de chambres. S'adresser au propriétaire pour tous renseignements

LOCALITÉS

23700	Numéro de code postal
343 B8	N° de la carte Michelin et coordonnées de carroyage
G. Bretagne	Localité décrite dans Le Guide Vert Michelin Bretagne
Rennes 47	Distance en kilomètres
1 050 h.	Population
alt. 675	Altitude de la localité
♨	Station thermale
✉ 05000 Gap	Code postal et nom de la commune de destination
1 200/1 900 m	Altitude de la station et altitude maximum atteinte par les remontées mécaniques
2 🚡	Nombre de téléphériques ou télécabines
14 🚠	Nombre de remonte-pentes et télésièges
🎿	Ski de fond

⚓	Transports maritimes
🛈	Information touristique

LÉGENDE DES SCHÉMAS

Ressources camping

(**O**)	Localité possédant au moins un terrain sélectionné
△	Terrain de camping situé

Voirie

	Autoroute Double chaussée de type autoroutier
❶ ❷	Echangeurs numérotés : complet, partiel
	Route principale
	Itinéraire régional ou de dégagement
	Autre route
	Sens unique – Barrière de péage
	Piste cyclable – Chemin d'exploitation, sentier
⋙	Pentes (Montée dans le sens de la flèche) 5 à 9 % – 9 à 13 % – 13 % et plus
⊸⊪ Ⓑ △	Col – Bac – Pont mobile
	Voie ferrée, gare – Voie ferrée touristique
③	Limite de charge (indiquée au-dessous de 5 tonnes)
2⊓8	Hauteur limitée (indiquée au-dessous de 3 m)

ATTENTION : En France, nouvelle numérotation des routes nationales et départementales en cours.

Curiosités

🏛 ✝ ⚔	Eglise, chapelle – Château
🗼 ⌂ ∩	Phare – Monument mégalithique – Grotte
∴ ▲	Ruines – Curiosités diverses
※ ≥	Table d'orientation, panorama – Point de vue

14

Repères

 Localité possédant un plan dans le Guide Michelin France

🇮 ⊗ Information touristique – Bureau de poste principal

🏠 ⚕ Eglise, chapelle – Château

⚬⚬ ▪ ⚲ Ruines – Monument – Château d'eau

✚ ✿ Hôpital – Usine

☆ ☾ Fort – Barrage – Phare

⚑ ♱♱♱ Calvaire – Cimetière

✈ 🛬 ▲ Aéroport – Aérodrome – Vol à voile

▭ ⌐ 🏇 Stade – Golf – Hippodrome

🐎 Ⓨ ⛸ Centre équestre – Zoo – Patinoire

•═•═• ▬ Téléphérique ou télésiège – Forêt ou bois

🏊 🏊 Piscine de plein air, couverte – Baignade

◆ ⚓ ⚜ Base de loisirs – Centre de voile – Tennis

🛒 Centre commercial

● Localité possédant au moins un terrain de camping sélectionné

■ Localité dont un terrain au moins propose des locations

Lourdes Localité possédant au moins un terrain avec des emplacements pour camping-cars

Moyaux Localité disposant d'au moins un terrain agréable

🚐 Aire de service sur autoroute pour camping-cars

● En cas de contestation ou de différend, lors d'un séjour sur un terrain de camping, au sujet des prix, des conditions de réservation, de l'hygiène ou des prestations, efforcez-vous de résoudre le problème directement sur place avec le propriétaire du terrain ou son représentant.

● Faute de parvenir à un arrangement amiable, et si vous êtes certain de votre bon droit, adressez-vous aux Services compétents de la Préfecture du département concerné.

● En ce qui nous concerne, nous examinons attentivement toutes les observations qui nous sont adressées afin de modifier, le cas échéant, les mentions ou appréciations consacrées aux campings recommandés dans notre guide, mais nous ne possédons ni l'organisation, ni la compétence ou l'autorité nécessaires pour arbitrer et régler les litiges entre propriétaires et usagers.

15

CAMPING SITES

Categories

🏕🏕 🏕🏕	Very comfortable, ideally equipped
🏕🏕 🏕🏕	Comfortable, very well equipped
🏕🏕 🏕🏕	Well equipped, good comfort
🏕 🏕	Reasonably comfortable
🏕 🏕	Quite comfortable

● **Camping sites are listed in order of preference within each category.
The classification we give (🏕🏕 ... 🏕) is totally independent of the official star classification awarded by the local "préfecture".**

Opening periods

juin-sept.	Site open from beginning June to end September
saison	Mainly open in season only
Permanent	Site open all year round

● **Opening dates for rented accommodation are given where they are different from the camping site opening dates:
Exemple: Location (avril-sept.): 🏠**

Special features

❄❄	Winter caravan sites – These sites are specially equipped for a winter holiday in the mountains. Facilities generally include central heating, high power electric points and drying rooms for clothes and equipment.
👥	Child-friendly facility offering toilets for young children, playgrounds and activities monitored by professionals, among other things

Peaceful atmosphere and setting

🏕🏕 ... 🏕	Particularly pleasant setting, quality and range of services available.

🐦🐦	Quiet isolated site – Quiet site, especially at night
≪≪	Exceptional view – Interesting or extensive view

Location and access

☎	Telephone
✉	Postal address
N-S-E-O	Direction from nearest listed locality: North – South – East – West
🔑	24 hour security – a warden will usually live on site and can be contacted during reception hours, although this does not mean round-the-clock surveillance outside normal hours – day only
🐕	No dogs. In all other cases a current vaccination certificate is required.
Ⓟ	Cars must be parked away from pitches
R	Advance booking recommended or essential
℞	Reservations not accepted
GB	Credit cards accepted (Eurocard, MasterCard, Visa)
ȼⱴ	Chèque-vacances accepted

General characteristics

3 ha	Area available (in hectares; 1ha = 2.47 acres)
60 ha/ 3 campables	Total area of the property and area used for camping
(90 empl.)	Capacity (number of spaces)
🛏	Marked off pitches
♀ ♀♀ ♀♀♀	Shade – Fair amount of shade – Well shaded
⛵	Waterside location with swimming area

Comfort

Ⓜ	Site with modern facilities
▥	Heating installations
♿	Sanitary installations for the physically handicapped

🖳	Individual wash rooms or wash basins with or without hot water
🧎	Baby changing facilities
⟋⟍	Running water
⊕ 🚰 ⟍⟋	Each bay is equipped with electricity – water – drainage

Facilities

🚐	Service bay for camper vans Number of points
🚐 1 borne 4 € – 3 🄴 15,50 €	Sites equipped for campervans – number of sites – daily fee per site.
🔲	Washing machines, laundry
🛒 🗜	Supermarket – Food shop
🍴	Take away meals
📞	Internet point
📶	Wifi

Recreational facilities

🍸 🗡	Bar (serving alcohol) – Eating places (restaurant, snack-bar)
🏠	Common room – Games room
🎭	Miscellaneous activities (sports, culture, leisure)
🕴	Children's club
🚴 🧖	Exercice room – Sauna
🛝	Playground
🚲 🎯	Cycle hire – Archery
🎾 🎾	Tennis courts: open air – covered
m	Mini golf
🏊 🏊	Swimming pool: covered – open air
🏊	Bathing allowed or super-vised bathing
🛝	Water slide
🐟	Fishing

⚓	Sailing (school or centre)
🐎	Pony trekking, riding

● **The majority of outdoor leisure facilities are only open in season and in peak periods opening does not necessarily correspond to the opening of the site.**

À prox.	We only feature facilities in close proximity to the camping site

Charges in €

Daily charge:

🕴	5 €	per person
🚗	2 €	per vehicle
🄴	7,50 €	per pitch (tent/caravan)
⚡	2,50 € (4A)	for electricity (by no of amperes)

Rates included:

🕴 🚗 🄴	25 €	pitch for 1 or 2 people
⚡	(10A)	including vehicle and electricity

● **We give the prices which were supplied to us by the owners in Autumn 2006 (if this information was not available show those from the previous year). In any event these should be regarded as basic charges and may alter due to fluctuations in the cost of living.**

● **Listings in light typeface indicate that not all revised tariff information has been provided by the owners.**

● **Supplementary charges may apply to some facilities (swimming pool, tennis) as well as for long stays.**

● **Special rates may apply for children – ask owner for details.**

Renting and charges

	15 🚐	Number of units Caravan hire or mobile homes without bath rooms
(4 pers.) 198 à 335 €/sem.		Weekly rates, low season 198, high season 335, for up to 4 persons
	12 🚐	Number of units Mobile home hire

17

(4 à 6 pers.) 274 à 488 €/sem.	Weekly rates, low season 274, high season 488, for up to 6 persons
20	Number of units Bungalow/Chalet hire
(4 à 6 pers.) 305 à 595 €/sem.	Weekly rates, low season 305, high season 595, for up to 6 persons
6	Number of units Rooms to rent – ask owner for full details

LOCALITIES

23700	Postal code number
343 B8	Michelin map number and fold
G. Bretagne	Place described in the Michelin Green Guide Brittany
Rennes 47	Distance in kilometres
1 050 h.	Population
alt. 675	Altitude (in metres)
♨	Spa
⊠ 05000 Gap	Postal number and name of the postal area
1 200/1 900 m	Altitude (in metres) of resort and highest point reached by lifts
2	Number of cable-cars
14	Number of ski and chair-lifts
	Cross country skiing
	Maritime services
⏃	Tourist information Centre

KEY TO THE LOCAL MAPS

Camping

(O)	Locality with at least one camping site selected in the guide
⚠	Location of camping site

Roads

▬▬▬	Motorway
▬▬▬	Dual carriageway with

	motorway characteristics
❶ ❷	Numbered junctions: complete, limited
	Major road
	Secondary road network
	Other road
	One-way road – Toll barrier
	Cycle track – Cart track, footpath
≫≫≫	Gradient (ascent in the direction of the arrow) 1:20 to 1:12; 1:11 to 1:8; + 1:7
⤳⤙ ⓑ △	Pass – Ferry – Drawbridge or swing bridge
	Railway, station – Steam railways
③	Load limit (given when less than 5tons)
⊠8	Headroom (given when less than 3m)

PLEASE NOTE The route nationale and route départementale road numbers are currently being changed in France.

Sights of interest

🏛 ⚐	Church, chapel – Castle, château
♙ ♟ ∩	Lighthouse – Megalithic monument – Cave
∴ ▲	Ruins – Miscellaneous sights
☀ ⇒	Viewing table, panoramic view – Viewpoint

Landmarks

	Towns having a plan in the Michelin Guide
⏃ ⊘	Tourist Information Centre – General Post Office
⛪ ⚑	Church, chapel – Castle, château
⋰ ⎏	Ruins – Statue or building – Water tower
⊞ ✿	Hospital – Factory or power station

18

☆ ☾ ⚲	Fort – Dam – Lighthouse
ⱶ ⱶⱶⱶ	Wayside cross – Cemetery
✈ ⛨ ▲	Airport – Airfield – Gliding airfield
▢ ⌐ ⊛	Stadium – Golf course – Racecourse
🐎 ⚇ ⛸	Horse riding – Zoo – Skating rink
•-o-o-• ▬	Cable-car or chairlift – Forest or wood
⃨ ⃨ ≈	Outdoor or indoor, Swimming pool – Bathing spot
◆ ⚓ ✗	Outdoor leisure park/centre – Sailing – Tennis courts
🛒	Shopping centre
●	Town with at least one selected camping site
■	Locality with at least one selected site offering renting
Lourdes	Locality with at least one selected site with areas reserved for camper vans
Moyaux	Locality with at least one selected very quiet, isolated site
⛽	Motorway service area for camper vans

● If during your stay in a camping site you have grounds for complaint concerning your reservation, the prices, standards of hygiene or facilities offered, try in the first place to resolve the problem with the proprietor or the person responsible.

● If the disagreement cannot be solved in this way, and if you are sure that you are within your rights, it is possible to take the matter up with the Prefecture of the "département" in question.

● We welcome all suggestions and comments, be it criticism or praise, relating to camping sites recommended in our guide. We do, however, stress the fact that we have neither facilities, nor the authority to deal with matters of complaint between campers and proprietors.

19

CAMPINGPLÄTZE

Kategorie

⩕⩕ ⩕⩕	Sehr komfortabel, ausgezeichnet ausgestattet
⩕⩕ ⩕⩕	Komfortabel, sehr gut ausgestattet
⩕⩕ ⩕⩕	Mit gutem Komfort ausgestattet
⩕ ⩕	Ausreichend ausgestattet
⩕ ⩕	Einfach, aber ordentlich

● **Die Reihenfolge der Campingplätze innerhalb einer Kategorie entspricht unserer Empfehlung.**
Unsere Klassifizierung, durch eine entsprechende Anzahl von Zelten (⩕⩕⩕⩕ ... ⩕) ausgedrückt, ist unabhängig von der offiziellen Klassifizierung durch Sterne, die von den Präfekturen vorgenommen wird.

Öffnungszeiten

juin-sept.	Campingplatz geöffnet von Anfang Juni bis Ende September
saison	Während der Hauptreisezeit (Saison) geöffnet
Permanent	Campingplatz ganzjährig geöffnet

● **Vermietungszeit: Sie wird extra angegeben, wenn sie sich von der Öffnungszeit des Campingplatzes unterscheidet. Beispiel: Location (avril-sept.):** 🏠

Besondere Merkmale

❄	Diese Gelände sind speziell für Wintercamping in den Bergen ausgestattet (Heizung, Starkstromanschlüsse, Trockenräume usw.).
👥	Kinderfreundliches Konzept, das u. a. Sanitäranlagen für die Kleinsten, Spielplätze und ein Animations-Programm durch geschultes Personal bietet

Besonders schöne und ruhige Lage

⩕⩕⩕ ... ⩕	Besonders schöne Lage, gutes und vielfältiges Serviceangebot.
🦢 🦢	Ruhiger, abgelegener Campingplatz - Ruhiger Campingplatz, besonders nachts
≪ ≪	Eindrucksvolle Aussicht – Interessante oder weite Sicht

Lage und Dienstleistungen

☎ ✉	Telefon – Postanschrift
N-S-E-O	Richtung: Norden – Süden – Osten – Westen (Angabe ab Ortszentrum)
⚷ ⚷	Eine Aufsichtsperson kann Tag und Nacht bei Bedarf erreicht werden: Dies bedeutet jedoch nicht, dass der Platz bewacht ist – nur tagsüber.
🐕	Hunde nicht erlaubt – wenn dieses Zeichen nicht vorhanden ist, muss ein gültiger Impfpass vorgelegt werden.
🅿	Parken nur auf vorgeschriebenen Parkplätzen außerhalb der Stellplätze
R	Reservierung empfehlenswert oder erforderlich.
R̶	Keine Reservierung
GB	Akzeptierte Kreditkarten (Eurocard, MasterCard, Visa)
c̶v	"Chèques vacances" werden akzeptiert.

Allgemeine Beschreibung

3 ha	Nutzfläche (in Hektar)
60 ha/ 3 campables	Gesamtfläche (eines Geländes) und Nutzfläche für Camping
(90 empl.)	Anzahl der Stellplätze
▭	Abgegrenzte Stellplätze
♀ ♀♀ ♀♀♀	Leicht schattig – ziemlich schattig – sehr schattig
≜	Am Wasser mit Bademöglichkeit

Komfort

M	Campingplatz mit moderner sanitärer Ausstattung
	Beheizte sanitäre Anlagen
♿	Sanitäre Einrichtungen für Körperbehinderte
	Individuelle Waschräume (mit oder ohne Warmwasser)
	Wickelraum
	Wasserstelle
☺	Individuelle Anschlüsse: Strom – Wasser – Abwasser

Dienstleistungen

	Service-Einrichtungen für Wohnmobile (Stromanschluss, Ver-/Entsorgung Wasser)
	Anzahl der Versorgungsanschlüsse
1 borne 4 €	Stellplatz für Wohnmobile – Anzahl der Stellplätze –
– 3 ⅇ 15,50 €	Tagespreis/Stellplatz.
	Miet-Waschmaschinen
	Supermarkt – Lebensmittelgeschäft
	Fertiggerichte zum Mitnehmen
	Internetanschluss
	Wifi

Freizeitmöglichkeiten

	Bar mit Alkoholausschank – Restaurant, Snack-Bar
	Gemeinschaftsraum, Aufenthaltsraum, Spielhalle ...
	Diverse Freizeitangebote (Sport, Kultur, Entspannung)
	Kinderspielraum
	Fitness-Center – Sauna
	Kinderspielplatz
	Fahrradverleih – Bogenschießen
	Tennisplatz – Hallentennisplatz

	Minigolfplatz
	Hallenbad – Freibad
	Baden erlaubt, teilweise mit Aufsicht
	Wasserrutschbahn
	Angeln
	Segeln (Segelschule oder Segelclub)
	Reiten

● **Die meisten dieser Freizeitmöglichkeiten stehen nur in der Hauptsaison zur Verfügung oder sie sind abhängig von der Belegung des Platzes. Auf keinen Fall sind sie identisch mit der Öffnungszeit des Platzes.**

À proximité | Wir geben nur die Einrichtungen an, welche sich in der Nähe des Platzes befinden.

Preise in €

Tagespreise:

5 €	pro Person
2 €	für das Auto
ⅇ 7,50 €	Platzgebühr (Zelt/Wohnwagen)
2,50 € (4A)	Stromverbrauch (Anzahl der Ampere)

Pauschalgebühren:

ⅇ 25 € (A)	Stellplatz für 1 oder 2 Personen, Fahrzeug und Strom

● **Die Preise wurden uns im Herbst 2006 mitgeteilt, es sind Hochsaisonpreise (falls nicht, sind die Preise des Vorjahres angegeben). Die Preise sind immer nur als Richtpreise zu betrachten. Sie können sich bei steigenden Lebenshaltungskosten ändern.**

● **Der Name eines Campingplatzes ist dünn gedruckt, wenn der Eigentümer uns keine Preise genannt hat.**

● **Für einige Einrichtungen (Schwimmbad, Tennis) sowie die Kurtaxe können separate Gebühren erhoben werden.**

● **Für Kinder erhält man im Allgemeinen spezielle Kindertarife, erkundigen Sie sich beim Eigentümer.**

Vermietung und Preise

	Anzahl der Wohneinheiten
15 ⌂	Vermietung von Wohnwagen oder Wohnmobilen ohne Sanitäreinrichtung
(4 pers.) 198 à 335 €/sem.	Wochenpreise, Vorsaison 198 und Hochsaison 335, für maximal 4 pers.
12 ⌂	Anzahl der Wohneinheiten Vermietung von Wohnmobilen
(4 à 6 pers.) 274 à 488 €/sem.	Wochenpreise, Vorsaison 274 und Hochsaison 488, für maximal 6 Pers.
20 ⌂	Anzahl der Wohneinheiten Vermietung von Bungalows und Chalets
(4 à 6 pers.) 305 à 595 €/sem.	Wochenpreise, Vorsaison 305 und Hochsaison 595, für maximal 6 Pers.
6 ⊨	Anzahl der Wohneinheiten Vermietung von Zimmern. Erkundigen Sie sich beim Eigentümer nach den Bedingungen

ORTE

23700	Postleitzahl
343 B8	Nr. der Michelin-Karte und Falte
G. Bretagne	Im Grünen Michelin-Reiseführer Bretagne beschriebener Ort
Rennes 47	Entfernung in Kilometern
1 050 h.	Einwohnerzahl
alt. 675	Höhe
♨	Heilbad
✉ 05000 Gap	Postleitzahl und Name des Verteilerpostamtes
1 200/1 900 m	Höhe des Wintersport-geländes und Maximal-Höhe, die mit Kabinenbahn oder Lift erreicht werden kann
2 ⛷	Anzahl der Kabinenbahnen
14 ⛷	Anzahl der Schlepp -oder Sessellifte

⛷	Langlaufloipen
⛴	Schiffsverbindungen
🛈	Informationsstelle

KARTENSKIZZEN

Campingplätze

(⚑)	Ort mit mindestens einem ausgewählten Campingplatz
▲	Lage des Campingplatzes

Straßen

	Autobahn
	Schnellstraße (kreuzungs-frei)
① ②	Nummerierte Anschlussstelle: Autobahneinfahrt-und/oder -ausfahrt
	Hauptverkehrsstraße
	Regionale Verbindungsstraße oder Entlastungsstrecke
	Andere Straße
	Einbahnstraße – Gebührenstelle
	Radweg – Wirtschaftsweg, Pfad
⤜⤜⤜	Steigungen, Gefälle (Steigung in Pfeilrichtung 5-9 %, 9-13 %, 13 % und mehr)
⟶Ⓑ △	Pass – Fähre – Bewegliche Brücke
⎄	Bahnlinie und Bahnhof – Museumseisenbahn-Linie
③	Höchstbelastung (angegeben bis 5t)
⟨8⟩	Zulässige Gesamthöhe (angegeben bis 3 m)

ACHTUNG Die Nummerierung der National- und der Landstraßen in Frankreich wird z. Zt. Geändert

Sehenswürdigkeiten

⌂ ⌂ ⌂	Kirche, Kapelle – Schloss, Burg
⌂ ⌂ ⌂	Leuchtturm – Menhir, Megalithgrab – Höhle

22

∴ ▲	Ruine – Sonstige Sehenswürdigkeit
⚡ ⚡ ⪢	Orientierungstafel, Rundblick – Aussichtspunkt

Orientierungspunkte

	Ort mit Stadtplan im Michelin-Führer
🅱 ⊗	Informationsstelle – Hauptpost
⌂ ♁ ⌷	Kirche, Kapelle – Schloss, Burg
⚬° ∎ ⌺	Ruine – Denkmal – Wasserturm
⊞ ✿	Krankenhaus – Fabrik
✫ ☾ ⚑	Festung – Staudamm – Leuchtturm
𝚤 ⴕⴕⴕ	Bildstock – Friedhof
✈ ⊞ ▲	Flughafen – Flugplatz – Segelflugplatz
▢ ⊢ 🏇	Stadion – Golfplatz – Pferderennbahn
🐎 ♈ ⛸	Reitanlage – Zoo – Schlittschuhbahn
•-◦-•- ▬	Seilschwebebahn oder Sessellift – Wald oder Gehölz
⟋ 🏊	Freibad – Hallenbad – Strandbad
◆ ⚓ ✗	Freizeiteinrichtungen – Segelzentrum – Tennisplatz
☒	Einkaufszentrum
●	Ort mit mindestens einem ausgewählten Campingplatz
■	Ort mit mindestens einem Campingplatz mit Vermietung
Lourdes	Ort mit mindestens einem Campingplatz mit Stellplätzen die nur für Wohnmobile reserviert sind
Moyaux	Ort mit mindestens einem sehr ruhigen Campingplatz
⛟	Autobahnrastplätze mit Wartungsmöglichkeiten für Wohnmobile

• **Falls bei Ihrem Aufenthalt auf dem Campingplatz Schwierigkeiten bezüglich der Preise, Reservierung, Hygiene o. ä. auftreten, sollten Sie versuchen, diese direkt an Ort und Stelle mit dem Campingplatzbesitzer oder seinem Vertreter zu regeln.**

• **Wenn Sie von Ihrem Recht überzeugt sind, es Ihnen jedoch nicht gelingt, zu einer allseits befriedigenden Lösung zu kommen, können Sie sich an die entsprechende Stelle bei der zuständigen Präfektur wenden.**

• **Unsererseits überprüfen wir sorgfältig alle bei uns eingehenden Leserbriefe und ändern gegebenenfalls die Platzbewertung im Führer. Wir besitzen jedoch weder die rechtlichen Möglichkeiten noch die nötige Autorität, um Rechtsstreitigkeiten zwischen Platzeigentümern und Platzbenutzern zu schlichten.**

TERREINEN

Categorie

▲▲▲▲▲ ▲▲▲▲▲	Buitengewoon comfortabel, uitstekende inrichting
▲▲▲▲ ▲▲▲▲	Comfortabel, zeer goede inrichting
▲▲▲ ▲▲▲	Goed ingericht, geriefelijk
▲▲ ▲▲	Behoorlijk ingericht
▲ ▲	Eenvoudig maar behoorlijk

● **De terreinen worden voor iedere categorie opgegeven in volgorde van voorkeur.**
Onze classificatie wordt aangegeven met een aantal tenten (▲▲▲▲ ... ▲). Zij staat los van de officiële classificatie die wordt uitgedrukt in sterren.

Openingstijden

juin-sept.	Terrein geopend van begin juni tot eind september
saison	Tijdens het seizoen geopend
Permanent	Terrein het gehele jaar geopend

● **Wanneer de data voor het verhuren verschillen van die van het kampeerterrein, dan worden zij gepreciseerd. Bijv. Location (avril-sept.):** 🏠

Bijzondere kenmerken

✳️	Geselecteerd caravaneige – Deze terreinen zijn speciaal ingericht voor winterverblijf in de bergen (verwarming, electriciteitsaansluiting met hoog vermogen, droogkamer, enz.).
👫	Kindvriendelijk etablissement met o.a. speciaal sanitair voor de kleintjes, speeltuintje en kinderactiviteiten onder begeleiding van professionals

Aangenaam en rustig verblijf

▲▲▲▲ ... ▲	Bijzonder aangenaam vanwege de omgeving, de kwaliteit en de diversiteit van de voorzieningen.
🌿 🌿	Zeer rustig, afgelegen terrein – Rustig, vooral 's nachts
≪ ≪	Bijzonder mooi uitzicht – Interessant uitzicht of vergezicht

Ligging en service

☏ ✉	Telefoon – Postadres
N-S-E-O	Richting : Noord – Zuid – Oost – West (gezien vanuit het centrum van de plaats)
🔑 🔑	Er is een bewaker of een toezichthouder aanwezig die 24 uur per dag bereikbaar is. Dit betekent echter niet noodzakelijkerwijs dat er sprake is van een daadwerkelijke bewaking – alleen overdag bewaakt.
🐕	Honden niet toegelaten – Bij afwezigheid van dit teken dient men een recent vaccinatieboekje te kunnen tonen.
🅿	Verplichte parkeerplaats voor auto's buiten de staanplaatsen
R	Reserveren raadzaam of noodzakelijk.
R̶	Reservering niet mogelijk
GB	Creditcards worden geaccepteerd (Eurocard, MasterCard, Visa)
cv	Reischeques worden geaccepteerd

Algemene kenmerken

3 ha	Oppervlakte in hectaren
60 ha/ 3 campables	Totale oppervlakte (van een landgoed) en oppervlakte van het eigenlijke kampeerterrein

(90 empl.)	Maximaal aantal staan-plaatsen
⊏⊐	Duidelijk begrensde staan-plaatsen
♀ ♀♀ ♀♀♀	Weinig tot zeer schaduwrijk
⚠	Aan de waterkant met mogelijkheid tot zwemmen

Comfort

M	Terrein met moderne sani-taire voorzieningen
▥	Verwarmde installaties
♿	Sanitaire installaties voor lichamelijk gehandicapten
⬚	Individuele wasgelegen-heid of wastafels (met of zonder warm water)
♨	Wasplaats voor baby's
⩗	Waslokalen – Stromend water
☺ ⚷ ⚖	Individuele aansluitingen : Elektriciteit – Watertoevoer en-afvoer

Voorzieningen

⛗	Serviceplaats voor cam-pingcars
	Aantal aansluitpalen
⛗,1 borne 4 € – 3 ▣ 15,50 €	Serviceplaats voor cam-pingcars – aantal plaatsen – dagtarief voor de plaats.
▣	Wasmachines, waslokaal
⛒ ⚖	Supermarkt – Kampwinkel
⤳	Dagschotels om mee te nemen
☎	Internetpaal
⚟	Wifi

Ontspanning

♈ ✗	Bar (met vergunning) – Eetgelegenheid (restau-rant, snackbar)
⌂	Zaal voor bijeenkomsten, dagverblijf of speelzaal
⊡	Diverse activiteiten (sport, cultuur, ontspanning)
⚐	Kinderopvang

ᛨ ᛜs	Fitness – Sauna
⚘	Kinderspelen
⚲ ⊙	Verhuur van fietsen – Boogschieten
✗ ⊠	Tennis: overdekt – open-lucht
⤢	Mini-golf
⊠	Zwembad : overdekt – openlucht
⩳	Vrije zwemplaats of zwemplaats met toezicht
⤢	Waterglijbaan
⤳	Hengelsport
⚓	Zeilsport (school of water-sportcentrum)
⛹	Tochten te paard, paardrijden

● **De meeste voorzieningen en bepaal-de recreatiemogelijkheden in de open lucht zijn over het algemeen alleen toegankelijk tijdens het seizoen. Dit is afhankelijk van het aantal gasten op het terrein en staat los van de ope-ningsdata.**

À proximité	Wij vermelden alleen de faciliteiten of voorzienin-gen die zich in de omge-ving van de camping bevin-den.

Tarieven in €

Dagtarieven:

♈ 5 €	per persoon
⛢ 2 €	voor het voertuig
▣ 7,50 €	voor de staanplaats (tent, caravan)
⚡ 2,50 € (4A)	voor elektriciteit (aantal ampères)

Vaste tarieven:

♈⛢▣ 25 € ⚡ (10A)	Staanplaats voor 1 of 2 personen, voertuig en elektriciteit inbegrepen

● **De prijzen zijn vastgesteld in het najaar van 2006 en gelden voor het hoogseizoen (indien deze niet beschik-baar zijn, vermelden wij de tarieven van het afgelopen jaar).**

25

- De prijzen worden steeds ter indicatie gegeven en kunnen gewijzigd worden indien de kosten voor levensonderhoud belangrijke veranderingen ondergaan.

- Wanneer de naam van de camping niet in vetgedrukte letters staat, betekent dit dat de eigenaar niet alle tarieven heeft doorgegeven.

- Bepaalde faciliteiten (zwembad, tennisbaan), evenals de toeristenbelasting, kunnen extra in rekening worden gebracht.

Voor kinderen geldt soms een speciaal tarief; informatie hierover bij de eigenaar.

Verhuur en tarieven

15	Aantal eenheden Verhuur van caravans – Stacaravans zonder sanitair
(4 pers.) 198 à 335 €/sem.	Prijs per week, laagseizoen 198 en hoogseizoen 335, voor maximaal 4 personen.
12	Aantal eenheden Verhuur van stacaravans
(4 à 6 pers.) 274 à 488 €/sem.	Prijs per week, laagseizoen 274 en hoogseizoen 488, voor maximaal 6 personen.
20	Aantal eenheden Verhuur van bungalows of huisjes
(4 à 6 pers.) 305 à 595 €/sem.	Prijs per week, laagseizoen 305 en hoogseizoen 595, voor maximaal 6 personen.
6	Aantal eenheden Verhuur van kamers. De eigenaar kan u meer informatie hierover verstrekken.

PLAATSEN

23700	Postcodenummer
343 B8	Nummer Michelinkaart en vouwbladnummer
G. Bretagne	Zie de Groene Michelingids Bretagne
Bourges 47	Afstanden in kilometers
1 050 h.	Aantal inwoners
alt. 675	Hoogte
♨	Kuuroord

✉ 05000 Gap	Postcode en plaatsnaam bestemming
1 200/1 900 m	Hoogte van het station en maximale hoogte van de mechanische skiliften
2	Aantal kabelbanen
14	Aantal skiliften en stoeltjesliften
	Langlaufen
	Bootverbinding
	Informatie voor toeristen

VERKLARING TEKENS OP SCHEMA'S

Kampeerterreinen

(♦)	Plaats met minstens één geselecteerd terrein in de gids
△	Ligging kampeerterrein

Wegen en spoorwegen

	Autosnelweg
	Dubbele rijbaan van het type autosnelweg
① ②	Genummerde knooppunten : volledig, gedeeltelijk
	Hoofdweg
	Regionale of alternatieve route
	Andere weg
	Eenrichtingsverkeer – Tol
	Fietspad – Bedrijfsweg, voetpad
≫≫≫	Hellingen (pijlen in de richting van de helling) 5 tot 9 %, 9 tot 13 %, 13 % of meer
	Pas – Veerpont – Beweegbare brug
	Spoorweg, station – Spoorweg toeristentrein
③	Maximum draagvermogen (aangegeven onder 5 ton)
	Vrije hoogte (aangegeven onder 3 m)

OPGELET in Frankrijk worden de nummers van de nationale en de nationale en de departementale wegen momenteel.

Bezienswaardigheden

⛪ ✝ ⚔	Kerk, kapel – Kasteel
🗼 ⛩ ⋂	Vuurtoren – Megaliet – Grot
∴ ▲	Ruïnes – Andere bezienswaardigheden
⟱ ⟱ ⟩	Oriëntatietafel, panorama – Uitzichtpunt

Ter oriëntatie

	Plaats met een plattegrond in de Michelingids
🛈 ✉	Informatie voor toeristen – Hoofdpostkantoor
🏠 ✝	Kerk, kapel – Kasteel
∴ ▪ 🏛	Ruïnes – Monument – Watertoren
🏥 ✿	Ziekenhuis – Fabriek
☆ (🗼	Fort – Stuwdam – Vuurtoren
✝ ✝✝✝	Calvarie – Begraafplaats
✈ ✈ ✈	Luchthaven – Vliegveld – Zweefvliegen
⬭ ⚑ ⚬	Stadion – Golf – Renbaan
🐎 ♈ 🏂	Manege – Dierentuin – Schaatsbaan
●–●–● ▬	Kabelbaan of stoeltjeslift – Bos
🏊 🏊 🏊	Zwembad : openlucht, overdekt – Zwemgelegenheid
◆ ⚲ ✺	Recreatieoord – Zeilvereniging – Tennisbaan
🛒	Winkelcentrum
●	Plaats met tenminste één geselekteerd kampeerterrein
■	Plaats met minstens één terrein met huurmogelijkheden
Lourdes	Plaats met minstens één terrein met plaatsen die alleen bestemd zijn voor campers

Moyaux	Plaats met minstens één zeer rustig terrein
🚐	Serviceplaats langs de autosnelweg voor campers

● **Indien er tijdens uw verblijf op een kampeerterrein een meningsverschil zou ontstaan over prijzen, reserveringsvoorwaarden, hygiëne of dienstverlening, tracht dan ter plaatse met de eigenaar van het terrein of met zijn vervanger een oplossing te vinden.**

● **Mocht u op deze wijze niet tot overeenstemming komen, terwijl u overtuigd bent van uw goed recht, dan kunt u zich wenden tot de prefectuur van het betreffende departement.**

● **Van onze kant bestuderen wij zorgvuldig alle opmerkingen die wij ontvangen, om zo nodig wijzigingen aan te brengen in de omschrijving en waardering van door onze gids aanbevolen terreinen. Onze mogelijkheden zijn echter beperkt en ons personeel is niet bevoegd om als scheidsrechter op te treden of geschillen te regelen tussen eigenaren en kampeerders.**

27

Légende

Vous trouverez dans le tableau des pages suivantes un classement par région de toutes les localités citées dans la nomenclature.

Key

You will find in the following pages a clfication by "region" of all the localities in the main body of the guide.

BRETAGNE	Nom de la région
56 – **MORBIHAN**	Numéro et nom du département
Carnac	(Localité en rouge) Localité possédant au moins un terrain agréable sélectionné (△ ... △△△)
👥	Localité possédant au moins un camping "famille"
🦢	Localité possédant au moins un terrain très tranquille
P	Localité possédant au moins un terrain sélectionné ouvert toute l'année
L – M	Localité dont le camping propose exclusivement la location de mobile homes, chalets ou autres habitations légères – Localité dont un terrain au moins propose, outre des empl. traditionnels, la location de mobile homes, chalets, caravanes ou autres habitations légères
🚐	Localité possédant au moins un terrain avec une aire de service ou des emplacements réservés aux camping-cars
🎭	Localité dont un terrain au moins propose des animations

BRETAGNE	Name of the region
56 – **MORBIHAN**	Number and name of a département
Carnac	(Name of the locality prin in red) Locality with at le one selected pleasant site (△ ... △△△)
👥	Locality with at least one selected "family" site
🦢	Locality with at least one selected very quiet, isolat site
P	Town with at least one sted camping site open al year round
L – M	Locality with a campsite ring only mobile home, c and other light recreatio dwelling rental – Locality with at least one site off mobile home, chalet, car and other light recreatio dwelling rental, in additi traditional camping space
🚐	Locality with at least one selected site with a servi bay for campervans or a reserved for camper van
🎭	Locality with at least one selected site offering so form of activities

28

● **Se reporter à la nomenclature pour la description complète des campings sélectionnés.**

● **Refer to the body of the guid a complete description of the sel camping sites.**

Zeichenerklärung

olgenden Ortsregister werden alle im
er erwähnten Orte nach Region geord-
ufgelistet.

Verklaring van de tekens

In deze lijst vindt u alle in de gids vermelde
plaatsnamen, indeling in streken.

German		Dutch	
ETAGNE	Name der Region	**BRETAGNE**	Naam van de streek
56 – **RBIHAN**	Nummer und Name des Departements	**56** – **MORBIHAN**	Nummer en naam van het departement
Carnac	(Ortsname in Rotdruck) Ort mit mindestens einem besonders schönen Campingplatz (⛰ … ⛰⛰⛰)	Carnac	(Plaatsnaam rood gedrukt) Plaats met minstens één geselecteerd fraai terrein (⛰ … ⛰⛰⛰)
	Ort mit mindestens einem Familien-Campingplatz		Plaats met minstens één Kampeerterrein voor families
	Ort mit mindestens einem sehr ruhigen Campingplatz		Plaats met minstens één zeer rustig terrein
P	Ort mit mindestens einem ganzjährig geöffneten Campingplatz	P	Plaats met tenminste één gedurende het gehele jaar geopend kampeerterrein
L – M	Ort, dessen Campingplatz ausschliesslich Mobil-Homes, Chalets oder andere Unterkünfte in Leichtbauweise vermietet – Ort mit mindestens einem Campingplatz, der außer traditionellen Stellplätzen auch Mobil-Homes, Chalets, Wohnwagen oder andere Unterkünfte in Leichtbauweise vermietet	L – M	Plaats waar van de camping uitsluitend stacaravans, huisjes of andere eenvoudige accomodaties verhuurt – Plaats waar minstens één kampeerterrein niet alleen staplaatsen verhuut maar ook stacaravans, huisjes, caravans of andere eenvoudige accomodaties
🚐	Ort mit mindestens einem Campingplatz mit Service-Einrichtungen für Wohnmobile oder Stellplätzen, die nur für Wohnmobile reserviert sind	🚐	Plaats met minstens één terrein met een serviceplaats voor campers of met plaatsen die alleen bestemd zijn voor campers
🎭	Mindestens ein Campingplatz am Ort mit Animation	🎭	Plaats met minstens één kampeerterrein met animatie-programna.

29

ie vollständige Beschreibung der
ewählten Plätze befindet sich im
●tteil des Führers.

● **Raadpleeg het deel met gegevens
over de geselecteerde terreinen voor
een volledige beschrijving.**

	Pages	👥	🐕	Permanent	Location	🚐	🎭
ALSACE							
67 BAS-RHIN							
Bassemberg	69	—	—	—	M	🚐	—
Dambach-la-Ville	69	—	—	—	—	—	—
Gerstheim	69	—	—	—	—	—	—
Le Hohwald	69	—	—	P	—	—	—
Keskastel	70	—	—	—	M	—	—
Lauterbourg	70	—	—	—	—	—	—
Niederbronn-les-Bains	70	—	🐕	—	—	—	—
Oberbronn	70	—	—	—	M	🚐	—
Obernai	71	—	—	P	—	🚐	—
Rhinau	71	—	—	—	—	—	—
Rothau	71	—	—	—	—	🚐	—
Saint-Pierre	72	—	—	—	—	—	—
Sélestat	72	—	—	—	—	—	—
Wasselonne	72	—	—	—	M	—	—
68 HAUT-RHIN							
Aubure	72	—	—	—	—	—	—
Biesheim	73	—	—	—	M	—	🎭
Burnhaupt-le-Haut	73	—	—	—	—	—	—
Colmar	73	—	—	—	—	—	—
Courtavon	73	—	—	—	—	—	—
Eguisheim	74	—	—	—	—	🚐	—
Fréland	74	—	—	—	—	—	—
Geishouse	74	—	—	P	—	—	—
Guewenheim	74	—	—	—	—	🚐	—
Heimsbrunn	75	—	—	P	M	—	—
Issenheim	75	—	—	—	M	—	—
Kaysersberg	75	—	—	—	—	—	—
Kruth	75	—	—	—	M	—	—
Labaroche	76	—	—	—	—	—	—
Lautenbachzell	76	—	—	—	M	—	—
Lièpvre	76	—	—	—	M	—	—
Masevaux	76	—	—	—	—	—	—
Mittlach	77	—	🐕	—	—	—	—
Moosch	77	—	🐕	—	—	🚐	—
Mulhouse	77	—	—	—	M	🚐	—
Munster	77	—	—	—	—	—	—
Orbey	78	—	—	P	—	—	—
Raedersheim	78	—	—	—	—	🚐	—
Ranspach	78	—	—	P	M	🚐	—
Ribeauvillé	79	—	—	—	—	—	—
Rombach-le-Franc	79	—	—	—	—	—	—
Rouffach	79	—	—	—	—	🚐	—
Sainte-Croix-en-Plaine	79	—	—	—	M	—	—
Seppois-le-Bas	79	—	—	—	M	—	—
Turckheim	80	—	—	—	—	🚐	—
Wattwiller	80	👥	—	—	M	🚐	🎭
Wihr-au-Val	80	—	—	—	—	🚐	—
AQUITAINE							
24 DORDOGNE							
Alles-sur-Dordogne	84	—	—	—	M	🚐	—
Angoisse	84	—	—	P	L	—	—
Antonne-et-Trigonant	84	—	—	—	—	—	—
Atur	84	—	🐕	—	M	—	—
Badefols-sur-Dordogne	85	—	—	—	M	—	🎭
Belvès	85	👥	🐕	—	M	—	🎭
Bergerac	86	—	—	—	—	🚐	—
Beynac-et-Cazenac	86	—	—	—	—	🚐	—
Biron	86	👥	—	—	M	—	🎭
Brantôme	86	👥	🐕	—	M	—	—
Le Bugue	87	—	🐕	—	M	🚐	—
Le Buisson-de-Cadouin	87	👥	🐕	—	M	—	—
Campagne	87	—	—	—	M	—	—
Carsac-Aillac	88	—	🐕	—	M	—	—
Castelnaud-la-Chapelle	88	—	🐕	—	M	—	—
Castels	88	—	—	—	—	L	—
Cazoulès	89	—	—	—	—	—	—
Cénac-et-Saint-Julien	89	—	—	—	M	—	—
La Chapelle-Aubareil	89	—	—	—	M	—	—
Coly	89	—	—	P	L	—	🎭
Cornille	90	—	🐕	P	L	—	—
Coux-et-Bigaroque	90	—	🐕	—	M	—	—
Couze-et-Saint-Front	90	—	—	—	M	🚐	—
Daglan	90	—	🐕	—	M	🚐	—
Domme	91	—	🐕	—	M	—	—
Eymet	92	—	—	—	—	—	—

	Pages	👥	🏊	Permanent	Location	🚐	🎭
Les Eyzies-de-Tayac	92	—	🏊	—	M	🚐	—
Fossemagne	93	—	—	—	—	—	—
Groléjac	93	👥	🏊	—	M	—	—
Hautefort	93	—	—	—	L	—	—
Lanouaille	94	—	🏊	—	L	—	—
Limeuil	94	—	—	—	M	🚐	—
Maison-Jeannette	94	—	—	—	—	—	—
Marcillac-Saint-Quentin	94	—	🏊	P	M	—	—
Mareuil	95	—	—	—	—	—	—
Ménesplet	95	—	—	P	M	—	—
Mialet	95	—	—	—	L	—	—
Molières	96	—	🏊	—	M	—	—
Monpazier	96	👥	🏊	—	M	🚐	🎭
Monplaisant	96	—	—	—	M	🚐	—
Montignac	96	—	—	—	M	🚐	—
Montpon-Ménestérol	97	—	—	—	—	—	—
Nontron	97	—	—	P	M	🚐	—
Parcoul	97	—	—	—	M	—	—
Peyrignac	97	—	—	P	M	—	—
Peyrillac-et-Millac	98	—	🏊	—	M	🚐	—
Plazac	98	—	—	—	M	—	—
La Roche-Chalais	98	—	—	—	—	—	—
La Roque-Gageac	98	👥	—	—	M	—	🎭
Rouffignac	99	—	🏊	—	M	—	—
Saint-Antoine-d'Auberoche	99	—	—	—	M	—	—
Saint-Astier	100	👥	—	—	M	—	—
Saint-Aulaye	100	—	—	—	M	🚐	—
Saint-Avit-de-Vialard	100	👥	🏊	—	M	—	🎭
Saint-Avit-Sénieur	100	—	—	—	L	—	—
Saint-Cirq	101	—	🏊	—	M	—	—
Saint-Crépin-et-Carlucet	101	👥	—	—	M	🚐	🎭
Saint-Cybranet	102	—	—	—	M	—	—
Saint-Cyprien	102	👥	—	—	M	—	—
Saint-Geniès	103	👥	—	—	M	—	🎭
Saint-Jory-de-Chalais	103	—	—	—	—	🚐	—
Saint-Julien-de-Lampon	103	—	—	—	M	—	—
Saint-Léon-sur-Vézère	103	👥	—	—	M	🚐	🎭
Saint-Martial-de-Nabirat	104	—	—	—	M	—	—
Saint-Pardoux-la-Rivière	104	—	—	—	—	—	—
Saint-Rémy	104	—	—	—	M	—	—
Saint-Saud-Lacoussière	104	👥	🏊	—	M	🚐	—
Saint-Antoine-de-Breuilh	99	—	—	—	M	—	—
Saint-Vincent-de-Cosse	105	—	—	—	M	—	—
Salignac-Eyvigues	105	—	—	—	M	—	—
Sarlat-la-Canéda	105	👥	🏊	P	M	🚐	🎭
Sigoulès	108	—	—	—	M	—	—
Siorac-en-Périgord	108	—	—	—	—	—	—
Tamniès	109	—	—	—	M	—	—
Terrasson-Lavilledieu	109	—	—	—	M	—	—
Thenon	109	—	—	—	M	—	—
Thiviers	109	—	—	—	M	🚐	—
Tocane-Saint-Apre	110	—	—	—	M	—	—
Tourtoirac	110	👥	🏊	—	M	—	—
Trémolat	110	—	—	—	M	—	—
Tursac	110	—	—	—	M	🚐	—
Verteillac	111	—	—	—	—	—	—
Veyrines-de-Domme	111	—	🏊	—	M	—	—
Vézac	111	—	—	P	M	—	—
Vieux-Mareuil	112	—	🏊	—	M	🚐	—
Vitrac	112	👥	🏊	—	M	🚐	🎭

33 GIRONDE

	Pages	👥	🏊	Permanent	Location	🚐	🎭
Abzac	113	—	—	—	—	—	—
L'Amélie-sur-Mer	113	👥	—	—	M	—	🎭
Arès	114	—	—	P	M	🚐	—
Bazas	115	—	—	—	M	🚐	—
Biganos	115	—	—	—	M	—	🎭
Blasimon	115	—	—	—	—	—	—
Blaye	116	—	—	—	—	—	—
Carcans	116	—	🏊	—	M	—	—
Castillon-la-Bataille	116	—	—	—	—	—	—
Cazaux	116	—	—	—	—	🚐	—
Gradignan	117	—	—	P	M	—	—
Hourtin	117	👥	🏊	—	M	—	🎭
Hourtin-Plage	118	—	—	—	M	🚐	🎭
La Hume	118	—	—	—	M	—	🎭
Lacanau	118	—	—	P	L	—	—

31

	Pages	👥	✋	Permanent	Location	🚐	🎭
Nérac	145	—	—	—	L	—	—
Penne-d'Agenais	145	—	—	—	M	—	—
Pont-du-Casse	146	—	—	P	L	—	—
Saint-Sylvestre-sur-Lot	146	—	—	—	—	—	—
Salles	146	—	—	—	M	—	—
Sauveterre-la-Lémance	146	—	—	—	M	🚐	—
Sérignac-Péboudou	147	—	✋	—	M	—	—
Monneins	147	—	—	—	—	—	—
Trentels	147	—	✋	—	M	—	—
Villeréal	147	👥	✋	—	M	🚐	—

64 PYRÉNÉES-ATLANTIQUES

	Pages	👥	✋	Permanent	Location	🚐	🎭
Ainhoa	148	—	—	P	M	🚐	—
Anglet	148	—	—	—	M	—	—
Aramits	149	—	—	—	M	—	—
Ascain	149	—	—	—	L	—	—
Baudreix	149	—	—	—	M	🚐	—
Biarritz	150	—	—	—	M	—	—
Bidart	150	👥	—	—	M	🚐	🎭
Bunus	152	—	—	—	—	—	—
Cambo-les-Bains	152	—	—	—	—	—	—
Eslourenties-Daban	152	—	✋	—	—	—	—
Hasparren	153	—	—	—	M	—	—
Hendaye	153	—	—	—	M	—	🎭
Iholdy	154	—	—	—	—	—	—
Ixassou	154	—	—	—	M	🚐	—
Laàs	154	—	—	P	—	🚐	—
La Bastide-Clairence	149	—	✋	P	L	—	—
Larrau	155	—	✋	—	M	—	—
Laruns	155	—	—	P	M	—	—
Lescun	155	—	—	—	—	🚐	—
Lestelle-Bétharram	156	—	—	—	M	—	—
Mauléon-Licharre	156	—	✋	—	M	🚐	—
Montory	156	—	✋	P	L	—	—
Navarrenx	157	—	—	—	M	—	—
Oloron-Sainte-Marie	157	—	—	—	M	🚐	—
Orthez	157	—	—	—	M	—	—
Ossès	157	—	✋	—	—	—	—
Saint-Pée-sur-Nivelle	160	—	✋	—	M	🚐	—
Saint-Étienne-de-Baïgorry	158	—	—	—	—	—	—

	Pages	👥	✋	Permanent	Location	🚐	🎭
Saint-Jean-de-Luz	158	👥	✋	—	M	🚐	🎭
Saint-Jean-Pied-de-Port	160	—	—	—	M	🚐	—
Salies-de-Béarn	161	—	—	—	—	🚐	—
Sare	161	—	—	—	M	—	—
Sauveterre-de-Béarn	161	—	—	—	—	—	—
Socoa	161	—	—	P	—	🚐	—
Urdos	161	—	—	—	—	—	—
Urrugne	162	👥	—	—	M	—	—
Urt	162	—	—	—	M	—	—

AUVERGNE

03 ALLIER

	Pages	👥	✋	Permanent	Location	🚐	🎭
Abrest	165	—	—	—	M	—	—
Braize	165	—	✋	—	—	—	—
Châtel-de-Neuvre	165	—	—	—	—	—	—
Couleuvre	165	—	—	—	—	—	—
Dompierre-sur-Besbre	166	—	—	—	—	🚐	—
Le Donjon	166	—	—	—	—	—	—
Ferrières-sur-Sichon	166	—	—	—	—	—	—
Gannat	166	—	—	—	M	🚐	—
Isle-et-Bardais	166	—	—	—	M	—	—
Jenzat	167	—	—	—	—	—	—
Lapalisse	167	—	—	—	M	—	—
Le Mayet-de-Montagne	167	—	—	—	M	—	—
Néris-les-Bains	167	—	—	—	M	🚐	—
Pierrefitte-sur-Loire	168	—	—	—	—	—	—
Saint-Bonnet-Tronçais	168	—	—	—	—	—	—
Saint-Pourçain-sur-Sioule	168	—	—	—	—	—	—
Saint-Yorre	169	—	—	—	—	🚐	—
Sazeret	169	—	—	—	—	—	—
Treignat	169	—	—	—	M	—	—
Vallon-en-Sully	169	—	—	—	—	—	—
Varennes-sur-Allier	170	—	—	—	—	🚐	—

15 CANTAL

	Pages	👥	✋	Permanent	Location	🚐	🎭
Arnac	170	—	—	—	L	—	🎭
Arpajon-sur-Cère	170	—	—	—	M	—	—
Aurillac	170	—	—	—	—	—	—

Localité	Pages	👥	🦶	Permanent	Location	🚐	▣
Cassaniouze	171	—	—	—	—	—	—
Champs-sur-Tarentaine	171	—	🦶	—	M	🚐	—
Chaudes-Aigues	171	—	—	—	—	🚐	—
Faverolles	172	—	—	—	—	—	—
Jaleyrac	172	—	—	—	M	—	—
Jussac	172	—	—	—	M	—	—
Lacapelle-Del-Fraisse	172	—	—	—	L	—	—
Lacapelle-Viescamp	173	—	—	—	M	—	▣
Lanobre	173	—	—	—	M	—	▣
Le Rouget	175	—	—	—	L	—	▣
Massiac	173	—	—	—	—	—	—
Mauriac	173	—	—	—	M	—	—
Maurs	174	—	—	—	M	—	—
Montsalvy	174	—	—	—	—	—	—
Neussargues-Moissac	174	—	—	—	M	—	—
Neuvéglise	174	—	—	—	M	🚐	▣
Paulhenc	175	—	—	—	L	—	—
Pers	175	—	—	—	M	🚐	—
Pleaux	175	—	—	—	M	—	—
Saignes	176	—	—	—	—	—	—
Saint-Flour	176	—	—	—	M	—	—
Saint-Gérons	176	—	🦶	—	M	—	—
Saint-Jacques-des-Blats	176	—	—	—	—	—	—
Saint-Just	177	—	—	—	M	—	▣
Saint-Mamet-la-Salvetat	177	—	—	—	M	—	—
Saint-Martin-Valmeroux	177	—	—	—	M	🚐	—
Salers	177	—	—	—	M	—	—
Thiézac	177	—	—	—	—	—	—
Trizac	178	—	—	—	M	—	—
Vic-sur-Cère	178	—	—	—	M	—	▣

43 HAUTE-LOIRE

Localité	Pages	👥	🦶	Permanent	Location	🚐	▣
Alleyras	178	—	—	—	M	—	—
Brives-Charensac	178	—	—	—	M	🚐	—
Céaux-d'Allègre	179	—	—	—	L	—	—
La Chaise-Dieu	179	—	—	—	M	—	—
Le Chambon-sur-Lignon	179	—	—	—	M	—	—
Champagnac-le-Vieux	180	—	—	—	M	—	▣
Lavoûte-sur-Loire	180	—	—	—	M	—	—
Monistrol-d'Allier	180	—	—	—	—	—	—
Paulhaguet	180	—	—	—	—	🚐	—
Le Puy-en-Velay	181	—	—	—	—	🚐	—
Saint-Didier-en-Velay	181	—	—	—	M	—	—
Saint-Paulien	181	—	—	—	M	—	—
Sainte-Sigolène	181	👥	—	—	M	—	▣
Saugues	182	—	—	—	M	—	—
Vorey	182	—	—	—	M	🚐	—

63 PUY-DE-DÔME

Localité	Pages	👥	🦶	Permanent	Location	🚐	▣
Ambert	182	—	—	—	M	🚐	—
Les Ancizes-Comps	182	—	—	—	M	—	—
Aydat	183	—	🦶	—	M	🚐	—
Bagnols	183	—	—	—	M	—	—
Billom	183	—	—	—	M	—	—
La Bourboule	184	—	—	P	M	—	▣
Ceyrat	184	—	—	P	M	🚐	—
Chambon-sur-Lac	184	👥	—	—	M	🚐	▣
Châteauneuf-les-Bains	185	—	—	—	—	—	—
Châtelguyon	186	👥	—	—	M	🚐	▣
Cournon-d'Auvergne	186	—	—	—	M	🚐	—
Courpière	186	—	—	—	—	—	—
Cunlhat	186	—	—	—	M	—	—
Issoire	187	—	—	—	M	🚐	—
Lapeyrouse	187	—	—	—	M	—	—
Montaigut-le-Blanc	187	—	—	—	—	—	—
Le Mont-Dore	188	—	—	—	M	—	—
Murat-le-Quaire	188	—	—	—	M	🚐	—
Murol	188	—	—	—	M	—	▣
Nébouzat	189	—	—	—	M	🚐	—
Nonette	190	—	—	—	M	—	—
Orcet	190	—	—	P	M	🚐	▣
Orcival	190	—	🦶	—	M	—	—
Orléat	190	—	—	—	M	—	—
Perpezat	191	—	🦶	—	—	—	—
Pont-de-Menat	191	—	—	—	M	—	—
Pontgibaud	191	—	—	—	—	🚐	—
Puy-Guillaume	192	—	—	—	—	—	—
Royat	192	👥	—	—	M	🚐	▣

34

	Pages	👥	🐚	Permanent	Location	🚐	🎭
aint-Amant-Roche-Savine	192	—	—	—	—	—	—
aint-Anthème	192	—	—	—	—	🚐	—
aint-Clément-de-Valorgue	192	—	🐚	—	M	—	—
aint-Éloy-les-Mines	193	—	—	—	—	—	—
aint-Germain-l'Herm	193	—	—	—	M	—	—
aint-Gervais-d'Auvergne	193	—	—	—	M	🚐	—
aint-Hippolyte	193	—	—	—	M	—	—
aint-Nectaire	194	—	—	—	M	—	🎭
aint-Rémy-sur-Durolle	194	—	—	—	M	—	—
auvessanges	194	—	—	—	—	—	—
auxillanges	195	—	—	—	—	—	—
ngles	195	👥	🐚	—	M	🚐	🎭
auves	195	—	—	—	M	—	—
hiers	195	—	—	—	—	—	—
a Tour-d'Auvergne	196	—	—	—	M	—	—
iverols	196	—	—	—	—	🚐	—
ollore-Ville	196	—	—	—	—	—	—

BOURGOGNE

21 CÔTE-D'OR

	Pages	👥	🐚	Permanent	Location	🚐	🎭
rnay-le-Duc	199	—	—	—	M	—	🎭
eaune	199	—	—	—	—	—	—
igny-sur-Ouche	199	—	—	—	—	—	—
hâtillon-sur-Seine	199	—	—	—	—	🚐	—
jon	199	—	—	—	—	🚐	—
arcenay	200	—	—	—	M	—	—
eursault	200	—	—	—	M	🚐	—
ontbard	200	—	—	—	M	—	—
olay	200	—	—	P	M	🚐	—
ont-et-Massène	201	—	🐚	—	—	🚐	—
ouilly-en-Auxois	201	—	—	—	—	—	—
récy-sous-Thil	201	—	—	—	M	—	—
el-les-Eaux	201	—	🐚	—	—	—	—
ntenay	201	—	—	—	—	🚐	—
ulieu	202	—	—	—	M	—	—
vigny-lès-Beaune	202	—	—	—	—	🚐	—
ongey	202	—	🐚	—	—	🚐	—

	Pages	👥	🐚	Permanent	Location	🚐	🎭
Vandenesse-en-Auxois	202	👥	—	—	M	—	—
Venarey-les-Laumes	202	—	—	—	—	—	—
Vignoles	203	—	—	P	—	—	—

58 NIÈVRE

	Pages	👥	🐚	Permanent	Location	🚐	🎭
La Charité-sur-Loire	203	—	—	—	—	—	—
Château-Chinon	203	—	🐚	—	—	—	—
Chevenon	204	—	—	P	—	—	—
Clamecy	204	—	—	—	—	—	—
Corancy	204	—	—	—	—	—	—
Crux-la-Ville	205	—	—	—	M	—	—
Gimouille	205	—	🐚	—	L	—	—
Limanton	205	—	—	—	—	—	—
Luzy	205	👥	🐚	—	M	—	🎭
Montigny-en-Morvan	206	—	—	—	—	—	—
Moulins-Engilbert	206	—	—	—	—	—	—
La Nocle-Maulaix	206	—	—	—	—	—	—
Ouroux-en-Morvan	206	—	—	—	M	—	—
Prémery	207	—	—	—	M	—	—
Saint-Honoré-les-Bains	207	👥	—	—	M	🚐	—
Saint-Léger-de-Fougeret	208	—	🐚	—	M	—	—
Saint-Péreuse	208	—	—	—	M	🚐	—
Les Settons	208	—	—	—	M	🚐	—
Varzy	209	—	—	—	—	—	—

71 SAÔNE-ET-LOIRE

	Pages	👥	🐚	Permanent	Location	🚐	🎭
Anost	209	—	—	—	—	—	—
Autun	209	—	—	—	—	🚐	—
Bourbon-Lancy	210	—	—	—	M	🚐	—
Chagny	210	—	—	—	—	—	—
Chambilly	210	—	—	—	M	—	—
Charolles	210	—	—	—	—	—	—
Chauffailles	211	—	—	—	M	—	—
La Clayette	211	—	—	—	M	—	—
Cluny	211	—	—	—	—	—	—
Cormatin	211	—	—	—	M	🚐	—
Couches	212	—	—	—	—	—	—
Crêches-sur-Saône	212	—	—	—	—	—	—
Digoin	212	—	—	—	M	—	—
Dompierre-les-Ormes	212	—	—	—	M	🚐	🎭
Épinac	213	—	—	—	M	—	—

35

	Pages	👥	🏊	Permanent	Location	🚐	🎭
Gigny-sur-Saône	213	—	🏊	—	M	—	—
Gueugnon	213	—	—	—	M	—	—
Issy-l'Évêque	213	—	—	—	M	—	—
Laives	214	—	—	—	—	—	—
Louhans	214	—	—	—	—	—	—
Matour	214	—	—	—	M	—	—
Mervans	214	—	—	—	—	—	—
Palinges	215	—	—	—	—	—	—
Saint-Germain-du-Bois	215	—	—	—	—	—	—
Saint-Point	215	—	—	—	M	—	—
Salornay-sur-Guye	215	—	—	—	—	🚐	—
Tournus	215	—	—	—	—	—	—

89 YONNE

	Pages	👥	🏊	Permanent	Location	🚐	🎭
Ancy-le-Franc	216	—	—	—	—	—	—
Andryes	216	—	🏊	—	M	🚐	—
Asquins	216	—	—	—	—	—	—
Auxerre	216	—	—	—	—	🚐	—
Avallon	216	—	🏊	—	—	🚐	—
Cézy	217	—	—	—	—	—	—
Chablis	217	—	—	—	—	—	—
L'Isle-sur-Serein	217	—	—	—	—	—	—
Ligny-le-Châtel	217	—	—	—	—	—	—
Migennes	217	—	—	—	M	🚐	—
Saint-Fargeau	218	—	—	—	—	—	—
Saint-Sauveur-en-Puisaye	218	—	—	—	M	🚐	—
Tonnerre	218	—	—	—	M	🚐	—
Vermenton	218	—	—	—	—	🚐	—
Villeneuve-les-Genêts	219	—	🏊	P	M	🚐	—
Vincelles	219	—	—	—	M	—	—

BRETAGNE

22 CÔTES-D'ARMOR

	Pages	👥	🏊	Permanent	Location	🚐	🎭
Allineuc	224	—	—	—	—	—	—
Bégard	224	—	—	—	M	🚐	—
Binic	224	—	—	—	M	🚐	—
Callac	224	—	—	—	—	🚐	—
Caurel	225	—	—	—	—	—	—
Châtelaudren	225	—	—	—	—	—	—
Erquy	225	👥	🏊	—	M	🚐	🎭

	Pages	👥	🏊	Permanent	Location	🚐	🎭
Étables-sur-Mer	227	—	—	—	M	—	—
Jugon-les-Lacs	227	—	—	—	M	🚐	🎭
Lancieux	227	—	—	—	—	—	—
Lanloup	227	—	—	—	M	—	—
Lannion	228	—	—	—	M	🚐	—
Lantic	228	—	—	—	M	—	—
Louannec	228	—	—	—	M	🚐	—
Matignon	228	—	—	—	M	🚐	—
Mûr-de-Bretagne	229	—	—	—	—	—	—
Paimpol	229	—	—	—	—	🚐	—
Perros-Guirec	229	👥	—	—	M	🚐	🎭
Plancoët	230	—	—	—	—	—	—
Planguenoual	230	—	—	—	—	—	—
Pléhédel	230	—	—	—	—	—	—
Pléneuf-Val-André	230	—	—	—	M	—	—
Plestin-les-Grèves	231	—	—	—	M	—	—
Pleubian	231	—	🏊	—	M	—	🎭
Pleumeur-Bodou	231	—	🏊	—	M	🚐	—
Pléven	232	—	—	—	—	—	—
Plouézec	232	—	🏊	—	M	🚐	—
Plougrescant	232	—	—	—	M	🚐	—
Plouguernével	233	—	🏊	—	M	—	—
Plouha	233	—	—	—	M	—	—
Ploumanach	233	—	—	—	M	🚐	—
Plurien	234	—	—	—	—	🚐	—
Pontrieux	234	—	—	P	—	—	—
Pordic	234	—	—	—	M	—	—
Saint-Brieuc	234	—	—	P	M	—	—
Saint-Cast-le-Guildo	235	👥	🏊	—	M	🚐	🎭
Saint-Michel-en-Grève	235	—	—	—	M	🚐	—
Saint-Samson-sur-Rance	236	—	—	—	—	—	—
Taden	236	—	—	—	M	🚐	—
Trébeurden	237	—	—	—	M	🚐	—
Trégastel	238	—	—	—	M	🚐	—
Trélévern	238	—	—	—	M	🚐	—
Trévou-Tréguignec	238	—	—	—	—	—	—

29 FINISTÈRE

	Pages	👥	🏊	Permanent	Location	🚐	🎭
Beg-Meil	239	👥	—	—	M	🚐	—
Arzano	239	👥	—	—	M	—	🎭
Bannalec	239	—	—	—	M	—	—

35 ILLE-ET-VILAINE

37

	Pages	👥	🐾	Permanent	Location	🚐	⛺
Morée	317	—	—	—	—	🚐	—
Muides-sur-Loire	317	👥	—	—	M	🚐	⛺
Neung-sur-Beuvron	318	—	—	—	—	—	—
Nouan-le-Fuzelier	318	—	—	—	—	🚐	—
Onzain	318	👥	—	P	M	🚐	⛺
Pierrefitte-sur-Sauldre	319	👥	🐾	—	M	🚐	⛺
Romorantin-Lanthenay	319	—	—	—	—	🚐	—
Saint-Aignan	320	—	—	—	M	🚐	—
Salbris	320	—	—	—	M	🚐	—
Seillac	320	—	🐾	—	M	—	—
Suèvres	320	👥	—	—	M	🚐	⛺
Thoré-la-Rochette	321	—	—	—	—	—	—

45 LOIRET

	Pages	👥	🐾	Permanent	Location	🚐	⛺
Beaulieu-sur-Loire	321	—	—	—	—	🚐	—
Briare	321	—	—	—	—	🚐	—
Châtillon-Coligny	321	—	—	—	—	—	—
Chécy	322	—	—	—	—	🚐	—
Coullons	322	—	—	—	—	—	—
Gien	322	👥	—	—	M	🚐	⛺
Isdes	322	—	—	—	M	—	—
Lorris	323	—	—	—	—	—	—
Montargis	323	—	—	P	—	—	—
Nibelle	323	—	—	—	M	—	—
Olivet	323	—	—	—	—	—	—
Saint-Père-sur-Loire	323	—	—	—	M	🚐	—
Vitry-aux-Loges	324	—	—	—	—	—	—

CHAMPAGNE-ARDENNE

08 ARDENNES

	Pages	👥	🐾	Permanent	Location	🚐	⛺
Attigny	327	—	—	P	—	—	—
Bourg-Fidèle	327	—	—	P	—	—	—
Buzancy	327	—	—	—	M	🚐	—
Chesne	327	—	—	P	—	—	—
Haulmé	327	—	—	P	—	—	—
Les Mazures	328	—	—	P	M	—	—
Mouzon	328	—	—	—	—	—	—
Sedan	328	—	—	—	—	—	—
Signy-l'Abbaye	329	—	—	—	—	—	—

10 AUBE

	Pages	👥	🐾	Permanent	Location	🚐	⛺
Aix-en-Othe	329	—	—	—	—	—	—
Dienville	329	👥	—	—	M	🚐	—
Ervy-le-Châtel	329	—	—	—	—	—	—
Géraudot	330	—	—	—	—	—	—
Radonvilliers	330	—	—	—	—	—	—
Soulaines-Dhuys	330	—	—	—	—	—	—
Troyes	331	—	—	—	—	🚐	—

51 MARNE

	Pages	👥	🐾	Permanent	Location	🚐	⛺
Châlons-en-Champagne	331	—	—	—	—	🚐	—
Épernay	331	—	—	—	—	🚐	—
Fismes	331	—	—	—	—	—	—
Giffaumont-Champaubert	332	—	🐾	—	L	—	⛺
Sézanne	332	—	—	—	—	—	—

52 HAUTE-MARNE

	Pages	👥	🐾	Permanent	Location	🚐	⛺
Andelot	333	—	—	—	—	—	—
Bannes	333	—	—	P	—	—	—
Bourbonne-les-Bains	333	—	—	—	M	🚐	—
Braucourt	333	—	—	P	M	🚐	⛺
Froncles-Buxières	334	—	—	—	—	—	—
Montigny-le-Roi	334	—	—	—	—	🚐	—
Thonnance-les-Moulins	334	👥	—	—	M	—	⛺

CORSE

2A CORSE-DU-SUD

	Pages	👥	🐾	Permanent	Location	🚐	⛺
Ajaccio	337	—	—	—	M	—	—
Belvédère-Campomoro	337	—	—	—	M	—	—
Bonifacio	337	👥	🐾	—	M	🚐	⛺
Cargèse	339	—	—	—	M	—	—
Figari	339	—	—	—	M	—	—
Golfe-de-la-Liscia	339	—	—	—	M	🚐	—
Olmeto	339	—	—	—	M	—	—
Piana	340	—	—	—	—	🚐	—

Localité	Pages	👥	🐾	Permanent	Location	🚐	🎭
Pianottoli-Caldarello	340	—	🐾	—	—	—	—
Pinarellu	341	—	🐾	—	—	🚐	—
Porticcio	341	—	—	—	M	🚐	—
Portigliolo	341	—	🐾	—	M	—	🎭
Porto	342	—	—	—	M	🚐	—
Porto-Vecchio	343	—	—	—	M	🚐	🎭
Plage-de-Ruppione	341	—	—	—	M	—	—
Sagone	345	—	—	—	M	🚐	🎭
Sainte-Lucie-de-Porto-Vecchio	345	—	—	—	M	—	—
Serra-di-Ferro	345	—	—	—	—	🚐	—
Tiuccia	346	—	🐾	—	M	—	—
Zonza	346	—	—	—	—	—	—

2B HAUTE-CORSE

Localité	Pages	👥	🐾	Permanent	Location	🚐	🎭
Aléria	346	—	—	—	M	🚐	🎭
Bastia	346	—	—	—	M	🚐	—
Calacuccia	347	—	—	—	M	—	—
Calvi	347	—	—	—	M	🚐	—
Farinole	348	—	—	—	M	—	—
Ghisonaccia	349	—	—	—	M	🚐	🎭
L'Île-Rousse	349	—	—	—	M	🚐	—
Lozari	349	—	—	—	M	🚐	—
Lumio	350	—	🐾	—	M	—	—
Moriani-Plage	350	—	—	—	M	—	—
Palasca	350	—	—	—	M	—	—
Pietracorbara	351	—	—	—	—	—	—
Saint-Florent	351	—	—	—	M	🚐	—
Vivario	351	—	—	—	—	—	—

FRANCHE-COMTÉ

25 DOUBS

Localité	Pages	👥	🐾	Permanent	Location	🚐	🎭
Bonnal	355	—	—	—	—	🚐	🎭
Chalezeule	355	—	—	—	—	🚐	—
Huanne-Montmartin	355	—	—	—	M	—	—
Labergement-Sainte-Marie	355	—	—	—	M	—	—
Levier	356	—	—	—	M	—	—
Maîche	356	—	—	—	M	—	—
Malbuisson	356	—	—	—	M	🚐	—
Mandeure	356	—	—	—	—	—	—
Montagney	356	—	—	—	—	—	—
Ornans	357	—	—	—	M	—	—
Pontarlier	357	—	—	P	M	🚐	—
Quingey	357	—	—	—	—	—	—
Saint-Hippolyte	357	—	—	—	M	—	—
Saint-Point-Lac	358	—	—	—	—	—	—

39 JURA

Localité	Pages	👥	🐾	Permanent	Location	🚐	🎭
Arbois	358	—	—	—	—	—	—
Bonlieu	358	—	—	—	—	—	—
Champagnole	359	—	—	—	M	🚐	🎭
Chancia	359	—	—	—	—	—	—
Châtillon	359	—	—	—	M	—	—
Clairvaux-les-Lacs	359	👥	—	—	M	—	🎭
Dole	360	—	—	—	M	🚐	—
Doucier	360	—	—	—	M	🚐	—
Foncine-le-Haut	361	—	🐾	—	M	—	—
Lons-le-Saunier	361	—	—	—	M	🚐	🎭
Maisod	361	—	—	—	—	—	—
Marigny	362	👥	—	—	M	—	🎭
Mesnois	362	—	—	—	M	—	—
Monnet-la-Ville	362	—	—	—	M	—	—
Ounans	362	—	—	—	M	🚐	🎭
Poligny	363	—	—	—	—	—	—
Pont-du-Navoy	363	—	—	P	M	—	—
Saint-Claude	363	—	—	—	—	—	—
Saint-Laurent-en-Grandvaux	363	—	—	—	—	🚐	—
Salins-les-Bains	364	—	—	—	—	—	—
La Tour-du-Meix	364	—	—	—	M	—	—
Uxelles	364	—	🐾	—	L	—	🎭

70 HAUTE-SAÔNE

Localité	Pages	👥	🐾	Permanent	Location	🚐	🎭
Cromary	364	—	—	—	—	—	—
Fresse	364	—	—	—	M	—	—
Lure	365	—	—	—	—	—	—
Mélisey	365	—	—	—	M	—	—
Pesmes	365	—	—	—	M	—	—
Renaucourt	366	—	—	—	—	—	—

	Pages	👥	✋	Permanent	Location	🚐	🎭
Vesoul	366	—	—	P	M	—	—
Villersexel	366	—	—	—	M	—	—
90 TERRITOIRE-DE-BELFORT							
Belfort	366	—	—	—	—	🚐	—
Lachapelle-sous-Rougemont	367	—	—	—	—	—	—
ÎLE-DE-FRANCE							
75 VILLE-DE-PARIS							
Paris	371	—	—	P	M	🚐	—
77 SEINE-ET-MARNE							
Bagneaux-sur-Loing	371	—	—	—	—	—	—
Blandy	371	—	—	—	—	🚐	—
Boulancourt	371	—	✋	P	M	🚐	—
Changis-sur-Marne	372	—	—	—	—	—	—
Crèvecœur-en-Brie	372	—	—	—	M	🚐	—
La Ferté-sous-Jouarre	372	—	—	P	M	—	—
Hermé	372	—	—	P	—	—	—
Jablines	373	—	—	—	M	🚐	—
Saint-Vallier-sur-Marne	373	—	—	—	L	—	🎭
Melun	373	—	—	—	M	🚐	—
Montjay-la-Tour	373	—	—	P	—	🚐	—
Pommeuse	374	—	—	—	M	🚐	—
Touquin	374	—	✋	—	—	—	—
Veneux-les-Sablons	374	—	—	—	—	🚐	—
Verdelot	374	—	—	—	—	—	—
78 YVELINES							
Rambouillet	375	—	—	—	—	🚐	—
Versailles	375	—	—	P	M	🚐	—
91 ESSONNE							
Étampes	375	—	—	—	—	—	—
Monneville	375	—	—	—	—	—	—
Saint-Chéron	376	—	✋	—	M	—	—
Villiers-sur-Orge	376	—	—	P	M	🚐	—
95 VAL-D'OISE							
Nesles-la-Vallée	376	—	✋	—	—	—	—
LANGUEDOC-ROUSSILLON							
11 AUDE							
Axat	380	—	✋	—	M	🚐	—
Belcaire	380	—	—	—	—	—	—
Brousses-et-Villaret	380	—	✋	—	—	—	—
Carcassonne	380	—	—	—	M	🚐	🎭
Montclar	381	👥	✋	—	M	🚐	🎭
Narbonne	382	👥	—	—	M	🚐	🎭
Nébias	382	—	—	—	M	—	—
Puivert	382	—	—	—	—	🚐	—
Quillan	382	—	—	—	M	—	—
Rennes-les-Bains	383	—	—	—	M	—	—
Roquefort-des-Corbières	383	—	—	—	L	—	—
Saissac	383	—	—	—	—	—	—
Trèbes	383	—	—	—	—	—	—
Villegly	384	—	—	—	M	—	—
Villemoustaussou	384	—	—	—	M	—	—
Villepinte	384	—	—	—	—	—	—
30 GARD							
Aigues-Mortes	384	👥	—	—	M	🚐	🎭
Aiguèze	385	—	—	P	M	🚐	—
Allègre-les-Fumades	385	👥	—	—	M	—	🎭
Anduze	385	👥	—	—	M	🚐	🎭
Bagnols-sur-Cèze	386	—	—	—	M	—	—
Barjac	387	—	✋	—	M	—	—
Bessèges	387	—	—	—	M	—	—
Boisset-et-Gaujac	387	👥	—	—	M	🚐	—
Boisson	388	👥	—	—	M	—	🎭
Cendras	388	—	—	—	M	🚐	🎭
Chambon	388	—	—	—	—	—	—
Collias	388	—	—	—	M	—	—
Connaux	389	—	—	P	M	—	—
Corbès	389	—	✋	—	M	🚐	—
Crespian	389	—	—	—	M	—	—
Domazan	389	—	—	P	M	—	—

Localité	Pages	👥	🐾	Permanent	Location	🚐	🎭
Gallargues-le-Montueux	390	👥	—	—	M	—	🎭
Génolhac	390	—	—	—	—	—	—
Goudargues	390	—	—	—	M	🚐	—
Le Grau-du-Roi	391	👥	—	—	M	🚐	—
Junas	391	—	—	—	M	—	—
Lanuéjols	392	—	🐾	P	M	—	—
Le Martinet	392	—	—	—	—	—	—
Massillargues-Attuech	392	—	—	—	M	—	—
Les Plantiers	392	—	—	—	M	—	—
Port-Camargue	393	👥	—	—	M	🚐	🎭
Remoulins	393	👥	—	—	M	—	—
La Roque-sur-Cèze	394	—	—	—	M	—	—
Saint-Ambroix	394	—	—	—	M	—	—
Saint-Hippolyte-du-Fort	395	—	—	—	M	—	—
Saint-Jean-de-Ceyrargues	395	—	—	—	M	—	—
Saint-Jean-du-Gard	395	—	🐾	—	M	🚐	🎭
Saint-Laurent-d'Aigouze	396	—	—	—	M	—	—
Saint-Victor-de-Malcap	396	👥	—	—	M	—	—
Sommières	396	—	—	—	M	🚐	—
Uzès	397	—	🐾	—	M	—	—
Vallabrègues	398	—	—	—	M	🚐	—
Valleraugue	398	—	—	—	M	—	—
Le Vigan	398	—	—	—	M	—	—
Villeneuve-lès-Avignon	398	👥	—	—	M	—	—

34 HÉRAULT

Localité	Pages	👥	🐾	Permanent	Location	🚐	🎭
Agde	399	👥	—	—	M	🚐	🎭
Balaruc-les-Bains	400	👥	—	—	M	🚐	—
Brissac	401	—	—	—	M	—	🎭
Canet	401	—	—	—	M	—	—
Le-Cap-d'Agde	401	—	—	—	M	🚐	—
Carnon-Plage	402	—	—	—	M	🚐	—
Castries	402	—	🐾	P	M	🚐	—
Clermont-l'Hérault	402	—	—	P	M	—	—
Creissan	402	—	—	—	M	—	—
Frontignan	403	👥	—	—	M	🚐	🎭
Gignac	403	—	—	—	—	🚐	—
La Grande-Motte	403	👥	—	—	M	—	—

Localité	Pages	👥	🐾	Permanent	Location	🚐	🎭
La Tamarissière	410	—	—	—	M	—	—
Lattes	404	—	—	—	M	—	—
Laurens	404	👥	—	P	M	—	🎭
Lodève	405	—	—	—	—	—	—
Marseillan	405	👥	—	—	M	🚐	🎭
Montpellier	406	—	—	—	M	🚐	—
Octon	406	—	🐾	—	—	—	—
Pézenas	406	—	—	—	M	—	—
Portiragnes	407	👥	—	—	M	🚐	🎭
Saint-André-de-Sangonis	407	—	—	—	M	—	—
Saint-Pons-de-Thomières	408	—	🐾	—	M	—	—
La Salvetat-sur-Agout	408	—	—	—	M	—	—
Sérignan	408	👥	—	P	M	🚐	🎭
Sète	409	👥	—	—	M	—	🎭
Soubès	410	—	🐾	—	—	—	—
La Tour-sur-Orb	410	—	—	—	—	—	—
Valras-Plage	410	👥	—	—	M	🚐	🎭
Vias	412	👥	—	—	M	🚐	🎭
Vic-la-Gardiole	414	—	—	P	M	🚐	—
Villeneuve-lès-Béziers	414	—	—	—	M	🚐	—

48 LOZÈRE

Localité	Pages	👥	🐾	Permanent	Location	🚐	🎭
Bagnols-les-Bains	415	—	—	—	M	—	—
Bédouès	415	—	—	—	—	—	—
Blajoux	415	—	🐾	—	L	—	—
Canilhac	415	—	—	—	M	—	—
La Canourgue	415	—	—	—	M	🚐	—
Chastanier	416	—	—	—	—	—	—
Chirac	416	—	—	—	L	—	—
Florac	416	—	—	—	M	—	—
Grandrieu	416	—	—	—	—	—	—
Ispagnac	417	—	—	—	M	—	—
Laubert	417	—	—	P	—	—	—
Le Malzieu-Ville	417	—	🐾	P	M	—	—
Marvejols	418	—	—	—	M	—	—
Mende	418	—	—	P	M	🚐	—
Meyrueis	418	—	🐾	—	M	🚐	🎭
Nasbinals	419	—	—	—	—	—	—
Naussac	419	—	—	—	M	—	🎭

	Pages	👥	✋	Permanent	Location	🚐	🎭
Le-Pont-de-Montvert	420	—	—	—	—	—	—
Rocles	420	—	—	P	M	—	—
Le Rozier	420	—	—	—	M	—	—
Saint-Léger-de-Peyre	421	—	✋	—	L	—	—
Saint-Bauzile	421	—	—	—	—	—	—
Saint-Georges-de-Lévéjac	421	—	✋	—	—	—	—
Saint-Germain-du-Teil	421	—	—	—	L	—	—
Saint-Paul-le-Froid	422	—	✋	—	L	—	—
Sainte-Enimie	422	—	—	—	M	🚐	—
Les Vignes	422	—	—	—	M	—	—
Villefort	423	—	—	—	M	🚐	—

66 PYRÉNÉES-ORIENTALES

	Pages	👥	✋	Permanent	Location	🚐	🎭
Argelès-sur-Mer	423	👥	—	—	M	🚐	🎭
Arles-sur-Tech	427	—	—	—	M	—	—
Le Barcarès	427	👥	—	P	M	🚐	🎭
Bourg-Madame	429	—	—	P	M	—	—
Canet-Plage	429	👥	—	—	M	🚐	🎭
Casteil	430	—	✋	—	—	—	—
Céret	430	—	—	—	—	—	—
Égat	431	—	—	P	—	—	—
Elne	431	—	—	—	—	—	—
Enveitg	431	—	—	P	M	—	—
Err	431	—	—	P	M	—	—
Estavar	432	—	—	—	M	🚐	—
Fuilla	432	—	—	—	M	—	—
Laroque-des-Albères	432	—	✋	—	M	—	🎭
Matemale	432	—	—	—	—	🚐	—
Maureillas-Las-Illas	433	—	—	P	M	🚐	—
Molitg-les-Bains	433	—	—	—	—	—	—
Palau-Del-Vidre	433	—	—	—	M	🚐	—
Prades	433	—	—	P	M	—	—
Rivesaltes	434	—	—	—	—	—	—
Saint-Cyprien	434	—	—	—	M	🚐	🎭
Saint-Génis-des-Fontaines	434	—	—	—	M	—	—
Saint-Jean-Pla-de-Corts	434	—	—	P	M	—	🎭
Saint-Laurent-de-Cerdans	435	—	—	—	M	—	—
Saint-Paul-de-Fenouillet	435	—	—	P	—	—	—
Sainte-Marie	435	👥	—	—	M	🚐	🎭

	Pages	👥	✋	Permanent	Location	🚐	🎭
Torreilles	436	👥	—	—	M	—	🎭
Vernet-les-Bains	437	—	—	—	M	—	—
Villeneuve-de-la-Raho	437	—	—	—	M	🚐	—

LIMOUSIN

19 CORRÈZE

	Pages	👥	✋	Permanent	Location	🚐	🎭
Argentat	441	—	—	—	M	🚐	🎭
Aubazines	442	—	—	—	M	🚐	🎭
Auriac	442	—	✋	—	—	—	—
Beaulieu-sur-Dordogne	442	—	✋	—	M	—	—
Beynat	442	—	✋	—	M	—	🎭
Bort-les-Orgues	443	—	✋	—	—	—	—
Camps	443	—	—	—	—	—	—
Chamberet	443	—	—	—	—	—	—
Chauffour-sur-Vell	444	—	—	—	M	—	—
Corrèze	444	—	—	—	—	—	—
Liginiac	444	—	—	—	—	—	—
Lissac-sur-Couze	444	—	✋	—	L	—	—
Masseret	445	—	—	—	M	—	—
Meyssac	445	—	—	—	M	—	—
Neuvic	445	—	—	—	M	—	—
Objat	445	—	—	—	L	—	—
Palisse	446	—	✋	P	M	—	—
Reygade	446	—	—	—	M	—	—
Saint-Pantaléon-de-Lapleau	446	—	✋	—	—	🚐	—
Saint-Pardoux-Corbier	446	—	—	—	—	—	—
Seilhac	446	—	—	—	M	🚐	—
Soursac	447	—	—	—	—	—	—
Treignac	447	—	—	—	M	—	—
Ussel	447	—	—	—	M	🚐	—
Uzerche	447	—	—	—	M	—	—
Viam	448	—	—	—	—	🚐	—
Vigeois	448	—	✋	—	—	—	—

23 CREUSE

	Pages	👥	✋	Permanent	Location	🚐	🎭
Bourganeuf	448	—	—	—	—	—	—
Le-Bourg-d'Hem	448	—	—	—	—	—	—
Boussac-Bourg	449	—	✋	—	M	🚐	🎭
Bussière-Dunoise	449	—	—	—	—	—	—
La Celle-Dunoise	449	—	—	—	M	🚐	—

	Pages	👥	✋	Permanent	Location	🚐	🎭
Chambon-sur-Voueize	449	—	—	—	—	🚐	—
Châtelus-Malvaleix	450	—	—	—	M	—	—
Chénérailles	450	—	—	—	—	—	—
Évaux-les-Bains	450	—	—	—	M	—	—
Guéret	450	—	—	—	—	—	—
Mérinchal	450	—	—	—	—	—	—
Royère-de-Vassivière	451	—	—	—	—	—	—
Saint-Vaury	451	—	—	—	—	—	—

87 HAUTE-VIENNE

	Pages	👥	✋	Permanent	Location	🚐	🎭
Aixe-sur-Vienne	451	—	—	—	—	—	—
Bessines-sur-Gartempe	451	—	—	—	—	—	—
Bujaleuf	452	—	—	—	M	—	—
Bussière-Galant	452	—	—	—	—	—	—
Châteauneuf-la-Forêt	452	—	—	P	M	—	—
Châteauponsac	452	—	—	P	M	—	—
Coussac-Bonneval	453	—	—	—	—	—	—
Cromac	453	—	—	—	M	—	—
Eymoutiers	453	—	—	—	—	—	—
Ladignac-le-Long	453	—	—	—	M	—	—
Meuzac	454	—	—	—	—	—	—
Nexon	454	—	—	—	M	—	—
Pierre-Buffière	454	—	—	—	—	🚐	—
Razès	454	👥	—	—	M	—	—
Saint-Germain-les-Belles	455	—	—	—	—	—	—
Saint-Hilaire-les-Places	455	—	—	P	M	🚐	—
Saint-Laurent-les-Églises	455	—	—	—	M	—	—
Saint-Léonard-de-Noblat	455	—	—	—	—	—	—
Saint-Martin-Terressus	455	—	—	—	—	—	—
Saint-Pardoux	456	—	—	—	M	—	—
Saint-Yrieix-la-Perche	456	—	—	—	—	—	—
Videix	456	—	✋	P	L	—	—

LORRAINE

54 MEURTHE-ET-MOSELLE

	Pages	👥	✋	Permanent	Location	🚐	🎭
Jaulny	459	—	—	—	M	—	—
Lunéville	459	—	—	—	—	🚐	—
Magnières	459	—	—	—	M	—	—

	Pages	👥	✋	Permanent	Location	🚐	🎭
Mandres-aux-Quatre-Tours	459	—	—	—	—	—	—
Villey-le-Sec	460	—	—	—	M	—	—

55 MEUSE

	Pages	👥	✋	Permanent	Location	🚐	🎭
Revigny-sur-Ornain	460	—	—	—	—	—	—
Verdun	460	—	—	—	M	🚐	—

57 MOSELLE

	Pages	👥	✋	Permanent	Location	🚐	🎭
Dabo	461	—	—	—	M	—	—
Metz	461	—	—	—	—	🚐	—
Morhange	461	—	—	—	M	—	—
Saint-Avold	461	—	—	P	M	—	—

88 VOSGES

	Pages	👥	✋	Permanent	Location	🚐	🎭
Anould	462	—	—	—	M	🚐	—
La Bresse	462	—	—	P	M	🚐	—
Bulgnéville	462	—	—	—	—	—	—
Bussang	463	—	—	P	M	🚐	🎭
Celles-sur-Plaine	463	—	—	—	M	—	🎭
La Chapelle-Devant-Bruyères	463	—	—	—	M	—	—
Charmes	463	—	—	—	—	🚐	—
Contrexéville	464	—	—	—	—	—	—
Corcieux	464	—	—	P	M	🚐	🎭
Fresse-sur-Moselle	464	—	—	—	—	—	—
Gemaingoutte	464	—	—	—	—	🚐	—
Gérardmer	465	—	—	—	M	—	—
Granges-sur-Vologne	465	—	—	—	—	—	—
Herpelmont	466	—	—	—	—	—	—
Neufchâteau	466	—	—	—	—	—	—
Plombières-les-Bains	466	—	—	—	M	🚐	—
Saint-Dié-des-Vosges	467	—	—	P	M	—	🎭
Saint-Maurice-sur-Moselle	467	—	—	—	M	—	—
Sanchey	467	—	—	P	M	🚐	🎭
Saulxures-sur-Moselotte	467	—	—	P	M	—	—
Le Tholy	468	—	—	—	M	—	—
Le-Val-d'Ajol	468	—	—	—	—	🚐	—
Vittel	468	—	—	—	—	🚐	—
Xonrupt-Longemer	468	—	—	—	M	🚐	—

MIDI-PYRÉNÉES

09 ARIÈGE

	Pages	👥	🖐	Permanent	Location	🚐	🎭
Aigues-Vives	472	—	🖐	—	M	🚐	—
Albiès	472	—	—	P	—	—	—
Aston	472	—	—	—	M	—	—
Augirein	472	—	—	—	M	—	—
Aulus-les-Bains	473	—	—	P	M	—	—
Ax-les-Thermes	473	—	—	—	M	🚐	—
La Bastide-de-Sérou	473	—	—	—	M	🚐	—
Cos	474	—	—	P	—	—	—
Le Fossat	474	—	—	—	—	—	—
L'Hospitalet-Près-l'Andorre	474	—	—	—	—	—	—
L'Herm	474	—	—	—	—	—	—
Luzenac	474	—	—	P	M	—	—
Mercus-Garrabet	475	—	—	—	M	🚐	—
Mérens-les-Vals	475	—	—	P	—	—	—
Ornolac-Ussat-les-Bains	475	—	—	—	M	—	—
Oust	475	—	—	P	M	—	—
Pamiers	476	—	—	—	M	🚐	—
Le Pla	476	—	—	P	—	—	—
Rieux-de-Pelleport	476	—	—	P	M	🚐	—
Rimont	476	—	—	—	L	—	—
Saint-Girons	477	👥	—	—	M	🚐	—
Seix	477	—	—	P	M	—	—
Sorgeat	477	—	🖐	P	M	—	—
Tarascon-sur-Ariège	477	👥	—	P	M	🚐	🎭
Le Trein d'Ustou	478	—	—	P	M	—	—

12 AVEYRON

	Pages	👥	🖐	Permanent	Location	🚐	🎭
Alrance	478	—	—	—	M	—	—
Arvieu	478	—	—	—	—	—	—
Boisse-Penchot	478	—	—	P	M	—	—
Brusque	479	—	—	—	L	—	—
Canet-de-Salars	479	👥	—	—	M	🚐	🎭
Capdenac-Gare	480	—	—	—	M	—	—
Conques	480	—	—	—	M	🚐	—
Entraygues-sur-Truyère	480	—	—	—	M	—	—
Le Fel	481	—	—	—	—	—	—
Flagnac	481	—	—	—	M	—	—
Golinhac	481	—	—	—	M	—	—
Grand-Vabre	481	—	—	—	L	—	—
Laguiole	481	—	—	—	—	🚐	—
Martiel	482	—	—	—	—	—	—
Millau	482	👥	—	—	M	🚐	🎭
Najac	482	—	—	—	M	—	—
Nant	483	👥	🖐	—	M	🚐	🎭
Naucelle	483	—	—	—	M	🚐	—
Le Nayrac	483	—	—	—	—	—	—
Pons	484	—	—	—	M	—	—
Pont-de-Salars	484	👥	—	—	M	—	🎭
Rignac	485	—	—	—	—	—	—
Rivière-sur-Tarn	485	👥	—	—	M	—	—
Rodez	485	—	🖐	—	M	🚐	🎭
Saint-Amans-des-Cots	486	👥	—	—	M	🚐	🎭
Saint-Geniez-d'Olt	486	👥	—	—	M	—	🎭
Saint-Rome-de-Tarn	487	—	—	P	M	🚐	🎭
Saint-Symphorien-de-Thénières	487	—	—	—	—	—	—
Salles-Curan	487	👥	—	—	M	—	—
Sévérac-l'Église	488	👥	—	—	M	—	—
Le Truel	488	—	—	—	M	—	—
Villefranche-de-Rouergue	488	—	—	—	M	—	—

31 HAUTE-GARONNE

	Pages	👥	🖐	Permanent	Location	🚐	🎭
Aspet	489	—	—	—	—	—	—
Aurignac	489	—	—	—	M	—	—
Bagnères-de-Luchon	489	👥	—	P	M	🚐	—
Boulogne-sur-Gesse	490	—	—	—	L	—	—
Caraman	490	—	—	—	—	—	—
Cassagnabère-Tournas	490	—	—	—	M	—	—
Garin	490	—	—	—	L	—	—
Mane	490	—	—	—	M	🚐	—
Martres-Tolosane	491	—	—	—	M	🚐	—
Nailloux	491	—	—	P	M	—	—
Puysségur	491	—	🖐	—	M	—	—
Revel	492	—	—	—	—	—	—
Rieux	492	—	—	—	M	🚐	—

	Pages	👥	🛏	Permanent	Location	🚐	🎭
Saint-Bertrand-de-Comminges	492	—	—	P	—	🚐	—
Saint-Ferréol	492	—	—	—	M	—	—
Saint-Gaudens	493	—	—	—	—	—	—
Saint-Martory	493	—	—	—	—	—	—
Salles-et-Pratviel	493	—	—	P	M	—	—

	Pages	👥	🦶	Permanent	Location	🚐	🎭
Bagnères-de-Bigorre	514	—	—	P	M	🚐	—
Bourisp	514	—	—	P	M	—	🎭
Bun	515	—	—	P	M	—	—
Capvern-les-Bains	515	—	—	—	M	🚐	—
Cauterets	515	—	—	—	M	🚐	—
Estaing	516	—	—	—	—	🚐	—
Gavarnie	516	—	—	—	M	—	—
Gèdre	516	—	—	—	—	—	—
Hèches	517	—	—	P	M	🚐	—
Lau-Balagnas	517	—	—	—	M	—	—
Loudenvielle	517	—	—	P	M	—	—
Lourdes	517	—	—	—	M	🚐	—
Luz-Saint-Sauveur	519	—	—	P	M	🚐	—
Madiran	521	—	—	—	—	—	—
Orincles	521	—	—	—	—	—	—
Ouzous	521	—	—	—	—	—	—
Peyrouse	521	—	—	—	M	—	—
Poueyferré	521	—	—	—	M	—	—
Pouzac	522	—	—	—	M	—	—
Saint-Lary-Soulan	522	—	—	—	M	🚐	—
Sainte-Marie-de-Campan	522	—	—	P	—	🚐	—
Sassis	522	—	—	—	M	—	—
Trébons	523	—	🦶	—	—	—	—
Vieille-Aure	523	—	—	P	M	🚐	—

81 TARN

	Pages	👥	🦶	Permanent	Location	🚐	🎭
Anglès	523	👥	—	—	M	—	—
Le Bez	523	—	🦶	—	—	—	—
Brassac	524	—	—	—	—	—	—
Les Cabannes	524	—	—	—	M	—	—
Les Cammazes	524	—	—	—	M	—	—
Castelnau-de-Montmiral	524	—	—	—	M	—	—
Cordes-sur-Ciel	525	—	—	—	M	—	—
Damiatte	525	—	—	—	M	—	—
Giroussens	525	—	🦶	—	—	—	—
Mazamet	525	—	—	—	M	🚐	—
Mirandol-Bourgnounac	526	—	🦶	—	—	—	—
Nages	526	—	—	—	M	—	🎭
Pampelonne	526	—	—	—	—	—	—

	Pages	👥	🦶	Permanent	Location	🚐	🎭
Rouquié	526	—	—	—	M	—	—
Sorèze	527	—	—	—	—	—	—
Teillet	527	—	—	—	M	—	—

82 TARN-ET-GARONNE

	Pages	👥	🦶	Permanent	Location	🚐	🎭
Beaumont-de-Lomagne	527	👥	—	—	M	—	🎭
Caussade	527	—	—	—	—	🚐	—
Caylus	528	—	—	—	M	🚐	—
Cayriech	528	—	—	P	M	🚐	—
Lafrançaise	528	—	—	—	M	—	—
Laguépie	528	—	—	—	M	—	—
Lavit-de-Lomagne	529	—	—	—	M	—	—
Moissac	529	👥	—	—	M	🚐	—
Montaigu-de-Quercy	529	—	🦶	—	M	—	—
Montpezat-de-Quercy	529	—	—	—	M	—	—
Nègrepelisse	530	—	—	—	—	🚐	—
Parisot	530	—	—	—	L	—	—
Saint-Antonin-Noble-Val	530	—	—	—	M	—	—
Saint-Nicolas-de-la-Grave	530	—	—	—	—	—	—
Touffailles	531	—	—	—	—	—	—

NORD-PAS-DE-CALAIS

59 NORD

	Pages	👥	🦶	Permanent	Location	🚐	🎭
Aubencheul-au-Bac	535	—	—	—	—	—	—
Avesnes-sur-Helpe	535	—	—	—	—	—	—
Buysscheure	535	—	—	—	—	🚐	—
Coudekerque	536	—	—	P	—	—	—
Floyon	536	—	—	—	—	—	—
Grand-Fort-Philippe	536	—	—	—	—	—	—
Leffrinckoucke	536	—	—	—	M	—	—
Maubeuge	536	—	—	—	—	—	—
Saint-Amand-les-Eaux	537	—	—	—	—	—	—
Willies	537	—	—	—	M	—	—

62 PAS-DE-CALAIS

	Pages	👥	🦶	Permanent	Location	🚐	🎭
Ardres	537	—	—	—	—	🚐	—
Audruicq	537	—	—	—	—	—	—
Auxi-le-Château	538	—	—	—	—	—	—
Beaurainville	538	—	—	P	—	—	—

	Pages	👥	👟	Permanent	Location	🚐	🎭
ondette	538	—	—	—	—	🚐	—
llièvres	539	—	—	—	—	—	—
uînes	539	—	—	—	M	🚐	—
ques	539	—	—	—	—	—	—
cques	539	—	—	—	M	🚐	—
ontreuil	540	—	—	—	—	—	—
ye-Plage	540	—	—	—	—	—	—
ebecques	540	—	—	—	—	—	—
aint-Omer	540	—	—	—	M	🚐	—
'acquinghen	541	—	—	—	—	🚐	—

BASSE-NORMANDIE

14 CALVADOS

	Pages	👥	👟	Permanent	Location	🚐	🎭
romanches-les-Bains	546	—	—	—	M	—	—
ayeux	546	—	—	—	—	🚐	—
ernières-sur-Mer	546	—	—	—	M	🚐	🎭
angy-le-Château	547	👥	—	—	M	🚐	🎭
olleville-sur-Mer	547	—	—	—	M	🚐	—
ourseulles-sur-Mer	547	—	—	—	M	—	—
eully	547	—	—	—	—	—	—
ves-sur-Mer	548	—	—	—	M	—	—
réham	548	—	👟	—	M	—	—
laise	548	—	—	—	—	—	—
nneville-en-Auge	548	—	—	—	M	—	—
onfleur	549	—	—	—	M	🚐	🎭
oulgate	549	👥	—	—	M	🚐	🎭
gny-sur-Mer	549	—	—	—	M	🚐	—
Vey	553	—	—	—	M	🚐	—
ieux	550	—	—	—	M	—	—
c-sur-Mer	550	—	—	—	M	🚐	—
urtragny	550	—	—	—	M	—	—
erville-Franceville-Plage	550	—	—	—	M	—	🎭
oyaux	551	—	👟	—	—	🚐	🎭
ec	551	—	—	—	—	—	—
nt-Farcy	551	—	—	—	—	—	—
nt-l'Évêque	551	—	—	—	—	—	—
rt-en-Bessin	552	👥	—	—	M	🚐	🎭

	Pages	👥	👟	Permanent	Location	🚐	🎭
Saint-Arnoult	552	👥	—	—	M	🚐	🎭
Saint-Aubin-sur-Mer	552	👥	—	—	M	🚐	🎭
Surrain	552	—	—	—	M	—	—
Thury-Harcourt	553	—	—	—	M	🚐	—
Trévières	553	—	—	—	—	—	—
Villers-sur-Mer	553	—	—	—	M	—	🎭

27 EURE

	Pages	👥	👟	Permanent	Location	🚐	🎭
Le Bec-Hellouin	554	—	👟	—	—	🚐	—
Bernay	554	—	—	—	—	🚐	—
Bourg-Achard	554	—	—	—	—	—	—
Fiquefleur-Équainville	554	—	—	—	M	—	—
Le Gros-Theil	554	—	👟	P	—	—	🎭
Louviers	555	—	—	—	M	🚐	—
Lyons-la-Forêt	555	—	—	—	M	—	—
Pont-Audemer	555	—	—	—	—	—	—
Pont-Authou	555	—	—	P	—	—	—
Poses	556	—	—	—	—	—	—
Saint-Georges-du-Vièvre	556	—	—	—	—	—	—

50 MANCHE

	Pages	👥	👟	Permanent	Location	🚐	🎭
Agon-Coutainville	556	—	—	—	—	🚐	—
Annoville	556	—	👟	—	—	—	—
Barneville-Carteret	557	—	—	—	M	—	🎭
Baubigny	557	—	👟	—	M	—	—
Beauvoir	558	—	—	—	M	—	—
Les Biards	558	—	—	—	M	—	🎭
Brécey	558	—	—	—	—	—	—
Bréhal	559	—	—	—	—	🚐	🎭
Bréville-sur-Mer	559	—	—	—	M	🚐	🎭
Carentan	559	—	—	—	M	🚐	—
Carteret	559	—	—	—	—	—	—
Courtils	560	—	—	—	M	🚐	—
Denneville	560	—	—	—	M	—	—
Donville-les-Bains	560	—	—	—	—	🚐	🎭
Ducey	560	—	—	—	—	—	—
Genêts	561	—	—	—	M	🚐	—
Granville	561	—	—	—	M	🚐	🎭

49

	Pages	👥	🐚	Permanent	Location	🚐	🎭
ornic	583	—	—	—	M	🚐	—
e Pouliguen	584	—	—	—	—	🚐	—
réfailles	584	—	—	—	M	🚐	🎭
aint-Brévin-les-Pins	584	👥	—	P	M	—	🎭
aint-Étienne-de-Montluc	585	—	—	P	—	—	—
aint-Père-en-Retz	585	—	—	—	M	—	—
ainte-Luce-sur-Loire	586	—	—	P	—	🚐	—
naron-Plage	586	—	—	—	M	—	—
a Turballe	586	—	—	—	M	—	—
ertou	587	—	—	—	—	🚐	—

49 MAINE-ET-LOIRE

	Pages	👥	🐚	Permanent	Location	🚐	🎭
llonnes	587	—	—	—	M	—	—
ngers	587	👥	—	—	M	🚐	—
augé	587	—	—	—	—	—	—
ouchemaine	588	—	—	—	—	—	—
rain-sur-l'Authion	588	—	—	—	—	—	—
rissac-Quincé	588	—	—	—	M	🚐	—
hallain-la-Potherie	588	—	—	—	—	—	—
halonnes-sur-Loire	589	—	—	—	—	—	—
hâteauneuf-sur-Sarthe	589	—	—	—	—	—	—
hemillé	589	—	—	—	M	—	—
holet	589	👥	—	—	M	🚐	🎭
oncourson-sur-Layon	590	—	—	—	M	🚐	🎭
outures	590	—	—	—	M	—	—
oué-la-Fontaine	590	—	—	—	M	—	—
urtal	590	—	—	—	M	—	—
e Lion-d'Angers	591	—	—	—	—	—	—
ontreuil-Bellay	591	👥	—	—	M	—	🎭
ontsoreau	591	—	—	—	—	🚐	—
oyant-la-Gravoyère	591	—	—	—	—	—	—
yoiseau	592	—	—	—	—	—	—
s-Ponts-de-Cé	592	👥	—	—	M	🚐	—
uillé	592	—	—	—	—	—	—
s Rosiers-sur-Loire	592	—	—	—	M	—	—
int-Georges-sur-Layon	592	—	—	—	M	—	—
int-Hilaire-Saint-Florent	593	👥	🐚	—	M	🚐	—
int-Lambert-du-Lattay	593	—	—	—	M	—	—

	Pages	👥	🐚	Permanent	Location	🚐	🎭
Saumur	593	👥	—	—	M	🚐	—
Thouarcé	593	—	—	—	—	—	—
La Varenne	593	—	—	—	—	—	—
Varennes-sur-Loire	594	👥	—	—	—	—	🎭
Vihiers	594	—	—	—	—	—	—

53 MAYENNE

	Pages	👥	🐚	Permanent	Location	🚐	🎭
Ambrières-les-Vallées	594	—	—	—	M	—	—
Andouillé	594	—	—	—	M	—	—
Bais	595	—	—	—	—	—	—
Bouère	595	—	—	P	L	—	—
Château-Gontier	595	—	—	—	M	—	—
Craon	595	—	—	—	M	—	—
Daon	596	—	—	—	M	—	—
Évron	596	—	—	P	M	🚐	—
Laval	596	—	—	—	—	—	—
Mayenne	596	—	—	—	M	—	—
Ménil	597	—	—	—	M	—	—
Meslay-du-Maine	597	—	—	—	M	—	—
Saint-Berthevin	597	—	—	—	—	—	—
La Selle-Craonnaise	597	—	—	—	M	—	🎭
Villiers-Charlemagne	598	—	—	—	M	🚐	🎭

72 SARTHE

	Pages	👥	🐚	Permanent	Location	🚐	🎭
Avoise	598	—	—	—	—	—	—
Beaumont-sur-Sarthe	598	—	—	—	—	🚐	—
Bessé-sur-Braye	598	—	—	—	—	🚐	—
Bouloire	599	—	—	—	—	—	—
Conlie	599	—	—	—	—	—	—
Courdemanche	599	—	—	—	—	—	—
Dollon	599	—	—	—	—	—	—
Écommoy	599	—	—	—	—	—	—
La Ferté-Bernard	600	—	—	—	—	—	—
La Flèche	600	—	—	—	M	🚐	—
Fresnay-sur-Sarthe	600	👥	—	—	M	🚐	—
Lavaré	600	—	—	—	—	—	—
Loué	601	—	—	P	M	—	—
Luché-Pringé	601	—	—	—	M	—	—
Malicorne-sur-Sarthe	601	—	—	—	M	🚐	—
Mamers	601	—	—	—	M	—	—
Mansigné	602	—	—	—	M	—	—
Marçon	602	—	—	—	M	—	—

Localité	Pages	👥	✍	Permanent	Location	🚐	🎭
Mayet	602	—	—	—	—	—	—
Mézières-sous-Lavardin	602	—	—	P	—	—	—
Neuville-sur-Sarthe	603	—	✍	—	M	—	—
Précigné	603	—	—	—	—	—	—
Roézé-sur-Sarthe	603	—	—	—	—	—	—
Ruillé-sur-Loir	603	—	—	—	—	—	—
Sablé-sur-Sarthe	603	👥	—	—	M	🚐	—
Saint-Calais	604	—	—	—	—	—	—
Sillé-le-Guillaume	604	—	—	—	—	—	—
Sillé-le-Philippe	604	—	✍	—	M	—	🎭
Tennie	604	—	—	—	M	🚐	—

85 VENDÉE

Localité	Pages	👥	✍	Permanent	Location	🚐	🎭
L'Aiguillon-sur-Mer	605	—	—	—	—	—	—
Aizenay	605	—	—	—	M	—	—
Angles	605	👥	—	—	M	🚐	🎭
Apremont	606	—	—	—	M	—	—
Avrillé	606	—	—	—	M	—	—
La Boissière-de-Montaigu	607	—	✍	P	M	🚐	—
Bournezeau	607	—	—	—	—	—	—
Brem-sur-Mer	607	👥	—	—	M	—	🎭
Brétignolles-sur-Mer	608	👥	—	—	M	🚐	—
Chaillé-les-Marais	609	—	—	—	M	🚐	—
La Chaize-Giraud	609	—	—	P	M	—	—
La Chapelle-Hermier	609	—	—	—	M	—	—
Commequiers	609	—	✍	—	M	—	—
Les Conches	610	—	—	—	M	—	—
Les Epesses	610	—	—	—	M	🚐	—
Les Essarts	610	—	—	P	—	—	—
La Faute-sur-Mer	611	—	—	—	M	—	—
Le Fenouiller	611	—	✍	—	M	—	—
Fromentine	611	—	—	—	M	—	🎭
Le Givre	612	—	✍	—	—	—	—
Grand'Landes	612	—	—	P	—	—	—
NOIRMOUTIER-EN-L'ÎLE	612						
Barbâtre	612	—	—	—	M	—	—
La Guérinière	612	—	—	—	M	🚐	🎭
Noirmoutier-en-l'Île	613	—	—	—	—	🚐	—
Jard-sur-Mer	614	👥	—	—	M	—	🎭
Landevieille	615	👥	—	—	M	—	—
L'Île-d'Olonne	613	—	—	—	—	—	—
Longeville-sur-Mer	615	👥	✍	—	M	—	🎭
Les Lucs-sur-Boulogne	616	—	—	—	—	—	—
Maché	616	—	—	P	M	—	—
Maillezais	617	—	—	—	—	🚐	—
Mareuil-sur-Lay	617	—	—	—	—	—	—
Le Mazeau	617	—	—	—	—	—	—
Mervent	617	—	—	—	M	—	—
La Mothe-Achard	618	—	—	—	M	—	🎭
Mouchamps	618	—	—	—	M	—	—
Mouilleron-le-Captif	618	—	—	P	M	—	—
Nalliers	618	—	—	—	—	—	—
Notre-Dame-de-Monts	619	—	—	—	M	—	🎭
Olonne-sur-Mer	619	👥	—	—	M	—	🎭
Le Perrier	621	—	—	—	M	—	—
Pouzauges	621	—	—	P	—	—	—
Les Sables-d'Olonne	621	👥	—	—	M	—	🎭
Saint-Étienne-du-Bois	622	—	—	—	M	—	—
Saint-Gilles-Croix-de-Vie	623	—	—	—	M	🚐	🎭
Saint-Hilaire-de-Riez	623	👥	—	—	M	🚐	🎭
Saint-Hilaire-la-Forêt	626	—	—	—	—	—	🎭
Saint-Jean-de-Monts	626	👥	✍	—	M	🚐	🎭
Saint-Julien-des-Landes	630	👥	✍	—	M	—	🎭
Saint-Laurent-sur-Sèvre	631	—	—	P	M	—	—
Saint-Michel-en-l'Herm	631	—	—	—	M	—	🎭
Saint-Révérend	631	—	—	—	M	—	—
Saint-Vincent-sur-Jard	632	—	—	—	M	—	🎭
Sion-sur-l'Océan	632	—	—	—	—	🚐	—
Soullans	632	—	—	—	—	—	—
Talmont-Saint-Hilaire	632	—	—	—	M	—	🎭
Tiffauges	633	—	—	—	—	—	—
La Tranche-sur-Mer	633	👥	—	—	M	🚐	—
Triaize	634	—	—	—	M	—	🎭

	Pages	👥	🦢	Permanent	Location	🚐	🎭
Vairé	635	—	—	P	M	🚐	—
Vix	635	—	—	—	—	—	—

PICARDIE

02 AISNE

	Pages	👥	🦢	Permanent	Location	🚐	🎭
Berny-Rivière	639	—	—	P	M	—	🎭
Chamouille	639	—	—	—	M	🚐	—
Charly-sur-Marne	639	—	—	—	—	—	—
La Fère	639	—	—	—	—	—	—
Guignicourt	640	—	—	—	—	—	—
Laon	640	—	—	—	—	🚐	—
Le Nouvion-en-Thiérache	640	—	—	—	—	—	—
Pessons-le-Long	640	—	—	P	—	—	—
Seraucourt-le-Grand	640	—	—	—	—	—	—

60 OISE

	Pages	👥	🦢	Permanent	Location	🚐	🎭
Carlepont	641	—	—	P	—	—	—
Pierrefonds	641	—	—	—	—	—	—
Saint-Leu-d'Esserent	641	—	—	—	—	🚐	—

80 SOMME

	Pages	👥	🦢	Permanent	Location	🚐	🎭
Bertangles	642	—	—	—	—	—	—
Cappy	642	—	—	—	—	—	—
Cayeux-sur-Mer	642	—	—	P	M	🚐	—
Le Crotoy	642	—	—	—	M	—	—
Fort-Mahon-Plage	643	—	—	—	M	🚐	—
Moyenneville	643	—	—	—	M	—	—
Rampont-Saint-Martin	644	—	—	—	M	—	🎭
Rendé	644	—	—	—	—	—	—
Péronne	644	—	—	—	M	🚐	—
Roix-de-Picardie	645	—	—	—	—	—	—
Rue	645	—	🦢	—	M	🚐	—
Ue	645	—	—	—	—	—	—
Saint-Quentin-en-Tourmont	645	—	—	—	—	—	—
Saint-Valery-sur-Somme	646	—	—	—	M	🚐	🎭
Villers-sur-Authie	646	—	—	—	M	—	🎭
Fronchaux	647	—	—	—	—	—	—

POITOU-CHARENTES

16 CHARENTE

	Pages	👥	🦢	Permanent	Location	🚐	🎭
Aunac	652	—	🦢	—	—	—	—
Cognac	652	—	—	—	M	🚐	—
Le Lindois	652	—	🦢	—	M	—	—
Mansle	653	—	—	—	M	🚐	—
Montbron	653	👥	🦢	—	M	—	—
Montignac-Charente	653	—	—	—	—	—	—
Pressignac	653	—	—	—	—	—	—
Ruffec	654	—	—	—	—	—	—
Sireuil	654	—	—	—	M	—	—

17 CHARENTE-MARITIME

	Pages	👥	🦢	Permanent	Location	🚐	🎭
Angoulins	654	—	—	—	M	—	🎭
Archiac	654	—	—	—	—	—	—
Arvert	655	—	—	—	M	—	—
Benon	655	—	—	—	—	—	—
Cadeuil	655	—	—	—	L	—	—
Châtelaillon-Plage	655	—	—	—	—	—	—
Cozes	656	—	—	—	—	—	—
Dampierre-sur-Boutonne	656	—	—	—	—	—	—
Fouras	656	—	—	P	—	—	🎭
Gémozac	656	—	—	—	M	—	—
L'Houmeau	657	—	—	—	M	—	—
ILE-DE-RÉ	657						
Ars-en-Ré	657	—	—	—	M	🚐	—
Le Bois-Plage-en-Ré	657	👥	—	—	M	🚐	🎭
La Couarde-sur-Mer	659	—	—	—	M	—	—
La Flotte	659	—	—	—	M	🚐	—
Loix	660	👥	—	—	M	—	—
Les-Portes-en-Ré	660	—	—	—	M	—	🎭
Saint-Clément-des-Baleines	660	—	—	—	M	🚐	—
Saint-Martin-de-Ré	660	—	—	—	—	—	—
ILE D'OLÉRON	661						
La Brée-les-Bains	661	—	—	—	M	🚐	—
Le Château-d'Oléron	661	—	🦢	—	M	🚐	🎭
Dolus-d'Oléron	662	—	—	—	M	🚐	—
Saint-Denis-d'Oléron	663	—	—	—	M	—	—

53

	Pages	👥	🐾	Permanent	Location	🚐	🎭
Saint-Georges-d'Oléron	663	●●	🐾	—	M	🚐	🎭
Saint-Pierre-d'Oléron	664	—	—	—	M	—	—
Saint-Trojan-les-Bains	665	—	—	—	M	—	—
Île-d'Aix	657	—	—	—	—	—	—
Jonzac	665	—	—	—	M	🚐	—
Lagord	665	—	—	—	M	🚐	—
Landrais	665	—	—	—	—	—	—
Marans	665	—	—	—	—	—	—
Marennes	666	—	—	—	M	—	—
Les Mathes	666	—	—	—	M	—	🎭
Médis	667	—	—	—	M	—	—
Meschers-sur-Gironde	667	—	—	—	M	—	—
Mortagne-sur-Gironde	668	—	—	—	—	—	—
Mosnac	668	—	—	—	—	—	—
La Palmyre	668	—	—	—	M	🚐	—
Pons	668	—	—	P	M	🚐	—
Pont-l'Abbé-d'Arnoult	669	—	—	—	M	—	—
Rochefort	669	—	—	—	M	—	—
Ronce-les-Bains	669	—	—	—	M	—	🎭
La Ronde	670	—	—	—	—	—	—
Royan	670	—	—	—	M	🚐	—
Saint-Augustin	672	—	🐾	—	M	🚐	—
Saint-Christophe	673	—	—	—	—	—	—
Saint-Georges-de-Didonne	673	—	—	P	M	🚐	🎭
Saint-Jean-d'Angély	673	—	—	—	M	🚐	—
Saint-Just-Luzac	674	●●	—	—	M	🚐	🎭
Saint-Laurent-de-la-Prée	674	—	—	—	M	—	🎭
Saint-Nazaire-sur-Charente	674	—	—	—	M	🚐	—
Saint-Palais-sur-Mer	675	—	—	—	M	—	—
Saint-Savinien	675	—	—	—	M	—	—
Saint-Seurin-d'Uzet	675	—	—	—	—	—	—
Saint-Sornin	675	—	—	—	—	—	—
Saintes	676	—	—	—	M	🚐	—
Souméras	676	—	—	—	M	—	—
Thors	676	—	—	—	—	—	—
Vaux-sur-Mer	676	—	—	—	M	—	—

79 DEUX-SÈVRES

	Pages	👥	🐾	Permanent	Location	🚐	🎭
Argenton-Château	677	—	—	—	M	—	—
Coulon	677	—	—	—	M	🚐	—
Coulonges-sur-l'Autize	677	—	—	—	—	—	—
Mauzé-sur-le-Mignon	678	—	—	—	—	—	—
Prailles	678	—	—	—	M	—	—
Saint-Christophe-sur-Roc	678	—	—	—	M	—	—
Secondigny	678	—	—	—	—	—	—

86 VIENNE

	Pages	👥	🐾	Permanent	Location	🚐	🎭
Availles-Limouzine	679	—	—	—	—	🚐	—
Avanton	679	—	—	—	M	🚐	—
Bonnes	679	—	—	—	M	—	—
Châtellerault	679	—	—	—	M	—	—
Chauvigny	680	—	—	—	—	—	—
Couhé	680	●●	—	—	M	—	🎭
Dissay	680	—	—	—	—	—	—
Ingrandes	680	—	—	—	—	🚐	—
Jaunay-Clan	681	—	—	—	M	🚐	—
Lésigny	681	—	—	—	—	—	—
Loudun	681	—	—	—	—	—	—
Montmorillon	681	—	—	—	—	—	—
Neuville-de-Poitou	682	—	—	—	—	—	—
La Roche-Posay	682	—	—	—	—	—	—
Saint-Cyr	682	—	—	—	M	—	🎭
Saint-Georges-lès-Baillargeaux	682	—	—	P	M	🚐	—
Saint-Pierre-de-Maillé	683	—	—	—	—	—	—
Vouillé	684	—	—	—	—	—	—
Vouneuil-sur-Vienne	684	—	—	—	M	—	—

PROVENCE-ALPES-CÔTE D'AZUR

04 ALPES-DE-HAUTE-PROVENCE

	Pages	👥	🐾	Permanent	Location	🚐	🎭
Barcelonnette	688	●●	—	—	M	🚐	—
Castellane	688	●●	🐾	—	M	🚐	—
Château-Arnoux	690	—	—	P	M	🚐	—
Clamensane	690	—	—	—	M	—	—
Colmars	690	—	—	—	—	🚐	—
Col-Saint-Jean	690	●●	—	—	M	🚐	🎭

	Pages	👥	✋	Permanent	Location	🚐	🎭
Curbans	691	—	—	—	M	—	—
Digne-les-Bains	691	—	—	—	M	🚐	—
Esparron-de-Verdon	691	—	—	—	M	🚐	—
Forcalquier	692	—	—	—	M	🚐	—
Gréoux-les-Bains	692	👥	✋	—	M	🚐	🎭
Larche	693	—	—	—	—	🚐	—
Les Mées	693	—	✋	—	—	—	—
Méolans	693	—	—	—	M	🚐	🎭
Mézel	693	—	—	—	M	🚐	—
Montpezat	694	—	—	—	L	—	—
Moustiers-Sainte-Marie	694	—	—	—	M	🚐	—
Niozelles	695	👥	—	—	M	—	—
Peyruis	695	—	—	—	—	—	—
Puimichel	695	—	✋	—	—	—	—
Riez	695	—	—	—	M	—	—
Saint-André-les-Alpes	696	—	—	—	—	🚐	—
Saint-Martin-de-Brômes	696	—	✋	—	M	—	—
Saint-Pons	696	—	—	—	L	—	—
Sainte-Croix-de-Verdon	697	—	—	—	M	🚐	—
Seyne	697	—	✋	—	M	—	—
Sisteron	697	—	—	—	M	—	—
Thoard	697	—	✋	—	M	—	—
Valensole	698	—	—	—	M	🚐	—
Le Vernet	698	—	—	—	—	—	—
Villars-Colmars	698	—	—	—	M	🚐	—
Volonne	698	👥	—	—	M	🚐	🎭
Volx	699	—	—	—	—	—	—

05 HAUTES-ALPES

	Pages	👥	✋	Permanent	Location	🚐	🎭
Ancelle	699	—	✋	P	M	—	—
L'Argentière-la-Bessée	699	—	—	—	—	—	—
Baratier	699	—	✋	P	M	—	🎭
Barret-sur-Méouge	700	—	✋	—	M	—	—
Briançon	701	—	—	—	M	🚐	—
Ceillac	701	—	—	—	—	—	—
Château-Queyras	701	—	—	—	—	—	—
Chorges	701	—	—	P	M	—	—
Embrun	702	—	—	—	M	🚐	🎭
Espinasses	702	—	—	—	M	—	—

	Pages	👥	✋	Permanent	Location	🚐	🎭
Freissinières	702	—	✋	—	—	—	—
Gap	702	—	—	—	M	🚐	—
La Grave	703	—	—	—	—	—	—
Guillestre	703	—	—	P	M	🚐	—
Névache	704	—	✋	—	—	—	—
Orcières	704	—	—	—	M	—	—
Orpierre	705	—	—	—	M	—	—
Pont-du-Fossé	705	—	—	—	M	—	—
Prunières	705	—	—	—	M	—	—
Puy-Saint-Vincent	706	—	✋	—	—	—	—
Réallon	706	—	✋	P	—	—	—
La Roche-de-Rame	706	—	—	P	—	🚐	—
La Roche-des-Arnauds	706	—	—	P	—	—	—
Rosans	707	—	—	—	M	—	—
Saint-Apollinaire	707	—	—	—	M	—	—
Saint-Bonnet-en-Champsaur	707	—	—	—	—	—	🎭
Saint-Clément-sur-Durance	707	—	—	—	—	—	—
Saint-Étienne-en-Dévoluy	707	—	—	P	—	—	—
Saint-Firmin	708	—	—	—	—	—	—
Le Sauze-du-Lac	708	—	—	—	M	—	—
Serres	708	—	✋	—	M	—	—
Veynes	708	—	✋	—	M	—	—
Villar-Loubière	709	—	—	—	—	—	—

06 ALPES-MARITIMES

	Pages	👥	✋	Permanent	Location	🚐	🎭
Antibes	709	—	—	—	M	🚐	—
Auribeau-sur-Siagne	710	—	—	—	M	—	—
Le Bar-sur-Loup	710	—	✋	—	M	—	—
La Bocca	710	—	—	—	M	—	—
Cagnes-sur-Mer	711	—	—	—	M	🚐	—
La Colle-sur-Loup	712	👥	—	P	M	🚐	—
Cros-de-Cagnes	713	👥	—	—	M	🚐	🎭
Èze	713	—	—	—	—	—	—
Isola	713	—	—	—	M	🚐	—
La Roquette-sur-Siagne	715	—	—	—	M	—	—
Mandelieu	714	—	—	P	M	🚐	—
Menton	715	—	—	—	M	—	—
Roquebillière	715	—	—	—	M	—	—

55

	Pages	👥	🥾	Permanent	Location	🚐	⊘
Saint-Étienne-de-Tinée	715	—	—	—	—	🚐	—
Saint-Martin-d'Entraunes	716	—	🥾	—	M	—	—
Saint-Martin-Vésubie	716	—	—	—	—	—	—
Saint-Sauveur-sur-Tinée	716	—	—	—	M	—	—
Sospel	717	—	—	—	M	—	—
Tourrettes-sur-Loup	716	—	—	P	M	—	—
Vence	717	—	🥾	—	—	🚐	—
Villeneuve-Loubet	717	—	—	P	M	🚐	—

13 BOUCHES-DU-RHÔNE

	Pages	👥	🥾	Permanent	Location	🚐	⊘
Aix-en-Provence	719	👥	—	P	M	🚐	—
Arles	719	👥	—	—	M	—	⊘
Carro	719	—	—	—	L	—	—
Ceyreste	719	—	—	—	M	—	—
Châteaurenard	720	—	—	—	M	—	—
La Ciotat	720	—	—	—	M	—	—
Fontvieille	721	—	—	—	—	🚐	—
Graveson	721	—	—	—	M	—	—
La Couronne	720	👥	—	—	M	🚐	—
Mallemort	721	—	—	—	M	—	—
Maussane-les-Alpilles	722	—	—	—	—	—	—
Mouriès	722	—	🥾	—	—	—	—
Puyloubier	722	—	—	—	—	—	—
La Roque-d'Anthéron	722	—	—	—	M	—	—
Saint-Étienne-du-Grès	723	—	—	—	—	—	—
Saint-Rémy-de-Provence	723	—	—	—	M	🚐	—
Saintes-Maries-de-la-Mer	724	—	—	—	M	🚐	—
Salon-de-Provence	724	—	—	—	M	—	—

83 VAR

	Pages	👥	🥾	Permanent	Location	🚐	⊘
Les Adrets-de-l'Esterel	724	—	—	—	M	—	—
Agay	725	👥	—	—	M	🚐	⊘
Aups	726	—	—	—	M	—	—
Belgentier	726	—	—	—	M	—	—
Bormes-les-Mimosas	726	—	—	P	M	🚐	—
La Cadière-d'Azur	727	—	—	—	L	—	—
Callas	727	—	—	—	M	—	—
Le Camp-du-Castellet	727	—	—	P	M	—	—

	Pages	👥	🥾	Permanent	Location	🚐	⊘
Cavalaire-sur-Mer	727	—	—	—	M	—	—
La Croix-Valmer	728	👥	—	—	M	🚐	⊘
Plage-de-la-Favière	728	👥	—	—	M	🚐	⊘
Fréjus	729	👥	—	—	M	🚐	⊘
Giens	731	👥	—	—	M	🚐	⊘
Grimaud	731	👥	—	—	M	🚐	⊘
Hyères	732	👥	—	—	M	🚐	⊘
Le Lavandou	733	—	—	—	M	—	—
La Londe-les-Maures	734	—	—	—	M	—	—
Montmeyan	734	—	—	—	M	—	—
Le Muy	735	👥	—	—	M	🚐	⊘
Nans-les-Pins	735	👥	🥾	—	—	—	⊘
Puget-sur-Argens	735	👥	—	—	M	—	—
Ramatuelle	736	👥	—	—	M	🚐	⊘
Roquebrune-sur-Argens	737	👥	🥾	—	M	🚐	⊘
Saint-Aygulf	738	👥	—	—	M	🚐	⊘
Saint-Clair	739	—	—	—	M	—	—
Saint-Cyr-sur-Mer	739	—	—	—	M	—	—
Saint-Mandrier-sur-Mer	739	—	—	—	L	—	⊘
Saint-Maximin-la-Sainte-Baume	739	—	—	—	M	🚐	—
Saint-Paul-en-Forêt	740	👥	🥾	—	M	—	⊘
Saint-Raphaël	740	👥	—	—	M	—	⊘
Sainte-Anastasie-sur-Issole	740	—	—	—	M	—	—
Salernes	740	—	—	—	M	🚐	—
Les Salles-sur-Verdon	741	—	—	—	—	🚐	—
Sanary-sur-Mer	741	👥	—	—	M	🚐	—
Six-Fours-les-Plages	742	—	—	—	M	—	—
Villecroze	742	👥	—	—	M	🚐	—

84 VAUCLUSE

	Pages	👥	🥾	Permanent	Location	🚐	⊘
Apt	742	—	🥾	—	M	🚐	—
Aubignan	743	—	—	—	—	—	—
Avignon	743	—	—	P	M	🚐	—
Beaumes-de-Venise	743	—	—	—	—	🚐	—
Beaumont-du-Ventoux	743	—	🥾	—	M	—	—
Bédoin	744	—	—	—	—	🚐	—
Bollène	744	—	—	P	M	—	—
Bonnieux	744	—	🥾	—	—	—	—

57

Localité	Pages	👥	🦢	Permanent	Location	🚐	🎭
Malarce-sur-la-Thines	770	—	🦢	—	M	—	—
Malbosc	770	—	—	—	—	—	—
Marcols-les-Eaux	770	—	—	—	—	—	—
Mars	770	—	🦢	—	—	🚐	—
Les Mazes	771	—	🦢	—	M	—	—
Meyras	771	—	—	—	M	—	—
Montréal	772	—	—	—	M	—	—
Les Ollières-sur-Eyrieux	772	👥	—	—	M	—	—
Orgnac-l'Aven	772	—	—	—	M	—	—
Pradons	773	—	—	—	M	—	—
Privas	773	—	—	—	M	—	—
Ribes	774	—	—	—	M	—	—
Rosières	774	—	—	—	M	—	—
Ruoms	775	👥	🦢	—	M	—	🎭
Sablières	777	—	🦢	—	M	—	—
Saint-Agrève	777	—	🦢	—	M	—	—
Saint-Alban	777	👥	—	—	M	—	🎭
Saint-Cirgues-en-Montagne	778	—	—	—	M	🚐	—
Saint-Étienne-de-Lugdarès	778	—	—	—	—	—	—
Saint-Fortunat-sur-Eyrieux	778	—	—	—	—	—	—
Saint-Jean-de-Muzols	778	—	—	—	M	—	—
Saint-Jean-le-Centenier	779	—	—	—	M	🚐	—
Saint-Julien-en-Saint-Alban	779	—	—	—	—	🚐	—
Saint-Just	779	—	—	—	M	—	—
Saint-Lager-Bressac	779	—	—	—	—	—	—
Saint-Laurent-du-Pape	780	—	—	—	—	—	—
Saint-Laurent-les-Bains	780	—	🦢	—	—	—	—
Saint-Martial	780	—	—	—	—	—	—
Saint-Martin-d'Ardèche	780	—	—	—	M	🚐	—
Saint-Maurice-d'Ardèche	781	—	🦢	—	M	—	—
Saint-Maurice-d'Ibie	782	—	—	—	M	—	—
Saint-Privat	782	—	—	—	M	—	—
Saint-Remèze	782	—	—	—	M	—	—
Saint-Sauveur-de-Cruzières	783	—	—	—	M	—	—
Saint-Sauveur-de-Montagut	784	—	—	—	M	—	—
Saint-Thomé	784	—	—	—	M	—	—
Salavas	784	—	—	—	M	—	—
Sampzon	785	👥	🦢	—	M	🚐	🎭
Satillieu	785	—	—	—	M	—	—
Tournon-sur-Rhône	786	—	—	—	M	🚐	—
Ucel	786	—	🦢	—	M	🚐	—
Vagnas	787	—	🦢	—	—	—	—
Vallon-Pont-d'Arc	787	👥	—	—	M	🚐	🎭
Les Vans	789	—	—	—	M	—	—
Vion	790	—	—	—	M	—	—
Viviers	790	—	—	—	M	—	—
Vogüé	790	—	—	—	M	🚐	—

26 DRÔME

Localité	Pages	👥	🦢	Permanent	Location	🚐	🎭
Barbières	791	—	—	—	M	—	—
Beaumont-en-Diois	791	—	🦢	—	—	—	—
Bénivay-Ollon	792	—	🦢	—	M	—	—
Bézaudun-sur-Bîne	792	—	—	—	—	—	—
Bourdeaux	792	—	—	—	M	🚐	—
Buis-les-Baronnies	792	—	—	—	M	—	—
Chabeuil	793	—	🦢	—	M	—	🎭
Charmes-sur-l'Herbasse	793	—	—	—	—	—	—
Châteauneuf-de-Galaure	793	—	—	—	—	—	—
Châteauneuf-du-Rhône	794	—	—	—	—	—	—
Châtillon-en-Diois	794	—	—	—	M	🚐	—
Crest	795	—	—	—	M	—	—
Die	795	—	—	—	M	—	—
Dieulefit	795	—	—	—	M	—	—
Grane	796	—	—	P	M	—	—
Grignan	796	—	—	—	M	—	—
Lus-la-Croix-Haute	796	—	—	—	M	🚐	—
Menglon	797	👥	—	—	M	—	🎭
Mirabel-et-Blacons	797	—	—	—	M	🚐	—
La Motte-Chalancon	797	—	—	—	—	—	—
Nyons	797	—	—	—	M	—	—
Pierrelongue	798	—	—	—	M	—	—
Le Poët-Laval	798	—	—	—	—	—	—
Pommerol	798	—	🦢	—	—	—	—

	Pages	👥	🏊	Permanent	Location	🚐	🎭
Le Poët-Célard	798	—	—		M	—	🎭
Recoubeau-Jansac	799	—	—		M	—	—
Romans-sur-Isère	799	—	—		—	—	—
Sahune	799	—	—		—	—	—
Saint-Avit	799	—	—		M	—	—
Saint-Donat-sur-l'Herbasse	800	—	—		M	🚐	—
Saint-Ferréol-Trente-Pas	800	—	—		M	—	—
Saint-Jean-en-Royans	800	—	—		M	🚐	—
Saint-Martin-en-Vercors	800	—	—		M	—	—
Saint-Nazaire-en-Royans	801	—	—		—	—	—
Saint-Nazaire-le-Désert	801	—	—		—	—	—
Saint-Vallier	801	—	—		—	—	—
Tain-l'Hermitage	802	—	—		—	—	—
Tulette	802	—	🏊		M	—	—
Vassieux-en-Vercors	802	—	🏊		—	—	—
Vercheny	802	—	—		M	—	—
Vinsobres	803	👥	—	P	M	🚐	—

38 ISÈRE

	Pages	👥	🏊	Permanent	Location	🚐	🎭
Les Abrets	803	👥	🏊		M	—	🎭
Allevard	803	—	—		M	—	—
Auberives-sur-Varèze	804	—	—	P	—	🚐	—
Autrans	804	👥	—		M	🚐	—
Les Avenières	804	—	—	P	—	🚐	—
Bilieu	804	—	—		—	—	—
Le-Bourg-d'Arud	805	—	—		M	🚐	—
Le-Bourg-d'Oisans	805	👥	—		M	—	—
Chanas	805	—	—		—	🚐	—
Charavines	806	—	—		—	—	—
Choranche	806	—	—		M	🚐	—
Entre-Deux-Guiers	806	—	—		M	🚐	—
Faramans	806	—	—	P	—	🚐	—
La Ferrière	807	—	🏊		M	—	—
Le Freney-d'Oisans	807	—	—		M	—	—
Gresse-en-Vercors	807	—	🏊		M	🚐	—
Hières-sur-Amby	807	—	—		—	—	—
alley	808	—	—		—	🚐	—

	Pages	👥	🏊	Permanent	Location	🚐	🎭
Méaudre	808	—	—	P	M	🚐	—
Meyrieu-les-Étangs	808	—	—		M	—	—
Monestier-de-Clermont	809	—	—		—	—	—
Montalieu-Vercieu	809	—	—		M	—	—
Morestel	809	—	—		—	—	—
Paladru	809	—	—		—	—	—
Petichet	810	—	—		M	🚐	—
Rochetaillée	810	👥	—		M	—	🎭
Roybon	810	—	—		—	—	—
Saint-Christophe-en-Oisans	810	—	🏊		—	—	—
Saint-Clair-du-Rhône	811	—	—		M	🚐	—
Saint-Laurent-du-Pont	811	—	—		—	—	—
Saint-Laurent-en-Beaumont	811	—	—		M	🚐	—
Saint-Martin-de-Clelles	811	—	—		—	—	—
Saint-Martin-d'Uriage	812	—	—		—	—	—
Saint-Pierre-de-Chartreuse	812	—	—		M	🚐	—
Saint-Théoffrey	812	—	—		—	—	—
La Salle-en-Beaumont	812	—	🏊		M	🚐	—
Theys	813	—	—		M	🚐	—
Trept	813	—	—		M	—	🎭
Vernioz	813	—	🏊		M	🚐	🎭
Villard-de-Lans	813	—	—		M	🚐	—
Vizille	814	—	—		M	—	—

42 LOIRE

	Pages	👥	🏊	Permanent	Location	🚐	🎭
Balbigny	814	—	🏊		—	🚐	—
Belmont-de-la-Loire	814	—	—		M	—	—
Charlieu	814	—	—		—	—	—
Cordelle	815	—	—		M	—	🎭
Feurs	815	—	—		—	🚐	—
Jeansagnière	815	—	🏊		L	—	—
Montbrison	815	—	—		M	🚐	—
Les Noës	816	—	—	P	L	—	—
Noirétable	816	—	—		—	—	—
La Pacaudière	816	—	—		—	—	—
Poncins	816	—	🏊	P	L	—	—
Pouilly-sous-Charlieu	816	—	—		—	—	—

59

	Pages	👥	🕊	Permanent	Location	🚐	🎭
Saint-Galmier	817	—	—	—	M	—	—
Saint-Genest-Malifaux	817	—	—	—	M	—	—
Saint-Paul-de-Vézelin	817	—	🕊	—	—	—	—
Saint-Sauveur-en-Rue	817	—	—	—	—	—	—
69 RHÔNE							
Anse	818	—	—	—	M	🚐	—
Cublize	818	—	—	—	M	—	—
Dardilly	818	—	—	P	M	🚐	—
Fleurie	818	—	—	—	M	🚐	—
Mornant	819	—	—	—	—	—	—
Poule-les-Écharmeaux	819	—	—	—	—	—	—
Propières	819	—	—	—	M	—	—
Saint-Symphorien-sur-Coise	819	—	—	—	—	🚐	—
Sainte-Catherine	819	—	🕊	—	—	—	—
Villefranche-sur-Saône	820	—	—	—	—	—	—
73 SAVOIE							
Aigueblanche	820	—	—	—	M	—	—
Aix-les-Bains	820	—	—	—	—	🚐	—
Les Allues	820	—	—	—	—	—	—
Aussois	821	—	—	P	—	—	—
La Bâthie	821	—	—	P	—	—	—
Beaufort	821	—	—	—	—	🚐	—
Le-Bourget-du-Lac	821	—	—	—	M	🚐	🎭
Bourg-Saint-Maurice	822	—	—	—	M	🚐	—
Bramans	822	—	—	—	—	—	—
Brides-les-Bains	822	—	—	—	M	🚐	—
Challes-les-Eaux	822	—	—	—	—	—	—
Chanaz	823	—	—	—	M	—	—
Le Châtelard	823	—	—	—	—	—	—
Chindrieux	823	—	—	—	M	—	—
Flumet	823	—	—	—	—	—	—
Landry	824	—	—	P	—	—	—
Lanslevillard	824	—	—	P	—	—	—
Lépin-le-Lac	824	—	—	—	—	—	—
Lescheraines	825	—	—	—	M	—	—
Les Marches	825	—	—	—	M	🚐	—
Marthod	825	—	—	—	—	—	—
Montchavin	825	—	—	—	—	—	—
Novalaise	826	—	—	—	M	—	—
Pralognan-la-Vanoise	826	—	—	—	M	🚐	—
La Rochette	826	—	—	—	M	—	—
La Rosière-1850	827	—	—	—	M	—	—
Ruffieux	827	—	—	—	M	—	—
Saint-Alban-de-Montbel	827	👥	—	—	—	—	—
Saint-Colomban-des-Villards	827	—	—	—	M	🚐	—
Saint-Jean-de-Couz	828	—	🕊	—	—	—	—
Saint-Jean-de-Maurienne	828	—	—	—	—	🚐	—
Saint-Pierre-d'Albigny	828	—	—	—	—	—	—
Séez	828	—	—	—	—	—	—
Sollières-Sardières	829	—	—	—	—	—	—
Termignon	829	—	—	—	M	—	—
La Toussuire	829	—	—	—	M	🚐	—
Valloire	829	—	—	P	—	🚐	—
Villarembert	830	—	—	—	—	—	—
74 HAUTE-SAVOIE							
Alex	830	—	—	—	—	—	—
Amphion-les-Bains	830	—	—	—	M	—	—
Argentière	830	—	—	—	—	—	—
La Balme-de-Sillingy	831	—	🕊	—	M	🚐	—
Les Bossons	831	—	—	—	M	—	—
Bout-du-Lac	831	—	—	—	M	—	🎭
Chamonix-Mont-Blanc	832	—	—	—	M	🚐	🎭
Châtel	832	👥	—	—	M	🚐	🎭
Choisy	833	—	🕊	—	M	—	—
La Clusaz	833	—	—	—	M	🚐	🎭
Contamine-Sarzin	833	—	—	—	M	—	—
Les Contamines-Montjoie	833	—	—	—	M	—	—
Doussard	835	👥	—	—	M	—	—
Duingt	835	—	—	—	M	🚐	—
Excenevex	835	—	—	—	M	🚐	🎭
Les Gets	836	—	—	—	—	—	—
Le Grand-Bornand	836	—	—	—	M	—	—
Groisy	837	—	—	—	M	🚐	—
Lathuile	837	—	—	—	M	—	🎭
Lugrin	838	—	—	—	M	—	—
Megève	838	—	—	—	—	—	—

60

	Pages	👥	✂	Permanent	Location	🚐	🦢
Menthon-Saint-Bernard	838	—	—	—	M	—	—
Morzine	839	—	—	—	M	—	—
Neydens	839	—	—	—	M	🚐	🦢
Praz-sur-Arly	839	—	—	P	M	🚐	—
Les-Praz-de-Chamonix	839	—	—	—	—	—	—
Présilly	840	—	—	—	—	—	—
Rumilly	840	—	—	P	M	🚐	—
Saint-Ferréol	840	—	—	—	—	—	—
Saint-Gervais-les-Bains	840	—	—	—	—	🚐	—
Saint-Jean-d'Aulps	841	—	—	P	—	—	—
Saint-Jorioz	841	👥	—	—	M	🚐	🦢
Sallanches	842	—	—	—	M	—	🦢
Samoëns	841	—	—	P	M	🚐	🦢
Sciez	842	—	—	—	M	🚐	—

	Pages	👥	✂	Permanent	Location	🚐	🦢
Sévrier	842	—	—	—	M	🚐	🦢
Seyssel	843	—	—	—	—	—	—
Taninges	843	—	—	P	—	🚐	—
Vallières	843	—	—	—	M	—	—
Vallorcine	843	—	—	—	—	—	—
Verchaix	843	—	—	P	—	—	—

PRINCIPAUTÉ D'ANDORRE

ANDORRA-LA-VELLA

	Pages	👥	✂	Permanent	Location	🚐	🦢
Canillo	845	—	—	—	M	—	—
La Massana	845	—	—	—	M	—	—
Ordino	846	—	—	—	M	—	—
Sant Julià-de-Lòria	846	—	—	P	—	—	—

LEXIQUE	LEXICON	GLOSSAR	WOORDENLIJST
accès difficile	difficult approach	schwierige Zufahrt	moeilijke toegang
accès direct à	direct access to...	Zufahrt zu...	rechtstreekse toegang tot...
accidenté	uneven, hilly	uneben	heuvelachtig
adhésion	membership	Beitritt	lidmaatschap
août	August	August	augustus
après	after	nach	na
Ascension	Ascension Day	Himmelfahrt	Hemelvaartsdag
assurance obligatoire	insurance cover compulsory	Versicherungspflicht	verzekering verplicht
automne	autumn	Herbst	herfst
avant	before	vor	voor
avenue (av.)	avenue	Avenue	laan
avril	April	April	april
baie	bay	Bucht	baai
base de loisirs	leisure facilities	Freizeitanlagen	recreatiepark
bois, boisé	wood, wooded	Wald, bewaldet	bebost
bord de...	shore	Ufer, Rand	aan de oever van...
boulevard (bd)	boulevard	Boulevard	boulevard
au bourg	in the town	im Ort	in het dorp
«Cadre agréable»	pleasant setting	angenehme Umgebung	aangename omgeving
«Cadre sauvage»	wild setting	urwüchsige Umgebung	woeste omgeving
carrefour	crossroads	Kreuzung	kruispunt
cases réfrigérées	refrigerated food storage facilities	Kühlboxen	Koelvakken
centre équestre	horseriding stables	Reitzentrum	manege
château	castle	Schloss, Burg	kasteel
chemin	path	Weg	weg
conseillé	advisable	empfohlen	aanbevolen
cotisation obligatoire	membership charge obligatory	ein Mitgliedsbeitrag wird verlangt	verplichte bijdrage
croisement difficile	difficult access	schwierige Überquerung	gevaarlijk Kruispunt
en cours d'aménagement, de transformations,	work in progress rebuilding	wird angelegt, wird umgebaut	in aanbouw, wordt verbouwd
crêperie	pancake restaurant, stall-	Pfannkuchen-Restaurant	pannekoekenhuis
décembre (déc.)	December	Dezember	december
«Décoration florale»	floral decoration	Blumenschmuck	bloemversiering
derrière	behind	hinter	achter
discothèque	disco	Diskothek	discotheek
à droite	to the right	nach rechts	naar rechts
église	church	Kirche	kerk
électricité (élect.)	electricity	Elektrizität	elektriciteit
entrée	way in, entrance	Eingang	ingang
«Entrée fleurie»	flowered entrance	blumengeschmückter Eingang	door bloemen omgeven ingang
étang	pond, pool	Teich	vijver
été	summer	Sommer	zomer
exclusivement	exclusively	ausschließlich	uitsluitend
falaise	cliff	Steilküste	steile kust
famille	family	Familie	gezin
fermé	closed	geschlossen	gesloten
février (fév.)	February	Februar	februari
forêt	forest, wood	Wald	bos
garage	parking facilities	überdachter Abstellplatz	parkeergelegenheid
garage pour caravanes	garage for caravans	Unterstellmöglichkeit für Wohnwagen	garage voor caravans

garderie (d'enfants)	children's crèche	Kindergarten	kinderdagverblijf
gare (S.N.C.F.)	railway station	Bahnhof	station
à gauche	to the left	nach links	naar links
gorges	gorges	Schlucht	bergengten
goudronné	surfaced road	geteert	geasfalteerd
gratuit	free, no charge	kostenlos	kosteloos
gravier	gravel	Kies	grint
gravillons	fine gravel	Rollsplitt	steenslag
herbeux	grassy	mit Gras bewachsen	grasland
hiver	winter	Winter	winter
hors saison	out of season	außerhalb der Saison	buiten het seizoen
île	island	Insel	eiland
incliné	sloping	abfallend	hellend
indispensable	essential	unbedingt erforderlich	noodzakelijk, onmisbaar
intersection	crossroads	Kreuzung	kruispunt
janvier (janv.)	January	Januar	januari
juillet (juil.)	July	Juli	juli
juin	June	Juni	juni
lac	lake	See	meer
lande	heath	Heide	hei
licence obligatoire	camping licence or international camping carnet	Lizenz wird verlangt	vergunning verplicht
lieu-dit	spot, site	Flurname, Weiler	oord
mai	May	Mai	mei
mairie	town hall	Bürgermeisteramt	stadhuis
mars	March	März	maart
matin	morning	Morgen	morgen
mer	sea	Meer	zee
mineurs non accompagnés non admis	people under 18 must be accompanied by an adult	Minderjährige ohne Begleitung nicht zugelassen	minderjarigen zonder geleide niet toegelaten
montagne	mountain	Gebirge	gebergte
Noël	Christmas	Weihnachten	Kerstmis
non clos	open site	nicht eingefriedet	niet omheind
novembre (nov.)	November	November	november
océan	ocean	Ozean	oceaan
octobre (oct.)	October	Oktober	oktober
ouverture prévue	opening scheduled	Eröffnung vorgesehen	vermoedelijke opening
Pâques	Easter	Ostern	Pasen
parcours de santé	fitness trail	Fitness-Pfad	trimbaan
passage non admis	no touring pitches	kein Kurzaufenthalt	niet toegankelijk voor kampeerders op doorreis
pente	slope	Steigung, Gefälle	helling
Pentecôte	Whitsun	Pfingsten	Pinksteren
personne (pers.)	person	Person	persoon
pierreux	stony	steinig	steenachtig
pinède	pine grove	Kiefernwäldchen	dennenbos
place (pl.)	square	Platz	plein
places limitées pour le passage	limited number of touring pitches	Plätze für kurzen Aufenthalt in begrenzter Zahl vorhanden	beperkt aantal plaatsen voor kampeerders op doorreis

63

plage	beach	Strand	strand
plan d'eau	stretch of water	Wasserfläche	watervlakte
plat	flat	eben	vlak
poneys	ponies	Ponys	pony's
pont	bridge	Brücke	brug
port	port, harbour	Hafen	haven
prairie	grassland	Wiese	weide
près de...	near	nahe bei...	bij...
presqu'île	peninsula	Halbinsel	schiereiland
prévu	projected	geplant	verwacht, gepland
printemps	spring	Frühjahr	voorjaar
en priorité	giving priority to...	mit Vorrang	voorrangs...
à proximité	nearby	in der Nähe von	in de nabijheid
quartier	(town) quarter	Stadtteil	wijk
Rameaux	Palm Sunday	Palmsonntag	Palmzondag
réservé	reserved	reserviert	gereserveerd
rive droite, gauche	right, left bank	rechtes, linkes Ufer	rechter, linker oever
rivière	river	Fluss	rivier
rocailleux	stony	steinig	vol kleine steentjes
rocheux	rocky	felsig	rotsachtig
route (rte)	road	Landstraße	weg
rue (r.)	street	Straße	straat
ruisseau	stream	Bach	beek
sablonneux	sandy	sandig	zanderig
saison	(tourist) season	Reisesaison	seizoen
avec sanitaires individuels	with individual sanitary arrangements	mit sanitären Anlagen für jeden Stellplatz	met eigen sanitair
schéma	local map	Kartenskizze	schema
semaine	week	Woche	week
septembre (sept.)	September	September	september
site	site	Landschaft	landschap
situation	situation	Lage	ligging
sortie	way out, exit	Ausgang	uitgang
sous-bois	underwood	Unterholz	geboomte
à la station	at the filling station	an der Tankstelle	bij het benzinestation
supplémentaire (suppl.)	additional	zuzüglich	extra
en terrasses	terraced	in Terrassen	terrasvormig
toboggan aquatique	water slide	Wasser-rutschbahn	waterglijbaan
torrent	torrent	torrent	bergstroom
Toussaint	All Saints' Day	Wildbach Allerheiligen	Allerheiligen
tout compris	everything included	alles inbegriffen	alles inbegrepen
vacances scolaires	school holidays	Schulferien	schoolvakanties
vallonné	undulating	hügelig	heuvelachtig
verger	orchard	Obstgarten	boomgaard
vers	in the direction of	nach (Richtung)	naar (richting)
voir	see	sehen, siehe	zien, zie

64

Les terrains sélectionnés

Selected camping sites

Ausgewählten Campingplätze

De geselekteerde terreinen

ALSACE

Si l'Alsace vous était contée, l'histoire décrirait le romantisme des châteaux forts érigés au pied des Vosges, les douces collines submergées d'une mer de ceps ou la féerie des villages de poupée égayant la plaine. Elle exalterait Colmar et l'adorable « petite Venise » avec ses balcons fleuris et ses cigognes, et inviterait à flâner dans Strasbourg dont le marché de Noël fait resplendir la cathédrale... Il se dégage de la capitale de l'Europe une chaleur que même la rudesse de l'hiver ne peut atténuer : nid douillet de la « Petite France » dont les belles maisons à colombages se reflètent dans l'Ill, ambiance conviviale des brasseries propices à la dégustation d'une bonne bière, et pittoresque décor des winstubs aptes à calmer les appétits les plus féroces avec force choucroutes, bäeckeoffes et kouglofs.

Alsace is perhaps the most romantic of France's regions, a place of fairy-tale castles, gentle vine-clad hills and picture-perfect villages perched on rocky outcrops or nestling in lush green valleys. From Colmar's Little Venice with its flower-decked balconies and famous storks to the lights of Strasbourg's Christmas market or the half-timbered houses reflected in the meanders of the River Ill, Alsace radiates a warmth that even the winter winds cannot chill. So make a beeline for the boisterous atmosphere of a brasserie and sample a real Alsace beer or head for a local "winstub" and tuck into a steaming dish of choucroute — sauerkraut with smoked pork — and a huge slice of kugelhof cake, all washed down with a glass of fruity Sylvaner or Riesling wine.

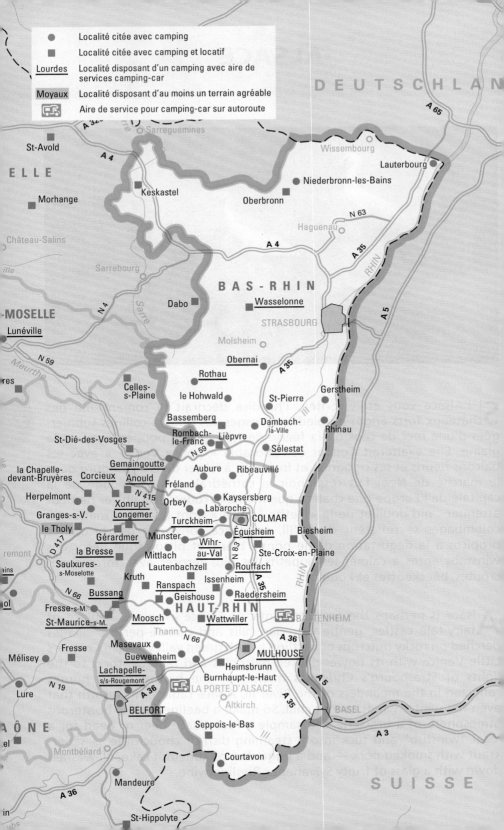

DEUTSCHLAND

A 65

ELLE

St-Avold

A 325

Sarreguemines

Wissembourg

Lauterbourg

Morhange

Keskastel

Oberbronn

Niederbronn-les-Bains

A 4

N 63

Haguenau

A 35

RHIN

Château-Salins

Sarrebourg

Sarre

BAS-RHIN

A 4

A 5

-MOSELLE

Lunéville

N 59

Meurthe

N 4

Dabo

Wasselonne

STRASBOURG

Molsheim

res

Obernai

A 35

Rothau

Celles-s-Plaine

le Hohwald

St-Pierre

Gerstheim

St-Dié-des-Vosges

Bassemberg

Dambach-la-Ville

Rhinau

Rombach-le-Franc

Lièpvre

la Chapelle-devant-Bruyères

Gemaingoutte

Sélestat

Corcieux

Anould

Aubure

Ribeauvillé

Herpelmont

N 415

Fréland

Granges-s-V.

Xonrupt-Longemer

Orbey

Kaysersberg

le Tholy

Labaroche

D 417

Gérardmer

Turckheim

COLMAR

la Bresse

Munster

Éguisheim

Biesheim

Saulxures-s-Moselotte

Mittlach

Wihr-au-Val

N 83

Ste-Croix-en-Plaine

ains

Lautenbachzell

Issenheim

Rouffach

Kruth

A 35

RHIN

N 66

Bussang

Ranspach

Raedersheim

ol

Fresse-s-M.

Geishouse

HAUT-RHIN

St-Maurice-s-M.

Moosch

Wattwiller

BATTENHEIM

Thann

A 36

Masevaux

N 66

Mélisey

Fresse

Guewenheim

Heimsbrunn

MULHOUSE

Lachapelle-s/s-Rougemont

Burnhaupt-le-Haut

A 5

Lure

N 19

A 36

LA PORTE D'ALSACE

BELFORT

Altkirch

BASEL

AÔNE

Seppois-le-Bas

A 3

el

Montbéliard

Courtavon

SUISSE

A 36

Mandeure

in

St-Hippolyte

BASSEMBERG

✉ 67220 – **315** H7 – 232 h. – alt. 280
Paris 432 – Barr 21 – St-Dié 35 – Sélestat 19 – Strasbourg 59.

⚠ **Le Giessen** 8 avr.-24 sept.
  ℘ 03 88 58 98 14, *cplgiessen@atciat.com,*
  Fax 03 88 57 02 33, *http://www.camping-giessen.com*
  – **R** conseillée
  4 ha (175 empl.) plat, herbeux
  Tarif : 👤 🚗 🏠 18,90 € – ⚡ (10A) 3,90 € – frais de réservation 23 €
  Location : 24 🏕 (4 à 6 pers.) 238 à 679 €/sem. –
  bungalows toilés (avec sanitaires)
  🚐 1 borne
  Pour s'y rendre : Sortie NE sur D 39, rte de Villé, bord du Giessen
  À savoir : Près d'un complexe aquatique

Nature : ⩽ 🗔
Loisirs : 🍴 🏊
Services : 🚿 ⚲ ⏍ 📷 🏧 📶 📦 ♿ ☺ 🗑 ♨ 🚾 🔳
À prox. : 🍴 📷 ♨ 🏊 🚣 ⛷

Pour choisir et suivre un itinéraire
Pour calculer un kilométrage
Pour situer exactement un terrain (en fonction des
indications fournies dans le texte) :
*Utilisez les **cartes MICHELIN** détaillées à 1/150 000,*
compléments indispensables de cet ouvrage.

DAMBACH-LA-VILLE

✉ 67650 – **315** I7 – G. Alsace Lorraine – 1 973 h. – alt. 210
🛈 *Office de tourisme, 11, place du Marché* ℘ *03 88 92 61 00, Fax 03 88 92 47 11*
Paris 443 – Barr 17 – Obernai 24 – Saverne 61 – Sélestat 8 – Strasbourg 52.

⚠ **Municipal** juin-30 janv.
  ℘ 03 88 92 48 60, *info.tourisme@dambach-la-ville.fr,*
  Fax 03 88 92 60 09, *www.dambachlaville* – **R** conseillée
  1,8 ha (120 empl.) plat, herbeux
  Tarif : 👤 2,60 € 🚗 1,65 € 🏠 2,10 € – ⚡ 2,10 €
  Pour s'y rendre : E : 1,2 km par D 210 rte d'Ebersheim et chemin à gauche
  À savoir : Cadre ombragé

Nature : ♀♀
Services : 🚿 ⚲ ⏍ 🏧 📶 📦 ☺ ♿ 🔳
À prox. : 🍴

69

GERSTHEIM

✉ 67150 – **315** K6 – G. Alsace Lorraine – 2 785 h. – alt. 154
Paris 514 – Marckolsheim 37 – Obernai 23 – Sélestat 28 – Strasbourg 29.

⚠ **Municipal Au Clair Ruisseau** avr.-sept.
  ℘ 03 88 98 30 04, *mairie.gerstheim@wanadoo.fr,*
  Fax 03 88 98 43 26, *www.gerstheim.fr* – **R** conseillée
  3 ha (70 empl.) plat, herbeux
  Tarif : (Prix 2006) 👤 3,10 € 🚗 🏠 3,10 € – ⚡ 3,10 €
  Pour s'y rendre : Sortie NE par D 924 vers le Rhin et chemin à gauche, bord d'un étang et d'un cours d'eau

Nature : 🌳 ♀
Loisirs : 🏧 🚣
Services : ⚲ 📶 📦 🔳 ☺

Le HOHWALD

✉ 67140 – **315** H6 – G. Alsace Lorraine – 386 h. – alt. 570 – Sports d'hiver : 600/1 100 m ⅟1 🎿
🛈 *Office de tourisme, square Kuntz* ℘ *03 88 08 33 92*
Paris 430 – Lunéville 89 – Molsheim 33 – St-Dié 46 – Sélestat 26 – Strasbourg 51.

⚠ **Municipal** Permanent
  ℘ 03 88 08 30 90, *www.lecamping.herrenhaus.fr,*
  Fax 03 88 08 30 90 – alt. 615 – **R** conseillée
  2 ha (100 empl.) accidenté, en terrasses, herbeux, gravillons
  Tarif : 👤 3,55 € 🚗 1,75 € 🏠 2,05 € – ⚡ 2 €
  Pour s'y rendre : Sortie O par D 425 rte de Villé
  À savoir : À la lisière d'une forêt

Nature : ♀♀
Loisirs : 🏛 🏧 parcours sportif
Services : ⚲ ⏍ 📶 📦 ☺ 🔳

KESKASTEL

✉ 67260 – **315** G3 – 1 438 h. – alt. 215
Paris 403 – Lunéville 75 – Metz 77 – Nancy 88 – St-Avold 33 – Sarreguemines 20 – Strasbourg 87.

⚠ **Municipal les Sapins**
   🖉 03 88 00 19 25, Fax 03 88 00 34 66 – places limitées pour
le passage – **R** conseillée
6,5 ha/2,5 campables (150 empl.) plat, herbeux
Location : 8 🏠 – huttes
Pour s'y rendre : Au NE de la commune
À savoir : Au bord d'un plan d'eau

Nature : 🟤🟤
Loisirs : 🍸 🏊 🛶 🎣
Services : 🚿 🔗 🏪 🗑 ⊕ 🖍 sèche-linge
À prox. : 🍴

LAUTERBOURG

✉ 67630 – **315** N3 – 2 269 h. – alt. 115
🛈 Office de tourisme, 21, rue de la 1ère Armée 🖉 03 88 94 66 10, Fax 03 88 54 61 33
Paris 519 – Haguenau 40 – Karlsruhe 22 – Strasbourg 63 – Wissembourg 20.

⚠ **Municipal des Mouettes** 15 mars-1er nov.
   🖉 03 88 54 68 60, camping-lauterbourg@wanadoo.fr,
Fax 03 88 54 68 60, www.camping-lauterbourg.fr.st – places
limitées pour le passage – **R** conseillée 🚫
2,7 ha (136 empl.) plat, herbeux
Tarif : 🛉 3,70 € 🚗 3,50 € 🗐 5,50 € – 🔌 (6A) 3,50 €
Pour s'y rendre : SO : 1,5 km par D 3 et chemin à gauche, à
100 m d'un plan d'eau (accès direct)

Loisirs : 🍸 snack
Services : 🚿 🔗 🏪 🗑 ⊕ 🖍
À prox. : 🏊 🛶

LES GUIDES VERTS **MICHELIN**
Paysages, monuments
Routes touristiques
Géographie
Histoire, Art
Itinéraire de visite
Plans de villes et de monuments

70

NIEDERBRONN-LES-BAINS

✉ 67110 – **315** J3 – G. Alsace Lorraine – 4 319 h. – alt. 190 – ♨
🛈 Office de tourisme, 6, place de l'Hôtel de Ville 🖉 03 88 80 89 70, Fax 03 88 80 37 01
Paris 460 – Haguenau 23 – Sarreguemines 55 – Saverne 40 – Strasbourg 52 – Wissembourg 34.

⚠ **Heidenkopf** mars-oct.
   🖉 03 88 09 08 46, heidenkopf@tiscali.fr, Fax 03 88 09 08 46,
www.camping-alsace.com – **R** conseillée
2 ha (85 empl.) en terrasses et peu incliné, herbeux
Tarif : 🛉 🚗 🗐 4,80 € – 🔌 2,90 €
Pour s'y rendre : N : 3,5 km par rte de Bitche et RF à droite
À savoir : À l'orée de la forêt

Nature : 🌿 < 🟤🟤
Loisirs : 🔲 🏊
Services : 🚿 🔗 ⊖🖩 🐾 🏪 🗑 ⊕ 🖍
À prox. : 🍴 🏓

OBERBRONN

✉ 67110 – **315** J3 – G. Alsace Lorraine – 1 424 h. – alt. 260
Paris 460 – Bitche 25 – Haguenau 24 – Saverne 36 – Strasbourg 53 – Wissembourg 37.

⚠ **L'Oasis** 12 mars-11 nov.
   🖉 03 88 09 71 96, oasis.oberbronn@laregie.fr,
Fax 03 88 09 97 87 – **R** conseillée
2,5 ha (148 empl.) plat et peu incliné, herbeux, pierreux
Tarif : 🛉 3,80 € 🚗 1,90 € 🗐 2,50 € – 🔌 (6A) 3,90 € – frais
de réservation 35 €
Location (permanent) : 28 🏠 (4 à 6 pers.) 225 à
540 €/sem. – huttes, gîte d'étape
🚐 1 borne 4 €
Pour s'y rendre : S : 1,5 km par D 28, rte d'Ingwiller et
chemin à gauche
À savoir : À la lisière d'une forêt

Nature : 🌿 <
Loisirs : 🔲 🏊 🍴 parcours sportif
Services : 🚿 🔗 ⊖🖩 🐾 🏪 🗑 🚐 ⊕ 🖍
À prox. : 🏇 🛶

OBERNAI

✉ 67210 – **315** I6 – G. Alsace Lorraine – 10 471 h. – alt. 185

🖫 *Office de tourisme, place du Beffroi* ☎ 03 88 95 64 13, Fax 03 88 49 90 84
Paris 488 – Colmar 50 – Erstein 15 – Molsheim 12 – Sélestat 27 – Strasbourg 31.

⚠ **Municipal le Vallon de l'Ehn** Permanent
☎ 03 88 95 38 48, *camping@obernai.fr*, Fax 03 88 48 31 47,
www.obernai.fr – **R** conseillée
3 ha (150 empl.) plat, peu incliné, herbeux
Tarif : 🛊 3,60 € ⇌ 2,20 € 🗉 4,40 € – 🚿 3,50 €
🏗 1 borne 2 € – 25 🗉
Pour s'y rendre : Sortie O par D 426 rte d'Ottrott, pour
caravanes : accès conseillé par rocade au S de la ville

> Nature : ≼
> Loisirs : 🏠 ⌇
> Services : 🕭 ⚬⇌ ⊖🏧 ⚙ ▥ 🖃 🔱 ☺
> 🚿 🗑 🖫
> À prox. : 🚵 ⚙ 🔯 🐎 (centre
> équestre) parc public

RHINAU

✉ 67860 – **315** K7 – G. Alsace Lorraine – 2 348 h. – alt. 158

🖫 *Office de tourisme, 35, rue du Rhin* ☎ 03 88 74 68 96, Fax 03 88 74 83 28
Paris 525 – Marckolsheim 26 – Molsheim 38 – Obernai 28 – Sélestat 28 – Strasbourg 39.

⚠ **Ferme des Tuileries** avr.-sept.
☎ 03 88 74 60 45, *camping.fermetuileries@neuf.fr*,
Fax 03 88 74 85 35, *www.fermedestuileries.com* – **R** ⚗
4 ha (150 empl.) herbeux
Tarif : 🛊 3,30 € ⇌ 🗉 3,30 € – 🚿 (6A) 3,20 €
Pour s'y rendre : Sortie NO rte de Benfeld

> Nature : 🦢 ♀
> Loisirs : 🏠 ⚙ ⌇ ⚒ ⚓
> Services : ⚬⇌ ⚙ ▥ 🖃 🔱 🖃

ROTHAU

✉ 67570 – **315** H6 – 1 557 h. – alt. 340
Paris 418 – Barr 28 – St-Dié 91 – Saverne 50 – Sélestat 43 – Strasbourg 55.

⚠ **Municipal** 1er mai-30 sept.
☎ 03 88 97 07 50, *rothau-mairie@wanadoo.fr*,
Fax 03 88 47 45 41 – **R** conseillée
1 ha (39 empl.) plat et terrasse, peu incliné, herbeux
Tarif : 🛊 ⇌ 🗉 10 € 🚿 (10A)
🏗 1 borne
Pour s'y rendre : Sortie SO par N 420 rte de St-Dié et
chemin à droite, bord de la Bruche

> Services : ⚬⇌ (1er juil.-31 août) ⊖🏧
> ⚙ ☺ 🖫

Le lac Blanc

ST-PIERRE

✉ 67140 – **315** I6 – 532 h. – alt. 179
Paris 498 – Barr 4 – Erstein 21 – Obernai 12 – Sélestat 15 – Strasbourg 40.

⚠ **Municipal Beau Séjour** 12 mai-1er oct.
℘ 03 88 08 52 24, *commune.saintpierre@wanadoo.fr,*
Fax 03 88 08 52 24, *www.pays-de-barr.com* – **R** conseillée
0,6 ha (47 empl.) plat, herbeux
Tarif : ⚹ ⇌ 🅴 10,50 € – 🄹 (6A) 2,50 €
Pour s'y rendre : Au bourg, derrière l'église, bord du
Muttlbach

Loisirs : ✂
Services : ⊶ ⚙ ♿

SÉLESTAT

✉ 67600 – **315** I7 – G. Alsace Lorraine – 17 179 h. – alt. 170
🛈 *Office de tourisme, boulevard Leclerc* ℘ *03 88 58 87 20, Fax 03 88 92 88 63*
Paris 441 – Colmar 24 – Gérardmer 65 – St-Dié 44 – Strasbourg 55.

⚠ **Municipal les Cigognes** 16 avr.-28 sept.
℘ 03 88 92 03 98, *accueil@selestat-tourisme.com, www.se
lestat-tourisme.com* – **R** conseillée
0,7 ha (48 empl.) plat, herbeux
Tarif : ⚹ ⇌ 🅴 13,20 € – 🄹 (6A)
🚐 1 borne – 10 🅴
Pour s'y rendre : R. de la 1ère D.F.L.

Nature : ♀
Services : ⊶ ⚙ 🕁 ♿ 🔥
À prox. : ✂ 📮 ♨

WASSELONNE

✉ 67310 – **315** I5 – G. Alsace Lorraine – 5 542 h. – alt. 220
🛈 *Office de tourisme, 22, place du Général Leclerc* ℘ *03 88 59 12 00*
Paris 464 – Haguenau 42 – Molsheim 15 – Saverne 15 – Sélestat 51 – Strasbourg 27.

⚠ **Municipal** 15 avr.-15 oct.
℘ 03 88 87 00 08, *wasselonne.tourisme@wanadoo.fr ou
camping-wassel,* Fax 03 88 87 00 08, *www.suisse-al
sace.com* – **R** conseillée
1,5 ha (100 empl.) en terrasses, herbeux
Tarif : ⚹ ⇌ 🅴 14,80 € – 🄹 (10A)
Location (permanent) : 6 🛖 (4 à 6 pers.) 315 à
425 €/sem.
🚐 1 borne – 5 🅴 14,80 €
Pour s'y rendre : O : 1 km par D 224 rte de Wangenbourg
À savoir : Dans l'enceinte du centre de loisirs

Nature : ⩽ ♀
Loisirs : 🚣 🏊
Services : ⊶ 🅶🅱 ⚙ 🕁 ♿ 🔥 🔌
À prox. : ✗ ✂ 📮

72

Haut-Rhin (68)

AUBURE

✉ 68150 – **315** H7 – G. Alsace Lorraine – 400 h. – alt. 800
Paris 435 – Colmar 27 – Gérardmer 48 – St-Dié 38 – Ste-Marie-aux-Mines 14 – Sélestat 28.

⚠ **Municipal la Ménère**
℘ 03 89 73 92 99, *aubure@cc-ribeauville.fr,*
Fax 03 89 73 93 45 – **R** conseillée
1,8 ha (70 empl.) en terrasses, herbeux, gravillons
Pour s'y rendre : Au bourg, près de la poste, accès
conseillé par sortie S, rte de Ribeauvillé et chemin à droite
À savoir : À l'orée d'une pinède

Nature : 🏞 ⩽ ♀
Services : ⊶ 🕁 ♿
À prox. : 🚣

BIESHEIM

✉ 68600 – **315** J8 – G. Alsace Lorraine – 2 315 h. – alt. 189
Paris 520 – Strasbourg 85 – Freiburg im Breisgau 37 – Basel 68 – Mulhouse 50.

⚠ **Intercommunal l'Ile du Rhin** déb. avr.-déb. oct.
  ℰ 03 89 72 57 95, *camping@paysdebrisach.fr*,
  Fax 03 89 72 14 21, *www.campingiledurhin.com*
  – **R** conseillée
  3 ha (251 empl.) plat et peu incliné, herbeux
  Tarif : (Prix 2006) ✝ ⇌ 🅴 13,30 € – ⅊ (6A) 4,15 € – frais de
  réservation 30 €
  Location : 14 �🚐 (4 à 6 pers.) 290 à 580 €/sem.
  Pour s'y rendre : 4,5 km au SE par D 12, puis D 52
  À savoir : Site et cadre agréables entre le Rhin et le canal
  d'Alsace

Nature : ♀
Loisirs : snack 🍴 ⑨ diurne (juil.-août) 🚲
Services : & o🖛 (déb.juil.-fin août) 🇬🇧 ⚡ 🖻 ⊛ ♨ ⟶ 🖥 sèche-linge ⛲ ⟲
À prox. : 🏊 🛥 ⟋ ⟍ ski nautique, port de plaisance

LES GUIDES VERTS **MICHELIN**
Paysages, monuments
Routes touristiques
Géographie
Histoire, Art
Itinéraire de visite
Plans de villes et de monuments

BURNHAUPT-LE-HAUT

✉ 68520 – **315** G10 – 1 505 h. – alt. 300
Paris 454 – Altkirch 16 – Belfort 32 – Mulhouse 17 – Thann 12.

⚠ **Les Castors**
  ℰ 03 89 48 78 58, *camping.les.castors@wanadoo.fr*,
  Fax 03 89 62 74 66, *www.camping.alsace.com/burnhaupt*
  – **R** conseillée
  2,5 ha (135 empl.) plat, herbeux
  Pour s'y rendre : 2,5 km au NO par D 466, rte de Guewen-
  heim
  À savoir : Cadre champêtre en bordure de rivière et d'un
  étang

73

Nature : ♀
Loisirs : ⬤ ✕ 🛶 🚲 ♨ ⟍
Services : & o🖛 🖻 ♨ ⚡ 🖥 sèche-linge

COLMAR

✉ 68000 – **315** I8 – G. Alsace Lorraine – 65 136 h. – alt. 194
🅱 *Office de tourisme, 4, rue d'Unterlinden* ℰ *03 89 20 68 92, Fax 03 89 20 69 14*
Paris 450 – Basel 68 – Freiburg 51 – Nancy 140 – Strasbourg 78.

⚠ **L'Ill**
  ℰ 03 89 41 15 94, *campingdelill@calixo.net*,
  Fax 03 89 41 15 94 – **R** conseillée
  2,2 ha (200 empl.) plat et terrasses, herbeux
  Pour s'y rendre : 2 km à l'E par N 415, rte de Fribourg, à
  Horbourg, bord de l'Ill

Nature : ♀♀
Loisirs : ⬤ snack 🍴 🛶 ⟍
Services : & o🖛 🎮 🖻 ♨ ⚡ 🖥 ⛲ ⟲

COURTAVON

✉ 68480 – **315** H12 – 326 h. – alt. 480
Paris 457 – Altkirch 24 – Basel 41 – Belfort 42 – Delémont 29 – Montbéliard 38.

⚠ **Plan d'Eau de Courtavon** mai-sept.
  ℰ 03 89 08 12 50 – **R** conseillée
  2 ha (70 empl.) peu incliné, herbeux
  Tarif : ✝ 3,50 € ⇌ 🅴 3,50 € – ⅊ 3 €
  Pour s'y rendre : NE : 1,2 km par D 473, rte de Liebsdorf
  À savoir : Près du plan d'eau

Services : & o🖛 🖻 ⚡
À prox. : ⬤ ⚓

ÉGUISHEIM

⊠ 68420 – **315** H8 – G. Alsace Lorraine – 1 548 h. – alt. 210
🗓 *Office de tourisme, 22a, Grand'Rue* ℘ *03 89 23 40 33, Fax 03 89 41 86 20*
Paris 452 – Belfort 68 – Colmar 7 – Gérardmer 52 – Guebwiller 21 – Mulhouse 42 – Rouffach 11.

△ **Municipal des Trois Châteaux** avr.-sept.
℘ 03 89 23 19 39, *camping.eguisheim@wanadoo.fr*,
Fax 03 89 24 10 19
2 ha (121 empl.) plat et peu incliné, herbeux, gravier
Tarif : (Prix 2006) ⚡ ⇔ 🔲 7,50 € – 🔌 3,40 €
🚐 1 borne 2,60 € – 30 🔲
Pour s'y rendre : à l'O du bourg
À savoir : Situation agréable près du vignoble

| Nature : ⧸ ≤ ♀ |
| Services : ♿ ⚷ ⏍ 🔲 ≋ ④ 📷 |

FRÉLAND

⊠ 68240 – **315** H7 – 1 292 h. – alt. 425
Paris 435 – Colmar 20 – Gérardmer 43 – St-Dié 38 – Ste-Marie-aux-Mines 21 – Sélestat 32.

△ **Les Verts Bois** avr.-fév.
℘ 03 89 47 57 25, *marcel.florence@wanadoo.fr*,
Fax 03 89 47 57 25, *www.camping-lesvertsbois.com*
– **R** conseillée
0,6 ha (33 empl.) en terrasses, herbeux
Tarif : (Prix 2006) ⚡ ⇔ 🔲 4,90 € – 🔌 (16A) 2,50 € – frais de
réservation 20 €
Pour s'y rendre : sortie NO par rte d'Aubure et à gauche r.
de la Fonderie, bord d'un ruisseau

| Nature : ≤ ♀ |
| Loisirs : 🍷 ✕ (restaurant thaïlandais) 🏠 |
| Services : ⚷ ≋ ④ 📷 |

LES GUIDES VERTS **MICHELIN**
Paysages, monuments
Routes touristiques
Géographie
Histoire, Art
Itinéraire de visite
Plans de villes et de monuments

74

GEISHOUSE

⊠ 68690 – **315** G9 – 472 h. – alt. 730
Paris 467 – Belfort 53 – Bussang 23 – Colmar 55 – Mulhouse 32.

△ **Au Relais du Grand Ballon** Permanent
℘ 03 89 82 30 47, *aurelaisgeishouse@wanadoo.fr*,
Fax 03 89 82 30 47, *www.aurelaisdugrandballon.com* –
places limitées pour le passage – **R** indispensable
0,3 ha (24 empl.) plat herbeux
Tarif : ⚡ 3,90 € ⇔ 1,50 € 🔲 3,80 € – 🔌 3,50 €
Pour s'y rendre : Sortie S, 17 Grande R.

| Nature : ⧸ ⌂ ♀ |
| Loisirs : 🍷 ✕ |
| Services : ♿ ⚷ 🆖 ⏍ 🏢 🔲 ♨ ④ |
| 📷 sèche-linge |

GUEWENHEIM

⊠ 68116 – **315** G10 – 1 176 h. – alt. 323
Paris 458 – Altkirch 23 – Belfort 36 – Mulhouse 21 – Thann 9.

△△ **Camping de la Doller** 1ᵉʳ avr.-31 oct.
℘ 03 89 82 56 90, *campeurs-doller@wanadoo.fr*,
Fax 03 89 82 82 31, *www.campingdoller.com* – **R** conseillée
0,8 ha (40 empl.) plat, herbeux
Tarif : ⚡ ⇔ 🔲 6,95 € – 🔌 3,40 €
🚐 1 borne 4 € – 1 🔲
Pour s'y rendre : 1 km au N par D 34 rte de Thann et
chemin à dr., bord de la Doller
À savoir : Ambiance familiale dans un cadre verdoyant et
fleuri

| Nature : ⧸ ♀ |
| Loisirs : 🍷 🏠 ♨ ⋅🕹 🛶 🎣 |
| Services : ♿ ⚷ 🆖 ⏍ 🏢 🔲 ♨ ≋ |
| ④ 🚿 🚰 📷 |
| À prox. : ✕ 👢 |

HEIMSBRUNN

✉ 68990 – **315** H10 – 1 218 h. – alt. 280
Paris 456 – Altkirch 14 – Basel 50 – Belfort 34 – Mulhouse 10 – Thann 17.

⚐ **Parc la Chaumière** Permanent
    𝄞 03 89 81 93 43, *accueil@camping-lachaumiere.com*,
Fax 03 89 81 93 43, *www.camping-lachaumiere.com* –
places limitées pour le passage – **R** conseillée
1 ha (66 empl.) plat, herbeux, gravillons
Tarif : (Prix 2006) ⚹ ⇔ ▣ 12 € ⚡ (10A)
Location ⌖ : 12 ⌂ (2 à 4 pers.) 100 à 330 €/sem.
Pour s'y rendre : Sortie S par D 19, rte d'Altkirch
À savoir : Dans un agréable cadre arbustif

> Nature : 🐟 ⌂ ♀
> Loisirs : 🚣 ⊼ (petite piscine)
> Services : ☎ GB ⚡ ▥ 🖶 ⊛ 🚿

ISSENHEIM

✉ 68500 – **315** H9 – G. Alsace Lorraine – 3 296 h. – alt. 245
Paris 487 – Strasbourg 98 – Colmar 24 – Mulhouse 22 – Belfort 52.

⚐ **Le Florival** avr.-oct.
    𝄞 03 89 74 20 47, *contact@camping-leflorival.com*,
Fax 03 89 74 20 47, *www.camping-leflorival.com*
– **R** conseillée
3,5 ha (85 empl.) plat, pierreux, herbeux
Tarif : ⚹ ⇔ ▣ 9,20 € – ⚡ 3 €
Location ⌖ : 10 ⌂ (4 à 6 pers.) 240 à 520 €/sem.
Pour s'y rendre : 2,5 km au SE par D 430 rte de Mulhouse
et D 5 à gauche, rte d'Issenheim

> Nature : ⌂
> Loisirs : 🎣 🚣
> Services : 🚻 ☎ GB ⚡ ▥ 🖶 ⊛ 🖥
> sèche-linge
> À prox. : 🎿 ⊼ 🚵

75

KAYSERSBERG

✉ 68240 – **315** H8 – G. Alsace Lorraine – 2 676 h. – alt. 242
❹ *Office de tourisme, rue du Gal-de-Gaulle* 𝄞 *03 89 78 22 78, Fax 03 89 78 27 44*
Paris 438 – Colmar 12 – Gérardmer 46 – Guebwiller 35 – Munster 22 – St-Dié 41 – Sélestat 24.

⚐ **Municipal** 1ᵉʳ avr.-9 déc.
    𝄞 03 89 47 14 47, *camping@ville-kaysersberg.fr*,
Fax 03 89 47 14 47, *www.ville-kaysersberg.fr* – **R** conseillée
⌖ (1ᵉʳ juil.-1ᵉʳ nov.)
1,6 ha (120 empl.) plat, herbeux
Tarif : ⚹ 3,70 € ⇔ 1,80 € ▣ 2,50 € – ⚡ 4,25 €
Pour s'y rendre : Sortie NO par N 415 rte de St-Dié et r. des
Acacias à droite, bord de la Weiss

> Nature : ≤ ♀
> Loisirs : 🚣 ✂
> Services : ☎ GB ⚡ 🖶 ⊛ 🚿 ▽
> 📞 🖥

KRUTH

✉ 68820 – **315** F9 – G. Alsace Lorraine – 1 010 h. – alt. 498
Paris 453 – Colmar 63 – Épinal 68 – Gérardmer 31 – Mulhouse 40 – Thann 20 – Le Thillot 29.

⚐ **Le Schlossberg** déb.avr.-fin janv.
    𝄞 03 89 82 26 76, *info@schlossberg.fr*, Fax 03 89 82 20 17,
www.schlossberg.fr – **R** conseillée
5,2 ha (200 empl.) peu incliné, terrasse, herbeux
Tarif : ⚹ ⇔ ▣ 8,10 € – ⚡ 3 € – frais de réservation 10 €
Location (permanent) : 6 ⌂ (4 à 6 pers.) 260 à
520 €/sem.
Pour s'y rendre : NO : 2,3 km par D 13B, rte de La Bresse et
rte à gauche, bord de la Bourbach
À savoir : Site agréable au coeur du Parc des Ballons

> Nature : 🐟 ≤ ♀
> Loisirs : 🍴 🚣
> Services : 🚻 ☎ ▥ 🖶 ⊛ 🚵 ⊛ 🖥

LABAROCHE

✉ 68910 – **315** H8 – 1 985 h. – alt. 750

🛈 *Office de tourisme, 2, impasse Prés. Poincaré* 🖉 *03 89 49 80 56, Fax 03 89 49 80 68*

Paris 441 – Colmar 17 – Gérardmer 49 – Munster 25 – St-Dié 44.

🔺 **Municipal des 2 Hohnack**
🖉 03 89 49 83 72 – **R** conseillée
1,3 ha (66 empl.) non clos, plat et en terrasses, herbeux
Pour s'y rendre : S : 4,5 km par D 11¹ et D 11, rte des Trois-Épis puis rte du Linge à droite
À savoir : Cadre agréable à l'orée d'une forêt

Nature : 🐟 ⛲ ♨
Loisirs : 🍴
Services : 🔥 ⊕ 🚿 🗑

LAUTENBACHZELL

✉ 68610 – **315** G9 – 935 h. – alt. 400

Paris 474 – Belfort 59 – Guebwiller 8 – Colmar 32 – Mulhouse 30 – Thann 28.

🔺 **Municipal Vert Vallon** janv.-15 nov.
🖉 03 89 74 01 80, *camping-vertvallon.lautenbachzell@wanadoo.fr*, Fax 03 89 74 01 80 – **R** conseillée
0,5 ha (34 empl.) peu incliné à incliné, herbeux
Tarif : (Prix 2006) 🧍 3 € 🚗 1,50 € 🔲 3 € – 🔌 5 €
Location : chambres d'hôte
Pour s'y rendre : Au bourg, près de l'église
À savoir : Au coeur d'un village blotti dans une vallée

Nature : ⋞
Services : 🔑 ♻ 🗑 ⊕
À prox. : ✕ 🍴

LIEPVRE

✉ 68660 – **315** H7 – 1 632 h. – alt. 272

Paris 428 – Colmar 35 – Ribeauvillé 27 – St-Dié-des-Vosges 31 – Sélestat 15.

🔺 **Haut-Koenigsbourg** 15 mars-15 oct.
🖉 03 89 58 43 20, *camping.haut-koenigsbourg@wanadoo.fr*, Fax 03 89 58 98 29, *www.camping-alsace.com/liepvre* – **R** conseillée
1 ha (77 empl.) plat et peu incliné, herbeux
Tarif : 🧍 🚗 🔲 13 € 🔌 (8A)
Location 🏠 : 4 🏠
Pour s'y rendre : E : 0,9 km par C 1 rte de la Vancelle
À savoir : Entrée bordée par un séquoia centenaire

Nature : 🐟 ♨
Loisirs : 🎮 🏊
Services : ♿ 🔑 ⊂⊃🅱 ♻ 🗑 🍴 ⊕ 🗑

MASEVAUX

✉ 68290 – **315** F10 – G. Alsace Lorraine – 3 329 h. – alt. 425

🛈 *Office de tourisme, 1, place Gayardon* 🖉 *03 89 82 41 99, Fax 03 89 82 49 44*

Paris 440 – Altkirch 32 – Belfort 24 – Colmar 57 – Mulhouse 30 – Thann 15 – Le Thillot 38.

🔺🔺 **Camping Masevaux** 15 févr.-31 déc.
🖉 03 89 82 42 29, *camping-masevaux@tv-com.net ou contact@camping-masevaux.com*, Fax 03 89 82 42 29, *www.camping-masevaux.com* – **R** conseillée
3,5 ha (149 empl.) plat, herbeux
Tarif : 🧍 🚗 🔲 6 € – 🔌 3,90 €
Pour s'y rendre : R. du stade, bord de la Doller
À savoir : Agréable cadre boisé et fleuri

Nature : 🐟 ♨♨
Loisirs : snack 🎮 🏊 🌊
Services : ♿ 🔑 ⊂⊃🅱 ♻ 🗑 🚿 ⊕ 🗑 sèche-linge sèche-linge
À prox. : 🏓 🍴 🏓 ⛷ terrain omnisports

MITTLACH

✉ 68380 – **315** G8 – 290 h. – alt. 550
Paris 467 – Colmar 28 – Gérardmer 42 – Guebwiller 44 – Thann 46.

▲ **Municipal Langenwasen** 1er mai-30 sept.
    𝄞 03 89 77 63 77, *mairiemittlach@wanadoo.fr*,
    Fax 03 89 77 74 36, *www.mittlach.net* – alt. 620 – **R** conseil-
    lée
    3 ha (150 empl.) peu incliné, plat et terrasses, herbeux,
    gravier
    Tarif : ⚹ 3,45 € ⇐ 1,15 € 回 2,45 € – [½] (10A) 6 €
    Pour s'y rendre : SO : 3 km, bord d'un ruisseau
    À savoir : Site boisé au fond d'une vallée

Nature : 🐟 ≤ �') ⚲
Loisirs : 🏠
Services : ⚬🍴 GB ♂ ⊛ 🏢

MOOSCH

✉ 68690 – **315** G9 – G. Alsace Lorraine – 1 912 h. – alt. 390
Paris 463 – Colmar 51 – Gérardmer 42 – Mulhouse 28 – Thann 8 – Le Thillot 30.

▲ **La Mine d'Argent** 15 avr.-15 oct.
    𝄞 03 89 82 30 66, *serge.sorribas@free.fr*,
    Fax 03 89 82 30 66 – places limitées pour le passage
    – **R** conseillée ⚡ (15 avr.-15 oct.)
    2 ha (75 empl.) peu incliné, plat, en terrasses, herbeux
    Tarif : ⚹ ⇐ 回 7,20 € – [½] 5,25 € – frais de réservation 16 €
    🚐 1 borne 4 €
    Pour s'y rendre : 1,5 km au SO par r.de la Mairie et r. de la
    Mine-d'Argent, bord d'un ruisseau
    À savoir : Dans un site vallonné et verdoyant

Nature : 🐟 ≤ ⚲
Loisirs : 🏠 🚣
Services : ⚬🍴 GB ♂ 🍴 ⊛ 🏢 sèche-
linge

Give use your opinion of the camping sites we recommend.
Let us know of your remarks and discoveries.

77

MULHOUSE

✉ 68100 – **315** I10 – G. Alsace Lorraine – 110 359 h. – alt. 240
🛈 Office de tourisme, 9, avenue du Maréchal Foch 𝄞 03 89 35 48 48, Fax 03 89 45 66 16
Paris 465 – Basel 34 – Belfort 43 – Besançon 130 – Colmar 46 – Dijon 218 – Freiburg 59 – Nancy 174 – Reims 379.

▲▲ **L'Ill** avr.-oct.
    𝄞 03 89 06 20 66, *campingdelill@wanadoo.fr*,
    Fax 03 89 61 18 34, *www.camping-de-lill.com* – **R**
    5 ha (210 empl.) plat, herbeux
    Tarif : (Prix 2006) ⚹ 4,70 € ⇐ 回 4,70 € – [½] 3,50 € – frais
    de réservation 5 €
    Location ⚡ : 8 🛖 (4 à 6 pers.) 250 à 480 €/sem.
    🚐 1 borne – 20 回
    Pour s'y rendre : Au SO de la ville, r. Pierre-de-Coubertin,
    par A 36, sortie Dornach
    À savoir : Cadre boisé en bordure de rivière

Nature : ⚲⚲
Loisirs : 🏠
Services : ♿ ⚬🍴 GB ♂ 🍴 🏢 ≈ ⊛
☎ 🏢 ⚐
À prox. : patinoire ⚡ 🏕 🏞 🏊
pistes de bi-cross et skate-board

MUNSTER

✉ 68140 – **315** G8 – G. Alsace Lorraine – 4 884 h. – alt. 400
🛈 Office de tourisme, 1, rue du Couvent 𝄞 03 89 77 31 80, Fax 03 89 77 07 17
Paris 458 – Colmar 19 – Gérardmer 34 – Guebwiller 40 – Mulhouse 60 – St-Dié 54 – Strasbourg 96.

▲ **Escapades Terre Océane Le Parc de la Fecht**
    mi-mai-mi sept.
    𝄞 03 89 77 31 08, Fax 03 89 77 45 98, *www.campingterreo*
    ceane.com – **R** conseillée
    4 ha (260 empl.) plat, herbeux
    Tarif : (Prix 2006) ⚹ ⇐ 回 16 € – frais de réservation 25 €
    Pour s'y rendre : E : 1 km par D 10, rte de Turckheim
    À savoir : Cadre boisé, au bord de la Fecht

Nature : ⚲⚲
Loisirs : 🏠 🚣
Services : ⚬🍴 GB ♂ 🍴 ≈ ⊛
À prox. : 🏊

ORBEY

✉ 68370 – **315** G8 – G. Alsace Lorraine – 3 548 h. – alt. 550

🅱 *Office de tourisme, 48, rue du Général-de-Gaulle* ℘ *03 89 71 30 11, Fax 03 89 71 34 11*

Paris 434 – Colmar 23 – Gérardmer 42 – Munster 21 – Ribeauvillé 21 – St-Dié 37 – Sélestat 35.

⚠ **Les Moraines** Permanent

℘ 03 89 71 25 19, *camp.moraines@wanadoo.fr, www.cam ping-les-moraines.com* – alt. 700 – **R** indispensable

1 ha (46 empl.) plat et peu incliné, herbeux, gravier

Tarif : ★ 4,30 € ⇌ 1,70 € ▣ 3,70 € – ⚡ (6A) 5,10 €

Pour s'y rendre : SO : 3,5 km rte des lacs, à Pairis, bord d'un ruisseau

Nature : ⩽ 🏕 ♀
Services : ⚲ ⌷ GB ⚙ ▥ 🗑 ☺ 🕾 🔲 🛁
À prox. : ✗

RAEDERSHEIM

✉ 68190 – **315** H9 – 967 h. – alt. 228

Paris 473 – Colmar 27 – Guebwiller 7 – Mulhouse 20 – Thann 20.

⚠ **Le Verger** 1er mai-15 sept.

℘ 03 89 48 13 88, *campingleverger@wanadoo.fr,*

Fax 03 89 48 82 71 – **R** conseillée

1,1 ha (32 empl.) plat, herbeux

Tarif : ★ ⇌ ▣ 7,60 € – ⚡ 3,50 €

🚐 1 borne – 6 ▣

Pour s'y rendre : Au bourg

Nature : 🦢 🏕
Loisirs : 🏠
Services : ⅖ ⚲ ▥ 🗑 ☺ 🛁 🖇

RANSPACH

✉ 68470 – **315** G9 – G. Alsace Lorraine – 893 h. – alt. 430

Paris 459 – Belfort 54 – Bussang 15 – Gérardmer 38 – Thann 13.

⚠ **Les Bouleaux** Permanent

℘ 03 89 82 64 70, *contact@alsace-camping.com,*

Fax 03 89 39 14 17, *www.alsace-camping.com* – **R** conseillée

1,75 ha (100 empl.) plat, herbeux

Tarif : ★ ⇌ ▣ 7,90 € – ⚡ 3,50 € – frais de réservation 7 €

Location : 5 🛖 (4 à 6 pers.) 295 à 420 €/sem. – 7 🏠 (4 à 6 pers.) 300 à 500 €/sem.

🚐 2 ▣

Pour s'y rendre : Au S du bourg par N 66

Nature : ⩽ ♀
Loisirs : 🍴 snack 🛋 ♏ 🛶
Services : ⅖ ⚲ GB ⚙ 🗑 🛁 🛋 ☺ 🕾 🔲 sèche-linge
À prox. : 🚐

78

Les chaumes de la route des Crêtes

R. Mattes/Michelin

RIBEAUVILLÉ

✉ 68150 – **315** H7 – G. Alsace Lorraine – 4 929 h. – alt. 240
Paris 439 – Colmar 16 – Gérardmer 56 – Mulhouse 60 – St-Dié 42 – Sélestat 14.

Municipal Pierre-de-Coubertin 15 mars-15 nov.
𝒫 03 89 73 66 71, *camping.ribeauville@wanadoo.fr*,
Fax 03 89 73 66 71
3,5 ha (260 empl.) plat, herbeux
Tarif : (Prix 2006) ✶ 🚐 ▣ 7,80 € – [½] (6A) 4 €
Pour s'y rendre : Sortie E 106 puis r. de Landau à gauche

Nature : ⌇ ≤ 🌲
Loisirs : 🏠 🏊 ✗
Services : & ⚡ GB ✗ 🗻 ⬚ ♨ ☺ 🚿 sèche-linge
À prox. : ▣ 🏊 🏊

ROMBACH-LE-FRANC

✉ 68660 – **315** H7 – 820 h. – alt. 290
Paris 431 – Colmar 38 – Ribeauvillé 30 – St-Dié 34 – Sélestat 18.

Municipal les Bouleaux
𝒫 03 89 58 93 99, *mairie.rombach@calixo.fr*,
Fax 03 89 58 93 21 – croisement difficile pour caravanes
– **R** conseillée
1,3 ha (50 empl.) non clos, plat et peu incliné, herbeux
Pour s'y rendre : NO : 1,5 km par rte de la Hingrie
À savoir : Dans un vallon entouré de sapins et traversé par un ruisseau

Nature : ⌇ 🌲
Loisirs : 🏠 🏊
Services : & ⚡ ⬚ ☺

ROUFFACH

✉ 68250 – **315** H9 – G. Alsace et Lorraine – 4 187 h. – alt. 204
🏢 *Office de tourisme, place de la République* 𝒫 03 89 78 53 15, Fax 03 89 49 75 30
Paris 479 – Basel 61 – Belfort 57 – Colmar 16 – Guebwiller 10 – Mulhouse 28 – Thann 26.

Municipal mai-sept.
𝒫 03 89 49 78 13, Fax 03 89 78 03 09 – **R** conseillée
0,4 ha (30 empl.) plat, herbeux
Tarif : (Prix 2006) ✶ 2 € 🚐 ▣ 2 € – [½] (10A) 2,50 €
🚉 1 borne 3 €
Pour s'y rendre : Au S. du bourg, près du stade et de la piscine

Nature : 🌲
Loisirs : 🏠
Services : ⚡ ✗ ♨ ☺
À prox. : ✗ 🏊

79

STE-CROIX-EN-PLAINE

✉ 68127 – **315** I8 – 2 121 h. – alt. 192
Paris 471 – Belfort 78 – Colmar 10 – Freiburg-im-Breisgau 49 – Guebwiller 21 – Mulhouse 37.

Clairvacances avr.-20 oct.
𝒫 03 89 49 27 28, *clairvacances@wanadoo.fr*,
Fax 03 89 49 31 37, *www.clairvances.com* – **R** conseillée ✗
4 ha (135 empl.) plat, herbeux
Tarif : ✶ 🚐 ▣ 13 € – [½] 3 € – frais de réservation 15 €
Location : 9 🛖 (4 à 6 pers.) 305 à 670 €/sem.
Pour s'y rendre : 2,7 km au NO par D 1, rte d'Herrlisheim
À savoir : Agréable décoration arbustive

Nature : ⌑
Loisirs : 🏠 🏊 ♦ 🏊
Services : & ⚡ GB ✗ 🗻 🗻 ⬚ ♨ ☺ 🖼 sèche-linge

SEPPOIS-LE-BAS

✉ 68580 – **315** H11 – 946 h. – alt. 390
Paris 454 – Altkirch 13 – Basel 42 – Belfort 38 – Montbéliard 34.

Municipal les Lupins
𝒫 03 89 25 65 37, *leslupins@wanadoo.fr*,
Fax 03 89 25 65 37, *www.camping-alsace.com* – **R** conseillée
3,5 ha (158 empl.) plat, terrasses, herbeux
Location 🅿 : 10 🛖
Pour s'y rendre : Sortie NE par D 17 rte d'Altkirch et r. de la gare à dr.
À savoir : Sur le site verdoyant de l'ancienne gare

Nature : ⌇ 🌲🌲
Loisirs : 🏠 🏊 🎣 🏊
Services : & ⚡ 🗻 ⬚ ♨ ☺ 🖼 sèche-linge
À prox. : ✗ ✗

TURCKHEIM

✉ 68230 – **315** H8 – G. Alsace Lorraine – 3 594 h. – alt. 225
🏛 *Office de tourisme, Corps de Garde* ℰ *03 89 27 38 44, Fax 03 89 80 83 22*
Paris 471 – Colmar 7 – Gérardmer 47 – Munster 14 – St-Dié 51 – Le Thillot 66.

ᐃ **Les Cigognes** 15 mars-oct.
ℰ 03 89 27 02 00 – **R** conseillée
2,5 ha (117 empl.) plat, herbeux
Tarif : ♦ 3,60 € ⇔ 🅿 3,90 € – ⓖ 5 €
🚐 1 borne 5,25 €
Pour s'y rendre : à l'O du bourg, derrière le stade - accès
par chemin entre le passage à niveau et le pont
À savoir : Au bord d'un petit canal et près de la Fecht

Nature : 🖵 ♀	
Loisirs : 🛋	
Services : �& ⚬ᴛ GB ⚙ 🏛 🗟 ♨ ⚏	
☺ 🅿	
À prox. : ✂	

WATTWILLER

✉ 68700 – **315** H10 – 1 593 h. – alt. 356
Paris 478 – Strasbourg 116 – Freiburg im Breisgau 81 – Basel 56 – Mulhouse 23.

ᐃ **E.V.A. Camping Les Sources** ≗⚊ – 5 avr.-sept.
ℰ 03 89 75 44 94, *camping.les.sources@wanadoo.fr,*
Fax 03 89 75 71 98, *www.camping-les-sources.com*
– **R** conseillée
15 ha (360 empl.) en terrasses, pierreux, gravier
Tarif : ♦ ⇔ 🅿 17 € – ⓖ 3 € – frais de réservation 10 €
Location (5 avr.-8 janv.) : 63 🚐 (4 à 6 pers.) 192 à
686 €/sem. – 23 🏠 (4 à 6 pers.) 282 à 735 €/sem.
🚐 1 borne
Pour s'y rendre : 2 km à l'O par D 5 III, rte des Crêtes

Nature : 🌲 🖵 ♒	
Loisirs : ♀ ✗ pizzeria 🛋 🕯 diurne	
(juil.-août) 🏸 ⚴ ✂ 🏓 🅿 ⚏	
Services : �& ⚬ᴛ GB ⚙ 🗟 ♨ ☺ ◡	
🅿 sèche-linge ⚒ ⚖	
À prox. : poneys	

WIHR-AU-VAL

✉ 68230 – **315** H8 – 1 232 h. – alt. 330
Paris 463 – Colmar 14 – Gérardmer 38 – Guebwiller 35 – St-Dié-des-Vosges 58.

ᐃ **La Route Verte** 29 avr.-30 sept.
ℰ 03 89 71 10 10, *info@camping-routeverte.com,*
www.camping-routeverte.com – **R** conseillée
1,2 ha (60 empl.) plat, peu incliné, herbeux
Tarif : ♦ ⇔ 🅿 6,30 € – ⓖ 2,65 €
🚐 1 borne 4 €
Pour s'y rendre : Sortie S par D 43 rte de Soultzbach-les-
Bains

Nature : 🌲 ♀	
Loisirs : ⚴	
Services : ⚬ᴛ GB ⚙ 🗟 ♨ ☺ 🅿	
À prox. : ♀ ✗	

AQUITAINE

Bienvenue en Aquitaine, immuable terre d'accueil où déjà l'homme préhistorique avait élu domicile. La région se compose d'une mosaïque de paysages, mais tous ses habitants partagent le même sens de l'hospitalité. Après une visite aux maîtres ès foies gras et confits du Périgord, suivie d'un crochet par le Bordelais, ses châteaux et son vignoble si justement réputé, direction la Côte d'Argent, ses surfeurs, ses bars à tapas et ses amateurs de rugby ou de corridas élevés au gâteau basque et au piment d'Espelette... On cultive ici le goût du défi et de la fête, comme en témoignent ces paisibles villages préparant derrière leurs façades à colombages et volets rouges de fougueuses réjouissances où danses, jeux et chants célèbrent l'identité d'un peuple aux traditions toujours vivantes.

Aquitaine has welcomed mankind throughout the ages. Its varied mosaic of landscapes is as distinctive as its inhabitants' hospitality and good humour: a quick stop to buy confit of goose can easily lead to an invitation to look around the farm! No stay in Aquitaine would be complete without visiting at least one of Bordeaux' renowned vineyards. Afterwards head for the « Silver Coast », loved by surfers and rugby fans alike, have a drink in a tapas bar or even take ringside seats for a bullfight! This rugged, sunny land between the Pyrenees and the Atlantic remains fiercely proud of its identity: spend a little time in a sleepy Basque village and you'll soon discover that, at the first flourish of the region's colours, red and green, the locals still celebrate their traditions in truly vigorous style.

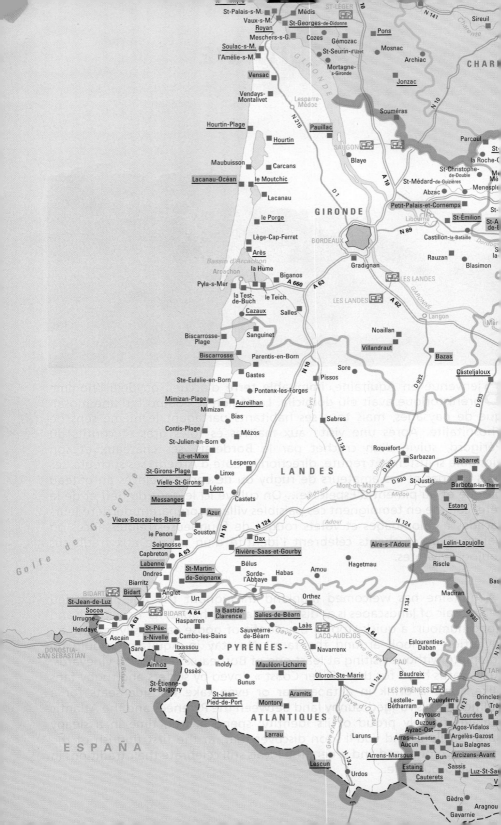

ALLES-SUR-DORDOGNE

✉ 24480 – **329** G6 – 321 h. – alt. 70
Paris 534 – Bergerac 36 – Le Bugue 12 – Les Eyzies-de-Tayac 22 – Périgueux 54 – Sarlat-la-Canéda 41.

Port de Limeuil 1er mai-30 sept.
🕿 05 53 63 29 76, *didierbonvallet@aol.com*,
Fax 05 53 63 04 19, *www.leportdelimeuil.com* – **R** conseillée
7 ha/4 campables (90 empl.) plat, herbeux, sablonneux
Tarif : 👤 ⇔ 🚗 24,90 € – 🔌 (5A) 3,50 € – frais de réservation 15 €
Location (28 avr.-30 sept.) : 5 🚐 (4 à 6 pers.) 220 à 710 €/sem. – 1 gîte
🚐 1 borne
Pour s'y rendre : 3 km au NE sur D 51ᴱ, près du pont de Limeuil, au confluent de la Dordogne et de la Vézère

Nature : 🏞 🌳 ⛰
Loisirs : 🍽 🛏 🏊 🚲 🛶 canoë
Services : ⚐ 🚻 GB 🅿 🐕 🚿 🚮 ⊕ 🎣 🛒 🧺 sèche-linge 🛁 🚰
À prox. : ✕ 🐎

ANGOISSE

✉ 24270 – **329** H3 – 572 h. – alt. 345
Paris 445 – Bordeaux 180 – Périgueux 51 – Limoges 53 – Brive 55.

Rouffiac en Périgord (location exclusive de mobile homes et chalets) Permanent
🕿 05 53 52 68 79, *contact@semitour.com*, *www.semitour.com* – empl. traditionnels également disponibles – **R** conseillée
54 ha/6 campables en terrasses et peu incliné, herbeux
Location : 2 🚐 (4 à 6 pers.) 170 à 550 €/sem. – 7 🏠 (4 à 6 pers.) 150 à 520 €/sem.
Pour s'y rendre : 4 km au SE par D 80, rte de Payzac, à 150 m d'un plan d'eau (accès direct)
À savoir : Site agréable près d'une base nautique

Nature : 🏞 🏡 🌳
Loisirs : 🛏
Services : ⚐ 🚻 GB 🐕 🅿
À prox. : 🍽 ✕ 🏖 🛶 ⚓ (plage) 🏄 🎣 mur d'escalade, téléski nautique, canoë, pédalos

ANTONNE-ET-TRIGONANT

✉ 24420 – **329** F4 – 1 079 h. – alt. 106
Paris 484 – Bordeaux 139 – Périgueux 10 – Limoges 91 – Brive 67.

Au Fil de l'Eau 15 juin-15 sept.
🕿 05 53 06 17 88, *campingaufildeleau@wanadoo.fr*,
Fax 05 53 08 97 76, *http://camping-aufildeleau.monsite.wanadoo.fr* – **R** conseillée
1,5 ha (50 empl.) non clos, plat, herbeux
Tarif : 👤 ⇔ 🚗 8,20 € – 🔌 (5A) 3 €
Pour s'y rendre : Sortie NE et rte d'Escoire à dr., bord de l'Isle

Nature : ♀
Loisirs : 🏊 ⚓ 🎣 canoë
Services : ⚐ 🚻 🐕 🅿 ⊕ 🛒 🧺

ATUR

✉ 24750 – **329** F5 – 1 491 h. – alt. 224
Paris 499 – Bordeaux 134 – Périgueux 6 – Brive 83 – Angoulême 92.

Le Grand Dague Pâques-20 sept.
🕿 05 53 04 21 01, *info@legranddague.fr*,
Fax 05 53 04 22 01, *www.legranddague.fr* – **R** conseillée
22 ha/7 campables (93 empl.) incliné, herbeux
Tarif : (Prix 2006) 👤 ⇔ 🚗 24 € – 🔌 (6A) – frais de réservation 23 €
Location : 18 🚐 (4 à 6 pers.) 185 à 635 €/sem. – 7 🏠 (4 à 6 pers.) 260 à 650 €/sem.
Pour s'y rendre : 3 km au SE par rte de St-Laurent-sur-Manoire et chemin, par déviation S - venant de Brive ou Limoges : prendre dir. Bergerac et chemin à dr.
À savoir : Pub aménagé dans une ferme restaurée

Nature : 🏞 🏡 🌳
Loisirs : 🍽 ✕ 🛏 🏊 🎣 🏓 🛶 paintball
Services : ⚐ 🚻 GB 🐕 🏧 🅿 ⊕ 🚮 🛒 🧺 🚰

84

BADEFOLS-SUR-DORDOGNE

24150 – **329** F6 – G. Périgord – 187 h. – alt. 42
Paris 542 – Bergerac 27 – Périgueux 54 – Sarlat-la-Canéda 47.

Les Bö-Bains 7 avr.-fin oct.
05 53 73 52 52, *info@bo-bains.com*, Fax 05 53 73 52 55,
www.bo-bains.com – places limitées pour le passage
– **R** conseillée
5 ha (97 empl.) plat, terrasse, herbeux
Tarif : 15 € (10A)
Location : 5 (4 à 6 pers.) 245 à 760 €/sem. – 10
(4 à 6 pers.) 245 à 760 €/sem.
Pour s'y rendre : Sortie Ouest, par D 29, rte de Lalinde,
bord de la Dordogne

Nature :
Loisirs : snack nocturne canoë
Services :
À prox. :

BELVÈS

24170 – **329** H7 – G. Périgord – 1 431 h. – alt. 175
Office de tourisme, 1, rue des Filhols 05 53 29 10 20
Paris 553 – Bergerac 52 – Le Bugue 24 – Les Eyzies-de-Tayac 25 – Sarlat-la-Canéda 34 – Villeneuve-sur-Lot 66.

Les Hauts de Ratebout – 12 mai-9 sept.
05 53 29 02 10, *camping@hauts-ratebout.fr*,
Fax 05 53 29 08 28, *www.hauts-ratebout.fr* – **R** conseillée
12 ha/6 campables (200 empl.) plat, incliné, en terrasses,
herbeux
Tarif : 33 € (10A) – frais de réservation 21 €
Location : 18 (4 à 6 pers.) 511 à 994 €/sem. –
maisons périgourdines
Pour s'y rendre : SE : 7 km par D 710 rte de Fumel, D 54 et
rte à gauche
À savoir : Sur les terres d'une ferme périgourdine restaurée, domine la vallée

Nature :
Loisirs : snack nocturne
Services :

Le Moulin de la Pique – 14 avr.-6 oct.
05 53 29 01 15, *info@rcn-lemoulindelapique.fr*,
Fax 05 53 28 29 09, *www.rcn-campings.fr* – **R** conseillée
15 ha/6 campables (180 empl.) plat, terrasses, herbeux
Tarif : 49,50 € (6A) – frais de réservation 13 €
Location : 30 (4 à 6 pers.) 230 à 830 €/sem.
Pour s'y rendre : SE : 3 km par D 710 rte de Fumel, bord
de la Nauze, d'un étang et d'un bief
À savoir : Autour d'un moulin du 18e s, cadre champêtre
agrémenté d'un étang

Nature :
Loisirs : snack nocturne
Services :

Les Nauves 22 avr.-22 sept.
05 53 29 12 64, *campinglesnauves@hotmail.com*,
Fax 05 53 29 12 64, *www.lesnauves.com* – **R** conseillée
40 ha/5 campables (100 empl.) peu incliné, herbeux
Tarif : 18,20 € (6A) – frais de réservation 15 €
Location (31 mars-22 sept.) : 29 (4 à 6 pers.) 199 à
669 €/sem.
Pour s'y rendre : SO : 4,5 km par D 53, rte de Monpazier et
rte de Larzac à gauche

Nature :
Loisirs :
Services :

Les Gîtes du Greil-Haut (location exclusive de chalets)
05 53 59 51 00, *ggh@le-perigord.com*,
Fax 05 53 28 85 85 – **R** conseillée
5 ha en terrasses, herbeux
Location : 14
Pour s'y rendre : 5 km au Sud de Belvès par D 710

Nature :
Loisirs :
Services :

BERGERAC

✉ 24100 – **329** D6 – G. Périgord – 26 053 h. – alt. 37
🛈 *Office de tourisme, 97, rue Neuve d'Argenson ℘ 05 53 57 03 11, Fax 05 53 61 11 04*
Paris 534 – Agen 91 – Angoulême 110 – Bordeaux 94 – Pau 216 – Périgueux 48.

⚠ **Municipal la Pelouse**
℘ 05 53 57 06 67, *tourisme-bergerac@aquinet.tm.fr*,
Fax 05 53 57 06 67 – **R** conseillée
1,5 ha (70 empl.) plat et peu incliné, herbeux
🚐 1 borne
Pour s'y rendre : R. J.-J.-Rousseau, par rte de Bordeaux et
rue Boileau à droite, bord de la Dordogne

> Nature : ≤ 🛇🛇
> Loisirs : 🏕 🏊
> Services : 🚿 🚰 🏧 🛒 ⚕ ⊕ 🗑

BEYNAC-ET-CAZENAC

✉ 24220 – **329** H6 – G. Périgord – 506 h. – alt. 75
🛈 *Office de tourisme, La Balme ℘ 05 53 29 43 08*
Paris 537 – Bergerac 62 – Brive-la-Gaillade 63 – Fumel 60 – Gourdon 28 – Périgueux 66 – Sarlat-la-Canéda 12.
Schéma à Domme

⚠⚠ **Le Capeyrou** déb.avr.-30 sept.
℘ 05 53 29 54 95, *lecapeyrou@wanadoo.fr*,
Fax 05 53 28 36 27, *www.campinglecapeyrou.com*
– **R** conseillée
4,5 ha (100 empl.) plat, herbeux
Tarif : 🧍 🚐 🔳 11,90 € – 🔌 (10A) 3 € – frais de réservation 10 €
🚐 1 borne 5 €
Pour s'y rendre : Sortie Est, face à la station-service, bord
de la Dordogne

> Nature : ≤ 🛇🛇
> Loisirs : snack 🏠 🏕 🏊 🎣 🏊
> Services : 🚿 🚰 🏧 🚙 🛒 ♨ 🏊 🗑
> 📞 🗑 🍴
> À prox. : 🏊 🍺 🍴 🍴 canoë

BIRON

✉ 24540 – **329** G8 – G. Périgord – 140 h. – alt. 200
Paris 583 – Beaumont 25 – Bergerac 46 – Fumel 20 – Sarlat-la-Canéda 58 – Villeneuve-sur-Lot 35.

⚠⚠⚠ **Le Moulinal** 👥 – 7 avr.-23 sept.
℘ 05 53 40 84 60, *lemoulinal@perigord.com*,
Fax 05 53 40 81 49, *www.lemoulinal.com* – places limitées
pour le passage – **R** indispensable
10 ha/5 campables (300 empl.) plat, terrasses, herbeux
Tarif : (Prix 2006) 🧍 🚐 🔳 42 € 🔌 (10A) – frais de réservation 30 €
Location : 140 🚚 (4 à 6 pers.) 280 à 770 €/sem. – 70
🏠 (4 à 6 pers.) 308 à 826 €/sem. – 10 bungalows toilés
Pour s'y rendre : 4 km au S rte de Lacapelle-Biron puis
2 km par rte de Villeréal à dr.
À savoir : Situation agréable au bord d'un étang, végé-
tation luxuriante et variée

> Nature : 🌳 ≤ 🏞 🛇🛇
> Loisirs : 🍺 🍴 🏠 ☺ 🎠 salle d'ani-
> mation 🏕 🚲 ♨ 🎣 🏊 🏊 (plage)
> 🎣 terrain omnisports, canoë
> Services : 🚿 🚰 (30 juin-24 août)
> 🏧 🚙 🛒 ♨ ⊕ 🚙 🚐 ♨ 🗑 sèche-
> linge 🏊 🐾
> À prox. : 🐴

BRANTÔME

✉ 24310 – **329** E3 – G. Périgord – 2 043 h. – alt. 104
🛈 *Syndicat d'initiative, boulevard Charlemagne ℘ 05 53 05 80 52*
Paris 470 – Angoulême 58 – Limoges 83 – Nontron 23 – Périgueux 27 – Ribérac 38 – Thiviers 26.

⚠⚠ **Escapade Terre Océane** 👥 – 13 mai-16 sept.
℘ 05 53 05 75 24, *info@campingterreoceane.com*,
Fax 05 53 04 53 25, *www.campingterreoceane.com*
– **R** conseillée
5 ha (170 empl.) plat, herbeux
Tarif : (Prix 2006) 🧍 🚐 🔳 19 € – frais de réservation 25 €
Location : 5 🚚 (4 à 6 pers.) 205 à 630 €/sem.
Pour s'y rendre : 1 km à l' E par D 78, rte de Thiviers, bord
de la Dronne

> Nature : 🌳 🛇🛇
> Loisirs : 🎠 🏕 🎣 🏊 🏊
> Services : 🚿 🏧 🚙 ⊕ 🗑
> À prox. : 🚲 canoë kayak

Le BUGUE

⊠ 24260 – **329** G6 – G. Périgord – 2 778 h. – alt. 62
🏢 *Office de tourisme, porte de la Vézère* 🕿 05 53 07 20 48, Fax 05 53 54 92 30
Paris 522 – Bergerac 47 – Brive-la-Gaillarde 72 – Cahors 86 – Périgueux 42 – Sarlat-la-Canéda 32.

⚠ **La Linotte** 1er avr.-30 sept.
🕿 05 53 07 17 61, *infos@campinglalinotte.com*,
Fax 05 53 54 16 96, *www.campinglalinotte.com* – **R** conseillée
13 ha/2,5 campables (101 empl.) en terrasses, plat et peu incliné, herbeux
Tarif : 🚶 ⟵ 🅴 15,40 € – 🔌 (10A) 4,10 € – frais de réservation 16 €
Location 🏠 : 4 ⟨⟩ (2 à 4 pers.) 196 à 494 €/sem. – 37 ⟨⟩ (4 à 6 pers.) 238 à 629 €/sem. – 14 🏠 (4 à 6 pers.) 280 à 719 €/sem.
⟨⟩ 1 borne 5 €
Pour s'y rendre : 3,5 km au NE par D 710, rte de Périgueux, D 32ᴱ à dr., rte de Rouffignac et chemin
À savoir : Bel espace aquatique avec pataugeoire ludique

> Nature : 🏞 ≤ 🗓 ⁰⁰
> Loisirs : 🏠 jacuzzi 🏓 🏊 ⛵
> Services : 🕹 ⊶ GB 🐕 🗓 ♨ ☺ 🖥
> sèche-linge 🧺

⚠ **Les Trois Caupain** 1er avr.-30 oct.
🕿 05 53 07 24 60, *info@camping-bugue.com*,
Fax 05 53 08 72 66, *www.caupain.net* – **R** conseillée
4 ha (160 empl.) plat, herbeux
Tarif : 🚶 4,50 € ⟵ 3,40 € 🅴 4,75 € – 🔌 (16A) 3,60 €
Location : 37 ⟨⟩ (4 à 6 pers.) 135 à 570 €/sem.
⟨⟩ 1 borne 4 €
Pour s'y rendre : 1,5 km au SE par D 703, rte de Sarlat-la-Canéda et à dr. au bord de la Vézère

> Nature : 🏞 ⁰⁰
> Loisirs : pizzeria, snack 🏊 canoë-kayak, terrain omnisports
> Services : 🕹 ⊶ GB 🐕 🗓 ♨ ☺ 🧺
> ♻ 🖥 sèche-linge 🧺
> À prox. : 🎣

Le BUISSON-DE-CADOUIN

⊠ 24480 – **329** G6 – 2 075 h. – alt. 63
🏢 *Syndicat d'initiative, place André Boissière* 🕿 05 53 22 06 09
Paris 532 – Bergerac 38 – Périgueux 52 – Sarlat-la-Canéda 36 – Villefranche-du-Périgord 35.

⚠ **Domaine de Fromengal** 👥 – 1er avr.-31 oct.
🕿 05 53 63 11 55, *fromengal@domaine-fromengal.com*,
Fax 05 53 73 03 28, *www.domaine-fromengal.com*
– **R** conseillée
22 ha/3 campables (90 empl.) en terrasses, herbeux, bois attenant
Tarif : (Prix 2006) 🚶 ⟵ 🅴 18 € – 🔌 (6A) 3,50 € – frais de réservation 19 €
Location : 25 ⟨⟩ (4 à 6 pers.) 260 à 840 €/sem. – 18 🏠 (4 à 6 pers.) 310 à 840 €/sem. – 4 bungalows toilés
Pour s'y rendre : SO : 6,5 km par D 29, rte de Lalinde, D 2 à gauche, rte de Cadouin et chemin à droite

> Nature : 🏞 🗓 ♀
> Loisirs : 🏠 🏃 🏓 🚴 🎯 🎣 🏊 ⛵
> Services : 🕹 ⊶ GB 🐕 🗓 ♨ ☺ 🧺
> ♻ 🐾 🖥 sèche-linge 🗜 🧺

CAMPAGNE

⊠ 24260 – **329** G6 – G. Périgord – 310 h. – alt. 60
Paris 542 – Bergerac 51 – Belvès 19 – Les Eyzies-de-Tayac 7 – Sarlat-la-Canéda 27.

⚠ **Le Val de la Marquise** avr.-15 oct.
🕿 05 53 54 74 10, *val-marquise@wanadoo.fr*,
Fax 05 53 54 00 70, *www.levaldelamarquise.com* – **R** indispensable
4 ha (104 empl.) plat et en terrasses, herbeux
Tarif : 🚶 4,70 € ⟵ 🅴 7,50 € – 🔌 (15A) 4 €
Location 🏠 : 8 🏠 (4 à 6 pers.) 230 à 640 €/sem.
Pour s'y rendre : E : 0,5 km par D 35, rte de St-Cyprien, bord d'un étang

> Nature : 🗓
> Loisirs : 🏠 🏓 🏊 🎣
> Services : 🕹 ⊶ GB 🐕 🛒 🗓 ♨ 🚿
> ☺ 🖥 🧺

CARSAC-AILLAC

✉ 24200 – **329** I6 – G. Périgord – 1 217 h. – alt. 80
Paris 536 – Brive-la-Gaillarde 59 – Gourdon 18 – Sarlat-la-Canéda 9.
Schéma à Domme

Le Plein Air des Bories 1er mai-21 sept.
℘ 05 53 28 15 67, *contact@camping-desbories.com*,
Fax 05 53 28 15 67, *www.camping-desbories.com*
– **R** conseillée
3,5 ha (110 empl.) plat, sablonneux, herbeux
Tarif : ✝ ⛺ 🚗 📧 11,70 € – ⚡ (6A) 2,80 € – frais de réservation 10 €
Pour s'y rendre : S : 1,3 km par D 703, rte de Vitrac et chemin à gauche, bord de la Dordogne
À savoir : Décoration arbustive et florale des emplacements

Nature : 🏞 🌳 🎣 ⛰
Loisirs : 🍸 🏠 🏓 🏊 🎣
Services : 🚿 ⛽ 🏪 🔧 💈 🍴 👜 📞 🏧
À prox. : canoë

Le Rocher de la Cave
℘ 05 53 28 14 26, *rocher.de.la.cave@wanadoo.fr*,
Fax 05 53 28 27 10, *www.rocherdelacave.com* – **R** conseillée
5 ha (150 empl.) plat, herbeux
Location : 18 🏠 – bungalows toilés
Pour s'y rendre : S : 1,7 km par D 703, rte de Vitrac et chemin à gauche, bord de la Dordogne

Nature : 🏞 🎣 ⛰
Loisirs : 🍸 snack 🏓 🚲 🏊 🎣
Services : 🚿 ⛽ 🔧 💈 🍴
À prox. : canoë

CASTELNAUD-LA-CHAPELLE

✉ 24250 – **329** H7 – G. Périgord – 426 h. – alt. 140
Paris 539 – Le Bugue 29 – Les Eyzies-de-Tayac 27 – Gourdon 25 – Périgueux 71 – Sarlat-la-Canéda 13.
Schéma à Domme

Maisonneuve 17 mars-mi-oct.
℘ 05 53 29 51 29, *contact@campingmaisonneuve.com*,
Fax 05 53 30 27 06, *www.campingmaisonneuve.com*
– **R** conseillée
6 ha/3 campables (140 empl.) non clos, plat, herbeux
Tarif : (Prix 2006) ✝ ⛺ 🚗 📧 12,50 € – ⚡ (10A) 4,20 €
Location : 8 🏠 (4 à 6 pers.) 250 à 590 €/sem.
Pour s'y rendre : SE : 1 km par D 57 et chemin à gauche, bord du Céou
À savoir : Ancienne ferme restaurée et fleurie

Nature : ⟨ 🌳 🎣
Loisirs : 🍸 snack 🏓 🏊 🏐
Services : 🚿 ⛽ 🏪 🔧 💈 🍴 🏧 📞 🍴

Lou Castel 1er juin-15 févr.
℘ 05 53 29 89 24, *loucastel2@wanadoo.fr*,
Fax 05 53 28 94 85, *www.loucastel.com* – **R** conseillée
5,5 ha/2,5 campables (110 empl.) plat, herbeux, pierreux, bois attenant
Tarif : ✝ ⛺ 🚗 📧 11,30 € – ⚡ (16A) 3,70 €
Location (permanent) : 8 🏠 (2 à 4 pers.) 122 à 490 €/sem. – 24 🏠 (4 à 6 pers.) 180 à 630 €/sem. – 10 🏡 (4 à 6 pers.) 180 à 640 €/sem.
Pour s'y rendre : Sortie S par D 57 puis 3,4 km par rte du château à dr. - pour caravanes, accès fortement conseillé par Pont-de-Cause et D 50, rte de Veyrines-de-Domme
À savoir : Agréable chênaie

Nature : 🏞 🌳 🎣
Loisirs : 🏓 🚲 🏊 🏐
Services : 🚿 ⛽ 🔧 💈 🍴 👜 📞 🏧

CASTELS

✉ 24220 – **329** H6 – 445 h. – alt. 50
Paris 551 – Bordeaux 181 – Montauban 145 – Brive-la-Gaillarde 73 – Périgueux 56.

La Noyeraie (location exclusive de chalets) Permanent
℘ 05 53 31 24 43, *lanoyeraie@fr.st*, Fax 05 53 31 24 43,
www.lanoyeraie.fr.st – **R** conseillée
1,5 ha herbeux
Location 🅿 : 12 🏡 (4 à 6 pers.) 200 à 570 €/sem.
Pour s'y rendre : 3 km au SE par D 703, rte de Sarlat-la-Canéda

Nature : 🎣
Loisirs : 🏓 🏊
Services : ⛽ 🔧 🚿 🍴 sèche-linge

88

CAZOULÈS

24370 – **329** J6 – 436 h. – alt. 101
Paris 519 – Brive-la-Gaillarde 43 – Gourdon 25 – Sarlat-la-Canéda 24 – Souillac 5.

Municipal la Borgne 6 juin-10 janv.
05 53 29 81 64, *mairie.cazoules@wanadoo.fr*,
Fax 05 53 31 45 26 – **R** conseillée
5 ha (100 empl.) plat, herbeux
Tarif : ★ 4,50 € ⬅ 2 € 🅴 3,50 € – (10A) 2,50 €
Pour s'y rendre : SO : à 1,5 km du bourg, bord de la
Dordogne

Nature : 🌿 ♤ ⬆
Loisirs : ⬛
Services : & ⚊ (1ᵉʳ juil.-31 août) ⬅
🔲 ⬚ ⊕ 🔲

CÉNAC-ET-ST-JULIEN

24250 – **329** I7 – G. Périgord – 1 068 h. – alt. 70
Paris 537 – Le Bugue 34 – Gourdon 20 – Sarlat-la-Canéda 12 – Souillac 32.
Schéma à Domme

Le Pech de Caumont 1ᵉʳ avr.-30 sept.
05 53 28 21 63, *jmilhac@perigord.com*,
Fax 05 53 29 99 73, *www.pech-de-caumont.com*
– **R** conseillée
2,2 ha (100 empl.) en terrasses, peu incliné, herbeux
Tarif : ★ ⬅ 🅴 10,75 € – (10A) 3,10 € – frais de réser-
vation 12,50 €
Location ⬗ : 16 🚐 (4 à 6 pers.) 205 à 500 €/sem. – 6
🏠 (4 à 6 pers.) 255 à 555 €/sem.
Pour s'y rendre : S : 2 km
À savoir : Domine la vallée de la Dordogne, face au village
de Domme

Nature : 🌿 ⬅ ⬚ ♤
Loisirs : 🍷 🏠 ⬅ ⬛
Services : & ⚊ ⌷ ⬅ 🔲 ⬚ ⊕ ⬚
⬚ 🔲 ⬚

*Si vous désirez réserver un emplacement pour vos vacances,
faites-vous préciser au préalable les conditions particulières de séjour,
les modalités de réservation, les tarifs en vigueur et les conditions de paiement.*

89

La CHAPELLE-AUBAREIL

24290 – **329** I5 – 373 h. – alt. 230
Paris 515 – Brive-la-Gaillarde 40 – Les Eyzies-de-Tayac 21 – Montignac 9 – Sarlat-la-Canéda 19.

La Fage mai-sept.
05 53 50 76 50, *camping.lafage@orange.fr*,
Fax 05 53 50 79 19, *www.camping-lafage.com* – **R** conseillée
5 ha (60 empl.) en terrasses, peu incliné, herbeux
Tarif : (Prix 2006) ★ ⬅ 🅴 19,50 € (10A) – frais de réservation 9 €
Location : 12 🚐 (4 à 6 pers.) 225 à 555 €/sem. – 3 🏠
(4 à 6 pers.) 265 à 575 €/sem.
Pour s'y rendre : NO : 1,2 km par rte de St-Amand-de-Coly
(vers D 704) et chemin à gauche

Nature : 🌿 ⬚ ♤
Loisirs : snack 🏠 ⬅ ⬛
Services : & ⚊ ⌷ ⬅ 🔲 ⬚ ⊕ ⬚
⬚ 🔲 ⬚ ⬚

COLY

24120 – **329** I5 – 230 h. – alt. 113 – Base de loisirs
Paris 504 – Brive-la-Gaillarde 29 – Lanouaille 45 – Périgueux 53 – Sarlat-la-Canéda 24.

Résidence Le Domaine (location exclusive de chalets)
Permanent
05 53 50 86 29, *infos@ledomaine-perigord.com*,
Fax 05 53 50 84 76, *www.ledomaine-perigord.com*
– **R** conseillée
18 ha plat, herbeux, étangs
Location : 22 🏠 (4 à 6 pers.) 245 à 980 €/sem.
Pour s'y rendre : 2 km au SE par D 62, rte de la Cassagne,
bord d'un plan d'eau

Nature : 🌿 ⬅ ♀ ⬆
Loisirs : 🍷 ✕ ⬚ nocturne 🏃 ⬅
🚲 ⬚ ⬛ 🎣 pédalos, canoë
Services : & ⚊ ⬅ ⬚ ⬚ 🔲 ⬚

CORNILLE

✉ 24750 – **329** F4 – 562 h. – alt. 190
Paris 482 – Bordeaux 148 – Périgueux 10 – Coulounieix-Chamiers 17 – Saint-Yrieix-la-Perche 57.

⚠ Le Parc de la Forêt (location exclusive de 48 chalets)
   ☎ 05 53 35 50 45
   50 ha/6 campables vallonné, herbeux
   Location **P** : 🏠
   Pour s'y rendre : 3 km au S par D 8 et rte de Périgueux

| Nature : 🐟 ≤ ♀ |
| Loisirs : 🍸 pizzeria 🏠 hammam 🏑 ✗ m 🔲 🏊 🐎 poneys (centre équestre) |
| Services : 🚿 🏢 🖩 sèche-linge 🚱 |

COUX-ET-BIGAROQUE

✉ 24220 – **329** G7 – 818 h. – alt. 85
Paris 548 – Bergerac 44 – Le Bugue 14 – Les Eyzies-de-Tayac 17 – Sarlat-la-Canéda 31 – Villeneuve-sur-Lot 73.

⚠ **Camping Les Valades** 1er mai-30 sept.
   ☎ 05 53 29 14 27, *camping.valades@wanadoo.fr*,
   Fax 05 53 28 19 28, *http://www.lesvalades.com* – **R** conseillée
   11 ha/2,5 campables (45 empl.) en terrasses, herbeux, étang, sous bois
   Tarif : 👤 🚗 🔲 11,50 € – 🔌 (10A) 3,20 €
   Location (1er avr.-30 sept.) : 6 🚃 (4 à 6 pers.) 215 à 600 €/sem. – 11 🏠 (4 à 6 pers.) 200 à 620 €/sem.
   Pour s'y rendre : NO : 4 km par D 703, rte des Eyzies puis à gauche, au lieu-dit les Valades
   À savoir : Cadre naturel et vallonné

| Nature : 🐟 ≤ 🏞 ♀ |
| Loisirs : pizzeria 🏠 🏑 🏊 🏓 |
| Services : 🚿 ⚷ 🖩 🏧 🔲 🛒 🚱 🚰 🚱 |

COUZE-ET-ST-FRONT

✉ 24150 – **329** F7 – 759 h. – alt. 45
Paris 544 – Bergerac 21 – Lalinde 4 – Mussidan 46 – Périgueux 57.

⚠ **Les Moulins** 1er avr.-31 oct.
   ☎ 06 89 85 76 24, *camping-des-moulins@wanadoo.fr*,
   Fax 05 53 61 18 36, *www.campingdesmoulins.com* – **R** conseillée
   2,5 ha (42 empl.) plat et peu incliné, herbeux
   Tarif : 👤 🚗 🔲 11 € – 🔌 (10A) 4,50 € – frais de réservation 10 €
   Location (1er avr.-fin févr.) : 24 🚃 (4 à 6 pers.) 200 à 600 €/sem.
   🚃 1 borne 6 € – 5 🔲
   Pour s'y rendre : Sortie Sud-Est par D 660 rte de Beaumont et à droite, près du terrain de sports, bord de la Couze
   À savoir : Cadre verdoyant face au village perché sur un éperon rocheux

| Nature : ≤ 🏞 ♀ |
| Loisirs : 🍸 🏠 🏃 🏑 · 🍸 ✗ 🏊 🏓 |
| Services : 🚿 ⚷ GB 🏧 🎡 🖩 |

DAGLAN

✉ 24250 – **329** I7 – 535 h. – alt. 101
🅱 *Syndicat d'initiative, le Bourg* ☎ 05 53 29 88 84
Paris 547 – Cahors 48 – Fumel 40 – Gourdon 18 – Périgueux 80 – Sarlat-la-Canéda 22.

⚠ **Le Moulin de Paulhiac** 13 mai-16 sept.
   ☎ 05 53 28 20 88, *francis.armagnac@wanadoo.fr*,
   Fax 05 53 29 33 45, *www.moulin-de-paulhiac.com* – **R** conseillée
   5 ha (150 empl.) plat, herbeux
   Tarif : (Prix 2006) 👤 6,50 € 🚗 🔲 9,20 € – 🔌 (10A) 4 € – adhésion obligatoire 8 €
   Location : 🚃 (4 à 6 pers.) 230 à 680 €/sem.
   🚃 1 borne
   Pour s'y rendre : NO : 4 km par D 57, rte de St-Cybranet, bord du Céou

| Nature : 🐟 🏞 ♀♀ |
| Loisirs : 🍸 snack 🏠 🏑 🔲 (découverte en saison) 🏊 🏓 🏖 |
| Services : 🚿 ⚷ GB 🏧 🖩 🏧 🚱 🚰 🖩 🚱 🚱 |

▲ **Le Daguet**

      ℘ 05 53 28 29 55, *camping-le-daguet@wanadoo.fr*,
Fax 05 53 59 61 81 – croisement difficile pour caravanes –
places limitées pour le passage – **R** conseillée
3 ha (45 empl.) non clos, plat et peu incliné, herbeux,
pierreux

Pour s'y rendre : Sortie N par D 57, rte de St-Cybranet puis
3,5 km par chemin du Mas-de-Causse, à gauche

À savoir : Au milieu des vignes et des bois, belle situation
dominant la vallée

> Nature : ♨ ∢ ⌂ 🌳🌳
> Loisirs : snack 🍽 🏓 🚲 ⚓
> Services : ♿ ⚡ 🔌 @ 🔲 🚿

▲ **La Peyrugue** 1er avr.-30 sept.

      ℘ 05 53 28 40 26, *camping@peyrugue.com*,
Fax 05 53 28 86 14, *www.peyrugue.com* – **R** conseillée
5 ha/2,5 campables (85 empl.) non clos, peu incliné à
incliné, herbeux, pierreux

Tarif : 🚶 ⛺ 🚗 🅴 12,10 € – 🔌 (6A) 3 €

Location : 8 🛖 (4 à 6 pers.) 220 à 590 €/sem.

Pour s'y rendre : N : 1,5 km par D 57, rte de St-Cybranet, à
150 m du Céou

> Nature : ♨ ♀
> Loisirs : 🍷 🍽 🏓 ⚓
> Services : ♿ 🆖 ⚙ 🔲 ⛽ @ 🔳
> À prox. : 🍴

DOMME

✉ 24250 – **329** I7 – G. Périgord – 987 h. – alt. 250

🛈 *Office de tourisme, place de la Halle* ℘ 05 53 31 71 00, Fax 05 53 31 71 09

Paris 538 – Cahors 51 – Fumel 50 – Gourdon 20 – Périgueux 76 – Sarlat-la-Canéda 12.

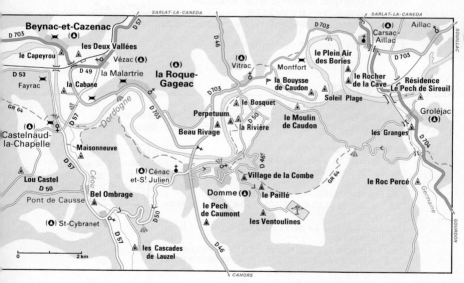

▲ **Village de la Combe** (location exclusive de chalets) 1er
mars-31 oct.

      ℘ 05 53 29 77 42, *lacombe24@wanadoo.fr*, *www.villagede
lacombe.com*
2 ha plat, en terrasses, herbeux

Location : 18 🏠 (4 à 6 pers.) 390 à 680 €/sem.

Pour s'y rendre : 1,5 km au SE

À savoir : Location 2 nuits minimum hors sais.

> Nature : ♨ 🌳🌳
> Loisirs : 🍽 ⚓
> Services : ♿ 🆖 🔲 ▥ 🔳

DOMME

⚇ **Les Ventoulines** (location exclusive de chalets) fin
mars-déb.nov.
℘ 05 53 28 36 29, *lesventoulines@wanadoo.fr*,
Fax 05 53 29 47 25, *www.cottage-ventoulines.com* – **R** indispensable
3 ha non clos, en terrasses, herbeux
Location 🏠 : 18 ⛺ (4 à 6 pers.) 320 à 855 €/sem.
Pour s'y rendre : 3,6 km au SE

Nature : 🏞 ♨
Loisirs : 🏠 🎣 ⛵
Services : 🔧 ⊶ 🅿 GB ⚒ 🏪 🔥

⚇ **Le Moulin de Caudon** 15 mai-20 sept.
℘ 05 53 31 03 69, *camping.moulin.caudon@wanadoo.fr*,
http://www.campingdordogne.com – **R** conseillée
2 ha (60 empl.) plat, herbeux
Tarif : (Prix 2006) ⚭ 3,30 € – 🚗 🔌 2,70 € – 🔋 (6A) 2,70 €
Location : 5 ⛺ (4 à 6 pers.) 340 à 480 €/sem.
Pour s'y rendre : 6 km au NE par D 46ᴱ et D 50, rte de
Groléjac, près de la Dordogne - Pour les caravanes, accès
conseillé par Vitrac-Port

Nature : 🏞 ♨
Loisirs : 🏠 🎣
Services : 🔧 ⊶ (saison) ⚒ 🔥 🛒 ☺
🔥
À prox. : 🏊

✉ 24500 – **329** D8 – G. Périgord – 2 552 h. – alt. 54
🛈 *Office de tourisme, place des Arcades* ℘ 05 53 23 74 95, Fax 05 53 23 74 95
Paris 560 – Bergerac 24 – Castillonnès 19 – Duras 22 – Marmande 33 – Ste-Foy-la-Grande 31.

⚇ **Le Château** 1ᵉʳ avr.-30 oct.
℘ 05 53 23 80 28, *jeanjacques@eymetcamping.com*,
Fax 05 53 83 02 20 – **R** conseillée
1,5 ha (66 empl.) plat, herbeux, jardin public attenant
Tarif : ⚭ 🔌 6,35 € – 🔋 (10A) 2,50 €
Pour s'y rendre : R. de la Sole, derrière le château, bord du
Dropt
À savoir : Site agréable bordé par la rivière, le parc et les
remparts

Nature : 🏞 ♨
Loisirs : 🎣
Services : 🔧 ⊶ ⚒ 🛒 ☺ 📞 🔥
À prox. : 🎣

92

✉ 24620 – **329** H6 – G. Périgord – 909 h. – alt. 70
🛈 *Office de tourisme, 19, av. de la Préhistoire* ℘ 05 53 06 97 05, Fax 05 53 06 90 79
Paris 536 – Brive-la-Gaillarde 62 – Fumel 62 – Lalinde 35 – Périgueux 47 – Sarlat-la-Canéda 21.

⚇ **La Rivière** 1ᵉʳ avr.-1ᵉʳ nov.
℘ 05 53 06 97 14, *la-riviere@wanadoo.fr*,
Fax 05 53 35 20 85, *www.lariviereleseyzies.com* – **R** conseillée
7 ha/3 campables (120 empl.) plat, herbeux
Tarif : ⚭ 🚗 🔌 12,85 € – 🔋 (10A) 3,50 € – frais de réservation 4 €
Location : 8 ⛺ (4 à 6 pers.) 210 à 600 €/sem. – 6 🛏
🚐 1 borne 4 €
Pour s'y rendre : 1 km au NO par D 47, rte de Périgueux et
rte à gauche après le pont, à 200 m de la Vézère (accès
direct)

Nature : 🏞 ♨
Loisirs : 🍴 🍽 🎣 🏊
Services : 🔧 ⊶ GB ⚒ 🏪 🛒 ☺ ☺
🏕 ♻ 📞 🔥 sèche-linge 🧺
À prox. : canoë kayak

⚇ **La Ferme du Pelou** 15 mars-15 nov.
℘ 05 53 06 98 17, Fax 05 53 06 98 17 – **R** conseillée
1 ha (65 empl.) plat et peu incliné, herbeux
Tarif : ⚭ 3,30 € – 🚗 🔌 3,30 € – 🔋 (10A) 2,60 €
Location : 1 ⛺ (2 à 4 pers.) 130 à 205 €/sem. – 6 ⛺ (4
à 6 pers.) 240 à 425 €/sem.
🚐 1 borne – 5 🔌
Pour s'y rendre : 4 km au NE par D 706, rte de Montignac
puis rte à dr.
À savoir : Ferme d'élevage en activité

Nature : 🏞 🏞 ♨
Loisirs : 🏠 🏊
Services : 🔧 ⊶ ⚒ 🛒 🏞 ☺ 🔥
sèche-linge
À prox. : 🐴

FOSSEMAGNE

✉ 24210 – **329** G5 – 528 h. – alt. 70
Paris 492 – Brive-la-Gaillarde 49 – Excideuil 33 – Les Eyzies-de-Tayac 27 – Périgueux 26.

⚠ **Municipal le Manoire** 15 juin-15 sept.
 ℰ 05 53 04 43 46, Fax 05 53 06 49 90 – **R** conseillée
 1 ha (35 empl.) plat, herbeux
 Tarif : (Prix 2006) 🚶 2,20 € ⛺ 🅿 2 € – 🚿 2 €
 Pour s'y rendre : Au Sud-Ouest du bourg, près d'un plan d'eau
 À savoir : Belle ornementation des emplacements

> Nature : 🏞 00 ⚘
> Services : 🚿 🕭 ⊕ 🚽
> À prox. : 🍴 🎣

GROLÉJAC

✉ 24250 – **329** I7 – 580 h. – alt. 67
Paris 537 – Gourdon 14 – Périgueux 80 – Sarlat-la-Canéda 13.

Schéma à Domme

🛆 **Les Granges** 👥 – 28 avr.-16 sept.
 ℰ 05 53 28 11 15, *lesueur.francine@wanadoo.fr*,
 Fax 05 53 28 57 13, *lesgranges-fr.com* – places limitées pour le passage – **R** conseillée
 6 ha (188 empl.) plat, incliné et en terrasses, herbeux
 Tarif : 🚶 ⛺ 🅿 26,40 € 🚿 (6A) – frais de réservation 30 €
 Location : 6 🛖 (4 à 6 pers.) 287 à 840 €/sem. – 3 🏠 (4 à 6 pers.) 287 à 840 €/sem.
 Pour s'y rendre : Au bourg

> Nature : 🌳 🏞 00
> Loisirs : 🍸 🍴 pizzeria 🏡 🏓 💢 🚴 🏸 🔲 ⛵
> Services : 🚿 🕭 ⊝ 🕭 🍴 🛒 ⊕ 🚽 🔧 🧺 📷 🛎
> À prox. : 🚲

🛆 **Résidence le Pech de Sireuil** (location exclusive de chalets) 30 mars-30 déc.
 ℰ 05 53 28 34 93, *martine@pechdesireuil.com*,
 Fax 05 53 28 53 09
 5 ha non clos, plat, vallonné, herbeux
 Location : 14 🏠 (4 à 6 pers.) 275 à 650 €/sem.
 Pour s'y rendre : N : 2 km par D 704 et à droite, rte de Milhac

> Nature : 🌳 🏞 00
> Loisirs : 🔲
> Services : 🚿 🕭 🅿 🛒 📷

⚠ **Municipal le Roc Percé**
 ℰ 05 53 59 48 70, Fax 05 53 29 39 74, *www.baseloisirs-grolejac.com* – **R** conseillée
 2 ha (92 empl.) non clos, plat, herbeux
 Pour s'y rendre : S : 2 km par D 704, D 50 rte de Domme et rte de Nabirat à gauche, bord d'un plan d'eau

> Nature : 🌳 < 🏞 ⚘ ⚘
> Loisirs : 💢 canoë, pédalos
> Services : 🚿 🕭 🛒 ⊕ 🚽 📷

93

HAUTEFORT

✉ 24390 – **329** H4 – G. Périgord – 1 184 h. – alt. 160
Office de tourisme, place du Marquis J. F. de Hautefort ℰ 05 53 50 40 27
Paris 466 – Bordeaux 190 – Périgueux 60 – Brive-la-Gaillarde 57 – Tulle 93.

🛆 **Les Sources** (location exclusive de chalets) Permanent
 ℰ 05 53 51 96 56, *infos@hautefortvacances.com*,
 Fax 05 53 51 96 78, *www.hautefortvacances.com*
 – **R** conseillée
 30 ha/5 campables vallonné, herbeux
 Location 🅿 : 18 🏠 (4 à 6 pers.) 220 à 870 €/sem. – 6 🛏
 Pour s'y rendre : 4 km au S sur D 704, et rte à gauche

> Nature : 🌳 < château de Hautefort
> Loisirs : 🍸 🏡 💢 🔲 quad, paintball
> Services : 🚿 🕭 ⊝ 🕭 🔧 📷

---

*LES GUIDES VERTS **MICHELIN***
Paysages, monuments
Routes touristiques
Géographie
Histoire, Art
Itinéraire de visite
Plans de villes et de monuments

LANOUAILLE

✉ 24270 – **329** H3 – 966 h. – alt. 209 – Base de loisirs
🛈 *Syndicat d'initiative, place Thomas Robert Bugeaud* ✆ 05 53 62 17 82
Paris 446 – Brantôme 47 – Limoges 55 – Périgueux 46 – Uzerche 47.

⚠ **Moulin de la Jarousse** (location exclusive de chalets)
Permanent
✆ 05 53 52 37 91, *jarousse@wanadoo.fr*,
Fax 05 53 52 40 43, *www.chalets-en-perigord.com* – ⟨R⟩ ⊗
(juil.-août)
8 ha plat, terrasse, herbeux, gravillons
Location : 8 ⌂ (4 à 6 pers.) 330 à 750 €/sem.
Pour s'y rendre : 7 km au N par D 704, D 80 et rte secondaire, au lieu-dit La Jarousse
À savoir : Cadre sauvage et boisé dominant le lac

> Nature : 🏞 < ♨
> Loisirs : 🎣 🚲 🎯 🛶
> Services : ⚲ 🅿 🚿 🏧 🍴

LIMEUIL

✉ 24510 – **329** G6 – G. Périgord – 315 h. – alt. 65
🛈 *Syndicat d'initiative, Le Bourg* ✆ 05 53 63 38 90
Paris 528 – Bergerac 43 – Brive-la-Gaillarde 78 – Périgueux 48 – Sarlat-la-Canéda 38.

⚠ **La Ferme des Poutiroux** avr.-10 nov.
✆ 05 53 63 31 62, *camping.les.poutiroux@tiscali.fr*,
www.poutiroux.com – ⟨R⟩ conseillée
1,5 ha (25 empl.) plat, en terrasses, peu incliné, herbeux
Tarif : 👤 4,50 € 🚗 🔲 5 € – 🔌 (6A) 3 € – frais de réservation 12 €
Location ⊗ : 14 ⌂ (4 à 6 pers.) 170 à 480 €/sem.
🚐 1 borne 3 €
Pour s'y rendre : Sortie Nord-Ouest par D 31, rte de Trémolat puis 1 km par chemin de Paunat à droite

> Nature : 🏞 <
> Loisirs : 🎣 🛶
> Services : ♿ ⚲ 🚿 ⊙ 🍴

MAISON-JEANNETTE

✉ 24140 – **329** E5
Paris 506 – Bergerac 24 – Périgueux 25 – Vergt 11.

⚠ **Orphéo-Négro** saison.
✆ 05 53 82 96 58, Fax 05 53 80 45 50 – ⟨R⟩ conseillée
7 ha/2 campables (100 empl.) peu incliné à incliné, plat, terrasse, herbeux, pierreux, étang
Tarif : (Prix 2006) 👤 🚗 🔲 20 €
Pour s'y rendre : NE : par N 21 au lieu-dit les Trois Frères, près de l'hôtel Tropicana

> Nature : 🏞 🌳 ♨ ≜
> Loisirs : 🏠 🎣 🛶 🏓
> Services : ♿ ⚲ 🚿 🗑 ⊙ 🍴
> À prox. : ✕

MARCILLAC-ST-QUENTIN

✉ 24200 – **329** I6 – 664 h. – alt. 235
Paris 522 – Brive-la-Gaillarde 48 – Les Eyzies-de-Tayac 18 – Montignac 21 – Périgueux 74 – Sarlat-la-Canéda 10.

⚠ **Les Tailladis** Permanent
✆ 05 53 59 10 95, *tailladis@aol.com*, Fax 05 53 29 47 56,
www.tailladis.com – ⟨R⟩ conseillée
25 ha/8 campables (83 empl.) plat, en terrasses et incliné, herbeux, pierreux
Tarif : 👤 🚗 🔲 11,70 € – 🔌 (6A) 3,40 € – frais de réservation 10 €
Location : 7 ⌂ (4 à 6 pers.) 417 à 556 €/sem.
Pour s'y rendre : N : 2 km, à proximité de la D 48, bord de la Beune et d'un petit étang

> Nature : 🏞 🌳 ♨
> Loisirs : 🍸 ✕ 🛶 ⛵ 🐎
> Services : ♿ ⚲ 🏧 🚿 🗑 🛁 ⊙ 🍴

94

MAREUIL

✉ 24340 – **329** D3 – G. Périgord – 1 112 h. – alt. 124

🛈 *Syndicat d'initiative, 12, rue Pierre Degail* 🌮 *05 53 60 99 85*
Paris 484 – Angoulême 38 – Nontron 23 – Périgueux 48 – Ribérac 27.

Municipal du Vieux Moulin 1er juin-30 sept.
🌮 05 53 60 99 80, *mairiemareuil@wanadoo.fr*,
Fax 05 53 60 51 72 – **R** conseillée
0,6 ha (20 empl.) non clos, plat, herbeux
Tarif : (Prix 2006) 👤 ⛺ 🅴 5 € – 🔌 (10A) 1,50 €
Pour s'y rendre : Sortie SO par D 708, rte de Ribérac et
D 99 à gauche, rte de la Tour-Blanche, bord d'un ruisseau

Nature : 🏞 ♀♀
Services : 👤 ⛗ 📶 ⓐ
À prox. : 🍴

MÉNESPLET

✉ 24700 – **329** B5 – 1 289 h. – alt. 43
Paris 532 – Bergerac 44 – Bordeaux 69 – Libourne 35 – Montpon-Ménestérol 5 – Périgueux 60.

Camp'Gîte Permanent
🌮 05 53 81 84 39, *campgite.ber@perigord.tm.fr*,
Fax 05 53 81 62 74, *www.camp-gite.com*
1 ha (29 empl.) plat, herbeux
Tarif : 👤 4 € ⛺ 2 € 🅴 2 € – 🔌 (16A) 4 €
Location : 🛏
Pour s'y rendre : 3,8 km au SO du bourg, au lieu-dit Les
Loges par rte de Laser
À savoir : Sur place également chambres et table d'hôte

Nature : 🏞 🛖 ♀
Loisirs : 🎪
Services : 👤 ⛗ 🐕 📶 🛒 ⓐ 📠

MIALET

✉ 24450 – **329** G2 – 717 h. – alt. 320
Paris 436 – Limoges 49 – Nontron 23 – Périgueux 51 – Rochechouart 37.

Le Vivale (location exclusive de chalets)
🌮 05 53 52 66 05, *vivale@wanadoo.fr*, Fax 05 53 62 86 47 –
R indispensable
30 ha plat et vallonné, herbeux
Location : 20 🏠 (4 à 6 pers.) 360 à 610 €/sem.
Pour s'y rendre : 0,7 km à l'O par D 79, rte de Nontron
À savoir : Bord du lac

Nature : 🏞 ⬅ 🛖 ♀
Loisirs : 🍴 🎪 ⛵ 🚴 🏊 🎣 canoë, barques
Services : 👤 ⛗ 🅿 🛒 🐕 📠

Enclos - Pays basque

AINE

MOLIÈRES

✉ 24480 – **329** F7 – G. Périgord – 292 h. – alt. 150
Paris 542 – Bergerac 31 – Le Bugue 20 – Les Eyzies-de-Tayac 31 – Sarlat-la-Canéda 47 – Villeneuve-sur-Lot 56.

La Grande Veyière 1er avr.-2 nov.
⌀ 05 53 63 25 84, *la-grande-veyiere@wanadoo.fr*,
Fax 05 53 63 18 25, *www.lagrandeveyiere.com* – **R** conseillée
4 ha (64 empl.) peu incliné à incliné, en terrasses, herbeux
Tarif : (Prix 2006) 👤 🚐 🅴 10,60 € – 🔌 (6A) 2,60 € – frais de
réservation 10 €
Location : 8 🛖 (2 à 4 pers.) 160 à 440 €/sem. – 14 🛖
(4 à 6 pers.) 190 à 580 €/sem.
Pour s'y rendre : SE : 2,2 km par D 27, rte de Cadouin et
chemin à droite
À savoir : Agréable cadre naturel, verdoyant

Nature : 🏞 ☐ 〰
Loisirs : 🍽 🏠 🏖 🏊
Services : 👤 ⌀ GB 🚐 🖫 🔥 ⊕ 🖩 🖼

MONPAZIER

✉ 24540 – **329** G7 – G. Périgord – 516 h. – alt. 180
🏢 Office de tourisme, place des Cornières ⌀ 05 53 22 68 59, Fax 05 53 74 30 08
Paris 575 – Bergerac 47 – Fumel 26 – Périgueux 75 – Sarlat-la-Canéda 50 – Villeneuve-sur-Lot 46.

Le Moulin de David 🏊🏖 – mi-mai-mi-sept.
⌀ 05 53 22 65 25, *info@moulin-de-david.com*,
Fax 05 53 23 99 76, *www.moulin-de-david.com* – **R** conseillée
16 ha/4 campables (160 empl.) plat, terrasse, herbeux
Tarif : 👤 🚐 🅴 16,95 € – 🔌 (10A) 6 € – frais de réservation 20 €
Location : 43 🛖 (4 à 6 pers.) 296 à 821 €/sem. – 8
tentes
🛖 1 borne – 3 🅴
Pour s'y rendre : 3 km au SO par D 2 rte de Villeréal et
chemin à gauche, bord d'un ruisseau

Nature : 🏞 ☐ 〰
Loisirs : 🍽 ✕ pizzeria 🏠 🔥 nocturne 🎯 🏖 🚲 ⚫ 🏊 🚣 (plan
d'eau) 🏖
Services : 👤 ⌀ (mi-juil.-fin août)
GB 🚐 🖫 🔥 ⊕ 🏊 🖼 🖩 sèche-
linge 🏊 🖩

96

MONPLAISANT

✉ 24170 – **329** G7 – 251 h. – alt. 190
Paris 551 – Belvès 2 – Bergerac 50 – Le Bugue 22 – Les Eyzies-de-Tayac 23 – Sarlat-la-Canéda 32.

La Lénotte avr.-oct.
⌀ 05 53 30 25 80, *campinglalenotte@libertysurf.fr*,
Fax 05 53 30 25 80, *www.la-lenotte.com* – **R** conseillée
3,2 ha (69 empl.) plat, herbeux
Tarif : (Prix 2006) 👤 🚐 🅴 14,50 € 🔌 (10A)
Location : 14 🛖 (4 à 6 pers.) 190 à 540 €/sem. –
bungalows toilés
🛖 1 borne 6 €
Pour s'y rendre : NE : 2,3 km par D 710, rte de Soriac-en-
Périgord
À savoir : Bord de la Nauze

Nature : ☐
Loisirs : 🎯 🏊
Services : 👤 ⌀ GB 🚐 🖫 ⊕ 🖼 🖩

MONTIGNAC

✉ 24290 – **329** H5 – G. Périgord – 3 023 h. – alt. 77
🏢 Office de tourisme, place Bertran-de-Born ⌀ 05 53 51 82 60, Fax 05 53 50 49 72
Paris 513 – Brive-la-Gaillarde 39 – Périgueux 54 – Sarlat-la-Canéda 25.

Le Moulin du Bleufond 1er avr.-15 oct.
⌀ 05 53 51 83 95, *le.moulin.du.bleufond@wanadoo.fr*,
Fax 05 53 51 19 92, *www.bleufond.com* – **R** conseillée
1,3 ha (84 empl.) plat, herbeux
Tarif : 👤 🚐 🅴 11,20 € – 🔌 (10A) 3 €
Location : 17 🛖 (4 à 6 pers.) 203 à 580 €/sem.
🛖 2 bornes
Pour s'y rendre : 0,5 km au S par D 65 rte de Sergeac, près
de la Vézère
À savoir : Beaux emplacements disposés autour de l'ancien moulin

Nature : 🏞 ☐ 〰
Loisirs : snack 🏠 🍴 jacuzzi 🎯
🏊
Services : 👤 ⌀ GB 🚐 🖫 🔥 ⊕
🏊 🖼 🖩 sèche-linge 🖩
À prox. : ✕ 🚣 canoë

MONTPON-MÉNESTÉROL

✉ 24700 – **329** B5 – 5 385 h. – alt. 93

🛈 *Office de tourisme, place Clemenceau* ℘ 05 53 82 23 77, Fax 05 53 81 86 74

Paris 532 – Bergerac 40 – Bordeaux 75 – Libourne 43 – Périgueux 56 – Ste-Foy-la-Grande 23.

⚠ **Escapades Terre Océane le Port Vieux** 17 juin-16 sept.
℘ 05 53 80 30 98, *info@campingterreoceane.com*,
Fax 05 53 82 26 62, *www.campingterreoceane.com*
– **R** conseillée
2 ha (120 empl.) plat, herbeux
Tarif : (Prix 2006) ✻ 🚐 ▣ 15 € – frais de réservation 25 €
Pour s'y rendre : Sortie N par D 708, rte de Ribérac et à gauche avant le pont
À savoir : Bord de l'Isle

Nature : 🏞 ΩΩ
Loisirs : 🏠 🏕 🏊 🎣
Services : 🔧 ⛽ GB 🔌 🏪 🛒 🚿 ⚄
🎮 🚮 🖼
À prox. : ≅

NONTRON

✉ 24300 – **329** E2 – G. Périgord – 3 500 h. – alt. 260

🛈 *Office de tourisme, avenue du Général Leclerc* ℘ 05 53 56 25 50, Fax 05 53 60 34 13

Paris 464 – Bordeaux 175 – Périgueux 49 – Angoulême 47 – Saint-Junien 53.

⚠ **Camping de Nontron** Permanent
℘ 05 53 56 02 04, *thierry.hamain@club-internet.fr*,
www.campingdenontron.com – **R** conseillée
2 ha (78 empl.) plat, herbeux, bord de rivière
Tarif : ✻ 🚐 ▣ 5,50 € – ⚡ (10A) 3 €
Location (permanent) : 8 gîtes
🚐 1 borne
Pour s'y rendre : 1 km au S par D 675, rte de Périgueux, aux stades

Nature : 🏞 ΩΩ
Loisirs : 🏠 🎣
Services : 🔧 ⛽ 🔌 😊 📞 🖼 sèche-linge

PARCOUL

✉ 24410 – **329** B4 – G. Périgord – 411 h. – alt. 70

Paris 503 – Bergerac 69 – Blaye 72 – Bordeaux 75 – Périgueux 67.

⚠ **Le Paradou** 15 mai-15 sept.
℘ 05 53 91 42 78, *le.paradou.24@wanadoo.fr*,
Fax 05 53 90 49 92, *www.leparadou24.fr* – **R** conseillée
20 ha/4 campables (100 empl.) plat, herbeux, pierreux
Tarif : (Prix 2006) ✻ 🚐 ▣ 12,50 €
Location : 🛏 (4 à 6 pers.) 246 à 495 €/sem. – 🏠 (4 à 6 pers.) 206 à 366 €/sem.
Pour s'y rendre : SO : 2 km par D 674 rte de La Roche-Chalais
À savoir : Au parc de loisirs

Nature : 🏞 ΩΩ
Loisirs : 🏊
Services : 🔧 ⛽ GB 🔌 🖼 😊 🎮 🖼
À prox. : au parc de loisirs : 🍽 café-téria 🎣 🏠 🏊 ⚽ 🎣 ≅ (étang)
🚣 pédalos

PEYRIGNAC

✉ 24210 – **329** I5 – 394 h. – alt. 200

Paris 508 – Brive-la-Gaillarde 33 – Juillac 33 – Périgueux 44 – Sarlat-la-Canéda 37.

⚠ **La Garenne** Permanent
℘ 05 53 50 57 73, *s.lagarenne@wanadoo.fr*,
Fax 05 53 50 57 73, *http://membres.lycos.fr/campinglaga renne/* – **R** conseillée
4 ha/1,5 campable (70 empl.) plat, peu incliné, herbeux
Tarif : (Prix 2006) ✻ 🚐 ▣ 8 € – ⚡ (10A) 5 € – frais de réservation 5 €
Location (1er mars-1er nov.) : 8 🛏 (4 à 6 pers.) 250 à 490 €/sem. – 7 🏠 (4 à 6 pers.) 290 à 540 €/sem.
Pour s'y rendre : 0,8 km au N du bourg, près du stade

Nature : 🌄 ΩΩΩ
Loisirs : 🏠 🏊 🏊
Services : 🔧 ⛽ GB 🔌 M 🏪 🛒 🍴
😊 🎮 🚮 🖼 🎣
À prox. : ⚽ 🏓

PEYRILLAC-ET-MILLAC

24370 – **329** J6 – 213 h. – alt. 88
Paris 521 – Brive-la-Gaillarde 45 – Gourdon 23 – Sarlat-la-Canéda 22 – Souillac 8.

Au P'tit Bonheur 15 avr.-15 déc.
  05 53 29 77 93, *auptitbonheur@wanadoo.fr*,
Fax 05 53 29 77 93, *camping-auptitbonheur.com*
– **R** conseillée
2,8 ha (90 empl.) incliné et en terrasses, herbeux, pierreux
Tarif : 🚶 🚗 📧 11 € – 🔌 (10A) 3,50 € – frais de réservation 10 €

Location (7 avr.-15 sept.) (14 juil.-18 août) : 12
(2 à 4 pers.) 170 à 445 €/sem. – 11 (4 à 6 pers.) 220 à
590 €/sem. – 8 (4 à 6 pers.) 250 à 635 €/sem.
1 borne 5 €
Pour s'y rendre : N : 2,5 km par rte du Bouscandier, à Millac
À savoir : Plaisante décoration arbustive et florale

Nature : 🌿 ⚡ 🏞 ⚲
Loisirs : 🍴 snack 🎱 🎯 🚲 🏊
Services : 🚻 ⛽ GB 🔧 🚮 🧺 ⊕ 🚿 🔋 🚰

PLAZAC

24580 – **329** H5 – G. Périgord – 577 h. – alt. 110
Paris 527 – Bergerac 65 – Brive-la-Gaillarde 53 – Périgueux 40 – Sarlat-la-Canéda 32.

Le Lac 1er mai-15 sept.
  05 53 50 75 86, *contact@campinglelac-dordogne.com*,
Fax 05 53 50 58 36, *www.campinglelac-dordogne.com*
– **R** conseillée
7 ha/2,5 campables (100 empl.) peu incliné et plat, en
terrasses, herbeux
Tarif : 🚶 🚗 📧 9,70 € – 🔌 (10A) 3 € – frais de réservation 12 €
Location : 16 (4 à 6 pers.) 230 à 465 €/sem.
Pour s'y rendre : SE : 0,8 km par D 45, rte de Thonac
À savoir : Bord du lac

Nature : 🌿 🏞 ⚲⚲ 🏔
Loisirs : 🍴 snack 🎱 🎯 🏐 🏊 🚲
Services : 🚻 ⛽ GB 🔧 🚮 🧺 ⊕ 🚿
🚻 🔋 🚰
À prox. : pédalos

La ROCHE-CHALAIS

24490 – **329** B5 – 2 801 h. – alt. 60
Syndicat d'initiative, 9, place du Puits qui Chante 05 53 90 18 95
Paris 510 – Bergerac 62 – Blaye 67 – Bordeaux 68 – Périgueux 70.

Municipal de Gerbes 15 avr.-30 sept.
  05 53 91 40 65, *camping.la.roche.chalais@wanadoo.fr*,
Fax 05 53 90 32 01 – **R** conseillée
3 ha (100 empl.) plat et terrasses, herbeux, petit bois
attenant
Tarif : (Prix 2006) 🚶 🚗 📧 4,90 € – 🔌 (10A) 3,20 €
Pour s'y rendre : à 1 km, à l'Ouest de la localité, par la rue
de la Dronne, bord de la rivière

Nature : 🌿 🏞 ⚲⚲
Loisirs : 🎱 🎯 🏊 canoë
Services : 🚻 ⛽ 🔧 🚮 ⊕ 🔋

La ROQUE-GAGEAC

24250 – **329** I7 – G. Périgord – 449 h. – alt. 85
Office de tourisme, le Bourg 05 53 29 17 01
Paris 535 – Brive-la-Gaillarde 71 – Cahors 53 – Fumel 52 – Lalinde 45 – Périgueux 71 – Sarlat-la-Canéda 9.
Schéma à Domme

Beau Rivage 🏕 – 1er avr.-30 sept.
  05 53 28 32 05, *camping.beau.rivage@wanadoo.fr*,
Fax 05 53 29 63 56, *www.camping-beau-rivage.com*
– **R** conseillée
8 ha (199 empl.) plat et en terrasses, herbeux, sablonneux
Tarif : 🚶 🚗 📧 12,50 € – 🔌 (6A) 4,05 € – frais de réservation 18 €
Location 🍴 : 22 (4 à 6 pers.) 250 à 600 €/sem.
Pour s'y rendre : 4 km à l'E
À savoir : Bord de la Dordogne

Nature : ⚲⚲ 🏔
Loisirs : 🍴 🍽 🎱 🎮 nocturne 🎯
🎯 🏐 🏊 canoë
Services : 🚻 ⛽ GB 🔧 🖥 🚮 🧺 ⊕
🚿 🚻 sèche-linge 🧺 🚰
À prox. : 🚲

ROUFFIGNAC

✉ 24580 – **329** G5 – G. Périgord – 1 484 h. – alt. 300
🄳 Syndicat d'initiative, le Bourg ℰ 05 53 05 39 03
Paris 531 – Bergerac 58 – Brive-la-Gaillarde 57 – Périgueux 32 – Sarlat-la-Canéda 37.

La Nouvelle Croze mai-sept.
ℰ 05 53 05 38 90, contact@lanouvellecroze.com,
Fax 05 53 46 61 71, www.vacances-perigord.com/nouvelle
croze – **R** conseillée
1,3 ha (40 empl.) plat, herbeux
Tarif : (Prix 2006) 🛉 ⬌ 🅴 17,90 €
Location (avr.-1er nov.) : 17 🚐 (4 à 6 pers.) 162 à
480 €/sem.
Pour s'y rendre : SE : 2,5 km par D 31, rte de Fleurac et
chemin à droite

Nature : ⬤ ♀
Loisirs : 🍽 🏕 ⚗ ⚓ golf (9 trous)
Services : 🛁 ⚡ (juil.-août) ⑬ ⚒
🔲 ⊛ 🌳 ⚐

La Ferme Offrerie 1er avr.-15 sept.
ℰ 05 53 35 33 26, campingoffrerie@aol.com,
Fax 05 53 05 76 30, www.camping-ferme-offrerie.com –
places limitées pour le passage – **R** conseillée
2 ha (28 empl.) plat, peu incliné, terrasses, herbeux
Tarif : 🛉 ⬌ 🅴 7,80 € – [5] (10A) 2,50 €
Location : 14 🚐 (4 à 6 pers.) 270 à 498 €/sem.
Pour s'y rendre : S : 2 km par D 32, rte des Grottes de
Rouffignac et à droite

Nature : ⬤ 🔲 ♀
Loisirs : 🔲 ⚓
Services : ⚡ ⚒ 🔲 ⊛ ⑬ 🔲 ⚐

Bleu Soleil 1er avr.-30 sept.
ℰ 05 53 05 48 30, infos@camping-bleusoleil.com,
www.camping-bleusoleil.com – **R** conseillée
70 ha/7 campables (110 empl.) en terrasses
Tarif : 🛉 ⬌ 🅴 11,50 € – [5] (10A) 2,90 € – frais de réservation 10 €
Location (15 avr.-mi-oct.) : 15 🏠 (4 à 6 pers.) 150 à
640 €/sem.
Pour s'y rendre : 1,5 km au N par D 31 rte de Thenon et
rte à dr.

Nature : ⬤ ⟨ ♀♀
Loisirs : 🍽 ✕ 🔲 ⚓ ⚗
Services : 🛁 ⚡ ⑬ ⚒ 🔲 ⊛ ⑬ 🔲
sèche-linge ⚒ cases réfrigérées

ST-ANTOINE-D'AUBEROCHE

✉ 24330 – **329** G5 – 146 h. – alt. 152
Paris 491 – Brive-la-Gaillarde 96 – Limoges 105 – Périgueux 24.

La Pelonie 1er avr.-1er nov.
ℰ 05 53 07 55 78, lapelonie@aol.com, Fax 05 53 03 74 27,
www.lapelonie.com – **R** conseillée
3 ha (60 empl.) non clos, plat, herbeux
Tarif : 🛉 ⬌ 🅴 11,30 € – [5] (8A) 3,10 € – frais de réser-
vation 15 €
Location : 14 🚐 (4 à 6 pers.) 175 à 615 €/sem.
Pour s'y rendre : SO : 1,8 km en direction de Milhac-Gare, à la
Bourgie, de Fossemagne, 6 km par RN 89 et chemin à droite

Nature : 🔲 ♀
Loisirs : 🍽 snack ⚓ ⚗
Services : 🛁 ⚡ ⑬ ⚒ Ⓜ 🔲 ⊛ ⑬
🔲 ⚒

ST-ANTOINE-DE-BREUILH

✉ 24230 – **329** B6 – 1 844 h. – alt. 18
Paris 555 – Bergerac 30 – Duras 28 – Libourne 34 – Montpon-Ménestérol 23.

La Rivière Fleurie 1er avr.-20 sept.
ℰ 05 53 24 82 80, info@la-riviere-fleurie.com,
Fax 05 53 24 82 80, www.la-riviere-fleurie.com – **R** conseillée
2,5 ha (60 empl.) plat, herbeux
Tarif : (Prix 2006) 🛉 ⬌ 🅴 12 € – [5] (10A) 4 €
Location 🏊 : 🚐 – 12 🚐 (4 à 6 pers.) 260 à
550 €/sem. – studios
Pour s'y rendre : SO : 3 km, à St-Aulaye, à 100 m de la
Dordogne
À savoir : Décoration arbustive et florale autour de la piscine

Nature : ⬤ 🔲 ♀♀
Loisirs : 🍽 snack 🔲 ⚓ ⚗
Services : 🛁 ⚡ ⚒ 🔲 ⊛ ⑬ 🔲 ⚒
À prox. : ⚒ canoë

ST-ASTIER

✉ 24110 – **329** E5 – G. Périgord – 5 098 h. – alt. 70
🅱 *Office de tourisme, place de la République* ✆ *05 53 54 13 85*
Paris 509 – Brantôme 36 – Mussidan 21 – Périgueux 22 – Ribérac 24.

⛰ **Municipal du Pontet** ♣♣ – avr.-sept.
✆ 05 53 54 14 22, *camp.lepontet@wanadoo.fr*,
Fax 05 53 04 39 36, *www.ville-saint-astier.fr* – **R** conseillée
3,5 ha (150 empl.) plat, herbeux
Tarif : 🚶 4 € ⟵ 🅴 4 € – 🔌 (6A) 2,55 € – frais de réservation 8 €
Location : 6 🛖 (4 à 6 pers.) 250 à 550 €/sem. – 12 bungalows toilés – (avec sanitaires)
Pour s'y rendre : Sortie Est par D 41, rte de Montanceix, bord de l'Isle

Nature : 🌳
Loisirs : 🏠 🏓 🚣 🚴 🎣 🛝 (petite piscine)
Services : 🚿 ⚡ GB 🔧 📷 🗑 🎣 ♿

ST-AULAYE

✉ 24410 – **329** B4 – G. Périgord – 1 399 h. – alt. 61
🅱 *Syndicat d'initiative, place Pasteur* ✆ *05 53 90 63 74*
Paris 504 – Bergerac 56 – Blaye 79 – Bordeaux 81 – Périgueux 56.

⛰ **Municipal de la Plage** 15 juin-15 sept.
✆ 05 53 90 62 20, *mairie-staulaye@voila.fr*,
Fax 05 53 90 59 89 – **R** conseillée
1 ha (70 empl.) plat, herbeux
Tarif : 🚶 ⟵ 🅴 10 € 🔌 (10A)
Location : 13 🛖 (4 à 6 pers.) 115 à 350 €/sem. – 19 🏠 (4 à 6 pers.) 105 à 320 €/sem.
🚐 1 borne 3 €
Pour s'y rendre : Sortie Nord par D 38, rte de Aubeterre, bord de la Dronne

Nature : 🌳🌳
Loisirs : 🏠 🚣 🚴 🎾 🛝
Services : 🚿 🔧 🗑
À prox. : snack 🎣 🚣 (plage) 🏊

ST-AVIT-DE-VIALARD

✉ 24260 – **329** G6 – 118 h. – alt. 210
Paris 520 – Bergerac 39 – Le Bugue 7 – Les Eyzies-de-Tayac 17 – Périgueux 40.

⛰ **St-Avit Loisirs** ♣♣ – 31 mars-25 sept.
✆ 05 53 02 64 00, *contact@saint-avit-loisirs.com*,
Fax 05 53 02 64 39, *www.saint-avit-loisirs.com* – places limitées pour le passage – **R** conseillée
40 ha/6 campables (350 empl.) plat, peu incliné, herbeux
Tarif : 🚶 ⟵ 🅴 23,20 € – 🔌 (6A) 5,20 € – frais de réservation 15 €
Location : 5 🛖 (4 à 6 pers.) 413 à 913 €/sem. – 42 🏠 (4 à 6 pers.) 454 à 952 €/sem. – 30 🛏 – appartements
🚐 1 borne – 3 € 🅴
Pour s'y rendre : 1,8 km au NO, rte de St-Alvère
À savoir : Vaste domaine vallonné et boisé, bel espace aquatique

Nature : 🌲 < 🌳 🌳🌳
Loisirs : 🍹 🍴 self-service, pizzeria 🏠 🎬 nocturne 🏓 🎣 salle d'animation 🚣 🎾 🛝 🏊 🏊
terrain omnisports
Services : 🚿 ⚡ GB 🔧 Ⓜ 🗑 🎣 ♿ 🛒 🚾 🚰 📷 sèche-linge 🧺 🎣

ST-AVIT-SÉNIEUR

✉ 24440 – **329** F7 – G. Périgord-Quercy – 403 h. – alt. 164
Paris 545 – Bergerac 33 – Cahors 77 – Périgueux 65 – Villeneuve-sur-Lot 53.

⛰ **Le Hameau des Laurières** (location exclusive de chalets) Permanent
✆ 05 53 23 76 99, *efeyfant@club-internet.fr*,
Fax 05 53 23 77 02, *http://www.lehameau.com/laurieres* – **R** indispensable
1 ha en terrasses, incliné, herbeux
Location 🚫 : 10 🏠 (4 à 6 pers.) 325 à 798 €/sem.
Pour s'y rendre : SE : 1 km direction Montferrand, au lieu-dit les Gaudounes

Nature : 🌲
Loisirs : 🏠 🛝
Services : 🚿 🅿 GB 🔧 🛖 📷 sèche-linge
À prox. : 🎾

ST-CIRQ

✉ 24260 – **329** G6 – 106 h. – alt. 50
Paris 541 – Bergerac 53 – Le Bugue 6 – Les Eyzies-de-Tayac 6 – Périgueux 45.

⚑ **Brin d'Amour** 1er avr.-30 nov.
  ℘ 05 53 07 23 73, *brindamour2@wanadoo.fr*,
  Fax 05 53 07 23 73, *www.brindamourcamping.com*
  – **R** conseillée
  4 ha (60 empl.) peu incliné et plat, en terrasses, herbeux,
  petit étang
  Tarif : ☆ 🚗 🔳 10 € – ⚡ (16A) 3 € – frais de réservation 12,20 €
  Location : 4 🚐 (4 à 6 pers.) 210 à 490 €/sem. – 10 🏠
  (4 à 6 pers.) 250 à 560 €/sem.
  Pour s'y rendre : N : 3,3 km par D 31, rte de Manaurie et
  chemin à droite

  | Nature : ⩗ ⇐ ▱ ⋁ |
  | Loisirs : ▾ ⌂ ✂ ⅃ |
  | Services : ⅌ ⚬━ ⚙ 🗑 ⒶⓉ ♨ 🗑 |
  | ⤵ |

> *Des vacances réussies sont des vacances bien préparées !*
> *Ce guide est fait pour vous y aider... mais :*
> *– N'attendez pas le dernier moment pour réserver*
> *– Évitez la période critique du 14 juillet au 15 août*
> *Pensez aux ressources de l'arrière-pays,*
> *à l'écart des lieux de grande fréquentation.*

ST-CRÉPIN-ET-CARLUCET

✉ 24590 – **329** I6 – G. Périgord – 407 h. – alt. 262
Paris 514 – Brive-la-Gaillarde 40 – Les Eyzies-de-Tayac 29 – Montignac 21 – Périgueux 74 – Sarlat-la-Canéda 14.

101

⚑ **Les Peneyrals** ♣ – 15 mai-15 sept.
  ℘ 05 53 28 85 71, *camping.peneyrals@wanadoo.fr*,
  Fax 05 53 28 80 99, *www.peneyrals.com* – **R** conseillée
  12 ha/8 campables (199 empl.) en terrasses, herbeux,
  pierreux, étang
  Tarif : ☆ 🚗 🔳 18,30 € – ⚡ (10A) 3,10 € – frais de réservation 18 €
  Location : 26 🚐 (4 à 6 pers.) 260 à 790 €/sem. – 21 🏠
  (4 à 6 pers.) 300 à 820 €/sem.
  🚐 1 borne
  Pour s'y rendre : À St-Crépin, sur D 56, rte de
  Proissans
  À savoir : Cadre vallonné avec emplacements en sous-bois
  ou au bord d'un étang

  | Nature : ⩗ ▱ ⋁⋁ |
  | Loisirs : ▾ ✗ snack ⌂ ⚙ 🏃 🏄 ⛵ ✂ 🎣 🔳 ⅃ ⅃ ⤵ |
  | Services : ⅌ ⚬━ 🅖🅑 ⚙ 🗑 🗑 ⤵ Ⓐ ⚬ 💧 🗑 sèche-linge ♨ ⤵ |

⚑ **Combas village de gîtes** (location exclusive de
  chalets) Permanent
  ℘ 05 53 28 64 00, *combas@perigordgites.com*,
  Fax 05 53 28 64 09, *www.perigordgites.com* – **R** conseillée
  4 ha vallonné, herbeux
  Location ⅌ Ⓟ : 22 🏠 (4 à 6 pers.) 250 à
  710 €/sem.
  Pour s'y rendre : 2 km à l'O par D 60 et à gauche
  À savoir : Anciens bâtiments de ferme, en pierre, réaménagés en gîtes

  | Nature : ⩗ ⋁ |
  | Loisirs : ▾ ⌂ 🏃 🏄 ✂ ⅃ |
  | Services : ⚬━ 🅖🅑 ⚙ 🗑 🗑 ⤵ |

⚑ **Le Pigeonnier - Club 24**
  ℘ 05 53 28 92 62, Fax 05 53 30 27 17, *www.lepigeonnier24.com* – **R** conseillée
  2,5 ha (100 empl.) peu incliné, herbeux
  Location : 40 🚐
  Pour s'y rendre : 1,3 km au NO sur D 60 rte de Sarlat-la-Canéda

  | Nature : ▱ ⋁⋁ |
  | Loisirs : ▾ ⌂ ⅃ ♨ |
  | Services : ⅌ ⚬━ 🗑 Ⓐ ♨ 🗑 sèche-linge |
  | À prox. : ✗ |

ST-CYBRANET

✉ 24250 – **329** I7 – 350 h. – alt. 78
Paris 542 – Cahors 51 – Les Eyzies-de-Tayac 29 – Gourdon 21 – Sarlat-la-Canéda 16.

Schéma à Domme

Bel Ombrage
    𝒫 05 53 28 34 14, *belombrage@wanadoo.fr*,
Fax 05 53 59 64 64, *www.belombrage.com*
6 ha (180 empl.) plat, herbeux
Pour s'y rendre : NO : 0,8 km, bord du Céou

> Nature : 🐟 🏕 ♨♨ ⛰
> Loisirs : 🎱 🐎 🛝
> Services : ⛐ 🚽 ☺ 🖥

Les Cascades
    𝒫 05 53 28 32 26, *les-cascades@wanadoo.fr*,
Fax 05 53 29 18 44, *www.camping-dordogne.com/les cascades* – **R** conseillée
2 ha (100 empl.) non clos, plat, peu incliné, herbeux
Location : 7 🚐
Pour s'y rendre : SE : 2 km par D 50, rte de Domme et chemin à droite, bord du Céou

> Nature : 🐟 ♨♨ ⛰
> Loisirs : 🍴 🐎 🛝
> Services : ⛐ 🔑 🚽 ☺ 🖥

Les indications d'accès à un terrain sont généralement indiquées, dans notre guide, à partir du centre de la localité.

ST-CYPRIEN

🅱 *Office de tourisme, place Charles-de-Gaulle* 𝒫 05 53 30 36 09, *Fax* 05 53 28 55 05
Paris 550 – Bordeaux 187 – Périgueux 55 – Bergerac 57 – Sarlat-la-Canéda 22.

Le Cro-Magnon 👥 – 15 mai-15 sept.
    𝒫 05 53 29 13 70, *contact@domaine-cro-magnon.com*,
Fax 05 53 29 15 79, *www.domaine-cro-magnon.com*
– **R** conseillée
27 ha/6 campables (160 empl.) plat, pierreux, herbeux
Tarif : 👤 🚗 🅴 17,40 € – ⚡ (6A) 3,60 € – frais de réservation 15 €
Location : 11 🚐 (4 à 6 pers.) 320 à 752 €/sem. – 18 🏠 (4 à 6 pers.) 395 à 783 €/sem.
Pour s'y rendre : 8 km au S par D 703 et D 48, dir. Berbiguières et D 50
À savoir : Cadre sauvage et boisé

> Nature : 🐟 🏕 ♨♨
> Loisirs : 🍴 self service, pizzeria 🏃 🏊 spa 🐎 🚲 🎱 🛝 terrain omnisports
> Services : ⛐ 🔑 (1ᵉʳ avr.-30 sept.) 💳 🐾 🚽 🐕 ☺ 🧺 🖥 sèche-linge 🍴 🚿

Vignes près de Moirax

J. Malburet/Michelin

ST-GENIÈS

⊠ 24590 – **329** I6 – G. Périgord – 815 h. – alt. 232
Paris 515 – Brive-la-Gaillarde 41 – Les Eyzies-de-Tayac 29 – Montignac 13 – Périgueux 66 – Sarlat-la-Canéda 14.

La Bouquerie ▲▲ – 7 avr.-22 sept.
    05 53 28 98 22, *labouquerie@wanadoo.fr*,
Fax 05 53 29 19 75, *www.labouquerie.com* – places limitées
pour le passage – **R** indispensable
8 ha/4 campables (183 empl.) plat, peu incliné et en
terrasses, herbeux, pierreux, étang
Tarif : ✦ ⟶ 🄴 15,50 € – 🙋 (10A) 3,50 € – frais de réservation 15 €
Location : 82 🚐 (4 à 6 pers.) 250 à 800 €/sem. – 11 🏠
Pour s'y rendre : 1,5 km au NO par D 704 rte de Montignac
et chemin à dr.
À savoir : Beaux emplacements sous une chênaie

> Nature : 🏞 🗐 ♤♤
> Loisirs : 🍷 ✗ snack 🄫 🕯 nocturne
> 🏊 🎯 🎱 🏓 🎿 🛶
> Services : 🔥 ⊶ GB 🛒 🏧 🔲 🛁 ⊗
> 🕾 📺 sèche-linge 🖫 🗚
> À prox. : 🐎

ST-JORY-DE-CHALAIS

⊠ 24800 – **329** G3 – 596 h. – alt. 260
Paris 442 – Brantôme 31 – Châlus 23 – St-Yrieix-la-Perche 28 – Thiviers 13.

Maisonneuve 1er avr.-fin oct.
    05 53 55 10 63, *camping.maisonneuve@wanadoo.fr*,
Fax 05 53 55 10 63, *www.camping-maisonneuve.com*
– **R** conseillée
10 ha/3 campables (43 empl.) plat, peu incliné, herbeux,
petit étang
Tarif : ✦ ⟶ 🄴 13 € – 🙋 (10A) 3,50 €
🚐 1 borne – 2 🄴
Pour s'y rendre : Sortie NE par D 98, rte de Chalais et
chemin à dr.
À savoir : Autour de bâtisses anciennes en pierres du pays

> Nature : 🏞 🗐 ♤♤
> Loisirs : 🍷 snack 🚲 🎿 🛶
> Services : 🔥 ⊶ GB 🛒 🏧 ⊗ 🛁 🕾
> 🕾 📺 🗚

ST-JULIEN-DE-LAMPON

⊠ 24370 – **329** J6 – 576 h. – alt. 120
Paris 528 – Brive-la-Gaillarde 51 – Gourdon 17 – Sarlat-la-Canéda 17 – Souillac 14.

Le Mondou 1er avr.-15 oct.
    05 53 29 70 37, *lemondou@camping-dordogne.info*,
Fax 05 53 29 70 37, *www.camping-dordogne.info*
– **R** conseillée
1,2 ha (60 empl.) peu incliné, pierreux, herbeux
Tarif : ✦ ⟶ 🄴 9 € – 🙋 (6A) 2,50 €
Pour s'y rendre : E : 1 km par D 50 rte de Mareuil et chemin
à droite

> Nature : 🏞 ⟨ 🗐 ♤
> Loisirs : 🄫 🎿
> Services : 🔥 ⊶ GB 🛒 🏧 ⊗ 🔲

ST-LÉON-SUR-VÉZÈRE

⊠ 24290 – **329** H5 – G. Périgord – 419 h. – alt. 70
Paris 523 – Brive-la-Gaillarde 48 – Les Eyzies-de-Tayac 16 – Montignac 10 – Périgueux 47 – Sarlat-la-Canéda 24.

Le Paradis ▲▲ – 1er avr.-25 oct.
    05 53 50 72 64, *le-paradis@perigord.com*,
Fax 05 53 50 75 90, *www.le-paradis.fr* – **R** indispensable
7 ha (200 empl.) plat, herbeux
Tarif : ✦ ⟶ 🄴 18,50 € – 🙋 (10A) 3 € – frais de réservation 25 €
Location : 20 🚐 (4 à 6 pers.) 349 à 799 €/sem.
🚐 1 borne 2 €
Pour s'y rendre : 4 km au SO sur D 706 rte des Eyzies-de-Tayac, bord de la Vézère
À savoir : Installations de qualité autour d'une ancienne
ferme restaurée

> Nature : 🏞 🗐 ♤♤
> Loisirs : 🍷 ✗ 🄫 🕯 🏊 🎯 🎱 🚲 🎱
> 🎿 piste de bi-cross, canoë, terrain
> omnisports
> Services : 🔥 ⊶ GB 🛒 🔲 🔲 🛁
> ⊗ 🗚 🕾 🕾 📺 🖫 🗚 🗚

ST-MARTIAL-DE-NABIRAT

⊠ 24250 – **329** I7 – 513 h. – alt. 175
Paris 546 – Cahors 42 – Fumel 45 – Gourdon 11 – Périgueux 83 – Sarlat-la-Canéda 20.

△ **Calmésympa** 30 avr.-30 sept.
    ℘ 05 53 28 43 15, *duarte-jacqueline@wanadoo.fr*,
    Fax 05 53 30 23 65, *www.tourisme-céou.com/calme*
    sympa.htm – **R** conseillée
    2,7 ha (25 empl.) en terrasses et peu incliné, herbeux
    Tarif : 🛉 ⇌ 🔲 7,25 € – 🔌 (8A) 2,50 €
    Location (permanent) : 12 🚐 (2 à 4 pers.) 110 à
    250 €/sem. – 10 🚐 (4 à 6 pers.) 169 à 490 €/sem. –
    gîtes
    Pour s'y rendre : NO : 2,2 km par D 46, rte de Domme et
    chemin à gauche, au lieu-dit la Grèze

| Nature : ⊏⊐ ♀ |
| Loisirs : ⬧ |
| Services : ⚒ ⊶ ✗ 🔥 ☺ 🖭 |

Ce guide n'est pas un répertoire de tous les terrains de camping
mais une sélection des meilleurs campings dans chaque catégorie.

ST-PARDOUX-LA-RIVIÈRE

⊠ 24470 – **329** F3 – G. Périgord – 1 091 h. – alt. 142
🛈 *Syndicat d'initiative, rue Puits de la Barre* ℘ 05 53 56 79 30
Paris 462 – Bordeaux 195 – Périgueux 59 – Saint-Junien 63 – Soyaux 55.

△ **Municipal**
    ℘ 05 53 60 81 70
    0,8 ha (39 empl.) plat, herbeux, bord de rivière
    Pour s'y rendre : 0,6 km au NE par D 83, rte de Mialet

| Nature : ♀ |
| Loisirs : ⬧⬧ ⬧ |
| Services : ⚒ 🖭 ☺ 🖭 |

ST-RÉMY

⊠ 24700 – **329** C6 – 353 h. – alt. 80
Paris 542 – Bergerac 33 – Libourne 46 – Montpon-Ménestérol 10 – Ste-Foy-la-Grande 16.

⚠ **La Tuilière** début avr.-fin sept.
    ℘ 05 53 82 47 29, *la-tuiliere@wanadoo.fr*,
    Fax 05 53 82 47 29, *www.campinglatuiliere.com* – **R** conseillée
    8 ha (100 empl.) peu incliné, plat, herbeux
    Tarif : (Prix 2006) 🛉 3,70 € ⇌ 🔲 5,20 € – 🔌 (10A) 3,20 € –
    frais de réservation 10 €
    Location : 3 🚐 (2 à 4 pers.) 330 à 360 €/sem. – 12 🚐
    (4 à 6 pers.) 390 à 460 €/sem. – 3 🏠 (4 à 6 pers.) 450 à
    480 €/sem.
    Pour s'y rendre : NO : 2,7 km par D 708, rte de Montpon-
    Ménesterol, bord d'un étang

| Nature : 💯 |
| Loisirs : 🍸 ✗ crêperie 🏠 ⬧⬧ 🚲 |
| ⬧ ✗ 🎣 ⬧ ⬧ |
| Services : ⚒ ⊶ ⊞ ✗ ⬧ 🖭 ☺ ☺ |
| 🖭 ⬧ |

ST-SAUD-LACOUSSIÈRE

⊠ 24470 – **329** F2 – 868 h. – alt. 370
Paris 443 – Brive-la-Gaillarde 105 – Châlus 23 – Limoges 57 – Nontron 16 – Périgueux 62.

⚠⚠ **Château Le Verdoyer** ♣♣ – 21 avr.-8 oct.
    ℘ 05 53 56 94 64, *chateau@verdoyer.fr*, Fax 05 53 56 38 70,
    www.verdoyer.fr – **R** conseillée
    15 ha/5 campables (150 empl.) peu incliné et en terrasses,
    herbeux, pierreux, étangs
    Tarif : 🛉 ⇌ 🔲 20,40 € – 🔌 (10A) 2,60 € – frais de réser-
    vation 15 €
    Location : 10 🚐 (4 à 6 pers.) 270 à 630 €/sem. – 10 🏠
    (4 à 6 pers.) 285 à 700 €/sem. – 5 ⊨ – 1 appartement
    🚐, 1 borne
    Pour s'y rendre : 2,5 km au NO par D 79, rte de Nontron et
    D 96, rte d'Abjat-sur-Bandiat, près d'étangs
    À savoir : Cadre et site agréables autour du château et de
    ses dépendances

| Nature : ⬧ ⊏⊐ 💯 |
| Loisirs : 🍸 ✗ snack 🏠 ⬧⬧ ⬧⬧ |
| 🚲 ✗ 🎣 🔲 ⬧ ⬧ ✗ |
| Services : ⚒ ⊶ ⊞ ✗ 🖭 ☺ ☺ ✗ |
| ⬧ ⬧ 🖭 sèche-linge ⬧ 🖭 cases |
| réfrigérées |
| À prox. : 🏊 💧 |

ST-VINCENT-DE-COSSE

⊠ 24220 – **329** H6 – 351 h. – alt. 80

Paris 540 – Bergerac 61 – Brive-la-Gaillarde 65 – Fumel 58 – Gourdon 31 – Périgueux 64 – Sarlat-la-Canéda 14.

Le Tiradou 7 avr.-5 nov.
𝒫 05 53 30 30 73, *contact@camping-le-tiradou.com*,
Fax 05 53 31 16 24, *www.camping-le-tiradou.com*
– **R** conseillée
2 ha (60 empl.) plat, herbeux
Tarif : 🛉 ⇔ 🗉 10,50 € [ɟ] (6A)
Location : 10 [🚐] (4 à 6 pers.) 210 à 510 €/sem. – 10 🏠
(4 à 6 pers.) 240 à 580 €/sem.
Pour s'y rendre : À 0,5 km au Sud-Ouest du bourg, bord
d'un ruisseau

Nature : 🖵 ♀
Loisirs : 🏠 ♣⁴ 🏊
Services : 🕹 ⛽ GB ♨ 🗊 ☺ 🖳

SALIGNAC-EYVIGUES

⊠ 24590 – **329** I6 – G. Périgord – 1 008 h. – alt. 297

🛈 *Syndicat d'initiative, place du 19 Mars 1962* 𝒫 05 53 28 81 93, Fax 05 53 28 85 26

Paris 509 – Brive-la-Gaillarde 34 – Cahors 84 – Périgueux 70 – Sarlat-la-Canéda 18.

Le Temps de Vivre 15 avr.-15 oct.
𝒫 05 53 28 93 21, *contact@temps-de-vivre.com*,
Fax 05 53 28 93 21, *www.tempsdevivre.com*
– **R** conseillée
1 ha (50 empl.) en terrasses et peu incliné, pierreux,
herbeux, bois attenant
Tarif : (Prix 2006) 🛉 ⇔ 🗉 19 € [ɟ] (10A) – frais de réser-
vation 9 €
Location (avr.-1er nov.) : 18 [🚐] (4 à 6 pers.) 182 à
578 €/sem.
Pour s'y rendre : S : 1,5 km par D 61, rte de Carlux et
chemin à droite
À savoir : Terrasses bordées de haies

Nature : 🦅 🖵 ♀
Loisirs : 🍷 snack 🏠 ♣⁴ 🏊
Services : 🕹 ⛽ GB ♨ M 🗊 ☺ ☺
🖳 🚿

*Donnez-nous votre avis
sur les terrains que nous recommandons.
Faites-nous connaître vos observations et vos découvertes.*

SARLAT-LA-CANÉDA

⊠ 24200 – **329** I6 – G. Périgord – 9 707 h. – alt. 145

🛈 *Office de tourisme, rue Tourny* 𝒫 05 53 31 45 45, Fax 05 53 59 19 44

Paris 526 – Bergerac 74 – Brive-la-Gaillarde 52 – Cahors 60 – Périgueux 77.

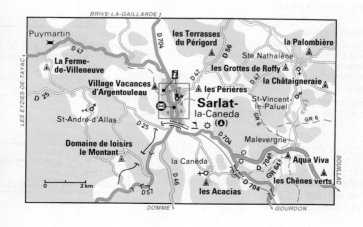

SARLAT-LA-CANÉDA

Le Moulin du Roch ♣♦ – 28 avr.-15 sept.
℘ 05 53 59 20 27, *moulin.du.roch@wanadoo.fr*,
Fax 05 53 59 20 95, *www.moulin-du-roch.com* – **R** indispensable ✖
8 ha (200 empl.) plat, peu incliné et en terrasses, herbeux, petit étang
Tarif : ♣ ⇒ 🔲 27 € – 🔌 (6A) 4 € – frais de réservation 19,50 €
Location : 31 🛏 (4 à 6 pers.) 240 à 720 €/sem. – 12 🏠 (4 à 6 pers.) 350 à 850 €/sem. – bungalows toilés
Pour s'y rendre : NO : 10 km par D 47, rte des Eyzies-de-Tayac, bord d'un ruisseau (hors schéma)
À savoir : Ancien moulin périgourdin

> Nature : 🏞 🌳
> Loisirs : 🍴 ✖ snack 🏠 🌙 nocturne 🏓 🎣 ⛳ 🏊 ☕ poneys
> Services : ♿ ⚡ GB 🏧 M 🏧 🛒 🛁 😊 🚿 🚰 📞 🧊 🛒 🔥

Aqua Viva ♣♦ – 21 avr.-16 sept.
℘ 05 53 31 46 00, *aqua_viva@perigord.com*,
Fax 05 53 29 36 37, *www.aquaviva.fr* – **R** conseillée
11 ha (186 empl.) plat, accidenté et en terrasses, herbeux
Tarif : ♣ ⇒ 🔲 12,90 € – 🔌 (6A) 3,50 € – frais de réservation 15 €
Location 🅿 : 4 🛏 (4 à 6 pers.) 350 à 784 €/sem. – 35 🏠 (4 à 6 pers.) 350 à 784 €/sem.
Pour s'y rendre : 7 km au SE, bord de l'Enéa et d'un petit étang

> Nature : 🌳
> Loisirs : 🍴 snack, pizzeria 🏠 🌙 nocturne 🏓 🚲 🏊 ☕ ♫ terrain omnisports
> Services : ♿ ⚡ GB 🏧 🏧 🛒 🛁 😊 📞 🧊 sèche-linge 🛒 🔥

La Palombière ♣♦ – 27 avr.-15 sept.
℘ 05 53 59 42 34, *la.palombiere@wanadoo.fr*,
Fax 05 53 28 45 40, *www.lapalombiere.fr* – places limitées pour le passage – **R** conseillée
8,5 ha/4 campables (177 empl.) peu incliné et en terrasses, pierreux, herbeux
Tarif : ♣ ⇒ 🔲 17,20 € – 🔌 (10A) 3 € – frais de réservation 20 €
Location : 33 🛏 (4 à 6 pers.) 290 à 765 €/sem. – 10 🏠 (4 à 6 pers.) 310 à 810 €/sem.
Pour s'y rendre : 9 km au NE

> Nature : 🦌 🏞 🌳
> Loisirs : 🍴 ✖ 🌙 🏓 🎣 🚲 🏊 ☕ ♫
> Services : ♿ ⚡ GB 🏧 🛒 🛁 😊 📞 🧊 sèche-linge 🛒 🔥

Les Grottes de Roffy 28 avr.-15 sept.
℘ 05 53 59 15 61, *roffy@perigord.com*, Fax 05 53 31 09 11, *www.roffy.fr* – **R** conseillée
5 ha (166 empl.) en terrasses, herbeux
Tarif : (Prix 2006) ♣ ⇒ 🔲 15,50 € – 🔌 (6A) 3,30 € – frais de réservation 13 €
Location : 17 🛏 (4 à 6 pers.) 260 à 810 €/sem. – 2 gîtes
Pour s'y rendre : 8 km à l'E

> Nature : 🦌 ◁ 🏞 🌳
> Loisirs : 🍴 ✖ (dîner seulement) snack 🏠 🚲 🏊 ☕ 🏊
> Services : ♿ ⚡ GB 🏧 🛒 🛁 😊 📞 🧊 sèche-linge 🛒 🔥

La Châtaigneraie
℘ 05 53 59 03 61, *lachataigneraie@wanadoo.fr*,
Fax 05 53 29 86 16, *www.campings-dordogne.com* – **R** conseillée
9 ha (140 empl.) plat, en terrasses, herbeux, sablonneux
Location ✖ : 60 🛏
Pour s'y rendre : 10 km à l'E
À savoir : Jolie piscine entourée de murets de pierres du pays

> Nature : 🦌 🏞 🌳
> Loisirs : 🍴 snack 🏠 🚲 🏊 ☕ 🏊 🏊 piste de bi-cross, parcours sportif
> Services : ♿ ⚡ 🛒 🛁 😊 🧊 📞 sèche-linge 🛒 🔥

Les Chênes Verts
℘ 05 53 59 21 07, *chenes-verts@wanadoo.fr*,
Fax 05 53 31 05 51, *www.chenes-verts.com* – **R** conseillée
8 ha (143 empl.) plat, peu incliné, en terrasses, herbeux
Location ✖ : 🛏 – 🏠
Pour s'y rendre : SE : 8,5 km

> Nature : 🦌 🏞 🌳
> Loisirs : 🍴 🏠 🚲 🏊 (découverte l'été) 🏊
> Services : ♿ ⚡ 🛒 🛁 😊 🧊 🛒 🔥

⚞ **Domaine de Loisirs le Montant** ⚑⚑ – 1ᵉʳ mai-23 sept.
  ℘ 05 53 59 18 50, *contact@camping-sarlat.com*,
  Fax 05 53 59 37 73, *www.camping-sarlat.com* – **R** conseillée
  70 ha/8 campables (101 empl.) en terrasses, herbeux
  Tarif : ⚐ ⛆ 🅴 11,75 € – 🔌 (10A) 3,55 € – frais de réservation 9 €
  Location (3 avr.-23 sept.) : 6 🚐 (4 à 6 pers.) 215 à 595 €/sem. – 33 🏠 (4 à 6 pers.) 215 à 595 €/sem. – gîtes
  Pour s'y rendre : 2 km au SO par D 57, rte de Bergerac puis 2,3 km par chemin à dr.
  À savoir : Locatif varié et de qualité dans un cadre sauvage, vallonné et boisé

Nature : 🦢 ≼ ⛺ 🙵🙵
Loisirs : ⛾ 🏠 🎮 nocturne 🏃 jacuzzi 🚣 🚲 🎣 🏊 terrain omnisports
Services : ♿ ⚡ GB ♻ ⏚ 🗄 ⛽ @ 🗑 🚰 📞 🔲 sèche-linge 🧺
À prox. : ✗

⚞ **Les Terrasses du Périgord** 1ᵉʳ mai-16 sept.
  ℘ 05 53 59 02 25, *terrasses-du-perigord@wanadoo.fr*,
  Fax 05 53 59 16 48, *www.terrasses-du-perigord.com* – **R** conseillée
  5 ha (85 empl.) plat, en terrasses, herbeux
  Tarif : ⚐ ⛆ 🅴 11,40 € – 🔌 (16A) 2,90 € – frais de réservation 8 €
  Location : 9 🚐 (4 à 6 pers.) 185 à 540 €/sem. – 5 🏠 (4 à 6 pers.) 185 à 650 €/sem.
  🚐 1 borne – 2 🅴 6,30 €
  Pour s'y rendre : 2,8 km au NE
  À savoir : Coquet camping disposé en terrasses fleuries

Nature : 🦢 ≼ ⛺ 🙵🙵
Loisirs : snack 🏠 🚣 🎣 🏊 piste de bi-cross
Services : ♿ ⚡ GB ♻ ⏚ 🗄 ⛽ @ 🚰 🔲 🚿 🧺

⚞ **Village Vacances d'Argentouleau** (location exclusive de chalets) Permanent
  ℘ 05 53 59 30 23, *vilvac.argentouleau@wanadoo.fr*,
  Fax 05 53 59 30 23, *www.sarlat-location.com*
  2 ha plat, herbeux, gravier
  Location ♿ 🅿 : 22 🏠 (4 à 6 pers.) 250 à 640 €/sem.
  Pour s'y rendre : 2 rte d'Argentouleau, devant la caserne des pompiers

Nature : 🦢 ≼ 🙵🙵(pinède)
Loisirs : 🏠 🚣
Services : ⚡ ♻ ⏚ 🔲

107

⚞ **Les Périères** 1ᵉʳ avr.-30 fév.
  ℘ 05 53 59 05 84, *les-perieres@wanadoo.fr*,
  Fax 05 53 28 57 51, *www.campings-dordogne.com/les-perieres* – **R** conseillée
  11 ha/4 campables (100 empl.) en terrasses, herbeux
  Tarif : (Prix 2006) ⚐ ⛆ 🅴 28,50 € 🔌 (10A) – frais de réservation 15 €
  Location : maisonnettes
  🚐 1 borne
  Pour s'y rendre : 1 km au NE, à la sortie de la ville
  À savoir : Beaux emplacements en terrasses autour d'un espace aquatique moderne

Nature : 🙵🙵
Loisirs : ⛾ 🏠 ≋ 🚣 ⚽ 🎣 🏊 parcours sportif
Services : ♿ ⚡ ♻ ⏚ 🗄 @ 🚰 🚿 🔲 sèche-linge

⚞ **La Ferme de Villeneuve** ⚑⚑ – avr.-oct.
  ℘ 05 53 30 30 90, *contact@fermedevilleneuve.com*,
  Fax 05 53 30 24 44, *www.fermedevilleneuve.com* – **R** conseillée
  20 ha/2,5 campables (100 empl.) en terrasses, incliné, herbeux, étang
  Tarif : ⚐ 5 € ⛆ 🅴 5,70 € – 🔌 (6A) 3,10 €
  Location 🚫 : 14 🚐 (2 à 4 pers.) 135 à 270 €/sem. – 10 🚐 (4 à 6 pers.) 265 à 550 €/sem.
  Pour s'y rendre : NO : 8 km par D 47, rte des Eyzies-de-Tayac et rte à gauche

Nature : 🦢 ≼ ⛺ 🙵🙵🙵
Loisirs : ⛾ 🏃 🚣 🚲 🏊 ♪
Services : ♿ ⚡ GB ♻ 🅼 🗄 ⛽ @ 📞 🔲 🧺
À prox. : salle d'animation

SARLAT-LA-CANÉDA

⚠ **Les Charmes** 1er avr.-15 oct.
📞 05 53 31 02 89, *les.charmes@wanadoo.fr*,
Fax 05 53 31 06 32, *//www.campinglescharmesdordo gne.com* – **R** conseillée
5,5 ha/1,8 campable (100 empl.) plat et peu incliné, en terrasses, herbeux
Tarif : ♦ ⚘ 🖩 11 € – (2) (6A) 3 € – frais de réservation 4,30 €
Location : 🏠 – 5 🏡 (4 à 6 pers.) 180 à 610 €/sem.
Pour s'y rendre : O : 10 km par D 47, rte des Eyzies-de-Tayac puis 2,8 km par rte à gauche et D 25 à gauche (hors schéma)

Nature : 🐟 ⌇ ♨
Loisirs : 🍸 🏓 🚲 🏊 (découverte en saison) 🏟 terrain omnisports
Services : ♿ 🚿 🏪 🗄 🛒 @ 📷 🚗

⚠ **Les Acacias** 1er avr.-30 sept.
📞 05 53 31 08 50, *camping-acacias@wanadoo.fr*,
Fax 05 53 31 08 50, *www.acacias.fr* – **R** conseillée
4 ha (122 empl.) plat, peu incliné, terrasses, herbeux
Tarif : ♦ 4 € ⚘ 2 € 🖩 3,50 € – (2) (6A) 2,80 € – frais de réservation 10 €
Location 🏕 : 12 🏠 (4 à 6 pers.) 230 à 570 €/sem.
🚐 1 borne
Pour s'y rendre : 6 km au SE par D 704 et à dr. à l'hypermarché Leclerc
À savoir : Navette en bus pour Sarlat

Nature : ⌇ ⌇ ♨♨
Loisirs : 🍸 snack 🏓 🚲 🏊
Services : ♿ 🚿 🄶🄱 🏪 Ⓜ 🗄 🛒 🚗 📞 📷 sèche-linge 🚗

SIGOULÈS

✉ 24240 – **329** D7 – 694 h. – alt. 105 – Base de loisirs
🛈 *Syndicat d'initiative, rue de l'Eglise* 📞 05 53 58 48 16
Paris 551 – Agen 85 – Bergerac 15 – Castillonnès 22 – Duras 25 – Ste-Foy-la-Grande 22.

⚠ **La Gardonnette**
📞 05 53 58 81 94, *campingdelagardonnette@wanadoo.fr*,
Fax 05 53 58 81 94 – **R** conseillée
14 ha/3 campables (90 empl.) plat et peu incliné, herbeux, bois attenant
Location : 🏠 – 🏡
Pour s'y rendre : N : 1,4 km par D 17, rte de Pomport, bord de la Gardonnette et près d'un lac, à la base de loisirs

Nature : 🐟 ♀
Loisirs : 🏠 🏓 🍴 ≈ (plage) 🏟 🛶 pédalos, canoë
Services : ♿ 🚿 🗄 @ 📷

SIORAC-EN-PÉRIGORD

✉ 24170 – **329** G7 – G. Périgord – 893 h. – alt. 77
🛈 *Syndicat d'initiative, place de Siorac* 📞 05 53 31 63 51
Paris 548 – Bergerac 45 – Cahors 68 – Périgueux 60 – Sarlat-la-Canéda 29.

⚠ **Le Port** 15 mai-30 sept.
📞 05 53 31 63 81, *contact@campingduport.net*,
Fax 05 53 28 42 65, *campingduport.net* – **R** conseillée
1,5 ha (66 empl.) plat, herbeux
Tarif : ♦ ⚘ 🖩 7,75 € – (2) (10A) 3 €
Pour s'y rendre : Au Nord-Est du bourg, accès par D 25, rte de Buisson-Cussac et chemin devant Intermarché, bord de la Dordogne et de la Nauze

Nature : ⌇ ♨♨
Loisirs : 🏠 🏓 ≈ parcours de santé
Services : ♿ 🚿 🏪 🗄 @ 📷
À prox. : 🛒 cafétéria 🍴

Raadpleeg, voordat U zich op een kampeerterrein installeert, de tarieven die de beheerder verplicht is bij de ingang van het terrein aan te geven. Informeer ook naar de speciale verblijfsvoorwaarden. De in deze gids vermelde gegevens kunnen sinds het verschijnen van deze hereditie gewijzigd zijn.

TAMNIÈS

✉ 24620 – **329** H6 – 317 h. – alt. 200
Paris 522 – Brive-la-Gaillarde 47 – Les Eyzies-de-Tayac 14 – Périgueux 60 – Sarlat-la-Canéda 14.

⚠ Le Pont de Mazerat
     ℘ 05 53 29 14 95, *le.pont.de.mazerat@wanadoo.fr,*
     Fax 05 53 31 15 90, *www.campings-dordogne.com/pont-de-mazerat* – **R** conseillée
     2,8 ha (83 empl.) plat et en terrasses, herbeux
     Location : 🏚 – 🏚
     Pour s'y rendre : E : 1,6 km par D 48, bord du Beune et à proximité d'un plan d'eau

Nature : 🌳 🎠
Loisirs : 🏊 🚣 🔥 🏖
Services : 🚿 ⚡ 🗑 🅿 🛒
À prox. : 🍹 snack 🍴 ⚓ 🚣

TERRASSON-LAVILLEDIEU

✉ 24120 – **329** I5 – G. Périgord – 6 180 h. – alt. 90
🏢 *Office de tourisme, place du Foirail* ℘ 05 53 50 86 82, Fax 05 53 50 55 61
Paris 497 – Brive-la-Gaillarde 22 – Juillac 28 – Périgueux 53 – Sarlat-la-Canéda 32.

⚠ **La Salvinie** juil.-août
     ℘ 05 53 50 06 11 – **R** conseillée
     2,5 ha (70 empl.) plat, herbeux
     Tarif : ✹ 3,50 € 🚗 🅔 3,50 € – 🔌 (6A) 2,10 €
     Pour s'y rendre : Sortie Sud par D 63, rte de Chavagnac puis 3,4 km par rte de Condat, à droite après le pont

Nature : 🌄 🎠 🌲
Loisirs : 🏊 🔥
Services : 🚿 ⚡ 🚮 🗑 🅿

⚠ **Le Clos du Moulin** (location exclusive de chalets)
     Permanent
     ℘ 05 53 51 68 95, *contact@leclosdumoulin.com,*
     Fax 05 53 51 68 95, *www.leclosdumoulin.com* – **R** conseillée
     1 ha plat, herbeux, bord de rivière
     Location 🅿 : 14 🏚 (4 à 6 pers.) 228 à 780 €/sem.
     Pour s'y rendre : 6 km à l'O de Terrasson-Lavilledieu par N 89, rte de St-Lazare et D 62, rte de Coly
     À savoir : Location au w.-end

Loisirs : 🍹 🎣 🔥
Services : 🚿 ⚡ 🚮 🏧 🅿 climati-sation

109

THENON

✉ 24210 – **329** H5 – 1 205 h. – alt. 194
🏢 *Syndicat d'initiative, 25, avenue de la IVe République* ℘ 05 53 06 35 10
Paris 515 – Brive-la-Gaillarde 41 – Excideuil 36 – Les Eyzies-de-Tayac 33 – Périgueux 34.

⚠ **Le Jarry Carrey** 1er avr.-29 sept.
     ℘ 05 53 05 20 78, *lejarrycarrey@aol.com,*
     Fax 05 67 34 05 00, *www.lejarrycarrey.com* – **R** conseillée
     9 ha/3 campables (67 empl.) non clos, peu incliné et en terrasses, incliné, herbeux
     Tarif : ✹ 🚗 🅔 15,90 € 🔌 (10A)
     Location (permanent) : 6 🏚 (4 à 6 pers.) 199 à 499 €/sem. – 3 🏚 (4 à 6 pers.) 179 à 469 €/sem.
     Pour s'y rendre : SE : 4 km par D 67, rte de Montignac, près de deux étangs

Nature : 🌄 🌲
Loisirs : 🍹 🔥 🚣
Services : ⚡ 🆘 🏧 🚲 🅿 🗑

THIVIERS

✉ 24800 – **329** G3 – G. Périgord – 3 261 h. – alt. 273
🏢 *Office de tourisme, place du Marechal Foch* ℘ 05 53 55 12 50
Paris 449 – Brive-la-Gaillarde 81 – Limoges 62 – Nontron 33 – Périgueux 34 – St-Yrieix-la-Perche 32.

⚠ **Municipal le Repaire** mai-sept.
     ℘ 05 53 52 69 75 – **R** conseillée
     10 ha/4,5 campables (100 empl.) plat, peu incliné, terrasses, herbeux, bois attenants
     Tarif : ✹ 4 € 🚗 🅔 6 € – 🔌 (12A) 3 €
     Location 🅿 : 10 🏚 (4 à 6 pers.) 320 à 400 €/sem.
     🚐 1 borne – 10 🅔
     Pour s'y rendre : 2 km au SE par D 707, rte de Lanouaille et chemin à dr.
     À savoir : Beaux emplacements autour d'un petit étang

Nature : 🌳 🌲
Loisirs : 🚣 🔥 🚣 parcours de santé
Services : 🚿 ⚡ 🚮 🗑 🏧 🅿 🗑
À prox. : 🍴 ⚓ (plage)

TOCANE-ST-APRE

✉ 24350 – **329** D4 – 1 484 h. – alt. 95
🛈 Syndicat d'initiative, Mairie 🖉 05 53 90 44 94, Fax 05 53 90 44 94
Paris 498 – Brantôme 24 – Mussidan 33 – Périgueux 25 – Ribérac 15.

▲ **Municipal le Pré Sec** mai-15 sept.
🖉 05 53 90 40 60, Fax 05 53 90 25 03 – **R** conseillée
1,8 ha (80 empl.) non clos, plat, herbeux
Tarif : 🛊 1,80 € ⬅ 🗐 4,25 € – 🔌 1,65 €
Location : 8 🏠 (4 à 6 pers.) 309 à 340 €/sem.
🚐 1 borne
Pour s'y rendre : Au N du bourg par D 103, rte de Monta-
grier, au stade, bord de la Dronne

Nature : 🕊 🗢 🕮
Loisirs : 🏠 🏊 🎾 🛥 🛶 canoë,
piste de skate
Services : 🛁 ⚡ (saison) 🗐 🗓 ⊕ 🖾 🖾

TOURTOIRAC

✉ 24390 – **329** H4 – G. Périgord – 612 h. – alt. 140
Paris 465 – Brive-la-Gaillarde 57 – Lanouaille 20 – Limoges 75 – Périgueux 35 – Uzerche 64.

▲▲ **Les Tourterelles** 👥 – 1er avr.-13 oct.
🖉 05 53 51 11 17, les-tourterelles@tiscali.fr,
Fax 05 53 50 53 44, les-tourterelles.com – **R** conseillée
12 ha/3,5 campables (113 empl.) plat et peu incliné, en
terrasses, herbeux
Tarif : 🛊 3,80 € ⬅ 1,80 € 🗐 10,05 € – 🔌 (6A) 3,50 € – frais
de réservation 17,50 €
Location : 21 🛖 (4 à 6 pers.) 325 à 505 €/sem. – 8 🏠
(4 à 6 pers.) 390 à 645 €/sem.
Pour s'y rendre : NO : 1,5 km par D 73, rte de Coulaures
À savoir : Cadre boisé et fleuri

Nature : 🕊 🗢 🕮
Loisirs : 🍽 🍴 🏠 🏕 🏊 🎿 🐎
poneys
Services : 🛁 ⚡ 🗐 🗓 🖒 ⊕ 🖾 🖾

110

TRÉMOLAT

✉ 24510 – **329** F6 – G. Périgord – 571 h. – alt. 53 – Base de loisirs
🛈 Syndicat d'initiative, îlot Saint-Nicolas 🖉 05 53 22 89 33
Paris 532 – Bergerac 34 – Brive-la-Gaillarde 87 – Périgueux 46 – Sarlat-la-Canéda 50.

▲ **Centre Nautique** 1er avr.-30 sept.
🖉 05 53 22 81 18, contact@semitour.com,
Fax 05 53 22 81 18 – **R** conseillée
7 ha/2 campables (100 empl.) plat, herbeux
Tarif : 🛊 ⬅ 🗐 12 € – 🔌 (10A) 3 €
Location (permanent) : 8 🛖 (4 à 6 pers.) 150 à
500 €/sem.
Pour s'y rendre : 0,7 km au NO par D 30e, rte de Mauzac et
chemin de la base nautique, bord de la Dordogne (plan
d'eau)

Nature : 🕊 🗢 🕮
Loisirs : 🏠 🏊
Services : 🛁 🖻 🗐 🗓 ⊕ 🖾 🖾
sèche-linge
À prox. : 🍽 snack 🖾 🚲 🎾 🎣
🛥 école de ski nautique, canoë

TURSAC

✉ 24620 – **329** H6 – G. Périgord – 340 h. – alt. 75
Paris 536 – Bordeaux 172 – Périgueux 48 – Brive 57 – Bergerac 61.

▲▲ **Le Vézère Périgord** mi-avr.-fin oct.
🖉 05 53 06 96 31, info@levezereperigord.com,
Fax 05 53 06 79 66, www.levezereperigord.com – **R** conseillée
3,5 ha (103 empl.) en terrasses et peu incliné, herbeux,
pierreux
Tarif : 🛊 ⬅ 🗐 14 € – 🔌 (6A) 3 €
Location : 20 🛖 (4 à 6 pers.) 230 à 640 €/sem. – 4
bungalows toilés
🚐 1 borne
Pour s'y rendre : 0,8 km au NE par D 706 rte de Montignac
et chemin à dr.
À savoir : Agréable sous-bois

Nature : 🕊 🗢 🕮
Loisirs : 🍽 snack 🏠 🏊 🚲 🎾 🎿
Services : 🛁 🖻 🗐 🗓 🖒 ⊕ 🖾 sè-
che-linge 🖾
À prox. : canoë

VERTEILLAC

✉ 24320 – **329** D3 – 675 h. – alt. 185

🛈 Syndicat d'initiative, avenue d'Aquitaine 𝒫 05 53 90 37 78

Paris 492 – Angoulême 46 – Brantôme 31 – Chalais 32 – Périgueux 50 – Ribérac 13.

Municipal Pontis Sud-Est
𝒫 05 53 90 37 74
1 ha (24 empl.) peu incliné, herbeux
Pour s'y rendre : NE : à 0,6 km du bourg, près du stade

> Nature : ≤ ⌂ 00
> Services : 🚿 ☺
> À prox. : 🛶 ⤢

VEYRINES-DE-DOMME

✉ 24250 – **329** H7 – 196 h. – alt. 180

Paris 544 – Cahors 57 – Fumel 45 – Gourdon 27 – Périgueux 69 – Sarlat-la-Canéda 19.

Les Pastourels 31 mars-10 nov.
𝒫 06 80 13 37 64, *francis.vierge@free.fr*, Fax 05 53 29 15 19
– **R** conseillée
3,5 ha (55 empl.) plat et peu incliné, en terrasses, herbeux, pierreux
Tarif : (Prix 2006) ⚹ 5 € ⇦ 回 6 € – [₺] 4 €
Location : 9 ⬚ (4 à 6 pers.) 245 à 600 €/sem.
Pour s'y rendre : N : à 2,7 km du bourg, au lieu-dit le Brouillet
À savoir : Site dominant le château des Milandes et la vallée de la Dordogne

> Nature : ⤢ ≤ ⌂ 00
> Loisirs : 🏛 ⤢ ⤢
> Services : 🚿 ⊶ GB 🗠 ⚬ ⚬ ⤢ ⚘ ☎
> 📷

Pour choisir et suivre un itinéraire
Pour calculer un kilométrage
Pour situer exactement un terrain (en fonction des
indications fournies dans le texte) :
Utilisez les **cartes MICHELIN** *détaillées à 1/150 000,*
compléments indispensables de cet ouvrage.

111

VÉZAC

✉ 24220 – **329** I6 – 594 h. – alt. 90

Paris 535 – Bergerac 65 – Brive-la-Gaillarde 60 – Fumel 53 – Gourdon 27 – Périgueux 69 – Sarlat-la-Canéda 9.

Schéma à Domme

Les Deux Vallées Permanent
𝒫 05 53 29 53 55, *les2v@perigord.com*, Fax 05 53 31 09 81,
www.les-2-vallees.com – **R** conseillée
2,5 ha (100 empl.) plat, herbeux
Tarif : ⚹ ⇦ 回 11,95 € – [₺] (6A) 3,50 € – frais de réservation 15 €
Location (mi-avr.-mi-oct.) ⤢ : 11 ⬚ (4 à 6 pers.) 275 à 650 €/sem.
Pour s'y rendre : O : derrière l'ancienne gare, bord d'un petit étang
À savoir : De certains emplacements, vue imprenable sur le château de Beynac

> Nature : ⤢ ≤ ⌂ 00
> Loisirs : 🍽 snack 🏛 ⤢ 🚲 ⤢ ⤢
> Services : 🚿 ⊶ GB 🗠 ⎕ 🗗 ⤢ ⚬
> 🐾 📷 ⤢ ⤢ réfrigérateurs

La Cabane 1er avr.-fin oct.
𝒫 05 53 29 52 28, *contact@lacabanedordogne.com*,
http://www.lacabanedordogne.com – **R** conseillée
2,25 ha (98 empl.) non clos, plat, herbeux, sablonneux
Tarif : ⚹ ⇦ 回 7,70 € – [₺] (10A) 3,20 €
Location (permanent) ⤢ : ⛺ – gîte d'étape
Pour s'y rendre : SO : 1,5 km, bord de la Dordogne et d'un étang

> Nature : ⤢ 00 ⤢
> Loisirs : 🏛 ⤢ ✗ ⤢ (couverte hors saison) ⤢
> Services : 🚿 ⊶ 🗠 🗗 ⤢ ⚬ 📷

VIEUX-MAREUIL

✉ 24340 – **329** E3 – 342 h. – alt. 129
Paris 499 – Bordeaux 166 – Périgueux 43 – Angoulême 43 – Soyaux 41.

L'Étang Bleu avr.-mi-oct.
℘ 05 53 60 92 70, *marc@letangbleu.com*,
Fax 05 53 56 66 66, *www.letangbleu.com* – **R** conseillée
10 ha/6 campables (167 empl.) plat, herbeux, bois attenant, étang
Tarif : (Prix 2006) ✦ 5,50 € ⟵ 🔲 11,50 €
Location ⚞ : 5 ⟦⟧ (4 à 6 pers.) 200 à 655 €/sem.
🚐 1 borne
Pour s'y rendre : 2,5 km au N par D 93, rte de St-Sulpice-de-Mareuil

Nature : 🏞 ⟐ ♀
Loisirs : 🍸 snack ⟦⟧ 🚗 🛝 🐟
Services : ♿ ⊶ 🔲 ⊛ 🔲 🛒

VITRAC

✉ 24200 – **329** I7 – G. Périgord – 767 h. – alt. 150
🏛 Office de tourisme, lieu-dit le bourg ℘ 05 53 28 57 80
Paris 541 – Brive-la-Gaillarde 64 – Cahors 54 – Gourdon 23 – Lalinde 52 – Périgueux 85 – Sarlat-la-Canéda 8.
Schéma à Domme

Soleil Plage ♣ – 31 mars-30 sept.
℘ 05 53 28 33 33, *info@soleilplage.fr*, Fax 05 53 28 30 24,
www.soleilplage.fr – **R** conseillée
8 ha/5 campables (199 empl.) plat, herbeux
Tarif : ✦ ⟵ 🔲 19,50 € – 🔌 (10A) 3,50 € – frais de réservation 35 €
Location ⓟ : 20 ⟦⟧ (4 à 6 pers.) 250 à 720 €/sem.
🚐 1 borne 10 € – 5 🔲
Pour s'y rendre : E : 2,5 km, bord de la Dordogne
À savoir : Espace aquatique paysager près d'un joli petit village de chalets

Nature : 🏞 ⟵ ⟐ 00
Loisirs : 🍸 ✗ pizzeria ⟦⟧ 🌙 nocturne 🏃 🚗 🎣 🏓 🐟 (plage) 🛶 canoë, terrain omnisports
Services : ♿ ⊶ GB ✂ Ⓜ 🔲 ⊛
🛒 🛁 🚿
À prox. : golf

La Bouysse 1er avr.-30 sept.
℘ 05 53 28 33 05, *la-bouysse.24@wanadoo.fr*,
Fax 05 53 30 38 52, *labouysse.com* – **R** conseillée
6 ha/3 campables (160 empl.) plat, peu incliné, herbeux, petit bois attenant
Tarif : ✦ ⟵ 🔲 12,90 € – 🔌 (10A) 3,90 € – frais de réservation 20 €
Location ⚞ ⓟ (chalets) : 9 ⟦⟧ (4 à 6 pers.) 270 à 680 €/sem. – appartements
Pour s'y rendre : E : 2,5 km, près de la Dordogne
À savoir : Décoration florale et arbustive

Nature : 🏞 ⟵ ⟐ 00
Loisirs : 🍸 🚗 🎣 🏓 🐟 (plage) canoë
Services : ♿ ⊶ GB ✂ 🔲 🛁 🛝 ⊛
🔲 🚿
À prox. : golf, practice de golf

Perpetuum ♣ – 1er mai-10 oct.
℘ 05 53 28 35 18, *luc.parsy@wanadoo.fr*,
Fax 05 53 29 63 64, *www.campingleperpetuum.com*.
– **R** conseillée
4,5 ha (120 empl.) plat, herbeux
Tarif : ✦ ⟵ 🔲 11,30 € – 🔌 (10A) 3 € – frais de réservation 10 €
Location ⚞ : 7 ⟦⟧ (2 à 4 pers.) 150 à 400 €/sem. – 20 ⟦⟧ (4 à 6 pers.) 180 à 600 €/sem.
🚐 1 borne
Pour s'y rendre : S : 2 km, bord de la Dordogne

Nature : 🏞 ⟐ 00
Loisirs : ⟦⟧ 🏃 🐟 salle d'animation 🚗 🎣 🐟
Services : ♿ ⊶ ✂ 🔲 🛁 ⊛ 🔲
À prox. : 🐟

Le Bosquet 1er avr.-30 sept.
℘ 05 53 28 37 39, *info@lebosquet.com*, Fax 05 53 29 41 95,
www.lebosquet.com – **R** conseillée
1,5 ha (60 empl.) plat, herbeux
Tarif : ✦ ⟵ 🔲 8,50 € – 🔌 (6A) 2,50 € – frais de réservation 5 €
Location : 16 ⟦⟧ (4 à 6 pers.) 190 à 500 €/sem.
Pour s'y rendre : S : 0,9 km de Vitrac-Port

Nature : 🏞 ⟵ ⟐ 00
Loisirs : snack ⟦⟧ 🚗 🎣
Services : ♿ ⊶ GB ✂ 🔲 🛝 ⊛ 🔲
🚿

VITRAC

△ **La Rivière de Domme** 30 mars-30 sept.
  📞 05 53 28 33 46, *contact@camping-riviere-domme.com*,
  Fax 05 53 29 56 04, *www.camping-riviere-domme.com*
  – **R** conseillée
  1,5 ha (50 empl.) plat et peu incliné, herbeux
  Tarif : 👤 🚗 📷 7,10 € – 🔌 (10A) 2,60 € – frais de réservation 5 €
  Location : 8 🛏 (4 à 6 pers.) 200 à 490 €/sem.
  Pour s'y rendre : S : 1,6 km, à 300 m de la Dordogne

Nature : 🐾 🗭 ♀♀
Loisirs : 🏄 🛶
Services : ❖ ⚬▬ ✂ 🗄 🔥 ☺ 🔒
À prox. : ≊

Gironde (33)

✉ 33230 – **335** K4 – 1 599 h. – alt. 30
Paris 530 – Bergerac 64 – Blaye 51 – Bordeaux 53 – Coutras 4 – Mussidan 47.

△ **Le Paradis** 1er mai-15 sept.
  📞 05 57 49 05 10, *campingleparadis@free.fr*,
  Fax 05 57 49 18 88, *http://www.residentiel-leparadis.com* –
  places limitées pour le passage – **R** indispensable
  5 ha (90 empl.) plat, herbeux
  Tarif : 👤 🚗 📷 14,80 € – 🔌 (6A) 3 €
  Pour s'y rendre : SE : 1,5 km par D 247, à 300 m de la N 89,
  bord de l'Isle et d'un lac

Nature : ♀
Loisirs : snack 🏠 🛝 ≊ (plage) 🏄
Services : ⚬▬ 🅖🅑 ✂ 🗄 🛒 ☺ 🔒 🚿

✉ 33780 – **335** E2
Paris 524 – Bordeaux 95 – La Rochelle 88 – Rochefort 56 – Saintes 53.

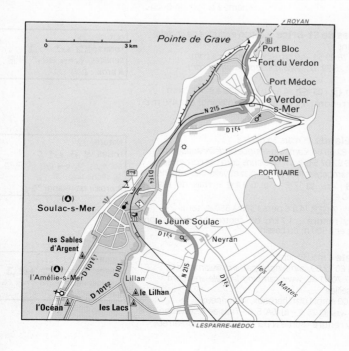

113

L'AMÉLIE-SUR-MER

Les Lacs ♣♣ – déb.avr.-10 nov.
𝒫 05 56 09 76 63, *info@camping-les-lacs.com*,
Fax 05 56 09 98 02, *www.camping-les-lacs.com* – **R** conseillée
5 ha (187 empl.) plat, sablonneux, herbeux
Tarif : 🛉 ⇌ 🗐 25 € – ⓖ (5A) 4 €
Location : 35 ⬚ (4 à 6 pers.) 170 à 835 €/sem. – 12 ⬚ (4 à 6 pers.) 255 à 745 €/sem.
Pour s'y rendre : 3 km à l'E par D 101, rte des lacs

Nature : ⛰ ▱ ♤♤
Loisirs : ♇ pizzeria, snack ⬚ ⓒ ⚘ ⚑ ⚐ ⚒ ⚓
Services : ⚕ ⚖ GB ⚗ Ⓜ ⚘ ⚙ ⚚ ⚛ ⚜ ⚝ ⚞ ⚟ ⚠ ⚡
À prox. : ⚞

Le Lilhan 15 avr.-15 sept.
𝒫 05 56 09 82 87, *contact@lelilhan.com*,
Fax 05 56 09 94 82, *www.lelilhan.com* – **R** conseillée
4 ha (185 empl.) plat, sablonneux
Tarif : (Prix 2006) 🛉 ⇌ 🗐 22,50 € ⓖ (10A) – frais de réservation 16 €
Location (avr.-sept.) : 40 ⬚ (4 à 6 pers.) 299 à 595 €/sem. – appartements
Pour s'y rendre : E : 2,8 km par D 101[E 2] et D 101

Nature : ⛰ ♤♤
Loisirs : snack ⬚ ⚟ jacuzzi ⚘ ⚒ ⚓ ⚙
Services : ⚕ ⚖ ⚗ ⚘ ⚙ ⚚ ⚛ ⚜
⚝

L'Océan
𝒫 05 56 09 76 10, *camping.ocean@wanadoo.fr*,
Fax 05 56 09 74 75 – **R** conseillée
6 ha (300 empl.) plat, sablonneux, herbeux
Pour s'y rendre : Sortie Est par D 101[E 2] et D 101, à 300 m de la plage

Nature : ⛰ ♀
Loisirs : ♇ ⬚ ⚲ ⚒
Services : ⚕ ⚖ ⚗ ⚘ ⚙ ⚚ ⚛ ⚜ ⚝

ARES

✉ 33740 – **335** E6 – 4 680 h. – alt. 6
🄸 *Office de tourisme, esplanade G. Dartiquelongue* 𝒫 05 56 60 18 07, Fax 05 56 60 39 41
Paris 627 – Arcachon 47 – Bordeaux 48.

Schéma à la Test-de-Buch

Les Rives de St-Brice (location exclusive de chalets)
Permanent
𝒫 05 57 26 99 31, *info@residence-nemea.com*,
Fax 05 57 26 99 27, *www.residence-nemea.com*
4 ha plat
Location Ⓟ : 23 ⬚ (4 à 6 pers.) 108 à 927 €/sem.
Pour s'y rendre : 1,7 km au SE près d'étangs et à 450 m du bassin

Nature : ⛰
Loisirs : ⬚ ⚘ ⚒ ⚓ ⚙
Services : ⚕ ⚖ GB ⚗ ⚘ ⚙
À prox. : ⚞

Les Goëlands 1er mars-31 oct.
𝒫 05 56 82 55 64, *camping-les-goelands@wanadoo.fr*,
Fax 05 56 82 07 51, *www.goelands.com* – **R** conseillée
10 ha/6 campables (400 empl.) plat et vallonné, sablonneux
Tarif : 🛉 ⇌ 🗐 17 € – ⓖ (6A) 4 € – frais de réservation 16,50 €
Location : 7 ⬚ (4 à 6 pers.) 350 à 580 €/sem.
Pour s'y rendre : 1,7 km du centre d'Andernos, près d'étangs et à 500 m du bassin

Nature : ♤♤
Loisirs : ♇ ⚘ ⚒ ⚓ ⚙
Services : ⚕ ⚖ GB ⚗ ⚘ ⚙ ⚚ ⚛
⚝ sèche-linge ⚜ ⚝
À prox. : ⚟ (étang) ⚲ ⚞

La Cigale 4 mai-30 sept.
𝒫 05 56 60 22 59, *campinglacigaleares@wanadoo.fr*,
Fax 05 57 70 41 66, *www.camping-lacigale-ares.com* – **R** conseillée
2,4 ha (100 empl.) plat, herbeux, sablonneux
Tarif : 🛉 ⇌ 🗐 25 € – ⓖ (6A) 5 € – frais de réservation 16 €
Pour s'y rendre : Sortie N par rte de Lège-Cap-Ferret

Nature : ▱ ♤♤
Loisirs : ♇ snack ⬚ ⚘ ⚒ ⚓
Services : ⚕ ⚖ GB ⚗ ⚘ ⚙ ⚚ ⚛
⚝

▲ **Pasteur** mi-mars-mi-oct.
℘ 05 56 60 33 33, *pasteur.vacances@wanadoo.fr*,
www.atlantic-vacances.com – places limitées pour le passage – **R** conseillée
1 ha (50 empl.) plat, herbeux, sablonneux
Tarif : ✶ 🚗 🅴 23 € – ﬗ (6A) – frais de réservation 16 €
Location (mi-mars-mi-nov.) : 6 🛖 (4 à 6 pers.) 230 à 630 €/sem. – 24 🏠 (4 à 6 pers.) 240 à 640 €/sem.
🚐 1 borne
Pour s'y rendre : Par sortie SE, à 300 m du bassin, chemin face à la Mairie

> Nature : ♀♀
> Loisirs : 🏊 🚴 ⌁ (petite piscine)
> Services : 🚿 ⚷ 🚗 🍴 ⊕ 🚰 🗑

▲ **Les Abberts** juin-15 sept.
℘ 05 56 60 26 80, *campinglesabberts@orange.fr*
– **R** conseillée
2 ha (125 empl.) plat, sablonneux, herbeux
Tarif : ✶ 🚗 🅴 20 € – ﬗ (6A) 4 € – frais de réservation 15 €
Location (15 mars-nov.) ❄ : 9 🛖 (4 à 6 pers.) 280 à 615 €/sem. – 3 tentes
Pour s'y rendre : sortie N puis r. des Abberts à gauche

> Nature : ♀♀
> Loisirs : 🍴 snack 🎮 🏊 ⌁ (petite piscine)
> Services : 🚿 ⚷ GB 🚗 🍴 ⊕ 🚰 🗑

BAZAS

✉ 33430 – **335** J8 – G. Aquitaine – 4 357 h. – alt. 70
🏛 *Office de tourisme, 1, place de la Cathédrale* ℘ 05 56 25 25 84
Paris 637 – Agen 84 – Bergerac 105 – Bordeaux 62 – Langon 17 – Mont-de-Marsan 70.

▲ **Le Grand Pré** 1er avr.-29 sept.
℘ 05 56 65 13 17, *legrandpre@wanadoo.fr*,
Fax 05 56 25 90 52, *http://perso.wanadoo.fr/legrandpre/*
– **R** conseillée
70 ha/5 campables (30 empl.) plat, peu incliné, herbeux
Tarif : ✶ 🚗 🅴 22 € – ﬗ (16A) 4,75 €
Location : 2 🛖 (4 à 6 pers.) 258 à 472 €/sem. – 🛏
🚐 1 borne
Pour s'y rendre : SE : 2,1 km par D 655, rte de Casteljaloux et chemin à droite, au château d'Arbien

> Nature : ⛰ ⩽ Château et cathédrale 🌳
> Loisirs : 🍴 🎮 🏊 ⌁
> Services : 🚿 ⚷ GB 🚗 Ⓜ 🛒 ⊕ 🗑 🚰

115

BIGANOS

✉ 33380 – **335** F7 – 6 950 h. – alt. 16
🏛 *Office de tourisme, rue Jean Zay* ℘ 05 57 70 67 56
Paris 629 – Andernos-les-Bains 15 – Arcachon 27 – Bordeaux 47.

Schéma à la Test-de-buch

▲ **Le Marache** 1er mars-31 oct.
℘ 05 57 70 61 19, *contact@marachevacances.com*,
Fax 05 56 82 62 60, *www.marachevacances.com*
– **R** conseillée
1,4 ha (64 empl.) plat, herbeux
Tarif : ✶ 🚗 🅴 20,50 € – ﬗ (6A) 3,80 €
Location : 26 🛖 (4 à 6 pers.) 200 à 620 €/sem. – 3 🏠 (4 à 6 pers.) 240 à 620 €/sem. – bungalows toilés
Pour s'y rendre : sortie N par D 3, rte d'Audenge et rte à droite

> Nature : 🌳 ♀♀
> Loisirs : 🍴 🎮 🎭 nocturne ⌁ terrain omnisports
> Services : 🚿 ⚷ 🚗 🍴 ⊕ 🗑 🚰

BLASIMON

✉ 33540 – **335** K6 – 711 h. – alt. 80
🏛 *Office de tourisme, 8, Lousteau Neuf* ℘ 05 56 71 59 62
Paris 607 – Bordeaux 47 – Mérignac 63 – Pessac 60 – Talence 57.

▲ **Le Lac** 1er juin-15 sept.
℘ 05 56 71 59 62, *blasimon@entredeuxmers.com*,
Fax 05 56 71 53 37
50 ha/0,5 campable (35 empl.) plat, herbeux
Tarif : ✶ 🚗 🅴 9 € – ﬗ (10A) 4 €
Pour s'y rendre : 2 km au NO par D 17 et à gauche devant l'Abbaye

> Nature : ⛰ 🌳
> Services : 🚿 ⚷ 🚗 🍴 ⊕ 🚰 🗑
> à la base de loisirs : snack 🚰 🏊
> ⛳ 🚤 (plage)

BLAYE

✉ 33390 – **335** H4 – G. Aquitaine – 4 666 h. – alt. 7
🛈 Office de tourisme, allées Marines ℘ 05 57 42 12 09, Fax 05 57 42 91 94
Paris 546 – Bordeaux 49 – Jonzac 52 – Libourne 45.

Municipal de la Citadelle 1er mai-29 sept.
℘ 05 57 42 00 20, mairie@blaye.net, http://www.blaye.net
– **R** conseillée ⚭
1 ha (47 empl.) plat, peu incliné, terrasses, herbeux
Tarif : (Prix 2006) 🛉 ⬥ 🄴 9,90 € – 🔌 (15A) 2,60 €
Pour s'y rendre : À l'Ouest, dans l'enceinte de la citadelle

Nature : 🏊 ← 🛏 ♀
Services : ⌕ ⊛

CARCANS

✉ 33121 – **335** E4 – 1 551 h. – alt. 22
🛈 Office de tourisme, 127, avenue de Maubuisson ℘ 05 56 03 34 94
Paris 626 – Andernos-les-Bains 43 – Bordeaux 53 – Lesparre-Médoc 29 – Soulac-sur-Mer 53.

Les Mimosas 1er mai-30 sept.
℘ 05 56 03 39 05, lesmimosas33@wanadoo.fr,
Fax 05 56 03 37 25, www.les-mimosas-camping.com
– **R** conseillée
4,7 ha (100 empl.) plat, herbeux, sablonneux
Tarif : 🛉 ⬥ 🄴 8,50 € – 🔌 (6A) 4 €
Location (1er avr.-30 oct.) : 12 🛖 (4 à 6 pers.) 250 à
575 €/sem. – bungalows toilés
Pour s'y rendre : NO : 2,2 km par D 3, rte d'Hourtin et rte
de Barrade à gauche

Nature : 🏊 ♀
Loisirs : 🎣 🚴 ⛵
Services : 🛆 ⚬⌐ ⌾ 🛢 ♨ 🅰 ⊛ 📶
⛲

Le Cap de Ville mai-15 sept.
℘ 05 56 03 33 74 – **R** conseillée
2 ha (40 empl.) plat, herbeux, sablonneux
Tarif : (Prix 2006) 🛉 ⬥ 🄴 7 € – 🔌 (5A) 2,50 €
Pour s'y rendre : O : 2,3 km par D 207, rte de Carcans-
Plage

Services : 🛆 ⚬⌐ 🛢 📶 🅰 ⊛

Les Arbousiers mai-fin sept.
℘ 05 56 03 38 93, Fax 05 56 03 38 93 – **R** conseillée
2,3 ha (63 empl.) plat, sablonneux, herbeux
Tarif : 🛉 ⬥ 🄴 9 € – 🔌 (6A) 3 €
Pour s'y rendre : O : 2,3 km par D 207, rte de Carcans-
plage et à droite

Nature : ♀
Services : 🛆 ⚬⌐ 🛢 🅰 ⊛ ⚐ 📶

CASTILLON LA BATAILLE

✉ 33350 – **335** K5 – G. Aquitaine – 3 113 h. – alt. 17
🛈 Office de tourisme, 7, allée de la République ℘ 05 57 40 27 58, Fax 05 57 40 49 76
Paris 549 – Bergerac 46 – Libourne 18 – Montpon-Ménestérol 27 – Sauveterre-de-Guyenne 21.

Municipal la Pelouse mai-15 oct.
℘ 05 57 40 04 22, camping.la.pelouse@wanadoo.fr
– **R** conseillée
0,5 ha (38 empl.) plat, herbeux
Tarif : 🛉 ⬥ 🄴 7 € – 🔌 (15A) 1 €
Pour s'y rendre : À l'Est du bourg, bord de la Dordogne

Nature : ♀♀
Loisirs : 🎣 ⛵
Services : ⌕ 🅿 🛢 📶 ⊛ 📶

CAZAUX

✉ 33260 – **335** E7
🛈 Syndicat d'initiative, place du Général-de-Gaulle ℘ 05 56 22 91 75
Paris 649 – Arcachon 18 – Belin-Béliet 51 – Biscarrosse 136 – Bordeaux 67.

Municipal du Lac
℘ 05 56 22 22 33, mairiecazaux.ltdb@wanadoo.fr,
Fax 05 56 22 97 89 – **R** conseillée
1,5 ha (90 empl.) plat, herbeux, sablonneux
🛖 1 borne
Pour s'y rendre : SO : 1,3 km par rte du lac, à 100 m du
canal des Landes et à proximité de l'étang de Cazaux

Loisirs : 🎣
Services : 🛆 ⚬⌐ ⊛ 📶 ⛲
À prox. : ♀ ✕ ≊

GRADIGNAN

✉ 33170 – **335** H6 – 22 193 h. – alt. 26
Paris 592 – Bordeaux 9 – Lyon 550 – Nantes 336 – Toulouse 241.

▲ **Beausoleil** Permanent
℘ 05 56 89 17 66, *campingbeausoleil@wanadoo.fr*,
Fax 05 56 89 17 66, *www.camping-gradignanbeauso
leil.com* – **R** conseillée
0,5 ha (31 empl.) plat, peu incliné, gravillons, herbeux
Tarif : ✿ 3,50 € ⏣ 2 € 🅴 12 € – ⒢ (10A) 3 €
Location 🏷 : 3 🛏 (4 à 6 pers.) 250 à 375 €/sem.
Pour s'y rendre : 371 cours du Gén.-de-Gaulle, sur rocade
sortie 16, Gradignan

> Nos **guides hôteliers,** nos **guides touristiques** et nos **cartes routières**
> sont complémentaires. Utilisez-les ensemble.

Nature : 🏕 ♀
Services : ♿ ⚷ 🏧 🅼 🎱 📷 ⊛ 🚿 🚮 📶

HOURTIN

✉ 33990 – **335** E3 – G. Aquitaine – 2 324 h. – alt. 18
🅱 Office de tourisme, rue du Port ℘ 05 56 09 19 00, Fax 05 56 09 22 33
Paris 638 – Andernos-les-Bains 55 – Bordeaux 65 – Lesparre-Médoc 17 – Pauillac 26.

⏢ **Les Ourmes** ♣♠ – 1er avr.-30 sept.
℘ 05 56 09 12 76, *lesourmes@free.fr*, Fax 05 56 09 23 90,
www.lesourmes.com – **R** conseillée
7 ha (270 empl.) plat, herbeux, sablonneux
Tarif : ✿ 4 € ⏣ 2 € 🅴 10 € – ⒢ (6A) 3 € – frais de réservation 16 €
Location 🏷 : 15 🛏 (4 à 6 pers.) 200 à 640 €/sem.
🚐 1 borne
Pour s'y rendre : O : 1,5 km par av. du Lac

Nature : 🌳 ♀♀
Loisirs : 🍹 snack 🍴 🎆 nocturne 🏌 🏊 🎣
Services : ♿ ⚷ 🆑 ⊘ 📷 🚿 🚮 ⊛ 📶 📱 🚮 🧺
À prox. : 🍴 🎿 🐴 (centre équestre)

⏢ **La Mariflaude**
℘ 05 56 09 11 97, *mariflaude@camping-la-mariflaude.com*,
Fax 05 56 09 24 01, *www.camping-la mariflaude.com*
– **R** conseillée
6,2 ha (166 empl.) plat, herbeux, sablonneux
Location : 🛏 – 🏠
Pour s'y rendre : E : 1,2 km par D 4 rte de Pauillac

Nature : ♀
Loisirs : 🍹 snack 🍴 🎆 nocturne 🏌 🎣 🚲 🎿 ⛺ 🎣
Services : ♿ ⚷ 📷 ⊛ 📶 🧺 🚿

⏢ **La Rotonde - Le Village Western** 1er avr.-30 sept.
℘ 05 56 09 10 60, *la-rotonde@wanadoo.fr*,
Fax 05 56 73 81 37, *www.village-western.com* – **R** conseillée
10 ha (300 empl.) plat, herbeux, sablonneux
Tarif : ✿ 5,75 € ⏣ 2,30 € 🅴 10,45 € – ⒢ (6A) 4,15 € – frais
de réservation 12 €
Location : 32 🛏 (4 à 6 pers.) 230 à 615 €/sem. – 10 🏠
(4 à 6 pers.) 260 à 635 €/sem.
Pour s'y rendre : O : 1,5 km par av. du Lac et chemin à
gauche, à 500 m du lac (accès direct)
À savoir : Original décor Western

Nature : 🌳
Loisirs : 🍹 Tex-Mex 🍴 🎆 nocturne 🏌 🎣
Services : ♿ ⚷ 🆑 ⊘ 🚮 ⊛ 🚿 📶 📷 🧺 🚿
À prox. : 🍴 🎿 🐴 (centre équestre)

⏢ **L'Orée du Bois** 1er mai-30 oct.
℘ 05 56 09 15 88, *loree-du-bois@wanadoo.fr*,
Fax 05 56 09 15 88, *http://perso.wanadoo.fr/camping-lo
ree.du.bois* – **R** conseillée
2 ha (90 empl.) plat, sablonneux
Tarif : ✿ ⏣ 🅴 9 € – ⒢ (6A) 3 €
Location (5 avr.-mi-janv.) 🏷 : 8 🚐 (2 à 4 pers.)
175 à 399 €/sem. – 6 🛏 (4 à 6 pers.) 225 à 595 €/sem.
– 6 🏠 (4 à 6 pers.) 225 à 595 €/sem. – bungalows
toilés
Pour s'y rendre : S : 1,3 km, rte de Carcans

Loisirs : 🍹 snack 🍴 🎣 🎿
Services : ♿ ⚷ 🆑 ⊘ 📷 🚿 ⊛ 📶

HOURTIN

⚊ **Aire Naturelle l'Acacia** 15 mai-15 oct.
🞋 05 56 73 80 80, *camping.lacacia@wanadoo.fr, www.cam
ping-lacacia.com* – **R** conseillée
4 ha (25 empl.) plat, herbeux, sablonneux
Tarif : 🞋 ⟷ 🗉 8 € – 🔌 (5A) 2,30 €
Location 🛇 : 4 ⛺ (2 à 4 pers.) 230 à 280 €/sem.
Pour s'y rendre : SO : 7 km par D 3, rte de Carcans et
chemin à droite, au lieu-dit Ste-Hélène-de-Hourtin

| Nature : 🝔 ♀ |
| Loisirs : 🚲 |
| Services : ⚿ ⟲ ⊛ 🗑 |

HOURTIN-PLAGE

✉ 33990 – **335** D3
Paris 556 – Andernos-les-Bains 66 – Bordeaux 76 – Lesparre-Médoc 26 – Soulac-sur-Mer 42.

⚞ **La Côte d'Argent** 12 mai-16 sept.
🞋 05 56 09 10 25, *info@camping-cote-dargent.com*,
Fax 05 56 09 24 96, *www.cca33.com* – **R** conseillée
20 ha (750 empl.) plat, vallonné, en terrasses, sablonneux
Tarif : (Prix 2006) 🞋 ⟷ 🗉 44 € 🔌 (6A) – frais de réservation 30 €
Location 🛇 : 3 ⛺ (4 à 6 pers.) 294 à 998 €/sem.
⛺ 1 borne – 5 🗉
Pour s'y rendre : à 500 m de la plage

| Nature : 🝔 ♀♀ |
| Loisirs : 🍴 ✕ pizzeria 🏠 🗗 noc- |
| turne 🤾 🏇 🚲 ✕ 🖾 🏊 ⛴ 🐎 |
| Services : 🛁 ⚿ GB ⟲ 🗗 🛒 🗑 🍴 |
| 🝙 🝙 🗑 🝙 🐾 cases réfrigérées |

LA HUME

✉ 33470 – **335** E7 – G. Aquitaine
Paris 645 – Bordeaux 59 – Mérignac 62 – Pessac 56 – Talence 56.
Schéma à la Test-de-Buch

⚞ **Village Club Khélus** (location exclusive de chalets et
maisonettes) Permanent
🞋 05 56 66 88 88, *khelus@enfrance.com*,
Fax 05 56 66 94 89, *www.khelus.com* – **R**
20 ha plat, sablonneux
Location : 120 ⛺ (4 à 6 pers.) 315 à 892 €/sem. –
maisonnettes
Pour s'y rendre : 6,5 km au SO par A 660, rte d'Arcachon
et D 652, rte de la Hume puis chemin à gauche, à proximité
du parc Aqualand

| Nature : 🝔 ♀♀ |
| Loisirs : 🍴 ✕ pizzeria 🏠 🗗 noc- |
| turne 🤾 discothèque 🚣 🚲 -⚬ |
| ✕ 🖾 ⛴ |
| Services : ⚿ (juil.-août) GB ⟲ 🗑 |
| 🐾 |

⚊ **Municipal de Verdalle** mi-avr.-déb. oct.
🞋 05 56 66 12 62, *info@campingdeverdalle.fr*,
Fax 05 56 66 12 62, *www.campingdeverdalle.fr* – **R** conseillée
1,5 ha (108 empl.) plat, sablonneux, pierreux
Tarif : (Prix 2006) 🞋 ⟷ 🗉 19 € 🔌 (8A) – frais de réservation 11 €
Pour s'y rendre : Au Nord de la localité, par av. de la Plage
et chemin à droite, près du bassin, accès direct à la plage

| Nature : ≼ 🝔 ♀ |
| Services : 🛁 ⚿ GB ⟲ ⊛ 🗑 |

LACANAU

✉ 33680 – **335** E5 – 3 142 h. – alt. 17
Paris 625 – Bordeaux 47 – Mérignac 45 – Pessac 51 – Talence 56.

⚞ **Le Gîte Autrement** (location exclusive de chalets)
Permanent
🞋 05 56 03 57 48, *gite-autrement@wanadoo.fr*,
Fax 05 56 03 57 48, *www.gite-autrement.com* – **R** indispen-
sable
1 ha plat, herbeux
Location : 7 ⛺ (4 à 6 pers.) 255 à 642 €/sem.
Pour s'y rendre : 2 km au NE par D 104, rte de Brach, à
Narsot

| Nature : ♀♀ |
| Services : ⚿ ⟲ 🗒 |

LACANAU-OCÉAN

✉ 33680 – **335** D4 – G. Aquitaine
🛈 *Office de tourisme, place de L'Europe* 𝒫 *05 56 03 21 01, Fax 05 56 03 11 89*
Paris 636 – Andernos-les-Bains 38 – Arcachon 87 – Bordeaux 63 – Lesparre-Médoc 52.

⚠ **Yelloh Village ! Les Grands Pins** ♠♣ – 7 avr.-22 sept.
  𝒫 05 56 03 20 77, *reception@lesgrandspins.com*,
  Fax 05 57 70 03 89, *www.lesgrandspins.com* – **R** indispensable
  11 ha (570 empl.) vallonné et en terrasses, sablonneux
  Tarif : ♣ ⟶ 🔲 42 € 🔲 (10A) – frais de réservation 30 €
  Location : 131 🛏 (4 à 6 pers.) 259 à 826 €/sem.
  🛏 1 borne 1 € – 100 🔲
  Pour s'y rendre : Au N de la station, av. des Grands- Pins, à 500 m de la plage (accès direct)

Nature : 🌲 🏕 ♤♤(pinède)
Loisirs : 🍴 🍽 pizzeria 🎮 🛶 🏄 🎿 ⛸ terrain omnisports, parcours de santé et de VTT
Services : 🚿 ⚡ 🅿 (saison) 🅶🅱 🛁 🍴 🧺 🔔 🗃 cases réfrigérées

⚠ **Airotel de l'Océan** ♠♣ – 7 avr.-30 sept.
  𝒫 05 56 03 24 45, *airotel.lacanau@wanadoo.fr*,
  Fax 05 57 70 01 87, *www.airotel-ocean.com* – **R** conseillée
  9 ha (550 empl.) plat et en terrasses, vallonné, sablonneux
  Tarif : ♣ ⟶ 🔲 26,50 € – 🔲 (15A) 3 € – frais de réservation 28 €
  Location 🚲 : 🛏 – 111 🛏 (4 à 6 pers.) 207 à 720 €/sem.
  🛏 20 🔲 37 €
  Pour s'y rendre : au N de la station, r. du Repos

Nature : ♤♤(pinède)
Loisirs : 🍴 🍽 🎮 🛶 🏄 🎿 ⛸ discothèque ⛸ 🚴 🎿 ⛸ 🏊 école de surf
Services : 🚿 ⚡ 🅶🅱 🛁 🍴 🔔 🧺 🔔 🗃 cases réfrigérées

Des vacances réussies sont des vacances bien préparées !
Ce guide est fait pour vous y aider... mais :
– N'attendez pas le dernier moment pour réserver
– Évitez la période critique du 14 juillet au 15 août
Pensez aux ressources de l'arrière-pays,
à l'écart des lieux de grande fréquentation.

119

LÈGE-CAP-FERRET

✉ 33950 – **335** E6 – 6 307 h. – alt. 9
🛈 *Office de tourisme, 12, avenue de l'Océan* 𝒫 *05 56 60 63 26*
Paris 629 – Arcachon 65 – Belin-Beliet 56 – Bordeaux 50 – Cap-Ferret 24.
Schéma à la Test-de-Buch

⚠ **La Prairie** Permanent
  𝒫 05 56 60 09 75, *camping.la.prairie@wanadoo.fr*,
  www.campinglaprairie.com – **R** conseillée
  2,5 ha (118 empl.) plat, herbeux
  Tarif : ♣ ⟶ 🔲 14 € – 🔲 (10A) 3 €
  Location (1er mars-30 déc.) : 8 🛏 (4 à 6 pers.) 210 à 570 €/sem. – 5 bungalows toilés
  Pour s'y rendre : 1 km au NE par D 3, rte du Porge

Nature : 🏕 ♤
Loisirs : 🎮 ⛸ 🎿
Services : 🚿 ⚡ ☾ 🛁 🔔 ⊕ 🔲

MAUBUISSON

✉ 33121 – **335** E4 – G. Aquitaine
Paris 637 – Bordeaux 59 – Mérignac 57 – Pessac 63 – Talence 68.

⚠ **La Dune Bleue** déb.avr.-fin oct.
  𝒫 05 57 70 12 12, *bombannes@ucpa.asso.fr*,
  Fax 05 57 70 12 10, *http://bombannes.ucpa.com*
  – **R** conseillée
  4 ha (280 empl.) vallonné, sablonneux, herbeux
  Tarif : ♣ ⟶ 🔲 18 € – 🔲 (10A) 1 € – frais de réservation 9 €
  Location (déb.juil.-fin août) : bungalows toilés
  Pour s'y rendre : 2 km au NO, rte de Lacanau-Océan, Domaine de Bombannes

Nature : ♤♤(pinède)
Services : 🚿 ⚡ 🅶🅱 ☾ 🛁 ⊕ 🔔
À prox. : 🏊 🍴 snack ⛸ 🚴 🎿 📍 m 🏊 🛶 🏄 canoë, pédalos

Le MOUTCHIC

✉ 33680 – **335** E4
Paris 632 – Bordeaux 55 – Mérignac 51 – Pessac 57 – Talence 63.

Talaris Vacances 7 avr.-22 sept.
℘ 05 56 03 04 15, *talarisvacances@free.fr*,
Fax 05 56 26 21 56, *www.talaris-vacances.fr* – **R** conseillée
10 ha (336 empl.) plat, herbeux, petit étang
Tarif : ♦ ⇔ 🅴 28,50 € – 🔌 (6A) 3,50 € – frais de réservation 20 €
Location : 36 🛏 (4 à 6 pers.) 240 à 880 €/sem.
Pour s'y rendre : E : 2 km sur rte de Lacanau
À savoir : Agréable cadre boisé

> Nature : 🌳🌳
> Loisirs : 🍷 🏛 ⚲ nocturne ⚡ 🚴
> 🎯 🏋 🎣 🛶
> Services : 🛁 ⚡ GB 🚿 🖥 🧺 ♨ 🛒
> 🔥 🧺 🍽

Camping Le Tedey 28 avr.-19 sept.
℘ 05 56 03 00 15, *camping@le-tedey.com*,
Fax 05 56 03 01 90, *www.le-tedey.com* – **R** conseillée ✂
(1er juil.-31 août)
14 ha (700 empl.) plat, sablonneux, dunes boisées attenantes
Tarif : ♦ ⇔ 🅴 23,80 € 🔌 (10A) – frais de réservation 20 €
Location ✂ : 36 🛏 (4 à 6 pers.) 270 à 650 €/sem.
Pour s'y rendre : S : 3 km par rte de Longarisse et chemin à gauche
À savoir : Sous les pins, agréable situation au bord de l'étang et à proximité de l'océan

> Nature : 🏞 ⌂ 🌳🌳 ⚠
> Loisirs : 🍷 ⚲ nocturne ⚡ 🚴 🎣
> Services : 🛁 ⚡ GB 🚿 🖥 🧺 ♨ 🛒
> 🔥 🔥 🧺 🍽
> À prox. : 🎣

NOAILLAN

✉ 33730 – **335** I8 – 1 015 h. – alt. 34
Paris 635 – Bordeaux 56 – Mérignac 63 – Pessac 56 – Talence 53.

La Grange du Gélat (location exclusive de chalets)
Permanent
℘ 05 56 25 37 18, *lagrangedugelat@wanadoo.fr*,
Fax 05 56 25 36 19, *www.gites-sud-gironde.com* ✂
4 ha plat, herbeux
Location ✂ 🅿 : 6 🏠 (4 à 6 pers.) 185 à 760 €/sem.
Pour s'y rendre : 2 km à l'O par rte de Balézac

> Nature : 🏞 ♀
> Loisirs : ⚡ 🛶 🎣
> Services : ⚡ 🚿 ▥ 🛒 🖥

PAUILLAC

✉ 33250 – **335** G3 – G. Aquitaine – 5 175 h. – alt. 20
🛈 *Office de tourisme, La Verrerie* ℘ 05 56 59 03 08, Fax 05 56 59 23 38
Paris 625 – Arcachon 113 – Blaye 16 – Bordeaux 54 – Lesparre-Médoc 23.

Municipal les Gabarreys 3 avr.-6 déc.
℘ 05 56 59 10 03, *camping.les.gabarreys@wanadoo.fr*,
Fax 05 56 73 30 68, *www.pauillac-medoc.com* – **R** conseillée
1,6 ha (59 empl.) plat, gravillons, herbeux
Tarif : ♦ ⇔ 🅴 12,80 € – 🔌 (10A) 5 € – frais de réservation 9 €
Location : 6 🛏 (4 à 6 pers.) 210 à 500 €/sem.
🚐 1 borne 4 € – 40 🅴
Pour s'y rendre : S : 1 km par rue de la Rivière, près de la Gironde

> Nature : 🏞 ⌂ ♀
> Loisirs : 🏛 🛶 🎣
> Services : 🛁 ⚡ GB 🚿 🖥 ♨ 🛒

Raadpleeg, voordat U zich op een kampeerterrein installeert,
de tarieven die de beheerder verplicht
is bij de ingang van het terrein aan te geven.
Informeer ook naar de speciale verblijfsvoorwaarden.
De in deze gids vermelde gegevens kunnen
sinds het verschijnen van deze hereditie gewijzigd zijn.

PETIT-PALAIS-ET-CORNEMPS

✉ 33570 – **335** K5 – G. Aquitaine – 551 h. – alt. 35
Paris 532 – Bergerac 51 – Castillon-la-Bataille 18 – Libourne 20 – Montpon-Ménestérol 20 – La Roche-Chalais 22.

    Le Pressoir 17 mars-1er oct.
      ℘ 05 57 69 73 25, *camping.le.pressoir@wanadoo.fr*,
      Fax 05 57 69 77 36, *www.campinglepressoir.com*
      – **R** conseillée
      2 ha (100 empl.) peu incliné et plat, herbeux
      Tarif : ⵣ ⬟ ▣ 13,25 € – (ƒ) (6A) 3 € – frais de réserva-
      tion 15 €
      Location : bungalows toilés
      Pour s'y rendre : NO : 1,7 km par D 21, rte de St-Médard-
      de-Guizières et chemin de Queyray à gauche

> Nature : 🏞 ⬭ ♀
> Loisirs : ♈ ✗ 👶 🛝
> Services : ♿ ⚬⃟ GB 🗐 ⊕ ⚆ 📷

Le PORGE

✉ 33680 – **335** E5 – 1 507 h. – alt. 8
🛈 Office de tourisme, 3, place Saint-Seurin ℘ 05 56 26 54 34
Paris 624 – Andernos-les-Bains 18 – Bordeaux 47 – Lacanau-Océan 21 – Lesparre-Médoc 54.

    Municipal la Grigne avr.-sept.
      ℘ 05 56 26 54 88, *camping@leporge.fr*, Fax 05 56 26 52 07,
      www.leporge.fr – **R** conseillée
      30 ha (700 empl.) vallonné, plat, sablonneux
      Tarif : (Prix 2006) ⵣ 4,40 € – ⬟ 2,20 € ▣ 7,65 € – (ƒ) 3,90 € –
      frais de réservation 15 €
      Location : 24 ⬚⬚ (4 à 6 pers.) 255 à 600 €/sem.
      ⛽, 1 borne
      Pour s'y rendre : 9,5 km à l'O par D 107, à 1 km du Porge-
      Océan

> Nature : ♀♀(pinède)
> Loisirs : ♈ snack 🎬 ⬭ 👶 🚲 🎾
>   ⅿ
> Services : ♿ ⚬⃟ GB ⚿ 🗐 ⊕ 🛁 ⚆
> 📷 sèche-linge ⬭ ⬚

PYLA-SUR-MER

✉ 33115 – **335** D7
🛈 Office de tourisme, 2, avenue Ermitage ℘ 05 56 54 02 22, Fax 05 56 22 58 84
Paris 648 – Arcachon 8 – Biscarrosse 34 – Bordeaux 66.
Schéma à la Test-de-Buch

    Yelloh-Village Panorama du Pyla ♣♣ – 20 avr.-1er
      oct.
      ℘ 05 56 22 10 44, *mail@camping-panorama.com*,
      Fax 05 56 22 10 12, *www.camping-panorama.com*
      – **R** conseillée
      15 ha/10 campables (450 empl.) vallonné, terrasses, plat,
      sablonneux
      Tarif : ⵣ ⬟ ▣ 40 € (ƒ) (10A)
      Location : 70 ⬚⬚ (4 à 6 pers.) 259 à 903 €/sem. – 40 ⬚
      (4 à 6 pers.) 371 à 959 €/sem.
      Pour s'y rendre : S : 7 km par D 218, rte de Biscarrosse,
      accès piétonnier à la plage par escalier abrupt et chemin

> Nature : ⬳ ♀♀(pinède)
> Loisirs : ♈ ✗ crêperie 🎬 ⬭ 🤸
> ⇆ jacuzzi 👶 🎾 ⬚ 🛝
> Services : ♿ ⚬⃟ ⚿ 🗐 ⬚ 🛁 ⊕ ⚆ ⚆
> 📷 ⬚ ⬚ cases réfrigérées
> **À prox.** : delta-plane, aile volante

    Pyla-Camping ♣♣ – 20 avr.-30 sept.
      ℘ 05 56 22 74 56, *info@pyla-camping.com*,
      Fax 05 56 22 10 31, *www.pyla-camping.com* – **R** conseillée
      9 ha (450 empl.) vallonné, accidenté et en terrasses, plat,
      sablonneux
      Tarif : ⵣ ⬟ ▣ 28,50 € – (ƒ) (10A) 3,50 € – frais de réser-
      vation 18 €
      Location ⬚ : 7 ⬚⬚ (2 à 4 pers.) 195 à 560 €/sem. – 80
      ⬚⬚ (4 à 6 pers.) 275 à 860 €/sem.
      Pour s'y rendre : S : 6 km par D 218, rte de Biscarrosse
      À savoir : Accès à la plage et à un superbe panorama par la
      dune

> Nature : ⬭ ♀♀
> Loisirs : ♈ ✗ pizzeria 🎬 🤸 👶
> 🛝 plate-forme pour aile-delta et
> aile volante, parapente
> Services : ♿ ⚬⃟ GB ⚿ 🗐 ⬚ ⊕ ⚆
> 📷 ⬚ ⬚

RAUZAN

☒ 33420 – **335** K6 – 1 035 h. – alt. 69
🖪 Syndicat d'initiative, 12, rue de la Chapelle ℘ 05 57 84 03 88, Fax 05 57 84 05 09
Paris 596 – Bergerac 57 – Bordeaux 39 – Langon 35 – Libourne 21.

⚐ **Le Vieux Château** 1er avr.-1er oct.
℘ 05 57 84 15 38, hoekstra.camping@wanadoo.fr,
Fax 05 57 84 18 34, www.vieux-chateau.com – **R** conseillée
2,5 ha (61 empl.) non clos, plat, peu incliné, herbeux
Tarif : ⚘ ⇔ 🗐 17 € – 🔌 (6A) 3,25 € – frais de réservation 14 €
Location : 6 🛏 (4 à 6 pers.) 195 à 495 €/sem.
Pour s'y rendre : sortie N par D 123, rte de St-Jean-de-Blaignac et chemin à gauche (1,2 km), chemin piétonnier reliant le camping au village
À savoir : Au pied des ruines d'une forteresse du 12e s.

| Nature : 🌳 ♀♀ |
| Loisirs : 🏠 ⚓ 🏊 |
| Services : ♿ ⛽ GB 🔌 ⚙ 🗑 |

ST-CHRISTOPHE-DE-DOUBLE

☒ 33230 – **335** L4 – 578 h. – alt. 89
Paris 520 – Bergerac 58 – Blaye 65 – Bordeaux 67 – Libourne 33 – Périgueux 74.

⚐ **Municipal la Forêt** mai-mi-sept.
℘ 05 57 49 50 02, stchristophe-de-double@wanadoo.fr,
Fax 05 57 49 57 20 – **R** conseillée
0,7 ha (30 empl.) peu incliné, sablonneux, pierreux, herbeux
Tarif : (Prix 2006) ⚘ ⇔ 🗐 14 €
Pour s'y rendre : S : 0,8 km par D 123, rte de St-Antoine-sur-l'Isle et à droite, près d'un étang

| Nature : 🌳 ≤ ♀ |
| Loisirs : ✗ ⚓ 🏊 |
| Services : ♿ ⛽ GB 🔌 🗑 ⚙ 🗑 ⚓ |
| À prox. : ✗ 🏖 (plage) |

ST-ÉMILION

☒ 33330 – **335** K5 – G. Aquitaine – 2 345 h. – alt. 30
🖪 Office de tourisme, place des Créneaux ℘ 05 57 55 28 28, Fax 05 57 55 28 29
Paris 584 – Bergerac 58 – Bordeaux 40 – Langon 49 – Libourne 9 – Marmande 59.

⚐ **Domaine de la Barbanne** 6 avr.-23 sept.
℘ 05 57 24 75 80, barbanne@wanadoo.fr,
Fax 05 57 24 69 68, www.camping-saint-emilion.com – traversée de St-Émilion interdite aux caravanes et camping-cars – **R** conseillée
4,5 ha (160 empl.) plat, herbeux
Tarif : ⚘ ⇔ 🗐 18 € – 🔌 (10A) 4 € – frais de réservation 20 €
Location : 18 🛏 (4 à 6 pers.) 260 à 690 €/sem. – 🛏
🚐, 1 borne 5 € – 15 🗐
Pour s'y rendre : N : 3 km par D 122 rte de Lussac et rte à droite, navette gratuite pour St-Émilion
À savoir : Les vignes et un petit lac offrent un cadre pittoresque et charmant

| Nature : 🌳 🏕 ♀♀ |
| Loisirs : ✗ 🏠 🏇 ⚓ 🚲 ✗ 🏊 |
| 🏊 🏊 |
| Services : ♿ ⛽ GB 🔌 🗑 ⚙ 🗑 ⚓ |
| 🗑 |

STE-FOY-LA-GRANDE

☒ 33220 – **335** M5 – G. Périgord – 2 788 h. – alt. 10
🖪 Office de tourisme, 102, rue de la République ℘ 05 57 46 03 00, Fax 05 57 46 16 62
Paris 555 – Bordeaux 71 – Langon 59 – Marmande 53 – Périgueux 67.

⚐ **La Bastide** 25 mars-26 oct.
℘ 05 57 46 13 84, contact@camping-bastide.com,
Fax 05 57 46 13 84, http://www.camping-bastide.com
– **R** conseillée
1,2 ha (60 empl.) plat, herbeux
Tarif : ⚘ ⇔ 🗐 8 € – 🔌 (10A) 3 €
Pour s'y rendre : sortie NE par D 130, bord de la Dordogne
À savoir : Cadre fleuri

| Nature : 🌳 ♀♀ |
| Loisirs : 🏠 |
| Services : ♿ ⛽ GB 🔌 🗑 ⚙ 📞 🗑 |
| À prox. : 🏊 |

ST-MÉDARD-DE-GUIZIÈRES

✉ 33230 – **335** K4 – 2 106 h. – alt. 15
Paris 528 – Bergerac 57 – Bordeaux 56 – Chalais 34 – Périgueux 87 – Ste-Foy-la-Grande 41.

⚠ **Municipal le Gua**
    ☎ 05 57 69 82 37, *accueil@mairie-coutras.fr*
    1,5 ha (54 empl.) plat, herbeux
    Pour s'y rendre : N : 1,5 km par D 21 et à gauche, au bord
    de la rivière

> Nature : ⛰ ♤♤
> Services : ♿ ☻
> À prox. : ✗ ⌁ ⤳

SALLES

✉ 33770 – **335** F7 – 4 487 h. – alt. 23
🏢 *Office de tourisme, rue de la Haute Landes* ☎ 05 56 88 30 11, Fax 05 56 88 43 95
Paris 632 – Arcachon 36 – Belin-Béliet 11 – Biscarrosse 122 – Bordeaux 49.

⛰ **Camping Park** 1ᵉʳ avr.-30 oct.
    ☎ 05 56 88 47 03, *levaldeleyre2@wanadoo.fr*,
    Fax 05 56 88 47 27, *www.valdeleyre.com* – **R** conseillée
    13 ha/4 campables (150 empl.) plat, vallonné, sablonneux,
    herbeux
    Tarif : ♦ ⟐ ▣ 22 € – ⑂ (6A) 3,80 €
    Location (1ᵉʳ mars-30 nov.) : 23 ⟨⟩ (4 à 6 pers.) 210 à
    680 €/sem. – 8 ⌂ (4 à 6 pers.) 300 à 690 €/sem.
    Pour s'y rendre : Sortie SO par D 108ᴱ ˢ, rte de Lugos, bord
    de l'Eyre et d'un étang - par A 63 : sortie 21

> Nature : ⛰ ♤♤
> Loisirs : ☂ snack ⌁ ♦⛹ ♈ ⌁
> Services : ♿ ⊶ ☇ ⊞ ◉ ♨ ⥁ ⌁ 🖪
> ⚐
> À prox. : ⛴ canoë

⚠ **Le Bilos** Permanent
    ☎ 05 56 88 36 53, *www.lebilos@aol.com*,
    Fax 05 56 88 45 14, *www.lebilos.fr.st* – places limitées pour
    le passage – **R** conseillée
    1,5 ha (85 empl.) plat, herbeux, sablonneux
    Tarif : (Prix 2006) ♦ 2,50 € ⟐ ▣ 2,30 € – ⑂ (6A) 3,30 €
    Pour s'y rendre : 4 km au SO par D 108, rte de Lugos et rte à dr.

> Nature : ⛰ ♤♤
> Loisirs : ⌁ ♦⛹
> Services : ♿ ⊶ ☇ 🖪 ♨ ◉ 🖪

123

SOULAC-SUR-MER

✉ 33780 – **335** E1 – G. Aquitaine – 2 720 h. – alt. 7
🏢 *Office de tourisme, 68, rue de la plage* ☎ 05 56 09 86 61, Fax 05 56 73 63 76
Paris 515 – Bordeaux 99 – Lesparre-Médoc 31 – Royan 12.
Schéma à l'Amélie-sur-Mer

⚠ **Les Sables d'Argent**
    ☎ 05 56 09 82 87, *sables@lelilhan.com*, Fax 05 56 09 94 82,
    www.sables-d-argent.com – **R** conseillée
    2,6 ha (152 empl.) plat, sablonneux, dune
    Location : 20 ⟨⟩ – 6 ⌂
    ⟨⟩ 1 borne
    Pour s'y rendre : 1,5 km au SO par rte de l'Amélie-sur-Mer
    À savoir : Bord de mer (accès direct à la plage)

> Nature : ⛰ ⊡ ♤♤ ⚓
> Loisirs : snack ♦⛹ ♢♦ ♈
> Services : ♿ ⊶ 🖪 ♨ ♨ ◉ ⥁ ⥁
> 🖪 ⚐
> À prox. : ✗ 🐎 parcours sportif

Le TEICH

✉ 33470 – **335** E7 – 4 822 h. – alt. 5
🏢 *Office de tourisme, Hôtel de ville* ☎ 05 56 22 80 46, Fax 05 56 22 89 65
Paris 633 – Arcachon 20 – Belin-Béliet 34 – Bordeaux 50.
Schéma à la Test-de-Buch

⛰ **Ker Helen** 31 mars-4 nov.
    ☎ 05 56 66 03 79, *camping.kerhelen@wanadoo.fr*,
    Fax 05 56 66 51 59, *www.kerhelen.com* – **R** conseillée
    4 ha (140 empl.) plat, herbeux
    Tarif : ♦ 4,90 € ⟐ ▣ 8,70 € – ⑂ (10A) 3,60 € – frais de
    réservation 16 €
    Location ✂ : 42 ⟨⟩ (4 à 6 pers.) 238 à 607 €/sem. – 12
    ⌂ (4 à 6 pers.) 205 à 615 €/sem. – bungalows toilés
    ⟨⟩ 1 borne 11 €
    Pour s'y rendre : O : 2 km par D 650 rte de Gujan-Mestras

> Nature : ♤♤
> Loisirs : ☂ snack ⊙ nocturne ♦⛹ ♈
> ⌁
> Services : ♿ ⊶ ⊟ ☇ 🖪 ♨ ♨ ◉
> ⥁ ⥁ 🖪 ⚐ ⚐

La TESTE-DE-BUCH

✉ 33260 – **335** E7 – G. Aquitaine – 22 970 h. – alt. 5

🛈 Office de tourisme, place Jean Hameau ✆ 05 56 54 63 14, Fax 05 56 54 45 94

Paris 642 – Andernos-les-Bains 35 – Arcachon 5 – Belin-Béliet 44 – Biscarrosse 34 – Bordeaux 60.

La Pinède

✆ 05 56 22 23 24, info@campinglapinede.net,
Fax 05 56 22 98 03 – **R** conseillée
5 ha (200 empl.) plat, sablonneux, herbeux
Location : 33 🚐
Pour s'y rendre : Bord du canal des Landes
À savoir : Agréable pinède

> Nature : 🏞 ♀
> Loisirs : 🍽 snack 🎬 🛶
> Services : 🚿 🛒 🏪 ⊛ 📷
> À prox. : base de ski nautique

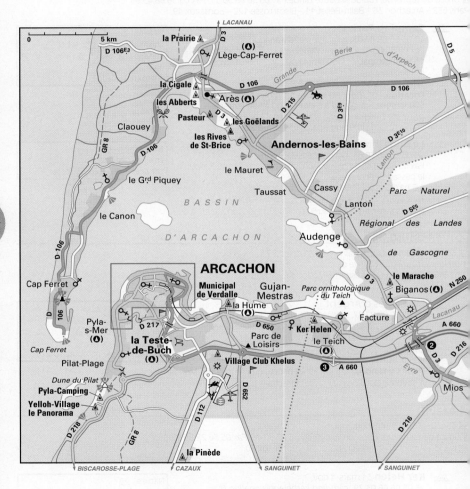

Pour choisir et suivre un itinéraire
Pour calculer un kilométrage
Pour situer exactement un terrain (en fonction des
indications fournies dans le texte) :
*Utilisez les **cartes MICHELIN** détaillées à 1/150 000,*
compléments indispensables de cet ouvrage.

VENDAYS-MONTALIVET

✉ 33930 – **335** E2 – 1 827 h. – alt. 9

🛈 Office de tourisme, 62, avenue de l'Ocean ✆ 05 56 09 30 12, Fax 05 56 09 36 11
Paris 535 – Bordeaux 82 – Lesparre-Médoc 14 – Soulac-sur-Mer 21.

🔺 **Le Mérin** avr.-oct.
✆ 05 56 41 78 64, Fax 05 56 41 78 64 – **R** conseillée
3,5 ha (165 empl.) plat, herbeux, sablonneux
Tarif : 🙾 ⬅ 🗉 7,85 € – 🔌 (10A) 3,15 € – frais de réservation 20 €
Location ⬳ : chalets (sans sanitaires)
Pour s'y rendre : NO : 3,7 km par D 102, rte de Montalivet et chemin à gauche

| Nature : ⟡ ⊏ ♀ |
| Loisirs : 🏇 |
| Services : ⚬━ 🐾 🔊 ⊙ 🕯 🗑 |

VENSAC

✉ 33590 – **335** E2 – 694 h. – alt. 5
Paris 528 – Bordeaux 82 – Lesparre-Médoc 14 – Soulac-sur-Mer 18.

🔺 **Les Acacias** 2 juin-23 sept.
✆ 05 56 09 58 81, *les.acacias.en.medoc@wanadoo.fr*,
Fax 05 56 09 50 67, *www.les-acacias-du-medoc.fr*
– **R** conseillée
3,5 ha (175 empl.) plat, herbeux, sablonneux
Tarif : 🙾 ⬅ 🗉 18,50 € – 🔌 (10A) 3,50 € – frais de réservation 18 €
Location (1er avr.-30 sept.) : 30 🏚 (4 à 6 pers.) 405 à 640 €/sem.
Pour s'y rendre : NE : 1,5 km par N 215, rte de Verdon-sur-Mer et chemin à droite

| Nature : ♀ |
| Loisirs : snack 🍴 🕯 nocturne 🏇 🛶 🏊 |
| Services : ⅋ ⚬━ ⊜🏦 🐾 🗑 🛁 ⊙ 🛀 ♨ 🗑 🛎 |

VILLANDRAUT

✉ 33730 – **335** I8 – G. Aquitaine – 815 h. – alt. 5
🛈 Office de tourisme, place du Général-de-Gaulle ✆ 05 56 25 31 39
Paris 634 – Bordeaux 56 – Mérignac 63 – Pessac 56 – Talence 53.

🔺 Le Roi Kysmar (location exclusive de chalets)
✆ 05 56 25 33 91, *info@le-roi-Kysmar.com*,
Fax 05 56 25 32 27
15 ha vallonné, herbeux
Location ⅋ 🅿 : 20 🏚
Pour s'y rendre : 1 km au NO par D 110, rte de Balizac
À savoir : Site agréable autour d'un lac

| Nature : ⟡ ▲ |
| Loisirs : 🍴 ✗ ⛵ hammam jacuzzi 🏇 ✗ 🛶 🏊 pédalos, barques, manèges enfants |
| Services : ⚬━ 🎏 🗑 |

Landes (40)

AIRE-SUR-L'ADOUR

✉ 40800 – **335** J12 – G. Aquitaine – 6 003 h. – alt. 80
🛈 Office de tourisme, place Général-de-Gaulle ✆ 05 58 71 64 70
Paris 722 – Auch 84 – Condom 68 – Dax 77 – Mont-de-Marsan 33 – Orthez 59 – Pau 51 – Tarbes 72.

🔺 **Les Ombrages de l'Adour** 15 mars-nov.
✆ 05 58 71 75 10, *hetapsarl@yahoo.fr*, Fax 05 58 71 32 59,
www.camping-adour-landes.com – **R** conseillée
2 ha (100 empl.) plat, herbeux
Tarif : (Prix 2006) 🙾 3,50 € ⬅ 2 € 🗉 4 € – 🔌 2,80 €
Location : 4 🏚 (4 à 6 pers.) 170 à 390 €/sem.
Pour s'y rendre : Près du pont, derrière les arènes, bord de l'Adour
À savoir : Location à la nuitée hors sais.

| Nature : ♀♀ |
| Loisirs : 🏇 |
| Services : ⚬━ (avr.-sept.) 🐾 🗑 ⊙ 🗑 |

AMOU

✉ 40330 – **335** G13 – 1 452 h. – alt. 44
🛈 *Office de tourisme, 10, place de la poste* 𝒫 *05 58 89 02 25, Fax 05 58 89 02 25*
Paris 760 – Aire-sur-l'Adour 51 – Dax 31 – Hagetmau 17 – Mont-de-Marsan 47 – Orthez 14 – Pau 50.

Municipal la Digue 1ᵉʳ avr.-31 oct.
𝒫 05 58 89 00 22, *commune-amou@wanadoo.fr*,
Fax 05 58 89 22 67 – **R** conseillée
0,6 ha (33 empl.) plat, peu incliné, herbeux
Tarif : 🧍 🚗 🅴 7 € 🔌 (10A)
Pour s'y rendre : Au Sud du centre bourg par D 346, rte de
Bonnegarde, et chemin à droite devant la piscine, au stade,
bord du Luy

Nature : 🦆 🗘 ♤♤
Loisirs : 🏓 🎣 parcours sportif
Services : ☺ 🛁
À prox. : 🛶 canoë

AUREILHAN

✉ 40200 – **335** D9 – G. Aquitaine – 640 h. – alt. 10
Paris 689 – Bordeaux 103 – Mont 79 – La Teste 59 – Dax 64.

Parc Saint James Eurolac ♣♠ – 31 mars-29 sept.
𝒫 05 58 09 02 87, *eurolac@camping-parcsaintjames.com*,
Fax 05 58 09 41 89, *www.camping-parcsaintjames.com* –
places limitées pour le passage – **R** indispensable
15 ha (620 empl.) plat, herbeux, sablonneux
Tarif : 🧍 🚗 🅴 26,50 € 🔌 (6A)
Location : 120 🚐 (4 à 6 pers.) 258 à 689 €/sem. – 50
🏠 (4 à 6 pers.) 280 à 744 €/sem.
Pour s'y rendre : Sortie N, près du lac

Nature : 🦆 ♬♬♬
Loisirs : 🍴 snack, pizzeria 🎬
diurne 🏓 🏓 🎣 🏊 🎯 ✂ ♦ ♦
Services : 🛁 🔌 GB 🗘 🗄 🛁 ☺ 🅿
🛁 🛒
À prox. : 🚿 🎣 🛶

Escapades Terre Océane Aurilandes 16 mai-16
sept.
𝒫 05 58 09 10 88, *info@campingterreoceane.com*,
Fax 05 58 09 01 89, *www.campingterreoceane.com*
– **R** conseillée
6 ha (440 empl.) plat, herbeux, sablonneux
Tarif : (Prix 2006) 🧍 🚗 🅴 29 € – frais de réservation 25 €
🚐 1 borne – 10 🅴 25 €
Pour s'y rendre : NE : 1 km, près du lac

Nature : 🦆 ♤♤
Loisirs : 🛶 ponton d'amarrage
Services : 🛁 🔌 (juil.-août) GB 🗘
🛁 ☺ 🗄 🛁 🛒
À prox. : 🚿 🐎 poneys

AZUR

✉ 40140 – **335** D12 – 447 h. – alt. 9
Paris 730 – Bayonne 54 – Dax 25 – Mimizan 79 – Soustons 8 – Tartas 52.

La Paillotte ♣♠ – 26 mai-22 sept.
𝒫 05 58 48 12 12, *info@paillotte.com*, Fax 05 58 48 10 73,
www.paillotte.com – **R** indispensable ✂
7 ha (310 empl.) plat, sablonneux, herbeux
Tarif : (Prix 2006) 🧍 🚗 🅴 18,50 € 🔌 (10A) – frais de réservation 5 €
Location (21 avr.-23 sept.) : 116 🚐 (4 à 6 pers.) 217 à
973 €/sem. – 50 🏠 (4 à 6 pers.) 399 à 1 169 €/sem.
Pour s'y rendre : 1,5 km au SO, bord du lac de Soustons
À savoir : Cadre, plantations et chalets aux couleurs exoti-
ques

Nature : 🦆 < 🗘 ♤♤ 🌲
Loisirs : 🍴 ✕ 🎬 🏓 🏓 🎣 🔱 🎣
canoë, pédalos
Services : 🛁 🔌 (1ᵉʳ juil.-31 août)
GB 🗘 🗄 🛁 ☺ 🛁 🗄 ♦ 🅿
sèche-linge 🛁 🛒
À prox. : 🚴 🎯 ✂ 🏓 ♦

Municipal Azur Rivage 15 juin-15 sept.
𝒫 05 58 48 30 72, *info@campingazurivage.com*,
Fax 05 58 48 30 72, *www.campingazurivage.com*
– **R** conseillée
6,5 ha (250 empl.) plat, sablonneux, pierreux, herbeux
Tarif : (Prix 2006) 🧍 🚗 🅴 17 € 🔌 (10A) – frais de réser-
vation 12 €
Pour s'y rendre : 2 km au SO, à 100 m du lac de Soustons
À savoir : Piscine ludique

Nature : 🦆 ♤♤
Loisirs : 🏓 🔱 🎣
Services : 🛁 GB 🗘 🗄 ☺ 🛁 🛁
🛁 🛒 cases réfrigérées
À prox. : 🚴 🎯 ✂ 🏓 🚿 canoë,
pédalos

BÉLUS

✉ 40300 – **335** E13 – 433 h. – alt. 135
Paris 749 – Bayonne 37 – Dax 18 – Orthez 36 – Peyrehorade 7.

La Comtesse 1er avr.-30 sept.
℘ 05 58 57 69 07, *campinglacomtesse@wanadoo.fr*,
Fax 05 58 57 62 50, *www.campinglacomtesse.com*
– **R** conseillée
6 ha (115 empl.) plat, herbeux
Tarif : ♣ 3,90 € ⟵ 2,70 € 🗉 6,50 € – (½) (10A) 3,70 € – frais
de réservation 15 €
Location (permanent) : 57 🚐 (4 à 6 pers.) 290 à
620 €/sem.
Pour s'y rendre : NO : 2,5 km par D 75 et rte à droite
À savoir : Agréable peupleraie autour de l'étang

Nature : 🐾 ⟷ 🛱
Loisirs : ♀ 🏠 🚶 🎯 ⛵
Services : ♿ ⟿ GB 🚗 🗄 ☺ 📷
À prox. : ✕ 🚴

Les indications d'accès à un terrain sont généralement indiquées,
dans notre guide, à partir du centre de la localité.

BIAS

✉ 40170 – **335** D10 – 514 h. – alt. 41
Paris 706 – Castets 33 – Mimizan 7 – Morcenx 30 – Parentis-en-Born 32.

Municipal le Tatiou
℘ 05 58 09 04 76, *campingletatiou@wanadoo.fr*,
Fax 05 58 82 44 30, *www.campingletatiou.com* – **R** conseillée
10 ha (460 empl.) plat, sablonneux, herbeux
Tarif : ♣ ⟵ 🗉 19,40 € (½) (6A) – frais de réservation 16 €
Pour s'y rendre : O : 2 km par rte de Lespecier

Nature : 🐾 🛱(pinède)
Loisirs : ♀ snack, pizzeria 🏠 🎠
🚲 ⛷ 🎯
Services : ♿ ⟿ GB 🚗 M 🗄 ☺ ☺
🚿 🚾 📷 🏊 🚴
À prox. : 🎿

127

BISCARROSSE

✉ 40600 – **335** E8 – G. Aquitaine – 9 281 h. – alt. 22
🛈 *Office de tourisme, 55, place Georges Dufau* ℘ 05 58 78 20 96, Fax 05 58 78 23 65
Paris 656 – Arcachon 40 – Bayonne 128 – Bordeaux 74 – Dax 91 – Mont-de-Marsan 84.

Domaine de la Rive ♣♣ – 1er avr.-30 sept.
℘ 05 58 78 12 33, *info@camping-de-la-rive.fr*,
Fax 05 58 78 12 92, *www.larive.fr* – **R** indispensable
15 ha (640 empl.) plat, sablonneux, herbeux
Tarif : ♣ ⟵ 🗉 41 € (½) (6A) – frais de réservation 30 €
Location 🍴 : 16 🚐 (4 à 6 pers.) 301 à 994 €/sem. – 46
🏠 (4 à 6 pers.) 371 à 1 113 €/sem.
🚐 1 borne – 8 🗉
Pour s'y rendre : NE : 8 km par D 652, rte de Sanguinet,
puis 2,2 km par rte à gauche, bord de l'étang de
Cazaux
À savoir : Bel ensemble aquatique avec décoration florale
et arbustive

Nature : 🐾 🌿
Loisirs : ♀ ✕ snack, pizzeria 🏠 ⚙
🚶 ⛷ 🚲 🎯 🏓 ⛵ 🏊 (plage)
🛶 🛥 🚤 terrain omnisports, ski
nautique, théâtre de plein air
Services : ♿ ⟿ GB 🚗 🗄 ☺ ☺ 🚿
🚾 🛎 🕯 📷 🏊 🚴 cases réfrigérées

Yelloh-Village Mayotte Vacances ♣♣ – déb.mai-24
sept.
℘ 05 58 78 00 00, *mayotte@yellohvillage.com*,
Fax 05 58 78 83 91, *www.mayottevacances.com*
– **R** conseillée
15 ha (630 empl.) plat, sablonneux, herbeux
Tarif : ♣ ⟵ 🗉 39 € (½) (10A) – frais de réservation 30 €
Location : 194 🚐 (4 à 6 pers.) 280 à 1 043 €/sem. – 27
🏠 (4 à 6 pers.) 294 à 1 015 €/sem.
Pour s'y rendre : N : 6 km par rte de Sanguinet puis, à
Goubern, 2,5 km par rte à gauche, à 150 m de l'étang de
Cazaux (accès direct)

Nature : 🐾 ⟷ 🌿
Loisirs : ♀ ✕ 🏠 🚶 discothèque,
🚴 ⛷ 🚣 🎯 🏊
Services : ♿ ⟿ (fin juin-déb. sept.)
GB 🚗 🗄 ☺ ☺ 🚿 🚾 📷 🏊 🚴
À prox. : 🏊 🛶 🚤

BISCARROSSE

Les Écureuils ♣♣ – avr.-sept.
℘ 05 58 09 80 00, *camping.les.ecureuils@wanadoo.fr*,
Fax 05 58 09 81 21, *www.ecureuils.fr* – places limitées pour
le passage – **R** conseillée
6 ha (230 empl.) plat, herbeux, sablonneux
Tarif : (Prix 2006) ♣ ⇌ 🅴 33,50 € (10A) – frais de réservation 32 €
🚐 1 borne
Pour s'y rendre : N : 4,2 km par rte de Sanguinet et rte de
Navarrosse à gauche, à 400 m de l'étang de Cazaux
À savoir : Belle décoration arbustive et florale

Nature : 🖵 00
Loisirs : 🍽 snack, pizzeria 🖼 🕴 🚲 ✂ 🎯 ≌ (plage)
Services : ♿ ⚷ GB ✍ 🗂 🛁 ⊙ 🗜
À prox. : 🎏 🐟 ♨

Bimbo 1ᵉʳ mai-30 sept.
℘ 05 58 09 82 33, *campingbimbo@wanadoo.fr*,
Fax 05 58 09 80 14, *www.campingbimbo.fr* – **R** conseillée
6 ha (177 empl.) plat, sablonneux, herbeux
Tarif : ♣ ⇌ 🅴 17 € – (10A) 4 € – frais de réservation 15 €
Location (permanent) : 27 🏚 (4 à 6 pers.) 263 à
850 €/sem. – 10 🏠 (4 à 6 pers.) 375 à 968 €/sem.
Pour s'y rendre : N : 3,5 km par rte de Sanguinet et rte de
Navarrosse à gauche

Nature : 🖵 ℓ
Loisirs : 🍽 snack, pizzeria 🖼 🕴 ✂ 🎯
Services : ♿ ⚷ GB ✍ 🗂 🛁 ⊙ 🗜 🔲 🧺 🚿
À prox. : 🚲 🛴

La Fontaine de Nava (location exclusive de mobile homes) juil.-août
℘ 05 58 09 83 11, *lesfontainesdenava@wanadoo.fr*,
Fax 05 58 09 82 62, *www.lesfontainesdenava.com* – **R**
12 ha/7 campables plat, sablonneux, herbeux
Location ✂ : 80 🏚 (4 à 6 pers.) 510 à 785 €/sem.
Pour s'y rendre : N : 3,5 km par rte de Sanguinet et rte de
Navarrosse

Nature : 🐾 🖵
Loisirs : 🍽 🖼 🔲 🎯
Services : ⚷ GB ✍ 🧺

128

Campéole de Navarrosse ♣♣ – 24 avr.-23 sept.
℘ 05 58 09 84 32, *cplnavarrosse@atciat.com*,
Fax 05 58 09 86 22, *www.camping-navarrose.com* – **R** indispensable
9 ha (500 empl.) plat, sablonneux, herbeux
Tarif : ♣ ⇌ 🅴 27,40 € (10A)
Location : 45 🏚 (4 à 6 pers.) 231 à 1 006 €/sem. –
bungalows toilés
Pour s'y rendre : N : 5 km par rte de Sanguinet et rte de
Navarrosse à gauche, au bord de l'étang de Cazaux

Nature : 🐾 00
Loisirs : 🍽 fast-food 🖼 🕴 🚲 ✂ 🎯
Services : ♿ ⚷ GB ✍ 🗂 🛁 ⊙ 🗜 🚿
À prox. : 🚲 ♨

Lou Galip 1ᵉʳ avr.-22 sept.
℘ 05 58 09 81 81, *lougalip@free.fr*, Fax 05 58 09 86 03,
www.lougalip.fr – places limitées pour le passage – **R** indispensable
4 ha (263 empl.) plat, sablonneux, herbeux
Tarif : ♣ ⇌ 🅴 15,10 € – (10A) 3,75 €
Location : 62 🏚 (4 à 6 pers.) 180 à 730 €/sem.
Pour s'y rendre : N : 4,2 km par rte de Sanguinet et rte de
Navarrosse à gauche, près de l'étang de Cazaux

Nature : 🐾 00
Loisirs : 🍽 snack 🕴 🎯
Services : ♿ ⚷ ✍ 🗂 ⊙ 🗜 🔲 ♨
À prox. : 🛶 ≌ (plage) 🐟 ♨

à Biscarrosse-Plage NO : 9,5 km par D 146 – ✉ 40600

Campéole le Vivier 1ᵉʳ mai-16 sept.
℘ 05 58 78 25 76, *cplvivier@atciat.com*, Fax 05 58 78 35 23,
www.campeole.com – **R** conseillé
17 ha (830 empl.) plat, vallonné, sablonneux, herbeux
Tarif : (Prix 2006) ♣ ⇌ 🅴 33,40 € (10A) – frais de réservation 23,80 €
Location : 38 🏚 (4 à 6 pers.) 259 à 809 €/sem. – 150
bungalows toilés – (avec sanitaires)
Pour s'y rendre : Au Nord de la station, à 700 m de la plage

Nature : 00 (pinède)
Loisirs : 🍽 🖼 📺 🕴 salle d'animation 🚲 ✂ 🎯
Services : ♿ ⚷ GB ✍ 🗂 🛁 ⊙ 🗜 🚿
cases réfrigérées, point d'informations touristiques
À prox. : 🛴

CAPBRETON

✉ 40130 – **335** C13 – G. Aquitaine – 6 659 h. – alt. 6

🅱 *Office de tourisme, avenue Georges Pompidou* ℰ *05 58 72 12 11, Fax 05 58 41 00 29*

Paris 749 – Bayonne 22 – Biarritz 29 – Mont-de-Marsan 90 – St-Vincent-de-Tyrosse 12 – Soustons 19.

Municipal Bel Air Permanent
ℰ 05 58 72 12 04, *secretariat-general@capbreton.fr*
– **R** conseillée
1,5 ha (119 empl.) plat, sablonneux
Tarif : (Prix 2006) ✿ 5,40 € – 🚐 📧 6,05 € – [½] 3,15 €
Pour s'y rendre : sortie N par D 152, rte d'Hossegor, près du Parc des Sports

Nature : 🏞 ♉♉
Services : ⅋ ⊶ 🅶🅱 ⫸ 🗓 ⚞ ☺ 🖥 sèche-linge
À prox. : ✗

CASTETS

✉ 40260 – **335** E11 – 1 808 h. – alt. 48

🅱 *Office de tourisme, place Pierre Barrère* ℰ *05 58 89 44 79*

Paris 710 – Dax 21 – Mimizan 40 – Mont-de-Marsan 61 – St-Vincent-de-Tyrosse 32.

Municipal de Galan fév.-nov.
ℰ 05 58 89 43 52, *contact@camping-legalan.com*,
Fax 05 58 55 00 07, *www.camping-legalan.com* – **R** conseillée
4 ha (200 empl.) plat, peu incliné, sablonneux, herbeux
Tarif : ✿ 3,20 € – 🚐 1,10 € 📧 6,40 € – [½] (10A) 1,50 €
Pour s'y rendre : E : 1 km par D 42, rte de Taller et rte à droite

Nature : ♉♉
Loisirs : 🏠 🎣
Services : ⅋ ⊶ 🅶🅱 ⫸ 🗓 ☺ 🛋 🖥
À prox. : ✗

Si vous désirez réserver un emplacement pour vos vacances,
faites-vous préciser au préalable les conditions particulières de séjour,
les modalités de réservation, les tarifs en vigueur et les conditions de paiement.

CONTIS-PLAGE

✉ 40170 – **335** D10

Paris 714 – Bayonne 87 – Castets 32 – Dax 52 – Mimizan 24 – Mont-de-Marsan 76.

Yelloh-Village Lous Seurrots ♙♙ – avr.-sept.
ℰ 05 58 42 85 82, *info@lous-seurrots.com*,
Fax 05 58 42 49 11, *www.lous-seurrots.com* – **R** indispensable
14 ha (610 empl.) plat et vallonné, incliné, sablonneux, herbeux
Tarif : ✿ 🚐 📧 32 € – [½] 4 €
Location : 100 🏚 (4 à 6 pers.) 245 à 665 €/sem. – 100 🏡 (4 à 6 pers.) 490 à 1050 €/sem.
Pour s'y rendre : Sortie Sud-Est par D 41, près du Courant de Contis, à 700 m de la plage

Nature : ♊♊♊(pinède)
Loisirs : 🍸 ✗ 🏠 ☺ 🚶 🎣 🚴 ☯
✗ 🏊 théâtre de plein air
Services : ⅋ ⊶ 🅶🅱 ⫸ 🎖 🗓 ☺
🖥 🛋 🛒 cases réfrigérées
À prox. : 🏇 🐎

DAX

✉ 40100 – **335** E12 – G. Aquitaine – 19 515 h. – alt. 12 – ♨

🅱 *Office de tourisme, 11, cours Foch* ℰ *05 58 56 86 86, Fax 05 58 56 86 80*

Paris 727 – Bayonne 54 – Biarritz 61 – Bordeaux 144 – Mont-de-Marsan 54 – Pau 85.

Les Chênes ♙♙ – 24 mars-3 nov.
ℰ 05 58 90 05 53, *camping-chenes@wanadoo.fr*,
Fax 05 58 90 42 43, *www.camping-les-chenes.fr*
– **R** conseillée
5 ha (230 empl.) plat, herbeux, sablonneux, gravillons
Tarif : ✿ 🚐 📧 15,60 € [½] (5A)
Location : 34 🏚 (4 à 6 pers.) 268 à 467 €/sem. – studios
Pour s'y rendre : O : à 1,8 km du centre ville, au bois de Boulogne, à 200 m de l'Adour
À savoir : agréable chênaie près d'un étang

Nature : 🏞 ♉♉
Loisirs : 🏠 🚶 🎣 🚴 🏊
Services : ⅋ ⊶ 🅶🅱 ⫸ Ⓜ 🎖 🗓 ☺
☺ 🛋 🛒 🖥 🛒
À prox. : 🍸 ✗ 🎣 🏇 practice de golf, parcours de santé

DAX

⛰ **Les Pins du Soleil** ♣♨ – 10 mars-10 nov.
  𝒫 05 58 91 37 91, *pinsoleil@aol.com*, Fax 05 58 91 00 24,
  www.pinsoleil.com – **R** conseillée
  6 ha (145 empl.) plat et peu incliné, herbeux, sablonneux
  Tarif : ♦ 6 € ⛺ 2 € 🔲 18 € – ⚡ (10A) 2 € – frais de réservation 10 €
  Location : 46 🚐 (4 à 6 pers.) 280 à 695 €/sem. – 10 🏠
  (4 à 6 pers.) 342 à 699 €/sem.
  Pour s'y rendre : NO : 5,8 km par N 124, rte de Bayonne et
  à gauche par D 459

Nature : 🌿 ⌂ 🌳🌳
Loisirs : 🍴 🏃 🚣 🚴 🏊
Services : 🚿 ⛟ GB 🐕 M 🛢 ⌂ 🛒
🗑 🚻 🛢 🍴

⛰ **Le Bascat** 11 mars-6 nov.
  𝒫 05 58 56 16 68, *camping.bascat@wanadoo.fr*,
  Fax 05 58 56 20 56, *www.campinglebascat.com* – **R** conseillée
  3,5 ha (160 empl.) plat et en terrasses, gravier, herbeux
  Tarif : ♦ ⛺ 🔲 9,50 € – ⚡ (6A) 2 € – frais de réservation 5 €
  Location : 36 🚐 (4 à 6 pers.) 275 à 275 €/sem.
  Pour s'y rendre : O : à 2,8 km du centre ville par le bois de
  Boulogne, rue de Jouandin, accès à partir du Vieux Pont
  (rive gauche) et av. longeant les berges de l'Adour

Nature : 🌊 ⌂ 🌳🌳
Loisirs : 🍴
Services : 🚿 ⛟ GB 🐕 🛢 🛒 ☺ 🛒
🚻 🛢 🍴

⛰ **Abesses** 17 mars-28 oct.
  𝒫 05 58 91 65 34, Fax 05 58 91 65 34 – **R** conseillée
  4 ha (198 empl.) plat, herbeux, sablonneux
  Tarif : ♦ 3,65 € ⛺ 🔲 4,85 € – ⚡ (10A) 2,50 €
  🚐
  Pour s'y rendre : NO : 7,5 km par rte de Bayonne, D 16 à
  droite et chemin d'Abesse

Nature : 🌊 ⌂ 🌳
Loisirs : 🍴 ✂
Services : 🚿 ⛟ GB 🐕 🛢 🛒 ☺ 🛒
🛢 🚣

⛰ **L'Étang d'Ardy** déb. avr.-fin oct.
  𝒫 05 58 97 57 74, *info@etangardy.com*, Fax 05 58 97 52 82,
  www.etangardy.com – **R** conseillée
  5 ha/3 campables (102 empl.) plat, herbeux, sablonneux
  Tarif : (Prix 2006) ♦ ⛺ 🔲 24,15 € – ⚡ (10A)
  Location : 13 🚐 (4 à 6 pers.) 280 à 520 €/sem. – 15 🏠
  (4 à 6 pers.) 280 à 520 €/sem.
  Pour s'y rendre : NO : 5,5 km par N 124, rte de Bayonne
  puis avant la bretelle de raccordement, 1,7 km par chemin
  à gauche, bord d'un étang

Nature : 🌊 ⌂ 〰〰
Loisirs : 🐟 🏊 🍴
Services : 🚿 ⛟ GB 🐕 🛢 – 60 sanitaires individuels (🚿 ⌂ 🚽 wc) 🌳
🗑 🚻 🛢

130

GABARRET

✉ 40310 – **335** L11 – 1 296 h. – alt. 153
🛈 *Syndicat d'initiative, 111, rue Armagnac* 𝒫 05 58 44 34 95
Paris 715 – Agen 66 – Auch 76 – Bordeaux 140 – Mont-de-Marsan 47 – Pau 94.

△ **Parc Municipal Touristique la Chêneraie**
  mars-oct.
  𝒫 05 58 44 92 62, Fax 05 58 44 35 38 – **R** conseillée
  0,7 ha (36 empl.) peu incliné, plat, herbeux
  Tarif : ♦ 2,10 € ⛺ 🔲 2,80 € – ⚡ 1,75 €
  Location (permanent) : 10 🏠 (4 à 6 pers.) 165 à
  285 €/sem.
  Pour s'y rendre : Sortie Est par D 35 rte de Castelnaud-
  d'Auzan et chemin à droite

Nature : 🌊 ⌂ 🌳🌳
Services : 🚿 ⛟ 🐕 🛢 ☺ 🛢
À prox. : 🏊 🚣

Benutzen Sie
– zur Wahl der Fahrtroute
– zur Berechnung der Entfernungen
– zur exakten Lokalisierung eines Campingplatzes (mit Hilfe der Angaben im Ortstext)
die für diesen Führer unentbehrlichen **MICHELIN-Karten** *im Ma1 : 150 000.*

GASTES

⊠ 40160 – **335** E9 – 410 h. – alt. 24
Paris 667 – Arcachon 51 – Biscarrosse 18 – Mimizan 17 – Parentis-en-Born 9.

⋀⋀ **La Réserve** ♣♣ –
𝒫 05 58 09 74 79, *reservations@reserve.fr*,
Fax 05 58 09 78 71, *www.camping-lareserve.fr* – places limi-
tées pour le passage – **R** indispensable �
27 ha (628 empl.) plat, herbeux, sablonneux
Location : 🚐
Pour s'y rendre : SO : 3 km par D 652 rte de Mimizan et
chemin à droite, à 100 m de l'étang (accès direct)

> Nature : 🗀 ♀
> Loisirs : ♟ ✗ fast-food 🏠 🖥 noc-
> turne 🏃 🚴 🚲 ⚡ ✗ 🏓 🔲 🏊
> 🏊 (plage) ⛷ 🎣 ♪ practice de golf,
> terrain omnisports
> Services : 🚻 🔦 📺 🛁 ⊕ 🛒 🚽
> 🏊 🚰

HABAS

⊠ 40290 – **335** F13 – 1 311 h. – alt. 105
🚹 *Syndicat d'initiative, 218, rue Centrale* 𝒫 *05 58 98 04 56*
Paris 751 – Bayonne 57 – Dax 22 – Orthez 20 – Salies-de-Béarn 15.

⋀ **Aire Naturelle les Tilleuls** mai-sept.
𝒫 05 58 98 04 21 – **R** conseillée
0,5 ha (12 empl.) peu incliné, herbeux
Tarif : ★ 🚐 🔲 4,50 € – 🔌 2 €
Pour s'y rendre : N : 1,2 km par D 3 et chemin à gauche

> Nature : 🐑 🗀 ♀♀
> Loisirs : 🏃
> Services : ⊕ réfrigérateurs

HAGETMAU

⊠ 40700 – **335** H13 – G. Aquitaine – 4 403 h. – alt. 96
🚹 *Office de tourisme, place de la République* 𝒫 *05 58 79 38 26, Fax 05 58 79 47 27*
Paris 737 – Aire-sur-l'Adour 34 – Dax 45 – Mont-de-Marsan 29 – Orthez 25 – Pau 56 – Tartas 30.

⋀⋀ **Municipal de la Cité Verte** juin-sept.
𝒫 05 58 79 79 79, *stagessportifs@netcourrier.com*,
Fax 05 58 79 79 99, *www.laciteverte.com* – **R** conseillée
0,4 ha (24 empl.) plat, herbeux
Tarif : ★ 🚐 🔲 20,50 €
Pour s'y rendre : Au Sud de la ville par av. du Dr-Edouard-
Castera, près des arènes et de la piscine, bord d'une
rivière
À savoir : Proche des structures municipales sportives et
de loisirs

> Nature : 🐑 🗀 ♀
> Loisirs : self-service 🏠 🏃 🎣
> Services : 🔦 🅿 🐾 – 24 sanitaires
> individuels (🚿 👕 🚽 wc) ⊕ 🏊 🚽
> À prox. : ✗ 🔲 ⛷ parcours sportif,
> golf

131

LABENNE

⊠ 40530 – **335** C13 – 3 345 h. – alt. 12
🚹 *Office de tourisme, place de la République* 𝒫 *05 59 45 40 99*
Paris 755 – Bayonne 12 – Capbreton 6 – Dax 36 – Hasparren 37 – Peyrehorade 37.

🚩 **Labenne-Océan** O : 4 km par D 126 – ⊠ 40530

⋀⋀⋀ **Yelloh-Village le Sylvamar** ♣♣ – 3 avr.-19 sept.
𝒫 05 59 45 75 16, *camping@sylvamar.fr*,
Fax 05 59 45 46 39, *www.sylvamar.fr* – **R** indispensable
15 ha/10 campables (510 empl.) plat, sablonneux,
herbeux
Tarif : ★ 🚐 🔲 38 € – 🔌 (10A)
Location ✎ : 110 🚐 (4 à 6 pers.) 238 à 1 064 €/sem. –
60 🏠 (4 à 6 pers.) 301 à 1 323 €/sem. – 10 bungalows
toilés
Pour s'y rendre : par D 126, rte de la Plage, près du
Boudigau
À savoir : Bel ensemble aquatique et quelques chalets
grand confort

> Nature : 🐑 🗀 ♀♀
> Loisirs : ♟ snack, pizzeria 🏠 🖥 🏃
> 🏋 🚴 🚲 ✗ 🔲 ⛷ théâtre de
> plein air, terrain omnisports
> Services : 🚻 🔦 📧 🐾 📺 🛁 ⊕ 🏊
> 🚽 🕯 🖥 sèche-linge 🚰 🛒 cases
> réfrigérées, point d'informations
> touristiques
> À prox. : 🎠 parc animalier

LABENNE

🏕 **Côte d'Argent** ♣♣ – 31 mars-oct.
　 📞 05 59 45 42 02, *info@camping-cotedargent.com*,
　 Fax 05 59 45 73 31, *www.camping-cotedargent.com*
　 – **R** conseillée
　 4 ha (215 empl.) plat, herbeux, sablonneux
　 Tarif : (Prix 2006) ♦ ⇔ 🔲 26,10 € 🔌 (6A) – frais de réservation 20 €
　 Location : 20 🚐 (4 à 6 pers.) 252 à 738 €/sem. – 35 🏠
　 (4 à 6 pers.) 252 à 738 €/sem. – 6 bungalows toilés –
　 chalets (sans sanitaires)
　 🚐, 1 borne
　 Pour s'y rendre : par D 126 rte de la plage

> Nature : ◯◯
> Loisirs : 🍸 snack 🍹 diurne 🏃 ⛵
> 🚴 🎣 🏊 terrain omnisports
> Services : ⚕ ⛽ GB 🏧 🗑 🛁 🔄
> ⊕ 🔥 🧺 sèche-linge 🔧
> À prox. : 🏊 🎿 parc aquatique

LÉON

✉ 40550 – **335** D11 – G. Aquitaine – 1 453 h. – alt. 9
🅱 *Syndicat d'initiative, 65, place Jean Baptiste Courtiau* 📞 *05 58 48 76 03*
Paris 724 – Castets 14 – Dax 30 – Mimizan 42 – Mont-de-Marsan 75 – St-Vincent-de-Tyrosse 32.

🏕 **Lou Puntaou** ♣♣ – 30 mars-sept.
　 📞 05 58 48 74 30, *reception@loupuntaou.com*,
　 Fax 05 58 48 70 42, *www.loupuntaou.com* – **R** conseillée
　 14 ha (720 empl.) plat, herbeux, sablonneux
　 Tarif : (Prix 2006) ♦ ⇔ 🔲 39 € 🔌 (10A) – frais de réservation 28 €
　 Location 🏖 : 30 🚐 (4 à 6 pers.) 320 à 819 €/sem.
　 🚐, 1 borne
　 Pour s'y rendre : NO : 1,5 km sur D 142, à 100 m de l'étang
　 de Léon

> Nature : 🌳 ◯◯
> Loisirs : 🍸 🍴 🏃 ⛵ 🚴 🎿
> 🏊
> Services : ⚕ ⛽ GB 🏧 🗑 🛁 ⊕ 🔥
> 🔧 🧺 🛁 🔧
> À prox. : 🍴 🎣 🚣 🛶

Pour choisir et suivre un itinéraire
Pour calculer un kilométrage
Pour situer exactement un terrain (en fonction des
indications fournies dans le texte) :
*Utilisez les **cartes MICHELIN** détaillées à 1/150 000,*
compléments indispensables de cet ouvrage.

132

LESPERON

✉ 40260 – **335** E11 – 864 h. – alt. 75
Paris 698 – Castets 12 – Mimizan 34 – Mont-de-Marsan 59 – Sabres 43 – Tartas 30.

🏕 **Parc de Couchoy** avr.-15 sept.
　 📞 05 58 89 60 15, *colinmrose@aol.com*, Fax 05 58 89 60 15,
　 www.parcdecouchoy.com – **R** conseillée
　 1,3 ha (71 empl.) plat, herbeux, sablonneux
　 Tarif : (Prix 2006) ♦ ⇔ 🔲 21 €
　 Location 🏖 : 🚐 (4 à 6 pers.) 190 à 450 €/sem.
　 Pour s'y rendre : O : 3 km par D 331, rte de Linxe

> Nature : 🌿 ◯◯
> Loisirs : 🍸 🏊
> Services : ⛽ GB 🏧 🗑 🛁 ⊕ 🔄 🔧
> 🔧

LINXE

✉ 40260 – **335** D11 – 1 056 h. – alt. 33
🅱 *Office de tourisme, 57, route de l'Océan* 📞 *05 58 42 93 01*
Paris 712 – Castets 10 – Dax 31 – Mimizan 37 – Soustons 27.

🏕 **Municipal le Grandjean** fin juin-fin août
　 📞 05 58 42 90 00, Fax 05 58 42 94 67 – **R** conseillée
　 2 ha (100 empl.) plat, sablonneux, gravillons
　 Tarif : (Prix 2006) ♦ 2,90 € ⇔ 🔲 5,80 €
　 Pour s'y rendre : NO : 1,5 km par D 42, rte de St-Girons et
　 D 397, rte de Mixe à droite
　 À savoir : Agréable pinède

> Nature : ◯◯
> Loisirs : 🍴 ⛵
> Services : ⚕ ⛽ GB 🏧 🗑 ⊕ 🔄 🔧

LIT-ET-MIXE

✉ 40170 – **335** D10 – 1 441 h. – alt. 13

🛈 *Office de tourisme, 23, rue de l'Église* 🖉 *05 58 42 72 47, Fax 05 58 42 43 02*
Paris 710 – Castets 21 – Dax 42 – Mimizan 22 – Tartas 46.

Les Vignes ▲▲ – 1er juin-mi-sept.
🖉 05 58 42 85 60, *contact@les-vignes.com*,
Fax 05 58 42 74 36, *www.les-vignes.com* – **R** conseillée ✆
15 ha (450 empl.) plat, sablonneux, herbeux
Tarif : 🛉 ⇦ 🔲 35 € 🔌 (10A) – frais de réservation 30 €
Location : 108 ⛺ (4 à 6 pers.) 196 à 1 071 €/sem. –
114 🏠 (4 à 6 pers.) 196 à 1 071 €/sem. – bungalows
toilés
Pour s'y rendre : SO : 2,7 km par D 652 et D 88, à droite,
rte du Cap de l'Homy
À savoir : Bel ensemble agrémenté de plantations

> Nature : 🌲 (pinède)
> Loisirs : 🍽 ✗ snack 🎬 🎭 diurne 🏃 chapiteau d'animations 🚣 🚲 ✗ 🎣 🏊 ⛱ 🐎 terrain omnisports
> Services : 👤 GB 🐕 🗄 🔥 @ 🧺 ✆ 📞 ⚗ 🔲 🗑 🚿

Municipal du Cap de l'Homy saison
🖉 05 58 42 83 47, *camplage@wanadoo.fr*,
Fax 05 58 42 49 79, *www.camping-cap.com* – **R** conseillée
10 ha (444 empl.) vallonné et plat, sablonneux
Tarif : (Prix 2006) 🛉 ⇦ 🔲 20,45 € 🔌 (8A)
⛽ 1 borne
Pour s'y rendre : O : 8 km par D 652 et D 88 à droite, à
Cap-de-l'Homy, à 300 m de la plage (accès direct)

> Nature : 🏞 🌲🌲
> Loisirs : 🍽 🎬
> Services : 👤 ⚗ GB 🗄 @ 🧺 ✆ 🔲
> À prox. : 🛒 ✗

MESSANGES

✉ 40660 – **335** C12 – 647 h. – alt. 8
🛈 *Office de tourisme, route des Lacs* 🖉 *05 58 48 93 10*
Paris 734 – Bayonne 45 – Castets 24 – Dax 33 – Soustons 13.

Airotel le Vieux Port ▲▲ – avr.-sept.
🖉 08 25 70 40 40, *contact@levieuxport.com*,
Fax 05 58 48 01 69, *www.levieuxport.com* – places limitées
pour le passage – **R** conseillée
40 ha/30 campables (1406 empl.) plat, sablonneux,
herbeux
Tarif : (Prix 2006) 🛉 ⇦ 🔲 41,50 € – frais de réservation 36 €
Location ✆ : 30 ⛺ (2 à 4 pers.) 250 à 560 €/sem. – 300
⛺ (4 à 6 pers.) 330 à 756 €/sem. – 60 🏠 (4 à 6 pers.)
360 à 896 €/sem.
⛽ 1 borne
Pour s'y rendre : SO : 2,5 km par D 652 rte de Vieux-
Boucau-les-Bains puis 0,8 km par chemin à droite, à 500 m
de la plage (accès direct)

> Nature : 🌲🌲 (pinède)
> Loisirs : 🍽 ✗ pizzeria, cafétéria 🎬 🏃 🚣 🚲 ✗ 🎣 🏊 ⛱ poneys terrain omnisports
> Services : 👤 ⚗ GB 🐕 🗄 🔥 @ 🧺 ✆ 📞 🔲 🛒 🗑 cases réfrigérées

Airotel Lou Pignada ▲▲ – (location exclusive de
caravanes, mobile homes et chalets) déb.avr.-fin sept.
🖉 0 825 70 40 40, *contact@loupignada.com*,
Fax 05 58 48 26 53, *www.loupignada.com* – empl. traditionnels également disponibles – **R** conseillée
8 ha plat, sablonneux, herbeux
Location ✆ : ⛺ – 100 ⛺ (4 à 6 pers.) 270 à
795 €/sem. – 30 🏠 (4 à 6 pers.) 345 à 870 €/sem.
⛽ 1 borne
Pour s'y rendre : S : 2 km par D 652 puis 0,5 km par rte à
gauche

> Nature : 🌲🌲 (pinède)
> Loisirs : 🍽 ✗ pizzeria 🎭 🏃 💆 🧖 🚣 🚲 ✗ 🎣 🏊 ⛱ terrain omnisports
> Services : 👤 ⚗ GB 🐕 🗄 🔥 @ 🧺 ✆ 🔲 🗑
> À prox. : 🛒 🐎 poneys

133

To select the best route and follow it with ease,
To calculate distances,
To position a site precisely from details given in the text :
Get the appropriate **MICHELIN regional map,** *1 : 150 000.*

La Côte 1er avr.-30 sept.
📞 05 58 48 94 94, *info@campinglacote.com*,
Fax 05 58 48 94 44, *www.campinglacote.com* – **R** conseillée
3,5 ha (143 empl.) plat, sablonneux
Tarif : 🧍 🚐 🅿 16,20 € – [⚡] (10A) 4,50 € – frais de réservation 10 €
Location : 10 🚐 (4 à 6 pers.) 215 à 550 €/sem.
🚰 1 borne
Pour s'y rendre : SO : 2,3 km par D 652, rte de Vieux-Boucau-les-Bains et chemin à droite

Nature : 🌊 ♨♨
Loisirs : 🏠 🏊
Services : 👤 ⛽ GB 🔧 🗑 🛁 ⊕ 🚿 📶 🔲
À prox. : 🛒

Domaine de la Marina 👥 – 1er mai-4 sept.
📞 0 825 70 40 40, *contact@domainedelamarina.com*,
Fax 05 58 49 00 41, *www.domainedelamarina.com* – places limitées pour le passage
4 ha (223 empl.) plat, sablonneux, herbeux
Tarif : 🧍 🚐 🅿 24 € – [⚡] (8A) 6,50 € – frais de réservation 36 €
Pour s'y rendre : SO : 2,5 km par D 652 rte de Vieux-Boucau puis 0,3 km par chemin à droite

Nature : 🔲
Loisirs : 🏊 🏊
Services : 👤 ⛽ GB 🔧 M 🗑 🛁 ⊕ 💧 🔲 🚇 cases réfrigérées
À prox. : 🛒 🍴 🍽 cafétéria pizzeria 🚲 🎿 🏇 quad

Les Acacias 25 mars-25 oct.
📞 05 58 48 01 78, *lesacacias@lesacacias.com*,
Fax 05 58 48 23 12, *www.lesacacias.com* – **R** conseillée
1,7 ha (128 empl.) plat, herbeux, sablonneux
Tarif : 🧍 🚐 🅿 16,90 € [⚡] (10A) – frais de réservation 10 €
Location : 100 🚐 (4 à 6 pers.) 210 à 550 €/sem.
🚰 1 borne
Pour s'y rendre : S : 2 km par D 652, rte de Vieux-Boucau-les-Bains puis 1 km par rte à gauche

Nature : 🌊 ♨
Loisirs : 🏠 🏊
Services : 👤 ⛽ GB 🔧 🗑 🛁 ⊕ 🔲
À prox. : 🛒

Le Moussaillon déb.avr.-fin oct.
📞 05 58 48 92 89, *campinglemoussaillon@free.fr*,
Fax 05 58 48 92 89, *http://campinglemoussaillon.free.fr* – places limitées pour le passage – **R** conseillée
2,8 ha (159 empl.) plat, herbeux, sablonneux
Tarif : 🧍 🚐 🅿 8 € – [⚡] (10A) 4 € – frais de réservation 15 €
Pour s'y rendre : Sortie S par D 652, rte de Vieux-Boucau-les-Bains

Nature : ♨
Loisirs : 🏠
Services : 👤 ⛽ GB 🔧 ⊕ 🔲

La Vallée de Laurhibar

B. Kaufmann/Michelin

MÉZOS

✉ 40170 – **335** E10 – 817 h. – alt. 23

🏢 *Office de tourisme, avenue du Born ℰ 05 58 42 64 37, Fax 05 58 42 64 60*

Paris 700 – Bordeaux 118 – Castets 24 – Mimizan 16 – Mont-de-Marsan 62 – Tartas 47.

Le Village Topical Sen Yan ♣♣ – 26 mai-16 sept.
ℰ 05 58 42 60 05, *reception@sen-yan.com*,
Fax 05 58 42 64 56, *www.sen-yan.com* – **R** indispensable
8 ha (310 empl.) plat, sablonneux
Tarif : ♦ ⟵ 🅴 34 € – [½] (6A) – frais de réservation 26 €
Location 🏠 : 116 ⟦⟧ (4 à 6 pers.) 350 à 840 €/sem. –
41 🏠 (4 à 6 pers.) 350 à 840 €/sem.
Pour s'y rendre : E : 1 km par rte du Cout
À savoir : Bel ensemble avec piscines, palmiers et planta-tions

Nature :
Loisirs :
Services : terrain omnis-ports

MIMIZAN

✉ 40200 – **335** D9 – G. Aquitaine – 6 864 h. – alt. 13

🏢 *Office de tourisme, 38, avenue Maurice Martin ℰ 05 58 09 11 20, Fax 05 58 09 40 31*

Paris 692 – Arcachon 67 – Bayonne 109 – Bordeaux 109 – Dax 72 – Langon 107 – Mont-de-Marsan 77.

Les Ecureuils 1er juin-15 sept.
ℰ 05 58 09 00 51, *muriell@free.fr*, Fax 05 58 09 00 51,
http://les-ecureuils.free.fr – **R** conseillée
2,7 ha (100 empl.) plat, sablonneux, herbeux
Tarif : ♦ ⟵ 🅴 9,40 € – [½] (6A) 3,40 €
Location (1er avr.-30 sept.) : 11 ⟦⟧ (4 à 6 pers.) 250 à 700 €/sem.
Pour s'y rendre : S : 2,5 km par D 652, rte de Bias

Nature :
Loisirs :
Services :

Municipal du Lac 1er avr.-30 sept.
ℰ 05 58 09 01 21, *lac@mimizan-camping.com*,
Fax 05 58 09 43 06, *www.mimizan-camping.com*
– **R** conseillée
8 ha (466 empl.) plat, sablonneux, herbeux
Tarif : ♦ ⟵ 🅴 8 € – [½] (3A) 2 € – frais de réservation 18 €
Pour s'y rendre : 2 km au N par D 87, rte de Gastes, bord de l'étang d'Aureilhan

Nature :
Loisirs :
Services :
À prox. : golf, pédalos, canoë

Mimizan-Plage O : 6 km – ✉ 40200

🏢 *Office de tourisme, 38, av. Maurice Martin ℰ 05 58 09 11 20, Fax 05 58 09 40 31*

Airotel Club Marina-Landes ♣♣ – 27 avr.-17 sept.
ℰ 05 58 09 12 66, *contact@clubmarina.com*,
Fax 05 58 09 16 40, *www.marinalandes.com* – **R** conseillée
9 ha (583 empl.) plat, sablonneux
Tarif : ♦ ⟵ 🅴 36 € – [½] (10A) 3 € – frais de réserva-tion 31 €
Location : 88 ⟦⟧ (4 à 6 pers.) 150 à 940 €/sem. – 30 🏠 (4 à 6 pers.) 160 à 995 €/sem. – studios – bungalows toilés
⟦⟧ 2 bornes 2 €
Pour s'y rendre : À 500 m de la plage Sud

Nature :
Loisirs : self-service salle d'animation, discothèque
Services :
À prox. :

Municipal de la Plage ♣♣ – 6 avr.-30 sept.
ℰ 05 58 09 00 32, *contact@mimizan-camping.com*,
Fax 05 58 09 44 94, *www.mimizan-camping.com* – **R** indis-pensable
16 ha (680 empl.) plat, vallonné, sablonneux, herbeux
Tarif : ♦ ⟵ 🅴 11 € – [½] (10A) 2 € – frais de réserva-tion 18 €
Location (1er mars-31 oct.) : 🅿 (chalets) : 25 ⟦⟧ (4 à 6 pers.) 195 à 595 €/sem. – 15 🏠 (4 à 6 pers.) 250 à 650 €/sem.
⟦⟧ 1 borne 1,50 € – 32 🅴 14 €
Pour s'y rendre : Quartier N, bd de l'Atlantique

Nature :
Loisirs : terrain omnis-ports, mur d'escalade
Services : (25 juin-5 sept.) cases réfri-gérées

ONDRES

✉ 40440 – **335** C13 – 3 650 h. – alt. 37
🛈 *Office de tourisme, Les Floralies - RN 10* ℘ *05 59 45 19 19, Fax 05 59 45 19 20*
Paris 761 – Bayonne 8 – Biarritz 15 – Dax 48.

Du Lac Permanent
℘ 05 59 45 28 45, *contact@camping-du-lac.fr*,
Fax 05 59 45 29 45, *www.camping-du-lac.fr* – **R** indispensable
3 ha (100 empl.) plat, terrasses, herbeux, sablonneux
Tarif : 🏕 ⬅ 🔲 27 € – 🔌 (10A) 3 € – frais de réservation 20 €
Location 🏷 : 5 🏚 (4 à 6 pers.) 240 à 700 €/sem. – 15 🏠 (4 à 6 pers.) 310 à 740 €/sem. – 7 bungalows toilés
Pour s'y rendre : 2,2 km au N par N 10 puis D 26, rte d'Ondres-Plage puis dir. le Turc, chemin à dr., près d'un étang

Nature : 🌳 🔲 🞉🞉
Loisirs : 🍴 ✖ 🏠 🛁 hammam 🏊 🛝
Services : 🔧 🛒 GB 🖊 🚿 🗑 🔒 ♿ 🖥 sèche-linge 🔧
À prox. : 🎣

PARENTIS-EN-BORN

✉ 40160 – **335** E8 – G. Aquitaine – 4 429 h. – alt. 32
🛈 *Office de tourisme, place du Général-de-Gaulle* ℘ *05 58 78 43 60*
Paris 658 – Arcachon 43 – Bordeaux 76 – Mimizan 25 – Mont-de-Marsan 76.

La Forêt Lahitte 👥 –
℘ 05 58 78 47 17, *laforet3@wanadoo.fr*, Fax 05 58 78 43 64,
www.camping-lahitte.com – pour les caravanes, accès conseillé par la D 652, rte de Biscarrosse et chemin à gauche
– **R** conseillée
3 ha (135 empl.) non clos, plat, sablonneux
Location : 🏚 – 🏠 – huttes
Pour s'y rendre : 3,5 km à l'O par D 652, au lieu-dit le Lac
À savoir : Au bord du lac

Nature : 🌳 🞉(pinède)
Loisirs : crêperie, snack 🏠 🏃 🏊 🛝
Services : 🔧 🛒 🅼 🗑 🔒 ♿ 🖥 🔧 réfrigérateurs
À prox. : 🏊 🎣 💧

Municipal Pipiou déb. fév.-mi-nov.
℘ 05 58 78 57 25, *pipiou@parentis.com*, Fax 05 58 78 93 17
– **R** conseillée
6 ha (324 empl.) plat, sablonneux
Tarif : (Prix 2006) 🏕 ⬅ 🔲 19,15 € 🔌 (10A) – frais de réservation 15 €
Location 🏷 : 22 🏚 (4 à 6 pers.) 195 à 549 €/sem.
Pour s'y rendre : O : 2,5 km par D 43 et rte à droite, à 100 m de l'étang

Nature : 🔲
Loisirs : 🍴 snack, pizzeria 🏃 🏊 (plage)
Services : 🔧 🛒 GB 🖊 🚿 🗑 🔒 ♿ 🏊 🍴 🖥 🍴 🔧
À prox. : 🎠 🎣 💧

L'Arbre d'Or 1er avr.-30 oct.
℘ 05 58 78 41 56, *celine.ducourneau@club-internet.fr*,
Fax 05 58 78 49 62, *www.arbre-dor.com* – **R** conseillée
4 ha (200 empl.) non clos, plat, sablonneux, herbeux
Tarif : 🏕 ⬅ 🔲 15,80 € 🔌 (6A)
Location : 14 🏚
Pour s'y rendre : O : 1,5 km par D 43 rte de l'étang

Nature : 🞉🞉(pinède)
Loisirs : 🍴 🏠 🏃 🏊 🏊 (découverte l'été) 🛝
Services : 🔧 🛒 GB 🖊 🗑 🏊 ♿ 🖥 🔧

PENON

✉ 40510 – **335** C13 – G. Aquitaine
Paris 752 – Bordeaux 166 – Mont 89 – Bayonne 29 – Anglet 36.

Les Chevreuils juin-16 sept.
℘ 05 58 43 32 80, *contact@chevreuils.cegeteldsl.com*,
Fax 05 58 43 32 80, *www.chevreuils.com* – **R** conseillée
8 ha (240 empl.) plat, sablonneux
Tarif : 🏕 6 € ⬅ 2,70 € 🔲 6,75 € – 🔌 (12A) 5,20 € – frais de réservation 25 €
Location : 27 🏚 (4 à 6 pers.) 280 à 798 €/sem.
Pour s'y rendre : N : 3,5 km, sur D 79, rte de Vieux-Boucau-les-Bains

Nature : 🞉🞉(pinède)
Loisirs : 🍴 snack 🏠 🏃 🎾 🛝
Services : 🔧 🛒 GB 🖊 🖥 ♿ 🏊 🖥 🏊 🔧 cases réfrigérées

⚠️ **Village Camping Océliances** 28 avr.-30 sept.
   ✆ 05 58 43 30 30, *oceliances@wanadoo.fr*,
Fax 05 58 41 64 21, *www.oceliances.com* – **R** conseillée
20 ha (542 empl.) plat, vallonné, sablonneux
Tarif : ✝ ⇔ 📧 23,50 € – 🔌 (6A) 3,50 € – frais de réservation 24 €
Location 🏖️ : 70 🛖 (4 à 6 pers.) 279 à 869 €/sem. – 10 bungalows toilés
Pour s'y rendre : Sur D 79E, à 500 m de la plage

Nature : ♀♀
Loisirs : 🍴 snack 🏠 ⚡
Services : ⚠ ⚡ GB ⚡ 🗐 🕭 ☺ ⚡ ⚡ ⚡ 📷 🕭 🔥 cases réfrigérées
À prox. : ✗ golf (18 trous), parc de loisirs aquatiques (1,5 km), terrain omnisports

---

PISSOS

✉️ 40410 – **335** G9 – G. Aquitaine – 1 097 h. – alt. 46
Paris 657 – Arcachon 72 – Biscarrosse 34 – Bordeaux 75 – Dax 85.

⚠️ **Municipal** 1er juil.-15 sept.
   ✆ 05 58 08 90 38, *mairie.pissos@wanadoo.fr*,
Fax 05 58 08 92 93, *www.pissos.fr*
3 ha (74 empl.) plat, sablonneux
Tarif : ✝ ⇔ 📧 8 € – 🔌 (12A) 2,05 €
Location : 34 🛖
Pour s'y rendre : E : 1,2 km par D 43, rte de Sore et chemin à droite, après la piscine
À savoir : Agréable situation sous les pins

Nature : 🌲 ♀
Loisirs : 🏠
Services : ⚠ ⚡ ⚡ 🗐 ☺ ⚡ ⚡ 📷
À prox. : 🚲 ⚡ ⚡ ✗ ⚡ 🐎

PONTENX-LES-FORGES

✉️ 40200 – **335** E9 – 1 086 h. – alt. 15
Paris 681 – Biscarrosse 91 – Labouheyre 18 – Mimizan 11 – Mont-de-Marsan 72 – Pissos 115.

⚠️ **Municipal le Guilleman** Permanent
   ✆ 05 58 07 40 48, *camping.guilleman@wanadoo.fr*,
Fax 05 58 07 49 48, *leguilleman.com* – **R** indispensable
3 ha (100 empl.) plat, herbeux, sablonneux
Tarif : (Prix 2006) ✝ ⇔ 📧 15 € – 🔌 (10A)
Pour s'y rendre : Sortie Sud-Est rte de Labouheyre puis rte de Ménéou et à droite

Nature : 🌲 ♀
Loisirs : 🚲 ⚡
Services : ⚠ ⚡ GB ⚡ 🗐 ☺ 📷

137

RIVIÈRE-SAAS-ET-GOURBY

✉️ 40180 – **335** E12 – G. Aquitaine – 939 h. – alt. 50
Paris 742 – Bordeaux 156 – Mont 68 – Bayonne 44 – Anglet 47.

⚠️ **Lou Bascou** 1er mars-31 nov.
   ✆ 05 58 97 57 29, *loubascou@wanadoo.fr*,
http://perso.wanadoo.fr/loubascou/ – **R** conseillée
1 ha (60 empl.) plat, herbeux
Tarif : ✝ ⇔ 📧 10 € – 🔌 (10A) 5 €
Location : 8 🛖 (4 à 6 pers.) 290 à 552 €/sem. – sans sanitaires
🚐 1 borne – 22 📧 10 €
Pour s'y rendre : Au Nord-Est du bourg

Nature : 🌲 ⚡ ♀
Loisirs : 🏠
Services : ⚠ ⚡ ⚡ 🗐 ☺ 📷
À prox. : ⚡ ✗

ROQUEFORT

✉️ 40120 – **335** J10 – G. Aquitaine – 1 894 h. – alt. 69
🛈 *Syndicat d'initiative, place du Soleil d'Or* ✆ 05 58 45 50 46, *Fax 05 58 45 53 63*
Paris 683 – Barbotan-les-Thermes 29 – Captieux 30 – Labrit 20 – Mont-de-Marsan 23.

⚠️ **Municipal de Nauton**
   ✆ 05 58 45 59 99 – 🏕️
1,5 ha (36 empl.) plat, herbeux, sablonneux
Pour s'y rendre : N : 1,5 km par D 932, rte de Bordeaux

Nature : ♀♀
Services : ⚠ ☺ ⚡ ⚡
À prox. : ✗

SABRES

40630 – **335** G10 – G. Aquitaine – 1 107 h. – alt. 78
Paris 676 – Arcachon 92 – Bayonne 111 – Bordeaux 94 – Mimizan 41 – Mont-de-Marsan 36.

Le Domaine de Peyricat 16 juin-15 sept.
 05 58 07 51 88, *aquitaine@relaisoleil.fr*,
Fax 05 58 07 51 86, *www.relaisoleil.com/sabres* – **R** conseillée
20 ha/2 campables (69 empl.) plat, sablonneux, herbeux
Tarif : ♦ 4,60 € – ⬜ 2,40 € – 4,70 € – (5A) 3,40 €
Location (7 avr.-3 nov.) : 6 (4 à 6 pers.) 412 à 649 €/sem.

Pour s'y rendre : Sortie Sud, rte de Luglon
À savoir : Nombreuses activités sportives

Nature :
Services : (7 juil.-25 août) GB
au Village Vacances : terrain omnisports - golf (3 trous)

ST-GIRONS-PLAGE

40560 – **335** C11
Paris 728 – Bordeaux 142 – Mont 79 – Bayonne 73 – Anglet 76.

Eurosol – 12 mai-15 sept.
 05 58 47 90 14, *contact@camping-eurosol.com*,
Fax 05 58 47 76 74, *www.camping-eurosol.com* – **R** conseillée
18 ha (590 empl.) vallonné, plat, incliné, sablonneux, herbeux
Tarif : 23 € – (10A) 5 € – frais de réservation 25 €
Location : 107 (4 à 6 pers.) 280 à 826 €/sem. – 16 (4 à 6 pers.) 280 à 770 €/sem.
, 20 31 €
Pour s'y rendre : À 700 m de la plage

Nature :
Loisirs : snack, pizzeria terrain omnisports
Services : GB
À prox. :

Campéole les Tourterelles 1er mai-30 sept.
 05 58 47 93 12, *cpltourterelles@atciat.com*,
Fax 05 58 47 92 03, *www.campeole.com* – **R** conseillée
18 ha (822 empl.) plat, incliné, vallonné, sablonneux
Tarif : 16,60 € – (10A) 3,90 € – frais de réservation 23,80 €
, 1 borne
Pour s'y rendre : O : 5,2 km par D 42, à St-Girons-Plage, à 300 m de l'océan (accès direct)

Nature :
Services : GB

ST-JULIEN-EN-BORN

40170 – **335** D10 – 1 316 h. – alt. 22
 Office de tourisme, rue des Écoles 05 58 42 89 80
Paris 706 – Castets 23 – Dax 43 – Mimizan 18 – Morcenx 30.

Municipal la Lettre Fleurie avr.-sept.
 05 58 42 74 09, *camping-la-lettre-fleurie@saint-julien-en-born.fr*, Fax 05 58 42 41 51, *www.saint-julien-en-born.fr* – **R** indispensable
8,5 ha (457 empl.) plat et sablonneux
Tarif : (Prix 2006) 3,60 € 1,50 € 3,50 € – 3,50 €
Pour s'y rendre : NO : 4 km par rte de Mimizan et rte de Contis-Plage

Nature : (pinède)
Loisirs :
Services : GB

Aire Naturelle le Tress 15 mai-sept.
 05 58 42 80 24 – **R** conseillée
1,5 ha (25 empl.) non clos, plat, herbeux, sablonneux
Tarif : 2,70 € 1,40 € 2,20 € – 2,90 €
Pour s'y rendre : NO : 3 km par D 652, rte de Mimizan et D 41, rte de Contis-Plage à gauche

Nature : (pinède)
Loisirs :
Services :

ST-JUSTIN

✉ 40240 – **335** J11 – 888 h. – alt. 90

🛈 *Office de tourisme, place des Tilleuls* ℘ *05 58 44 86 06, Fax 05 58 44 86 06*

Paris 694 – Barbotan-les-Thermes 19 – Captieux 41 – Labrit 31 – Mont-de-Marsan 25 – Villeneuve-de-Marsan 17.

⚠ **Le Pin** 15 avr.-31 déc.
℘ 05 58 44 88 91, *camping.lepin@wanadoo.fr*,
Fax 05 58 44 88 91, *www.campinglepin.com* – **R** conseillée
3 ha (70 empl.) plat, herbeux, sablonneux
Tarif : (Prix 2006) 🛉 ⛺ 🗐 18 € – 🔌 (6A) 3 €

Location : 9 ⬚ (2 à 4 pers.) 150 à 400 €/sem. – 4 ⬚ (4
à 6 pers.) 210 à 550 €/sem. – 7 ⬚ (4 à 6 pers.) 210 à
580 €/sem.

Pour s'y rendre : 2,3 km au N par D 626 rte de Roquefort,
bord d'un petit étang

> Nature : 💧💧💧
> Loisirs : 🍷 ✗ 🏊 🛝 🐎 🏇
> Services : 🚿 🟠 🚗 🗐 🛒 ⚗ ⓐ 🗐
> 🛁

ST-MARTIN-DE-SEIGNANX

✉ 40390 – **335** C13 – 3 903 h. – alt. 57

Paris 766 – Bayonne 11 – Capbreton 15 – Dax 42 – Hasparren 31 – Peyrehorade 26.

⚠ **Lou P'tit Poun** 👥 – 1er juin-16 sept.
℘ 05 59 56 55 79, *contact@louptitpoun.com*,
Fax 05 59 56 53 71, *www.louptitpoun.com* – **R** conseillée
6,5 ha (168 empl.) plat et peu incliné, en terrasses, herbeux
Tarif : 🛉 ⛺ 🗐 24,10 € – 🔌 (10A) 5,10 € – frais de réservation 30 €

Location 🍴 : 8 ⬚ (4 à 6 pers.) 245 à 675 €/sem. – 16
⬚ (4 à 6 pers.) 265 à 695 €/sem.
🚐, 1 borne 7 €

Pour s'y rendre : 4,7 km au SO par N 117 rte de Bayonne
et chemin à gauche

> Nature : 🗔 💧💧
> Loisirs : 🎏 🏊 🛝 🛝
> Services : 🚿 🟠 GB 🚗 🗐 ⚗ ⓐ 🛁
> 📶 🗐 🛁

STE-EULALIE-EN-BORN

✉ 40200 – **335** D9 – 785 h. – alt. 26

Paris 673 – Arcachon 58 – Biscarrosse 98 – Mimizan 11 – Parentis-en-Born 15.

⚠ **Les Bruyères** mai-sept.
℘ 05 58 09 73 36, *bonjour@camping-les-bruyeres.com*,
Fax 05 58 09 75 58, *www.camping-les-bruyeres.com*
– **R** conseillée
3 ha (177 empl.) plat, sablonneux, herbeux
Tarif : 🛉 ⛺ 🗐 16,50 € – frais de réservation 16 €

Location : 6 ⬚ (2 à 4 pers.) 140 à 470 €/sem. – 25 ⬚
(4 à 6 pers.) 231 à 595 €/sem.

Pour s'y rendre : N : 2,5 km par D 652 et rte de Lafont
À savoir : Produits régionaux maison à déguster et à emporter

> Nature : 🌊 🗔 💧💧(pinède)
> Loisirs : 🎏 snack 🗔 🚲 ✗ 🛝
> Services : 🚿 🟠 GB 🚗 🗐 ⓐ 🛁 📶
> 🗐 🛁 🛁

SANGUINET

✉ 40460 – **335** E8 – G. Aquitaine – 1 982 h. – alt. 24

🛈 *Office de tourisme, 1, place de la Mairie* ℘ *05 58 78 67 72, Fax 05 58 78 67 26*

Paris 643 – Arcachon 27 – Belin-Béliet 26 – Biscarrosse 120 – Bordeaux 60.

⚠ **Municipal Lou Broustaricq** 16 mars-15 nov.
℘ 05 58 82 74 82, *loubrousta@wanadoo.fr*,
Fax 05 58 82 10 74, *www.lou-broustaricq.com* – **R** indispensable 🍴
18,8 ha (555 empl.) plat, sablonneux
Tarif : 🛉 ⛺ 🗐 29,70 € – 🔌 (10A) 3,70 € – frais de réservation 25 €

Location : 142 ⬚ (4 à 6 pers.) 208 à 793 €/sem.

Pour s'y rendre : NO : 2,8 km par rte de Bordeaux et
chemin de Langeot, à 300 m de l'étang de Cazaux

> Nature : 🌊 🗔 💧💧(pinède)
> Loisirs : 🎏 snack 🗔 🚲 ✗ 🛝
> 🛝 🛝
> Services : 🚿 🟠 GB 🚗 🗐 🗐 ⓐ
> 🛁 📶 🐾 🗐 🛁 🛁
> À prox. : 🏊

SARBAZAN

✉ 40120 – **335** J10 – 941 h. – alt. 90
Paris 685 – Barbotan-les-Thermes 27 – Captieux 32 – Labrit 24 – Mont-de-Marsan 25.

▲ **Municipal** 1er avr.-31 oct.
    ℘ 05 58 45 64 93, *mairiedesarbazan@wanadoo.fr*,
Fax 05 58 45 69 91
1 ha (50 empl.) non clos, plat, peu incliné, herbeux,
sablonneux
Tarif : ✝ ⇌ 🅴 9 € – ⑭ (5A) 1,60 €
Location : 6 🏠 (4 à 6 pers.) 120 à 260 €/sem.
Pour s'y rendre : À l'Est du bourg
À savoir : Sous de grands pins, près d'un petit étang

Nature : 🌿 ♤♤(pinède)
Loisirs : 🚴
Services : 🔥 🛒 ⊕ ☂ ♻
À prox. : 🏠 ✗ 🏃 parcours de santé

SEIGNOSSE

✉ 40510 – **335** C12 – 2 427 h. – alt. 15
🛈 *Office de tourisme, avenue des Lacs* ℘ 05 58 43 32 15, Fax 05 58 43 32 66
Paris 747 – Biarritz 36 – Dax 32 – Mont-de-Marsan 85 – Soustons 11.

▲▲▲ **La Pomme de Pin** 1er avr.-30 sept.
    ℘ 05 58 77 00 71, *info@camping-lapommedepin.com*,
Fax 05 58 77 11 47, *www.camping-lapommedepin.com*
– **R** conseillée
5 ha (229 empl.) plat, sablonneux
Tarif : ✝ ⇌ 🅴 18 € – ⑭ (5A) 3,80 € – frais de réservation 20 €
Location : 19 🛖 (4 à 6 pers.) 280 à 680 €/sem.
🚐 1 borne
Pour s'y rendre : 2 km au SE par D 652 et D 337, rte de
Saubion
À savoir : Bel espace aquatique

Nature : ♤♤(pinède)
Loisirs : 🍽 pizzeria 🏠 🚴 🎱 (découverte en saison)
Services : 🔥 🛒 ⊘ 🛒 ♻ ⊕ ☎ 🔥 sèche-linge 🧺 🥤 cases réfrigérées

▲ **Le Motel de Seignosse** (location exclusive de chalets et
studios)
    ℘ 05 58 72 87 81, *motel@wanadoo.fr*, Fax 05 58 72 83 79,
www.multimania.com/motelseignosse – **R** conseillée
2 ha plat, herbeux, sablonneux
Location : 28 🏠 – studios
Pour s'y rendre : 2 km à l'E, rte de Tyrosse

Nature : 🌿 ♤♤
Services : 🛒 🏢 🔥

SORDE-L'ABBAYE

✉ 40300 – **335** E13 – G. Aquitaine – 535 h. – alt. 17
Paris 758 – Bayonne 47 – Dax 27 – Oloron-Ste-Marie 63 – Orthez 28.

▲ **Municipal la Galupe** mi-juin-mi-sept.
    ℘ 05 58 73 18 13, *mairie.sordelabbaye@wanadoo.fr*,
Fax 05 58 73 16 41 – **R** conseillée
0,6 ha (28 empl.) plat, herbeux, pierreux
Tarif : (Prix 2006) ✝ ⇌ 🅴 9,50 €
Pour s'y rendre : O : 1,3 km par D 29, rte de Peyrehorade,
D 123 à gauche et chemin avant le pont, près du Gave
d'Oloron

Nature : 🌿 🌳 ♤
Services : 🔥 ⊘ Ⓜ 🛒 ⊕

SORE

✉ 40430 – **335** H9 – 898 h. – alt. 73
Paris 651 – Bazas 39 – Belin-Béliet 39 – Labrit 29 – Mont-de-Marsan 56 – Pissos 99.

▲ **Aire Naturelle Municipale** 15 juin-15 sept.
    ℘ 05 58 07 60 06, *sore.mairie@wanadoo.fr*,
Fax 05 58 07 64 72 – **R** conseillée ✗
1 ha (16 empl.) plat, herbeux, sablonneux
Tarif : ✝ ⇌ 🅴 9,30 € ⑭ (3A)
Pour s'y rendre : S : 1 km par D 651, rte de Mont-de-
Marsan et chemin à gauche, à 50 m de la Petite Leyre

Nature : 🌿 ♤
Loisirs : 🚴
Services : ⊘ ⊕ 🔥
À prox. : ✗ 🏊 parcours sportif

SOUSTONS

✉ 40140 – **335** D12 – G. Aquitaine – 5 743 h. – alt. 9

🅱 *Office de tourisme, grange de Labouyrie* 🌮 *05 58 41 52 62, Fax 05 58 41 30 63*
Paris 732 – Biarritz 53 – Castets 23 – Dax 29 – Mont-de-Marsan 81 – St-Vincent-de-Tyrosse 13.

⚠ **L'Airial** 1er avr.-15 oct.
🌮 05 58 41 12 48, *contact@camping-airial.com*,
Fax 05 58 41 53 83, *www.camping-airial.com* – **R** conseillée
16 ha (480 empl.) plat, vallonné, sablonneux
Tarif : (Prix 2006) 👤 🚐 🔲 14,90 € – 🔌 (10A) 4,70 € – frais
de réservation 18,80 €
Location : 20 🏚 (4 à 6 pers.) 250 à 660 €/sem. – 28 🏚
(4 à 6 pers.) 290 à 690 €/sem. – 8 studios
Pour s'y rendre : 2 km à l'O par D 652 rte de Vieux-Boucau-
les-Bains, à 200 m de l'étang de Soustons

> Nature : 🌳🌳
> Loisirs : 🍸 🏠 🕐 diurne 🏃 🚲 🎾
> 🎣 🔲
> Services : 🔧 ⚡ GB 🚿 🗑 🧺 ⊛ 🔲
> sèche-linge 🧊, cases réfrigérées

⚠ **Le Dunéa** (location exclusive de chalets) 1er avr.-15 oct.
🌮 05 58 48 00 59, *clubdunea@libertysurf.fr*,
Fax 05 58 48 03 22, *www.club-dunea.com*
0,5 ha plat, vallonné, sablonneux
Location : 22 🏚 (4 à 6 pers.) 310 à 1 030 €/sem.
Pour s'y rendre : À 200 m du lac, à Port-d'Albret-Sud
À savoir : Location à la nuitée hors sais.

> Nature : 🌊 ♀
> Loisirs : 🏠 🔲
> Services : 🅿 GB 🚿 🕐 🔲
> À prox. : 🎾 🐎 golf

Avant de prendre la route, consultez **www.ViaMichelin.fr :**
votre meilleur itinéraire, le choix de votre hôtel, restaurant,
des propositions de visites touristiques.

VIELLE-ST-GIRONS

✉ 40560 – **335** D11 – 1 026 h. – alt. 27

🅱 *Office de tourisme, route de Linxe* 🌮 *05 58 47 94 94, Fax 05 58 47 90 00*
Paris 719 – Castets 16 – Dax 37 – Mimizan 32 – Soustons 28.

⚠ **Le Col Vert** 👥 – 31 mars-23 sept.
🌮 08 90 71 00 01, *contact@colvert.com*,
Fax 05 58 42 91 88, *www.colvert.com* – **R** conseillée
24 ha (800 empl.) plat, sablonneux, herbeux
Tarif : 👤 6,30 € 🚐 4,20 € 🔲 17,10 € – 🔌 (3A) 4 € – frais de
réservation 30 €
Location : 126 🏚 (4 à 6 pers.) 224 à 756 €/sem. – 34
🏚 (4 à 6 pers.) 315 à 854 €/sem. – bungalows toilés
🚐 1 borne – 5 🔲 36,70 €
Pour s'y rendre : S :5,5 km par D 652, bord de l'étang de
Léon
À savoir : Site agréable

> Nature : 🌳🌳(pinède) ⚠
> Loisirs : 🍸 🍴 🏠 🏃 🏇 🚲 ⚓ 🎾
> 🔲 🛶 terrain omnisports
> Services : 🔧 ⚡ GB 🚿 🗑 🧺 ⊛ 🧊
> 🚰 🕐 🔲 🧺 🧊 cases réfrigérées
> À prox. : 🎣 🐕 🐎 poneys

⚠ **L'Océane** juil.-août
🌮 05 58 42 94 37, *camping.oceane@cario.fr*,
Fax 05 58 42 00 48, *www.camping-oceane.fr* – places limi-
tées pour le passage – **R** 🎾
3 ha (50 empl.) non clos, plat, sablonneux, herbeux
Tarif : (Prix 2006) 👤 🚐 🔲 13,50 € – 🔌 4,50 €
Location (Pâques- déb. oct.) : 41 🏚 (4 à 6 pers.) 315 à
635 €/sem.
Pour s'y rendre : N : 1 km par rte des lacs
À savoir : Agréable pinède

> Nature : 🌳🌳🌳
> Loisirs : 🍸 🏠 🛶
> Services : ⚡ 🚿 ⊛ 🕐 🔲 🧊

⚠ **Le Parc du Bel Air** juin-sept.
🌮 05 58 42 99 28, *camping-belair2@wanadoo.fr*,
Fax 05 58 42 99 28 – **R** indispensable
1 ha (50 empl.) plat, herbeux, sablonneux
Tarif : (Prix 2006) 👤 🚐 🔲 17,40 € 🔌 (6A)
Pour s'y rendre : SO : 5,2 km par D 652, rte de Léon et
D 328, rte de Pichelèbe à droite

> Nature : 🌊 ♀(pinède)
> Loisirs : 🏃
> Services : 🔧 ⚡ Ⓜ ⊛ 🔲

VIEUX-BOUCAU-LES-BAINS

⊠ 40480 – **335** C12 – G. Aquitaine – 1 379 h. – alt. 5

🖪 *Office de tourisme, 11, promenade du Mail* 🖉 *05 58 48 13 47*
Paris 740 – Bayonne 41 – Biarritz 48 – Castets 28 – Dax 37 – Mimizan 55 – Mont-de-Marsan 90.

Municipal les Sablères

🖉 05 58 48 12 29, *camping-lessableres@wanadoo.fr*,
Fax 05 58 48 20 70, *www.les-sableres.com* – **R** indispensable

11 ha (560 empl.) vallonné, sablonneux, herbeux

Tarif : 🛉 ⟡ 🔲 16 € – ⚡ (10A) 4,30 € – frais de réservation 15 €

Location : 7 ⟨⟩ (4 à 6 pers.) 199 à 505 €/sem. – 11 ⟨⟩ (4 à 6 pers.) 230 à 700 €/sem.

⟨⟩ 1 borne

Pour s'y rendre : Au NO de la localité par bd du Marensin, à 250 m de la plage (accès direct)

Nature : ⟨⟩
Loisirs : ⟨⟩ terrain omnisports
Services : ⟨⟩ sèche-linge cases réfrigérées
À prox. : ⟨⟩ snack pizzeria ⟨⟩

Lot-et-Garonne (47)

AGEN

⊠ 47000 – **336** F4 – G. Aquitaine – 30 170 h. – alt. 50

🖪 *Office de tourisme, 107, boulevard Carnot* 🖉 *05 53 47 36 09, Fax 05 53 47 29 98*
Paris 662 – Auch 74 – Bordeaux 141 – Pau 159 – Toulouse 116.

Château d'Allot (location exclusive de mobile homes)
mi-avr.-sept.

🖉 05 53 68 33 11, *gb@grandbleu.fr*, Fax 05 53 68 33 11 – **R**
12 ha/3 campables plat, herbeux

Location : 50 ⟨⟩ (4 à 6 pers.) 147 à 735 €/sem.

Pour s'y rendre : S : 10 km par D 305, puis D 17 rte de Layrac et à gauche avant le pont de la Garonne, A 62, sortie 7 Agen puis Layrac par RN 21 et Agen par D 17, à droite du pont de la Garonne

Nature : ⟨⟩
Loisirs : ⟨⟩ parcours de santé
Services : ⟨⟩

Le Moulin de Mellet 1er avr.-15 oct.

🖉 05 53 87 50 89, *moulin.mellet@wanadoo.fr*,
Fax 05 53 47 13 41, *www.camping-moulin-mellet.com* – **R** conseillée

3,5 ha (48 empl.) plat, herbeux, ruisseau, petit étang

Tarif : 🛉 ⟡ 🔲 18 € ⚡ (16A)

Pour s'y rendre : NO : 8 km par N 113 et à droite par D 107 rte de Prayssas

Nature : ⟨⟩
Loisirs : ⟨⟩
Services : ⟨⟩

BARBASTE

⊠ 47230 – **336** D4 – 1 416 h. – alt. 45

🖪 *Syndicat d'initiative, place de la Mairie* 🖉 *05 53 65 84 85*
Paris 700 – Agen 34 – Condom 29 – Damazan 17 – Gabarret 33.

Chalets René Queyreur (location exclusive de chalets)
Permanent

🖉 05 53 65 51 38, *mairie.barbaste@wanadoo.fr*,
Fax 05 53 97 18 36

5 ha plat, sablonneux

Location : 20 ⟨⟩ (4 à 6 pers.) 178 à 433 €/sem.

Pour s'y rendre : 3,5 km au SE par rte de Réaup et à gauche chemin du stade

À savoir : Cadre sauvage et boisé, au milieu des fougères

Nature : ⟨⟩
Loisirs : ⟨⟩
Services : ⟨⟩

BEAUVILLE

✉ 47470 – **336** H4 – G. Aquitaine – 553 h. – alt. 208
🛈 Office de tourisme, place de la Mairie ✆ 05 53 47 63 06, Fax 05 53 66 72 63
Paris 641 – Agen 26 – Moissac 32 – Montaigu-de-Quercy 16 – Valence 25 – Villeneuve-sur-Lot 28.

Les 2 Lacs déb.avr.-fin oct.
✆ 05 53 95 45 41, camping-les-2-lacs@wanadoo.fr,
Fax 05 53 95 45 41, http://www.les2lacs.info – accès aux
emplacements par forte pente, mise en place et sortie des
caravanes à la demande – **R** conseillée
22 ha/2,5 campables (50 empl.) non clos, plat et terrasse,
herbeux
Tarif : 🛉 ⇌ 🗐 9,55 € – 🔌 (6A) 2,15 € – frais de réservation 25 €
Location : 5 🛖 (4 à 6 pers.) 215 à 610 €/sem. – 5
bungalows toilés
Pour s'y rendre : SE : 0,9 km par D 122, rte de Bourg-de-Visa
À savoir : Situation agréable près de deux plans d'eau

Nature : 🐟 ⌂ 🌳
Loisirs : 🏊 🎯 ≅
Services : 🛇 ⚡ GB 🐕 🗑 ⊕ 🎣 ♈ 🖥
À prox. : 🚣

CASTELJALOUX

✉ 47700 – **336** C4 – G. Aquitaine – 4 755 h. – alt. 52 – Base de loisirs
🛈 Office de tourisme, Maison du Roy ✆ 05 53 93 00 00, Fax 05 53 20 74 32
Paris 674 – Agen 55 – Langon 55 – Marmande 23 – Mont-de-Marsan 73 – Nérac 30.

Les Chalets de Clarens (location exclusive de chalets)
Permanent
✆ 05 53 93 07 45, location-chalets@cegetel.net,
Fax 05 53 93 07 45, www.castel-chalets.com – **R** conseillée
4 ha plat, sablonneux
Location : 25 🛖 (4 à 6 pers.) 275 à 480 €/sem.
🚐 1 borne 10 € – 15 🗐 10 €
Pour s'y rendre : 2,5 km au SO par D 933, rte de Mont-de-Marsan, bord du lac et près de la base de loisirs

Nature : 🐟 ≤ 🌳(pinède) 🏔
Loisirs : 🏠 🏊 🎯 🐟
Services : 🛇 ⚡ 🐕 🏧
À prox. : 🍹 ✗ snack 🎯 🏕 🏖 🏇
(centre équestre) golf, pédalos, VTT

143

CASTELMORON-SUR-LOT

✉ 47260 – **336** E3 – 1 664 h. – alt. 49
🛈 Syndicat d'initiative, Mairie ✆ 05 53 84 90 36, Fax 05 53 88 19 21
Paris 600 – Agen 33 – Bergerac 63 – Marmande 35 – Villeneuve-sur-Lot 21.

Port-Lalande (location exclusive de chalets) mi-avr.-fin
sept.
✆ 05 53 79 37 04, port-lalande@grandbleu.fr,
Fax 05 53 79 37 04, www.grandbleu.fr
4 ha plat, herbeux
Location : 60 🛖 (4 à 6 pers.) 196 à 875 €/sem.
Pour s'y rendre : SE : 1,5 km du bourg
À savoir : Bord du Lot et d'un petit port de plaisance

Nature : 🐟 ≤
Loisirs : 🏠 🎣 🏊 🎯 🐟 ponton d'amarrage
Services : 🛇 🅿 GB 🐕 🏧 🖥

CASTILLONNÈS

✉ 47330 – **336** F2 – G. Aquitaine – 1 325 h. – alt. 119
🛈 Office de tourisme, place des Cornières ✆ 05 53 36 87 44
Paris 561 – Agen 64 – Bergerac 27 – Marmande 44 – Périgueux 75.

Municipal la Ferrette 1er juil.-31 août
✆ 05 53 36 94 68, rouquet47@hotmail.fr,
Fax 05 53 36 88 77 – **R** conseillée
1 ha (32 empl.) non clos, plat et peu incliné, herbeux
Tarif : (Prix 2006) 🛉 ⇌ 🗐 11 € 🔌 (6A)
Location : gîtes
Pour s'y rendre : Sortie Nord par N 21, rte de Bergerac

Nature : ⌂ 🌳
Services : 🛇 ⚡ 🐕 🗑 ⊕ 🖥
À prox. : 🎯 🏊

CLAIRAC

✉ 47320 – **336** E3 – G. Aquitaine – 2 385 h. – alt. 52
🛈 *Office de tourisme, 16, place Viçoze* 📞 05 53 88 71 59
Paris 690 – Agen 42 – Casteljaloux 34 – Marmande 24 – Villeneuve-sur-lot 30.

▲ **Le Canotier**
📞 05 53 79 03 51 – **R** conseillée
0,8 ha (50 empl.) plat, herbeux
Location : 🚐
🚐
Pour s'y rendre : au bourg, au bord du Lot

Nature : ⌑ 🌳🌳
Loisirs : 🍸 ✗
Services : 👤 ⌂ M 🔆 ⊕ 🔲 🛶
À prox. : 🏊 (plage) ⚓ ponton d'amarrage

COURBIAC

✉ 47370 – **336** I3 – 112 h. – alt. 145
Paris 623 – Bordeaux 172 – Agen 46 – Montauban 59 – Bergerac 79.

▲▲ **Le Pouchou** 10 janv.-20 déc.
📞 05 53 40 72 68, *le.pouchou@wanadoo.fr*,
Fax 05 53 40 72 68, *www.camping.le.pouchou.com*
– **R** conseillée
15 ha/2 campables (20 empl.) non clos, peu incliné, herbeux
Tarif : 👤 ⬅ 🔲 8 € – 🔌 (10A) 3 €
Location : 4 🚐 (2 à 4 pers.) 154 à 273 €/sem. – 6 🏠 (4 à 6 pers.) 245 à 290 €/sem.
🚐, 1 borne 3 € – 2 🔲 3 €
Pour s'y rendre : 1,8 km à l'O par rte de Tournon-d'Agenais et chemin à gauche
À savoir : Cadre agréable, vallonné autour d'un petit étang

Nature : 🌳 ≤ 🌿
Loisirs : 🍸 🎱 🚲 🏊 ⚓ départ sentiers pédestres, billard
Services : 👤 ⌂ 🧺 🏦 ⊕ 🔆 📞 🔲 sèche-linge

Om een reisroute uit te stippelen en te volgen,
om het aantal kilometers te berekenen,
om precies de ligging van een terrein te bepalen
(aan de hand van de inlichtingen in de tekst),
*gebruikt u de **Michelinkaarten** schaal 1 : 150 000 ;*
een onmisbare aanvulling op deze gids.

144

CUZORN

✉ 47500 – **336** H2 – 870 h. – alt. 95
Paris 581 – Bergerac 59 – Cahors 55 – Fumel 7 – Villeneuve-sur-Lot 32.

▲▲ **Les Loges de Mélis** (location exclusive de chalets)
Permanent
📞 05 53 40 96 46, *loges-de-melis@wanadoo.fr*,
Fax 05 53 40 84 03, *www.loges-melis.com* – **R** indispensable
7 ha/1 campable en terrasses, herbeux
Location : 10 🏠 (4 à 6 pers.) 250 à 680 €/sem.
Pour s'y rendre : 3 km au N par D 710 et chemin à gauche
À savoir : Location au w.-end et à la nuitée hors sais.

Nature : 🌳 ≤
Loisirs : 🎱 🛶 🚲 🏊 golf (4 trous)
Services : 👤 🅿 ⌂ 🔲

DAMAZAN

✉ 47160 – **336** D4 – 1 237 h. – alt. 45
🛈 *Syndicat d'initiative, place Armand Fallières* 📞 05 53 88 26 36
Paris 681 – Agen 38 – Aiguillon 7 – Casteljaloux 19 – Marmande 32 – Nérac 22.

▲ **Municipal du Lac** 15 juin-15 sept.
📞 05 53 79 40 15, *mairie.damazan@wanadoo.fr*,
Fax 05 53 79 26 92 – **R** conseillée
4 ha (66 empl.) non clos, plat et peu incliné, herbeux
Tarif : 👤 ⬅ 🔲 4 € – 🔌 (12A) 2 €
Location (permanent) : 10 🏠 (4 à 6 pers.) 180 à 350 €/sem.
Pour s'y rendre : S : 1 km par D 108, rte de Buzet-sur-Baïse puis chemin à droite, bord du lac

Nature : ⌑ 🌳🌳
Loisirs : 🛶 ⚓
Services : ⌂ 🔆 ⊕ 🔲 réfrigérateurs
À prox. : ✗ 🎿 🏊 (plage)

FUMEL

✉ 47500 – **336** H3 – G. Aquitaine – 5 423 h. – alt. 70

🛈 Office de tourisme, place Georges Escande ℰ 05 53 71 13 70, Fax 05 53 71 35 16

Paris 594 – Agen 55 – Bergerac 64 – Cahors 48 – Montauban 76 – Villeneuve-sur-Lot 27.

Domaine de Guillalmes (location exclusive de chalets)
déb. avr.-déb. nov.
ℰ 05 53 71 01 99, contactguillalmes@free.fr,
Fax 05 53 71 02 57, www.guillalmes.com – **R** conseillée
3 ha plat, herbeux
Location : 18 🏠 (4 à 6 pers.) 185 à 617 €/sem.
Pour s'y rendre : E : 3 km par D 911, rte de Cahors puis à la
sortie de Condat, 1 km par rte à droite, bord du Lot

> Nature : 🐾 ♀
> Loisirs : 🍴 ✗ 🚴 🎮 ⚓ canoë
> Services : 🔧 🚿 🅿 🗜 🚐 🔌 🛒

Les Catalpas Permanent
ℰ 05 53 71 11 99, les-catalpas@wanadoo.fr,
Fax 05 53 71 11 99, www.les-catalpas.com – **R** conseillée 🐾
2,3 ha (80 empl.) plat, herbeux, goudronné
Tarif : 🏃 🚐 🔲 12 € – 🔌 (10A) 2 €
🚐, 8 bornes 14 € – 8 🔲
Pour s'y rendre : E : 2 km par D 911 rte de Cahors puis, à la
sortie de Condat, 1,2 km par rte à droite, bord du Lot

> Nature : 🐾 ♀♀
> Loisirs : ⚓ 🏊 (bassin)
> Services : ⚓ 🗜 🚐 ▥ 🔌 ⊕ 📞 🛒

LOUGRATTE

✉ 47290 – **336** F2 – 393 h. – alt. 120

Paris 569 – Agen 56 – Castillonnès 9 – Marmande 44 – Monflanquin 18 – Villeneuve-sur-Lot 25.

Municipal St-Chavit 15 juin-15 sept.
ℰ 05 53 01 70 05, Fax 05 53 41 18 04 – ⚐
3 ha (90 empl.) non clos, plat à peu incliné, herbeux
Tarif : 🏃 2,70 € 🚐 🔲 2,60 € – 🔌 (10A) 2,50 €
Pour s'y rendre : SE : 1 km, bord d'un plan d'eau

> Nature : ♀♀ ⚠
> Loisirs : 🎮 🚣
> Services : 🔧 🗜 🚐 ⊕ 🛒
> À prox. : 🎮 🐾 canoë

NÉRAC

✉ 47600 – **336** D5 – G. Aquitaine – 6 787 h. – alt. 65

🛈 Office de tourisme, 7, avenue Mondenard ℰ 05 53 65 27 75, Fax 05 53 65 97 48

Paris 710 – Bordeaux 132 – Montauban 111 – Agen 28 – Mont-de-Marsan 83.

Les chalets de Nérac (location exclusive de chalets)
Permanent
ℰ 05 53 97 02 66 – **R** conseillée
1 ha plat, herbeux
Location : 12 🏠 (4 à 6 pers.) 150 à 400 €/sem.
Pour s'y rendre : 2 km au SE, dir. Agen et chemin à
gauche après le Parc Royal

> Nature : ♀
> Loisirs : 🚣 ⚓
> Services : ⚓ 🗜 🔌
> À prox. : 🎮

PENNE-D'AGENAIS

✉ 47140 – **336** G3 – G. Aquitaine – 2 330 h. – alt. 207

Syndicat d'initiative, porte de la Ville ℰ 05 53 41 37 80

Paris 636 – Agen 33 – Bergerac 68 – Bordeaux 156 – Cahors 59.

Municipal Ferrié mi-juin-fin août
ℰ 05 53 41 30 97, tourisme@ville-pennedagenais.fr,
Fax 05 53 36 25 29, www.ville-pennedagenais.fr – **R** conseillée
1,6 ha (69 empl.) plat et peu incliné, herbeux
Tarif : 🏃 🚐 🔲 8,61 € – 🔌 (15A) 5,14 € – frais de réservation 50 €
Location (permanent) : 15 🏠 (4 à 6 pers.) 227 à
414 €/sem. – gîtes
Pour s'y rendre : SO : 1,4 km par D 159, direction Haute-
fage par D 103, au bord de l'étang et d'un bassin aménagé

> Nature : 🏕 ♀♀ ⚠
> Loisirs : 🎮 🚣 🐾
> Services : 🔧 ⚓ (déb.juil.-fin août)
> 🗜 🖩 ⊕ 🚿 🚽 🛒
> À prox. : 🍴 snack 🚣 🎮 🏊

PONT-DU-CASSE

✉ 47480 – **336** G4 – 4 259 h. – alt. 67
Paris 658 – Bordeaux 147 – Toulouse 122 – Montauban 96 – Agen 7.

Village de Loisirs Darel (location exclusive de chalets)
ℰ 05 53 67 96 41, *gilbert.fongaro@ville-pontducasse.fr*,
Fax 05 53 67 51 05 – **R** conseillée
34 ha/2 campables plat, vallonné, herbeux
Location ⬜ 🅿 : 12 🏠
Pour s'y rendre : 3 km au SE, rte de Ferreol, à dr.
À savoir : Situation agréable en sous-bois, proche du centre équestre

Nature : 🐟 ♤♤
Loisirs : 🏠 💺 🐎 poneys
Services : 🔌 🏢 🖥
À prox. : golf

ST-SYLVESTRE-SUR-LOT

✉ 47140 – **336** G3 – 2 060 h. – alt. 65
Paris 614 – Agen 36 – Bergerac 65 – Bordeaux 154 – Cahors 62.

Les Berges du Lot mi-mai-sept.
ℰ 05 53 41 22 23 – **R** conseillée
0,4 ha (24 empl.) plat, herbeux
Tarif : (Prix 2006) ♦ 2 € ⬚ 🅴 2,50 € – 🎫 2,50 €
Pour s'y rendre : Dans le bourg, derrière la mairie, près du Lot

Nature : ⬜ ♤
Loisirs : 🏊 (petite piscine) ponton d'amarrage
Services : 🔌 ✂ 🖥 ☺ 🖼
À prox. : 🛒 💺

SALLES

✉ 47150 – **336** H2 – 257 h. – alt. 120
Paris 588 – Agen 59 – Fumel 12 – Monflanquin 11 – Villeneuve-sur-Lot 29 – Villeréal 18.

Des Bastides 28 avr.-15 sept.
ℰ 05 53 40 83 09, *info@campingdesbastides.com*,
Fax 05 53 40 81 76, *www.campingdesbastides.com*
– **R** conseillée
6 ha (96 empl.) en terrasses, herbeux
Tarif : ♦ ⬚ 🅴 18,75 € 🎫 (6A) – frais de réservation 18 €
Location ⬜ : 10 🛖 (4 à 6 pers.) 225 à 575 €/sem. – 4
🏠 (4 à 6 pers.) 225 à 665 €/sem.
Pour s'y rendre : NE : 1 km rte de Fumel, au croisement des D 150 et D 162

Nature : ⬚ ⬚ ♧♧♧
Loisirs : 🍴 snack 💺 🚲 🏊
Services : ♿ 🔌 🏧 ✂ 🏢 🖥 ♨ ☺
📞 🖼 🛒

SAUVETERRE-LA-LÉMANCE

✉ 47500 – **336** I2 – 623 h. – alt. 100
Paris 572 – Agen 68 – Fumel 14 – Monflanquin 27 – Puy-l'Évêque 17 – Villefranche-du-Périgord 10.

Moulin du Périé 12 mai-21 sept.
ℰ 05 53 40 67 26, *moulinduperie@wanadoo.fr*,
Fax 05 53 40 62 46, *www.camping-moulin-perie.com*
– **R** conseillée
4 ha (125 empl.) plat, herbeux
Tarif : ♦ ⬚ 🅴 15,35 € – 🎫 (10A) 6,20 € – frais de réservation 20 €
Location ⬜ : 20 🛖 (4 à 6 pers.) 294 à 770 €/sem. – 4
🏠 (4 à 6 pers.) 285 à 740 €/sem.
🚰 2 bornes
Pour s'y rendre : E : 3 km par rte de Loubejac, bord d'un ruisseau

Nature : 🐟 ⬚ ♤♤(peupleraie)
Loisirs : 🍴 🍽 🏠 💺 🎣 🏊 ⚽
(petit étang)
Services : ♿ 🔌 🏧 ✂ 🖥 ♨ ☺ 🖼
🛒

Benutzen Sie
– zur Wahl der Fahrtroute
– zur Berechnung der Entfernungen
– zur exakten Lokalisierung eines Campingplatzes (mit Hilfe der Angaben im Ortstext)
*die für diesen Führer unentbehrlichen **MICHELIN-Karten** im Ma1 : 150 000.*

SÉRIGNAC-PÉBOUDOU

⊠ 47410 – **336** F2 – 169 h. – alt. 139
Paris 567 – Agen 64 – Bergerac 34 – Marmande 41 – Périgueux 81.

La Vallée de Gardeleau 26 mai-15 sept.
℘ 05 53 36 96 96, *valleegardeleau@orange.fr*,
Fax 05 53 36 96 96, *http://perso.orange.fr/camping-vallee gardeleau.fr* – **R** conseillée
2 ha (33 empl.) plat, peu incliné, herbeux
Tarif : ✴ ⇌ 🅴 10,10 € – ⚡ (5A) 3,15 € – frais de réservation 10 €
Location ⚡ : 7 ⛺ (4 à 6 pers.) 235 à 580 €/sem. – bungalows toilés

> Nature : ⚲ ⛺ ♨(chênaie)
> Loisirs : ♈ brasserie ⚓ ⚒
> Services : ⚐ ⚐ ⚐ ⚐ ⚐ ⚐ ⚐ ⚐ ⚐

TONNEINS

⊠ 47400 – **336** D3 – 9 041 h. – alt. 26
🅱 *Office de tourisme, 3, boulevard Charles-de-Gaulle* ℘ 05 53 79 22 79, Fax 05 53 79 39 94
Paris 683 – Agen 44 – Nérac 38 – Villeneuve-sur-Lot 37.

Municipal Robinson
℘ 05 53 79 02 28, *office-tourisme-tonneins@wanadoo.fr*,
Fax 05 53 79 39 94, *www.tonneins-tourisme.com*
0,6 ha (38 empl.) plat, herbeux
Pour s'y rendre : sortie S par N 113, rte d'Agen, à 100 m de la Garonne

> Nature : ⛺ ⚲
> Services : ⚐ ⚐ ⚐ ⚐ ⚐ ⚐ ⚐

> Ⓜ *Met dit teken worden bepaalde terreinen met moderne uitrusting aangeduid, waarvan de algemene indruk, stijl en de installaties praktisch en modern zijn.*

147

TRENTELS

⊠ 47140 – **336** H3 – 825 h. – alt. 50
Paris 607 – Agen 42 – Bergerac 72 – Cahors 60 – Montauban 82 – Villeneuve-sur-Lot 15.

Municipal de Lustrac 15 juin-30 août
℘ 05 53 70 77 22, *mairie.trentels@wanadoo.fr*,
Fax 05 53 40 03 41 – **R** conseillée
0,5 ha (23 empl.) plat, herbeux
Tarif : ✴ ⇌ 🅴 7 € – ⚡ (16A) 3 €
Location (permanent) : 15 ⛺
Pour s'y rendre : NE : 2,5 km par D 911, rte de Fumel et chemin à droite, direction Lustrac, bord du Lot

> Nature : ⚲ ⛺ ⚲⚲
> Loisirs : ⚓ canoë
> Services : ⚐ ⚐ ⚐ ⚐
> À prox. : ✂

VILLERÉAL

⊠ 47210 – **336** G2 – G. Aquitaine – 1 186 h. – alt. 103
🅱 *Office de tourisme, place de la Halle* ℘ 05 53 36 09 65, Fax 05 53 36 47 85
Paris 566 – Agen 61 – Bergerac 35 – Cahors 76 – Marmande 56 – Sarlat-la-Canéda 65 – Villeneuve-sur-Lot 31.

Château de Fonrives ♣♣ – 9 avr.-29 sept.
℘ 05 53 36 63 38, *contact@campingchateaufonrives.com*,
Fax 05 53 36 09 98, *www.campingchateaufonrives.com*
– **R** conseillée
20 ha/10 campables (200 empl.) plat, peu incliné, terrasses, herbeux, pierreux
Tarif : ✴ ⇌ 🅴 24,50 € – ⚡ (6A) 4,50 € – frais de réservation 20 €
Location : 50 ⛺ (4 à 6 pers.) 180 à 729 €/sem. – 37 ⛺ (4 à 6 pers.) 150 à 729 €/sem.
⛽ 1 borne
Pour s'y rendre : NO : 2,2 km par D 207, rte d'Issigeac et à gauche, au château

> Nature : ⚲ ⚔ ⛺ ⚲⚲
> Loisirs : ♈ ✕ ⚓ ⚒ ⚓ ⚲ ✂ ⚲
> 🅿 (découverte en saison) ⚲ ⚲
> parcours sportif
> Services : ⚐ ⚐ ⚐ ⚐ ⚐ ⚐ ⚐ ⚐
> ⚐ ⚐ ⚐ ⚐

VILLERÉAL

Fontaine du Roc 1er avr.-1er oct.
℘ 05 53 36 08 16, *fontaine.du.roc@wanadoo.fr*,
Fax 05 53 61 60 23, *www.fontaineduroc.com* – **R** conseillée
2 ha (50 empl.) plat, herbeux
Tarif : ♣ ⟶ 🅴 12 € – (10A) 4,50 € – frais de réservation 10 €
Location (permanent) : 5 🏠 (4 à 6 pers.) 330 à 540 €/sem.
Pour s'y rendre : SE : 7,5 km sur D 255 et à gauche

Nature : ⌘ ⩽ ♀
Loisirs : 🎴 ⚶ 🏊
Services : ⚕ ⟶ 🚿 🗓 ⊕ 🗑 🖩

Pyrénées-Atlantiques (64)

AINHOA

✉ 64250 – **342** C5 – G. Pays Basque – 599 h. – alt. 130
Paris 791 – Bayonne 28 – Biarritz 29 – Cambo-les-Bains 11 – Pau 125 – St-Jean-de-Luz 26.

Xokoan Permanent
℘ 05 59 29 90 26, Fax 05 59 29 73 82
0,6 ha (30 empl.) plat, peu incliné, herbeux
Tarif : ♣ ⟶ 🅴 12,50 € – (10A) 2,50 €
Location 🚫 : 2 🏠 (4 à 6 pers.) 380 €/sem. – 6 🛏
🚐 1 borne 5 €
Pour s'y rendre : 2,5 km au SO de Dancharia puis à gauche avant la douane, bord d'un ruisseau (frontière)

Nature : ⌘ ♀♀
Loisirs : ♟ ✕ 🎴
Services : ⚕ ⟶ GB 🚿 🗓 ⊕ 🗑 🖩
sèche-linge 🌡
À prox. : 🏕

Aire Naturelle Harazpy juin-sept.
℘ 05 59 29 89 38, Fax 05 59 29 89 38
1 ha (25 empl.) peu incliné, terrasses, herbeux
Tarif : ♣ ⟶ 🅴 12,50 € – (10A) 2,50 €
🚐 1 borne 5 €
Pour s'y rendre : Au NO du bourg, accès par place de l'Église

Nature : ⌘ ⩽ ♀
Loisirs : 🎴
Services : ⚕ 🚿 🗓 ⊕ 🖩 sèche-linge

ANGLET

✉ 64600 – **342** C2 – G. Pays Basque – 35 263 h. – alt. 20
🅱 Office de tourisme, 1, avenue de la Chambre d'Amour ℘ 05 59 03 77 01, Fax 05 59 03 55 91
Paris 773 – Bordeaux 187 – Pamplona 108 – Donostia-San Sebastián 51 – Pau 117.

Camping de Parme 31 mars-8 nov.
℘ 05 59 23 03 00, *campingdeparme@wanadoo.fr*,
Fax 05 59 41 29 55, *www.campingdeparme.com*
– **R** conseillée
3,5 ha (197 empl.) en terrasses, plat, peu incliné, herbeux, gravier
Tarif : ♣ ⟶ 🅴 27,80 € (10A) – frais de réservation 20 €
Location 🚫 : 🏠 – 20 🏠 (4 à 6 pers.) 300 à 700 €/sem. – 14 🏠 (4 à 6 pers.) 330 à 750 €/sem.
Pour s'y rendre : 2 allée Etchecopar, quartier Brindos, près de l'aéroport

Nature : ⬜ ♀♀
Loisirs : ♟ snack 🎴 ⚶ 🚲 🏊
terrain omnisports
Services : ⚕ ⟶ (1er juil.-31 août)
GB 🚿 🗓 ⊕ 🗑 ⚲ 🖩 sèche-linge
🛢 🌡

Fontaine-Laborde
℘ 05 59 03 48 16, Fax 05 59 03 11 72, *www.fontaine-la borde.com* 🚫
1 ha (99 empl.) plat, herbeux, terrasse, sablonneux
Pour s'y rendre : Allée Fontaine-Laborde, à 300 m de la plage
À savoir : Fréquenté en majorité par jeunes surfeurs – réservé aux tentes

Nature : ♀
Loisirs : ♟ snack
Services : 🗓 ⊕ 🛢

148

ARAMITS

✉ 64570 – **342** H6 – G. Aquitaine – 653 h. – alt. 293
Paris 829 – Mauléon-Licharre 27 – Oloron-Ste-Marie 15 – Pau 49 – St-Jean-Pied-de-Port 61.

Barétous-Pyrénées déb.févr.-mi-oct.
℘ 05 59 34 12 21, *atso64@hotmail.com*, Fax 05 59 34 67 19,
www.camping-baretous-pyrenees.com – **R** conseillée
2 ha (50 empl.) plat, herbeux
Tarif : ♣ ⛺ 📧 19 € – [½] 3,50 € – frais de réservation 10 €
Location : 10 🏠 (4 à 6 pers.) 200 à 595 €/sem. – 3
bungalows toilés
Pour s'y rendre : sortie O par D 918, rte de Mauléon-
Licharre, bord du Vert de Barlanes

> Nature : 🐠 🚏 ♨♨
> Loisirs : 🍽 snack 🎱 ⛱ 🚲 🏊
> Services : 🚿 🔌 GB 🧺 ⛲ 🔥 🔥 📷
> 🚣

ASCAIN

✉ 64310 – **342** C4 – G. Pays Basque – 3 097 h. – alt. 24
🏛 Office de tourisme, rue Ernest Fourneau ℘ 05 59 54 00 84
Paris 791 – Biarritz 23 – Cambo-les-Bains 26 – Hendaye 18 – Pau 135 – St-Jean-de-Luz 7.

Zélaïa (location exclusive de chalets et mobile homes)
fév.-nov.
℘ 05 59 54 02 36, *info@campingzelaia.com*,
Fax 05 59 54 03 62, *www.campingzelaia.com* – **R** conseillée
2,4 ha plat
Location : 6 🏠 (4 à 6 pers.) 475 à 690 €/sem. – 7 🏠 (4
à 6 pers.) 420 à 655 €/sem.
Pour s'y rendre : 2,5 km à l'O sur D 4 rte d'Urrugne (et du
Col d'Ibardin)

> Nature : ♨♨
> Loisirs : 🍽 🎱 ⛱ 🏊
> Services : 🚿 🔌 GB 🧺 ♨ 🔥 📷 🚣

LA-BASTIDE-CLAIRENCE

✉ 64240 – **342** E4 – G. Pays Basque – 881 h. – alt. 50
🏛 Office de tourisme, maison Darrieux ℘ 05 59 29 65 05
Paris 767 – Bayonne 26 – Hasparren 9 – Peyrehorade 29 – Sauveterre-de-Béarn 40.

149

Les Collines Iduki (location exclusive de maisonnettes)
Permanent
℘ 05 59 70 20 81, *contact@iduki.net*, Fax 05 59 70 20 25,
www.iduki.net – **R** indispensable
2,5 ha en terrasses
Location : 34 🏠 (4 à 6 pers.) 330 à 1 350 €/sem.
Pour s'y rendre : au bourg
À savoir : jolies constructions basques

> Nature : 🐠 ≤ ♨♨
> Loisirs : 🍽 🎱 ⛱ 🏊
> Services : 🚿 🅿 GB 🧺 📷
> À prox. : 🍴 🎾

Les Chalets de Pierretoun (location exclusive de
chalets)
℘ 05 59 29 68 88, *pierretoun@wanadoo.fr*, *www.chalets-
de-pierretoun.com* – **R** conseillée
5 ha en terrasses, herbeux
Location : 28 🏠
Pour s'y rendre : SE : 10 km par D 123, à Pessarou

> Nature : 🐠 ♨♨
> Loisirs : 🎱 🏊
> Services : 🔌 📷

BAUDREIX

✉ 64800 – **342** K5 – G. Pays Basque – 473 h. – alt. 245 – Base de loisirs
Paris 791 – Argelès-Gazost 39 – Lourdes 26 – Oloron-Ste-Marie 48 – Pau 17 – Tarbes 40.

Les Ôkiri 15 avr.-30 sept.
℘ 05 59 92 97 73, *les-okiri@wanadoo.fr*, Fax 05 59 13 93 77,
www.oela.net – **R** conseillée
20 ha/2 campables (60 empl.) plat, herbeux
Tarif : (Prix 2006) ♣ ⛺ 📧 8 € – [½] (16A) 6,40 €
Location (permanent) 🏠 🅿 (chalets) : 🛏 – 5 🏠 (4
à 6 pers.) 250 à 565 €/sem. – 24 🏠 (4 à 6 pers.) 245 à
683 €/sem. – 🛏
🏠 1 borne
Pour s'y rendre : À la base de loisirs

> Nature : 🐠 ≤ 🚏 ♨ ♨
> Loisirs : 🍽 🍴 ⛱ 🎾 🏊 🛶 canoë,
> pédalos, sports en eaux vives, mur
> d'escalade, terrain omnisports
> Services : 🚿 🔌 GB 🧺 ♨ 🔥 🔥 🚰 📷
> 🚣
> À prox. : 🏊

BIARRITZ

✉ 64200 – **342** C4 – G. Pays Basque – 30 055 h. – alt. 19
🛈 *Office de tourisme, square d'Ixelles - Javalquinto* ☎ *05 59 22 37 00, Fax 05 59 24 14 19*
Paris 772 – Bayonne 9 – Bordeaux 190 – Pau 122 – San Sebastian 47.

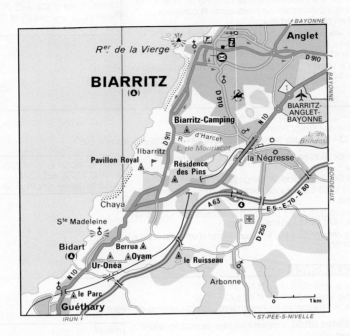

⚠ Biarritz-Camping

☎ 05 59 23 00 12, *biarritz.camping@wanadoo.fr*,
Fax 05 59 43 74 67, *www.biarritz.camping.fr* – **R** conseillée
✍
3 ha (190 empl.) plat et peu incliné, terrasses, herbeux
Location : 32 ⏚
Pour s'y rendre : 28 rue d'Harcet

> Nature : 🌳 (peupleraie)
> Loisirs : 🍸 snack jacuzzi 🏊 🛝
> Services : & ☎ 🚿 🗑 🛎 ⊛ ♨ sèche-
> linge ⚂ 🛒
> À prox. : 🐎 golf (18 trous)

BIDART

✉ 64210 – **342** C2 – G. Pays Basque – 4 670 h. – alt. 40
🛈 *Office de tourisme, rue d'Erretegia* ☎ *05 59 54 93 85, Fax 05 59 54 70 51*
Paris 783 – Bordeaux 196 – Pau 119 – Bayonne 13 – Anglet 9.
Schéma à Biarritz

⚠ **Résidence des Pins** ♣ – 12 mai-29 sept.

☎ 05 59 23 00 29, *contact@campingdespins.com*,
Fax 05 59 41 24 59, *www.campingdespins.com* – **R** conseillée
6 ha (400 empl.) en terrasses, peu incliné, herbeux,
sablonneux
Tarif : 🚶 🚐 📧 24,50 € – 🔌 (10A) 5,10 € – frais de réservation 30 €
Location ✍ : 34 ⏚ (4 à 6 pers.) 273 à 777 €/sem. – 46
🏠 (4 à 6 pers.) 287 à 777 €/sem.
⏚ 1 borne
Pour s'y rendre : 2 km au N
À savoir : Belle décoration florale

> Nature : 🏞 🌳
> Loisirs : 🍸 snack, pizzeria 🎦
> diurne 🎣 🏊 🍴 🛝 école de surf
> Services : & ☎ 🆒 🗑 🛎 ⊛ ♨
> 🔲 sèche-linge ⚂ 🛒
> À prox. : 🏇 🐎 golf (18 trous), disco-
> thèque

Berrua ♣♣ – avr.-déb. oct.
℘ 05 59 54 96 66, *contact@berrua.com*, Fax 05 59 54 78 30,
www.berrua.com – **R** conseillée
5 ha (270 empl.) peu incliné et en terrasses, herbeux
Tarif : (Prix 2006) ★ ⇌ 🅴 33,70 € 🔌 (6A) – frais de réservation 30 €
Location : 110 🚐 (4 à 6 pers.) 264 à 910 €/sem. – 10 🏠 (4 à 6 pers.) 342 à 882 €/sem.
🚐 1 borne
Pour s'y rendre : 0,5 km à l'E par rte d'Arbonne
À savoir : Cadre soigné et fleuri

> Nature : ☐ 00
> Loisirs : 🍴 snack, pizzeria 🎦 hammam 🏋️ 🚲 🎯 ✆ 💉 🏊
> Services : ♿ ⚡ GB ♻️ M 🛒 🔧 @ 🏠 sèche-linge 🧺

Le Ruisseau ♣♣ – (location exclusive de mobile homes)
28 avr.-15 sept.
℘ 05 59 41 94 50, *francoise.dumont3@wanadoo.fr*,
Fax 05 59 41 95 73, *www.camping-le-ruisseau.fr* – empl. traditionnels également disponibles – **R** conseillée
15 ha/7 campables plat et en terrasses, herbeux
Location : 100 🚐 (4 à 6 pers.) 210 à 870 €/sem.
🚐 1 borne
Pour s'y rendre : 2 km à l'E par rte d'Arbonne, bord de l'Ouhabia et d'un ruisseau
À savoir : Bel espace aquatique

> Nature : ☐ 00
> Loisirs : 🍴 cafétéria, pizzeria 🎦 🏋️ 🏓 ♨️ jacuzzi 🚲 🎯 ✆ 🏊 💉 parcours de santé
> Services : ♿ ⚡ GB ♻️ ✆ 🏠 sèche-linge 🧺
> À prox. : 🚐

Pavillon Royal mi-mai-fin sept.
℘ 05 59 23 00 54, *info@pavillon-royal.com*,
Fax 05 59 23 44 47, *www.pavillon-royal.com* – **R** indispensable ✆
5 ha (303 empl.) plat et en terrasses, sablonneux, herbeux
Tarif : (Prix 2006) ★ ⇌ 🅴 41 € 🔌 (5A) – frais de réservation 25 €
🚐 1 borne
Pour s'y rendre : 2 km au N, av. Prince-de-Galles, bord de la plage
À savoir : Situation privilégiée entre golf, château et océan

> Nature : ⌇ ← ☐ ♀ ⚠
> Loisirs : 🍴 ✗ pizzeria 🎦 🏋️ 🏊
> Services : ♿ ⚡ 🅿 (tentes) GB ♻️ 🛒 🔧 @ 🧺 ✆ 🏠
> À prox. : 🎯 🏊 🐎 golf (18 trous), discothèque

151

Ur-Onea 7 avr.-15 sept.
℘ 05 59 26 53 61, *uronea@wanadoo.fr*, Fax 05 59 26 53 94,
www.uronea.com – **R** conseillée
5 ha (280 empl.) peu incliné et en terrasses, herbeux, sablonneux
Tarif : (Prix 2006) ★ ⇌ 🅴 23,50 € – 🔌 5 € – frais de réservation 25 €
Location (17 févr.-15 sept.) ✂️ : 49 🚐 (4 à 6 pers.) 220 à 695 €/sem. – 5 🏠 (4 à 6 pers.) 310 à 695 €/sem.
Pour s'y rendre : 0,3 km à l'E, rue de la Chapelle, à 500 m de la plage

> Nature : 00
> Loisirs : 🍴 pizzeria, snack 🎦 🏋️ 🏊
> Services : ♿ ⚡ GB ♻️ M 🛒 @ 🧺 ✆ 🏠 sèche-linge 🔧 cases réfrigérées, réfrigérateurs

Le Parc 1er juin-16 sept.
℘ 05 59 26 54 71, *info@camping-leparc.com*,
Fax 05 59 26 54 71, *www.camping-leparc.com* – **R** indispensable
3 ha (200 empl.) en terrasses, herbeux
Tarif : ★ ⇌ 🅴 23,50 € – frais de réservation 22 €
Location (15 mai-24 sept.) ✂️ : 16 🚐 (4 à 6 pers.) 250 à 550 €/sem. – pavillons
Pour s'y rendre : 1,2 km au S, à 400 m de la plage

> Nature : 00
> Loisirs : 🍴 🎦 🏋️ 🏊
> Services : ♿ ⚡ GB ♻️ M 🛒 🔧 🌿 @ 🏠

BIDART

Oyam déb. juin-fin sept.
    ℮ 05 59 54 91 61, *accueil@camping-oyam.com*,
Fax 05 59 54 91 61, *www.camping-oyam.com* – **R** conseillée
5 ha (230 empl.) plat, peu incliné, terrasses, herbeux
Tarif : (Prix 2006) 🚶 ⊠ 🅔 25 € – 🔌 (6A) 4 € – frais de
réservation 15 €
Location (déb. avr.-fin sept.) 🍂 (mi-juin-mi-sept.) :
50 🛖 (4 à 6 pers.) 230 à 658 €/sem. – 20 🏠 (4 à 6
pers.) 280 à 791 €/sem. – 14 appartements – bungalows
toilés
Pour s'y rendre : 1 km à l'E par rte d'Arbonne puis rte
à dr.

> Nature : 🛶 ⚲⚲(peupleraie)
> Loisirs : 🍴 snack 🎱 🏊 🎣
> Services : ♿ 🚰 🔧 🛒 🧺 🅐 🔥 🧹

BUNUS

✉ 64120 – **342** F5 – G. Pays Basque – 139 h. – alt. 186
Paris 820 – Bayonne 61 – Hasparren 38 – Mauléon-Licharre 22 – St-Jean-Pied-de-Port 21 – St-Palais 21.

Inxauseta 1er juil.-31 août
    ℮ 05 59 37 81 49, *inxauseta@laposte.net*,
Fax 05 59 37 81 49, *www.inxauseta.com* – **R** conseil-
lée
0,8 ha (40 empl.) peu incliné, terrasses, herbeux
Tarif : 🚶 ⊠ 🅔 6,80 € – 🔌 2,10 €
Pour s'y rendre : Au bourg, près de l'église
À savoir : Belles salles de détente dans une ancienne mai-
son basque rénovée

> Nature : ⛰ ≤ ⚲⚲
> Loisirs : 🎱
> Services : 🚰 🔧 🅐

CAMBO-LES-BAINS

✉ 64250 – **342** D4 – G. Pays Basque – 4 416 h. – alt. 67 – ♨ (fin février-mi déc.)
🛈 *Syndicat d'initiative, avenue de la Mairie* ℮ 05 59 29 70 25, Fax 05 59 29 90 77
Paris 783 – Bayonne 20 – Biarritz 21 – Pau 115 – St-Jean-de-Luz 31 – St-Jean-Pied-de-Port 35 –
San Sebastian 62.

Bixta eder 15 avr.-15 oct.
    ℮ 05 59 29 94 23, *camping.bixtaeder@wanadoo.fr*,
Fax 05 59 29 23 70, *www.camping-bixtaeder.com*
– **R** conseillée
1 ha (90 empl.) plat et peu incliné, herbeux, gravier
Tarif : 🚶 ⊡ 🅔 14,30 € – 🔌 (10A) 4 €
Pour s'y rendre : 1,3 km au SO par D 918, rte de St-Jean-
de-Luz

> Nature : 🛶 ⚲⚲
> Loisirs : 🎱
> Services : ♿ 🚰 (juin-sept.) 🆖 🔧
> 🅕 🛒 🐾 🅐 sèche-linge
> À prox. : 🍴 🏊

ESLOURENTIES-DABAN

✉ 64420 – **342** L5 – G. Pays Basque – 193 h. – alt. 385
Paris 776 – Aire-sur-l'Adour 54 – Auch 59 – Mirande 59 – Pau 27 – Tarbes 24.

Municipal les Noisetiers juin-sept.
    ℮ 05 59 04 15 84, *camping-eslou@wanadoo.fr*,
Fax 05 59 04 15 84 – **R** conseillée
1 ha (20 empl.) plat, herbeux
Tarif : (Prix 2006) 🚶 3 € ⊠ 🅔 5 € – 🔌 2,50 €
Pour s'y rendre : Au Nord-Ouest du bourg

> Nature : 🛶 ⚲⚲
> Loisirs : 🎱 🍴
> Services : ♿ 🚰 🔧 🅐
> À prox. : 🐎

Pour choisir et suivre un itinéraire
Pour calculer un kilométrage
Pour situer exactement un terrain (en fonction des
indications fournies dans le texte) :
*Utilisez les **cartes MICHELIN** détaillées à 1/150 000,*
compléments indispensables de cet ouvrage.

152

HASPARREN

✉ 64240 – **342** E4 – G. Pays Basque – 5 477 h. – alt. 50

🏢 *Office de tourisme, 2, place Saint-Jean* ✆ *05 59 29 62 02, Fax 05 59 29 13 80*
Paris 783 – Bayonne 24 – Biarritz 34 – Cambo-les-Bains 9 – Pau 106.

⚠ **Chapital** 15 mai-sept.
✆ 05 59 29 62 94, Fax 05 59 29 69 71 – **R** conseillée
2,5 ha (138 empl.) plat, en terrasses, peu incliné, herbeux
Tarif : ✳ 4,05 € ⛺ 1,15 € 🔲 5,55 € – ⚡ (10A) 3,65 €
Location : 5 🏠 (4 à 6 pers.) 198 à 548 €/sem. – 3 studios
Pour s'y rendre : 0,5 km à l'O par D 22 rte de Cambo-les-Bains

Nature : 🌳🌳	
Loisirs : 🎱	
Services : ❤ ⚲ (juil.-août) 🚿 🗑 ⊛	
📞 📶	
À prox. : 🛒	

HENDAYE

✉ 64700 – **342** B4 – G. Pays Basque – 12 596 h. – alt. 30

🏢 *Office de tourisme, 12, rue des Aubépines* ✆ *05 59 20 00 34, Fax 05 59 20 79 17*
Paris 799 – Biarritz 31 – Pau 143 – St-Jean-de-Luz 12 – San Sebastion 21.

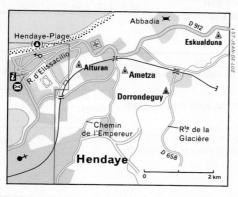

à la Plage N : 1 km

🔺🔺🔺 **Ametza** juin-sept.
✆ 05 59 20 07 05, *ametza@neuf.fr*, Fax 05 59 20 32 16 – **R**
indispensable
4,5 ha (300 empl.) en terrasses, plat, peu incliné, herbeux
Tarif : ✳ ⛺ 🔲 21,50 € – ⚡ (6A) 3,90 € – frais de réservation 12 €
Location (28 avr.-29 sept.) : 30 � (4 à 6 pers.) 290 à 700 €/sem. – 6 🏠 (4 à 6 pers.) 360 à 660 €/sem.
Pour s'y rendre : 1 km à l'E, rue de l'Empereur

Nature : 🌳🌳(peupleraie)	
Loisirs : 🍽 snack 🎱 🔥 🛶 🏓	
🏊	
Services : ❤ ⚲ GB 🚿 🗑 🔥 ⊛ 🔲	
sèche-linge 🔲 🛒	

🔺🔺 **Eskualduna** 15 juin-sept.
✆ 05 59 20 04 64, *contact@camping-eskualduna.fr*,
Fax 05 59 20 69 28, *www.camping-eskualduna.fr*
– **R** conseillée
10 ha (285 empl.) plat, incliné et en terrasses, herbeux
Tarif : (Prix 2006) ✳ 5 € ⛺ 5 € 🔲 5 € – ⚡ (6A) 5 € – frais de réservation 20 €
Location (mai-oct.) : 50 � (4 à 6 pers.) 200 à 680 €/sem.
Pour s'y rendre : 2 km à l'E, bord d'un ruisseau

Nature : 🌳🌳🌳	
Loisirs : 🍽 snack 🎱 🚿 🔥 🛶 🏊	
Services : ⚲ GB 🚿 🗑 🔥 ⊛ 🔲 ↝	
📞 📶 🔲 🛒 réfrigérateurs	
À prox. : navettes gratuites pour les plages	

🔺🔺🔺 **La Corniche**
✆ 05 59 20 06 87, *campingdelacorniche@wanadoo.fr*,
Fax 05 59 20 06 87, *www.camping-corniche.com*
– **R** conseillée
5 ha (268 empl.) en terrasses, plat et peu incliné, herbeux, bois attenant
Location ✂ : 5 �
Pour s'y rendre : 3 km au NE par D 912 et chemin à dr. (hors schéma)

Nature : 🏞 🌳🌳	
Loisirs : 🍽 snack, pizzeria 🎱 🛶	
🏓 🏊	
Services : ❤ ⚲ 🗑 🔥 🔥 ⊛ 🔲	
sèche-linge 🛒	

153

HENDAYE

Dorrondeguy 1er avr.-1er nov.
    ℘ 05 59 20 26 16, *camping.dorrondeguy@wanadoo.fr*,
Fax 05 59 20 26 16, *www.camping-dorrondeguy.com*
– **R** conseillée
4 ha (120 empl.) terrasse, plat, peu incliné, herbeux
Tarif : ⋆ 5 € – ⇔ 2,50 € – 回 10 € – (2) 3,60 € – frais de réservation 15 €
Location (permanent) ⋘ : 23 ⊞ (4 à 6 pers.) 220 à 630 €/sem. – 5 ⌂ (4 à 6 pers.) 270 à 630 €/sem. – bungalows toilés
Pour s'y rendre : 5 km au NE par D 912 et D 658 à dr., rte de la Glaciére

Nature : ⟋ ▭ 00
Loisirs : ▼ ⌷ ⇆ ⊐ fronton pelote basque
Services : ⅃ ⌒ GB ⌯ ⊡ ⊗ ⓔ ⊠ ⊴

Alturan juin-sept.
    ℘ 05 59 20 04 55, *www.camping-alturan.com* – **R**
4 ha (299 empl.) en terrasses, herbeux
Tarif : ⋆ ⇔ 回 22,50 € – (2) (10A) 3,90 €
Pour s'y rendre : Rue de la Côte, à 100 m de la plage

Nature : 00
Loisirs : ▼ snack ⇆
Services : ⌒ ⓟ (tentes) GB ⌯
⊠ ⊗ ⊽ ⊡ ⊴ ⊴

IHOLDY

✉ 64640 – **342** E5 – G. Pays Basque – 412 h. – alt. 135
Paris 800 – Bayonne 41 – Cambo-les-Bains 26 – Hasparren 18 – St-Jean-Pied-de-Port 22 – St-Palais 19.

Municipal Ur-Alde avr.-oct.
    ℘ 05 59 37 71 34, Fax 05 59 37 71 34, *www.camping-iholdi*
– **R** conseillée ⋘
1,5 ha (47 empl.) plat et peu incliné, herbeux
Tarif : ⋆ ⇔ 回 12 € – (2) (5A) 2,20 €
Pour s'y rendre : Sortie E, rte de St-Palais et chemin à dr., bord d'un plan d'eau

Nature : ⟋ 00
Loisirs : ⟍
Services : ⌒ GB ⌯ ⊗ ⊴

ITXASSOU

✉ 64250 – **342** D5 – G. Pays Basque – 1 770 h. – alt. 39
Paris 787 – Bayonne 24 – Biarritz 25 – Cambo-les-Bains 5 – Pau 119 – St-Jean-de-Luz 34 – St-Jean-Pied-de-Port 32.

Hiriberria 15 fév.-15 déc.
    ℘ 05 59 29 98 09, *hiriberria@wanadoo.fr*,
Fax 05 59 29 20 88, *www.hiriberria.com* – **R** conseillée
4 ha (228 empl.) plat, en terrasses, peu incliné, herbeux
Tarif : ⋆ ⇔ 回 10,75 € – (2) 2,50 €
Location : 15 ⊞ (4 à 6 pers.) 195 à 465 €/sem. – 10 ⌂ (4 à 6 pers.) 250 à 555 €/sem.
⊟ 1 borne
Pour s'y rendre : 1 km au NO par D 918, rte de Cambo-les-Bains et chemin à dr.
À savoir : joli petit village de chalets

Nature : ⟨ ▭ 00(peupleraie)
Loisirs : ⇆ ⇆ ⊐
Services : ⅃ ⌒ GB ⌯ ▥ ⊡ ⊴ ⊗
⊴ ⊽ ⊛ ⊠

LAÀS

✉ 64390 – **342** G4 – G. Aquitaine – 125 h. – alt. 75
Paris 789 – Oloron-Ste-Marie 33 – Orthez 19 – Pau 54 – St-Jean-Pied-de-Port 55 – Sauveterre-de-Béarn 9.

St-Jacques Permanent
    ℘ 05 59 38 59 62, *jean-pierre.biensan@wanadoo.fr*,
Fax 05 59 66 19 45, *http://www.arts-vacances.com*
– **R** conseillée
1 ha (20 empl.) plat, herbeux
Tarif : ⋆ ⇔ 回 10,50 € – (2) (16A)
⊟ 1 borne 3 €
Pour s'y rendre : À l'Ouest du bourg
À savoir : Ensemble soigné et très verdoyant

Nature : ⟋ ▭ 0
Loisirs : ⇆ ⊠
Services : ⅃ ⌒ ⌯ ⊡ ⊗ ⊠

LARRAU

✉ 64560 – **342** G4 – G. Pays Basque – 214 h. – alt. 636
Paris 840 – Bordeaux 254 – Pamplona 110 – Donostia-San Sebastián 142 – Pau 74.

Les Chalets d'Iraty (location exclusive de chalets)
Permanent
   ☎ 05 59 28 51 29, info@chalets-pays-basque.com,
Fax 05 59 28 72 38, www.chalets-pays-basque.com –
alt. 1 327 – **R** conseillée
2 000 ha/4 campables plat, incliné, herbeux, pierreux
Location Ⓟ (hiver) : 40 ⌂ (4 à 6 pers.) 280 à
700 €/sem.
Pour s'y rendre : 11 km à l'O par D 19, rte d'Iraty, au Col
Bagargui
À savoir : implantés dans la forêt d'Iraty

> Nature : ⌇ ᴏᴏ
> Loisirs : 🍸 ✕ 🚲 ✀
> Services : ⚬━ GB ᶜᴠ ▥ 📷 🗑 🛒
> À prox. : ⌇ 🐴 ski de fond

Camping d'Iraty 1ᵉʳ juin-30 oct.
   ☎ 05 59 28 51 29, info@chalets-pays-basque.com,
Fax 05 59 28 72 38, www.chalets-pays-basque.com –
alt. 1 000 – **R** conseillée
5 ha (70 empl.) non clos, plat, incliné, herbeux, pierreux
Tarif : (Prix 2006) ⭐ 2,60 € ⛺ 1,70 € 🅔 4,15 € –
⚡ (10A) 2,30 €
Location (permanent) : 4 ⌂ (4 à 6 pers.) 330 à
581 €/sem.
Pour s'y rendre : 13 km à l'O par D 19, rte d'Iraty
À savoir : Dans la fôret d'Iraty GR 10

> Nature : ⌇ ᴏᴏ
> Loisirs : ⌇
> Services : ⚬━ GB ᶜᴠ 🗑 ☺ 🛒

We recommend that you consult the up to date price list posted at the entrance of the site.
Inquire about possible restrictions.
The information in this Guide may have been modified since going to press.

155

LARUNS

✉ 64440 – **342** J7 – G. Aquitaine – 1 425 h. – alt. 523
🛈 Office de tourisme, Maison de la Vallée d'Ossau ☎ 05 59 05 31 41, Fax 05 59 05 35 49
Paris 811 – Argelès-Gazost 49 – Lourdes 51 – Oloron-Ste-Marie 34 – Pau 39.

Les Gaves Permanent
   ☎ 05 59 05 32 37, campingdesgaves@wanadoo.fr,
Fax 05 59 05 47 14, www.campingdesgaves.com – places limitées pour le passage – **R** conseillée
2,4 ha (101 empl.) plat, herbeux, gravier
Tarif : (Prix 2006) ⭐ ⛺ 🅔 13,30 € – ⚡ (10A) 7,30 € – frais
de réservation 17 €
Location Ⓟ (chalets) : 6 ⌂ (4 à 6 pers.) 301 à
588 €/sem. – 5 ⌂ (4 à 6 pers.) 336 à 651 €/sem. – 5
appartements – gîtes
Pour s'y rendre : 1,5 km au SE par rte du col d'Aubisque et
chemin à gauche, bord du Gave d'Ossau

> Nature : ❄ ⌇ ≤ 🏞 ᴏᴏ
> Loisirs : 🍸 🏠 ♨
> Services : ⚬━ GB ᶜᴠ ▥ ☺ 🛒 🗑 📷

LESCUN

✉ 64490 – **342** I7 – G. Aquitaine – 203 h. – alt. 900
Paris 846 – Lourdes 89 – Oloron-Ste-Marie 37 – Pau 70.

Le Lauzart 30 avr.-15 sept.
   ☎ 05 59 34 51 77, campinglauzart@wanadoo.fr,
Fax 559345177 – **R** indispensable
1 ha (50 empl.) plat et peu incliné, en terrasses, pierreux,
herbeux
Tarif : ⭐ 2,50 € ⛺ 1,20 € 🅔 4 € – ⚡ (10A) 2,80 €
🚐 1 borne 5 € – 22 🅔
Pour s'y rendre : SO : 1,5 km par D 340
À savoir : Cadre sauvage et montagnard

> Nature : ⌇ ≤ ♀
> Services : ♿ ⚬━ ᶜᴠ ▥ 🛒 ⌇ ☺ 📷 🗑

LESTELLE-BÉTHARRAM

✉ 64800 – **342** K6 – G. Aquitaine – 786 h. – alt. 299

🚹 *Office de tourisme, Mairie* 📞 05 59 61 93 59, Fax 05 59 91 99 19

Paris 801 – Laruns 35 – Lourdes 17 – Pau 28.

Le Saillet mi-juin-mi-sept.
📞 05 59 71 98 65, info@tempslibre-vacances.com,
Fax 05 59 71 98 65, www.tempslibre-vacances.com
– **R** conseillée
4 ha (90 empl.) plat, herbeux
Tarif : (Prix 2006) 👤 🚗 🔲 13,30 € 🔌 (5A)
Location (permanent) : 🏠 (4 à 6 pers.) 250 à
627 €/sem.
Pour s'y rendre : au bourg, au bord du Gave de Pau

> Nature : 🌳 🏕 ♨♨
> Services : 🔥 ⚡ 🅒 🗂 ④ 🔋
> À prox. : 🚣 ⛵ 🛶 🏇 sports en eaux vives

MAULÉON-LICHARRE

✉ 64130 – **342** G5 – G. Pays Basque – 3 347 h. – alt. 140

🚹 *Office de tourisme, 10, rue Doct Jean-Baptiste Heugas* 📞 05 59 28 02 37, Fax 05 59 28 02 21

Paris 802 – Oloron-Ste-Marie 31 – Orthez 39 – Pau 60 – St-Jean-Pied-de-Port 40 – Sauveterre-de-Béarn 25.

Uhaitza le Saison mars-15 nov.
📞 05 59 28 18 79, camping.uhaitza@wanadoo.fr,
Fax 05 59 28 06 23, www.camping.uhaitza.com – **R** conseillée
1 ha (50 empl.) plat, herbeux
Tarif : 👤 4,30 € 🚗 2,60 € 🔲 4,70 € – 🔌 (10A) 4,70 € – frais
de réservation 5 €
Location (permanent) 🏕 : 2 🏠 (4 à 6 pers.) 245 à
495 €/sem. – 5 🏠 (4 à 6 pers.) 280 à 535 €/sem.
🚐 1 borne
Pour s'y rendre : 1,5 km au S par D 918 rte de Tardets-
Sorholus, bord du Saison

> Nature : 🌳 🏕 ♨♨
> Loisirs : 🍽 🏠 🏇 ≈ 🎣
> Services : 🔥 ⚡ 🅒 🗂 🌀 ♨ ④ ♨
> 🚐 🔋

Aire Naturelle la Ferme Landran 8 avr.-30 sept.
📞 05 59 28 19 55, landran@wanadoo.fr, Fax 05 59 28 23 20,
www.gites64.com/la-ferme-landran – **R** conseillée
1 ha (25 empl.) incliné et en terrasses, herbeux
Tarif : 👤 🚗 🔲 11,30 € 🔌 (6A)
Location (permanent) 🏕 : 2 🏠 (4 à 6 pers.) 220 à
310 €/sem. – gîte d'étape
Pour s'y rendre : 4,5 km au SO par D 918, rte de St-Jean-
Pied-de-Port puis 1,5 km par chemin de Lambarre à dr.
À savoir : Camping à la ferme

> Nature : 🏕 ≤ 💧
> Loisirs : 🏠 🏇
> Services : 🔥 🅒 🗂 ④ 🔋

MONTORY

✉ 64470 – **342** H4 – 349 h. – alt. 350

Paris 827 – Bordeaux 241 – Pamplona 121 – Pau 56 – Irun / Irún 125.

Les Chalets de Soule (location exclusive de mobile
homes) Permanent
📞 05 59 28 53 28, leschaletsdesoule@wanadoo.fr,
www.leschaletsdesoule.com – **R** conseillée
2 ha plat, herbeux
Location 🅿 : 15 🏠 (4 à 6 pers.) 210 à 450 €/sem.
Pour s'y rendre : 15 km au SE par D 26, rte de Tardets et
D 918 rte d'Oloron-Ste-Marie

> Nature : 🌳 🏕 ♨♨
> Loisirs : 🏇 ♒
> Services : ⚡ 🅒 🎽 ☎ ④ 🔋
> À prox. : 🍴 quad

NAVARRENX

⊠ 64190 – **342** H5 – G. Aquitaine – 1 133 h. – alt. 125

⊡ *Office de tourisme, place des Casernes* ℘ 05 59 66 54 80, Fax 05 59 66 54 80

Paris 787 – Oloron-Ste-Marie 23 – Orthez 22 – Pau 43 – St-Jean-Pied-de-Port 62 – Sauveterre-de-Béarn 22.

⚠ **Beau Rivage** mi-mars-mi-oct.
℘ 05 59 66 10 00, *curtisrw@free.fr, www.beaucam ping.com* – **R** conseillée
2 ha (60 empl.) plat, en terrasses, herbeux
Tarif : ⚡ ⇔ 🔲 12,50 € – ⚡ (8A) 3,50 €
Location 🏕 : chalets (sans sanitaires)
Pour s'y rendre : à l'O du bourg, entre le Gave d'Oloron et les remparts du village

Nature : ← ☐ ♀
Loisirs : 🏖
Services : ⚐ ⟲ GB ⟲ ▥ 📷 ⊕ 🔲
À prox. : ✗ 🛶 ⟲

OLORON-STE-MARIE

⊠ 64400 – **342** I5 – G. Aquitaine – 10 992 h. – alt. 224

⊡ *Office de tourisme, allée du Comte de Tréville* ℘ 05 59 39 98 00

Paris 809 – Bayonne 105 – Dax 83 – Lourdes 58 – Mont-de-Marsan 101 – Pau 34.

⚠ **Le Stade** 1ᵉʳ avr.-30 sept.
℘ 05 59 39 11 26, *camping-du-stade@wanadoo.fr,*
Fax 05 59 39 11 26, *www.camping-du-stade.com*
– **R** conseillée
5 ha (170 empl.) plat, herbeux
Tarif : ⚡ ⇔ 🔲 12 € – ⚡ 5,50 € – frais de réservation 10 €
Location (permanent) : 11 🏠 (4 à 6 pers.) 260 à 470 €/sem.
🚐 1 borne 4 €
Pour s'y rendre : 4,5 km au S, dir. Saragosse, chemin la Gravette

Nature : 🌳 ♀
Loisirs : 🍸 🎣 🏖
Services : ⚐ ⟲ ⟲ ▥ 📷 ⊕ 🛶 ⟲ ℘
🔲
À prox. : 🏊 snack ✗ 🎣 🛶 🛶 🛶

157

ORTHEZ

⊠ 64300 – **342** H4 – G. Aquitaine – 10 121 h. – alt. 55 – Base de loisirs

⊡ *Office de tourisme, rue Bourg-Vieux* ℘ 05 59 69 12 00, Fax 05 59 69 12 00

Paris 765 – Bayonne 74 – Dax 39 – Mont-de-Marsan 57 – Pau 47.

⚠ **La Source** 1ᵉʳ avr.-31 oct.
℘ 05 59 67 04 81, *jeanmariejeanmarie@wanadoo.fr,*
Fax 05 59 67 02 38, *www.camping-orthez.com* – **R** conseil-
lée
2 ha (31 empl.) plat, en terrasses, herbeux
Tarif : ⚡ 2,70 € ⇔ 2 € 🔲 6 € – ⚡ (10A) 2,70 € – frais de réservation 5 €
Location (1ᵉʳ avr.-1ᵉʳ oct.) : 5 🏠 (4 à 6 pers.) 260 à 490 €/sem.
Pour s'y rendre : 1,5 km à l'E de la ville sur la rte reliant N 117 (accès conseillé) et D 933, bord d'un ruisseau

Nature : ♀
Loisirs : 🏖
Services : ⚐ ⟲ ⟲ ⊕ 🛶 🔲
À prox. : 🎣

OSSÈS

⊠ 64780 – **342** E5 – G. Pays Basque – 694 h. – alt. 102

Paris 805 – Biarritz 43 – Cambo-les-Bains 23 – Pau 129 – St-Étienne-de-Baïgorry 10 – St-Jean-Pied-de-Port 14.

⚠ **Aire Naturelle Mendikoa** 15 juin-15 sept.
℘ 05 59 37 73 67, Fax 05 59 37 70 29, *www.campingmendi koa.com* – croisement difficile pour caravanes – **R** conseillée
1 ha (25 empl.) plat, peu incliné, herbeux
Tarif : ⚡ ⇔ 🔲 9 € – ⚡ (3A) 2 €
Pour s'y rendre : sortie S par D 918, rte de St-Jean-Pied-de-Port puis 1,7 km par chemin à gauche
À savoir : sur les terres d'une ferme

Nature : 🌳 ← ♀♀
Loisirs : 🎣
Services : ⟲ ⟲ ⊕

ST-ÉTIENNE-DE-BAIGORRY

✉ 64430 – **342** D5 – G. Pays Basque – 1 525 h. – alt. 163

🛈 Office de tourisme, place de l'Église ℘ 05 59 37 47 28, Fax 05 59 37 49 58

Paris 813 – Biarritz 51 – Cambo-les-Bains 31 – Iruëa/Pamplona 72 – Pau 116 – St-Jean-Pied-de-Port 11.

△ **Municipal l'Irouleguy** mars-mi-déc.
℘ 05 59 37 43 96, Fax 05 59 37 48 20 – **R** indispensable
1,5 ha (67 empl.) plat, herbeux
Tarif : (Prix 2006) ★ 2,50 € ⇐ 🅔 2,50 € – 🔌 2,50 €
Pour s'y rendre : sortie NE par D 15, rte de St-Jean-Pied-de-Port et chemin à gauche devant la piscine, bord de la Nive
À savoir : cadre verdoyant bordé par la rivière

> Nature : ≤ 🔾🔾
> Services : 🕭 ⚬━ ⚊ 🗓 ☺
> À prox. : 🛒 🍴 snack ✖ 🏊

ST-JEAN-DE-LUZ

✉ 64500 – **342** C4 – G. Pays Basque – 13 247 h. – alt. 3

🛈 Office de tourisme, place du Maréchal Foch ℘ 05 59 26 03 16, Fax 05 59 26 21 47

Paris 785 – Bayonne 24 – Biarritz 18 – Pau 129 – San Sebastian 31.

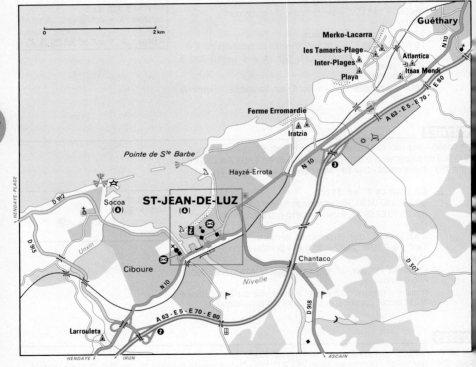

△△ **Itsas Mendi** 1er avr.-30 nov.
℘ 05 59 26 56 50, *itsas@wanadoo.fr*, Fax 05 59 26 54 44,
www.itsas-mendi.com – **R** conseillée
8,5 ha (472 empl.) en terrasses et incliné, herbeux
Tarif : ★ ⇐ 🅔 28,70 € 🔌 (10A) – frais de réservation 10 €
Location 🛖 : 40 🚐 (4 à 6 pers.) 200 à 720 €/sem.
🚐 1 borne
Pour s'y rendre : 5 km au NE, à 500 m de la plage
À savoir : bel espace aquatique

> Nature : 🔾🔾
> Loisirs : 🍴 ✖ 🎮 🎠 ⚓ jacuzzi 🏄
> 🚴 ✖ 🏊 🏛 ecole de surf
> Services : 🕭 ⚬━ ⊟ ⚊ 🗓 ⚌ ⊛ ☺
> 🍴 🍴 cases réfrigérées

ST-JEAN-DE-LUZ

Atlantica ♣♣ – 1er avr.-30 sept.
℘ 05 59 47 72 44, *info@campingatlantica.com*,
Fax 05 59 54 72 27, *www.camping.atlantica.com*
– **R** conseillée
3,5 ha (200 empl.) plat, en terrasses, herbeux
Tarif : ♣ 📷 📧 6 € – 🔌 (6A) 4,20 € – frais de réservation 25 €
Location 🏠 : 58 🚐 (4 à 6 pers.) 260 à 685 €/sem. – 3 🏠 (4 à 6 pers.) 330 à 780 €/sem.
🚐 1 borne
Pour s'y rendre : 5 km au NE, à 500 m de la plage
À savoir : décoration arbustive et florale

Nature : 🗻 🎧
Loisirs : 🍹 snack 🎬 🎲 diurne 🎯 🛶 🏇 🏊 terrain omnisports
Services : 🚿 🔌 GB 🚗 🍽 🛒 ♨ ☺ ⚱ 🧺 🛢 🚮 cases réfrigérées

Inter-Plages avr.-sept.
℘ 05 59 26 56 94, *www.campinginterplages.com* – **R**
2,5 ha (100 empl.) plat, incliné, herbeux
Tarif : (Prix 2006) ♣ 📷 📧 24 € – 🔌 (10A) 5 €
Location 🏠 : 20 🚐 (4 à 6 pers.) 300 à 580 €/sem. – 5 🏠 (4 à 6 pers.) 340 à 625 €/sem.
🚐 1 borne 4,50 € – 1 📧
Pour s'y rendre : 5 km au NE, quartier Acotz, à 150 m de la plage (accès direct)
À savoir : belle situation surplombant l'océan

Nature : 🏖 ≤ 🗻 🎧
Loisirs : 🎬 🏇 🏊 🏊
Services : 🚿 🔌 🚗 🛒 🍽 ♨ ☺ ⚱ 🧺 🛒
À prox. : 🏊 🍹 🍴 snack 🚮 🏇 école de surf

La Ferme Erromardie 15 mars-15 oct.
℘ 05 59 26 34 26, *contact@camping-erromardie.com*,
Fax 05 59 51 26 02, *www.camping-erromardie.com* – **R** indispensable
2 ha (176 empl.) plat, herbeux
Tarif : ♣ 📷 📧 21 € – 🔌 (6A) 3,60 € – frais de réservation 15 €
Location : 15 🚐 (4 à 6 pers.) 250 à 650 €/sem.
Pour s'y rendre : 1,8 km au NE, près de la plage

Nature : 🗻 🎧
Loisirs : 🍹 snack 🎬
Services : 🚿 🔌 GB 🚗 🛒 ♨ 🌿 ☺ 🛒 🚮 🚮

159

Les Tamaris-Plage ♣♣ – 1er avr.-30 sept.
℘ 05 59 26 55 90, *tamaris1@wanadoo.fr*,
Fax 05 59 47 70 15, *www.tamaris-plage.com* – **R** conseillée
1,5 ha (79 empl.) plat et peu incliné, herbeux
Tarif : ♣ 📷 📧 26 € – 🔌 3 € – frais de réservation 20 €
Location : 30 🚐 (4 à 6 pers.) 240 à 680 €/sem.
Pour s'y rendre : 5 km au NE, à 80 m de la plage

Nature : 🗻 🎧
Loisirs : 🎬 🎯 🏊
Services : 🚿 🔌 GB 🚗 M 🛒 ♨ ☺ 🛒
À prox. : 🏊 🍹 🍴 snack 🚮 🏇 école de surf

Merko-Lacarra 31 mars-30 oct.
℘ 05 59 26 56 76, *contact@merkolacarra.com*,
Fax 05 59 54 73 81, *www.merkolacarra.com* – **R** conseillée
2 ha (128 empl.) plat, peu incliné à incliné, herbeux
Tarif : ♣ 6 € 📷 2 📧 26 € – 🔌 (16A) 4 € – frais de réservation 15,30 €
Location 🏠 : 16 🚐 (4 à 6 pers.) 252 à 710 €/sem.
🚐 1 borne 6 €
Pour s'y rendre : 5 km au NE, à 150 m de la plage

Loisirs : 🎬 🏊
Services : 🚿 🔌 GB 🚗 🛒 🌿 ☺ 🛒
À prox. : 🏊 🍹 🍴 🚮 🏇 école de surf

Playa avr.-15 nov.
℘ 05 59 26 55 85, Fax 05 59 26 55 85, *www.camping-playa.com* – **R**
2,5 ha (100 empl.) plat, en terrasses, herbeux, incliné
Tarif : ♣ 📷 📧 22 € – 🔌 (6A) 3 €
Location : 20 🚐 (4 à 6 pers.) 350 à 600 €/sem.
Pour s'y rendre : 5 km au NE, bord de plage
À savoir : à la pointe de la crique, offre une vue imprenable sur l'océan

Nature : 🏖 ≤ 🗻
Loisirs : 🍹 🎬
Services : 🚿 🔌 GB 🚗 🛒 ☺ 🛒 🚮
À prox. : 🏊 🍴 snack 🏇

Iratzia
℘ 05 59 26 14 89, Fax 05 59 26 69 69 – **R**
4,2 ha (280 empl.) plat, peu incliné et en terrasses, herbeux
Pour s'y rendre : 1,5 km au NE, à 300 m de la plage

Nature : 🎧
Loisirs : 🍹 🏊
Services : 🚿 🔌 🛒 🌿 ☺ 🛒 🚮 🚮

ST-JEAN-PIED-DE-PORT

✉ 64220 – **342** E6 – G. Pays Basque – 1 417 h. – alt. 159

🏢 Office de tourisme, 14, place Charles-de-Gaulle 🖉 05 59 37 03 57, Fax 05 59 37 34 91

Paris 817 – Bayonne 54 – Biarritz 55 – Dax 105 – Oloron-Ste-Marie 70 – Pau 106 – San Sebastian 96.

Europ'Camping déb. avr.-sept.
🖉 05 59 37 12 78, europcamping64@orange.fr,
Fax 05 59 37 29 82, www.europ-camping.com – **R** conseillée
2 ha (110 empl.) peu incliné, plat, herbeux
Tarif : (Prix 2006) 🏕 🚙 🔲 13,40 € – [½] 4 € – frais de
réservation 22 €
Location 🛖 : 27 ⌂⌂⌂ (4 à 6 pers.) 230 à 620 €/sem.
⌂⌂⌂ 1 borne 6 €
Pour s'y rendre : 2 km au NO par D 918 rte de Bayonne et
chemin à gauche, à Ascarat
À savoir : location à la nuitée sauf en saison

> Nature : 🌄 ≤ 🌲🌲
> Loisirs : 🍴 snack 🍽 ♨ 🏊
> Services : 🔧 🚿 GB 🛒 📷 🌐 🏧 ☕
> 📷 🍽
> À prox. : 🎣

Narbaïtz mi-mars-fin sept.
🖉 05 59 37 10 13, camping-narbaitz@wanadoo.fr,
Fax 05 59 37 21 42, www.camping-narbaitz.com
– **R** conseillée
2,5 ha (133 empl.) plat et peu incliné, herbeux
Tarif : (Prix 2006) 🏕 🚙 🔲 21 € – frais de réservation 18 €
Location 🛖 : 12 ⌂⌂⌂ (4 à 6 pers.) 190 à 520 €/sem.
Pour s'y rendre : 2,5 km au NO par D 918 rte de Bayonne
et à gauche, rte de Ascarat, bord d'un ruisseau et à 50 m
de la Nive

> Nature : ≤ 🌲🌲
> Loisirs : 🍽 🏇 🏊
> Services : 🔧 🚿 GB 🛒 📷 🌐 🏧
> 📷 🍽
> À prox. : 🎣

Raadpleeg, voordat U zich op een kampeerterrein installeert,
de tarieven die de beheerder verplicht
is bij de ingang van het terrein aan te geven.
Informeer ook naar de speciale verblijfsvoorwaarden.
De in deze gids vermelde gegevens kunnen
sinds het verschijnen van deze heredite gewijzigd zijn.

ST-PÉE-SUR-NIVELLE

✉ 64310 – **342** C4 – G. Pays Basque – 4 331 h. – alt. 30

🏢 Office de tourisme, place du Fronton 🖉 05 59 54 11 69

Paris 785 – Bayonne 22 – Biarritz 17 – Cambo-les-Bains 17 – Pau 129 – St-Jean-de-Luz 14.

Goyetchea 4 juin-17 sept.
🖉 05 59 54 19 59, info@camping-goyetchea.com,
www.camping-goyetchea.com – **R** conseillée
3 ha (140 empl.) plat et peu incliné, herbeux
Tarif : 🏕 4,20 € 🚙 2,10 € 🔲 8 € – [½] 3,50 € – frais de
réservation 11 €
Location (14 avr.-29 sept.) 🛖 : 40 ⌂⌂⌂
Pour s'y rendre : 3,8 km à l'O de St-Pée-sur-Nivelle par
D 918 et D 855, rte d'Ahetze à Ibarron

> Nature : 🌄 ≤ 🌲🌲
> Loisirs : 🍽 🏇 🏊
> Services : 🔧 🚿 GB 🛒 📷 🌐 🏧 📷
> sèche-linge 🍽

L'Ibarron 1er mai-30 sept.
🖉 05 59 54 10 43, camping.dibarron@wanadoo.fr,
Fax 05 59 54 51 95, www.camping-ibarron.com – **R** conseillée
2,9 ha (194 empl.) plat, herbeux
Tarif : 🏕 🚙 🔲 13,90 € [½] (6A)
Location (22 avr.-30 sept.) 🛖 : 19 ⌂⌂⌂ (4 à 6 pers.) 220
à 570 €/sem.
⌂⌂⌂ 1 borne 4 € – 6 🔲
Pour s'y rendre : 3 km à l'O de St-Pée-sur-Nivelle, par
D 918, à Ibarron

> Nature : 🌲🌲
> Loisirs : 🍽 🏇 🏊
> Services : 🔧 🚿 🛒 📷 🌐 📞 📷
> À prox. : 🛒 🍴 ✖ 🍽 🚴

SALIES-DE-BÉARN

✉ 64270 – **342** G4 – G. Aquitaine – 4 759 h. – alt. 50 – ⚓
🛈 *Office de tourisme, rue des Bains* ☎ 05 59 38 00 33
Paris 762 – Bayonne 60 – Dax 36 – Orthez 17 – Pau 64 – Peyrehorade 26.

△ **Municipal de Mosqueros**
☎ 05 59 38 12 94, *mairie.salies@wanadoo.fr* – **R** conseillée
0,7 ha (67 empl.) plat, en terrasses, herbeux
🚐 6 🄴
Pour s'y rendre : sortie O par D 17, rte de Bayonne
À savoir : à la base de plein air

> Nature : 🌳 ᎧᎧ
> Loisirs : 🏠
> Services : 🔥 ⛶ 🏪 ♨ ⊛ 🏧 🚱 📷
> À prox. : ✂ 🏊

SARE

✉ 64310 – **342** C5 – G. Pays Basque – 2 184 h. – alt. 70
🛈 *Office de tourisme, Herriko Etxea* ☎ 05 59 54 20 14
Paris 794 – Biarritz 26 – Cambo-les-Bains 19 – Pau 138 – St-Jean-de-Luz 14 – St-Pée-sur-Nivelle 9.

⛰ **La Petite Rhune** 1er mai-30 sept.
☎ 05 59 54 23 97, *la-petite-rhune@wanadoo.fr*,
Fax 05 59 54 23 42, *www.gites64.com/la-petite-rhune* –
places limitées pour le passage – **R** conseillée
1,5 ha (56 empl.) peu incliné, herbeux
Tarif : 🏃 ⛺ 🄴 11,50 € – 🔌 (10A) 3,60 € – frais de réservation 10 €
Location (permanent) 🏠 (1er juil.-31 août) : 12 🏠 (4 à 6 pers.) 220 à 560 €/sem. – 3 appartements – 1 gîte
Pour s'y rendre : 2 km au S, sur rte reliant D 406 et D 306

> Nature : 🌳 ⩽ ᎧᎧ
> Loisirs : 🏠 🏊‍♂️ ✂ 🛷 (petite piscine)
> Services : ⛶ 🏪 ⅍ ♨ ⊛ 📷 sèche-linge
> À prox. : ♟ ✗

SAUVETERRE-DE-BÉARN

✉ 64390 – **342** G4 – G. Aquitaine – 1 304 h. – alt. 69
🛈 *Office de tourisme, place Royale* ☎ 05 59 38 32 86
Paris 772 – Bayonne 70 – Mauléon-Licharre 25 – Oloron-Ste-Marie 42 – Orthez 21 – Peyrehorade 25.

△ **Le Gave** 15 avr.-14 janv.
☎ 05 59 38 53 30, *camping-du-gave@wanadoo.fr*,
Fax 05 59 36 19 88 – **R** conseillée
1,5 ha (55 empl.) plat, herbeux
Tarif : 🏃 ⛺ 🄴 8,80 € – 🔌 (6A) 2,90 €
Pour s'y rendre : Sortie S par D 933, rte de St-Palais puis chemin à gauche avant le pont, bord du Gave d'Oloron

> Nature : 🌳 ᎧᎧ
> Loisirs : 🏹
> Services : ⛶ (16 avr.-14 oct.) ⅍ ⊛ 🚱 🚐 📷 sèche-linge
> À prox. : canoë, sports en eaux vives

161

SOCOA

✉ 64122 – **342** B2 – G. Pays Basque
Paris 793 – Bordeaux 207 – Pau 130 – Bayonne 25 – Anglet 21.

Schéma à St-Jean-de-Luz

⛰ **Larrouleta** Permanent
☎ 05 59 47 37 84, *info@larrouleta.com*, Fax 05 59 47 42 54,
www.larrouleta.com – **R** conseillée
5 ha (263 empl.) plat et peu incliné, herbeux
Tarif : 🏃 5 € ⛺ 🄴 4 € – 🔌 2,50 €
🚐 1 borne – 20 🄴
Pour s'y rendre : 3 km au S, bord d'un plan d'eau et d'une rivière

> Nature : ᎧᎧ(peupleraie)
> Loisirs : ♟ snack 🏠 🏊‍♂️ ✂ 🛷 (découverte en saison) ⇌ 🏹 pédalos
> Services : 🔥 ⛶ 🅶🅱 ⅍ 🖩 🏪 ♨ ♨ ⊛ 🚐 🚱 📷 sèche-linge 🔌 🚿
>
URDOS

✉ 64490 – **342** I7 – 108 h. – alt. 780
Paris 850 – Jaca 38 – Oloron-Ste-Marie 41 – Pau 75.

△ **Le Gave d'Aspe**
☎ 05 59 34 88 26, *legavedaspe@aol.com* – **R** conseillée
1,5 ha (80 empl.) non clos, plat et peu incliné, terrasse, herbeux, pierreux
Pour s'y rendre : NO : 1,5 km par N 134 et chemin devant l'ancienne gare, bord du Gave d'Aspe

> Nature : 🌳 ⩽ ♀
> Loisirs : 🏠 🏊‍♂️
> Services : 🔥 ⛶ ♨ 📷

URRUGNE

✉ 64122 – **342** B4 – G. Pays Basque – 7 043 h. – alt. 34
🛈 *Office de tourisme, place René Soubelet* 𝄢 *05 59 54 60 80, Fax 05 59 54 63 49*
Paris 791 – Bayonne 29 – Biarritz 23 – Hendaye 8 – San Sebastion 27.

⚠ Col d'Ibardin ♣♦ – 31 mars-30 sept.
𝄢 05 59 54 31 21, *info@col-ibardin.com*,
Fax 05 59 54 62 28, *www.col-ibardin.com* – **R** conseillée
8 ha (191 empl.) peu incliné, herbeux
Tarif : ✷ ⇔ 📷 25 € – ⚡ (10A) 6 €
Location (31 mars-déb. nov.) ⚹ : 40 ⛺ (4 à 6 pers.)
320 à 800 €/sem.
Pour s'y rendre : 4 km au S par D 4, rte d'Ascain, bord d'un
ruisseau
À savoir : au milieu d'une forêt de chênes, emplacements
bordés par un ruisseau

Nature : ⌇ ⛆ ॐ(chênaie)
Loisirs : 🍴 ⛱ 👫 ⛵ 🎯 ⛴ terrain omnisports
Services : ⚐ ⊶ GB ⚒ 🗄 ॐ ♨ ⊛ ⛺ ⛆ 🃏 sèche-linge ⚏ ⚒

URT

✉ 64240 – **342** E4 – G. Pays Basque – 1 702 h. – alt. 41
🛈 *Office de tourisme, Mairie* 𝄢 *05 59 56 20 33*
Paris 757 – Bayonne 17 – Biarritz 24 – Cambo-les-Bains 28 – Pau 97.

⚠ Etche Zahar 24 mars-5 nov.
𝄢 05 59 56 27 36, *info@etche-zahar.fr, www.etche-zahar.fr* – **R** conseillée ⚹ (1er août-20 août)
1,5 ha (43 empl.) non clos, plat, herbeux, peu incliné
Tarif : ✷ 3,50 € ⇔ 2,10 € 📷 8 € – ⚡ (10A) 3,20 € – frais de
réservation 11 €
Location (9 févr.-31 déc.) : 6 ⛺ (4 à 6 pers.) 273 à
567 €/sem. – 6 🏠 (4 à 6 pers.) 273 à 567 €/sem. – 5
bungalows toilés
Pour s'y rendre : 1 km à l'O par D 257 direction Urcuit et à
gauche, allée de Mesples
À savoir : Bel ensemble de chalets entre bois et cultures

Nature : ⌇ ⛆
Loisirs : ⛱ 🚴 ⛴
Services : ⚐ ⊶ ⚒ M 🗄 ⊛ ⌔ ⛛ 📶 sèche-linge ⚒
À prox. : 🍴

AUVERGNE

Chut... ! Chefs d'orchestre d'une symphonie muette depuis des millénaires, imperturbables sanctuaires de la nature à l'état brut, les volcans d'Auvergne dorment paisiblement. Seuls remous perceptibles : les grondements de Vulcania où de spectaculaires animations célèbrent ces titans assoupis... Dômes et puys sculptés par le feu forment un immense château d'eau se déversant en une multitude de lacs, de rivières et de sources pures, élixirs chargés de vertus légendaires. Pour mieux s'abandonner à ces « thermes de Jouvence », les curistes en quête de bien-être s'immergent dans l'ambiance élégante des villes d'eau où la tentation reste grande, malgré les conseils diététiques, de céder à la chaleur revigorante d'une potée, aux effluves d'un cantal affiné ou à l'inimitable saveur sucrée-salée d'un pounti.

Shhh! Auvergne's volcanoes are dormant and have been for many millennia, forming a natural rampart against the inroads of man and ensuring that this beautiful wilderness will never be entirely tamed. If you listen very carefully, you may just make out a distant rumble from Vulcania, where spectacular theme park attractions celebrate these sleeping giants. The region's domes and peaks are the source of countless mountain springs that cascade down the steep slopes into brooks, rivers and crystal-clear lakes. Renowned for the therapeutic qualities of its waters, the region has long played host to well-heeled *curistes* in its elegant spa resorts, but many visitors find it impossible to follow doctor's orders when faced with the enticing aroma of a country stew or a full-bodied Cantal cheese!

ABREST

✉ 03200 – **326** H6 – 2 428 h. – alt. 290 – Base de loisirs
Paris 361 – Clermont 70 – Moulins 63 – Montluçon 94 – Roanne 73.

⚠ **La Croix St-Martin** avr.-oct.
     📞 04 70 32 67 74, *campingabrest@aol.com*,
Fax 04 70 32 67 74, *www.camping-vichy.com* – **R** conseillée
3 ha (100 empl.) plat, herbeux
Tarif : ✳ 4,30 € ⟵ 🔲 4,30 € – (2) (10A) 2,80 €
Location : 7 🏚 (4 à 6 pers.) 224 à 420 €/sem.
Pour s'y rendre : N : par av. des Graviers et chemin, près
de l'Allier

> Nature : 🌳
> Loisirs : 🚲 🏊
> Services : 🚿 ⚌ 🅖🅑 🗠 🚻 ⊕ 📞 🖼
> sèche-linge
> À prox. : 🍴 casino ✎ 🛖 🔲 🎣 golf,
> canoë, swin golf

BRAIZE

✉ 03360 – **326** C2 – 257 h. – alt. 240
Paris 297 – Dun-sur-Auron 30 – Cérilly 16 – Culan 35 – Montluçon 40.

⚠ **Le Champ de la Chapelle** 6 avr.-30 oct.
     📞 04 70 06 15 45, *champdelachapelle@wanadoo.fr*,
Fax 04 70 06 15 45, *www.champdelachapelle.com*
– **R** conseillée
5,6 ha (80 empl.) plat et peu incliné, accidenté, herbeux
Tarif : ✳ ⟵ 🔲 9,75 € – (2) (16A) 2,50 € – frais de réser-
vation 10 €
Pour s'y rendre : 5,7 km au S par D 28 rte de Meaulnes et
D 978ᴬ à gauche, rte de Tronçais puis 2 km par rte à gauche
À savoir : agréable situation en forêt

> Nature : 🌊 🌳
> Loisirs : 🏊 🛥 (plage)
> Services : 🚿 ⚌ 🅖🅑 🗠 🚻 ⊕ 🏕 📞
> 🖼
> à l'étang de St-Bonnet : 🍸 ✕ ✎ 🛖
> ⚓ club nautique

LES GUIDES VERTS **MICHELIN**
Paysages, monuments
Routes touristiques
Géographie
Histoire, Art
Itinéraire de visite
Plans de villes et de monuments

165

CHÂTEL-DE-NEUVRE

✉ 03500 – **326** G4 – G. Auvergne – 515 h. – alt. 224
Paris 313 – Montmarault 38 – Moulins 20 – St-Pourçain-sur-Sioule 13 – Vichy 41.

⚠ **Deneuvre** 1ᵉʳ avr.-30 sept.
     📞 04 70 42 04 51, *campingdeneuvre@wanadoo.fr*,
Fax 04 70 42 04 51, *www.deneuvre.com* – **R** conseillée
1,3 ha (75 empl.) plat, herbeux
Tarif : ✳ ⟵ 🔲 8,10 € – (2) (4A) 2,55 €
Pour s'y rendre : 0,5 km au N par N 9 puis chemin à dr.,
bord de l'Allier

> Nature : 🏞 🌳
> Loisirs : snack 🏊 🚲 canoë
> Services : 🚿 ⚌ 🗠 🚻 🏕 ⊕ 🖼
> À prox. : 🎣

COULEUVRE

✉ 03320 – **326** E2 – 645 h. – alt. 267
Paris 289 – Bourbon-l'Archambault 18 – Cérilly 10 – Cosne-d'Allier 27 – Moulins 42.

⚠ **Municipal la Font St-Julien** avr.-sept.
     📞 04 70 66 10 45, *mairie-couleuvre@wanadoo.fr*,
Fax 04 70 66 10 09 – **R** conseillée
2 ha (50 empl.) peu incliné, herbeux
Tarif : ✳ 1,85 € ⟵ 🔲 2,05 € – (2) 2,30 €
Pour s'y rendre : Sortie SO par D 3, rte de Cérilly et à dr.
À savoir : Bord d'un étang

> Nature : 🌊 🌳
> Loisirs : 🏊 ✎ 🛖 🎣 parc anima-
> lier
> Services : 🗠 🚻 ⊕ 🖼

DOMPIERRE-SUR-BESBRE

✉ 03290 – **326** J3 – 3 477 h. – alt. 234
🛈 *Office de tourisme, 145, Grande Rue* ☎ *04 70 34 61 31, Fax 04 70 34 27 16*
Paris 324 – Bourbon-Lancy 19 – Decize 46 – Digoin 27 – Lapalisse 36 – Moulins 31.

△ **Municipal** 15 mai-15 sept.
☎ 04 70 34 55 57, *mairie-de-dompierre-sur-besbre@wana doo.fr,* Fax 04 70 48 11 39 – **R** conseillée
2 ha (70 empl.) plat, herbeux
Tarif : (Prix 2006) ✛ ⇋ ▣ 3,70 € – 📳 (10A) 1,80 €
📯 1 borne
Pour s'y rendre : Sortie Sud-Est par N 79, rte de Digoin, près de la Besbre et à proximité d'un étang
À savoir : Décoration arbustive et florale

| Nature : 🏞 🗂 ♀ |
| Loisirs : 🏄 🚴 ✂ |
| Services : ⚡ 🅿 ⏱ ♨ ⌂ 🚾 🛍 |
| À prox. : 🛒 ⛲ parc animalier et parc d'attractions |

Le DONJON

✉ 03130 – **326** J4 – 1 168 h. – alt. 300
Paris 346 – Digoin 23 – Dompierre-sur-Besbre 25 – Lapalisse 22 – Moulins 50 – Vichy 46.

△ **Municipal** mai-oct.
☎ 04 70 99 56 35, *mairie.le.donjon@wanadoo.fr,* Fax 04 70 99 58 02 – **R**
0,5 ha (40 empl.) peu incliné, herbeux
Tarif : (Prix 2006) ✛ 1,50 € ⇋ 1 € ▣ 1,50 € – 📳 2 €
Pour s'y rendre : Sortie Nord par D 166, rte de Monétay-sur-Loire

| Nature : 🏞 |
| Loisirs : 🔲 🏄 |
| Services : ⚡ 🅿 ♨ ⌂ 🚾 |

FERRIÈRES-SUR-SICHON

✉ 03250 – **326** I6 – 561 h. – alt. 545
Paris 375 – Lapalisse 30 – Roanne 50 – Thiers 35 – Vichy 27.

△ **Municipal le Galizan** juin-sept.
☎ 04 70 41 10 10, *mairie.ferrieres@wanadoo.fr* – **R** conseillée
0,7 ha (32 empl.) plat, herbeux, pierreux
Tarif : (Prix 2006) ✛ 2 € ⇋ 1 € ▣ 1 € – 📳 2 €
Pour s'y rendre : 0,7 km au SE du bourg par D 122, rte Thiers et chemin à gauche après le petit pont, près du Sichon et d'un étang

| Nature : 🏞 ♀ |
| Loisirs : ✂ |
| Services : 🅿 ♨ |
| À prox. : ≋ (étang) 🎣 |

GANNAT

✉ 03800 – **326** G6 – G. Auvergne – 5 838 h. – alt. 345
🛈 *Office de tourisme, 11, place Hennequin* ☎ *04 70 90 17 78, Fax 04 70 90 19 45*
Paris 383 – Clermont-Ferrand 49 – Montluçon 78 – Moulins 58 – Vichy 20.

△△ **Municipal le Mont Libre** avr.-oct.
☎ 04 70 90 12 16, *camping.gannat@wanadoo.fr,* Fax 04 70 90 12 16, *www.bassin-gannat.com* – **R** conseillée
1,5 ha (70 empl.) en terrasses, herbeux
Tarif : ✛ ⇋ ▣ 9,70 € – 📳 (10A) 2,25 €
Location : 10 🏠 (4 à 6 pers.) 200 à 365 €/sem.
📯 1 borne 3,25 €
Pour s'y rendre : 1 km au S par N 9 et rte à dr.

| Nature : ≪ 🗂 ♀ |
| Loisirs : 🔲 🏄 ⛲ (petite piscine) |
| Services : ⚹ 🔥 🅿 ⏎ 🛄 🅿 ♨ 🛍 |
| À prox. : 🛒 ✂ 🎣 🖼 🖥 |

ISLE-ET-BARDAIS

✉ 03360 – **326** D2 – 321 h. – alt. 285
Paris 280 – Bourges 60 – Cérilly 9 – Montluçon 52 – St-Amand-Montrond 26 – Sancoins 22.

△△ **Les Écossais**
☎ 04 70 66 62 57, *campingecossais@aol.com,* Fax 04 70 66 63 99 – **R** conseillée
2 ha (70 empl.) plat, peu incliné, herbeux
Location : 7 🏠 – huttes
Pour s'y rendre : 1 km au S par rte des Chamignoux
À savoir : Au bord de l'étang de Pirot et à l'orée de la forêt de Tronçais

| Nature : 🏞 🗂 ♀♀ |
| Loisirs : 🍴 🔲 ✂ ⚲ ≋ (plage) |
| Services : ⚡ 🅿 ♨ 🛍 sèche-linge |
| À prox. : 🏄 🎣 |

JENZAT

✉ 03800 – **326** G6 – G. Auvergne – 450 h. – alt. 312
Paris 346 – Aigueperse 17 – Montmarault 32 – St-Éloy-les-Mines 38 – St-Pourçain-sur-Sioule 21 – Vichy 24.

▲ **Municipal Champ de Sioule** 14 avr.-22 sept.
   📞 04 70 56 86 35, *mairie-jenzat@pays-allier.com*,
Fax 04 70 56 85 38 – **R** conseillée
1 ha (51 empl.) plat, herbeux
Tarif : ⚹ 2,50 € ⇦ 1,10 € 🅴 2,50 € – 🔌 (10A) 2,95 € – frais
de réservation 15 €
Pour s'y rendre : sortie NO par D 42, rte de Chantelle, près
de la Sioule

Nature : 🜁
Services : 🔾 🗲 🖊 🛆 ⊛ 🖻
À prox. : 🛒 🍽 🛦 🎣 🐎

LAPALISSE

✉ 03120 – **326** I5 – G. Auvergne – 3 332 h. – alt. 280
🅱 *Office de tourisme, 26, rue Winston Churchill* 📞 04 70 99 08 39, *Fax 04 70 99 28 09*
Paris 346 – Digoin 45 – Mâcon 122 – Moulins 50 – Roanne 49 – St-Pourçain-sur-Sioule 30.

▲ **Camping Communautaire** 1er avr.-30 sept.
   📞 04 70 99 26 31, *office.tourisme@cc-paysdelapalisse.fr*,
Fax 04 70 99 33 53, *www.cc-paysdelapalisse.com*
– **R** conseillée
0,8 ha (66 empl.) plat, herbeux
Tarif : (Prix 2006) ⚹ 2,10 € ⇦ 1,55 € 🅴 1,55 € –
🔌 (16A) 2,10 €
Location (1er mars-31 oct.) 🏷 : 6 🏠 (4 à 6 pers.) 215 à
305 €/sem.
Pour s'y rendre : sortie SE par N 7, rte de Roanne, bord de
la Besbre, chemin piétonnier reliant le camping au centre
ville

Nature : 🜁
Loisirs : 🏊 🎣 🐎 parcours de santé
Services : 🖣 🔾 🗲 ⊛ 🖻

Le MAYET-DE-MONTAGNE

✉ 03250 – **326** J6 – G. Auvergne – 1 598 h. – alt. 535
🅱 *Office de tourisme, rue Roger Degoulange* 📞 04 70 59 38 40
Paris 369 – Clermont-Ferrand 81 – Lapalisse 23 – Moulins 73 – Roanne 47 – Thiers 44 – Vichy 27.

167

▲ **Municipal du Lac** 15 mars-31 oct.
   📞 04 70 59 70 52, *accueil.mairie.lemayetdemontagne@wa
nadoo.fr*, Fax 04 70 59 38 38 – **R** conseillée
1 ha (50 empl.) peu incliné, plat, herbeux
Tarif : (Prix 2006) ⚹ 1,75 € ⇦ 0,45 € 🅴 1,30 € –
🔌 (10A) 1,75 €
Location (déb. avr.-mi-oct.) 🏷 : 3 🏠 (4 à 6 pers.) 150
à 275 €/sem. – huttes
Pour s'y rendre : 1,2 km au S par D 7 rte de Laprugne et
chemin de Fumouse
À savoir : près du lac des Moines

Nature : 🏞 ⊏ 🜁
Loisirs : 🏠 🎣 🍽
Services : 🖣 🔾 🗋 ⊛ 🖻
À prox. : 🏖 🎣

NÉRIS-LES-BAINS

✉ 03310 – **326** C5 – G. Auvergne – 2 708 h. – alt. 364
🅱 *Office de tourisme, carrefour des Arènes* 📞 04 70 03 11 03
Paris 336 – Clermont-Ferrand 86 – Montluçon 9 – Moulins 73 – St-Pourçain-sur-Sioule 55.

▲▲ **Municipal du Lac**
   📞 04 70 03 24 70, *nerislesbains@wanadoo.fr*,
Fax 04 70 03 79 99, *www.ville-neris-les-bains.fr* – **R**
3,5 ha (135 empl.) plat, peu incliné, terrasse, herbeux,
gravillons
Location : 26 🏠 – studios – huttes
🚐 1 borne – 6 🅴
Pour s'y rendre : Au Sud-Ouest de la ville, par D 155, rte de
Villebret, bord de la rivière
À savoir : Situation agréable près de l'ancienne gare et
d'un lac

Nature : 🏞 ⊏ 🜁
Loisirs : 🍽 snack 🏠 🏸 🎣 🐎
Services : 🖣 🔾 🗋 ⊛ 🖻
À prox. : 🚲 🎣 🗺 🛦 🎿 parcours de santé, golf

PIERREFITTE-SUR-LOIRE

✉ 03470 – **326** J3 – 534 h. – alt. 228

Paris 324 – Bourbon-Lancy 20 – Lapalisse 50 – Moulins 42 – Paray-le-Monial 28.

⚠ **Municipal le Vernay** mi-mars-mi-oct.

   🕿 04 70 47 02 49, *mairie-pierrefitte-sur-loire@wanadoo.fr*, Fax 04 70 47 03 72 – **R** conseillée

2 ha (35 empl.) plat, herbeux

Tarif : (Prix 2006) 👤 2,30 € ⟵ 🔲 3,05 € – [½] 1,50 €

Pour s'y rendre : sortie NO par N 79, rte de Dompierre, D 295 à gauche, rte de Saligny-sur-Roudon puis 0,9 km par chemin à droite après le pont, à 200 m du canal

À savoir : près d'un plan d'eau

Nature : ≼ ⌷
Services : 🕭 ⟵ (juil.août) ▥ 🗄 ⊛
À prox. : 🍷 ✗ ⟋ ✎ ≊ (plage) ⟋ parcours de santé, pédalos, canoë

ST-BONNET-TRONÇAIS

✉ 03360 – **326** D3 – G. Auvergne – 783 h. – alt. 224

Paris 301 – Bourges 57 – Cérilly 12 – Montluçon 44 – St-Amand-Montrond 20 – Sancoins 30.

⚠ **Champ Fossé**

   🕿 04 70 06 11 30, *champfosse.aol.com*, Fax 04 70 06 15 01 – **R** conseillée

3 ha (110 empl.) peu incliné, herbeux

Location : 3 🛖 – gîtes

Pour s'y rendre : 0,7 km au SO

À savoir : Belle situation au bord de l'étang de St-Bonnet

Nature : ⟆ ≼ ⚘
Loisirs : 🍷 ⌷⌷ ⟋ 🐎
Services : ⟵ 🗄 ⊛ 🖾 sèche-linge
À prox. : ⟋ 🚲 ✎ 🔥 ≊ (plage) ⟋ canoë, pédalos

ST-POURÇAIN-SUR-SIOULE

✉ 03500 – **326** G5 – G. Auvergne – 5 266 h. – alt. 234

🄱 *Office de tourisme, 29, rue Marcellin Berthelot* 🕿 04 70 45 32 73, Fax 04 70 45 60 27

Paris 325 – Montluçon 66 – Moulins 33 – Riom 61 – Roanne 79 – Vichy 28.

⚠ **Municipal de l'Ile de la Ronde** 5 mai-30 sept.

   🕿 04 70 45 45 43, *hdv.st.pourcain.s.sioule@wanadoo.fr*, Fax 04 70 45 55 27, *www.ville-saint-pourcain-sur-sioule.com* – **R** conseillée

1,5 ha (50 empl.) plat, herbeux

Tarif : (Prix 2006) 👤 ⟵ 🔲 5,55 € – [½] (13A) 2,10 €

Pour s'y rendre : Quai de la Ronde

À savoir : Dans un parc public, agréable à côtoyer en bordure de la Sioule

Nature : ⌷ ⚘
Loisirs : ⟋ ⟆
Services : 🕭 ⟵ 🖉 🗄 ⊛ 🖾
À prox. : ⟋ ✎ 🔥

Le Lac Chambon

J. Damase/Michelin

ST-YORRE

☒ 03270 – **326** H6 – G. Auvergne – 2 840 h. – alt. 275
Paris 362 – Clermont-Ferrand 65 – Montluçon 108 – Moulins 65 – Roanne 67.

⚠ **Municipal la Gravière**
𝒫 04 70 59 21 00, *mairie@ville-saint-yorre.fr*,
Fax 04 70 59 20 09, *www.mairie-saint-yorre.fr* – **R** conseillée
1,5 ha (80 empl.) plat, herbeux
🚐 1 borne
Pour s'y rendre : Sortie SO par D 55ᴱ rte de Randan, près
de l'Allier avec accès direct (rive gauche)

Nature : ☷ ♡♡
Loisirs : 🏊
Services : ⚹ ⚍ 🗑 🐕 ⚘ ☺ ⚶ ⚐
🗑
À prox. : 🐎 🍴 🗂 🏊 ⚓ parcours sportif

SAZERET

☒ 03390 – **326** E4 – 149 h. – alt. 370
Paris 348 – Gannat 44 – Montluçon 34 – Montmarault 4 – Moulins 49 – St-Pourçain-sur-Sioule 31.

⚠ **La Petite Valette** 15 avr.-15 nov.
𝒫 04 70 07 64 57, *la.petite.valette@wanadoo.fr*,
Fax 04 70 07 25 48, *www.valette.nl* – croisement difficile à
certains endroits (chemin) – **R** conseillée
4 ha (55 empl.) plat, peu incliné, herbeux, étang
Tarif : ⚹ ⚍ 🗐 20,25 € 🔌 (6A) – frais de réservation 17,50 €
Pour s'y rendre : NE : 5,5 km, accès par rte des Deux-
Chaises longeant la N 79 et chemin des Prugnes à gauche.
Par A 71 sortie 11 puis 1 km par D 46 et 4 km à gauche par
rte des Deux-Chaises longeant la N 79
À savoir : Décoration arbustive et florale autour d'une
ancienne ferme

Nature : ☷ ☷ ♡
Loisirs : 🚲 🏊 ⚓
Services : ⚹ ⚍ GB ▥ 🗑 ☺ 🗑
À prox. : 🍴

Pour choisir et suivre un itinéraire
Pour calculer un kilométrage
Pour situer exactement un terrain (en fonction des
indications fournies dans le texte) :
Utilisez les cartes MICHELIN détaillées à 1/150 000,
compléments indispensables de cet ouvrage.

169

TREIGNAT

☒ 03380 – **326** B4 – 475 h. – alt. 450
Paris 342 – Boussac 11 – Culan 27 – Gouzon 25 – Montluçon 25.

⚠ **Municipal de l'Étang d'Herculat** Pâques-sept.
𝒫 04 70 07 03 89, Fax 04 70 07 03 72 – **R** conseillée
1,6 ha (35 empl.) incliné, peu incliné, plat, herbeux
Tarif : (Prix 2006) ⚹ ⚍ 🗐 7,13 €
Location : studios – huttes
Pour s'y rendre : NE : 2,3 km, accès par chemin à gauche,
après l'église
À savoir : Situation agréable au bord de l'étang

Nature : ☷ ☷ ▲
Loisirs : 🎦 🏊 ⚓
Services : ⚹ ⚍ (juil.-août) 🗑 ☺ ⚶

VALLON-EN-SULLY

☒ 03190 – **326** C3 – G. Auvergne – 1 712 h. – alt. 192
Paris 313 – La Châtre 55 – Cosne-d'Allier 23 – Montluçon 25 – Moulins 89 – St-Amand-Montrond 28.

⚠ **Municipal les Soupirs** mi-juin-mi-sept.
𝒫 04 70 06 50 96, *mairie.vallonensully@wanadoo.fr*
– **R** conseillée
2 ha (50 empl.) plat, herbeux, étang
Tarif : (Prix 2006) ⚹ 1,50 € ⚍ 1,50 € 🗐 1,50 € –
🔌 (20A) 4 €
Pour s'y rendre : SE : 1 km par D 11, entre le Cher et le
Canal du Berry, et chemin à droite

Nature : ☷ ♡
Loisirs : 🏊 ⚓
Services : ⚍ (1er juil.-31 août) ☺
À prox. : 🍴 snack 🏊 🍴

VARENNES-SUR-ALLIER

✉ 03150 – **326** H5 – 4 072 h. – alt. 245

🛈 *Office de tourisme, place de l'Hôtel de Ville* ☎ 04 70 47 45 86

Paris 327 – Digoin 59 – Lapalisse 20 – Moulins 31 – St-Pourçain-sur-Sioule 11 – Vichy 26.

🔺 **Château de Chazeuil** avr.-mi-oct.
☎ 04 70 45 00 10, *info@camping-dechazeuil.com*,
Fax 04 70 45 00 10, *www.camping-dechazeuil.com*
– **R** conseillée
12 ha/1,5 campable (60 empl.) plat, herbeux
Tarif : (Prix 2006) 👤 🚗 🅴 20,65 € 🅶 (6A)
🚐 1 borne
Pour s'y rendre : 2 km au NO rte de Moulins, carrefour N 7 et D 46
À savoir : Agréable parc boisé

> Nature : 🌿 ♀
> Loisirs : 🎱 🏃 ⛵ parcours sportif
> Services : 🛁 🛒 🖫 ⊕ 🚿 ♻ 🖥

Cantal (15)

ARNAC

✉ 15150 – **330** B4 – 173 h. – alt. 620

Paris 541 – Argentat 38 – Aurillac 35 – Mauriac 36 – Égletons 61.

🔼 **Village de Vacances la Gineste** (location exclusive de mobile homes et chalets) Permanent
☎ 04 71 62 91 90, *lagineste@mairie-arnac.fr*,
Fax 04 71 62 92 72 – **R** indispensable
3 ha en terrasses, herbeux
Location 🅿 : 75 🏠 (4 à 6 pers.) 180 à 370 €/sem. – 40 🏠 (4 à 6 pers.) 190 à 585 €/sem.
Pour s'y rendre : 3 km au NO par D 61 rte de Pleaux puis 1,2 km par chemin à dr., à la Gineste
À savoir : situation agréable sur une presqu'île du lac d'Enchanet

> Nature : 🌿 ← 🏕 ♀
> Loisirs : 🍴 🍽 🎱 🏃 🚴 ✂ ⛵ 🏊 (plage) 🎣 🏇 quad
> Services : 🛒 GB 🖫 🖥 🛒
> À prox. : sports nautiques

ARPAJON-SUR-CÈRE

✉ 15130 – **330** C5 – 5 545 h. – alt. 613

Paris 559 – Argentat 56 – Aurillac 5 – Maurs 44 – Sousceyrac 46.

🔺 **La Cère** juin-sept.
☎ 04 71 64 55 07, Fax 04 71 64 55 07, *http://www.caba.fr*
– **R** conseillée
2 ha (106 empl.) plat, herbeux
Tarif : 👤 🚗 🅴 11 € – 🅶 2 €
Location (permanent) : 10 🏠 (4 à 6 pers.) 250 à 470 €/sem.
Pour s'y rendre : Au S de la ville, accès par D 920, face à la station Esso, bord de la rivière
À savoir : Cadre boisé et soigné

> Nature : 🏕 ♀
> Loisirs : 🎱 🏃 ⛵
> Services : 🛁 🛒 🖫 ⊕ 🖥
> À prox. : 🎣 ✂ 🏌 golf (9 trous)

AURILLAC

✉ 15000 – **330** C5 – G. Auvergne – 30 551 h. – alt. 610

🛈 *Office de tourisme, place du square* ☎ 04 71 48 46 58, Fax 04 71 48 99 39

Paris 557 – Brive-la-Gaillarde 98 – Clermont-Ferrand 158 – Montauban 174 – Montluçon 263.

🔺 **Municipal l'Ombrade** 15 juin-15 sept.
☎ 04 71 48 28 87, Fax 04 71 48 28 87, *http://www.caba.fr*
– **R** conseillée
7,5 ha (200 empl.) plat et en terrasses, herbeux
Tarif : 👤 🚗 🅴 9,50 € – 🅶 2 €
Pour s'y rendre : 1 km au N par D 17 et chemin du Gué-Bouliaga à dr., de part et d'autre de la Jordanne

> Nature : ♀♀
> Loisirs : 🎱
> Services : 🛁 🛒 🖫 ⊕ ♻ 🖥
> À prox. : 🎣

CASSANIOUZE

✉ 15340 – **330** C6 – 547 h. – alt. 638
Paris 590 – Aurillac 35 – Entraygues-sur-Truyère 26 – Montsalvy 18 – Rodez 53.

🏕 **Camping de Coursavy** 20 avr.-20 sept.
    𝒫 04 71 49 97 70, *camping.coursavy@wanadoo.fr*,
    Fax 04 71 49 97 70, *www.campingcoursavy.com*
    – **R** conseillée
    2 ha (50 empl.) plat, terrasse, herbeux
    Tarif : 🛉 ⬅ 🔲 13,60 € – [ɟ] (5A) 2,50 €
    Pour s'y rendre : 10 km au SO par D 601, rte de Conques
    et D 141 à gauche, rte d'Entraygues, bord du Lot et d'un
    ruisseau
    À savoir : Cadre champêtre dans la vallée verdoyante du
    Lot

> Nature : ⅏ ≤ ♀
> Loisirs : 🍽 ⛹
> Services : 🚿 o⤙ ⚙ ⚲ ⊕ 🔖
> À prox. : ⚊ (petite piscine) canoë
> kayak

CHAMPS-SUR-TARENTAINE

✉ 15270 – **330** D2 – G. Auvergne – 1 044 h. – alt. 450
🅸 *Syndicat d'initiative, Mairie 𝒫 04 71 78 72 75, Fax 04 71 78 75 09*
Paris 500 – Aurillac 90 – Clermont-Ferrand 82 – Condat 24 – Mauriac 38 – Ussel 36.

🏕 **Municipal de la Tarentaine** 15 juin-15 sept.
    𝒫 04 71 78 71 25, *contact@champs-marchal.org*,
    Fax 04 71 78 75 09, *www.champs-marchal.org* – **R** conseil-
    lée
    4 ha (126 empl.) plat, herbeux
    Location : 4 🚐 (4 à 6 pers.) à 400 €/sem.
    Pour s'y rendre : 1 km au SO par D 679 et D 22, rte de
    Bort-les-Orgues et rte de Saignes, bord de la Tarentaine

> Nature : ⅏ ⬚ ♀
> Loisirs : 🏠 ⛹
> Services : 🚿 o⤙ ⚲ 🗓 ⚙ ⚲ ⛺ 🔖
> À prox. : ⚕ 🚴 ✂ 🍴 ⚊

🏕 **Aire Naturelle l'Ecureuil** 1ᵉʳ mai-30 sept.
    𝒫 04 71 78 71 85, *alain.couard@orange.fr*,
    Fax 04 71 78 71 85, *www.jardin.ecureuil.monsite.orange.fr*
    – **R** conseillée
    2 ha (25 empl.) plat, herbeux
    Tarif : 🛉 ⬅ 🔲 7,50 € – [ɟ] (10A) 3 €
    🚐 1 borne 5 €
    Pour s'y rendre : 4,6 km au SE par D 679, rte de Condat
    À savoir : Situation agréable dans les gorges de la Rhue

> Nature : ⅏ ≤
> Loisirs : ⚕ jardin animalier
> Services : 🚿 o⤙ ⚲ ⊕ 🔖
> À prox. : ⛹

171

🏕 **Les Chalets de l'Eau Verte** (location exclusive de
    chalets) Permanent
    𝒫 04 71 78 78 78, *contact@auvergne-chalets.fr*,
    Fax 04 73 83 20 30, *http://www.auvergne-chalets.fr*
    – **R** conseillée
    8 ha peu incliné, plat, herbeux
    Location 🅿 : 6 🏠 (4 à 6 pers.) 269 à 749 €/sem.
    Pour s'y rendre : 7 km à l'O par D 22, puis D 522 et petit
    chemin à dr.
    À savoir : location 2 nuits minimum hors sais.

> Nature : ⅏
> Services : o⤙ ⚲ 🔖
> À prox. : ✕ ⚊ ◊ 🐎

CHAUDES-AIGUES

✉ 15110 – **330** G5 – G. Auvergne – 986 h. – alt. 750 – ♨ (fin avril-fin oct.)
🅸 *Syndicat d'initiative, 1, avenue Georges Pompidou 𝒫 04 71 23 52 75, Fax 04 71 23 51 98*
Paris 538 – Aurillac 94 – Entraygues-sur-Truyère 62 – Espalion 54 – St-Chély-d'Apcher 30 – St-Flour 27.

🏕 **Municipal le Château du Couffour** 1ᵉʳ mai-20 oct.
    𝒫 04 71 23 57 08, *mairie.chaudesaigues@wanadoo.fr*,
    Fax 04 71 23 57 08, *www.chaudesaigues.com* – alt. 900
    – **R** conseillée
    2,5 ha (170 empl.) plat, peu incliné, terrasses, herbeux
    Tarif : (Prix 2006) 🛉 2,50 € ⬅ 1,20 € 🔲 1,50 € –
    [ɟ] (6A) 2,50 €
    🚐 1 borne 10 €
    Pour s'y rendre : S : 2 km par D 921, rte de Laguiole puis
    chemin à droite, au stade

> Nature : ⅏ ≤ ♀
> Loisirs : 🏠 ⚕ ✂
> Services : 🚿 o⤙ ⚲ ⚙ ⚲ ⊕ 🔖
> À prox. : casino 🚴 🍴 ⚊ escalade

FAVEROLLES

✉ 15320 – **330** G5 – 334 h. – alt. 950
Paris 526 – Chaudes-Aigues 26 – Langeac 62 – St-Chély-d'Apcher 21 – St-Flour 20.

⚠ **Municipal** mi-mai-fin oct.
℘ 04 71 23 49 91, *faverolles.mairie@wanadoo.fr*,
Fax 04 71 23 49 65 – places limitées pour le passage
– **R** conseillée
0,6 ha (33 empl.) plat et en terrasses, herbeux
Tarif : ♣ ⇔ 🔲 11,40 € 🔋 (10A)
Pour s'y rendre : Sortie S par D 248, rte de St-Chély-d'Apcher et à dr.

Nature : 🌿 ⛱ 🏖
Loisirs : 🍴 🏊 ❀
Services : ⚿ ⊶ ⚒ 🛒 ⊕ 🚿 🏢
À prox. : 🐎 poneys

JALEYRAC

✉ 15200 – **330** C3 – 374 h. – alt. 450
Paris 495 – Aurillac 61 – Bort-les-Orgues 23 – Mauriac 10 – Salers 24 – Ussel 51.

⚠ **Municipal de Lavaurs** 15 juin-30 août
℘ 04 71 69 73 65, *mairie.jaleyrac@wanadoo.fr*,
Fax 04 71 69 74 19 – **R** conseillée
1 ha (33 empl.) plat et peu incliné, herbeux
Tarif : (Prix 2006) ♣ 1,75 € ⇔ 1,25 € 🔲 1,45 € –
🔋 (10A) 2,25 €
Location (20 mai-20 sept.) : huttes
Pour s'y rendre : 7 km au SO par D 138, D 922, rte de Mauriac et D 38 à dr., au lieu-dit Lavaurs, près d'un étang, accès conseillé par D 922, rte de Mauriac et D 38 à dr.

Nature : 🌿 ⛱
Loisirs : 🍴 🏊 ❀
Services : ⚿ ⊶ 🛒 ⊕ 🏢
À prox. : ✕ 🎣

Benutzen Sie
– zur Wahl der Fahrtroute
– zur Berechnung der Entfernungen
– zur exakten Lokalisierung eines Campingplatzes (mit Hilfe der Angaben im Ortstext)
*die für diesen Führer unentbehrlichen **MICHELIN-Karten** im Ma1 : 150 000.*

JUSSAC

✉ 15250 – **330** C5 – 1 779 h. – alt. 630
Paris 560 – Aurillac 11 – Laroquebrou 28 – Mauriac 43 – Vic-sur-Cère 31.

⚠ **Le Moulin** 15 juin-4 sept.
℘ 04 71 46 69 85, *s.pradel@caba.fr*, Fax 04 71 46 69 85,
http://www.caba.fr – **R** conseillée
1 ha (52 empl.) plat, herbeux
Tarif : (Prix 2006) ♣ ⇔ 🔲 8,50 € – 🔋 2 €
Location (15 mai-30 sept.) : 5 🏠 (4 à 6 pers.) 250 à 320 €/sem.
Pour s'y rendre : à l'O du bourg par D 922 vers Mauriac et chemin près du pont, bord de l'Authre

Nature : ⛱
Loisirs : 🍴 🎣
Services : ⚿ ⊶ ⚒ 🛒 ≈ ⊕ 🚿 🏢
À prox. : ❀ 🚣 🐎

LACAPELLE-DEL-FRAISSE

✉ 15120 – **330** C6 – 251 h. – alt. 830
Paris 624 – Clermont-Ferrand 174 – Aurillac 23 – Rodez 74 – Onet-le-Château 81.

⚠ **Les Chalets du Veinazes** (location exclusive de chalets) Permanent
℘ 04 71 62 56 90, *info@cantal-chalets.com, www.cantal-chalets.com* – **R** conseillée
2,5 ha plat, herbeux
Location : 13 🏠 (4 à 6 pers.) 214 à 489 €/sem.
Pour s'y rendre : 2 km au SE par D 20, lieu-dit La-Case

Nature : 🌿 ≤
Loisirs : 🛷
À prox. : 🍷 ✕

LACAPELLE-VIESCAMP

⊠ 15150 – **330** B5 – 434 h. – alt. 550
Paris 547 – Aurillac 19 – Figeac 57 – Laroquebrou 12 – St-Céré 48.

△△ **La Presqu'Île du Puech** mi-mai-mi-sept.
   ℘ 04 71 46 42 38, *truyere@aol.com, www.camping-lac-au
vergne.com* – **R** conseillée
2 ha (97 empl.) peu incliné à incliné, pierreux, herbeux
Tarif : 👤 🚗 🅴 16 € – 🔌 (10A) 3 € – frais de réservation 10 €
Location (mi-avr.-mi-oct.) ✂ : 9 🏠 (4 à 6 pers.) 350 à
550 €/sem. – huttes
Pour s'y rendre : 3 km au SO par D 18, rte d'Aurillac et rte à
dr., à 150 m du lac de St-Étienne-Cantalès
À savoir : Site et situation agréables dans une presqu'île du
lac

> Nature : 🕏 ≤ 🔊🔊(pinède)
> Loisirs : 🎦 ✗ 🏊
> Services : 🕏 ⚬━ 🅶🅱 🐂 🗔 🔊 🕑 🖾
> À prox. : �⃠, 🍴 snack 🛥 canoë,
> base nautique

LANOBRE

⊠ 15270 – **330** D2 – G. Auvergne – 1 416 h. – alt. 650
Paris 493 – Bort-les-Orgues 7 – La Bourboule 33 – Condat 30 – Mauriac 38 – Ussel 33.

△△ **Escapades Terre Océane la Siauve**
mi-juin-mi-sept.
   ℘ 04 71 40 31 85, *info@campingterreoceane.com,*
Fax 04 71 40 34 33, *www.campingterreoceane* – alt. 660
– **R** conseillée
8 ha (220 empl.) en terrasses, herbeux
Tarif : (Prix 2006) 👤 🚗 🅴 14 € – frais de réservation 25 €
Location : 14 🚐 – 19 🏠 (4 à 6 pers.) 170 à 325 €/sem.
– huttes
Pour s'y rendre : 3 km au SO par D 922, rte de Bort-les-
Orgues et rte à dr., à 200 m du lac (accès direct)
À savoir : Location à la nuitée hors sais.

> Nature : 🕏 ≤ 🔲 🍃
> Loisirs : 🍴 pizzeria 🏛 🎦 diurne
> 🛥 🚲
> Services : 🕏 ⚬━ 🅶🅱 🐂 🗔 🔊 🕑 🖾
> 🛒 🖾
> À prox. : ✗ 🏊 🛥 (plage) base nau-
> tique

173

MASSIAC

⊠ 15500 – **330** H3 – G. Auvergne – 1 857 h. – alt. 534
🛈 *Office de tourisme, 24, rue du Dr Mallet* ℘ 04 71 23 07 76, Fax 04 71 23 08 50
Paris 484 – Aurillac 84 – Brioude 23 – Issoire 38 – Murat 37 – St-Flour 30.

△ **Municipal de l'Alagnon**
   ℘ 04 71 23 03 93, *bureausg@mairiedemassiac.fr,*
Fax 04 71 23 03 93 – **R** conseillée
2,5 ha (90 empl.) plat, herbeux
Pour s'y rendre : 0,8 km à l'O par N 122, rte de Murat, bord
de la rivière

> Nature : ≤ 🔊🔊
> Loisirs : 🛥
> Services : 🕏 ⚬━ 🗔 🕑 🖾
> À prox. : ✗ 🛥 ✗ 🏊

MAURIAC

⊠ 15200 – **330** B3 – G. Auvergne – 4 019 h. – alt. 722
🛈 *Office de tourisme, 1, rue Chappe d'Auteroche* ℘ 04 71 67 30 26, Fax 04 71 68 25 08
Paris 490 – Aurillac 53 – Le Mont-Dore 77 – Riom-és-Montagnes 37 – Salers 20 – Tulle 73.

△△△ **Val St-Jean** 28 avr.-30 sept.
   ℘ 04 71 67 31 13, *info@camping-massifcentral.com,*
Fax 04 71 68 17 34, *www.revea-vacances.fr* – **R** conseillée
3,5 ha (100 empl.) en terrasses, peu incliné, herbeux
Tarif : (Prix 2006) 👤 🚗 🅴 18,70 € – 🔌 (10A) 3,60 € – frais
de réservation 10 €
Location (7 avr.-3 nov.) : 20 🏠 (4 à 6 pers.) 255 à
630 €/sem. – chalets (sans sanitaires)
Pour s'y rendre : 2,2 km à l'O par D 681, rte de Pleaux et
D 682 à dr., accès direct à un plan d'eau

> Nature : 🕏 ≤ 🔲 🍃
> Loisirs : 🔲
> Services : 🕏 ⚬━ 🅶🅱 🐂 🗔 🕑 🖾 🛒
> 🖾 sèche-linge
> À prox. : 🍴 snack 🛥 🚲 🏊 🛥
> (plage) 🏊 🐎 golf, pédalos

MAURS

⊠ 15600 – **330** B6 – G. Auvergne – 2 253 h. – alt. 290
🛈 *Office de tourisme, place de l'Europe* 𝒫 *04 71 46 73 72, Fax 04 71 46 74 81*
Paris 568 – Aurillac 43 – Entraygues-sur-Truyère 50 – Figeac 22 – Rodez 60 – Tulle 93.

⋀⋀ **Municipal le Vert** 2 mai-30 sept.
𝒫 04 71 49 04 15, *mairie@ville-maurs.fr* – **R** conseillée
1,2 ha (58 empl.) plat, herbeux
Tarif : ✝ ⇔ 🔲 7,80 € ⒝ (10A)
Location (permanent) : 4 🏠 (4 à 6 pers.) 90 à
450 €/sem.
Pour s'y rendre : SE : 0,8 km par D 663, rte de Decazeville,
bord de la Rance

Nature : ⌇ ♤♤	
Loisirs : 🔲 ♨ ✗ ⅃	
Services : ⅌ ⚬┯ ⚙ ⊡ ♨ ⚘ ⚐ ⊞	
À prox. : 🛒 🚲 🐎	

MONTSALVY

⊠ 15120 – **330** C6 – G. Auvergne – 896 h. – alt. 800
🛈 *Office de tourisme, rue du Tour-de-Ville* 𝒫 *04 71 49 21 43, Fax 04 71 49 65 56*
Paris 586 – Aurillac 31 – Entraygues-sur-Truyère 14 – Figeac 57 – Rodez 56.

⋀ **Municipal la Grangeotte**
𝒫 04 71 49 26 00, *mairie-montsalvy@wanadoo.fr,*
Fax 04 71 49 26 93, *www.montsalvy.fr* – **R** ✗
1 ha (50 empl.) peu incliné, plat, herbeux
Pour s'y rendre : 1 km au SE par D 920, rte d'Entraygues-
sur-Truyère et à dr.

Nature : ⇐ ⌇ ♡	
Loisirs : ✗ ⅃	
Services : ⚬┯ ⚙ ⚘ ⊞	

NEUSSARGUES-MOISSAC

⊠ 15170 – **330** F4 – 1 030 h. – alt. 834
🛈 *Syndicat d'initiative, Mairie* 𝒫 *04 71 20 56 69*
Paris 509 – Aurillac 58 – Brioude 49 – Issoire 64 – St-Flour 22.

⋀⋀ **Municipal de la Prade** mi-juin-mi-sept.
𝒫 04 71 20 50 21, *camping@neussargues-moissac.fr,*
www.neussargues-moissac.fr – **R** conseillée
1 ha (32 empl.) en terrasses, plat, herbeux, petit bois
Tarif : ✝ ⇔ 🔲 8,90 € ⒝ (10A)
Location (permanent) ℗ (chalets) : 4 🛏 (4 à
6 pers.) 240 à 306 €/sem. – 6 🏠 (4 à 6 pers.) 240 à
420 €/sem.
Pour s'y rendre : sortie O par D 304, rte de Murat, bord de
l'Alagnon

Nature : ⇐ ⌇	
Loisirs : 🔲 ♨ ⤳	
Services : ⅌ ⚬┯ ⚙ ⊡ ♨ ⚘ ⚐ ⊞	

NEUVÉGLISE

⊠ 15260 – **330** F5 – G. Auvergne – 1 022 h. – alt. 938
🛈 *Office de tourisme, le Bourg* 𝒫 *04 71 23 85 43*
Paris 528 – Aurillac 78 – Entraygues-sur-Truyère 70 – Espalion 66 – St-Chély-d'Apcher 42 – St-Flour 17.

⋀⋀ **Le Belvédère** 15 avr.-15 oct.
𝒫 04 71 23 50 50, *belvedere.cantal@wanadoo.fr,*
Fax 04 71 23 58 93, *www.campinglebelvedere.com* – accès
aux emplacements par forte pente, mise en place et sortie
des caravanes à la demande – alt. 670 – **R** conseillée
5 ha (120 empl.) en terrasses, herbeux, pierreux
Tarif : ✝ ⇔ 🔲 21 € ⒝ (6A) – frais de réservation 16 €
Location : 18 🛏 (4 à 6 pers.) 230 à 440 €/sem. –
4 🏠 (4 à 6 pers.) 360 à 660 €/sem. – 4 bungalows
toilés
🚰 1 borne
Pour s'y rendre : 6,5 km au S par D 48, D 921, rte de
Chaudes-Aigues et chemin de Gros à dr.
À savoir : agréable situation dominante

Nature : ⚲ ⇐ gorges de la Truyère	
⌇ ♡	
Loisirs : ♥ snack 🔲 ⒢ ♣ ⛱ ⅃	
Services : ⅌ ⚬┯ ⊟ ⚙ ⊡ ♨ ⚙	
⚘ ⚐ ⌄ ⊞ sèche-linge ⚟	

PAULHENC

✉ 15230 – **330** E5 – 283 h. – alt. 930
Paris 553 – Clermont-Ferrand 136 – Aurillac 63 – Saint-Flour 36 – Arpajon-sur-Cère 58.

Le Hameau de Gîtes (location exclusive de maisonnettes)
℘ 04 71 23 35 74, *paulhenc.mairie@wanadoo.fr*,
Fax 04 71 23 31 35 – alt. 950
1 ha incliné, peu incliné, herbeux
Location ♿ 🅿 : 8 🏠
Pour s'y rendre : au bourg
À savoir : Location au w-end sf juil.-août

Nature : 🌿
Loisirs : 🏊
À prox. : 🍽 ✗ golf

PERS

✉ 15290 – **330** B5 – 234 h. – alt. 570
Paris 547 – Argentat 45 – Aurillac 25 – Maurs 24 – Sousceyrac 25.

Le Viaduc mi-avr.-fin oct.
℘ 04 71 64 70 08, *campingduviaduc@wanadoo.fr*,
Fax 04 71 64 70 08, *www.camping-cantal.com* – **R** conseillée
1 ha (65 empl.) en terrasses, herbeux, gravillons
Tarif : (Prix 2006) 👤 3,60 € – 🚗 1,90 € – 🅴 3,80 € – 🔌 (10A) 2,90 € – frais de réservation 12 €
Location 🏠 : 8 🛖 (4 à 6 pers.) 260 à 500 €/sem.
🚐 1 borne 5 €
Pour s'y rendre : 5 km au NE par D 32, D 61 et chemin du Ribeyres à gauche, bord du lac de St-Etienne-Cantalès
À savoir : Situation agréable

Nature : 🌿 ⛰ 🏞
Loisirs : 🍽 🏡 🎣 canoë kayak
Services : ♿ 🚿 🛒 🧺 ⊕ 🖥
À prox. : sports nautiques

PLEAUX

✉ 15700 – **330** B4 – 1 823 h. – alt. 641
🛈 Office de tourisme, place Georges Pompidou ℘ 04 71 40 91 40
Paris 534 – Argentat 29 – Aurillac 46 – Égletons 44.

175

Municipal de Longayroux 1ᵉʳ avr.-31 oct.
℘ 04 71 40 48 30, *pleaux@wanadoo.fr*, Fax 04 71 40 49 03, *http://mairie.wanadoo.fr/pleaux/* – croisement difficile sur 6 km – places limitées pour le passage – **R** conseillée
0,6 ha (48 empl.) peu incliné, herbeux, gravillons
Tarif : (Prix 2006) 👤 🚗 🅴 12,50 € 🔌 (5A)
Location (7 avr.-27 oct.) : huttes
Pour s'y rendre : S : 15 km par D 6, rte de St-Christophe-les-Gorges et rte de Longayroux à droite, bord du lac d'Enchanet
À savoir : dans un site agréable

Nature : 🌿 ⛰ 🏞
Loisirs : 🍽 🎣 🏖 (plage)
Services : ♿ 🚿 🛒 ⊕ 🖥

Le ROUGET

✉ 15290 – **330** B5 – 901 h. – alt. 614
Paris 613 – Clermont-Ferrand 177 – Aurillac 24 – Figeac 41 – Decazeville 41.

Le Moulin du Teil (location exclusive de chalets)
℘ 04 71 46 92 72, *cdccererance@wanadoo.fr*
10 ha plat, herbeux
Location ♿ : 20 🏠 (4 à 6 pers.) 189 à 571 €/sem.
Pour s'y rendre : à la base de loisirs

Loisirs : 🍽 🎮 nocturne 🎣 🏖 balnéo, base nautique, canoë, pédalos
Services : 🏧 🖥 sèche-linge
À prox. : ✗ 🎳 poneys parcours de santé

Avant de vous installer, consultez les tarifs en cours,
affichés obligatoirement à l'entrée du terrain,
et renseignez-vous sur les conditions particulières de séjour.
Les indications portées dans le guide ont pu être modifiées depuis la mise à jour.

SAIGNES

✉ 15240 – **330** C2 – G. Auvergne – 1 006 h. – alt. 480
Paris 483 – Aurillac 78 – Clermont-Ferrand 91 – Mauriac 26 – Le Mont-Dore 55 – Ussel 39.

▲ **Municipal Bellevue** 1ᵉʳ juil.-31 août
  𝒫 04 71 40 68 40, *saignes.mairie@wanadoo.fr,*
  Fax 04 71 40 61 65, *www.saignes-mairie.fr* – **R** conseillée
  1 ha (42 empl.) plat, herbeux
  Tarif : (Prix 2006) ✝ 1,90 € 🚐 0,95 € 🔳 1,13 € –
  (½) (10A) 2,04 €
  Pour s'y rendre : Sortie NO du bourg, au stade

| Nature : ≤ ⌂ ♀ |
| Loisirs : 🎠 🚣 °⊛ |
| Services : & �@ 🗑 ⊕ 🔲 |
| À prox. : ✕ ⛷ |

ST-FLOUR

✉ 15100 – **330** G4 – G. Auvergne – 6 625 h. – alt. 783
🅱 *Office de tourisme, 17 bis, place d'Armes* 𝒫 04 71 60 22 50, Fax 04 71 60 05 14
Paris 513 – Aurillac 70 – Issoire 67 – Millau 132 – Le Puy-en-Velay 94 – Rodez 111.

▲▲ **International Roche-Murat** 1ᵉʳ avr.-31 oct.
  𝒫 04 71 60 43 63, *courrier@camping-saint-flour.com,*
  Fax 04 71 60 02 10, *www.camping-saint-flour.com*
  – **R** conseillée
  3 ha (119 empl.) en terrasses, herbeux, pinède attenante
  Tarif : ✝ 2,65 € 🚐 1,45 € 🔳 3,60 € – (½) (10A) 2,45 €
  Location (permanent) : 11 🏠 (4 à 6 pers.) 260 à
  365 €/sem.
  Pour s'y rendre : 4,7 km au NE par D 921, N 9, rte de
  Clermont-Ferrand et avant l'échangeur de l'autoroute A 75,
  chemin à gauche, au rd-pt - par A 75 : sortie 28

| Nature : ≤ ⌂ |
| Loisirs : 🎠 🚣 |
| Services : & ⌀ ⌐ ⌯ 🗑 ⊕ 🛋 🚐 🏍 |
| 🔲 sèche-linge |

Benutzen Sie
– zur Wahl der Fahrtroute
– zur Berechnung der Entfernungen
– zur exakten Lokalisierung eines Campingplatzes (mit Hilfe der Angaben im Ortstext)
*die für diesen Führer unentbehrlichen **MICHELIN-Karten** im Ma1 : 150 000.*

176

ST-GÉRONS

✉ 15150 – **330** B5 – 177 h. – alt. 526
Paris 538 – Argentat 35 – Aurillac 24 – Maurs 33 – Sousceyrac 25.

▲▲ **La Presqu'île d'Espinet** 15 juin-31 août
  𝒫 04 71 62 28 90, *camping.despinet@wanadoo.fr,*
  Fax 04 71 62 28 90, *www.camping-espinet.com* – **R** conseil-
  lée
  3 ha (105 empl.) peu incliné, herbeux, bois
  Tarif : ✝ 🚐 🔳 12 € – (½) (10A) 2,60 €
  Location (1ᵉʳ avr.-30 nov.) : 20 🏕 (4 à 6 pers.) 270 à
  450 €/sem.
  Pour s'y rendre : 8,5 km au SE par rte d'Espinet, à 300 m
  du lac de St-Étienne-Cantalès
  À savoir : dans un site agréable

| Nature : 🌳 ⌂ 〰 |
| Loisirs : 🚣 🏊 ⛷ |
| Services : & ⌐ ⌯ 🗑 ⊕ 🔲 |
| À prox. : ♟ snack ✕ 🚢 (plage) 🚤 |

ST-JACQUES-DES BLATS

✉ 15800 – **330** E4 – 325 h. – alt. 990
Paris 536 – Aurillac 32 – Brioude 76 – Issoire 91 – St-Flour 39.

▲ **Municipal** 1ᵉʳ mai-30 sept.
  𝒫 04 71 47 06 00, *mairie-st-jacques-des-blats@wanadoo.fr,*
  Fax 04 71 47 07 09 – **R** conseillée
  1 ha (50 empl.) plat, herbeux
  Tarif : (Prix 2006) ✝ 2,50 € 🚐 1,40 € 🔳 1,40 € –
  (½) (10A) 2,50 € – frais de réservation 8 €
  Pour s'y rendre : À l'E du bourg par rte de Nierevèze, bord
  de la Cère

| Nature : 🌳 ≤ ♀ |
| Loisirs : 🎠 🚣 |
| Services : & ⌐ ⌯ ⌯ 🗑 ⊕ 🚐 🏍 |
| 🔲 |
| À prox. : ✕ 🏍 |

ST-JUST

✉ 15320 – **330** H5 – 222 h. – alt. 950
Paris 531 – Chaudes-Aigues 29 – Ruynes-en-Margeride 22 – St-Chély-d'Apcher 16 – St-Flour 28.

⚠ **Municipal** 7 avr.-30 sept.
  𝒫 04 71 73 72 57, *commune.stjust@wanadoo.fr*,
Fax 04 71 73 71 44, *www.saintjust.com*
2 ha (60 empl.) plat et peu incliné, terrasse, herbeux
Tarif : ✚ 🚗 ▣ 7 € – 🔌 (10A) 2 €
Location (permanent) : 5 🏠 (4 à 6 pers.) 173 à
355 €/sem. – gîtes
Pour s'y rendre : au SE du bourg, bord d'un ruisseau. Par
A 75, sortie 31 ou 32
À savoir : location à la nuitée hors sais.

Nature : 🌿 ♀
Loisirs : 🏛 🍹 nocturne 🚲
Services : ⚡ 🚗 📱 ⊕ 🖥 sèche-
linge
À prox. : 🏊 🍹 🍴 🎣 🎿 🛶

ST-MAMET-LA-SALVETAT

✉ 15220 – **330** B5 – 1 321 h. – alt. 680
🛈 Office de tourisme, le Bourg 𝒫 04 71 49 33 00
Paris 555 – Argentat 53 – Aurillac 20 – Maurs 24 – Sousceyrac 27.

⚠ **Municipal** avr.-oct.
  𝒫 04 71 64 75 21, Fax 04 71 64 79 80 – **R** conseillée
0,8 ha (41 empl.) peu incliné, herbeux
Tarif : ✚ 🚗 ▣ 7,95 € – 🔌 (16A) 1,60 €
Location : 3 🚎 (4 à 6 pers.) 175 à 350 €/sem. – 3 🏠 (4
à 6 pers.) 190 à 420 €/sem.
Pour s'y rendre : À l'E du bourg, accès par D 20, rte de
Montsalvy et chemin du stade, à dr.

Nature : 🌿 🏕
Loisirs : 🏛 ⛹
Services : 🚿 ⚡ 📱 ⊕ 🖥
À prox. : 🎿 🛶

ST-MARTIN-VALMEROUX

✉ 15140 – **330** C4 – G. Auvergne – 911 h. – alt. 646
🛈 Syndicat d'initiative, le Bourg 𝒫 04 71 69 27 62, Fax 04 71 69 24 52
Paris 510 – Aurillac 33 – Mauriac 21 – Murat 53 – Salers 10.

⛰ **Municipal le Moulin du Teinturier** 15 juin-15 sept.
  𝒫 04 71 69 43 12, *mairie.saint-martin-valmeroux@wana
doo.fr*, Fax 04 71 69 24 52 – **R** conseillée
3 ha (100 empl.) plat, herbeux
Tarif : (Prix 2006) ✚ 🚗 ▣ 7,20 € – 🔌 (16A) 2,50 €
Location (permanent) : 10 🏠 (4 à 6 pers.) 250 à
480 €/sem.
Pour s'y rendre : À l'O du bourg, sur D 37, rte de Ste-
Eulalie-Nozières, bord de la Maronne

Nature : ⬳ 🏕
Loisirs : 🏛 ⛹ 🎣
Services : 🚿 ⚡ 📱 🖥 ♨ 🏧 ⊕ 🗑
🛒 🖥
À prox. : 🎿 ⛷ 🛶 poneys 🚗

SALERS

✉ 15140 – **330** C4 – G. Auvergne – 401 h. – alt. 950
🛈 Office de tourisme, place Tyssandier d'Escous 𝒫 04 71 40 70 68, Fax 04 71 40 70 94
Paris 509 – Aurillac 43 – Brive-la-Gaillarde 100 – Mauriac 20 – Murat 43.

⚠ **Municipal le Mouriol** mai-15 oct.
  𝒫 04 71 40 73 09 – **R**
1 ha (100 empl.) plat, peu incliné, herbeux
Tarif : (Prix 2006) ✚ 3,50 € 🚗 1,50 € ▣ 1,50 € – 🔌 4 €
Location : 10 🏠 (4 à 6 pers.) 240 à 480 €/sem.
Pour s'y rendre : 1 km au NE par D 680 rte du Puy Mary

Nature : 🌿 ♀
Loisirs : 🏛 ⛹ 🎿
Services : 🚿 ⚡ 📱 ⊕ 🖥
À prox. : 🐎 escalade

THIÉZAC

✉ 15800 – **330** E4 – G. Auvergne – 614 h. – alt. 805
🛈 Office de tourisme, le Bourg 𝒫 04 71 47 03 50
Paris 542 – Aurillac 26 – Murat 23 – Vic-sur-Cère 7.

⚠ **Municipal de la Bédisse** 15 juin-15 sept.
  𝒫 04 71 47 00 41, *otthiezac@wanadoo.fr* – **R** conseillée
1,5 ha (116 empl.) plat, herbeux
Tarif : ✚ 2,50 € 🚗 1,40 € ▣ 1,40 € – 🔌 (10A) 2,20 €
Pour s'y rendre : sortie SE par D 59, rte de Raulhac et à
gauche, sur les deux rives de la Cère

Nature : 🌿 ⬳ 🏕 ♀♀
Loisirs : 🏛 🎣
Services : 🚿 ⚡ 📱 ♨ 🏧 ⊕ 🖥
À prox. : ⛹ 🎿 ⛷ 🛶

177

TRIZAC

⊠ 15400 – **330** D3 – G. Auvergne – 657 h. – alt. 960
Paris 518 – Aurillac 69 – Mauriac 24 – Murat 50.

▲ **Municipal le Pioulat** mi-juin-mi-sept.
  ℘ 04 71 78 64 20, *mairie.trizac@wanadoo.fr* – **R** conseillée
  1,5 ha (60 empl.) plat, peu incliné et en terrasses, herbeux
  Tarif : ✶ 1,60 € ⇌ 1,20 € 🔲 1,40 € – (๖) (16A) 2 €
  Location : huttes
  Pour s'y rendre : Sortie S rte de Mauriac, bord d'un étang

Nature : ≤ 🗔
Loisirs : ≈ ⤸
Services : ᯤ ⚬━ ᗕ▥ 🗄 ☺ 🔲
À prox. : ✗

VIC-SUR-CÈRE

⊠ 15800 – **330** D5 – G. Auvergne – 1 890 h. – alt. 678
🚹 *Office de tourisme, avenue André Mercier* ℘ 04 71 47 50 68, Fax 04 71 47 58 56
Paris 549 – Aurillac 19 – Murat 29.

🏔 **La Pommeraie** 28 avr.-15 sept.
  ℘ 04 71 47 54 18, *pommeraie@wanadoo.fr*,
  Fax 04 71 49 63 30, *www.camping-la-pommeraie.com* –
  alt. 750 – **R** conseillée
  2,8 ha (100 empl.) en terrasses, herbeux, pierreux
  Tarif : ✶ ⇌ 🔲 25 € – (๖) (6A) 3 € – frais de réservation 16 €
  Location : 40 ⛺ (4 à 6 pers.) 150 à 650 €/sem. –
  studios
  Pour s'y rendre : 2,5 km au SE par D 54, D 154 et chemin à dr.
  À savoir : Belle situation dominante

Nature : ≶ ≤ les monts, la vallée et
la ville 🗔 ♀
Loisirs : ☕ ✗ 🚗 🕯 nocturne 🏃
✗ 🏊 centre de randonnées
Services : ᯤ ⚬━ ᗄᗆ ᗕ▥ 🗄 ♨ ☺
🛁 ╤ ♨ 🔲 sèche-linge ⚒ ╤

▲ **Municipal du Carladez** 1er avr.-28 févr.
  ℘ 04 71 47 51 04, *vic-sur-cere@wanadoo.fr*,
  Fax 04 71 47 50 59, *www.vicsurcere.com* – **R** conseillée
  3 ha (250 empl.) plat, herbeux
  Tarif : (Prix 2006) ✶ 2,70 € ⇌ 1,50 € 🔲 1,50 € –
  (๖) (6A) 2,50 € – frais de réservation 8 €
  Pour s'y rendre : rte de Salvanhac, bord de la Cère

Nature : ≤ ♀
Loisirs : 🚗 🏃
Services : ᯤ ⚬━ ᗕ▥ 🗄 ≋ ☺ 🔲
sèche-linge
À prox. : 🛒 ✗ 🎣 🏊 ⚒ 🚗

178

Haute-Loire (43)

ALLEYRAS

⊠ 43580 – **331** E4 – 231 h. – alt. 779
Paris 549 – Brioude 71 – Langogne 43 – Le Puy-en-Velay 32 – St-Chély-d'Apcher 59.

▲ **Municipal** avr.-oct.
  ℘ 04 71 57 56 86, Fax 04 71 57 56 86 – alt. 660 – **R** conseillée
  0,9 ha (60 empl.) plat et peu incliné, terrasse, herbeux
  Tarif : (Prix 2006) ✶ ⇌ 🔲 10,50 €
  Location : huttes
  Pour s'y rendre : 2,5 km au NO, à Pont-d'Alleyras, accès
  direct à l'Allier

Nature : ≶ ≤
Loisirs : 🏃
Services : ᯤ ⚬━ (juil.-août) ᗕ☺
sèche-linge sèche-linge
À prox. : ⚒ ✗ ⤸ canoë

BRIVES-CHARENSAC

⊠ 43700 – **331** F3 – 4 356 h. – alt. 607
Paris 548 – Clermont 131 – Le Puy 5 – Saint 73 – Valence 107.

▲ **Municipal d'Audinet**
  ℘ 04 71 09 10 18, *camping.audinet@wanadoo.fr*,
  Fax 04 71 09 10 18, *www.brives-charensac.fr* – alt. 610
  – **R** conseillée
  3 ha (177 empl.) plat, herbeux
  Tarif : (Prix 2006) ✶ ⇌ 🔲 10,70 € (๖) (6A)
  ⛽ 1 borne
  Pour s'y rendre : 0,5 km au S par D 15 et chemin à dr., près
  de la Loire

Nature : ≤ ♀
Loisirs : pizzeria 🚗 🏃
Services : ᯤ ⚬━ ᗕ▥ 🗄 ♨ ☺ 🔲 ⚒
À prox. : 🚲 ✗ 🎣 ≈ ⤸

CEAUX-D'ALLEGRE

✉ 43270 – **331** E2 – 412 h. – alt. 905

Paris 523 – Allègre 5 – La Chaise-Dieu 21 – Craponne-sur-Arzon 23 – Le Puy-en-Velay 25 – Retournac 38.

△ **Municipal La Vie Moderne** (location exclusive de yourtes)
     ℰ 04 71 00 79 66, *lavie.moderne@laposte.net, www.lavie moderne.com* – empl. traditionnels également disponibles – **R** conseillée
0,5 ha plat, herbeux, pierreux
Location : 5 yourtes
Pour s'y rendre : 1 km au NE par D 134, rte de Bellevue-la-Montagne et chemin à gauche, bord de la Borne et près d'un étang

> Nature : 🏞 ⌂
> Services : ⚹ ⌀ ⊙ ⊛ ☇
> À prox. : ✕ ⤳

La CHAISE-DIEU

✉ 43160 – **331** E2 – G. Auvergne – 772 h. – alt. 1 080

🏛 Office de tourisme, place de la Mairie ℰ 04 71 00 01 16, Fax 04 71 00 03 45

Paris 503 – Ambert 29 – Brioude 35 – Issoire 59 – Le Puy-en-Velay 42 – St-Étienne 81 – Yssingeaux 59.

△ **Municipal les Prades**
     ℰ 04 71 00 07 88, Fax 04 71 00 03 43
3 ha (100 empl.) peu incliné, herbeux
Location : huttes
Pour s'y rendre : 2 km au NE par D 906, rte d'Ambert, près du plan d'eau de la Tour (accès direct)

> Nature : 🌲🌲(sapinière)
> Loisirs : 🚴
> Services : ⚹ ⌀ 🍴 ⊛ 🖥
> À prox. : ✕ ⛵ 🐎 poneys

Le CHAMBON-SUR-LIGNON

✉ 43400 – **331** H3 – G. Lyon Drôme Ardèche – 2 642 h. – alt. 967

🏛 Office de tourisme, 1, rue des Quatre Saisons ℰ 04 71 59 71 56, Fax 04 71 65 88 78

Paris 573 – Annonay 48 – Lamastre 32 – Le Puy-en-Velay 45 – Privas 75 – St-Étienne 60 – Yssingeaux 22.

🅰🅰 **Les Hirondelles** 25 juin-31 août
     ℰ 04 71 59 73 84, *les.hirondelles.bader@wanadoo.fr*, Fax 04 71 65 88 80, *www.campingleshirondelles.fr* – alt. 1 000 – **R** conseillée
1 ha (45 empl.) plat, en terrasses, herbeux
Tarif : ♣ 🚐 🅴 21,65 € 🔌 (6A)
Location 🏠 : 3 🏠 (4 à 6 pers.) 255 à 480 €/sem. – 🛏 – 1 appartement
Pour s'y rendre : 1 km au S par D 151 et D 7 à gauche, rte de la Suchère
À savoir : cadre agréable dominant le village

> Nature : 🏞 ← ⌂ ♀
> Loisirs : 🍴 🏠 🚴
> Services : ⚹ ⌀ GB ♻ 🍴 ⊛ 🖥 ☇
> Au plan d'eau : 🌊 ✕ 🎣 ⛵ 🐎 (centre équestre) - À prox.: parcours sportif, golf

🅰🅰 **Le Lignon** mai-sept.
     ℰ 04 71 59 72 86, *f.valla@campingdulignon.eu*, Fax 04 71 59 72 86, *www.campingdulignon.com* – alt. 1 000 – **R** conseillée
2 ha (130 empl.) plat, herbeux
Tarif : (Prix 2006) ♣ 🚐 🅴 15,50 € 🔌 (8A)
Location : 9 bungalows toilés
Pour s'y rendre : sortie SO par D 15, rte de Mazet-sur-Voy et à dr. avant le pont, près de la rivière

> Nature : ♀
> Loisirs : 🏠 🚴 🚲
> Services : ⚹ ⌀ ♻ ▥ 🍴 ⊛ 🖥
> au plan d'eau : 🌊 ✕ 🎣 ⛵ ⤳ 🐎 (centre équestre) - parcours sportif, golf, parcours aventures

*La catégorie (1 à 5 tentes, **noires** ou rouges) que nous attribuons aux terrains sélectionnés dans ce guide est une appréciation qui nous est propre. Elle ne doit pas être confondue avec le classement (1 à 4 étoiles) établi par les services officiels.*

CHAMPAGNAC-LE-VIEUX

✉ 43440 – **331** D1 – G. Auvergne – 277 h. – alt. 880
Paris 486 – Brioude 16 – La Chaise-Dieu 25 – Clermont-Ferrand 76 – Le Puy-en-Velay 67.

Le Chanterelle 1ᵉʳ avr.-31 oct.
℘ 04 71 76 34 00, camping@champagnac.com,
Fax 04 71 76 34 00, www.champagnac.com – **R** conseillée
4 ha (90 empl.) en terrasses, herbeux, gravillons
Tarif : (Prix 2006) ♦ 2,50 € – ⇔ 1,50 € – ▣ 5 € –
[½] (10A) 2,50 €
Location : 20 ⌂ (4 à 6 pers.) 204 à 520 €/sem. – 10
bungalows toilés
Pour s'y rendre : 1,4 km au N par D 5, rte d'Auzon, et
chemin à dr.
À savoir : dans un site verdoyant, près d'un plan d'eau

Nature : ⌖ ⌂ ♡♡
Loisirs : ✇ 🏊 🎠
Services : & ⊶ ⊟ ⌕ 🏪 🗑 ☺ 🏊
🛒 🎏 🔲 sèche-linge
À prox. : 🏠 ✕ 🏊 (plage) ⌖ 🐎
(centre équestre) parcours de
santé

Benutzen Sie
 – zur Wahl der Fahrtroute
 – zur Berechnung der Entfernungen
 – zur exakten Lokalisierung eines Campingplatzes (mit Hilfe der Angaben im Ortstext)
 die für diesen Führer unentbehrlichen **MICHELIN-Karten** *im Ma1 : 150 000.*

LAVOÛTE-SUR-LOIRE

✉ 43800 – **331** F3 – 687 h. – alt. 561
Paris 540 – La Chaise-Dieu 37 – Craponne-sur-Arzon 28 – Le Puy-en-Velay 13 – St-Étienne 70 – Saugues 56.

Municipal les Longes 1ᵉʳ mai-15 sept.
℘ 04 71 08 18 79, mairie.lavoutesurloire@wanadoo.fr,
Fax 04 71 08 16 96, www.cc/emblavez.fr – **R** conseillée
1 ha (57 empl.) plat, herbeux
Tarif : ♦ 2,15 € – ⇔ 1,80 € – ▣ 2,15 € – [½] (10A) 1,90 €
Location (permanent) 🚫 : 5 ⌂ (4 à 6 pers.) 150 à
420 €/sem.
Pour s'y rendre : 1 km à l'E par D 7, rte de Rosières
puis 0,4 km par rue à gauche, près de la Loire (accès
direct)

Nature : ≤ ⌂
Loisirs : ✕
Services : & ⊶ ⌕ 🗑 ☺ 🔲
À prox. : 🛶 ⌖

MONISTROL-D'ALLIER

✉ 43580 – **331** D4 – G. Auvergne – 256 h. – alt. 590
Paris 535 – Brioude 58 – Langogne 56 – Le Puy-en-Velay 28 – St-Chély-d'Apcher 57 – Saugues 16.

Municipal le Vivier 1ᵉʳ avr.-15 févr.
℘ 04 71 57 24 14, mairie.monistroldallier@wanadoo.fr,
Fax 04 71 57 25 03, www.monistroldallier.com – **R** conseillée
1 ha (48 empl.) plat, herbeux, pierreux
Tarif : ♦ ⇔ ▣ 12,90 € [½] (10A)
Pour s'y rendre : Au S du bourg, près de l'Allier (accès
direct)

Nature : ≤ ♀
Loisirs : 🏊
Services : & ⊶ ⌕ 🗑 ☺
À prox. : pizzeria 🏊 ⌖ ✕ 🎿 🔲
sports en eaux vives

PAULHAGUET

✉ 43230 – **331** D2 – 981 h. – alt. 562
🅸 Office de tourisme, place Lafayette ℘ 04 71 76 62 67
Paris 495 – Brioude 18 – La Chaise-Dieu 24 – Langeac 15 – Le Puy-en-Velay 47.

La Fridière déb.avr.-15 déc.
℘ 04 71 76 65 54, camping.paulhaguet@wanadoo.fr,
www.campingfr.nl – **R** conseillée
3 ha (45 empl.) plat, herbeux
Tarif : ♦ ⇔ ▣ 8,50 € – [½] (16A) 3,50 €
🚐 1 borne
Pour s'y rendre : SE : par D 4, bord de la Senouire

Nature : ⌖ ⌂
Loisirs : 🍷 🏊 🏊 ⌖
Services : & ⊶ 🏪 🗑 ☺ 🏊 🛒 🎏 🔲
À prox. : 🚐

Le PUY-EN-VELAY

⊠ 43000 – **331** F3 – G. Auvergne – 20 490 h. – alt. 629

🏢 *Office de tourisme, place du Clauzel* ℘ *04 71 09 38 41, Fax 04 71 05 22 62*

Paris 539 – Aurillac 168 – Clermont-Ferrand 129 – Lyon 134 – Mende 87 – St-Étienne 76 – Valence 110.

⚠ **Camping du Puy-en-Velay** 15 mars-oct.
℘ 04 71 09 55 09 – **R** conseillée
1 ha (80 empl.) plat, herbeux
Tarif : 🏕 2,75 € – 🚗 1,70 € – 🔲 2,90 € – 🔌 (6A) 3,05 €
🚐 1 borne 3,05 € – 10 🔲 8,65 €
Pour s'y rendre : NO : à Aiguilhe, bord de la Borme

Nature : 🌳🌳
Loisirs : 🏠
Services : 🚻 ⚡ 🚗 ▦ 🗑 ⟲ 🚿 @ 🔲
À prox. : 🍴 📺 🛶

ST-DIDIER-EN-VELAY

⊠ 43140 – **331** H2 – 2 891 h. – alt. 830

🏢 *Office de tourisme, 11, rue de l'ancien Hôtel de Ville* ℘ *04 71 66 25 72, Fax 04 71 61 25 83*

Paris 538 – Annonay 49 – Monistrol-sur-Loire 11 – Le Puy-en-Velay 58 – St-Étienne 25.

⚠ **La Fressange** mai-sept.
℘ 04 71 66 25 28, Fax 04 71 66 25 28 – **R** conseillée
1,5 ha (104 empl.) incliné, peu incliné, en terrasses, herbeux
Tarif : (Prix 2006) 🏕 🚗 🔲 14 € 🔌 (5A)
Location : 11 🏠
Pour s'y rendre : 0,8 km au SE par D 45 rte de St-Romain-Lachalm et à gauche, bord d'un ruisseau

Loisirs : 🏓 🚲
Services : 🚻 ⚡ 🆖 🚗 🗑 ⟲ 🚿 @ 🔲
À prox. : 🍴 🛶 **parcours sportif**

ST-PAULIEN

⊠ 43350 – **331** E3 – 1 912 h. – alt. 795

🏢 *Office de tourisme, place Saint-Georges* ℘ *04 71 00 50 01, Fax 04 71 00 50 01*

Paris 529 – La Chaise-Dieu 28 – Craponne-sur-Arzon 25 – Le Puy-en-Velay 14 – St-Étienne 89 – Saugues 44.

181

⚠ **La Rochelambert** 1er mai-30 sept.
℘ 04 71 00 54 02, *info@camping-rochelambert.com*,
Fax 04 71 00 54 32, *www.camping-rochelambert.com*
– **R** conseillée
3 ha (100 empl.) plat, herbeux, en terrasses
Tarif : 🏕 3,60 € – 🚗 1,95 € – 🔲 2,90 € – 🔌 (10A) 2,90 €
Location : 11 🏠 (4 à 6 pers.) 251 à 415 €/sem. – huttes
🚐 1 borne – 3 🔲 13 €
Pour s'y rendre : 2,7 km au SO par D 13, rte d'Allègre et D 25 à gauche, rte de Loudes, près de la Borne (accès direct)

Nature : 🗇
Loisirs : 🍸 snack 🏓 🍴 🛶
Services : 🚻 ⚡ 🚗 🗑 @ 🔲 sèche-linge

STE-SIGOLÈNE

⊠ 43600 – **331** H2 – 5 432 h. – alt. 808

🏢 *Office de tourisme, place du 8 mai* ℘ *04 71 66 13 07*

Paris 551 – Annonay 50 – Monistrol-sur-Loire 8 – Montfaucon-en-Velay 14 – Le Puy-en-Velay 55 – St-Étienne 39.

⚠ **Camping de Vaubarlet** 👥 – 1er mai-30 sept.
℘ 04 71 66 64 95, *camping@vaubarlet.com*,
Fax 04 71 66 11 98, *www.vaubarlet.com* – alt. 600
– **R** conseillée
15 ha/3 campables (131 empl.) plat, herbeux
Tarif : 🏕 🚗 🔲 14 € – 🔌 (6A) 3 € – frais de réservation 15 €
Location : 12 🚐 (4 à 6 pers.) 180 à 590 €/sem. –
5 🏠 (4 à 6 pers.) 180 à 590 €/sem. – 12 bungalows toilés
Pour s'y rendre : 6 km au SO par D 43, rte de Grazac
À savoir : dans une vallée verdoyante traversée par la Dunière

Nature : 🦌 🌊
Loisirs : 🍸 pizzeria 🏠 🍴 diurne 🎠 🏓 🚲 🛶
Services : 🚻 ⚡ 🆖 🚗 🗑 🛁 @ 📞 🔲 sèche-linge 🧺

SAUGUES

📩 43170 – **331** D4 – G. Auvergne – 2 013 h. – alt. 960
🔲 *Office de tourisme, cours Dr Gervais* 📞 *04 71 77 71 38, Fax 04 71 77 71 38*
Paris 529 – Brioude 51 – Mende 72 – Le Puy-en-Velay 43 – St-Chély-d'Apcher 42 – St-Flour 52.

Municipal Sporting de la Seuge 15 avr.-15 nov.
📞 04 71 77 80 62, *adm.mairie-saugues@wanadoo.fr,*
Fax 04 71 77 66 40, *www.mairie-saugues.com*
3 ha (112 empl.) plat, herbeux, pierreux
Tarif : 🧍 9,20 € 🚗 1,60 € 🔲 10,60 € – 🔌 (10A) 2,50 €
Location (permanent) : 15 🏠 (4 à 6 pers.) 185 à
455 €/sem.
Pour s'y rendre : Sortie O par D 589, rte du Malzieu-Ville et à
dr., bord de la Seuge et près de deux plans d'eau et d'une pinède

> Nature : ≤ ♀
> Loisirs : 🏛 🏊 🎯 🍴 ⛵ 🎣
> Services : 🚿 🌐 🍽 📻 🛎 ⚙ 📧 🔲 sè-
> che-linge
> À prox. : 🛒 🏊 🔲 🐴 🐎 parcours
> sportif, terrain omnisports, pédalos

VOREY

📩 43800 – **331** F2 – 1 451 h. – alt. 540
🔲 *Office de tourisme, rue Louis Jouvet* 📞 04 71 01 30 67
Paris 544 – Ambert 53 – Craponne-sur-Arzon 18 – Le Puy en Velay 23 – St-Étienne 70 – Yssingeaux 28.

Les Moulettes 1er mai-15 sept.
📞 04 71 03 70 48, *campinglesmoulettes@libertysurf.fr,*
www.camping-les-moulettes.fr – **R** conseillée
1,3 ha (45 empl.) plat, herbeux
Tarif : 🧍 🚗 🔲 14,40 € 🔌 (10A)
Location : 6 🚐 (4 à 6 pers.) 250 à 420 €/sem.
Pour s'y rendre : À l'O du centre bourg, bord de l'Arzon

> Nature : 🌳 ♀♀
> Loisirs : 🍴 snack 🏛 🏊 🎯 🎣
> Services : 🚿 ⚡ 🍽 📻 ⚙ 🛎 🌀 🔲
> À prox. : 🍴 🎣 🚲

Puy-de-Dôme (63)

AMBERT

📩 63600 – **326** J9 – G. Auvergne – 7 309 h. – alt. 535
🔲 *Office de tourisme, 4, place de Hôtel de Ville* 📞 04 73 82 61 90, Fax 04 73 82 48 36
Paris 438 – Brioude 63 – Clermont-Ferrand 77 – Montbrison 47 – Le Puy-en-Velay 71 – Thiers 53.

Municipal Les Trois Chênes 8 mai-30 sept.
📞 04 73 82 34 68, *tourisme@ville-ambert.fr,*
Fax 04 73 82 12 01 – **R** conseillée
3 ha (120 empl.) plat, herbeux
Tarif : 🧍 4,10 € 🚗 2,20 € 🔲 3,60 € – 🔌 (10A) 3 €
Location (permanent) : 19 🏠 (4 à 6 pers.) 280 à
480 €/sem.
🚐 1 borne 2 € – 5 🔲 14,60 €
Pour s'y rendre : 1,5 km au S par D 906, rte de la Chaise-
Dieu, près de la Dore
À savoir : Agréable cadre verdoyant

> Nature : ≤ 🌳 ♀♀
> Loisirs : 🏛 🔲 🏊
> Services : 🚿 ⚡ 🌐 🍽 📻 🛎 ⚙ 🌀
> 🌀 🔲 sèche-linge
> Au plan d'eau : 🍴 🏊 🎯 ⛵ 🏊 ter-
> rain omnisports, parcours de santé
> - 🍴 snack 🚲

Les ANCIZES-COMPS

📩 63770 – **326** D7 – G. Auvergne – 1 821 h. – alt. 710
🔲 *Office de tourisme, rue du Pont du Bouchet* 📞 04 73 86 86 19, Fax 04 73 86 83 71
Paris 392 – Clermont-Ferrand 36 – Pontaumur 17 – Pontgibaud 19 – Riom 32 – St-Gervais-d'Auvergne 17.

Comps-les-Fades mai-sept.
📞 04 73 86 81 64, *ancizes.tourisme@wanadoo.fr,*
Fax 04 73 86 83 71 – **R** conseillée
2,3 ha (90 empl.) peu incliné, herbeux
Tarif : (Prix 2006) 🧍 🚗 🔲 8 €
Location : 5 🏠 (4 à 6 pers.) 200 à 390 €/sem.
Pour s'y rendre : 1,8 km au N par D 62 et rte de Comps à
gauche

> Nature : 🐿 🌳 ♀
> Loisirs : 🍴 🏊
> Services : 🚿 ⚡ (juil.-août) 🍽 📻 🌀
> ⚙ 🔲
> À prox. : 🛒 🚲 🎣 🔲 ⛵ 🐴 🐎

AYDAT

✉ 63970 – **326** E9 – G. Auvergne – 1 647 h. – alt. 850

🅸 *Office de tourisme, le Lac* 𝒫 04 73 79 37 69

Paris 438 – La Bourboule 33 – Clermont-Ferrand 21 – Issoire 38 – Pontgibaud 31 – Rochefort-Montagne 28.

Camping du Lac Aydat 1er avr.-30 sept.
𝒫 04 73 79 38 09, info@camping-lac-aydat.com,
Fax 04 73 79 34 13, www.campingchadelas.com
– **R** conseillée
7 ha (150 empl.) accidenté et plat, en terrasses, herbeux,
pierreux
Tarif : 🛉 5 € – 🚗 2 € 🗐 9 € – 🔌 (10A) 4 € – frais de réservation 20 €
Location (permanent) : 4 🛏 (2 à 4 pers.) 150 à
380 €/sem. – 20 🛖 (4 à 6 pers.) 200 à 450 €/sem. – 14
🛖 (4 à 6 pers.) 290 à 610 €/sem.
🚐 1 borne
Pour s'y rendre : 2 km au NE par D 90 et chemin à dr., près
du lac
À savoir : Agréable pinède

> Nature : 🟊🟊
> Loisirs : 🍸 snack 🔲 🏓 ⛹
> Services : 🔥 ⚡ 🔲 🏧 🏪 🧺 🛒 ⚐
> 🏠 sèche-linge
> À prox. : 🚣 ⛷ ⛵ 🚲 🏊 (plage)
> 🌊 🐎

Des Volcans juin-fin août
𝒫 04 73 79 33 90, keith_harvey@compuserve.com,
Fax 04 73 79 33 90 – alt. 1 020 – **R** conseillée
1,3 ha (54 empl.) peu incliné, herbeux
Tarif : (Prix 2006) 🛉 2,60 € – 🚗 1 € 🗐 2 € – 🔌 (4A) 2,60 €
Pour s'y rendre : À la Garandie, O : 3,2 km d'Aydat par
D 788

> Nature : 🦎 ⬇ ♀
> Loisirs : 🎣
> Services : ⚡ 🏧 ⚐
> au lac : 🍸 snack 🚣 🚲 🏊 (plage) 🌊
> 🐎 mur d'escalade

BAGNOLS

✉ 63810 – **326** C9 – G. Auvergne – 532 h. – alt. 862

Paris 483 – Bort-les-Orgues 19 – La Bourboule 23 – Bourg-Lastic 38 – Clermont-Ferrand 64.

Municipal la Thialle 8 avr.-6 nov.
𝒫 04 73 22 28 00, mairie.bagnols63@wanadoo.fr,
Fax 04 73 22 20 04 – **R** conseillée
2,8 ha (70 empl.) plat, herbeux, gravillons
Tarif : (Prix 2006) 🛉 2,50 € – 🚗 1,50 € 🗐 1,70 € –
🔌 (10A) 3,80 €
Location : 3 🛖 (4 à 6 pers.) 212 à 416 €/sem. – huttes
Pour s'y rendre : Sortie SE par D 25, rte de St-Donat, bord
de la Thialle

> Nature : ♀
> Loisirs : 🔲 🏓 🔒 🏊 (petite piscine)
> Services : 🔥 ⚡ (saison) 🏧 🏪 🛒 ⚐
> 🏠
> À prox. : 🛶 ✗

BILLOM

✉ 63160 – **326** H8 – G. Auvergne – 4 246 h. – alt. 340

🅸 *Office de tourisme, 13, rue Carnot* 𝒫 04 73 68 39 85, Fax 04 73 68 38 91

Paris 437 – Clermont-Ferrand 28 – Cunlhat 30 – Issoire 31 – Thiers 27.

Municipal le Colombier juin-mi-sept.
𝒫 04 73 68 91 50, mairie-billom@wanadoo.fr,
Fax 04 73 73 37 60, www.billon.fr – **R** conseillée
1 ha (40 empl.) plat et peu incliné, herbeux
Tarif : (Prix 2006) 🛉 1,20 € – 🚗 2 € 🗐 2,50 € – 🔌 2,50 €
Location (permanent) : 12 🛖 (4 à 6 pers.) 320 à
351 €/sem.
Pour s'y rendre : Au NE de la localité par rte de Lezoux et
rue des Tennis

> Nature : 🔲 ♀
> Loisirs : 🔲 🏓
> Services : 🔥 ⚡ 🔲 🏧 🛒 ⚐ 🏠
> À prox. : 🛒 ✗ 🎣 🔲 🔒 🐎

Avant de vous installer, consultez les tarifs en cours,
affichés obligatoirement à l'entrée du terrain,
et renseignez-vous sur les conditions particulières de séjour.
Les indications portées dans le guide ont pu être modifiées depuis la mise à jour.

La BOURBOULE

✉ 63150 – **326** D9 – G. Auvergne – 2 043 h. – alt. 880 – ♨ (début février-fin oct.)
🛈 *Office de tourisme, place de la République* ✆ 04 73 65 57 71, Fax 04 73 65 50 21
Paris 469 – Aubusson 82 – Clermont-Ferrand 50 – Mauriac 71 – Ussel 51.

Les Clarines fermé 13 nov.-19 déc.

✆ 04 73 81 02 30, *clarines.les@wanadoo.fr*,
Fax 04 73 81 09 34, *www.camping-les-clarines.com*
– **R** conseillée
3,75 ha (194 empl.) incliné, peu incliné, en terrasses,
herbeux, gravillons
Tarif : ♟ ⊷ 🅔 12,95 € – 🔌 (10A) 5,79 €
Location : 24 ⏢ (4 à 6 pers.) 200 à 595 €/sem.
– gîtes
Pour s'y rendre : av. du Gén.-Leclerc

> Nature : ♀♀
> Loisirs : ▼ ⌂ ☺ diurne ⚓ ⚲
> Services : ⊶ GB ⚙ 🖫 ♨ ⚲ ⊕ ♨
> ⟲ ⟲ sèche-linge
> À prox. : ⊰ ⚓

Municipal les Vernières Permanent

✆ 04 73 81 10 20, *ville-labourboule@wanadoo.fr*,
Fax 04 73 65 54 98
1,5 ha (165 empl.) plat et terrasse, herbeux
Tarif : (Prix 2006) ♟ ⊷ 🅔 5,55 € – 🔌 (10A) 2,70 €
Pour s'y rendre : Sortie E par D 130, rte du Mont-Dore,
près de la Dordogne

> Nature : ≤ ⌂ ♀
> Loisirs : ⌂ ⚲
> Services : ♿ ⊶ (2 avr.-30 sept.) ♨
> 🖩 🖫 ⊕ ♨
> À prox. : ⚒ 🖳 ⚲

Benutzen Sie
– zur Wahl der Fahrtroute
– zur Berechnung der Entfernungen
– zur exakten Lokalisierung eines Campingplatzes (mit Hilfe der Angaben im Ortstext)
die für diesen Führer unentbehrlichen **MICHELIN-Karten** *im Ma1 : 150 000.*

CEYRAT

✉ 63122 – **326** F8 – G. Auvergne – 5 593 h. – alt. 560
🛈 *Syndicat d'initiative, 1, rue Frédéric Brunmurol* ✆ 04 73 61 53 23
Paris 423 – Clermont-Ferrand 6 – Issoire 36 – Le Mont-Dore 42 – Royat 5.

Le Chanset Permanent

✆ 04 73 61 30 73, *camping.lechanset@wanadoo.fr*,
Fax 04 73 61 30 73, *www.ceyrat.com* – alt. 600 – **R** conseil-
lée
5 ha (140 empl.) plat et incliné, herbeux
Tarif : ♟ 3 € ⊷ 1,90 € 🅔 5,55 € – 🔌 (10A) 3,60 €
Location : 15 ⏢ (4 à 6 pers.) 130 à 520 €/sem.
⏢ 1 borne 2 €
Pour s'y rendre : Av. J.-B.-Marrou

> Nature : ♀
> Loisirs : ▼ snack ⌂ ♨ ⚲
> Services : ♿ ⊶ GB ⚙ 🖫 ⊕
> ⚲ ⟲ 🖩 sèche-linge ⚲ ♨

CHAMBON-SUR-LAC

✉ 63790 – **326** E9 – G. Auvergne – alt. 877 – Sports d'hiver : 1 150/1 760 m ⚞9 ⚲
Paris 456 – Clermont-Ferrand 37 – Condat 39 – Issoire 32 – Le Mont-Dore 18.

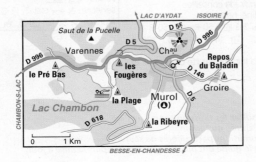

▲▲▲ **Le Pré Bas** ▲▲ – 1er mai-30 sept.
℘ 04 73 88 63 04, *prebas@campingauvergne.com*,
Fax 04 73 88 65 93, *www.campingauvergne.com* – **R** indispensable
3,8 ha (180 empl.) plat et peu incliné, herbeux
Tarif : ♦ 5 € ⟵ 2,10 € 🔲 9,50 € – 🔌 (6A) 4,40 € – frais de réservation 15 €
Location (mi-avr.-30 sept.) : 81 🚐 (4 à 6 pers.) 193 à 732 €/sem.
🚐 1 borne 9 €
Pour s'y rendre : à Varennes, près du lac (accès direct)
À savoir : belle décoration florale et arbustive

> Nature : ⟨ 🏕 ♨
> Loisirs : 🍴 snack, pizzeria 🏓 ⛱ 🎯
> ⚕ 🏊 ⛷ terrain omnisports
> Services : & ⚡ GB ⚙ 🗄 🛒 ⊕ ☎
> 📶 🖼 sèche-linge ⚘
> À prox. : 🚲 ⛵ 🛶 canoë, quad

▲▲ **Serrette** juin-mi-sept.
℘ 04 73 88 67 67, *camping.de.serrette@wanadoo.fr*,
Fax 04 73 88 81 73, *http://perso.wanadoo.fr/cam
ping.de.serrette* – alt. 1 000 – **R** conseillée
2 ha (75 empl.) en terrasses, incliné, herbeux, pierreux
Tarif : (Prix 2006) ♦ ⟵ 🔲 17,50 € 🔌 (6A) – frais de réservation 10 €
Location ⚘ : 6 🚐 (2 à 4 pers.) 150 à 350 €/sem. – 4 🚐 (4 à 6 pers.) 350 à 550 €/sem.
Pour s'y rendre : O : 2,5 km par D 996, rte du Mont-Dore et D 636 (à gauche) rte de Chambon des Neiges (hors schéma)

> Nature : 🌳 ⟨ lac et montagnes ♨
> Loisirs : 🏓 🖼 (découverte l'été)
> Services : & ⚡ ⚙ 🗄 ⊕ 🖼
> Au lac : 🍴 ⛱ ⛵ (plage) 🐎

▲▲ **La Plage** mai-sept.
℘ 04 73 88 60 04, *lac-chambon@wanadoo.fr*,
Fax 04 73 88 80 08, *www.lac-chambon-plage.com*
– **R** conseillée
7 ha (372 empl.) plat, incliné, en terrasses, herbeux, pierreux
Tarif : (Prix 2006) ♦ ⟵ 🔲 16,50 €
Location : 18 🏠 (4 à 6 pers.) 300 à 570 €/sem. – 10 ⛺ – hôtel
Pour s'y rendre : 3 km à l'E par D 996, rte de Murol et chemin à dr.
À savoir : Agréable situation près du lac

> Nature : ⟨ 🏕 ♨♨ 🏔
> Loisirs : 🍴 ✕ 🏓 salle d'animation
> et de spectacles ⚕ ⛹ 🐾 🎣
> Services : & ⚡ (juil.-août) GB ⚙
> 🗄 🛒 ⊕ 🖼 sèche-linge 🚲 ⚘

185

▲▲ **les Bombes** 17 mai-30 sept.
℘ 04 73 88 64 03, *les-bombes.camping@orange.fr*,
Fax 04 73 88 64 03 – **R** conseillée
5 ha (150 empl.) plat, herbeux
Tarif : (Prix 2006) ♦ ⟵ 🔲 9,90 € – 🔌 (6A) 4,50 €
Location : 5 🏠 (4 à 6 pers.) 270 à 600 €/sem.
Pour s'y rendre : à l'E de Chambon-sur-Lac vers rte de Murol et à droite, bord de la Couze de Chambon (hors schéma)
À savoir : location à la nuitée hors sais.

> Nature : ⟨ Vallée de Chaudefour ♨
> Loisirs : snack 🏓 ⚕ 🏊
> Services : & ⚡ GB ⚙ 🗄 ⊕ 🖼 ⚘
> Au lac : 🏖 ⛵ (plage) 🐎

CHÂTEAUNEUF-LES-BAINS

✉ 63390 – **326** E6 – G. Auvergne – 303 h. – alt. 390 – 🏛 (mai-oct.)
Paris 381 – Aubusson 81 – Clermont-Ferrand 50 – Montluçon 56 – Riom 33 – Ussel 102.

▲ **Municipal les Prés Dimanche** 1er mai-mi-oct.
℘ 04 73 86 41 50, *mairie-chat-les-bains@wanadoo.fr*,
Fax 04 73 86 41 71, *www.chateauneuflesbains.com*
– **R** conseillée
0,5 ha (45 empl.) plat, herbeux, pierreux
Tarif : ♦ ⟵ 🔲 10 € 🔌 (8A)
Pour s'y rendre : Sortie NE par D 109, rte de Pont-de-Menat, près de la Sioule (accès direct)

> Nature : ⟨ 🏕
> Loisirs : 🏓 ⚕
> Services : & ⚡ ⚙ 🗄 ⊕ 🖼 sèche-linge
> À prox. : 🏹 🍴 ✕ ⛹ 🐾 ⛵ 🛶 🐎 canoë

CHÂTELGUYON

✉ 63140 – **326** F7 – G. Auvergne – 5 241 h. – alt. 430 – ⚑ (début mai-fin sept.)
🛈 *Office de tourisme, 1, avenue de l'Europe* ☎ *04 73 86 01 17, Fax 04 73 86 27 03*
Paris 411 – Aubusson 93 – Clermont-Ferrand 21 – Gannat 31 – Vichy 43 – Volvic 11.

Clos de Balanède ♣♣ – 10 avr.-3 oct.
☎ 04 73 86 02 47, *clos-balanede.sarl-camping@wanadoo.fr, Fax 04 73 86 05 64, www.balanede.com* – **R** conseillée
4 ha (285 empl.) plat et peu incliné, herbeux
Tarif : ♣ 4,50 € – ⛺ 1,40 € 2,70 € – ⒢ (10A) 3,90 €
Location : 33 🛖 (4 à 6 pers.) 310 à 480 €/sem.
🚐 1 borne 13 € – 19 🔲 17 €
Pour s'y rendre : sortie SE par D 985, rte de Riom

| Nature : 🌳🌳 |
| Loisirs : 🍽 snack 🎮 🏊 🏃 🐎 🚲 |
| Services : 🚿 🔌 🆖 🚗 🛒 🚮 ⊕ 🧺 sèche-linge 🧺 |

COURNON-D'AUVERGNE

✉ 63800 – **326** G8 – G. Auvergne – 18 866 h. – alt. 380 – Base de loisirs
Paris 422 – Clermont-Ferrand 12 – Issoire 31 – Le Mont-Dore 54 – Thiers 40 – Vichy 61.

Municipal le Pré des Laveuses fermé en mars
☎ 04 73 84 81 30, *camping@cournon-auvergne.fr,*
Fax 04 73 84 65 90, *www.cournon-auvergne.fr/camping* – **R** conseillée
5 ha (150 empl.) plat, herbeux, pierreux, gravier
Tarif : ♣ ⛺ 🔲 7,90 € – ⒢ (10A) 4,55 €
Location (permanent) 🚫 : 18 🛖 (4 à 6 pers.) 233 à 396 €/sem.
🚐 1 borne – 15 🔲 4,10 €
Pour s'y rendre : 1,5 km à l'E par rte de Billom et rte de la plage à gauche
À savoir : entre un plan d'eau aménagé et l'Allier

| Nature : 🌳🌳 ⛰ |
| Loisirs : 🍽 🎮 🐎 |
| Services : 🚿 🔌 (1er juil.-fin août) 🆖 🚗 🚮 ⊕ 🧺 sèche-linge |
| À prox. : 🛒 🐎 🏊 (couverte l'hiver) ⛵ |

186

COURPIÈRE

✉ 63120 – **326** I8 – G. Auvergne – 4 612 h. – alt. 320
🛈 *Office de tourisme, place de la Cité Administrative* ☎ *04 73 51 20 27, Fax 04 73 51 20 27*
Paris 399 – Ambert 40 – Clermont-Ferrand 50 – Issoire 53 – Lezoux 18 – Thiers 15.

Municipal les Taillades 30 juin-15 sept.
☎ 04 73 51 22 80, *mairie.courpiere@wanadoo.fr,*
Fax 04 73 51 21 55 – **R** conseillée
0,5 ha (40 empl.) plat, herbeux
Tarif : ♣ 2,60 € ⛺ 3,70 € 🔲 7,90 € – ⒢ (10A) 4 €
Pour s'y rendre : Sortie Sud par D 906, rte d'Ambert, D 7 à gauche, rte d'Aubusson-d'Auvergne et chemin à droite, à la piscine et près d'un ruisseau

| Nature : 🏞 🚐 |
| Loisirs : 🏊 |
| Services : 🚿 🔌 🚗 🚮 ⊕ 🏢 |
| À prox. : 🛒 🚲 🏓 🐎 (centre équestre) |

CUNLHAT

✉ 63590 – **326** I9 – 1 350 h. – alt. 700
🛈 *Office de tourisme, 8, Grande Rue* ☎ *04 73 82 57 00*
Paris 420 – Ambert 26 – Clermont-Ferrand 58 – Issoire 38 – Thiers 36.

La Barge 2 juin-16 sept.
☎ 04 73 82 57 10, *info@camping-massifcentral.com,*
Fax 04 73 82 57 15, *www.revea-vacances.fr* – **R** conseillée
6 ha/1 campable plat et en terrasses, herbeux
Tarif : (Prix 2006) ♣ ⛺ 🔲 8,50 € – ⒢ (5A) 3 € – frais de réservation 10 €
Location (30 mars-27 oct.) : 20 🛖 (4 à 6 pers.) 193 à 397 €/sem.
Pour s'y rendre : S : 1,2 km par D 105, rte de St-Amant-Roche-Savine, à la base de loisirs, près d'un plan d'eau

| Nature : ≼ |
| Loisirs : 🎮 🏓 |
| Services : 🚿 🆖 🚗 ⊕ 🏢 |
| Au plan d'eau : 🍽 🏓 🐎 🎿 🛶 |
| (plage) ⛷ |

ISSOIRE

✉ 63500 – **326** G9 – G. Auvergne – 13 773 h. – alt. 400

🛈 *Office de tourisme, place Charles de Gaulle* 📞 *04 73 89 15 90, Fax 04 73 89 96 13*

Paris 446 – Aurillac 121 – Clermont-Ferrand 36 – Le Puy-en-Velay 94 – Rodez 177 – St-Étienne 173 – Thiers 56 – Tulle 169.

La Grange Fort 7 avr.-15 oct.
📞 04 73 71 02 43, *chateau@lagrangefort.com,*
Fax 04 73 71 07 69, *www.lagrangefort.com* – par A 75 sortie 13 dir. Parentignat – **R** conseillée
23 ha/4 campables (120 empl.) plat, peu incliné, herbeux
Tarif : ★ 5,95 € – ⛟ 2,50 € – 🅴 8,90 € – [₰] (6A) 3 € – frais de réservation 25 €
Location (permanent) 🏠 : 8 [🚐] (4 à 6 pers.) 250 à 695 €/sem. – 16 🏠 (4 à 6 pers.) 365 à 725 €/sem. – 🛏 – appartements
[🚐] 1 borne
Pour s'y rendre : 4 km au SE par D 996, rte de la Chaise-Dieu puis à dr., 3 km par D 34, rte d'Auzat-sur-Allier
À savoir : Autour d'un pittoresque château médiéval dominant l'Allier

> Nature : 🏞 ← 🗭 ♀
> Loisirs : ▾ ✗ snack 🛏 🍴 ⚐🚲
> 🗶 🖂 🍴
> Services : ♿ ⚷ 🅿 GB 🔌 ▥ 🗄 ♨
> ⚲ ☺ 🗘 🖳 🖩 sèche-linge 🗲

Municipal du Mas 1er avr.-31 oct.
📞 04 73 89 03 59, *camping-mas@wanadoo.fr,*
Fax 04 73 89 41 05, *http://monsite.wanadoo.fr/cam pingmas* – **R** conseillée
3 ha (138 empl.) plat, herbeux
Tarif : ★ ⛟ 🅴 6,10 € – [₰] (10A) 2,60 €
[🚐] 1 borne – 8 🅴 2,45 €
Pour s'y rendre : 2,5 km à l'E par D 9, rte d'Orbeil et à dr., à 50 m d'un plan d'eau et à 300 m de l'Allier. Par A 75 sortie 12

> Nature : ← ♀
> Loisirs : 🛏 🏕 diurne ⚐ ⓜ
> Services : ⚷ GB 🔌 ▥ 🗄 ☺ ⚲ 🖙
> 🗘 🖩 sèche-linge
> À prox. : 🏓 ✗ 🚲 🏊 🗶 🏌 bowling, VTT

LAPEYROUSE

✉ 63700 – **326** E5 – 587 h. – alt. 510

Paris 350 – Clermont-Ferrand 74 – Commentry 15 – Montmarault 14 – St-Éloy-les-Mines 14 – Vichy 55.

Municipal les Marins mi-juin-déb. sept.
📞 04 73 52 02 73, *lapeyrouse63@free.fr,*
Fax 04 73 52 03 89, *http://63lapeyrouse.free.fr* – **R** conseillée
2 ha (68 empl.) plat, herbeux
Tarif : (Prix 2006) ★ ⛟ 🅴 15 €
Location (permanent) : 6 🏠 (4 à 6 pers.) 450 à 550 €/sem.
Pour s'y rendre : 2 km au SE par D 998, rte d'Echassières et D 100 à dr., rte de Durmignat
À savoir : Décoration arbustive des emplacements, près d'un plan d'eau

> Nature : 🏞 🗭
> Loisirs : 🛏 🏕 🚲 🏊 (plage) 🗘
> Services : ⚷ ⚷ 🔌 🗄 ☺ ⊕ 🖩
> À prox. : ▾ 🗶

MONTAIGUT-LE-BLANC

✉ 63320 – **326** F9 – G. Auvergne – 601 h. – alt. 500

Paris 443 – Clermont-Ferrand 33 – Issoire 17 – Pontgibaud 46 – Rochefort-Montagne 43 – St-Nectaire 10.

Municipal le Pré 15 mai-30 sept.
📞 04 73 96 75 07, *montaigut-le-blanc@wanadoo.fr,*
Fax 04 73 96 70 05, *www.ville-montaigut-le-blanc.fr*
– **R** conseillée
3 ha (100 empl.) plat, herbeux
Tarif : (Prix 2006) ★ ⛟ 🅴 6,80 € – [₰] (6A) 3,60 € – frais de réservation 15 €
Pour s'y rendre : au bourg, près de la poste, bord de la Couze de Chambon

> Nature : ← 🗭 ♀
> Loisirs : 🛏 🏕
> Services : ⚷ ⚷ 🔌 🗄 ⊕ 🖩
> À prox. : 🗶 ⓜ 🍴

Le MONT-DORE

✉ 63240 – **326** D9 – G. Auvergne – 1 682 h. – alt. 1 050 – ⚓ (début mai-fin oct.) – Sports d'hiver : 1 050/1 850 m 🚡2 🎿18 🎿

🛈 *Office de tourisme, avenue de la Libération* 🕿 *04 73 65 20 21, Fax 04 73 65 05 71*
Paris 462 – Aubusson 87 – Clermont-Ferrand 43 – Issoire 49 – Mauriac 77 – Ussel 56.

Municipal l'Esquiladou 24 avr.-mi-oct.
🕿 *04 73 65 23 74, camping.esquiladou@wanadoo.fr,*
Fax 04 73 65 23 74 – alt. 1 010 – **R** conseillée
1,8 ha (100 empl.) en terrasses, gravillons
Tarif : (Prix 2006) 🛉 ⬅ 🗉 6,50 € – 🔌 (10A) 5,45 €
Location (1er janv.-mi-oct.) : 17 🚐 (4 à 6 pers.) 250 à
500 €/sem.
Pour s'y rendre : à Queureuilh, par D 996, rte de Murat-le-
Quaire et rte des cascades à dr.
À savoir : dans un site montagneux, verdoyant et boisé

> Nature : ≤ ☐
> Loisirs : 🎦 🏃
> Services : 🚻 ⛽ GB 🚗 🏢 🗐 ⊙ 🗑
> sèche-linge
> À prox. : ✂ 🏊 ☐ 🎿 🚣

MURAT-LE-QUAIRE

✉ 63150 – **326** D9 – G. Auvergne – 499 h. – alt. 1 050
Paris 478 – Clermont 45 – Aurillac 120 – Cournon 60 – Riom 60.

Le Panoramique mai-sept.
🕿 *04 73 81 18 79, camping.panoramique@wanadoo.fr,*
Fax 04 73 65 57 34, *http.//menbres.lycos.fr/campingpano*
ramique/ – alt. 1 000 – **R** conseillée
3 ha (85 empl.) en terrasses, herbeux
Tarif : 🛉 ⬅ 🗉 14,80 € – 🔌 (6A) 4,30 €
🚐 1 borne 3 € – 10 🗉
Pour s'y rendre : 1,4 km à l'E par D 219, rte du Mont-Dore
et chemin à gauche
À savoir : Belle situation dominante

> Nature : 🌲 ≤ Les Monts Dore et la
> vallée
> Loisirs : 🍴 snack 🎦 🏃 🎿
> Services : 🚻 ⛽ 🚗 🏢 🗐 🖐 ⊙ 🚰 🗑
> 🗑

Municipal les Couderts 31 mars-15 oct.
🕿 *04 73 65 54 81, mairie.mlquaire@wanadoo.fr* – alt. 1 040
– **R** conseillée
1,7 ha (58 empl.) plat, peu incliné, en terrasses, herbeux
Tarif : 🛉 ⬅ 🗉 13,20 € 🔌 (10A)
Location (permanent) : huttes
Pour s'y rendre : Sortie N, rte de la Banne d'Ordanche,
bord d'un ruisseau

> Nature : 🌲 ≤ ☐ ♀
> Loisirs : 🏃
> Services : 🚻 ⛽ 🚗 🏢 🗐 🖐 🚰 ⊙ ⌵
> 🗑 sèche-linge

Municipal du Plan d'Eau juil.-août
🕿 *04 73 81 10 05, mairie.mlquaire@wanadoo.fr* – alt. 1 050
– **R** conseillée
0,8 ha (40 empl.) plat, peu incliné, herbeux
Tarif : (Prix 2006) 🛉 ⬅ 🗉 13,20 €
Pour s'y rendre : 1 km au N sur D 609, rte de la Banne-
d'Ordanche, bord d'un ruisseau et près d'un plan d'eau

> Nature : 🌲 ≤ ☐
> Loisirs : 🍴 🎦 🏃
> Services : 🚻 ⛽ 🚗 🗐 ⊙ 🗑
> À prox. : 🚤 ✗ 🏊 🎿 (plan d'eau)
> 🚣 parcours de santé

MUROL

✉ 63790 – **326** E9 – G. Auvergne – 563 h. – alt. 830
Paris 456 – Besse-en-Chandesse 10 – Clermont-Ferrand 37 – Condat 37 – Issoire 30 – Le Mont-Dore 19.
Schéma à Chambon (Lac)

La Ribeyre 1er mai-15 sept.
🕿 *04 73 88 64 29, laribeyre@free.fr, Fax 04 73 88 68 41,*
www.camping-laribeyre.com – **R** conseillée
10 ha (400 empl.) plat, herbeux, étang
Tarif : 🛉 ⬅ 🗉 25,80 € 🔌 (10A) – frais de réservation 15 €
Location 🏠 : 44 🚐 (4 à 6 pers.) 245 à 763 €/sem. -
chalets sans sanitaires
Pour s'y rendre : 1,2 km au S, rte de Jassat, bord d'un
ruisseau
À savoir : magnifique parc aquatique et locatif de qualité

> Nature : 🌲 ≤ ♀
> Loisirs : pizzeria, snack 🎦 🎣 🏃
> ✗ ☐ 🎿 🎿 (plan d'eau) 🏹
> Services : 🚻 ⛽ 🚗 🗐 🖐 🚰 ⊙ 🚰
> ⌵ 🗑 sèche-linge
> À prox. : 🚣 canoë

Le Repos du Baladin 28 avr.-mi-sept.
04 73 88 61 93, *reposbaladin@free.fr*, Fax 04 73 88 66 41, *http://reposbaladin.free.fr* – **R** conseillée
1,6 ha (62 empl.) plat et peu incliné, terrasses, herbeux
Tarif : 13,50 € – (5A) 3,90 € – frais de réservation 14 €
Location : 12 (4 à 6 pers.) 180 à 595 €/sem. – 6
Pour s'y rendre : 1,5 km à l'E par D 146, rte de St-Diéry, à Groire

Nature :
Loisirs :
Services :

Les Fougères 27 avr.-16 sept.
04 73 88 67 08, *camping-les-fougeres@wanadoo.fr*, Fax 04 73 88 64 63, *www.les-fougeres.com* – **R** conseillée
1,7 ha (70 empl.) en terrasses, herbeux
Tarif : 21,10 € (5A) – frais de réservation 16 €
Location : 11 (4 à 6 pers.) 259 à 588 €/sem. – 28 (4 à 6 pers.) 259 à 663 €/sem.
Pour s'y rendre : 0,6 km à l'O par D 996, rte de Chambon-Lac

Nature :
Loisirs :
Services : sèche-linge
À prox. : (plage)

NÉBOUZAT

63210 – **326** E8 – 635 h. – alt. 860
Paris 434 – La Bourboule 34 – Clermont-Ferrand 20 – Pontgibaud 19 – St-Nectaire 30.

Les Dômes déb. mai-15 sept.
04 73 87 14 06, *camping.les-domes@wanadoo.fr*, Fax 04 73 87 18 81, *www.les-domes.com* – alt. 815 – **R** conseillée
1 ha (65 empl.) plat, herbeux
Tarif : 9,50 € – (15A) 5 €
Location : 3 (4 à 6 pers.) 282 à 469 €/sem. – 5 (4 à 6 pers.) 329 à 548 €/sem. – bungalows
1 borne 5 € – 10 19,50 €
Pour s'y rendre : aux 4 Routes, par D 216, rte de Rochefort-Montagne
À savoir : entrée fleurie, cadre verdoyant soigné

Nature :
Loisirs : (découverte en saison)
Services :
À prox. :

Le lac de Guéry et massif du Sancy

NONETTE

✉ 63340 – **326** G10 – G. Auvergne – 289 h. – alt. 480
Paris 467 – Clermont-Ferrand 51 – Cournon-d'Auvergne 47 – Riom 66 – Chamalières 53.

 Les Loges saison
    ℘ 04 73 71 65 82, *les.loges.nonette@wanadoo.fr*,
Fax 04 73 71 67 23, *www.lesloges.com* – **R** conseillée
4 ha (126 empl.) plat, herbeux
Tarif : (Prix 2006) ⁕ ⇔ 🅴 11,60 € – 🔌 (6A) 3,50 € – frais de
réservation 9 €
Location : 🛖 – 31 🏠 (4 à 6 pers.) 218 à 577 €/sem.
Pour s'y rendre : 2 km au S par D 722 rte du Breuil-sur-
Couze puis 1 km par chemin près du pont, bord de l'Allier

Nature : 🏞 🗭 💧
Loisirs : 🍸 🛶 ⛵ 🏊 canoë-kayak
Services : 🚿 🔌 🚐 🛒 🗑 ⚠ ◎ 🅿
🛫
À prox. : ✗

ORCET

✉ 63670 – **326** G8 – 2 681 h. – alt. 400
Paris 424 – Billom 16 – Clermont-Ferrand 14 – Issoire 25 – St-Nectaire 30.

 Clos Auroy Permanent
    ℘ 04 73 84 26 97, *contact@campingclub.info*,
Fax 04 73 84 26 97, *www.camping-le-clos-auroy.com*
– **R** conseillée
3 ha (91 empl.) plat et en terrasses, herbeux
Tarif : ⁕ ⇔ 🅴 13,30 € – 🔌 (10A) 4,75 € – frais de réser-
vation 20 €
Location (déb.avr.-déb.nov.) 🖧 : 8 🏠 (4 à 6 pers.)
300 à 690 €/sem.
🏠, 1 borne 4 €
Pour s'y rendre : à 200 m au S du bourg, près de l'Auzon
À savoir : Belle délimitation arbustive des emplacements

Nature : 🗭
Loisirs : snack 🍴 🎡 diurne
(juil.-août) jacuzzi 🛶 🏊
Services : 🚿 🔌 🆖 🛒 🎱 🗑 ◎ 🅿
🚗 💧 🗑 sèche-linge
À prox. : ✂

Donnez-nous votre avis
sur les terrains que nous recommandons.
Faites-nous connaître vos observations et vos découvertes.

ORCIVAL

✉ 63210 – **326** E8 – G. Auvergne – 244 h. – alt. 840
🅱 *Office de tourisme, le bourg* ℘ 04 73 65 89 77, Fax 04 73 65 89 78
Paris 441 – Aubusson 82 – Clermont-Ferrand 27 – Le Mont-Dore 17 – Rochefort-Montagne 5 – Ussel 55.

 L'Étang de Fléchat mai-15 sept.
    ℘ 04 73 65 82 96 – alt. 920 – **R**
3 ha (83 empl.) plat, peu incliné et en terrasses, herbeux
Tarif : ⁕ 3,80 € ⇔ 1,80 € 🅴 3 € – 🔌 (10A) 4 €
Location : 5 🏠 (4 à 6 pers.) 308 à 363 €/sem.
Pour s'y rendre : 1,5 km au S par D 27, rte du Mont-Dore
puis 2,5 km par D 74, rte de Rochefort-Montagne et chemin
à dr.

Nature : 🏞 ⚲ 🗭 💧💧
Loisirs : 🍸 brasserie 🍴 🛶 🎿
🖧
Services : 🔌 🆖 🛒 🗑 🎱 ◎ 🗑

ORLÉAT

✉ 63190 – **326** H7 – 1 623 h. – alt. 380
Paris 440 – Clermont 34 – Roanne 76 – Vichy 38 – Moulins 98.

 Le Pont-Astier 2 juin-16 sept.
    ℘ 04 73 53 64 40, *info@camping-massifcentral.com*,
Fax 04 73 53 64 40, *www.revea-vacances.fr* – **R** conseillée
2 ha (90 empl.) plat, herbeux
Tarif : (Prix 2006) 🅴 12,80 € – 🔌 (10A) 3,50 € – frais de
réservation 10 €
Location (28 avr.-29 sept.) : 6 🏠 (4 à 6 pers.) 132 à
458 €/sem.
Pour s'y rendre : 5 km à l'E par D 85, D 224 et chemin à
gauche, à Pont-Astier, bord de la Dore

Nature : ⚲ 🗭
Loisirs : 🍸 ✗ 🛶 🎱 🏓 🎿
Services : 🚿 🔌 🆖 🛒 🗑 ◎ 🗑
À prox. : 💧

PERPEZAT

✉ 63210 – **326** D8 – 384 h. – alt. 900
Paris 451 – La Bourboule 17 – Clermont-Ferrand 36 – Mauriac 80 – Ussel 50.

La Jollère 15 juin-15 sept.
 04 73 65 84 48, *info@ferme-camping-jollere.com*,
www.ferme-camping-jollere.com – **R** conseillée
1 ha (25 empl.) vallonné, herbeux
Tarif : 🛉 🚗 🔲 6 € – ⚡ 2,30 €
Pour s'y rendre : O : 6,5 km par D 552, D 11 rte de Heume-l'Eglise et D 134 à gauche, au lieu-dit Jollère

| Nature : 🦆 ≤ |
| Loisirs : 🚗 🏊 🚲 |
| Services : 🚿 ⚬⊸ 🌳 ☺ |

PONT-DE-MENAT

✉ 63560 – **326** E6 – G. Auvergne
Paris 369 – Aubusson 85 – Clermont-Ferrand 53 – Gannat 26 – Montluçon 42 – Riom 35 – St-Pourçain-sur-Sioule 51.

Municipal les Tarteaux 1er avr.-30 oct.
 04 73 85 52 47, *mairiemenat@wanadoo.fr*,
Fax 04 73 85 50 22, *www.commune-de-menat.com*
1,7 ha (100 empl.) plat et peu incliné, herbeux
Tarif : (Prix 2006) 🛉 2,40 € 🚗 1,45 € 🔲 1,45 € –
⚡ (6A) 2,40 €
Location (permanent) : 14 🏠 (4 à 6 pers.) 205 à
315 €/sem.
Pour s'y rendre : 0,8 km au SO, rive gauche de la Sioule
À savoir : Agréable site dans les gorges

| Nature : 🦆 ≤ 🏞 ♨ ⛰ |
| Loisirs : 🎣 |
| Services : 🚿 🌳 🏠 🐾 ☺ 🖩 |
| À prox. : 🍽 🏓 🏊 🎿 🏸 🚣 |

PONTGIBAUD

✉ 63230 – **326** E8 – G. Auvergne – 776 h. – alt. 735
🏢 Office de tourisme, rue du Commerce 04 73 88 90 99, Fax 04 73 88 90 09
Paris 432 – Aubusson 68 – Clermont-Ferrand 23 – Le Mont-Dore 37 – Riom 26 – Ussel 68.

Municipal de la Palle 1er avr.-30 sept.
 04 73 88 96 99, *mairie.pontgibaud@wanadoo.fr*,
Fax 04 73 88 77 77 – **R** conseillée
4,5 ha (120 empl.) plat, herbeux
Tarif : 🛉 🚗 🔲 6 € – ⚡ (10A) 3,10 €
Pour s'y rendre : 0,5 km au SO par D 986, rte de Rochefort-Montagne, bord de la Sioule

| Nature : 🏞 |
| Loisirs : 🏊 🎣 |
| Services : 🚿 ⚬⊸ 🏧 🐾 🖼 ☺ 🖩 |
| À prox. : 🍽 🏓 |

Le Val d'Allier

PUY-GUILLAUME

✉ 63290 – **326** H7 – 2 624 h. – alt. 285
Paris 374 – Clermont-Ferrand 53 – Lezoux 27 – Riom 35 – Thiers 15.

Municipal de la Dore 1er mai-30 sept.
✆ 04 73 94 78 51, mairie.puyguillaume@wanadoo.fr,
Fax 04 73 94 12 98, www.puy-guillaume.com – **R** conseillée
3 ha (100 empl.) plat, herbeux
Tarif : 🕅 ⛺ 🄴 7,05 € – ⑫ (6A) 3,25 €
Pour s'y rendre : Sortie O par D 63 rte de Randan et à dr.
avant le pont, près de la rivière

Nature : 🌿
Loisirs : 🏠 🏊 🛶 🎣
Services : 🚻 🚿 🚰 🅿 🕅 🗑
À prox. : 🍸 🍴 🏐 parcours de santé

ROYAT

✉ 63130 – **326** F8 – G. Auvergne – 4 658 h. – alt. 450 – ⚓ (fin mars-fin oct.)
🅱 Syndicat d'initiative, 1, avenue Auguste Rouzaud ✆ 04 73 29 74 70, Fax 04 73 35 81 07
Paris 423 – Aubusson 89 – La Bourboule 47 – Clermont-Ferrand 5 – Le Mont-Dore 40.

Indigo Royat 🏕 – 1er avr.-30 oct.
✆ 04 73 35 97 05, royat@camping-indigo.com,
Fax 04 73 35 67 69, www.camping-indigo.com – **R** conseillée
7 ha (200 empl.) en terrasses, peu incliné, gravier, herbeux
Tarif : 🕅 ⛺ 🄴 25,20 € ⑫ (10A) – frais de réservation 16 €
Location : 31 🛖 (4 à 6 pers.) 330 à 640 €/sem. – 18 🏠
(4 à 6 pers.) 380 à 710 €/sem. – huttes
🚐 1 borne
Pour s'y rendre : 2 km au SE par D 941c, rte du Mont-Dore
et à droite D 5, rte de Charade
À savoir : Agréable cadre, verdoyant et ombragé

Nature : 🏞 🌿
Loisirs : 🍸 snack, pizzeria 🏠
diurne nocturne (juil.-août) 🏓
🏊 🚴 🏐 🛶
Services : 🚻 🚿 GB 🚰 🕅 🗑 🛒 🖩
☎ 🖩

ST-AMANT-ROCHE-SAVINE

✉ 63890 – **326** I9 – 530 h. – alt. 950
Paris 474 – Ambert 12 – La Chaise-Dieu 39 – Clermont-Ferrand 65 – Issoire 45 – Thiers 48.

Municipal Saviloisirs 1er mai-31 oct.
✆ 04 73 95 73 60, saviloisirs@wanadoo.fr,
Fax 04 73 95 72 62, www.saviloisirs.com
1,3 ha (19 empl.) en terrasses, herbeux
Tarif : 🕅 ⛺ 🄴 5,65 € ⑫ (5A)
Pour s'y rendre : à l'E du bourg

Nature : ⛰ 🏞
Loisirs : 🏠 🏓 🏊
Services : 🚻 🚿 🚰 🕅 🗑 🛒 🖩
🖩 sèche-linge
À prox. : 🏐

ST-ANTHÈME

✉ 63660 – **326** K9 – G. Lyon Drôme Ardèche – 809 h. – alt. 950
🅱 Office de tourisme, place de l'Aubépin ✆ 04 73 95 47 06, Fax 04 73 95 41 06
Paris 461 – Ambert 23 – Feurs 50 – Montbrison 24 – St-Bonnet-le-Château 24 – St-Étienne 57.

Municipal de Rambaud
✆ 04 73 95 48 79, Fax 04 73 95 81 79 – **R** conseillée
0,5 ha (50 empl.) plat, herbeux
🚐 1 borne
Pour s'y rendre : 0,6 km au S, entre D 996 et D 261, près
d'un plan d'eau et à 100 m de l'Ance

Nature : ⛰
Loisirs : 🏠 🏊
Services : 🚻 🚰 🕅 🗑 🛒 🖩
À prox. : 🍸 snack 🎣 🏐 🖩
terrain omnisports, parcours sportif

ST-CLÉMENT-DE-VALORGUE

✉ 63660 – **326** K10 – 215 h. – alt. 900
Paris 465 – Ambert 27 – Clermont-Ferrand 104 – Montbrison 28 – St-Anthème 4 – Usson-en-Forez 15.

Les Narcisses mai-sept.
✆ 04 73 95 45 76, ptipoisde@wanadoo.fr,
Fax 04 73 95 45 76, www.campinglesnarcisses.com
– **R** conseillée
1,4 ha (50 empl.) plat et terrasse, herbeux
Tarif : (Prix 2006) 🕅 ⛺ 🄴 13 € ⑫ (6A)
Location (avr.-sept.) 🛖 : 4 🛖 (4 à 6 pers.) 150 à
400 €/sem. – 7 🏠 (4 à 6 pers.) 240 à 500 €/sem.
Pour s'y rendre : 1,2 km au NO par rte de Mascortel, à
proximité de l'Ance

Nature : 🌊 ⛰ 🌿
Loisirs : 🍸 snack 🏠 🏊 🛶
Services : 🚻 🚿 🚰 🕅 🗑 🛒 sèche-
linge 🎣
À prox. : 🏐 🖩 🏊 (plan d'eau)
terrain omnisports, parcours sportif

ST-ÉLOY-LES-MINES

63700 – **326** E6 – 4 134 h. – alt. 490
Paris 358 – Clermont-Ferrand 64 – Guéret 86 – Montluçon 31 – Moulins 72 – Vichy 58.

Municipal la Poule d'Eau saison
04 73 85 45 47, Fax 04 73 85 07 75 – **R** conseillée
1,8 ha (50 empl.) peu incliné, herbeux
Tarif : (Prix 2006) ★ 1,67 € ⇔ ⊞ 2,13 € – ⋈ 2,16 €
Pour s'y rendre : Sortie S par N 144 rte de Clermont puis à dr., 1,3 km par D 110, rte de Pionsat
À savoir : Cadre verdoyant au bord de deux plans d'eau

Nature : ≤ ⊡ ⚲ ⚐
Loisirs : ⚷ ⚓
Services : & ⚬ GB ⚶ ⚲ ☺
À prox. : ⚹ ⚐ snack ⚹ ⚹ ☒ ≅ (plage) parcours de santé

ST-GERMAIN-L'HERM

63630 – **326** I10 – G. Auvergne – 515 h. – alt. 1 050
Office de tourisme, route de la Chaise-Dieu 04 73 72 05 95
Paris 476 – Ambert 27 – Brioude 33 – Clermont-Ferrand 66 – Le Puy-en-Velay 69 – St-Étienne 107.

St-Éloy 2 juin-16 sept.
04 73 72 05 13, info@camping-massifcentral.com,
Fax 04 73 72 05 13, www.revea-vacances.fr – **R** conseillée
3 ha (63 empl.) plat, en terrasses et vallonné, herbeux
Tarif : (Prix 2006) ★ ⇔ ⊞ 12,80 € – ⋈ (8A) 3,50 € – frais de réservation 10 €
Location : 10 ⌂ (4 à 6 pers.) 280 à 490 €/sem. – huttes
Pour s'y rendre : sortie SE, sur D 999, rte de la Chaise-Dieu

Nature : ≤
Loisirs : ⌂ ⚷ ⚲
Services : & ⚬ GB ⚶ ⊡ ☺ ⚲ ⊟
À prox. : ⚹ ≅

Om een reisroute uit te stippelen en te volgen,
om het aantal kilometers te berekenen,
om precies de ligging van een terrein te bepalen
(aan de hand van de inlichtingen in de tekst),
*gebruikt u de **Michelinkaarten** schaal 1 : 150 000 ;*
een onmisbare aanvulling op deze gids.

193

ST-GERVAIS-D'AUVERGNE

63390 – **326** D6 – G. Auvergne – 1 272 h. – alt. 725 – Base de loisirs
Office de tourisme, rue du Général Desaix 04 73 85 80 94
Paris 377 – Aubusson 72 – Clermont-Ferrand 55 – Gannat 41 – Montluçon 47 – Riom 39 – Ussel 87.

Municipal de l'Étang Philippe avr.-sept.
04 73 85 74 84, camping.stgervais-auvergne@wanadoo.fr, Fax 04 73 85 74 84, www.ville-stgervais-auvergne.fr
– **R** conseillée
3 ha (130 empl.) plat et peu incliné, herbeux
Tarif : (Prix 2006) ★ ⇔ ⊞ 8,90 €
Location (permanent) : 6 ⌂ (4 à 6 pers.) 214 à 355 €/sem.
⚑ 1 borne 2 € –
Pour s'y rendre : Sortie N par D 987, rte de St-Éloy-les-Mines, près d'un plan d'eau

Nature : ⊡ ⚲ ⚐
Loisirs : ⌂
Services : & ⚬ ⚶ ⊡ ☺ ⊟
À prox. : ⚹ ⚷ ⚹ ⚹ ⚹ ≅ (plage) ⚲ ⚹

ST-HIPPOLYTE

63140 – **326** F7 – G. Auvergne
Paris 409 – Clermont 20 – Montluçon 77 – Vichy 46 – Moulins 90.

La Croze mai-15 oct.
04 73 86 08 27, campinglacroze@wanadoo.fr,
Fax 04 73 86 43 32, www.campingcroze.com – **R** conseillée
3,7 ha (100 empl.) plat, peu incliné et en terrasses, herbeux, pierreux
Tarif : ★ 2,50 € ⇔ 1,50 € ⊞ 2,50 € – ⋈ (10A) 2,50 €
Location (permanent) : 9 ⊞ (4 à 6 pers.) 270 à 270 €/sem. – 9 ⌂ (4 à 6 pers.) 450 à 450 €/sem.
Pour s'y rendre : 1 km au SE par D 227, rte de Riom

Nature : ⚲ ⚲
Loisirs : ⚷ ⚲
Services : & ⚬ ⚶ ⊡ ☺ ☺ ⊟ sèche-linge

ST-NECTAIRE

⊠ 63710 – **326** E9 – G. Auvergne – 675 h. – alt. 700 – ♨ (mi avril-mi oct.)
🛈 *Office de tourisme, les Grands Thermes* 🖉 04 73 88 50 86, Fax 04 73 88 40 48
Paris 453 – Clermont-Ferrand 43 – Issoire 27 – Le Mont-Dore 24.

⚏ **le Viginet** 7 avr.-30 sept.
🖉 04 73 88 53 80, *info@camping-massifcentral.com*,
Fax 04 73 88 41 93, *www.revea-vacances.fr* – **R** conseillée
2 ha (61 empl.) plat, peu incliné et incliné, herbeux, pierreux
Tarif : (Prix 2006) ☘ ⇌ 🔲 15,80 € – 🔌 (10A) 3,60 € – frais
de réservation 10 €
Location (7 avr.-3 nov.) : 10 ⌂ (4 à 6 pers.) 235 à
581 €/sem. – huttes
Pour s'y rendre : sortie SE par D 996 puis 0,6 km par
chemin à gauche (face au garage Ford)
À savoir : situation dominante

| Nature : ⬡ ≼ ⌂ ◗ |
| Loisirs : 🎬 ⊙ diurne 🏓 ⊼ |
| Services : ⅙ ⊶ GB ⬡ ⬡ ◉ 🗄 |
| À prox. : ✖ 🔥 parcours de santé, |

⚏ **La Clé des Champs** déb.avr.-déb.oct.
🖉 04 73 88 52 33, *campingcledeschamps@free.fr*,
www.campingcledeschamps.com – **R** conseillée
1 ha (84 empl.) plat, peu incliné et en terrasses, herbeux
Tarif : ☘ ⇌ 🔲 16 € – 🔌 (6A) 3,50 € – frais de réservation 15 €
Location (permanent) : 4 ▦ (4 à 6 pers.) 180 à
580 €/sem. – 6 ⌂ (4 à 6 pers.) 200 à 660 €/sem.
Pour s'y rendre : Sortie SE par D 996 et D 642, rte des
Granges, bord d'un ruisseau et à 200 m de la Couze de
Chambon

| Nature : ⌂ ◗ |
| Loisirs : 🎬 🏓 ⊼ ⋟ |
| Services : ⅙ ⊶ ⬡ ⬡ ◉ ⬟ ☇ 🗄 |

ST-RÉMY-SUR-DUROLLE

⊠ 63550 – **326** I7 – G. Auvergne – 1 925 h. – alt. 620
Paris 395 – Chabreloche 13 – Clermont-Ferrand 55 – Thiers 7.

⚏ **Municipal les Chanterelles**
🖉 04 73 94 31 71, *campingstremysurdurolle@wanadoo.fr*,
Fax 04 73 94 31 71 – **R** conseillé
5 ha (150 empl.) incliné et en terrasses, herbeux
Pour s'y rendre : 3 km au NE par D 201 et chemin à dr. Par
A 72, sortie 3
À savoir : Situation agréable en moyenne montagne et à
proximité d'un plan d'eau

| Nature : ≼ ◗ |
| Loisirs : 🎬 🏓 |
| Services : ⅙ ⊶ ⬡ ⋟ ◉ 🗄 |
| Au plan d'eau : ⬡ ⬡ ▼ ✖ ✖ 🖾 🔥 |
| ⊼ ≈ (plage) ⬡ ⋟ squash |

⚏ **Parc résidentiel de la Motte** (location exclusive de
chalets) 28 avr.-29 sept.
🖉 04 73 93 60 00, *contact@chalets-de-flore.fr*,
Fax 04 73 93 71 00, *www.revea-vacances.fr* – **R** conseillée
3 ha plat, herbeux, incliné
Location : 25 ⌂ (4 à 6 pers.) 153 à 520 €/sem.
Pour s'y rendre : 2,5 km au NE par D 201 et chemin à dr.
Par A 72, sortie 3

| Nature : ⬡ |
| Loisirs : 🎬 🏓 |
| Services : ⊶ GB ⋟ 🗄 |
| Au plan d'eau : ⬡ ▼ ✖ ✖ 🖾 🔥 ⊼ |
| ≈ (plage) ⬡ ⋟ squash |

SAUVESSANGES

⊠ 63840 – **326** K10 – 531 h. – alt. 910
Paris 469 – Ambert 32 – La Chaise-Dieu 29 – Craponne-sur-Arzon 8 – Montbrison 44 – St-Étienne 55.

⚏ **Municipal le Bandier** 1er avr.-31 oct.
🖉 04 73 95 94 29, *sauvessanges.mairie@wanadoo.fr*,
Fax 04 73 95 33 95, *chez.com/sauvessanges* – places limi-
tées pour le passage – **R** conseillée
1,5 ha (23 empl.) plat, herbeux
Tarif : ☘ 1,70 € ⇌ 1,10 € 🔲 2,10 € – 🔌 (10A) 2,20 €
Pour s'y rendre : SE : 2 km par D 251, rte d'Usson-en-
Forez, près du stade et à 100 m de l'Ance

| Nature : ⬡ ⌂ |
| Loisirs : 🎬 🏓 |
| Services : ⅙ ⊶ (1er juil.-31 août |
| ⋟ ◉ ☇ ☇ |

SAUXILLANGES

✉ 63490 – **326** H9 – G. Auvergne – 1 082 h. – alt. 460
🛈 *Syndicat d'initiative, place de l'Ancienne Poste* ✆ 04 73 96 37 63
Paris 455 – Ambert 46 – Clermont-Ferrand 45 – Issoire 14 – Thiers 45 – Vic-le-Comte 20.

▲ **Sauxillanges** mi-juin-mi-sept.
✆ 04 73 96 86 26, *ericbronkhorst@wanadoo.fr*,
Fax 04 73 71 07 69, *http://www.lagrangefort.com*
– **R** conseillée
1,5 ha (72 empl.) plat, herbeux
Tarif : (Prix 2006) 👤 🚐 📺 15 € – 🔌 (6A) – frais de réservation 18 €
Pour s'y rendre : sortie O rte d'Issoire et à gauche, bord de l'Eau Mère et à 100 m d'un étang

Nature : 🦌 🛏 🗸🗸
Services : 🚻 ⚡ GB 🗸🗸 🗐 ⊚ 🗑
À prox. : 🚴 🗸🗸 🍴 🏓 🏊 🛶 🐎
poneys parcours sportif

SINGLES

✉ 63690 – **326** C9 – 210 h. – alt. 737
Paris 484 – Bort-les-Orgues 27 – La Bourboule 23 – Bourg-Lastic 20 – Clermont-Ferrand 65.

▲▲ **Le Moulin de Serre** 👥 – 13 avr.-16 sept.
✆ 04 73 21 16 06, *moulin-de-serre@wanadoo.fr*,
Fax 04 73 21 12 56, *www.moulindeserre.com* – **R** conseillée
7 ha/2,6 campables (90 empl.) plat, herbeux
Tarif : 👤 🚐 📺 16,60 € – 🔌 (10A) 4,60 € – frais de réservation 15 €
Location : 23 🏠 (4 à 6 pers.) 165 à 605 €/sem. – 12 bungalows toilés
🚐 1 borne 4 €
Pour s'y rendre : 1,7 km au S de la Guinguette, par D 73, rte de Bort-les-Orgues, bord de la Burande
À savoir : Cadre verdoyant dans une petite vallée

Nature : 🦌 < 🛏 🌳
Loisirs : 🍸 snack 🛋 🗸🗸 🏓 🚴
🏊 🛶 canoë
Services : 🚻 ⚡ GB 🗸🗸 🗐 🗑 🛁 ⊚
🗑 sèche-linge 🗸

TAUVES

✉ 63690 – **326** C9 – G. Auvergne – 863 h. – alt. 820
Paris 474 – Bort-les-Orgues 27 – La Bourboule 13 – Bourg-Lastic 29 – Clermont-Ferrand 55.

▲▲ **Municipal Les Aurandeix** 15 mai-15 sept.
✆ 04 73 21 14 06, Fax 04 73 21 16 87 – **R** conseillée
2 ha (90 empl.) plat, en terrasses, incliné, herbeux
Tarif : 👤 🚐 📺 11,24 € – 🔌 2,22 € – frais de réservation 8 €
Location (vac.de fév., vac. de Printemps et juin-15 sept.) : huttes
Pour s'y rendre : à l'E du bourg, au stade

Nature : 🛏 🌳
Loisirs : 🛋 🗸🗸 🏓 🏊
Services : 🚻 ⚡ (juil.-août) 🗸🗸 🗐 🛁
⊚ 🗑 sèche-linge
À prox. : au plan d'eau à la Tour d'Auvergne : parcours de santé 🏊
🏞 🛝

THIERS

✉ 63300 – **326** I7 – G. Auvergne – 13 338 h. – alt. 420 – Base de loisirs
🛈 *Office de tourisme, maison du Pirou* ✆ 04 73 80 65 65, Fax 04 73 80 01 32
Paris 388 – Clermont-Ferrand 43 – Roanne 75 – St-Étienne 108 – Vichy 36.

▲ **Base de Loisirs Iloa** déb. mai-mi-sept.
✆ 04 73 80 92 35, *communication@ville-thiers.fr*,
Fax 04 73 80 88 81, *www.ville-thiers.fr* – **R** conseillée
1 ha (46 empl.) plat, herbeux
Tarif : 👤 🚐 📺 13,70 € – 🔌 (6A)
Pour s'y rendre : 6,5 km à l'O par rte de Vichy, D 94 à gauche et D 44, rte de Dorat, à 350 m d'un plan d'eau (accès direct). Par A 72 : sortie Thiers-Ouest

Loisirs : 🗸🗸 🏓 🏞
Services : 🚻 ⚡ 🗐 🛁 ⊚ 🗸 🗑
À la base de loisirs : 🍸 🍴 🛝 🏊 🏊
🛶 🚐

Si vous désirez réserver un emplacement pour vos vacances,
faites-vous préciser au préalable les conditions particulières de séjour,
les modalités de réservation, les tarifs en vigueur et les conditions de paiement.

La TOUR-D'AUVERGNE

⊠ 63680 – **326** D9 – G. Auvergne – 719 h. – alt. 1 000 – Sports d'hiver : 1 150/1 450 m *5*3 *5*
🅱 *Office de tourisme, rue de la Pavade* 𝒫 04 73 21 79 78, Fax 04 73 21 79 70
Paris 477 – Besse-en-Chandesse 31 – Bort-les-Orgues 27 – La Bourboule 13 – Clermont-Ferrand 58 – Le
Mont-Dore 18.

△ **La Chauderie** 2 juin-16 sept.
  𝒫 04 73 21 55 01, *info@camping-massifcentral.com*,
  Fax 04 73 21 55 01, *www.revea-vacances.fr* – **R** conseillée
  1,5 ha (90 empl.) plat et en terrasses, peu incliné, herbeux,
  pierreux
  Tarif : 🛉 ⛺ 🚗 📧 12,80 € – 🔌 (8A) 3,50 € – frais de réser-
  vation 10 €
  Location : 🏠 – huttes
  Pour s'y rendre : SE : 1,3 km par D 203, rte de Besse-en-
  Chandesse, bord de la Burande

Nature : ≤ 🗔	
Loisirs : 🍴 snack 🎱 m	
Services : 🔥 ⚡ GB 🅰 🗟 🎍 🐟 ⊙ 🗟	
À prox. : 🎱 🛥 🎣 🐎 (centre équestre)	

VIVEROLS

⊠ 63840 – **326** K10 – 390 h. – alt. 860
Paris 463 – Ambert 25 – Clermont-Ferrand 103 – Montbrison 38 – St-Étienne 57.

△ **Municipal le Pradoux** 8 avr.-fin oct.
  𝒫 04 73 95 34 31, *viverols@wanadoo.fr*, Fax 04 73 95 33 07
  – places limitées pour le passage – **R** conseillée
  1,2 ha (49 empl.) plat, herbeux
  Tarif : (Prix 2006) 🛉 1,70 € ⛺ 1,70 € 📧 2,80 € – 🔌 2 €
  🚐 1 borne 2 €
  Pour s'y rendre : Au SO du bourg par D 111, rte de Medey-
  rolles, près de la Ligonne

Loisirs : 🗔 🚣	
Services : 🔥 🅰 🗟 ⊙ 🎍 🗟	
À prox. : 🎱 🎣 🚐	

VOLLORE-VILLE

⊠ 63120 – **326** I8 – 684 h. – alt. 540
Paris 406 – Ambert 45 – Clermont-Ferrand 57 – Issoire 60 – Lezoux 24 – Thiers 18.

△ **Le Grun Chignore** avr.-oct.
  𝒫 04 73 53 73 37, *ymauch@free.fr* – **R** conseillée
  1,5 ha (33 empl.) plat et terrasse, herbeux
  Tarif : (Prix 2006) 🛉 2,50 € ⛺ 1,30 € 📧 3 € – 🔌 (6A) 3,10 €
  Pour s'y rendre : 1 km au NE par D 7, rte de Celles-sur-
  Durolle, à 150 m d'un étang

Nature : ≤ 🗔	
Loisirs : 🍴 snack 🛝 (petite piscine)	
Services : 🔥 ⚡ GB 🅰 🗟 ⊙ 🗟	
Au lac d'Aubusson : 🎱 🛥 (plage) 🎣 🐟	

BOURGOGNE

Découvrir la Bourgogne c'est un peu se transporter, avec une machine à remonter le temps, à l'époque des grands-ducs d'Occident. Nés de leur goût d'absolu, nobles châteaux et riches abbayes témoignent d'un passé où grandiloquence rimait avec prestige. Qui oserait leur reprocher cette folie des grandeurs après avoir visité Dijon, cité d'art par excellence ? Et comment leur contester le titre de « princes des meilleurs vins de la chrétienté » lorsque des légions de gourmets sillonnent la Côte d'Or pour explorer ses caves, antres capiteux où mûrissent des crus d'exception ? Les ripailles se poursuivent autour de moelleuses gougères, d'un odorant époisses ou d'un délicieux pain d'épice. Après ces péchés gourmands, un retour à des plaisirs plus sages s'impose, telle une promenade en péniche au fil des canaux.

A visit to Burgundy takes travellers back through time to an era when its mighty Dukes rivalled even the kings of France; stately castles and rich abbeys still bear witness to a golden age of ostentation and prestige. As we look back now, it is difficult to reproach them for the flamboyance which has made Dijon a world-renowned city of art. And who would dispute Burgundy's claim to the "best wines in Christendom« when wine-lovers still flock to the region in search of the finest vintages? A dedication to time-honoured traditions also rules the region's cuisine, from strong-smelling époisses cheese to gingerbread dripping with honey. After such extravagant pleasures, what could be better than a barge trip down the region's canals and rivers to digest in peace amid unspoilt countryside?

MARNE

Revigny-s-Ornain

Verdelot

la Ferté-s/s-Jouarre

Bar-le-Duc

Vitry-François

St-Dizier

Braucourt

Thonnance-les-Moulins

Hermé

Soulaines-Dhuys

Froncles-Buxières

MARNE

Nogent-sur-Seine

Radonvilliers

Géraudot

Dienville

Andelot

les-Sablons

TROYES

Aix-en-Othe

HAUTE-MARN

Chaumont

Montigny-s

VILLEROY

Sens

VILLENEUVE-L'ARCHEVÊQUE

AUBE

Ervy-le-Châtel

VILLEROY

Cézy

Migennes

Riel-les-Eaux

Langres

lon-Coligny

YONNE

Ligny-le-Châtel

Marcenay

Châtillon-s-Seine

ARDIN DES ARBRES

Auxerre

Chablis

Tonnerre

Ancy-le- Franc

Selongey

Villeneuve-les-Genêts

Vincelles

St-Sauveur-en-Puisaye

Vermenton

Montbard

St-Fargeau

l'Isle-s-Serein

Venarey-les-Laumes

Andryes

Asquins

Avallon

Pont-et-Massène

CÔTE- D'OR

Clamecy

Précy-s/s-Thil

DIJON

Cosne-Cours-sur-Loire

Varzy

Saulieu

Pouilly-en-Auxois

PONT-CHÊNE-D'ARGENT

Prémery

Crux-la-Ville

Ouroux-en-Morvan

les Settons

Vandenesse-en-Auxois

Savigny-lès-Beaune

la Charité-sur-Loire

Montigny-en-Morvan

Corancy

Arnay-le-Duc

Bligny-s-Ouche

Beaune

Vignoles

NIÈVRE

St-Péreuse

Château-Chinon

Anost

Nolay

Meursault

Nevers

St-Léger-de-Fougeret

Épinac

Santenay

Chagny

Chevenon

Limanton

Moulins-Engilbert

Autun

Couches

St-Honoré-les-Bains

Gimouille

Mervans

St-Germ-du-B

Luzy

CHALON-S-SAÔNE

la Nocle-Maulaix

Gigny-s-S.

Louhans

Isle-et-Bardais

Issy-l'Evêque

Gueugnon

SAÔNE - ET - LOIRE

Laives

Tournus

Couleuvre

onnet-Tronçais

Bourbon-Lancy

Salornay-s-Guye

POULET DE BRESSE

Dompierre-s-Besbre

Palinges

Cormatin

Pont-de-Vaux

ALLIER

Pierrefitte-s-Loire

Digoin

Charolles

Cluny

St-Point

Montrevel-en-Bresse

Châtel-de-Neuvre

MÂCON

Sazeret

le Donjon

Dompierre-les-Ormes

Cormoranche-s-Saône

Bourg-en-Bresse

St-Pourçain-s-Sioule

Varennes-s-Allier

Chambilly

Matour

Crêches-s-Saône

A 40

Lapalisse

la Clayette

Fleurie

Châtillon-s-Chalaronne

Lapeyrouse

Jenzat

Abrest

Vichy

le Mayet-de-Montagne

Chauffailles

Charlieu

Propières

DRACÉ

TAPONAS

St-Paul-de-Varax

y-les-Bains

Gannat

St-Yorre

la Pacaudière

Pouilly-s/s-Charlieu

Belmont-de-la-Loire

Poule-les-Écharmeaux

Dompierre-s-Veyle

Menat

Châteauneuf-les-Bains

Puy-Guillaume

Ferrières-s-Sichon

les Noës

Cublize

Villefranche-s-Saône

Ars-s-Formans

Villars-s-Dombes

Châteaugiron

St-Rémy-s-Durolle

Cordelle

Roanne

RHÔNE

Anse

A 46

ARNAY-LE-DUC

⊠ 21230 – **320** G7 – G. Bourgogne – 1 829 h. – alt. 375
🏠 *Office de tourisme, 15, rue Saint-Jacques* ☏ *03 80 90 07 55*
Paris 285 – Autun 28 – Beaune 36 – Chagny 38 – Dijon 59 – Montbard 74 – Saulieu 29.

⚠ **l'Étang de Fouché** 15 avr.-15 oct.
☏ 03 80 90 02 23, *info@campingfouche.com*,
Fax 03 80 90 11 91, *www.campingfouche.com* – **R** conseillée
8 ha (209 empl.) plat, peu incliné, herbeux
Tarif : 👤 🚗 🔲 11 € – [½] (10A) 3,50 € – frais de réservation 10 €
Location (.) : 19 🏠 (4 à 6 pers.) 240 à 580 €/sem.
Pour s'y rendre : E : 0,7 km par D 17C, rte de Longecourt
À savoir : Situation plaisante au bord d'un étang

Nature : 🌳 ⬅ 🏕 ♀ ♨
Loisirs : 🍴 snack, brasserie 🏠 ⚙ diurne 🎯 🚴 🏊
Services : ♿ ⛽ 🚾 ▥ 🔲 ⊕ ☇ 💧 🔥 🔲 sèche-linge 🔲 🚿
À prox. : ✂ ⛴ (plage) ⛷

BEAUNE

⊠ 21200 – **320** I7 – G. Bourgogne – 21 923 h. – alt. 220
🏠 *Office de tourisme, 1, rue de l'Hôtel Dieu* ☏ *03 80 26 21 30, Fax 03 80 26 21 39*
Paris 308 – Autun 49 – Auxerre 149 – Chalon-sur-Saône 29 – Dijon 45 – Dole 65.

⚠ **Municipal les Cent Vignes**
☏ 03 80 22 03 91, *simone.studer.mairie-beaune@wanadoo.fr* – **R** conseillée
2 ha (116 empl.) plat, herbeux, gravillons
Pour s'y rendre : Sortie N par r. du Faubourg-St-Nicolas et D 18 à gauche, 10 r. Auguste-Dubois
À savoir : Belle délimitation des emplacements et entrée fleurie

Nature : 🏕 ♀
Loisirs : 🍴 snack 🏠 🎯 terrain omnisports
Services : ♿ ⛽ ▥ 🔲 ⊕ 💧 🔲 🚿

BLIGNY-SUR-OUCHE

⊠ 21360 – **320** I7 – 750 h. – alt. 360
🏠 *Office de tourisme, 21, place de l'Hôtel de Ville* ☏ *03 80 20 16 51, Fax 03 80 20 17 90*
Paris 295 – Dijon 63 – Chalon-sur-Saône 48 – Le Creusot 62 – Beaune 19.

⚠ **Les Iscles** mai-sept.
☏ 03 80 20 00 64, Fax 03 80 20 00 64 – **R** conseillée
1,2 ha (70 empl.) plat, herbeux
Tarif : 👤 2,50 € 🚗 1,50 € 🔲 2,50 € – [½] 2,50 €
Pour s'y rendre : 0,8 km au N, rte de Pouilly-en-Auxois

Nature : ♀♀
Services : ♿ ⛽ 💧 🏊 ⊕
À prox. : ✂

CHÂTILLON-SUR-SEINE

⊠ 21400 – **320** H2 – G. Bourgogne – 6 269 h. – alt. 219
🏠 *Office de tourisme, place Marmont* ☏ *03 80 91 13 19, Fax 03 80 91 21 46*
Paris 233 – Auxerre 85 – Avallon 75 – Chaumont 60 – Dijon 83 – Langres 74 – Saulieu 79 – Troyes 69.

⚠ **Municipal Louis-Rigoly** 1er avr.-30 nov.
☏ 03 80 91 03 05, *tourism-chatillon-sur-seine@wanadoo.fr*, Fax 03 80 91 21 46 – **R** conseillée
0,8 ha (54 empl.) peu incliné, plat, herbeux, goudronné
Tarif : 👤 3,25 € 🚗 1,35 € 🔲 3,15 € – [½] (6A) 2,20 €
🚐 1 borne 4 €
Pour s'y rendre : Esplanade St-Vorles par rte de Langres
À savoir : Sur les hauteurs ombragées de la ville

Nature : 🌳 🏕 ♀
Services : ♿ ⛽ 💧 ⊕ 🔥 🔲
À prox. : 🍴 ✕ 🏊 🔲 🏊

DIJON

⊠ 21000 – **320** K6 – G. Bourgogne – 149 867 h. – alt. 245
🏠 *Office de tourisme, 34, rue des Forges* ☏ *08 92 70 05 58, Fax 03 80 30 90 02*
Paris 316 – Besançon 93 – Chalon 72 – Le Creusot 91 – Dole 51.

⚠ **Municipal du Lac** avr.-15 oct.
☏ 03 80 43 54 72, *campingdijon@wanadoo.fr*,
Fax 03 80 45 57 06, *www.camping-dijon.com* – **R** conseillée
2,5 ha (121 empl.) plat, herbeux
Tarif : 👤 3,20 € 🚗 🔲 5 € – [½] (5A) 3 €
🚐 2 bornes 5 € – 14 🔲
Pour s'y rendre : 3 bd Chamoine-Kir

Nature : 🏕 ♀
Services : ♿ ⛽ 🚾 💧 🔲 ⊕ 🔲
À prox. : 🏊 ⛴ 🏊 💧

MARCENAY

✉ 21330 – **320** G2 – 116 h. – alt. 220
Paris 232 – Auxerre 72 – Chaumont 73 – Dijon 89 – Montbard 35 – Troyes 66.

Les Grèbes 1er avr.-1er oct.
℘ 03 80 81 61 72, *marcenay@club-internet.fr*,
Fax 03 80 81 61 99 – **R** conseillée
2,4 ha (90 empl.) plat, herbeux
Tarif : ✦ 2,65 € ⟷ 2,20 € 🅴 2,65 € – [₰] (10A) 3,10 €
Location (1er avr.-1er oct.) : 5 ⟨⟩ (4 à 6 pers.) 250 à
300 €/sem.
Pour s'y rendre : N : 0,8 km
À savoir : Situation agréable près d'un lac

Nature : ⟨⟩
Loisirs : ⟨⟩
Services : ⟨⟩ GB ⟨⟩ 🍴 ⟨⟩
À prox. : ✕ ⟨⟩ (plage)

MEURSAULT

✉ 21190 – **320** I8 – G. Bourgogne – 1 598 h. – alt. 243
🛈 Office de tourisme, place de l'Hôtel de Ville ℘ 03 80 21 25 90
Paris 326 – Dijon 56 – Chalon-sur-Saône 28 – Le Creusot 40 – Beaune 9.

La Grappe d'Or avr.-mi-oct.
℘ 03 80 21 22 48, *info@camping-meursault.com*,
Fax 03 80 21 65 74, *www.camping-meursault.com*
– **R** conseillée
4,5 ha (170 empl.) en terrasses, peu incliné, plat, herbeux,
gravillons
Tarif : (Prix 2006) ✦ ⟷ 🅴 19 € [₰] (10A)
Location ⟨⟩ : 10 ⟨⟩ (4 à 6 pers.) 240 à 399 €/sem.
⟨⟩ 1 borne 3,50 €
Pour s'y rendre : Sortie Nord, rte de Volnay

Nature : ⟨⟩
Loisirs : snack ⟨⟩ ⟨⟩
Services : ⟨⟩ (15 juin-15 sept.) GB
⟨⟩

MONTBARD

✉ 21500 – **320** G4 – G. Bourgogne – 6 300 h. – alt. 221
🛈 Office de tourisme, place Henri Vincenot ℘ 03 80 92 53 81, Fax 03 80 89 17 38
Paris 240 – Autun 87 – Auxerre 81 – Dijon 81 – Troyes 100.

Municipal 1er mars-25 oct.
℘ 03 80 92 21 60, *camping.montbard@wanadoo.fr*,
Fax 03 80 92 21 60, *www.montbard.com* – **R** conseillée
2,5 ha (80 empl.) plat, herbeux, gravillons
Tarif : ✦ 3,50 € ⟷ 🅴 6,50 € – [₰] (16A) 3 €
Location : huttes
Pour s'y rendre : Par D 980 déviation Nord-Ouest de la
ville, près de la piscine
À savoir : Agréable décoration arbustive des emplace-
ments

Nature : ⟨⟩
Loisirs : ⟨⟩
Services : ⟨⟩ GB ⟨⟩ 🍴 ⟨⟩
À prox. : ⟨⟩ hammam ⟨⟩
(centre aquatique)

NOLAY

✉ 21340 – **320** H8 – G. Bourgogne – 1 547 h. – alt. 299
🛈 Office de tourisme, 24, rue de la République ℘ 03 80 21 80 73
Paris 316 – Autun 30 – Beaune 20 – Chalon-sur-Saône 34 – Dijon 64.

Municipal les Chaumes du Mont
℘ 03 80 21 79 61, *contact@campingnolay.com*, *www.cam
pingnolay.com* – **R** conseillée
1,5 ha (70 empl.) en terrasses et peu incliné, herbeux
Pour s'y rendre : SO : 0,8 km par D 33ᴬ, rte de Couches
À savoir : Près d'un plan d'eau

Nature : ⟨⟩
Loisirs : snack ⟨⟩
Services : ⟨⟩

La Bruyère
℘ 03 80 21 87 59, *camping-la-bruyere@mutualite21.org*,
Fax 03 80 21 87 59 – **R** conseillée
1,2 ha (22 empl.) plat, terrasses, herbeux
Location : 3 ⟨⟩
⟨⟩ 1 borne
Pour s'y rendre : 1,2 km à l'O par D 973, rte d'Autun et
chemin à gauche

Nature : ⟨⟩
Loisirs : ⟨⟩
Services : ⟨⟩ sèche-
linge

200

PONT-ET-MASSÈNE

✉ 21140 – **320** G5 – 173 h. – alt. 265
Paris 250 – Dijon 79 – Auxerre 85 – Le Creusot 94 – Beaune 76.

Municipal du Lac de Pont
     ℘ 03 80 97 01 26, *mairie-pont@wanadoo.fr*,
Fax 03 80 97 01 26 – **R** conseillée
2,5 ha (150 empl.) plat, peu incliné, herbeux, bois attenant
⛽ 1 borne
Pour s'y rendre : Au bourg, accès par le pont, sur D 103ᶻ
en direction de Précy-sous-Thil
À savoir : Agréable site boisé, près d'un lac

> Nature : 🏞 ≤ 🛏 ⛰
> Loisirs : pizzeria 🎱 🛶 🚲 ✂ 🎣
> Services : ♿ ⛽ 🚿 ⊕ 🛒 🧺
> À prox. : ♟ ✖ club nautique

POUILLY-EN-AUXOIS

✉ 21320 – **320** H6 – G. Bourgogne – 1 502 h. – alt. 390
🅸 Office de tourisme, le Colombier ℘ 03 80 90 74 24
Paris 270 – Avallon 66 – Beaune 42 – Dijon 44 – Montbard 59.

Le Vert Auxois mi-avr.-mi-oct.
     ℘ 03 80 90 71 89, *vert.auxois@wanadoo.fr*, *http://cam
ping.vertauxois.free.fr* – **R** conseillée
1 ha (70 empl.) plat, herbeux
Tarif : 🧍 🚗 ▣ 5,80 € – [⚡] (6A) 3,30 €
Pour s'y rendre : Vers sortie Nord-Ouest, rue du 8-Mai et à
gauche après l'église

> Services : ⛽ 🚿 ⊕ 🛒 🧺 🔥 sèche-
> linge

PRÉCY-SOUS-THIL

✉ 21390 – **320** F5 – G. Bourgogne – 708 h. – alt. 323
🅸 Syndicat d'initiative, salle Sainte-Auxille ℘ 03 80 64 40 97
Paris 246 – Auxerre 86 – Avallon 41 – Beaune 77 – Dijon 65 – Montbard 33 – Saulieu 16.

Municipal 7 avr.-4 nov.
     ℘ 03 80 64 5718, *mairie-precy@wanadoo.fr*,
Fax 03 80 64 43 37, *mairie-precy@wanadoo.fr*
1 ha (50 empl.) peu incliné et plat, herbeux
Tarif : (Prix 2006) 🧍 🚗 ▣ 6,50 € – [⚡] (6A) 2,40 €
Location : gîte d'étape, huttes
Pour s'y rendre : Dans le parc de l'Hôtel-de-ville, accès
direct au Serein

> Nature : 🛏 ♨
> Loisirs : 🛶
> Services : ♿ 🚿 🛒 ⊕ 🧺 🔥 🛢
> À prox. : ✖

201

RIEL-LES-EAUX

✉ 21570 – **320** I2 – 96 h. – alt. 220
🅸 Syndicat d'initiative, plan d'eau de Riel ℘ 03 80 93 78 40
Paris 232 – Bar-sur-Aube 42 – Bar-sur-Seine 36 – Châtillon-sur-Seine 18 – Chaumont 52 – Dijon 101.

Le Marais 1ᵉʳ avr.-31 oct.
     ℘ 03 80 93 72 76, *bar-camping-du-marais@wanadoo.fr*,
Fax 03 80 93 72 76 – **R** conseillée
7 ha/0,4 campable (18 empl.) plat, herbeux, gravillons
Tarif : 🧍 2 € 🚗 1 € ▣ 2,50 € – [⚡] (10A) 2,50 €
Pour s'y rendre : O : 2 km, sur D 13 rte d'Autricourt
À savoir : Près d'un plan d'eau

> Nature : 🏞 🛏
> Loisirs : ♟ snack 🏊 🎣
> Services : ♿ ⛽ GB 🚿 🛒 🏊 ⊕

SANTENAY

✉ 21590 – **320** I8 – 904 h. – alt. 225
🅸 Office de tourisme, gare SNCF ℘ 03 80 20 63 15
Paris 330 – Autun 39 – Beaune 18 – Chalon-sur-Saône 25 – Le Creusot 29 – Dijon 63 – Dole 83.

Les Sources 15 avr.-31 oct.
     ℘ 03 80 20 66 55, *info@campingsantenay.com*,
Fax 03 80 20 67 36, *www.campingsantenay.com*
– **R** conseillée
2,5 ha (130 empl.) peu incliné et plat, herbeux
Tarif : 🧍 3,70 € 🚗 2,50 € ▣ 6,10 € – [⚡] (6A) 3,50 €
⛽ 1 borne 5 €
Pour s'y rendre : SO : 1 km par rte de Cheilly-les-Maranges,
près du centre thermal

> Nature : ≤ ♨
> Loisirs : snack 🛶 🏇
> Services : ♿ ⛽ GB 🚿 🛒 ⊕ 🛢 🧺
> 🔥
> À prox. : ✖ ⛷

SAULIEU

✉ 21210 – **320** F6 – G. Bourgogne – 2 837 h. – alt. 535
🛈 *Syndicat d'initiative, 24, rue d'Argentine* ☎ *03 80 64 00 21*
Paris 248 – Autun 40 – Avallon 39 – Beaune 65 – Clamecy 78 – Dijon 73.

△ **Municipal le Perron** 7 avr.-22 sept.
☎ 03 80 64 16 19, *camping.saulieu@wanadoo.fr*,
Fax 03 80 64 16 19, *www.saulieu.fr* – **R** conseillée
8 ha (157 empl.) plat et peu incliné, herbeux
Tarif : (Prix 2006) ★ ⇌ 🗉 15 € ᵷ (10A)
Location (Permanent) : huttes
Pour s'y rendre : NO : 1 km par N 6, rte de Paris, près d'un
étang

Loisirs : 🛖 ⚓ 🚲 ✂ 🎣 ⛅
Services : & ⚡ GB ⚗ 🏧 🗟 ⚙ ⚲
🚿 ♨ ▣

SAVGNY-LÈS-BEAUNE

✉ 21420 – **320** I7 – G. Bourgogne – 1 422 h. – alt. 237
🛈 *Syndicat d'initiative, 13, rue Vauchey Very* ☎ *03 80 26 12 56, Fax 03 80 21 56 63*
Paris 314 – Dijon 39 – Chalon 38 – Le Creusot 51 – Dole 70.

△ **Municipal les Premiers Prés**
☎ 03 80 26 15 06, *Mairie.savigny-les-beaune@wanadoo.fr*,
Fax 03 80 21 56 63 – **R** conseillée
1,5 ha (90 empl.) plat et peu incliné, herbeux
🚐 1 borne
Pour s'y rendre : NO : 1 km par D 2 rte de Bouilland
À savoir : Cadre verdoyant au bord d'un ruisseau

Nature : 🌳🌳
Loisirs : ⚓
Services : & 🗟 ⚙

SELONGEY

✉ 21260 – **320** L4 – 2 233 h. – alt. 295
Paris 324 – Châtillon-sur-Seine 73 – Dijon 36 – Langres 38 – Gray 40.

△ **Municipal les Courvelles** 1ᵉʳ mai-30 sept.
☎ 03 80 75 52 38, *mairie.selongey@wanadoo.fr*,
Fax 03 80 75 56 65, *www.selongey.com* – **R** conseillée
0,3 ha (22 empl.) peu incliné, herbeux
Tarif : ★ 3 € ⇌ 2 € 🗉 2 € – ᵷ (16A) 2 €
🚐 1 borne
Pour s'y rendre : Au Sud du bourg, par rte de l'Is-sur-Tille,
près du stade, rue Henri-Jevain

Nature : 🍂
Services : & ⚗ ⚙
À prox. : ✂ ⛅

VANDENESSE-EN-AUXOIS

✉ 21320 – **320** H6 – 216 h. – alt. 360
Paris 275 – Arnay-le-Duc 16 – Autun 42 – Châteauneuf 3 – Dijon 44.

▲▲ **Le Lac de Panthier** ♣ː – 1ᵉʳ avr.-15 oct.
☎ 03 80 49 21 94, *info@lac-de-panthier.com*,
Fax 03 80 49 25 80, *www.lac-de-panthier.com* – **R** conseillée
5,2 ha (207 empl.) en terrasses, plat et peu incliné, herbeux
Tarif : ★ ⇌ 🗉 27,40 € ᵷ (6A) – frais de réservation 30 €
Location : 24 🛖 (4 à 6 pers.) 210 à 679 €/sem. – 14 🏠
(4 à 6 pers.) 210 à 679 €/sem.
Pour s'y rendre : NE : 2,5 km par D 977 bis, rte de Comma-
rin et rte à gauche, près du lac

Nature : 🍂 ⬍ ◁ 🗇 ♀ ⛰
Loisirs : 🍴 ✗ pizzeria, grill 🛖 ⚓
🛶 ⚓ 🚲 🗓 🏊 ⛅ 🎿
Services : & ⚡ GB ⚗ 🗟 🚿 ⚙ ⚲
⚱ ▣ ♨
À prox. : ≌ ◊

VENAREY-LES-LAUMES

✉ 21150 – **320** G4 – G. Bourgogne – 3 274 h. – alt. 235
🛈 *Office de tourisme, place Bingerbrück* ☎ *03 80 96 89 13*
Paris 259 – Avallon 54 – Dijon 66 – Montbard 15 – Saulieu 42 – Semur-en-Auxois 13 – Vitteaux 20.

△ **Municipal Alésia**
☎ 03 80 96 07 76, *ville-venarey@wanadoo.fr*,
Fax 03 80 96 07 76
1,5 ha (67 empl.) plat, herbeux, gravillons
Pour s'y rendre : Sortie Ouest par D 954, rte de Semur-en-
Auxois et rue à droite, avant le pont, bord de la Brenne et
près d'un plan d'eau

Nature : 🗇 ♀
Loisirs : 🛖 ⚓ 🎿
Services : & ⚡ 🏧 🗟 ⚙ 🚿 ♨ ▣
À prox. : ✂ ≌ (plage)

VIGNOLES

✉ 21200 – **320** J7 – 727 h. – alt. 202
Paris 317 – Dijon 40 – Chalon 34 – Le Creusot 51 – Dole 60.

⚑ **Les Bouleaux** Permanent
  𝒸 03 80 22 26 88 – **R** conseillée
  1,6 ha (46 empl.) plat, herbeux
  Tarif : 🚶 3,50 € – 🚗 1,60 € – 🔲 2,80 € – [⚡] (6A) 3,40 €
  Pour s'y rendre : À Chevignerot, bord d'un ruisseau

> Nature : 🌳 ○○
> Loisirs : 🏕
> Services : ♿ ⚲ ⊞ 🛉 ⊕ 🖼
> À prox. : 🖼 🐎

Nièvre (58)

La CHARITÉ-SUR-LOIRE

✉ 58400 – **319** B8 – G. Bourgogne – 5 460 h. – alt. 170
🛈 Syndicat d'initiative, 5, place Sainte-Croix 𝒸 03 86 70 15 06, Fax 03 86 70 21 55
Paris 212 – Bourges 51 – Clamecy 54 – Cosne-sur-Loire 30 – Nevers 25.

⚑ **Municipal la Saulaie**
  𝒸 03 86 70 00 83, contact@lacharitesurloire-tourisme.com,
  Fax 03 86 70 00 83 – **R** conseillée
  1,7 ha (100 empl.) plat, herbeux
  Pour s'y rendre : Sortie Sud-Ouest, rte de Bourges
  À savoir : Dans l'Île de la Saulaie, près de la plage

> Nature : ○
> Loisirs : 🏕 ⊿ 🏊
> Services : ♿ ⚲ 🛉 ⊕ 🚿 ☂
> À prox. : 🍴 🖼 canoë

CHÂTEAU-CHINON

✉ 58120 – **319** G9 – G. Bourgogne – 2 990 h. – alt. 510
🛈 Syndicat d'initiative, place Saint-Christophe 𝒸 03 86 85 06 58, Fax 03 86 85 06 58
Paris 281 – Autun 39 – Avallon 60 – Clamecy 65 – Moulins 89 – Nevers 65 – Saulieu 45.

⚑ **Municipal du Pertuy d'Oiseau** 1ᵉʳ mai-30 sept.
  𝒸 03 86 85 08 17, mairiechateauchinonville@wanadoo.fr,
  Fax 03 86 85 01 00 – **R** conseillée
  1,8 ha (52 empl.) peu incliné à incliné, herbeux
  Tarif : 🚶 2 € – 🚗 2,50 € – 🔲 1,50 € – [⚡] (8A) 2,50 €
  Pour s'y rendre : Sortie Sud par D 27, rte de Luzy et à
  droite
  À savoir : À l'orée d'une forêt

> Nature : 🗻 ≤ 🌳 ○
> Loisirs : 🏕
> Services : ♿ ⚲ ᴄᵛ 🛉 ⊕ 🏊

House boat sur le canal de Bourgogne

CHEVENON

✉ 58160 – **319** C10 – G. Bourgogne – 662 h. – alt. 190
Paris 251 – Dijon 188 – Moulins 51 – Tours 231.

▲ **Municipal** Permanent
     𝓟 03 86 68 71 71 – **R**
     4 ha/2 campables (63 empl.) plat et peu incliné, herbeux, en
     terrasses
     Tarif : 🚶 2,25 € 🚗 1,15 € 🔲 1,75 € – (⚡) (16A) 9,15 €
     Pour s'y rendre : 1,4 km au SO par D 200, rte de Magny-
     Cours, près d'un plan d'eau

Nature : ⌂ 🌳🌳	
Services : & ⚬⌿ ⌀✓ 🗑 ⊕	
À prox. : 🍴 ≋ (plage) 🏊 🎣	

CLAMECY

✉ 58500 – **319** E7 – G. Bourgogne – 4 806 h. – alt. 144
🛈 *Office de tourisme, rue du Grand Marché* 𝓟 *03 86 27 02 51*
Paris 208 – Auxerre 42 – Avallon 38 – Bourges 105 – Cosne-sur-Loire 52 – Dijon 145 – Nevers 69.

▲ **Camping du Pont Picot** 1ᵉʳ mai-30 sept.
     𝓟 03 86 27 05 97, *tourism.clamecy@wanadoo.fr*,
     Fax 03 86 27 20 65, *www.vaux-yonne.com* – **R** conseillée
     1 ha (90 empl.) plat, herbeux
     Tarif : 🚶 2,80 € 🚗 3 € 🔲 2 € – (⚡) (6A) 2,80 €
     Pour s'y rendre : S : bord de l'Yonne et du canal du
     Nivernais, accès conseillé par Beaugy
     À savoir : Situation agréable dans une petite île

Nature : 🌳 🌿	
Loisirs : 🎣	
Services : & ⚬⌿ ⌀✓ ⊕	
À prox. : canoë	

Carte de Clamecy et environs : COULANGES-S-YONNE, Clamecy, VARZY, D 977, D 951, VARZY, D 23, Beaugy, R. de Chevroches, S. I. Pont Picot, VÉZELAY, D 34, D 215, Cᵃˡ du Nivernais, BRINON-SUR-BEUVRON, TANNAY — échelle 0 – 500 m

204

CORANCY

✉ 58120 – **319** G9 – G. Bourgogne – 366 h. – alt. 368
Paris 275 – Château-Chinon 7 – Corbigny 38 – Decize 59 – Nevers 69 – St-Honoré-les-Bains 32.

▲ **Les Soulins** 15 avr.-fin oct.
     𝓟 03 86 78 01 62, *info@corancy.com*, Fax 03 86 78 01 90,
     www.corancy.com – **R** conseillée
     1,2 ha (42 empl.) plat et peu incliné, herbeux
     Tarif : 🚶 3,50 € 🚗 1,25 € 🔲 4,50 € – (⚡) (8A) 2,50 €
     Pour s'y rendre : NO : 3,5 km par D 12, D 161 rte de
     Montigny-en-Morvan et D 230 à gauche après le pont
     À savoir : Près du lac

Nature : 🌳 ≤	
Loisirs : 🎱 🏃 🎣	
Services : & ⚬⌿ ⌀✓ 🗑 ⊕ 🖼	
À prox. : ≋	

Avant de vous installer, consultez les tarifs en cours,
affichés obligatoirement à l'entrée du terrain,
et renseignez-vous sur les conditions particulières de séjour.
Les indications portées dans le guide ont pu être modifiées depuis la mise à jour.

CRUX-LA-VILLE

✉ 58330 – **319** E9 – 453 h. – alt. 319
Paris 248 – Autun 85 – Avallon 138 – La Charité-sur-Loire 45 – Clamecy 39 – Nevers 41.

Le Merle avr.-oct.
℘ 03 86 58 38 42, *aquadis1@wanadoo.fr*,
Fax 03 86 37 95 83, *aquadis-loisirs.com* – **R** conseillée
2,6 ha (100 empl.) plat, peu incliné, herbeux
Tarif : ✝ 4,20 € – ⇦ 3,20 € – 🗐 5,20 € – 🄿 4,50 € – frais de
réservation 16 €
Location (permanent) : 5 ⌂ (4 à 6 pers.) 220 à
435 €/sem. – 5 ⌂ (4 à 6 pers.) 260 à 510 €/sem.
Pour s'y rendre : 4,5 km au SO par D 34 rte de St-Saulge et
D 181 à droite, rte de Ste-Marie, bord d'un l'étang

Nature : 🌿 🌲
Loisirs : snack 🎣 🏊 🚴 🎣
Services : 🚿 🔌 GB 🏧 🚲 🔥 ⊕ 📞 🔒
À prox. : pédalos, canoë

GIMOUILLE

✉ 58470 – **319** B10 – 512 h. – alt. 210
Paris 257 – Dijon 195 – Nevers 11 – Bourges 59 – Montluçon 91.

Domaine du Grand Bois (location exclusive de chalets
et de roulottes)
℘ 03 86 21 09 21, *info@grand-bois.com*,
Fax 03 86 21 09 22, *www.grand-bois.com*
15 ha vallonné, herbeux
Location 🚿 (5 chalets) 🄿 : 66 ⌂ (4 à 6 pers.) 483 à
994 €/sem. – roulottes
Pour s'y rendre : SE : 2 km par D134 puis rte de Fertot

Nature : 🌿
Loisirs : 🍴 🏠 🎣 🏊 🚴 ✂ 📺 🏓 🎣 ♞ poneys (centre équestre) canoë
Services : 🚿 🔌 GB 🏧 🔥 sèche-linge 🧺
À prox. : ✗

*Si vous désirez réserver un emplacement pour vos vacances,
faites-vous préciser au préalable les conditions particulières de séjour,
les modalités de réservation, les tarifs en vigueur et les conditions de paiement.*

205

LIMANTON

✉ 58290 – **319** F10 – 300 h. – alt. 300
Paris 287 – Bourges 116 – Dijon 143 – Moulins 73 – Troyes 182.

Municipal au Bord de l'Eau 15 juin-15 sept.
℘ 03 86 84 32 70, *mairie.limanton@wanadoo.fr*,
Fax 03 86 84 94 77
0,9 ha (48 empl.) plat, herbeux
Tarif : ✝ ⇦ 🗐 4,50 € – 🄿 (5A) 1,50 €
Pour s'y rendre : S : 4,9 km par D 132 et D 111, rte de
Pannecot, chemin à droite, après le passage à niveau
À savoir : Proche d'un petit port de plaisance

Nature : 🌿 ♀
Loisirs : 🎣 🏊 ✂ 🎣
Services : 🚿 🔥 ⊕ 🌿
À prox. : canoë, kayak

LUZY

✉ 58170 – **319** G11 – G. Bourgogne – 2 234 h. – alt. 275
🄳 Syndicat d'initiative, place Chanzy ℘ 03 86 30 02 65
Paris 314 – Autun 34 – Château-Chinon 39 – Moulins 62 – Nevers 78.

Château de Chigy 👥 – 28 avr.-30 sept.
℘ 03 86 30 10 80, *reception@chateaudechigy.com.fr*,
Fax 03 86 30 09 22, *www.chateaudechigy.com.fr*
– **R** conseillée
70 ha/15 campables (200 empl.) plat, peu incliné et en
terrasses, herbeux
Tarif : ✝ ⇦ 🗐 14 € – 🄿 (10A) 4 €
Location (permanent) : 30 ⌂ (4 à 6 pers.) 245 à
700 €/sem. – 2 appartements – 6 gîtes
Pour s'y rendre : SO : 4 km par D 973, rte de Bourbon-
Lancy puis chemin à gauche
À savoir : Vaste domaine autour d'un château : prairies,
bois, étangs

Nature : 🌿 ≤
Loisirs : 🍴 ✗ snack 🎣 🏊 🏓 🏊 ♪ 🏊 🚤
Services : 🚿 🔌 GB 🏧 🔥 🥤 ⊕ 📺 🌿

MONTIGNY-EN-MORVAN

✉ 58120 – **319** G9 – 357 h. – alt. 350
Paris 269 – Château-Chinon 13 – Corbigny 26 – Nevers 64 – Prémery 56 – St-Saulge 38.

⚠ **Municipal du Lac** mai-sept.
   📞 03 86 84 71 77, *montignyenmorvan@free.fr*,
   Fax 03 86 84 76 46 – ℟
   2 ha (59 empl.) plat et peu accidenté, pierreux, herbeux
   Tarif : 👤 2,44 € 🚗 1,68 € 🅴 2,44 € – ⚡ 1,83 €
   Pour s'y rendre : NE : 2,3 km par D 944, D 303 rte du
   barrage de Pannecière-Chaumard et chemin à droite, au
   Nord-Est du lieu-dit Bonin
   À savoir : Site agréable près d'un lac

> Nature : 🌳 ⊉
> Loisirs : 🏸 🎣
> Services : ⚐ ↻ 🗑 ≈ ⊕
> À prox. : ≈

MOULINS-ENGILBERT

✉ 58290 – **319** F10 – G. Bourgogne – 1 571 h. – alt. 215
Paris 294 – Autun 48 – Château-Chinon 17 – Corbigny 39 – Moulins 73 – Nevers 57.

⚠ **Municipal de l'Escame**
   📞 03 86 84 26 12, *mairie.moulin-enjilbert@wanadoo.fr*,
   Fax 03 86 84 35 12 – ℟ conseillée
   0,5 ha (20 empl.) peu incliné et en terrasses, gravier,
   herbeux
   Pour s'y rendre : N : 1,5 km par D 37, rte de Château-
   Chinon, près d'un ruisseau et à 100 m d'un étang

> Nature : ⊏⊐
> Loisirs : 🎣
> Services : ↻ ⊕ 🗑 ▽
> À prox. : ✗ ⊼

Des vacances réussies sont des vacances bien préparées !
Ce guide est fait pour vous y aider... mais :
– N'attendez pas le dernier moment pour réserver
– Évitez la période critique du 14 juillet au 15 août
Pensez aux ressources de l'arrière-pays,
à l'écart des lieux de grande fréquentation.

La NOCLE-MAULAIX

✉ 58250 – **319** F11 – 332 h. – alt. 330
Paris 301 – Bourbon-Lancy 20 – Decize 32 – Gueugnon 36 – Luzy 19 – Nevers 65.

⚠ **Municipal de l'Étang Marnant** 1ᵉʳ mai-mi-oct.
   📞 03 86 30 84 13, *mairie-la-nocle-maulaix@wanadoo.fr*,
   Fax 03 86 30 84 23 – ℟ conseillée
   1 ha (15 empl.) peu incliné, herbeux
   Tarif : 👤 2,20 € 🚗 1 € 🅴 1,15 € – ⚡ (10A) 2,55 €
   Pour s'y rendre : Sortie Ouest, par D 30
   À savoir : Au bord d'un étang

> Nature : ⊏⊐ ⊉
> Loisirs : 🎣
> Services : ↻ ⊕ 🗑 🖼
> À prox. : ≈ pédalos

OUROUX-EN-MORVAN

✉ 58230 – **319** G8 – G. Bourgogne – 670 h. – alt. 555
🏛 *Syndicat d'initiative, place Jean Gautherin* 📞 03 86 78 20 11
Paris 263 – Autun 44 – Avallon 48 – Château-Chinon 23 – Clamecy 53 – Nevers 75 – Saulieu 34.

⚠ **Les Genêts** 15 avr.-30 sept.
   📞 03 86 78 22 88, *josette.guyollot@wanadoo.fr*
   – ℟ conseillée
   1 ha (70 empl.) en terrasses, plat et peu incliné, herbeux
   Tarif : 👤 3,20 € 🚗 2,20 € 🅴 3 € – ⚡ (5A) 3 €
   Location 🏠 : 3 🛏 (4 à 6 pers.) 245 à 400 €/sem.
   Pour s'y rendre : Sortie Nord-Ouest par D 17, rte de
   Lormes et D 232 à gauche, rte de Pannecière
   À savoir : Cadre verdoyant

> Nature : 🌳 ≤ ⊏⊐
> Loisirs : 🏠
> Services : ⚐ ⚷ GB ↻ 🗑 ⊕ 🖼
> sèche-linge
> À prox. : ✗

BOURGOGNE

PRÉMERY

✉ 58700 – **319** C8 – G. Bourgogne – 2 201 h. – alt. 237

🛈 Office de tourisme, Tour du Château ℰ 03 86 68 99 07, Fax 03 86 37 98 72

Paris 231 – La Charité-sur-Loire 28 – Château-Chinon 57 – Clamecy 41 – Cosne-sur-Loire 49 – Nevers 29.

Municipal 1er mai-30 sept.
ℰ 03 86 37 99 42, contact@mairie-premery.com,
Fax 03 86 37 98 72 – **R** conseillée
1,6 ha (46 empl.) plat et peu incliné, herbeux, gravillons
Tarif : (Prix 2006) ⚡ 🚐 🔲 7,60 € – ⚡ (16A) 1,70 €
Location (permanent) : 10 🏠 (4 à 6 pers.) 169 à
416 €/sem. – huttes
Pour s'y rendre : Sortie Nord-Est par D 977, rte de Clamecy
et chemin à droite
À savoir : Près de la Nièvre et d'un plan d'eau

Loisirs : 🎣
Services : ⚐ 🚰 (1er juil.-31 août) 🚗
😊 🚿 📷
À prox. : 🏊 ✂ 🏊

ST-HONORÉ-LES-BAINS

✉ 58360 – **319** G10 – G. Bourgogne – 763 h. – alt. 300 – ♨ (2 avril-13 oct.)

🛈 Syndicat d'initiative, 13, rue Henri Renaud ℰ 03 86 30 71 70

Paris 303 – Château-Chinon 28 – Luzy 22 – Moulins 69 – Nevers 67 – St-Pierre-le-Moutier 68.

Camping et Gîtes des bains 👥 – 1er avr.-31 oct.
ℰ 03 86 30 73 44, camping-les-bains@wanadoo.fr,
Fax 03 86 30 61 88, www.campinglesbains.com – **R** conseil-
lée
4,5 ha (130 empl.) plat, herbeux
Tarif : ⚡ 🚐 🔲 15,50 € – ⚡ (6A) 6 € – frais de réserva-
tion 14 €
Location (permanent) : 19 gîtes
🚐 2 bornes
Pour s'y rendre : Sortie Ouest, rte de Vandenesse

Nature : 🏞 ♀
Loisirs : 🍽 snack 🏃 🏊 🎣 ⛷ 🏌
🐎 poneys
Services : ⚐ 🚰 GB 🚗 📷 🛒 😊 📞
📷 sèche-linge 🧺
À prox. : 🍽

Municipal Plateau du Gué 2 avr.-27 oct.
ℰ 03 86 30 76 00, mairie-de-st-honore-les-bains@wana
doo.fr, Fax 03 86 30 73 33 – **R** conseillée
1,2 ha (73 empl.) peu incliné et plat, herbeux
Tarif : ⚡ 2,40 € 🚐 1,70 € 🔲 1,70 € – ⚡ (6A) 2,70 €
Pour s'y rendre : Au bourg, 13 rue Eugène-Collin, à 150 m
de la poste

Nature : ♀
Loisirs : 🏛 🏊
Services : ⚐ 🚰 🚗 📷 🛒 😊 📷
À prox. : 🚐

207

Vignoble de Chablis en automne

ST-LÉGER-DE-FOUGERET

✉ 58120 – **319** G9 – 356 h. – alt. 500
Paris 308 – Dijon 122 – Nevers 65 – Le Creusot 69 – Beaune 90.

▲ **L'Etang de Fougeraie** 1er mai-30 sept.
𝒫 03 86 85 11 85, *campingfougeraie@aol.com*,
Fax 03 86 79 45 72, *www.campingfougeraie.com*
– **R** conseillée
7 ha (60 empl.) plat et vallonné, terrasses, herbeux
Tarif : ♦ ⟵ 🗐 8,50 € – ⚡ (6A) 3 €
Location (permanent) : 3 🏠 (4 à 6 pers.) 290 à
450 €/sem.
Pour s'y rendre : SE : 2,4 km par D 157 rte d'Onlay
À savoir : Cadre champêtre autour d'un étang

Nature : 🏞 ⟨
Loisirs : 🍷 ✗ 🚲 ≌ 🎣
Services : 🚿 ⚡ GB 🖥 🛏 😊 ⊕ 🔥
sèche-linge 🧺 réfrigérateur

ST-PÉREUSE

✉ 58110 – **319** F9 – 286 h. – alt. 355
Paris 289 – Autun 54 – Château-Chinon 15 – Clamecy 57 – Nevers 53.

▲▲ **Manoir de Bezolle** 15 mai-15 sept.
𝒫 03 86 84 42 55, *info@bezolle.com*, Fax 03 86 84 43 77,
www.bezolle.com – **R** indispensable
8 ha/5 campables (140 empl.) en terrasses, plat, peu incliné,
herbeux, petits étangs
Tarif : ♦ ⟵ 🗐 26 € – ⚡ (10A) – frais de réservation 5 €
Location (permanent) : 12 🏠 (4 à 6 pers.) 375 à
770 €/sem.
🚐 1 borne
Pour s'y rendre : SE : sur D 11, à 300 m de la D 978, rte de
Château-Chinon
À savoir : Dans le parc du Manoir

Nature : 🏞 ⟨ 🌳🌳
Loisirs : 🍷 ✗ 🏠 🏓 ⛰ 🏊 🐎
Services : 🚿 ⚡ GB 🖥 🛏 😊 ⊕
🧺 🗑 🚰 🔥 sèche-linge 🧺 🧺

208

Les SETTONS

✉ 58230 – **319** H8 – G. Bourgogne – Base de loisirs
Paris 259 – Autun 41 – Avallon 44 – Château-Chinon 25 – Clamecy 60 – Nevers 87 – Saulieu 23.

▲ **Les Mésanges** mai-15 sept.
𝒫 03 86 84 55 77, Fax 03 86 84 55 77
5 ha (100 empl.) peu incliné et en terrasses, herbeux, étang
Tarif : (Prix 2006) ♦ 3,90 € ⟵ 2,60 € 🗐 3,30 € –
⚡ (4A) 3,20 €
🚐 1 borne
Pour s'y rendre : S : 4 km par D 193, D 520, rte de Planchez
et rte de Chevigny à gauche, à 200 m du lac
À savoir : Situation agréable au bord d'un étang

Nature : 🏞 ⛺ ♀
Loisirs : 🏓 🎣
Services : 🚿 ⚡ 🖥 🛏 😊 ⊕ 🧺 🗑 🔥
sèche-linge
À prox. : ≌

▲ **Plage du Midi**
𝒫 03 86 84 51 97, *plagedumidi@aol.com*,
Fax 03 86 84 57 31, *www.settons-camping.com* – **R** conseil-
lée
4 ha (160 empl.) peu incliné, herbeux
Location : 10 🏠
Pour s'y rendre : SE : 2,5 km par D 193 et rte à droite
À savoir : Au bord d'un lac

Nature : ⟨ ♀ ⛰
Loisirs : 🍷
Services : 🚿 ⚡ 🖥 🛏 😊 ⊕ 🔥 sèche-
linge 🧺
À prox. : ✗ 🍴 🚣 pédalos

▲ **La Plage des Settons** Pâques-sept.
𝒫 03 86 84 51 99, *camping@settons-tourisme.com*,
Fax 03 86 84 54 81, *www.settons-tourisme.com*
– **R** conseillée
2,6 ha (68 empl.) en terrasses, gravillons, herbeux
Tarif : (Prix 2006) ♦ 3,40 € ⟵ 1,90 € 🗐 2,40 € – ⚡ 3,20 €
Pour s'y rendre : Au S du barrage à 300 m
À savoir : Agréables emplacements en terrasses, face au
lac

Nature : 🏞 ⟨ ⛺ ⛰
Loisirs : 🏠 🏓
Services : 🚿 ⚡ GB 🖥 🛏 😊 ⊕ 🧺 🔥
À prox. : 🍷 ✗ 🚰 🍴

▲ **La Cabane Verte** avr.-mi-oct.
   𝒫 03 86 76 02 25, *cabane.verte@orange.fr*,
   Fax 03 86 76 02 25 – **R** conseillée
   3,8 ha (100 empl.) en terrasses, peu incliné, herbeux
   Tarif : (Prix 2006) ✤ 3,15 € ⇔ 2,25 € ▣ 2,40 € –
   [𝄞] (10A) 3,15 €
   Pour s'y rendre : S : 8 km par D 193, D 520, rte de Planchez
   puis à gauche, par Chevigny, rte de Gien-sur-Cure et D 501
   à gauche
   À savoir : Près d'un lac

Nature : 🦎 ⌂
Loisirs : snack 🎱 🏊 🚲 🎣
Services : 🚿 ⚷ 🚐 🔲 ⊕ 🔳 sèche-linge
À prox. : 🚣 pédalos

VARZY

✉ 58210 – **319** D7 – G. Bourgogne – 1 303 h. – alt. 249
🄳 *Office de tourisme, rue Delange* 𝒫 03 86 29 74 08
Paris 224 – La Charité-sur-Loire 37 – Clamecy 17 – Cosne-sur-Loire 43 – Nevers 53.

▲ **Municipal du Moulin Naudin** 1ᵉʳ mai-30 sept.
   𝒫 03 86 29 43 12, *mairievarzy@wanadoo.fr*,
   Fax 03 86 29 72 73 – **R** conseillée
   3 ha (50 empl.) plat, peu incliné et terrasse, herbeux
   Tarif : (Prix 2006) ✤ ⇔ ▣ 4,30 € – [𝄞] (5A) 2,10 €
   Pour s'y rendre : N : 1,5 km par D 977
   À savoir : Près d'un plan d'eau

Nature : ⌂ ♀
Loisirs : 🎣
Services : ⊕ 🍳 🚐 🔳
À prox. : 🍴 🚣

Saône-et-Loire (71)

ANOST

✉ 71550 – **320** E7 – G. Bourgogne – 679 h. – alt. 454
Paris 274 – Autun 24 – Château-Chinon 20 – Luzy 49 – Saulieu 33.

▲ **Municipal Pont de Bussy** 1ᵉʳ mai-30 sept.
   𝒫 03 85 82 79 07, *mairie@anost.com*, Fax 03 85 82 74 75,
   www.anost.com – **R** conseillée
   1,5 ha (45 empl.) plat et peu incliné, herbeux
   Tarif : ✤ ⇔ ▣ 7,50 € [𝄞] (15A)
   Pour s'y rendre : O : 0,5 km par D 88, rte d'Arleuf, bord
   d'un ruisseau et près d'un petit plan d'eau

Nature : ⌂
Loisirs : 🎱
Services : 🚿 ⚷ (15 juin-1ᵉʳ sept.) 🅶🅱 🍳 🔲 ⊕ 🚐 🔳
À prox. : 🍴 🚣 terrain omnisports

AUTUN

✉ 71400 – **320** F8 – G. Bourgogne – 16 419 h. – alt. 326
🄳 *Office de tourisme, 2, avenue Charles de Gaulle* 𝒫 03 85 86 80 38, Fax 03 85 86 80 49
Paris 287 – Auxerre 128 – Avallon 78 – Chalon-sur-Saône 51 – Dijon 85 – Mâcon 111 – Moulins 97 – Nevers 104.

▲▲ **Municipal de la Porte d'Arroux** avr.-oct.
   𝒫 03 85 52 10 82, *contact@camping-autun.com*,
   Fax 03 85 52 88 56, *www.camping-autun.com* – **R** conseil-
   lée
   2,8 ha (104 empl.) plat, herbeux
   Tarif : (Prix 2006) ✤ 3,10 € ⇔ 1,50 € ▣ 5,60 € –
   [𝄞] (6A) 2,85 €
   🚐 1 borne 3 € – 4 ▣ 16,80 €
   Pour s'y rendre : Sortie Nord par D 980, rte de Saulieu,
   faubourg d'Arroux
   À savoir : Beaux emplacements ombragés au bord du
   Ternin

Nature : ⌂ ♀♀
Loisirs : 🍷 brasserie 🎱 🚣
Services : 🚿 ⚷ 🅶🅱 🍳 🔲 ⊕ 🔳 🧺

BOURBON-LANCY

✉ 71140 – **320** C10 – G. Bourgogne – 5 634 h. – alt. 240 – ♨ (début avril-fin oct.) – Base de loisirs
🛈 *Office de tourisme, place d'Aligre* ✆ *03 85 89 18 27, Fax 03 85 89 28 38*
Paris 308 – Autun 62 – Mâcon 110 – Montceau-les-Mines 55 – Moulins 36 – Nevers 72.

▲▲ **Saint-Prix** avr.-oct.
✆ 03 85 89 20 98, *aquadis1@wanadoo.fr*,
Fax 03 86 37 95 83, *www.aquadis-loisirs.com* – **R** conseillée
– camping en 2 parties distinctes
2,5 ha (128 empl.) plat, peu incliné et en terrasses, herbeux
Tarif : 🛉 4,20 € 🚗 3,20 € 🔲 5,20 € – 🛱 2 € – frais de
réservation 8 €
Location : 21 🏠 (4 à 6 pers.) 260 à 510 €/sem.
🚐 1 borne 2 €
Pour s'y rendre : Vers sortie SO, rte de Digoin, proche de la
piscine
À savoir : À 200 m d'un plan d'eau

Nature : 🖵 00
Loisirs : 🏠 🚲
Services : 🔌 GB ⊘ 🎱 🍴 ⊕ 🚿 ☕ 🌿 🖨
À prox. : 🍴 🍽 snack 🏄 ⚓ 🎿 🏊 (plage) 🎣 🐎 terrain omnisports, cinéma

CHAGNY

✉ 71150 – **320** I8 – G. Bourgogne – 5 591 h. – alt. 215
🛈 *Office de tourisme, 2, place des Halles* ✆ *03 85 87 25 95*
Paris 327 – Autun 44 – Beaune 15 – Chalon-sur-Saône 20 – Mâcon 77 – Montceau 47.

▲▲ **Le Pâquier Fané** 15 avr.-oct.
✆ 03 85 87 21 42, *campingchagny@aol.com*,
http://site.voila.fr/campingdupaquierfane
1,8 ha (85 empl.) plat, herbeux
Tarif : (Prix 2006) 🛉 3,35 € 🚗 🔲 4,70 € – 🛱 3,60 € – frais
de réservation 10 €
Pour s'y rendre : À l'Ouest de la ville, rue Pâquier-Fané
À savoir : Cadre agréable au bord de la Dheune

Nature : 🖵 💧
Loisirs : snack 🚲
Services : 🔌 🔌 GB ⊘ 🍴 🌿 ⊕ 🖨 🚿
À prox. : 🍴 🎿

CHAMBILLY

✉ 71110 – **320** E12 – 497 h. – alt. 249
Paris 363 – Chauffailles 28 – Digoin 27 – Dompierre-sur-Besbre 55 – Lapalisse 36 – Roanne 34.

▲ **La Motte aux Merles** avr.-oct.
✆ 03 85 25 37 67 – **R** conseillée
1 ha (25 empl.) plat, herbeux, peu incliné
Tarif : 🛉 2,90 € 🚗 🔲 3,80 € – 🛱 2,40 €
Location : 2 🏠 (4 à 6 pers.) 214 €/sem. – (sans sanitaires)
Pour s'y rendre : SO : 5 km par D 990, rte de Lapalisse et
chemin à gauche

Nature : 🌄 ≼
Loisirs : 🏄 🚲 🎿 (petite piscine)
Services : 🔌 🔌 ⊘ 🍴 ⊕ 🖨

CHAROLLES

✉ 71120 – **320** F11 – G. Bourgogne – 3 027 h. – alt. 279
🛈 *Office de tourisme, 24, rue Baudinot* ✆ *03 85 24 05 95, Fax 03 85 24 28 12*
Paris 374 – Autun 80 – Chalon-sur-Saône 67 – Mâcon 55 – Moulins 81 – Roanne 61.

▲ **Municipal** 1ᵉʳ avr.-1ᵉʳ déc.
✆ 03 85 24 04 90, *mairie.charolles@wanadoo.fr*,
Fax 03 85 24 04 90 – **R** conseillée
1 ha (60 empl.) plat, herbeux, gravillons
Tarif : (Prix 2006) 🛉 2 € 🚗 1,50 € 🔲 2,50 € – 🛱 (8A) 1,50 €
Pour s'y rendre : Sortie Nord-Est, rte de Mâcon et D 33 rte
de Viry à gauche
À savoir : Cadre agréable au bord de l'Arconce

Nature : 🖵 💧
Services : 🔌 🔌 ⊘ ⊕ 🚿 🌿 🖨
À prox. : 🏠 🎿 🎣

CHAUFFAILLES

✉ 71170 – **320** G12 – 4 119 h. – alt. 405

🛈 *Office de tourisme, 1, rue Gambetta ℘ 03 85 26 07 06, Fax 03 85 26 03 92*
Paris 404 – Charolles 32 – Lyon 77 – Mâcon 64 – Roanne 33.

⚠ **Municipal les Feuilles** 1ᵉʳ mai-30 sept.
℘ 03 85 26 48 12, *mairie.adm.chauffailles@wanadoo.fr*,
Fax 03 85 26 55 02 – **R** conseillée
4 ha (75 empl.) plat et peu incliné, herbeux, gravillons
Tarif : (Prix 2006) 🛉 ⟺ 🗉 13,32 € (🗲) (10A)
Location : huttes
Pour s'y rendre : Au Sud-Ouest de la ville, par rue du
Chatillon
À savoir : Cadre verdoyant au bord du Botoret

Nature : ⌑ ♀
Loisirs : 🖾 ⚡ ※
Services : ⅙ ⊶ ⒼⒷ ⚙ 🗑 ⩘ ☺ 🛋
🛁
À prox. : �🏊

La CLAYETTE

✉ 71800 – **320** F12 – G. Bourgogne – 2 069 h. – alt. 369

🛈 *Office de tourisme, 3, route de Charolles ℘ 03 85 28 16 35, Fax 03 85 28 28 34*
Paris 387 – Charolles 20 – Lapalisse 64 – Lyon 85 – Mâcon 54 – Roanne 41.

⚠ **les Bruyères** avr.-oct.
℘ 03 85 28 09 15, *aquadis1@wanadoo.fr*,
Fax 03 85 28 09 15, *www.aquadis-loisirs.com* – **R** conseillée
2,2 ha (100 empl.) plat, peu incliné, herbeux, gravier
Tarif : 🛉 3,40 € ⟺ 1,55 € 🗉 3 € – (🗲) 2,80 € – frais de
réservation 16 €
Location : 10 🏠 (4 à 6 pers.) 260 à 355 €/sem.
Pour s'y rendre : E : sur D 79, rte de St-Bonnet-de-Joux
À savoir : Face au lac et au château

Nature : ⌑ ♀♀
Loisirs : 🖾 ⚡
Services : ⅙ ⊶ ⒼⒷ ⚙ ▥ 🗑 ☺ 📞
🛁
À prox. : ※ ♨ ⏋ ⏊ ⍨

CLUNY

✉ 71250 – **320** H11 – G. Bourgogne – 4 376 h. – alt. 248

🛈 *Office de tourisme, 6, rue Mercière ℘ 03 85 59 05 34, Fax 03 85 59 06 95*
Paris 384 – Chalon-sur-Saône 49 – Charolles 43 – Mâcon 25 – Montceau-les-Mines 44 – Roanne 81 – Tournus 33.

⚠ **Municipal St-Vital** 1ᵉʳ mai-1ᵉʳ déc.
℘ 03 85 59 08 34, *cluny-camping@wanadoo.fr*,
Fax 03 85 59 08 34 – **R** conseillée
3 ha (174 empl.) plat, herbeux, peu incliné
Tarif : (Prix 2006) 🛉 3,45 € ⟺ 2,15 € 🗉 2,15 € –
(🗲) (6A) 2,75 €
Pour s'y rendre : Sortie Est par D 15, rte d'Azé

Nature : ⋞
Services : ⊶ ⒼⒷ ⚙ ▥ 🗑 ☺ 🛋
À prox. : ※ ▨ ⏊ 🐎

CORMATIN

✉ 71460 – **320** I10 – G. Bourgogne – 452 h. – alt. 212

🛈 *Office de tourisme, le bourg ℘ 03 85 50 71 49*
Paris 371 – Chalon-sur-Saône 37 – Mâcon 36 – Montceau-les-Mines 41.

⚠ **Le Hameau des Champs** 1ᵉʳ avr.-30 sept.
℘ 03 85 50 76 71, *camping.cormatin@wanadoo.fr*,
Fax 03 85 50 76 98, *www.le-hameau-des-champs.com*
– **R** conseillée
5,2 ha (60 empl.) plat, herbeux
Tarif : 🛉 ⟺ 🗉 8,80 € – (🗲) (13A) 3,20 €
Location (permanent) : 10 🏠 (4 à 6 pers.) 336 à
466 €/sem.
🚐 1 borne 3 €
Pour s'y rendre : Sortie Nord par D 981, rte de Chalon-sur-
Saône, à 150 m d'un plan d'eau et de la Voie Verte Givry-
Cluny

Nature : ⌇
Loisirs : 🍸 snack ⚡ 🚲
Services : ⅙ ⊶ ⒼⒷ ⚙ 🗑 ☺ ⩘ ⏚
🛁
À prox. : ⍨

211

COUCHES

✉ 71490 – **320** H8 – G. Bourgogne – 1 409 h. – alt. 320
🛈 *Syndicat d'initiative, 3, Grande Rue* ℘ *03 85 49 69 47*
Paris 328 – Autun 26 – Beaune 31 – Le Creusot 16 – Chalon-sur-Saône 26.

⚐ **Municipal la Gabrelle**
℘ 03 85 45 59 49, *camping-la-gabrelle@orange.fr*,
Fax 03 85 98 19 29
1 ha (50 empl.) en terrasses, herbeux
Pour s'y rendre : NO : 1,7 km par D 978 rte d'Autun, près
d'un petit plan d'eau

Nature : 🗔
Loisirs : 🍴 snack 🏓 🏊
Services : 🖤 ⚡ 🕭 🖩

CRÊCHES-SUR-SAÔNE

✉ 71680 – **320** I12 – 2 753 h. – alt. 180
🛈 *Syndicat d'initiative, 466, route nationale 6* ℘ *03 85 37 48 32, Fax 03 85 36 57 91*
Paris 398 – Bourg-en-Bresse 45 – Mâcon 9 – Villefranche-sur-Saône 30.

⚐ **Municipal Port d'Arciat** 15 mai-15 sept.
℘ 03 85 37 11 83, *camping-creches.sur.saone@wana
doo.fr*, Fax 03 85 36 57 91, *http://membres.lycos.fr/cam
pingduportdarciat* – **R** conseillée
5 ha (160 empl.) plat, herbeux
Tarif : (Prix 2006) 👤 3,40 € – 🚗 3,25 € – 🔲 6,80 € –
[½] (6A) 3,15 €
Pour s'y rendre : E : 1,5 km par D 31, rte de Pont de Veyle
À savoir : En bordure de Saône et près d'un plan d'eau,
accès direct

Nature : 🍃
Loisirs : 🏊 🎣
Services : 🖤 ⚡ GB 🕭 🖩 🗄 🕭 🖩
À prox. : 🍴 snack 🛝 🚣 🏊

Avant de prendre la route, consultez **www.ViaMichelin.fr :**
*votre meilleur itinéraire, le choix de votre hôtel, restaurant,
des propositions de visites touristiques.*

212

DIGOIN

✉ 71160 – **320** D11 – G. Bourgogne – 8 947 h. – alt. 232
🛈 *Office de tourisme, 8, rue Guilleminot* ℘ *03 85 53 00 81, Fax 03 85 53 27 54*
Paris 337 – Autun 69 – Charolles 26 – Moulins 57 – Roanne 57 – Vichy 69.

⚐ **La Chevrette** 1ᵉʳ mars-31 oct.
℘ 03 85 53 11 49, *lachevrette@wanadoo.fr*,
Fax 03 85 88 59 70, *www.lachevrette.com* – **R** conseillée
1,6 ha (100 empl.) plat et terrasse, herbeux, gravillons
Tarif : 👤 🚗 🔲 9,60 € – [½] (10A) 3,20 €
Location 🏠 : 2 🏡 (4 à 6 pers.) 360 à 430 €/sem.
Pour s'y rendre : Sortie Ouest en direction de Moulins, vers
la piscine municipale et près de la Loire

Nature : 🗔 🍃
Loisirs : snack 🏓 🚴
Services : 🖤 ⚡ GB 🕭 🖩 🕭 🖩 🗄 🖩
🖩
À prox. : 🛝 🚣 🎣

DOMPIERRE-LES-ORMES

✉ 71520 – **320** G11 – 792 h. – alt. 480
Paris 405 – Chauffailles 28 – Cluny 23 – Mâcon 35 – Montceau-les-Mines 52 – Paray-le-Monial 37.

⚐⚐ **Le Village des Meuniers** 1ᵉʳ mai-30 sept.
℘ 03 85 50 36 60, *levillagedesmeuniers@wanadoo.fr*,
Fax 03 85 50 36 61, *www.villagedesmeuniers.com*
– **R** conseillée
3 ha (113 empl.) en terrasses, plat et peu incliné, herbeux
Tarif : 👤 🚗 🔲 17 € – [½] (16A) 4,80 € – frais de réser-
vation 15 €
Location (permanent) : 15 🏡 (4 à 6 pers.) 270 à
590 €/sem. – gîtes
🖩 1 borne 2 €
Pour s'y rendre : Sortie Nord-Ouest par D 41, rte de la
Clayette et chemin à droite, près du stade
À savoir : Situation dominante et panoramique

Nature : 🍃 ≤ 🗔
Loisirs : 🍴 snack 🏓 🌙 nocturne
🏊 🛝 🚣 🏊
Services : 🖤 ⚡ GB 🕭 🖩 🗄 🖩
🖩
À prox. : 🎾 terrain omnisports

ÉPINAC

✉ 71360 – **320** H8 – 2 522 h. – alt. 340

🏢 *Office de tourisme, 10, rue Roger Salengro* 𝒫 *03 85 82 04 20*

Paris 304 – Arnay-le-Duc 20 – Autun 19 – Chagny 29 – Beaune 34.

Municipal le Pont Vert 1er avr.-30 sept.
𝒫 03 85 82 00 26, *camping_du_pont_vert@club-inter net.fr*, Fax 03 85 82 13 67, *www.campingdupontvert.com* – **R** conseillée
2,9 ha (71 empl.) plat, herbeux
Tarif : (Prix 2006) ✦ 2,50 € – ⇔ 1,70 € – 回 2,50 € – ⚡ (10A) 3,50 €
Location : huttes
Pour s'y rendre : Sortie Sud par D 43 et chemin à droite, bord de la Drée

> Nature : 🌳 🗐 ♀
> Loisirs : 🏠
> Services : 🔧 ⊶ GB 🐾 🗐 🔥 ⓐ 🔲
> À prox. : 🍷 snack 🏄🎣 🏕 🛶

GIGNY-SUR-SAÔNE

✉ 71240 – **320** J10 – 504 h. – alt. 178

Paris 355 – Chalon-sur-Saône 29 – Le Creusot 51 – Louhans 30 – Mâcon 47 – Tournus 13.

Domaine de l'Épervière 1er avr.-30 sept.
𝒫 03 85 94 16 90, *domaine-de-lepreviere@wanadoo.fr*, Fax 03 85 94 16 97, *www.domaine-epreviere.com* – places limitées pour le passage – **R** conseillée
7 ha (100 empl.) plat, herbeux, gravillons
Tarif : ✦ ⇔ 回 17,80 € – ⚡ (10A) 4,90 € – frais de réservation 10 €
Location 🐟 : gîtes
Pour s'y rendre : S : 1 km, à l'Épervière
À savoir : Agréable parc boisé au bord d'un étang

> Nature : 🌳 🗐 ♀♀
> Loisirs : 🍷 ✕ pizzeria 🏠 🏄🎣 ঌ
> 🔲 🏊 ⌇ (bassin) ঌ
> Services : 🔧 ⊶ GB 🗐 🛁 ⓐ 📞 🔲
> 🏊 🛒
> À prox. : ✂

GUEUGNON

✉ 71130 – **320** E10 – 8 563 h. – alt. 243

Paris 335 – Autun 53 – Bourbon-Lancy 27 – Digoin 16 – Mâcon 87 – Montceau-les-Mines 29 – Moulins 63.

Municipal de Chazey saison
𝒫 03 85 85 23 11, *officedetourisme@gueugnon.fr*, Fax 03 85 85 50 61, *www.gueugnon.fr* – **R** conseillée
1 ha (20 empl.) plat, herbeux
Tarif : (Prix 2006) ✦ ⇔ 回 2,50 € – ⚡ (10A) 3,50 €
Location (permanent) : 3 🏠 (4 à 6 pers.) 157 à 315 €/sem.
Pour s'y rendre : S : 4 km par D 994, rte de Digoin et chemin à droite
À savoir : Près d'un petit canal et de deux plans d'eau

> Nature : 🌳 🗐
> Loisirs : 🏠 🏄🎣
> Services : 🔧 ⊶ 🐾 🗐 ⓐ 🛒 🔲
> À prox. : 🏕 ⌇ (plage) ঌ

ISSY-L'EVÊQUE

✉ 71760 – **320** D9 – 907 h. – alt. 310

Paris 325 – Bourbon-Lancy 25 – Gueugnon 17 – Luzy 12 – Montceau-les-Mines 39 – Paray-le-Monial 37.

L'Étang Neuf 27 avr.-15 sept.
𝒫 03 85 24 96 05, *info@camping-etang-neuf.com*, *www.camping-etang-neuf.com* – **R** conseillée
6 ha/3 campables (71 empl.) plat, peu incliné, herbeux, gravillons
Tarif : ✦ ⇔ 回 18 € – ⚡ (6A) 2,10 € – frais de réservation 10 €
Location 🐟 : 22 🏚 (4 à 6 pers.) 270 à 429 €/sem. – 4 🏠 (4 à 6 pers.) 350 à 529 €/sem.
Pour s'y rendre : O : 1 km par D 42, rte de Grury et chemin à droite
À savoir : Situation agréable en bordure d'un étang et d'un bois

> Nature : 🌳 ≤ 🗐
> Loisirs : 🍷 🏠 🏄🎣 🏊
> Services : 🔧 ⊶ GB 🐾 🗐 ⓐ 📞 🔲
> À prox. : 🏕 ⌇ ঌ 🐎

LAIVES

✉ 71240 – **320** J10 – 901 h. – alt. 198
Paris 355 – Chalon-sur-Saône 20 – Mâcon 48 – Montceau-les-Mines 49 – Tournus 14.

Les Lacs de Laives - la Héronnière 28 avr.-15 sept.
℘ 03 85 44 98 85, camping.laives@wanadoo.fr,
Fax 03 85 44 98 85, http://perso.wanadoo.fr/camping.laives
– **R** conseillée
1,5 ha (80 empl.) plat, herbeux
Tarif : ★ 4,20 € ⇔ 2,70 € 📦 4,70 € – [½] (6A) 4 € – frais de réservation 10 €
Pour s'y rendre : N : 4,2 km par D 18, rte de Buxy et rte à droite
À savoir : Près des lacs de Laives

Nature : 🌳 ☁ ♀
Loisirs : 🚲 🏊
Services : & ⚡ GB 🚐 📶 ⊕ 🧊
À prox. : 🍴 snack 🏖

LOUHANS

✉ 71500 – **320** L10 – G. Bourgogne – 6 237 h. – alt. 179
🅸 Office de tourisme, 1, place Saint-Jean ℘ 03 85 75 05 02, Fax 03 85 75 48 70
Paris 373 – Bourg-en-Bresse 61 – Chalon-sur-Saône 38 – Dijon 85 – Dole 76 – Tournus 31.

Municipal Pâques-sept.
℘ 03 85 75 19 02, Fax 03 85 76 75 11 – **R** conseillée
1 ha (60 empl.) plat, herbeux, gravillons
Tarif : (Prix 2006) ★ 1,90 € ⇔ 1,80 € 📦 1,80 € – [½] 3,60 €
Pour s'y rendre : SO : 1 km par D 971, rte de Tournus et D 12, rte de Romenay, à gauche après le stade
À savoir : Cadre verdoyant en bordure de rivière

Nature : ☁ ♀♀
Services : & ⚡ (17 juil.-août) 🚐 📶 ⊕ 🏕
À prox. : 🍴 🏊 🎣

Benutzen Sie
– zur Wahl der Fahrtroute
– zur Berechnung der Entfernungen
– zur exakten Lokalisierung eines Campingplatzes (mit Hilfe der Angaben im Ortstext)
die für diesen Führer unentbehrlichen MICHELIN-Karten im Ma1 : 150 000.

214

MATOUR

✉ 71520 – **320** G12 – G. Bourgogne – 998 h. – alt. 500
🅸 Office de tourisme, ℘ 03 85 59 72 24
Paris 405 – Chauffailles 22 – Cluny 24 – Mâcon 36 – Paray-le-Monial 47.

Camping le Paluet 1er mai-30 sept.
℘ 03 85 59 70 58, mairie.matour@wanadoo.fr,
Fax 03 85 59 74 54, www.matour.com – **R** conseillée
3 ha (75 empl.) plat et peu incliné, terrasses, herbeux, gravillons
Tarif : ★ ⇔ 📦 8,30 € – [½] (16A) 2,80 €
Location (1er avr.-10 nov.) : 10 🏠 (4 à 6 pers.) 285 à 415 €/sem.
Pour s'y rendre : O : rte de la Clayette et à gauche
À savoir : Au bord d'un étang et proche d'un complexe de loisirs

Nature : 🌳 ☁ ♀
Loisirs : 🍴 🏖 🚲 🍽 🏊 🎿 🎣
terrain omnisports
Services : & ⚡ GB 🚐 📶 ⊕ 🚐 🧊
sèche-linge

MERVANS

✉ 71310 – **320** L9 – 1 169 h. – alt. 195
Paris 359 – Chalon-sur-Saône 34 – Lons-le-Saunier 36 – Louhans 21 – Poligny 46 – Tournus 44.

Municipal 1er juin-15 sept.
℘ 03 85 76 16 63, mairie-de-mervans@wanadoo.fr,
Fax 03 85 76 16 93, cybercommunes – **R** conseillée
0,8 ha (46 empl.) plat, herbeux
Tarif : ★ 1,50 € ⇔ 1,80 € 📦 1,80 € – [½] (10A) 1,80 €
Pour s'y rendre : Sortie Nord-Est par D 313, rte de Pierre-de-Bresse, près d'un étang

Services : 🚐 🏕
À prox. : 🍽 🎣

PALINGES

⊠ 71430 – **320** F10 – 1 494 h. – alt. 274
Paris 352 – Charolles 16 – Lapalisse 70 – Lyon 136 – Mâcon 70 – Paray-le-Monial 19.

▲ **Le Lac** 1er avr.-31 oct.
℘ 03 85 88 14 49, camping.palinges@hotmail.fr,
http://home.planet.nl/~jeroenvs – **R** conseillée
1,5 ha (30 empl.) en terrasses, peu incliné, herbeux
Tarif : ⚡ ⚎ 🅴 10,90 € – 🔌 (10A) 3 €
Pour s'y rendre : NE : 1 km par D 128, rte de Génelard
À savoir : Près d'un plan d'eau

> Nature : 🏞
> Loisirs : 🏠 🚲
> Services : 🏪 ⚡ 🔌 🗑 🛒 ☺ 🏧
> À prox. : ≊ (plage) 🏊

ST-GERMAIN-DU-BOIS

⊠ 71330 – **320** L9 – 1 765 h. – alt. 210
Paris 367 – Chalon-sur-Saône 33 – Dole 58 – Lons-le-Saunier 29 – Mâcon 75 – Tournus 40.

▲ **Municipal de l'Étang Titard** 1er mai-30 sept.
℘ 03 85 72 06 15, mairie-71330-saint-germain-du-bois@wanadoo.fr, Fax 03 85 72 03 38 – **R** conseillée
1 ha (40 empl.) plat, terrasse, peu incliné, herbeux
Tarif : (Prix 2006) ⚡ ⚎ 🅴 4,80 € – 🔌 (10A) 1,85 €
Pour s'y rendre : Sortie Sud par D 13, rte de Louhans
À savoir : Près d'un étang

> Nature : 🌳
> Loisirs : 🏠
> Services : 🏪 ⚡ 🔌 🗑 ☺ 🏕 🏧
> À prox. : ✗ 🏞 🏊 🏊 parcours sportif

ST-POINT

⊠ 71520 – **320** H11 – G. Bourgogne – 316 h. – alt. 335
Paris 396 – Beaune 90 – Cluny 14 – Mâcon 26 – Paray-le-Monial 55.

▲ **Lac de St-Point-Lamartine** 1er avr.-31 oct.
℘ 03 85 50 52 31, camping.stpoint@wanadoo.fr,
Fax 03 85 50 51 92, http://perso.wanadoo.fr/cam ping.stpoint – **R** conseillée
3 ha (102 empl.) plat et peu incliné, terrasses, herbeux
Tarif : (Prix 2006) ⚡ ⚎ 🅴 17 € – 🔌 (13A)
Location : 40 🛖 (4 à 6 pers.) 241 à 470 €/sem.
Pour s'y rendre : Sortie Sud par D 22, rte de Tramayes, au bord d'un lac

> Nature : 🏞 ⬅ 🏞
> Loisirs : 🏠 🛶
> Services : 🏪 ⚡ 🏧 🔌 🗑 ☺ 🏕 🏧
> À prox. : ♈ snack ≊ 🏊 terrain omnisports

215

SALORNAY-SUR-GUYE

⊠ 71250 – **320** H10 – 702 h. – alt. 210
Paris 377 – Chalon-sur-Saône 51 – Cluny 12 – Paray-le-Monial 44 – Tournus 29.

▲ **Municipal de la Clochette** 19 mai-2 sept.
℘ 03 85 59 90 11, mairie.salornay@wanadoo.fr,
Fax 03 85 59 47 52 – **R** conseillée
1 ha (60 empl.) plat et terrasse, herbeux
Tarif : ⚡ ⚎ 🅴 3,60 € – 🔌 (10A) 2,40 € – frais de réservation 3,50 €
🛖 1 borne
Pour s'y rendre : Au bourg, accès par chemin devant la poste
À savoir : Au bord de la Gande

> Nature : 🏞 🌳
> Loisirs : 🏊
> Services : 🏪 ⚡ 🔌 🗑 ☺
> À prox. : ✗

TOURNUS

⊠ 71700 – **320** J10 – G. Bourgogne – 6 231 h. – alt. 193
🛈 Office de tourisme, place de l'abbaye ℘ 03 85 27 00 20, Fax 03 85 27 00 21
Paris 360 – Bourg-en-Bresse 70 – Chalon-sur-Saône 28 – Lons-le-Saunier 58 – Louhans 31 – Mâcon 37 – Montceau-les-Mines 65.

▲ **Municipal En Bagatelle**
℘ 03 85 51 16 58, campingtournus@aol.com – **R** conseillée
2 ha (90 empl.) plat, herbeux
Pour s'y rendre : À 1 km au Nord de la localité par rue St-Laurent, en face de la gare, attenant à la piscine et à 150 m de la Saône (accès direct)

> Loisirs : 🏠
> Services : 🏪 ⚡ 🗑 🏕 ☺ 🏧
> À prox. : ✗ 🎣 🏊

ANCY-LE-FRANC

✉ 89160 – **319** H5 – G. Bourgogne – 1 108 h. – alt. 180

🛈 Syndicat d'initiative, 59, Grande Rue ℰ 03 86 75 03 15, Fax 03 86 75 04 41

Paris 215 – Auxerre 54 – Châtillon-sur-Seine 38 – Montbard 27 – Tonnerre 18.

Municipal mi-juin-mi-sept.

ℰ 03 86 75 13 21, mairie.ancylefranc@wanadoo.fr,

Fax 03 86 75 19 51

0,5 ha (30 empl.) plat, herbeux

Tarif : (Prix 2006) 🛉 2 € ⇒ 1 € 🗉 2 € – 🔌 2 €

Pour s'y rendre : Sortie Sud par D 905, rte de Montbard,
face au château, bord d'un ruisseau et près d'un étang

> Nature : 🔾🔾
> Services : 🕭 ☺
> À prox. : 🍴

ANDRYES

✉ 89480 – **319** D6 – 445 h. – alt. 162

Paris 204 – Auxerre 39 – Avallon 44 – Clamecy 10 – Cosne-sur-Loire 49.

Au Bois Joli avr.-oct.

ℰ 03 86 81 70 48, info@campingauboisjoli.com,

Fax 03 86 81 70 48, www.campingauboisjoli.com

– **R** conseillée

5 ha (100 empl.) incliné et en terrasses, herbeux, pierreux

Tarif : (Prix 2006) 🛉 ⇒ 🗉 19,30 €

Location : 5 🛖 (4 à 6 pers.) 220 à 500 €/sem.

🚐 1 borne

Pour s'y rendre : SO : 0,8 km par rte de Villeprenoy

À savoir : Cadre boisé

> Nature : 🌄 🔾🔾
> Loisirs : brasserie, (dîner seulement)
> 🛏 🏕 🚲 ⊼ quad
> Services : 🕭 ⊶ 🖋 ▥ 🖫 ☺ 🚿 ♨
> 🖲 ♨
> À prox. : 🍴

ASQUINS

✉ 89450 – **319** F7 – G. Bourgogne – 280 h. – alt. 146

Paris 219 – Dijon 123 – Auxerre 49 – Avallon 17 – Montbard 77.

Municipal le Patis déb.juin-mi-sept.

ℰ 03 86 33 30 80, mairie.asquins@wanadoo.fr,

Fax 03 86 33 20 07 – **R** conseillée

1 ha (33 empl.) plat, herbeux

Tarif : 🛉 2 € ⇒ 2 € 🗉 2 € – 🔌 (20A) 3 €

Pour s'y rendre : E : 0,3 km bord de la Cure

> Nature : 🔾
> Loisirs : 🛏 🏕
> Services : 🕭 ⊶ 🖋 ▥ 🖫 ♨ ☺
> À prox. : 🕳

AUXERRE

✉ 89000 – **319** E5 – G. Bourgogne – 37 790 h. – alt. 130

🛈 Office de tourisme, 1-2, quai de la République ℰ 03 86 52 06 19, Fax 03 86 51 23 27

Paris 166 – Bourges 144 – Chalon-sur-Saône 176 – Chaumont 143 – Dijon 152 – Nevers 110 – Sens 59 – Troyes 81.

Municipal avr.-sept.

ℰ 03 86 52 11 15, camping.mairie@auxerre.com,

Fax 03 86 51 17 54 – **R** indispensable

4,5 ha (220 empl.) plat, herbeux

Tarif : (Prix 2006) 🛉 ⇒ 🗉 10,90 € 🔌 (6A)

🚐 1 borne 2,30 €

Pour s'y rendre : Au Sud-Est de la ville, près du stade, 8 rte
de Vaux, à 150 m de l'Yonne

> Nature : 🔾🔾
> Loisirs : 🛏 🏕 🐟
> Services : 🕭 ⊶ 🄶🄱 🖋 ▥ 🖫 ☺ 🚿
> 🖲 sèche-linge 🔌
> À prox. : 🍴 🖼 🖵 ⊼

AVALLON

✉ 89200 – **319** G7 – G. Bourgogne – 8 217 h. – alt. 250

🛈 Syndicat d'initiative, 6, rue Bocquillot ℰ 03 86 34 14 19, Fax 03 86 34 28 29

Paris 220 – Dijon 106 – Auxerre 55 – Autun 80 – Cosne 91.

Municipal Sous Roches fin mars-15 oct.

ℰ 03 86 34 10 39, campingsousroches@ville-avallon.fr,

Fax 03 86 34 10 39 – **R** conseillée

2,7 ha (402 empl.) en terrasses, plat, herbeux

Tarif : 🛉 3 € ⇒ 2 € 🗉 2 € – 🔌 (6A) 3 €

🚐 1 borne

Pour s'y rendre : SE : 2 km par D 944 et D 427 à gauche
près du Cousin

> Nature : 🌄
> Loisirs : 🛏 🏕 🐟
> Services : 🕭 ⊶ 🖋 ☺ 🖲 sèche-linge

216

CÉZY

✉ 89410 – **319** D4 – 1 038 h. – alt. 82
Paris 143 – Auxerre 34 – Joigny 6 – Montargis 59 – Sens 28.

△ **L'Ile de l'Entonnoir** mai-sept.
    ℘ 03 86 63 17 87, *info@camping-cezy.com*,
    Fax 03 86 63 17 87, *www.camping-cezy.com* – **R** conseillée
    1 ha (70 empl.) plat, herbeux
    Tarif : (Prix 2006) ★ ⇜ 🗐 10 € [2] (6A)
    Pour s'y rendre : Sortie Nord-Est sur D 134, rte de St-Aubin
    sur-Yonne, à 250 m du canal. Pour caravanes accès conseillé
    par St-Aubin-sur-Yonne

> Nature : ♀
> Loisirs : 🏊
> Services : ⅋ ⚲ ⚲ 🗐 🕭 ☺ 🖳
> À prox. : ≈ 🐎 canoë kayak,

CHABLIS

✉ 89800 – **319** F5 – G. Bourgogne – 2 594 h. – alt. 135
🛈 *Office de tourisme, 1, rue du Maréchal de Lattre* ℘ 03 86 42 80 80, Fax 03 86 42 49 71
Paris 181 – Dijon 138 – Orléans 172 – Troyes 76.

△ **Municipal du Serein** 1ᵉʳ juin-16 sept.
    ℘ 03 86 42 44 39, *ot-chablis@chablis.net*,
    Fax 03 86 42 49 71, *www.chablis.net* – **R** conseillée
    2 ha (50 empl.) plat, herbeux
    Tarif : ★ ⇜ 🗐 4,60 € – [2] (10A) 1,80 €
    Pour s'y rendre : O : 0,6 km par D 956 rte de Tonnerre et
    chemin à droite après le pont, bord du Serein

> Nature : 🗀 ♀
> Loisirs : 🏕
> Services : ⚲ ⚲ 🔥 ☺

L'ISLE-SUR-SEREIN

✉ 89440 – **319** H6 – 716 h. – alt. 190
Paris 209 – Auxerre 50 – Avallon 17 – Montbard 36 – Tonnerre 36.

△ **Municipal le Parc du Château** mai-sept.
    ℘ 03 86 33 93 50, Fax 03 86 33 91 81 – **R** conseillée
    1 ha (40 empl.) plat, herbeux
    Tarif : ★ 2 € ⇜ 🗐 1,60 € – [2] 2,30 €
    Pour s'y rendre : S : 0,8 km par D 86, rte d'Avallon, au
    stade, à 150 m du Serein (accès direct)

> Nature : ♀
> Services : ⚲ ⚲ ▥ 🔥 ☺ ⚐
> À prox. : 🏕 ⚒ parcours sportif

217

LIGNY-LE-CHÂTEL

✉ 89144 – **319** F4 – G. Bourgogne – 1 289 h. – alt. 130
Paris 178 – Auxerre 22 – Sens 60 – Tonnerre 28 – Troyes 64.

△ **Municipal la Noue Marou** mai-sept.
    ℘ 03 86 47 56 99, Fax 03 86 47 44 02 – **R** conseillée
    2 ha (42 empl.) plat, herbeux
    Tarif : ★ 2,50 € ⇜ 1,80 € 🗐 2,70 € – [2] 2,70 €
    Pour s'y rendre : Sortie Sud-Ouest par D 8, rte d'Auxerre
    et chemin à gauche, bord du Serein

> Nature : 🏞
> Loisirs : 🏊
> Services : ⅋ ⚲ 🔥 ☺ 🖳
> À prox. : 🏕 ⚒ ≈

MIGENNES

✉ 89400 – **319** E4 – 8 165 h. – alt. 87
🛈 *Office de tourisme, 1, place François Mitterrand* ℘ 03 86 80 03 70, Fax 03 86 92 95 32
Paris 162 – Dijon 169 – Auxerre 22 – Sens 46 – Joigny 10.

△ **Les Confluents** 30 mars-4 nov.
    ℘ 03 86 80 94 55, *planethome2003@yahoo.fr*,
    Fax 03 86 80 94 55, *www.les-confluents.com* – **R** conseillée
    1,5 ha (63 empl.) plat, herbeux
    Tarif : ★ ⇜ 🗐 7,70 € – [2] (10A) 4,10 €
    Location : 4 🛏 (4 à 6 pers.) 275 à 390 €/sem.
    🛒 1 borne 3 €
    Pour s'y rendre : Sortie Migennes par D 277, allée Léo-
    Lagrange

> Nature : 🗀 ♀
> Loisirs : snack 🍴 🏕 🚲 🛝
> Services : ⚲ ⚏ ⚲ ▥ 🔥 ☺ ⚐ ⚐
> 🖳 ⚐
> À prox. : 🎣 ⚒ 🏊 canoë sports nau-
> tiques

ST-FARGEAU

✉ 89170 – **319** B6 – G. Bourgogne – 1 814 h. – alt. 175 – Base de loisirs
🛈 Office de tourisme, 3, place de la République 𝄐 03 86 74 10 07
Paris 180 – Auxerre 45 – Cosne-sur-Loire 38 – Gien 41 – Montargis 54.

△ **Municipal la Calanque** 7 avr.-23 sept.
𝄐 03 86 74 04 55, Fax 03 86 74 04 55 – **R** conseillée
6 ha (225 empl.) plat et accidenté, sablonneux, herbeux
Tarif : 🛉 ⚕ 🔲 8,20 € – 🔌 2,60 €
Pour s'y rendre : SE : 6 km par D 85, D 185 à droite et rte à
gauche, près du réservoir du Bourdon
À savoir : Cadre et site agréables

Nature : 🏞 🌳
Loisirs : 🎣
Services : 🔥 ⛟ 🚿 🗓 🔊 ⊕ 🔲 sèche-linge
À prox. : 🍴 snack 🏊 🚣 pédalos, canoë-kayak, parc aventure

ST-SAUVEUR-EN-PUISAYE

✉ 89520 – **319** C6 – G. Bourgogne – 939 h. – alt. 259
🛈 Office de tourisme, place du Château 𝄐 03 86 45 61 31, Fax 03 86 45 63 13
Paris 174 – Dijon 184 – Moulins 146 – Tours 242 – Troyes 120.

△ **Parc des Joumiers** 1er avr.-4 nov.
𝄐 03 86 45 66 28, campingmoteljoumiers@wanadoo.fr,
Fax 03 86 45 60 27, www.camping-motel-joumiers.com
– **R** conseillée
21 ha/7 campables (100 empl.) plat et peu incliné, herbeux,
étang
Tarif : 🛉 3,60 € ⚕ 2,60 € 🔲 2,60 € – 🔌 (10A) 3,80 €
Location : 10 🛏 (4 à 6 pers.) 300 à 430 €/sem. – 3 🏠
(4 à 6 pers.) 300 à 450 €/sem. – motel
🚐 1 borne 3 €
Pour s'y rendre : NO : 2,3 km par D 7, rte de Mézilles et
chemin à droite
À savoir : Au bord d'un étang

Nature : 🏞 🏕 ⚠
Loisirs : 🍴 🏊 🎣
Services : 🔥 ⛟ GB 🚿 ▥ 🗓 ⊕ 🗜 🚽 🔲
À prox. : pédalos

TONNERRE

✉ 89700 – **319** G4 – G. Bourgogne – 5 979 h. – alt. 156
🛈 Office de tourisme, place Marguerite de Bourgogne 𝄐 03 86 55 14 48, Fax 03 86 54 41 82
Paris 199 – Auxerre 38 – Montbard 45 – Troyes 60.

△ **Municipal de la Cascade** 1er avr.-1er janv.
𝄐 03 86 55 15 44, ot.tonnerre@wanadoo.fr, www.ton
nerre.fr – **R** conseillée
3 ha (115 empl.) plat, herbeux
Tarif : (Prix 2006) 🛉 2,80 € ⚕ 1,10 € 🔲 3,20 € –
🔌 (10A) 3,50 €
Location (permanent) : 6 🏠 (4 à 6 pers.) 270 à
370 €/sem.
🚐 1 borne 3 €
Pour s'y rendre : Sortie Nord par D 905, rte de Troyes et
D 944, direction centre-ville, au bord du canal de l'Yonne

Nature : ♀
Loisirs : 🎱 🚲
Services : 🔥 ⛟ GB 🚿 ▥ 🗓 ⊕ 🔲
À prox. : 🏊 🎣

VERMENTON

✉ 89270 – **319** F6 – G. Bourgogne – 1 199 h. – alt. 125
🛈 Syndicat d'initiative, 25, rue Général-de-Gaulle 𝄐 03 86 81 54 26, Fax 03 86 81 67 54
Paris 190 – Auxerre 24 – Avallon 28 – Vézelay 28.

△△ **Municipal les Coullemières**
𝄐 03 86 81 53 02, mairie.vermenton@free.fr,
Fax 03 86 81 53 02, www.vermenton.fr – **R** conseillée
1 ha (50 empl.) plat, herbeux
🚐 1 borne – 4 🔲
Pour s'y rendre : Au Sud-Ouest de la localité, derrière la
gare
À savoir : Cadre agréable près de la Cure (plan d'eau)

Nature : ♀ ⚠
Loisirs : 🎱 🏸 🚲 ✂
Services : 🔥 ⛟ ▥ 🗓 ⊕ 🔲 🚰
À prox. : 🏊 (plage) canoë, parcours sportif

VILLENEUVE-LES-GENÊTS

✉ 89350 – **319** B5 – 258 h. – alt. 186
Paris 162 – Auxerre 43 – Bléneau 14 – Joigny 42 – Montargis 47 – St-Fargeau 11.

⚠ **Le Bois Guillaume** Permanent
  𝒫 03 86 45 45 41, camping@bois-guillaume.com,
  Fax 03 86 45 49 20, www.bois-guillaume.com
  8 ha/3 campables (80 empl.) plat, sous-bois, petit étang
  Tarif : ♣ 3,70 € ⬅ 2,60 € 🔲 2,70 € – 🔌 (10A) 4 €
  Location (déb. mars-déb. nov.) : 3 🚐 (4 à 6 pers.) 310
  à 510 €/sem. – 7 🏠 (4 à 6 pers.) 270 à 510 €/sem. – gîte
  d'étape
  🚐 1 borne
  Pour s'y rendre : 2,7 km au NE

Nature : 🌊 ♀♀
Loisirs : ♈ ✗ 🚲 ✂ 🛶
Services : ♿ ⚡ GB ♒ 🎞 📶 🔲 ☺ 🚿
♒ 🅿 sèche-linge 🚿

VINCELLES

✉ 89290 – **319** E5 – 841 h. – alt. 110
Paris 180 – Auxerre 14 – Avallon 38 – Clamecy 39 – Cosne-sur-Loire 72.

⚠ **Les Cerisells** 1er avr.-fin sept.
  𝒫 03 86 42 50 47, contact@campingceriselles.com,
  Fax 03 86 42 39 39, www.cc-pays-coulangeois.fr
  – **R** conseillée
  1,5 ha (79 empl.) plat, herbeux
  Tarif : (Prix 2006) ♣ ⬅ 🔲 9 € – 🔌 (10A) 3 €
  Location : 12 🚐 (4 à 6 pers.) 350 à 380 €/sem. – 2 🏠
  (4 à 6 pers.) 330 à 400 €/sem.
  Pour s'y rendre : Au Nord du bourg, accès par D 38, rte de
  Vincelottes, près du canal du Nivernais (halte nautique) et à
  150 m de l'Yonne

Loisirs : ♈ snack 🎞 🏊 🚲 🦆
Services : ♿ ⚡ GB ♒ M 📶 🔲 ☺
♒ 🚿 🅿
À prox. : ✗ ♒ 🛶

BRETAGNE

Brute comme ses côtes de granit, riante comme ses petits ports de pêche avec leurs flottes colorées, émouvante comme ses calvaires et ses enclos paroissiaux, mystérieuse comme ses dolmens, ses menhirs et ses forêts enchantées, la Bretagne doit son charme à son essence maritime, à la variété de ses paysages et à l'originalité de sa culture. Attachés à leurs légendes, leur langue et leurs coutumes héritées d'un lointain passé celte, les Bretons cultivent leur identité à travers force manifestations folkloriques, festoù-noz et autres rassemblements où se défient bardes, sonneurs et bagadoùs. Des pauses friandes ponctuent généreusement cette riche palette festive de bolées de cidre, de crêpes, de galettes-saucisses et de tous les trésors gourmands qui font la réputation de la gastronomie locale.

Brittany — Breizh to its inhabitants — is a region of harsh granite coastlines, mysterious forests, pretty ports and brightly painted fishing boats. Its charm lies in its brisk sea breeze, its incredibly varied landscapes and the people themselves, born, so they say, with a drop of salt water in their blood. Proud of the language handed down from their Celtic ancestors, today's Bretons nurture their identity with intense and vibrant celebrations of folklore and custom. Of course, such devotion to culture requires plenty of good, wholesome nourishment: sweet and savoury pancakes, thick slices of butter cake and mugs of cold cider. However, Brittany's gastronomic reputation extends much further and gourmets can feast on the oysters, lobster and crab for which it is famous.

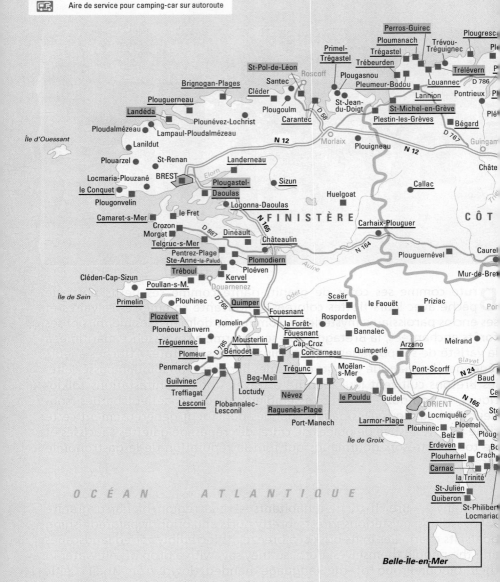

MANCHE

- ● Localité citée avec camping
- ■ Localité citée avec camping et locatif
- <u>Lourdes</u> Localité disposant d'un camping avec aire de services camping-car
- Moyaux Localité disposant d'au moins un terrain agréable
- Aire de service pour camping-car sur autoroute

Île d'Ouessant

Perros-Guirec
Ploumanach
Trégastel
Trébeurden
Primel-Trégastel
Ploumanach
Trévou-Tréguignec
Plougresc
Ple
Trélévern
P
St-Pol-de-Léon
Roscoff
Plougasnou
Pleumeur-Bodou
Louannec
D 786
Pontrieux
Pl

Santec
Brignogan-Plages
Cléder
Plouguerneau
Landéda
Plounévez-Lochrist
Plougoulm
St-Jean-du-Doigt
Lannion
Carantec
St-Michel-en-Grève
Plé
Plestin-les-Grèves
Bégard
Ploudalmézeau
Lampaul-Ploudalmézeau
Lanildut
N 12
Morlaix
Plouigneau
N 12
Guingam
Plouarzel
St-Renan
Landerneau
Châte
Locmaria-Plouzané
BREST
Elorn
Sizun
Callac
le Conquet
Plougastel-Daoulas
Huelgoat
Plougonvelin
Logonna-Daoulas
le Fret
FINISTÈRE
CÔT
Camaret-s-Mer
Crozon
Morgat
D 887
Dinéault
Carhaix-Plouguer
Telgruc-s-Mer
Châteaulin
N 165
N 164
Plouguernével
Caurel
Pentrez-Plage
Ste-Anne-la-Palud
Plomodiern
Aulne
Mur-de-Bret
Tréboul
Ploéven
Kervel
Cléden-Cap-Sizun
Dournenez
Poullan-s-M.
Odet
Scaër
Priziac
Île de Sein
Primelin
Plouhinec
Quimper
le Faouët
Por
Plozévet
Fouesnant
Rosporden
Plonéour-Lanvern
Plomelin
la Forêt-Fouesnant
Bannalec
Melrand
Tréguennec
Mousterlin
Cap-Croz
Quimperlé
Arzano
Plomeur
Bénodet
Concarneau
Pont-Scorff
N 24
Baud
Penmarch
Trégunc
Moëlan-s-Mer
Guilvinec
Beg-Meil
Ca
Treffiagat
Loctudy
Névez
le Pouldu
Guidel
LORIENT
N 165
Lesconil
Plobannalec-Lesconil
Raguenès-Plage
Locmiquélic
Ste-d
Port-Manech
Larmor-Plage
Plouhinec
Ploemel
Île de Groix
Belz
Ploug
Erdeven
Bc
Plouharnel
Crach
Carnac
la Trinité
OCÉAN   ATLANTIQUE
St-Julien
Quiberon
St-Philibert
Locmariac

Belle-Île-en-Mer

ALLINEUC

22460 – **309** E5 – 497 h. – alt. 190
Paris 456 – Lamballe 43 – Loudéac 21 – Pontivy 37 – Rostrenen 43 – St-Brieuc 27.

Municipal de Bosméléac
02 96 28 87 88, mairieallineuc@wanadoo.fr,
Fax 02 96 28 80 97
1 ha (49 empl.) plat, peu incliné, herbeux, pierreux
Pour s'y rendre : SO : 3 km par D 41, rte d'Uzel et à droite rte du barrage
À savoir : Près d'un plan d'eau

Nature :
Loisirs : ♈ crêperie
Services :
À prox. :

BÉGARD

22140 – **309** C3 – 4 474 h. – alt. 142
Paris 499 – Rennes 147 – Saint 46 – Lannion 20 – Morlaix 50.

Donant mi-avr.-mi-sept.
02 96 45 46 46, camping.begard@wanadoo.fr,
Fax 02 96 45 46 48, *www.camping-donant-bretagne.com*
– **R** conseillée
4 ha (91 empl.) en terrasses, plat, herbeux
Tarif : ★ 3,15 € – 🚗 1,90 € – 🗐 4,20 € – (¥) (10A) 2,60 €
Location (permanent) : 15 🏠 (4 à 6 pers.) 173 à 435 €/sem.
🚐 1 borne 5 €
Pour s'y rendre : Sortie Sud : 1,7 km par D 767, rte de Guingamp, en face du parc de loisirs "Armoripark"

Loisirs :
Services : (1er juil.-31 août) sèche-linge
À prox. :

BINIC

22520 – **309** F3 – G. Bretagne – 3 110 h. – alt. 35
Office de tourisme, avenue du Général-de-Gaulle 🕿 02 96 73 60 12, Fax 02 96 73 35 23
Paris 463 – Guingamp 37 – Lannion 69 – Paimpol 31 – St-Brieuc 15 – St-Quay-Portrieux 6.

Le Panoramic 1er avr.-30 sept.
02 96 73 60 43, camping.le.panoramic@wanadoo.fr,
Fax 02 96 69 27 66, *www.lepanoramic.net* – **R** conseillée
4 ha (150 empl.) plat, peu incliné, en terrasses, herbeux
Tarif : ★ 🚗 🗐 21 € – (¥) (10A) 5 € – frais de réservation 10 €
Location : 16 🚐 (4 à 6 pers.) 288 à 700 €/sem.
Pour s'y rendre : S : 1 km

Nature :
Loisirs : ♈
Services :
À prox. : poneys golf, canoë de mer

Municipal des Fauvettes 1er avr.-30 sept.
02 96 73 60 83, ville.binic@wanadoo.fr, http://www.ville-binic.fr – **R** conseillée
1 ha (83 empl.) plat, terrasse, peu incliné, herbeux
Tarif : ★ 🚗 🗐 18,32 € – (¥) (6A) 3,50 €
Location (1er avr.-30 juin) ⚡ : 3 🚐 (4 à 6 pers.) 240 €/sem.
🚐 1 borne
Pour s'y rendre : Au N.E. de la ville, rue des Fauvettes, à 50 m de la plage par sentier des douaniers, accès conseillé par D 786 rte de St-Quay-Portrieux et au rond-point à droite
À savoir : Agréable situation dominante et panoramique

Nature : ≤ sur la baie de St-Brieuc
Loisirs :
Services :

CALLAC

22160 – **309** B4 – G. Bretagne – 2 459 h. – alt. 172
Syndicat d'initiative, Mairie 🕿 02 96 45 81 30, Fax 02 96 45 91 70
Paris 510 – Carhaix-Plouguer 22 – Guingamp 28 – Morlaix 41 – St-Brieuc 58.

Municipal Verte Vallée 15 juin-15 sept.
02 96 45 58 50, commune@MAIRIE-CALLAC.fr,
Fax 02 96 45 91 70 – **R** conseillée
1 ha (60 empl.) peu incliné et incliné, herbeux
Tarif : (Prix 2006) ★ 2,32 € – 🚗 1,16 € – 🗐 1,79 € – (¥) (32A) 1,79 €
🚐 1 borne 2 €
Pour s'y rendre : Sortie Ouest par D 28, rte de Morlaix et av. Ernest-Renan à gauche, à 50 m d'un plan d'eau

Nature :
Loisirs :
Services :

CAUREL

⊠ 22530 – **309** D5 – 387 h. – alt. 188
Paris 461 – Carhaix-Plouguer 45 – Guingamp 48 – Loudéac 24 – Pontivy 22 – St-Brieuc 48.

Nautic International 15 mai-25 sept.
📞 02 96 28 57 94, contact@campingnautic.fr,
Fax 02 96 26 02 00, www.campingnautic.fr – **R** conseillée
3,6 ha (120 empl.) peu incliné et plat, en terrasses, herbeux
Tarif : ✶ 6 € ⬅ 1,60 € 🅴 8 € – (10A) 4,50 € – frais de réservation 15 €
Pour s'y rendre : SO : 2 km, au lieu-dit Beau-Rivage, bord du lac de Guerlédan
À savoir : Agréable cadre verdoyant

Nature : 🌿 🗻 ♨ ⚠
Loisirs : 🏕 ⚽ 🎾 🏊 🎣 ponton d'amarrage
Services : 🚿 🛒 GB 📷 🗑 ⊕ 🚗 ♒ 🧺 sèche-linge 🔌
À prox. : 🍴 ✗ crêperie 🧗 canoë

CHÂTELAUDREN

⊠ 22170 – **309** E3 – 921 h. – alt. 105
🏛 Syndicat d'initiative, 31, rue de la gare 📞 02 96 79 77 71, Fax 02 96 79 77 78
Paris 469 – Guingamp 17 – Lannion 49 – St-Brieuc 18 – St-Quay-Portrieux 21.

Municipal de l'Étang 1er mai-28 fév.
📞 02 96 74 10 38, mairiechatelaudren@wanadoo.fr,
Fax 02 96 74 22 19
0,2 ha (17 empl.) plat, herbeux
Tarif : (Prix 2006) ✶ 2,55 € ⬅ 🅴 3,41 € – (10A) 2,55 €
Pour s'y rendre : Au bourg, rue de la gare, bord d'un étang

Nature : 🗻
Services : 🚿 📷 🗑 ⊕
À prox. : ⚽ 🐎 poneys

ERQUY

⊠ 22430 – **309** H3 – G. Bretagne – 3 760 h. – alt. 12
🏛 Office de tourisme, boulevard de la Mer 📞 02 96 72 30 12, Fax 02 96 72 02 88
Paris 451 – Dinan 46 – Dinard 39 – Lamballe 21 – Rennes 102 – St-Brieuc 33.

225

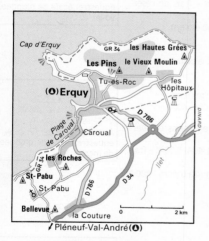

Le Vieux Moulin 👥 – 28 avr.-8 sept.
📞 02 96 72 34 23, camp.vieux.moulin@wanadoo.fr,
Fax 02 96 72 36 63, www.camping-vieux-moulin.com – **R** conseillée
2,5 ha (173 empl.) plat et peu incliné, herbeux
Tarif : ✶ 5,70 € ⬅ 4,30 € 🅴 14 € – (10A) 5 € – frais de réservation 20 €
Location : 65 🏠 (4 à 6 pers.) 320 à 890 €/sem.
Pour s'y rendre : 2 km à l'E
À savoir : Cadre verdoyant, convivial et soigné

Nature : 🗻 ♨
Loisirs : 🍴 pizzeria, grill 🏕 🎡 🎢 discothèque, spa ⚽ 🏓 🏊 🏊
Services : 🚿 🛒 GB 📷 🗑 🔥 🐕 ⊕ ♒ 🧺 📷 🚿
À prox. : 🐎 🍴 🎣 🧗 🚣 🐎 (centre équestre) école de plongée, canoë de mer

ERQUY

Yelloh-Village les Pins 1er juin-15 sept.
℘ 02 96 72 31 12, *camping.des.pins@wanadoo.fr*,
Fax 02 96 63 67 94, *www.yellohvillage-les-pins.com*
– **R** conseillée
10 ha (385 empl.) peu incliné et plat, herbeux
Tarif : ⚹ ⚘ 🄴 28 € 🗲 (10A) – frais de réservation 30 €
Location (1er mai-15 sept.) : 65 ⟨⟩ (4 à 6 pers.) 168 à
686 €/sem. – 11 ⟨⟩ (4 à 6 pers.) 168 à 686 €/sem. –
bungalows toilés
Pour s'y rendre : 1 km au N
À savoir : Agréable espace aquatique

Nature : 🌳 ☐ ♀
Loisirs : 🍴 ✕ 🄴 🎣 🛝 ⅃ᴼ ⥱
jacuzzi balnéo 🏊 🎿 ⅃ ⌁
Services : ♿ �━ (15 juil.-20 août)
GB ♉ 🖪 ⊕ 🖼 sèche-linge 🗕 🗗
À prox. : 🏇 🖼 ♪ 🐎 (centre
équestre) école de plongée, canoë
de mer

---

camping Bellevue 10 avr.-15 sept.
℘ 02 96 72 33 04, *campingbellevue@yahoo.fr*,
Fax 02 96 72 48 03, *http://www.campingbellevue.fr*
– **R** conseillée
2 ha (140 empl.) plat, herbeux
Tarif : ⚹ ⚘ 🄴 18,80 € – 🗲 (10A) 4,60 € – frais de réservation 15 €
Location (6 avr.-30 sept.) 🚫 : 7 ⟨⟩ (4 à 6 pers.) 280 à
590 €/sem. – 4 ⟨⟩ (4 à 6 pers.) 310 à 660 €/sem. – (sans
sanitaires)
🛏 1 borne
Pour s'y rendre : SO : 5,5 km
À savoir : Entrée fleurie et décoration arbustive des emplacements

Nature : ☐ ♀
Loisirs : 🍴 🄴 🏇 🛝 ⅃
Services : ♿ o━ GB ♉ 🖪 ᗯ ⅀ ⊕
🖼 sèche-linge
À prox. : 🏇 crêperie 🎿 🖼 ♪ 🐎
(centre équestre) école de plongée,
canoë de mer

St-Pabu 31 mars-mi-oct.
℘ 02 96 72 24 65, *camping@saintpabu.com*,
Fax 02 96 72 87 17, *www.saintpabu.com* – **R** conseillée
5,5 ha (409 empl.) plat, peu incliné et en terrasses, herbeux
Tarif : ⚹ ⚘ 🄴 13,70 € – 🗲 (6A) 3,30 € – frais de réservation 20 €
Location : 31 ⟨⟩ (4 à 6 pers.) 290 à 640 €/sem.
🛏 1 borne
Pour s'y rendre : SO : 4 km
À savoir : Face à la baie d'Erquy, près de la plage

Nature : 🌳 ⅍ ☐
Loisirs : 🍴 🄴 🏇
Services : ♿ o━ GB ♉ 🖪 ᗯ ⊕
🖼 sèche-linge 🗕
À prox. : 🏇 🎿 🖼 ♪ 🐎 (centre
équestre) école de plongée, char à
voile

Les Roches 31 mars-16 sept.
℘ 02 96 72 32 90, *info@camping-les-roches.com*,
Fax 02 96 63 57 84, *www.camping-les-roches.com*
– **R** conseillée
3 ha (160 empl.) plat, peu incliné et en terrasses, herbeux
Tarif : ⚹ 3,80 € ⚘ 2,80 € 🄴 3,80 € – 🗲 (10A) 3,20 € – frais
de réservation 5 €
Location (31 mars-2 nov.) 🚫 : 17 ⟨⟩ (4 à 6 pers.) 280 à
455 €/sem.
🛏 1 borne – 5 🄴
Pour s'y rendre : SO : 3 km
À savoir : Décoration arbustive

Nature : 🌳
Loisirs : 🄴 🏇 🛝
Services : ♿ o━ GB ♉ ᗰ 🖪 ⅀ ⊕
🕻 🖼 sèche-linge 🗕
À prox. : 🏇 🎿 🖼 ♪ 🐎 (centre
équestre) école de plongée, canoë
de mer

Les Hautes Grées 1er avr.-30 sept.
℘ 02 96 72 34 78, *hautesgrees@wanadoo.fr*,
Fax 02 96 72 30 15, *www.camping-hautes-grees.com*
– **R** conseillée
2,5 ha (148 empl.) plat et peu incliné, herbeux
Tarif : ⚹ ⚘ 🄴 13,40 € – 🗲 (10A) 3,60 € – frais de réser-
vation 15,50 €
Location : 25 ⟨⟩ (4 à 6 pers.) 270 à 600 €/sem.
🛏 1 borne 2 €
Pour s'y rendre : NE : 3,5 km, à 400 m de la plage
St-Michel

Nature : 🌳 ⅍
Loisirs : 🏇
Services : ♿ o━ GB ♉ 🖪 ⊕ 🕻 🖼
sèche-linge
À prox. : 🏇 🎿 🖼 ♪ 🐎 école
de plongée, canoë de mer

226

ÉTABLES-SUR-MER

⊠ 22680 – **309** E3 – G. Bretagne – 2 514 h. – alt. 65

🔋 *Office de tourisme, 9, rue de la République* 𝒫 02 96 70 65 41, *Fax 02 96 70 68 27*
Paris 467 – Guingamp 31 – Lannion 56 – St-Brieuc 19 – St-Quay-Portrieux 3.

⚲ **L'Abri-Côtier** 5 mai-10 janv.
𝒫 02 96 70 61 57, *camping.abricotier@wanadoo.fr,*
Fax 02 96 70 65 23, *www.camping-abricotier.fr* – **R** indispensable
2 ha (140 empl.) plat et peu incliné, herbeux
Tarif : ✝ ⟹ 🄴 12,20 € – 🄴 (10A) 4 €
Location : 10 ⟨🚐⟩ (4 à 6 pers.) 250 à 560 €/sem.
Pour s'y rendre : N : 1 km par rte de St-Quay-Portrieux et
à gauche, rue de la Ville-es-Rouxel

> Nature : 🐚
> Loisirs : 🍸 jacuzzi 🛝 (couverte hors saison)
> Services : 🚿 ⊶ GB 🚗 🏧 🛒 ♨ ⓐ 🖿 ⟲ 🖨 sèche-linge 🧺
> À prox. : 🍴 🛝 🚣 poneys, golf, canoë de mer

JUGON-LES-LACS

⊠ 22270 – **309** I4 – G. Bretagne – 1 348 h. – alt. 29

🔋 *Office de tourisme, place du Martray* 𝒫 02 96 31 70 75
Paris 417 – Lamballe 22 – Plancoët 16 – St-Brieuc 59 – St-Méen-le-Grand 35.

⚲ **Au Bocage du Lac** 1er avr.-31 oct.
𝒫 02 96 31 60 16, *contact@campingjugon.com,*
Fax 02 96 31 75 04, *www.campingjugon.com* – **R** conseillée
4 ha (180 empl.) plat et peu incliné, herbeux
Tarif : ✝ ⟹ 🄴 18,30 € 🄴 (5A) – frais de réservation 5 €
Location : 6 ⟨🚐⟩ (4 à 6 pers.) 240 à 500 €/sem. – 34 🏠
(4 à 6 pers.) 240 à 500 €/sem. – bungalows toilés – gîtes
⟨🚏⟩ 1 borne
Pour s'y rendre : SE : 1 km par D 52 rte de Mégrit
À savoir : Au bord du grand étang de Jugon

> Nature : 🏕 ♀
> Loisirs : 🍸 🛖 🖉 🛶 🛝 🛝 🛝
> Services : 🚿 ⊶ GB 🚗 🛒 ♨ ⓐ 📞 🖿
> À prox. : 🍴 🚣 canoë de mer

227

Benutzen Sie
– zur Wahl der Fahrtroute
– zur Berechnung der Entfernungen
– zur exakten Lokalisierung eines Campingplatzes (mit Hilfe der Angaben im Ortstext)
die für diesen Führer unentbehrlichen **MICHELIN-Karten** *im Ma1 : 150 000.*

LANCIEUX

⊠ 22770 – **309** J3 – G. Bretagne – 1 220 h. – alt. 24

🔋 *Office de tourisme, square Jean Conan* 𝒫 02 96 86 25 37
Paris 413 – Dinan 22 – Dol-de-Bretagne 36 – Lamballe 39 – St-Brieuc 60 – St-Malo 15.

⚲ **Municipal les Mielles**
𝒫 02 96 86 22 98, *campinglesmielles@wanadoo.fr,*
Fax 02 96 86 28 20 – **R**
2,5 ha (153 empl.) plat à peu incliné, herbeux
Pour s'y rendre : Au Sud-Ouest du bourg, rue Jules-
Jeunet, à 300 m de la plage

> Services : 🚿 ⊶ 🖿 🕷 ♨ 🖿
> À prox. : 🍴 🖽 🛝 🚣 🐎 golf

LANLOUP

⊠ 22580 – **309** E2 – G. Bretagne – 214 h. – alt. 58

Paris 484 – Guingamp 29 – Lannion 44 – St-Brieuc 36 – St-Quay-Portrieux 15.

⚲ **Le Neptune** 2 avr.-30 oct.
𝒫 02 96 22 33 35, *contact@leneptune.com,*
Fax 02 96 22 68 45, *www.leneptune.com* – **R** conseillée
2 ha (84 empl.) plat, peu incliné, herbeux
Tarif : ✝ ⟹ 🄴 12,20 € – 🄴 (6A) 3,50 € – frais de réser-
vation 10 €
Location : 7 ⟨🚐⟩ (4 à 6 pers.) 260 à 570 €/sem. – 6 🏠 (4
à 6 pers.) 285 à 595 €/sem.
Pour s'y rendre : sortie Ouest
À savoir : Cadre arbustif plaisant

> Nature : 🏕 ♀
> Loisirs : 🍸 🛖 🛝 🚲 🛝 🖽 (découverte en saison)
> Services : 🚿 ⊶ GB 🚗 🖿 ♨ ⓐ 📞
> 🖿 🚻
> À prox. : 🍴

LANNION

22300 – **309** B2 – G. Bretagne – 18 368 h. – alt. 12

🛈 Office de tourisme, 2, quai d'Aiguillon 🕿 02 96 46 41 00, Fax 02 96 37 19 64

Paris 516 – Brest 96 – Morlaix 42 – St-Brieuc 65.

Municipal des 2 Rives 1er mars-fin sept.
🕿 02 96 46 31 40, anthony.pezron@ville-lannion.fr,
Fax 02 96 46 53 35, www.ville-lannion.fr – **R** conseillée
2,3 ha (105 empl.) plat et peu incliné, herbeux
Tarif : (Prix 2006) 👤 ⇌ 🔲 7,70 € 🔌 (10A)
Location (permanent) : 14 🏚 (4 à 6 pers.) 250 à
425 €/sem. – 8 bungalows toilés
🚐 1 borne 7 € – 8 🔲
Pour s'y rendre : SE : 2 km par D 767, rte de Guingamp et
rte à droite après le centre commercial Leclerc
À savoir : Plaisante décoration arbustive sur les deux rives
du Léguer

> Nature : 🏞
> Loisirs : 👤 🏖 🛶
> Services : 🔥 🔑 (1er juil.-fin août)
> GB 🅱 🔲 🛉 🔄 🛢 🗑 🔲 sèche-linge
> À prox. : 🛒 🎿 🎴 🔲 🐎 (centre équestre) sentier pédestre, canoë

Les indications d'accès à un terrain sont généralement indiquées,
dans notre guide, à partir du centre de la localité.

LANTIC

22410 – **309** E3 – 1 117 h. – alt. 50

Paris 466 – Brest 139 – Lorient 133 – Rennes 116 – St-Brieuc 18.

Les Étangs saison
🕿 02 96 71 95 47, contact@campinglesetangs.com,
Fax 02 96 71 95 47, www.campinglesetangs.com
– **R** conseillée
1,5 ha (82 empl.) peu incliné, plat, herbeux
Tarif : 👤 ⇌ 🔲 8,80 € – 🔌 (6A) 2,80 € – frais de réservation 5 €
Location : 6 🏚 (4 à 6 pers.) 210 à 590 €/sem.
Pour s'y rendre : E : 2 km par D 4, rte de Binic, près de
deux étangs

> Nature : 🏞 🌳
> Loisirs : 🏖 🛶
> Services : 🔥 🔑 GB 🅱 🔲 🛢 🗑 ⊛ 🔲
> À prox. : 🎿 🔝 🐎 poneys golf, canoë de mer

LOUANNEC

22700 – **309** B2 – 2 384 h. – alt. 53

Paris 527 – Rennes 175 – Saint 73 – Lannion 10 – Morlaix 48.

Schéma à Perros-Guirec

Municipal Ernest Renan
🕿 02 96 23 11 78, mairie-louannec@wanadoo.fr,
Fax 02 96 49 04 47 – **R** conseillée
4 ha (265 empl.) plat, herbeux
Location : 8 🏚
🚐 1 borne
Pour s'y rendre : O : 1 km, bord de mer

> Nature : 🔲 🔲
> Loisirs : 👤 🏚 🏖 🛶 🔲
> Services : 🔥 🔑 🔲 🛢 ⊛ 🛢 🗑 🔲 sèche-linge 🔲 🔄
> À prox. : 🐎

MATIGNON

22550 – **309** I3 – 1 537 h. – alt. 70

🛈 Office de tourisme, place du Général-de-Gaulle 🕿 02 96 41 12 53, Fax 02 96 41 29 70

Paris 425 – Dinan 30 – Dinard 23 – Lamballe 23 – St-Brieuc 44 – St-Cast-le-Guildo 7.

Le Vallon aux Merlettes 1er mai-30 sept.
🕿 02 96 41 11 61, giblanchet@wanadoo.fr, www.camping-matignon.com – **R** conseillée
3 ha (100 empl.) plat, peu incliné, herbeux
Tarif : 👤 ⇌ 🔲 9,10 € – 🔌 (6A) 3,10 €
Location (déb. avr.-fin oct.) : 5 🏚 (4 à 6 pers.) 210 à
430 €/sem.
🚐 1 borne 2 €
Pour s'y rendre : SO : par D 13, rte de Lamballe, au stade

> Nature : 🏞 🌳
> Loisirs : 🏚 🎿 🎴
> Services : 🔥 🔑 GB 🅱 🔲 🔲 ⊛ 🔲 🔲
> À prox. : 🛒 🔲 🔲 🐎 (centre équestre) école de plongée, canoë de mer, golf

228

MUR-DE-BRETAGNE

✉ 22530 – **309** E5 – G. Bretagne – 2 090 h. – alt. 225 – Base de loisirs
Office de tourisme, place de l'Église ℰ *02 96 28 51 41, Fax 02 96 26 35 31*
Paris 457 – Carhaix-Plouguer 50 – Guingamp 47 – Loudéac 20 – Pontivy 17 – Quimper 99 – St-Brieuc 44.

⚠ **Municipal du Rond Point du Lac**
   ℰ 02 96 26 01 90, com.com.guerledan@wanadoo.fr,
   Fax 02 96 28 59 44 – ℟
   1,7 ha (133 empl.) non clos, plat, peu incliné, incliné,
   herbeux
   Pour s'y rendre : O : 2,4 km par D 18, près de la base de
   loisirs du Lac de Guerlédan

> Nature : 🏞 ♨♨
> Services : 🚿 ⛽ 🛒 ♨
> À prox. : 🍺 brasserie ✂ 🎦 🔥 🐎
> poneys parcours sportif, pédalos,
> canoë

PAIMPOL

✉ 22500 – **309** D2 – G. Bretagne – 7 932 h. – alt. 15
Office de tourisme, 19, rue du Général Leclerc ℰ *02 96 20 83 16*
Paris 494 – Guingamp 29 – Lannion 33 – St-Brieuc 46.

⚠ **Municipal de Cruckin-Kérity**
   ℰ 02 96 20 78 47, camping.cruckin@wanadoo.fr,
   Fax 02 96 20 75 00 – ℟ conseillée
   2 ha (146 empl.) plat, herbeux
   🚐 1 borne – 20 🔲
   Pour s'y rendre : À Kérity, SE : 2 km par D 786, rte de
   St-Quay-Portrieux, attenant au stade, à 100 m de la plage
   de Cruckin

> Nature : 🏞 ▱
> Loisirs : 🎦 🏓
> Services : 🚿 ⛽ 🛒 ♨ 🔥 sèche-
> linge
> À prox. : crêperie ✂ 🔥 🛶 🐎 par-
> cours de santé, piste de bi-cross

PERROS-GUIREC

✉ 22700 – **309** B2 – G. Bretagne – 7 614 h. – alt. 60
Office de tourisme, 21, place de l'Hôtel de Ville ℰ *02 96 23 21 15, Fax 02 96 23 04 72*
Paris 527 – Lannion 12 – St-Brieuc 76 – Tréguier 19.

229

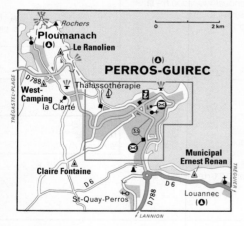

▲ **Yelloh! Village Le Ranolien** 👥 – 31 mars-16 sept.
   ℰ 02 96 91 65 65, info@yellohvillage-ranolien.com,
   Fax 02 96 91 41 90, www.leranolien.com – places limitées
   pour le passage – ℟ indispensable
   16 ha (520 empl.) plat, peu incliné, accidenté, herbeux,
   rocheux
   Tarif : 👤 🚗 🔲 39 € 🔌 (10A)
   Location : 150 🚐 (4 à 6 pers.) 245 à 1 204 €/sem.
   Pour s'y rendre : 1 km au SE, à 200 m de la mer
   À savoir : Au coeur de la côte de granit rose dans un cadre
   naturel et sauvage

> Nature : ⬞ ▱ ♀
> Loisirs : 🍺 crêperie, snack, pizzeria
> 🎦 🎱 🎯 🎮 salle d'animation,
> discothèque, bibliothèque 🏓 🔥
> 🏊 🛝 🏐 terrain omnisports
> Services : 🚿 ⛽ GB 🛒 🚻 🔥 ♨ ⚕
> 🛁 🖥 sèche-linge 🔌 🗑

PERROS-GUIREC

⚠ **Claire Fontaine** juin-16 sept.
℘ 02 96 23 03 55, Fax 02 96 49 06 19, *www.camping-claire-fontaine.com* – **R** conseillée
3 ha (180 empl.) plat, peu incliné, herbeux
Tarif : 🚶 🚐 🔲 20 € ⚡ (6A) – frais de réservation 10 €
Location (Pâques-fin sept.) : 3 🏠 (4 à 6 pers.) 320 à 600 €/sem. – 3 ⛺
🚐 1 borne
Pour s'y rendre : SO : 2,6 km, par rue des Frères Mantrier, rte de Pleumeur-Bodou et rte à droite
À savoir : Autour d'une ancienne ferme rénovée

Nature : ♀
Loisirs : 🔲
Services : ⚬ 🚿 🔲 🛁 ⚙ 🔲 sèche-linge
À prox. : 🎾 🔲 ⛷ 🐎 (centre équestre) golf

PLANCOËT

✉ 22130 – **309** I3 – 2 589 h. – alt. 41
🛈 *Syndicat d'initiative, 1, rue des Venelles* ℘ *02 96 84 00 57*
Paris 417 – Dinan 17 – Dinard 20 – St-Brieuc 46 – St-Malo 26.

⚠ **Municipal du Verger** 1er juin-15 sept.
℘ 02 96 84 03 42, *mairie-plancoet@wanadoo.fr*,
Fax 02 96 84 19 49 – **R** conseillée
1,2 ha (100 empl.) plat, herbeux
Tarif : 🚶 🚐 🔲 8,60 € ⚡ (6A)
Pour s'y rendre : Vers sortie Sud-Est rte de Dinan, derrière la caserne des sapeurs-pompiers, bord de l'Arguenon et d'un petit plan d'eau

Nature : 🔲 ♀
Loisirs : 🔲
Services : 🚿 ⚬ ⏏ 🚿 🔲 🔲 ⚙ 🔲 sèche-linge
À prox. : 🚣 🎾 🔲 🐎 (centre équestre) golf, canoë, kayak

PLANGUENOUAL

✉ 22400 – **309** G3 – 1 550 h. – alt. 76
Paris 440 – Guingamp 52 – Lannion 84 – St-Brieuc 19 – St-Quay-Portrieux 38.

⚠ **Municipal**
℘ 02 96 32 71 93, *mairie.planguenoual@wanadoo.fr* – **R**
1,5 ha (64 empl.) plat et en terrasses, herbeux
Pour s'y rendre : NO : 2,5 km par D 59

Nature : 🔲 ≤
Services : ⚬ 🔲 ⚙ 🔲
À prox. : 🎾 🔲 🔲 🐎 (centre équestre) golf, école de plongée, canoë de mer

PLÉHÉDEL

✉ 22290 – **309** D2 – 1 122 h. – alt. 96
Paris 485 – Guingamp 21 – Lannion 43 – St-Brieuc 37 – St-Quay-Portrieux 18.

⚠ **Municipal de l'Étang** 1er juil.-31 août
℘ 02 96 22 31 31, *mairie.plehedel@wanadoo.fr*,
Fax 02 96 22 60 38 – **R** indispensable
2 ha (73 empl.) peu incliné, herbeux
Tarif : (Prix 2006) 🚶 🚐 🔲 5,15 € – ⚡ (6A) 2,60 €
Pour s'y rendre : S : 0,5 km par D 21 rte de Plouha et à droite, bord d'un étang

Nature : 🔲
Loisirs : 🎾 🔲
Services : 🚿 🔲 ⚙

PLÉNEUF-VAL-ANDRÉ

✉ 22370 – **309** G3 – G. Bretagne – 3 680 h. – alt. 52
🛈 *Office de tourisme, 1, cours Winston Churchill* ℘ *02 96 72 20 55, Fax 02 96 63 00 34*
Paris 446 – Dinan 43 – Erquy 9 – Lamballe 16 – St-Brieuc 28 – St-Cast-le-Guildo 30 – St-Malo 51.
Schéma à Erquy

⚠ **Le Minihy** avr.-1er nov.
℘ 02 96 72 22 95, *campingminihy@voila.fr* – **R**
1 ha (65 empl.) plat et peu incliné, herbeux
Tarif : 🚶 4,25 € 🚐 🔲 7 € – ⚡ 3,20 €
Location : 9 🏠 (4 à 6 pers.) 240 à 510 €/sem.
Pour s'y rendre : SO : rte du port de Dahouët, rue du Minihy

Nature : ♀
Loisirs : 🔲 🏊
Services : ⚬ 🚿 🔲 ⚙ 🔲
À prox. : 🎾 🔲 ◊ 🐎 (centre équestre) golf, école de plongée, canoë de mer

PLESTIN-LES-GRÈVES

⊠ 22310 – **309** A3 – G. Bretagne – 3 415 h. – alt. 45
🛈 Syndicat d'initiative, place de la Mairie ℰ 02 96 35 61 93, Fax 02 96 54 12 54
Paris 528 – Brest 79 – Guingamp 46 – Lannion 18 – Morlaix 24 – St-Brieuc 77.

▲▲▲ **Municipal St-Efflam** 1ᵉʳ avr.-30 sept.
ℰ 02 96 35 62 15, campingmunicipalplestin@wanadoo.fr,
Fax 02 96 35 09 75, www.camping-municipal-bretagne.com
– **R** conseillée
4 ha (190 empl.) plat, peu incliné, terrasses, herbeux
Tarif : (Prix 2006) ⋆ 2,65 € ⟵ 1,65 € 🔲 3,45 € –
🔌 (10A) 2,35 €
Location : 9 🛏 (4 à 6 pers.) 183 à 340 €/sem. – 8 🏠 (4
à 6 pers.) 183 à 340 €/sem.
🚰 1 borne – 5 🔲
Pour s'y rendre : NE : 3,5 km, à St-Efflam, par N 786 rte de
St-Michel-en-Grève, à 200 m de la mer
À savoir : Face à la mer, situation en terrasses, à l'orée d'un
petit bois

| Nature : ≤ |
| Loisirs : 🍽 🏠 🏕 |
| Services : ♿ ⚏ (1ᵉʳ juil.-30 août) |
| 🇬🇧 ⚐ 🗑 🛁 ⊛ 🖼 |
| À prox. : 🗡 ⚓ |

▲ **Aire Naturelle Ker-Rolland** 16 juin-6 sept.
ℰ 02 96 35 08 37, usert3625@aol.com, Fax 02 96 35 08 37
– **R** conseillée
1,6 ha (22 empl.) plat, herbeux
Tarif : ⋆ ⟵ 🔲 5,60 € – 🔌 (13A) 2,60 €
Pour s'y rendre : SO : 2,2 km par D 786, rte de Morlaix et à
gauche, rte de Plouégat-Guérand
À savoir : Sur le domaine d'une ferme en activité

| Loisirs : 🏠 |
| Services : ♿ ⚏ (16 juin-6 sept.) ⚒ |
| ⊛ 🖼 |

PLEUBIAN

⊠ 22610 – **309** D1 – G. Bretagne – 2 691 h. – alt. 48
🛈 Office de tourisme, place du Château ℰ 02 96 22 84 85
Paris 506 – Lannion 31 – Paimpol 13 – St-Brieuc 58 – Tréguier 13.

231

▲▲▲ **Camping de Port la Chaîne** 7 avr.-16 oct.
ℰ 02 96 22 92 38, info@portlachaine.com,
Fax 02 96 22 87 92, www.portlachaine.com – **R** conseillée
4,9 ha (200 empl.) en terrasses, plat et peu incliné, herbeux
Tarif : ⋆ ⟵ 🔲 15,40 € – 🔌 (16A) 4 € – frais de réser-
vation 15 €
Location : 38 🛏 (4 à 6 pers.) 260 à 620 €/sem.
Pour s'y rendre : N : 2 km par D 20 rte de Larmor-Pleubian
et rte à gauche
À savoir : Cadre boisé au bord de la mer

| Nature : 🌊 🞉 🌲 |
| Loisirs : 🍽 🏠 📺nocturne 🏕 🏊 |
| Services : ♿ ⚏ 🇬🇧 ⚐ 🗑 🛁 ⚒ ⊛ |
| ⚒ 🗑 sèche-linge 🖼 |
| À prox. : 🐎 |

PLEUMEUR-BODOU

⊠ 22560 – **309** A2 – G. Bretagne – 3 825 h. – alt. 94
🛈 Office de tourisme, 11, rue des Chardons ℰ 02 96 23 91 47, Fax 02 96 23 91 48
Paris 523 – Lannion 8 – Perros-Guirec 10 – St-Brieuc 72 – Trébeurden 4 – Tréguier 26.
Schéma à Trébeurden

▲ **Le Port** 31 mars-7 oct.
ℰ 02 96 23 87 79, renseignements@camping-du-
port.com, Fax 02 96 15 30 40, www.camping-du-port.com
– **R** conseillée
2 ha (80 empl.) non clos, plat et peu incliné, accidenté,
herbeux, rochers
Tarif : ⋆ 5,50 € ⟵ 3,30 € 🔲 5,50 € – 🔌 (16A) 2,60 € – frais
de réservation 10 €
Location : 9 🛏 (4 à 6 pers.) 190 à 590 €/sem. – 6 🏠 (4
à 6 pers.) 190 à 590 €/sem.
🚰 1 borne 5 €
Pour s'y rendre : À Landrellec, N : 6 km
À savoir : Au bord de la mer, quelques emplacements ont
les pieds dans l'eau

| Nature : 🌊 ≤ 🌲 |
| Loisirs : 🍽 snack 🏕 🚲 |
| Services : ♿ ⚏ 🇬🇧 ⚐ 🗑 🛁 ⊛ ⚒ |
| 🖼 |
| À prox. : 🍴 🗡 ⚒ 🖼 ⚓ 🐎 (centre |
| équestre) golf |

PLÉVEN

✉ 22130 – **309** I4 – 565 h. – alt. 80
Paris 431 – Dinan 24 – Dinard 28 – St-Brieuc 38 – St-Malo 34.

▲ **Municipal** 15 avr.-15 nov.
   02 96 84 46 71, *camping.pleven@wanadoo.fr*,
Fax 02 96 84 46 71 – **R** conseillée
1 ha (40 empl.) plat et peu incliné, herbeux
Tarif : ✦ 1,50 € ⟷ 1 € 🅴 1,50 € – 🔌 (12A) 1,20 €
Pour s'y rendre : Au bourg
À savoir : Dans l'agréable parc fleuri de la mairie

Nature : ♀	
Loisirs : ⟷	
Services : ⟷ ⊶ 🗑 ☺	
À prox. : 🍴 ✗	

PLOUÉZEC

✉ 22470 – **309** E2 – 3 181 h. – alt. 100
🛈 *Syndicat d'initiative, rue du Lieutenant-Colonel Simon*   02 96 22 72 92
Paris 489 – Guingamp 28 – Lannion 39 – Paimpol 6 – St-Brieuc 41.

▲▲ **Domaine du Launay** déb.avr.-fin sept.
   02 96 20 63 15, *domainedulaunay@wanadoo.fr*,
Fax 02 96 16 43 86, *www.domaine-du-launay.com*
– **R** conseillée
4 ha (90 empl.) peu incliné, herbeux
Tarif : ✦ 4 € ⟷ 1,90 € 🅴 5,90 € – 🔌 (8A) 3 €
Location : 4 🏚 (2 à 4 pers.) 280 à 380 €/sem. – 15 🚐
(4 à 6 pers.) 320 à 630 €/sem.
🚐 1 borne 3 € – 8 🅴 10 €
Pour s'y rendre : SO : 3,1 km par D 77, rte de Yvias et rte à droite
À savoir : Belle décoration arbustive

Nature : ⬡ ≤ ▱ ♀	
Loisirs : 🍴 🏚 ⟷ 🚴 ⛷ swin-golf	
Services : ♿ ⊶ GB ⟷ 🗑 ☺ 🖨 sèche-linge	
À prox. : ✗ 🐴 poneys	

▲▲ **Le Cap Horn** 1er avr.-30 sept.
   02 96 20 64 28, *lecaphorn@hotmail.com*,
Fax 02 96 20 63 88, *www.lecaphorn.com* – **R** conseillée
4 ha (149 empl.) en terrasses et peu incliné, herbeux, pierreux
Tarif : ✦ ⟷ 🅴 13,50 € – 🔌 (6A) 3,60 € – frais de réservation 6 €
Location 🐾 : 15 🚐 (4 à 6 pers.) 245 à 689 €/sem.
Pour s'y rendre : À Port-Lazo, NE : 2,3 km par D 77, accès direct à la plage
À savoir : Situation dominant l'Anse de Paimpol et l'Île de Bréhat

Nature : ⬡ ≤ ▱	
Loisirs : 🍴 🏚 ⟷ ⛷	
Services : ♿ ⊶ GB ⟷ 🗑 🔥 🖨 ☺ 📞 🖨 sèche-linge ⬚	
À prox. : ✗ 🐴 🐴 poneys	

PLOUGRESCANT

✉ 22820 – **309** C1 – 1 402 h. – alt. 53
Paris 516 – Lannion 26 – Perros-Guirec 23 – St-Brieuc 68 – Tréguier 8.

▲▲ **Le Varlen** mi-mars-15 nov.
   02 96 92 52 15, Fax 02 96 92 50 34, *www.levarlen.com*
– **R** conseillée
1 ha (65 empl.) plat, herbeux
Tarif : ✦ 3,60 € ⟷ 2,30 € 🅴 4 € – 🔌 3,50 € – frais de réservation 10 €
Location : 11 🚐 (4 à 6 pers.) 215 à 540 €/sem. – 4 studios
🚐 1 borne
Pour s'y rendre : NE : 2 km rte de Porz-Hir, à 200 m de la mer

Nature : ⬡ ▱	
Loisirs : 🍴 🏚	
Services : ♿ ⊶ GB ⟷ 🗑 🔥 ☺ 📞 🖨	
À prox. : ✗	

▲ **Le Gouffre** 15 mai-15 sept.
   02 96 92 02 95, Fax 02 96 92 02 95 – places limitées pour le passage – **R** indispensable
3 ha (130 empl.) plat, peu incliné, herbeux
Tarif : ✦ 4 € ⟷ 5 € – 🔌 3 €
Pour s'y rendre : N : 2,7 km par rte de la pointe du château

Nature : ⬡ ≤ ▱	
Services : ♿ ⊶ (juil.-août) GB ⟷ Ⓜ 🗑 ☺ 🖨	
À prox. : ✗ ▦ 🐴 (centre éques-tre) canoë	

⚠ **Municipal Beg-ar-Vilin**
📞 02 96 92 56 15, *mairie.plougrescant@wanadoo.fr*,
Fax 02 96 92 56 15 – **R** conseillée
3 ha (99 empl.) plat, sablonneux, herbeux
Location : 8 bungalows toilés
Pour s'y rendre : NE : 2 km, bord de mer

> Nature : ⬡ ⩽ ⚠
> Loisirs : 🏠 ⛵
> Services : 🚿 ⛽ 🗄 ⊛ 🏦 sèche-linge
> À prox. : canoë

PLOUGUERNÉVEL

✉ 22110 – **309** C5 – 2 222 h. – alt. 219
Paris 479 – Carhaix-Plouguer 28 – Guingamp 45 – Loudéac 42 – Pontivy 34 – St-Brieuc 54.

⚠ **Camping municipal de Kermarc'h** 1ᵉʳ avr.-31 oct.
📞 02 96 29 10 95, *mairie.plouguernevel@wanadoo.fr*
3,5 ha/0,5 campable (24 empl.) en terrasses et peu incliné, herbeux
Tarif : 🏕 3,57 € �car 1,84 € 🔲 1,84 € – 📷 (9A) 2,40 €
Location : gîte d'étape, gîtes
Pour s'y rendre : SO : 3,8 km, au Village de Vacances
À savoir : Autour d'une ancienne ferme restaurée

> Nature : ⬡
> Loisirs : ⛵
> Services : 🚿 ⛽ ♺ ⊛

Raadpleeg, voordat U zich op een kampeerterrein installeert,
de tarieven die de beheerder verplicht
is bij de ingang van het terrein aan te geven.
Informeer ook naar de speciale verblijfsvoorwaarden.
De in deze gids vermelde gegevens kunnen
sinds het verschijnen van deze hereditie gewijzigd zijn.

PLOUHA

233

✉ 22580 – **309** E2 – G. Bretagne – 4 397 h. – alt. 96
🅱 Office de tourisme, 5, avenue Laënnec 📞 02 96 20 24 73, Fax 02 96 22 57 05
Paris 479 – Guingamp 24 – Lannion 49 – St-Brieuc 31 – St-Quay-Portrieux 10.

⚠ **Domaine de Keravel** mi-mai-30 sept.
📞 02 96 22 49 13, *keravel@wanadoo.fr, www.keravel.com*
– **R** conseillée
5 ha/2 campables (116 empl.) en terrasses et peu incliné, herbeux
Tarif : 🏕 🚗 🔲 17,30 € – 📷 (16A) 3,70 €
Location (permanent) : 6 🏠 (4 à 6 pers.) 300 à
690 €/sem. – appartements
Pour s'y rendre : NE : 2 km rte de la Trinité, près de la chapelle
À savoir : Dans l'agréable parc d'un manoir

> Nature : ⬡ 🌳 🌿
> Loisirs : 🏠 🏓 ✖ 🍽
> Services : 🚿 ⛽ ⊖ ♺ 🗄 🛁 ⊛ 🚮
> ♨ 🏦 sèche-linge
> À prox. : 🎣 🏊 🐴 poneys golf, canoë de mer

PLOUMANACH

✉ 22700 – **309** B2 – G. Bretagne
Paris 533 – Rennes 181 – Saint 80 – Lannion 16 – Morlaix 53.
Schéma à Perros-Guirec

⚠ **West-Camping** 7 avr.-30 sept.
📞 02 96 91 43 82, *info@westcamping.com*,
Fax 02 96 91 43 82, *www.westcamping.com* – **R** conseillée
0,9 ha (50 empl.) plat, peu incliné, herbeux
Tarif : 🏕 🚗 🔲 18,50 € – 📷 (6A) 2,90 €
Location (24 mars-5 nov.) ✖ (7 juil.-25 oct.) : 10 🏠 (4
à 6 pers.) 235 à 590 €/sem.
🚐 1 borne 4 € – 4 🔲 16,05 €
Pour s'y rendre : S : 0,7 km par D 788, au carrefour de Ploumanach
À savoir : À la lisière d'une agréable pinède

> Nature : 🌿 🌿
> Loisirs : 🏠 🌿
> Services : 🚿 ⛽ ⊖ ♺ 🗄 🛁 ⊛ 🚮
> ♨ 🏦
> À prox. : ✖ 🎣 🐴 (centre équestre) golf, terrain omnisports

PLURIEN

22240 – **309** H3 – 1 235 h. – alt. 48
🄳 *Office de tourisme, manoir de Montangué* 𝄢 02 96 72 18 52
Paris 436 – Dinard 34 – Lamballe 25 – Plancoët 23 – St-Brieuc 37 – St-Cast-le-Guildo 18.

⬣ **Municipal la Saline** 1er juin-15 déc.
𝄢 02 96 72 17 40, *commune-plurien@wanadoo.fr*
– **R** conseillée
3 ha (150 empl.) plat, peu incliné et en terrasses, herbeux
Tarif : (Prix 2006) ⚊ 2,70 € – ⬅ 1,10 € – 🅴 2,15 € –
[½] (6A) 2,15 €
🚐 1 borne 4 €
Pour s'y rendre : NO : 1,2 km par D 34, rte de Sables-d'Or-les-Pins, à 500 m de la mer

Nature : ≼
Loisirs : 🏃
Services : ⬩ ⬌ ⬩ ⬩ 🔲 ⬩ 🔲 sèche-linge
À prox. : 🏇 🍴 ⬩ 🅼 ⬩ 🐎 (centre équestre) golf, école de plongée, canoë de mer

PONTRIEUX

22260 – **309** D2 – 1 121 h. – alt. 13
🄳 *Syndicat d'initiative, place de Trocquer* 𝄢 02 96 95 14 03
Paris 491 – Guingamp 18 – Lannion 27 – Morlaix 67 – St-Brieuc 43.

⬣ **Traou-Mélédern** Permanent
𝄢 02 96 95 68 72, *http://campingpontrieux.free.fr*
– **R** conseillée
1 ha (50 empl.) plat, herbeux
Tarif : ⚊ 2,80 € ⬅ 🅴 3,80 € – [½] 3 €
Pour s'y rendre : S : à 400 m du bourg, bord du Trieux

Nature : ▭
Loisirs : 🏃
Services : ⬩ ⬌ (juin-sept.) ⬩ ⬩ ⬩ 🔲
À prox. : port de plaisance, canoë

PORDIC

22590 – **309** F3 – 5 176 h. – alt. 97
Paris 459 – Guingamp 33 – Lannion 65 – St-Brieuc 11 – St-Quay-Portrieux 12.

⬣⬣ **Les Madières** 31 mars-3 nov.
𝄢 02 96 79 02 48, *campinglesmadieres@wanadoo.fr*,
Fax 02 96 79 46 67, *www.campinglesmadieres.com*
– **R** conseillée
1,6 ha (83 empl.) plat et peu incliné, herbeux
Tarif : ⚊ ⬅ 🅴 12,30 € – [½] (10A) 3,50 €
Location : 10 🛏 (4 à 6 pers.) 280 à 540 €/sem.
Pour s'y rendre : NE : 2 km par rte de Binic et à droite, rte de Vau Madec
À savoir : Agréable cadre verdoyant et ombragé

Nature : ⬩ ▭ 🌳🌳
Loisirs : 🍸 snack ⬩
Services : ⬩ ⬌ GB ⬩ 🔲 ⬩ 🔲 sèche-linge
À prox. : 🏇 🍴 🅼 ⬩ 🐎 poneys golf, canoë de mer

⬣⬣ **Le Roc de l'Hervieu** 15 mai-sept.
𝄢 02 96 79 30 12, *le.roc.de.lhervieu@wanadoo.fr*,
Fax 02 96 79 30 12, *www.campinglerocdelhervieu.fr* –
places limitées pour le passage – **R** conseillée
2,5 ha (179 empl.) plat, herbeux
Tarif : ⚊ 3,85 € – ⬅ 3,30 € 🅴 3,85 € – [½] (10A) 3,30 €
Pour s'y rendre : NE : 3 km par rte de la Pointe de Pordic et chemin à droite

Nature : ⬩ ▭
Loisirs : 🎬 🏃
Services : ⬩ ⬌ ⬩ 🔲 ⬩ ⬩ 🔲
À prox. : 🏇 🍴 🅼 ⬩ 🐎 poneys golf, canoë de mer

ST-BRIEUC

22000 – **309** F3 – G. Bretagne – 46 087 h. – alt. 78
🄳 *Office de tourisme, 7, rue Saint-Gouéno* 𝄢 08 25 00 22 22, Fax 02 96 61 42 16
Paris 451 – Brest 144 – Dinan 61 – Lorient 115 – Morlaix 84 – Quimper 127 – St-Malo 71.

⬣⬣ **Les Vallées** Permanent
𝄢 02 96 94 05 05, *campingdesvallees@wanadoo.fr*,
Fax 02 96 94 05 05, *htp:www.saint-brieuc.fr/services/cam ping/camping1htm* – **R** conseillée
4 ha (108 empl.) plat, terrasses, herbeux
Tarif : (Prix 2006) ⚊ ⬅ 🅴 19 € [½] (10A) – frais de réservation 15 €
Location : 18 🛏 (4 à 6 pers.) 330 à 620 €/sem.
Pour s'y rendre : Boulevard Paul-Doumer, à proximité du Parc de Brézillet

Nature : ▭ ⬩
Loisirs : 🍸 snack 🎬 🏃 🚴 🅼 🔲 ⬩
Services : ⬩ ⬌ GB ⬩ 🔲 ⬩ ⬩ ⬩ 🔲 sèche-linge ⬩
À prox. : 🏇 🛁 hammam ⬩ 🍴 ⬩ 🐎 (centre équestre) nouveau centre aquatique

234

ST-CAST-LE-GUILDO

⊠ 22380 – **309** I3 – G. Bretagne – 3 187 h. – alt. 52

Office de tourisme, place Charles-de-Gaulle ℘ 02 96 41 81 52, Fax 02 96 41 76 19

Paris 427 – Avranches 91 – Dinan 32 – St-Brieuc 50 – St-Malo 31.

Le Châtelet ▲▲ – 28 avr.-9 sept.

℘ 02 96 41 96 33, *chateletcp@aol.com*, Fax 02 96 41 97 99,
www.lechatelet.com – **R** conseillée
7,6 ha/3,9 campables (180 empl.) en terrasses, plat et peu
incliné, herbeux, petit étang
Tarif : ★ ⇔ 国 20 € – (4) (8A) 5,50 € – frais de réservation 22 €
Location ⚿ : 39 ⟦▥⟧ (4 à 6 pers.) 350 à 790 €/sem.
⟦▥⟧ 1 borne
Pour s'y rendre : 1 km à l'O, r. des Nouettes, à 250 m de la
mer et de la plage (accès direct)
À savoir : Cadre et situation dominante, agréables sur la
baie de la Frênaye

> Nature : 🌳 ⬅ 🏞 ♀
> Loisirs : 🍸 snack 🏠 🎋 🤸 🎿 🛶
> Services : 👤 ☛ (déb.juil.-fin août)
> GB 🐕 📶 ⛳ ⊙ 🚿 ✆ 🧺 sèche-
> linge 🔌 ☕
> À prox. : ✂ 🏞 🏊 🐾 🏇 golf, canoë
> de mer

Château de Galinée ▲▲ – 12 mai-9 sept.

℘ 02 96 41 10 56, *chateaugalinee@wanadoo.fr*,
Fax 02 96 41 03 72, *www.chateaudegalinee.com*
– **R** conseillée
12 ha (272 empl.) plat, herbeux
Tarif : ★ 6 € ⇔ 4 € 国 15 € – (4) (10A) 4,80 € – frais de
réservation 20 €
Location (14 avr.-8 sept.) ⚿ : 50 ⟦▥⟧ (4 à 6 pers.) 155 à
880 €/sem. – bungalows toilés
Pour s'y rendre : 7 km au S, accès par D 786, près du
carrefour avec la rte de St-Cast-le-Guildo
À savoir : Bel ensemble de piscines et plantations

> Nature : 🌳 🏞 ♀♀
> Loisirs : 🍸 🏠 🤸 🎋 🚴 ✂ 🛶 🎿
> 🏊
> Services : 👤 ☛ GB 🐕 📶 ⛳ ⊙ 🚿
> ✆ 🧺 sèche-linge 🔌 ☕
> À prox. : 🏞 🐾 🏇 golf, canoë de
> mer

Les Mielles (location exclusive de mobile homes) 15
mars-12 nov.

℘ 02 96 41 87 60, *info@campings-vert-bleu.com*,
Fax 02 96 81 04 77, *www.campings-vert-bleu.com*
– **R** conseillée
3,5 ha plat, herbeux
Location : 39 ⟦▥⟧ (4 à 6 pers.) 325 à 628 €/sem.
Pour s'y rendre : Sortie Sud par D 19, rte de St-Malo, bd de
la Vieuxville, attenant au stade et à 200 m de la plage

> Nature : 🏞
> Loisirs : 🏠 🌞 diurne 🎿
> Services : 👤 ☛ GB 🐕 📶 ⛳ ⊙ ✆
> 🧺 sèche-linge
> À prox. : ✂ 🏞 🎋 🏊 🐾 🏇 golf,
> canoë de mer

ST-MICHEL-EN-GRÈVE

⊠ 22300 – **309** A2 – G. Bretagne – 399 h. – alt. 12

Syndicat d'initiative, rue de la Côte-des-Bruyères ℘ 02 96 35 74 87, Fax 02 96 54 12 54

Paris 526 – Guingamp 43 – Lannion 11 – Morlaix 31 – St-Brieuc 75.

Les Capucines 15 mars -5 nov.

℘ 02 96 35 72 28, *les.capucines@wanadoo.fr*,
Fax 02 96 35 78 98, *www.lescapucines.fr* – **R** conseillée
4 ha (100 empl.) peu incliné, plat, herbeux
Tarif : ★ ⇔ 国 26,60 € (4) (7A) – frais de réservation 15 €
Location : 8 ⟦▥⟧ (4 à 6 pers.) 260 à 620 €/sem. – 5 🏠 (4
à 6 pers.) 290 à 650 €/sem.
⟦▥⟧ 1 borne
Pour s'y rendre : 1,5 km au N par rte de Lannion et chemin
à gauche
À savoir : Cadre agréable avec décoration arbustive soignée

> Nature : 🌳 🏞 ♀
> Loisirs : 🍸 🏠 🎋 🚴 ♪ 🎿 terrain
> omnisports
> Services : 👤 ☛ GB 🐕 📶 ⛳ ⊙ 🚿
> ✆ ✆ 🧺 sèche-linge 🔌 ☕

235

ST-MICHEL-EN-GRÈVE

⚠ **Le Dauphin**
 ☏ 02 96 35 44 56, *camping.ledauphin@wanadoo.fr*
 – **R** conseillée
 1,8 ha (90 empl.) peu incliné et en terrasses, herbeux
 Location : 10 bungalows toilés
 Pour s'y rendre : NE : 2 km par rte de Lannion

> Nature : ⌂ ♀
> Loisirs : 🏠 🏊 🏓 🏊 (petite pis-
> cine)
> Services : 🚿 ⚡ 📺 ☺ 🍴

ST-SAMSON-SUR-RANCE

✉ 22100 – **309** J4 – 1 151 h. – alt. 64
Paris 401 – Rennes 57 – Saint 64 – Saint 24 – Fougères 79.

Schéma à Taden

⚠ **Municipal Beauséjour** mi-mai-fin sept.
 ☏ 02 96 39 53 27, *beausejour.stsamson@orange.fr*,
 Fax 02 96 87 94 12, *perso.wanadoo.fr/stsamson*
 – **R** conseillée
 3 ha (120 empl.) plat, herbeux
 Tarif : (Prix 2006) 🏕 🚗 🔲 8,70 € – 🔌 (10A) 2,90 €
 Pour s'y rendre : E : 3 km, par D 57 et D 12 à droite
 À savoir : Décoration arbustive

> Loisirs : 🏠 🏊
> Services : 🚿 ⚡ 🅶🅱 🐕 📺 ☺ 🍴
> À prox. : 🍽 🚣 🍴 🎣 🏊 🐎 🐴
> poneys (centre équestre)

TADEN

✉ 22100 – **309** J4 – G. Bretagne – 1 741 h. – alt. 46
Paris 405 – Rennes 56 – Saint 65 – Saint 27 – Fougères 74.

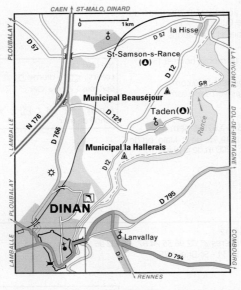

⚠ **Municipal de la Hallerais** 12 mars-4 nov.
 ☏ 02 96 39 15 93, *camping.la.hallerais@wanadoo.fr*,
 Fax 02 96 39 94 64, *http://www.wdirect.fr/hallerais.htm*
 – **R** conseillée
 5 ha (228 empl.) plat, peu incliné et en terrasses, herbeux
 Tarif : 🏕 🚗 🔲 11,90 € 🔌 (6A)
 Location : 11 🏠 (4 à 6 pers.) 242 à 561 €/sem.
 🚐 1 borne 2 €
 Pour s'y rendre : Au Sud-Ouest du bourg
 À savoir : Cadre et situation dominante sur la vallée de la
 Rance

> Nature : 🌳 ⌂ ♀♀
> Loisirs : 🍽 🍴 🏠 🏊 🎣 🏊 🐎
> Services : 🚿 ⚡ 🅶🅱 🐕 🍴 📺 ☺ 🛒
> 🗑 🍴 sèche-linge 🔌 🛒
> À prox. : 🎣 🐎 🐴 poneys (cen-
> tre équestre) canoë

BRETAGNE

TRÉBEURDEN

✉ 22560 – **309** A2 – G. Bretagne – 3 451 h. – alt. 81
🛈 *Office de tourisme, place de Crec'h Héry 🖉 02 96 23 51 64, Fax 02 96 15 44 87*
Paris 525 – Lannion 10 – Perros-Guirec 14 – St-Brieuc 74.

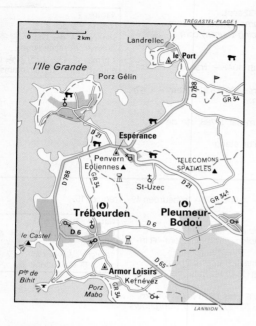

🏕 **Armor Losirs** 1ᵉʳ avr.-fin sept.
🖉 02 96 23 52 31, info@armorloisirs.com,
Fax 02 96 15 40 36, www.armorloisirs.com – **R** conseillée
2,2 ha (112 empl.) en terrasses, incliné, à peu incliné, plat, pierreux, herbeux
Tarif : 🚶 🚗 🗉 16,50 € 🔌 (10A) – frais de réservation 8 €
Pour s'y rendre : S : 1 km, à 400 m de la plage de Porz Mabo

| Nature : 🦅 ⇐ 🏞 |
| Loisirs : 🍸 snack 🏠 🎱 🛝 |
| Services : 🚿 🔑 GB ⚙ 🗄 🅐 🔋 |
| sèche-linge 🎣 |

🏕 **L'Espérance** 1ᵉʳ avr.-30 sept.
🖉 02 96 91 95 05, accueil@camping-esperance.com,
www.camping-esperance.com – **R** conseillée
1 ha (70 empl.) non clos, plat, herbeux
Tarif : (Prix 2006) 🚶 4,40 € 🚗 2,80 € 🗉 4,80 € – 🔌 (10A) 3,50 € – frais de réservation 15 €
Location : 6 🏠 (4 à 6 pers.) 250 à 500 €/sem.
🚐 1 borne
Pour s'y rendre : NO : 5 km par D788, rte de Trégastel, près de la mer

| Nature : ⇐ 🏞 |
| Loisirs : 🍸 🏠 |
| Services : 🚿 🔑 ⚙ 🗄 🌊 🅐 🔋 |
| sèche-linge |
| À prox. : 🏇 🎢 🍽 ⛷ 🏊 💧 🐎 (centre équestre) golf |

LES GUIDES VERTS MICHELIN
Paysages, monuments
Routes touristiques
Géographie
Histoire, Art
Itinéraire de visite
Plans de villes et de monuments

237

TRÉGASTEL

✉ 22730 – **309** B2 – G. Bretagne – 2 234 h. – alt. 58
🛈 *Office de tourisme, place Sainte-Anne* ☎ 02 96 15 38 38
Paris 526 – Lannion 11 – Perros-Guirec 9 – St-Brieuc 75 – Trébeurden 11 – Tréguier 26.

Tourony-Camping 7 avr.-22 sept.
☎ 02 96 23 86 61, *contact@camping-tourony.com*,
Fax 02 96 15 97 84, *www.camping-tourony.com*
– **R** conseillée
2 ha (100 empl.) plat, herbeux
Tarif : ✦ 🚐 🔳 18,70 € – 🔌 (10A) – frais de réservation 13 €
Location : 13 🛖 (4 à 6 pers.) 200 à 520 €/sem. – 4 🏠 (4 à 6 pers.) 236 à 520 €/sem.
🚐 1 borne
Pour s'y rendre : E : 1,8 km par D 788, rte de Perros-Guirec, à 500 m de la plage
À savoir : Près de la mer et d'un étang

Nature : ♀
Loisirs : 🍸 snack
Services : ⚫ 🟰 GB ⚐ 🗄 ♨ 🔥 ⊕ 🚐 🚰 🔥 🏧 sèche-linge
À prox. : 🐴 🎯 ✗ 🏊 🎱 ◑ 🐎 (centre équestre) golf, terrain omnisports

TRÉLÉVERN

✉ 22660 – **309** B2 – 1 309 h. – alt. 76
Paris 524 – Lannion 13 – Perros-Guirec 9 – St-Brieuc 73 – Trébeurden 19 – Tréguier 15.

Port-l'Épine saison
☎ 02 96 23 71 94, *camping-de-port-lepine@wanadoo.fr*,
Fax 02 96 23 77 83, *www.camping-port-lepine.com* – **R** indispensable
3 ha (160 empl.) plat, peu incliné, terrasses, herbeux
Tarif : ✦ 🚐 🔳 29 € 🔌 (16A) – frais de réservation 15 €
Location 🐾 : 36 🛖 (4 à 6 pers.) 220 à 763 €/sem. – 15 🏠 (4 à 6 pers.) 234 à 700 €/sem. – 5 bungalows toilés
🚐 1 borne
Pour s'y rendre : 1,5 km au NO puis chemin à gauche, à Port-l'Épine
À savoir : Au calme entre plage de galets et collines

Nature : 🏖 ⬍ 🌳 ♀ ⚓
Loisirs : 🍸 snack, crêperie 🎯 🚲 🏊
Services : ⚫ 🟰 GB ⚐ 🗄 ♨ ⊕ 🔥 🚰 🔥 🏧 sèche-linge 🏧

238

TRÉVOU-TRÉGUIGNEC

✉ 22660 – **309** B2 – 1 144 h. – alt. 56
🛈 *Syndicat d'initiative, 28, rue de Trestel* ☎ 02 96 23 74 05, Fax 02 96 91 73 82
Paris 524 – Guingamp 36 – Lannion 14 – Paimpol 27 – Perros-Guirec 11 – St-Brieuc 72 – Tréguier 12.

Les Macareux 1er avr.-30 sept.
☎ 02 96 23 71 45, *coleati.virsylclo@wanadoo.fr* – **R** conseillée
1 ha (45 empl.) plat, herbeux
Tarif : ✦ 🚐 🔳 9,60 € – 🔌 (5A) 3,30 € – frais de réservation 8 €
Pour s'y rendre : Sortie Nord rte de Port Blanc et à gauche, à 500 m de la mer

Nature : 🌳 ♀
Loisirs : 🎯
Services : 🟰 ⚐ 🔥 ⊕ 🏧
À prox. : ◑

Si vous recherchez :
👪 *Un terrain offrant des équipements et des loisirs adaptés aux enfants*
🏖 *Un terrain agréable ou très tranquille*
L - M *Un terrain effectuant la location de caravanes, de mobile homes, de bungalows ou de chalets*
P *Un terrain ouvert toute l'année*
🚐 *Un terrain possédant une aire de services pour camping-cars*
Consultez le tableau des localités

ARZANO

✉ 29300 – **308** K7 – 1 324 h. – alt. 91
Paris 508 – Carhaix-Plouguer 54 – Châteaulin 82 – Concarneau 40 – Pontivy 46 – Quimper 58.

⛰ **Ty Nadan** ♣♦ – 30 mars-6 oct.
    𝒫 02 98 71 75 47, *info@tynadan-vacances.fr*,
    Fax 02 98 71 77 31, *www.tynadan-vacances.fr* – **R** conseil-
    lée
    20,5 ha/5 campables (325 empl.) plat et peu incliné,
    herbeux
    Tarif : ♦ ⟵ ▣ 22 € – ⌁ (10A) 6,50 € – frais de réser-
    vation 25 €
    Location : 22 ⟦⟧ (4 à 6 pers.) 276 à 924 €/sem. – 9 ⌂
    (4 à 6 pers.) 348 à 1 092 €/sem. – 2 appartements – 6
    bungalows toilés – 2 gîtes
    ⟦⟧ 1 borne
    Pour s'y rendre : 3 km à l'O par rte de Locunolé, bord de
    l'Ellé
    À savoir : Espace aquatique couvert et nombreuses acti-
    vités loisirs et sportives

> Nature : 🌳 ⌒ 🞇 �
> Loisirs : 🍸 ✕ crêperie, pizzeria 🏠
> 🎬 diurne nocturne (soirées à
> thème) 🏃 ♨ jacuzzi discothè-
> que, salle d'animation 🚴 🎠 •⚘
> ⚒ 🏛 🎱 🏊 🏇 poneys mur
> d"escalade, canoë de mer, quad
> Services : ♿ ⚷ GB ♻ 🚻 🛁 ⓐ ⚌
> 🛒 ⚍ 🛎 🧺 sèche-linge 🗑 🚿

BANNALEC

✉ 29380 – **308** I17 – 4 785 h. – alt. 98
🛈 *Office de tourisme, Kerbail* 𝒫 02 98 39 43 34, Fax 02 98 39 53 44
Paris 535 – Rennes 184 – Quimper 43 – Lorient 39 – Lanester 40.

⛰ **Les Genêts d'Or** 1er avr.-30 sept.
    𝒫 02 98 39 54 35, *info@holidaybrittany.com*,
    Fax 02 98 39 54 35, *www.holidaybrittany.com* – **R** conseil-
    .lée
    3 ha (52 empl.) plat, herbeux
    Tarif : ♦ ⟵ ▣ 9,50 € – ⌁ (6A) 3 €
    Location ⚶ : 3 ⟦⟧ (4 à 6 pers.) 225 à 450 €/sem.
    Pour s'y rendre : Sortie Sud, direction le Trévoux

> Nature : 🌳 ⚘(verger)
> Loisirs : 🏠
> Services : ♿ ⚷ ⓐ 🛎 sèche-linge

239

BEG-MEIL

✉ 29170 – **308** H7 – G. Bretagne
Paris 562 – Rennes 211 – Quimper 23 – Brest 95 – Lorient 65.
                            Schéma à Fouesnant

⛰ **La Piscine** ♣♦ – mi-mai-mi-sept.
    𝒫 02 98 56 56 06, *contact@campingdelapiscine.com*,
    Fax 02 98 56 57 64, *www.campingdelapiscine.com*
    – **R** conseillée
    3,8 ha (185 empl.) plat, herbeux, petit étang
    Tarif : ♦ ⟵ ▣ 17,25 € – ⌁ (10A) 4,40 € – frais de réser-
    vation 20 €
    Location (déb.mai-mi-sept.) ⚶ : 24 ⟦⟧ (4 à 6 pers.)
    250 à 685 €/sem.
    ⟦⟧ 1 borne
    Pour s'y rendre : 4 km au NO

> Nature : 🌳 ⌒ ⚘
> Loisirs : 🏠 🏃 ♨ 🚴 🎱 🏊 🏇
> piste de bi-cross
> Services : ♿ ⚷ GB ♻ 🚻 🛁 🏇 ⓐ
> ⚌ 🛒 ⚍ sèche-linge 🗑 🚿
> À prox. : ⚒ 🏛 🐫 🏇 golf

⛰ **La Roche Percée** 1er avr.-30 sept.
    𝒫 02 98 94 94 15, *contact@camping-larochepercee.com*,
    Fax 02 98 94 48 05, *www.camping-larochepercee.com*
    – **R** conseillée
    2 ha (123 empl.) plat, peu incliné, herbeux
    Tarif : ♦ ⟵ ▣ 16 € – ⌁ (16A) 3 € – frais de réserva-
    tion 16 €
    Location : 30 ⟦⟧ (4 à 6 pers.) 250 à 730 €/sem.
    ⟦⟧ 1 borne
    Pour s'y rendre : N : 1,5 km par D 45, rte de Fouesnant à
    500 m de la plage de Kerveltrec

> Nature : 🌳 ⌒
> Loisirs : 🚴 🎱 🏊
> Services : ⚷ GB ♻ 🚻 🛁 🏇 ⓐ 🛎
> sèche-linge
> À prox. : ✕ crêperie ⚒ 🏇 golf

BEG-MEIL

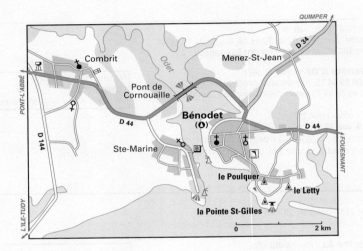

Le Kervastard 24 mai-10 sept.
✆ 02 98 94 91 52, *camping.le.kervastard@wanadoo.fr*,
Fax 02 98 94 99 83, *www.campinglekervastard.com*
– **R** conseillée
2 ha (128 empl.) plat, herbeux
Tarif : ★ ⇔ 🅿 15,70 € – 🔌 (10A) 3,90 € – frais de réservation 16 €
Location (1ᵉʳ avr.-30 sept.) : 21 🛖 (4 à 6 pers.) 280 à 650 €/sem.
🚐 1 borne
Pour s'y rendre : Au bourg, à 300 m du port et 600 m des plages

Nature : 🏞
Loisirs : 🎱 🏓 🎣
Services : 🛁 🚰 GB 🏧 🔲 🛎 🔄 ⊕ 🏠 sèche-linge
À prox. : 🏊 ✖

BÉNODET

✉ 29950 – **308** G7 – G. Bretagne – 2 750 h.
🛈 *Office de tourisme, 29, avenue de la Mer* ✆ *02 98 57 00 14, Fax 02 98 57 23 00*
Paris 563 – Concarneau 19 – Fouesnant 8 – Pont-l'Abbé 13 – Quimper 17 – Quimperlé 47.

Le Letty 15 juin-6 sept.
✆ 02 98 57 04 69, *reception@campingduletty.com*,
Fax 02 98 66 22 56, *www.campingduletty.com* – **R** conseillée
10 ha (493 empl.) plat, herbeux
Tarif : ★ 5,40 € ⇔ 2 € 🅿 9 € – 🔌 (10A) 4 €
Location 🎿 : 13 🛖 (2 à 4 pers.) 350 à 520 €/sem.
🚐 1 borne
Pour s'y rendre : au SE de la localité
À savoir : Agréable situation en bordure de plage

Nature : 🌊 🎋 ⛰
Loisirs : 🍽 rôtisserie 🎱 🔲 🎱 🏊 hammam bibliothèque, salle d'animation, salle de bridge 🏓 🎯 🎾 squash, canoë kayak
Services : 🛁 🚰 GB 🏧 🔲 🛎 ⊕ 🔄 🚱 🐾 🚻 🔲 sèche-linge 🏊 🎿
À prox. : 🎣 🏇 🦆 🐴

La Pointe St-Gilles 👥 – 27 avr.-9 sept.
✆ 02 98 57 05 37, *sunelia@stgilles.fr*, Fax 02 98 57 27 52,
www.stgilles.fr – places limitées pour le passage – **R** conseillée 🎿
11 ha/7 campables (486 empl.) plat, herbeux
Tarif : ★ ⇔ 🅿 38 € – frais de réservation 30 €
Location : 110 🛖 (4 à 6 pers.) 269 à 1 036 €/sem.
Pour s'y rendre : À la pointe St-Gilles, à 50 m de la plage
À savoir : Agréable situation face à l'océan

Nature : 🌊 ⟨ 🏞
Loisirs : 🍽 pizzeria 🎱 🔲 nocturne 🛁 jacuzzi 🏓 🎾 🏊 ⛷ parcours sportif
Services : 🛁 🚰 GB 🏧 🔲 🛎 ⊕ 🚱 🚻 🔲 🔲 sèche-linge 🏊 🎿
À prox. : 🎣 🏇 🦆 🐴

Le Poulquer 15 mai-30 sept.
℘ 02 98 57 04 19, *campingdupoulquer@wanadoo.fr,*
Fax 02 98 66 20 30, *www.campingdupoulquer.com*
– **R** conseillée
3 ha (240 empl.) plat et peu incliné, herbeux
Tarif : 🛉 6 € ⇌ 2,80 € 🔳 6,60 € – 🔌 (10A) 3,40 € – frais de
réservation 16 €
Location 🏕 : 23 🏠 (4 à 6 pers.) 230 à 600 €/sem.
Pour s'y rendre : R. du Poulquer, à 150 m de la mer
À savoir : Cadre verdoyant et ombragé

Nature : ⊑ ♀♀
Loisirs : ♟ snack 🎳 🔭 🏊 ⚓
Services : 🔥 ⊶ ♈ 🗄 ⊕ 🔳 sèche-linge
À prox. : 🍴 🖾 🛝 🐴

BREST

⊠ 29200 – **308** E4 – G. Bretagne – 149 634 h. – alt. 35
🔰 *Office de tourisme, Place de la Liberté* ℘ 02 98 44 24 96, *Fax 02 98 44 53 73*
Paris 596 – Lorient 133 – Quimper 72 – Rennes 246 – St-Brieuc 145.

Le Goulet Permanent
℘ 02 98 45 86 84, *campingdugoulet@wanadoo.fr,*
Fax 02 98 45 86 84, *www.campingdugoulet.com*
– **R** conseillée
3 ha (150 empl.) en terrasses, herbeux, gravier
Tarif : 🛉 ⇌ 🔳 21 € – 🔌 (10A) 3,50 €
Location 🏕 : 41 🏠 (4 à 6 pers.) 230 à 660 €/sem.
Pour s'y rendre : O : 6 km par D 789 rte du Conquet
puis à gauche rte de Ste-Anne-du-Portzic, au lieu-dit
Lanhouarnec
À savoir : Décoration arbustive

Nature : ⊑
Loisirs : 🔭 🏊 ⚓
Services : 🔥 ⊶ ⚏ ♈ 🎱 🗄 ⊕ ⚒
🖾 🔳 sèche-linge

Benutzen Sie
– zur Wahl der Fahrtroute
– zur Berechnung der Entfernungen
– zur exakten Lokalisierung eines Campingplatzes (mit Hilfe der Angaben im Ortstext)
*die für diesen Führer unentbehrlichen **MICHELIN-Karten** im Ma1 : 150 000.*

241

BRIGNOGAN-PLAGES

⊠ 29890 – **308** F3 – G. Bretagne – 849 h. – alt. 17
🔰 *Office de tourisme, 7, avenue du Général-de-Gaulle* ℘ 02 98 83 41 08
Paris 585 – Brest 41 – Carhaix-Plouguer 83 – Landerneau 27 – Morlaix 49 – St-Pol-de-Léon 31.

La Côte des Légendes 31 mars-4 nov.
℘ 02 98 83 41 65, *camping-cote-des-legendes@wana
doo.fr,* Fax 02 98 83 59 94, *www.campingcotedeslegen
des.com* – **R** conseillée
3,5 ha (150 empl.) plat, herbeux, sablonneux
Tarif : (Prix 2006) 🛉 ⇌ 🔳 8,70 € – 🔌 (10A) 3,10 €
Location : 8 🏠 (4 à 6 pers.) 255 à 520 €/sem.
🚐 1 borne 2 € – 6 🔳 7 €
Pour s'y rendre : NO : 2 km par rte de la plage
À savoir : Bord de plage

Nature : 🏞 🏔
Loisirs : 🎳 🔭
Services : 🔥 ⊶ (1er juil.-31 août)
⚏ ♈ 🗄 🛒 ⊕ ⚒ 🔳
À prox. : 🐟

Les Nymphéas juil.-août
℘ 02 98 83 52 57, *lucien.maze@freesbee.fr, www.campin
glesnympheas.com* – **R** conseillée
1,2 ha (52 empl.) plat, herbeux
Tarif : 🛉 3,50 € ⇌ 🔳 5 € – 🔌 (6A) 3 €
Location (avr.-1er nov.) : 6 🏠 (4 à 6 pers.) 260 à
450 €/sem.
Pour s'y rendre : Sortie S par D 770 rte de Lesneven
À savoir : Décoration florale et arbustive variée

Nature : ⊑ ♀
Loisirs : 🎳 🏊 (petite piscine)
Services : ⊶ ♈ 🗄 ⊕ ♨ 🔳

CAMARET-SUR-MER

⊠ 29570 – **308** D5 – G. Bretagne – 2 668 h. – alt. 4
🅱 *Office de tourisme, 15, quai Kleber* ℰ *02 98 27 93 60, Fax 02 98 27 87 22*
Paris 597 – Brest 4 – Châteaulin 45 – Crozon 11 – Morlaix 91 – Quimper 60.
Schéma à Crozon

Le Grand Large 1ᵉʳ avr.-30 sept.
ℰ 02 98 27 91 41, *contact@campinglegrandlarge.com*,
Fax 02 98 27 93 72, *www.campinglegrandlarge.com*
– **R** conseillée
2,8 ha (123 empl.) plat et peu incliné, herbeux
Tarif : 🛉 🚗 🅴 17,80 € – 🔌 (6A) 3,50 € – frais de réservation 16 €
Location : 24 🛏 (4 à 6 pers.) 255 à 670 €/sem.
🛏 1 borne
Pour s'y rendre : 3 km au NE par D 355 et rte à dr., à 400 m
de la plage, à Lambézen

Nature : 🦫 ≤ 🗁
Loisirs : 🍹 🏠 🏊 🛝 🦽 🏊
Services : 🕭 ⑬ 🐕 🖳 🗑 ⓐ 🚿 🛁
🏧 sèche-linge 🖳 🚿

Plage de Trez Rouz 15 mars-15 oct.
ℰ 02 98 27 93 96, *contact@trezrouz.com*,
Fax 02 98 27 84 54, *www.trezrouz.com* – **R** conseillée
3 ha/1 campable (80 empl.) peu incliné, herbeux
Tarif : 🛉 4,60 € 🚗 2 € 🅴 4,60 € – 🔌 (16A) 3 € – frais de
réservation 10 €
🛏 1 borne 5 € – 10 🅴
Pour s'y rendre : NE : 3,5 km par D 355
À savoir : Près de la plage

Nature : ≤ Anse de Camaret
Loisirs : 🏊
Services : 🕭 ⊶ ⑬ 🐕 🗑 ⓐ 📞 🏧

LES GUIDES VERTS MICHELIN
Paysages, monuments
Routes touristiques
Géographie
Histoire, Art
Itinéraire de visite
Plans de villes et de monuments

242

CAP-COZ

⊠ 29170 – **308** H7 – G. Bretagne
Paris 558 – Rennes 207 – Quimper 22 – Brest 93 – Lorient 61.
Schéma à Fouesnant

Les Mimosas Permanent
ℰ 02 98 56 55 81, *contact@camping-les-mimosas.com*,
www.camping-les-mimosas.com – **R** conseillée
1,2 ha (95 empl.) plat et peu incliné, terrasses, herbeux
Tarif : 🛉 🚗 🅴 13,20 € – 🔌 (10A) 2,60 € – frais de réservation 10 €
Location : 19 🛏 (4 à 6 pers.) 210 à 560 €/sem.
Pour s'y rendre : NO : 1 km

Nature : 🗁 ♀
Loisirs : 🛝
Services : ⊶ 🐕 🗑 🚿 ⓐ 🏧
À prox. : 🍴 🖳 🐎 golf

Pen an Cap mai-15 sept.
ℰ 02 98 56 09 23, *contact@penancap.com*, *www.penancap.com* – **R** conseillée
1,3 ha (100 empl.) peu incliné, herbeux, verger
Tarif : 🛉 3,75 € 🚗 🅴 5,90 € – 🔌 3 €
Location : 8 🛏 (4 à 6 pers.) 480 €/sem.
Pour s'y rendre : Au N de la station, à 300 m de la
mer

Nature : 🦫 ♀
Loisirs : 🏠 🏊 🛝
Services : ⊶ 🐕 🗑 🚿 ⓐ 📞 🏧
À prox. : 🍴 🖳 🐎 golf

CARANTEC

✉ 29660 – **308** H2 – G. Bretagne – 2 724 h. – alt. 37

🛈 Office de tourisme, 4, rue Pasteur ☎ 02 98 67 00 43, Fax 02 98 67 90 51

Paris 552 – Brest 71 – Lannion 53 – Morlaix 14 – Quimper 90 – St-Pol-de-Léon 10.

Yelloh Village Les Mouettes 28 avr.-9 sept.
☎ 02 98 67 02 46, camping@les-mouettes.com,
Fax 02 98 78 31 46, www.les-mouettes.com – places limitées pour le passage – **R** conseillée
7 ha (273 empl.) plat et en terrasses, herbeux, étang
Tarif : 🛉 🚗 🅴 35 € 🗲 (8A) – frais de réservation 30 €
Location (28 avr.-9 sept.) 🏕 (1er juil.-31 août) : 97 🚐
(4 à 6 pers.) 259 à 1 036 €/sem. – 34 🏠 (4 à 6 pers.) 413
à 1 323 €/sem.
🚐 1 borne
Pour s'y rendre : 1,5 km au SO par rte de St-Pol-de-Léon
et rte à dr., à la Grande Grève, près de la mer
À savoir : Agréable parc aquatique paysager avec tobog-
gans géants

Nature : 🔆 🏕 ♀
Loisirs : ♟ pizzeria 🏕 🔅 nocturne
bibliothèque 🏊 🎣 🛝 🎱
Services : 🕭 ⟷ 🅶🅱 🕯 🗑 🛁 🛒 🔄
🏖 🚰 ⚲ 🔲 sèche-linge 🔲 🔄

CARHAIX-PLOUGUER

✉ 29270 – **308** J5 – G. Bretagne – 7 648 h. – alt. 138

🛈 Office de tourisme, rue Brizeux ☎ 02 98 93 04 42, Fax 02 98 93 23 83

Paris 506 – Brest 86 – Concarneau 66 – Guingamp 49 – Lorient 74 – Morlaix 51 – Pontivy 59 – Quimper 61 –
St-Brieuc 79.

Municipal de la Vallée de l'Hyères
☎ 02 98 99 10 58, communication@ville-carhaix.com,
www.ville-carhaix.com – **R** conseillée
1 ha (62 empl.) plat, herbeux
🚐 1 borne
Pour s'y rendre : O : 2,3 km en direction de Morlaix et rte
devant la gendarmerie, bord de l'Hyères et d'étangs
À savoir : Belle décoration arbustive autour des étangs

Nature : 🔆 ♀
Loisirs : ♟
Services : ⟷ 🔄
À prox. : 🐎 (centre équestre) par-
cours de santé, canoë

243

CHÂTEAULIN

✉ 29150 – **308** G5 – G. Bretagne – 5 157 h. – alt. 10

🛈 Office de tourisme, quai Cosmao ☎ 02 98 86 02 11, Fax 02 98 86 38 74

Paris 548 – Brest 49 – Douarnenez 27 – Châteauneuf-du-Faou 24 – Quimper 29.

Municipal Rodaven mi-juin-déb.sept.
☎ 02 98 86 32 93, fc-ssport@chateaulin.fr,
Fax 02 98 86 31 03, www.chateaulin.fr – **R** conseillée
2 ha (100 empl.) plat, herbeux
Tarif : 🛉 🚗 🅴 6,10 € – 🗲 (12A) 2,10 €
Pour s'y rendre : au Sud de la ville, bord de l'Aulne (rive
droite)

Loisirs : 🏊 🎣
Services : 🕭 ⟷ (mi-juil.-mi-août)
🕯 🗑 🛒 🔄
À prox. : 🍴 🎣 🔲 canoë

La Pointe Superbe 15 mars-31 oct.
☎ 02 98 86 51 53, lapointecamping@aol.com,
Fax 02 98 86 51 53, lapointesuperbecamping.com
– **R** conseillée
2,5 ha (60 empl.) plat et peu incliné, terrasses, herbeux,
forêt
Tarif : 🛉 3,50 € 🚗 2 € 🅴 6 € – 🗲 (10A) 2,50 € – frais de
réservation 15 €
🚐 1 borne – 4 🅴
Pour s'y rendre : S : 1,6 km par D 770 rte de Quimper et
chemin à gauche, direction St-Goulitz
À savoir : Cadre agréable et soigné en lisière de forêt

Nature : 🔆 🏕 ♀♀
Loisirs : 🏕 🏊
Services : 🕭 ⟷ 🕯 🗑 🛁 🔄

CLÉDEN-CAP-SIZUN

29770 – **308** D6 – 1 037 h. – alt. 30
Paris 608 – Audierne 11 – Douarnenez 27 – Quimper 46.

La Baie Permanent
℘ 02 98 70 64 28 – ℜ
0,4 ha (27 empl.) peu incliné et terrasse, herbeux
Tarif : ★ 3 € ⊶ 1,60 € ▣ 3 € – ⋈ 2,50 €
Pour s'y rendre : O : 2,5 km, à Lescleden

Nature : ⋚ ≼
Loisirs : ♈ ✗
Services : ⟜ ☺ ⊠

CLÉDER

29233 – **308** G3 – 3 641 h. – alt. 51
🅱 Office de tourisme, place de Gaulle ℘ 02 98 69 43 01
Paris 564 – Brest 56 – Brignogan-Plages 22 – Morlaix 28 – St-Pol-de-Léon 9.

Camping Village de Roguennic 1er mai-15 sept.
℘ 02 98 69 63 88, semcleder@wanadoo.fr,
Fax 02 98 61 95 45, www.campingvillageroguennic.com
– **R** conseillée
8 ha (300 empl.) plat et accidenté, sablonneux, herbeux,
dunes, bois attenant
Tarif : ★ ⊶ ▣ 12,45 € ⋈ (6A)
Location (permanent) : 50 ⌂ (4 à 6 pers.) 217 à
490 €/sem.
⊞ 1 borne
Pour s'y rendre : N : 5 km
À savoir : Au bord d'une très belle plage de sable fin

Nature : ⋚ ▲
Loisirs : ⌂ ⅏ ⚓ ⌥
Services : ♿ ⟜ (1er juil.-31 août)
⌾ ⅍ ⎗ ☺ ⊠ ⊠ ⚄
Au centre de loisirs : snack pizzeria
✗ ♬ parcours sportif

CONCARNEAU

29900 – **308** H7 – G. Bretagne – 19 453 h. – alt. 4
🅱 Office de tourisme, quai d'Aiguillon ℘ 02 98 97 01 44, Fax 02 98 50 88 81
Paris 546 – Brest 96 – Lorient 49 – Quimper 22 – St-Brieuc 131 – Vannes 102.

Les Prés Verts 1er avr.-30 sept.
℘ 02 98 97 09 74, info@presverts.com, Fax 02 98 97 32 06,
www.presverts.com – **R** conseillée
2,5 ha (150 empl.) plat et peu incliné, herbeux
Tarif : ★ 6,50 € ⊶ 2 € ▣ 7 € – ⋈ (10A) 6 € – frais de
réservation 20 €
Location ⚡ : 4 ⌂ (4 à 6 pers.) 310 à 550 €/sem.
Pour s'y rendre : NO : 3 km par rte du bord de mer et à
gauche, à 250 m de la plage (accès direct)
À savoir : Décoration florale et arbustive

Nature : ⋚ ♀
Loisirs : ⌂ ⚓ ♬ ⌥
Services : ⟜ ⌾ ⅍ ⎗ ☺ ⊠
À prox. : ⊠ ✗ ⊡ ⌕ ☆ poneys

Lochrist 15 juin-15 sept.
℘ 02 98 97 25 95, campingdelochrist@wanadoo.fr,
Fax 02 98 50 66 99, www.campingdelochrist.com
– **R** conseillée
1,5 ha (100 empl.) plat, herbeux
Tarif : ★ 3,90 € ⊶ 1,80 € ▣ 4,60 € – ⋈ (10A) 3,60 €
Location (Pâques-Toussaint) : 6 ⌂ (4 à 6 pers.) 190 à
550 €/sem.
Pour s'y rendre : N : 3,5 km par D 783 rte de Quimper et
chemin à gauche
À savoir : Dans un verger, autour d'une ancienne ferme
restaurée

Loisirs : ♈ ⌂ ⚓
Services : ⟜ ⅍ ⎗ ☺ ⊠ sèche-linge
À prox. : ⊠ ✗ ⊡ ⌕ ☆

Les Sables Blancs 28 avr.-29 sept.
℘ 02 98 97 16 44, contact@camping-lessablesblancs.com,
Fax 02 98 97 16 44, www.camping-lessablesblancs.com
– **R** conseillée
3 ha (149 empl.) en terrasses, peu incliné, plat, herbeux
Tarif : ★ ⊶ ▣ 18 € ⋈ (10A)
Location (31 mars-29 sept.) : 13 ⌂ (4 à 6 pers.) 210 à
610 €/sem. – 4 ⌂ (4 à 6 pers.) 210 à 610 €/sem.
⊞ 1 borne – 4 ▣
Pour s'y rendre : NO : 1,5 km par rte du bord de mer, à
200 m de la plage

Nature : ⋚ ⊡ ♀
Loisirs : ♈ snack ⚓
Services : ♿ ⟜ ⌾ ⅍ ⎗ ☺ ⊠
À prox. : ⊠ ✗ ⊡ ⌕ ☆

244

Le CONQUET

✉ 29217 – **308** C4 – G. Bretagne – 2 408 h. – alt. 30

🖪 Office de tourisme, parc de Beauséjour ℘ 02 98 89 11 31

Paris 619 – Brest 24 – Brignogan-Plages 59 – St-Pol-de-Léon 85.

△ **Le Théven - Les Blancs sablons** avr.-sept.
℘ 02 98 89 06 90, cledelles.conquet@wanadoo.fr,
Fax 02 98 89 06 90, www.lescledelles.com – **R** conseillée

12 ha (360 empl.) plat, sablonneux, herbeux

Tarif : ⋆ ⟷ 🅴 14,50 € – (฿) (16A) 3 € – frais de réservation 10 €

🚐 1 borne 3 €

Pour s'y rendre : NE : 5 km par rte de la plage des Blancs
Sablons, à 400 m de la plage, chemin et passerelle pour
piétons reliant le camping à la ville

| Nature : ⑅ ⌁ |
| Services : ⅋ ⚷ (15 mai-15 sept.) |
| 🖴 ⚒ ⊕ 🔳 sèche-linge ⚞ |

Benutzen Sie
– zur Wahl der Fahrtroute
– zur Berechnung der Entfernungen
– zur exakten Lokalisierung eines Campingplatzes (mit Hilfe der Angaben im Ortstext)
die für diesen Führer unentbehrlichen **MICHELIN-Karten** im Ma1 : 150 000.

CROZON

✉ 29160 – **308** E5 – G. Bretagne – 7 535 h. – alt. 85

🖪 Office de tourisme, boulevard de Pralognan ℘ 02 98 27 07 92, Fax 02 98 27 24 89

Paris 587 – Brest 60 – Châteaulin 35 – Douarnenez 40 – Morlaix 81 – Quimper 49.

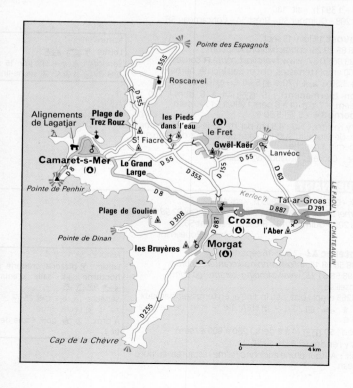

CROZON

▲ **Les Pieds dans l'Eau** mi-juin-mi-sept.
   ℘ 02 98 27 62 43, *lespiedsdansleau@free.fr, lespiedsdans
leau.free.fr* – **R** conseillée
1,8 ha (118 empl.) peu incliné, herbeux
Tarif : (Prix 2006) ♦ ⇔ 回 17,80 €
Pour s'y rendre : NO : 6 km par rte de Roscanvel et à
droite, à St-Fiacre, bord de mer

> Nature : ⟋ ⩽ ⩎
> Loisirs : ⌂ ♒
> Services : ⚷ ⊶ ⌁ 🗓 ⊕ ⚤ ▦

▲ **Camping Plage de Goulien** déb.juin-mi-sept.
   ℘ 02 98 27 17 10, *camping.delaplage.degoulien@pres
quile-crozon.com*, Fax 02 98 26 23 16, *www.presquile-cro
zon.com* – **R** conseillée
1,8 ha (115 empl.) plat et incliné, terrasses, herbeux
Tarif : ♦ 4,10 € ⇔ 2,25 € 回 4,30 € – ⚡ (6A) 3,30 €
Location (déb.mai-mi-sept.) : 19 ⛺ (4 à 6 pers.) 310 à
515 €/sem.
Pour s'y rendre : O : 5 km par D 308 rte de la Pointe de
Dinan et rte à droite, à 200 m de la plage

> Nature : ⟋ ⊡ ⚲
> Services : ⊶ ⌁ 🗓 ⊕ ▦
> À prox. : ♈ crêperie

▲ **Camping de L'Aber** Permanent
   ℘ 02 98 27 02 96, *contact@camping-aber.com*,
Fax 02 98 27 28 48, *www.camping-aber.com* – **R** conseillée
1,6 ha (100 empl.) en terrasses, plat, peu incliné, herbeux
Tarif : ♦ 3,70 € ⇔ 1,50 € 回 3,70 € – ⚡ (5A) 2 € – frais de
réservation 5 €
Location : 9 ⛺ (4 à 6 pers.) 250 à 495 €/sem.
Pour s'y rendre : E : 5 km par D 887, rte de Châteaulin, puis
à Tal-ar-Groas, 1 km à droite, rte de l'Aber
À savoir : Agréable situation en terrasses dominant la mer

> Nature : ⩽ baie de Douarnenez
> Loisirs : ♈ snack ♒
> Services : ⚷ ⊶ GB ⌁ 🗓 ⊕ ▦

DINÉAULT

246

✉ 29150 – **308** G5 – 1 391 h. – alt. 160
Paris 560 – Rennes 208 – Quimper 36 – Brest 54 – Concarneau 58.

▲ **Ty Provost** 1ᵉʳ juin-15 sept.
   ℘ 02 98 86 29 23, *contact@typrovost.com*,
Fax 02 98 86 00 27, *www.typrovost.com* – **R** conseillée
1,2 ha (50 empl.) terrasses, plat et peu incliné, herbeux
Tarif : ♦ 3,50 € ⇔ 1,70 € 回 5,80 € – ⚡ (6A) 2,50 €
Location (permanent) : 5 ⛺ (4 à 6 pers.) 230 à
415 €/sem. – 7 ⛺ (4 à 6 pers.) 290 à 515 €/sem.
⛽ 1 borne 3 € – 5 回 5,50 €
Pour s'y rendre : NO : 4,5 km par rte de la gare et chemin
à droite, De Dineault, Sud-Est 4 km par C 1, rte de Châteaulin et chemin à gauche
À savoir : Cadre et situation agréables

> Nature : ⩽
> Loisirs : ♈ ⌂ ⚲⚲
> Services : ⚷ ⊶ (1ᵉʳ juin-15 sept.)
> GB ⌁ 🗓 ⚤ ⊕ ⛽ ▦ sèche-linge

La FORÊT-FOUESNANT

✉ 29940 – **308** H7 – G. Bretagne – 2 809 h. – alt. 19
ℹ *Office de tourisme, 2, rue du Port ℘ 02 98 51 42 07, Fax 02 98 51 44 52*
Paris 553 – Rennes 202 – Quimper 18 – Brest 94 – Lorient 56.

Schéma à Fouesnant

▲▲▲ **Kéranterec** ♣♣ – 7 avr.-16 sept.
   ℘ 02 98 56 98 11, *info@camping-keranterec.com*,
Fax 02 98 56 81 73, *www.camping-keranterec.com*
– **R** conseillée
6,5 ha (265 empl.) plat, peu incliné et en terrasses, herbeux
Tarif : ♦ ⇔ 回 20 € – ⚡ (16A) 4 € – frais de réserva-
tion 30 €
Location : 50 ⛺ (4 à 6 pers.) 250 à 800 €/sem.
Pour s'y rendre : 2,8 km au SE
À savoir : Autour d'une ancienne ferme restaurée, au bord
de l'océan

> Nature : ⟋ ⊡ ⚲ ⩎
> Loisirs : ♈ pizzeria, crêperie ⌂ ⊚
> nocturne ⚲⚲ salle d'animation
> ⚲⚲ ⚔ ⚒ ⚒
> Services : ⚷ ⊶ GB ⌁ 🗓 ⚤ ⊕ ⚤
> ⚓ ⚲ ▦ sèche-linge
> À prox. : ⚲ ⚲ golf, école de plon-
> gée

La FORÊT-FOUESNANT

Kerleven ⚶⚶ – 21 avr.-30 sept.
    𝒫 02 98 56 98 83, *contact@camping-de-kerleven.com*,
Fax 02 98 56 82 22, *www.camping-de-kerleven.com*
– **R** conseillée
4 ha (185 empl.) plat et en terrasses, herbeux
Tarif : ⚶ ⚶ 🅴 11 € – ⚡ (10A) 4,60 € – frais de réservation 8 €
Location : 54 ⌂ (4 à 6 pers.) 230 à 620 €/sem.
🚐 1 borne
Pour s'y rendre : SE : 2 km, à 200 m de la plage

Nature : 🏞 ♀
Loisirs : 🍴 crêperie, snack 🛋 ☕
diurne 🎯 🏋 👶 🏊 🎣
Services : 🚿 ⚡ 🅶🅱 ✂ 🗄 🏥 🔌 ⚐
🏪 🚿
À prox. : ✗ 🐎 🚶

Les Saules - Stéréden-Vor ⚶⚶ – 13 mai-22 sept.
    𝒫 02 98 56 98 57, *camping.les.saules@wanadoo.fr*,
Fax 02 98 56 86 60, *www.camping-les-saules.com* – **R** indispensable
3,5 ha (177 empl.) plat et peu incliné, herbeux
Tarif : ⚶ ⚶ 🅴 25 € – ⚡ (6A) 3,60 € – frais de réservation 15 €
Location (7 avr.-22 sept.) : 33 ⌂ (4 à 6 pers.) 270 à 780 €/sem.
Pour s'y rendre : SE : 2,5 km, près de la plage de Kereven (accès direct)

Nature : 🏞 ♀ ⛰
Loisirs : crêperie 🛋 🎯 🏋 🏊
Services : ⚡ 🅶🅱 ✂ 🗄 🏥 🔌 ⚐ 🏪
🚿
À prox. : ✗ 🏊 🐎 golf

Manoir de Pen ar Steir fév.-mi-nov.
    𝒫 02 98 56 97 75, *info@camping-penarsteir.com*,
Fax 02 98 56 80 49, *www.camping-penarsteir.com*
– **R** conseillée
3 ha (105 empl.) plat, peu incliné et en terrasses, herbeux
Tarif : (Prix 2006) ⚶ 5 € ⚶ 🅴 8 € – ⚡ (10A) 3,30 € – frais de réservation 15 €
Location : 5 ⌂ (4 à 6 pers.) 260 à 560 €/sem.
🚐 1 borne 5 € – 2 🅴
Pour s'y rendre : Sortie NE, rte de Quimper et à gauche
À savoir : Entrée accueillante avec mini-golf aménagé en jardin d'agrément

Nature : 🌳 🏞 ♀
Loisirs : 🛋 ✗ 👶
Services : 🚿 ⚡ 🅶🅱 ✂ ▥ 🗄 🔌 ⚐
🚿 ⚒ 🏪 sèche-linge
À prox. : 🏊 🐎 golf, école de plongée

Des vacances réussies sont des vacances bien préparées !
Ce guide est fait pour vous y aider... mais :
– N'attendez pas le dernier moment pour réserver
– Évitez la période critique du 14 juillet au 15 août
Pensez aux ressources de l'arrière-pays,
à l'écart des lieux de grande fréquentation.

247

✉ 29170 – **308** G7 – G. Bretagne – 8 076 h. – alt. 30
🛈 Syndicat d'initiative, Espace Kernevelech 𝒫 02 98 51 18 88, Fax 02 98 56 64 02
Paris 555 – Carhaix-Plouguer 69 – Concarneau 11 – Quimper 16 – Quimperlé 39 – Rosporden 18.

Sunelia L'Atlantique ⚶⚶ – 27 avr.-9 sept.
    𝒫 02 98 56 14 44, *sunelia@lAtlantique.fr*,
Fax 02 98 56 18 67, *www.lAtlantique.fr* – places limitées pour le passage – **R** conseillée ✗
10 ha (432 empl.) plat, herbeux
Tarif : ⚶ ⚶ 🅴 39 € ⚡ (10A) – frais de réservation 30 €
Location : 150 ⌂ (4 à 6 pers.) 268 à 1 092 €/sem.
🚐 1 borne
Pour s'y rendre : 4,5 km au S, à 400 m de la plage (accès direct)
À savoir : Bel ensemble aquatique

Nature : 🌳 🏞 ♀
Loisirs : 🍴 snack, crêperie 🛋 ☕ 🎯
salle d'animation 🏋 🚴 ✗ 👶
🏊
Services : 🚿 ⚡ (1er juil.-31 août)
🅶🅱 ✂ 🗄 🏥 🔌 ⚐ 🚿 ⚒ 📞 🏪
sèche-linge 🏪 🚿
À prox. : 🏊 🚶 golf

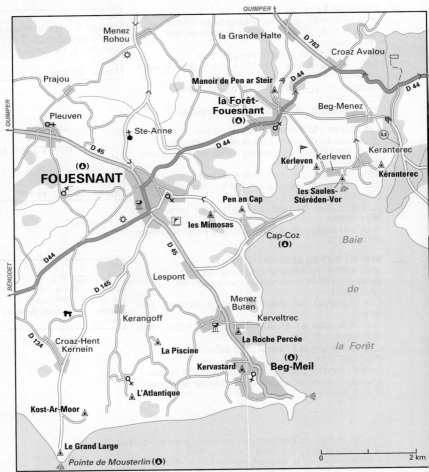

Le FRET

✉ 29160 – **308** D5 – G. Bretagne
Paris 591 – Rennes 239 – Quimper 56 – Brest 10 – Concarneau 79.
Schéma à Crozon

Gwel Kaër 1er avr.-30 sept.
🖉 02 98 27 61 06, *info@camping-gwel-kaer.com,*
Fax 02 98 27 61 06, *www.camping-gwel-kaer.com*
– **R** conseillée
2,2 ha (98 empl.) en terrasses, plat et peu incliné, herbeux
Tarif : 🕈 3,70 € ⇌ 1,90 € 🗉 3,70 € – 🔋 (4A) 2,90 €
Location 🐾 : 7 🛏 (4 à 6 pers.) 280 à 495 €/sem.
Pour s'y rendre : Sortie Sud-Est par D 55, rte de Crozon,
bord de mer

Nature : 🦀 ≼ ♀ ▲
Loisirs : 🚣
Services : 🕭 ⚬⊸ (15 juin-15 sept.)
🆎 ⚙ 🗑 ♨ ⊙ 🖶

Donnez-nous votre avis sur les terrains que nous recommandons.
Faites-nous connaître vos observations et vos découvertes.

GUILVINEC

✉ 29730 – **308** F8 – G. Bretagne – 3 042 h. – alt. 5

🏢 *Office de tourisme, 62, rue de la Marine* 📞 *02 98 58 29 29, Fax 02 98 58 34 05*

Paris 584 – Douarnenez 44 – Pont-l'Abbé 10 – Quimper 30.

Yelloh-Village la Plage ▲▲ – 1ᵉʳ avr.-16 sept.
📞 02 98 58 61 90, *info@yellohvillage-la-plage.com*,
Fax 02 98 58 89 06, *www.villagelaplage.com* – **R** conseillée
7 ha (410 empl.) plat, herbeux, sablonneux
Tarif : ✶ 📇 🅴 37 € 🄷 (10A)
Location : 93 🛏 (4 à 6 pers.) 245 à 980 €/sem. – 10 tentes
🚐 1 borne

Pour s'y rendre : 2 km à l'O, rte de la Corniche vers Penmarch, à 100 m de la plage (accès direct)

> Nature : 🟢
> Loisirs : 🍴 crêperie, pizzeria, snack 🏠 🏊 🚴 🎿 ⛱
> Services : 🔧 🚿 GB 🔌 🏧 ♨ ⛺ 🚻 🚮 🧺 sèche-linge ♨,
> À prox. : 🌊

HUELGOAT

✉ 29690 – **308** I4 – G. Bretagne – 1 687 h. – alt. 149

🏢 *Syndicat d'initiative, Moulin du Chaos* 📞 *02 98 99 72 32*

Paris 523 – Brest 66 – Carhaix-Plouguer 18 – Châteaulin 36 – Landerneau 45 – Morlaix 30 – Quimper 57.

JMB Loisirs 7 avr.-15 oct.
📞 02 98 99 72 50, *campriviere@wanadoo.fr*,
Fax 02 98 99 90 61, *www.larivieredargent.com* – **R** conseillée
5 ha (90 empl.) plat, herbeux
Tarif : ✶ 📇 🅴 9,30 € – 🄷 (10A) 3,50 €
Location : 4 🛏 (4 à 6 pers.) 350 à 430 €/sem.
Pour s'y rendre : E : 3,4 km par D 769A, rte de Locmaria-Berrien et chemin à droite
À savoir : Bord de rivière et lisière de forêt

> Nature : 🌳 🏞 🟢
> Loisirs : 🍴 snack 🎿 🛶
> Services : 🔧 🚿 GB 🔌 🚮 ♨ ⛺ 🚻 🚮 🚿

Municipal du Lac 15 juin-15 sept.
📞 02 98 99 78 80, *mairie.huelgoat@wanadoo.fr*,
Fax 02 98 99 75 72
1 ha (85 empl.) plat, herbeux
Tarif : (Prix 2006) ✶ 📇 🅴 6,50 € – 🄷 (10A) 2,05 €
Pour s'y rendre : O : 0,8 km par rte de Brest, bord d'une rivière et d'un étang

> Nature : 🏞
> Services : 🔧 🚿 (1ᵉʳ juil.-31 août) 🔌 ♨ ⛺ 🚮
> À prox. : 🎿

249

KERVEL

✉ 29550 – **308** F6

Paris 586 – Rennes 234 – Quimper 24 – Brest 67 – Concarneau 47.

International de Kervel ▲▲ – 28 avr.-30 sept.
📞 02 98 92 51 54, *camping.kervel@wanadoo.fr*,
Fax 02 98 92 54 96, *www.kervel.com* – **R** conseillée
7 ha (330 empl.) plat, herbeux
Tarif : ✶ 5,50 € 📇 3,50 € 🅴 12,50 € – 🄷 (10A) 3,50 € – frais de réservation 14 €
Location (31 mars-30 sept.) : 57 🛏 (4 à 6 pers.) 220 à 710 €/sem.
🚐 1 borne – 5 🅴

> Nature : 🟢🟢
> Loisirs : 🍴 🍽 🌙 nocturne 🏊 🚴 🎿 ⛱ terrain omnisports
> Services : 🔧 🚿 GB 🔌 ♨ ⛺ 🚻 🚮 🧺 sèche-linge ♨ 🚿

LAMPAUL-PLOUDALMEZEAU

✉ 29830 – **308** D3 – 606 h. – alt. 24

Paris 613 – Brest 27 – Brignogan-Plages 36 – Ploudalmézeau 4.

Municipal des Dunes
📞 02 98 48 14 29, *lampaul-ploudalmezeau.mairie@wanadoo.fr*, Fax 02 98 48 19 32 – **R**
1,5 ha (150 empl.) non clos, plat, sablonneux, herbeux, dunes
Pour s'y rendre : N : à 0,7 km du bourg, à côté du terrain de sports et à 100 m de la plage (accès direct)

> Nature : 🌊
> Loisirs : 🍽
> Services : 🔧 🚿 ♨ 🚮 🚻 sèche-linge

LANDÉDA

✉ 29870 – **308** D3 – 2 949 h. – alt. 52
Paris 604 – Brest 28 – Brignogan-Plages 25 – Ploudalmézeau 17.

▲ **Les Abers** 28 avr.-30 sept.
 𝒫 02 98 04 93 35, info@camping-des-abers.com,
 Fax 02 98 04 84 35, www.camping-des-abers.com
 – **R** conseillée
 4,5 ha (180 empl.) plat, en terrasses, sablonneux, herbeux,
 dunes
 Tarif : ⚹ 3,30 € ⚛ 1,60 € ▣ 6 € – ⚡ (8A) 2,50 €
 Location : 22 ⛺ (4 à 6 pers.) 260 à 540 €/sem.
 ⛽ 1 borne
 Pour s'y rendre : 2,5 km au NO, aux dunes de Ste-Marguerite
 À savoir : Situation agréable au bord de la plage et table
 d'orientation explicative sur le site

Nature : 🏖 < ⛰	
Loisirs : 🎱 🎮 🏓 🚲	
Services : 🚿 ⚷ GB 🐕 🍴 🛁 🧺	
🧺 sèche-linge 🧼	
À prox. : 🍽 ✕	

LANDERNEAU

✉ 29800 – **308** F4 – G. Bretagne – 14 281 h. – alt. 10
🛈 Office de tourisme, Pont de Rohan 𝒫 02 98 85 13 09, Fax 02 98 21 39 27
Paris 575 – Brest 24 – Carhaix-Plouguer 60 – Morlaix 39 – Quimper 65.

▲ **Municipal les Berges de l'Elorn** déb.avr.-fin janv.
 𝒫 02 98 21 66 59, ti-ker-landerne@mairie-landerneau.fr,
 Fax 02 98 85 43 35, www.ville-landerneau.fr – **R** conseillée
 0,5 ha (42 empl.) plat, herbeux
 Tarif : (Prix 2006) ⚹ ⚛ ▣ 12,20 € ⚡ (16A)
 Location (permanent) : 9 ⛺ (4 à 6 pers.) 178 à
 359 €/sem.
 ⛽ 6 ▣ 11,15 €
 Pour s'y rendre : Au SO de la ville, rte de Quimper près du
 stade et de la piscine
 À savoir : Au bord de l'Elorn (rive gauche)

Nature : 💬 ♀	
Loisirs : 🏓 ✂	
Services : 🚿 ⚷ 🐕 ⊛ 🧺	
À prox. : 🏊 ⛷ ⛽	

250

LANILDUT

✉ 29840 – **308** C4 – 830 h. – alt. 10
Paris 619 – Brest 28 – Brignogan-Plages 46 – Ploudalmézeau 11.

▲ **Municipal du Tromeur**
 𝒫 02 98 04 31 13, lanildut.mairie@wanadoo.fr,
 Fax 02 98 04 41 15, www.lanildut.fr – **R** conseillée
 2,7 ha (70 empl.) plat, peu incliné, herbeux, bois attenant
 Pour s'y rendre : SO par D 27 puis 1,5 km par rte à droite,
 Chemin piétonnier reliant le camping au bourg

Nature : 🏖	
Loisirs : 🎱	
Services : 🚿 ⚷ ⊛ 🧺	
À prox. : 🧗	

LESCONIL

✉ 29740 – **308** F8 – G. Bretagne
Paris 581 – Douarnenez 41 – Guilvinec 6 – Loctudy 7 – Pont-l'Abbé 9 – Quimper 28.

▲ **Les Dunes** 3 juin-9 sept.
 𝒫 02 98 87 81 78, Fax 02 98 82 27 05 – **R** conseillée
 2,8 ha (120 empl.) plat, herbeux
 Tarif : ⚹ ⚛ ▣ 20,15 € – ⚡ (10A) 3,40 €
 ⛽ 1 borne
 Pour s'y rendre : O : 1 km par rte de Guilvinec, à 150 m de
 la plage (accès direct)
 À savoir : Entrée fleurie agrémentée d'objets marins divers

Nature : 💬	
Loisirs : 🎱 🏓	
Services : 🚿 ⚷ GB 🐕 🍴 🛁 🧺 ⊛	
🧺	
À prox. : 🎣 ✕ 🎬 ♪ 🐎	

▲ **La Grande Plage** 1er mai-30 sept.
 𝒫 02 98 87 88 27, campinggrandeplage@hotmail.com,
 Fax 02 98 87 88 27 – **R** conseillée
 1,8 ha (100 empl.) plat et incliné, herbeux
 Tarif : ⚹ 4,25 € ⚛ 2,20 € ▣ 6,30 € – ⚡ (6A) 3,35 €
 Location : 5 ⛺ (4 à 6 pers.) 250 à 535 €/sem.
 ⛽ 1 borne 5 €
 Pour s'y rendre : O : 1 km par rte de Guilvinec, à 300 m de
 la plage (accès direct)

Nature : 💬 ♀	
Loisirs : 🎱	
Services : 🚿 ⚷ 🐕 M 🍴 🛁 ⊛ 🧺	
À prox. : 🎣 ✕ 🎬 ♪ 🐎	

▲ **Keralouet** 7 avr.-30 sept.
  ℰ 02 98 82 23 05, *campingkeralouet@wanadoo.fr*,
  Fax 02 98 87 76 65, *www.campingkeralouet.com*
  – **R** conseillée
  1 ha (64 empl.) plat, herbeux
  Tarif : 👤 🚗 🗐 13,45 € 👤 (13A)
  Location (permanent) : 🛏 – 5 🏠 (4 à 6 pers.) 252 à
  555 €/sem.
  Pour s'y rendre : E : 1 km sur rte de Loctudy

Nature : ♀
Loisirs : 🏊
Services : 🚿 🔌 GB 🚲 🗐 🏕 ☺ 🖼
À prox. : 🍷 🎿 🖼 🛶 🐎

▲ **Les Sables Blancs** 1er avr.-30 sept.
  ℰ 02 98 87 84 79, *sriviere@magic.fr*, *www.campingdessa
  blesblancs.fr* – **R** conseillée
  2,2 ha (80 empl.) plat, herbeux
  Tarif : 👤 2,40 € 🚗 1,40 € 🗐 2,80 € – 👤 (6A) 2,50 €
  Location : 🛏
  Pour s'y rendre : E : 1,5 km par rte de Loctudy et rte à
  gauche

Nature : 🏞 ♀
Loisirs : 🏊
Services : 🔌 🚲 🗐 🏕 ☺ 🖼
À prox. : 🍷 🎿 🖼 🛶 🐎

*Avant de vous installer, consultez les tarifs en cours,
affichés obligatoirement à l'entrée du terrain,
et renseignez-vous sur les conditions particulières de séjour.
Les indications portées dans le guide ont pu être modifiées depuis la mise à jour.*

LOCMARIA-PLOUZANÉ

✉ 29280 – **308** D4 – 4 246 h. – alt. 65
Paris 610 – Brest 15 – Brignogan-Plages 50 – Ploudalmézeau 23.

▲ **Municipal de Portez**
  ℰ 02 98 48 49 85, *camping-portez@wanadoo.fr*,
  Fax 02 98 48 49 85 – **R** indispensable
  2 ha (110 empl.) non clos, plat, en terrasses, herbeux
  Pour s'y rendre : SO : 3,5 km par D 789 et rte de la plage
  de Trégana, à 200 m de la plage

Nature : ≤ 🛖
Loisirs : 🎱 🏊
Services : 🚿 🔌 🗐 🏕 ☺ 🖼 sèche-linge

251

LOCTUDY

✉ 29750 – **308** F8 – G. Bretagne – 3 659 h. – alt. 8
🛈 *Office de tourisme, place des Anciens Combattants* ℰ *02 98 87 53 78, Fax 02 98 87 57 07*
Paris 578 – Bénodet 18 – Concarneau 35 – Pont-l'Abbé 6 – Quimper 25.

▲ **Les Hortensias** 1er avr.-30 sept.
  ℰ 02 98 87 46 64, *leshortensias@libertysurf.fr*, *www.cam
  ping-les-hortensias.com et www.camping-loctudy.com*
  – **R** conseillée
  1,5 ha (100 empl.) plat, herbeux
  Tarif : 👤 🚗 🗐 17,90 € – 👤 (6A) 3,30 €
  Location 🛏 : 14 🛏 (4 à 6 pers.) 210 à 595 €/sem.
  Pour s'y rendre : SO : 3 km par rte de Larvor, à 500 m de la
  plage de Lodonnec

Nature : ♀
Loisirs : 🏊
Services : 🚿 🔌 GB 🚲 🏕 ☺ 🖼 sèche-linge
À prox. : 🍷 🎿 🖼 🛶

LOGONNA-DAOULAS

✉ 29460 – **308** F5 – G. Bretagne – 1 579 h. – alt. 45
Paris 571 – Brest 27 – Camaret-sur-Mer 50 – Le Faou 12 – Landerneau 19.

▲ **Le Roz** juin-sept.
  ℰ 02 98 20 67 86 – **R** conseillée
  1 ha (65 empl.) peu incliné, incliné, herbeux
  Tarif : 👤 🚗 🗐 12 € – 👤 (16A) 3 € – frais de réservation 10 €
  🛏 1 borne
  Pour s'y rendre : O : 2 km par rte de la Pointe du Bindy, à
  50 m de la plage

Nature : 🏞 🛖
Loisirs : 🏊
Services : 🚿 🔌 🚲 🗐 🏕 ☺ 🖼 🍽 📶 🖼

MOËLAN-SUR-MER

✉ 29350 – **308** J8 – G. Bretagne – 6 592 h. – alt. 58
🗓 *Office de tourisme, 20, place de l'Église* 𝒫 *02 98 39 67 28, Fax 02 98 39 63 93*
Paris 523 – Carhaix-Plouguer 66 – Concarneau 27 – Lorient 27 – Quimper 50 – Quimperlé 10.

⚴ **L'Île Percée** vac. de Pâques-fin sept.
  𝒫 02 98 71 16 25 – **R** conseillée
  1 ha (65 empl.) plat, herbeux
  Tarif : 👤 🚐 🔲 14,50 € – ⚡ (10A) 3,25 € – frais de réservation 8 €
  Pour s'y rendre : O : 5,8 km par D 116, rte de Kerfany-les-Pins, puis 1,7 km par rte à gauche, à la plage de Trenez
  À savoir : Agréable site sauvage surplombant l'océan

| Nature : 🐾 ≼ |
| Loisirs : 🍽 |
| Services : 🔥 ⚷ 🧺 🗄 ♨ 🔥 ⊕ 📞 🔳 |
| À prox. : snack 🐎 sentiers pédestres |

MORGAT

✉ 29160 – **308** E5 – G. Bretagne
Paris 590 – Rennes 238 – Quimper 55 – Brest 15 – Concarneau 79.

⚴ **Les Bruyères** juin-15 sept.
  𝒫 02 98 26 14 87, Fax 02 98 26 14 87, *www.presquile-crozon.com* – **R** conseillée
  4 ha (130 empl.) plat, herbeux
  Tarif : 👤 3,70 € 🚐 1,95 € 🔲 3,80 € – ⚡ 2,90 €
  Location (mai-sept.) 🏕 : 6 🚐 (4 à 6 pers.) 290 à 500 €/sem.
  Pour s'y rendre : O : 1,8 km par D 255, rte du cap de la Chèvre et chemin à droite menant au village et à la plage

| Nature : 🐾 |
| Services : ⚷ (juil.-août) 🇬🇧 🧺 🗄 ♨ ⊕ 🔳 |

MOUSTERLIN

✉ 29170 – **308** G7 – G. Bretagne
Paris 563 – Rennes 212 – Quimper 22 – Brest 94 – Lorient 65.
Schéma à Fouesnant

⚴⚴ **Le Grand Large** 🏕 – 31 mars-16 sept.
  𝒫 02 98 56 04 06, *info@yellohvillage-grand-large.com*,
  Fax 02 98 56 58 26, *www.villagelegrandlarge.com* – places limitées pour le passage – **R** conseillée
  5,8 ha (287 empl.) plat, herbeux
  Tarif : 👤 🚐 🔲 37 € ⚡ (10A)
  Location : 120 🚐 (4 à 6 pers.) 210 à 1 113 €/sem. – bungalows toilés
  Pour s'y rendre : À la Pointe de Mousterlin, près de la plage

| Nature : 🐾 ♀ |
| Loisirs : 🍽 snack 🏛 🏹 🚣 jacuzzi 🏊 🚴 🎱 🛶 ⛷ terrain omnisports |
| Services : 🔥 ⚷ 🇬🇧 🧺 🗄 ♨ ⊕ 🔥 🛒 📞 🔳 sèche-linge 🔌 🚿 |
| À prox. : ♨ 🐎 |

⚴⚴ **Kost-Ar-Moor**
  𝒫 02 98 56 04 16, *kost-ar-moor@wanadoo.fr*,
  Fax 02 98 56 65 02, *www.camping-kost-ar-moor.com* – **R** conseillée
  4 ha (360 empl.) plat, herbeux
  Tarif : 👤 4,30 € 🚐 2,50 € 🔲 5 € – ⚡ (10A) 2,80 €
  Location : 7 🚐 (4 à 6 pers.) 220 à 460 €/sem. – 19 🏠 (4 à 6 pers.) 250 à 550 €/sem. – 5 appartements – 6 gîtes
  Pour s'y rendre : À 500 m de la plage

| Nature : 🐾 |
| Loisirs : 🏛 🏹 |
| Services : 🔥 ⚷ 🇬🇧 🧺 🗄 🔥 ⊕ 📞 🔳 sèche-linge 🔌 |
| À prox. : 🍽 ♨ 🐎 golf |

NÉVEZ

✉ 29920 – **308** I8 – G. Bretagne – 2 466 h. – alt. 40
🗓 *Office de tourisme, place de l' Église* 𝒫 *02 98 06 87 90, Fax 02 98 06 73 09*
Paris 541 – Concarneau 14 – Pont-Aven 8 – Quimper 40 – Quimperlé 25.

⚴ **Les Chaumières** 15 mai-mi-sept.
  𝒫 02 98 06 73 06, *campingdeschaumieres@wanadoo.fr*,
  Fax 02 98 06 78 34 – **R** conseillée
  3 ha (110 empl.) plat, herbeux
  Tarif : 👤 4,40 € 🚐 2,40 € 🔲 4,10 € – ⚡ (10A) 3,30 €
  Location (déb.avr.-mi-sept.) : 6 🚐 (4 à 6 pers.) 230 à 520 €/sem.
  Pour s'y rendre : 3 km au S par D 77 et rte à dr., à Kérascoët

| Nature : 🐾 🏕 ♀ |
| Loisirs : 🏹 |
| Services : 🔥 ⚷ (15 mai-15 sept.) 🇬🇧 🧺 🔥 ⊕ 🔳 sèche-linge |
| À prox. : 🍽 crêperie 🎱 ⛷ ♨ 🐎 poneys |

PENMARCH

✉ 29760 – **308** E8 – G. Bretagne – 5 889 h. – alt. 7

🛈 *Office de tourisme, place Maréchal Davout* ☎ *02 98 58 81 44*

Paris 585 – Audierne 40 – Douarnenez 45 – Pont-l'Abbé 12 – Quimper 31.

    Municipal de Toul ar Ster 15 juin-15 sept.
      ☎ 02 98 58 86 88, Fax 02 98 58 41 57 – **R** conseillée
      3 ha (202 empl.) plat, herbeux, sablonneux
      Tarif : 🕴 2,60 € 🚗 1,80 € 🔋 2,50 € – 🚿 2,20 €
      Pour s'y rendre : SE : 1,4 km par rte de Guilvinec par la côte
      et rte à droite, à 100 m de la plage (accès direct)

> Nature : 🐚
> Services : 👌 🔌 (juil.-août) 🐕 ⊛ 🖼
> À prox. : ♨

PENTREZ-PLAGE

✉ 29550 – **308** F5

Paris 566 – Brest 55 – Châteaulin 18 – Crozon 18 – Douarnenez 23 – Quimper 33.

                               Schéma à Plomodiern

    Ker-Ys 1er mai-mi-sept.
      ☎ 02 98 26 53 95, *camping-kerys@wanadoo.fr*,
      Fax 02 98 26 52 48, *www.ker-ys.com* – **R** conseillée
      3 ha (190 empl.) plat et peu incliné, herbeux
      Tarif : 🕴 6 € 🚗 2,50 € 🔋 8,50 € – 🚿 (10A) 3,20 € – frais de
      réservation 15 €
      Location : 30 🛖 (4 à 6 pers.) 190 à 750 €/sem.
      Pour s'y rendre : Près de la plage

> Nature : ♀
> Loisirs : 🎪 ⛳ 🏓 🎣 ⛵
> Services : 👌 🔌 ⬛ 🐕 🖼 ♨ ⊛ 📞
> 🖼
> À prox. : ♟ crêperie ✕

PLOBANNALEC-LESCONIL

✉ 29740 – **308** F8 – 3 007 h. – alt. 16

Paris 578 – Audierne 38 – Douarnenez 38 – Pont-l'Abbé 6 – Quimper 25.

    Yelloh ! Village le Manoir de Kerlut 🚶🚶 – 5 mai-16
    sept.
      ☎ 02 98 82 23 89, *info@yellohvillage-manoir-de-ker*
      lut.com, Fax 02 98 82 26 49, *www.domainemanoirdeker*
      lut.com – **R** conseillée
      12 ha/8 campables (240 empl.) plat, herbeux
      Tarif : 🕴 🚗 🔋 37 € 🚿 (10A)
      Location : 137 🛖 (4 à 6 pers.) 245 à 903 €/sem. – 21
      🏠 (4 à 6 pers.) 350 à 1 113 €/sem. – 8 tentes
      Pour s'y rendre : 1,6 km au S par D 102, rte de Lesconil et
      chemin à gauche, accès à la plage par navettes gratuites

> Nature : 🏞 ♀
> Loisirs : ♟ crêperie 🎪 🎲 🏸 🎿
> 🛝 ⛳ 🚲 ✕ 🎣 ⛵
> Services : 👌 🔌 ⬛ 🐕 🖼 ♨ ⊛ 📞
> 🖼 sèche-linge 🧺
> À prox. : 🛒 🖼 ♨ 🐎

le lac de Guerlédan

PLOÉVEN

✉ 29550 – **308** F6 – 436 h. – alt. 60
🛈 Syndicat d'initiative, Mairie 𝒫 02 98 81 51 84, Fax 02 98 81 58 79
Paris 585 – Brest 64 – Châteaulin 15 – Crozon 25 – Douarnenez 15 – Quimper 25.

Schéma à Plomodiern

🔺 **Camping de la Mer** 1ᵉʳ juin-30 sept.
𝒫 02 98 81 29 19, campingdelamer29@orange.fr
– **R** conseillée
1 ha (54 empl.) plat, herbeux
Tarif : (Prix 2006) ⚊ 3 € – ⚌ 2 € 🗉 3 € – 🔌 (6A) 2,70 €
Pour s'y rendre : SO : 3 km, à 300 m de la plage de
Ty-an-Quer

Services : ⚬⚊ ⚙ ⚙ ⚙ ⚙ ⚙ ⚙

PLOMEUR

✉ 29120 – **308** F7 – G. Bretagne – 3 203 h. – alt. 33
🛈 Office de tourisme, 2, place de l'Église 𝒫 02 98 82 09 05
Paris 579 – Douarnenez 39 – Pont-l'Abbé 6 – Quimper 26.

🔺 **Lanven** 1ᵉʳ avr.-30 sept.
𝒫 02 98 82 00 75, campinglanven@wanadoo.fr,
Fax 02 98 82 04 37, www.campinglanven.com – **R** conseil-
lée
2,2 ha (120 empl.) plat, herbeux
Tarif : ⚊ ⚌ 🗉 8,60 € – 🔌 (6A) 2,45 €
🚐 1 borne – 6 🗉
Pour s'y rendre : NO : 3,5 km par D 57 rte de Plonéour-
Lanvern puis à gauche rte de la chapelle Beuzec et chemin à
droite

Nature : ⚙ ⚙ ⚙
Loisirs : 🍴 crêperie, (dîner seule-
ment) ⚙
Services : ⚬⚊ GB ⚙ ⚙ ⚙ ⚙ ⚙

🔺 **Aire Naturelle Kéraluic** 1ᵉʳ avr.-30 sept.
𝒫 02 98 82 10 22, camping@keraluic.fr, Fax 02 98 82 10 22,
www.keraluic.fr – **R** indispensable
1 ha (25 empl.) plat, herbeux
Tarif : ⚊ 3,90 € – ⚌ 1,90 € 🗉 4,80 € – 🔌 (6A) 2,90 €
Location : 6 🛏
Pour s'y rendre : NE : 4,3 km par D 57, rte de Plonéour-
Lanvern et à St-Jean-Trolimon à droite, rte de Pont-l'Abbé
À savoir : Ancien corps de ferme agréablement rénové

Nature : ⚙
Loisirs : ⚙
Services : ♿ ⚬⚊ GB ⚙ ⚙ ⚙ ⚙ ⚙

Pour choisir et suivre un itinéraire
Pour calculer un kilométrage
Pour situer exactement un terrain (en fonction des
indications fournies dans le texte) :
*Utilisez les **cartes MICHELIN** détaillées à 1/150 000,*
compléments indispensables de cet ouvrage.

PLOMODIERN

✉ 29550 – **308** F5 – G. Bretagne – 2 076 h. – alt. 60
🛈 Syndicat d'initiative, place de l'Église 𝒫 02 98 81 27 37
Paris 559 – Brest 60 – Châteaulin 12 – Crozon 25 – Douarnenez 18 – Quimper 28.

🔺 **L'Iroise** 15 avr.-30 sept.
𝒫 02 98 81 52 72, campingiroise@aol.com,
Fax 02 98 81 26 10, www.camping-iroise.com – **R** conseillée
2,5 ha (132 empl.) peu incliné, en terrasses, herbeux
Tarif : ⚊ ⚌ 🗉 18,20 € – 🔌 (10A) 4,60 € – frais de réser-
vation 16 €
Location : 11 🚐 (4 à 6 pers.) 260 à 610 €/sem. – 15 🏠
(4 à 6 pers.) 260 à 610 €/sem.
🚐 1 borne
Pour s'y rendre : 5 km au SO, à 150 m de la plage de
Pors-ar-Vag
À savoir : Cadre et situation agréables

Nature : ⚙ ≤ Lieue de Grève
Loisirs : 🍴 🛁 jacuzzi balnéo ⚙
⚙ ⚙ ⚙
Services : ♿ ⚬⚊ GB ⚙ ⚙ ⚙ ⚙ ⚙
⚙ ⚙ sèche-linge ⚙
À prox. : ✗ club nautique

254

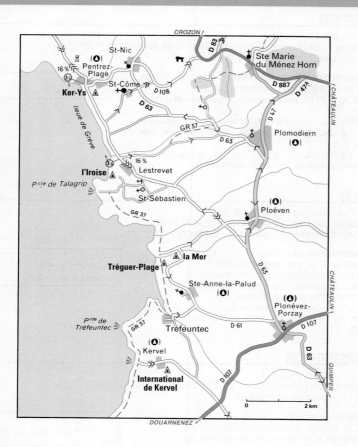

PLONÉOUR-LANVERN

✉ 29720 – **308** F7 – 4 800 h. – alt. 71

▣ *Syndicat d'initiative, place Charles-de-Gaulle* ✆ *02 98 82 70 10, Fax 02 98 82 70 19*

Paris 578 – Douarnenez 25 – Guilvinec 14 – Plouhinec 21 – Pont-l'Abbé 7 – Quimper 25.

⚠ **Municipal de Mariano** 15 juin-15 sept.
✆ 02 98 87 74 80, *mairie@ploneour-lanvern.fr*,
Fax 02 98 82 66 09, *www.ploneour-lanvern.fr* – **R** conseillée
1 ha (59 empl.) plat, herbeux
Tarif : ♣ 2 € ⛺ 2 € ▣ 3,50 € – ⌁ (10A) 3 €
Pour s'y rendre : N : impasse du Plateau
À savoir : Agréable décoration arbustive

Nature : 🌳 ≤ 🏕 ♀
Loisirs : 🍴 ✂
Services : & ⚬⫧ (25 juin-5 sept.) ♻ 🌿 ⊛ 🖫
À prox. : 🐎 (centre équestre)

PLOUARZEL

✉ 29810 – **308** C4 – 2 458 h. – alt. 89

▣ *Office de tourisme, place Saint-Arzel* ✆ *02 98 89 69 46, Fax 02 98 89 69 22*

Paris 614 – Brest 23 – Brignogan-Plages 52 – Ploudalmézeau 15.

⚠ **Municipal de Porsévigné**
✆ 02 98 89 69 16, *Plouarzel.Mairie@wanadoo.fr*,
Fax 02 98 89 32 02, *www.plouarzel.com* – **R** conseillée
1,9 ha (100 empl.) peu incliné, herbeux, sablonneux
Pour s'y rendre : O : 5,2 km par rte de Trezien et rte à droite (île Segal), à 100 m de la mer (plage)

Nature : 🌳 ≤
Services : & ⚬⫧ ⊛

PLOUDALMÉZEAU

✉ 29830 – **308** D3 – 4 994 h. – alt. 57

🛈 *Office de tourisme, 1, rue François Squiban* ☎ *02 98 48 12 88, Fax 02 98 48 11 88*

Paris 611 – Brest 26 – Landerneau 40 – Morlaix 75 – Quimper 95.

⚠ **Camping des Dunes de Tréompan** 1er avr.-30 sept.
☎ 02 98 48 09 85, *blue.camping@wanadoo.fr*,
Fax 02 98 48 09 85, *www.holidays-camping.eu* – **R** conseillée
2 ha (134 empl.) non clos, plat, herbeux, sablonneux, dunes
Tarif : 👤 🚗 ▣ 10 € – ⚡ (10A) 2,50 € – frais de réservation 10 €

Pour s'y rendre : N : 3,5 km par D 26, rte de Portsall, à 200 m de la plage de Tréompan (accès direct)

| Nature : 🌿 |
| Services : ♿ ⚡ 🚐 ⊕ 📶 |

PLOUGASNOU

✉ 29630 – **308** I2 – G. Bretagne – 3 393 h. – alt. 55

🛈 *Syndicat d'initiative, place du Général Leclerc* ☎ *02 98 67 31 88*

Paris 545 – Brest 76 – Guingamp 62 – Lannion 34 – Morlaix 22 – Quimper 95.

⚠ **De Mesqueau** avr.-1er nov.
☎ 02 98 67 37 45, *ocarron@yahoo.com*, Fax 02 98 67 82 79,
www.campsiteinbrittany.com – **R** conseillée ✂
16 ha/3 campables (100 empl.) plat, herbeux
Tarif : (Prix 2006) 👤 🚗 ▣ 10,50 €

Pour s'y rendre : S : 3,5 km par D 46, rte de Morlaix puis 0,8 km par rte à gauche, à 100 m d'un plan d'eau (accès direct)

| Nature : 🌿 Ꭹ |
| Loisirs : 🏠 ⚓ ✂ |
| Services : ♿ ⚡ GB 🚐 🗑 ⊕ 🏊 |

PLOUGASTEL-DAOULAS

✉ 29470 – **308** E4 – 12 248 h. – alt. 113

🛈 *Office de tourisme, 4 bis, place du Calvaire* ☎ *02 98 40 34 98, Fax 02 98 40 68 85*

Paris 596 – Brest 12 – Morlaix 60 – Quimper 64.

⚠ **St-Jean** Permanent
☎ 02 98 40 32 90, *info@campingsaintjean.com*,
Fax 02 98 04 23 11, *www.campingsaintjean.com*
– **R** conseillée
1,6 ha (125 empl.) plat, peu incliné, en terrasses, herbeux, gravillons
Tarif : 👤 🚗 ▣ 17 € – ⚡ (10A) 3 € – frais de réservation 10 €
Location : 34 🛏 (4 à 6 pers.) 150 à 610 €/sem. – 6 🏡 (4 à 6 pers.) 235 à 570 €/sem.
🚐 1 borne 4 € – 10 ▣ 9,50 €

Pour s'y rendre : 4,6 km au NE par D 29, au lieu-dit St-Jean, par N 165 sortie centre commercial Leclerc

À savoir : Situation et site agréables au bord de l'Estuaire de l'Elorn

| Nature : 🌿 ≤ 🏞 🛖 |
| Loisirs : 🍷 🏠 ⚓ 🖲 kayak de mer |
| Services : ♿ ⚡ GB 🚐 🚿 🗑 🧺 |
| ⊕ 🏊 🔧 🍴 📺 sèche-linge |

PLOUGONVELIN

✉ 29217 – **308** C4 – 2 868 h. – alt. 44

🛈 *Office de tourisme, boulevard de la Mer* ☎ *02 98 48 30 18, Fax 02 98 48 25 94*

Paris 616 – Brest 21 – Brignogan-Plages 56 – Quimper 95 – St-Pol-de-Léon 82.

⚠ **Les Terrasses de Bertheaume** (location exclusive de mobile homes) Permanent
☎ 02 98 48 32 37, Fax 02 98 48 32 37, *hp.ms/camping* –
empl. traditionnels également disponibles – **R** conseillée
2 ha en terrasses, herbeux
Location : 30 🛏 (4 à 6 pers.) 248 à 486 €/sem.

Pour s'y rendre : E : 1,2 km près de la plage de Perzel (accès direct)

| Nature : 🌿 ≤ |
| Loisirs : 🏠 ⚓ 🖲 |
| Services : ⚡ 🚐 ⊕ 📺 sèche-linge |
| À prox. : école de plongée |

BRETAGNE

PLOUGOULM

✉ 29250 – **308** G3 – 1 621 h. – alt. 60
Paris 560 – Brest 58 – Brignogan-Plages 27 – Morlaix 24 – Roscoff 10.

⚠ **Municipal du Bois de la Palud** 15 juin-15 sept.
℘ 02 98 29 81 82, *mairie-de-plougoulm@wanadoo.fr*,
Fax 02 98 29 92 26 – **R** conseillée
0,7 ha (34 empl.) en terrasses et peu incliné, herbeux
Tarif : ✶ ⟷ ▣ 7,50 € – ⅟ (6A) 3 €
Pour s'y rendre : O :1km, par rte de Plouescat et chemin à droite

Nature : ⏚ ⩔ ▱ ♀
Services : ⅙ ⚬⟷ ⟥ ⊛ ⟁
À prox. : ⟿

PLOUGUERNEAU

✉ 29880 – **308** D3 – 5 628 h. – alt. 60
🛈 *Office de tourisme,* ℘ 02 98 04 70 93
Paris 604 – Brest 27 – Landerneau 33 – Morlaix 68 – Quimper 93.

⚠ **Le Vougot** Pâques-sept.
℘ 02 98 25 61 51, *camping.vougot@wanadoo.fr*,
Fax 02 98 25 61 51 – **R** conseillée
2,5 ha (55 empl.) plat, peu incliné, sablonneux, herbeux
Tarif : (Prix 2006) ✶ ⟷ ▣ 19,30 € ⅟ (10A)
Location : 17 ⟮⟯ (4 à 6 pers.) 364 à 558 €/sem.
Pour s'y rendre : NE : 7,4 km par D 13 et D 10 rte de Guisseny, puis D 52 grève du Vougot, à 250 m de la mer
À savoir : Emplacements spacieux et agréablement délimités par arbustes

Nature : ⏚ ▱
Loisirs : ⟿⟿
Services : ⚬⟷ ⟥ ⊛
À prox. : centre nautique

⚠ **La Grève Blanche** 15 mai-14 déc.
℘ 02 98 04 70 35, *lroudaut@free.fr*, Fax 02 98 04 63 97,
www.campinggreveblanche.fr.st – **R** conseillée
2,5 ha (100 empl.) plat, peu incliné, herbeux, sablonneux, rochers
Tarif : ✶ 2,90 € ⟷ 1,60 € ▣ 2,90 € – ⅟ (9A) 2,30 €
⟮⟯ 1 borne
Pour s'y rendre : N : 4 km par D 32, rte de St-Michel et à gauche, bord de plage

Nature : ⩔ ⚠
Loisirs : ♀ ⟿⟿
Services : ⅙ ⚬⟷ ⟥ ⊛

257

PLOUHINEC

✉ 29780 – **308** E6 – 4 106 h. – alt. 101
🛈 *Office de tourisme, place Jean Moulin* ℘ 02 98 70 74 55, Fax 02 98 70 72 76
Paris 594 – Audierne 5 – Douarnenez 18 – Pont-l'Abbé 27 – Quimper 33.

⚠ **Kersiny-Plage** 1ᵉʳ avr.-30 sept.
℘ 02 98 70 82 44, *info@kersinyplage.com*,
Fax 02 98 70 73 38, *www.kersinyplage.com* – **R** conseillée
2 ha (100 empl.) en terrasses, peu incliné, herbeux
Tarif : ✶ ⟷ ▣ 14 € ⅟ (8A) – frais de réservation 10 €
Pour s'y rendre : SO par D 784 rte d'Audierne puis Sud, à 1 km par rte de Kersiny, à 100 m de la plage (accès direct)
À savoir : Agréable situation

Nature : ⏚ ⩔ mer et côte ▱
Services : ⚬⟷ GB ⟥ ⟁ ⊛ ⟲ ▦
À prox. : ⟾

PLOUIGNEAU

✉ 29610 – **308** I3 – 4 138 h. – alt. 156
Paris 526 – Brest 72 – Carhaix-Plouguer 43 – Guingamp 44 – Lannion 32 – Morlaix 11.

⚠ **Aire Naturelle la Ferme de Croas Men** 1ᵉʳ avr.-31 oct.
℘ 02 98 79 11 50, *croasmen@wanadoo.fr*,
Fax 02 98 79 11 50, *http://camping.croasmen.free.fr*
– **R** conseillée
1 ha (25 empl.) plat, herbeux, verger
Tarif : (Prix 2006) ✶ 3 € ⟷ 2 € ▣ 2,50 € – ⅟ (6A) 2,80 €
Pour s'y rendre : NO : 2,5 km par D 712 et D 64, rte de Lanmeur puis 4,7 km par rte de Lanleya à gauche et rte de Garlan
À savoir : Sur le domaine d'une ferme en activité

Nature : ⏚
Loisirs : ⟤ ⟿⟿
Services : ⅙ ⚬⟷ ⟥ ⟁ ⊛ ⟲ ▦
À prox. : ⟾

PLOUNÉVEZ-LOCHRIST

✉ 29430 – **308** F3 – 2 278 h. – alt. 70
Paris 576 – Brest 41 – Landerneau 24 – Landivisiau 22 – St-Pol-de-Léon 22.

 Municipal Odé-Vras 10 juin-9 sept.
   ✆ 02 98 61 65 17, *mairie.plounevezlochrist@wanadoo.fr*
– **R** conseillée
3 ha (135 empl.) plat, sablonneux, herbeux
Tarif : (Prix 2006) ★ 2,40 € ⇌ 🚗 🗉 1,95 € – [⚡] 2,06 €
Pour s'y rendre : N : à 4,5 km du bourg, par D 10, à 300 m
de la baie de Kernic (accès direct)

> Nature : 🌄
> Loisirs : 🏠 🏖
> Services : ⚬ ⚡ 🔥 🛁 ⊕ 🗑

PLOZÉVET

✉ 29710 – **308** E7 – G. Bretagne – 2 748 h. – alt. 70
🛈 *Office de tourisme, place Henri Normant* ✆ 02 98 91 45 15, Fax 02 98 91 47 00
Paris 588 – Audierne 11 – Douarnenez 19 – Pont-l'Abbé 22 – Quimper 27.

 La Corniche 31 mars-30 sept.
   ✆ 02 98 91 33 94, *infos@campinglacorniche.com*,
Fax 02 98 91 41 53, *www.campinglacorniche.com*
– **R** conseillée
2 ha (120 empl.) plat, herbeux
Tarif : ★ 4,50 € ⇌ 🚗 2 € 🗉 6 € – [⚡] (10A) 3,20 € – frais de
réservation 10 €
Location : 5 🛖 (4 à 6 pers.) 280 à 570 €/sem. – 13 🏠
(4 à 6 pers.) 230 à 610 €/sem.
🚐 1 borne 4 €
Pour s'y rendre : Sortie S par rte de la mer

> Nature : 🌊
> Loisirs : ♟ 🏠 🏖 ⛷
> Services : ♿ ⚬ GB ⚡ 🔥 🛁 ⊕ 🚿
> 🗑 📞 🗑 sèche-linge
> À prox. : 🛒

PORT-MANECH

✉ 29920 – **308** I8 – G. Bretagne
Paris 545 – Carhaix-Plouguer 73 – Concarneau 18 – Pont-Aven 12 – Quimper 44 – Quimperlé 29.

 St-Nicolas 1ᵉʳ mai-16 sept.
   ✆ 02 98 06 89 75, *cpsn@club-internet.fr*,
Fax 02 98 06 74 61, *www.campinglesaintnicolas.com*
– **R** conseillée
3 ha (180 empl.) plat, incliné et en terrasses, herbeux
Tarif : ★ ⇌ 🚗 🗉 13,40 € – [⚡] (10A) 4 € – frais de réser-
vation 15 €
Location (1ᵉʳ avr.-fin sept.) ⚡ : 9 🛖 (4 à 6 pers.) 210 à
610 €/sem.
Pour s'y rendre : Au Nord du bourg, à 200 m de la plage
À savoir : Décoration arbustive et florale

> Nature : 🌄 🏞
> Loisirs : 🏠 🏖 ⛷
> Services : ♿ ⚬ GB ⚡ 🔥 🚿 ⊕ 🗑
> À prox. : ♟ 💧

Le POULDU

✉ 29360 – **308** J8 – G. Bretagne
Paris 521 – Concarneau 37 – Lorient 25 – Moëlan-sur-Mer 10 – Quimper 61 – Quimperlé 14.

 Les Embruns 7 avr.-15 sept.
   ✆ 02 98 39 91 07, *camping-les-embruns@wanadoo.fr*,
Fax 02 98 39 97 87, *www.camping-les-embruns.com*
– **R** conseillée
4 ha (180 empl.) plat et peu incliné, herbeux, sablonneux,
verger
Tarif : ★ ⇌ 🚗 🗉 28,20 € [⚡] (10A) – frais de réservation 20 €
Location : 30 🛖 (4 à 6 pers.) 290 à 730 €/sem.
🚐 1 borne 4 € – 15 🗉 11,50 €
Pour s'y rendre : Au bourg, r. du Philosophe-Alain, à 350 m
de la plage
À savoir : Belle décoration arbustive et florale

> Nature : 🌄 💧
> Loisirs : ♟ 🏠 🎨 diurne 🏖 🎯 🗑
> (découverte en saison)
> Services : ♿ ⚬ GB ⚡ Ⓜ 🔥 🛁 ⊕ 🗑
> ⊕ 🚿 📞 🗑 sèche-linge 🗑 🗑
> À prox. : ✂ 💧 🐎

Le POULDU

Keranquernat 12 mai-6 sept.
℘ 02 98 39 92 32, *camping.keranquernat@wanadoo.fr*,
Fax 02 98 39 99 84, *www.camping.keranquernat.com*
– **R** conseillée
1,5 ha (100 empl.) plat et peu incliné, herbeux
Tarif : ☀ ⇔ 🅴 11,70 € – ⒢ (7A) 3,50 € – frais de réservation 8 €
Location : 10 ⟨ ⟩ (4 à 6 pers.) 200 à 490 €/sem.
Pour s'y rendre : Sortie NE
À savoir : Cadre agréable sous les pommiers, au milieu des fleurs

Nature : 🌳 🏕 ⚲
Loisirs : 🏛 ⛲ ⛷
Services : ♿ ⊶ ⚗ 📷 ⬜ 🔥 ⊚ 🔲
sèche-linge
À prox. : ✂ ⚱ 🐎 poneys

Les Grands Sables 7 avr.-16 févr.
℘ 02 98 39 94 43, *campinggrandssables@tiscali.fr*,
Fax 02 98 39 97 47, *www.camping-lesgrandssables.com*
– **R** conseillée
2,4 ha (147 empl.) plat, peu incliné, terrasses, herbeux, sablonneux
Tarif : ☀ ⇔ 🅴 11 € – ⒢ (6A) 3,20 € – frais de réservation 8 €
Location : 10 ⟨ ⟩ (2 à 4 pers.) 155 à 338 €/sem. – 11 ⟨ ⟩ (4 à 6 pers.) 200 à 465 €/sem.
Pour s'y rendre : Au bourg, rue du Philosophe-Alain, à 200 m de la plage
À savoir : Dans un cadre verdoyant et ombragé

Nature : ⚲
Loisirs : ⛲
Services : ⚗ 📷 🔥 ⊚ 🔲
À prox. : ✂ ⚱ 🐎

Locouarn 1er juin-9 sept.
℘ 02 98 39 91 79, *info@camping-locouarn.com*,
Fax 02 98 39 97 62, *www.camping-locouarn.com*
– **R** conseillée
2,5 ha (100 empl.) plat et peu incliné, herbeux
Tarif : ☀ ⇔ 🅴 9,90 € – ⒢ (6A) 3,20 € – frais de réservation 4 €
Location (mi-avr.-9 sept.) : 14 ⟨ ⟩ (4 à 6 pers.) 180 à 480 €/sem.
Pour s'y rendre : N : 2 km par D 49 rte de Quimperlé
À savoir : Cadre verdoyant

Loisirs : ⛷
Services : ♿ ⊶ ⚗ 📷 🔥 ⊚ ⛺ ⚘
🔲 sèche-linge
À prox. : ⚱ 🍷 ✂ 🐎 poneys

259

✉ 29100 – **308** E6 – 1 517 h. – alt. 79
Paris 596 – Rennes 244 – Quimper 30 – Brest 80 – Concarneau 57.

Le Pil Koad ♠♠ – 31 mars-sept.
℘ 02 98 74 26 39, Fax 02 98 74 55 97, *www.pil-koad.com*
– **R** conseillée
5,7 ha (110 empl.) plat, herbeux
Tarif : ☀ ⇔ 🅴 30,80 € ⒢ (10A) – frais de réservation 20 €
Location : 65 ⟨ ⟩ (4 à 6 pers.) 210 à 980 €/sem. – 20 🏠 (4 à 6 pers.) 315 à 819 €/sem.
⟨ ⟩ 1 borne 2 €
Pour s'y rendre : 0,6 km à l'E de la localité de Poullan-sur-Mer

Nature : 🌳 🏕 ⚲
Loisirs : 🍷 ✗ 🏛 ☺ nocturne 🏃
⛲ 🚲 ⚽ ✂ ⛺ ⛷ ⚘ terrain omnisports
Services : ♿ ⊶ 🅶🅱 ⚗ 📷 ⬜ ⊚ ⛺
⚘ ⚲ 🔲 sèche-linge ⚘ ⚘

✉ 29630 – **308** I2 – G. Bretagne
Paris 554 – Rennes 198 – Quimper 105 – Brest 79 – Lannion 38.

Municipal de la Mer
℘ 02 98 72 37 06, *commune-de-plougasnou@wanadoo.fr*,
Fax 02 98 72 37 06, *www.mairie-plougasnou.fr* – **R**
1 ha (63 empl.) plat et peu incliné, terrasse, herbeux
⟨ ⟩ 1 borne
Pour s'y rendre : 4 km au N par D 46
À savoir : Situation agréable et site au bord de la mer

Nature : 🌊 ⇐ île de Batz et Roscoff
⚠
Loisirs : 🏛 ⛲
Services : ♿ ⊶ 📷 ⊚ 🔲 sèche-linge
À prox. : 🍷 snack crêperie

PRIMELIN

✉ 29770 – **308** D6 – 787 h. – alt. 78
Paris 605 – Audierne 7 – Douarnenez 28 – Quimper 44.

Municipal de Kermalero 5 mars-26 janv.
   ℘ 02 98 74 84 75, *campingkermalero@wanadoo.fr*,
Fax 02 98 74 84 75 – **R** conseillée
1 ha (75 empl.) plat et peu incliné, herbeux
Tarif : ♣ ⇔ 🅴 11,40 € 🔌 (6A) – frais de réservation 8 €
Location : 🛖
🚐 1 borne 2 € – 6 🅴 2 €
Pour s'y rendre : Sortie O vers le port

> Nature : 🌊 ≤ 🏕
> Loisirs : 🏛 🏊
> Services : 🏥 ⛽ (1er juil.-31 déc.) 🐾
> 🌀 🚿 ⚡ 🗑
> À prox. : 🍴 🎿

QUIMPER

✉ 29000 – **308** G7 – G. Bretagne – 63 238 h. – alt. 41 – Base de loisirs
🅱 *Office de tourisme, place de la Résistance* ℘ 02 98 53 04 05, Fax 02 98 53 31 33
Paris 564 – Brest 73 – Lorient 67 – Rennes 215 – St-Brieuc 130 – Vannes 121.

L'Orangerie de Lanniron 👫 – 15 mai-15 sept.
   ℘ 02 98 90 62 02, *camping@lanniron.com*,
Fax 02 98 52 15 56, *www.lanniron.com* – **R** conseillée
17 ha/4 campables (199 empl.) plat, herbeux
Tarif : ♣ ⇔ 🅴 18,10 € 🔌 (10A) – frais de réservation 20 €
Location (permanent) 🎿 : 21 🛖 (4 à 6 pers.) 350 à
840 €/sem. – 10 studios – 5 maisonnettes
🚐 1 borne
Pour s'y rendre : 3 km au S par bd périphérique puis sortie
vers Bénodet et rte à dr., près de la zone de loisirs de
Creac'h Gwen
À savoir : Dans le parc d'un manoir du XVe s., au bord de
l'Odet

> Nature : 🏞 🌳
> Loisirs : 🍴 🍽 🏛 🌙 nocturne 🎪
> 🏊 🚲 🎿 🏓 🏐 canoë-kayak de
> mer
> Services : 🏥 ⛽ GB 🐾 🗑 🚿 🌀 🚮
> ⚡ 🗑 sèche-linge 🧺 🚿
> À prox. : 🏒 patinoire 🎦 🎬 🎣 par-
> cours sportif

260

QUIMPERLÉ

✉ 29300 – **308** J7 – G. Bretagne – 10 850 h. – alt. 30
🅱 *Office de tourisme, 45, place Saint-Michel* ℘ 02 98 96 04 32, Fax 02 98 96 16 12
Paris 517 – Carhaix-Plouguer 57 – Concarneau 32 – Pontivy 76 – Quimper 49 – Rennes 169 – Saint Brieuc 110 –
Vannes 74.

Municipal de Kerbertrand juin-15 sept.
   ℘ 02 98 39 31 30, *www.quimperletourisme.com*
– **R** conseillée
1 ha (40 empl.) plat, herbeux
Tarif : ♣ 2,52 € ⇔ 1,02 € 🅴 1,90 € – 🔌 1,60 €
Pour s'y rendre : O : 1,5 km par D 783, rte de Concarneau
et chemin à droite, après le stade, face au centre
Leclerc

> Nature : 🌳
> Loisirs : 🏛 🏊
> Services : ⛽ 🐾 🌀
> À prox. : 🏒 🎿 🎦 🎬 canoë

RAGUENÈS-PLAGE

✉ 29920 – **308** I8 – G. Bretagne
Paris 545 – Carhaix-Plouguer 73 – Concarneau 17 – Pont-Aven 12 – Quimper 38 – Quimperlé 29.

Les Deux Fontaines 5 mai-15 sept.
   ℘ 02 98 06 81 91, *info@les2fontaines.fr*,
Fax 02 98 06 71 80, *www.les2fontaines.com* – **R** conseillée
8 ha (293 empl.) plat, herbeux
Tarif : ♣ 5,80 € ⇔ 3,40 € 🅴 15,40 € – 🔌 (6A) 3,50 € – frais
de réservation 15 €
Location : 17 🛖 (4 à 6 pers.) 205 à 849 €/sem. – 11 🏠
(4 à 6 pers.) 285 à 849 €/sem.
🚐 1 borne 5 € – 10 🅴
Pour s'y rendre : 1,3 km au N par rte de Névez et rte de
Trémorvezen

> Nature : 🌊 🏕 🌳
> Loisirs : 🍴 🍽 (juil.-août et dîner seu-
> lement) 🏛 🌀 💪 🏊 🎿 🏓 🏐 🏊
> Services : 🏥 ⛽ GB 🐾 🗑 🚿 🌀 🚿
> ⚡ 👷 🗑 sèche-linge 🧺 🚿
> À prox. : 🎣 🐎 poneys

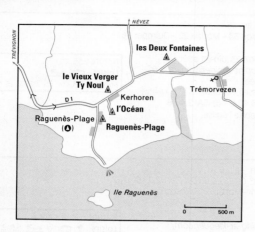

les Deux Fontaines

NÉVEZ

TRÉVIGNON

le Vieux Verger
Ty Noul

Trémorvezen

D1

Kerhoren

l'Océan

Raguenès-Plage
(O)

Raguenès-Plage

Ile Raguenès

0   500 m

▲▲▲ **Le Raguenès-Plage** mi-avr.-mi-sept..
  𝒫 02 98 06 80 69, info@camping-le-raguenes-plage.com,
  Fax 02 98 06 89 05, camping-le-raguenes-plage.com
  – **R** conseillée
  6 ha (287 empl.) plat, herbeux
  Tarif : (Prix 2006) ✱ ⇔ 🅴 30,60 € ⚡ (10A)
  Location 🏠 (juil.-août) : 47 🚐 (4 à 6 pers.) 275 à
  720 €/sem.
  À savoir : Agréable cadre boisé, près de l'océan (accès
  direct)

> Nature : 🔿🔿
> Loisirs : ♀ ✗ snack, pizzeria 🔲 🖫
> diurne ⇌ 🛝 🏊 🏖
> Services : & ⊶ 🖻 ✕ 🖽 🛁 🚿 🕲
> 🖿 🚽 ⌀ 🖾 sèche-linge 🏧 🛒
> À prox. : 🌀

▲▲ **L'Océan** 15 mai-15 sept.
  𝒫 02 98 06 87 13, Fax 02 98 06 78 26 – **R** conseillée
  2,2 ha (150 empl.) plat, herbeux, sablonneux
  Tarif : ✱ ⇔ 🅴 14,10 € – ⚡ (6A) 3,60 €
  Location 🏠 : 7 🚐 (4 à 6 pers.) 330 à 540 €/sem.
  🚐 1 borne
  Pour s'y rendre : Sortie N par rte de Névez et à dr., à 350 m
  de la plage (accès direct)
  À savoir : Décoration florale

> Nature : 🔿 ≤ 🗀 🌀
> Loisirs : 🔲 🛝 🏊
> Services : & ⊶ 🖻 ✕ 🖽 🛁 🕲 🖾
> sèche-linge
> À prox. : ✗ 🌀 🐎 poneys

▲ **Le Vieux Verger-Ty Noul** Pâques-fin sept.
  𝒫 02 98 06 86 08, Fax 02 98 06 76 74 – **R** conseillée
  2,5 ha (128 empl.) plat, herbeux
  Tarif : ✱ 4,30 € ⇔ 2,10 € 🅴 4 € – ⚡ (10A) 4 €
  Pour s'y rendre : Sortie Nord rte de Névez

> Nature : 🌀
> Loisirs : 🛝
> Services : & ⊶ ✕ 🖽 🕲 🖾

261

✉ 29140 – **308** I7 – G. Bretagne – 6 441 h. – alt. 125
🎫 Syndicat d'initiative, rue Lebas 𝒫 02 98 59 27 26
Paris 544 – Carhaix-Plouguer 51 – Châteaulin 50 – Concarneau 15 – Quimper 22 – Quimperlé 28.

▲ **Municipal Roz-an-Duc** mi-juin-déb. sept.
  𝒫 02 98 59 90 27, mairie.rosporden@oleane.fr,
  Fax 02 98 59 92 00 – **R** conseillée
  1 ha (49 empl.) non clos, plat et en terrasses, herbeux
  Tarif : (Prix 2006) ✱ 2,30 € ⇔ 1,20 € 🅴 2,25 € –
  ⚡ (10A) 2,35 €
  Pour s'y rendre : N : 1 km par D 36 rte de Châteauneuf-du-
  Faou et à droite, à la piscine, à 100 m d'un étang
  À savoir : Agréable cadre boisé au bord de l'Aven

> Nature : 🔿 🗀 🔿🔿
> Services : & ⊶ (juil.-août) ✕ 🕲 🖾
> sèche-linge
> À prox. : 🛝 ✗ 🖲 🗔 🛶 parcours
> sportif

ST-JEAN-DU-DOIGT

29630 – **308** I2 – G. Bretagne – 628 h. – alt. 15
Paris 544 – Brest 77 – Guingamp 61 – Lannion 33 – Morlaix 22 – Quimper 96.

Municipal du Pont Ar Gler 23 juin-31 août
℘ 02 98 67 32 15, *st-jean-du-doigt-mairie@wanadoo.fr*,
Fax 02 98 67 84 64 – **R** conseillée
1 ha (34 empl.) plat et en terrasses, herbeux
Tarif : ♣ 2,60 € – 🚗 1,30 € – 🔲 3,10 € – 🔌 (5A) 2,40 €
Pour s'y rendre : Au bourg, face à l'église

Nature : 🏞 🔲
Loisirs : 🎪 🚴
Services : 🔧 🚐 🔧 🔥 🛒 🚿 🔥 🗑

ST-POL-DE-LÉON

29250 – **308** H2 – G. Bretagne – 7 121 h. – alt. 60
🏢 Office de tourisme, place de l'Evêché ℘ 02 98 69 05 69, Fax 02 98 69 01 20
Paris 557 – Brest 62 – Brignogan-Plages 31 – Morlaix 21 – Roscoff 6.

Ar Kleguer 1er avr.-30 sept.
℘ 02 98 69 18 81, *info@camping-ar-kleguer.com*,
www.camping-ar-kleguer.com – **R** conseillée
5 ha (173 empl.) plat, peu incliné, accidenté, herbeux,
rochers
Tarif : ♣ 4,90 € – 🚗 2,10 € 🔲 6,70 € – 🔌 (10A) 3,60 € – frais
de réservation 18 €
Location : 34 🛖 (4 à 6 pers.) 270 à 600 €/sem. – 9 🏠
(4 à 6 pers.) 270 à 600 €/sem.
Pour s'y rendre : À l'E de la ville, rte de Ste-Anne, près de
la plage
À savoir : Agréable parc paysager et animalier

Nature : 🏞 ≤ 🔲 🔱 ⛰
Loisirs : 🍸 🎪 🎮 🚴 ✂ 🎯 ⛷ 🏊
terrain omnisports couvert
Services : 🔧 ⚡ 🚰 🔥 M 🗑 🔥 🛒
🗑 🔥 sèche-linge

Le Trologot saison
℘ 02 98 69 06 26, *camping-trologot@wanadoo.fr*,
Fax 02 98 29 18 30, *www.camping-trologot.com*
– **R** conseillée
2 ha (100 empl.) plat, herbeux
Tarif : (Prix 2006) ♣ 4,50 € – 🚗 1,90 € 🔲 6,30 € –
🔌 (10A) 3,20 € – frais de réservation 10 €
Location : 14 🛖 (4 à 6 pers.) 250 à 570 €/sem.
Pour s'y rendre : À l'E de la ville, rte de l'îlot St-Anne, près
de la plage

Nature : 🔲 🔱
Loisirs : 🍸 🚴 🏊
Services : 🔧 ⚡ 🚰 🔥 🗑 🔥 🗑 🔥
sèche-linge

B. Kaufmann/Michelin

ST-RENAN

⊠ 29290 – **308** D4 – 6 818 h. – alt. 50
🛈 Office de tourisme, place du Vieux Marché ℘ 02 98 84 23 78, Fax 02 98 32 60 18
Paris 605 – Brest 14 – Brignogan-Plages 43 – Ploudalmézeau 14.

  ▲ **Municipal de Lokournan** 1er juin-15 sept.
    ℘ 02 98 84 37 67, *saint-renan.mairie@saint-renan.fr*,
    Fax 02 98 32 43 20 – **R** conseillée
    0,8 ha (30 empl.) plat, sablonneux, herbeux
    Tarif : ♦ ⇌ 🔲 5 € – 🔌 (6A) 2,90 €
    Pour s'y rendre : Sortie Nord-Ouest par D 27 et chemin à droite, près du stade
    À savoir : Près d'un petit lac

> Nature : 🏞 🏕 ♨
> Services : 👤 🏪 🔥 ⓐ
> À prox. : 🎣

STE-ANNE-LA-PALUD

⊠ 29550 – **308** F6 – G. Bretagne – alt. 65
Paris 587 – Rennes 235 – Quimper 25 – Brest 65 – Concarneau 48.

  ▲ **Tréguer-Plage** 15 juin-15 sept.
    ℘ 02 98 92 53 52, *camping-treguer-plage@wanadoo.fr*,
    Fax 02 98 92 54 89, *www.camping-treguer-plage.com*
    – **R** conseillée
    5,8 ha (272 empl.) plat, sablonneux, herbeux
    Tarif : ♦ 3,80 € ⇌ 2,60 € 🔲 5,20 € – 🔌 (6A) 2,70 €
    Location : 🛖
    🚐 1 borne
    Pour s'y rendre : N : 1,3 km
    À savoir : Agréable cadre sauvage au bord de la plage

> Nature : 🏞 ⩽ 🏔
> Loisirs : 🍸 snack 🎠 🏄
> Services : ⊶ 🏧 🏪 🔥 ⓐ 🖼 sè-che-linge
> À prox. : ✗

*Om een reisroute uit te stippelen en te volgen,
om het aantal kilometers te berekenen,
om precies de ligging van een terrein te bepalen
(aan de hand van de inlichtingen in de tekst),
gebruikt u de **Michelinkaarten** schaal 1 : 150 000 ;
een onmisbare aanvulling op deze gids.*

SANTEC

⊠ 29250 – **308** G2 – 2 133 h. – alt. 10
Paris 560 – Brest 63 – Landivisiau 25 – Morlaix 24 – Plouescat 15 – Roscoff 5 – St-Pol-de-Léon 4.

  ▲ **Municipal du Dossen** saison
    ℘ 02 98 29 75 34, *mairie-de-santec@wanadoo.fr*,
    Fax 02 98 29 79 12 – **R**
    4 ha (100 empl.) plat, peu incliné, vallonné, herbeux, sablonneux, dunes, bois attenant
    Tarif : (Prix 2006) ♦ 2,20 € ⇌ 1,20 € 🔲 3,40 € – 🔌 2,60 €
    Pour s'y rendre : O : 2,6 km, près de la plage du Dossen
    À savoir : Cadre sauvage près d'une belle plage de sable blanc

> Nature : 🏞
> Services : 👤 ⊶ 🏪 🔥 ⓐ 🚮 🖼
> À prox. : 💧

SCAËR

⊠ 29390 – **308** I6 – 5 267 h. – alt. 190
🛈 Office de tourisme, 42, rue Jean Jaurès ℘ 02 98 59 49 37
Paris 544 – Carhaix-Plouguer 38 – Concarneau 29 – Quimper 35 – Quimperlé 25 – Rosporden 15.

  ▲ **Municipal de Kérisole** 15 juin-15 sept.
    ℘ 02 98 57 60 91, *mairie@ville-scaer.fr*, Fax 02 98 59 42 10,
    www.ville-scaer.fr
    4 ha/2,3 campables (83 empl.) plat, peu incliné, herbeux
    Tarif : (Prix 2006) ♦ ⇌ 🔲 11,60 € 🔌 (6A)
    Location : 3 🛖 (4 à 6 pers.) 280 à 404 €/sem.
    Pour s'y rendre : sortie E par rte du Faouët

> Nature : 🏞
> Loisirs : 🎠 🏄
> Services : 👤 ⊶ 🏪 🔥 ⓐ 🖼 sèche-linge
> À prox. : ✗ 🏊 parcours de santé
> 🚐

SIZUN

✉ 29450 – **308** G4 – G. Bretagne – 1 850 h. – alt. 112
🛈 *Office de tourisme, 3, rue de l'Argoat* 𝄢 *02 98 68 88 40*
Paris 572 – Brest 37 – Carhaix-Plouguer 44 – Châteaulin 36 – Landerneau 16 – Morlaix 36 – Quimper 59.

Municipal du Gollen saison
𝄢 02 98 24 11 43, *mairie.sizun@wanadoo.fr*,
Fax 02 98 68 86 56, *www.mairie-sizun.fr*
0,6 ha (30 empl.) non clos, plat, herbeux
Tarif : 🚶 2,60 € 🚐 2 € 🅴 3,50 € – 🔌 (10A) 3 €
Pour s'y rendre : S : 1 km par D 30, rte de St-Cadou et à gauche, bord de l'Elorn - passerelle piétons pour rejoindre le centre du bourg

> Nature : 🌿
> Loisirs : 🎣
> Services : 🚿 🗜 🗄 ☺ 🚿
> À prox. : 🎿 🏕 🚉

TELGRUC-SUR-MER

✉ 29560 – **308** E5 – 1 822 h. – alt. 90
🛈 *Syndicat d'initiative, 6, rue du Ménez-Hom* 𝄢 *02 98 27 78 06*
Paris 572 – Châteaulin 25 – Douarnenez 29 – Quimper 39.

Armorique 1er avr.-30 sept.
𝄢 02 98 27 77 33, *campingarmorique@club.fr*,
Fax 02 98 27 38 38, *www.campingarmorique.com*
– **R** conseillée
2,5 ha (100 empl.) en terrasses, plat à peu incliné, herbeux
Tarif : 🚶 🚐 🅴 15,50 € – 🔌 (6A) 3,50 € – frais de réservation 16 €
Location : 13 🛖 (4 à 6 pers.) 265 à 695 €/sem.
🚉 1 borne 5 €
Pour s'y rendre : SO : 1,2 km par rte de Trez-Bellec-Plage

> Nature : 🌿 ⟨ 🌲 (pinède)
> Loisirs : 🍽 🍴 🏕 🏊 🛶
> Services : 🚿 🕳 🆖 🗜 🗄 🛁 🗑 ☺
> 🖥 sèche-linge 🧺

TRÉBOUL

264

✉ 29100 – **308** E6
Paris 591 – Rennes 239 – Quimper 29 – Brest 75 – Concarneau 53.

Kerleyou 28 avr.-23 sept.
𝄢 02 98 74 13 03, *campingdekerleyou@wanadoo.fr*,
Fax 02 98 74 09 61, *www.camping-kerleyou.com*
– **R** conseillée
3,5 ha (100 empl.) plat et peu incliné, herbeux
Tarif : 🚶 3,85 € 🚐 1,90 € 🅴 6,45 € – 🔌 (10A) 3 € – frais de réservation 11 €
Location (31 mars-23 sept.) : 28 🛖 (4 à 6 pers.) 205 à 550 €/sem. – 12 🏠 (4 à 6 pers.) 232 à 563 €/sem.
Pour s'y rendre : 1 km à l'O par rue du Préfet-Collignon

> Nature : 🌿 🗔 🌳🌳
> Loisirs : 🍽 crêperie, pizzeria 🛖
> 🏕 🛶
> Services : 🚿 🕳 🆖 🗜 🗄 ☺ 🖥
> sèche-linge

Trézulien 7 avr.-30 sept.
𝄢 02 98 74 12 30, *francoise.guenneau@wanadoo.fr*,
Fax 02 98 74 01 16, *www.camping-trezulien.com*
– **R** conseillée
3 ha (150 empl.), en terrasses, peu incliné, plat, herbeux
Tarif : (Prix 2006) 🚶 3 € 🚐 1,50 € 🅴 3 € – 🔌 (10A) 3,20 € – frais de réservation 9 €
Location : 9 🛖 (4 à 6 pers.) 160 à 480 €/sem.
Pour s'y rendre : Par rue Frédéric-Le-Guyader

> Nature : 🌿 ⟨ 🌳🌳
> Loisirs : 🍽 🏕
> Services : 🚿 🕳 (déb.juin-fin sept.)
> 🆖 🗜 🗄 ☺ 🖥

TREFFIAGAT

✉ 29730 – **308** F8 – 2 168 h. – alt. 20
Paris 582 – Audierne 39 – Douarnenez 41 – Pont-l'Abbé 8 – Quimper 28.

Les Ormes
𝄢 02 98 58 21 27, *campingdesormes@aol.com*,
Fax 02 98 58 91 36 – **R** conseillée
2 ha (76 empl.) plat, herbeux
Pour s'y rendre : S : 2 km, à Kerlay, à 400 m de la plage (accès direct)

> Nature : 🌿 🗔
> Loisirs : 🏕
> Services : 🕳 ☺ 🖥
> À prox. : 🌊

TRÉGUENNEC

✉ 29720 – **308** F7 – 342 h. – alt. 31
Paris 582 – Audierne 27 – Douarnenez 27 – Pont-l'Abbé 11 – Quimper 29.

Kerlaz 31 mars-30 sept.
℘ 02 98 87 76 79, *contact@kerlaz.com, www.kerlaz.com*
– **R** conseillée
1,25 ha (80 empl.) plat, herbeux
Tarif : ✱ 3,80 € ⟵ 2,20 € 🅴 5,20 € – [½] (10A) 3,40 € – frais
de réservation 10 €
Location : 10 ⏚ (4 à 6 pers.) 255 à 500 €/sem. – 5 ⏚
(4 à 6 pers.) 290 à 570 €/sem.
⛽ 1 borne
Pour s'y rendre : Au bourg, par D 156

> Nature : ♀
> Loisirs : 🍴 ⚓ 🔲 (découverte en
> saison)
> Services : ⚡ (1ᵉʳ juil.-31 août) ⚙
> ⚙ 🧺 ⚙ 🏪
> À prox. : 🍽 crêperie 🐎 (centre
> équestre)

TRÉGUNC

✉ 29910 – **308** H7 – 6 354 h. – alt. 45
🛈 *Office de tourisme, Kérambourg* ℘ 02 98 50 22 05, Fax 02 98 50 18 48
Paris 543 – Concarneau 7 – Pont-Aven 9 – Quimper 29 – Quimperlé 27.

La Pommeraie ♣♦ – 15 mai-15 sept.
℘ 02 98 50 02 73, *pommeraie@club-internet.fr,*
Fax 02 98 50 07 91, *campingdelapomeraie.com* – **R** conseillée
7 ha (198 empl.) plat, herbeux, verger
Tarif : ✱ ⟵ 🅴 30,70 € [½] (10A) – frais de réservation 15 €
Location (1ᵉʳ avr.-30 sept.) : 26 ⏚ (4 à 6 pers.) 200 à
710 €/sem.
⛽ 1 borne
Pour s'y rendre : 6 km au S par D 1, rte de la Pointe de
Trévignon et à gauche rte de St-Philibert

> Nature : ⊏⊐ ♀
> Loisirs : 🍴 crêperie 🎲 ⚙ 🎣 ja-
> cuzzi salle d'animation ⚓ 🚲 🏇
> 🔲 terrain omnisports
> Services : ♿ ⚡ ⚙ ⚙ 🧺 🧺 🧺 ⚙
> 🧺 🛒 🧴 🏪 sèche-linge 🧺 🧺

Le Pendruc mai-sept.
℘ 02 98 97 66 28, *info@domainedependruc.com,*
Fax 02 98 50 24 30, *www.domainedependruc.com*
– **R** conseillée
3,6 ha (170 empl.) plat, herbeux
Tarif : (Prix 2006) ✱ 4,90 € ⟵ 1,80 € 🅴 7 € – [½] 2,80 € –
frais de réservation 10 €
Location (avr.-sept.) : 32 ⏚ (4 à 6 pers.) 220 à
769 €/sem. – bungalows toilés
Pour s'y rendre : SO : 2,8 km rte de Pendruc et à gauche

> Nature : 🌿 ⊏⊐
> Loisirs : 🍴 snack 🎲 ⚙ 🏇 ⚓ 🚲
> 🔲
> Services : ⚡ ⚙ ⚙ 🧺 ⚙ 🏪 sèche-
> linge
> À prox. : 🎣 🚣

265

Ille-et-Vilaine (35)

CANCALE

✉ 35260 – **309** K2 – G. Bretagne – 5 203 h. – alt. 50
🛈 *Office de tourisme, 44, rue du Port* ℘ 02 99 89 63 72, Fax 02 99 89 75 08
Paris 398 – Avranches 61 – Dinan 35 – Fougères 73 – Le Mont-St-Michel 49 – St-Malo 16.

Le Bois Pastel 31 mars-31 janv.
℘ 02 99 89 66 10, *camping.bois-pastel@wanadoo.fr,*
Fax 02 99 89 60 11, *www.campingboispastel.fr* – **R** conseillée
4,2 ha (199 empl.) plat, herbeux
Tarif : ✱ 4,50 € ⟵ 2 € 🅴 11 € – [½] (6A) 4 € – frais de
réservation 13 €
Location (31 mars-30 sept.) : 16 ⏚ (4 à 6 pers.) 250 à
570 €/sem.
⛽ 1 borne 4 €
Pour s'y rendre : NO : 7 km par D 201, rte côtière et à
gauche rue de la Corgnais

> Nature : 🌿 ♀
> Loisirs : 🍴 ⚓ 🔲
> Services : ♿ ⚡ ⚙ ⚙ 🧺 ⚙ 🏪
> sèche-linge 🧺 🧺
> À prox. : 🎣 🏇 🚣 🐎 poneys canoë
> de mer

CANCALE

⚐ **Notre-Dame du Verger** mi-mai-15 sept.
    𝒫 02 99 89 72 84, Fax 02 99 89 60 11 – **R**
2,5 ha (56 empl.) en terrasses et peu incliné, herbeux
Tarif : (Prix 2006) ⚹ 🚗 🅴 23 € – (🄑) (6A)
🚐 1 borne 3,50 €
Pour s'y rendre : NO : 6,5 km par D 201, rte côtière, à
500 m de la plage (accès direct par sentier)

| Loisirs : 🍷 🏠 |
| Services : ⊶ GB 🐕 🗄 ⊛ 🚿 ▽ 🔲 |
| sèche-linge |
| À prox. : 🍴 🛝 ◗ 🐎 poneys canoë |
| de mer |

La CHAPELLE-AUX-FILTZMEENS

✉ 35190 – **309** L4 – 382 h. – alt. 40
Paris 388 – Rennes 39 – Saint-Malo 42 – Fougères 83 – Cesson-Sévigné 44.

⚐ **Le Domaine du Logis** 1er avr.-28 oct.
    𝒫 02 99 45 25 45, *domainedulogis@wanadoo.fr*,
Fax 02 99 45 30 40, *www.domainedulogis.com* – **R** conseillée
20 ha/6 campables (180 empl.) plat, herbeux
Tarif : ⚹ 🚗 🅴 22 € – (🄑) (10A) 4 € – frais de réservation 10 €
Location 🏚 : 30 🚐 (4 à 6 pers.) 250 à 650 €/sem.
Pour s'y rendre : SO : 0,8 km par D 13, rte de St-Domineuc
et à droite

| Nature : 🖾 ♀ |
| Loisirs : 🍷 snack, brasserie 🏠 🍸 |
| 🏊 🛝 ⚓ |
| Services : ⚹ ⊶ GB 🐕 🗄 ⊛ 👝 🔲 |
| ♨ 🚿 |
| À prox. : 🎣 |

LES GUIDES VERTS **MICHELIN**
Paysages, monuments
Routes touristiques
Géographie
Histoire, Art
Itinéraire de visite
Plans de villes et de monuments

CHÂTEAUGIRON

✉ 35410 – **309** M6 – G. Bretagne – 5 500 h. – alt. 45
🅱 *Office de tourisme, le Château* 𝒫 02 99 37 89 02
Paris 336 – Angers 114 – Châteaubriant 45 – Fougères 56 – Nozay 66 – Rennes 17 – Vitré 32.

⚐ **Municipal les Grands Bosquets** 1er avr.-30 sept.
    𝒫 02 99 37 41 69, *mairie@ville-chateaugiron.fr*,
Fax 02 99 37 43 55 – **R** indispensable 🗲
0,6 ha (33 empl.) plat, herbeux
Tarif : (Prix 2006) ⚹ 🚗 🅴 4,01 € – (🄑) (6A) 2,04 €
Pour s'y rendre : sortie E par D 34, rte d'Ossé
À savoir : au bord d'un plan d'eau

| Nature : ♀ ▲ |
| Services : ⊶ (août) ⊛ |
| À prox. : 🏊 🗲 🍽 terrain omnis- |
| ports |

CHÂTILLON-EN-VENDELAIS

✉ 35210 – **309** O5 – 1 551 h. – alt. 133
Paris 311 – Fougères 17 – Rennes 49 – Vitré 13.

⚐ **Municipal du Lac** 15 mai-30 sept.
    𝒫 02 99 76 06 32, *accueil.mairie@chatillon-en-vendelais.fr*,
Fax 02 99 76 12 39
0,6 ha (61 empl.) peu incliné, herbeux
Tarif : ⚹ 2,15 € 🚗 1,07 € 🅴 1,65 € – (🄑) (10A) 2,90 €
Pour s'y rendre : N : 0,5 km par D 108, bord de l'étang de
Châtillon
À savoir : site agréable et cadre verdoyant

| Nature : 🌊 ← 🖾 ♀ ▲ |
| Loisirs : 🎣 |
| Services : ⊶ 🗄 ⊛ |
| À prox. : 🍷 crêperie 🗲 pédalos |

DOL-DE-BRETAGNE

✉ 35120 – **309** L3 – G. Bretagne – 4 563 h. – alt. 20
🛈 Syndicat d'initiative, 3, Grande Rue des Stuarts ☎ 02 99 48 15 37, Fax 02 99 48 14 13
Paris 378 – Alençon 154 – Dinan 26 – Fougères 54 – Rennes 56 – St-Malo 28.

Domaine des Ormes 19 mai-9 sept.
☎ 02 99 73 53 00, info@lesormes.com, Fax 02 99 73 53 55,
www.lesormes.com – places limitées pour le passage
– **R** conseillée
160 ha/40 campables (750 empl.) plat et peu incliné,
herbeux
Tarif : ✝ ⟷ 🅔 29,60 € – 🔌 (6A) 4,30 € – frais de réservation 20 €
Location (28 avr.-22 sept.) : 38 ⸤⸥ (4 à 6 pers.) 315 à
1 035 €/sem. – 10 🏠 (4 à 6 pers.) 465 à 989 €/sem. –
hôtel, studios, gîtes, cabanes perchées
Pour s'y rendre : S : 7,5 km par D 795, rte de Combourg
puis chemin à gauche, à Epiniac
À savoir : grands espaces et nombreuses activités autour
d'un château du 16e s.

Nature : ⟷ ≤ 🗻
Loisirs : 🍽 ✗ pizzeria 🏠 ☆ 🏃 discothèque, salle d'animation 🏃 🚲 ✗ 🏊 ♨ 🏇 poneys (centre équestre) golf, théâtre de plein air, terrain omnisports, pratice de golf
Services : ♿ ⚷ GB 🔲 ⊕ ☎ ◐ 🔲 sèche-linge ⚒ 🔧

Le Vieux Chêne 31 mars-22 sept.
☎ 02 99 48 09 55, vieux.chene@wanadoo.fr,
Fax 02 99 48 13 37, www.camping-vieuxchene.fr
– **R** conseillée
4 ha/2 campables (199 empl.) plat, peu incliné, herbeux
Tarif : ✝ ⟷ 🅔 23,50 € – 🔌 (10A) 4 € – frais de réservation 15 €
Location : 2 ⸤⸥ (4 à 6 pers.) 320 à 700 €/sem. – 18 🏠
(4 à 6 pers.) 280 à 750 €/sem.
🚐 1 borne 5 €
Pour s'y rendre : E : 5 km, par N 176, rte de Pontorson, à
Baguer-Pican, accès conseillé par la déviation, sortie Dol-de-
Bretagne-Est et D 80
À savoir : Situation plaisante autour d'une ferme bordée
d'étangs

Nature : ⟷ 🗺 ♨
Loisirs : 🍽 snack, crêperie 🏠 🏃 ✗ 🏊 🏇 poneys
Services : ♿ ⚷ GB 🔲 ☎ ⊕ 🔲 🔲 sèche-linge 🐾 🔧

FEINS

✉ 35440 – **309** M5 – 710 h. – alt. 104
Paris 369 – Avranches 55 – Fougères 44 – Rennes 30 – St-Malo 50.

Municipal l'Étang de Boulet 1er mai-30 sept.
☎ 02 99 69 63 23, feins@wanadoo.fr, Fax 02 99 69 66 25,
www.feins.fr – **R** conseillée
1,5 ha (40 empl.) plat, herbeux
Tarif : ✝ ⟷ 🅔 5,40 € – 🔌 (10A) 2,45 €
Pour s'y rendre : NE : 2 km par D 91, rte de Marcillé-Raoul
et chemin à gauche
À savoir : situation agréable près de l'étang de Boulet

Nature : ⟷ ≤ 🗺 🗻
Loisirs : 🏠 🏃
Services : ♿ ⚷ GB 🔲 ⊕ 🔧 🔲 sèche-linge
À prox. : ⚓ ◐ 🏇 (centre équestre)

FOUGÈRES

✉ 35300 – **309** O4 – G. Bretagne – 21 779 h. – alt. 115
🛈 Syndicat d'initiative, 2, rue Nationale ☎ 02 99 94 12 20, Fax 02 99 94 77 30
Paris 326 – Caen 148 – Le Mans 132 – Nantes 158 – St-Brieuc 148.

Municipal de Paron
☎ 02 99 99 40 81, fougeres.mda@wanadoo.fr,
Fax 02 99 94 27 94 – **R** conseillée
2,5 ha (90 empl.) plat et peu incliné, herbeux
Pour s'y rendre : E : 1,5 km par D 17 rte de la Chapelle-
Janson, accès recommandé par rocade Est
À savoir : agréable cadre arbustif

Nature : 🗺 ♨
Loisirs : 🏃
Services : ⚷ 🔲 ⊕ 🔲
À prox. : 🎣 🚲 ✗ 🎿 🏊 ⛷ 🏇 (centre équestre) canoë

MARCILLÉ-ROBERT

✉ 35240 – **309** N7 – 856 h. – alt. 65

Paris 333 – Bain-de-Bretagne 33 – Châteaubriant 30 – La Guerche-de-Bretagne 11 – Rennes 39 – Vitré 26.

   ▲ **Municipal de l'Étang** déb. avr.-fin sept.
       ✆ 02 99 43 67 34, *mairie.marcille-robert@wanadoo.fr*,
       Fax 02 99 43 54 34 – **R** conseillée
       0,5 ha (22 empl.) plat, en terrasses, herbeux
       Tarif : (Prix 2006) ⋆ ⇔ 🔲 4,60 € – 🔌 (8A) 1,95 €
       Pour s'y rendre : sortie S par D 32 rte d'Arbrissel
       À savoir : cadre agréable surplombant un étang

> Nature : 🦆 ≤ 🏕 ♨
> Services : ♿ 🛒 📻 ⊛ ⊛
> À prox. : 🏇 🎾 🛶 pédalos

MARTIGNÉ-FERCHAUD

✉ 35640 – **309** 08 – 2 634 h. – alt. 90

🛈 *Syndicat d'initiative, place Sainte-Anne* ✆ 02 99 47 84 37

Paris 340 – Bain-de-Bretagne 31 – Châteaubriant 15 – La Guerche-de-Bretagne 16 – Rennes 46.

   ▲ **Municipal du Bois Feuillet**
       ✆ 02 99 47 84 38, *mairie-de-martigne-ferchaud@wana
       doo.fr, www.ville-martigne-ferchaud.fr* – **R** conseillée
       1,7 ha (50 empl.) en terrasses, herbeux, plat
       🚐 1 borne
       Pour s'y rendre : NE du bourg
       À savoir : près de l'étang des Forges (accès direct)

> Nature : ≤ 🏕
> Loisirs : 🖼
> Services : ♿ 🛒 📻 ⊛ 🔱 ⊶ 🔲
> À prox. : 🏇 🎾 🏊 (plage) 🛶 ♨
> pédalos

PAIMPONT

✉ 35380 – **309** I6 – G. Bretagne – 1 395 h. – alt. 159

🛈 *Syndicat d'initiative, 5, esplanade de Brocéliande* ✆ 02 99 07 84 23, Fax 02 99 07 84 24

Paris 390 – Dinan 60 – Ploërmel 26 – Redon 47 – Rennes 41.

268

   ▲ **Municipal Paimpont Brocéliande** 1ᵉʳ mai-30 oct.
       ✆ 02 99 07 89 16, *mairie.paimpont@wanadoo.fr*,
       Fax 02 99 07 88 18, *paimpont.fr*
       1,5 ha (90 empl.) plat, herbeux
       Tarif : (Prix 2006) ⋆ 2,65 € ⇔ 1,10 € 🔲 2,35 € –
       🔌 (5A) 2,60 €
       Pour s'y rendre : sortie N par D 773, à proximité de l'étang

> Loisirs : 🖼 🏇
> Services : ♿ 🛒 📻 ⊛ 🔲 sèche-
> linge
> À prox. : 🎾 🚐

PARAMÉ

✉ 35400 – **309** K3

Paris 404 – Rennes 71 – Saint 5 – Saint 91 – Fougères 89.

                                Schéma à St-Jouan-des-Guérets

   ▲ **Municipal les Îlots** 1ᵉʳ juil.-30 nov.
       ✆ 02 99 56 98 72, *camping@ville-saint-malo.fr*,
       Fax 02 99 21 92 62, *http://www.ville-saint-malo.fr/cam
       pings* – **R** conseillée
       2 ha (156 empl.) plat, herbeux
       Tarif : ⋆ ⇔ 🔲 17 € – 🔌 (10A)
       🚐 1 borne 3 €
       Pour s'y rendre : à Rothéneuf, av. de la Guimorais, près de
       la plage du Havre

> Loisirs : 🏇
> Services : ♿ 🛒 ⊖🔘 📻 🔲 ⊛
> À prox. : 🎾 🖼 🖼 🏊 ♨ 🏇 (centre
> équestre)

Le PERTRE

✉ 35370 – **309** P6 – 1 361 h. – alt. 174

Paris 303 – Châteaubriant 55 – Laval 25 – Redon 116 – Rennes 53 – Vitré 20.

   ▲ **Municipal le Chardonneret** Permanent
       ✆ 06 79 50 41 77, *mairielepertre@wanadoo.fr*,
       Fax 02 99 96 98 92, *lepertre.fr* – **R** conseillée
       1 ha (31 empl.) plat et peu incliné, herbeux
       Tarif : ⋆ ⇔ 🔲 4 € – 🔌 (6A) 3,10 €
       Pour s'y rendre : sortie SO par D 43 rte de Brielles et rue à
       droite
       À savoir : près d'un plan d'eau

> Nature : 🦆 🏕
> Services : ♿ ⊛ 🎱 ⊛
> À prox. : 🏇 🎾 🖼 ⚓ 🏊 (plage)

RENNES

✉ 35000 – **309** L6 – G. Bretagne – 206 229 h. – alt. 40

🛈 *Office de tourisme, 11, rue Saint-Yves* ✆ *02 99 67 11 11, Fax 02 99 67 11 00*

Paris 349 – Angers 129 – Brest 246 – Caen 185 – Le Mans 155 – Nantes 108.

Municipal des Gayeulles Permanent
✆ 02 99 36 91 22, *camping.rennes@wanadoo.fr,*
Fax 02 23 20 06 34, *www.camping-rennes.com* – **R** conseil-lée
3 ha (179 empl.) plat, herbeux
Tarif : 🏕 3,20 € 🚗 1,50 € 🗐 7 € – 🔌 (6A) 2,70 €
🚐 1 borne 2 € – 30 🗐
Pour s'y rendre : sortie NE vers N 12 rte de Fougères puis
av. des Gayeulles et rue Maurice-Audin, près d'un étang
À savoir : dans l'agréable parc des Gayeulles

Nature : 🏞
Loisirs : 🎮
Services : 🚿 🔑 📶 🛒 🏪 🗑 ⊕ ♨
🚰 🗜 sèche-linge
À prox. : 🍖 patinoire 🎿 🏐 🎣 🏊 🏊
(découverte en saison) parc anima-lier

La RICHARDAIS

✉ 35780 – **309** J3 – G. Bretagne – 2 120 h. – alt. 40

Paris 404 – Rennes 71 – Saint 9 – Saint 79 – Fougères 89.

Municipal Bellevue
✆ 02 99 88 50 80, *info@ville-larichardais.fr,*
Fax 02 99 88 52 12, *www.ville-larichardais.fr* – **R** conseillée
1 ha (70 empl.) plat, peu incliné, herbeux
Pour s'y rendre : à l'O du bourg

Nature : 🌳
Loisirs : 🎮
Services : 🔑 ⊕ 🗑
À prox. : 🏐 🎣 🏊 🚣 🐎 (centre
équestre) golf

ST-BENOÎT-DES-ONDES

✉ 35114 – **309** K3 – 799 h. – alt. 1

Paris 390 – Cancale 9 – Dinard 21 – Dol-de-Bretagne 13 – Le Mont-St-Michel 41 – Rennes 68 – St-Malo 15.

L'Île Verte juin-15 sept.
✆ 02 99 58 62 55 – **R** conseillée
1,2 ha (43 empl.) plat, herbeux
Tarif : 🏕 🚗 🗐 18 € – 🔌 (6A) 3,50 €
🚐 1 borne
Pour s'y rendre : au S du bourg, près de l'église, à 400 m
du bord de mer
À savoir : agréable cadre fleuri

Nature : 🏞 🏖
Loisirs : 🎮 🚴
Services : 🚿 🔑 🛒 🗑 ⊕ ♨ 🚰 sè-
che-linge
À prox. : 🏐 🚣

269

La Côte d'Émeraude

ST-BRIAC-SUR-MER

✉ 35800 – **309** J3 – G. Bretagne – 2 054 h. – alt. 30
🛈 *Office de tourisme, 49, Grande Rue* 📞 *02 99 88 32 47*
Paris 411 – Dinan 24 – Dol-de-Bretagne 34 – Lamballe 41 – St-Brieuc 62 – St-Cast-le-Guildo 22 – St-Malo 13.

⩕⩕⩕ **Émeraude** saison
📞 02 99 88 34 55, *camping.emeraude@wanadoo.fr*,
Fax 02 99 88 99 13, *www.camping-emeraude.com*
– **R** conseillée
3,2 ha (194 empl.) plat et peu incliné, herbeux
Tarif : 👤 ⟵⟶ 🅔 28,90 € 🔌 (6A) – frais de réservation 15 €
Location : 37 🛖 (4 à 6 pers.) 275 à 580 €/sem. – 14 🏠
(4 à 6 pers.) 275 à 630 €/sem.
🚐, 1 borne 3 €
Pour s'y rendre : chemin de la Souris
À savoir : bel espace aquatique

Nature : 🌿 ♀	
Loisirs : 🍸 snack 🎆 🏋 ⛰ ☂ ⛵	
Services : 🚿 ⛽ GB 🐕 Ⓜ 🍴 🛎 🔌	
🛒 🛗 🧺 sèche-linge 🧹	
À prox. : ✂ ❎ 🏖 🏇 🐎 golf	

Raadpleeg, voordat U zich op een kampeerterrein installeert,
de tarieven die de beheerder verplicht
is bij de ingang van het terrein aan te geven.
Informeer ook naar de speciale verblijfsvoorwaarden.
De in deze gids vermelde gegevens kunnen
sinds 't'hit verschijnen van deze hereditie gewijzigd zijn.

ST-COULOMB

✉ 35350 – **309** K2 – 2 168 h. – alt. 35
Paris 398 – Cancale 6 – Dinard 18 – Dol-de-Bretagne 21 – Rennes 76 – St-Malo 6.

⩕ **Du Guesclin** 30 mars-4 nov.
📞 02 99 89 03 24, Fax 02 99 89 03 24, *www.camping-du
guesclin.com* – places limitées pour le passage – **R** conseillée
0,9 ha (43 empl.) peu incliné, herbeux
Tarif : 👤 3,60 € ⟵⟶ 🅔 5,90 € – 🔌 (10A) 3,50 € – frais de
réservation 10 €
Pour s'y rendre : NE : 2,5 km par D 355, rte de Cancale et
rte à gauche

Nature : 🌿 ≼ 🛏	
Services : 🚿 ⛽ 🐕 🔥 🔌 🛒	

⩕ **Le Tannée** 28 avr.-29 sept.
📞 02 99 89 41 20, Fax 02 99 89 41 20 – **R** conseillée
0,44 ha (23 empl.) peu incliné, plat
Tarif : 👤 3,90 € ⟵⟶ 🅔 7,50 € – 🔌 (10A) 3,70 € – frais de
réservation 8 €
Location (avr.-21 oct.) 🍴 : 4 🛖 (4 à 6 pers.) 350 à
560 €/sem.
Pour s'y rendre : NE : 2.5 km par D 355, rte de Cancale et
rte à gauche
À savoir : Belle vue sur le fort Duguesclin

Nature : 🌿 ≼ 🛏	
Services : 🚿 ⛽ GB 🔥 🔌 🛒	

ST-JOUAN-DES-GUÉRETS

✉ 35430 – **309** K3 – 2 484 h. – alt. 31
Paris 396 – Rennes 63 – Saint 8 – Saint 83 – Fougères 81.

⩕⩕ **Le P'tit Bois** 👥 – 7 avr.-8 sept.
📞 02 99 21 14 30, *camping.ptitbois@wanadoo.fr*,
Fax 02 99 81 74 14, *www.ptitbois.com* – **R** conseillée
6 ha (274 empl.) plat, herbeux
Tarif : 👤 ⟵⟶ 🅔 27 € – 🔌 (10A) 4 € – frais de réserva-
tion 30 €
Location : 110 🛖 (4 à 6 pers.) 287 à 910 €/sem.
🚐 1 borne 7 €
Pour s'y rendre : Accès par N 137
À savoir : Bel ensemble paysager

Nature : 🛏 ♀	
Loisirs : 🍸 pizzeria, snack 🎆 🕹 🎯 hammam jacuzzi salle d'animation ⛷ ⛱ ✂ ⛰ 🏖 ⛵ ⛸ terrain om- nisports	
Services : 🚿 ⛽ GB 🐕 🍴 🛎 🔌 🛒 🛗 🧺 sèche-linge 🧹 🧹	
À prox. : 🎣 🏇 poneys	

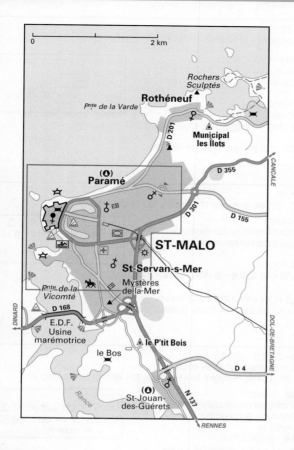

ST-LUNAIRE

✉ 35800 – **309** J3 – G. Bretagne – 2 250 h. – alt. 20

🛈 Office de tourisme, 72, boulevard du Général-de-Gaulle ✆ 02 99 46 31 09

Paris 410 – Rennes 76 – Saint 14 – Saint 67 – Fougères 95.

⛰ **La Touesse** 1ᵉʳ avr.-30 sept.

✆ 02 99 46 61 13, camping.la.touesse@wanadoo.fr,
Fax 02 99 16 02 58, www.campinglatouesse.com – **R** indispensable

2,5 ha (160 empl.) plat, herbeux

Tarif : 🚶 5,10 € ⬅ 3,10 € ▣ 6,20 € – [⚡] (10A) 3,60 € – frais de réservation 16 €

Location : 6 ⟨⟩ (2 à 4 pers.) 175 à 410 €/sem. – 50 ⟨⟩ (4 à 6 pers.) 240 à 590 €/sem. – 3 studios

⟨⟩ 1 borne 6 €

Pour s'y rendre : E : 2 km par D 786 rte de Dinard, à 400 m de la plage

> Nature : ♀
> Loisirs : ▾ snack, pizzeria ⬚ ⬚
> 🏊
> Services : ⬚ ⟶ ⬚ ⬚ ⬚ ⬚ ⬚ ⬚ ⬚
> ⬚ sèche-linge ⬚ ⬚
> À prox. : ⬚ ⬚ ⬚ ⬚ ⬚ ⬚ poneys golf

ST-MARCAN

✉ 35120 – **309** M3 – 380 h. – alt. 60
Paris 370 – Dinan 42 – Dol-de-Bretagne 14 – Le Mont-St-Michel 17 – Rennes 68 – St-Malo 32.

⚠ **Le Balcon de la Baie** 1er avr.-31 oct.
𝒫 02 99 80 22 95, www.lebalcondelabaie@wanadoo.fr,
Fax 02 99 80 22 95, www.lebalcondelabaie.com – **R** conseillée
2,8 ha (66 empl.) peu incliné, plat, herbeux
Tarif : 🚶 ⛺ 🅔 9,50 € – 🔌 (6A) 3,50 €
Location (1er avr.-28 févr.) : 12 🛏 (4 à 6 pers.) 320 à 520 €/sem.
Pour s'y rendre : SE : 0,5 km par D 89 rte de Pleine-Fougères et à gauche

Nature : 🕭 ≤ Baie du Mont-St-Michel 🎯
Loisirs : 🍴 🏊 🏊
Services : 🐕 ⚡ GB 🛁 📷 🧺 🛒 🔥
🖥

ST-PÈRE

✉ 35430 – **309** K3 – 1 750 h. – alt. 50
Paris 392 – Cancale 14 – Dinard 15 – Dol-de-Bretagne 16 – Rennes 62 – St-Malo 16.

⚠ **Bel Évent** 31 mars-4 nov.
𝒫 02 99 58 83 79, contact@camping-bel-event.com,
Fax 02 99 58 82 24, www.camping-bel-event.com
– **R** conseillée
2,5 ha (109 empl.) plat, herbeux
Tarif : 🚶 3,60 € ⛺ 2,10 € 🅔 9,20 € – 🔌 (10A) 4,20 € – frais de réservation 15 €
Location 🏷 : 17 🛏 (4 à 6 pers.) 210 à 560 €/sem.
Pour s'y rendre : SE : 1,5 km par D 74 rte de Châteauneuf et chemin à droite

Loisirs : 🍴 🏊 🏊 🚲 🏇 🏊
Services : 🐕 ⚡ GB 🛁 🚿 🧺 🛒 🔥
🔥 sèche-linge 🏧
À prox. : 🐎

TINTÉNIAC

✉ 35190 – **309** K5 – G. Bretagne – 2 434 h. – alt. 40
🛈 Syndicat d'initiative, 17, rue de la Libération 𝒫 02 99 68 09 62
Paris 377 – Avranches 70 – Dinan 28 – Dol-de-Bretagne 30 – Fougères 75 – Rennes 30 – St-Malo 42.

⚠ **Les Peupliers** 1er avr.-30 sept.
𝒫 02 99 45 49 75, camping.les.peupliers@wanadoo.fr,
wwwles-peupliers-campingfr – **R** conseillée
4 ha (100 empl.) plat, herbeux
Tarif : 🚶 ⛺ 🅔 12,20 € – 🔌 (5A) 2,70 €
Location 🏷 : 6 🛏 (4 à 6 pers.) 270 à 518 €/sem.
🔥, 1 borne
Pour s'y rendre : SE : 2 km par l'ancienne rte de Rennes, à la Besnelais, bord d'étangs, par N 137, sortie Tinténiac Sud
À savoir : En bordure d'étangs ombragés par des sapins et des peupliers

Nature : 🔲
Loisirs : 🍴 🏊 🏊 🚲 🎾 🏊
Services : 🐕 ⚡ GB 🛁 🅼 🧺 🛒 🔥
🔥 🛒 🔥 sèche-linge

Morbihan (56)

AMBON

✉ 56190 – **308** P9 – 1 255 h. – alt. 30
🛈 Syndicat d'initiative, 1, place du Requerio 𝒫 02 97 41 20 49
Paris 465 – Muzillac 7 – Redon 42 – La Roche-Bernard 22 – Sarzeau 20 – Vannes 24.

⚠ **Le Bédume** avr.-oct.
𝒫 02 97 41 68 13, campingdubedume@free.fr,
Fax 02 97 41 56 79, www.bedume.com – **R** indispensable
5 ha (200 empl.) plat, herbeux
Tarif : (Prix 2006) 🚶 ⛺ 🅔 34,10 €
Location (avr.-sept.) 🏷 : 50 🛏 (4 à 6 pers.) 199 à 730 €/sem.
Pour s'y rendre : 6 km au SE par rte de Bétahon
À savoir : Près de la plage (accès direct)

Nature : 🔲 🌳
Loisirs : 🍴 🏊 🏊 🚲 🏇 🏊 🏊
terrain omnisports
Services : 🐕 ⚡ GB 🛁 🧺 🛒 🔥 🖥
sèche-linge 🏧 🛒

272

Les Peupliers avr.-oct.
🅟 02 97 41 12 51, Fax 02 97 41 12 51, *www.campingdes
peupliers.com* – **R** conseillée
4 ha (165 empl.) plat, peu incliné, herbeux
Tarif : ⚘ 🚐 ▣ 11,68 € – 🅰 3,25 €
Location : 6 🚐 (4 à 6 pers.) 370 à 550 €/sem.
Pour s'y rendre : Sortie par D 140, rte de Damgan puis
Ouest 0,8 km par chemin à droite

Nature : 🌳
Loisirs : 🍹 🏠 ⚔ 🛝 🏊 ⛵ terrain
omnisports
Services : 🚿 🛒 🚰 🖹 🔥 🅐 🚿
🔲 🚽

L'Arvor avr.-sept.
🅟 02 97 41 16 69, *reigner.michel@wanadoo.fr,*
Fax 02 97 48 10 77, *www.campingdarvor.com* – places limitées pour le passage – **R** conseillée
4 ha (140 empl.) plat, herbeux, étang
Tarif : (Prix 2006) ⚘ 3,80 € 🚐 ▣ 6,60 € – 🅰 (6A) 2,90 € –
frais de réservation 12 €
Location : 24 🚐 (4 à 6 pers.) 160 à 670 €/sem.
Pour s'y rendre : 1,5 km à l'O par D 20, rte de Sarzeau, et à
gauche, rte de Brouel

Nature : 🌳
Loisirs : 🍸 snack 🏠 🎮 🏃 ⚔ 🏊
🔄
Services : 🚿 🛒 🚰 🅐 🚰 🔲 sèche-
linge

Le Kermadec 15 juin-15 sept.
🅟 02 97 41 15 90, Fax 02 32 54 57 40 – **R** conseillée
1,2 ha (35 empl.) plat, herbeux
Tarif : ⚘ 🚐 ▣ 12 € – 🅰 (6A) 2,30 €
Location : 6 🚐 (2 à 4 pers.) 150 à 330 €/sem. – 8 🚐 (4
à 6 pers.) 200 à 450 €/sem. – 12 🏠 (4 à 6 pers.) 240 à
480 €/sem.
Pour s'y rendre : SO : 2,5 km par D 140, rte de Damgan et
rte à droite

Nature : 🌊 🏕 🌳
Loisirs : ⚔ 🏊
Services : 🚰 🖹 🚰 🅐 🔲

L' Escale 1er mai-30 sept.
🅟 02 97 41 16 25, *camp.escale@wanadoo.fr,*
Fax 02 97 41 16 25, *www.campingescale.com* – places limitées pour le passage – **R** conseillée
4 ha (120 empl.) plat, herbeux
Tarif : (Prix 2006) ⚘ 🚐 ▣ 8,60 € – 🅰 (10A) 2,80 €
Location (1er avr.-31 oct.) 🏕 : 12 🚐 (4 à 6 pers.) 195 à
540 €/sem.
Pour s'y rendre : S : 5 km au lieu-dit Tréhervé

Nature : 🏕
Loisirs : 🍹
Services : 🚿 🛒 🚰 Ⓜ 🖹 🔥 🅐 🔲
🚽
À prox. : 🍴 🔥 🐴 poneys

ARRADON

✉ 56610 – **308** 09 – 4 719 h. – alt. 40
🛈 Syndicat d'initiative, 2, place de l'église 🅟 02 97 44 77 44
Paris 467 – Auray 18 – Lorient 62 – Quiberon 49 – Vannes 8.

Penboch déb. avr.-fin sept.
🅟 02 97 44 71 29, *info@camping-penboch.fr,*
Fax 02 97 44 79 10, *www.camping-penboch.fr* – **R** conseillée
3,5 ha (175 empl.) plat, herbeux
Tarif : (Prix 2006) ⚘ 🚐 ▣ 34 € 🅰 (10A) – frais de réservation 20 €
Location 🏕 (juil.-août) : 35 🚐 (4 à 6 pers.) 250 à
850 €/sem. – 4 🏠 (4 à 6 pers.) 350 à 800 €/sem.
🚐 1 borne 3 €
Pour s'y rendre : 2 km au SE par rte de Roguedas, à 200 m
de la plage
À savoir : cadre verdoyant et ombrage plaisant

Nature : 🌊 🏕 🌳🌳
Loisirs : 🍹 snack 🏠 ⚔ 🏃 🏊 🏊
terrain omnisports
Services : 🚿 🛒 🕀 🚰 🎢 🖹 🅐
🚿 🚽 🚰 🔲 sèche-linge 🚽
À prox. : 🔄

L'Allée
🅟 02 97 44 01 98, *campingdelallee@free.fr,*
Fax 02 97 44 73 74, *www.camping-allee.com* – **R** conseillée
3 ha (100 empl.) plat et peu incliné, herbeux
Location 🏕 : 14 🚐
Pour s'y rendre : O : 1,5 km par rte du Moustoir et à
gauche

Nature : 🌊 🏕 🌳
Loisirs : 🏠 ⚔ 🏊
Services : 🚿 🛒 🖹 🔥 🅐 🔲
À prox. : 🍴 🐴 ⛳ golf

ARRADON

△ **Municipal du Parc Priol** mi-juin-mi-sept.
℘ 02 97 44 70 49 , *info.tourisme@arradon.fr,*
Fax 02 94 77 05 42, *www.arradon.com*
1 ha (200 empl.) plat, herbeux
Tarif : (Prix 2006) ★ ⊷ 回 11,05 € 阅 (6A)
⊊⊾ 2 bornes 2 €
Pour s'y rendre : rue de la Mairie, face au parc Priol

Loisirs : ⚡⚡
Services : ⚡⚡⚡⚡
À prox. : ✕ ⚡ ≋ ⚡ ⚡

ARZON

✉ 56640 – **308** N9 – G. Bretagne – 2 056 h. – alt. 9
🚹 *Office de tourisme, rond-point du Crouesty* ℘ *02 97 53 69 69, Fax 02 97 53 76 10*
Paris 487 – Auray 52 – Lorient 94 – Quiberon 81 – La Trinité-sur-Mer 66 – Vannes 33.

Schéma à Sarzeau

⚡ **Municipal du Tindio** 30 mars-5 nov.
℘ 02 97 53 75 59, *letindio@arzon.fr,* Fax 02 97 53 91 23,
www.arzon.fr
5 ha (220 empl.) plat et peu incliné, herbeux
Tarif : (Prix 2006) ★ 2,80 € ⊷ 1,65 € 回 3,15 € –
阅 (10A) 2,75 €
⊊⊾ 1 borne
Pour s'y rendre : NE : 0,8 km à Kerners
À savoir : En bordure de mer

Loisirs : ⚡⚡
Services : ⚡ ⊶ GB ⚡ 🗄 ⚡ ⚡ ⚡
À prox. : ⚡ 🐎 (centre équestre)
golf

*LES GUIDES VERTS **MICHELIN***
Paysages, monuments
Routes touristiques
Géographie
Histoire, Art
Itinéraire de visite
Plans de villes et de monuments

274

BADEN

✉ 56870 – **308** N9 – 3 360 h. – alt. 28
Paris 473 – Auray 9 – Lorient 52 – Quiberon 40 – Vannes 15.

⚡ **Mané Guernehué** ⚡⚡ – 8 avr.-sept.
℘ 02 97 57 02 06, *mane-guernehue@wanadoo.fr,*
Fax 02 97 57 15 43, *www.mane-guernehue.com*
– **R** conseillée
18 ha/8 campables (377 empl.) plat, peu incliné à incliné et
en terrasses, herbeux, étangs
Tarif : (Prix 2006) ★ ⊷ 回 36 € 阅 (10A) – frais de réservation 20 €
Location : 70 ⊡⊡ (4 à 6 pers.) 220 à 735 €/sem. – 14 🏠
(4 à 6 pers.) 340 à 798 €/sem.
⊊⊾ 1 borne 6 €
Pour s'y rendre : 1 km au SO par rte de Mériadec et à dr.

Nature : ⚡ ⚡ ⚡
Loisirs : ♈ ✕ pizzeria, crêperie ⚡
⚡ diurne nocturne (soirées à
thème) ⚡⚡ 🎣 ⚡ jacuzzi salle
d'animation ⚡⚡ ⚡ ⚡⚡ ⚡ ⚡ ⚡
parcours sportif, terrain omnisports, promenades et poneys
Services : ⚡ ⊶ GB ⚡ 🗄 ⚡ ⚡ ⚡
⚡ 🖪 sèche-linge ⚡ ⚡
À prox. : ⚡ golf

BAUD

✉ 56150 – **308** M7 – G. Bretagne – 4 813 h. – alt. 54
🚹 *Office de tourisme, place Mathurin Martin* ℘ *02 97 39 17 09*
Paris 469 – Auray 28 – Locminé 17 – Lorient 37 – Pontivy 28 – Vannes 35.

△ **Municipal de Pont-Augan**
℘ 02 97 51 04 74, *contact@blavet.com,* Fax 02 97 39 07 23,
www.blavet.com – **R** conseillée
0,9 ha (50 empl.) plat, herbeux, pierreux
Location : 4 gîtes
Pour s'y rendre : O : 7 km par D 3 rte de Bubry
À savoir : Au bord d'un plan d'eau et du Blavet

Nature : ⚡ ⚡ ⚡
Loisirs : ⚡ ⚡
Services : ⊶ 🗄 ⚡ 🖪 sèche-linge
À prox. : ⚡ 🖼 🐎 canoë, sentier
VTT ⊊⊾

BELLE-ÎLE-EN-MER

✉ 56360 – **308** – G. Bretagne – 2 457 h. – alt. 7

⚓ *En été réservation indispensable pour le passage des véhicules et des caravanes. Départ Quiberon (Port-Maria), arrivée au Palais - Traversée 45 mn - renseignements et tarifs : Société Morbihannaise de Navigation, 56360 Le Palais (Belle-Île-en-Mer)* ☎ *08 20 05 60 00*

🏢 *Office de tourisme, quai Bonnelle, Le Palais* ☎ *02 97 31 81 93, Fax 02 97 31 56 17*

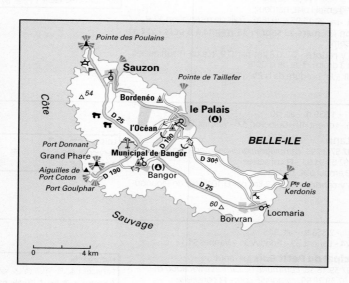

Bangor ✉ 56360 – 738 h. – alt. 45

⚠ **Municipal de Bangor**
☎ 02 97 31 89 75, *mairie.bangor@wanadoo.fr,*
Fax 02 97 31 89 75 – **R** conseillée
0,8 ha (55 empl.) incliné, peu incliné, herbeux
Pour s'y rendre : À l'O. du bourg

> Nature : ⛰ 🏕
> Services : ⊕
> À prox. : ✗ 🐎 poneys

Le Palais ✉ 56360 – 2 457 h. – alt. 7

🔺🔺🔺 **Bordenéo** 7 avr.-22 sept.
☎ 02 97 31 88 96, *camping.bordeneo@wanadoo.fr,*
Fax 02 97 31 87 77, *www.bordeneo.com* – **R** conseillée
3 ha (202 empl.) plat, herbeux
Tarif : 👤 5,20 € – 🚗 1,60 € – 🔲 7,50 € – [⚡] (5A) 2,60 € – frais de réservation 15 €
Location 🏠 : 57 🏚 (4 à 6 pers.) 280 à 690 €/sem.
Pour s'y rendre : NO : 1,7 km par rte de Port Fouquet, à 500 m de la mer
À savoir : Décoration florale et arbustive

> Nature : ⛰ 🏕 ♨♨
> Loisirs : 🍽 snack 🎬 🏎 🚲 ✗ 🏊
> 🏕 🐎 poneys
> Services : 🚿 ⛽ GB 🔌 🗄 🧺 ⊕ 🚰
> 📷 ♿
> À prox. : 🛶 🗺 🚣 canoë de mer, école de plongée

🔺🔺 **L'Océan**
☎ 02 97 31 83 86, *ocean-belle-ile@wanadoo.fr,*
Fax 02 97 31 87 60, *www.camping-ocean-belle-ile.com*
– **R** conseillée
2,7 ha (125 empl.) plat, peu incliné, herbeux
Location : 39 🏚 – bungalows toilés
Pour s'y rendre : Au SO du bourg, à 500 m du port

> Nature : ⛰ 🏕 ♨♨(pinède)
> Loisirs : snack, crêperie 🏎 🏊
> Services : 🚿 ⛽ 🗄 🧺 ⊕ 🚰 📷
> 🏪
> À prox. : 🛒 ✗ 🗺 🚣 🐎 poneys école de plongée, canoë de mer, golf

BELZ

✉ 56550 – **308** L8 – 3 289 h. – alt. 12
Paris 494 – Rennes 143 – Vannes 34 – Lorient 25 – Lanester 22.

⚠ **Le Moulin des Oies** 1er mai-25 sept.
✆ 02 97 55 53 26, *moulindesoies@wanadoo.fr*,
Fax 02 97 55 53 26, *http://.lemoulindesoies.free.fr*
✉ 56550 Belz – **R** conseillée
1,9 ha (90 empl.) plat, herbeux
Tarif : ✝ ⬅ 🅴 13,95 € 🔌 (6A) – frais de réservation 12 €
Location (31 mars-25 sept.) : 13 🛖 (4 à 6 pers.) 235 à
615 €/sem.
Pour s'y rendre : O : 0,8 km par D 9, rte de Plouhinec et
chemin à droite - rue de la Côte
À savoir : En bordure de la Ria d'Étel

> Nature : 🐟 ⊏ㅜ
> Loisirs : ⚓ ≦ (bassin d'eau de mer)
> Services : ⊶ GB 🐕 🗟 ⊕ 🖪

Le BONO

✉ 56400 – **308** N9 – 1 859 h. – alt. 10
Paris 475 – Auray 6 – Lorient 49 – Quiberon 37 – Vannes 17.

⚠ Parc-Lann
✆ 02 97 57 93 93, *campingduparclann@wanadoo.fr*,
Fax 02 97 57 93 93 – **R** conseillée
2 ha (60 empl.) plat, herbeux
Pour s'y rendre : NE : 1,2 km par D 101E, rte de Plougou-
melen

> Loisirs : 🔲 ⚓
> Services : ⅙ ⊶ 🗟 ⊕ 🖪
> À prox. : ✗

CAMORS

✉ 56330 – **308** M7 – 2 353 h. – alt. 113
Paris 472 – Auray 24 – Lorient 39 – Pontivy 31 – Vannes 31.

⚠ **Municipal du Petit Bois** juil.-août
✆ 02 97 39 18 36, *commune.de.camors@wanadoo.fr*,
Fax 02 97 39 28 99, *camors56.com* – **R** conseillée
1 ha (30 empl.) en terrasses, plat, herbeux
Tarif : (Prix 2006) ✝ 2,20 € ⬅ 1,80 € 🅴 1,80 € – 🔌 2,20 €
🛒
Pour s'y rendre : O : 1 km par D 189, rte de Lambel-Camors
À savoir : Près d'étangs et d'une forêt domaniale

> Nature : 🐟
> Services : ⅙ 🐕 🗟 ⊕ 🖪 ⚱ 🖦 🖪
> À prox. : ⚓ ✗ 🏇 parcours sportif

CARNAC

✉ 56340 – **308** M9 – G. Bretagne – 4 444 h. – alt. 16
🅱 Office de tourisme, 74, avenue des Druides ✆ 02 97 52 13 52, Fax 02 97 52 86 10
Paris 490 – Auray 13 – Lorient 49 – Quiberon 19 – Quimperlé 63 – Vannes 33.

⚠⚠⚠ **La Grande Métairie** ⚃ – avr.-9 sept.
✆ 02 97 52 24 01, *info@lagrandemetairie.com*,
Fax 02 97 52 83 85, *www.lagrandemetairie.com* – places limitées pour le passage – **R** conseillée
15 ha/11 campables (575 empl.) plat et peu incliné,
herbeux, rocheux
Tarif : (Prix 2006) ✝ ⬅ 🅴 41,80 € 🔌 (6A)
Location : 114 🛖 (4 à 6 pers.) 240 à 865 €/sem.
🛒 2 bornes 5 €
Pour s'y rendre : 2,5 km au NE
À savoir : Domaine au bord de l'étang de Kerloquet, bel
espace aquatique

> Nature : ⊏ㅜ ♀
> Loisirs : 🍴 ✗ pizzeria 🔲 ⊙ ⚓ ja-
> cuzzi Cyber café, discothèque ⚓
> 🚲 ✗ 🖦 poneys petit
> parc animalier, théâtre de plein air,
> piste de bi-cross, baptême de l'air,
> parcours acrobatique
> Services : ⅙ ⊶ GB 🐕 🗟 ⊕ ⚱
> ⚱ 🐾 🖪 sèche-linge 🖳 🌡
> À prox. : 🛒 🌊 🏇

⚠⚠ **Moulin de Kermaux** 8 avr.-15 sept.
✆ 02 97 52 15 90, *moulin-de-kermaux@wanadoo.fr*,
Fax 02 97 52 83 85, *www.camping-moulin-de-ker
maux.com* – **R** indispensable
3 ha (150 empl.) plat et peu incliné, herbeux
Tarif : (Prix 2006) ✝ ⬅ 🅴 26,50 € 🔌 (6A)
Location ✂ : 22 🛖 (4 à 6 pers.) 230 à 680 €/sem.
🛒 1 borne 3,50 €
Pour s'y rendre : 2,5 km au NE

> Nature : 🐟 ⊏ㅜ ♀♀
> Loisirs : 🍴 🔲 ⚓ ≤s jacuzzi ⚓
> 🖦 🌊 terrain omnisports
> Services : ⅙ ⊶ GB 🐕 🗟 ⚱ ⊕ ⚱
> ⚱ 🖪 sèche-linge 🖳 🌡
> À prox. : 🛒 🌊 ✗ 🌊 🏇 golf

276

CARNAC

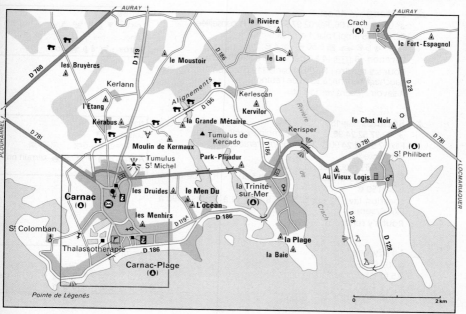

Les Bruyères avr.-mi-oct.
℘ 02 97 52 30 57, *camping.les.bruyeres@wanadoo.fr*,
Fax 02 97 52 30 57 – **R** conseillée
2 ha (112 empl.) plat, herbeux
Tarif : (Prix 2006) ♣ 3,80 € ⇄ 🔲 7 € – ₰ (4A) 2,40 €
Location : 10 (4 à 6 pers.) 200 à 510 €/sem.
1 borne
Pour s'y rendre : N : 3 km

Nature : 🐾 ♀
Loisirs : 🎮 ⚡ ✕
Services : ⚡ GB ♺ 🔲 ⚙ @ 🔲
À prox. : 🐴 ♨ ♦ 🐎 bowling, golf

Le Lac
℘ 02 97 55 78 78, *camping.dulac@wanadoo.fr*,
Fax 02 97 55 86 03, *www.camping-carnac.com* – **R** conseillée
2,5 ha (140 empl.) non clos, plat, terrasses, vallonné, herbeux
Location : 7
1 borne
Pour s'y rendre : NE : 6,3 km
À savoir : Cadre et site agréables au bord du lac

Nature : 🐾 ♱ ♀
Loisirs : 🎮 🎿 ⚡ 🎱 terrain multisports
Services : ♿ ⚡ 🔲 ⚙ ♺ @ ♨ 🔲
À prox. : 🐴 ✕ ♨ ♦ 🐎, école de plongée, golf, bowling

Le Moustoir 7 avr.-22 sept.
℘ 02 97 52 16 18, *info@lemoustoir.com*,
Fax 02 97 52 88 37, *www.lemoustoir.com* – **R** conseillée
5 ha (165 empl.) incliné, plat, herbeux
Tarif : ♣ ⇄ 🔲 21,50 € – ₰ (10A) 3,30 €
Location : 40 (4 à 6 pers.) 210 à 546 €/sem. – 6 (4 à 6 pers.) 245 à 581 €/sem.
1 borne
Pour s'y rendre : NE : 3 km

Nature : ♱ ♀
Loisirs : 🍷 🎮 ⚡ ✕ 🎿 🎱
Services : ♿ ⚡ GB ♺ 🔲 ⚙ @ ♨
♺ ♺ ♺ 🔲 sèche-linge 🔲 ♺
À prox. : 🐴 ♦ ♨ 🐎 golf

CARNAC

⛺ **L'Étang** avr.-15 oct.
℘ 02 97 52 14 06, Fax 02 97 52 23 19 – **R** conseillée
2,5 ha (165 empl.) plat, herbeux
Tarif : ★ 5 € ⬅ 目 6,50 € – ⑫ 3 €
Location : 8 ⬜ (4 à 6 pers.) 200 à 520 €/sem.
Pour s'y rendre : N : 2 km par D 119 direction Auray puis à
gauche, à Kerlann, à 50 m de l'étang
À savoir : Cadre verdoyant

> Nature : 🏞 ☐
> Loisirs : ▼ 🛶 ✗ ⛴ 🏊
> Services : ⊶ ♨ 🗃 👁 🔥 ④ 🔲
> À prox. : 🏕 ♦ ▷ 🐎 golf

⛺ **Kérabus** mai-15 sept.
℘ 02 97 52 24 90, *contact@camping-kerabus.com*,
Fax 02 97 52 24 90, *www.camping-kerabus.com*
– **R** conseillée
1,4 ha (73 empl.) plat, herbeux
Tarif : ★ 3,85 € ⬅ 目 7,60 € – ⑫ 3,30 € – frais de réser-
vation 50 €
Location (avr.-15 sept.) ⚡ : 8 ⬜ (4 à 6 pers.) 190 à
574 €/sem.
Pour s'y rendre : NE : 2 km

> Nature : 🏞 ♀
> Loisirs : 🛶
> Services : ⊶ GB ♨ 🗃 ④ 🔲
> À prox. : 🏕 ♦ ✗ ▷ 🐎 terrain om-
> nisports, golf

⛺ **La Rivière** juil.-août
℘ 02 97 55 78 29 – **R**
0,5 ha (33 empl.) plat, herbeux
Tarif : ★ 3,80 € ⬅ 2,40 € 目 2,50 € – ⑫ (9A) 3 €
Pour s'y rendre : NE : 6,5 km
À savoir : agréable cadre arbustif et ombragé

> Nature : 🏞 ☐ ♀
> Services : ⊶ 🗃 ④
> À prox. : 🏕 ✗ 📷 🎣 ▷ 🐎 école de
> plongée, bowling, golf

à Carnac-Plage S : 1,5 km – ✉ 56340

278

⛰ **Les Menhirs** 👥 – 28 avr.-28 sept.
℘ 02 97 52 94 67, *contact@lesmenhirs.com*,
Fax 02 97 52 25 38, *www.lesmenhirs.com* – places limitées
pour le passage – **R** conseillée
6 ha (360 empl.) plat, herbeux
Tarif : ★ ⬅ 目 36,66 € – ⑫ (10A) 3,60 € – frais de réservation 20 €
Location ⚡ : 40 ⬜ (4 à 6 pers.) 250 à 797 €/sem.
Pour s'y rendre : Allée St-Michel, à 400 m de la plage

> Nature : ☐ ♀♀
> Loisirs : ▼ snack, pizzeria 🎬 👁 🎡
> 🎵 ♨ jacuzzi salle d'animation, es
> pace forme 🛶 ✗ 🖥 ⛴ 🏊 po
> neys terrain omnisports
> Services : ♿ ⊶ GB ♨ 🗃 ④ ✂
> 🚰 🧺 🔲 sèche-linge 🍽 🔥
> À prox. : 🏕 🚲 ♦

⛰ **Les Druides** 16 mai-10 sept.
℘ 02 97 52 08 18, *contact@camping-les-druides.com*,
Fax 02 97 52 96 13, *www.camping-les-druides.com*
– **R** conseillée
2,5 ha (110 empl.) plat, peu incliné, herbeux
Tarif : ★ ⬅ 目 29 € – ⑫ (6A) 3,70 € – frais de réservation 16 €
Location (27 avr.-10 sept.) ⚡ : 8 ⬜ (4 à 6 pers.) 240 à
670 €/sem.
🚐 1 borne
Pour s'y rendre : E : quartier Beaumer, à 500 m de la plage

> Nature : ♀
> Loisirs : 🎬 🛶 ⛴ terrain omnis
> ports
> Services : ♿ ⊶ GB ♨ 🗃 ④ ✂
> 🚰 🔲 sèche-linge
> À prox. : 🏕 ✗ 🐎 ▷

⛺ **Le Men-Du** 7 avr.-1ᵉʳ oct.
℘ 02 97 52 04 23, *mendu@wanadoo.fr*, Fax 02 97 52 04 23,
www.camping-mendu.com – **R** conseillée
1,5 ha (100 empl.) plat, peu incliné, herbeux
Tarif : (Prix 2006) ★ ⬅ 目 22 € – ⑫ (10A) 4 € – frais de
réservation 15 €
Location : 17 ⬜ (4 à 6 pers.) 200 à 590 €/sem.
Pour s'y rendre : quartier le Men-Du, à 300 m de la plage

> Nature : ☐ ♀
> Loisirs : snack
> Services : ⊶ ♨ 🗃 ④ 🔲
> À prox. : 🏕 ✗ ♦ 🐎

CARNAC

△ **L'Océan** 1ᵉʳ avr.-20 sept.
  ℘ 02 97 52 03 98, *angelina.oliviero@wanadoo.fr*,
  Fax 02 97 52 03 98, *www.camping-delocean.com*
  – **R** conseillée
  0,5 ha (50 empl.) plat et peu incliné, herbeux
  Tarif : ♣ ⇔ 圓 22 € – ᵷ (10A) 3 €
  Location : 13 ⟦▦⟧ (4 à 6 pers.) 250 à 570 €/sem.
  Pour s'y rendre : quartier le Men-Du, à 250 m de la plage

Nature : ♀
Loisirs : ⇶
Services : ♿ ⊶ ✂ ⃟ 🛇 🔵 🔲
À prox. : ⇌ ✗ ◊ 🐎

CRACH

✉ 56950 – **308** M9 – 3 030 h. – alt. 35
Paris 482 – Auray 6 – Lorient 46 – Quiberon 29 – Vannes 25.

Schéma à Carnac

△△ **Le Fort Espagnol** 17 avr.-8 sept.
  ℘ 02 97 55 14 88, *fort-espagnol@wanadoo.fr*,
  Fax 02 97 30 01 04, *www.fort-espagnol.com* – **R** conseillée
  5 ha (190 empl.) peu incliné et plat, herbeux
  Tarif : ♣ ⇔ 圓 17 € – ᵷ (10A) 3,70 € – frais de réservation 20 €
  Location ✄ : 16 ⟦▦⟧ (4 à 6 pers.) 330 à 690 €/sem. – 4 ⟐ (4 à 6 pers.) 390 à 730 €/sem. – 10 bungalows toilés
  Pour s'y rendre : 0,8 km à l'E par rte de la Rivière d'Auray

Nature : ⌇ ⟐ ♀♀(pinède)
Loisirs : ♟ pizzeria 🁢 ⇶ 🏊 ⤴
Services : ♿ ⊶ 🅶🅱 ✂ 🛇 🔵 Ⓜ 🏛 🛇 🛇
🛝 🔵 🔲 🛇 🛇
À prox. : ⇌ ✗ ◊

Ne pas confondre :
  △ ... à ... △△△ : *appréciation* **MICHELIN**
  et
  ★ ... à ... ★★★★ : *classement officiel*

ERDEVEN

279

✉ 56410 – **308** M9 – 2 523 h. – alt. 18
⬛ *Syndicat d'initiative, 7, rue Abbé-Le-Barh* ℘ 02 97 55 64 60, *Fax 02 97 55 66 75*
Paris 492 – Auray 15 – Carnac 10 – Lorient 28 – Quiberon 20 – Quimperlé 46 – Vannes 34.

△△ **Les Sept Saints** ♣♣ – 12 mai-15 sept.
  ℘ 02 97 55 52 65, *info@septsaints.com*, Fax 02 97 55 22 67,
  www.sept.saints.com – **R** conseillée
  7 ha/5 campables (200 empl.) plat et peu incliné, herbeux
  Tarif : ♣ ⇔ 圓 25 € – ᵷ (10A) 5,50 € – frais de réservation 20 €
  Location (31 mars-23 sept.) : 62 ⟦▦⟧ (4 à 6 pers.) 260 à 770 €/sem. – 19 ⟐ (4 à 6 pers.) 320 à 770 €/sem.
  ⟦⊡⟧ 1 borne
  Pour s'y rendre : 2 km au NO par D 781, rte de Plouhinec et rte à gauche

Nature : ⟐ ♀♀(pinède)
Loisirs : ♟ 🁢 🛇 ⤴⤴ jacuzzi ⇶
🚲 🏊 ⤴ terrain omnisports
Services : ♿ ⊶ 🅶🅱 ✂ 🛇 🛇 🔵 ⤴
⤴ 🔵 sèche-linge 🛇 🛇
À prox. : ⇌ ✗ ↟ ◊ 🐎 canoë de mer, char à voile

△△ **Les Mégalithes** 1ᵉʳ mai-30 sept.
  ℘ 02 97 55 68 76, *ot.erdeven@wanadoo.fr* – **R** conseillée
  4,3 ha (100 empl.) plat, herbeux
  Tarif : ♣ ⇔ 圓 13 € – ᵷ (10A) 3 €
  ⟦⊡⟧ 1 borne
  Pour s'y rendre : S : 1,5 km par D 781, rte de Carnac et rte à droite

Nature : ⟐
Loisirs : ⤴
Services : ♿ ⊶ 🅶🅱 ✂ 🛇 🛇 🔵 🔲
sèche-linge
À prox. : ✗ ↟ ◊ 🐎 (centre équestre) canoë de mer, char à voile

△△ **La Croëz-Villieu** 1ᵉʳ avr.-15 déc.
  ℘ 02 97 55 90 43, *camping-la-croez-villieu@wanadoo.fr*,
  Fax 02 97 55 64 83, *www.la-croez-villieu.com* – places limitées pour le passage – **R** conseillée
  3 ha (134 empl.) plat, herbeux
  Tarif : ♣ 4,80 € ⇔ 2,10 € 圓 5,70 € – ᵷ (6A) 3,20 € – frais de réservation 16 €
  Location : 30 ⟦▦⟧ (4 à 6 pers.) 192 à 622 €/sem.
  Pour s'y rendre : SO : 1 km par rte de Kerhillio

Nature : ⟐ ♀
Loisirs : ♟ 🁢 ⇶ ⤴
Services : ⊶ ✂ 🛇 🛇 🔵 🔲 sèche-linge
À prox. : ⇌ ✗ ↟ ◊ 🐎 (centre équestre) canoë de mer, char à voile

ERDEVEN

⚠ **Kerzerho** 1er avr.-30 sept.
 ℰ 02 97 55 63 17, *info@camping-kerzerho.com*,
 Fax 02 97 55 63 17, *www.camping-kerzerho.com* – places li-
 mitées pour le passage – **R** conseillée
 6 ha (300 empl.) plat, herbeux, étang
 Tarif : ⭑ ⟶ ▣ 18 € – ⍚ (10A) 5 € – frais de réserva-
 tion 20 €
 Location (1er mai-15 sept.) : 23 ⛺ (4 à 6 pers.) 200 à
 650 €/sem.
 Pour s'y rendre : SE : 1 km sur D 781

| Nature : ⌂ ♀ |
| Loisirs : snack ⛺ 🏠 🏊 ⚲ |
| Services : & ⟶ ⅌ ⅌ ⅌ 🏠 ⅌ ⅌ ⅌ |
| 🖳 sèche-linge ⅌ |
| À prox. : sentiers de randonnées |

⚠ **Idéal Camping** 1er avr.-1er nov.
 ℰ 02 97 55 67 66, *info@camping-l-ideal.com*,
 Fax 02 97 55 93 12, *www.camping-l-ideal.com* – **R** conseil-
 lée
 0,6 ha (30 empl.) plat, herbeux
 Tarif : (Prix 2006) ⭑ ⟶ ▣ 17 € – ⍚ (10A) 5 € – frais de
 réservation 20 €
 Location : 23 ⛺ (4 à 6 pers.) 260 à 760 €/sem.
 Pour s'y rendre : SO : 2,2 km, rte de Kerhillis, les Lisveur

| Nature : ⌂ |
| Loisirs : ⛾ ⛺ ▣ ♦ |
| Services : & ⅌ ⅌ ⅌ 🖳 sèche- |
| linge ⅌ |

Le FAOUËT

✉ 56320 – **308** J6 – G. Bretagne – 2 806 h. – alt. 68
🛈 *Office de tourisme, 3, rue des Cendres* ℰ 02 97 23 23 23, Fax 02 97 23 11 66
Paris 516 – Carhaix-Plouguer 35 – Lorient 40 – Pontivy 47 – Quimperlé 21.

⚠ **Municipal Beg er Roch** mi-mars-sept.
 ℰ 02 97 23 15 11, *camping-lefaouet@wanadoo.fr*,
 Fax 02 97 23 11 66 – **R** conseillée
 3 ha (65 empl.) plat, herbeux
 Tarif : (Prix 2006) ⭑ 3,70 € ⟶ 2,15 € ▣ 3,25 € –
 ⍚ (5A) 2,95 € – frais de réservation 9 €
 Location : 6 ⛺ (4 à 6 pers.) 195 à 440 €/sem. – 10
 bungalows toilés
 Pour s'y rendre : SE : 2 km par D 769 rte de Lorient
 À savoir : Cadre agréable au bord de l'Ellé

| Nature : ♀ |
| Loisirs : ⛺ ⚃ 🏠 ⚲ |
| Services : & ⟶ ⅌ 🎮 🖳 ⅌ ⅌ 🖳 |

280

Le GUERNO

✉ 56190 – **308** Q9 – G. Bretagne – 582 h. – alt. 60
Paris 460 – Muzillac 8 – Redon 30 – La Roche-Bernard 17 – Sarzeau 34 – Vannes 34.

⚠ **Municipal de Borg-Néhué** avr.-oct.
 ℰ 02 97 42 94 76, *mairie-leguerno@wanadoo.fr*,
 Fax 02 97 42 84 36, *www.leguerno.fr* – **R** conseillée
 1,4 ha (50 empl.) plat, herbeux
 Tarif : ⭑ ⟶ ▣ 5,10 € – ⍚ (10A) 3,09 €
 Location (permanent) : 9 🏠 (4 à 6 pers.) 153 à
 408 €/sem.
 Pour s'y rendre : NO : 0,5 km par rte de Noyal-Muzillac

| Nature : ⌂ ♀ |
| Loisirs : ⚃ |
| Services : & ⟶ (juil.-aout) ⅌ 🖳 ⅌ |
| ⅌ 🖳 |
| À prox. : ✂ 🚲 |

GUIDEL

✉ 56520 – **308** K8 – 9 156 h. – alt. 38
🛈 *Office de tourisme, 9, rue Saint-Maurice* ℰ 02 97 65 01 74, Fax 02 97 65 09 36
Paris 511 – Nantes 178 – Quimper 60 – Rennes 162.

⚠ **Les Jardins de Kergal** 30 mars-30 sept.
 ℰ 06 83 46 53 08, *jardins.kergal@wanadoo.fr*,
 Fax 02 97 32 88 27, *www.camping-lorient.com* – **R** conseil-
 lée
 5 ha (153 empl.) plat, herbeux
 Tarif : ⭑ ⟶ ▣ 29,90 € ⍚ (10A) – frais de réservation 15 €
 Location (31 mars-30 oct.) : 15 ⛺ (4 à 6 pers.) 325 à
 735 €/sem.
 Pour s'y rendre : SO : 3 km par D 306 rte de Guidel-Plages
 et chemin à gauche
 À savoir : Agréable cadre boisé

| Nature : ⌂ ♀♀ |
| Loisirs : ⛾ ⛺ ⚃ ✂ 🏠 ▣ 🏊 ⚲ |
| Services : & ⟶ (1er juil.-28 août) |
| ⅌ ⅌ 🖳 ⅌ ⅌ 🖳 sèche-linge |
| À prox. : ♦ 🐎 (centre équestre) |
| parcours sportif |

ÎLE-AUX-MOINES

✉ 56780 – **308** N9 – G. Bretagne – 610 h. – alt. 16
Paris 483 – Rennes 132 – Vannes 15 – Saint 99 – Lorient 59.

⚠ **Municipal du Vieux Moulin**
    𝒫 02 97 26 30 68, Fax 02 97 26 38 27
    1 ha (44 empl.) plat et peu incliné, herbeux
    Pour s'y rendre : Sortie Sud-Est du bourg, rte de la Pointe de Brouel
    À savoir : réservé aux tentes

> Nature : 🏞
> Loisirs : 🎠
> Services : ⊶ 🛆
> À prox. : 🎾

JOSSELIN

✉ 56120 – **308** P7 – G. Bretagne – 2 419 h. – alt. 58
🛈 *Office de tourisme, place de la Congrégation* 𝒫 02 97 22 36 43, Fax 02 97 22 20 44
Paris 428 – Dinan 86 – Lorient 76 – Pontivy 35 – Rennes 79 – St-Brieuc 79 – Vannes 41.

⚠ **Le Bas de la Lande** 1ᵉʳ avr.-31 oct.
    𝒫 02 97 22 22 20, *campingbasdelalande@wanadoo.fr*,
    Fax 02 97 73 93 85, *www.josselin.com www.guegon.fr*
    – **R** conseillée
    2 ha (60 empl.) plat, peu incliné et en terrasses, herbeux, pinède attenante
    Tarif : 🛉 3 € ⟲ 2 € 🗐 3 € – 🔌 (6A) 3,10 €
    Location : 4 🏠 (4 à 6 pers.) 300 à 366 €/sem.
    🚐 1 borne – 6 🗐
    Pour s'y rendre : O : 2 km par D 778 et D 724 rte de Guégon à gauche à 50 m de l'Oust - par voie rapide : sortie Ouest Guégon

> Nature : ⬜
> Loisirs : 🍴 🏠 🎠
> Services : 🛁 ⊶ ⊖🅱 🐾 🛒 ♨ 🔄 🗄
> À prox. : 🛝 🪝

*Informieren Sie sich über die gültigen Gebühren,
bevor Sie Ihren Platz beziehen. Die Gebührensätze
müssen am Eingang des Campingplatzes angeschlagen sein.
Erkundigen Sie sich auch nach den Sonderleistungen.
Die im vorliegenden Band gemachten Angaben
können sich seit der Überarbeitung geändert haben.*

281

KERVOYAL

✉ 56750 – **308** P9
Paris 471 – Rennes 124 – Vannes 30 – Saint 61 – Lorient 87.

⚠ **Oasis** 1ᵉʳ avr.-20 oct.
    𝒫 02 97 41 10 52, *camping-loasis@wanadoo.fr*,
    Fax 02 97 41 10 52, *www.campingloasis.com*
    3 ha (150 empl.) plat, herbeux
    Tarif : 🛉 ⟲ 🗐 15,60 € – 🔌 (6A) 3,20 €
    Location (6 avr.-13 oct.) : 20 🚐 (4 à 6 pers.) 194 à 561 €/sem.
    🚐 1 borne
    Pour s'y rendre : à 100 m de la plage

> Nature : 🏞 ♀
> Loisirs : 🎠
> Services : ⊶ (15 juin-15 sept.) 🐾 🛒 🛆 ♨ 🗄
> À prox. : ✗ 🎾 🪝 🏊 🛶 🐎 🪝

LARMOR-PLAGE

✉ 56260 – **308** K8 – G. Bretagne – 8 470 h. – alt. 4 – Base de loisirs
Paris 510 – Lorient 7 – Quimper 74 – Vannes 66.

⚠ **La Fontaine** Permanent
    𝒫 02 97 33 71 28, *camping-la-fontaine@sellor.com*,
    Fax 02 97 33 70 32, *www.sellor.com* – **R** conseillée
    4 ha (130 empl.) plat, peu incliné, herbeux
    Tarif : 🛉 ⟲ 🗐 9,90 € – 🔌 (16A) 3,20 € – frais de réservation 13 €
    Location : 12 🚐 (4 à 6 pers.) 224 à 459 €/sem.
    🚐 1 borne
    Pour s'y rendre : à l'O de la station, à 300 m du D 152 (accès conseillé) et à 1,2 km de la base de loisirs

> Nature : 🏞 ⬜
> Loisirs : 🏠 🎠 🚲
> Services : 🛁 ⊶ ⊖🅱 🐾 ▥ 🛒 ♨ 🛆 🚰 📞 🗄 sèche-linge
> À prox. : 🏊 ✗ 🎾 🐎 🪝

LOCMARIAQUER

✉ 56740 – **308** N9 – G. Bretagne – 1 367 h. – alt. 5

🏢 *Office de tourisme, rue de la Victoire ℰ 02 97 57 33 05, Fax 02 97 57 44 30*

Paris 488 – Auray 13 – Quiberon 31 – La Trinité-sur-Mer 10 – Vannes 31.

Lann-Brick 17 mars-oct.
℘ 02 97 57 32 79, *camping.lannbrick@wanadoo.fr*,
Fax 02 97 57 45 47 – **R** indispensable
1,2 ha (98 empl.) plat, herbeux
Tarif : 🛉 ⇔ 🅴 17 € – 🛚 (10A) 4 € – frais de réservation 10 €
Location : 13 🛖 (4 à 6 pers.) 250 à 550 €/sem.
Pour s'y rendre : 2,5 km au NO par rte de Kérinis, à 200 m
de la mer

Nature : 🕸 🏖
Loisirs : 🍴 🏠 ⚽ 🚲 ⛴ balnéo
Services : 🛁 🔌 🏧 🐴 🎦 ⛺ ⊛ 📺
sèche-linge
À prox. : 🍴 🏇 🛶

LOCMIQUÉLIC

✉ 56570 – **308** K8 – 3 945 h. – alt. 10

Paris 500 – Auray 38 – Lorient 15 – Quiberon 38 – Quimperlé 33.

Municipal du Blavet Permanent
℘ 02 97 33 91 73, *mairie-de-locmiquelic@megalis.org*,
Fax 02 97 33 54 94
1 ha (50 empl.) plat, herbeux
Tarif : (Prix 2006) 🛉 ⇔ 🅴 4,60 € – 🛚 (8A) 1,99 €
Pour s'y rendre : N : par D 111, rte du port de Pen-Mané,
près d'un plan d'eau et à 250 m du Blavet (mer)

Nature : 🏖
Loisirs : ⚽
Services : 🐴 ⊛ 📺
À prox. : 🍴 ⛴ 🛶 swin golf

MELRAND

✉ 56310 – **308** M7 – 1 525 h. – alt. 112

Paris 483 – Lorient 43 – Pontivy 17 – Quimperlé 38 – Vannes 50.

Municipal
℘ 02 97 39 57 53, *communedemelrand@wanadoo.fr*,
Fax 02 97 39 59 30 – **R** conseillée
0,2 ha (12 empl.) plat, herbeux
Pour s'y rendre : SO : 0,7 km par D 2 rte de Bubry
À savoir : au bord d'un étang et d'un ruisseau

Nature : ⪡ 🕸 🏖
Loisirs : ⚽
Services : 🔌 ⊛
À prox. : 🛶 canoë, pédalos

MEUCON

✉ 56890 – **308** O8 – 1 268 h. – alt. 80

Paris 467 – Rennes 116 – Vannes 8 – Lorient 62 – Lanester 59.

Le Haras
℘ 02 97 44 66 06, *camping-vannes@wanadoo.fr*,
Fax 02 97 44 49 41, *http://campingvannes.free.fr*
– **R** conseillée
14 ha/1 campable (50 empl.) peu incliné, plat, herbeux
Location : 31 🛖 – 6 🏠
🚐 1 borne – 7 🅴
Pour s'y rendre : NE : 4 km par D 778, aérodrome de
Vannes-Meucon

Nature : 🌲
Loisirs : 🍴 snack ⚽ 🚲 🎾 ⛴
Services : 🛁 🔌 🍴 📺
À prox. : 🗡 🐴 poneys (centre
équestre) ULM

MUZILLAC

✉ 56190 – **308** Q9 – 3 805 h. – alt. 20

🏢 *Office de tourisme, Place St Julien ℰ 02 97 41 53 04*

Paris 460 – Nantes 86 – Redon 36 – La Roche-Bernard 16 – Vannes 26.

Le Relais de l'Océan 1ᵉʳ avr.-30 sept.
℘ 02 97 41 66 48, *relais-ocean@wanadoo.fr*,
Fax 02 97 48 65 88, *www.relais-ocean.com* – **R** conseillée
1,7 ha (90 empl.) plat, herbeux
Tarif : 🛉 ⇔ 🅴 10,30 € – 🛚 (6A) 2,90 € – frais de réser-
vation 18 €
Location : 37 🛖 (4 à 6 pers.) 233 à 611 €/sem.
Pour s'y rendre : O : 3 km par D 20, rte d'Ambon et rte de
Damgan à gauche

Nature : 🕸
Loisirs : 🏠 ⚽ 🚲 🎾 ⛴
Services : 🛁 🔌 🐴 🎦 ⛺ 🗑 ⊛ 📺
sèche-linge
À prox. : 🛒

282

⚠ **Municipal** 7 avr.-30 sept.
ℰ 02 97 41 67 01, *mairie.muzillac@wanadoo.fr*,
Fax 02 97 41 41 58, *www.muzillac.fr* – **R** conseillée
1 ha (100 empl.) plat, herbeux
Tarif : (Prix 2006) ♣ 2,80 € ⟺ 1,10 € ▣ 2,70 € –
⚡ (5A) 2,70 €

Pour s'y rendre : E : par rte de Péaule et chemin près du stade

| Loisirs : 🔲 |
| Services : ⚹ ☞ ⚐ 🗑 ♨ ⊛ |
| À prox. : ✕ |

NAIZIN

✉ 56500 – **308** O7 – 1 524 h. – alt. 106
Paris 454 – Ploërmel 40 – Pontivy 16 – Rennes 106 – Vannes 41.

⚠ **Municipal de Coetdan** 15 avr.-30 oct.
ℰ 02 97 27 43 27, *mairie-de-naizin@wanadoo.fr*,
Fax 02 97 27 46 82
0,7 ha (28 empl.) plat et peu incliné, herbeux
Tarif : ♣ 1,60 € ⟺ 1,10 € ▣ 1,60 € – ⚡ (10A) 1,60 €
Pour s'y rendre : E : 0,6 km par D 17 et D 203 direction Réguiny
À savoir : Cadre agréable près d'un plan d'eau

| Nature : 🔲 ♀ |
| Loisirs : 🎣 |
| Services : ⚹ ⚐ ⊛ |
| À prox. : ⚑ ⚘ parcours de santé, pédalos, ferme animalière |

NOYAL-MUZILLAC

✉ 56190 – **308** Q9 – 1 920 h. – alt. 52
Paris 468 – Rennes 108 – Vannes 31 – Saint 57 – Lorient 88.

⚠ **Moulin de Cadillac** 1er mai-30 sept.
ℰ 02 97 67 03 47, *infos@moulin-cadillac.com*,
Fax 02 97 67 00 02, *www.camping-moulin-cadillac.com* – **R** conseillée
4 ha (145 empl.) non clos, plat, herbeux, petit étang, bois attenant
Tarif : (Prix 2006) ♣ ⟺ ▣ 9,50 € – ⚡ (10A) 2,50 € – frais de réservation 10 €
Location (1er avr.-30 sept.) : 20 🏠 (4 à 6 pers.) 160 à 560 €/sem. – 19 🏠 (4 à 6 pers.) 160 à 560 €/sem.
🏠 1 borne
Pour s'y rendre : NO : 4,5 km par rte de Berric
À savoir : Entrée fleurie et cadre agréable, au bord du Kervily

| Nature : 🌳 🔲 ♀ |
| Loisirs : 🍴 🔲 ☺ nocturne, salle d'animation ⚑ ⚘ ⚑ 🎣 parc animalier, terrain omnisports |
| Services : ⚹ ☞ ⊞ ⚐ 🗑 ♨ ⚑ ⊛ 🔲 sèche-linge ⚑ |
| À prox. : ✕ poneys |

283

PÉNESTIN

✉ 56760 – **308** Q10 – 1 527 h. – alt. 20
🛈 Syndicat d'initiative, allée du Grand Pré *ℰ* 02 99 90 37 74
Paris 458 – La Baule 29 – Nantes 84 – La Roche-Bernard 18 – St-Nazaire 43 – Vannes 48.

⚠⚠ **Inly** 7 avr.-22 sept.
ℰ 02 99 90 35 09, *inly-info@wanadoo.fr*,
Fax 02 99 90 40 93, *www.camping-inly.com* – places limitées pour le passage – **R** conseillée
30 ha/12 campables (500 empl.) plat, herbeux, pierreux
Tarif : ♣ 6,70 € ⟺ 2,60 € ▣ 11,50 € – ⚡ (10A) 3,40 € – frais de réservation 15 €
Location : 78 🏠 (4 à 6 pers.) 217 à 798 €/sem.
Pour s'y rendre : 2 km au SE par D 201 et rte à gauche

| Nature : 🌳 🔲 ♀ |
| Loisirs : 🍴 snack, crêperie, pizzeria 🔲 ☺ diurne nocturne (soirées à thème) ⚑ ⚘ 🏊 ✕ 🎣 ⚑ poneys canoë |
| Services : ☞ ⊞ ⚐ 🗑 ⊛ ♨ ⚑ ⚑ ⚑ 🔲 sèche-linge ⚑ ⚑ |

⚠⚠ **Les Îles** ⚑ – avr.-15 oct.
ℰ 02 99 90 30 24, *contact@camping-des-iles.fr*,
Fax 02 99 90 44 55, *www.camping-des-iles.fr* – **R** conseillée
3,5 ha (184 empl.) plat, herbeux, étang
Tarif : ♣ ⟺ ▣ 35 € – ⚡ 3,40 €
Location : 15 🏠 (4 à 6 pers.) 280 à 763 €/sem. – 8 bungalows toilés
Pour s'y rendre : 4,5 km au S par D 201 à dr., à la Pointe du Bile
À savoir : En bordure d'Océan

| Nature : 🔲 ♀ ⚑ |
| Loisirs : 🍴 snack 🔲 ☺ nocturne (soirées à thème) ⚑ ⚘ 🚲 ✕ 🏊 ⚑ terrain omnisports |
| Services : ⚹ ☞ ⊞ ⚐ Ⓜ 🗑 ♨ ⊛ 🔲 sèche-linge ⚑ ⚑ |
| À prox. : ⚑ poneys |

PÉNESTIN

⚠ **Le Cénic** 10 avr.-10 nov.
  𝒫 02 99 90 45 65, *info@lecenic.com*, Fax 02 99 90 45 05,
  www.lecenic.com – **R** conseillée
  5,5 ha (310 empl.) plat, peu incliné, herbeux
  Tarif : 🛉 🚗 ▣ 18 € – 🔌 (6A) 4 € – frais de réservation 15 €
  Location 🏠 : 65 🚐 (4 à 6 pers.) 250 à 620 €/sem. – 15
  🏚 (4 à 6 pers.) 240 à 620 €/sem.
  🚐, 1 borne 3 € – 150 ▣ 26 €
  Pour s'y rendre : 1,5 km à l'E par D 34 rte de la Roche-
  Bernard, bord d'un étang
  À savoir : bel ensemble aquatique couvert

> Nature : 🌳
> Loisirs : 🍴 🏠 🔆 salle d'animation
> 🏇 🎱 🏊 🛶 🏹
> Services : 🚿 🔌 GB 🅿 🗑 🗑 ⊕ 🚽
> sèche-linge

⚠ **Les Parcs** déb. avr.-fin sept.
  𝒫 02 99 90 30 59, *lesparcs@club-internet.fr*,
  Fax 02 99 90 37 42, *www.camping-lesparcs.com*
  – **R** conseillée
  2,5 ha (75 empl.) plat et peu incliné, herbeux
  Tarif : 🛉 🚗 ▣ 12,50 € – 🔌 (6A) 2,50 € – frais de réser-
  vation 15 €
  Location (1er avr.-31 déc.) : 25 🚐 (4 à 6 pers.) 190 à
  540 €/sem.
  Pour s'y rendre : E : 0,5 km par D 34 rte de la Roche-
  Bernard

> Nature : 🌳 🌿
> Loisirs : 🍴 🏊 (petite piscine)
> Services : 🚿 🔌 GB 🅿 🗑 ⊕ 🚽
> À prox. : 🏖 🍴 🐕

Benutzen Sie
– zur Wahl der Fahrtroute
– zur Berechnung der Entfernungen
– zur exakten Lokalisierung eines Campingplatzes (mit Hilfe der Angaben im Ortstext)
*die für diesen Führer unentbehrlichen **MICHELIN-Karten** im Ma1 : 150 000.*

284

PLOEMEL

✉ 56400 – **308** M9 – 2 047 h. – alt. 46
Paris 485 – Auray 8 – Lorient 34 – Quiberon 23 – Vannes 27.

⚠ **St-Laurent** Permanent
  𝒫 02 97 56 85 90, *camping.saint.laurent@wanadoo.fr*,
  Fax 02 97 56 85 90, *www.ploemel.com* – **R** conseillée
  3 ha (90 empl.) plat, peu incliné, herbeux
  Tarif : 🛉 🚗 ▣ 9 € – 🔌 (10A) 3,50 €
  Pour s'y rendre : NO : 2,5 km rte de Belz, à proximité du
  carrefour D 22 et D 186

> Nature : 🌿 🌳 (pinède)
> Loisirs : snack 🏇 🏊
> Services : 🔌 GB 🅿 🗑 ⊕ 🚽 🏖
> À prox. : golf

⚠ **Kergo** 1er mai-30 sept.
  𝒫 02 97 56 80 66, *camping.kergo@wanadoo.fr*,
  Fax 02 97 56 80 66, *multimania.com/campingkergo/*
  – **R** conseillée
  2,5 ha (135 empl.) peu incliné et plat, herbeux
  Tarif : 🛉 3,50 € 🚗 1,80 € ▣ 4,20 € – 🔌 (10A) 2,50 €
  Location (1er avr.-31 oct.) : 8 🚐 (4 à 6 pers.) 230 à
  540 €/sem.
  Pour s'y rendre : SE : 2 km par D 186 rte de la Trinité-sur-
  Mer et à gauche

> Nature : 🐾 🌿
> Loisirs : 🏠 🏇
> Services : 🚿 🔌 GB 🅿 🗑 ⊕ 🚽

PLOUGOUMELEN

✉ 56400 – **308** N9 – 1 762 h. – alt. 27
Paris 471 – Auray 10 – Lorient 51 – Quiberon 39 – Vannes 14.

⚠ **Municipal Kergouguec**
  𝒫 02 97 57 88 74, *mairie.plougoumelen@wanadoo.fr*
  – **R** conseillée
  1,5 ha (80 empl.) plat à peu incliné, herbeux
  Pour s'y rendre : à 0,5 km au Sud du bourg, par rte de
  Baden, au stade

> Nature : 🌿
> Loisirs : 🍴
> Services : 🚿 🔌 🗑 ⊕ 🚽
> À prox. : golf

⚠ **La Fontaine du Hallate** 1er avr.-30 sept.
  ☎ 02 97 57 84 12, *clegloanic@campinghallate.com*,
www.campinghallate.com – **R** conseillée
1 ha (45 empl.) peu incliné, plat, herbeux
Tarif : ♦ 2 € ⛺ 1 € 🅴 4 € – 🔌 (4A) 2 € – frais de réservation 15 €
Location : 10 🛖 (4 à 6 pers.) 250 à 400 €/sem.
Pour s'y rendre : SE : 3,2 km vers Ploeren et rte de Baden à droite, au lieu-dit Hallate

> Nature : 🏞 ≤
> Loisirs : 🚴
> Services : 🚿 ♨ 🖼 sèche-linge
> À prox. : 🍴 golf

PLOUHARNEL

✉ 56340 – **308** M9 – 1 700 h. – alt. 21
🅸 *Office de tourisme, rond-point de l'Océan* ☎ 02 97 52 32 93
Paris 490 – Auray 13 – Lorient 33 – Quiberon 15 – Quimperlé 51 – Vannes 33.

⚠ **Kersily** 1er avr.-31 oct.
  ☎ 02 97 52 39 65, *camping.kersily@wanadoo.fr*,
Fax 02 97 52 44 76, *camping-kersily.com* – **R** conseillée
2,5 ha (120 empl.) plat et peu incliné, herbeux
Tarif : ♦ 4,50 € ⛺ 1,90 € 🅴 5,60 € – 🔌 (10A) 2,60 € – frais de réservation 10 €
Location : 22 🛖 (4 à 6 pers.) 190 à 520 €/sem.
🚐 1 borne 2 €
Pour s'y rendre : NO : 2,5 km par D 781 rte de Lorient et rte de Ste-Barbe, à gauche

> Nature : 🏞 💧💧
> Loisirs : snack 🍴 🚴 🏊 🛝
> Services : 🔥 ⛽ GB 🚿 🗄 🧺 ♨ 🧹
> ⛲ 🖼 sèche-linge
> À prox. : 🍴 🏇 poneys, golf, terrain omnisports

⚠ **Les Goélands** 25 mai-20 sept.
  ☎ 02 97 52 31 92, *angelina.oliviero@wanadoo.fr*
– **R** conseillée
1,6 ha (80 empl.) plat, herbeux
Tarif : ♦ ⛺ 🅴 15 € 🔌 (6A)
Pour s'y rendre : E : 1,5 km par D 781 rte de Carnac puis 0,5 km par rte à gauche

> Nature : 🏞 💧
> Services : ⛽ 🚿 🧺 ♨
> À prox. : 🍴 🏇 poneys golf

285

PLOUHINEC

✉ 56680 – **308** L8 – 4 143 h. – alt. 10
Paris 503 – Auray 22 – Lorient 18 – Quiberon 30 – Quimperlé 36.

⚠ **Moténo** mi-avr.-mi-sept.
  ☎ 02 97 36 76 63, *camping-moteno@wanadoo.fr*,
Fax 02 97 85 81 84, *www.camping-le-moteno.com* – **R** indispensable
4 ha (230 empl.) plat, herbeux
Tarif : (Prix 2006) ♦ ⛺ 🅴 11 € – 🔌 (10A) 3,50 € – frais de réservation 20 €
Location (mi-avr.-mi-nov.) : 80 🛖 (4 à 6 pers.) 175 à 625 €/sem. – 15 🏠 (4 à 6 pers.) 175 à 625 €/sem.
Pour s'y rendre : 4,5 km au SE par D 781 et à dr., rte du Magouër

> Nature : 🏕 💧
> Loisirs : 🍷 snack 🍴 🎦, salle d'animation 🚴 🚲 🏊 🛝 terrain omnisports
> Services : 🔥 ⛽ GB 🚿 🗄 ♨ 🖼
> sèche-linge 🧺 🧹

⚠ **La Lande du Bélier** (location exclusive de mobile homes et chalets) 1er avr.-30 sept.
  ☎ 02 97 85 80 98, *lldb@wanadoo.fr*, Fax 02 97 85 84 59,
www.la-lande-du-belier.com – **R** indispensable
5,5 ha plat, herbeux
Location : 30 🛖 (4 à 6 pers.) 250 à 610 €/sem. – 10 🏠 (4 à 6 pers.) 360 à 650 €/sem.
Pour s'y rendre : 1,5 km par D 781 rte de Carnac
À savoir : parc paysagé

> Nature : 🏕 💧(pinède)
> Loisirs : 🍷 snack 🍴 🖼
> Services : ⛽ 🚿 🧹
> À prox. : 🍴 🛶

PLOUHINEC

⚠ **Municipal Kérabus** 1er juil.-31 oct.
𝒫 02 97 36 61 67, *mairie.plouhinec56@wanadoo.fr*,
Fax 02 97 85 88 89 – **R** conseillée
4 ha (100 empl.) non clos, plat, herbeux, pinède attenante
Tarif : (Prix 2006) ⚹ ⛺ 🚗 🅴 7,50 € – (ⱨ) (10A) 3 €
Pour s'y rendre : SE : 3 km par D 781, rte de Carnac et à
droite, rte du Magouër, au stade

Nature : 🐾 ⛺
Loisirs : 🚴 🎿 poneys
Services : 🚿 ⚡ 🆖 🚗 ♨ ☺ 🔋
À prox. : ♨

PONT-SCORFF

✉ 56620 – **308** K8 – G. Bretagne – 2 623 h. – alt. 42
🛈 Syndicat d'initiative, rue de Lorient 𝒫 02 97 32 50 27
Paris 509 – Auray 47 – Lorient 11 – Quiberon 56 – Quimperlé 13.

⚠ **Ty Nénez** Permanent
𝒫 02 97 32 51 16, *camping-ty-nenez@wanadoo.fr*,
Fax 02 97 32 43 77, *www.lorient-camping.com* – **R** conseil-
lée
1,5 ha (50 empl.) plat, peu incliné, herbeux
Tarif : ⚹ ⛺ 🅴 5,30 € – (ⱨ) (16A) 2,65 €
Location : 5 🛖 (4 à 6 pers.) 420 à 469 €/sem.
🚐 1 borne 2 €
Pour s'y rendre : SO : 1,8 km par D 6 rte de Lorient

Loisirs : 🍷
Services : 🚿 ⚡ 🆖 🚗 ▥ 🔋 ♨ ☺
🔋
À prox. : 🍴 🎿

PRIZIAC

✉ 56320 – **308** K6 – 986 h. – alt. 163
Paris 498 – Concarneau 55 – Lorient 42 – Pontivy 39 – Rennes 148 – Saint-Brieuc 83 – Vannes 90.

⚠ **Municipal Bel Air** 1er avr.-30 sept.
𝒫 02 97 34 63 55, *mairie.priziac@wanadoo.fr*,
Fax 02 97 34 64 67 – **R** conseillée
1,5 ha (50 empl.) plat, herbeux
Tarif : ⚹ 2,40 € ⛺ 🚗 1,15 € 🅴 1,65 € – (ⱨ) (6A) 1,95 € – frais
de réservation 7,25 €
Location (déb. mars-30 oct.) : 4 🛖 (4 à 6 pers.) 205 à
420 €/sem.
Pour s'y rendre : N : 0,5 km par D 109 et à gauche
À savoir : cadre verdoyant et ombragé près d'un plan
d'eau

Nature : 🐾 ♀♀
Loisirs : 🍴
Services : 🚿 🚗 🔋 ☺ 🔋
À prox. : 🍷 🚴 🎿 ♠ 🛶 (plage) ♨
pédalos, base nautique

QUIBERON

✉ 56170 – **308** M10 – G. Bretagne – 5 073 h. – alt. 10
🛈 Office de tourisme, 14, rue de Verdun 𝒫 02 97 50 07 84, Fax 02 97 30 58 22
Paris 505 – Auray 28 – Concarneau 98 – Lorient 47 – Vannes 47.

⚠⚠⚠ **Le Bois d'Amour** 👥 – 31 mars-30 sept.
𝒫 04 42 20 47 25, *info@homair.com*, Fax 04 42 95 03 63,
www.homair.com – **R** indispensable
4,6 ha (290 empl.) plat, sablonneux, herbeux
Tarif : ⚹ ⛺ 🚗 🅴 39 € (ⱨ) (10A) – frais de réservation 10 €
Location : 150 🛖 (4 à 6 pers.) 204 à 721 €/sem.
🚐 1 borne – 3 🅴
Pour s'y rendre : 1,5 km au SE, à 300 m de la mer et du
centre de thalassothérapie

Nature : ⛺ ♀
Loisirs : 🍷 snack 🎮 🏓 🚴 🎿 🚴
🏊
Services : 🚿 🆖 🚗 🔋 ♨ ☺ 🔋 sè-
che-linge ⚒
À prox. : 🎿 ♠ ♨ 🐴 (centre éques-
tre) practice de golf

⚠⚠ **Les Joncs du Roch** 31 mars-29 sept.
𝒫 02 97 50 24 37, Fax 02 97 50 24 37 – **R** indispensable
2,3 ha (163 empl.) plat, herbeux
Tarif : ⚹ ⛺ 🅴 20,80 € – (ⱨ) (10A) 3,80 € – frais de réservation 28 €
Location 🏠 : 11 🛖 (4 à 6 pers.) 285 à 560 €/sem. – 3
bungalows toilés
Pour s'y rendre : SE : 2 km, rue de l'aérodrome, à 500 m
de la mer

Nature : ⛺ ♀
Loisirs : 🎮 🚴
Services : 🚿 ⚡ (saison) 🆖 🚗 🔋
♨ ☺ ⚒ 🔋 sèche-linge
À prox. : snack 🎿 ♠ ♨ 🐴 poneys
(centre équestre) terrain omnisports, practice de golf

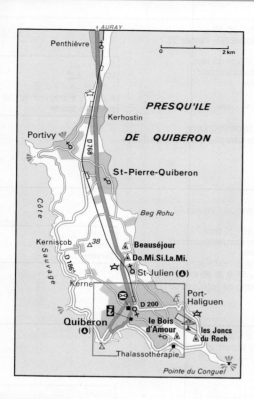

La ROCHE-BERNARD

✉ 56130 – **308** R9 – G. Bretagne – 796 h. – alt. 38

ℹ Office de tourisme, 14, rue du Docteur Cornudet ℘ 02 99 90 67 98, Fax 02 99 90 67 99

Paris 444 – Nantes 70 – Ploërmel 55 – Redon 28 – St-Nazaire 37 – Vannes 42.

⚠ **Municipal le Pâtis**
℘ 02 99 90 60 13, Mairie_LRB@wanadoo.fr,
Fax 02 99 90 88 28 – **R** conseillée
1 ha (58 empl.) plat, herbeux
Pour s'y rendre : à l'O du bourg vers le port de plaisance
À savoir : près de la Vilaine (accès direct)

Nature : 🏞 ♀
Loisirs : 🛖 🚲
Services : ও ⚡ 🏢 🗑 ⓐ ♨ 🖼
À prox. : 🏊 🔲 (découverte en saison) ♨ canoë

ROCHEFORT-EN-TERRE

✉ 56220 – **308** Q8 – G. Bretagne – 693 h. – alt. 40

ℹ Office de tourisme, 7, place du Puits ℘ 02 97 43 33 57

Paris 431 – Ploërmel 34 – Redon 26 – Rennes 82 – La Roche-Bernard 27 – Vannes 36.

⚠ **Le Moulin Neuf** 13 mai-9 sept.
℘ 02 97 43 37 52, Fax 02 97 43 35 45 – **R** conseillée
2,5 ha (60 empl.) plat et incliné, herbeux
Tarif : (Prix 2006) ⚹ 6 € ⛺ 🅿 8 € – 🔌 (10A) 4,50 €
Pour s'y rendre : SO : 1 km par D 774, rte de Péaule et chemin à droite, à 500 m d'un plan d'eau

Nature : 🌳 🏞
Loisirs : 🏊 ✂ 🎯
Services : ও ⚡ 🖼 ♨ ⓐ 🖼 sèche-linge
À prox. : 🍴 🏖 (plage)

*The classification (1 to 5 tents, **black** or red) that we award to
selected sites in this Guide is a system that is our own.
It should not be confused with the classification (1 to 4 stars) of official organisations.*

ROHAN

✉ 56580 – **308** O6 – G. Bretagne – 1 521 h. – alt. 55
Paris 451 – Lorient 72 – Pontivy 17 – Quimperlé 86 – Vannes 53.

△ **Municipal le Val d'Oust** 15 juin-15 sept.
📞 02 97 51 57 58, *mairie.rohan@wanadoo.fr*,
Fax 02 97 51 52 11 – **R** conseillée
1 ha (45 empl.) plat, herbeux
Tarif : (Prix 2006) ✝ 2,80 € ⟷ 1,05 € 🔲 1,05 € –
[⚡] (16A) 2,50 €
Pour s'y rendre : sortie NO, rte de St-Gouvry
À savoir : au bord du canal de Nantes-à-Brest et près d'un
plan d'eau

> Nature : 🔆🔆
> Loisirs : 🏇
> Services : ♿ 🐎 ⊕ 📷
> À prox. : 🍽 crêperie 🎣 🏖 (plage)
> parcours sportif

ST-CONGARD

✉ 56140 – **308** R8 – 637 h. – alt. 20
Paris 420 – Josselin 33 – Ploërmel 24 – Redon 26 – Vannes 42.

△ **Municipal du Halage** 15 juin-15 sept.
📞 02 97 43 50 13, *mairie-st-congard@wanadoo.fr*,
Fax 02 97 43 54 75 – **R** conseillée
0,8 ha (42 empl.) plat à peu incliné, herbeux
Tarif : (Prix 2006) ✝ 1,60 € ⟷ ,85 € 🔲 ,85 € – [⚡] (5A) 1,80 €
Pour s'y rendre : Au bourg, près de l'église et de l'Oust

> Nature : 🌳 🏕 🔆
> Loisirs : 🏇
> Services : ⊕

ST-GILDAS-DE-RHUYS

✉ 56730 – **308** N9 – G. Bretagne – 1 436 h. – alt. 10
🛈 *Office de tourisme, place Monseigneur Ropert* 📞 02 97 45 31 45
Paris 483 – Arzon 9 – Auray 48 – Sarzeau 7 – Vannes 29.

Schéma à Sarzeau

🔺🔺🔺 **Le Menhir** 16 mai-9 sept.
📞 02 97 45 22 88, *campingmenhir@aol.com*,
Fax 02 97 45 37 18, *www.campingdumenhir.com*
– **R** conseillée
5 ha/3 campables (180 empl.) plat et peu incliné, herbeux
Tarif : ✝ ⟷ 🔲 20 € – [⚡] (10A) 4 € – frais de réserva-
tion 18,50 €
Location 🏠 : 20 🛖 (4 à 6 pers.) 229 à 700 €/sem.
Pour s'y rendre : 3,5 km au N, accès conseillé par D.780
rte de Port-Navalo

> Nature : 🏕 🔆🔆
> Loisirs : 🍽 snack, pizzeria 🏠 🎥
> nocturne 🏇 🚲 🎣 ♨ 🏊 ⛷
> Services : ♿ ⊶ GB 🐎 🖃 🛁 🚿 ⊕
> ⛲ 🚮 📷 sèche-linge 🏪 🛒
> À prox. : 💧 🐎 (centre équestre)
> golf

△ **Goh'Velin** 1er avr.-20 sept.
📞 02 97 45 21 67, *gohvelin@cegetel.net*,
Fax 02 97 45 21 67, *gohvelin.fr* – **R** conseillée
1 ha (93 empl.) plat et peu incliné, herbeux
Tarif : (Prix 2006) ✝ ⟷ 🔲 9,90 € – [⚡] (6A) 2,95 € – frais de
réservation 8 €
Location : 12 🛖 (4 à 6 pers.) 205 à 510 €/sem.
Pour s'y rendre : N : 1,5 km, à 300 m de la plage

> Nature : 🏕 🔆
> Loisirs : 🏠 🏇 ⛷
> Services : ⊶ GB 🐎 🖃 ⊕ 📷
> À prox. : 🏐 💧 🐎 (centre équestre)
> golf

ST-JACUT-LES-PINS

✉ 56220 – **308** R8 – 1 552 h. – alt. 63
Paris 419 – Ploërmel 38 – Redon 13 – La Roche-Bernard 26 – Vannes 47.

△ **Municipal les Étangs de Bodéan**
📞 02 99 91 28 65, *mairie.st-jacutlespins@wanadoo.fr*,
Fax 02 99 91 30 44 – **R̶**
1 ha (50 empl.) plat et peu incliné, herbeux
Pour s'y rendre : SO : 2,5 km par D 137 rte de St-Gorgon
À savoir : belle décoration arbustive, au bord d'un étang

> Nature : 🌳 🔆
> Loisirs : 🏇 🎣
> Services : 🖃 ⊕

ST-JULIEN

✉ 56170 – **308** M10
Paris 503 – Auray 27 – Lorient 46 – Quiberon 2 – Vannes 46.

Schéma à Quiberon

Beauséjour 29 avr.-16 sept.
℘ 02 97 30 44 93, *info@campingbeausejour.com,*
Fax 02 97 50 44 73, *www.campingbeausejour.com*
– **R** conseillée
2,4 ha (160 empl.) plat et peu incliné, herbeux, sablonneux
Tarif : (Prix 2006) ⚹ ⟵ 🔲 13 € – ⚡ (10A) 4,40 € – frais de
réservation 17 €
Location : 15 ⟦⟧ (4 à 6 pers.) 250 à 630 €/sem.
⟦⟧ 1 borne 4 €
Pour s'y rendre : N : 0,8 km, à 50 m de la mer

Loisirs : 🏠 ♨
Services : ♿ ⚷ GB ⟨ 🔲 ♨ ⚒ ⊚
⚓ ⚐ 🖥
À prox. : 🍴 🍺 snack ⚓ 🍴 🎮 🎿 ♨
🏇 école de plongée, char à voile

Do.Mi.Si.La.Mi. 1ᵉʳ avr.-4 nov.
℘ 02 97 50 22 52, *camping@domisilami.com,*
Fax 02 97 50 26 69, *www.domisilami.com*
4,4 ha (349 empl.) plat et peu incliné, herbeux
Tarif : ⚹ ⟵ 🔲 16,10 € – ⚡ (10A) 4,10 €
Location 🚫 : 36 ⟦⟧ (4 à 6 pers.) 240 à 682 €/sem.
⟦⟧ 1 borne
Pour s'y rendre : N : 0,6 km, à 50 m de la mer
À savoir : décoration arbustive

Nature : ▱
Loisirs : 🏠 ♨ 🚲 terrain omnisports
Services : ♿ ⚷ GB ⟨ 🔲 ♨ ⚒ ⊚
⚓ ⚐ 🖥 sèche-linge
À prox. : 🍴 🍺 snack ⚓ 🍴 🎮 🎿 ♨
🏇 école de plongé, char à voile

Pour choisir et suivre un itinéraire
Pour calculer un kilométrage
Pour situer exactement un terrain (en fonction des
indications fournies dans le texte) :
*Utilisez les **cartes MICHELIN** détaillées à 1/150 000,*
compléments indispensables de cet ouvrage.

289

ST-PHILIBERT

✉ 56470 – **308** N9 – 1 258 h. – alt. 15
Paris 486 – Auray 11 – Locmariaquer 7 – Quiberon 27 – La Trinité-sur-Mer 6.

Schéma à Carnac

Le Chat Noir 7 avr.-31 oct.
℘ 02 97 55 04 90, *chatnoir@campinglechatnoir.com,*
Fax 02 97 55 04 90, *www.camping-lechatnoir.com*
– **R** conseillée
1,7 ha (98 empl.) plat et peu incliné, herbeux
Tarif : ⚹ ⟵ 🔲 12,60 € – ⚡ (10A) 3,50 € – frais de réser-
vation 20 €
Location : ⟦⟧ – 30 ⟦⟧ (4 à 6 pers.) 230 à 615 €/sem.
Pour s'y rendre : N : 1 km

Nature : ▱ ♤
Loisirs : 🏠 ♨ 🎿 ⚒ ⚓
Services : ♿ ⚷ GB ⟨ 🔲 ♨ ⊚ 🖥
À prox. : 🍴 🍴 ♨

Les Palmiers Permanent
℘ 02 97 55 01 17, *contact@campinglespalmiers.com,*
Fax 02 97 55 03 91, *www.campinglespalmiers.com*
– **R** conseillée
2 ha (92 empl.) plat et peu incliné, herbeux
Tarif : ⚹ ⟵ 🔲 13,20 € – ⚡ (10A) 4,50 € – frais de réser-
vation 16,50 €
Location : 40 ⟦⟧ (4 à 6 pers.) 260 à 590 €/sem. – ⊨
Pour s'y rendre : O : 2 km, à 500 m de la rivière de Crach
(mer)
À savoir : ancienne ferme restaurée et fleurie

Nature : ♀
Loisirs : crêperie ♨
Services : ♿ ⚷ GB ⟨ 🔲 ♨ ⊚ 🖥
À prox. : 🍴 🍴 ♨

STE-ANNE-D'AURAY

✉ 56400 – **308** N8 – G. Bretagne – 1 844 h. – alt. 42
🏢 *Office de tourisme, 26, rue de Vannes* 𝒫 *02 97 57 69 16, Fax 02 97 57 79 22*
Paris 475 – Auray 7 – Hennebont 33 – Locminé 27 – Lorient 44 – Quimperlé 58 – Vannes 16.

△ **Municipal du Motten** juin-sept.
𝒫 02 97 57 60 27, *contact@sainte-anne-auray.com*,
Fax 02 97 57 72 33 – **R** conseillée
1,5 ha (115 empl.) plat, herbeux
Tarif : (Prix 2006) 🛉 2,30 € – 🚗 1,40 € – 回 1,90 € –
🔌 (10A) 2,60 €
Pour s'y rendre : SO : 1 km par D 17 rte d'Auray et rue du
Parc à droite

Nature : ♀	
Loisirs : 🏕 🚣 ✂	
Services : 🖰 🔩 🗑 💧 ▣	
À prox. : 🔲	

SARZEAU

✉ 56370 – **308** O9 – G. Bretagne – 6 143 h. – alt. 30
🏢 *Office de tourisme, rue du Père Coudrin* 𝒫 *02 97 41 82 37, Fax 02 97 41 74 95*
Paris 478 – Nantes 111 – Redon 62 – Vannes 23.

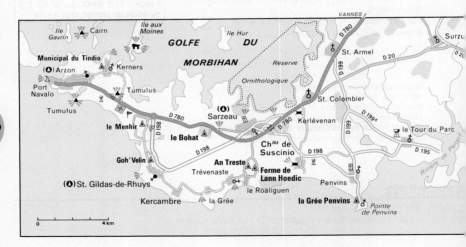

△△ **Le Bohat** ♟♟ – 26 avr.-16 sept.
𝒫 02 97 41 78 68, *lebohat@campinglebohat.com*,
Fax 02 97 41 70 97, *www.campinglebohat.com* – **R** conseil-
lée
4,5 ha (225 empl.) non clos, plat, herbeux
Tarif : (Prix 2006) 🛉 🚗 回 21,55 € 🔌 (10A)
Location 🏠 : 10 🚐 (4 à 6 pers.) 230 à 595 €/sem.
🚐 1 borne 5 €
Pour s'y rendre : O : 2,8 km

Nature : 🌿 ♀(verger)	
Loisirs : 🍴 🏕 🏓 🚣 🎱	
Services : 🖰 🔩 ⊂B 🗑 📮 🚿 ♨ ◎	
▣ sèche-linge ▥	
À prox. : 🍴 ✗ ▨ 🦆 🐎 (centre	
équestre) golf	

△△ **An Trest** mi-juin-9 sept.
𝒫 02 97 41 79 60, *letreste@campingletreste.com*,
Fax 02 97 41 36 21, *www.campingletreste.com* – **R** conseil-
lée
5 ha (225 empl.) plat, herbeux
Tarif : 🛉 🚗 回 15,45 € – 🔌 (10A) 3,30 € – frais de réser-
vation 12 €
Location : 15 🚐 (4 à 6 pers.) 260 à 695 €/sem.
Pour s'y rendre : S : 2,5 km, rte du Roaliguen

Loisirs : 🍴 🏕 🚣 🎱 🏊	
Services : 🖰 🔩 ⊂B 🗑 📮 🚿 ◎ ▣	
sèche-linge ▥	
À prox. : 🍴 ✗ ▨ 🦆 🐎 (centre	
équestre), golf	

Ferme de Lann Hoedic 1er avr.-31 oct.
℘ 02 97 48 01 73, *contact@camping-lannhoedic.fr*,
Fax 02 97 41 72 87, *www.camping-lannhoedic.fr*
– **R** conseillée
3,6 ha (128 empl.) peu incliné, plat, herbeux
Tarif : ✝ ⇌ 回 11,80 € – 🔌 (10A) 2,70 € – frais de réservation 10 €
Location 🛏 : 8 (4 à 6 pers.) 230 à 620 €/sem.
Pour s'y rendre : S : 4 km rte du Roaliguen

| Nature : 🏞 |
| Loisirs : 🏊 🚴 |
| Services : 🔌 🗑 M 🗑 🛁 🅰 🚮 🚰 |
| 🖼 |
| À prox. : 🐎 |

La Grée Penvins 1er avr.-30 sept.
℘ 02 97 67 33 96, *info@campinglagreepenvins.com*,
Fax 02 97 67 40 70, *www.campinglagreepenvins.com*
2,5 ha (125 empl.) plat, terrasse, herbeux
Tarif : (Prix 2006) ✝ ⇌ 回 8,65 € – 🔌 (6A) 2,40 €
Location 🛏 : 9 (4 à 6 pers.) 202 à 550 €/sem.
Pour s'y rendre : SE : 9 km par D 198
À savoir : accès direct à la plage de la Pointe de Penvins

| Nature : 🏞 ⛰ |
| Services : 🚻 🔌 🗑 🛁 🚮 🅰 🖼 |
| À prox. : 🍽 🍴 🎣 ♨ |

SÉRENT

✉ 56460 – **308** P8 – 2 716 h. – alt. 80
Paris 432 – Josselin 17 – Locminé 31 – Ploërmel 19 – Redon 47 – Vannes 31.

Municipal du Pont Salmon
℘ 02 97 75 91 98, *mairie.serent@wanadoo.fr*,
Fax 02 97 75 98 35 – **R** conseillée
1 ha (40 empl.) plat, herbeux
🚐 1 borne – 10 回
Pour s'y rendre : au bourg, vers rte de Ploërmel, au stade

| Loisirs : 🏊 🎣 |
| Services : 🔌 🗑 🗑 🅰 🖼 |
| À prox. : 🍴 |

TAUPONT

291

✉ 56800 – **308** Q7 – 1 908 h. – alt. 81
Paris 422 – Josselin 16 – Ploërmel 5 – Rohan 37 – Vannes 50.

La Vallée du Ninian 15 avr.-30 sept.
℘ 02 97 93 53 01, *infos@camping-ninian.com*,
Fax 02 97 93 57 27, *www.camping-ninian.com* – **R** conseillée
2,7 ha (100 empl.) plat, herbeux, verger
Tarif : ✝ ⇌ 回 9 € – 🔌 (6A) 3,30 € – frais de réservation 10 €
Location (15 avr.-30 sept.) : 5 (4 à 6 pers.) 200 à 430 €/sem.
🚐 1 borne 4 €
Pour s'y rendre : Sortie N par D 8, rte de la Trinité-Phoët, puis 2,5 km par rte à gauche, accès direct à la rivière

| Nature : 🏞 ⛺ ♀ |
| Loisirs : 🍴 🎦 nocturne 🏊 🎣 🐎 |
| Services : 🚻 🔌 🚗 GB 🗑 🗑 🛁 🅰 |
| 🚰 🖼 sèche-linge 🗄 |

THEIX

✉ 56450 – **308** P9 – 5 029 h. – alt. 5
Paris 464 – Ploërmel 51 – Redon 58 – La Roche-Bernard 33 – Vannes 9.

Rhuys 6 avr.-15 oct.
℘ 02 97 54 14 77, *campingderhuys@wanadoo.fr*,
Fax 02 97 54 14 77 – **R** conseillée
2 ha (60 empl.) peu incliné, herbeux
Tarif : (Prix 2006) ✝ ⇌ 回 14,50 € – 🔌 (10A) 2,90 € – frais de réservation 15 €
Location (1er avr.-31 oct.) : 10 (4 à 6 pers.) 185 à 590 €/sem.
🚐 1 borne 0 €
Pour s'y rendre : À 3,5 km au NO du bourg, par N 165, venant de Vannes : sortie Sarzeau

| Loisirs : 🏊 🎣 (petite piscine) |
| Services : 🚻 🔌 GB 🗑 🗑 🛁 🅰 |
| 🚰 🚮 🖼 |
| À prox. : 🍕 🍴 🍽 🍴 🎣 🎱 ♨ |

Le TOUR-DU-PARC

✉ 56370 – **308** P9 – 741 h.
Paris 476 – La Baule 62 – Redon 57 – St-Nazaire 81 – Vannes 22.

Le Cadran Solaire 1er avr.-30 sept.
℘ 02 97 67 30 40, *cadransolaire56@yahoo.fr*,
Fax 02 97 67 40 28 – **R** conseillée
2 ha (115 empl.) plat, herbeux
Tarif : ✶ 🚐 ▣ 12,30 € – ⚡ (6A) 2,80 € – frais de réservation 8 €
Location (1er avr.-31 oct.) ⚡ : 8 🛖 (4 à 6 pers.) 235 à 510 €/sem.
Pour s'y rendre : S : 2 km par D 324, rte de Sarzeau

Nature : 🗗 ♀♀
Loisirs : 🏠 🏖 ⚓ ✗
Services : ⚹ ⚡ GB ⚒ M 🗄 🖏 ☺ ⊛ 🔲 sèche-linge ⚒
À prox. : ◊ 🐎 (centre équestre)

TRÉDION

✉ 56250 – **308** P8 – G. Bretagne – 888 h. – alt. 85
Paris 441 – Josselin 24 – Locminé 26 – Ploërmel 28 – Redon 53 – Vannes 25.

Municipal l'Étang aux Biches
℘ 02 97 67 14 06, Fax 02 97 67 13 41 – **R** conseillée
10 ha/0,5 campable (34 empl.) peu incliné et plat, herbeux, bois
Pour s'y rendre : S : 1,3 km par D 1, rte d'Elven
À savoir : Situation agréable au bord de deux étangs

Nature : 🐟 ≼ 🗗 ♀
Loisirs : 🏖 ✗ 🛶 parcours sportif
Services : ⚹ ⊛

La TRINITÉ-SUR-MER

✉ 56470 – **308** M9 – G. Bretagne – 1 530 h. – alt. 20
🚩 *Office de tourisme, cours des Quais ℘ 02 97 55 72 21, Fax 02 97 55 78 07*
Paris 488 – Auray 13 – Carnac 4 – Lorient 52 – Quiberon 23 – Quimperlé 66 – Vannes 31.
Schéma à Carnac

292

La Plage 🔒 – 12 mai-16 sept.
℘ 02 97 55 73 28, *camping@camping-plage.com*,
Fax 02 97 55 88 31, *www.camping-plage.com* – **R** conseillée
3 ha (200 empl.) plat et peu incliné, herbeux, sablonneux
Tarif : ✶ 🚐 ▣ 33,50 € – ⚡ (10A) 4,10 € – frais de réservation 15 €
Location : 18 🛖 (4 à 6 pers.) 276 à 757 €/sem.
Pour s'y rendre : 1 km au S, accès direct à la plage de Kervilen

Nature : 🗗 ♀ ⚠
Loisirs : 🏠 🎱 🏖 jacuzzi ⚓ 🚲 ✗ 🕌 🏊 🏄 billard, golf, canoë de mer
Services : ⚹ ⚡ GB ⚒ 🗄 🖏 ☺ ⊛ ⚒ ☇ 🔲 sèche-linge
À prox. : ⚒ ♈ ✗ crêperie 🛖 ◊

La Baie 🔒 – 12 mai-16 sept.
℘ 02 97 55 73 42, *contact@campingdelabaie.com*,
Fax 02 97 55 88 81, *www.campingdelabaie.com* – places limitées pour le passage – **R** conseillée
2,2 ha (170 empl.) plat, herbeux, sablonneux
Tarif : (Prix 2006) ✶ 🚐 ▣ 25,20 € – ⚡ (10A) 4,30 € – frais de réservation 20 €
Location : 20 🛖 (4 à 6 pers.) 287 à 770 €/sem.
Pour s'y rendre : 1,5 km au S, à 100 m de la plage de Kervilen

Nature : 🗗 ♀
Loisirs : 🏠 🎱 🏖 ⚓ 🚲 🏊 🏄
Services : ⚹ ⚡ GB ⚒ 🗄 🖏 ☺ ⊛ ⚒ ☇ 🔲
À prox. : ⚒ ♈ ✗ crêperie ✗ 🕌 ◊ billard, golf

Kervilor mai-10 sept.
℘ 02 97 55 76 75, *ebideau@camping-kervilor.com*,
Fax 02 97 55 87 26, *www.camping-kervilor.com* – **R** indispensable
5 ha (230 empl.) plat et peu incliné, herbeux
Tarif : (Prix 2006) ✶ 🚐 ▣ 29 € – frais de réservation 18 €
Location (avr.-10 sept.) : 68 🛖 (4 à 6 pers.) 230 à 795 €/sem.
🛒 1 borne 3,50 €
Pour s'y rendre : 1,6 km au N

Nature : 🐟 🗗 ♀
Loisirs : ♈ 🏠 🏖 🚲 ✗ 🕌 🏊 🏄 terrain omnisports
Services : ⚹ ⚡ GB ⚒ 🗄 🖏 ☺ ⊛ ⚲ 🔲 sèche-linge ⚒ ☇
À prox. : ◊ golf

⋀⋀⋀ **Park-Plijadur** 1er avr.-30 sept.
    𝒫 02 97 55 72 05, *parkplijadur@hotmail.com*,
Fax 02 72 68 95 06, *www.parkplijadur.com* – **R** conseillée
5 ha (198 empl.) plat, herbeux, sablonneux
Tarif : ∱ ⇔ 🅿 18,50 € – 🔌 (10A) 4 € – frais de réservation 20 €
Location 🏄 (30 juin-1er sept.) : 15 🚐 (4 à 6 pers.) 250 à 750 €/sem.
🚰 1 borne
Pour s'y rendre : NO : 1,3 km sur D 781, rte de Carnac
À savoir : Au bord d'un étang

> Nature : 🏞 🟡🟡
> Loisirs : 🍷 🏛 🏊 🚴 ♨ 🏊
> Services : 🚿 🔑 ⬛ 🛒 🧺 🛢 @ 🚰
> 🖥 🚮
> À prox. : 🏪 🍴 🎣 💧 🏇

VANNES

✉ 56000 – **308** 09 – G. Bretagne – 51 759 h. – alt. 20
🏢 *Office de tourisme, 1, rue Thiers* 𝒫 *08 25 13 56 10, Fax 02 97 47 29 49*
Paris 459 – Quimper 122 – Rennes 110 – St-Brieuc 107 – St-Nazaire 86.

⋀⋀ **Municipal de Conleau** 1er avr.-30 sept.
    𝒫 02 97 63 13 88, *camping@mairie-vannes.fr*,
Fax 02 97 40 38 82, *www.mairie-vannes.fr* – **R** conseillée
5 ha (260 empl.) incliné à peu incliné, herbeux
Tarif : ∱ ⇔ 🅿 12,90 € – 🔌 (6A) 3,50 € – frais de réservation 20 €
🚰 1 borne – 21 🅿
Pour s'y rendre : S : direction parc du Golfe par l'avenue du Mar.-Juin, à la pointe de Conleau
À savoir : Site agréable

> Nature : 🟡🟡
> Loisirs : 🍷 🏛 🏊 🚴
> Services : 🚿 🔑 ⬛ 🛒 🛢 @ 🚮 🚰
> 🖥 sèche-linge cases réfrigérées
> À prox. : 🏪 🍴 🎣 🖼 🏊 🏖

CENTRE

La Belle au bois dormant sommeillerait encore, dit-on, dans l'un des splendides châteaux qui bordent la Loire et ses affluents : Chambord, Azay-le-Rideau, Chenonceau... Autant de logis royaux au décor de conte de fées, agrémentés de jardins étourdissants de beauté. Une foule de spectacles son et lumière y font revivre aujourd'hui les fastes de la Cour, prenant le relais des écrivains qui, de Ronsard à Genevoix en passant par Balzac et George Sand, ont immortalisé la Vallée des rois, trempé leur plume aux étangs de la giboyeuse Sologne ou dépeint l'envoûtante atmosphère du bocage berrichon. Après avoir savouré un délicieux poulet en barbouille, prêtez donc l'oreille aux histoires de loups-garous contées par vos hôtes… Vous constaterez que les gens du pays manient aussi bien les mots que les casseroles !

Sleeping Beauty is said to slumber still within the thick walls of one of the Loire's fairy-tale castles, like Chambord, Azay-le-Rideau or Chenonceau. A list of the region's architectural wonders and glorious gardens would be endless; but its treasures are shown to full effect in a season of »son et lumière« shows. The landscape has inspired any number of writers, from Pierre de Ronsard, "the Prince of Poets", to Balzac and Georges Sand; all succumbed to the charm of this valley of kings, without forgetting to give the game-rich woodlands their due. To savour the region's two-fold talent for storytelling and culinary arts, first tuck into a delicious chicken stew, then curl up by the fireside to hear your hosts' age-old local legends.

Falaise
Vimoutiers
St-Evroult-N.-D.-du-Bois
Gacé
St-Rémy-s-Avre
N 12
Flers
D 924
N 158
Orne
Argentan
N 26
Avre
N 12
N 154
EURE-
ET-
Domfro
Senonches
Fontaine-Simon
Lourdes — Localité disposant d'un camping avec aire de services camping-car
Marchainville
N 12
Courville-s-Eure
Ambrières-les-Vallées
Longny-au-Perche
Alençon
Mortagne-au-Perche
Mamers
Bellême
Nogent-le-Rotrou
A 11
la Bazoche-Gouet
N 12
Mayenne
Fresnay-s-Sarthe
Beaumont-s-S.
Arrou
MAYENNE
Bais
Mézières-s/s-Lavardin
SARTHE
La Ferté-Bernard
Lavaré
Cloyes-sur-le-
Évron
Sillé-le-Guillaume
Conlie
Sillé-le-Phillipe
Château
Laval
Tennie
Neuville-s-S.
Dollon
Fréteval
N 10
Morée
D 21
Meslay-du-Maine
A 81
LE MANS
Bouloire
N 157
Vendôme
N 162
Loué
Roézé-s-S.
St-Calais
A 11
Bessé-s-Braye
LOIR-
Suè
Villiers-arlemagne
Bouère
Avoise
Sarthe
A 23
Courdemanche
Thoré-la-Rochette
Sablé-s-Sarthe
Malicorne-s-Sarthe
Écommoy
Mayet
Ruillé-s-Loir
Ménil
D 306
Mansigné
Montoire-s-le-Loir
Blois
Daon
Précigné
Luché-Pringé
Marçon
Châteauneuf-s-S.
N 23
la Flèche
Loir
Château-Renault
le Lion-d'Angers
Durtal
Sonzay
N 138
A 10
Seillac
Pruillé
ET-
LOIRE
Baugé
N 10
Mesland
Onzain
Candé-Beuvro
ANGERS
Brain-s-l'Authion
A 28
la Membrolle-s-Choisille
Vouvray
Reugny
Chaumont-s-L.
les Ponts-de-Cé
Coutures
les Rosiers-s-L.
TOURS
la Ville-aux-Dames
Chém
A 87
Brissac-Quincé
Allonnes
Bourgueil
N 152
Montlouis-s-L.
Lambert-Lattay
Thouarcé
Saumur
Savigny-en-Véron
Azay-le-Rideau
St-Avertin
Bléré
N 76
St-Hilaire-St-Florent
Doué-la-Fontaine
Varennes-s-L.
A 85
Montbazon
Veigné
Mareuil-s-Cher
St-A
St-Georges-s-Layon
Montsoreau
INDRE-
ET-
LOIRE
Vihiers
Concourson-s-Layon
Montreuil-Bellay
Chinon
l'Île-Bouchard
Ste-Catherine-de-Fierbois
Loches
Chemillé-s-Indro
Argenton-Château
Marcilly-s-Vienne
Ste-Maure-de-Tourraine
N 143
Luç-le-M
N 149
Thouet
Loudun
Descartes
Châtillon-s-In-
DEUX-SÈVRES
Bressuire
N 147
Creuse
Preuilly-s-Claire
Arpheuilles
Buzan
Ingrandes
Lésigny
Yzeures-s-Creuse
MILLE ÉTAN
IN
Châtellerault
la Roche-Posay
Rosnay
Jaunay-Clan
A 10
St-Cyr
Vouneuil-s-V.
Neuville-de-Poitou
N 149
Dissay
St-Pierre-de-Maillé
le Pont-Chrétien-Cha
Vouillé
St-Georges-lès-Baillargeaux
Bonnes
le Blanc
Creuse
Arg
s-C
Secondigny
Avanton
Chauvigny
Coulonges-s-l'Autize
POITIERS
N 151
St-Christophe-s-Roc
Montmorillon
Chaillac
A 83
Sèvre
N 10
VIENNE
ROUILLÉ-PAMPROUX
le Mazeau

Légende:
- ● Localité citée avec camping
- ■ Localité citée avec camping et locatif
- Lourdes — Localité disposant d'un camping avec aire de services camping-car
- Moyaux — Localité disposant d'au moins un terrain agréable
- Aire de service pour camping-car sur autoroute

AUBIGNY-SUR-NÈRE

⊠ 18700 – **323** K2 – G. Châteaux de la Loire – 5 907 h. – alt. 180
🛈 *Office de tourisme, 1, rue de l'Église* 🞉 *02 48 58 40 20*
Paris 180 – Bourges 48 – Cosne-sur-Loire 41 – Gien 30 – Orléans 67 – Salbris 32 – Vierzon 44.

⚠ **Municipal les Étangs**
🞉 02 48 58 02 37, seta@aubigny-sur-nere.fr,
Fax 02 48 81 50 98, *www.aubigny-sur-nere.fr* – **R** conseillée
3 ha (100 empl.) plat, herbeux
Pour s'y rendre : 1,4 km à l'E par D 923 rte d'Oizon, près
d'un étang (accès direct)

Nature : 🌳🌳(chênaie)
Loisirs : 🏠 🏄
Services : 🕭 ⊶ 🗑 ⊕ 🛁 ♻ 🚿
À prox. : 🍴 🔲 🎣

BOURGES

⊠ 18000 – **323** K4 – G. Limousin Berry – 72 480 h. – alt. 153
🛈 *Office de tourisme, 21, rue Victor Hugo* 🞉 *02 48 23 02 60, Fax 02 48 23 02 69*
Paris 244 – Châteauroux 65 – Dijon 254 – Nevers 69 – Orléans 121 – Tours 157.

⚠ **Municipal Robinson** 15 mars-15 nov.
🞉 02 48 20 16 85, secretariat-culture@ville-bourges.fr,
Fax 02 48 50 32 39, *www.ville.bourges.fr*
2,2 ha (116 empl.) plat, peu incliné, herbeux, gravier
Tarif : 👤 🚐 🖭 7,40 € – 🔌 (10A) 7,50 €
Pour s'y rendre : vers sortie S par N 144, rte de Montluçon
et bd de l'Industrie à gauche, près du Lac d'Auron. Sortie A
71 : suivre Bourges Centre et fléchage

Nature : 🌄 🌿
Loisirs : 🏄 🏓
Services : 🕭 ⊶ 🖩 🎬 🗑 🛁 ⊕ 🛁 🚿 🖼
À prox. : 🍴 🔲 🎣 ♨ 🐎 (centre équestre) golf, canoë

Benutzen Sie
– zur Wahl der Fahrtroute
– zur Berechnung der Entfernungen
– zur exakten Lokalisierung eines Campingplatzes (mit Hilfe der Angaben im Ortstext)
die für diesen Führer unentbehrlichen **MICHELIN-Karten** *im Ma1 : 150 000.*

La CHAPELLE-D'ANGILLON

⊠ 18380 – **323** K2 – G. Limousin Berry – 667 h. – alt. 195
🛈 *Syndicat d'initiative, rue de la fontaine Saint-Jacques* 🞉 *02 48 73 43 41*
Paris 193 – Aubigny-sur-Nère 14 – Bourges 35 – Salbris 35 – Sancerre 35 – Vierzon 35.

⚠ **Municipal des Murailles** 1er juin-15 sept.
🞉 02 48 73 40 12, mairiechapelleangillon@wanadoo.fr,
Fax 02 48 73 48 67
2 ha (49 empl.) plat, herbeux
Tarif : (Prix 2006) 👤 🚐 🖭 5,15 € – 🔌 (10A) 3,20 €
Pour s'y rendre : 0,8 km au SE par D 12 rte d'Henri-
chemont et chemin à dr., près de la petite Sauldre et d'un
plan d'eau
À savoir : Près d'un agréable étang dominé par un château
féodal

Nature : 🏞 🌳🌳
Services : 🕭 🐾 🛁 ⊕
À prox. : 🍴 🏖 (plage) 🎣

CHÂTEAUMEILLANT

⊠ 18370 – **323** J7 – 2 058 h. – alt. 247
🛈 *Office de tourisme, 69, rue de la Libération* 🞉 *02 48 61 39 89*
Paris 313 – Aubusson 79 – Bourges 66 – La Châtre 19 – Guéret 59 – Montluçon 46 – St-Amand-Montrond 37.

⚠ **Municipal l'Étang Merlin** 1er mai-30 sept.
🞉 02 48 61 31 38, camping.chateaumeillant.chalets@wana
doo.fr, Fax 02 48 61 33 73, *http://monsite.wanadoo.fr/cha
lets.etang.merlin* – **R** conseillée
1,5 ha (30 empl.) plat, herbeux
Tarif : 👤 🚐 🖭 5,50 € – 🔌 (5A) 2 €
Location (permanent) 🏷 : 6 🏠 (4 à 6 pers.) 147 à
275 €/sem.
Pour s'y rendre : NO : 1 km par D 70, rte de Beddes et D 80
à gauche rte de Vicq
À savoir : Chalets agréablement situés sur la rive de l'étang

Nature : 🌄 🌿
Loisirs : 🏠 🏄 🚲 🎣
Services : 🕭 ⊶ 🐾 🗑 🛁 ⊕ 🛁 🚿 🖼
À prox. : 🍴 🏖

DUN-SUR-AURON

✉ 18130 – **323** L5 – G. Limousin Berry – 4 013 h. – alt. 182

🛈 *Office de tourisme, place Gustave Vinadelle* ☎ *02 48 59 85 26*

Paris 269 – Bourges 27 – Montluçon 75 – Moulins 81 – Nevers 57.

△ **Municipal de l'Auron** 1er avr.-31 oct.
☎ 02 48 59 16 87, ville.dunsurauron@wanadoo.fr,
Fax 02 48 59 84 22 – **R** conseillée
0,6 ha (25 empl.) plat, herbeux
Tarif : (Prix 2006) ✶ ⇌ 🖻 3,15 € – 🔌 (13A) 3,30 €
Pour s'y rendre : Sortie SO par D 10 rte de Meillant, et à droite après le pont de l'ancien canal de l'Auron

Nature : 🗀 ♀
Loisirs : 🏴
Services : ⚑ ⚬⊸ ♻ ⊛
À prox. : 🛒 ✗ ⛷

La GUERCHE-SUR-L'AUBOIS

✉ 18150 – **323** N5 – 3 397 h. – alt. 184

🛈 *Office de tourisme, 1, place Auguste Fournier* ☎ *02 48 74 25 60*

Paris 242 – Bourges 48 – La Charité-sur-Loire 31 – Nevers 22 – Sancoins 16.

△ **Municipal le Robinson** 15 avr.-15 oct.
☎ 02 48 74 18 86, mairie.laguerche18@wanadoo.fr,
Fax 02 48 74 18 86, www.berry.tm.fr – **R** conseillée
1,5 ha (33 empl.) plat et peu incliné, herbeux
Tarif : (Prix 2006) ✶ 2,20 € ⇌ 1,90 € 🖻 3,50 € – 🔌 (6A) 3 €
Location : 3 🏠
Pour s'y rendre : SE : 1,4 km par D 200, rte d'Apremont puis à droite, 0,6 km par D 218 et chemin à gauche
À savoir : Situation agréable au bord d'un plan d'eau

Nature : 🗀 ♀
Loisirs : 🍴 🎣 🏴
Services : ⚑ ⚬⊸ (1er juil.-30 sept.) ♻ 🖪 ⊛ 🖼
À prox. : 🍷 🏊 ⚓ pédalos

JARS

✉ 18260 – **323** M2 – G. Limousin Berry – 505 h. – alt. 285

Paris 188 – Aubigny-sur-Nère 24 – Bourges 47 – Cosne-sur-Loire 21 – Gien 44 – Sancerre 15.

299

△ **La Balance** mai-mi-nov.
☎ 02 48 58 74 50, Fax 02 48 73 88 79 – **R** conseillée
0,9 ha (25 empl.) peu incliné, plat, herbeux
Tarif : (Prix 2006) ✶ 1,70 € ⇌ 1,10 € 🖻 1,70 € – 🔌 1,70 €
Location : gîte d'étape
Pour s'y rendre : SO : 0,8 km par D 74 et chemin à droite
À savoir : près d'un étang

Nature : ♀
Services : ☺ ⚑
À prox. : 🍷 ✗ 🎣 ⚓ 🏴 canoë

Paysage de la Brenne

LUNERY

✉ 18400 – **323** J5 – 1 536 h. – alt. 150
Paris 256 – Bourges 23 – Châteauroux 51 – Issoudun 28 – Vierzon 39.

▲ **Intercommunal de Lunery** 15 mai-15 sept.
℘ 02 48 23 22 08, fercher@fr.oleane.com,
Fax 02 48 55 26 78 – **R** conseillée
0,5 ha (37 empl.) plat, herbeux
Tarif : ♣ 4 € ⇔ 🖃 6 € – ⚡ (10A) 1 €
🚐, 1 borne 6 €
Pour s'y rendre : au bourg, près de l'église
À savoir : autour des vestiges d'un ancien moulin, près du Cher

Nature : 🏞 🌳
Loisirs : 🏠 🏊
Services : ⚷ ⚊ ⚒ 🖃 ⊕
À prox. : 🍴 ✕ 🍽

ST-AMAND-MONTROND

✉ 18200 – **323** L6 – G. Limousin Berry – 11 447 h. – alt. 160
🛈 Office de tourisme, place de la République ℘ 02 48 96 16 86, Fax 02 48 96 46 64
Paris 282 – Bourges 52 – Châteauroux 65 – Montluçon 56 – Moulins 79 – Nevers 70.

▲ **Municipal de la Roche** 1er avr.-30 sept.
℘ 02 48 96 09 36, camping-la-roche@wanadoo.fr,
Fax 02 48 96 09 36, www.ville-saint-amand-montrond.fr
– **R** conseillée
4 ha (120 empl.) plat, peu incliné, herbeux
Tarif : (Prix 2006) ♣ ⇔ 🖃 10,90 € ⚡ (5A)
Pour s'y rendre : sortie SE par N 144, rte de Montluçon et chemin de la Roche à droite avant le canal, près du Cher

Nature : 🌿 🌳
Loisirs : 🏠 🏊 🍽
Services : ⚷ ⚊ ⚒ 🍴 🖃 ⚙ ⊕ 🖃
À prox. : 🛶

*Pour choisir et suivre un itinéraire
Pour calculer un kilométrage
Pour situer exactement un terrain (en fonction des indications fournies dans le texte) :
Utilisez les **cartes MICHELIN** détaillées à 1/150 000, compléments indispensables de cet ouvrage.*

300

ST-SATUR

✉ 18300 – **323** N2 – G. Limousin Berry – 1 731 h. – alt. 155
🛈 Office de tourisme, 25, rue du Commerce ℘ 02 48 54 01 30
Paris 194 – Aubigny-sur-Nère 42 – Bourges 50 – Cosne-sur-Loire 12 – Gien 55 – Sancerre 4.

▲▲ **S.I. René Foltzer** mai-sept.
℘ 02 48 54 04 67, otsi.saint.satur@wanadoo.fr,
Fax 02 48 54 01 30 – **R** conseillée 🐕
1 ha (85 empl.) plat, herbeux
Tarif : ♣ 2,24 € ⇔ 🖃 4 € – ⚡ 2,65 €
Pour s'y rendre : à St-Thibault, E : 1 km par D 2
À savoir : près de la Loire (accès direct)

Nature : 🏞 🌳🌳
Loisirs : 🏠 🍽
Services : ⚷ ⚊ 🗜 ⚒ 🖃 ⊕ ⚔ ⚓ 🖃
À prox. : 🚴 🎣 ⚽ 🛶 ⚓ golf, canoë

STE-MONTAINE

✉ 18700 – **323** J2 – 170 h. – alt. 162
Paris 184 – Bourges 52 – Cosne-sur-Loire 50 – Gien 34 – Orléans 62 – Salbris 26 – Vierzon 42.

▲ **Municipal** 7 avr.-28 oct.
℘ 02 48 58 05 16, mairie.ste-montaine@wanadoo.fr,
Fax 02 48 58 05 16 – **R**
0,6 ha (33 empl.) plat, herbeux
Tarif : ♣ 1,50 € ⇔ 🖃 1 € – ⚡ 2,50 €
Pour s'y rendre : au bourg, par D 79, rte de Ménétréol-sur-Sauldre

Nature : 🌳🌳
Loisirs : 🍽
Services : 🖃 ⊕

ARROU

✉ 28290 – **311** C7 – 1 770 h. – alt. 160
Paris 139 – Brou 15 – Chartres 53 – Châteaudun 20 – Cloyes-sur-le-Loir 16.

Municipal le Pont de Pierre 1er mai-30 sept.
℘ 02 37 97 02 13, *mairie.arrou@wanadoo.fr,*
Fax 02 37 97 10 28 – **R** conseillée
1,4 ha (75 empl.) plat, peu incliné, herbeux
Tarif : ♦ ⇔ 🗉 4,60 € – ⱅ (10A) 3 €
🚐 1 borne 3 €
Pour s'y rendre : sortie O par D 111 rte du Gault-Perche
À savoir : près de l'Yerre et d'un petit plan d'eau (accès direct)

| Nature : 🏞 |
| Loisirs : ♣ ※ ≈ |
| Services : ♿ 🗉 ⊕ ⚏ ⚐ 🗑 |

La BAZOCHE-GOUET

✉ 28330 – **311** B7 – G. Châteaux de la Loire – 1 249 h. – alt. 185
🛈 *Syndicat d'initiative, place du Marché* ℘ 02 37 49 23 45
Paris 146 – Brou 18 – Chartres 61 – Châteaudun 33 – La Ferté-Bernard 31 – Vendôme 48.

Municipal la Rivière
℘ 02 37 49 36 49, *commune-bazoche-gouet@wanadoo.fr,*
Fax 02 37 49 27 16 – **R** conseillée
1,8 ha (30 empl.) plat, herbeux
Pour s'y rendre : 1,5 km au SO par D 927, rte de la Chapelle-Guillaume et chemin à gauche
À savoir : Au bord de l'Yerre et près d'étangs

| Loisirs : 🚲 🎣 |
| Services : ♿ ⚏ 🗉 ⊕ 🗑 |

Si vous désirez réserver un emplacement pour vos vacances,
faites-vous préciser au préalable les conditions particulières de séjour,
les modalités de réservation, les tarifs en vigueur et les conditions de paiement.

301

BONNEVAL

✉ 28800 – **311** E6 – G. Châteaux de la Loire – 4 285 h. – alt. 128
🛈 *Office de tourisme, 2, square Westerham* ℘ 02 37 47 55 89, Fax 02 37 96 28 62
Paris 117 – Ablis 61 – Chartres 31 – Châteaudun 14 – Étampes 90 – Orléans 60.

Municipal le Bois Chièvre Permanent
℘ 02 37 47 54 01, *camping.bonneval@wanadoo.fr,*
Fax 02 37 47 28 62 – **R** conseillée
4,5 ha/2,5 campables (130 empl.) plat et peu incliné,
herbeux, gravier, bois attenant
Tarif : ♦ 3,20 € ⇔ 🗉 3,50 € – ⱅ (6A) 3,30 €
🚐 1 borne 3,50 €
Pour s'y rendre : 1,5 km au S par rte de Conie et rte de Vouvray à dr., bord du Loir
À savoir : agréable chênaie dominant le Loir

| Nature : 🌳 🏞 ♨ |
| Loisirs : 🍴 ♣ 🎣 |
| Services : ♿ ⚏ ⚒ 🎢 🗉 ⊕ ⚏ ⚐ 🗑 |
| À prox. : 🏊 |

CLOYES-SUR-LE-LOIR

✉ 28220 – **311** D8 – G. Châteaux de la Loire – 2 636 h. – alt. 97
🛈 *Office de tourisme, 11, place Gambetta, Fax 02 37 98 55 27*
Paris 143 – Blois 54 – Chartres 57 – Châteaudun 13 – Le Mans 93 – Orléans 65.

Parc de Loisirs - Le Val Fleuri 15 mars-15 nov.
℘ 02 37 98 50 53, *info@parc-de-loisirs.com,*
Fax 02 37 98 33 84, *www.parc-de-loisirs.com* – places limitées pour le passage – **R** conseillée
5 ha (196 empl.) plat, herbeux
Tarif : ♦ ⇔ 🗉 14,45 € – ⱅ (6A) 3,55 € – frais de réservation 16 €
Location : 10 🛏 (4 à 6 pers.) 295 à 540 €/sem.
Pour s'y rendre : sortie N par N 10 rte de Chartres puis D 23 à gauche
À savoir : situation agréable au bord du Loir

| Nature : 🏞 ♀ |
| Loisirs : 🍴 ✕ snack, pizzeria 🛋 ♣ 🚲 🎿 🏊 🎣 poneys, canoë, pédalos, jet-ski |
| Services : ♿ ⚏ 🏧 ⚒ 🗉 ⊕ ⚏ ⚐ 🗑 sèche-linge ⚏ 🧺 |
| À prox. : ✕ 🍴 ♫ |

COURVILLE-SUR-EURE

✉ 28190 – **311** D5 – 2 739 h. – alt. 170
🛈 *Syndicat d'initiative, 2, rue de l'Arsenal* ℘ 02 37 23 22 22
Paris 111 – Bonneval 47 – Chartres 20 – Dreux 37 – Nogent-le-Rotrou 35.

Municipal les Bords de l'Eure 25 mai-11 sept.
℘ 02 37 23 76 38, *secretaria-mairie@courville-sur-eure.fr*,
Fax 02 37 18 07 99, *www.courville-sur-eure.fr* – **R** conseillée
2 ha (80 empl.) plat, herbeux
Tarif : (Prix 2006) 🛉 🚗 🄴 8,95 € 🗲 (6A)
Pour s'y rendre : sortie S par D 114 rte de St-Germain-le-
Gaillard
À savoir : cadre arboré sur les bords de la rivière

> Nature : 🔲 🌳
> Loisirs : 🎣
> Services : 🕭 🍴 (juil.-11 sept.) 🚲
> 🛶
> À prox. : 🏊

FONTAINE-SIMON

✉ 28240 – **311** C4 – 838 h. – alt. 200
Paris 117 – Chartres 40 – Dreux 40 – Évreux 66 – Mortagne-au-Perche 41 – Nogent-le-Rotrou 27.

Municipal 1er avr.-30 oct.
℘ 02 37 81 88 11, *fontaine-simon@wanadoo.fr*,
Fax 02 37 81 83 47, *www.mairie-fontaine-simon.fr*
– **R** conseillée
4 ha (112 empl.) plat, herbeux
Tarif : 🛉 🚗 🄴 11 € 🗲 (6A)
Pour s'y rendre : 1,2 km au N par rte de Senonches et rte
de la Ferrière à gauche
À savoir : Au bord de l'Eure et d'un plan d'eau

> Loisirs : 🎣
> Services : 🕭 🍴 🛶 😊 🛒 🔥
> À prox. : ✕ 🍴 hammam 🏊 🛥 🏊
> pédalos

MAINTENON

✉ 28130 – **311** F4 – G. Île de France – 4 440 h. – alt. 109
🛈 *Office de tourisme, place Aristide Briand* ℘ 02 37 23 05 04
Paris 87 – Chartres 18 – Dreux 31 – Houdan 28 – Rambouillet 22 – Versailles 55.

Les Ilots de St-Val Permanent
℘ 02 37 82 71 30, *lesilots@campinglesilotsdestval.com*,
Fax 02 37 82 77 67, *www.campinglesilotsdestval.com* –
places limitées pour le passage – **R** conseillée
10 ha/6 campables (153 empl.) plat et incliné, herbeux,
pierreux
Tarif : 🛉 5 € 🚗 🄴 5 € – 🗲 (10A) 6 €
Pour s'y rendre : NO : 4,5 km par D 983, rte de Nogent-le-
roi puis 1 km par D 101³, rte de Neron à gauche

> Nature : 🌿
> Loisirs : 🍴 🎣 🏐
> Services : 🕭 🍴 GB 🚲 🔥 🛒 😊 🛶
> 🔥
> À prox. : 🏊 🐎 (centre équestre)
> golf

La forêt solognote en automne

NOGENT-LE-ROTROU

⊠ 28400 – **311** A6 – G. Normandie Vallée de la Seine – 11 524 h. – alt. 116
🚩 *Office de tourisme, 44, rue Villette-Gaté* ℘ *02 37 29 68 86*
Paris 146 – Alençon 65 – Chartres 54 – Châteaudun 55 – Le Mans 76 – Mortagne-au-Perche 36.

△ **Municipal des Viennes** 15 mai-15 sept.
℘ 02 37 52 80 51, *courriel@ville-nogent-le-rotrou.fr*,
Fax 02 37 29 68 69, *www.ville-nogent-le-rotrou.fr*
– **R** conseillée
0,5 ha (30 empl.) plat, herbeux
Tarif : 🛉 1 € ⊕ 1 € 🗐 5,40 € – [½] (10A) 2 €
Pour s'y rendre : au N de la ville par av. des Prés (D 103) et
rue des Viennes
À savoir : au bord de l'Huisne

| Nature : 🌳 🛱 ♀ |
| Loisirs : 🛶 |
| Services : ⊷🛒 🗑 ⊛ 🛁 ⌇ |
| À prox. : 🛒 🍽 🖼 ⓜ |

ST-RÉMY-SUR-AVRE

⊠ 28380 – **311** D3 – 3 553 h. – alt. 98
🚩 *Syndicat d'initiative, Rue du Général de Gaulle* ℘ *02 37 62 52 00*
Paris 88 – Dreux 12 – Évreux 32 – Verneuil-sur-Avre 26.

△ **Municipal du Pré de l'Église**
℘ 02 37 48 93 87, *mairie-saintremy2.orange.fr*,
Fax 02 37 48 80 15 – **R** conseillée
0,7 ha (45 empl.) plat, herbeux
Pour s'y rendre : au bourg
À savoir : au bord de l'Avre

| Nature : 🛱 ♀ |
| Loisirs : 🏠 🛶 |
| Services : ⓯ 🏛 🗑 🎣 ⊛ |
| À prox. : 🍽 |

SENONCHES

⊠ 28250 – **311** C4 – 3 143 h. – alt. 223
🚩 *Syndicat d'initiative, 2, rue Louis Peuret* ℘ *02 37 37 80 11, Fax 02 37 37 80 11*
Paris 115 – Chartres 38 – Dreux 38 – Mortagne-au-Perche 42 – Nogent-le-Rotrou 34.

303

△ **Municipal du Lac** mai-sept.
℘ 02 37 37 94 63, Fax 02 37 37 92 92, *www.senonchestou
risme.com* – **R** conseillée
0,8 ha (50 empl.) plat, herbeux
Tarif : 🛉 1,20 € ⊕ 🗐 1,80 € – [½] 2,10 €
Pour s'y rendre : sortie S vers Belhomert-Guéhouville, r.
de la Tourbière
À savoir : entre deux plans d'eau

| Nature : 🌊 🛱 ♀ |
| Services : ⊷ 🐕 ⊛ |
| À prox. : 🍽 🛶 |

Indre (36)

ARGENTON-SUR-CREUSE

⊠ 36200 – **323** F7 – G. Limousin Berry – 5 146 h. – alt. 100
🚩 *Office de tourisme, 13, place de la République* ℘ *02 54 24 05 30, Fax 02 54 24 28 13*
Paris 297 – Châteauroux 32 – Guéret 82 – Limoges 93 – Montluçon 103 – Poitiers 100 – Tours 128.

△ **Les Chambons** 15 mai-15 sept.
℘ 02 54 24 15 26, Fax 02 54 22 58 80
1,5 ha (60 empl.) plat, herbeux
Tarif : 🛉 ⊕ 🗐 12,15 € – [½] (5A) 3,20 €
Pour s'y rendre : sortie NO par D 927, rte du Blanc et à
gauche, à St-Marcel 37 rue des Chambons
À savoir : au bord de la Creuse

| Nature : ♀♀ |
| Services : ⓯ ⊶ 🐕 🗑 ⊛ |
| À prox. : 🚲 🖼 🛶 canoë |

ARPHEUILLES

✉ 36700 – **323** D5 – 253 h. – alt. 100
Paris 300 – Le Blanc 39 – Buzançais 14 – Châteauroux 39 – La Roche-Posay 44.

▲ **Aire Naturelle Municipale** Pâques-Toussaint
℘ 02 54 38 42 17, Fax 02 54 38 42 61 – **R**
0,6 ha (8 empl.) peu incliné, herbeux
Location : gîtes
Pour s'y rendre : au bourg, derrière l'église, bord d'un petit étang et du Rideau
À savoir : tarifs laissés à l'appréciation du campeur

Nature : 🏞 ♀	
Services : 🛁 ⊕	

BARAIZE

✉ 36270 – **323** F8 – 301 h. – alt. 240
Paris 313 – Argenton sur Creuse 14 – La Châtre 49 – Montmorillon 7 – Éguzon 0.

▲ **Municipal Montcocu** 1er juin-30 sept.
℘ 02 54 25 34 28, syndicat.laceguzon@wanadoo.fr – pour caravanes : à partir du lieu-dit ''Montcocu'', pente à 12% sur 1 km – **R** conseillée
1 ha (26 empl.) en terrasses, herbeux
Tarif : 🚶 🚗 🅴 3,90 € – 🔌 (8A) 2,50 €
Location : bungalows toilés
Pour s'y rendre : SE : 4,8 km par D 913 rte d'Éguzon et D 72, à gauche rte de Pont-de-Piles
À savoir : Situation et site agréables en bordure de la Creuse

Nature : 🏞 ⊑ ⛰	
Services : 🛁 ⚬⇥ 🗐 🗑 ⊕	
À prox. : 🚲 🏹 ⚓ 🛶 plongée, escalade, piste de bi-cross	

Le BLANC

✉ 36300 – **323** C7 – G. Limousin Berry – 6 998 h. – alt. 85
🅱 Office de tourisme, place de la Libération ℘ 02 54 37 05 13, Fax 02 54 37 31 93
Paris 326 – Bellac 62 – Châteauroux 61 – Châtellerault 52 – Poitiers 62.

▲ **l'Isle d'Avant** mai-fin sept.
℘ 02 54 37 77 99, swaouanc@gmail.com,
Fax 02 54 37 20 46, www.canoe-decouverte.com
– **R** conseillée
1 ha (80 empl.) plat, herbeux
Tarif : (Prix 2006) 🚶 🚗 🅴 13,50 € 🔌 (6A)
Pour s'y rendre : E : 2 km sur N 151 rte de Châteauroux, bord de la Creuse

Nature : ⊑ ♀♀	
Loisirs : 🎬 🏹	
Services : ⚬⇥ (juil.-août) 🗐 🗑 ⊕	
À prox. : 🍴 🏊 canoë	

BUZANÇAIS

✉ 36500 – **323** E5 – 4 581 h. – alt. 111
🅱 Syndicat d'initiative, 11, passage du Marché ℘ 02 54 84 22 00
Paris 286 – Le Blanc 47 – Châteauroux 25 – Châtellerault 78 – Tours 91.

▲ **Municipal la Tête Noire**
℘ 02 54 84 17 27, mairie.buzancais@buzancais.fr
– **R** conseillée
2,5 ha (134 empl.) plat, herbeux
Pour s'y rendre : au NO de la ville par la rue des Ponts, bord de l'Indre

Nature : 🏞 ♀	
Loisirs : 🎬 🏹	
Services : 🛁 ⚬⇥ 🗑 ⊕	
À prox. : 🍴 🏊 terrain omnisports, piste de roller, skate-board	

CHAILLAC

✉ 36310 – **323** D8 – 1 170 h. – alt. 180
Paris 333 – Argenton-sur-Creuse 35 – Le Blanc 34 – Magnac-Laval 34 – La Trimouille 23.

▲ **Municipal les Vieux Chênes** Permanent
℘ 02 54 25 61 39, chaillac.mairie@wanadoo.fr,
Fax 02 54 25 65 41 – **R** indispensable
2 ha (40 empl.) incliné à peu incliné, herbeux
Tarif : (Prix 2006) 🚶 🚗 🅴 4,35 € – 🔌 (10A) 1,65 €
Location 🏠 : 3 🏡 (4 à 6 pers.) 165 à 270 €/sem.
Pour s'y rendre : au SO du bourg, au terrain de sports, bord d'un étang et à 500 m d'un plan d'eau
À savoir : cadre verdoyant, fleuri et soigné

Nature : ⊑ ♀	
Loisirs : 🏹 🚲 parcours de santé	
Services : ⚬⇥ 🗐 🗑 ⊕ 🚿 🖼	
À prox. : 🍴 🏊 ⚓ 🛶 pédalos	

CHÂTEAUROUX

✉ 36000 – **323** G6 – G. Limousin Berry – 49 632 h. – alt. 155

🛈 *Office de tourisme, 1, place de la Gare ℰ 02 54 34 10 74, Fax 02 54 27 57 97*

Paris 265 – Blois 101 – Bourges 65 – Châtellerault 98 – Guéret 89 – Limoges 125 – Montluçon 100 – Tours 115.

Municipal le Rochat Belle-Isle 1er mai-30 sept.
ℰ 02 54 34 26 56, *camping.le-rochat@orange.fr*,
Fax 02 54 34 26 56 – **R** conseillée
4 ha (205 empl.) plat, herbeux, gravillons
Tarif : ⚹ ⟚ 🗐 16,70 € [⚡] (10A)
Pour s'y rendre : N par av. de Paris et rue à gauche, bord de l'Indre et à 100 m d'un plan d'eau

Nature : ⌖ ♀♀
Loisirs : 🍴 🏊
Services : & ⚏ ⊖🗄 ⚒ ⫿ 🗐 ④ 💧 ☂ 🖼
À prox. : 🍷 ✗ bowling ✂ 🖼 🏊 ≈ 🛶 ⟋ parcours de santé 🚲

CHÂTILLON-SUR-INDRE

✉ 36700 – **323** D5 – G. Limousin Berry – 3 119 h. – alt. 115

🛈 *Office de tourisme, boulevard du Général Leclerc ℰ 02 54 38 74 19*

Paris 258 – Le Blanc 43 – Blois 77 – Châteauroux 49 – Châtellerault 65 – Loches 24 – Tours 68.

Municipal de la Ménétrie 15 mai-15 sept.
ℰ 02 54 38 75 44 – **R**
0,8 ha (55 empl.) plat, herbeux
Tarif : ⚹ 1,80 € ⟚ 🗐 2,20 € – [⚡] (6A) 1,80 €
Pour s'y rendre : Au N de la localité, en direction de Loches puis à droite vers la gare, rue du Moulin la Grange, bord d'un ruisseau

Nature : ♀♀
Loisirs : 🛶
Services : & ⚒ 🗐 ⟋ ④
À prox. : 🏊 🖼 ⟋ parcours sportif

Des vacances réussies sont des vacances bien préparées !
Ce guide est fait pour vous y aider... mais :
– N'attendez pas le dernier moment pour réserver
– Évitez la période critique du 14 juillet au 15 août
Pensez aux ressources de l'arrière-pays,
à l'écart des lieux de grande fréquentation.

La CHÂTRE

✉ 36400 – **323** H7 – G. Limousin Berry – 4 547 h. – alt. 210

🛈 *Office de tourisme, 134, rue Nationale ℰ 02 54 48 22 64, Fax 02 54 06 09 15*

Paris 298 – Bourges 69 – Châteauroux 37 – Guéret 53 – Montluçon 65 – Poitiers 138 – St-Amand-Montrond 51.

Intercommunal le Val Vert 1er juin-15 sept.
ℰ 02 54 48 32 42, *c.slow@cc-lachatre-stesevere.fr*,
Fax 02 54 48 32 87 – **R** conseillée
2 ha (77 empl.) en terrasses, plat, herbeux
Tarif : ⚹ ⟚ 🗐 7,95 € – [⚡] (5A) 2,40 €
Pour s'y rendre : sortie SE par D 943, rte de Montluçon puis 2 km par D 83ᴬ, rte de Briante à droite et chemin, à proximité de l'Indre
À savoir : dans un site campagnard très verdoyant

Nature : ⟏ ⌖
Services : & ⚏ 🗐 ④ 💧 ☂ ⟋
À prox. : ✂ 🖼 🖼 🏊 🛶 🐎

ÉGUZON

✉ 36270 – **323** F8 – G. Limousin Berry – 1 373 h. – alt. 243 – Base de loisirs

🛈 *Office de tourisme, 2, rue Jules Ferry ℰ 02 54 47 43 69, Fax 02 54 47 35 60*

Paris 319 – Argenton-sur-Creuse 20 – La Châtre 47 – Guéret 50 – Montmorillon 64 – La Souterraine 39.

Municipal du Lac Les Nugiras Permanent
ℰ 02 54 47 45 22, Fax 02 54 47 45 22 – **R**
4 ha (180 empl.) plat et en terrasses, peu incliné, herbeux, pierreux
Tarif : ⚹ ⟚ 🗐 7,65 € – [⚡] (10A) 3,30 €
Location : 12 🏠 (4 à 6 pers.) 120 à 380 €/sem. – bungalows toilés
Pour s'y rendre : SE : 3 km par D 36, rte du lac de Chambon puis 0,5 km par rte à droite, à 450 m du lac

Nature : ⩊
Loisirs : 🍷 🛶
Services : & ⚏ ⚒ 🗐 ④ 💧 ☂ 🖼 🚿
À prox. : ≈ (plage) 🏊 ◊

FOUGÈRES

✉ 36190 – **323** F8
Paris 326 – Aigurande 19 – Argenton-sur-Creuse 26 – Crozant 9 – Guéret 49.

Municipal de Fougères 1er avr.-31 oct.
  📞 02 54 47 20 01, *campingfougeres.36@wanadoo.fr*,
  Fax 02 54 47 34 41 – **R** conseillée
  4,5 ha (150 empl.) en terrasses, plat, peu incliné, herbeux, pierreux
  Tarif : 👤 3,20 € – 🚗 1,10 € – 🔲 8 € – (🔌) (10A) 3,10 €
  Location (1er mars-31 déc.) : 13 🏠 (4 à 6 pers.) 225 à 410 €/sem.
  À savoir : site agréable au bord du lac de Chambon

Nature : ≤ ⚲
Loisirs : 🏛 🏊 🎱 🎣
Services : 🚿 ⚡ 🖫 🗓 🅿 ⊕ 🖼 🔧
À prox. : ✕ snack 🛝 pédalos, canoë

GARGILESSE-DAMPIERRE

✉ 36190 – **323** F7 – G. Limousin Berry – 324 h. – alt. 220
🛈 Office de tourisme, le Bourg 📞 02 54 47 85 06, Fax 02 54 47 71 22
Paris 310 – Châteauroux 45 – Guéret 59 – Poitiers 113.

La Chaumerette 1er avr.-28 févr.
  📞 02 54 47 73 44, *campinglachaumerette@wanadoo.fr*
  – **R** conseillée
  2,6 ha (72 empl.) plat, herbeux, pierreux
  Tarif : (Prix 2006) 👤 🚗 🔲 9,50 € – (🔌) (10A) 4,50 €
  Pour s'y rendre : SO : 1,4 km par D 39, rte d'Argenton-sur-Creuse et chemin à gauche menant au barrage de la Roche au Moine
  À savoir : cadre pittoresque au bord de la Creuse

Nature : 🌳 ⚲⚲
Loisirs : 🍽 snack
Services : 🚿 ⚡ 🖫 🗓 🅿 🔧 🖼
À prox. : 🎣

Pour choisir et suivre un itinéraire
Pour calculer un kilométrage
Pour situer exactement un terrain (en fonction des indications fournies dans le texte) :
Utilisez les cartes MICHELIN détaillées à 1/150 000,
compléments indispensables de cet ouvrage.

ISSOUDUN

✉ 36100 – **323** H5 – G. Limousin Berry – 13 685 h. – alt. 130
🛈 Syndicat d'initiative, place Saint-Cyr 📞 02 54 21 74 02, Fax 02 54 03 03 36
Paris 244 – Bourges 37 – Châteauroux 29 – Tours 127 – Vierzon 35.

Municipal les Taupeaux juin-août
  📞 02 54 03 13 46, *tourisme@issoudun.fr*,
  Fax 02 54 03 17 13, *www.issoudun.fr* – **R**
  0,6 ha (50 empl.) plat, herbeux
  Tarif : (Prix 2006) 👤 🚗 🔲 6 €
  Pour s'y rendre : Sortie N par D 918, rte de Vierzon, à 150 m d'une rivière

Nature : 🔲 ⚲
Services : 🚿 🔧 ⊕ 🖾

LUÇAY-LE-MÂLE

✉ 36360 – **323** E4 – G. Limousin Berry – 1 706 h. – alt. 160
Paris 240 – Le Blanc 73 – Blois 60 – Châteauroux 43 – Châtellerault 92 – Loches 39 – Tours 80.

Municipal la Foulquetière avr.-mi-oct.
  📞 02 54 40 52 88, *mairie@ville-lucaylemale.fr*,
  Fax 02 54 40 42 47 – **R** conseillée
  1,5 ha (30 empl.) plat, peu incliné, herbeux
  Tarif : (Prix 2006) 👤 2 € – 🚗 🔲 2,50 € – (🔌) 1,50 €
  Location (permanent) : 3 🏠 (4 à 6 pers.) 230 à 290 €/sem.
  Pour s'y rendre : SO : 3,8 km par D 960, rte de Loches, D 13, rte d'Ecueillé à gauche et chemin à droite
  À savoir : à 80 m d'un plan d'eau très prisé des pêcheurs

Nature : 🔲
Loisirs : 🏊
Services : 🚿 ⚡ 🔧 🏛 ⊕ 🖾 🖼
À prox. : 🍽 ✕ 🎱 🛝 🎣 canoë, pédalos

MONTGIVRAY

✉ 36400 – **323** H7 – 1 681 h. – alt. 210
Paris 303 – Orléans 177 – Châteauroux 35 – Bourges 71 – Montluçon 65.

▲ **Municipal Solange Sand** 15 mars-15 oct.
℘ 02 54 06 10 34, *mairie.montgivray@wanadoo.fr*,
Fax 02 54 06 10 39 – **R** conseillée
1 ha (70 empl.) plat, herbeux, parc attenant
Tarif : ♦ 1,95 € ⇔ 回 2,77 € – ⓖ 5,38 €
Pour s'y rendre : au bord de l'Indre
À savoir : attenant au château Solange-Sand

Nature : 🐾 ♀
Loisirs : 🎯 🏹
Services : ⚡ ⚙ 🔧 🚿 ⊛ ℘
À prox. : 🍴 🗙 🗙 🗙 🗑 🏊

La MOTTE-FEUILLY

✉ 36160 – **323** I7 – G. Limousin Berry – 42 h. – alt. 235
Paris 309 – Aigurande 27 – Boussac 30 – Châteaumeillant 9 – La Châtre 13 – Guéret 53.

▲ **Municipal**
℘ 02 54 31 41 87, *mairie-lamottefeuilly@wanadoo.fr* – **R**
0,4 ha (23 empl.) plat et peu incliné, herbeux
Pour s'y rendre : à l'O du bourg
À savoir : dans le parc du château

Nature : 🐾 🔲
Loisirs : 🎯
Services : ♿ 🚿 ⊛
À prox. : 🐎 poneys

NEUVY-ST-SÉPULCHRE

✉ 36230 – **323** G7 – G. Limousin Berry – 1 654 h. – alt. 186
Paris 295 – Argenton-sur-Creuse 24 – Châteauroux 29 – La Châtre 16 – Guéret 67 – La Souterraine 74.

▲ **Municipal les Frênes** 15 juin-15 sept.
℘ 02 54 30 82 51, *mairie.neuvysaintsepulchre@wana
doo.fr*, Fax 02 54 30 88 94 – **R** conseillée
1 ha (35 empl.) plat, herbeux
Tarif : ♦ ⇔ 回 6,50 € – ⓖ (9A) 3 €
Location (permanent) ⚡ : 2 🏠 (4 à 6 pers.) 180 à
210 €/sem.
Pour s'y rendre : Sortie O par D 927, rte d'Argenton-sur-
Creuse puis 0,6 km par rue à gauche et chemin à droite, à
100 m d'un étang et de la Bouzanne

Nature : 🐾 🔲
Loisirs : 🎯 🏊
Services : ⚡ GB ⚙ 🔧 🚿 ⊛ 🚰 ♻
🏧
À prox. : 🍴 snack 🎣

Le PONT-CHRÉTIEN-CHABENET

✉ 36800 – **323** E7 – 880 h. – alt. 100
Paris 300 – Argenton-sur-Creuse 6 – Le Blanc 33 – Châteauroux 34 – La Châtre 44.

▲ **Municipal les Rives de la Bouzanne** 15 juin-15
nov.
℘ 02 54 25 81 40, *commune.pontchretien@wanadoo.fr*,
Fax 02 54 25 87 50
0,7 ha (52 empl.) plat, herbeux
Tarif : (Prix 2006) ♦ ⇔ 回 7 € ⓖ (8A)
Pour s'y rendre : sortie vers St-Gaultier et à gauche après
le pont, bord de la Bouzanne
À savoir : cadre ombragé au bord de la rivière

Nature : ♀♀
Loisirs : 🎯
Services : ⚙ 🚿 ⊛ 🏧

REUILLY

✉ 36260 – **323** I4 – G. Limousin Berry – 1 963 h. – alt. 116
🛈 *Office de tourisme, 5, rue Rabelais* ℘ 02 54 49 24 94, Fax 02 54 49 24 94
Paris 227 – Blois 98 – Bourges 28 – Châteauroux 46 – Issoudun 17 – Vierzon 19.

▲ **Municipal** 15 mai-15 sept.
℘ 02 54 03 49 00, *mairie.reuilly@wanadoo.fr*,
Fax 02 54 03 49 04, *http://perso.wanadoo.fr/mairie.reuilly/*
– **R** conseillée
1 ha (30 empl.) plat, herbeux
Tarif : ♦ 1,95 € ⇔ 1,95 € 回 1,95 € – ⓖ (10A) 1,54 €
Location (permanent) : 3 🏠 (4 à 6 pers.) 144 à
246 €/sem.
Pour s'y rendre : sortie E, près de l'Arnon

Nature : ♀
Services : ♿ ⚡ ⚙ 🔧 ⊛
À prox. : 🏊

ROSNAY

✉ 36300 – **323** D6 – 526 h. – alt. 112
Paris 307 – Argenton-sur-Creuse 31 – Le Blanc 16 – Châteauroux 44.

⚠ **Municipal** Permanent
     ℘ 02 54 37 80 17, *rosnay-mairie@wanadoo.fr*,
Fax 02 54 37 02 86
2 ha (18 empl.) plat, herbeux
Tarif : ⛺ 1,90 € 🚗 1,60 € 🅴 2,10 € – [⚡] (10A) 1,90 €
Pour s'y rendre : N : 0,5 km par D 44 rte de St-Michel-en-Brenne
À savoir : au bord d'un étang

Nature : 🏞 ⚲
Loisirs : 🎣 🛶
Services : 🅰 🗑 @

VALENÇAY

✉ 36600 – **323** F4 – G. Châteaux de la Loire – 2 736 h. – alt. 140
🛈 Office de tourisme, 2, avenue de la Résistance ℘ 02 54 00 04 42
Paris 233 – Blois 59 – Bourges 73 – Châteauroux 42 – Loches 50 – Vierzon 51.

⚠⚠ **Municipal les Chênes** 29 avr.-1er oct.
     ℘ 02 54 00 03 92, *secretaria@mairie-valencey.fr*,
Fax 02 54 00 03 92 – **R** indispensable
5 ha (50 empl.) plat et peu incliné, herbeux
Tarif : (Prix 2006) ⛺ 3,20 € 🚗 🅴 3,30 € – [⚡] (10A) 3,50 €
🚐 1 borne
Pour s'y rendre : 1 km à l'O sur D 960, rte de Luçay-le-Mâle
À savoir : agréable cadre de verdure en bordure d'étang

Nature : 🏕 ⚲⚲
Loisirs : 🏊 🛶 🛶
Services : 🕭 🌡 🅰 🗑 @ 🔥

VATAN

✉ 36150 – **323** G4 – G. Limousin Berry – 1 972 h. – alt. 140
🛈 Office de tourisme, place de la République ℘ 02 54 49 71 69
Paris 235 – Blois 78 – Bourges 50 – Châteauroux 31 – Issoudun 21 – Vierzon 28.

⚠ **Municipal** mi-avr.-mi-sept.
     ℘ 02 54 49 91 37, *vatan.mairie1@wanadoo.fr*,
Fax 02 54 49 93 72, *www.vatan-en-berry.com*
2,4 ha (55 empl.) plat, herbeux, pierreux
Tarif : (Prix 2006) ⛺ 🚗 🅴 4 € – [⚡] (10A) 2 €
Location (mi-avr.-11 nov.) : 3 🏠 (4 à 6 pers.) 140 à 230 €/sem.
Pour s'y rendre : sortie O par D 2, rte de Guilly et rue du collège à gauche
À savoir : bord d'un étang d'agrément

Nature : 🏕 ⚲
Loisirs : 🏊
Services : 🕭 🌡 🅰 🗑 @ 🔥 🚰
À prox. : 🍴 🛶

Indre-et-Loire (37)

AZAY-LE-RIDEAU

✉ 37190 – **317** L5 – G. Châteaux de la Loire – 3 100 h. – alt. 51
🛈 Office de tourisme, 4, rue du Château ℘ 02 47 45 44 40, Fax 02 47 45 31 46
Paris 265 – Châtellerault 61 – Chinon 21 – Loches 58 – Saumur 47 – Tours 26.

⚠ **Municipal le Sabot** 6 avr.-1er oct.
     ℘ 02 47 45 42 72, *camping.lesabot@wanadoo.fr*,
Fax 02 47 45 49 11 – **R** conseillée
6 ha (256 empl.) plat, herbeux
Tarif : (Prix 2006) ⛺ 🚗 🅴 12,90 € [⚡] (10A)
🚐 1 borne – 20 🅴
Pour s'y rendre : sortie E par D 84, rte d'Artannes et rue du Stade à dr., à proximité du château, bord de l'Indre
À savoir : situation agréable, entrée fleurie

Nature : 🏞 ⚲
Loisirs : 🎱 🏊 🚲 🛶
Services : 🕭 🌡 🔂 🅰 🗑 🌳 @ 🛞
🧺 sèche-linge
À prox. : 🍴 🎯 🛶

BALLAN-MIRÉ

✉ 37510 – **317** M4 – 7 059 h. – alt. 88
🛈 *Office de tourisme, 1, place du 11 novembre* 𝒫 *02 47 53 87 47*
Paris 251 – Azay-le-Rideau 17 – Langeais 20 – Montbazon 13 – Tours 12.

⚠ **La Mignardière** 1ᵉʳ avr.-22 sept.
𝒫 02 47 73 31 00, *info@mignardiere.com*,
Fax 02 47 73 31 01, *www.mignardiere.com* – **R** conseillée
2,5 ha (177 empl.) plat, herbeux, petit bois attenant
Tarif : ♦ ⇔ 🖃 15,25 € – [₰] (6A) 3,20 €
Location : 12 ▦▦ (4 à 6 pers.) 224 à 581 €/sem. – 21 ⌂
(4 à 6 pers.) 224 à 686 €/sem.
▦ 1 borne 4 €
Pour s'y rendre : 2,5 km au NE du bourg, à proximité du
plan d'eau de Joué-Ballan

> Nature : ⌑ ♀
> Loisirs : 🏊 🚲 🎣 ✗ 🎱 🏓
> Services : ♿ ⚡ ⊟ 🚿 ▥ ⬚ 🛒 ⊕
> ⟲ ☞ 🖾 ⬓
> À prox. : ♥ grill ⊅ ↖ poneys golf

BLÉRÉ

✉ 37150 – **317** O5 – G. Châteaux de la Loire – 4 576 h. – alt. 59
🛈 *Office de tourisme, 8, rue Jean-Jacques Rousseau* 𝒫 *02 47 57 93 00*
Paris 234 – Blois 48 – Château-Renault 36 – Loches 25 – Montrichard 16 – Tours 27.

⚠ **Municipal la Gâtine**
𝒫 02 47 57 92 60, *mairie@blere-touraine.com*,
Fax 02 47 57 92 60, *www.cc-blere-valdecher.fr* – **R**
4 ha (270 empl.) plat, herbeux
▦ 1 borne
Pour s'y rendre : À l'E de la ville, rue du Commandant-
Lemaître, au centre d'un complexe sports-loisirs, en bor-
dure du Cher

> Nature : ♀
> Loisirs : ▱
> Services : ♿ ⚡ 🖾 ⬚ ⟰ ⊕ 🖾
> sèche-linge
> À prox. : 🏊 ✗ ↖ 🏓 ⟲ ◔ canoë,
> pédalos, aviron

BOURGUEIL

✉ 37140 – **317** J5 – G. Châteaux de la Loire – 4 109 h. – alt. 42
🛈 *Syndicat d'initiative, 16, place de l'église* 𝒫 *02 47 97 91 39*
Paris 281 – Angers 81 – Chinon 16 – Saumur 23 – Tours 45.

⚠ **Municipal Parc Capitaine** 15 mai-15 nov.
𝒫 02 47 97 85 62, *contact@bourgueil.fr*,
Fax 02 47 97 98 58, *www.bourgueil.fr* – **R** conseillée
2 ha (80 empl.) plat, herbeux
Tarif : ♦ ⇔ 🖃 7,72 € – [₰] (10A) 1,90 €
Pour s'y rendre : S : 1,5 km par D 749, rte de Chinon
À savoir : Cadre verdoyant et ombragé près d'un plan
d'eau

> Nature : ⌑ ♀
> Loisirs : ↖ 🏓
> Services : ♿ GB ☑ 🖾 ⟰ ⊕ 🖾
> À prox. : ☞ ♥ 🏊 ✗ 🖾 🖾 ⬓ ⬓

CHÂTEAU-RENAULT

✉ 37110 – **317** O3 – G. Châteaux de la Loire – 5 538 h. – alt. 92
🛈 *Office de tourisme, 32, place Jean Jaurès* 𝒫 *02 47 56 22 22*
Paris 216 – Angers 121 – Blois 44 – Loches 63 – Le Mans 93 – Tours 31 – Vendôme 26.

⚠ **Municipal du Parc de Vauchevrier** mi-mai-16
sept.
𝒫 02 47 29 54 43, *mairie@ville-chateau-renault.fr*,
Fax 02 47 29 54 43, *www.ville-chateau-renault.fr*
– **R** conseillée ✗
3,5 ha (110 empl.) plat, herbeux
Tarif : ♦ 2 € ⇔ 1 € 🖃 2,10 € – [₰] (16A) 2 €
▦ 1 borne 3 € – 4 🖃
Pour s'y rendre : vers sortie O par D 766, rte d'Angers et
rue à dr., à la piscine, bord de la Brenne

> Nature : ⌑ ♀
> Loisirs : 🏓
> Services : ♿ ⚡ ☑ 🖾 ⟰ ⊕
> À prox. : 🏊 ✗ ↖ 🏓 piste de
> skate-board

CHEMILLÉ-SUR-INDROIS

✉ 37460 – **317** P6 – 197 h. – alt. 97
🛈 *Syndicat d'initiative, le bourg* ℘ 02 47 92 60 75
Paris 244 – Châtillon-sur-Indre 25 – Loches 16 – Montrichard 27 – St-Aignan 21 – Tours 57.

⚠ **Les Coteaux du Lac** 7 avr.-30 sept.
   ℘ 02 47 92 77 83, lescoteauxdulac@wanadoo.fr,
   Fax 02 47 92 72 95, www.lescoteauxdulac.com – **R** conseillée
   1 ha (72 empl.) plat et peu incliné, herbeux
   Tarif : ⚹ ⇔ ▣ 12,50 € – ⒢ (10A) 3,70 € – frais de réservation 10 €
   Pour s'y rendre : au SO du bourg
   À savoir : agréable situation près d'un plan d'eau

> Nature : ≤
> Services : ⊶ GB ⊘ⅣⓌ 🐾
> À prox. : 🍴 brasserie ⛵ 🎾 ≦ ⚓
> 🐎 poneys, pédalos

CHINON

✉ 37500 – **317** K6 – G. Châteaux de la Loire – 8 716 h. – alt. 40
🛈 *Office de tourisme, place Hofheim* ℘ 02 47 93 17 85, Fax 02 47 93 93 05
Paris 285 – Châtellerault 51 – Poitiers 80 – Saumur 29 – Thouars 51 – Tours 46.

⚠ **Municipal de l'Île Auger**
   ℘ 02 47 93 08 35, ville.de.chinon@wanadoo.fr,
   Fax 02 47 98 47 92, www.ville.chinon.com – **R** conseillée
   4,5 ha (277 empl.) plat, herbeux
   🚐
   Pour s'y rendre : quai Danton
   À savoir : situation agréable face au château et en bordure
   de la Vienne

> Nature : ≤ ville et château ⚲
> Loisirs : 🏊 🐾
> Services : 🚻 ⊶ 🏳 ⚐ 🗄
> À prox. : 🎾 ▥ ≦

Benutzen Sie
– zur Wahl der Fahrtroute
– zur Berechnung der Entfernungen
– zur exakten Lokalisierung eines Campingplatzes (mit Hilfe der Angaben im Ortstext)
*die für diesen Führer unentbehrlichen **MICHELIN-Karten** im Ma1 : 150 000.*

DESCARTES

✉ 37160 – **317** N7 – G. Poitou Vendée Charentes – 4 019 h. – alt. 50
🛈 *Office de tourisme, place Blaise Pascal* ℘ 02 47 92 42 20, Fax 02 47 59 72 20
Paris 292 – Châteauroux 94 – Châtellerault 24 – Chinon 51 – Loches 32 – Tours 59.

⚠ **Municipal la Grosse Motte**
   ℘ 02 47 59 85 90, otm@ville-descartes.fr,
   Fax 02 47 92 72 20, www.ville-descartes.fr – **R** conseillée
   1 ha (50 empl.) plat et vallonné, herbeux
   Location 🚲 : 6 ⌂ – gîte d'étape
   Pour s'y rendre : sortie S par D 750, rte du Blanc et allée
   Léo-Lagrange à droite, bord de la Creuse
   À savoir : parc ombragé attenant à un complexe de loisirs
   et à un jardin public

> Nature : 🌿 ☲ ⚲⚲
> Loisirs : 🐾
> Services : ⊶ 🏳 ⚐ 🖼 Ⓦ
> À prox. : ⛵ 🎾 🎣 ≦ 🛶 canoë

L'ÎLE-BOUCHARD

✉ 37220 – **317** L6 – G. Châteaux de la Loire – 1 764 h. – alt. 41
🛈 *Office de tourisme, 16, place Bouchard* ℘ 02 47 58 67 75, Fax 02 47 58 67 75
Paris 284 – Châteauroux 118 – Châtellerault 49 – Chinon 16 – Saumur 42 – Tours 45.

⚠ **Municipal les Bords de Vienne** 11 juin-3 sept.
   ℘ 02 47 95 23 59, mairie.ilebouchard@wanadoo.fr,
   Fax 02 47 58 67 35 – **R**
   1 ha (90 empl.) plat, herbeux
   Tarif : (Prix 2006) ⚹ 2 € ⇔ ▣ 2,50 € – ⒢ (6A) 2,80 €
   Location (permanent) : gîte d'étape
   Pour s'y rendre : près du quartier St-Gilles, en amont du
   pont sur la Vienne, près de la rivière

> Nature : ⚲⚲
> Loisirs : 🐾
> Services : 🚻 ⊶ ⊘Ⅳ 🖼 ⚐ Ⓦ 🗄
> À prox. : 🛒 🎾 ≦ 🛶 canoë

LOCHES

✉ 37600 – **317** O6 – G. Châteaux de la Loire – 6 328 h. – alt. 80
🛈 *Office de tourisme, place de la Marne* ✆ *02 47 91 82 82, Fax 02 47 91 61 50*
Paris 261 – Blois 68 – Châteauroux 72 – Châtellerault 56 – Tours 42.

⚠ **La Citadelle** 20 mars-14 oct.
✆ 02 47 59 05 91, *camping@lacitadelle.com*,
Fax 02 47 59 00 35, *www.lacitadelle.com* – **R** conseillée
4 ha (164 empl.) plat, herbeux
Tarif : ✹ ⛺ 🔲 23,60 € [ᵻ] (16A) – frais de réservation 12 €
Location : 15 🏠 (4 à 6 pers.) 250 à 695 €/sem. –
bungalows toilés
🚐 1 borne
Pour s'y rendre : sortie E par D 760, rte de Valencay et rue
Quintefol à droite (rte de Perusson) près de la piscine et à
proximité du stade Gén.-Leclerc
À savoir : cadre verdoyant et soigné au bord de l'Indre

Nature : 🌳
Loisirs : 🍴 snack 🎱 🏊
Services : 🚿 ⛽ 🅶🅱 🔧 ⬚ 🔲 🗄 ⬝ ☺
🚐 ♨ 🔲
À prox. : ✕ 🔲 🛶

*The classification (1 to 5 tents, **black** or red) that we award to*
selected sites in this Guide is a system that is our own.
It should not be confused with the classification (1 to 4 stars) of official organisations.

MARCILLY-SUR-VIENNE

✉ 37800 – **317** M6 – 509 h. – alt. 60
Paris 280 – Azay-le-Rideau 32 – Chinon 30 – Châtellerault 29 – Descartes 18 – Richelieu 21 – Tours 47.

⚠ **Intercommunal la Croix de la Motte**
mi-juin-mi-sept.
✆ 02 47 65 20 38 – **R** conseillée
1,5 ha (61 empl.) plat, herbeux
Tarif : (Prix 2006) ✹ 2,15 € ⛺ 🔲 2,70 € – [ᵻ] (6A) 2,60 €
Pour s'y rendre : N : 1,2 km par D 18, rte de l'Ile-Bouchard
et rue à droite
À savoir : plaisant cadre ombragé, près de la Vienne

Nature : 🌿 ⛺ 🌳
Loisirs : 🏊 🎣
Services : 🚿 ⛽ 🔧 🗄 ☺ 🔲
À prox. : 🏖 (plage) canoë

311

La MEMBROLLE-SUR-CHOISILLE

✉ 37390 – **317** M4 – 2 928 h. – alt. 60
Paris 246 – Orléans 122 – Tours 8 – Le Mans 75 – Blois 71.

⚠ **Municipal** saison
✆ 02 47 41 20 40, *mairie@ville-la-membrolle37.fr*,
Fax 02 47 54 83 96 – **R** conseillée
1,2 ha (94 empl.) plat, herbeux
Tarif : (Prix 2006) ✹ ⛺ 🔲 10,30 € [ᵻ] (10A)
Pour s'y rendre : rte de Fondettes, au stade, bord de la
Choisille

Nature : 🌳
Loisirs : ✕ 🔲
Services : 🚿 ⛽ 🗄 ☺ ⬝
À prox. : ✕

MONTBAZON

✉ 37250 – **317** N5 – G. Châteaux de la Loire – 3 434 h. – alt. 59
🛈 *Office de tourisme, esplanade du Val de l'Indre* ✆ *02 47 26 97 87*
Paris 247 – Châtellerault 59 – Chinon 41 – Loches 33 – Montrichard 42 – Saumur 73 – Tours 15.

⚠ **La Grange Rouge** 1ᵉʳ mai-29 sept.
✆ 02 47 26 06 43, *ma.widd@wanadoo.fr*,
Fax 02 47 26 03 13, *www.camping-montbazon.com*
– **R** conseillée
2 ha (108 empl.) plat, herbeux
Tarif : (Prix 2006) ✹ 3,60 € ⛺ 1,20 € 🔲 3,40 € –
[ᵻ] (6A) 3,60 € – frais de réservation 9 €
Location : 6 🏠 (4 à 6 pers.) 250 à 485 €/sem.
Pour s'y rendre : rte de Tours, après le pont sur l'Indre
À savoir : situation plaisante en bordure de rivière et près
du centre ville

Nature : 🌳🌳
Loisirs : 🍴 snack, brasserie 🎱 🏊
Services : 🚿 ⛽ 🅶🅱 🔧 🗄 ☺ 🔲
À prox. : ✕ 🔲 🏃 parcours sportif

MONTLOUIS-SUR-LOIRE

⊠ 37270 – **317** N4 – G. Châteaux de la Loire – 9 657 h. – alt. 60
🄱 *Office de tourisme, place François Mitterrand* ℘ 02 47 45 00 16, Fax 02 47 45 87 10
Paris 235 – Amboise 14 – Blois 49 – Château-Renault 32 – Loches 39 – Montrichard 33 – Tours 11.

⚠ **les Peupliers** 1ᵉʳ avr.-fin oct.
℘ 02 47 50 81 90, *camping.lespeupliers@wanadoo.fr*,
Fax 02 47 45 15 74, *www.aquadis-loisirs.com* – **R** conseillée
6 ha (252 empl.) plat, herbeux
Tarif : ⚹ 2,90 € ⟷ 3,60 € 🅴 4,20 € – [⚡] (16A) 2,95 € – frais
de réservation 8 €
🚐 1 borne 4 € – 10 🅴 4 €
Pour s'y rendre : O : 1,5 km par D 751, rte de Tours, à
100 m de la Loire
À savoir : plaisant cadre boisé

| Nature : 🔲 ᴏ̲ᴏ̲ |
| Loisirs : 🍴 🏠 ⚓ |
| Services : ⚹ �ᴏ̄ GB ⚙ 🗑 ⬥ ⚲ ⊚ |
| 🔲 🛁 |
| À prox. : ✗ 🏊 🚣 |

Benutzen Sie
– zur Wahl der Fahrtroute
– zur Berechnung der Entfernungen
– zur exakten Lokalisierung eines Campingplatzes (mit Hilfe der Angaben im Ortstext)
*die für diesen Führer unentbehrlichen **MICHELIN-Karten** im Ma1 : 150 000.*

PREUILLY-SUR-CLAISE

⊠ 37290 – **317** 07 – G. Poitou Vendée Charentes – 1 293 h. – alt. 80
Paris 299 – Le Blanc 31 – Châteauroux 64 – Châtellerault 35 – Loches 36 – Tours 84.

⚠ **Municipal** 1ᵉʳ mai-15 sept.
℘ 02 47 94 50 04, *mairie-preuilly@wanadoo.fr*,
Fax 02 47 94 63 26 – **R** conseillée
0,7 ha (37 empl.) plat, herbeux
Tarif : ⚹ ⟷ 🅴 5,50 € – [⚡] (6A) 3,20 €
Pour s'y rendre : au SO du bourg, près de la piscine, de la
Claise et d'un étang
À savoir : cadre verdoyant au milieu d'un complexe de
loisirs

| Nature : 🔲 ᴏ̲ |
| Loisirs : 🎣 |
| Services : ⊚ 🔲 |
| À prox. : ⚓ ✗ 🏇 🏊 parcours |
| sportif |

REUGNY

⊠ 37380 – **317** 04 – 1 416 h. – alt. 66
🄱 *Syndicat d'initiative, rue Nationale* ℘ 02 47 52 94 32
Paris 220 – Château-Renault 15 – Tours 23 – Vouvray 12.

⚠ **Municipal de la Grand'Prée** 24 juin-4 sept.
℘ 02 47 52 29 51, *mairie-reugny@wanadoo.fr* – **R** conseillée
0,6 ha (32 empl.) plat, herbeux
Tarif : (Prix 2006) ⚹ ⟷ 🅴 6,70 € [⚡] (6A)
Pour s'y rendre : sortie E par D 5, rte d'Amboise, au stade,
à 100 m d'un étang et à 200 m de la Brenne

| Nature : ᴏ̲ |
| Loisirs : ⚓ |
| Services : ⚹ ᴏ̄ ⚙ 🗑 ⚲ ⊚ |
| À prox. : ✗ 🎣 |

ST-AVERTIN

⊠ 37550 – **317** N4 – 14 092 h. – alt. 49
🄱 *Office de tourisme, 36, rue Rochepinard* ℘ 02 47 27 01 72, Fax 02 47 27 04 86
Paris 245 – Orléans 121 – Tours 7 – Blois 70 – Joué 9.

⚠ **Les Rives du Cher** avr.-15 oct.
℘ 02 47 27 27 60, *contact@camping-lesrivesducher.com*,
Fax 02 47 25 82 89, *www.camping-lesrivesducher.com*
– **R** conseillée
2 ha (90 empl.) plat, herbeux
Tarif : ⚹ 3,60 € ⟷ 2,40 € 🅴 4,10 € – [⚡] (10A) 4,80 €
Location : 4 🛖 (4 à 6 pers.) 287 à 507 €/sem.
Pour s'y rendre : au N par rive gauche du Cher
À savoir : près d'un plan d'eau

| Nature : 🔲 ᴏ̲ |
| Services : ⚹ ᴏ̄ GB ⚙ 🍴 🗑 ⬥ ⚲ |
| ⊚ ⚲ ⚲ 🔲 sèche-linge |
| À prox. : ⚓ ✗ 🔲 🎣 ⚓ |

312

STE-CATHERINE-DE-FIERBOIS

✉ 37800 – **317** M6 – G. Châteaux de la Loire – 611 h. – alt. 114
Paris 263 – Azay-le-Rideau 25 – Chinon 37 – Ligueil 19 – Tours 31.

▵▵ **Parc de Fierbois** ▵▵ – 14 mai-14 sept.
  🕿 02 47 65 43 35, *parc.fierbois@wanadoo.fr*,
  Fax 02 47 65 53 75, *www.fierbois.com* – **R** conseillée
  30 ha/12 campables (320 empl.) plat et terrasses, herbeux
  Tarif : ♣ ⇔ 🅴 39 € – ⓖ (6A) 4,20 € – frais de réservation 15 €
  Location : 80 🏠 (4 à 6 pers.) 224 à 910 €/sem. – 15 🏠
  (4 à 6 pers.) 231 à 994 €/sem. – 10 bungalows toilés – 8
  gîtes
  🚐 1 borne
  Pour s'y rendre : S : 1,2 km
  À savoir : agréable et vaste domaine avec bois, lac et parc
  aquatique

> Nature : 🌿 💭 ⛰
> Loisirs : 🍸 ✗ (dîner seulement) piz-
> zeria 🛖 ⚂ ⛹ 🎣 🏊 🚲 ⚂ 🎱 🎿
> 🖼 ⛵ ≈ (plage) ⛷ 🏌
> Services : ⚹ ⚊ GB ⚕ 🗄 ♨ ☺ ♨
> 🗑 ⚲ ⚉ 🖼 sèche-linge 🔌 ♨
> cases réfrigérées
> À prox. : canoë, pédalos, parcours
> aventure

STE-MAURE-DE-TOURAINE

✉ 37800 – **317** M6 – G. Châteaux de la Loire – 3 909 h. – alt. 85
🛈 *Office de tourisme, rue du Château* 🕿 02 47 65 66 20, Fax 02 47 34 04 28
Paris 273 – Le Blanc 71 – Châtellerault 39 – Chinon 32 – Loches 31 – Thouars 73 – Tours 40.

▵ **Municipal de Marans** 10 avr.-sept.
  🕿 02 47 65 44 93 – **R** conseillée
  1 ha (66 empl.) plat et peu incliné, herbeux
  Tarif : ♣ 2,50 € ⇔ 🅴 2,25 € – ⓖ (10A) 2,45 €
  🚐 1 borne 2 € – 2 🅴
  Pour s'y rendre : 1,5 km au SE par D 760, rte de Loches, et
  à gauche, rue de Toizelet, à 150 m d'un plan d'eau

> Loisirs : ⚽ parcours sportif
> Services : ⚹ ⚊ ⚕ ☺ ♨
> À prox. : 🎣

SAVIGNY-EN-VÉRON

✉ 37420 – **317** J5 – 1 272 h. – alt. 40
Paris 292 – Chinon 9 – Langeais 27 – Saumur 20 – Tours 54.

▵▵ **Municipal la Fritillaire** avr.-fin oct.
  🕿 02 47 58 03 79, *campinglafritilliere.vern@ffcc.fr*,
  Fax 02 47 58 03 81 – **R** conseillée
  2,5 ha (100 empl.) plat, herbeux, bois attenant
  Tarif : (Prix 2006) ♣ ⇔ 🅴 9,50 € – ⓖ (10A) 3 €
  🚐 1 borne 3,50 €
  Pour s'y rendre : à l'O du bourg

> Nature : 🌿 🌳
> Loisirs : 🎣
> Services : ⚹ ⚊ GB ⚕ Ⓜ ⚿ 🗄 ♨
> ☺ ♨ 🗑 🖼
> À prox. : 🛒 ⚽ 🖼 ⛷ 🎣 🐎 🏹

SONZAY

✉ 37360 – **317** L3 – 1 120 h. – alt. 94
Paris 257 – Château-la-Vallière 39 – Langeais 26 – Tours 25.

▵▵▵ **L'Arada Parc** 24 mars-1er nov.
  🕿 02 47 24 72 69, *laradaparc@free.fr*, Fax 02 47 24 72 70,
  www.laradaparc.com – **R** conseillée
  1,7 ha (94 empl.) plat et peu incliné, herbeux
  Tarif : ♣ ⇔ 🅴 17,50 € – ⓖ (10A) 3,50 € – frais de réservation 9 €
  Location : 10 🏠 (4 à 6 pers.) 255 à 645 €/sem.
  🚐 1 borne 5 €
  Pour s'y rendre : Sortie O par D 68 rte de Souvigné et à
  droite

> Nature : 🌿 🌳
> Loisirs : 🍸 snack 🛖 🎣 🚲 🎱 🏊
> Services : ⚹ ⚊ GB ⚕ Ⓜ 🗄 ♨ ☺
> ♨ 🗑 🖼
> À prox. : ⚽ 🎣

To select the best route and follow it with ease,
To calculate distances,
To position a site precisely from details given in the text :
*Get the appropriate **MICHELIN regional map,** 1 : 150 000.*

VEIGNÉ

⊠ 37250 – **317** N5 – 5 474 h. – alt. 58
Paris 252 – Orléans 128 – Tours 16 – Joué-lès-Tours 11 – Saint-Cyr-sur-Loire 20.

La Plage mi-avr.-déb. oct.
℘ 02 47 26 23 00, camping.veigne@aol.fr,
Fax 02 47 73 11 47, *www.touraine-vacance.com*
– **R** conseillée
2 ha (120 empl.) plat, herbeux
Tarif : (Prix 2006) ✦ 3,40 € ⇌ 1,40 € ▣ 3,40 € –
[½] (10A) 3,90 € – frais de réservation 9,50 €
Location : 15 bungalows toilés
🚐 1 borne
Pour s'y rendre : sortie N par D 50, rte de Tours, bord de
l'Indre

| Nature : ♀ |
| Loisirs : ♈ ✕ 🛖 ☺ nocturne ⛊ ⌁ |
| ☒ ➤ |
| Services : ఉ ⊶ 📅 ♨ ⊛ 🖲 sèche-linge |
| À prox. : canoë-kayak |

*Pour choisir et suivre un itinéraire
Pour calculer un kilométrage
Pour situer exactement un terrain (en fonction des
indications fournies dans le texte) :
Utilisez les **cartes MICHELIN** détaillées à 1/150 000,
compléments indispensables de cet ouvrage.*

La VILLE-AUX-DAMES

⊠ 37700 – **317** N4 – 4 647 h. – alt. 50
Paris 244 – Orléans 120 – Tours 7 – Blois 53 – Joué 14.

Les Acacias fermé w.-end et fériés oct. à mars
℘ 02 47 44 08 16, camplvad@aol.com, Fax 02 47 46 26 65 –
R indispensable
2,6 ha (90 empl.) plat, herbeux
Tarif : ✦ ⇌ ▣ 8,50 € – [½] (10A) 4,60 €
Location : 🛏 – 8 🚍
🚐 1 borne 5 €
Pour s'y rendre : au NE du bourg, près du D 751

| Nature : ♀♀ |
| Loisirs : snack 🛝 |
| Services : ఉ ⊶ ⊜ ⊘ ⮲ 📅 ⊛ 🖲 sèche-linge |
| À prox. : ♈ snack ⚒ 🏓 parcours de santé |

VOUVRAY

⊠ 37210 – **317** N4 – G. Châteaux de la Loire – 3 046 h. – alt. 55
⌂ *Office de tourisme, 12, route Rabelais ℘ 02 47 52 68 73, Fax 02 47 52 70 88*
Paris 240 – Amboise 18 – Château-Renault 25 – Chenonceaux 30 – Tours 10.

Le Bec de Cisse fin avr.-fin sept.
℘ 02 47 52 68 81, commune.vouvray@wanadoo.fr,
Fax 02 47 52 67 76 – **R** conseillée
2 ha (33 empl.) plat, herbeux
Tarif : ✦ 3,10 € ⇌ 2 € ▣ 2,90 € – [½] (10A) 3 €
Pour s'y rendre : Au S du bourg, bord de la Cisse

| Nature : ⌂ ♀ |
| Services : ఉ ⊶ 📅 ♨ ⊛ ⚶ |
| À prox. : ⚒ ➤ ⩳ ⚴ parc de loisirs de Rochecorbon |

YZEURES-SUR-CREUSE

⊠ 37290 – **317** O8 – 1 476 h. – alt. 74
Paris 318 – Châteauroux 72 – Châtellerault 28 – Poitiers 65 – Tours 85.

Municipal Bords de Creuse 15 juin-31 août
*℘ 02 47 94 48 32, mairie.yzeuressurcreuse@club-inter
net.fr, Fax 02 47 94 43 32*
1,7 ha (130 empl.) plat et peu incliné, herbeux
Tarif : (Prix 2006) ✦ ⇌ ▣ 3,80 € – [½] (5A) 3,65 €
Pour s'y rendre : Sortie S par D 104 rte de Vicq-sur-
Gartempe, près de la Creuse

| Nature : 🌤 ♀ |
| Loisirs : 🛝 |
| Services : ఉ ⊘ ⊛ 🖲 |
| À prox. : ⚒ ➤ |

BRACIEUX

✉ 41250 – **318** G6 – 1 158 h. – alt. 70

🛈 *Syndicat d'initiative, rue Roger Brun* ✆ *02 54 46 09 15*

Paris 185 – Blois 19 – Montrichard 39 – Orléans 64 – Romorantin-Lanthenay 30.

⚠ **Municipal des Châteaux** 31 mars-11 nov.
✆ 02 54 46 41 84, *campingdebracieux@wanadoo.fr*,
Fax 02 54 46 41 21, *www.campingdeschateaux.com*
– **R** conseillée
8 ha (380 empl.) plat, herbeux
Tarif : 🛉 🚗 🔲 16,30 € 🔌 (3A)
Location : 14 🚐 (4 à 6 pers.) 260 à 467 €/sem. – 10 🏠
🚐, 1 borne
Pour s'y rendre : sortie N, rte de Blois, bord du Beuvron
À savoir : cadre boisé composé d'essences variées

> Nature : 🐾 ♨♨
> Loisirs : 🏠 ⚡ ✂ 🏊
> Services : 🔌 ⊶ GB 🐕 🚿 📷 ⊕ 🔲

CANDÉ-SUR-BEUVRON

✉ 41120 – **318** E7 – 1 208 h. – alt. 70

🛈 *Syndicat d'initiative, 10, route de Blois* ✆ *02 54 44 00 44*

Paris 199 – Blois 15 – Chaumont-sur-Loire 7 – Montrichard 21 – Orléans 78 – Tours 51.

⚠ **La Grande Tortue** mi-avr.-25 sept.
✆ 02 54 44 15 20, *grandetortue@libertysurf.fr*,
Fax 02 54 44 19 45, *www.la-grande-tortue.com* – **R** conseil-lée
5 ha (208 empl.) plat, peu incliné, herbeux, sablonneux
Tarif : (Prix 2006) 🛉 🚗 🔲 28,50 € 🔌 (10A)
Location : 20 🚐 (4 à 6 pers.) 280 à 620 €/sem. – bungalows toilés
Pour s'y rendre : S : 0,5 km par D 751, rte de Chaumont-sur-Loire et à gauche rte de la Pieuse, à proximité du Beuvron

> Nature : 🐾 🌳 ♨♨
> Loisirs : 🍴 snack 🏠 ⚡ 🏊 (dé-couverte en saison)
> Services : 🔌 ⊶ GB 🐕 🚿 ⊕ 🏊 🍴 📷 🚿

315

CHÂTRES-SUR-CHER

✉ 41320 – **318** I8 – 1 129 h. – alt. 70

🛈 *Syndicat d'initiative, Mairie* ✆ *02 54 98 03 24, Fax 02 54 98 09 57*

Paris 206 – Bourges 54 – Romorantin-Lanthenay 21 – Selles-sur-Cher 29 – Vierzon 13.

⚠ **Municipal des Saules** mi-mai-déb. sept.
✆ 02 54 98 04 55, *mairiechatres.secretariat@wanadoo.fr*
– **R** conseillée
1 ha (80 empl.) plat, herbeux, sablonneux
Tarif : (Prix 2006) 🛉 🚗 🔲 4 € – 🔌 1,80 €
Pour s'y rendre : Au bourg, près du pont, bord du Cher (plan d'eau)

> Nature : ♀
> Loisirs : 🏊
> Services : ⊶ GB 🐕 🐾 ⊕ 🔲
> À prox. : ✂ 🏊 ⬦ canoë

CHAUMONT-SUR-LOIRE

✉ 41150 – **318** E7 – G. Châteaux de la Loire – 1 031 h. – alt. 69

🛈 *Office de tourisme, 24, rue du Maréchal Leclerc* ✆ *02 54 20 91 73, Fax 02 54 20 90 34*

Paris 201 – Amboise 21 – Blois 18 – Contres 24 – Montrichard 19 – St-Aignan 35.

⚠ **Municipal Grosse Grève** 4 mai-30 sept.
✆ 02 54 20 95 22, *mairie.chaumontsloire@wanadoo.fr*,
Fax 02 54 20 99 61, *www.chaumont-sur-loire.fr*
4 ha (150 empl.) plat et peu accidenté, herbeux, sablonneux
Tarif : 🛉 2,70 € 🚗 0,90 € 🔲 1,80 € – 🔌 (10A) 1,80 €
Pour s'y rendre : Sortie E par D 751, rte de Blois et r. à gauche, avant le pont, bord de la Loire

> Loisirs : ⚡ 🏊
> Services : 🔌 ⊶ 🐕 🚿 ⊕ 🔲 sèche-linge
> À prox. : 🚲

CHÉMERY

✉ 41700 – **318** F7 – 849 h. – alt. 90

🛈 *Office de tourisme, rue Nationale* ☎ 02 54 71 31 08, Fax 02 54 71 31 08

Paris 213 – Blois 32 – Montrichard 29 – Romorantin-Lanthenay 29 – St-Aignan 15 – Selles-sur-Cher 11.

△ **Municipal le Gué** 1er mai-30 nov.
☎ 02 54 71 37 11, *ot.chemery@wanadoo.fr*,
Fax 02 54 71 31 08 – **R** conseillée
1,2 ha (50 empl.) plat, herbeux
Tarif : 🚶 ⬌ 🅿 10,20 € – ⚡ (10A) 3,20 €
🚐 1 borne 8 €
Pour s'y rendre : À l'O du bourg par rte de Couddes, au
bord d'un ruisseau

Nature : 🐟 ♀	
Loisirs : 🏊	
Services : 🚰 ⊛ 🖻	
À prox. : 🎣	

CROUY-SUR-COSSON

✉ 41220 – **318** G6 – 472 h. – alt. 86

Paris 171 – Beaugency 19 – Blois 28 – Chambord 10 – Vendôme 60.

△ **Municipal le Cosson** mi-avr.-fin oct.
☎ 02 54 87 08 81, *mairie-de-crouy-sur-cosson@wana
doo.fr*, Fax 02 54 87 59 44 – **R** conseillée
1,5 ha (60 empl.) plat, herbeux, pierreux
Tarif : (Prix 2006) 🚶 ⬌ 🅿 3,80 € – ⚡ (10A) 3,20 €
Location : 3 🏠
Pour s'y rendre : Sortie S par D 33, rte de Chambourd et
rte à gauche, près de la rivière

Nature : 🐟 ♀♀	
Loisirs : 🏕	
Services : 🚾 🚰 ⊛	
À prox. : 🍴 🎣	

FRÉTEVAL

✉ 41160 – **318** E4 – G. Châteaux de la Loire – 897 h. – alt. 89

Paris 158 – Beaugency 39 – Blois 40 – Cloyes-sur-le-Loir 17 – Vendôme 19.

△ **La Maladrerie** 15 mars-oct.
☎ 02 54 82 62 75, Fax 02 54 82 62 75 – places limitées pour
le passage – **R** conseillée
16 ha/1,5 campable (107 empl.) plat, pierreux, herbeux
Tarif : 🚶 2,50 € ⬌ 🅿 3,45 € – ⚡ 2,30 €
Pour s'y rendre : Au NO du bourg par rte du Plessis et
chemin à gauche après le passage à niveau, bord de deux
étangs

Nature : ♀♀	
Loisirs : 🍴 🍽 🎯 🏊 🎣	
Services : 🚾 🔌 🚰 🗄 🔥 ⊛ 🖻	

MAREUIL-SUR-CHER

✉ 41110 – **318** E8 – 957 h. – alt. 63

🛈 *Syndicat d'initiative, 3, rue du Passeur* ☎ 02 54 75 31 48, Fax 02 54 75 31 48

Paris 225 – Blois 47 – Châtillon-sur-Indre 41 – Montrichard 16 – St-Aignan 6.

△ **Municipal le Port** 7 avr.-30 sept.
☎ 02 54 32 79 51, *leportdemareuil@orange.fr*,
Fax 02 47 92 72 95, *www.campingleportdemareuil.com*
– **R** conseillée
1 ha (50 empl.) plat, herbeux
Tarif : 🚶 ⬌ 🅿 5,80 € – ⚡ (10A) 3,20 € – frais de réser-
vation 5 €
Pour s'y rendre : au bourg, près de l'église et du château
À savoir : décoration arbustive, en bordure du Cher

Nature : 🐟 ⛱ ♀	
Loisirs : 🎣 🍽 🎣 canoë	
Services : 🚾 🔌 🚰 ⊛ 🔥 🛒	
À prox. : 🏊	

MENNETOU-SUR-CHER

✉ 41320 – **318** I8 – G. Limousin Berry – 903 h. – alt. 100

🛈 *Office de tourisme, 21, Grande Rue* ☎ 02 54 98 12 29

Paris 209 – Bourges 56 – Romorantin-Lanthenay 18 – Selles-sur-Cher 27 – Vierzon 16.

△ **Municipal Val Rose** 1er mai-3 sept.
☎ 02 54 98 11 02, *mairie.mennetou@wanadoo.fr*,
Fax 02 54 98 10 56 – **R** conseillée
0,8 ha (50 empl.) plat, herbeux
Tarif : 🚶 ⬌ 🅿 4,50 € – ⚡ (6A) 2 €
Pour s'y rendre : Au S du bourg, à droite après le pont sur
le canal, à 100 m du Cher

Nature : ⛱ ♀	
Loisirs : 🎣	
Services : 🚾 🔌 🚰 🗄 ⊛	
À prox. : 🍽 🏊 🎣 🚣 canoë	

MESLAND

✉ 41150 – **318** D6 – 528 h. – alt. 79
Paris 205 – Amboise 19 – Blois 23 – Château-Renault 20 – Montrichard 27 – Tours 45.

ᐱ **Parc du Val de Loire** ♣♣ – 31 mars-29 sept.
    ℘ 02 54 70 27 18, *parcduvaldeloire@wanadoo.fr*,
    Fax 02 54 70 21 71, *www.parcduvaldeloire.com* – **R** conseillée
    15 ha (300 empl.) plat et peu incliné, herbeux
    Tarif : ♣ ⇌ 🅴 21,50 € (ᵩ) (10A) – frais de réservation 20 €
    Location : 62 🚐 (4 à 6 pers.) 325 à 690 €/sem. – 28 🏠 (4 à 6 pers.) 350 à 720 €/sem.
    Pour s'y rendre : O : 1,5 km rte de Fleuray
    À savoir : Cadre boisé face au vignoble

Nature : 🌲 ⌂ ♨♨
Loisirs : ♀ ✗ 🏠 👫 🏊 ♿ 🚴 ✂ 🎣
Services : ♿ ⊖ 🐕 🍴 🚿 ♨ ⊕ 🚾
🗑 🔧 🚮 ♨

MONTOIRE-SUR-LE-LOIR

✉ 41800 – **318** C5 – G. Châteaux de la Loire – 4 275 h. – alt. 65
🛈 Syndicat d'initiative, 16, place Clemenceau ℘ 02 54 85 23 30, Fax 02 54 85 23 87
Paris 186 – Blois 52 – Château-Renault 21 – La Flèche 81 – Le Mans 70 – St-Calais 24 – Vendôme 19.

ᐱ **Municipal les Reclusages** 1ᵉʳ mai-15 déc.
    ℘ 02 54 85 02 53, *mairie.montoire@wanadoo.fr*,
    Fax 02 54 85 05 29 – **R** conseillée
    2 ha (133 empl.) plat, herbeux
    Tarif : ♣ ⇌ 🅴 4,05 € – (ᵩ) (10A) 3,30 €
    Pour s'y rendre : sortie SO, rte de Tours et rte de Lavardin à gauche après le pont
    À savoir : au bord du Loir

Nature : ♨♨
Loisirs : ♀ 🎣
Services : ♿ ⚬⊣ 🐕 🍴 ⊕ 🚾
À prox. : 🏊 🎣 🏖 🏊

MORÉE

✉ 41160 – **318** E4 – 994 h. – alt. 96
Paris 154 – Blois 42 – Châteaudun 24 – Orléans 58 – Vendôme 21.

ᐃ **Municipal de la Varenne** 15 juin-30 sept.
    ℘ 02 54 82 06 16, *mairie-de-moree@wanadoo.fr*,
    Fax 02 54 89 15 10 – **R** conseillée
    0,8 ha (43 empl.) plat, herbeux
    Tarif : (Prix 2006) ♣ ⇌ 🅴 7,50 € – (ᵩ) (8A) 3 €
    🚐 1 borne 3 €
    Pour s'y rendre : à l'O du bourg, bord d'un plan d'eau, accès conseillé par D 19 rte de St-Hilaire-la-Gravelle et chemin à gauche

Nature : 🌲
Loisirs : ≋ (plage) 🎣
Services : ♿ ⚬⊣ 🐕 ♨ ♨ ⊕
À prox. : 🏊

MUIDES-SUR-LOIRE

✉ 41500 – **318** G5 – 1 157 h. – alt. 82
🛈 Syndicat d'initiative, place de la Libération ℘ 02 54 87 58 36, Fax 02 54 87 58 36
Paris 169 – Beaugency 17 – Blois 20 – Chambord 9 – Vendôme 53.

ᐱ **Château des Marais** ♣♣ – 12 mai-14 sept.
    ℘ 02 54 87 05 42, *chateau.des.marais@wanadoo.fr*,
    Fax 02 54 87 05 43, *www.chateau-des-marais.com* – **R** conseillée
    8 ha (198 empl.) plat, herbeux
    Tarif : ♣ ⇌ 🅴 32 € – (ᵩ) (10A) 7 € – frais de réservation 25 €
    Location 🏷 : 12 🚐 (4 à 6 pers.) 434 à 924 €/sem. – 2 🏠 (4 à 6 pers.) 490 à 826 €/sem. – ⊨ – (hôtel)
    🚐 1 borne
    Pour s'y rendre : au SE du bourg par D 103, rte de Crouy-sur-Cosson - pour caravanes : accès par D 112, rte de Chambord et D 103 à droite
    À savoir : dans l'agréable parc boisé du château (XVIIᵉ s.)

Nature : 🌲 ♨♨
Loisirs : ♀ ✗ 🏠 🎦 nocturne 👫 🏊 🚴 ✂ 🏖 🏊 ♨
Services : ♿ ⚬⊣ ⊖ 🍴 ♨ ⊕ ♨ 🚾 🗑 🚮 ♨
À prox. : canoë

MUIDES-SUR-LOIRE

△ **Municipal Bellevue** 27 avr.-14 sept.
　℘ 02 54 87 01 56, *mairie.muides@wanadoo.fr*,
　Fax 02 54 87 01 25, *www.perso.wanadoo.fr/mairie-muides*
　2,5 ha (100 empl.) plat, herbeux, sablonneux
　Tarif : 🏕 ⇌ 🅔 9,20 € 🔌 (5A)
　Pour s'y rendre : au N du bourg par D 112, rte de Mer et à
　gauche avant le pont, près de la Loire

Services : 🚿 ⚡ 🖤 ♻ 🔲
À prox. : 🚣 ✂

NEUNG-SUR-BEUVRON

✉ 41210 – **318** H6 – 1 112 h. – alt. 102
Paris 183 – Beaugency 33 – Blois 39 – Lamotte-Beuvron 20 – Romorantin-Lanthenay 21 – Salbris 26.

△ **Municipal de la Varenne** 30 mars-14 oct.
　℘ 02 54 83 68 52, *camping.lavarenne@wanadoo.fr*,
　Fax 02 54 83 68 52, *www.neung-sur-beuvron.fr* – **R** conseil-
　lée
　4 ha (73 empl.) plat, peu incliné, herbeux, sablonneux
　Tarif : 🏕 ⇌ 🅔 4,55 € – 🔌 (10A) 2,40 €
　Pour s'y rendre : NE : 1 km, accès par rue à gauche de
　l'église, près du Beuvron
　À savoir : agréable cadre boisé

Nature : 🌊 🗀 00 (chênaie)
Loisirs : ✂
Services : 🚿 ⚡ GB 🖤 ♻ 🔲

NOUAN-LE-FUZELIER

✉ 41600 – **318** J6 – 2 319 h. – alt. 113
🛈 *Syndicat d'initiative, place de la Gare* ℘ 02 54 88 76 75
Paris 177 – Blois 59 – Cosne-sur-Loire 74 – Gien 56 – Lamotte-Beuvron 8 – Orléans 44 – Salbris 13.

🔺 **La Grande Sologne**
　℘ 02 54 88 70 22, *camping-lagrandesologne@wanadoo.fr*,
　Fax 02 54 88 41 74 – **R** conseillée
　10 ha/4 campables (180 empl.) plat, herbeux
　🚐 1 borne
　Pour s'y rendre : sortie S par N 20 puis chemin à gauche
　en face de la gare
　À savoir : cadre boisé au bord d'un étang

Nature : 00
Loisirs : 🎮 🚣 🚴 🏌
Services : 🚿 ⚡ 🗂 🛁 ♻ 🔲
À prox. : 🍴 ✕ ✂ 🛶

ONZAIN

✉ 41150 – **318** E6 – G. Châteaux de la Loire – 3 141 h. – alt. 69
🛈 *Syndicat d'initiative, 3, rue Gustave Marc* ℘ 02 54 20 78 52
Paris 201 – Amboise 21 – Blois 19 – Château-Renault 24 – Montrichard 23 – Tours 44.

🔺 **Le Dugny** ♣️ – Permanent
　℘ 02 54 20 70 66, *info@dugny.fr*, Fax 02 54 33 71 69,
　www.dugny.fr – **R** conseillée
　8 ha (302 empl.) peu incliné, herbeux, pierreux
　Tarif : 🏕 ⇌ 🅔 23 € – 🔌 (10A) 5,50 €
　Location : 50 🛖 (4 à 6 pers.) 350 à 795 €/sem. – 10 🛖
　(4 à 6 pers.) 350 à 795 €/sem.
　🚐 20 🅔
　Pour s'y rendre : 4,3 km au NE par D 58, rte de Chouzy-
　sur-Cisse, D 45 rte de Chambon-sur-Cisse et chemin à gau-
　che, bord d'un étang

Nature : 🌊 🗀 00
Loisirs : 🍴 ✕ snack 🎮 🗭 🏓 ja-
cuzzi 🚣 🚴 🏌 🎱 🏊 🎯
Services : 🚿 ⚡ GB 🖤 🎰 🗂 🛁 ♻
🔥 🛒 🐾 🖤 🔲 sèche-linge 🧺 🖤
À prox. : 🐎 stage ULM, canotage

△ **Municipal** 27 avr.-31 août
　℘ 02 54 20 85 15, *mairie@ville-onzain.fr*,
　Fax 02 54 20 74 34, *www.ville-onzain.fr*
　1,4 ha (70 empl.) plat, herbeux
　Tarif : (Prix 2006) 🏕 ⇌ 🅔 4,31 € – 🔌 (10A) 1,88 €
　Pour s'y rendre : SE : 1,5 km par D 1, rte de Chaumont-sur-
　Loire, à 300 m de la Loire
　À savoir : Cadre ombragé et verdoyant

Nature : 0
Loisirs : 🎮
Services : 🚿 ⚡ GB 🖤 ♻ 🔲
À prox. : ✂

PIERREFITTE-SUR-SAULDRE

✉ 41300 – **318** J6 – 851 h. – alt. 125

🛈 *Syndicat d'initiative, 10, place de l'Église* ℰ *02 54 88 67 15, Fax 02 54 88 67 15*

Paris 185 – Aubigny-sur-Nère 23 – Blois 73 – Bourges 55 – Orléans 52 – Salbris 13.

 **Yelloh-Village Sologne Parc des Alicourts** ♣♣ –
29 avr.-8 sept.

ℰ 02 54 88 63 34, *parcdesalicourts@yellohvillage.com*,
Fax 02 54 88 58 40, *www.yellohvillage.com* – **R** indispensable

21 ha/10 campables (420 empl.) plat, en terrasses, herbeux, sablonneux

Tarif : ✝ ⇌ 🅴 45 € ⨍ (6A)

Location 🛈 : 108 ⌂⌂ (4 à 6 pers.) 322 à 1 148 €/sem. – 105 ⌂ (4 à 6 pers.) 322 à 1 393 €/sem.

⛽ 1 borne

Pour s'y rendre : NE : 6 km par D 126 et D 126ᴮ, au Domaine des Alicourts, bord d'un étang

À savoir : beau domaine ou détente et plaisirs de l'eau seront comblés

> Nature : 🐟 🗗 00
> Loisirs : 🍷 ✗ 🛋 🖰 nocturne 🏃 🏊 hammam salle d'animation 🚣 🚲 ✗ ⛲ 🏖 (plage) 🏌 golf, piste de bi-cross, piste de rollers et de skates, canoë, pédalos
> Services : 🚿 ⛗ 🆖 📷 🗔 🖪 ⊕ 🎣 🔌 🚰 🍴 🚮 🚱 🚾

ROMORANTIN-LANTHENAY

✉ 41200 – **318** H7 – G. Châteaux de la Loire – 18 350 h. – alt. 93

🛈 *Office de tourisme, place de la Paix* ℰ *02 54 76 43 89, Fax 02 54 76 96 24*

Paris 202 – Blois 42 – Bourges 74 – Châteauroux 72 – Orléans 67 – Tours 95 – Vierzon 38.

319

▲ **Tournefeuille** 1ᵉʳ mai-30 sept.
ℰ 02 54 76 16 60, *camping.romo@wanadoo.fr*,
Fax 02 54 76 00 34, *www.ethicetapes-romorantin.com*
– **R** conseillée

1,5 ha (103 empl.) plat, herbeux

Tarif : ✝ ⇌ 🅴 11 € – ⨍ (6A) 2,50 € – frais de réservation 16 €

⛽ 1 borne 5 €

Pour s'y rendre : sortie E rte de Salbris, rue de Long-Eaton, bord de la Sauldre

> Nature : 🐟 ♀
> Loisirs : snack 🛋 🏃 🚲
> Services : 🚿 ⛗ 📷 🗔 ⊕ 🚰 🚾 🖪
> À prox. : 🛒 ✗ 🎣 🏊 canoë

Le lac de Vassivière

ST-AIGNAN

✉ 41110 – **318** F8 – G. Châteaux de la Loire – 3 542 h. – alt. 115
🅸 *Office de tourisme, 60, rue Constant Ragot ℰ 02 54 75 22 85, Fax 02 54 75 50 26*
Paris 221 – Blois 41 – Châteauroux 65 – Romorantin-Lanthenay 36 – Tours 62 – Vierzon 70.

△ **Les Cochards** avr.-15 oct.
ℰ 02 54 75 15 59, *camping@lescochards.com,*
Fax 02 54 75 44 72, *www.lescochards.com* – **R** conseillée
4 ha (140 empl.) plat, herbeux
Tarif : 🌴 ⇐ 🖃 17,50 € – [½] (10A) 3,40 €
Location : 2 🚐 (2 à 4 pers.) 190 à 390 €/sem. – 8 🚐 (4
à 6 pers.) 260 à 530 €/sem. – bungalows toilés
🚐 1 borne 5 €
Pour s'y rendre : 1 km au SE par D 17, rte de Couffi, bord
du Cher

Nature : ♀
Loisirs : 🍴 snack 🛋 hammam 🏊
🏊 🌊
Services : ♿ ⚡ GB ⚐ 🖥 ⏚ ◎ 🖩
🛁
À prox. : ✗ ♦ canoë

SALBRIS

✉ 41300 – **318** J7 – G. Châteaux de la Loire – 6 029 h. – alt. 104
🅸 *Office de tourisme, 1, rue du Général Girault ℰ 02 54 97 22 27, Fax 02 54 97 22 27*
Paris 187 – Aubigny-sur-Nère 32 – Blois 65 – Lamotte-Beuvron 21 – Romorantin-Lanthenay 27 – Vierzon 24.

△ **Le Sologne** 1er avr.-30 sept.
ℰ 02 54 97 06 38, *campingdesologne@wanadoo.Fr, mon*
site.wanadoo.fr/camping.salbris – **R** conseillée
2 ha (81 empl.) plat, herbeux
Tarif : 🌴 ⇐ 🖃 11,50 € [½] (10A)
Location 🏊 (1er juin-31 août) : 2 🚐 (4 à 6 pers.) 275 à
335 €/sem.
🚐 1 borne
Pour s'y rendre : sortie NE par D 55, rte de Pierrefitte-sur-
Sauldre, bord d'un plan d'eau et près de la Sauldre - accès
au centre-ville par chemin piétonnier

Nature : 🛏 ♀
Loisirs : 🛋
Services : ♿ ⚡ GB ⚐ 🖥 ◎ ⏚ 🛒
🖩
À prox. : 🐎 ✗ 🎣 🛶 🏊

320

SEILLAC

✉ 41150 – **318** D6 – 78 h. – alt. 115
Paris 198 – Amboise 25 – Blois 17 – Montrichard 29 – Tours 50.

△ **Aire Naturelle La Ferme de Prunay** 28 avr.-30
sept.
ℰ 02 54 70 02 01, *contact@prunay.com,*
Fax 02 54 70 12 72, *www.prunay.fr* – **R** conseillée
2 ha (25 empl.) plat, herbeux, pièce d'eau, verger
Tarif : 🌴 ⇐ 🖃 11,80 € – [½] (16A) 3,30 €
Location : 🚐
Pour s'y rendre : NE : 2,5 km par D 131, rte de Chambon-
sur-Cisse

Nature : 🌿 ≤ 🛏
Loisirs : 🛋 🏊 🚲 🏊
Services : ⚡ GB ⚐ 🖥 ◎ 🛎 🖩

SUÈVRES

✉ 41500 – **318** F5 – G. Châteaux de la Loire – 1 371 h. – alt. 83
🅸 *Syndicat d'initiative, place de la Mairie ℰ 02 54 87 85 27*
Paris 170 – Beaugency 18 – Blois 15 – Chambord 16 – Vendôme 46.

🔺 **La Grenouillère** ♣♣ – 28 avr.-8 sept.
ℰ 02 54 87 80 37, *la.grenouillere@wanadoo.fr,*
Fax 02 54 87 84 21, *www.camping-loire.com* – **R** indispen-
sable
11 ha (250 empl.) plat, herbeux
Tarif : 🌴 ⇐ 🖃 33 € – [½] (10A) 6 € – frais de réserva-
tion 20 €
Location (permanent) 🏊 : 7 🚐 (4 à 6 pers.) 450 à
830 €/sem. – 23 🏠 (4 à 6 pers.) 400 à 760 €/sem.
🚐 1 borne
Pour s'y rendre : 3 km au NE sur rte d'Orléans
À savoir : parc boisé et verger agréable

Nature : 🛏 𝍬
Loisirs : 🍴 ✗ pizzeria 🛋 🍹 🚸
🏊 🚲 🐎 ✗ 🎣 🏊
Services : ♿ ⚡ GB ⚐ 🖥 ⏚ ◎ ⏚
🛒 🖩 sèche-linge 🛁 🚿

THORÉ-LA-ROCHETTE

☒ 41100 – **318** C5 – 883 h. – alt. 75
Paris 176 – Blois 42 – Château-Renault 25 – La Ferté-Bernard 58 – Vendôme 9.

⚠ **Intercommunal la Bonne Aventure** mi-mai-fin
déc.
℘ 02 54 72 00 59, *campings@cpvendome.com*,
Fax 02 54 89 41 01 – **R** conseillée
2 ha (60 empl.) plat, herbeux
Tarif : (Prix 2006) ✶ ⚹ 🔲 3,95 € – [½] (5A) 2,20 €
Pour s'y rendre : N : 1,7 km par D 82, rte de Lunay et rte à
droite, près du stade, bord du Loir

> Nature : 🐿 ♀
> Loisirs : 🔲 ⚹ 🚲 ✂ ⚐
> Services : ⚹ ⚭ GB ⚙ 🔲 ⊕ 🔲
> À prox. : ≋

Loiret (45)

BEAULIEU-SUR-LOIRE

☒ 45630 – **318** N6 – 1 693 h. – alt. 156
🏠 Office de tourisme, place d'Armes ℘ 02 38 35 87 24, Fax 02 38 35 30 10
Paris 170 – Aubigny-sur-Nère 36 – Briare 15 – Gien 27 – Cosne-sur-Loire 21.

⚠ **Municipal Touristique du Canal**
℘ 02 38 35 32 16, *baulieu-sur-loire@orange.fr*,
Fax 02 38 35 86 57 – **R** conseillée
0,6 ha (37 empl.) plat, herbeux
🚐 1 borne
Pour s'y rendre : Sortie E par D 926, rte de Bonny-sur-
Loire, près du canal (halte nautique)

> Nature : ⌑ ♀
> Services : ⚹ ⊕ ⚐
> À prox. : ✗ ⚐ canoë

321

BRIARE

☒ 45250 – **318** N6 – G. Château de la Loire – 5 994 h. – alt. 135
🏠 Office de tourisme, 1, place de Gaulle ℘ 02 38 31 24 51
Paris 160 – Orléans 85 – Gien 11 – Montargis 50 – Châlette-sur-Loing 48.

⚠ **Le Martinet** 1er avr.-7 oct.
℘ 02 38 31 24 50, *yannick.bouget@wanadoo.fr*,
Fax 02 38 31 24 50 – **R** conseillée
4,5 ha (160 empl.) plat, herbeux
Tarif : ✶ 2,70 € ⚹ 2 € 🔲 2,90 € – [½] (10A) 3,50 € – frais de
réservation 5 €
🚐 1 borne 3 €
Pour s'y rendre : 1 km au N par le centre ville entre la Loire
et le canal

> Nature : 🐿 ♀
> Loisirs : ⚲
> Services : ⚹ ⚭ GB ⚙ 🔲 ⚐ ⊕ ⚐
> ⚐ 🔲
> À prox. : 🚲 ⚐ ⚐ canoë, bateaux
> électriques

CHÂTILLON-COLIGNY

☒ 45230 – **318** O5 – G. Bourgogne – 1 946 h. – alt. 130
🏠 Office de tourisme, 2, place Coligny ℘ 02 38 96 02 33
Paris 140 – Auxerre 70 – Gien 26 – Joigny 48 – Montargis 23.

⚠ **Municipal de la Lancière** 1er avr.-30 janv.
℘ 02 38 92 54 73/ 06.1, *lalanciere@wanadoo.fr* – places limitées pour le passage – **R** conseillée
1,9 ha (55 empl.) plat, herbeux
Tarif : ✶ 2,85 € ⚹ 1,15 € 🔲 1,15 € – [½] (6A) 2,85 €
Pour s'y rendre : au S du bourg, entre le Loing et le canal
de Briare (halte fluviale)

> Nature : ♀♀
> Loisirs : ⚹ ⚲
> Services : ⚭ ⚙ ⚐ ⊕ 🔲 cases
> réfrigérées

CHÉCY

✉ 45430 – **318** J4 – G. Châteaux de la Loire – 7 221 h. – alt. 112
Paris 143 – Orléans 11 – Fleury-les-Aubrais 14 – Olivet 15 – Saint-Jean-de-Braye 9.

△ **Les Pâtures** fin mai-fin sept.
℘ 02 38 91 13 27, jfcavaille@checy.fr, Fax 02 38 46 60 61,
www.checy.fr
1,5 ha (37 empl.) plat, herbeux
Tarif : ★ 2,70 € ⇔ 1,65 € 🗐 1,65 € – ⑭ (16A) 3,40 €
🚐 1 borne
Pour s'y rendre : au bourg, bord de la loire

| Nature : 🗔 ♀ |
| Loisirs : ✂ ⤸ |
| Services : ⬧ ⚬━ ⓐ |
| À prox. : canoë-kayak |

COULLONS

✉ 45720 – **318** L6 – 2 274 h. – alt. 166
Paris 165 – Aubigny-sur-Nère 18 – Gien 16 – Orléans 60 – Sancerre 47 – Sully-sur-Loire 22.

△ **Municipal Plancherotte** 1er avr.-31 oct.
℘ 02 38 29 20 42, coullons.mairie@wanadoo.fr,
Fax 02 38 29 23 07, www.coullons.fr – **R** conseillée
1,9 ha (60 empl.) plat, herbeux
Tarif : (Prix 2006) ★ 1,59 € ⇔ 1,54 € 🗐 2,27 € –
⑭ (16A) 2,12 €
Pour s'y rendre : O : 1 km par D 51, rte de Cerdon et
rte des Brosses à gauche, à 50 m d'un plan d'eau (accès
direct)
À savoir : beaux emplacements délimités

| Nature : 🝆 🗔 ♀ |
| Services : ⬧ ⚬━ ⓒⱽ ⓐ 🗕 ᐃ |
| À prox. : ⤸ ✂ ⛵ 🐎 (centre |
| équestre) piste de bi-cross |

GIEN

✉ 45500 – **318** M5 – G. Châteaux de la Loire – 15 332 h. – alt. 162
🅑 Office de tourisme, place Jean Jaurès ℘ 02 38 67 25 28, Fax 02 38 38 23 16
Paris 149 – Auxerre 85 – Bourges 77 – Cosne-sur-Loire 46 – Orléans 70 – Vierzon 74.

322

⩕⩕⩕ **Sunelia les Bois du Bardelet** ♣♣ – 1er avr.-30 sept.
℘ 02 38 67 47 39, contact@bardelet.com,
Fax 02 38 38 27 16, www.bradelet.com – **R** conseillée
15 ha/8 campables (260 empl.) plat, herbeux, étangs
Tarif : ★ ⇔ 🗐 30,90 € ⑭ (6A) – frais de réservation 30 €
Location 🅟 : 32 🛏 (4 à 6 pers.) 292 à 903 €/sem. – 54
🏠 (4 à 6 pers.) 220 à 973 €/sem.
🚐 1 borne 8 € – 9 🗐
Pour s'y rendre : 5 km au SO par D 940 rte de Bourges
et 2 km par rte à gauche, pour les usagers venant de Gien,
accès conseillé par D 53 rte de Poilly-lez-Gien et 1ère rte
à dr.
À savoir : cadre agréable, au bord d'un étang et belle
piscine d'intérieur

| Nature : 🝆 ♀♀ |
| Loisirs : ♟ ✗ ⓖ 🏋 ⤼ 🚴 ⸱♥ ✂ ⸸ |
| 🔲 🗩 ⤸ canoë |
| Services : ⬧ ⚬━ ⒼⒷ ⓒⱽ ⛉ 🗔 🝆 ᐃ 🝆 |
| ⓐ ᐃ ᷩ 🗔 sèche-linge ⬰ ᷝ |

ISDES

✉ 45620 – **318** K5 – 476 h. – alt. 152
Paris 174 – Bourges 75 – Gien 35 – Orléans 40 – Romorantin-Lanthenay 61 – Vierzon 69.

△ **Municipal les Prés Bas**
℘ 02 38 29 10 82, mail.isdes@wanadoo.fr,
Fax 02 38 29 12 53, www.coeur-de-france.com/isdes.html
– **R** conseillée
0,5 ha (20 empl.) plat, herbeux
Location : gîte d'étape
Pour s'y rendre : Sortie NE par D 59 rte de Sully-sur-Loire
près d'un étang

| Nature : 🗔 |
| Loisirs : ⤸ |
| Services : ⬧ ⚬━ ⓐ ᐃ ᷩ |
| À prox. : 🏋 |

LORRIS

✉ 45260 – **318** M4 – G. Châteaux de la Loire – 2 674 h. – alt. 126

🛈 *Office de tourisme, 2, rue des Halles* ℰ *02 38 94 81 42*

Paris 132 – Gien 27 – Montargis 23 – Orléans 55 – Pithiviers 45 – Sully-sur-Loire 19.

⚠ **L'Étang des Bois** saison
ℰ 02 38 92 32 00, *canal.orleans@wanadoo.fr*,
Fax 02 38 46 82 92, *www.canal.orleans.monsite.wanadoo.fr*
– **R** conseillée
3 ha (150 empl.) plat, gravillons
Tarif : (Prix 2006) 🧍 ⇔ 🅿 8,40 € – 🔌 (6A) 4 €
Pour s'y rendre : O : 6 km par D 88, rte de Châteauneuf-
sur-Loire, près de l'étang des Bois
À savoir : cadre boisé dans un site agréable

> Nature : 🏕 🌳
> Loisirs : 🏛 🏊
> Services : ⚡ 🚿 🗑 ⊕ 🔥 🚰 🛢
> À prox. : 🍴 🖼 ⛵ (plage) 🦌 🐴
> (centre équestre)

MONTARGIS

✉ 45200 – **318** N4 – 15 030 h. – alt. 95

🛈 *Office de tourisme, rue du Port* ℰ *02 38 98 00 87, Fax 02 38 98 82 01*

Paris 109 – Auxerre 252 – Nemours 36 – Nevers 126 – Orléans 73.

⚠ **Municipal de la Forêt** Permanent
ℰ 02 38 98 00 20, *campings.agglo.montargoise@wana
doo.fr*, Fax 02 38 95 02 29
5,5 ha (100 empl.) plat, pierreux, sablonneux, herbeux
Tarif : 🧍 2,20 € ⇔ 1,60 € 🅿 2,20 € – 🔌 (10A) 5,20 €
Pour s'y rendre : sortie N par D 943 et 1 km par D 815, rte
de Paucourt

> Nature : 🌳 (chênaie)
> Loisirs : 🏛 🏊
> Services : 🚿 ⚡ 🚻 🗑 🔥 🚰
> 🛢
> À prox. : 🍴 🛶

NIBELLE

✉ 45340 – **318** K3 – 752 h. – alt. 123

🛈 *Office de tourisme, 42, rue Saint-Sauveur* ℰ *02 38 32 23 66*

Paris 102 – Chartres 91 – Châteauneuf-sur-Loire 24 – Neuville-aux-Bois 27 – Pithiviers 20.

⚠ **Parc de Nibelle**
ℰ 02 38 32 23 55, *contact@caravaning-nibelle.com*,
Fax 02 38 32 03 87, *www.parc-nibelle.com* – **R** conseillée
10 ha (120 empl.) plat, pierreux, herbeux
Location : 🏠
Pour s'y rendre : E : 2 km par D 230, rte de Boiscommun
puis D 9 à droite
À savoir : agréable cadre boisé et soigné

> Nature : 🌿 🏕 🌳
> Loisirs : snack 🏛 🏊 🚴 🍴 🖼 🖼
> Services : 🚿 ⚡ 🗑 🔥 ⊕ 🛢
> À prox. : 🍴

323

OLIVET

✉ 45160 – **318** I4 – G. Châteaux de la Loire – 19 195 h. – alt. 100

🛈 *Office de tourisme, 236, rue Paul Genain* ℰ *02 38 63 49 68, Fax 02 38 63 50 45*

Paris 137 – Orléans 4 – Blois 70 – Chartres 78 – Vierzon 82.

⚠ **Municipal** 1er avr.-31 oct.
ℰ 02 38 63 53 94, *campingolivet@wanadoo.fr*,
Fax 02 38 63 58 96, *www.camping-olivet.org* – **R** conseillée
1 ha (46 empl.) plat, herbeux
Tarif : 🧍 3,25 € ⇔ 2,05 € 🅿 2,25 € – 🔌 (15A) 4,55 €
Pour s'y rendre : 2 km au SE par D 14, rte de St-Cyr-en-Val
À savoir : situation agréable au confluent du Loiret et du Dhuy

> Nature : 🏕 🌳
> Loisirs : 🎣
> Services : 🚿 ⚡ 💳 🚿 🗑 🔥 ⊕ 🚰
> 🛢 🛢
> À prox. : 🏊 🛶

ST-PÈRE-SUR-LOIRE

✉ 45600 – **318** L5 – 1 003 h. – alt. 115

Paris 147 – Aubigny-sur-Nère 38 – Châteauneuf-sur-Loire 40 – Gien 25 – Montargis 39 – Orléans 49 –
Sully-sur-Loire 2.

⚠ **Caravaning St-Père**
ℰ 02 38 36 35 94
2,7 ha (80 empl.) plat, herbeux, pierreux, gravier
Location : 🏠
🚐 1 borne
Pour s'y rendre : à l'O du bourg, sur D 60 rte de Châteauneuf-sur-Loire, près du fleuve

> Loisirs : 🏛 🏊
> Services : 🚿 🗑 🔥 ⊕ 🚰 🛢 🛢
> À prox. : 🍴 🏃 parcours de santé

VITRY-AUX-LOGES

✉ 45530 – **318** K4 – 1 724 h. – alt. 120
Paris 111 – Bellegarde 17 – Châteauneuf-sur-Loire 11 – Malesherbes 48 – Orléans 38 – Pithiviers 30.

Étang de la Vallée saison
📞 02 38 59 35 77, *canal.orleans@wanadoo.fr*,
Fax 02 38 46 82 92, *www.canal.orleans.monsite.wanadoo.fr*
– **R** conseillée ❄ – adhésion FFCC obligatoire
3,7 ha (180 empl.) plat, herbeux
Tarif : (Prix 2006) ★ ⇔ 🅴 8,40 € – ⑭ (10A) 4 €
Pour s'y rendre : NE : à 3,3 km du bourg, à 100 m de
l'étang
À savoir : agréable cadre boisé à proximité d'une base de
loisirs

Nature : ⌂ ♀
Loisirs : 🏊 ⚓ ⛵
Services : ♿ ⊶ 🛒 🖚 ⊕ 🧺 ⛽ 🔩
À prox. : 🍴 snack ≌ (plage) 🔧 pédalos

CHAMPAGNE-ARDENNE

Le visiteur de la région Champagne-Ardenne a les yeux qui pétillent, et une soudaine effervescence s'empare de ses papilles lorsque surgit devant lui un océan de ceps. Il s'imagine déjà sablant le champagne, ce subtil breuvage baptisé « vin du diable » avant qu'un moine ne perce le secret de ses bulles. Faisant étape à Reims, il succombe à la beauté de sa cathédrale, puis à la douceur de ses biscuits roses. À Troyes, il s'éprend autant de la poésie des ruelles bordées de maisons à colombages que du fumet s'échappant de friandes andouillettes. Pour expier ses péchés, il se retire dans les profondeurs boisées des Ardennes, mais loin d'être un chemin de croix, l'escapade réserve d'agréables surprises : observation de grues cendrées, dégustation d'un ragoût de marcassin… Une autre façon de coincer la bulle !

It's easy to spot visitors bound for Champagne by the sparkle in their eyes and their delight as they look out over mile upon mile of vineyards: in their minds' eye, they are already raising a glass of the famous delicacy which was known as »devil's wine« before a monk discovered the secret of its divine bubbles. As they continue their voyage, the beautiful cathedral of Reims rises up before them. At Troyes, they drink in the sight of its half-timbered houses and feast on andouillettes, the local chitterling sausages. After these treats, our visitors can explore the Ardennes forest, by bike or along its hiking trails, but this woodland retreat, bordered by the gentle Meuse, has other delights in store: watching the graceful flight of the crane over an unruffled lake, or trying a plate of local wild boar.

Localité citée avec camping

Localité citée avec camping et locatif

<u>Lourdes</u> **Localité disposant d'un camping avec aire de services camping-car**

<u>Moyaux</u> **Localité disposant d'au moins un terrain agréable**

Aire de service pour camping-car sur autoroute

BELGIQUE

le Nouvion-en-Thiérache

Bourg-Fidèle   les Mazures

Haulmé

CHARLEVILLE-MÉZIÈRES

Sedan

Signy-l'Abbaye

ARDENNES

Mouzon

le Chesne

AISNE

Laon

Chamouille

Attigny   Buzancy

Rethel

Guignicourt

MONT-DE-NIZY

Vouziers

Verdun

Fismes

REIMS

REIMS-CHAMPAGNE NORD

REIMS-CHAMPAGNE NORD

Ste-Menehould

MEUSE

Épernay

CHÂLONS-EN-CHAMPAGNE

MARNE

Revigny-s-Ornain

Ber-le-Duc

Sézanne

Vitry-le-François

St-Dizier

Lac du Der-Chantecoq   Braucourt

Giffaumont-Champaubert

Thonnance-les-Moulins

Neufchâteau

Soulaines-Dhuys

Radonvilliers   Dienville

Géraudot

Froncles-Buxières

Bulgnéville

Nogent-sur-Seine

TROYES

Lac de la Ft d'Orient

Andelot

HAUTE-MARNE

Aix-en-Othe

Chaumont

Bourbonne-les-Bains

VILLENEUVE-L'ARCHEVÊQUE

AUBE

Montigny-le-Roi

Cézy   Migennes

Ervy-le-Châtel

Bannes

YONNE

Riel-les-Eaux

Auxerre   Ligny-le-Châtel

Marcenay

Langres

Chablis   Tonnerre

Châtillon-s-Seine

Vincelles

Ancy-le-Franc

Selongey

Sauveur-en-Puisaye

l'Isle-s-Serein

Montbard

Renaucourt

Andryes

Asquins   Avallon

Venarey-les-Laumes

Pont-et-Massène

CÔTE-D'OR

ATTIGNY

✉ 08130 – **306** J6 – 1 200 h. – alt. 83
Paris 202 – Charleville-Mézières 37 – Reims 57 – Rethel 18.

⚴ **Municipal le Vallage**
℘ 03 24 71 23 06, *mairie-attigny@wanadoo.fr*,
Fax 03 24 71 94 00 – **R**
1,2 ha (68 empl.) plat, herbeux, goudronné
Pour s'y rendre : Sortie Nord, rte de Charleville-Mézières
et rue à gauche après le pont sur l'Aisne, près d'un étang

Nature : 🗁
Services : 🔑 ▥ 🕝 ⊕ 🛱 🗤
À prox. : 🏄 ✗

BOURG-FIDÈLE

✉ 08230 – **306** J3 – 771 h. – alt. 370
Paris 237 – Charleville-Mézières 22 – Fumay 21 – Hirson 39 – Rethel 52.

⚴ **La Murée** Permanent
℘ 03 24 54 24 45, *campingdelamuree@wanadoo.fr*,
Fax 03 24 54 24 45, *www.campingdelamuree.com*
– **R** conseillée
1,5 ha (23 empl.) peu incliné, herbeux
Tarif : 🏕 3 € 🚗 1,60 € 🔲 4,60 € – 🔌 (10A) 3,80 €
Pour s'y rendre : 1 km au N par D 22 rte de Rocroi
À savoir : Cadre boisé en bordure d'étangs

Nature : 🐾 ♀
Loisirs : 🍽 snack 🚣 🐎
Services : 🔑 🛣 ▥ 🕝 ⊕ 🛱 🗤 📞
🖥 sèche-linge

BUZANCY

✉ 08240 – **306** L6 – 411 h. – alt. 176
Paris 228 – Châlons-en-Champagne 86 – Charleville-Mézières 58 – Metz 130 – Reims 84.

⚴ **La Samaritaine** 5 mai-30 sept.
℘ 03 24 30 08 88, *info@campinglasamaritaine.com*,
Fax 03 24 30 29 39, *www.campinglasamaritaine.com* – **R** indispensable
2 ha (110 empl.) plat, herbeux, pierreux
Tarif : 🏕 4 € 🚗 4,50 € 🔲 5,50 € – 🔌 (10A) 3,50 € – frais de
réservation 10 €
Location : 9 🏠 (4 à 6 pers.) 441 à 609 €/sem.
🚐 1 borne 4 €
Pour s'y rendre : SO : 1,4 km par chemin à droite près de
la base de loisirs

Nature : 🐾
Loisirs : snack 🚣
Services : ♿ 🔑 GB 🛣 Ⓜ 🕝 ⊕ 🛱
🗤 🖥
À prox. : 🎣 🚐

327

Le CHESNE

✉ 08390 – **306** K5 – G. Champagne Ardenne – 939 h. – alt. 164 – Base de loisirs
Paris 232 – Buzancy 20 – Charleville-Mézières 39 – Rethel 32 – Vouziers 18.

⚴⚴ **Départemental Lac de Bairon** Permanent
℘ 03 24 30 11 66, *campinglacdebairon@cg08.fr*,
Fax 03 24 30 11 66 – **R** conseillée
6,8 ha (170 empl.) plat et en terrasses, herbeux, gravillons
Tarif : 🏕 3,10 € 🚗 1,50 € 🔲 3,10 € – 🔌 (10A) 4,45 €
Pour s'y rendre : NE : 2,8 km par D 991, rte de Charleville-Mézières et rte de Sauville, à droite. Pour caravanes : accès
conseillé par D 977, rte de Sedan et D 12 à gauche
À savoir : Situation agréable au bord du lac

Nature : 🐾 ⪻ 👁👁 ⚠
Loisirs : 🚣 🐎 🚲
Services : ♿ 🔑 GB 🛣 ▥ 🕝 ⊕ 🖥
À prox. : ✗ 🚐 ⚲ canoë

HAULMÉ

✉ 08800 – **306** K3 – 84 h. – alt. 175
Paris 248 – Charleville-Mézières 19 – Dinant 64 – Namur 99 – Sedan 39.

⚴⚴ **Base de Loisirs Départementale** Permanent
℘ 03 24 32 81 61, *campinghaulme@cg08.fr*,
Fax 03 24 32 37 66 – **R**
15 ha (405 empl.) plat, herbeux
Tarif : 🏕 3,10 € 🚗 1,50 € 🔲 3,10 € – 🔌 (10A) 4,45 €
Pour s'y rendre : Sortie Nord-Est, puis 0,8 km par chemin
à droite après le pont
À savoir : Au bord de la Semoy

Nature : ⪻ ♀
Loisirs : 🚣 🐎 🚲 ✗ 🐎
Services : ♿ 🔑 GB 🛣 ▥ 🕝 ⊕ 🖥
À prox. : parcours sportif, canoë

Les MAZURES

✉ 08500 – **306** J3 – 774 h. – alt. 330 – Base de loisirs
Paris 249 – Charleville-Mézières 20 – Fumay 16 – Hirson 50 – Rethel 63.

⚐ **Départemental Lac des Vieilles Forges**
Permanent
📞 03 24 40 17 31, *campingvieillesforges@cg08.fr*,
Fax 03 24 40 17 31 – **R** conseillée
12 ha/3 campables (300 empl.) en terrasses, gravillons
Tarif : (Prix 2006) ☝ 9,60 € – 🚗 1,50 € – 🏠 3,10 € –
[⚡] (10A) 4,45 €
Location : gîtes
Pour s'y rendre : S : 2 km par D 40, rte de Renwez puis
2 km par rte à droite, à 100 m du lac
À savoir : Terrasses ombragées dominant le lac

| Nature : ⛲ 🌳 |
| Loisirs : 🏠 🎠 🚲 |
| Services : ♿ ⚡ GB 🔧 🏛 🔆 🔄 🔲 |
| À prox. : ✂ 🏊 (plage) ⚓ |

MOUZON

✉ 08210 – **306** M5 – G. Champagne Ardenne – 2 616 h. – alt. 160
🔖 *Syndicat d'initiative, place du Colombier* 📞 *03 24 26 56 11*
Paris 261 – Carignan 8 – Charleville-Mézières 41 – Longwy 62 – Sedan 17 – Verdun 64.

⚐ **Municipal la Tour St-Jérôme**
📞 03 24 26 28 02, *mairie-mouzon@wanadoo.fr*,
Fax 03 24 26 27 73 – **R** conseillée
0,5 ha (32 empl.) plat, herbeux
Pour s'y rendre : Sortie Sud-Est par rue Porte-de-Bourgo-
gne et chemin à droite après le pont, près du stade

| Services : ⚡ 🔆 🔄 |
| À prox. : ✂ 🏓 🏀 🛶 🏊 |

SEDAN

✉ 08200 – **306** L4 – G. Champagne Ardenne – 20 548 h. – alt. 154
🔖 *Office de tourisme, place du Château Fort* 📞 *03 24 27 73 73*
Paris 246 – Châlons-en-Champagne 117 – Charleville-Mézières 25 – Luxembourg 104 – Reims 101 – Verdun 81.

328

⚐ **Municipal** avr.-sept.
📞 03 24 27 13 05, Fax 03 24 27 13 05 – **R** conseillée
3 ha (130 empl.) plat, herbeux
Tarif : (Prix 2006) ☝ 2,55 € 🚗 🏠 2,85 € [⚡] (10A)
Pour s'y rendre : Bd Fabert
À savoir : Sur la prairie de Torcy, au bord de la Meuse (halte
fluviale)

| Nature : ⚲ |
| Loisirs : 🛶 |
| Services : ♿ ⚡ 🔆 🔄 |

Rives du lac d'Orient au Mesnil-St-Père

SIGNY-L'ABBAYE

⊠ 08460 – **306** I4 – G. Champagne Ardenne – 1 340 h. – alt. 240
🖪 *Syndicat d'initiative, cour Rogelet* 🖉 *03 24 53 10 10, Fax 03 24 53 10 10*
Paris 208 – Charleville-Mézières 31 – Hirson 41 – Laon 74 – Rethel 23 – Rocroi 30 – Sedan 52.

    ▲   **Municipal l'Abbaye** 1er mai-30 sept.
       🖉 03 24 52 87 73, *mairie-signy-l.abbaye@wanadoo.fr*,
       Fax 03 24 52 87 44 – **R** conseillée
       1,2 ha (60 empl.) plat, herbeux, gravillons
       Tarif : (Prix 2006) ♣ 1,70 € – ⇔ 1,20 € – 🗉 1,40 € –
       [½] (10A) 2,70 €
       Pour s'y rendre : Au Nord du bourg, près du stade, bord
       de la Vaux

| Services : ⌾ 🖙 🔁 🏭 ⓐ |
| A prox. : ✗ |

Aube (10)

AIX-EN-OTHE

⊠ 10160 – **313** CA – G. Champagne Ardenne – 2 131 h. – alt. 149
🖪 *Office de tourisme, 21, rue des Vannes* 🖉 *03 25 80 81 71, Fax 03 25 46 75 09*
Paris 144 – Châlons-en-Champagne 116 – Troyes 33 – Auxerre 66 – Sens 39.

    ▲   **Municipal de la Nosle** déb.avr.-fin déc.
       🖉 03 25 46 75 44, *mairie-aix-en-othe@wanadoo.fr*,
       Fax 03 25 46 75 09, *www.ville-aix-en-othe.com* – **R** conseil-
       lée
       3 ha (90 empl.) plat, herbeux
       Tarif : ♣ ⇔ 🗉 5,70 € – [½] (5A) 2 €
       Pour s'y rendre : Sortie bourg par D 374, dir. Villemoison-
       en-Othe

| Nature : ♀ |
| Services : 👍 ⓐ 🔁 |
| A prox. : ⛽ 🍴 ✗ 🏪 🦢 |

DIENVILLE

⊠ 10500 – **313** H3 – 747 h. – alt. 128 – Base de loisirs
Paris 209 – Bar-sur-Aube 20 – Bar-sur-Seine 33 – Brienne-le-Château 8 – Troyes 38.

    ▲▲   **Le Tertre** ♣▴ – 23 mars-15 oct.
       🖉 03 25 92 26 50, *campingdutertre@wanadoo.fr*,
       Fax 03 25 92 26 50, *www.campingdutertre.fr* – **R** conseillée
       3,5 ha (155 empl.) plat, herbeux, gravier
       Tarif : ♣ ⇔ 🗉 11,60 € – [½] (4A) 2,60 € – frais de réser-
       vation 12 €
       Location (permanent) : 13 🏠 (4 à 6 pers.) 130 à
       450 €/sem.
       Pour s'y rendre : Sortie Ouest sur D 11, rte de Radonvilliers
       À savoir : Face à la station nautique de la base de loisirs

| Nature : 🏞 |
| Loisirs : 🍴 snack 🏸 ⛷ 🏊 |
| Services : 👍 ⌾ 🖙 🔁 ⚕ 🗒 🍴 🦢 ⓐ 🏊 🚮 ⌂ 🖼 |
| A prox. : ✗ 🛥 🦢 ski nautique jet-ski |

ERVY-LE-CHÂTEL

⊠ 10130 – **313** D5 – G. Champagne Ardenne – 1 214 h. – alt. 160
🖪 *Office de tourisme, boulevard des Grands Fossés* 🖉 *03 25 70 04 45, Fax 03 25 70 22 04*
Paris 169 – Auxerre 48 – St-Florentin 18 – Sens 62 – Tonnerre 25 – Troyes 38.

    ▲   **Municipal les Mottes** mi-mai-mi-sept.
       🖉 03 25 70 07 96 – **R**
       0,7 ha (53 empl.) plat, herbeux
       Tarif : (Prix 2006) ♣ 2,50 € – ⇔ 2 € 🗉 2 € – [½] (5A) 2,50 €
       Pour s'y rendre : E : 1,8 km par D 374, rte d'Auxon, D 92 et
       chemin à droite après le passage à niveau
       À savoir : En bordure d'une petite rivière et d'un bois

| Nature : 🍃 |
| Loisirs : 🦢 |
| Services : 👍 ⌾ 🗒 🏊 ⓐ 🖼 |

Ⓜ *Campingplatz mit Ausstattung moderner Sanitärer.*

CHAMPAGNE-ARDENNE

Aube (10)

GÉRAUDOT

✉ 10220 – **313** F4 – G. Champagne Ardenne – 291 h. – alt. 146
Paris 192 – Bar-sur-Aube 36 – Bar-sur-Seine 28 – Brienne-le-Château 26 – Troyes 24.

△ **L'Épine aux Moines** 15 mars-15 oct.
℘ 03 25 41 24 36, Fax 03 25 41 24 36 – **R** conseillée
2,8 ha (186 empl.) plat et peu incliné, herbeux
Tarif : ✶ ⇌ 🅴 11,50 € – ⅊ (6A) 3,10 €
Pour s'y rendre : SE : 1,3 km par D 43
À savoir : Cadre verdoyant près du lac de la Forêt d'Orient

Nature : ⌆
Services : ⅋ ⚬—⚬ ⚐ ⊞ ☺ ℘ 🗖
À prox. : 🛒 pizzeria ⚑ ⚓ (plage) ⚗

RADONVILLIERS

✉ 10500 – **313** H3 – 367 h. – alt. 130
Paris 206 – Bar-sur-Aube 22 – Bar-sur-Seine 35 – Brienne-le-Château 6 – Troyes 36.

△ **Municipal le Garillon**
℘ 03 25 92 21 46, Fax 03 25 92 21 34
1 ha (55 empl.) plat, herbeux
Pour s'y rendre : sortie Sud-Ouest par D 11 rte de Piney et
à droite, bord d'un ruisseau et à 250 m du lac, (haut de la
digue par escalier)

Services : ⅋ ⚐ ☺
À prox. : ✗

Pour choisir et suivre un itinéraire
Pour calculer un kilométrage
Pour situer exactement un terrain (en fonction des
indications fournies dans le texte) :
*Utilisez les **cartes MICHELIN** détaillées à 1/150 000,*
compléments indispensables de cet ouvrage.

SOULAINES-DHUYS

330

✉ 10200 – **313** I3 – 267 h. – alt. 153
Paris 228 – Bar-sur-Aube 18 – Brienne-le-Château 17 – Chaumont 48 – Troyes 58.

△ **La Croix Badeau** avr.-sept.
℘ 03 25 27 05 43, *steveheusghem@hotmail.com,*
Fax 03 25 27 10 03, *www.croix-badeau.com* – **R** conseillée
1 ha (39 empl.) peu incliné, herbeux, gravier, gravillons
Tarif : ✶ 2,70 € ⇌ 🅴 5,60 € – ⅊ 2,50 €
Pour s'y rendre : Au NE du bourg, près de l'église

Nature : ⌂
Loisirs : 🎱
Services : ⅋ ⌷ ⚐ ⊞ ⚋ ☺ ⚗ ⚑
À prox. : 🏊 ✗

Méandres de la Meuse

P. Gajic/Michelin

TROYES

✉ 10000 – **313** E4 – G. Champagne Ardenne – 60 958 h. – alt. 113

🏢 *Office de tourisme, 16, boulevard Carnot* ✆ *03 25 82 62 70, Fax 03 25 73 06 81*

Paris 170 – Dijon 185 – Nancy 186.

Municipal 1ᵉʳ avr.-15 nov.
✆ 03 25 81 02 64, *info@troyescamping.net,*
Fax 03 25 81 02 64, *www.troyescamping.net*
3,8 ha (110 empl.) plat, herbeux
Tarif : ♦ ⟵ 🄴 10 € – 🄷 (6A) 2,70 €
🄴🄵 1 borne 3 €
Pour s'y rendre : 2 km au NE par rte de Nancy
À savoir : Agréable décoration arbustive

Nature : ♀
Loisirs : 🄲 🄳 🚲 🄼
Services : ⅙ o🅃 GB ⅌ ⊞ 🄴 ☺ 🄵
sèche-linge
À prox. : 🄿 🄻

Marne (51)

CHÂLONS-EN-CHAMPAGNE

✉ 51000 – **306** I9 – G. Champagne Ardenne – 47 339 h. – alt. 83

🏢 *Office de tourisme, 3, quai des Arts* ✆ *03 26 65 17 89, Fax 03 26 65 35 65*

Paris 188 – Charleville-Mézières 101 – Metz 157 – Nancy 162 – Reims 47 – Troyes 82.

Municipal
✆ 03 26 68 38 00, *camping-mairie.chalons@wanadoo.fr,*
Fax 03 26 68 38 00 – **R** indispensable
3,5 ha (148 empl.) plat, herbeux, gravier
🄴🄵 1 borne
Pour s'y rendre : Sortie SE par N 44, rte de Vitry-le François et D 60, rte de Sarry
À savoir : Entrée fleurie et cadre agréable au bord d'un étang

Nature : 🄲 ♀
Loisirs : snack 🄲 🄳 🎾 🄼 🄻
Services : ⅙ o🅃 ⊞ 🄴 ⊙ 🄴 🄶 🄵
sèche-linge

331

ÉPERNAY

✉ 51200 – **306** F8 – G. Champagne Ardenne – 25 844 h. – alt. 75

🏢 *Office de tourisme, 7, avenue de Champagne* ✆ *03 26 53 33 00, Fax 03 26 51 95 22*

Paris 143 – Amiens 199 – Charleville-Mézières 113 – Meaux 96 – Troyes 109.

Municipal fin avr.-déb.oct.
✆ 03 26 55 32 14, *camping.epernay@free.fr,*
Fax 03 26 52 36 09, *www.epernay.fr* – **R** conseillée
2 ha (119 empl.) plat, herbeux
Tarif : ♦ ⟵ 🄴 15 € 🄷 (5A)
🄴🄵 1 borne
Pour s'y rendre : N : 1,5 km par D 301 rte de Cumière, au bord de la Marne (halte nautique)

Nature : 🄲 ♀
Loisirs : 🄳 🚲 🄼 mur d'escalade
Services : ⅙ o🅃 GB ⊞ 🄽 ☺ 🄲 🄵

FISMES

✉ 51170 – **306** E7 – G. Champagne Ardenne – 5 313 h. – alt. 70

🏢 *Office de tourisme, 28, rue René Letilly* ✆ *03 26 48 81 28, Fax 03 26 48 12 09*

Paris 131 – Fère-en-Tardenois 20 – Laon 37 – Reims 29 – Soissons 30.

Municipal 2 mai-15 sept.
✆ 03 26 48 10 26, Fax 03 26 48 82 25 – **R** conseillée
0,8 ha (33 empl.) plat, herbeux, gravillons
Tarif : (Prix 2006) ♦ 2,20 € ⟵ 2,20 € 🄴 2,20 € –
🄷 (30A) 3,20 €
Pour s'y rendre : Nord-Ouest par N 31, près du stade

Services : o🅃 ⅌ ☺ 🄲
À prox. : 🄿

GIFFAUMONT-CHAMPAUBERT

✉ 51290 – **306** K11 – G. Champagne Ardenne – 234 h. – alt. 130
🛈 *Office de tourisme, Maison du Lac* 🖉 *03 26 72 62 80*
Paris 213 – Châlons-en-Champagne 67 – Saint-Dizier 25 – Bar-le-Duc 52 – Vitry-le-François 31.

🛆 **Marina-Holyder** (location exclusive de maisonnettes)
Permanent
🖉 03 26 72 99 90, *locader@wanadoo.fr*, Fax 03 26 72 99 91,
www.marina-holyder.com
2 ha plat, herbeux
Location : 50 🏠 (4 à 6 pers.) 300 à 612 €/sem.
Pour s'y rendre : Au bord du lac

Nature : 🖎
Loisirs : 🍴 ✕ pizzeria 🕃 nocturne
🏃 🛝 ⇌ hammam jacuzzi 🏄
🖥 🐠 ◊
Services : ⊶ 🅿 GB ◊ 🖬 sèche-linge 🖾
À prox. : 🚲

SÉZANNE

✉ 51120 – **306** E10 – G. Champagne Ardenne – 5 585 h. – alt. 137
🛈 *Office de tourisme, place de la République* 🖉 *03 26 80 51 43*
Paris 116 – Châlons-en-Champagne 59 – Meaux 78 – Melun 89 – Sens 83 – Troyes 62.

🛆 **Municipal** 1ᵉʳ avr.-1ᵉʳ oct.
🖉 03 26 80 57 00, *campingdesezanne@wanadoo.fr*
– **R** conseillée
1 ha (79 empl.) incliné, herbeux
Tarif : (Prix 2006) 👤 ⇌ 🅴 8,95 € 🔌 (10A)
Pour s'y rendre : Sortie Ouest par D 373, rte de Paris (près
N 4) puis 0,7 km par chemin à gauche et rte de Launat à
droite

Loisirs : 🏄 🏊 ⛷
Services : ♿ ⊶ ◊ ⊕
À prox. : ✕

Village et vignoble d'Hautvillers

S. Sauvignier/Michelin

ANDELOT

✉ 52700 – **313** L4 – 1 004 h. – alt. 286

🛈 *Syndicat d'initiative, place Cantarel* ℰ 03 25 03 78 60

Paris 287 – Bologne 14 – Chaumont 23 – Joinville 33 – Langres 58 – Neufchâteau 34.

Municipal du Moulin 15 mai-15 oct.
ℰ 03 25 01 33 31, *mairie.andelot@wanadoo.fr*,
Fax 03 25 03 77 54
1,9 ha (56 empl.) plat, herbeux
Tarif : (Prix 2006) ⚹ ⟵ 🔳 4,70 € (½) (10A)
Pour s'y rendre : N : 1 km par D 147, rte de Vignes-la-Côte,
bord du Rognon
À savoir : Cadre agréable en bordure de rivière

> Nature : 🔲
> Loisirs : 🛖 ⛹ 🏇
> Services : ♿ ⚡ 📷 ⟲ ⊕ 🏖 ▽

BANNES

✉ 52360 – **313** M6 – 392 h. – alt. 388

Paris 291 – Chaumont 35 – Dijon 86 – Langres 9 – Nancy 128.

Hautoreille Permanent
ℰ 03 25 84 83 40, *campinghautoreille@free.fr*,
Fax 03 25 84 83 40, *www.campinghautoreiile.com*
– **R** conseillée
3,5 ha (100 empl.) plat, peu incliné, herbeux
Tarif : ⚹ ⟵ 🔳 9 € – (½) (6A) 3 €
Pour s'y rendre : Sortie SO par D 74, rte de Langres puis
0,7 km par chemin à gauche

> Nature : 🌿
> Loisirs : ♟ ✗ 🍴
> Services : ♿ ⚡ 🗳 📷 🏛 ⟲ ⊕ 📖

BOURBONNE-LES-BAINS

✉ 52400 – **313** O6 – G. Alsace Lorraine – 2 495 h. – alt. 290 – ♨ (début mars-fin nov.)

🛈 *Office de tourisme, place des Bains* ℰ 03 25 90 01 71, Fax 03 25 90 14 12

Paris 313 – Chaumont 55 – Dijon 124 – Langres 39 – Neufchâteau 53 – Vesoul 58.

Le Montmorency 1er mars-20 nov.
ℰ 03 25 90 08 64, *c.montmorency@wanadoo.fr*,
Fax 03 25 84 23 74, *www.camping-montmorency.com*
– **R** conseillée
2 ha (74 empl.) peu incliné, herbeux, gravillons
Tarif : ⚹ ⟵ 🔳 6,90 € – (½) (10A) 3,20 €
Location (1er avr.-20 nov.) : 4 🏚
🚐 1 borne 3 €
Pour s'y rendre : Sortie O par rte de Chaumont et rue à
dr., à 100 m du stade

> Nature : ≼ ♀
> Services : ⚡ GB 🗳 📷 ⊕ 🏖 ▽
> À prox. : ✂ 🏊 (découverte en sai-
> son)

BRAUCOURT

✉ 52290 – **313** I2

Paris 220 – Bar-sur-Aube 39 – Brienne-le-Château 29 – Châlons-en-Champagne 69 – Joinville 31 – St-Dizier 17.

Presqu'île de Champaubert Permanent
ℰ 03 25 04 13 20, *ilechampaubert@free.fr*,
Fax 03 25 94 33 51, *http://ilechampaubert.free.fr*
– **R** conseillée
3,6 ha (200 empl.) plat, herbeux
Tarif : (Prix 2006) ⚹ ⟵ 🔳 26 € (½) (10A)
Location : 16 🏚 (4 à 6 pers.) 300 à 700 €/sem.
🚐 1 borne – 15 🔳
Pour s'y rendre : 3 km au NO par D 153
À savoir : Situation agréable au bord du lac de Der-Chante-
coq

> Nature : ≼ 🔲 ♀♀ 🛆
> Loisirs : ♟ snack 🍴 🗓 diurne noc-
> turne (juil.-août) ⛹ 🏇 🏊
> Services : ♿ ⚡ GB 🗳 🏖 ⊕ 📖
> sèche-linge
> À prox. : 🏊 🚣 canoë kayak, pédalos

Avant de vous installer, consultez les tarifs en cours,
affichés obligatoirement à l'entrée du terrain,
et renseignez-vous sur les conditions particulières de séjour.
Les indications portées dans le guide ont pu être modifiées depuis la mise à jour.

CHAMPAGNE-ARDENNE

Haute-Marne (52)

FRONCLES-BUXIÈRES

52320 – **313** K4 – 1 760 h. – alt. 226
Paris 288 – Bar-sur-Aube 42 – Chaumont 27 – Joinville 21 – Rimaucourt 22.

Municipal les Deux Ponts 15 mars-15 oct.
03 25 02 31 21, *mairie.froncles@wanadoo.fr*,
Fax 03 25 02 09 80 – **R** conseillée
0,5 ha (23 empl.) plat, herbeux
Tarif : (Prix 2006) ♦ ⇌ 🅴 7,10 € (10A)
Pour s'y rendre : Sortie Nord par D 253 rte de Doulain-court, bord de la Marne et près du canal de la Marne à la Saône

Nature : 🐟 🖻
Loisirs : 🔊
Services : ☎ ⊛
À prox. : 🍴

MONTIGNY-LE-ROI

52140 – **313** M6 – 2 211 h. – alt. 404
Paris 296 – Bourbonne-les-Bains 21 – Chaumont 35 – Langres 23 – Neufchâteau 50 – Vittel 50.

Le Château 15 avr.-15 oct.
03 25 87 38 93, *campingmontigny52@wanadoo.fr*,
Fax 03 25 87 38 93, *www.mairie-val-de-meuse.fr*
– **R** conseillée
6 ha/2 campables (75 empl.) plat, en terrasses, herbeux
Tarif : (Prix 2006) ♦ ⇌ 🅴 8 € – (5A) 2 €
🚐, 1 borne 2 €
Pour s'y rendre : Accès par centre bourg et rue Hubert-Collot, chemin piétonnier pour accéder au village
À savoir : Dans un parc boisé dominant la vallée de la Meuse

Nature : ≤
Loisirs : 🏕 🛠
Services : ⚹ ☎ ⏏ ⚙ 🖦 🗄 🔥 ⚐
⊛
À prox. : 🍴 snack

THONNANCE-LES-MOULINS

52230 – **313** L3 – 107 h. – alt. 282
Paris 254 – Bar-le-Duc 64 – Chaumont 48 – Commercy 55 – Ligny-en-Barrois 38 – Neufchâteau 38 – St-Dizier 42

La Forge de Sainte Marie 🔔 – 28 avr.-14 sept.
03 25 94 42 00, *la.forge.de.sainte.marie@wanadoo.fr*,
Fax 03 25 94 41 43, *www.laforgedesaintemarie.com*
– **R** conseillée
32 ha/3 campables (133 empl.) plat et en terrasses, peu incliné, herbeux, étang
Tarif : ♦ ⇌ 🅴 22 € (6A)
Location : 6 🏠 (4 à 6 pers.) 220 à 670 €/sem. – 15 gîtes
Pour s'y rendre : O : 1,7 km par D 427, rte de Joinville, bord du Rongeant
À savoir : Cadre agréable autour d'une ancienne forge restaurée

Nature : 🐟 🖻 🌳
Loisirs : 🍴 🛠 🎣 🖻 🏊 🚴 🛶
🔊
Services : ⚹ ☎ ⏏ ⚙ 🗄 🔥 ⊛ 🔥
🍴 🐾 🖻 🖦 🔥 sèche-linge

334

CORSE

Joyau émergeant de la Méditerranée, la Corse éblouit quiconque la visite. Les citadelles campées sur ses côtes rappellent combien accéder à ses trésors se mérite. Il faut un brin de témérité pour affronter ses routes sinueuses ou s'aventurer dans le maquis, inextricable enchevêtrement végétal. Mais heureux le promeneur qui croise une chapelle isolée, traverse un village hors du temps, tombe nez à nez avec un troupeau de mouflons ou découvre un merveilleux panorama. Les Corses défendent fièrement ce patrimoine, et savent réconforter le randonneur fourbu avec une simple assiette de cochonnailles, un morceau de fromage ou une pâtisserie maison. Quant aux adeptes du farniente, les anses sableuses de l'île de Beauté, aux eaux d'une limpidité tropicale, leur promettent de merveilleux moments de détente...

Corsica catches the eye like a jewel in the Mediterranean sun. Its citadels, high on the island's rocky flanks, will reward your efforts as you follow the twisting roads. Enjoy spectacular views and breathe in the fragrance of wild rosemary as you make your way up the rugged, maquis-covered hills: the sudden sight of a secluded chapel, a vision of a timeless village or an encounter with a herd of mountain sheep are among the memories that walkers, cyclists, riders and drivers take home with them. After exploring the island's wild interior, you will be ready to plunge into the clear, turquoise sea or just recharge your solar batteries as you bask on the warm sand. And after a long day, weary travellers can always be revived with platters of cooked meats, cheese and home-made pastries.

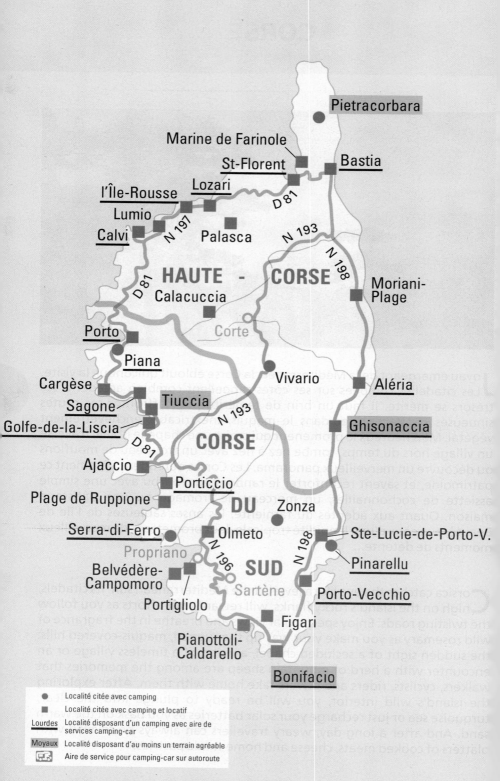

CORSE

Pietracorbara

Marine de Farinole

St-Florent

Bastia

Lozari

l'Île-Rousse

D 81

Lumio

N 197

Calvi

Palasca

N 193

HAUTE - CORSE

N 198

Calacuccia

Moriani-
Plage

D 81

Porto

Corte

Piana

Vivario

Aléria

Cargèse

Sagone

Tiuccia

N 193

Golfe-de-la-Liscia

Ghisonaccia

D 81

CORSE

Ajaccio

Porticcio

DU

Plage de Ruppione

Zonza

Serra-di-Ferro

Olmeto

N 198

Ste-Lucie-de-Porto-V.

Propriano

N 196

SUD

Pinarellu

Belvédère-
Campomoro

Sartène

Porto-Vecchio

Portigliolo

Figari

Pianottoli-
Caldarello

Bonifacio

●	Localité citée avec camping
■	Localité citée avec camping et locatif
Lourdes	Localité disposant d'un camping avec aire de services camping-car
Moyaux	Localité disposant d'au moins un terrain agréable
🏕	Aire de service pour camping-car sur autoroute

AJACCIO

⊠ 20000 – **345** B8 – G. Corse – 52 880 h.

⚓ SNCM quai l'Herminier ☎ 3260 dites «SNCM» (0,15 €/mn) CMN 15 bd Sampiero 04 95 11 01 00 - Fax 04 95 21 57 60

🛈 *Office de tourisme, boulevard du Roi Jérôme ☎ 04 95 51 53 03, Fax 04 95 51 53 01*

Bastia 147 – Bonifacio 131 – Calvi 166 – Corte 80 – L'Ile-Rousse 141.

△ **Les Mimosas** 1er avr.-15 oct.

☎ 04 95 20 99 85, *campingmimosas@wanadoo.fr*, Fax 04 95 10 01 77, *www.camping-lesmimosas.com* – **R** conseillée ⚡
2,5 ha (70 empl.) plat et en terrasses
Tarif : ♟ 5,30 € ⇔ 2,50 € 🅴 4,50 € – ⚡ (16A) 2,80 €
Location (permanent) : 8 🛖 (4 à 6 pers.) 290 à 630 €/sem.
Pour s'y rendre : Sortie N par D 61, rte d'Alata et à gauche, rte des Milelli

> Nature : 🏞 ⁹⁹
> Loisirs : snack
> Services : 🚿 ⊶ 🅇 🗄 🛒 ⊕ 🔥

BELVÉDÈRE-CAMPOMORO

⊠ 20110 – **345** B10 – G. Corse – 135 h. – alt. 5

Ajaccio 88 – Bonifacio 72 – Porto 82 – Sartène 24.

△ **La Vallée** mai-sept.

☎ 04 95 74 21 20, Fax 04 95 74 21 20, *www.lavallee-campo moro.com* – **R** conseillée
3,5 ha (199 empl.) plat, peu incliné, terrasses, herbeux, sablonneux
Tarif : ♟ 8 € ⇔ 5 € 🅴 8 € – ⚡ 6 €
Location ⚡ 🅿 : 15 🛖 (4 à 6 pers.) 460 à 800 €/sem. – appartements
Pour s'y rendre : Au bourg, à 50 m de la plage

> Nature : ⁹
> Services : 🚿 ⊶ 🆎 🅇 🗄 ⊕ 🔥
> À prox. : 🚤

BONIFACIO

⊠ 20169 – **345** D11 – G. Corse – 2 658 h. – alt. 55

🛈 *Office de tourisme, 2, rue Fred Scamaroni ☎ 04 95 73 11 88, Fax 04 95 73 14 97*

Ajaccio 132 – Corte 150 – Sartène 50.

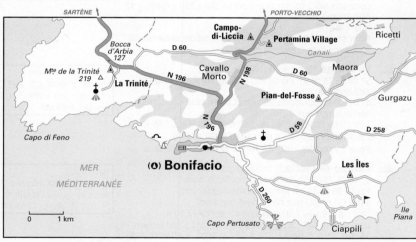

337

△ **Pertamina Village** ♟ – début avr.-mi-oct.

☎ 04 95 73 05 47, *pertamina@wanadoo.fr*,
Fax 04 95 73 11 42, *www.camping-pertamina.com* – **R** indispensable
15 ha/3 campables (150 empl.) plat, peu incliné, pierreux
Tarif : ♟ ⇔ 🅴 30 € – frais de réservation 18 €
Location : 11 🛖 (4 à 6 pers.) 250 à 905 €/sem. – 65 🛖 (4 à 6 pers.) 260 à 1 087 €/sem. – 5 villas – 20 bungalows toilés
🚐 1 borne
Pour s'y rendre : NE : 5 km par N 198 rte de Bastia, à Pertamina Village
À savoir : Agréable domaine

> Nature : 🏞 ⌂ ⁹⁹
> Loisirs : ✗ pizzeria 🏠 ⊛ ⚡ ⚡
> ⚡ ⚡ ✗ 🎱 🏊 ⚡
> Services : ⊶ 🆎 🅇 🗄 ⊗ ⊕ 🔥 ⚡
> ⚡ cases réfrigérées

BONIFACIO

Rondinara 15 mai-sept.
    04 95 70 43 15, *reception@rondinara.fr*,
Fax 04 95 70 56 79, *www.rondinara.fr* – **R**
5 ha (120 empl.) peu incliné et en terrasses, pierreux
Tarif : ♦ 6,90 € ⟺ 3,20 € 🔲 4,20 € – ⚡ 3,50 €
Location : 31 ⟦⟧ (4 à 6 pers.) 460 à 700 €/sem.
⟦⟧ 1 borne
Pour s'y rendre : NE : 18 km par N 198, rte de Porto-
Vecchio et D 158 à droite, rte de la pointe de la Rondinara, à
400 m de la plage (hors schéma)
À savoir : Belle décoration florale et site agréable

> Nature : 🐚 ≤
> Loisirs : ♈ snack, crêperie ⟦⟧ ⟦⟧
> 🏊
> Services : ⚕ ⟐ GB ⟐ 🗑 ⊕ 🏠 🏪
> 🛒
> À prox. : canoë, pédalos, quad

Les Îles 1er avr.-7 oct.
    04 95 73 11 89, *camping.des.iles.bonifacio@wanadoo.fr*,
Fax 04 95 71 21 55
8 ha (100 empl.) peu incliné, vallonné, pierreux
Tarif : ♦ 7,50 € ⟺ 3,20 € 🔲 3,20 € – ⚡ (6A) 3,50 € – frais
de réservation 13 €
Location 🏊 : 22 ⟦⟧ (4 à 6 pers.) 440 à 600 €/sem. – 20
⟦⟧ (4 à 6 pers.) 480 à 750 €/sem. – chalets sans sanitaires
⟦⟧ 1 borne
Pour s'y rendre : E : 4,5 km rte de Piantarella, vers l'embar-
cadère de Cavallo

> Nature : ≤ la Sardaigne et les îles
> Loisirs : snack ⟦⟧ ⟦⟧ ✻ ⟦⟧ 🏊
> Services : ⚕ GB ⟐ 🗑 🏠 ⊕ 🏪 🏪
> 🛒

Pian del Fosse 15 avr.-15 oct.
    04 95 73 16 34, *pian.del.fosse@wanadoo.fr*,
Fax 04 95 73 16 34, *www.piandelfosse.com* – **R** conseillée
5,5 ha (100 empl.) peu incliné et incliné, en terrasses,
pierreux, oliveraie
Tarif : ♦ 7,80 € ⟺ 2,50 € 🔲 3,50 € – ⚡ (4A) 3,80 €
Location 🏊 : 10 ⟦⟧ (4 à 6 pers.) 350 à 860 €/sem. – 12
bungalows toilés
⟦⟧ 1 borne
Pour s'y rendre : NE : 3,8 km sur D 58 rte de Santa-Manza
À savoir : Belles terrasses ombragées

> Nature : 🐚 ≤ ⟦⟧ ♡♡
> Loisirs : ⟦⟧
> Services : ⚕ ⟐ ℗ GB ⟐ 🗑 🏠 ⊕
> 🖼
> À prox. : 🐎

La Trinité 15 avr.-sept.
    04 95 73 10 91, Fax 04 95 73 16 90, *www.campinglatri
nite.com* – **R**
4 ha (100 empl.) accidenté, plat et peu incliné, sablonneux,
herbeux, rocheux
Tarif : (Prix 2006) ♦ 6 € ⟺ 2,50 € 🔲 3,55 € – ⚡ 2,85 €
Location : 7 ⟦⟧ (2 à 4 pers.) 160 à 290 €/sem.
Pour s'y rendre : NO : 4,5 km par N 196 rte de Sartène

> Nature : ≤ Bonifacio ♡
> Loisirs : ♈ snack ⟦⟧ ⟦⟧ 🏊
> Services : ⚕ GB ⟐ ⊕ 🖼 🏪
> À prox. : escalade

Campo-di-Liccia 31 mars-13 oct.
    04 95 73 03 09, *info@campingdiliccia.com*,
Fax 04 95 73 19 94, *www.campingdiliccia.com*
5 ha (161 empl.) plat, peu incliné, terrasses
Tarif : ♦ 6 € ⟺ 2,50 € 🔲 3,60 € – ⚡ (10A) 3,60 €
Location (.) 🏊 : 40 ⟦⟧ (4 à 6 pers.) 240 à 700 €/sem. –
14 ⟦⟧ (4 à 6 pers.) 270 à 734 €/sem. – chalets sans
sanitaires
⟦⟧ 1 borne 3 €
Pour s'y rendre : NE : 5,2 km par N 198, rte de Bastia
À savoir : Agréable cadre boisé

> Nature : ♡♡
> Loisirs : ♈ snack, pizzeria 🏊
> Services : ⚕ ⟐ (15 juin-15 sept.) ⟐
> 🗑 🏠 ⊕ 🖼 🏪 🛒 cases réfrigérées

338

---

*Pour choisir et suivre un itinéraire
Pour calculer un kilométrage
Pour situer exactement un terrain (en fonction des
indications fournies dans le texte) :
Utilisez les **cartes MICHELIN** détaillées à 1/150 000,
compléments indispensables de cet ouvrage.*

CARGÈSE

✉ 20130 – **345** A7 – G. Corse – 982 h. – alt. 75
🛈 Office de tourisme, rue du Dr Dragacci ℘ 04 95 26 41 31
Ajaccio 51 – Calvi 106 – Corte 119 – Piana 21 – Porto 33.

⚠ **Torraccia** 23 avr.-30 sept.
℘ 04 95 26 42 39, contact@camping-torraccia.com,
Fax 04 95 26 42 39, www.camping-torraccia.com
3 ha (66 empl.) en terrasses, accidenté, pierreux
Tarif : 👤 6,80 € 🚗 2,80 € 🔳 3,10 € – 🔌 (6A) 2,80 €
Location : 20 🏠 (4 à 6 pers.) 350 à 750 €/sem.
Pour s'y rendre : N : 4,5 km par D 81 rte de Porto

Nature : ≤ vallée, montagne et la côte ♀
Loisirs : ⅀
Services : � icons

FIGARI

✉ 20114 – **345** D11 – G. Corse – 1 005 h. – alt. 80
Ajaccio 122 – Bonifacio 18 – Porto-Vecchio 20 – Sartène 39.

⚠ **U Moru** 15 juin-15 sept.
℘ 04 95 71 23 40, u-moru@wanadoo.fr, Fax 04 95 71 26 19,
u-moru.com – **R** conseillée
6 ha/4 campables (100 empl.) peu incliné, plat, herbeux,
sablonneux
Tarif : 👤 6,80 € 🚗 2,40 € 🔳 3,80 € – 🔌 (6A) 3,20 €
Location : 🛏 –5 🚐 (4 à 6 pers.) 600 à 620 €/sem.
Pour s'y rendre : NE : 5 km par D 859 rte de Porto-Vecchio

Nature : icons
Loisirs : snack (petite piscine)
Services : icons réfrigérateur
À prox. : icons

*Avant de vous installer, consultez les tarifs en cours,
affichés obligatoirement à l'entrée du terrain,
et renseignez-vous sur les conditions particulières de séjour.
Les indications portées dans le guide ont pu être modifiées depuis la mise à jour.*

339

LA LISCIA (GOLFE DE)

✉ 20111 – **345** B7 – G. Corse
Ajaccio 26 – Calvi 131 – Corte 94 – Vico 25.

⚠ **La Liscia** mai-sept.
℘ 04 95 52 20 65, francois.ferraro@wanadoo.fr,
Fax 04 95 52 30 24, www.la.liscia.com ✉ 20111 Calcatoggio
– **R** conseillée
3 ha (100 empl.) plat et en terrasses, herbeux
Tarif : 👤 6,50 € 🚗 3,50 € 🔳 5,50 € – 🔌 (10A) 4,50 € – frais
de réservation 10 €
Location (avr.-sept.) 🛏 : 11 🚐 (2 à 4 pers.) 265 à
430 €/sem. – 5 🚐 (4 à 6 pers.) 450 à 780 €/sem.
🚐, 1 borne
Pour s'y rendre : Par D 81, à 5 km au NO de Calcatoggio,
bord de la Liscia

Nature : icons
Loisirs : snack, pizzeria icons
Services : icons

OLMETO

✉ 20113 – **345** C9 – G. Corse – 1 115 h. – alt. 320
🛈 Syndicat d'initiative, Village ℘ 04 95 74 65 87, Fax 04 95 74 62 86
Ajaccio 64 – Propriano 8 – Sartène 20.

▪ **la Plage** SO : 7 km par D 157

⚠ **Village Club du Ras L'Bol**
℘ 04 95 74 04 25, fpaoletti@raslbol.com,
Fax 04 95 74 01 30, www.raslbol.com – **R** conseillée
6 ha (150 empl.) plat, peu incliné et en terrasses, herbeux,
rochers
Location : 30 🏠
Pour s'y rendre : À 7 km par D 157, à 50 m de la plage

Nature : ♀
Loisirs : snack, pizzeria icons
Services : icons
À prox. : discothèque, canoë, pédalos

OLMETO

L'Esplanade mi-avr.-oct.
     04 95 76 05 03, *campinglesplanade@club-internet.fr,*
Fax 04 95 76 16 22, *www.camping-esplanade.com* – **R**
4,5 ha (100 empl.) en terrasses, plat, peu incliné, vallonné,
accidenté, rochers
Tarif : (Prix 2006) ♣ ⬤ 🚗 🅴 22,90 €
Location 🏕 : 50 🏠 (4 à 6 pers.) 320 à 710 €/sem.
Pour s'y rendre : 1,6 km par D 157, à la Tour de la Calanda,
à 100 m de la plage (accès direct)

> Nature : ⬛ 🌳🌳
> Loisirs : pizzeria 🍴 ⛹ ⛷
> Services : ♿ ⚷ GB ⊕ 🧺 ♨

PIANA

✉ 20115 – **345** A6 – G. Corse – 428 h. – alt. 420
🅱 *Syndicat d'initiative,*   04 95 27 84 42, Fax 04 95 27 82 72
Ajaccio 72 – Calvi 85 – Évisa 33 – Porto 13.

Plage d'Arone 15 mai-sept.
     04 95 20 64 54 – **R**
3,8 ha (125 empl.) plat, sablonneux, pierreux
Tarif : (Prix 2006) ♣ 6,50 € 🚗 3 € 🅴 5 € – ⚡ 2,50 €
🚐 1 borne
Pour s'y rendre : SO : 11,5 km par D 824, à 500 m de la
plage
À savoir : Agréable cadre fleuri

> Nature : ⬛ 🌳
> Services : ♿ ⚷ ⊕ ⛺ 🧺 ♨

PIANOTTOLI-CALDARELLO

✉ 20131 – **345** D11 – G. Corse – 729 h. – alt. 60
Ajaccio 113 – Bonifacio 19 – Porto-Vecchio 29 – Sartène 31.

Kévano Plage mai-sept.
     04 95 71 83 22, *rene.picciocchi@wanadoo.fr,*
Fax 04 95 71 83 83 – **R** conseillée
6 ha (100 empl.) en terrasses, plat, peu incliné, sablonneux,
accidenté, rochers
Tarif : (Prix 2006) ♣ 8 € 🚗 3,50 € 🅴 8 € – ⚡ (4A) 2,50 € –
frais de réservation 30 €
Pour s'y rendre : SE : 3,3 km par D 122 et rte à droite, à
500 m de la plage
À savoir : Cadre sauvage au milieu du maquis et des rochers de granit

> Nature : ⬛ ⋖ ⬛ 🌳🌳
> Loisirs : snack, pizzeria ⛹
> Services : ♿ ⚷ GB 🗄 ⛺ ⊕ 🧺 ♨ 🚿

Les Agriates

PINARELLU

✉ 20144 – **345** F9 – G. Corse
Ajaccio 146 – Bonifacio 44 – Porto-Vecchio 16.

California 15 mai-15 oct.
℘ 04 95 71 49 24, Fax 04 95 71 49 24, *www.camping.cali fornia.net* ✉ 20144 Ste-Lucie-de-Porto-Vecchio – **R** 🏖️ (juil.-août)
7 ha/5 campables (100 empl.) peu accidenté et plat, sablonneux, étang
Tarif : 🚹 8 € 🚗 2 € 📧 8 € – 🔌 (6A) 3 €
🚐 1 borne 9 €
Pour s'y rendre : S : 0,8 km par D 468 et 1,5 km par chemin à gauche, à 50 m de la plage (accès direct)

Nature : 🏞️ 🌳 ⚠️
Loisirs : snack 🎣 🎾
Services : 🚿 ⊶ 🅿️ (saison) 🚙 🗄️ 🚰 ⊕ 📷 🧺 ♨️
À prox. : 🐎 sports nautiques, quad

RUPPIONE (PLAGE DE)

✉ 20166 – **345** B9 – G. Corse
Ajaccio 28 – Propriano 47 – Sartène 59.

Le Sud 15 avr.-fin sept.
℘ 04 95 25 40 51, *info@camping-lesud.com*,
Fax 04 95 25 47 39, *http://camping-lesud.com* ✉ 20166 Porticcio
4 ha (200 empl.) en terrasses et accidenté
Tarif : 🚹 6,20 € 🚗 2,30 € 📧 2,90 € – 🔌 (16A) 2,80 €
Location : 14 🏠 (4 à 6 pers.) 295 à 690 €/sem.
Pour s'y rendre : Par D 55, à 100 m de la plage

Nature : ⩽ 🌳🌳
Loisirs : 🍽️ pizzeria 🛋️
Services : 🚿 ⊶ 🚙 🗄️ 🧺 ⊕ 📷
À prox. : 🛒

PORTICCIO

✉ 20166 – **345** B8 – G. Corse
🅱️ Office de tourisme, les Marines ℘ 04 95 25 01 01, Fax 04 95 25 11 12
Ajaccio 19 – Sartène 68.

U-Prunelli
℘ 04 95 25 19 23, *camping-prunelli@wanadoo.fr*,
Fax 04 95 25 16 87, *www.camping-prunelli.com* – **R** conseillée
5,5 ha (200 empl.) plat, herbeux
Location : 40 🏠
🚐 1 borne – 20 📧
Pour s'y rendre : NE : 3,5 km par D 55, rte d'Ajaccio, au pont de Pisciatello
À savoir : Agréable cadre fleuri, au bord du Prunelli

Nature : 🛏️ 🌳🌳
Loisirs : 🍽️ pizzeria, snack 🎣 🛶
Services : ⊶ 🗄️ ⊕ 🚰 🛗 📷 🚙 ♨️
cases réfrigérées

341

PORTIGLIOLO

✉ 20110 – **345** C10 – G. Corse
Ajaccio 80 – Propriano 9 – Sartène 15.

Lecci e Murta
℘ 04 95 76 02 67, Fax 04 95 77 03 38, *www.camping-leccie murta.com* ✉ 20110 Propriano – **R** conseillée 🏖️
4 ha (150 empl.) en terrasses, plat, pierreux, herbeux
Location : 30 🏠
Pour s'y rendre : À 500 m de la plage
À savoir : Site sauvage

Nature : 🏞️ ⩽ 🛏️ 🌳🌳
Loisirs : 🍽️ 🍴 pizzeria 🎣 🎾 🛶
Services : ⊶ 🅿️ 🧺 ⊕ 📷 🚰 cases réfrigérées

U Livanti (location exclusive de chalets)
℘ 04 95 76 08 06, *livanti@club-internet.fr*,
Fax 04 95 76 25 14, *ulivanti.com* ✉ 20110 Propriano – **R** indispensable 🏖️
6 ha terrasse, incliné, peu incliné, sablonneux
Location 🅿️ : 50 🏠 (4 à 6 pers.) 290 à 890 €/sem.
Pour s'y rendre : Sortie SE par D 121, route de Campomoro
À savoir : Au bord de la plage de Portigliolo

Loisirs : 🍽️ 🍴 snack 🌙 nocturne
Services : ⊶ 🚙 🧺 📷
À prox. : 🤿 plongée, canoë, ski nautique

PORTO

✉ 20150 – **345** B6 – G. Corse
🚻 *Office de tourisme, place de La Marine* ✆ *04 95 26 10 55, Fax 04 95 26 14 25*
Ajaccio 84 – Calvi 73 – Corte 93 – Évisa 23.

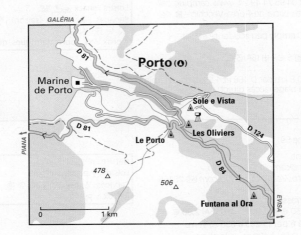

Les Oliviers fin mars-déb.nov.
✆ 04 95 26 14 49, *lesoliviersporto@wanadoo.fr*,
Fax 04 95 26 12 49, *www.camping-oliviers-porto.com*
✉ 20150 Ota – **R** conseillée
5,4 ha (216 empl.) en terrasses
Tarif : ⋆ 8,80 € – ⇔ 3,50 € 🔲 6,50 € – [⚡] (10A) 4 € – frais de
réservation 15 €
Location ⬚ : 36 🏠 (4 à 6 pers.) 337 à 902 €/sem.
Pour s'y rendre : Par D 81, au pont, bord du Porto

> Nature : 🔿 🗔 ♡♡
> Loisirs : snack 🎯 ⚽ 🎠 ≋ hammam
> 🏊 ⛵
> Services : ⚬╼ 🅿 (juil.-août) 🔲 ♨
> 🔲 🛏 🔿 ☺ ⚲ 🖼 ⚙ cases réfri-
> gérées
> À prox. : 🛒 ✕ 🚲 ♨

Funtana al Ora 6 avr.-15 oct.
✆ 04 95 26 11 65, Fax 04 95 26 10 83, *www.funtanaa
lora.com* ✉ 20150 Ota – **R** conseillée
2 ha (70 empl.) en terrasses, rochers
Tarif : ⋆ 5,80 € ⇔ 2,50 € 🔲 4 € – [⚡] 3 €
Location : 7 🏠 (4 à 6 pers.) 320 à 700 €/sem.
🚐 1 borne 4 €
Pour s'y rendre : SE : 1,4 km par D 84 rte d'Evisa, à 200 m
du Porto

> Nature : 🔿 🗔 ♡♡
> Loisirs : 🛋
> Services : 🚿 ⚬╼ 🔿 🔲 🔿 ☺ ⚙
> cases réfrigérées

Sole e Vista avr.-fin oct.
✆ 04 95 26 15 71, *fceccaldi@freesurf.fr*, Fax 04 95 26 10 79,
www.camping-sole-e-vista.com – **R** conseillée
3,5 ha (150 empl.) en terrasses, rochers
Tarif : (Prix 2006) ⋆ ⇔ 🔲 20,80 €
🚐 1 borne
Pour s'y rendre : Accès principal par parking du supermarché - accès secondaire E : 1 km par D 124, rte d'Ota, à
150 m du Porto

> Nature : 🔿 🗔 ♡
> Services : ⚬╼ 🅿 🔿 ☺ 🖼
> À prox. : 🛒 ⚓

Le Porto mi-juin-sept.
✆ 04 95 26 13 67, *fceccaldi@freesurf.fr*, Fax 04 95 26 10 79,
www.camping-le-porto.com ✉ 20150 Ota – **R** conseillée
2 ha (60 empl.) en terrasses, herbeux
Tarif : (Prix 2006) ⋆ ⇔ 🔲 18,80 €
Pour s'y rendre : Sortie O par D 81 rte de Piana, à 200 m
du Porto
À savoir : Belles terrasses ombragées

> Nature : ♡♡
> Services : 🚿 ⚬╼ 🔿 🔿 ☺ 🖼
> À prox. : ⚓

PORTO-VECCHIO

✉ 20137 – **345** E10 – G. Corse – 10 326 h. – alt. 40
🚢 SAPV pour SNCM Port de Commerce 04 95 70 06 03 - Fax 04 95 70 33 59
🛈 *Office de tourisme, rue du Docteur Camille de Rocca Serra* ✆ *04 95 70 09 58*
Ajaccio 141 – Bonifacio 28 – Corte 121 – Sartène 59.

▲▲▲ **U Pirellu** 15 avr.-30 sept.
✆ 04 95 70 23 44, *u.pirellu@wanadoo.fr*,
Fax 04 95 70 60 22, *www.u-pirellu.com* – accès à certains
emplacements par forte pente ✗
5 ha (150 empl.) incliné et en terrasses, pierreux
Tarif : ✶ ⇎ 🅴 11,90 € – ⅀ (6A) 3,50 €
Location : 11 ⌂ (4 à 6 pers.) 350 à 750 €/sem.
Pour s'y rendre : E : 9 km à Piccovagia
À savoir : Agréable chênaie

> Nature : ≤ ☐ 00
> Loisirs : 🍷 pizzeria, grill ⇌ 🏖 ♪
> 🏊
> Services : ᴄ ☐ 🅿 (tentes) ᴳᴮ ♂
> 🖫🛁⊕🗐🛒🛉
> À prox. : 🐎 plongée, sports nauti-
> ques

▲▲ La Vetta
✆ 04 95 70 09 86, *info@campinglavetta.com*,
Fax 04 95 70 43 21, *www.campinglavetta.com* – **R** conseillée
8 ha (100 empl.) incliné, en terrasses, pierreux, herbeux,
rochers
Location : 18 ⌂
Pour s'y rendre : N : 5,5 km

> Nature : 00
> Loisirs : snack 🏖 🏊
> Services : ☐ 🖫⊕🗐🛒

▲▲ **Arutoli** 1er avr.-31 oct.
✆ 04 95 70 12 73, *info@arutoli.com*, Fax 04 95 70 63 95,
www.arutoli.com
4 ha (150 empl.) plat, peu incliné, herbeux
Tarif : ✶ 6,45 € ⇎ 3,25 € 🅴 3,35 € – ⅀ (6A) 3,15 €
Location : 20 ⌂ (4 à 6 pers.) 350 à 812 €/sem.
Pour s'y rendre : NO : 2 km par D 368, rte de
l'Ospédale
À savoir : Agréable cadre boisé et fleuri

> Nature : ⌇ 00
> Loisirs : pizzeria, grill ☐ 🏊
> Services : ☐ ᴳᴮ ♂ 🖫 🛆 ⊕ 🗐
> 🛒🛉
> À prox. : 🐎

PORTO-VECCHIO

Pitrera mi-avr.-15 oct.
📞 04 95 70 20 10, *michel.branca@wanadoo.fr*,
Fax 04 95 70 54 43, *www.pitrera.com* – **R** conseillée
3 ha (75 empl.) accidenté, incliné à peu incliné, terrasses, pierreux
Tarif : (Prix 2006) 🛉 7,21 € – 🚗 3,78 € – 📗 4,09 € –
[🔌] (6A) 3,11 € – frais de réservation 15 €
Location (permanent) : 42 🏠 (4 à 6 pers.) 350 à 750 €/sem.
Pour s'y rendre : N : 5,8 km par N 198, rte de Bastia

> Nature : 🌳🌳
> Loisirs : ✗ pizzeria 🍸 nocturne 🚲 🏊 🎱
> Services : 🛁 ⚡ GB 🛒 🧺 🚿 ♿ 🏪
> 🍴 cases réfrigérées

Golfo di Sogno
📞 04 95 70 08 98, *reception@golfo-di-sogno.fr*,
Fax 04 95 70 41 43, *www.golfo-di-sogno.fr* – **R**
22 ha (650 empl.) plat, sablonneux
Location 🏕️ : 10 🚐 – 80 🏠 – 12 villas – chalets sans sanitaires
🚐 1 borne
Pour s'y rendre : NE : 6 km par D 468

> Nature : 🌊 🌳🌳 (pinède) ⛰️
> Loisirs : 🍸 ✗ 🏄 🎱 🚤 🎣 base nautique
> Services : ⚡ ♿ 🏪 🧺 🍴

U-Stabiacciu déb.avr.-mi-oct.
📞 04 95 70 37 17, *stabiacciu@wanadoo.fr*,
Fax 04 95 70 62 59, *www.ustabiacciu.com*
4,5 ha (160 empl.) plat, herbeux, sablonneux
Tarif : (Prix 2006) 🛉 6,80 € – 🚗 2,30 € – 📗 3,20 € – [🔌] (5A) 3 €
Location 🏕️ : 7 🏠 (4 à 6 pers.) 325 à 595 €/sem. – chalets sans sanitaires
Pour s'y rendre : S : 2 km

> Nature : 🌳🌳
> Loisirs : 🍸 grill 🎳 bowling 🏄 🎯 🏊
> Services : ⚡ GB 🛒 🧺 🚿 ♿ 🏪
> 🚿
> À prox. : 🐴

La Baie des Voiles mai-sept.
📞 04 95 70 01 23, *labaiedesvoiles@online.fr*,
Fax 04 95 70 01 23, *http://labaiedesvoiles.free.fr*
3 ha (180 empl.) plat et en terrasses, sablonneux, herbeux, rochers
Tarif : (Prix 2006) 🛉 6 € – 🚗 2 € – 📗 3 € – [🔌] (6A) 3 €
Pour s'y rendre : NE : 6 km, bord de la plage

> Nature : 🌳🌳 ⛰️
> Loisirs : 🍸 snack 🏊
> Services : 🛁 ⚡ 🧺 🚿 ♿ 🏪
> À prox. : 🚿

Bella Vista 15 juin-15 sept.
📞 04 95 70 58 01, *camping.bellavista@wanadoo.fr*,
Fax 04 95 70 61 44, *www.campingbellavista.com* 🏕️
2,5 ha (100 empl.) en terrasses, herbeux, pierreux
Tarif : 🛉 6,50 € – 🚗 2,70 € – 📗 3,80 € – [🔌] (10A) 2,50 €
Location (déb.mai-fin sept.) : 7 🏠 (4 à 6 pers.) 300 à 350 €/sem.
Pour s'y rendre : E : 9,3 km, à Piccovagia

> Nature : ⬿ 🌿
> Loisirs : pizzeria, grill 🏊
> Services : 🛁 ⚡ 🛒 🧺 🚿 ♿ 🏪
> À prox. : 🐴 plongée

L'Oso juin-15 sept.
📞 04 95 71 60 99, Fax 04 93 70 37 33 – **R**
3,2 ha (90 empl.) plat, herbeux
Tarif : 🛉 6 € – 🚗 3 € – 📗 4 € – [🔌] 3 €
Location : 16 🏠 (4 à 6 pers.) 400 à 600 €/sem.
Pour s'y rendre : NE : 8 km, bord de l'Oso

> Nature : 🌿
> Loisirs : 🏊 (petite piscine)
> Services : 🛁 ⚡ 🛒 🧺 🚿 ♿ 🏪

Les Îlots d'Or 15 avr.-15 oct.
📞 04 95 70 01 30, *info@campinglesilotsdor.com*,
Fax 04 95 70 01 30, *www.campinglesilotsdor.com*
4 ha (180 empl.) plat et en terrasses, sablonneux, herbeux, rochers
Tarif : 🛉 6,50 € – 🚗 2,50 € – 📗 3 € – [🔌] (6A) 3 €
Location 🏕️ : 9 🚐 (4 à 6 pers.) 350 à 630 €/sem. – 15 🏠 (4 à 6 pers.) 350 à 630 €/sem.
Pour s'y rendre : NE : 6 km, bord de plage

> Nature : 🌳🌳
> Loisirs : snack
> Services : 🛁 ⚡ 🛒 🧺 🚿 🚿 ♿ 🏪
> 🚿

▲ **Les Jardins du Golfe** fin mai-fin nov.
🕿 04 95 70 46 92, *campingjdg@adpei-corse.com*,
Fax 04 95 72 10 28, *www.jardinsdugolfe.com*
4 ha (200 empl.) plat, herbeux, sablonneux
Tarif : ★ 5 € ⛺ 2,30 € 🅴 2,30 € – ⚡ (6A) 2,50 €
Location (déb.avr.-mi-nov.) : 6 🏠 (4 à 6 pers.) 400 à
660 €/sem.
Pour s'y rendre : S : 5,2 km par rte de Palombaggia

Nature : 🗺 🗺
Loisirs : 🍴 snack 🛝 (petite piscine)
Services : ⚷ GB 🛒 ⚙ ⏚ 📶 📺

STE-LUCIE-DE-PORTO-VECCHIO

✉ 20144 – **345** F9 – G. Corse
🆔 Syndicat d'initiative, Mairie annexe 🕿 04 95 71 48 99
Ajaccio 142 – Porto-Vecchio 16.

▲ **Santa-Lucia** 14 avr.-22 sept.
🕿 04 95 71 45 28, *informations@campingsantalucia.com*,
Fax 04 95 71 45 28, *www.campingsantalucia.com*
– **R** conseillée
3 ha (160 empl.) plat et peu incliné, sablonneux, pierreux,
rochers
Tarif : ★ 7,70 € ⛺ 3,10 € 🅴 4,75 € – ⚡ (6A) 2,80 € – frais
de réservation 15 €
Location (7 avr.-6 oct.) : 15 🏠 (4 à 6 pers.) 420 à
920 €/sem.
Pour s'y rendre : Sortie SO, rte de Porto-Vecchio
À savoir : Agréable cadre boisé

Nature : 🗺 🗺
Loisirs : snack 🛝
Services : ♿ ⚷ (1ᵉʳ juin-15 sept.)
GB 🛒 ⚙ ⏚ 📶 📺
À prox. : 🛒 🐴 plongée

▲ **Fautea**
🕿 04 95 71 41 51, Fax 04 95 71 57 62 – **R**
5 ha (100 empl.) en terrasses, sablonneux, pierreux
Pour s'y rendre : NE : 5 km par N 198

Nature : 🗺
Loisirs : 🛝
Services : ⚷ 🛒 ⚙ ⏚ 📶 📺
À prox. : 🍴 🐴 plongée

SAGONE

✉ 20118 – **345** B7 – G. Corse
Ajaccio 38 – Calvi 119 – Corte 106 – Sartène 110.

▲ **Le Sagone** 1ᵉʳ mai-30 sept.
🕿 04 95 28 04 15, *sagone.camping@wanadoo.fr*,
Fax 04 95 28 08 28, *www.camping.sagone.com* – **R** conseillée
9 ha (300 empl.) plat, herbeux
Tarif : ★ 7,70 € ⛺ 3,70 € 🅴 3,90 € – ⚡ (6A) 3 € – frais de
réservation 18,80 €
Location (1ᵉʳ avr.-15 oct.) : 10 🏠 (4 à 6 pers.) 410 à
690 €/sem. – 52 🏠 (4 à 6 pers.) 410 à 690 €/sem.
🚐 1 borne 11 €
Pour s'y rendre : N : 2 km par D 70, rte de Vico
À savoir : Agréable cadre fleuri et ombragé, au bord de la
Sagone

Nature : 🗺 🗺
Loisirs : pizzeria, self-service 🎦 nocturne 🛝
Services : ♿ ⚷ (1ᵉʳ juil.-31 août)
GB 🛒 ⚙ ⏚ 📶 📺 cases réfrigérées
À prox. : 🛒 🐴 plongée

SERRA-DI-FERRO

✉ 20140 – **345** B9 – G. Corse – 352 h. – alt. 140
Ajaccio 47 – Propriano 20 – Sartène 32.

▲ **Alfonsi U Caseddu** juin-15 oct.
🕿 04 95 74 01 80, Fax 04 95 74 07 67 – **R**
3,5 ha (100 empl.) plat, peu incliné, sablonneux, herbeux
Tarif : ★ 5,60 € ⛺ 2,20 € 🅴 8 € – ⚡ (10A) 3,40 €
🚐 1 borne
Pour s'y rendre : S : 5 km par D 155, rte de Propriano et
D 757 à droite, à l'entrée de Porto-Pollo
À savoir : Agréable situation en bord de mer

Nature : 🗺 ⛰
Loisirs : 🍴 🍴 pizzeria
Services : ♿ ⚷ GB 🛒 ⚙ 📺

345

TIUCCIA

✉ 20111 – **345** B7 – G. Corse
Ajaccio 30 – Cargèse 22 – Vico 22.

ᐱ **Les Couchants**
    ℘ 04 95 52 26 60, *camping.les-couchants@wanadoo.fr*,
    Fax 04 95 52 31 77 ✉ 20111 Casaglione – **R**
    5 ha (120 empl.) en terrasses, peu incliné, herbeux
    Location : 8 🏠
    Pour s'y rendre : N : 4,9 km par D 81 et D 25 à droite, rte
    de Casaglione
    À savoir : Agréable cadre fleuri

Nature : 🌄 ⌂ 🌳🌳	
Loisirs : 🍹 ✗ 🏊 🏕	
Services : 🚿 ⊶ 🏪 ⊕ 🔌 🔞 🚿	

ZONZA

✉ 20124 – **345** E9 – G. Corse – 1 802 h. – alt. 780
Ajaccio 93 – Porto-Vecchio 40 – Sartène 38 – Solenzara 40.

ᐱ **Aire Naturelle la Rivière**
    ℘ 04 95 78 66 33, *letourisme@wanadoo.fr*,
    Fax 04 95 78 73 23, *www.hoteldutourisme.fr*
    3,5 ha (50 empl.) plat et peu incliné, terrasse, herbeux
    Tarif : ♣ 2 € 🚗 3 € 🅿 3 € 🔌 (6A)
    Pour s'y rendre : N : 2,5 km par D 430 rte de Quenza

Nature : 🌄	
Loisirs : 🏊 🎣	
Services : 🚿 ⊕	

Haute-Corse (2B)

ALÉRIA

346

✉ 20270 – **345** G7 – G. Corse – 1 966 h. – alt. 20
🛈 *Office de tourisme, Casa Luciana* ℘ 04 95 57 01 51, Fax 04 95 57 03 79
Bastia 71 – Corte 50 – Vescovato 52.

ᐱ **Marina d'Aléria** 15 avr.-14 oct.
    ℘ 04 95 57 01 42, *info@marina-aleria.com*,
    Fax 04 95 57 04 29, *www.marina-aleria.com* – **R** conseillée
    17 ha/7 campables (220 empl.) plat, sablonneux, herbeux
    Tarif : ♣ 🚗 🅿 31,50 € – 🔌 (7A) 3,70 € – frais de réser-
    vation 18 €
    Location : 105 🛖 (4 à 6 pers.) 275 à 720 €/sem. – 51
    🏠 (4 à 6 pers.) 219 à 675 €/sem.
    Pour s'y rendre : E : à 3 km de Cateraggio par N 200, à la
    plage de Padulone, bord du Tavignano
    À savoir : Décoration florale

Nature : 🌳🌳 ⛰	
Loisirs : pizzeria, grill 🍴 ☀ diurne 🏓 🏊 🚲 ✗ 🏕	
Services : 🚿 ⊶ 🏪 ⊘ 🔌 🔞 ⊕ 🔞 🍴 🚿 cases réfrigérées	
À prox. : 🐎 sports nautiques	

BASTIA

✉ 20200 – **345** F3 – G. Corse – 37 884 h.
🚢 SNCM Nouveau Port ℘3260 dites « SNCM » (0,15 €/mn)CMN P de Commerce ℘04 95 55 25 55 - Fax 04 95
32 37 01
🛈 *Office de tourisme, place Saint-Nicolas* ℘ 04 95 54 20 40, Fax 04 95 54 20 41
Ajaccio 148 – Bonifacio 171 – Calvi 92 – Corte 69 – Porto 136.

ᐱ **San Damiano** 1er avr.-20 oct.
    ℘ 04 95 33 68 02, *l.pradier@wanadoo.fr*,
    Fax 04 95 30 84 10, *www.campingsandamiano.com*
    – **R** conseillée
    12 ha (280 empl.) plat, sablonneux
    Tarif : ♣ 🚗 🅿 14 € – 🔌 (6A) 3 €
    Location 🏖 : 24 🏠 (4 à 6 pers.) 329 à 714 €/sem.
    🛒 1 borne
    Pour s'y rendre : SE : 9 km par N 193 et D 107 à gauche,
    direction Lido de la Marana

Nature : ⌂ 🌳🌳(pinède) ⛰	
Loisirs : 🍹 ✗ 🍴 🏊 ✗ 🏕	
Services : 🚿 ⊶ 🏪 ⊘ 🔌 🔞 ⊕ 🔞 🍴	
À prox. : 🐴 poneys	

CALACUCCIA

✉ 20224 – **345** D5 – G. Corse – 340 h. – alt. 830
🏢 *Office de tourisme, avenue Valdoniello* ☎ 04 95 47 12 62
Ajaccio 107 – Bastia 76 – Porto-Vecchio 146 – Corte 27.

Acquaviva mi-avr.-mi-oct.
☎ 04 95 47 00 39, *stella.acquaviva@wanadoo.fr*,
Fax 04 95 48 08 82 – 🅁
4 ha (25 empl.) plat, incliné, herbeux, pierreux
Tarif : ✱ 5 € ⊶ 2,50 € 🄴 5 € – 🄶 3 €
Location : hôtel
Pour s'y rendre : face à la station Total

> Nature : ⛰ ≤ Lac et montagnes ♀
> Services : ⌓ ⊶ GB ✂ M 🄴 🄰 ⓐ
> 🄰
> À prox. : ≋ ⌇ canoë-kayak, plan-
> che à voile

CALVI

✉ 20260 – **345** B4 – G. Corse – 5 177 h.
🚢 CCR pour SNCM quai Landry ☎ 04 95 65 01 38
🏢 *Office de tourisme, Port de Plaisance* ☎ 04 95 65 16 67, *Fax 04 95 65 14 09*
Bastia 92 – Corte 88 – L'Ile-Rousse 25 – Porto 73.

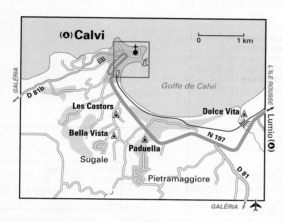

347

Paduella 10 mai-15 oct.
☎ 04 95 65 06 16, *camping.paduella@wanadoo.fr*,
Fax 04 95 65 31 43 90, *www.campingpaduella.com* – 🅁 conseillée
4 ha (130 empl.) plat et en terrasses, sablonneux
Tarif : ✱ 7,30 € ⊶ 2,90 € 🄴 2,50 € – 🄶 (10A) 3,60 €
Pour s'y rendre : SE : 1,8 km par N 197 rte de l'Ile-Rousse,
à 400 m de la plage
À savoir : Agréable cadre boisé de différentes essences

> Nature : ♀♀
> Loisirs : ▾
> Services : ⌓ ⊶ ✂ 🄴 🄰 ⓐ 🄰 🄰
> 🄰
> À prox. : ⧖

Bella Vista
☎ 04 95 65 11 76, *bellavista.camping@wanadoo.fr*,
Fax 04 95 65 03 03, *www.camping-bellavista.com* – 🅁
6 ha/4 campables (156 empl.) plat et peu incliné
Location : 9 🏠
Pour s'y rendre : S : 1,5 km par N 197 et rte de Pietramaggiore à droite

> Nature : ⛰ ♀♀
> Loisirs : snack 🄰
> Services : ⌓ ⊶ 🄿 (juil.-août) ⓐ 🄰
> 🄰 🄰 🄰 🄰

Paradella 1er mai-30 sept.
☎ 04 95 65 00 97, *info@camping-paradella.com*,
Fax 04 95 65 11 11, *www.camping-paradella.com*
5 ha (150 empl.) plat, sablonneux, herbeux
Tarif : ✱ ⊶ 🄴 20,40 € 🄶 (7A) – frais de réservation 10 €
Location 🄰 : 18 🏠 (4 à 6 pers.) 280 à 660 €/sem.
🄰 1 borne 5 €
Pour s'y rendre : SE : 9,5 km par N 197 rte de l'Ile-Rousse
et D 81 à droite rte de l'aéroport
À savoir : Beaux emplacements sous les eucalyptus

> Nature : ⌇ ♀♀
> Loisirs : 🄰 🄰 ✂ 🄰
> Services : ⌓ ⊶ ✂ ⓐ 🄰 🄰 🄰

CALVI

Les Castors mi-avr.-7 oct.
 04 95 65 13 30, *lescastors2@wanadoo.fr*,
Fax 04 95 65 31 95, *www.castors.fr*
2 ha (80 empl.) plat, herbeux
Tarif : 9,20 € – 3,20 € – 8,40 € – (15A) 4,20 € – frais de réservation 5 €
Location (mi-avr.-7 nov.) : 27 (4 à 6 pers.) 430 à 875 €/sem.
Pour s'y rendre : S : 1 km par N 197 et rte de Pietramaggiore à droite

Loisirs : pizzeria, snack
Services :
À prox. :

Dolce Vita mai-sept.
 04 95 65 05 99, Fax 04 95 65 31 25, *www.dolce-vita.org* –
6 ha (200 empl.) plat, herbeux, sablonneux
Tarif : 8,30 € – 2,80 € – 4 € – (10A) 3,80 €
1 borne
Pour s'y rendre : SE : 4.5 km par N 197 rte de l'Île-Rousse, à l'embouchure de la Figarella, à 200 m de la mer

Nature :
Loisirs : snack
Services :

*Om een reisroute uit te stippelen en te volgen,
om het aantal kilometers te berekenen,
om precies de ligging van een terrein te bepalen
(aan de hand van de inlichtingen in de tekst),
gebruikt u de **Michelinkaarten** schaal 1 : 150 000 ;
een onmisbare aanvulling op deze gids.*

FARINOLE (MARINE DE)

20253 – **345** F3 – 179 h. – alt. 250
Bastia 20 – Rogliano 61 – St-Florent 13.

A Stella avr.-oct.
 04 95 37 14 37, Fax 04 95 37 13 84 –
3 ha (100 empl.) plat, peu incliné et en terrasses, pierreux, herbeux
Tarif : 6 € – 6 € – (½) 3,30 €
Location (mai-sept.) : 3 (4 à 6 pers.) 400 à 600 €/sem. – appartements
Pour s'y rendre : Par D 80, bord de mer

Nature :
Loisirs :
Services : (saison)

348

Le Niolo

H. Le Gad/Michelin

GHISONACCIA

✉ 20240 – **345** F7 – G. Corse – 3 168 h. – alt. 25
🛈 *Office de tourisme, RN 198* 𝄞 *04 95 56 12 38*
Bastia 85 – Aléria 14 – Ghisoni 27 – Venaco 56.

Marina d'Erba Rossa avr.-fin oct.
𝄞 04 95 56 25 14, *erbarossa@wanadoo.fr*,
Fax 04 95 56 27 23, *www.marina-erbarossa.com* – **R** indispensable
12 ha/8 campables (160 empl.) plat, herbeux
Tarif : (Prix 2006) 🏕 🚗 🔲 33,90 €
Location : 89 🏚 (4 à 6 pers.) 147 à 749 €/sem. – 114 🏠 (4 à 6 pers.) 189 à 1 001 €/sem.
Pour s'y rendre : E : 4 km par D 144, bord de plage
À savoir : Bel ensemble résidentiel

> Nature : 🏞 🌳 ⚐
> Loisirs : 🍸 ✕ pizzeria 🏠 🎮 🤸
> 🏄 🚲 🎾 ⛳ 🏊 parc animalier
> Services : 🚿 🔌 ⌷ 🚐 📶 🔄 🛒 🗄
> ⚖ 🧊 cases réfrigérées
> À prox. : discothèque 🐴 plongée
> sports nautiques

Arinella-Bianca 7 avr.-30 oct.
𝄞 04 95 56 04 78, *arinella@arinellabianca.com*,
Fax 04 95 56 12 54, *www.arinellabianca.com* – **R** indispensable
10 ha (416 empl.) plat, herbeux, sablonneux
Tarif : 🏕 🚗 🔲 36 € – 🔌 (6A) 4,20 € – frais de réservation 35 €
Location : 141 🏚 (4 à 6 pers.) 200 à 860 €/sem. – 64 🏠 (4 à 6 pers.) 350 à 990 €/sem.
🚐 2 bornes 8 €
Pour s'y rendre : E : 3,5 km par D 144 puis 0,7 km par chemin à droite
À savoir : Cadre agréable au bord de la plage

> Nature : 🌳 ⚐
> Loisirs : 🍸 ✕ pizzeria 🏠 🎮 🤸
> discothèque 🎾 🏊
> Services : 🚿 🔌 🅿 🚐 🔄 🗄 😊
> 📶 📱 🗄 ⚖ 🧊 cases réfrigérées
> À prox. : 🐴

*Si vous désirez réserver un emplacement pour vos vacances,
faites-vous préciser au préalable les conditions particulières de séjour,
les modalités de réservation, les tarifs en vigueur et les conditions de paiement.*

ILE ROUSSE

✉ 20220 – **345** C4 – G. Corse – 2 774 h.
🚢 CCR pour SNCM av. Joseph-Calizi 𝄞 04 95 60 09 56 - Fax 04 95 60 02 56
🛈 *Syndicat d'initiative, 7, place Paoli* 𝄞 *04 95 60 04 35, Fax 04 95 60 24 74*
Bastia 67 – Calvi 25 – Corte 63.

Le Bodri
𝄞 04 95 60 10 86, Fax 04 95 60 39 02, *www.campinglebodri.com* – **R**
6 ha (333 empl.) plat, peu incliné à incliné, pierreux
Location : 20 🏠
🚐 1 borne
Pour s'y rendre : SO : 2,5 km rte de Calvi, à 300 m de la plage

> Loisirs : snack, pizzeria 🤸
> Services : 🔌 😊 🗄 ⚖ cases réfrigérées
> À prox. : 🏊

LOZARI

✉ 20226 – **345** D4 – G. Corse
Bastia 61 – Belgodère 10 – Calvi 33 – L'Ile-Rousse 8.

Le Clos des Chênes 1er avr.-30 sept.
𝄞 04 95 60 15 13 04 9, *cdc.lozari@wanadoo.fr*,
Fax 04 95 60 21 16, *http://www.closdeschenes.fr* ✉ 20226 Belgodere
5 ha (235 empl.) plat, peu incliné, pierreux
Tarif : 🏕 🚗 🔲 16,60 € – 🔌 (10A) 6,80 €
Location 🐾 : 6 🏚 (2 à 4 pers.) 252 à 514 €/sem. – 18 🏚 (4 à 6 pers.) 288 à 620 €/sem. – 20 🏠 (4 à 6 pers.) 288 à 835 €/sem.
🚐 1 borne
Pour s'y rendre : S : 1,5 km par N 197 rte de Belgodère

> Nature : 🌿 ⚐
> Loisirs : 🍸 snack 🏠 🤸 🎾 🏊 ⚖
> Services : 🚿 🔌 (1er juil.-31 août) 🔄
> 🗄 🏊 😊 🗄 ⚖ 🧊 cases réfrigérées

LUMIO

✉ 20260 – **345** B4 – G. Corse – 1 040 h. – alt. 150
Ajaccio 158 – Bastia 83 – Corte 77 – Calvi 10.

Le Panoramic 1ᵉʳ mai-20 sept.
℘ 04 95 60 73 13, *panoramic@web-office.fr*,
Fax 04 95 60 73 13, *www.le-panoramic.com* – **R** conseillée
6 ha (100 empl.) en terrasses, pierreux, sablonneux
Tarif : ★ 6,20 € ⟷ 2 € 🅴 2,40 € – ⚡ (6A) 3,40 €
Location ⟷ : 8 🛏 (4 à 6 pers.) 370 à 720 €/sem.
Pour s'y rendre : NE : 2 km sur D 71, rte de Belgodère
À savoir : Belles terrasses ombragées

Nature : 🏞 ♎♎
Loisirs : pizzeria 🏊
Services : 🔌 ⚗ ⊕ 🗄 ⚖

MORIANI -PLAGE

✉ 20230 – **345** G5 – G. Corse
Bastia 40 – Corte 67 – Vescovato 21.

Merendella
℘ 04 95 38 53 47, *merendel@club-internet.fr*,
Fax 04 95 38 44 01, *www.merendella.com* – **R** conseillée ⟷
7 ha (196 empl.) plat, herbeux, sablonneux
Location : chalets (sans sanitaires)
Pour s'y rendre : S : 1,2 km par N 198 rte de Porto-Vecchio, bord de plage

Nature : 🌳 ♎♎(chênaie)
Loisirs : 🏠
Services : 🚿 🔌 🗄 ⊕ 🗄 ⚖
À prox. : ✗ ◗ 🏇 (centre équestre)
plongée

PALASCA

✉ 20226 – **345** D4 – 117 h. – alt. 350
Ajaccio 132 – Bastia 78 – Corte 53 – Calvi 40.

Village de l'Ostriconi mi-avr.-10 oct.
℘ 04 95 60 10 05, *info@village-ostriconi.com*,
Fax 04 95 60 01 47, *www.village-ostriconi.com*
5 ha (134 empl.) accidenté, plat, en terrasses, pierreux, herbeux
Tarif : ★ 7 € ⟷ 3 € 🅴 3 € – ⚡ (2A) 3,80 €
Location ⟷ : 6 🛏 (4 à 6 pers.) 400 à 630 €/sem. – 18
🏠 (4 à 6 pers.) 400 à 630 €/sem. – 3 studios
Pour s'y rendre : à 800 m de la plage de l'Ostriconi, d'une rivière et d'un étang

Nature : ♎♎
Loisirs : 🍸 ✗ 🍴 🏊
Services : 🔌 ⛽ 🗄 ⊕ ⚖, cases réfrigérées

Le lac de Melo

J. L. Gallo/Michelin

PIETRACORBARA

Paris 967 – Ajaccio 170 – Bastia 21 – Biguglia 31 – Borgo 40.

⋀⋀ La Pietra
 📞 04 95 35 27 49, Fax 04 95 35 28 57 – ℞
 3 ha (66 empl.) plat, herbeux
 Pour s'y rendre : SE : 4 km par D 232 et chemin à gauche,
 à 500 m de la plage
 À savoir : Beaux emplacements délimités

> Nature : 🐠 🏕 🎣
> Loisirs : 🏊 ✂ ✗
> Services : ♿ ⌕ 🏪 🛒 ☺ ♨ 🖥
> À prox. : 🐎 quad

ST-FLORENT

✉ 20217 – **345** E3 – G. Corse – 1 474 h.
ℹ *Office de tourisme, centre Administratif* 📞 04 95 37 06 04
Bastia 22 – Calvi 70 – Corte 75 – L'Île-Rousse 45.

⋀⋀ **La Pinède** 1er mai-fin sept.
 📞 04 95 37 07 26, *camping.la.pinede@wanadoo.fr,*
 Fax 04 95 37 17 73, *www.camping-la-pinede.com*
 3 ha (130 empl.) plat, incliné et en terrasses, pierreux,
 herbeux
 Tarif : 🏕 ⏦ 🖻 25 € – ⌷ (10A) 3 €
 Location (déb.avr.-fin oct.) 🛖 : 20 🏠 (4 à 6 pers.) 340
 à 780 €/sem.
 Pour s'y rendre : S : 1,8 km par rte de l'Ile-Rousse et
 chemin à gauche après le pont, bord de l'Aliso

> Nature : 🐠 🎣
> Loisirs : 🏊 🎣 ponton d'amarrage
> Services : ♿ ⌕ GB ✗ ♨ ☺ ✆ 🖥
> 🏪 🛒 réfrigérateurs
> À prox. : 🐎

VIVARIO

✉ 20219 – **345** E6 – G. Corse – 509 h. – alt. 850
Bastia 89 – Aléria 49 – Corte 22 – Bocognano 22.

⋀ **Aire Naturelle le Soleil** mai-15 oct.
 📞 04 95 47 21 16, Fax 04 95 47 21 16 – alt. 800 – ℞ conseillée
 1 ha (25 empl.) en terrasses, peu incliné et plat, herbeux
 Tarif : 🏕 6 € ⏦ 2 € 🖻 4 € – ⌷ (10A) 2,50 €
 Pour s'y rendre : SO : 6 km par N 193, rte d'Ajaccio, à
 Tattone, près de la gare

> Nature : 🐠 ♀
> Loisirs : 🍴 pizzeria
> Services : ⌕ GB ☺ ✆
> À prox. : 🎣

351

FRANCHE-COMTÉ

Il était une fois… la Franche-Comté ! Ses contes et légendes s'inspirent d'une nature mystérieuse qui réserve bien des surprises aux visiteurs curieux. La forêt de résineux s'y étend par monts et par vaux, jetant de doux sortilèges aux explorateurs de grottes, gouffres et gorges qu'elle dissimule. La magie des lieux tient aussi à l'abondance des torrents, cascades et lacs dont les larges taches bleutées contrastent avec le vert des pâturages. Les artisans comtois transforment comme par enchantement le bois en horloges, jouets et pipes pour les touristes en quête de souvenirs. Et l'éventail des arômes déployés par les produits du terroir envoûte les gastronomes : fromage de comté au goût de noisette, savoureuses charcuteries fumées et radieux cortège de vins distillant des bouquets subtils et fruités.

Once upon a time in a land called Franche-Comté…many of France's tales and legends begin in the secret wilderness of this secluded region on the Swiss border. The Jura's peaks and dales, clad in a cloak of fragrant conifers, cast a gentle charm over its explorers: the magic spell is also woven by the waterfalls, grottoes and mysterious lakes, their dark blue waters reflecting the surrounding hills. Nimble-fingered craftsmen transform the local wood into clocks, toys and pipes which will delight anyone with a love of fine craftsmanship. Hungry travellers will want to savour the rich, hazelnut tang of Comté cheese, but beware: the delicate smoked and salted meats, in which you can almost taste the pine and juniper, plus Franche-Comté's sumptuous and subtly fruity wines may lure you back for more!

BONNAL

✉ 25680 – **321** I1 – 24 h. – alt. 270
Paris 392 – Besançon 47 – Belfort 51 – Épinal 106 – Montbéliard 46.

▲▲▲ **Le Val de Bonnal** 12 mai-9 sept.
𝒫 03 81 86 90 87, *val-de-bonnal@wanadoo.fr*,
Fax 03 81 86 03 92 – **R** conseillée
120 ha/15 campables (320 empl.) plat, herbeux
Tarif : ♦ 9 € ⇔ 3,50 € 🔲 10 € – ⏚ (6A) 3,50 € – frais de
réservation 20 €
🚐 1 borne
À savoir : Situation agréable en bordure de l'Ognon et près
d'un plan d'eau

> Nature : 🦢 🗓 ♀
> Loisirs : ♈ snack 🚗 ☺ nocturne
> 🏃 ⛷ 🎣 ♨ ≋ 🏊 ↝
> Services : ♿ ⛽ GB 🗓 @ 🗑 🛒 🚿
> 🛁
> À prox. : ✗

CHALEZEULE

✉ 25220 – **321** G3 – 952 h. – alt. 252
Paris 410 – Dijon 96 – Lyon 229 – Nancy 209.

▲▲ **Municipal de la Plage** 1ᵉʳ avr.-30 sept.
𝒫 03 81 88 04 26, *laplage.besancon@ffcc.fr*,
Fax 03 81 50 54 62, *www.laplage.camp-in-france.com*
– **R** conseillée
1,8 ha (113 empl.) plat, terrasse, herbeux
Tarif : ♦ ⇔ 🔲 8,90 € – ⏚ (6A) 3,30 € – frais de réser-
vation 37 €
🚐 1 borne 4 €
Pour s'y rendre : 4,5 km au NE, sur N 83 rte de Belfort,
bord du Doubs

> Nature : ♀
> Loisirs : snack
> Services : ♿ ⛽ GB 🚿 ▥ 🗓 🛒 @
> 🖥 sèche-linge
> À prox. : ✗ 🏃 ☈ ↝

HUANNE-MONTMARTIN

✉ 25680 – **321** I2 – 72 h. – alt. 310
Paris 392 – Baume-les-Dames 14 – Besançon 37 – Montbéliard 52 – Vesoul 34.

▲▲▲ **Le Bois de Reveuge** 23 avr.-15 sept.
𝒫 03 81 84 38 60, *info@campingduboisdereveuge.com*,
Fax 03 81 84 44 04, *www.campingduboisdereveuge.com* –
R indispensable
20 ha/11 campables (281 empl.) en terrasses, gravier,
herbeux, sous-bois attenant
Tarif : ♦ ⇔ 🔲 30 € ⏚ (6A) – frais de réservation 25 €
Location 🏕 : 118 🚉 (4 à 6 pers.) 245 à 590 €/sem. –
34 🏠 (4 à 6 pers.) 290 à 700 €/sem.
Pour s'y rendre : N : 1,1 km par D 113, rte de Rougemont
À savoir : Autour de deux étangs à la lisière d'un bois

> Nature : 🦢 🗓 ♀♀
> Loisirs : snack, pizzeria 🚗 🏃
> ⛷ 🎣 ♨ 🔼 🖥 (découverte l'été)
> 🏊 ↝
> Services : ♿ ⛽ GB 🚿 🗓 @ 🗑 🚽
> 🖥 🛁
> À prox. : canoë

LABERGEMENT-STE-MARIE

✉ 25160 – **321** H6 – 920 h. – alt. 859
Paris 454 – Champagnole 41 – Pontarlier 17 – St-Laurent-en-Grandvaux 41 – Salins-les-Bains 45 –
Yverdon-les-Bains 41.

▲ **Le Lac** 1ᵉʳ mai-30 sept.
𝒫 03 81 69 31 24, *camping.lac.remoray@wanadoo.fr*,
Fax 03 81 69 31 24, *www.camping-lac-remoray.com*
– **R** conseillée
1,8 ha (70 empl.) plat, peu incliné et en terrasses, herbeux
Tarif : ♦ ⇔ 🔲 14,50 € – ⏚ (6A) 3,50 € – frais de réser-
vation 10 €
Location (permanent) : 4 🚉 (4 à 6 pers.) 185 à
530 €/sem.
Pour s'y rendre : Sortie Sud-Ouest par D 437, rte de Mou-
the et rue du lac à droite
À savoir : À 300 m du lac de Remoray

> Nature : ≼
> Loisirs : ♈ ✗ 🚗
> Services : ♿ ⛽ GB 🚿 🗓 🛒 @ 🖥
> 🛁
> À prox. : 🏃 ≋ ↝

LEVIER

✉ 25270 – **321** G5 – 1 700 h. – alt. 719
Paris 443 – Besançon 45 – Champagnole 37 – Pontarlier 22 – Salins-les-Bains 24.

⚲ **La Forêt** 15 mai-15 sept.
📞 03 81 89 53 46, *camping@camping-dela-foret.com*,
Fax 03 81 49 54 11, *www.camping-dela-forêt.com* – **R** conseillée
1,5 ha (70 empl.) plat, herbeux, peu incliné et terrasse
Tarif : (Prix 2006) 👤 🚗 🅴 14,50 € – 👤 (6A) 3,20 € – frais de
réservation 10 €
Pour s'y rendre : NE : 1 km par D 41, rte de Septfontaines
À savoir : À la lisière d'une forêt

> Nature : 🏞 🟢🟢
> Loisirs : 🎱 🏸 ⛷
> Services : ♿ ⚡ 🆖 🐕 🛒 ⊕ 🗑 🔥
> À prox. : parcours sportif

MAICHE

✉ 25120 – **321** K3 – G. Franche-Comté Jura – 3 978 h. – alt. 777
🅱 *Syndicat d'initiative, place de la Mairie* 📞 *03 81 64 11 88, Fax 03 81 64 02 30*
Paris 501 – Baume-les-Dames 69 – Besançon 74 – Montbéliard 43 – Morteau 29 – Pontarlier 60.

⚲ **Municipal St-Michel**
📞 03 81 64 12 56, *camping.maiche@wanadoo.fr*,
Fax 03 81 64 12 56, *www.mairie-maiche.fr* – **R** conseillée
2 ha (70 empl.) peu incliné, en terrasses, herbeux, bois attenant
Location : 5 🏠 – (sans sanitaires) - gîte d'étape
Pour s'y rendre : 1,3 km au S, sur D 422 reliant le D 464,
rte de Charquemont et le D 437, rte de Pontarlier, accès
conseillé par D 437, rte de Pontarlier

> Nature : 🟢
> Loisirs : 🏸
> Services : ♿ ⚡ 🆖 ⊕ 🔥
> À prox. : 🛁 hammam jacuzzi 🏊 ⛷
> 🎿 complexe aquatique

MALBUISSON

✉ 25160 – **321** H6 – G. Franche-Comté Jura – 400 h. – alt. 900 – Base de loisirs
🅱 *Office de tourisme, 69, Grande Rue* 📞 *03 81 69 31 21, Fax 03 81 69 71 94*
Paris 456 – Besançon 74 – Champagnole 42 – Pontarlier 16 – St-Claude 72 – Salins-les-Bains 46.

⚲⚲ **Les Fuvettes** 1ᵉʳ avr.-30 sept.
📞 03 81 69 31 50, *les-fuvettes@wanadoo.fr*,
Fax 03 81 69 70 46, *www.camping-fuvettes.com* – **R** conseillée
6 ha (320 empl.) plat et peu incliné, herbeux, pierreux
Tarif : 👤 🚗 🅴 21 € – 👤 (6A) 3,90 € – frais de réservation 10 €
Location : 30 🏕 (4 à 6 pers.) 205 à 570 €/sem. – 9 🏠
(4 à 6 pers.) 205 à 570 €/sem.
🚐 1 borne 4 €
Pour s'y rendre : SO : 1 km
À savoir : Au bord du lac de St-Point

> Nature : ≤ 🟢 ⚠
> Loisirs : 🍷 snack 🎱 🏸 ⛷ 🏊
> 🎿
> Services : ♿ ⚡ 🆖 🐕 Ⓜ 🔩 🛒 🛁
> ⊕ 🗑 🛁 🚿

MANDEURE

✉ 25350 – **321** K2 – G. Franche-Comté Jura – 5 142 h. – alt. 336
Paris 473 – Baume-les-Dames 41 – Maîche 34 – Sochaux 15 – Montbéliard 15.

⚲ **Municipal les Grands Ansanges**
📞 03 81 35 23 79, *mairie.mandeure@ville-mandeure.com*,
Fax 03 81 30 09 26, *www.ville-mandeure.com*
1,7 ha (96 empl.) plat
Pour s'y rendre : NO : sortie vers Pont-de-Roide, rue de
l'Église, au bord du Doubs

> Nature : 🟢
> Loisirs : 🍷 🎱 🔩 🚿
> Services : ⚡ 🛒 🛁 ⊕ 🔥

MONTAGNEY

✉ 25680 – **321** H2 – 112 h. – alt. 255
Paris 386 – Baume-les-Dames 23 – Besançon 40 – Montbéliard 61 – Vesoul 27.

⚲ **La Forge** 1ᵉʳ mai-30 sept.
📞 03 81 86 01 70, *espacesportifdelaforge@wanadoo.fr*,
Fax 03 81 86 01 70, *www.espacesportifdelaforge.com*
– **R** conseillée
1,2 ha (56 empl.) plat, herbeux
Tarif : (Prix 2006) 👤 5 € 🚗 2 € 🅴 4 € – 👤 (10A) 3 €
Pour s'y rendre : Au Nord du bourg
À savoir : Agréable situation au bord de l'Ognon

> Nature : 🏞
> Loisirs : 🍷 🚿
> Services : ♿ ⚡ 🐕 🛒 ⊕ 🔥
> À prox. : canoë

ORNANS

✉ 25290 – **321** G4 – G. Franche-Comté Jura – 4 037 h. – alt. 355
🛈 *Office de tourisme, 7, rue Pierre Vernier* ☎ *03 81 62 21 50, Fax 03 81 62 02 63*
Paris 428 – Baume-les-Dames 42 – Besançon 26 – Morteau 48 – Pontarlier 37 – Salins-les-Bains 37.

Domaine Le Chanet 24 mars-3 nov.
☎ 03 81 62 23 44, *contact@lechanet.com*,
Fax 03 81 62 13 97, *www.lechanet.com* – **R** conseillée
1,4 ha (95 empl.) incliné et peu incliné, herbeux
Tarif : ★ 4,70 € ⚙ 2 € 🔲 16,40 € – 🔌 (10A) 3,50 € – frais
de réservation 15 €
Location (permanent) : 14 🏠 (4 à 6 pers.) 200 à
510 €/sem. – 3 gîtes
Pour s'y rendre : 1,5 km au SO par D 241, rte de Chassa-
gne-St-Denis et chemin à dr., à 100 m de la Loue

Nature : 🌳 ≤ ♨
Loisirs : snack, pizzeria 🏠 🎣 🏊
(petite piscine)
Services : 🚿 ⊶ GB 🛒 🏧 🛢 🖶 ♨
🌿 🔥 🧺 sèche-linge
À prox. : 🎾 ⛵

PONTARLIER

✉ 25300 – **321** I5 – G. Franche-Comté Jura – 18 360 h. – alt. 838
🛈 *Office de tourisme, 14 bis, rue de la Gare* ☎ *03 81 46 48 33, Fax 03 81 46 83 32*
Paris 462 – Basel 180 – Beaune 164 – Belfort 126 – Besançon 60 – Dole 88 – Genève 115 – Lausanne 67 –
Lons-le-Saunier 82 – Neuchâtel 56.

Le Larmont Permanent
☎ 03 81 46 23 33, *lelarmont.pontarlier@fwanadoo.fr*,
Fax 03 81 46 23 34, *en cours* – alt. 880 – **R** conseillée
4 ha (75 empl.) en terrasses, herbeux, gravier
Tarif : ★ ⚙ 🔲 10,70 € – 🔌 (10A) 4 € – frais de réservation 16 €
Location : 5 🏠 (4 à 6 pers.) 319 à 479 €/sem.
🚐 1 borne 6 € – 10 🔲
Pour s'y rendre : Au SE de la ville en dir. de Lausanne, près
du centre équestre

Nature : 🌳 ≤ 🏡
Loisirs : 🏠 🎠 🐎 poneys
Services : 🚿 ⊶ 🏧 🖶 🛢 ♨ 🌿 🚐 🔥
📷
À prox. : **parcours sportif**

Si vous désirez réserver un emplacement pour vos vacances,
faites-vous préciser au préalable les conditions particulières de séjour,
les modalités de réservation, les tarifs en vigueur et les conditions de paiement.

QUINGEY

✉ 25440 – **321** F4 – 1 049 h. – alt. 275
Paris 397 – Baume-les-Dames 40 – Besançon 23 – Morteau 78 – Pontarlier 73 – Salins-les-Bains 20.

Municipal les Promenades 1er mai-30 sept.
☎ 03 81 63 74 01, *mairie-quingey@wanadoo.fr*,
Fax 03 81 63 74 01 – **R** conseillée
1,5 ha (61 empl.) plat, herbeux, gravier
Tarif : (Prix 2006) ★ ⚙ 🔲 7,55 € – 🔌 (10A) 2,70 €
Pour s'y rendre : Sortie Sud, rte de Lons-le-Saunier et
chemin à gauche après le pont

Nature : 🏡 ♨
Loisirs : 🎾 ⛵
Services : 🚿 ⊶ (1er juil.-31 août) 🕯
🖶 ♨ 🌿 🚐 📷
À prox. : 🎠 🚲 🏊 canoë

ST-HIPPOLYTE

✉ 25190 – **321** K3 – G. Franche-Comté Jura – 1 045 h. – alt. 380
🛈 *Office de tourisme, place de l'Hôtel de Ville* ☎ *03 81 96 58 00*
Paris 490 – Basel 93 – Belfort 48 – Besançon 89 – Montbéliard 32 – Pontarlier 71.

Les Grands Champs 1er mai-15 sept.
☎ 03 81 96 54 53, *tourisme@ville-saint-hippolyte.fr*
– **R** conseillée
2,2 ha (65 empl.) en terrasses et peu incliné, herbeux,
pierreux
Tarif : ★ ⚙ 🔲 6,20 € – 🔌 (6A) 2,80 €
Location : huttes
Pour s'y rendre : NE : 1 km par D 121, rte de Monté-
cheroux et chemin à droite, près du Doubs (accès direct)

Nature : 🌳 ≤ ♀
Loisirs : ⛵
Services : 🚿 ⊶ 🖶 ♨ 📷

ST-POINT-LAC

✉ 25160 – **321** H6 – G. Franche-Comté Jura – 190 h. – alt. 860 – Base de loisirs
Paris 453 – Champagnole 39 – Pontarlier 13 – St-Laurent-en-Grandvaux 45 – Salins-les-Bains 43 – Yverdon-les-Bains 44.

⚠ **Municipal** mai-sept.
  ℘ 03 81 69 61 64, *camping-saintpointlac@wanadoo.fr*,
  Fax 03 81 69 65 74, *www.campingsaintpointlac.com*
  – **R** conseillée
  1 ha (84 empl.) plat, herbeux, gravillons
  Tarif : (Prix 2006) ★ ⟵ 🅴 13,80 €
  Pour s'y rendre : Au bourg
  À savoir : Près du lac de St-Point

Nature : ≤
Loisirs : 🛋 🏊
Services : ⅗ ⚷ (juil.-août) 🅶🅱 ⚒ 🏧 🔆 ⊕ 🖃
À prox. : ≌ 🐟, base nautique

Jura (39)

ARBOIS

✉ 39600 – **321** E5 – G. Franche-Comté Jura – 3 698 h. – alt. 350
🅱 *Office de tourisme, 10, rue de l'Hôtel de Ville* ℘ *03 84 66 55 50, Fax 03 84 66 25 50*
Paris 407 – Besançon 46 – Dole 34 – Lons-le-Saunier 40 – Salins-les-Bains 13.

⚠ **Municipal les Vignes**
  ℘ 03 84 66 14 12, *info@campingarbois.fr*,
  Fax 03 84 66 14 12 – **R** conseillée
  2,3 ha (139 empl.) en terrasses et peu incliné, herbeux,
  gravillons, gravier
  Pour s'y rendre : Sortie Est par D 107, rte de Mesnay, près
  du stade et de la piscine
  À savoir : Emplacements agréablement ombragés

Nature : ≤ 🌳 ♀
Loisirs : 🛋 🏊
Services : ⅗ ⚷ 🔆 🅰 🏧 ⊕ 🖃 ⚒ 🏧 🔆
À prox. : 🏊

BONLIEU

✉ 39130 – **321** F7 – G. Franche-Comté Jura – 225 h. – alt. 785
Paris 439 – Champagnole 23 – Lons-le-Saunier 32 – Morez 24 – St-Claude 42.

⚠ **L'Abbaye** 1er mai-fin sept.
  ℘ 03 84 25 57 04, *camping.abbaye@wanadoo.fr*,
  Fax 03 84 25 50 82, *www.camping-abbaye.com* – **R** conseillée
  3 ha (80 empl.) incliné, plat, herbeux
  Tarif : ★ ⟵ 🅴 13 € – 🔌 (6A) 2,90 €
  Pour s'y rendre : E : 1,5 km par N 78, rte de St-Laurent-en-
  Grandvaux

Nature : 🏞 ≤ 🌳
Loisirs : 🍴 ✗ 🏊
Services : ⅗ ⚷ 🅶🅱 ⚒ 🔆 🏧 ⊕ 🖃 🐎
À prox. : 🐎

58

CHAMPAGNOLE

✉ 39300 – **321** F6 – G. Franche-Comté Jura – 8 616 h. – alt. 541
🛈 *Office de tourisme, rue Baronne Delort* ✆ *03 84 52 43 67, Fax 03 84 52 54 57*
Paris 420 – Besançon 66 – Dole 68 – Genève 86 – Lons-le-Saunier 34 – Pontarlier 46 – St-Claude 53.

Municipal de Boyse 1er juin-15 sept.
✆ *03 84 52 00 32, camping.boyse@wanadoo.fr,*
Fax *03 84 52 01 16, www.camping.champagnole.com*
– **R** conseillée
7 ha (240 empl.) plat, peu incliné, herbeux
Tarif : ♣ ⇌ 🖃 7,10 € – 🔌 (10A) 3 €
Location (permanent) 🐾 : 25 🏠 (4 à 6 pers.) 245 à
510 €/sem.
🚐 1 borne 3 €
Pour s'y rendre : Sortie NO par D 5, rte de Lons-le-Saunier
et r. Georges Vallerey à gauche
À savoir : Accès direct à l'Ain

Nature : 🌳 ⚬⚬
Loisirs : snack 🎦 🖳 👬 🎣 🏊
Services : ♿ ⚬⊸ 🔄 GB ⚲ Ⓜ 🖥 🖀 ☺
🖳 sèche-linge ⚗
À prox. : 🎾 🕸 🎣, parcours sportif

CHANCIA

✉ 01590 – **321** D8 – 142 h. – alt. 320
Paris 452 – Bourg-en-Bresse 48 – Lons-le-Saunier 46 – Nantua 30 – Oyonnax 16 – St-Claude 29.

Camping Municipal les Cyclamens 2 mai-30 sept.
✆ *04 74 75 82 14, campinglescyclamens@wanadoo.fr,*
Fax *04 74 75 82 14, www.camping-chancia.com* – places limitées pour le passage
2 ha (160 empl.) plat, herbeux
Tarif : ♣ 2,50 € ⇌ 2,40 € 🖃 2,50 € – 🔌 (10A) 2,40 €
Pour s'y rendre : SO : 1,5 km par D 60E et chemin à
gauche, au confluent de l'Ain et de la Bienne
À savoir : Agréable situation près du lac de Coiselet

Nature : 🌳 ⋖ ⚬
Loisirs : 🎦 🚣
Services : ♿ ⚬⊸ ⚲ 🖥 ⚗ ☺ ⚗ 🖳
À prox. : ⚓ 🎣 ◑, terrain omnis-
ports

CHÂTILLON

✉ 39130 – **321** E7 – 127 h. – alt. 500
Paris 421 – Champagnole 24 – Clairvaux-les-Lacs 15 – Lons-le-Saunier 19 – Poligny 24.

Domaine de l'Épinette mi-juin-mi-sept.
✆ *03 84 25 71 44, contact@domaine-epinette.com,*
Fax *03 84 25 75 96, www.domaine-epinette.com*
– **R** conseillée
7 ha (150 empl.) en terrasses, plat et peu incliné, herbeux,
pierreux
Tarif : ♣ ⇌ 🖃 26,50 € 🔌 (12A) – frais de réservation 30 €
Location : 33 🚐 (4 à 6 pers.) 217 à 595 €/sem.
Pour s'y rendre : S : 1,3 km par D 151, rte de Blye

Nature : 🌳 ⋖
Loisirs : 🏊 ⚓ 🎣
Services : ♿ ⚬⊸ GB ⚲ 🖥 🖀 ☺ 🖳
À prox. : canoë

CLAIRVAUX-LES-LACS

✉ 39130 – **321** E7 – G. Franche-Comté Jura – 1 472 h. – alt. 540
🛈 *Office de tourisme, 36, Grande Rue* ✆ *03 84 25 27 47, Fax 03 84 25 23 00*
Paris 428 – Bourg-en-Bresse 94 – Champagnole 34 – Lons-le-Saunier 22 – St-Claude 34 –
St-Laurent-en-Grandvaux 24.

Yelloh-Village le Fayolan ♣♦ – 16 mai-9 sept.
✆ *03 84 25 26 19, reservation@rsl39.com,*
Fax *03 84 25 26 20, www.relaisoleiljura.com* – **R** conseillée
13 ha (516 empl.) peu incliné, plat et en terrasses, herbeux,
gravillons, pinède
Tarif : ♣ ⇌ 🖃 30 € 🔌 (6A) – frais de réservation 20 €
Location 🐾 : 72 🚐 (4 à 6 pers.) 287 à 735 €/sem. – 7
🏠 (4 à 6 pers.) 287 à 735 €/sem.
Pour s'y rendre : SE : 1,2 km par D 118 rte de Châtel-de-
Joux et chemin à droite
À savoir : Au bord du lac

Nature : ⋖ 🖵 ⚬ ⛰
Loisirs : 🍷 snack 🎦 🖳 nocturne
👬 🚣 🏊
Services : ♿ ⚬⊸ GB ⚲ 🖥 🖀 ☺ ⚗
🖱 🖳 🖳 ⚗
À prox. : 🎣, parcours de santé

359

CLAIRVAUX-LES-LACS

Le Grand Lac 9 juin-2 sept.
📞 03 84 25 22 14, *legrandlac@rsl39.com,*
Fax 03 84 25 26 20, *www.relaisoleiljura.com* – **R** conseillée
2,5 ha (191 empl.) peu incliné à incliné, plat, terrasses,
herbeux
Tarif : 🧍 🚐 🅱 17 € 🔌 (6A)
Location : 16 🛏 (4 à 6 pers.) 217 à 574 €/sem.
Pour s'y rendre : SE : 0,8 km par D 118 rte de Châtel-de-
Joux et chemin à droite

Nature : ≤ 요 ▲
Services : 🚿 ⚬ GB 🔧 🍴 🛁 ⊕ 🔲
À prox. : 🏊 🎣 canoë

DOLE

📮 39100 – **321** C4 – G. Franche-Comté Jura – 24 949 h. – alt. 220
🅱 *Office de tourisme, 6, place Grévy* 📞 *03 84 72 11 22, Fax 03 84 72 31 12*
Paris 363 – Besançon 55 – Chalon-sur-Saône 67 – Dijon 50 – Genève 155 – Lons-le-Saunier 57.

Le Pasquier
📞 03 84 72 02 61, *lola@camping-le-pasquier.com,*
Fax 03 84 79 23 44, *http://www.camping-le-pasquier.com*
– **R** conseillée
2 ha (120 empl.) plat, herbeux, gravillons
Tarif : (Prix 2006) 🧍 🚐 🅱 13,90 € – 🔌 (10A) 3 € – frais de
réservation 10 €
Location : 4 🛏 (4 à 6 pers.) 185 à 475 €/sem.
🚐 1 borne 4,60 €
Pour s'y rendre : SE par av. Jean-Jaurès
À savoir : Cadre verdoyant, près du Doubs

Nature : 요
Loisirs : 🍴 snack 🎣 🏊 (petite pis-
cine)
Services : 🚿 ⚬ GB 🔧 🍴 ⊕ 🛁 🚰
🔲 sèche-linge
À prox. : 🏊 🎣

DOUCIER

📮 39130 – **321** E7 – G. Franche-Comté Jura – 270 h. – alt. 526
Paris 427 – Champagnole 21 – Lons-le-Saunier 25.

Domaine de Chalain 27 avr.-18 sept.
📞 03 84 25 78 78, *chalain@chalain.com,* Fax 03 84 25 70 06,
www.chalain.com – **R** conseillée
30 ha/18 campables (804 empl.) plat, herbeux, pierreux
Tarif : (Prix 2006) 🧍 🚐 🅱 27,30 € – 🔌 (7A) 2,70 €
Location 🚫 : 36 🛏 (4 à 6 pers.) 314 à 651 €/sem. –
huttes
🚐 2 bornes
Pour s'y rendre : NE : 3 km
À savoir : Agréablement situé entre forêts et lac de Chalain

Nature : ≤ 요 ▲
Loisirs : 🍴 snack 🎣 🎮 ⛵ 🎣
🚴 ⛳ 🎱 🏊 🎣 🛶, parcours
VTT
Services : 🚿 ⚬ GB 🔧 🔲 🍴 ⊕ ⊕
🚰 🚰 💧 🛁 🔲 🛁 🚰

Mouthier-Haute Pierre

FONCINE-LE-HAUT

✉ 39460 – **321** G7 – G. Franche-Comté Jura – 945 h. – alt. 790
Paris 444 – Champagnole 24 – Clairvaux-les-Lacs 34 – Lons-le-Saunier 62 – Mouthe 13.

⚠ **Camping Le Val de Saine** mi-juin-mi-sept.
   ℘ 03 84 51 93 11, *hautejouxmontnoir@wanadoo.fr*,
   Fax 03 84 51 90 19 – **R** conseillée
   1 ha (72 empl.) plat, herbeux, non clos
   Tarif : (Prix 2006) ✶ 2,30 € – 🚐 1,20 € – 📧 2,50 € –
   [⚡] (13A) 1,52 € – frais de réservation 15 €
   Location (permanent) : 4 🏠
   Pour s'y rendre : Sortie Sud-Ouest par D 437, rte de St-
   Laurent-en-Grandvaux et à gauche, au stade, bord de la
   Saine

> Nature : 🌿🌿
> Loisirs : 🛝 🎯 🎣
> Services : ♿ ⚷ ⚥ 🗑 ∿ ☺ ♨ 🗜
> 🏪
> À prox. : parcours de santé

⚠ **Les chalets du Val de Saine** (location exclusive de
chalets) Permanent
   ℘ 03 84 51 93 11, *hautejouxmontnoir@wanadoo.fr*,
   Fax 03 84 51 90 19 – alt. 900 – **R** conseillée
   1,2 ha plat, herbeux
   Location 🅿 : 14 🏠 (4 à 6 pers.) 250 à 450 €/sem.
   Pour s'y rendre : au bourg

> Nature : 🦌
> Loisirs : 🎣
> Services : ⚷ ⚥ 🏪
> À prox. : 🏒 🍴 ✗ 🍴 🍴

Benutzen Sie
– zur Wahl der Fahrtroute
– zur Berechnung der Entfernungen
– zur exakten Lokalisierung eines Campingplatzes (mit Hilfe der Angaben im Ortstext)
die für diesen Führer unentbehrlichen **MICHELIN-Karten** *im Ma1 : 150.000.*

LONS-LE-SAUNIER

✉ 39000 – **321** D6 – G. Franche-Comté Jura – 18 483 h. – alt. 255 – ♨ (début avril-fin oct.)
🛈 *Syndicat d'initiative, place du 11 Novembre* ℘ 03 84 24 65 01, Fax 03 84 43 22 59
Paris 408 – Besançon 84 – Bourg-en-Bresse 73 – Chalon-sur-Saône 61 – Dijon 94 – Dole 56 – Mâcon 98 –
Pontarlier 82.

⚠ **La Marjorie** 1ᵉʳ avr.-15 oct.
   ℘ 03 84 24 26 94, *info@camping-marjorie.com*,
   Fax 03 84 24 08 40, *www.camping-marjorie.com*
   – **R** conseillée
   9 ha/3 campables (204 empl.) plat, herbeux, goudronné,
   pierreux
   Tarif : (Prix 2006) ✶ 🚐 📧 17,40 € [⚡] (6A) – frais de réservation 15 €
   Location : 4 🏠 (4 à 6 pers.) 220 à 470 €/sem. – 11 🏠
   (4 à 6 pers.) 200 à 500 €/sem.
   🚐 1 borne 4 € – 37 📧
   Pour s'y rendre : Au NE de la localité en dir. de Besançon
   par bd de Ceinture
   À savoir : Agréable décoration arbustive, au bord d'un
   ruisseau

> Nature : 🌳 🌿
> Loisirs : 🍴 🎱 🎮 nocturne
> (juil.-août) 🏊
> Services : ♿ ⚷ GB ⚥ ▥ 🗑 ♨ ☺
> ♨ 🗜 🏪 sèche-linge 🧺
> À prox. : ✗ 🎣 🏊

361

MAISOD

✉ 39260 – **321** E8 – G. Franche-Comté Jura – 271 h. – alt. 520
Paris 436 – Lons-le-Saunier 30 – Oyonnax 34 – St-Claude 29.

⚠ **Trelachaume** 23 avr.-10 sept.
   ℘ 03 84 42 03 26, *info@camping-trelachaume.com*,
   Fax 03 84 42 03 26, *www.camping-trelachaume.com*
   – **R** conseillée
   3 ha (180 empl.) plat, peu incliné à incliné, herbeux, pierreux
   Tarif : (Prix 2006) ✶ 🚐 📧 13,20 € – [⚡] (10A) 2,70 €
   Pour s'y rendre : S : 2,2 km par D 301 et rte à droite

> Nature : 🦌 🌿
> Loisirs : 🎮 🛝
> Services : ♿ ⚷ GB ⚥ 🗑 ☺ 🏪

MARIGNY

✉ 39130 – **321** E6 – 174 h. – alt. 519
Paris 426 – Arbois 32 – Champagnole 17 – Doucier 5 – Lons-le-Saunier 27 – Poligny 29.

ᴬⱽⱽᴬ **La Pergola** ▲▲ – 12 mai-18 sept.
  𝒫 03 84 25 70 03, *contact@lapergola.com*,
  Fax 03 84 25 75 96, *www.lapergola.com* – **R** indispensable
  10 ha (350 empl.) en terrasses, herbeux, pierreux
  Tarif : 🕴 ⚟ 🅴 36 € (🔌) (12A) – frais de réservation 30 €
  Location : 7 🏠 (4 à 6 pers.) 250 à 868 €/sem.
  Pour s'y rendre : S : 0,8 km
  À savoir : Bel ensemble de piscines dominant le lac de Chalain

> Nature : ≤ ⛰ ♀ ⛰
> Loisirs : 🍽 brasserie 🎦 ◔ nocturne
> 🏃 ⚡ 🚴 ⛵ 🏊 ◔ 🐴
> Services : ⛄ ⛝ GB ♺ Ⓜ 🗄 ♨ ⊕
> ⛲ ☂ ⬡ 🖼 ⛿ 🚿
> À prox. : canoë

MESNOIS

✉ 39130 – **321** E7 – 154 h. – alt. 460
Paris 431 – Besançon 90 – Lons 18 – Chalon 77 – Bourg 79.

ᴬᴬ **Beauregard** 1ᵉʳ avr.-30 sept.
  𝒫 03 84 48 32 51, *reception@juracampingbeaure*
  gard.com, Fax 03 84 48 32 51, *www.juracampingbeaure*
  gard.com – **R** conseillée
  4,5 ha (192 empl.) peu incliné et en terrasses, herbeux
  Tarif : 🕴 ⚟ 🅴 21,50 € – (🔌) (6A) 3 € – frais de réservation 8 €
  Location : 19 🏠 (4 à 6 pers.) 290 à 580 €/sem. – bungalows toilés
  Pour s'y rendre : Sortie S

> Nature : ≤ ⛰ ♀
> Loisirs : 🍽 ✗ 🎦 🏊
> Services : ⛄ ⛝ GB ♺ 🗄 ♨ ⊕ 🖼
> sèche-linge 🚿

MONNET-LA-VILLE

✉ 39300 – **321** E6 – 330 h. – alt. 550
Paris 421 – Arbois 28 – Champagnole 11 – Doucier 10 – Lons-le-Saunier 25 – Poligny 25.

ᴬ **Le Gît** 15 mai-15 sept.
  𝒫 03 84 51 21 17 – **R** conseillée
  4,5 ha (100 empl.) plat, peu incliné, herbeux
  Tarif : 🕴 3,80 € ⚟ 2,20 € 🅴 2,20 € – (🔌) 2,50 €
  Pour s'y rendre : À Monnet-le-Bourg, Sud-Est : 1 km par D 40, rte de Mont-sur-Monnet et chemin à droite

> Nature : ⛰ ≤
> Loisirs : 🎦
> Services : ⛄ ⛝ ♺ 🗄 ⊕ ⬡ 🖼

ᴬ **Sous Doriat** 1ᵉʳ mai-30 sept.
  𝒫 03 84 51 21 43, *camping.sousdoriat@wanadoo.fr*,
  Fax 03 84 51 21 43, *www.camping-sous-doriat.com*
  – **R** conseillée
  2,5 ha (130 empl.) plat, herbeux
  Tarif : 🕴 3,80 € ⚟ 2,50 € 🅴 3 € – (🔌) (10A) 2,50 € – frais de réservation 10 €
  Location : 8 🏠 (4 à 6 pers.) 180 à 500 €/sem.
  Pour s'y rendre : Sortie Nord par D 27E, rte de Ney

> Nature : ≤ ♀
> Loisirs : 🎦 ⚡
> Services : ⛄ ⛝ GB ♺ 🗄 ♨ ⊕ 🖼
> À prox. : ⛲ 🍽 ✗

OUNANS

✉ 39380 – **321** D5 – 282 h. – alt. 230
Paris 383 – Arbois 16 – Arc-et-Senans 13 – Dole 23 – Poligny 25 – Salins-les-Bains 21.

ᴬᴬ **La Plage Blanche** avr.-mi-sept.
  𝒫 03 84 37 69 63, *reservation@la-plage-blanche.com*,
  Fax 03 84 37 60 21, *www.la-plage-blanche.com* – **R** conseillée
  5 ha (220 empl.) plat, herbeux
  Tarif : (Prix 2006) 🕴 ⚟ 🅴 20,20 € (🔌) (6A) – frais de réservation 10 €
  Location : 6 🏠 (4 à 6 pers.) 390 à 530 €/sem. – 20 bungalows toilés
  🏠 1 borne
  Pour s'y rendre : 1,5 km au N par D 71, rte de Montbarey et chemin à gauche
  À savoir : Au bord de la Loue

> Nature : ⛰ ♀
> Loisirs : 🍽 snack, brasserie, pizzeria
> 🎦 ⚡ 🏊 ◔ 🐴
> Services : ⛄ ⛝ GB ♺ 🗄 ⊕ 🖼
> sèche-linge ⛲ 🚿
> à la base de loisirs : canoë, VTT

Le Val d'Amour 1ᵉʳ avr.-30 sept.
𝒞 03 84 37 61 89, *camping@levaldamour.com*,
Fax 03 84 37 78 69, *www.levaldamour.com* – **R** conseillée
3,7 ha (100 empl.) plat, herbeux, verger
Tarif : 🚶 🚐 🅴 9,55 € – 🔌 (10A) 3 € – frais de réservation 6 €
Location (déb.mars-fin nov.) : 8 🚐 (4 à 6 pers.) 145 à 450 €/sem. – 8 🏠 (4 à 6 pers.) 145 à 450 €/sem.
🚐 1 borne 3 € – 4 🅴 10 €
Pour s'y rendre : Sortie E par D 472 dir. Chambray
À savoir : Arbres et arbustes offrent un beau cadre harmonieux

Nature : 🌳 ♡♡
Loisirs : snack 🍴 diurne (juil.-août) nocturne 🎯 🚲 🏊 piste de bicross
Services : 🛗 ⚡ GB 🏧 🗑 🔌 @ 🚿 🧺 sèche-linge

POLIGNY

✉ 39800 – **321** E5 – G. Franche-Comté Jura – 4 511 h. – alt. 373
🅱 *Office de tourisme, 20, place des Déportés* 𝒞 *03 84 37 24 21, Fax 03 84 37 22 37*
Paris 397 – Besançon 57 – Dole 45 – Lons-le-Saunier 30 – Pontarlier 63.

La Croix du Dan 9 juin-23 sept.
𝒞 03 84 37 01 35, *cccgrimont@wanadoo.fr*,
Fax 03 84 37 10 30 – **R** conseillée
1,5 ha (87 empl.) plat, herbeux
Tarif : (Prix 2006) 🚶 1,65 € 🚐 1,65 € 🅴 2,10 € – 🔌 (10A) 6,20 €
Pour s'y rendre : SO : 1 km par N 83 direction Lons-le-Saunier

Nature : ≤ ♀
Loisirs : 🎯
Services : 🛗 ⚡ GB 🏧 🗑 @ 🚿 🧺

PONT-DU-NAVOY

✉ 39300 – **321** E6 – 226 h. – alt. 470
Paris 420 – Arbois 26 – Champagnole 11 – Lons-le-Saunier 23 – Poligny 23.

Le Bivouac Permanent
𝒞 03 84 51 26 95, *bivouac.jura@laposte.net*,
Fax 03 84 51 29 70 – **R** conseillée
2,3 ha (90 empl.) plat, herbeux
Tarif : (Prix 2006) 🚶 4 € 🚐 🅴 4,95 € – 🔌 2,95 €
Location : 6 🏠 (4 à 6 pers.) 432 à 540 €/sem.
Pour s'y rendre : 0,5 km au S par D 27, rte de Montigny-sur-l'Ain, bord de l'Ain

Nature : ≤
Loisirs : 🍴 snack 🍺 🌊
Services : 🛗 ⚡ GB 🏧 🗑 🔌 @ 🚿

363

ST-CLAUDE

✉ 39200 – **321** F8 – G. Franche-Comté Jura – 12 303 h. – alt. 450
🅱 *Office de tourisme, 1, avenue de Belfort* 𝒞 *03 84 45 34 24, Fax 03 84 41 02 72*
Paris 465 – Annecy 88 – Bourg-en-Bresse 90 – Genève 60 – Lons-le-Saunier 59.

Municipal du Martinet mai-sept.
𝒞 03 84 45 00 40 – **R** conseillée
2,9 ha (130 empl.) plat et incliné, herbeux
Tarif : 🚶 2,80 € 🚐 🅴 3,80 € – 🔌 2,30 €
Pour s'y rendre : SE : 2 km par rte de Genève et D 290 à droite, au confluent du Flumen et du Tacon
À savoir : Blotti dans un agréable site montagneux

Nature : ≤ ♀♀
Loisirs : 🍴 snack 🚣
Services : 🛗 ⚡ 🏧 🗑 @ 🚿 ♨
À prox. : 🎣 ⛷ 🌊 🚲

ST-LAURENT-EN-GRANDVAUX

✉ 39150 – **321** F7 – G. Franche-Comté Jura – 1 767 h. – alt. 904
🅱 *Office de tourisme, 7, place Charles Thevenin* 𝒞 *03 84 60 15 25, Fax 03 84 60 85 73*
Paris 442 – Champagnole 22 – Lons-le-Saunier 45 – Morez 11 – Pontarlier 57 – St-Claude 31.

Municipal Champ de Mars 1ᵉʳ janv.-30 sept.
𝒞 03 84 60 19 30, *champmars.camping@wanadoo.fr*,
Fax 03 84 60 19 72, *www.st-laurent39.fr* – **R** conseillée
3 ha (150 empl.) plat et peu incliné, herbeux
Tarif : 🚶 🚐 🅴 5,30 € – 🔌 (10A) 2 €
🚐 12 🅴
Pour s'y rendre : Sortie E par N 5

Nature : 🌲 ≤
Loisirs : 🚣
Services : 🛗 ⚡ GB 🏧 🍴 @ 🚿 🚰 sèche-linge

SALINS-LES-BAINS

✉ 39110 – **321** F5 – G. Franche-Comté Jura – 3 333 h. – alt. 340 – ♨ (début mars-fin oct.)
🛈 *Office de tourisme, place des Salines* ☎ 03 84 73 01 34, Fax 03 84 37 92 85
Paris 419 – Besançon 41 – Dole 43 – Lons-le-Saunier 52 – Poligny 24 – Pontarlier 46.

⚠ **Municipal**
    ☎ 03 84 37 92 70 – **R** conseillée
    1 ha (44 empl.) plat, herbeux, gravillons
    Pour s'y rendre : Sortie N rte de Besançon, près de l'ancienne gare

> Nature : ≤ ⌑
> Loisirs : 🏠 ⚄ ⚒ (petite piscine)
> Services : ♿ ⚬ 🗐 ⊕ 🖼

La TOUR-DU-MEIX

✉ 39270 – **321** D7 – 162 h. – alt. 470
Paris 430 – Champagnole 42 – Lons-le-Saunier 24 – St-Claude 36 – St-Laurent-en-Grandvaux 37.

⚠ **Surchauffant** 27 avr.-11 janv.
    ☎ 03 84 25 41 08, *surchauffant@chalain.com*,
    Fax 03 84 35 56 88, *www.chalain.com* – **R** indispensable
    2,5 ha (180 empl.) plat, herbeux, pierreux
    Tarif : (Prix 2006) ✶ ⚊ 🗉 16,65 € – 😤 (6A) 2,70 €
    Location ⚄ : 24 🏠 (4 à 6 pers.) 294 à 609 €/sem.
    Pour s'y rendre : Au Pont de la Pyle, Sud-Est : 1 km par
    D 470 et chemin à gauche, à 150 m du lac de Vouglans
    (accès direct)
    À savoir : Dans un site agréable

> Nature : ⅔ ≤ ⌑
> Loisirs : 🏠 ⚄
> Services : ♿ ⚬ ⊖⊟ ⚒ 🗐 ⊕ ⚓ ⟋
> À prox. : ☕ ✗ ⚓ ⟋

UXELLES

✉ 39130 – **321** I2 – 39 h. – alt. 598
Paris 440 – Besançon 93 – Genève 86 – Lausanne 102 – Annecy 136.

⚠ **Relais Soleil les Crozats** (location exclusive de chalets et de chambres)
    ☎ 03 84 25 51 43, *jura@relaissoleil.com*, Fax 03 84 25 51 31
    2 ha peu incliné, herbeux
    Location ⓟ : 15 🏠 – 28 ⌸
    Pour s'y rendre : au bourg

> Nature : ❈ ⅔
> Loisirs : ☕ ✗ 🏠 ⚄ ⚐ ⚒ hammam
> Services : ⚬ 🖼 sèche-linge ⚓

Haute-Saône (70)

CROMARY

✉ 70190 – **314** E8 – 164 h. – alt. 219
Paris 419 – Belfort 88 – Besançon 21 – Gray 50 – Montbéliard 72 – Vesoul 34.

⚠ **L'Esplanade**
    ☎ 03 84 91 82 00, *benttom@hotmail.com*,
    Fax 03 84 91 82 00, *www.lesplanade.nl* – **R** conseillée
    2 ha (44 empl.) plat, herbeux
    Pour s'y rendre : Au S du bourg par D 276
    À savoir : Dans un site champêtre avec un accès direct à la rivière

> Nature : ⅔ ≤ ⌑
> Loisirs : snack 🏠 ⟋
> Services : ♿ ⚬ 🗐 ⊕ 🖼

FRESSE

✉ 70270 – **314** H6 – 634 h. – alt. 472
Paris 405 – Belfort 31 – Épinal 71 – Luxeuil-les-Bains 30 – Vesoul 48.

⚠ **La Broche** 15 avr.-15 oct.
    ☎ 03 84 63 31 40, Fax 03 84 63 31 40, *www.camping-bro che.com* – **R** conseillée
    2 ha (50 empl.) peu incliné, plat, terrasse, herbeux
    Tarif : ✶ 2,50 € ⚊ 1,50 € 🗉 1,50 € – 😤 2 €
    Location : 6 🗔 (2 à 4 pers.) 150 à 160 €/sem.
    Pour s'y rendre : Sortie Ouest, rte de Melesey et chemin à gauche
    À savoir : Dans un site vallonné et boisé, au bord d'un étang

> Nature : ⅔ ≤
> Loisirs : ⟋
> Services : ♿ ⚬ ⚒ 🗐 ⊕

LURE

✉ 70200 – **314** G6 – G. Franche-Comté Jura – 8 727 h. – alt. 290

🛈 *Office de tourisme, 35, avenue Carnot* ☎ *03 84 62 80 52, Fax 03 84 62 74 61*

Paris 387 – Belfort 37 – Besançon 77 – Épinal 77 – Montbéliard 35 – Vesoul 30.

⚑ **Intercommunal les Écuyers**
☎ 03 84 30 43 40, *magalie-sarre@pays-de-lure.org,*
Fax 03 84 89 00 31 – **R** conseillée
1 ha (45 empl.) plat, herbeux

Pour s'y rendre : SE : 1,4 km par D 64 vers rte de Belfort puis 0,8 km par D 18 à droite, rte de l'Isle-sur-le-Doubs, à 50 m de l'Ognon (accès direct)

Loisirs : 🛋 🏊
Services : 🚿 🔌 🖃 🔄 ☺ 🖼
À prox. : 🛒 🔌 🐎 poneys

MÉLISEY

✉ 70270 – **314** H6 – 1 794 h. – alt. 330

🛈 *Office de tourisme, place de la Gare* ☎ *03 84 63 22 80*

Paris 397 – Belfort 33 – Épinal 63 – Luxeuil-les-Bains 22 – Vesoul 40.

⚑ **La Pierre**
☎ 03 84 63 23 08, *mairie.melisey@wanadoo.fr* – places limitées pour le passage – **R** conseillée
1,5 ha (50 empl.) plat, peu incliné, herbeux
Location : 4 🏠
Pour s'y rendre : N : 2,7 km sur D 293, rte de Mélay
À savoir : Cadre pittoresque dans un site boisé

Nature : 🦌 🏞
Loisirs : 🛋
Services : 🚿 🖃 🔄 ☺

PESMES

✉ 70140 – **314** B9 – G. Franche-Comté Jura – 1 057 h. – alt. 205

🛈 *Office de tourisme, 19, rue Jacques Prévost* ☎ *06 87 73 13 05, Fax 03 84 31 23 37*

Paris 387 – Besançon 52 – Vesoul 64 – Dijon 69 – Dole 28.

⚑ **La Colombière** avr.-sept.
☎ 03 84 31 20 15, *colombierespesmes@aol.com,*
Fax 03 84 31 61 54
1 ha (70 empl.) plat, herbeux
Tarif : (Prix 2006) 👤 🚗 🅿 8,30 €
Location : 4 🚐 (4 à 6 pers.) 260 à 310 €/sem.
Pour s'y rendre : Sortie S par D 475, rte de Dole, bord de l'Ognon

Nature : ♀
Loisirs : 🛋 🏊
Services : 🚿 🔌 🚙 🍴 🛗 🔄 ☺
À prox. : 🍽 ✕ 🚲 canoë kayak

Site de Nans-sous-Sainte-Anne

RENAUCOURT

✉ 70120 – **314** C7 – 115 h. – alt. 209
Paris 338 – Besançon 58 – Bourbonne-les-Bains 49 – Épinal 98 – Langres 55.

⚠ **Municipal la Fontaine aux Fées** juin-mi-sept.
𝒫 03 84 92 04 18, Fax 03 84 92 04 18 – **R** conseillée
2 ha (24 empl.) plat, herbeux
Tarif : (Prix 2006) ♣ 2 € ⇔ 📧 2,30 € – 🔌 2 €
Pour s'y rendre : SO : 1,3 km par rte de Volon
À savoir : À la lisière d'un bois, près d'un étang

Services : ☕ ⊕ 🚿
À prox. : 🏊 🎣

VESOUL

✉ 70000 – **314** E7 – G. Franche-Comté Jura – 17 168 h. – alt. 221 – Base de loisirs
🛈 Office de tourisme, 2, rue Gevrey 𝒫 03 84 97 10 85, Fax 03 84 97 10 84
Paris 360 – Belfort 68 – Besançon 47 – Épinal 91 – Langres 76 – Vittel 86.

⚠⚠ **International du Lac** Permanent
𝒫 03 84 76 22 86, camping_dulac@yahoo.fr,
Fax 03 84 75 74 93, www.camping_vesoul.com – **R** conseillée
3 ha (160 empl.) plat, herbeux
Tarif : ♣ 3,30 € ⇔ 2,25 € 📧 3,25 € – 🔌 (6A) 2 €
Location 🏠 : 6 🏠 (4 à 6 pers.) 250 à 510 €/sem.
À savoir : Près d'un vaste lac

Nature : 🐾 🏞
Loisirs : 🎮 🎣
Services : 🅰 ⚡ GB 🔧 🚿 🏧 🧺 ⊕ 🚿 📶 🔥 sèche-linge
À prox. : 🍷 🍴 snack 🚤 ⛷ 🏊 🎣 🚗

VILLERSEXEL

✉ 70110 – **314** G7 – 1 444 h. – alt. 287
🛈 Office de tourisme, 33, rue des Cités 𝒫 03 84 20 59 59, Fax 03 84 20 59 59
Paris 386 – Belfort 41 – Besançon 59 – Lure 18 – Montbéliard 34 – Vesoul 27.

⚠ **Le Chapeau Chinois** 1er avr.-30 sept.
𝒫 03 84 63 40 60, villersexelcamp@aol.com,
Fax 03 84 63 40 60 – **R** conseillée
2 ha (80 empl.) plat, herbeux
Tarif : ♣ 2,80 € ⇔ 2 € 📧 5,10 € – 🔌 (10A) 2,50 €
Location 🏠 : 🛏 – gîtes
Pour s'y rendre : 1 km au N par D 486, rte de Lure et chemin à dr. après le pont
À savoir : Au bord de l'Ognon

Nature : 🐾 🌳
Loisirs : 🎮 ⛷ 🏊 🎣
Services : 🅰 ⚡ GB 🔧 🏧 ⊕ 🔥
À prox. : 🍴 🚣 canoë

Territoire-de-Belfort (90)

BELFORT

✉ 90000 – **315** F11 – G. Franche-Comté Jura – 50 417 h. – alt. 360
🛈 Office de tourisme, 2 bis, rue Clemenceau 𝒫 03 84 55 90 90, Fax 03 84 55 90 70
Paris 422 – Lure 33 – Luxeuil-les-Bains 52 – Montbéliard 23 – Mulhouse 41 – Vesoul 63.

⚠⚠ **L'Étang des Forges** 7 avr.-30 sept.
𝒫 03 84 22 54 92, contact@campings-belfort.com,
Fax 03 84 22 76 55, www.campings-belfort.com – **R** conseillée
3,4 ha (90 empl.) plat, herbeux, pierreux
Tarif : ♣ ⇔ 📧 12,30 € – 🔌 3 €
🚗 1 borne
Pour s'y rendre : 1,5 km au N par D 13, rte d'Offemont et à dr., r. Béthouart, par A sortie 13

Nature : ≤
Loisirs : 🎮 🚤 🎯 🏊 (bassin)
Services : 🅰 ⚡ GB 🔧 🏧 🧺 ⊕ 🚿 📶 sèche-linge
À prox. : 🚣

366

LACHAPELLE-SOUS-ROUGEMONT

⊠ 90360 – **315** G10 – 460 h. – alt. 400
Paris 442 – Belfort 16 – Basel 66 – Colmar 55 – Mulhouse 29 – Thann 18.

△ **Camping de la Seigneurie** 1ᵉʳ avr.-31 oct.
℘ 03 84 23 00 13, *mairielachapelle-rougemont@wana
doo.fr*, Fax 03 84 23 05 04, *www.campingdela seigneu
rie.com* – **R** conseillée
3 ha (120 empl.) plat, herbeux
Tarif : (Prix 2006) ♣ 3,60 € ⟵ 3 € ▣ 3,60 € – ⟨⟩ (6A) 3,20 €
⟨⟨⟩⟩, 1 borne – 20 ▣
Pour s'y rendre : 3,2 km au N par D 11, rte de Lauw
À savoir : En lisière de forêt, près d'un étang

Nature : 🦢 ♀
Loisirs : 🍸 🛝
Services : ♿ ⛉ ⓖⒷ ⫬ 🍴 Ⓐ ▦
À prox. : ✕ 🎣

ÎLE-DE-FRANCE

L'Île-de-France s'identifie à Paris. Historique, culturelle, moderne, la capitale, que domine la silhouette élancée de la tour Eiffel, mêle sans vergogne palais royaux devenus musées, édifices contemporains, petites maisons bohèmes et immeubles haussmanniens. Mille ambiances s'y côtoient : calme villageois des ruelles fleuries, effervescence des Grands Boulevards, convivialité bruyante des bistrots, intimité des ateliers d'artistes, décontraction des terrasses de café où s'affiche parfois une star du show-biz, affriolants spectacles de cabaret… Hors la métropole, la région recèle d'autres richesses : nobles demeures entourées de hautes futaies, parc enchanté de Disneyland, joyeuses guinguettes des bords de Marne… Sans oublier Versailles qui abrite « le plus beau château du monde », paré de tous ses ors.

Paris, the City of Light, is the heart of the île de France, a chic and cosmopolitan capital where former royal palaces are adorned with glass pyramids, railway stations become museums and alleyways of bohemian houses lead off from broad, plane-planted boulevards. Paris is never-ending in its contrasts: from bustling department stores to elegant cafés, from the bateaux-mouches, gliding past the city by night, to the whirlwind glitz of a cabaret. But the land along the Seine is not content to stay in the shadows of France's illustrious first city; the region is home to secluded chateaux, the magic of Disneyland and the gaiety of the summer cafés on the banks of the Marne. And who could forget the sheer splendour of Versailles, the most beautiful palace in the world?

Légende

- ● Localité citée avec camping
- ■ Localité citée avec camping et locatif
- <u>Lourdes</u> Localité disposant d'un camping avec aire de services camping-car
- <u>Moyaux</u> Localité disposant d'au moins un terrain agréable
- 🚐 🚐 Aire de service pour camping-car sur autoroute

SOMME — Cappy — Péronne — ASSEVILLIERS — ST-QUENTIN
St-Martin-n-Campagne — Bazinval — Blangy-s-Bresle — AMIENS
A 26 — A 29 — Seraucourt-le-Grand — Oise — la Fère — La
D 934 — A 1

Montdidier — N 31 — RESSONS — Carlepont — Château
HARDIVILLERS — Beauvais — OISE — Clermont — Compiègne — N 31 — Berny-Rivière — Ressons-le-Long — Soissons
Lyons-la-Forêt — Thérain — les Andelys — Pierrefonds — Pierrefonds — Ourcq

Andelle — St-Leu-d'Esserent — Senlis — A 1 — N 2
A 16 — Nesles-la-Vallée — VEMARS — Montjay-la-Tour — Changis-s-M. — Charly-s-M. — Château Thierry
A 13 — VAL- — Pontoise — N 184 — N 1 — D 104 — D'OISE — A 104 — Meaux — la Ferté-s/s-Jouarre — MARNE
A 115 — A 15 — Marne — Verdelot
Mantes-la-Jolie — A 13 — A 14 — A 86 — A 3 — Marne-la-Vallée — Jablines — Grand Morin
St-Germain-en-Laye — Nanterre — PARIS — Bobigny — Pommeuse — Pommeuse
YVELINES — A 12 — Versailles — Créteil — Crèvecœur-en-Brie — Touquin
N 12 — A 86 — A 4 — N 19 — A 104 — SEINE-ET-MARNE — Provins
Rambouillet — Villiers-s-Orge — Evry — GALANDE-LA SABLIÈRE — N 19 — GALANDE-LA MARE-LAROCHE
Maintenon — A 10 — St-Chéron — N 104 — LISABÉ — Blandy — Hermé
Dreux — N 154 — Eure — A 6 — Melun — A 5
ET- — Chartres — A 11 — ESSONNE — Fontainebleau — MARNE — Nog-sur-S
LOIR — Étampes — Veneux-les-Sablons
Monnerville — A 77 — A 6 — Yonne — Sens — VILLEROY — VILLENEUVE L'ARCHEVÈ
Boulancourt — Nemours — VILLEROY
Bonneval — A 10 — N 154 — Pithiviers — Bagneaux-s-Loing — A 19
Châteaudun — Essonne — Loing — Montargis — N 60 — Cézy — YO
Nibelle — N 157 — Vitry-aux-Loges — Lorris — Châtillon-Coligny — JARDIN DES ARBRES — Aux
lorée — ORLÉANS — N 60 — Chécy — JARDIN DES ARBRES
A 10 — Olivet — LOIRE — D 952 — Villeneuve-les-Genêts
A 71 — St-Père-s-Loire
Suèvres — Muides-s-L. — Isdes — Gien — St-Sauveur-s-Puis — Andryes
Crouy-s-Cosson — Coullons — Briare — A 77 — St-Fargeau
LOIRE — Beuvron — Nouan-le-Fuzelier — Sauldre — Beaulieu-s-Loire
ET- — Candé-s-Beuvron — Bracieux — Neung-s-Beuvron — Pierrefitte-s-Sauldre — Aubigny-s-Nère
CHER — Ste-Montaine

PARIS

✉ 75000 Plans : 10 11 12 et 14 – G. Paris – 2 125 246 h. – alt. 30

🛈 *Office de tourisme, 25, rue des Pyramides (1ᵉʳ) ℘ 08 92 68 30 00, Fax 01 49 52 53 00 Office de tourisme, 20, bd Diderot, Gare de Lyon ℘ 08 92 68 30 00, Fax 01 49 52 53 00 Office de tourisme, 18, rue de Dunkerque, Gare du Nord ℘ 08 92 68 30 00, Fax 01 49 52 53 00 Office de tourisme, 11 bis, rue Scribe ℘ 08 92 68 30 00, Fax 01 49 52 53 00 Office de tourisme, place du Tertre, Montmartre ℘ 08 92 68 30 00, Fax 01 49 52 53 00 Office de tourisme, Tour Eiffel ℘ 08 92 68 30 00, Fax 01 49 52 53 00 Office de tourisme, Carroussel du Louvre ℘ 08 92 68 30 00, Fax 01 49 52 53 00*

Au Bois de Boulogne – ✉ 75016

Camping du Bois de Boulogne Permanent
℘ 01 45 24 30 00, paris@campingparis.fr,
Fax 01 42 24 42 95, www.campingparis.fr – **R** indispensable
– réservé aux usagers résidant hors Île-de-France
7 ha (510 empl.) plat, gravillons, herbeux
Tarif : (Prix 2006) ♣ ⇌ 🅴 32,90 € – [½] (10A)
Location : 75 🚐 (4 à 6 pers.) 357 à 648 €/sem.
🚐 4 bornes 5 €
Pour s'y rendre : Allée du Bord de l'Eau, entre le pont de
Suresnes et le pont de Puteaux, bord de la Seine

> Nature : 🏕 🎔🎔
> Loisirs : 🍸 ✕
> Services : 🔥 ⌗ GB 🚗 ▥ 🗲 ⊕ 🛁 🚿 📷 🚮

Seine-et-Marne (77)

BAGNEAUX-SUR-LOING

✉ 77167 – **312** F6 – 1 595 h. – alt. 45
Paris 84 – Fontainebleau 21 – Melun 39 – Montargis 30 – Pithiviers 39 – Sens 48.

Municipal de Pierre le Sault avr.-oct.
℘ 01 64 29 24 44, Fax 01 64 29 24 44 – places limitées pour
le passage – **R**
3 ha (160 empl.) plat, herbeux, bois attenant
Tarif : ♣ 2,50 € ⇌ 🅴 2,10 € – [½] (6A) 2,95 €
Pour s'y rendre : Au Nord-Est de la ville, près du terrain de
sports, entre le canal et le Loing, à 200 m d'un plan d'eau

> Nature : 🏕 🎔
> Loisirs : 🛶 🏊 ✂
> Services : 🔥 ⌗ ▥ 🗲 ⊕ 🛁 🚿 📷
> À prox. : 🛼 piste de roller skate

BLANDY

✉ 77115 – **312** F4 – G. Île-de-France – 721 h. – alt. 86
Paris 55 – Fontainebleau 22 – Melun 12 – Montereau-Fault-Yonne 29 – Provins 41.

Le Pré de l'Étang 15 fév.-15 déc.
℘ 01 60 66 96 34, Fax 01 60 66 96 34 – **R** conseillée
1,7 ha (62 empl.) plat, herbeux, petit étang
Tarif : ♣ ⇌ 🅴 10,80 € – [½] 1,50 €
🚐 4 🅴
Pour s'y rendre : Sortie Est, rte de St-Méry

> Nature : 🏞 🏕
> Loisirs : 🏊
> Services : 🔥 ⌗ 🚗 ▥ ⊕

BOULANCOURT

✉ 77760 – **312** D6 – 325 h. – alt. 79
Paris 79 – Étampes 33 – Fontainebleau 28 – Melun 44 – Nemours 27 – Pithiviers 24.

Île de Boulancourt Permanent
℘ 01 64 24 13 38, camping-ile-de-boulancourt@wana
doo.fr, Fax 01 64 24 10 43 – places limitées pour le passage
– **R** conseillée
5 ha (100 empl.) plat, herbeux
Tarif : ♣ ⇌ 🅴 8,80 € – [½] (3A) 2 €
Location 🚲 : gîtes
🚐 1 borne 2 € – 3 🅴
Pour s'y rendre : S : par D 103ᴬ, rte d'Augerville-la-Rivière
À savoir : Cadre boisé et agréable situation dans une boucle de l'Essonne

> Nature : 🏞 🎔🎔
> Loisirs : 🛶
> Services : ⌗ 🚗 ▥ 🗲 ⊕ 📷
> À la base de loisirs de Buthiers : 🏊
> golf, pratice de golf - ✂

CHANGIS-SUR-MARNE

✉ 77660 – **312** H2 – 950 h. – alt. 64
Paris 62 – Château-Thierry 38 – Meaux 12 – Melun 64 – Senlis 50 – Soissons 71.

⚠ **Les Îlettes** avr.-oct.
    ℘ 06 86 02 33 16 – places limitées pour le passage
    – **R** conseillée
    0,4 ha (24 empl.) plat, herbeux
    Tarif : 🛉 ⇌ 🅿 12 €
    Pour s'y rendre : Au Sud du bourg, près de la Marne

| Nature : ⌒ Ω |
| Services : �━ ⋖ 🗄 ☺ 📞 🔲 |

CREVECOEUR-EN-BRIE

✉ 77610 – **312** G3 – 299 h. – alt. 116
Paris 51 – Melun 36 – Boulogne 59 – Argenteuil 66 – Montreuil 47.

⚠ **Caravaning des 4 Vents** mars-1ᵉʳ nov.
    ℘ 01 64 07 41 11, *f.george@free.fr*, Fax 01 64 07 45 07,
    www.caravaning-4vents.fr – places limitées pour le passage
    – **R** conseillée
    9 ha (199 empl.) plat, herbeux
    Tarif : 🛉 ⇌ 🅿 23 €
    Location 🏚 : 6 🏠 (4 à 6 pers.) 560 à 560 €/sem.
    🚐 1 borne – 12 🅿
    Pour s'y rendre : O : 1 km par rte de la Houssaye et rte à
    gauche

| Nature : ⌒ Ω |
| Loisirs : 🎮 ⏚ 🏊 |
| Services : ♿ o━ GB �📏 🗄 ☺ ♨ 🔲 |
| À prox. : ✗ 🐴 poneys |

> *LES GUIDES VERTS **MICHELIN***
> *Paysages, monuments*
> *Routes touristiques*
> *Géographie*
> *Histoire, Art*
> *Itinéraire de visite*
> *Plans de villes et de monuments*

La FERTÉ-SOUS-JOUARRE

✉ 77260 – **312** H2 – 8 584 h. – alt. 58
🛈 *Office de tourisme, 26, place de l'Hôtel de Ville* ℘ 01 60 23 25 63, Fax 01 60 22 99 82
Paris 67 – Melun 70 – Reims 83 – Troyes 116.

⚠ **Le Caravaning des Bondons** Permanent
    ℘ 01 60 22 00 98, *castel@chateaudesbondons.com*,
    Fax 01 60 22 97 01 – places limitées pour le passage
    – **R** conseillée
    30 ha/10 campables (247 empl.) plat et peu incliné,
    herbeux, étang
    Tarif : 🛉 ⇌ 🅿 17 € (2) (10A)
    Location : 🛏 – (hôtel)
    Pour s'y rendre : E : 2 km par D 407 et D 70, rte de
    Montmenard puis 1,4 km rue des Bondons
    À savoir : Dans le parc du Château des Bondons

| Nature : ⌒ ⌒ ΩΩ |
| Loisirs : ✗ 🏠 ⏚ |
| Services : ♿ o━ GB ⏚ 🗄 ☺ ♨ ⇆ |
| À prox. : ✗ 🏊 🐴 (centre éques- |
| tre) |

HERMÉ

✉ 77114 – **312** J5 – 525 h. – alt. 70
Paris 97 – Melun 57 – Montereau-Fault-Yonne 37 – Nogent-sur-Seine 15 – Provins 12.

⚠ **Les Prés de la Fontaine**
    ℘ 01 64 01 86 08, Fax 01 64 01 89 10 – places limitées pour
    le passage – **R**
    65 ha/17 campables (350 empl.) plat, herbeux
    Pour s'y rendre : SO : 5 km par rte de Noyen-sur-Seine et
    D 49 à droite
    À savoir : Cadre champêtre au bord d'étangs

| Nature : ⌒ ⌒ Ω ⚓ |
| Loisirs : 🍽 ✗ 🏠 ✗ ⇌ (plan |
| d'eau) ⤳ |
| Services : ♿ o━ ⏚ 🗄 ☺ 🔲 ⇆ |
| À prox. : 🐴 (centre équestre) |

372

JABLINES

✉ 77450 – **312** F2 – G. Île-de-France – 574 h. – alt. 46 – Base de loisirs
Paris 44 – Meaux 14 – Melun 57.

⚠ **Camping International** 31 mars-28 oct.
    𝒫 01 60 26 09 37, *welcome@camping-jablines.com*,
Fax 01 60 26 43 33, *www.camping-jablines.com* – **R** conseillée
300 ha/4 campables (150 empl.) plat, herbeux
Tarif : 🚶 ⇐ ⯐ 23 € 🔌 (10A) – frais de réservation 9 €
Location ⚿ : 8 🚐 (4 à 6 pers.) 385 à 590 €/sem.
🚐 1 borne 3 €
Pour s'y rendre : SO : 2 km par D 45, rte d'Annet-sur-Marne, à 9 km du Parc Disneyland-Paris
À savoir : Situation agréable dans une boucle de la Marne

> Nature : ⯑ ⯑
> Services : ♿ ⛽ GB ⯑ 🛒 🛁 ⯑ ⯑
> ⯑ ⯑
> À la base de loisirs : 🍴 cafétéria ⯑
> ⯑ ⯑ ⯑ ⯑ ⯑ (plan d'eau) ⯑ téléski nautique, poneys (centre équestre)

MARNE-LA-VALLÉE

✉ 77206 – **312** E2 – G. Île-de-France
Paris 27 – Meaux 29 – Melun 40.

à **Disneyland Paris** 38 km à l'Est de Paris par A⁴ – ✉ 77777

⚠ **Davy Crockett Ranch** (location exclusive de mobile homes) Permanent
    𝒫 0825 30 6030, *dlpcpgfrontoffice@disney.com*,
Fax 01 60 45 69 33, *www.disneylandparis.com* ⚿
57 ha plat, sablonneux
Location : 595 🚐 – à partir de 119 €/nuitée par pers. avec petit déj.
Pour s'y rendre : Par A4, sortie 13 et rte Ranch Davy Crockett
À savoir : Agréable cadre boisé

> Nature : ⯑ ⯑ ⯑
> Loisirs : 🍴 self-service ⯑ ⯑ ⯑
> ⯑ ⯑ ⯑ ⯑ poneys parc animalier, théâtre de plein air
> Services : ♿ ⛽ GB Ⓜ 🛒 ⯑ ⯑ ⯑
> ⯑ ⯑ ⯑

MELUN

✉ 77000 – **312** E4 – G. Île de France – 35 695 h. – alt. 43
🛈 *Office de tourisme, 18, rue Paul Doumer 𝒫 01 64 52 64 52, Fax 01 60 56 54 31*
Paris 47 – Chartres 105 – Fontainebleau 18 – Meaux 55 – Orléans 104 – Reims 145 – Sens 75.

⚠ **La Belle Étoile** 10 avr.-21 oct.
    𝒫 01 64 39 48 12, *info@campinglabelleetoile.com*,
Fax 01 64 37 25 55, *www.campinglabelleetoile.com*
– **R** conseillée
3,5 ha (190 empl.) plat, herbeux
Tarif : 🚶 ⇐ ⯐ 10,80 € – 🔌 (6A) 3,30 € – frais de réservation 8 €
Location ⚿ : 11 🚐 (4 à 6 pers.) 252 à 588 €/sem.
🚐 1 borne 2 €
Pour s'y rendre : SE par N 6, rte de Fontainebleau, av. de la Seine et quai Joffre (rive gauche), à la Rochette près du fleuve

> Nature : ⯑
> Loisirs : ⯑ ⯑
> Services : ⛽ GB ⯑ 🛒 ⯑ ⯑ ⯑ ⯑
> ⯑ ⯑
> À prox. : ⯑ ⯑ ⯑ ⯑ (petite piscine) ⯑

MONTJAY-LA-TOUR

✉ 77410 – **312** E2
Paris 38 – Melun 50 – Boulogne 45 – Argenteuil 41 – Montreuil 25.

⚠ **Le Parc** Permanent
    𝒫 01 60 26 20 79, *camping.leparc@club-internet.fr*,
Fax 01 60 27 02 75, *www.campingleparc.fr* – places limitées pour le passage – **R** conseillée
10 ha (330 empl.) plat et en terrasses, peu incliné, gravier, herbeux
Tarif : (Prix 2006) 🚶 ⇐ ⯐ 24 € 🔌 (6A) – frais de réservation 10 €
🚐 1 borne 1 € – 5 ⯐
Pour s'y rendre : Sortie Est par D 105 vers la D 104 direction Annet
À savoir : Agréable cadre boisé

> Nature : ⯑ ⯑
> Loisirs : snack ⯑ ⯑
> Services : ♿ ⛽ GB 🛒 ⯑ ⯑ ⯑ ⯑
> ⯑
> À prox. : ⯑

POMMEUSE

✉ 77515 – **312** H3 – 2 476 h. – alt. 67
Paris 58 – Château-Thierry 49 – Créteil 54 – Meaux 23 – Melun 47 – Provins 43.

Le Chêne Gris
𝒫 01 64 04 21 80, infi@lechenegris.fr, Fax 01 64 20 05 89,
www.lechenegris.com – **R** conseillée ✇
5 ha (160 empl.) en terrasses, herbeux, gravier
Location : ⛺
🚐 1 borne
Pour s'y rendre : SO : 2 km, derrière la gare de Fare-moutiers-Pommeuse

Nature : 🗐 ♉♉	
Loisirs : 🏠	
Services : ⚬━ 🏭 🗄 ⊛ ⚎ ⛟ 🖺	
À prox. : ✕ 🗟 🏊 ⛵	

TOUQUIN

✉ 77131 – **312** H3 – 950 h. – alt. 112
Paris 57 – Coulommiers 12 – Melun 36 – Montereau-Fault-Yonne 48 – Provins 31.

Les Étangs Fleuris mi-avr.-mi-sept.
𝒫 01 64 04 16 36, contact@etangs-fleuris.com,
Fax 01 64 04 12 28, www.etangsfleuris.com – **R** conseillée
5,5 ha (175 empl.) plat, peu incliné, herbeux
Tarif : 🚶 ⇌ 🅴 9 €
Pour s'y rendre : E : 3 km, rte de la Boisserotte
À savoir : Agréable cadre boisé

Nature : 🌿 🗐 ♉♉	
Loisirs : 🍷 🏠 ⚔ 🏇 🏊	
Services : ⚬━ ⚲ 🏭 🗄 ⊛ ⚎ ⛟ 🖺	
À prox. : ✕ 🏇 (centre équestre)	

Si vous recherchez :
👥 *Un terrain offrant des équipements et des loisirs adaptés aux enfants*
🐾 *Un terrain agréable ou très tranquille*
L - M *Un terrain effectuant la location de caravanes, de mobile homes,*
de bungalows ou de chalets
P *Un terrain ouvert toute l'année*
🚐 *Un terrain possédant une aire de services pour camping-cars*
Consultez le tableau des localités

VENEUX-LES-SABLONS

✉ 77250 – **312** F5 – 4 617 h. – alt. 76
Paris 72 – Fontainebleau 9 – Melun 26 – Montereau-Fault-Yonne 14 – Nemours 21 – Sens 45.

Les Courtilles du Lido 15 avr.-20 sept.
𝒫 01 60 70 46 05, lescourtilles-dulido@wanadoo.fr,
Fax 01 64 70 62 65, www.les.courtilles.du.lido.fr – places li-mitées pour le passage – **R** conseillée
5 ha (196 empl.) plat, herbeux
Tarif : 🚶 3,50 € ⇌ 2,50 € 🅴 4,75 € – ⚡ (10A) 3 €
🚐 1 borne 4 €
Pour s'y rendre : NE : 1,5 km, chemin du Passeur

Nature : 🗐 ♉♉	
Loisirs : 🍷 ⚔ 🏇 🏊	
Services : ⚬━ 🆖 ⚲ 🗄 🎣 ⊛ ⚎ 🖺	

VERDELOT

✉ 77510 – **312** J2 – G. Champagne Ardenne – 653 h. – alt. 115
Paris 89 – Melun 70 – Reims 80 – Troyes 104.

Caravaning de la Fée 1er mars-1er déc.
𝒫 01 64 04 80 19, caravaninglafee@wanadoo.fr,
Fax 01 64 04 81 84, www.caravaning-de-la-fee.com – places limitées pour le passage – **R** conseillée
5,8 ha (100 empl.) peu incliné, herbeux
Tarif : 🚶 ⇌ 🅴 14 € – ⚡ 3 €
Pour s'y rendre : S : 0,5 km par rte de St-Barthélémy et à droite
À savoir : Au bord du Petit Morin et d'un étang

Nature : 🌿 🗐 ♀(verger)	
Loisirs : 🏠 ⚔ 🏇	
Services : ♿ ⚬━ 🏭 🗄 ⊛ ⚎ ⛟ 🖺	
À prox. : ✕ 🏇 (centre équestre)	

RAMBOUILLET

✉ 78120 – **311** G4 – G. Île-de-France – 24 758 h. – alt. 160

🏢 *Office de tourisme, place de la Libération* ℰ *01 34 83 21 21*

Paris 53 – Chartres 42 – Étampes 44 – Mantes-la-Jolie 50 – Orléans 93 – Versailles 35.

▲▲ **Municipal de l'Étang d'Or** 1ᵉʳ juin-31 oct.
ℰ 01 30 41 07 34, *rambouillet.tourisme@wanadoo.fr*,
Fax 01 30 41 00 17, *www.ot-rambouillet.fr* – places limitées
pour le passage – **R** conseillée
4,7 ha (220 empl.) plat, gravier, herbeux
Tarif : ✶ ⇔ 回 17,30 € ⒢ (10A)
🚐 1 borne – 10 回
Pour s'y rendre : 4 km au S par N 10, rte de Chartres
À savoir : En bordure d'un étang, au coeur de la forêt

> Nature : 🏞 🗘 ♤♤
> Loisirs : snack 🎰 ⛹
> Services : ⮿ ⊶ GB ⚲ ⊞ 🗄 ♨ ⚒
> ☺ ⚵ ⌇ 🔲 sèche-linge ⚗
> À prox. : 🔲 🛶 ⚘ 🎣 parc animalier

VERSAILLES

✉ 78000 – **311** I3 – G. Île de France – 85 726 h. – alt. 130

Paris 29 – Chartres 80 – Fontainebleau 73 – Rambouillet 35 – Rouen 123.

▲▲ **Huttopia** Permanent
ℰ 01 39 51 23 61, *versailles@huttopia.com*,
Fax 01 39 53 68 29, *www.huttopia.com* – **R** conseillée
4,6 ha (180 empl.) incliné, peu incliné, en terrasses,
pierreux, herbeux
Tarif : ✶ ⇔ 回 33 € ⒢ (10A) – frais de réservation 16 €
Location : 10 🏠 (4 à 6 pers.) 763 à 1 113 €/sem. –
roulottes
🚐 1 borne 4 €
Pour s'y rendre : au S de la ville, 31 r. Berthelot
À savoir : Cadre boisé proche de la ville

> Nature : ♤♤
> Loisirs : snack ⛹ 🛶
> Services : ⮿ ⊶ GB ⚲ ⊞ 🗄 ♨ ☺
> 🔲 sèche-linge
> À prox. : ⚒

375

Essonne (91)

ÉTAMPES

✉ 91150 – **312** B5 – G. Île de France – 21 839 h. – alt. 80 – Base de loisirs

🏢 *Office de tourisme, place de l'Hôtel de Ville* ℰ *01 69 92 69 00, Fax 01 69 92 69 28*

Paris 51 – Chartres 59 – Évry 35 – Fontainebleau 45 – Melun 49 – Orléans 76 – Versailles 58.

▲▲ **Le Vauvert** fermé 16 déc.-15 janv.
ℰ 01 64 94 21 39, Fax 01 69 92 72 59 – places limitées pour
le passage – **R**
8 ha (288 empl.) plat, herbeux
Tarif : ✶ 5 € ⇔ 回 5 € – ⒢ 3 €
Pour s'y rendre : 2,3 km au S par D 49 rte de Saclas
À savoir : Cadre agréable, au bord de la Juine

> Nature : 🗘 ♤♤
> Loisirs : 🍽 🎰 ⛹ ⚒
> Services : ⮿ ⊶ 🗄 ♨ ☺ ⚵ ⌇
> À la base de loisirs : ⁕ 🔲 🛶 ⚘ 🏇
> (centre équestre), escalade

MONNERVILLE

✉ 91930 – **312** B5 – 351 h. – alt. 141

Paris 64 – Ablis 28 – Chartres 59 – Étampes 15 – Évry 48.

▲▲ **Le Bois de la Justice** 3 févr.-25 nov.
ℰ 01 64 95 05 34, *picquetfredo@orange.fr*,
Fax 01 64 95 17 31, *www.camping-boislajustice.com* –
places limitées pour le passage – **R** conseillée
5 ha (150 empl.) plat et peu incliné, herbeux
Tarif : ✶ 6 € ⇔ 2,50 € 回 5 € – ⒢ (6A) 2,50 €
Pour s'y rendre : S : à 1,8 km du bourg

> Nature : 🏞 🗘 ♤♤
> Loisirs : 🍽 ⛹ 🛶
> Services : ⮿ ⊶ GB ⚲ ⊞ 🗄 ☺ ⚵
> 🔲
> À prox. : ⚒ 🏇 (centre équestre)

ST-CHÉRON

✉ 91530 – **312** B4 – 4 444 h. – alt. 100
Paris 42 – Chartres 54 – Dourdan 10 – Étampes 21 – Fontainebleau 58 – Orléans 91 – Rambouillet 28 – Versailles 49.

▲▲▲ **Le Parc des Roches** 1er mars-15 déc.
  ℰ 01 64 56 65 50, *contact@parcdesroches.com*,
  Fax 01 64 56 54 50, *www.parcdesroches.com* – places limitées pour le passage – **R** conseillée
  23 ha/15 campables (380 empl.) plat et accidenté, herbeux
  Tarif : ✝ 6,60 € – ⇌ 2,60 € ▣ 5 € – 🔌 (5A) 2,60 €
  Location (16 mars-14 oct.) ⌸ : 5 ⬚ (4 à 6 pers.) 430 à 500 €/sem.
  Pour s'y rendre : À la Petite Beauce, 3,4 km au SE par D 132, rte d'Étrechy et chemin à gauche
  À savoir : Agréable site naturel, boisé et rocheux

Nature : ⌗ ⌷ 🌳
Loisirs : 🍴 snack 🛋 salle d'animation 🚴 🎯 ⛷
Services : ♿ ⊶ GB 🏧 🛒 🚿 ⊛ ⌷
🖲 sèche-linge ⌸

VILLIERS-SUR-ORGE

✉ 91700 – **312** C4 – 3 753 h. – alt. 75
Paris 25 – Chartres 71 – Dreux 89 – Évry 15 – Melun 41 – Versailles 32.

▲▲ **Le Beau Village** Permanent
  ℰ 01 60 16 17 86, *le-beau-village@wanadoo.fr*,
  Fax 01 60 16 31 46, *www.beau-village.com* – places limitées pour le passage – **R** conseillée
  2,5 ha (100 empl.) plat, herbeux
  Tarif : ✝ 4,50 € – ⇌ 2 € ▣ 3,50 € – 🔌 (10A) 3,50 €
  Location ⌸ : 12 ⬚ (4 à 6 pers.) 245 à 400 €/sem.
  ⬚ 1 borne 2 €
  Pour s'y rendre : SE : 0,6 km par le centre-ville, bord de l'Orge, à 800 m de la gare de St-Geneviève-des-Bois - par A 6 sortie 6

Nature : ⌗ ⌷ 🌳
Loisirs : 🍴 🛋 🚴
Services : ♿ ⊶ GB ⌀ Ⓜ 🏧 🛒 ⌷
⊛ 🖲
À prox. : 🎯 🏊

376

Val-d'Oise (95)

NESLES-LA-VALLÉE

✉ 95690 – **305** E6 – 1 829 h. – alt. 41
Paris 45 – Beauvais 47 – l'Isle-Adam 24 – Mantes-la-Jolie 52 – Pontoise 17.

▲ **Parc de Séjour de l'Étang** 1er mars-31 oct.
  ℰ 01 34 70 62 89, *brehinier1@hotmail.com*,
  Fax 01 34 70 62 89, *www.campingparcset.com* – places limitées pour le passage – **R** conseillée
  6 ha (165 empl.) plat, herbeux
  Tarif : ✝ ⇌ ▣ 9 € – 🔌 (9A) 4,10 €
  Pour s'y rendre : Sortie E par D 64, rte d'Isle-Adam et chemin à gauche
  À savoir : Emplacements confortables autour d'un pittoresque et paisible étang

Nature : ⌗ ⌷ 🌳
Loisirs : 🛋 🚴
Services : ♿ ⊶ 🏧 🛒 ⌷ 🚿 ⊛ ⌷
⌸ 🖲
À prox. : 🎯 🏓 🏊 🐎 (centre équestre), pédalos

LANGUEDOC-ROUSSILLON

Kaléidoscope est le mot qui convient pour évoquer la diversité des paysages et des cultures du Languedoc-Roussillon. Au rythme endiablé des sardanes et des ferias, vous serez tour à tour conquis par la beauté vertigineuse des gorges du Tarn, l'altière splendeur des Pyrénées, l'envoûtante atmosphère des grottes, l'admirable solitude des « citadelles du vertige » cathares, les entêtants parfums de la garrigue, la splendeur des remparts de Carcassonne, l'exubérance des retables catalans, la quiétude du canal du Midi, la rude majesté des Cévennes… Cascade de sensations fortes qui mettent l'estomac à rude épreuve : à vous d'y remédier avec une assiette d'aligot, une bourride sétoise ou un cassoulet géant, suivi d'un roquefort affiné juste ce qu'il faut et arrosé d'un vin de pays à la belle couleur… rubis !

Languedoc-Roussillon is home to one of France's most diverse collages of landscape and culture: the feverish rhythm of its festivals, the dizzying beauty of the Tarn Gorges, the bewitching spell of its caves and stone statues, the seclusion of its clifftop citadels, the heady perfumes of its sunburnt garrigue, the nonchalant flamingos on its long salt flats, the splendour of Carcassonne's ramparts, the quiet waters of the Midi Canal and the harsh majesty of the Cévennes. Taking in so many sights and sensations is likely to exhaust most explorers, but remedies are close at hand: a plate of "aligot", mashed potato, garlic and cheese, and a simmering cassoulet, the famously rich combination of duck, sausage, beans and herbs, followed by a slice of Roquefort cheese and a glass of ruby-red wine.

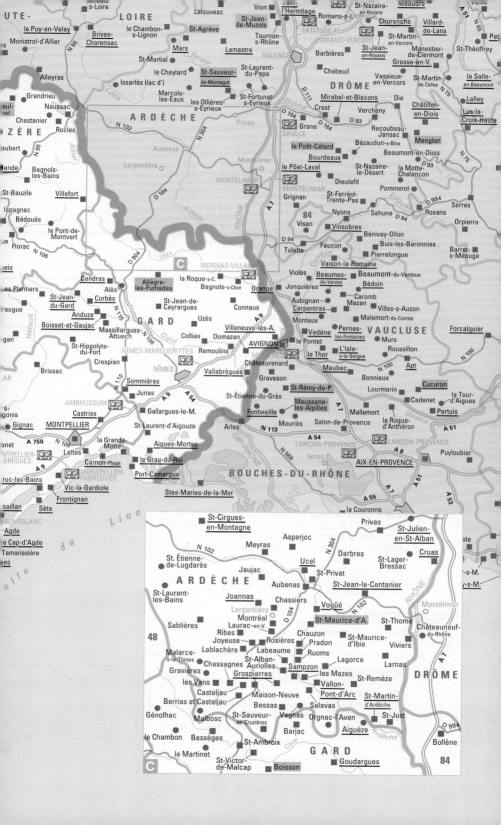

AXAT

⊠ 11140 – **344** E6 – 832 h. – alt. 398
Paris 809 – Ax-les-Thermes 52 – Belcaire 32 – Carcassonne 65 – Font-Romeu-Odeillo-Via 65 – Perpignan 66.

La Crémade 15 avr.-30 sept.
℘ 04 68 20 50 64, *lacremade@hotmail.fr, www.lacre made.com* – **R** conseillée
4 ha (95 empl.) peu incliné, herbeux, forêt attenante
Tarif : ⚹ 3,80 € ⟺ 1,50 € ▣ 2,30 € – ⚡ (6A) 2,30 €
Location (15 avr.-28 fév.) : 7 ⟦⟧ (4 à 6 pers.) 220 à 360 €/sem. – appartements
Pour s'y rendre : NE : 2,8 km par D 118, D 117, rte de Perpignan et chemin du château à droite
À savoir : Dans un agréable site boisé de moyenne montagne

Nature : 🏞 ≤ ⟷ ♤♤
Loisirs : 🏠
Services : 🚿 ⊶ 🐕 🗄 🔥 🛒 ⊛ 🔧

BELCAIRE

⊠ 11340 – **344** C6 – G. Languedoc Roussillon – 392 h. – alt. 1 002
🅱 Office de tourisme, avenue d'Ax les Thermes ℘ 04 68 20 75 89, Fax 04 68 20 79 13
Paris 810 – Ax-les-Thermes 26 – Axat 32 – Foix 54 – Font-Romeu-Odeillo-Via 82 – Quillan 29.

Municipal le Lac 1er juin-30 sept.
℘ 04 68 20 39 47, *mairie.belcaire@wanadoo.fr,*
Fax 04 68 20 36 48 – **R** conseillée
0,6 ha (37 empl.) peu incliné, herbeux
Tarif : ⚹ ⟺ ▣ 7,50 € – ⚡ (10A) 1,50 €
Pour s'y rendre : Sortie O par D 613, rte d'Ax-les-Thermes, à 150 m d'un plan d'eau

Nature : ≤ ♀
Loisirs : 🏠
Services : 🚿 ⊶ GB 🐕 ⊛ 🔧
À prox. : ✗ 🏊 🚣

380

Pour choisir et suivre un itinéraire
Pour calculer un kilométrage
Pour situer exactement un terrain (en fonction des indications fournies dans le texte) :
*Utilisez les **cartes MICHELIN** détaillées à 1/150 000, compléments indispensables de cet ouvrage.*

BROUSSES-ET-VILLARET

⊠ 11390 – **344** E2 – 307 h. – alt. 412
Paris 768 – Carcassonne 21 – Castelnaudary 36 – Foix 88 – Mazamet 29 – Revel 31.

Le Martinet-Rouge Birdie 31 mars-fin oct.
℘ 04 68 26 51 98, *martinet.bv@free.fr,* Fax 04 68 26 51 98, *www.camping-lemartinetrouge.com* – **R** conseillée
2,5 ha (35 empl.) plat et peu accidenté, herbeux, pierreux, rochers
Tarif : ⚹ ⟺ ▣ 15,50 € – ⚡ (5A) 2,50 €
Pour s'y rendre : S : 0,5 km par D 203 et chemin à droite, à 200 m de la Dure

Nature : 🏞 ⟷ ♤♤
Loisirs : 🍽 snack 🏠 🎣 🏊 🛝 🏊
Services : 🚿 ⊶ 🐕 🗄 🔥 🛒 ⊛ 🔧
À prox. : ✗

CARCASSONNE

⊠ 11000 – **344** F3 – G. Languedoc Roussillon – 43 950 h. – alt. 110
🅱 Office de tourisme, 28, rue de Verdun ℘ 04 68 10 24 30, Fax 04 68 10 24 38
Paris 768 – Albi 110 – Béziers 90 – Narbonne 61 – Perpignan 114 – Toulouse 92.

Campéole la Cité 15 mars-15 oct.
℘ 04 68 25 11 77, *cpllacite@atciat.com,* Fax 04 68 47 33 13, *www.campeoles.com*
7 ha (200 empl.) plat, herbeux
Tarif : (Prix 2006) ⚹ ⟺ ▣ 24,90 € ⚡ (10A)
Location : 12 ⟦⟧ (4 à 6 pers.) 259 à 659 €/sem. – bungalows toilés
⟦⟧ 1 borne
Pour s'y rendre : Sortie E par N 113, rte de Narbonne puis 1,8 km par D 104, près d'un bras de l'Aude

Nature : ≤ ⟷
Loisirs : snack 🏠 🍸 nocturne 🏇 ✗ 🛝
Services : 🚿 ⊶ GB 🐕 🗄 🔥 ⊛ 🔧 🚮

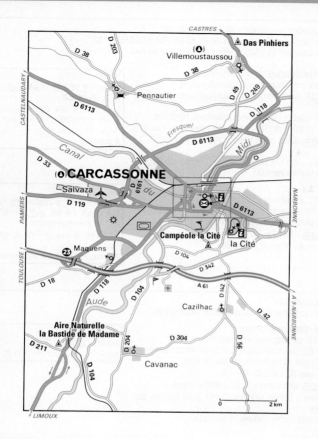

MONTCLAR

✉ 11250 – **344** E4 – 172 h. – alt. 210

Paris 766 – Carcassonne 19 – Castelnaudary 41 – Limoux 15 – St-Hilaire 9.

▲▲▲ **Yelloh-Village Domaine d'Arnauteille** ▲▲ – saison
📞 04 68 26 84 53, *arnauteille@mnet.fr*, Fax 04 68 26 91 10,
www.arnauteille.com – **R** conseillée
115 ha/10 campables (185 empl.) plat, terrasses, peu
incliné, herbeux
Tarif : 🚶 7,70 € – 🚗 5 € – 🅴 12,60 € – (📵) (10A) 4 € – frais de
réservation 12 €
Location (31 mars-30 sept.) : 40 🛖 (4 à 6 pers.) 294 à
644 €/sem. – 10 🏠 (4 à 6 pers.) 385 à 763 €/sem. –
bungalows toilés
🛖 10 🅴
Pour s'y rendre : SE : 2,2 km par D 43
À savoir : Dans un vaste et agréable domaine vallonné et
sauvage

Nature : 🌳 ⋖ 🏕 ⛰
Loisirs : 🍴 🏛 🕹 nocturne 🏃
🏊 🎿 🐎 terrain omnisports
Services : 🔥 ⚡ 🔌 🚿 Ⓜ 🏪 📶 🛒
🔞 📞 🗜 ♨

NARBONNE

✉ 11100 – **344** J3 – G. Languedoc Roussillon – 46 510 h. – alt. 13

🛈 *Office de tourisme, place Roger Salengro* 𝒫 *04 68 65 15 60, Fax 04 68 65 59 12*

Paris 787 – Béziers 28 – Carcassonne 61 – Montpellier 96 – Perpignan 64.

ᐃᐃ **Camping La Nautique** 15 févr.-15 nov.
𝒫 04 68 90 48 19, *info@campinglanautique.com,*
Fax 04 68 90 73 39, *www.campinglanautique.com*
– **R** conseillée
16 ha (390 empl.) plat et peu incliné, gravillons, herbeux
Tarif : 🛉 ⇢ 🔲 27,50 € (¡) (10A) – frais de réservation 20 €
Location : 80 🚐 (4 à 6 pers.) 268 à 735 €/sem.
🚐
Pour s'y rendre : 4,5 km au S, près de l'étang de Bages,
Par A9 sortie 38 Narbonne-Sud

| Nature : ≤ 🗺 ♀ |
| Loisirs : 🍷 ✕ 🎞 🖳 🕺 🏊 🚲 ⚅ |
| 🏊 🕱 🛶 canoë |
| Services : 🛇 ⚬ GB ⚲ – 390 sani- |
| taires individuels (🚿 ⚶ wc) 🕭 🕱 |
| 🖿 🕭 🖳 🕱 🖳 ⚶ |
| À prox. : ⚓ |

ᐃ **Les Mimosas** ♣♠ –
𝒫 04 68 49 03 72, *info@lesmimosas.com,*
Fax 04 68 49 39 45, *www.lesmimosas.com* – **R** conseillée
9 ha (250 empl.) plat, herbeux, sablonneux, pierreux
Location : 33 🚐 – 34 🏠 – 4 studios
Pour s'y rendre : 6 km au SE à Mandirac

| Nature : 🕱 🗺 ♀♀ |
| Loisirs : 🍷 ✕ pizzeria 🎞 🖳 noc- |
| turne 🕺 🗡 ⚐ 🏊 🚲 ✕ 🏊 🕱 |
| 🛶 terrain omnisports |
| Services : 🛇 ⚬ 🖿 🕭 🕱 🖳 🖳 ⚶ 🖳 |
| 🖳 |
| À prox. : 🐎 (centre équestre) |

NÉBIAS

✉ 11500 – **344** D5 – 244 h. – alt. 581

Paris 802 – Belcaire 27 – Carcassonne 62 – Lavelanet 28 – Quillan 10.

ᐃ **Le Fontaulié-Sud** mai-15 sept.
𝒫 04 68 20 17 62, *lefontauliesud@free.fr,*
Fax 04 68 20 17 62, *www.fontauliesud.com* – **R** conseillée
3,5 ha (69 empl.) plat et incliné, herbeux, pinède
Tarif : 🛉 4,50 € ⇢ 🔲 6 € – (¡) (4A) 2 €
Location : 14 🚐 (4 à 6 pers.) 220 à 490 €/sem.
Pour s'y rendre : Sortie NO par D 117 puis 0,6 km par
chemin à gauche
À savoir : Agréable cadre naturel et sauvage

| Nature : 🕱 ≤ 🗺 ♀♀ |
| Loisirs : 🎞 🚲 🗡 🐎 |
| Services : ⚬ GB ⚲ 🖿 🕭 🖳 |

PUIVERT

✉ 11230 – **344** D5 – G. Languedoc Roussillon – 410 h. – alt. 438

Paris 794 – Belcaire 22 – Carcassonne 58 – Lavelanet 20 – Quillan 17.

ᐃ **Municipal de Font Claire** 27 avr.-30 sept.
𝒫 04 68 20 00 58, *mairie.puivert@libertysurf.fr,*
Fax 04 68 20 82 29, *www.puivert.net* – **R** conseillée
1 ha (62 empl.) plat, terrasse, herbeux, pierreux
Tarif : 🛉 ⇢ 🔲 9 € – (¡) (10A) 2,50 € – frais de réservation 15 €
🚐 1 borne 2 €
Pour s'y rendre : S : 0,5 km par D 16, rte de Lescale, bord
d'un plan d'eau

| Nature : 🕱 ≤ ♀ |
| Loisirs : 🕺🏊 |
| Services : ⚬ ⚲ 🕭 🖳 |
| À prox. : ✕ 🏊 |

QUILLAN

✉ 11500 – **344** E5 – G. Languedoc Roussillon – 3 542 h. – alt. 291

🛈 *Office de tourisme, square André Tricoire* 𝒫 *04 68 20 07 78, Fax 04 68 20 04 91*

Paris 797 – Andorra-la-Vella 113 – Ax-les-Thermes 55 – Carcassonne 52 – Foix 64 – Font-Romeu-Odeillo-Via 78 –
Perpignan 76.

ᐃᐃ **L'Espinet** (location exclusive de maisonnettes)
Permanent
𝒫 04 68 20 88 88, Fax 04 68 20 97 97, *www.lespinet.com*
– **R** conseillée
125 ha/25 campables pierreux, herbeux
Location 🅿 : 120 🏠 (4 à 6 pers.) 546 à 1 771 €/sem.
Pour s'y rendre : 1 km au N par D 118

| Nature : ≤ ♀ |
| Loisirs : 🍷 ✕ 🎞 🕺 🗡 ⚐ ham- |
| mam jacuzzi ✕ 🏊 🕱 |
| Services : 🛇 ⚬ |

▲ **Municipal la Sapinette** 30 mars-3 nov.
ℰ 04 68 20 13 52, *campingsapinette@wanadoo.fr*,
Fax 04 68 20 27 80, *www.villedequillan.fr* – **R** conseillée
1,8 ha (82 empl.) plat, peu incliné, terrasses, herbeux,
sapinière
Tarif : ★ 5 € 🚐 🔲 7 € – 🔌 (16A) 3 €
Pour s'y rendre : O : 0,8 km par D 79, rte de Ginoles

Nature : 🏞 ≤
Loisirs : 🎪 🏊
Services : & 🔾 GB 🗸 🗓 ☺ 🛒 ⌇
🔲

RENNES-LES-BAINS

✉ 11190 – **344** E5 – 159 h. – alt. 310 – ♨ (mi-avril à mi-nov.)
🅱 *Syndicat d'initiative, rue des Thermes* ℰ 04 68 69 88 04
Paris 793 – Axat 33 – Carcassonne 49 – Mouthoumet 26 – Perpignan 71.

▲ **La Bernède** mai-oct.
ℰ 04 68 69 86 49, *camping.renneslesbains@wanadoo.fr*,
Fax 04 68 74 09 31 – **R** indispensable
0,8 ha (34 empl.) plat et peu incliné, herbeux
Tarif : (Prix 2006) ★ 🚐 🔲 14,10 € 🔌 (10A)
Location 🏠 : 🛖 (4 à 6 pers.) 250 à 460 €/sem.
Pour s'y rendre : Sortie S par D 14 rte de Bugarach et
chemin à gauche, près de la Sals

Nature : 🏞 ♀
Services : 🏞 🔾 (15 juil.-août) 🗸 ☺
À prox. : 🚣 🎯 🏊 🛶

ROQUEFORT-DES-CORBIÈRES

✉ 11540 – **344** I5 – 664 h. – alt. 50
Paris 813 – Montpellier 118 – Carcassonne 78 – Perpignan 45 – Béziers 57.

▲ **Gîtes La Capelle** (location exclusive de chalets) 20
mars-2 déc.
ℰ 04 68 48 82 80, *b.annest@libertysurf.fr, gitelaca
pelle.com* – **R** indispensable 🏠
0,3 ha plat
Location 🅿 : 12 🛖 (4 à 6 pers.) 240 à 490 €/sem.
Pour s'y rendre : au bourg, r. La-Capelle

Nature : 🏞 ♀♀
Loisirs : 🎪 🏊
Services : 🔾 GB 🗸 ▥ 🔲

383

SAISSAC

✉ 11310 – **344** E2 – G. Languedoc Roussillon – 923 h. – alt. 467
🅱 *Syndicat d'initiative, 1, place des Tours* ℰ 04 68 24 47 80, Fax 04 68 24 47 80
Paris 756 – Carcassonne 25 – Castelnaudary 25 – Foix 81 – Mazamet 37 – Revel 21.

▲ **Le Moulin St-Jean** juil.-déb. sept.
ℰ 04 68 24 44 89, *lemoulin-camping@wanadoo.fr*,
Fax 04 68 24 44 95 – **R** conseillée
1,9 ha (90 empl.) plat et peu incliné, herbeux
Tarif : (Prix 2006) ★ 🚐 🔲 15 € 🔌 (6A)
Pour s'y rendre : Sortie NO par D 629, rte de Revel et à
gauche

Nature : 🏞 ♀
Loisirs : 🏊
Services : & 🔾 🗓 ☺ 🔲
À prox. : 🎯 🐎

TRÈBES

✉ 11800 – **344** F3 – 5 495 h. – alt. 84
🅱 *Syndicat d'initiative, 12, avenue Pierre Curie* ℰ 04 68 78 89 50
Paris 776 – Carcassonne 8 – Conques-sur-Orbiel 9 – Lézignan-Corbières 28 – Olonzac 28.

▲ **A l'Ombre des Micocouliers** avr.-sept.
ℰ 04 68 78 61 75, *infos@campingmicocouliers.com*,
Fax 04 68 78 88 77, *www.campingmicocouliers.com*
– **R** conseillée
1,5 ha (70 empl.) plat, sablonneux, herbeux
Tarif : ★ 🚐 🔲 16 € – 🔌 (16A) 3 €
Pour s'y rendre : Chemin de la Lande, bord de
l'Aude

Nature : 🏞 ♀
Loisirs : 🚣 🎯
Services : & 🔾 🗸 🗓 🏊 ☺ 🔲 🛒
À prox. : 🍴 🎯 🏊 terrain omnis-
ports

VILLEGLY

✉ 11600 – **344** F3 – 747 h. – alt. 130
Paris 778 – Lézignan-Corbières 36 – Mazamet 46 – Carcassonne 14 – Castelnaudary 53.

Moulin de Ste-Anne 1er mars-24 déc.
     04 68 72 20 80, *campingstanne@wanadoo.fr*,
Fax 04 68 72 27 15, *www.moulindesainteanne.com*
– **R** conseillée
1,6 ha (60 empl.) plat et peu incliné, terrasses, herbeux,
pierreux
Tarif : ♦ ⇌ 🅔 12,70 € 🔌 (10A) – frais de réservation 16 €
Location 🚫 : 12 🏠 (4 à 6 pers.) 280 à 490 €/sem.
Pour s'y rendre : Sortie E par D 435, rte de Villarzel

Nature : 🏕
Loisirs : ♈ snack 🎱 ⚓
Services : & ⚡ GB ⚙ 🛢 ⊕ ♨ ⚐ 🖨

VILLEMOUSTAUSSOU

✉ 11620 – **344** F3 – 2 696 h. – alt. 114
Paris 775 – Montpellier 164 – Carcassonne 6 – Perpignan 129 – Béziers 80.

Schéma à Carcassonne

Das Pinhiers 1er mars-15 nov.
     04 68 47 81 90, *campindaspinhiers@wanadoo.fr*,
Fax 04 68 71 43 49, *www.camping-carcassonne.net*
– **R** conseillée
2 ha (72 empl.) plat à incliné, en terrasses, sous-bois
attenant
Tarif : (Prix 2006) ♦ ⇌ 🅔 8,10 € – 🔌 (5A) 3,50 € – frais de
réservation 15 €
Location (permanent) : 7 🛖 (4 à 6 pers.) 230 à
450 €/sem.
Pour s'y rendre : N : 1 km du bourg
À savoir : Cadre agréable et fleuri

Nature : ← 🏕 ♀
Loisirs : 🎱 ⚓ 🛝 ⚓
Services : & ⚡ GB ⚙ 🛢 ⊕ ♨ ⊕
⚐ 🍴 🖨
À prox. : ✂ 🐎

VILLEPINTE

✉ 11150 – **344** D3 – 1 024 h. – alt. 130
Paris 743 – Carcassonne 25 – Castelnaudary 12 – Montréal 14 – Revel 32.

Municipal Champ de la Rize fin juin-déb. sept.
     04 68 94 30 13, *mairie@villepinte11.fr*, Fax 04 68 94 23 24
– **R** conseillée
1 ha (50 empl.) plat, herbeux
Tarif : (Prix 2006) ♦ 2,50 € ⇌ 🅔 4,50 € – 🔌 2,50 €
Pour s'y rendre : Sortie NE
À savoir : Dans un agréable parc boisé

Nature : ♀♀
Loisirs : ⚓
Services : & ⚡ ⚙ ♨ ⊕ ⚐ 🖨
À prox. : ✂

Gard (30)

AIGUES-MORTES

✉ 30220 – **339** K7 – G. Provence – 6 012 h. – alt. 3
🛈 *Office de tourisme, place Saint-Louis*   04 66 53 73 00, Fax 04 66 53 65 94
Paris 745 – Arles 49 – Montpellier 38 – Nîmes 42 – Sète 56.

Yelloh-Village la Petite Camargue 👥 – 28 avr.-15
sept.
     04 66 53 98 98, *info@yellohvillage-petite-camar
gue.com*, Fax 04 66 53 98 80, *www.yellohvillage-petite.ca
margue.com* – **R** indispensable
42 ha/10 campables (553 empl.) plat, herbeux, sablonneux
Tarif : ♦ ⇌ 🅔 42 € 🔌 (10A)
Location 🚫 : 289 🛖 (4 à 6 pers.) 185 à 903 €/sem.
🚐 1 borne
Pour s'y rendre : O : 3,5 km par D 62, rte de Montpellier,
accès à la plage par navettes gratuites

Nature : 🏕 ♀♀
Loisirs : ♈ ✗ pizzeria, bodega 🎱
⚉ 🎯 discothèque, bibliothèque
🎱 🚲 ⚓ ⚓ 🐎
Services : & ⚡ (28 avr.-15 sept.)
GB ⚙ M 🛢 ⊕ ⊕ ⚐ 🍴 🖨 🧺 ♨
À prox. : 🎣

AIGUÈZE

✉ 30760 – **339** M3 – 204 h. – alt. 91

🛈 *Office de tourisme, le village* ✆ *04 66 39 26 89*

Paris 643 – Alès 58 – Aubenas 69 – Bagnols-sur-Cèze 22 – Bourg-St-Andéol 15 – Pont-St-Esprit 10.

Schéma à St-Martin-d'Ardèche

△   **Les Cigales** Permanent
    ✆ *04 66 82 18 52, lastridulette@wanadoo.fr,*
    Fax 04 66 82 25 20, *campingdescigales.monsite.wanadoo.fr*
    – **R** conseillée
    0,5 ha (36 empl.) plat et terrasse, herbeux
    Tarif : 🛉 ⇔ 🗉 15,10 € – [⚡] (10A) 5,40 €
    Location : 4 🚐 (4 à 6 pers.) 280 à 500 €/sem.
    🚐 1 borne
    Pour s'y rendre : Au SE du bourg, sur D 141, avant le pont
    de St-Martin

| Nature : 🗔 00 |
| Loisirs : 🚲 🛶 (couverte hors saison) |
| Services : ⚊ 🅶🅱 🗑 🎋 📞 🗑 |

Demandez à votre libraire le catalogue des **publications MICHELIN.**

ALLÈGRE-LES-FUMADES

✉ 30500 – **339** K3 – 616 h. – alt. 135

🛈 *Office de tourisme, Hameau des Fumades* ✆ *04 66 24 80 24, Fax 04 66 24 83 29*

Paris 696 – Alès 16 – Barjac 102 – La Grand-Combe 28 – St-Ambroix 14.

⋀⋀   **Domaine des Fumades** 👫 – mi-avr.-4 sept.
     ✆ *04 66 24 80 78, domaine.des.fumades@wanadoo.fr,*
     Fax 04 66 24 82 42, *www.domaine-des-fumades.com* – **R**
     indispensable
     15 ha/6 campables (230 empl.) plat et peu incliné, herbeux,
     pierreux
     Tarif : 🛉 ⇔ 🗉 27 € – [⚡] (6A) 3 € – frais de réservation 25 €
     Location (déb.avr.-20 sept.) : 87 🚐 (4 à 6 pers.) 287 à
     889 €/sem. – 27 🏠 (4 à 6 pers.) 287 à 889 €/sem.
     Pour s'y rendre : accès par D 241, à proximité de l'Établis-
     sement thermal, bord de l'Alauzène

| Nature : 🐾 🗔 ♀ |
| Loisirs : 🍸 🗙 🏠 ⊙ nocturne 🏃 |
| ⛵ salle d'animation 🎠 🚲 💥 |
| 🏊 🛶 ⚹ |
| Services : 🔥 ⚊ 🅶🅱 🎋 🗑 🔆 📞 🗑 |
| 🔋 🚿 |
| À prox. : 🐎 |

385

ANDUZE

✉ 30140 – **339** I4 – G. Languedoc Roussillon – 3 004 h. – alt. 135

🛈 *Office de tourisme, plan de Brie* ✆ *04 66 61 98 17, Fax 04 66 61 79 77*

Paris 718 – Alès 15 – Florac 68 – Lodève 84 – Montpellier 60 – Nîmes 46 – Le Vigan 52.

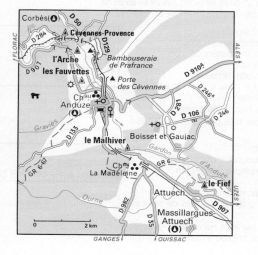

ANDUZE

ᴀᴀᴀ **L'Arche** ♣♣ – 1ᵉʳ avr.-30 sept.
℘ 04 66 61 74 08, *camping.arche@wanadoo.fr*,
Fax 04 66 61 88 94, *www.camping-arche.fr* – **R** conseillée
5 ha (250 empl.) plat, peu incliné et terrasses, herbeux
Tarif : ♣ ⌿ 🚗 ▣ 25 € – ⚡ (6A) 4,50 € – frais de réserva-
tion 14 €
Location ⚾ : 28 🏠 (4 à 6 pers.) 235 à 840 €/sem.
⛽ 1 borne 2 € – 6 ▣
Pour s'y rendre : NO : 2 km, bord du Gardon
À savoir : En bordure des pittoresques gorges du Gardon

> Nature : ⚲ ≤ ♡♡ ▲
> Loisirs : ♥ ✗ snack 🎬 🎵 nocturne
> 🏃 🚴 ⛵ terrain omnisports
> Services : ♿ ⚡ GB ⛺ 🗄 📦 🛁 ⊕
> ⌿ ⌿ ♨ 🏠 ♨ ♨
> À prox. : ⛾

ᴀᴀ **Les Fauvettes** ♣♣ – 28 avr.-15 sept.
℘ 04 66 61 72 23, *camping-les-fauvettes@wanadoo.fr*,
Fax 04 66 61 72 23, *www.lesfauvettes.fr* – **R** conseillée
7 ha/3 campables (133 empl.) plat, peu incliné et en
terrasses, herbeux
Tarif : ♣ ⌿ 🚗 ▣ 18,50 € – ⚡ (10A) 3,80 €
Location : 16 🚐 (4 à 6 pers.) 300 à 645 €/sem. – 28 🏠
(4 à 6 pers.) 250 à 630 €/sem.
Pour s'y rendre : NO : 1,7 km

> Nature : ≤ 🔲 ♡♡
> Loisirs : ♥ snack 🎬 🏃 🚴 ⛵ ♨
> ♨
> Services : ♿ ⚡ GB ⛺ 🗄 🛁 ⊕ ♨
> 📦 ♨
> À prox. : ⛾ ✗ 🚲

ᴀᴀ **Le Bel Eté** mi-avr.-21 sept.
℘ 04 66 61 76 04, *campingmalhiver@wanadoo.fr*,
Fax 04 66 61 76 04, *www.camping-bel-ete.com* – **R** conseillée
2,26 ha (97 empl.) plat, herbeux
Tarif : ♣ ⌿ 🚗 ▣ 21,90 € – ⚡ (6A) 4 € – frais de réservation 15 €
Location : 10 🚐 (4 à 6 pers.) 280 à 630 €/sem.
Pour s'y rendre : SE : 2,5 km, accès direct au Gardon

> Nature : ♀
> Loisirs : 🎬 🚴 ⚾ ♨ ♨
> Services : ♿ ⚡ GB ⛺ 🗄 🛁 ⊕ ♨
> ⌿ 📦 ♨
> À prox. : ♨ golf

Om een reisroute uit te stippelen en te volgen,
om het aantal kilometers te berekenen,
om precies de ligging van een terrein te bepalen
(aan de hand van de inlichtingen in de tekst),
*gebruikt u de **Michelinkaarten** schaal 1 : 150 000 ;*
een onmisbare aanvulling op deze gids.

BAGNOLS-SUR-CÈZE

✉ 30200 – **339** M4 – G. Provence – 18 103 h. – alt. 51
🛈 *Office de tourisme, Espace Saint-Gilles* ℘ 04 66 89 54 61, Fax 04 66 89 83 38
Paris 653 – Alès 54 – Avignon 34 – Nîmes 56 – Orange 25 – Pont-St-Esprit 12.

ᴀᴀ **Les Genêts d'Or** 1ᵉʳ avr.-30 sept.
℘ 04 66 89 58 67, *info@camping-genets-dor.com*,
Fax 04 66 89 58 67, *www.camping-genets-dor.com*
– **R** conseillée ⚾ (1ᵉʳ juil.-20 août)
8 ha/3,5 campables (95 empl.) plat, herbeux
Tarif : (Prix 2006) ♣ 4,37 € ⌿ 🚗 4,37 € ▣ 8,09 € –
⚡ (8A) 3,70 € – frais de réservation 8 €
Location : 8 🚐 (4 à 6 pers.) 332 à 546 €/sem.
Pour s'y rendre : Sortie N par N 86 puis 2 km par D 360 à
droite, bord de la Cèze

> Nature : ♡♡ ▲
> Loisirs : ♥ ✗ 🚴 ⚾ ♨
> Services : ♿ ⚡ GB ⛺ 🗄 🛁 ⊕ ♨
> 📦 ♨ ♨
> À prox. : canoë

ᴀ **La Coquille** 1ᵉʳ avr.-15 sept.
℘ 04 66 89 03 05, *campinglacoquille@wanadoo.fr*,
Fax 04 66 89 59 86, *www.campinglacoquille.com*
– **R** conseillée
1,2 ha (30 empl.) plat, herbeux, sablonneux
Tarif : ♣ ⌿ 🚗 ▣ 18,50 € – ⚡ (6A) 4 € – frais de réservation 8 €
Pour s'y rendre : Sortie N par N 86 rte de Pont-St-Esprit
puis 1,7 km par D 360 à droite, près de la Cèze (accès direct)

> Nature : ♀
> Loisirs : 🎬 🛖 ⚾
> Services : ♿ ⚡ GB ⛺ 🗄 ⊕ 📦 ♨

BARJAC

✉ 30430 – **339** L3 – 1 379 h. – alt. 171

🛈 *Office de tourisme, place Charles Guynet* ℰ *04 66 24 53 44*

Paris 666 – Alès 34 – Aubenas 45 – Pont-St-Esprit 33 – Vallon-Pont-d'Arc 13.

Schéma à St-Remèze

La Buissière avr.-sept.
ℰ *04 66 24 54 52, camping.labuissiere@wanadoo.fr,*
Fax 04 66 24 54 52, *www.camping-la-buissiere.com*
– **R** conseillée
1,1 ha (70 empl.) plat, terrasses, peu accidenté, pierreux
Tarif : (Prix 2006) 🛉 ⛲ 🔲 21,80 €
Location : 7 🚐 (2 à 4 pers.) 200 à 330 €/sem. – 3 🚐 (4 à 6 pers.) 300 à 495 €/sem.
Pour s'y rendre : NE : 2,5 km, sur D 176, rte d'Orgnac-l'Aven
À savoir : Cadre sauvage

> Nature : 🔲 Ω
> Loisirs : 🔲 🏊 ♨ ⛺
> Services : 🚿 ⚡ GB 🔌 🗑 ♨ 🧺 ⊕ 📷

La Combe avr.-sept.
ℰ *04 66 24 51 21, camping.lacombe@wanadoo.fr,*
Fax 04 66 24 51 21, *www.campinglacombe.com*
– **R** conseillée
2,5 ha (100 empl.) plat et peu incliné, herbeux
Tarif : (Prix 2006) 🛉 ⛲ 🔲 18 € 🔌 (6A)
Location (avr.-mi-nov.) : 4 🚐 (2 à 4 pers.) 180 à 320 €/sem. – 8 🚐 (4 à 6 pers.) 240 à 420 €/sem. – 4 🏠 (4 à 6 pers.) 280 à 530 €/sem.
Pour s'y rendre : O : 3 km par D 901, rte des Vans et D 384 à droite, rte de Mas Reboul

> Nature : 🔲 ΩΩ
> Loisirs : 🍽 🔲 🍴 ♨
> Services : ⚡ 🔌 🗑 ♨ ⊕ 📷

BESSÈGES

✉ 30160 – **339** J3 – 3 137 h. – alt. 170

🛈 *Office de tourisme, 50, rue de la République* ℰ *04 66 25 08 60*

Paris 651 – Alès 32 – La Grand-Combe 20 – Les Vans 18 – Villefort 34.

387

Les Drouilhèdes 1ᵉʳ avr.-1ᵉʳ oct.
ℰ *04 66 25 04 80, info@campingcevennes.com,*
Fax 04 66 25 10 95, *www.campingcevennes.com*
– **R** conseillée
2 ha (90 empl.) plat, herbeux, pierreux
Tarif : 🛉 ⛲ 🔲 20,15 € – 🔌 (6A) 4,15 € – frais de réservation 12,75 €
Location : 6 🏠 (4 à 6 pers.) 370 à 595 €/sem.
Pour s'y rendre : O : 2 km par D 17 rte de Génolhac puis 1 km par D 386 à droite, bord de la Cèze

> Nature : 🔲 ΩΩ ⛰
> Loisirs : 🍽 🏊 🍴 ♨ ⛺
> Services : 🚿 ⚡ GB 🔌 🗑 ♨ 🧺 ⊕
> 🔲 📷 ⚒

BOISSET-ET-GAUJAC

✉ 30140 – **339** J4 – 1 787 h. – alt. 140

Paris 722 – Montpellier 103 – Nîmes 53 – Alès 14 – Lunel 79.

Domaine de Gaujac ⛳ – 1ᵉʳ avr.-fin sept.
ℰ *04 66 61 80 65, gravieres@clubinternet.fr,*
Fax 04 66 60 53 90, *www.domaine-de-gaujac.com*
– **R** conseillée
10 ha/6,5 campables (275 empl.) plat, herbeux, terrasse, peu incliné
Tarif : 🛉 ⛲ 🔲 25,20 € – 🔌 (10A) 5 € – frais de réservation 20 €
Location : 6 🚐 – 12 🏠
🚐 1 borne 4 € – 8 🔲
Pour s'y rendre : 6 km au SE d'Alès par N 110, et D 910 à gauche

> Nature : Ω
> Loisirs : 🍽 🍴 pizzeria 🔲 🎬 diurne nocturne (juil.-août) 🤸 jacuzzi balnéo 🏊 🍴 ♨ ⛺
> Services : 🚿 ⚡ GB 🔌 🏧 🗑 ♨ 🧺
> ⊕ ♨ 🚰 🔲 sèche-linge 🧺 ⚒
> À prox. : 🎣

BOISSON

✉ 30500 – **339** K3
Paris 682 – Alès 19 – Barjac 17 – La Grand-Combe 28 – Lussan 17 – St-Ambroix 11.

Château de Boisson ♣♣ – 7 avr.-29 sept.
📞 04 66 24 85 61, *reception@chateaudeboisson.com*,
Fax 04 66 24 80 14, *www.chateaudeboisson.com*
– **R** conseillée ⚘ (7 juil.-18 août)
7,5 ha (174 empl.) plat, herbeux, pierreux
Tarif : ⚹ 🚗 🗉 32 € [þ] (5A) – frais de réservation 25 €
Location ⚘ : 65 🏠 (4 à 6 pers.) 210 à 798 €/sem. –
appartements
Pour s'y rendre : Au bourg
À savoir : Au pied d'un château cévenol restauré

Nature : 🏞 ⌂ ♉♉
Loisirs : 🍽 ✕ snack 🛋 ◔ nocturne
⚶ ⚶ ⚶ 🎱 🏊 ⚷
Services : 🚿 ⊶ GB ⚸ 🗊 🛊 ☺ ⚖
🗑 🖤 🛢 🛒 cases réfrigérées
À prox. : 🚲

CENDRAS

✉ 30480 – **339** J4 – 1 952 h. – alt. 155
Paris 694 – Montpellier 76 – Nîmes 50 – Avignon 76 – Arles 81.

La Croix Clémentine 30 mars-16 sept.
📞 04 66 86 52 69, *clementine@clementine.fr*,
Fax 04 66 86 54 84, *www.clementine.fr* – **R** conseillée
10 ha (250 empl.) plat et en terrasses, pierreux, herbeux
Tarif : ⚹ 🚗 🗉 21,60 € – [þ] (10A) 4 € – frais de réservation 8 €
Location : 15 🏠 (4 à 6 pers.) 252 à 750 €/sem.
🚐 1 borne 6 €
Pour s'y rendre : NO : 2 km par D 916 et D 32 à gauche
À savoir : Cadre agréable et boisé

Nature : 🏞 ⌂ ♉♉
Loisirs : 🍽 ✕ 🛋 ◔ nocturne ⚶
⚶ ⚶ 🎱 🏊
Services : 🚿 ⊶ GB ⚸ 🗊 🛊 ☺ ⚖
🗑 🖤 🛢 🛒
À prox. : 🐟 🐎 🚐

388

*Avant de vous installer, consultez les tarifs en cours,
affichés obligatoirement à l'entrée du terrain,
et renseignez-vous sur les conditions particulières de séjour.
Les indications portées dans le guide ont pu être modifiées depuis la mise à jour.*

Le CHAMBON

✉ 30450 – **339** J3 – 240 h. – alt. 260
Paris 640 – Alès 31 – Florac 59 – Génolhac 10 – La-Grand-Combe 19 – St-Ambroix 25.

Municipal le Luech juil.-août
📞 04 66 61 51 32, *mairie-de-chambon@wanadoo.fr*,
Fax 04 66 61 47 92 – **R** conseillée
0,5 ha (43 empl.) non clos, peu incliné et en terrasses, pierreux, herbeux
Tarif : (Prix 2006) ⚹ 1,99 € 🚗 1,43 € 🗉 1,45 € – [þ] 2,76 €
Pour s'y rendre : NO : 0,6 km par D 29, rte de Chamborigaud, bord du Luech

Nature : ♉♉
Services : 🚿 ⊶ ⚸ 🗊 ☺
À prox. : ⚶ ⚶

COLLIAS

✉ 30210 – **339** L5 – 829 h. – alt. 45
Paris 694 – Alès 45 – Avignon 32 – Bagnols-sur-Cèze 35 – Nîmes 25 – Pont-du-Gard 8.

Le Barralet déb.avr.-mi-sept.
📞 04 66 22 84 52, *camping@barralet.fr*, Fax 04 66 22 89 17,
www.camping-barralet.com – **R** conseillée
2 ha (90 empl.) plat et peu incliné, herbeux
Tarif : ⚹ 🚗 🗉 19,50 € [þ] (13A) – frais de réservation 10 €
Location : 21 🏠 (4 à 6 pers.) 250 à 560 €/sem.
Pour s'y rendre : NE : 1 km par D 3 rte d'Uzès et chemin à droite

Nature : 🏞 ≤
Loisirs : 🍽 pizzeria 🏊
Services : 🚿 ⊶ GB ⚸ 🗊 ☺ 🛢 🛒

CONNAUX

✉ 30330 – **339** M4 – 1 623 h. – alt. 86
Paris 661 – Avignon 32 – Alès 52 – Nîmes 48 – Orange 29 – Pont-St-Esprit 20 – Uzès 21.

Le Vieux Verger Permanent
  ⌂ 04 66 82 91 62, *campinglevieuxverger@wanadoo.fr*,
Fax 04 66 82 60 02, *www.levieuxverger.com* – **R** conseillée
3 ha (60 empl.) en terrasses, pierreux, herbeux
Tarif : ★ ⛺ 🚗 17,50 € – ⚡ (10A) – frais de réservation 25 €
Location : 10 🚍 (4 à 6 pers.) 330 à 520 €/sem. – 4 🏠
(4 à 6 pers.) 380 à 520 €/sem.
Pour s'y rendre : Au S du bourg, à 200 m de la N86

> Nature : 🏕 ♀
> Loisirs : snack 🏊
> Services : ♿ ⚡ 🅶🅱 🚗 📶 🛒 ⊙ 🕯 🔥
> À prox. : ✗

CORBES

✉ 30140 – **339** I4 – 127 h. – alt. 200
Paris 693 – Montpellier 66 – Nîmes 52 – Avignon 86 – Arles 83.
                 Schéma à Anduze

Cévennes-Provence 20 mars-1ᵉʳ nov.
  ⌂ 04 66 61 73 10, *marais@camping-cevennes-provence.fr*,
Fax 04 66 61 60 74, *www.camping-cevennes-provence.fr*
– **R** conseillée
30 ha/15 campables (230 empl.) plat, accidenté et en
terrasses, herbeux
Tarif : ★ ⛺ 🚗 📧 18,90 € – ⚡ (10A) 2,80 € – frais de réser-
vation 12 €
Location : 16 🏠 (4 à 6 pers.) 315 à 575 €/sem.
🚐 1 borne – 6 📧
Pour s'y rendre : Au Mas-du-Pont, bord du Gardon de
Mialet et près du Gardon de St-Jean
À savoir : Terrasses ombragées dominant les pittoresques
gorges du Gardon

> Nature : 🏞 < 🏕 ♀♀ ⛰
> Loisirs : 🍸 🏛 ⚜ ✗ 🎣 🐬
> Services : ♿ ⚡ 🅶🅱 🚗 📶 🏊 🛒 ⊙
> 🕯 🔥 🔥 🚿 ⚓

389

CRESPIAN

✉ 30260 – **339** J5 – 206 h. – alt. 80
Paris 731 – Alès 32 – Anduze 27 – Nîmes 24 – Quissac 11 – Sommières 12.

Mas de Reilhe 6 avr.-23 sept.
  ⌂ 04 66 77 82 12, *info@camping-mas-de-reilhe.fr*,
Fax 04 66 80 26 50, *www.camping-mas-de-reilhe.fr*
– **R** conseillée
2 ha (90 empl.) plat, accidenté et en terrasses, herbeux,
pierreux
Tarif : ★ ⛺ 🚗 📧 13,80 € – ⚡ (6A) 3,30 € – frais de réservation 19 €
Location : 10 🚍 (4 à 6 pers.) 250 à 665 €/sem. – 5 🏠
(4 à 6 pers.) 300 à 655 €/sem. – bungalows toilés
Pour s'y rendre : Sortie S par N 110, rte de Sommières

> Nature : 🏕 ♀♀(pinède)
> Loisirs : 🍸 snack 🏛 ⚜ ⚜ 🏊
> Services : ⚡ 🅶🅱 🚗 📶 🏊 ⊙ 🚿 ⚓
> 🔥 🚿
> À prox. : ✗

DOMAZAN

✉ 30390 – **339** M5 – 740 h. – alt. 52
Paris 683 – Alès 60 – Avignon 17 – Nîmes 33 – Orange 32 – Pont-St-Esprit 46.

Le Bois des Écureuils Permanent
  ⌂ 04 66 57 10 03, *infos@boisdesecureuils.com*,
Fax 04 66 57 10 03, *www.boisdesecureuils.com* – **R** conseillée
1,5 ha (46 empl.) plat, gravillons, gravier
Tarif : ★ ⛺ 🚗 📧 15 € – ⚡ (6A) 2,50 €
Location : 5 🚐 (2 à 4 pers.) 150 à 310 €/sem. – 7 🚍 (4
à 6 pers.) 220 à 480 €/sem.
Pour s'y rendre : 4 km au NE, sur N 100, rte d'Avignon

> Nature : 🏕 ♀♀(chênaie)
> Loisirs : 🏛 🏊
> Services : ♿ ⚡ 🅶🅱 🚗 📶 ⊙ 🔥

GALLARGUES-LE-MONTUEUX

⊠ 30660 – **339** J6 – 2 303 h. – alt. 55
Paris 727 – Aigues-Mortes 21 – Montpellier 39 – Nîmes 25 – Sommières 11.

ᐯᐯ **Les Amandiers** ♣♣ – 29 avr.-10 sept.
   ℰ 04 66 35 28 02, campamandiers@wanadoo.fr,
   Fax 04 66 51 48 57, www.camping-lesamandiers.com
   – **R** conseillée
   3 ha (150 empl.) plat, pierreux, herbeux
   Tarif : ♦ ⇌ ▣ 19,10 € ⚡ (10A) – frais de réservation 10 €
   Location (1ᵉʳ avr.-30 sept.) ⚌ : 26 ⟦⟧ (4 à 6 pers.) 259
   à 580 €/sem.
   Pour s'y rendre : Sortie Sud-Ouest, rte de Lunel et rue du
   stade, à droite

| Nature : ▭ |
| Loisirs : ♈ snack ⍟ nocturne ⚐ |
| ⚒ ✂ ⚏ |
| Services : & ⚬⚍ GB ⚐ 🗟 ♨ ⚏ ◎ |
| ▨ ⚏ ⚑ |
| À prox. : ◗ |

GÉNOLHAC

⊠ 30450 – **339** I2 – G. Languedoc Roussillon – 840 h. – alt. 490
🅱 Office de tourisme, l'Arceau ℰ 04 66 61 18 32, Fax 04 66 61 18 32
Paris 632 – Alès 37 – Florac 49 – La Grand-Combe 26 – Nîmes 81 – Villefort 15.

ᐱ **Les Esparnettes** avr.-sept.
   ℰ 04 66 61 44 50 – **R** conseillée
   1,5 ha (63 empl.) plat, herbeux
   Tarif : ♦ 2,30 € ⇌ 1,60 € ▣ 2,30 € – ⚡ (4A) 2,30 €
   Pour s'y rendre : S : 4,5 km par D 906, rte de Chamborigaud puis 0,4 km par D 278 à droite, à Pont-de-Rastel,
   bord du Luech

| Nature : ⚑ ≤ ⚘ |
| Loisirs : ⌂ ⚏ ⌇ |
| Services : & ⚬⚍ (juin-sept.) ⚐ 🗟 ◎ |
| ⚑ ▨ |
| À prox. : ✂ |

GOUDARGUES

⊠ 30630 – **339** L3 – G. Provence – 945 h. – alt. 77
🅱 Office de tourisme, 4, route de Pont-Saint-Esprit ℰ 04 66 82 30 02
Paris 667 – Alès 51 – Bagnols-sur-Cèze 17 – Barjac 20 – Lussan 17 – Pont-St-Esprit 25.

ᐯᐯ **Les Amarines 2** 1ᵉʳ avr.-15 oct.
   ℰ 04 66 82 24 92, les.amarines@wanadoo.fr,
   Fax 04 66 82 38 64, www.campinglesamarines.com
   – **R** conseillée
   3,7 ha (120 empl.) plat, herbeux
   Tarif : ♦ ⇌ ▣ 18,40 € – ⚡ (6A) 3,50 €
   Location ⚌ : 13 ⟦⟧ (4 à 6 pers.) 262 à 567 €/sem.
   Pour s'y rendre : NE : 1 km par D 23, bord de la Cèze

| Nature : ▭ ⚘⚘ |
| Loisirs : ⌂ ⚏ ⚏ ⌇ |
| Services : & ⚬⚍ GB ⚐ 🗟 ♨ ⚏ ◎ |
| ⚑ ⚐ ▨ |

ᐯᐯ **St-Michelet** 1ᵉʳ avr.-30 nov.
   ℰ 04 66 82 24 99, camping.st.michelet@wanadoo.fr,
   www.villages-du-gard.com – **R** conseillée
   4 ha (140 empl.) plat et peu incliné, terrasse, herbeux
   Tarif : ♦ 3 € ⇌ 2,50 € ▣ 6,50 € – ⚡ (6A) 3 €
   Location : 14 ⟦⟧ (4 à 6 pers.) 210 à 480 €/sem.
   Pour s'y rendre : NO : 1 km par D 371, rte de Frigoulet,
   bord de la Cèze

| Nature : ⚑ ⚘⚘ ⚏ |
| Loisirs : snack ⌂ ⚒ ⌇ |
| Services : & ⚬⚍ GB ⚐ 🗟 ♨ ⚏ ◎ |
| ⚑ ⚐ ▨ |

ᐱ **La Grenouille** 1ᵉʳ avr.-1ᵉʳ oct.
   ℰ 04 66 82 21 36, camping-la-grenouille@wanadoo.fr,
   Fax 04 66 82 27 77, www.la-grenouille.fr.st – **R** conseillée
   0,8 ha (50 empl.) plat, herbeux
   Tarif : ♦ ⇌ ▣ 18,50 € ⚡ (6A)
   ⟦⟧ 1 borne
   Pour s'y rendre : Au bourg, près de la Cèze (accès direct)
   et bord d'un ruisseau

| Nature : ⚑ ▭ ⚘⚘ |
| Loisirs : ⚏ (petite piscine) ⌇ |
| Services : & ⚬⚍ GB ⚐ 🗟 ♨ ⚏ ◎ |
| ▨ |
| À prox. : ✂ |

Le GRAU-DU-ROI

✉ 30240 – **339** J7 – G. Provence – 5 875 h. – alt. 2
🛈 *Office de tourisme, 30, rue Michel Rédarès* ✆ *04 66 51 67 70, Fax 04 66 51 06 80*
Paris 751 – Aigues-Mortes 7 – Arles 55 – Lunel 22 – Montpellier 34 – Nîmes 49 – Sète 52.

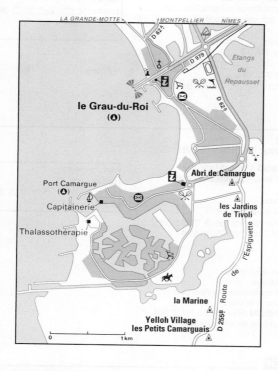

⛰ **Le Boucanet** ♣♣ – 7 avr.-7 oct.
   ✆ *04 66 51 41 48, contact@campingboucanet.fr*,
   Fax 04 66 51 41 87, *www.campingboucanet.fr* – **R** conseillée ❀
   7,5 ha (458 empl.) plat, sablonneux
   Tarif : 🧍 🚗 🅴 34 € – 🔌 (6A) 3,70 € – frais de réservation 26 €
   Location : 121 🛖 (4 à 6 pers.) 287 à 938 €/sem.
   🚐 1 borne 4 € – 5 🅴
   Pour s'y rendre : NO : à 2 km du Grau-du-Roi (rive droite) par rte de la Grande-Motte, bord de plage (hors schéma)

Nature : 🗂 🏊 🏖
Loisirs : 🍸 ✕ 🎯 🚣 🚴 🎾 🖼 🏊
Services : 🚻 🔌 GB 🔒 🗑 🛒 🅰 🏧
🚰 cases réfrigérées
À prox. : 🎣 🏇 golf

JUNAS

✉ 30250 – **339** J6 – 721 h. – alt. 75
Paris 730 – Aigues-Mortes 30 – Aimargues 15 – Montpellier 42 – Nîmes 26 – Sommières 5.

⛰ **Les Chênes** 31 mars-mi-oct.
   ✆ *04 66 80 99 07, chenes@wanadoo.fr*, Fax 04 66 51 33 23,
   www.camping-les-chenes.com – **R** conseillée
   1,7 ha (90 empl.) plat et peu incliné, pierreux, herbeux
   Tarif : (Prix 2006) 🧍 🚗 🅴 13,90 € 🔌 (10A) – frais de réservation 8 €
   Location ❀ : 10 🛖 (4 à 6 pers.) 230 à 515 €/sem.
   Pour s'y rendre : S : 1,3 km par D 140, rte de Sommières et chemin à gauche, au lieu-dit les Tuileries Basses

Nature : 🌳 🏊
Loisirs : 🚣 🏊
Services : 🚻 🔌 GB 🔒 🅰 🏧

LANUÉJOLS

✉ 30750 – **339** F4 – 330 h. – alt. 905
Paris 656 – Alès 109 – Mende 68 – Millau 35 – Nîmes 113 – Le Vigan 49.

△ **Domaine de Pradines** Permanent
℘ 04 67 82 73 85, *contact@domainedepradines.com*,
Fax 04 67 82 73 04, *www.domainedepradines.com* – alt. 800
– **R** conseillée
30 ha (75 empl.) plat, peu incliné, herbeux
Tarif : ♦ ⟷ 🖃 5,60 € – 🔌 (16A) 2,90 €
Location (permanent) 🏠 : 6 🚐 (4 à 6 pers.) 330 à
550 €/sem. – chambres d'hôte
Pour s'y rendre : O : 3,5 km par D 28, rte de Roujarie et
chemin à gauche

Nature : 🌿 ≤ ♀
Loisirs : ✕ 🏠 🏕 ※ 🎿 🐎
Services : ♿ ⚡ ⏚ ⚙ 🗄 ⊕ 🖭 🗑
🔥

LE MARTINET

✉ 30960 – **339** J3 – 764 h. – alt. 252
Paris 682 – Alès 21 – Aubenas 69 – Florac 61 – Nîmes 65 – Vallon-Pont-d'Arc 41.

△ **Municipal Aimé Giraud** 1er juil.-31 août
℘ 04 66 24 95 00, *mairie.lemartinet@wanadoo.fr*
– **R** conseillée
1 ha (27 empl.) plat, herbeux
Tarif : ♦ 3 € ⟷ 2 € 🖃 3 € – 🔌 (5A) 3 €
Pour s'y rendre : Sortie NO, rte de la Grand'Combe, à
l'intersection D 59 et D 162, bord de l'Auzonnet

Nature : ≤ 🏞 ♀
Loisirs : 🏠 🎣
Services : ♿ ⚡ ⏚ 🗄 ⊕ 🎿 🖭
À prox. : ※ 🍽 🎿

Pour choisir et suivre un itinéraire
Pour calculer un kilométrage
Pour situer exactement un terrain (en fonction des
indications fournies dans le texte) :
Utilisez les **cartes MICHELIN** *détaillées à 1/150 000,*
compléments indispensables de cet ouvrage.

MASSILLARGUES-ATTUECH

✉ 30140 – **339** J4 – 522 h. – alt. 156
Paris 726 – Montpellier 56 – Nîmes 43 – Avignon 78 – Arles 74.

Schéma à Anduze

🏕 **Le Fief**
℘ 04 66 61 81 71, *natbrunel@cegetel.net*,
Fax 04 66 61 81 71, *campinglefiefdanduze.com* – **R** conseillée
5,5 ha (112 empl.) plat, herbeux
Location : 18 🚐
Pour s'y rendre : N : 1,5 km, à Atuech, par D 982, près d'un
étang (accès direct)

Nature : 🌿 ♀♀
Loisirs : pizzeria 🏠 🏕 🎿
Services : ⚡ 🗄 ♨ 🎿 ⊕ 🖭 🗑 🔥
À prox. : 🎣

Les PLANTIERS

✉ 30122 – **339** H4 – 228 h. – alt. 400
Paris 667 – Alès 48 – Florac 46 – Montpellier 85 – Nîmes 79 – Le Vigan 43.

△ **La Presqu'île du Caylou** avr.-oct.
℘ 04 66 83 92 85, Fax 04 66 83 92 85 – **R** conseillée
4 ha (75 empl.) en terrasses et peu incliné, pierreux,
herbeux
Tarif : ♦ ⟷ 🖃 9 € – 🔌 (10A) 2 €
Location 🏠 : 6 🚐 (2 à 4 pers.) 180 à 351 €/sem.
Pour s'y rendre : NE : 1 km par D 20, rte de Saumane, bord
du Gardon au Borgne
À savoir : Dans le coude d'une vallée rocheuse et verdoyante

Nature : ≤ 🏞 ♀
Loisirs : 🍹 🏠 ※ 🎿 🚣 🎣
Services : ♿ ⚡ ⏚ ♨ ⊕ 🎿 📞

PORT-CAMARGUE

✉ 30240 – **339** J7
Paris 762 – Montpellier 36 – Nîmes 47 – Avignon 93 – Béziers 99.

Schéma au Grau-du-Roi

Les Jardins de Tivoli avr.-sept.
    📞 04 66 53 97 00, *contact@lesjardinsdetivoli.fr*,
Fax 04 66 51 09 81, *www.lesjardinsdetivoli.com* – places li-
mitées pour le passage – **R** indispensable
6,5 ha (368 empl.) plat, sablonneux
Tarif : (Prix 2006) ⭐ 🚐 📧 52 €
Location 🏠 : 14 🏡 (4 à 6 pers.) 250 à 665 €/sem.
Pour s'y rendre : Rte de l'Espiguette

> Nature : 🔭 ♈♈
> Loisirs : 🍴 ✕ snack, pizzeria 🏠 🎪 discothèque 🚴 🎿 ⛳ ♒ 🏊
> Services : 🔑 GB 🐄 – 368 sanitaires individuels (🚿 wc) 🅿 🖼 💧 🚿
> À prox. : 🐎

Yelloh Village les Petits Camarguais (location exclusive de mobile homes)
    📞 04 66 51 16 16, *info@yellohvillage-petits-camar guais.com*, Fax 04 66 51 16 17, *www.yellohvillage-petits-ca marguais.com* – **R** indispensable 🏠
3,5 ha plat, sablonneux, herbeux
Location : 219 🚐 (4 à 6 pers.) 175 à 1 120 €/sem.
Pour s'y rendre : Rte de l'Espiguette
À savoir : Navettes gratuites pour la plage

> Nature : 🔭 ♈♈
> Loisirs : 🍴 snack 🎪 nocturne 🤸 🎯 ♒ terrain omnisports
> Services : 🔑 (1er juil.-31 août) GB 🐄 💧 🖼 💧 🚿
> À prox. : ⛳ 🔲 🐎

La Marine 🏕 – (location exclusive de mobile homes et caravanes) 7 avr.-1er oct.
    📞 04 66 53 36 90, *marine@vacances-directes.com*, Fax 04 65 51 50 45, *www.campinglamarine.com* 🏠
5 ha plat, herbeux, sablonneux
Location 🏠 : 🚐 – 263 🚐 (4 à 6 pers.) 231 à 665 €/sem.
Pour s'y rendre : Rte de l'Espiguette

> Nature : ♈
> Loisirs : 🍴 pizzeria 🏠 🎪 nocturne 🤸 🚴 🎯 ♒ 🏊
> Services : 🔑 GB 🐄 💧 🅿 🖼 🛒 💧 🚿
> À prox. : 🌊 🐎

Abri de Camargue 1er avr.-30 sept.
    📞 04 66 51 54 83, *contact@abridecamargue.fr*, Fax 04 66 51 76 42, *www.abridecamargue.fr* – **R** conseillée
4 ha (277 empl.) plat, herbeux, sablonneux
Tarif : ⭐ 🚐 📧 58 € 🔌 (6A) – frais de réservation 18 €
Location : 71 🚐 (4 à 6 pers.) 385 à 812 €/sem.
🚐 1 borne 7 €
Pour s'y rendre : Route de l'Espiguette, face au parc d'attractions

> Nature : 🔭 ♈♈
> Loisirs : 🍴 snack 🎪 diurne 🤸 🚴 🔲 ♒ salle de cinéma
> Services : 🔑 GB 🐄 🖼 🅿 🖼 sèche-linge 💧 🚿

393

REMOULINS

✉ 30210 – **339** M5 – G. Provence – 1 996 h. – alt. 27
ℹ *Office de tourisme, place des Grands Jours* 📞 04 66 37 22 34
Paris 685 – Alès 50 – Arles 37 – Avignon 23 – Nîmes 23 – Orange 34 – Pont-St-Esprit 40.

La Sousta 🏕 –
    📞 04 66 37 12 80, *info@lasousta.com*, Fax 04 66 37 23 69, *www.lasousta.com* – **R** conseillée
14 ha (300 empl.) plat et accidenté, herbeux, sablonneux
Tarif : ⭐ 🚐 📧 19,50 € – 🔌 (6A) 3 € – frais de réserva-tion 13 €
Location : 60 🚐 (4 à 6 pers.) 357 à 709 €/sem.
Pour s'y rendre : NO : 2 km rte du Pont du Gard, rive droite
À savoir : Agréable cadre boisé en bordure du Gardon, proche du Pont du Gard

> Nature : ♈♈
> Loisirs : 🍴 snack 🤸 🚴 🎿 ♒ 🏊 🌊 🚣
> Services : 🔑 GB 🐄 🖼 💧 🎿 🅿 🖼 💧 🚿

Benutzen Sie
– *zur Wahl der Fahrtroute*
– *zur Berechnung der Entfernungen*
– *zur exakten Lokalisierung eines Campingplatzes (mit Hilfe der Angaben im Ortstext)*
die für diesen Führer unentbehrlichen **MICHELIN-Karten** *im Ma1 : 150 000.*

La ROQUE-SUR-CÈZE

✉ 30200 – **339** M3 – G. Provence – 194 h. – alt. 90
Paris 663 – Alès 53 – Bagnols-sur-Cèze 13 – Bourg-St-Andéol 35 – Uzès 32.

Les Cascades 1er avr.-30 sept.
☎ 04 66 82 72 97, info@campinglescascades.com,
Fax 04 66 82 68 51, www.campinglescascades.com – **R** indispensable
5 ha (118 empl.) plat, peu incliné, en terrasses, herbeux
Tarif : ♣ ⇔ 🗊 20,40 € (₫) (10A) – frais de réservation 15 €
Location : 21 🛏 (4 à 6 pers.) 250 à 650 €/sem. – 5 bungalows toilés
Pour s'y rendre : 0,6 km au S par D 166, accès direct à la Cèze

> Nature : 🖵 ♀♀
> Loisirs : ♀ snack, pizzeria 🖼 ↗ ➷
> ➷ terrain omnisports
> Services : ⅙ ⚬━ ⅁ꞣ ⅏ 🗊 ᗷ ⟲ ⊕
> ⟍ ☙ 🖾 ᗷ

Si vous recherchez :

- 👫 *Un terrain offrant des équipements et des loisirs adaptés aux enfants*
- ➷ *Un terrain agréable ou très tranquille*
- L - M *Un terrain effectuant la location de caravanes, de mobile homes, de bungalows ou de chalets*
- P *Un terrain ouvert toute l'année*
- 🚐 *Un terrain possédant une aire de services pour camping-cars*

Consultez le tableau des localités

ST-AMBROIX

✉ 30500 – **339** K3 – 3 365 h. – alt. 142
🅱 Office de tourisme, place de l'Ancien Temple ☎ 04 66 24 33 36, Fax 04 66 24 05 83
Paris 686 – Alès 20 – Aubenas 56 – Mende 111.

Le Clos 1er avr.-31 oct.
☎ 04 66 24 10 08, campingleclos@wanadoo.fr,
Fax 04 66 60 25 62, www.camping-le-clos.com – **R** conseillée
1,5 ha (46 empl.) plat, herbeux
Tarif : ♣ ⇔ 🗊 19,30 € (₫) (10A)
Location : 4 🛏 (4 à 6 pers.) 205 à 500 €/sem.
Pour s'y rendre : Accès par centre ville en direction d'Aubenas puis rue à gauche par place de l'église, bord de la Cèze

> Nature : ≤ 🖵 ♀
> Loisirs : snack ♨ ♻ ↗ ➷
> Services : ⅙ ⚬━ ⅏ 🗊 ᗷ ⊕ ᗢ ⟲
> 🖾
> À prox. : ✕

Orlagues au pied de l'Espinouse

ST-HIPPOLYTE-DU-FORT

✉ 30170 – **339** I5 – 3 391 h. – alt. 165
🛈 *Office de tourisme, les Casernes ☎ 04 66 77 91 65, Fax 04 66 77 25 36*
Paris 703 – Alès 35 – Anduze 22 – Nîmes 48 – Quissac 15 – Le Vigan 31.

⚠ **Graniers** mi-juin-2 sept.
☎ 04 66 85 21 44, *campingdegraniers@tiscali.fr*,
Fax 04 66 85 21 44 – **R** conseillée
2 ha (50 empl.) peu incliné, terrasses, herbeux, bois
attenant
Tarif : ♣ 4 € ⇌ 2 € 🔲 8 € – [½] (6A) 3 € – frais de réservation 10 €
Location ⚡ : 2 🚐 (4 à 6 pers.) 300 à 400 €/sem.
Pour s'y rendre : NE : 4 km par rte d'Uzès puis D 133, rte
de Monoblet et chemin à droite, bord d'un ruisseau

Nature : 🏞 ⌘⌘
Loisirs : ♈ ⚄
Services : ⌫ ⚒ 🔲 ⚄ ⊛ ▨

ST-JEAN-DE-CEYRARGUES

✉ 30360 – **339** K4 – 156 h. – alt. 180
Paris 700 – Alès 18 – Nîmes 33 – Uzès 21.

⚠ **Les Vistes** 1ᵉʳ avr.-30 sept.
☎ 04 66 83 28 09, *info@lesvistes.com, www.lesvistes.com*
– **R** conseillée
6 ha/3 campables (52 empl.) non clos, plat, peu incliné,
pierreux, herbeux
Tarif : ♣ ⇌ 🔲 11,70 € – [½] (6A) 2,70 €
Location : 11 🏠 (4 à 6 pers.) 270 à 520 €/sem.
Pour s'y rendre : S : 0,5 km par D 7
À savoir : Belle situation panoramique

Nature : 🏞 ≼ Mt-Aigoual ⌘⌘(pinède)
Loisirs : ⚄ ⚄
Services : ⌫ ⌫ (1ᵉʳ juin-mi-sept.)
⚒ ⚄ ⚄ ⊛ ▨

395

ST-JEAN-DU-GARD

✉ 30270 – **339** I4 – G. Languedoc Roussillon – 2 563 h. – alt. 183
🛈 *Office de tourisme, place Rabaut Saint-Étienne ☎ 04 66 85 32 11, Fax 04 66 85 16 28*
Paris 675 – Alès 28 – Florac 54 – Lodève 91 – Montpellier 74 – Nîmes 60 – Le Vigan 59.

⚠ **Mas de la Cam** 27 avr.-20 sept.
☎ 04 66 85 12 02, *camping@masdelacam.fr*,
Fax 04 66 85 32 07, *www.masdelacam.fr* – **R** conseillée
6 ha (200 empl.) peu incliné, en terrasses, herbeux
Tarif : (Prix 2006) ♣ ⇌ 🔲 23 € [½] (6A) – frais de réservation 15 €
Location (15 avr.-20 sept.) ⚡ : bungalows toilés –
gîtes
Pour s'y rendre : 3 km au NO par D 907, rte de St-André-
de-Valborgne, bord du Gardon de St-Jean
À savoir : Site agréable dans une vallée verdoyante

Nature : 🏞 ≼ ⌘⌘
Loisirs : ♈ snack 🎦 🌙 nocturne ⚄ ⚄ ⚄ ⚄ terrain omnisports
Services : ⌫ ⌫ GB ⚒ 🔲 ⚄ ⚄ ⊛ ⚄ ▨ ⚄ ⚄

⚠ **Les Sources** avr.-sept.
☎ 04 66 85 38 03, *camping-des-sources@wanadoo.fr*,
Fax 04 66 85 16 09, *www.camping-des-sources.fr*
– **R** conseillée
3 ha (92 empl.) peu incliné et en terrasses, herbeux
Tarif : (Prix 2006) ♣ ⇌ 🔲 18 € – [½] 3 € – frais de réservation 8 €
Location (permanent) : 12 🏠 (4 à 6 pers.) 250 à
570 €/sem.
🚐 1 borne 4 €
Pour s'y rendre : 1 km au NE par D 983 et D 50, rte de
Mialet
À savoir : Agréable cadre champêtre, ambiance familiale

Nature : 🏞 ≼ ⌘⌘
Loisirs : ♈ snack 🎦 ⚄ ⚄
Services : ⌫ ⌫ GB ⚒ 🔲 ⚄ ⚄ ⊛ ⚄ ⚄ ▨ ⚄

ST-JEAN-DU-GARD

La Forêt 1er mai-15 sept.
🔆 04 66 85 37 00, *laforet30@aol.com*, Fax 04 66 85 07 05,
www.campingalaforet.com – **R** conseillée
3 ha (75 empl.) plat et en terrasses, pierreux, herbeux
Tarif : (Prix 2006) 🏕 ⬅ 🅴 21,60 € 🔋 (6A) – frais de réservation 5 €
Location (1er avr.-30 sept.) ⬙ : 3 🏠 (4 à 6 pers.) 325 à 430 €/sem. – chalets (sans sanitaires)
Pour s'y rendre : 2 km au N par D 983, rte de St-Étienne-Vallée-Française puis 2 km par D 333, rte de Falguières
À savoir : À l'orée d'une vaste pinède

Nature : 🌳 ≤ 💭 ♀
Loisirs : 🏊 🛶 🎿
Services : ⌇ 🏧 GB 🐕 🗑 🛁 🚿 ♨ 🛒 🍴

ST-LAURENT-D'AIGOUZE

✉ 30220 – **339** K7 – 2 738 h. – alt. 3
Paris 737 – Aigues-Mortes 8 – La Grande-Motte 83 – Montpellier 42 – Nîmes 35 – Sommières 23.

Fleur de Camargue 8 avr.-sept.
🔆 04 66 88 15 42, *accv@aol.com*, Fax 04 66 88 10 21,
www.fleur-de-camargue.com – **R** conseillée
4 ha (160 empl.) plat, pierreux, herbeux
Tarif : (Prix 2006) 🏕 ⬅ 🅴 25 € 🔋 (10A) – frais de réservation 16 €
Location ⬙ : 35 🏠 (4 à 6 pers.) 190 à 610 €/sem.
Pour s'y rendre : S : 2,8 km par D 46

Nature : 💭 ♀
Loisirs : snack 🍴 🛶 🎿 🏊
Services : ⌇ 🏧 GB 🐕 🗑 🚿 ♨ 🛒 🍴

Si vous désirez réserver un emplacement pour vos vacances,
faites-vous préciser au préalable les conditions particulières de séjour,
les modalités de réservation, les tarifs en vigueur et les conditions de paiement.

396

ST-VICTOR-DE-MALCAP

✉ 30500 – **339** K3 – 538 h. – alt. 140
Paris 680 – Alès 23 – Barjac 15 – La Grand-Combe 25 – Lussan 21 – St-Ambroix 4.

Domaine de Labeiller ♣♣ – 1er mai-30 sept.
🔆 04 66 24 15 27, *campinglabeiller@wanadoo.fr*,
Fax 04 66 24 14 08, *www.campinglabeiller.com* – **R** conseillée
3 ha (132 empl.) en terrasses, plat, pierreux, herbeux
Tarif : 🏕 ⬅ 🅴 26 € – 🔋 (6A) 4 €
Location : 10 🏠 (4 à 6 pers.) 275 à 720 €/sem. – gîtes
Pour s'y rendre : SE : 1 km, accès par D 51, rte de St-Jean-de-Maruéjols et chemin à gauche
À savoir : Agréable chênaie autour d'un bel espace aquatique

Nature : 🌳 💭 ♀♀
Loisirs : 🍷 snack 🏓 🛶 🎿 🏊
Services : ♿ ⌇ 🐕 🗑 🛁 ♨ 🛒 🍴 🚿
À prox. : 🏊 canoë

SOMMIÈRES

✉ 30250 – **339** J6 – 3 677 h. – alt. 34
🅱 *Office de tourisme, 5, quai Frédéric Gaussorgues* 🔆 04 66 80 99 30, Fax 04 66 80 06 95
Paris 734 – Alès 44 – Montpellier 35 – Nîmes 29.

Domaine de Massereau 7 avr.-17 nov.
🔆 04 66 53 11 20, *info@massereau.fr*, Fax 04 66 73 32 29,
www.massereau.fr – **R** conseillée
90 ha/7,7 campables (89 empl.) plat, peu incliné, herbeux, pierreux
Tarif : 🏕 ⬅ 🅴 27 € – 🔋 (16A) 6 € – frais de réservation 16 €
Location : 25 🏠 (4 à 6 pers.) 266 à 679 €/sem. – 12 🏠 (4 à 6 pers.) 308 à 756 €/sem. – bungalows toilés
🚐 1 borne 2 €
Pour s'y rendre : 2,5 km au SE par D 12, rte d'Aubais
À savoir : Au milieu d'un domaine viticole

Nature : 🌳 💭 ♀♀
Loisirs : 🍷 snack, pizzeria 🚲 ⛳ 🎿 parcours de santé
Services : ♿ ⌇ GB 🐕 🗑 🛁 ♨ 🛒 🚾 ♨ 🛒 sèche-linge 🗄 🚿
À prox. : 🏖 🛶 piste cyclable

Municipal de Garanel 1er avr.-30 sept.
    𝄋 04 66 80 33 49, *mairie-sommieres@wanadoo.fr*,
Fax 04 66 80 33 49 – **R** conseillée
7 ha (60 empl.) plat, pierreux, sablonneux
Tarif : (Prix 2006) ♦ ⟵⟶ 🅴 5,80 € – 🔌 (10A) 4 €
Pour s'y rendre : Derrière les arènes, près du Vidourle

Nature : ♀	
Services : ⊶ ♨ ⚲ ⚤ 🚿 🏧	
À prox. : ✗ ⤴ canoë	

UZÈS

✉ 30700 – **339** L4 – G. Provence – 8 007 h. – alt. 138
🛈 *Office de tourisme, place Albert 1er* 𝄋 *04 66 22 68 88, Fax 04 66 22 95 19*
Paris 682 – Alès 34 – Arles 52 – Avignon 38 – Montélimar 82 – Montpellier 83 – Nîmes 25.

Le Moulin Neuf 1er avr.-24 sept.
    𝄋 04 66 22 17 21, *le.moulin.neuf@wanadoo.fr*,
Fax 04 66 22 91 82, *www.le-moulin-neuf.com* – **R** conseillée
5 ha (131 empl.) plat, herbeux
Tarif : ♦ ⟵⟶ 🅴 19 € 🔌 (5A) – frais de réservation 10 €
Location (permanent) : 35 🛖 (4 à 6 pers.) 240 à
550 €/sem.
Pour s'y rendre : NE : 4,5 km par D 982, rte de Bagnols-
sur-Cèze et D 5 à gauche
À savoir : Agréable cadre ombragé

Nature : 🌿 ⟱ 𝄫	
Loisirs : ⛉ snack 🎪 🏃 🚴 🚲	
✗ 🔭 ⤴	
Services : ♿ ⊶ GB ♨ 🗑 ⚤ 🚿 🧺	
🏧 ⚲ 🚻	
À prox. : 🐎	

Le Mas de Rey 1er avr.-15 oct.
    𝄋 04 66 22 18 27, *info@campingmasderey.com*,
Fax 04 66 22 18 27, *www.campingmasderey.com* – **R** indis-
pensable
5 ha/2,5 campables (60 empl.) plat, herbeux
Tarif : (Prix 2006) ♦ ⟵⟶ 🅴 17 € – 🔌 (10A) 3 € – frais de
réservation 8 €
Location : 5 🛖 – (sans sanitaires)
Pour s'y rendre : SO : 3 km par D 982, rte d'Arpaillargues
puis chemin à gauche
À savoir : Emplacements fleuris

Nature : 🌿 ⟱ ♀	
Loisirs : 🎪 ⤴ ⤴	
Services : ♿ ⊶ GB ♨ 🗑 🧺 ⚤ 🏧	
🚻	
À prox. : 🛒 ✗ 🐎 parcours de	
santé	

Saint-Guilhem-le-Désert

VALLABRÈGUES

30300 – **339** M5 – 1 197 h. – alt. 8
Paris 698 – Arles 26 – Avignon 22 – Beaucaire 9 – Nîmes 32 – Pont-du-Gard 25.

▲ **Lou Vincen** 1er avr.-15 nov.
04 66 59 21 29, *campinglouvincen@wanadoo.fr*,
Fax 04 66 59 07 41, *campinglouvincen.com* – **R** conseillée
1,4 ha (75 empl.) plat, herbeux
Tarif : 🛉 ⇔ 🗉 17 € (6A) – frais de réservation 17 €
Location ⚡ : 6 ⟨4 à 6 pers.⟩ 321,20 à 550 €/sem.
⟨ 1 borne
Pour s'y rendre : À l'O du bourg, à 100 m du Rhône et d'un
petit lac

| Nature : |
| Loisirs : |
| Services : |
| À prox. : |

VALLERAUGUE

30570 – **339** G4 – G. Languedoc Roussillon – 1 009 h. – alt. 346
Office de tourisme, quartier des Horts 04 67 82 25 10
Paris 684 – Mende 100 – Millau 75 – Nîmes 86 – Le Vigan 22.

▲ **Le Pied de l'Aigoual** 10 juin-15 sept.
04 67 82 24 40, *monteils30@aol.com*, Fax 04 67 82 24 23
– **R** conseillée
2,7 ha (80 empl.) plat, herbeux
Tarif : 🛉 ⇔ 🗉 10 € – (6A) 3 €
Location : gîtes
Pour s'y rendre : O : 2,2 km par D 986, rte de l'Espérou, à
60 m de l'Hérault

| Nature : |
| Loisirs : |
| Services : |

The Guide changes, so renew your Guide every year.

Le VIGAN

30120 – **339** G5 – G. Languedoc Roussillon – 4 429 h. – alt. 221
Office de tourisme, place du Marché 04 67 81 01 72, Fax 04 67 81 86 79
Paris 707 – Alès 66 – Lodève 50 – Mende 108 – Millau 72 – Montpellier 61 – Nîmes 77.

▲ **Le Val de l'Arre** 1er avr.-30 oct.
04 67 81 02 77, *valdelarre@wanadoo.fr*,
Fax 04 67 81 71 23, *www.valdelarre.com* – **R** conseillée
4 ha (180 empl.) plat, peu incliné et en terrasses, herbeux
Tarif : (Prix 2006) 🛉 ⇔ 🗉 17,50 € (10A) – frais de réservation 15 €
Location ⚡ : 8 ⟨4 à 6 pers.⟩ 280 à 595 €/sem. –
chalets (sans sanitaires)
Pour s'y rendre : E : 2,5 km par D 999 rte de Ganges et
chemin à droite, bord de l'Arre

| Nature : |
| Loisirs : |
| Services : |

VILLENEUVE-LÈS-AVIGNON

30400 – **339** N5 – G. Provence – 11 791 h. – alt. 23
Office de tourisme, 1, place Charles David 04 90 25 61 33, Fax 04 90 25 91 55
Paris 678 – Avignon 8 – Nîmes 46 – Orange 28 – Pont-St-Esprit 42.

▲ **Campéole L'Ile des Papes** 👥 – 1er avr.-31 oct.
04 90 15 15 90, *ile.papes@wanadoo.fr*,
Fax 04 90 15 15 91, *www.campeoles.fr* – **R** conseillée
20 ha (348 empl.) plat, gravillons, herbeux, plan d'eau
Tarif : 🛉 ⇔ 🗉 26,90 € (10A)
Location (1er avr.-31 déc.) : 30 ⟨4 à 6 pers.⟩ 259 à
658 €/sem. – 12 ⟨4 à 6 pers.⟩ 259 à 658 €/sem. –
bungalows toilés
⟨ 1 borne
Pour s'y rendre : NE : 4,5 km par D 980, rte de Roquemaure et D 780 à droite, rte du barrage de Villeneuve, entre
le Rhône et le canal

| Nature : |
| Loisirs : |
| Services : |

Municipal de la Laune 1er avr.-15 févr.
𝄢 04 90 25 76 06, *campingdelalaune@wanadoo.fr*,
Fax 04 90 25 76 06 – **R** conseillée
2,3 ha (123 empl.) plat, herbeux
Tarif : ♣ 5 € ⟷ 1,80 € ▣ 2,60 € – ⚡ (6A) 2,30 €
🚐 1 borne – 5 ▣
Pour s'y rendre : Au Nord-Est de la ville, chemin St-
Honoré, accès par D 980, près du stade et des piscines

| Nature : 🌳 🟢🟢 |
| Loisirs : 🏠 |
| Services : ♿ ⟷ ⬛ ⅏ 🗄 ⊕ 🖼 🍴 |
| À prox. : ⚓ 🖼 🛝 |

Hérault (34)

AGDE

✉ 34300 – **339** F9 – G. Languedoc Roussillon – 19 988 h. – alt. 5
🅱 *Office de tourisme, 1, place Molière* 𝄢 04 67 94 29 68, Fax 04 67 94 03 50
Paris 754 – Béziers 24 – Lodève 60 – Millau 118 – Montpellier 56 – Sète 25.

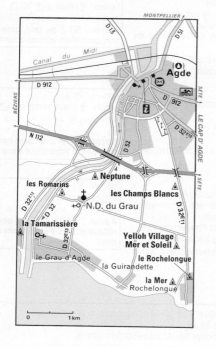

Les Champs Blancs 7 avr.-30 sept.
𝄢 04 67 94 23 42, *champs.blancs@wanadoo.fr*,
Fax 04 67 94 87 81, *www.champs-blancs.fr* – places limitées
pour le passage – **R** conseillée
15 ha/4 campables (336 empl.) plat, gravillons, herbeux
Tarif : (Prix 2006) ♣ ⟷ ▣ 40 € ⚡ (10A) – frais de réservation 25 €
Location 🏖 : 80 🚏 (4 à 6 pers.) 265 à 700 €/sem. – 25
🏠 (4 à 6 pers.) 385 à 850 €/sem.
Pour s'y rendre : S : 2 km par rte de Rochelongue
À savoir : Bel espace aquatique

| Nature : 🌳 🟢 |
| Loisirs : 🍽 snack 🎱 🎯 🚣 ⚓ 🎿 🛝 🏛 terrain omnisports |
| Services : ♿ ⟷ ⬛ ⅏ 🗄 – 80 sanitaires individuels (🚿 ⛲ wc) ⊕ 🐕 🖼 🛁 🍴 |

AGDE

▲▲ **Yelloh-Village Mer et Soleil** ♣♣ – 31 mars-14 oct.
 📞 04 67 94 21 14, *contact@camping-mer-soleil.com*,
 Fax 04 67 94 81 94, *www.camping-mer-soleil.com*
 – **R** conseillée
 8 ha (497 empl.) plat, sablonneux, herbeux
 Tarif : ♦ ⇐⇒ 🔲 41 € 🛇 (6A) – frais de réservation 16 €
 Location 🛇 : 152 🔲 (4 à 6 pers.) 231 à 945 €/sem.
 🔲, 1 borne 2 €
 Pour s'y rendre : S : 3 km par rte de Rochelongue

> Nature : 🔲 ♀♀
> Loisirs : ♀ pizzeria, snack 🛇 noc-
> turne 🏃 🏓 🎣 🚴 ⛳ 🏊 ♨
> 🏊
> Services : ♿ ⛽ GB 🛒 🔲 🚿 ☺ 🛁
> 🛒 🛁
> À prox. : 🐎

▲▲ **Neptune** saison
 📞 04 67 94 23 94, *info@campingleneptune.com*,
 Fax 04 67 94 48 77, *www.campingleneptune.com* – **R** indis-
 pensable 🛇
 2,1 ha (165 empl.) plat, herbeux
 Tarif : (Prix 2006) ♦ ⇐⇒ 🔲 25,90 €
 Location : 🔲 (4 à 6 pers.) 182 à 880 €/sem.
 Pour s'y rendre : S : 2 km, près de l'Hérault
 À savoir : Décoration arbustive et florale

> Nature : 🔲 ♀
> Loisirs : ♀ 🎣 🚴 🏊
> Services : ♿ ⛽ GB 🛒 🔲 🚿 ☺ 🛁
> 🛒 🔲
> À prox. : 🍴 🐚 🐎

▲▲ **Les Romarins** 15 avr.-25 sept.
 📞 04 67 01 67 36, *contact@romarins.com*,
 Fax 04 67 26 58 80, *www.romarins.com* – **R** indispensable
 1,8 ha (120 empl.) plat, herbeux, sablonneux
 Tarif : ♦ 6,45 € ⇐⇒ 🔲 21,05 € – 🛇 (6A) 4,15 € – frais de
 réservation 20 €
 Location 🛇 : 20 🔲 (4 à 6 pers.) 195 à 620 €/sem.
 Pour s'y rendre : S : 3 km, près de l'Hérault

> Nature : ♀
> Loisirs : ♀ snack 🎣 🍴 🏊
> Services : ♿ ⛽ GB 🛒 🔲 ☺ 🔲
> À prox. : 🔲 🐎 ⛳ golf, base nauti-
> que, parc d'attractions aquatiques

▲▲ Le Rochelongue
 📞 04 67 21 25 51, *le.rochelongue@wanadoo.fr*,
 Fax 04 67 94 04 23 – **R** conseillée
 2 ha (100 empl.) plat, gravillons, herbeux
 Location : 🔲 – 🏠
 Pour s'y rendre : à Rochelongue, S : 4 km, à 500 m de la
 plage

> Nature : 🔲 ♀
> Loisirs : ♀ snack, pizzeria 🎣 🏊
> Services : ♿ ⛽ 🔲 🛁 🔲 ☺ 🛁 🔲
> 🔲
> À prox. : 🍴 🔲 🐎 base nautique,
> golf, parc d'attractions aquatiques

▲ **La Mer** mai-25 sept.
 📞 04 67 94 72 21, *camping-la-mer@wanadoo.fr*,
 Fax 04 67 94 72 07, *www.camping-la-mer.net* – **R** conseillée
 2 ha (119 empl.) plat, herbeux, sablonneux
 Tarif : (Prix 2006) ♦ ⇐⇒ 🔲 22 € – frais de réservation 15 €
 Location 🛇 : 8 🏠 (4 à 6 pers.) 280 à 490 €/sem.
 Pour s'y rendre : S : 4,3 km, rte de Rochelongue, à 200 m
 de la plage

> Nature : 🔲 ♀♀
> Loisirs : ♀ pizzeria 🎣
> Services : ♿ ⛽ 🛒 🔲 🔲 ☺ 🔲
> À prox. : 🔲 🔲 🐚 🏊 🐎 golf, base
> nautique, parc d'attractions aquati-
> ques

BALARUC-LES-BAINS

✉ 34540 – **339** H8 – G. Languedoc Roussillon – 5 688 h. – alt. 3 – ♨ (déb.-mars-mi déc.)
🛈 *Syndicat d'initiative, Pavillon Sévigné* 📞 04 67 46 81 46
Paris 781 – Agde 32 – Béziers 52 – Frontignan 8 – Lodève 54 – Montpellier 33 – Sète 9.

▲▲ **Les Vignes** 1ᵉʳ avr.-31 oct.
 📞 04 67 48 04 93, *camping.lesvignes@free.fr*,
 Fax 04 67 18 74 32, *www.camping-lesvignes.com* – places limitées pour le passage – **R** conseillée
 2 ha (169 empl.) plat, herbeux, gravier
 Tarif : ♦ ⇐⇒ 🔲 17 € – 🛇 (10A) 3,50 € – frais de réservation 10 €
 Location : 4 🏠 (4 à 6 pers.) 255 à 550 €/sem.
 🔲, 1 borne 4 € – 13 🔲 8 €
 Pour s'y rendre : NE : 1,7 km par D 129, D 2ᴱ⁶, à droite, rte
 de Sète et chemin à gauche

> Nature : 🔲 ♀
> Loisirs : snack 🔲 🎣 🏊
> Services : ♿ ⛽ GB 🛒 🔲 ☺ 🛁
> 🔲

Le Mas du Padre ⚐⚐ – 31 mars-14 oct.
  📞 04 67 48 53 41, *contact@mas-du-padre.com*,
  Fax 04 67 48 08 94, *www.mas-du-padre.com* – **R** conseillée
  1,8 ha (116 empl.) peu incliné, pierreux, herbeux
  Tarif : ⚑ 4,30 € 🚗 4,40 € 🏠 17,30 € – (ƀ) (10A) 5,15 € –
  frais de réservation 9 €
  Location : 11 🚐 (4 à 6 pers.) 280 à 609 €/sem.
  Pour s'y rendre : NE : 2 km par D 2ᴱ et chemin à droite
  À savoir : Sur une petite colline à l'ombre d'une grande
  variété d'arbres

Nature : 🌳 ΩΩ
Loisirs : 🏠 🎠 ⛹ 🏊
Services : ♿ ⚡ 🆑 ⛽ 🛒 🧺 ⊕ 🗑
réfrigérateurs

BRISSAC

✉ 34190 – **339** H5 – G. Languedoc Roussillon – 442 h. – alt. 145
Paris 732 – Ganges 7 – Montpellier 41 – St-Hippolyte-du-Fort 19 – St-Martin-de-Londres 17 – Le Vigan 25.

Le Val d'Hérault
  📞 04 67 73 72 29, *p.fraisse@wanadoo.fr*,
  Fax 04 67 73 30 81, *www.camping-levaldherault.com*
  – **R** conseillée
  4 ha (135 empl.) peu incliné et en terrasses, pierreux
  Tarif : ⚑ 🚗 🏠 14,60 € – (ƀ) (5A) 4,10 € – frais de réservation 10 €
  Location : 18 🚐 (4 à 6 pers.) 470 à 665 €/sem. – 8 🏠
  (4 à 6 pers.) 570 à 635 €/sem.
  Pour s'y rendre : S : 4 km par D 4 rte de Causse-de-la-Selle,
  à 250 m de l'Hérault (accès direct)

Nature : 🌊 ≼ 🌳 ΩΩ
Loisirs : 🍹 snack 🏠 🎮 nocturne
🎣 🏊
Services : ♿ ⚡ 🆑 ⛽ 🧺 🛒 ⊕ 🏊
🚿 🛠 🗑 🪑 🚰
À prox. : 🏖 (plage) escalade

*Raadpleeg, voordat U zich op een kampeerterrein installeert,
de tarieven die de beheerder verplicht
is bij de ingang van het terrein aan te geven.
Informeer ook naar de speciale verblijfsvoorwaarden.
De in deze gids vermelde gegevens kunnen
sinds het verschijnen van deze hereditie gewijzigd zijn.*

401

CANET

✉ 34800 – **339** F7 – 1 598 h. – alt. 42
Paris 717 – Béziers 47 – Clermont-l'Hérault 6 – Gignac 10 – Montpellier 39 – Sète 39.

Les Rivières
  📞 04 67 96 75 53, *camping-les-rivieres@wanadoo.fr*,
  Fax 04 67 96 58 35, *www.camping-les-rivieres.com*
  – **R** conseillée 🐕
  3 ha (90 empl.) plat, pierreux, herbeux
  Location : 🚐 – 🏠
  Pour s'y rendre : N : 1,8 km par D 131ᴱ, à la Sablière
  À savoir : Belle situation au bord de l'Hérault

Nature : 🌊 🌳 Ω ⛰
Loisirs : 🍹 snack, pizzeria 🏠 🎾
🎣 🏊
Services : ♿ ⚡ 🧺 🛠 ⊕ 🗑 🚰
À prox. : 🐎

Le CAP-D'AGDE

✉ 34300 – **339** G9 – G. Languedoc Roussillon
ℹ *Office de tourisme, rond-point du Bon Accueil* 📞 *04 67 01 04 04, Fax 04 67 26 22 99*
Paris 767 – Montpellier 57 – Béziers 29 – Narbonne 59 – Sète 25.

La Clape déb.avr.-fin sept.
  📞 04 67 26 41 32, *contact@camping-laclape.com*,
  Fax 04 67 26 45 25, *www.camping-laclape.com* – **R** conseillée
  7 ha (450 empl.) plat, herbeux, pierreux
  Tarif : ⚑ 🚗 🏠 21,80 € – (ƀ) (10A) 3,70 € – frais de réservation 22 €
  Location 🐕 : 45 🚐 (4 à 6 pers.) 268 à 588 €/sem. – 23
  🏠 (4 à 6 pers.) 319 à 673 €/sem.
  Pour s'y rendre : Près de la plage (accès direct)

Nature : 🌳 ΩΩ
Loisirs : 🍹 snack 🏠 🎣 🏊
Services : ♿ ⚡ 🆑 ⛽ 🛏 🧺 ⊕ 🗑
⊕ 🗑 🪑 🚰 réfrigérateurs
À prox. : 🍴 🎯 🏇

CARNON-PLAGE

✉ 34280 – **339** I7 – G. Languedoc Roussillon
🛈 *Office de tourisme, résidence la Civadière* 📞 *04 67 50 51 15, Fax 04 67 50 54 04*
Paris 758 – Aigues-Mortes 20 – Montpellier 20 – Nîmes 56 – Sète 37.

⚠ **Intercommunal les Saladelles** 10 avr.-15 sept.
📞 04 67 68 23 71, *camping.saladelles@wanadoo.fr*,
Fax 04 67 68 23 71, *sivom-etang-or.fr* – **R** conseillée
7,6 ha (384 empl.) plat, sablonneux
Tarif : (Prix 2006) 🧍 🚐 📺 18,10 € – 🔌 (10A) – frais de réservation 10 €
Location : 97 🚚 (4 à 6 pers.) 160 à 570 €/sem.
🚐 1 borne 10 € – 18 📺 10 €
Pour s'y rendre : Par D 59, Carnon Est, à 100 m de la plage

Services : 🛇 �̶ GB 📺 📺 ⚙ 🚿 🚽
🔥

CASTRIES

✉ 34160 – **339** I6 – G. Midi Pyrénées – 5 146 h. – alt. 70
🛈 *Syndicat d'initiative, 19, rue Sainte Catherine* 📞 *04 99 74 01 77, Fax 04 99 74 01 77*
Paris 746 – Lunel 15 – Montpellier 19 – Nîmes 44.

⚠⚠ **Fondespierre** Permanent
📞 04 67 91 20 03, *pcomtat@free.fr*, Fax 04 67 16 41 48,
www.campingfondespierre.com – accès aux emplacements par forte pente, mise en place et sortie des caravanes à la demande – **R** conseillée
3 ha (103 empl.) en terrasses et peu incliné, pierreux
Tarif : 🧍 🚐 📺 22 € – 🔌 (10A) 10 € – frais de réservation 15 €
Location : 12 🚚 (4 à 6 pers.) 249 à 629 €/sem.
🚐 1 borne 4 €
Pour s'y rendre : NE : 2,5 km par N 110, rte de Sommières et rte à gauche

Nature : 🌿 ☐ ♀
Loisirs : 🎣 ⛱
Services : 🛇 �̶ GB 📺 📺 🚿 ⚙ 📶
🔥
À prox. : 🍴

CLERMONT-L'HÉRAULT

✉ 34800 – **339** F7 – G. Languedoc Roussillon – 6 532 h. – alt. 92
🛈 *Office de tourisme, rue René Gosse* 📞 *04 67 96 23 86, Fax 04 67 96 98 58*
Paris 718 – Béziers 46 – Lodève 24 – Montpellier 42 – Pézenas 22 – Sète 55.

⚠⚠ **Municipal du Lac du Salagou** Permanent
📞 04 67 96 13 13, *centretouristique@wanadoo.fr*,
Fax 04 67 96 32 12, *www.lesalagou.fr* – **R** conseillée
7,5 ha (388 empl.) plat et en terrasses, peu incliné, pierreux, gravier, herbeux.
Tarif : 🧍 🚐 📺 9,80 € – 🔌 (10A) 3,20 € – frais de réservation 15 €
Location : 5 🚚 (4 à 6 pers.) 315 à 450 €/sem. – gîtes
Pour s'y rendre : NO : 5 km par D 156[E 4], à 300 m du lac
À savoir : Situation agréable à proximité du lac et de la base nautique

Nature : ⬶ ☐ ♀
Loisirs : 🎏 🏛 🛶
Services : 🛇 �̶ GB 📺 🚿 ⚙ 📶
cases réfrigérées
À prox. : 🍸 🍴 pizzeria 🛝 🚲 ⛴ ♨

CREISSAN

✉ 34370 – **339** D8 – 938 h. – alt. 90
Paris 774 – Béziers 21 – Murviel-lès-Béziers 20 – Narbonne 25 – Olonzac 30 – St-Chinian 12.

⚠ **Municipal les Oliviers**
📞 04 67 93 81 85, *mairie-creissan@wanadoo.fr*,
Fax 04 67 93 85 28, *www.creisan.com* – **R** conseillée
0,4 ha (20 empl.) plat, herbeux
Location : gîtes
Pour s'y rendre : Au Nord-Ouest du bourg

Nature : ☐ ♀
Services : 🛇 �̶ ⚙ 🚿 🔥
À prox. : 🍴 ⛴

FRONTIGNAN

✉ 34110 – **339** H8 – G. Languedoc Roussillon – 19 145 h. – alt. 2
Paris 775 – Lodève 59 – Montpellier 26 – Sète 10.

à Frontignan-Plage S : 1 km – ✉ 34110

△△△ **Les Tamaris** ♣♣ – 1er avr.-28 sept.
     📞 04 67 43 44 77, *les-tamaris@wanadoo.fr,*
     Fax 04 67 18 97 90, *www.les-tamaris.fr* – **R** conseillée
     4 ha (250 empl.) plat, herbeux, pierreux
     Tarif : ♣ ⟷ 🔲 38 € ⒢ (10A) – frais de réservation 25 €
     Location 🎣 : 62 ⟦⟧ (4 à 6 pers.) 280 à 840 €/sem. – 23
     🏠 (4 à 6 pers.) 280 à 840 €/sem.
     ⟦⟧ 1 borne 5 €
     Pour s'y rendre : NE par D 60
     À savoir : Cadre agréable, au bord de la plage

> Nature : 🏞 ⬡ ⛰
> Loisirs : 🍸 ✗ pizzeria 🎱 🎪 nocturne 🛝 🎠 🚣 ⛵
> Services : 🔹 ⚡ 🆖 🐕 🔲 🛒 ⊕ 🔹 📵 🔹 🔹 🛒 cases réfrigérées

GIGNAC

✉ 34150 – **339** G7 – G. Languedoc Roussillon – 3 955 h. – alt. 53
🅱 *Office de tourisme, place du Gal Claparède* 📞 04 67 57 58 83, *Fax 04 67 57 67 95*
Paris 719 – Béziers 58 – Clermont-l'Hérault 12 – Lodève 25 – Montpellier 30 – Sète 57.

△ **Municipal la Meuse** 6 juin-6 sept.
     📞 04 67 57 92 97, *camping.meuse@wanadoo.fr,*
     Fax 04 67 57 25 65, *www.ville-gignac.fr* – **R** conseillée
     3,4 ha (61 empl.) plat, herbeux
     Tarif : ♣ ⟷ 🔲 10 € – ⒢ (16A) 2,20 €
     Pour s'y rendre : NE : 1,2 km par D 32, rte d'Aniane puis
     chemin à gauche, à 200 m de l'Hérault et d'une base nautique

> Nature : 🏞 ⬡
> Loisirs : snack ✗
> Services : 🔹 ⚡ 🐕 🔲 🛒 ⊕ 🔹
> À prox. : 🔹 🏊 ⒟ parcours sportif, mur d'escalade

La GRANDE-MOTTE

✉ 34280 – **339** J7 – G. Languedoc Roussillon – 6 458 h. – alt. 1
🅱 *Office de tourisme, allée des Parcs* 📞 04 67 56 42 00, *Fax 04 67 29 91 42*
Paris 747 – Aigues-Mortes 12 – Lunel 16 – Montpellier 28 – Nîmes 45 – Palavas-les-Flots 16 – Sète 47.

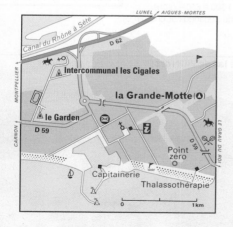

△△△ **Le Garden** ♣♣ – 1er avr.-15 oct.
     📞 04 67 56 50 09, *jc.mandel@wanadoo.fr,*
     Fax 04 67 56 25 69, *www.legarden.fr*
     3 ha (209 empl.) plat, herbeux, sablonneux
     Tarif : ♣ ⟷ 🔲 36 € ⒢ (10A)
     Location : 118 ⟦⟧ (4 à 6 pers.) 320 à 798 €/sem.
     Pour s'y rendre : Sortie O par D 59, à 300 m de la plage

> Nature : 🏞 ⬡⬡(pinède)
> Loisirs : 🍸 ✗ pizzeria 🎱 🛝 🎠 ⛵
> Services : 🔹 ⚡ 🆖 Ⓜ 🔲 🔹 ⊕ 🔹 📵 🔹 🔹
> À prox. : ⛳

La GRANDE-MOTTE

⚠ **Intercommunal les Cigales** déb.avr.-mi-oct.
📞 04 67 56 50 85, *camping.lescigales@wanadoo.fr*,
Fax 04 67 56 50 85, *www.sivom-etang-or.fr* – **R** indispensable
2,5 ha (180 empl.) plat, sablonneux
Tarif : (Prix 2006) 🏕 🚐 🔲 19 € 🔌 (10A) – frais de réservation 10 €
Location : 20 🚐 (4 à 6 pers.) 165 à 570 €/sem.
Pour s'y rendre : Sortie O par D 59

Loisirs : 🛝
Services : 🔌 GB 🐕 ☺ 🚿 🚾 🖥
À prox. : 🐎 poneys

LATTES

✉ 34970 – **339** I7 – G. Languedoc Roussillon – 13 768 h. – alt. 3
🛈 Office de tourisme, 679, avenue de Montpellier 📞 04 67 22 52 91
Paris 766 – Montpellier 7 – Nîmes 54 – Béziers 68 – Arles 80.

⚠ **Le Parc** 31 mars-3 nov.
📞 04 67 65 85 67, *camping-le-parc@wanadoo.fr*,
Fax 04 67 20 20 58, *www.leparccamping.com* – **R** conseillée
1,6 ha (100 empl.) plat, herbeux, pierreux
Tarif : 🏕 🚐 🔲 24,10 € 🔌 (10A) – frais de réservation 12 €
Location : 16 🚐 (4 à 6 pers.) 250 à 630 €/sem.
Pour s'y rendre : NE : 2 km par D 172

Nature : 🏞 ♀♀
Loisirs : snack 🛝 🏊
Services : 🔌 🔌 GB 🐕 🖥 🚿 ☺ 🖥
À prox. : 🏕 🚲 🍴 🐎 parcours de santé

LAURENS

✉ 34480 – **339** E7 – 932 h. – alt. 140
Paris 736 – Bédarieux 14 – Béziers 22 – Clermont-l'Hérault 40 – Montpellier 91 – Sète 61.

⛰ **L'Oliveraie** 🧍🧍 – Permanent
📞 04 67 90 24 36, *oliveraie@free.fr*, Fax 04 67 90 11 20,
www.oliveraie.com – **R** conseillée
7 ha (116 empl.) plat, terrasse, pierreux, herbeux
Tarif : 🏕 🚐 🔲 23,60 € – 🔌 (10A) 4,60 € – frais de réservation 20 €
Location : 🏠 – 7 🚐 (4 à 6 pers.) 300 à 610 €/sem.
Pour s'y rendre : N : 2 km par rte de Bédarieux et chemin à droite

Nature : 🏞 ♀
Loisirs : 🍴 pizzeria 🌙 nocturne 🏓
🎾 🛝 🚲 ✂ 🏊 🐎 poneys
Services : 🔌 🔌 GB 🐕 🖥 ☺ ⚠
🚿 🚾 🖥 🚐 🚿
À prox. : 🏌

404

Le lac de Villefort

LODÈVE

✉ 34700 – **339** E6 – G. Languedoc Roussillon – 6 900 h. – alt. 165
🛈 *Office de tourisme, 7, place de la République* ☎ *04 67 88 86 44, Fax 04 67 44 07 56*
Paris 695 – Alès 98 – Béziers 63 – Millau 60 – Montpellier 55 – Pézenas 39.

Municipal les Vailhès avr.-sept.
☎ 04 67 44 25 98, Fax 04 67 44 01 84 – ℞
4 ha (246 empl.) en terrasses, herbeux
Tarif : ✸ 🚐 🅴 7,23 € – ⅁ (10A) 2,45 €
Pour s'y rendre : 7 km au S par N 9, rte de Montpellier puis
2 km par D 148, rte d'Octon et chemin à gauche, par voie
rapide sortie 54
À savoir : Belle situation au bord du lac du Salagou

Nature : 🏞 ⋖ 🗭 ♀ ≜
Loisirs : 🏄 🎠 ♨
Services : ♿ ⚷ 🐄 ☺ 🖥
À prox. : 🎣

MARSEILLAN

✉ 34340 – **339** G8 – G. Languedoc Roussillon – 6 199 h. – alt. 3
🛈 *Office de tourisme, avenue de la Méditerranée* ☎ *04 67 21 82 43, Fax 04 67 21 82 58*
Paris 754 – Agde 7 – Béziers 31 – Montpellier 49 – Pézenas 20 – Sète 24.

à Marseillan-Plage S : 6 km par D 51ᴱ – ✉ 34340

Yelloh-Village la Nouvelle Floride ♣♦ – 31
mars-29 sept.
☎ 04 67 21 94 49, *info@nouvelle-floride.com*,
Fax 04 67 21 81 05, *www.lesmediterranees.com*
– **R** conseillée
6,5 ha (459 empl.) plat, herbeux, sablonneux
Tarif : ✸ 🚐 🅴 42 € ⅁ (6A)
Location 🏖 : 151 🛏 (4 à 6 pers.) 231 à 980 €/sem.
À savoir : Situation agréable en bordure de plage

Nature : 🗭 ♀♀ ≜
Loisirs : ♟ pizzeria, brasserie, snack
🎭 nocturne 🏃 🎵 salle d'anima-
tion 🏄 🎿 ⚷ terrain omnisports
Services : ♿ ⚷ ⅁⅊ 🐄 🖥 ♨ ☺ ≈
🧺 ♨ 🖥 🛒 ♨
À prox. : 🛒 discothèque

Charlemagne ♣♦ – 31 mars-29 sept.
☎ 04 67 21 92 49, *info@charlemagne-camping.com*,
Fax 04 67 21 86 11, *www.lesmediterranees.com*
– **R** conseillée
6,7 ha (480 empl.) plat, sablonneux, herbeux
Tarif : ✸ 🚐 🅴 44 € ⅁ (10A) – frais de réserva-
tion 30 €
Location 🏖 : 280 🛏 (4 à 6 pers.) 245 à 952 €/sem.
🛏
Pour s'y rendre : À 250 m de la plage

Nature : 🗭 ♀♀
Loisirs : ♟ ✕ pizzeria 🎭 🎵 noc-
turne 🏃 🎵 discothèque 🏄 🎿
🎿
Services : ♿ ⚷ ⅁⅊ 🐄 🖥 ♨ ☺ ≈
🧺 🖥 🛒 ♨
À prox. : terrain omnisports

Languedoc-Camping mars-oct.
☎ 04 67 21 92 55, *languedoc.camping.fr@wanadoo.fr*,
www.campinglanguedoc.com – **R** indispensable
1,5 ha (118 empl.) plat, herbeux
Tarif : (Prix 2006) ✸ 🚐 🅴 35 € – frais de réservation 31 €
Location 🏖 : 11 🛏 (4 à 6 pers.) 270 à 590 €/sem.
À savoir : Au bord de la plage

Nature : 🗭 ♀♀ ≜
Loisirs : 🏄
Services : ♿ ⚷ ⅁⅊ 🐄 Ⓜ 🖥 ♨ ☺
🖥 ♨

Le Galet
☎ 04 67 21 95 61, *reception@camping-galet.com*,
Fax 04 67 21 87 23, *www.camping-galet.com* – **R** indispensable
3 ha (275 empl.) plat, sablonneux, herbeux
Location : 20 🛏
Pour s'y rendre : À 250 m de la plage

Nature : 🗭 ♀
Loisirs : 🏄 🎿 🎿
Services : ♿ ⚷ 🖥 ♨ ≈ ☺ 🖥
À prox. : 🛒 ♟ ♨

405

MARSEILLAN

△ **La Créole** 1er avr.-7 oct.
℘ 04 67 21 92 69, *campinglacreole@wanadoo.fr*,
Fax 04 67 26 58 16, *www.campinglacreole.com* – **R** conseillée
1,5 ha (110 empl.) plat, sablonneux, herbeux
Tarif : ✝ ⇔ 🄴 25 € – 🄶 (6A) 2,80 € – frais de réservation 16 €
Location 🏠 : 15 🄼 (4 à 6 pers.) 230 à 550 €/sem.
🄼 1 borne
À savoir : En bordure d'une belle plage de sable fin

Nature : 🛁 🞉🞉 ⚠
Loisirs : 🏊
Services : 🕭 🕶 GB 🗞 🗄 🖰 🖴 🖵 🖹
À prox. : 🍴 🖼 🔥 🐎 (centre équestre) golf, parc d'attractions

✉ 34000 – **339** I7 – G. Languedoc Roussillon – 225 392 h. – alt. 27
🄱 *Office de tourisme, 30, allée Jean de Latrre de Tassigny* ℘ 04 67 60 60 60, Fax 04 67 60 60 61
Paris 758 – Marseille 173 – Nice 330 – Nîmes 55 – Toulouse 242.

△ **Le Floréal** mars-début nov.
℘ 04 67 92 93 05, *info@camping-le-floreal.com*,
Fax 04 67 92 93 05, *www.camping-le-floreal.com*
– **R** conseillée
1,5 ha (134 empl.) plat, sablonneux, herbeux
Tarif : (Prix 2006) ✝ ⇔ 🄴 19,70 € 🄶 (4A)
Location 🏠 : 14 🄼 (4 à 6 pers.) 200 à 500 €/sem.
🄼 1 borne
Pour s'y rendre : Sortie SE par D 986 rte de Palavas-les-Flots-accès par le 1er pont après celui de l'autoroute - par A9 sortie 30 Montpellier-Sud, direction Palavas-les-Flots

Nature : 🛁 🞉🞉
Loisirs : 🏊
Services : 🕭 🕶 GB 🗞 🗄 🖰 🖴 🖵 🖹

✉ 34800 – **339** E7 – 397 h. – alt. 185
🄱 *Office de tourisme, le village* ℘ 04 67 96 22 79
Paris 709 – Béziers 55 – Lodève 15 – Montpellier 56.

△ **Le Mas de Carles** avr.-15 oct.
℘ 04 67 96 32 33 – **R** conseillée
1 ha (40 empl.) plat et peu incliné, terrasses, herbeux, gravillons
Tarif : (Prix 2006) ✝ ⇔ 🄴 21,40 € 🄶 (10A)
Pour s'y rendre : SE : à 0,6 km du bourg par D 148E
À savoir : Agréable cadre fleuri autour d'un mas et en plein cœur des vignes

Nature : 🞉 < 🛁 🞉🞉
Loisirs : 🏊 🖳
Services : 🕶 🖴 🖵
À prox. : 🍴

✉ 34120 – **339** F8 – G. Languedoc Roussillon – 7 443 h. – alt. 15
🄱 *Office de tourisme, place Gambetta* ℘ 04 67 98 36 40
Paris 734 – Agde 22 – Béziers 24 – Lodève 39 – Montpellier 55 – Sète 38.

△ **Saint Christol** 15 avr.-15 sept.
℘ 04 67 98 09 00, *saintchristol@worldonline.fr*,
Fax 04 67 98 89 61, *www.campingsaintchristol.com*
– **R** conseillée
1,5 ha (93 empl.) plat, gravier
Tarif : ✝ ⇔ 🄴 12 € – 🄶 (10A) 2,80 €
Location : 8 🏠 (4 à 6 pers.) 300 à 620 €/sem.
Pour s'y rendre : NE : 0,6 km par D 30E, rte de Nizas et chemin à droite

Nature : 🛁 🞉🞉
Loisirs : snack 🖳 🖳
Services : 🕭 🕶 GB 🗞 🖵 🖹
À prox. : 🍴

△ **Municipal le Castelsec** avr.11 oct.
℘ 04 67 98 04 02, Fax 04 67 90 72 47 – **R** conseillée
0,8 ha (40 empl.) plat et en terrasses, herbeux, pinède attenante
Tarif : ✝ 3 € ⇔ 🄴 6,70 € – 🄶 (10A) 2,50 €
Location (permanent) : 18 🏠 (4 à 6 pers.) 190 à 375 €/sem. – gîtes
Pour s'y rendre : Sortie Sud-Ouest, rte de Béziers et rue à droite après le centre commercial Champion

Nature : < 🛁 🞉
Loisirs : 🖳 🍴
Services : 🕭 🕶 GB 🗞 🖴 🖵 🖹
À prox. : 🛒

PORTIRAGNES

✉ 34420 – **339** F9 – 2 278 h. – alt. 10
🖹 *Office de tourisme, place du Bicentenaire ℘ 04 67 90 84 31, Fax 04 67 90 84 31*
Paris 762 – Agde 13 – Béziers 13 – Narbonne 40 – Valras-Plage 14.

à Portiragnes-Plage S : 4 km par D 37 – ✉ 34420

Les Sablons ♨♨ – avr.-sept.
℘ 04 67 90 90 55, *les.sablons@wanadoo.fr*,
Fax 04 67 90 82 91, *www.les.sablons.com* – **R** indispensable
15 ha (800 empl.) plat, herbeux, sablonneux, étang
Tarif : (Prix 2006) ✝ ⬌ 🅴 42 € [2] (6A)
Location : 162 🚐 (4 à 6 pers.) 175 à 770 €/sem. – 86 🏠 (4 à 6 pers.) 200 à 945 €/sem.
Pour s'y rendre : Sortie N, rte de Portiragnes, en bordure de plage et d'un étang (accès direct)
À savoir : Situation agréable entre étang et mer

Nature : 🏕 🞉🞉 ⛰
Loisirs : 🍽 ✗ snack, pizzeria 🕹 nocturne 🏓 discothèque 🛝 🚲 🎣
🎾 🏊 🛝
Services : 🚻 ⚊ 🆖 🚙 🗑 🍴 🛁 🖼
🛒 🛠 cases réfrigérées
À prox. : 🎣 🐟

Les Mimosas ♨♨ – 17 mai-1er sept.
℘ 04 67 90 92 92, *les.mimosas.portiragnes@wanadoo.fr*,
Fax 04 67 90 85 39, *www.mimosas.com* – places limitées
pour le passage – **R** conseillée
7 ha (400 empl.) plat, herbeux
Tarif : ✝ ⬌ 🅴 31 € – [2] (5A) 4 € – frais de réservation 33 €
Location : 10 🛖 (2 à 4 pers.) 260 à 610 €/sem. – 206 🚐 (4 à 6 pers.) 325 à 875 €/sem. – 4 🏠 (4 à 6 pers.) 355 à 820 €/sem. – 10 bungalows toilés (avec sanitaires)
🚐 1 borne 2 €

Nature : 🏕 🞉🞉
Loisirs : 🍽 🎬 🕹 nocturne 🏓 🎠
🛶 🛝 🚲 🏊 🛝 terrain omnisports
Services : 🚻 ⚊ 🆖 🚙 🗑 🛁 – 10
sanitaires individuels (🍴 ⚿ wc) ⊛
🖼 🛒 🛠 cases réfrigérées
À prox. : ponton d'amarrage

L'Émeraude saison
℘ 04 67 90 93 76, *contact@campinglemeraude.com*,
Fax 04 67 09 91 18, *www.campinglemeraude.com* – **R** conseillée
4,2 ha (280 empl.) plat, herbeux
Tarif : (Prix 2006) ✝ ⬌ 🅴 29,50 € [2] (5A) – frais de réservation 16 €
Location 🏊 : 130 🚐 (4 à 6 pers.) 245 à 635 €/sem. – 11 🏠 (4 à 6 pers.) 275 à 670 €/sem.
Pour s'y rendre : N : 1 km par rte de Portiragnes

Nature : 🞉🞉
Loisirs : 🍽 snack 🎬 🕹 nocturne
🛝 🎾 🏊
Services : 🚻 ⚊ (17 mai-2 sept.) 🆖
🚙 🗑 🛁 ⊛ 🖼 🛁 🛠 cases réfrigérées
À prox. : 🚶

ST-ANDRÉ-DE-SANGONIS

✉ 34725 – **339** G7 – 3 782 h. – alt. 65
Paris 715 – Béziers 54 – Clermont-l'Hérault 8 – Gignac 5 – Montpellier 34 – Sète 61.

Le Septimanien déb.avr.-fin oct.
℘ 04 67 57 84 23, *leseptimanien@yahoo.fr*,
Fax 04 67 57 84 23, *www.camping-leseptimanien.com* – **R** conseillée
2,6 ha (86 empl.) plat et en terrasses, pierreux
Tarif : (Prix 2006) ✝ ⬌ 🅴 21,40 € [2] (10A) – frais de réservation 9 €
Location : 9 🚐 (4 à 6 pers.) 275 à 480 €/sem. – 9 🏠 (4 à 6 pers.) 305 à 530 €/sem.
Pour s'y rendre : SO : 1 km par D 4, rte de Brignac, bord d'un ruisseau

Nature : 🌳 🏕
Loisirs : 🍽 snack 🛝 🏊
Services : 🚻 ⚊ 🆖 🚙 🗑 ⊛ 🖼 🛠
À prox. : 🎾 🐎

Des vacances réussies sont des vacances bien préparées !
Ce guide est fait pour vous y aider... mais :
– N'attendez pas le dernier moment pour réserver
– Évitez la période critique du 14 juillet au 15 août
Pensez aux ressources de l'arrière-pays,
à l'écart des lieux de grande fréquentation.

ST-PONS-DE-THOMIÈRES

⊠ 34220 – **339** B8 – G. Languedoc Roussillon – 2 287 h. – alt. 301
🛈 Office de tourisme, place du Foirail ℘ 04 67 97 06 65, Fax 04 67 97 95 07
Paris 750 – Béziers 54 – Carcassonne 64 – Castres 54 – Lodève 73 – Narbonne 53.

△ **Aire Naturelle la Borio de Roque** juin-mi-sept.
℘ 04 67 97 10 97, info@borioderoque.com,
Fax 04 67 97 21 61, www.borioderoque.com – **R** conseillée
100 ha/2,5 campables (25 empl.) en terrasses, herbeux
Tarif : (Prix 2006) ★ 4,25 € ⇔ 2,10 € ▣ 8,75 € – (½) 3 € –
frais de réservation 16,50 €
Location (permanent) : gîtes
Pour s'y rendre : NO : 3,9 km par D 907, rte de la Salvetat-
sur-Agout, puis à droite, 1,2 km par chemin empierré, bord
d'un ruisseau
À savoir : Dans un site boisé de moyenne montagne

Nature : 🌳 < 🏕 ♀
Loisirs : 🔒 ⚓ 🎿
Services : & ⚡ 🗄 ⊛
À prox. : 🏓

Benutzen Sie
– zur Wahl der Fahrtroute
– zur Berechnung der Entfernungen
– zur exakten Lokalisierung eines Campingplatzes (mit Hilfe der Angaben im Ortstext)
*die für diesen Führer unentbehrlichen **MICHELIN-Karten** im Ma1 : 150 000.*

La SALVETAT-SUR-AGOUT

⊠ 34330 – **339** B7 – G. Languedoc Roussillon – 1 118 h. – alt. 700
🛈 Office de tourisme, place des Archers ℘ 04 67 97 64 44, Fax 04 67 97 83 16
Paris 725 – Anglès 17 – Brassac 26 – Lacaune 20 – Olargues 27 – St-Pons-de-Thomières 22.

△ **La Blaquière** saison
℘ 04 67 97 61 29, jerome.calas@wanadoo.fr, www.bla
quiere.fr.st – **R** conseillée
0,8 ha (60 empl.) plat, herbeux
Tarif : ★ ⇔ ▣ 9,50 € – (½) (6A) 2,80 €
Location : 5 🏠 (2 à 4 pers.) 120 à 230 €/sem. – 8 🏠 (4
à 6 pers.) 240 à 420 €/sem.
Pour s'y rendre : Sortie N, rte de Lacaune, bord de l'Agout

Nature : ♀♀
Loisirs : 🏊 🎣
Services : ⚡ (saison) 🐾 🔥 ⊛
À prox. : 🏖 ⚓ 🎾

408

SÉRIGNAN

⊠ 34410 – **339** E9 – G. Languedoc Roussillon – 6 134 h. – alt. 7
🛈 Office de tourisme, place de la Libération ℘ 04 67 32 42 21
Paris 765 – Agde 22 – Béziers 11 – Narbonne 34 – Valras-Plage 4.

△△△ **Les Vignes d'Or** ♣♣ – Permanent
℘ 04 67 32 37 18, info@vignesdor.com, Fax 04 67 32 00 80,
www.vignesdor.com – **R** indispensable
4 ha (250 empl.) plat, herbeux, pierreux
Tarif : ★ ⇔ ▣ 26 € – (½) (6A) 3,50 € – frais de réservation 23 €
Location (2 avr.-30 sept.) : 50 🏠 (4 à 6 pers.) 182 à
707 €/sem. – 10 🏠 (4 à 6 pers.) 217 à 777 €/sem. –
bungalows toilés
Pour s'y rendre : S : 3,5 km, rte de Valras-Plage, prendre la
contre-allée située derrière le garage Citroën

Nature : 🌳 🏕 ♀
Loisirs : 🍴 brasserie, pizzeria 🍹 noc-turne 🎮 ⚓ 🎿
Services : & ⚡ (mi-juin-mi-sept.) GB 🐾 🗄 ⊛ ♨ 📶 🛒 ⛟
À prox. : 🥾 🎾 🐎

△△ **Le Paradis** 1er avr.-30 sept.
℘ 04 67 32 24 03, Paradiscamping34@aol.com,
Fax 04 67 32 24 03 – **R** conseillée 🐾
2,2 ha (129 empl.) plat, herbeux
Tarif : ★ ⇔ ▣ 19,60 € – (½) (10A) 3 € – frais de réser-
vation 16 €
Location : 22 🏠 (4 à 6 pers.) 180 à 620 €/sem.
Pour s'y rendre : S : 1,5 km par rte de Valras-Plage
À savoir : Cadre agréable

Nature : 🏕 ♀♀
Loisirs : snack 🔒 ⚓ 🎿 🛶
Services : & ⚡ GB 🐾 🗄 ⊛ ⊛ 📶
À prox. : 🥾

à Sérignan-Plage SE : 5 km par D 37ᴱ – ⊠ 34410

Yelloh Village le Sérignan Plage ⚐ – 26 avr.-23 sept.

𝒫 04 67 32 35 33, *info@leserignanplage.com*,
Fax 04 67 32 26 36, *www.leserignanplage.com* – **R** conseillée
16 ha (900 empl.) plat, herbeux, sablonneux
Tarif : ✱ ⇔ 🅴 43 € 🔌 (6A) – frais de réservation 30 €
Location ⚑ : 177 🚐 (4 à 6 pers.) 259 à 1 064 €/sem. –
53 🏠 (4 à 6 pers.) 259 à 1 043 €/sem.
Pour s'y rendre : En bordure de plage, accès direct
À savoir : Beaux bâtiments sur le thème d'auberge provençale avec petits commerces de proximités

Nature : 🐚 ⊡ 🄌 ⚘
Loisirs : 🍴 ✗ snack, pizzeria, crêperie 🍴 🌙 nocturne 🛝 🎿 discothèque 🏌 🎾 🄳 🄸 🈂 balnéo
Services : 🚿 ⊶ 🅿 GB 🄗 🈁 🈂 🅰 📞 🈯 🅿 🈴
À prox. : 🎣

Aloha Village ⚐ – 28 avr.-16 oct.

𝒫 04 67 39 71 30, *info@yellohvillage-aloha.com*,
Fax 04 67 32 58 15, *www.yellohvillage-aloha.com*
– **R** conseillée
9,5 ha (470 empl.) plat, herbeux, sablonneux
Tarif : ✱ ⇔ 🅴 43 € 🔌 (10A)
Location ⚑ : 90 🚐 (4 à 6 pers.) 252 à 1 015 €/sem. –
80 🏠 (4 à 6 pers.) 245 à 910 €/sem.
🈯 1 borne
À savoir : En bordure de plage

Nature : ⊡ 🄌 ⚘
Loisirs : 🍴 ✗ pizzeria 🍴 🌙 nocturne 🛝 salle d'animation 🏌 🚲 🎾 🄳 🄸
Services : 🚿 ⊶ GB 🄗 🈁 🈂 🅰 🅰 🈯 🅿 🈴
À prox. : 🎠 🏇 école de voile, catamaran

Le Clos Virgile ⚐ – 5 mai-16 sept.

𝒫 04 67 32 20 64, *le.clos.virgile@wanadoo.fr*,
Fax 04 67 32 05 42, *www.leclosvirgile.com* – **R** conseillée
5 ha (300 empl.) plat, sablonneux, herbeux
Tarif : ✱ ⇔ 🅴 32 € – 🔌 (6A) 3 € – frais de réservation 20 €
Location ⚑ : 82 🚐 (4 à 6 pers.) 200 à 730 €/sem. – 22
🏠 (4 à 6 pers.) 250 à 740 €/sem.
Pour s'y rendre : À 500 m de la plage

Nature : 🄌
Loisirs : 🍴 ✗ 🍴 🌙 nocturne 🛝 🏌 🄳 🄸 🈂
Services : 🚿 ⊶ GB 🄗 🈁 🈂 🅰 📦 🈯 🈴
À prox. : 🎠 🏇

Beauséjour ⚐ – 1ᵉʳ avr.-30 sept.

𝒫 04 67 39 50 93, *info@camping-beausejour.com*,
Fax 04 67 32 01 96, *www.camping-beausejour.com*
– **R** conseillée
10 ha/6 campables (380 empl.) plat, herbeux, sablonneux
Tarif : (Prix 2006) ✱ ⇔ 🅴 33,60 € 🔌 (10A) – frais de réservation 25 €
Location ⚑ : 177 🚐 (4 à 6 pers.) 266 à 700 €/sem. –
53 🏠 (4 à 6 pers.) 371 à 826 €/sem.
Pour s'y rendre : En bordure de plage

Nature : 🐚 ⊡ 🄌 ⚘
Loisirs : 🍴 brasserie, pizzeria 🌙 nocturne 🛝 🄻 discothèque 🏌 piste de bi-cross
Services : 🚿 ⊶ GB 🄗 🈁 🈂 🅰 📦 🈯 🈴
À prox. : base nautique

SÈTE

⊠ 34200 – **339** H8 – G. Languedoc Roussillon – 39 542 h. – alt. 4
🄑 *Office de tourisme, 60, rue Mario Roustan 𝒫 04 67 74 71 71, Fax 04 67 46 17 54*
Paris 787 – Béziers 48 – Lodève 63 – Montpellier 35.

Le Castellas ⚐ – 21 avr.-16 sept.

𝒫 04 67 51 63 00, *contact@le-castellas.com*,
Fax 04 67 51 63 01, *www.le-castellas.com* – **R** conseillée
23 ha (989 empl.) plat, sablonneux, gravillons
Tarif : ✱ ⇔ 🅴 38 € 🔌 (6A) – frais de réservation 26 €
Location : 374 🚐 (4 à 6 pers.) 210 à 735 €/sem. – 70
🏠 (4 à 6 pers.) 231 à 805 €/sem.
🈯 1 borne – 10 🅴
Pour s'y rendre : SO : 11 km par N 112, rte d'Agde, près de la plage

Nature : ⊡ 🄌
Loisirs : 🍴 cafétéria, pizzeria, snack 🌙 🛝 🏌 🚲 🎾 🄳 terrain omnisports
Services : 🚿 ⊶ GB 🄗 🈁 🈂 🅰 📞 📦 🈯 🈴 cases réfrigérées
À prox. : 🎣 🏇

*Les indications d'accès à un terrain sont généralement indiquées,
dans notre guide, à partir du centre de la localité.*

409

SOUBÈS

☒ 34700 – **339** F6 – 710 h. – alt. 239
Paris 696 – Montpellier 62 – Béziers 68 – Millau 58 – Castelnau-le-Lez 63.

 Les Sources 15 mai-15 déc.
𝒫 04 67 44 32 02, *jlsources@wanadoo.fr*,
Fax 04 67 44 32 02, *www.campingdessources-cjb.net*
– **R** conseillée ⚡
1,4 ha (52 empl.) plat, peu incliné, terrasses, herbeux
Tarif : 🕴 ⇔ 🔲 16,50 € 🔌 (6A)
Pour s'y rendre : SE : 1,7 km par D 149, rte de Fozières et
D 149ᴱ ˢ à gauche, près de la Brèze (accès direct par escalier),
chemin piétonnier reliant le camping au village

| Nature : 🐟 ≼ 🌳 |
| Loisirs : 🎯 ≋ 🎣 |
| Services : 🕭 ⌾ 🅍 📷 🔥 🅐 📷 |
| À prox. : 🍴 |

La TAMARISSIÈRE

☒ 34300 – **339** F9
Paris 761 – Montpellier 62 – Béziers 24 – Narbonne 54 – Sète 29.
Schéma à Agde

 La Tamarissière 15 avr.-15 sept.
𝒫 04 67 94 79 46, *contact@camping-tamarissiere.com*,
Fax 04 67 94 78 23, *www.camping-tamarissiere.com*
– **R** conseillée
10 ha (700 empl.) plat, peu incliné et accidenté, sablonneux,
herbeux
Tarif : 🕴 ⇔ 🔲 21 € – 🔌 (10A) 3,90 € – frais de réser-
vation 22 €
Location ⚡ : 35 🛖 (4 à 6 pers.) 250 à 580 €/sem.
À savoir : Situation agréable sous les pins et au bord de
mer

| Nature : 🌳 ▲ |
| Services : 🕭 ⌾ 🆖 🅍 🔥 🅐 📷 |
| cases réfrigérées |
| À prox. : 🍷 🍴 |

La TOUR-SUR-ORB

☒ 34260 – **339** D7 – 1 050 h. – alt. 228
Paris 717 – Béziers 40 – Clermont-l'Hérault 35 – Millau 81 – St-Affrique 75.

 Municipal 15 juin-31 août
𝒫 04 67 95 05 44, *mairie.latoursurorb@wanadoo.fr*,
Fax 04 67 95 31 91 – **R** conseillée
0,7 ha (26 empl.) plat, herbeux
Tarif : 🕴 ⇔ 🔲 6 € – 🔌 (6A) 3 €
Pour s'y rendre : Sortie N, derrière Écomarché

| Nature : 🏕 🌳 |
| Loisirs : 🎱 🎯 🍴 terrain omnis- |
| ports |
| Services : 🕭 🅍 🔥 🅐 |

VALRAS-PLAGE

☒ 34350 – **339** E9 – G. Languedoc Roussillon – 3 625 h. – alt. 1
🚩 Office de tourisme, place René Cassin *𝒫* 04 67 32 36 04, Fax 04 67 32 33 41
Paris 767 – Agde 25 – Béziers 16 – Montpellier 76.

 Lou Village 🔱 – 28 avr.-9 sept.
𝒫 04 67 37 33 79, *info@louvillage.com*, Fax 04 67 37 53 56,
www.louvillage.com – **R** conseillée
8 ha (600 empl.) plat, sablonneux, herbeux, étangs
Tarif : 🕴 ⇔ 🔲 39,50 € 🔌 (6A) – frais de réservation 30 €
Location ⚡ : 12 🛖 (2 à 4 pers.) 269 à 553 €/sem. – 20
🛖 (4 à 6 pers.) 369 à 684 €/sem. – 100 🏠 (4 à 6 pers.)
419 à 770 €/sem.
Pour s'y rendre : SO : 2 km, à 100 m de la plage (accès
direct)
À savoir : Bel espace aquatique

| Nature : 🏕 🌳 ▲ |
| Loisirs : 🍷 🍴 pizzeria 🎦 📺 noc- |
| turne 🎯 🎱 🍴 🏊 🛝 |
| Services : 🕭 ⌾ 🆖 🅍 🔥 🅐 |
| 📷 🅿 🚿 |
| À prox. : 🍴 🐎 jet-ski |

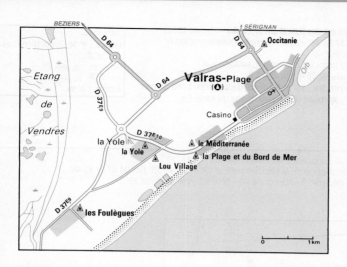

▲▲▲ Le Méditerranée
📞 04 67 37 34 29, *service@camping-le-meditettanee.com*,
Fax 04 67 37 58 47, *www.camping-le-mediterranee.com*
– **R** conseillée
4,5 ha (367 empl.) plat, sablonneux, herbeux
Location 🏖 : 50 🚐 – 10 🏠
Pour s'y rendre : SO : 1,5 km rte de Vendres, à 200 m de la plage

> Nature : 🔵🔵
> Loisirs : 🍷 brasserie 🛏 🏊 🎣 🌳
> Services : ♿ ⚡ 📷 🔥 ♨ 🅿 🛒 🚿
> À prox. : 🛒 🚴 🎾 🐎 (centre équestre)

▲▲▲ Domaine de La Yole 28 avr.-22 sept.
📞 04 67 37 33 87, *layole34@aol.com*, Fax 04 67 37 44 89,
www.campinglayole.com – **R** conseillée
20 ha (1007 empl.) plat, peu incliné, herbeux, sablonneux
Tarif : 🚶 🚗 🅴 37,35 € 🔌 (5A)
Location : 20 🚐 (4 à 6 pers.) 350 à 820 €/sem. – 100 🏠 (4 à 6 pers.) 350 à 820 €/sem.
Pour s'y rendre : SO : 2 km, à 500 m de la plage

> Nature : 🔵🔵
> Loisirs : 🍷 brasserie, pizzeria, self-service 🍴 🌙 nocturne 🏊 🚴 🎾 🏐 🎣 terrain omnisport
> Services : ♿ ⚡ 🆖 🛁 📷 🚿 ♨ ♿ 🛒 🚮 📷 🛒 🚿
> À prox. : 🐎

▲▲▲ Les Foulègues 15 avr.-25 sept.
📞 04 67 37 33 65, *info@campinglesfoulegues.com*,
Fax 04 67 37 54 75, *www.campinglesfoulegues.com*
– **R** conseillée
5,3 ha (339 empl.) plat, herbeux, sablonneux
Tarif : (Prix 2006) 🚶 🚗 🅴 32,50 € 🔌 (5A) – frais de réservation 28 €
Location (mi-mai-22 sept.) : 23 🚐 (4 à 6 pers.) 200 à 670 €/sem.
Pour s'y rendre : À Grau-de-Vendres, SO : 5 km, à 400 m de la plage
À savoir : Cadre boisé et fleuri

> Nature : 🏞 🔵🔵
> Loisirs : 🍷 🍴 🍴 🏊 🎾 🏐 🎣
> Services : ♿ ⚡ 🆖 🛁 📷 🚿 ♨ 🛒 📷 🚮 🚿
> À prox. : 🚣 🐎

▲▲▲ L'Occitanie 26 mai-8 sept.
📞 04 67 39 59 06, *campingoccitanie@wanadoo.fr*,
Fax 04 67 32 58 20, *www.campingoccitanie.com*
– **R** conseillée
6 ha (400 empl.) plat, herbeux
Tarif : 🚶 🚗 🅴 27 € 🔌 (5A) – frais de réservation 20 €
Location 🏖 : 48 🚐 (4 à 6 pers.) 217 à 595 €/sem. – bungalows toilés
🚐 1 borne
Pour s'y rendre : Par bd du Cdt-l'Herminier

> Nature : 🏞 🔵🔵
> Loisirs : 🍷 brasserie, pizzeria 🍴 🌙 nocturne 🏊 🏐 🎣
> Services : ♿ ⚡ 🆖 🛁 📷 🚿 ♨ 🔥
> À prox. : 🎾 🐎

VALRAS-PLAGE

△△△ **La Plage et du Bord de Mer** ▲▲ – 25 mai-13 févr.
℘ 04 67 37 34 38, *daniel.coumelongue@wanadoo.fr*
– **R** conseillée ✎
13 ha (655 empl.) plat, herbeux, sablonneux
Tarif : ♀ ⇔ 圓 29 € – ㈱ (6A) 3 €
Pour s'y rendre : SO : 1,5 km rte de Vendres, bord de mer
À savoir : Au bord d'une belle plage de sable fin

Nature : ≞
Loisirs : ♀ ✗ ⚐ nocturne ☆ ≮
🚲 ⚒ ♭ₘ
Services : ♿ ⚬⃬ ⚙ ⌂ ♨ ᛘ ⊕ ≞
♨ ♒ 📷 ♒ ♒
À prox. : ♦ ♖

VIAS

✉ 34450 – **339** F9 – G. Languedoc Roussillon – 4 354 h. – alt. 10
🚻 *Office de tourisme, avenue de la Méditerranée* ℘ 04 67 21 76 25, *Fax 04 67 21 55 46*
Paris 752 – Agde 5 – Béziers 19 – Narbonne 46 – Sète 30 – Valras-Plage 20.

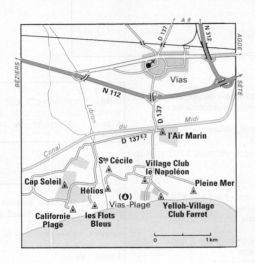

à la Plage S : 2,5 km par D 137

△△△ **Yelloh Village Club Farret** ▲▲ – 29 mars-22 sept.
℘ 04 67 21 64 45, *info@yellohvillage-club-farret.com*,
Fax 04 67 21 70 49, *www.yellohvillage-club-farret.com*
7 ha (437 empl.) plat, sablonneux, herbeux
Tarif : ♀ ⇔ 圓 44 € ㈱ (6A)
Location ✎ : 143 ⊞ (4 à 6 pers.) 259 à 966 €/sem. –
62 ⌂ (4 à 6 pers.) 189 à 728 €/sem.
⊞
Pour s'y rendre : Bord de plage
À savoir : Bel espace aquatique

Nature : ▱ ♀ ≞
Loisirs : ♀ ✗ ⚐ nocturne ☆ ♬
salle de spectacle et d'animation
≮ 🚲 ⚒ ⚒ ⍿
Services : ♿ ⚬⃬ ⊞ ⚙ ⌂ ♨ ⊕ ≞
♨ ♒ 📷 ♒
À prox. : ♭ₘ ♖ poneys parc d'attractions, parcours sportif

△△△ **Le Napoléon** ▲▲ – 7 avr.-30 sept.
℘ 04 67 01 07 80, *reception@camping-napoleon.fr*,
Fax 04 67 01 07 85, *www.camping-napoleon.fr* – **R** conseillée
3 ha (250 empl.) plat, herbeux, sablonneux
Tarif : ♀ ⇔ 圓 38 € ㈱ (10A) – frais de réservation 30 €
Location : 54 ⊞ (4 à 6 pers.) 29 à 867 €/sem. – 25 ⌂
(4 à 6 pers.) 226 à 974 €/sem. – appartements
⊞ 1 borne
Pour s'y rendre : À 250 m de la plage

Nature : ▱ ♀♀
Loisirs : ♀ ✗ pizzeria ▱ ⚐ nocturne ☆ ♬ ⊜s discothèque ≮
🚲 ⚒ ⍿
Services : ♿ ⚬⃬ ⊞ ⚙ ⌂ ♨ ⊕ ≞
♨ ♒ 📷 ♒ ♒ cases réfrigérées
À prox. : parcours sportif, parc d'attractions

412

VIAS

Méditerranée-Plage 31 mars-23 sept.

𝒫 04 67 90 99 07, *contact@mediterranee-plage.com*,
Fax 04 67 90 99 17, *www.mediterranee-plage.com*
– **R** conseillée
9,6 ha (490 empl.) plat, herbeux, sablonneux
Tarif : 🏕 ⛺ 🚗 📋 32,50 € ﹝₰﹞ (6A) – frais de réservation 25 €
Location ⚡ : 130 ⸢⸥ (4 à 6 pers.) 240 à 790 €/sem. –
studios
Pour s'y rendre : SO : 6 km par D 137[E 2], bord de plage
(hors schéma)
À savoir : Cadre agréable en bordure de mer

Nature : 🌊 ⛰
Loisirs : 🍹 pizzeria, crêperie 🏠 🎮
nocturne 🎿 🎠 🚴 🎯 ⚓ 🏊
Services : 🚿 ⊶ GB 🚗 📋 🛁 🛖 ⊕
📺 🧺 🚰

Les Flots Bleus 8 avr.-23 sept.

𝒫 04 67 21 64 80, *campinglesflotsbleus@wanadoo.fr*,
Fax 04 67 01 78 12, *www.camping-flotsbleus.com*
– **R** conseillée
5 ha (314 empl.) plat, herbeux, sablonneux
Tarif : 🏕 ⛺ 🚗 📋 30 € ﹝₰﹞ (6A) – frais de réservation 22 €
Location ⚡ : 43 ⸢⸥ (4 à 6 pers.) 210 à 720 €/sem. – 24
🏠 (4 à 6 pers.) 210 à 720 €/sem.
⸢⸥ 1 borne
Pour s'y rendre : SO : bord de plage

Nature : 🗺 🌳🌳 ⛰
Loisirs : 🍹 snack, pizzeria 🏠 🎮
nocturne 🎠 🏊 ⚓ terrain omnisports
Services : 🚿 ⊶ GB 🚗 📋 🛁 🛖 ⊕
📺 🧺 🚰
À prox. : parcours sportif, parc d'attractions

Cap Soleil 🏊🧑 – 15 avr.-15 sept.

𝒫 04 67 21 64 77, *cap.soleil@wanadoo.fr*,
Fax 04 67 21 70 66, *www.capsoleil.fr* – **R** conseillée
4,5 ha (288 empl.) plat, herbeux
Tarif : 🏕 ⛺ 🚗 📋 29 € – ﹝₰﹞ (10A) 3,50 € – frais de réser-
vation 25 €
Location : 25 ⸢⸥ (4 à 6 pers.) 195 à 860 €/sem.
⸢⸥ 5 📋
Pour s'y rendre : À 600 m de la plage
À savoir : Bel ensemble aquatique

Nature : 🗺 🌳🌳
Loisirs : 🍹 pizzeria, snack 🏠 🎮
nocturne 🎿 🎠 🍸 🚴 🏊 ⚓
🎣 📺 🧺 🚰 cases réfrigérées
À prox. : 🐎

Californie Plage 🏊🧑 –

𝒫 04 67 21 64 69, *californie.plage@wanadoo.fr*,
Fax 04 67 21 54 62, *www.californie.plage.fr* – **R** conseillée
5,8 ha (371 empl.) plat, herbeux, sablonneux
Location ⚡ : 99 ⸢⸥
Pour s'y rendre : Au Sud-Ouest par D 137[E] et chemin à
gauche, bord de plage

Nature : 🌳🌳 ⛰
Loisirs : 🍹 ✕ 🎮 nocturne 🎿 🎠
🚴 ⚓ terrain omnisports
Services : 🚿 ⊶ 📋 🛁 🛖 ⊕ 🚰 🎣
📺 🧺 🚰 cases réfrigérées
À prox. : 🎯 🏊 parcours sportif,
parc d'attractions

L'Air Marin 🏊🧑 – mi-mai-mi-sept.

𝒫 04 67 21 64 90, *info@camping-air-marin.fr*,
Fax 04 67 21 76 79, *www.camping-air-marin.fr* – places limi-
tées pour le passage – **R** conseillée
5,5 ha (320 empl.) plat, herbeux
Tarif : (Prix 2006) 🏕 ⛺ 🚗 📋 30 € – frais de réservation 20 €
Location (8 avr.- mi-sept.) : 50 ⸢⸥ (4 à 6 pers.) 190 à
695 €/sem.
Pour s'y rendre : Près du canal du Midi

Nature : 🗺 🌳🌳
Loisirs : 🍹 brasserie, snack 🎮 noc-
turne 🎿 🛷 🎠 🎯 ⚓ 🏊 terrain
omnisports, canoë, barques
Services : 🚿 ⊶ 📋 🛁 ⊕ 📺 🧺 🚰
À prox. : ⚓ 🎣 parc d'attractions

Hélios 5 mai-févr.

𝒫 04 67 21 63 66, *franceschi.louis@wanadoo.fr*,
Fax 04 67 21 63 66, *www.camping-helios.com* – **R** conseillée
2,5 ha (200 empl.) plat, sablonneux, herbeux
Tarif : 🏕 ⛺ 🚗 📋 17,10 € – ﹝₰﹞ (6A) 5 € – frais de réservation 10 €
Location : 12 ⸢⸥ (4 à 6 pers.) 183 à 544 €/sem. – 6 🏠
(4 à 6 pers.) 206 à 580 €/sem.
Pour s'y rendre : Près du Libron et à 250 m de la plage

Nature : 🌊 🌳🌳
Loisirs : 🍹 snack 🏠 🎠
Services : 🚿 ⊶ GB 🚗 📋 🛁 🛖 ⊕
🚰 🎣 📺 🧺 🚰
À prox. : 🎣 🐎 parcours sportif, parc
d'attractions

413

VIAS

▲ **Ste Cécile** mi-avr.-mi-sept.
🕾 04 67 21 63 70, *campingsaintececile@wanadoo.fr*,
Fax 04 67 21 48 71 – **R** conseillée
2 ha (105 empl.) plat, sablonneux, herbeux
Tarif : (Prix 2006) 🛉 ⇌ 🗉 26,50 € (½) (3A) – frais de réservation 10 €
Location : 20 ⏢ (4 à 6 pers.) 155 à 565 €/sem. – appartements
Pour s'y rendre : Près du Libron, à 500 m de la plage

> Nature : 🕱 ⊂⊐ 0.0
> Loisirs : 🖭 ※ 🏊
> Services : ᕪ ⊶ GB ⅍ 🗟 🛋 ⚞ ⊚
> 🖩 🛒
> À prox. : 🐎 🛝 parc d'attractions, parcours sportif

▲ **Pleine Mer** 28 avr.-30 sept.
🕾 04 67 21 63 83, *camping.pleinemer@wanadoo.fr*,
Fax 04 67 21 91 93, *www.campingpleinemer.fr* – **R** conseillée
1 ha (94 empl.) plat, sablonneux, herbeux
Tarif : 🛉 ⇌ 🗉 30 € (½) (6A) – frais de réservation 7,62 €
Location (7 avr.-30 sept.) ⅋ : 29 ⏢ (4 à 6 pers.) 190 à 620 €/sem.
Pour s'y rendre : À 120 m de la plage, (accès direct)

> Nature : ⊂⊐ 0 ≜
> Loisirs : 🍴 snack 🖭
> Services : ᕪ ⊶ GB ⅍ 🗟 🛋 ⚞ ⊚
> ⚗ ⟿ ℭ
> À prox. : 🛝 🛝 parc d'attractions, parcours sportif

▲ **Le Petit Mousse** ♣♣ – (location exclusive de mobile homes et caravanes)
🕾 04 67 90 99 04, *lepetitmousse34@wanadoo.fr*,
Fax 04 67 90 97 95, *www.campinglepetitmousse.com* ⅋
5,2 ha plat, sablonneux, herbeux
Location : 57 ⏢ (2 à 4 pers.) 182 à 525 €/sem. – 306 ⏢ (4 à 6 pers.) 245 à 700 €/sem.
Pour s'y rendre : 4 km au SO, au bord de la mer (hors schéma)

> Nature : 0.0 ≜
> Loisirs : 🍴 ✗ pizzeria 🖭 ⊘ 🏇
> 🏎 🚲 🏊 🛝
> Services : ⊶ (1er juil.-31 août) GB
> ⅍ 🛋 ℭ 🖩 sèche-linge 🛒 🛒

414

✉ 34110 – **339** H8 – 2 464 h. – alt. 10
🛈 *Office de tourisme, 30, boulevard des Aresquiers* 🕾 04 67 78 94 43
Paris 770 – Clermont-l'Hérault 55 – Montpellier 21 – Pézenas 43 – Sète 16.

▲ **Le Clos Fleuri** Permanent
🕾 04 67.78.15.68, *reception@camping-clos-fleuri.fr*,
Fax 04 67 78 77 62, *www.camping-clos-fleuri.fr* – **R** conseillée
2 ha (121 empl.) plat, peu incliné, herbeux, sablonneux, pierreux
Tarif : 🛉 ⇌ 🗉 17 € – (½) (6A) 3,80 € – frais de réservation 21 €
Location : 4 ⏢ (4 à 6 pers.) 258 à 597 €/sem. – 12 🏠 (4 à 6 pers.) 247 à 613 €/sem.
🚐 3 bornes 4 €
Pour s'y rendre : Sortie E, rte de la mer

> Nature : 🕱 ⊂⊐ 0.0
> Loisirs : 🍴 brasserie, pizzeria 🏎
> 🏊
> Services : ᕪ ⊶ GB ⅍ 🗟 🛋 ⊚ ℭ
> 🖩 🛒

✉ 34420 – **339** E9 – 3 434 h. – alt. 6
🛈 *Office de tourisme, place de la Fontaine* 🕾 04 67 39 48 83
Paris 762 – Montpellier 66 – Béziers 7 – Narbonne 40 – Sète 53.

▲ **Les Berges du Canal** 15 avr.-15 sept.
🕾 04 67 39 36 09, *contact@lesbergesducanal.com*,
Fax 04 67 39 82 07, *www.lesbergesducanal.com* – **R** conseillée
3 ha (102 empl.) plat, herbeux, pierreux
Tarif : 🛉 ⇌ 🗉 23 € (½) (6A)
Location : ⏢ – 20 ⏢ (4 à 6 pers.) 390 à 555 €/sem.
🚐 1 borne 2 €
Pour s'y rendre : NE du bourg, au bord du canal du Midi

> Nature : ⊂⊐ 0.0
> Loisirs : 🍴 snack 🖭 🏎 🏊 ponton d'amarrage, halte nautique
> Services : ᕪ ⊶ GB ⅍ 🗟 🛋 ⊚ 🖩
> 🛒
> À prox. : 🎣

BAGNOLS-LES-BAINS

⊠ 48190 – **330** J7 – G. Languedoc Roussillon – 243 h. – alt. 913 – ♨ (déb. avr.-fin oct.)
🛈 Office de tourisme, avenue de la gare ✆ 04 66 47 61 13
Paris 603 – Langogne 42 – Mende 21 – Villefort 38.

⚠ **Luminade** mars-oct.
✆ 04 66 47 67 96, laluminade.maurin@wanadoo.fr,
Fax 04 66 49 39 51 – **R** indispensable
0,5 ha (12 empl.) plat, herbeux
Tarif : (Prix 2006) ♦ ⟺ ▤ 15 €
Location : 6 ⌂ (4 à 6 pers.) 285 à 415 €/sem.
Pour s'y rendre : Sortie O par D 901, rte de Mende et chemin à droite, bord du Lot

Nature : ▭
Loisirs : 🏇
Services : 🚿 ⚡ 🗑 ⊕ 🚮 ▦
À prox. : 🎣

BÉDOUÈS

⊠ 48400 – **330** J8 – 299 h. – alt. 565
Paris 624 – Alès 69 – Florac 5 – Mende 39.

⚠ **Chon du Tarn** 1er avr.-20 oct.
✆ 04 66 45 09 14, info@camping-chondutarn.com,
Fax 04 66 45 22 91, www.camping-chondutarn.com
– **R** conseillée
2 ha (100 empl.) plat, peu incliné, herbeux
Tarif : ♦ ⟺ ▤ 6,40 € – 🔌 (6A) 2,10 €
Pour s'y rendre : Sortie NE, rte de Cocurès
À savoir : Cadre agréable et verdoyant au bord du Tarn

Nature : ⛰ ⩽ ♀(verger)
Loisirs : 🏇 🏊
Services : 🚿 ⚡ ⚡ 🗑 ⊕ 🚮 ☎ ▦
À prox. : 🍷 snack escalade

BLAJOUX

⊠ 48320 – **330** I8
Paris 638 – Montpellier 180 – Mende 34 – Millau 87 – La Grand-Combe 72.

⚠ **Village Vacances de Blajoux** (location exclusive de maisonnettes) Permanent
✆ 04 66 49 46 00, Fax 04 66 49 46 29 – **R** conseillée
0,8 ha plat, terrasse
Location : 28 ⌂ (4 à 6 pers.) 209 à 685 €/sem.
Pour s'y rendre : sur D 907, rte de Quézac
À savoir : location au w.-end et à la nuité hors sais.

Nature : ⛰ ⩽
Loisirs : 🎪
Services : 🚿 🅿 GB ⚡ 🗑 ▦

415

CANILHAC

⊠ 48500 – **330** G8 – 102 h. – alt. 700
Paris 593 – La Canourgue 8 – Marvejols 26 – Mende 52 – St-Geniez-d'Olt 24 – Sévérac-le-Château 20.

⚠ **Municipal la Vallée** 20 juin-5 sept.
✆ 04 66 32 91 14, commune.canilhac@wanadoo.fr
– **R** conseillée
1 ha (50 empl.) plat, herbeux
Tarif : (Prix 2006) ♦ ⟺ ▤ 14,50 € 🔌 (10A)
Location : ⌂ (4 à 6 pers.) 320 à 400 €/sem.
Pour s'y rendre : N : 12 km par N 9, rte de Marvejols, D 988 à gauche, rte de St-Geniez-d'Olt et chemin à gauche, bord du Lot, par A 75, sortie 40 direction St-Laurent-d'Olt puis 5 km par D 988
À savoir : Dans une petite vallée verdoyante

Nature : ⛰ ⩽ ▭ ♀
Loisirs : 🎪 🏇 🏊 🛶
Services : 🚿 ⚡ ⚡ M 🗑 ⊕ 🚮 ▦
À prox. : 🍴

LA CANOURGUE

⊠ 48500 – **330** H8 – G. Languedoc Roussillon – 1 922 h. – alt. 563
🛈 Syndicat d'initiative, rue de la ville ✆ 04 66 32 83 67
Paris 588 – Marvejols 21 – Mende 40 – Millau 53 – Rodez 70.

⚠ **Village Vacances de la Canourgue** (location exclusive de maisonnettes) Permanent
✆ 04 66 32 87 08, sla@lozere-resa.com, Fax 04 66 32 87 08
– **R** conseillée
3 ha en terrasses
Location : 48 ⌂ (4 à 6 pers.) 157 à 704 €/sem.
Pour s'y rendre : O : 1,5 km, route de Banassac, à droite juste avant Intermarché

Nature : ⛰ ⩽ ♀
Loisirs : 🎪 🏊
Services : 🚿 ⚡ GB ⚡ ▦ 🗑
À prox. : 🛒

LA CANOURGUE

⚲ Val d'Urugne 15 avr.-30 sept.
📞 04 66 32 84 00, *lozereleisure@wanadoo.fr*,
Fax 04 66 32 88 14, *www.lozereleisure.com* – **R** conseillée
8 ha (50 empl.) plat et peu incliné, pierreux, herbeux
Tarif : ⚹ ⇔ 🔲 12,50 € – (½) (6A) 3 €
Location (1er avr.-15 nov.) : 22 🏠 (4 à 6 pers.) 225 à
670 €/sem.
🏕 1 borne 6 €
Pour s'y rendre : SE : 3,6 km par D 988, rte de Chanac,
après le golf, au bord de l'Urugne

| Nature : 🐾 ⇐ 🏠 ♀ |
| Loisirs : 🏃 ⛵ |
| Services : ⚹ ⚬ (20 juin-15 sept.) 🇬🇧 📺 🔲 ⊕ 🚿 ▽ 🔲 |
| À prox. : ♀ snack golf (9 trous) |

CHASTANIER

✉ 48300 – **330** K6 – 89 h. – alt. 1 090
Paris 570 – Châteauneuf-de-Randon 17 – Langogne 10 – Marvejols 71 – Mende 44 – Saugues 42.

⚲ Pont de Braye 15 mai-15 sept.
📞 04 66 69 53 04 – **R** conseillée
1,5 ha (35 empl.) plat et terrasses, herbeux
Tarif : ⚹ 3,30 € ⇔ 1,80 € 🔲 3,10 € – (½) (5A) 2,50 €
Pour s'y rendre : O : 1 km, carrefour D 988 et D 34, bord
du Chapeauroux

| Loisirs : 🛶 |
| Services : ⚹ ⚬ 📺 ⊕ 🚿 ▽ 📱 🔲 |
| À prox. : ♀ ✕ ✕ 🐎 (centre équestre) |

CHIRAC

✉ 48100 – **330** H7 – 1 006 h. – alt. 625
Paris 587 – Montpellier 173 – Mende 37 – Marvejols 6 – Espalion 78.

⚲ Village Vacances (location exclusive de chalets)
Pâques-oct.
📞 04 66 32 78 97, Fax 04 66 32 78 97 – **R** conseillée
1,5 ha plat, herbeux
Location : 15 🏠 (4 à 6 pers.) 198 à 593 €/sem.
Pour s'y rendre : N : sortie du bourg, route de Marvejols -
A 75 sortie 39 puis N 9 rte de Marvejols

| Nature : 🐾 ⇐ |
| Loisirs : ✕ |
| Services : ⚹ 🅿 🇬🇧 📺 ▥ 🔲 |
| À prox. : 🐎 |

FLORAC

✉ 48400 – **330** J9 – G. Languedoc Roussillon – 1 996 h. – alt. 542
🚩 Office de tourisme, avenue J. Monestier 📞 04 66 45 01 14, Fax 04 66 45 25 80
Paris 622 – Alès 65 – Mende 38 – Millau 84 – Rodez 123 – Le Vigan 72.

⚲ Municipal le Pont du Tarn 1er avr.-30 sept.
📞 04 66 45 18 26, *pontdutarn@aol.com*,
Fax 04 66 45 26 43, *www.lozere.net/pont-du-tarn.htm*
– **R** conseillée
3 ha (181 empl.) plat, terrasse, herbeux, pierreux
Tarif : ⚹ 2,95 € ⇔ 2,30 € 🔲 2,95 € – (½) (10A) 2,95 € – frais
de réservation 12 €
Location : 11 🏠 (4 à 6 pers.) 250 à 420 €/sem.
Pour s'y rendre : N : 2 km par N 106 rte de Mende et D 998
à droite, accès direct au Tarn

| Nature : ⇐ ♀ |
| Loisirs : 🏃 🔺 ⛵ ≋ |
| Services : ⚹ ⚬ 📺 ⊕ 🚿 ▽ 🔲 |
| À prox. : ✕ 🐎 |

GRANDRIEU

✉ 48600 – **330** J6 – 773 h. – alt. 1 160
🚩 Syndicat d'initiative, place du Foirail 📞 04 66 46 34 51
Paris 554 – Langogne 28 – Châteauneuf-de-Randon 19 – Marvejols 61 – Mende 46 – Saugues 26.

⚲ Municipal le Valadio 15 juin-15 sept.
📞 04 66 46 31 39, *mairie.grandrieu@wanadoo.fr*,
Fax 04 66 46 37 50 – alt. 1 200 – **R** indispensable
1 ha (33 empl.) plat et en terrasses, peu incliné, pierreux,
herbeux
Tarif : ⚹ ⇔ 🔲 4,08 € – (½) (10A) 1,63 €
Pour s'y rendre : Au S du bourg, accès par rue devant la
poste, à 100 m du Grandrieu et d'un plan d'eau

| Nature : ⇐ |
| Loisirs : 🏃 🐎 |
| Services : ⚹ 📺 🔲 ⊕ |
| À prox. : ✕ ≋ |

ISPAGNAC

48320 – **330** J8 – G. Languedoc Roussillon – 759 h. – alt. 518

🛈 Office de tourisme, le village ℰ 04 66 44 20 89, Fax 04 66 44 20 90

Paris 612 – Florac 11 – Mende 28 – Meyrueis 46 – Ste-Enimie 17.

Municipal du Pré Morjal avr.-oct.
ℰ 04 66 44 23 77, pre.morjal@worldonline.fr,
Fax 04 66 44 23 84 – **R** conseillée
2 ha (123 empl.) plat, herbeux
Tarif : **†** 🚐 🅴 13 € – 🛉 3 € – frais de réservation 10 €
Location (permanent) : 4 🏠 (4 à 6 pers.) 215 à 450 €/sem.
Pour s'y rendre : Sortie O par D 907ᵇⁱˢ, rte de Millau et chemin à gauche, près du Tarn
À savoir : Agréable cadre boisé aux portes des Gorges du Tarn

> Nature : 🌳 ← 🏕 ⚲⚲
> Loisirs : 🍳 🏖 ⚲
> Services : 🕹 ⚬ᵣ 🅶🅱 🕶 🔲 🗑 🗻 ⚲
> 🚿 🚾 🖲
> À prox. : 🚲 🍴 🐎

Benutzen Sie
– zur Wahl der Fahrtroute
– zur Berechnung der Entfernungen
– zur exakten Lokalisierung eines Campingplatzes (mit Hilfe der Angaben im Ortstext)
*die für diesen Führer unentbehrlichen **MICHELIN-Karten** im Ma1 : 150 000.*

LAUBERT

48170 – **330** J7 – 134 h. – alt. 1 200 – Sports d'hiver : 1 200/1 264 m ⚡1 ⚡

Paris 584 – Langogne 28 – Marvejols 46 – Mende 19.

Municipal la Pontière Permanent
ℰ 04 66 47 72 09, mairie.laubert@wanadoo.fr,
Fax 04 66 47 71 37 – **R** conseillée
2 ha (33 empl.) peu incliné et accidenté, pierreux, rochers, herbeux
Tarif : (Prix 2006) **†** 🚐 🅴 10 €
Pour s'y rendre : SO : 0,5 km par N 88 et D 6, rte de Rieutort-de-Randon à droite

> Nature : ← ⚲
> Loisirs : 🍷 snack 🍳 🏖
> Services : 🕹 🕶 🔲 🗑 ⚲ 🖲 ⚲

417

le MALZIEU-VILLE

48140 – **330** I5 – G. Languedoc-Roussillon – 970 h. – alt. 860

🛈 Office de tourisme, tour de Bodon ℰ 04 66 31 82 73

Paris 541 – Mende 51 – Le Puy-en-Velay 74 – Saint-Flour 150.

Les Chalets de la Margeride (location exclusive de chalets) Permanent
ℰ 04 66 42 56 00, info@chalets-margeride.com,
Fax 04 66 42 56 01, www.chalets-margeride.com – **R** indispensable
50 ha/2 campables en terrasses, herbeux
Location : 21 🏠 (4 à 6 pers.) 255 à 628 €/sem.
Pour s'y rendre : NO : 4,5 km par D 989, rte de St-Chély-d'Apcher, D 4, rte de la Garde, à droite et chemin au lieu-dit Chassagnes - Par A 75 : sortie 32
À savoir : Agréable situation panoramique sur les Monts de la Margeride

> Nature : 🌳 ←
> Loisirs : 🍷 🍳 🏖 🚲 ☒ (découverte en saison) 🎿
> Services : ⚬ᵣ Ⓟ 🕶 🔲 🖲 ⚲
> À prox. : 🍴

La Piscine
ℰ 04 66 31 47 63, Fax 04 66 31 47 63 – **R** conseillée
1 ha (64 empl.) plat et peu incliné, pierreux, herbeux
Location : 🏠
Pour s'y rendre : N : 1,5 km par D 989 rte de St-Chély-d'Apcher et chemin à gauche après le pont, près de la piscine et d'un plan d'eau

> Nature : 🌳 ←
> Loisirs : 🏖
> Services : 🕹 🗑 ⊕ 🚿 🚾
> À prox. : 🍴 🏊 🛶 ⚲

MARVEJOLS

✉ 48100 – **330** H7 – G. Languedoc Roussillon – 5 501 h. – alt. 650
🛈 *Office de tourisme, place Henri IV ✆ 04 66 32 02 14, Fax 04 66 32 02 14*
Paris 573 – Espalion 64 – Florac 50 – Mende 28 – St-Chély-d'Apcher 34.

V.V.F. Camping et Village 15 mai-15 sept.
✆ 04 66 32 03 69, *marvejols@valvvf.fr*, Fax 04 66 32 43 56
– **R** conseillée 🚫
3 ha (57 empl.) plat, herbeux
Tarif : (Prix 2006) 🏕 ⟷ 🅔 12,90 € – 🔌 (5A) 3,10 €
Location (7 avr.-30 sept.) : 9 ⌂ (4 à 6 pers.) 250 à
670 €/sem.
Pour s'y rendre : E : 1,3 km par D 999, D 1 rte de Montro-
dat et chemin à droite, bord du Colagnet, Par A75,
sortie 38

> Nature : 🏞 00
> Loisirs : 🏠
> Services : 🚿 🅿 GB 🐕 🛖 ⓐ 🏕 📶
> 🖲
> À prox. : 🐎 🚵 🎿 🏊 🏇 (centre
> équestre) terrain omnisports

MENDE

✉ 48000 – **330** J7 – G. Languedoc Roussillon – 11 804 h. – alt. 731
🛈 *Office de tourisme, Place du Général de Gaulle ✆ 04 66 94 00 23, Fax 04 66 94 21 10*
Paris 584 – Clermont-Ferrand 174 – Florac 38 – Langogne 46 – Millau 96 – Le Puy-en-Velay 88.

Tivoli Permanent
✆ 04 66 65 00 38, *tivoli.camping@alicetro.fr*,
Fax 04 66 65 00 38, *www.campingtivoli.com* – **R** conseillée
1,8 ha (100 empl.) plat, herbeux
Tarif : (Prix 2006) 🏕 ⟷ 🅔 16,65 € 🔌 (6A) – frais de réservation 10 €
Location (mi-mars-1er nov.) 🚫 (juil.-août) : 18 🚐 (4 à
6 pers.) 232 à 420 €/sem.
🚐 1 borne 3,05 €
Pour s'y rendre : 2 km au SO par N 88, rte de Rodez et
chemin à dr., face au complexe sportif, bord du Lot

> Nature : 00
> Loisirs : 🍽 🏠 🚵 🎿
> Services : 🚿 🔑 🐕 🎱 🛖 ⓐ 🖲
> À prox. : 🚵

MEYRUEIS

✉ 48150 – **330** I9 – G. Languedoc Roussillon – 851 h. – alt. 698
🛈 *Office de tourisme, Tour de l'Horloge ✆ 04 66 45 60 33, Fax 04 66 45 65 27*
Paris 643 – Florac 36 – Mende 57 – Millau 43 – Rodez 99 – Sévérac-le-Château 44 – Le Vigan 56.

Capelan 5 mai-15 sept.
✆ 04 66 45 60 50, *camping.le.capelan@wanadoo.fr*,
Fax 04 66 45 60 50, *www.campingcapelan.com* – **R** conseillée
2,8 ha (100 empl.) plat, herbeux
Tarif : 🏕 ⟷ 🅔 21 € 🔌 (10A) – frais de réservation 16 €
Location 🚫 : 40 🚐 (4 à 6 pers.) 240 à 660 €/sem.
🚐 1 borne 4 €
Pour s'y rendre : 1 km au NO sur D 996 rte du Rozier,
bord de la Jonte, accès direct au village par passerelle et
sentier
À savoir : Site agréable dans les gorges de la Jonte

> Nature : ⟵ 🏞 🌳
> Loisirs : 🍽 🏠 🏐 🚵 🎿 🏊 🚣
> Services : 🚿 🔑 GB 🐕 Ⓜ 🛖 🖲 – 3
> sanitaires individuels (🚰 wc) ⓐ 🏕
> ✂ 🐾 🐕 🖲 sèche-linge 🧺
> À prox. : 🚵 🏇 (centre équestre)
> voies d'escalades sur rochers

Le Champ d'Ayres 7 avr.-22 sept.
✆ 04 66 45 60 51, *campinglechampdayres@wanadoo.fr*,
Fax 04 66 45 60 51, *www.campinglechampdayres.com*
– **R** conseillée
1,5 ha (85 empl.) peu incliné, herbeux
Tarif : 🏕 ⟷ 🅔 19 € – 🔌 (6A) 3 € – frais de réservation 15 €
Location : 10 🚐 (4 à 6 pers.) 240 à 520 €/sem. – 7 ⌂
(4 à 6 pers.) 220 à 450 €/sem.
🚐 1 borne 4 €
Pour s'y rendre : 0,5 km à l'E par D 57 rte de Campis, près
de la Brèze

> Nature : 🐕 ⟵ 🏞 🌳
> Loisirs : 🍽 🏠 🚵 🎿
> Services : 🚿 🔑 GB 🐕 🛖 🖲 ⓐ 🖲
> À prox. : 🚵 🔥 🏇 (centre équestre)

⚠ **La Cascade** 1er avr.-30 sept.
  📞 04 66 45 45 45, *contact@camping-la-cascade.com*,
  Fax 04 66 45 48 48, *www.camping-la-cascade.com*
  – **R** conseillée
  1 ha (50 empl.) plat et un peu vallonné, herbeux
  Tarif : ★ 3,75 € 🚗 2,90 € 🅴 3,50 € – ⚡ (10A) 3,20 €
  Location (1er avr.-4 nov.) 🏠 : 13 🏘 (4 à 6 pers.) 235 à
  470 €/sem. – gîte d'étape
  Pour s'y rendre : 3,8 km au NE par D 996, rte de Florac et
  chemin à dr., au lieu-dit Salvensac, près de la Jonte et d'une
  cascade
  À savoir : Cadre et site agréables au milieu d'une nature
  préservée

> Nature : 🌿 ≤
> Loisirs : 🏛 ⚽
> Services : 🚿 🔌 ⃝🄶🄱 ⚡ 🗄 ♨ 🔥 ⚲
> 🔴
> À prox. : 🍴 🛶 🐎

⚠ **Le Pré de Charlet** 7 avr.-6 oct.
  📞 04 66 45 63 65, *contact@camping-lepredecharlet.com*
  ou *lepredecharlet@gmail.com*, Fax 04 66 45 63 24,
  www.camping-lepredecharlet.com – **R** conseillée
  2 ha (70 empl.) plat, peu incliné et en terrasses, herbeux
  Tarif : ★ 🚗 🅴 12 € – ⚡ (16A) 2,60 €
  Location : 6 🚐 (4 à 6 pers.) 245 à 450 €/sem.
  Pour s'y rendre : NE : 1 km par D 996 rte de Florac, bord
  de la Jonte

> Nature : 🌿 ≤ ⛰
> Loisirs : 🏛 ⚽
> Services : 🚿 🔌 (15 juin-15 sept.) ⚡
> 🗄 ♨ 🔥 ⚲ 👍
> À prox. : 🍴 🛶 🐎 (centre éques-
> tre)

⚠ **Aire Naturelle le Pré des Amarines** 3 juil.-août
  📞 04 66 45 61 65 – alt. 750 – **R** conseillée
  2 ha (25 empl.) plat et un peu vallonné, herbeux
  Tarif : ★ 🚗 🅴 10 € – ⚡ 3 €
  Pour s'y rendre : NE : 5,7 km par D 996, rte de Florac et
  chemin à droite, au Castel, près du lieu-dit Gatuzières, bord
  de la Jonte
  À savoir : Dans la vallée de la Jonte

> Nature : 🌿 ≤ ⛰
> Loisirs : 🛶
> Services : 🚿 🔌 ⚡ 🗄 ♨ 🔥 ⚲ 🔴
> À prox. : 🚲 🍴 🛶 🐎 (centre
> équestre)

419

*Ce guide n'est pas un répertoire de tous les terrains de camping
mais une sélection des meilleurs campings dans chaque catégorie.*

NASBINALS

✉ 48260 – **330** G7 – 504 h. – alt. 1 180
🏢 Office de tourisme, Village 📞 04 66 32 55 73
Paris 573 – Aumont-Aubrac 24 – Chaudes-Aigues 27 – Espalion 34 – Mende 57 – Rodez 64 – St-Flour 53.

⚠ **Municipal** 15 mai-30 nov.
  📞 04 66 32 51 87, *mairie.nasbinals@laposte.net*,
  Fax 04 66 32 50 01 – alt. 1 100
  2 ha (75 empl.) plat et peu incliné, herbeux
  Tarif : (Prix 2006) ★ 🚗 🅴 4 € – ⚡ (10A) 2,30 €
  Pour s'y rendre : NO : 1 km par D 12, rte de St-Urcize

> Nature : 🌿 ≤
> Services : 🚿 🔌 ⃝🄶🄱 ⚡ 🗄 ⚲
> À prox. : 🐎 (centre équestre)

NAUSSAC

✉ 48300 – **330** L6 – 189 h. – alt. 920 – Base de loisirs
Paris 575 – Grandrieu 26 – Langogne 3 – Mende 46 – Le Puy-en-Velay 53 – Thueyts 45.

⚠⚠ **Les Terrasses du Lac** mi-avr.-30 sept.
  📞 04 66 69 29 62, *info@naussac.com*, Fax 04 66 69 24 78,
  www.naussac.com – **R** conseillée
  6 ha (180 empl.) incliné, en terrasses, herbeux, pierreux
  Tarif : ★ 3,50 € 🚗 1 € 🅴 5,50 € – ⚡ (10A) 2,50 € – frais de
  réservation 10 €
  Location (1er avr.-31 oct.) : 6 🏘 (4 à 6 pers.) 292,50 à
  595 €/sem. – 🛏 – (hôtel) - huttes
  Pour s'y rendre : Au Nord du bourg par D 26, rte de
  Sauges et à gauche, à 200 m du lac (accès direct)
  À savoir : Belle situation dominant le lac

> Nature : ≤
> Loisirs : 🍸 🍴 🏛 🌙 nocturne 🏃
> 🚲 🍴 🛶 (petite piscine)
> Services : 🚿 🔌 ⃝🄶🄱 ⚡ 🚾 🗄 ♨ 🔴
> ⚲
> À prox. : discothèque ⚽ ⛵
> (plage) 🏖 🛶 🐎

Le PONT-DE-MONTVERT

✉ 48220 – **330** K8 – G. Languedoc Roussillon – 272 h. – alt. 875

🛈 *Office de tourisme, le Quai* 𝄞 04 66 45 81 94, Fax 04 66 45 81 94

Paris 629 – Le Bleymard 22 – Florac 21 – Génolhac 28 – Mende 45 – Villefort 43.

△ **Aire Naturelle la Barette** saison

𝄞 04 66 45 82 16 – alt. 1 200 – **R** conseillée

1 ha (20 empl.) en terrasses, herbeux, pierreux, rochers

Tarif : 🚶 ⇘ 🅴 10 € – ⓗ 2,30 €

Pour s'y rendre : N : 6 km par D 20, rte de Bleymard, à Finiels

À savoir : Site agréable et sauvage

Nature :	🐾 ≤ Mont-Lozère
Loisirs :	🛋
Services :	⚬━ ⚲ ⓐ ⓒ 🚿
À prox. :	🚴 🍴

ROCLES

✉ 48300 – **330** K6 – 197 h. – alt. 1 085

Paris 581 – Grandrieu 20 – Langogne 8 – Mende 44 – Le Puy-en-Velay 59 – Thueyts 50.

🏕 **Rondin des Bois** Permanent

𝄞 04 66 69 50 46, *rondin.com@wanadoo.fr*,

Fax 04 66 69 53 83, *www.camping-rondin.com* – alt. 1 000 – **R** conseillée

2 ha (78 empl.) en terrasses, plat et peu incliné, pierreux, rochers

Tarif : 🚶 ⇘ 🅴 14 € – ⓗ (6A) 2,50 € – frais de réservation 10 €

Location 🏠 : 6 🚐 (4 à 6 pers.) 260 à 465 €/sem. – 8 🏚 (4 à 6 pers.) 300 à 598 €/sem.

Pour s'y rendre : N : 3 km par rte de Bessettes et chemin de Vaysset, à droite

À savoir : Dans un site sauvage, à proximité du lac de Naussac

Nature :	🐾 ≤ 🏕
Loisirs :	🍴 🍴 🛋 ⚽ 🚴 ·🎱 🎯 ⛳
Services :	🚿 ⚬━ ⚲ 🗄 🚰 ⓐ ⓒ 🔧
À prox. :	🌊 🐴 (centre équestre)

420

Le ROZIER

✉ 48150 – **330** H9 – G. Languedoc Roussillon – 153 h. – alt. 400

🛈 *Syndicat d'initiative, le bourg* 𝄞 05 65 62 60 89, Fax 05 65 62 60 27

Paris 632 – Florac 57 – Mende 63 – Millau 23 – Sévérac-le-Château 23 – Le Vigan 72.

🏕 **Les Prades** 1ᵉʳ mai-30 sept.

𝄞 05 65 62 62 09, *lesprades@wanadoo.fr*,

Fax 05 65 62 62 09, *www.campinglesprades.com* ✉ 12720 Mostuéjouls – **R** conseillée

3,5 ha (150 empl.) plat, herbeux, sablonneux

Tarif : 🚶 ⇘ 🅴 21 € – ⓗ (6A) 3 € – frais de réservation 15 €

Location 🏠 : 22 🚐 (4 à 6 pers.) 200 à 550 €/sem. – 5 bungalows toilés – gîtes

Pour s'y rendre : O : 4 km par Peyreleau et D 187 à droite, rte de la Cresse, bord du Tarn

Nature :	🐾 ≤ 🌳🌳
Loisirs :	🍴 snack 🍸 🚴 ·🎱 ⛳ 🎱 🏓 🪢 mur d'escalade, canoë-kayak
Services :	🚿 ⚬━ GB ⚲ 🗄 🚮 ⓐ ⓒ 🚽 🔧 🗄 🚿
À prox. :	🐴 (centre équestre)

🏕 **Le St Pal** 1ᵉʳ mai-30 sept.

𝄞 05 65 62 64 46, *saintpal@wanadoo.fr*, Fax 05 65 58 79 82, *www.campingsaintpal.com* ✉ 12720 Mostuéjouls – **R** conseillée

1,5 ha (75 empl.) plat, herbeux

Tarif : 🚶 ⇘ 🅴 20 € – ⓗ (6A) 3,20 € – frais de réservation 31 €

Location : 14 🚐 (4 à 6 pers.) 294 à 532 €/sem.

🚐 1 borne

Pour s'y rendre : NO : 1 km par D 907, rte de Millau, bord du Tarn

Nature :	≤ 🌳🌳 △
Loisirs :	🛋 🎱 🪢
Services :	🚿 ⚬━ GB ⚲ 🗄 🚽 ⓐ ⓒ 🗄
À prox. :	🚴 🍴 🐴

Avant de vous installer, consultez les tarifs en cours,
affichés obligatoirement à l'entrée du terrain,
et renseignez-vous sur les conditions particulières de séjour.
Les indications portées dans le guide ont pu être modifiées depuis la mise à jour.

ST-BAUZILE

✉ 48000 – **330** J8 – 504 h. – alt. 750
Paris 598 – Chanac 19 – Florac 29 – Marvejols 30 – Mende 13 – Ste-Énimie 25.

△ **Municipal les Berges de Bramont** 1er juil.-15 nov.
  𝒫 04 66 47 05 97, *mairiedestbauzile@wanadoo.fr*,
  Fax 04 66 47 00 45
  1,5 ha (50 empl.) plat, terrasse, herbeux
  Tarif : 🕇 ⟪ 🖾 12 € 🗲 (10A)
  Pour s'y rendre : SO : 1,5 km par D 41, N 106 rte de Mende
  et à Rouffiac chemin à gauche, près du Bramont et du
  complexe sportif

Nature : ≤
Loisirs : 🏕 🚲
Services : 🕭 ⚬ 🚿 🖾 🛒
À prox. : 🍴 🍴 🚲 🎣

ST-GEORGES-DE-LÉVÉJAC

✉ 48500 – **330** H9 – 243 h. – alt. 900
Paris 603 – Florac 53 – Mende 45 – Millau 49 – Sévérac-le-Château 20 – Le Vigan 93.

△ **Cassaduc** juil.-30 août
  𝒫 04 66 48 85 80, Fax 04 66 48 85 80, *http://cardoule.com/
  camping-cassaduc* – 🏮
  2,2 ha (75 empl.) en terrasses et peu incliné, herbeux,
  pierreux
  Tarif : 🕇 ⟪ 🖾 6 € – 🗲 (10A) 3 €
  Pour s'y rendre : SE : 1,4 km par rte du Point Sublime et
  rte à gauche
  À savoir : À 500 m du Point Sublime

Nature : 🌲 ≤ 🌳🌳(pinède)
Services : 🕭 ⚬ 🚿 🛒
À prox. : 🍴 snack

Benutzen Sie
– zur Wahl der Fahrtroute
– zur Berechnung der Entfernungen
– zur exakten Lokalisierung eines Campingplatzes (mit Hilfe der Angaben im Ortstext)
die für diesen Führer unentbehrlichen **MICHELIN-Karten** *im Ma1 : 150 000.*

421

ST-GERMAIN-DU-TEIL

✉ 48340 – **330** H8 – 803 h. – alt. 760
🚩 Syndicat d'initiative, croix Rouby 𝒫 04 66 32 65 45
Paris 601 – Montpellier 166 – Mende 46 – Millau 58 – Marvejols 27.

🔺 **Chalet du Plan d'Eau de Booz** (location exclusive de
  chalets) Permanent
  𝒫 04 66 32 69 09, *booz@france48.com*, Fax 04 66 32 69 09
  – **R** conseillée
  5 ha plat, plan d'eau
  Location : 43 🏠 (4 à 6 pers.) 191 à 573 €/sem.
  Pour s'y rendre : SE : 6 km par D 52 - A 75, sortie 39b et à
  gauche sur D 52

Nature : ♀
Loisirs : 🍴 🏕 🎯 🚲 🏊 pédalos, canoë-kayak, optimist
Services : 🕭 ⚬ 🚿 🛒

ST-LÉGER-DE-PEYRE

✉ 48100 – **330** H7 – 176 h. – alt. 780
Paris 581 – Montpellier 188 – Mende 34 – Marvejols 6 – Espalion 93.

🔺 **Hameau Ste-Lucie** (location exclusive de maisonnettes
  et de maisons) 3 févr.-31 déc.
  𝒫 04 66 32 09 22, *infos@loupsdugevaudan.com*,
  Fax 04 66 32 09 22, *www.loupsdugevaudan.com* – alt. 1 100
  – **R** indispensable
  30 ha/2 campables en terrasses, non clos
  Location : 8 🏠 (4 à 6 pers.) 172 à 550 €/sem.
  Pour s'y rendre : NO : 15 km par D 2 et N 9 puis chemin à
  droite à Ste-Lucie - A 75, sortie 37 puis N 9 rte de Marvejols
  et à gauche, Ste-Lucie
  À savoir : Vue à 180°, sur la Lozère, au calme absolu, tout
  près des loups

Nature : 🌲 ≤ mont Lozère, mont Aigoual
Loisirs : 🍴 🍴
Services : ⚬ 🅿 GB 🛒
À prox. : parc aux loups du Gévaudan

ST-PAUL-LE-FROID

✉ 48600 – **330** J6 – 186 h. – alt. 1 302
Paris 582 – Montpellier 237 – Mende 54 – Le Puy-en-Velay 61 – Saint-Flour 69.

⚠ **Chalets des Bouviers** (location exclusive de chalets et de chalets nordiques) fermé mi-nov.-mi-déc.
℘ 04 66 47 41 54, *bouviers 01@tiscali.fr*, Fax 04 66 47 30 76, *www.lozere-resa.com* – alt. 1 418
2 ha non clos, plat, en terrasses
Location : 14 🏠 (4 à 6 pers.) 186 à 558 €/sem. – 2 studios
Pour s'y rendre : SO : 8 km par D 59 et D 5, à la Baraque des Bouviers - GR 43 - à la station de ski - Par A 75, sortie 34 puis N 106 jusqu'à Serverette et D 5 à gauche

Nature : ⅌ ≤ 🌳
Loisirs : 🏛
Services : GB ℅ 🏧 🖥
À prox. : 🍸 ✕ 🚲 raquettes, ski de fond

STE-ÉNIMIE

✉ 48210 – **330** I8 – G. Languedoc Roussillon – 509 h. – alt. 470
🛈 *Office de tourisme, village* ℘ 04 66 48 53 44, Fax 04 66 48 47 70
Paris 612 – Florac 27 – Mende 28 – Meyrueis 30 – Millau 57 – Sévérac-le-Château 49 – Le Vigan 82.

⚠ **Camping Couderc** 1ᵉʳ avr.-30 sept.
℘ 04 66 48 50 53, *campingcouderc@wanadoo.fr*, Fax 04 66 48 58 59, *www.campingcouderc.fr* – **R** conseillée
2,5 ha (113 empl.) en terrasses, pierreux, herbeux
Tarif : (Prix 2006) 🚶 ⛺ 🖥 16 € – 🔌 (6A) 3 € – frais de réservation 15 €
Location (10 avr.-20 déc.) : 7 🚐 (4 à 6 pers.) 250 à 380 €/sem.
🚐 1 borne 3 €
Pour s'y rendre : 2 km au SO par D 907 bis, rte de Millau, bord du Tarn
À savoir : Dans les gorges du Tarn

Nature : ≤ 🌳 ⛰
Loisirs : 🍸 🏊 ⟋
Services : ⅋ 🔌 ℅ 🏧 🖥 ⛽ ⊙ 🖥
À prox. : canoë

422

⚠ **Le Site de Castelbouc** 15 mars-30 sept.
℘ 04 66 48 58 08, *camping.lesite@wanadoo.fr*, Fax 04 66 48 58 08, *gorges-du-tarn@wanadoo.fr* – **R** conseillée
1 ha (60 empl.) non clos, plat, peu incliné, herbeux
Tarif : 🚶 ⛺ 🖥 11 € – 🔌 (5A) 2 €
Location : 5 🚐 (4 à 6 pers.) 300 à 450 €/sem.
Pour s'y rendre : SE : 7 km par D 907ᴮ, rte d'Ispagnac puis 0,5 km par rte de Castelbouc à droite, bord du Tarn
À savoir : Site et situation agréables dans les gorges du Tarn

Nature : ⅌ ≤ 🌳 ⛰
Loisirs : ⟋ canoë-kayak
Services : ⅋ 🔌 (déb.juil.-25 août)
GB ℅ 🏧 🐾 ⊙ 🖥

⚠ **Les Fayards** 6 avr.-16 sept.
℘ 04 66 48 57 36, *info@camping-les-fayards.com*, *www.camping-les-fayards.com* – **R** conseillée
2 ha (90 empl.) plat, herbeux, pierreux, terrasse
Tarif : 🚶 4 € ⛺ 2 € 🖥 6 € – 🔌 (5A) 3 € – frais de réservation 10 €
Location (1ᵉʳ avr.-29 sept.) : 4 🏠 (4 à 6 pers.) 240 à 490 €/sem. – 4 bungalows toilés
Pour s'y rendre : 3 km au SO par D 907 bis, rte de Millau, bord du Tarn
À savoir : Situation agréable dans les gorges du Tarn

Nature : ⅌ 🏕 🌳
Loisirs : 🍸 ⟋ canoë-kayak
Services : ⅋ 🔌 ℅ 🏧 ⊙ 🐾 🖥

Les VIGNES

✉ 48210 – **330** H9 – G. Languedoc Roussillon – 118 h. – alt. 410
🛈 *Office de tourisme, le village* ℘ 04 66 48 80 90
Paris 615 – Mende 52 – Meyrueis 33 – Le Rozier 12 – Ste-Enimie 25 – Sévérac-le-Château 22.

⚠ **Castel de la Peyre** (location exclusive de maisonnettes) avr.-déc.
℘ 04 66 48 89 81, *www.lozere-resa.com* – **R** conseillée
1 ha non clos, en terrasses
Location : 10 🏠 (4 à 6 pers.) 243 à 591 €/sem.
Pour s'y rendre : Sud, sur D 16, rive gauche du Tarn

Nature : ⅌ ≤
Loisirs : 🏛 🏊
Services : ⅋ ℅ 🏧 🖥

Les VIGNES

⚠ **La Blaquière** 1er mai-10 sept.
  𝒫 04 66 48 54 93, *campingblaquiere@wanadoo.fr*,
  Fax 04 66 48 54 93, *www.campingblaquiere.fr* – **R** conseillée
  1 ha (72 empl.) plat, en terrasses, herbeux, pierreux, sablonneux
  Tarif : ⚹ ⇔ 🔲 12,60 € – [ȝ] (6A) 2,50 € – frais de réservation 13 €
  Location : 4 bungalows toilés
  Pour s'y rendre : NE : 6 km par D 907Bis, rte de Florac, bord du Tarn

> Nature : 🔲 ᴏᴏ ⚠
> Loisirs : 🏕 ⤴ 🏹
> Services : ᴄ ᴏₘ ⤴ 📅 ᴸ ⚲ ④ 📼 🔲 ᴄ
> À prox. : canoë-kayak

VILLEFORT

✉ 48800 – **330** L8 – G. Languedoc Roussillon – 620 h. – alt. 600
🏢 *Office de tourisme, rue de l'Église* 𝒫 04 66 46 87 30
Paris 616 – Alès 52 – Aubenas 61 – Florac 63 – Mende 58 – Pont-St-Esprit 90 – Le Puy-en-Velay 85.

⚠ **Morangiés - Le Lac** 1er mai-30 sept.
  𝒫 04 66 46 81 27, *jo.genti.le@libertysurf.fr*,
  Fax 04 66 46 81 27 – **R** indispensable
  4 ha (75 empl.) en terrasses, herbeux, gravillons
  Tarif : ⚹ ⇔ 🔲 15,20 € [ȝ] (6A)
  Location (permanent) : 33 ⊞ (4 à 6 pers.) 240 à 520 €/sem. – 19 🏠 (4 à 6 pers.) 345 à 585 €/sem.
  Pour s'y rendre : 3,4 km au N par D 901, rte de Mende, D 906, rte de Prévenchère et à gauche chemin de Pourcharesses
  À savoir : Agréable situation au bord du lac et d'une base nautique

> Nature : 🏞 < 🔲 ♀
> Loisirs : 🔲 ⤴ 🏹
> Services : ᴄ ᴏₘ ⤴ 📅 ᴸ ④ ⚲ ᵥᵥ ᵛ⁰
> 🔲
> À prox. : 🚲 ✖ 🏊 🏹 ♪ 🐎 canoë

⚠ **La Palhère** mai-15 sept.
  𝒫 04 66 46 80 63, *http://villefort.free.fr* – alt. 750
  – **R** conseillée
  1,8 ha (45 empl.) en terrasses, herbeux, pierreux
  Tarif : ⚹ 3,70 € ⇔ 1 € 🔲 2 € – [ȝ] (6A) 3 €
  Pour s'y rendre : 4 km au SO par D 66, rte du Mas-de-la-Barque, bord d'un torrent

> Nature : 🏞 < ♀
> Loisirs : snack 🏹 🏹
> Services : ᴏₘ ⤴ 📅 ᴸ ⚲ ④ ᵥᵥ ᵛ
> ᴄ
> À prox. : ✖

423

Pyrénées-Orientales (66)

ARGELÈS-SUR-MER

✉ 66700 – **344** J7 – G. Languedoc Roussillon – 9 069 h. – alt. 19
🏢 *Office de tourisme, place de l'Europe* 𝒫 04 68 81 15 85, Fax 04 68 81 16 01
Paris 872 – Céret 28 – Perpignan 22 – Port-Vendres 9 – Prades 66.

Centre

⚠ **Pujol** 1er juin-15 sept.
  𝒫 04 68 81 00 25, *postmaster@campingdepujol.com*,
  Fax 04 68 81 21 21, *www.campingdepujol.com* – **R** conseillée
  4,1 ha (249 empl.) plat, herbeux, sablonneux
  Tarif : ⚹ 5 € ⇔ 1,50 € 🔲 10,50 € – [ȝ] (6A) 3 €
  À savoir : Espace piscine agréable

> Nature : ᴏᴏ
> Loisirs : 🍷 snack 🎣 ⤴ 🏹 🏊
> Services : ᴄ ᴏₘ ᴏᴃ ⤴ 📅 ᴸ ④ 📼
> ᴄ ᴄ
> À prox. : 🚲 ✖ ♪ 🐎 ski nautique, jet ski

⚠ **Le Stade** avr.-sept.
  𝒫 04 68 81 04 40, *info@campingdustade.com*,
  Fax 04 68 95 84 55, *www.campingdustade.com* – **R** conseillée
  2,4 ha (185 empl.) plat, herbeux
  Tarif : ⚹ 5,10 € ⇔ 1 € 🔲 9,30 € – [ȝ] (6A) 3,50 € – frais de réservation 8 €
  Location ✀ : 10 ⊞ (4 à 6 pers.) 410 à 515 €/sem.
  Pour s'y rendre : Rte de la plage

> Nature : ᴏᴏ
> Loisirs : pizzeria ⤴
> Services : ᴄ ᴏₘ ᴏᴃ ⤴ 📅 ᴸ ④ 📼
> ᴄ
> À prox. : ✖ 🏹 🏹

ARGELÈS-SUR-MER

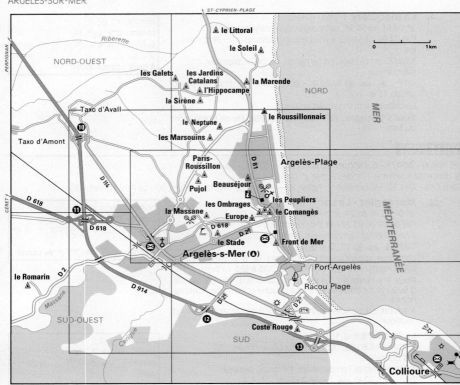

La Massane mi-mars-mi-oct.
℘ 04 68 81 06 85, *camping.massane@infonie.fr*,
Fax 04 68 81 59 18, *www.camping-massane.com*
– **R** conseillée
2,7 ha (184 empl.) plat, herbeux
Tarif : (Prix 2006) 👤 🚗 🅴 24 € 🔌 (6A)
Location : 7 🛖 (2 à 4 pers.) 170 à 410 €/sem. – 19 🚐
(4 à 6 pers.) 250 à 590 €/sem.

Nature : 🌳 ♀
Loisirs : 🎱 💦🏊
Services : ♿ 🔌 ⊖🅱 📶 🗄 🔥 🌊 ♨
🖨 🚿
À prox. : 🍴

Paris-Roussillon mi-mai-sept.
℘ 04 68 81 19 71, *contact@parisroussillon.com*,
Fax 04 68 81 68 77, *www.parisroussillon.com* – **R** indispensable
3,5 ha (200 empl.) plat, herbeux
Tarif : (Prix 2006) 👤 🚗 🅴 26 € 🔌 (6A) – frais de réservation 12 €
Location (avr.-oct.) : 🛏

Nature : 🌿 ♀♀
Loisirs : 🍸 snack 💦🏊
Services : ♿ 🔌 ⊖🅱 📶 🗄 🔥 ♨ 🖨
🚿 🛒
À prox. : 🚴 🍴 🏇 🐎 🚤 ski nautique, jet ski

Beauséjour
℘ 04 68 81 10 63, *contact@camping-lebeausejour.com*,
Fax 04 68 95 75 08, *www.campinglebeausejour.com* –
places limitées pour le passage
3,5 ha plat, herbeux
Location : 🚐
Pour s'y rendre : À 300 m de la plage

Nature : 🌳 ♀
Loisirs : snack, pizzeria 🎱 🌙 nocturne 💦🏊🏊
Services : ♿ 🗄 🔥 ♨ 🖨 🚿

▲ **Les Ombrages** juin-sept.
📞 04 68 81 29 83, *les-ombrages@freesurf.fr*,
Fax 04 68 81 29 83, *www.les-ombrages.com* – **R** conseillée
4,1 ha (270 empl.) plat, herbeux, sablonneux
Tarif : (Prix 2006) 🕴 ⇔ 🅴 23 € 🔌 (10A) – frais de réservation 20 €
Location ⤵ : 🏕 (4 à 6 pers.) 210 à 550 €/sem.
Pour s'y rendre : À 400 m de la plage

> Nature : ⊏⊐ ♎♎
> Loisirs : 🛏 💪 🏊
> Services : ♿ ⊶ 🅶🅱 📺 🗄 🔥 🐕 ⊕ 🔲
> À prox. : 🚲 🎾 🌊 🐎 ski nautique, jet ski

▲ **Comangès** 1er avr.-1er oct.
📞 04 68 81 15 62, *contact@campingcomanges.com*,
Fax 04 68 95 87 74, *www.campingcomanges.com*
– **R** conseillée
1,2 ha (90 empl.) plat, herbeux
Tarif : (Prix 2006) 🕴 7,67 € ⇔ 7,67 € 🅴 7,67 € –
🔌 (10A) 3,50 € – frais de réservation 20 €
Location : 5 🏕 (4 à 6 pers.) 220 à 650 €/sem.
Pour s'y rendre : À 300 m de la plage

> Nature : ♎♎
> Loisirs : 💪
> Services : ♿ ⊶ 🅶🅱 📺 🗄 🔥 🐕 ⊕ 🔲
> À prox. : 🚲 🎾 🏊 🐎 ski nautique

▲ **Europe** 8 avr.-14 oct.
📞 04 68 81 08 10, *camping.europe@wanadoo.fr*,
Fax 04 68 95 71 84, *www.camping.europe.com* – **R** conseillée
1,2 ha (91 empl.) plat, herbeux
Tarif : (Prix 2006) 🕴 ⇔ 🅴 21,30 € 🔌 (10A) – frais de réservation 20 €
Location : 11 🏕 (4 à 6 pers.) 153 à 545 €/sem.
Pour s'y rendre : À 500 m de la plage

> Nature : ♎♎
> Services : ♿ ⊶ 🅶🅱 📺 🗄 🔥 🐕 ⊕ 🔲 🚱
> À prox. : 🏊

▲ **les Peupliers** mai-sept.
📞 04 68 81 17 91 – **R** indispensable
1,8 ha (100 empl.) plat, herbeux
Tarif : 🕴 ⇔ 🅴 25,50 € 🔌 (10A) – frais de réservation 15 €
Pour s'y rendre : À 300 m de la plage

> Nature : ⊏⊐ ♎♎
> Services : ♿ ⊶ 🅶🅱 📺 🗄 🔥 🐕 ⊕ 🔲

425

Nord

🛖🛖🛖🛖 **La Sirène et l'Hippocampe** 🏕 – 6 avr.-28 sept.
📞 04 68 81 04 61, *contact@camping-lasirene.fr*,
Fax 04 68 81 69 74, *www.camping-lasirene.fr* – **R** indispensable
21 ha (903 empl.) plat, herbeux
Tarif : 🕴 ⇔ 🅴 40 € – 🔌 (5A) 3 € – frais de réservation 20 €
Location : 436 🏕 (4 à 6 pers.) 248 à 1 365 €/sem.
À savoir : Beau parc aquatique paysager

> Nature : ⊏⊐ ♎♎
> Loisirs : 🍽 ✗ pizzeria, crêperie 🍴 nocturne 🏸 discothèque 💪 🚲 🎾 🔥 🏊 🐎 école de plongée
> Services : ♿ ⊶ 🅶🅱 📺 🗄 🔥 🐕 ⊕ 🚱 🔲 🛒 🐾

🛖🛖🛖 **Les Marsouins** 8 avr.-sept.
📞 04 68 81 14 81, *marsouin@campmed.com*,
Fax 04 68 95 93 58, *www.campmed.com* – **R** conseillée
10 ha (587 empl.) plat, herbeux
Tarif : (Prix 2006) 🕴 ⇔ 🅴 26 € 🔌 (5A) – frais de réservation 15 €
Location : 137 🏕 (4 à 6 pers.) 190 à 660 €/sem.
🚐 1 borne 4 €

> Nature : ♎♎
> Loisirs : 🍽 snack, pizzeria, crêperie nocturne 🏸 💪 🚲 🏊 école de plongée
> Services : ♿ ⊶ 🅶🅱 📺 🗄 🐕 ⊕ 🚱 🛒 🔲 🐾 bureau d'informations touristiques

🛖🛖🛖 **Les Galets** 🏕 – 31 mars-29 sept.
📞 04 68 81 08 12, *lesgalets@campinglesgalets.fr*,
Fax 04 68 81 68 76, *www.campmed.com* – places limitées pour le passage – **R** conseillée
5 ha (232 empl.) plat, herbeux
Tarif : 🕴 7,50 € ⇔ 🅴 19,50 € 🔌 (6A)
Location : 119 🏕 (4 à 6 pers.) 175 à 854 €/sem.
🚐 2 bornes 4 € – 2 🅴 10 €
À savoir : Cadre agréable autour d'un bel espace aquatique

> Nature : ⊏⊐ ♎♎
> Loisirs : 🍽 ✗ 🍴 nocturne 🏸 ⛵ 💪 🏊 terrain omnisports
> Services : ♿ ⊶ 🅶🅱 📺 🗄 🔥 🐕 ⊛ 🔲 🐾
> À prox. : 🔥 🐎 poneys (centre équestre)

ARGELÈS-SUR-MER

ᴧᴧᴧ **Le Roussillonnais** 16 avr.-30 sept.
℘ 04 68 81 10 42, *camping.rouss@infonie.fr*,
Fax 04 68 95 96 11, *www.leroussillonnais.com* – **R** conseillée
10 ha (719 empl.) plat, sablonneux, herbeux
Tarif : (Prix 2006) ⚊ ⚊ 𝄐 23,80 € 𝄐 (6A) – frais de réservation 15 €
Location (5 mai-22 sept.) 𝄐 : 21 𝄐 (4 à 6 pers.) 285 à 602 €/sem. – 27 🏠 (4 à 6 pers.) 285 à 602 €/sem.
🚐 1 borne – 18 𝄐 10 €
Pour s'y rendre : Près de la plage (accès direct)

> Nature : 🌳 ⚐
> Loisirs : 🍽 ✗ pizzeria 🏊 ⚿ 🚲 ✗ terrain omnisports
> Services : ⚕ ⚬ (30 juil.-25 août) GB 🚿 🗄 ⛊ 🏊 ⚬ 🛒 🚏 🛒
> À prox. : 🛶 💧 🐎 ski nautique

ᴧᴧᴧ **Le Soleil** ⚊⚊ – mi-mai-23 sept.
℘ 04 68 81 14 48, *camping.lesoleil@wanadoo.fr*,
Fax 04 68 81 44 34, *www.campmed.com* – **R** conseillée
17 ha (844 empl.) plat, herbeux, sablonneux
Tarif : (Prix 2006) ⚊ ⚊ 𝄐 31,30 € 𝄐 (6A) – frais de réservation 18,30 €
Location : 73 𝄐 (4 à 6 pers.) 252 à 623 €/sem.
🚐 1 borne
Pour s'y rendre : Près de la plage (accès direct)
À savoir : Cadre agréable au bord de la mer

> Nature : 🌿 🌳 ⚐
> Loisirs : 🍽 ✗ pizzeria, brasserie 🏊 ⚐ nocturne ⚿ 📻 discothèque ⚿ ✗ 🏊 🐎 petit parc animalier
> Services : ⚕ ⚬ GB 🚿 🗄 ⛊ ⚬ 🏊 🛒

ᴧᴧ **Le Littoral** ⚊⚊ – 8 avr.-sept.
℘ 04 68 81 17 74, *info@camping-le-littoral.fr*,
Fax 04 68 95 94 89, *www.camping-le-littoral.com* – **R** conseillée
5 ha (292 empl.) plat, herbeux
Tarif : (Prix 2006) ⚊ ⚊ 𝄐 28 € – frais de réservation 19 €
Location 𝄐 : 117 𝄐 (4 à 6 pers.) 189 à 794 €/sem.

> Nature : 🌳🌳
> Loisirs : snack ⚐ nocturne ⚿ ⚿ 🚲 🏊
> Services : ⚕ ⚬ GB 🚿 🗄 ⛊ ⚬ 🏊 🏊 🛒
> À prox. : ✗ 🛶 🐎 golf

ᴧᴧ **La Marende** 28 avr.-22 sept.
℘ 04 68 81 12 09, *info@marende.com*, Fax 04 68 81 88 52, *www.marende.com* – **R** indispensable
3 ha (208 empl.) plat, herbeux, sablonneux
Tarif : ⚊ ⚊ 𝄐 31,50 € – 𝄐 (10A) 3 € – frais de réservation 15 €
Location : 42 𝄐 (4 à 6 pers.) 220 à 630 €/sem.
🚐 1 borne
Pour s'y rendre : À 400 m de la plage

> Nature : 🌿 🌳🌳
> Loisirs : 🍽 snack ⚿ 🏊
> Services : ⚕ ⚬ GB 🚿 🗄 ⛊ ⚬ 📻 🏊 🛒
> À prox. : ✗ 🛶 🐎

ᴧᴧ **Les Jardins Catalans** (location exclusive de mobile homes) fermé janv.
℘ 04 68 81 11 68, *info@camping-jardinscatalans.fr*,
Fax 04 68 95 75 80 – **R** conseillée
4,5 ha plat, herbeux
Location : 130 𝄐 (4 à 6 pers.) 192 à 690 €/sem.

> Nature : 🌳
> Loisirs : 🍽 brasserie, pizzeria ⚐ nocturne 📻 ⚿ 🏊
> Services : ⚬ GB 🚿 🛒

Sud

ᴧᴧᴧ **Le Front de Mer** avr.-sept.
℘ 04 68 81 08 70, *front.de.mer@cegetel.net*,
Fax 04 68 81 87 21, *www.camping-front-mer.com* – **R** conseillée
10 ha (588 empl.) plat, herbeux
Tarif : (Prix 2006) ⚊ ⚊ 𝄐 30,25 € 𝄐 (6A)
Location : 𝄐 (4 à 6 pers.) 250 à 770 €/sem.
Pour s'y rendre : À 250 m de la plage

> Nature : 🌿 🌳🌳
> Loisirs : 🍽 ✗ pizzeria ⚐ nocturne ⚿ 🏊 🏊 🐎
> Services : ⚕ ⚬ GB 🚿 🗄 ⛊ 🏊 ⚬ 🏊 📻 🏊 🛒

ᴧᴧ **Coste Rouge** juin-15 sept.
℘ 04 68 81 08 94, *info@lacosterouge.com*,
Fax 04 68 95 94 17, *www.lacosterouge.com* – **R** conseillée
3,7 ha (145 empl.) plat, peu incliné, terrasses, herbeux, gravier
Tarif : ⚊ ⚊ 𝄐 22 € – 𝄐 (6A) 2,50 € – frais de réservation 13 €
Location (31 mars-4 nov.) : 45 𝄐 (4 à 6 pers.) 199 à 690 €/sem. – studios
Pour s'y rendre : SE : 3 km

> Nature : 🌿 🌳🌳
> Loisirs : snack 🏊 ⚿ 🏊
> Services : ⚕ ⚬ GB 🚿 🗄 ⛊ 🏊 ⚬ 📻 🛒
> À prox. : 🚲 🛶 💧 🐎 ski nautique, jet ski

426

ARGELÈS-SUR-MER

Sud-Ouest

▲▲ **Le Romarin**
   ℰ 04 68 81 02 63, *camping.romarin@libertysurf.fr*,
   Fax 04 68 81 57 63, *www.camping-romarin.com*
   – **R** conseillée
   2,5 ha (142 empl.) plat, herbeux
   Location : 🏠
   Pour s'y rendre : SO : 2,8 km

> Nature : 🐚 ⌂ 00
> Loisirs : snack 🏓 🚲 🏊
> Services : 🔥 ⚬ 🖻 ⊕ 📺 🚿

ARLES-SUR-TECH

✉ 66150 – **344** G8 – G. Languedoc Roussillon – 2 700 h. – alt. 280
🅱 *Office de tourisme, rue Barjau*   *ℰ* 04 68 39 11 99
Paris 886 – Amélie-les-Bains-Palalda 4 – Perpignan 45 – Prats-de-Mollo-la-Preste 19.

▲▲ **Le Vallespir** avr.-oct.
   ℰ 04 68 39 90 00, *camping.le.vallespir@wanadoo.fr*,
   Fax 04 68 39 90 09, *www.camping-le-vallespir.com*
   – **R** conseillée
   2,5 ha (135 empl.) plat et peu incliné, herbeux
   Tarif : (Prix 2006) 🚹 🚗 📧 21,50 € [⚡] (10A) – frais de réser-
   vation 9 €
   Location : 30 🛖 (4 à 6 pers.) 200 à 581 €/sem.
   Pour s'y rendre : NE : 2 km rte d'Amélie-les-Bains-Palalda,
   bord du Tech

> Nature : ⪡ ⌂ 0
> Loisirs : 🍺 snack 🍽 🏓 ✖ 🏊
> Services : 🔥 ⚬ 🆖 🐾 🖻 🚿 🔥 ⊕
> 📺

Le BARCARÈS

✉ 66420 – **344** J6 – 3 514 h. – alt. 3
Paris 839 – Narbonne 56 – Perpignan 23 – Quillan 84.

427

▲▲▲ **L'Europe** Permanent
   ℰ 04 68 86 15 36, *reception@europe-camping.com*,
   Fax 04 68 86 47 88, *www.europe-camping.com* – places li-
   mitées pour le passage – **R** indispensable
   6 ha (360 empl.) plat, herbeux
   Tarif : 🚹 🚗 📧 38 € – [⚡] (16A) 4,20 € – frais de réser-
   vation 28 €
   Location : 28 🛖 (4 à 6 pers.) 280 à 720 €/sem. – 39 🏠
   (4 à 6 pers.) 280 à 790 €/sem.
   Pour s'y rendre : SO : 2 km par D 90, à 200 m de l'Agly

> Nature : ⌂ 0
> Loisirs : 🍺 ✖ 🍽 🌙 nocturne 🎣
> 🏓 ✖ 🏊 🏊
> Services : 🔥 ⚬ 🆖 🐾 – 360 sani-
> taires individuels (🚿 👗 wc) ⊕ 🚿
> ⛲ 🖻 🚿 🚿

▲▲▲ **California** 🔶 – 1ᵉʳ avr.-30 sept.
   ℰ 04 68 86 16 08, *camping-california@wanadoo.fr*,
   Fax 04 68 86 18 20, *www.camping-california.fr* – **R** indispensable
   5 ha (265 empl.) plat, herbeux
   Tarif : 🚹 🚗 📧 22 € – [⚡] (10A) 6 € – frais de réservation 25 €
   Location : 80 🛖 (4 à 6 pers.) 224 à 730 €/sem. – 20 🏠
   (4 à 6 pers.) 270 à 750 €/sem.
   🚐 1 borne 1 €
   Pour s'y rendre : SO : 1,5 km par D 90

> Nature : ⌂ 00
> Loisirs : 🍺 snack 🍽 🏓 🎣 🏓
> 🚲 ✖ 🏊 🏊
> Services : 🔥 ⚬ 🆖 🐾 🖻 🚿 ⊕ 🚿
> 🚿 🖻 🚿 🚿
> À prox. : 🍴 🚶 🐴 plongée, location
> de bateaux

▲▲▲ **Le Soleil Bleu** 30 mars-3 nov.
   ℰ 04 68 86 15 50, *infos@lesoleilbleu.com*,
   Fax 04 68 86 40 90, *www.lesoleilbleu.com* – **R** conseillée
   3 ha (176 empl.) plat, herbeux, pierreux, sablonneux
   Tarif : 🚹 🚗 📧 40 € [⚡] (16A) – frais de réservation 29 €
   Location : 124 🛖 (4 à 6 pers.) 200 à 815 €/sem. – 31
   🏠 (4 à 6 pers.) 230 à 840 €/sem.
   Pour s'y rendre : SO : 1,4 km par D 90, à 100 m de l'Agly
   À savoir : Agréable cadre verdoyant et ombragé

> Nature : ⌂ 00
> Loisirs : 🍺 snack 🍽 🌙 nocturne
> 🏓 🏓 🏊
> Services : 🔥 ⚬ 🆖 🐾 🖻 ⊕ 🚿 🚿
> 🖻 🚿 🚿

Le BARCARÈS

▲▲▲ **Le Pré Catalan** ♣♣ – 29 avr.-mi-sept.
 04 68 86 12 60, *leprecatalan@wanadoo.fr*,
Fax 04 68 86 40 17, *www.precatalan.com* – **R** conseillée
4 ha (250 empl.) plat, sablonneux, herbeux
Tarif : (Prix 2006) ★ ⇦ 🖃 34 €
Location : 75 🖼 (4 à 6 pers.) 245 à 854 €/sem.
Pour s'y rendre : SO : 1,5 km par D 90 puis 0,6 km par
chemin à droite

Nature : ▭ ◯
Loisirs : ▼ ✗ 🖾 ⬡ nocturne ☗☗ ★⬤ 🏊 terrain omnisports
Services : ♿ ☛ 🆖 🐕 ♨ ⊕ 🖩 🚿
À prox. : 🛒 🏇 🐎 plongée, location de bateaux

▲▲ La Salanque (location exclusive de bungalows)
 04 68 86 14 86, *village.la.salanque@wanadoo.fr*,
Fax 04 68 86 47 98, *www.village-salanque.com* – **R** conseillée
3,5 ha plat, herbeux
Location : 107 🏠
Pour s'y rendre : O : 1,8 km par chemin de l'Hourtou

Loisirs : ▼ snack 🖾 ☗☗ ♫ ⫸⫷
★⬤ ⚁ 🏊 terrain omnisports
Services : ☛ 🖩 🚿

▲▲ **Las Bousigues** ♣♣ – 31 mars-30 sept.
 04 68 86 16 19, *lasbousigues@wanadoo.fr*,
Fax 04 68 86 28 44, *www.camping-barcares.com*
– **R** conseillée
3 ha (199 empl.) plat, sablonneux
Tarif : ★ ⇦ 🖃 32 € ⚡ (10A) – frais de réservation 18 €
Location 🚲 : 11 🖼 (4 à 6 pers.) 143 à 713 €/sem. – 14
🏠 (4 à 6 pers.) 180 à 633 €/sem.
🚐 1 borne 3 €
Pour s'y rendre : O : 0,9 km, av. des Corbières

Nature : ▭ ◯◯
Loisirs : ▼ snack 🖾 ☗☗ ★⬤ 🏊 ⚁
Services : ♿ ☛ 🆖 🐕 🗄 ♨ – 31 sanitaires individuels (🚿 ⬥ wc) ⊕
🖩 🚿

▲▲ **La Croix du Sud** avr.-mi-oct.
 04 68 86 16 61, *camplacroixdusud@wanadoo.fr*,
Fax 04 68 86 20 03, *www.lacroixdusud.fr* – places limitées
pour le passage – **R** conseillée
3,5 ha (200 empl.) plat, herbeux
Tarif : (Prix 2006) ★ ⇦ 🖃 34 € ⚡ (10A) – frais de réservation 26 €
Location : 82 🖼 (4 à 6 pers.) 170 à 745 €/sem. – 22 🏠
(4 à 6 pers.) 238 à 680 €/sem.
Pour s'y rendre : SO : 1,4 km par D 90, par D 83 sortie 10

Nature : ▭ ◯
Loisirs : ▼ ⬡ nocturne ☗☗ 🏊 terrain omnisports
Services : ♿ ☛ 🆖 🐕 🗄 ♨ ⬣ ⊕
🖩 🚿

▲▲ **L'Oasis** ♣♣ – 1er juil.-mi-sept.
 04 68 86 12 43, *camping.loasis@wanadoo.fr*,
Fax 04 68 86 46 83, *www.camping-oasis.com* – **R** conseillée
10 ha (496 empl.) plat, herbeux, sablonneux
Tarif : ★ ⇦ 🖃 28 € ⚡ (10A) – frais de réservation 25 €
Location : 16 🛖 (2 à 4 pers.) 175 €/sem. – 180 🖼 (4 à
6 pers.) 189 à 795 €/sem. – 21 🏠 – (sans sanitaires)
Pour s'y rendre : SO : 1,3 km par D 90

Loisirs : ▼ snack, pizzeria ⬡ noc- turne ☗☗ ★⬤ 🏊 ⚁
Services : ♿ ☛ 🆖 🐕 🗄 ♨ ⊕ 🖩
🚿

▲▲ **La Presqu'Île** ♣♣ – 31 mars-30 sept.
 04 68 86 12 80, *contact@lapresquile.com*,
Fax 04 68 86 25 09, *www.lapresquile.com* – places limitées
pour le passage – **R** conseillée
3,5 ha (163 empl.) plat, sablonneux, herbeux
Tarif : (Prix 2006) ★ ⇦ 🖃 22,50 € – ⚡ (6A) 6,50 € – frais de
réservation 20 €
Location : 9 🛖 (2 à 4 pers.) 175 €/sem. – 31 🖼 (4 à 6
pers.) 200 à 700 €/sem. – 38 🏠 (4 à 6 pers.) 200 à
700 €/sem.
Pour s'y rendre : sortie 11, dir. la Presqu'Île

Nature : ▭ ◯◯
Loisirs : ▼ 🖾 ☗☗ ♫ ★⬤ ⫸⫷ 🏊 ⚁ ponton d'amarrage
Services : ♿ ☛ 🆖 🐕 🗄 ♨ ⊕ 🖩 sèche-linge ⚏ 🚿

*La catégorie (1 à 5 tentes, **noires** ou rouges) que nous attribuons
aux terrains sélectionnés dans ce guide est une appréciation qui nous est propre.
Elle ne doit pas être confondue avec le classement (1 à 4 étoiles)
établi par les services officiels.*

428

LANGUEDOC-ROUSSILLON

BOURG-MADAME

✉ 66760 – **344** C8 – G. Languedoc Roussillon – 1 166 h. – alt. 1 140
🏢 Office de tourisme, 1, place Catalogne ℰ 04 68 04 55 35
Paris 847 – Andorra-la-Vella 68 – Ax-les-Thermes 45 – Carcassonne 143 – Foix 88 – Font-Romeu-Odeillo-Via 18 – Perpignan 103.

⚠ **Mas Piques** Permanent
  ℰ 04 68 04 62 11, campiques@wanadoo.fr,
  Fax 04 68 04 68 32, wwwcampingmaspiques.fr – places limi-
  tées pour le passage – **R** conseillée
  1,5 ha (103 empl.) plat, herbeux
  Tarif : ✦ 3,90 € ⬅ 1,70 € 🔲 3 € – 🔌 (10A) 7,80 €
  Location : 5 🚐 (2 à 4 pers.) 360 €/sem. – 7 🛖 (4 à 6
  pers.) 460 à 540 €/sem.
  Pour s'y rendre : Au N de la ville, rue du Train-Jaune, près
  du Rahur (frontière)

Nature : ≤ ⓞ
Loisirs : 🏠
Services : 🚿 ⚡ ⚱ 🏪 🍴 🚮 ⓐ 🚿 🗑 📷
À prox. : 🏟 terrain omnisports

LESEN SIE DIE ERLÄUTERUNGEN aufmerksam durch,
damit Sie diesen Camping-Führer mit der Vielfalt der gegebenen
Auskünfte wirklich ausnutzen können.

CANET-PLAGE

✉ 66140 – **344** J6 – G. Languedoc Roussillon
Paris 849 – Argelès-sur-Mer 20 – Le Boulou 35 – Canet-en-Roussillon 3 – Perpignan 13 – St-Laurent-de-la-Salanque 13.

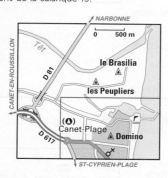

▵▵▵ **Le Brasilia** ♟ – 29 avr.-sept.
  ℰ 04 68 80 23 82, camping-le-brasilia@wanadoo.fr,
  Fax 04 68 73 32 97, www.brasilia.fr – **R** conseillée
  15 ha (826 empl.) plat, sablonneux, herbeux
  Tarif : (Prix 2006) ✦ ⬅ 🔲 43,50 € 🔌 (10A)
  Location : 71 🛖 (4 à 6 pers.) 231 à 994 €/sem. – 42 🏠
  (4 à 6 pers.) 196 à 791 €/sem. – pavillons
  🚐 1 borne
  Pour s'y rendre : Bord de la Têt et accès direct à la
  plage
  À savoir : Cadre agréable, emplacements verdoyants et
  ombragés

Nature : 🌊 ⓞⓞ ⚠
Loisirs : 🍸 ✗ self-service 🏠 📺 nocturne 🏓 🎣 discothèque 🛝 ⚲ ✗ 🏊 terrain omnisports
Services : 🚿 ⚡ GB ⚱ 🍴 🚿 ⓐ 🚿 🗑 📷 🏟 🚿
À prox. : 🏇 golf

▵▵▵ **Ma Prairie** ♟ – 5 mai-25 sept.
  ℰ 04 68 73 26 17, ma.prairie@wanadoo.fr,
  Fax 04 68 73 28 82, www.maprairie.com – **R** conseillée
  4 ha (260 empl.) plat, herbeux
  Tarif : ✦ ⬅ 🔲 32 € 🔌 (10A) – frais de réservation 20 €
  Location 🏊 : 50 🛖 (4 à 6 pers.) 196 à 805 €/sem.
  Pour s'y rendre : O : 2,5 km, à Canet-Village (hors schéma)
  - sortir par D 11, rte d'Elne et chemin à droite
  À savoir : Joli cadre bien arboré et fleuri

Nature : 🌊 ⓞⓞ
Loisirs : 🍸 ✗ snack 🏠 📺 nocturne 🏓 🛝 🚴 ✗ 🏊
Services : 🚿 ⚡ GB ⚱ 🍴 ⓐ 📷 🚿 🚿
À prox. : 🏇 golf

CANET-PLAGE

▲▲▲ **Les Peupliers** juin-mi-sept.
   04 68 80 35 87, camping.peupliers@clior.net,
   Fax 04 68 73 38 75, *www.camping-peupliers.fr* – **R** indispensable
   4 ha (245 empl.) plat, herbeux
   Tarif : (Prix 2006) ✶ ⬅ 🅴 30,90 € 🔌 (6A) – frais de réservation 23 €
   Location : 98 🛖 (4 à 6 pers.) 290 à 680 €/sem. – 9 🏠
   (4 à 6 pers.) 432 à 702 €/sem.
   Pour s'y rendre : À 500 m de la mer

| Nature : 🌳 ⚲⚲ |
| Loisirs : 🍸 snack 🏄 🏊 🎿 |
| Services : 🔵 🚿 GB 🔆 🗄 🔁 ⊕ 🅿 |
| 🚿 🍴 |
| À prox. : 🛒 🍽 🎣 ⛳ ♞ 🐎 |

▲ **Domino** avr.-sept.
   04 68 80 27 25, camping.domino@wanadoo.fr,
   Fax 04 68 73 47 41, *www.camping-domino-canet.com*
   – **R** conseillée
   0,7 ha (52 empl.) plat, herbeux
   Tarif : (Prix 2006) ✶ ⬅ 🅴 31,50 € 🔌 (10A) – frais de réser-
   vation 18 €
   Location 🛇 : 15 🛖 (4 à 6 pers.) 165 à 580 €/sem.
   Pour s'y rendre : R. des Palmiers, à 250 m de la plage et du
   port

| Nature : 🌳 ⚲⚲ |
| Loisirs : snack 🍴 🏄 |
| Services : 🔵 🚿 GB 🔆 🗄 ⊕ 🅿 🌀 |
| 🅿 |

▲ **Les Fontaines** 1ᵉʳ mai-30 sept.
   04 68 80 22 57, campinglesfontaines@wanadoo.fr,
   Fax 04 68 80 22 57, *www.camping-les-fontaines.com* – **R**
   indispensable
   5,3 ha plat, pierreux, herbeux
   Tarif : ✶ ⬅ 🅴 32 € – 🔌 (10A) 3,50 € – frais de réservation 15 €
   🚐 1 borne 5 €
   Pour s'y rendre : 4 km au SO par D 11, rte de St-Nazaire
   (hors schéma)

| Nature : 🌳 |
| Loisirs : 🍴 🏄 🏊 |
| Services : 🔵 🚿 (1ᵉʳ juil.-31 août) |
| GB 🔆 🗄 🔁 ⊕ 🅿 🌀 🅿 |

430

CASTEIL

✉ 66820 – **344** F7 – 130 h. – alt. 780
🛈 *Syndicat d'initiative, 1, rue du Canigou* *04 68 05 67 63, Fax 04 68 05 61 34*
Paris 878 – Montpellier 215 – Perpignan 59 – Carcassonne 126 – Canet 68.

▲ **Domaine St-Martin** 1ᵉʳ avr.-1ᵉʳ nov.
   04 68 05 52 09, info@domainestmartin.com, www.do
   mainestmartin.com – accès aux emplacements par forte
   pente, mise en place et sortie des caravanes à la demande
   – **R** conseillée
   4,5 ha (45 empl.) en terrasses, pierreux, rochers
   Tarif : ✶ ⬅ 🅴 10,45 € – 🔌 (10A) 3,70 € – frais de réservation 15 €
   Pour s'y rendre : Sortie N par D 116 et chemin à droite
   À savoir : Cadre pittoresque au pied du Massif du Canigou,
   près d'une cascade

| Nature : 🌄 ← 🌳 ⚲⚲ |
| Loisirs : 🍴 🍴 🏊 |
| Services : 🔵 🚿 GB 🔆 ⊕ 🅿 🌀 |
| À prox. : 🍽 |

CÉRET

✉ 66400 – **344** H8 – G. Languedoc Roussillon – 7 291 h. – alt. 153
🛈 *Office de tourisme, 1, avenue Georges Clemenceau* *04 68 87 00 53, Fax 04 68 87 00 56*
Paris 875 – Gerona 81 – Perpignan 34 – Port-Vendres 37 – Prades 72.

▲ **Municipal Bosquet de Nogarède** avr.-oct.
   04 68 87 26 72, mairie.de.ceret@wanadoo.fr – **R**
   3 ha (95 empl.) plat et accidenté, pierreux, herbeux
   Tarif : (Prix 2006) ✶ ⬅ 🅴 11,10 €
   Pour s'y rendre : E : 0,5 km par D 618, rte de Maureillas-las-
   Illas, bord d'un ruisseau

| Nature : ⚲⚲ |
| Loisirs : 🏄 |
| Services : 🔵 🚿 🗄 ⊕ 🅿 |

EGAT

⊠ 66120 – **344** D7 – G. Languedoc Roussillon – 494 h. – alt. 1 650
Paris 856 – Andorra-la-Vella 70 – Ax-les-Thermes 53 – Bourg-Madame 15 – Font-Romeu-Odeillo-Via 4 – Saillagouse 12.

⚠ **Las Clotes** Permanent
𝒫 04 68 30 26 90, Fax 04 68 30 26 90 – **R** conseillée
2 ha (80 empl.) en terrasses, herbeux, rochers
Tarif : (Prix 2006) ⚹ ⚫ ⌷ 11,50 € ⌷ (6A)
Pour s'y rendre : À 400 m au Nord du bourg, bord d'un petit ruisseau
À savoir : Agréable situation dominante à flanc de colline rocheuse

> Nature : ⛰ ≤ Sierra del Cadi et Puigmal
> Loisirs : ⌂
> Services : & ⚫ (juil.-août) ⚫ ⌷ ⌷
> ⊕ ⌷

ELNE

⊠ 66200 – **344** I7 – G. Languedoc Roussillon – 6 410 h. – alt. 30
🅱 Office de tourisme, place Sant-Jordi 𝒫 04 68 22 05 07, Fax 04 68 37 95 05
Paris 864 – Argelès-sur-Mer 8 – Céret 29 – Perpignan 14 – Port-Vendres 17 – Prades 58.

⚠ Municipal Al Mouly
𝒫 04 68 22 08 46, mairieelne@ville-elne.com – **R** conseillée
5 ha (285 empl.) plat, herbeux, sablonneux
Pour s'y rendre : NE : 1,8 km par D 40, rte de St-Cyprien, D 11 rte de Canet à gauche et rue Gustave-Eiffel à droite

> Nature : ⚬⚬
> Loisirs : 🍸 snack ⚫ 🏓 ⌷
> Services : & ⚫ ⌷ ⌷ ⊕ ⌷ ⌷ ⌷
> ⌷

ENVEITG

⊠ 66760 – **344** C8 – 621 h. – alt. 1 260
🅱 Office de tourisme, 26, avenue du Puymorens 𝒫 04 68 04 83 58
Paris 841 – Andorra-la-Vella 56 – Ax-les-Thermes 39 – Font-Romeu-Odeillo-Via 18 – Perpignan 107.

431

⚠ Robinson
𝒫 04 68 04 80 38, lerobinson-cerdagne@wanadoo.fr – places limitées pour le passage – **R** conseillée
2,7 ha (140 empl.), peu incliné, plat, herbeux
Location : ⌷ – bungalows toilés
Pour s'y rendre : Au Sud du bourg, derrière la mairie, accès par N 20, rte d'Andorre et D 34 à gauche, rte de la gare

> Nature : ⛰ ≤ ⚬⚬
> Loisirs : ⌷ ⚫ 🏓 ⌷
> Services : & ⚫ ⌷ ⌷ ⊕ ⌷ ⌷ ⌷

ERR

⊠ 66800 – **344** D8 – 551 h. – alt. 1 350 – Sports d'hiver : 1 850/2 520 m ⚫8 ⚫
Paris 854 – Andorra-la-Vella 77 – Ax-les-Thermes 52 – Bourg-Madame 10 – Font-Romeu-Odeillo-Via 15 – Saillagouse 3.

⚠ **Le Puigmal** Permanent
𝒫 04 68 04 71 83, contact@camping-le-puigmal.fr, Fax 04 68 04 04 88, www.camping-le-puigmal.com – **R** conseillée
3,2 ha (125 empl.) peu incliné, herbeux
Tarif : ⚹ ⚫ ⌷ 12,30 € – ⌷ (6A) 5 €
Location : 8 ⌷ (4 à 6 pers.) 320 à 489 €/sem.
Pour s'y rendre : Par D 33B, à Err-Bas

> Nature : ⛰ ≤ ⚬⚬
> Loisirs : ⌷ ⚫
> Services : & ⚫ GB ⚫ ⌷ ⌷ ⌷ ⊕
> ⌷ ⌷
> À prox. : ⌷ ⚫

⚠ **Las Closas** Permanent
𝒫 04 68 04 71 42, camping.las.closas@wanadoo.fr, Fax 04 68 04 07 20, www.camping-las-closas.com – **R** conseillée
2 ha (118 empl.) plat et peu incliné, herbeux
Tarif : ⚹ ⚫ ⌷ 12 € – ⌷ (10A) 6,80 €
Location : 10 ⌷ (4 à 6 pers.) 410 à 508 €/sem.
Pour s'y rendre : Par D 33B, à Err-Bas

> Nature : ≤ ⚬⚬
> Loisirs : ⌷ ⚫
> Services : & ⚫ GB ⚫ ⌷ ⌷ ⊕ ⌷
> ⌷ ⌷
> À prox. : ⚫ ⌷ ⚫

ESTAVAR

✉ 66800 – **344** D8 – 409 h. – alt. 1 200
Paris 861 – Montpellier 254 – Perpignan 98 – Saint 95 – Limoux 112.

⚠ **L'Enclave** 28 oct.-25 sept.
𝒫 04 68 04 72 27, *contact@camping-lenclave.com*,
Fax 04 68 04 07 15, *www.camping-lenclave.com*
– **R** conseillée
3,5 ha (178 empl.) plat et peu incliné, en terrasses, pierreux,
herbeux
Tarif : ★ ⇔ 🅴 23,50 € (🚰) (10A) – frais de réservation 7,70 €
Location : 18 🛖 (4 à 6 pers.) 200 à 620 €/sem.
🚐 1 borne 6 €
Pour s'y rendre : Sortie E par D 33, bord de l'Angoust

Nature : 🏞 ⌂ 🔟
Loisirs : 🎪 ⚽ 🏊 🎣 🚣
Services : 🚿 ⚡ GB 🚗 🏧 📷 🛒 🔌
🛁 🚾 🖼 sèche-linge
À prox. : 🍽 ✕ 🚴 🐎

FUILLA

✉ 66820 – **344** F7 – 329 h. – alt. 547
Paris 902 – Font-Romeu-Odeillo-Via 42 – Perpignan 55 – Prades 9 – Vernet-les-Bains 10.

⚠ **Le Rotja**
𝒫 04 68 96 52 75, *campinglerotja.ellenetwin@wanadoo.fr*,
Fax 04 68 96 52 75, *www.prades-tourisme.com/camping-
lerotja* – **R** conseillée
1,2 ha (50 empl.) plat, peu incliné, herbeux, pierreux,
verger
Location : 🛖
Pour s'y rendre : Au bourg

Nature : 🏞 ≼ ⌂ 🔟
Loisirs : snack 🎣 🏊 (petite piscine)
Services : 🚿 ⚡ 📷 🔌 🖼
À prox. : 🏊 🍽 ✕ 🏊

LAROQUE-DES-ALBÈRES

✉ 66740 – **344** I7 – 1 909 h. – alt. 100
🏢 Office de tourisme, 20, rue Carbonneil 𝒫 04 68 95 49 97, Fax 04 68 95 42 58
Paris 881 – Argelès-sur-Mer 11 – Le Boulou 14 – Collioure 18 – La Jonquera 26 – Perpignan 24.

⚠ **Les Albères** 1er avr.-30 sept.
𝒫 04 68 89 23 64, *camping-des-alberes@wanadoo.fr*,
Fax 04 68 89 14 30, *www.camping-des-alberes.com*
– **R** conseillée
5 ha (211 empl.) peu incliné et en terrasses, pierreux,
herbeux
Tarif : ★ ⇔ 🅴 22 € – (🚰) (6A) 4 € – frais de réservation 15 €
Location : 15 🛖 (4 à 6 pers.) 330 à 550 €/sem. – 10 🏠
(4 à 6 pers.) 330 à 550 €/sem.
Pour s'y rendre : Sortie NE par D 2, rte d'Argelès-sur-Mer
puis 0,4 km par chemin à droite
À savoir : Agréable cadre boisé

Nature : 🏞 ≼ ⌂ 🔟
Loisirs : 🍽 snack 🎪 🎮 nocturne
⚽ 🏊 🏊 parc animalier
Services : 🚿 ⚡ 🚗 📷 🛁 🔌 🖼 🏊
🚴

MATEMALE

✉ 66210 – **344** D7 – 242 h. – alt. 1 514
🏢 Office de tourisme, 29, rue du Pont de l'Aude 𝒫 04 68 30 59 57, Fax 04 68 30 59 57
Paris 855 – Font-Romeu-Odeillo-Via 20 – Perpignan 92 – Prades 46.

⚠ **Le Lac** w.-ends, vac. scol., juin-sept.
𝒫 04 68 30 94 49, Fax 04 68 04 35 16, *www.camping-lac-
matemale.com* – alt. 1 540 – places limitées pour le passage
– **R** conseillée
3,5 ha (110 empl.) plat et légèrement accidenté, herbeux,
forêt de pins attenante
Tarif : ★ 4 € ⇔ 🅴 5 € – (🚰) (6A) 5,60 €
Pour s'y rendre : SO : 1,7 km par D 52, rte des Angles et rte
à gauche, à 150 m du lac, accès direct au village par chemin
piétonnier
À savoir : Dans un site agréable de haute montagne

Nature : 🏞 ≼ 🔟(pinède)
Loisirs : 🎪 ⚽
Services : 🚿 ⚡ GB 🚗 🏧 🛁 🔌 🖼
À prox. : 🍽 snack discothèque 🎣 🚴
✕ 🏊 🏊 🚣 🐎 sentier sportif,
practice de golf 🚐

432

Votre meilleur souvenir de voyage

Avant de partir en vacances, en week-end ou en déplacement professionnel, préparez votre itinéraire détaillé sur www.ViaMichelin.com. Vous pouvez comparer les parcours proposés, sélectionner vos étapes gourmandes, afficher les cartes et les plans de ville le long de votre trajet et même réserver un hôtel en ligne.

Complément idéal des cartes et guides MICHELIN, ViaMichelin vous accompagne également tout au long de votre voyage en France et en Europe grâce à ses solutions de navigation portable GPS.

Pour découvrir tous les produits et services : **www.viamichelin.com**

MICHELIN
Une meilleure façon d'avancer

MAUREILLAS-LAS-ILLAS

✉ 66480 – **344** H8 – 2 281 h. – alt. 130

🛈 *Syndicat d'initiative, avenue Mal Foch* 🖉 04 68 83 48 00, Fax 04 68 83 14 66
Paris 873 – Gerona 71 – Perpignan 31 – Port-Vendres 31 – Prades 69.

Les Bruyères fév.-nov.
🖉 04 68 83 26 64, Fax 04 68 83 39 67, *www.campingles
bruyeres.com* – **R** conseillée
4 ha (95 empl.) en terrasses, herbeux, pierreux
Tarif : 🧍 ⇌ 🖪 15 € – 🔌 (6A) 3 € – frais de réservation 10 €
Location : 10 ▨▨ (4 à 6 pers.) 150 à 490 €/sem.
▨▨ 1 borne 4,50 €
Pour s'y rendre : O : 1,2 km par D 618 rte de Céret
À savoir : Agréable cadre boisé de chênes-lièges

> Nature : ≤ 🗔 ০০
> Loisirs : 🎮 🏓 🏊
> Services : 🕭 ⚡ GB 🖄 🖫 ⊕ ▲ ⊽
> 🖼
> À prox. : parcours sportif, piste de bi-cross

Les Pins - Le Congo Permanent
🖉 04 68 83 23 21, Fax 04 68 83 45 64 – **R** conseillée
2,5 ha (70 empl.) plat, herbeux
Tarif : 🧍 3,80 € ⇌ 🖪 7 € – 🔌 (10A) 3,80 €
Location : 10 ▨▨ (4 à 6 pers.) 305 à 515 €/sem.
Pour s'y rendre : O : 1 km par D 618, rte de Céret, au bord
d'un cours d'eau

> Nature : ≤ Sur les Albères ০
> Loisirs : snack 🏓 🏊 ⅃
> Services : 🕭 ⚡ GB 🖄 ⊕ ▲ ⊻ 🖼

MOLITG-LES-BAINS

✉ 66500 – **344** F7 – G. Languedoc Roussillon – 207 h. – alt. 607 – ♨ (début avril-fin nov.)

🛈 *Syndicat d'initiative, route des Bains* 🖉 04 68 05 03 28
Paris 896 – Perpignan 50 – Prades 7 – Quillan 56.

Municipal Guy Malé avr.-nov.
🖉 04 68 05 02 12, *mairie.molitg.les.bains@wanadoo.fr*,
Fax 04 68 05 02 40 – alt. 607 – **R** indispensable
0,3 ha (19 empl.) plat et terrasse, herbeux
Tarif : (Prix 2006) 🧍 ⇌ 🖪 10,90 €
Pour s'y rendre : N : 1,3 km, au Sud-Est du village de Molitg

> Nature : 🕊 ≤ 🗔 ০
> Services : 🕭 ⚡ 🖄 ⊕
> À prox. : 🏊 parcours sportif

433

PALAU-DEL-VIDRE

✉ 66690 – **344** I7 – 2 117 h. – alt. 26

🛈 *Syndicat d'initiative, Mairie* 🖉 04 68 22 46 20, Fax 04 68 22 39 20
Paris 867 – Argelès-sur-Mer 8 – Le Boulou 16 – Collioure 15 – La Jonquera 29 – Perpignan 18.

Le Haras 20 mars-20 oct.
🖉 04 68 22 14 50, *haras8@wanadoo.fr*, Fax 04 68 37 98 93,
www.camping-le-haras.com – **R** conseillée
2,3 ha (75 empl.) plat, herbeux
Tarif : 🧍 5,20 € ⇌ 3 € 🖪 11,10 € – 🔌 (6A) 4 € – frais de
réservation 20 €
Location : 15 ▨▨ (4 à 6 pers.) 245 à 672 €/sem.
▨▨ 1 borne
Pour s'y rendre : Sortie Nord-Est par D 11
À savoir : Agréable décoration arbustive et florale

> Nature : 🗔 ০০
> Loisirs : 🍽 ✕ 🎮 🏓 ⊙ ⅃ 🐎
> Services : 🕭 ⚡ GB 🖄 🖫 ⊕ ▲ ⊽
> ⊗ 🖼 🛁

PRADES

✉ 66500 – **344** F7 – G. Languedoc Roussillon – 5 800 h. – alt. 360

🛈 *Office de tourisme, 4, rue des Marchands* 🖉 04 68 05 41 02, Fax 04 68 05 21 79
Paris 892 – Font-Romeu-Odeillo-Via 45 – Perpignan 46 – Vernet-les-Bains 11.

Municipal Plaine St-Martin Permanent
🖉 04 68 96 29 83, *prades-conflent@wanadoo.fr*,
Fax 04 68 05 38 09, *www.le-conflent.net/seml* – **R** conseil-
lée
1,8 ha (60 empl.) plat, herbeux, sablonneux
Tarif : (Prix 2006) 🧍 ⇌ 🖪 12 €
Location : 🏠 (4 à 6 pers.) 182 à 340 €/sem.
Pour s'y rendre : Sortie Nord par D 619, rte de Molitg-les-
Bains et à droite avant la déviation

> Nature : 🕊 🗔 ০০
> Services : 🕭 ⚡ 🅿 (locations) GB
> 🖄 🖫 ⊕ ▲ ⊽ 🖼
> À prox. : 🏊 ⅃

RIVESALTES

⊠ 66600 – **344** I6 – G. Languedoc Roussillon – 7 940 h. – alt. 13
🛈 *Office de tourisme, avenue Ledru-Rollin* ℘ 04 68 64 04 04
Paris 841 – Narbonne 58 – Perpignan 10 – Prades 54.

⚠ **Soleil 2000** 1er avr.-31 oct.
℘ 04 68 38 53 54, *rivesaltes@anas.asso.fr*,
Fax 04 68 38 54 64, *www.anas.asso.fr* – **R** conseillée
1 ha (60 empl.) plat, herbeux
Tarif : 🕇 ⟨⟩ 🔲 19,50 € – 🔌 (5A)
Pour s'y rendre : À l'Est de la ville, près du stade

> Nature : 🔲 ⊉
> Loisirs : 🏊
> Services : 🔥 ⟶ ⟨⟩ 🔲 ⊕ 🔲
> À prox. : 🍴

ST-CYPRIEN

⊠ 66750 – **344** J7 – G. Languedoc Roussillon – 8 573 h. – alt. 5
🛈 *Office de tourisme, quai A. Rimbaud* ℘ 04 68 21 01 33, Fax 04 68 21 98 33
Paris 859 – Céret 31 – Perpignan 17 – Port-Vendres 20.

à St-Cyprien-Plage NE : 3 km – ⊠ 66750

⚠ **Cala Gogo** 12 mai-22 sept.
℘ 04 68 21 07 12, *camping.calagogo@wanadoo.fr*,
Fax 04 68 21 02 19, *www.campmed.com* – **R** conseillée
11 ha (659 empl.) plat, sablonneux, herbeux, pierreux
Tarif : 🕇 ⟨⟩ 🔲 20,20 € – 🔌 (6A) 3,30 € – frais de réservation 18,30 €
Location : 56 🛏 (4 à 6 pers.) 252 à 630 €/sem.
🛏, 1 borne
Pour s'y rendre : S : 4 km, aux Capellans, bord de plage
À savoir : Bel espace aquatique paysager

> Nature : 🔲 ⊉ ⚠
> Loisirs : 🍴 🗙 snack 🔲 🕉 nocturne discothèque 🏊 🍴 🏊
> Services : 🔥 ⟶ 🔲 ⟨⟩ 🔲 ⊕ 📞 🕉 🔲 🔲
> À prox. : 🐎 poneys (centre équestre) golf, parc d'attractions aquatiques

En juin et septembre les campings sont plus calmes, moins fréquentés et pratiquent souvent des tarifs " hors saison ".

434

ST-GENIS-DES-FONTAINES

⊠ 66740 – **344** I7 – G. Languedoc Roussillon – 2 419 h. – alt. 63
🛈 *Office de tourisme, rue Georges Clemenceau* ℘ 04 68 89 84 33, Fax 04 68 89 66 22
Paris 878 – Argelès-sur-Mer 10 – Le Boulou 10 – Collioure 17 – La Jonquera 23 – Perpignan 23.

⚠ **La Pinède** juin-août
℘ 04 68 89 75 29 – **R** conseillée
1 ha (71 empl.) plat, herbeux
Tarif : 🕇 ⟨⟩ 🔲 16,50 € – 🔌 (6A) 2,50 € – frais de réservation 19 €
Location 🚫 : 10 🛏 (4 à 6 pers.) 330 à 458 €/sem.
Pour s'y rendre : Au S du bourg par D 2, rte de Laroque-des-Albères

> Nature : ⊉⊉
> Loisirs : 🏊
> Services : 🔥 ⟶ ⟨⟩ 🔲 ⊕ 🔲
> À prox. : 🍴 🐎

ST-JEAN-PLA-DE-CORTS

⊠ 66490 – **344** H7 – 1 775 h. – alt. 116
Paris 871 – Amélie-les-Bains-Palalda 14 – Argelès-sur-Mer 23 – Le Boulou 6 – La Jonquera 21 – Perpignan 30.

⚠ **Les Casteillets** Permanent
℘ 04 68 83 26 83, *jc@campinglescasteillets.com*,
Fax 04 68 83 39 67, *www.campinglescasteillets.com* – **R** conseillée
9 ha/4 campables (132 empl.) plat, pierreux, herbeux
Tarif : 🕇 ⟨⟩ 🔲 16,50 € – 🔌 (6A) 3 € – frais de réservation 10 €
Location : 26 🛏 (4 à 6 pers.) 220 à 510 €/sem. – bungalows toilés
Pour s'y rendre : Sortie vers Amélie-les-Bains par D 115 et chemin à gauche, près du Tech

> Nature : 🌄 ⟨ Chaîne des Albères ⊉⊉
> Loisirs : 🍴 🗙 🕉 nocturne 🏊 🍴 🏊
> Services : 🔥 ⟶ 🔲 ⟨⟩ 🔲 ⊕ 📞 🔲 🔲

ST-LAURENT-DE-CERDANS

✉ 66260 – **344** G8 – G. Languedoc Roussillon – 1 218 h. – alt. 675
🆔 *Syndicat d'initiative, 7, rue Joseph Nivert* 📞 04 68 39 55 75
Paris 901 – Amélie-les-Bains-Palalda 19 – Perpignan 60 – Prats-de-Mollo-la-Preste 23.

🔺 **Municipal la Verte Rive** 1er mai-fin oct.
📞 04 68 39 54 64, *contact@ville-saint-laurent-de-cerdans.fr*, Fax 04 68 39 59 59 – **R** conseillée
2,5 ha (74 empl.) peu incliné, herbeux
Tarif : 👤 🚗 📵 5,40 € – [t] (5A) 2,75 €
Location (permanent) : 8 🏠 (4 à 6 pers.) 197 à 398 €/sem.
Pour s'y rendre : Sortie NO par D 3 rte d'Arles-sur-Tech, bord de la Quéra

Nature : 🌿 ⬚ ♨
Loisirs : 🚴 ⛱
Services : 🚿 🚰 (déb.juil.-fin août) 🐕 ⊕ 📷
À prox. : 🔸 ♒ ✕ 🐴 🐾

ST-PAUL-DE-FENOUILLET

✉ 66220 – **344** G6 – G. Languedoc Roussillon – 1 858 h. – alt. 260
🆔 *Syndicat d'initiative, 26, boulevard de l'Agly* 📞 04 68 59 07 57
Paris 831 – Carcassonne 86 – Millas 32 – Mouthoumet 34 – Narbonne 95 – Perpignan 42.

🔺 **L'Agly** Permanent
📞 04 68 59 09 09, *contact@camping-agly.com*, Fax 04 68 51 00 28, *www.camping-agly.com* – **R** conseillée
1 ha (42 empl.) plat, herbeux
Tarif : 👤 🚗 📵 9,90 € – [t] (16A) 3,90 €
Pour s'y rendre : Au Sud du bourg, par D 619
À savoir : Décoration arbustive

Nature : ⬚ ⬚
Services : 🚿 🚰 🐕 🗄 ⊕
À prox. : 🚲 ✕ 🛶

STE-MARIE

✉ 66470 – **344** J6 – 3 452 h. – alt. 4
🆔 *Office de tourisme,* 📞 04 68 80 14 00, Fax 04 68 80 25 65
Paris 845 – Argelès-sur-Mer 24 – Le Boulou 37 – Perpignan 14 – Rivesaltes 18 – St-Laurent-de-la-Salanque 7.

435

à la Plage E : 2 km

🔺 **Le Palais de la Mer** 👥 – 12 mai-22 févr.
📞 04 68 73 07 94, *contact@palaisdelamer.com*, Fax 04 68 73 57 83, *www.palaisdelamer.com* – **R** conseillée
2,6 ha (181 empl.) plat, sablonneux, herbeux
Tarif : 👤 🚗 📵 29,50 € – [t] (10A) 2 € – frais de réservation 25 €
Location : 19 🏠 (4 à 6 pers.) 210 à 590 €/sem.
Pour s'y rendre : N : à 600 m de la station, à 150 m de la plage (accès direct)
À savoir : Agréable cadre arbustif et floral

Nature : ⬚ 🌳🌳
Loisirs : 🍽 snack, pizzeria 🎪 nocturne 👫 🎣 🚴 🛶
Services : 🚿 🚰 (12 mai-22 sept.) 🏧 🐕 🗄 ⊕ 🔥 ♨ 🧺 📷 💧 🐾
À prox. : ✕

🔺 **Municipal de la Plage** mars-oct.
📞 04 68 80 68 59, *contact@camping-municipal-de-la-plage.com*, Fax 04 68 73 14 70, *www.sainte-marie-la-mer.com* – **R** indispensable
7 ha (378 empl.) plat, sablonneux
Tarif : (Prix 2006) 👤 🚗 📵 26,50 € [t] (6A)
Location (mai-sept.) : 13 🏠 (4 à 6 pers.) 220 à 610 €/sem. – 10 🏠 (4 à 6 pers.) 180 à 555 €/sem.
Pour s'y rendre : N : à 600 m de la station, à 150 m de la plage, (accès direct)

Nature : ⬚ ♨
Loisirs : 🍽 snack, pizzeria 🎪 🎪 nocturne 👫 🎣 🚴 🔸 ✕ 🛶 terrain omnisports
Services : 🚿 🚰 🏧 🐕 🗄 ⊕ ♨ 🧺 📷 💧 🐾

🔺 **La Pergola** 1er juin-15 sept.
📞 04 68 73 03 07, *camping-la-pergola@wanadoo.fr*, Fax 04 68 73 02 40, *www.camping-la-pergola.com* – **R** conseillée
3,5 ha (181 empl.) plat, herbeux
Tarif : (Prix 2006) [t] (10A) – frais de réservation 16 €
Location : 29 🏠 (4 à 6 pers.) 320 à 790 €/sem.
🚐 1 borne 3 €
Pour s'y rendre : Av. Frédéric-Mistral, à 500 m de la plage

Nature : 🌳🌳
Loisirs : snack, pizzeria 🎪 🚴 🛶
Services : 🚿 🚰 (8 juil.-24 août) 🏧 🐕 🗄 ⊕ ♨ 🧺 📷 🐾
À prox. : 🚲 ✕ 🔥 🐴

TORREILLES

✉ 66440 – **344** I6 – 2 072 h. – alt. 4

🛈 *Office de tourisme, 1, avenue la Méditerranée* ℰ 04 68 28 41 10, Fax 04 68 28 41 10

Paris 847 – Argelès-sur-Mer 31 – Le Boulou 35 – Perpignan 12 – Port-Barcarès 11 – Rivesaltes 14.

à la Plage NE : 3 km par D 11ᴱ

⋀⋀⋀ **Mar I Sol** 28 avr.-30 sept.
ℰ 04 68 28 04 07, *marisol@camping-marisol.com*,
Fax 04 68 28 18 23, *www.camping-marisol.com* – **R** conseil-
lée
7 ha (377 empl.) plat, herbeux, sablonneux
Tarif : ⋆ ⟸ 🅔 39 € 🔌 (10A) – frais de réservation 30,50 €
Location (31 mars-30 sept.) : 100 ⬛ (4 à 6 pers.) 203 à
889 €/sem. – 12 🏠 (4 à 6 pers.) 203 à 889 €/sem.
Pour s'y rendre : à 150 m de la plage (accès direct)

> Nature : 🖵
> Loisirs : 🍸 brasserie, pizzeria, crêpe-
> rie 🎦 nocturne 🏄 🎣 discothèque
> 🏊 🚲 ⚽ 🎾 ⛳
> Services : ♿ ⚡ GB ⚕ 🗄 ⊕ 🖼 ⛟
> À prox. : 🏇 🐎

⋀⋀⋀ **Les Tropiques** 31 mars-6 oct.
ℰ 04 68 28 05 09, *contact@camping-les-tropiques.com*,
Fax 04 68 28 48 90, *www.camping-les-tropiques.com*
– **R** conseillée
7 ha (450 empl.) plat, sablonneux, herbeux
Tarif : ⋆ ⟸ 🅔 35,50 € 🔌 (6A) – frais de réservation 30 €
Location : 210 ⬛ (4 à 6 pers.) 285,60 à 1 015 €/sem.

> Nature : 🖵 ♤♤
> Loisirs : 🍸 ✕ 🎦 nocturne 🏄 disco-
> thèque 🏊 ⚽ ⛳
> Services : ♿ ⚡ GB ⚕ 🗄 ⊕ ⛟
> 🏊 ⛟
> À prox. : 🍴 🏇 🐎

⋀⋀⋀ **Le Calypso** 🏕 – 1ᵉʳ avr.-30 sept.
ℰ 04 68 28 09 47, *camping.calypso@wanadoo.fr*,
Fax 04 68 28 24 76, *www.camping-calypso.com* – **R** conseil-
lée
6 ha (326 empl.) plat, sablonneux, herbeux
Tarif : ⋆ ⟸ 🅔 35 € 🔌 (10A) – frais de réservation 20 €
Location : 65 ⬛ (4 à 6 pers.) 470 à 630 €/sem. – 37 🏠
(4 à 6 pers.) 590 à 780 €/sem.

> Nature : 🖵 ♤♤
> Loisirs : 🍸 snack, pizzeria, crêperie
> 🛖 🎦 nocturne 🏄 🎣 🏊
> terrain omnisports
> Services : ♿ ⚡ GB ⚕ 🗄 🧊 ⛟
> 🖼 ⛟ cases réfrigérées
> À prox. : 🍴

⋀⋀⋀ **La Palmeraie** 1ᵉʳ juin-29 sept.
ℰ 04 68 28 20 64, *info@camping-la-palmeraie.com*,
Fax 04 68 59 67 41, *www.camping-la-palmeraie.com*
– **R** conseillée
4,5 ha (242 empl.) plat, sablonneux, herbeux
Tarif : (Prix 2006) ⋆ ⟸ 🅔 24,50 € – 🔌 (10A) 6,60 € – frais
de réservation 25 €
Location (7 avr.-29 sept.) : 20 ⬛ (4 à 6 pers.) 200 à
765 €/sem. – 32 🏠 (4 à 6 pers.) 150 à 735 €/sem.
À savoir : Décoration arbustive et florale

> Nature : 🖵 ♤♤
> Loisirs : 🍸 snack 🛖 🎦 nocturne
> 🏄 ⛳ terrain omnisports
> Services : ♿ ⚡ GB ⚕ 🗄 ⊕ 🖼 ⛟
> cases réfrigérées
> À prox. : 🍴 🎾 🏇 🐎

436

⋀⋀⋀ **Le Trivoly** 7 avr.-23 sept.
ℰ 04 68 28 20 28, *chadotel@wanadoo.fr*,
Fax 04 68 28 16 48, *www.chadotel.com* – **R** conseillée
8 ha (270 empl.) plat, sablonneux, herbeux, gravillons
Tarif : ⋆ ⟸ 🅔 24,20 € – 🔌 (10A) 4,70 € – frais de réser-
vation 25 €
Location : 60 ⬛ (4 à 6 pers.) 200 à 730 €/sem.

> Nature : 🖵 ♀
> Loisirs : 🍸 snack 🛖 🏄 🎾 ⛳ 🏊
> terrain omnisports
> Services : ♿ ⚡ GB ⚕ 🗄 🧊 ⊕
> ⛟

⋀⋀ **Les Dunes de Torreilles-Plage** mi-mars-mi-oct.
ℰ 04 68 28 38 29, *lesdunes@lesdunes.net*,
Fax 04 68 28 32 57, *www.lesdunes.net* – **R** conseillée
16 ha (615 empl.) plat, sablonneux, pierreux
Tarif : ⋆ ⟸ 🅔 31 € 🔌 (10A) – frais de réservation 23 €
Location (permanent) : 60 ⬛ (4 à 6 pers.) 189 à
664 €/sem.
Pour s'y rendre : À 150 m de la plage

> Nature : 🖵
> Loisirs : 🍸 brasserie, pizzeria 🛖
> 🏄 🎾 🏊 ⛳
> Services : ⚡ GB ⚕ 🗄 ⊕ 🧊 🚿 🖼
> ⛟
> À prox. : 🐎

Benutzen Sie
– zur Wahl der Fahrtroute
– zur Berechnung der Entfernungen
– zur exakten Lokalisierung eines Campingplatzes (mit Hilfe der Angaben im Ortstext)
die für diesen Führer unentbehrlichen **MICHELIN-Karten** *im Maß 1 : 150 000.*

VERNET-LES-BAINS

⊠ 66820 – **344** F7 – G. Languedoc Roussillon – 1 440 h. – alt. 650 – ♨ (mi mars-fin nov.)
🛈 *Office de tourisme, 2, rue de la chapelle* ℰ *04 68 05 55 35, Fax 04 68 05 60 33*
Paris 904 – Mont-Louis 36 – Perpignan 57 – Prades 11.

⚠ **L'Eau Vive** 1er avr.-25 oct.
ℰ 04 68 05 54 14, *leauv@club-internet.fr,*
Fax 04 68 05 78 14, *www.leau-vive.com* – **R** conseillée
1,7 ha (77 empl.) plat et peu incliné, herbeux
Tarif : ✶ ⇌ 🅴 21,50 € – ⒢ (10A) 3,50 € – frais de réservation 15 €
Location : 8 ⌂ (4 à 6 pers.) 200 à 550 €/sem.
Pour s'y rendre : Sortie vers Sahorre puis, après le pont,
1,3 km par av. St-Saturnin à droite, près du Cady
À savoir : Dans un site agréable

> Nature : ⌘ ≤
> Loisirs : ♟ snack ☇ (petit plan d'eau)
> Services : & ⊶ ⅏ ⅋ ⚐ ♨ ⊛ ⚘ ⚒ ⚏

VILLENEUVE-DE-LA-RAHO

⊠ 66180 – **344** I7 – 3 625 h. – alt. 60
🛈 *Office de tourisme, plage touristique* ℰ *04 68 55 91 05, Fax 04 68 55 80 98*
Paris 859 – Argelès-sur-Mer 16 – Céret 28 – Perpignan 10 – Port-Vendres 25 – Prades 52.

⚠ **Municipal les Rives du Lac** mars-nov.
ℰ 04 68 55 83 51, *camping-villeneuve@worldline.fr,*
Fax 04 68 55 86 37 – **R** conseillée
3 ha (158 empl.) plat, herbeux
Tarif : (Prix 2006) ✶ ⇌ 🅴 16,30 € – ⒢ (6A) – frais de réservation 12,70 €
Location ⚥ : 8 ⌷ (4 à 6 pers.) 240 à 420 €/sem.
⊡, 1 borne
Pour s'y rendre : O : 2,5 km par D 39, rte de Pallestres et
chemin à gauche
À savoir : Au bord du lac

> Nature : ⌘ ≤ ⌂ ▲
> Loisirs : ♟ snack ⚓ ⚘
> Services : & ⊶ ⅏ ⅋ ⚐ ⊛ ⚒ ⚏ ⊡ ⚘
> À prox. : ⚐ ▵

LIMOUSIN

Les citadins en mal de verdure viennent goûter en Limousin la simplicité de joies bucoliques : humer l'air vivifiant du plateau de Millevaches, flâner le long de rivières poissonneuses, se perdre dans les bois à la recherche de champignons... Et s'extasier devant les placides bœufs à la robe « froment vif » ou le spectacle attendrissant des agneaux tétant leur mère. En automne la forêt se pare d'une éblouissante palette d'ocres, de rouges et de bruns profonds sous-tendue de reflets mordorés, qui a inspiré bien des peintres. Détentrices de savoir-faire ancestraux — émaux, porcelaines, tapisseries — bourgs et cités paisibles ne s'en ouvrent pas moins à l'art contemporain. Les plaisirs de la table ? Authentiques, comme la région : soupe au lard, pâté de pommes de terre, potée et... viandes exquises !

Life in Limousin is lived as it should be: tired Parisians in need of greenery come to rediscover the simple joys of country life, breathe the bracing air of its high plateaux and wander through its woodlands in search of mushrooms and chestnuts. The sight of peacefully grazing cattle or lambs frolicking in a spring meadow will rejuvenate the most jaded city-dweller. Come autumn, the forests are swathed in colour: a perfect backdrop to the granite and sandstone of the peaceful towns and villages, where ancestral crafts, like Limoges porcelain and Aubusson tapestries, blend a love of tradition with an enthusiasm for the best of the new. The food is as wholesome as the region: savoury bacon soup, Limousin stew and, as any proud local will tell you, the most tender, succulent beef in the world.

ARGENTAT

☒ 19400 – **329** M5 – G. Limousin Berry – 3 125 h. – alt. 183
🖪 *Office de tourisme, place da Maïa* 𝒫 *05 55 28 16 05, Fax 05 55 28 45 16*
Paris 503 – Aurillac 54 – Brive-la-Gaillarde 45 – Mauriac 49 – St-Céré 40 – Tulle 29.

Le Gibanel juin-8 sept.
  𝒫 05 55 28 10 11, *contact@camping-gibanel.com*,
  Fax 05 55 28 81 62, *www.camping-gibanel.com* – **R** conseillée
  60 ha/8,5 campables (250 empl.) plat, terrasses, herbeux
  Tarif : 🛉 5,35 € 🚗 🅴 6,50 € – 🔌 (6A) 3,20 € – frais de réservation 13 €
  Pour s'y rendre : NE : 4,5 km par D 18 rte d'Égletons puis chemin à droite
  À savoir : sur les terres d'un château du XVIe s et au bord d'un lac

> Nature : 🏞 ≪ 🌳 ▲
> Loisirs : 🍹 ✗ 🍴 📺 🛶 ⛵ terrain omnisports
> Services : ♿ ⚡ ⌷ GB ♻ 🔧 ⌃ ♨ 🚿 📶
> 🚗 🛒 🐾 🍴 🍷 📺

Le Vaurette mai-21 sept.
  𝒫 05 55 28 09 67, *info@vaurette.com*, Fax 05 55 28 81 14,
  www.vaurette.com – **R** conseillée
  4 ha (120 empl.) plat et peu incliné, herbeux
  Tarif : 🛉 🚗 🅴 21,20 € – 🔌 (6A) 3,20 € – frais de réservation 10 €
  🚐 1 borne
  Pour s'y rendre : SO : 9 km par D 12 rte de Beaulieu, bord de la Dordogne

> Nature : 🏞 🌳 ▲
> Loisirs : 🍹 snack 🍴 👫 salle d'animation ♨ 🛶
> Services : ♿ ⚡ GB ♻ 🔧 ⌃ ♨ 📺
> 🛒

Au Soleil d'Oc 1er avr.-15 nov.
  𝒫 05 55 28 84 84, *info@dordogne-soleil.com*,
  Fax 05 55 28 12 12, *www.dordogne-soleil.com* – **R** conseillée
  4 ha (120 empl.) plat, terrasse, herbeux
  Tarif : 🛉 🚗 🅴 26,80 € 🔌 (6A) – frais de réservation 30 €
  Location 🏠 : 18 🛏 (4 à 6 pers.) 273 à 749 €/sem. – 12 🏕 (4 à 6 pers.) 273 à 749 €/sem.
  Pour s'y rendre : SO : 4,5 km par D 12, rte de Beaulieu puis D 12ᴱ, rte de Vergnolles et chemin à gauche après le pont, bord de la Dordogne
  À savoir : agréable cadre verdoyant

> Nature : 🏞 ≪ 🌳 🌳
> Loisirs : 🍹 snack 🍴 🛶 🚲 ⛵ 🏊
> 🛶 ⛵ canoë
> Services : ⚡ GB ♻ 🔧 ♨ 📺 📶 🚿

441

Saulou 1er avr.-30 sept.
  𝒫 05 55 28 12 33, *le.saulou@wanadoo.fr*,
  Fax 05 55 28 80 67, *www.saulou.net* – **R** conseillée
  5,5 ha (150 empl.) plat, herbeux, sablonneux
  Tarif : 🛉 🚗 🅴 17 € – 🔌 (13A) 3,55 € – frais de réservation 12,60 €
  Location : 119 🛏 (4 à 6 pers.) 272 à 640 €/sem.
  Pour s'y rendre : sortie S rte d'Aurillac puis 6 km par D 116 à droite, à Vergnolles, bord de la Dordogne

> Nature : 🏞 ≪ 🌳 ▲
> Loisirs : 🍹 🍴 📺 nocturne 👫 🛶
> 🍴 🛶
> Services : ♿ ⚡ GB ♻ 🔧 ♨ 📶 🚿
> 📺 🚿

Aire Naturelle le Vieux Port juil.-8 sept.
  𝒫 05 55 28 19 55 – **R** conseillée
  1 ha (25 empl.) plat et terrasse, herbeux
  Tarif : (Prix 2006) 🛉 2,20 € 🚗 🅴 2,50 € – 🔌 (5A) 2,20 €
  Pour s'y rendre : SO : 4,3 km par D 12 rte de Beaulieu puis D 12ᴱ, rte de Vergnolles et chemin à gauche après le pont

> Nature : 🏞 🌳
> Loisirs : 🛶
> Services : ⚡ ♻ 📶 📺

LES GUIDES VERTS MICHELIN
Paysages, monuments
Routes touristiques
Géographie
Histoire, Art
Itinéraire de visite
Plans de villes et de monuments

AUBAZINES

✉ 19190 – **329** L4 – G. Périgord – 732 h. – alt. 345 – Base de loisirs
🛈 *Office de tourisme, le bourg* ℘ 05 55 25 79 93
Paris 480 – Aurillac 86 – Brive-la-Gaillarde 14 – St-Céré 50 – Tulle 17.

⚠ **Campéole Le Coiroux** 6 avr.-30 sept.
℘ 05 55 27 21 96, *arepos.coiroux@wanadoo.fr,*
Fax 05 55 27 19 16, *camping-coiroux.com* – **R** conseillée
165 ha/6 campables (166 empl.) peu incliné, herbeux, bois
attenants
Tarif : ✶ 🚐 🔳 20,60 € 🔌 (16A) – frais de réservation 23,80 €
Location : 35 🚐 (4 à 6 pers.) 266 à 735 €/sem. – 25
bungalows toilés
🚐 1 borne
Pour s'y rendre : E : 5 km par D 48, rte du Chastang, à
proximité d'un plan d'eau et d'un parc de loisirs

Nature : 🦌 🏞 🌳	
Loisirs : 🏡 🎣 ⛹ 🚲 🎠	
Services : 🚿 ⚡ GB 🧺 M 🛒 🍴 ♿	
🗄 🚮 🚰	
À prox. : 🍸 ✕ snack 🏊 ⛷ 🎯 🚣	
(plage) 🎿 golf (9 et 18 trous)	

AURIAC

✉ 19220 – **329** N4 – 215 h. – alt. 608
Paris 517 – Argentat 27 – Égletons 33 – Mauriac 23 – Tulle 45.

⚠ **Municipal** 15 juin-15 sept.
℘ 05 55 28 25 97, *commune.auriac@wanadoo.fr,*
Fax 05 55 28 29 82 – **R** conseillée
1,7 ha (70 empl.) peu incliné, plat, herbeux
Tarif : ✶ 3,15 € 🚐 1,57 € 🔳 1,57 € – 🔌 (6A) 3,15 €
Pour s'y rendre : sortie SE par D 65 rte de St-Privat, près
d'un étang et d'un parc boisé
À savoir : certains emplacements dominent le plan d'eau

Nature : 🦌 ← 🏞 🌳	
Loisirs : 🏡 🏊	
Services : ⚡ (1er juil.-fin août) 🧺 ♿	
🗄	
À prox. : ✕ 🎯	

442

BEAULIEU-SUR-DORDOGNE

✉ 19120 – **329** M6 – G. Limousin Berry – 1 286 h. – alt. 142
🛈 *Office de tourisme, place Marbot* ℘ 05 55 91 09 94, Fax 05 55 91 10 97
Paris 513 – Aurillac 65 – Brive-la-Gaillarde 44 – Figeac 56 – Sarlat-la-Canéda 69 – Tulle 38.

⚠ **Les Îles** 7 avr.-15 oct.
℘ 05 55 91 02 65, *jycastanet@aol.com,* Fax 05 55 91 05 19,
www.camping-des-iles.net – **R** conseillée
4 ha (120 empl.) plat, herbeux
Tarif : ✶ 🚐 🔳 12,60 € 🔌 (10A) – frais de réservation 17 €
Location 🏊 : 18 🚐 (4 à 6 pers.) 230 à 590 €/sem. – 7
bungalows toilés
Pour s'y rendre : à l'E du centre bourg, par bd St-Rodol-
phe-de-Turenne
À savoir : cadre et situation pittoresques dans une île de la
Dordogne

Nature : 🦌 🌳 🌳	
Loisirs : 🍸 🏡 🏊 🚲 🛶 ca-	
noë	
Services : 🚿 ⚡ GB 🧺 🗄 🐕 ♿ 🗄	
À prox. : ✕	

BEYNAT

✉ 19190 – **329** L5 – 1 149 h. – alt. 420
🛈 *Office de tourisme, le bourg* ℘ 05 55 85 59 07
Paris 496 – Argentat 47 – Beaulieu-sur-Dordogne 23 – Brive-la-Gaillarde 21 – Tulle 21.

⚠ **Les Hameaux de Miel** (location exclusive de chalets)
Permanent
℘ 05 55 84 34 48, *info@leshameauxdemiel.com,*
Fax 05 55 22 88 29, *www.leshameauxdemiel.com*
– **R** conseillée
12 ha en terrasses
Location : 98 🏡 (4 à 6 pers.) 330 à 670 €/sem.
Pour s'y rendre : 4 km à l'E par N 121, rte d'Argentat, bord
d'un plan d'eau

Nature : 🦌 ←	
Loisirs : 🍸 🏡 🌞 diurne 🏊 🏊	
🚲 🗄 🏊	
Services : 🚿 ⚡ GB 🧺 🏢 📞 🗄	
sèche-linge	
À prox. : 🎯 🏊 🚣 🛶 pédalos	

BEYNAT

⛰ **Centre Touristique de Miel** 15 juin-mi-mai
    𝄞 05 55 85 50 66, *info@camping-miel.com*,
    Fax 05 55 85 57 96, *www.camping-miel.com* – **R** conseillée
    50 ha/9 campables (140 empl.) vallonné, peu incliné,
    herbeux
    Tarif : 🚶 🚗 🔲 20,40 € – ⓖ (6A) – frais de réservation 19 €
    Location : 10 🛖 (4 à 6 pers.) 340 à 550 €/sem. – 11 🏠
    (4 à 6 pers.) 340 à 550 €/sem. – 3 bungalows toilés
    Pour s'y rendre : 4 km à l'E par N 121 rte d'Argentat, bord
    d'un plan d'eau

> Nature : 🐠 ≤ ⛲ ⚠
> Loisirs : 🍷 snack 🏠 🏇 🎯 🎣 ⛴
> 🌊
> Services : 🚿 ⚓ 🅶🅱 📶 🛒 🦺 ⊚ 🚰 💈
> À prox. : 🏖 (plage) pédalos

BORT-LES-ORGUES

✉ 19110 – **329** Q3 – G. Auvergne – 3 534 h. – alt. 430 – Base de loisirs
🅸 *Office de tourisme, place Marmontel 𝄞 05 55 96 02 49, Fax 05 55 96 90 79*
Paris 500 – Aurillac 83 – Clermont-Ferrand 81 – Mauriac 32 – Le Mont-Dore 46 – St-Flour 84 – Tulle 85 – Ussel 30.

⛺ **Outre-Val** mai-oct.
    𝄞 05 55 96 05 82, Fax 05 55 96 05 82 – accès aux empla-
    cements par forte pente, mise en place et sortie des cara-
    vanes à la demande – **R** conseillée
    3,2 ha (43 empl.) en terrasses, herbeux, sablonneux,
    pierreux
    Tarif : 🚶 🚗 🔲 7 € – ⓖ 3 € – frais de réservation 8 €
    Pour s'y rendre : N : 12,3 km par D 979, rte d'Ussel et D 82,
    rte de Monestier-Port-Dieu à droite

> Nature : 🐠 ≤ château de Val ⚲
> Loisirs : 🍷 ✕ 🏖 🌊
> Services : ⚓ 🅶🅱 📶 🛒 🦺 ⊛ ⊚

LES GUIDES VERTS **MICHELIN**
Paysages, monuments
Routes touristiques
Géographie
Histoire, Art
Itinéraire de visite
Plans de villes et de monuments

443

CAMPS

✉ 19430 – **329** M6 – 243 h. – alt. 520
Paris 520 – Argentat 17 – Aurillac 45 – Bretenoux 18 – Sousceyrac 27.

⛺ **Municipal la Châtaigneraie** 28 avr.-30 sept.
    𝄞 05 55 28 53 15, *mairie.camps@wanadoo.fr*,
    Fax 05 55 28 08 59, *www.camps.correze.net* – **R** conseillée
    1 ha (18 empl.) peu incliné à incliné, herbeux
    Tarif : 🚶 🚗 🔲 5 € – ⓖ (16A) 2,50 €
    Location : 5 🏠 (4 à 6 pers.) 169 à 467 €/sem. – huttes
    Pour s'y rendre : à l'O du bourg, par D 13 et chemin à
    droite
    À savoir : cadre boisé, près d'un étang avec accès direct

> Nature : 🐠 ≤ ⚲⚲
> Loisirs : brasserie 🏇
> Services : 🦺 ⚓ (1er juil.-31 août) 📶
> 🛒 ⊚ 💈
> À prox. : ✕ 🚣 🚲 🏓 🏖 🌊

CHAMBERET

✉ 19370 – **329** L2 – 1 304 h. – alt. 450
🅸 *Syndicat d'initiative, 5, place du Marché 𝄞 05 55 98 30 14*
Paris 453 – Guéret 84 – Limoges 66 – Tulle 45 – Ussel 64.

⛺ **Municipal** mi-juin-mi-sept.
    𝄞 05 55 98 30 12, *mairie.chamberet@wanadoo.fr*,
    Fax 05 55 98 79 34, *www.chamberet-correze.net* – **R**
    1 ha (34 empl.) en terrasses et peu incliné, pierreux, bois
    attenant
    Tarif : (Prix 2006) 🚶 2,50 € 🚗 🔲 3,50 € – ⓖ 1,50 €
    Pour s'y rendre : SO : 1,3 km par D 132, rte de Meilhards et
    chemin à droite, à 100 m d'un petit plan d'eau et d'un
    étang

> Nature : 🐠 ≤ 🗔 ⚲⚲
> Loisirs : 🏖 (plage)
> Services : 🦺 ⚓ 📶 🦺 ⊚ 💈
> À prox. : 🏇

CHAUFFOUR-SUR-VELL

✉ 19500 – **329** K5 – 320 h. – alt. 160
Paris 507 – Beaulieu-sur-Dordogne 22 – Brive-la-Gaillarde 27 – Rocamadour 31 – Souillac 27.

⚠ **Feneyrolles** 19 mai-15 sept.
  𝒫 05 55 84 09 58, *contact@camping-feneyrolles.com*,
  Fax 05 55 25 31 43, *www.camping-feneyrolles.com*
  – **R** conseillée
  3 ha (90 empl.) en terrasses et peu incliné, pierreux,
  herbeux
  Tarif : 🏕 ⬡ 🔲 14 € – 🔋 (10A) 3 € – frais de réserva-
  tion 15 €
  Location (17 mars-fin oct.) 🏠 : 12 ⬡⬡ (4 à 6 pers.) 170
  à 450 €/sem. – 6 ⬡⬡ (4 à 6 pers.) 250 à 550 €/sem.
  Pour s'y rendre : E : à 2,2 km de la commune, par chemin,
  au lieu-dit Feneyrolles

> Nature : 🌳 ⬡ ⬡⬡
> Loisirs : 🍴 ⬡⬡ ⬡⬡ ⬡
> Services : ⬡ ⬡ (déb.juil.-fin août)
> 🇬🇧 ⬡ ⬡ ⬡ ⬡ ⬡

CORRÈZE

✉ 19800 – **329** M3 – G. Limousin Berry – 1 152 h. – alt. 455
🅱 *Office de tourisme, place de la Mairie* 𝒫 05 55 21 32 82, Fax 05 55 21 63 56
Paris 480 – Argentat 47 – Brive-la-Gaillarde 45 – Égletons 22 – Tulle 19 – Uzerche 35.

⚠ **Municipal la Chapelle**
  𝒫 05 55 21 29 30, *mairie.correze@wanadoo.fr*,
  Fax 05 55 21 68 82 – **R** conseillée
  3 ha (54 empl.) non clos, plat, terrasse, peu incliné, herbeux,
  forêt attenante
  Pour s'y rendre : sortie E par D 143, rte d'Egletons et à
  droite, rte de Bouysse
  À savoir : situation agréable près d'une chapelle, au bord
  de la Corrèze

> Nature : 🌳 ⬡
> Loisirs : ⬡⬡ ⬡⬡ ⬡
> Services : ⬡ ⬡ ⬡ ⬡ ⬡
> À prox. : ⬡

444

LIGINIAC

✉ 19160 – **329** P3 – 630 h. – alt. 665
Paris 464 – Aurillac 83 – Bort-les-Orgues 24 – Clermont-Ferrand 107 – Mauriac 30 – Ussel 21.

⚠ **Municipal le Maury** juil.-août
  𝒫 05 55 95 92 28, Fax 05 55 95 91 28 – **R** conseillée
  2 ha (50 empl.) plat et peu incliné, terrasses, herbeux
  Tarif : (Prix 2006) 🏕 2 € ⬡ 🔲 2,50 € – 🔋 (16A) 2,50 €
  Pour s'y rendre : SO : 4,6 km par rte de la plage, bord du
  lac de Triouzoune, Accès conseillé par D 20, rte de Neuvic
  À savoir : cadre boisé

> Nature : 🌳 ⬡ ⬡
> Loisirs : 🍴 snack ⬡⬡ ⬡⬡ ⬡ ⬡
> (plage)
> Services : ⬡ ⬡ ⬡ ⬡ ⬡
> À prox. : ⬡

LISSAC-SUR-COUZE

✉ 19600 – **329** J5 – G. Périgord – 527 h. – alt. 170 – Base de loisirs
Paris 486 – Brive-la-Gaillarde 11 – Périgueux 68 – Sarlat-la-Canéda 42 – Souillac 29.

⚠⚠ **Les Hameaux du Perrier** (location exclusive de
  chalets) Permanent
  𝒫 05 55 85 13 45, *info@leshameauxduperrier.com*,
  Fax 05 55 85 33 00, *www.leshameauxduperrier.com*
  17 ha/10 campables en terrasses
  Location : 92 ⬡⬡ (4 à 6 pers.) 299 à 635 €/sem.
  Pour s'y rendre : 3 km à l'O par D 59, rte de St-Cernin-de-
  Larche

> Nature : 🌳 ⬡ ⬡
> Loisirs : 🍴 pizzeria ⬡⬡ ⬡⬡ ⬡ ⬡
> Services : ⬡ ⬡ 🇬🇧 ⬡ ⬡ ⬡ ⬡ ⬡
> À prox. : ⬡

⚠⚠ **La Prairie** (location exclusive de chalets)
  𝒫 05 55 85 37 97, Fax 05 55 85 37 11 – empl. traditionnels
  également disponibles
  5 ha en terrasses, herbeux, gravier, sablonneux
  Location : 20 ⬡⬡
  Pour s'y rendre : 1,4 km au SO par D 59 et chemin à
  gauche, près du lac du Causse

> Nature : 🌳 ⬡ ⬡
> Loisirs : 🍴 snack ⬡⬡
> Services : ⬡ ⬡ ⬡ ⬡ ⬡ ⬡ ⬡ sè-
> che-linge
> à la base de loisirs : ⬡⬡ ⬡ (plage)
> ⬡ ⬡ ⬡ canoë, pédalos

MASSERET

✉ 19510 – **329** K2 – G. Limousin Berry – 608 h. – alt. 380
🛈 *Syndicat d'initiative, le Bourg* ℰ 05 55 98 24 79
Paris 432 – Guéret 132 – Limoges 45 – Tulle 48 – Ussel 101.

⚠ **Intercommunal** avr.-sept.
ℰ 05 55 73 44 57, Fax 05 55 73 49 69 – **R** conseillée
100 ha/2 campables (80 empl.) plat et incliné, herbeux,
gravillons
Tarif : (Prix 2006) ♦ 2,20 € ⬌ 1,60 € 🔲 3,20 € – ⑫ 2 €
Location (permanent) : 4 🏠 (4 à 6 pers.) 210 à
315 €/sem.
Pour s'y rendre : 3 km à l'E par D 20 rte des Meilhards, à la
sortie de Masseret-Gare
À savoir : agréable cadre boisé près d'un plan d'eau

> Nature : 🏞 ≤ 🟢🟢
> Loisirs : 🏠
> Services : ⚕ ⚬ ⌇ ⚙ 🖼
> À prox. : 🍴 snack 🛶 ⚓ ✻ 🏕 🏊
> (plage) 🎣 parcours sportif, pédalos

*Avant de vous installer, consultez les tarifs en cours,
affichés obligatoirement à l'entrée du terrain,
et renseignez-vous sur les conditions particulières de séjour.
Les indications portées dans le guide ont pu être modifiées depuis la mise à jour.*

MEYSSAC

✉ 19500 – **329** L5 – G. Périgord – 1 100 h. – alt. 220
🛈 *Office de tourisme, avenue de l'Auvitrie* ℰ 05 55 25 32 25, Fax 05 55 25 49 16
Paris 507 – Argentat 62 – Beaulieu-sur-Dordogne 21 – Brive-la-Gaillarde 23 – Tulle 37.

⚠ **Intercommunal Moulin de Valane**
ℰ 05 55 25 41 59, *mairie@meyssac.fr*, Fax 05 55 25 38 88
– **R** conseillée
4 ha (120 empl.) plat et peu incliné, terrasses, herbeux
Location : 🏠 – huttes
Pour s'y rendre : NO : 1 km rte de Collonges-la-Rouge,
bord d'un ruisseau
À savoir : agréable cadre verdoyant

> Nature : 🏞 🟢
> Loisirs : 🏠 ⚓ ✻ 🏊 🏖
> Services : ⚕ ⚬ 🔲 ⚙ 🖼 sèche-
> linge

445

NEUVIC

✉ 19160 – **329** O3 – G. Limousin Berry – 1 850 h. – alt. 620 – Base de loisirs
🛈 *Office de tourisme, rue de la Tour des 5 pierres* ℰ 05 55 95 88 78, Fax 05 55 95 94 84
Paris 465 – Aurillac 78 – Mauriac 25 – Tulle 56 – Ussel 21.

⚠ **Municipal du Lac** 1ᵉʳ mai-30 sept.
ℰ 05 55 95 80 16, *bgaertner.villedeneuvic@wanadoo.fr*,
Fax 05 55 95 05 30 – **R** conseillée
5 ha (100 empl.) en terrasses, herbeux, gravillons
Tarif : (Prix 2006) ♦ ⬌ 🔲 5,80 € – ⑫ (10A) 1,40 € – frais de
réservation 7,63 €
Location (permanent) : gîtes
À savoir : site agréable

> Nature : 🏞 🟢🟢 ⚓
> Loisirs : 🏠 ⚓
> Services : ⚬ 🔲 ⚙ 🖼
> À prox. : 🍴 ✕ ✻ 🏕 🚣

OBJAT

✉ 19130 – **329** J4 – G. Limousin Berry – 3 372 h. – alt. 131
🛈 *Office de tourisme, place Charles de Gaulle* ℰ 05 55 25 96 73, Fax 05 55 25 97 45
Paris 495 – Limoges 106 – Tulle 46 – Brive-la-Gaillarde 20 – Sarlat-la-Canéda 74.

⚠ **Espace Objat Loisirs** (location exclusive de chalets)
Permanent
ℰ 05 55 25 96 73, *tourisme@objat.fr*, Fax 05 55 25 97 45,
www.cc-bassinobjat.com – **R** conseillée
18 ha/4 campables plat, herbeux
Location : 20 🏠 (4 à 6 pers.) 240 à 480 €/sem.
Pour s'y rendre : 1 km au N, au bord du plan d'eau
À savoir : location le w.-end sf juil.-août

> Nature : 🏞 ≤
> Loisirs : 🏕
> Services : ⚕ ⚬ ⌇ 🏛 🖼 sèche-
> linge
> À prox. : ⚓ 🚲 🏊 🏖 🎣 terrain
> omnisports

PALISSE

✉ 19160 – **329** O3 – 226 h. – alt. 650
Paris 460 – Aurillac 87 – Clermont-Ferrand 102 – Mauriac 33 – Le Mont-Dore 75 – St-Flour 120 – Tulle 50 – Ussel 21.

Le Vianon Permanent
℘ 05 55 95 87 22, *camping.vianon@wanadoo.fr*,
Fax 05 55 95 98 45, *www.levianon.com* – **R** conseillée
4 ha (60 empl.) plat et peu incliné, terrasses, herbeux, gravillons, étang, forêt
Tarif : ★ ⟵ 🔲 13,60 € – ⒢ (16A) 3,50 € – frais de réservation 15 €
Location : 16 🏠 (4 à 6 pers.) 250 à 680 €/sem.
Pour s'y rendre : N : 1,1 km par D 47, rte de Combressol et rte à droite, bord d'un étang
À savoir : cadre boisé

Nature : 🌿 ♤♤
Loisirs : 🍴 snack 🏛 🏕 ⚓ 🚲 🍽 ⛵ 🎣
Services : 👤 ⟿ 🅶🅱 🌳 🗄 🕭 🖼 🚿 🌊
À prox. : 🐴 (centre équestre) golf

REYGADES

✉ 19430 – **329** M5 – G. Limousin Berry – 161 h. – alt. 460
Paris 516 – Aurillac 56 – Brive-la-Gaillarde 56 – St-Céré 26 – Tulle 41.

La Belle Etoile 15 juin-30 sept.
℘ 05 55 28 50 08, Fax 05 55 28 36 40 – **R** indispensable
5 ha/3 campables (25 empl.) terrasses, herbeux
Tarif : ★ 3,80 € ⟵ 🔲 4,90 € – ⒢ (6A) 2,90 €
Location (permanent) : 6 🚚 (4 à 6 pers.) 260 à 435 €/sem. – 3 🏠 (4 à 6 pers.) 320 à 590 €/sem.
Pour s'y rendre : N : 1 km par D 41, rte de Beaulieu-sur-Dordogne, à Lestrade

Nature : 🌿 ≤ ☁ ♀
Loisirs : 🏕 🏊 (petite piscine) parcours de santé, quad, terrain omnisports
Services : 👤 ⟿ 🌳 🗄 🕭 🖼 🚿

ST-PANTALÉON-DE-LAPLEAU

✉ 19160 – **329** O4 – 66 h. – alt. 600
Paris 476 – Égletons 26 – Mauriac 24 – Meymac 42 – Neuvic 12 – Ussel 33.

Municipal les Combes avr.-oct.
℘ 05 55 27 51 58, Fax 05 55 27 51 58 – **R** conseillée
0,7 ha (30 empl.) peu incliné, herbeux, bois attenant
Tarif : ★ 1,80 € ⟵ 1,80 € 🔲 1,80 € – ⒢ 1,80 €
🚐 1 borne 5 €
Pour s'y rendre : sortie N par D 55, rte de Lamazière-Basse

Nature : 🌿 ♀
Loisirs : 🏛 🏕 🍽
Services : 🕭
À prox. : 🌊 🍴 🍴 ✕ 🚿

ST-PARDOUX-CORBIER

✉ 19210 – **329** J3 – 323 h. – alt. 404
Paris 448 – Arnac-Pompadour 8 – Brive-la-Gaillarde 44 – St-Yrieix-la-Perche 27 – Tulle 43 – Uzerche 17.

Municipal du Plan d'Eau
℘ 05 55 73 69 49 – **R**
1 ha (40 empl.) en terrasses, pierreux, gravillons, herbeux
Pour s'y rendre : sortie E par D 50, rte de Vigeois et chemin à droite, près d'un étang

Nature : 🌿 ☁ ♤♤
Services : 👤 🎏 🗄 🕭 🚿 🗜
À prox. : 🍽

SEILHAC

✉ 19700 – **329** L3 – 1 635 h. – alt. 500
🅱 *Office de tourisme, place de l'Horloge* ℘ 05 55 27 97 62
Paris 461 – Aubusson 97 – Brive-la-Gaillarde 33 – Limoges 73 – Tulle 15 – Uzerche 16.

Le lac de Bournazel avr.-sept.
℘ 05 55 27 05 65 – **R** conseillée
6,5 ha (155 empl.) en terrasses, pierreux, herbeux
Tarif : ★ ⟵ 🔲 13,05 € – ⒢ (10A) 2,85 €
Location (permanent) : 20 🚚 (4 à 6 pers.) 230 à 480 €/sem. – 10 🏠 (4 à 6 pers.) 150 à 550 €/sem.
🚐 1 borne
Pour s'y rendre : NO : 1,5 km par N 120, rte d'Uzerche puis 1 km à droite
À savoir : face au lac (à 100 m)

Nature : 🌿 ≤ ☁ ♤♤
Loisirs : 🏛 🏕
Services : 👤 ⟿ 🌳 🎏 🗄 🌊 🕭 🚿
À prox. : 🍴 snack 🚿 discothèque 🍽 🏊 (plage surveillée) 🎣 🐴 parcours sportif, pédalos

SOURSAC

⊠ 19550 – **329** O4 – 505 h. – alt. 532

🛈 *Syndicat d'initiative, pointe du Bourg* ℰ *05 55 27 52 61, Fax 05 55 27 67 31*

Paris 525 – Égletons 27 – Mauriac 19 – Neuvic 15 – Tulle 55 – Ussel 36.

⚠ **Municipal de la Plage** mi-mai-mi-oct.
ℰ 05 55 27 55 43, *centrepontaubert@wanadoo.fr*,
Fax 05 55 27 52 61, *http://centre.pontaubert.monsite.wanadoo.fr* – **R** conseillée
10 ha/2,5 campables (90 empl.) peu incliné, en terrasses, herbeux, bois attenant
Tarif : 🛉 🚐 🗉 10,70 € – [ℷ] (16A) 2,15 €
Pour s'y rendre : NE : 1 km par D 16, rte de Mauriac et à gauche, bord d'un plan d'eau
À savoir : site boisé

> Nature : 🐟 ≤ ⛰ ⚠
> Loisirs : 🏠 🏕 🚣 🚴 🎣 🏊
> Services : 🕭 ⚊ (déb. juil.-déb. sept.) ⚒ 🚻 🕭 🗄 🛒
> À prox. : 🏖 (plage) 🏊

TREIGNAC

⊠ 19260 – **329** L2 – G. Limousin Berry – 1 415 h. – alt. 500 – Base de loisirs

🛈 *Office de tourisme, 1, place de la République* ℰ *05 55 98 15 04, Fax 05 55 98 17 02*

Paris 463 – Égletons 32 – Eymoutiers 33 – Limoges 75 – Tulle 39 – Uzerche 30.

⚠ **La Plage** déb. mai-mi-sept.
ℰ 05 55 98 08 54, *camping.la.plage@wanadoo.fr*,
Fax 05 55 98 16 47 – **R** conseillée
3,5 ha (130 empl.) en terrasses et peu incliné, pierreux, herbeux, bois attenant
Tarif : 🛉 🚐 🗉 8,60 € – [ℷ] (6A) 2,80 € – frais de réservation 5,50 €
Location (déb. mai-mi-nov.) : 10 🏚
Pour s'y rendre : N : 4,5 km par rte d'Eymoutiers, à 50 m du lac des Barriousses

> Nature : ≤ ⌂ ♨
> Loisirs : 🏠 🏕 🚣 🚴
> Services : 🕭 ⚊ (déb. mai-mi-août)
> 🅶🅱 ⚒ 🚻 🗄 🕭 🛒
> À prox. : 🍴 🛁 🏊 🏖 (plage) 🛶 canoë, pédalos

447

USSEL

⊠ 19200 – **329** O2 – G. Limousin Berry – 10 753 h. – alt. 631

🛈 *Office de tourisme, place Voltaire* ℰ *05 55 72 11 50, Fax 05 55 72 54 44*

Paris 448 – Limoges 142 – Clermont-Ferrand 82 – Brive-la-Gaillarde 89 – Montluçon 119.

⚠ **Municipal de Ponty** mi-juin-mi-sept.
ℰ 05 55 72 30 05, *sports.dir.@ussel19.fr*, Fax 05 55 72 95 19 – **R** conseillée
2 ha (50 empl.) plat, peu incliné, gravillons, herbeux
Tarif : (Prix 2006) 🛉 2,54 € 🚐 🗉 3,45 € – [ℷ] (10A) 2,43 €
Location (permanent) : 18 🏚 (4 à 6 pers.) 242 à 296 €/sem.
🚐 1 borne 2 €
Pour s'y rendre : 3 km à l'O par N 89 et D 157, rte de Meymac, près du lac (accès direct) et de la base de loisirs

> Nature : 🐟 ≤ sur le lac ⌂ ♨
> Loisirs : 🏠 🚣
> Services : 🕭 ⚊ ⚒ Ⓜ 🗄 🕭 🛒
> À prox. : 🍴 🍴 snack 🚴 🎿 🍸 🍖 🏖 (plage) 🐾 🐎 (centre équestre) canoë, pédalos, piste de bi-cross

UZERCHE

⊠ 19140 – **329** K3 – G. Limousin Berry – 3 062 h. – alt. 380

🛈 *Office de tourisme, place de la Libération* ℰ *05 55 73 15 71, Fax 05 55 73 88 36*

Paris 444 – Aubusson 95 – Bourganeuf 76 – Brive-la-Gaillarde 38 – Limoges 57 – Périgueux 106 – Tulle 30.

⚠ **Municipal la Minoterie**
ℰ 05 55 73 12 75, *uzerche@uzerche.fr*, Fax 05 55 73 12 75 – **R**
1,5 ha (65 empl.) plat, terrasse, herbeux, pierreux
Location : huttes
Pour s'y rendre : au SO du bourg, accès quai Julian-Grimau, entre la N 20 et le pont Turgot (D 3), bord de la Vézère (rive gauche)
À savoir : dans un site pittoresque

> Nature : 🐟 ≤ ♨
> Loisirs : 🏠 🚣 🚴 🎿 🍖 🏊 🏖 🛶
> petite base de loisirs
> Services : 🕭 ⚊ Ⓜ 🗄 🕭 🛒 🛒
> À prox. : mur d'escalade, canoë

VIAM

✉ 19170 – **329** M2 – 132 h. – alt. 680
Paris 455 – Bugeat 6 – Eymoutiers 24 – Guéret 85 – Limoges 68 – Treignac 18.

▲ **Municipal Puy de Veix** 15 juin-30 sept.
 ℘ 05 55 95 52 05, *viam.mairie@wanadoo.fr*,
 Fax 05 55 95 21 86 – **R** conseillée
 2 ha (50 empl.) non clos, en terrasses, plat, herbeux,
 pierreux, bois attenant
 Tarif : ✦ 2,10 € ⇚ 1,10 € 🖾 1,40 € – 🗲 (10A) 1,90 €
 ⇱, 1 borne
 Pour s'y rendre : au S du bourg (accès direct)
 À savoir : agréable cadre de verdure dominant un plan
 d'eau

Nature : ⌂ ← ⊏ ♀
Loisirs : 🏊
Services : ♿ ☞ (1er juil.-31 août) ⚲
⊛ 🔳
À prox. : ≈ (plage) 🕳 ◊

VIGEOIS

✉ 19410 – **329** K3 – G. Limousin Berry – 1 191 h. – alt. 390
🛈 Office de tourisme, place de l'Eglise ℘ 05 55 98 96 44
Paris 457 – Limoges 68 – Tulle 32 – Brive-la-Gaillarde 41 – Saint-Yrieix-la-Perche 42.

▲ **Municipal du Lac de Pontcharal** 1er juin-15 sept.
 ℘ 05 55 98 90 86, *mairievigeois@wanadoo.fr*,
 Fax 05 55 98 99 79, *www.vigeois.com* – **R** conseillée
 32 ha/1,7 campable (85 empl.) peu incliné, plat, terrasse,
 herbeux
 Tarif : ✦ ⇚ 🖾 5,10 € – 🗲 (6A) 2,60 €
 Pour s'y rendre : 2 km au SE par D 7, rte de Brive, près du
 lac de Pontcharal

Nature : ⌂ ♀♀ ▲
Loisirs : 🍽 snack ≈ (plage) 🕳
Services : ♿ ☞ ⚲ 🔲 ⊛ 🔳 ⚄
À prox. : pédalos

448

Creuse (23)

BOURGANEUF

✉ 23400 – **325** H5 – G. Limousin Berry – 3 163 h. – alt. 440
🛈 Office de tourisme, 6, rue de Verdun ℘ 05 55 64 12 20, Fax 05 55 64 12 20
Paris 391 – Aubusson 40 – Guéret 33 – Limoges 50 – Tulle 100 – Uzerche 76.

▲ Municipal la Chassagne
 ℘ 05 55 64 07 61, *mairie.bourganeuf@wanadoo.fr*,
 Fax 05 55 64 03 51 – **R**
 0,7 ha (41 empl.) plat, peu incliné, herbeux
 Pour s'y rendre : N : 1,5 km par D 912, rte de la Souterraine, bord du Taurion

Nature : ⊏
Services : ⚲ ⊛
À prox. : 🖣 ⚒ golf

Le BOURG-D'HEM

✉ 23220 – **325** H3 – G. Limousin Berry – 235 h. – alt. 320
Paris 333 – Aigurande 20 – Le Grand-Bourg 28 – Guéret 21 – La Souterraine 37.

▲ **Municipal** saison
 ℘ 05 55 62 84 36, *mairie.le-bourg-dhem@wanadoo.fr*,
 Fax 05 55 62 11 22, *www.les3lacs-creuse.com* – **R** conseillée
 0,33 ha (36 empl.) en terrasses, herbeux
 Tarif : ✦ 2,60 € ⇚ 1,60 € 🖾 1,60 € – 🗲 (8A) 2,60 €
 Pour s'y rendre : O : par D 48 rte de Bussière-Dunoise et
 chemin à droite
 À savoir : site et situation agréables au bord de la Creuse
 (plan d'eau)

Nature : ⌂ ← ♀ ▲
Loisirs : 🕳
Services : ♿ ☞ ⚲ 🔲 ⊛ ⚄ sèche-
linge
À prox. : 🖣 🏊

BOUSSAC-BOURG

✉ 23600 – **325** K2 – G. Limousin Berry – 788 h. – alt. 423
Paris 334 – Aubusson 52 – La Châtre 37 – Guéret 43 – Montluçon 33 – St-Amand-Montrond 54.

▲▲▲ **Le Château de Poinsouze** 12 mai-15 sept.
& 05 55 65 02 21, *info.camping-de.poinsouze@wana
doo.fr*, Fax 05 55 65 86 49, *www.camping-de-poin
souze.com* – **R** conseillée ⚄ (8 juil.-18 août)
150 ha/22 campables (134 empl.) peu incliné, herbeux
Tarif : ⚹ ⚎ 🅴 35 € 🔋 (25A) – frais de réservation 15 €
Location (permanent) ⚄ : 22 🚐 (4 à 6 pers.) 190 à
565 €/sem. – 2 gîtes
🚐 1 borne – 10 🅴
Pour s'y rendre : N : 2,8 km par D 917, rte de la Châtre
À savoir : vaste domaine autour d'un château du 16e s. et
d'un étang

Nature : ⚜ ⚬
Loisirs : 🍴 ✗ 🏠 ⚅ nocturne ⚞
🚲 ⚒ 🏊 ⚘
Services : ⚐ ⚙ 🕳 ✂ M 🛒 ⚗ ☺
🚿 ⚓ ⚲ ⚱ 🍳 ⚶
À prox. : canoë, pédalos

Ne pas confondre :
▲ ... *à* ... ▲▲▲ : *appréciation* **MICHELIN**
et
★ ... *à* ... ★★★★ : *classement officiel*

BUSSIÈRE-DUNOISE

✉ 23320 – **325** H3 – 1 098 h. – alt. 450
Paris 337 – Aigurande 24 – Le Grand-Bourg 20 – Guéret 16 – La Souterraine 28.

▲ **Municipal de la Vergne** 1er juil.-31 août
& 05 55 81 68 90, *bussieredunoise@wanadoo.fr*,
Fax 05 55 81 60 33 – **R** conseillée
1 ha (35 empl.) plat, herbeux
Tarif : (Prix 2006) ⚹ 2,04 € ⚎ 1,53 € 🅴 1,28 € –
🔋 (6A) 1,74 €
Pour s'y rendre : SE : 1,5 km par D 47, rte de Guéret et
chemin à gauche
À savoir : situation agréable près d'un plan d'eau

Nature : ⚜ ⚬ ⚏ ⚘⚘(chênaie)
Services : ☺
À prox. : ⚞ ⚎ (plage) ⚓ ⚱

449

La CELLE-DUNOISE

✉ 23800 – **325** H3 – 598 h. – alt. 230
Paris 329 – Aigurande 16 – Aubusson 63 – Dun-le-Palestel 11 – Guéret 22.

▲ **Municipal de la Baignade** 1er avr.-31 déc.
& 05 55 51 21 18, *mairie@lacelledunoise.fr* – **R** conseillée
1,4 ha (30 empl.) plat, terrasse, herbeux
Tarif : (Prix 2006) ⚹ 2,60 € ⚎ 1,60 € 🅴 1,60 € –
🔋 (10A) 2,60 €
Location (permanent) : 3 🏠 (4 à 6 pers.) 138 à
283 €/sem.
Pour s'y rendre : à l'E du bourg, par D 48ᴬ rte du Bourg
d'Hem, près de la Creuse (accès direct)

Nature : ⚬
Loisirs : 🏠 ✂
Services : ⚐ ✂ ☺ 🚿 🖼 sèche-linge
À prox. : ⚎ ⚓ ⚞ poneys canoë
🚐

CHAMBON-SUR-VOUEIZE

✉ 23170 – **325** L3 – G. Limousin Berry – 1 012 h. – alt. 333
🄴 Syndicat d'initiative, place Aubergier *&* 05 55 82 15 89, Fax 05 55 82 15 89
Paris 356 – Aubusson 39 – Guéret 47 – Marcillat-en-Combraille 21 – Montluçon 26.

▲ **Municipal la Pouge** avr.-oct.
& 05 55 82 13 21, Fax 05 55 82 19 11 – **R** conseillée
1 ha (50 empl.) plat, herbeux
Tarif : (Prix 2006) ⚹ 1,90 € ⚎ 1,20 € 🅴 1,20 € – 🔋 1,30 €
🚐 1 borne 2 €
Pour s'y rendre : SE : 0,8 km par D 915, rte d'Évaux-les-
Bains et chemin à gauche, longeant Écomarché, attenant
au stade, au bord de la Tardes

Nature : ⚘⚘
Loisirs : 🏠 ✂
Services : ⚙ 🛒 ☺ 🖼
À prox. : ⚞ ⚞ ⚓

CHÂTELUS-MALVALEIX

✉ 23270 – **325** J3 – 569 h. – alt. 410
Paris 333 – Aigurande 25 – Aubusson 46 – Boussac 19 – Guéret 25.

Municipal la Roussille 1ᵉʳ juin-31 sept.
      𝒫 05 55 80 52 71, *mairie-chatelusmalvaleix@wanadoo.fr,*
Fax 05 55 80 86 32
0,5 ha (33 empl.) peu incliné, plat, herbeux
Tarif : ✸ 2 € ⟵ 1 € 🔲 2,50 € – (½) (10A) 2,50 €
Pour s'y rendre : à l'O du bourg
À savoir : plaisante situation en bordure d'étangs

Nature : 🛁 ⛰	
Loisirs : 🏠 🎠 🎣 circuit VTT	
Services : 🚿	
À prox. : 🚤 ✗	

CHÉNÉRAILLES

✉ 23130 – **325** K4 – G. Limousin Berry – 759 h. – alt. 537
🛈 *Syndicat d'initiative, 32, route de gouzon* 𝒫 05 55 62 91 22
Paris 369 – Aubusson 19 – La Châtre 63 – Guéret 32 – Montluçon 46.

Municipal la Forêt 15 juin-15 sept.
      𝒫 05 55 62 38 26, *mairie.chenerailles@wanadoo.fr,*
Fax 05 55 62 95 55 – **R** conseillée
0,5 ha (33 empl.) peu incliné, plat, pierreux, herbeux
Tarif : ✸ ⟵ 🔲 4 € – (½) (16A) 2 €
Pour s'y rendre : SO : 1,3 km par D 55 rte d'Ahun
À savoir : cadre boisé près d'un étang

Nature : ≤ 🌳🌳	
Services : 🚿 ⚲ 🚗 ⊛ 🛁	
À prox. : 🚤 ✗ 🍴 🛶 (plage) 🎣	

ÉVAUX-LES-BAINS

✉ 23110 – **325** L3 – G. Limousin Berry – 1 545 h. – alt. 469 – ⚕ (9 avril-27 oct.)
🛈 *Office de tourisme, place Serge Cléret* 𝒫 05 55 65 50 90, Fax 05 55 65 50 44
Paris 353 – Aubusson 44 – Guéret 52 – Marcillat-en-Combraille 16 – Montluçon 27.

Municipal mars-oct.
      𝒫 05 55 65 55 82, Fax 05 55 65 59 24 – **R**
1 ha (49 empl.) plat et peu incliné, herbeux
Tarif : (Prix 2006) ✸ 1,65 € ⟵ 1,10 € 🔲 1,40 € – (½) 3,20 €
Location : huttes
Pour s'y rendre : au N du bourg, derrière le château

Nature : 🛁 🖼	
Loisirs : 🏠 🚤	
Services : 🚿 🚗 🗑 ⊛	
À prox. : ✗ 🍴 🖼	

GUÉRET

✉ 23000 – **325** I3 – G. Limousin Berry – 14 123 h. – alt. 457 – Base de loisirs
🛈 *Office de tourisme, 1, rue Eugène France* 𝒫 05 55 52 14 29, Fax 05 55 41 19 38
Paris 351 – Bourges 122 – Châteauroux 90 – Clermont-Ferrand 132 – Limoges 93 – Montluçon 66 – Tulle 133.

Municipal du Plan d'Eau de Courtille juin-sept.
      𝒫 05 55 81 92 24, Fax 05 55 51 05 37 – **R** conseillée
2,4 ha (70 empl.) incliné, peu incliné, plat, herbeux
Tarif : ✸ 2,05 € ⟵ 1,25 € 🔲 5,85 € (½) (10A)
Pour s'y rendre : SO : 2,5 km par D 914, rte de Benevent et chemin à gauche
À savoir : situation agréable près d'un plan d'eau (accès direct)

Nature : 🛁 ≤ 🖼	
Loisirs : 🚤	
Services : 🚿 ⚲ GB 🚗 🗑 ⊛ 🖼	
À prox. : ✗ 🖼 🖼 🛶 (plage) 🎣 ◊ canoë	

MÉRINCHAL

✉ 23420 – **325** L5 – 821 h. – alt. 720
🛈 *Office de tourisme, 6, rue de château de la Mothe* 𝒫 05 55 67 25 56, Fax 05 55 67 23 71
Paris 386 – Aubusson 33 – Clermont-Ferrand 63 – La Bourboule 57 – St-Gervais-d'Auvergne 36.

Municipal Château de la Mothe mai-oct.
      𝒫 05 55 67 25 56, *tourisme.merinchal@wanadoo.fr,*
Fax 05 55 67 23 71 – **R** conseillée
0,3 ha (32 empl.) plat et peu incliné, herbeux
Tarif : ✸ 2,50 € ⟵ 1,50 € 🔲 2 € – (½) 2 €
Pour s'y rendre : au bourg, à 500 m d'un étang
À savoir : dans le parc d'un château du XIIᵉ s.

Nature : 🛁 ≤	
Loisirs : 🏠 🚤	
Services : 🚿 ⚲ 🚗 ⊛ 🖼	
À prox. : 🛁 🍷 ✗ ✗ 🎣	

ROYÈRE-DE-VASSIVIÈRE

✉ 23460 – **325** I5 – 636 h. – alt. 735

🛈 *Office de tourisme, rue Alfred Auphelle* ℘ *05 55 64 75 11, Fax 05 55 64 75 40*

Paris 412 – Bourganeuf 22 – Eymoutiers 25 – Felletin 29 – Gentioux 12 – Limoges 68.

⚠ Les Terrasses du Lac
℘ 05 55 64 76 77, *ot.vassiviere@wanadoo.fr,*
Fax 05 55 64 76 78, *www.vassiviere.com* – **R** conseillée
4 ha (142 empl.) en terrasses, plat et peu incliné, herbeux,
gravier, pierreux
Pour s'y rendre : À Vauveix, au Sud-Ouest 10 km par D 3 et
D 35, rte d'Eymoutiers, au port (accès direct)
À savoir : Cadre et site agréables, face au lac

> Nature : ≤ ☐ 00
> Loisirs : 🏠 🏃
> Services : ⌐ 🏛 🗐 占 ⊛ 🖪
> À prox. : 🏖 ⓨ ✕ 🅿 (plage) 🌢 ski
> nautique, canoë, pédalos

ST-VAURY

✉ 23320 – **325** H3 – G. Limousin Berry – 1 829 h. – alt. 450

Paris 371 – Aigurande 32 – Le Grand-Bourg 14 – Guéret 13 – La Souterraine 26.

⚠ **Municipal la Valette** 15 juin-15 nov.
℘ 05 55 80 29 82, *pointinfo.st.vaury@wanadoo.fr,*
Fax 05 55 80 22 16, *www.saintvaury.com* – **R** conseillée
1,6 ha (16 empl.) non clos, plat, terrasse, herbeux
Tarif : 🚹 2,20 € 🚗 1,70 € 🖪 1,70 € – 🔌 (6A) 1,80 €
Pour s'y rendre : N : 2 km par D 22, rte de Bussière-
Dunoise, près de l'étang

> Nature : ♀
> Loisirs : 🏃 🛶
> Services : ⚿ 🗐 ⊛
> À prox. : 🅿 (plage)

Haute-Vienne (87)

451

AIXE-SUR-VIENNE

✉ 87700 – **325** D6 – G. Limousin Berry – 5 466 h. – alt. 204

🛈 *Syndicat d'initiative, avenue du Président Wilson* ℘ *05 55 70 19 71, Fax 05 55 70 48 30*

Paris 400 – Châlus 21 – Confolens 60 – Limoges 14 – Nontron 55 – Rochechouart 30 – St-Yrieix-la-Perche 39.

⚠ **Municipal les Grèves** juin-sept.
℘ 05 55 70 12 98, *camping@mairie-aixesurvienne.fr,*
Fax 05 55 70 43 00 – **R** conseillée
3 ha (80 empl.) plat, herbeux
Tarif : (Prix 2006) 🚹 🚗 🖪 12,30 € 🔌 (10A)
Pour s'y rendre : Av. des Grèves, bord de la Vienne

> Nature : ♀
> Loisirs : ⓨ 🏠 🏃
> Services : 占 ⌐ ⊞ ⚿ 🗐 ⊛ 🖪
> À prox. : ☒ (découverte l'été)

BESSINES-SUR-GARTEMPE

✉ 87250 – **325** F4 – 2 743 h. – alt. 335

🛈 *Office de tourisme, 6, avenue du 11 novembre* ℘ *05 55 76 09 28, Fax 05 55 76 68 45*

Paris 355 – Argenton-sur-Creuse 58 – Bellac 29 – Guéret 55 – Limoges 38 – La Souterraine 21.

⚠ **Municipal de Sagnat** 15 juin-15 sept.
℘ 05 55 76 17 69, *ot.bessines@wanadoo.fr,*
Fax 05 55 76 10 40 – **R** conseillée
0,8 ha (50 empl.) en terrasses, plat, peu incliné, sablonneux,
herbeux
Tarif : 🚹 🚗 🖪 10 € – 🔌 (6A) 2,10 €
Pour s'y rendre : SO : 1,5 km par D 220, rte de Limoges,
D 27, rte de St-Pardoux à droite et rue à gauche, bord de
l'étang
À savoir : Situation agréable

> Nature : ≤ ☐ ♀
> Loisirs : snack 🏠 🏃 🅿 (plage)
> Services : 占 ⌐ ⚿ 🗐 🍃 ⊛ 🖪
> À prox. : parcours de santé

BUJALEUF

✉ 87460 – **325** G6 – G. Limousin Berry – 927 h. – alt. 380
🛈 *Office de tourisme, place de la Mairie ℘ 05 55 69 54 54*
Paris 423 – Bourganeuf 28 – Eymoutiers 14 – Limoges 35 – St-Léonard-de-Noblat 16.

⚠ **Municipal du Lac** 15 mai-30 sept.
℘ 05 55 69 54 54, *tourisme@bujaleuf.fr*,
Fax 05 55 69 56 06, *www.bujaleuf.fr*
2 ha (110 empl.) en terrasses, herbeux
Tarif : ☆ ⚘ ▣ 8 € – ⚡ (6A) 2 €
Location (permanent) : 10 ⌂ (4 à 6 pers.) 320 à
380 €/sem.
Pour s'y rendre : N : 1 km par D 16 et rte à gauche, près
du lac
À savoir : Belles terrasses ombragées dominant le lac

| Nature : ⧑ ≤ ₀₀ |
| Services : ⅙ ⊶ ⚲ ⊡ ⊕ ↳ ▦ |
| À prox. : ☐ snack ≊ (plage) ⊰ ca- |
| noë |

Benutzen Sie
– zur Wahl der Fahrtroute
– zur Berechnung der Entfernungen
– zur exakten Lokalisierung eines Campingplatzes (mit Hilfe der Angaben im Ortstext)
die für diesen Führer unentbehrlichen MICHELIN-Karten im Ma1 : 150 000.

BUSSIÈRE-GALANT

✉ 87230 – **325** D7 – 1 386 h. – alt. 410
Paris 422 – Aixe-sur-Vienne 23 – Châlus 6 – Limoges 36 – Nontron 40 – St-Yrieix-la-Perche 21.

⚠ **Municipal les Ribières** mi-juin-mi-sept.
℘ 05 55 78 86 12, *mairie.bussiere.galant@wanadoo.fr*,
Fax 05 55 78 16 75 – **R** conseillée
1 ha (25 empl.) en terrasses, peu incliné, herbeux
Tarif : ☆ 2,75 € ⚘ 2,75 € ▣ 2,75 € – ⚡ (5A) 2,75 €
Pour s'y rendre : SO : 1,7 km par D 20, rte de la Coquille et
chemin à droite, près du stade et à 100 m d'un plan d'eau

| Nature : ≤ ⊏ |
| Services : ⅙ ⊶ (1ᵉʳ juil.-31 août) ⚲ |
| ▦ ⊕ ⚌ |
| À prox. : ⚒ ⼁ ≊ (plage) parcours |
| sportif, voiturettes-vélo sur rail |
| (draisines) |

CHÂTEAUNEUF-LA-FORÊT

✉ 87130 – **325** G6 – 1 613 h. – alt. 376
🛈 *Office de tourisme, avenue Amédée Tarrade ℘ 05 55 69 63 69, Fax 05-55-69-63-69*
Paris 424 – Eymoutiers 14 – Limoges 36 – St-Léonard-de-Noblat 19 – Treignac 34.

⚠ **Le Cheyenne** Permanent
℘ 05 55 69 39 29 – **R** conseillée
1,5 ha (65 empl.) plat, herbeux
Tarif : ☆ 11 € ⚘ ▣ 11 € – ⚡ (6A) 3,50 €
Location : 4 ⌷ (4 à 6 pers.) 310 à 410 €/sem.
Pour s'y rendre : à 0,8 km à l'O du bourg, rte du stade, à
100 m d'un plan d'eau

| Nature : ♀ |
| Loisirs : ⊶ ⚒ |
| Services : ⅙ ⊶ GB ⚲ ⚒ ⊕ ▦ |
| À prox. : ≊ (plage) |

CHÂTEAUPONSAC

✉ 87290 – **325** E4 – G. Limousin Berry – 2 252 h. – alt. 290
🛈 *Office de tourisme, place Mazurier ℘ 05 55 76 57 57, Fax 05 55 76 59 57*
Paris 361 – Bélâbre 55 – Limoges 48 – Bellac 21 – St-Junien 45.

⚠ **La Gartempe - Centre Touristique** Permanent
℘ 05 55 76 55 33, *chateauponsac.tourisme@wanadoo.fr*,
Fax 05 55 76 98 05, *www.holidayschateauponsac.com*
– **R** conseillée
1,5 ha (43 empl.) plat, peu incliné et terrasses, herbeux
Tarif : ☆ ⚘ ▣ 18 €
Location (permanent) : 14 ⌂ (4 à 6 pers.) 290 à
495 €/sem.
Pour s'y rendre : sortie SO par D 711 rte de Nantiat, à
200 m de la rivière
À savoir : agréable situation dominante

| Nature : ♀ |
| Loisirs : ☐ snack ⛺ ⅞ |
| Services : ⅙ ⊶ ⚲ ⊡ ⊕ ▦ sèche- |
| linge |
| À prox. : ⚘ ⚒ ⼁ ⤓ ⊰ canoë |

452

COUSSAC-BONNEVAL

✉ 87500 – **325** E7 – G. Limousin Berry – 1 379 h. – alt. 376
🛈 Syndicat d'initiative, 11, place aux Foires 🖋 05 55 75 28 46
Paris 432 – Brive-la-Gaillarde 61 – Limoges 42 – St-Yrieix-la-Perche 11 – Uzerche 31.

⚠ **Municipal les Allées** 15 juin-15 sept.
🖋 05 55 75 20 29, *mairie.coussac.bonneval@wanadoo.fr*,
Fax 05 55 75 12 94, *www.coussac-bonneval.com*
1 ha (26 empl.) peu incliné, gravillons, pierreux
Tarif : 🛉 ⟵ 🗉 2,22 € – ⁅🎇⁆ (10A) 1,22 €
Pour s'y rendre : N : 0,7 km par D 17, rte de la Roche
l'Abeille, au stade

Nature : 🖾	
Services : 🕭 ⊛	
À prox. : 🍴	

CROMAC

✉ 87160 – **325** E2 – 302 h. – alt. 224
Paris 339 – Argenton-sur-Creuse 41 – Limoges 68 – Magnac-Laval 22 – Montmorillon 39.

⚠ **Lac de Mondon** déb. avr.-fin sept.
🖋 05 55 76 93 34, *cc-benaize@worldonline.fr*,
Fax 05 55 76 96 17, *www.87nord.org* – **R** conseillée
2,8 ha (100 empl.) plat, et peu incliné, herbeux
Tarif : 🛉 ⟵ 🗉 15,50 € – ⁅🎇⁆ 4 €
Location : huttes
Pour s'y rendre : S : 2 km par D 105, rte de St-Sulpice-les-
Feuilles et D 60, accès conseillé par D 912
À savoir : près du lac

Nature : 🌲 🖾 ⚲	
Loisirs : snack 🖾 🚣 🚴 🍴 ⚓	
(plage) 🐚 pédalos	
Services : 🕭 ⊶ 🗇 🗓 ⊛ 🖳	
À prox. : 🍴 🏇	

Pour choisir et suivre un itinéraire
Pour calculer un kilométrage
Pour situer exactement un terrain (en fonction des
indications fournies dans le texte) :
Utilisez les **cartes MICHELIN** *détaillées à 1/150 000,*
compléments indispensables de cet ouvrage.

453

EYMOUTIERS

✉ 87120 – **325** H6 – G. Limousin Berry – 2 115 h. – alt. 417
🛈 Office de tourisme, 5-7 avenue de la Paix 🖋 05 55 69 27 81
Paris 432 – Aubusson 55 – Guéret 62 – Limoges 44 – Tulle 71 – Ussel 69.

⚠ **Municipal**
🖋 05 55 69 10 21, *mairieeymoutiers@wanadoo.fr*,
Fax 05 55 69 27 19
1 ha (33 empl.) plat, incliné à peu incliné, terrasses, herbeux
Pour s'y rendre : SE : 2 km par D 940, rte de Tulle et
chemin à gauche, à St-Pierre

Nature : 🌲 🖾 ⚲	
Services : 🕭 🗓 ⚲ ⊛	

LADIGNAC-LE-LONG

✉ 87500 – **325** D7 – 1 089 h. – alt. 334
Paris 426 – Brive-la-Gaillarde 74 – Limoges 35 – Nontron 44 – Périgueux 64 – St-Yrieix-la-Perche 12.

⚠ **Municipal le Bel Air** mai-oct.
🖋 05 55 09 39 82, *camping-ladignac@wanadoo.fr*,
Fax 05 55 09 39 80, *www.ladignac.com* – **R** conseillée
2,5 ha (100 empl.) en terrasses, herbeux
Tarif : (Prix 2006) 🛉 ⟵ 🗉 9,50 € – ⁅🎇⁆ 2,65 €
Location : 4 🛏 (4 à 6 pers.) 330 à 360 €/sem.
Pour s'y rendre : N : 1,5 km par D 11, rte de Nexon et
chemin à gauche
À savoir : Cadre arboré et situation agréable en bordure
d'un plan d'eau

Nature : 🌲 ⟵ 🖾 ⚲	
Loisirs : 🖾 🍴	
Services : 🕭 ⊶ (juil.-août) 🆖 ⚲	
🗓 ⊛ 🖳	
À prox. : ⚓ (plage) 🐚	

MEUZAC

✉ 87380 – **325** F7 – 691 h. – alt. 391
Paris 428 – Eymoutiers 42 – Limoges 40 – Lubersac 15 – St-Léonard-de-Noblat 40 – St-Yrieix-la-Perche 25.

⌂ **Camping Municipal des Bouvreuils** 15 juin-15 sept.
℘ 05 55 09 97 12, *mairie.meuzac@wanadoo.fr*,
Fax 05 55 09 95 49 – **R** conseillée ✗
1 ha (60 empl.) plat, herbeux
Tarif : (Prix 2006) ✦ 2 € – ⇔ 1,35 € – 🔲 1,35 € –
[½] (16A) 2,55 €
Pour s'y rendre : à l'O du bourg, à 450 m d'un plan d'eau

Nature : 🐾 ⊏⊐ ♀	
Loisirs : 🔲	
Services : ⊕ 🔳	
À prox. : 🍴 🛖 ⚓ (plage)	

NEXON

✉ 87800 – **325** E6 – G. Limousin Berry – 2 325 h. – alt. 359
🅱 Office de tourisme, Conciergerie du Château ℘ 05 55 58 28 44
Paris 412 – Châlus 20 – Limoges 22 – Nontron 53 – Rochechouart 37 – St-Yrieix-la-Perche 23.

⌂ **Municipal de l'Étang de la Lande** juin-sept.
℘ 05 55 58 35 44, *mairie.nexon@wanadoo.fr*,
Fax 05 55 58 33 50, *www.nexon.fr* – **R** conseillée
2 ha (53 empl.) peu incliné, terrasse, herbeux
Tarif : ✦ ⇔ 🔲 9,60 € [½] (10A) – frais de réservation 30 €
Location (31 mars-8 nov.) : 6 🛖 (4 à 6 pers.) 212 à
467 €/sem. – huttes
Pour s'y rendre : S : 1 km par rte de St-Hilaire, accès près
de la pl. de l'Hôtel-de-Ville
À savoir : Près d'un plan d'eau

Nature : ⊏⊐ ♀♀	
Loisirs : 🔲 🚲	
Services : ♿ ⊶ ⤬ 🔳 ⊕ ⚐ ♨ 🔳	
À prox. : ⚓ (plage) pédalos	

Utilisez le guide de l'année.

454

PIERRE-BUFFIÈRE

✉ 87260 – **325** F6 – 1 106 h. – alt. 330
🅱 Office de tourisme, place du 8 Mai 1945 ℘ 05 55 00 94 33
Paris 408 – Limoges 20 – Saint-Yrieix-la-Perche 29 – Uzerche 38.

⌂⌂ **Intercommunal de Chabanas** 15 mai-sept.
℘ 05 55 00 96 43, Fax 05 55 00 96 43 – **R** conseillée
1,5 ha (60 empl.) peu incliné, plat, herbeux, bois attenant
Tarif : ✦ ⇔ 🔲 10,31 € – [½] 2,39 € – frais de réserva-
tion 7,93 €
Pour s'y rendre : S : 1,8 km par D 420, rte de Château-
Chervix, direction A 20 et chemin à gauche, près du stade -
Par A 20 : sortie 40
À savoir : Décoration arbustive

Nature : ⊏⊐	
Loisirs : 🔲 🎣	
Services : ♿ ⊶ ⤬ 🔳 ⊕ ♨ 🔳	
À prox. : ✗ 🔳	

RAZÈS

✉ 87640 – **325** F4 – 997 h. – alt. 440
🅱 Syndicat d'initiative, route du Lac ℘ 05 55 71 00 24
Paris 366 – Argenton-sur-Creuse 68 – Bellac 32 – Guéret 65 – Limoges 28.

⌂⌂ **Santrop** ♣♣ – 6 mai-17 sept.
℘ 05 55 71 08 08, *lacsaintpardoux@wanadoo.fr*,
Fax 05 55 71 23 93, *www.lac-saint-pardoux.com*
– **R** conseillée
5,5 ha (152 empl.) peu incliné à incliné, herbeux, gravier
Tarif : (Prix 2006) ✦ ⇔ 🔲 20,30 € – frais de réserva-
tion 16 €
Location (permanent) : 4 🏠 (4 à 6 pers.) 230 à
495 €/sem. – 6 🛖 (4 à 6 pers.) 160 à 570 €/sem. –
huttes
Pour s'y rendre : O : 4 km par D 44, bord du Lac de
St-Pardoux
À savoir : Situation agréable

Nature : 🐾 ← ♀♀♀	
Loisirs : 🍸 snack 🔲 ⛲ 🎣	
Services : ♿ ⊶ 🔳 ⤬ 🔳 ♨ ⊕ ☕	
À prox. : 🍴 ⚓ (plage) ⛷ ski nauti-que	

ST-GERMAIN-LES-BELLES

☒ 87380 – **325** F7 – G. Limousin Berry – 1 112 h. – alt. 432
🛈 *Office de tourisme, avenue du Remblai* 𝄢 05 55 71 88 65
Paris 422 – Eymoutiers 33 – Limoges 34 – St-Léonard-de-Noblat 31 – Treignac 34.

⚠ **Municipal de Montréal** juin-mi-sept.
𝄢 05 55 71 86 20, *mairiedesaintgermainlesbelles@wana
doo.fr*, Fax 05 55 71 82 85 – **R** conseillée
1 ha (60 empl.) plat et terrasse, peu incliné à incliné,
herbeux, gravier
Tarif : (Prix 2006) 🛉 2,20 € ⇔ 1,20 € 🖃 1,35 € – 🔌 2,30 €
Pour s'y rendre : Sortie SE, rte de la Porcherie, bord d'un
plan d'eau

> Nature : 🏞 ← 🛏 ♀
> Services : ⚐ ⚒ Ⓜ 🏛 🖥 ☺ 🚿 sèche-
> linge
> À prox. : snack 🏊 🎾 ⚓ (plage)
> ⚓

ST-HILAIRE-LES-PLACES

☒ 87800 – **325** D7 – 780 h. – alt. 426
Paris 417 – Châlus 18 – Limoges 27 – Nontron 52 – Rochechouart 39 – St-Yrieix-la-Perche 19.

⚠ **Municipal du Lac** Permanent
𝄢 05 55 58 12 08 , *mairie-saint.hilaire@wanadoo.fr*,
Fax 05 55 58 35 98, *www.sthilaire-lesplaces.com*
– **R** conseillée
2,5 ha (85 empl.) en terrasses, herbeux
Tarif : 🛉 ⇔ 🖃 10 € – 🔌 (6A) 2,50 €
Location : 7 🛖 (4 à 6 pers.) 163 à 375 €/sem. – 15 gîtes
🚐 1 borne 2 €
Pour s'y rendre : S : à 1,2 km du bourg par D 15A et
chemin à gauche, à 100 m du lac Plaisance

> Nature : 🛏 ♀♀
> Loisirs : 🏛 🏊
> Services : ⚐ ⚒ 🖥 ☺ 🖾
> À prox. : 🎾 🏓 ⚓ (plage) 🏄 🐎
> (centre équestre) parcours de
> santé

ST-LAURENT-LES-ÉGLISES

☒ 87240 – **325** F5 – 683 h. – alt. 388
Paris 385 – Bellac 55 – Bourganeuf 31 – Guéret 50 – Limoges 29 – La Souterraine 51.

⚠ **Municipal Pont du Dognon** 24 mars-10 nov.
𝄢 05 55 56 57 25, *mairie-st-laurent-les-eglises@wana
doo.fr*, Fax 05 55 56 55 17 – **R** conseillée
3 ha (90 empl.) en terrasses, herbeux, pierreux
Tarif : 🛉 ⇔ 🖃 10,73 € – 🔌 (5A) 2,52 € – frais de réservation 15 €
Location : huttes
Pour s'y rendre : SE : 1,8 km par D 5 rte de St-Léonard-de-
Noblat, bord du Taurion (plan d'eau)

> Nature : 🏞 ← 🛏
> Loisirs : 🏛 🏸 🏊 🚲 🎾 ⚓
> parcours de santé
> Services : ⚐ ⚒ 🖥 ☺ 🖾
> À prox. : 🍴 🏓

455

ST-LÉONARD-DE-NOBLAT

☒ 87400 – **325** F5 – G. Limousin Berry – 4 764 h. – alt. 347
🛈 *Office de tourisme, place du Champ de Mars* 𝄢 05 55 56 25 06
Paris 407 – Aubusson 68 – Brive-la-Gaillarde 99 – Guéret 62 – Limoges 21.

⚠ **Municipal de Beaufort** mi-juin-mi-sept.
𝄢 05 55 56 02 79, *camping.beaufort@wanadoo.fr*,
Fax 05 55 56 53 09, *www.ville-saint-leonard.fr* – **R**
2 ha (98 empl.) plat et peu incliné, herbeux
Tarif : (Prix 2006) 🛉 ⇔ 🖃 10,90 €
Pour s'y rendre : du bourg : 1,7 km par N 141, rte de
Limoges puis 1,5 km à gauche par rte de Masleon, bord de
la Vienne

> Nature : 🛏 ♀
> Loisirs : 🍷 🏛 🏊
> Services : ⚐ ⚒ 🖥 ☺ 🏊 🖾 🚲

ST-MARTIN-TERRESSUS

☒ 87400 – **325** F5 – G. Limousin Berry – 475 h. – alt. 280
Paris 383 – Ambazac 7 – Bourganeuf 31 – Limoges 20 – St-Léonard-de-Noblat 12 – La Souterraine 49.

⚠ **Municipal Soleil Levant** 15 juin-15 sept.
𝄢 05 55 39 83 78, *mairie-st-martin-terressus@wanadoo.fr*,
Fax 05 55 39 64 30, *http://www.st-martin-terressus.fr*
– **R** conseillée
0,5 ha (36 empl.) plat et terrasse, peu incliné, herbeux
Tarif : 🛉 2,70 € ⇔ 1 € 🖃 2 € – 🔌 (10A) 2 €
Pour s'y rendre : à l'O du bourg par D 29 et chemin à
droite, bord d'un plan d'eau

> Nature : 🏞 ← 🛏
> Loisirs : 🍷 🏛 ⚓ (plage)
> Services : ⚐ 🖥 ☺

ST-PARDOUX

⊠ 87250 – **325** E4 – 466 h. – alt. 370 – Base de loisirs
🛈 *Office de tourisme, le Bourg* ℰ 05 55 76 56 80
Paris 366 – Bellac 25 – Limoges 33 – St-Junien 39 – La Souterraine 32.

⚲ **Le Freaudour** déb. juin-mi-sept.
ℰ 05 55 76 57 22, *lacsaintpardoux@wanadoo.fr*,
Fax 05 55 71 23 93, *www.lac-saint-pardoux.com*
– **R** conseillée
4,5 ha (200 empl.) peu incliné, herbeux
Tarif : (Prix 2006) 👤 ⇔ 🅴 20,40 € – frais de réserva-
tion 16 €
Location (permanent) : 22 ⎚ (4 à 6 pers.) 235 à
510 €/sem. – 10 ⌂ (4 à 6 pers.) 190 à 510 €/sem.
Pour s'y rendre : S : 1,2 km bord du lac de St-Pardoux, à la
base de loisirs
À savoir : situation agréable

Nature : ⚬ ⋖ ⛺ ♨
Loisirs : 🍽 🎱 ☆☆ ✂ 🛶
Services : & ⚲ ⌸ ✂ 🗄 ♨ ♨ 📶
⛺ ♨ 🖼
À prox. : ¬⛱ ≅ (plage)

ST-YRIEIX-LA-PERCHE

⊠ 87500 – **325** E7 – G. Limousin Berry – 7 251 h. – alt. 360
🛈 *Office de tourisme, 58, boulevard de l'Hôtel de Ville* ℰ 05 55 08 20 72, *Fax 05 55 08 10 05*
Paris 430 – Brive-la-Gaillarde 63 – Limoges 40 – Périgueux 63 – Rochechouart 52 – Tulle 76.

⚲ **Municipal d'Arfeuille**
ℰ 05 55 75 08 75, *camping@saint-yriex.com*,
Fax 05 55 75 26 08 – **R** conseillée
2 ha (100 empl.) en terrasses, herbeux, pierreux
Pour s'y rendre : N : 2,5 km par rte de Limoges et chemin
à gauche, bord d'un étang
À savoir : Cadre et situation agréables

Nature : ⋖ ⛺ ♨♨
Loisirs : 🍽 ☆☆ ♨ ≅ (plage)
Services : ⚲ 🗄 ♨ 🖼
À prox. : ✕ ¬⛱

VIDEIX

⊠ 87600 – **325** B6 – 243 h. – alt. 260
Paris 443 – Angoulême 53 – Limoges 53 – Nontron 36 – Rochechouart 11.

⚲ **Hameau de gîtes** (location exclusive de chalets)
Permanent
ℰ 05 55 48 83 39, *ot-rochechouart-pays-de-la-meteo
rite@wanadoo.fr*, Fax 05 55 48 83 39, *www.ville-roche
chouart.fr* – **R** indispensable
3 ha plat, herbeux
Location : 16 ⌂ (4 à 6 pers.) 240 à 475 €/sem.
Pour s'y rendre : N : 1,7 km par D 87, route de Pressignac,
lieu-dit La Chassagne

Nature : ⚬ ⋖ Le Lac ⚘
Loisirs : 🎱 🛶
Services : & 🅿 ✂ ⬛ 🖼
À prox. : snack ☆☆ ⛵ pédalos

LORRAINE

Le pèlerinage sur les hauts lieux du souvenir militaire peut constituer la première étape de votre périple lorrain qui s'annonce riche en coups de cœur : splendide héritage architectural de Nancy magnifié par Stanislas et de Metz la « ville lumière », pétillant chapelet de stations thermales dispensatrices d'amincissants bienfaits, petites ruches créatives à l'origine du cristal de Baccarat, des émaux de Longwy et des faïences de Lunéville, silence des hauts fourneaux endormis, visions inspirées de l'histoire à Domrémy et Colombey… Sans oublier les vergers de mirabelles et les épaisses forêts vosgiennes. Accordez-vous en route une halte gourmande dans une marcairie : le gérômé y clôture des repas généreux consacrés par l'indispensable quiche, à moins qu'il ne soit le prélude à un dessert arrosé de kirsch.

If you want to do justice to the wealth of wonderful sights in Lorraine, bring your walking boots. But before you head for the hills, make time to discover Nancy's splendid artistic heritage and admire the lights of Metz. Then tour a string of tiny spa resorts and the famous centres of craftsmanship which produce the legendary Baccarat crystal, Longwy enamels and Lunéville porcelain, before reaching the poignant silence of the dormant mines and quarries at Domrémy and Colombey. The lakes, forests and wildlife of the Vosges national park will keep you entranced as you make your way down hillsides dotted with plum orchards. Stop for a little »light« refreshment in a "marcairerie", a traditional farm-inn, and try the famous quiches and tarts, a slab of Munster cheese or a kirsch-flavoured dessert.

Légende :
- Localité citée avec camping
- Localité citée avec camping et locatif
- *Lourdes* Localité disposant d'un camping avec aire de services camping-car
- *Moyaux* Localité disposant d'au moins un terrain agréable
- Aire de service pour camping-car sur autoroute

DEUTSCHLAND

LUXEMBOURG

LUXEMBOURG

Sedan
N 43
Mouzon

zancy

Longwy
N 18
N 52
A 31
Thionville
N 43
A 30
Moselle
Briey
N 18
Boulay-Moselle
Forbach
Sarre
A 320
Sarreguemines

Verdun
A 4
METZ-ST-PRIVAT
N 3
METZ-ST-PRIVAT
METZ
St-Avold
A 4
Keskastel
Oberb

MEUSE
MOSELLE
Jaulny
Morhange

Lac de Madine
Château-Salins
Sarrebourg

Revigny-s-Ornain
Mandres-aux-Quatre-Tours
Commercy
Seille
NANCY
Dabo
BAS-
We

Braucourt
Bar-le-Duc
N 35
Toul
A 31
MEURTHE-ET-MOSELLE
N 4
Molsheim

bert
N 4
Villey-le-Sec
A 33
N 333
Lunéville
N 59
Obernai

Thonnance-les-Moulins
N 67
Magnières
Celles-s-Plaine
Rothau
le Hohwald

Fronçles-Buxières
Neufchâteau
Charmes
N 57
St-Dié-des-Vosges
Bassemberg
Rombach-le-Franc
N 59
Liépvre

Andelot
N 74
Bulgnéville
LORRAINE-SANDAUCOURT LES RAPPES
VOSGES
Gemaingoutte
Corcieux
Anould
Fréland
Aubure
Ribeau

HAUTE-MARNE
Vittel
Épinal
la Chapelle-devant-Bruyères
A 415
Orbey
Kaysersbe
Chaumont
Contrexéville
Sanchey
Herpelmont
Granges-s-V.
Xonrupt-Longemer
Turckheim
Labaroche
Co
Équishe
le Tholy
Gérardmer
Munster
Wihr-au-Val
Rouffac
S

Montigny-le-Roi
A 31
Remiremont
D 417
la Bresse
Mittlach
Lautenbachzell
Issenheim
Raeder
Bannes
Plombières-les-Bains
Saulxures-s-Moselotte
Kruth
Ranspach
Geishouse
HAUT-RHIN

Bourbonne-les-Bains
le Val-d'Ajol
Bussang
N 66
Moosch
Wattwiller

A 5
N 19
Fresse-s-M.
St-Maurice-s-M.
Thann
N 66

Langres
Fresse
Masevaux
Heimsbur
M

Selongey
Mélisey
Guewenheim
Burnhaupt-le-H
LA PORTE D'ALSA

N 19
N 57
Lure
N 19
Lachapelle-s/s-Rougemont
A 36
BELFORT
Altkirch

Renaucourt
Vesoul
HAUTE-
SAÔNE
Seppois-le-Bas
Courtavon

Villersexel
Montbéliard

D'OR
Bonnal
Mandeure

Montagney
A 36
St-Hippolyte

BESANÇON-CHAMPOUX
Huanne-Montmartin
Cromary

Pesmes
BESANÇON-MARCHAUX
Maîche
DIJON
Chalezeule
Doubs

JAULNY

✉ 54470 – **307** G5 – G. Alsace Lorraine – 220 h. – alt. 230
Paris 310 – Commercy 41 – Metz 33 – Nancy 51 – Toul 41.

⚐ **La Pelouse** 1er avr.-30 oct.
⌁ 03 83 81 91 67, *lapelouse@aol.com*, Fax 03 83 81 91 67,
www.campingdelapelouse.com – places limitées pour le
passage – **R** conseillée
2,9 ha (100 empl.) plat et incliné, herbeux
Tarif : ★ 2,50 € ⇔ 2,16 € ▣ 2,16 € – ⁅⁆ 3,40 €
Location (permanent) : 5 ⌂ (4 à 6 pers.) 230 à
290 €/sem.
Pour s'y rendre : 0,5 km au S du bourg, accès situé près
du pont
À savoir : Sur une petite colline boisée dominant la rivière

Nature : ⌁ ⦿⦿
Loisirs : snack ⌂
Services : ⚬ ⌐ GB ⊘ ⬚ ⌁ ⊛ ▣
À prox. : ⚘ ⚲ ⌁ ⬃

LUNÉVILLE

✉ 54300 – **307** J7 – G. Alsace Lorraine – 20 200 h. – alt. 224
🏛 *Office de tourisme, aile sud du Château* ⌁ 03 83 74 06 55, Fax 03 83 73 57 95
Paris 347 – Épinal 69 – Metz 95 – Nancy 36 – St-Dié 56 – Toul 56.

⚐ **Les Bosquets** avr.-oct.
⌁ 03 83 73 37 58, *camping@cc-lunevillois.fr*,
Fax 03 83 75 89 21, *www.cc-lunevillois.fr* – **R** conseillée
1 ha (36 empl.) plat et terrasse, herbeux
Tarif : ★ 2,50 € ⇔ 1,20 € ▣ 2,80 € – ⁅⁆ 2,50 €
⊡⁆
Pour s'y rendre : Au N de la ville en dir. de Château-Salins
et à dr., après le pont sur la Vézouze, chemin de la Ména-
gerie
À savoir : Près du parc du château et des jardins

Nature : ⦿
Loisirs : ⌂
Services : ⚬ ⌐ ⊘ ⬚ ⊛ ⌁ ⬃ ▣
sèche-linge
À prox. : ⚘ ⚲ ⚔ ⊠ ⊡

Pour choisir et suivre un itinéraire
Pour calculer un kilométrage
Pour situer exactement un terrain (en fonction des
indications fournies dans le texte) :
*Utilisez les **cartes MICHELIN** détaillées à 1/150 000,*
compléments indispensables de cet ouvrage.

459

MAGNIÈRES

✉ 54129 – **307** K8 – 313 h. – alt. 250
Paris 365 – Baccarat 16 – Épinal 40 – Lunéville 22 – Nancy 55.

⚐ **Le Pré Fleury** déb. mars-fin oct.
⌁ 03 83 42 82 21, *http://campingduprefleury.free.fr* – **R**
1 ha (34 empl.) plat et peu incliné, gravillons, herbeux,
pierreux
Tarif : (Prix 2006) ★ ⇔ ▣ 12 € ⁅⁆ (20A)
Location : chalets (sans sanitaires)
Pour s'y rendre : 0,5 km à l'O par D 22, rte de Bayon, à
200 m de la Mortagne
À savoir : À l'ancienne gare et au bord d'un étang

Nature : ⌁ ⊡
Loisirs : ⌂ ⚘ ⚲ ⚴ ⬃ voiturettes
à vélos sur rail (draisines)
Services : ⚬ ⌐ ⊘ ⬚ ⊛ ⌁ ▣
À prox. : ⚔

MANDRES-AUX-QUATRE-TOURS

✉ 54470 – **307** F5 – 170 h. – alt. 248
Paris 321 – Metz 55 – Nancy 41 – Pont-à-Mousson 24 – Toul 22.

⚐ **Municipal l'Orée de la Forêt de la Reine** 1er
avr.-31 oct.
⌁ 03 83 23 17 31, *mandres.54470@wanadoo.fr*,
Fax 03 83 23 13 85
1 ha (33 empl.) plat, herbeux, pierreux
Tarif : (Prix 2006) ★ 1,40 € ⇔ ,30 € ▣ 1,40 € – ⁅⁆ 1,40 €
Pour s'y rendre : 1,7 km au S, rte de la forêt et du Parc
Régional
À savoir : À l'orée de la Forêt de la Reine

Nature : ⌁ ⦿⦿⦿
Services : ⊛
À prox. : ⬃

VILLEY-LE-SEC

✉ 54840 – **307** G7 – G. Alsace Lorraine – 340 h. – alt. 324
Paris 302 – Lunéville 49 – Nancy 20 – Pont-à-Mousson 51 – Toul 8.

Camping de Villey-le-Sec déb.avr.-30 sept.
℘ 03 83 63 64 28, info@campingvilleylesec.com,
Fax 03 83 63 64 28, www.campingvilleylesec.com
– **R** conseillée
2,5 ha (100 empl.) plat, herbeux
Tarif : (Prix 2006) ✶ 2,80 € ⇔ 1,70 € ▣ 2,40 € – ⒢ (6A) 3 €
Location ⚅ : 4 ▦ (4 à 6 pers.) 220 à 500 €/sem.
Pour s'y rendre : 2 km au S par D 909 rte de Maron et r. de la gare, à dr.
À savoir : Cadre agréable au bord de la Moselle

Nature : ⌂
Loisirs : ☕ snack 🏊 ♒
Services : 🚿 ⚡ GB ⚙ ▦ 🛒 ⛽ ♨
⊛ ▦ sèche-linge 🧺 ♨

Meuse (55)

REVIGNY-SUR-ORNAIN

✉ 55800 – **307** A6 – 3 660 h. – alt. 144
🄸 Syndicat d'initiative, rue du Stade ℘ 03 29 78 73 34
Paris 239 – Bar-le-Duc 18 – St-Dizier 30 – Vitry-le-François 36.

Municipal du Moulin des Gravières 1ᵉʳ mai-30 sept.
℘ 03 29 78 73 34, contact@ot-revigny-ornain.fr,
Fax 03 29 78 73 34, www.ot-revigny-ornain.fr – **R** conseillée
1 ha (27 empl.) plat, herbeux
Tarif : (Prix 2006) ✶ ⇔ ▣ 12,25 € ⒢ (10A)
Pour s'y rendre : Au bourg vers sortie S, rte de Vitry-le-François et r. du stade, à dr., à 100 m de l'Ornain
À savoir : Cadre agréable au bord d'un ruisseau

Nature : ⌂ ♀
Loisirs : 🎣
Services : 🚿 ⚡ ⚙ 🛒 ⊛ ▦
À prox. : ✗ ▦ 🏊

460

VERDUN

✉ 55100 – **307** D4 – G. Alsace Lorraine – 19 624 h. – alt. 198
🄸 Office de tourisme, place de la Nation ℘ 03 29 86 14 18, Fax 03 29 84 22 42
Paris 263 – Bar-le-Duc 56 – Châlons-en-Champagne 89 – Metz 78 – Nancy 95.

Les Breuils 1ᵉʳ avr.-30 oct.
℘ 03 29 86 15 31, contact@camping-lesbreuils.com,
Fax 03 29 86 75 76, www.camping-lesbreuils.com
– **R** conseillée
5,5 ha (162 empl.) plat, peu incliné et en terrasses, herbeux, gravier, sapinière
Tarif : (Prix 2006) ✶ ⇔ ▣ 9,40 € – ⒢ 3,80 € – frais de réservation 10 €
Location ⚅ : 9 ▦ (4 à 6 pers.) 250 à 550 €/sem.
▦ 1 borne
Pour s'y rendre : Sortie SO par rocade D S1 vers rte de Paris et chemin à gauche
À savoir : Cadre champêtre au bord d'un étang

Nature : ⌂ ♀
Loisirs : ☕ snack 🏊 🚲 🎱 ♒ ♒
terrain omnisports
Services : 🚿 ⚡ GB ▦ 🛒 ⛽ ⊛ ♨
▦ sèche-linge 🧺

Benutzen Sie
– zur Wahl der Fahrtroute
– zur Berechnung der Entfernungen
– zur exakten Lokalisierung eines Campingplatzes (mit Hilfe der Angaben im Ortstext)
die für diesen Führer unentbehrlichen **MICHELIN-Karten** im Ma1 : 150 000.

DABO

✉ 57850 – **307** O7 – G. Alsace Lorraine – 2 780 h. – alt. 500
🛈 Office de tourisme, 10, place de l'Église ✆ 03 87 07 47 51, Fax 03 87 07 47 73
Paris 453 – Baccarat 63 – Metz 127 – Phalsbourg 18 – Sarrebourg 21.

🅰 **Le Rocher** 5 avr.-5 nov.
✆ 03 87 07 47 51, *info@ot-dabo.fr*, Fax 03 87 07 47 73,
www.ot-dabo.fr – **R** conseillée
0,5 ha (42 empl.) plat et peu incliné, herbeux
Tarif : 👤 2,80 € 🚗 1,30 € 🗐 1,60 € – 🔌 3,50 €
Location : gîte d'étape
Pour s'y rendre : SE : 1,5 km par D 45, au carrefour de la route du Rocher
À savoir : Dans une agréable forêt de sapins

> Nature : 🌳
> Loisirs : 🚴🏃
> Services : 🖎 🎡 🛒 ⊛

METZ

✉ 57000 – **307** I4 – G. Alsace Lorraine – 123 776 h. – alt. 173
🛈 Office de tourisme, place d'Armes ✆ 03 87 55 53 76, Fax 03 87 36 59 43
Paris 330 – Longuyon 80 – Pont-à-Mousson 31 – St-Avold 44 – Thionville 30 – Verdun 78.

🅰 **Municipal Metz-Plage**
✆ 03 87 68 26 48, *campingmetz@mairie-metz.fr*,
Fax 03 87 38 03 89, *www.tourisme@mairie-metz.fr*
– **R** conseillée
2,5 ha (150 empl.) plat, herbeux, pierreux
🚐 8 🗐
Pour s'y rendre : Au N du centre-ville, entre le pont des Morts et le pont de Thionville, bord de la Moselle - par A 31 : sortie Metz-Nord Pontiffroy

> Nature : 🌳🌳
> Loisirs : snack 🍴 🎣
> Services : 🖎 ⊶ 🎡 🛒 ⊛ 🚿 ⌲ 🖲
> sèche-linge
> À prox. : 🔲 🚐

MORHANGE

✉ 57340 – **307** K5 – 4 050 h. – alt. 255
Paris 381 – Lunéville 52 – Metz 49 – St-Avold 29 – Sarreguemines 41.

🅰 **Centre de Loisirs de la Mutche**
✆ 03 87 86 21 58, *mutche@wanadoo.fr*, Fax 03 87 86 24 88,
www.morhange.fr
5,5 ha (110 empl.) plat et peu incliné, gravillons, herbeux, sapinière
Location : 20 🏠 – huttes
Pour s'y rendre : 6,5 km au N par rte de Sarreguemines, D 78 rte d'Arprich à gauche et chemin du site touristique
À savoir : Au bord d'un plan d'eau, sur un vaste domaine de loisirs

> Nature : 🌊 🚐 🌳
> Loisirs : 🍴 🎣 terrain omnisports
> Services : 🖎 🎡 🚿 ⊛ 🖲 sèche-linge
> À prox. : 🚴🏃 🏊 🛶

461

ST-AVOLD

✉ 57500 – **307** L4 – G. Alsace Lorraine – 16 922 h. – alt. 260
🛈 Office de tourisme, 28, rue des Américains ✆ 03 87 91 30 19, Fax 03 87 92 98 02
Paris 372 – Haguenau 117 – Lunéville 77 – Metz 46 – Nancy 103 – Saarbrücken 33 – Sarreguemines 29.

🅰 **Le Felsberg** Permanent
✆ 03 87 92 75 05, *cis.stavold@wanadoo.fr*,
Fax 03 87 92 20 69, *www.camping-moselle.com*
– **R** conseillée
1,2 ha (33 empl.) plat et peu incliné, terrasses, herbeux, pierreux
Tarif : 👤 🚗 🗐 9,50 € – 🔌 (10A) 5 €
Location 🏚 : 7 🛏
Pour s'y rendre : Au N du centre-ville, près N 3, accès par r. en Verrerie, face à la station service Record - par A 4 : sortie St-Avold Carling
À savoir : Sur les hauteurs agréablement boisées de la ville

> Nature : 🌊 🚐 🌳🌳
> Loisirs : 🍷 snack, (dîner seulement)
> 🍴
> Services : 🖎 ⊶ GB 🖎 🎡 🛒 🚿 ⊛
> ⌲ ⌲ ✆

ANOULD

88650 – **314** J3 – 2 992 h. – alt. 457
Paris 430 – Colmar 43 – Épinal 45 – Gérardmer 15 – St-Dié 12.

Les Acacias 1er janv.-9 oct.
03 29 57 11 06, *contact@acaciascamp.com*,
Fax 03 29 57 11 06, *www.acaciascamp.com*
2,5 ha (84 empl.) plat, terrasses, herbeux
Tarif : ✹ 3,50 € ⛺ 1,80 € 🚗 1,80 €
Location : 11 🏠 (4 à 6 pers.) 195 à 525 €/sem.
🚐 1 borne 10 € – 6 🅴 9,50 €
Pour s'y rendre : Sortie O par N 415, rte de Colmar et chemin à dr.

Nature : 🌳 ♀
Loisirs : 🍴 snack 🏠 🏊 (petite piscine)
Services : ♿ ⚡ 🐕 🏧 🚰 ♨ 🔥 ⊛ 🚽 sèche-linge

La BRESSE

88250 – **314** J4 – G. Alsace Lorraine – 4 928 h. – alt. 636 – Sports d'hiver : 650/1 350 m 🎿 31 🎿
🏢 Office de tourisme, 2a, rue des Proyes 03 29 25 41 29, Fax 03 29 25 64 61
Paris 437 – Colmar 52 – Épinal 52 – Gérardmer 13 – Remiremont 26 – Thann 39 – Le Thillot 20.

Municipal le Haut des Bluches
03 29 25 64 80, *hautdesbluches@labresse.fr*,
Fax 03 29 25 78 03, *www.labresse.net* – alt. 708 – **R** conseillée
4 ha (150 empl.) en terrasses, plat, peu incliné, herbeux, pierreux, rochers
Location : 14 🛏
🚐 1 borne – 17 🅴
Pour s'y rendre : 3,2 km à l'E par D 34, rte du Col de la Schlucht et à dr. chemin des Planches, bord de la Moselotte
À savoir : Cadre pittoresque traversé par un ruisseau

Nature : ❄ ≤
Loisirs : 🍴 ✕ snack 🏠 🚣 🎣
Services : ♿ ⚡ 🏧 🚰 ♨ ⊛ 🚽 sèche-linge 🚿
À prox. : parcours sportif

Belle Hutte Permanent
03 29 25 49 75, *camping-belle-hutte@wanadoo.fr*,
Fax 03 29 25 52 63, *www.camping-belle-hutte.com* – alt. 900 – **R** conseillée
3,5 ha (125 empl.) en terrasses, herbeux, pierreux
Tarif : ✹ 5,90 € ⛺ 2,75 € 🅴 3,70 € – 🔌 (10A) 5,10 € – frais de réservation 6 €
Location : 9 🏠 (4 à 6 pers.) 235 à 735 €/sem. – 2 appartements
🚐 1 borne 3 €
Pour s'y rendre : 9 km au NE par D 34, rte du col de la Schlucht, bord de la Moselotte
À savoir : Dans un agréable site boisé

Nature : ❄ ≤ 🏔
Loisirs : 🏠 🚣 🏊 (petite piscine)
Services : ♿ ⚡ 🇬🇧 🐕 🏧 🚰 ♨ ⊛ 🐾 🚽 sèche-linge
À prox. : 🎿

BULGNÉVILLE

88140 – **314** D3 – G. Alsace Lorraine – 1 286 h. – alt. 350
🏢 Syndicat d'initiative, 105, rue de l'Hôtel de Ville 03 29 09 14 67
Paris 331 – Contrexéville 6 – Épinal 53 – Neufchâteau 22 – Vittel 86.

Porte des Vosges mi-avr.-fin sept.
03 29 09 12 00, *camping-portedesvosges@wanadoo.fr*,
Fax 03 29 09 15 71, *www.Camping-Portedesvosges.com* – 🏕
2,5 ha (100 empl.) peu incliné, plat, herbeux, gravier et gravillons
Tarif : (Prix 2006) ✹ ⛺ 🅴 16 € 🔌 (5A)
Pour s'y rendre : 1,3 km au SE par D 164, rte de Contrexéville et D 14, rte de Suriauville à dr.
À savoir : Cadre champêtre

Nature : ♀
Loisirs : snack
Services : ♿ ⚡ 🇬🇧 🚰 ⊛ 🐾

Si vous désirez réserver un emplacement pour vos vacances,
faites-vous préciser au préalable les conditions particulières de séjour,
les modalités de réservation, les tarifs en vigueur et les conditions de paiement.

BUSSANG

✉ 88540 – **314** J5 – G. Alsace Lorraine – 1 777 h. – alt. 605
🛈 *Office de tourisme, 8, rue d'Alsace* ℰ *03 29 61 50 37, Fax 03 29 61 58 20*
Paris 444 – Belfort 44 – Épinal 59 – Gérardmer 38 – Mulhouse 47 – Thann 27.

    Domaine de Champé Permanent
    ℰ 03 29 61 61 51, *info@domaine-de-champe.com,*
    Fax 03 29 61 56 90, *www.domaine-de-champe.com* – **R** in-
    dispensable
    3,5 ha (100 empl.) plat, herbeux
    Tarif : (Prix 2006) 👤 🚗 🔲 21,20 € 🔌 (4A)
    Location : 4 🛖 (4 à 6 pers.) 250 à 700 €/sem. – 8 🏠 (4
    à 6 pers.) 300 à 850 €/sem.
    🚐 1 borne 6 €
    Pour s'y rendre : Au NE de la localité, accès par rte à
    gauche de l'église, bord de la Moselle et d'un ruisseau

> Nature : ≤
> Loisirs : 🍸 snack 🎡 ♦ diurne
> (juil.-août) ♨ hammam spa ✂ 🏊
> 🏊
> Services : ♿ ⚡ GB ⚙ 🛒 🚿 ◎ 🗑

CELLES-SUR-PLAINE

✉ 88110 – **314** J2 – 840 h. – alt. 318 – Base de loisirs
Paris 391 – Baccarat 23 – Blâmont 23 – Lunéville 49 – Raon-l'Étape 11.

    Les Lacs
    ℰ 03 29 41 28 00, *camping@sma-lacs-pierre-percee.fr,*
    Fax 03 29 41 18 69, *www.sma-lacs-pierre-percee.fr* – **R** in-
    dispensable
    15 ha/4 campables (135 empl.) plat, herbeux, gravillons,
    pierreux
    Location : 🏠 – (sans sanitaires)
    Pour s'y rendre : Au SO du bourg
    À savoir : En bordure de rivière et à proximité d'un lac

> Nature : ≤ 🛶
> Loisirs : 🍸 snack 🎡 ♦ nocturne
> (juil.-août) 🎣 🚣 🚴 ✂ 🎯 🏓 🏹
> Services : ♿ ⚡ 🛒 🚿 ◎ 🗑 🧺 ♿
> 🗑 sèche-linge 🚿
> au lac : 🏊 ♦

La CHAPELLE-DEVANT-BRUYÈRES

✉ 88600 – **314** I3 – 611 h. – alt. 457
Paris 416 – Épinal 31 – Gérardmer 22 – Rambervillers 26 – Remiremont 37 – St-Dié 26.

    Les Pinasses 1er mai-10 sept.
    ℰ 03 29 58 51 10, *pinasses@dial.oleane.com,*
    Fax 03 29 58 54 21, *www.camping-les-pinasses.com*
    – **R** conseillée
    3 ha (139 empl.) plat, herbeux, pierreux, petit étang
    Tarif : 👤 🚗 🔲 12,90 € – 🔌 4,50 €
    Location (1er avr.-30 nov.) : 8 🏠 (4 à 6 pers.) 220 à
    470 €/sem.
    Pour s'y rendre : 1,2 km au NO sur D 60, rte de Bruyères

> Nature : 🛶 ♧♧
> Loisirs : 🎡 🚣 ✂ 🏊
> Services : ⚡ GB ⚙ 🛒 🚿 ◎ 🚿 ♿
> 🗑 sèche-linge

CHARMES

✉ 88130 – **314** F2 – G. Alsace Lorraine – 4 665 h. – alt. 282
🛈 *Office de tourisme, 2, place Henri Breton* ℰ *03 29 38 17 09*
Paris 381 – Mirecourt 17 – Nancy 43 – Neufchâteau 58 – St-Dié-des-Vosges 59.

    Les Iles 1er avr.-30 sept.
    ℰ 03 29 38 87 71, *andre.michel@tiscali.fr,*
    Fax 03 29 38 87 71, *http://camping-les-iles.chez.tiscali.fr*
    – **R** conseillée
    3,5 ha (67 empl.) plat, herbeux
    Tarif : 👤 🚗 🔲 9 € – 🔌 3,10 €
    🚐 1 borne 0 €
    Pour s'y rendre : 1 km au SO par D 157 et chemin à dr.,
    près du stade
    À savoir : Cadre agréable entre le canal de l'Est et la
    Moselle

> Loisirs : 🚴 🎣
> Services : ♿ ⚡ ⚙ 🚿 🗑
> À prox. : ✂ 🎯

CONTREXÉVILLE

✉ 88140 – **314** D3 – G. Alsace Lorraine – 3 708 h. – alt. 342 – ♨ (fin mars-mi oct.)
🛈 *Office de tourisme, 116, rue du Shah de Perse* ℰ *03 29 08 08 68, Fax 03 29 08 25 40*
Paris 337 – Épinal 47 – Langres 75 – Luxeuil 73 – Nancy 83 – Neufchâteau 28.

△ **Municipal Tir aux Pigeons** avr.-15 oct.
  ℰ 03 29 08 15 06, *secretariat@ville-contrexeville.fr,*
  www.ville-contrexeville.fr – **R** conseillée
  1,8 ha (80 empl.) plat, herbeux, gravillons
  Tarif : ✝ 2 € ⇔ 🅴 2,50 € – ⓖ (5A) 2,50 €
  Pour s'y rendre : 1 km au SO par D 13 rte de Suriauville
  À savoir : À l'orée d'un bois

Nature : 🌿 ♤♤
Loisirs : 🏠
Services : 🔧 ⚬⇶ 🗄 🛎 ⊕ 🚿 ♒ 🏷

CORCIEUX

✉ 88430 – **314** J3 – 1 598 h. – alt. 534
🛈 *Office de tourisme, 9, rue Henry* ℰ *03 29 50 73 29*
Paris 424 – Épinal 39 – Gérardmer 15 – Remiremont 43 – St-Dié 18.

⟁ **Domaine des Bans** Permanent
  ℰ 03 29 51 64 67, *les-bans@domaine-des-bans.com,*
  Fax 03 29 51 64 69, *www.domaine-des-bans.com* – **R** indis-
  pensable
  15,7 ha (634 empl.) plat, herbeux, pierreux
  Tarif : ✝ ⇔ 🅴 38 € – ⓖ (6A) – frais de réservation 30 €
  Location : 200 🛏 (4 à 6 pers.) 301 à 875 €/sem. – 70
  🏠 (4 à 6 pers.) 245 à 595 €/sem. – 20 ⛺ – gîtes
  Pour s'y rendre : Pl. Notre-Dame
  À savoir : Cadre agréable, au bord d'un plan d'eau

Nature : ≤ 🗂 ♀
Loisirs : 🍴 ✗ snack 🏠 ♉ 🎯 disco-thèque 🛶 🚲 ✗ 🖫 ♒ ⚲ 🏊
Services : 🔧 ⚬⇶ GB 🛒 🛍 🗄 ⊕ 🚿 🏷 ⚲ ♨ sèche-linge 🧺 🚻

△ **Le Clos de la Chaume** 28 avr.-20 sept.
  ℰ 03 29 50 76 76, *info@camping-closdelachaume.com,*
  Fax 03 29 50 76 76, *www.camping-closdelachaume.com*
  – **R** conseillée
  3,5 ha (65 empl.) plat, herbeux
  Tarif : ✝ ⇔ 🅴 8,40 € – ⓖ (6A) 2,90 €
  Location (31 mars-30 sept.) : 15 🛏 (4 à 6 pers.) 246 à
  528 €/sem. – 5 🏠 (4 à 6 pers.) 275 à 594 €/sem.
  🚐 1 borne 5 € – 5 🅴
  Pour s'y rendre : 21, r. d'Alsace

Nature : ♀
Loisirs : 🏠 🛶 ♒ ⚲
Services : 🔧 ⚬⇶ GB ♒ 🗄 ⊕ 🏷 sèche-linge

FRESSE-SUR-MOSELLE

✉ 88160 – **314** I5 – 2 176 h. – alt. 515
Paris 447 – Metz 178 – Épinal 54 – Mulhouse 56 – Colmar 78.

△ **Municipal Bon Accueil** avr.-11 nov.
  ℰ 03 29 25 08 98, Fax 03 29 25 31 79 – **R** conseillée
  0,6 ha (50 empl.) plat, herbeux
  Tarif : ✝ 2,25 € ⇔ 🅴 1,85 € – ⓖ 2,35 €
  Pour s'y rendre : Sortie NO par N 66, rte du Thillot, à 80 m
  de la Moselle

Nature : ≤
Services : ♒ ⚲ ⊕
À prox. : ✗

GEMAINGOUTTE

✉ 88520 – **314** K3 – 122 h. – alt. 446
Paris 411 – Colmar 59 – Ribeauvillé 31 – St-Dié 14 – Ste-Marie-aux-Mines 12 – Sélestat 39.

△ **Municipal le Violu** mai-sept.
  ℰ 03 29 57 70 70, *mairie.gemaingoutte@wanadoo.fr,*
  Fax 03 29 51 72 60 – **R** conseillée
  1 ha (48 empl.) plat, herbeux
  Tarif : ✝ 2,50 € ⇔ 1,70 € 🅴 1,80 € – ⓖ 2,20 €
  🚐 1 borne 2 €
  Pour s'y rendre : Sortie O par N 59 rte de St-Dié, bord d'un
  ruisseau

Services : 🔧 ♒ ⚲ ⊕ 🏷

LORRAINE

GÉRARDMER

✉ 88400 – **314** J4 – G. Alsace Lorraine – 8 845 h. – alt. 669 – Sports d'hiver : 660/1 350 m ⚡31 🎿
🅱 *Office de tourisme, 4, place des Déportés ✆ 03 29 27 27 27, Fax 03 29 27 23 25*
Paris 425 – Belfort 78 – Colmar 52 – Épinal 40 – St-Dié 27 – Thann 50.

🏔 **Les Granges-Bas** fermé 15 oct.-15 déc.
✆ 03 29 63 12 03, *marchand-dominique@wanadoo.fr,*
Fax 03 29 63 12 03 – **R** conseillée
2 ha (100 empl.) peu incliné, plat, herbeux
Tarif : 🚶 🚐 🅴 11,50 € – 🔌 (6A) 4,60 €
Location : 6 🚐 (4 à 6 pers.) 260 à 409 €/sem.
🚐
Pour s'y rendre : 4 km à l'O par D 417 puis, à Costet-Beillard, 1 km par chemin à gauche

Nature : 🏞 ≤ 🏕
Loisirs : 🍽 snack 🛖 🌙 nocturne salle d'animation 🏊 💥
Services : 🔌 🏧 🅶🅱 ⚗ 🚿 ♨ 📦 sèche-linge

🏔 **Les Sapins** avr.-10 oct.
✆ 03 29 63 15 01, *campinglessapins@wanadoo.fr,*
Fax 03 29 63 15 01 – **R** conseillée
1,3 ha (70 empl.) plat, herbeux, gravier
Tarif : 🚶 🚐 🅴 13 € – 🔌 (10A) 5,50 € – frais de réservation 8 €
Location (permanent) : 3 🚐 (4 à 6 pers.) 290 à 480 €/sem.
Pour s'y rendre : 1,5 km au SO, à 200 m du lac

Nature : 🏕 ♀
Loisirs : 🍽
Services : 🔌 🏧 ⚗ ♨
À prox. : 🐎

GRANGES-SUR-VOLOGNE

✉ 88640 – **314** I4 – G. Alsace Lorraine – 2 449 h. – alt. 502
🅱 *Syndicat d'initiative, 2, place Combattants d'Indochine ✆ 03 29 51 48 01, Fax 03 29 51 48 01*
Paris 419 – Bruyères 10 – Épinal 34 – Gérardmer 14 – Remiremont 30 – St-Dié 28.

🏔 **Les Peupliers** mai-15 sept.
✆ 03 29 57 51 04
2 ha (40 empl.) plat, herbeux
Tarif : 🚶 2,50 € 🚐 🅴 3 € – 🔌 (6A) 3 €
Pour s'y rendre : Par centre bourg vers Gérardmer et chemin à dr. après le pont
À savoir : Cadre verdoyant au bord de la Vologne et d'un ruisseau

Nature : 🏞 ≤ ♀
Loisirs : 🎣
Services : ♿ 🔌 ♨ 📦
À prox. : 💥 🐎

465

La Saône coulant dans un verdoyant paysage

S. Sauvignier/Michelin

HERPELMONT

✉ 88600 – **314** I3 – 218 h. – alt. 480
Paris 413 – Épinal 28 – Gérardmer 20 – Remiremont 33 – St-Dié 30.

Domaine des Messires 28 avr.-15 sept.
𝒫 03 29 58 56 29, mail@domainedesmessires.com,
Fax 03 29 51 62 86, www.domainedesmessire.com
– **R** conseillée
11 ha/2 campables (100 empl.) plat, herbeux, pierreux
Tarif : ♦ ⬅ 🄴 18,50 € – frais de réservation 12 €
Pour s'y rendre : 1,5 km au N du bourg
À savoir : Situation et cadre agréables au bord d'un lac

Nature : 🌳 ☷ ∭ �‖
Loisirs : ♟ ✕ snack 🎱 🛝 🛶
Services : ♿ ⛗ GB 🗊 ⚐ 🛁 ⛽ 🖃 🔼 🚰

NEUFCHÂTEAU

✉ 88300 – **314** C2 – G. Alsace Lorraine – 7 533 h. – alt. 300
🄱 Office de tourisme, 3, Parking des Grandes Ecuries 𝒫 03 29 94 10 95, Fax 03 29 94 10 89
Paris 321 – Chaumont 57 – Contrexéville 28 – Épinal 75 – Langres 78 – Toul 43.

Intercommunal mi-avr.-sept.
𝒫 03 29 94 19 03, n.merlin@paysdeneufchateau.com,
Fax 03 29 94 33 77 – **R**
0,8 ha (50 empl.) plat, herbeux
Tarif : (Prix 2006) ♦ 2,27 € ⬅ 2,27 € 🄴 2,27 € – 🔌 2,90 €
Pour s'y rendre : Sortie O, rte de Chaumont et à dr., r.
G.-Joecker, près du complexe sportif

Nature : ∭
Services : ♿ ⛗ 🗊 ⚐ 🛁 ⛽
À prox. : ✕ 🏓 🎿 piste de skate-board

LES GUIDES VERTS MICHELIN
Paysages, monuments
Routes touristiques
Géographie
Histoire, Art
Itinéraire de visite
Plans de villes et de monuments

PLOMBIÈRES-LES-BAINS

✉ 88370 – **314** G5 – G. Alsace Lorraine – 1 906 h. – alt. 429 – ♨ (début avril-fin déc.)
🄱 Office de tourisme, 1, place Maurice Janot 𝒫 03 29 66 01 30
Paris 378 – Belfort 79 – Épinal 38 – Gérardmer 43 – Vesoul 54 – Vittel 61.

L'Hermitage 1ᵉʳ avr.-15 oct.
𝒫 03 29 30 01 87, l.amodru-favin@wanadoo.fr,
Fax 03 29 30 04 01, www.hermitage-camping.com
– **R** conseillée
1,4 ha (60 empl.) en terrasses, plat et peu incliné, herbeux,
gravier
Tarif : ♦ ⬅ 🄴 8,80 € – 🔌 4,90 € – frais de réservation 8 €
Location (1ᵉʳ avr.-31 oct.) 🏷 : 3 🛖 (4 à 6 pers.) 320 à
500 €/sem.
🚐 1 borne – 6 🄴
Pour s'y rendre : 1,5 km au NO par D 63 rte de Xertigny
puis D 20, rte de Ruaux

Nature : ☷ ∭
Loisirs : snack 🎱 🛝 🎿
Services : ♿ ⛗ GB ⚐ 🗊 ⚐ 🖃

Le Fraiteux 1ᵉʳ mai-31 oct.
𝒫 03 29 66 00 71, campingdufraiteux@tiscali.fr,
Fax 03 29 30 06 64, http://campingdufraiteux.chez.tiscali.fr
– **R** conseillée
0,8 ha (45 empl.) peu incliné, plat, herbeux, gravillons
Tarif : ♦ ⬅ 🄴 7,10 € – 🔌 (10A) 3,85 €
Location (permanent) : 3 🛖 (4 à 6 pers.) 310 à
390 €/sem.
Pour s'y rendre : À Ruaux, O : 4 km par D 20 et D20ᴱ

Nature : 🌳 ☷
Loisirs : 🛝
Services : ⛗ ⚐ ∭ 🗊 ⚐ 🖃 sèche-linge

ST-DIÉ-DES-VOSGES

✉ 88100 – **314** J3 – G. Alsace Lorraine – 22 569 h. – alt. 350
🚲 *Office de tourisme, 8, quai du Mal de L. de Tassigny ☎ 03 29 42 22 22, Fax 03 29 42 22 23*
Paris 397 – Belfort 123 – Colmar 53 – Épinal 53 – Mulhouse 108 – Strasbourg 97.

⚠ **La Vanne de Pierre** Permanent
☎ 03 29 56 23 56, *vannedepierre@wanadoo.fr*,
Fax 03 29 52 89 24, *www.vannedepierre.com* – **R** conseillée
3,5 ha (118 empl.) plat, herbeux
Tarif : 🚶 ⬅ 🅴 16 € – 🔌 (6A) 4 € – frais de réservation 25 €
Location : 9 🛖 (4 à 6 pers.) 300 à 770 €/sem. – 7 🏠 (4 à 6 pers.) 350 à 840 €/sem.
Pour s'y rendre : À l'E de la ville par le quai du Stade, près de la Meurthe

> Nature : 🗻 ♀
> Loisirs : 🍸 🏠 🎮 diurne 🛶 🚴 🏊
> Services : 🚿 🔌 GB 🐕 🔲 🛒 🛁 ⊛
> 🧺 🚰 💧 🔥 sèche-linge
> À prox. : 🎿 🎣

ST-MAURICE-SUR-MOSELLE

✉ 88560 – **314** I5 – G. Alsace Lorraine – 1 449 h. – alt. 560 – Sports d'hiver : 550/1 250 m🎿8 🎿
🚲 *Office de tourisme, 28 bis, rue de Lorraine ☎ 03 29 25 12 34*
Paris 441 – Belfort 41 – Bussang 4 – Épinal 56 – Mulhouse 51 – Thann 31 – Le Thillot 7.

⚠ **Les Deux Ballons** 28 avr.-16 oct.
☎ 03 29 25 17 14, *vero@camping-deux-ballons.fr*,
www.camping-deux-ballons.fr – **R** conseillée
4 ha (180 empl.) plat et en terrasses, herbeux
Tarif : 🚶 ⬅ 🅴 9,60 € – 🔌 5 € – frais de réservation 15 €
Location 🎿 : 5 🏠 (4 à 6 pers.) 470 à 600 €/sem.
🚐 1 borne
Pour s'y rendre : Sortie SO par N 66 rte du Thillot, bord d'un ruisseau

> Nature : ≤ ♀♀
> Loisirs : 🍸 snack 🏠 🛶 🎣 🎿 🏊
> Services : 🚿 🔌 🔲 🛒 🛁 ⊛ 🔥 sèche-linge
> À prox. : 🏊

SANCHEY

✉ 88390 – **314** G3 – 692 h. – alt. 368
Paris 390 – Metz 129 – Épinal 8 – Nancy 69 – Colmar 100.

⚠ **Lac de Bouzey** Permanent
☎ 03 29 82 49 41, *camping.lac.de.bouzey@wanadoo.fr*,
Fax 03 29 64 28 03, *www.camping-lac-de-bouzey.com*
– **R** conseillée
3 ha (160 empl.) plat et peu incliné, en terrasses, herbeux
Tarif : 🚶 ⬅ 🅴 25 € – 🔌 (10A) 4 € – frais de réservation 25 €
Location : 32 🛖 (4 à 6 pers.) 250 à 700 €/sem.
🚐 1 borne 0 €
Pour s'y rendre : S : par D 41
À savoir : Face au lac, agréables installations d'accueil et de loisirs

> Nature : 🏖 🗻 ♀♀
> Loisirs : 🍸 🍴 🎮 nocturne 🏋 salle de spectacle, discothèque 🚴 🎣 🏊 canoë
> Services : 🚿 🔌 GB 🐕 🔲 🛒 🛁 ⊛
> 🧺 🚰 💧 🔥 sèche-linge 🏊 🚰

467

SAULXURES-SUR-MOSELOTTE

✉ 88290 – **314** I5 – 3 070 h. – alt. 464 – Base de loisirs
🚲 *Office de tourisme, 11, rue Pasteur ☎ 03 29 24 52 13, Fax 03 29 24 56 66*
Paris 431 – Épinal 46 – Gérardmer 24 – Luxeuil-les-Bains 53 – Remiremont 20 – Vesoul 86.

⚠ **Lac de la Moselotte** Permanent
☎ 03 29 24 56 56, *lac-moselotte@ville-saulxures-mtte.fr*,
Fax 03 29 24 58 31, *www.ville-saulxures-mtte.fr* – **R** conseillée
23 ha/3 campables (75 empl.) plat, herbeux, pierreux
Tarif : (Prix 2006) 🚶 ⬅ 🅴 10 € – 🔌 (10A) 6 €
Location : 20 🏠 (4 à 6 pers.) 270 à 673 €/sem. – huttes
Pour s'y rendre : 1,5 km à l'O sur ancienne D 43
À savoir : Dans un site boisé au bord d'un lac et près d'une base de loisirs

> Nature : ≤ 🗻 ⛰
> Loisirs : 🍸 🏠 🏋 salle d'animation 🛶
> Services : 🚿 🔌 GB 🐕 🔲 🛒 ⊛ 🧺 🚰 🔥
> à la base de loisirs : 🏊 🏊 🎣 mur d'escalade

Le THOLY

✉ 88530 – **314** I4 – G. Alsace-Lorraine – 1 556 h. – alt. 628
🛈 *Syndicat d'initiative, 3, rue Charles-de-Gaulle* ℰ *03 29 61 81 82*
Paris 414 – Bruyères 21 – Épinal 30 – Gérardmer 11 – Remiremont 19 – St-Amé 12 – St-Dié 38.

⚑ **Noirrupt** mi-avr.-mi-oct.
ℰ 03 29 61 81 27, *info@jpvacances.com*,
Fax 03 29 61 83 05, *www.jpvacances.com* – **R** conseillée
2,9 ha (70 empl.) en terrasses, plat, herbeux, pierreux
Tarif : ✶ 🚐 ▣ 14,10 € – 🔌 (10A) 5 € – frais de réservation 13 €
Location (permanent) 🏚 (déb.juil.-fin août) : 12 🏠 (4 à 6 pers.) 225 à 580 €/sem.
Pour s'y rendre : 1,3 km au NO par D 11, rte d'Épinal et chemin à gauche
À savoir : Cadre agréable

Nature : ≤ 🌳
Loisirs : 🍴 snack 🎱 ≋≋ 🏊 ✗ 🏊
Services : 🕭 ⚡ 🚿 🗑 🏪 ⊕ 🏠 ♨ 📶
🍴

VAL-D'AJOL

✉ 88340 – **314** G5 – G. Alsace Lorraine – 4 452 h. – alt. 380
🛈 *Office de tourisme, 17, rue de Plombières* ℰ *03 29 30 61 55, Fax 03 29 30 56 78*
Paris 382 – Épinal 41 – Luxeuil-les-Bains 18 – Plombières-les-Bains 10 – St-Dié 71 – Vittel 70.

⚑ **Municipal** 15 avr.-sept.
ℰ 03 29 66 55 17 – **R** conseillée
1 ha (50 empl.) plat, herbeux
Tarif : ✶ 2,50 € 🚐 ▣ 3,50 € – 🔌 (6A) 2,30 €
🚐 1 borne 3,50 €
Pour s'y rendre : Sortie NO par D 20, rte de Plombières-les-Bains et r. des Oeuvres à gauche

Nature : ≤ 🏞
Loisirs : 🎱
Services : 🕭 ⚡ 🚿 🏪 🗑 ⊕ 🏠 📶
À prox. : 🏊 ✗ 🎯 ⛵

VITTEL

✉ 88800 – **314** D3 – G. Alsace-Lorraine – 6 117 h. – alt. 347
🛈 *Office de tourisme, place de la Marne* ℰ *03 29 08 08 88, Fax 03 29 08 37 99*
Paris 342 – Belfort 129 – Épinal 43 – Chaumont 84 – Langres 80 – Nancy 85.

⚑ **Aquadis Loisirs** avr.-oct.
ℰ 03 29 08 02 71, *aquadis1@wanadoo.fr*,
Fax 03 86 37 95 83, *www.aquadis-loisirs.com* – **R** conseillée
3,5 ha (120 empl.) plat, herbeux, gravillons
Tarif : ✶ 5,24 € 🚐 1,31 € ▣ 1,31 € – 🔌 1,31 € – frais de réservation 16 €
🚐 1 borne 2 €
Pour s'y rendre : Sortie NE par D 68, rte de They-sous-Montfort

Nature : 🏞 🌳
Loisirs : 🎱 🏊
Services : 🕭 ⚡ GB 🚿 🏪 🗑 ⊕ 📶
🏪 sèche-linge

XONRUPT-LONGEMER

✉ 88400 – **314** J4 – G. Alsace-Lorraine – 1 489 h. – alt. 714 – Sports d'hiver : 750/1 300 m ✮ 3 ✦
Paris 429 – Épinal 44 – Gérardmer 4 – Remiremont 32 – St-Dié 25.

⚑ **Les Jonquilles** 15 avr.-10 oct.
ℰ 03 29 63 34 01, Fax 03 29 60 09 28 – **R** conseillée
4 ha (247 empl.) peu incliné, herbeux
Tarif : ✶ 🚐 ▣ 12,20 € – 🔌 (6A) 3 € – frais de réservation 8 €
🚐 1 borne – 5 ▣ 12 €
Pour s'y rendre : 2,5 km au SE
À savoir : Situation agréable au bord du lac

Nature : ≤ lac et montagnes boisées ⛰
Loisirs : 🍴 crêperie 🎱 🏊 🏊
Services : 🕭 ⚡ GB 🚿 🗑 🏠 ⊕ 📶
🏪 🏊 🍴

⚑ **La Vologne** 1er mai-15 sept.
ℰ 03 29 60 87 23, *paulette@lavologne.com*,
Fax 03 29 60 87 23, *www.lavologne.com* – **R** conseillée
2,5 ha (100 empl.) plat, herbeux
Tarif : ✶ 3,10 € 🚐 1,30 € ▣ 2,20 € – 🔌 3,60 €
Location : 3 🏠 (4 à 6 pers.) 310 à 520 €/sem.
Pour s'y rendre : 4,5 km au SE
À savoir : Dans un site boisé, au bord de la rivière

Nature : ≤
Loisirs : 🎱 🏊
Services : 🕭 ⚡ GB 🚿 🗑 🏠 🛆 ⊕

MIDI-PYRÉNÉES

S. Sauvignier/Michelin

Lourdes n'a pas l'apanage des miracles : le Midi-Pyrénées tout entier
« donne aux saints la nostalgie de la terre ». Voici d'abord la barrière
pyrénéenne, sa coiffe immaculée, ses gaves tumultueux et ses épaisses
forêts où se cachent quelques ours. Puis les cités médiévales et forteresses,
qui se colorent au soleil couchant d'une palette féerique : Albi gouachée de
rouge, Toulouse la rose, bastides aux reflets corail… Dans l'obscurité des
grottes, c'est l'art fécond des premiers hommes qui prend un tour surna-
turel. La liste des prodiges serait incomplète si l'on n'évoquait la fertilité des
pays de Garonne producteurs de fruits, de légumes, de vins et de céréales,
et la générosité de la table où garbure, cassoulet, confits et foies gras
assouvissent l'appétit légendaire des héritiers des Mousquetaires.

Lourdes may be famous for its miracles, but some would say that the
whole of the Midi-Pyrénées has been uniquely blessed: it continues to
offer sanctuary to a host of exceptional fauna and flora, like the wild bears
which still roam the high peaks of the Pyrenees. At sunset, the towers of its
medieval cities and fortresses glow in the evening light, its forbidding
Cathar castles are stained a bloody red, Albi paints a crimson watercolour
and Toulouse is veiled in pink. Yet this list of marvels would not be complete
without a mention of the Garonne's thriving, fertile »garden of France« ,
famous for its vegetables, fruit and wine. This land of milk and honey is as
rich as ever in culinary tradition, and it would be a crime to leave without
sampling some foie gras or a confit de canard.

AIGUES VIVES

✉ 09600 – **343** J7 – 485 h. – alt. 425
Paris 776 – Carcassonne 63 – Castelnaudary 46 – Foix 36 – Lavelanet 8 – Pamiers 34 – Quillan 40.

△ **La Serre** mars-mi-nov.
𝒫 05 61 03 06 16, *camping.la.serre@libertysurf.fr*, *camping-la-serre.com* – **R** indispensable
6,5 ha (40 empl.) en terrasses, plat, vallonné, gravillons
Tarif : (Prix 2006) ⋆ ⟷ 🅴 23 € (½) (5A)
Location (permanent) : 3 ⌂ (2 à 4 pers.) 330 €/sem. –
4 ⌂ (4 à 6 pers.) 400 à 550 €/sem. – 8 ⌂ (4 à 6 pers.)
440 à 590 €/sem.
⌂ 1 borne 4 € – 8 🅴
Pour s'y rendre : À l'O du bourg
À savoir : Vastes emplacements arborés, face aux Pyrénées

| Nature : ⅍ ⟷ ♉♉ |
| Loisirs : 🎬 ⚓ ⅃ parcours VTT |
| Services : ⅙ ⊶ ⅌ ⊛ 🔲 |

Pour choisir et suivre un itinéraire
Pour calculer un kilométrage
Pour situer exactement un terrain (en fonction des
indications fournies dans le texte) :
*Utilisez les **cartes MICHELIN** détaillées à 1/150 000,*
compléments indispensables de cet ouvrage.

ALBIÈS

✉ 09310 – **343** I8 – 156 h. – alt. 560
Paris 790 – Andorra-la-Vella 74 – Ax-les-Thermes 15 – Foix 30 – Lavelanet 43.

△ **Municipal la Coume** Permanent
𝒫 05 61 64 98 99, *camping.albies@wanadoo.fr*,
Fax 05 61 64 98 99 – places limitées pour le passage
– **R** conseillée
1 ha (60 empl.) pierreux, peu incliné, en terrasses, herbeux
Tarif : (Prix 2006) ⋆ ⟷ 🅴 5,05 € – (½) (10A) 2,65 €
Pour s'y rendre : Au bourg, à 100 m de l'Ariège

| Nature : ⋖ ⟷ ♉♉ |
| Loisirs : 🎬 |
| Services : ⅙ ⊶ ⅌ ⅏ 🔲 ⊛ 🔲 |
| À prox. : ⬝ |

ASTON

✉ 09310 – **343** I8 – 241 h. – alt. 563
Paris 788 – Andorra-la-Vella 78 – Ax-les-Thermes 20 – Foix 59 – Lavelanet 42 – St-Girons 73.

△ **Le Pas de l'Ours** juin-15 sept.
𝒫 05 61 64 90 33, *contact@lepasdelours.fr*,
Fax 05 61 64 90 32, *www.lepasdelours.fr* – **R** conseillée
3,5 ha (50 empl.) plat et peu incliné, herbeux, rochers
Tarif : ⋆ 4 € ⟷ 🅴 8 € – (½) (6A) 3 € – frais de réservation 5 €
Location (fermé 16 sept.-20 oct.) : 27 ⌂ (4 à 6 pers.)
180 à 550 €/sem. – 16 gîtes
Pour s'y rendre : Au S du bourg, près du torrent

| Nature : ⅍ ⋖ ⟷ ♉♉ |
| Loisirs : 🎬 ⅋ salle d'animation ⚵ ⚔ ⬝ |
| Services : ⅙ ⊶ GB ⅌ 🔲 ⊛ ⅋ 🔲 sèche-linge ⚲ |
| À prox. : ⅃ ⩰ ⅄ |

AUGIREIN

✉ 09800 – **343** D7 – 73 h. – alt. 629
Paris 788 – Aspet 22 – Castillon-en-Couserans 12 – St-Béat 30 – St-Gaudens 38 – St-Girons 23.

△ **La Vie en Vert** 15 juin-15 sept.
𝒫 05 61 96 82 66, *daffis@lavieenvert.com*,
Fax 05 61 96 82 66, *www.lavieenvert.com* – **R** conseillée
0,3 ha (15 empl.) plat, herbeux
Tarif : ⋆ 4 € ⟷ 🅴 6 € – (½) (9A) 5 €
Location : 2 ⌂
Pour s'y rendre : À l'E du bourg, bord de la Bouigane
À savoir : Autour d'une ferme ancienne soigneusement restaurée

| Nature : ⅍ ⟷ ♉♉ |
| Loisirs : 🎬 ⬝ |
| Services : ⅙ ⊶ ⅌ ⊛ 🔲 |
| À prox. : ⑂ snack |

AULUS-LES-BAINS

✉ 09140 – **343** G8 – G. Midi Pyrénées – 189 h. – alt. 750
🛈 *Office de tourisme, résidence Ars* ✆ 05 61 96 01 79
Paris 807 – Foix 76 – Oust 17 – St-Girons 34.

⚹ **Le Coulédous** Permanent
   ✆ 05 61 96 02 26, *couledous@wanadoo.fr*,
   Fax 05 61 96 06 74, *www.couledous.com* – **R** conseillée
   1,6 ha (70 empl.) plat, herbeux, pierreux, gravillons
   Tarif : ⚹ 🚐 🔲 18 € – ⚡ (10A) 6,40 € – frais de réservation 7,50 €
   Location : 18 🏠 (4 à 6 pers.) 210 à 489 €/sem.
   Pour s'y rendre : Sortie NO par D 32 rte de St-Girons, près du Garbet
   À savoir : Au milieu d'un parc aux essences variées et parfois centenaires

> Nature : ❄ ≤ 🌳🌳
> Loisirs : snack 🏠 🚗
> Services : ♿ 🌐 GB ♻ 🏧 🔲 🗑 ⚙
> 🔲 sèche-linge 🛒
> À prox. : ✂ 🛒 🌿

AX-LES-THERMES

✉ 09110 – **343** J8 – G. Midi Pyrénées – 1 441 h. – alt. 720
🛈 *Office de tourisme, av.Théophile Delcassé* ✆ 05 61 64 60 60
Paris 805 – Toulouse 129 – Foix 43 – Pamiers 62 – Lavelanet 58.

⚹ **Résidence Le Château d'Allot** (location exclusive de chalets et d'appartements) mi-avr.-29 sept.
   ✆ 05 53 68 33 11, *chateau-dallot@grandbleu.fr*,
   Fax 05 53 68 33 11, *www.grandbleu.fr* – alt. 1 000
   2 ha en terrasses
   Location 🅿 : 60 🏠 (4 à 6 pers.) 154 à 735 €/sem. – appartements
   Pour s'y rendre : 5 km au NE par D 613, rte de Quillan et à gauche à Ignaux

> Nature : 🌳 ≤ la Dent d'Orlu
> Loisirs : 🛶
> Services : ♿ 🌐 GB ♻ 🏧 🔲 sèche-linge

⚹ **Le Malazeou** 1er janv.-2 nov.
   ✆ 05 61 64 69 14, *camping.malazeou@wanadoo.fr*,
   Fax 05 61 64 05 60, *www.campingmalazeou.com* – **R** conseillée
   6,5 ha (329 empl.) plat, herbeux, en terrasses, pierreux
   Tarif : ⚹ 🚐 🔲 22,15 € ⚡ (10A) – frais de réservation 10 €
   Location : 21 🛖 (4 à 6 pers.) 329 à 602 €/sem. – 21 🏠 (4 à 6 pers.) 399 à 728 €/sem.
   Pour s'y rendre : 1,5 km au NO par RN 20, dir. Foix

> Nature : 🌳🌳
> Loisirs : 🛶 🎣
> Services : ♿ 🌐 GB ♻ 🏧 🔲 🗑 ⚙ 🛒

473

La BASTIDE DE SÉROU

✉ 09240 – **343** G6 – G. Midi Pyrénées – 907 h. – alt. 410
🛈 *Office de tourisme, 117, route de Saint-Girons* ✆ 05 61 64 53 53, Fax 05 61 64 50 48
Paris 779 – Foix 18 – Le Mas-d'Azil 17 – Pamiers 38 – St-Girons 27.

⚹ **L'Arize** 11 mars-10 nov.
   ✆ 05 61 65 81 51, *camparize@aol.com*, Fax 05 61 65 83 34,
   www.camping-arize.com – **R** conseillée
   7,5 ha/1,5 campable (70 empl.) plat, herbeux
   Tarif : ⚹ 🚐 🔲 23,70 € ⚡ (6A) – frais de réservation 18 €
   Location : 12 🛖 (4 à 6 pers.) 343 à 698 €/sem. – 4 🏠 (4 à 6 pers.) 459 à 719 €/sem. – bungalows toilés
   🛒 1 borne 4,50 € – 9 🔲 12 €
   Pour s'y rendre : Sortie E par D 117, rte de Foix puis 1,5 km par D 15, rte de Nescus à dr., bord de la rivière

> Nature : 🌳 ⛺ 🌳🌳
> Loisirs : 🏠 🛶 🎣
> Services : ♿ 🌐 GB ♻ 🗑 ⚙ 🔲 sèche-linge
> À prox. : ✕ 🐴

⚹ **Village Vacances les Lambrilles** (location exclusive de chalets) Permanent
   ✆ 05 61 64 53 53, *tourisme.seronais@wanadoo.fr*,
   Fax 05 61 64 50 48, *www.seronais.com* – **R** indispensable
   1 ha plat
   Location : 24 🏠 (4 à 6 pers.) 250 à 490 €/sem.
   Pour s'y rendre : au bourg, bord de l'Arize

> Nature : 🌳
> Loisirs : 🏠 🚗 🛶 🎣
> Services : 🌐 (juil.-août) ♻ 🏧 🔲
> À prox. : ✂ 🛒

COS

✉ 09000 – **343** H7 – 258 h. – alt. 486
Paris 766 – La Bastide-de-Sérou 14 – Foix 5 – Pamiers 25 – St-Girons 41 – Tarascon-sur-Ariège 23.

△ **Municipal** Permanent
     ℰ 05 61 02 62 35, Fax 05 61 65 39 79 – **R** conseillée
0,7 ha (32 empl.) non clos, plat, peu incliné, herbeux
Tarif : ⚹ ⇌ 🅿 8 € – 🛱 (15A) 3,30 €
Pour s'y rendre : 0,7 km au SO sur D 61, bord d'un ruisseau

Nature : 🦌 🞉🞉
Loisirs : 🏠 🎾
Services : 🚻 🗢 ⚡ 🏧 🔧 ⊕ 🔥 🚾 🖼️
À prox. : 🚣 🏊

Le FOSSAT

✉ 09130 – **343** G5 – 783 h. – alt. 244
🛈 Syndicat d'initiative, place de la Mairie, ℰ 05 61 68 50 12
Paris 735 – Toulouse 59 – Montauban 112 – Carcassonne 118 – Castres 132.

△ **Municipal Laillères** avr.-oct.
     ℰ 05 61 68 56 16 – **R**
1 ha (50 empl.) non clos, plat, herbeux
Tarif : (Prix 2006) ⚹ 2,15 € ⇌ 1,15 € 🅿 1,15 € – 🛱 1,65 €
Pour s'y rendre : au bourg

Nature : 🞉🞉
Loisirs : 🏊
Services : ⊕

L'HERM

✉ 09000 – **343** I7 – 177 h. – alt. 502
Paris 770 – Toulouse 93 – Carcassonne 81 – Castres 109 – Colomiers 105.

△ **La Clairière** 1ᵉʳ juil.-6 sept.
     ℰ 05 61 01 65 12, *camping.la.clairiere@tiscali.fr*,
Fax 05 61 02 73 95 – **R** conseillée
1 ha (15 empl.) plat, herbeux, bois attenant
Tarif : ⚹ ⇌ 🅿 10,10 € 🛱 (10A)
Pour s'y rendre : 2 km au NO, rte de Foix, au col de Py

Nature : 🦌 🞉🞉
Services : 🗢 ⚡ 🖼️ ⊕

L'HOSPITALET-PRÈS-L'ANDORRE

✉ 09390 – **343** I9 – 166 h. – alt. 1 446
Tunnel de Puymorens : péage en 2006, aller simple : autos 5,50, autos et caravanes 11,10, P. L. 16,90 à 27,90, deux-roues 3,30. Tarifs spéciaux A.R. : renseignements ℰ 04 68 04 97 20
Paris 822 – Andorra-la-Vella 40 – Ax-les-Thermes 19 – Bourg-Madame 26 – Foix 62 – Font-Romeu-Odeillo-Via 37.

△ **Municipal** 1ᵉʳ juin-31 oct.
     ℰ 05 61 05 21 10, *mairie.lhospitalet-pres-landorre@wanadoo.fr*, Fax 05 61 05 23 08 – alt. 1 500 – **R** conseillée
1,5 ha (62 empl.) plat, herbeux, terrasse, gravillons
Tarif : (Prix 2006) ⚹ ⇌ 🅿 6,70 € – 🛱 (5A) 2,30 €
Pour s'y rendre : 0,6 km au N par N 20, rte d'Ax-les-Thermes et rte à dr.

Nature : ≤ ⛰️
Loisirs : 🎾
Services : 🚻 🗢 ⚡ 🏧 ⊕ 🔥 🚾 🖼️
À prox. : 🏊

LUZENAC

✉ 09250 – **343** I8 – G. Midi-Pyrénées – 632 h. – alt. 608
Paris 795 – Andorra-la-Vella 68 – Foix 35 – Quillan 64.

🛆🛆 **Municipal le Castella** Permanent
     ℰ 05 61 64 47 53, *camping.lecastella@wanadoo.fr*,
Fax 05 61 64 40 59, *www.camping.lecastella.com* – places limitées pour le passage – **R** conseillée
3 ha (150 empl.) en terrasses, plat, peu incliné, herbeux, rochers
Tarif : (Prix 2006) ⚹ ⇌ 🅿 13,65 € 🛱 (4A)
Location : 9 🏠 (4 à 6 pers.) 176 à 370 €/sem.
Pour s'y rendre : Par RN 20 dir. Ax-les-Thermes, au bourg, chemin à dr.

Nature : 🞉🞉
Loisirs : 🏠 🚣 🏊 🏊
Services : 🚻 🗢 🐝 ⚡ 🏧 ⊕ 🔥 🚾 🖼️ sèche-linge
À prox. : parcours de santé

474

MERCUS-GARRABET

✉ 09400 – **343** H7 – 1 005 h. – alt. 480
Paris 772 – Ax-les-Thermes 32 – Foix 12 – Lavelanet 25 – St-Girons 56.

Le Lac 1er avr.-6 nov.
℘ 05 61 05 90 61, *info@campinglac.com*,
Fax 05 61 05 90 61, *www.campinglac.com* – **R** conseillée
1,2 ha (58 empl.) en terrasses, plat, herbeux
Tarif : ♦ ⟵ 🅴 10,50 € – ⓖ (10A) 4,50 € – frais de réservation 15 €

Location : 2 ⟅ (4 à 6 pers.) 310 à 510 €/sem. – 16 ⌂ (4 à 6 pers.) 310 à 610 €/sem.
⟅, 1 borne – 5 🅴

Pour s'y rendre : 0,8 km au Spar D 618, rte de Tarascon et à dr. au passage à niveau, au bord de l'Ariège

Nature : 🏞 ⚠.
Loisirs : 🏠 🏊 (petite piscine) 🎣
Services : ♿ ⚡ 🚿 Ⓜ 🗑 🔥 ☺ 🅿
À prox. : ✗ 🍴 canoë

Om een reisroute uit te stippelen en te volgen,
om het aantal kilometers te berekenen,
om precies de ligging van een terrein te bepalen
(aan de hand van de inlichtingen in de tekst),
gebruikt u de **Michelinkaarten** *schaal 1 : 150 000 ;*
een onmisbare aanvulling op deze gids.

MÉRENS-LES-VALS

✉ 09110 – **343** J9 – G. Midi Pyrénées – 180 h. – alt. 1 055
Paris 812 – Ax-les-Thermes 10 – Axat 61 – Belcaire 36 – Foix 53 – Font-Romeu-Odeillo-Via 47.

Municipal de Ville de Bau Permanent
℘ 05 61 02 85 40, *camping.merens@wanadoo.fr*,
Fax 05 61 64 03 83 – alt. 1 100 – **R** conseillée
2 ha (70 empl.) plat, herbeux, pierreux
Tarif : (Prix 2006) ♦ 3 € ⟵ 🅴 3 € – ⓖ (10A) 5 €
Pour s'y rendre : 1,5 km au SO par N 20, rte d'Andorre et chemin à dr., bord de l'Ariège

Nature : ≤ ⟅ 🏞
Loisirs : 🏠 🎣
Services : ♿ ⚡ 🇬🇧 🚿 ⠿ 🗑 ☺ ⟰
⟰ 🅿 sèche-linge ⟰,

475

ORNOLAC-USSAT-LES-BAINS

✉ 09400 – **343** H8 – G. Midi Pyrénées – 221 h. – alt. 500
Paris 782 – Ax-les-Thermes 24 – Foix 23 – Lavelanet 36 – Vicdessos 19.

Ariège Évasion 15 avr.-15 oct.
℘ 05 61 05 11 11, *contact@ariege-evasion.com*,
Fax 05 61 05 11 11, *www.ariege-evasion.com* – places limitées pour le passage – **R** conseillée
1 ha (60 empl.) plat, herbeux, pierreux
Tarif : ♦ ⟵ 🅴 10 € – ⓖ (10A) 4 €
Pour s'y rendre : 1 km au SE du bourg, bord de l'Ariège (rive droite)

Nature : ≤ ⟅ 🏞
Loisirs : 🏠 🎣 canoë
Services : ♿ ⚡ 🇬🇧 🚿 🗑 🔥 ⟰ ☺
🅿 ⟰

OUST

✉ 09140 – **343** F7 – 515 h. – alt. 500
Paris 792 – Aulus-les-Bains 17 – Castillon-en-Couserans 31 – Foix 61 – St-Girons 18 – Tarascon-sur-Ariège 50.

Les Quatre Saisons Permanent
℘ 05 61 96 55 55, *camping.ariege@gmail.com*,
Fax 05 61 04 48 62, *www.camping4saisons.com* – **R** conseillée
3 ha (108 empl.) plat, herbeux
Tarif : ♦ ⟵ 🅴 17 € – ⓖ (10A) 5,60 € – frais de réservation 8,50 €

Location : 13 ⟅ (4 à 6 pers.) 238 à 498 €/sem. – 6 ⟗ – 6 appartements
Pour s'y rendre : Sortie SE par D 32, rte d'Aulus-les-Bains, près du Garbet

Nature : ≤ ⟅ 🏞
Loisirs : 🍴 🏠 🎯 ⚽ 🏊
Services : ♿ ⚡ 🇬🇧 🚿 ⠿ 🗑 ☺ ⟰
🅿 sèche-linge
À prox. : 🚣 🐎 (centre équestre)

PAMIERS

⊠ 09100 – **343** H6 – G. Midi Pyrénées – 13 417 h. – alt. 280
🚩 *Office de tourisme, boulevard Delcassé* 𝒫 *05 61 67 52 52*
Paris 746 – Toulouse 70 – Carcassonne 77 – Castres 105 – Colomiers 81.

⚊ **L' Apamée** Pâques-oct.
𝒫 05 61 60 06 89, *contact@flowercampingsariege.com*,
Fax 05 61 60 06 89, *www.flowercampingsariege.com*
– **R** conseillée
2 ha (80 empl.) plat, herbeux
Tarif : 🛉 ⛺ 🔲 22 € 🔌 (6A) – frais de réservation 23 €
Location : 10 bungalows toilés
🏕, 1 borne 3 €
Pour s'y rendre : 1 km au N par D 624, rte de St-Girons,
près de l'Ariège

| Nature : ⚬⚬ |
| Loisirs : 🏊 ⤴ |
| Services : 🔥 ⚬ GB 🐾 🚽 ⊛ 📶 |
| sèche-linge |

Avant de vous installer, consultez les tarifs en cours,
affichés obligatoirement à l'entrée du terrain,
et renseignez-vous sur les conditions particulières de séjour.
Les indications portées dans le guide ont pu être modifiées depuis la mise à jour.

Le PLA

⊠ 09460 – **343** K8 – 79 h. – alt. 1 070
🚩 *Office de tourisme, Mairie* 𝒫 *04 68 20 41 37, Fax 04 68 20 46 25*
Paris 833 – Ax-les-Thermes 31 – Foix 75 – Font-Romeu-Odeillo-Via 41 – Prades 68.

⚊ **Municipal la Pradaille** Permanent
𝒫 04 68 20 49 14, *mairie.le-pla@wanadoo.fr*,
Fax 04 68 20 40 40 – alt. 1 169 – **R** conseillée
3,2 ha (60 empl.) plat, peu incliné et incliné, en terrasses,
herbeux, gravier, pierreux
Tarif : 🛉 ⛺ 🔲 9,15 € – 🔌 (10A) 2,30 €
Pour s'y rendre : S : 1,7 km par D 16, rte de Querigut, D 25,
rte d'Ax-les-Thermes et rte de Soulades à gauche

| Nature : ⚏ ≼ ⛲ ⚤ |
| Services : 🔥 ⚬ 🐾 🚿 🚽 ⊛ ⛺ 🚰 |
| 📶 |
| À prox. : ✕ snack ☕ ⛹ 🐎 |

476

RIEUX-DE-PELLEPORT

⊠ 09120 – **343** H6 – 848 h. – alt. 333
Paris 752 – Foix 13 – Pamiers 8 – St-Girons 47 – Toulouse 77.

⚊ **Les Mijeannes** Permanent
𝒫 05 61 60 82 23, *lesmijeannes@wanadoo.fr*,
Fax 05 61 61 74 80, *www.campinglesmijeannes.com*
– **R** conseillée
10 ha/5 campables (88 empl.) plat, herbeux, pierreux
Tarif : 🛉 ⛺ 🔲 12,30 € – 🔌 (10A) 4,10 €
Location : 7 🚐 (4 à 6 pers.) 256 à 560 €/sem. – 2 🏠 (4
à 6 pers.) 286 à 580 €/sem.
🏕, 1 borne 4 €
Pour s'y rendre : 1,4 km au NE, accès sur D 311, rte de
Ferries, bord d'un canal et près de l'Ariège

| Nature : ⚏ ≼ ⛲ ⚬⚬ |
| Loisirs : 🍴 ⛱ ⛹ 🏊 ⤴ |
| Services : 🔥 ⚬ GB 🐾 🚽 ⊛ 📶 |
| sèche-linge |

RIMONT

⊠ 09420 – **343** F7 – 501 h. – alt. 525
Paris 768 – Toulouse 92 – Carcassonne 114 – Colomiers 98 – Tournefeuille 89.

⚊ **Les Chalets de Rimont** (location exclusive de chalets)
Permanent
𝒫 05 61 64 53 53, *tourisme.seronais@wanadoo.fr*,
Fax 05 61 64 50 48, *www.seronais.com* – **R** conseillée
0,3 ha plat
Location : 5 🏠 (4 à 6 pers.) 310 à 480 €/sem.
Pour s'y rendre : 1 km au S par D 518, rte l'Abbaye de
Combelongue

| Nature : ⚏ ≼ |
| Services : 🔥 🐾 🚿 📶 |

ST-GIRONS

✉ 09200 – **343** E7 – 6 254 h. – alt. 398
🛈 *Office de tourisme, place Alphonse Sentein* ℘ 05 61 96 26 60
Paris 774 – Auch 123 – Foix 45 – St-Gaudens 43 – Toulouse 101.

⛰ **Audinac** ≗≗ – 1er mai-30 sept.
℘ 05 61 66 44 50, *accueil@audinac.com*,
Fax 05 61 66 44 50, *www.audinac.com* – **R** conseillée
15 ha/6 campables (100 empl.) peu incliné et plat, en
terrasses, herbeux, petit étang
Tarif : 🕇 ⬤ 🔳 16 € – ☒ (10A) 3,50 €
Location (1er avr.-30 sept.) : 18 🏠 (4 à 6 pers.) 240 à
580 €/sem. – 10 bungalows toilés
🚐 1 borne 4 € – 6 🔳
Pour s'y rendre : À Audinac-les-Bains, 4,5 km au NE par
D 117, rte de Foix et D 627, rte de Ste-Croix-Volvestre
À savoir : Piscine devant un ancien bâtiment des thermes
du 19e s.

Nature : 🌿 ⩽ 🗓🗓
Loisirs : 🍷 snack, pizzeria 🎪 🏃
🛝 ⚒ 🏊 ⟜ terrain omnisports
Services : 🔥 🔌 ⓖⒷ ⚙ 🍴 🎞 🔥 ⓐ
🔲 sèche-linge 🗜 réfrigérateurs

SEIX

✉ 09140 – **343** F7 – G. Midi Pyrénées – 697 h. – alt. 523
🛈 *Office de tourisme, place de l'Allée* ℘ 05 61 96 00 01
Paris 793 – Ax-les-Thermes 77 – Foix 62 – St-Girons 19.

⛰ **Le Haut Salat** Permanent
℘ 05 61 66 81 78, *camping.le-haut-salat@wanadoo.fr*,
Fax 05 61 66 94 17, *www.ariege.com/campinglehautsalat*
– **R** conseillée
2,5 ha (135 empl.) plat, herbeux
Tarif : (Prix 2006) 🕇 ⬤ 🔳 16,90 € – ☒ (5A)
Location : 8 🏠 (2 à 4 pers.) 190 à 360 €/sem.
Pour s'y rendre : 0,8 km au NE par D 3, rte de St-Girons,
bord du Salat

Nature : ❄ 🌿 ⩽ 🗓🗓
Loisirs : 🍷 🎪 🏊 (petite piscine)
⟜
Services : 🔌 ⓖⒷ ⚙ 🍴 ⓐ 🔲 sè-
che-linge

SORGEAT

✉ 09110 – **343** J8 – 96 h. – alt. 1 050
Paris 808 – Ax-les-Thermes 6 – Axat 50 – Belcaire 23 – Foix 49 – Font-Romeu-Odeillo-Via 61.

⛰ **Camping Municipal La Prade** Permanent
℘ 05 61 64 36 34, *mairie.sorgeat@wanadoo.fr*,
Fax 05 61 64 63 38, *www.sorgeat.com* – alt. 1 000 – places li-
mitées pour le passage – **R** conseillée
2 ha (40 empl.) non clos, en terrasses, plat, herbeux
Tarif : 🕇 3 € ⬤ 1,60 € 🔳 1,80 € – ☒ (10A) 5,30 €
Location 🚫 : 2 🏠 (4 à 6 pers.) 210 à 320 €/sem. –
appartements
Pour s'y rendre : 0,8 km au N
À savoir : Situation agréable surplombant la vallée d'Ax-les-
Thermes

Nature : 🌿 ⩽ montagnes 🚐 🗓🗓
Loisirs : 🎪
Services : 🔥 🔌 ⚙ 🍴 🎞 ⓐ 🗜 ⟜
🔲

477

TARASCON-SUR-ARIÈGE

✉ 09400 – **343** H7 – G. Midi Pyrénées – 3 446 h. – alt. 474
🛈 *Office de tourisme, avenue des Pyrénées* ℘ 05 61 05 94 94, Fax 05 61 05 57 79
Paris 777 – Ax-les-Thermes 27 – Foix 18 – Lavelanet 30.

⛰ **Le Pré Lombard** ≗≗ – 27 janv.-11 nov.
℘ 05 61 05 61 94, *leprelombard@wanadoo.fr*,
Fax 05 61 05 78 93, *www.flowercampingsariege.com*
– **R** conseillée
4 ha (180 empl.) plat, herbeux
Tarif : 🕇 ⬤ 🔳 30 € ☒ (10A) – frais de réservation 23 €
Location : 40 🏠 (4 à 6 pers.) 240 à 790 €/sem. – 21 🏠
(4 à 6 pers.) 290 à 770 €/sem. – 6 bungalows toilés
🚐 1 borne 3 €
Pour s'y rendre : 1,5 km au SE par D 23, rte d'Ussat, bord
de l'Ariège

Nature : 🗓🗓
Loisirs : 🍷 snack, pizzeria 🎪 🎣 🏃
point d'informations touristiques
🛝 🚲 🏊 ⟜ terrain omnisports
Services : 🔥 🔌 ⓖⒷ ⚙ 🍴 🎞 🛁 ⓐ
🔲 🔲 sèche-linge 🗜
À prox. : 🍖

TARASCON-SUR-ARIÈGE

▲ **Le Sédour** Permanent
𝒫 05 61 05 87 28, *info@campinglesedour.com*, *www.cam pinglesedour.com* – places limitées pour le passage
– **R** conseillée
1,5 ha (100 empl.) peu incliné, plat, herbeux, pierreux
Tarif : ✝ ⇌ 🖃 18 € [½] (10A) – frais de réservation 10 €
Location : 3 ☖ (4 à 6 pers.) 220 à 390 €/sem.
Pour s'y rendre : 1,8 km au NO par D 618 dir.Foix puis rte de Massat, chemin à dr.

Nature : 💭 ♨
Loisirs : 🏠 🏊
Services : & ⚊ ⊂⊟ ⚑ Ⅲ 🖫 ⊙ 🔲 sèche-linge
À prox. : 🎣

Le TREIN D'USTOU

✉ 09140 – **334** F8 – 351 h. – alt. 739
Paris 804 – Aulus-les-Bains 13 – Foix 73 – St-Girons 31 – Tarascon-sur-Ariège 63.

▲ **Le Montagnou** Permanent
𝒫 05 61 66 94 97, *campinglemontagnou@wanadoo.fr*,
Fax 05 61 66 91 20, *lemontagnou.com* – **R** conseillée
1,2 ha (57 empl.) plat, herbeux
Tarif : ✝ ⇌ 🖃 9,60 € [½] (10A)
Location (15 mars-1er févr.) : 3 ☖ (4 à 6 pers.) 195 à 320 €/sem.
Pour s'y rendre : Sortie NO par D 8, rte de Seix, près de l'Alet

Nature : ≤ ♀
Loisirs : 🏠 🎣
Services : & ⚊ ⚑ Ⅲ 🖫 ⊙ 🏊 ⚐ 🔲 sèche-linge ⚒
À prox. : 🍴

Aveyron (12)

ALRANCE

✉ 12430 – **338** I6 – 417 h. – alt. 750
Paris 664 – Albi 63 – Millau 52 – Rodez 37 – St-Affrique 39.

⛰ **Les Cantarelles** 1er mai-30 sept.
𝒫 05 65 46 40 35, *cantarelles@wanadoo.fr*,
Fax 05 65 46 40 35, *www.lescantarelles.com* – **R** conseillée
3,5 ha (165 empl.) plat, peu incliné, herbeux
Tarif : ✝ ⇌ 🖃 16 € – [½] (6A) 2,90 €
Location 🍴 : 3 ☖ (4 à 6 pers.) 295 à 687 €/sem.
Pour s'y rendre : S : 3 km sur D 25, bord du lac de Villefranche-de-Panat
À savoir : Situation agréable en bordure du lac

Nature : ≤ ♀ ▲
Loisirs : 🍴 🏠 🏊
Services : & ⚊ ⚑ 🖫 ⊙ ⚐ 🔲
À prox. : 🍴 🏊 ⚓ 🎣

ARVIEU

✉ 12120 – **338** H5 – 880 h. – alt. 730
🛈 *Syndicat d'initiative, Mairie 𝒫* 05 65 46 71 06, *Fax* 05 65 63 19 16
Paris 663 – Albi 66 – Millau 59 – Rodez 31.

▲ **Le Doumergal** mai-sept.
𝒫 05 65 74 24 92, Fax 05 65 74 24 92 – **R** conseillée
1,5 ha (25 empl.) plat, peu incliné, herbeux
Tarif : ✝ ⇌ 🖃 11 € – [½] (5A) 2 €
Pour s'y rendre : À l'Ouest du bourg, au bord d'un ruisseau

Nature : 💭 🖾
Loisirs : 🏊
Services : & ⚊ ⚑ ⊙ ⚐ 🔲
À prox. : 🍴

BOISSE-PENCHOT

✉ 12300 – **338** F3 – 509 h. – alt. 169
Paris 594 – Toulouse 193 – Rodez 46 – Aurillac 65 – Villefranche-de-Rouergue 46.

⛰ **Le Roquelongue** Permanent
𝒫 05 65 63 39 67, *info@camping-roquelongue.com*,
Fax 05 65 63 39 67, *www.camping-roquelongue.com*
– **R** conseillée
3,5 ha (66 empl.) plat, pierreux, herbeux
Tarif : ✝ ⇌ 🖃 11,10 € – [½] (10A) 4,10 €
Location : 2 ☖ (4 à 6 pers.) 335 à 470 €/sem. – 7 ☖ (4 à 6 pers.) 335 à 580 €/sem.
Pour s'y rendre : 4,5 km au NO par D 963, D 21 et D 42, rte de Boisse-Penchot, près du Lot (accès direct)

Nature : ≤ 🖾 ♀♀
Loisirs : 🍴 snack 🏊 🍴 🏊 🎣 canoë-kayak, pédalos
Services : & ⚊ ⚑ 🖫 ⚐ ⊙ ⚐ 🔲

478

BRUSQUE

✉ 12360 – **338** J8 – 366 h. – alt. 465
Paris 698 – Albi 91 – Béziers 75 – Lacaune 30 – Lodève 52 – Rodez 108 – St-Affrique 35.

⚊ **Village Vacances Val** (location exclusive de chalets et studios)
℘ 05 65 49 50 66, Fax 05 65 49 57 17
14 ha
Location : 🏠 – studios
Pour s'y rendre : S : 1,6 km par D 92, rte d'Arnac, bord du Dourdou et d'un petit plan d'eau
À savoir : Dans une petite vallée verdoyante et paisible

> Nature : 🐾 ≤
> Loisirs : 🍴 ✗ 🏠 🏃 🛷 ✂ ⚓
> 🏃 parcours sportif
> Services : 🖥 🔧
> À prox. : 🎣

CANET-DE-SALARS

✉ 12290 – **338** I5 – 379 h. – alt. 850
Paris 654 – Pont-de-Salars 9 – Rodez 33 – St-Beauzély 28 – Salles-Curan 8.

⚊ **Sunêlia le Caussanel** 👫 – 12 mai-15 sept.
℘ 05 65 46 85 19, *info@lecaussanel.com*,
Fax 05 65 46 89 85, *www.le caussanel.com* – **R** conseillée
10 ha (235 empl.) plat, peu incliné, terrasses, herbeux
Tarif : 🚶 🚗 🖃 26,10 € – 🔌 (6A) 4,10 € – frais de réservation 30 €
Location : 30 🚐 (4 à 6 pers.) 292 à 763 €/sem. – 46 🏠 (4 à 6 pers.) 238 à 742 €/sem.
Pour s'y rendre : SE : 2,7 km par D 538 et à droite
À savoir : Situation agréable au bord du lac de Pareloup

> Nature : 🐾 ≤ 🌳 ⛰
> Loisirs : 🍴 pizzeria, grill 🏠 🌙 nocturne 🏃 salle d'animation 🚤 🚲
> ✂ 🛥 🎣
> Services : 🚿 🔌 ⌷ 🏧 🚰 🖥 🛁 ⊕ 🚮
> 🍴 🛒 🧺 ♨
> À prox. : discothèque 💧 🐴 🚐

⚊ **Soleil Levant** 1er avr.-30 sept.
℘ 05 65 46 03 65, *contact@camping-soleil-levant.com*,
Fax 05 65 46 03 62, *www.camping-soleil-levant.com*
– **R** conseillée
11 ha (206 empl.) en terrasses, peu incliné, herbeux
Tarif : 🚶 🚗 🖃 12 € – 🔌 (10A) 2 € – frais de réservation 10 €
Location 🎣 : 11 🚐 (4 à 6 pers.) 180 à 595 €/sem.
Pour s'y rendre : SE : 3,7 km par D 538 et D 993, rte de Salles-Curan, à gauche, avant le pont
À savoir : Situation agréable au bord du lac de Pareloup

> Nature : 🐾 ≤ 🌳🌳 ⛰
> Loisirs : 🍴 🏠 🚤 🎣
> Services : 🚿 🔌 ⌷ 🏧 🖥 🛁 ⊕ 🚮
> 🛒 🖥
> À prox. : 🚲 ✂ 💧 🐴

479

⚊ **La Retenue de Pareloup** 17 juin-9 sept.
℘ 05 65 46 33 26, *campingdelaretenue@fr.st*,
Fax 05 65 46 03 93, *www.campingdelaretenue.fr.st*
– **R** conseillée
2 ha (80 empl.) non clos, en terrasses, pierreux, herbeux
Tarif : (Prix 2006) 🚶 🚗 🖃 22,20 €
Location (mai-mi-sept.) : 6 🚐 (4 à 6 pers.) 190 à 550 €/sem. – 🛏
Pour s'y rendre : SO : 5 km par D 538 et D 176, à droite avant le barrage
À savoir : Près du lac

> Nature : 🏞 🌳🌳
> Loisirs : 🍴 snack 🏠 🚤 🚲
> Services : 🚿 🔌 (juil.-août) 🏧 ⌷
> 🖥 ⊕ 🛁 🧺
> À prox. : ✂ (plage)

Si vous recherchez :

👫 *Un terrain offrant des équipements et des loisirs adaptés aux enfants*
🐾 *Un terrain agréable ou très tranquille*
L - M *Un terrain effectuant la location de caravanes, de mobile homes, de bungalows ou de chalets*
P *Un terrain ouvert toute l'année*
🚐 *Un terrain possédant une aire de services pour camping-cars*
Consultez le tableau des localités

CAPDENAC-GARE

⊠ 12700 – **338** E3 – 4 587 h. – alt. 175
🛈 *Office de tourisme, place du 14 juillet* ℰ 05 65 64 74 87, Fax 05 65 80 88 15
Paris 587 – Decazeville 20 – Figeac 9 – Maurs 24 – Rodez 59.

⚠ **Municipal les Rives d'Olt** 1ᵉʳ avr.-30 sept.
ℰ 05 65 80 88 87, *camping.capdenac@wanadoo.fr*
– **R** conseillée
1,3 ha (60 empl.) plat, herbeux
Tarif : (Prix 2006) ⭑ 2,70 € ⟵ 1,80 € 🔲 2,80 € –
[½] (10A) 2,50 €
Location : huttes
Pour s'y rendre : Sortie Ouest par D 994 rte de Figeac et
bd P.-Ramadier à gauche avant le pont, près du Lot, jardin
public attenant
À savoir : Cadre agréable verdoyant et ombragé

> Nature : 🔲 ⚊⚊
> Loisirs : 🎣
> Services : ⚹ ⚬━ GB 𝒸𝒱 🗐 ⊕ 🗄 🔲
> À prox. : 🍴 🍸 snack 🎿 🛝 🔲 par-
> cours sportif

CONQUES

⊠ 12320 – **338** G3 – G. Midi Pyrénées – 302 h. – alt. 350
🛈 *Office de tourisme, Le Bourg* ℰ 08 20 82 08 03, Fax 05 65 72 87 03
Paris 601 – Aurillac 53 – Decazeville 26 – Espalion 42 – Figeac 43 – Rodez 37.

⚠ **Beau Rivage** 1ᵉʳ avr.-30 sept.
ℰ 05 65 69 82 23, *camping.conques@wanadoo.fr*,
Fax 05 65 72 89 29, *www.campingconques.com*
– **R** conseillée
1 ha (60 empl.) plat, herbeux
Tarif : ⭑ 3,50 € ⟵ 2,50 € 🔲 5,50 € – [½] (10A) 3,50 €
Location : 4 🛖 (4 à 6 pers.) 340 à 500 €/sem.
🔲 1 borne 5 €
Pour s'y rendre : À l'Ouest du bourg, par D 901, bord du
Dourdou

> Nature : 🔲 ⚊⚊
> Loisirs : ✕ snack 🎿 🏊 🎣
> Services : ⚹ ⚬━ (1ᵉʳ juin-30 sept.)
> GB 𝒸𝒱 🗐 ⊕ 🖼 🚿

> *Si vous désirez réserver un emplacement pour vos vacances,*
> *faites-vous préciser au préalable les conditions particulières de séjour,*
> *les modalités de réservation, les tarifs en vigueur et les conditions de paiement.*

ENTRAYGUES-SUR-TRUYÈRE

⊠ 12140 – **338** H3 – G. Midi Pyrénées – 1 267 h. – alt. 236
🛈 *Syndicat d'initiative, place de la République* ℰ 05 65 44 56 10, Fax 05 65 44 50 85
Paris 600 – Aurillac 45 – Figeac 58 – Mende 128 – Rodez 43 – St-Flour 83.

⚠⚠ **Camping Le Val de Saures** 1ᵉʳ mai-29 sept.
ℰ 05 65 44 56 92, *info@camping-valdesaures.com*,
Fax 05 65 44 27 21, *www.camping-valdesaures.com*
– **R** conseillée
4 ha (141 empl.) plat, peu incliné, pierreux, herbeux
Tarif : (Prix 2006) ⭑ ⟵ 🔲 15,50 € – [½] (6A) 3 € – frais de
réservation 15 €
Location (7 avr.-29 sept.) : 11 🏠 (4 à 6 pers.) 199 à
549 €/sem.
Pour s'y rendre : S : 1,6 km par D 904, rte d'Espeyrac, en
bordure du Lot (accès direct)

> Nature : 🌿 ≤ 🔲 ⚲
> Loisirs : 🖵 🎿
> Services : ⚹ ⚬━ GB 𝒸𝒱 🗐 ⊕ 🚰 🔲
> À prox. : 🍴 🏊 canoë

⚠ **Le Lauradiol** 15 juin-15 sept.
ℰ 05 65 44 53 95, *mairie.campouriez@wanadoo.fr*,
Fax 05 65 44 81 37, *www.campouriez.com* – **R** conseillée
1 ha (34 empl.) plat, herbeux
Tarif : (Prix 2006) ⭑ ⟵ 🔲 8 € [½] (10A)
Pour s'y rendre : NE : 5 km par D 34, rte de St-Amans-des-
Cots, bord de la Selves
À savoir : Situation agréable sur deux rives, dans une petite
vallée escarpée

> Nature : 🌿 ≤ 🔲 ⚊⚊
> Loisirs : 🖵 🏊 🎣
> Services : ⚹ ⚬━ 𝒸𝒱 🗐 ⊕ 🗄 🚰 🔲

Le FEL

✉ 12140 – **338** H3 – 146 h. – alt. 530
Paris 595 – Aurillac 41 – Entraygues-sur-Truyère 12 – Montsalvy 10 – Mur-de-Barrez 35 – Rodez 54.

Municipal le Fel juin-sept.
  ℰ 05 65 48 61 12, Fax 05 65 48 63 30 – ⚡
  0,4 ha (23 empl.) non clos, plat, herbeux, pierreux
  Tarif : ⚹ ⚘ 🅴 8,50 €
  Pour s'y rendre : Au bourg
  À savoir : Belle situation dominante sur la vallée du Lot

| Nature : 🐾 ⟨ ▭ |
| Loisirs : ▭ ✄ |
| Services : ⚂ ⊕ ⚐ |
| À prox. : 🍸 ✕ |

FLAGNAC

✉ 12300 – **338** F3 – 888 h. – alt. 220
Paris 603 – Conques 19 – Decazeville 5 – Figeac 25 – Maurs 17.

Le Port de Lacombe avr.-sept.
  ℰ 05 65 64 10 08, *info@campingportdelacombe.com*,
  Fax 05 65 64 11 47, *www.campingportdelacombe.com*
  – **R** conseillée
  4 ha (97 empl.) plat, herbeux
  Tarif : (Prix 2006) ⚹ ⚘ 🅴 20 € – frais de réservation 20 €
  Location : bungalows toilés
  Pour s'y rendre : N : 1 km par D 963 et chemin à gauche,
  près d'un plan d'eau et du Lot (accès direct)

| Nature : 🐾 ▭ 🌳 |
| Loisirs : 🍸 brasserie ▭ ✄ ≈ 🎣 |
| Services : ⚂ ⊶ GB 🐾 🗄 ⊕ 🖼 |
| À prox. : canoë |

GOLINHAC

✉ 12140 – **338** H3 – G. Midi Pyrénées – 392 h. – alt. 630
Paris 601 – Conques 25 – Entraygues-sur-Truyère 8 – Espalion 23 – Rodez 36.

Municipal Bellevue
  ℰ 05 65 44 50 73, *leschaletsdesaintjacques@wanadoo.fr*,
  Fax 05 65 48 65 36, *www.valleedulot-aveyron.com*
  – **R** conseillée
  2 ha (58 empl.) en terrasses, peu incliné, herbeux
  Location : 15 🏠 – gîte d'étape
  Pour s'y rendre : Au Sud-Ouest du bourg

| Nature : 🐾 ⟨ ▭ 🌳 |
| Loisirs : 🍸 snack ▭ 🎠 🏊 |
| Services : ⚂ ⊶ 🖿 🗄 ⊕ ⚐ ♻ 🖼 🚮 |
| À prox. : 🏊 ✄ ✕ |

481

GRAND-VABRE

✉ 12320 – **338** G3 – 424 h. – alt. 213
Paris 615 – Aurillac 47 – Decazeville 18 – Espalion 50 – Figeac 37 – Rodez 41.

Grand-Vabre Aventures et Nature (location
exclusive de chalets) 1ᵉʳ avr.-31 oct.
  ℰ 05 65 72 85 67/06 82, *contact@grand-vabre.com*,
  Fax 05 65 72 85 53, *www.grand-vabre.com* – **R** conseillée
  1,5 ha plat, herbeux
  Location : 20 🏠 (4 à 6 pers.) 225 à 640 €/sem.
  Pour s'y rendre : SE : 1 km par D 901, rte de Conques, bord
  de Dourdou

| Loisirs : ▭ 🤸 ✄ 🎠 🏊 |
| Services : ⚂ ⊶ 🐾 🖿 🖼 |
| À prox. : ✕ 🐎 |

LAGUIOLE

✉ 12210 – **338** J2 – G. Midi Pyrénées – 1 248 h. – alt. 1 004 – Sports d'hiver : 1 100/1 400 m ✦12 ✦
🄸 *Office de tourisme, place de la Mairie* ℰ 05 65 44 35 94, Fax 05 65 44 35 76
Paris 571 – Aurillac 79 – Espalion 22 – Mende 83 – Rodez 52 – St-Flour 59.

Municipal les Monts d'Aubrac 15 mai-15 sept.
  ℰ 05 65 44 39 72, Fax 05 65 51 26 31 – alt. 1 050
  – **R** conseillée
  1,2 ha (57 empl.) plat et peu incliné, herbeux
  Tarif : (Prix 2006) ⚹ ⚘ 🅴 8,90 €
  🚐 1 borne
  Pour s'y rendre : Sortie Sud par D 921, rte de Rodez puis
  0,6 km par rte à gauche, au stade

| Nature : 🐾 ⟨ ▭ |
| Services : ⚂ ⊶ GB 🐾 🖿 ⊕ ⚐ |
| À prox. : ✕ 🔲 terrain omnisports |

MARTIEL

✉ 12200 – **338** D4 – 823 h. – alt. 400
Paris 620 – Albi 76 – Cahors 51 – Montauban 74 – Villefranche-de-Rouergue 11.

△△ **Lac du Moulin de Bannac**
℘ 05 65 29 44 52, *bannacamping@wanadoo.fr*,
Fax 05 65 29 59 41
32 ha/2 campables (47 empl.) plat et peu incliné, herbeux,
gravier
Pour s'y rendre : NO : 3,5 km par D 911, rte de Limogne-
en-Quercy et rte à gauche
À savoir : Près d'un lac bordé d'un sentier botanique

> Nature : ⟩⟨ ← ▭
> Loisirs : 🍺 brasserie 🏓 ↟ ⊐ ⟍
> Services : ⅗ ⚡ ☺ ⚗ �👁 🖼
> À prox. : ⌁

MILLAU

✉ 12100 – **338** K6 – G. Languedoc Roussillon – 21 339 h. – alt. 372
A 75- Viaduc de Millau - Péage en 2006 : autos 5,10/6,80, caravanes 7,70/10,20, camions 18,70/25,50, motos
3,40
🛈 *Office de tourisme, 1, place du Beffroi* ℘ 05 65 60 02 42, Fax 05 65 60 95 08
Paris 636 – Albi 106 – Alès 138 – Béziers 122 – Mende 95 – Montpellier 114 – Rodez 67.

△△ **Les Rivages** ⚎ – 1er mai-30 sept.
℘ 05 65 61 01 07, *campinglesrivages@wanadoo.fr*,
Fax 05 65 59 03 56, *www.campinglesrivages.com*
– **R** conseillée
7 ha (314 empl.) plat, herbeux, pierreux
Tarif : 👤 🚗 ▤ 26 € – ⚡ (6A) – frais de réservation 16 €
Location : 22 ⌂ (4 à 6 pers.) 336 à 600 €/sem. – 6
bungalows toilés
Pour s'y rendre : 1,7 km à l'E par D 991 rte de Nant, bord
de la Dourbie

> Nature : ← 🞵🞵 ⚠
> Loisirs : 🍺 ✕ 🏛 ⊡ ↟↟ squash
> 🏓 ⚽ 🀄 ⊐ ⚓ ⟍
> Services : ⅗ ⚡ GB ⚗ 🖥 🗘 ☺ ⚗
> �👁 ⓣ 🖼 sèche-linge ⚖ 🗘 bu-
> reau documentation touristique
> À prox. : ↟

△△ **Viaduc** ⚎ – 27 avr.-24 sept.
℘ 05 65 60 15 75, *info@camping-du-viaduc.com*,
Fax 05 65 61 36 51, *www.camping-du-viaduc.com*
– **R** conseillée
5 ha (237 empl.) plat, herbeux
Tarif : 👤 🚗 ▤ 22 € – ⚡ (6A) 3 € – frais de réservation 16 €
Location : ⌂ – 10 ⌂ (4 à 6 pers.) 270 à 662 €/sem. – 6
bungalows toilés
Pour s'y rendre : 0,8 km au NE par D 991 rte de Nant et
D 187 à gauche rte de Paulhe, bord du Tarn

> Nature : ▭ 🞵🞵 ⚠
> Loisirs : 🍺 snack 🏛 ↟↟ 🏓 ⊐
> ⟍
> Services : ⅗ ⚡ GB ⚗ ▥ 🖥 🗘 ☺
> ⚗ ⏐👁 sèche-linge ⚖ 🗘
> À prox. : 🛒 🚲 ⚽ 🐴 canoë-kayak,
> parapente

△ **Les Érables** 1er avr.-30 sept.
℘ 05 65 59 15 13, *camping-les-erables@wanadoo.fr*,
Fax 05 65 59 06 59, *www.campingleserables.fr* – **R** conseil-
lée
1,4 ha (78 empl.) plat, herbeux
Tarif : 👤 🚗 ▤ 14,90 € – ⚡ (6A) 3 € – frais de réserva-
tion 16 €
Location : 4 ⌂ (4 à 6 pers.) 252 à 469 €/sem.
Pour s'y rendre : 0,9 km au NE par D 991, rte de Nant et
D 187 à gauche, rte de Paulhe, bord du Tarn

> Nature : ← ▭ 🞵🞵
> Loisirs : 🏛
> Services : ⅗ ⚡ GB ⚗ 🖥 ☺ ⓣ
> sèche-linge
> À prox. : 🛒 ⚽ ↟ ⊐ canoë-kayak

NAJAC

✉ 12270 – **338** D5 – G. Midi Pyrénées – 744 h. – alt. 315
🛈 *Syndicat d'initiative, place du Faubourg* ℘ 05 65 29 72 05, Fax 05 65 29 72 29
Paris 629 – Albi 51 – Cahors 85 – Gaillac 51 – Montauban 76 – Rodez 71 – Villefranche-de-Rouergue 20.

△△ **Municipal le Païsserou**
℘ 05 65 29 73 96, *sogeval@wanadoo.fr*, Fax 05 65 29 37 10
4 ha (100 empl.) plat, herbeux
Location : ⌂
Pour s'y rendre : NO : 1,5 km par D 39, rte de Parisot
À savoir : Site et cadre agréables au bord de l'Aveyron

> Nature : ⟩⟨ ▭ 🞵🞵
> Loisirs : snack 🏛 ↟↟ 🏓 ⟍ ca-
> noë
> Services : ⅗ ⚡ 🖥 ☺ 🖼 🗘
> À prox. : ⚽ 🐴 🦌

NANT

✉ 12230 – **338** L6 – G. Languedoc Roussillon – 846 h. – alt. 490
🛈 *Office de tourisme, place du Claux* ℰ *05 65 60 72 75*
Paris 669 – Le Caylar 21 – Millau 33 – Montpellier 92 – St-Affrique 41 – Le Vigan 42.

Val de Cantobre 👥♨ – 14 avr.-6 oct.
  ℰ 05 65 58 43 00, info@valdecantobre.com,
  Fax 05 65 62 10 36, *www.valdecantobre.com* – **R** conseillée
6 ha (200 empl.) en terrasses, rocailleux, herbeux
Tarif : **†** 🚗 🅼 31,50 € 🛉 (6A)
Location : 20 🛏 (4 à 6 pers.) 240 à 660 €/sem. – 4 🏠
(4 à 6 pers.) 309 à 830 €/sem.
🚐 1 borne
Pour s'y rendre : Domaine de Vellas, N : 4,5 km par D 991,
rte de Millau et chemin à droite, bord de la Dourbie
À savoir : Autour d'une vieille ferme caussenarde du XVe s.

> Nature : 🏞 ⪜ 🏕 ⚲
> Loisirs : 🍸 ✕ pizzeria 🎪 🎧 noc-
> turne 🏋 🏊 🧖 🏊 terrain omnis-
> ports
> Services : 🛁 🔕 🅶🅱 🗴 🍴 🛇 ⊗ ♨
> 🐾 🐾 📺 🚿 🛒 cases réfrigé-
> rées

Le Roc qui parle 1ᵉʳ avr.-30 sept.
  ℰ 05 65 62 22 05, contact@camping-roc-qui-parle-avey
ron.com, Fax 05 65 62 22 05, *www.camping-roc-qui-parle-*
aveyron.com – **R** conseillée
4,5 ha (88 empl.) plat, en terrasses et incliné, herbeux,
pierreux
Tarif : **†** 🚗 🅼 15,90 € 🛉 (6A)
Location : 8 🛏 (4 à 6 pers.) 259 à 410 €/sem.
🚐 1 borne
Pour s'y rendre : NO : 2,4 km par D 991, rte de Millau, au
lieu-dit les Cuns
À savoir : Dans la vallée de la Dourbie

> Nature : 🏞 ⪜ 🏕 ⚲
> Loisirs : 🎪 🏊 🛶 🎣 parcours
> de santé
> Services : 🛁 🔕 🅶🅱 🗴 🍴 ⊗ ♨ 🐾
> 📺
> À prox. : ✕ 🛷

> *Donnez-nous votre avis*
> *sur les terrains que nous recommandons.*
> *Faites-nous connaître vos observations et vos découvertes.*

483

NAUCELLE

✉ 12800 – **338** G5 – 1 796 h. – alt. 490
🛈 *Office de tourisme, place Saint-Martin* ℰ *05 65 67 82 96, Fax 05 65 67 82 91*
Paris 652 – Albi 46 – Millau 90 – Rodez 32 – St-Affrique 72 – Villefranche-de-Rouergue 43.

CAMPING DU LAC 1ᵉʳ avr.-31 oct.
  ℰ 05 65 69 33 20, camping-du-lac-de-bonnefon@wana
doo.fr, Fax 05 65 69 33 20, *www.camping-du-lac-de-bon*
nefon.com – **R** conseillée
3 ha (90 empl.) peu incliné, en terrasses, herbeux
Tarif : **†** 🚗 🅼 17 € – 🛉 (10A) 5 € – frais de réservation 20 €
Location (permanent) : 5 🛏 (4 à 6 pers.) 280 à
625 €/sem. – 18 🏠 (4 à 6 pers.) 230 à 600 €/sem.
🚐 2 bornes – 6 🅼
Pour s'y rendre : Sortie Sud-Est par D 997, rte de Naucelle-
Gare puis 1,5 km par rte de Crespin et rte de St-Just à
gauche, à 100 m de l'étang (accès direct)

> Nature : 🏞 🏕 ⚲
> Loisirs : 🍸 snack 🏊 🧖 🏊 (petite
> piscine)
> Services : 🛁 🔕 🅶🅱 🗴 🍴 🛇 ⊗ 🕻
> 📺
> À prox. : ✕ 🎣 🐎 🏇

Le NAYRAC

✉ 12190 – **338** H3 – 570 h. – alt. 707
Paris 591 – Aurillac 61 – Entraygues-sur-Truyère 18 – Espalion 19 – Rodez 44.

La Planque juil.-août
  ℰ 05 65 44 44 50, vert-tea-jeu@wanadoo.fr,
Fax 05 65 44 44 50 – **R** conseillée
3 ha (45 empl.) en terrasses, plat, herbeux
Tarif : **†** 2,50 € 🚗 🅼 2,50 € – 🛉 (6A) 2,50 €
Pour s'y rendre : S : 1,4 km par D 97, rte d'Estaing puis
chemin à gauche, bord d'un étang

> Nature : 🏞 ⪜ 🏕 ⚲
> Loisirs : 🚲
> Services : 🔕 🗴 ⊗ 📺
> À prox. : 🎪 🏊 ✕ 🛶 parcours
> aventure

PONS

✉ 12140 – **338** H2
Paris 588 – Aurillac 34 – Entraygues-sur-Truyère 11 – Montsalvy 12 – Mur-de-Barrez 24 – Rodez 53.

Municipal de la Rivière 15 juin-15 sept.
𝄞 05 65 66 18 16, *mairiesainthippolyte@wanadoo.fr*,
Fax 05 65 66 18 16, *www.sainthippolyte.fr* – **R** conseillée
0,9 ha (36 empl.) plat, herbeux
Tarif : ☗ ⛺ 🅿 10 € – ⚡ (10A) 3 €
Location (permanent) : 11 🏠 (4 à 6 pers.) 300 à
350 €/sem.
Pour s'y rendre : SE : à 1 km du bourg, sur D 526 rte
d'Entraygues-sur-Truyère, bord du Goul
À savoir : Agréable cadre verdoyant dans une petite vallée,
en bordure de rivière

Nature : 🌿 ⛰ 🏞 ♨
Loisirs : 🏠 🏊 🎣 ⛷
Services : 🚿 ⊶ 🚮 🗑 ⚕ 🔄 🏧

PONT-DE-SALARS

✉ 12290 – **338** I5 – 1 414 h. – alt. 700
🅱 *Office de tourisme, place de la Mairie* 𝄞 05 65 46 89 90, Fax 05 65 46 81 16
Paris 651 – Albi 86 – Millau 47 – Rodez 25 – St-Affrique 56 – Villefranche-de-Rouergue 71.

Les Terrasses du Lac ♨♨ – 1ᵉʳ avr.-30 déc.
𝄞 05 65 46 88 18, *campinglesterrasses@wanadoo.fr*,
Fax 05 65 46 85 38, *www.campinglesterrasses.com*
– **R** conseillée
6 ha (180 empl.) en terrasses, herbeux
Tarif : ☗ ⛺ 🅿 21 € – ⚡ (6A) 6 € – frais de réservation 16 €
Location : 30 🏠 (4 à 6 pers.) 260 à 720 €/sem. –
bungalows toilés
Pour s'y rendre : N : 4 km par D 523 rte du Vibal
À savoir : Agréable situation dominant le lac

Nature : 🌿 ⛰ 🏞 ♨
Loisirs : 🍷 snack 🎦 🌙 nocturne
🏌 🏊 ⛷ 🎣
Services : 🚿 ⊶ (1ᵉʳ juil.-31 août)
🇬🇧 🚮 🗑 ⚕ 🔄 🏧 ⛽ 🔄 🏧
À prox. : 🎣 🚣 🐴

Le Lac 1ᵉʳ juin-15 sept.
𝄞 05 65 46 84 86, *camping.du.lac@wanadoo.fr*,
Fax 05 65 46 60 39, *www.parc-du-lac.com* – **R** conseillée ✂
4,8 ha (200 empl.) plat, peu incliné, en terrasses, herbeux,
pierreux
Tarif : ☗ ⛺ 🅿 18 € ⚡ (6A) – frais de réservation 15 €
Location (1ᵉʳ avr.-31 oct.) : 10 🏠 (4 à 6 pers.) 235 à
590 €/sem. – bungalows toilés
Pour s'y rendre : N : 1,5 km par D 523 rte du Vibal
À savoir : Au bord du lac

Nature : ♨ ⛰
Loisirs : 🍷 snack 🎦 🌙 nocturne
🏊 🚲 ⛷ 🎣
Services : 🚿 ⊶ 🇬🇧 🚮 🗑 ⚕ 🔄 ⚕
🔄 🏧 ♨ 🏧
À prox. : 🎣 🚣 (plage) ♨

Presqu'île de Laussac

RIGNAC

✉ 12390 – **338** F4 – 1 658 h. – alt. 500
🏢 *Office de tourisme, place du Portail-Haut* 𝄞 05 65 80 26 04
Paris 618 – Aurillac 86 – Figeac 40 – Rodez 27 – Villefranche-de-Rouergue 30.

△ **La Peyrade** mai-sept.
𝄞 05 65 64 44 64, Fax 05 65 64 46 33 – **R** conseillée
0,7 ha (36 empl.) en terrasses, peu incliné, herbeux
Tarif : ★ 🚗 🅴 21 €
Pour s'y rendre : Au Sud du bourg, pl. du Foirail, près d'un petit étang

Nature : 🦌 🚃 💧
Services : ♿ 🚰 GB 🔧 📅 ⊕ 🚿 ♨ 🧺
À prox. : 🍴 🏠 🚣 ⛷ 💥 🍽 🏊

RIVIÈRE-SUR-TARN

✉ 12640 – **338** K5 – 961 h. – alt. 380
🏢 *Syndicat d'initiative, route des Gorges du Tarn* 𝄞 05 65 59 74 28
Paris 627 – Mende 70 – Millau 14 – Rodez 65 – Sévérac-le-Château 24.

▲▲ **Peyrelade** ♣♦ – 15 mai-15 sept.
𝄞 05 65 62 62 54, *campingpeyrelade@wanadoo.fr*,
Fax 05 65 62 65 61, *www.campingpeyrelade.com*
– **R** conseillée
4 ha (190 empl.) plat et en terrasses, herbeux, pierreux
Tarif : ★ 🚗 🅴 24 € – 🔌 (6A) 3 € – frais de réservation 16 €
Location (28 avr.-15 sept.) : 25 🏚 (4 à 6 pers.) 280 à 754 €/sem. – bungalows toilés
Pour s'y rendre : E : 2 km par D 907 rte de Florac, bord du Tarn
À savoir : Cadre et situation agréables à l'entrée des Gorges du Tarn

Nature : ≤ 🌳🌳 ⛰
Loisirs : 🍴 snack 🏠 🎯 🚣 🏊 canoë
Services : ♿ 🚰 GB 🔧 📅 🛁 ⊕ 🚿 ♨ 🧺 🛒 🍴
À prox. : 🚲 💥

▲▲ **Les Peupliers** 1er avr.-30 nov.
𝄞 05 65 59 85 17, *lespeupliers12640@wanadoo.fr*,
Fax 05 65 61 09 03, *www.campinglespeupliers.fr*
– **R** conseillée
1,5 ha (112 empl.) plat, herbeux
Tarif : ★ 🚗 🅴 17 € – 🔌 (10A) 4 € – frais de réservation 25 €
Location (1er avr.-30 sept.) : 12 🏚 (4 à 6 pers.) 350 à 650 €/sem.
Pour s'y rendre : Sortie Sud-Ouest rte de Millau et chemin à gauche, bord du Tarn

Nature : ≤ 🚃 🌳🌳
Loisirs : 🍴 snack 🚣 🏊 🏖 canoë
Services : ♿ 🚰 GB 🔧 📅 🛁 ⊕ 🚿 🧺 � 🍴
À prox. : 🐎

485

RODEZ

✉ 12000 – **338** H4 – G. Midi Pyrénées – 23 707 h. – alt. 635
🏢 *Office de tourisme, place Foch* 𝄞 05 65 75 76 77, Fax 05 65 68 78 15
Paris 623 – Albi 76 – Alès 187 – Aurillac 87 – Brive-la-Gaillarde 167 – Clermont-Ferrand 213 – Montauban 131 – Périgueux 219 – Toulouse 155.

▲▲▲ **Village Vacances Campéole le Domaine de Combelles** (location exclusive de bungalows toilés et de chalets)
𝄞 05 65 77 30 04, *cplcombelles@atciat.com*,
Fax 05 65 77 30 06, *www.campeole.com* – **R** indispensable
120 ha plat, vallonné, herbeux
Location : 35 🏠 – 124 bungalows toilés – (avec sanitaires)
Pour s'y rendre : SE : 2 km par D 12, rte de Ste-Radegonde,D 62, rte de Flavin à droite et chemin à gauche
À savoir : Au coeur d'un centre équestre, nombreuses activités

Nature : 🦌 ≤ 🚃
Loisirs : 🍴 ✗ 🏠 💃 nocturne, salle de danse 🚣 🚲 💥 🍽 🐎 🎭 théâtre de verdure
Services : 🚰 🅿 📅 🍴
À prox. : 🏸 🏊 golf (18 trous), escalade

RODEZ

♨ **Municipal de Layoule**
  ☎ 05 65 67 09 52, *contact@mairie-rodez.fr*,
  Fax 05 65 67 11 43, *www.mairie-rodez.fr* – **R** conseillée ✑
  3 ha (79 empl.) plat et en terrasses, herbeux, gravier
  Pour s'y rendre : Au Nord-Est de la ville
  À savoir : Agréable cadre verdoyant et ombragé près de
  l'Aveyron

> Nature : ⌑ 00
> Loisirs : 🎬 ⚓
> Services : ⚙ ⊙ 🔲 ⊚ 🗜 ✏ 🔳
> À prox. : 🏊 ✗ 🎣 🔲 ⛷ 🛶 🐎 golf
> (18 trous) 🚐

ST-AMANS-DES-COTS

✉ 12460 – **338** H2 – 771 h. – alt. 735
🛈 *Office de tourisme, rue Principale* ☎ 05 65 44 81 61
Paris 585 – Aurillac 54 – Entraygues-sur-Truyère 16 – Espalion 31 – Chaudes-Aigues 47.

♨ **Les Tours** ♠♦ – 20 mai-7 sept.
  ☎ 05 65 44 88 10, *camping-les-tours@wanadoo.fr*,
  Fax 05 65 44 83 07, *www.les-tours.com* – alt. 600
  – **R** conseillée
  30 ha/10 campables (250 empl.) en terrasses, peu incliné,
  herbeux, pierreux
  Tarif : (Prix 2006) ♦ ⬅ 🔲 34 € [½] (6A)
  Location : 46 🚐 (4 à 6 pers.) 217 à 712 €/sem.
  Pour s'y rendre : SE : 6 km par D 97 et D 599 à gauche,
  bord du lac de la Selves

> Nature : ⌇ ← ⌑ ♨ ⩜
> Loisirs : ♈ ✗ 🎬 ⑨ nocturne 🏓
> ⚓ 🔘 ✗ ⛷ ⩜ practice de golf
> Services : ⚙ ⊙ GB 🐕 🔲 ⚖ ⊚ ⊿
> ✏ 🔳 🔲 ⊹

♨ **La Romiguière** 1ᵉʳ mai-15 sept.
  ☎ 05 65 44 44 64, *campinglaromiguiere@wanadoo.fr*,
  Fax 05 65 44 86 37, *laromiguiere.com* – alt. 600 – **R** conseillée
  2 ha (62 empl.) en terrasses, pierreux, herbeux
  Tarif : ♦ ⬅ 🔲 18 € – [½] (10A) 3 € – frais de réservation 15 €
  Location : 15 🚐 (4 à 6 pers.) 220 à 525 €/sem.
  Pour s'y rendre : SE : 8,5 km par D 97 et D 599 à gauche,
  bord du lac de la Selves

> Nature : ⌇ ← ⌑ ♨ ⩜
> Loisirs : ♈ brasserie, pizzeria ⛷ 🛶
> ponton d'amarrage, canoë, pédalos
> Services : ⚙ ⊙ GB 🐕 🔲 ⚖ ⊚ ⊿
> ✏ 🔳 ⊹
> À prox. : ski nautique, golf (18 trous)
> 🚐

ST-GENIEZ-D'OLT

✉ 12130 – **338** J4 – G. Midi Pyrénées – 1 841 h. – alt. 410
🛈 *Office de tourisme, 4, rue du Cours* ☎ 05 65 70 43 42, Fax 05 65 70 47 05
Paris 612 – Espalion 28 – Florac 80 – Mende 68 – Rodez 46 – Sévérac-le-Château 25.

♨ **Marmotel** ♠♦ – 12 mai-12 sept.
  ☎ 05 65 70 46 51, *info@marmotel.com*, Fax 05 65 47 41 38,
  www.marmotel.com – **R** conseillée
  4 ha (173 empl.) plat, herbeux
  Tarif : ♦ ⬅ 🔲 26 € [½] (10A) – frais de réservation 16 €
  Location ✑ (1ᵉʳ juil.-31 août) : 22 🚐 (4 à 6 pers.) 200
  à 680 €/sem. – 30 🏠 (4 à 6 pers.) 200 à 680 €/sem.
  🚐, 1 borne
  Pour s'y rendre : O : 1,8 km par D 19 rte de Prades-
  d'Aubrac et chemin à gauche, à l'extrémité du village arti-
  sanal, bord du Lot
  À savoir : Cadre verdoyant et très ombragé

> Nature : ⌇ ← ⌑ 00
> Loisirs : ♈ grill (dîner seulement) ⑨
> nocturne 🏓 discothèque ⚓ ⊙
> ✗ ⛷ ⩜ ⩜ 🛶 terrain omnisports
> Services : ⚙ ⊙ GB 🐕 🔲 ⚖ ⊚ ⊿
> ✏ 🔳
> À prox. : 🏊 🐎

♨ **Campéole la Boissière** ♠♦ – 23 avr.-23 sept.
  ☎ 05 65 70 40 43, *cplboissiere@atciat.com*,
  Fax 05 65 47 56 39, *www.campeole.com* – **R** conseillée
  5 ha (220 empl.) en terrasses et plat, peu incliné, herbeux
  Tarif : ♦ ⬅ 🔲 12,45 € – [½] (10A) 3,90 € – frais de réservation 23,80 €
  Location : 30 🚐 (4 à 6 pers.) 224 à 700 €/sem. –
  bungalows toilés
  Pour s'y rendre : NE : 1,2 km par D 988, rte de St-Laurent-
  d'Olt et rte de Pomayrols à gauche, bord du Lot
  À savoir : Agréable cadre boisé

> Nature : ⌇ ⌑ 00
> Loisirs : ♈ 🎬 🏓 ⚓ ✗ ⛷ ⩜
> 🛶
> Services : ⚙ ⊙ GB 🐕 🔲 ⚖ ⊚ 🔳
> À prox. : 🏊 🚴 🐎

ST-GENIEZ-D'OLT

Les Clédelles du Colombier (location exclusive de villas) 15 mars-15 nov.
  ℘ 05 65 47 45 72, *lescledelles.aveyron@wanadoo.fr*,
Fax 05 65 47 45 48, *www.lescledelles.com* – **R** conseillée
3 ha plat, herbeux
Location : 41 ⌂ (4 à 6 pers.) 300 à 760 €/sem.
Pour s'y rendre : 1 km au NE par D 988, rte de St-Laurent-d'Olt et rte de Pomayrols à gauche, près du Lot

Nature : ⌂
Loisirs : ⚹ ⅃
Services : GB ⅋ ▥ ▤
À prox. : ⌇

ST-ROME-DE-TARN

✉ 12490 – **338** J6 – 715 h. – alt. 360
⚑ *Syndicat d'initiative, place du Terral* ℘ 05 65 62 50 89
Paris 655 – Millau 18 – Pont-de-Salars 42 – Rodez 66 – St-Affrique 15 – St-Beauzély 20.

La Cascade Permanent
  ℘ 05 65 62 56 59, *campingdelacascade@wanadoo.fr*,
Fax 05 65 62 58 62, *http://perso.wanadoo.fr/campingdela cascade/* – accès aux emplacements par forte pente, mise en place et sortie des caravanes à la demande – **R** conseillée
4 ha (99 empl.) en terrasses, peu incliné, herbeux
Tarif : (Prix 2006) ⚹ ⌂ ▣ 25 €
Location : 10 ⌂ – 19 ⌂ – 14 ⌂ – 10 bungalows toilés
⌂ 1 borne
Pour s'y rendre : 0,3 km au N par D 993, rte de Rodez, bord du Tarn
À savoir : Terrasses à flanc de colline dominant le Tarn

Nature : ⌂ ≤ ⌂ ◉◉ ▲
Loisirs : snack ⌂ ▣ ⚹ ⚲ ⚸ ⅃ ⌇
Services : ⚷ ⚯ GB ⅋ ▤ ▤ ◉ ⚹ ▣ sèche-linge ▤ ⚹
À prox. : canoë, pédalos

Ne pas confondre :
▲ ... à ... ▲▲▲▲ : *appréciation* **MICHELIN**
et
★ ... à ... ★★★★ : *classement officiel*

487

ST-SYMPHORIEN-DE-THÉNIÈRES

✉ 12460 – **338** I2 – 228 h. – alt. 800
Paris 581 – Chaudes-Aigues 42 – Entraygues-sur-Truyère 27 – Espalion 33 – Laguiole 16 – Rodez 63.

Municipal St-Gervais
  ℘ 05 65 44 82 43 – **R** conseillée
1 ha (39 empl.) peu incliné, en terrasses, plat, herbeux
Pour s'y rendre : À St-Gervais, O : 5 km par D 504
À savoir : Cadre verdoyant, près d'un plan d'eau et à proximité d'un lac

Nature : ⌂ ≤ ⌂ ◗
Loisirs : ⚸ ⌇
Services : ⚷ ⚯ ▤ ◉ ⚹ ⚹ ▣
À prox. : ⚐ snack ≋ ◊

SALLES-CURAN

✉ 12410 – **338** I5 – 1 088 h. – alt. 887
⚑ *Syndicat d'initiative, place de la Vierge* ℘ 05 65 46 31 73
Paris 650 – Albi 77 – Millau 39 – Rodez 40 – St-Affrique 41.

Les Genêts ⚹⚹ – 25 mai-8 sept.
  ℘ 05 65 46 35 34, *contact@camping-les-genets.fr*,
Fax 05 65 78 00 72, *www.camping-les-genets.fr* – alt. 1 000 – **R** conseillée
3 ha (163 empl.) peu incliné, en terrasses, herbeux
Tarif : (Prix 2006) ⚹ ⌂ ▣ 29 € ⚡ (6A) – frais de réservation 30 €
Location (28 avr.-8 sept.) : 40 ⌂ (4 à 6 pers.) 180 à 620 €/sem. – 12 ⌂ (4 à 6 pers.) 240 à 680 €/sem. – bungalows toilés
Pour s'y rendre : NO : 5 km par D 993 puis à gauche par D 577, rte d'Arvieu et 2 km par chemin à droite
À savoir : Au bord du lac de Pareloup

Nature : ⌂ ≤ ⌂ ◗ ▲
Loisirs : ⚐ snack, pizzeria ⚹ discothèque ⚸ ⚲ ◔ ⌂ ⅃
Services : ⚷ ⚯ (1er juin-8 sept.) GB ⅋ ▤ ◉ ⚹ ⚹ ▣ ▤
À prox. : ◊ ⚞ ski nautique, jet-ski

SALLES-CURAN

Parc du Charrouzech déb. mai-mi-sept.
℘ 05 65 46 01 11, *patrick-vpt12@wanadoo.fr*,
Fax 05 65 46 02 80, *www.charrouzech.com* – **R** conseillée
3 ha (104 empl.) en terrasses, peu incliné, herbeux
Tarif : ♣ ⇔ 🅴 24,50 € 🅙 (6A)
Location (permanent) : bungalows toilés
Pour s'y rendre : NO : 5 km par D 993 puis à gauche par
D 577, rte d'Arvieu et 3,4 km par chemin à droite, près du
lac de Pareloup (accès direct)
À savoir : Situation dominante sur le lac

Nature : 🌳 ≤ 🏕 🛖
Loisirs : 🏠 🏛 🛶 canoë
Services : 🚿 GB 🐕 🖥 ☺ 🛎 ♨ 🖼 🛍
À prox. : 🚴 🐎 🏊 ski nautique, jet-ski

Beau Rivage du Lac de Pareloup 1er avr.-31 oct.
℘ 05 65 46 33 32, *camping-beau-rivage@wanadoo.fr*,
www.beau-rivage.fr – **R** conseillée
2 ha (80 empl.) en terrasses, herbeux
Tarif : ♣ ⇔ 🅴 26 € – 🅙 (6A) 3 € – frais de réservation 20 €
Location : 10 🛖 (4 à 6 pers.) 167 à 625 €/sem. – 6 🏠
(4 à 6 pers.) 198 à 670 €/sem.
Pour s'y rendre : N : 3,5 km par D 993, rte de Pont-de-
Salars et D 243 à gauche, rte des Vernhes
À savoir : Situation agréable au bord du lac de Pareloup

Nature : ≤ 🟢 🛖
Loisirs : 🍸 snack 🏠 🛶 ♨
Services : 🚿 ⊶ GB 🐕 Ⓜ 🖥 ☺ ☺ 🖼 ♨
À prox. : ✕ 🚴 🎾 🐎 🏊 ski nauti-
que, jet-ski

SÉVÉRAC-L'ÉGLISE

✉ 12310 – **338** J4 – G. Midi Pyrénées – 418 h. – alt. 630
Paris 625 – Espalion 26 – Mende 84 – Millau 58 – Rodez 31 – Sévérac-le-Château 24.

La Grange de Monteillac 🔺 – saison
℘ 05 65 70 21 00, *info@la-grange-de-monteillac.com*,
Fax 05 65 70 21 01, *www.la-grange-de-monteillac.com*
– **R** conseillée
4,5 ha (65 empl.) plat, en terrasses, peu incliné, herbeux
Tarif : ♣ ⇔ 🅴 23,50 € 🅙 (6A) – frais de réservation 18 €
Location : 22 🏠 (4 à 6 pers.) 339 à 818 €/sem.
Pour s'y rendre : Sortie Nord-Est par D 28, rte de Laissac,
face au cimetière

Nature : ≤ 🟢
Loisirs : 🍸 snack, pizzeria 🏠 🏛
🛶 🚴 🎾 ♨ poneys
Services : 🚿 ⊶ 🖥 ☺ ☺ 🖼 ♨ 🛍
À prox. : 🎾

Le TRUEL

✉ 12430 – **338** I6 – 369 h. – alt. 290
Paris 677 – Millau 40 – Pont-de-Salars 37 – Rodez 52 – St-Affrique 23 – Salles-Curan 22.

Municipal la Prade
℘ 05 65 46 41 46
0,6 ha (28 empl.) plat, pierreux, herbeux
Location : gîte d'étape
Pour s'y rendre : À l'Est du bourg par D 31, à gauche après
le pont, bord du Tarn (plan d'eau)

Nature : ≤ 🟢 🟢
Loisirs : 🏠
Services : ⊶ 🖥 ☺ 🖼
À prox. : 🎾 🛶 ⛵ ♨

VILLEFRANCHE-DE-ROUERGUE

✉ 12200 – **338** E4 – G. Midi Pyrénées – 11 919 h. – alt. 230
🅸 Office de tourisme, promenade du Guiraudet ℘ 05 65 45 13 18, Fax 05 65 45 55 58
Paris 614 – Albi 68 – Cahors 61 – Montauban 80 – Rodez 60.

Le Rouergue 15 avr.-fin sept.
℘ 05 65 45 16 24, *campingrouergue@wanadoo.fr*,
Fax 05 65 45 16 24, *www.villefranche.com/camping*
– **R** conseillée
1,8 ha (98 empl.) plat, herbeux
Tarif : ♣ ⇔ 🅴 14 € – 🅙 (16A) 3 € – frais de réservation 3 €
Location (déb.mars-fin oct.) : bungalows toilés
Pour s'y rendre : SO : 1,5 km par D 47, rte de Monteils

Nature : 🟢 🟢
Loisirs : 🏠 🛶
Services : 🚿 ⊶ GB 🐕 🖥 ☺ ☺ 🛎
À prox. : 🚴 🎾 🖼 ♨ 🏊

ASPET

✉ 31160 – **343** C6 – 923 h. – alt. 472
🚹 *Office de tourisme, rue Armand Latour* ✆ *05 61 94 86 51*
Paris 767 – Lannemezan 50 – St-Béat 29 – St-Gaudens 17 – St-Girons 41.

⚠ **Municipal le Cagire**
✆ *05 61 88 51 55, camping.aspet@wanadoo.fr,*
Fax 05 61 88 44 03 – **R** conseillée
1,5 ha (42 empl.) plat, herbeux, bois attenant
Pour s'y rendre : Sortie Sud par rte du col de Portet-
d'Aspet et chemin à droite, bord du Ger

Nature : 🌳
Loisirs : 🏠
Services : ⚊ 🔊 ⊕ 🔲
À prox. : ✗ 🛠

AURIGNAC

✉ 31420 – **343** D5 – G. Midi Pyrénées – 980 h. – alt. 430
🚹 *Syndicat d'initiative, rue des Nobles* ✆ *05 61 98 70 06*
Paris 750 – Auch 71 – Bagnères-de-Luchon 69 – Pamiers 92 – St-Gaudens 23 – St-Girons 41 – Toulouse 77.

⚠ **Temps Libre Les Petites Pyrénées** 1er juin-30 sept.
✆ *05 61 98 70 08, mairie@aurignac.fr,* Fax 05 61 98 70 08,
www.tempslibre-vacances.com – **R** conseillée
0,9 ha (40 empl.), peu incliné et plat, herbeux
Tarif : 👤 🚐 🔲 6,50 € – 🔌 (12A) 1,50 €
Location (permanent) 🏠 : 2 🛏 (4 à 6 pers.) 206 à
320 €/sem.
Pour s'y rendre : Sortie SE par D 635 rte de Boussens et à
dr., près du stade

Nature : 🏕 🌳🌳
Loisirs : 🏠
Services : ⚊ 🐾 ⊕
À prox. : ✗ 🛠 🐎

BAGNERES-DE-LUCHON

✉ 31110 – **343** B8 – G. Midi Pyrénées – 2 900 h. – alt. 630 – Sports d'hiver : à Superbagnères : 1 440/2 260 m
🚟 1 🚠 14 🎿
🚹 *Office de tourisme, 18, allée d'Étigny* ✆ *05 61 79 21 21, Fax 05 61 79 11 23*
Paris 814 – Bagnères-de-Bigorre 96 – St-Gaudens 48 – Tarbes 98 – Toulouse 141.

489

⛰ **Pradelongue** 1er avr.-30 sept.
✆ *05 61 79 86 44, camping.pradelongue@wanadoo.fr,*
Fax 05 61 79 18 64, *www.camping-pradelongue.com*
– **R** conseillée
4 ha (135 empl.) plat, herbeux, pierreux
Tarif : 👤 🚐 🔲 11 € – 🔌 (10A) 4 € – frais de réservation 13 €
Location 🏠 : 12 🛏 (4 à 6 pers.) 240 à 545 €/sem.
🏕 1 borne 10 € – 13 🔲 12,50 €
Pour s'y rendre : 2 km au N par D 125, rte de Moustajon,
près du magasin Intermarché

Nature : ≤ 🏕 🌳🌳
Loisirs : 🏠 🚗 🏊
Services : 🚿 ⚊ 🏧 🐾 🍽 🔲 🛎 ⊕
🌊 🚰 🔲 sèche-linge
À prox. : 🛒 🐎 canoë-kayak

⛰ **Les Myrtilles** 👥 – Permanent
✆ *05 61 79 89 89, myrtilles.aubruchet@wanadoo.fr,*
Fax 05 61 79 09 41, *www.camping-myrtilles.com*
– **R** conseillée
2 ha (100 empl.) plat, herbeux
Tarif : 👤 🚐 🔲 16,95 € 🔌 (10A) – frais de réservation 14 €
Location : 9 🛖 (2 à 4 pers.) 210 à 370 €/sem. – 26 🛏
(4 à 6 pers.) 270 à 510 €/sem. – 5 studios – gîte d'étape
🏕 1 borne 5 €
Pour s'y rendre : 2,5 km au N par D 125, à Moustajon, bord
d'un ruisseau

Nature : ≤ 🏕 🌳
Loisirs : 🍷 snack 🏠 🏕 🚗 🎠 🎣
🏊
Services : 🚿 ⚊ 🏧 🐾 🍽 🔲 🛎 🔊
⊕ 🌊 🚰 🔲 sèche-linge 🛎
À prox. : 🐎 (centre équestre) ca-
noë-kayak

⚠ **La Lanette** 👥
✆ *05 61 79 00 38, camping-la-lanette@wanadoo.fr,*
Fax 05 61 79 06 16, *www.camping-la-lanette.com* – **R**
5 ha (250 empl.) peu incliné, plat, herbeux
Location : 22 🛖
Pour s'y rendre : 0,5 km au N par D 27, rte de Juzet-de-
Luchon

Nature : 🏞 🏕 🌳
Loisirs : 🍷 snack 🏕 🚗
Services : 🚿 ⚊ 🔲 🛎 ⊕ 🔲 🛎

BOULOGNE-SUR-GESSE

✉ 31350 – **343** E5 – 1 433 h. – alt. 320
🛈 *Office de tourisme, place de l'Hôtel de Ville* 🕿 05 61 88 13 19
Paris 735 – Auch 47 – Aurignac 24 – Castelnau-Magnoac 13 – Lannemezan 34 – L'Isle-en-Dodon 21.

Le Lac (location exclusive de chalets) Permanent
🕿 05 61 88 20 54, *villagevacancesboulogne@wanadoo.fr*,
Fax 05 61 88 62 16, *ville-boulogne-sur-gesse.fr* – empl. traditionnels également disponibles – **R** conseillée
2 ha en terrasses, herbeux

Location 🅿 : 24 🏠 (4 à 6 pers.) 255 à 550 €/sem.
Pour s'y rendre : 1,3 km au SE par D 633 rte de Montréjeau et rte à gauche, à 300 m du lac
À savoir : Location à la nuitée hors sais.

Nature : 🦆 ⬅ Sur le lac 💧💧	
Loisirs : 🏛 🎣	
Services : ⛴ ☕ ⬚ 🏧	
À prox. : 🍴 🍽 ✗ 🚴 🏄 🚣 ⛵ 🏊 ⛷	
⛵ pédalos	

CARAMAN

✉ 31460 – **343** I3 – 1 944 h. – alt. 285
Paris 702 – Lavaur 25 – Puylaurens 28 – Revel 23 – Toulouse 29 – Villefranche-de-Lauragais 18.

Municipal de l'Orme Blanc
🕿 05 62 18 81 60, *mairie.caraman@wanadoo.fr*,
Fax 05 61 83 98 83 – **R** conseillée
0,6 ha (30 empl.) plat, peu incliné, herbeux
Pour s'y rendre : SO : 1,5 km par D 11, rte de Villefranche-de-Lauragais et rte de Labastide-Beauvoir, près d'un étang

Nature : 🦆 🏕 🌳🌳🌳	
Services : ⛴ ☕ ⬚ ⊕ 🔥 ⬚	
À prox. : ⛷ parcours sportif	

CASSAGNABÈRE-TOURNAS

✉ 31420 – **343** C5 – 389 h. – alt. 380
Paris 758 – Auch 78 – Bagnères-de-Luchon 65 – Pamiers 101 – St-Gaudens 19 – St-Girons 47 – Toulouse 86.

Pré Fixe 15 avr.-15 févr.
🕿 05 61 98 71 00, *camping@instudio4.com, www.instudio4.com/pre-fixe* – **R** conseillée ✁
1,2 ha (40 empl.) en terrasses, plat, herbeux
Tarif : 👤 ⬅ 🅴 8 € – 🔌 (6A) 4 €
Pour s'y rendre : Au Sud-Ouest du bourg
À savoir : Jolie décoration florale et arbustive

Nature : 🦆 ⬅ 🏕 💧	
Loisirs : 🏛 🚣	
Services : ⛴ 🔑 ☕ ⬚ ⊕ 🔥 🚿	
À prox. : ⛷	

490

GARIN

✉ 31110 – **343** B8 – 102 h. – alt. 1 100
Paris 827 – Toulouse 153 – Tarbes 85 – Lourdes 84 – Saint 53.

Les Frênes (location exclusive de chalets) Permanent
🕿 05 61 79 88 44, *vero.comet@wanadoo.fr*,
Fax 05 61 79 88 44, *www.chalets-luchon-peyragudes.com* – empl. traditionnels également disponibles – **R** indispensable
0,8 ha en terrasses, peu incliné, herbeux, pierreux
Location 🅿 : 10 🏠 (4 à 6 pers.) 163 à 467 €/sem.
Pour s'y rendre : À l'E du bourg par D 618, rte de Bagnères-de-Luchon et à gauche, D 76ᴱ vers rte de Billière
À savoir : Location à la nuitée hors vacances scolaires

Nature : 🦆 ⬅ 💧	
Loisirs : 🏛	
Services : 🔑 ☕ 🏧 ⬚ sèche-linge	
À prox. : 🏊 ✗	

MANE

✉ 31260 – **343** D6 – 1 026 h. – alt. 297
Paris 753 – Aspet 19 – St-Gaudens 22 – St-Girons 22 – Ste-Croix-Volvestre 25 – Toulouse 80.

Camping Municipal de la Justale 1ᵉʳ avr.-31 oct.
🕿 05 61 90 68 18, *la.justale.villagevacances-mane@wanadoo.fr*, Fax 05 61 90 68 18, *www.village-vacances-mane.com* – **R** conseillée
3 ha (23 empl.) plat, herbeux
Tarif : 👤 2,45 € ⬅ 2,30 € 🅴 3,45 € – 🔌 (10A) 2,80 €
Location (permanent) : gîtes
🚐 1 borne
Pour s'y rendre : SO : à 0,5 km du bourg par rue près de la mairie, bord de l'Arbas et d'un ruisseau
À savoir : Agréable cadre verdoyant

Nature : 🦆 🏕 💧💧	
Loisirs : 🏛 🚴 🏄 🏊	
Services : ⛴ 🔑 ☕ ⬚ ⊕ 🏧	
À prox. : ⛷ 🐎	

MARTRES-TOLOSANE

✉ 31220 – **343** E5 – G. Midi Pyrénées – 1 687 h. – alt. 268

🚹 *Office de tourisme, place Henri Dulion 𝒫 05 61 98 66 41, Fax 05 61 98 59 29*

Paris 735 – Auch 80 – Auterive 48 – Bagnères-de-Luchon 81 – Pamiers 78 – St-Gaudens 33 – St-Girons 40.

▵▵▵ **Le Moulin** mi-avr.-30 sept.
𝒫 05 61 98 86 40, *info@CampingLeMoulin.com*,
Fax 05 61 98 66 90, *www.CampingLeMoulin.com*
– **R** conseillée
6 ha/3 campables (57 empl.) plat, herbeux
Tarif : 🛉 ⇌ 🅴 14,50 € – 🔌 (10A) 5 € – frais de réservation 12 €
Location (permanent) : 5 🛏 (4 à 6 pers.) 225 à 470 €/sem. – 12 🏠 (4 à 6 pers.) 260 à 690 €/sem.
🚐 1 borne
Pour s'y rendre : SE : 1,5 km par rte du stade, av. de St-Vidian et chemin à gauche après le pont, bord d'un ruisseau et d'un canal, près de la Garonne (accès direct)
À savoir : Agréable domaine rural, ancien moulin

| Nature : 🐾 🖙 ⚪⚪ |
| Loisirs : 🏛 🏍 🎾 🎣 ⛵ |
| Services : 🕭 🔌 GB 🛠 🗟 ♨ 🏔 ⊕ 🛒 ⏚ 👃 👣 🔥 |

Benutzen Sie
– zur Wahl der Fahrtroute
– zur Berechnung der Entfernungen
– zur exakten Lokalisierung eines Campingplatzes (mit Hilfe der Angaben im Ortstext)
die für diesen Führer unentbehrlichen MICHELIN-Karten im Ma1 : 150 000.

NAILLOUX

✉ 31560 – **343** H4 – 1 237 h. – alt. 285 – Base de loisirs

Paris 711 – Auterive 15 – Castelnaudary 42 – Foix 50 – Pamiers 32 – Toulouse 36.

▵▵ **Le Lac de la Thésauque** Permanent
𝒫 05 61 81 34 67, *camping-thesauque@caramail.com*,
Fax 05 61 81 00 12, *www.camping-thesauque.com*
– **R** conseillée
2 ha (60 empl.) en terrasses, herbeux
Tarif : (Prix 2006) 🛉 ⇌ 🅴 14,50 € – 🔌 (6A) 3,20 € – frais de réservation 12 €
Location 🍴 : 2 🛏 (2 à 4 pers.) 200 à 280 €/sem. – 4 🛏 (4 à 6 pers.) 280 à 470 €/sem.
Pour s'y rendre : 3,4 km à l'E par D 622, rte de Villefranche-de-Lauragais, D 25 à gauche et chemin, à 100 m du lac

| Nature : 🐾 ⚪⚪ |
| Loisirs : 🍴 🍽 pizzeria 🏛 🏍 🎾 🌳 🎣 ⛵ canoë, pédalos |
| Services : 🕭 🔌 GB 🛠 🎱 🗟 ⊕ 👣 🎱 ⏚ |

PUYSSÉGUR

✉ 31480 – **343** E2 – 70 h. – alt. 265

Paris 669 – Agen 83 – Auch 51 – Castelsarrasin 48 – Condom 73 – Montauban 45 – Toulouse 42.

▵▵ **Namasté** 1ᵉʳ avr.-31 oct.
𝒫 05 61 85 77 84, *camping.namaste@free.fr*,
Fax 05 61 85 77 84, *http://camping.namaste.free.fr* – accès aux emplacements par forte pente, mise en place et sortie des caravanes à la demande – **R** conseillée
10 ha/2 campables (50 empl.) en terrasses, herbeux, gravillons, étang, bois attenant
Tarif : 🛉 ⇌ 🅴 16,50 € – 🔌 (10A) 4,50 € – frais de réservation 15 €
Location : 6 🛏 (4 à 6 pers.) 250 à 640 €/sem.
Pour s'y rendre : Sortie Nord par D 1, rte de Cox et chemin à droite

| Nature : 🐾 🖙 ⚪⚪ |
| Loisirs : 🏛 🍴 🏍 🎣 ⛵ |
| Services : 🕭 🔌 🛠 🗟 ♨ 🏔 ⏚ 👣 🔥 |

REVEL

⊠ 31250 – **343** K4 – G. Midi Pyrénées – 7 985 h. – alt. 210
🛈 *Office de tourisme, place Philippe VI de Valois* ℘ 05 34 66 67 68, Fax 05 34 66 67 67
Paris 727 – Carcassonne 46 – Castelnaudary 21 – Castres 28 – Gaillac 62 – Toulouse 54.

⚠ **Municipal du Moulin du Roy** mi-juin-déb. oct.
℘ 05 61 83 32 47, *mairie@mairie-revel.fr*,
Fax 05 62 18 71 41, *www.revel-lauragais.com* – **R** conseillée
1,2 ha (50 empl.) plat, herbeux
Tarif : 👤 2,40 € – 🚗 1,50 € 🗐 1,90 € – [½] (10A) 2,70 €
Pour s'y rendre : Sortie Sud-Est par D 1, rte de Dourgne et
à droite
À savoir : Décoration arbustive et florale des emplacements

Nature : 🔲 ♀
Loisirs : 🏊
Services : 🚿 ☕ (mi-juin-déb.sept.) 🐕 🔥 ⊕ 🍽 🎣
À prox. : 🍴 🎦 🛶

RIEUX

⊠ 31310 – **343** F5 – G. Midi Pyrénées – 1 899 h. – alt. 210 – Base de loisirs
🛈 *Office de tourisme, 9, rue de l'Evêché* ℘ 05 61 87 63 33
Paris 723 – Auterive 35 – Foix 53 – St-Gaudens 54 – Toulouse 50.

⚠ **Municipal du Plan d'Eau** 1ᵉʳ avr.-31 oct.
℘ 05 61 87 49 64, *otrieuxvolvestre@wanadoo.fr*,
Fax 05 61 87 63 33, *www.tourisme-volvestre.com* – places
limitées pour le passage – **R** conseillée
3 ha (68 empl.) en terrasses, herbeux, gravillons
Tarif : 👤 🚗 🗐 12 € – [½] (10A) 1,20 € – frais de réservation 9 €
Location : 11 🛖 (4 à 6 pers.) 210 à 300 €/sem. – 10 🏠
(4 à 6 pers.) 260 à 590 €/sem.
🚐 2 bornes 3 €
Pour s'y rendre : 3 km au NO par D 627, rte de Toulouse et
rte à gauche, bord de la Garonne
À savoir : Location à la nuitée hors sais.

Nature : 🌊 🔲 🎐
Loisirs : 🏊 🍴 🎣
Services : 🚿 ☕ 🅶🅱 🐕 ⊕ 🔥 🍽 🎣 🛒
À prox. : 🍴 snack 🍦 🎦 🛶 🚣 💧

ST-BERTRAND-DE-COMMINGES

⊠ 31510 – **343** B6 – G. Midi Pyrénées – 237 h. – alt. 581
Paris 783 – Bagnères-de-Luchon 33 – Lannemezan 23 – St-Gaudens 17 – Tarbes 68 – Toulouse 110.

⚠ **Es Pibous** Permanent
℘ 05 61 94 98 20, *contac@es-pibous.wanadoo.fr*,
Fax 05 61 95 63 83, *www.es-pibous.fr* – **R** conseillée
2 ha (80 empl.) plat, herbeux
Tarif : (Prix 2006) 👤 🚗 🗐 14 € [½] (6A)
🚐 1 borne 3,80 €
Pour s'y rendre : 0,8 km au SE par D 26 A, rte de St-Béat et
chemin à gauche

Nature : 🌊 ≤ la cathédrale 🔲 🎐
Loisirs : 🎡 🏊 🛶
Services : 🚿 ☕ 🅶🅱 🐕 🎲 📮 🔥 🍽 ⊕ 🖼
À prox. : 🛶 canoë-kayak

ST-FERRÉOL

⊠ 31250 – **343** K4 – G. Midi Pyrénées – Base de loisirs
Paris 729 – Carcassonne 43 – Castelnaudary 19 – Castres 31 – Gaillac 65 – Toulouse 56.

⚠ **En Salvan** 1ᵉʳ avr.-31 oct.
℘ 05 61 83 55 95, *lvt-en-salvan@wanadoo.fr*,
Fax 05 62 71 23 46, *www.camping-ensalvan.com*
– **R** conseillée – adhésion F.F.C.C. obligatoire
2 ha (150 empl.) plat et peu incliné, herbeux
Tarif : 👤 3,20 € 🚗 2 € 🗐 3,20 € – [½] (10A) 3,90 € – frais de
réservation 5 €
Location 🏨 : 27 🛖 (4 à 6 pers.) 220 à 520 €/sem. – 5
🏠 (4 à 6 pers.) 220 à 520 €/sem.
Pour s'y rendre : 1 km au SO sur D 79D rte de Vaudreuille,
près d'une cascade et à 500 m du lac (haut de la digue)

Nature : 🌊 🔲 ♀
Loisirs : 🎡 🏇 🏊 🛶
Services : 🚿 ☕ 🅶🅱 🐕 🖼 🔥 ⊕ 🍽
À prox. : 🍴 🔥 ⛵ 🛶 💧 🐴 poneys

ST-GAUDENS

✉ 31800 – **343** C6 – G. Midi-Pyrénées – 10 845 h. – alt. 405
🛈 Office de tourisme, 2, rue Thiers ✆ 05 61 94 77 61, Fax 05 61 94 77 50
Paris 766 – Bagnères-de-Luchon 48 – Tarbes 68 – Toulouse 94.

△ **Municipal Belvédère des Pyrénées** juin-sept.
✆ 05 62 00 16 03, web.master@mairie.st-gaudens.fr,
Fax 05 61 94 78 78, www.st-gaudens.com – **₨**
1 ha (83 empl.) plat, herbeux, gravillons
Tarif : **🛉** 3 € – ⇦ 1,50 € 回 7,20 € – 🔌 (13A) 5,35 €
Pour s'y rendre : O : 1 km par N 117, direction Tarbes

Nature : < Pyrénées ☋ 00	
Loisirs : 🍽 pizzeria	
Services : ᗰ ⟁ 🏢 🗃 ☺	
À prox. : 🛒	

ST-MARTORY

✉ 31360 – **343** D6 – G. Midi Pyrénées – 873 h. – alt. 268
🛈 Syndicat d'initiative, 17, rue des Écoles ✆ 05 61 97 40 48
Paris 745 – Aurignac 12 – Bagnères-de-Luchon 66 – Cazères 16 – St-Gaudens 20 – Toulouse 72.

△ **Municipal** mi-juin-mi-sept.
✆ 05 61 90 44 93, cccsm@wanadoo.fr, www.petitespyre
nees.com – **R** conseillée
1,3 ha (50 empl.) plat, herbeux
Tarif : (Prix 2006) **🛉** ⇦ 回 9,50 € 🔌 (5A)
Pour s'y rendre : S : 0,8 km par D 117, rte de St-Girons et
chemin à droite, après le stade

Nature : ⧖ < ☋ 〇	
Services : ᗰ ⟁ 🗒 🏢 ☺	
À prox. : ✂	

SALLES-ET-PRATVIEL

✉ 31110 – **343** B8 – 119 h. – alt. 625
Paris 814 – Toulouse 141 – Tarbes 86 – Lourdes 105 – Saint 41.

△ **Le Pyrénéen** Permanent
✆ 05 61 79 59 19, campinglepyreneen@wanadoo.fr,
Fax 05 61 79 75 75, www.campingdepyreneen-luchon.com
– **R** conseillée ✂
1,1 ha (75 empl.) plat, pierreux, herbeux
Tarif : (Prix 2006) **🛉** ⇦ 回 7,70 € – 🔌 (10A) 7,60 €
Location : 12 ⊡ (4 à 6 pers.) 260 à 400 €/sem.
⊡ 1 borne – 13 回
Pour s'y rendre : 0,6 km au S par D 27 et chemin, bord de
la Pique

Nature : ❄ ⧖ < ☋ 〇〇	
Loisirs : 🍽 ⌂ ⚓ 🛝	
Services : ᗰ ⟁ ⊟ ⟁ 🏢 🗃 🛁 ⟁ ☺ ⟁ ⟁ 🖼 sèche-linge	
À prox. : 🐎	

Site de Campan

MIDI-PYRÉNÉES

MIDI-PYRÉNÉES

MIDI-PYRÉNÉES   Gers (32)

AUCH

✉ 32000 – **336** F8 – G. Midi Pyrénées – 21 838 h. – alt. 169
🛈 *Office de tourisme, 1, rue Dessoles* ✆ 05 62 05 22 89, *Fax 05 62 05 92 04*
Paris 713 – Agen 74 – Bordeaux 205 – Tarbes 74 – Toulouse 79.

Le Castagné 15 juin-15 oct.
✆ 06 07 97 40 37, *lecastagne@wanadoo.fr*,
Fax 05 62 63 32 56, *www.domainelecastagne.com*
– **R** conseillée
70 ha/2 campables (24 empl.) incliné et peu incliné, herbeux
Tarif : ★ ⬤ 🅴 8 € – [½] (10A) 2 €
Location (permanent) : 3 ⬚ (4 à 6 pers.) 274 à
460 €/sem. – 9 ⬚ (4 à 6 pers.) 274 à 500 €/sem. – ⬚ –
gîtes
Pour s'y rendre : E : 4 km par rte de Toulouse et à droite
chemin de Montegut

> Nature : 🔆 ≤ 💧
> Loisirs : 🎮 👫 ⛷ 🚴 🛝 🏊 🎣
> Services : 🚿 ⚡ 🚐 ⊙ 🛒
> À prox. : pédalos

BARBOTAN-LES-THERMES

✉ 32150 – **336** B6 – G. Midi-Pyrénées
🛈 *Office de tourisme, place Armagnac* ✆ 05 62 69 52 13
Paris 703 – Aire-sur-l'Adour 37 – Auch 75 – Condom 37 – Mont-de-Marsan 43.

Le Lac de l'Uby mi-mars-fin déc.
✆ 05 62 09 53 91, *balia-vacances@wanadoo.fr*,
Fax 05 62 09 56 97, *www.camping-uby.com* – **R** conseillée
6 ha (274 empl.) plat, gravier, herbeux
Tarif : ★ ⬤ 🅴 16,90 € [½] (10A) – frais de réservation 8 €
Location (mi-mars-fin nov.) : 30 ⬚ (4 à 6 pers.) 190 à
490 €/sem. – 7 ⬚ (4 à 6 pers.) 210 à 520 €/sem.
⬚, 1 borne – 13 🅴
Pour s'y rendre : 1,5 km au SO, rte de Cazaubon et à
gauche, à la base de loisirs (bord du lac)

> Nature : 💧 ⛰
> Loisirs : snack, pizzeria 🎮 ⛷ 🛝
> 🎣 terrain omnisports
> Services : 🚿 ⚡ 🚭 ⊙ 🛒 🍴 🛁 ⊙
> 🏊 ♨ 🛒 🛁
> À prox. : 🏓 🎣 🛶 canoë, pédalos

494

BASSOUES

✉ 32320 – **336** D8 – 376 h. – alt. 225
🛈 *Syndicat d'initiative, Au Donjon* ✆ 05 62 70 97 34, *Fax 05 62 70 90 47*
Paris 749 – Aire-sur-l'Adour 48 – Auch 39 – Condom 55 – Mont-de-Marsan 79 – Tarbes 56.

Saint Fris
✆ 05 62 70 90 47, *cœur-dastarac@wanadoo.fr* – **R** conseillée
1 ha (50 empl.) non clos, plat, peu incliné, herbeux
Pour s'y rendre : E : 0,8 km par D 943, rte de Montesquiou,
près du stade et au bord de l'étang

> Nature : 🔆 🎣
> Loisirs : 🏓
> Services : ⊙

CASTÉRA-VERDUZAN

✉ 32410 – **336** E7 – 830 h. – alt. 114 – Base de loisirs
🛈 *Syndicat d'initiative, avenue des Thermes* ✆ 05 62 68 10 66
Paris 720 – Agen 61 – Auch 40 – Condom 20.

La Plage de Verduzan mi-mars-31 janv.
✆ 05 62 68 12 23, *contact@camping-verduzan.com*,
Fax 05 62 68 18 95, *www.camping-verduzan.com*
– **R** conseillée
2 ha (100 empl.) plat, herbeux
Tarif : ★ ⬤ 🅴 19,50 € – [½] (6A) 2 € – frais de réserva-
tion 10 €
Location (mi-mars-31 oct.) 🏓 : 10 ⬚ (2 à 4 pers.) 125
à 355 €/sem. – 15 ⬚ (4 à 6 pers.) 215 à 515 €/sem. –
bungalows toilés
Pour s'y rendre : Au Nord du bourg, bord de l'Aulone
À savoir : Au bord d'un plan d'eau, emplacements soignés

> Nature : 🔆 🎣
> Loisirs : 🎮 👫 🎣
> Services : 🚿 ⚡ 🚭 ⊙ 🛒 🏊 ⊙ 🛁
> 🛒 🛁
> À prox. : 🏓 🏊 (plage) 🛶 pédalos

CÉZAN

✉ 32410 – **336** E7 – 150 h. – alt. 207
Paris 712 – Auch 27 – Fleurance 18 – Lectoure 22 – Valence-sur-Baïse 14 – Vic-Fézensac 21.

Les Angeles mi-juin-31 août
℘ 05 62 65 29 80, *camping.angeles@free.fr*,
Fax 05 62 65 29 80, *www.camping-les-angeles.com*
– **R** conseillée
3 ha (62 empl.) non clos, incliné à peu incliné, terrasses, herbeux
Tarif : (Prix 2006) ⚹ ⟶ 🅴 9,85 € – ᵍ (6A) 2,95 € – frais de réservation 12 €
Location (mi-mars-fin sept.) : 6 [🛏] (4 à 6 pers.) 155 à 465 €/sem.
Pour s'y rendre : SE : 2,5 km par D 303, rte de Réjaumont, à droite rte de Préhac puis 0,9 km par chemin

Nature : 🏞 ⌂ 🌳
Loisirs : 🏠 🏓 🚲 🛶
Services : ⚷ GB ♿ 📶 ⊕ 🅿 ⚒

CONDOM

✉ 32100 – **336** E6 – G. Midi Pyrénées – 7 251 h. – alt. 81
🛈 *Office de tourisme, place Bossuet* ℘ 05 62 28 00 80, Fax 05 62 28 45 46
Paris 729 – Agen 41 – Auch 46 – Mont-de-Marsan 80 – Toulouse 121.

Municipal
℘ 05 62 28 17 32, *mairiedecondom@condom.org*,
Fax 05 62 28 17 32 – **R** conseillée
2 ha (75 empl.) plat, herbeux
Location 🚫 : 30 🏠
Pour s'y rendre : Sortie Sud par D 931 rte d'Eauze, près de la Baïse

Nature : ⌂ 🌳🌳
Loisirs : 🏠 🎣
Services : ♿ ⚷ 📶 🗑⊕⚒ 🚿 🚮 🅿
À prox. : 🍴 ✕ ✗ 🛶

ESTANG

✉ 32240 – **336** B6 – 643 h. – alt. 120
Paris 712 – Aire-sur-l'Adour 25 – Eauze 17 – Mont-de-Marsan 35 – Nérac 56 – Nogaro 18.

Les Lacs de Courtès 🛖 – Pâques- fin sept.
℘ 05 62 09 61 98, *contact@lacs-de-courtes.com*,
Fax 05 62 09 63 13, *www.lacs-de-courtes.com* – **R** conseillée
7 ha (136 empl.) en terrasses, peu incliné, plat, herbeux
Tarif : ⚹ 5 € ⟶ 🅴 13 € – ᵍ (16A) 3 € – frais de réservation 15 €
Location (permanent) : 47 🏠 (4 à 6 pers.) 200 à 800 €/sem. – 22 maisonnettes
[🚐] 1 borne – 10 🅴 10 €
Pour s'y rendre : Au S du bourg par D 152, près de l'église et au bord d'un lac

Nature : 🏞 🌳🌳
Loisirs : 🍴 snack 🏠 ⊝ 🏓 🏓 ⚫
🛝 🛶 ⚓ 🛶 canoë
Services : ♿ ⚷ GB ♿ 🗑 🚿 🚮 ⊕
🅿 sèche-linge 🚮

495

GONDRIN

✉ 32330 – **336** D6 – 999 h. – alt. 174
🛈 *Office de tourisme, avenue Jean Moulin* ℘ 05 62 29 15 89
Paris 745 – Agen 58 – Auch 42 – Condom 17 – Mont-de-Marsan 64 – Nérac 38.

Le Pardaillan 🛖 – 1ᵉʳ avr.-15 oct.
℘ 05 62 29 16 69, *Camplepardaillan@wanadoo.fr*,
Fax 05 62 29 11 82, *www.camping-le-pardaillan.com*
– **R** conseillée
2,5 ha (100 empl.) plat, terrasses, herbeux, gravillons
Tarif : ⚹ ⟶ 🅴 21,50 € ᵍ (10A) – frais de réservation 13 €
Location (permanent) : 24 [🛏] (4 à 6 pers.) 235 à 545 €/sem. – 15 🏠 (4 à 6 pers.) 240 à 545 €/sem. – bungalows toilés
[🚐] 3 🅴 15 €
Pour s'y rendre : À l'Est du bourg

Nature : 🏞 ⌂ 🌳🌳
Loisirs : 🍴 pizzeria 🏠 🏓 jacuzzi
🏓 🛝 (petite piscine) ⚓ (plan d'eau)
Services : ♿ ⚷ GB ♿ 🍴 🗑 🚿 ⊕
🚮 🚮 🅿 🚮
À prox. : ✗ 🛶

LECTOURE

✉ 32700 – **336** F6 – G. Midi Pyrénées – 3 933 h. – alt. 155 – Base de loisirs
🛈 Syndicat d'initiative, place du Général-de-Gaulle ☏ 05 62 68 76 98
Paris 708 – Agen 39 – Auch 35 – Condom 26 – Montauban 84 – Toulouse 114.

⚠ **Yelloh-Village le Lac des 3 Vallées** ♣♣ – 20 mai-10 sept.
☏ 05 62 68 82 33, *lac.des.trois.vallees@wanadoo.fr*,
Fax 05 62 68 88 82, *www.lac-des-3-vallees.com* – **R** indispensable
40 ha (500 empl.) plat et peu incliné, en terrasses, herbeux, étangs, bois attenant
Tarif : (Prix 2006) ♣ ⇔ 🖾 39 € – frais de réservation 30 €
Location : 150 ⎕ (4 à 6 pers.) 224 à 833 €/sem. – studios - bungalows toilés
⎕ 1 borne 4,50 €
Pour s'y rendre : SE : 2,4 km par N 21, rte d'Auch, puis 2,3 km par rte à gauche, au parc de loisirs, bord du lac

Nature : 🌿 ⩽ ⛰ 🌳🌳
Loisirs : 🍴 ✗ snack 🖾 ⓝ nocturne 🏃 🎿 🎣 ⚽ ⛵ 🏊 🚴 cinéma de plein air
Services : 🚿 🔌 GB 🐕 🖾 🛁 ♨ ⓐ 🚰 ♻ 🖼 🔥 🛒

LELIN-LAPUJOLLE

✉ 32400 – **336** B7 – 207 h. – alt. 107
Paris 731 – Agen 101 – Auch 42 – Mont-de-Marsan 41 – Pau 60 – Tarbes 67.

⚠ **Lahount** Permanent
☏ 05 62 69 64 09, *camping.de.lahount@wanadoo.fr*,
Fax 05 62 69 68 73, *http://perso.wanadoo.fr/camping.de.lahount/* – **R** conseillée
10 ha/3 campables (86 empl.) en terrasses, herbeux, étang, bois attenant
Tarif : ♣ ⇔ 🖾 14,50 € (₰) (10A)
Location : 7 ⎕ (2 à 4 pers.) 204 à 246 €/sem. – 10 ⎕ (4 à 6 pers.) 210 à 410 €/sem. – 4 🏠 (4 à 6 pers.) 265 à 595 €/sem.
⎕ 1 borne 4,50 €
Pour s'y rendre : 2,2 km au S par D 169, rte de St-Germé et rte à gauche

Nature : 🌿 ⩽ ⛰
Loisirs : snack 🖾 🏊 poneys
Services : 🚿 🔌 GB 🐕 🖾 ⓐ 🚰 ♻ 🖼 🔥

MASSEUBE

✉ 32140 – **336** F9 – 1 391 h. – alt. 220
🛈 Syndicat d'initiative, 14, avenue Elysée Duffréchou ☏ 05 62 66 12 22, Fax 05 62 66 96 20
Paris 732 – Auch 26 – Mirande 21 – Rieux 69 – Toulouse 91.

⚠ **Les Cledelles** (location exclusive de chalets) Permanent
☏ 05 62 66 01 75, *cledelles.gers@wanadoo.fr*,
Fax 05 62 66 01 75, *lescledelles.com* – empl. traditionnels également disponibles – **R** conseillée
1 ha plat, herbeux
Location : 19 🏠 (4 à 6 pers.) 280 à 580 €/sem.
Pour s'y rendre : Au bourg, près du stade et de la piscine

Nature : ♀
Loisirs : 🖾 🎣 ⚽ 🏊 🏓
Services : 🚿 🔌 ⓟ GB 🐕 🖼
À prox. : golf

MIRANDE

✉ 32300 – **336** E8 – G. Midi Pyrénées – 3 568 h. – alt. 173
🛈 Office de tourisme, 13, rue de l'Evêché ☏ 05 62 66 68 10
Paris 737 – Auch 25 – Mont-de-Marsan 98 – Tarbes 49 – Toulouse 103.

⚠ **Municipal l'Île du Pont** mi-mai-mi-sept.
☏ 05 62 66 64 11, *info@camping-gers.com*,
Fax 05 62 66 69 86, *www.camping-gers.com* – **R** conseillée
10 ha/5 campables (140 empl.) non clos, plat, herbeux
Tarif : (Prix 2006) ♣ ⇔ 🖾 16 €
Location (permanent) : 9 ⎕ (4 à 6 pers.) 215 à 525 €/sem. – 12 🏠 (4 à 6 pers.) 255 à 565 €/sem. – bungalows toilés
Pour s'y rendre : À l'Est de la ville, dans une île de la Grande Baïse
À savoir : Sur une île, site agréable entre lac et rivière

Nature : 🌿 ♀
Loisirs : 🍴 snack 🖾 🏃 salle d'animation 🎣 🏓
Services : 🚿 🐕 ⛽ 🖾 ⓐ 🚰 ♻ 🖼 🔥
À prox. : 🏊 parcours de santé, canoë, pédalos ⎕

MIREPOIX

⊠ 32390 – **336** G7 – G. Midi Pyrénées – 171 h. – alt. 150
Paris 696 – Auch 17 – Fleurance 13 – Gimont 25 – Mauvezin 21 – Vic-Fézensac 32.

Les Mousquetaires (location exclusive de chalets)
Permanent
℘ 05 62 64 33 66, *info@chalets-mousquetaires.com*,
Fax 05 62 64 33 56, *www.chalets-mousquetaires.com* – **R**
indispensable
1 ha non clos, plat et peu incliné, herbeux, étang
Location : 11 🏠 (4 à 6 pers.) 265 à 605 €/sem.
Pour s'y rendre : 2 km au SE du bourg
À savoir : Près d'une ferme, situation dominante sur la
campagne vallonnée du Gers

> Nature : ⚲ ⩽ ♀
> Loisirs : 🏸 ⌿
> Services : & ⚡ ⚙ 🖭
> À prox. : ⚓

MONFORT

⊠ 32120 – **336** G7 – G. Midi Pyrénées – 424 h. – alt. 164
Paris 681 – Auch 33 – Fleurance 15 – Gimont 24 – L'Isle-Jourdain 34.

Municipal 15 mai-15 oct.
℘ 05 62 06 83 26, *mairiemonfort@orange.fr*,
Fax 05 62 06 83 26 – **R** conseillée
0,2 ha (20 empl.) plat, herbeux
Tarif : 👤 ⟮ ▣ 5 € – ⚡ 1,50 €
Pour s'y rendre : Au bourg
À savoir : Belle situation dominant la campagne vallonnée
du Gers

> Nature : ⚲ ⩽ ⛺ ♀
> Loisirs : 🎱
> Services : ☺ ☎
> À prox. : ✕

---

*Demandez à votre libraire le catalogue des **publications MICHELIN**.*

497

MONTESQUIOU

⊠ 32320 – **336** D8 – 570 h. – alt. 214
▤ *Office de tourisme, Mairie* ℘ 05 62 70 91 18
Paris 741 – Auch 32 – Mirande 12 – Mont-de-Marsan 87 – Pau 85.

Le Haget déb.avr.-fin oct.
℘ 05 62 70 95 80, *info@lehaget.com*, Fax 05 62 70 94 83,
www.lehaget.com – **R** indispensable
10 ha (70 empl.) plat et peu incliné, herbeux
Tarif : 👤 ⟮ ▣ 17 € – ⚡ (10A) 4 € – frais de réservation 10 €
Location : 19 🏠 (4 à 6 pers.) 325 à 675 €/sem. – 10 ⛺ –
huttes
Pour s'y rendre : 0,6 km à l'O par D 943 rte de Marciac puis
à gauche, 1,5 km par D 34 rte de Miélan
À savoir : Dans le parc du château

> Nature : ⚲ ♀♀
> Loisirs : 🍴 ✕ 🎱 ⌿
> Services : & ⚡ ⊞ ⚙ 🚾 ⊕ ☺ 🖭
> À prox. : ✕

RISCLE

⊠ 32400 – **336** B8 – 1 675 h. – alt. 105
▤ *Syndicat d'initiative, 6, place du foirail* ℘ 05 62 69 74 01
Paris 739 – Aire-sur-l'Adour 17 – Maubourguet 27 – Nogaro 14 – Plaisance 17.

Le Pont de l'Adour 1er avr.-15 janv.
℘ 05 67 36 00 08, *camping.dupontdeladour@tiscali.fr*,
Fax 05 62 69 72 45, *www.camping-adour.new.fr*
– **R** conseillée
2,5 ha (60 empl.) plat, herbeux
Tarif : 👤 ⟮ ▣ 13 € – ⚡ (5A) 2,50 € – frais de réservation 25 €
Location (permanent) : 🚐 – 6 🏠 (4 à 6 pers.) 190 à
460 €/sem. – pavillons
Pour s'y rendre : Sortie Nord-Est par D 935, rte de Nogaro
et à droite avant le pont, bord de l'Adour

> Nature : ⚲ ⛺ ♀♀
> Loisirs : 🍴 snack 🎱 🚲
> Services : & ⚡ ⊞ ⚙ 🚾 ⚓ ⊕ 🖭
> ⛵
> À prox. : ⚓ ✕ ⌿ parcours de
> santé

La ROMIEU

✉ 32480 – **336** E6 – 532 h. – alt. 188

🛈 *Syndicat d'initiative, rue du Docteur Lucante* 𝒫 05 62 28 86 33
Paris 694 – Agen 32 – Auch 48 – Condom 12 – Moissac 69 – Montauban 97.

⛰ **Le Camp de Florence** ♣♣ – 1ᵉʳ avr.-6 oct.
𝒫 05 62 28 15 58, *info@lecampdeflorence.com*,
Fax 05 62 28 20 04, *www.lecampdeflorence.com*
– **R** conseillée
10 ha/4 campables (183 empl.) non clos, plat, terrasses,
herbeux
Tarif : ♦ 🚗 🔲 30,90 € 🔌 (6A) – frais de réservation 23 €
Location : 30 🚐 (4 à 6 pers.) 245 à 814,80 €/sem. – 2
🏠 (4 à 6 pers.) 280 à 924 €/sem. – 7 bungalows toilés
🚐 1 borne 4 € – 7 🔲
Pour s'y rendre : Sortie E du bourg par D 41

Nature : 🌲 🔲 ♨
Loisirs : 🍽 🗡 (uniquement le soir)
🎭 🎨 diurne nocturne (juil.-août)
🏃 🎯 🚲 🎾 💦
Services : 🚿 🔌 GB 🛁 🗄 🏪 🕭 ☺
🕭 🗑 🚿

*Les indications d'accès à un terrain sont généralement indiquées,
dans notre guide, à partir du centre de la localité.*

ROQUELAURE

✉ 32810 – **336** F7 – 454 h. – alt. 206
Paris 711 – Agen 67 – Auch 10 – Condom 39.

⛰ **Le Talouch** ♣♣ – 1ᵉʳ avr.-30 sept.
𝒫 05 62 65 52 43, *info@camping-talouch.com*,
Fax 05 62 65 53 68, *www.camping-talouch.com* – **R** indispensable
9 ha/5 campables (147 empl.) plat, herbeux, terrasse
Tarif : ♦ 🚗 🔲 23,15 € – 🔌 (4A) 7,45 € – frais de réservation 29 €
Location (permanent) : 40 🏠 (4 à 6 pers.) 245 à
847 €/sem. – bungalows toilés
Pour s'y rendre : N : 3,5 km par D 272, rte de Mérens puis
à gauche D 148, rte d'Auch

Nature : 🌲 🔲 ♨
Loisirs : 🗡 🏃 ♨ hammam jacuzzi
🎯 🚲 🎾 🔲 💦 swin golf (9
trous)
Services : 🚿 🔌 GB 🛁 🗄 🏪 🚿
🗑 🗑 🚿

498

ST-BLANCARD

✉ 32140 – **336** F9 – 257 h. – alt. 332 – Base de loisirs
Paris 735 – Toulouse 84 – Pau 116 – Montauban 112 – Tarbes 76.

⛰ **Les Clédelles du lac de la Gimone** (location
exclusive de chalets) Permanent
𝒫 05 62 66 01 18, *cledelles.gers@wanadoo.fr*,
Fax 05 62 66 01 75, *www.lescledelles.com*
20 ha/1 campable non clos, plat, herbeux
Location 🅿 : 9 🏠 (4 à 6 pers.) 250 à 450 €/sem.
Pour s'y rendre : 3 km au S, rte deLalanne-Arque et che-
min à gauche, au bord du lac

Nature : 🌲 ⩽ sur le lac ⛰
Loisirs : 🎯 ♨ 🔲 ♦
Services : 🚿 🔌 (juil.-août) GB 🛁
🏪
À prox. : canoë, pédalos, bâteau
promenade

THOUX

✉ 32430 – **336** H7 – 163 h. – alt. 145 – Base de loisirs
Paris 681 – Auch 40 – Cadours 13 – Gimont 14 – L'Isle-Jourdain 13 – Mauvezin 16.

⛰ **Lac de Thoux - Saint Cricq** 1ᵉʳ avr.-15 oct.
𝒫 05 62 65 71 29, *lacdethoux@cacg.fr*, Fax 05 62 65 74 81,
www.lacdethoux.com – **R** conseillée
3,5 ha (130 empl.) plat, peu incliné, herbeux
Tarif : ♦ 🚗 🔲 14 € – 🔌 (10A) 3,70 € – frais de réservation 19 €
Location (permanent) : 16 🚐 (4 à 6 pers.) 260 à
535 €/sem. – bungalows toilés
🚐 1 borne 5 € – 10 🔲 5 €
Pour s'y rendre : NE : sur D 654, bord du lac

Nature : ♨ ⛰
Loisirs : 🏃 🚲 💦
Services : 🚿 🔌 GB 🛁 🗄 🏪 🚿
🗑 🗑
À prox. : 🏊 🍽 snack 🎯 🎾 🎣
♦

ANGLARS-JUILLAC

✉ 46140 – **337** D5 – 331 h. – alt. 98
Paris 590 – Cahors 26 – Gourdon 41 – Sarlat-la-Canéda 53 – Villeneuve-sur-Lot 52.

▲ **Base Nautique Floiras** 1er avr.-15 oct.
  𝒫 05 65 36 27 39, *campingfloiras@aol.com*,
  Fax 05 65 21 41 00, *www.campingfloiras.com* – **R** conseillée
  1 ha (25 empl.) non clos, plat, herbeux
  Tarif : ✦ ⇌ 🅴 12,20 € – 🔌 (10A) 3 € – frais de réservation 12 €
  Pour s'y rendre : À Juillac, au bord du Lot

Nature : ⅏ ⚲ ☖	
Loisirs : 🚲 ⚓ canoë	
Services : & ⊶ 🟦 🗐 ⊛ 🗄	

BAGNAC-SUR-CÉLÉ

✉ 46270 – **337** I3 – 1 519 h. – alt. 234
🄱 *Syndicat d'initiative, 18, avenue du Quercy* 𝒫 *05 65 14 02 03*
Paris 593 – Cahors 83 – Decazeville 16 – Figeac 15 – Maurs 8.

▲ **Les Berges du Célé** déb.juin-fin sept.
  𝒫 05 65 34 94 31 06 7, *lesbergesducele@aol.com*,
  Fax 03 23 53 25 98, *www.lesbergesducele.com* – **R** conseillée
  1 ha (44 empl.) plat, herbeux
  Tarif : ✦ ⇌ 🅴 7,40 € – 🔌 (5A) 2,50 €
  Location : 3 🛏 (4 à 6 pers.) 210 à 420 €/sem. – bungalows toilés
  🏕 1 borne 4 €
  Pour s'y rendre : Au Sud-Est du bourg, derrière la gare, au bord du Célé

Nature : ⚲ ☖	
Loisirs : ⚒	
Services : ⊶ ⚙ ⊛ 🗄	
À prox. : ✗	

BÉDUER

✉ 46100 – **337** H4 – 623 h. – alt. 260
Paris 572 – Cahors 63 – Figeac 9 – Villefranche-de-Rouergue 36.

▲ **Pech Ibert** mars-déc.
  𝒫 05 65 40 05 85, *camping.pech.ibert@wanadoo.fr*,
  Fax 05 65 40 08 33, *www.camping-pech-ibert.com*
  – **R** conseillée
  1 ha (18 empl.) plat, herbeux, gravillons, pierreux
  Tarif : (Prix 2006) ✦ ⇌ 🅴 13,10 € 🔌 (6A)
  Location : 3 🛖 (4 à 6 pers.) 270 à 425 €/sem.
  🏕 1 borne 4 €
  Pour s'y rendre : NO : 1 km par D 19, rte de Cajarc et rte à droite

Nature : ⅏ ≼ ▱ ⚲	
Loisirs : 🍸 🎣 ⚒	
Services : & ⊶ (saison) ⚙ 🗐 ♨ ⊛ 🗄 réfrigérateurs	
À prox. : ✗	

499

BELAYE

✉ 46140 – **337** D5 – G. Périgord – 223 h. – alt. 209
Paris 594 – Cahors 30 – Fumel 21 – Gourdon 46 – Montauban 67.

⩕ **La Tuque**
  𝒫 05 65 21 34 34, *camping@la-tuque.info*,
  Fax 05 65 21 39 89, *www.la-tuque.info* – croisement difficile
  sur 6 km – **R** conseillée
  9 ha/4 campables (90 empl.) en terrasses, accidenté, peu
  incliné, herbeux, pierreux
  Location ⚡ : 7 🛏 – gîtes, huttes
  Pour s'y rendre : Sortie Sud, 3,5 km par D 50, rte de la
  Boulvée et chemin à droite au lieu-dit La Tuque
  À savoir : Cadre agréable dans un joli site boisé

Nature : ♒	
Loisirs : 🍸 snack 🎱 🕯 nocturne 🛝 ⚽ ✗ 🎯 ⚒	
Services : & ⊶ 🗐 ⊛ 🗄	

*La catégorie (1 à 5 tentes, **noires** ou rouges) que nous attribuons*
aux terrains sélectionnés dans ce guide est une appréciation qui nous est propre.
Elle ne doit pas être confondue avec le classement (1 à 4 étoiles)
établi par les services officiels.

BRENGUES

✉ 46320 – **337** G4 – G. Périgord – 175 h. – alt. 135
Paris 565 – Cajarc 16 – Cahors 54 – Figeac 21 – Livernon 11.

▲ **Le Moulin Vieux** avr.-sept.
℘ 05 65 40 00 41, *blasquez.a@wanadoo.fr*,
Fax 05 65 40 05 65 – **R** conseillée
3 ha (91 empl.) plat, herbeux, pierreux
Tarif : (Prix 2006) ✶ ⇆ 🗐 15,40 €
Location : 6 🏠 (2 à 4 pers.) 120 à 330 €/sem. – 6 🏚 (4
à 6 pers.) 180 à 430 €/sem. – 🛏
Pour s'y rendre : N : 1,5 km par D 41, rte de Figeac, au
bord du Célé

Nature : 🏞 ⩽ ♨ ⚴
Loisirs : ☕ 🎮 nocturne 🏊 ⚽ 🎣 🛶
Services : & ⚡ ⛽ 📺 🗐 ⊕ 🖼 ≞
À prox. : ✗ ☕ 🏡

BRETENOUX

✉ 46130 – **337** H2 – G. Périgord – 1 231 h. – alt. 136
🛈 Office de tourisme, avenue de la Libération ℘ 05 65 38 59 53
Paris 521 – Brive-la-Gaillarde 44 – Cahors 83 – Figeac 48 – Sarlat-la-Canéda 65 – Tulle 47.

▲ **La Bourgnatelle** 1er mai-30 sept.
℘ 05 65 10 89 04, *contact@dordogne-vacances.fr*,
Fax 05 65 10 89 18, *www.dordogne-vacances.fr* – **R** conseillée
2,3 ha (135 empl.) plat, herbeux
Tarif : ✶ ⇆ 🗐 15 € – ⚡ (5A) 3 € – frais de réservation 10 €
Location : 50 🏚 (4 à 6 pers.) 130 à 495 €/sem.
🚐 1 borne 3 € – 3 🗐
Pour s'y rendre : Sortie Nord-Ouest, à gauche après le
pont

Nature : 🏞 ♨ ⚴
Loisirs : 🎮 🏊
Services : & ⚡ 📺 🗐 ⊕ 🖼
À prox. : ✗ 🛶

*Raadpleeg, voordat U zich op een kampeerterrein installeert,
de tarieven die de beheerder verplicht
is bij de ingang van het terrein aan te geven.
Informeer ook naar de speciale verblijfsvoorwaarden.
De in deze gids vermelde gegevens kunnen
sinds het verschijnen van deze heeditie gewijzigd zijn.*

500

CAHORS

✉ 46000 – **337** E5 – G. Périgord – 20 003 h. – alt. 135
🛈 Office de tourisme, place François Mitterrand ℘ 05 65 53 20 65, Fax 05 65 53 20 74
Paris 575 – Agen 85 – Albi 110 – Bergerac 108 – Brive-la-Gaillarde 98 – Montauban 64 – Périgueux 126.

▲ **Rivière de Cabessut** avr.-sept.
℘ 05 65 30 06 30, *camping-riviere-cabessut@wanadoo.fr*,
Fax 05 65 23 99 46, *www.cabessut.com* – **R** conseillée
2 ha (102 empl.) plat, herbeux
Tarif : (Prix 2006) ✶ ⇆ 🗐 16 € – ⚡ (10A)
Location : 8 🏚 (4 à 6 pers.) 250 à 450 €/sem.
🚐 1 borne 5 €
Pour s'y rendre : S : 3 km sur D 911 direction Rodez puis
chemin à gauche, quai Ludo-Rolles, bord du Lot

Nature : ⩽ 🏞 ♀
Loisirs : 🎮 🏊 🎣 🛶
Services : & ⚡ 📺 🗐 ⊕ 🖼
À prox. : ⚲

CAJARC

✉ 46160 – **337** H5 – G. Périgord – 1 114 h. – alt. 160
🛈 Office de tourisme, La Chapelle ℘ 05 65 40 72 89
Paris 586 – Cahors 52 – Figeac 25 – Villefranche-de-Rouergue 27.

▲ **Municipal le Terriol** mai-sept.
℘ 05 65 40 72 74, Fax 05 65 40 39 05 – **R** conseillée
0,8 ha (45 empl.) plat, herbeux
Tarif : ✶ 2,50 € ⇆ 🗐 4 € – ⚡ 2,50 €
Pour s'y rendre : Sortie Sud-Ouest par D 662, rte de Cahors
et à gauche

Nature : 🏞 ♀
Services : ⚡ (juil.-août) 📺 ⊕ 🖼
À prox. : 🏊 ⚲ 🛶

CARLUCET

✉ 46500 – **337** F3 – G. Périgord – 171 h. – alt. 322
Paris 542 – Cahors 47 – Gourdon 26 – Labastide-Murat 11 – Rocamadour 14.

Château de Lacomté mi-mai-sept.
  ℘ 05 65 38 75 46, *chateaulacomte@wanadoo.fr*,
Fax 05 65 33 17 68, *www.campingchateaulacomte.com*
– **R** conseillée
12 ha/4 campables (100 empl.) plat et terrasse, peu incliné,
pierreux, herbeux, bois
Tarif : (Prix 2006) ✝ ⬌ 🅴 31 € – frais de réservation 10 €
Location 🛖 : 4 🚐 (4 à 6 pers.) 175 à 470 €/sem. – 6
🏠 (4 à 6 pers.) 225 à 570 €/sem.
Pour s'y rendre : NO : 1,8 km du bourg, au château

Nature : 🌲 ⌂	
Loisirs : 🍽 ✗ 🏠 🛖 ⛵ 🚲 🎾 🏊	
Services : ♿ ⚡ 🔌 🅶🅱 🗄 ⓐ 🚿 🔧 🖥 🛒	

CASSAGNES

✉ 46700 – **337** C4 – 192 h. – alt. 185
Paris 577 – Cahors 34 – Cazals 15 – Fumel 19 – Puy-l'Évêque 8 – Villefranche-du-Périgord 15.

Le Carbet déb.avr.-fin sept.
  ℘ 05 65 36 61 79, *campingcarbet@wanadoo.fr*, *www.lecar
bet.fr* – **R** conseillée
3 ha (25 empl.) non clos, en terrasses, pierreux, herbeux
Tarif : ✝ ⬌ 🅴 11 € – 🔌 (6A) 4 €
Location (déb.avr.-fin déc.) : 10 🚐 (4 à 6 pers.) 305 à
470 €/sem.
Pour s'y rendre : NO : 1,5 km par D 673, rte de Fumel, près
d'un lac

Nature : ⌂ 🌳	
Loisirs : 🍽 snack 🏊	
Services : ⚡ 🅶🅱 🏧 🔌 ⓐ 🚿	

CASTELNAU-MONTRATIER

✉ 46170 – **337** E6 – G. Périgord – 1 844 h. – alt. 240
🛈 *Office de tourisme, 27, rue Clemenceau* ℘ 05 65 21 84 39, Fax 05 65 21 84 72
Paris 600 – Cahors 30 – Caussade 24 – Lauzerte 23 – Montauban 34.

Municipal des 3 Moulins juin-sept.
  ℘ 05 65 21 86 54, *mairiecastelnau@wanadoo.fr*,
Fax 05 65 21 91 52 – 🅟
1 ha (50 empl.) en terrasses, herbeux, pierreux
Tarif : (Prix 2006) ✝ 2,50 € ⬌ 🅴 2,60 € – 🔌 1,50 €
Pour s'y rendre : Sortie Nord-Ouest par D 19, rte de
Lauzette

Nature : 🌳	
Services : 🏧 ⓐ	
À prox. : 🎾 🏊	

CREYSSE

✉ 46600 – **337** F2 – G. Périgord – 257 h. – alt. 110
Paris 517 – Brive-la-Gaillarde 40 – Cahors 79 – Gourdon 40 – Rocamadour 17 – Souillac 13.

Le Port mai-sept.
  ℘ 05 65 32 20 82, *contact@campingduport.com*,
Fax 05 65 41 05 32, *www.campingduport.com* – **R** conseillée
3,5 ha (100 empl.), non clos, peu incliné et plat, herbeux
Tarif : ✝ 4,20 € ⬌ 🅴 4,20 € – 🔌 (6A) 3 € – frais de réservation 10 €
Pour s'y rendre : Au Sud du bourg, près du château, bord
de la Dordogne

Nature : 🌲 🌳 ⛰	
Loisirs : 🍽 🏠 🚲 🏊	
Services : ⚡ 🅶🅱 🏧 🗄 🔌 ⓐ 🖥	

Si vous recherchez :
👫   *Un terrain offrant des équipements et des loisirs adaptés aux enfants*
🌿   *Un terrain agréable ou très tranquille*
L - M *Un terrain effectuant la location de caravanes, de mobile homes,
      de bungalows ou de chalets*
P   *Un terrain ouvert toute l'année*
🚐   *Un terrain possédant une aire de services pour camping-cars*
Consultez le tableau des localités

FIGEAC

✉ 46100 – **337** I4 – G. Périgord – 9 606 h. – alt. 214

🅸 *Office de tourisme, place Vival* ℘ 05 65 34 06 25, Fax 05 65 50 04 58

Paris 578 – Aurillac 64 – Rodez 66 – Villefranche-de-Rouergue 36.

⚠ **Les Rives du Célé** avr.-sept.

℘ 05 65 34 59 00, *surgie.camp.lois@wanadoo.fr*,
Fax 05 65 34 83 83, *www.domainedesurgie.com* – **R** indispensable

2 ha (150 empl.) plat, herbeux, terrasses

Tarif : 🏕 ⬅ 🅴 10,50 €

Location (permanent) : 20 🛖 (4 à 6 pers.) 240 à
590 €/sem. – maisons

🛒 1 borne – 10 🅴 8 €

Pour s'y rendre : À la base de loisirs, E : 1,2 km par N 140,
rte de Rodez et chemin du Domaine de Surgié, bord de la
rivière et d'un plan d'eau

Nature : ♀♀ ⚐	
Loisirs : 🍴 🏊	
Services : 🅰 ⚡ GB 🛒 🗄 ⊕ 🅱 ♨	
réfrigérateurs	
À prox. : 🍴 snack 🚣 🚴 🏊 ⚓	

GIRAC

✉ 46130 – **337** G2 – 341 h. – alt. 123

Paris 522 – Beaulieu-sur-Dordogne 11 – Brive-la-Gaillarde 42 – Gramat 27 – St-Céré 10 – Souillac 36.

⚠ **Les Chalets sur la Dordogne** 1er mai-30 sept.

℘ 05 65 10 93 33, *contact@camping-leschalets.com*,
Fax 05 65 10 93 34, *www.camping-leschalets.com*
– **R** conseillée

2 ha (39 empl.) non clos, plat, herbeux, sablonneux

Tarif : 🏕 ⬅ 🅴 9,50 € – 🔌 (10A) 3,50 € – frais de réservation 8 €

Location (permanent) : 3 🛖 (4 à 6 pers.) 180 à
588 €/sem.

Pour s'y rendre : NO : 1 km par D 703, rte de Vayrac et
chemin à gauche, bord de la Dordogne

Nature : ♀♀ ⚐	
Loisirs : 🍴 grill 🏊	
Services : 🅰 ⚡ (déb.juil.-fin août)	
GB 🛒 🅼 🗄 ⊕ 🅱 ♨	
À prox. : 🥕	

GOURDON

✉ 46300 – **337** E3 – G. Périgord – 4 882 h. – alt. 250

🅸 *Office de tourisme, 24, rue du Majou* ℘ 05 65 27 52 50, Fax 05 65 27 52 52

Paris 543 – Bergerac 91 – Brive-la-Gaillarde 66 – Cahors 44 – Figeac 63 – Périgueux 94 – Sarlat-la-Canéda 26.

⚠ **Aire Naturelle le Paradis** 1er mai-10 sept.

℘ 05 65 41 65 01, *contact@campingleparadis.com*,
Fax 05 65 41 65 01, *www.campingleparadis.com*
– **R** conseillée

1 ha (25 empl.) non clos, plat et en terrasses, herbeux

Tarif : (Prix 2006) 🏕 ⬅ 🅴 8,25 € – 🔌 (6A) 1,60 €

Location (1er avr.-30 oct.) : 🛖 – 🚐

Pour s'y rendre : SO : 2 km par D 673, rte de Fumel et
chemin à gauche, près du parking Intermarché

Nature : ♤ ♀	
Loisirs : 🏊	
Services : 🅰 ⚡ 🛒 ⊕ 🅱	
À prox. : 🥕	

L'HOSPITALET

✉ 46500 – **337** F3 – G. Périgord

Paris 533 – Toulouse 165 – Cahors 63 – Brive 54 – Aurillac 91.

⚠ **Les Cigales** 1er avr.-fin nov.

℘ 05 65 33 64 44, *camping.cigales@wanadoo.fr*,
Fax 05 65 33 69 60, *www.camping-cigales.com* – **R** conseillée

3 ha (100 empl.) plat et peu incliné, pierreux, herbeux

Tarif : 🏕 ⬅ 🅴 15,50 € – 🔌 (6A) 3 € – frais de réservation 13 €

Location : 25 🛖 (4 à 6 pers.) 290 à 650 €/sem.

🛒 1 borne 5 €

Pour s'y rendre : Sortie Est par D 36 rte de Gramat

Nature : ♤ ♀	
Loisirs : 🍴 snack 🎮 🚣 🏐 🏊	
Services : 🅰 ⚡ GB 🛒 🗄 ⊕ 🅱 ♨	
🗳 🅱 ♨ réfrigérateurs	

⚠ **Le Roc** 1er avr.-1er nov.
   ℘ 05 65 33 68 50, *campingleroc@wanadoo.fr*,
   Fax 05 65 33 75 64, *www.camping-leroc.com* – **R** conseillée
   2 ha/0,5 campable (36 empl.) peu incliné, herbeux, pierreux
   Tarif : ⋆ ⇔ 🔲 9 € – ⚡ (5A) 3 € – frais de réservation 10 €
   Location (31 mars-3 nov.) : 4 ⌂ (4 à 6 pers.) 190 à
   595 €/sem.
   🏕 1 borne 9 €
   Pour s'y rendre : NE : 3 km par D 673, rte d'Alvignac, à
   200 m de la gare

Nature : ⌂ 🌳🌳
Loisirs : snack 🛝
Services : 🛁 ⚐ GB 🔒 🔲 ⚛ 🚿 ♨ 🔥 �̃

⚠ **Le Relais du Campeur** 1er avr.-30 sept.
   ℘ 05 65 33 63 28, *contact@relais-du-campeur.com*,
   Fax 05 65 10 68 21, *www.relais-du-campeur.com*
   – **R** conseillée
   1,7 ha (100 empl.) plat, herbeux, pierreux
   Tarif : ⋆ ⇔ 🔲 11 € – ⚡ (6A) 2,50 € – frais de réserva-
   tion 15 €
   Location : ⊨ – (hôtel)
   🏕 1 borne
   Pour s'y rendre : Au bourg

Loisirs : 🛝
Services : ⚐ GB 🔒 🔲 ⚛
À prox. : 🏊 🍽 snack

LACAM-D'OURCET

✉ 46190 – **337** I2 – 116 h. – alt. 520
Paris 544 – Aurillac 51 – Cahors 92 – Figeac 38 – Lacapelle-Marival 27 – St-Céré 13 – Souscyrac 6.

⚠ **Les Teuillères** déb. avr.-fin oct.
   ℘ 05 65 11 90 55, *info@lesteuilleres.com, www.lesteuille*
   res.com – **R** conseillée
   3 ha (30 empl.) plat et peu incliné, herbeux
   Tarif : (Prix 2006) ⋆ ⇔ 🔲 7,90 € – ⚡ (6A) 2,80 €
   Location (déb. avr.-fin sept.) 🏖 : ⊨
   Pour s'y rendre : SE : 4,8 km par D 25, rte de Souscyrac et
   rte de Sénaillac-Latronquière, vers le lac de Tolerme

Nature : 🏞 ≤ ⌂ 🌳
Loisirs : 🛝
Services : 🛁 ⚐ ⚛ 🔥

LACAPELLE-MARIVAL

✉ 46120 – **337** H3 – G. Périgord – 1 247 h. – alt. 375
🛈 *Office de tourisme, place de la Halle* ℘ 05 65 40 81 11, Fax 05 65 40 81 11
Paris 555 – Aurillac 66 – Cahors 64 – Figeac 21 – Gramat 22 – Rocamadour 32 – Tulle 75.

⚠ **Municipal Bois de Sophie** 15 mai-sept.
   ℘ 05 65 40 82 59, *lacapelle.mairie@wanadoo.fr*,
   Fax 05 65 40 82 59, *http://lacapelle-marival.site.voila.fr*
   – **R** conseillée
   1 ha (66 empl.) peu incliné, plat, herbeux
   Tarif : ⋆ 3,30 € ⇔ 🔲 4,35 € – ⚡ 2,75 €
   Location : bungalows toilés
   🏕 1 borne
   Pour s'y rendre : NO : 1 km par D 940, rte de St-Céré

Nature : 🌳🌳
Loisirs : 🛖 🛝 🏓
Services : 🛁 ⚐ 🔲 ♨ ⚛ 🕿
À prox. : 🛝

LACAVE

✉ 46200 – **337** F2 – G. Périgord – 293 h. – alt. 130
Paris 528 – Brive-la-Gaillarde 51 – Cahors 58 – Gourdon 26 – Rocamadour 11 – Sarlat-la-Canéda 41.

⚠⚠ **La Rivière** mai-sept.
   ℘ 05 65 37 02 04, *camping.la.riviere@wanadoo.fr*,
   Fax 05 65 37 02 04, *www.campinglariviere.com* – **R** conseillée
   2,5 ha (110 empl.) plat, peu incliné, herbeux
   Tarif : ⋆ 4,90 € ⇔ 🔲 4,90 € – ⚡ 3,60 € – frais de réservation 8,90 €
   Location 🏖 : 2 🛏 (2 à 4 pers.) 270 à 370 €/sem. – 13
   🏠 (4 à 6 pers.) 320 à 545 €/sem.
   Pour s'y rendre : NE : 2,5 km par D 23, rte de Martel et
   chemin à gauche, bord de la Dordogne

Nature : 🏞 🌳🌳 ⚠
Loisirs : 🍽 snack 🛝 🏓 🛝
Services : 🛁 ⚐ ⚛ 🔲 ♨ ⚛ 🕿 🔥
🏊

LARNAGOL

✉ 46160 – **337** G5 – 157 h. – alt. 146
Paris 580 – Cahors 42 – Cajarc 9 – Figeac 33 – Livernon 27 – Villefranche-de-Rouergue 30.

⚐ **Le Ruisseau de Treil** 12 mai-15 sept.
    𝒫 05 65 31 23 39, *lotcamping@wanadoo.fr*,
    Fax 05 65 21 23 21, *www.lotcamping.com* – **R** conseillée
    4 ha (49 empl.) plat, herbeux
    Tarif : ⛺ 🚐 🅴 13,40 € – [½] (5A) 3,60 €
    Pour s'y rendre : E : 0,6 km par D 662, rte de Cajarc et à
    gauche, au bord du ruisseau de Treil

> Nature : 🐟 ♀
> Loisirs : 🍸 🏠 •🏖 🏊
> Services : 🚿 🔌 ♻ 🚾 🛢 ⊕ 🐕 🔒

LEYME

✉ 46120 – **337** H3 – 943 h. – alt. 450
Paris 540 – Cahors 72 – Figeac 29 – Gramat 17 – St-Céré 13 – Sousceyrac 27.

⚐ **Municipal** 15 juin-15 sept.
    𝒫 05 65 38 98 73, *village.vacances.leyme@wanadoo.fr*,
    Fax 05 65 11 20 62 – **R** conseillée
    2 ha (29 empl.) plat, gravillons, herbeux
    Tarif : ⛺ 🚐 🅴 6,50 € – [½] (6A) 2,90 €
    Location (permanent) : gîtes
    Pour s'y rendre : À l'Ouest du bourg, accès par rte à droite
    de l'église, au village de vacances

> Nature : ♀
> Loisirs : 🍸 salle d'animation 🛝 🚲
> 🏊
> Services : 🚿 🔌 ♻ 🚾 ⊕ 🛒 🗑 🔒
> À prox. : ✂

LOUBRESSAC

✉ 46130 – **337** G2 – G. Périgord – 432 h. – alt. 320
🅸 Office de tourisme, le bourg 𝒫 05 65 10 82 18
Paris 531 – Brive-la-Gaillarde 47 – Cahors 73 – Figeac 44 – Gourdon 53 – Gramat 16 – St-Céré 10.

⚐ **La Garrigue**
    𝒫 05 65 38 34 88, *info@camping-lagarrigue.com*,
    Fax 05 65 38 34 88, *www.camping-lagarrigue.com*
    – **R** conseillée
    1,6 ha (38 empl.) en terrasses, plat, herbeux
    Location : 10 🏚 – 15 🏚
    Pour s'y rendre : S : à 200 m du bourg

> Nature : 🐟 🏕 ♀
> Loisirs : 🏠 🛝 🏊
> Services : 🚿 🚾 ⊕ 🛒 🗑 🖥 🧺

LOUPIAC

✉ 46350 – **337** E3 – 267 h. – alt. 230
Paris 527 – Brive-la-Gaillarde 51 – Cahors 51 – Gourdon 16 – Rocamadour 26 – Sarlat-la-Canéda 30.

⚐ **Les Hirondelles** 👪 – 1ᵉʳ avr.-15 nov.
    𝒫 05 65 37 66 25, *camp.les-hirondelles@wanadoo.fr*,
    Fax 05 65 37 66 65, *www.les-hirondelles.com* – **R** conseillée
    2,5 ha (70 empl.) peu incliné, plat, herbeux, pierreux
    Tarif : ⛺ 🚐 🅴 11,70 € [½] (6A) – frais de réservation 15 €
    Location 🚫 : 🏚 – 4 🏡 (4 à 6 pers.) 215 à 570 €/sem.
    Pour s'y rendre : N : 3 km par rte de Souillac et chemin à
    gauche, à 200 m de la N 20

> Nature : 🏕 ♀♀
> Loisirs : 🍸 ✕ snack 🏠 🏓 🛝 🏊
> Services : 🚿 🔌 ♻ 🚾 🛢 ⊕ 🖥 🧺
> 🚿
> À prox. : 🐎

MIERS

✉ 46500 – **337** G2 – 398 h. – alt. 302
Paris 526 – Brive-la-Gaillarde 49 – Cahors 69 – Rocamadour 12 – St-Céré 22 – Souillac 22.

⚐ **Le Pigeonnier** 31 mars-1ᵉʳ oct.
    𝒫 05 65 33 71 95, *veronique.bouny@wanadoo.fr*,
    Fax 05 65 33 71 95, *www.campinglepigeonnier.com*
    – **R** conseillée
    1 ha (45 empl.) peu incliné, en terrasses, plat, herbeux
    Tarif : ⛺ 🚐 🅴 9 € – [½] (16A) 3 € – frais de réservation 12 €
    Location : 6 🏚 (2 à 4 pers.) 150 à 390 €/sem. – 9 🏡 (4
    à 6 pers.) 190 à 530 €/sem.
    🚐 1 borne 10 € – 5 🅴 8 €
    Pour s'y rendre : E : 0,7 km par D 91, rte de Padirac et
    chemin à droite

> Nature : 🏕 ← 🏕 ♀
> Loisirs : 🏠 🛝 🏊
> Services : 🚿 🔌 ♻ 🚾 🛶 ⊕ 🖥

504

MONTCABRIER

✉ 46700 – **337** C4 – G. Périgord – 385 h. – alt. 191
Paris 584 – Cahors 39 – Fumel 12 – Tournon-d'Agenais 24.

Moulin de Laborde mai-8 sept.
ℰ 05 65 24 62 06, *moulindelaborde@wanadoo.fr*,
Fax 05 65 36 51 33, *www.moulindelaborde.com* – **R** conseillée ✿
4 ha (90 empl.) plat, herbeux, petit étang
Tarif : ✿ 6,20 € ⇜ 🔲 8,40 € – 🔲 2,60 €
Pour s'y rendre : NE : 2 km sur D 673, rte de Gourdon, bord de la Thèze
À savoir : autour des bâtiments d'un vieux moulin, beaux emplacements ombragés

Nature : 🔲🔲
Loisirs : 🍴 ✕ 🏠 🔲 🚴 🔲
Services : 🔲 🔲 🔲 🔲 🔲 🔲 🔲

PADIRAC

✉ 46500 – **337** G2 – 168 h. – alt. 360
🅱 *Syndicat d'initiative, village* ℰ 05 65 33 47 17, Fax 05 65 33 47 17
Paris 531 – Brive-la-Gaillarde 50 – Cahors 68 – Figeac 41 – Gourdon 47 – Gramat 10 – St-Céré 17.

Les Chênes ♣♣ – 14 avr.-29 sept.
ℰ 05 65 33 65 54, *les_chenes@hotmail.com*,
Fax 05 65 33 71 55, *www.campingleschenes.com* – **R** indispensable
5 ha (120 empl.) peu incliné et incliné, en terrasses, pierreux, herbeux
Tarif : ✿ 6,50 € ⇜ 4 € 🔲 9 € – 🔲 (6A) 3 € – frais de réservation 16 €
Location ✿ : 29 🔲 (4 à 6 pers.) 250 à 650 €/sem. – 18 🔲 (4 à 6 pers.) 250 à 650 €/sem. – bungalows toilés 🔲 1 borne
Pour s'y rendre : NE : 1,5 km par D 90, rte du Gouffre

Nature : 🔲 🔲🔲
Loisirs : 🍴 snack, pizzeria 🏠 🔲 salle d'animation 🔲 🚴 🔲
Services : 🔲 🔲 🔲 🔲 🔲 🔲 🔲 🔲 🔲 🔲 🔲 🔲
Au parc de loisirs : 🔲(1000m²) 🔲

505

PAYRAC

✉ 46350 – **337** E3 – 564 h. – alt. 320
🅱 *Syndicat d'initiative, avenue de Toulouse* ℰ 05 65 37 94 27
Paris 530 – Bergerac 103 – Brive-la-Gaillarde 53 – Cahors 48 – Figeac 60 – Périgueux 98 – Sarlat-la-Canéda 32.

Les Pins 7 avr.-16 sept.
ℰ 05 65 37 96 32, *info@les-pins-camping.com*,
Fax 05 65 37 91 08, *www.les-pins-camping.com* – **R** conseillée
4 ha (125 empl.) plat, peu incliné, en terrasses, herbeux
Tarif : ✿ ⇜ 🔲 16,60 € – 🔲 (10A) 3 € – frais de réservation 18 €
Location : 9 🔲 (2 à 4 pers.) 175 à 420 €/sem. – 40 🔲 (4 à 6 pers.) 238 à 658 €/sem. – 3 🔲 (4 à 6 pers.) 245 à 700 €/sem.
🔲 1 borne 6 €
Pour s'y rendre : Sortie Sud par N 20 rte de Cahors

Nature : 🔲
Loisirs : 🍴 snack 🏠 🔲 🔲 🔲 🔲
Services : 🔲 🔲 🔲 🔲 🔲 🔲 🔲 🔲
🔲 🔲 🔲 🔲
À prox. : 🔲 parc de loisirs

PUYBRUN

✉ 46130 – **337** G2 – 733 h. – alt. 146
Paris 520 – Beaulieu-sur-Dordogne 12 – Brive-la-Gaillarde 39 – Cahors 86 – St-Céré 12 – Souillac 33.

La Sole 30 avr.-30 sept.
ℰ 05 65 38 52 37, *camping.la.sole@wanadoo.fr*,
Fax 05 65 10 91 09, *www.la-sole.com* – **R** conseillée
2,3 ha (72 empl.) plat, herbeux
Tarif : ✿ ⇜ 🔲 9,70 € – 🔲 (6A) 3,10 €
Location (permanent) : 5 🔲 (4 à 6 pers.) 190 à 525 €/sem. – bungalows toilés
Pour s'y rendre : Sortie Est, rte de Bretenoux et chemin à droite après la station-service

Nature : 🔲 🔲 🔲
Loisirs : 🏠 🔲 🔲
Services : 🔲 🔲 🔲 🔲 🔲 🔲 🔲 🔲
🔲

PUY-L'ÉVÊQUE

✉ 46700 – **337** C4 – G. Périgord – 2 159 h. – alt. 130
🛈 *Syndicat d'initiative, place de la Truffière* ℰ 05 65 21 37 63
Paris 601 – Cahors 31 – Gourdon 41 – Sarlat-la-Canéda 52 – Villeneuve-sur-Lot 43.

    ▲▲ **L'Évasion** 1ᵉʳ avr.-29 sept.
        ℰ 05 65 30 80 09, *evasion@wanadoo.fr*, Fax 05 65 30 81 12,
        www.lotevasion.com – **R** conseillée
        4 ha/1 campable (50 empl.) en terrasses, pierreux, her-
        beux
        Tarif : 🛉 🚗 🅴 9,40 € – 🔌 (5A) 2,90 € – frais de réser-
        vation 10,90 €
        Location (permanent) : 8 🛖 (4 à 6 pers.) 275 à
        595 €/sem. - 27 🛖 (4 à 6 pers.) 295 à 645 €/sem.
        Pour s'y rendre : NO : 3 km par D 28 rte de Villefranche-
        du-Périgord et chemin à droite
        À savoir : Chalets agréablement disposés dans une
        chênaie

> Nature : 🌿 𝄢
> Loisirs : 🍸 🍴 🏠 🏕 🎣 ⛵ 🏊
> ❄ 🏊
> Services : 🚿 🔌 ⴳℬ ⚙ ⊛ 🛎 📻 🏪

ST-CÉRÉ

✉ 46400 – **337** H2 – G. Périgord – 3 515 h. – alt. 152
🛈 *Office de tourisme, 13, avenue Francois de Maynard* ℰ 05 65 38 11 85
Paris 531 – Aurillac 62 – Brive-la-Gaillarde 51 – Cahors 80 – Figeac 44 – Tulle 54.

    ▲▲ **Le Soulhol** 1ᵉʳ mai-30 sept.
        ℰ 05 65 38 12 37, *info@campinglesoulhol.com*,
        Fax 05 65 38 12 37, *www.campinglesoulhol.com*
        – **R** conseillée
        3,5 ha (180 empl.) plat, herbeux
        Tarif : 🛉 🚗 🅴 8,70 € – 🔌 (10A) 2,80 €
        Location : 11 🛖 (4 à 6 pers.) 450 à 530 €/sem. –
        gîtes
        Pour s'y rendre : Sortie Sud-Est par D 48, quai Auguste-
        Salesses, bord de la Bave

> Nature : 🌿 𝄢
> Loisirs : 🏠 🏕
> Services : 🚿 🔌 ⚙ 📻 ⛱ ❄ ⊛ 📞
> 📻 🏪
> À prox. : 🍴 🏊 poneys

ST-CIRQ-LAPOPIE

✉ 46330 – **337** G5 – G. Périgord – 207 h. – alt. 320
🛈 *Office de tourisme, place du Sombral* ℰ 05 65 31 29 06, Fax 05 65 31 29 06
Paris 574 – Cahors 26 – Figeac 44 – Villefranche-de-Rouergue 37.

    ▲▲ **La Truffière** ♟♙ – 1ᵉʳ avr.-30 sept.
        ℰ 05 65 30 20 22, *contact@camping-truffiere.com*,
        Fax 05 65 30 20 27, *www.camping-truffiere.com*
        – **R** conseillée
        4 ha (96 empl.) en terrasses, herbeux, pierreux
        Tarif : 🛉 🚗 🅴 10,50 € – 🔌 (6A) 3 €
        Location : 8 🛖 (4 à 6 pers.) 230 à 620 €/sem.
        🛖 1 borne 4 €
        Pour s'y rendre : S : 3 km par D 42, rte de Concots

> Nature : 🌿 ≤ 𝄢
> Loisirs : snack 🏠 🏕 🎣 🏊
> Services : 🚿 🔌 ⴳℬ ⚙ 🛁 📻 ⛱ ⊛
> 📻 🏪

    ▲▲ **La Plage** Permanent
        ℰ 05 65 30 29 51, *camping-laplage@wanadoo.fr*,
        Fax 05 65 30 23 33, *www.campingplage.com* – **R** conseillée
        3 ha (120 empl.) plat, herbeux, pierreux
        Tarif : 🛉 🚗 🅴 11 € – 🔌 (10A) 5 € – frais de réserva-
        tion 10 €
        Location : 9 🛖 (4 à 6 pers.) 250 à 620 €/sem. – 13 🛖
        (4 à 6 pers.) 250 à 640 €/sem.
        🛖 2 bornes 2 € – 30 🅴
        Pour s'y rendre : NE : 1,4 km par D 8, rte de Tour-de-
        Faure, à gauche avant le pont
        À savoir : Bordé par le Lot, face à l'un des plus beaux
        villages de France

> Nature : ⌷ 𝄢
> Loisirs : 🍸 snack, pizzeria 🏕 🎣
> 🚲 ⛱ (plage) 🛶 canoë
> Services : 🚿 🔌 ⴳℬ ⚙ 📻 ⊛ ⛱ ⛲
> 📞 📻 🏪

ST-GERMAIN-DU-BEL-AIR

✉ 46310 – **337** E4 – 495 h. – alt. 215
🛈 *Office de tourisme, place de la Mairie* ℰ 05 65 31 09 10
Paris 551 – Cahors 28 – Cazals 20 – Fumel 52 – Labastide-Murat 15 – Puy-l'Évêque 37.

⚠ **Municipal le Moulin Vieux** juin-mi-sept.
ℰ 05 65 31 00 71, Fax 05 65 31 00 71 – **R** conseillée
2 ha (90 empl.) plat, herbeux
Tarif : (Prix 2006) 👤 🚐 🔲 18 € 🔌 (16A)
Location : 15 🏠 (4 à 6 pers.) 300 à 360 €/sem.
Pour s'y rendre : Au Nord-Ouest du bourg, bord du Céou

| Nature : 🌳 ♀ |
| Loisirs : 🏠 ⛱ 🎿 |
| Services : ⌐ 🐕 📵 ☺ 🔲 |
| À prox. : 🏇 🏊 ⛵ |

ST-PANTALÉON

✉ 46800 – **337** D5 – 223 h. – alt. 269
Paris 597 – Cahors 22 – Castelnau-Montratier 18 – Montaigu-de-Quercy 28 – Montcuq 7 – Tournon-d'Agenais 27.

⚠ **Les Arcades** Pâques-fin sept.
ℰ 05 65 22 92 27, *des-arcades@wanadoo.fr*,
Fax 05 65 31 98 89, *www.des-arcades.com* – **R** conseillée
12 ha/2,6 campables (80 empl.) plat, herbeux, pierreux,
petit étang
Tarif : (Prix 2006) 👤 4,75 € 🚐 🔲 10 € – 🔌 3,10 € – frais de
réservation 17 €
Location 🍽 (juil.-août) : 5 🏠 (4 à 6 pers.) 200 à
600 €/sem. – bungalows toilés
Pour s'y rendre : E : 4,5 km sur D 653 rte de Cahors, au
lieu-dit St-Martial, au bord de la Barguelonnette
À savoir : Salle de réunion et petit pub dans un moulin
restauré

| Nature : 🔲 ♀♀ |
| Loisirs : 🍽 ✕ 🏠 ⛱ 🎿 |
| Services : 🚿 ⌐ GB 🐕 📵 🔌 ☺ 🏊 |
| 🔲 🍽 |

Benutzen Sie
– zur Wahl der Fahrtroute
– zur Berechnung der Entfernungen
– zur exakten Lokalisierung eines Campingplatzes (mit Hilfe der Angaben im Ortstext)
*die für diesen Führer unentbehrlichen **MICHELIN-Karten** im Ma1 : 150 000.*

507

ST-PIERRE-LAFEUILLE

✉ 46090 – **337** E4 – 292 h. – alt. 350
Paris 566 – Cahors 10 – Catus 14 – Labastide-Murat 23 – St-Cirq-Lapopie 35.

⚠ **Quercy-Vacances** déb. avr.-fin oct.
ℰ 05 65 36 87 15, *quercyvacances@wanadoo.fr*,
Fax 05 65 36 02 39, *www.quercy-vacances.com* – **R** conseillée
3 ha (80 empl.) peu incliné, plat, herbeux
Tarif : 👤 🚐 🔲 13,80 € – 🔌 (10A) 5,30 €
Pour s'y rendre : NE : 1,5 km par N 20, rte de Brive et
chemin à gauche

| Nature : 🌳 ♀ |
| Loisirs : 🍽 ✕ 🏠 🎿 |
| Services : 🚿 ⌐ GB 🐕 📵 ☺ 🔲 🍽 |

SÉNAILLAC-LATRONQUIÈRE

✉ 46210 – **337** I3 – 145 h. – alt. 557 – Base de loisirs
Paris 550 – Aurillac 44 – Cahors 87 – Figeac 32 – Lacapelle-Marival 24 – St-Céré 20 – Sousceyrac 9.

⚠ **Tolerme** 15 mai-15 sept.
ℰ 05 65 40 21 23, *jbeale@club-internet.fr*,
Fax 05 65 11 65 06, *www.camping-tolerme.com*
– **R** conseillée
0,8 ha (37 empl.) peu incliné, plat, herbeux
Tarif : 👤 🚐 🔲 6,50 € – 🔌 (12A) 2,20 €
Location : 4 🏠 (4 à 6 pers.) 260 à 350 €/sem.
Pour s'y rendre : À 1 km à l'Ouest du bourg par chemin, à
100 m du lac de Tolerme

| Nature : 🌳 🔲 ♀ |
| Loisirs : 🏠 |
| Services : 🚿 ⌐ 🐕 📵 ☺ 🏊 🔲 |
| À prox. : 🍽 ✕ ⛱ ⛵ (plage) |

SENIERGUES

✉ 46240 – **337** F3 – 113 h. – alt. 390
Paris 540 – Cahors 45 – Figeac 46 – Fumel 69 – Rocamadour 23 – Souillac 33.

▲ **Domaine de la Faurie** 7 avr.-30 sept.
℘ 05 65 21 14 36, *contact@camping-lafaurie.com*,
Fax 05 65 31 11 17, *www.camping-lafaurie.com* – **R** conseillée
27 ha/5 campables (63 empl.) peu incliné, plat, herbeux,
pierreux
Tarif : ✝ ⇔ 🅴 11,50 € – ⓖ (6A) 3,50 €
Location : 8 ⟮⟯ (4 à 6 pers.) 250 à 630 €/sem. – 10 🏠
(4 à 6 pers.) 240 à 700 €/sem.
⟮⟯ 1 borne
Pour s'y rendre : S : 6 km par D 10, rte de Montfaucon puis
D 2, rte de St-Germain-du-Bel-Air et chemin à droite, A 20
sortie 56

Nature : ⅌ ≤ 🞉🞉
Loisirs : snack 🍽 🚲 🛝
Services : & ⟿ 🅖🅱 🗳 🖫 🛉 ⊕ 🖳 🛁

Donnez-nous votre avis sur les terrains que nous recommandons.
Faites-nous connaître vos observations et vos découvertes.

SOUILLAC

✉ 46200 – **337** E2 – G. Périgord – 3 671 h. – alt. 104
🅱 *Office de tourisme, boulevard Louis-Jean Malvy* ℘ 05 65 37 81 56, Fax 05 65 27 11 45
Paris 516 – Brive-la-Gaillarde 39 – Cahors 68 – Figeac 74 – Gourdon 27 – Sarlat-la-Canéda 29.

▲▲▲ **Domaine de la Paille Basse** 12 mai-15 sept.
℘ 05 65 37 85 48, *info@lapaillebasse.com*,
Fax 05 65 37 09 58, *www.lapaillebasse.com* – **R** conseillée
80 ha/12 campables (254 empl.) plat, accidenté et en
terrasses, pierreux, herbeux
Tarif : ✝ 7 € ⇔ 🅴 13 € – ⓖ (6A) 6 € – frais de réser-
vation 20 €
Location ⚡ : 34 ⟮⟯ (4 à 6 pers.) 180 à 810 €/sem.
Pour s'y rendre : NO : 6,5 km par D 15, rte de Salignac-
Eyvignes puis 2 km par chemin à droite
À savoir : Vaste domaine accidenté autour d'un vieux ha-
meau restauré

Nature : ⅌ ⬭ 🞉🞉
Loisirs : ⅌ ✕ snack 🍽 ⓖ nocturne 🕺 discothèque, salle de cinéma, salle d'animation ·🎯 ⚙ 🛝 🛶 tir à la carabine
Services : & ⟿ 🅖🅱 🗳 🖫 🛉 ⊕ 🛁 ⟿ 🖳 🛁
À prox. : 🚴 🐎

▲ **Le Pit** 1er avr.-1er nov.
℘ 05 65 32 25 04/ 06 65 29 77 87, *info@camping-le
pit.com, www.campin-lepit.com* – **R** conseillée
3 ha (50 empl.) en terrasses, herbeux, bois attenant
Tarif : ✝ ⇔ 🅴 10,60 € – ⓖ (6A) 2,80 € – frais de réservation 5 €
Location (permanent) : 8 ⟮⟯ (4 à 6 pers.) 250 à
575 €/sem. – gîtes
Pour s'y rendre : E : 9 km par D 703, rte de Martel puis
3 km par D 33, rte de St-Sozy
À savoir : Agréable situation autour d'anciens bâtiments
quercinois restaurés

Nature : ⅌ ≤ ꬍ
Loisirs : snack 🍽 🛝
Services : ⟿ 🅖🅱 🗳 🖫 🛝 ⊕ 🖳

▲ **Escapades Terre Océane les Ondines**
mi-juin-mi-sept.
℘ 05 65 37 86 44, *info@campingterreoceane.com*,
Fax 05 65 37 86 44, *www.campingterreoceane.com*
– **R** conseillée
4 ha (242 empl.) plat, herbeux
Tarif : (Prix 2006) ✝ ⇔ 🅴 15 € – frais de réservation 25 €
Location : 9 ⟮⟯ (4 à 6 pers.) 260 à 590 €/sem.
Pour s'y rendre : SO : 1 km par rte de Sarlat et chemin à
gauche, près de la Dordogne

Nature : 🞉🞉
Loisirs : 🛝
Services : & ⟿ 🅖🅱 🗳 🖫 ⊕
À prox. : 🚴 ⚙ 🎣 🛝 ⚓ 🛶 🐎 terrain omnisports, canoë

TAURIAC

✉ 46130 – **337** G2 – 329 h. – alt. 128 – Base de loisirs
Paris 521 – Brive-la-Gaillarde 40 – Cahors 83 – Rocamadour 26 – St-Céré 13 – Souillac 34.

⚐ **Le Mas de la Croux** 1er juil.-31 août
℮ 05 65 10 89 04, contact@dordogne-vacances.fr,
Fax 05 65 10 89 18, www.dordogne-vacances.fr – **R** conseillée
1,5 ha (89 empl.) plat, herbeux
Tarif : 🏃 🚐 🔲 15 € – 🔌 (5A) 2,50 € – frais de réservation 10 €
Location : 34 🏠 (4 à 6 pers.) 560 €/sem.
Pour s'y rendre : Au Sud du bourg, au bord d'un bras de la Dordogne et près d'un plan d'eau

Nature : ⚏
Services : 🚿 ⚷ 🛒 🗄 🔥 ⚐ 🏪
À prox. : 🍴 snack 🚴 🎣 ⛱ 🛶

THÉGRA

✉ 46500 – **337** G3 – 416 h. – alt. 330
Paris 535 – Brive-la-Gaillarde 58 – Cahors 64 – Rocamadour 15 – St-Céré 17 – Souillac 30.

⚐ **Dordogne Vacances** (location exclusive de chalets)
Permanent
℮ 05 65 10 89 04, contact@dordogne-vacances.fr,
Fax 05 65 10 89 18, www.dordogne-vacances.fr – **R** indispensable
2,5 ha incliné, herbeux
Location : 14 🏠 (4 à 6 pers.) 200 à 850 €/sem.
Pour s'y rendre : N : 0,5 km derrière la nouvelle école

Nature : ⚏
Loisirs : 🏠 🚴 🛶
Services : 🚿 ⚷ (1er janv.-31 déc.) 🅿
🏪 🔥 🏪

⚐ **Le Ventoulou** 31 mars-30 sept.
℮ 05 65 33 67 01, contact@leventoulou.com,
Fax 05 65 33 73 20, www.camping-leventoulou.com
– **R** conseillée
2 ha (66 empl.) incliné à peu incliné, herbeux
Tarif : 🏃 🚐 🔲 12,50 € – 🔌 (10A) 4,20 € – frais de réservation 18 €
Location : 10 🏠 (2 à 4 pers.) 140 à 455 €/sem. – 17 🏠 (4 à 6 pers.) 200 à 599 €/sem.
Pour s'y rendre : NE : 2,8 km par D 14, rte de Loubressac et D 60, rte de Mayrinhac-Lentour à droite, au lieu-dit le Ventoulou

Nature : ⚏ ⚏
Loisirs : 🍴 🏠 🚴 🛶
Services : 🚿 ⚷ 🆖 🗄 🛒 ⚐ 🏪
🔥 🏪 🚿

509

TOUZAC

✉ 46700 – **337** C5 – 341 h. – alt. 75
Paris 603 – Cahors 39 – Gourdon 51 – Sarlat-la-Canéda 63 – Villeneuve-sur-Lot 34.

⚐ **Le Ch'Timi** 1er avr.-30 sept.
℮ 05 65 36 52 36, info.lechtimi@wanadoo.fr,
Fax 05 65 36 53 23, www.campinglechtimi.com – **R** conseillée
3,5 ha (70 empl.) peu incliné, plat, herbeux
Tarif : 🏃 🚐 🔲 10,10 € – 🔌 (6A) 3,10 € – frais de réservation 10 €
Location (permanent) 🚫 : 4 🏠 (4 à 6 pers.) 225 à 525 €/sem. – 5 🏠 (4 à 6 pers.) 350 à 700 €/sem.
Pour s'y rendre : accès direct au Lot (par escalier abrupt)

Nature : ⚏
Loisirs : snack, discothèque 🚴 🚲
🍴 🛶 🏊
Services : ⚷ 🆖 🗄 ⚐ 🏪 🚿

Pour choisir et suivre un itinéraire
Pour calculer un kilométrage
Pour situer exactement un terrain (en fonction des indications fournies dans le texte) :
Utilisez les cartes MICHELIN détaillées à 1/150 000, compléments indispensables de cet ouvrage.

VAYRAC

✉ 46110 – **337** G2 – 1 185 h. – alt. 139 – Base de loisirs
🛈 *Office de tourisme, place de la mairie* ☎ 05 65 10 97 01
Paris 512 – Beaulieu-sur-Dordogne 17 – Brive-la-Gaillarde 32 – Cahors 89 – St-Céré 20 – Souillac 26.

Municipal la Palanquière
☎ 05 65 32 43 67, *mairie-vayrac@wanadoo.fr*,
Fax 05 65 32 41 30 – **R** conseillée
1 ha (33 empl.) plat, herbeux
Location : huttes
Pour s'y rendre : S : 1 km par D 116, en direction de la base de loisirs

> Nature : 🌳🌳
> Loisirs : 🚣
> Services : ♿ 🏪 ⊕ 🚿 🏕

Chalets Mirandol Dordogne (location exclusive de chalets) 1er mars-3 nov.
☎ 05 65 32 57 12, *bungalows-mirandol@wanadoo.fr*,
Fax 05 65 32 57 96, *www.bungalows-mirandol.com*
– **R** conseillée
2,6 ha non clos, plat, herbeux
Location : 22 🏠 (4 à 6 pers.) 200 à 640 €/sem.
Pour s'y rendre : S : 2,3 km par D 116, en direction de la base de loisirs

> Loisirs : 🚲 🏊
> Services : ⊶ 🐕
> À prox. : 🍴 ✕ 🚵 🛶 canoë

Informieren Sie sich über die gültigen Gebühren,
bevor Sie Ihren Platz beziehen. Die Gebührensätze
müssen am Eingang des Campingplatzes angeschlagen sein.
Erkundigen Sie sich auch nach den Sonderleistungen.
Die im vorliegenden Band gemachten Angaben
können sich seit der Überarbeitung geändert haben.

510

VERS

✉ 46090 – **337** F5 – 398 h. – alt. 132
🛈 *Office de tourisme, rue Montois* ☎ 05 65 31 42 59
Paris 565 – Cahors 15 – Villefranche-de-Rouergue 55.

La Chêneraie 1er avr.-30 sept.
☎ 05 65 31 40 29, *lacheneraie@free.fr*, Fax 05 65 31 41 70,
www.cheneraie.com – **R** conseillée
2,6 ha/0,4 campable (25 empl.) plat, herbeux
Tarif : 🙋 5 € 🚗 3 € 🏕 4 € – 🔌 (10A) 4 € – frais de réservation 9 €
Location (1er avr.-31 oct.) : 30 🏚 (4 à 6 pers.) 250 à 600 €/sem. – 3 🏠 (4 à 6 pers.) 250 à 600 €/sem.
Pour s'y rendre : SO : 2,5 km par D 653, rte de Cahors et chemin à droite après le passage à niveau

> Nature : 🌿 🌳🌳(chênaie)
> Loisirs : 🍴 grill 🏠 ✕ 🏊
> Services : ⊶ GB 🐕 🏪 ⊕ 🏕 🚵

Le VIGAN

✉ 46300 – **337** E3 – G. Périgord – 1 189 h. – alt. 224
Paris 537 – Cahors 43 – Gourdon 6 – Labastide-Murat 20 – Payrac 8 – Rocamadour 27.

Le Rêve 25 avr.-15 sept.
☎ 05 65 41 25 20, *info@campinglereve.com*,
Fax 05 65 41 68 52, *www.campinglereve.com* – **R** conseillée
8 ha/2,5 campables (60 empl.) en terrasses, peu incliné et plat, bois attenant
Tarif : 🙋 🚗 🏕 10,75 € – 🔌 (6A) 2,60 € – frais de réservation 5 €
Location : 4 🏠 (4 à 6 pers.) 244 à 458 €/sem.
Pour s'y rendre : N : 3,2 km par D 673, rte de Souillac puis 2,8 km par chemin à gauche
À savoir : Décoration florale et arbustive, quelques emplacements en sous-bois

> Nature : 🌿 🏞 🌳🌳
> Loisirs : 🍴 🚣 🚲 🏊
> Services : ♿ ⊶ 🐕 🏪 🛁 ⊕ 📞 🏕 🚵

AGOS-VIDALOS

✉ 65400 – **342** L4 – 290 h. – alt. 450
🛈 *Syndicat d'initiative, 2 bis, avenue du Lavedan* ✆ *05 62 97 08 06*
Paris 859 – Toulouse 185 – Tarbes 32 – Pau 51 – Lourdes 9.

Schéma à Argelès-Gazost

⛰ **Le Soleil du Pibeste** Permanent
✆ 05 62 97 53 23, *info@campingpibeste.com,*
Fax 05 62 97 53 23, *www.campingpibeste.com* – **R** conseillée
1,5 ha (90 empl.) plat et peu incliné, terrasses, herbeux
Tarif : 🚶 5 € – 🚗 2 € – 🔲 16 € – [🔌] (10A) 10 € – frais de réservation 22 €
Location : 15 🛖 (4 à 6 pers.) 300 à 696 €/sem. – 10 🛖
(4 à 6 pers.) 300 à 696 €/sem.
Pour s'y rendre : Sortie S, par la N 21

| Nature : ≤ ♀ |
| Loisirs : 🍹 ✕ 🎣 ⚙ diurne 🏊 🛝 |
| Services : 🚿 ⚡ 🅶🅱 🚗 🏪 🛒 📷 ⛽ |
| 🗑 🔲 sèche-linge 🧺 |

⛰ **La Châtaigneraie** 1er janv.-30 sept.
✆ 05 62 97 07 40, *camping.chataigneraie@wanadoo.fr,*
Fax 05 62 97 06 64, *www.camping-chataigneraie.com*
– **R** conseillée
1,5 ha (100 empl.) plat, peu incliné, terrasses, herbeux
Tarif : 🚶 🚗 🔲 19 € [🔌] (10A)
Location : 12 🛖 (4 à 6 pers.) 215 à 450 €/sem. –
4 studios
Pour s'y rendre : Par N 21, à Vidalos

| Nature : ≤ ♀♀ |
| Loisirs : 🎣 🏊 🛝 🎱 |
| Services : 🚿 ⚡ 🅶🅱 🚗 🏪 🛒 ⛽ 📷 |
| 📞 🔲 sèche-linge |

ARAGNOUET

✉ 65170 – **342** N8 – G. Midi Pyrénées – 260 h. – alt. 1 100
🛈 *Office de tourisme, PIAU* ✆ *05 62 39 61 69, Fax 05 62 39 61 19*
Paris 842 – Arreau 24 – Bagnères-de-Luchon 56 – Lannemezan 51 – La Mongie 63.

⛰ **Fouga Pic de Bern** Permanent
✆ 05 62 39 63 37, Fax 05 62 39 62 39 – **R** conseillée
3 ha (80 empl.) non clos, plat et peu incliné, terrasses,
herbeux
Tarif : 🚶 3,10 € 🚗 🔲 3,50 €
Location : 🛖
Pour s'y rendre : À Fabian, NE : 2,8 km par D 118, rte de
St-Lary-Soulan, près de la Neste-d'Avre

| Nature : 🏔 ≤ ♀ |
| Loisirs : 🍹 snack 🎣 |
| Services : 🚿 ⚡ (15 juin-sept.) 🅶🅱 |
| 🚗 🏊 ⛽ 📞 🧺 |

Vallée du Lys

ARCIZANS-AVANT

✉ 65400 – **342** L5 – 298 h. – alt. 640
Paris 868 – Toulouse 194 – Tarbes 41 – Pau 61 – Lourdes 19.
Schéma à Argelès-Gazost

▲ **Le Lac**
    ✆ 05 62 97 01 88, *campinglac@campinglac65.fr*,
Fax 05 62 97 01 88, *www.campinglac65.fr* – **R** conseillée
2 ha (90 empl.) peu incliné, herbeux
Location : 5 🏠
Pour s'y rendre : Sortie Ouest, à proximité du lac

| Nature : 🏞 🌳 |
| Loisirs : 🏕 |
| Services : ♿ ⊶ 🗄 ⊕ 🛒 |

ARGELÈS-GAZOST

✉ 65400 – **342** L6 – G. Midi Pyrénées – 3 241 h. – alt. 462 – ♨ (mi-avr.-fin oct.)
🅱 *Office de tourisme, 15, place République* ✆ 05 62 97 00 25, Fax 05 62 97 50 60
Paris 863 – Lourdes 13 – Pau 58 – Tarbes 32.

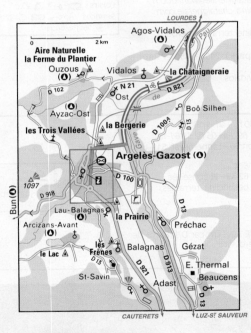

▲▲▲ **Les Trois Vallées** ♣♣ – 10 mars-oct.
    ✆ 05 62 90 35 47, *3-vallees@wanadoo.fr*,
Fax 05 62 90 35 48, *www.camping-les-3-vallees.fr* – **R** indispensable
11 ha (438 empl.) plat, herbeux
Tarif : (Prix 2006) ♀ 🚗 🔲 29 €
Location ⚓ : 77 🛖 (4 à 6 pers.) 273 à 812 €/sem.
Pour s'y rendre : Sortie N
À savoir : Aménagement floral de l'espace aquatique, ludique et commercial

| Nature : ≤ 🌳 |
| Loisirs : 🍴 cafétéria 🏕 🎮 🎣 ⛸ jacuzzi salle d'animation, discothèque 🏊 🎿 |
| Services : ♿ ⊶ 🏧 🐕 🛁 🗄 ⊕ 🛒 sèche-linge |
| A prox. : 🛒 🍴 🐎 |

To select the best route and follow it with ease,
To calculate distances,
To position a site precisely from details given in the text :
*Get the appropriate **MICHELIN regional map**, 1 : 150 000.*

ARRAS-EN-LAVEDAN

✉ 65400 – **342** L5 – 456 h. – alt. 700
🛈 *Syndicat d'initiative, impasse Bériadet* 🖉 *05 62 97 59 48*
Paris 868 – Toulouse 193 – Tarbes 40 – Pau 60 – Lourdes 19.

⚠ **L'Idéal** juin-mi-sept.
🖉 05 62 97 03 13, *h.miro@free.fr* – alt. 600 – **R** conseillée
2 ha (60 empl.) en terrasses, plat et peu incliné, herbeux
Tarif : (Prix 2006) 🛉 4 € 🚗 🔲 4 € – 🔌 (10A) 9,50 €
Pour s'y rendre : NO : 0,3 km par D 918, rte d'Argelès-Gazost

> Nature : ≤ ♀
> Loisirs : 🏠 ⚡
> Services : & ⚤ ⚿ 🔲 ♨ ⊕

ARRENS-MARSOUS

✉ 65400 – **342** K7 – G. Midi Pyrénées – 697 h. – alt. 885
Paris 875 – Argelès-Gazost 13 – Cauterets 29 – Laruns 37 – Lourdes 25 – Taches 44.

⚠ **La Hèche** Permanent
🖉 05 62 97 02 64, *laheche@free.fr, www.campinglahe che.com*
5 ha (166 empl.) plat, herbeux
Tarif : 🛉 🚗 🔲 5,70 € – 🔌 (4A) 2,50 €
Location : 2 🛖 (4 à 6 pers.) 165 à 430 €/sem.
Pour s'y rendre : 0,8 km à l'E par D 918 rte d'Argelès-Gazost et chemin à dr., bord du Gave d'Arrens

> Nature : ⚶ ≤ ♀♀
> Loisirs : 🏠 ⚡
> Services : & ⚤ ⊟ ⚿ 🎮 🔲 ♨ ♒
> ⊕ 🔲 ⚏
> À prox. : 🔥 ⚓ ⚊

⚠ **Le Moulian** Permanent
🖉 05 62 97 41 18, *domec.pav@wanadoo.fr,*
Fax 05 62 97 41 18 – **R** conseillée
12 ha/4 campables (100 empl.) plat, herbeux
Tarif : (Prix 2006) 🛉 3,60 € 🚗 🔲 3,60 € – 🔌 (6A) 4,50 €
Location : 7 🛖 (4 à 6 pers.) 450 à 470 €/sem.
🛖 1 borne 3,50 € – 2 🔲 13,70 €
Pour s'y rendre : 0,5 km au SE du bourg de Marsous
À savoir : Cadre agréable dans la vallée, le long du Gave d'Azun

> Nature : ⚶ ≤ ♀♀
> Loisirs : ♈ ✕ snack 🏠 ⚡ 🐎
> Services : & ⚤ ⊟ ⚿ 🔲 ♒ ⊕ 🔲
> sèche-linge ⚏
> À prox. : ⚒ ⚓ ⚊

513

⚠ **Le Gerrit** mi-juin-mi-sept.
🖉 05 62 97 25 85, *francois.bordes@wanadoo.fr,*
Fax 05 62 97 25 85, *www.legerrit.com*
1 ha (30 empl.) plat, herbeux
Tarif : 🛉 🚗 🔲 12,20 € 🔌 (6A)
Location (permanent) ⚑ : 5 🛖 (4 à 6 pers.) 290 à 460 €/sem.
Pour s'y rendre : À l'E du bourg de Marsous

> Nature : ⚶ ≤ ♀♀
> Loisirs : ⚡
> Services : & ⚤ ⚿ 🔲 ♒ ⊕ 🔲

AUCUN

✉ 65400 – **342** K7 – 205 h. – alt. 853
Paris 872 – Argelès-Gazost 10 – Cauterets 26 – Lourdes 22 – Pau 73 – Tarbes 41.

⚠ **Lascrouts** Permanent
🖉 05 62 97 42 62, *info@camping-lascrouts.com,*
Fax 05 62 97 42 62, *www.camplascrouts.com* – places limitées pour le passage – **R** conseillée
4 ha (72 empl.) plat, peu incliné, terrasse, herbeux
Tarif : (Prix 2006) 🛉 🚗 🔲 11,50 € 🔌 (6A)
Location : 10 🛖 (4 à 6 pers.) 305 à 382 €/sem. – 1 gîte
Pour s'y rendre : 0,7 km à l'E par D 918, rte d'Argelès-Gazost et rte à dr., à 300 m du Gave d'Azun

> Nature : ⚶ ≤
> Loisirs : 🏠 ⚡
> Services : & ⚤ ⚿ 🔲 🎮 🔲 ♒ ⊕
> 🔲
> À prox. : école de parapente

AUCUN

▲▲ **Azun Nature** juin-mi-sept.
℘ 05 62 97 45 05, *azun.nature@wanadoo.fr*,
Fax 05 62 97 45 05, *www.camping-azun-nature.com*
– **R** conseillée
1 ha (40 empl.) plat, herbeux
Tarif : (Prix 2006) ✶ 3,40 € ⇔ 1,90 € ▣ 1,90 € – ⊞ 3 €
Location (permanent) : 7 ⌂
Pour s'y rendre : 0,7 km à l'E par D 918, rte d'Argeles-Gazost et rte à dr., à 300 m du Gave d'Azun

> Nature : ⬡
> Loisirs : 🏠 🚗
> Services : ⅋ ⚬ ↻ Ⓜ ⊞ ♨ ☺ ⬛
> À prox. : ⬡ école de parapente, sentiers de randonnées, VTT

AYZAC-OST

✉ 65400 – **342** L4 – 388 h. – alt. 430
Paris 862 – Toulouse 188 – Tarbes 35 – Pau 54 – Lourdes 12.
Schéma à Argelès-Gazost

▲ **La Bergerie** mai-sept.
℘ 05 62 97 59 99, *carl.campinglabergerie@tiscali.fr*,
Fax 05 62 97 51 89, *www.camping-labergerie.com*
– **R** conseillée
2 ha (105 empl.) plat, herbeux
Tarif : (Prix 2006) ✶ ⇔ ▣ 19,40 € ⊞ (6A) – frais de réservation 15 €
Location (avr.-oct.) ⬡ : appartements
Pour s'y rendre : Sortie Sud par N 21 et chemin à gauche

> Nature : ⟨ ♀♀
> Loisirs : 🏠 🚗 ⬡
> Services : ⅋ ⚬ GB ↻ ⊞ ☺ ⬛

BAGNÈRES-DE-BIGORRE

✉ 65200 – **342** M6 – G. Midi Pyrénées – 8 048 h. – alt. 551 – ⚑ (déb. mars-fin nov.)
🏢 *Office de tourisme, 3, allées Tournefort* ℘ 05 62 95 50 71, Fax 05 62 95 33 13
Paris 829 – Lourdes 24 – Pau 66 – St-Gaudens 65 – Tarbes 23.

▲▲▲ **Le Monlôo** Permanent
℘ 05 62 95 19 65, *campingmonloo@yahoo.com*,
Fax 05 62 95 19 65, *www.lemonloo.com* – **R** conseillée
3 ha (180 empl.) peu incliné, plat, herbeux
Tarif : (Prix 2006) ✶ ⇔ ▣ 21 € ⊞ (6A)
Location : 8 ⊡ (4 à 6 pers.) 220 à 502 €/sem. – 5 ⌂ (4 à 6 pers.) 280 à 602 €/sem.
⊡ 1 borne 5 €
Pour s'y rendre : Sortie NE, par D 938, rte de Toulouse puis à gauche 1,4 km par D 8, rte de Tarbes et chemin à dr.

> Nature : ⬡ ⟨ ♀♀
> Loisirs : 🏠 🚗 ✕ ⬡ ⬡
> Services : ⅋ ⚬ GB ↻ ▥ ⊞ ♨ ⬡
> ☺ ⬛ sèche-linge

▲ **Les Fruitiers** mai-oct.
℘ 05 62 95 25 97, *danielle.villemur@wanadoo.fr*,
Fax 05 62 95 25 97, *www.camping-les-fruitiers.com*
– **R** conseillée
1,5 ha (112 empl.) plat, herbeux
Tarif : (Prix 2006) ✶ ⇔ ▣ 16,30 € ⊞ (6A)
Pour s'y rendre : 9, rte de Toulouse

> Nature : ⟨ Pic du Midi ♀♀
> Loisirs : 🏠 🚗
> Services : ⚬ GB ↻ ⊞ ☺ ⬛
> À prox. : ⬡

BOURISP

✉ 65170 – **342** O6 – 110 h. – alt. 790
Paris 828 – Toulouse 155 – Tarbes 70 – Lourdes 66 – Saint 64.

▲▲ **Le Rioumajou** Permanent
℘ 05 62 39 42 38, *lerioumajou@wanadoo.fr*,
Fax 05 62 39 58 27, *www.camping-le-rioumajou.com*
5 ha (240 empl.) plat, gravillons, pierreux, herbeux
Tarif : ✶ ⇔ ▣ 10,95 € – ⊞ (10A) 6 € – frais de réservation 14 €
Pour s'y rendre : 1,3 km au NO par D 929 rte d'Arreau et chemin à gauche, bord de la Neste d'Aure

> Nature : ❄ ⬡ ⊡ ♀
> Loisirs : ♈ snack 🏠 ⬡ diurne 🚗
> ✕ ⬡ ⬡
> Services : ⅋ ⚬ GB ↻ ▥ ⊞ ♨ ☺
> ⬡ ⬡ ⬡ ⬛ sèche-linge ⬡ ⬡

BUN

✉ 65400 – **342** L5 – 108 h. – alt. 800
Paris 874 – Toulouse 198 – Tarbes 44 – Pau 64 – Lourdes 24.

△ **Le Bosquet** Permanent
  𝒫 05 62 97 43 94, Fax 05 62 97 07 81 – places limitées pour
  le passage
  1,5 ha (35 empl.) plat, herbeux
  Tarif : ✶ 3,20 € ⇆ 1,60 € ▣ 1,60 € – ⅊ 3,80 €
  Location : gîtes
  Pour s'y rendre : Sortie O du bourg, pour les caravanes :
  accès conseillé par D 918, rte d'Aucun et D 13

> Nature : ⌂ ≤ ♀
> Loisirs : ⌂
> Services : ♿ ⚬ M ⌁ ≋ ⊚ ▦
> sèche-linge

CAPVERN-LES-BAINS

✉ 65130 – **342** N6 – alt. 450 – ♨ (fin avril-fin oct.)
🅱 Office de tourisme, 300, place des Thermes 𝒫 05 62 39 00 46, Fax 05 62 39 08 14
Paris 804 – Arreau 31 – Bagnères-de-Bigorre 19 – Bagnères-de-Luchon 71 – Lannemezan 9 – Tarbes 31.

△ **Les Craoues** mai-15 oct.
  𝒫 05 62 39 02 54, Fax 05 62 39 02 54, *camping-les-
  craoues.net* – alt. 606 – **R** conseillée
  1,5 ha (78 empl.) non clos, peu incliné, herbeux
  Tarif : ✶ 4,03 € ⇆ ▣ 4,50 € – ⅊ (8A) 5 €
  Location (permanent) : 8 ⌂ (4 à 6 pers.) 240 à
  520 €/sem.
  Pour s'y rendre : SE : 2,5 km, au carrefour des N 117 et
  D 938

> Nature : ♀♀
> Loisirs : ⌂ ⅃
> Services : ♿ ⚬ GB ⌁ ⌁ ≋ ⊚
> ▦
> À prox. : 🏪

The Guide changes, so renew your Guide every year.

515

CAUTERETS

✉ 65110 – **342** L7 – G. Midi Pyrénées – 1 305 h. – alt. 932 – ♨ – Sports d'hiver : 1 000/2 350 m ⊀3 ⊀18 ⊀
🅱 Office de tourisme, place Foch 𝒫 05 62 92 50 50, Fax 05 62 92 11 70
Paris 880 – Argelès-Gazost 17 – Lourdes 30 – Pau 75 – Tarbes 49.

△ **Les Glères** 1er janv.-20 oct.
  𝒫 05 62 92 55 34, *camping-les-gleres@wanadoo.fr*,
  Fax 05 62 92 03 53, *www.gleres.com* – **R** indispensable
  1,2 ha (80 empl.) plat, herbeux, gravillons
  Tarif : ✶ ⇆ ▣ 17,90 € ⅊ (6A) – frais de réservation 10 €
  Location ⌕ : 5 ⌂ (2 à 4 pers.) 205 à 305 €/sem. – 17
  ⌂ (4 à 6 pers.) 235 à 495 €/sem. – 8 ⌂ (4 à 6 pers.)
  290 à 610 €/sem.
  Pour s'y rendre : Sortie N par D 920, bord du Gave

> Nature : ❄ ≤ ⌂ ♀♀
> Loisirs : ⌂ ⅃⅃ ⅃
> Services : ♿ ⚬ GB ⌁ M ⼌ ⌁ ⅃
> ≋ ⊚ ⌁ ⼌ ▦ sèche-linge
> À prox. : patinoire ⚶

△ **GR 10** 1er juil.-1er sept.
  𝒫 05 62 92 54 02, *contact@gr10camping.com*,
  Fax 05 62 92 54 02, *www.gr10camping.com* – **R** indispen-
  sable
  1,5 ha (70 empl.) plat et peu incliné, terrasses, herbeux
  Tarif : ✶ 4,30 € ⇆ 1,50 € ▣ 4,30 € – ⅊ (8A) 3,80 €
  Pour s'y rendre : N : 2,8 km par D 920, rte de Lourdes, à
  Concé, près du Gave de Pau

> Nature : ⌂ ≤
> Loisirs : ⌂ ⅃⅃ ⚶ ⅃
> Services : ♿ ⚬ ⌁ M ⼌ ⊚ ▦

△ **Le Cabaliros** saison
  𝒫 05 62 92 55 36, *info@camping-cabaliros.com*,
  Fax 05 62 92 55 36, *www.camping-cabaliros.com*
  – **R** conseillée
  2 ha (100 empl.) incliné à peu incliné, herbeux
  Tarif : ✶ ⇆ ▣ 12,60 € – ⅊ (6A) 3,15 €
  Location : 4 ⌂ (4 à 6 pers.) 250 à 500 €/sem.
  🏪, 1 borne 3 €
  Pour s'y rendre : 1,6 km au N par rte de Lourdes et au
  pont à gauche, bord du Gave de Pau

> Nature : ≤ ♀♀
> Loisirs : ⌂
> Services : ♿ ⚬ GB ⌁ ⌁ ≋ ⊚ ⼌
> ⌁ ▦

CAUTERETS

⚠ **Le Péguère** 1er mai-30 sept.
  📞 05 62 92 52 91, *campingpeguere@wanadoo.fr*,
  Fax 05 62 92 52 91, *www.les-campings.com/peguere*
  – **R** conseillée
  3,5 ha (160 empl.) peu incliné, herbeux
  Tarif : 👤 🚐 🔲 12,76 € 🔌 (6A)
  Location (1er avr.-31 oct.) 🏕 : 4 🛏 (4 à 6 pers.) 175 à
  420 €/sem. – 2 🏠 (4 à 6 pers.) 200 à 420 €/sem.
  🚐 1 borne 2 €
  Pour s'y rendre : 1,5 km au N par rte de Lourdes, bord du
  Gave de Pau

Nature : ≤ 🌳	
Loisirs : 🏕 🏊	
Services : 🚿 ⊶ GB 🅰 🔲 🎣 🛁 ⊕ 🚰	
🚽 🔥	

ESTAING

✉ 65400 – **342** K7 – G. Midi Pyrénées – 67 h. – alt. 970
Paris 874 – Argelès-Gazost 12 – Arrens 7 – Laruns 43 – Lourdes 24 – Pau 69 – Tarbes 43.

🏔 **Pyrénées Natura** 1er mai-20 août
  📞 05 62 97 45 44, *info@camping-pyrenees-natura.com*,
  Fax 05 62 97 45 81, *www.camping-pyrenees-natura.com* –
  alt. 1 000 – **R** conseillée
  3 ha (60 empl.) plat et peu incliné, terrasses, herbeux,
  gravier
  Tarif : 👤 🚐 🔲 26 € 🔌 (10A)
  🚐 1 borne – 5 🔲 23 €
  Pour s'y rendre : Au Nord du bourg
  À savoir : Belle grange du 19e s. aménagée en espace
  loisirs et détente

Nature : 🏞 ≤ 🏠	
Loisirs : 🍴 🏊	
Services : 🚿 ⊶ GB 🅰 🔲 🎣 🛁 ⊕	
🚰 🚽 🔥 🔥	

⚠ **Aire Naturelle la Pose** juin-sept.
  📞 05 62 97 43 10 – **R** conseillée
  2 ha (25 empl.) plat et peu incliné, en terrasses, herbeux
  Tarif : 👤 3 € 🚐 1,50 € 🔲 1,50 € – 🔌 (10A) 3 €
  Pour s'y rendre : S : 3 km par D 103, près du Gave de Bun

Nature : 🏞	
Services : ⊶ ⊕	

GAVARNIE

✉ 65120 – **342** L8 – G. Midi Pyrénées – 164 h. – alt. 1 350 – Sports d'hiver : 1 350/2 400 m ⛷ 11 🎿
🛈 *Office de tourisme, le village* 📞 05 62 92 48 05, Fax 05 62 92 42 47
Paris 901 – Lourdes 52 – Luz-St-Sauveur 20 – Pau 96 – Tarbes 71.

⚠ **Le Pain de Sucre** juin-sept., 15 déc.-15 avr.
  📞 05 62 92 47 55, *camping-gavarnie@wanadoo.fr*,
  Fax 05 62 92 47 55, *www.camping-gavarnie.com* – alt. 1 273
  – **R** conseillée
  1,5 ha (50 empl.) non clos, plat, herbeux
  Tarif : 👤 3,80 € 🚐 🔲 4 € – 🔌 (10A) 5,95 € – frais de réser-
  vation 15 €
  Location 🏕 : 4 🛏 (4 à 6 pers.) 210 à 380 €/sem. – 2
  🏠 (4 à 6 pers.) 250 à 480 €/sem.
  Pour s'y rendre : 3 km au N par D 921 rte de Luz-St-
  Sauveur, bord du Gave de Gavarnie

Nature : ❄ ≤	
Loisirs : 🏊	
Services : ⊶ GB 🅰 🔲 🎣 🛁 ⊕ 🚐	
🔥 sèche-linge	

GÈDRE

✉ 65120 – **342** M8 – G. Midi Pyrénées – 291 h. – alt. 1 000
🛈 *Office de tourisme, Immeuble communal* 📞 05 62 92 47 37
Paris 892 – Lourdes 43 – Luz-St-Sauveur 12 – Pau 87 – Tarbes 62.

⚠ **Le Mousca** juil.-août
  📞 05 62 92 47 53, Fax 05 62 92 47 53 – **R** conseillée
  1 ha (50 empl.) plat, herbeux
  Tarif : 👤 3,30 € 🚐 🔲 3,50 € – 🔌 (6A) 3,80 €
  Pour s'y rendre : N : 0,7 km par D 921 rte de Luz-St-
  Sauveur et chemin à gauche, bord du Gave de Gavarnie

Nature : 🏞 ≤	
Services : 🚿 ⊶ 🅰 🎣 🛁 ⊕ 🔥	
À prox. : 🎾 🏊 ⛸	

HÈCHES

⌧ 65250 – **342** O6 – 580 h. – alt. 690

Paris 805 – Arreau 14 – Bagnères-de-Bigorre 35 – Bagnères-de-Luchon 47 – Lannemezan 14 – Tarbes 49.

La Bourie Permanent

℘ 05 62 98 73 19, labourie65@aol.com, Fax 05 62 98 73 44, www.camping-labourie.com – **R** conseillée
2 ha (120 empl.) plat, peu incliné, terrasse, herbeux
Tarif : (Prix 2006) ★ 3,20 € ⇔ 🅴 3,50 € – ⒡ (6A) 4 € – frais de réservation 15 €

Location 🏖 : 13 ⛺ (4 à 6 pers.) 258 à 365 €/sem.
⛽ 1 borne

Pour s'y rendre : 2 km au S par D 929, rte d'Arreau et à Rebouc D 26 à gauche, bord de la Neste d'Aure

> Nature : ≤ ⚲
> Loisirs : snack 🎱 ⚒ 🎣
> Services : ⅋ ⊶ ⅋ ⊪ 🖪 ⊛ 🖼

LAU-BALAGNAS

⌧ 65400 – **342** L5 – 483 h. – alt. 430

Paris 864 – Toulouse 188 – Tarbes 36 – Pau 70 – Lourdes 15.

Schéma à Argelès-Gazost

Les Frênes fermé 16 oct.-14 déc.

℘ 05 62 97 25 12, Fax 05 62 97 01 41 – **R** conseillée
3 ha (165 empl.) plat et terrasses, herbeux
Tarif : ★ 4,50 € ⇔ 🅴 4,80 € – ⒡ (10A) 10 €
Location : 12 ⛺ (4 à 6 pers.) 260 à 450 €/sem.
Pour s'y rendre : SE : 1,2 km

> Nature : ≤ ⚲⚲
> Loisirs : 🎱 ⚒
> Services : ⅋ ⊶ ⅋ ⊪ 🖪 ⊛ 🖼 ⚐
> 🖼

La Prairie 15 juin-1er sept.

℘ 05 62 97 11 87, Fax 05 62 97 11 87 – **R**
1 ha (60 empl.) plat, herbeux
Tarif : (Prix 2006) ★ 3,40 € ⇔ 🅴 3,20 € – ⒡ (5A) 5 €
Pour s'y rendre : Au bourg

> Nature : ≤ montagnes ⚲
> Services : ⅋ ⊶ ⅋ ⊛ 🖼

517

LOUDENVIELLE

⌧ 65510 – **342** O8 – 261 h. – alt. 987 – Base de loisirs

🛈 Office de tourisme, 13, place des Badalans ℘ 05 62 99 95 35

Paris 833 – Arreau 15 – Bagnères-de-Luchon 27 – La Mongie 54 – Taches 77.

Pène Blanche Permanent

℘ 05 62 99 68 85, info@peneblanche.com,
Fax 05 62 99 98 20, www.peneblanche.com – **R** conseillée
4 ha (120 empl.) en terrasses, peu incliné, herbeux
Tarif : ★ ⇔ 🅴 21,25 € ⒡ (10A)

Location : 19 ⛺ (4 à 6 pers.) 259 à 559 €/sem.
Pour s'y rendre : Sortie NO par D 25, rte de Génos, près de la Neste de Louron et à proximité d'un plan d'eau

> Nature : 🏞 ≤ ⚲
> Services : ⊶ (15 juin-31 août) 🅖🅑
> ⅋ ⊪ 🖪 ⊛ 🖼 sèche-linge
> À prox. : ⛾ cafétéria hammam jacuzzi 🏌 ⚒ 🎣 ⚒ ⚒ 🎠 poneys centre de remise en forme, balnéo, parapente, planche à voile, canoë et pédalos

LOURDES

⌧ 65100 – **342** L6 – G. Midi Pyrénées – 15 203 h. – alt. 420

🛈 Office de tourisme, place Peyramale ℘ 05 62 42 77 40, Fax 05 62 94 60 95

Paris 850 – Bayonne 147 – Pau 45 – St-Gaudens 86 – Tarbes 19.

Le Moulin du Monge 1er avr.-15 oct.

℘ 05 62 94 28 15, camping.moulin.monge@wanadoo.fr,
Fax 05 62 42 20 54, www.camping-lourdes.com – **R** conseillée
1 ha (67 empl.) plat et peu incliné, en terrasses, herbeux
Tarif : ★ ⇔ 🅴 9,20 € – ⒡ (6A) 4 €
Location : 10 ⛺ (4 à 6 pers.) 385 à 539 €/sem. – appartements
⛽ 1 borne 4 € – 5 🅴 17,30 €
Pour s'y rendre : N : 1,3 km

> Nature : ⚲⚲
> Loisirs : 🎱 🍴 🏌 ⚒
> Services : ⅋ ⊶ 🅖🅑 ⅋ ⊪ 🖪 ⊛ 🖼 sèche-linge ⚐

⚠ Plein Soleil saison
    𝄞 05 62 94 40 93, *camping.plein.soleil@wanadoo.fr*,
Fax 05 62 94 51 20, *www.camping-pleinsoleil.com*
– **R** conseillée
0,5 ha (35 empl.) en terrasses, pierreux, gravillons
Tarif : ✦ ⬗ 🅴 17,50 € 🔌 (4A)
Location : 7 🏠 (4 à 6 pers.) 330 à 520 €/sem.
Pour s'y rendre : N : 1 km

> Nature : ≤ ♀
> Loisirs : 🍴 🏊
> Services : ⚷ ᗡⱽ ▥ 🗄 ☺ 🚿 ⚥ 📞
> 📠 sèche-linge
> À prox. : 🛒

⚠ Sarsan 19 mai-29 sept.
    𝄞 05 62 94 43 09, *camping.sarsan@wanadoo.fr*,
Fax 05 62 94 43 09, *www.lourdes-camping.com* – **R** conseil-
lée
1,8 ha (66 empl.) plat et peu incliné, herbeux
Tarif : ✦ ⬗ 🅴 7,60 € – 🔌 (10A) 4,60 €
Location (fin mars-déb. nov.) : 5 🚐 (4 à 6 pers.) 250 à
440 €/sem.
Pour s'y rendre : 1,5 km à l'E, av. Jean-Moulin

> Nature : ≤ ♀
> Loisirs : 🍴 🏊
> Services : ♿ ᗡⱽ 🗄 🔁 ☺ 📞 📠

⚠ Arrouach 15 mars-31 déc.
    𝄞 05 62 42 11 43, *camping.arrouach@wanadoo.fr*,
Fax 05 62 42 05 27, *www.camping-arrouach.com*
– **R** conseillée
13 ha/3 campables (67 empl.) plat, peu incliné et en
terrasses, herbeux
Tarif : ✦ 3,70 € ⬗ 2,20 € 🅴 2,20 € – 🔌 (5A) 4,50 €
Location (permanent) : 🛏 – appartements
🚐 1 borne
Pour s'y rendre : NO : quartier de Biscaye

> Nature : ≤ ♀
> Loisirs : 🍴
> Services : ᗡⱽ ☺ 📠
> À prox. : golf

⚠ Le Ruisseau Blanc 20 mars-10 oct.
    𝄞 05 62 42 94 83 – **R** conseillée
1,8 ha (110 empl.) plat, herbeux
Tarif : ✦ 2,50 € ⬗ 🅴 2,60 € – 🔌 (4A) 3 €
Location : 3 🚐 (4 à 6 pers.) 315 à 385 €/sem.
🚐 1 borne 3 € – 8 🅴
Pour s'y rendre : E : 1,5 km, à Anclades par D 97, rte de
Jarret, pour caravanes, accès conseillé par la D 937 en direc-
tion de Bagnères-de-Bigorre

> Nature : ⛰ ≤ ♀♀
> Loisirs : 🍴 🎣
> Services : ᗡⱽ 🗄 🔁 ☺ 📞 📠

⚠ **La Forêt** avr.-oct.
  ℘ 05 62 94 04 38, Fax 05 62 42 14 86 – **R** conseillée
  2,8 ha (133 empl.) plat, herbeux
  Tarif : ✷ 3,50 € ⬌ 3 € 🅴 3 € – 🄿 (10A) 7,60 €
  Location : 12 🏠 (4 à 6 pers.) 300 à 480 €/sem.
  🚐
  Pour s'y rendre : O : 3 km, accès conseillé par rue de Pau,
  D 13 à gauche et D 35, rue de la Forêt

Nature : 🏞 ♀
Loisirs : 🍸 snack 🛶
Services : 🔑 GB 🅱 🍴 ☺ 📞 📷 🔋 🚿

LUZ-ST-SAUVEUR

✉ 65120 – **342** L7 – G. Midi Pyrénées – 1 098 h. – alt. 710 – 🏔 (déb. mai-fin oct.) – Sports d'hiver : 1 800/2 450 m
🅱 *Office de tourisme, 20, place du 8 mai* ℘ *05 62 92 30 30, Fax 05 62 92 87 19*
Paris 882 – Argelès-Gazost 19 – Cauterets 24 – Lourdes 32 – Pau 77 – Tarbes 51.

⛰ **Airotel Pyrénées** fermé oct.-nov.
  ℘ 05 62 92 89 18, *airotel.pyrenees@wanadoo.fr*,
  Fax 05 62 92 96 50, *www.airotel-pyrenees.com* – **R** conseillée
  2,5 ha (165 empl.) peu incliné et incliné, plat et en terrasses,
  herbeux
  Tarif : ✷ ⬌ 🅴 29,50 € 🄿 (10A) – frais de réservation 25 €
  Location 🏠 : 50 🏠 (4 à 6 pers.) 185 à 710 €/sem.
  Pour s'y rendre : 1 km au NO par D 921, rte de Lourdes

Nature : ❄ ≤ ⌂ ♀
Loisirs : 🛏 🎿 ♨ hammam ja- cuzzi espace balnéo 🛶 📺 🎿 🏊 mur d'escalade
Services : 🚿 🔑 GB 🅱 🍴 🛢 🖐 ☺ 📞 📷 sèche-linge 🔋 🚿

⛰ **International** 1er juin-30 sept.
  ℘ 05 62 92 82 02, *camping.international.luz@wanadoo.fr*,
  Fax 05 62 92 96 87, *www.international-camping.fr*
  – **R** conseillée
  4 ha (133 empl.) plat, peu incliné, en terrasses, herbeux
  Tarif : (Prix 2006) ✷ ⬌ 🅴 19 € 🄿 (6A) – frais de réser-
  vation 16 €
  Location 🏠 : 5 🏠 (4 à 6 pers.) 250 à 570 €/sem.
  Pour s'y rendre : 1,3 km au NO par D 921, rte de Lourdes

Nature : ❄ ≤ ♀♀
Loisirs : 🍸 snack 🛏 jacuzzi 🛶 🏇 🎿 🏊
Services : 🚿 🔑 GB 🅱 🍴 🛢 🖐 ☺ 🏊 🛒 📷 sèche-linge 🔋 🚿

⛰ **Pyrénévasion** Permanent
  ℘ 05 62 92 91 54, *camping-pyrenevasion@wanadoo.fr*,
  Fax 05 62 92 98 34, *www.campingpyrenevasion.com* –
  alt. 834 – **R** conseillée
  3,5 ha (75 empl.) en terrasses, peu incliné, herbeux, gravier
  Tarif : ✷ ⬌ 🅴 20 € 🄿 (10A)
  Location : 8 🏠 (4 à 6 pers.) 250 à 490 €/sem. – 4 🏡 (4
  à 6 pers.) 250 à 600 €/sem.
  🚐 1 borne 6 €

Nature : ≤
Loisirs : 🍸 snack jacuzzi 🛶 🎿 ter- rain omnisports
Services : 🚿 🔑 GB 🅱 🍴 📷 ☺ 🏊 🛒 📷 sèche-linge

⛰ **Les Cascades** fermé oct.-nov.
  ℘ 05 62 92 85 85, *cathy.sesque@wanadoo.fr*,
  Fax 05 62 92 96 95, *www.camping-luz.com* – **R** indispensable
  1,5 ha (77 empl.) peu incliné et en terrasses, herbeux,
  pierreux
  Tarif : (Prix 2006) ✷ ⬌ 🅴 20 €
  Location : 20 🏠 (4 à 6 pers.) 300 à 500 €/sem.
  Pour s'y rendre : Au S de la localité, r. Ste-Barbe, bord de
  torrents, accès conseillé par rte de Gavarnie

Nature : 🏞 ≤ ♀
Loisirs : 🍸 ✕ 🛏 🛶 🎿
Services : 🚿 🔑 GB 🅱 🍴 📷 ☺ 📷 sèche-linge 🚿
À prox. : canoë

⛰ **So de Prous** déb. janv.-12 nov.
  ℘ 05 62 92 82 41, *jj.poulou@wanadoo.fr*,
  Fax 05 62 92 34 10, *www.sodeprous.com* – **R** conseillée
  2 ha (80 empl.) plat, peu incliné, en terrasses, herbeux
  Tarif : ✷ ⬌ 🅴 8 € – 🄿 (6A) 6 € – frais de réservation 8 €
  Location : 12 🏠 (4 à 6 pers.) 200 à 450 €/sem. – 🛏
  Pour s'y rendre : 3 km au NO par D 921, rte de Lourdes, à
  80 m du Gave de Gavarnie

Nature : ≤ ♀
Loisirs : 🍸 🛏 🛶 🎿 (petite pis- cine)
Services : 🚿 🔑 GB 🅱 🍴 📷 🏊 ☺ 📷 🚿

519

LUZ-ST-SAUVEUR

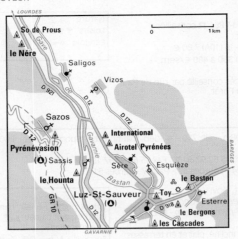

▲ **Le Bergons** fermé oct.-nov.
🕿 05 62 92 90 77, *abordenave@club-internet.fr*, *www.cam ping-bergons.com* – **R** conseillée
1 ha (78 empl.) plat, peu incliné et terrasses, herbeux
Tarif : (Prix 2006) ✹ ⇌ 🗉 13,75 € ⚡ (6A) – frais de réservation 10 €
Location : 5 🛏 (4 à 6 pers.) 200 à 440 €/sem.
Pour s'y rendre : 0,5 km à l'E d'Esterre par D 918, rte de Barèges

> Nature : ❄ ≤ ♀
> Loisirs : 🎬 ⚽
> Services : ₺ ☎ (fin juin-fin oct.)
> ⒼⒷ ⚙ ⅲ ⚙ ⊙ 🖲 sèche-linge

▲ **Le Bastan** fermé mi-oct.-déb. nov.
🕿 05 62 92 94 27, *camping.bastan@wanadoo.fr*,
Fax 05 62 92 84 00, *www.casyph.fr/campingbastan/* – **R**
1 ha (70 empl.) peu incliné, plat, herbeux, pierreux
Tarif : (Prix 2006) ✹ ⇌ 🗉 14 €
Location : 3 🛏
🛏 1 borne
Pour s'y rendre : 0,8 km à l'E d'Esterre par D 918, rte de Barèges, bord du Bastan

> Nature : ❄ ≤ ♀♀
> Loisirs : 🎬 ⚽ ⛳ 🐟
> Services : ₺ ☎ ⒼⒷ ⚙ ⅲ 🖥 ⚙ ⊙
> 🖲 sèche-linge
> À prox. : pizzeria

▲ **Le Nére** mi-juin-mi-sept.
🕿 05 62 92 81 30, Fax 05 62 92 97 46 – **R**
1,2 ha (67 empl.) plat, herbeux
Tarif : (Prix 2006) ✹ 3,20 € ⇌ 🗉 3,20 € – ⚡ (6A) 4,57 €
Pour s'y rendre : 2,8 km au NO par D 921, rte de Lourdes, à 100 m du Gave de Gavarnie

> Nature : ≤ ♀
> Loisirs : 🎬 ⚽ ⛳
> Services : ☎ ⚙ 🖥 ⚙ ⊙ 🖲
> À prox. : 🐟

▲ **Toy** fermé 16 avr.-11 mai et 28 sept.-5 déc.
🕿 05 62 92 86 85 – **R** conseillée
1,2 ha (100 empl.) peu incliné et en terrasses, herbeux, pierreux
Tarif : ✹ 3,90 € ⇌ 🗉 3,90 € – ⚡ (6A) 5,20 €
Pour s'y rendre : Centre bourg, pl. du 8-Mai, bord du Bastan

> Nature : 🌳 ≤ ♀
> Loisirs : 🐟
> Services : ☎ ⅲ ⚙ ⊙
> À prox. : 🍴 🏊 🍷 🗡 ⛳

Des vacances réussies sont des vacances bien préparées !
Ce guide est fait pour vous y aider... mais :
– N'attendez pas le dernier moment pour réserver
– Évitez la période critique du 14 juillet au 15 août
Pensez aux ressources de l'arrière-pays,
à l'écart des lieux de grande fréquentation.

MADIRAN

✉ 65700 – **342** L3 – 536 h. – alt. 125
Paris 750 – Aire-sur-l'Adour 28 – Auch 72 – Mirande 48 – Pau 49 – Tarbes 42.

△ **Municipal le Madiran** 15 juin-15 sept.
    ℘ 05 62 31 92 83, *irma.hofstede@wanadoo.fr*,
    Fax 05 62 31 92 83, *http://monsite.wanadoo.fr/madrian/*
    – **R** conseillée
    0,3 ha (10 empl.) plat, peu incliné, herbeux
    Tarif : ✝ ⇔ ▣ 6,50 € – [½] (10A) 2,30 €
    Pour s'y rendre : Au bourg par la D 48

> Nature : ⌇
> Services : 🚿 ⚕ ⚉
> À prox. : ✖ ⚓

ORINCLES

✉ 65380 – **342** M6 – 261 h. – alt. 360
Paris 845 – Bagnères-de-Bigorre 16 – Lourdes 13 – Pau 52 – Tarbes 14.

△ **Aire Naturelle le Cerf Volant** 15 mai-15 oct.
    ℘ 05 62 42 99 32, *lecerfvolant1@yahoo.fr*,
    Fax 05 62 42 99 32 – **R** conseillée
    1 ha (23 empl.) non clos, plat et terrasse, herbeux
    Tarif : (Prix 2006) ✝ 2,10 € ⇔ 1 € ▣ 1,50 € –
    [½] (15A) 2,20 €
    Pour s'y rendre : S : 2,2 km par D 407 et chemin en face, à
    300 m du D 937, bord d'un ruisseau
    À savoir : Autour d'une ferme

> Nature : ⌇ ♀
> Loisirs : 🏠 ⚽
> Services : 🚿 ⚷ ⚕ ⚉

OUZOUS

✉ 65400 – **342** L4 – 187 h. – alt. 550
Paris 862 – Toulouse 188 – Tarbes 35 – Pau 55 – Lourdes 13.
                              Schéma à Argelès-Gazost

△ **Aire Naturelle la Ferme du Plantier** juin-sept.
    ℘ 05 62 97 58 01, Fax 05 62 97 58 01 – **R** conseillée
    0,6 ha (15 empl.) incliné, plat, terrasse, herbeux
    Tarif : ✝ 2,50 € ⇔ 2 € ▣ 3 € – [½] (8A) 3,50 €
    Pour s'y rendre : Au bourg

> Nature : ⌇ ≤ montagnes
> Loisirs : ⚽
> Services : 🚿 ⚷ ⚕ 🍴 ⚲ ⚉ 🖥

521

PEYROUSE

✉ 65270 – **342** L6 – 233 h. – alt. 350
Paris 855 – Laruns 44 – Lourdes 8 – Pau 37.

△△ **Le Prat Dou Rey** mi-mai-mi-sept.
    ℘ 05 62 41 81 54, *lepradourey@orange.fr*,
    Fax 05 62 41 89 76, *www.pradourey.com* – **R** conseillée
    4,5 ha (167 empl.) plat, herbeux
    Tarif : (Prix 2006) ✝ 3,50 € ⇔ ▣ 3,60 € – [½] (6A) 2,70 €
    Location (mars-mi-oct.) : 16 🛏 (2 à 4 pers.) 205 à
    365 €/sem. – appartements
    Pour s'y rendre : O : 5,5 km par D 937, rte de Pau par
    Lestelle-Bétharram

> Nature : ♀♀
> Loisirs : 🏠 ✖ ⚓
> Services : 🚿 ⚷ GB ⚕ 🍴 ⚉ 🖥

POUEYFERRÉ

✉ 65100 – **342** L4 – 780 h. – alt. 360
Paris 853 – Toulouse 179 – Tarbes 26 – Pau 39 – Lourdes 5.

△△ **Relais Océan-Pyrénées** mai-sept.
    ℘ 05 62 94 57 22, Fax 05 62 94 57 22 – **R** conseillée
    1,2 ha (90 empl.) en terrasses, peu incliné, herbeux
    Tarif : ✝ 4 € ⇔ ▣ 4 € – [½] 4,20 €
    Location (juil.-août) : 4 🛏 (4 à 6 pers.) 183 à
    442 €/sem.
    Pour s'y rendre : S : 0,8 km, à l'intersection des D 940 et
    D 174

> Nature : ≤ ⌇ ♀♀
> Loisirs : 🏠 ⚽ ⚓ bowling
> Services : 🚿 ⚷ GB ▦ 🍴 ⚉ ⚲ 🖥

POUZAC

✉ 65200 – **342** M4 – G. Midi-Pyrénées – 1 064 h. – alt. 505
Paris 823 – Toulouse 149 – Tarbes 19 – Pau 60 – Auch 89.

⚶⚶ **Bigourdan** 31 mars-21 oct.
℘ 05 62 95 13 57, *www.camping-bigourdan.com*
– **R** conseillée
1 ha (48 empl.) plat, herbeux
Tarif : ✻ 3,90 € – ⇌ ⊟ 3,90 € – ⓩ (6A) 4,50 €
Location ⌁ (juil.-août) : 4 ⌂ (2 à 4 pers.) 150 à
275 €/sem. – 4 ⌂ (4 à 6 pers.) 210 à 425 €/sem.
Pour s'y rendre : S : par D 935

Nature : ♤♤
Loisirs : ⌂ ♨ ⊿
Services : & ⚬━ ⚕ ⊟ ⚲ ⊛ ⊞
À prox. : ⧂

ST-LARY-SOULAN

✉ 65170 – **342** N8 – G. Midi Pyrénées – 1 024 h. – alt. 820 – Sports d'hiver : 1 680/2 450 m ⚡2 ⚡30 ⚡
🅱 *Office de tourisme, 37, rue Vincent Mir* ℘ 05 62 39 50 81, Fax 05 62 39 50 06
Paris 830 – Arreau 12 – Auch 103 – Bagnères-de-Luchon 44 – St-Gaudens 66 – Tarbes 74.

⚶⚶ **Municipal** 1ᵉʳ janv.-1ᵉʳ oct.
℘ 05 62 39 41 58, *camping@saintlary-vacances.com*,
Fax 05 62 40 01 40, *www.saintlary-vacances.com* – **R** indispensable
1 ha (76 empl.) plat et peu incliné, herbeux, pierreux
Tarif : (Prix 2006) ✻ ⇌ ⊟ 5 € – ⓩ (10A) 5,90 €
⌂ 1 borne
Pour s'y rendre : Au bourg, à l'E du D 929
À savoir : Au centre du bourg, agréable îlot de verdure

Nature : ❄ ⤳ ≤ ♤♤
Loisirs : ⌂ ♨
Services : & ⚬━ ⒢⒝ ⚕ ⊪ ⊟ ⊛ ⏁ ⛝ ⊞
À prox. : ⚿ ⊿

Benutzen Sie
– zur Wahl der Fahrtroute
– zur Berechnung der Entfernungen
– zur exakten Lokalisierung eines Campingplatzes (mit Hilfe der Angaben im Ortstext)
die für diesen Führer unentbehrlichen MICHELIN-Karten im Ma1 : 150 000.

522

STE-MARIE-DE-CAMPAN

✉ 65710 – **342** N7
Paris 841 – Arreau 26 – Bagnères-de-Bigorre 13 – Luz-St-Sauveur 37 – Pau 77 – Tarbes 35.

⚶⚶ **L'Orée des Monts** Permanent
℘ 05 62 91 83 98, *oree.des.monts@wanadoo.fr*,
Fax 05 62 91 83 98, *www.camping-oree-des-monts.com* –
alt. 950 – **R** conseillée
1,8 ha (101 empl.) plat et peu incliné, herbeux
Tarif : (Prix 2006) ✻ ⇌ ⊟ 25 € ⓩ (10A)
⌂ 1 borne
Pour s'y rendre : 3 km au SE par D 918, rte du col d'Aspin,
bord de l'Adour de Payolle

Nature : ≤ ♀
Loisirs : ❢ snack, pizzeria ⌂ ♨ ⊿ ⚲
Services : ⚬━ ⚕ ⊪ ⊟ ⏁ ⛝ ⊛ ⊞ ⚌

SASSIS

✉ 65120 – **342** L7 – 60 h. – alt. 700
Paris 879 – Toulouse 206 – Tarbes 53 – Pau 72 – Lourdes 30.
Schéma à Luz-St-Sauveur

⚶ **Le Hounta** saison
℘ 05 62 92 95 90, *le-hounta@wanadoo.fr*,
Fax 05 62 92 92 51, *www.campinglehounta.com* – **R** indispensable
2 ha (91 empl.) plat et peu incliné, herbeux
Tarif : (Prix 2006) ✻ 3,50 € – ⇌ 1,80 € – ⊟ 1,80 € –
ⓩ (10A) 9 € – frais de réservation 8 €
Location (1ᵉʳ févr.-mi-nov.) ⌁ : 9 ⌂ (4 à 6 pers.) 238
à 452 €/sem.
Pour s'y rendre : 0,6 km au S par D 12

Nature : ❄ ⤳ ≤ ♀
Loisirs : ♨
Services : & ⚬━ ⚕ ⊪ ⊟ ⚲ ⊛ ⊞
sèche-linge
À prox. : ⚲

TRÉBONS

⊠ 65200 – **342** M2 – 684 h. – alt. 525
Paris 825 – Toulouse 151 – Tarbes 16 – Pau 58 – Auch 87.

⚠ **Parc des Oiseaux** avr.-oct.
𝒫 05 62 95 30 26 – **R** conseillée
2,8 ha (66 empl.) plat, peu incliné, herbeux
Tarif : ✶ 3 € ⟵ 1 € 🔲 4,50 € – 🔌 (10A) 3 €
Pour s'y rendre : S : 1,5 km par D 87 et D 26, rue de la poste
À savoir : Cadre très boisé

> Nature : 🦢 🎐
> Services : ⚬ 🐕 📺 🔥 ⊕ 🚿

VIELLE-AURE

⊠ 65170 – **342** N6 – 343 h. – alt. 800
🛈 *Office de tourisme, le village* 𝒫 05 62 39 50 00, Fax 05 62 40 00 04
Paris 828 – Toulouse 155 – Tarbes 70 – Lourdes 66 – Saint 64.

⚠ **Le Lustou** Permanent
𝒫 05 62 39 40 64, *camping.lustou@libertysurf.fr*,
Fax 05 62 39 40 72 – **R** conseillée
2,8 ha (65 empl.) plat, gravier, herbeux
Tarif : (Prix 2006) ✶ 4 € ⟵ 🔲 4,20 € – 🔌 (10A) 6,50 €
Location 🛖 : 6 🛏 (4 à 6 pers.) 260 à 420 €/sem. – gîte d'étape
🛏 1 borne
Pour s'y rendre : 2 km NE sur D 19, à Agos, près de la Neste-d'Aure et d'un étang
À savoir : Belle entrée ornée de plantes des Pyrénées

> Nature : 🌲 ⩽ 🎐
> Loisirs : 🏠 🏊
> Services : 🚿 ⚬ 🐕 Ⓜ 🍴 🔥 ⊟ 🚿 ⊕
> 🚻 🔥 🔥
> À prox. : 🚣 sports en eaux vives, canoë, kayak

ANGLÈS

⊠ 81260 – **338** H9 – 563 h. – alt. 750
🛈 *Syndicat d'initiative, route Saint-Pons* 𝒫 05 63 74 59 13, Fax 05 63 74 59 13
Paris 753 – Béziers 79 – Carcassonne 74 – Castres 36 – Lodève 98 – Narbonne 78.

⚠ **Le Manoir de Boutaric** ♨ – Pâques-sept.
𝒫 05 63 70 96 06, *manoir@boutaric.com*,
Fax 05 63 70 96 05, *www.boutaric.com* – **R** conseillée
3,3 ha (178 empl.) plat et peu incliné, terrasse, herbeux
Tarif : (Prix 2006) ✶ ⟵ 🔲 26 € 🔌 (5A)
Location : 28 🛏 (4 à 6 pers.) 244 à 595 €/sem. – 35 🏠 (4 à 6 pers.) 260 à 680 €/sem. – 4 gîtes – chambres (hôtel)
Pour s'y rendre : Au S du bourg, rte de Lacabarède
À savoir : Parc agréable autour d'un manoir du 19e s.

> Nature : 🦢 🎐
> Loisirs : 🍷 ✕ 🏠 🎣 🏊 🚲 🛶
> Services : 🚿 ⚬ 🅶🅱 🐕 🔥 🔥 ⊕ 🚿
> 🚻 📺 sèche-linge 🔥
> À prox. : 🏊 ≋ (plage) 🐎

Le BEZ

⊠ 81260 – **338** G9 – 716 h. – alt. 644
🛈 *Syndicat d'initiative, Maison du Sidobre - Vialavert* 𝒫 05 63 74 63 38, Fax 05 63 73 04 57
Paris 745 – Albi 63 – Anglès 12 – Brassac 5 – Castres 24 – Mazamet 25.

⚠ **Le Plô** mi-mai-mi-sept.
𝒫 05 63 74 00 82, *info@leplo.com*, Fax 05 63 74 00 82,
www.leplo.com – **R** conseillée
2,5 ha (60 empl.) en terrasses, peu accidenté, herbeux, bois
Tarif : ✶ ⟵ 🔲 15,30 € 🔌 (6A) – frais de réservation 5 €
Pour s'y rendre : O : 0,9 km par D 30 rte de Castres et chemin à gauche

> Nature : 🦢 ⩽ 🎐
> Loisirs : 🏠 🏊
> Services : 🚿 ⚬ 🐕 ⊕ 🔥
> À prox. : 🏊 🔥

BRASSAC

⊠ 81260 – **338** G9 – G. Midi Pyrénées – 1 427 h. – alt. 487
🚩 *Syndicat d'initiative, place de l'Hôtel de Ville* ℰ 05 63 74 56 97, Fax 05 63 74 57 44
Paris 747 – Albi 65 – Anglès 14 – Castres 26 – Lacaune 22 – Vabre 15.

⚠ **Municipal de la Lande** 1ᵉʳ mai-sept.
ℰ 05 63 74 00 82, *LaLande@SidobreTouristique.Com*,
Fax 05 63 74 00 82, *www.sidobretouristique.com*
– **R** conseillée
1 ha (50 empl.) plat, herbeux
Tarif : 🛉 ⟸ 🗉 9,10 € ⊠ (6A) – frais de réservation 5 €
Pour s'y rendre : Sortie Sud-Ouest vers Castres et à droite
après le pont, près de l'Agout et au bord d'un ruisseau,
pour caravanes, faire demi-tour au rond-point

> Nature : 🕳 ♋
> Loisirs : 🏠
> Services : ⚗ ⊛ 🗉
> À prox. : 🚲 ✖ 🏊 🎣

Les CABANNES

⊠ 81170 – **338** D6 – 320 h. – alt. 200
Paris 653 – Albi 27 – Montauban 57 – Rodez 80 – Toulouse 84.

⚠ **Le Garissou** mi-avr.-sept.
ℰ 05 63 56 27 14, *legarissou@wanadoo.fr*,
Fax 05 63 56 26 95, *www.cordes-sur-ciel.org* – **R** conseillée
🌿
7 ha/4 campables (42 empl.) en terrasses et peu incliné,
pierreux, herbeux
Tarif : (Prix 2006) 🛉 ⟸ 🗉 13 €
Location (permanent) : 30 🏠 (4 à 6 pers.) 230 à
580 €/sem.
Pour s'y rendre : O : 1,6 km par D 600, rte de Vindrac et
chemin à gauche
À savoir : Belle situation dominante

> Nature : 🕳 ⩽ Cordes-sur-Ciel et Vallée 🏠
> Loisirs : 🏠 🏓 🚲 🏊 🏖
> Services : ⚗ ⊶ ⚗ 🗉 ⊛ 🏖 🗉
> À prox. : ✖

524

Les CAMMAZES

⊠ 81540 – **338** E10 – G. Midi Pyrénées – 209 h. – alt. 610
🚩 *Syndicat d'initiative, 25, rue de la Fontaine* ℰ 05 63 74 17 17
Paris 736 – Aurillac 241 – Castres 35 – Figeac 183 – St-Céré 241.

⚠ **La Rigole** mi-avr.-mi-oct.
ℰ 05 63 73 28 99, *mary@campingdlr.com*,
Fax 05 63 73 28 99, *www.campingdlr.com* – **R** conseillée
3 ha (58 empl.) plat et peu incliné, terrasses, herbeux
Tarif : (Prix 2006) 🛉 ⟸ 🗉 20,40 € ⊠ (13A)
Location (avr.-1ᵉʳ nov.) : 5 🏠 (4 à 6 pers.) 260 à
549 €/sem. – 9 🏠 (4 à 6 pers.) 260 à 549 €/sem.
Pour s'y rendre : Sortie Sud par D 629 et rte du barrage à
gauche

> Nature : 🕳 🏠 ♋
> Loisirs : 🍽 snack 🏓 🚲 🏊
> Services : ⚗ ⊶ ☎ ⚗ 🗉 🏖 🏖 ⊛ 🗉
> À prox. : ⛵ 🎣 🚣

CASTELNAU-DE-MONTMIRAL

⊠ 81140 – **338** C7 – 895 h. – alt. 287
🚩 *Office de tourisme, place des Arcades* ℰ 05 63 33 15 11
Paris 645 – Albi 31 – Bruniquel 22 – Cordes-sur-Ciel 22 – Gaillac 12 – Montauban 49.

⚠ **Le Chêne Vert** 1ᵉʳ juin-30 sept.
ℰ 05 63 33 16 10, *campingduchenevert@wanadoo.fr*,
Fax 05 63 33 20 80 – **R** conseillée
10 ha/2 campables (45 empl.) peu accidenté, plat et peu
incliné, en terrasses, herbeux
Tarif : (Prix 2006) 🛉 ⟸ 🗉 8,70 € – ⊠ (10A) 2,90 € – frais de
réservation 8 €
Location (permanent) : 27 🏠 (4 à 6 pers.) 150 à
550 €/sem. – bungalows toilés
Pour s'y rendre : NO : 3,5 km par D 964, rte de Caussade,
D 1 et D 87, rte de Penne, à gauche
À savoir : Agréable chênaie

> Nature : 🕳 ⩽ 🏠 ♋
> Loisirs : 🏠 🏊
> Services : ⚗ ⊶ ☎ ⚗ 🗉 🏖 ⊛ 🗉
> À la base de loisirs (800m) : 🍽 snack 🏓 ✖ 🏖 ⛵ (plage) 🏖

CORDES-SUR-CIEL

✉ 81170 – **338** D6 – G. Midi Pyrénées – 996 h. – alt. 279

🛈 *Office de tourisme, place Jeanne Ramel-Cals* ✆ *05 63 56 00 52, Fax 05 63 56 19 52*

Paris 655 – Albi 25 – Montauban 59 – Rodez 78 – Toulouse 82 – Villefranche-de-Rouergue 47.

⚠ **Moulin de Julien** mai-sept.
✆ 05 63 56 11 10, *moulindejulien@free.fr*,
Fax 05 63 56 11 10, *www.campingmoulindejulien.com*
– **R** conseillée
9 ha (130 empl.) plat, incliné et en terrasses, herbeux, étang
Tarif : (Prix 2006) 👤 ⛺ 🚐 ▣ 23 € [2] (5A) – frais de réservation 8 €
Location : 🏡 (4 à 6 pers.) 320 à 500 €/sem.
Pour s'y rendre : SE : 1,5 km par D 922 rte de Gaillac, bord d'un ruisseau

> Nature : 💧
> Loisirs : 🍹 🏠 🏊 🎿 🛶 🌊
> Services : 👥 ⚡ 🚰 ⊕ 🔲
> À prox. : ✂

⚠ **Camp Redon** avr.-oct.
✆ 05 63 56 14 64, *info@campredon.com*,
Fax 05 63 56 14 64, *www.campredon.com* – **R** conseillée
2 ha (40 empl.) plat, peu incliné, herbeux
Tarif : (Prix 2006) 👤 ⛺ ▣ 20 € [2] (6A)
Pour s'y rendre : SE : 5 km par D 600 rte d'Albi puis 0,8 km par D 107, rte de Virac à gauche

> Nature : 🍃 🏕 💧
> Loisirs : 🏠 🏊 🌊
> Services : ⚡ ⊕ 🔲

DAMIATTE

✉ 81220 – **338** D9 – 767 h. – alt. 148

Paris 698 – Castres 26 – Graulhet 16 – Lautrec 18 – Lavaur 16 – Puylaurens 11.

⚠ **Le Plan d'Eau St-Charles** 16 mai-9 sept.
✆ 05 63 70 66 07, *pierre.wosinski@tiscali.fr*,
Fax 05 63 70 52 14, *www.campingplandeau.com*
– **R** conseillée
7,5 ha/2 campables (82 empl.) plat, pierreux, herbeux
Tarif : 👤 ⛺ ▣ 18 € [2] (5A) – frais de réservation 17 €
Location (1er avr.-1er oct.) : 16 🏚 (4 à 6 pers.) 225 à 555 €/sem. – 13 🏡 (4 à 6 pers.) 250 à 595 €/sem. – bungalows toilés
Pour s'y rendre : Sortie rte de Graulhet puis 1,2 km par rte à gauche avant le passage à niveau
À savoir : Agréable situation autour d'un beau plan d'eau

> Nature : 🍃 < 🏕 💧💧 ⚓
> Loisirs : snack 🏠 🏊 🚲 🌊
> Services : 👥 ⚡ 🚰 🔲 🎱 ⊕ 🛒 🚿 🔲 🏪
> À prox. : 🐎 golf (18 trous)

GIROUSSENS

✉ 81500 – **338** C8 – 1 040 h. – alt. 204

Paris 672 – Albi 41 – Castelnaudary 99 – Castres 50 – Montauban 50 – Toulouse 43.

⚠ **Aire Naturelle la Rigaudié** 15 avr.-15 oct.
✆ 05 63 41 67 20, *bernard.gaben@wanadoo.fr, www.lari gaudie.com* – **R** conseillée
1,3 ha (24 empl.) plat, herbeux
Tarif : 👤 ⛺ ▣ 4,70 € – [2] (6A) 2,50 €
Pour s'y rendre : SE : 3,8 km par D 631, rte de Graulhet et chemin à gauche

> Nature : 🍃 💧💧
> Loisirs : 🏠 🌊 (petite piscine)
> Services : 👥 ⚡ 🚰 🎱 ⊕ 🛒 🚿 🔲

MAZAMET

✉ 81200 – **338** G10 – G. Midi Pyrénées – 10 544 h. – alt. 241

🛈 *Office de tourisme, rue des Casernes* ✆ *05 63 61 27 07, Fax 05 63 61 31 35*

Paris 739 – Albi 64 – Béziers 90 – Carcassonne 50 – Castres 21 – Toulouse 92.

⚠ **Municipal la Lauze** juin-sept.
✆ 05 63 61 24 69, *camping.mazamet@imsnet.fr*,
Fax 05 63 61 24 69 – **R** conseillée
1,7 ha (65 empl.) peu incliné, plat, herbeux
Tarif : 👤 ⛺ ▣ 7 € – [2] (10A) 3,50 €
Location (permanent) ✂ : 4 🏚 (4 à 6 pers.) 205 à 430 €/sem.
🚐 1 borne 6 €
Pour s'y rendre : Sortie Est par N 112, rte de Béziers et à droite

> Nature : 🏕 💧💧
> Loisirs : 🏠 🏊 🚲 🐎
> Services : 👥 ⚡ 📧 🚰 🎱 📺 🔲 🚿 🏪 ⊕ 🚿 🔲
> À prox. : ✂ 🎰 🏊 🎿 golf (18 trous), parcours sportif

525

MIRANDOL-BOURGNOUNAC

⊠ 81190 – **338** E6 – 1 081 h. – alt. 393

🛈 *Office de tourisme, 2, place de la Liberté* ℘ 05 63 76 97 65

Paris 653 – Albi 29 – Rodez 51 – St-Affrique 79 – Villefranche-de-Rouergue 39.

⚠ **Les Clots** 1ᵉʳ mai-1ᵉʳ oct.

℘ 05 63 76 92 78, *campclots@wanadoo.fr*,

Fax 05 63 76 92 78, *www.campinglesclots.info* – **R** conseillée

7 ha/4 campables (62 empl.) en terrasses, pierreux, herbeux

Tarif : 🏕 ⟳ 🔲 12,80 € – 🔌 (6A) 2,80 € – frais de réservation 10 €

Pour s'y rendre : N : 5,5 km par D 905 rte de Rieupeyroux et chemin sur la gauche, à 500 m du Viaur (accès direct)

Nature : 🌳 ≤ 🌲🌲
Loisirs : 🏠 🚶 🏊
Services : ⛽ 🚿 🗑 🔧 🅐 ⊛ 🔲
À prox. : 🎣

NAGES

⊠ 81320 – **338** I8 – 330 h. – alt. 800 – Base de loisirs

🛈 *Syndicat d'initiative, ferme de Rieumontagné* ℘ 05 63 37 06 01

Paris 717 – Brassac 36 – Lacaune 14 – Lamalou-les-Bains 45 – Olargues 32 – St-Pons-de-Thomières 35.

⚠⚠ **Indigo Rieu-Montagné** 9 juin-15 sept.

℘ 05 63 37 24 71, *rieumontagne@camping-indigo.com*,

Fax 05 63 37 15 42, *www.camping-indigo.com* – **R** conseillée

8,5 ha (171 empl.) en terrasses, herbeux, pierreux

Tarif : 🏕 ⟳ 🔲 27,50 € 🔌 (10A) – frais de réservation 16 €

Location : 40 🛖 (4 à 6 pers.) 190 à 560 €/sem. – 22 🏠 (4 à 6 pers.) 330 à 710 €/sem.

Pour s'y rendre : S : 4,5 km par D 62 et rte à gauche, à 50 m du lac de Laouzas

À savoir : Belle et agréable situation dominante

Nature : 🌳 ≤ lac et montagnes boisées 🏞 🏔
Loisirs : 🍷 brasserie 🏠 🌙 nocturne 🚶 🏊
Services : ⛽ 🆖 🚿 🔧 🅐 ⊛ 🚐 🗑 ♨ 🔧
À prox. : 🚴 🛶 🏇 🎯 🍴 🏕 🏊 (plage) 💧 🐎

Donnez-nous votre avis sur les terrains que nous recommandons.
Faites-nous connaître vos observations et vos découvertes.

PAMPELONNE

⊠ 81190 – **338** F6 – 669 h. – alt. 430

🛈 *Syndicat d'initiative, Mairie* ℘ 05 63 76 39 66

Paris 662 – Albi 30 – Baraqueville 34 – Cordes-sur-Ciel 30 – Rieupeyroux 34.

⚠ **de Thuriès** 15 juin-31 août

℘ 05 63 76 44 01, *campthuries@wanadoo.fr*,

Fax 05 63 76 92 78, *www.campinglesclots.info* – **R** conseillée

1 ha (35 empl.) plat, herbeux

Tarif : 🏕 ⟳ 🔲 9 € – 🔌 (6A) 2,70 € – frais de réservation 10 €

Pour s'y rendre : NE : 2 km par D 78, bord du Viaur

À savoir : Site agréable

Nature : 🌳 🌲🌲
Loisirs : 🏠
Services : ⛽ 🚿 🗑 🅐

ROUQUIÉ

⊠ 81260 – **338** H9

Paris 725 – Anglès 11 – Brassac 17 – Lacaune 19 – St-Pons-de-Thomières 31 – La Salvetat-sur-Agout 9.

⚠⚠ **Rouquié** 1ᵉʳ mai-30 oct.

℘ 05 63 70 98 06, *contact@camping.rouquie.fr*,

Fax 05 63 50 49 58, *www.campingrouquie.fr* – **R** indispensable

3 ha (76 empl.) en terrasses, herbeux

Tarif : 🏕 ⟳ 🔲 13,80 € 🔌 (6A)

Location (1ᵉʳ avr.-févr.) : 4 🛖 (4 à 6 pers.) 260 à 498 €/sem. – 7 🏠 (4 à 6 pers.) 260 à 555 €/sem.

À savoir : Au bord du lac de la Raviège

Nature : 🌳 ≤ 💧 ⛰
Loisirs : 🍷 snack 🚶 🚴 🎣 pédalos, canoë
Services : 🚿 ⛽ 🆖 🚿 🔧 🅐 🗑 ♨

SORÈZE

⊠ 81540 – **338** E10 – G. Midi Pyrénées – 2 164 h. – alt. 272
🛈 *Office de tourisme, rue Saint-Martin* ℘ 05 63 74 16 28, Fax 05 63 50 86 61
Paris 732 – Castelnaudary 26 – Castres 27 – Puylaurens 19 – Toulouse 59.

⚲ **St-Martin** mi-juin-mi-sept.
℘ 05 63 50 20 19, *mary@campingdlr.com*,
Fax 05 63 50 20 19, *www.campingsaintmartin.com*
– **R** conseillée
1 ha (47 empl.) plat, herbeux
Tarif : ★ ⊕ 🔳 10,10 € – [½] (10A) 3,20 €
Pour s'y rendre : Au Nord du bourg, accès par rue de la
Mairie, au stade

> Nature : ⌇ ♀
> Loisirs : 🏊 ⚒ 🎣
> Services : ⚬ 🚐 🅰

TEILLET

⊠ 81120 – **338** G7 – 442 h. – alt. 475
🛈 *Syndicat d'initiative, Mairie* ℘ 05 63 55 70 08
Paris 717 – Albi 23 – Castres 43 – Lacaune 49 – St-Affrique 68.

⚲ **L'Entre Deux Lacs** 1er avr.-31 oct.
℘ 05 63 55 74 45, *contact@campingdutarn.com*,
Fax 05 63 55 75 65, *www.campingdutarn.com* – **R** conseillée
4 ha (65 empl.) en terrasses, pierreux, gravillons, herbeux
Tarif : ★ ⊕ 🔳 11 € – [½] (10A) 6 € – frais de réservation 15 €
Location (permanent) : 17 🏠 (4 à 6 pers.) 249 à
589 €/sem.
Pour s'y rendre : Sortie S par D 81, rte de Lacaune
À savoir : Agréable châtaigneraie

> Nature : ⌇ 🖙 ♀♀
> Loisirs : 🍸 snack 🏊 🚲 🎣
> Services : ♿ ⚬ 🆖 🚐 🍴 🅰 🔳 🛒

527

Tarn-et-Garonne (82)

BEAUMONT-DE-LOMAGNE

⊠ 82500 – **337** B8 – G. Midi Pyrénées – 3 690 h. – alt. 400 – Base de loisirs
🛈 *Office de tourisme, 3, rue Pierre Fermat* ℘ 05 63 02 42 32, Fax 05 63 65 61 17
Paris 662 – Agen 60 – Auch 51 – Castelsarrasin 27 – Condom 64 – Montauban 35 – Toulouse 58.

⚲ **Le Lomagnol** ♣ – 8 avr.-30 sept.
℘ 05 63 26 12 00, *villagedeloisirslelomagnol@wanadoo.fr*,
Fax 05 63 65 60 22, *www.villagelelomagnol.fr* – **R** conseillée
6 ha/1,5 campable (100 empl.) plat, herbeux
Tarif : ★ ⊕ 🔳 13 € – [½] (10A) 3 € – frais de réservation 11 €
Location (permanent) 🅿 : 6 🏕 (4 à 6 pers.) 255 à
420 €/sem. – 24 🏠 (4 à 6 pers.) 290 à 490 €/sem.
Pour s'y rendre : 0,8 km à l'E, accès par la déviation et
chemin, bord d'un plan d'eau
À savoir : Location à la nuitée sauf juil.-août

> Nature : ≤ 🖙 ♀
> Loisirs : 🖵 🕭 nocturne 🏓 ⛹
> jacuzzi 🏊 🚲 ⚒ 🎣 🎿 ⛵ 🛶 ca-
> noë, pédalos
> Services : ⚬ (1er juil.-31 août) 🆖
> 🚐 🍴 🅰 🗑 🔳 🛒
> À prox. : ✗ parcours de santé

CAUSSADE

⊠ 82300 – **337** F7 – G. Périgord – 5 971 h. – alt. 109
🛈 *Office de tourisme, 11, rue de la République* ℘ 05 63 26 04 04
Paris 606 – Albi 70 – Cahors 38 – Montauban 28 – Villefranche-de-Rouergue 52.

⚲ **Municipal la Piboulette**
℘ 05 63 93 09 07, *Secretariat@mairie-caussade.com*
– **R** conseillée
1,5 ha (100 empl.) plat, herbeux
🚐 1 borne
Pour s'y rendre : NE : 1 km par D 17, rte de Puylaroque et
à gauche, au stade, à 200 m d'un étang

> Nature : ⌇ ♀
> Services : ♿ ⚬ 🍴 🗑 🔳
> À prox. : ⚒ 🏓 🎣

CAYLUS

✉ 82160 – **337** C6 – G. Périgord – 1 324 h. – alt. 228
🏛 *Syndicat d'initiative, rue Droite* ✆ *05 63 67 00 28*
Paris 628 – Albi 60 – Cahors 59 – Montauban 50 – Villefranche-de-Rouergue 30.

△ **Camping de la Bonnette** déb.avr.-fin oct.
✆ 05 63 65 70 20, *info@campingbonnette.com*,
Fax 05 63 65 70 20, *www.campingbonnette.com*
1,5 ha (60 empl.) plat, herbeux
Tarif : ★ 🚗 🔲 10,50 € – 🔌 (16A) 3,50 €
Location : 4 🛖 (4 à 6 pers.) 250 à 425 €/sem.
🚐 1 borne

Pour s'y rendre : Sortie NE par D 926, rte de Villefranche-de-Rouergue et D 97 à dr., rte de St-Antonin-Noble-Val, bord de la Bonnette et à proximité d'un plan d'eau

Nature : 🏞 ♀
Loisirs : 🏊
Services : ♿ 🚿 🛒 ⊕ 🚾 🗄 sèche-linge
À prox. : 🏊 🎣

CAYRIECH

✉ 82240 – **337** F6 – 208 h. – alt. 140
Paris 608 – Cahors 39 – Caussade 11 – Caylus 17 – Montauban 40.

△△ **Le Clos de la Lère** Permanent
✆ 05 63 31 20 41, *le-clos-de-la-lere@wanadoo.fr*,
www.camping-leclosdelalere.com – **R** indispensable
1 ha (49 empl.) plat, herbeux
Tarif : ★ 🚗 🔲 8,70 € – 🔌 (10A) 3,70 € – frais de réservation 8 €
Location : 4 🛖 (4 à 6 pers.) 200 à 450 €/sem. – 6 🏠 (4 à 6 pers.) 175 à 545 €/sem.
🚐 1 borne 3 € – 5 🔲 10 €

Pour s'y rendre : Sortie SE par D 9, rte de Septfonds
À savoir : Belle décoration arbustive et florale. Location à la nuitée hors sais.

Nature : 🏞 🌳 ♀♀
Loisirs : 🏊 🏊
Services : ♿ 🚿 ⊕ 🛒 ♒ 🍴 🗄 🛒 ⊕ 🏠 🗄 sèche-linge 🐾
À prox. : 🎾 terrain omnisports

528

LAFRANÇAISE

✉ 82130 – **337** D7 – G. Midi Pyrénées – 2 692 h. – alt. 183 – Base de loisirs
🏛 *Syndicat d'initiative, place de la République* ✆ *05 63 65 91 10*
Paris 621 – Castelsarrasin 17 – Caussade 41 – Lauzerte 23 – Montauban 17.

△ **Le Lac** mi-juin-mi-sept.
✆ 05 63 65 89 69, *otisudquercylafrancaise@wanadoo.fr*,
Fax 05 63 65 94 65 – **R** conseillée
0,9 ha (34 empl.) peu incliné, terrasses, pierreux, herbeux, bois attenant
Tarif : (Prix 2006) ★ 1,80 € 🚗 🔲 1,95 € – 🔌 1,50 €
Location : 4 🛖 (4 à 6 pers.) 290 à 347 €/sem.

Pour s'y rendre : Sortie Sud-Est par D 40, rte de Montastruc et à gauche, à 250 m d'un plan d'eau (accès direct)

Nature : 🏞 🌳 ♀♀♀
Services : 🚿 ♒ ⊕ 🗄
À prox. : snack 🏊 🎾 🏊 🛶 🐎

LAGUÉPIE

✉ 82250 – **337** H7 – 720 h. – alt. 149
🏛 *Office de tourisme, place de Foirail* ✆ *05 63 30 20 34*
Paris 649 – Albi 38 – Carmaux 24 – Cordes-sur-Ciel 14 – St-Antonin-Noble-Val 26.

△ **Municipal les Tilleuls** déb. mai-sept.
✆ 05 63 30 22 32, *mairie.laguepie@info82.com*,
Fax 05 63 30 20 55, *www.laguepie.fr* – croisement difficile pour caravanes – **R** conseillée
1 ha (54 empl.) plat et terrasses, herbeux, pierreux
Tarif : (Prix 2006) ★ 3 € 🚗 🔲 2 € – 🔌 (10A) 2,50 €
Location (mars-oct.) 🚫 : 4 🏠 (4 à 6 pers.) 220 à 350 €/sem.

Pour s'y rendre : E : 1 km par D 922 rte de Villefranche-de-Rouergue et chemin à droite
À savoir : Agréable situation au bord du Viaur

Nature : ♀♀ ▲
Loisirs : 🏛 🏊 🎾 ⛹
Services : ♿ 🚿 (juil.-août) ♒ 🗄 ⊕

LAVIT-DE-LOMAGNE

✉ 82120 – **337** B8 – 1 570 h. – alt. 217

🛈 *Office de tourisme, 2, boulevard des Amoureux* ℘ 05 63 94 03 43
Paris 668 – Agen 49 – Beaumont-de-Lomagne 12 – Castelsarrasin 23 – Lectoure 31 – Montauban 41.

⚠ **Municipal de Bertranon** mi-juin-sept.
℘ 05 63 94 05 54, *mairie-lavit.de.lomagne@info82.com*,
Fax 05 63 94 11 10 – **R** conseillée
0,5 ha (33 empl.) peu incliné, herbeux
Tarif : (Prix 2006) ✝ 2 € ⟵ 🅴 2 € – 🔌 (6A) 2,30 €
Location (permanent) : 3 🛏 (4 à 6 pers.) 150 à
230 €/sem.
Pour s'y rendre : Au Nord-Est du bourg par rte d'Asques,
près du stade et de deux plans d'eau

> Nature : 🌳 🏕 ♀
> Loisirs : 🚶 parcours sportif
> Services : ♿ 🗊 ⊕

MOISSAC

✉ 82200 – **337** C7 – G. Midi Pyrénées – 12 321 h. – alt. 76

🛈 *Office de tourisme, 6, place Durand de Bredon* ℘ 05 63 04 01 85, Fax 05 63 04 27 10
Paris 632 – Agen 57 – Auch 120 – Cahors 63 – Montauban 31 – Toulouse 71.

⚠ **L'Île de Bidounet** ♟♟ – avr.-sept.
℘ 05 63 32 52 52, *camping.bidounet@moissac.fr*,
Fax 05 63 32 52 52, *www.moissac.fr* – **R** conseillée
4,5 ha/2,5 campables (100 empl.) plat, herbeux
Tarif : (Prix 2006) ✝ ⟵ 🅴 14,60 € 🔌 (6A)
Location (mi-juin-sept.) : 10 bungalows toilés
Pour s'y rendre : 1 km au S par N 113, rte de Castelsarrasin
et D 72 à gauche
À savoir : Agréable situation sur une île du Tarn

> Nature : 🌳 🏕 ♀♀
> Loisirs : 🍴 🏠 🏓 🚶 🏊 (petite piscine) 🎣 💧
> Services : ♿ ⊶ 🆖 🐾 🗊 🛒 ⊕ 🖼
> À prox. : canoë-kayak 🚲

---

*The classification (1 to 5 tents, **black** or red) that we award to
selected sites in this Guide is a system that is our own.
It should not be confused with the classification (1 to 4 stars) of official organisations.*

529

MONTAIGU-DE-QUERCY

✉ 82150 – **337** C5 – 1 440 h. – alt. 150

🛈 *Office de tourisme, place du Mercadiel* ℘ 05 63 94 48 50, Fax 05 63 94 35 05
Paris 623 – Agen 38 – Cahors 47 – Moissac 34.

⚠ **Municipal du Plan d'Eau des Chênes** saison
℘ 05 63 94 48 50, *montaigu.de.quercy@wanadoo.fr*,
Fax 05 63 94 35 05 – **R** indispensable
2 ha (80 empl.) plat, herbeux, pierreux
Tarif : (Prix 2006) ✝ ⟵ 🅴 6,70 € – 🔌 (6A) 2,50 € – frais de
réservation 30 €
Location : 6 🛏
Pour s'y rendre : SE : 2 km par D 2, rte de Lauzerie et
chemin à gauche, à la base de loisirs

> Nature : 🌳 🏕 ♀ ⛰
> Loisirs : 🏓
> Services : ♿ ⊶ 🐾 🗊 🛒 ⊕ 🚿 🖼
> À prox. : 🚶 🍴 🎿 ⚓

MONTPEZAT-DE-QUERCY

✉ 82270 – **337** E6 – G. Périgord – 1 378 h. – alt. 275

🛈 *Office de tourisme, boulevard des Fossés* ℘ 05 63 02 05 55, Fax 05 63 02 05 55
Paris 598 – Cahors 28 – Caussade 12 – Castelnau-Montratier 13 – Caylus 33 – Montauban 40.

⚠ **Le Faillal**
℘ 05 63 02 07 08, *lefaillal@wanadoo.fr*, Fax 05 63 02 07 08
– **R** conseillée
0,9 ha (47 empl.) en terrasses, herbeux, pierreux
Location : 3 🏠 – 22 gîtes
Pour s'y rendre : Sortie N par D 20, rte de Cahors et à
gauche
À savoir : Location à la nuitée hors sais.

> Nature : 🌳 ⬍ 🏕 ♀♀
> Loisirs : 🏓 salle d'animation 🚶 👫
> Services : ⊶ 🍽 🗊 ⊕ 🚿 ⊻ 🖼
> À prox. : 🎿 🏊

NÈGREPELISSE

✉ 82800 – **337** F7 – 3 487 h. – alt. 87
Paris 614 – Bruniquel 13 – Caussade 11 – Gaillac 46 – Montauban 18.

⚠ **Municipal le Colombier** mi-juin-sept.
𝒫 05 63 64 20 34, *mairie-negrepelisse@info82.com*,
Fax 05 63 64 26 24 – **R** conseillée
1 ha (53 empl.) plat, en terrasses, herbeux, pierreux
Tarif : (Prix 2006) ✦ 1,85 € – ⇔ ▣ 3,30 € – (₰) (10A) 2,20 €
▱, 1 borne
Pour s'y rendre : Au Sud-Ouest de la ville, près de la D 115

> Nature : ♀
> Services : ⚬▱ ⬧✓ ⊛ ▦
> À prox. : ▱ ⟿ ✗ ⌁ terrain omnisports

PARISOT

✉ 82160 – **337** H6 – G. Périgord – 504 h. – alt. 376
🛈 Office de tourisme, porte Genebrière 𝒫 05 63 65 78 20, Fax 05 63 65 78 20
Paris 624 – Toulouse 110 – Montauban 59 – Albi 60 – Castres 101.

⚶ **Les Chênes** (location exclusive de chalets) avr.-sept.
𝒫 05 63 65 71 89, *info@les-chenes.com*,
Fax 05 63 65 71 98, *www.les-chenes.com*
1 ha plat, peu incliné, herbeux
Location ℗ : 6 ⌂ (4 à 6 pers.) 200 à 600 €/sem.
Pour s'y rendre : 1,5 km à l'O par rte de Caylus et chemin à dr.

> Nature : ▭ ♀
> Loisirs : 🎦 ⛵ ⌁
> Services : ⬧✓ ▥ ▦

Benutzen Sie
– zur Wahl der Fahrtroute
– zur Berechnung der Entfernungen
– zur exakten Lokalisierung eines Campingplatzes (mit Hilfe der Angaben im Ortstext)
*die für diesen Führer unentbehrlichen **MICHELIN-Karten** im Ma1 : 150 000.*

530

ST-ANTONIN-NOBLE-VAL

✉ 82140 – **337** G7 – G. Périgord – 1 887 h. – alt. 125
🛈 Office de tourisme, place de la Mairie 𝒫 05 63 30 63 47, Fax 05 63 30 66 33
Paris 624 – Cahors 55 – Caussade 18 – Caylus 11 – Cordes-sur-Ciel 31 – Montauban 46.

⚶ **Les Trois Cantons** 15 avr.-30 sept.
𝒫 05 63 31 98 57, *info@3cantons.fr*, Fax 05 63 31 25 93,
www.3cantons.fr – **R** conseillée ✘
20 ha/4 campables (99 empl.) plat, peu incliné, pierreux, herbeux
Tarif : ✦ ⇔ ▣ 13,45 € – (₰) (10A) 6,70 € – frais de réservation 8 €
Location (15 avr.-30 janv.) : 15 ▱ (4 à 6 pers.) 210 à 565 €/sem.
Pour s'y rendre : NO : 7,7 km par D 19, rte de Caylus et chemin à gauche, après le petit pont sur la Bonnette, entre le lieu-dit Tarau et la D 926, entre Septfonds (6 km) et Caylus (9 km)

> Nature : ⬧ ▭ ♀♀
> Loisirs : 🎦 🚲 ✗ ⌁ (couverte hors-saison)
> Services : ⚹ ⚬▱ ⊟ ⬧✓ 🗐 ⩎ ⊛ ▦

ST-NICOLAS-DE-LA-GRAVE

✉ 82210 – **337** C7 – 2 009 h. – alt. 73 – Base de loisirs
🛈 Office de tourisme, place du Château 𝒫 05 63 94 82 81
Paris 640 – Agen 38 – Castelsarrasin 12 – Lavit-de-Lamagne 17 – Moissac 9 – Montauban 32.

⚠ **Le Plan d'Eau** 15 juin-15 sept.
𝒫 05 63 95 50 02, *basedeloisirs.stnicolas@cg82.fr*,
Fax 05 63 95 50 01, *www.cg82.fr* – **R** conseillée
1,6 ha (42 empl.) plat, herbeux
Tarif : ✦ ⇔ ▣ 11,90 € (₰) (6A)
Pour s'y rendre : N : 2,5 km par D 15 rte de Moissac, à 100 m du plan d'eau du Tarn et de la Garonne (base de loisirs)

> Nature : ♀♀
> Services : ⚬▱ ⬧✓ 🗐 ⩎ ⊛ ▦
> À prox. : pizzeria ▱ 🚲 ⌁ ⬧ 🐎

TOUFFAILLES

⊠ 82190 – **337** C6 – 346 h. – alt. 200
Paris 622 – Agen 41 – Cahors 47 – Moissac 24 – Montaigu-de-Quercy 10 – Valence 28.

▲ **Municipal** mai-sept.
  ℘ 05 63 94 48 91, *mairie-touffailles@info82.com*,
  Fax 05 63 94 48 91, *www.cdg82.fr/touffailles* – ℞
  0,3 ha (11 empl.) plat, herbeux
  Tarif : (Prix 2006) ✦ 2 € ⇐ 国 3 €
  Pour s'y rendre : Par D 41, face à la mairie

Nature : ○○	
Services : ☺	
À prox. : ✗	

NORD-PAS-DE-CALAIS

Selon un dicton local, « les gens du Nord ont dans le cœur ce qu'ils n'ont pas dehors ». Comprenez que les horizons sans fin du Plat Pays, qui n'ont « que des vagues de dunes pour arrêter les vagues », ne brisent en rien leur infatigable entrain : lors des Rondes de géants, des ducasses ou des kermesses, écoutez-les chanter, les ch'timis... Regardez-les rire à cette débauche de moules-frites qui fait le sel des grandes braderies de Lille, et trinquer autour d'une bière dans l'ambiance bon enfant des estaminets. À table, pas davantage le temps de s'ennuyer : chicons braisés, carbonade, potjevleesch, tarte au maroilles... D'autres agréments ? Le joyeux concert des carillons au sommet des beffrois, la silhouette aérienne des moulins et... la possibilité de franchir le « Pas » pour saluer nos voisins britanniques.

As the local saying goes, »the hearts of the men of the north are warm enough to thaw the chilly climate". Just watch as they throw themselves body and soul into the traditional « Dance of the Giants » at countless fairs, fêtes and carnivals: several tons of chips and mussels — and countless litres of beer! — sustain a million visitors to Lille's huge annual street market. The influence of Flanders can be heard in the names of towns and people, seen in the wealth of Gothic architecture and tasted in filling dishes like beef in amber beer and *potjevleesch* stew. Joyful bells ringing from their slender belfries, neat rows of miners' houses and the distant outline of windmills remind visitors that they are on the border of Belgium, or, as a glance across the Channel will prove, in sight of the cliffs of Dover!

AUBENCHEUL-AU-BAC

✉ 59265 – **302** G6 – 480 h. – alt. 40
Paris 187 – Arras 32 – Cambrai 13 – Douai 15 – Lille 57 – Valenciennes 48.

⚠ **Municipal les Colombes**
    ℘ 03 27 89 25 90, *campinglescolombes@club-internet.fr*,
Fax 03 27 94 58 11 – places limitées pour le passage
2,5 ha (101 empl.) plat, herbeux
Pour s'y rendre : sortie S par N 43, rte de Cambrai puis
0,5 km par D 71 à gauche
À savoir : au bord d'un étang et près du canal de la Sensée

> Loisirs : 🎯
> Services : ⚬ⱺ ⊕

AVESNES-SUR-HELPE

✉ 59440 – **302** L7 – G. Nord Pas-de-Calais Picardie – 5 003 h. – alt. 151
🛈 *Office de tourisme, 41, place du Général Leclerc* ℘ 03 27 56 57 20
Paris 215 – Charleroi 56 – St-Quentin 66 – Valenciennes 44 – Vervins 31.

⚠ **Municipal le Champ de Mars** mi-avr.-sept.
    ℘ 03 27 57 99 04, *info@avesnes-sur-helpe.com*
– **R** conseillée
1 ha (44 empl.) peu incliné, herbeux
Tarif : (Prix 2006) 👤 🚗 📧 15 €
Pour s'y rendre : à Avesnelles, rue Léo-Lagrange

> Nature : ⌂ ♀
> Services : ♿ ⚬ⱺ ▥ 🔥 ⊕

Si vous désirez réserver un emplacement pour vos vacances,
faites-vous préciser au préalable les conditions particulières de séjour,
les modalités de réservation, les tarifs en vigueur et les conditions de paiement.

BUYSSCHEURE

✉ 59285 – **302** B3 – 453 h. – alt. 25
Paris 269 – Béthune 44 – Calais 47 – Dunkerque 31 – Lille 64 – Saint-Omer 13.

⚠ **La Chaumière** 1er avr.-mi-oct.
    ℘ 03 28 43 03 57, *camping.lachaumiere@wanadoo.fr*, cam
pinglachaumiere.com – **R** conseillée
1 ha (29 empl.) plat, herbeux, pierreux, petit étang
Tarif : 👤 🚗 📧 18 € [¢] (6A)
🚐 2 bornes
Pour s'y rendre : au bourg

> Nature : 🌳 ⌂ ♀
> Loisirs : 🍴 snack 🎯 🛝 (petite piscine) 🏊
> Services : ♿ ⚬ⱺ ♒ 🔥 🛁 ⊕ 🚿 🧺

Pêche à pied à Mers

COUDEKERQUE

✉ 59380 – **302** C2 – 1 080 h. – alt. 1
Paris 283 – Calais 50 – Dunkerque 7 – Hazebrouck 39 – Lille 69 – St-Omer 36.

    ⌂ **Le Bois des Forts** Permanent
        ℰ 03 28 61 04 41 – places limitées pour le passage
        – **R** conseillée
        3,25 ha (130 empl.) plat, herbeux
        Tarif : (Prix 2006) ☦ ⇔ 🖭 11,60 €
        Pour s'y rendre : 0,7 km au NO de Coudekerque-Village,
        sur le D 72

> Nature : 🖾
> Loisirs : ☏ ⚲⚱
> Services : ⚳ ⚮ ⚲ 🖾 ⊕ 🛒 🚽

FLOYON

✉ 59219 – **302** L7 – 515 h. – alt. 154
Paris 207 – Cambrai 51 – Hirson 23 – Maubeuge 32 – St-Quentin 57.

    ⌂ **Anielou**
        ℰ 03 27 59 14 14, *anielou5@aol.com*, Fax 03 27 59 26 01,
        www.camping-anielou.com – **R** conseillée
        2,8 ha (73 empl.) plat, peu incliné, herbeux, étang
        Pour s'y rendre : NO : 2,3 km par D 116, rte de Beaure-
        paire-sur-Sambre et chemin à droite, rte de Chevireuil

> Nature : 🐾 🖾
> Loisirs : ☏ 🖾
> Services : ⚳ ⚮ 🖾 🛁 ⊕

GRAND-FORT-PHILIPPE

✉ 59153 – **302** A2 – 6 078 h. – alt. 5
Paris 289 – Calais 28 – Cassel 40 – Dunkerque 24 – St-Omer 38.

    ⌂ **Municipal de la Plage** avr.-30 oct.
        ℰ 03 28 65 31 95, *camping.delaplage@wanadoo.fr*,
        Fax 03 28 65 35 99, *www.camping-de-la-plage.info* – **R** in-
        dispensable
        1,5 ha (84 empl.) plat, herbeux
        Tarif : ☦ 4,18 € ⇔ 1,63 € 🖭 3,26 € – 🗲 (16A) 3,16 €
        Pour s'y rendre : au NO de la localité, r. du Maréchal Foch

> Loisirs : ⚲⚱
> Services : ⚳ GB ⚲ 🎋 🖾 🕿 ⊕ 🛒
> 🖾 sèche-linge

LEFFRINCKOUCKE

✉ 59495 – **302** C1 – 4 949 h. – alt. 5
🄳 *Office de tourisme, 726, boulevard Trystam* ℰ 03 28 69 05 06
Paris 292 – Calais 53 – Dunkerque 7 – Hazebrouck 48 – Lille 78 – St-Omer 52 – Veurne 20.

    ⌂⌂ **Mer et Vacances** 1ᵉʳ mars-30 nov.
        ℰ 03 28 20 17 32, *mer.etvacances@akeonet.com*,
        Fax 03 28 20 17 32 – places limitées pour le passage
        – **R** conseillée
        2 ha (93 empl.) plat, peu incliné, sablonneux, herbeux
        Tarif : (Prix 2006) ☦ ⇔ 🖭 9,90 € – 🗲 (6A) 3 €
        Location : 6 🛖
        Pour s'y rendre : au NE de la localité par bd J.-B.-Trystram
        À savoir : bordé de dunes et proche d'une plage de sable
        fin

> Nature : 🐾 🖾
> Loisirs : 🖾 ✂
> Services : ⚳ ⚮ GB ⚲ 🎋 🖾 ⊕ 🛁
> 🛒 🖾
> À prox. : 🖾 terrain omnisports

MAUBEUGE

✉ 59600 – **302** L6 – G. Nord Pas-de-Calais Picardie – 33 546 h. – alt. 134
🄳 *Office de tourisme, place Vauban* ℰ 03 27 62 11 93, Fax 03 27 64 10 23
Paris 242 – Charleville-Mézières 95 – Mons 21 – St-Quentin 114 – Valenciennes 39.

    ⌂⌂ **Municipal du Clair de Lune** 24 févr.-21 déc.
        ℰ 03 27 62 25 48, *camping@ville-maubeuge.fr*,
        Fax 03 27 62 25 48 – **R** conseillée
        2 ha (92 empl.) plat, herbeux
        Tarif : ☦ ⇔ 🖭 6,50 € – 🗲 (10A) 5,15 €
        Pour s'y rendre : N : 1,5 km par N 2, rte de Bruxelles
        À savoir : décoration florale et arbustive

> Nature : 🖾 ☘
> Loisirs : ⚲⚱
> Services : ⚮ GB ⚲ 🎋 ⊕ 🛁 🛒 🖾

ST-AMAND-LES-EAUX

✉ 59230 – **302** I5 – G. Nord Pas-de-Calais Picardie – 17 175 h. – alt. 18 – ♨ (début mars-fin nov.)
🛈 *Office de tourisme, 89, Grand Place* ✆ 03 27 48 39 65
Paris 216 – Denain 21 – Douai 35 – Lille 43 – Tournai 20 – Valenciennes 15.

⚐ **Mont des Bruyères** mi-mars-mi-nov.
✆ 03 27 48 56 87, Fax 03 27 48 56 87 – **R** conseillée
3,5 ha (94 empl.) plat et en terrasses, sablonneux, herbeux, gravier
Tarif : (Prix 2006) ♦ ⇌ 🗐 13,50 € ⚡ (10A)
Pour s'y rendre : SE : 3,5 km, en forêt de St-Amand, accès conseillé par D 169 (déviation)
À savoir : au coeur de la forêt

Nature : ♒ ☌ ♀♀
Loisirs : ♟ ⚶
Services : ⚬━ ⚒ ▥ 🗐 ⊕ ♨ ⚐ 🖳

WILLIES

✉ 59740 – **302** M7 – 139 h. – alt. 167 – Base de loisirs
Paris 225 – Avesnes-sur-Helpe 16 – Cambrai 69 – Charleroi 48 – Charleville-Mézières 81 – Lille 114 – Vervins 44.

⚐ **Val Joly** déb. avr.-fin sept.
✆ 03 27 61 83 76, *valjolyresa@valjoly.com,*
Fax 03 27 61 83 09, *www.valjoly.com* – **R** conseillée
4 ha (160 empl.) plat, peu incliné, herbeux
Tarif : ♦ ⇌ 🗐 10,25 € ⚡ (5A)
Location (déb. févr.-mi-nov.) : 30 🏠 (4 à 6 pers.) 176 à 438 €/sem.
Pour s'y rendre : E : 1,5 km par D 133 rte d'Eppe-Sauvage, à 300 m du lac
À savoir : situation dominante sur le lac

Nature : ♒ ♀
Loisirs : 🖵 ⚶ ⅊ₘ
Services : ⚬━ 🖃 ⚒ 🗐 ⊕ ▥ ⚐
À prox. : ⌑

537

Pas-de-Calais (62)

ARDRES

✉ 62610 – **301** E2 – G. Nord Pas-de-Calais Picardie – 4 154 h. – alt. 11
🛈 *Office de tourisme, place d'Armes* ✆ 03 21 35 28 51
Paris 273 – Arras 93 – Boulogne-sur-Mer 38 – Calais 18 – Dunkerque 43 – Lille 90 – St-Omer 25.

⚐ **St-Louis** 1er avr.-15 oct.
✆ 03 21 35 46 83, *domirine@aol.com,* Fax 03 21 00 19 78,
www.campingstlouis.com – places limitées pour le passage
– **R** conseillée
1,5 ha (84 empl.) plat, herbeux
Tarif : ♦ ⇌ 🗐 13 € – ⚡ (6A) 3 €
🚐 1 borne
Pour s'y rendre : à Autingues, S : 2 km par D 224, rte de Licques et D 227 à gauche

Nature : ♒ ☌ ♀
Loisirs : ✕ snack 🖵 ⚶
Services : ♿ ⚬━ 🖃 ⚒ 🗐 ≋ ⊕ ⚐
🖳 🖃

AUDRUICQ

✉ 62370 – **301** F2 – 4 555 h. – alt. 10
Paris 275 – Arras 95 – Boulogne-sur-Mer 56 – Calais 24 – St-Omer 25.

⚐ **Municipal les Pyramides** avr.-sept.
✆ 03 21 35 59 17, Fax 03 21 34 87 87 – places limitées pour le passage – **R** conseillée
2 ha (86 empl.) plat, herbeux
Tarif : (Prix 2006) ♦ ⇌ 🗐 18,50 €
Pour s'y rendre : Au NE de la localité, accès par rocade (D 219), près d'un canal

Nature : ☌ ♀
Loisirs : 🖵 ⚶
Services : ♿ ⚬━ 🗐 ⊕ ⚐ 🖳 🖃
À prox. : 🎣

AUXI-LE-CHÂTEAU

✉ 62390 – **301** F6 – G. Nord Pas-de-Calais Picardie – 3 065 h. – alt. 32
Paris 193 – Abbeville 26 – Amiens 45 – Arras 57 – Hesdin 21.

⚠ **Municipal des Peupliers**
  📞 03 21 41 10 79, *mairie.auxylechateau@wanadoo.fr*,
  Fax 03 21 04 10 22 – places limitées pour le passage – **R** indispensable
  1,6 ha (82 empl.) plat, herbeux
  Pour s'y rendre : Sortie SO vers Abbeville et 0,6 km par rte à dr., au stade, bord de l'Authie

Nature : 🏞
Loisirs : 🏊
Services : ♿ ⚡ 🏪 ⊕ 🗑
À prox. : 🛒 🖼

BEAURAINVILLE

✉ 62990 – **301** E5 – 1 994 h. – alt. 17
Paris 230 – Abbeville 46 – Amiens 95 – Berck-sur-Mer 28 – Le Crotoy 37 – Hesdin 13.

⚠ **Municipal de la Source** Permanent
  📞 03 21 81 40 71, *pascal.beaurainville@fr.ocean.com*,
  Fax 03 21 90 02 88 – places limitées pour le passage
  – **R** conseillée
  2,5 ha (120 empl.) plat, herbeux, étang
  Tarif : (Prix 2006) 🧍 3,20 € – 🚗 🔲 4,10 € – 🔌 (10A) 2,50 €
  Pour s'y rendre : 1,5 km à l'E par D 130, rte de Loison et chemin à dr. après le pont, entre la Canche et le Fliez

Nature : 🐟
Loisirs : 🏕 🏊 🎣
Services : ♿ ⚡ 🚿 🏪 🗑
À prox. : 🐎 canoë kayak

CONDETTE

✉ 62360 – **301** C4 – 2 675 h. – alt. 35
🏢 Syndicat d'initiative, Mairie 📞 03 21 32 88 88, Fax 03 21 87 26 60
Paris 254 – Boulogne-sur-Mer 10 – Calais 47 – Desvres 19 – Montreuil 31 – Le Touquet-Paris-Plage 22.

⚠ **Caravaning du Château** 1ᵉʳ avr.-28 févr.
  📞 03 21 87 59 59, *campingduchateau@libertysurf.fr*,
  Fax 03 21 87 59 59, *camping-caravaning-du-chateau.com*
  – **R** conseillée
  1,2 ha (70 empl.) plat, herbeux, gravillons
  Tarif : 🧍 🚗 🔲 19,60 € – 🔌 (10A) 4,50 €
  🚐 1 borne 5 €
  Pour s'y rendre : sortie S, sur D 119

Nature : 🏞
Loisirs : 🎮 🏊
Services : ♿ ⚡ 🚿 🏪 🗑 ⊕ 🗑
À prox. : 🍴

Chars à voile sur la plage de Berk-sur-Mer

Mairie de Berck-sur-Mer

FILLIÈVRES

⊠ 62770 – **301** F6 – 499 h. – alt. 46
Paris 206 – Arras 52 – Béthune 46 – Hesdin 13 – St-Pol-sur-Ternoise 17.

△ **Les Trois Tilleuls** 1er avr.-30 sept.
    𝒫 03 21 47 94 15, *campingdes3t@wanadoo.fr*,
    Fax 03 21 04 81 32, *www.camping3tilleuls.com* – places limi-
    tées pour le passage – **R** conseillée
    4,5 ha (120 empl.) plat et peu incliné, herbeux
    Tarif : ★ 2,50 € ⇌ 2,50 € ▣ 2,50 € – ⍾ (6A) 3,50 €
    Pour s'y rendre : sortie SE, sur D 340, rte de Frévent
    À savoir : au coeur de la vallée de la Canche

> Loisirs : 🏊🏃 terrain omnisports
> Services : 🛁 �—π 🚿 🗄 🛒 ⚙ ⊛ 🖼
> sèche-linge
> À prox. : 🎣

GUÎNES

⊠ 62340 – **301** E2 – G. Nord Pas-de-Calais Picardie – 5 221 h. – alt. 5
🛈 *Office de tourisme, rue Clemenceau* 𝒫 03 21 35 73 73, Fax 03 21 85 88 38
Paris 282 – Arras 102 – Boulogne-sur-Mer 29 – Calais 11 – St-Omer 34.

△△△ **La Bien-Assise** saison
    𝒫 03 21 35 20 77, *castels@bien-assise.com*,
    Fax 03 21 36 79 20, *www.camping-bien-assise.fr* – **R** indis-
    pensable
    20 ha/12 campables (198 empl.) plat, peu incliné, herbeux,
    petit étang
    Tarif : ★ ⇌ ▣ 14 € – ⍾ (6A) 4 € – frais de réservation 15 €
    Location : 12 🛖 (4 à 6 pers.) 400 à 600 €/sem. – 4 🏠
    (4 à 6 pers.) 450 à 700 €/sem. – 7 🛏
    🚐 1 borne 5 €
    Pour s'y rendre : sortie SO par D 231 rte de Marquise

> Nature : 🌳 ⚬⚬
> Loisirs : 🍸 ✗ snack 🍴 🏊🏃 🚲 ✗
> ⛳ 🏓 (découverte en saison) ⛷
> Services : 🛁 o—π ⚏ 🚿 🗄 🛒 ⊛ ↻
> ↻ 🖼 ⚘ 🛒

ISQUES

⊠ 62360 – **301** C3 – 1 102 h. – alt. 15
Paris 247 – Lille 125 – Arras 122 – Calais 44 – Dunkerque 85.

△ **Les Cytises** avr.-15 oct.
    𝒫 03 21 31 11 10, Fax 03 21 31 11 10 – **R** conseillée
    2,5 ha (100 empl.) plat, terrasse, herbeux
    Tarif : ★ 3,40 € ⇌ 3 € ▣ 3,30 € – ⍾ (6A) 2,70 €
    Pour s'y rendre : Au bourg, accès par N 1, près du stade.
    Par A 16 sortie 28

> Nature : 🏞 ⚬
> Loisirs : 🍴 🏊🏃
> Services : 🛁 o—π 🚿 🗄 ⊛ 🖼
> À prox. : ✗ canoë-kayak

539

LICQUES

⊠ 62850 – **301** E3 – G. Nord Pas-de-Calais Picardie – 1 440 h. – alt. 81
Paris 276 – Arras 97 – Boulogne-sur-Mer 31 – Calais 25 – Dunkerque 55 – St-Omer 27.

△△ **Pommiers des Trois Pays** avr.-oct.
    𝒫 03 21 35 02 02, *Denis.lance@wanadoo.fr*,
    Fax 03 21 35 02 02, *www.pommiers-3pays.com* – **R** conseil-
    lée
    1,3 ha (38 empl.) plat, herbeux
    Tarif : ★ 3,80 € ⇌ ▣ 7 € – ⍾ (16A) 4 €
    Location (permanent) : 8 🏠 (4 à 6 pers.) 300 à
    480 €/sem.
    🚐 1 borne – 1 ▣ 12 €
    Pour s'y rendre : 1 km au S par D 191, rte de lumbres

> Nature : 🌳 ≤ ☐ ⚬
> Loisirs : 🍴 🏊🏃 ⛷ (couverte hors
> saison)
> Services : 🛁 o—π ⚏ 🚿 M 🗄 🛒 ⊛
> ⚘ ⌁ 🖼 sèche-linge

△ **Le Canchy** 15 mars-oct.
    𝒫 03 21 82 63 41, *camping.lecanchy@wanadoo.fr*,
    Fax 03 21 82 63 41, *www.camping-lecanchy.com*
    – **R** conseillée
    1 ha (72 empl.) plat, herbeux
    Tarif : ★ 3,50 € ⇌ ▣ 4,50 € – ⍾ (5A) 3,30 €
    Location : 3 🛖 (4 à 6 pers.) 250 à 430 €/sem.
    Pour s'y rendre : 2,3 km à l'E par D 191, rte de St-Omer et
    r. de Canchy à gauche

> Nature : 🌳 ☐ ⚬
> Loisirs : 🍸 snack 🏊🏃
> Services : o—π 🚿 🛒 ⊛ ↻ 🖼

NORD-PAS-DE-CALAIS

Pas-de-Calais (62)

MONTREUIL

62170 – **301** D5 – G. Nord Pas-de-Calais Picardie – 2 428 h. – alt. 54
Office de tourisme, 21, rue Carnot ℘ 03 21 06 04 27, Fax 03 21 06 57 85
Paris 232 – Abbeville 49 – Arras 86 – Boulogne-sur-Mer 38 – Calais 73 – Lille 116 – St-Omer 54.

La Fontaine des Clercs 15 févr.-15 nov.
℘ 03 21 06 07 28, desmarest.mi@wanadoo.fr,
Fax 03 21 06 07 28, www.campinglafontainedesclercs.com
– **R** conseillée
2 ha (76 empl.) plat et en terrasses, herbeux, pierreux
Tarif : ↟ 3,50 € ⇔ 3,50 € ▣ 4,50 € – ⒢ (10A) 3,50 €
Pour s'y rendre : sortie N et rte d'accès près du passage à niveau, bord de la Canche
À savoir : au pied des remparts et de la citadelle

Nature : ⌘ ▢ ♀
Loisirs : ⬟
Services : ⌁ GB ⌖ ▥ 🗄 ⌬ ⊕ 🏪

OYE-PLAGE

62215 – **301** F2 – 5 882 h. – alt. 4
Paris 295 – Calais 18 – Cassel 44 – Dunkerque 28 – St-Omer 35.

Les Oyats mai-sept.
℘ 03 21 85 15 40, billiet.nicolas@wanadoo.fr,
Fax 03 28 60 38 33, www.les-oyats.com – places limitées pour le passage – **R** conseillée
4,5 ha (150 empl.) plat, herbeux, sablonneux
Tarif : ↟ 6 € ⇔ ▣ 7 €
Pour s'y rendre : 4,5 km au NO, 272 Digue Verte, à 100 m de la plage (accès direct)
À savoir : décoration arbustive

Nature : ⌘ ▢ �
Loisirs : 🍴 jacuzzi ⌕ 🚲 ⛳ ⏋
Services : ⌁ 🗄 ⌬ ⊕ 🏪

🏊 ✗ HINWEIS :
🚣 Diese Einrichtungen sind im allgemeinen nur während
⏋ 🐎 der Saison in Betrieb - unabhängig von den Öffnungszeiten des Platzes.

540

REBECQUES

62120 – **301** G4 – 398 h. – alt. 33
Paris 242 – Arras 62 – Béthune 35 – Boulogne-sur-Mer 62 – Hesdin 44 – St-Omer 16.

Le Lac avr.-oct.
℘ 03 21 39 58 58 – places limitées pour le passage
– **R** conseillée
14 ha/3 campables (95 empl.) plat, herbeux, gravier
Tarif : ↟ 2,50 € ⇔ ▣ 8 € – ⒢ (6A) 2 €
Pour s'y rendre : S : 1 km par D 189, rte de Thérouanne et chemin à gauche
À savoir : Autour d'un petit lac aménagé pour la pêche et les loisirs

Nature : ▢
Loisirs : 🍴 ⌕ ⬟
Services : ⌖ ⌁ ⌖ ⊕ ⏋ ⌇ 🏪

ST-OMER

62500 – **301** G3 – G. Nord Pas-de-Calais Picardie – 15 747 h. – alt. 23
Office de tourisme, 4, rue du Lion d'Or ℘ 03 21 98 08 51, Fax 03 21 98 08 07
Paris 257 – Arras 77 – Béthune 50 – Boulogne-sur-Mer 52 – Calais 43 – Dunkerque 45 – Ieper 57 – Lille 65.

Château du Ganspette 1er avr.-30 sept.
℘ 03 21 93 43 93, contact@chateau-gandspette.com,
Fax 03 21 95 74 98, www.chateau-gandspette.com
– **R** conseillée
11 ha/4 campables (150 empl.) peu incliné, herbeux
Tarif : ↟ ⇔ ▣ 17 € – ⒢ (6A) 4 € – frais de réservation 7 €
Location ⛺ : 8 ▦ (4 à 6 pers.) 330 à 585 €/sem.
▦ 1 borne – 6 ▣
Pour s'y rendre : 11,5 km au NO par N 43 et D 207 rue du Ganspette, à Eperlecques-Ganspette
À savoir : dans le parc boisé du château

Nature : ⌘ ♀
Loisirs : 🍴 ✗ (le soir uniquement) ⌕ ⌕ ⛳ ⏋
Services : ⌖ ⌁ GB ⌖ 🗄 🏕 ⊕ ℡ ⌇ 🏪 🚣

WACQUINGHEN

✉ 62250 – **301** C3 – 236 h. – alt. 61
Paris 260 – Lille 134 – Arras 132 – Calais 27 – Dunkerque 68.

L'Escale mi-mars-1er nov.
℘ 03 21 32 00 69, *camp-escale@wanadoo.fr,*
Fax 03 21 32 00 69 – places limitées pour le passage – ℞
11 ha (198 empl.) plat et peu incliné, herbeux
Tarif : (Prix 2006) ☩ 4,20 € 🚗 2,20 € ▣ 4,20 € –
🔌 (4A) 3,20 €
🚐 1 borne 2 € – 5 ▣ 7,50 €
Pour s'y rendre : sortie NE. Par A 16, sortie 4

Loisirs : ☕ snack 🎮 🏊
Services : ♿ ⚷ 🔩 ⌯ 🚿 🗑 ⊕ 📷

541

NORMANDIE

Muse des impressionnistes et des poètes, la Normandie vogue entre luxe, calme et volupté. Côté mer, les prestigieuses stations balnéaires, l'éblouissante baie du Mont-St-Michel, les hautes falaises crayeuses et les plages du Débarquement imposent une contemplation silencieuse. Côté terre le bocage, où paissent chevaux et vaches, et les vergers de pommiers déroulent un tapis verdoyant semé de chaumières à colombages et de fringants manoirs. Éclairée d'une lumière à nulle autre pareille, la Seine méandre paisiblement, jalonnant son cours d'une succession de trésors architecturaux : cités médiévales, châteaux, abbayes... Cette esquisse de la région serait incomplète sans l'évocation des bons produits du terroir : beurre, crème fraîche, camembert, livarot, cidre et calvados méritent à eux seuls votre visite.

Normandy, the inspiration of writers and artists, offers pure rural pleasure. Take a walk along the coast to fill your lungs with sea air and admire the elegant resorts. You will be left breathless when you first catch sight of Mont Saint-Michel rising from the sands or look down over Etretat's white cliffs, and it is impossible not to be moved by the memory of the men who gave their lives on Normandy's beaches in June 1944. Further inland, acres of neat, hedge-lined fields meet the eye. Drink in the sight and scent of apple blossom, admire the pretty, half-timbered cottages and follow the Seine past medieval cities, daunting castles and venerable abbeys. And who could forget Normandy's culinary classics: fresh seafood, creamy Camembert, cider and the famous apple brandy, Calvados.

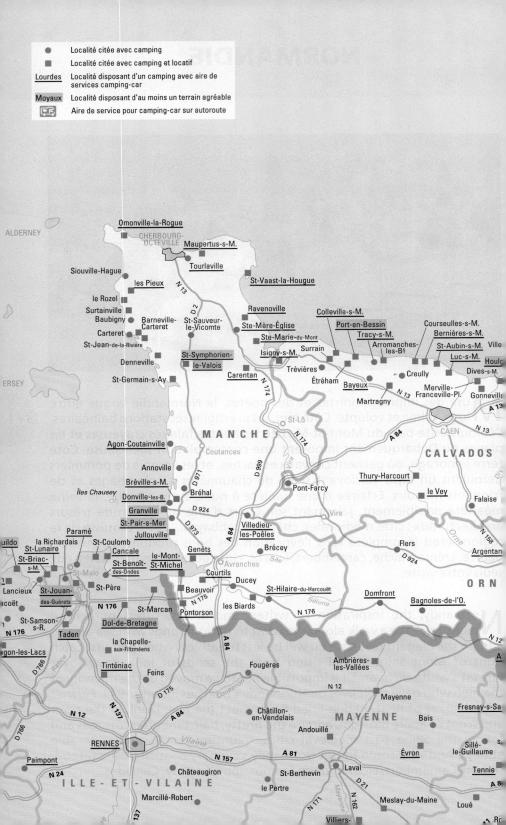

NORMANDIE

Localité citée avec camping
Localité citée avec camping et locatif
Lourdes — Localité disposant d'un camping avec aire de services camping-car
Moyaux — Localité disposant d'au moins un terrain agréable
Aire de service pour camping-car sur autoroute

ALDERNEY

Omonville-la-Rogue
CHERBOURG-OCTEVILLE
Maupertus-s-M.
Siouville-Hague
les Pieux
Tourlaville
St-Vaast-la-Hougue
le Rozel
Surtainville
Baubigny
Barneville-Carteret
St-Sauveur-le-Vicomte
Carteret
St-Jean-de-la-Rivière
Ravenoville
Ste-Mère-Église
Ste-Marie-du-Mont
Colleville-s-M.
Port-en-Bessin
Tracy-s-M.
Courseulles-s-M.
Bernières-s-M.
Arromanches-les-Bᵉ
St-Aubin-s-M.   Ville
Luc-s-M.
Surrain
Isigny-S-M.
St-Symphorien-le-Valois
Denneville
St-Germain-s-Ay
Trévières
Étréham
Bayeux
Creully
Dives-s-M.
Houlc
Gonneville
Merville-Franceville-Pl.
Carentan
Martragny
A 13
JERSEY
CAEN
N 13

Agon-Coutainville
MANCHE
St-Lô
CALVADOS
Coutances
Annoville
Bréville-s-M.
Donville-les-B.
Bréhal
Granville
Pont-Farcy
Thury-Harcourt
le Vey
Falaise
Îles Chausey
St-Pair-s-Mer
Jullouville
Villedieu-les-Poêles
Vire
N 158
Paramé
la Richardais
St-Lunaire
St-Coulomb
Cancale
St-Benoît-des-Ondes
Genêts
le-Mont-St-Michel
Avranches
Brécey
Flers
Argentan
uildo
St-Briac-s-M.
St-Malo
Courtils
Ducey
ORN
Lancieux
St-Père
Beauvoir
St-Hilaire-du-Harcouët
Domfront
Bagnoles-de-l'O.
St-Jouan-des-Guérets
St-Marcan
Pontorson
les Biards
gon-les-Lacs
St-Samson-s-R.
Taden
Dol-de-Bretagne
la Chapelle-aux-Filtzméens
N 12
Tinténiac
Feins
Fougères
Ambrières-les-Vallées
A
Mayenne
Fresnay-s-Sa
N 12
RENNES
Châtillon-en-Vendelais
MAYENNE
Bais
Andouillé
Sillé-le-Guillaume
Paimpont
Châteaugiron
St-Berthevin
Évron
Laval
Tennie
ILLE-ET-VILAINE
le Pertre
A 8
Marcillé-Robert
Meslay-du-Maine
Loué
Villiers-

ARROMANCHES-LES-BAINS

✉ 14117 – **303** I3 – G. Normandie Cotentin – 552 h.
Office de tourisme, 2, rue du Maréchal Joffre ☏ 02 31 22 36 45, Fax 02 31 22 92 06
Paris 266 – Bayeux 11 – Caen 34 – St-Lô 46.

Municipal 1er avr.-3 nov.
☏ 02 31 22 36 78, *camping.arromanches@wanadoo.fr*,
Fax 02 31 21 80 22 – **R** conseillée
1,5 ha (105 empl.) plat, peu incliné, terrasses, herbeux
Tarif : (Prix 2006) 3,50 € 2,50 € 3,50 € – (10A) 3 €
Location : 7 (4 à 6 pers.) 300 à 425 €/sem.
Pour s'y rendre : Au S du bourg

Nature :
Loisirs :
Services : (20 juin-5 sept.) sèche-linge
À prox. : terrain omnisports

BAYEUX

✉ 14400 – **303** H4 – G. Normandie Cotentin – 14 961 h. – alt. 50
Office de tourisme, pont Saint-Jean ☏ 02 31 51 28 28, Fax 02 31 51 28 29
Paris 265 – Caen 31 – Cherbourg 95 – Flers 69 – St-Lô 36 – Vire 60.

Municipal 28 avr.-30 sept.
☏ 02 31 92 08 43, *sports@mairie-bayeux.fr*,
Fax 02 31 92 08 43 – **R** conseillée
2,5 ha (140 empl.) plat, herbeux, goudronné
Tarif : 7,06 € – (5A) 3,20 €
40 3,83 €
Pour s'y rendre : N : sur bd périphérique d'Eindhoven
À savoir : Décoration arbustive

Nature :
Loisirs :
Services : sèche-linge
À prox. : (découverte en saison) terrain omnisports

BERNIÈRES-SUR-MER

✉ 14990 – **303** J4 – 1 882 h.
Syndicat d'initiative, 159, rue Victor Tesnières ☏ 02 31 96 44 02, Fax 02 31 96 98 96
Paris 253 – Caen 20 – Le Havre 114 – Hérouville-Saint-Clair 21 – Bayeux 24.

Le Havre de Bernières 1er avr.-30 oct.
☏ 02 31 96 67 09, *campingnormandie@aol.com*,
Fax 02 31 97 31 06, *www.camping-normandie.com*
– **R** conseillée
6,5 ha (240 empl.) plat, herbeux
Tarif : 29 € (10A) – frais de réservation 23 €
Location : 20 (4 à 6 pers.) 290 à 655 €/sem.
1 borne 4 €
Pour s'y rendre : À l'O de la station par D 154, à 300 m de la plage

Nature :
Loisirs : snack, pizzeria diurne nocturne (juil.-août)
Services : sèche-linge
À prox. : (plage) bowling

Falaises du nez de Jobourg

G. Targat/Michelin

BLANGY-LE-CHÂTEAU

✉ 14130 – **303** N4 – 627 h. – alt. 60

🛈 *Office de tourisme, 159, rue Victor Tesnières* 🖉 *02 31 65 48 36*
Paris 197 – Caen 56 – Deauville 22 – Lisieux 16 – Pont-Audemer 26.

▲▲ **Le Brévedent** ▲ – 28 mars-4 nov.
🖉 02 31 64 72 88, *contact@campinglebrevedent.com*,
Fax 02 31 64 33 41, *www.campinglebrevedent.com*
– **R** conseillée ⚡
6 ha/3,5 campables (138 empl.) plat, incliné, herbeux, bord
d'un étang
Tarif : ♦ ⇌ 🅴 15,70 € – ⚡ (10A) 3,20 € – frais de réser-
vation 15 €
Location : 8 🛖 (4 à 6 pers.) 225 à 630 €/sem.
🚐 1 borne – 4 🅴
Pour s'y rendre : 3 km au SE par D 51, au château, à, Le
Brévedent
À savoir : Dans le parc d'un château du 14ᵉ s. agrémenté
d'un étang

> Nature : 🏞 ≤ ♀♀
> Loisirs : 🍴 snack, pizzeria 🎪 🎮
> nocturne (soirées à thème) 🏸
> 🛹 🚲 🎿 🎣 canoë
> Services : 🔵 ⚡ 🆖 🗄 🖧 😊 🔲
> sèche-linge 🔧 🚿
> À prox. : ✂ 🐎 golf

COLLEVILLE-SUR-MER

✉ 14710 – **303** G3 – G. Normandie Cotentin – 172 h. – alt. 42
Paris 281 – Bayeux 18 – Caen 48 – Carentan 36 – St-Lô 40.

▲ **Le Robinson** 1ᵉʳ avr.-30 nov.
🖉 02 31 22 45 19, *dourthe.le.robinson@wanadoo.fr*,
Fax 02 31 22 45 19, *campinglerobinson.com* – **R** conseillée
1 ha (67 empl.) plat, herbeux
Tarif : ♦ 5,50 € ⇌ 2,70 € 🅴 5,40 € – ⚡ (6A) 4,35 € – frais
de réservation 15 €
Location ⚡ : 13 🛖 (4 à 6 pers.) 455 à 580 €/sem. – 6
🛖
🚐 1 borne
Pour s'y rendre : 0,8 km au NE par D 514, rte de Port-en-
Bessin

> Nature : 🏕
> Loisirs : 🍴 🛹 🎿 🏊
> Services : 🔵 ⚡ 🆖 🚗 🗄 🔊 😊 🔲
> sèche-linge
> À prox. : ✂ 🐎 golf

COURSEULLES-SUR-MER

✉ 14470 – **303** J4 – G. Normandie Cotentin – 3 886 h.

🛈 *Office de tourisme, 5, rue du 11 novembre* 🖉 *02 31 37 46 80, Fax 02 31 37 29 25*
Paris 252 – Arromanches-les-Bains 14 – Bayeux 24 – Cabourg 41 – Caen 20.

▲▲ **Municipal le Champ de Course** 1ᵉʳ avr.-30 sept.
🖉 02 31 37 99 26, *camping.courseulles@wanadoo.fr*,
Fax 02 31 37 96 37, *www.courseulles-sur-mer.com*
– **R** conseillée
7,5 ha (380 empl.) plat, herbeux
Tarif : (Prix 2006) ♦ ⇌ 🅴 17,30 € ⚡ (9A)
Location : 19 🛖 (4 à 6 pers.) 244 à 547 €/sem. – chalets
(sans sanitaires)
Pour s'y rendre : N : av. de la Libération
À savoir : Situation près de la plage

> Nature : 🏕
> Loisirs : 🎪 🛹
> Services : 🔵 ⚡ 🆖 🚗 🗄 🖧 😊 🔧
> 🔲 sèche-linge
> À prox. : ✂ 🎣 🎿 🏊 🐎

CREULLY

✉ 14480 – **303** I4 – G. Normandie Cotentin – 1 426 h. – alt. 27
Paris 253 – Bayeux 14 – Caen 20 – Deauville 62.

▲ **Intercommunal des 3 Rivières** 1ᵉʳ avr.-30 sept.
🖉 02 31 80 90 17, *mairie@ville-courseulles.fr*,
Fax 02 31 80 12 00 – **R** conseillée
2 ha (82 empl.) plat et peu incliné, herbeux
Tarif : (Prix 2006) ♦ ⇌ 🅴 12,95 € ⚡ (6A)
Pour s'y rendre : 0,8 km au NE, rte de Tierceville, bord de
la Seulles
À savoir : Plaisant cadre verdoyant

> Nature : 🏞 ≤ 🏕 ♀
> Loisirs : 🎪 🚲 ✂ 🏊
> Services : 🔵 ⚡ 🆖 🚗 🏛 🗄 😊 🔲
> À prox. : 🛹 parcours de santé

547

DIVES-SUR-MER

✉ 14160 – **303** L4 – G. Normandie Vallée de la Seine – 5 812 h. – alt. 3
🛈 *Office de tourisme, rue du Général-de-Gaulle ✆ 02 31 91 24 66, Fax 02 31 24 42 28*
Paris 219 – Cabourg 2 – Caen 27 – Deauville 22 – Lisieux 34.

⚠ **Camping du Golf** avr.-sept.
✆ 02 31 24 73 09, *campingdugolf@wanadoo.fr*,
Fax 02 31 24 73 09, *http://monsite.wanadoo.fr/camping
dugolf* – places limitées pour le passage – **R** conseillée
2,8 ha (155 empl.) plat, herbeux
Tarif : (Prix 2006) 👤 ⬅ 🔲 17,70 € 🔌 (10A)
Location : 6 ▭ (4 à 6 pers.) 359 à 489 €/sem.
Pour s'y rendre : Sortie E, D 45, rte de Lisieux sur 3,5 km

Nature : ▭ ♀
Loisirs : 🍽 🏊 🔥
Services : ♿ ⚡ 🏧 🔲 ⊛ 🔳 sèche-linge

ÉTRÉHAM

✉ 14400 – **303** H4 – 233 h. – alt. 30
Paris 276 – Bayeux 11 – Caen 42 – Carentan 40 – St-Lô 38.

⚠⚠ **Reine Mathilde** 1er avr.-30 déc.
✆ 02 31 21 76 55, *camping.reine-mathilde@wanadoo.fr*,
Fax 02 31 22 18 33, *www.campingreinemathilde.com*
– **R** conseillée
6,5 ha (115 empl.) plat, herbeux
Tarif : 👤 ⬅ 🔲 11,60 € – 🔌 (6A) 4,50 € – frais de réservation 20 €
Location 🏖 (1er avr.-30 sept.) : 6 ▭ (4 à 6 pers.)
389,55 à 555,45 €/sem. – 4 ▭ (4 à 6 pers.) 390 à
675 €/sem. – 6 bungalows toilés
Pour s'y rendre : 1 km à l'O par D 123 et chemin à dr.

Nature : ▩ ▭ ♀♀
Loisirs : 🍽 snack ▣ 🏊 🛶 poneys
Services : ♿ ⚡ 🏧 🔲 🔳 ⊛ 🔳 ▱

Benutzen Sie
– *zur Wahl der Fahrtroute*
– *zur Berechnung der Entfernungen*
– *zur exakten Lokalisierung eines Campingplatzes (mit Hilfe der Angaben im Ortstext)*
die für diesen Führer unentbehrlichen **MICHELIN-Karten** *im Ma1 : 150 000.*

548

FALAISE

✉ 14700 – **303** K6 – G. Normandie Cotentin – 8 434 h. – alt. 132
🛈 *Office de tourisme, boulevard de la Libération ✆ 02 31 90 17 26, Fax 02 31 90 98 70*
Paris 264 – Argentan 23 – Caen 36 – Flers 37 – Lisieux 45 – St-Lô 107.

⚠⚠ **Municipal du Château** 1er mai-30 sept.
✆ 02 31 90 16 55, *camping@falaise.fr*, Fax 02 31 90 53 38,
www.otsifalaise.com – **R** conseillée
2 ha (66 empl.) plat et peu incliné, terrasse, herbeux
Tarif : 👤 ⬅ 🔲 7,30 € – 🔌 (10A) 2,50 €
Pour s'y rendre : À l'O de la ville, au val d'Ante
À savoir : Cadre verdoyant au pied du château

Nature : ⬅ château ♀
Loisirs : ▣ 🏊 🎿
Services : ♿ ⚡ 🌐 🏧 ▥ 🔲 ⊛
A prox. : 🧗 mur d'escalade

GONNEVILLE-EN-AUGE

✉ 14810 – **303** K4 – 351 h. – alt. 16
Paris 223 – Caen 20 – Le Havre 84 – Hérouville-Saint-Clair 16 – Lisieux 52.

⚠ **Le Clos Tranquille** 1er mars-31 déc.
✆ 02 31 24 21 36, *le.clos.tranquille@wanadoo.fr*,
Fax 02 31 24 28 80, *http://le-clos-tranquille.mon
site.orange.fr* – **R** conseillée
1,3 ha (78 empl.) plat, herbeux
Tarif : 👤 ⬅ 🔲 10 € – 🔌 (10A) 5 €
Location (1er mars-31 déc.) : 4 ▭ (4 à 6 pers.) 400 à
550 €/sem. – 3 ▭ – 4 maisonnettes
Pour s'y rendre : 0,8 km au S par D 95A

Nature : ▩ ♀(verger)
Loisirs : ▣ 🏊
Services : ⚡ 🌐 🏧 🔲 🔳 🔳
sèche-linge
A prox. : 🍽 🔥 🐎 golf

✉ 14600 – **303** N3 – G. Normandie Vallée de la Seine – 8 178 h. – alt. 5
Env. Pont de Normandie - Péage en 2006 : 5,00 autos, 5,80 caravanes, autocars 6,30 à 12,50 et gratuit pour motos
🛈 *Office de tourisme, quai Lepaulmier ℰ 02 31 89 23 30, Fax 02 31 89 31 82*
Paris 195 – Caen 69 – Le Havre 27 – Lisieux 38 – Rouen 83.

    ▲▲▲ **La Briquerie** 1ᵉʳ avr.-30 sept.
       ℰ 02 31 89 28 32, *info@campinglabriquerie.com*,
       Fax 02 31 89 08 52, *www.campinglabriquerie.com* – places
       limitées pour le passage – **R** conseillée
       11 ha (430 empl.) plat, herbeux
       Tarif : 🛉 🚐 🗉 15 € – ₰ (10A) 5,50 €
       Location (15 mars-2 nov.) 🏄 : 10 🏠 (4 à 6 pers.) 350 à
       540 €/sem.
       🚐 1 borne
       Pour s'y rendre : 3,5 km au SO par rte de Pont-l'Évêque et
       D 62 à dr., à Equemauville

> Nature : 🏕 ⚲
> Loisirs : 🍴 ✕ (juil.-août) self-service, (juil.-août) 🎦 ⛲ diurne nocturne (soirées à thème) 🎵 ♨ jacuzzi 🏓 🎯 🏊 ⛷
> Services : 🕭 ⚡ 🐄 🛒 🗑 🔥 ⊕ 🧺 ✇
> 🔲 sèche-linge 🌿
> À prox. : 🎣 ✕ 🖼 🏇 🐎

✉ 14510 – **303** L4 – G. Normandie Vallée de la Seine – 1 832 h. – alt. 11
🛈 *Office de tourisme, 10, boulevard des Belges ℰ 02 31 24 34 79, Fax 02 31 24 42 27*
Paris 214 – Caen 29 – Deauville 14 – Lisieux 33 – Pont-l'Évêque 25.

    ▲▲▲ **La Vallée** 👥 – avr.-mi-oct.
       ℰ 02 31 24 40 69, *campinglavallee@wanadoo.fr*,
       Fax 02 31 24 42 42, *www.campinglavallee.com* – **R** indispensable
       11 ha (350 empl.) peu incliné et en terrasses, plat, herbeux
       Tarif : (Prix 2006) 🛉 🚐 🗉 30 € ₰ (6A) – frais de réservation 16 €
       Location : 37 🚐 (4 à 6 pers.) 300 à 620 €/sem.
       🚐 1 borne 2 €
       Pour s'y rendre : 1 km au S par D 24ᴬ rte de Lisieux et D 24
       à dr., 88 rue de la Vallée
       À savoir : Cadre agréable autour d'anciens bâtiments de
       style normand

> Nature : ⟨ 🏕 ⚲
> Loisirs : 🍴 brasserie 🎦 ⛲ diurne nocturne (juil.-août) 🏓 🏓 🎠 ✕ ⛷
> Services : 🕭 ⚡ 🖃 🐄 🗑 ⊕ 🧺 ✇ ⚲ 🔲 sèche-linge 🚿 🌿
> À prox. : 🖼 ♦ poneys, golf

    ▲ **Municipal des Chevaliers** avr.-sept.
       ℰ 02 31 24 37 93, Fax 02 31 28 37 13 – **R** conseillée
       3 ha (195 empl.) peu incliné, terrasses et plat, herbeux
       Tarif : 🛉 2,85 € 🚐 1,20 € 🗉 1,60 € – ₰ (10A) 4,05 €
       Pour s'y rendre : 1,5 km au S par D 24ᴬ, rte de Lisieux et
       D 24 à dr. et chemin à gauche des Chevaliers

> Nature : ⟨
> Services : 🕭 ⚡ 🖃 🐄 ⊕ 🧺 ✇
> À prox. : ✕ 🖼 ♦ 🏇 golf

✉ 14230 – **303** F4 – G. Normandie Cotentin – 2 920 h. – alt. 4
🛈 *Office de tourisme, 16, rue Émile Demagny ℰ 02 31 21 46 00, Fax 02 31 22 90 21*
Paris 298 – Bayeux 35 – Caen 64 – Carentan 14 – Cherbourg 63 – St-Lô 29.

    ▲ **Le Fanal** 31 mars-30 sept.
       ℰ 02 31 21 33 20, *info@camping-lefanal.com*,
       Fax 02 31 22 12 00, *www.camping-lefanal.com* – **R** conseillée
       /5,5 campables (164 empl.) plat, herbeux
       Tarif : 🛉 🚐 🗉 27,60 € – ₰ (10A) 3,20 € – frais de réservation 25 €
       Location : 50 🚐 (4 à 6 pers.) 295 à 630 €/sem. – 8 🏠
       🚐 1 borne 5 €
       Pour s'y rendre : O : accès par le centre ville, près du
       terrain de sports
       À savoir : Cadre agréable et soigné autour d'un plan
       d'eau

> Nature : 🌿 ⚲
> Loisirs : pizzeria, snack 🎦 🏓 ✕ ⛷
> Services : 🕭 ⚡ 🖃 🐄 🛒 🗑 ⊕ 🧺 ✇ 🔲 sèche-linge
> À prox. : 🎯 🏊 ♦ pédalos, parcours sportif

549

LISIEUX

✉ 14100 – **303** N5 – G. Normandie Vallée de la Seine – 23 166 h. – alt. 51
🛈 *Office de tourisme, 11, rue d'Alençon* ℘ 02 31 48 18 10
Paris 169 – Caen 54 – Le Havre 66 – Hérouville-Saint-Clair 53 – Montivilliers 64.

△ **La Vallée** 6 avr.-8 oct.
℘ 02 31 62 00 40, *tourisme@cclisieuxpaysdauge.fr*,
Fax 02 31 48 18 11, *www.lisieux-tourisme.com* – **R** conseillée
1 ha (100 empl.) plat, herbeux, gravillons
Tarif : (Prix 2006) ★ 2,50 € – ⇔ 1,30 € – 🗉 1,90 € –
🔋 (16A) 1,90 €
Location 🏠 : 5 🛖 (4 à 6 pers.) 195 à 320 €/sem.
Pour s'y rendre : Sortie N par D 48, route de Pont-
l'Évêque

Nature : ♤♤
Services : ♿ ⚡ ♨ ⓢ
À prox. : ✗ complexe aquatique
couvert

LUC-SUR-MER

✉ 14530 – **303** J4 – G. Normandie Cotentin – 3 036 h.
🛈 *Office de tourisme, rue du Docteur Charcot* ℘ 02 31 97 33 25, Fax 02 31 96 65 09
Paris 249 – Arromanches-les-Bains 23 – Bayeux 29 – Cabourg 28 – Caen 18.

△ **Municipal la Capricieuse** 1ᵉʳ avr.-1ᵉʳ oct.
℘ 02 31 97 34 43, *info@campinglacapricieuse.com*,
Fax 02 31 97 43 64, *www.campinglacapricieuse.com*
– **R** conseillée
4,6 ha (232 empl.) plat, peu incliné, herbeux
Tarif : ★ ⇔ 🗉 9,56 € – 🔋 (10A) 5,70 €
Location (1ᵉʳ avr.-1ᵉʳ déc.) 🏠 : 18 🛖 (4 à 6 pers.) 305 à
530 €/sem. – 10 🏠 (4 à 6 pers.) 320 à 590 €/sem.
🛖, 1 borne 4 €
Pour s'y rendre : À l'O de la localité, allée Brummel, à
200 m de la plage

Nature : ☁ ♀
Loisirs : 🎬 🏓 ✗
Services : ♿ ⚡ GB ♨ 🗟 🛁 ⓢ ♨
♨ 📷 sèche-linge
À prox. : 🏊 🛝 ◊

550

MARTRAGNY

✉ 14740 – **303** I4 – 325 h. – alt. 70
Paris 257 – Bayeux 11 – Caen 23 – St-Lô 47.

△ **Château de Martragny** 1ᵉʳ mai-15 sept.
℘ 02 31 80 21 40, *chateau.martragny@wanadoo.fr*,
Fax 02 31 08 14 91, *www.chateau-mantragny.com*
– **R** conseillée
13 ha/4 campables (160 empl.) plat, herbeux
Tarif : ★ 5,50 € – ⇔ 1,50 € – 🗉 11,50 € – 🔋 (15A) 3,10 € –
frais de réservation 8 €
Location : 4 🛏
Pour s'y rendre : Sur l'ancienne N 13, par le centre bourg
À savoir : Dans le parc d'une belle demeure du XVIIIe s.

Nature : ♧ ♤♤
Loisirs : 🍴 brasserie 🎬 🏓 🚲
✗ 🏊 🛝 ✗
Services : ♿ ⚡ GB ♨ 🗟 🛁 ⓢ 📷
sèche-linge 🖥 🛁
À prox. : 🏇

MERVILLE-FRANCEVILLE-PLAGE

✉ 14810 – **303** K4 – G. Normandie Vallée de la Seine – 1 521 h. – alt. 2
🛈 *Office de tourisme, place de la Plage* ℘ 02 31 24 23 57, Fax 02 31 24 17 49
Paris 225 – Arromanches-les-Bains 42 – Cabourg 7 – Caen 20.

△ **Municipal le Point du Jour** 1ᵉʳ mars-22 nov.
℘ 02 31 24 23 34, *camp.lepointdujour@wanadoo.fr*,
Fax 02 31 24 15 54, *www.mairie-mervillefranceville.fr*
– **R** conseillée
2,7 ha (142 empl.) plat, herbeux, sablonneux
Tarif : ★ ⇔ 🗉 11,50 € – 🔋 (10A) 5 €
Pour s'y rendre : Sortie E par D 514 rte de Cabourg
À savoir : Agréable situation en bordure de plage

Nature : ☁ ⚓
Loisirs : 🎬 🏓
Services : ♿ ⚡ GB ♨ 🎱 🗟 🛁 ⓢ
📷 sèche-linge
À prox. : ✗ 🏊 🏇 golf

Les Peupliers 1er avr.-31 oct.
📞 02 31 24 05 07, *asl-mondeville@wanadoo.fr*,
Fax 02 31 24 05 07, *www.aslmondeville.com* – **R** conseillée
2 ha (165 empl.) plat, herbeux
Tarif : ⚹ 🚐 ▣ 13,70 € – ⚡ (10A) 5,10 €
Location : 16 🏠 (4 à 6 pers.) 350 à 700 €/sem. – 16 🏠
Pour s'y rendre : 2,5 km à l'E par rte de Cabourg et à dr., à l'entrée de le Hôme

Loisirs : snack 🍴 🎦 diurne nocturne (juil.-août) ⚽ 🏊
Services : ᕕ ⚡ ☎ 🚗 🏧 🍴 🛒 ⊕ 🧺 sèche-linge
À prox. : 🍽 🎣 🐴 golf

MOYAUX

✉ 14590 – **303** O4 – 1 235 h. – alt. 160
Paris 173 – Caen 64 – Deauville 31 – Lisieux 13 – Pont-Audemer 24.

Le Colombier 28 avr.-17 sept.
📞 02 31 63 63 08, *mail@camping-lecolombier.com*,
Fax 02 31 63 15 97, *www.camping-lecolombier.com* – **R** conseillée
15 ha/6 campables (180 empl.) plat, herbeux
Tarif : ⚹ 7 € 🚐 ▣ 13 € – ⚡ (10A) 3 € – frais de réservation 15 €
🚐 1 borne
Pour s'y rendre : 3 km au NE par D 143, rte de Lieurey
À savoir : Piscine dans le jardin à la française du château

Nature : 🌿 ♀(verger)
Loisirs : 🍹 🍴 crêperie 🍴 🎦 diurne nocturne (juil.-août) bibliothèque ⚽ 🚲 🍽 🎣 🏊
Services : ᕕ ⚡ ☎ 🍴 🛒 ⊕ 🚿 🏧 sèche-linge ⚡ 🚗

ORBEC

✉ 14290 – **303** O5 – G. Normandie Vallée de la Seine – 2 564 h. – alt. 110
🅱 Office de tourisme, 6, rue Grande 📞 02 31 32 56 68, Fax 02 31 32 04 37
Paris 173 – L'Aigle 38 – Alençon 80 – Argentan 53 – Bernay 18 – Caen 85 – Lisieux 21.

Les Capucins 25 mai-9 sept.
📞 02 31 32 76 22, *sivom.14290@wanadoo.fr*,
Fax 02 31 63 16 12 – **R** conseillée
0,9 ha (35 empl.) plat, herbeux
Tarif : ⚹ 2,10 € 🚐 1,20 € ▣ 1,60 € – ⚡ (10A) 2 €
Pour s'y rendre : 1,5 km au NE par D 4 rte de Bernay et chemin à gauche, au stade
À savoir : Cadre verdoyant très soigné

Nature : ♀
Loisirs : 🍴
Services : ⚡ 🚗 🍴 ⊕ 🏧 🚾
À prox. : 🍽 🎣 🐴

PONT-FARCY

✉ 14380 – **303** F6 – 512 h. – alt. 72
Paris 296 – Caen 63 – St-Lô 30 – Villedieu-les-Poêles 22 – Villers-Bocage 36 – Vire 19.

Municipal 15 avr.-15 sept.
📞 02 31 68 32 06, *pontfarcy@free.fr*, Fax 02 31 68 32 06
1,5 ha (60 empl.) plat, herbeux
Tarif : (Prix 2006) ⚹ 🚐 ▣ 10,85 € ⚡ (6A)
Pour s'y rendre : Sortie N par D 21, rte de Tessy-sur-Vire
À savoir : Au bord de la Vire

Loisirs : 🍴 ⚽ 🍽 🎣
Services : ᕕ ⚡ 🚗 🍴 ⊕
À prox. : 🚲 canoë, pédalos

PONT-L'ÉVÊQUE

✉ 14130 – **303** N4 – G. Normandie Vallée de la Seine – 4 133 h. – alt. 12 – Base de loisirs
🅱 Office de tourisme, 16, rue Saint-Michel 📞 02 31 64 12 77, Fax 02 31 64 76 96
Paris 190 – Caen 49 – Le Havre 43 – Rouen 78 – Trouville-sur-Mer 12.

Le Stade
📞 02 31 64 15 03 – **R** conseillée
1,7 ha (60 empl.) plat, herbeux
Pour s'y rendre : Sortie S-Ouest par N 175 rte de Caen et D 118 à dr. rte de Beaumont-en-Auge

Nature : ♀
Loisirs : ⚽
Services : ⚡ 🍴 ⊕
À prox. : 🍽 🐴 golf, canoë

PORT-EN-BESSIN

✉ 14520 – **303** H3 – G. Normandie Cotentin – 2 139 h. – alt. 10

🛈 *Office de tourisme, quai Baron Gérard* ✆ *02 31 22 45 80*

Paris 277 – Caen 43 – Hérouville-Saint-Clair 45 – Saint-Lô 47 – Bayeux 10.

    Port'Land ♣♣ – 31 mars-8 nov.

      ✆ 02 31 51 07 06, *campingportland@wanadoo.fr*,
Fax 02 31 51 76 49, *www.camping-portland.com*
– **R** conseillée
8,5 ha (256 empl.) plat, herbeux
Tarif : ♣ ⬠ 🅴 23,50 € – [⚡] (25A) 5 € – frais de réservation 30 €
Location : 70 🛏 (4 à 6 pers.) 380 à 695 €/sem.
🚐 1 borne
Pour s'y rendre : 1,2 km à l'O par D 514, route de Ste-Honorine et chemin à dr. au phare - à 600 m de la plage
À savoir : Jolie décoration florale et arbustive autour des différents étangs

> Nature : 🐾 🖼
> Loisirs : 🍸 ✗ 🛋 🖼 🎣 ♟ 🚴 🖼 (découverte en saison) 🪝 terrain omnisports, parcours de santé
> Services : 🚿 ⛽ 🆖 🏧 Ⓜ 🖼 🍴 🅰
> 🍳 ✂ 🍼 🖼 sèche-linge 🖼 🛒
> À prox. : 🍴 🏌 golf

ST-ARNOULT

✉ 14800 – **303** M3 – 903 h. – alt. 4

Paris 198 – Caen 43 – Le Havre 41 – Rouen 90 – Sotteville 87.

    La Vallée de Deauville ♣♣ – 1ᵉʳ avr.-fin oct.

      ✆ 02 31 88 58 17, *campinglavalleededeauville@wanadoo.fr*,
Fax 02 31 88 11 57, *campingdeauville.com* – places limitées pour le passage – **R** conseillée
10 ha (440 empl.) plat, herbeux, joli plan d'eau
Tarif : ♣ ⬠ 🅴 19 € – [⚡] (10A) 3 € – frais de réservation 23 €
Location (permanent) 🪣 : 40 🛏 (4 à 6 pers.) 350 à 750 €/sem.
🚐 1 borne 10 €
Pour s'y rendre : 1 km au S par D 27, rte de Varaville et D 275, rte de Beaumont-en-Auge à gauche, bord d'un ruisseau

> Nature : 🖼 ♀
> Loisirs : 🍸 snack 🛋 🖼 🎣 ♟ 🚴 🖼 🏊 🪝
> Services : 🚿 ⛽ 🆖 🏧 🖼 🖼 🍴
> ⊕ 🍼 🍼 🖼 sèche-linge 🖼 🛒
> À prox. : 🛒 🍴 🖼 🖼 🖼 🏌 🐴 golf

ST-AUBIN-SUR-MER

✉ 14750 – **303** J4 – G. Normandie Cotentin – 1 810 h.

🛈 *Office de tourisme, digue Favreau* ✆ *02 31 97 30 41, Fax 02 31 96 18 92*

Paris 252 – Arromanches-les-Bains 19 – Bayeux 29 – Cabourg 32 – Caen 20.

    Yellow Village La Côte de Nacre ♣♣ – 31 mars-16 sept.

      ✆ 02 31 97 14 45, *camping-cote-de-nacre@wanadoo.fr*,
Fax 02 31 97 22 11, *www.camping-cote-de-nacre.com* – places limitées pour le passage – **R** conseillée
8 ha (440 empl.) plat, herbeux
Tarif : ♣ ⬠ 🅴 41 € [⚡] (10A)
Location : 100 🛏 (4 à 6 pers.) 210 à 1 015 €/sem.
🚐 1 borne 20 €
Pour s'y rendre : Au S du bourg par D 7b
À savoir : Parc aquatique en partie couvrable

> Loisirs : 🍸 snack 🛋 🖼 diurne nocturne (soirées à thèmes) 🖼 🚴
> 🚴 🖼 🏊 terrain omnisports
> Services : 🚿 ⛽ 🆖 🏧 🖼 🖼 🍴 ⊕
> 🖼 sèche-linge 🖼 🛒
> À prox. : 🍴

SURRAIN

✉ 14710 – **303** G4 – 139 h. – alt. 40

Paris 278 – Cherbourg 83 – Rennes 187 – Rouen 167.

    La Roseraie avr.-22 sept.

      ✆ 02 31 21 17 71, *camping.laroseraie@neuf.fr*,
Fax 02 31 21 17 71 – **R** conseillée
3 ha (66 empl.) plat, peu incliné, incliné, herbeux
Tarif : ♣ 5,20 € ⬠ 1,90 € 🅴 5,10 € – [⚡] 4,10 € – frais de réservation 15 €
Location : 3 🛏 (4 à 6 pers.) 330 à 487 €/sem. – 13 🏠 (4 à 6 pers.) 364 à 520 €/sem.
Pour s'y rendre : Sortie S par D 208 rte de Mandeville-en-Bessin

> Nature : 🖼 ♀
> Loisirs : 🛋 🖼 🍴 🖼 🖼 🏊
> Services : 🚿 ⛽ 🆖 🖼 ⊕ 🖼 🛒
> 🖼 sèche-linge
> À prox. : 🐴 (centre équestre)

552

THURY-HARCOURT

✉ 14220 – **303** J6 – G. Normandie Cotentin – 1 825 h. – alt. 45 – Base de loisirs
🛈 *Office de tourisme, 2, place Saint-Sauveur* 𝄞 *02 31 79 70 45, Fax 02 31 79 15 42*
Paris 257 – Caen 28 – Condé-sur-Noireau 20 – Falaise 27 – Flers 32 – St-Lô 68 – Vire 41.

⚠ **Le Traspy** avr.-sept.
𝄞 02 31 79 61 80, Fax 02 31 79 61 80 – **R** conseillée
1,5 ha (92 empl.) plat et terrasse, herbeux
Tarif : ✹ 4,50 € ⇔ 🔲 4,50 € – 🔌 (6A) 3,70 € – frais de
réservation 12,20 €
Location : 6 🛖 (4 à 6 pers.) 480 à 530 €/sem. – 2 🏠 (4
à 6 pers.) 480 €/sem.
🚐 1 borne 2 € – 6 🔲 8 €
Pour s'y rendre : À l'E du bourg par bd du 30-Juin-1944 et
chemin à gauche
À savoir : Au bord du Traspy et près d'un plan d'eau

| Nature : 🏕 ♀ |
| Loisirs : 🎣 ⌘ 🏊 spa |
| Services : 🕳 ⊶ 🔲 🔥 ☺ 🍴 ♨ 🔲 |
| sèche-linge 🔥 |
| À prox. : 🚲 ✂ 🏖 ⬛ 🏔 parapente, |
| canoë |

TRÉVIÈRES

✉ 14710 – **303** G4 – 905 h. – alt. 14
🛈 *Office de tourisme, place du Marché* 𝄞 *02 31 22 04 60*
Paris 283 – Bayeux 19 – Caen 49 – Carentan 31 – St-Lô 32.

⚠ **Municipal Sous les Pommiers** Pâques-fin sept.
𝄞 02 31 92 89 24 – **R** conseillée
1,2 ha (73 empl.) plat, herbeux
Tarif : ✹ 2,85 € ⇔ 1,20 € 🔲 2,20 € – 🔌 2,80 €
Pour s'y rendre : Sortie N par D 30, rte de Formigny, près
d'un ruisseau
À savoir : Emplacements sous les pommiers

| Nature : 🏕 ♀ |
| Loisirs : 🏊 |
| Services : 🕳 🔲 🔥 ☺ ♨ 🔲 |
| À prox. : 🎣 🐎 poneys |

*This Guide is not intended as a list of all the camping sites in France;
its aim is to provide a selection of the best sites in each category.*

553

Le VEY

✉ 14570 – **303** J6 – 71 h. – alt. 50
Paris 269 – Caen 47 – Hérouville-Saint-Clair 46 – Flers 23 – Argentan 52.

⚠ **Les Rochers des Parcs** avr.-15 oct.
𝄞 02 31 69 70 36, *campingclecy@ocampings.com*,
Fax 02 31 66 96 08, *www.ocampings.com/campingclecy*
– **R** conseillée
1,5 ha peu incliné, plat, herbeux
Tarif : (Prix 2006) ✹ 3,15 € ⇔ 2 € 🔲 3 € – 🔌 3,15 €
Location (permanent) : 8 🛖 (4 à 6 pers.) 261 à
485 €/sem. – chalets (sans sanitaires)
🚐 1 borne – 4 🔲
Pour s'y rendre : Le bourg

| Nature : ♀ ⛰ |
| Loisirs : snack 🎣 🏊 🚲 🎣 ca- |
| noë kayak |
| Services : 🕳 ⊶ GB 🔥 🔲 ♨ ☺ 🔲 |
| sèche-linge |
| À prox. : ✂ 🐎 parapente, esca- |
| lade, golf |

VILLERS-SUR-MER

✉ 14640 – **303** L4 – G. Normandie Vallée de la Seine – 2 318 h. – alt. 10
🛈 *Office de tourisme, place Jean Mermoz* 𝄞 *02 31 87 01 18*
Paris 208 – Caen 35 – Deauville 8 – Le Havre 52 – Lisieux 31.

⚠ **Bellevue** avr.-oct.
𝄞 02 31 87 05 21, *camping-bellevue@wanadoo.fr*,
Fax 02 31 87 09 67, *www.camping-bellevue.com* – places li-
mitées pour le passage – **R** conseillée
5,5 ha (257 empl.) plat et en terrasses, incliné, herbeux
Tarif : ✹ 6 € ⇔ 🔲 7 € – 🔌 (6A) 4 € – frais de réserva-
tion 16 €
Location : 15 🛖 (4 à 6 pers.) 250 à 680 €/sem.
Pour s'y rendre : 2 km au SO par D 513, rte de Cabourg
À savoir : Situation dominante sur la baie de Deauville

| Nature : ⬉ 🏕 |
| Loisirs : 🍴 pizzeria 🎣 🕯 nocturne |
| (juil.-août) 🏊 ⛱ |
| Services : 🕳 ⊶ GB 🔥 🔲 🔥 ☺ ♨ |
| 🔲 sèche-linge |
| À prox. : 🛒 🚲 ✂ ⬛ 🎿 🛶 🐎 golf |

Le BEC-HELLOUIN

✉ 27800 – **304** E6 – G. Normandie Vallée de la Seine – 406 h. – alt. 101
Paris 153 – Bernay 22 – Évreux 46 – Lisieux 46 – Pont-Audemer 23 – Rouen 41.

⚠ **Municipal St-Nicolas** avr.-sept.
     𝒞 02 32 44 83 55, Fax 02 32 44 83 55 – **R** conseillée
     3 ha (90 empl.) plat, herbeux
     Tarif : ⚹ ⟵ 🖿 7,90 € – ⚡ (10A) 2,95 €
     🖳 1 borne 2,20 €
     Pour s'y rendre : 2 km à l'E par D 39 et D 581, rte de
     Malleville-sur-le-Bec et chemin à gauche
     À savoir : Cadre fleuri et soigné

> Nature : 🌄 ♀
> Loisirs : bibliothèque 👫 ✕
> Services : 🕭 ⚓ ⊘ 🏪 🗗 ☺ 🔞 sè-che-linge
> À prox. : 🐎 (centre équestre)

BERNAY

✉ 27300 – **304** D7 – G. Normandie Vallée de la Seine – 11 024 h. – alt. 105
🅑 Syndicat d'initiative, 29, rue Thiers 𝒞 02 32 43 32 08, Fax 02 32 45 82 68
Paris 155 – Argentan 69 – Évreux 49 – Le Havre 72 – Louviers 52 – Rouen 60.

⚠ **Municipal** 1ᵉʳ avr.-31 oct.
     𝒞 02 32 43 30 47, camping@bernay27.fr,
     Fax 02 32 43 30 47, www.ville-bernay27.fr – **R** conseillée
     1 ha (50 empl.) plat, herbeux
     Tarif : (Prix 2006) ⚹ 2,85 € ⟵ 2,95 € 🖿 4,65 € –
     ⚡ (10A) 3,30 €
     🖳 1 borne
     Pour s'y rendre : 2 km au SO par N 138 rte d'Alençon et r.
     à gauche, accès conseillé par la déviation et ZI Malouve
     À savoir : Partie campable verdoyante et soignée

> Nature : 🖵 ♀
> Loisirs : 🎣 👫
> Services : 🕭 ⚓ ⊘ 🗗 ☺ 🛶 ✇ 🔞 sèche-linge
> À prox. : ✕ 🖳 🛷

BOURG-ACHARD

✉ 27310 – **304** E5 – G. Normandie Vallée de la Seine – 2 517 h. – alt. 124
Paris 141 – Bernay 39 – Évreux 62 – Le Havre 62 – Rouen 30.

⚠ **Le Clos Normand** avr.-sept.
     𝒞 02 32 56 34 84, Fax 02 32 56 34 84 – **R** indispensable
     1,4 ha (85 empl.) plat et peu incliné, herbeux, bois attenant
     (0,5 ha)
     Tarif : ⚹ 4 € ⟵ 2 € 🖿 2,90 € – ⚡ 2,70 €
     Pour s'y rendre : Sortie O, rte de Pont-Audemer
     À savoir : Cadre verdoyant et fleuri

> Nature : 🖵 ♀
> Loisirs : 🍴 🛷
> Services : ⚓ 🆖 ⊘ 🗗 🛶 ☺ 🔞 🛶

FIQUEFLEUR-ÉQUAINVILLE

✉ 27210 – **304** B5 – 563 h. – alt. 17
Paris 189 – Deauville 24 – Honfleur 7 – Lisieux 40 – Rouen 78.

⚠ **Domaine Catinière** 6 avr.-23 sept.
     𝒞 02 32 57 63 51, info@camping-catiniere.com,
     Fax 02 32 42 12 57, www.camping-catiniere.com – **R** indis-pensable
     3,8 ha (130 empl.) plat, herbeux
     Tarif : ⚹ ⟵ 🖿 21,50 € – ⚡ (13A) 1,50 €
     Location : 13 🛖 (4 à 6 pers.) 300 à 660 €/sem.
     Pour s'y rendre : 1 km au S de Fiquefleur par D 22, entre
     deux ruisseaux

> Nature : 🖵 ♀
> Loisirs : 🍴 🎣 👫 🛷
> Services : 🕭 ⚓ 🆖 ⊘ 🗗 🛶 ☺ 🛶 🔞 sèche-linge

Le GROS-THEIL

✉ 27370 – **304** F6 – 827 h. – alt. 145
Paris 136 – Bernay 30 – Elbeuf 16 – Évreux 34 – Pont-Audemer 31.

⚠ **Salverte** Permanent
     𝒞 02 32 35 51 34, davidsarah@wanadoo.fr,
     Fax 02 32 35 92 79, www.camping-salverte.com – places li-mitées pour le passage – **R** conseillée
     17 ha/10 campables (300 empl.) plat, herbeux
     Tarif : (Prix 2006) ⚹ 5,50 € ⟵ 1,80 € 🖿 1,90 € – ⚡ 3 €
     Pour s'y rendre : 3 km au SO par D 26, rte de Brionne et
     chemin à gauche
     À savoir : Agréable cadre boisé

> Nature : 🌄 🖵 ♀♀
> Loisirs : 🍴 snack 🎣 🗗 🍴 𝄞 salle d'animation, bibliothèque 👫 ⁃🅟
> 🎾 ♟ 🛳
> Services : ⚓ 🆖 🏪 🗗 ☺ 🛶 ✇ 🔞 sèche-linge 🛶

554

LOUVIERS

✉ 27400 – **304** H6 – G. Normandie Vallée de la Seine – 18 328 h. – alt. 15
🛈 *Syndicat d'initiative, 10, rue du Maréchal Foch ☎ 02 32 40 04 41, Fax 02 32 61 28 85*
Paris 104 – Les Andelys 22 – Bernay 52 – Lisieux 75 – Mantes 51 – Rouen 33.

⚠ **Le Bel Air** mars-oct.
☎ 02 32 40 10 77, *le.belair@wanadoo.fr*, Fax 02 32 40 10 77,
www.lebelair.fr.st – places limitées pour le passage
– **R** conseillée
2,5 ha (92 empl.) plat, herbeux
Tarif : (Prix 2006) 🧍 4,20 € ⟵ 🔲 5,50 € – ⚡ (6A) 3,10 €
Location ⚡ : 6 🏠 (4 à 6 pers.) 210 à 390 €/sem.
🚐 1 borne – 3 🔲
Pour s'y rendre : 3 km à l'O par D 81, rte de la Haye-
Malherbe
À savoir : Cadre arbustif et ombragé

Nature : 🌳 🌊	
Loisirs : 🏠 ⚽ 🏊	
Services : ⚡ GB 🅿 🚿 🔲 ⊕ 🚮	
sèche-linge	
À prox. : patinoire ⛸ 🎿	

Benutzen Sie
– zur Wahl der Fahrtroute
– zur Berechnung der Entfernungen
– zur exakten Lokalisierung eines Campingplatzes (mit Hilfe der Angaben im Ortstext)
*die für diesen Führer unentbehrlichen **MICHELIN-Karten** im Ma1 : 150 000.*

LYONS-LA-FORÊT

✉ 27480 – **304** I5 – G. Normandie Vallée de la Seine – 795 h. – alt. 88
🛈 *Syndicat d'initiative, 20, rue de l'Hôtel de Ville ☎ 02 32 49 31 65, Fax 02 32 48 10 60*
Paris 104 – Les Andelys 21 – Forges-les-Eaux 30 – Gisors 30 – Gournay-en-Bray 25 – Rouen 33.

⚠ **Camping Municipal St-Paul** 1er avr.-31 oct.
☎ 02 32 49 42 02, *camping-saint-paul@wanadoo.fr* – places
limitées pour le passage – **R** conseillée
3 ha (100 empl.) plat, herbeux
Tarif : (Prix 2006) 🧍 ⟵ 🔲 15 € ⚡ (6A)
Location : 10 🏠
Pour s'y rendre : Au NE du bourg, par D 321, au stade,
bord de la Lieure

Nature : 🌳 🌊	
Loisirs : 🏠 ⚽	
Services : ⚡ 🔲 🅿 ⊕ 🚮 🔲	
À prox. : ⛸ 🚣 🏊 🐎 (centre éques-	
tre)	

PONT-AUDEMER

✉ 27500 – **304** D5 – G. Normandie vallée de la Seine – 8 981 h. – alt. 15
🛈 *Office de tourisme, place Maubert ☎ 02 32 41 08 21, Fax 02 32 57 11 12*
Paris 165 – Rouen 58 – Évreux 91 – Le Havre 44 – Sotteville-lès-Rouen 53.

⚠ **Municipal Risle-Seine - Les Étangs** 15 mars-15
nov.
☎ 02 32 42 46 65, *camping@ville-pont-audemer.fr*,
Fax 02 32 42 46 65, *www.ville-pont-audemer.fr* – **R** conseillée
2 ha (61 empl.) plat, herbeux
Tarif : (Prix 2006) 🧍 ⟵ 🔲 10,30 € – ⚡ (10A) 3,55 €
🚐 1 borne
Pour s'y rendre : 2,6 km au NO, près de la base nautique

Nature : ⩽ 🌳 🌊	
Loisirs : 🏠 ⚽ 🚴 🏊 (bassin)	
Services : ⚡ GB 🅿 🚿 ⊕ 🚮	
🔲 🔲	
À prox. : 🎣 💧	

PONT-AUTHOU

✉ 27290 – **304** E6 – 675 h. – alt. 49
Paris 152 – Bernay 22 – Elbeuf 26 – Évreux 45 – Pont-Audemer 21.

⚠ **Municipal les Marronniers** Permanent
☎ 02 32 42 75 06, Fax 02 32 56 34 51 – places limitées pour
le passage – **R** conseillée
2,5 ha (64 empl.) plat, herbeux
Tarif : 🧍 2,35 € ⟵ 1,65 € 🔲 2,35 € – ⚡ (10A) 2,90 €
Pour s'y rendre : Au S du bourg, par D 130 rte de Brionne,
bord d'un ruisseau

Loisirs : 🎣	
Services : ⚡ ⚡ (avr.-sept.) 🅿 🔲 🔲	
⊕	

POSES

✉ 27740 – **304** H6 – 1 107 h. – alt. 9 – Base de loisirs
Paris 114 – Les Andelys 26 – Évreux 36 – Louviers 14 – Pont-de-l'Arche 8 – Rouen 26.

▲ **Les Étangs des 2 Amants** avr.-oct.
  𝒫 02 32 59 11 86, lery.poses@wanadoo.fr,
  Fax 02 32 59 11 86 – places limitées pour le passage
  – **R** conseillée
  4 ha (164 empl.) plat, herbeux
  Tarif : (Prix 2006) ✦ ⚏ 🗐 12,90 € – [½] (10A)
  Pour s'y rendre : 1,5 km au SE par rte de St-Pierre-du-Vauvray, à la base de plein air et de loisirs, à 250 m d'un plan d'eau
  À savoir : Au bord de la Seine

| Nature : ♀♀ |
| Loisirs : 🎬 |
| Services : ⚡ GB ⊛ ⚎ 🚾 🖥 |
| À prox. : 🍽 ✗ snack 🎾 🖼 🖥 ♪ canoë, pédalos, golf |

ST-GEORGES-DU-VIÈVRE

✉ 27450 – **304** D6 – 640 h. – alt. 138
🅱 Office de tourisme, place de la Mairie 𝒫 02 32 56 34 29, Fax 02 32 57 52 90
Paris 161 – Bernay 21 – Évreux 54 – Lisieux 36 – Pont-Audemer 15 – Rouen 49.

▲ **Municipal du Vièvre**
  𝒫 02 32 42 76 79, info@saintgeorgesduvievre.org,
  Fax 02 32 42 80 42, www.camping-normand.com
  – **R** conseillée
  1,1 ha (50 empl.) plat, herbeux
  Pour s'y rendre : Sortie SO par D 38, rte de Noards

| Nature : 🌳 🗂 |
| Loisirs : 🚲 |
| Services : ⛱ 🗐 ⊛ ⚎ 🚾 |
| À prox. : 🎾 ⚓ |

Manche (50)

556

AGON-COUTAINVILLE

✉ 50230 – **303** C5 – 2 723 h. – alt. 36
🅱 Office de tourisme, place du 28 Juillet 𝒫 02 33 76 67 30, Fax 02 33 76 67 31
Paris 348 – Barneville-Carteret 48 – Carentan 43 – Cherbourg 80 – Coutances 13 – St-Lô 41.

▲ **Municipal le Martinet** 1ᵉʳ avr.-15 oct.
  𝒫 02 33 47 05 20, martinetmarais@wanadoo.fr,
  Fax 02 33 47 31 95, http://perso.wanadoo.fr/campings.martinetmarais – **R** conseillée
  1,5 ha (122 empl.) plat, herbeux
  Tarif : ✦ 3,30 € ⚏ 1,40 € 🗐 3,20 € – [½] (5A) 2,30 €
  🚐, 1 borne
  Pour s'y rendre : Sortie NE, près de l'hippodrome

| Nature : ♀ |
| Loisirs : 🏖 |
| Services : ⛱ ⚡ (8 juil.-28 août) GB ⚎ ⊛ 🖥 sèche-linge |
| À prox. : 🛒 🎾 🖥 🐎 golf, école de voile |

▲ **Municipal le Marais** juil.-août
  𝒫 02 33 47 05 20, martinetmarais@wanadoo.fr,
  Fax 02 33 47 31 95, http://perso.wanadoo.fr/campings.martinetmarais – **R** conseillée
  2 ha (148 empl.) plat, herbeux
  Tarif : (Prix 2006) ✦ 3,50 € ⚏ 1,40 € 🗐 3,60 € – [½] 2,30 €
  Pour s'y rendre : Sortie NE, près de l'hippodrome

| Loisirs : 🏖 |
| Services : ⛱ ⚡ GB ⚎ 🗐 ⊛ 🖥 |
| À prox. : 🛒 🎾 🖥 golf, école de voile |

ANNOVILLE

✉ 50660 – **303** C6 – 547 h. – alt. 28
Paris 348 – Barneville-Carteret 57 – Carentan 48 – Coutances 14 – Granville 20 – St-Lô 42.

▲ **Municipal les Peupliers** juin-mi-sept.
  𝒫 02 33 47 67 73 – **R**
  2 ha (100 empl.) plat, sablonneux, herbeux
  Tarif : (Prix 2006) ✦ 2,30 € ⚏ 🗐 2,80 € – [½] 2,60 €
  Pour s'y rendre : 3 km au SO par D 20 et chemin à dr., à 500 m de la plage

| Nature : 🌳 |
| Loisirs : 🏖 🚲 🖥 |
| Services : ⚡ ⚎ 🗐 ⊛ 🖥 ⚏ |

BARNEVILLE-CARTERET

✉ 50270 – **303** B3 – G. Normandie Cotentin – 2 429 h. – alt. 47
🛈 *Office de tourisme, 10, rue des Ecoles 🖉 02 33 04 90 58, Fax 02 33 04 93 24*
Paris 356 – Caen 123 – Carentan 43 – Cherbourg 39 – Coutances 47 – St-Lô 62.

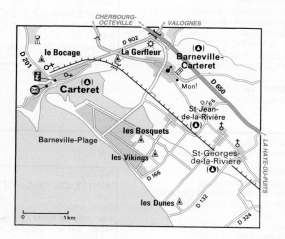

⚞ **Les Bosquets** avr.-15 sept.
🖉 02 33 04 73 62, *lesbosquets@orange.fr,*
Fax 02 33 04 35 82, *www.camping-lesbosquets.com*
– **R** conseillée
10 ha/6 campables (331 empl.) plat et accidenté,
sablonneux, herbeux
Tarif : 🧍 5,60 € ⛺ 🅴 5,60 € – 🔌 (10A) 3,60 €
Location : 20 🛖 (4 à 6 pers.) 250 à 480 €/sem.
Pour s'y rendre : 2,5 km au SO par rte de Barneville-Plage
et rue à gauche, à 450 m de la plage
À savoir : Dans les dunes boisées de pins, environnement
sauvage

> Nature : 🦆 🏞 ♀
> Loisirs : 🍽 🏛 🎪 diurne nocturne
> (juil.-août) 🔥 🏊
> Services : 🔌 🆖 🐕 🎣 ⊕ 🌡 🧺
> sèche-linge
> À prox. : 🎿 🏊 🐎 golf, char à voile

⚞ **La Gerfleur** avr.-oct.
🖉 02 33 04 38 41, *alabouriau@aol.com,* Fax 02 33 04 38 41,
www.camping-la-gerfleur.com – **R** conseillée
2,3 ha (94 empl.) plat, peu incliné, herbeux
Tarif : (Prix 2006) 🧍 ⛺ 🅴 20 €
Location 🚫 : 11 🛖 (4 à 6 pers.) 300 à 515 €/sem.
Pour s'y rendre : 0,8 km à l'O par D 903E rte de Carteret
À savoir : En bordure d'un petit étang

> Nature : 🏞 ♀
> Loisirs : 🍽 🏛 🔥 🏊 🐬
> Services : 🚿 🔌 🆖 🐕 🎣 ⊕ 🌡
> À prox. : 🎣 🎿 🏞 🔥 🏊 🐎 (centre
> équestre) golf

BAUBIGNY

✉ 50270 – **303** B3 – 166 h. – alt. 30
Paris 361 – Barneville-Carteret 9 – Cherbourg 33 – Valognes 28 – Laval 202.

⚞ **Bel Sito** mi-avr.-mi-sept.
🖉 02 33 04 32 74, *camping@bel-sito.com,*
Fax 02 33 04 32 74, *www.bel-sito.com* – **R**
6 ha/4 campables (85 empl.) incliné à peu incliné, plat,
sablonneux, herbeux, dunes
Tarif : (Prix 2006) 🧍 5,50 € ⛺ 🅴 9 € – 🔌 (6A) 3,50 €
Location (mi-avr.-oct.) : 11 🛖 (4 à 6 pers.) 295 à
650 €/sem.
Pour s'y rendre : Au N du bourg
À savoir : Site sauvage dans les dunes

> Nature : 🦆 ≤
> Loisirs : 🏛 🔥
> Services : 🚿 🔌 (juil.-août) 🐕 🎣 🏕
> ⊕ 🌡 sèche-linge

BEAUVOIR

✉ 50170 – **303** C8 – G. Normandie Cotentin – 427 h.
Paris 358 – Caen 125 – Saint 81 – Rennes 63 – Saint 56.

⚲ **Aux Pommiers** 20 mars-6 nov.
℘ 02 33 60 11 36, *pommiers@aol.com*, Fax 02 33 60 11 36,
www.camping-auxpommiers.com – **R** conseillée
1,75 ha (107 empl.) plat, herbeux
Tarif : 🚶 🚐 📧 9,70 € – 🔌 (6A) 3 €
Location (20 mars-6 déc.) : 6 🚐 (4 à 6 pers.) 225 à
575 €/sem. – 5 🏠 (4 à 6 pers.) 270 à 550 €/sem. – 5
bungalows toilés
Pour s'y rendre : Au bourg, par D 976
À savoir : Location à la nuitée hors sais.

> Nature : ♀
> Loisirs : 🍴 snack 🏊 🎣 🎱 ⛵
> Services : 🔌 GB 🐕 🗄 ⓦ 🧺 sèche-
> linge
> À prox. : 🚴 🍴 🎿 🐴 (centre
> équestre)

BIARDS

✉ 50540 – **303** E8 – alt. 495 – Base de loisirs
Paris 358 – Alençon 108 – Avranches 22 – Caen 126 – Fougères 32 – Laval 74 – St-Lô 79.

⚲ **La Mazure** 1ᵉʳ mai-30 sept.
℘ 02 33 89 19 50, *contact@lamazure.com*,
Fax 02 33 89 19 55, *www.lamazure.com* – **R** conseillée
3,5 ha/0,4 campable (28 empl.) plat, terrasse, herbeux
Tarif : 🚶 🚐 📧 8,50 € – 🔌 (9A) 3 €
Location (permanent) : 16 🏠 (4 à 6 pers.) 260 à
290 €/sem. – gîte d'étape, tipis
Pour s'y rendre : 2,3 km au SO par D 85E, à la base de
loisirs, en bordure du lac de Vezins

> Nature : 🏞 📡
> Loisirs : 🍴 🏠 🎣 🏊 🚴 🎱 ⛵
> Services : 🛁 🔌 🐕 ⓦ ⛲ ♨ 📧
> sèche-linge 🧺
> à la bases de loisirs : 🎣 🐴 canoë
> kayak, aviron, pédalos, bateaux
> électriques

BRÉCEY

✉ 50370 – **303** F7 – 2 113 h. – alt. 75
🅸 *Syndicat d'initiative, place de l'Hôtel de Ville* ℘ 02 33 89 21 13
Paris 328 – Avranches 17 – Granville 42 – St-Hilaire-du-Harcouët 20 – St-Lô 49 – Villedieu-les-Poêles 16 – Vire 29.

⚲ **Municipal le Pont Roulland**
℘ 02 33 48 60 60, *mairie-brecey@wanadoo.fr*,
Fax 02 33 89 21 09, *www.tourisme-brecey.com* – **R**
1 ha (50 empl.) plat et peu incliné, herbeux
Pour s'y rendre : 1,1 km à l'E par D 911 rte de Cuves
À savoir : Cadre champêtre près d'un plan d'eau

> Nature : 🏞 ♀
> Loisirs : 🏠 🎣 🎱 🎿
> Services : 🔌 ⓦ ⓦ 📧
> À prox. : 🍴

Ile de Jersey - La pointe de Noirmon

BRÉHAL

✉ 50290 – **303** C6 – 2 599 h. – alt. 69
🛈 *Office de tourisme, Rue des écoles* 𝄞 *02 33 90 07 95, Fax 02 33 50 51 98*
Paris 345 – Caen 113 – Saint-Lô 48 – Saint-Malo 101 – Vire 76.

⚠ **La Vanlée** 1ᵉʳ mai-30 sept.
𝄞 02 33 61 63 80, *camping.vanlee@wanadoo.fr*,
Fax 02 33 61 87 18, *www.camping-vanlee.com* – **R** conseillée
11 ha (480 empl.) plat, vallonné, sablonneux, herbeux
Tarif : (Prix 2006) 🛉 ⇌ 🖃 15,80 € ⸱ (6A)
🚐 1 borne 5 €
Pour s'y rendre : 5,6 km à l'O par D 592, rte de St-Martin-de-Bréhal, plage des Salines
À savoir : Cadre agréable dans un site sauvage en bordure de mer

> Nature : 🏞 ⛰
> Loisirs : 🍽 brasserie, pizzeria 🎦 🎵 🏊 terrain omnisports
> Services : 🚿 ⚐ GB 🏧 🖥 🛁 ⊕ 🖩 sèche-linge 🛒 🚲
> À prox. : golf

BRÉVILLE-SUR-MER

✉ 50290 – **303** K4 – 611 h. – alt. 70
Paris 341 – Caen 108 – Saint 50 – Saint 95 – Fougères 74.

⚠ **La Route Blanche** avr.-oct.
𝄞 02 33 50 23 31, *laroutteblanche@camping-breville.com*,
Fax 02 33 50 26 47, *www.camping-breville.com* – **R** indispensable
4,5 ha (273 empl.) plat, herbeux, sablonneux
Tarif : (Prix 2006) 🛉 4,50 € ⇌ 2 € 🖃 13 € – ⸱ 3,60 €
Location 🏠 : 17 🛏 (4 à 6 pers.) 300 à 680 €/sem.
🚐 1 borne
Pour s'y rendre : 1 km au NO par rte de la plage, près du golf

> Loisirs : 🎵 nocturne (juil.-août) 🛝 🏊 🏑 terrain omnisports
> Services : ⚐ GB 🏧 🖥 ⊕ 🔌 🖩 sèche-linge équipement WIFI
> À prox. : 🏌 ⬙ 🐎 parcours sportif, golf

559

CARENTAN

✉ 50500 – **303** E4 – G. Normandie Cotentin – 6 340 h. – alt. 18
🛈 *Office de tourisme, boulevard de Verdun* 𝄞 *02 33 71 23 50, Fax 02 33 42 74 01*
Paris 308 – Avranches 89 – Caen 74 – Cherbourg 52 – Coutances 36 – St-Lô 29.

⚠ **Le Haut Dick** mi-janv.-oct.
𝄞 02 33 42 16 89, *LEHAUTDICK@aol.com*,
Fax 02 33 42 16 89, *www.camping-municipal.com*
– **R** conseillée
2,5 ha (120 empl.) plat, herbeux, vallonné, sablonneux
Tarif : (Prix 2006) 🛉 2,50 € ⇌ 1,20 € 🖃 3,20 € – ⸱ 3,20 €
Location (mi-avr.-mi-sept.) : 7 🛏 (4 à 6 pers.) 260 à 350 €/sem.
🚐 1 borne
Pour s'y rendre : Au bord du canal, près de la piscine
À savoir : Agréable cadre verdoyant

> Nature : 🏞 🚐 ⬙
> Loisirs : 🎦 🛝 ♟
> Services : 🚿 ⚐ 🏧 🖥 ⊕
> À prox. : 🏌 🖼 🏊 🔫 canoë

CARTERET

✉ 50270 – **303** B3 – G. Normandie Cotentin
🛈 *Office de tourisme, place des Flandres-Dunkerque* 𝄞 *02 33 04 94 54*
Paris 357 – Caen 124 – Saint 67 – Cherbourg 38 – Équeurdreville 43.
Schéma à Barneville-Carteret

⚠ **Le Bocage** avr.-sept.
𝄞 02 33 53 86 91, Fax 02 33 04 35 98 – **R** conseillée
4 ha (200 empl.) plat, herbeux
Tarif : 🛉 5,80 € ⇌ 🖃 8,50 € – ⸱ 1,80 €
Pour s'y rendre : Par rue face à la mairie

> Nature : 🚐 ⬙
> Loisirs : 🎦 🛝
> Services : ⚐ (mai-sept.) GB 🏧 🖥 ⊕ 🛁 🖩 sèche-linge
> À prox. : 🏌 ♜ ⬙ parapente, char à voile

COURTILS

✉ 50220 – **303** D8 – 257 h. – alt. 35
Paris 349 – Avranches 13 – Fougères 43 – Pontorson 15 – St-Hilaire-du-Harcouët 26 – St-Lô 70.

⚠ **St-Michel** 23 mars-14 oct.
    𝒫 02 33 70 96 90, *infos@campingsaintmichel.com*,
    Fax 02 33 70 99 09, *www.campingsaintmichel.com*
    – **R** conseillée
    2,5 ha (100 empl.) plat et peu incliné, herbeux
    Tarif : ⭑ ⇔ 🅔 11 € – ⚡ (6A) 2,60 €
    Location : 25 🚐 (4 à 6 pers.) 260 à 520 €/sem.
    🚐, 1 borne – 10 🅔
    Pour s'y rendre : Sortie O par D 43, rte du Mont-St-Michel

> Nature : ⌦ ♀
> Loisirs : ✗ 🏠 🏊 🚲 ⛴ parc animalier
> Services : ♿ ⚪ 🆘 ⚗ ▦ 🗄 🖙 ⊕
> ↩ 📞 ▦ sèche-linge 🖙
> À prox. : ✗ ⛺

DENNEVILLE

✉ 50580 – **303** C4 – 478 h. – alt. 5
🅱 *Syndicat d'initiative, 1, rue Jersey 𝒫 02 33 07 58 58*
Paris 347 – Barneville-Carteret 12 – Carentan 34 – St-Lô 53.

⚠ **L'Espérance** 1er avr.-30 sept.
    𝒫 02 33 07 12 71, *camping.esperance@wanadoo.fr*,
    Fax 02 33 07 58 32, *www.camping-esperance.fr* – places li-
    mitées pour le passage – **R** conseillée
    3 ha (134 empl.) plat, herbeux, sablonneux
    Tarif : ⭑ ⇔ 🅔 22,90 € ⚡ (6A)
    Location : 10 🚐 (4 à 6 pers.) 300 à 600 €/sem.
    Pour s'y rendre : 3,5 km à l'O par D 137, à 500 m de la plage
    À savoir : Décoration arbustive

> Nature : 🏖 ♀
> Loisirs : ♈ 🏊 ♒ 🏊
> Services : ⚪ 🆘 ⚗ 🗄 ⊕ ▦ sèche-linge
> À prox. : ✗

DONVILLE-LES-BAINS

✉ 50350 – **303** C6 – 3 351 h. – alt. 40
🅱 *Office de tourisme, 95 ter, route de Coutances 𝒫 02 33 50 12 91, Fax 02 33 91 28 55*
Paris 341 – Caen 107 – Saint 53 – Saint 93 – Fougères 72.

⚠ **L'Ermitage** 15 avr.-15 oct.
    𝒫 02 33 50 09 01, *camping-ermitage@wanadoo.fr*,
    Fax 02 33 50 88 19, *www.camping-ermitage.com*
    – **R** conseillée
    5,5 ha (350 empl.) plat et peu incliné, herbeux, sablonneux
    Tarif : (Prix 2006) ⭑ 4 € ⇔ 1,55 € 🅔 3,65 € –
    ⚡ (10A) 2,80 €
    Pour s'y rendre : 1 km au N par r. du Champ de Courses
    À savoir : Près d'une belle plage de sable fin

> Loisirs : 🏠 ☀ diurne 🏊
> Services : ♿ ⚪ 🗄 ⊕ ⚗ ⚙ ↩ 📞
> ▦ sèche-linge
> À prox. : 🏖 ♈ ✗ snack 🖙 ⛺ 🖼
> (découverte en saison) ♪ ⛎ bowling, golf

DUCEY

✉ 50220 – **303** E8 – G. Normandie Cotentin – 2 174 h. – alt. 15
🅱 *Office de tourisme, 4, rue du Génie 𝒫 02 33 60 21 53, Fax 02 33 60 54 07*
Paris 348 – Avranches 11 – Fougères 41 – Rennes 80 – St-Hilaire-du-Harcouët 16 – St-Lô 68.

⚠ **Municipal la Sélune** 1er avr.-30 sept.
    𝒫 02 33 48 46 49, *ducey.tourisme@wanadoo.fr*,
    Fax 02 33 48 87 59 – **R** conseillée
    0,42 ha (40 empl.) plat, herbeux
    Tarif : ⭑ 2,57 € ⇔ 0,75 € 🅔 1,19 € – ⚡ (10A) 1,64 €
    Pour s'y rendre : Sortie O par N 176 et D 178, rte de
    St-Aubin-de-Terregatte à gauche, au stade
    À savoir : Emplacements bien délimités par des haies de thuyats

> Nature : ⌦
> Services : ♿ ⚗ 🗄 ⊕
> À prox. : ✗ 🖼 🏊

*Les indications d'accès à un terrain sont généralement indiquées,
dans notre guide, à partir du centre de la localité.*

GENÊTS

✉ 50530 – **303** D7 – G. Normandie Cotentin – 439 h. – alt. 2
Paris 345 – Avranches 11 – Granville 24 – Le Mont-St-Michel 33 – St-Lô 66 – Villedieu-les-Poêles 33.

Les Coques d'Or avr.-sept.
℘ 02 33 70 82 57, Fax 02 33 70 86 83 – **R** conseillée ✇
4,7 ha (225 empl.) plat, herbeux
Tarif : ♣ 5,40 € – ⇔ 2 € 🅴 2 € – 🅖 4 € – frais de réservation 9,30 €
Location : 10 ⌂ (4 à 6 pers.) 330 à 500 €/sem.
🖳 1 borne 3 €
Pour s'y rendre : 0,7 km au NO par D 35E1 rte du Bec d'Andaine

> Nature : 🐚 ⌂ ♀
> Loisirs : 🍽 🏊 ⅃
> Services : & ⚭ GB 🗑 🛁 ⊕ 🖼 sèche-linge
> À prox. : 🏃 sentiers pédestre, VTT et équestre

GRANVILLE

✉ 50400 – **303** C6 – G. Normandie Cotentin – 12 687 h. – alt. 10
🛈 Office de tourisme, 4, cours Jonville ℘ 02 33 91 30 03, Fax 02 33 91 30 19
Paris 342 – Avranches 27 – Caen 109 – Cherbourg 105 – Coutances 29 – St-Lô 57 – St-Malo 93 – Vire 56.

Lez-Eaux 30 mars-30 sept.
℘ 02 33 51 66 09, bonjour@lez-eaux.com,
Fax 02 33 51 92 02, www.lez-eaux.com – **R** conseillée
12 ha/8 campables (229 empl.) plat et peu incliné, herbeux
Tarif : ♣ ⇔ 🅴 30 € – 🅖 (10A) 7 €
Location : 20 ⌂ – 43 ⌂ (4 à 6 pers.) 385 à 970 €/sem.
🖳 1 borne 5 €
Pour s'y rendre : 7 km au SE par D 973, rte d'Avranches
À savoir : Dans le parc du château, bel ensemble aquatique

> Nature : 🐚 ♀
> Loisirs : 🍽 🎦 🎮 diurne nocturne (juil.-août) 🏊 🚲 ✗ ⅃ 🎿 🎣
> Services : & ⚭ (1er juin-30 août) GB ✗ 🗑 🛁 ⊕ 🎿 🛒 🖼 sèche-linge 🔧 🛁
> À prox. : 🏃 🗖 ♌ 🐎

La Vague mai-fin sept.
℘ 02 33 50 29 97 – **R** conseillée
2 ha (145 empl.) plat, herbeux, sablonneux
Tarif : (Prix 2006) ♣ 6,70 € – ⇔ 🅴 6,90 € – 🅖 (6A) 5,30 €
🖳 1 borne
Pour s'y rendre : 2,5 km au SE par D 911, rte de St-Pair et D 572 à gauche, quartier St-Nicolas, à 150 m de la plage
À savoir : Cadre verdoyant, plaisant et soigné

> Nature : ⌂ ♀
> Loisirs : 🎦 🏃
> Services : & ⚭ ✗ 🗑 ⊕ 🖼
> À prox. : 🗖 (découverte en saison) ♌ 🐎

561

LES GUIDES VERTS **MICHELIN**
Paysages, monuments
Routes touristiques
Géographie
Histoire, Art
Itinéraire de visite
Plans de villes et de monuments

JULLOUVILLE

✉ 50610 – **303** C7 – G. Normandie Cotentin – 1 506 h. – alt. 60
🛈 Office de tourisme, place de la Gare ℘ 02 33 61 82 48, Fax 02 33 61 52 99
Paris 346 – Avranches 24 – Granville 9 – St-Lô 63 – St-Malo 90.

La Chaussée 7 avr.-16 sept.
℘ 02 33 61 80 18, jmb@camping-lachaussee.com,
Fax 02 33 61 45 26, www.camping-lachaussee.com
– **R** conseillée
6 ha/4,7 campables (265 empl.) plat, peu incliné, sablonneux, herbeux
Tarif : (Prix 2006) ♣ ⇔ 🅴 28 € 🅖 (16A)
Location (7 avr.-15 fév.) : 10 ⌂ (4 à 6 pers.) 340 à 665 €/sem.
🖳 1 borne
Pour s'y rendre : Sortie N, rte de Granville, à 150 m de la plage
À savoir : Cadre plaisant agrémenté d'une petite pinède

> Nature : ♀
> Loisirs : 🎦 🏊 🛶 ⅃
> Services : ⚭ GB ✗ 🗑 ⊕ 🖼
> À prox. : ✗ 🏃 🐎

JULLOUVILLE

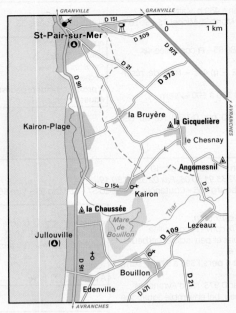

MAUPERTUS-SUR-MER

✉ 50330 – **303** D2 – 270 h. – alt. 119
Paris 359 – Barfleur 21 – Cherbourg 13 – St-Lô 80 – Valognes 22.

⋀⋀⋀ **L'Anse du Brick** ♣♣ – 1er avr.-30 sept.
℘ 02 33 54 33 57, *welcome@anse-du-brick.com*,
Fax 02 33 54 49 66, *www.anse-du-brick.com* – **R** conseillée
17 ha/7 campables (180 empl.) accidenté et en terrasses,
pierreux, herbeux, bois attenant
Tarif : ♣ ⇆ 📧 19 € 🔌 (10A) – frais de réservation 6 €
Location (permanent) : 33 🛖 (4 à 6 pers.) 329 à
735 €/sem. – 4 🏠 (4 à 6 pers.) 378 à 800 €/sem. – 2
villas
🚐 1 borne 7 €
Pour s'y rendre : NO : sur D 116, à 200 m de la plage, accès
direct par passerelle
À savoir : Agréable cadre verdoyant et ombragé dans un
site sauvage

> Nature : 🏞 ≤ ⌂ ♣♣
> Loisirs : ▼ pizzeria 🎦 ◎ diurne
> nocturne (juil.-août) 🎯 🏇 🚲
> ✕ ⚒ ⚓
> Services : ♿ ⚡ GB ⚙ 🗄 👙 ☺ 📞
> 🧺 sèche-linge 🚿
> À prox. : ✕ 🎣 🏊 centre nautique,
> kayak de mer

Le MONT-ST-MICHEL

✉ 50170 – **303** C8 – G. Normandie Cotentin - Bretagne – 46 h. – alt. 10
🄸 Office de tourisme, boulevard de l'Avancée ℘ 02 33 60 14 30, Fax 02 33 60 06 75
Paris 359 – Alençon 135 – Avranches 23 – Fougères 45 – Rennes 68 – St-Lô 80 – St-Malo 55.

⋀⋀ **Camping du Mont-St-Michel** 10 fév.-11 nov.
℘ 02 33 60 22 10, *stmichel@camping-montsaintmi
chel.com*, Fax 02 33 60 20 02, *www.camping-lemontsaint
michel.com*
4 ha (80 empl.) plat, herbeux
Tarif : ♣ ⇆ 📧 10,40 € – 🔌 (5A) 2,70 €
Location : 7 🏠 (4 à 6 pers.) 238 à 357 €/sem. – 🛏 –
(hôtel)
🚐 1 borne 3 € – 150 📧 8 €
Pour s'y rendre : 2,4 km au SE, intersection de la D 976, rte
du Mont-St-Michel et D 275, rte de Ducey
À savoir : Cadre verdoyant et ombragé

> Nature : ⌂ ♣♣
> Loisirs : ▼ ✕ snack 🎦 🚲 ✶
> Services : ♿ ⚡ GB ⚙ 🗄 👙 ☺ 🗜
> sèche-linge 🚿
> À prox. : 🎣 🎣 🐎 (centre éques-
> tre)

OMONVILLE-LA-ROGUE

✉ 50440 – **303** A1 – 520 h. – alt. 25
Paris 377 – Caen 144 – Saint-Lô 99 – Cherbourg 24 – Équeurdreville-Hainneville 21.

▲ **Municipal du Hable** 1er avr.-30 sept.
    ✆ 02 33 52 86 15, *campingomonvillelarogue@wanadoo.fr*,
Fax 02 33 52 86 15 – **R** conseillée
1 ha (60 empl.) plat, gravillons, herbeux
Tarif : ✿ 2,35 € ⟷ 1,73 € ▣ 1,73 € – ⚡ (10A) 4,59 €
Location : 10 gîtes
🚐 1 borne
Pour s'y rendre : Au bourg, accès au port par chemin piétonnier

| Nature : ⌂ |
| Services : GB ⅗ 🔧 ☺ 🔲 sèche-linge |
| À prox. : 🏊 ✗ 🚣 |

Les PIEUX

✉ 50340 – **303** B2 – 3 477 h. – alt. 104
🛈 Office de tourisme, 6, rue Centrale ✆ 02 33 52 81 60
Paris 366 – Barneville-Carteret 18 – Cherbourg 22 – St-Lô 48 – Valognes 30.

▲▲ **Le Grand Large** 7 avr.-16 sept.
    ✆ 02 33 52 40 75, *le-grand-large@wanadoo.fr*,
Fax 02 33 52 58 20, *legrandlarge.com* – **R** conseillée
3,7 ha (236 empl.) plat et peu incliné, sablonneux, herbeux
Tarif : ✿ ⟷ ▣ 32 € ⚡ (6A)
Location : 39 🛖 (4 à 6 pers.) 300 à 710 €/sem.
🚐 1 borne 8 €
Pour s'y rendre : 3 km au SO par D 117 et D 517 à dr. puis
1 km par chemin à gauche
À savoir : Agréable situation dans les dunes au bord de la
plage de Sciottot

| Nature : ⌂ ⇐ ⌂ ▲ |
| Loisirs : ⚥ snack 🎬 🎲 diurne (juil.-août) 🏓 ✗ 🏊 |
| Services : ⅙ ⌀ GB ⅗ 🔧 🔲 ☺ 🔲 sèche-linge |

PONTORSON

✉ 50170 – **303** C8 – G. Normandie Cotentin – 4 107 h. – alt. 15
🛈 Office de tourisme, place de l'Hôtel de Ville ✆ 02 33 60 20 65, Fax 02 33 60 85 67
Paris 359 – Avranches 23 – Dinan 50 – Fougères 39 – Rennes 59 – St-Malo 47.

▲▲ **Haliotis** ♣♦ – 1er avr.-5 nov.
    ✆ 02 33 68 11 59, *info@camping-haliotis-mont-saint-mi chel.com*, Fax 02 33 58 95 36, *www.camping-haliotis-mont-saint-michel.com* – **R** conseillée
6 ha/3,5 campables (152 empl.) plat, herbeux
Tarif : ✿ ⟷ ▣ 13 € – ⚡ (16A) 3 €
Location : 30 🛖 (4 à 6 pers.) 300 à 610 €/sem. – 3 🏠
(4 à 6 pers.) 300 à 610 €/sem.
🚐 2 bornes
Pour s'y rendre : NO : par D 19, rte de Dol-de-Bretagne,
près du Couesnon

| Nature : ⇐ ⌂ |
| Loisirs : ⚥ 🎬 🎲 diurne (juil.-août) 🏓 🎣 jacuzzi 🏓 🚲 ⛳ ✗ 🏊 parcours de santé, mini-ferme |
| Services : ⅙ ⌀ GB ⅗ 🔧 ▥ 🔲 ☺ 🔲 ☺ 🚿 🚻 🐾 🔲 sèche-linge |
| À prox. : 🏊 ▨ 🎣 🐎 (centre équestre) |

RAVENOVILLE

✉ 50480 – **303** E3 – 252 h. – alt. 6
Paris 328 – Barfleur 27 – Carentan 21 – Cherbourg 40 – St-Lô 49 – Valognes 19.

▲▲ **Le Cormoran** ♣♦ – 1er avr.-30 sept.
    ✆ 02 33 41 33 94, *lecormoran@wanadoo.fr*,
Fax 02 33 95 16 08, *www.lecormoran.com* – places limitées
pour le passage – **R** conseillée
6,5 ha (256 empl.) plat, herbeux, sablonneux
Tarif : ✿ ⟷ ▣ 28,80 € ⚡ (6A) – frais de réservation 10 €
Location ✗ 🅿 : 37 🛖 (4 à 6 pers.) 280 à 780 €/sem.
– 6 🏠 (4 à 6 pers.) 360 à 780 €/sem.
🚐 2 bornes 4 € – 24 ▣ 14 €
Pour s'y rendre : 3,5 km au NE par D 421, rte d'Utah Beach,
près de la plage
À savoir : Belle décoration florale et arbustive

| Nature : ⌂ |
| Loisirs : ⚥ snack, pizzeria 🎬 🎲 diurne nocturne (juil.-août) 🏓 🎣 🚲 ⛳ ✗ 🏊 terrain omnisports, tir à la carabine |
| Services : ⅙ ⌀ GB ⅗ 🔧 ☺ 🚿 🚻 🐾 🔲 sèche-linge 🏊 🚻 |
| À prox. : 🐎 |

Le ROZEL

✉ 50340 – **303** B3 – 261 h. – alt. 21
Paris 369 – Caen 135 – Cherbourg 26 – Rennes 197.

Le Ranch 1er avr.-31 oct.
℘ 02 33 10 07 10, *contact@camping-leranch.com*,
Fax 02 33 10 07 11, *www.camping-leranch.com* – **R** indispensable
4 ha (130 empl.) plat, terrasse, vallonné, sablonneux, herbeux
Tarif : ✳ ⇔ 回 18 € – [2] (10A) 4 €
Location (1er avr.-4 nov.) : 13 ⌂ (4 à 6 pers.) 380 à 650 €/sem.
Pour s'y rendre : 2 km au SO par D 117 et D 62 à dr.
À savoir : en bordure de plage

Nature : ⚘ ⚠
Loisirs : ♈ snack ⌂ 🏊 🎣
Services : & ⚷ GB ⚙ 🖤 🛎 ⚬
🧺 sèche-linge
À prox. : ✕ ♠ 🐴, char à voile

ST-GERMAIN-SUR-AY

✉ 50430 – **303** C4 – 797 h. – alt. 5
🛈 Syndicat d'initiative, route de la Mer ℘ 02 33 07 02 75
Paris 345 – Barneville-Carteret 26 – Carentan 35 – Coutances 27 – St-Lô 42.

Aux Grands Espaces mai-15 sept.
℘ 02 33 07 10 14, Fax 02 33 07 22 59, *www.auxgrandsespaces.com* – places limitées pour le passage – **R** conseillée
13 ha (580 empl.) plat et accidenté, sablonneux, herbeux
Tarif : ✳ 5,20 € ⇔ 回 6,50 € – [2] 4,30 €
Location 🗓 : 20 ⌂ (4 à 6 pers.) 275 à 560 €/sem. – 8 bungalows toilés
Pour s'y rendre : 4 km à l'O par D 306, à St-Germain-Plage

Nature : ⚘ ⌂ ♈
Loisirs : ♈ snack ⌂ 🏊 ✕ ♠ 🎣
Services : ⚷ GB ⚙ 🖤 🛎 sèche-linge 🧺
À prox. : 🐴 sentier pédestre, char à voile

ST-HILAIRE-DU-HARCOUËT

✉ 50600 – **303** F8 – G. Normandie Cotentin – 4 368 h. – alt. 70
🛈 Office de tourisme, place du Bassin ℘ 02 33 79 38 88, Fax 02 33 79 38 89
Paris 339 – Alençon 100 – Avranches 27 – Caen 102 – Fougères 29 – Laval 66 – St-Lô 69.

Municipal de la Sélune 2 avr.-13 sept.
℘ 02 33 49 43 74, *info@st-hilaire.fr*, Fax 02 33 79 38 71, *www.st-hilaire.fr* – **R** conseillée
1,9 ha (90 empl.) plat, herbeux
Tarif : ✳ ⇔ 回 4,60 € – [2] (10A) 1,85 €
Pour s'y rendre : 0,7 km au NO par N 176 rte d'Avranches et à droite, près de la rivière

Loisirs : ⌂ 🏊
Services : & ⚷ ⚙ 🖤 🛎 🖼
À prox. : ✕ ✕ 🎣 🎿 🚲

ST-JEAN-DE-LA-RIVIÈRE

✉ 50270 – **303** B3 – 279 h. – alt. 20
Paris 351 – Caen 119 – Saint 63 – Cherbourg 40 – Équeurdreville 45.
Schéma à Barneville-Carteret

Les Vikings 15 mars-15 nov.
℘ 02 33 53 84 13, *campingviking@aol.com*,
Fax 02 33 53 08 19, *www.campingviking.com* – **R** conseillée
6 ha (250 empl.) plat, herbeux, sablonneux
Tarif : ✳ ⇔ 回 13,40 € – [2] (4A) 3,63 €
Location (permanent) 🗓 : 24 ⌂ (4 à 6 pers.) 284 à 697 €/sem.
Pour s'y rendre : Par D 166 et chemin à dr.
À savoir : Entrée agrémentée de fleurs et petits palmiers

Nature : ⚘ ⌂
Loisirs : ♈ ✕ (avr.-sept.) ⌂ 🌙 diurne nocturne (juil.-août) salle d'animation 🏊 🎿
Services : ⚷ GB ⚙ 🖤 🛎 🖼 🧺 🚲
À prox. : 🎣 🐴 golf, char à voile

*Avant de vous installer, consultez les tarifs en cours,
affichés obligatoirement à l'entrée du terrain,
et renseignez-vous sur les conditions particulières de séjour.
Les indications portées dans le guide ont pu être modifiées depuis la mise à jour.*

ST-PAIR-SUR-MER

✉ 50380 – **303** C7 – G. Normandie Cotentin – 3 616 h. – alt. 30
🛈 *Office de tourisme, 3, rue Charles Mathurin* ☎ *02 33 50 52 77*
Paris 342 – Avranches 24 – Granville 4 – Villedieu-les-Poêles 29.

Schéma à Jullouville

⚠ **Angomesnil** 20 juin-10 sept.
☎ 02 33 51 64 33 – 🏠 ⚤
1,2 ha (45 empl.) plat, herbeux
Tarif : (Prix 2006) 🛉 3,50 € – 🚗 1,80 € – 🔲 2,80 € – 🔌 2,60 €
🔌, 1 borne
Pour s'y rendre : 4,9 km au SE par D 21 rte de St-Michel-des-Loups et D 154 à gauche, rte de St-Aubin-des-Préaux

Nature : 🐿 ⚘
Loisirs : 🏠 🎯
Services : 🚿 ⚡ 🛒 🔁 ♨ 🚻
À prox. : ✗ 🎯 🔲 (découverte en saison) 🐎 parcours sportif, piste de roller

ST-SAUVEUR-LE-VICOMTE

✉ 50390 – **303** C3 – G. Normandie Cotentin – 2 204 h. – alt. 30
🛈 *Office de tourisme, le Vieux Château* ☎ *02 33 21 50 44*
Paris 336 – Barneville-Carteret 20 – Cherbourg 37 – St-Lô 56 – Valognes 16.

⚠ **Municipal du Vieux Château** mi-mai-mi-sept.
☎ 02 33 41 72 04, *ot.ssv@wanadoo.fr*, Fax 02 33 95 88 85,
www.saintsauveurlevicomte.fr.st – **R** conseillée
1 ha (57 empl.) plat, herbeux
Tarif : 🛉 🚗 🔲 6,25 € – 🔌 (10A) 1,75 €
Pour s'y rendre : Au bourg, bord de la Douve
À savoir : Au pied du château médiéval

Loisirs : 🏠
Services : 🚿 ⚡ 🔁 🛒 🚻 ♨ sèche-linge
À prox. : 🎯 ✗ canoë

Pour choisir et suivre un itinéraire
Pour calculer un kilométrage
Pour situer exactement un terrain (en fonction des
indications fournies dans le texte) :
*Utilisez les **cartes MICHELIN** détaillées à 1/150 000,*
compléments indispensables de cet ouvrage.

ST-SYMPHORIEN-LE-VALOIS

✉ 50250 – **303** C4 – 713 h. – alt. 35
Paris 335 – Barneville-Carteret 19 – Carentan 25 – Cherbourg 47 – Coutances 30 – St-Lô 45.

⚠ **L'Étang des Haizes** 1er avr.-15 oct.
☎ 02 33 46 01 16, *info@campingetangdeshaizes.com*,
Fax 02 33 47 23 80, *www.campingetangdeshaizes.com*
– **R** conseillée
3,5 ha (98 empl.) plat, et peu incliné, herbeux
Tarif : 🛉 🚗 🔲 18 € – 🔌 (10A) 5 €
Location ⚤ : 20 🛏 (4 à 6 pers.) 204 à 779 €/sem.
🔌, 1 borne 6 € – 3 🔲 5 €
Pour s'y rendre : Sortie N par D 900 rte de Valognes et
D 136 à gauche vers le bourg
À savoir : Agréable cadre verdoyant autour d'un bel étang

Nature : 🏞
Loisirs : 🍷 snack 🏠 🎯 🚲 ⚙ 🏊 ♨ 🎣
Services : 🚿 ⚡ 🅶🅱 🔁 🛒 🚻 ♨ sèche-linge

ST-VAAST-LA-HOUGUE

✉ 50550 – **303** E2 – G. Normandie Cotentin – 2 097 h. – alt. 4
🛈 *Office de tourisme, 1, place Général de Gaulle* ☎ *02 33 23 19 32, Fax 02 33 54 41 37*
Paris 347 – Carentan 41 – Cherbourg 31 – St-Lô 68 – Valognes 19.

⚠ **La Gallouette** 1er avr.-30 sept.
☎ 02 33 54 20 57, *contact@camping-lagallouette.fr*,
Fax 02 33 54 16 71, *www.lagallouette.com* – **R** conseillée
2,3 ha (170 empl.) plat, herbeux
Tarif : 🛉 🚗 🔲 15,80 € – 🔌 (6A) 3,70 €
Location : 16 🛏 (4 à 6 pers.) 275 à 720 €/sem.
🔌, 1 borne – 20 🔲
Pour s'y rendre : Au S du bourg, à 500 m de la plage

Nature : 🏞
Loisirs : 🍷 🏠 🌞 diurne (juil.-août) nocturne 🎯
Services : 🚿 ⚡ 🅶🅱 🔁 🛒 ♨ 🚻 ♨ sèche-linge
À prox. : ✗ 🔱 parcours de santé

STE-MARIE-DU-MONT

⊠ 50480 – **303** E3 – G. Normandie Cotentin – 804 h. – alt. 31
Paris 318 – Barfleur 38 – Carentan 11 – Cherbourg 47 – St-Lô 39 – Valognes 26.

▲▲ **Utah-Beach** avr.-sept.
    ℘ 02 33 71 53 69, *utah.beach@wanadoo.fr*,
Fax 02 33 71 07 11, *www.camping-utahbeach.com* – places
limitées pour le passage – **R** indispensable
4,2 ha (110 empl.) plat et peu incliné, herbeux
Tarif : (Prix 2006) ♣ ⇄ ▣ 23 € (5) (6A)
Location : 18 ⌂ (4 à 6 pers.) 260 à 690 €/sem.
⊡, 1 borne
Pour s'y rendre : 6 km au NE par D 913 et D 421, à 150 m
de la plage

> Nature : ⬆ ⊏
> Loisirs : ⊤ snack ⊡ salle d'anima-
> tion ⬄ ☁ ✕ ⌂ ☐ terrain omnis-
> ports
> Services : o⊸ ⊖⊟ ⊘ ⬚ ☺ ⌇ ⬚
> sèche-linge ⬚ ⬚
> À prox. : char à voile, VTT

STE-MÈRE-ÉGLISE

⊠ 50480 – **303** E3 – G. Normandie Cotentin – 1 585 h. – alt. 28
🅱 *Office de tourisme, 6, rue Eisenhower* ℘ *02 33 21 00 33, Fax 02 33 21 39 91*
Paris 321 – Bayeux 57 – Cherbourg 39 – St-Lô 42.

▲ **Municipal** 15 mars-sept.
    ℘ 02 33 41 35 22, Fax 02 33 41 79 15 – **R** conseillée
1,3 ha (70 empl.) plat, herbeux
Tarif : ♣ 2,50 € ⇄ 4 € ▣ 4 € – (5) 3 €
⊡, 1 borne 2 €
Pour s'y rendre : Sortie E par D 17 et à dr., près du terrain
de sports

> Nature : ⬆
> Loisirs : ⊡ salle omnisports ⬄
> ⬵ ✕ ⬚
> Services : o⊸ ⊘ ⬚ ☺ ⬚ sèche-
> linge

SIOUVILLE-HAGUE

⊠ 50340 – **303** A2 – 995 h. – alt. 76
Paris 372 – Barneville-Carteret 156 – Cherbourg 21 – Valognes 35.

▲ **Municipal Clairefontaine** Permanent
    ℘ 02 33 52 42 73, *mairiesiouvillehague@wanadoo.fr*,
Fax 02 33 87 60 04, *www.ville-siouville-hague.fr* – **R** conseillée
3,6 ha (100 empl.) plat, peu incliné, herbeux, sablonneux
Tarif : ♣ 2,14 € ⇄ 1,11 € ▣ 2,58 € – (5) (10A) 2,73 €
Pour s'y rendre : Sortie NE par D 64$^{E\ 3}$, à proximité de la
mer

> Nature : ⬆ ♀
> Services : ♿ o⊸ ⊘ ⬚ ☺ ⬚

Saint-Cénéri-le-Gérei

S. Sauvignier/Michelin

SURTAINVILLE

✉ 50270 – **303** B3 – 1 072 h. – alt. 12
Paris 367 – Barneville-Carteret 12 – Cherbourg 29 – St-Lô 42 – Valognes 31.

△ **Municipal les Mielles** Permanent
     𝄞 02 33 04 31 04, *camping.lesmielles@wanadoo.fr*,
     Fax 02 33 04 31 04 – **R** conseillée
     1,6 ha (129 empl.) plat, herbeux, sablonneux, gravillons
     Tarif : ★ ⬡ 🏕 5,44 € – ⚡ (4A) 2,48 €
     Location : 7 gîtes
     Pour s'y rendre : 1,5 km à l'O par D 66 et rte de la mer, à
     80 m de la plage, accès direct

> Nature : ⬡
> Loisirs : 🏠 🏕
> Services : & o—ᵣ 🚿 🛒 🗑 ☺ ♨ 🚽
> 🅿 sèche-linge
> À prox. : ✗ char à voile

TOURLAVILLE

✉ 50110 – **303** C2 – 17 551 h. – alt. 27
Paris 359 – Carentan 52 – Carteret 43 – Cherbourg 5 – Volognes 22.

△ **Le Collignon** déb.mai-fin sept.
     𝄞 02 33 20 16 88, *camping-collignon@wanadoo.fr*,
     Fax 02 33 44 81 71 – **R** conseillée
     10 ha/2 campables (82 empl.) plat, herbeux, sablonneux
     Tarif : ★ ⬡ 🏕 10,65 € – ⚡ (10A) 3,55 €
     🚐 1 borne 5 € – 21 🏕
     Pour s'y rendre : 2 km au N par D 116, rte de Bretteville,
     près de la plage

> Nature : ⬡
> Loisirs : 🏠 🏕
> Services : & o—ᵣ GB 🚿 🗑 ♨ ☺ ♨
> 🅿
> À prox. : ♈ ♨ ✗ 🎣 🏊 centre
> nautique, parcours de santé

VILLEDIEU-LES-POÊLES

✉ 50800 – **303** E6 – G. Normandie Cotentin – 4 102 h. – alt. 105
🅱 Office de tourisme, place des Costils 𝄞 02 33 61 05 69, Fax 02 33 91 71 79
Paris 314 – Alençon 122 – Avranches 26 – Caen 82 – Flers 59 – St-Lô 35.

△ **Municipal Jean-Louis Bougourd** 6 avr.-20 sept.
     𝄞 02 33 61 02 44, *camping-bougourd@wanadoo.fr*,
     Fax 02 33 61 18 58, *www.ot-villedieu.fr* – **R** conseillée
     1,2 ha (100 empl.) plat, herbeux, gravillons
     Tarif : (Prix 2006) ★ 3 € ⬡ 1,20 € 🏕 2,70 € – ⚡ (5A) 2,70 €
     🚐 1 borne
     Pour s'y rendre : Accès par centre-ville, r. des Costils à
     gauche de la poste
     À savoir : Cadre agréable et soigné au bord de la Sienne

> Nature : ⬡ ⬡ ♀
> Loisirs : 🏠 🏕 ✗
> Services : & o—ᵣ 🚿 🗑 ☺ 🅿 sèche-
> linge
> À prox. : 🖼 ♨

567

Orne (61)

ALENÇON

✉ 61000 – **310** J4 – G. Normandie Cotentin – 28 935 h. – alt. 135
🅱 Office de tourisme, place de la Magdeleine 𝄞 02 33 80 66 31, Fax 02 33 80 66 32
Paris 190 – Chartres 119 – Évreux 119 – Laval 90 – Le Mans 54 – Rouen 150.

△ **Municipal de Guéramé** avr.-oct.
     𝄞 02 33 26 34 95, Fax 02 33 26 34 95 – **R** conseillée
     1,5 ha (84 empl.) plat et en terrasses, herbeux, gravillons
     Tarif : (Prix 2006) ★ 2,30 € ⬡ 🏕 4,90 € – ⚡ 2,90 €
     🚐 1 borne
     Pour s'y rendre : Au SO de la ville, par bd périphérique, rte
     de Guéramé
     À savoir : Cadre agréable, au bord de la Sarthe

> Nature : ♀
> Loisirs : 🏠 🏕 ✗
> Services : & o—ᵣ GB 🛒 🗑 ☺ ♨ 🚽
> 🅿 sèche-linge
> À prox. : 🐴 ♈ 🖼 🏊 ♨ ↘ 🦌
> canoë kayak

ARGENTAN

✉ 61200 – **310** I2 – G. Normandie Cotentin – 16 596 h. – alt. 160
🚩 *Office de tourisme, Chapelle Saint-Nicolas* ✆ *02 33 67 12 48, Fax 02 33 39 96 61*
Paris 191 – Alençon 46 – Caen 59 – Dreux 115 – Évreux 119 – Flers 42 – Lisieux 58.

⚐ **Municipal de la Noë**
✆ 02 33 36 05 69, *tourisme.argentan@wanadoo.fr*,
Fax 02 33 39 96 61, *www.argentan.fr* – **R** conseillée
0,3 ha (23 empl.) plat, herbeux
🛒 1 borne
Pour s'y rendre : Au S de la ville, r. de la Noë, à proximité de l'Orne, accès par centre-ville
À savoir : Situation agréable près d'un parc et d'un plan d'eau

Nature : 🏞
Loisirs : 🏠
Services : 🚿 ⊶ 🗑 ⊕ 📷 sèche-linge
À prox. : 🍴 🏊 ⚓ parcours de santé

BAGNOLES-DE-L'ORNE

✉ 61140 – **310** G3 – G. Normandie Cotentin – 893 h. – alt. 140 – 🕆 (mi-mars-fin oct.)
🚩 *Office de tourisme, place du Marché* ✆ *02 33 37 85 66, Fax 02 33 30 06 75*
Paris 236 – Alençon 48 – Argentan 39 – Domfront 19 – Falaise 48 – Flers 28.

⚐ **Municipal la Vée** 10 mars-27 oct.
✆ 02 33 37 87 45, Fax 02 33 30 14 32 – **R**
2,8 ha (250 empl.) plat, peu incliné, herbeux
Tarif : (Prix 2006) 🧍 ⇔ 🗉 6,15 € – 🔌 (10A) 4 €
🛒 1 borne 3 € – 10 🗉
Pour s'y rendre : 1,3 km au SO, près de Tessé-la-Madeleine, à 30 m de la rivière

Nature : 🌲 🏞
Loisirs : snack 🏠 🛝
Services : 🚿 ⊶ ♿ 🏧 🗑 🛁 ⊕ 🚮
📷 sèche-linge 🚿
À prox. : 🎣 🍴 🎯 🏊 ⚓ 🐎 golf, parcours de santé

BELLÊME

✉ 61130 – **310** M4 – G. Normandie Vallée de la Seine – 1 774 h. – alt. 241
🚩 *Office de tourisme, boulevard Bansard des Bois* ✆ *02 33 73 09 69, Fax 02 33 83 95 17*
Paris 168 – Alençon 42 – Chartres 76 – La Ferté-Bernard 23 – Mortagne-au-Perche 18.

⚐ **Municipal** mi-avr.-mi-oct.
✆ 02 33 85 31 00, *mairie.belleme@wanadoo.fr*,
Fax 02 33 83 58 85 – **R** conseillée
1,5 ha (50 empl.) plat et peu incliné, terrasses, herbeux
Tarif : (Prix 2006) 🧍 ⇔ 🗉 7,40 €
Pour s'y rendre : Sortie O par D 955, rte de Mamers et chemin à gauche, près de la piscine

Nature : 🌲 🏞 🌳
Services : 🚿 ♿ 🗑 ⊕ 🚮
À prox. : 🐎 🍴 🎯 🏊 golf

DOMFRONT

✉ 61700 – **310** F3 – G. Normandie Cotentin – 4 262 h. – alt. 185
🚩 *Office de tourisme, 12, place de la Roirie* ✆ *02 33 38 53 97, Fax 02 33 37 40 27*
Paris 250 – Alençon 62 – Argentan 55 – Avranches 65 – Fougères 55 – Mayenne 34 – Vire 41.

⚐ **Municipal le Champ Passais**
✆ 02 33 37 37 66, *mairie@domfront.com*,
Fax 02 33 30 60 67, *www.domfront.com* – **R** conseillée
1,5 ha (34 empl.) en terrasses, plat, herbeux
🛒 1 borne – 9 🗉
Pour s'y rendre : Au S de la ville par r. de la gare et à gauche, r. du Champ-Passais

Nature : 🏞
Loisirs : 🏠 🛝
Services : 🚿 ⊶ 🗑 ⊕ 🚮 🛗 📷
À prox. : 🍴 🎯 sentier VTT

FLERS

✉ 61100 – **310** F2 – G. Normandie Cotentin – 16 947 h. – alt. 270
🚩 *Office de tourisme, place du Docteur Vayssières* ✆ *02 33 65 06 75, Fax 02 33 65 09 84*
Paris 234 – Alençon 73 – Argentan 42 – Caen 60 – Fougères 77 – Laval 86 – Lisieux 82 – St-Lô 68 – Vire 31.

⚐ **Camping du pays de Flers** 1ᵉʳ avr.-15 fév.
✆ 02 33 65 35 00, *camping.paysdeflers@wanadoo.fr*,
www.agglo-paysdeflers.fr – **R** conseillée
1,5 ha (50 empl.) peu incliné, herbeux
Tarif : (Prix 2006) 🧍 ⇔ 🗉 5,60 € – 🔌 (10A) 4,80 €
Pour s'y rendre : 1,7 km à l'E par D 924, rte d'Argentan et chemin à gauche

Nature : 🌲 🏞 🌳
Loisirs : 🏠 🛝 🚲
Services : 🚿 ⊶ 🏧 🗑 🛁 ⊕ 🚮 🛗 📷

GACÉ

✉ 61230 – **310** K2 – 2 041 h. – alt. 210

🄳 *Office de tourisme, Mairie* 🕿 *02 33 35 50 24, Fax 02 33 35 92 82*
Paris 166 – L'Aigle 28 – Alençon 48 – Argentan 28 – Bernay 41.

▲ **Municipal le Pressoir** 1ᵉʳ juin-1ᵉʳ sept.
🕿 *02 33 35 50 24, ville.gace@wanadoo.fr,*
Fax 02 33 35 92 82
0,8 ha (24 empl.) peu incliné, herbeux
Tarif : 🏕 ⟵ 🅴 3,50 € – [½] (10A) 2 €
Pour s'y rendre : À l'Est du bourg par N 138

| Nature : ⌂ |
| Loisirs : 🏃 |
| Services : 🔧 ⊛ |
| À prox. : 🛒 ✗ 🎣 ⚓ |

LONGNY-AU-PERCHE

✉ 61290 – **310** N3 – 1 590 h. – alt. 165

🄳 *Syndicat d'initiative, place de l'Hôtel de Ville* 🕿 *02 33 73 66 23*
Paris 131 – Alençon 63 – Chartres 65 – Dreux 54 – Mortagne-au-Perche 18 – Nogent-le-Rotrou 30.

🅰 **Monaco Parc** Permanent
🕿 *02 33 73 59 59, monaco.parc@wanadoo.fr,*
Fax 02 33 25 77 56, www.campingmonacoparc.com –
places limitées pour le passage – **R** conseillée
18 ha/7 campables (124 empl.) plat, en terrasses, herbeux,
étang
Tarif : (Prix 2006) 🏕 3,90 € – ⟵ 3 € 🅴 4,80 € – [½] (6A) 3,60 €
– frais de réservation 10 €
Location (18 mars-28 oct.) : 10 🛖 (4 à 6 pers.) 290 à
560 €/sem.
🛖 1 borne
Pour s'y rendre : 2,4 km au SO par D 111 rte de Monceaux-
au-Perche, près de la Jambée

| Nature : ⌂ |
| Loisirs : 🍷 snack, pizzeria 🏠 🎮 |
| diurne 🎣 🏃 ⛷ 🏊 ⤢ randon- |
| nées quad et VTT |
| Services : 🔌 GB 🐾 🗄 ⊛ 🚿 🖥 |
| sèche-linge 🧺 |
| À prox. : 🛒 ✗ 🐎 pédalos |

MARCHAINVILLE

✉ 61290 – **310** N3 – 233 h. – alt. 235

Paris 124 – L'Aigle 28 – Alençon 65 – Mortagne-au-Perche 28 – Nogent-le-Rotrou 36 – Verneuil-sur-Avre 22.

▲ **Municipal les Fossés** 1ᵉʳ avr.-31 déc.
🕿 *02 33 73 65 80, mairiemarchainville@wanadoo.fr,*
Fax 02 33 73 65 80
1 ha (17 empl.) plat et peu incliné, herbeux
Tarif (Prix 2006) : 🏕 ⟵ 🅴 5,30 € – [½] (10A) 2,20 €
Pour s'y rendre : Au N du bourg par D 243

| Nature : 🌳 ⌂ |
| Loisirs : ✗ |
| Services : 🚿 ⊛ ⤢ |

ST-EVROULT-NOTRE-DAME-DU-BOIS

✉ 61550 – **310** L2 – G. Normandie Vallée de la Seine – 430 h. – alt. 355

Paris 153 – L'Aigle 14 – Alençon 56 – Argentan 42 – Bernay 41.

▲ **Municipal des Saints-Pères** avr.-sept.
🕿 *06 32 72 08 55, Fax 02 33 34 93 12* – **R**
0,6 ha (27 empl.) plat et terrasse, herbeux, gravillons, bois
attenant
Tarif : 🏕 2 € ⟵ 1 € 🅴 2 € – [½] (10A) 2,50 €
Pour s'y rendre : Au SE du bourg
À savoir : Agréable situation, au bord d'un plan d'eau

| Nature : 🌊 |
| Loisirs : 🏃 ✗ ⛷ ⤢ pédalos |
| Services : 🚿 🔌 🐾 ⊛ |
| À prox. : 🐎 |

VIMOUTIERS

✉ 61120 – **310** K1 – G. Normandie Vallée de la Seine – 4 418 h. – alt. 95

🄳 *Office de tourisme, 21 place de Mackau* 🕿 *02 33 67 49 42*
Paris 185 – L'Aigle 46 – Alençon 66 – Argentan 31 – Bernay 40 – Caen 60 – Falaise 36 – Lisieux 29.

🅰 **Municipal la Campière** 1ᵉʳ mars-1ᵉʳ nov.
🕿 *02 33 39 18 86, campingmunicipalvimoutiers@wana
doo.fr, Fax 02 33 39 18 86, www.mairie-vimoutiers.fr*
– **R** conseillée
1 ha (40 empl.) plat, herbeux
Tarif : 🏕 2,85 € ⟵ 2 € 🅴 2 € – [½] (6A) 2 €
Pour s'y rendre : 0,7 km au N vers rte de Lisieux, au stade,
bord de la Vie
À savoir : Bâtiments de style Normand dans un cadre
verdoyant et fleuri

| Nature : ⌂ 🌊 |
| Loisirs : 🏠 🏃 ✗ |
| Services : 🚿 🔌 GB 🐾 🎱 ⊛ |
| À prox. : 🛒 |

569

AUMALE

✉ 76390 – **304** K3 – G. Normandie Vallée de la Seine – 2 577 h. – alt. 130
🚩 *Syndicat d'initiative, rue Centrale* ✆ 02 35 93 41 68
Paris 136 – Amiens 48 – Beauvais 49 – Dieppe 69 – Gournay-en-Bray 35 – Rouen 74.

△ **Municipal le Grand Mail**
✆ 02 35 93 40 50, *communeaumale@wanadoo.Fr*,
Fax 02 35 93 86 79 – ⚡
0,6 ha (40 empl.) plat, herbeux
🚐, 1 borne
Pour s'y rendre : Par centre-ville
À savoir : À flanc de colline sur les hauteurs de la ville

| Nature : ♀ |
| Services : 🗕 M 🏭 🗟 ☻ |

BAZINVAL

✉ 76340 – **304** J2 – 299 h. – alt. 120
Paris 165 – Abbeville 33 – Amiens 62 – Blangy-sur-Bresle 9 – Le Tréport 20.

△ **Municipal de la Forêt** 1er avr.-30 oct.
✆ 02 32 97 04 01, *bazinval2@wanadoo.fr*,
Fax 02 32 97 04 01 – ⚡ conseillée
0,4 ha (20 empl.) plat, peu incliné, herbeux
Tarif : (Prix 2006) 🚶 2 € ⇌ 2 € 🔲 2 € – ⚡ (10A) 4 €
Pour s'y rendre : sortie SO par D 115 et rte à gauche, près
de la mairie
À savoir : Décoration arbustive des emplacements

| Nature : 🖙 ♀ |
| Services : 🏭 ☻ |

BLANGY-SUR-BRESLE

✉ 76340 – **304** J2 – 3 405 h. – alt. 70
🚩 *Syndicat d'initiative, 1, rue Checkroun* ✆ 02 35 93 52 48
Paris 156 – Abbeville 29 – Amiens 56 – Dieppe 55 – Neufchâtel-en-Bray 31 – Le Tréport 26.

△ **Municipal les Etangs**
✆ 02 35 94 55 65, *mairie.blangy@wanadoo.fr*,
Fax 02 35 94 06 14 – ⚡ conseillée
0,8 ha (59 empl.) plat, herbeux
Tarif : (Prix 2006) 🚶 2,40 € ⇌ 1,50 € 🔲 1,95 € –
⚡ (10A) 2,40 €
Pour s'y rendre : SE : entre deux étangs et à 200 m de la
Bresle, accès par r. du Maréchal-Leclerc, près de l'église et r.
des Étangs

| Nature : ≼ |
| Loisirs : 🚲 🎣 |
| Services : 🗕 ⊶ 🗟 ☻ |
| À prox. : 🏄 ✗ 🎾 🏇 |

CANY-BARVILLE

✉ 76450 – **304** D3 – G. Normandie Vallée de la Seine – 3 364 h. – alt. 25
🚩 *Office de tourisme, place Robert Gabel* ✆ 02 35 57 17 70
Paris 187 – Bolbec 34 – Dieppe 45 – Fécamp 21 – Rouen 56.

△△ **Camping municipal** 1er avr.-30 sept.
✆ 02 35 97 70 37, *mairie-de-cany-barville@wanadoo.fr*,
Fax 02 35 97 72 32, *www.cany-barville.fr* – ⚡ conseillée
2,9 ha (100 empl.) plat, cimenté, herbeux
Tarif : (Prix 2006) 🚶 2,85 € ⇌ 1,30 € 🔲 2,85 € –
⚡ (6A) 2,85 €
Pour s'y rendre : Sortie S par D 268, rte d'Yvetot, après le
stade

| Nature : ≼ 🖙 |
| Loisirs : 🏠 |
| Services : 🗕 ⊶ 🚗 🏭 🗟 ☻ 🗻 ☝ |
| 📖 sèche-linge |
| À prox. : 🏇 🎾 🔲 ⚓ (plage) 🎣 |
| squash, pédalos, luge, canoë, ski |
| nautique |

DIEPPE

✉ 76200 – **304** G2 – G. Normandie Vallée de la Seine – 34 653 h. – alt. 6
🚩 *Syndicat d'initiative, pont Jehan Ango* ✆ 02 32 14 40 60, Fax 02 32 14 40 61
Paris 197 – Abbeville 68 – Beauvais 107 – Caen 176 – Le Havre 111 – Rouen 66.

△△ **Vitamin'** 1er avr.-15 oct.
✆ 02 35 82 11 11, *camping.vitamin@wanadoo.fr*,
Fax 02 35 82 11 11, *www.camping-vitamin.com* – places limitées pour le passage – ⚡ conseillée
5,3 ha (161 empl.) plat, herbeux
Tarif : 🚶 ⇌ 🔲 9 € – ⚡ (10A) 2 €
Location : 20 🛖 – 20 🛖
Pour s'y rendre : 3 km au S par N 27, rte de Rouen et à dr.,
chemin des Vertus

| Nature : 🖙 |
| Loisirs : 🍷 🏠 🏄 🌊 terrain om-|
| nisports |
| Services : 🗕 ⊶ GB 🚗 🏭 🗟 🗻 ☻ |
| 📖 sèche-linge |
| À prox. : 🏇 ✗ 🎾 🎣 🔲 squash |

570

� **La Source** 15 mars-15 oct.
  📞 02 35 84 27 04, *info@camping-la-source.fr*,
  Fax 02 35 82 25 02, *www.camping-la-source.fr* – places limi-
  tées pour le passage – **R** conseillée
  2,5 ha (120 empl.) plat, herbeux
  Tarif : 🚶 5,20 € 🚗 1 € 🔲 7 € – 🔌 (6A) 2,50 €
  🚐 1 borne – 10 🔲 8 €
  Pour s'y rendre : 3 km au SO par D 925, rte du Havre puis
  D 153 à gauche, à Petit-Appeville
  À savoir : Cadre pittoresque au bord de la Scie

Loisirs : 🍸 🏠 🏊 🎯 🎣
Services : ♿ 🚿 🗑 @ 🏧 sèche-linge

ÉTRETAT

✉ 76790 – **304** B3 – G. Normandie Vallée de la Seine – 1 615 h. – alt. 8
🛈 Office de tourisme, place Maurice Guillard 📞 02 35 27 05 21, Fax 03 25 28 87 20
Paris 206 – Bolbec 30 – Fécamp 16 – Le Havre 29 – Rouen 90.

⚠ **Municipal**
  📞 02 35 27 07 67 – ♨
  1,2 ha (73 empl.) plat, herbeux, gravier
  🚐 1 borne – 34 🔲
  Pour s'y rendre : 1 km au SE par D 39, rte de Criquetot-
  l'Esneval
  À savoir : Entrée fleurie et ensemble très soigné

Nature : 🌿
Loisirs : 🏠 🏊
Services : 🚿 🗑 @ 🏧 sèche-linge
À prox. : aquarium ✂ 📷 🔦

INCHEVILLE

✉ 76117 – **304** I1 – 1 431 h. – alt. 19
Paris 169 – Abbeville 32 – Amiens 65 – Blangy-sur-Bresle 16 – Le Crotoy 36 – Le Tréport 13.

⚠ **Municipal de l'Etang** mars-oct.
  📞 02 35 50 30 17, Fax 02 35 50 30 17 – places limitées pour
  le passage – **R** conseillée
  2 ha (190 empl.) plat, herbeux
  Tarif : 🚶 2,20 € 🚗 🔲 3,50 € – 🔌 (10A) 3,20 €
  Pour s'y rendre : Sortie NE rte de Beauchamps et rue
  Mozart à dr.
  À savoir : Près d'un étang de pêche

Nature : 🌿
Loisirs : 🏠
Services : ♿ 🚿 ♻ 🗑 @ 🏊 🏧
À prox. : ✂ 🎣 🛶

571

MARTIGNY

✉ 76880 – **304** G2 – 531 h. – alt. 24
Paris 196 – Dieppe 10 – Fontaine-le-Dun 29 – Rouen 64 – St-Valery-en-Caux 37.

⚠ **Camping des Deux Rivières** 30 mars-14 déc.
  📞 02 35 85 60 82, *MARTIGNY.76@wanadoo.fr*,
  Fax 02 35 85 95 16, *www.camping-2-rivieres.com* – places limitées pour le passage – **R** conseillée
  3 ha (110 empl.) plat, herbeux
  Tarif : (Prix 2006) 🚶 🚗 🔲 15,55 € 🔌 (10A)
  Location (30 mars-14 nov.) : 6 🏠 (4 à 6 pers.) 247 à
  392 €/sem.
  Pour s'y rendre : 0,7 km au NO, rte de Dieppe
  À savoir : Situation agréable en bordure de rivière et de
  plans d'eau

Nature : ≤ 🌿
Loisirs : 🏠 🏊 🎣
Services : ♿ 🚿 💳 ♻ 🗑 @ 🏧 sèche-linge
À prox. : 🎿 🛶 canoë

OFFRANVILLE

✉ 76550 – **304** G2 – G. Normandie Vallée de la Seine – 3 470 h. – alt. 80
Paris 191 – Abbeville 74 – Beauvais 104 – Caen 170 – Le Havre 105 – Rouen 60.

⚠ **Municipal du Colombier** 1er avr.-15 oct.
  📞 02 35 85 21 14, *mairie-offranville@wanadoo.fr*,
  Fax 02 35 04 52 67 – places limitées pour le passage
  – **R** conseillée
  1,2 ha (103 empl.) plat, herbeux
  Tarif : (Prix 2006) 🚶 🚗 🔲 16 € 🔌 (10A)
  Pour s'y rendre : Au bourg, par la rue Loucheur
  À savoir : Dans l'enceinte de l'agréable parc de loisirs et
  floral

Nature : 🌳 🌿
Services : ♿ 🚿 ♻ 🗑 @ 🏊 🏧
À prox. : 🍸 ✕ 🎿 ✂ 📷 🔦 🐎 poneys (centre équestre)

QUIBERVILLE

✉ 76860 – **304** F2 – 467 h. – alt. 50
🛈 *Office de tourisme, 983, rue de l'Église* 𝒫 *02 35 04 08 32*
Paris 199 – Dieppe 18 – Fécamp 50 – Rouen 67.

⚠ **Municipal de la Plage**
𝒫 02 35 83 01 04, *campingplage@normandnet.fr,*
Fax 02 35 83 67 33 – places limitées pour le passage
– **R** conseillée
2,5 ha (202 empl.) plat, herbeux
🏕 1 borne
Pour s'y rendre : À Quiberville-Plage, accès par D 127, rte
d'Ouville-la-Rivière
À savoir : À 100 m de la mer

Nature : ⇐ 🏕
Loisirs : 🏠 🏊
Services : ⚹ ⌒ 🖥 🛒 🚿 ⊕ 🗑
À prox. : 🎿 ♦

ST-AUBIN-SUR-MER

✉ 76740 – **304** F2 – G. Normandie Cotentin – 280 h. – alt. 15
Paris 191 – Dieppe 21 – Fécamp 46 – Rouen 59 – Yvetot 36.

⚠ **Municipal le Mesnil** 31 mars-29 oct.
𝒫 02 35 83 02 83 – **R** conseillée
2,2 ha (117 empl.) plat et en terrasses, herbeux
Tarif : (Prix 2006) ⭐ 5,47 € 🚗 2,12 € 🅿 3,02 € –
🔌 (10A) 3,70 €
🏕 1 borne 3,95 €
Pour s'y rendre : 2 km à l'O par D 68 rte de Veules-les-
Roses
À savoir : Dans une ancienne ferme normande

Nature : 🌿 🏕
Loisirs : 🏠 🏊
Services : ⚹ ⌒ 🖥 🐕 🛒 🚿 ⊕ 🗑
sèche-linge 🧺

Benutzen Sie
– zur Wahl der Fahrtroute
– zur Berechnung der Entfernungen
– zur exakten Lokalisierung eines Campingplatzes (mit Hilfe der Angaben im Ortstext)
die für diesen Führer unentbehrlichen **MICHELIN-Karten** *im Ma1 : 150 000.*

ST-MARTIN-EN-CAMPAGNE

✉ 76370 – **304** H2 – 1 000 h. – alt. 118
Paris 209 – Dieppe 13 – Rouen 78 – Le Tréport 18.

⚠ **Les Goélands** avr.-oct.
𝒫 02 35 83 82 90, *info@camping-les-goelands.com,*
Fax 02 35 83 21 79, *www.camping-les-goelands.com* –
places limitées pour le passage – **R** conseillée
3 ha (154 empl.) en terrasses, peu incliné, herbeux
Tarif : (Prix 2006) ⭐ 🚗 🅿 27 € 🔌 (16A)
Location : 10 🛖 (4 à 6 pers.) 175 à 490 €/sem.
Pour s'y rendre : 2 km au NO, à St-Martin-Plage
À savoir : belle salle de billard

Nature : ⇐ 🏕
Loisirs : 🏠 🎣 🏊 🎿 🏇 terrain
omnisports
Services : ⚹ ⌒ 🖥 🐕 🛒 🚿 ⊕ 🧺
🚰 🔧 🗑

ST-VALERY-EN-CAUX

✉ 76460 – **304** E2 – G. Normandie Vallée de la Seine – 4 782 h. – alt. 5
🛈 *Office de tourisme, Maison Henri IV* 𝒫 *02 35 97 00 63, Fax 02 35 97 32 65*
Paris 190 – Bolbec 46 – Dieppe 35 – Fécamp 33 – Rouen 59 – Yvetot 31.

⚠ **Municipal Etennemare** Permanent
𝒫 02 35 97 15 79, *servicetourisme@ville-saint-valery-en-
caux.fr,* Fax 02 35 97 15 79 – places limitées pour le passage
– **R** conseillée
4 ha (116 empl.) plat, peu incliné, herbeux
Tarif : (Prix 2006) ⭐ 🚗 🅿 14,10 € – 🔌 (10A) 2,25 €
Location : 10 🛖 (4 à 6 pers.) 225 à 398 €/sem.
Pour s'y rendre : Au SO de la ville, vers le hameau du bois
d'Entennemare

Nature : 🌿 🏕
Loisirs : 🏠
Services : ⚹ ⌒ 🖥 🐕 🛒 🚿 ⊕
🚰 🔧 🗑
À prox. : 🎿 🎯 parcours sportif

TOUFFREVILLE-SUR-EU

✉ 76910 – **304** H2 – 207 h. – alt. 45
Paris 171 – Abbeville 46 – Amiens 101 – Blangy-sur-Nesle 35 – Le Tréport 10.

🔺 **Municipal Les Acacias** 7 avr.-fév.
    𝒫 02 35 50 66 33, *mairie.touffrevillesureu@wanadoo.fr*,
    Fax 02 35 86 70 16
    1 ha (50 empl.) plat, herbeux
    Tarif : (Prix 2006) ✶ 1,60 € ⇌ 1 € 🅴 1 € – (🔌) (10A) 2 €
    Pour s'y rendre : 1 km au SE par D 226 et D 454, rte de
    Guilmecourt

Nature : 🐟 🏕
Services : 🚰 🗑 ♨ 🅦

TOUSSAINT

✉ 76400 – **304** C3 – 679 h. – alt. 105
Paris 196 – Bolbec 24 – Fécamp 5 – Rouen 69 – St-Valery-en-Caux 34 – Yvetot 31.

🔺 **Municipal du Canada** mi-mars-mi-oct.
    𝒫 02 35 29 78 34, *mairie.toussaint@wanadoo.fr*,
    Fax 02 35 27 48 82, *www.commune-de-toussaint.com* –
    places limitées pour le passage – **R** conseillée
    2,5 ha (100 empl.) plat et peu incliné, herbeux
    Tarif : (Prix 2006) ✶ 2,30 € ⇌ 1,10 € 🅴 1,95 € –
    (🔌) (10A) 2,95 €
    Pour s'y rendre : 0,5 km au NO par D 926, rte de Fécamp
    et chemin à gauche

Nature : 🏕 🌲
Services : 🔌 🚰 🗑 🅦 🚿
À prox. : 🚴 🎯 🍴 ⛵

Le TRÉPORT

✉ 76470 – **304** I1 – G. Normandie Vallée de la Seine – 5 900 h. – alt. 12
🅱 *Office de tourisme, quai Sadi Carnot* 𝒫 02 35 86 05 69, Fax 02 35 86 73 96
Paris 180 – Abbeville 37 – Amiens 92 – Blangy-sur-Bresle 26 – Dieppe 30 – Rouen 95.

🏔 **Municipal les Boucaniers** 1ᵉʳ avr.-30 sept.
    𝒫 02 35 86 35 47, *camping@ville-le-treport.fr*,
    Fax 02 35 86 55 82, *www.ville-le-treport.fr*
    5,5 ha (340 empl.) plat, herbeux
    Tarif : (Prix 2006) ✶ 2,90 € ⇌ 2,70 € 🅴 2,80 € –
    (🔌) (6A) 6,80 €
    Location (permanent) : 43 🏠 (4 à 6 pers.) 328 à
    415,10 €/sem.
    Pour s'y rendre : Av. des Canadiens, près du stade

Nature : 🌲
Loisirs : 🎱 🎯 🍴
Services : 🔌 🚰 GB 🗑 🏧 🗑 ♨ 🅦
sèche-linge
À prox. : 🍴

573

VEULES-LES-ROSES

✉ 76980 – **304** E2 – G. Normandie Vallée de la Seine – 676 h. – alt. 15
🅱 *Office de tourisme, 27, rue Victor-Hugo* 𝒫 02 35 97 63 05, Fax 02 35 57 24 51
Paris 188 – Dieppe 27 – Fontaine-le-Dun 8 – Rouen 57 – St-Valery-en-Caux 8.

🏔 **Municipal des Mouettes** 1ᵉʳ mars-30 nov.
    𝒫 02 35 97 61 98, *camping-les-mouettes@veules-les-ro
    ses.fr*, Fax 02 35 97 33 44 – **R** conseillée
    3,6 ha (150 empl.) plat, herbeux
    Tarif : ✶ ⇌ 🅴 13,90 € – (🔌) (6A) 4,30 €
    Pour s'y rendre : Sortie E par D 68, rte de Sotteville-sur-
    Mer, à 500 m de la plage
    À savoir : Cadre arbustif

Nature : 🏕 🌲
Loisirs : 🎱 🎯
Services : 🔌 🚰 GB 🗑 Ⓜ 🏧 🗑 🚿 ♨ 🅦
À prox. : 🚐

VITTEFLEUR

✉ 76450 – **304** D3 – 641 h. – alt. 9
Paris 190 – Bolbec 38 – Dieppe 43 – Fécamp 25 – Rouen 59 – Yvetot 27.

🏔 **Municipal les Grands Prés** 1ᵉʳ avr.-30 sept.
    𝒫 02 35 97 53 82, *mairie-de-vittefleur@wanadoo.fr* – places
    limitées pour le passage – **R** conseillée
    2,6 ha (100 empl.) plat, herbeux
    Tarif : ✶ ⇌ 🅴 5,70 € – (🔌) (10A) 2,53 €
    Pour s'y rendre : 0,7 km au N par D 10, rte de Veulettes-
    sur-Mer
    À savoir : Au bord de la Durdent

Loisirs : 🎱 🎯 🚲 🛶
Services : 🔌 🚰 🗑 ♨ 🅦
À prox. : 🛒 squash 🍴 🎾 ⛸ 🚤
pédalos, luge, ski nautique, canoë

PAYS DE LA LOIRE

D'abord il y a, baigné par la Loire, le « jardin de la France », son atmosphère paisible, ses châteaux somptueux et leurs magnifiques parterres fleuris, ses vergers plantureux et ses vignobles dont le nectar rehausse d'arômes subtils la dégustation de rillettes, d'une matelote d'anguilles ou d'un fromage de chèvre. Ensuite le pays Nantais, encore imprégné des senteurs d'épices du Nouveau Monde, et qui partage aujourd'hui sa fierté entre le muguet et le muscadet. Enfin la Vendée, authentique par son bocage encore marqué par la révolte des chouans, secrète par ses marais gardiens de coutumes ancestrales, décontractée dans ses stations balnéaires, ludique lors des spectacles du Puy-du-Fou… Gourmande aussi, mais dans la simplicité d'un plat de mojettes, d'une chaudrée ou d'une brioche vendéenne.

First there is the « Garden of France », renowned for its peaceful ambience, sumptuous manor houses and castles, magnificent floral gardens and acres of orchards and vineyards. Tuck into a slab of rillettes pâté or a slice of goat's cheese while you savour a glass of light Loire wine. Continue downriver to Nantes, once steeped in the spices brought back from the New World: this is the home of the famous dry Muscadet. Further south, the Vendée still echoes to the cries of the Royalists' tragic last stand. Explore the secrets of its salt marshes, relax in its seaside resorts or head for the spectacular attractions of the Puy du Fou amusement park. Simple, country fare is not lacking, so make sure you taste a piping-hot plate of chaudrée, the local fish stew, or a mouth-watering slice of fresh brioche.

ANCENIS

✉ 44150 – **316** I3 – G. Châteaux de la Loire – 7 010 h. – alt. 13
🛈 *Office de tourisme, 27, rue du Château* ✆ *02 40 83 07 44*
Paris 347 – Angers 55 – Châteaubriant 48 – Cholet 49 – Laval 100 – Nantes 41 – La Roche-sur-Yon 109.

⚠ **L'Île Mouchet** avr.-7 oct.
   ✆ 02 40 83 08 43, *efberthelot@wanadoo.fr,*
   Fax 02 40 83 16 19, *www.camping-estivance.com*
   – **R** conseillée
   3,5 ha (105 empl.) plat, herbeux
   Tarif : (Prix 2006) 👤 2,50 € – 🚗 1,85 € – 📦 7 € – [⚡] 2,30 €
   Location : 7 🛖 (4 à 6 pers.) 300 à 450 €/sem. – bungalows toilés
   🚐 1 borne 5 €
   Pour s'y rendre : sortie O par bd Joubert et à gauche avant
   le stade, près de la Loire

> Nature : 🌳
> Loisirs : 🎮 ⛹ 🏊 (petite piscine)
> mur d'escalade
> Services : 🚿 ⛽ (juil.-août) 🇬🇧 🐕
> 🛒 ♿ 🗑
> À prox. : 🍴 🔭 🖼 🎣 parcours spor-
> tif

La BAULE

✉ 44500 – **316** B4 – G. Bretagne – 15 831 h. – alt. 31
🛈 *Office de tourisme, 8, place de la Victoire* ✆ *02 40 24 34 44, Fax 02 40 11 08 10*
Paris 450 – Nantes 76 – Rennes 120 – St-Nazaire 19 – Vannes 74.

⚠ **La Roseraie** déb. avr.-fin sept.
   ✆ 02 40 60 46 66, *camping@laroseraie.com,*
   Fax 02 40 60 11 84, *www.laroseraie.com* – **R** conseillée
   5 ha (235 empl.) plat, sablonneux, herbeux
   Tarif : 👤 – 🚗 – 📦 13 € – [⚡] (10A) 7 € – frais de réservation 30 €
   Location 🍴 : 75 🛖 (4 à 6 pers.) 320 à 870 €/sem.
   🚐 1 borne
   Pour s'y rendre : sortie NE de la Baule-Escoublac

> Nature : 🌊 🌳
> Loisirs : 🍴 🍽 🎮 🌙 nocturne 💆
> salle d'animation ⛹ ⛳ 🖼 (dé-
> couverte en saison) 🏊 terrain om-
> nisports
> Services : 🚿 ⛽ 🇬🇧 🐕 🗄 ♿ ♿ 🗑
> 🔲 🛒

La BERNERIE-EN-RETZ

✉ 44760 – **316** D5 – 2 139 h. – alt. 24
🛈 *Office de tourisme, 3, chaussée du Pays de Retz* ✆ *02 40 82 70 99, Fax 02 51 74 61 40*
Paris 426 – Challans 40 – Nantes 46 – St-Nazaire 36.

⚠ **Les Écureuils** 👥 – 1er mai-15 sept.
   ✆ 02 40 82 76 95, *camping.les-ecureuils@wanadoo.fr,*
   Fax 02 40 64 79 52, *www.camping-les-ecureuils.com* – **R** indispensable
   5,3 ha (325 empl.) plat et peu incliné, herbeux
   Tarif : 📦 29 € – [⚡] (10A) 4 € – frais de réservation 20 €
   Location (1er avr.-30 oct.) 🍴 : 50 🛖 (4 à 6 pers.) 330 à
   700 €/sem. – 19 🏠 (4 à 6 pers.) 330 à 700 €/sem. – (sans
   sanitaires)
   Pour s'y rendre : sortie NE, rte de Nantes et à gauche
   après le passage à niveau, av. Gilbert-Burlot, à 350 m de la
   mer

> Nature : 🌳
> Loisirs : 🍴 🍽 🌙 nocturne 🎯 ⛹ 🚲
> 🔭 🏊 🏊
> Services : 🚿 ⛽ 🇬🇧 🐕 🗄 ♿ ♿ 🗑
> 🛒 🔲 🛒
> À prox. : 🐴 🛶

BLAIN

✉ 44130 – **316** F3 – G. Bretagne – 7 733 h. – alt. 23
🛈 *Office de tourisme, 2, place Jean Guihard* ✆ *02 40 87 15 11*
Paris 411 – Nantes 41 – Nort-sur-Erdre 22 – Nozay 16 – St-Nazaire 44.

⚠ **Municipal le Château**
   ✆ 02 40 79 11 00, *otsi.blain@free.fr,* Fax 02 40 79 83 72,
   www.ville-blain.fr – **R** conseillée
   1 ha (44 empl.) plat, herbeux
   Pour s'y rendre : sortie SO par N 171, rte de St-Nazaire et
   chemin à gauche, à 250 m du canal de Nantes à Brest (halte
   fluviale)
   À savoir : Cadre verdoyant et soigné, près d'un château du
   14e s.

> Nature : 🌳
> Loisirs : 🎮 ⛹
> Services : 🚿 ⛽ 🗄 ♿ ♿ 🗑
> À prox. : 🛒 🍴 🍽 🍴 🔭 🖼 (décou-
> verte l'été) 🐴

CAREIL

✉ 44350 – **316** B4 – G. Bretagne
Paris 455 – Nantes 78 – Saint 18 – Vannes 65 – Saint 72.

⚠ **Trémondec** 1er avr.-30 sept.
    ☎ 02 40 60 00 07, *info@camping-tremondec.com*,
Fax 02 40 60 91 10, *www.camping-tremondec.com*
– **R** conseillée
2 ha (100 empl.) peu incliné et en terrasses, herbeux
Tarif : ☗ 🚐 📧 14,20 € – ⚡ (6A) 3,80 € – frais de réservation 15 €
Location : 21 🛖 (4 à 6 pers.) 220 à 560 €/sem.
Pour s'y rendre : 48 rue du Château

Nature : ☐ ♀
Loisirs : ▼ 🏠 ⚿ ⚓
Services : ⚐ ⚙ GB ⚲ 🗄 ⚑ ⚲ ⚲
🗄 ⚲
À prox. : 🏪

GUÉMENÉ-PENFAO

✉ 44290 – **316** F2 – 4 572 h. – alt. 37
🏛 *Office de tourisme, 9 bis, place Simon* ☎ *02 40 79 30 83, Fax 02 40 51 16 13*
Paris 408 – Bain-de-Bretagne 35 – Châteaubriant 39 – Nantes 59 – Redon 20 – St-Nazaire 57.

⚠ **L'Hermitage** 1er avr.-fin sept.
    ☎ 02 40 79 23 48, *contact@campinglhermitage.com*,
Fax 02 40 51 11 87, *www.campinglhermitage.com*
– **R** conseillée
2,5 ha (83 empl.) plat, et peu incliné, herbeux
Tarif : ☗ 🚐 📧 12 € – ⚡ (6A) 2,90 € – frais de réservation 12 €
Location : 5 🛖 (4 à 6 pers.) 240 à 465 €/sem. – bungalows toilés – gîte d'étape
Pour s'y rendre : E : 1,2 km par rte de Châteaubriant et chemin à droite, près de la piscine municipale
À savoir : agréable cadre boisé

Nature : ♀♀
Loisirs : 🏠 ⚓ ⚲ ⚿ (petite piscine) ⚲
Services : ⚐ ⚙ (1er avr.-fin oct.) ⚲
🗄 ⚲ ⚲ ⚲ 🗄
À prox. : ⚲, ⚲ ⚲ ⚲ 🏇 terrain omnisports

GUÉRANDE

✉ 44350 – **316** B4 – G. Bretagne – 13 603 h. – alt. 54
🏛 *Office de tourisme, 1, place du Marché au Bois* ☎ *02 40 24 96 71, Fax 02 40 62 04 24*
Paris 450 – La Baule 6 – Nantes 77 – St-Nazaire 20 – Vannes 69.

⚠ **L'Étang** mi-mai-mi-sept.
    ☎ 02 40 61 93 51, *camping-etang@wanadoo.fr*,
Fax 02 40 61 96 21, *www.camping-etang.com* – **R** indispensable
2 ha (109 empl.) plat, herbeux
Tarif : ☗ 4,50 € 🚐 2,50 € 📧 5,50 € – ⚡ (10A) 3,60 € – frais de réservation 5 €
Location (1er avr.-mi-sept.) : 16 🛖 (4 à 6 pers.) 250 à 530 €/sem. – 2 🏠 (4 à 6 pers.) 320 à 570 €/sem. – bungalows toilés
Pour s'y rendre : NE : 5 km par rte de St-Lyphard puis 3 km par D 48, à droite et rte à gauche,
À savoir : agréable cadre verdoyant et ombragé près d'un étang

Nature : ⚲ ☐ ♀
Loisirs : ▼ snack ⚓ ⚲
Services : ⚐ ⚙ GB ⚲ 🗄 ⚲ ⚲ ⚲
🗄 ⚲
À prox. : ⚲ ⚲ ⚲ ⚲ ◊ 🏇

HERBIGNAC

✉ 44410 – **316** C3 – 4 353 h. – alt. 18
🏛 *Syndicat d'initiative, 2, rue Pasteur* ☎ *02 40 19 90 01*
Paris 446 – La Baule 23 – Nantes 72 – La Roche-Bernard 9 – St-Nazaire 28 – Vannes 49.

⚠ **Le Ranrouet** Pâques-fin oct.
    ☎ 02 40 88 96 23, *www.herbignac.com* – **R** indispensable
1,5 ha (83 empl.) plat, herbeux
Tarif : ☗ 3,80 € 🚐 2 € 📧 3 € – ⚡ (6A) 3 €
🛖 1 borne 3,50 €
Pour s'y rendre : sortie E par D 33, rte de Pontchâteau et à droite, rue René-Guy-Cadou

Nature : ♀♀
Loisirs : 🏠 ⚓
Services : ⚐ ⚙ (juil.-août) ⚲ 🗄 ⚲
À prox. : 🏪 ⚲ ⚲ (plan d'eau avec plage 7 km)

MACHECOUL

✉ 44270 – **316** F6 – G. Poitou Vendée Charentes – 5 420 h. – alt. 5
🛈 *Office de tourisme, 14, place des Halles* ℰ *02 40 31 42 87*
Paris 420 – Beauvoir-sur-Mer 23 – Nantes 39 – La Roche-sur-Yon 56 – St-Nazaire 56.

⚠ **La Rabine** 15 avr.-30 déc.

ℰ *02 40 02 30 48, camprabine@wanadoo.fr,*
Fax 02 40 02 30 48, *www.machecoul.fr* – **R** conseillée
2,8 ha (131 empl.) plat, herbeux
Tarif : (Prix 2006) ✶ 2,10 € ⇔ 1,20 € 🔲 1,60 € –
⚡ (13A) 3,15 €
Pour s'y rendre : sortie S par D 95, rte de Challans, bord du
Falleron

Nature : ♀♀
Loisirs : salle d'animation 🏸 ⚘
Services : ఈ ⌀ GB ⚙ 🖃 ⊕ 🖥
À prox. : 🏖 🔲 🏇

MESQUER

✉ 44420 – **316** B3 – 1 467 h. – alt. 6
🛈 *Office de tourisme, place du Marché - Quimiac* ℰ *02 40 42 64 37*
Paris 460 – La Baule 16 – Muzillac 32 – Pontchâteau 35 – St-Nazaire 29.

⚠ **Soir d'Été** 1er avr.-31 oct.

ℰ *02 40 42 57 26, nadine-houssais@wanadoo.fr,*
Fax 02 51 73 97 76, *www.camping-soirdete.com*
– **R** conseillée
1,5 ha (92 empl.) plat et peu incliné, herbeux, sablonneux
Tarif : ✶ ⇔ 🔲 18,50 € – ⚡ (6A) 3,80 € – frais de réser-
vation 16 €
Location : 10 🛏 (4 à 6 pers.) 231 à 585 €/sem. – 16 🏠
(4 à 6 pers.) 231 à 585 €/sem.
Pour s'y rendre : NO : 2 km par D 352 et rte à gauche
À savoir : cadre ombragé

Nature : 🌳 🗔 ♀♀
Loisirs : 🍴 snack 🏡 🏸 🏊
Services : ఈ ⌀ GB ⚙ 🖃 🖧 ⊕ 🖥 🖳
À prox. : 🚲 🏖 🛶 🎣 🏇

⚠ **Le Praderoi** 20 juin-15 sept.

ℰ *02 40 42 66 72, camping.praderoi@wanadoo.fr,*
Fax 02 40 42 66 72, *http://perso.wanadoo.fr/mtger.de*
bonne
0,4 ha (30 empl.) plat, sablonneux, herbeux
Tarif : ✶ ⇔ 🔲 19,50 € ⚡ (5A)
Location : 3 🛏 (2 à 4 pers.) 240 à 345 €/sem.
🛒 1 borne
Pour s'y rendre : NO : 2,5 km, à Quimiac, à 100 m de la
plage

Nature : 🌳 ♀
Loisirs : 🏸
Services : ఈ ⌀ 🖃 🖧 ⊕ 🖥
À prox. : 🎣

Si vous recherchez :
👫 *Un terrain offrant des équipements et des loisirs adaptés aux enfants*
🌳 *Un terrain agréable ou très tranquille*
L - M *Un terrain effectuant la location de caravanes, de mobile homes,*
de bungalows ou de chalets
P *Un terrain ouvert toute l'année*
🛒 *Un terrain possédant une aire de services pour camping-cars*
Consultez le tableau des localités

NANTES

✉ 44000 – **316** G4 – G. Bretagne – 270 251 h. – alt. 8
🛈 *Office de tourisme, 7, rue de Valmy* ℰ *02 40 20 60 00, Fax 02 40 89 11 99*
Paris 381 – Angers 88 – Bordeaux 325 – Lyon 660 – Quimper 233 – Rennes 109.

⚠ **Le Petit Port** Permanent

ℰ *02 40 74 47 94, camping-petit-port@nge-nantes.fr,*
Fax 02 40 74 23 06, *www.nge-nantes.fr*
8 ha (200 empl.) plat, peu incliné, herbeux, gravillons
Tarif : (Prix 2006) ✶ ⇔ 🔲 18,20 € ⚡ (10A)
Location 🏠 : 36 🛏 (4 à 6 pers.) 315 à 365 €/sem.
🛒 1 borne 3 €
Pour s'y rendre : bd du Petit-Port, bord du Cens

Nature : 🗔 ♀♀
Loisirs : 🏸 🚲 🎣
Services : ఈ ⌀ GB ⚙ 🏧 🖃 🖧 ⊕
🖾 🖳 🖥
À prox. : ✗ crêperie patinoire, bo-
wling 🔲

580

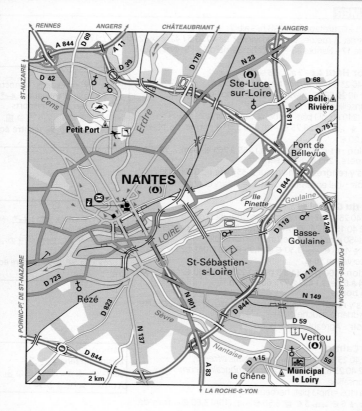

NORT-SUR-ERDRE

✉ 44390 – **316** G3 – 5 885 h. – alt. 13

🄳 *Office de tourisme, quai Saint-Georges ℰ 02 51 12 60 74, Fax 02 40 72 17 03*
Paris 372 – Ancenis 27 – Châteaubriant 37 – Nantes 32 – Rennes 82 – St-Nazaire 65.

⚠ **Municipal du Port-Mulon**
℘ 02 40 72 23 57, *ludovic.pillet@nort-sur-erdre.fr*,
Fax 02 40 72 16 09, *www.nort-sur-erdre.fr* – **R** conseillée
1,8 ha (70 empl.) plat, herbeux
Pour s'y rendre : S : 1,5 km par rte de l'hippodrome et à
gauche
À savoir : dans une agréable chênaie, à 100 m de l'Erdre

> Nature : 🏞 🌲 ♨
> Loisirs : 🏊
> Services : ⚊ 🔧 ⊕ 🧺 ♨ 🔥
> À prox. : au plan d'eau : 🛒 ✂ halte
> fluviale

NOZAY

✉ 44170 – **316** G2 – 3 155 h. – alt. 50

🄳 *Office de tourisme, 44, rue Alexis Letourneau ℰ 02 40 79 31 64*
Paris 384 – Bain-de-Bretagne 33 – Nantes 45 – Pontchâteau 46.

⚠ **Municipal Henri Dubourg**
℘ 02 40 87 94 33, *mairie@nozay44.fr*, Fax 02 40 79 35 64,
www.nozay44.fr
1 ha (25 empl.) plat, herbeux
Pour s'y rendre : sortie N par D 121, rte de Châteaubriant,
à proximité d'un étang
À savoir : beaux emplacements délimités et ombragés

> Nature : 🌲 ♀
> Services : ♿ 🔧 ⊕
> À prox. : ✂ 🎮 🏊 ⛵ 🎣

PIRIAC-SUR-MER

✉ 44420 – **316** A3 – G. Bretagne – 1 898 h. – alt. 7
🛈 *Office de tourisme, 7, rue des Cap-Horniers ☏ 02 40 23 51 42, Fax 02 40 23 51 19*
Paris 462 – La Baule 17 – Nantes 88 – La Roche-Bernard 33 – St-Nazaire 31.

Armor Héol ♣♦ – 7 avr.-23 sept.
☏ 02 40 23 57 80, *armor.heol@wanadoo.fr*,
Fax 02 40 23 59 42, *www.camping-armor-heol.com*
– **R** conseillée
4,5 ha (210 empl.) plat, herbeux, petit étang
Tarif : ♦ 🚗 🅿 29,75 € – 🔌 (5A) 3,50 € – frais de réservation 20 €
Location : 61 🛖 (4 à 6 pers.) 265 à 765 €/sem. – 16 🏠 (4 à 6 pers.) 265 à 765 €/sem.
Pour s'y rendre : SE : 1 km sur D 333, rte de Guérande
À savoir : bel ensemble aquatique, loisirs et commercial

> Nature : 🌳 ᎧᎧ
> Loisirs : 🍽 snack 🍴 🌙 nocturne
> 🏓 🎯 salle d'animation 🎠 ✗
> 🎱 ⚽ 🏊 terrain omnisports
> Services : ♿ GB 🚿 🗑 🛒 🚽
> À prox. : 🚲 🐴 🐕 🐎 (centre équestre)

Parc du Guibel 1ᵉʳ avr.-30 sept.
☏ 02 40 23 52 67, *camping@parcduguibel.com*,
Fax 02 40 15 50 24, *www.parcduguibel.com* – **R** conseillée
14 ha (450 empl.) plat, peu incliné, herbeux
Tarif : ♦ 4,95 € 🚗 3,30 € 🅿 4,95 € – 🔌 (10A) 4,25 € – frais de réservation 16 €
Location : 100 🛖 (4 à 6 pers.) 273 à 775,60 €/sem. – 34 🏠 (4 à 6 pers.) 427 à 775,60 €/sem.
🚐 1 borne
Pour s'y rendre : E : 3,5 km par D 52, rte de Mesquer et rte de Kerdrien à gauche
À savoir : Agréable cadre boisé

> Nature : 🌊 🌳 ᎧᎧ
> Loisirs : 🍽 snack 🍴 🎠 🚲 🏊
> terrain omnisports
> Services : ♿ 🔑 GB 🚿 🗑 🛒 🚾
> 🗑 🛒 ♨
> À prox. : 🚲 ✗ 🐕 🐎 (centre équestre)

Mon Calme
☏ 02 40 23 60 77, *campingmoncalme@free.fr*,
Fax 02 40 23 62 28, *www.campingmoncalme.com*
– **R** conseillée
1,2 ha (105 empl.) plat, herbeux
Tarif : ♦ 6 € 🚗 3 € 🅿 6,50 € – 🔌 (10A) 3,60 € – frais de réservation 12 €
Location 🚫 : 14 🛖 (4 à 6 pers.) 280 à 560 €/sem.
Pour s'y rendre : S : 1 km par rte de la Turballe et à gauche, à 450 m de l'océan

> Nature : ᎧᎧ
> Loisirs : pizzeria 🎠 🏊
> Services : ♿ 🔑 🚿 🗑 🛒 🚽
> À prox. : 🚲 ✗ 🐕 🐎

Les bords de Loire à Sully

La PLAINE-SUR-MER

✉ 44770 – **316** C5 – 2 517 h. – alt. 26

🛈 *Office de tourisme, place du Fort Gentil* ℘ *02 40 21 52 52*

Paris 438 – Nantes 58 – Pornic 9 – St-Michel-Chef-Chef 7 – St-Nazaire 28.

⚠ **La Tabardière** ♣♨ – 28 avr.-23 sept.
℘ *02 40 21 58 83, info@camping-la-tabardiere.com,*
Fax *02 40 21 02 68, www.camping-la-tabardiere.com*
– **R** conseillée
4 ha (210 empl.) en terrasses, herbeux
Tarif : 🚶 5,80 € ⇌ 3,50 € 🚐 7,40 € – 🔌 (8A) 4,30 € – frais
de réservation 20 €
Location (7 avr.-23 sept.) 🏚 : 23 ⌂ (4 à 6 pers.) 180 à
650 €/sem.
🚐 1 borne 10 € – 5 🚐 9 €
Pour s'y rendre : E : 3,5 km par D 13, rte de Pornic et rte à
gauche

Nature : 🏞 ♀♀
Loisirs : 🍴 🏛 🏃 🚴 🔥 🏊 🛶 terrain omnisports
Services : 🚿 🔌 ☎ ♨ 🗑 🧺 🔁 ♨ 🚰 🚮
À prox. : 🛒 🍴 🐎 (centre éques- tre)

⚠ **Le Ranch** déb. avr.-fin sept.
℘ *02 40 21 52 62, info@camping-le-ranch.com,*
Fax *02 51 74 81 31, www.camping-le-ranch.com* – **R** indispensable
3 ha (180 empl.) plat, herbeux
Tarif : 🚶 ⇌ 🚐 22 € – 🔌 (6A) 3,70 € – frais de réservation 15 €
Location 🏚 : 14 ⌂ (4 à 6 pers.) 256 à 575 €/sem. – 8
⌂ – (sans sanitaires)
Pour s'y rendre : NE : 3 km par D 96, rte de St-Michel-Chef-
Chef

Nature : ♀
Loisirs : 🍴 🏛 🚴 🏊 🛶
Services : 🚿 🔌 ☎ ♨ 🗑 🔁 ♨
À prox. : 🛒 🐎 (centre équestre)

Geef ons uw mening over de kampeerterreinen die wij aanbevelen.
Schrijf ons over uw ervaringen en ontdekkingen.

583

PONTCHÂTEAU

✉ 44160 – **316** D3 – G. Bretagne – 7 773 h. – alt. 7

🛈 *Office de tourisme, 1, place du Marché* ℘ *02 40 88 00 87*

Paris 425 – La Baule 40 – Nantes 51 – Redon 28 – La Roche-Bernard 22 – St-Nazaire 25.

⚠ **Le Bois de Beaumard** 1er avr.-1er oct.
℘ *02 40 88 03 36, obocamp@aol.com,* Fax *02 40 88 03 36,*
www.campingbeaumard.com – **R** conseillée
1 ha (25 empl.) plat, herbeux, bois attenant
Tarif : 🚶 3 € ⇌ 1 € 🚐 3,50 € – 🔌 (10A) 3 €
Pour s'y rendre : sortie NO par D 33, rte d'Herbignac puis à
droite, 2 km par D 126 rte de Sévérac et rte de Beaumard à
gauche
À savoir : agréable cadre boisé et fleuri

Nature : 🏞 🌳 ♀♀
Loisirs : 🏛 🚴 🚴
Services : 🚿 🔌 ♨ 🗑 ♨ 🔁
À prox. : 🛒 🍴 🏊 (découverte en saison)

PORNIC

✉ 44210 – **316** D5 – G. Poitou Vendée Charentes – 11 903 h. – alt. 20

🛈 *Office de tourisme, place de la Gare* ℘ *02 40 82 04 40,* Fax *02 40 82 90 12*

Paris 429 – Nantes 49 – La Roche-sur-Yon 89 – Les Sables-d'Olonne 93 – St-Nazaire 30.

⚠ **La Boutinardière** 1er avr.-29 sept.
℘ *02 40 82 05 68, info@laboutinardiere.com,*
Fax *02 40 82 49 01, www.camping-boutinardiere.com*
– **R** conseillée
7,5 ha (400 empl.) peu incliné, herbeux
Tarif : 🚶 ⇌ 🚐 34 € – 🔌 (10A) – frais de réservation 25 €
Location : 100 ⌂ (4 à 6 pers.) 260 à 820 €/sem. – 37
⌂ (4 à 6 pers.) 300 à 800 €/sem.
🚐 2 bornes 5 €
Pour s'y rendre : SE : 5 km par D 13 et rte à droite, à 200 m
de la plage

Nature : 🏞 🌳 ♀
Loisirs : 🍴 🍽 snack 🏛 🌙 nocturne 🚴 🚴 🔥 🏊 🛶 terrain omnis- ports
Services : 🚿 🔌 ☎ ♨ 🗑 🧺 🔁 ♨ 🚰 🚮 ♨ 🗑 🔁
À prox. : 🛒 🍴 🏊 ♪ 🐎 (centre équestre) golf (18 trous)

La Chênaie 28 avr.-16 sept.
℘ 02 40 82 07 31, la.chenaie44@wanadoo.fr,
Fax 02 40 82 07 31, www.campinglachenaie.com
– **R** conseillée
4,5 ha (134 empl.) peu incliné, terrasses, herbeux
Tarif : ★ 5 € ⛺ 2 € 🔲 10 € – 🔌 (10A) 4 €
Location 🏠 : 14 (4 à 6 pers.) 280 à 600 €/sem.
Pour s'y rendre : E : par D 751, rte de Nantes et rte à gauche

> Nature : 🗐
> Loisirs : 🍴 🏌 🚴 ⛵
> Services : ⚓ ☎ GB 🕭 🗎 ♨ 🐾 ⊕ 🏪
> À prox. : 🛒 🍴 🎯 🏊 🦆 🐎 (centre équestre) golf (18 trous)

Le POULIGUEN

✉ 44510 – **316** B4 – G. Bretagne – 5 266 h. – alt. 4
🛈 Office de tourisme, Port Sterwitz ℘ 02 40 42 31 05
Paris 453 – Guérande 8 – La Baule 4 – Nantes 80 – St-Nazaire 23.

Municipal les Mouettes 1er avr.-10 oct.
℘ 02 40 42 43 98, lesmouettes@mairie-lepouliguen.fr,
Fax 02 40 42 43 98
4,7 ha (220 empl.) plat, sablonneux, herbeux, petit lac
Tarif : ★ ⛺ 🔲 12,40 € – 🔌 (6A) 3 €
🚐 1 borne 2 €
Pour s'y rendre : à l'O de la station par D 45, attenant au stade, 45 bd de l'Atlantique

> Nature : 🗐 ⚘
> Loisirs : 🏊 🏌
> Services : ⚓ ☎ (1er juil.-30 août) GB 🕭 🐾 ⊕
> À prox. : 🛒 🦆

Municipal le Clein
℘ 02 40 42 43 99, leclein@mairie-le-pouliguen.fr,
Fax 02 40 42 43 99 – 🚻
1,5 ha (128 empl.) plat, sablonneux, herbeux
Pour s'y rendre : 22 rue de Kerdun, à proximité du centre-ville et de la plage

> Loisirs : 🏌
> Services : ⚓ ☎ 🐾 ⊕
> À prox. : 🛒 🦆

PRÉFAILLES

584

✉ 44770 – **316** C5 – 1 038 h. – alt. 10
🛈 Office de tourisme, 17, Grande Rue ℘ 02 40 21 62 22, Fax 02 40 64 53 45
Paris 440 – Challans 56 – Machecoul 38 – Nantes 60 – St-Nazaire 30.

Éléovic 31 mars-30 sept.
℘ 02 40 21 61 60, info@camping-eleovic.com,
Fax 02 40 64 51 95, www.camping-eleovic.com – **R** conseillée
3 ha (138 empl.) plat, peu incliné, herbeux
Tarif : ★ ⛺ 🔲 31,10 € – 🔌 (6A) 4,15 € – frais de réservation 15 €
Location : 50 (4 à 6 pers.) 230 à 720 €/sem.
🚐 1 borne
Pour s'y rendre : O : 1 km par D 75, rte de la Pointe St-Gildas
À savoir : situation dominant l'océan et des criques pittoresques

> Nature : 🐚 🗐 ⚘
> Loisirs : 🍴 🏠 🎯 nocturne 🚶 🎣
> 🏌 🏊
> Services : ⚓ ☎ GB 🕭 🎠 🗎 ⊕ 🏪
> À prox. : parcours sportif

ST-BRÉVIN-LES-PINS

✉ 44250 – **316** C4 – 9 594 h. – alt. 9
Pont de St-Nazaire : 3 km
🛈 Office de tourisme, 10, rue de l'Église ℘ 02 40 27 24 32
Paris 438 – Challans 62 – Nantes 64 – Noirmoutier-en-l'Île 70 – Pornic 18 – St-Nazaire 14.

Le Fief 👥 – 1er avr.-mi-oct.
℘ 02 40 27 23 86, camping@lefief.com, Fax 02 40 64 46 19,
www.lefief.com – **R** indispensable
7 ha (413 empl.) plat, herbeux
Tarif : ★ ⛺ 🔲 35 € – 🔌 (5A) 5 € – frais de réservation 20 €
Location : 108 (4 à 6 pers.) 350 à 847 €/sem. – 10 (4 à 6 pers.) 350 à 847 €/sem. – bungalows toilés
Pour s'y rendre : S : 2,4 km par rte de Saint-Brévin-l'Océan et à gauche, chemin du Fief
À savoir : bel espace aquatique

> Nature : 🗐 ⚘
> Loisirs : 🍴 snack 🏠 🎯 nocturne
> 🚶 salle d'animation 🏌 🎾 🏊
> 🏊 ⛸ terrain omnisports
> Services : ⚓ GB 🕭 🗎 🐾 ⊕ 🚿
> 🧺 🏪 🛢
> À prox. : 🛒 🦆 🐎 (centre équestre)

▲▲▲ **Les Pierres Couchées** ▲▲ – déb. avr.-mi-oct.
℘ 02 40 27 85 64, *contact@pierres-couchees.com,*
Fax 02 40 64 97 03, *www.pierres-couchees.com*
– **R** conseillée
14 ha/9 campables (473 empl.) plat et accidenté,
sablonneux, herbeux
Tarif : (Prix 2006) ♦ ⬛ 28 € – frais de réservation 15 €
Location : 17 ⬛ (4 à 6 pers.) 320 à 685 €/sem. – 85 ⬛
(4 à 6 pers.) 245 à 610 €/sem.
Pour s'y rendre : S : 5 km par D 213, au lieu-dit l'Ermitage
À savoir : Agréable cadre boisé à 450 m de la plage

Nature : ○○
Loisirs : ♥ ✗ ⬚ ☞ nocturne ⚹
⬚ ⬚ ☜ ✗ ⬚ ⬚ terrain
omnisports, théâtre de plein air
Services : ⬚ ⬚ ⬚ ⬚ ⬚ ⬚ ⬚ ⬚ ☺
⬚ ⬚ ⬚
À prox. : ☞

▲ **Mindin** Permanent
℘ 02 40 27 46 41, *info@camping-de-mindin.com,*
Fax 02 40 39 20 53, *www.camping-de-mindin.com*
– **R** conseillée
1,7 ha (87 empl.) plat, sablonneux, herbeux
Tarif : ♦ ⬛ ⬛ 18,15 € – ⬚ (6A)
Location : 25 ⬛ (4 à 6 pers.) 240 à 600 €/sem.
⬚ 1 borne – 6 ⬛
Pour s'y rendre : N : 2 km, près de l'océan (accès direct)

Nature : ○
Loisirs : ♥ snack ⬚
Services : ⬚ ⬚ ⬚ ⬚ ⬚ ⬚ ⬚ ☺
⬚
À prox. : ✗

Des vacances réussies sont des vacances bien préparées !
Ce guide est fait pour vous y aider... mais :
– N'attendez pas le dernier moment pour réserver
– Évitez la période critique du 14 juillet au 15 août
Pensez aux ressources de l'arrière-pays,
à l'écart des lieux de grande fréquentation.

585

ST-ÉTIENNE-DE-MONTLUC

✉ 44360 – **316** F4 – 6 231 h. – alt. 17
🛈 *Syndicat d'initiative, 13, place de la Mairie* ℘ 02 40 85 95 13
Paris 396 – Nantes 21 – Nozay 41 – Pontchâteau 36 – St-Nazaire 41.

▲ **La Coletterie** Permanent
℘ 02 40 86 97 44, Fax 02 40 86 98 78 – places limitées pour
le passage – **R**
0,75 ha (53 empl.) plat et peu incliné, herbeux (camping),
gravillons (caravaning)
Tarif : ♦ 2,20 € ⬛ ⬛ 2,50 € – ⬚ (16A) 3,40 €
Pour s'y rendre : en ville, sortie Sautron
À savoir : partie campable soignée et plaisante

Nature : ⬚ ○
Services : ⬚ ⬚ ⬚ ⬚ ☺ ⬚ ⬚ ⬚

ST-PÈRE-EN-RETZ

✉ 44320 – **316** D4 – 3 454 h. – alt. 14
Paris 425 – Challans 54 – Nantes 45 – Pornic 13 – St-Nazaire 25.

▲ **Le Grand Fay** avr.-15 oct.
℘ 02 40 21 72 89, *legrandfay@aol.com,* Fax 02 40 82 40 27,
www.camping-granfay.com – **R** conseillée
1,2 ha (91 empl.) plat et peu incliné, herbeux
Tarif : ♦ ⬛ ⬛ 13,30 € – ⬚ (10A) 3,80 € – frais de réservation 10 €
Location (permanent) : 4 ⬛ (4 à 6 pers.) 220 à
550 €/sem.
Pour s'y rendre : Sortie Est par D 78, rte de Frossay
puis 0,5 km par rue à droite, près du parc des sports et
d'un lac

Nature : ○
Loisirs : ⬚ ⬚ (petite piscine)
Services : ⬚ (juil.-août) ⬚ ⬚ ⬚
☺ ⬚
À prox. : ✗

STE-LUCE-SUR-LOIRE

⊠ 44980 – **316** H4 – 11 261 h. – alt. 9
Paris 378 – Nantes 7 – Angers 82 – Saint 68 – Cholet 58.
Schéma à Nantes

Belle Rivière Permanent
⌀ 02 40 25 85 81, *belleriviere@wanadoo.fr*,
Fax 02 40 25 85 81, *www.camping-belleriviere.com*
– **R** conseillée
3 ha (100 empl.) plat, herbeux
Tarif : ⋆ 3,40 € – ⚓ 1,70 € – 🔲 3,90 € – 🛢 (10A) 3,50 € – frais
de réservation 15 €
🚐 1 borne 2 €
Pour s'y rendre : NE : 2 km par D 68, rte de Thouaré
puis au lieu-dit la Gicquelière, 1 km par rte à droite, accès
direct à un bras de la Loire
À savoir : Agréable cadre pittoresque

Nature : 🔲 ♀
Loisirs : 🚣
Services : ⅋ ⚬⊸ GB ⅌ 🏢 🗑 ⊕ ♨
🔲
À prox. : 🐎 (centre équestre)

*Si vous désirez réserver un emplacement pour vos vacances,
faites-vous préciser au préalable les conditions particulières de séjour,
les modalités de réservation, les tarifs en vigueur et les conditions de paiement.*

THARON-PLAGE

⊠ 44730 – **316** C5
Paris 444 – Nantes 59 – Saint 25 – Vannes 94 – Saint 56.

La Riviera 1ᵉʳ mars-30 nov.
⌀ 02 28 53 54 88, *camping.la.riviera@wanadoo.fr*,
Fax 02 28 53 54 62 – places limitées pour le passage
– **R** conseillée
6 ha (250 empl.) plat, terrasses, herbeux, pierreux
Tarif : (Prix 2006) ⋆ ⚓ 🔲 19 € – 🛢 (10A) 3 € – frais de
réservation 15 €
Location (1ᵉʳ mai-30 oct.) : 8 🛖 (4 à 6 pers.) 240 à
505 €/sem.
Pour s'y rendre : à l'E de la station, par D 96 rte de
St-Michel-Chef-Chef

Loisirs : 🍸 🛖 🏊
Services : ⅋ ⚬⊸ ⅌ 🏢 🗑 ⊕ ♨ 🏳
🔲

La TURBALLE

⊠ 44420 – **316** A3 – G. Bretagne – 4 042 h. – alt. 6
🏢 Office de tourisme, place du Général-de-Gaulle ⌀ 02 40 23 39 87, Fax 02 40 23 32 01
Paris 457 – La Baule 13 – Guérande 7 – Nantes 84 – La Roche-Bernard 31 – St-Nazaire 27.

Parc Ste-Brigitte avr.-1ᵉʳ oct.
⌀ 02 40 24 88 91, *saintebrigitte@wanadoo.fr*,
Fax 02 40 15 65 72, *www.campingsaintebrigitte.com*
– **R** conseillée
10 ha/4 campables (150 empl.) plat, peu incliné, herbeux,
étang
Tarif : ⋆ 5,90 € – ⚓ 3,10 € – 🔲 6,70 € – 🛢 6,70 € – frais de
réservation 15,25 €
Location : 10 🛖 (4 à 6 pers.) 350 à 685 €/sem.
Pour s'y rendre : SE : 3 km rte de Guérande
À savoir : agréable domaine boisé

Nature : ♀♀
Loisirs : ✕ 🛖 🚣 🚴 🏊 (découverte en saison) 🎣
Services : ⅋ ⚬⊸ ⅌ 🗑 ⊕ ♨ 🏳 🔲
🍴
À prox. : 🎣 🍽 🎿 🛶 🐎

Municipal les Chardons Bleus 28 avr.-28 fév.
⌀ 02 40 62 80 60, *camping.les.chardons.bleus@wana
doo.fr*, Fax 02 40 62 85 40
5 ha (300 empl.) plat, sablonneux, herbeux
Tarif : (Prix 2006) ⋆ 3,90 € – ⚓ 1,10 € – 🔲 11,30 € –
🛢 (10A) 3,80 €
Pour s'y rendre : S : 2,5 km, bd de la Grande Falaise
À savoir : près de la plage avec accès direct

Nature : ⛰
Loisirs : 🍸 brasserie 🛖 🚣 🏊
Services : ⅋ ⚬⊸ GB ⅌ 🗑 🚿 ⊕ 🔲
🍴 🍴
À prox. : 🎣 🚴 🍽 🎿 🛶 🐎 parcours sportif

VERTOU

☒ 44120 – **316** H4 – 20 268 h. – alt. 32

🛈 *Office de tourisme, place du Beau Verger* 𝒫 *02 40 34 12 22, Fax 02 40 34 06 86*
Paris 389 – Nantes 10 – Saint 78 – Cholet 54 – La Roche 68.

Schéma à Nantes

⚠ **Municipal le Loiry** 1er avr.-30 sept.
𝒫 02 40 80 07 10, *campingloiry@mairie-vertou.fr*,
Fax 02 40 80 07 10 – **R** conseillée
2 ha (73 empl.) plat, herbeux
Tarif : (Prix 2006) ⚹ ⇎ ▣ 6,40 € – 🔌 (10A) 2,95 €
🚐 1 borne
Pour s'y rendre : au S du bourg, sur D 115, rte de Rezé
À savoir : dans un cadre verdoyant, près d'un plan d'eau
(parc de loisirs) et de la Sèvre Nantaise

Nature : ▭ ♀
Loisirs : 🏠
Services : ⅙ ⚬╍ ⒼⒷ ⚹ ⬚ ☺ ▦
À prox. : 🛒 ▼ brasserie ⚓ ⚹ ⌘
▣ ⤸ ⚘ (centre équestre) parcours sportif,canoë

Maine-et-Loire (49)

ALLONNES

☒ 49650 – **317** J5 – 2 558 h. – alt. 28
Paris 292 – Angers 64 – Azay-le-Rideau 43 – Chinon 28 – Noyant 29 – Saumur 13.

⚠ **Le Pô Doré**
𝒫 02 41 38 78 80, *camping.du.po.dore@wanadoo.fr*,
Fax 02 41 38 78 80, *http://perso.wanadoo.fr/campinglepo
dore/*
2 ha (90 empl.) plat, herbeux
Location : 🛖
Pour s'y rendre : NO : 3,2 km par D 10, rte de Saumur et
chemin à gauche

Nature : 🌳 ▭
Loisirs : ▼ ✗ 🏠 ⚓ 🚲 ⚓
Services : ⅙ ⚬╍ ⬚ ☺ ☺ ⚓ ⤸ ▦
⚓

587

ANGERS

☒ 49000 – **317** F4 – G. Châteaux de la Loire – 151 279 h. – alt. 41 – Base de loisirs
🛈 *Office de tourisme, 7, place Kennedy* 𝒫 *02 41 23 50 00, Fax 02 41 23 50 09*
Paris 294 – Caen 249 – Laval 79 – Le Mans 97 – Nantes 88 – Saumur 67 – Tours 108.

⚠ **Lac de Maine** ♣♣ – 25 mars-10 oct.
𝒫 02 41 73 05 03, *camping@lacdemaine.fr*,
Fax 02 41 73 02 20, *www.lacdemaine.fr* – **R** conseillée
4 ha (163 empl.) plat, herbeux, gravillons
Tarif : (Prix 2006) ⚹ ⇎ ▣ 19,20 €
Location : 8 🛖 (4 à 6 pers.) 256 à 556 €/sem. – bungalows toilés
🚐 1 borne
Pour s'y rendre : SO : 4 km par D 111, rte de Pruniers, près
du lac (accès direct) et à proximité de la base de loisirs

Nature : ▭ ♀
Loisirs : snack 🏠 ⚓ ⚓ 🚲 ⚓
Services : ⅙ ⚬╍ ⒼⒷ ⚹ ▥ ⬚ ☺ ☺
⚓ ⤸ ▦ ⚓
À prox. : ⚹ ⚓ ⤸ ◊ swin golf,
canoë, pédalos

BAUGÉ

☒ 49150 – **317** I3 – G. Châteaux de la Loire – 3 663 h. – alt. 55
🛈 *Office de tourisme, place de l'Europe.* 𝒫 *02 41 89 18 07, Fax 02 41 89 04 43*
Paris 262 – Angers 40 – La Flèche 19 – Le Mans 62 – Saumur 39 – Tours 67.

⚠ **Municipal du Pont des Fées** mi-mai-mi-sept.
𝒫 02 41 89 14 79, *mairie@ville-bauge.fr*, Fax 02 41 84 12 19,
www.ville-bauge.fr – **R** conseillée
1 ha (65 empl.) plat, herbeux
Tarif : (Prix 2006) ⚹ 2,50 € ⇎ 1,50 € ▣ 1,50 € – 🔌 2,20 €
Pour s'y rendre : à l'E par D 766, rte de Tours et rue à
gauche, bord du Couasnon

Nature : 🌳 ▭ ♀
Services : ⚬╍ ⚹ ⬚ ☺ ▦
À prox. : ⚹ ▨ ⚓

BOUCHEMAINE

✉ 49080 – **317** F4 – 6 153 h. – alt. 25

🛈 Syndicat d'initiative, Hôtel de Ville ℘ 02 41 22 20 00, Fax 02 41 22 20 01

Paris 302 – Angers 10 – Candé 40 – Chenillé 45 – Le Lion-d'Angers 27.

⚠ **Municipal le Château** juin-août
℘ 02 41 77 11 04, adm.generale@ville-bouchemaine.fr,
Fax 02 41 22 20 01, www.ville-bouchemaine.fr – **R** conseillée
1 ha (71 empl.) plat, herbeux
Tarif : (Prix 2006) ⸙ 2,50 € ⟺ 2,50 € 🗉 2,50 € – [⚡] 2,50 €
Pour s'y rendre : sud par D 111, rte de Possonnière, près de la Maine

Nature : 🟡🟡	
Loisirs : 🍸	
Services : ⚬━ (juil.-août) 🐾 ♨ 🔄	
🗓	
À prox. : ✗ 🍴 🏊	

BRAIN-SUR-L'AUTHION

✉ 49800 – **317** G4 – 2 803 h. – alt. 22

Paris 291 – Angers 16 – Baugé 28 – Doué-la-Fontaine 38 – Longué 28 – Saumur 39.

⚠ **Escapades Terre Océane Caroline** mi-juin-mi-sept.
℘ 02 41 80 42 18, info@campingterreoceane.com,
Fax 02 41 79 03 93, www.campingterreoceane.com
– **R** conseillée
3,5 ha (121 empl.) plat, herbeux
Tarif : (Prix 2006) ⸙ ⟺ 🗉 12 € – frais de réservation 25 €
Pour s'y rendre : sortie S par D 113, rte de la Bohalle, à 100 m de l'Authion

Nature : ▭ 🟡	
Loisirs : 🏛 🏄 🐾 🎬 🍴 🏊 🔄 🗓	
À prox. : 🏹 terrain omnisports, piste de skate-board	

Pour choisir et suivre un itinéraire
Pour calculer un kilométrage
Pour situer exactement un terrain (en fonction des indications fournies dans le texte) :
*Utilisez les **cartes MICHELIN** détaillées à 1/150 000,*
compléments indispensables de cet ouvrage.

BRISSAC-QUINCÉ

✉ 49320 – **317** G4 – 2 296 h. – alt. 65

🛈 Office de tourisme, 8, place de la République ℘ 02 41 91 21 50, Fax 02 41 91 28 12

Paris 307 – Angers 18 – Cholet 62 – Doué-la-Fontaine 23 – Saumur 39.

⚠ **L'Étang** mi-mai-mi-sept.
℘ 02 41 91 70 61, info@campingetang.com,
Fax 02 41 91 72 65, www.campingetang.com – **R** conseillée
3,5 ha (150 empl.) plat, herbeux, petit étang
Tarif : (Prix 2006) ⸙ ⟺ 🗉 29 € – frais de réservation 12 €
Location (mi-avr.-déb. oct.) 🏠 : 13 🛖 (4 à 6 pers.)
280 à 650 €/sem.
🚐 1 borne
Pour s'y rendre : NE : 2 km par D 55 rte de St-Mathurin et chemin à droite, bord de l'Aubance et près d'un étang
À savoir : emplacements spacieux et confortables, sur les terres d'une ancienne ferme

Nature : 🌿 ▭	
Loisirs : 🏛 🚲 🏊 (découverte en saison)	
Services : ♿ ⚬━ 🏧 🐾 🎬 🍴 ♨ 🔄 🗓	
À prox. : 🏖 petit parc de loisirs	

CHALLAIN-LA-POTHERIE

✉ 49440 – **317** C3 – 774 h. – alt. 58

Paris 340 – Ancenis 36 – Angers 47 – Château-Gontier 42.

⚠ **Municipal de l'Argos**
℘ 02 41 94 12 64, mairie.challain@wanadoo.fr,
Fax 02 41 94 12 48 – **R** conseillée
0,8 ha (20 empl.) plat, herbeux, non clos, plat, herbeux
Pour s'y rendre : au NE du bourg par D 73, rte de Loiré
À savoir : agréable situation près d'un étang et à proximité du château

Nature : ⬅ ▭ 🟡	
Loisirs : 🏄 🏹	
Services : ♿ 🔄	

CHALONNES-SUR-LOIRE

✉ 49290 – **317** E4 – G. Châteaux de la Loire – 5 594 h. – alt. 25

🄸 *Office de tourisme, place de l'Hôtel de Ville* 𝄐 *02 41 78 26 21, Fax 02 41 74 91 54*

Paris 322 – Nantes 82 – Angers 26 – Cholet 40 – Laval 94.

⚠ **Escapades Terre Océane Le Landais**
mi-juin-mi-sept.
𝄐 *02 41 78 02 27, info@campingterreoceane.com,*
Fax *02 41 78 94 07, www.campingterreoceane.com*
– **R** conseillée
3 ha (210 empl.) plat, herbeux
Tarif : (Prix 2006) 🏕 ⛺ 🅿 12 € – frais de réservation 25 €
Pour s'y rendre : E : 1 km par D 751, rte des Ponts-de-Cé,
bord de la Loire et près d'un plan d'eau

> Nature : 𝟢
> Loisirs : 🛏 🎣
> Services : 🔧 🖥 🔄 ⊚ 🔲
> À prox. : 🛒 🚴 ✗ 🏊 ⛵ canoë

CHÂTEAUNEUF-SUR-SARTHE

✉ 49330 – **317** G2 – 2 409 h. – alt. 20

🄸 *Office de tourisme, quai de la Sarthe* 𝄐 *02 41 69 82 89*

Paris 278 – Angers 31 – Château-Gontier 25 – La Flèche 33.

⚠ **Municipal du Port**
𝄐 *02 41 69 82 02, mairie.chateauneufsursarthe@wana*
doo.fr, Fax 02 41 96 15 29 – **R** conseillée
1 ha (60 empl.) plat, herbeux
Pour s'y rendre : sortie SE par D 859, rte de Durtal et 2ème
chemin à droite après le pont, bord de la Sarthe (halte
nautique)

> Nature : 🖾 𝟢
> Services : 🔧 ⚷ 🖥 🔄 ⊚ 🔲

CHEMILLÉ

✉ 49120 – **317** E5 – 6 169 h. – alt. 84

🄸 *Office de tourisme, parc de l'Hôtel de Ville* 𝄐 *02 41 46 14 64, Fax 02 41 46 03 46*

Paris 331 – Angers 43 – Cholet 22 – Saumur 60.

⚠ **Hôtellerie de Plein Air de Coulvée** mai-mi-sept.
𝄐 *02 41 30 39 97, camping-chemille-49@wanadoo.fr,*
Fax *02 41 30 39 00, www.cc-region-chemille.fr –* **R** conseillée
2 ha (42 empl.) plat, herbeux
Tarif : (Prix 2006) 🏕 ⛺ 🅿 12,80 €
Location (permanent) : 12 🛖 (4 à 6 pers.) 150 à
375 €/sem.
Pour s'y rendre : sortie S par N 160, rte de Cholet et
chemin à droite, près d'un plan d'eau

> Nature : 🖾
> Services : 🔧 ⚷ 🖥 ⊚ 🔄 🗑 🔲
> À prox. : 🚣 🛥

589

CHOLET

✉ 49300 – **317** D6 – G. Châteaux de la Loire – 54 204 h. – alt. 91 – Base de loisirs

🄸 *Office de tourisme, 14, avenue Maudet* 𝄐 *02 41 49 80 00, Fax 02 41 49 80 09*

Paris 353 – Ancenis 49 – Angers 64 – Nantes 60 – Niort 131 – La Roche-sur-Yon 70.

⚠ **Centre Touristique Lac de Ribou** 🧍🧍 – avr.-sept.
𝄐 *02 41 49 74 30, lacderibou@cholet-sports-loisirs.fr,*
Fax *02 41 58 21 22, www.cholet-sports-loisirs.fr –* **R** conseillée
5 ha (162 empl.) plat et peu incliné, herbeux
Tarif : (Prix 2006) 🏕 ⛺ 🅿 18,90 € – 🔌 (10A) 3,65 € – frais
de réservation 15,60 €
Location (permanent) 🛁 : 14 🛖 (4 à 6 pers.) 245 à
530 €/sem. – 30 🛖 (4 à 6 pers.) 350 à 640 €/sem. – gîtes
🚐 1 borne 5,35 €
Pour s'y rendre : SE : 5 km par D 20, rte de Maulevrier et
D 600 à droite
À savoir : à 100 m du lac (accès direct)

> Nature : 🦢 🖾
> Loisirs : 🍽 ✗ 🎱 🎮 nocturne 🤸
> 🚣 ✗ 🏊 🛶
> Services : 🔧 ⚷ 🆖 🛒 🖥 🏪 ⊚
> 🔄 🗑 🔲 sèche-linge 🔌
> À prox. : 🎯 🔭 🏇 ⛵ practice de golf

CONCOURSON-SUR-LAYON

✉ 49700 – **317** G5 – 546 h. – alt. 55
Paris 332 – Angers 44 – Cholet 45 – Saumur 25.

    ⚠   **La Vallée des Vignes** 19 mars-mi-oct.
      ℘ 02 41 59 86 35, *campingvdv@wanadoo.fr*,
      Fax 02 41 59 09 83, *www.campingvdv.com* – **R** indispensable
      3,5 ha (63 empl.) plat, herbeux
      Tarif : (Prix 2006) 🛉 ⚘ 🗉 23 € 🗲 (10A) – frais de réservation 10 €
      Location 🏠 : 3 🛖 (4 à 6 pers.) 230 à 570 €/sem.
      🛒 1 borne
      Pour s'y rendre : O : 0,9 km par D 960, rte de Vihiers et rte à droite après le pont, bord du Layon
      À savoir : cadre champêtre

> Nature : 🖼
> Loisirs : 🍸 🕃 nocturne 🏌 🏊 🚴 🖿 🎣
> Services : 🔥 ⚷ GB 🖊 🗄 ⊕ 🚿 🖥 🧺 🖼 🦽

COUTURES

✉ 49320 – **317** G4 – 478 h. – alt. 81
Paris 303 – Angers 25 – Baugé 35 – Doué-la-Fontaine 23 – Longué 22 – Saumur 29.

    ⚠   **Parc de Montsabert** 14 avr.-16 sept.
      ℘ 02 41 57 91 63, *camping@parcdemontsabert.com*,
      Fax 02 41 57 91 63, *www.parcdemontsabert.com*
      – **R** conseillée
      5 ha (159 empl.) plat et peu incliné, herbeux, pierreux, sous bois
      Tarif : 🛉 ⚘ 🗉 24,30 € – 🗲 (10A) 4,20 € – frais de réservation 10 €
      Location : 20 🛖 (4 à 6 pers.) 318 à 718 €/sem.
      Pour s'y rendre : NE : 1,5 km, près du château de Montsabert
      À savoir : agréable parc boisé

> Nature : 🐾 🖼 ♤♤
> Loisirs : snack 🖼 🏊 ✂ 🖿 🖥 (découverte en saison) swin golf
> Services : 🔥 ⚷ GB 🖊 🏧 🗄 🧺 ⊕ 🚿 🖥 🖼

DOUÉ-LA-FONTAINE

✉ 49700 – **317** H5 – G. Châteaux de la Loire – 7 450 h. – alt. 75
🛈 *Office de tourisme, 30, place des Fontaines* ℘ 02 41 59 20 49, Fax 02 41 59 93 85
Paris 322 – Angers 40 – Châtellerault 86 – Cholet 50 – Saumur 19 – Thouars 30.

    ⚠   **Municipal le Douet** 1er avr.-30 oct.
      ℘ 02 41 59 14 47, *mairie@ville-douelafontaine.fr*
      – **R** conseillée
      2 ha (148 empl.) plat, herbeux
      Tarif : (Prix 2006) 🛉 ⚘ 🗉 5,62 € – 🗲 (10A) 3,50 €
      Pour s'y rendre : sortie NO par D 761, rte d'Angers et chemin à dr. Attenant au parc des sports, bord du Doué

> Nature : ♀
> Loisirs : 🎣
> Services : 🔥 ⚷ (15 juin-15 sept.) GB 🖊 🗄 ⊕ 🖥
> À prox. : 🏊 ✂ 🖼 🖥

DURTAL

✉ 49430 – **317** H2 – G. Châteaux de la Loire – 3 224 h. – alt. 39
🛈 *Syndicat d'initiative, 41, rue du Maréchal Leclerc* ℘ 02 41 76 37 26, Fax 02 41 76 37 26
Paris 261 – Angers 38 – La Flèche 14 – Laval 66 – Le Mans 63 – Saumur 66.

    ⚠   **International** 6 avr.-30 nov.
      ℘ 02 41 76 31 80, *contact@camping-durtal.fr*, Fax néant,
      www.camping-durtal.com – **R** conseillée
      3,5 ha (127 empl.) plat, herbeux
      Tarif : (Prix 2006) 🛉 ⚘ 🗉 10 € 🗲 (6A)
      Location (6 avr.-30 sept.) 🏠 : 5 bungalows toilés
      Pour s'y rendre : sortie NE par rte de la Flèche et rue à dr.
      À savoir : situation et cadre agréables en bordure du Loir

> Nature : 🐾 🖼 ♀
> Loisirs : 🍸 snack 🖼 🏌 🏊 🎣
> Services : 🔥 ⚷ 🖊 🗄 🧺 ⊕ 🖥
> À prox. : 🖥

Le LION-D'ANGERS

✉ 49220 – **317** E3 – G. Châteaux de la Loire – 3 347 h. – alt. 45
🛈 *Office de tourisme, square des Villes Jumelées ℘ 02 41 95 83 19, Fax 02 41 95 17 82*
Paris 295 – Angers 27 – Candé 27 – Château-Gontier 22 – La Flèche 51.

⚠ **Municipal les Frênes** mi-mai-oct.
　℘ 02 41 95 31 56 – **ℝ**
　2 ha (94 empl.) plat, herbeux
　Tarif : (Prix 2006) ✷ 1,76 € – ⇦ ▣ 1,86 € – 🔌 (10A) 2,35 €
　Pour s'y rendre : sortie NE par N 162, rte de Château-Gontier
　À savoir : au milieu de frênes majestueux, au bord de l'Oudon

> Nature : ♀
> Loisirs : 🏛 🛝
> Services : ♿ ☎ (juil.-août) ♻ ⊕
> À prox. : 🏇 hippodrome

MONTREUIL-BELLAY

✉ 49260 – **317** I6 – G. Châteaux de la Loire – 4 112 h. – alt. 50
🛈 *Office de tourisme, place du Concorde ℘ 02 41 52 32 39, Fax 02 41 52 32 35*
Paris 335 – Angers 54 – Châtellerault 70 – Chinon 39 – Cholet 61 – Poitiers 80 – Saumur 16.

⚠ **Les Nobis** ♟ – 1er avr.-30 sept.
　℘ 02 41 52 33 66, *campinglesnobis@wanadoo.fr*,
　Fax 02 41 38 72 88, *www.campinglesnobis.com* – **R** conseillée
　4 ha (165 empl.) plat, terrasse, herbeux
　Tarif : ✷ ⇦ ▣ 17 € – 🔌 (10A) 2,90 €
　Location (permanent) : 20 🛖 (4 à 6 pers.) 271 à 507 €/sem.
　Pour s'y rendre : sortie NO, rte d'Angers et chemin à gauche avant le pont
　À savoir : situation agréable sur les rives du Thouet et au pied des remparts du château

> Nature : 🌳 ♀♀
> Loisirs : 🍹 ✗ 🏛 🎭 diurne 🏃 🛝
> 🏊 🎣
> Services : ♿ ☎ 🅶🅱 ♻ 🍴 🔥 🖮 🛒 ⊕
> ⚕ 📞 🖥 sèche-linge
> À prox. : pédalos, canoë

Benutzen Sie
– zur Wahl der Fahrtroute
– zur Berechnung der Entfernungen
– zur exakten Lokalisierung eines Campingplatzes (mit Hilfe der Angaben im Ortstext)
*die für diesen Führer unentbehrlichen **MICHELIN-Karten** im Ma1 : 150 000.*

591

MONTSOREAU

✉ 49730 – **317** J5 – G. Châteaux de la Loire – 544 h. – alt. 77
🛈 *Office de tourisme, avenue de la Loire ℘ 02 41 51 70 22*
Paris 292 – Angers 75 – Châtellerault 65 – Chinon 18 – Poitiers 82 – Saumur 11 – Tours 56.

⚠ **L'Isle Verte** 1er avr.-30 sept.
　℘ 02 41 51 76 60, *isleverte@cvtloisirs.fr*, Fax 02 41 51 08 83,
　www.campingisleverte.com – **R** conseillée
　2,5 ha (105 empl.) plat, herbeux
　Tarif : ✷ ⇦ ▣ 17,50 € – 🔌 (16A) 3 € – frais de réservation 12 €
　🛖 1 borne 8 €
　Pour s'y rendre : sortie NO par D 947, rte de Saumur, bord de la Loire

> Nature : ♀♀
> Loisirs : 🏛 🛝 ✗ 🎣
> Services : ♿ ☎ 🅶🅱 ♻ 🖮 🔥 ⊕ 🖥
> ✈

NOYANT-LA-GRAVOYÈRE

✉ 49520 – **317** D2 – 1 761 h. – alt. 95
Paris 317 – Ancenis 46 – Angers 49 – Châteaubriant 34 – Laval 57 – Rennes 81 – Vitré 55.

⚠ **Parc de St-Blaise** fin avr.-sept.
　℘ 02 41 61 75 39, Fax 02 41 61 73 05
　1,2 ha (50 empl.) en terrasses, herbeux
　Tarif : (Prix 2006) ✷ 3 € – ⇦ ▣ 2,50 € – 🔌 (5A) 2,50 €
　Pour s'y rendre : N : 0,7 km à 200 m d'un étang (accès direct) et à proximité du site de la Mine Bleue

> Nature : 🏞 ⩽ 🏕
> Loisirs : 🍹 🛝
> Services : ♿ ☎ ♻ 🖮 ⊕
> À prox. : ✗ 🏇 ⛴ 🚣 pédalos, canoë

NYOISEAU

✉ 49500 – **317** D2 – G. Châteaux de la Loire – 1 275 h. – alt. 40
Paris 316 – Ancenis 50 – Angers 47 – Châteaubriant 39 – Laval 47 – Rennes 86 – Vitré 55.

⚠ **La Rivière**
  📞 02 41 92 26 77, Fax 02 41 92 26 65 – **R** conseillée
  1 ha (25 empl.) plat, herbeux
  Pour s'y rendre : SE : 1,2 km par D 71, rte de Segré et rte à
  gauche, bord de l'Oudon

| Nature : 🌳 99 |
| Loisirs : 🏠 🏖 |
| Services : 🔧 ⚬ 🔌 🗑 ⊕ |
| À prox. : 🔥 **piste de bi-cross** |

Les PONTS-DE-CÉ

✉ 49130 – **317** F4 – G. Châteaux de la Loire – 11 387 h. – alt. 25
Paris 302 – Nantes 92 – Angers 7 – Cholet 57 – Laval 84.

⚠⚠ **Île du Château** ⚋ – avr.-sept.
  📞 02 41 44 62 05, ile-du-chateau@wanadoo.fr,
  Fax 02 41 44 62 05, www.camping-ileduchateau.com – **R**
  indispensable
  2,3 ha (135 empl.) plat, herbeux, jardin public attenant
  Tarif : (Prix 2006) 👤 ⛺ 🚐 16,10 € (4A)
  Location 🌿 : bungalows toilés
  🚐
  Pour s'y rendre : sur l'île du château
  À savoir : cadre arboré, près de la Loire

| Nature : 🏞 99 |
| Loisirs : snack 🏠 🏓 🏖 🔥 |
| Services : 🔧 ⚬ GB 🚿 🗑 🛁 ⊕ 🚮 |
| ♨ 🔊 |
| À prox. : 🎣 🏊 🚣 ⛵ **canoë** |

PRUILLÉ

✉ 49220 – **317** F3 – 531 h. – alt. 30
Paris 308 – Angers 22 – Candé 34 – Château-Gontier 33 – La Flèche 65.

⚠ **Municipal Le Port** 1er juil.-31 août
  📞 02 41 32 67 29, mairie.pruille@wanadoo.fr,
  Fax 02 41 32 40 28 – **R** conseillée
  1,2 ha (41 empl.) plat, herbeux
  Tarif : (Prix 2006) 👤 ⛺ 🚐 3,30 € – (6A) 1,60 €
  Pour s'y rendre : au N du bourg, bord de la Mayenne (halte
  nautique)

| Nature : 🌳 🍃 |
| Loisirs : 🍴 |
| Services : 🗑 🛁 ⊕ |

Les ROSIERS-SUR-LOIRE

✉ 49350 – **317** H4 – G. Châteaux de la Loire – 2 242 h. – alt. 22
🆔 Syndicat d'initiative, place du Mail 📞 02 41 51 90 22
Paris 304 – Angers 32 – Baugé 27 – Bressuire 66 – Cholet 80 – La Flèche 45 – Saumur 18.

⚠⚠ **Le Val de Loire** 31 mars-30 sept.
  📞 02 41 51 94 33, contact@camping-valdeloire.com,
  Fax 02 41 51 89 13, www.camping-valdeloire.com
  – **R** conseillée
  3,5 ha (110 empl.) plat, herbeux
  Tarif : 👤 ⛺ 🚐 18 € – (10A) 4 € – frais de réserva-
  tion 10 €
  Location : 21 🚐 – 38 🏠
  Pour s'y rendre : sortie N par D 59, rte de Beaufort-en-
  Vallée, près du carrefour avec la D 79
  À savoir : agréable cadre verdoyant

| Nature : 🍃 |
| Loisirs : 🏠 🚲 🏊 |
| Services : 🔧 ⚬ GB 🚿 🗑 🛁 ⊕ 🚮 |
| ♨ ⛽ 🔊 |
| À prox. : 🎣 🔥 🚣 |

ST-GEORGES-SUR-LAYON

✉ 49700 – **317** G5 – 591 h. – alt. 65
Paris 328 – Angers 39 – Cholet 45 – Saumur 27 – Thouars 36.

⚠⚠ **Les Grésillons** 1er avr.-30 sept.
  📞 02 41 50 02 32, camping.stgeorgessurlayon@wana
  doo.fr, Fax 02 41 50 03 16 – **R** conseillée
  1,5 ha (43 empl.) peu incliné et en terrasses, herbeux
  Tarif : 👤 ⛺ 🚐 6,17 € – (10A) 3,35 €
  Location : huttes
  Pour s'y rendre : S : 0,8 km par D 178, rte de Concourson-
  sur-Layon et chemin à droite, à proximité de la rivière

| Nature : 🌳 ⋖ |
| Loisirs : 🚲 🏊 (petite piscine) 🎣 |
| Services : 🔧 ⚬ (1er juil.-31 août) 🚿 |
| 🗑 ⊕ 🔊 |

ST-HILAIRE-ST-FLORENT

✉ 49400 – **317** I5 – G. Châteaux de la Loire
Paris 324 – Nantes 131 – Angers 45 – Tours 72 – Cholet 72.

ⵧ **Chantepie** ⚍ – 15 mai-15 sept.
    ℘ 02 41 67 95 34, *info@campingchantepie.com*,
Fax 02 41 67 95 85, *www.campingchantepie.com* – **R** indispensable
10 ha/5 campables (150 empl.) plat, herbeux
Tarif : 🚶 ⛺ 🚗 28 € – ⚡ (10A) 3 €
Location : 12 🚐 (4 à 6 pers.) 350 à 650 €/sem. –
bungalows toilés
🚐, 1 borne 7 €
Pour s'y rendre : NO : 5,5 km par D 751, rte de Gennes et
chemin à gauche, à la Mimerolle

> Nature : ⛰ ◁ vallée de la Loire ⌒
> Loisirs : 🍴 snack 🏠 ⛹ ⚽ 🚴 🎣
> 🏊 poneys piste de bi-cross
> Services : ⚹ ⛽ GB ⚷ ⛴ 🛁 ⊛ 🔥
> 🚿 ⛴

ST-LAMBERT-DU-LATTAY

✉ 49750 – **317** F5 – G. Châteaux de la Loire – 1 466 h. – alt. 63
🅸 *Syndicat d'initiative, étang de la Coudray* ℘ 02 41 78 44 26
Paris 315 – Ancenis 54 – Angers 26 – Cholet 39 – Doué-la-Fontaine 33.

ⵧ **S.I. la Coudraye** 1ᵉʳ avr.-31 oct.
    ℘ 02 41 78 44 26, *miche.rip@wanadoo.fr* – **R** conseillée
0,5 ha (20 empl.) peu incliné, herbeux
Tarif : 🚶 ⛺ 🚗 4,60 € ⚡ (10A)
Location : huttes
Pour s'y rendre : au S du bourg, près d'un étang

> Nature : ⛰ ⌒
> Loisirs : ⚽
> Services : ⚹ ⛽ ⚷ ⛴ ⛲ ⊛ ⛴ ⛴
> 🔥
> À prox. : 🎣

SAUMUR

✉ 49400 – **317** I5 – G. Châteaux de la Loire – 29 857 h. – alt. 30
🅸 *Office de tourisme, place de la Bilange* ℘ 02 41 40 20 60
Paris 300 – Angers 67 – Châtellerault 76 – Cholet 70 – Le Mans 124 – Poitiers 97 – Tours 64.

ⵧ **L'Île d'Offard** ⚍ – 1ᵉʳ mars-16 nov.
    ℘ 02 41 40 30 00, *iledoffard@cvtloisirs.fr*,
Fax 02 41 67 37 81, *www.cvtloisirs.com* – **R** conseillée
4,5 ha (258 empl.) plat, herbeux
Tarif : 🚶 ⛺ 🚗 24 € – ⚡ (10A) 3,50 € – frais de réservation 12 €
Location (1ᵉʳ mars-16 nov.) 🚫 : 🛏
🚐, 1 borne 9 €
Pour s'y rendre : accès par centre ville
À savoir : situation agréable à la pointe de l'Île avec vue sur
le château

> Nature : ◁ ⌒ ⛲
> Loisirs : 🍴 brasserie 🏠 ⛹ ⚽
> 🚴 🎣 🏊 🏊 (olympique) ⛲
> Services : ⚹ ⛽ GB ⚷ ⛲ 🛁 ⊛ ⛴
> 🚿 ⛴ 🔥 🚿 ⛴
> À prox. : ⛵ canoë

THOUARCÉ

✉ 49380 – **317** G5 – 1 682 h. – alt. 35
🅸 *Syndicat d'initiative, Mairie* ℘ 02 41 54 14 36, Fax 02 41 54 09 11
Paris 318 – Angers 29 – Cholet 43 – Saumur 38.

ⵧ **Municipal de l'Écluse**
    ℘ 02 41 54 14 36, *mairie.thouarce@wanadoo.fr*,
Fax 02 41 54 09 11 – **R**
0,5 ha (30 empl.) plat, herbeux
Pour s'y rendre : au SO du bourg par av. des Trois-Epis,
bord du Layon

> Nature : ⛲⛲
> Loisirs : ⚽
> Services : ⛽ ⊛
> À prox. : ⛵ 🖥

La VARENNE

✉ 49270 – **317** B5 – 1 366 h. – alt. 65
🅸 *Syndicat d'initiative, Mairie* ℘ 02 40 98 51 04
Paris 361 – Ancenis 15 – Clisson 32 – Nantes 26.

ⵧ **Municipal des Grenettes** juin-mi-sept.
    ℘ 02 40 98 58 92, *mairie-lavarenne@wanadoo.fr*,
Fax 02 40 98 53 06 – **R** conseillée 🚫
0,7 ha (20 empl.) plat, peu incliné, herbeux
Tarif : (Prix 2006) 🚶 1,53 € 🚗 ⛺ 3,60 € – ⚡ 1,66 €
Pour s'y rendre : Sortie Est rte de Champtoceaux puis à
gauche 2 km par rte du bord de Loire

> Nature : ⛰ ⌒ ⛲
> Services : ⛽ (juil.-août) ⚷ ⊛
> À prox. : ⛵

VARENNES-SUR-LOIRE

✉ 49730 – **317** J5 – 1 800 h. – alt. 27
Paris 292 – Bourgueil 15 – Chinon 22 – Loudun 30 – Saumur 11.

L'Étang de la Brèche ⚑♨ – 12 mai-15 déc.
℘ 02 41 51 22 92, *mail@etang-breche.com*,
Fax 02 41 51 27 24, *www.etang-breche.com* – **R** conseillée
14 ha/7 campables (201 empl.) plat, herbeux, sablonneux
Tarif : ⚑ ⟷ 回 24 € – ⚡ (10A) 3 € – frais de réservation 15 €
Pour s'y rendre : O : 6 km par D 85, N 152, rte de Saumur et chemin à droite
À savoir : cadre et situation agréables au bord d'un étang

> Nature : 🌊 ☐ ♀
> Loisirs : ♥ ✗ ⛱ ⊙ nocturne 🎋 ⚘ 🚴 🎯 🏓 🛝 ⚒ ⚲ swin-golf, terrain omnisports
> Services : ♿ ⚷ ⊟ ⚙ 🚿 🚻 ♨ ⊙ ➹ 🛒 ⚏ 🏠 🚮 ⚒

VIHIERS

✉ 49310 – **317** F6 – 3 992 h. – alt. 100
Paris 334 – Angers 45 – Cholet 29 – Saumur 40.

Municipal de la Vallée du Lys 25 mai-1er sept.
℘ 02 41 75 00 14, *ville.vihiers@wanadoo.fr*,
Fax 02 41 75 58 01 – **R** conseillée
0,3 ha (30 empl.) plat, herbeux
Tarif : (Prix 2006) ⚑ ⟷ 回 4,54 € – ⚡ (5A) 1,91 €
Pour s'y rendre : sortie O par D 960, rte de Cholet puis D 54 à droite rte de Valanjou, bord du Lys

> Nature : 🌊 ♀
> Loisirs : ⛱ 🏕 m
> Services : ♿ ⚙ ⊙

594

Mayenne (53)

AMBRIÈRES-LES-VALLÉES

✉ 53300 – **310** F4 – 2 903 h. – alt. 144
🅘 Syndicat d'initiative, Base de Vaux ℘ 02 43 04 90 25, Fax 02 43 08 93 28
Paris 248 – Alençon 60 – Domfront 22 – Fougères 46 – Laval 42 – Mayenne 13 – Mortain 69.

Municipal de Vaux
℘ 02 43 04 90 25, *otsiambrieres@wanadoo.fr*,
Fax 02 43 08 93 28 – **R** conseillée
1,5 ha (61 empl.) plat et en terrasses, herbeux, gravillons
Location : 5 ⛺ – 20 ⛺
Pour s'y rendre : SE : 2 km par D 23, rte de Mayenne et à gauche, à la piscine
À savoir : agréable parc boisé au bord de la Varenne (plan d'eau)

> Nature : 🌊 ☐ ♀♀
> Loisirs : ⛱ 🚴
> Services : ♿ ⚷ ⊟ ⊙ ♨ 🚮 🛒
> sèche-linge
> À prox. : 🏕 ⚘ 🎯 🏓 🛝 ⚲ ⚒ ⚓ 🐎 canoë

ANDOUILLÉ

✉ 53240 – **310** E5 – 2 042 h. – alt. 103
Paris 282 – Fougères 42 – Laval 15 – Mayenne 23 – Rennes 85 – Vitré 48.

Municipal le Pont
℘ 02 43 01 18 10, *mairie.and53@wanadoo.fr*,
Fax 02 43 68 77 77 – **R**
0,8 ha (31 empl.) plat, herbeux
Location : 4 ⛺
Pour s'y rendre : par D 104, rte de St-Germain-le-Fouilloux, attenant au jardin public, bord de l'Ernée

> Nature : ☐ ♀
> Services : ♿ ⚷ ⊟ ♨ ⊙ 🛒
> À prox. : 🏕 parcours de santé

BAIS

✉ 53160 – **310** G5 – 1 487 h. – alt. 183
🛈 *Syndicat d'initiative, rue du Château* ✆ 02 43 37 02 41
Paris 250 – Laval 44 – Le Mans 54 – Mayenne 20 – Sablé-sur-Sarthe 54.

⚠ **Municipal Claires Vacances** 15 mai-15 sept.
✆ 02 43 37 02 41, *otsi.bais@wanadoo.fr*, Fax 02 43 37 02 41
– **R** conseillée
1 ha (20 empl.) plat, herbeux
Tarif : (Prix 2006) 🧍 1,65 € – 🚗 0,50 € – 🔲 0,50 € –
⚡ (6A) 0,65 €
Pour s'y rendre : sortie O par D 241 rte d'Hambers
À savoir : cadre ombragé et verdoyant, près d'un étang

> Nature : 🌲 ♨
> Loisirs : ✂ ⛵ ✎
> Services : 🚻 (1er juil.-31 août) 🆖
> ✠ ⊕ ⛟ 📻

BOUÈRE

✉ 53290 – **310** G7 – 907 h. – alt. 81
Paris 273 – Nantes 146 – Laval 39 – Angers 70 – La Flèche 40.

⚠ **Village Vacances nature et jardin** (location
exclusive de chalets) Permanent
✆ 02 43 06 08 56, *vvnj@wanadoo.fr*, Fax 02 43 06 24 37,
www.paysmeslaygrez.fr – empl. traditionnels également
disponibles – **R** conseillée
3 ha plat, peu incliné, herbeux
Location : 11 🏠 (4 à 6 pers.) 275 à 395 €/sem.
Pour s'y rendre : au bourg, sortie S par D 14 rte de
St-Denis-d'Anjou, au bord d'un plan d'eau
À savoir : des ateliers Nature et Jardin sont proposés toute
l'année

> Nature : 🐑 🌲
> Loisirs : 🏠 ≋ ✎ VTT
> Services : 🚻 ✠ 📻
> À prox. : 🚤 🎣

---

*Les indications d'accès à un terrain sont généralement indiquées,
dans notre guide, à partir du centre de la localité.*

595

CHÂTEAU-GONTIER

✉ 53200 – **310** E8 – G. Châteaux de la Loire – 11 131 h. – alt. 33
🛈 *Office de tourisme, place André Counord* ✆ 02 43 70 42 74, Fax 02 43 70 95 52
Paris 288 – Angers 50 – Châteaubriant 56 – Laval 30 – Le Mans 95 – Rennes 107.

⚠ **Le Parc**
✆ 02 43 07 35 60, *camping.parc@cc-chateau-gontier.fr*,
Fax 02 43 70 38 94, *www.sud-mayenne.com* – **R** conseillée
2 ha (55 empl.) plat et peu incliné, herbeux
Location : 10 🏠 – 🛏
Pour s'y rendre : N : 0,8 km par N 162 rte de Laval, près du
complexe sportif
À savoir : Emplacements bordés d'une grande variété d'arbres et de la Mayenne

> Loisirs : 🏠 🚲 🏓 ✎
> Services : 🚻 ⊕
> À prox. : mur d'escalade, canoë

CRAON

✉ 53400 – **310** D7 – 4 659 h. – alt. 75
🛈 *Syndicat d'initiative, 1, rue Alain Gerbault* ✆ 02 43 06 10 14
Paris 309 – Fougères 70 – Laval 29 – Mayenne 60 – Rennes 73.

⚠ **Municipal** 1er mai-18 sept.
✆ 02 43 06 96 33, *contact@ville-craon53.fr*,
Fax 02 43 06 96 33, *www.ville-craon53.fr* – **R** conseillé
1 ha (51 empl.) plat, herbeux
Tarif : (Prix 2006) 🧍 🚗 🔲 6,80 € – ⚡ (10A) 2,05 €
Location (permanent) : 9 🏠 (4 à 6 pers.) 169 à
467 €/sem.
Pour s'y rendre : E : 0,8 km rte de Château-Gontier et
chemin à gauche
À savoir : cadre agréable près d'un plan d'eau

> Nature : 🌲 ♨
> Loisirs : 🏠 🚤
> Services : ♿ 🚻 ✠ 🗑 ⊕ 📻
> À prox. : 🚵 🍽 ✕ ✂ 🎣 🎿 ⛵ ✎
> 🏇

DAON

✉ 53200 – **310** F8 – G. Châteaux de la Loire – 440 h. – alt. 42 – Base de loisirs
Paris 292 – Angers 46 – Château-Gontier 11 – Châteauneuf-sur-Sarthe 15 – Segré 23.

Les Rivières 1er mai-30 sept.
☎ 02 43 06 94 78, *tourisme@sud-mayenne.com*,
Fax 02 43 70 36 05, *www.sud-mayenne.com* – **R** conseillée
1,8 ha (98 empl.) plat, herbeux
Tarif : ✶ ⇐ 🗉 10 € – ⚡ (5A) 3 €
Location (permanent) : 10 🏠 (4 à 6 pers.) 150 à
380 €/sem.
Pour s'y rendre : sortie O par D 213 rte de la Ricoullière et
à droite avant le pont, près de la Mayenne et du port de
plaisance

Nature : 🐾 ♀
Loisirs : 🗟
Services : ⅃ ⌐ ⚹ 🗇 ⊕ 🖲
À prox. : ♈ ✗ 🚣 🔫 ⬧ ⮕ 🏊
pédalos, halte nautique

ÉVRON

✉ 53600 – **310** G6 – G. Normandie Cotentin – 7 283 h. – alt. 114
🄗 Office de tourisme, place de la Basilique ☎ 02 43 01 63 75, Fax 02 43 01 63 75
Paris 250 – Alençon 58 – La Ferté-Bernard 98 – La Flèche 69 – Laval 32 – Le Mans 55 – Mayenne 25.

Municipal de la Zone Verte Permanent
☎ 02 43 01 65 36, *camping@evron.fr*, Fax 02 43 37 46 20,
www.camping-evron.fr – **R** conseillée
3 ha (92 empl.) plat et peu incliné, herbeux, gravillons
Tarif : (Prix 2006) ✶ ⇐ 🗉 7,90 € – ⚡ (10A) 2,40 €
Location : 11 🏠 (4 à 6 pers.) 150 à 330 €/sem.
Pour s'y rendre : sortie O, bd du Maréchal-Juin

Nature : 🗔 ♀
Loisirs : 🗟 🚣 ⮕ parcours spor-
tif
Services : ⌐ GB ⚹ ▥ 🗇 ⊕ ⚐ 🖲
À prox. : 🦌 ✗ 🔫 ⬧ 🏊 🎣

LAVAL

✉ 53000 – **310** E6 – G. Normandie Cotentin – 50 947 h. – alt. 65
🄗 Office de tourisme, 1, allée du Vieux Saint-Louis ☎ 02 43 49 46 46, Fax 02 43 49 46 21
Paris 280 – Angers 79 – Caen 148 – Le Mans 86 – Nantes 134 – Rennes 76 – St-Nazaire 153.

Municipal le Potier 28 avr.-30 sept.
☎ 02 43 53 68 86, *office.tourisme@mairie-laval.fr*,
Fax 02 43 49 46 21, *www.laval-tourisme.com* – **R** conseillée
1 ha (42 empl.) plat et en terrasses, herbeux, verger
attenant
Tarif : ✶ 2,80 € ⇐ 1,50 € 🗉 1,50 € – ⚡ (6A) 1,40 €
Pour s'y rendre : S : 4,5 km par rte d'Angers et à droite
après Thévalles, accès direct à la Mayenne. Par A 81, sortie 3
Laval-Est, puis direction Angers
À savoir : beaux emplacements, décoration florale et arbustive

Nature : 🗔 ♀
Loisirs : 🗟 🚣
Services : ⅃ ⌐ GB ⚹ 🗇 ⊕ 🖲
sèche-linge
À prox. : 🦌 ✗ 🔫 ⬧ 🏊 🎣 🐎
golf

MAYENNE

✉ 53100 – **310** F5 – G. Normandie Cotentin – 13 724 h. – alt. 124
🄗 Office de tourisme, quai de Waiblingen ☎ 02 43 04 19 37, Fax 02 43 00 01 99
Paris 283 – Alençon 61 – Flers 56 – Fougères 47 – Laval 30 – Le Mans 89.

Intercommunal du Gué St-Léonard 15 mars-30
sept.
☎ 02 43 04 57 14, *tourisme-pays-mayenne@wanadoo.fr*,
Fax 02 43 30 21 10 – **R** conseillée
1,8 ha (70 empl.) plat, herbeux
Tarif : ✶ ⇐ 🗉 12,60 € ⚡ (16A)
Location (permanent) : 5 🏚 (4 à 6 pers.) 137 à
342 €/sem.
Pour s'y rendre : au N de la ville, par av. de Loré et r. à dr.
À savoir : situation plaisante au bord de la Mayenne

Nature : ♀♀
Loisirs : snack 🗟 🚣 🐾
Services : ⅃ ⌐ GB ⚹ ▥ 🗇 ⚐ ⊕
🖲 sèche-linge
À prox. : 🦌 ✗ canoë

*Ce guide n'est pas un répertoire de tous les terrains de camping
mais une sélection des meilleurs campings dans chaque catégorie.*

MÉNIL

✉ 53200 – **310** E8 – 785 h. – alt. 32
Paris 297 – Angers 45 – Château-Gontier 7 – Châteauneuf-sur-Sarthe 21 – Laval 37 – Segré 21.

⚠ **Municipal du Bac** saison
   ℰ 02 43 70 24 54, *menil@cc-chateau-gontier.fr*,
   Fax 02 43 70 24 54 – **R** conseillée
   0,5 ha (39 empl.) plat, herbeux
   Tarif : ✱ ⟵ 🅔 7,50 € 🛈 (6A)
   Location (permanent) : 5 🛖 (4 à 6 pers.) 155 à
   365 €/sem.
   Pour s'y rendre : à l'E du bourg
   À savoir : cadre et situation agréables, près de la Mayenne

Nature : 🌳 ⟝ 🍇(verger)
Loisirs : snack 🎯 🎣
Services : ♿ ⚙ 🔲 ♨
À prox. : pédalos

MESLAY-DU-MAINE

✉ 53170 – **310** F7 – 2 612 h. – alt. 90
🛈 *Syndicat d'initiative, 31, boulevard du Collège* ℰ 02 43 64 24 06, Fax 02 43 98 73 06
Paris 268 – Angers 60 – Château-Gontier 21 – Châteauneuf-sur-Sarthe 34 – Laval 23 – Segré 43.

⚠ **La Chesnaie** déb.avr.-30 sept.
   ℰ 02 43 98 48 08, *camping.lachesnaie@wanadoo.fr*,
   Fax 02 43 98 48 08, *www.paysmeslaygrez.fr* – **R** conseillée
   7 ha/0,8 campable (60 empl.) plat, herbeux
   Tarif : ✱ ⟵ 🅔 8,50 € – 🛈 (6A) 2,30 €
   Location (permanent) : 13 🛖 (4 à 6 pers.) 150 à
   370 €/sem.
   Pour s'y rendre : NE : 2,5 km par D 152, rte de St-Denis-du-
   Maine
   À savoir : au bord d'un beau plan d'eau

Nature : 🌳 ⟝ 🍇
Loisirs : 🚲
Services : ♿ ⊶ ⚙ 🔲 ♨ 🗑
à la base de loisirs : 🍴 ✕ 🛶 🎯
🏊 ⛵ 🎣 🚣 swin golf, parcours de
santé, pédalos

Donnez-nous votre avis sur les terrains que nous recommandons.
Faites-nous connaître vos observations et vos découvertes.

597

ST-BERTHEVIN

✉ 53940 – **310** E6 – 6 873 h. – alt. 108
🛈 *Syndicat d'initiative, place de l'Europe* ℰ 02 43 69 28 27, Fax 02 43 69 20 88
Paris 289 – Nantes 128 – Laval 10 – Rennes 66 – Angers 83.

⚠ **Municipal de Coupeau**
   ℰ 02 43 68 30 70, *office.tourisme@mairie-laval.fr*,
   Fax 02 43 69 20 88 – **R** conseillée
   0,4 ha (24 empl.) plat et terrasses, herbeux
   Tarif : ✱ 2,80 € ⟵ 1,50 € 🅔 1,50 € – 🛈 (10A) 1,40 €
   Pour s'y rendre : au S du bourg, à 150 m du Vicoin
   À savoir : situation dominante sur une vallée verdoyante
   et reposante

Nature : 🌳 ⟝
Loisirs : 🛶
Services : ♿ ⚙ ♨
À prox. : ✂ 🎿 ⚓ parcours de
santé

La SELLE-CRAONNAISE

✉ 53800 – **310** C7 – 882 h. – alt. 71
Paris 316 – Angers 68 – Châteaubriant 32 – Château-Gontier 29 – Laval 36 – Segré 26.

⚠⚠ **Base de Loisirs de la Rincerie** 1ᵉʳ mars-30 nov.
   ℰ 02 43 06 17 52, *larincerie@wanadoo.fr*,
   Fax 02 43 07 50 20, *http://www.la-rincerie.com* – **R** conseil-
   lée
   120 ha/5 campables (50 empl.) plat, peu incliné, herbeux
   Tarif : ✱ ⟵ 🅔 12,40 € 🛈 (12A)
   Location (mi-avr.-mi-oct.) : 5 bungalows toilés
   Pour s'y rendre : 3,5 km au NO par D 111, D 150, rte de
   Ballots et rte à gauche
   À savoir : Près d'un plan d'eau, nombreuses activités nau-
   tiques

Nature : 🌳 ⟝
Loisirs : 🎏 diurne 🎯
Services : ♿ ⊶ ⚙ 🏛 🔲 ♨ ⚓ 🚿
à la base de loisirs : 🎯 🎣 🚣 swin
golf, circuit pédestre, VTT et équestre, canoë-kayak

VILLIERS-CHARLEMAGNE

✉ 53170 – **310** E7 – 859 h. – alt. 105
Paris 277 – Angers 61 – Châteaubriant 61 – Château-Gontier 12 – Laval 20 – Sablé-sur-Sarthe 32.

Village Vacances Pêche déb.mars-fin nov.
🖉 02 43 07 71 68, vvp.villiers.charlemagne@wanadoo.fr,
Fax 02 43 07 72 77, www.sud-mayenne.com – **R** conseillée
9 ha/1 campable (20 empl.) plat, herbeux
Tarif : (Prix 2006) 🛉 🚗 🗉 17 € 🔌 (6A)
Location (permanent) : 12 🏠 (4 à 6 pers.) 155 à
495 €/sem.
🚰, 1 borne 2 €
Pour s'y rendre : sortie O par D 4, rte de Cossé-le-Vivien et
chemin à gauche près du stade
À savoir : agréable site pour la pêche

Nature : 🌳 ⬚ 🢐 💧
Loisirs : 🔲 🕉 diurne 🏇 🚲
Services : ♿ ⚡ 🚐 M – 20 sanitaires
individuels (🗑 🚿 🚽 wc) 🟦 🗑
réfrigérateurs
À prox. : 🍴 🎿

Sarthe (72)

AVOISE

✉ 72430 – **310** H7 – 491 h. – alt. 112
Paris 242 – La Flèche 28 – Le Mans 41 – Sablé-sur-Sarthe 11.

Municipal des Deux Rivières 26 mai-4 sept.
🖉 02 43 92 76 12, office.tourisme@sablesursarthe.fr,
Fax 02 43 95 62 48 – **R** conseillée
1,8 ha (50 empl.) plat, herbeux
Tarif : 🛉 🚗 🗉 6,50 € 🔌 (10A)
Pour s'y rendre : au bourg, par D 57
À savoir : au bord de la Sarthe

Nature : ⬚ 💧
Loisirs : 🏇
Services : 🗑 🟦 🗑
À prox. : halte nautique

BEAUMONT-SUR-SARTHE

✉ 72170 – **310** J5 – 1 973 h. – alt. 76
🅸 Office de tourisme, 14, place de la Libération 🖉 02 43 33 03 03
Paris 223 – Alençon 24 – La Ferté-Bernard 70 – Le Mans 29 – Mayenne 62.

Municipal du Val de Sarthe mai-sept.
🖉 02 43 97 01 93, beaumont-sur-sarthe@wanadoo.fr,
Fax 02 43 97 02 21 – **R** conseillée
1 ha (73 empl.) plat, herbeux
Tarif : (Prix 2006) 🛉 🚗 🗉 8,05 € 🔌 (5A)
🚰, 1 borne 2,70 € –
Pour s'y rendre : au SE du bourg
À savoir : cadre et situation agréables au bord de la
Sarthe

Nature : 🌳 ⬚ 💧
Loisirs : 🔲 🏇 parcours de santé
Services : ♿ ⚡ GB M 🟦 🗑
À prox. : 🎣

BESSÉ-SUR-BRAYE

✉ 72310 – **310** N7 – 2 597 h. – alt. 72
🅸 Syndicat d'initiative, place Henri IV 🖉 02 43 63 09 77, Fax 02 43 63 09 78
Paris 198 – La Ferté-Bernard 43 – Le Mans 57 – Tours 56 – Vendôme 31.

Municipal du Val de Braye
🖉 02 43 35 31 13, mairie.bessesurbraye@wanadoo.fr,
Fax 02 43 35 58 86 – **R** conseillée
2 ha (120 empl.) plat, herbeux
🚰 1 borne
Pour s'y rendre : SE par D 303, rte de Pont-de-Braye
À savoir : belle décoration arbustive, en bordure de la
Braye

Nature : 💧
Loisirs : 🔲 🎿
Services : ♿ ⚡ 🗑 🟦 🗑
À prox. : 🍴 🎣 🎿

BOULOIRE

✉ 72440 – **310** M7 – 1 883 h. – alt. 105

🛈 *Syndicat d'initiative, 1, rue de la Grosse Pierre* 🕿 *02 43 29 22 00, Fax 02 43 29 22 09*

Paris 187 – La Chartre-sur-le-Loir 34 – Connerré 13 – Le Mans 31 – Vendôme 48.

⚠ **Municipal** 6 avr.-30 sept.
🕿 02 43 35 52 09, *ville.bouloire@wanadoo.fr*
1,3 ha (30 empl.) plat, peu incliné et terrasse, herbeux
Tarif : 🛉 🚐 🔲 6,45 € – 🔌 (3A) 4,30 €
Pour s'y rendre : sortie E, rte de St-Calais

| Nature : ♀ |
| Services : ⚐ ⊞ ⊛ |
| À prox. : 🍴 |

CONLIE

✉ 72240 – **310** I6 – 1 665 h. – alt. 129

Paris 219 – Alençon 54 – Laval 74 – Le Mans 23 – Sablé-sur-Sarthe 45 – Sillé-le-Guillaume 11.

⚠ **Municipal la Gironde** 1er avr.-30 oct.
🕿 02 43 20 81 07, *camping.conlie@wanadoo.fr*,
Fax 02 43 20 99 37 – **R** conseillée
3 ha/0,8 campable (35 empl.) plat, herbeux
Tarif : 🛉 🚐 🔲 3,20 € – 🔌 (6A) 4,63 €
Pour s'y rendre : au bourg
À savoir : cadre ombragé et beaux emplacements délimités, près d'un étang

| Nature : ≋ ⊏ ♀♀ |
| Loisirs : ⛵ |
| Services : ⚑ ⊶ ⚐ ⊛ ≞ ⚲ 🗑 |
| À prox. : 🚴 ⊼ (petite piscine pour enfants) ⚑ piste de bi-cross |

COURDEMANCHE

✉ 72150 – **310** M8 – 617 h. – alt. 80

Paris 208 – La Flèche 60 – Le Mans 40 – St-Calais 22 – Tours 54 – Vendôme 47.

⚠ **Municipal de l'Étang Sort**
🕿 02 43 44 80 19, *mairie.courdemanche@wanadoo.fr*,
Fax 02 43 79 25 56 – **R** conseillée
0,5 ha (13 empl.) plat, herbeux
Pour s'y rendre : au bourg, bord d'un ruisseau

| Nature : ≋ ♀ |
| Services : ⚑ ⊞ ⊛ |

DOLLON

✉ 72390 – **310** M6 – 1 234 h. – alt. 103

Paris 177 – Châteaudun 64 – Mamers 47 – Le Mans 35 – Nogent-le-Rotrou 42.

⚠ **Municipal de la Piscine** 15 mai-15 sept.
🕿 02 43 93 42 23, *mairie.dollon@wanadoo.fr*,
Fax 02 43 71 53 88 – **R**
1 ha (30 empl.) plat, herbeux
Tarif : (Prix 2006) 🛉 1,50 € 🚐 1 € 🔲 1 € – 🔌 (10A) 3,25 €
Pour s'y rendre : sortie E par D 302, au stade

| Nature : ♀♀ |
| Loisirs : ⛵ |
| Services : ⊞ ⊛ |
| À prox. : ✗ ⊼ ⊿ |

ÉCOMMOY

✉ 72220 – **310** K8 – 4 316 h. – alt. 85

🛈 *Syndicat d'initiative, 13 bis, route du Mans* 🕿 *02 43 42 69 26*

Paris 220 – Château-du-Loir 20 – La Flèche 34 – Le Grand-Lucé 19 – Le Mans 23.

⚠ **Municipal les Vaugeons** 30 avril-sept.
🕿 02 43 42 14 14, *camping.ecommoy@wanadoo.fr*,
Fax 02 43 42 62 80 – **R**
1 ha (60 empl.) plat et peu incliné, sablonneux
Tarif : 🛉 2,85 € 🚐 🔲 1,80 € – 🔌 (6A) 2,20 €
Pour s'y rendre : Sortie NE, rte du stade
À savoir : entrée fleurie, cadre ombragé et soigné

| Nature : ♀♀ |
| Loisirs : ⛵ |
| Services : ⊶ (juin-août) ⊞ ⚐ ⊞ ⊛ 🗑 |
| À prox. : ✗ ⊡ (découverte l'été) |

599

La FERTÉ-BERNARD

⊠ 72400 – **310** M5 – G. Châteaux de la Loire – 9 239 h. – alt. 90 – Base de loisirs
🅱 *Office de tourisme, 15, place de la Lice* 🖉 *02 43 71 21 21, Fax 02 43 93 25 85*
Paris 164 – Brou 44 – Châteauroux 65 – Le Mans 54 – Nogent-le-Rotrou 22 – St-Calais 33.

Municipal le Valmer
🖉 02 43 71 70 03, *camping@la-ferte-bernard.com,*
Fax 02 43 71 70 03 – **R**
3 ha (90 empl.) plat, herbeux
Pour s'y rendre : SO : 1,5 km par N 23
À savoir : à la base de loisirs, au bord de l'Huisne

Nature : 🌳 ⌂ ♀
Loisirs : 🍴 ⛵
Services : 🚿 ⚓ 🗑 ☺ 🜍 ♨ 🖥
À prox. : ♨ ✗ 🎣 🏊 🛶 ⛴ (plage)
🛶 canoë

La FLÈCHE

⊠ 72200 – **310** I8 – G. Châteaux de la Loire – 15 241 h. – alt. 33
🅱 *Office de tourisme, boulevard de Montréal* 🖉 *02 43 94 02 53, Fax 02 43 94 43 15*
Paris 244 – Angers 52 – Châteaubriant 106 – Laval 70 – Le Mans 44 – Tours 71.

Municipal de la Route d'Or 1er mars-31 oct.
🖉 02 43 94 55 90, *camping@ville-lafleche.fr,*
Fax 02 43 94 55 90, *www.ville-lafleche.fr* – **R** conseillée
4 ha (250 empl.) plat, herbeux
Tarif : 🚶 🚗 🖃 12,15 € ⚡ (10A)
Location (1er avr.-31 oct.) ✗ : 10 🚐
🚐 1 borne
Pour s'y rendre : Sortie S vers rte de Saumur et à dr., allée
de la Providence, bord du Loir

Nature : ⌂ ♀
Loisirs : 🍴 🚲 ✗ 🏊
Services : 🚿 ⚓ GB 🐕 🚽 🗑 🜍 ☺
🖥
À prox. : 🛶 canoë

LES GUIDES VERTS **MICHELIN**
Paysages, monuments
Routes touristiques
Géographie
Histoire, Art
Itinéraire de visite
Plans de villes et de monuments

600

FRESNAY-SUR-SARTHE

⊠ 72130 – **310** J5 – G. Normandie Cotentin – 2 335 h. – alt. 95
🅱 *Office de tourisme, 19, avenue du Dr Riant* 🖉 *02 43 33 28 04, Fax 02 43 34 19 62*
Paris 235 – Alençon 22 – Laval 73 – Mamers 30 – Le Mans 41 – Mayenne 54.

Municipal Sans Souci 🏕 – avr.-sept.
🖉 02 43 97 32 87, *camping-fresnay@wanadoo.fr,*
Fax 02 43 33 75 72 – **R** conseillée
2 ha (90 empl.) plat, en terrasses, herbeux
Tarif : (Prix 2006) 🚶 2,40 € 🚗 🖃 4,30 € – ⚡ 2,60 €
Location (permanent) : 5 🏠 (4 à 6 pers.) 159 à
454 €/sem.
🚐 1 borne
Pour s'y rendre : 1 km à l'O par D 310 rte de Sillé-le-
Guillaume
À savoir : beaux emplacements délimités en bordure de la
Sarthe

Nature : 🌳 ⌂
Loisirs : 🍴 ⛹ ✗ ✗
Services : 🚿 ⚓ 🐕 🗑 ☺ 🜍 ♨ 🖥
À prox. : 🎣 🏊 🛶 canoë

LAVARÉ

⊠ 72390 – **310** M6 – 736 h. – alt. 122
Paris 173 – Bonnétable 26 – Bouloire 14 – La Ferté-Bernard 19 – Le Mans 40.

Municipal du Lac
mairie.vibraye@wanadoo.fr – **R** conseillée
0,3 ha (20 empl.) plat, herbeux
Pour s'y rendre : sortie E par D 302, rte de Vibraye
À savoir : agréable situation près d'un plan d'eau

Nature : ≼ ⌂ ♀
Loisirs : ✗ 🚣
Services : ☺ 🜍
À prox. : ✗ ⛴ 🛶 piste de bi-cross,
roller, skate

LOUÉ

✉ 72540 – **310** I7 – G. Châteaux de la Loire – 2 042 h. – alt. 112
Paris 230 – Laval 59 – Le Mans 30.

Village Loisirs Permanent
𝄞 02 43 88 65 65, *villageloisirs@wanadoo.fr*,
Fax 02 43 88 59 46 – **R** conseillée
1 ha (16 empl.) plat, herbeux
Tarif : ✶ 4 € ⇒ 🔲 4 € – 🔲 4 €
Location : 10 🏠 (4 à 6 pers.) 250 à 400 €/sem.
Pour s'y rendre : sortie NE par D 21, rte du Mans, à la piscine
À savoir : Situation agréable au bord de la Vègre

Loisirs : 🍴 snack 🎣 🏊 🎱 🏊
Services : ♿ ⚡ GB 🏧 Ⓜ 🏢 🔲 ☺ 🔲
À prox. : sentier pédestre

LUCHÉ-PRINGÉ

✉ 72800 – **310** J8 – G. Châteaux de la Loire – 1 531 h. – alt. 34
🅱 *Syndicat d'initiative, 4, rue Paul Doumer* 𝄞 02 43 45 44 50, Fax 02 43 45 75 71
Paris 242 – Château-du-Loir 31 – Écommoy 24 – La Flèche 14 – Le Lude 10 – Le Mans 39.

Municipal la Chabotière avr.-15 oct.
𝄞 02 43 45 10 00, *lachabotiere@ville-luche-pringe.fr*,
Fax 02 43 45 10 00, *www.ville-luche-pringe.com* – **R** indispensable
3 ha (75 empl.) en terrasses, herbeux
Tarif : ✶ 3,05 € ⇒ 1,55 € 🔲 2,05 € – 🔲 (10A) 1,65 €
Location (permanent) : 10 🏠 (4 à 6 pers.) 225 à 448 €/sem. – 10 bungalows toilés
Pour s'y rendre : à l'O du bourg
À savoir : à la base de loisirs, au bord du Loir

Nature : 🏞 🔲 🌳
Loisirs : 🎣 🏊 🚲
Services : ♿ ⚡ (juil.-août) Ⓟ GB 🔲 🏢 ☺ 📶 🔲 sèche-linge
À prox. : 🏓 🎣 🏊 🐎 canoë, barques, pédalos

MALICORNE-SUR-SARTHE

✉ 72270 – **310** I8 – G. Châteaux de la Loire – 1 686 h. – alt. 39
🅱 *Office de tourisme, 5, place Du Guesclin* 𝄞 02 43 94 74 45, Fax 02 43 94 59 61
Paris 236 – Château-Gontier 52 – La Flèche 16 – Le Mans 32.

Municipal Port Ste Marie 1er avr.-31 oct.
𝄞 02 43 94 80 14, *camping.malicorne@wanadoo.fr*,
Fax 02 43 94 57 26, *www.ville-malicorne.fr* – **R** conseillée
1 ha (80 empl.) plat, herbeux
Tarif : ✶ 2,80 € ⇒ 1,30 € 🔲 2,75 € – 🔲 (6A) 2,60 €
Location : 3 🏠 – 7 bungalows toilés
🔲 1 borne
Pour s'y rendre : à l'O du bourg par D 41 rte de Noyen-sur-Sarthe
À savoir : cadre et situation agréables, près de la Sarthe

601

Nature : 🌳
Loisirs : 🎣 🏊
Services : ♿ ⚡ GB 🔲 🏢 ☺ 🔲 sèche-linge
À prox. : 🚲 🏓 🔲 🏊 🐎 (centre équestre) canoë, pédalos

MAMERS

✉ 72600 – **310** L4 – G. Normandie Vallée de la Seine – 6 084 h. – alt. 128
🅱 *Office de tourisme, 29, place Carnot* 𝄞 02 43 97 60 63, Fax 02 43 97 42 87
Paris 185 – Alençon 25 – Le Mans 51 – Mortagne-au-Perche 25 – Nogent-le-Rotrou 40.

Municipal du Saosnois
𝄞 02 43 97 68 30, *camping.mamers@free.fr*,
Fax 02 43 97 38 65, *www.mairie-mamers.fr* – **R** conseillée
1,5 ha (50 empl.) peu incliné et en terrasses, herbeux
Location : 3 🏠
Pour s'y rendre : 1 km au N par rte de Mortagne-au-Perche et D 113 à gauche rte de Contilly, près de deux plans d'eau

Nature : 🔲 🌳
Loisirs : 🍴 🏊 (plage)
Services : ⚡ 🏢 🔲 ☺ 🔲
À prox. : 🏊 🏓 🔲 🏊 🐎 parcours de santé, pédalos

En juin et septembre les campings sont plus calmes, moins fréquentés et pratiquent souvent des tarifs " hors saison ".

PAYS DE LA LOIRE

MANSIGNÉ

✉ 72510 – **310** J8 – 1 355 h. – alt. 80 – Base de loisirs
🛈 *Syndicat d'initiative, route du Plessis* ℰ 02 43 46 14 17, Fax 02 43 46 16 65
Paris 235 – Château-du-Loir 28 – La Flèche 21 – Le Lude 17 – Le Mans 32.

Municipal de la Plage 7 avr.-15 oct.
ℰ 02 43 46 14 17, camping-mansigne@wanadoo.fr,
Fax 02 43 46 14 17, www.ville-mansigne.fr – **R** conseillée
3 ha (175 empl.) plat, herbeux
Tarif : ⭑ 4 € – 📷 🔳 3,10 € – (½) 2,30 €
Location : 6 🏠 (4 à 6 pers.) 310 à 420 €/sem. – 11
bungalows toilés
Pour s'y rendre : sortie N par D 31 rte de la Suze-sur-
Sarthe, à 100 m d'un plan d'eau (plage)

Nature : ♀
Loisirs : 🍸 🛶 🚴 ✗ 🛼 🏊
Services : ♿ ⛾ (14 juil.-15 août)
🔾 ⛁ 🗓 ⊕ 🖥 sèche-linge bureau
d'informations touristiques
À prox. : 🚴 📡 ⚓ 🛥 canoë-
kayak, pédalos

MARÇON

✉ 72340 – **310** M8 – 984 h. – alt. 59 – Base de loisirs
🛈 *Office de tourisme, 8, place de l'Église* ℰ 02 43 79 91 01
Paris 245 – Château-du-Loir 10 – Le Grand-Lucé 51 – Le Mans 52 – Tours 43.

Lac des Varennes 25 mars-20 oct.
ℰ 02 43 44 13 72, camping.des.varennes.marcon@wana
doo.fr, Fax 02 43 44 54 31, www.ville-marcon.fr – **R** conseillée
5,5 ha (250 empl.) plat, herbeux
Tarif : (Prix 2006) ⭑ 📷 🔳 14 € (½) (6A)
Pour s'y rendre : O : 1 km par D 61 rte du Port Gautier,
près de l'espace de loisirs
À savoir : situation agréable autour d'un lac aménagé en
base de loisirs

Nature : ♀
Loisirs : 🛶 🚴 🚴 ⚓ (plage) 🏊
Services : ♿ ⛾ 🔾 ⛁ 🗓 ⊕ 🖥
🛥 ♨
À prox. : 🏓 🛼 ✗ 🛥 🐎 terrain om-
nisports, canoë, pédalos

Benutzen Sie
– zur Wahl der Fahrtroute
– zur Berechnung der Entfernungen
– zur exakten Lokalisierung eines Campingplatzes (mit Hilfe der Angaben im Ortstext)
die für diesen Führer unentbehrlichen MICHELIN-Karten im Ma1 : 150 000.

MAYET

✉ 72360 – **310** K8 – 2 915 h. – alt. 74
🛈 *Office de tourisme, espace Lichtenau* ℰ 02 43 46 33 72
Paris 226 – Château-la-Vallière 26 – La Flèche 32 – Le Mans 31 – Tours 58 – Vendôme 70.

Municipal du Fort des Salles 7 avr.-16 sept.
ℰ 02 43 46 68 72, mairie.mayet@wanadoo.fr,
Fax 02 43 46 07 61 – **R** conseillée
1,5 ha (56 empl.) plat, herbeux
Tarif : ⭑ 📷 🔳 6,46 € – (½) (10A) 2,38 €
Pour s'y rendre : sortie Est par D 13, rte de St-Calais et rue
du Petit-Moulin à droite
À savoir : situation agréable au bord d'un étang

Nature : 🌳 🖙
Loisirs : 🏊 🏊
Services : ♿ ⛾ 🔾 ⊕ 🖥 sèche-
linge
À prox. : 🏊

MÉZIÈRES-SOUS-LAVARDIN

✉ 72240 – **310** J6 – 415 h. – alt. 75
Paris 221 – Alençon 38 – La Ferté-Bernard 69 – Le Mans 25 – Sillé-le-Guillaume 16.

Parc des Braudières Permanent
ℰ 02 43 20 81 48, camping.braudieres@wanadoo.fr,
Fax 02 43 20 81 48, www.camping-braudieres.com – places
limitées pour le passage – **R** conseillée
1,7 ha (52 empl.) plat et peu incliné, herbeux
Tarif : (Prix 2006) ⭑ 📷 🔳 13 € (½) (5A)
Pour s'y rendre : 4,5 km à l'E par rte secondaire de St-Jean
À savoir : en bordure d'un petit étang de pêche

Nature : 🌳 🖙 ♀
Loisirs : 🏊 🏊 🏊
Services : 🔾 ⛾ ⛁ 🗓 ⊕

NEUVILLE-SUR-SARTHE

⊠ 72190 – **310** K6 – 2 221 h. – alt. 60
Paris 207 – Beaumont-sur-Sarthe 20 – Conlie 18 – Le Mans 9 – Mamers 39.

⚠ **Le Vieux Moulin**
   𝒫 02 43 25 31 82, *vieux.moulin@wanadoo.fr*,
   Fax 02 43 25 38 11
   4,8 ha (100 empl.) plat, herbeux
   Location : 🏠
   Pour s'y rendre : sortie O par rue du Vieux-Moulin et
   chemin à gauche avant le pont, près de la Sarthe

Nature : 🦢 ◫ ♀	
Loisirs : 🖼 ⛵ ✕ 👫 ᗰ ⤵ (petite piscine)	
Services : ⚬ᗄ ⬚ 🖪 ⊕ 🖲	
À prox. : ✕	

PRÉCIGNÉ

⊠ 72300 – **310** H8 – 2 645 h. – alt. 36
Paris 256 – Angers 50 – Château-Gontier 32 – La Flèche 22 – Sablé-sur-Sarthe 10.

⚠ **Municipal des Lices**
   𝒫 02 43 95 46 13, *mairie.precigne@wanadoo.fr* – **R** conseillée
   0,8 ha (50 empl.) plat et peu incliné, herbeux
   Pour s'y rendre : sortie N rte de Sablé-sur-Sarthe et rue de
   la Piscine à gauche
   À savoir : cadre verdoyant et soigné

Nature : ◫ ♀	
Services : 🖪 ⊕	
À prox. : ✕ ⤵	

ROÉZÉ-SUR-SARTHE

⊠ 72210 – **310** J7 – 2 327 h. – alt. 33
Paris 221 – La Flèche 29 – Le Mans 17 – Sablé-sur-Sarthe 36.

⚠ **Municipal La Cohue** 25 mai-10 sept.
   𝒫 02 43 77 47 89, *mairie-roeze@wanadoo.fr*,
   Fax 02 43 77 42 51 – **R** conseillée
   0,8 ha (44 empl.) plat, herbeux
   Tarif : (Prix 2006) 👤 ⇌ 🖂 9,80 € 🔌 (16A)
   Pour s'y rendre : sortie S par D 251, rte de Parigné-le-
   Polen, à gauche après le pont
   À savoir : plaisante situation au bord de la Sarthe

Nature : ◫	
Loisirs : ⛵ ✕	
Services : 🖰 ⚬ᗄ ⤳ 🦅 ⊕	

603

RUILLÉ-SUR-LOIR

⊠ 72340 – **310** M8 – 1 205 h. – alt. 56
Paris 213 – La Chartre-sur-le-Loir 6 – Le Grand-Lucé 63 – Le Mans 50 – Tours 47.

⚠ **Municipal les Chaintres** 28 avr.-30 oct.
   𝒫 02 43 44 44 25, *mairie-ruillesurloir@wanadoo.fr*,
   Fax 02 43 44 29 63 – **R** conseillée
   0,5 ha (30 empl.) plat, herbeux
   Tarif : 👤 ⇌ 🖂 3,45 € – 🔌 (10A) 1,85 €
   Pour s'y rendre : au S du bourg, rue de l'Industrie
   À savoir : cadre agréable au bord du Loir

Nature : 🦢 ♀	
Services : 🖰 🖪 ⊕	

SABLÉ-SUR-SARTHE

⊠ 72300 – **310** G7 – G. Châteaux de la Loire – 12 716 h. – alt. 29
🛈 *Office de tourisme, place Raphaël-Elizé* 𝒫 02 43 95 00 60, Fax 02 43 92 60 77
Paris 252 – Angers 64 – La Flèche 27 – Laval 44 – Le Mans 61 – Mayenne 60.

⚠ **Municipal de l'Hippodrome** 👥 – fin mars-déb.oct.
   𝒫 02 43 95 42 61, *camping@sable-sur-sarthe.fr*,
   Fax 02 43 92 74 82, *www.sable-sur-sarthe.com* – **R** conseil-
   lée
   2 ha (84 empl.) plat, herbeux
   Tarif : (Prix 2006) 👤 ⇌ 🖂 6,45 € – 🔌 (16A) 2,15 €
   Location 🏠 : 4 🏚 (4 à 6 pers.) 230 à 350 €/sem.
   Pour s'y rendre : sortie S en dir. d'Angers et à gauche,
   attenant à l'hippodrome
   À savoir : belle décoration arbustive, au bord de la Sarthe

Nature : 🦢 ◫ ♀♀	
Loisirs : 🖼 ♣ ⛵ 🎣 ⤵ 🦅	
Services : 🖰 ⚬ᗄ 🖭 ⤳ 🖪 ⊕ 🖲 sèche-linge	
À prox. : ✕ 🖼 👫 ᗰ 🐎 (centre éques-tre) canoë, golf 🚗	

ST-CALAIS

✉ 72120 – **310** N7 – G. Châteaux de la Loire – 3 785 h. – alt. 155
🛈 *Office de tourisme, place de l'Hôtel de ville ✆ 02 43 35 82 95, Fax 02 43 35 15 13*
Paris 188 – Blois 65 – Chartres 102 – Châteaudun 58 – Le Mans 47 – Orléans 97.

⚑ **Le Lac** avr.-15 oct.
✆ 02 43 35 04 81, Fax 02 43 63 15 19 – **R** conseillée
2 ha (85 empl.) plat, herbeux
Tarif : (Prix 2006) ✹ 2,64 € 🔲 2,32 € – 🔌 (6A) 2,69 €
Pour s'y rendre : sortie N par D 249, rte de Montaillé
À savoir : près d'un plan d'eau

Nature : 🗭
Loisirs : 🏊
Services : ♿ ⚡ ⭕ 🛒 🔳 ⊕ 🚾 🔳
À prox. : 🍴 🍽 ⚓ 🎣

SILLÉ-LE-GUILLAUME

✉ 72140 – **310** I5 – G. Normandie Cotentin – 2 585 h. – alt. 161
🛈 *Office de tourisme, place de la Résistance ✆ 02 43 20 10 32, Fax 02 43 20 01 23*
Paris 230 – Alençon 39 – Laval 55 – Le Mans 35 – Sablé-sur-Sarthe 42.

⚑ **Les Molières** 1er juin-31 août
✆ 02 43 20 16 12, *campingsilleplage@wanadoo.fr*,
Fax 02 43 20 84 82, *www.campingsilleplage.com*
– **R** conseillée
3,5 ha (133 empl.) plat, herbeux
Tarif : ✹ 🚗 🔲 9 € – 🔌 (10A) 2,90 €
Pour s'y rendre : N : 2,5 km par D 5, D 105, D 203 et
chemin à droite
À savoir : dans la forêt, près d'un plan d'eau et de deux
étangs

Nature : 🍂 00
Loisirs : 🏊
Services : ♿ ⚡ GB 🔳 🔳 ⊕
À prox. : 🍴 crêperie 🍽 🍸 🐎 (cen-
tre équestre) pédalos

SILLÉ-LE-PHILIPPE

✉ 72460 – **310** L6 – 867 h. – alt. 35
Paris 195 – Beaumont-sur-Sarthe 25 – Bonnétable 11 – Connerré 15 – Mamers 33 – Le Mans 19.

⚑ **Château de Chanteloup** 1er juin-1er sept.
✆ 02 43 27 51 07, *chanteloup.souffront@wanadoo.fr*,
Fax 02 43 89 05 05, *www.chateau-de-chanteloup.com* – **R**
indispensable
20 ha (100 empl.) plat, peu incliné, sablonneux, herbeux,
étang, sous-bois
Tarif : ✹ 🚗 🔲 12 € – 🔌 (6A) 3,50 €
Location : 🏠
Pour s'y rendre : SO : 2 km par D 301, rte du Mans

Nature : 🍂 00
Loisirs : 🍴 snack 🏊 🎯 🏹 🚲 ⚓
Services : ⚡ GB 🔳 ⊕ 🔳 📞 🔳 🔳

TENNIE

✉ 72240 – **310** I6 – 978 h. – alt. 100
Paris 224 – Alençon 49 – Laval 69 – Le Mans 26 – Sablé-sur-Sarthe 40 – Sillé-le-Guillaume 11.

⚑ **Municipal de la Vègre** 1er avr.-30 sept.
✆ 02 43 20 59 44, *camping.tennie@wanadoo.fr*,
http://perso.wanadoo.fr/campingtennie – places limitées
pour le passage – **R** conseillée
2 ha (83 empl.) plat, herbeux
Tarif : ✹ 2 € 🚗 1,30 € 🔲 1,60 € – 🔌 (6A) 3 €
Location (permanent) : 5 🏠 (4 à 6 pers.) 155 à
355 €/sem.
🚐 1 borne 3 €
Pour s'y rendre : sortie O par D 38, rte de Ste-Suzanne
À savoir : cadre agréable au bord d'une rivière et d'un
étang

Nature : 🍂 🗭 00
Loisirs : 🏊 🎯 🍽 🎣 ⚓
Services : ♿ ⚡ ⭕ 🔳 🔳 🐎 ⊕ 🔳
À prox. : 🍴 🎣

L'AIGUILLON-SUR-MER

✉ 85460 – **316** I10 – G. Poitou Vendée Charentes – 2 206 h. – alt. 4
🛈 *Office de tourisme, avenue de l'Amiral-Courbet* 𝄞 *02 51 56 43 87, Fax 02 51 56 43 91*
Paris 458 – Luçon 20 – Niort 83 – La Rochelle 51 – La Roche-sur-Yon 47 – Les Sables-d'Olonne 53.

Schéma à la Tranche-sur-Mer

⚐ **La Cléroca** 1er mai-31 août
𝄞 02 51 27 19 92, *camping.lacleroca@wanadoo.fr*,
Fax 02 51 97 09 84, *www.camping-la-cleroca.com* – **R** indispensable
1,5 ha (60 empl.) plat, herbeux
Tarif : ⚹ ⛺ 🅴 15,80 € – 🄼 3,20 €
Pour s'y rendre : NO : 2,2 km par D 44, rte de Grues

Nature : 🌿	
Loisirs : 🏊 🏄	
Services : ♿ ⛽ 🛒 🚿 ♨ 🚰	

AIZENAY

✉ 85190 – **316** G7 – 6 095 h. – alt. 62
🛈 *Office de tourisme, rond-point de la Gare* 𝄞 *02 51 94 62 72, Fax 02 51 94 62 72*
Paris 435 – Challans 26 – Nantes 60 – La Roche-sur-Yon 18 – Les Sables-d'Olonne 33.

⚐ **La Forêt** déb.avr.-1er janv.
𝄞 02 51 34 78 12, *rougier.francoise@wanadoo.fr*,
Fax 02 51 34 78 12, *www.camping-laforet.com* – **R** conseillée
2,5 ha (92 empl.) plat, herbeux, bois attenant
Tarif : (Prix 2006) ⚹ ⛺ 🅴 15,50 € – 🄼 2,60 €
Location : 9 🏚 (4 à 6 pers.) 365 à 396 €/sem.
Pour s'y rendre : SE : 1,5 km par D 948, rte de la Roche-
sur-Yon et chemin à gauche

Nature : 🌿🌿	
Loisirs : 🏄 🏊	
Services : ♿ ⛽ GB 🚿 🚰 ♨ 🚰	
À prox. : ⛵ 🎾 piste de bi-cross, parcours de santé	

*Nos **guides hôteliers**, nos **guides touristiques** et nos **cartes routières**
sont complémentaires. Utilisez-les ensemble.*

605

ANGLES

✉ 85750 – **316** H9 – G. Poitou Vendée Charentes – 1 582 h. – alt. 10
🛈 *Office de tourisme, place du Champ de Foire* 𝄞 *02 51 97 56 39, Fax 02 51 97 56 40*
Paris 450 – Luçon 23 – La Mothe-Achard 38 – Niort 86 – La Rochelle 57 – La Roche-sur-Yon 32 – Les
Sables-d'Olonne 35.

⚐ **Moncalm et Atlantique** ⚷ – 31 mars-22 sept.
𝄞 02 51 97 55 50, *camping-apv@wanadoo.fr*,
Fax 02 51 28 91 09, *www.camping-moncalm.com*
– **R** conseillée
3 ha (200 empl.) plat, herbeux, pierreux
Tarif : (Prix 2006) ⚹ 6,50 € ⛺ 3 € 🅴 24 € – 🄼 (10A) 4 € –
frais de réservation 27 €
Location (permanent) : 🏠 – 5 🏚 (4 à 6 pers.) 184 à
695 €/sem. – 19 🏚 (4 à 6 pers.) 246 à 794 €/sem. –
bungalows toilés – tentes
Pour s'y rendre : au bourg, sortie la Tranche-sur-Mer et
rue à gauche

Nature : 🏕 🌿	
Loisirs : 🍴 self-service, crêperie 🛒 🕯 nocturne 🏋 🎣 🎪 salle d'ani-mation 🏄 🚴 ⛵ 🎾 ♨ 🏊 🏊	
Services : ♿ ⛽ GB 🚿 🚰 ♨ 🚰 ⚡ 🔥 ♨ 🛒	

⚐ **Atlantique** ⚷ – 31 mars-22 sept.
𝄞 02 51 27 03 19, *contact@camping-atlantique.com*,
Fax 02 51 27 69 72, *www.camping-atlantique.com* – places
limitées pour le passage – **R** conseillée
6,9 ha (363 empl.) plat, herbeux, pierreux
Tarif : (Prix 2006) ⚹ ⛺ 🅴 30 € 🄼 (10A) – frais de réservation 25 €
Location (permanent) : 🏠 – 80 🏚 (4 à 6 pers.) 190 à
715 €/sem. – 30 🏚 (4 à 6 pers.) 255 à 790 €/sem. –
bungalows toilés – tentes
Pour s'y rendre : au bourg, sortie la Tranche-sur-Mer et r.
à gauche

Nature : 🏕 🌿	
Loisirs : 🍴 self service, crêperie 🛒 🕯 nocturne 🏋 🎪 salle d'anima-tion 🏄 🚴 ⛵ 🎾 🏊 🏊	
Services : ♿ ⛽ GB 🚿 🚰 ♨ 🚰 ⚡ 🔥 ♨ 🛒	

ANGLES

Le Clos Cottet ♣♣ – 31 mars-22 sept.
℘ 02 51 28 90 72, *contact@camping-closcottet.com*,
Fax 02 51 28 90 50, *www.camping-closcottet.com* – **R** indispensable
4,5 ha (196 empl.) plat, herbeux, petit étang
Tarif : ♣ ⛺ 🅿 25 € 🔌 (10A) – frais de réservation 20 €
Location : 64 🏠 (4 à 6 pers.) 189 à 637 €/sem. – 9 🏡
(4 à 6 pers.) 323 à 680 €/sem. – bungalows toilés
🏠 1 borne 5 €
Pour s'y rendre : S : 2,2 km par rte de la Tranche-sur-Mer,
près de la D 747
À savoir : Autour d'une ferme soigneusement restaurée

Nature : 🌳
Loisirs : 🍸 snack 🎮 🏊 ⛹ 🎣 🛶
salle d'animation 🏋 🚲 ⛴ 🎯
🏊 🎿 ⚓ terrain omnisports, quad
Services : 🚿 🚻 GB 🚐 🗑 🎁 @ 🧺
navette gratuite pour les plages

APREMONT

✉ 85220 – **316** F7 – G. Poitou Vendée Charentes – 1 119 h. – alt. 19
🄸 *Office de tourisme, place du Château* ℘ 02 51 55 70 54, Fax 02 51 55 42 41
Paris 448 – Challans 17 – Nantes 64 – La Roche-sur-Yon 30 – Les Sables-d'Olonne 33 – St-Gilles-Croix-de-Vie 21.

Les Charmes 1ᵉʳ avr.-30 sept.
℘ 02 51 54 48 08, *contact@campinglescharmes.com*,
Fax 02 51 54 48 08, *www.campinglescharmes.com*
– **R** conseillée
1 ha (55 empl.) plat, herbeux
Tarif : ♣ 6,90 € ⛺ 1,10 € 🅿 1,80 € – 🔌 (10A) 3,40 € – frais
de réservation 14 €
Location (permanent) : 7 🏠 (4 à 6 pers.) 190 à
515 €/sem. – 5 🏡 (4 à 6 pers.) 200 à 600 €/sem.
Pour s'y rendre : N : 3,6 km par D 21, rte de Challans et rte
à droite, direction la Roussière

Nature : 🌿 🌳 ♀
Loisirs : 🎮 🏋 🚲 🎿
Services : 🚿 🚻 GB 🚐 🗑 @ 🧺

Om een reisroute uit te stippelen en te volgen,
om het aantal kilometers te berekenen,
om precies de ligging van een terrein te bepalen
(aan de hand van de inlichtingen in de tekst),
*gebruikt u de **Michelinkaarten** schaal 1 : 150 000 ;*
een onmisbare aanvulling op deze gids.

AVRILLÉ

✉ 85440 – **316** H9 – 1 008 h. – alt. 45
🄸 *Syndicat d'initiative, 2, place des Halles* ℘ 02 51 22 30 70
Paris 445 – Luçon 27 – La Rochelle 70 – La Roche-sur-Yon 27 – Les Sables-d'Olonne 25.

Les Mancellières 1ᵉʳ mai-15 sept.
℘ 02 51 90 35 97, *camping.mancellieres@wanadoo.fr*,
Fax 02 51 90 39 31, *www.lesmancellieres.com* – **R** conseillée
2,6 ha (130 empl.) plat et peu incliné, herbeux
Tarif : ♣ 3,90 € ⛺ 2 € 🅿 6,20 € – 🔌 (6A) 3,90 € – frais de
réservation 18 €
Location (7 avr.-30 sept.) : 41 🏠 (4 à 6 pers.) 158 à
595 €/sem. – bungalows toilés
Pour s'y rendre : S : 1,7 km par D 105 rte de Longeville-sur-
Mer

Nature : 🌳 ♀♀
Loisirs : snack 🏋 🎿 🎿 ⚓
Services : 🚿 🚻 🚐 🗑 🎁 @ 🧺

Le Beauchêne déb. mai-mi-sept.
℘ 02 51 22 30 49, *campignlebeauchene@club-internet.fr*,
Fax 02 51 22 37 60, *www.lebeauchene.com* – **R** conseillée
2,5 ha (160 empl.) plat et peu incliné, herbeux
Tarif : ♣ 3 € ⛺ 3 € 🅿 13,40 € – 🔌 3 € – frais de réservation 16 €
Location (déb. avr.-fin sept.) : 15 🏠 (4 à 6 pers.) 150 à
550 €/sem.
Pour s'y rendre : sortie SE par D 949 rte de Luçon, bord
d'un petit étang

Nature : ♀
Loisirs : 🏋 🎿
Services : 🚿 🚻 GB 🚐 @ 🛶 ⚓ 📞
🧺

606

La BOISSIÈRE-DE-MONTAIGU

✉ 85600 – **316** I6 – 1 568 h. – alt. 62
Paris 384 – Cholet 139 – Nantes 46 – La Roche-sur-Yon 50.

▲▲▲ **Domaine de l'Eden** Permanent
  ℘ 02 51 41 62 32, *contact@domaine-eden.fr*,
Fax 02 51 41 56 07, *www.domaine-eden.fr* – **R** conseillée
15 ha/8 campables (150 empl.) plat, pierreux, herbeux,
prairies, étang et sous-bois
Tarif : ♦ ⇔ 🄴 15,50 € – 🔌 (10A) 3 €
Location : 22 🛖 (4 à 6 pers.) 195 à 550 €/sem. – 5 🏠
(4 à 6 pers.) 215 à 580 €/sem.
🔌, 4 🄴 14,50 €
Pour s'y rendre : SO : 2,5 km par D 62, rte de Chavagnes-
en-Paillers puis rte à droite
À savoir : agréable domaine boisé

Nature : 🌳 🗻 ♡♡
Loisirs : 🍴 snack 🎮 salle d'animation 🎯 🛝 🏊 🎿 🐎 poneys piste
de bi-cross, terrain omnisports,
parcours de santé
Services : 👤 ⛽ 🅶🅱 ⚕ 🍴 🚿 ♿ 🚮 🔧

BOURNEZEAU

✉ 85480 – **316** I8 – 2 439 h. – alt. 73
🛈 *Syndicat d'initiative, 1, rue du Centre* ℘ 02 51 40 02 90, Fax 02 51 40 79 30
Paris 416 – Cholet 67 – Nantes 78 – Niort 70 – La Rochelle 68 – La Roche-sur-Yon 22.

▲ **Municipal les Humeaux** 1er juin-15 sept.
  ℘ 02 51 40 01 31, *mairie-bournezeau@wanadoo.fr*,
Fax 02 51 40 79 30, *www.bournezeau.fr* – **R** conseillée
0,6 ha (15 empl.) plat, herbeux
Tarif : ♦ ⇔ 🄴 5,80 € – 🔌 (10A) 2,90 €
Pour s'y rendre : sortie N par D 7, rte de St-Martin-des-
Noyers

Nature : ♀
Services : 👤 🍴 ♿ 🚮
À prox. : 🏊

BREM-SUR-MER

✉ 85470 – **316** F8 – 2 054 h. – alt. 13
🛈 *Office de tourisme, 21 ter, rue de l'Océan* ℘ 02 51 90 92 33, Fax 02 51 20 14 67
Paris 454 – Aizenay 26 – Challans 29 – La Roche-sur-Yon 34 – Les Sables-d'Olonne 16.

▲▲▲ **Le Chaponnet** ▲▲ – fin avr.-sept.
  ℘ 02 51 90 55 56, *campingchaponnet@wanadoo.fr*,
Fax 02 51 90 91 67, *www.le-chaponnet.com* – **R** indispensable
6 ha (340 empl.) plat, herbeux
Tarif : (Prix 2006) ♦ ⇔ 🄴 30,90 € – 🔌 (6A) – frais de réservation 17 €
Location (avr.-15 oct.) : 30 🛖 (4 à 6 pers.) 205 à
655 €/sem. – 20 🏠 (4 à 6 pers.) 314 à 705 €/sem.
Pour s'y rendre : à l'O du bourg
À savoir : décoration florale et arbustive, bel ensemble
aquatique

Nature : 🌳 🗻 ♡♡
Loisirs : 🍴 snack, pizzeria 🎮
nocturne 🎯 🎿 🏓 🛝 🚲 🎯
🏊 🏊 terrain omnisports
Services : 👤 🅶🅱 ⚕ 🍴 🚿 ♿ 🚮 🔧
🚮 🔧

▲▲ **Le Brandais** 1er mai-30 sept.
  ℘ 02 51 90 55 87, *camping.lebrandais@wanadoo.fr*,
Fax 02 51 90 12 74, *www.campinglebrandais.com* – places limitées pour le passage – **R** conseillée
2,3 ha (172 empl.) plat et peu incliné, herbeux
Tarif : ♦ ⇔ 🄴 18,50 € – 🔌 (10A) 4 € – frais de réservation 15 €
Pour s'y rendre : sortie NO par D 38 et rte à gauche

Nature : 🌳 🗻 ♡♡
Loisirs : 🍴 🎮 🏓 🏊
Services : 👤 ⛽ 🅶🅱 ⚕ 🍴 🚿 ♿ 🚮
🔧
À prox. : 🍴

▲▲▲ **L'Océan** 1er avr.-15 oct.
  ℘ 02 51 90 59 16, *contact@campingdelocean.fr*,
Fax 02 51 90 14 21, *www.campingdelocean.fr* – **R** conseillée
4 ha (210 empl.) plat, herbeux, sablonneux
Tarif : ♦ ⇔ 🄴 19 € – 🔌 3 € – frais de réservation 15 €
Pour s'y rendre : O : 1 km

Nature : 🌳 🗻 ♀
Loisirs : 🍴 snack 🎮 🏓 🏊 🏊
Services : 👤 ⛽ 🅶🅱 ⚕ 🍴 🚿 ♿
🚮 🔧 🔧
À prox. : 🍴

BRÉTIGNOLLES-SUR-MER

✉ 85470 – **316** E8 – 2 686 h. – alt. 14

🛈 *Office de tourisme, 1, boulevard du Nord* ℰ *02 51 90 12 78, Fax 02 51 22 40 72*
Paris 459 – Challans 30 – La Roche-sur-Yon 36 – Les Sables-d'Olonne 18.

Les Dunes ♨ – 1ᵉʳ avr.-11 nov.
ℰ 02 51 90 55 32, *infos@campinglesdunes.fr*,
Fax 02 51 90 54 85, *www.campinglesdunes.com* – places li-
mitées pour le passage – **R** conseillée
12 ha (760 empl.) plat, sablonneux
Tarif : ✚ ⟋ 🅴 35 € – (½) (10A) – frais de réservation 23 €
Location : 100 🛏 (4 à 6 pers.) 240 à 815 €/sem.
Pour s'y rendre : S : 2,5 km par D 38 et rte à droite, à 200 m
de la plage (accès direct)

> Nature : 🏕 👥👥
> Loisirs : 🍽 ✕ pizzeria 🏛 🏇 🏊
> 🚴 ⛳ 🎾 🅾 🅹 🛝 terrain omnis-
> ports
> Services : 🚿 GB 🛒 🗃 🛁 ♨ 🚮 🚻
> 🅿 🛢 🛶
> À prox. : 🏇

La Motine 1ᵉʳ avr.-30 sept.
ℰ 02 51 90 04 42, *campinglamotine@wanadoo.fr*,
Fax 02 51 33 80 52, *www.lamotine.com* – **R** indispensable
1,8 ha (103 empl.) peu incliné, herbeux
Tarif : ✚ ⟋ 🅴 26 € – frais de réservation 23 €
Location : 12 🛏 (4 à 6 pers.) 280 à 580 €/sem.
🚐, 1 borne 11 € – 40 🅴
Pour s'y rendre : par av. de la Plage et à droite, rue des
Morinières
À savoir : décoration arbustive

> Nature : 🏕
> Loisirs : 🍽 ✕ crêperie 🅹
> Services : 🚹 🚿 GB 🛒 🗃 🛁 ♨
> 🚻 🅿 🛶
> À prox. : 🏇

La Trevillière 7 avr.-23 sept.
ℰ 02 51 90 09 65, *chadotel@wanadoo.fr*,
Fax 02 51 33 94 04, *www.chadotel.com* – **R** conseillée
3 ha (204 empl.) plat, peu incliné, herbeux
Tarif : ✚ 5,80 € ⟋ 2,90 € 🅴 23,20 € – (½) 4,70 € – frais de
réservation 25 €
Location : 12 🛏 (4 à 6 pers.) 190 à 745 €/sem. – 5 🏠
(4 à 6 pers.) 265 à 770 €/sem.
Pour s'y rendre : sortie N par la rte du stade et à gauche

> Nature : 🏕 👥
> Loisirs : 🍽 🏊 🏇 🅹 🛝
> Services : 🚹 🚿 GB 🛒 🗃 🛁 ♨ 🚮
> 🚻 🅿 🛶

Les Vagues 1ᵉʳ avr.-30 nov.
ℰ 02 51 90 19 48, *lesvagues@free.fr*, Fax 02 40 02 49 88,
www.campinglesvagues.fr – places limitées pour le passage
– **R** conseillée
4,5 ha (256 empl.) plat, peu incliné, herbeux
Tarif : (Prix 2006) ✚ 6 € ⟋ 1,50 € 🅴 20 € – (½) 3,50 € – frais
de réservation 15 €
Location (15 avr.-15 oct.) ✂ : 30 🛏 (4 à 6 pers.) 240 à
700 €/sem.
Pour s'y rendre : au N du bourg, par D 38, direction St-
Gilles-Croix-de-Vie

> Nature : 🏕 👥👥
> Loisirs : 🏛 🏇 ✕ 🅾 🅹 🛝
> Services : 🚹 🚿 GB 🛒 🗃 🛁 ♨ 🖥

Le Marina mai-sept.
ℰ 02 51 33 83 17, Fax 02 51 33 83 17 – **R** conseillée
2,7 ha (131 empl.) plat, herbeux
Tarif : (Prix 2006) ✚ ⟋ 🅴 18 € – frais de réservation 15 €
Location : 4 🛏 (4 à 6 pers.) 250 à 450 €/sem.
Pour s'y rendre : sortie NO par D 38, rte de St-Gilles-Croix-
de-Vie puis à gauche 1 km par rte des-Fermes-Marines et
chemin à droite

> Nature : 🏕 👥
> Loisirs : 🏛
> Services : 🚹 🚿 🛒 🗃 🛁 ♨ 🚮 🚻 🖥
> À prox. : 🅹

Le Bon Accueil 15 juin-15 sept.
ℰ 02 51 90 15 92, Fax 02 51 90 15 92 – **R** conseillée
3 ha (146 empl.) plat, peu incliné, herbeux
Tarif : ✚ ⟋ 🅴 15,50 € – (½) 3 € – frais de réservation 15 €
Location : 6 🛏 (4 à 6 pers.) 250 à 480 €/sem.
Pour s'y rendre : NO : 1,2 km par D 38 rte de St-Gilles-
Croix-de-Vie
À savoir : cadre champêtre

> Nature : 👥👥
> Loisirs : 🅹
> Services : 🚹 🚿 🛒 🗃 🛁 🅰 ♨ 🖥

608

CHAILLÉ-LES-MARAIS

✉ 85450 – **316** J9 – G. Poitou Vendée Charentes – 1 599 h. – alt. 16
🛈 *Office de tourisme, 60 bis, rue de l'an VI, le Nieul* 𝒫 *02 51 56 71 17*
Paris 446 – Fontenay-le-Comte 23 – Niort 57 – La Rochelle 34 – La Roche-sur-Yon 49.

L'Île Cariot 15 juin-8 sept.
𝒫 02 51 56 75 27, *campingchaille@aol.com*,
Fax 02 51 56 75 27, *www.campingchaille.com* – **R** conseillée
1,2 ha (45 empl.) plat, herbeux
Tarif : ✹ 3,80 € – ⛺ 1,80 € – 🅿 2,20 € – [₺] 2,50 €
🚐 1 borne 2 €
Pour s'y rendre : au S du bourg, rue du 8-mai-1945, bord
de petits ruisseaux et près du stade

Nature : 🌳 ♀
Loisirs : 🏠 🛝 🚲 ⛵
Services : 🚿 ⛽ 🆔 🅿 ⊕ 🗑
À prox. : ✂

La CHAIZE-GIRAUD

✉ 85220 – **316** F8 – 597 h. – alt. 15
Paris 453 – Challans 24 – La Roche-sur-Yon 32 – Les Sables-d'Olonne 21 – St-Gilles-Croix-de-Vie 13.

Les Alouettes
𝒫 02 51 22 96 21, *dominique.masson10@wanadoo.fr*,
Fax 02 51 22 92 68 – **R** conseillée
3 ha (140 empl.) plat, en terrasses, peu incliné, herbeux,
sablonneux
Location : 🛖 – 🛖
Pour s'y rendre : O : 1 km par D 12, rte de St-Gilles-Croix-
de-Vie

Nature : 🌳 ♀
Loisirs : 🏠 🛝 ⛵
Services : 🚿 ⛽ 🆔 ⊕ 🗑

La CHAPELLE-HERMIER

✉ 85220 – **316** F7 – 560 h. – alt. 58
Paris 447 – Aizenay 13 – Challans 25 – La Roche-sur-Yon 29 – Les Sables-d'Olonne 25 – St-Gilles-Croix-de-Vie 20.

Pin Parasol 27 avr.-25 sept.
𝒫 02 51 34 64 72, *campingpinparasol@free.fr*,
Fax 02 51 34 64 62, *http://campingpinparasol.free.fr*
– **R** conseillée
7,7 ha (211 empl.) plat, peu incliné, terrasses, herbeux
Tarif : ✹ ⛺ 🅿 12,25 € – [₺] (10A) 4 €
Location 🏷 : 17 🛖 (4 à 6 pers.) 180 à 665 €/sem. – 24
🏠 (4 à 6 pers.) 180 à 695 €/sem.
Pour s'y rendre : SO : 3,3 km par D 42, rte de l'Aiguillon-
sur-Vie puis 1 km par rte à gauche
À savoir : près du lac de Jaunay (accès direct)

Nature : 🌊 ⩤ 🌳
Loisirs : 🍴 🏠 🎣 ⛵ hammam
🛝 🚲 🎯 ⛵ ⛷
Services : 🚿 ⛽ 🆔 🅿 ⊕ 🗑
🐕
À prox. : 🎣

605

COMMEQUIERS

✉ 85220 – **316** E7 – 2 297 h. – alt. 19
Paris 441 – Challans 13 – Nantes 63 – La Roche-sur-Yon 38 – Les Sables-d'Olonne 36 – St-Gilles-Croix-de-Vie 12.

La Vie 15 avr.-30 sept.
𝒫 02 51 54 90 04, *campinglavie@fr.st*, Fax 02 51 54 36 63,
www.camping-la-vie.fr.st – **R** conseillée
3 ha (73 empl.) plat, herbeux, petit étang
Tarif : ✹ 5 € – ⛺ 3 € – 🅿 4 € – [₺] 4 € – frais de réservation 15 €
Location : 10 🛖 (4 à 6 pers.) 230 à 520 €/sem.
Pour s'y rendre : SE : 1,3 km par D 82 rte de Coëx et
chemin à gauche

Nature : 🌊 ♀
Loisirs : 🍴 🏠 ⛵ 🎣
Services : 🚿 ⛽ 🆔 🅿 ⊕ 🗑

Le Trèfle à 4 feuilles
𝒫 02 51 54 87 54, *letrefle@free.fr*, Fax 02 28 10 49 19,
www.trefle-a4feuilles.com – **R** conseillée
1,8 ha (25 empl.) plat, terrasses, herbeux
Pour s'y rendre : SE : 3,3 km par D 82, rte de Coëx et
1,4 km par chemin à gauche, au lieu-dit la Jouère
À savoir : sur les terres d'une exploitation agricole, le
royaume des animaux

Nature : 🌊
Loisirs : 🍴 🏠 🛝
Services : 🚿 ⛽ ⊕ 🗑
À prox. : **parc animalier**

Les CONCHES

✉ 85560 – **316** H9
Paris 465 – Nantes 109 – La Roche 37 – La Rochelle 63 – Niort 93.
Schéma à Longeville-sur-Mer

Le Clos des Pins 1ᵉʳ avr.-30 sept.
 📞 02 51 90 31 69, *philip.jones@freesbee.fr*,
Fax 02 51 90 30 68, *www.campinginfrance.com* – **R** conseillée
1,6 ha (95 empl.) plat et peu accidenté, sablonneux
Tarif : 🚶 🚐 🖾 24 € – 📷 3 €
Location : 35 📷 (4 à 6 pers.) 133 à 660 €/sem. – 8 🛖
(4 à 6 pers.) 259 à 740 €/sem. – bungalows toilés
Pour s'y rendre : r. du Dr-Joussemet, à 500 m de la plage

Nature : 🏞 ⚬⚬
Loisirs : 🍴 🎱 🏸 🏊 🛶
Services : ⚿ ⟐ GB 🛒 🛖 ♨ ⊕ 🖾
À prox. : ♨

Le Sous-Bois juin-15 sept.
 📞 02 51 33 36 90, Fax 02 51 33 32 73 – **R** conseillée
1,7 ha (120 empl.) plat, sablonneux
Tarif : 🚶 🚐 🖾 16 € – 📷 (10A) 3,50 €
Location 🐟 : 4 📷 (4 à 6 pers.) 450 €/sem.
Pour s'y rendre : au lieu-dit la Saligotière

Nature : 🏕 🏞 ⚬
Loisirs : 🎱 🏸 ✂
Services : ⚿ ⟐ 🛒 🖾 ⊕ 🛶 ⚐ 🕯
🖾

Les Ramiers Pâques-fin sept.
 📞 02 51 33 32 21, *www.campinglesramiers.com*
– **R** conseillée
1,4 ha (80 empl.) plat et peu accidenté, en terrasses,
sablonneux
Tarif : 🚶 🚐 🖾 12,50 € – 📷 (10A) 4 €
Location : 6 📷 (4 à 6 pers.) 150 à 458 €/sem.
Pour s'y rendre : 44 bis, r. des Tulipes
À savoir : pour les tentes, beaux emplacements en ter-
rasses et en sous-bois

Nature : 🏞 ⚬⚬
Loisirs : 🍴 snack
Services : ⚿ ⟐ 🛒 ⊕

LES EPESSES

✉ 85590 – **316** K6 – 2 110 h. – alt. 214
Paris 375 – Bressuire 38 – Chantonnay 29 – Cholet 24 – Clisson 47 – La Roche-sur-Yon 50.

La Bretèche 1ᵉʳ avr.-25 sept.
 📞 02 51 57 33 34, *contact@campinglabreteche.com*,
Fax 02 51 57 41 98, *www.campinglabreteche.com*
– **R** conseillée
3 ha (115 empl.) plat, peu incliné, herbeux
Tarif : 🚶 🚐 🖾 15,30 € – 📷 (10A) 2,75 € – frais de réser-
vation 8 €
Location : 24 🛖 (4 à 6 pers.) 230 à 599 €/sem.
📷 1 borne
Pour s'y rendre : sortie N par D 752, rte de Cholet et
chemin à droite
À savoir : belle décoration arbustive, près d'un étang

Nature : 🏞
Loisirs : 🍴 snack 🎱 🏊
Services : ⚿ ⟐ GB 🛒 🖾 ⊕ 🖾
À prox. : 🚴 Puy du Fou (3 km), parc
d'attractions

Les ESSARTS

✉ 85140 – **316** I7 – G. Poitou Vendée Charentes – 4 186 h. – alt. 78
🅸 *Office de tourisme, 1, rue Armand de Rougé* 📞 02 51 62 85 96
Paris 399 – Cholet 49 – Nantes 60 – Niort 92 – La Roche-sur-Yon 20.

Municipal le Pâtis
 📞 02 51 62 95 83, *camping-lepatis@wanadoo.fr*,
Fax 02 51 62 95 83, *www.campinglepatis.com* – **R** conseillée
1 ha (50 empl.) plat, herbeux
Pour s'y rendre : O : 0,8 km par rte de Chauché et à
gauche, près de deux piscines

Nature : 🏕 ⚬⚬
Services : ⚿ ⟐ 🏊 ⊕
À prox. : ✂ 🖾 🏊

La FAUTE-SUR-MER

✉ 85460 – **316** I9 – 905 h. – alt. 4

🛈 *Office de tourisme, rond-point Fleuri* ℘ *02 51 56 45 19, Fax 02 51 97 18 08*
Paris 465 – Luçon 37 – Niort 106 – La Rochelle 71 – La Roche-sur-Yon 47 – Les Sables-d'Olonne 47.

Schéma à la Tranche-sur-Mer

⚠ Les Flots Bleus
℘ 02 51 27 11 11, *info@campinglesflotsbleus.com*,
Fax 02 51 29 40 76 – **R** conseillée
1,5 ha (124 empl.) plat, sablonneux, herbeux

Location : 🛖

Pour s'y rendre : SE : 1 km par rte de la pointe d'Arçay, à
200 m de la plage

Nature : ⌁ 🌳
Loisirs : 🍴 🏖 🛝
Services : 🚿 🍴 ♨ ⊕ 🔋

⚠ **Le Pavillon Bleu** 24 avr.-8 sept.
℘ 02 51 56 08 78, *camping-apv@wanadoo.fr*,
Fax 02 51 56 31 50, *www.camping-apv.com* – **R** conseillée
1,3 ha (85 empl.) plat, sablonneux, herbeux
Tarif : (Prix 2006) ★ ⛺ 🔲 19 € – 🔌 (10A) 4 € – frais de
réservation 27 €

Location (permanent) : 6 🛖 (4 à 6 pers.) 175 à
754 €/sem.

Pour s'y rendre : NO : 2,4 km par rte de la Tranche-sur-Mer
et chemin à droite

Nature : ⌁
Loisirs : 🏖 🛝 (petite piscine)
Services : 🚿 ⊶ GB 🐾 🍴 ♨ ⊕ 🚗 🍷 🔋

Benutzen Sie
– zur Wahl der Fahrtroute
– zur Berechnung der Entfernungen
– zur exakten Lokalisierung eines Campingplatzes (mit Hilfe der Angaben im Ortstext)
die für diesen Führer unentbehrlichen **MICHELIN-Karten** *im Ma1 : 150 000.*

Le FENOUILLER

611

✉ 85800 – **316** E7 – 3 213 h. – alt. 10
Paris 455 – Nantes 70 – La Roche 49 – Saint 90 – Saint 72.

⚠ **Le Chatelier** avr.-15 oct.
℘ 02 28 10 50 75, Fax 02 28 10 50 75 – **R**
2,5 ha (80 empl.) plat, herbeux
Tarif : ★ ⛺ 🔲 20 €
Location : 4 🛖 (4 à 6 pers.) 210 à 550 €/sem.
Pour s'y rendre : SO : 1,4 km par D 754 et chemin à droite

Nature : 🌳
Loisirs : 🍸 🏖 🛝
Services : 🚿 ⊶ 🐾 ♨ ⊕ 🚗 🔋

⚠ **Aire Naturelle le Petit Beauregard** avr.-sept.
℘ 02 51 55 07 98 – **R** conseillée
2 ha (50 empl.) plat, herbeux
Tarif : ★ ⛺ 🔲 12,50 € – 🔌 (6A) 3 €
Pour s'y rendre : sortie SO par D 754, rte de St-Gilles-Croix-
de-Vie et 0,6 km par chemin à gauche
À savoir : cadre champêtre

Nature : 🏞 🌳
Loisirs : 🏖
Services : 🚿 ⊶ 🐾 ⊕ 🔋

FROMENTINE

✉ 85550 – **316** D6 – G. Poitou Vendée Charentes
Paris 455 – Nantes 69 – La Roche 72 – Saint 66 – Saint 66.

Schéma à St-Jean-de-Monts

⚠⚠ **Campéole La Grande Côte** 7 avr.-16 sept.
℘ 02 51 68 51 89, *cplgrandecote@atciat.com*,
Fax 02 51 49 25 57, *www.campeole.com* – **R** conseillée
21 ha (810 empl.) plat et accidenté, sablonneux
Tarif : ★ ⛺ 🔲 21 € – frais de réservation 23,80 €
Location : 65 🛖 (4 à 6 pers.) 470 à 952 €/sem.
Pour s'y rendre : à l'O de la station, rte de la Grande Côte
À savoir : au bord de la plage

Nature : 🌲🌲(pinède)
Loisirs : 🍴 🏠 🍹 nocturne 🏃 🚲 🏖
Services : 🚿 ⊶ GB 🐾 🍴 ♨ ⊕ 🚗 🍷 🔋
À prox. : 🚣

Le GIVRE

✉ 85540 – **316** H9 – 273 h. – alt. 20
Paris 446 – Luçon 20 – La Mothe-Achard 33 – Niort 88 – La Rochelle 62 – La Roche-sur-Yon 27 – Les Sables-d'Olonne 33.

⚠ **Aire Naturelle la Grisse** 15 avr.-15 oct.
     ℰ 02 51 30 83 03, *lagrisse@wanadoo.fr* – **R** conseillée
     1 ha (25 empl.) plat, herbeux
     Tarif : 🚶 ⛺ 🚗 8 € – 🔌 (6A) 3 €
     Pour s'y rendre : S : 2,5 km par rte reliant la D 949 et la D 747
     À savoir : Cadre champêtre

Nature : 🦢 ♀	
Loisirs : 🛝	
Services : ⚕ ⟲ GB ⟲ 🔲 ♨ ⊕ 🔲	

GRAND'LANDES

✉ 85670 – **316** G7 – 381 h. – alt. 52
Paris 431 – Aizenay 12 – Challans 21 – Nantes 53 – La Roche-sur-Yon 30 – St-Gilles-Croix-de-Vie 30.

⚠ **Municipal les Blés d'Or** Permanent
     ℰ 02 51 98 51 86, *mairiegrandlandes@wanadoo.fr*,
     Fax 02 51 98 53 24 – **R** conseillée
     1 ha (40 empl.) plat, herbeux, peu incliné
     Tarif : 🚶 ⛺ 🚗 5 € – 🔌 (12A) 2,30 €
     Pour s'y rendre : au bourg, par D 94, rte de St-Etienne-du-Bois, à 100 m d'un étang
     À savoir : emplacements bien délimités par des haies

Nature : 🌳 ♀	
Services : ⚕ ⊕ 🏕 📮	
À prox. : 🛝 🛶 🐎	

To select the best route and follow it with ease,
To calculate distances,
To position a site precisely from details given in the text :
*Get the appropriate **MICHELIN regional map,** 1 : 150 000.*

612

ÎLE DE NOIRMOUTIER

✉ 85 – **316** – G. Poitou Vendée Charentes
par le pont routier de Fromentine : gratuit - par le passage du Gois à basse mer (4,5 km)
🛈 *Office de tourisme, rue du Général Passaga* ℰ 02 51 39 12 42

Barbâtre ✉ 85630 – 1 420 h. – alt. 5
🛈 *Office de tourisme, route du Pont* ℰ 02 51 39 80 71, Fax 02 51 39 53 16
Paris 453 – Challans 32 – Nantes 70 – Noirmoutier-en-l'Île 11 – St-Nazaire 71.

⚠ **Municipal du Midi** 31 mars-16 sept.
     ℰ 02 51 39 63 74, *camping-du-midi@wanadoo.fr*,
     Fax 02 51 39 58 63, *www.camping-du-midi.com*
     13 ha (630 empl.) accidenté, sablonneux, herbeux
     Tarif : (Prix 2006) 🚶 ⛺ 🚗 29 € – 🔌 (10A)
     Location : 150 🏠 (4 à 6 pers.) 225 à 739 €/sem.
     Pour s'y rendre : NO : 1 km par D 948 et chemin à gauche
     À savoir : près de la plage (accès direct)

Nature : ♀	
Loisirs : 🍴 snack 🎱 🏓 🛝	
Services : ⚕ ⟲ GB ⟲ 🔲 ♨ 🐾 ⊕ 🔲	
À prox. : 🚿	

La Guérinière ✉ 85680 – 1 486 h. – alt. 5
Paris 460 – Challans 39 – Nantes 77 – Noirmoutier-en-l'Île 5 – La Roche-sur-Yon 83 – St-Nazaire 78.

⚠ **Le Caravan'Île** 1er mars-15 nov.
     ℰ 02 51 39 50 29, *contact@caravanile.com*,
     Fax 02 51 35 86 85, *www.caravanile.com* – **R** conseillée
     8,5 ha (385 empl.) plat, peu incliné, dunes attenantes, sablonneux, herbeux
     Tarif : (Prix 2006) 🚶 ⛺ 🚗 21 € – frais de réservation 16 €
     Location : 81 🏠 (4 à 6 pers.) 245 à 680 €/sem.
     Pour s'y rendre : sortie E par D 948 et à droite avant le rond-point
     À savoir : près de la plage (accès direct par escalier)

Nature : ⛰	
Loisirs : 🍴 🏠 🎮 🛝 🏓 🛶 terrain omnisports	
Services : ⚕ ⟲ GB ⟲ 🔲 ⊕ 🐾 🔲 🚿	
À prox. : ✕ 🚲 🏓	

<table>
</table>

La Sourderie 1er avr.-30 sept.

   𝒫 02 51 39 51 38, *contact@campingsourderie.com*,
Fax 02 51 39 57 97, *www.campingsourderie.com*
– **R** conseillée
5,5 ha (306 empl.) peu incliné et plat, sablonneux, herbeux,
dunes
Tarif : ⚹ ⇔ 🅴 23,50 € [½] (6A) – frais de réservation 15 €
Location (1er avr.-30 sept.) : 60 (4 à 6 pers.) 200 à
690 €/sem.
🚐, 1 borne 5 €
Pour s'y rendre : sortie E par D 948 et à droite avant le
rond-point
À savoir : près de la plage (accès direct par escalier)

| Nature : |
| Loisirs : |
| Services : (1er juil.-30 août) |
| À prox. : snack |

Noirmoutier-en-l'Île ✉ 85330 – 5 001 h. – alt. 8
Paris 468 – Nantes 80 – Saint-Nazaire 82 – Vannes 160 – La Roche-sur-Yon 83.

Municipal le Clair Matin avr.-Toussaint

   𝒫 02 51 39 00 56, Fax 02 51 39 74 36 – **R** conseillée
6,5 ha (276 empl.) plat, herbeux, sablonneux
Tarif : (Prix 2006) ⚹ ⇔ 🅴 14,10 € – [½] (10A) 3,55 € – frais
de réservation 21 €
🚐, 1 borne
Pour s'y rendre : 2 km à l'E, à 200 m de la plage des
Sableaux

| Nature : |
| Loisirs : |
| Services : (juil.-août) |
| À prox. : |

L'ILE-D'OLONNE

Île aux Oiseaux 1er mai-30 sept.

   𝒫 02 51 90 89 96, *camping-ile-aux-oiseaux@wanadoo.fr*,
Fax 02 51 32 33 07, *www.ile-aux-oiseaux.fr* – places limitées
pour le passage – **R** conseillée
2 ha (113 empl.) plat, herbeux
Tarif : ⚹ ⇔ 🅴 16 € – [½] (6A) 3,50 € – frais de réservation 14 €
Pour s'y rendre : NE : 0,8 km par D 87, rte de St-Mathurin
et rue du Pré-Neuf à gauche

| Nature : |
| Loisirs : |
| Services : |

613

Château et collégiale St-Liphard en bordure de Loire

JARD-SUR-MER

✉ 85520 – **316** C9 – 2 235 h. – alt. 14
🅱 *Office de tourisme, place de la Liberté* ℰ *02 51 33 40 47, Fax 02 51 33 96 42*
Paris 453 – Challans 62 – Luçon 36 – La Roche-sur-Yon 35 – Les Sables-d'Olonne 21.

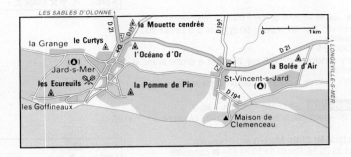

614

⚠ **Le Curtys** ♣♣ – début avr.-mi-sept.
ℰ 02 51 33 06 55, *info@palmiers-ocean.fr,*
Fax 02 51 33 92 01, *www.palmiers-ocean.fr* – places limitées
pour le passage – ℝ
8 ha (360 empl.) plat, herbeux
Tarif : (Prix 2006) 🛉 🚗 🅴 25 € 🔌 (6A) – frais de réservation 25 €
Location : 15 🛏 (2 à 4 pers.) 130 à 520 €/sem. – 210 🛏 (4 à 6 pers.) 150 à 710 €/sem. – 16 🛖 (4 à 6 pers.) 390 à 710 €/sem. – bungalows toilés
Pour s'y rendre : au N de la station

> Nature : 🏞 🌳
> Loisirs : 🍽 snack 🎦 🌙 nocturne 🎯 salle d'animation 🏊 🚲 🎾 🏐 🎣 terrain omnisports
> Services : 🚿 🔌 GB 🚐 🛒 🔥 🧺 🛁 🗑
> À prox. : 🍴

⚠ **Les Écureuils** ♣♣ – 1ᵉʳ avr.-30 sept.
ℰ 02 51 33 42 74, *camping-ecureuils@wanadoo.fr,*
Fax 02 51 33 91 14, *www.camping-ecureuils.com* – ℝ indispensable 🦅
4 ha (261 empl.) plat, sablonneux
Tarif : 🛉 🚗 🅴 22,20 € – frais de réservation 25 €
Location : 30 🛏 (4 à 6 pers.) 270 à 750 €/sem.
Pour s'y rendre : rte des Goffineaux, à 300 m de l'océan

> Nature : 🏖 🏞 🌳🌳
> Loisirs : 🍽 🎦 🎯 🏋 🏊 🚲 🎣 🏐 🏓
> Services : 🚿 🔌 GB 🚐 🛒 🔥 🧺 🛁 🗑 🐾 🛁 🗑 🧺
> À prox. : 🍴

⚠ **L'Océano d'Or** 7 avr.-23 sept.
ℰ 02 51 33 65 08, *chadotel@wanadoo.fr,*
Fax 02 51 33 94 04, *www.chadotel.com* – ℝ conseillée
8 ha (431 empl.) plat, herbeux
Tarif : 🛉 🚗 🅴 24,20 € – 🔌 4,70 € – frais de réservation 25 €
Location : 50 🛏 (4 à 6 pers.) 200 à 765 €/sem. – 6 🛖 (4 à 6 pers.) 300 à 795 €/sem.
Pour s'y rendre : au NE de la station par D 21

> Nature : 🏞 🌳
> Loisirs : 🍽 🎦 🌙 nocturne salle d'animation 🏊 🚲 🎾 🏐 🎣 terrain omnisports
> Services : 🚿 🔌 GB 🚐 🛒 🔥 🧺 🛁 🐾 🗑 🧺 🛁

⚠ **La Pomme de Pin** 1ᵉʳ avr.-fin sept.
ℰ 02 51 33 43 85, *info@pommedepin.net,*
Fax 02 51 20 31 69, *www.pommedepin.net* – places limitées
pour le passage – ℝ indispensable
2 ha (150 empl.) plat, sablonneux
Tarif : 🛉 🚗 🅴 28 €
Location : 40 🛏 (4 à 6 pers.) 190 à 745 €/sem. – 8 🛖 (4 à 6 pers.) 190 à 745 €/sem.
Pour s'y rendre : SE : rue Vincent-Auriol, à 150 m de la plage de Boisvinet

> Nature : 🏞 🌳
> Loisirs : 🍽 pizzeria 🎦 🏊 🚲 🏐 🏓
> Services : 🚿 🔌 GB 🚐 🛒 🔥 🧺 🗑

⚠ **La Mouette Cendrée** déb.avr.-fin sept.
     📞 02 51 33 59 04, *camping.mc@free.fr*, Fax 02 51 20 31 39,
www.mouettecendree.com – **R** conseillée
1,2 ha (72 empl.) plat, herbeux
Tarif : (Prix 2006) 🏕 ⇆ 🅴 20,60 €
Location : 40 🚐 (4 à 6 pers.) 200 à 600 €/sem. –
bungalows toilés
Pour s'y rendre : sortie NE par D 19, rte de St-Hilaire-la-
Forêt

> Nature : ⌑ ⚲
> Loisirs : 🛶 ⌣ (petite piscine) ⟁
> Services : ⚹ ⌐ GB 🗸 🗓 ☺ 🖥

LANDEVIEILLE

✉ 85220 – **316** F8 – 791 h. – alt. 37
Paris 452 – Challans 25 – Nantes 83 – La Roche-sur-Yon 32 – Les Sables-d'Olonne 19 – St-Gilles-Croix-de-Vie 14.

⚑ **Pong** 👥 – 1ᵉʳ avr.-15 sept.
     📞 02 51 22 92 63, *info@lepong.com*, Fax 02 51 22 99 25,
www.lepong.com – **R** conseillée
3 ha (230 empl.) plat et peu incliné, terrasses, herbeux, petit
étang
Tarif : 🏕 ⇆ 🅴 20,50 € – 🔌 (6A) 4 € – frais de réservation 18 €
Location : 10 🚐 (4 à 6 pers.) 240 à 570 €/sem.
Pour s'y rendre : sortie NE, chemin du stade

> Nature : 🐾 ⌑ ⚲
> Loisirs : snack 🍴 ⁂ ⇌ 🛶 ⌣
> ⟁ ⌣
> Services : ⚹ ⌐ (1ᵉʳ juil.-25 août)
> GB 🗸 🗓 🛒 🞉 ☺ ⟁ ⌣ 🖥 🗓
> À prox. : ✕

⚑ **L'Orée de l'Océan** juin-15 sept.
     📞 02 51 22 96 36, *info@camping-oreedelocean.com*,
Fax 02 51 22 96 36, *www.camping-oreedelocean.com*
– **R** conseillée
2,8 ha (140 empl.) plat et peu incliné, herbeux
Tarif : 🏕 ⇆ 🅴 25 € – 🔌 (5A) 3 € – frais de réservation 15 €
Location (avr.-oct.) : 70 🚐 (4 à 6 pers.) 350 à
620 €/sem. – bungalows toilés
Pour s'y rendre : sortie O, rte de Brétignolles-sur-Mer, à
proximité d'un étang

> Nature : ⌑ ⚲
> Loisirs : ⛺ 🛶 ⌣ ⟁ terrain om-
> nisports
> Services : ⚹ ⌐ (juil.-août) GB 🗸
> 🗓 ☺ 🖥
> À prox. : ✕

615

*Donnez-nous votre avis
sur les terrains que nous recommandons.
Faites-nous connaître vos observations et vos découvertes.*

LONGEVILLE-SUR-MER

✉ 85560 – **316** H9 – 1 962 h. – alt. 10
🅱 *Office de tourisme, 9, rue Georges Clemenceau* 📞 02 51 33 34 64
Paris 448 – Challans 74 – Luçon 29 – La Roche-sur-Yon 31 – Les Sables-d'Olonne 28.

⚑ **Les Brunelles** 👥 – 31 mars-29 sept.
     📞 02 51 33 50 75, *camping@les-brunelles.com*,
Fax 02 51 33 98 21, *www.camp-atlantique.com* – places limitées pour le passage – **R** conseillée
4,8 ha (295 empl.) plat, peu incliné, pierreux
Tarif : 🏕 ⇆ 🅴 21 € – 🔌 5 € – frais de réservation 20 €
Location : 14 🚐 (2 à 4 pers.) 110 à 620 €/sem. – 230
🚐 (4 à 6 pers.) 150 à 920 €/sem.
Pour s'y rendre : SO : 1,5 km par rte de la Tranche-sur-Mer
puis 2,2 km par rte à droite

> Nature : 🐾 ⌑ ⚲
> Loisirs : 🍸 snack, pizzeria 🍴 ☺
> nocturne ⁂ 🎣 ⇌ hammam
> 🛶 ✕ 🎯 ⌣ ⟁ terrain omnis-
> ports
> Services : ⚹ ⌐ GB 🗸 🗓 🛒 ☺ ⟁
> ⌣ 🖥 ⟁
> À prox. : 🏇

⚑ **Jarny Océan** 3 mars-29 sept.
     📞 02 51 33 42 21, *jarny-ocean@wanadoo.fr*,
Fax 02 51 33 98 37, *www.camp-atlantique.com* – **R** conseillée
7,5 ha (296 empl.) plat et peu incliné, herbeux
Tarif : 🏕 ⇆ 🅴 21 € – 🔌 5 € – frais de réservation 20 €
Pour s'y rendre : SO : 1,5 km par rte de la Tranche-sur-Mer
puis 2 km par rte à droite

> Nature : 🐾 ⌑ ⚲
> Loisirs : 🍸 snack 🍴 ☺ nocturne
> 🛶 🚲 ✕ ⌣
> Services : ⚹ ⌐ GB 🗸 🗓 ☺ ⟁ ⌣
> 📶 🖥 ⟁
> À prox. : 🏇

LONGEVILLE-SUR-MER

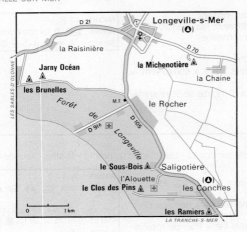

▲ **La Michenotière** avr.-oct.

C 02 51 33 38 85, *contact@camping-la-michenotiere.fr*,
Fax 02 51 33 28 09, *www.camping-la-michenotiere.fr*
– **R** conseillée
3,5 ha (120 empl.) plat, herbeux
Tarif : (Prix 2006) ✽ ⇆ 🅴 23,50 € (½) (10A) – frais de réservation 20 €
Location : 🛏 (4 à 6 pers.) 170 à 650 €/sem. – 🏚 (4 à 6 pers.) 210 à 790 €/sem.
Pour s'y rendre : SE : 1,5 km par D 70, rte d'Angles et chemin à droite

> Nature : 🌳 🗒 ♀
> Loisirs : 🏊 🚴 ☕ 🏖
> Services : 🚿 🔌 GB ⚕ 🏪 🅰 🖲

616

Les LUCS-SUR-BOULOGNE

✉ 85170 – **316** H6 – 2 702 h. – alt. 70
🛈 *Office de tourisme, place Sénéchal C 02 51 46 51 28*
Paris 423 – Aizenay 19 – Les Essarts 24 – Nantes 45 – La Roche-sur-Yon 22.

▲ **Municipal Val de Boulogne** 9 juin-9 oct.

C 02 51 46 59 00, *mairie.leslucssurboulogne@wanadoo.fr*,
Fax 02 51 46 51 20, *www.ville-leslucssurboulogne.fr*
– **R** conseillée
0,3 ha (19 empl.) plat et peu incliné, herbeux
Tarif : (Prix 2006) ✽ 2,35 € ⇆ 1,50 € 🅴 1,90 € –
(½) (10A) 2,45 €
Pour s'y rendre : sortie NE par D 18, rte de St-Sulpice-le-Verdon et chemin à droite
À savoir : cadre verdoyant et ombragé, près d'un étang

> Nature : 🗒 ♀
> Services : ⚕ 🅰
> À prox. : ♀ ✗ ⚲ canoë

MACHÉ

✉ 85190 – **316** F7 – 1 094 h. – alt. 42
Paris 443 – Challans 22 – Nantes 59 – La Roche-sur-Yon 26 – Les Sables-d'Olonne 35.

▲▲ **La Résidence du Lac** (location exclusive de mobile homes et bungalows) Permanent

C 02 51 55 20 30, *laresidencedulac@libertysurf.fr*,
Fax 02 51 55 20 30, *www.residence-du-lac.com* – empl. traditionnels également disponibles – **R** indispensable
18 ha plat, herbeux
Location : 17 🛏 (4 à 6 pers.) 250 à 478 €/sem.
Pour s'y rendre : rte d'Apremont et chemin à gauche, accès direct au lac

> Nature : 🗒
> Loisirs : ♀ 🏊 🏖
> Services : 🔌 ⚕ 🖲
> À prox. : ✗ ⚲ canoë

⚠ **Le Val de Vie** 1ᵉʳ mai-30 sept.
℘ 02 51 60 21 02, *campingvaldevie@aol.com*,
Fax 02 51 60 21 02 – **R** conseillée
2,5 ha (52 empl.) plat, peu incliné, herbeux
Tarif : ♦ 4,25 € ⟶ 2 € 🅴 7,50 € – 🔌 (10A) 3,50 €
Location (1ᵉʳ avr.-31 oct.) ⚿ : 2 🛏 (4 à 6 pers.) 162 à
510 €/sem.
Pour s'y rendre : rte d'Apremont et chemin à gauche, à
400 m du lac

Nature : 🏞
Loisirs : 🏊 🎿
Services : 🚿 ⊶ GB 🚐 🔥 🛒 ⊕ 🔲
À prox. : 🍴

MAILLEZAIS

✉ 85420 – **316** L9 – G. Poitou Vendée Charentes – 934 h. – alt. 6
🚩 Office de tourisme, rue du Dr Daroux ℘ 02 51 87 23 01, Fax 02 51 00 72 51
Paris 436 – Fontenay-le-Comte 15 – Niort 27 – La Rochelle 49 – La Roche-sur-Yon 73.

⚠ **Municipal de l'Autize** 1ᵉʳ avr.-31 déc.
℘ 06 31 43 21 33, *mairie-maillezais@wanadoo.fr*,
Fax 02 51 87 29 63, *www.maillezais.fr* – **R** conseillée
1 ha (40 empl.) plat, herbeux
Tarif : ♦ ⟶ 🅴 9 € – 🔌 5 €
🛒 9 🅴
Pour s'y rendre : sortie S, rte de Courçon

Nature : 🏞
Loisirs : 🏛
Services : 🚿 🚐 🔥 ⊕ ♨ ⟶ 🔲
À prox. : 🏊 🍴 🚉

MAREUIL-SUR-LAY

✉ 85320 – **316** I8 – G. Poitou Vendée Charentes – 2 277 h. – alt. 20
🚩 Office de tourisme, 36, rue H. de Mareuil ℘ 02 51 97 30 26, Fax 02 51 30 53 32
Paris 428 – Cholet 78 – Nantes 89 – Niort 70 – La Rochelle 56 – La Roche-sur-Yon 23.

⚠ **Municipal la Prée** 15 juin-15 sept.
℘ 02 51 97 27 26, *mairiemareuilsurlay@wanadoo.fr*
1,5 ha (41 empl.) plat, herbeux
Tarif : (Prix 2006) ♦ ⟶ 🅴 10,20 € – 🔌 2,35 €
Pour s'y rendre : au Sud du bourg, attenant au stade et à
la piscine
À savoir : situation pittoresque en bordure du Lay

Nature : 🏞
Loisirs : 🏊
Services : 🚿 ⊶ 🚐 🔥 ⊕ 🔲
À prox. : 🍴 ♨ 🎿 🚉

617

Le MAZEAU

✉ 85420 – **316** L9 – 439 h. – alt. 8
Paris 435 – Fontenay-le-Comte 22 – Niort 21 – La Rochelle 53 – Surgères 42.

⚠ **Municipal le Relais du Pêcheur** 1ᵉʳ avr.-15 oct.
℘ 02 51 52 93 23, *mairie-le-mazeau@wanadoo.fr*,
Fax 02 51 52 97 58 – **R** conseillée
1 ha (54 empl.) plat, herbeux
Tarif : ♦ ⟶ 🅴 5,30 € 🔌 (10A)
Pour s'y rendre : S : à 0,7 km du bourg
À savoir : Cadre et situation agréables au coeur de la
Venise Verte

Nature : 🐟 🏞 ♀
Loisirs : 🏛 ♒
Services : 🚿 ⊶ 🚐 🔥 ⊕ 🔲
À prox. : 🚉

MERVENT

✉ 85200 – **316** L8 – G. Poitou Vendée Charentes – 1 059 h. – alt. 85
🚩 Office de tourisme, rue de la Citardière ℘ 02 51 00 29 57
Paris 426 – Bressuire 52 – Fontenay-le-Comte 12 – Parthenay 50 – La Roche-sur-Yon 61.

⚠ **La Joletière** 15 avr.-31 oct.
℘ 02 51 00 26 87, *camping.la.joletiere@wanadoo.fr*,
Fax 02 51 00 27 55, *www.campinglajoletiere.fr.st*
– **R** conseillée
1,3 ha (73 empl.) peu incliné, herbeux
Tarif : (Prix 2006) ♦ ⟶ 🅴 9,20 € – 🔌 (5A) 3,60 € – frais de
réservation 8 €
Location (permanent) ⚿ : 7 🛏 (4 à 6 pers.) 275 à
503 €/sem.
Pour s'y rendre : O : 0,7 km par D 99

Nature : 🏞 ♀
Loisirs : snack 🏛 🏊 🚲 🎿
Services : 🚿 ⊶ GB 🚐 🔥 ⊕ ♨ ⟶
🔲
À prox. : 🍷 🍴

La MOTHE-ACHARD

✉ 85150 – **316** C8 – 2 050 h. – alt. 20
🛈 *Office de tourisme, 56, rue G. Clémenceau* 𝓟 *02 51 05 90 49*
Paris 439 – Aizenay 15 – Challans 40 – La Roche-sur-Yon 19 – Les Sables-d'Olonne 18 – St-Gilles-Croix-de-Vie 27.

⚠ **Le Pavillon** 1er avr.-30 déc.
    𝓟 02 51 05 63 46, *campinglepavillon@club-internet.fr*,
    Fax 02 51 09 45 58, *www.camping-le-pavillon.com*
    – **R** conseillée
    3,6 ha (117 empl.) plat, herbeux, étang
    Tarif : ✱ ⇔ 🅴 16 € – 🔋 5 € – frais de réservation 8 €
    Location : 6 🛏 (2 à 4 pers.) 180 à 430 €/sem. – 30 🛏
    (4 à 6 pers.) 195 à 675 €/sem. – bungalows toilés
    Pour s'y rendre : SO : 1,5 km, rte des Sables-d'Olonne

> Nature : 🌳🌳
> Loisirs : 🍽 🏠 🎦 nocturne 🚣 🏊
> 🎿 🎣 terrain omnisports
> Services : ⚐ ☛ GB ⚕ 🗑 ♨ ♨ 🛒
> 🖼

MOUCHAMPS

✉ 85640 – **316** J7 – G. Poitou Vendée Charentes – 2 443 h. – alt. 81
Paris 394 – Cholet 40 – Fontenay-le-Comte 52 – Nantes 68 – La Roche-sur-Yon 35.

⚠ **Le Hameau du Petit Lay** 15 juin-15 sept.
    𝓟 02 51 66 25 72, *mairie@mouchamps.com*,
    Fax 02 51 66 25 72, *www.mouchamps.com* – **R** conseillée
    0,4 ha (24 empl.) plat, herbeux
    Tarif : ✱ ⇔ 🅴 10 € – 🔋 (10A) 2 €
    Location (permanent) : 15 🏠 (4 à 6 pers.) 186 à
    467 €/sem.
    Pour s'y rendre : S : 0,6 km par D 113, rte de St-Prouant,
    bord d'un ruisseau

> Nature : 🏞 🌳
> Loisirs : 🏠 🚣 🏊 (petite piscine)
> Services : ⚐ ☛ GB ⚕ 🗑 ♨ 🛒
> À prox. : 🎣

LES GUIDES VERTS **MICHELIN**
Paysages, monuments
Routes touristiques
Géographie
Histoire, Art
Itinéraire de visite
Plans de villes et de monuments

MOUILLERON-LE-CAPTIF

✉ 85000 – **316** H7 – 3 493 h. – alt. 70
Paris 421 – Challans 40 – La Mothe-Achard 22 – Nantes 63 – La Roche-sur-Yon 8.

⚠ **L'Ambois** Permanent
    𝓟 02 51 37 29 15, *camping-ambois@voila.fr*,
    Fax 02 51 37 29 15, *http://camping.ambois.site.voila.fr*
    – **R** conseillée ✂
    1,75 ha (48 empl.) plat, peu incliné, herbeux
    Tarif : ✱ 3,30 € ⇔ 🅴 2,80 € – 🔋 2,80 €
    Location ✂ : 18 🛏 (4 à 6 pers.) 330 à 390 €/sem. – 4
    🏠 (4 à 6 pers.) 390 à 400 €/sem. – chambres d'hôte
    Pour s'y rendre : sortie SE par D 2 rte de la Roche-sur-Yon,
    puis 2,6 km par chemin à droite
    À savoir : cadre champêtre

> Nature : 🐾 🏞 🌳
> Loisirs : 🏠 🚣 🚲 🏊
> Services : ⚐ ☛ GB ⚕ 🍴 ♨ 📞 🛒

NALLIERS

✉ 85370 – **316** J9 – 1 880 h. – alt. 9
Paris 435 – Fontenay-le-Comte 18 – Luçon 12 – Niort 52 – La Rochelle 42 – La Roche-sur-Yon 44.

⚠ **Municipal le Vieux Chêne**
    𝓟 02 51 30 90 71, *nalliers.mairie@wanadoo.fr*,
    Fax 02 51 30 94 06 – **R** conseillée
    1 ha (25 empl.) plat, herbeux
    Tarif : (Prix 2006) ✱ ⇔ 🅴 2,60 € – 🔋 (10A) 2,70 €
    Pour s'y rendre : au S du bourg

> Nature : 🏞 🌳
> Loisirs : 🚣
> Services : ⚐ ☛ ⚕ ♨
> À prox. : 🍴

NOTRE-DAME-DE-MONTS

✉ 85690 – **316** D6 – G. Poitou Vendée Charentes – 1 528 h. – alt. 6
🛈 *Office de tourisme, 6, rue de la Barre* ☎ *02 51 58 84 97, Fax 02 51 58 15 56*
Paris 459 – Nantes 74 – La Roche 72 – Saint 75 – Saint 70.

Schéma à St-Jean-de-Monts

Les Alizés Montois 17 fév.-11 nov.
　☎ *02 28 11 28 50, contact@campinglesalizes.com,*
　Fax *02 28 11 27 78, www.campinglesalizes.com* – **R** indispensable
　3,6 ha (150 empl.) plat, herbeux, sablonneux
　Tarif : 🏕 ⟵ 🅿 24,60 € 🔌 (16A) – frais de réservation 10 €
　Location : 🛖 (4 à 6 pers.) 200 à 660 €/sem.
　Pour s'y rendre : N : 1,9 km

> Nature : 🌲
> Loisirs : 🍴 snack 🍸 nocturne 🏸
> 🏊 🚲 🏓 🎯 terrains omnisports
> Services : ♿ ⚡ (juil.-août) 🅶🅱 🛒
> 🧺 🐕 🍴 💧 🔧

Le Lagon Bleu
　☎ *02 51 58 85 29, campinglelagonbleu@wanadoo.fr,*
　Fax *02 28 11 22 51* – **R** conseillée
　2 ha (150 empl.) plat, herbeux, sablonneux
　Location : 9 🛖 – 🏠
　Pour s'y rendre : N : 2,2 km
　À savoir : Cadre soigné

> Nature : 🌲 ♀
> Loisirs : 🍴 snack 🏊 🎯
> Services : ♿ ⚡ 🧺 🍴 💧 🔧

Le Grand Jardin avr.-oct.
　☎ *02 28 11 21 75, contact@legrandjardin.net,*
　Fax *02 51 59 56 66, www.legrandjardin.net* – places limitées pour le passage – **R** conseillée
　2,5 ha (159 empl.) plat, herbeux, sablonneux
　Tarif : 🏕 ⟵ 2 € 🅿 24 € – 🔌 (6A) 3,50 € – frais de réservation 19 €
　Location (fermé 3 janv.-7 fév.) : 30 🛖 (4 à 6 pers.) 260 à 610 €/sem.
　Pour s'y rendre : N : 0,6 km, au bord d'un étier

> Nature : 🌲 ♀
> Loisirs : 🍴 🎯 🏊 🎣
> Services : ⚡ (saison) 🅶🅱 🍴 💧
> 🔧 ✂

Le Pont d'Yeu avr.-sept.
　☎ *02 51 58 83 76, info@camping-pontdyeu.com,*
　Fax *02 28 11 20 19, www.camping-pontdyeu.com*
　– **R** conseillée
　1,3 ha (96 empl.) plat, sablonneux
　Tarif : (Prix 2006) 🏕 ⟵ 🅿 19,60 € 🔌 (6A)
　Location : 🛖 (4 à 6 pers.) 240 à 540 €/sem.
　Pour s'y rendre : S : 1 km

> Nature : 🌲 ♀
> Loisirs : 🎯 🏊
> Services : ♿ ⚡ 🍴 💧 🔧 🔥 ⚙ 🔩

619

La Ménardière 1er mai-30 sept.
　☎ *02 51 58 86 92, camping.menardiere@wanadoo.fr,*
　Fax *02 51 58 86 92* – **R** indispensable
　0,8 ha (65 empl.) plat, sablonneux, herbeux
　Tarif : 🏕 ⟵ 🅿 12,40 €
　Pour s'y rendre : S : 1 km

> Nature : ♀
> Loisirs : 🛖 🎯
> Services : ♿ ⚡ 🍴 💧 🔧 ⚙ 🔩

OLONNE-SUR-MER

✉ 85340 – **316** F8 – G. Poitou Vendée Charentes – 10 060 h. – alt. 40
🛈 *Office de tourisme, 10, rue du Maréchal Foch* ☎ *02 51 90 75 45, Fax 02 51 90 77 30*
Paris 458 – Nantes 102 – La Roche 36 – La Rochelle 96 – Saint 110.

Schéma aux Sables-d'Olonne

La Loubine déb.avr.-fin sept.
　☎ *02 51 33 12 92, camping.la.loubine@wanadoo.fr,*
　Fax *02 51 33 12 71, www.la-loubine.fr* – **R** indispensable ✂
　(déb.juil.-fin août)
　8 ha (368 empl.) plat, herbeux
　Tarif : 🏕 ⟵ 🅿 29,65 € – frais de réservation 20 €
　Location : 5 🛖 (4 à 6 pers.) 235 à 835 €/sem. – 7 🏠 (4 à 6 pers.) 235 à 835 €/sem.
　Pour s'y rendre : O : 3 km
　À savoir : autour d'une ferme vendéenne du 16e s. et d'un beau complexe aquatique paysager et ludique

> Nature : 🌲 ♀
> Loisirs : 🍴 snack, pizzeria 🛖 🍸
> nocturne 🎱 ♨ 🎯 🚲 🎾 🏓 🏊
> 🏊 ⛷ terrain omnisports
> Services : ♿ ⚡ 🅶🅱 🍴 💧 🔧 ⚙ 🔩
> 🚮 🔥 🔩
> À prox. : 🐎 poneys

OLONNE-SUR-MER

⚠ **Airotel le Trianon** ♦♦ – avr.-sept.
    𝒫 02 51 23 61 61, *campingletrianon@wanadoo.fr*,
    Fax 02 51 90 77 70, *www.camping-le-trianon.com* – **R** indispensable ⚡
    12 ha (515 empl.) plat, herbeux, petit étang
    Tarif : (Prix 2006) ✝ ⛺ 🅔 32,35 € ⚡ (16A)
    Location : 125 🚐 (4 à 6 pers.) 258 à 802 €/sem. – 32 🏠 (4 à 6 pers.) 319 à 811 €/sem.
    Pour s'y rendre : E : 1 km
    À savoir : Agréable cadre verdoyant et ombragé

> Nature : 🏕 🟢🟢
> Loisirs : ♈ ✕ 🎮 🎣 🏊 discothèque 🏇 ⚅ ♪ 🏓 🎿 🏊
> Services : 🚿 ⚬ (juil.-août) GB 🐕 🗑 ♨ ☕ 🚰 🏪 🏧 🔄

⚠ **Le Moulin de la Salle** 1ᵉʳ mai-30 sept.
    𝒫 02 51 95 99 10, *moulindelasalle@wanadoo.fr*,
    Fax 02 51 96 96 13, *www.moulindelasalle.com* – **R** conseillée
    2,7 ha (178 empl.) plat, herbeux
    Tarif : ✝ ⛺ 🅔 21 € – ⚡ (10A) 3 € – frais de réservation 20 €
    Location (1ᵉʳ avr.-15 sept.) : 50 🚐 (4 à 6 pers.) 220 à 600 €/sem. – 🛏 – gîtes
    Pour s'y rendre : O : 2,7 km

> Nature : 🏕 ♀
> Loisirs : ♈ snack 🎮 🏇 🏓 (découverte l'été) 🎿
> Services : 🚿 ⚬ 🐕 🗑 ♨ ☕ 🚰 🏪 🔄

⚠ **Domaine de l'Orée** ♦♦ – 30 mars-30 nov.
    𝒫 02 51 33 10 59, *loree@free.fr*, Fax 02 51 33 15 16, *www.l-oree.com* – **R** indispensable
    6 ha (320 empl.) plat, herbeux
    Tarif : ✝ ⛺ 🅔 25 € – ⚡ 4 € – frais de réservation 23 €
    Location (30 mars-30 sept.) : 130 🚐 (4 à 6 pers.) 242 à 745 €/sem. – 18 🏠 (4 à 6 pers.) 242 à 830 €/sem. – gîtes
    Pour s'y rendre : O : 3 km

> Nature : 🏕 🟢🟢
> Loisirs : ♈ snack 🎮 🏊 nocturne 🏇 ⚅ 🚲 ♪ 🏓 🎿 🏊
> Services : 🚿 ⚬ GB 🐕 🗑 ♨ ☕ 🚰 🏪 🔄
> À prox. : 🐴 poneys

⚠ **Nid d'Été** 7 avr.-27 sept.
    𝒫 02 51 95 34 38, *info@leniddete.com*, Fax 02 51 95 34 64, *www.leniddete.com* – **R** conseillée
    2 ha (119 empl.) plat, herbeux
    Tarif : ✝ ⛺ 🅔 21 € – frais de réservation 13 €
    Location : 14 🚐 (4 à 6 pers.) 250 à 590 €/sem.
    Pour s'y rendre : O : 2,5 km

> Nature : 🌳 ♀
> Loisirs : 🎮 🏇 🏓
> Services : 🚿 ⚬ GB 🐕 Ⓜ 🗑 ♨ ☕ 🏪

⚠ **Bois Soleil** 31 mars-30 sept.
    𝒫 02 51 33 11 97, *camping.boissoleil@wanadoo.fr*,
    Fax 02 51 33 14 85, *www.campingboisoleil.com* – **R** indispensable
    3,1 ha (160 empl.) plat et peu incliné, herbeux, pierreux
    Tarif : (Prix 2006) ✝ ⛺ 🅔 24 € – ⚡ (6A) 3,50 € – frais de réservation 20 €
    Location : 50 🚐 (4 à 6 pers.) 245 à 685 €/sem. – bungalows toilés
    Pour s'y rendre : NO : 4,1 km par D 80, D 87 rte de l'Île d'Olonne, près de la réserve ornithologique
    À savoir : Au bord des marais salants

> Nature : 🌳 ← 🏕 ♀
> Loisirs : ♈ 🏊 nocturne 🚲 ♪ 🏓 🎿 🎿
> Services : 🚿 ⚬ GB 🐕 🗑 ♨ ☕ 🚰 🏪 🔄 🔄

⚠ **Sauveterre** avr.-sept.
    𝒫 02 51 33 10 58, Fax 02 51 21 33 97 – **R** conseillée
    3,2 ha (234 empl.) plat, herbeux
    Tarif : (Prix 2006) ✝ ⛺ 🅔 16 € – ⚡ 2,30 € – frais de réservation 10 €
    Location ⚡ : 15 🚐 (4 à 6 pers.) 130 à 540 €/sem.
    Pour s'y rendre : O : 3 km

> Nature : ♀
> Loisirs : snack 🎿 🎿
> Services : 🚿 ⚬ 🐕 🗑 ♨ 🏪 🔄 🔄
> À prox. : 🐴 poneys

Si vous désirez réserver un emplacement pour vos vacances,
faites-vous préciser au préalable les conditions particulières de séjour,
les modalités de réservation, les tarifs en vigueur et les conditions de paiement.

Le PERRIER

✉ 85300 – **316** E7 – 1 506 h. – alt. 4
Paris 449 – Nantes 67 – La Roche 56 – Saint 73 – Saint 67.

Schéma à St-Jean-de-Monts

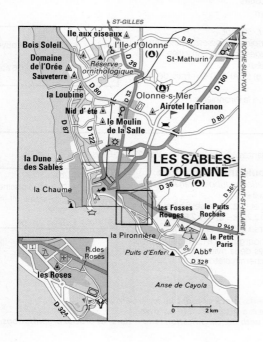

La Maison Blanche 15 juin-15 sept.
𝄐 02 51 49 39 23, *mairie.le.perrier@wanadoo.fr,*
Fax 02 51 68 14 30 – **R** conseillée
3,2 ha (200 empl.) plat, herbeux
Tarif : **♦** ⇔ 🅴 3,50 € – 🔌 3,20 €
Location (1er avr.-31 oct.) : 65 🛏 (4 à 6 pers.) 215 à
520 €/sem.
Pour s'y rendre : près de l'église, bord d'un étier

> Nature : 🎑
> Loisirs : 🏠 🍴 🚲 🎣
> Services : ♿ 🚰 GB ⚡ 🔥 🛒 ☺ 🗜
> À prox. : 🍽

POUZAUGES

✉ 85700 – **316** K7 – G. Poitou Vendée Charentes – 5 385 h. – alt. 225
🅸 *Office de tourisme, 28, place de l'Église 𝄐 02 51 91 82 46, Fax 02 51 57 01 69*
Paris 390 – Bressuire 30 – Chantonnay 22 – Cholet 42 – Nantes 88 – La Roche-sur-Yon 57.

Le Lac Permanent
𝄐 02 51 91 37 55, *campingpouzauges@tele2.fr,*
Fax 02 51 57 07 69, *www.campingpouzauges.com*
– **R** conseillée
1 ha (50 empl.) plat et terrasse, peu incliné, herbeux
Tarif : **♦** ⇔ 🅴 9,50 € – 🔌 3,50 €
Pour s'y rendre : O : 1,5 km par D 960 bis, rte de Chanton-
nay et chemin à droite
À savoir : à 50 m du lac, accès direct

> Nature : 🎑 ⚠
> Loisirs : 🍴
> Services : ♿ 🔥 ⚡ ☺ 🗜
> À prox. : 🏊 🚣

Les SABLES-D'OLONNE

✉ 85100 – **316** F8 – G. Poitou Vendée Charentes – 15 532 h. – alt. 4
🅸 *Office de tourisme, 1, promenade Joffre 𝄐 02 51 96 85 85, Fax 02 51 96 85 71*
Paris 456 – Cholet 107 – Nantes 102 – Niort 115 – La Rochelle 95 – La Roche-sur-Yon 36.

621

Les SABLES-D'OLONNE

▲▲▲ **La Dune des Sables** 7 avr.-23 sept.
⚲ 02 51 32 31 21, *chadotel@wanadoo.fr*,
Fax 02 51 33 94 04, *www.chadotel.com* – **R** conseillée
7,5 ha (290 empl.) plat, en terrasses, sablonneux, herbeux
Tarif : ✝ ⇔ 🆔 24,20 € – 🔌 4,70 € – frais de réservation 25 €
Location : 5 🛖 (4 à 6 pers.) 200 à 765 €/sem.
Pour s'y rendre : NO : 4 km
À savoir : près de la plage

Nature : ≤ 🗺
Loisirs : 🍷 snack 🎪 🏓 🚴 ✂ ⚓
🏊 🎿
Services : 👤 🔌 GB 🚿 🍴 🏪 🗑 ⊕ 🚰
🚽 🗑 🛒 🚰

▲▲▲ **Le Puits Rochais** 🏕 –
⚲ 02 51 21 09 69, *bhjmp@wanadoo.fr*, Fax 02 51 23 62 20
– **R** conseillée
3,9 ha (220 empl.) plat, peu incliné, herbeux
Location : 🛖
Pour s'y rendre : SE : 3,5 km

Nature : 🗺
Loisirs : 🍷 🎪 🎨 diurne 🏃 🏓
🚴 ✂ ⚓ 🏊 🎿
Services : 👤 🔌 🍴 🗑 ⊕ 🚰 🚽 📞 🚰
🚰 🛒

▲▲▲ **Les Roses** 7 avr.-3 nov.
⚲ 02 51 95 10 42, *chadotel@wanadoo.fr*,
Fax 02 51 33 94 04, *www.chadotel.com* – **R** conseillée
3,3 ha (200 empl.) plat et peu incliné, en terrasses, herbeux
Tarif : ✝ ⇔ 🆔 24,20 € – 🔌 4,70 € – frais de réservation 25 €
Location : 5 🛖 (4 à 6 pers.) 240 à 765 €/sem. – 7 🏠 (4 à 6 pers.) 200 à 795 €/sem.
Pour s'y rendre : R. des Roses, à 400 m de la plage

Nature : 🗺 🌳🌳
Loisirs : 🎪 🏓 🚴 🏊 🎿
Services : 👤 🔌 GB 🚿 🍴 🗑 ⊕ 🚰
🚽 🗑
À prox. : 🍷 🚰

▲▲ **Le Petit Paris** 1er avr.-30 sept.
⚲ 02 51 22 04 44, *contact@campingpetitparis.com*,
Fax 02 51 33 17 04, *www.campingpetitparis.com*
– **R** conseillée
3 ha (154 empl.) plat, herbeux
Tarif : (Prix 2006) ✝ ⇔ 🆔 21 € – 🔌 (10A) 2 € – frais de réservation 15 €
Location (1er avr.-fin oct.) : 20 🛖 (4 à 6 pers.) 190 à 620 €/sem. – bungalows toilés
Pour s'y rendre : SE : 5,5 km

Nature : 🗺
Loisirs : 🎪 🏓 🏊
Services : 👤 🔌 GB 🚿 🍴 🗑 ⊕ 🚰
🚽 🗑 🛒 🚰
À prox. : aérodrome

▲▲ **Les Fosses Rouges** 8 avr.-30 sept.
⚲ 02 51 95 17 95, *info@camping-lesfossesrouges.com*,
www.camping-lesfossesrouges.com – **R** conseillée
3,5 ha (255 empl.) plat, herbeux
Tarif : ✝ ⇔ 🆔 15,90 € – 🔌 (10A) 3,50 € – frais de réservation 10 €
Pour s'y rendre : SE : 3 km, à la Pironnière

Nature : 🐾 🗺 🌳🌳
Loisirs : 🍷 🏓 🎣 (découverte en saison)
Services : 👤 🔌 (8 juil.-26 août) GB
🚿 🍴 ⊕ 🗑 🛒 🚰

ST-ÉTIENNE-DU-BOIS

✉ 85670 – **316** G7 – 1 451 h. – alt. 38
Paris 427 – Aizenay 13 – Challans 26 – Nantes 49 – La Roche-sur-Yon 27 – St-Gilles-Croix-de-Vie 39.

▲ **Municipal la Petite Boulogne** 1er avr.-fin sept.
⚲ 02 51 34 54 51, *mairie.stetiennedubois@wanadoo.fr*,
Fax 02 51 34 54 10 – **R** conseillée
1,5 ha (35 empl.) peu incliné et plat, terrasse, herbeux
Tarif : (Prix 2006) ✝ ⇔ 🆔 12,25 € – 🔌 (6A) 2,65 €
Location : 3 🛖 (4 à 6 pers.) 235 à 343 €/sem.
Pour s'y rendre : au S du bourg par D 81, rte de Poiré-sur-Vie et chemin à droite, près de la rivière et à 250 m d'un étang. Accès au bourg par chemin piétonnier

Nature : 🐾 🗺
Loisirs : 🚴 🏊 (petite piscine)
Services : 👤 🔌 (mi-juil.-mi-août)
🚿 🍴 ⊕ 🚰 🚽 🗑
À prox. : 🏓 ✂ 🐴

*The classification (1 to 5 tents, **black** or red) that we award to selected sites in this Guide is a system that is our own.*
It should not be confused with the classification (1 to 4 stars) of official organisations.

ST-GILLES-CROIX-DE-VIE

✉ 85800 – **316** E7 – G. Poitou Vendée Charentes – 6 797 h. – alt. 12
🛈 *Office de tourisme, boulevard de l'Égalité* ☏ 02 51 55 03 66, *Fax 02 51 55 69 60*
Paris 462 – Challans 21 – Cholet 112 – Nantes 79 – La Roche-sur-Yon 44 – Les Sables-d'Olonne 29.
Schéma à St-Hilaire-de-Riez

⋏⋏⋏ **Domaine de Beaulieu** 7 avr.-23 sept.
☏ 02 51 55 59 46, *chadotel@wanadoo.fr,*
Fax 02 51 33 94 04, *www.chadotel.com* – places limitées
pour le passage – **R** conseillée
8 ha (310 empl.) plat, herbeux
Tarif : ⛺ 🚗 🔲 23,20 € – 🔌 4,70 € – frais de réservation 25 €
Location : 50 🛏 (4 à 6 pers.) 200 à 755 €/sem. – 10 🏠
(4 à 6 pers.) 200 à 780 €/sem.
Pour s'y rendre : SE : 4 km

> Nature : 🏕 ♀♀
> Loisirs : 🍴 snack, pizzeria 🎦 ☺
> nocturne salle d'animation 🏊 🚲
> ✂ ⛳ 🎳 🏓 terrain omnisports
> Services : 🛁 ⚡ GB 🛒 🖎 🗐 🔐 ⊕ 🏪
> 🔽 🗄 🛒 🚰

⋏⋏ **Les Cyprès** déb.avr.-fin févr.
☏ 02 51 55 38 98, *campingc@free.fr*, Fax 02 51 54 98 94
– **R** conseillée
4,6 ha (280 empl.) plat et peu accidenté, sablonneux
Tarif : ⛺ 🚗 🔲 23 €
Location : 34 🛏 (4 à 6 pers.) 304 à 699 €/sem.
🛏, 1 borne
Pour s'y rendre : SE : 2,4 km par D 38 puis 0,8 km par
chemin à droite, à 60 m de la Jaunay
À savoir : accès direct à la mer par dunes boisées

> Nature : 🏞 ♀♀
> Loisirs : 🍴 🎦 🏊 🎳 🏓 terrain
> omnisports
> Services : 🛁 ⚡ GB 🛒 🖎 🗐 🔐 ⊕ 🏪
> 🗄 🛒 🚰

ST-HILAIRE-DE-RIEZ

✉ 85270 – **316** E7 – G. Poitou Vendée Charentes – 8 761 h. – alt. 8
🛈 *Office de tourisme, 21, place Gaston-Pateau* ☏ 02 51 54 31 97
Paris 453 – Challans 18 – Noirmoutier-en-l'Île 48 – La Roche-sur-Yon 48 – Les Sables-d'Olonne 33.

623

⋏⋏⋏ **Les Biches** mi-mai-mi-sept.
☏ 02 51 54 38 82, *campingdesbiches@wanadoo.fr,*
Fax 02 51 54 30 74, *www.campingdesbiches.com* – places li-
mitées pour le passage – **R** conseillée
13 ha/9 campables (434 empl.) plat, herbeux, sablonneux
Tarif : (Prix 2006) ⛺ 🚗 🔲 43 € 🔌 (10A) – frais de réser-
vation 20 €
Location 🍴 : 140 🛏 (4 à 6 pers.) 217 à 778 €/sem.
Pour s'y rendre : N : 2 km
À savoir : agréable cadre verdoyant

> Nature : 🏞 ♀♀
> Loisirs : 🍴 pizzeria, brasserie 🎦 ☺
> nocturne 🎵 discothèque 🏊 🚲
> ✂ ⛳ 🎳 🏓 terrain omnisports
> Services : 🛁 ⚡ GB 🛒 🖎 🗐 🔐 ⊕ 🏪
> 🔽 🍴 🗄 🛒 🚰

⋏⋏⋏ **La Puerta del Sol** 👥 – 1ᵉʳ avr.-30 sept.
☏ 02 51 49 10 10, *info@campinglapuertadelsol.com,*
Fax 02 51 49 84 84, *www.campinglapuertadelsol.com* – **R**
indispensable
4 ha (216 empl.) plat, herbeux
Tarif : ⛺ 🚗 🔲 29 € 🔌 (10A) – frais de réservation 20 €
Location : 59 🛏 (4 à 6 pers.) 285 à 685 €/sem. – 33 🏠
(4 à 6 pers.) 310 à 685 €/sem.
Pour s'y rendre : N : 4,5 km
À savoir : agréable cadre verdoyant

> Nature : 🖼 ♀
> Loisirs : 🍴 self-service, pizzeria 🎦
> ☺ nocturne 🏊 🎵 salle d'anima-
> tion 🏊 🚲 ✂ 🎳 🏓
> Services : 🛁 ⚡ (1ᵉʳ juil.-31 août)
> GB 🛒 🖎 🗐 🔐 ⊕ 🏪 🔽 🍴 🗄 🛒 🚰

⋏⋏⋏ **Les Écureuils** 👥 – 1ᵉʳ mai-15 sept.
☏ 02 51 54 33 71, *info@camping-aux-ecureuils.com,*
Fax 02 51 55 69 08, *www.camping-aux-ecureuils.com* –
places limitées pour le passage – **R** conseillée
4 ha (230 empl.) plat, herbeux, sablonneux
Tarif : (Prix 2006) ⛺ 🚗 🔲 32 € 🔌 (6A)
Pour s'y rendre : NO : 5,5 km, à 200 m de la plage

> Nature : 🏞 ♀♀
> Loisirs : 🍴 snack 🎦 ☺ nocturne
> 🏊 🎵 ✂ 🎳 🏓
> Services : 🛁 ⚡ GB 🛒 🖎 🗐 🔐 ⊕ 🏪
> 🔽 🗄 🚰
> **À prox.** : 🛒 ⛳

ST-HILAIRE-DE-RIEZ

La Plage ♣♣ – 1ᵉʳ avr.-30 sept.
    ℘ 02 51 54 33 93, *campinglaplage@campingscollinet.com*,
Fax 02 51 55 97 02, *www.campingscollinet.com* – places li-
mitées pour le passage – **R** conseillée
5 ha (347 empl.) plat, herbeux, sablonneux
Tarif : ♣ ⇔ ▣ 22 € – ⓖ 3,50 € – frais de réservation 17 €
Location : 40 ⓖ⋯ (4 à 6 pers.) 300 à 650 €/sem.
Pour s'y rendre : NO : 5,7 km, à 200 m de la plage

Nature : ⌂ Ⓠ
Loisirs : ♀ snack 🏠 🎠 ☂ ▢
🏊 ⛷ terrain omnisports
Services : ♿ ☛ (1ᵉʳ juil.-31 août)
GB ⅌ 🗄 ⊟ ⊕ 🗜 ⚗ 🖾 🚿
À prox. : 🍴 🖫

La Ningle 15 mai-10 sept.
    ℘ 02 51 54 07 11, Fax 02 51 54 99 39 – **R** conseillée ✗
3,2 ha (150 empl.) plat, herbeux, petit étang
Tarif : ♣ ⇔ ▣ 28,50 € ⓖ (10A)
Location (avr.-sept.) : 18 ⓖ⋯ (4 à 6 pers.) 210 à
700 €/sem.
Pour s'y rendre : NO : 5,7 km
À savoir : Agréable cadre verdoyant et soigné

Nature : 🌳 Ⓠ
Loisirs : ♀ 🏠 🎣 ☂ ✗ 🏊 ⟋
Services : ♿ ☛ (saison) GB ⅌ 🗄
⊟ ⊕ 🗜 ⚗ 🖾
À prox. : 🍴 🖫 🖫

Le Clos des Pins 15 mai-mi-sept.
    ℘ 02 51 54 32 62, *campingleclosdespins@campingscolli
net.com*, Fax 02 51 55 97 02, *www.campingscollinet.com* –
places limitées pour le passage – **R** conseillée
4 ha (230 empl.) plat, terrasses, sablonneux, herbeux
Tarif : ♣ ⇔ ▣ 29,20 € – frais de réservation 17 €
Pour s'y rendre : NO : 6,2 km

Nature : 🌳 ⌂ Ⓠ(pinède)
Loisirs : ♀ snack 🏠 🍴 ☂
🏊 ⛷ terrain omnisports
Services : ♿ ☛ (1ᵉʳ juil.-31 août) ⅌
🗄 ⊟ ⊕ 🗜 ⚗ 🖾

La Parée Préneau
    ℘ 02 51 54 33 84, *camplapareepreneau@free.fr*,
Fax 02 51 55 29 57, *www.campinglapareepreneau.com*
– **R** conseillée
3,6 ha (206 empl.) plat, herbeux, sablonneux
Location ✗ : 23 ⓖ⋯ – 7 🏠
Pour s'y rendre : NO : 3,5 km
À savoir : Cadre verdoyant

Nature : ⌂ Ⓠ
Loisirs : ♀ 🏠 Ⓝ nocturne 🍴 ☂
🚲 ▢ 🏊 terrain omnisports
Services : ♿ ☛ 🗄 ⊟ ⊕ 🗜 ⚗ 🖾

Le Bosquet
    ℘ 02 51 54 34 61, *camping@lebosquet.fr*,
Fax 02 51 54 22 73, *www.lebosquet.fr.st* – **R**
2 ha (115 empl.) plat, herbeux, sablonneux
Location : 23 ⓖ⋯
Pour s'y rendre : NO : 5 km, à 250 m de la plage

Nature : ⓠⓠ
Loisirs : ♀ snack, pizzeria 🏠 ☂
Services : ♿ ☛ 🗄 ⊟ ⊕ 🖾
À prox. : 🍴 🖫 🖫

Municipal de la Plage de Riez 30 mars-31 oct.
    ℘ 02 51 54 36 59, *riez85@free.fr*, Fax 02 51 54 99 00,
www.souslespins.com – **R** conseillée
9 ha (560 empl.) plat, sablonneux
Tarif : ♣ ⇔ ▣ 10,90 € – ⓖ (10A) 3,40 € – frais de réservation 14 €
⊡⊟ 1 borne 5 €
Pour s'y rendre : O : 3 km, à 200 m de la plage (accès
direct)
À savoir : Sous une pinède, près de la plage

Nature : ⌂ ⓠⓠ(pinède)
Loisirs : ☂ terrain omnisports
Services : ♿ ☛ GB ⅌ ⊟ ⊕ 🗜 ⚗
🖾
À prox. : 🏊 ♀ snack 🖫

Le Romarin avr.-sept.
    ℘ 02 51 54 43 82, Fax 02 51 55 84 33, *www.leromarin.fr*
– **R** conseillée
4 ha/1,5 campable (97 empl.) plat, vallonné, sablonneux,
herbeux
Tarif : ♣ ⇔ ▣ 22,70 € – ⓖ 2 € – frais de réservation 16 €
Location ✗ : 10 ⓖ⋯ (4 à 6 pers.) 200 à 519 €/sem.
Pour s'y rendre : NO : 3,8 km

Nature : ⌂ ⓠⓠ
Loisirs : 🏠 ☂ 🍴 🏊
Services : ☛ (juil.-août) ⅌ 🗄 ⊕ ☏
🖾 🖫

624

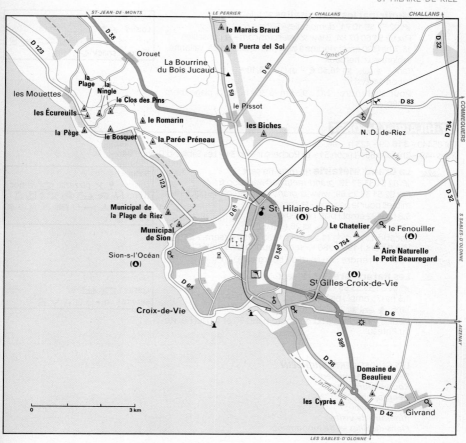

ST-HILAIRE-DE-RIEZ

625

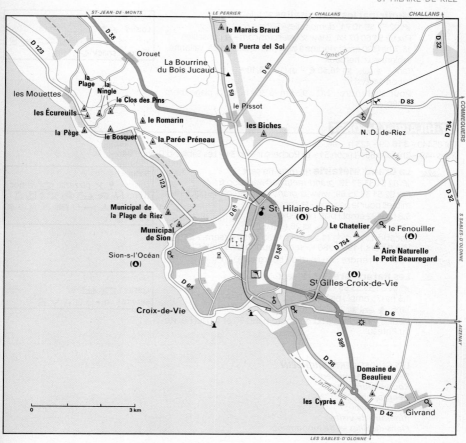

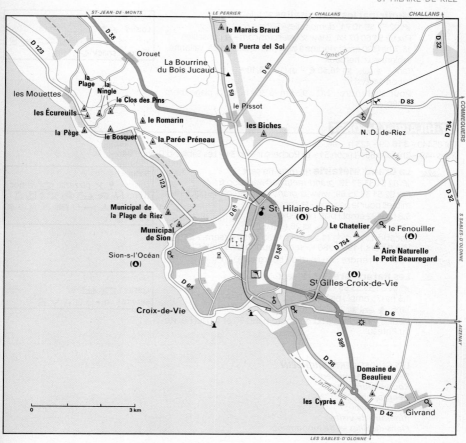 **La Pège**
🅟 02 51 54 34 52, *campinglapege@free.fr*,
Fax 02 51 55 29 57 – ℞
1,8 ha (100 empl.) plat, sablonneux, herbeux
Location 🏠 : 10 🏚️
Pour s'y rendre : NO : 5 km
À savoir : À 150 m de la plage (accès direct)

Nature : 🏕️ ♀
Loisirs : 🎣 🚴 🏊
Services : ♿ 🚐 🏪 🛁 🅿️ 🗑️
À prox. : 🍴 🍷 🚴 ♂️

  Domaine Villa Campista
🅟 02 51 68 33 71, *serviceclients@villa-campista.com*,
Fax 02 51 35 25 32 – ℞ conseillée
4 ha (150 empl.) plat, sablonneux, herbeux, étang
Location : 🏠
Pour s'y rendre : N : 6 km par D 38 et D 59, rte de Perrier

Nature : 🌳 🏕️ ♀♀
Loisirs : snack 🎮 🎣 🍴 🏊 💦
Services : ♿ 🏧 🐕 🏪 🛁 🗑️

ST-HILAIRE-DE-RIEZ

▲ **Municipal les Demoiselles** 22 juin-2 sept.
  ℰ 02 51 58 10 71, *demoiselles85@free.fr*,
  Fax 02 51 60 07 84, *www.souslespins.com* – **R** conseillée
  13,7 ha (390 empl.) incliné à peu incliné, accidenté, vallonné,
  sablonneux, herbeux
  Tarif : ♣ ⇔ 🄴 16,30 € – ⚡ (10A) 3,10 € – frais de réservation 14 €
  Pour s'y rendre : NO : 9,5 km, à 300 m de la plage (hors
  schéma)

Nature : ⌂ ⊡ 🟡🟡
Loisirs : 🏄
Services : ⊶ ⏚ 🅶🅱 ✂ 🗄 🖭 ♨ 🚿 🔲
À prox. : snack 🍴

ST-HILAIRE-LA-FORÊT

✉ 85440 – **316** G9 – 423 h. – alt. 23
Paris 449 – Challans 66 – Luçon 31 – La Roche-sur-Yon 31 – Les Sables-d'Olonne 24.

  🏔 **La Grand' Métairie** fin mars-fin sept.
  ℰ 02 51 33 32 38, *grand-metairie@wanadoo.fr*,
  Fax 02 51 33 25 69, *www.la-grand-metairie.com* – places li-
  mitées pour le passage – **R** conseillée
  3,8 ha (172 empl.) plat, herbeux
  Tarif : (Prix 2006) ♣ ⇔ 🄴 26 € ⚡ (6A)
  Location : 71 🛖 (4 à 6 pers.) 190 à 750 €/sem. – 25 🏠
  (4 à 6 pers.) 190 à 780 €/sem. – bungalows toilés
  Pour s'y rendre : Au Nord du bourg par D 70

Nature : ⌂ ⊡ 🟡
Loisirs : 🍽 ✕ pizzeria 🎬 🌙 noc-turne 🎯 ⇆ 🏄 🚲 ✂ 🎿 🖭 🏊
Services : ⛤ ⊶ (.) 🅶🅱 ✂ 🗄 ♨ ⊕
🚿 🔲 🍴

  🏔 **Les Batardières** juil.-1er sept.
  ℰ 02 51 33 33 85 – **R** conseillée
  1,6 ha (75 empl.) plat, herbeux
  Tarif : ♣ ⇔ 🄴 20 € – ⚡ (6A) 3,50 €
  Pour s'y rendre : à l'O du bourg par D 70 et à gauche, rte
  du Poteau

Nature : ⌂ ⊡ 🟡
Loisirs : 🎬 🏄 ✂
Services : ⊶ 🗄 ⊕ ♨ 🚿 🔲

626

  LES GUIDES VERTS MICHELIN
  Paysages, monuments
  Routes touristiques
  Géographie
  Histoire, Art
  Itinéraire de visite
  Plans de villes et de monuments

ST-JEAN-DE-MONTS

✉ 85160 – **316** D7 – G. Poitou Vendée Charentes – 6 886 h. – alt. 16
🄱 *Office de tourisme, 67, esplanade de la Mer ℰ 08 26 88 78 87, Fax 02 51 59 62 28*
Paris 451 – Cholet 123 – Nantes 73 – Noirmoutier-en-l'Île 34 – La Roche-sur-Yon 61 – Les Sables-d'Olonne 47.

  🏔 **Les Amiaux** ♣♣ – 1er mai-30 sept.
  ℰ 02 51 58 22 22, *accueil@amiaux.fr*, Fax 02 51 58 26 09,
  www.amiaux.fr – **R** conseillée
  12 ha (543 empl.) plat, herbeux, sablonneux
  Tarif : ♣ ⇔ 🄴 23,40 € ⚡ (10A) – frais de réservation 16 €
  Location 🍴 : 14 🛖 (4 à 6 pers.) 300 à 700 €/sem.
  Pour s'y rendre : NO : 3,5 km

Nature : ⊡ 🟡
Loisirs : 🍽 ✕ 🎬 🏓 🏄 '🎣 ✂ 🏇
🔲 🏊 🟦
Services : ⛤ ⊶ 🅶🅱 ✂ 🗄 ♨ ⊕ ♨
🚿 🔲 ♨ 🍴

  🏔 **Le Bois Joly** ♣♣ – 2 avr.-30 sept.
  ℰ 02 51 59 11 63, *boisjoly@compuserve.com*,
  Fax 02 51 59 11 06, *www.camping-lebois-joly.com*
  – **R** conseillée
  7,5 ha (356 empl.) plat, herbeux, sablonneux
  Tarif : ♣ ⇔ 🄴 27 € – frais de réservation 20 €
  Location 🍴 : 41 🛖 (4 à 6 pers.) 230 à 600 €/sem. – 18
  🏠 (4 à 6 pers.) 245 à 630 €/sem.
  🚐 1 borne
  Pour s'y rendre : NO : 1 km, bord d'un étier
  À savoir : bel espace aquatique

Nature : ⊡ 🟡(peupleraie)
Loisirs : 🍽 snack 🎬 🌙 nocturne 🏓 ⇆ 🏄 ✂
Services : ⛤ ⊶ (1er juil.-31 août)
🅶🅱 ✂ 🗄 ♨ ⊕ ♨ 🚿 🔲
À prox. : 🏇

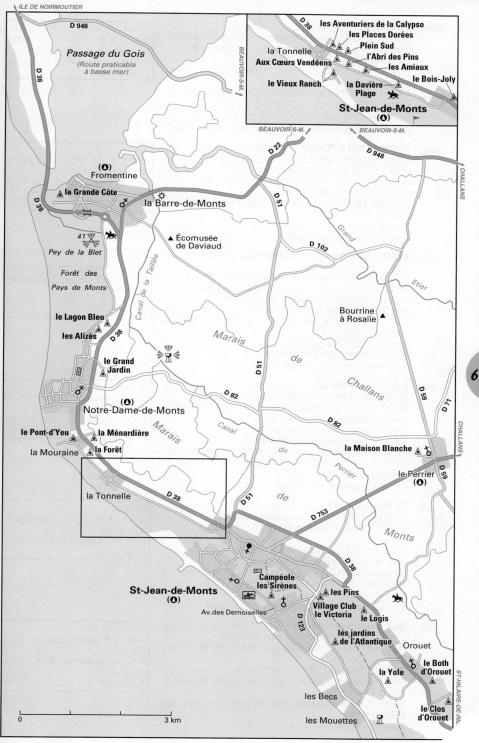

ILE DE NOIRMOUTIER

D 948

Passage du Gois
(Route praticable
à basse mer)

BEAUVOIR-S-M.

les Aventuriers de la Calypso
les Places Dorées
Plein Sud
la Tonnelle
l'Abri des Pins
Aux Cœurs Vendéens
les Amiaux
le Bois-Joly
le Vieux Ranch
la Davière Plage
St-Jean-de-Monts
(O)

BEAUVOIR-S-M.　　　BEAUVOIR-S-M.

D 22

D 948

CHALLANS

D 38

(O)
Fromentine

la Grande Côte

la Barre-de-Monts

D 51

D 103

Grand

41
Pey de la Blet

Écomusée
de Daviaud

Forêt des
Pays de Monts

Canal de la Taillée

Etier

le Lagon Bleu

les Alizés

D 38

Marais

de

Bourrine
à Rosalie

Challans

D 51

D 59

le Grand
Jardin

627

D 82

(O)
Notre-Dame-de-Monts

Canal

D 82

CHALLANS

le Pont-d'Yeu
la Ménardière

Marais

la Maison Blanche

la Mouraine
la Forêt

du

le Perrier
(O)

la Tonnelle

D 38

D 51

de

Perrier

D 59

D 753

Monts

Campéole
les Sirènes

D 38

St-Jean-de-Monts
(O)

les Pins

Village Club
le Victoria
le Logis

Av.des Demoiselles

D 123

les jardins
de l'Atlantique

Orouet

le Both
d'Orouet

la Yole

ST-HILAIRE-DE-RIE

les Becs

le Clos
d'Orouet

les Mouettes

0　　　　　　　3 km

ST-JEAN-DE-MONTS

▲▲▲ **La Yole** ▲▲ – 2 avr.-28 sept.
  ℰ 02 51 58 67 17, *contact@la-yole.com*, Fax 02 51 59 05 35,
  www.la-yole.com – places limitées pour le passage – **R** in-
  dispensable
  5 ha (278 empl.) plat, sablonneux, herbeux, pinède
  attenante (2 ha)
  Tarif : ♣ ⚏ 🅴 29 € [2] (10A) – frais de réservation 28 €
  Location ⚡ : 14 ⚏ (4 à 6 pers.) 310 à 795 €/sem.
  Pour s'y rendre : SE : 7 km
  À savoir : joli cadre verdoyant, soigné, fleuri et ombragé

Nature : 🦢 ⌑ 🌿🌿
Loisirs : ☂ ✗ crêperie 🎬 🆒 noc-turne 🏕 🛶 🚴 🎾 🏓 🏊
Services : 👤 🚿 GB 🚗 📺 🅿 ⛽ ⚐
🛒 📷 ☂ 🍴

▲▲▲ **Village Club le Victoria** (location exclusive de
  maisonnettes et studios) 1er avr.-30 sept.
  ℰ 02 28 11 66 11, *victoria.le@wanadoo.fr*,
  Fax 02 28 11 69 91, *www.le-victoria.fr* – **R** conseillée
  3 ha plat, herbeux, sablonneux
  Location ❷ : 45 ⚏ (4 à 6 pers.) 232 à 1 458 €/sem. – 9
  studios
  Pour s'y rendre : SE : 2,5 km
  À savoir : Décoration arbustive

Nature : ⌑ 🌿
Loisirs : ☂ 🎬 🆒 nocturne 🏕 🚴 🎾 🏊 terrain omnisports
Services : 👤 🚿 GB 🚗 📺 🛏 🔔 📞 🅿 sèche-linge

▲▲▲ **Les Aventuriers de la Calypso** ▲▲ – 31 mars-22
  sept.
  ℰ 02 51 59 79 66, *camping-apv@wanadoo.fr*,
  Fax 02 51 59 79 67, *www.lesaventuriersdelacalypso.com* –
  places limitées pour le passage – **R** conseillée
  4 ha (250 empl.) plat, herbeux, sablonneux
  Tarif : (Prix 2006) ♣ ⚏ 🅴 24 € – [2] (10A) 4 € – frais de
  réservation 27 €
  Location : ⚏ – 14 ⚏ (4 à 6 pers.) 193 à 730 €/sem. – 3
  ⚏ (4 à 6 pers.) 258 à 834 €/sem.
  Pour s'y rendre : NO : 4,6 km

Nature : ⌑
Loisirs : ☂ snack 🎬 🆒 nocturne 🏕 🛶 🚴 🎾 🏊 🏓 terrain omnisports
Services : 👤 🚿 GB 🚗 🅿 ⛽ ⚐ 🛒 📷 ☂

628

▲▲▲ **L'Abri des Pins** ▲▲ – mi-juin-mi-sept.
  ℰ 02 51 58 83 86, *contact@abrisdespins.com*,
  Fax 02 51 59 30 47, *www.abridespins.com* – places limitées
  pour le passage – **R** conseillée
  3 ha (217 empl.) plat, herbeux, sablonneux
  Tarif : (Prix 2006) ♣ ⚏ 🅴 33 € [2] (6A)
  Location (mi-avr.-mi-sept.) ⚡ : 40 ⚏ (4 à 6 pers.) 255
  à 730 €/sem. – 23 ⚏ (4 à 6 pers.) 255 à 730 €/sem.
  Pour s'y rendre : NO : 4 km
  À savoir : Agréable cadre fleuri

Nature : ⌑ 🌿
Loisirs : ☂ snack, pizzeria 🎬 🆒 nocturne 🏕 🛶 🚴 🎾 🏊
Services : 👤 🚿 GB 🚗 📺 🅿 ⛽ ⚐ 🛒 📷 ☂ 🍴

▲▲▲ **Le Vieux Ranch** 1er avr.-30 oct.
  ℰ 02 51 58 86 58, *levieuxranch@wanadoo.fr*,
  Fax 02 51 59 12 20, *www.levieuxranch.com* – **R** indispen-
  sable
  5 ha (242 empl.) plat, sablonneux, herbeux
  Tarif : ♣ ⚏ 🅴 24,20 € [2] (6A)
  Location ⚡ : 14 ⚏ (4 à 6 pers.) 270 à 647 €/sem. – 3
  ⚏ (4 à 6 pers.) 304 à 682 €/sem.
  Pour s'y rendre : NO : 4,3 km
  À savoir : Agréable situation à 200 m de la plage

Nature : 🦢 ⌑ 🌿
Loisirs : ☂ ✗ 🎬 salle d'animation 🛶 🚴 🏊
Services : 👤 🚿 GB 🚗 📺 🅿 ⛽ ⚐ 🛒 📷 ☂ 🍴

▲▲▲ **Aux Coeurs Vendéens** 1er mai-23 sept.
  ℰ 02 51 58 84 91, *info@coeursvendeens.com*,
  Fax 02 28 11 20 75, *www.coeursvendeens.com* – **R** conseil-
  lée
  2 ha (117 empl.) plat, herbeux, sablonneux
  Tarif : ♣ ⚏ 🅴 25,50 € – [2] 3,30 € – frais de réserva-
  tion 15 €
  Location (1er avr.-22 sept.) ⚡ : 45 ⚏ (4 à 6 pers.) 180
  à 665 €/sem.
  Pour s'y rendre : NO : 4 km

Nature : ⌑ 🌿🌿
Loisirs : ☂ crêperie 🎬 🏕 🚴 ⛵ 🏊
Services : 👤 🚿 GB 🚗 📺 🅿 ⛽ ⚐ 🛒 📷 ☂
À prox. : ✗

Les Places Dorées mi-juin-déb. sept.
  02 51 59 02 93, *contact@abrisdespins.com*,
Fax 02 51 59 30 47, *www.placesdorees.com* – **R** conseillée
5 ha (243 empl.) plat, sablonneux, herbeux
Tarif : (Prix 2006) ⚑ ⇔ 🅴 33 € [½] (6A)
Location 🏠 : 52 ⛺ (4 à 6 pers.) 255 à 730 €/sem.
Pour s'y rendre : NO : 4 km
À savoir : bel espace aquatique

| Nature : ▱ ♀ |
| Loisirs : ♈ snack ⚓ ⚑ ☇ |
| Services : & ⊶ ⊞ ⊘ 🏠 ♨ ☺ 🔥 |
| À prox. : ▨ ✂ ♪ |

Le Both d'Orouet 1er avr.-31 oct.
  02 51 58 60 37, *leboth.d.orouet@netcourrier.com*,
Fax 02 51 59 37 03, *http://camping.orouet.free.fr*
– **R** conseillée
4,4 ha (206 empl.) plat, herbeux, sablonneux
Tarif : ⚑ ⇔ 🅴 21,50 €
Location : 45 ⛺ (4 à 6 pers.) 190 à 545 €/sem. – 18 🏠
(4 à 6 pers.) 190 à 545 €/sem.
⛺ 1 borne 4 €
Pour s'y rendre : SE : 6,7 km, bord d'un ruisseau
À savoir : agréable cadre de verdure et salle de jeux dans
une ancienne grange de 1875 restaurée

| Nature : ▱ ♀ |
| Loisirs : 🏠 ⚓ ⚑ 🚲 ♪ ☇ |
| Services : & ⊶ ⊞ ♨ ☺ 🔥 |
| ☇ 🔥 |
| À prox. : ♈ ✕ |

Plein Sud juin-15 sept.
  02 51 59 10 40, *camping-pleinsud@club-internet.fr*,
Fax 02 51 58 92 29, *www.camping-pleinsud.com*
– **R** conseillée
2 ha (110 empl.) plat, herbeux, sablonneux
Tarif : (Prix 2006) ⚑ ⇔ 🅴 22 € [½] (6A) – frais de réser-
vation 23 €
Location (fin avr.-15 sept.) 🏠 : 40 ⛺ (4 à 6 pers.) 200
à 625 €/sem.
Pour s'y rendre : NO : 4 km

| Nature : ▱ ♀ |
| Loisirs : ♈ ⚓ ☇ terrain omnis-|
| ports |
| Services : & ⊶ 🔥 ♨ ☺ 🔥 ☇ 🔥 |

La Forêt 10 avr.-30 sept.
  02 51 58 84 63, *camping-la-foret@wanadoo.fr*,
Fax 02 51 58 84 63, *www.hpa-laforet.com* – **R** conseillée
1 ha (61 empl.) plat, herbeux, sablonneux
Tarif : ⚑ 5 € ⇔ 2,50 € 🅴 19 € – [½] (6A) 3,80 € – frais de
réservation 20 €
Location : 11 ⛺ (4 à 6 pers.) 259 à 649 €/sem.
Pour s'y rendre : NO : 5,5 km
À savoir : belle décoration arbustive

| Nature : ▱ ♀♀ |
| Loisirs : 🏠 ⚓ 🚲 ☇ |
| Services : & ⊶ ⊘ 🔥 ♨ ☺ 🔥 ☇ 🔥 ♨ |
| 🔥 |
| À prox. : canoë de mer |

La Davière-Plage 1er mai-30 sept.
  02 51 58 27 99, *daviereplage@wanadoo.fr*,
Fax 02 51 58 27 99, *www.daviereplage.com* – **R** conseillée
3 ha (200 empl.) plat, sablonneux, herbeux
Tarif : ⚑ ⇔ 🅴 18,20 € – [½] 3,85 € – frais de réservation 20 €
Location : 15 ⛺ (2 à 4 pers.) 190 à 462 €/sem. – 30 ⛺
(4 à 6 pers.) 220 à 642 €/sem. – bungalows toilés
Pour s'y rendre : NO : 3 km

| Nature : ♀ |
| Loisirs : snack 🏠 ⚓ 🚲 ♪ ☇ |
| Services : & ⊶ ⊞ ⊘ 🔥 ♨ ☺ |
| ▨ |
| À prox. : ♈ ✕ |

Les Pins juin-15 sept.
  02 51 58 17 42 – **R** conseillée
1,2 ha (118 empl.) plat et en terrasses, sablonneux
Tarif : (Prix 2006) ⚑ ⇔ 🅴 23,10 € [½] (10A) – frais de réser-
vation 20 €
Location 🏠 : 17 🏠 (4 à 6 pers.) 170 à 575 €/sem.
Pour s'y rendre : SE : 2,5 km
À savoir : Cadre verdoyant

| Nature : ▱ ♀ |
| Loisirs : ♈ 🏠 ⚓ 🚲 ☇ |
| Services : ⊶ ⊘ 🔥 ♨ ☺ ☇ 🔥 |
| À prox. : ▨ ♨ |

ST-JEAN-DE-MONTS

▲ Les Jardins de l'Atlantique 1er avr.-30 sept.
℘ 02 51 58 05 74, *info@campingjardinsatlantique.com*,
Fax 02 51 58 01 67, *www.campingjardinsatlantique.com* –
places limitées pour le passage – **R** conseillée
5 ha (310 empl.) plat et peu incliné, accidenté, sablonneux
Tarif : (Prix 2006) ⚹ ⇆ 🅴 20,70 € – frais de réservation 18 €
Location : 44 ⬜ (4 à 6 pers.) 240 à 560 €/sem.
Pour s'y rendre : SE : 5,5 km

> Nature : ⊏⊐ 🌳🌳(pinède)
> Loisirs : 🍸 snack 🎦 ⑨ nocturne
> ⊜ 🚲 🏊 🏐 terrain omnisports
> Services : ♿ ⚲ (1er juil.-31 août)
> 🅶🅱 ⚙ 🗑 🛁 ☺ 🔅 🔥 🚰

▲ Le Logis 8 avr.-9 sept.
℘ 02 51 58 60 67, *camping-le-logis@tiscali.fr*,
Fax 02 51 58 60 67, *www.camping-lelogis.com* – **R** conseillée
0,8 ha (40 empl.) plat et en terrasses, sablonneux, herbeux
Tarif : ⚹ ⇆ 🅴 17 € – 🔌 (10A) 3,50 € – frais de réservation 14 €
Location : 14 ⬜ (4 à 6 pers.) 190 à 550 €/sem.
🚐 1 borne
Pour s'y rendre : SE : 4,3 km

> Nature : ⊏⊐
> Loisirs : 🎦 🏊 (petite piscine)
> Services : ♿ ⚲ 🅶🅱 ⚙ 🗑 ☺ 🔅
> À prox. : 🍸 ✕ ⚑

▲ Campéole les Sirènes 31 mars-16 sept.
℘ 02 51 58 01 31, *cplsirenes@atciat.com*,
Fax 02 51 59 03 67, *www.campeole.com* – **R** conseillée
15 ha/5 campables (500 empl.) plat et accidenté, dunes, pinède
Tarif : ⚹ ⇆ 🅴 21,50 € 🔌 (10A) – frais de réservation 23 €
Location : 30 ⬜ (4 à 6 pers.) 224 à 658 €/sem.
Pour s'y rendre : SE : av. des Demoiselles, à 500 m de la plage

> Nature : 🍃 🌳
> Services : ♿ ⚲ 🅶🅱 ⚙ 🗑 🔅 ☺ 🔅
> À prox. : 🏊 🍸 ⚑

▲ Le Clos d'Orouet 28 avr.-7 sept.
℘ 02 51 59 51 01, Fax 02 51 59 51 01 – **R** indispensable
1,3 ha (75 empl.) plat, sablonneux
Tarif : ⚹ ⇆ 🅴 18 € – 🔌 (6A) 3,20 € – frais de réservation 16 €
Location : ⬜ (4 à 6 pers.) 350 à 610 €/sem.
Pour s'y rendre : SE : 8,7 km

> Nature : 🍃 ⊏⊐ 🌳
> Loisirs : 🏊
> Services : ♿ ⚲ 🅶🅱 ⚙ 🗑 🔅 ☺ 🔅

630

ST-JULIEN-DES-LANDES

✉ 85150 – **316** F8 – 1 105 h. – alt. 59
Paris 445 – Aizenay 17 – Challans 32 – La Roche-sur-Yon 24 – Les Sables-d'Olonne 19 – St-Gilles-Croix-de-Vie 21.

▲ La Garangeoire ⚭ – 31 mars-29 sept.
℘ 02 51 46 65 39, *info@garangeoire.com*,
Fax 02 51 46 69 85, *www.camping-la-garangeoire.com*
– **R** conseillée
200 ha/10 campables (340 empl.) plat et vallonné, terrasses, herbeux
Tarif : ⚹ ⇆ 🅴 27 € – 🔌 7,50 € – frais de réservation 25 €
Location : 17 ⬜ (4 à 6 pers.) 275 à 830 €/sem. – 13 🏠 (4 à 6 pers.) 275 à 830 €/sem.
Pour s'y rendre : N : 2,8 km par D 21
À savoir : agréable domaine : prairies, étangs et bois

> Nature : 🍃 ⊏⊐ 🌳🌳🌳
> Loisirs : 🍸 ✕ crêperie, pizzeria 🎦
> ⑨ nocturne 🛝 🏊 🚲 🎯 🍴 ⚑ 🏊
> 🏊 🦢 🐎
> Services : ♿ ⚲ 🅶🅱 ⚙ 🗑 🛁 ☺ 🔥
> 🚰 📞 🔅 🏊 ⚑ cases réfrigérées

▲ La Forêt 15 mai-15 sept.
℘ 02 51 46 62 11, *camping@free.fr*, Fax 02 51 46 60 87,
www.domainelaforet.com – **R** conseillée
50 ha/5 campables (148 empl.) plat, herbeux, étangs et bois
Tarif : ⚹ ⇆ 🅴 29 € – 🔌 (6A) 4 €
Location : 40 ⬜ (4 à 6 pers.) 299 à 630 €/sem.
Pour s'y rendre : sortie NE par D 55, rte de Martinet
À savoir : dans les dépendances et le parc d'un château

> Nature : 🍃 ⊏⊐ 🌳🌳
> Loisirs : 🍸 ✕ 🎦 🛝 discothèque
> 🛝 🚲 🎯 🏊 🏊 ⑨
> Services : ♿ ⚲ 🅶🅱 🗑 ☺ 🔅 🚰 📞
> 🔅 🏊 ⚑

⚠ **La Guyonnière** 28 avr.-29 sept.
  📞 02 51 46 62 59, *info@laguyonniere.com*,
  Fax 02 51 46 62 89, *www.laguyonniere.com* – places limitées pour le passage – **R** conseillée
  30 ha/6,5 campables (167 empl.) plat, peu incliné, herbeux,
  étang
  Tarif : 👤 🚗 📧 29,40 € – 🔌 3,50 € – frais de réservation 20 €
  Location 🏠 : 45 🚐 (4 à 6 pers.) 168 à 784 €/sem.
  Pour s'y rendre : NO : 2,4 km par D 12 rte de Landevieille
  puis 1,2 km par chemin à droite, à proximité du lac du
  Jaunay

Nature : 🌳 💧
Loisirs : 🍴 snack 🏠 🎯 🚲 🏊 ⛵
  ⛺ 🎣 parcours de santé
Services : 🚿 🔌 GB 🔧 ⛽ 🛁 ♿ 📞
  📱 🖥 🧺

ST-LAURENT-SUR-SÈVRE

✉ 85290 – **316** K6 – 3 307 h. – alt. 121
Paris 365 – Angers 76 – Bressuire 36 – Cholet 14 – Nantes 69 – La Roche-sur-Yon 63.

⚠ **Le Rouge Gorge** Permanent
  📞 02 51 67 86 39, *campinglerougegorge@wanadoo.fr*,
  Fax 02 51 67 86 39, *www.lerougegorge.com* – **R** conseillée
  2 ha (93 empl.) plat, peu incliné, herbeux
  Tarif : 👤 3,60 € 🚗 3,20 € 📧 5,20 € – 🔌 (8A) 3,20 € – frais
  de réservation 7 €
  Location 🏠 : 13 🏠 (4 à 6 pers.) 215 à 504 €/sem.
  Pour s'y rendre : O : 1 km par D 111, rte de la Verrie

Loisirs : 🏠 🏊
Services : 🚿 🔌 GB 🔧 ⛽ 🛁 ♿ 🧺
  🖥
À prox. : 🎣

Benutzen Sie
– zur Wahl der Fahrtroute
– zur Berechnung der Entfernungen
– zur exakten Lokalisierung eines Campingplatzes (mit Hilfe der Angaben im Ortstext)
die für diesen Führer unentbehrlichen **MICHELIN-Karten** *im Ma1 : 150 000.*

631

ST-MICHEL-EN-L'HERM

✉ 85580 – **316** I9 – G. Poitou Vendée Charentes – 1 931 h. – alt. 9
🏛 *Syndicat d'initiative, 5, place de l'Abbaye* 📞 02 51 30 21 89
Paris 453 – Luçon 15 – La Rochelle 46 – La Roche-sur-Yon 47 – Les Sables-d'Olonne 54.

⚠ **Les Mizottes** 15 avr.-15 févr.
  📞 02 51 30 23 63, *accueil@campinglesmizottes.com*,
  Fax 02 51 30 23 62, *www.campinglesmizottes.com*
  – **R** conseillée
  2 ha (112 empl.) plat, herbeux
  Tarif : 👤 🚗 📧 16 € – frais de réservation 5 €
  Location : 40 🚐 (4 à 6 pers.) 170 à 530 €/sem.
  Pour s'y rendre : SO : 0,8 km par D 746 rte de l'Aiguillon-
  sur-Mer

Nature : 🔲 💧
Loisirs : 🏠 🚲 🏊
Services : 🚿 🔌 GB 🔧 ⛽ 🛁 ♿ 📞
  📱 🖥 🧺

ST-RÉVÉREND

✉ 85220 – **316** F7 – 910 h. – alt. 19
Paris 453 – Aizenay 20 – Challans 19 – La Roche-sur-Yon 36 – Les Sables-d'Olonne 27 – St-Gilles-Croix-de-Vie 10.

⚠ **Le Pont Rouge** avr.-oct.
  📞 02 51 54 68 50, *camping.pontrouge@wanadoo.fr*,
  Fax 02 51 54 68 50, *www.camping-lepontrouge.com*
  – **R** conseillée
  2,2 ha (73 empl.) plat et peu incliné, herbeux
  Tarif : 👤 🚗 📧 17 € – 🔌 (6A) 2,50 € – frais de réserva-
  tion 15 €
  Location : 16 🚐 (4 à 6 pers.) 199 à 560 €/sem.
  Pour s'y rendre : sortie SO par D 94 et chemin à droite,
  bord d'un ruisseau
  À savoir : cadre verdoyant

Nature : 🌳 🔲 💧
Loisirs : 🎯 🛴
Services : 🚿 🔌 GB 🔧 ⛽ 🛁 ♿ 🧺
  🖥

ST-VINCENT-SUR-JARD

✉ 85520 – **316** C9 – G. Poitou Vendée Charentes – 871 h. – alt. 10
🛈 *Syndicat d'initiative, place de l'Eglise* ℘ 02 51 33 62 06
Paris 454 – Challans 64 – Luçon 34 – La Rochelle 70 – La Roche-sur-Yon 35 – Les Sables-d'Olonne 23.
Schéma à Jard-sur-Mer

⚠ **La Bolée d'Air** 7 avr.-23 sept.
℘ 02 51 90 36 05, *chadotel@wanadoo.fr*,
Fax 02 51 33 94 04, *www.chadotel.com* – **R** conseillée
5,7 ha (280 empl.) plat, herbeux
Tarif : 👤 �car 🔳 23,20 € – 🚿 4,70 € – frais de réservation 25 €
Location : 55 🛖 (4 à 6 pers.) 250 à 755 €/sem. – 25 🏠
(4 à 6 pers.) 200 à 780 €/sem. – bungalows toilés
Pour s'y rendre : E : 2 km par D 21 et à droite

Nature : 🏕 ♀
Loisirs : 🍸 🎪 ⛵ 🎿 🚴 ✂ 🎣
🔲 🛝 🏊 terrain omnisports
Services : 👤 🚰 GB 🅿 🗄 🐕 ☺ ⚗
🚽 🖼 💧 🍴

SION-SUR-L'OCÉAN

✉ 85270 – **316** E7 – G. Poitou Vendée Charentes
Paris 461 – Nantes 77 – La Roche 53 – Saint 88 – Saint 82.
Schéma à St-Hilaire-de-Riez

⚠ **Municipal de Sion** 30 mars-31 déc.
℘ 02 51 54 34 23, *sion85@free.fr*, Fax 02 51 60 07 84,
www.souslespins.com – **R** conseillée
3 ha (173 empl.) plat, sablonneux, gravillons
Tarif : 👤 🚐 🔳 26,90 € 🚿 (10A) – frais de réservation 14 €
🛗 1 borne 5 €
Pour s'y rendre : sortie N
À savoir : à 350 m de la plage (accès direct)

Nature : 🏕 ♀
Loisirs : 🎪 🎿
Services : 👤 🚰 GB 🐕 🗄 ☺ ⚗ 🚽
🖼

Geef ons uw mening over de kampeerterreinen die wij aanbevelen.
Schrijf ons over uw ervaringen en ontdekkingen.

632

SOULLANS

✉ 85300 – **316** E7 – 3 425 h. – alt. 12
🛈 *Office de tourisme, rue de l'Océan* ℘ 02 51 35 28 68, Fax 02 51 35 24 26
Paris 443 – Challans 7 – Noirmoutier-en-l'Île 46 – La Roche-sur-Yon 48 – Les Sables-d'Olonne 39 –
St-Gilles-Croix-de-Vie 15.

⚠ **Municipal le Moulin Neuf** 15 juin-15 sept.
℘ 02 51 68 00 24, *camping-soullans@wanadoo.fr*,
Fax 02 51 68 88 66 – **R** conseillée
1,2 ha (80 empl.) plat, herbeux
Tarif : 🔳 8,80 €
Pour s'y rendre : sortie N par D 69, rte de Challans et rue à
droite

Nature : 🌲 🏕 ♀
Services : 👤 🚰 🐕 ☺ 🖼
À prox. : ✂

TALMONT-ST-HILAIRE

✉ 85440 – **316** G9 – G. Poitou Vendée Charentes – 5 363 h. – alt. 35
🛈 *Office de tourisme, place du Château* ℘ 02 51 90 65 10, Fax 02 51 20 71 80
Paris 448 – Challans 55 – Luçon 38 – La Roche-sur-Yon 30 – Les Sables-d'Olonne 14.

⚠ **Le Littoral** 1er avr.-30 sept.
℘ 02 51 22 04 64, *info@campinglelittoral.fr*,
Fax 02 51 22 05 37, *www.campinglelittoral.fr* – places limitées pour le passage – **R** indispensable
9 ha (483 empl.) plat et peu incliné, herbeux, sablonneux
Tarif : 👤 🚐 🔳 34 € 🚿 (10A)
Location (1er avr.-1er nov.) : 59 🛖 (4 à 6 pers.) 235 à
903 €/sem.
Pour s'y rendre : SO : 9,5 km par D 949, D 4A et après
Querry-Pigeon, à droite par D 129, rte côtière des Sables-
d'Olonne, à 200 m de l'océan

Nature : 🏕 ♀
Loisirs : 🍸 ✗ crêperie, pizzeria 🎪
🎯 🎣 🚴 ✂ 🔲 🛝 🏊 terrain om-
nisports
Services : 👤 🚰 GB 🐕 🗄 ☺ ⚗
🚽 🐾 🍴 🖼 💧
À prox. : golf (18 trous)

TALMONT-ST-HILAIRE

▲▲▲ **Les Cottages St-Martin** (location exclusive de mobile homes et maisonnettes) Permanent
    ✆ 02 51 21 90 00, *st.martin@odalys-vacances.com*,
    Fax 02 51 22 21 24, *www.odalys-vacances.com* – **R** conseillée
    3,5 ha plat, herbeux
    Location : 90 ⌷ (4 à 6 pers.) 175 à 720 €/sem. – 15 ⌂ (4 à 6 pers.) 190 à 875 €/sem.
    Pour s'y rendre : SO : 9,5 km par D 949, D 4ᴬ et après Querry-Pigeon, à droite par D 129, rte Côtière des Sables-d'Olonne, à 200 m de l'océan

> Nature : 🌿 ⌕
> Loisirs : 🎬 🏓 🛶 ⚙ ✗ ☒ ⛴
> Services : 🚿 ⚬ GB 🗇 🖥
> À prox. : 🏖 🍹 ✗ 🐎 🚴 golf (18 trous)

▲▲ **Le Paradis** déb.avr.-fin sept.
    ✆ 02 51 22 22 36, *info@camping-leparadis85.com*,
    Fax 02 51 22 22 36, *www.camping-leparadis85.com* – **R** conseillée
    4,9 ha (148 empl.) plat et peu incliné, en terrasses, herbeux, sablonneux
    Tarif : (Prix 2006) 🏕 🚗 ☒ 19 € ⚡ (10A) – frais de réservation 18 €
    Location : 15 ⌷ (4 à 6 pers.) 150 à 595 €/sem. – 5 ⌂ (4 à 6 pers.) 195 à 795 €/sem. – bungalows toilés
    Pour s'y rendre : O : 3,7 km par D 949, rte des Sables-d'Olonne, D⁴ᴬ à gauche, rte de Querry-Pigeon et chemin à droite
    À savoir : Accès direct à un étang de pêche

> Nature : 🌿 ⌕ 🌳
> Loisirs : 🍹 ⚙ nocturne 🛶 🚴 ✗ ☒ (découverte en saison) 🏓 terrain omnisports
> Services : 🚿 ⚬ GB 🗇 🖥 🗑 ♨ 🖥 🚰

TIFFAUGES

✉ 85130 – **316** J5 – G. Poitou Vendée Charentes – 1 328 h. – alt. 77
Paris 374 – Angers 85 – Cholet 20 – Clisson 19 – Montaigu 17 – Nantes 53 – La Roche-sur-Yon 56.

▲ **Aire Naturelle la Vallée** avr.-sept.
    ✆ 02 51 65 75 65, *camplavallee@wanadoo.fr*,
    Fax 02 51 65 75 65, *www.camplavallee.free.fr* – **R** conseillée
    1 ha (25 empl.) vallonné, herbeux
    Tarif : (Prix 2006) 🏕 🚗 ☒ 11,30 €
    Pour s'y rendre : NO : 1,5 km par D 753, rte de Montaigu et rte à droite
    À savoir : Prestations dans une ancienne grange restaurée

> Nature : 🌿 ≼
> Loisirs : 🎬 🚴 🏊 (bassin)
> Services : 🚿 ⚬ 🗇 ☺
> À prox. : 🏓

633

La TRANCHE-SUR-MER

✉ 85360 – **316** H9 – G. Poitou Vendée Charentes – 2 510 h. – alt. 4
🛈 *Office de tourisme, place de la Liberté ✆ 02 51 30 33 96, Fax 02 51 27 78 71*
Paris 459 – Luçon 31 – Niort 100 – La Rochelle 64 – La Roche-sur-Yon 40 – Les Sables-d'Olonne 39.

▲▲▲ **Le Jard** 15 mai-15 sept.
    ✆ 02 51 27 43 79, *info@campingdujard.fr*,
    Fax 02 51 27 42 92, *www.campingdujard.fr* – **R** indispensable ✄
    6 ha (350 empl.) plat, herbeux
    Tarif : 🏕 🚗 ☒ 29,95 € ⚡ (10A) – frais de réservation 23 €
    Location : ⌷ (4 à 6 pers.) 240 à 640 €/sem.
    Pour s'y rendre : à la Grière, 3,8 km rte de l'Aiguillon

> Nature : 🌳
> Loisirs : 🍹 ✗ 🎬 ⚙ nocturne ⛱ 🎿 🛶 🚴 ✗ ⛳ ☒ ⛴ 🏓
> Services : 🚿 ⚬ GB 🗇 🗑 ♨ ☺ 🚰 🚰 ⚙ 🖥 🏖 🚰
> À prox. : 🐎

▲▲▲ **Le Sable d'Or** 🏊 – avr.-sept.
    ✆ 02 51 27 46 74, Fax 02 51 30 17 14, *www.le-sable-dor.fr* – **R** conseillée
    4 ha (233 empl.) plat, sablonneux, herbeux
    Tarif : 🏕 🚗 ☒ 28 € ⚡ (10A) – frais de réservation 18 €
    Location ✄ : 106 ⌷ (4 à 6 pers.) 570 à 735 €/sem. – 24 ⌂ (4 à 6 pers.) 585 à 775 €/sem.
    Pour s'y rendre : NO : 2,5 km par D105, rte des Sables-d'Olonne et à droite, près de la D 105 A
    À savoir : Belle piscine couverte

> Nature : ⌕ 🌳
> Loisirs : 🍹 self-service 🎬 ⚙ nocturne 🏓 ⛱ salle d'animation 🛶 ☒ 🎿 🏓 terrain omnisports
> Services : 🚿 ⚬ GB 🗇 🗑 ♨ ☺ 🚰 ⚙ 🖥 🏖 🚰

La TRANCHE-SUR-MER

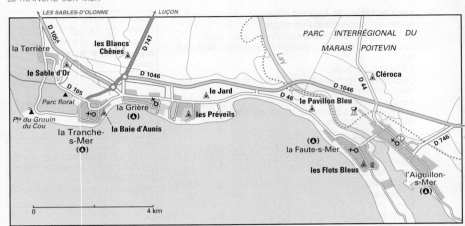

Baie d'Aunis 27 avr.-16 sept.

𝒫 02 51 27 47 36, *info@camping-baiedaunis.com*,
Fax 02 51 27 44 54, (1er juil.-31 août)
www.camping-baiedaunis.com
– **R** conseillée ✖ (1er juil.-31 août)
2,5 ha (155 empl.) plat, sablonneux
Tarif : ⚡ ⇔ 🄴 24,70 € – 🄶 4 € – frais de réservation 30 €
Location ✖ (27 avr.-16 sept.) : 10 🛖 (4 à 6 pers.) 290
à 660 €/sem. – 9 🛖 (4 à 6 pers.) 335 à 715 €/sem.
🛒, 1 borne – 2 🄴
Pour s'y rendre : sortie E rte de l'Aiguillon
À savoir : à 50 m de la plage

Nature : 🗺 ♀
Loisirs : 🍽 ✕ 🏠 🏊 🛶
Services : 🚿 ⚡ 🅖🅑 🚗 🍴 🧺 🔥 ♨
🅟 🚮
À prox. : ✕ 🎣 🛍

Les Préveils

𝒫 02 51 30 30 52, *les.preveils@cegetel.net*,
Fax 02 51 27 70 04, *www.lespreveils-asso.fr* – **R** conseillée
4 ha (180 empl.) peu vallonné, sablonneux, herbeux
Location : 🏠 – appartements, bungalows toilés
Pour s'y rendre : À la Grière, 3,5 km rte de l'Aiguillon et à
droite, à 300 m de la plage (accès direct)

Nature : 🗺 ♀♀(pinède)
Loisirs : snack 🏠 🏊 ✖ 🛶
Services : 🚿 ⚡ 🔥 ♨ 🧺 🔥 🚮
À prox. : 🛒

Les Blancs Chênes 🧗 – 7 avr.-15 sept.

𝒫 02 51 30 41 70, *info@camping-vagues-oceanes.com*,
Fax 02 51 28 84 09, *www.camping-vagues-oceanes.com* –
places limitées pour le passage – **R** conseillée
7 ha (375 empl.) plat, herbeux
Tarif : (Prix 2006) ⚡ ⇔ 🄴 24 € – 🄶 (5A) 6 € – frais de
réservation 30 €
Location : 8 🛖 (4 à 6 pers.) 150 à 870 €/sem. – 3 🛖 (4
à 6 pers.) 150 à 870 €/sem. – bungalows toilés
Pour s'y rendre : NE : 2,6 km par D 747, rte d'Angles

Nature : 🗺 ♀
Loisirs : 🍽 snack 🏠 🧗 salle d'animation 🏊 🚲 ✖ 🎯 🛶 🛶 🛶
terrain omnisports
Services : 🚿 ⚡ 🅖🅑 🚗 🔥 ♨ 🚮
🚮 🚮

TRIAIZE

✉ 85580 – **316** 🇮9 – 956 h. – alt. 3
Paris 446 – Fontenay-le-Comte 38 – Luçon 9 – Niort 71 – La Rochelle 39 – La Roche-sur-Yon 41.

Municipal juil.-août

𝒫 02 51 56 12 76, *mairie.triaize@wanadoo.fr*,
Fax 02 51 56 38 21 – **R**
2,7 ha (70 empl.) plat, herbeux, pierreux, étang
Tarif : (Prix 2006) ⚡ 2,30 € – ⇔ 1,50 € – 🄴 1,85 € – 🄶 2,30 €
Location (mai-sept.) ✖ : 6 🛖 (4 à 6 pers.) 180 à
325 €/sem.
Pour s'y rendre : Au bourg, par rue du stade

Nature : 🌳 🗺
Loisirs : 🏊
Services : ⚡ 🚗 ♨ 🔥
À prox. : ✕

634

VAIRÉ

⊠ 85150 – **316** F8 – 1 002 h. – alt. 49
Paris 448 – Challans 31 – La Mothe-Achard 9 – La Roche-sur-Yon 27 – Les Sables-d'Olonne 13.

Le Roc Permanent
  ℰ 02 51 33 71 89, *contact@campingleroc.com*,
  Fax 02 51 33 76 54, *www.campingleroc.com* – **R** indispensable
  1,4 ha (100 empl.) peu incliné, herbeux
  Tarif : ⚹ ⇐ 🄴 19 € – 🄶 (6A) 4 € – frais de réservation 18 €
  Location : 30 🏠 (4 à 6 pers.) 220 à 560 €/sem.
  🚐 1 borne 10 €
  Pour s'y rendre : NO : 1,5 km par D 32, rte de Landevieille
  et rte de Brem-sur-Mer à gauche

  Nature : 🗔 ♀
  Loisirs : 🏋 🛝 🔲 (petite piscine)
  🛝
  Services : 🕭 ⊶ 🛠 🖙 ☺ 🐾 🖺

VIX

⊠ 85770 – **316** K9 – 1 572 h. – alt. 6
Paris 448 – Fontenay-le-Comte 15 – Luçon 31 – Niort 44 – Marans 15 – La Rochelle 39.

La Rivière mi-mars-oct.
  ℰ 02 51 00 65 96, Fax 02 51 00 63 53 – **R** conseillée
  0,5 ha (25 empl.) plat, herbeux
  Tarif : (Prix 2006) ⚹ 2,30 € ⇐ 1,30 € 🄴 1,30 € –
  🄶 (10A) 2,30 €
  Pour s'y rendre : S : à 4,6 km du bourg, accès par rue de la
  Guilletrie
  À savoir : Situation agréable près de la Sèvre Niortaise

  Nature : 🌿 🗔 ♀
  Loisirs : 🛶 canoë, pédalos, bateaux
  à moteur
  Services : 🕭 ⊶ 🛠 🖫 ☺ 🌂 🛒 🖺
  À prox. : 🏊

635

PICARDIE

Une escapade en Picardie vous fera parcourir un livre d'histoire grandeur nature, peuplé d'abbayes cisterciennes, de splendides cathédrales, d'hôtels de ville flamboyants, d'imposants châteaux et d'émouvants témoignages des deux guerres mondiales… Vous préférez la campagne ? À vous les hautes futaies des forêts de Compiègne ou de Saint-Gobain qui bruissent encore du tumulte des chasses royales, les fermes cernées de champs de céréales ou de betteraves et la contemplation du ballet des oiseaux au-dessus du Marquenterre. L'aventure n'est pas votre fort ? Adoptez la devise de Lafleur, illustre marionnette amiénoise : « bien boire, bien manger, ne rien faire »… Soupe des hortillonnages, pâté de canard et gâteau battu vous prouveront qu'en Picardie, la gastronomie n'est pas affaire de dilettante.

Ready for an action-packed ride over Picardy's fair and historic lands? The region that gave France her first king, Clovis, is renowned for its wealthy Cistercian abbeys, splendid Gothic cathedrals and flamboyant town halls, as well as its poignant reminders of the two World Wars. If you prefer the countryside, take a boat trip through the floating gardens of Amiens, explore the botanical reserve of Marais de Cessière or go birdwatching on the Somme estuary and at Marquenterre bird sanctuary: acres of unspoilt hills and heath, woods, pastures and vineyards welcome you with open arms. Picardy's rich culinary talents have been refined over centuries, and where better to try the famous pré-salé lamb, fattened on the salt marshes, some smoked eel or duck pâté, or a dessert laced with Chantilly cream.

BERNY-RIVIÈRE

✉ 02290 – **306** A6 – 582 h. – alt. 49
Paris 100 – Compiègne 24 – Laon 55 – Noyon 28 – Soissons 17.

La Croix du Vieux Pont Permanent
   ℘ 03 23 55 50 02, *info@la-croix-du-vieux-pont.com*,
   Fax 03 23 55 05 13, *www.la-croix-du-vieux-pont.com* –
   places limitées pour le passage – **R** conseillée ⚡
   20 ha (520 empl.) plat et peu incliné, herbeux
   Tarif : ♦ ⇔ 回 11 € – ⑫ (10A) 6 €
   Location (1ᵉʳ avr.-31 oct.) ⚡ : 11 appartements
   Pour s'y rendre : 1,5 km au S sur D 91, à l'entrée de
   Vic-sur-Aisne, bord de l'Aisne
   À savoir : Nombreuses activités nautiques : piscines, rivière
   et étang

> Nature : 🐟 ☐ ♀
> Loisirs : ♈ ✗ crêperie 🏠 ☺ 🎴
> jacuzzi discothèque 🚣 🚴 ✗ 🏊
> ⛱ ⚓ (plage) 🎿 🏹 🐎 poneys ter-
> rain omnisports
> Services : ♿ ⚡ 🏧 ▥ 🖼 🔥 ☺ ⊛ 🗑
> ⚐ 🐕 🗄 💧 🚿 institut de beauté

CHAMOUILLE

✉ 02860 – **306** D6 – 204 h. – alt. 112 – Base de loisirs
Paris 138 – Fère-en-Tardenois 43 – Laon 14 – Reims 43 – Soissons 35.

Le Parc de l'Ailette
   ℘ 03 23 24 66 86, *ailette@wanadoo.fr*, Fax 03 23 24 66 87,
   http://perso.wanadoo.fr/ailette – **R** conseillée
   4,5 ha (201 empl.) peu incliné, plat, en terrasses, bois
   Location : 🏕 – bungalows toilés
   🚐 1 borne
   Pour s'y rendre : SE : 2 km par D 19, à la base de plein air
   et de loisirs, à 200 m du plan d'eau (accès direct)

> Nature : ⪦ ☐
> Loisirs : snack 🏠
> Services : ♿ ⚡ 🖼 ☺ 🌊 ⊛ 🗑 💧
> À prox. : 🚣 ✗ ♨ ⚓ (plage) 🎿 🛶

Pour choisir et suivre un itinéraire
Pour calculer un kilométrage
Pour situer exactement un terrain (en fonction des
indications fournies dans le texte) :
*Utilisez les **cartes MICHELIN** détaillées à 1/150 000,*
compléments indispensables de cet ouvrage.

639

CHARLY-SUR-MARNE

✉ 02310 – **306** B9 – 2 727 h. – alt. 63
🚩 Syndicat d'initiative, 20, rue Émile Morlot ℘ 03 23 82 07 49, Fax 03 23 82 68 82
Paris 82 – Château-Thierry 14 – Coulommiers 33 – La Ferté-sous-Jouarre 16 – Montmirail 27 – Soissons 56.

Municipal des illettes déb. avr.-fin sept.
   ℘ 03 23 82 12 11, *mairie.charly@wanadoo.fr*,
   Fax 03 23 82 13 99, *www.charly-sur-marne.fr* – **R** conseillée
   ⚡
   1,2 ha (43 empl.) plat, herbeux, gravier
   Tarif : (Prix 2006) ♦ 4,40 € ⇔ 1,65 € 回 4,40 € –
   ⑫ (10A) 1,65 €
   Pour s'y rendre : Au Sud du bourg, à 200 m du D 82 (accès
   conseillé)

> Nature : ☐
> Loisirs : 🏠
> Services : ♿ ⚡ 🐕 ▥ 🖼 ⊛ 🗑 ⚐
> 🖻
> À prox. : 🎣 ♨ ✗ ⛵

La FÈRE

✉ 02800 – **306** C5 – G. Nord Pas-de-Calais Picardie – 2 817 h. – alt. 54
🚩 Syndicat d'initiative, Hôtel de Ville ℘ 03 23 56 62 00, Fax 03 23 56 40 04
Paris 137 – Compiègne 59 – Laon 24 – Noyon 31 – St-Quentin 24 – Soissons 43.

Municipal du Marais de la Fontaine avr.-sept.
   ℘ 03 23 56 82 94 – **R** conseillée ⚡
   0,7 ha (26 empl.) plat, herbeux
   Tarif : (Prix 2006) ♦ 1,80 € ⇔ 1,50 € 回 1,50 € –
   ⑫ (15A) 2,70 €
   Pour s'y rendre : Par centre ville vers Tergnier et av.
   Auguste Dromas, à droite, au complexe sportif, près d'un
   bras de l'Oise

> Nature : ☐
> Services : ♿ ⚡ 🌊 ⊛
> À prox. : ✗

GUIGNICOURT

⊠ 02190 – **306** F6 – 2 203 h. – alt. 67
🛈 *Syndicat d'initiative, Hôtel-de-Ville* ℘ *03 23 25 36 60*
Paris 165 – Laon 40 – Reims 33 – Rethel 39 – Soissons 54.

⚠ **Municipal du Bord de l'Aisne** 1ᵉʳ avr.-30 sept.
℘ 03 23 79 74 58, *mairie-guignicourt@wanadoo.fr,*
Fax 03 23 79 74 55, *www.guignicourt.fr* – **R** conseillée
1,5 ha (100 empl.) plat, herbeux
Tarif : (Prix 2006) 👤 2 € 🚗 1,50 € 🔲 4 € – 🔌 (10A) 4,60 €
Pour s'y rendre : Sortie Sud-Est par D 925 et rue à droite
À savoir : Au bord de l'Aisne

| Nature : 🌳 |
| Loisirs : ✖ |
| Services : ⌐ GB ⚹ ▥ 🔊 ⊕ |

LAON

⊠ 02000 – **306** D5 – G. Nord Pas-de-Calais Picardie – 26 265 h. – alt. 181
🛈 *Office de tourisme, place du Parvis Gautier de Mortagne* ℘ *03 23 20 28 62,* Fax 03 23 20 68 11
Paris 141 – Amiens 122 – Charleville-Mézières 124 – Compiègne 74 – Reims 62 – St-Quentin 48 – Soissons 38.

⚠ **Municipal la Chênaie** 1ᵉʳ mai-30 sept.
℘ 03 23 20 25 56, *aaussel@ville-laon.fr,* Fax 03 23 20 25 56,
www.ville-laon.fr – **R** conseillée
1 ha (35 empl.) plat, herbeux, chênaie
Tarif : (Prix 2006) 👤 3,10 € 🚗 1,70 € 🔲 2,10 € –
🔌 (6A) 2,70 €
🚐 1 borne
Pour s'y rendre : De la gare prendre direction Sud-Ouest :
4 km, accès par chemin près de la caserne Foch, à l'entrée
du faubourg Semilly, à 100 m d'un étang

| Nature : 🌳 |
| Services : ⅊ ⌐ ⚹ 🔲 ⊕ |

Le NOUVION-EN-THIÉRACHE

⊠ 02170 – **306** E2 – 2 917 h. – alt. 185
🛈 *Syndicat d'initiative, Hôtel de Ville* ℘ *03 23 97 98 06,* Fax 03 23 97 98 04
Paris 198 – Avesnes-sur-Helpe 20 – Le Cateau-Cambrésis 19 – Guise 21 – Hirson 25 – Laon 63 – Vervins 27.

⚠ **Municipal du Lac de Condé** 15 avr.-15 oct.
℘ 03 23 98 98 58, *si.nouvion@wanadoo.fr,*
Fax 03 23 98 94 90 – **R** conseillée
1,3 ha (56 empl.) plat et peu incliné, herbeux
Tarif : 👤 🚗 🔲 11,50 € 🔌 (8A)
Pour s'y rendre : S : 2 km par D 26 rte de Guise et chemin à
gauche
À savoir : À la lisière de la forêt, près d'un plan d'eau avec
parc de loisirs

| Nature : 🌊 🌳 |
| Loisirs : 🍴 |
| Services : ⅊ ⌐ GB ⚹ 🔲 🔊 ⊕ |
| À prox. : 🍴 pizzeria bowling 🏃 ᵐ |
| 🏊 swin golf, piste de bi-cross |

RESSONS-LE-LONG

⊠ 02290 – **306** A6 – 740 h. – alt. 72
Paris 97 – Compiègne 26 – Laon 53 – Noyon 31 – Soissons 15.

⚠ **La Halte de Mainville**
℘ 03 23 74 26 69, *lahaltedemainville@wanadoo.fr,*
Fax 03 23 74 03 60 – **R** conseillée
5 ha (153 empl.) plat, herbeux, petit étang
Pour s'y rendre : Sortie NE du bourg, rue du Routy

| Nature : 🌳 |
| Loisirs : 🍴 🏃 🏊 |
| Services : ⅊ ⌐ ▥ 🔲 🕗 ⊕ 🔊 🖴 |

SERAUCOURT-LE-GRAND

⊠ 02790 – **306** B4 – 715 h. – alt. 102
Paris 148 – Chauny 26 – Ham 16 – Péronne 28 – St-Quentin 13 – Soissons 56.

⚠ **Le Vivier aux Carpes** 1ᵉʳ mars-31 oct.
℘ 03 23 60 50 10, *camping.du.vivier@wanadoo.fr,*
Fax 03 23 60 51 69, *www.camping-picardie.com*
– **R** conseillée
2 ha (60 empl.) plat, herbeux
Tarif : 👤 🚗 🔲 17,50 € 🔌 (6A)
🚐 1 borne – 6 🔲 16,50 €
Pour s'y rendre : Au N du bourg, sur D 321, près de la
poste, à 200 m de la Somme
À savoir : Situation agréable en bordure d'étangs

| Nature : 🌊 🌳 |
| Loisirs : 🍴 🎣 |
| Services : ⅊ ⌐ ▥ 🔲 ⊕ 🖴 |
| À prox. : 🚣 |

CARLEPONT

✉ 60170 – **305** J3 – 1 369 h. – alt. 59
Paris 103 – Compiègne 19 – Ham 30 – Pierrefonds 21 – Soissons 35.

⚠ **Les Araucarias** Permanent
𝒫 03 44 75 27 39, *camping-les-araucarias@wanadoo.fr*,
Fax 03 44 38 12 51, *www.les-araucarias.com* – places limi-
tées pour le passage – **R** conseillée
1,2 ha (60 empl.) plat et peu incliné, herbeux
Tarif : (Prix 2006) ♦ ⇐ 🔲 11,95 € [½] (6A)
Pour s'y rendre : Sortie SO par D 130 rte de Compiègne
À savoir : Une grande diversité de plantations orne la
partie campable

> Nature : 🌿 🏕 ⚘⚘
> Loisirs : 🏎
> Services : 🚿 ⚷ GB 🐾 ▥ 🔥 ⊕ 🗲
> À prox. : 🍴 🎣

PIERREFONDS

✉ 60350 – **305** I4 – G. Nord Pas-de-Calais Picardie – 1 945 h. – alt. 81
🚩 *Office de tourisme, place de l'Hôtel de Ville* 𝒫 *03 44 42 81 44, Fax 03 44 42 86 31*
Paris 82 – Beauvais 78 – Compiègne 15 – Crépy-en-Valois 17 – Soissons 31 – Villers-Cotterêts 18.

⚠ **Municipal de Batigny** avr.-mi-oct.
𝒫 03 44 42 80 83, *mairiepierrefonds@9busiless.fr* – **R** indis-
pensable
1 ha (60 empl.) plat, terrasse, herbeux
Tarif : (Prix 2006) ♦ 2,40 € ⇐ 🔲 1,45 € – [½] 1,90 €
Pour s'y rendre : Sortie NO par D 973, rte de Compiègne
À savoir : Agréable décoration arbustive

> Nature : 🏕 ⚘
> Loisirs : 🏎
> Services : ⚷ ▥ 🔥 ⊕ 🗲 ♨ 🗲 🖼
> À prox. : 🍴

ST-LEU-D'ESSERENT

✉ 60340 – **305** F5 – 4 867 h. – alt. 50 – Base de loisirs
🚩 *Office de tourisme, rue de l'Église* 𝒫 *03 44 56 38 10, Fax 03 44 56 25 23*
Paris 57 – Beauvais 38 – Chantilly 7 – Creil 9 – Pontoise 40.

⚠ **Campix** 7 mars-30 nov.
𝒫 03 44 56 08 48, *campixfr@aol.com*, Fax 03 44 56 28 75,
www.campingcampix.com – **R** conseillée
6 ha (160 empl.) plat, en terrasses, accidenté, herbeux, pierreux
Tarif : ♦ ⇐ 🔲 11 € – [½] (6A) 3,50 €
🚐 1 borne
Pour s'y rendre : sortie N par D 12 rte de Cramoisy puis
1,5 km par rue à droite et chemin
À savoir : Dans une ancienne carrière ombragée, dominant
le bourg et l'Oise

> Nature : 🌿 ⚘
> Loisirs : 🎣 🏎 🚲 🛶
> Services : 🚿 ⚷ GB 🐾 ▥ 🔥 ⊕ 🗲

641

Pâturage dans l'Avesnois

BERTANGLES

✉ 80260 – **301** G8 – G. Nord Pas-de-Calais Picardie – 654 h. – alt. 95
Paris 154 – Abbeville 44 – Amiens 11 – Bapaume 49 – Doullens 24.

⚠ **Camping du Château** 20 avr.-10 sept.
℘ 03 60 65 68 36, *camping@chateaubertangles.com*,
Fax 03 22 93 68 36, *www.chateaubertangles.com*
– **R** conseillée
0,7 ha (33 empl.) plat, herbeux
Tarif : ✹ 3,35 € ⊷ 2,30 € ▣ 3,40 € – ⚡ (5A) 2,60 €
Pour s'y rendre : Au bourg
À savoir : Dans un verger, près du château

Nature : ⌇ ▱ ♀
Loisirs : ⛱
Services : ⚕ ⊶ ▣ ⊛

CAPPY

✉ 80340 – **301** J8 – 485 h. – alt. 43
Paris 139 – Amiens 38 – Bapaume 28 – Péronne 15 – Roye 34.

⚠ **Municipal les Charmilles** avr.-oct.
℘ 03 22 76 14 50, *mairiedecappy@wanadoo.fr*,
Fax 03 22 76 62 74 – places limitées pour le passage
– **R** conseillée
2 ha (60 empl.) plat, herbeux
Tarif : (Prix 2006) ✹ ⊷ ▣ 20 €
Pour s'y rendre : O : 1,3 km par D 1, rte de Bray-sur-Somme et chemin à gauche, bord d'un ruisseau

Nature : ⌇ ▱ ♀
Services : ⚕ ⊶ (juil.-août) ▥ ▣ ⊛
À prox. : ⤚

CAYEUX-SUR-MER

✉ 80410 – **301** B6 – G. Nord Pas-de-Calais Picardie – 2 781 h. – alt. 2
🅱 Office de tourisme, boulevard du Général Sizaire ℘ 03 22 26 61 15
Paris 217 – Abbeville 29 – Amiens 82 – Le Crotoy 26 – Dieppe 50.

⚠⚠ **Les Galets de la Mollière**
℘ 03 22 26 61 85, *mairie-de-cayeux-sur-mer@wanadoo.fr*,
Fax 03 22 26 61 85 – **R** conseillée
6 ha (198 empl.) plat, peu incliné, sablonneux, galets,
herbeux, pinède
Location : 7 ⌂
⌂ 1 borne – 30 ▣
Pour s'y rendre : 3,3 km au NE par D 102, rte littorale, à la Mollière-d'Aval

Loisirs : ⛤ snack ▭ ⛱
Services : ⚕ ⊶ ▣ ⊚ ⊛ ⊿ ⇅ ▤
sèche-linge

⚠⚠ **Brighton les Pins**
℘ 03 22 26 71 04, *caravaning-brigthon@cayeux-sur-mer.com*, Fax 03 22 26 71 04 – places limitées pour le passage – **R** conseillée
4 ha (163 empl.) plat, herbeux
⌂ 1 borne
Pour s'y rendre : 2 km au NE par D 102 rte littorale, à Brighton, à 500 m de la mer

Nature : ▱ ♀
Loisirs : ⛤ ▭ ⛱
Services : ⚕ ⊶ ▥ ▣ ⊛ ⊿ ⇅ ▤

Le CROTOY

✉ 80550 – **301** C6 – G. Nord Pas-de-Calais Picardie – 2 439 h. – alt. 1
🅱 Office de tourisme, 1, rue Carnot ℘ 03 22 27 05 25, Fax 03 22 27 90 58
Paris 210 – Abbeville 22 – Amiens 75 – Berck-sur-Mer 29 – Montreuil 44.

⚠⚠ **Le Ridin** 1er avr.-4 nov.
℘ 03 22 27 03 22, *contact@campingleridin.com*,
Fax 03 22 27 70 76, *www.campingleridin.com* – places limitées pour le passage – **R** conseillée
4,5 ha (151 empl.) plat, herbeux
Tarif : ✹ ⊷ ▣ 28,50 € ⚡ (10A)
Location : 56 ⌂
Pour s'y rendre : 3 km au N par rte de St-Quentin-en-Tourmont et chemin à dr., au lieu-dit Mayocq

Nature : ▱
Loisirs : ⛤ ✗ ▭ ⛓ ⛱ ⏛
Services : ⚕ ⊶ ⊕⊟ ⊘ ▥ ▣ ⊚ ⊛
▤ sèche-linge

Le CROTOY

🔺🔺 **Les Aubépines** 30 mars-4 nov.
    ✆ 03 22 27 01 34, *contact@camping-lesaubepines.com*,
Fax 03 22 27 13 66, *www.camping-lesaubepines.com* –
places limitées pour le passage – **R** conseillée
2,5 ha (196 empl.) plat, herbeux, sablonneux
Tarif : ✝ 5 € ⚌ 3 € ▤ 8 € – [½] (10A) 8 €
Location : 17 ⛺ (4 à 6 pers.) 240 à 659 €/sem.
Pour s'y rendre : 4 km au N par rte de St-Quentin-en-
Tourmont et chemin à gauche

Nature :
Loisirs :
Services :
À prox. :

🔺🔺 **Les Trois Sablières** 1ᵉʳ avr.-8 nov.
    ✆ 03 22 27 01 33, *contact@camping-les-trois-sablie*
res.com, Fax 03 22 27 10 06, *www.camping-les-trois-sablie*
res.com – places limitées pour le passage – **R** conseillée
1,5 ha (97 empl.) plat, herbeux, sablonneux
Tarif : ✝ ⚌ ▤ 22 € – [½] (6A) 4,10 €
Location : 6 ⛺ (4 à 6 pers.) 380 à 645 €/sem.
Pour s'y rendre : 4 km au NO par rte de St-Quentin-en-
Tourmont et chemin à gauche, au lieu-dit la Maye, à 400 m
de la plage
À savoir : Cadre verdoyant et fleuri

Nature :
Loisirs :
Services :
sèche-linge
À prox. :

FORT-MAHON-PLAGE

✉ 80120 – **301** C5 – G. Nord Pas-de-Calais Picardie – 1 140 h. – alt. 2
🅱 *Office de tourisme, 1000, avenue de la Plage* ✆ *03 22 23 36 00, Fax 03 22 23 93 40*
Paris 225 – Abbeville 41 – Amiens 90 – Berck-sur-Mer 19 – Calais 94 – Étaples 30 – Montreuil 29.

🔺🔺 **Le Royon** 9 mars-1ᵉʳ nov.
    ✆ 03 22 23 40 30, *info@campingleroyon.com*,
Fax 03 22 23 65 15, *www.campingleroyon.com* – places limi-
tées pour le passage – **R** indispensable
4 ha (272 empl.) plat, herbeux, sablonneux
Tarif : ✝ ⚌ ▤ 27,50 € [½] (6A) – frais de réservation 10 €
Location : 64 ⛺ (4 à 6 pers.) 270 à 635 €/sem.
⛽, 1 borne 3 €
Pour s'y rendre : 1 km au S, rte de Quend

Nature :
Loisirs :
Services :
À prox. : golf

643

🔺🔺 **Le Vert Gazon** avr.-7 oct.
    ✆ 03 22 23 37 69, Fax 03 22 23 37 69, *www.camping-le*
vertgazon.com – places limitées pour le passage
– **R** conseillée ⊗
2,5 ha (103 empl.) plat, herbeux
Tarif : (Prix 2006) ✝ ⚌ ▤ 23,50 € [½] (6A) – frais de réservation 10 €
Location ⊗ : 13 ⛺ (4 à 6 pers.) 270 à 579 €/sem.
⛽, 1 borne 5 €
Pour s'y rendre : 0,4 km au S, rte de Quend

Nature :
Loisirs :
Services :
sèche-linge

MOYENNEVILLE

✉ 80870 – **301** D7 – 626 h. – alt. 92
Paris 194 – Abbeville 9 – Amiens 59 – Blangy-sur-Bresle 22 – Dieppe 62 – Le Tréport 33.

🔺🔺 **Le Val de Trie** 1ᵉʳ avr.-1ᵉʳ nov.
    ✆ 03 22 31 48 88, *raphael@camping-levaldetrie.fr*,
Fax 03 22 31 35 33, *www.camping-levaldetrie.fr* – **R** conseil-
lée
2 ha (100 empl.) plat, herbeux, petit étang
Tarif : ✝ 4,90 € ⚌ 2,60 € ▤ 7,20 € – [½] (6A) 4 € – frais de
réservation 12 €
Location ⊗ : 11 ⛺ (4 à 6 pers.) 252,70 à 693 €/sem.
Pour s'y rendre : 3 km au NO, sur D 86, à Bouillancourt-
sous-Miannay, bord d'un ruisseau
À savoir : Cadre champêtre

Nature : (peupleraie)
Loisirs : snack
Services :
sèche-linge

NAMPONT-ST-MARTIN

✉ 80120 – **301** D5 – G. Nord Pas-de-Calais Picardie – 228 h. – alt. 10
Paris 214 – Abbeville 30 – Amiens 79 – Boulogne-sur-Mer 52 – Hesdin 25 – Le Touquet-Paris-Plage 28.

La Ferme des Aulnes 31 mars-4 nov.
℘ 03 22 29 22 69, *contact@fermedesaulnes.com*,
Fax 03 22 29 39 43, *www.fermedesaulnes.com* – places limi-
tées pour le passage – **R** conseillée
4 ha (120 empl.) peu incliné, plat, herbeux
Tarif : ⭑ ⇔ 🅿 14 € – 🔌 (10A) 6 €
Location (permanent) : 15 🚐 (4 à 6 pers.) 370 à
790 €/sem.
Pour s'y rendre : 3 km au SO par D 85ᴱ, rte de Villier-sur-
Authie, à Fresne
À savoir : Dans les dépendances d'une agréable ferme
picarde

> Nature : 🏞 🌳
> Loisirs : 🍴 ✗ 🎦 🎱 🏋 piano bar
> 🏓 🎱 🏊 (découverte en saison)
> Services : 🛁 ⚬ᴛ GB 🐕 🗑 ☺ ♨ 🚿
> 🖥 sèche-linge 🧺

PENDÉ

✉ 80230 – **301** C7 – 980 h. – alt. 5
Paris 211 – Abbeville 23 – Amiens 76 – Blangy-sur-Bresle 34 – Le Tréport 20.

La Baie Pâques-15 oct.
℘ 03 22 60 72 72 – places limitées pour le passage – **R** indispensable
(107 empl.) plat, herbeux, sablonneux
Tarif : ⭑ ⇔ 🅿 11,20 € – 🔌 (6A) 3,80 €
Pour s'y rendre : 2 km au N, à Routhiauville, r. de la Baie

> Nature : 🏞 🌳 ♨
> Loisirs : 🏓 🏊
> Services : 🛁 ⚬ᴛ 🐕 🗑 🏊 ♨ ☺ 🖥

PÉRONNE

✉ 80200 – **301** K8 – G. Nord Pas-de-Calais Picardie – 8 380 h. – alt. 52
🅱 Office de tourisme, 1, rue Louis XI ℘ 03 22 84 42 38, Fax 03 22 85 51 25
Paris 141 – Amiens 58 – Arras 48 – Doullens 54 – St-Quentin 30.

Port de Plaisance 1ᵉʳ mars-31 oct.
℘ 03 22 84 19 31, *contact@camping-plaisance.com*,
Fax 03 22 73 36 37, *www.camping-plaisance.com*
– **R** conseillée
2 ha (90 empl.) plat, herbeux
Tarif : ⭑ ⇔ 🅿 21 € – 🔌 (10A) 6,35 €
Location 🚫 : 4 🚐 (4 à 6 pers.) 270 à 480 €/sem.
🚐, 1 borne
Pour s'y rendre : Sortie S, rte de Paris, près du canal du
Nord, entre le port de plaisance et le port de commerce

> Nature : ♨♨
> Loisirs : 🍴 🎦 🏓 🏊 🐬
> Services : 🛁 ⚬ᴛ GB 🐕 🗑 ☺ 🖥

Vue de la Somme depuis Corbie

POIX-DE-PICARDIE

✉ 80290 – **301** E9 – G. Flandre Artois Picardie – 2 285 h. – alt. 106

🏢 *Office de tourisme, route de Forges les Eaux ℰ 03 22 90 12 23*

Paris 133 – Abbeville 45 – Amiens 31 – Beauvais 46 – Dieppe 87 – Forges-les-Eaux 43.

⚠ **Municipal le Bois des Pêcheurs** 1er avr.-30 sept.
ℰ 03 22 90 11 71, *camping@ville-poix-de-picardie.fr*,
Fax 03 22 90 32 91, *www.ville-poix-de-picardie.fr*
– **R** conseillée
2 ha (135 empl.) plat, herbeux
Tarif : (Prix 2006) 🏕 ⬅ 🅿 14,80 € 🔌 (10A)
Pour s'y rendre : Sortie O par D 919, rte de Formerie, bord
d'un ruisseau
À savoir : Cadre arbustif

Nature : ⌑ ♀	
Loisirs : 🏠 🛝	
Services : 🕭 ⛽ ⚕ 🚻 ☺ 🔲 sèche-linge	
À prox. : 🛒 ✕ 🔲	

QUEND

✉ 80120 – **301** C6 – 1 205 h. – alt. 5

🏢 *Office de tourisme, 8, avenue Vasseur ℰ 03 22 23 32 04, Fax 03 22 23 62 65*

Paris 218 – Abbeville 34 – Amiens 83 – Berck-sur-Mer 15 – Hesdin 34 – Montreuil 25.

⚠ **Les Deux Plages** fin mars-1er nov.
ℰ 03 22 23 48 96, *lionel.pommery@wanadoo.fr*,
Fax 03 22 23 48 69, *www.camping2plages.com* – places limi-
tées pour le passage – **R** conseillée
1,8 ha (100 empl.) plat, herbeux
Tarif : (Prix 2006) 🏕 ⬅ 🅿 21,50 € 🔌 (6A)
Location : 7 🛖 (4 à 6 pers.) 270 à 580 €/sem.
🚐 1 borne 2,50 €
Pour s'y rendre : 1,3 km au NO par rte de Quend-Plage-les-
Pins et rte à dr.

Nature : 🏞 ⌑ ♀	
Loisirs : 🏠 🛝 🏊	
Services : ⛽ ⚕ 🚻 ☺ 🔲 sèche-linge	

*Om een reisroute uit te stippelen en te volgen,
om het aantal kilometers te berekenen,
om precies de ligging van een terrein te bepalen
(aan de hand van de inlichtingen in de tekst),
gebruikt u de **Michelinkaarten** schaal 1 : 150 000 ;
een onmisbare aanvulling op deze gids.*

RUE

✉ 80120 – **301** D6 – G. Nord Pas-de-Calais Picardie – 3 075 h. – alt. 9

🏢 *Office de tourisme, 54, rue Porte de Becray ℰ 03 22 25 69 94, Fax 03 22 25 76 26*

Paris 212 – Abbeville 28 – Amiens 77 – Berck-Plage 22 – Le Crotoy 8.

⚠ **Les Oiseaux** 1er avr.-30 sept.
ℰ 03 22 25 71 82, *contact@campingdesoiseaux.com*,
www.campingdesoiseaux.com – places limitées pour le passage – **R** conseillée
1,2 ha (71 empl.) plat, herbeux
Tarif : 🏕 ⬅ 🅿 8,20 € – 🔌 (6A) 2,90 €
Pour s'y rendre : 3,2 km au S par D 940, rte du Crotoy et
chemin de Favières à gauche, près d'un ruisseau

Loisirs : 🏠	
Services : 🕭 ⛽ ⚕ ▥ 🚻 ☺ 🔲	

ST-QUENTIN-EN-TOURMONT

✉ 80120 – **301** C6 – 334 h.

Paris 218 – Abbeville 29 – Amiens 83 – Berck-sur-Mer 24 – Le Crotoy 9 – Hesdin 38.

⚠ **Les Crocs** avr.-1er nov.
ℰ 03 22 25 73 33, Fax 03 22 25 75 17 – places limitées pour
le passage – **R** conseillée
1,4 ha (100 empl.) plat, herbeux
Tarif : 🏕 3,75 € ⬅ 1,75 € 🅿 3,50 € – 🔌 (6A) 3,60 €
Pour s'y rendre : 1 km au S par D 204, rte de Rue et à dr.
À savoir : À proximité d'un parc ornithologique

Loisirs : 🏠 🛝	
Services : 🕭 ⛽ ⚕ 🚻 🏕 🏊 ☺ 🔲 sèche-linge	
À prox. : 🐎 (centre équestre)	

ST-VALERY-SUR-SOMME

✉ 80230 – **301** C6 – G. Nord Pas-de-Calais Picardie – 2 686 h. – alt. 27

🛈 *Office de tourisme, 2, place Guillaume-Le-Conquérant* ✆ *03 22 60 93 50, Fax 03 22 60 80 34*

Paris 206 – Abbeville 18 – Amiens 71 – Blangy-sur-Bresle 45 – Le Tréport 25.

⋀⋀⋀ **Domaine de Drancourt** 30 mars-5 nov.

✆ 03 22 26 93 45, *chateau.drancourt@wanadoo.fr,*
Fax 03 22 26 85 87, *www.chateau-drancourt.com* – places limitées pour le passage – **R** conseillée
5 ha (326 empl.) plat et peu incliné, herbeux
Tarif : (Prix 2006) 🏕 ⇌ 🅴 32 € ᵢₐ (6A) – frais de réservation 18 €
Location : 16 ⬚ (4 à 6 pers.) 455 à 935 €/sem.
⬚ 1 borne
Pour s'y rendre : 3,5 km au S par D 48 et rte à gauche
après avoir traversé le CD 940
À savoir : Dans l'agréable parc du château

> Nature : 🏞 ☐ ♀
> Loisirs : ♀ ✗ 🏠 ⚡ 🚴 ✂ ⚓ 🏊
> ☐ poneys practice de golf
> Services : ♿ ⚡ (1ᵉʳ juil.-15 sept.)
> 🇬🇧 🏧 🚿 ♨ ⊘ 🗐 sèche-linge lave-
> vaisselle ☐

⋀⋀⋀ **Le Walric** 1ᵉʳ avr.-1ᵉʳ nov.

✆ 03 22 26 81 97, *info@campinglewalric.com,*
Fax 03 22 60 77 26, *www.campinglewalric.com* – places limi-
tées pour le passage – **R** conseillée
5,8 ha (263 empl.) plat, herbeux
Tarif : 🏕 ⇌ 🅴 27 € ᵢₐ (6A) – frais de réservation 10 €
Location : 22 ⬚ (4 à 6 pers.) 270 à 635 €/sem.
⬚ 1 borne
Pour s'y rendre : Sortie O par D 3, rte d'Eu

> Nature : ☐ ♀
> Loisirs : ♀ snack 🏠 ⚡ ⚡ ⚓ ✂
> ☐ ☐
> Services : ♿ ⚡ (1ᵉʳ juil.-31 août)
> 🇬🇧 🚿 🗐 ♨ ⊘ 🗐 sèche-linge

VILLERS-SUR-AUTHIE

✉ 80120 – **301** D6 – 362 h. – alt. 5

Paris 215 – Abbeville 31 – Amiens 80 – Berck-sur-Mer 16 – Le Crotoy 14 – Hesdin 29.

⋀⋀⋀ **Le Val d'Authie** 31 mars-14 oct.

✆ 03 22 29 92 47, *camping@valdauthie.fr,*
Fax 03 22 29 93 30, *www.valdauthie.fr* – places limitées pour
le passage – **R** indispensable
7 ha (170 empl.) plat et peu incliné, herbeux
Tarif : 🏕 6 € ⇌ 2,50 € 🅴 6 € – ᵢₐ (6A) 5 €
Location : 24 ⬚ (4 à 6 pers.) 350 à 770 €/sem.
Pour s'y rendre : Sortie S, rte de Vercourt
À savoir : Agréables plantations arbustives

> Nature : 🏞 ☐ ♀
> Loisirs : ♀ snack 🏠 ⚡ nocturne
> ♨ ♨ hammam salle d'animation
> ⚡ ✂ ☐ terrain omnisports,
> parcours de santé, piste de bi-cross
> Services : ♿ ⚡ 🇬🇧 🚿 🏧 🗐 ♨
> ⊘ ☐ 🗐 sèche-linge

Base Nautique du Val Joly

VIRONCHAUX

✉ 80150 – **301** D6 – 383 h. – alt. 45
Paris 214 – Abbeville 30 – Amiens 79 – Berck-sur-Mer 25 – Hesdin 23 – Montreuil 26.

⚠ **Les Peupliers** 1ᵉʳ avr.-28 oct.
 ✆ 03 22 23 54 27, *les-peupliers2@wanadoo.fr*,
 Fax 03 22 29 05 19, *www.camping-les-peupliers2.com*
 – **R** conseillée
 1,2 ha (49 empl.) plat, herbeux
 Tarif : ✴ 3,60 € ⟳ 3,10 € 🅴 4,20 € – 🔌 (6A) 3,50 €
 Pour s'y rendre : Au bourg, 221 rue du Cornet
 À savoir : Décoration arbustive et florale

Nature : 🏞 ⌂
Loisirs : 🍴 🏠 🚣 🚵
Services : ♿ ⊶ 🆖 🅟 🍴 🅰 📞 🗜

647

POITOU-CHARENTES

S. Sauvignier/Michelin

Avec l'eau pour compagnon de voyage, les délices de la région Poitou-Charentes se consomment sans modération. Commencez par paresser sur une des plages de sable fin bordant la Côte de Beauté : vous y ferez provision d'air pur mêlé d'iode et d'essences de pins. Puis offrez-vous une cure de remise en forme dans la station balnéaire de votre choix, suivie d'une cure d'huîtres de Marennes-Oléron accompagnées de tartines au beurre de Surgères. Requinqué ? Alors, parcourez à vélo les îles, havres de paix aux maisons fleuries de glycines et de roses trémières, et explorez à bord d'une barque manœuvrée à la « pigouille » les mille et une conches de la « Venise verte ». Puis, après une mini-dégustation de cognac, cette eau… de-vie aux reflets ambrés, cap sur le Futuroscope et ses images à couper le souffle !

Names such as Cognac, Angoulême or La Rochelle all echo through France's history, but there's just as much to appreciate in the here and now. Visit a thalassotherapy resort to revive your spirits, or just laze on the sandy beaches, where the scent of pine trees mingles with the fresh sea air. A bicycle is the best way to discover the region's coastal islands, their country lanes lined with tiny blue and white cottages and multicoloured hollyhocks. Back on the mainland, explore the canals of the marshy, and mercifully mosquito-free, « Green Venice ». You will have earned yourself a drop of Cognac or a glass of the local apéritif, the fruity, ice-cold Pineau. If this seems just too restful, head for Futuroscope, a theme park of the moving image, and enjoy an action-packed day of life in the future.

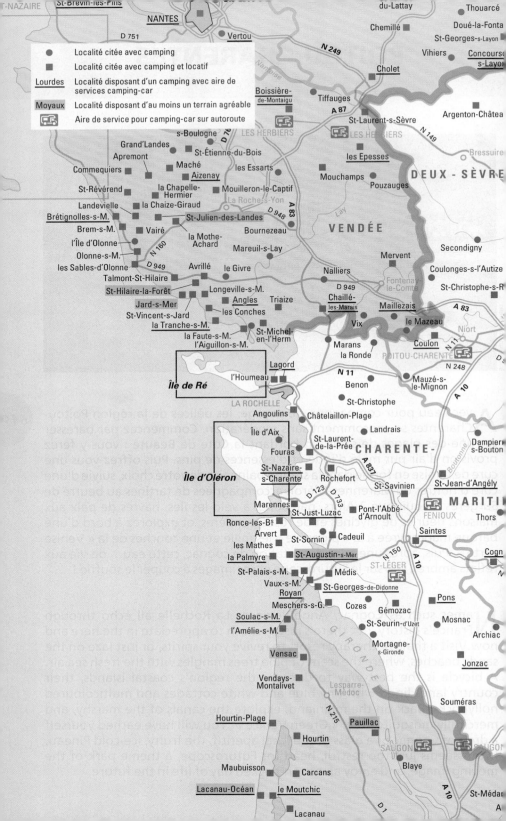

ST-NAZAIRE

St-Brevin-les-Pins

NANTES

Vertou

D 751

Localité citée avec camping

Localité citée avec camping et locatif

<u>Lourdes</u> Localité disposant d'un camping avec aire de services camping-car

Moyaux Localité disposant d'au moins un terrain agréable

Aire de service pour camping-car sur autoroute

du-Lattay

Chemillé

Cholet

Thouarcé

Doué-la-Fonta

St-Georges-s-Layon

Vihiers

Concours s-Layon

N 249

Tiffauges

A 87

St-Laurent-s-Sèvre

N 149

Argenton-Châtea

Bressuire

DEUX - SÈVRE

Boissière-de-Montaigu

s-Boulogne

D 76

LES HERBIERS

LES HERBIERS

<u>les Epesses</u>

Mouchamps

Pouzauges

Grand'Landes

Apremont

Maché

St-Étienne-du-Bois

les Essarts

Commequiers

<u>Aizenay</u>

St-Révérend

la Chapelle-Hermier

Mouilleron-le-Captif

La Roche-s-Yon

A 83

Landevieille

la Chaize-Giraud

<u>Brétignolles-s-M.</u>

<u>St-Julien-des-Landes</u>

D 948

VENDÉE

Secondigny

Brem-s-M.

Vairé

la Mothe-Achard

Bournezeau

Coulonges-s-l'Autize

l'Île d'Olonne

Olonne-s-M.

N 160

Mareuil-s-Lay

Mervent

St-Christophe-s-R

les Sables-d'Olonne

D 949

Avrillé

le Givre

Nalliers

Fontenay-le-Comte

D 949

Talmont-St-Hilaire

<u>St-Hilaire-la-Forêt</u>

Longeville-s-M.

<u>Angles</u>

Triaize

<u>Chaillé-les-Marais</u>

<u>Maillezais</u>

A 83

<u>Jard-s-Mer</u>

les Conches

St-Vincent-s-Jard

<u>la Tranche-s-M.</u>

la Faute-s-M.

l'Aiguillon-s-M.

St-Michel-en-l'Herm

Vix

le Mazeau

Niort

Marans

la Ronde

Coulon

POITOU-CHARENTE

N 11

N 248

<u>Lagord</u>

l'Houmeau

Île de Ré

LA ROCHELLE

Benon

St-Christophe

Mauzé-s-le-Mignon

A 10

Angoulins

Châtelaillon-Plage

Landrais

Dampier s-Bouton

Île d'Aix

Fouras

St-Laurent-de-la-Prée

CHARENTE-

Île d'Oléron

<u>St-Nazaire-s-Charente</u>

Rochefort

D 123

D 733

St-Savinien

<u>St-Jean-d'Angély</u>

MARITI

FENIOUX

Thors

Marennes

St-Just-Luzac

Pont-l'Abbé-d'Arnoult

Ronce-les-Bs

Arvert

les Mathes

la Palmyre

Cadeuil

<u>Saintes</u>

Cogn

<u>St-Augustin-s-Mer</u>

St-Sornin

N 150

A 10

ST-LÉGER

St-Palais-s-M.

Vaux-s-M.

<u>Royan</u>

Médis

<u>St-Georges-de-Didonne</u>

Meschers-s-G.

Cozes

Gémozac

Pons

Mosnac

<u>Soulac-s-M.</u>

l'Amélie-s-M.

St-Seurin-d'Uzet

Archiac

Mortagne-s-Gironde

Jonzac

Vensac

GIRONDE

Vendays-Montalivet

Lesparre-Médoc

Souméras

<u>Hourtin-Plage</u>

N 215

<u>Pauillac</u>

SAUGON

SAUGON

<u>Hourtin</u>

Maubuisson

Carcans

Blaye

<u>Lacanau-Océan</u>

le Moutchic

A 10

St-Médar

Lacanau

D 1

AUNAC

16460 – **324** L4 – 297 h. – alt. 70
Paris 418 – Angoulême 37 – Confolens 43 – Ruffec 15 – St-Jean-d'Angély 69.

Municipal de Magnerit 15 juin-15 sept.
05 45 22 24 38, *mairie.aunac@wanadoo.fr*,
Fax 05 45 22 23 17 – **R** conseillée
1,2 ha (25 empl.) plat, herbeux
Tarif : (Prix 2006) 1,70 € 1,40 € 1,90 € – (8A) 1,70 €
Pour s'y rendre : SE : 1 km du bourg
À savoir : Situation agréable au bord de la Charente

Nature :
Loisirs :
Services :

COGNAC

16100 – **324** I5 – G. Poitou Vendée Charentes – 19 534 h. – alt. 25
Office de tourisme, 16, rue du 14 juillet 05 45 82 10 71, Fax 05 45 82 34 47
Paris 478 – Angoulême 45 – Bordeaux 120 – Libourne 116 – Niort 83 – La Roche-sur-Yon 172 – Saintes 27.

Municipal 27 avr.-14 oct.
05 45 32 13 32, *info@campingdecognac.com*,
Fax 05 45 32 15 82, *www.campingdecognac.com*
– **R** conseillée
2 ha (160 empl.) plat, herbeux
Tarif : (Prix 2006) 14,30 € (6A)
Location : 7 (4 à 6 pers.) 233 à 440 €/sem.
Pour s'y rendre : N : 2,3 km par D 24 rte de Boutiers, entre la Charente et le Solençon

Nature :
Loisirs :
Services : (15 juin-15 sept.)
À prox. :

Le LINDOIS

16310 – **324** N5 – 330 h. – alt. 270
Paris 453 – Angoulême 41 – Confolens 34 – Montbron 12 – Rochechouart 25.

L'Étang avr.-1er nov.
05 45 65 02 67, Fax 05 45 65 08 96, *www.campingdeletang.com* – **R** conseillée
10 ha/1,5 campable (25 empl.) plat et peu incliné, herbeux
Tarif : 4,50 € 7 € – 3,40 €
Location : 3 (4 à 6 pers.) 266 à 322 €/sem. – (sans sanitaires)
Pour s'y rendre : SO : 0,5 km par D 112, rte de Rouzède
À savoir : Agréable sous-bois en bordure d'un étang

Nature :
Loisirs : (plage)
Services :

Le Marais poitevin

S. Sauvignier/Michelin

MANSLE

✉ 16230 – **324** L4 – 1 597 h. – alt. 65
🛈 *Office de tourisme, place du Gardoire* 𝒫 *05 45 20 39 91*
Paris 421 – Angoulême 26 – Cognac 53 – Limoges 93 – Poitiers 88 – St-Jean-d'Angély 62.

⚠ **Municipal** mi-mai-mi-sept.
𝒫 05 45 20 31 41 , *mairie.mansle@wanadoo.fr,*
Fax 05 45 22 86 30 – **R** conseillée
2 ha (120 empl.) plat, herbeux
Tarif : (Prix 2006) 🕴 2,10 € ⇔ 1,80 € 🔲 1,80 € –
🔌 (10A) 2,50 €
Location : 2 🛖
Pour s'y rendre : Sortie NE par D 18, rte de Ruffec et à
droite, près de l'hippodrome, bord de la Charente

Nature : 🏞 ၁၁
Loisirs : 🏊 🎣 ⌛
Services : 🔥 ⚊ 🅖🅑 ⚙ 🗓 ☺ 🍽 🖩
À prox. : ✕ snack 🛶 canoë

MONTBRON

✉ 16220 – **324** N5 – G. Poitou Vendée Charentes – 2 241 h. – alt. 141
🛈 *Office de tourisme, place de l'Hôtel de Ville* 𝒫 *05 45 23 60 09*
Paris 460 – Angoulême 29 – Nontron 25 – Rochechouart 38 – La Rochefoucauld 14.

⚠ **Les Gorges du Chambon** 🏕 – 21 avr.-22 sept.
𝒫 05 45 70 71 70, *gorges.chambon@wanadoo.fr,*
Fax 05 45 70 80 02, *www.gorgesduchambon.fr* – **R** conseillée 🐾
28 ha/7 campables (120 empl.) plat, peu incliné, incliné,
herbeux
Tarif : 🕴 6,80 € ⇔ 2,20 € 🔲 6,80 € – 🔌 (6A) 3,35 € – frais
de réservation 10 €
Location (1ᵉʳ avr.-30 oct.) : 13 🛖 (4 à 6 pers.) 238 à
623 €/sem. – 4 🏠 (4 à 6 pers.) 259 à 679 €/sem. –
bungalows toilés
Pour s'y rendre : E : 4,4 km par D 6, rte de Piégut-Pluviers,
puis à gauche 3,2 km par D 163, rte d'Ecuras et chemin à
droite, à 80 m de la Tardoir (accès direct)
À savoir : Joli cadre naturel autour d'une ancienne ferme
restaurée

Nature : 🏞 < ၁၁
Loisirs : 🍷 ✕ 🛋 🏕 🏊 🚲 🎢 🎯
🎣 🏊 ⌛
Services : 🔥 ⚊ 🅖🅑 ⚙ 🎽 🗓 ☺
🖩 🛒
À prox. : 🐎 canoë

*Avant de vous installer, consultez les tarifs en cours,
affichés obligatoirement à l'entrée du terrain,
et renseignez-vous sur les conditions particulières de séjour.
Les indications portées dans le guide ont pu être modifiées depuis la mise à jour.*

653

MONTIGNAC-CHARENTE

✉ 16330 – **324** K5 – G. Poitou Vendée Charentes – 701 h. – alt. 50
🛈 *Office de tourisme, 10, place du Docteur Feuillet* 𝒫 *05 45 22 71 97*
Paris 432 – Angoulême 17 – Cognac 42 – Rochechouart 66 – Ruffec 29.

⚠ **Municipal les Platanes**
𝒫 05 45 39 89 16, *mdmc@cegetel.net*, Fax 05 45 22 26 71
– **R** conseillée
1,5 ha (100 empl.) plat, herbeux
Pour s'y rendre : NO : 0,2 km par D 115, rte d'Aigré

Nature : ၁၁
Loisirs : 🛋
Services : 🔥 🗓 🏊 ☺
À prox. : ⌛

PRESSIGNAC

✉ 16150 – **324** O5 – 449 h. – alt. 259
Paris 437 – Angoulême 56 – Nontron 40 – Rochechouart 10 – La Rochefoucauld 34.

⚠ **Des Lacs** 28 avr.-15 sept.
𝒫 05 45 31 17 80, *aquitaine@relaisoleil.com* – **R** conseillée
15 ha/6 campables (160 empl.) plat, herbeux
Tarif : 🕴 5,60 € ⇔ 2,70 € 🔲 6,60 € – 🔌 3,70 €
Pour s'y rendre : SO : 4,2 km par D 160, rte de Verneuil, au
plan d'eau

Nature : < Sur le lac 🏞 🏔
Loisirs : 🍷 snack 🏊 🔲 ⌛
Services : 🔥 ⚊ 🅖🅑 ⚙ 🅜 🗓 ☺ 🍽
🛒 🖩
À prox. : ✕ 🎣 ⌛ 🎣 🐎 pédalos,
canoë

RUFFEC

✉ 16700 – **324** L3 – 3 630 h. – alt. 101
🛈 *Office de tourisme, 18, place des Martyrs de l'Occupation* ℘ 05 45 31 05 42, Fax 05 45 89 09 81
Paris 402 – Angoulême 43 – Confolens 42 – St-Jean-d'Angély 66.

⚐ Le Réjallant
℘ 05 45 31 29 06, *cdc-ruffec-charente@wanadoo.fr*,
Fax 05 45 31 34 76 – **R** conseillée
1 ha (56 empl.) plat et peu incliné, herbeux
Pour s'y rendre : Sortie S par D 911 puis 1,4 km par rte à
gauche, à 250 m de la Charente

Nature : 🌳 ♀♀
Services : ♿ ⌾ ☺ 🏠
À prox. : ♀ ✗

SIREUIL

✉ 16440 – **324** K6 – 1 127 h. – alt. 26
Paris 460 – Angoulême 16 – Barbezieux 24 – Cognac 35 – Jarnac 22 – Rouillac 23.

⚐⚐ **Nizour** 10 mai-30 sept.
℘ 05 45 90 56 27, *campingdunizour@aol.com*,
Fax 05 45 90 92 67, *www.campingdunizour.com*
– **R** conseillée
1,6 ha (40 empl.) plat, herbeux
Tarif : 👤 3,80 € – 🚗 1,60 € 🅿 6,35 € – 🔌 (3A) 3,20 € – frais
de réservation 7,63 €
Location (1ᵉʳ juin-10 sept.) 🛏 : 6 🚍 (4 à 6 pers.) 364 à
530 €/sem. – 2 🏠 (4 à 6 pers.) 324 à 530 €/sem. – (sans
sanitaires)
Pour s'y rendre : SE : 1,5 km par D 7, rte de Blanzac, à
gauche avant le pont, à 120 m de la Charente (accès direct)

Nature : 🌳 ♀
Loisirs : 🏓 ♨ ✗ ☂
Services : ♿ ⌾ ♻ 🏠 ☺ ♨ 🏠
À prox. : 🎣

ANGOULINS

✉ 17690 – **324** D3 – 3 501 h. – alt. 15
🛈 *Syndicat d'initiative, 3, rue de Verdun* ℘ 05 46 56 92 09
Paris 481 – Poitiers 148 – La Rochelle 12 – Niort 73 – La Roche 91.

⚐⚐ **Les Chirats - La Platère** avr.-sept.
℘ 05 46 56 94 16, *contact@campingleschirat.fr*,
Fax 05 46 56 65 95, *www.campingleschirats.fr* – **R** indispensable
4 ha (240 empl.) plat et peu incliné, herbeux, pierreux
Tarif : (Prix 2006) 👤 🚗 🅿 23,50 € 🔌 (6A) – frais de réservation 16 €
Location (permanent) : 🏠 (4 à 6 pers.) 221 à
521 €/sem.
Pour s'y rendre : O : 1,7 km par rue des Salines et rte de la
douane, à 100 m de la plage

Nature : 🌳 ♀
Loisirs : ♀ snack 🍴 nocturne ♪
🏊 ♨ 🎾 🏐 (petite piscine) ☂ ♨
Services : ♿ ⌾ (juil.-août) 🔠 ♻
🏠 ☺ ♨ ♨ 🏠 ☺
À prox. : 🚣

ARCHIAC

✉ 17520 – **324** I6 – 864 h. – alt. 111
🛈 *Office de tourisme, 1, place de l'Abbé Goiland* ℘ 05 46 49 57 11, Fax 05 46 49 14 16
Paris 514 – Angoulême 49 – Barbezieux 15 – Cognac 22 – Jonzac 15 – Pons 22.

⚐ **Municipal** 15 juin-15 sept.
℘ 05 46 49 10 46, *archiacmairie@free.fr*, Fax 05 46 49 84 09
– **R** conseillée
1 ha (44 empl.) plat, en terrasses, herbeux, pierreux
Tarif : 👤 1,85 € – 🚗 1,25 € 🅿 1,25 € – 🔌 (10A) 2,45 €
Pour s'y rendre : Près de la piscine

Nature : 🌳 ♀♀
Loisirs : 🏓
Services : ⌾ 🏠 ♨ ☺ 🏠
À prox. : ✗ ☂ ♨

ARVERT

✉ 17530 – **324** D5 – 2 887 h. – alt. 20
🛈 *Syndicat d'initiative, 22, rue des Tilleuls* 𝄞 *05 46 36 89 28, Fax 05 46 36 89 28*
Paris 513 – Marennes 16 – Rochefort 37 – La Rochelle 74 – Royan 19 – Saintes 46.

Schéma aux Mathes

⚠ **Le Presqu'Île** mai.-sept.
  𝄞 05 46 36 81 76, *christophe.cantet@free.fr,*
  Fax 05 46 36 81 76 – **R** conseillée
  0,8 ha (66 empl.) plat, herbeux, sablonneux
  Tarif : (Prix 2006) 🏕 ⛺ ▣ 14 € [½] (6A)
  Pour s'y rendre : Au N du bourg, à 150 m de la D 14

Nature : 🌳🌳
Loisirs : 🛝🏓
Services : 👤 🚿 GB ♻ 🔄 ☺ 🏠
À prox. : ✂

⚠ **Le Petit Pont** 15 avr.-15 sept.
  𝄞 05 46 36 07 20, *contact@camping-dupetitpont.com,*
  Fax 05 46 36 07 20, *www.camping-dupetit.com* – **R** conseillée
  0,6 ha (33 empl.) plat, herbeux
  Tarif : 🏕 ⛺ ▣ 12,80 € – [½] (10A) 3,60 € – frais de réservation 8 €
  Location : 25 🚐 (4 à 6 pers.) 165 à 630 €/sem.
  Pour s'y rendre : NO : 2,5 km sur D 14

Nature : 🌳🌳
Loisirs : 🛖 🛝🏓 🏊
Services : 🔄 ♻ 🌊 ☺ 🏠

BENON

✉ 17170 – **324** F2 – 514 h. – alt. 21
Paris 445 – Fontenay-le-Comte 36 – Niort 38 – La Rochelle 33 – Surgères 17.

⚠ **Municipal du Château** 1ᵉʳ mai-30 sept.
  𝄞 05 46 01 61 48, *benon@mairie17.com,*
  Fax 05 46 01 01 19, *www.smic17.fr/mairie.benon*
  – **R** conseillée
  1 ha (70 empl.) plat, peu incliné, herbeux
  Tarif : 🏕 2,70 € ⛺ 1,60 € ▣ 1,60 € – [½] (10A) 2,20 €
  Pour s'y rendre : Au bourg
  À savoir : Dans un parc

Nature : 🌳
Loisirs : ✂
Services : 👤 ♻ 🔄 ☺ 🏠

655

CADEUIL

✉ 17250 – **324** E5
Paris 492 – Marennes 15 – Rochefort 23 – La Rochelle 59 – Royan 18 – Saintes 26.

⚠ **Lac le Grand Bleu** (location exclusive de chalets et de
  mobile homes) Permanent
  𝄞 05 46 22 90 99, *campinglegrandbleu@hotmail.com,*
  Fax 05 46 22 14 95 – empl. traditionnels également disponibles – **R** conseillée
  14 ha/2 campables plat, herbeux
  Location : 60 🚐 (4 à 6 pers.) 385 à 693 €/sem. – 30 🏠
  (4 à 6 pers.) 385 à 693 €/sem.
  Pour s'y rendre : Au NE du hameau, par D 733, rte de
  Rochefort

Nature : 🏞 🌳🌳 ⛰
Loisirs : 🍽 snack 🏊 🎣 🐴
Services : GB ♻ 🔄 ☺ 🏠
À prox. : pédalos, canoë

CHÂTELAILLON-PLAGE

✉ 17340 – **324** D3 – G. Poitou Vendée Charentes – 5 625 h. – alt. 3
🛈 *Office de tourisme, 5, avenue de Strasbourg* 𝄞 *05 46 56 26 97, Fax 05 46 56 58 50*
Paris 482 – Niort 74 – Rochefort 22 – La Rochelle 19 – Surgères 29.

⚠ **L'Océan** 9 juin-23 sept.
  𝄞 05 46 56 87 97 – **R** conseillée
  1,8 ha (94 empl.) plat, herbeux
  Tarif : 🏕 ⛺ ▣ 18 € – [½] (10A) 3,80 €
  Pour s'y rendre : N : 1,3 km par D 202, rte de la Rochelle et
  à droite

Nature : 🌳
Loisirs : 🛖 🛝🏓
Services : 👤 🔄 GB ♻ 🔄 ☺ ♨ 🏠

COZES

✉ 17120 – **324** E6 – 1 830 h. – alt. 43
🛈 *Office de tourisme, place de l'Hôtel de Ville* ℘ *05 46 90 80 82, Fax 05 46 91 40 39*
Paris 494 – Marennes 41 – Mirambeau 35 – Pons 26 – Royan 19 – Saintes 27.

⚠ **Municipal le Sorlut** 15 avr.-15 oct.
℘ 05 46 90 75 99, *mairie@cozes.com*, Fax 05 46 90 75 12
– **R** conseillée
1,4 ha (120 empl.) plat, herbeux
Tarif : (Prix 2006) 👤 2,22 € ⬌ 🔲 2,38 € – 🔌 2,39 €
Pour s'y rendre : Au N de la ville, près de l'ancienne gare,
derrière le supermarché Champion

Nature : 🏞 ♤♤
Loisirs : 🏊⃗
Services : ⚒ 🗄 🔊 ⊕ 🔲
À prox. : 🛒 🍴 🍽 🎿 ⛴ ⛷

DAMPIERRE-SUR-BOUTONNE

✉ 17470 – **324** H3 – G. Poitou Vendée Charentes – 297 h. – alt. 60
Paris 423 – Beauvoir-sur-Niort 18 – Niort 34 – La Rochelle 72 – Ruffec 56 – St-Jean-d'Angély 19.

⚠ **Municipal** mai-sept.
℘ 05 46 24 02 36, *dampierre-sur-boutonne@mairie-
17.com*, Fax 05 46 26 02 36 – **R** conseillée
0,6 ha (16 empl.) plat, herbeux
Tarif : (Prix 2006) 👤 2,20 € ⬌ 🔲 3,50 € – 🔌 2 €
Pour s'y rendre : Au bourg, derrière la salle municipale,
bord de la Boutonne

Nature : 🏞 ⊏ ♤♤
Loisirs : 🎣
Services : ⚒ GB 🗄 ⊕ 🎿 ⚡

Ne pas confondre :
⚠ ... à ... ⚠⚠⚠ : *appréciation* **MICHELIN**
et
★ ... à ... ★★★★ : *classement officiel*

FOURAS

✉ 17450 – **324** D4 – G. Poitou Vendée Charentes – 3 835 h. – alt. 5
🛈 *Office de tourisme, avenue du Bois Vert* ℘ *05 46 84 60 69, Fax 05 46 84 28 04*
Paris 485 – Châtelaillon-Plage 18 – Rochefort 15 – La Rochelle 34.

⚠⚠⚠ **Municipal le Cadoret** Permanent
℘ 05 46 82 19 19, *campinglecadoret@mairie17.com*,
Fax 05 46 84 51 59 – **R** conseillée
7,5 ha (519 empl.) plat, sablonneux, herbeux
Tarif : (Prix 2006) 👤 ⬌ 🔲 22,70 € 🔌 (10A) – frais de réservation 20 €
Pour s'y rendre : Côte Nord, bord de l'Anse de Fouras

Nature : ⊏ ♤♤
Loisirs : 🍴 snack 🍺 nocturne 🏊⃗
🚴 🎿 ⛷
Services : ⚒ ⚡ GB 🗄 🔊 ⊕ 🎿
⚡ 🔲
À prox. : 🍽 🎿 🎯

⚠ **Municipal la Fumée** 15 mars-31 oct.
℘ 05 46 84 26 77, *campinglecadoret@mairie17.com*,
Fax 05 46 84 51 59
1 ha (81 empl.) plat, herbeux
Tarif : (Prix 2006) 👤 2,60 € ⬌ 2,70 € 🔲 3 € –
🔌 (10A) 3,80 €
Pour s'y rendre : À la pointe de la Fumée, près de l'embar-
cadère Île d'Aix et Fort Boyard

Nature : ♤
Loisirs : 🏊⃗
Services : ⚒ ⚡ (15 mars-31 oct.)
GB 🗄 🔊 ⊕ 🔲

GÉMOZAC

✉ 17260 – **324** F6 – 2 352 h. – alt. 39
Paris 495 – Cognac 35 – Jonzac 30 – Royan 31 – Saintes 22.

⚠ **Municipal** 16 juin-1er sept.
℘ 05 46 94 50 16, Fax 05 46 94 16 25 – **R** conseillée
1 ha (40 empl.) plat, herbeux
Tarif : 👤 3,20 € ⬌ 🔲 6,50 € – 🔌 1 €
Location (31 mars-29 sept.) : 10 🏠 (4 à 6 pers.) 110 à
499 €/sem.
Pour s'y rendre : Sortie O, rte de Royan, près de la piscine

Nature : ♤♤
Services : ⚡ ⚒ ⊕ 🔲
À prox. : 🍴 ✕ 🍽 🎿 ⛴

L'HOUMEAU

✉ 17137 – **324** C2 – 2 279 h. – alt. 19
Paris 478 – Poitiers 145 – La Rochelle 6 – Niort 83 – La Roche 76.

Au Petit Port de l'Houmeau 1ᵉʳ avr.-30 sept.
🖉 05 46 50 90 82, *info@aupetitport.com,*
Fax 05 46 50 01 33, *www.aupetitport.com* – **R** conseillée
2 ha (132 empl.) peu incliné, plat, herbeux
Tarif : 🛉 ⇌ 🖃 15,50 € – 🔌 (10A) 4,20 € – frais de réservation 16 €
Location (permanent) : 🛖 – 3 🛏 (4 à 6 pers.) 300 à
620 €/sem.

Pour s'y rendre : Sortie NE par D 106, rte de Nieul-sur-Mer,
par le périphérique, direction Île de Ré et sortie Lagord-
l'Houmeau

Nature : 🏕 ♀	
Loisirs : 🍸 snack 🎦 ⚽ 🚲	
Services : ⚡ 🇬🇧 🅿 🗄 🌀 🗑	
À prox. : 🍴 🎣	

ÎLE-D'AIX

✉ 17123 – **324** C3 – G. Poitou Vendée Charentes – 186 h. – alt. 10
Paris 486 – Poitiers 152 – La Rochelle 31 – Niort 78 – La Roche-sur-Yon 111.

Le Fort de la Rade 1ᵉʳ juin-18 sept.
🖉 05 46 84 28 28, *iaf@maeva.com,* Fax 05 46 84 00 44, *fort
delarade@ifrance.com* – **R** conseillée
3 ha (70 empl.) plat, en terrasses, herbeux
Tarif : 🛉 ⇌ 🖃 16,10 € 🔌 (5A) – frais de réservation 5 €
Pour s'y rendre : à la Pointe Ste-Catherine, à 300 m de la
plage de l'Anse de la Croix
À savoir : Dans le parc du Fort de la Rade entouré d'une
enceinte fortifiée – réservé aux tentes

Nature : 🌊	
Loisirs : 🗙 🎦 🛝 💧	
Services : ♿ ⚡ 🇬🇧 🅿 🗄 🌀	
À prox. : 🏊 🍸 🚲	

ÎLE DE RÉ

✉ 17 – **324** C3 – G. Poitou Vendée Charentes

657

Pont de l'Île de Ré : péage en 2006 : autos (AR) 16,50 (saison) 9,00 (hors saison), autos et caravanes (AR) 27,00
(saison) 15,00 (hors saison), camions 18,00 ou 45,00, motos 2,00, gratuit pour vélos et piétons - Renseignements par Régie d'Exploitation des Ponts 🖉 05 46 00 51 10

Ars-en-Ré ✉ 17590 – 1 294 h. – alt. 4
🛈 *Office de tourisme, 26, place Carnot* 🖉 *05 46 29 46 09, Fax 05 46 29 68 30*
Paris 506 – Fontenay-le-Comte 85 – Luçon 75 – La Rochelle 34.

Airotel le Cormoran 31 mars-30 sept.
🖉 05 46 29 46 04, *info@cormoran.com,* Fax 05 46 29 29 36,
www.cormoran.com – **R** conseillée
3 ha (138 empl.) plat, herbeux, sablonneux
Tarif : (Prix 2006) 🛉 ⇌ 🖃 39 € – 🔌 (10A) 5 € – frais de
réservation 25 €
Location : 92 🛏 (4 à 6 pers.) 320 à 1 020 €/sem.
🚐 1 borne 4 €
Pour s'y rendre : O : 1 km

Nature : 🌊 🏕 ♀		
Loisirs : 🍸 pizzeria, snack 🎦 🎣		
🍴 ⚽ 🚲 🎾 🛝 terrain omnis-		
ports		
Services : ♿ ⚡ 🇬🇧 🅿 🗄 🌀 🗑 🚿		
🚰 🐾 📼 🌀		

Le Bois-Plage-en-Ré ✉ 17580 – 2 235 h. – alt. 5
🛈 *Office de tourisme, 87, rue des Barjottes* 🖉 *05 46 09 23 26, Fax 05 46 09 13 15*
Paris 494 – Fontenay-le-Comte 74 – Luçon 64 – La Rochelle 23.

Sunêlia Interlude ♠♦ – 31 mars-11 nov.
🖉 05 46 09 18 22, *infos@interlude.fr,* Fax 05 46 09 23 38,
www.interlude.fr – **R** indispensable
6,5 ha (300 empl.) peu accidenté et plat, sablonneux,
herbeux
Tarif : 🛉 ⇌ 🖃 46 € – 🔌 (6A) – frais de réservation 30 €
Location : 151 🛏 (4 à 6 pers.) 483 à 1 120 €/sem.
🚐 1 borne 7 € – 5 🖃
Pour s'y rendre : SE : 2,3 km
À savoir : À 150 m de la plage

Nature : 🌊 🏕 ♀		
Loisirs : 🍸 cafétéria 🎦 🌙 nocturne		
🍴 🎣 🍴 discothèque ⚽ 🚲		
🛝 (petite piscine) 🛝		
Services : ♿ ⚡ 🇬🇧 🅿 🗄 🌀 🗑 🚿		
🚰 🐾 📼 🚰 🚿		
À prox. : 🍴 💧		

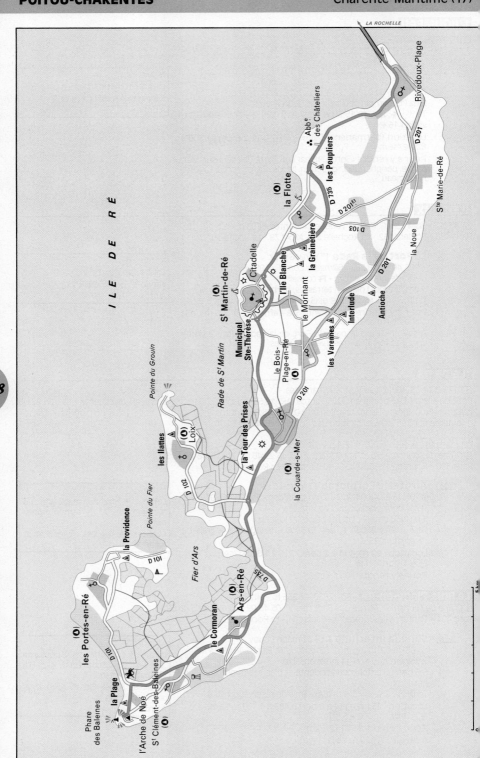

LA ROCHELLE

Rivedoux-Plage

Abbⁱ
des Châteliers

les Peupliers

la Flotte

Ste Marie-de-Ré

la Noue

Citadelle

l'Île Blanche

la Grainetière

le Morinant

Antioche

Sᵗ Martin-de-Ré

Municipal
Ste-Thérèse

Interlude

les Varennes

le Bois-
Plage-en-Ré

Rade de Sᵗ Martin

Pointe du Grouin

ILE DE RÉ

les Ilattes

Loix

la Tour des Prises

la Couarde-s-Mer

D 102

Pointe du Fier

la Providence

Fier d'Ars

les Portes-en-Ré

Ars-en-Ré

le Cormoran

Phare
des Baleines

la Plage

l'Arche de Noé

Sᵗ Clément-des-Baleines

▲▲ **Les Varennes** 31 mars-30 sept.
  𝒫 05 46 09 15 43, *les-varennes@wanadoo.fr*,
  Fax 05 46 09 47 27, *www.les-varennes.com* – **R** indispen-
  sable ✖
  2 ha (148 empl.) plat, sablonneux, herbeux
  Tarif : (Prix 2006) 🏕 ⇦ 🅴 40 € 🛢 (10A) – frais de réser-
  vation 20 €
  Location : 85 🛖 (4 à 6 pers.) 313 à 744 €/sem.
  🚐 1 borne 7 €
  Pour s'y rendre : SE : 1,7 km

Nature : 🏞 ♤♤
Loisirs : 🍹 🏠 ♠♦ 🚲 🏊
Services : 🔥 ⚬ GB 🐕 🖥 🧺 ⓐ 📞 📻 🔚
À prox. : ✖

▲▲ **Antioche** 8 avr.-22 sept.
  𝒫 05 46 09 23 86, *camping.antioche@wanadoo.fr*,
  Fax 05 46 09 43 34, *www.antioche.com* – **R** conseillée
  3 ha (135 empl.) plat et peu incliné, terrasses, herbeux,
  sablonneux
  Tarif : 🏕 ⇦ 🅴 36 € 🛢 (10A) – frais de réservation 25 €
  Location : 4 🛖
  Pour s'y rendre : SE : 3 km
  À savoir : À 300 m de la plage (accès direct)

Nature : 🏞 ♤
Loisirs : 🍹 🏠 ♠♦ 🚲
Services : 🔥 ⚬ GB 🐕 🖥 🧺 ⓐ 🏊 🔚

Si vous désirez réserver un emplacement pour vos vacances,
faites-vous préciser au préalable les conditions particulières de séjour,
les modalités de réservation, les tarifs en vigueur et les conditions de paiement.

La Couarde-sur-Mer ✉ 17670 – 1 179 h. – alt. 1
🅱 *Syndicat d'initiative, rue Pasteur* 𝒫 05 46 29 82 93, Fax 05 46 29 63 02
Paris 497 – Fontenay-le-Comte 76 – Luçon 66 – La Rochelle 26.

▲▲ **La Tour des Prises** 23 mars-25 sept.
  𝒫 05 46 29 84 82, *camping@lesprises.com*,
  Fax 05 46 29 88 99, *www.camping-la-tour-des-prises.com*
  – **R** conseillée
  2,2 ha (150 empl.) plat, herbeux
  Tarif : 🏕 ⇦ 🅴 33 € – 🛢 (16A) 4,50 € – frais de réser-
  vation 8 €
  Location (23 mars-fin oct.) : 47 🛖 (4 à 6 pers.) 262 à
  670 €/sem.
  Pour s'y rendre : NO : 1,8 km par D 735, rte d'Ars-en-Ré et
  chemin à droite
  À savoir : Sur le site d'un ancien verger

Nature : 🏞 🌳 ♤
Loisirs : 🏠 ♠♦ 🏊 🏊
Services : 🔥 ⚬ GB 🐕 🖥 🧺 ⓐ 📻
🔚 🚇

659

La Flotte ✉ 17630 – 2 737 h. – alt. 4
🅱 *Office de tourisme, quai de Sénac* 𝒫 05 46 09 60 38, Fax 05 46 09 64 88
Paris 489 – Fontenay-le-Comte 68 – Luçon 58 – La Rochelle 17.

▲▲ **L'Île Blanche** (location exclusive de mobile homes)
  avr.-sept.
  𝒫 05 46 09 52 43, *ileblanche@wanadoo.fr*, *www.ile-blan
  che.com* – **R** indispensable
  4 ha plat, sablonneux, pierreux
  Location : 85 🛖 (4 à 6 pers.) 240 à 720 €/sem.
  Pour s'y rendre : O : 2,5 km, accès conseillé par la déviation

Nature : 🏞 ♤
Loisirs : ✖ 🏠 🚲 ✖ 🏊 (décou-
verte l'été)
Services : ⚬ (juil.-août) GB 🐕 📻
🔚 🚇

▲▲ **Les Peupliers** 31 mars-29 sept.
  𝒫 05 46 09 62 35, *camping@les-peupliers.com*,
  Fax 05 46 09 59 76, *www.camp-atlantique.com* – places li-
  mitées pour le passage – **R** conseillée
  4,5 ha (200 empl.) plat, herbeux, sablonneux
  Tarif : 🏕 ⇦ 🅴 28 € – 🛢 (10A) 5 € – frais de réserva-
  tion 20 €
  Location : 130 🛖 (4 à 6 pers.) 260 à 790 €/sem.
  Pour s'y rendre : SE : 1,3 km

Nature : 🌳 ♤♤
Loisirs : 🍹 snack 🏠 ♠♦ 🚲 🏊
Services : 🔥 ⚬ GB 🐕 🖥 🧺 🏊 ⓐ
📞 🔚

ÎLE DE RÉ

▲▲ **La Grainetière** 1er avr.-30 sept.
  ℱ 05 46 09 68 86, *lagrainetiere@free.fr*, Fax 05 46 09 53 13,
www.la-grainetiere.com – **R** conseillée
2,3 ha (150 empl.) plat, sablonneux, herbeux
Tarif : 🏕 ⇔ 🅴 24 € – 🔌 (10A) 4 € – frais de réservation 15 €
Location : 50 🛖 (4 à 6 pers.) 220 à 700 €/sem.
🚐 1 borne
Pour s'y rendre : À l'O du bourg, près de la déviation, accès
conseillé par la déviation

Nature : 🞊 🞊
Loisirs : 🏠 🏊 🚲 🏊
Services : ⚫ ⛽ GB ⚫ 🏠 🛁 🞊 🚿

Loix ✉ 17111 – 619 h. – alt. 4
🛈 *Office de tourisme, 10, place de la Mairie* ℱ *05 46 29 07 91, Fax 05 46 29 28 40*
Paris 505 – Fontenay-le-Comte 84 – Luçon 74 – La Rochelle 33.

▲▲▲ **Les Ilates** 👥 – 30 mars-3 nov.
  ℱ 05 46 29 05 43, *ilates@wanadoo.fr*, Fax 05 46 29 06 79,
www.camping-loix.com – **R** conseillée
4,5 ha (241 empl.) plat, herbeux
Tarif : 🏕 ⇔ 🅴 22 € 🔌 (10A)
Location : 77 🛖 (4 à 6 pers.) 180 à 640 €/sem. – 34 🏚
(4 à 6 pers.) 210 à 630 €/sem.
Pour s'y rendre : Sortie Est, rte de la pointe du Grouin, à
500 m de l'océan

Nature : 🞊 🞊
Loisirs : 🍹 snack 🏠 🕴 🏊 🞊 🍴
🏊
Services : ⚫ ⛽ GB ⚫ 🏠 🛁 🞊 🚿
🞊 🞊 🞊

Les Portes-en-Ré ✉ 17880 – 661 h. – alt. 4
🛈 *Office de tourisme, 52, rue de Trousse-Chemise* ℱ *05 46 29 52 71, Fax 05 46 29 52 81*
Paris 514 – Fontenay-le-Comte 93 – Luçon 83 – La Rochelle 43.

▲▲ **La Providence** déb. avr.-30 sept.
  ℱ 05 46 29 56 82, *campingprovidence@wanadoo.fr*,
Fax 05 46 29 61 80, *www.campingprovidence.com*
– **R** conseillée
6 ha (300 empl.) plat, herbeux, sablonneux
Tarif : (Prix 2006) 🏕 ⇔ 🅴 29,50 € 🔌 (10A) – frais de réser-
vation 20 €
Location : 40 🛖 (4 à 6 pers.) 305 à 640 €/sem.
Pour s'y rendre : E : par D 101, rte de Trousse-Chemise, à
50 m de la plage

Nature : 🞊
Loisirs : snack 🏠 🞊 nocturne salle
d'animation 🏊 🚲 🞊
Services : ⚫ ⛽ ⚫ 🞊 🛁 🞊 🞊
À prox. : 🍴

St-Clément-des-Baleines ✉ 17590 – 728 h. – alt. 2
🛈 *Office de tourisme, 200, rue du Centre* ℱ *05 46 29 24 19, Fax 05 46 29 08 14*
Paris 509 – Fontenay-le-Comte 89 – Luçon 79 – La Rochelle 38.

▲▲▲ **Airotel la Plage** 7 avr.-fin nov.
  ℱ 05 46 29 42 62, *info@la-plage.com*, Fax 05 46 29 03 39,
www.la-plage.com – **R** conseillée
2,5 ha (76 empl.) plat, sablonneux, herbeux
Tarif : (Prix 2006) 🏕 ⇔ 🅴 39 € – 🔌 (10A) 6 € – frais de
réservation 25 €
Location 🅿 : 83 🛖 (4 à 6 pers.) 311 à 991 €/sem.
🚐 1 borne
Pour s'y rendre : NO : 2 km par D 735 et chemin à droite
À savoir : À 100 m de la plage

Nature : 🞊
Loisirs : 🍹 snack 🏠 🎣 🏊 🏊
terrain omnisports
Services : ⚫ ⛽ GB ⚫ 🏠 🛁 🞊 🞊
🞊 🞊
À prox. : 🍴 🞊 🞊 parc d'attractions,
parc zoologique et floral

St-Martin-de-Ré ✉ 17410 – 2 637 h. – alt. 14
🛈 *Syndicat d'initiative, 2, quai Nicolas Baudin* ℱ *05 46 09 20 06*
Paris 493 – Fontenay-le-Comte 72 – Luçon 62 – La Rochelle 22.

▲ **Municipal** 12 févr.-12 nov.
  ℱ 05 46 09 21 96, *camping.stmartindere@wanadoo.fr*,
Fax 05 46 09 94 18 – **R** indispensable
3 ha (200 empl.) plat et terrasse, peu incliné, herbeux
Tarif : 🏕 4,20 € ⇔ 3,20 € 🅴 15,70 € – 🔌 (10A) 3,30 € –
frais de réservation 13 €
Pour s'y rendre : Au village
À savoir : Sur les remparts

Nature : 🞊
Loisirs : 🏠 🏊
Services : ⚫ ⛽ GB ⚫ 🏠 🞊 🞊 🞊

ÎLE D'OLÉRON

⊠ 17 – **324** C4 – G. Poitou Vendée Charentes
par le pont viaduc : passage gratuit

La Brée-les-Bains   ⊠ 17840 – 760 h. – alt. 5
🛈 Office de tourisme, 20, rue des Ardillières ℘ 05 46 47 96 73, Fax 05 46 75 96 73
Paris 531 – Marennes 32 – Rochefort 53 – La Rochelle 90 – Saintes 73.

△△ **Pertuis d'Antioche** avr.-sept.
℘ 05 46 47 92 00, *michel.chassain@wanadoo.fr,*
Fax 05 46 47 82 22 – **R** conseillée
2 ha (128 empl.) plat, herbeux
Tarif : 🛉 ⟵ 🅴 19,50 € – (½) (10A) 4,80 €
Location : 7 🚐 (2 à 4 pers.) 215 à 390 €/sem. – 10 🚐
(4 à 6 pers.) 270 à 582 €/sem.
🚐, 1 borne
Pour s'y rendre : NO : 1 km par D 273 et à droite, chemin
des Proirres, à 150 m de la plage

| Nature : 🖼 ♀ |
| Loisirs : 🏠 🏄 |
| Services : 🔧 ⟶ 🆖 🚗 🗑 🛁 ⊕ 🚿 |
| 🔧 🛒 🛁 |
| À prox. : ✂ |

Le Château-d'Oléron   ⊠ 17480 – 3 552 h. – alt. 9
🛈 Office de tourisme, place de la République ℘ 05 46 47 60 51, Fax 05 46 47 73 65
Paris 507 – Marennes 12 – Rochefort 33 – La Rochelle 70 – Royan 43 – Saintes 53.

△△△ **La Brande** 15 mars-15 nov.
℘ 05 46 47 62 37, *info@camping-labrande.com,*
Fax 05 46 47 71 70, *www.camping-labrande.com*
– **R** conseillée
4 ha (199 empl.) plat, herbeux, sablonneux
Tarif : 🛉 ⟵ 🅴 29 € – (½) (10A) 4 € – frais de réservation 16 €
Location 🏄 : 30 🚐 (4 à 6 pers.) 350 à 650 €/sem. – 40
🏠 (4 à 6 pers.) 490 à 950 €/sem.
🚐, 1 borne 7,50 € – 10 🅴 10 €
Pour s'y rendre : NO : 2,5 km, à 250 m de la mer

| Nature : ♀ |
| Loisirs : 🍽 ✗ 🏠 🛥 🏄 🚲 ♪ 🔲 |
| 🏊 terrain omnisports |
| Services : 🔧 ⟶ 🆖 🚗 🗑 🛁 ⊕ 🚿 |
| 🔧 📞 📱 🛁 |
| À prox. : ✂ |

△△△ **Airotel Oléron** 1er avr.-30 sept.
℘ 05 46 47 61 82, *info@camping-airotel-oleron.com,*
Fax 05 46 47 79 67, *www.camping-airotel-oleron.com*
– **R** conseillée
15 ha/4 campables (133 empl.) plat, accidenté, sablonneux,
herbeux
Tarif : 🛉 ⟵ 🅴 22 € – (½) (8A) 3,90 € – frais de réservation 16 €
Location (1er mars-1er nov.) : 83 🚐 (4 à 6 pers.) 270 à
590 €/sem. – 34 🏠 (4 à 6 pers.) 240 à 600 €/sem.
Pour s'y rendre : SO : 1,8 km par rte de St-Trojan et rue de
la Libération à gauche
À savoir : Autour d'une ferme équestre, beau plan d'eau
de mer

| Nature : 🌿 ♀♀ |
| Loisirs : 🍽 snack 🏠 🍹 nocturne |
| 🏄 🚲 ✂ ♪ 🛥 🔲 🐎 terrain |
| omnisports |
| Services : 🔧 ⟶ 🆖 🚗 🗑 🛁 ⊕ 📞 |
| 📱 🛁 |

△△ **Fief-Melin** 1er mai-30 sept.
℘ 05 46 47 60 85, *lefiefmelin@wanadoo.fr,*
Fax 05 46 47 60 85, *www.camping.fiefmelin.com*
– **R** conseillée
2,2 ha (110 empl.) plat, herbeux
Tarif : 🛉 ⟵ 🅴 20,30 € – (½) (10A) 4,50 € – frais de réservation 15 €
Location (1er avr.-1er déc.) : 30 🚐 (4 à 6 pers.) 220 à
610 €/sem. – 2 🏠 (4 à 6 pers.) 228 à 730 €/sem.
Pour s'y rendre : O : 1,7 km par rte de St-Pierre-d'Oléron
puis 0,6 km par rue des Alizés à droite

| Nature : 🌿 🖼 ♀ |
| Loisirs : 🏠 🏄 🍹 |
| Services : ⟶ 🆖 🚗 🗑 ⊕ 📱 |

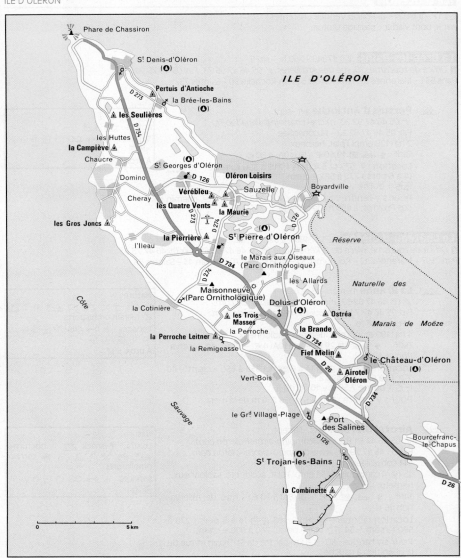

Dolus-d'Oléron ✉ 17550 – 2 723 h. – alt. 7

🛈 *Office de tourisme, Parvis Saint-André* ✆ *05 46 75 32 84, Fax 05 46 75 63 60*
Paris 511 – Marennes 17 – Rochefort 39 – La Rochelle 75 – Saintes 58.

🏕 **Ostréa**
✆ 05 46 47 62 36, *campingostrea@wanadoo.fr*,
Fax 05 46 75 20 01, *www.camping-ostrea.com* – **R** conseillée
2 ha (108 empl.) plat, peu incliné, sablonneux, herbeux
Location 🛖 : 20 🚐
🚐 1 borne
Pour s'y rendre : E : 3,5 km, près de la mer

Nature : 🌿 ♀
Loisirs : 🎣 🏊
Services : 🚿 🕳 Ⓜ 🔒 ♨ 🌀 ⊕ 🚮
🍽 ☕

⚠ **La Perroche Leitner** avr.-15 sept.
𝒫 05 46 75 37 33, *camping-la-perroche-leitner@wana
doo.fr*, Fax 05 46 75 37 33 – **R** conseillée
1,5 ha (100 empl.) plat, sablonneux
Tarif : ✳ ⇔ 🅴 22,20 € – 🔌 (10A) 6,50 € – frais de réservation 19 €
🚐 1 borne 5 €
Pour s'y rendre : SO : 4 km à la Perroche
À savoir : Agréable situation proche de la mer avec accès
direct par les dunes

| Nature : 🏊 🌳 ⚐ |
| Loisirs : 🏃 |
| Services : 🚿 🚻 📶 📷 🗑 ⊕ 📱 |
| À prox. : 🍴 snack |

St-Denis-d'Oléron ✉ 17650 – 1 221 h. – alt. 9
🅱 *Syndicat d'initiative, boulevard d'Antioche* 𝒫 05 46 47 95 53
Paris 527 – Marennes 33 – Rochefort 55 – La Rochelle 92 – Saintes 74.

⚠ **Les Seulières** Pâques-sept.
𝒫 05 46 47 90 51, *campinglesseulieres@wanadoo.fr*,
Fax 05 46 36 02 60, *www.campinglesseulieres.com* – **R** in-
dispensable
1,6 ha (100 empl.) plat, herbeux, sablonneux
Tarif : ✳ ⇔ 🅴 14 € – 🔌 4 € – frais de réservation 15 €
Location : 5 🏠 (4 à 6 pers.) 250 à 420 €/sem. – 🏡 (4 à
6 pers.) 350 à 550 €/sem.
Pour s'y rendre : SO : 3,5 km, rte de Chaucre, à 400 m de la
plage

| Nature : 🏊 |
| Loisirs : 🏠 |
| Services : 🚿 🚻 📶 ⊕ 📱 |
| À prox. : 🍴 |

St-Georges-d'Oléron ✉ 17190 – 3 287 h. – alt. 10
🅱 *Office de tourisme, 28, rue des Dames* 𝒫 05 46 76 63 75, Fax 05 46 76 86 49
Paris 527 – Marennes 27 – Rochefort 49 – La Rochelle 85 – Saintes 68.

⚠ **Oléron Loisirs** 👥 – début avr.-mi-sept.
𝒫 05 46 76 50 20, *info@palmiers-ocean.fr*,
Fax 05 46 76 80 71, *www.palmiers-ocean.fr* – places limitées
pour le passage – **R** conseillée
7 ha (330 empl.) plat, herbeux
Tarif : (Prix 2006) ✳ ⇔ 🅴 25 € 🔌 (6A) – frais de réservation 25 €
Location : 🏠 (2 à 4 pers.) 130 à 590 €/sem. – 🏠 (4 à
6 pers.) 150 à 750 €/sem. – 🏡 (4 à 6 pers.) 390 à
790 €/sem. – bungalows toilés
Pour s'y rendre : SE : 1,9 km par D 273 et rte de Sauzelle à
gauche

| Nature : 🏊 🌿 🌳 |
| Loisirs : 🍴 snack 🏠 🌙 nocturne 🎭 salle d'animation 🚴 🏓 🎾 🏊 💧 terrain omnisports |
| Services : 🚿 🚻 📶 📷 🗑 🛁 ⊕ 📱 🚿 |

663

Camping-Club Verébleu 👥 – 3 juin-9 sept.
𝒫 05 46 76 57 70, *verebleu@wanadoo.fr*,
Fax 05 46 76 70 56, *www.verebleu.tm.fr* – **R** indispensable
🍴
7,5 ha (360 empl.) plat, herbeux, sablonneux
Tarif : ✳ ⇔ 🅴 37 € – 🔌 (8A) 5 € – frais de réservation 22 €
Location : 87 🏠 (4 à 6 pers.) 370 à 1 150 €/sem. – 70
🏡 (4 à 6 pers.) 330 à 740 €/sem.
🚐 1 borne – 160 🅴
Pour s'y rendre : SE : 1,7 km par D 273 et rte de Sauzelle à
gauche
À savoir : Espace aquatique ludique reprenant le thème de
Fort Boyard

| Nature : 🏊 🌿 🌳🌳 |
| Loisirs : snack 🌙 nocturne 🎭 🚴 ⚙ 🎾 🏹 💧 terrain omnis-ports |
| Services : 🚿 🚻 📶 📷 🗑 🛁 ⊕ 🚿 🍴 📷 🛁 🚿 |

⚠ **La Campière** déb. avr.-fin sept.
𝒫 05 46 76 72 25, *la-campiere@wanadoo.fr*,
Fax 05 46 76 54 18, *www.la-campiere.com* – **R** conseillée
1,7 ha (63 empl.) plat, herbeux, sablonneux
Tarif : ✳ ⇔ 🅴 29,30 € 🔌 (10A) – frais de réservation 17 €
Location : 8 🏡 (4 à 6 pers.) 350 à 745 €/sem.
Pour s'y rendre : SO : 5,4 km par rte de Chaucre et chemin
à gauche
À savoir : Agréable cadre verdoyant et soigné

| Nature : 🏊 🌳 |
| Loisirs : 🏠 🎭 🚴 💧 |
| Services : 🚿 🚻 📶 📷 Ⓜ 🗑 🛁 ⊕ 🚿 🍴 📱 |

ÎLE D'OLÉRON

Les Quatre Vents 19 mars-1er déc.
☎ 05 46 76 65 47, *camping4vents.oleron@wanadoo.fr*,
Fax 05 46 36 15 66, *www.domaines-pleinair.com* – places limitées pour le passage – **R** conseillée
7 ha (210 empl.) plat, herbeux
Tarif : (Prix 2006) ☆ ⚲ 🅴 24 € (10A) – frais de réservation 20 €
Location (avr.-1er oct.) : 85 ☐ (4 à 6 pers.) 320 à 680 €/sem.
Pour s'y rendre : SE : 2 km par D 273 et rte de Sauzelle à gauche

Nature :
Loisirs : terrain omnisports
Services :

La Maurie
☎ 05 46 76 61 69, *camping.lamaurie@wanadoo.fr*,
Fax 05 46 76 61 69, *www.lamaurie.com* – **R** conseillée
1,5 ha (70 empl.) plat, herbeux
Location : 18 ☐
Pour s'y rendre : SE : 2,3 km par D 273 et rte de Sauzelle à gauche

Nature :
Loisirs : (petite piscine)
Services :

Côte Ouest

Les Gros Joncs 15 mars-15 nov.
☎ 05 46 76 52 29, *camping.gros.joncs@wanadoo.fr*,
Fax 05 46 76 67 74, *www.camping-les-gros-joncs.com* – places limitées pour le passage – **R** conseillée
3 ha (276 empl.) plat, accidenté et en terrasses, sablonneux
Tarif : ☆ ⚲ 🅴 40,10 € – (12A) 3 € – frais de réservation 8 €
Location (permanent) : 83 ☐ (4 à 6 pers.) 309 à 703 €/sem. – 8 ☐ (4 à 6 pers.) 370 à 800 €/sem.
Pour s'y rendre : SO : 5 km, à 300 m de la mer
À savoir : Centre de balnéothérapie

Nature :
Loisirs : hammam jacuzzi
Services : boulangerie

664

🛈 *Office de tourisme, place Gambetta* ☎ 05 46 47 11 39, Fax 05 46 47 10 41
Paris 522 – Marennes 22 – Rochefort 44 – La Rochelle 80 – Royan 54 – Saintes 63.

La Pierrière début avr.-mi-sept.
☎ 05 46 47 08 29, *camping-la-pierriere@wanadoo.fr*,
Fax 05 46 75 12 82, *www.camping-la-pierriere.fr* – **R** conseillée
2,5 ha (140 empl.) plat, herbeux, petit étang
Tarif : (Prix 2006) ☆ ⚲ 🅴 27 € (10A) – frais de réservation 15 €
Location ☀ (juil.-août) : 38 ☐ (4 à 6 pers.) 300 à 685 €/sem.
Pour s'y rendre : Sortie NO par rte de St-Georges-d'Oléron
À savoir : Belle décoration arbustive et florale

Nature :
Loisirs : snack terrain omnisports
Services :
A prox. :

Les Trois Masses
☎ 05 46 47 23 96, *campingles3masses@wanadoo.fr*,
Fax 05 46 75 15 54, *www.campingles3masses.com* – **R** conseillée
3 ha (130 empl.) plat, herbeux, sablonneux
Location : ☐ – ☐
Pour s'y rendre : SE : 4,3 km, au lieu-dit le Marais-Doux

Nature :
Loisirs : snack
Services :

St-Trojan-les-Bains ✉ 17370 – 1 624 h. – alt. 5

🛈 *Office de tourisme, carrefour du Port* 📞 *05 46 76 00 86, Fax 05 46 76 17 64*
Paris 509 – Marennes 16 – Rochefort 38 – La Rochelle 74 – Royan 47 – Saintes 57.

⚠ **La Combinette** 1er avr.-31 oct.
📞 *05 46 76 00 47, la-combinette@wanadoo.fr,*
Fax 05 46 76 16 96, *www.combinette-oleron.com*
– **R** conseillée
4 ha (225 empl.) plat et peu accidenté, sablonneux, herbeux
Tarif : (Prix 2006) 👤 ⛺ 🚐 19,30 € 🔌 (10A)
Location : 14 🏠 (4 à 6 pers.) 220 à 580 €/sem. – studios
Pour s'y rendre : SO : 1,5 km

> Nature : 🏖 ♀
> Loisirs : 🍴 snack 🎪 🏊 🚲 🎣
> Services : 🛁 ⚡ 🚿 🖥 🛒 🔄 🏧 🧺
> 🔧 🗄 🗑 ♿
> À prox. : ✂

JONZAC

✉ 17500 – **324** H7 – G. Poitou Vendée Charentes – 3 817 h. – alt. 40 – ♨ (mi fév.-début déc.)
🛈 *Office de tourisme, 25, place du Château* 📞 *05 46 48 49 29, Fax 05 46 48 51 07*
Paris 512 – Angoulême 59 – Bordeaux 84 – Cognac 36 – Libourne 81 – Royan 60 – Saintes 44.

⚠ **Les Castors** 19 mars-4 nov.
📞 05 46 48 25 65, *camping-les-castors@wanadoo.fr,*
Fax 05 46 04 56 76, *www.campingcastors.com* – **R** conseillée
3 ha (73 empl.) peu incliné, plat, herbeux, gravier
Tarif : 👤 ⛺ 🚐 8,80 € – 🔌 (10A) 4,70 € – frais de réservation 5 €
Location : 18 🏠 (4 à 6 pers.) 280 à 550 €/sem.
🚐 1 borne 3 €
Pour s'y rendre : SO : 1,5 km par D 19, rte de Montendre et chemin à droite

> Nature : 🗂 ♀
> Loisirs : 🍴 🎪 🚲 🏊 (petite piscine)
> Services : 🛁 ⚡ 🏧 🚿 🎱 🖥 🗑 🔄

LAGORD

✉ 17140 – **324** D2 – 6 456 h. – alt. 23
Paris 475 – Poitiers 142 – La Rochelle 6 – Niort 75 – La Roche 72.

⚠ **Camping Municipal le Parc** 1er juin-30 sept.
📞 05 46 67 61 54, *personnel@mairie-lagord.fr,*
Fax 05 46 00 62 01, *www.mairie-lagord.fr* – **R** conseillée
2 ha (120 empl.) plat, herbeux
Tarif : 👤 ⛺ 🚐 8,15 € – 🔌 (10A) 4,40 € – frais de réservation 25 €
Location (permanent) : 6 🏠 (4 à 6 pers.) 150 à 384,50 €/sem.
🚐 1 borne 10 €
Pour s'y rendre : Sortie Ouest, rue du Parc, par le périphérique, direction Île de Ré et sortie Lagord

> Nature : 🏖 🗂 〰
> Loisirs : 🎪 🎣
> Services : 🛁 ⚡ 🚿 🖥 🔄 🗑
> À prox. : ✂ 🎣

665

LANDRAIS

✉ 17290 – **324** E3 – 526 h. – alt. 12
Paris 455 – Niort 48 – Rochefort 23 – La Rochelle 32 – Surgères 13.

⚠ **Le Pré Maréchat** 1er juin-30 sept.
📞 05 46 27 87 29, *mairie-landrais@smic17.fr,*
Fax 05 46 27 79 46, *www.cc-plaine-aunis.fr* – **R** conseillée
0,6 ha (25 empl.) plat, herbeux, pierreux
Tarif : (Prix 2006) 👤 2,50 € ⛺ 🚐 1,50 € 🖥 3 € – 🔌 (10A) 2 €
Pour s'y rendre : Sortie NO par D 112, rte d'Aigrefeuille-d'Aunis et chemin à gauche, à 120 m d'un étang

> Nature : 🏖 🗂
> Loisirs : 🏊
> Services : 🛁 🚿 😊
> À prox. : 🎣

MARANS

✉ 17230 – **324** E2 – G. Poitou Vendée Charentes – 4 375 h. – alt. 1
🛈 *Office de tourisme, 62, rue d'Aligre* 📞 *05 46 01 12 87, Fax 05 46 35 97 36*
Paris 461 – Fontenay-le-Comte 28 – Niort 56 – La Rochelle 24 – La Roche-sur-Yon 60.

⚠ **Municipal du Bois Dinot** 1er mai-30 sept.
📞 05 46 01 10 51, *campingboisdinot.marans@wanadoo.fr,*
Fax 05 46 01 10 51, *www.ville-marans.fr* – **R** conseillée
7 ha/3 campables (170 empl.) plat, herbeux
Tarif : (Prix 2006) 👤 3,10 € ⛺ 🚐 1,90 € 🖥 2,30 € – 🔌 (10A) 2,80 €
Pour s'y rendre : N : 0,5 km par N 137, rte de Nantes, à 80 m du canal de Marans à la Rochelle
À savoir : Au coeur d'un parc boisé

> Nature : 🗂 ♀
> Loisirs : 🏊 🚴 vélodrome
> Services : 🛁 ⚡ 🏧 🚿 🖥 😊 🗑
> À prox. : 🏊 pédalos, canoë

MARENNES

✉ 17320 – **324** D5 – G. Poitou Vendée Charentes – 4 685 h. – alt. 10
🅱 *Office de tourisme, place Chasseloup-Laubat* 𝄪 *05 46 85 04 36, Fax 05 46 85 14 20*
Paris 494 – Pons 61 – Rochefort 22 – Royan 31 – Saintes 41.

⚲ **Au Bon Air** 1ᵉʳ avr.-30 sept.
𝄪 05 46 85 02 40, *contact@aubonair.com,*
Fax 05 46 36 22 54, *www.aubonair.com* – **R** indispensable
2,4 ha (140 empl.) plat, sablonneux, herbeux
Tarif : ⚭ ⟳ 🅴 17,50 € – ⚡ (6A) 3,90 € – frais de réservation 17 €
Location : 24 ⟦⟧ (4 à 6 pers.) 259 à 630 €/sem. – 10 🏠
(4 à 6 pers.) 266 à 637 €/sem.
Pour s'y rendre : O : 2,5 km à Marennes-Plage
À savoir : Cadre verdoyant

Nature : ⟐ 🌳
Loisirs : 🍸 🏠 🏊
Services : ⚹ ⟿ GB 🗓 🖥 🛁 ⊚ 🗑
🚰 🖨
À prox. : 🛶 💧

Les MATHES

✉ 17570 – **324** D5 – 1 452 h. – alt. 10
🅱 *Office de tourisme, 2, av. de Royan* 𝄪 *05 46 22 41 07, Fax 05 46 22 52 69*
Paris 514 – Marennes 18 – Rochefort 40 – La Rochelle 76 – Royan 16 – Saintes 48.

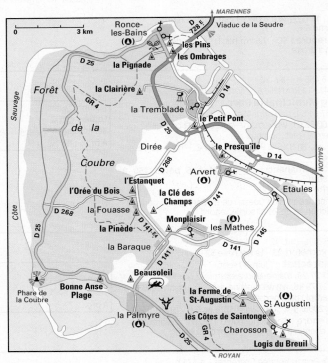

⚲ **La Pinède** 1ᵉʳ avr.-30 oct.
𝄪 05 46 22 45 13, *contact@campinglapinede.com,*
Fax 05 46 22 50 21, *www.campinglapinede.com* – places limitées pour le passage – **R** conseillée
8 ha (372 empl.) plat, sablonneux
Tarif : ⚭ ⟳ 🅴 36,80 € – ⚡ (5A) 6,60 € – frais de réservation 26,50 €
Location (1ᵉʳ avr.-30 sept.) : 15 ⟦⟧ (4 à 6 pers.) 325 à 820 €/sem. – 9 🏠 (4 à 6 pers.) 325 à 820 €/sem.
Pour s'y rendre : NO : 3 km, à la Fouasse
À savoir : Grand espace aquatique en partie couvert

Nature : 🌊 ⟐ 🌳
Loisirs : 🍸 ✗ 🏠 🎦 nocturne 🎣 🚣 🏊 🚲 🎱 ✗ 🔥 🎯 💧 terrain omnisports
Services : ⚹ ⟿ GB 🗓 🖥 🛁 ⊚ 🗑 🚰 🖨 🛋 🗑
À prox. : 🐎 parc d'attractions, quad

Les MATHES

L'Orée du Bois 28 avr.-15 sept.
☉ 05 46 22 42 43, *info@camping-oree-du-bois.fr*,
Fax 05 46 22 54 76, *www.camping-oree-du-bois.fr* – places limitées pour le passage – **R** indispensable
6 ha (388 empl.) plat, sablonneux
Tarif : ♥ ⇌ 🅴 32 € ⚡ (6A) – frais de réservation 21 €
Location : 60 🛏 (4 à 6 pers.) 250 à 740 €/sem.
Pour s'y rendre : NO : 3,5 km, à la Fouasse

Nature : ⌂ ♤♤
Loisirs : 🍴 snack 🛋 ♨ nocturne 🏇 🚲 ✂ 🏊 ♨ terrain omnisports
Services : ♿ ⚡ GB ♉ 🗄 – 40 sanitaires individuels (🚿 ♨ 🚾) ⓐ ▦ ♨ ♨

L'Estanquet 1ᵉʳ avr.-30 sept.
☉ 05 46 22 47 32, *contact@campinglestanquet.com*,
Fax 05 46 22 51 46, *www.campinglestanquet.com*
– **R** conseillée
5 ha (500 empl.) plat, sablonneux
Tarif : ♥ ⇌ 🅴 27,80 € ⚡ (10A) – frais de réservation 20 €
Location : 60 🛏
Pour s'y rendre : NO : 3,5 km, à la Fouasse

Nature : ⌂ ♤♤
Loisirs : 🍴 snack ♨ nocturne 🚲 ✂ 🏊 ♨
Services : ♿ ⚡ GB ♉ 🗄 ♨ ♨ ⓐ ♨ ♨ ♨ ♨ ♨

Monplaisir avr.-sept.
☉ 05 46 22 50 31, *campmonplaisir@aol.com*,
Fax 05 46 22 50 31 – **R** conseillée
2 ha (114 empl.) plat, herbeux, sablonneux
Tarif : (Prix 2006) ♥ ⇌ 🅴 20 €
Location : studios
Pour s'y rendre : Sortie SO

Nature : ♤♤
Loisirs : 🛋 🏇 🏊 🏊
Services : ♿ ⚡ GB ♉ 🗄 ♨ ⓐ ▦
À prox. : 🍷 🍴 ✕ quad

La Clé des Champs 1ᵉʳ avr.-30 sept.
☉ 05 46 22 40 53, *contact@la-cledeschamps.com*,
Fax 05 46 22 56 96, *www.la-cledeschamps.com* – **R** indispensable
4 ha (300 empl.) plat, sablonneux, herbeux
Tarif : ♥ ⇌ 🅴 22 € ⚡ (5A) – frais de réservation 19 €
Location (15 mars-30 oct.) : 31 🛏 (4 à 6 pers.) 270 à 640 €/sem.
Pour s'y rendre : NO : 2,5 km rte de la Fouasse

Nature : ♤♤
Loisirs : 🛋 🚲 ✂ 🏊 (découverte en saison) 🏇 poneys
Services : ♿ ⚡ (1ᵉʳ juil.-31 août) GB ♉ 🗄 ♨ ⓐ ♨ ▦ ♨ ♨
À prox. : 🏇

667

✉ 17600 – **324** E6 – 2 158 h. – alt. 29
Paris 498 – Marennes 28 – Mirambeau 48 – Pons 39 – Royan 7 – Saintes 31.

Schéma à Royan

Le Clos Fleuri 1ᵉʳ juin-15 sept.
☉ 05 46 05 62 17, *clos-fleuri@wanadoo.fr*,
Fax 05 46 06 75 61, *www.le-clos-fleuri.com* – **R** conseillée
3 ha (140 empl.) plat et peu incliné, herbeux
Tarif : ♥ ⇌ 🅴 25,50 € – ⚡ (10A) 5,60 € – frais de réservation 20 €
Location 🏠 : 4 🛏 (4 à 6 pers.) 270 à 640 €/sem. – 10 🏠 (4 à 6 pers.) 290 à 670 €/sem.
Pour s'y rendre : SE : 2 km sur D 117ᴱ ³
À savoir : Agréable cadre champêtre autour d'une ancienne ferme charentaise

Nature : 🌳 ⌂ ♤♤
Loisirs : 🍴 snack 🛋 ⇌s 🏊 •🏊 🏇
Services : ♿ ⚡ GB ♉ 🗄 ♨ ⓐ ▦ ♨ ♨

✉ 17132 – **324** E6 – G. Poitou Vendée Charentes – 2 234 h. – alt. 5
🅱 *Office de tourisme, 3, place de Verdun* ☉ 05 46 02 70 39, Fax 05 46 02 51 65
Paris 511 – Blaye 78 – Jonzac 49 – Pons 37 – La Rochelle 87 – Royan 12 – Saintes 45.

Le Soleil Levant 15 avr.-30 sept.
☉ 05 46 02 76 62, *soleil.levant.ribes@wanadoo.fr*,
Fax 05 46 02 50 56, *www.les-campings.com/camping-soleillevant*
2 ha (238 empl.) plat, herbeux
Tarif : ♥ ⇌ 🅴 16,80 € – ⚡ (10A) 4,50 €
Location 🏠 : 20 🛏 (4 à 6 pers.) 250 à 520 €/sem.
Pour s'y rendre : E : 0,5 km par rue Basse et allée de la Longée

Nature : ♀
Loisirs : 🍴 🏊 🏊
Services : ⚡ GB ♉ 🗄 ♨ ⓐ ♨ ♨

MORTAGNE-SUR-GIRONDE

✉ 17120 – **324** F7 – G. Poitou Vendée Charentes – 967 h. – alt. 51
🚹 *Syndicat d'initiative, place des Halles* ☎ *05 46 90 52 90*
Paris 509 – Blaye 59 – Jonzac 30 – Pons 26 – La Rochelle 115 – Royan 34 – Saintes 36.

⚠ **Municipal Bel Air** juin-sept.
☎ 05 46 91 48 84, *mairie-mortagne@smic17.fr*,
Fax 05 46 90 61 25 – **R** conseillée
1 ha (20 empl.) en terrasses, plat et peu incliné, herbeux
Tarif : (Prix 2006) 👤 ⬌ 🅴 11,30 €
Pour s'y rendre : Rue Bel Air, direction le Port
À savoir : Estuaire et le petit port

| Nature : 🔲 🍂 |
| Loisirs : 🏇 |
| Services : 🚿 🔌 📇 🔥 ⓐ 🚿 🗑 |

MOSNAC

✉ 17240 – **324** G6 – 448 h. – alt. 23
Paris 501 – Cognac 34 – Gémozac 20 – Jonzac 11 – Saintes 33.

⚠ **Municipal les Bords de la Seugne** 15 avr.-15 oct.
☎ 05 46 70 48 45, *mosnac@mairie17.com*,
Fax 05 46 70 49 13 – **R** conseillée
0,9 ha (33 empl.) plat, herbeux
Tarif : (Prix 2006) 👤 ⬌ 🅴 4,20 € – (3A) 2,10 €
Pour s'y rendre : Au bourg, bord de la rivière

| Nature : 🌿 🍂 |
| Loisirs : 🎣 |
| Services : 🚿 🗑 ⓐ |

La PALMYRE

✉ 17570 – **324** C5 – G. Poitou Vendée Charentes
🚹 *Office de tourisme, 2, avenue de Royan* ☎ *05 46 22 41 07, Fax 05 46 22 52 69*
Paris 524 – Poitiers 191 – La Rochelle 77 – Rochefort 46 – Saintes 53.

Schéma aux Mathes

⚠⚠⚠ **Bonne Anse Plage** 17 mai-3 sept.
☎ 05 46 22 40 90, *bonne.anse@wanadoo.fr*,
Fax 05 46 22 42 30, *www.campingbonneanseplage.com* 🚫
17 ha (850 empl.) plat, terrasses, sablonneux, herbeux
Tarif : (Prix 2006) 👤 ⬌ 🅴 32,50 € – (6A) 6,50 € – frais de
réservation 25 €
Location : 100 🛖 (4 à 6 pers.) 230 à 1 110 €/sem.
🚐 1 borne
Pour s'y rendre : O : 2 km, à 400 m de la plage
À savoir : Cadre et situation agréables

| Nature : 🔲 🌳🌳 |
| Loisirs : 🍴 ✖ 🏠 🏇 🏸 🏊 ⚓ terrain omnisports |
| Services : 🚿 🔌 GB 📇 🛁 ⓐ 🗑 📺 🛁 🛒 |

⚠ **Beausoleil** 15 avr.-15 sept.
☎ 05 46 22 30 03, *camping.beausoleil@wanadoo.fr*,
www.campingbeausoleil.com – **R** conseillée
4 ha (244 empl.) plat, vallonné, sablonneux, herbeux
Tarif : 👤 ⬌ 🅴 25 € – (6A) 4,90 € – frais de réservation 15 €
Location : 20 🛖 (4 à 6 pers.) 292 à 599 €/sem.
Pour s'y rendre : Sortie NO, à 500 m de la plage

| Nature : 🌳🌳 |
| Loisirs : 🏠 🏇 🏊 (petite piscine) |
| Services : 🚿 🔌 GB 🚿 📇 🛁 ⓐ 📺 |

PONS

✉ 17800 – **324** G6 – G. Poitou Vendée Charentes – 4 427 h. – alt. 39
🚹 *Syndicat d'initiative, place de la République* ☎ *05 46 96 13 31, Fax 05 46 96 34 52*
Paris 493 – Blaye 64 – Bordeaux 97 – Cognac 24 – La Rochelle 99 – Royan 43 – Saintes 22.

⚠ **Municipal le Paradis**
☎ 05 46 91 36 72, *ville.pons@smic17.fr*, Fax 05 46 96 14 15
– **R**
1 ha (60 empl.) plat, herbeux
🚐 1 borne
Pour s'y rendre : À l'O de la ville

| Nature : 🌿 🌳🌳 |
| Loisirs : 🏠 |
| Services : 🚿 🔌 📇 ⓐ 🗑 🛁 |
| A prox. : 🏊 🏸 |

⚠ Les Moulins de la Vergne
    ℘ 05 46 94 11 49, *moulinsdelavergne@wanadoo.fr,*
www.moulinsdelavergne.fr
3 ha/1 campable (51 empl.) plat, herbeux, petit bois
Location : appartements
Pour s'y rendre : N : 2 km par D 234, direction Colombiers

> Nature : 🦢 ♀
> Loisirs : 🍸 ✕ 🏠 🛶 🎣
> Services : ⚬� 🖫 ⊕ 🖭 ♒

PONT-L'ABBÉ-D'ARNOULT

✉ 17250 – **324** E5 – G. Poitou Vendée Charentes – 1 743 h. – alt. 20
🛈 *Syndicat d'initiative, 26, place Général-de-Gaulle* ℘ 05 46 97 00 19, Fax 05 46 97 12 31
Paris 474 – Marennes 23 – Rochefort 19 – La Rochelle 59 – Royan 29 – Saintes 23.

⚠ **Parc de la Garenne** 15 avr.-31 sept.
    ℘ 05 46 97 01 46, *info@lagarenne.net, www.lagarenne.net*
– **R** conseillée
2,7 ha (111 empl.) plat, herbeux
Tarif : 👤 🚐 🔲 19,20 € 🔌 (10A) – frais de réservation 12 €
Location (1er avr.-31 oct.) : 25 🚐 (4 à 6 pers.) 169 à
569 €/sem.
Pour s'y rendre : Sortie Sud-Est par D 125, rte de Souli-
gnonne

> Nature : 🦢 ☐ ♀
> Loisirs : 🏠 🛷 🚲 ✕
> Services : ♿ ⚬🚓 GB 🖫 🛁 ⊕ 🖭 ♒
> 🖭 ♒
> À prox. : 🛶

Benutzen Sie
– zur Wahl der Fahrtroute
– zur Berechnung der Entfernungen
– zur exakten Lokalisierung eines Campingplatzes (mit Hilfe der Angaben im Ortstext)
die für diesen Führer unentbehrlichen **MICHELIN-Karten** *im Ma1 : 150 000.*

ROCHEFORT

669

✉ 17300 – **324** E4 – G. Poitou Vendée Charentes – 25 797 h. – alt. 12 – ♨ (début fév.-mi déc.)
Pont de Martrou : gratuit
🛈 *Office de tourisme, avenue Sadi-Carnot* ℘ 05 46 99 08 60, Fax 05 46 99 52 64
Paris 475 – Limoges 221 – Niort 62 – La Rochelle 38 – Royan 40 – Saintes 44.

⚠ **Le Bateau** début janv.-oct.
    ℘ 05 46 99 41 00, *lebateau@wanadoo.fr,*
Fax 05 46 99 91 65, *www.campinglebateau.com*
– **R** conseillée
5 ha/1,5 campable (175 empl.) plat, pierreux, herbeux, petit
plan d'eau
Tarif : (Prix 2006) 👤 🚐 🔲 17 € 🔌 (8A)
Location (avr.-oct.) : 30 🚐 (4 à 6 pers.) 260 à
340 €/sem.
Pour s'y rendre : Près de la Charente, par rocade Ouest
(bd Bignon) et rte du Port Neuf, près du centre nautique
À savoir : Sanitaires dans les cales d'un chalutier reproduit
grandeur nature

> Nature : 🦢 ☐ ♀
> Loisirs : 🍸 snack 🏠 🛷 ✕ 🛶 🏊
> ♒
> Services : ♿ ⚬🚓 GB ♻ 🕮 🖫 ⊕ ♒
> 🖭 🖭
> À prox. : 🎣

RONCE-LES-BAINS

✉ 17390 – **324** D5 – G. Poitou Vendée Charentes
🛈 *Office de tourisme, place Brochard* ℘ 05 46 36 06 02, Fax 05 46 36 38 17
Paris 505 – Marennes 9 – Rochefort 31 – La Rochelle 68 – Royan 27.
Schéma aux Mathes

⚠ **La Pignade** (location exclusive de mobile homes) 6
avr.-14 oct.
    ℘ 05 46 36 15 35, *lapignade@siblu.fr,* Fax 05 46 85 52 92,
www.camping-lapignade.com – **R** conseillée ✂
15 ha plat, sablonneux
Location : 60 🚐 (4 à 6 pers.) 175 à 1 500 €/sem.
Pour s'y rendre : S : 1,5 km par av. du Monard

> Nature : ☐ ♀
> Loisirs : 🍸 ✕ fast-food ☕ nocturne
> 🧑‍🤝‍🧑 salle d'animation 🚲 🏇 🎣 🛶 🏊
> Services : ♿ ⚬🚓 GB ♻ 🖫 🛁 ⊕ ♒
> 🖭 🖭 🛍 ♒
> À prox. : ✕ quad

RONCE-LES-BAINS

▲▲▲ **La Clairière** 1er mai-15 déc.
℘ 05 46 36 36 63, *info@camping-la-clairiere.com*,
Fax 05 46 36 06 74, *www.camping-la-clairiere.com* – places
limitées pour le passage – **R** conseillée
12 ha/4 campables (165 empl.) plat, herbeux, sablonneux
Tarif : ♦ 🚗 🗐 25 € – 🔌 (6A) 4,80 € – frais de réservation 19 €
Location : 3 🛖 (4 à 6 pers.) 235 à 671 €/sem. – 🛏 –
(hôtel)
Pour s'y rendre : S : 3,6 km par D 25, rte d'Arvert et rte à
droite
À savoir : Décoration florale et arbustive

Nature : 🌿 🎿
Loisirs : ♈ brasserie, pizzeria 🏠 🏠 nocturne 🎳 ⛹ ✗ ♒ 🏊
Services : 🚻 ⚡ 🖥 🛢 🗐 🛒 🚮 ☎
🖥 🏊 🚿
À prox. : 🐎

▲▲ **Les Pins** 1er avr.-1er oct.
℘ 05 46 36 07 75, *contact@lespins.com*,
Fax 05 46 36 50 77, *www.lespins.com* – places limitées pour
le passage – **R** conseillée
1,5 ha (90 empl.) plat, sablonneux
Tarif : ♦ 🚗 🗐 23,80 € – 🔌 (16A) – frais de réservation 18 €
Location : 34 🛖 (2 à 4 pers.) 175 à 450 €/sem. – 31 🛖
(4 à 6 pers.) 245 à 600 €/sem. – 13 🏠 (4 à 6 pers.) 245 à
600 €/sem.
Pour s'y rendre : S : 1 km

Nature : 🌿
Loisirs : 🏠 ⛹ 🚲 ·🎣 🏊
Services : 🚻 ⚡ 🖥 🛢 🗐 🚮 🚿
☎ 🖥 🚿
À prox. : ✗

▲▲▲ **Les Ombrages** 15 juin-15 sept.
℘ 05 46 36 08 41, Fax 05 46 36 08 41 – places limitées pour
le passage – **R** conseillée
4 ha (200 empl.) plat et sablonneux, herbeux
Tarif : ♦ 🚗 🗐 16,50 € – 🔌 (6A) 3,50 €
Pour s'y rendre : S : 1,2 km

Loisirs : ♈ snack ⛹ 🏊
Services : 🚻 ⚡ 🛢 🗐 🚮 ☎ 🖥 🏊 🚿
À prox. : ✗

670

Avant de vous installer, consultez les tarifs en cours,
affichés obligatoirement à l'entrée du terrain,
et renseignez-vous sur les conditions particulières de séjour.
Les indications portées dans le guide ont pu être modifiées depuis la mise à jour.

La RONDE

✉ 17170 – **324** F2 – 744 h. – alt. 9
Paris 447 – Fontenay-le-Comte 25 – Luçon 42 – Marans 19 – Niort 35 – La Rochelle 39.

▲ **Le Port** avr.-sept.
℘ 05 46 27 87 92, Fax 05 46 55 06 43 – **R** conseillée
0,8 ha (25 empl.) plat, herbeux
Tarif : (Prix 2006) ♦ 🚗 🗐 16 €
Pour s'y rendre : Au N du bourg par D 116 rte de Maillezais
et chemin à droite

Nature : 🗑 🌿
Loisirs : ⛹ 🏊
Services : 🚻 ⚡ 🛢 🗐 ☎ 🚿 🚽 🖥

ROYAN

✉ 17200 – **324** D6 – G. Poitou Vendée Charentes – 17 102 h. – alt. 20
🚩 *Office de tourisme, rond-point de la Poste* ℘ 05 46 05 04 71, Fax 05 46 06 67 76
Paris 504 – Bordeaux 121 – Périgueux 183 – Rochefort 40 – Saintes 38.

▲▲▲ **Le Royan** 1er avr.-10 oct.
℘ 05 46 39 09 06, *camping.le.royan@wanadoo.fr*,
Fax 05 46 38 12 05, *www.le-royan.com* – **R** indispensable
3,5 ha (180 empl.) peu incliné, herbeux
Tarif : ♦ 🚗 🗐 28,50 € – 🔌 (10A) 4,50 € – frais de réser-
vation 19 €
Location : 32 🛖 (4 à 6 pers.) 220 à 500 €/sem. – 14 🏠
(4 à 6 pers.) 285 à 650 €/sem.
Pour s'y rendre : NO : 2,5 km
À savoir : Bel espace aquatique

Nature : 🌿 🎿
Loisirs : ♈ snack 🏠 ⛹ 🏊 🏄
Services : 🚻 ⚡ 🖥 🛢 🗐 🛒 🚮
🚽 🖥 🏊 🚿

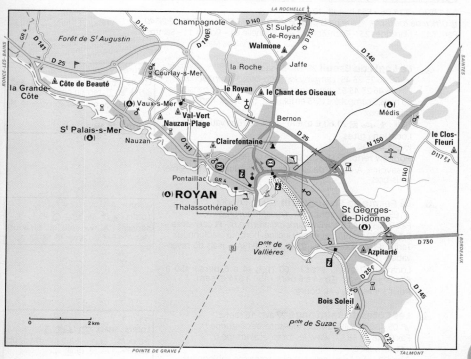

Clairefontaine 25 mai-10 déc.
℘ 05 46 39 08 11, *info@camping-clairefontaine.com*,
Fax 05 46 38 13 79, *www.camping-clairefontaine.com* – **R**
indispensable
5 ha (290 empl.) plat, herbeux
Tarif : ♣ ⇌ ▣ 33 € – ⚡ (10A) 5 €
⛺ 1 borne 8 €
Pour s'y rendre : À Pontaillac, allée des Peupliers à 400 m
de la plage

Nature : ♀♀
Loisirs : ♟ snack 🎱 ✂ ⛷
Services : ⅙ ⚷ ☕ ☇ 🗄 ♨ ☺ 🎴 🔲 ⚶

Le Chant des Oiseaux 25 juin-15 oct.
℘ 05 46 39 47 47, *info@campingchantdesoiseaux.com*,
www.campingchantdesoiseaux.com – **R** conseillée
2,5 ha (150 empl.) plat, herbeux, petit sous-bois
Tarif : ♣ ⇌ ▣ 19,50 € – ⚡ (10A) 4,40 € – frais de réservation 8 €
Location : 4 ⛺ (4 à 6 pers.) 320 à 545 €/sem.
Pour s'y rendre : NO : 2,3 km

Nature : ♦ ♀
Loisirs : 🎱 🏄 ⛷
Services : ⅙ ⚷ ☇ 🗄 ♨ ☺ 🎴 🔲 ⚶

Walmone 1ᵉʳ avr.-30 sept.
℘ 05 46 39 15 81, *resa@camping-walmone.com*,
Fax 05 46 39 15 81, *www.camping-walmone.com*
– **R** conseillée
1,5 ha (116 empl.) plat, herbeux
Tarif : ♣ 4,60 € ⇌ 2,50 € ▣ 19,50 € – ⚡ (6A) 4,40 € – frais
de réservation 5 €
Location ⛺ : 20 ⛺ (2 à 4 pers.) 190 à 485 €/sem. – 14
⛺ (4 à 6 pers.) 220 à 670 €/sem.
Pour s'y rendre : N : 4 km

Nature : ♀♀
Loisirs : ♟ 🏄 ✂ ⛷ (petite pis-
cine)
Services : ⚷ ☇ 🗄 🌿 ☺ 🔲

ST-AUGUSTIN-SUR-MER

✉ 17570 – **324** D5 – 851 h. – alt. 10

🛈 *Office de tourisme, 1, rue de la Cure 🅟 05 46 05 53 56, Fax 05 46 02 27 40*

Paris 512 – Marennes 23 – Rochefort 44 – La Rochelle 81 – Royan 11 – Saintes 45.

Schéma aux Mathes

⚠ **Le Logis du Breuil** 28 avr.-30 sept.
🅟 05 46 23 23 45, *camping.logis-du-breuil@wanadoo.fr*,
Fax 05 46 23 43 33, *www.logis-du-breuil.com* – **R** conseillée
30 ha/8,5 campables (373 empl.) plat, terrasses, herbeux,
sablonneux
Tarif : 👤 🚐 🔲 21,60 € 🔌 (6A) – frais de réservation 8 €
Location : gîtes
🚐 1 borne
Pour s'y rendre : SE : par D 145 rte de Royan
À savoir : À l'orée de la forêt de St-Augustin, agréable
sous-bois

> Nature : 🏖 00
> Loisirs : 🍽 snack, pizzeria 🎰 💺
> 🚲 🏓 ⚒ 🎯 terrain omnisports
> Services : 🛁 ⚡ GB 🐕 📷 🏪 ♿ 🚿
> 🍳 🛒
> À prox. : ✕ 🐴

⚠ **La Ferme de St-Augustin** 1er juin-fin août
🅟 05 46 39 14 46, *contact@fermestaugustin.com*,
Fax 05 46 23 43 59, *www.campinglaferme.fr* – **R** conseillée
5,3 ha (340 empl.) plat et peu incliné, herbeux, sablonneux
Tarif : (Prix 2006) 👤 🚐 🔲 19,95 € 🔌 (8A) – frais de réservation 10 €
Location (7 avr.-9 sept.) : 60 🛏 (4 à 6 pers.) 150 à
874 €/sem. – 22 🏠 (4 à 6 pers.) 150 à 874 €/sem.
Pour s'y rendre : Au bourg

> Nature : ♀
> Loisirs : 💺 🚲 ⚒ 🏕 ⚒ 🏊
> Services : 🛁 ⚡ (déb.juil.-fin août)
> GB 🐕 📷 🏪 ♿ ☕ 🍳 🛒

⚠ **Les Côtes de Saintonge** 27 avr.-16 sept.
🅟 05 46 23 23 48, *contact@lescotesdesaintonge.fr*,
Fax 05 46 39 49 48 37, *www.lescotesdesaintonge.fr*
– **R** conseillée
2 ha (82 empl.) peu incliné et plat, terrasses, sablonneux,
herbeux
Tarif : 👤 🚐 🔲 20 € – 🔌 (6A) 4,20 € – frais de réservation 12 €
Location (permanent) : 15 🛏 (4 à 6 pers.) 240 à
550 €/sem.
Pour s'y rendre : SE : par D 145 rte de Royan

> Nature : ♀
> Loisirs : snack 🎰 💺 ⚒
> Services : 🛁 ⚡ (déb.juil.-fin août)
> GB 🐕 📷 🏪 🌫 ♿ 🍳 🛒
> À prox. : ⚒

Estacade de la pointe des Dames (Île de Noirmoutier)

S. Sauvignier/Michelin

ST-CHRISTOPHE

⊠ 17220 – **324** E3 – 916 h. – alt. 26
Paris 455 – Niort 48 – Rochefort 25 – La Rochelle 20 – Surgères 19.

▲ **Municipal la Garenne** 1er mai-15 janv.
  ℘ 05 46 35 16 15, *saintchristophe@mairie17.com*,
  Fax 05 46 35 64 29 – **R** conseillée
  0,4 ha (30 empl.) plat, herbeux
  Tarif : ✿ 2,50 € ⊷ 1,10 € 🔲 2,50 € – [½] (4A) 2,50 €
  Pour s'y rendre : Sortie Nord-Est par D 264, rte de la
  Martinière
  À savoir : Cadre champêtre, près d'un étang

Nature : 🏞 ⊏⊐
Loisirs : 🚣 🐎
Services : 👤 🐕 ⊛
À prox. : 🍴

ST-GEORGES-DE-DIDONNE

⊠ 17110 – **324** D6 – G. Poitou Vendée Charentes – 5 034 h. – alt. 7
🛈 *Office de tourisme, 7, boulevard Michelet* ℘ 05 46 05 09 73, Fax 05 46 06 36 99
Paris 505 – Blaye 84 – Bordeaux 117 – Jonzac 56 – La Rochelle 80 – Royan 4.

Schéma à Royan

⋀⋀⋀ **Bois-Soleil** 31 mars-28 oct.
  ℘ 05 46 05 05 94, *camping.bois.soleil@wanadoo.fr*,
  Fax 05 46 06 27 43, *www.bois-soleil.com* – **R** indispensable
  ✄ (31 mars-24 juin)
  8 ha (462 empl.) plat, vallonné et en terrasses, sablonneux
  Tarif : ✿ ⊷ 🔲 34 € [½] (6A) – frais de réservation 30 €
  Location ✄ : 66 ⬒ (4 à 6 pers.) 180 à 940 €/sem. –
  studios
  ⬒ 1 borne 5 €
  Pour s'y rendre : S par D 25, rte de Meschers-sur-Gironde

Nature : ⊏⊐ 🌳🌳 ⛰
Loisirs : 🍴 ✕ snack, pizzeria 🛋 🏓
nocturne 🚣 🚲 🎯 ⊐ terrain
omnisports
Services : 👤 ⊶ ⌷ 🐕 🎞 🛁 ⊛
🛋 🚿 📻 🔥 🧺 ♨
À prox. : 🐎 poneys

▲ **Azpitarté** Permanent
  ℘ 05 46 05 26 24, *linette.besson@camping-azpitarte.com*,
  Fax 05 46 05 26 24, *www.camping-azpitarte.com*
  – **R** conseillée
  1 ha (60 empl.) plat et peu incliné, herbeux, pierreux
  Tarif : ✿ ⊷ 🔲 22,45 € [½] (10A) – frais de réservation 23 €
  Location : 5 ⬒ (4 à 6 pers.) 285 à 450 €/sem. – studios
  Pour s'y rendre : En ville, 35, rue Jean-Moulin

Nature : 🌳🌳
Services : 👤 ⊶ 🐕 🛁 ⊛ 🚿 📻

673

ST-JEAN-D'ANGÉLY

⊠ 17400 – **324** G4 – G. Poitou Vendée Charentes – 7 681 h. – alt. 25
🛈 *Office de tourisme, 8, rue du Grosse Horloge* ℘ 05 46 32 04 72, Fax 05 46 32 20 80
Paris 444 – Angoulême 70 – Cognac 35 – Niort 48 – La Rochelle 72 – Royan 69 – Saintes 36.

▲ **Val de Boutonne** 1er avr.-31 oct.
  ℘ 05 46 32 26 16, *info@valba.net, www.valbo.net*
  – **R** conseillée
  1,8 ha (99 empl.) plat, herbeux
  Tarif : ✿ 3,20 € ⊷ 1,80 € 🔲 12 € – [½] (10A) 3 € – frais de
  réservation 12 €
  Location (permanent) ✄ : 4 ⬒ (4 à 6 pers.) 149 à
  399 €/sem.
  ⬒ 1 borne 2 € – 9 🔲
  Pour s'y rendre : Sortie NO rte de la Rochelle, puis à
  gauche av. du Port (D 18) et à droite avant le pont, quai de
  Bernouet, près de la Boutonne (plan d'eau)

Nature : 🏞 🌳🌳
Loisirs : 🛋 🚣
Services : 👤 ⊶ ⌷ 🐕 🔥 ⊛ 🚿 📻
À prox. : 🍴 ✕ ♒ ≋ 🐎 canoë, pé-
dalos, centre nautique couvert

ST-JUST-LUZAC

☒ 17320 – **324** D5 – G. Poitou Vendée Charentes – 1 535 h. – alt. 5
Paris 502 – Rochefort 23 – La Rochelle 59 – Royan 26 – Saintes 35.

▲▲▲ **Séquoia Parc** ♣♣ – 12 mai-16 sept.
   ℘ 05 46 85 55 55, *sequoia.parc@wanadoo.fr*,
   Fax 05 46 85 55 56, *www.sequoiaparc.com* – **R** indispensable
   49 ha/28 campables (426 empl.) plat, herbeux, pierreux, sablonneux, bois
   Tarif : ♣ ⇌ 🔲 41 € (6A) – frais de réservation 30 €
   Location ⚡ : 28 🛏 (4 à 6 pers.) 147 à 700 €/sem. – 44 🏠 (4 à 6 pers.) 259 à 1 022 €/sem.
   🚐 1 borne

   Pour s'y rendre : NO : 2,7 km par D 728, rte de Marennes et chemin à droite

   À savoir : Bel espace aquatique autour des dépendances d'un château

| Nature : ☲ ♀ |
| Loisirs : ♈ ✗ pizzeria 🏠 ☺ nocturne ⚓ 🚴 ✗ 🏊 ⚴ terrain omnisports |
| Services : ♿ ☛ (1ᵉʳ juin-31 août) GB ⚙ Ⓜ 🔲 🚿 ☺ ⚴ 🚽 🔲 sèchelinge 🐾 ⚒ |

Raadpleeg, voordat U zich op een kampeerterrein installeert, de tarieven die de beheerder verplicht is bij de ingang van het terrein aan te geven. Informeer ook naar de speciale verblijfsvoorwaarden. De in deze gids vermelde gegevens kunnen sinds het verschijnen van deze heredtie gewijzigd zijn.

ST-LAURENT-DE-LA-PRÉE

☒ 17450 – **324** D4 – 1 347 h. – alt. 7
Paris 483 – Rochefort 10 – La Rochelle 31.

674

▲▲▲ **Domaine des Charmilles** saison
   ℘ 05 46 84 00 05, *charmilles17@wanadoo.fr*,
   Fax 05 46 84 02 84, *www.domainedescharmilles.com* – **R** conseillée
   5 ha (270 empl.) plat, herbeux
   Tarif : ♣ ⇌ 🔲 30 € – (6A) 4 € – frais de réservation 25 €
   Location (7 avr.-fin sept.) ⚡ (1ᵉʳ juil.-31 août) : 28 🛏 – 44 🏠

   Pour s'y rendre : NO : 2,2 km par D 214ᴱ¹, rte de Fouras et D 937 à droite, rte de la Rochelle

| Nature : ☲ ♀♀ |
| Loisirs : ♈ 🏠 ☺ nocturne ⚓ 🚴 ⚮ 🏊 ⚴ terrain omnisports |
| Services : ♿ ☛ GB ⚙ 🔲 🚿 ☺ ⚴ 🚽 🔲 |

▲ **Le Pré Vert** avr.-sept.
   ℘ 05 46 84 89 40, *camping.pre-vert@wanadoo.fr*,
   Fax 05 46 84 88 32, *www.atout-fouras.com* – **R** conseillée
   2 ha (67 empl.) plat, peu incliné, terrasse, herbeux
   Tarif : (Prix 2006) ♣ ⇌ 🔲 12 € – (10A) 3,50 €
   Location : 25 🛏 (4 à 6 pers.) 200 à 470 €/sem. – 12 🏠 (4 à 6 pers.) 230 à 470 €/sem.

   Pour s'y rendre : NE : 2,3 km par D 214, rte de la Rochelle, au lieu-dit St-Pierre - par voie rapide : sortie Fouras

| Nature : ☲ ♀ |
| Loisirs : ⚓ 🚴 ≋ (bassin) |
| Services : ♿ ☛ (juil.-août) ⚙ 🔲 ☺ ⚴ ☺ ⚴ 🚽 🔲 |

ST-NAZAIRE-SUR-CHARENTE

☒ 17780 – **324** D4 – 850 h. – alt. 14
Paris 491 – Fouras 27 – Rochefort 13 – La Rochelle 49 – Saintes 42.

▲▲▲ **L'Abri-Cotier** 1ᵉʳ avr.-fin janv.
   ℘ 05 46 84 81 65, *abri-cotier@wanadoo.fr*,
   Fax 05 46 84 81 65, *www.labricotier.com* – **R** indispensable
   1,8 ha (90 empl.) plat, peu incliné, herbeux
   Tarif : ♣ 4,10 € ⇌ 2,50 € 🔲 15,50 € – (6A) 4 € – frais de réservation 20 €
   Location : 17 🛏 (4 à 6 pers.) 235 à 585 €/sem.
   🚐 1 borne 2 €

   Pour s'y rendre : SO : 1 km par D 125ᴱ1

| Nature : ☳ ☲ ♀ |
| Loisirs : snack 🏠 ⚓ 🏊 |
| Services : ♿ ☛ GB ⚙ 🔲 ☺ ⚮ ☺ 📞 🔲 |

ST-PALAIS-SUR-MER

☒ 17420 – **324** D6 – G. Poitou Vendée Charentes – 3 343 h. – alt. 5
🚩 *Office de tourisme, 1, avenue de la République* 🕾 *05 46 23 22 58, Fax 05 46 23 36 73*
Paris 512 – La Rochelle 82 – Royan 6.

Schéma à Royan

⚠ **Côte de Beauté** 27 avr.-30 déc.
🕾 05 46 23 20 59, *campingcotedebeaute@wanadoo.fr*,
Fax 05 46 23 37 32, *www.camping-cote-de-beaute.com*
– **R** conseillée
1,7 ha (115 empl.) plat, herbeux
Tarif : (Prix 2006) 👤 ⟚ 🅴 25,15 € [⚡] (6A) – frais de réservation 23 €
Location : 10 🚎 (4 à 6 pers.) 260 à 610 €/sem.
Pour s'y rendre : NO : 2,5 km, à 50 m de la mer
À savoir : Cadre agréable face à l'océan

Nature : 🏕 ♀
Loisirs : 🎣 🏕
Services : 🔥 ⊶ (27 avr.-30 sept.) 🐕
🍴 ♨ ☺ 🕾 🖲
À prox. : 🎿 ☕ ✗ ⛵

*La catégorie (1 à 5 tentes, **noires** ou rouges) que nous attribuons
aux terrains sélectionnés dans ce guide est une appréciation qui nous est propre.
Elle ne doit pas être confondue avec le classement (1 à 4 étoiles)
établi par les services officiels.*

ST-SAVINIEN

☒ 17350 – **324** F4 – G. Poitou Vendée Charentes – 2 359 h. – alt. 18
🚩 *Office de tourisme, rue Bel Air* 🕾 *05 46 90 21 07, Fax 05 46 90 19 45*
Paris 457 – Rochefort 28 – La Rochelle 62 – St-Jean-d'Angély 15 – Saintes 16 – Surgères 30.

⚠ **L'Île aux Loisirs** 1ᵉʳ avr.-30 déc.
🕾 05 46 90 35 11, *ileauxloisirs@wanadoo.fr*,
Fax 05 46 91 65 06, *www.ilesauxloirs.com* – **R** conseillée
1,8 ha (67 empl.) plat, herbeux
Tarif : (Prix 2006) 👤 ⟚ 🅴 15 € – [⚡] (10A) 4,90 € – frais de
réservation 16 €
Location (permanent) : 4 🚎 (4 à 6 pers.) 239 à
520 €/sem.
Pour s'y rendre : 0,5 km à l'O par D 18 rte de Pont-l'Abbé-
d'Arnoult, entre la Charente et le canal, à 200 m d'un plan
d'eau

Nature : 🏕 ♀
Loisirs : ☕ snack 🏕
Services : 🔥 ⒼⒷ 🐕 🍴 ♨ 🏕 🗑 ☺ 🖲
⛵
À prox. : 🎿 🏇 ⛵ 🛶 🎣 parcours
sportif

ST-SEURIN D'UZET

☒ 17120 – **324** F6
Paris 512 – Blaye 65 – La Rochelle 99 – Royan 25 – Saintes 38.

⚠ **Municipal le Port**
🕾 05 46 90 44 03, *chenac.saint.seurin.duzet@mai
rie17.com*, Fax 05 46 90 40 02 – **R** conseillée
1 ha (55 empl.) non clos, plat, herbeux
Tarif : (Prix 2006) 👤 2,35 € ⟚ 1,03 € 🅴 6,70 € –
[⚡] (6A) 2,35 €
Pour s'y rendre : Au bourg, près de l'église, bord d'un
chenal

Nature : 🞉 🏕 ♀
Loisirs : 🏕
Services : 🔥 ⊶ 🐕 🍴 ☺ 🖲

ST-SORNIN

☒ 17600 – **324** E5 – G. Poitou Vendée Charentes – 328 h. – alt. 16
Paris 495 – Marennes 13 – Rochefort 24 – La Rochelle 60 – Royan 21 – Saintes 29.

⚠ **Le Valerick** avr.-sept.
🕾 05 46 85 15 95, *camplevalerick@aol.com*,
Fax 05 46 85 15 95 – **R** conseillée
1,5 ha (50 empl.) plat, incliné, herbeux, petit bois
Tarif : 👤 ⟚ 🅴 11,50 € – [⚡] (6A) 3,50 € – frais de réservation 20 €
Pour s'y rendre : NE : 1,3 km par D 118, rte de Pont-l'Abbé

Nature : 🞉 ♀
Loisirs : snack 🏕
Services : 🔥 ⊶ 🐕 ☺ 🕾 🖲

SAINTES

✉ 17100 – **324** G5 – G. Poitou Vendée Charentes – 25 595 h. – alt. 15
🛈 *Office de tourisme, 62, cours National* ℰ *05 46 74 23 82, Fax 05 46 92 17 01*
Paris 469 – Bordeaux 117 – Niort 73 – Poitiers 138 – Rochefort 42 – Royan 38.

⛰ **Au Fil de l'Eau** 15 avr.-15 oct.
ℰ 05 46 93 08 00, Fax 05 46 93 61 88 – **R** conseillée
4,7 ha (214 empl.) plat, herbeux
Tarif : 👤 4,55 € ⇔ 🅿 4,30 € – (½) 3,50 €
Location : 5 🛖 (4 à 6 pers.) 200 à 500 €/sem.
🚐 1 borne 3,50 €
Pour s'y rendre : N : 1 km par D 128, rte de Courbiac, à la
piscine, bord de la Charente

| Nature : 🌳🌳 |
| Loisirs : 🍸 snack 🏠 ⛱ ⛺ 🏊 |
| Services : 👤 ⊶ 🅶🅱 ⚙ 📷 🗑 ⚗ 🔄 ⊕ 📦 |
| 🦺 |

SOUMERAS

✉ 17130 – **324** H8 – 279 h. – alt. 55
Paris 529 – Barbezieux 45 – Blaye 33 – Bordeaux 69 – Pons 40 – Ribérac 72.

⛰ **Twin Lakes** avr.-oct.
ℰ 05 46 49 77 12, *info@twinlakesfrance.com*,
Fax 05 46 49 77 12, *www.twinlakesfrance.com* – **R** conseil-
lée
6 ha/1 campable (25 empl.) plat, herbeux, étangs
Tarif : 👤 4 € ⇔ 🅿 7 €
Location : 8 🛖 (4 à 6 pers.) 200 à 450 €/sem.
Pour s'y rendre : O : 1 km sur D 730 direction Mirambeau

| Nature : 🏞 ⛺ 🌳 |
| Loisirs : 🏠 🏊 🐟 |
| Services : 👤 ⊶ ⚙ 🗑 ⊕ 📞 |

THORS

✉ 17160 – **324** I5 – 411 h. – alt. 23
Paris 466 – Angoulême 53 – Cognac 84 – Limoges 143 – Poitiers 111 – St-Jean-d'Angély 23.

⛰ **Le Relais de l'Étang** 15 mai-15 nov.
ℰ 05 46 58 26 81, *paysdematha@wanadoo.fr*,
Fax 05 46 58 26 81, *www.paysdematha.com* – **R** conseillée
0,8 ha (25 empl.) plat, herbeux, gravillons
Tarif : 👤 2 € ⇔ 1,50 € 🅿 1,50 € – (½) (10A) 2,50 €
Pour s'y rendre : Sortie N par D 121, rte de Matha, près de
l'étang

| Nature : ⛺ 🌳 |
| Loisirs : 🌳 |
| Services : 👤 ⊶ ⚙ 🗑 ⊕ 🦺 |
| À prox. : 🍸 snack ⛱ ⚓ (plage) pé-
dalos |

VAUX-SUR-MER

✉ 17640 – **324** D6 – G. Poitou Vendée Charentes – 3 448 h. – alt. 12
🛈 *Syndicat d'initiative, 53, rue de Verdun* ℰ *05 46 38 79 05, Fax 05 46 38 11 46*
Paris 514 – Poitiers 181 – La Rochelle 75 – Rochefort 44 – Saintes 43.
Schéma à Royan

⛰ **Le Nauzan-Plage** 1er avr.-30 sept.
ℰ 05 46 38 29 13, *camping.le.nauzan@wanadoo.fr*,
Fax 05 46 38 18 43, *www.campinglenauzanplage.com*
– **R** conseillée
3,9 ha (239 empl.) plat, herbeux
Tarif : 👤 ⇔ 🅿 26,50 € – (½) (10A) 4,50 € – frais de réser-
vation 15 €
Pour s'y rendre : Av. de Nauzan, à 500 m de la plage
À savoir : En bordure d'un parc

| Nature : ⛺ 🌳 |
| Loisirs : 🍸 snack 🏠 ⛱ 🏊 |
| Services : 👤 ⊶ 🅶🅱 ⚙ 🗑 ⚗ ⊕ 📦 |
| 🦽 🦺 |
| À prox. : ✂ 🍽 🐟 |

⛰ **Camping Val-Vert** 14 avr.-31 sept.
ℰ 05 46 38 25 51, *camping-val-vert@wanadoo.fr*,
Fax 05 46 38 06 15, *www.camping-val-vert.com* – **R** conseil-
lée
3 ha (157 empl.) plat et terrasse, herbeux, pierreux
Tarif : 👤 ⇔ 🅿 25,50 € – (½) (10A) 4,70 € – frais de réser-
vation 14 €
Location (31 mars-31 août) : 34 🛖 (4 à 6 pers.) 190 à
610 €/sem. – 36 🏡 (4 à 6 pers.) 230 à 630 €/sem.
Pour s'y rendre : Au SO du bourg, 106 av. F.-Garnier, bord
d'un ruisseau
À savoir : En bordure d'un parc

| Nature : ⛺ 🌳🌳 |
| Loisirs : 🏠 ⛱ 🌳 |
| Services : 👤 ⊶ (déb. juil.-fin août) |
| 🅶🅱 ⚙ 🗑 ⚗ ⊕ 📷 🦺 |
| À prox. : ✂ 🍽 🐟 |

ARGENTON-CHÂTEAU

✉ 79150 – **322** D3 – G. Poitou Vendée Charentes – 1 038 h. – alt. 123
🄳 *Office de tourisme, 13, rue de la Porte Virèche* 𝒫 05 49 65 96 56
Paris 355 – Bressuire 19 – Doué-la-Fontaine 30 – Mauléon 26 – Niort 82 – Thouars 20.

⚠ **Municipal du lac d'Hautibus** 1er avr.-30 sept.
𝒫 05 49 65 95 08, *mairie-argenton-chateau@cegetel.net*,
Fax 05 49 65 70 84 – **R** conseillée
1,5 ha (70 empl.) peu incliné et en terrasses, incliné,
herbeux
Tarif : 🚶 1,90 € 🚙 1,60 € 🔲 1,75 € – 🔌 2,20 €
Location (permanent) : 6 🏠 (4 à 6 pers.) 230 à
315 €/sem.
Pour s'y rendre : à l'O du bourg, rue de la Sablière (accès
près du rond-point de la D 748 et D 759)
À savoir : À 150 m du lac avec accès direct (site pitto-
resque)

| Nature : ⟨ 🗔 ♀ |
| Loisirs : 🔲 |
| Services : 🚰 ⚴ 🗓 ⊕ 🔲 |
| À prox. : ⚒ 🛶 🎣 pédalos |

Avant de vous installer, consultez les tarifs en cours,
affichés obligatoirement à l'entrée du terrain,
et renseignez-vous sur les conditions particulières de séjour.
Les indications portées dans le guide ont pu être modifiées depuis la mise à jour.

COULON

✉ 79510 – **322** C7 – G. Poitou Vendée Charentes – 2 074 h. – alt. 6
🄳 *Office de tourisme, 31, rue Gabriel Auchier* 𝒫 05 49 35 99 29, Fax 05 49 35 84 31
Paris 418 – Fontenay-le-Comte 25 – Niort 11 – La Rochelle 63 – St-Jean-d'Angély 58.

⚠ **La Venise Verte** 1er avr.-31 oct.
𝒫 05 49 35 90 36, *accueil@camping-laveniseverte.com*,
Fax 05 49 35 84 69, *www.camping-laveniseverte.com*
– **R** conseillée
2,2 ha (140 empl.) plat, herbeux
Tarif : 🚶 🚙 🔲 22 € 🔌 (10A) – frais de réservation 10 €
Location : 12 🛖 (4 à 6 pers.) 310 à 590 €/sem. – 12 🏠
(4 à 6 pers.) 265 à 655 €/sem. – bungalows toilés
🚐 1 borne 5 €
Pour s'y rendre : SO : 2,2 km par D 123, rte de Vanneau,
bord d'un canal et près de la Sèvre Niortaise

| Nature : ♀ |
| Loisirs : 🍽 snack 🔲 🏃 ⛹ 🚲 🛶 canoë |
| Services : 🚿 🚰 GB ⚴ 🗓 ⊕ 🔥 |
| 📞 🔲 🚬 |
| À prox. : 🎣 |

⚠ **Municipal la Niquière** 14 avr.-1er janv.
𝒫 05 49 35 81 19, *coulon@agglo-niort.fr*,
Fax 05 49 35 82 75, *www.ville-coulon.fr* – **R** conseillée
1 ha (40 empl.) plat, herbeux
Tarif : (Prix 2006) 🚶 🚙 🔲 3,25 € – 🔌 (15A) 2,80 €
Pour s'y rendre : Sortie N par D 1, rte de Benet et chemin
à droite

| Nature : ♀ |
| Loisirs : 🏃 ⚒ |
| Services : 🚰 GB ⚴ 🔥 ⊕ |

COULONGES-SUR-L'AUTIZE

✉ 79160 – **322** C6 – 2 146 h. – alt. 80
🄳 *Syndicat d'initiative, 4, place du château* 𝒫 05 49 06 10 72, Fax 05 49 06 13 26
Paris 425 – Bressuire 48 – Fontenay-le-Comte 17 – Niort 21 – Parthenay 37 – La Rochelle 70.

⚠ **Municipal le Parc** mai-oct.
𝒫 05 49 06 27 56, *mairie-coulonges-sur-lautize@wana
doo.fr*, Fax 05 49 06 13 26 – **R** conseillée
0,5 ha (30 empl.) plat, herbeux
Tarif : (Prix 2006) 🚶 1,80 € 🚙 1,25 € 🔲 1,80 € – 🔌 1,80 €
Pour s'y rendre : S : 0,5 km par D 1, rte de St-Pompain
et rue à gauche, près de la piscine et à 100 m d'un jardin
public
À savoir : Belle délimitation des emplacements sous
sapins

| Nature : 🗔 ♀♀ |
| Services : 🚰 ⚴ ⊕ 🔲 |
| À prox. : ⚒ 🛶 |

677

MAUZÉ-SUR-LE-MIGNON

✉ 79210 – **322** B7 – 2 385 h. – alt. 30
🚹 *Office de tourisme, place de la Mairie* 🖉 *05 49 26 78 33, Fax 05 49 26 71 13*
Paris 430 – Niort 23 – Rochefort 40 – La Rochelle 43.

△ **Municipal le Gué de la Rivière** déb. juin-déb. sept.
🖉 05 49 26 30 35, *mairie@ville-mauze-mignon.fr*,
Fax 05 49 26 71 13, *www.ville-mauze-mignon.fr*
– **R** conseillée
1,5 ha (75 empl.) plat, herbeux
Tarif : (Prix 2006) ✱ ⟵ 🔲 8,50 € [½] (10A)
Pour s'y rendre : NO : 1 km par D 101 rte de St-Hilaire-la-
Palud et à gauche, entre le Mignon et le canal

> Nature : ♀
> Loisirs : 🏠
> Services : ⚊ ⚼ ⊛

PRAILLES

✉ 79370 – **322** E7 – 620 h. – alt. 150 – Base de loisirs
Paris 394 – Melle 15 – Niort 23 – St-Maixent-l'École 13.

△ **Le Lambon** 1ᵉʳ juin-30 sept.
🖉 05 49 32 85 11, *lambon.vacances@wanadoo.fr*,
Fax 05 49 32 94 92, *www.lelambon.com* – **R** conseillée
1 ha (50 empl.) en terrasses, herbeux
Tarif : ✱ ⟵ 🔲 10 € – [½] (6A) 2 €
Location (1ᵉʳ avr.-31 oct.) : pavillons
🚐 1 borne – 10 🔲
Pour s'y rendre : SE : 2,8 km
À savoir : À 200 m d'un plan d'eau

> Nature : ♀
> Services : ⚼ ⊛
> À prox. : ☕ ✕ 🏠 ⚓ 💈 ⚒ 🎿
> (plage) ⬦ 🔱 parcours sportif, ca-
> noë, pédalos

ST-CHRISTOPHE-SUR-ROC

678

✉ 79220 – **322** D6 – 453 h. – alt. 125
Paris 397 – Fontenay-le-Comte 47 – Niort 21 – Parthenay 26 – St-Maixent-l'École 14.

△ **Intercommunal du Plan d'Eau** mi-avr.-mi-oct.
🖉 05 49 05 21 38, *plandeaucherveux@aol.com*,
Fax 05 49 75 86 60 – **R** conseillée
1,5 ha (66 empl.) peu incliné, herbeux
Tarif : (Prix 2006) ✱ ⟵ 🔲 9,95 €
Location (permanent) : 4 🏠 (4 à 6 pers.) 196 à
416 €/sem.
Pour s'y rendre : SO : 1,5 km par D 122, rte de Cherveux
À savoir : À 100 m d'un plan d'eau

> Nature : 🌲
> Services : ⚼ (juil.-août) ⚼ 🔲 ⊛
> À prox. : ☕ ✕ ⚓ 💈 🎿 (plage)

SECONDIGNY

✉ 79130 – **322** D5 – 1 774 h. – alt. 177
Paris 391 – Bressuire 27 – Champdeniers 15 – Coulonges-sur-l'Autize 22 – Niort 37 – Parthenay 15.

△ **Municipal du Moulin des Effres** 1ᵉʳ avr.-fin oct.
🖉 05 49 95 61 97/05 49, *contact@campinglemoulindesef
fres.fr*, Fax 05 49 63 55 48, *www.campinglemoulindesef
fres.fr* – **R** conseillée
2 ha (90 empl.) peu incliné, plat, herbeux
Tarif : (Prix 2006) ✱ 2,80 € ⟵ 2 € 🔲 2,40 € – [½] (10A) 3 €
Pour s'y rendre : Sortie S par D 748, rte de Niort et chemin
à gauche, près d'un plan d'eau

> Nature : ♀
> Loisirs : 🏠
> Services : ⚼ ⊛ ⚒
> À prox. : ☕ ✕ ⚓ ⚒ 🎿

To select the best route and follow it with ease,
To calculate distances,
To position a site precisely from details given in the text :
Get the appropriate MICHELIN regional map, 1 : 150 000.

AVAILLES-LIMOUZINE

✉ 86460 – **322** J8 – 1 309 h. – alt. 142
🛈 *Office de tourisme, 6, rue Principale* ☎ 05 49 48 63 05
Paris 410 – Confolens 14 – L'Isle-Jourdain 15 – Niort 100 – Poitiers 67.

⚠ **Municipal le Parc** mai-sept.
☎ 05 49 48 51 22, *camping.leparc@wanadoo.fr*,
Fax 05 49 48 66 76, *http://monsite.wanadoo.frcampingle
parc/* – **R** conseillée
2,7 ha (120 empl.) plat, herbeux
Tarif : 🛉 2,50 € 🚗 1,15 € 🔲 1,65 € – [🔌] (10A) 2 €
🚐 1 borne 2,50 €
Pour s'y rendre : Sortie Est par D 34, à gauche après le
pont, bord de la Vienne

Nature : 🌊 ♈♈	
Loisirs : 🏠 🏊 ↗ 🛶	
Services : 🚿 ⚷ 🛒 🗑 🚻 🛁 🔌 🚮	
🚽	
À prox. : 🍴	

AVANTON

✉ 86170 – **322** H5 – 1 414 h. – alt. 110
Paris 337 – Poitiers 12 – Niort 84 – Châtellerault 37 – Saumur 80.
Schéma à St-Georges-lès-Baillargeaux

⚠ **Camping du Futur** 1er avr.-30 sept.
☎ 05 49 54 09 67, *contact@camping-du-futur.com*,
Fax 05 49 54 09 59, *www.camping-du-futur.com*
– **R** conseillée
4 ha/1,5 campable (68 empl.) plat, herbeux
Tarif : 🛉 3,50 € 🚗 1,50 € 🔲 11 € – [🔌] 3 €
Location 🏠 : 14 🚐 (4 à 6 pers.) 250 à 525 €/sem. –
hôtel
Pour s'y rendre : SO : 1,3 km par D 757, rte de Poitiers et
rte à droite après le passage à niveau

Nature : 🌳	
Loisirs : 🍹 snack 🏊 ↗ 🛶	
Services : 🚿 ⚷ 🏧 🗑 🔌 🛁 🚮	
🛒	

BONNES

679

✉ 86300 – **322** J5 – 1 475 h. – alt. 70
Paris 331 – Châtellerault 25 – Chauvigny 7 – Poitiers 25 – La Roche-Posay 34 – St-Savin 25.

⚠ **Camping Municipal** mi-mai-mi-sept.
☎ 05 49 56 44 34, *camping_bonnes@hotmail.com*,
Fax 05 49 56 48 51, *www.camping.bonnes86.free.fr*
– **R** conseillée
1,2 ha (65 empl.) plat, herbeux
Tarif : 🛉 2,80 € 🚗 1,25 € 🔲 2,20 € – [🔌] 2,50 €
Location (permanent) : gîtes
Pour s'y rendre : Au S du bourg, bord de la Vienne

Loisirs : 🏊 🚴 ⛵ 🍴 ↗ 🛶	
Services : 🚿 ⚷ (1er juil.-31 août)	
🏧 🗑 🔌 🛁 🚮	

CHÂTELLERAULT

✉ 86100 – **322** J4 – G. Poitou Vendée Charentes – 34 126 h. – alt. 52
🛈 *Office de tourisme, 2, avenue Treuille* ☎ 05 49 21 05 47, Fax 05 49 21 03 26
Paris 304 – Châteauroux 98 – Cholet 134 – Poitiers 36 – Tours 71.

⚠ **Le Relais du Miel** 15 mai-fin août
☎ 05 49 02 06 27, *camping@lereelaisdumiel.com, www.lere
laisdumiel.com* – **R** conseillée
7 ha/4 campables (80 empl.) plat, terrasses, peu incliné,
herbeux, pierreux
Tarif : 🛉 🚗 🔲 23 € [🔌] (8A)
Location (permanent) 🏠 : appartements
Pour s'y rendre : Sortie N, N 10 rte de Paris, puis rocade
à gauche en direction du péage de l'A 10 et à droite
par D 1 rte d'Antran, près de la Vienne (accès direct). Par
A 10, sortie 26 Châtellerault-Nord et D 1 à gauche, rte
d'Antran
À savoir : Dans les dépendances d'une demeure
du 18e s.

Nature : 🌳	
Loisirs : 🍹 snack 🏠 🏊 🍴 🛶	
Services : 🚿 ⚷ 🏧 🗑 🔌 🛁 🐾	
📞 🚮	

CHAUVIGNY

✉ 86300 – **322** J5 – G. Poitou Vendée Charentes – 7 025 h. – alt. 65
🚹 *Office de tourisme, Mairie* 𝒫 05 49 45 99 10, Fax 05 49 45 99 10
Paris 333 – Bellac 64 – Le Blanc 36 – Châtellerault 30 – Montmorillon 27 – Ruffec 91.

ⵔ **Municipal de la Fontaine** 10 avr.-10 oct.
     𝒫 05 49 46 31 94, *chauvigny@cg86.fr, chauvigny.cg86.fr*
     – **R** conseillée
     2,8 ha (103 empl.) plat, herbeux, gravillons
     Tarif : (Prix 2006) ✶ 1,95 € – ⇔ 1,35 € – ▣ 1,35 € – (½) 2,25 €
     Pour s'y rendre : Sortie N par D 2, rte de la Puye et à
     droite, rue de la Fontaine, bord d'un ruisseau
     À savoir : Jardin public attenant, pièces d'eau

> Nature : ← Ville haute et château ♀
> Loisirs : 🏠 🛌⁺
> Services : ᴊ ⚬⇥ ♻ 🁢 🗍 🛁 🛂 ⊛ 🛱 🖤

COUHÉ

✉ 86700 – **322** H7 – 1 783 h. – alt. 140
🚹 *Office de tourisme, 51, Grand'Rue* 𝒫 05 49 59 26 71, Fax 05 49 59 26 80
Paris 370 – Confolens 58 – Montmorillon 61 – Niort 65 – Poitiers 36 – Ruffec 34.

ⵔ **Les Peupliers** ♙♟ – 2 mai-30 sept.
     𝒫 05 49 59 21 16, *info@lespeupliers.fr*, Fax 05 49 37 92 09,
     www.lespeupliers.fr – **R** conseillée
     16 ha/3 campables (160 empl.) plat, herbeux, étang
     Tarif : ✶ ⇔ ▣ 16 € – (½) 4 €
     Location (permanent) : 4 ⌂⊐ (2 à 4 pers.) 175 à
     495 €/sem. – 4 ⌂⊞⊐ (4 à 6 pers.) 235 à 650 €/sem. – 18
     ⌂⊐ (4 à 6 pers.) 235 à 730 €/sem.
     Pour s'y rendre : N : 1 km rte de Poitiers, à Valence
     À savoir : Cadre boisé traversé par une rivière pittoresque

> Nature : 🐟 ⊏⊐ ♀
> Loisirs : ♼ brasserie 🏠 ☾ nocturne
> 🛌⁺ 🛌⁺ 🛂 ⅃ ⚘ ♒
> Services : ᴊ ⚬⇥ ᴳᴮ ♻ 🗍 🛁 ⊛ 🛱
> 🖤 ▣ 🛁 ⚲

Informieren Sie sich über die gültigen Gebühren,
bevor Sie Ihren Platz beziehen. Die Gebührensätze
müssen am Eingang des Campingplatzes angeschlagen sein.
Erkundigen Sie sich auch nach den Sonderleistungen.
Die im vorliegenden Band gemachten Angaben
können sich seit der Überarbeitung geändert haben.

DISSAY

✉ 86130 – **322** I4 – G. Poitou Vendée Charentes – 2 634 h. – alt. 69
🚹 *Office de tourisme, place du 8 Mai 1945* 𝒫 05 49 52 34 56, Fax 05 49 62 58 72
Paris 324 – Poitiers 16 – Joué 85 – Châtellerault 19 – Saumur 86.
                   Schéma à St-Georges-lès-Baillargeaux

ⵔ **Municipal du Parc**
     𝒫 05 49 62 84 29, *dissay@cg86.fr*, Fax 05 49 62 58 72,
     www.valvert.org – **R** conseillée
     1,5 ha (86 empl.) plat, herbeux
     Pour s'y rendre : O : 0,6 km par D 15, rte de Jaunay-Clan et
     rue du Parc à gauche, au centre du bourg

> Nature : 🞈🞈🞈
> Loisirs : ✗
> Services : ᴊ ⚬⇥ 🗍 ⊛ 🖤

INGRANDES

✉ 86220 – **322** J3 – 1 723 h. – alt. 50
Paris 305 – Châtellerault 7 – Descartes 18 – Poitiers 41 – Richelieu 31 – La Roche-Posay 29.

ⵔ **Le Petit Trianon** 20 mai-20 sept.
     𝒫 05 49 02 61 47, *chateau@petit-trianon.fr*,
     Fax 05 49 02 68 81, *www.petit-trianon.fr* – **R** conseillée
     4 ha (95 empl.) peu incliné et plat, herbeux
     Tarif : ✶ 7 € – ⇔ 4 € – ▣ 4,20 € – (½) (10A) 4,60 € – frais de
     réservation 12,50 €
     ⛺⊠ 1 borne
     Pour s'y rendre : À St-Ustre, NE : 3 km
     À savoir : Cadre agréable autour d'un petit château

> Nature : 🐟 ← ♀
> Loisirs : 🏠 🛌⁺ 🛌⁺ ⅃
> Services : ᴊ ⚬⇥ ᴳᴮ ♻ 🗍 🛁 ⊛ ⚲
> 🖤 ⚲

JAUNAY-CLAN

✉ 86130 – **322** I4 – alt. 80
🛈 *Office de tourisme, place de la Fontaine* ℘ 05 49 62 85 16
Paris 330 – Poitiers 13 – Châtellerault 30 – Parthenay 57 – Buxerolles 11.

Schéma à St-Georges-lès-Baillargeaux

⚠ **La Croix du Sud** avr.-mi-sept.
℘ 05 49 62 58 14, *camping@la-croix-du-sud.fr,*
Fax 05 49 62 57 20, *http://la-croix-du-sud.fr/* – **R** conseillée
4 ha (184 empl.) plat, peu incliné, herbeux, pierreux
Tarif : (Prix 2006) ⛺ 3,70 € ⬅ 🅴 6,30 € – 🔌 3 €
Location (mi-mars-mi-nov.) : 8 🛖 (4 à 6 pers.) 270 à
330 €/sem. – 8 🏠 (4 à 6 pers.) 330 à 450 €/sem.
🚐, 1 borne 4 €
Pour s'y rendre : O : 1 km par D 62, rte de Neuville et rte
d'Avanton à gauche, après le pont de l'A10

Nature : 🔲
Loisirs : 🍴 snack 🏊
Services : 🚿 ⛽ 🆖 🔧 🗄 ⓦ 🌳 ♻
🖼 🔥

*Informieren Sie sich über die gültigen Gebühren,
bevor Sie Ihren Platz beziehen. Die Gebührensätze
müssen am Eingang des Campingplatzes angeschlagen sein.
Erkundigen Sie sich auch nach den Sonderleistungen.
Die im vorliegenden Band gemachten Angaben
können sich seit der Überarbeitung geändert haben.*

LÉSIGNY

✉ 86270 – **322** K3 – 520 h. – alt. 70
🛈 *Office de tourisme, Mairie* ℘ 05 49 86 23 15, Fax 05 49 86 68 88
Paris 308 – Le Blanc 37 – Châteauroux 79 – Châtellerault 19 – Loches 42 – Poitiers 57 – Tours 76.

⚠ **Municipal le Bout du Pont** 15 avr.-15 oct.
℘ 02 47 91 04 14, *lesigny@cg86.fr,* Fax 05 49 86 68 88
0,5 ha (22 empl.) plat, herbeux, sablonneux
Tarif : ⛺ ⬅ 🅴 9 €
Pour s'y rendre : Sortie NE par D 5ᶜ, rte de Barrou, à
gauche après le pont, bord de la rivière

Nature : 🔲
Services : 🚿 ⛽ 🔧 ♨ ⓦ 🌳
À prox. : 🏊

681

LOUDUN

✉ 86200 – **322** G2 – G. Poitou Vendée Charentes – 7 704 h. – alt. 120
🛈 *Syndicat d'initiative, 2, rue des Marchands* ℘ 05 49 98 15 96
Paris 311 – Angers 79 – Châtellerault 47 – Poitiers 55 – Tours 72.

⚠ **Municipal de Beausoleil** mi-mai-fin août
℘ 05 49 98 15 38, *mairie@ville-loudun.fr,*
Fax 05 49 98 12 88 – **R** conseillée
0,6 ha (33 empl.) plat, terrasse, herbeux
Tarif : ⛺ ⬅ 🅴 6,95 € – 🔌 (10A) 2,90 €
Pour s'y rendre : Sortie Nord par N 147 direction Angers
et chemin à gauche, au bord d'un ruisseau et près d'un
étang

Nature : 🔲 ♀
Loisirs : 🛝
Services : 🚿 ⛽ 🔧 🗄 ⓦ 🌳

MONTMORILLON

✉ 86500 – **322** L6 – G. Poitou Vendée Charentes – 6 898 h. – alt. 100
🛈 *Office de tourisme, 2, place du Maréchal Leclerc* ℘ 05 49 91 11 96
Paris 354 – Bellac 43 – Le Blanc 32 – Chauvigny 27 – Poitiers 51 – La Trimouille 15.

⚠⚠ **Municipal de l'Allochon** 1ᵉʳ mars-31 oct.
℘ 05 49 91 02 33, *montmorillon@cg86.fr,*
Fax 05 49 91 58 26, *www.ville-montmorillon.fr* – **R** conseillée
2 ha (80 empl.) plat, en terrasses, herbeux
Tarif : (Prix 2006) ⛺ ⬅ 🅴 2,62 € – 🔌 (10A) 2,68 €
Pour s'y rendre : Sortie Sud-Est par D 54, rte du Dorat, à
50 m de la Gartempe et bord d'un ruisseau

Nature : ♀
Loisirs : 🍴 🛝
Services : ⛽ 🔧 🗄 🗄 ⓦ 🖼
À prox. : 🎣 🏊 🚣

NEUVILLE-DE-POITOU

86170 – **322** H4 – 4 058 h. – alt. 116
🛈 *Office de tourisme, 28, place Joffre* 𝒫 *05 49 54 47 80*
Paris 339 – Poitiers 17 – Niort 79 – Châtellerault 39 – Saumur 75.
Schéma à St-Georges-lès-Baillargeaux

△ **Municipal de la Drouille**
𝒫 05 49 51 11 81, *accueil-neuville@cg86.fr, www.neuville-de-poitou.com –* ❘❘R❘❘
0,8 ha (30 empl.) plat et peu incliné, herbeux, pierreux, gravier
Pour s'y rendre : E : 1,5 km par D 62, rte de Jaunay-Clan et à l'entrée du lieu-dit Mavault, rue à droite

Nature : ⌐⌐ ♀
Services : ᕕ ⚲ ☺ ⚍

La ROCHE-POSAY

86270 – **322** K4 – G. Poitou Vendée Charentes – 1 445 h. – alt. 112 – ⚕ O
🛈 *Office de tourisme, 14, boulevard Victor Hugo* 𝒫 *05 49 19 13 00, Fax 05 49 86 27 94*
Paris 325 – Le Blanc 29 – Châteauroux 76 – Châtellerault 23 – Loches 49 – Poitiers 61 – Tours 92.

⚠ **Le Riveau** 31 mars-21 oct.
𝒫 05 49 86 21 23, *info@camping-le-riveau.com,*
Fax 05 49 86 21 23, *www.camping-le-riveau.com*
– ❘❘R❘❘ conseillée
5,5 ha (200 empl.) plat et peu incliné, herbeux
Tarif : 🛉 ⚎ 🖻 9,50 € – ⚡ (16A) 3,60 € – frais de réservation 8 €
Pour s'y rendre : N : 1,5 km par D 5, rte de Lésigny, près de l'hippodrome, bord de la Creuse
À savoir : Belle délimitation des emplacements

Nature : ⌂ ⌐⌐ ♀
Loisirs : ⌧ ⚞ ⚓
Services : ᕕ ⚍ ⅁⅋ ⚶ ▥ 🖟 ♨ ☺ 🖩
À prox. : 🐎 poneys

ST-CYR

86130 – **322** I4 – G. Poitou Vendée Charentes – 787 h. – alt. 62
Paris 321 – Poitiers 18 – Tours 85 – Joué 82 – Châtellerault 16.
Schéma à St-Georges-lès-Baillargeaux

⚠ **Lac de St-Cyr** 1er avr.-30 sept.
𝒫 05 49 62 57 22, *contact@lacdesaintcyr.com,*
Fax 05 49 52 28 58, *www.lacdesaintcyr.com –* ❘❘R❘❘ conseillée
5,4 ha (198 empl.) plat, herbeux
Tarif : (Prix 2006) 🛉 ⚎ 🖻 22 € ⚡ (10A)
Location : 13 🛏 (4 à 6 pers.) 290 à 565 €/sem.
Pour s'y rendre : NE : 1,5 km par D 4, D 82 rte de Bonneuil-Matours et chemin à gauche, près d'un plan d'eau - par N 10, accès depuis la Tricherie

Nature : ⌂ ⌐ ♀ ⚘ ⚠
Loisirs : snack ⌧ ⚲ nocturne 🏌 🏋 ⚓ 🚲 ✂
Services : ᕕ ⚍ ⅁⅋ ⚶ 🖟 ☺ ⚍ ⚙ 🖩 🛒 🔧
À prox. : ⚑ ⚠ ⚲ ⚘ pédalos, canoë, golf (9 et 18 trous)

ST-GEORGES-LÈS-BAILLARGEAUX

86130 – **322** I4 – 3 176 h. – alt. 100
Paris 329 – Poitiers 12 – Joué 89 – Châtellerault 23 – Saumur 88.

⚠ **Le Futuriste** Permanent
𝒫 05 49 52 47 52, *camping-le-futuriste@wanadoo.fr,*
Fax 05 49 37 23 33, *www.camping-le-futuriste.fr*
– ❘❘R❘❘ conseillée
2 ha (112 empl.) plat, peu incliné, herbeux, pierreux, étang
Tarif : 🛉 ⚎ 🖻 19,50 € – ⚡ 3,50 € – frais de réservation 15 €
Location (permanent) ⚶ : 6 🏠 (4 à 6 pers.) 276 à 505 €/sem.
🛏 1 borne 6 €
Pour s'y rendre : Au S du bourg, accès par D 20
À savoir : Aux portes du Futuroscope, quelques emplacements offrent une vue sur le parc

Nature : ⌂ ⌐⌐ ♀
Loisirs : ⚑ snack ⌧ ⚓ ⚲ ⚠ ⚘
Services : ᕕ ⚍ ⅁⅋ ⚶ 🖟 ☺ ⚍ 🔧 🖩

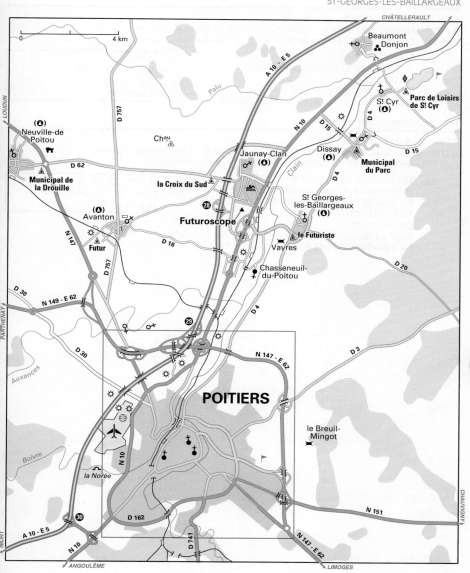

ST-PIERRE-DE-MAILLÉ

🖂 86260 – **322** L4 – 915 h. – alt. 79

Paris 333 – Le Blanc 22 – Châtellerault 32 – Chauvigny 21 – Poitiers 47 – St-Savin 17.

△ **Municipal** 15 avr.-15 oct.

    ☎ 05 49 48 64 11, *saint-pierre-de-maille@cg86.fr*,

    Fax 05 49 48 43 85 – **ℝ**

    3 ha (93 empl.) plat et peu incliné, herbeux

    Tarif : (Prix 2006) **†** 2,20 € ⇔ 🗉 2,90 € – 🔌 2 €

    Pour s'y rendre : Sortie NO par D 11 rte de Vicq, bord de la
    Gartempe

Nature : 🌳🌳
Loisirs : 🐟
Services : 🔌 (juil.-août) 🚿 ⊕ 🗑

VOUILLÉ

✉ 86190 – **322** G5 – 2 774 h. – alt. 118
🄱 *Office de tourisme, 10, place de l'Eglise* ℘ *05 49 51 06 69, Fax 05 49 50 87 48*
Paris 345 – Châtellerault 46 – Parthenay 34 – Poitiers 18 – Saumur 89 – Thouars 55.

△ **Municipal**
℘ 05 49 54 20 30, *vouille@cg86.fr*, Fax 05 49 51 14 47
– **R** conseillée
0,5 ha (48 empl.) plat, herbeux
Pour s'y rendre : Au bourg, bord de l'Auxance

> Nature : 🎋
> Loisirs : 🛶 🏊 🎣
> Services : 🛁 🗑 ⊕
> À prox. : ✕

VOUNEUIL-SUR-VIENNE

✉ 86210 – **322** J4 – 1 835 h. – alt. 58
🄱 *Office de tourisme, 34 bis, place de la Libération* ℘ *05 49 85 11 99, Fax 05 49 85 06 44*
Paris 316 – Châtellerault 12 – Chauvigny 20 – Poitiers 27 – La Roche-Posay 26.

⚠ **Les Chalets de Moulière**
℘ 05 49 85 84 40, *sbergeron@fol86.org*,
Fax 05 49 85 84 69, *www.leschaletsdemouliere.com*
1,5 ha (30 empl.) plat, herbeux
Location : 🏠
Pour s'y rendre : Sortie E par D 15, rte de Monthoiron et
rue à gauche, à 60 m de la Vienne (accès direct)

> Loisirs : 🍴 🚲 🏊
> Services : 🛁 ⚬ 🗑 🐾 ⊕ 📷 🛒
> À prox. : 🎣 ✕

PROVENCE-ALPES-CÔTE D'AZUR

Le jour se lève en Provence. Sur les marchés colorés les « partisanes » vantent avec une faconde proverbiale la fraîcheur de leur étal. Tsitt... tsitt, face à la « grande bleue », les cigales entament leur chant obsédant, et les sonnailles des moutons transhumants tintent du côté de l'Ubaye. Le soleil darde ses rayons sur les villages perchés, exalte la senteur des lavandes et confine à l'ombre des platanes les gourmands qui dégustent un aïoli ou une bouillabaisse... Puis vient l'heure de la sieste, pratiquée dans les bastides de l'arrière-pays comme dans les cabanons nichés au creux des calanques. À la fraîche entrent en scène les joueurs de pétanque : après force querelles, ils rivaliseront jusqu'à la nuit de galéjades devant une tournée de pastis, « avec l'accent qui se promène et qui n'en finit pas ».

As the fishmongers joke, chat, and cry their wares under clear blue skies, you cannot help but fall in love with the happy-go-lucky spirit of Marseilles. Elsewhere, the sun is climbing higher above the ochre walls of a hilltop village and its fields of lavender below; the steady chirring of the cicadas is interrupted only by the sheep-bells ringing in the hills. Slow down to the gentle pace of the villagers and join them as they gather by the refreshingly cool walls of the café. However, come 2pm, you may begin to wonder where everyone is. On hot afternoons, everyone exercises their God-given right to a nap, from the fashionable Saint Tropez beaches to the seaside cabins of the Camargue, but soon it's time to wake up and get ready for a hotly-disputed game of pétanque and a cool glass of pastis!

✉ 04400 – **334** H6 – G. Alpes du Sud – 2 819 h. – alt. 1 135 – Sports d'hiver : Le Sauze/Super Sauze 1 400/2 000 m
⚡23 ⚘ et Pra-Loup 1 500/2 600 m ⚡3 ⚡29 ⚘
🏢 *Office de tourisme, place Frédéric Mistral* ✆ *04 92 81 04 71, Fax 04 92 81 22 67*
Paris 733 – Briançon 86 – Cannes 161 – Cuneo 98 – Digne-les-Bains 88 – Gap 68 – Nice 145.

à l'Ouest sur D 900 rte du Lauzet-Ubaye :

⛰ **Le Rioclar** ⛺ – mi-juin-mi-févr.
✆ 04 92 81 10 32, *rioclar@wanadoo.fr*, Fax 04 92 81 10 32,
www.rioclar.com – alt. 1 073 – **R** conseillée
8 ha (200 empl.) en terrasses, pierreux, herbeux
Tarif : 🚶 🚗 🔲 20 € – 🔌 (10A) 3,40 € – frais de réservation 18 €
Location ⚡ : 24 🏕 (4 à 6 pers.) 360 à 595 €/sem. – 3
🏠 (4 à 6 pers.) 360 à 595 €/sem.
À savoir : Site et cadre agréables

Nature : 🌿 ← 🏞
Loisirs : ✕ 🏊 🎯 🎿 🚴 ⛷ 🎱 ⛷
terrain multisports, sports en eaux
vives, canoë
Services : 🚿 🔌 GB 🚗 🛢 ♿ ☺ 🖨
🚻 🧺
À prox. : ⛵

⛰ **Le Fontarache** 2 juin-2 sept.
✆ 04 92 81 90 42, *reception@camping-fontarache.fr*,
Fax 04 92 81 90 42, *www.camping-fontarache.com* –
alt. 1 108 – places limitées pour le passage – **R** conseillée
6 ha (150 empl.) plat, pierreux, gravier
Tarif : 🚶 4,80 € – 🚗 2,50 € – 🔲 4 € – 🔌 (6A) 3 € – frais de
réservation 8 €
Location ⚡ : 11 🏕 (4 à 6 pers.) 260 à 590 €/sem.
🏕 1 borne 4 €
Pour s'y rendre : À 7 km de Barcelonnette, près de l'Ubaye

Nature : ← 🏞
Loisirs : 🍹 🎿 ✕ 🚿 ⛵
Services : 🚿 🔌 🚗 🛢 🐾 ☺
À prox. : 🏊 ✕ sports en eaux vives,
canoë

✉ 04120 – **334** H9 – G. Alpes du Sud – 1 508 h. – alt. 730
🏢 *Office de tourisme, rue Nationale* ✆ *04 92 83 61 14, Fax 04 92 83 76 89*
Paris 797 – Digne-les-Bains 54 – Draguignan 59 – Grasse 64 – Manosque 92.

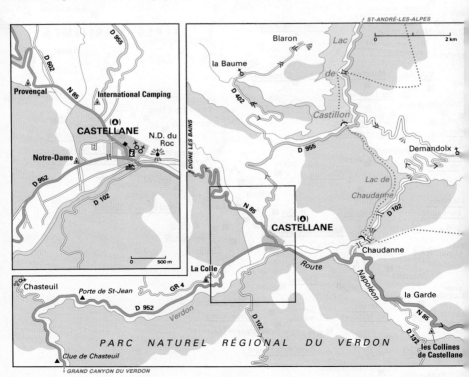

Les Collines de Castellane fin avr.-fin sept.
   04 92 83 68 96, *info@rcn-lescollinesdecastellane.fr*,
Fax 04 92 83 75 40, *www.rcn-campings.fr* – accès aux emplacements par forte pente, mise en place et sortie des caravanes à la demande – alt. 1 000 – **R** indispensable
7 ha (200 empl.) en terrasses, peu incliné, pierreux, herbeux, bois attenant
Tarif : (Prix 2006) ♦ ⇔ 🔲 40 € – frais de réservation 12,50 €
Location : 29 ⟦⟧ (4 à 6 pers.) 230 à 635 €/sem. – 8 ⟨⟩ (4 à 6 pers.) 185 à 565 €/sem.
Pour s'y rendre : À La Garde, SE : 7 km par N 85, rte de Grasse

> Nature : ⟲ ≤ ⟲ ⚜(pinède)
> Loisirs : 🍴 snack, pizzeria 🏠 🏃
> ♦ ✕ 🏊
> Services : ♿ ⟲ GB 🔧 🔲 ⊕ 🚿 ⟲
> 🔲 🚮

International Camping 31 mars-1ᵉʳ oct.
   04 92 83 66 67, *info@camping-international.fr*,
Fax 04 92 83 77 67, *www.camping-international.fr* – **R** conseillée
6 ha (274 empl.) plat, peu incliné, herbeux, pierreux
Tarif : ♦ ⇔ 🔲 10,50 € – ⚡ (6A) 5 € – frais de réservation 15 €
Location : 45 ⟦⟧ (4 à 6 pers.) 190 à 630 €/sem. – 12 ⟨⟩ (4 à 6 pers.) 190 à 630 €/sem.
⟦⟧ 1 borne
Pour s'y rendre : NO : 2 km par N 85 et D 602, rte de la Palud

> Nature : ⟲ ⚜
> Loisirs : ✕ pizzeria 🏠 ⚜ 🏊
> Services : ♿ ⟲ GB 🔧 🔲 🚮 ⊕ 🚿
> ⟲ ⟲ ⟲ 🔲 🚮 cases réfrigérées
> À prox. : ⟲

La Colle avr.-oct.
   04 92 83 61 57, *campinglacolle@tiscali.fr*,
Fax 04 92 83 61 57, *www.campinglacolle.com* – **R** indispensable
3,5 ha/1 campable (41 empl.) non clos, plat, peu incliné et en terrasses, pierreux, herbeux
Tarif : ♦ 4,50 € ⇔ 2,30 € 🔲 5,80 € – ⚡ (6A) 3,90 €
Location : 10 ⟦⟧ (4 à 6 pers.) 385 à 516 €/sem.
Pour s'y rendre : SO : 2,5 km par D 952, rte de Moustiers-Ste-Marie et GR4 à droite
À savoir : Cadre sauvage, au bord d'un ruisseau

> Nature : ⟲ ≤ ⟲ ⚜
> Loisirs : 🏠 ⚙
> Services : ♿ ⟲ 🔧 🚮 ⊕ 🚿 🔲
> À prox. : canoë-kayak, rafting, parc-aventure

Notre-Dame 1ᵉʳ avr.-14 oct.
   04 92 83 63 02, *camping-notredame@wanadoo.fr*,
Fax 04 92 83 63 02, *www.camping-notredame.com* – **R** conseillée
0,6 ha (44 empl.) plat, herbeux
Tarif : (Prix 2006) ♦ ⇔ 🔲 15 € – ⚡ (6A) 3,50 € – frais de réservation 10 €
Location ⟲ : 9 ⟦⟧ (4 à 6 pers.) 300 à 490 €/sem.
⟦⟧ 1 borne
Pour s'y rendre : SO : 0,5 km par D 952, rte de Moustiers-Ste-Marie, bord d'un ruisseau

> Nature : ≤
> Loisirs : 🏊
> Services : ♿ ⟲ 🔧 🚮 ⊕
> À prox. : canoë-kayak, rafting, aventure-parc

Provençal 1ᵉʳ mai-15 févr.
   04 92 83 65 50, *yva.bellour@libertysurf.fr*,
Fax 04 92 83 65 50, *www.camping-provencal.com* – **R** conseillée
0,8 ha (45 empl.) plat et peu incliné, herbeux, pierreux
Tarif : ♦ ⇔ 🔲 14 € – ⚡ (6A) 4 € – frais de réservation 10 €
Pour s'y rendre : NO : 2 km par N 85, rte de Digne, près d'un petit ruisseau

> Nature : ≤ ⚜
> Loisirs : ♦ 🏃
> Services : ♿ ⟲ 🔧 🔲 🚮 ⊕ 🔲

689

Pour choisir et suivre un itinéraire
Pour calculer un kilométrage
Pour situer exactement un terrain (en fonction des indications fournies dans le texte) :
Utilisez les **cartes MICHELIN** *détaillées à 1/150 000, compléments indispensables de cet ouvrage.*

CHÂTEAU-ARNOUX-SAINT-AUBAN

✉ 04160 – **334** E8 – G. Alpes du Sud – 4 970 h. – alt. 440
🛈 *Office de tourisme, ferme de Font-Robert* ℰ *04 92 64 02 64, Fax 04 92 64 54 55*
Paris 724 – Marseille 122 – Digne-les-Bains 26 – Manosque 43 – Sisteron 14.

▲▲ **Les Salettes** Permanent
ℰ 04 92 64 02 40, *info@lessalettes.com*, Fax 04 92 64 25 06,
www.lessalettes.com – **R** conseillée
4 ha (300 empl.) plat, herbeux
Tarif : ★ ⇌ 🗉 22,90 € 🕭 (10A) – frais de réservation 10 €
Location : 8 ⌸ (4 à 6 pers.) 330 à 640 €/sem. – 3 ⌂ (4 à 6 pers.) 315 à 660 €/sem.
🚐 1 borne – 10 🗉
Pour s'y rendre : Au bord de 2 étangs

| Nature : 🏕 🞯🞯 |
| Loisirs : 🎱 🏛 🏊 🞰 |
| Services : ᵬ ⌚ GB 🞢 🗄 ⚄ ☺ 🗒 |

CLAMENSANE

✉ 04250 – **334** E7 – G. Alpes du Sud – 131 h. – alt. 694
Paris 720 – Avignon 180 – Grenoble 158 – Marseille 152 – Nice 203.

▲▲ **Le Clot du Jay** 15 avr.-19 sept.
ℰ 04 92 68 35 32, *camping@clotdujay.com*,
Fax 04 92 68 35 32, *www.clotdujay.com* – **R** conseillée
6 ha/3 campables (50 empl.) plat, terrasses, herbeux, pierreux, fort dénivelé, étang, au bord d'une forêt
Tarif : ★ 4 € ⇌ 1,50 € 🗉 5,50 € 🕭 (6A) 3 €
Location 🏖 : 11 ⌂ (4 à 6 pers.) 230 à 530 €/sem. – 7 bungalows toilés
Pour s'y rendre : E : 1 km par D 1 rte de Bayons, près du Sasse

| Nature : 🏔 🏕 🞯🞯 |
| Loisirs : 🏊 |
| Services : ᵬ ⌚ GB 🞢 🗄 🞰 ☺ 🗒 🏊 |
| À prox. : 🞰 |

COLMARS

✉ 04370 – **334** H7 – G. Alpes du Sud – 378 h. – alt. 1 235
🛈 *Office de tourisme, le village* ℰ *04 92 83 41 92, Fax 04 92 83 52 31*
Paris 816 – Marseille 206 – Digne-les-Bains 71 – Embrun 94 – Barcelonnette 43.

▲ **Aire Naturelle les Pommiers** 15 avr.-1ᵉʳ oct.
ℰ 04 92 83 41 56, *contact@camping-pommier.com*,
Fax 04 92 83 40 86, *www.camping-pommier.com* – alt. 1 250
– **R** conseillée
1 ha (25 empl.) plat, peu incliné, en terrasses, herbeux
Tarif : ★ 4 € ⇌ 🗉 3 € – 🕭 2 €
🚐 1 borne
Pour s'y rendre : S : 0,6 km par chemin après le pont, devant la caserne des pompiers

| Nature : 🏔 🞰 |
| Services : ᵬ ⌚ 🞢 🗒 |

COL ST-JEAN

✉ 04140 – **334** G6 – G. Alpes du Sud – alt. 1 333 – Sports d'hiver : 1 300/2 500 m 🞰 15 🞰
Paris 709 – Barcelonnette 34 – Savines-le-Lac 31 – Seyne 10.

▲▲▲ **L'Étoile des Neiges** ♠♣ – fermé avr.-15 mai et 17 sept.-22 déc.
ℰ 04 92 35 01 29, *contact@etoile-des-neiges.com*,
Fax 04 92 35 07 08, *www.etoile-des-neiges.com* – alt. 1 300
– **R** conseillée
3 ha (130 empl.) en terrasses, plat, herbeux, pierreux
Tarif : ★ ⇌ 🗉 31 € 🕭 (6A)
Location (permanent) 🏖 (14 juil.-18 août) : 47 ⌸ (4 à 6 pers.) 245 à 728 €/sem. – 23 ⌂ (4 à 6 pers.) 203 à 707 €/sem.
🚐 1 borne – 4 🗉
Pour s'y rendre : S : 0,8 km par D 207 et chemin à droite à la station

| Nature : 🏔 🞰 🏕 |
| Loisirs : 🍸 snack 🎱 🞰 🞰 🞰 🞰 🞰 terrain omnisports |
| Services : ᵬ ⌚ GB 🞢 M 🞰 🗄 ☺ 🞰 🞰 🞰 |
| À prox. : 🞰 🞰 🞰 🞰 parc-aventure, parapente |

CURBANS

⊠ 05110 – **334** E6 – 292 h. – alt. 650
Paris 717 – Marseille 171 – Digne-les-Bains 78 – Gap 20 – Sisteron 40.

Le Lac 1ᵉʳ avr.-31 oct.
℘ 04 92 54 23 10, *info@au-camping-du-lac.com*,
Fax 04 92 54 23 11, *www.au-camping-du-lac.com*
– **R** conseillée
3,8 ha (90 empl.) plat, peu incliné, herbeux
Tarif : (Prix 2006) 🚶 🚗 🅴 20 € 🔌 (10A) – frais de réservation 11 €
Location (permanent) : 20 🛖 (4 à 6 pers.) 210 à 615 €/sem.
Pour s'y rendre : S : 1 km par D 4, rte du barrage de la Saulce, au bord du lac

Nature : 🦅 🌳 ♀
Loisirs : 🍴 🏊 🎣
Services : 🔌 🆖 🗑 ♿ 🅰 📶 🔥

DIGNE-LES-BAINS

⊠ 04000 – **334** F8 – G. Alpes du Sud – 16 064 h. – alt. 608 – ♨ (mi fév.-début déc.)
🏢 *Office de tourisme, place du Tampinet* ℘ 04 92 36 62 62, Fax 04 92 32 27 24
Paris 744 – Aix-en-Provence 109 – Antibes 140 – Avignon 167 – Cannes 135 – Gap 89 – Nice 152.

Les Eaux Chaudes avr.-oct.
℘ 04 92 32 31 04, *info@campingleseauxchaudes.com*,
Fax 04 92 34 58 80, *www.campingleseauxchaudes.com*
– **R** conseillée
3,7 ha (140 empl.) plat et peu incliné, herbeux
Tarif : (Prix 2006) 🚶 🚗 🅴 19 € 🔌 (10A) – frais de réservation 15 €
Location : 34 🛖 (4 à 6 pers.) 287 à 413 €/sem. – 4 🏠 (4 à 6 pers.) 462 à 560 €/sem.
🚐 1 borne 4 €
Pour s'y rendre : SE : 1,5 km par D 20, rte des thermes, bord d'un ruisseau

Nature : 🦅
Loisirs : 🏓 🏕
Services : ♿ 🔌 (juil.-août) ♿ 🎱 🗑 🅰 ♿ 🚰 📞
À prox. : 🍴

691

ESPARRON-DE-VERDON

⊠ 04800 – **334** D10 – G. Alpes du Sud – 312 h. – alt. 397
🏢 *Office de tourisme, Hameau du Port* ℘ 04 92 77 15 97, Fax 04 92 77 16 49
Paris 795 – Barjols 31 – Digne-les-Bains 58 – Gréoux-les-Bains 13 – Moustiers-Ste-Marie 32 – Riez 17.

Le Soleil déb.avr.-fin sept.
℘ 04 92 77 13 78, *campinglesoleil@wanadoo.fr*,
Fax 04 92 77 10 45, *www.campinglesoleil.net* – **R** conseillée
🚲
2 ha (100 empl.) en terrasses, pierreux, gravillons, fort dénivelé
Tarif : (Prix 2006) 🚶 🚗 🅴 13,50 € – 🔌 (6A) 3 € – frais de réservation 20 €
Location : 8 🛖 (4 à 6 pers.) 210 à 600 €/sem.
🚐 1 borne 13 € – 10 🅴
Pour s'y rendre : Sortie Sud par D 82, rte de Quinson, puis 1 km par rte à droite
À savoir : Cadre agréable au bord d'un lac

Nature : 🦅 🌳 ♀♀ ⛰
Loisirs : 🍴 snack, pizzeria 🍽 🏕 canoë
Services : ♿ 🔌 🅿 (tentes) 🆖 ♿ 🗑 ⊕ 🅰 🔥 🅱
À prox. : 🦆 pédalos

La Grangeonne 1ᵉʳ avr.-30 oct.
℘ 04 92 77 16 87, *lagrangeonne@wanadoo.fr*,
Fax 04 92 77 16 87 – **R** conseillée
1 ha (57 empl.) plat, peu incliné et en terrasses, pierreux, herbeux
Tarif : 🚶 🚗 🅴 10 € – 🔌 (6A) 3,50 € – frais de réservation 15 €
Pour s'y rendre : SE : 1 km par D 82, rte de Quinson et rte à droite

Nature : 🦅 ♀♀
Loisirs : crêperie, pizzeria
Services : ♿ 🔌 ♿ 🎱 ⊕ 🅰 🅱

FORCALQUIER

☒ 04300 – **334** C9 – G. Alpes du Sud – 4 302 h. – alt. 550

🛈 *Office de tourisme, 13, place du Bourguet ℰ 04 92 75 10 02, Fax 04 92 75 26 76*

Paris 747 – Aix-en-Provence 80 – Apt 42 – Digne-les-Bains 50 – Manosque 23 – Sisteron 43.

⚠ **Indigo Forcalquier** 1er avr.-30 sept.
ℰ 04 92 75 27 94, *forcalquier@camping-indigo.com*,
Fax 04 92 75 18 10, *www.camping-indigo.com* – **R** conseillée
2,9 ha (115 empl.) plat, peu incliné, terrasses, pierreux,
herbeux
Tarif : ♣ ⇜ 🅔 24,30 € 🛢 (10A) – frais de réservation 16 €
Location 🅿 : 33 🛏 (4 à 6 pers.) 260 à 610 €/sem. – 4 🏠
(4 à 6 pers.) 290 à 640 €/sem.
🚐 1 borne
Pour s'y rendre : Sortie E sur D 16, rte de Sigonce

> Nature : 🏞 ♋
> Loisirs : pizzeria 🍴 ⛱ 🚲 🏊
> Services : ♿ 🔌 GB 🐕 🏪 🖰 🗄 ⊕ 🚿
> 🧺 🎣 🖼 ♨
> À prox. : 🍴

GRÉOUX-LES-BAINS

☒ 04800 – **334** D10 – G. Alpes du Sud – 1 921 h. – alt. 386 – ♨ (début mars-fin déc.)

🛈 *Office de tourisme, 5, avenue des Marronniers ℰ 04 92 78 01 08, Fax 04 92 78 13 00*

Paris 783 – Aix-en-Provence 55 – Brignoles 52 – Digne-les-Bains 69 – Manosque 14 – Salernes 50.

⚠ **La Pinède** 1er mars-30 nov.
ℰ 04 92 78 05 47, *lapinede@wanadoo.fr*,
Fax 04 92 77 69 05, *www.camping-lapinede.com*
– **R** conseillée
3 ha (160 empl.) plat, peu incliné et en terrasses, pierreux,
gravillons
Tarif : (Prix 2006) ♣ ⇜ 🅔 18 € 🛢 (10A)
Location : 38 🛏 (4 à 6 pers.) 265 à 485 €/sem.
🚐 1 borne 4 €
Pour s'y rendre : S : 1,5 km par D 8, rte de St-Pierre, à 200 m
du Verdon

> Nature : 🏞 ≤ 🏞 ♋
> Loisirs : 🍴 🍴 ⛱ 🏊
> Services : ♿ 🔌 GB 🐕 🏪 🖰 ♨ ⊕
> 🗄
> À prox. : 🎣

⚠ **Verseau** avr.-oct.
ℰ 04 92 77 67 10, Fax 04 92 77 67 10 – **R** conseillée
2,5 ha (120 empl.) plat, incliné, pierreux, herbeux
Tarif : ♣ 4 € ⇜ 🅔 16 € – 🛢 (10A) 3 €
Location : 27 🛏 (4 à 6 pers.) 235 à 600 €/sem. – 13 🏠 (4
à 6 pers.) 235 à 600 €/sem.
Pour s'y rendre : S : 1,2 km par D 8, rte de St-Pierre et
chemin à droite, près du Verdon

> Nature : 🏞 ≤ 🏞 ♀
> Loisirs : 🍴 salle d'animation ⛱
> 🏊
> Services : ♿ 🔌 GB 🐕 🏪 🖰 ⊕ 🚿
> 🧺 🎣 🖼

⚠ **Yelloh-Village Verdon Parc** 👥 – 1er avr.-27 oct.
ℰ 04 92 78 08 08, *info@yellohvillage-verdon-parc.com*,
Fax 04 92 78 00 17, *www.yellohvillage-verdon-parc.com*
– **R** conseillée ✄ (7 juil.-25 août)
8 ha (280 empl.) plat, gravier, pierreux, terrasses, herbeux
Tarif : ♣ ⇜ 🅔 27 € – 🛢 (10A) 4 €
Location ✄ : 100 🛏 (4 à 6 pers.) 273 à 805 €/sem. – 7
bungalows toilés
🚐 1 borne 13 €
Pour s'y rendre : S : 0,6 km par D 8, rte de St-Pierre et à
gauche après le pont, au bord du Verdon

> Nature : 🏞 🏞 ♋
> Loisirs : 🍴 snack 🍴 🌙 diurne 👫
> ⛱ 🎯 🏊 🎣 terrains omnisports,
> practice de golf
> Services : ♿ 🔌 GB 🐕 🗄 🔆 ⊕ 📞 🖼
> réfrigérateurs

⚠ **Regain** 1er avr.-20 déc.
ℰ 04 92 78 09 23, *camping.regain@club-internet.fr*,
Fax 04.92.78.09.23, *www.camping-regain.com* – **R** conseil-
lée
3 ha (83 empl.) plat et terrasse, pierreux, herbeux
Tarif : ♣ ⇜ 🅔 9 € – 🛢 (3A) 3 €
Pour s'y rendre : S : 2 km par D 8, rte de St-Pierre
À savoir : Au bord du Verdon

> Nature : 🏞 ♋ 🌊
> Loisirs : 🎣
> Services : ♿ 🔌 🐕 🗄 ⊕ 🚿 🧺 🖼

LARCHE

☒ 04530 – **334** J6 – G. Alpes du Sud – 83 h. – alt. 1 691
🅱 *Syndicat d'initiative, le village* 🕿 *04 92 84 33 58*
Paris 760 – Barcelonnette 28 – Briançon 81 – Cuneo 70.

⚠ **Domaine des Marmottes** juin-sept.
🕿 04 92 84 33 64, *georges.durand25@wanadoo.fr*,
Fax 04 92 84 33 64 – **R** conseillée
2 ha (50 empl.) non clos, plat, herbeux, pierreux
Tarif : ⚡ 🚗 🗐 6,50 € – [⚡] (10A) 3,50 €
🚐 1 borne 5 €
Pour s'y rendre : SE : 0,8 km par rte à droite GR 5-56
À savoir : Cadre sauvage au bord de l'Ubayette

> Nature : 🏞 ⬅ 🗀 00 (pinède)
> Services : ⚐ 🔾 🖑 🗐 🗠 ☺ 🗐 🗳

Les MÉES

☒ 04190 – **334** D8 – G. Alpes du Sud – 2 925 h. – alt. 410
🅱 *Syndicat d'initiative, 21, boulevard de la République* 🕿 *04 92 34 36 38, Fax 04 92 34 31 44*
Paris 726 – Digne-les-Bains 25 – Forcalquier 25 – Gréaux-les-Bains 44 – Mézel 27 – Sisteron 22.

⚠ **Municipal de la Pinède** mi-juin-mi-janv.
🕿 04 92 34 33 89, *courrier@mairie-lesmees.fr* – **R** conseillée
1 ha (50 empl.) en terrasses, herbeux
Tarif : (Prix 2006) ⚡ 🚗 🗐 6,72 € – [⚡] (10A) 3,36 €
Pour s'y rendre : À l' Est du bourg

> Nature : 🏞 00
> Services : ⚐ 🔾 🅿 🖑 🗠 ☺ 🗐
> À prox. : 🍴 🛶

⚠ **Aire Naturelle l'Olivette** 1er juin-31 nov.
🕿 04 92 34 18 97, *campingolivette@club-internet.fr*,
Fax 04 92 34 18 97, *http://campingolivette.free.fr*
– **R** conseillée
1 ha (25 empl.) non clos, en terrasses, incliné à peu incliné
Tarif : ⚡ 🚗 🗐 7 € – [⚡] (6A) 3 €
Pour s'y rendre : A 51 sortie 19, direction les Mées par
Oraison sur D 4

> Nature : 🏞 🗀 00
> Loisirs : 🚣
> Services : ⚐ 🔾 🖑 ☺

693

MÉOLANS-REVEL

☒ 04340 – **334** H6 – 284 h. – alt. 1 080
Paris 787 – Marseille 216 – Digne-les-Bains 74 – Gap 64 – Embrun 44.

⚠ **Domaine Loisirs de l'Ubaye** 1er mars-30 oct.
🕿 04 92 81 01 96, *info@loisirsubaye.com*,
Fax 04 92 81 92 53, *www.loisirsubaye.com* – alt. 1 073
– **R** conseillée
9,5 ha (267 empl.) plat, herbeux, pierreux, en terrasses
Tarif : ⚡ 🚗 🗐 22,50 € [⚡] (6A) – frais de réservation 15 €
Location (1er févr.-15 nov.) : 16 🚐 (4 à 6 pers.) 260 à
540 €/sem. – 19 🏠 (4 à 6 pers.) 260 à 695 €/sem.
🚐 1 borne – 27 🗐
Pour s'y rendre : Sur D 900, route de Barcelonnette

> Nature : 🗀 00 (pinède)
> Loisirs : snack 🛏 🎏 diurne 🚲 🎯
> 🛶
> Services : ⚐ 🔾 🖽 🖑 🎆 🗐 🛁 ☺ 🛱
> 🖊 🗑 🗐 🛒 🗳
> À prox. : sports en eaux vives

MÉZEL

☒ 04270 – **334** F8 – 536 h. – alt. 585
Paris 745 – Barrême 22 – Castellane 47 – Digne-les-Bains 15 – Forcalquier 51 – Sisteron 41.

⚠ **La Célestine** mai-sept.
🕿 04 92 35 52 54, *lacelestin@wanadoo.fr*,
Fax 04 92 35 52 54, *www.camping-lacelestine.com*
2,4 ha (100 empl.) plat, herbeux
Tarif : (Prix 2006) ⚡ 🚗 🗐 17,40 € [⚡] (10A)
Location : 8 🚐
🚐 1 borne
Pour s'y rendre : S : 3 km par D 907, rte de Manosque, bord
de l'Asse

> Nature : 00
> Loisirs : 🍸 🛏 🚣 🚲 🎿 quad
> Services : ⚐ 🗐 ☺ 🛱

MONTPEZAT

04500 – **334** E10
Paris 806 – Digne-les-Bains 54 – Gréoux-les-Bains 23 – Manosque 37 – Montmeyan 21 – Moustiers-Ste-Marie 22.

Coteau de la Marine (location exclusive de mobile homes) mai-oct.
04 92 77 53 33, accueil@camping-coteau-de-la-marine.com, Fax 04 92 77 59 34 – empl. traditionnels également disponibles – **R** indispensable
10 ha en terrasses, pierreux, gravier
Location : 60 (4 à 6 pers.) 205 à 650 €/sem.
Pour s'y rendre : SE : 2 km par rte de Baudinard

Nature : ⚓ ← 🏠 💧
Loisirs : 🍸 snack 🏊 🎾 🎣 canoë, pédalos, kayak, bateaux électriques
Services : 🚿 GB 🚮 🔥 ♨ 🚰 🔧

MOUSTIERS-STE-MARIE

04360 – **334** F9 – G. Alpes du Sud – 625 h. – alt. 631
🅱 Office de tourisme, place de l'Église *04 92 74 67 84*, Fax 04 92 74 60 65
Paris 783 – Aix-en-Provence 90 – Castellane 45 – Digne-les-Bains 47 – Draguignan 61 – Manosque 50.

Le Vieux Colombier 1er avr.-30 sept.
04 92 74 61 89, camping.vieux.colombier@wanadoo.fr, Fax 04 92 74 61 89, *www.lvcm.fr* – **R** conseillée
2,7 ha (70 empl.) en terrasses, peu incliné, incliné, pierreux, herbeux
Tarif : ★ 🚗 🔋 8,60 € – 🔌 (6A) 3,30 € – frais de réservation 9 €
Location : 12 (4 à 6 pers.) 275 à 525 €/sem.
🚐 1 borne 5 €
Pour s'y rendre : S : 0,8 km

Nature : ← 🏠 💧
Loisirs : 🎱
Services : 🛒 🚿 GB 🚮 🔥 ♨ ☺ 🚰 🔧 🚰
À prox. : 🍴

Saint-Clair déb. avr.-22 sept.
04 92 74 67 15, direction@camping-st-clair.com, Fax 04 92 74 67 15, *www.camping-st-clair.com* – **R** conseillée
3 ha (215 empl.) peu incliné, en terrasses, pierreux, herbeux
Tarif : ★ 🚗 🔋 8,60 € – 🔌 (6A) 3,40 €
Location : 4 🏠
Pour s'y rendre : S : 2,5 km, carrefour des D 952 et D 957, bord de la Maïre et de l'Anguire

Nature : ← 🌳🌳
Loisirs : pizzeria 🏊
Services : 🛒 🚿 GB 🚮 🔥 ♨ ☺ 🔥 🚰 🔧 cases réfrigérées
À prox. : ✗

St-Jean 1er avr.-25 oct.
04 92 74 66 85, camping-saint-jean@wanadoo.fr, Fax 04 92 74 66 85, *http://perso.wanadoo.fr/camping-saint-jean/* – **R** conseillée
1,6 ha (125 empl.) plat, peu incliné, herbeux
Tarif : ★ 🚗 🔋 8,50 € – 🔌 (10A) 4,10 € – frais de réservation 9 €
Location 🌿 : 6 (4 à 6 pers.) 275 à 525 €/sem.
Pour s'y rendre : SO : 1 km par D 952, rte de Riez, bord de la Maïre

Nature : ⚓ ← 🌳🌳
Loisirs : 🏊 🎯
Services : 🛒 🚿 GB 🚮 🔥 ♨ ☺ 🚰 🔧 🔥

Manaysse avr.-début nov.
04 92 74 66 71, jeadelorme@wanadoo.fr, Fax 04 92 74 62 28, *www.camping-manaysse.com* – **R** conseillée
1,6 ha (97 empl.) plat, incliné, terrasses, herbeux, gravier
Tarif : (Prix 2006) ★ 3,10 € 🚗 🔋 3,10 € – 🔌 (10A) 3,30 €
🚐 1 borne
Pour s'y rendre : SO : 0,9 km par D 952, rte de Riez

Nature : 🌳🌳
Loisirs : 🎱
Services : 🛒 🚿 🚮 🔥 ♨ ☺ 🔥

*Avant de vous installer, consultez les tarifs en cours,
affichés obligatoirement à l'entrée du terrain,
et renseignez-vous sur les conditions particulières de séjour.
Les indications portées dans le guide ont pu être modifiées depuis la mise à jour.*

694

NIOZELLES

✉ 04300 – **334** D9 – 199 h. – alt. 450
Paris 745 – Digne-les-Bains 49 – Forcalquier 7 – Gréoux-les-Bains 33 – Manosque 21 – Les Mées 24.

▲▲ **Moulin de Ventre** ♣♣ – déb.avr.-fin sept.
  ℓ 04 92 78 63 31, *moulindeventre@aol.com*,
  Fax 04 92 79 86 92, *www.moulin-de-ventre.com* – **R** conseillée
  28 ha/3 campables (124 empl.) plat, en terrasses, peu incliné, herbeux, pierreux
  Tarif : ♦ ⇐ 🅿 26,50 € 🔌 (6A) – frais de réservation 23 €
  Location (déb.avr.-fin sept.) : 14 ⛺ (4 à 6 pers.) 259 à 644 €/sem. – 5 🏠 (4 à 6 pers.) 259 à 644 €/sem. – 3 appartements
  Pour s'y rendre : E : 2,5 km par N 100, rte de la Brillanne - Par A 51 sortie 19
  À savoir : Au bord du Lauzon et d'un petit lac

> Nature : 🌳 🛏 ♣♣
> Loisirs : snack 🍴 👫 ♣ 🛶
> Services : 🖰 🔌 GB ⟲ 🗑 🛒 🛁 ☺ 📞 ❄ 🛒

PEYRUIS

✉ 04310 – **334** D8 – G. Alpes du Sud – 2 217 h. – alt. 402
Paris 727 – Digne-les-Bains 30 – Forcalquier 20 – Manosque 29 – Sisteron 23.

△ **Les Cigales** 1er avr.-fin sept.
  ℓ 04 92 68 16 04, *info@lescigaleshauteprovence.com*,
  Fax 04 92 68 16 04, *http://www.lescigaleshauteprovence.com* – **R** conseillée
  1 ha (33 empl.) peu incliné à incliné, herbeux, pierreux
  Tarif : (Prix 2006) ♦ ⇐ 🅿 15,75 € 🔌 (6A) – frais de réservation 10 €
  Pour s'y rendre : Au S du bourg, près du stade et d'un ruisseau

> Nature : ⟨ 🛏 ♀
> Loisirs : ♣
> Services : 🖰 🔌 🗑 🛒 🔥 ☺ 🛁 ❄ 📞 🛒
> À prox. : ✂ 🛶 parcours sportif

PUIMICHEL

✉ 04700 – **334** E9 – 237 h. – alt. 723
Paris 737 – Avignon 140 – Grenoble 175 – Marseille 112 – Nice 175.

△ **Les Matherons** 20 avr.-30 sept.
  ℓ 04 92 79 60 10, *lesmatherons@wanadoo.fr*,
  Fax 04 92 79 60 10, *www.campinglesmatherons.com* – **R** conseillée
  70 ha/4 campables (25 empl.) plat à incliné, herbeux, pierreux
  Tarif : ♦ ⇐ 🅿 10,75 € – 🔌 (3A) 2,50 €
  Pour s'y rendre : SO : 3 km par D 12 rte d'Oraison et chemin empierré à droite
  À savoir : Cadre sauvage et naturel au milieu des bois

> Nature : 🌳 ♀♀
> Loisirs : ♣
> Services : 🔌 🅿 🗑 ☺ 🛒

RIEZ

✉ 04500 – **334** E10 – 1 667 h. – alt. 520
🛈 Office de tourisme, 4, allée Louis Gardiol *ℓ* 04 92 77 99 09, Fax 04 92 77 99 07
Paris 792 – Marseille 105 – Digne-les-Bains 41 – Draguignan 64 – Manosque 34.

△ **Rose de Provence** 1er avr.-déb.oct.
  ℓ 04 92 77 75 45, *info@rose-de-provence.com*,
  Fax 04 92 77 75 45, *www.rose-de-provence.com* – **R** conseillée
  1 ha (91 empl.) plat, terrasse, herbeux, gravier
  Tarif : (Prix 2006) ♦ 3,70 € ⇐ 1,30 € 🅿 4,50 € – 🔌 (6A) 2,95 € – frais de réservation 12 €
  Location : 3 ⛺ (4 à 6 pers.) 280 à 495 €/sem.
  Pour s'y rendre : SE : 1 km par D 11, rte de Ste-Croix-du-Verdon

> Nature : 🛏 ♀♀
> Loisirs : ♣
> Services : 🖰 🔌 GB ⟲ 🛁 ☺ 🛒 cases réfrigérées
> À prox. : 🛒 ✂

ST-ANDRÉ-LES-ALPES

✉ 04170 – **334** H9 – G. Alpes du Sud – 818 h. – alt. 914

🛈 *Office de tourisme, place Marcel Pastorelli* 📞 *04 92 89 02 39, Fax 04 92 89 19 23*

Paris 786 – Castellane 20 – Colmars 28 – Digne-les-Bains 43 – Manosque 86 – Puget-Théniers 45.

Municipal les Iscles 1er mai-30 sept.
📞 04 92 89 02 29, *mairie.st-andre.les.alpes@wanadoo.fr*,
Fax 04 92 89 02 56 – alt. 894 – **R** conseillée
2,5 ha (200 empl.) plat, pierreux, herbeux
Tarif : ✶ 3,80 € ⟜ 🔲 3,30 € – [≠] (10A) 2 €
🔄, 1 borne 3 €
Pour s'y rendre : S : 1 km par N 202 rte d'Annot et à gauche,
à 300 m du Verdon

Nature : ♋♋
Loisirs : 🎱 🛝
Services : ♿ ⟜ GB ⚡ 🍴 🧺 ♨ ⊕ 🔲
À prox. : 🍽 ✂ ⛰ parcours sportif, parapente

ST-MARTIN-DE-BRÔMES

✉ 04800 – **334** D10 – G. Alpes du Sud – 403 h. – alt. 358

Paris 778 – Marseille 91 – Digne-les-Bains 55 – Manosque 20 – Pertuis 48.

Bleu Lavande
📞 04 92 77 64 89, *info@camping-bleu-lavande.com*,
Fax 04 92 77 60 32, *www.camping-bleu-lavande.com*
– **R** conseillée
4 ha/2 campables (35 empl.) non clos, en terrasses, gravier,
plat, bois attenant
Location : 9 🏠
Pour s'y rendre : Chemin de Pauron, 0,8 km à l'Ouest du
bourg et chemin empierré

Nature : 🌿 ≤ le village et la chaîne du mont Denier ⛰ ♀
Services : ♿ ⟜ 🍴 ⊕ 🧺 ♨

ST-PONS

✉ 04400 – **334** H6 – 641 h. – alt. 1 157

Paris 797 – Marseille 227 – Digne-les-Bains 84 – Gap 74 – Embrun 54.

Le Loup Blanc du Riou (location exclusive de chalets)
Permanent
📞 04 92 81 44 97, *leloup.blanc@wanadoo.fr*,
Fax 04 92 81 44 97, *www.leloupblanc.com* – **R** conseillée
2 ha en terrasses, herbeux, pierreux
Location : 13 🏠 (4 à 6 pers.) 310 à 610 €/sem.
Pour s'y rendre : SO : 1 km, derrière l'aérodrome
À savoir : Agréable petit village de chalets, sous une pinède

Nature : 🌿 ♋♋
Loisirs : 🎱 🛝 ⛸
Services : ♿ ⟜ Ⓟ GB ⚡ ⛲ 🔲
À prox. : 🍽 ✗ 🐎 parc aventure, parc de loisirs, vol à voile

Massif de la Sainte-Baume

STE-CROIX-DE-VERDON

✉ 04500 – **334** E10 – 102 h. – alt. 530 – Base de loisirs
Paris 780 – Brignoles 59 – Castellane 59 – Digne-les-Bains 51 – Draguignan 53 – Manosque 44.

Municipal les Roches avr.-sept.
   𝒫 04 92 77 78 99, mairie.saintecroixduverdon@orange.fr,
Fax 04 92 77 76 23 – **R** indispensable
6 ha (233 empl.) plat et en terrasses, vallonné, accidenté,
herbeux, gravillons
Tarif : (Prix 2006) 👤 🚐 🗐 13,10 € – ⚡ (6A) 1,50 €
🚐

Pour s'y rendre : 1 km au NE du bourg, à 50 m du lac de
Ste-Croix - pour les caravanes, le passage par le village est
interdit
À savoir : Bel ombrage sous les oliviers et amandiers

> Nature : ≤ ໑໑
> Services : ᵴ GB ᵴ ᵴ ⓐ 🗐 cases
> réfrigérées
> À prox. : 🍴 ≌ ⏷ canoë, pédalos

Si vous désirez réserver un emplacement pour vos vacances,
faites-vous préciser au préalable les conditions particulières de séjour,
les modalités de réservation, les tarifs en vigueur et les conditions de paiement.

SEYNE

✉ 04140 – **334** G6 – G. Alpes du Sud – 1 440 h. – alt. 1 200
🅱 Office de tourisme, place d'Armes 𝒫 04 92 35 11 00, Fax 04 92 35 28 84
Paris 719 – Barcelonnette 43 – Digne-les-Bains 43 – Gap 54 – Guillestre 71.

Les Prairies mi-avr.-mi-sept.
   𝒫 04 92 35 10 21, info@campinglesprairies.com,
Fax 04 92 35 26 96, www.campinglesprairies.com
– **R** conseillée
3,6 ha (108 empl.) non clos, plat, pierreux, herbeux
Tarif : (Prix 2006) 👤 🚐 🗐 18 € – ⚡ (10A) 3,50 € – frais de
réservation 16 €
Location : 8 🛏 (4 à 6 pers.) 250 à 490 €/sem. – 8 🏠 (4 à
6 pers.) 270 à 600 €/sem.
Pour s'y rendre : S : 1 km par D 7, rte d'Auzet et chemin à
gauche, bord de la Blanche

> Nature : ᵴ ≤ ⌂ ໑໑
> Loisirs : 🏠 ᵴ ᵲ 🛝
> Services : ᵴ ᵒ⊷ GB ᵴ 🝙 🗐 ᵴ ⓐ 🗐
> ᵴ
> À prox. : 🍴 🖼 🐎

SISTERON

✉ 04200 – **334** D7 – G. Alpes du Sud – 6 964 h. – alt. 490
🅱 Office de tourisme, 1, place de la République 𝒫 04 92 61 12 03, Fax 04 92 61 19 57
Paris 704 – Barcelonnette 100 – Digne-les-Bains 40 – Gap 52.

Municipal des Prés-Hauts mars-oct.
   𝒫 04 92 61 19 69, Fax 04 92 61 19 69 – **R** conseillée
4 ha (141 empl.) plat et peu incliné, herbeux
Tarif : 👤 🚐 🗐 10,50 € – ⚡ 3,80 €
Location : 🛏 (4 à 6 pers.) 300 à 530 €/sem.
Pour s'y rendre : N : 3 km par rte de Gap et D 951 à droite,
rte de la Motte-du-Caire, près de la Durance
À savoir : Emplacements bien délimités dans un cadre
verdoyant

> Nature : ᵴ ≤ ⌂ ໑
> Loisirs : 🏠 ᵴ 🍴 🛝
> Services : ᵴ ᵒ⊷ GB ᵴ 🝙 🗐 ⓐ ᵴ
> ᵴ 🗐

THOARD

✉ 04380 – **334** E8 – 646 h. – alt. 790
Paris 747 – Digne-les-Bains 20 – Folcalquier 53 – Manosque 64 – Sisteron 42.

Le Vieux Moulin avr.-sept.
   𝒫 04 92 34 65 75 – **R** conseillée
0,5 ha (20 empl.) non clos, plat, herbeux
Tarif : 👤 3,80 € 🚐 1 € 🗐 2,30 € – ⚡ (6A) 3,15 €
Pour s'y rendre : N : 1 km par D 17, à droite avant le pont, au
lieu-dit le Planas, au bord du Duyes, pour les caravanes,
l'accès par le village est déconseillé, suivre D 3, rte de Mélan

> Nature : ᵴ ≤ ໑
> Loisirs : 🏠
> Services : ᵴ ᵒ⊷ ⓐ 🗐

VALENSOLE

04210 – **334** D9 – 2 334 h. – alt. 566

Syndicat d'initiative, place des Héros de la Résistance 04 92 74 90 02
Paris 758 – Brignolles 64 – Castellane 72 – Digne-les-Bains 46 – Manosque 21 – Salernes 58.

Oxygène 14 avr.-16 déc.
04 92 72 41 77, *sarloxygene@libertysurf.fr*,
Fax 04 92 72 41 77, *www.camping-oxygene.com*
– **R** conseillée
2,5 ha (100 empl.) non clos, plat, pierreux, herbeux, haies de lauriers
Tarif : 16 € – (10A) 4 €
Location : 6 (4 à 6 pers.) 300 à 626 €/sem.
1 borne 9 €
Pour s'y rendre : SO : 19 km par D 6, rte de Manosque et D 4, rte d'Oraison, au lieu-dit les Chabrands, à 300 m de la Durance (accès direct), accès conseillé par D 4 - par A 51 sortie 18 Manosque

Nature :
Loisirs :
Services : M

Le VERNET

04140 – **334** G7 – 104 h. – alt. 1 200
Paris 729 – Digne-les-Bains 32 – La Javie 16 – Seyne 11.

Lou Passavous 15 avr.-15 sept.
04 92 35 14 67, *loupassavous@wanadoo.fr*,
Fax 04 92 35 09 35, *www.loupassavous.com* – **R** conseillée
1,5 ha (60 empl.) plat, non clos, peu incliné, herbeux, pierreux
Tarif : 15 € – (6A) 3,50 € – frais de réservation 10 €
Pour s'y rendre : N : 0,8 km par rte de Roussimat, bord du Bès

Nature :
Loisirs : pizzeria
Services : GB

À prox. :

VILLARS-COLMARS

04370 – **334** H7 – 209 h. – alt. 1 225
Paris 774 – Annot 37 – Barcelonnette 46 – Colmars 3 – St-André-les-Alpes 26.

Le Haut-Verdon 1er mai-30 sept.
04 92 83 40 09, *campinglehautverdon@wanadoo.fr*,
Fax 04 92 83 56 61, *www.lehautverdon.com* – **R** conseillée
3,5 ha (109 empl.) plat, pierreux
Tarif : 16 € – (10A) 4 € – frais de réservation 15 €
Location (permanent) : 6 (4 à 6 pers.) 265 à 550 €/sem. – 4 (4 à 6 pers.) 245 à 500 €/sem.
1 borne 3 €
Pour s'y rendre : Par D 908, bord du Verdon, accès très déconseillé par le col d'Allos

Nature : (pinède)
Loisirs : pizzeria, snack
Services : GB

VOLONNE

04290 – **334** E8 – G. Alpes du Sud – 1 514 h. – alt. 450
Paris 718 – Château-Arnoux-St-Aubin 4 – Digne-les-Bains 29 – Forcalquier 33 – Les Mées 17 – Sisteron 14.

L'Hippocampe – 4 avr.-30 sept.
04 92 33 50 00, *camping@l-hippocampe.com*,
Fax 04 92 33 50 49, *www.l-hippocampe.com* – **R** conseillée
8 ha (447 empl.) plat, herbeux, verger
Tarif : 34 € – (10A) 5 €
Location : 159 (4 à 6 pers.) 174 à 910 €/sem. – 6 (4 à 6 pers.) 282 à 973 €/sem. – 45 bungalows toilés
1 borne 5 €
Pour s'y rendre : SE : 0,5 km par D 4
À savoir : Cadre agréable, au bord de la Durance

Nature :
Loisirs : pizzeria, self-service, snack nocturne discothèque, salle d'animation canoë, pédalos
Services : GB

À prox. :

VOLX

✉ 04130 – **334** D9 – 2 690 h. – alt. 350
Paris 748 – Digne-les-Bains 51 – Forcalquier 15 – Gréoux-les-Bains 22 – Manosque 9 – Reillanne 22.

  ▲ **Municipal la Vandelle** 1ᵉʳ juin-31 oct.
       𝒫 04 92 79 35 85, *mairie.volx@wanadoo.fr*,
       Fax 04 92 79 32 26, *www.camping.volx.com* – **R** conseillée
       2 ha (50 empl.) plat, peu incliné et terrasses, herbeux,
       pierreux, bois attenant
       Tarif : ♣ 3,45 € ⟵ 1,90 € 🅔 3,65 € – 🔌 (10A) 3,60 €
       Pour s'y rendre : SO : à 1,3 km du bourg

Nature : ⌇ ⑴⑴
Loisirs : ⛏
Services : ♿ ⟲ (1ᵉʳ juil.-30 sept.) ♍
⊛ 🗑

Hautes-Alpes (05)

ANCELLE

✉ 05260 – **334** F5 – 619 h. – alt. 1 340 – Sports d'hiver : 1 350/1 807 m ⁄13 🎿
🅱 *Syndicat d'initiative, Mairie* 𝒫 04 92 50 89 51, Fax 04 92 50 89 89
Paris 665 – Gap 17 – Grenoble 103 – Orcières 18 – Savines-le-Lac 30.

  ▲▲ **Les Auches** Permanent
       𝒫 04 92 50 80 28, *info@lesauches.com*, Fax 04 92 50 84 58,
       www.lesauches.com – places limitées pour le passage
       – **R** conseillée
       2 ha (90 empl.) peu incliné, terrasses, herbeux
       Tarif : ♣ ⟵ 🅔 15,90 € – 🔌 (3A) 3 € – frais de réserva-
       tion 10 €
       Location 🏚 : 6 ⛺ (4 à 6 pers.) 250 à 500 €/sem. – 12
       🏠 (4 à 6 pers.) 250 à 595 €/sem. – studios
       Pour s'y rendre : Sortie N par rte de Pont du Fossé et à
       droite

Nature : ⌇ ⩻
Loisirs : snack 🎱 ⛹ ⛏
Services : ♿ ⟲ 🆚 ♍ ▥ 🗄 ⊛ 🗑

699

L'ARGENTIÈRE-LA-BESSÉE

✉ 05120 – **334** H4 – G. Alpes du Sud – 2 289 h. – alt. 1 024
Paris 696 – Briançon 17 – Embrun 33 – Gap 74 – Mont-Dauphin 18 – Savines-le-Lac 44.

  ▲ **Les Écrins** 20 avr.-15 oct.
       𝒫 04 92 23 03 38, *contact@camping-les-ecrins.com*,
       Fax 04 92 23 09 89, *www.camping-les-ecrins.com*
       – **R** conseillée
       3 ha (120 empl.) plat, herbeux, pierreux
       Tarif : ♣ ⟵ 🅔 14,90 € 🔌 (13A) – frais de réservation 2,50 €
       Pour s'y rendre : S : 2,3 km par N 94 rte de Gap, et D 104 à
       droite
       À savoir : Près d'un plan d'eau et d'un stade d'eau vive

Nature : ⩻
Loisirs : 🎱 ⛹ ⛏
Services : ♿ ⟲ (1ᵉʳ juil.-31 août) 🆚 ♍ ▥ ⊛ ⛩ 🗑 ⊟ ⟰
À prox. : 🏓 ⛏ 🐎 🏄 sports en eaux vives

BARATIER

✉ 05200 – **334** G4 – 461 h. – alt. 855
Paris 704 – Marseille 214 – Gap 39 – Digne 90 – Briançon 51.

  ▲▲▲ **Les Airelles** 10 juin-15 nov.
       𝒫 04 92 43 11 57, *info@lesairelles.com*, Fax 04 92 43 69 07,
       www.lesairelles.com – **R** conseillée
       5 ha/4 campables (130 empl.) peu incliné à incliné, terrasses,
       plat, pierreux, herbeux
       Tarif : (Prix 2006) ♣ ⟵ 🅔 9 € – 🔌 (10A) 3,30 €
       Location : 28 🏠 (4 à 6 pers.) 260 à 580 €/sem.
       Pour s'y rendre : SE : 1,2 km par D 40, rte des Orres et rte à
       droite, accès direct au village par chemin forestier

Nature : ⌇ ⩻ ⑴⑴
Loisirs : ♟ snack, pizzeria 🎱 🎥 nocturne ⛹ ⛏
Services : ♿ ⟲ 🆚 ♍ 🗄 ⊟ 🔥 ⊛ 🚿 🗑

BARATIER

⛰ **Le Verger** Permanent
    ✆ 04 92 43 15 87, *camping.leverger@wanadoo.fr*,
Fax 04 92 43 49 81, *www.campingleverger.fr* – **R** conseillée
4,3 ha/2,5 campables (110 empl.) peu incliné, en terrasses,
herbeux, pierreux
Tarif : ♦ ⬅ 🔲 14 € – 🔌 (10A) 5,10 € – frais de réservation 14 €
Location : pavillons
Pour s'y rendre : sortie O, pour caravanes, accès conseillé
par le village
À savoir : Entrée fleurie et site agréable

| Nature : 🌳 ≤ 🏞 ♤♤ |
| Loisirs : snack 🎱 🏊 |
| Services : 🚰 ⊝ 🔧 🛒 ⚰ 🗑 ♨ ⊚ 🖨 |
| À prox. : 🍴 🐎 |

⛰ **Les Grillons** 15 mai-10 sept.
    ✆ 04 92 43 32 75, *info@lesgrillons.com*, Fax 04 92 43 32 75,
www.lesgrillons.com – **R** conseillée
1,5 ha (90 empl.) peu incliné, herbeux
Tarif : ♦ ⬅ 🔲 13,25 € – 🔌 (10A) 3,96 € – frais de réservation 10 €
Location : 10 🛖 (4 à 6 pers.) 250 à 530 €/sem.
Pour s'y rendre : N : 1 km par D 40, D 340 et chemin à gauche

| Nature : 🌳 ≤ ♤ |
| Loisirs : 🍴 🏊 |
| Services : 🚿 ⊝ 🔧 🗑 ♨ ♨ ⊚ 🖨 |

⛰ **Les Esparons** mi-juin-1ᵉʳ sept.
    ✆ 04 92 43 02 73, *info@lesesparons.com*,
Fax 04 92 43 02 73, *www.lesesparons.com* – **R** conseillée
1,5 ha (83 empl.) plat et peu incliné, herbeux
Tarif : ♦ ⬅ 🔲 8,45 € – 🔌 (6A) 3,90 € – frais de réservation 15 €
Location 🏖 : 6 🛖 (4 à 6 pers.) 250 à 545 €/sem.
Pour s'y rendre : Sortie N par D 40 et D 340
À savoir : Agréable verger près d'un torrent

| Nature : 🌳 ≤ 🏞 ♤♤ |
| Loisirs : 🚣 🏊 |
| Services : 🚿 ⊝ 🔧 🗑 ♨ ⊚ 🖨 |

⛰ **Les Deux Bois** 5 mai-16 sept.
    ✆ 04 92 43 54 14, *info@camping-les2bois.com*,
Fax 04 92 43 54 14, *www.camping-les2bois.com* – **R** conseillée
2,5 ha (100 empl.) plat, incliné à peu incliné, terrasses,
herbeux, pierreux
Tarif : ♦ ⬅ 🔲 14 € – 🔌 (10A) 4,60 € – frais de réservation 15 €
Pour s'y rendre : Accès au bourg par D 204

| Nature : 🌳 ≤ ♤ |
| Loisirs : 🍴 snack, pizzeria 🚣 🏊 |
| Services : 🚿 ⊝ 🔧 🛒 ⚰ 🗑 ♨ ⊚ 🖨 |
| À prox. : 🍴 🐎 |

BARRET-SUR-MÉOUGE

✉ 05300 – **334** C7 – 232 h. – alt. 640
Paris 700 – Laragne-Montéglin 14 – Sault 46 – Séderon 21 – Sisteron 25.

⛰ **Les Gorges de la Méouge** 1ᵉʳ mai-30 sept.
    ✆ 04 92 65 08 47, *campinggorgesdelameouge@wana
doo.fr*, Fax 04 92 65 05 33, *www.camping-meouge.com*
– **R** conseillée
2,5 ha (95 empl.) plat, herbeux
Tarif : ♦ ⬅ 🔲 14,90 € – 🔌 (10A) 4,10 €
Location (1ᵉʳ juin-30 sept.) : 4 🛖 (2 à 4 pers.) 294 à
334,60 €/sem. – 13 🛖 (4 à 6 pers.) 344,40 à 449,40 €/sem.
Pour s'y rendre : Sortie Est par D 942, rte de Laragne-
Montéglin et chemin à droite, près de la Méouge

| Nature : 🌳 ≤ ♤♤ |
| Loisirs : 🚲 🏊 |
| Services : 🚿 ⊝ 🔧 🗑 ♨ ⊚ ⚡ 🚽 🖨 |

*La catégorie (1 à 5 tentes, **noires** ou rouges) que nous attribuons*
aux terrains sélectionnés dans ce guide est une appréciation qui nous est propre.
Elle ne doit pas être confondue avec le classement (1 à 4 étoiles)
établi par les services officiels.

BRIANÇON

✉ 05100 – **334** H2 – G. Alpes du Sud – 10 737 h. – alt. 1 321 – Sports d'hiver : 1 200/2 800 m 9 ⚡ 63 ⚘ ⚘
🄱 *Office de tourisme, 1, place du Temple* 🕿 *04 92 21 08 50, Fax 04 92 20 56 45*
Paris 681 – Digne-les-Bains 145 – Embrun 48 – Grenoble 89 – Gap 119.

⚑ **Les 5 Vallées** 1er juin-25 sept.
🕿 04 92 21 06 27, *infos@camping5vallees.com,*
Fax 04 92 20 41 69, *www.camping5vallees.com* – **R** conseillée
5 ha (116 empl.) plat, peu incliné, herbeux
Tarif : 🛉 5,95 € – 🚗 2,15 € – 🗉 3,85 € – 🔌 (10A) 4,55 €
Location (1er janv.-25 sept.) 🏕 : 24 ⛺ (4 à 6 pers.)
459,76 à 542 €/sem.
⛽ 1 borne
Pour s'y rendre : S : 2 km par N 94

| Nature : ≤ 🌳🌳 |
| Loisirs : 🏠 🏊 ⛵ |
| Services : 🛁 ⚡ GB 🎣 🗑 🛒 🛏 ⚙ |
| 🖼 🔲 🚿 |
| À prox. : 🎣 |

🔲 ✗ *ATTENTION :*
🛶   *these facilities are not necessarily available throughout*
       the entire period that the camp is open - some only
🏊 🏇 *available in the summer season.*

CEILLAC

✉ 05600 – **334** I4 – G. Alpes du Sud – 276 h. – alt. 1 640 – Sports d'hiver : 1 700/2 500 m ⚡6 ⚘
🄱 *Office de tourisme, le village* 🕿 *04 92 45 05 74*
Paris 729 – Briançon 50 – Gap 75 – Guillestre 14.

⚑ **Les Mélèzes** juin-début sept.
🕿 04 92 45 21 93, *camping-les-melezes@wanadoo.fr,*
Fax 04 92 45 01 83 – **R** conseillée
3 ha (100 empl.) peu incliné, accidenté et terrasses, pierreux,
herbeux
Tarif : (Prix 2006) 🛉 4,80 € – 🚗 🗉 6 € – 🔌 (16A) 2,80 €
Pour s'y rendre : SE : 1,8 km
À savoir : Site et cadre agréables au bord du Mélezet

| Nature : 🌿 ≤ 🌳 |
| Loisirs : 🏊 |
| Services : ⚡ 🏚 🗑 🛒 🛏 ⚙ 🔲 🖼 |

CHÂTEAU-QUEYRAS

✉ 05350 – **334** I4 – G. Alpes du Sud – alt. 1 380
Paris 716 – Briançon 37 – Gap 80 – Guillestre 19 – St-Véran 13.

⚑ **Municipal de l'Iscle** mi-juin-mi-sept.
🕿 04 92 46 76 21, *mairie.chavivi@wanadoo.fr,*
Fax 04 92 46 82 00 – **R** conseillée
2 ha (75 empl.) plat, pierreux, herbeux
Tarif : (Prix 2006) 🛉 2,25 € – 🚗 1,05 € 🗉 1,70 € –
🔌 (10A) 2,25 €
Pour s'y rendre : Sortie E par D 947, rte d'Aiguilles, à 50 m
du Guil

| Nature : ≤ 🌳 |
| Loisirs : ✂ |
| Services : 🛁 🏚 🎣 |
| À prox. : 🎣 sports en eaux vives |

CHORGES

✉ 05230 – **334** F5 – 1 882 h. – alt. 864
🄱 *Office de tourisme, place Centrale* 🕿 *04 92 50 64 25, Fax 04 92 50 93 44*
Paris 676 – Embrun 23 – Gap 18 – Savines-le-Lac 12.

⚑ **Le Serre du Lac** Permanent
🕿 04 92 50 67 57, *campserredulac@aol.com,*
Fax 04 92 50 67 57, *www.campingleserredulac.com* – places
limitées pour le passage – **R** conseillée
2,5 ha (91 empl.) en terrasses, pierreux, herbeux
Tarif : 🛉 🚗 🗉 8,70 € – 🔌 (15A) 3,50 €
Location : 45 ⛺ (4 à 6 pers.) 245 à 550 €/sem.
Pour s'y rendre : SE : 4,5 km par N 94 rte de Briançon et rte
de la baie de St-Michel

| Nature : ≤ 🏞 |
| Loisirs : 🏠 🏊 |
| Services : 🛁 ⚡ 🎣 🏚 🗑 🛒 ⚙ 🛏 🚲 |
| 🖼 |

EMBRUN

✉ 05200 – **334** G5 – G. Alpes du Sud – 6 152 h. – alt. 871
🛈 Office de tourisme, place Général-Dosse ℘ 04 92 43 72 72, Fax 04 92 43 54 06
Paris 706 – Barcelonnette 55 – Briançon 48 – Digne-les-Bains 97 – Gap 41 – Guillestre 21 – Sisteron 88.

⚠ **Municipal de la Clapière** mi-avr.-30 sept.
℘ 04 92 43 01 83, *info@camping-embrun-clapiere.com*,
Fax 04 92 43 50 22, *www.camping-embrun-clapiere.com*
– **R** conseillée
6,5 ha (367 empl.) plat, accidenté et en terrasses, pierreux,
herbeux
Tarif : ⚹ ⇜ 🅔 17 € ⚡ (10A)
Location (permanent) : 8 🏠 (4 à 6 pers.) 297 à
564 €/sem.
⛽ 1 borne – 15 🅔
Pour s'y rendre : SO : 2,5 km par N 94, rte de Gap et à droite
À savoir : Près d'un plan d'eau

Nature : 🌳🌳
Loisirs : 🏊 🌙 nocturne 🏃
Services : 🛁 ⊶ 🅶🅱 🧺 📶 🗑 🛒 ⊕ 🔧
À prox. : 🍴 🍷 🍽 🚣 🏐 🎣 🏕 🛶 ⛷
🏹 🎣 parcours sportif

ESPINASSES

✉ 05190 – **334** F6 – 587 h. – alt. 630
Paris 689 – Chorges 19 – Gap 25 – Le Lauzet-Ubaye 23 – Savines-le-Lac 29 – Turriers 16.

⚠ **La Viste** 15 mai-15 sept.
℘ 04 92 54 43 39, *camping@laviste.fr*, Fax 04 92 54 42 45,
http://www.laviste.fr – alt. 900 – **R** conseillée
4,5 ha/2,5 campables (160 empl.) plat, terrasse, peu incliné,
accidenté, herbeux, pierreux
Tarif : (Prix 2006) ⚹ ⇜ 🅔 11,85 € ⚡ (5A) – frais de réservation 15 €
Location : 30 🏠 (4 à 6 pers.) 522 à 750 €/sem.
Pour s'y rendre : NE : 5,5 km par D 900[8], D 3 rte de Chorges
et D 103 à gauche rte de Rousset
À savoir : Belle situation dominant le lac de Serre-Ponçon

Nature : 🌊 ⪡ lac de Serre-Ponçon,
montagnes et barrage ♀
Loisirs : 🍷 🍽 snack 🏃 ⚓ 🏊
Services : 🛁 ⊶ 🅶🅱 🧺 📶 🗑 🛶 ⊕ 🔧
🗑 🛒 🔧
À prox. : sports en eaux vives

FREISSINIÈRES

✉ 05310 – **334** H4 – G. Alpes du Sud – 169 h. – alt. 1 150
🛈 Office de tourisme, les Ribes ℘ 04 92 20 95 49
Paris 707 – Briançon 28 – Embrun 34 – Gap 75 – Mont-Dauphin 19 – Savines-le-Lac 45.

⚠ **Municipal des Allouviers**
℘ 04 92 20 93 24, *mairie-de-freissinieres@wanadoo.fr*,
Fax 04 92 20 91 09 – **R** conseillée
3,2 ha (160 empl.) plat, pierreux, herbeux
Pour s'y rendre : SE : 3 km par D 238 et chemin à droite
après le pont
À savoir : Au bord de la Biaïsse

Nature : 🌊 ⪡ 🌳🌳
Loisirs : snack 🏊 🏃 🏐 🛶 🎣
Services : ⊶ 🗑 🛒 🛶 ⊕ 🗑 🔧

GAP

✉ 05000 – **334** E5 – G. Alpes du Sud – 36 262 h. – alt. 735
🛈 Office de tourisme, 2a, cours Frédéric Mistral ℘ 04 92 52 56 56, Fax 04 92 52 56 57
Paris 665 – Avignon 209 – Grenoble 103 – Sisteron 52 – Valence 158.

⚠ **Alpes-Dauphiné** 1er avr.-1er nov.
℘ 04 92 51 29 95, *alpes.dauph@wanadoo.fr*,
Fax 04 92 53 58 42, *www.alpesdauphine.com* – alt. 850
– **R** conseillée
10 ha/6 campables (185 empl.) incliné, en terrasses, herbeux
Tarif : ⚹ ⇜ 🅔 12,40 € – ⚡ (6A) 3 € – frais de réservation 15 €
Location (1er avr.-15 oct.) : 🛖 – 35 🏠 (4 à 6 pers.) 350 à
580 €/sem. – 10 🏠 (4 à 6 pers.) 300 à 630 €/sem. – gîtes
⛽ 1 borne 6 €
Pour s'y rendre : N : 3 km, sur N 85, rte de Grenoble

Nature : ⪡ ♀
Loisirs : 🍷 🍽 pizzeria 🏊 🏃 🛝
Services : 🛁 ⊶ 🅶🅱 🧺 📶 🗑 🛒 🛶
⊕ 🛶 🗑 🗑 🛒 🔧

La GRAVE

✉ 05320 – **334** F2 – G. Alpes du Nord – 511 h. – alt. 1 526 – Sports d'hiver : 1 450/3 250 m ⚡2 ⚡2 ⚡
🏢 *Office de tourisme, route nationale 91* ☎ *04 76 79 90 05, Fax 04 76 79 91 65*
Paris 642 – Briançon 38 – Gap 126 – Grenoble 80 – Col du Lautaret 11 – St-Jean-de-Maurienne 66.

⚠ La Meije 10 mai-20 sept.
☎ 06 08 54 30 84, *nathalie-romagne@wanadoo.fr*,
Fax 04 76 79 93 34, *www.camping-delameije.com*
– **R** conseillée
2,5 ha (50 empl.) plat, terrasse, peu incliné, herbeux
Tarif : ⚬ ⇔ 🔲 10 € – ⚡ (4A) 3 €
Pour s'y rendre : E : direction Briançon par RN 91
À savoir : Magnifique panorama sur le glacier de la Grave et sur la Meije

Nature : 🌿 ⩽ ♀
Loisirs : ✗ 🛖 ⛵ 🏊
Services : ♿ ⚡ 🚲 🅿 ⛽ 🚿
À prox. : 🚣 canoë, sports en eaux vives

⚠ Le Gravelotte
☎ 04 76 79 93 14, *roland.jacob@cario.fr*, Fax 04 76 79 92 39,
www.camping-le-gravelotte.com – **R** conseillée
4 ha (75 empl.) plat, herbeux
Tarif : ⚬ ⇔ 🔲 12 € – ⚡ (5A) 2,50 €
Pour s'y rendre : O : 1,2 km par N 91 rte de Grenoble et chemin à gauche
À savoir : Agréable situation au pied des montagnes et au bord de la Romanche

Nature : ⩽
Loisirs : 🍷 🏊 🐟
Services : ♿ ⚡ 🏧 🚲 🚿 🚽 🚿

Ⓜ *Ce signe distingue certains terrains d'équipement sanitaire moderne.*

GUILLESTRE

✉ 05600 – **334** H5 – G. Alpes du Sud – 2 211 h. – alt. 1 000 – Base de loisirs
🏢 *Office de tourisme, place Salva* ☎ *04 92 45 04 37*
Paris 715 – Barcelonnette 51 – Briançon 36 – Digne-les-Bains 114 – Gap 61.

⚠⚠ Parc Le Villard Permanent
☎ 04 92 45 06 54, *info@camping-levillard.com*,
Fax 04 92 45 00 52, *www.camping-levillard.com* – **R** conseillée
3,2 ha (120 empl.) plat et peu incliné, herbeux, pierreux
Tarif : (Prix 2006) ⚬ ⇔ 🔲 16,50 € – ⚡ (10A) 2,80 €
Location ⚡ : 6 🏠 (4 à 6 pers.) 350 à 500 €/sem.
Pour s'y rendre : O : 2 km par D 902ᴬ, rte de Gap, bord du Chagne

Nature : ❄ ⩽ ♀
Loisirs : snack 🍴 🚣 ✗ 🛖 ⛵ 🐟
Services : ♿ ⚡ 🏧 🚲 🏧 🚿 🚽 ⛽ 🚿 🚣

⚠⚠ St-James-les-Pins 1ᵉʳ janv.-30 sept.
☎ 04 92 45 08 24, *camping@lesaintjames.com*,
Fax 04 92 45 18 65, *www.lesaintjames.com* – **R** conseillée
2,5 ha (100 empl.) plat et peu incliné, pierreux, herbeux
Tarif : ⚬ ⇔ 🔲 12,75 € – ⚡ (5A) 3,10 €
Location ⚡ : 13 🏠 (4 à 6 pers.) 255 à 595 €/sem. – 🛏
🚐 1 borne 5 €
Pour s'y rendre : O : 1,5 km par rte de Risoul et rte à droite
À savoir : Agréable pinède, au bord du Chagne

Nature : ❄ ⩽ ♀♀
Loisirs : 🍴 🚣 🐟
Services : ♿ ⚡ 🏧 🚲 🏧 🚿 🚽 ⛽ 📞
À prox. : ✗ 🏊

⚠ La Ribière
☎ 04 92 45 25 54, *camping.la.ribiere@wanadoo.fr*,
Fax 04 92 53 77 57, *www.laribiere.fr* – **R** conseillée
5 ha/2 campables (50 empl.) peu incliné, plat, terrasses, herbeux, pierreux
Tarif : ⚬ 3 € ⇔ 2 € 🔲 5 € – ⚡ (10A) 3 €
Location ⚡ : 5 🚐 (2 à 4 pers.) 210 à 230 €/sem.
🚐 1 borne 5 € – 8 🔲 13,50 €
Pour s'y rendre : Au S du bourg, accès par chemin près du carrefour D 902ᴬ et D 86, rte de Risoul
À savoir : Au bord du Chagne

Nature : 🌿 ⩽ ♀
Loisirs : 🐟
Services : ♿ ⚡ 🚲 🏧 ⛽ 🚿
À prox. : 🎣 🏊

GUILLESTRE

▲ **La Rochette** 15 mai-22 sept.
  𝄐 04 92 45 02 15, *guillestre@aol.com*, Fax 04 92 45 02 15,
  www.campingguillestre.com – **R** conseillée
  5,5 ha (198 empl.) plat, incliné à peu incliné, herbeux,
  pierreux
  Tarif : (Prix 2006) ✦ ⇌ 🖭 16,20 € 🔌 (10A)
  Pour s'y rendre : O : 1 km par rte de Risoul et rte à droite

Nature : ≤ 🞉🞉
Loisirs : snack 🛏 🏊 🖲
Services : & ☛ GB ⚕ 🗃 ♨ ⊕ 🌡
🖥 sèche-linge 🗖
À prox. : 🞉 🛶

NÉVACHE

✉ 05100 – **334** H2 – G. Alpes du Sud – 290 h. – alt. 1 640 – Sports d'hiver : 1 400/2 000 m ⚡ 2 🎿
🇮 *Office de tourisme, Ville Haute* 𝄐 04 92 21 38 19
Paris 693 – Bardonècchia 18 – Briançon 21.

▲ **Fontcouverte** juin-23 sept.
  𝄐 04 92 21 38 21 – croisement difficile pour caravanes –
  alt. 1 860 – **R**
  2 ha (100 empl.) plat, peu incliné, terrasses, pierreux,
  herbeux
  Tarif : ✦ 2,20 € ⇌ 1,50 € 🖭 3 €
  Pour s'y rendre : NO : 6,2 km par D 301ᵀ, aux Chalets de
  Fontcouverte
  À savoir : Site agréable au bord d'un torrent et près de la
  Clarée

Nature : 🞉 ≤ 🞉
Loisirs : 🞉
Services : & ☛ (20 juin-10 sept.) ⚕
À prox. : ✗

ORCIÈRES

✉ 05170 – **334** F4 – G. Alpes du Nord – 810 h. – alt. 1 446 – Sports d'hiver : à Orcières-Merlette : 1 850/2 650 m
⚡ 2 ⚡ 26 🎿 – Base de loisirs
🇮 *Office de tourisme, maison du Tourisme* 𝄐 04 92 55 89 89
Paris 676 – Briançon 109 – Gap 32 – Grenoble 113 – La Mure 73 – St-Bonnet-en-Champsaur 26.

▲ **Base de Loisirs** saison
  𝄐 04 92 55 76 67, *admin.orcieres@remy-loisirs.com*,
  Fax 04 92 55 79 46 – alt. 1 280
  1,2 ha (48 empl.) non clos, plat, pierreux, gravillons
  Tarif : ✦ ⇌ 🖭 8,30 € – 🔌 (6A) 2,90 €
  Location : gîte d'étape
  Pour s'y rendre : SO : à 3,4 km d'Orcières, à la base de loisirs,
  à 100 m du Drac Noir et près d'un petit plan d'eau

Nature : 🞉 ≤ montagnes 🞉
Loisirs : 🍷 snack
Services : & 🗃 ♨ ⊕ 🖥
À prox. : 🏊 🏋 🞉 🞉 🐎 parcours
de santé, parapente

Massif de la Sainte-Victoire

J. Malburet/Michelin

ORPIERRE

☒ 05700 – **334** C7 – G. Alpes du Sud – 256 h. – alt. 682
🛈 Office de tourisme, le Village 𝒫 04 92 66 30 45, Fax 04 92 66 32 52
Paris 689 – Château-Arnoux 47 – Digne-les-Bains 72 – Gap 55 – Serres 20 – Sisteron 33.

⚠ **Les Princes d'Orange** 1ᵉʳ avr.-28 oct.
𝒫 04 92 66 22 53, campingorpierre@wanadoo.fr,
Fax 04 92 66 31 08 – accès aux emplacements par forte
pente, mise en place et sortie des caravanes à la demande
– **R** conseillée
20 ha/4 campables (100 empl.) plat et peu incliné, en
terrasses, pierreux, herbeux
Tarif : ⚑ ⟵ 🅴 20 € – ⚡ (10A) 5,50 € – frais de réser-
vation 10 €
Location : 15 ⟦⟧ (4 à 6 pers.) 280 à 525 €/sem. – 4 ⌂ (4
à 6 pers.) 310 à 600 €/sem.
Pour s'y rendre : S : à 300 m du bourg, à 150 m du Céans

> Nature : ⟳ ≼ Orpierre et monta-
> gnes ⟳
> Loisirs : ▾ pizzeria ▭ ⛲ ⛱
> Services : ⚿ ⟿ ⌕ ▦ ⟳ ⊕ ▣
> À prox. : ✖ ♨

Om een reisroute uit te stippelen en te volgen,
om het aantal kilometers te berekenen,
om precies de ligging van een terrein te bepalen
(aan de hand van de inlichtingen in de tekst),
gebruikt u de **Michelinkaarten** *schaal 1 : 150 000 ;*
een onmisbare aanvulling op deze gids.

PONT-DU-FOSSÉ

☒ 05260 – **334** F4 – G. Alpes du Sud
Paris 673 – Marseille 204 – Gap 24 – Grenoble 102 – Saint 99.

705

⚠ **Le Diamant** 1ᵉʳ mai-30 sept.
𝒫 04 92 55 91 25, camping.diamant@libertysurf.fr,
Fax 04 92 55 95 97, www.campingdiamant.com – **R** conseil-
lée
4 ha (100 empl.) plat, herbeux, peu pierreux
Tarif : ⚑ ⟵ 🅴 12,30 € – ⚡ (10A) 3,50 €
Location : 12 ⟦⟧ (4 à 6 pers.) 180 à 480 €/sem.
Pour s'y rendre : SO : 0,8 km par D 944 rte de Gap
À savoir : Au bord du Drac

> Nature : ≼ ⟳⟳
> Loisirs : ▭ ⛱ ♨ ⟳
> Services : ⚿ ⟿ (1ᵉʳ juil.-30 sept.) ⟳
> ▦ ⛌ ⊕ ⟳ ⟳ ▣ ⟳
> À prox. : ⛱

⚠ **Municipal le Châtelard** 15 juin-15 sept.
𝒫 04 92 55 94 31, comstjeanstnicolas@wanadoo.fr,
Fax 04 92 55 95 29 – **R** conseillée
2 ha (60 empl.) plat, herbeux, pierreux
Tarif : ⚑ 3,35 € ⟵ 1,20 € 🅴 4,50 € – ⚡ (6A) 2,20 €
Pour s'y rendre : E : 1 km par D 944 et chemin à droite,
chemin pour piétons reliant le camp au village
À savoir : Au bord du Drac

> Nature : ⟳ ≼ ⟳
> Loisirs : ▭ ⟳
> Services : ⚿ ⟿ ⟳ ⟳ ▥ ⟳ ⟳ ⊕
> ⟳ ▦
> À prox. : ✖

PRUNIÈRES

☒ 05230 – **334** F5 – 232 h. – alt. 1 018 – Base de loisirs
Paris 681 – Briançon 68 – Gap 23 – Grenoble 119.

⚠ **Le Roustou** déb.mai-fin févr.
𝒫 04 92 50 62 63, info@campingleroustou.com, www.cam
pingleroustou.com
11 ha/6 campables (180 empl.) plat, incliné à peu incliné,
terrasses, gravier, herbeux
Tarif : ⚑ ⟵ 🅴 11,60 € – ⚡ (4A) 3,70 €
Location : 26 ⌂ (4 à 6 pers.) 270 à 581 €/sem.
Pour s'y rendre : S : 4 km, sur N 94
À savoir : Site et cadre agréables entre lac et montagnes

> Nature : ⟳ ≼ ⟳ ⟳ ⟳
> Loisirs : ▾ snack ▭ ✖ ⛱ ⟳
> Services : ⚿ ⟿ ⟳ ⟳ ▦ ⊕ ▣
> ⟳

PUY-ST-VINCENT

☒ 05290 – **334** G4 – G. Alpes du Sud – 267 h. – alt. 1 325
🛈 *Office de tourisme, les Alberts* 🖉 *08 10 00 11 12*
Paris 700 – L'Argentière-la-Bessée 10 – Briançon 21 – Gap 83 – Guillestre 30 – Pelvoux 6.

⚠ **Croque Loisirs** 15 juin-15 sept.
🖉 04 92 23 44 22, *courrier@puysaintvincent.net*,
Fax 04 92 23 45 23, *www.paysdesecrins.com* – alt. 1 400
– **R** conseillée
2 ha (60 empl.) en terrasses, herbeux, pierreux, bois attenant
Tarif : (Prix 2006) 🛉 ⇔ 🅿 13 €
Pour s'y rendre : S : 1,8 km par rte de Puy-St-Vincent 1600
et chemin à gauche
À savoir : Site et cadre agréables

Nature : �
Loisirs : 🕾
Services : 🔥 ⊶ (15 juil.-15 août) 🆖
🗚 🖥 ⊕ 🖳

RÉALLON

☒ 05160 – **334** G5 – 194 h. – alt. 1 380
🛈 *Office de tourisme, Pra Prunier* 🖉 *04 92 44 25 67, Fax 04 92 44 32 52*
Paris 691 – Embrun 16 – Gap 34 – Mont-Dauphin 34 – Savines-le-Lac 13.

⚠ **Municipal de l'Iscle** Permanent
🖉 04 92 44 27 08, *reallon.mairie@wanadoo.fr*,
Fax 04 92 50 71 13, *www.reallon-ski.com* – alt. 1 434
– **R** conseillée
0,8 ha (50 empl.) peu incliné, gravier, pierreux, herbeux
Tarif : (Prix 2006) 🛉 ⇔ 🅿 18,85 €
Pour s'y rendre : NO : 2 km par D 241
À savoir : Agréable site montagnard, près du Réallon

Nature : � ⩾ montagnes
Loisirs : 🕾 🎱 🖘 (plan d'eau)
Services : ⊶ 🆖 🗚 🖳 🖥 ⊕ 🖳

La ROCHE-DE-RAME

706

☒ 05310 – **334** H4 – 678 h. – alt. 1 000
Paris 701 – Briançon 22 – Embrun 27 – Gap 68 – Mont-Dauphin 12 – Savines-le-Lac 38.

⚠ **Le Verger** Permanent
🖉 04 92 20 92 23, *info@campingleverger.com*,
Fax 04 92 20 92 23, *www.campingleverger.com* – **R** conseillée
1,6 ha (50 empl.) peu incliné, en terrasses, herbeux, verger
Tarif : 🛉 ⇔ 🅿 9,80 € – 🔌 (10A) 3,60 €
🚐 1 borne 4 €
Pour s'y rendre : NO : 1,2 km par N 94, rte de Briançon et
chemin des Gillis à droite

Nature : � ⩾ 🌳
Loisirs : 🕾
Services : 🔥 ⊶ 🗚 🖥 ⊕ 🏊 🖳

⚠ **Municipal du Lac** mai-15 sept.
🖉 04 92 20 90 31, *camping.lelac@laposte.net*,
Fax 04 92 20 98 51, *www.campingdulac.fr.fm* – **R** conseillée
1 ha (95 empl.) plat, peu incliné, herbeux
Tarif : (Prix 2006) 🛉 ⇔ 🅿 17 € 🔌 (6A)
Pour s'y rendre : Sortie S
À savoir : Au bord du lac

Nature : ⩾ 🌳
Loisirs : 🍸 🍴 🖘 (plage) 🐟
Services : 🔥 ⊶ (30 juin-15 sept.) 🗚
🖥 🖳 ⊕ 🖳
À prox. : canoë

La ROCHE DES ARNAUDS

☒ 05400 – **334** D5 – 953 h. – alt. 945
Paris 672 – Corps 49 – Gap 15 – St-Étienne-en-Dévoluy 33 – Serres 28.

⚠ **Au Blanc Manteau** Permanent
🖉 04 92 57 82 56 – alt. 900 – **R** conseillée
4 ha (40 empl.) plat, pierreux, herbeux
Tarif : (Prix 2006) 🛉 ⇔ 🅿 16 € – 🔌 (10A) 5,35 € – frais de
réservation 7 €
Pour s'y rendre : SO : 1,3 km par D 18 rte de Ceüze, bord
d'un torrent

Nature : ❄ � ⩾ 🌳
Loisirs : 🍸 🕾 🏋 🚲 🎱 🏊
Services : 🔥 ⊶ 🖳 🖥 🐾 ⊕ 🖳 🍴

ROSANS

✉ 05150 – **334** A6 – 493 h. – alt. 708

🛈 *Syndicat d'initiative, Écomusée* 𝄞 04 92 66 66 66

Paris 694 – Carpentras 82 – Nyons 41 – Orange 83 – Sault 71 – Sisteron 60 – Valence 139.

⛺ **Les Rosières** 1er mai-fin oct.
𝄞 04 92 66 62 06, *camping-des-rosieres@wanadoo.fr,*
Fax 04 92 66 68 90, *www.perso.wanadoo.fr/camping-des-rosieres* – **R** conseillée
9 ha/3 campables (50 empl.) plat, peu incliné, herbeux
Tarif : 🏕 4 € 🚐 4 € 🔲 4 € – 🔌 (10A) 2,90 €
Location (permanent) : 12 🛖 (4 à 6 pers.) 200 à
480 €/sem. – 5 🏠 (4 à 6 pers.) 200 à 540 €/sem.
Pour s'y rendre : NO : 2,4 km par D 94, rte de Nyons et
chemin à gauche

> Nature : 🌿 ≤
> Loisirs : 🍸 snack 🏊 ⛳ 🎣 🐎 (centre équestre)
> Services : 🛁 ⚡ GB 🅿 🗑 ☺ 🚿 🖤

ST-APOLLINAIRE

✉ 05160 – **334** G5 – 106 h. – alt. 1 285

Paris 684 – Embrun 19 – Gap 27 – Mont-Dauphin 37 – Savines-le-Lac 8.

⛺ **Campéole Le Lac** juin-sept.
𝄞 04 92 44 27 43, Fax 04 92 43 46 93, *www.campeole.fr* –
croisement difficile pour caravanes et camping-cars –
alt. 1 450 – **R** conseillée
2 ha (77 empl.) en terrasses et peu incliné, herbeux
Tarif : 🏕 🚐 🔲 13,40 €
Location : 🛖 (4 à 6 pers.) 448 à 1 162 €/sem.
À savoir : Belle situation dominante

> Nature : 🌿 ≤ lac de Serre-Ponçon et montagnes
> Services : ⚡ 🅿 🗑 🏊 ☺ 🖤 🚿
> À prox. : 🍸 snack 🎣 🏄

ST-BONNET-EN-CHAMPSAUR

✉ 05500 – **334** E4 – G. Alpes du Nord – 1 466 h. – alt. 1 025

🛈 *Office de tourisme, place Grenette* 𝄞 04 92 50 02 57, Fax 04 92 50 02 57

Paris 652 – Gap 16 – Grenoble 90 – La Mure 50.

⛺ **Camp V.V.F.** juin-sept.
𝄞 04 92 50 01 86, Fax 04 92 50 11 85 – **R** conseillée
0,4 ha (28 empl.) peu incliné, herbeux
Tarif : 🏕 🚐 🔲 9,30 € – 🔌 3,10 € – adhésion obligatoire 28 €
Pour s'y rendre : SE : 0,8 km par D 43, rte de St-Michel-de-
Chaillol et à droite

> Nature : ≤ 🏞 🌳
> Loisirs : 🍸 🏠 🎮 nocturne 🏃 🏊
> Services : ⚡ 🅿 🖤 🗑 ☺ 🖤
> À prox. : ✂ 🏊

707

ST-CLÉMENT-SUR-DURANCE

✉ 05600 – **334** H5 – 229 h. – alt. 872

Paris 715 – L'Argentière-la-Bessée 21 – Embrun 13 – Gap 54 – Mont-Dauphin 6 – Savines-le-Lac 24.

⛺ **Les Mille Vents** 10 juin-2 sept.
𝄞 04 92 45 10 90 – **R** conseillée
3,5 ha (100 empl.) plat, terrasse, herbeux, pierreux
Tarif : (Prix 2006) 🏕 🚐 🔲 12 € – 🔌 (5A) 2,50 €
Pour s'y rendre : E : 1 km par N 94, rte de Briançon et D 994D
à droite après le pont
À savoir : Au bord de la rivière

> Nature : ≤ 🌳
> Loisirs : 🏊 🏄
> Services : 🛁 ⚡ 🅿 🧺 🏊 ☺ 🚿 🖤

ST-ÉTIENNE-EN-DÉVOLUY

✉ 05250 – **334** D4 – G. Alpes du Nord – 538 h. – alt. 1 273

🛈 *Office de tourisme, maison du Dévoluy* 𝄞 04 92 58 91 91, Fax 04 92 58 91 32

Paris 651 – Corps 25 – Gap 32 – Serres 55.

⛺ **Les Auches**
𝄞 04 92 58 84 71, *viletout@aol.com, www.devoluy.com/auches* – places limitées pour le passage – **R**
1,2 ha (45 empl.) plat, pierreux, gravier, herbeux
Pour s'y rendre : SE : 1,3 km par D 17 rte du col du Noyer,
bord de la Souloise

> Nature : 🌿 ≤
> Loisirs : 🏊 🏄
> Services : 🛁 ⚡ 🧺 ☺ 🖤 🚿
> À prox. : 🚴 ✂

ST-FIRMIN

✉ 05800 – **334** E4 – G. Alpes du Nord – 438 h. – alt. 901
🛈 *Syndicat d'initiative, pont Richards* 𝒫 *04 92 55 23 21*
Paris 636 – Corps 10 – Gap 31 – Grenoble 74 – La Mure 34 – St-Bonnet-en-Champsaur 18.

La Villette 15 juin-15 sept.
𝒫 04 92 55 23 55 – **R** conseillée
0,5 ha (33 empl.) en terrasses, peu incliné, herbeux, pierreux
Tarif : ✶ ⟵ 🅴 6 € – 🔌 2,90 €
Pour s'y rendre : NO : 0,5 km par D 58 rte des Reculas

> Nature : 🌳 ≤ ♀
> Services : ⟶ 🗒 🗐 ⓐ
> À prox. : 🍴 ⌇

La Pra 15 juin-15 sept.
𝒫 04 92 55 48 76 – pour caravanes accès conseillé par D 985A
rte de St-Maurice en V. et D 58 à gauche – **R** conseillée
0,5 ha (32 empl.) non clos, en terrasses, pierreux, herbeux
Tarif : ✶ 2,80 € ⟵ 🅴 2,80 € – 🔌 2,20 €
Pour s'y rendre : NE : 0,8 km du bourg

> Nature : 🌳 ≤ montagnes
> Services : ⟶ ⤾ 🗒 ⓐ

Le SAUZÉ-DU-LAC

✉ 05160 – **334** F6 – 87 h. – alt. 1 052
Paris 697 – Barcelonette 35 – Digne-les-Bains 74 – Gap 40 – Guillestre 41.

La Palatrière 1er mai-25 sept.
𝒫 04 92 44 20 98, lapalatriere@wanadoo.fr, www.lapa
triere.com – **R** conseillée
3 ha (30 empl.) en terrasses, pierreux, herbeux
Tarif : ✶ ⟵ 🅴 11 € – 🔌 (12A) 3 €
Location (1er avr.-1er févr.) : 10 🏠 (4 à 6 pers.) 265 à
700 €/sem.
Pour s'y rendre : S : 4,6 km par D 954
À savoir : Belle situation dominant le lac de Serre-Ponçon

> Nature : 🌳 ≤ ♀
> Loisirs : 🍴 snack 🎱 🏄 ⌇
> Services : ♿ ⟶ GB ⤾ 🗒 🗐 ⓐ 🏧

708

SERRES

✉ 05700 – **334** C6 – G. Alpes du Sud – 1 204 h. – alt. 670
🛈 *Office de tourisme, rue du lac* 𝒫 *04 92 67 00 67, Fax 04 92 67 16 16*
Paris 670 – Die 68 – Gap 41 – Manosque 89 – La Mure 75 – Nyons 65.

Domaine des Deux Soleils 1er mai-30 sept.
𝒫 04 92 67 01 33, dom.2.soleils@wanadoo.fr,
Fax 04 92 67 08 02, http://perso.wanadoo.fr/2soleils –
alt. 800 – **R** conseillée
26 ha/12 campables (72 empl.) en terrasses, pierreux,
herbeux
Tarif : ✶ ⟵ 🅴 20,85 € – 🔌 (6A) – frais de réservation 22,75 €
Location : 8 🛖 (4 à 6 pers.) 280 à 495 €/sem. – 14 🏠 (4
à 6 pers.) 266 à 490 €/sem.
Pour s'y rendre : SE : 0,8 km par N 75, rte de Sisteron puis
1 km par rte à gauche, à Super-Serres

> Nature : 🌳 ⌂ ♀
> Loisirs : snack 🏄 🛶 ⌇ 🏊
> Services : ♿ ⟶ GB ⤾ 🗒 🛋 🗐 ⓐ
> 🏧 🛁

VEYNES

✉ 05400 – **334** C5 – 3 093 h. – alt. 827
🛈 *Office de tourisme, avenue Commandant Dumont* 𝒫 *04 92 57 27 43, Fax 04 92 58 16 18*
Paris 660 – Aspres-sur-Buëch 9 – Gap 25 – Sisteron 51.

Les Prés juin-sept.
𝒫 04 92 57 26 22, cotte.xavier@wanadoo.fr, www.camping-
les-pres.com – alt. 960 – **R** conseillée
0,35 ha (25 empl.) plat et peu incliné, herbeux
Tarif : ✶ 2,50 € ⟵ 🅴 5 € – 🔌 (10A) 3,30 €
Location : 5 🛖 (2 à 4 pers.) 150 à 218 €/sem.
Pour s'y rendre : NE : 3,4 km par D 994, rte de Gap puis
5,5 km par D 937 rte du col de Festre et chemin à gauche, au
lieu-dit le Petit Vaux, près de la Béoux

> Nature : 🌳 ≤ ♀
> Loisirs : 🏄 🚲 🛶 (piscine pour
> enfants)
> Services : ♿ ⟶ ⤾ ⓐ 🛁

VILLARD-LOUBIÈRE

✉ 05800 – **334** E4 – 62 h. – alt. 1 026
Paris 648 – La Chapelle-en-Valgaudémar 5 – Corps 22 – Gap 43 – La Mure 46.

△ **Les Gravières** 15 juin-15 sept.
    🖋 04 92 55 35 35, *evp05@wanadoo.fr*, Fax 04 92 55 35 35,
www.vegapasion.com – **R** conseillée
2 ha (50 empl.) plat, pierreux, herbeux, sous-bois
Tarif : 🏕 ⇌ 🗐 12,80 € 🔌 (5A)
Pour s'y rendre : E : 0,7 km par rte de la Chapelle-en-
Valgaudémar et chemin à droite
À savoir : Cadre et site agréables au bord de la Séveraisse

> Nature : 🦅 ≤ ⚲
> Loisirs : 🏠 ✂ ⤙
> Services : ⚓ ⊶ ⚡ ↗ ⚙ 🏢

Alpes-Maritimes (06)

ANTIBES

✉ 06600 – **341** D6 – G. Côte d'Azur – 72 412 h. – alt. 2
🛈 *Office de tourisme, 11, place du Général-de-Gaulle* 🖋 *04 92 90 53 00, Fax 04 92 90 53 01*
Paris 909 – Aix-en-Provence 160 – Cannes 11 – Nice 21.

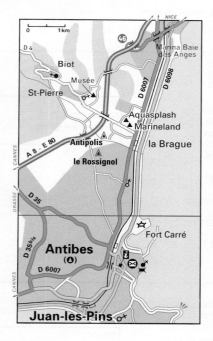

709

▲▲▲ **Antipolis** 7 avr.-16 sept.
    🖋 04 93 33 93 99, *contact@camping-antipolis.com*,
Fax 04 92 91 02 00, *www.camping-antipolis.com* – places li-
mitées pour le passage – **R** conseillée ⚸
4,5 ha (260 empl.) plat, herbeux
Tarif : 🗐 14,50 € – 🔌 (10A) 2 € – frais de réservation 26 €
Location : 154 🛏 (4 à 6 pers.) 270 à 757 €/sem.
Pour s'y rendre : 5 km au N par N 7 et chemin à gauche,
bord de la Brague

> Nature : 🏕 ⚲⚲(peupleraie)
> Loisirs : 🍽 snack, pizzeria 🏠 ⚞
> ✂ ⚊
> Services : ⚓ ⊶ ⊡ ⚡ 🗄 ↗ ⚙ ⚊
> ⚌ 🏢 sèche-linge ⚊ ⚊
> **À prox.** : parc d'attractions, parc
> aquatique

ANTIBES

⚠ **Le Rossignol** 31 mars-29 sept.
📞 04 93 33 56 98, *campinglerossignol@wanadoo.fr*,
Fax 04 92 91 98 99, *www.campingrossignol.com* – **R** conseillée
1,6 ha (111 empl.) plat et en terrasses, herbeux, gravier
Tarif : 🚶 🚐 🅴 29,90 € 🟦 (10A) – frais de réservation 16 €
Location 🏕 : 4 🏠 (4 à 6 pers.) 310 à 545 €/sem. – 23
🏠 (4 à 6 pers.) 240 à 600 €/sem.
🚐 1 borne – 27 🅴
Pour s'y rendre : 3 km au N par N 7 et av. Jules-Grec à
gauche

Nature : 🗝 ♡♡
Loisirs : 🍴 🏠 🏊
Services : 🔥 ⚡ GB 🐾 🍴 🛁 🅰 🚿
🔦 🖼

AURIBEAU-SUR-SIAGNE

✉ 06810 – **341** C6 – G. Côte d'Azur – 2 612 h. – alt. 85
🄳 *Syndicat d'initiative, 5, place de la Poste* 📞 *04 93 40 79 56*
Paris 900 – Cannes 15 – Draguignan 62 – Grasse 9 – Nice 42 – St-Raphaël 41.

⚠ **Le Parc des Monges** 7 avr.-30 sept.
📞 04 93 60 91 71, *parcdesmonges@tiscali.fr*,
Fax 04 93 60 91 71, *www.parcdesmonges.com* – **R** conseil-
lée
1,3 ha (54 empl.) plat, pierreux, herbeux
Tarif : 🚶 🚐 🅴 22 € – 🟦 (10A) 5,50 €
Location (7 avr.-30 sept.) 🏕 : 🏠 – 11 🏠 (4 à 6 pers.)
280 à 550 €/sem.
Pour s'y rendre : 1,4 km au NO par D 509, rte de Tanneron
À savoir : Au bord de la Siagne

Nature : 🌿 🗝 ♡♡
Loisirs : 🏊
Services : 🔥 ⚡ 🐾 🍴 🅰 🚿 🔦 🖼
À prox. : 🍴 ✖ snack 🛒 🚲 🚣

Le BAR-SUR-LOUP

✉ 06620 – **341** C5 – G. Côte d'Azur – 2 543 h. – alt. 320
🄳 *Office de tourisme, place Francis Paulet* 📞 *04 93 42 72 21*
Paris 916 – Cannes 22 – Grasse 10 – Nice 31 – Vence 15.

⚠ **Les Gorges du Loup** 31 mars-29 oct.
📞 04 93 42 45 06, *info@lesgorgesduloup.com*,
Fax 04 93 42 45 06, *www.lesgorgesduloup.com* – accès aux
emplacements par forte pente, mise en place et sortie des
caravanes à la demande – **R** conseillée
1,6 ha (70 empl.) fort dénivelé, en terrasses, pierreux,
herbeux
Tarif : 🚶 🚐 🅴 21,50 € – 🟦 (10A) 3 € – frais de réservation 15 €
Location : 9 🏠 (4 à 6 pers.) 280 à 535 €/sem. – 6 🏠 (4 à
6 pers.) 280 à 535 €/sem. – 1 studio
Pour s'y rendre : 1 km au NE par D 2210 puis 1 km par
chemin des Vergers à dr.
À savoir : Petites terrasses souvent à l'ombre d'oliviers
centenaires

Nature : 🌿 ⬅ 🗝 ♡♡
Loisirs : 🏠 🚲 🏊
Services : ⚡ 🅿 (tentes) 🐾 🍴 🅰 🖼
🛒

La BOCCA

✉ 06150 – **341** C6
🄳 *Office de tourisme, 1, avenue Pierre Semard* 📞 *04 93 47 04 12, Fax 04 93 90 99 85*
Paris 903 – Marseille 174 – Nice 39 – Antibes 15 – Cannes 4.

⚠ **Ranch-Camping** déb. avr.-21 oct.
📞 04 93 46 00 11, *dstallis@free.fr*, Fax 04 93 46 44 30,
www.leranchcamping.fr – **R** conseillée
2 ha (130 empl.) peu incliné, en terrasses, herbeux, pierreux
Tarif : 🚶 6 € 🚐 3 € 🅴 17 € – 🟦 (6A) 3 € – frais de réservation 10 €
Location : 6 🏠 (2 à 4 pers.) 310 à 590 €/sem. – 11 🏠 (4
à 6 pers.) 360 à 670 €/sem. – 5 🏠 (4 à 6 pers.) 390 à
670 €/sem.
Pour s'y rendre : 1,5 km au NO par D 9 puis bd de l'Esterel à
dr.

Nature : 🗝 ♡♡
Loisirs : 🏠 🚲 🏊 (petite piscine)
Services : 🔥 ⚡ GB 🐾 Ⓜ 🍴 🛁 🅰
🖼 🚿

La BOCCA

Le Parc Bellevue 1er avr.-30 sept.
℘ 04 93 47 28 97, *contact@parcbellevue.com*,
Fax 04 93 48 66 25, *www.parcbellevue.com* – **R** conseillée
5 ha (250 empl.) plat et en terrasses, herbeux
Tarif : (Prix 2006) ⚹ 4 € ⤶ 3 € 回 10 € – [*] (6A) 4 €
Location (1er avr.-30 déc.) : ⌂ – 30 ⌷ (4 à 6 pers.) 220 à
580 €/sem.
Pour s'y rendre : N : derrière le stade municipal

> Nature : ⌷ 00
> Loisirs : snack, pizzeria ⌷ ⤶ ⌇
> Services : ⅙ ⚬ ⌀ ⌷ ⌷ ⊕ 回 ⌀

CAGNES-SUR-MER

✉ 06800 – **341** D6 – G. Côte d'Azur – 43 942 h. – alt. 20
🅱 *Office de tourisme, 6, boulevard Maréchal Juin ℘ 04 93 20 61 64, Fax 04 93 20 52 63*
Paris 915 – Antibes 11 – Cannes 21 – Grasse 25 – Nice 13 – Vence 9.

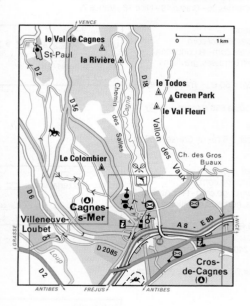

La Rivière mars-oct.
℘ 04 93 20 62 27, Fax 04 93 20 72 53 – **R** conseillée
1,2 ha (90 empl.) plat, herbeux, gravier
Tarif : ⚹ ⤶ 回 13,30 € – [*] (6A) 3,30 €
Location (avr.-sept.) ⤲ : 4 ⌷ (4 à 6 pers.) 240 à
430 €/sem.
Pour s'y rendre : 3,5 km au N par rue J.-Féraud et chemin
des Salles, bord de la Cagne

> Nature : ⌇ ⌷ 00
> Loisirs : snack, pizzeria ⌷ ⤶ ⌇
> Services : ⚬ ⌷⊟ ⌀ ⌇ ⌀ ⊕ ⌇ ⌇
> 回 ⌀

Le Val de Cagnes
℘ 04 93 73 36 53, *valdecagnes@wanadoo.fr*,
Fax 04 93 73 36 53, *www.camping-leval-cagnes.com*
– **R** conseillée
1,1 ha (34 empl.) en terrasses, herbeux, pierreux
Location ⤲ : 4 ⌷
⌷, 1 borne – 3 回
Pour s'y rendre : 3,8 km au N par rue J-Féraud et chemin
des Salles
À savoir : Fleurs, plantations et pierres de la région agré-
mentent les emplacements

> Nature : ⌇ ⌷ 00
> Loisirs : ⌷ ⌇
> Services : ⚬ ⌷ ⊕ ⌇ ⌇ 回

711

CAGNES-SUR-MER

▲ **Le Colombier** déb.avr.-fin sept.
℘ 04 93 73 12 77, *campinglecolombier06@wanadoo.fr*,
Fax 04 93 73 12 77, *www.campinglecolombier.com* – **R** in-
dispensable ✖ (déb.juil.-fin août)
0,5 ha (33 empl.) plat, peu incliné, herbeux, gravier
Tarif : ★ ⇌ 🅴 20,80 € – ⚡ (6A) 3 € – frais de réservation 5 €
Location ⚿ : 2 🛖 (4 à 6 pers.) 250 à 500 €/sem.
🚐 1 borne 6 € – 10 🅴
Pour s'y rendre : 2 km au N en dir. des collines de la rte de
Vence et au rond-point chemin de Ste-Colombe

| Nature : 🐾 ⌁ 𝕞 |
| Loisirs : 🏊 🛝 (petite piscine) |
| Services : ⚷ ⤵ 🔲 ⚲ ⊕ 🔲 sèche-linge |

La COLLE-SUR-LOUP

✉ 06480 – **341** D5 – G. Côte d'Azur – 6 697 h. – alt. 90
🅳 *Syndicat d'initiative, 28, avenue Maréchal Foch* ℘ 04 93 32 68 36, Fax 04 93 32 05 07
Paris 919 – Antibes 15 – Cagnes-sur-Mer 7 – Cannes 26 – Grasse 19 – Nice 18 – Vence 7.

▲▲▲ **Les Pinèdes** ♣♣ – 15 mars-30 sept.
℘ 04 93 32 98 94, *camplespinedes06@aol.com*,
Fax 04 93 32 50 20, *www.lespinedes.com* – **R** conseillée
3,8 ha (155 empl.) fort dénivelé, en terrasses, gravillons,
herbeux
Tarif : ★ ⇌ 🅴 26 € – ⚡ (10A) 4,50 € – frais de réservation 20 €
Location : 20 🛖 (4 à 6 pers.) 305 à 650 €/sem. – 6 🏠 (4
à 6 pers.) 310 à 660 €/sem.
🚐 1 borne 6 € – 10 🅴 29,40 €
Pour s'y rendre : 1,5 km à l'O par D 6 rte de Grasse, à 50 m
du Loup

| Nature : ⌁ 𝕠𝕠 |
| Loisirs : 🍴 ✖ 🏊 ♣♣ 🎱 ⚽ 🛝 |
| Services : ⚷ 🅶🅱 ⤵ 🔲 🔲 ⚲ ⊕ ⚖ ⤋ 🔲 ⚒ cases réfrigérées |
| À prox. : ⚞ |

▲▲ **Le Vallon Rouge** 6 avr.-31 sept.
℘ 04 93 32 86 12, *info@auvallonrouge.com*,
Fax 04 93 32 80 09, *www.auvallonrouge.com* – **R** conseillée
3 ha (103 empl.) plat, en terrasses, herbeux, gravillons,
sablonneux
Tarif : ★ 4,30 € ⇌ 3,50 € 🅴 19 € – ⚡ (10A) 4,30 € – frais de
réservation 20 €
Location : 24 🛖 (4 à 6 pers.) 240 à 690 €/sem. – 6 🏠 (4
à 6 pers.) 240 à 750 €/sem.
Pour s'y rendre : 3,5 km à l'O par D 6, rte de Grasse, bord du
Loup

| Nature : 🐾 ⌁ 𝕠𝕠 |
| Loisirs : pizzeria, snack 🏊 ♣♣ 🛝 ⚞ |
| Services : ⚙ ⚷ 🅶🅱 ⤵ 🔲 ⚲ ⊕ ⚖ ⚞ 🔲 sèche-linge ⚖ ⚒ |

▲ **Le Castellas** Permanent
℘ 04 93 32 97 05, *lecastellas.camping@wanadoo.fr*,
Fax 04 93 32 97 05, *www.camping-le-castellas.com* – places
limitées pour le passage – **R** conseillée
1,2 ha (60 empl.) plat, herbeux, gravier
Tarif : ★ 4 € ⇌ 3 € 🅴 13 € – ⚡ (6A) 2,50 €
Location (1er mars-30 oct.) ⚿ : 25 🛖 (4 à 6 pers.) 420 à
600 €/sem.
Pour s'y rendre : 4,5 km à l'O par D 6, rte de Grasse, bord du
Loup

| Nature : 𝕠𝕠 |
| Loisirs : 🏊 ⚞ |
| Services : ⚷ 🅶🅱 ⤵ 🔲 ⊕ 🔲 sèche-linge |

Si vous recherchez :
♣♣ *Un terrain offrant des équipements et des loisirs adaptés aux enfants*
⌁   *Un terrain agréable ou très tranquille*
L - M *Un terrain effectuant la location de caravanes, de mobile homes,*
      de bungalows ou de chalets
P   *Un terrain ouvert toute l'année*
🚐   *Un terrain possédant une aire de services pour camping-cars*
Consultez le tableau des localités

712

CROS-DE-CAGNES

✉ 06800 – **341** D6
Paris 923 – Marseille 194 – Nice 12 – Antibes 11 – Cannes 24.

Schéma à Cagnes-sur-Mer

Green Park ♣♣ – 1er avr.-fin sept.
℘ 04 93 07 09 96, *info@greenpark.fr*, Fax 04 93 14 36 55,
www.greenpark.fr – places limitées pour le passage
– **R** conseillée
5 ha (156 empl.) plat, en terrasses, herbeux, gravillons
Tarif : ♣ ⛺ 🅿 26,70 € – ⚡ (16A) 5,20 € – frais de réservation 25 €
Location (26 mars-15 oct.) : 23 🚐 (4 à 6 pers.) 273 à 826 €/sem. – 56 🏠 (4 à 6 pers.) 252 à 945 €/sem.
🚐 1 borne
Pour s'y rendre : 3,8 km au N, chemin du Vallon des Vaux

Nature : 🏞 🛶 🎣
Loisirs : 🍷 🍴 pizzeria 🎦 🎯 🏇 🚴 ⛳ terrain omnisports
Services : ♿ 🚰 � 🚿 🛒 🛁 sèche-linge ☕
À prox. : 🍴 🎣

Le Val Fleuri
℘ 04 93 31 21 74, *valfleur2@wanadoo.fr*,
Fax 04 93 31 21 74, *www.campingvalfleuri.fr* – **R** conseillée
1,5 ha (93 empl.) en terrasses, plat, herbeux, pierreux
Location : 9 🚐 – 2 studios
Pour s'y rendre : 3,5 km au N, chemin du Vallon des Vaux

Nature : 🏞 🎣🎣
Loisirs : 🍷 🏇 🎯
Services : ♿ 🚰 � 🛒 🛁
À prox. : 🍴

Le Todos 1er avr.-30 oct.
℘ 04 93 31 20 05, *info@letodos.fr*, Fax 04 92 12 81 66,
www.letodos.fr – **R** conseillée
1,6 ha (68 empl.) plat et terrasses, herbeux, pierreux
Tarif : ♣ ⛺ 🅿 38,40 € – ⚡ (10A) – frais de réservation 25 €
Location : 11 🚐 (4 à 6 pers.) 329 à 693 €/sem. – 9 🏠 (4 à 6 pers.) 287 à 693 €/sem.
🚐 1 borne
Pour s'y rendre : 3,8 km au N, chemin du Vallon des Vaux

Nature : 🏞 🛶 🎣🎣
Loisirs : 🏇 🎯
Services : ♿ 🚰 � 🚿 🛒 🛁
À prox. : 🍷 🍴 pizzeria ☕ 🎦 nocturne 🏇 🚴 ✂ 🎣 terrain omnisports

713

ÉZE

✉ 06360 – **341** F5 – G. Côte d'Azur – 2 509 h. – alt. 390
🛈 *Office de tourisme, place du Général-de-Gaulle* ℘ 04 93 41 26 00, Fax 04 93 41 04 80
Paris 938 – Antibes 33 – Cannes 45 – Menton 17 – Nice 12.

Les Romarins 13 avr.-23 sept.
℘ 04 93 01 81 64, *romarins06@aol.com*, Fax 04 93 76 70 43,
www.campingromarins.com – **R** conseillée
0,6 ha (41 empl.) fort dénivelé, en terrasses, pierreux, herbeux
Tarif : ♣ ⛺ 🅿 19,10 € – ⚡ (15A) 4,15 € – frais de réservation 5 €
Pour s'y rendre : 4 km au NO par D 46, Col d'Éze et D 2564, rte de Nice et de la Grande Corniche
À savoir : Réservé aux tentes

Nature : 🏞 ≤ baie de Villefranche et St-Jean-Cap-Ferrat 🎣
Loisirs : 🍷
Services : 🚰 🅿 🛒 🔧 🛁

ISOLA

✉ 06420 – **341** D2 – G. Alpes du Sud – 526 h. – alt. 873
🛈 *Office de tourisme, Immeuble le Pelvos, isola 2000* ℘ 04 93 23 15 15, Fax 04 93 23 14 25
Paris 897 – Marseille 246 – Nice 76 – Cuneo 79 – Borgo San Dalmazzo 71.

Le Lac des Neiges
℘ 04 93 02 18 16, *lac.des.lac@wanadoo.fr*,
Fax 04 93 02 19 40 – alt. 875 – **R** conseillée
3 ha (98 empl.) plat, pierreux, herbeux
Location 🚲 : 10 🚐 – 2 🚐 – gîtes
🚐 1 borne – 12 🅿
Pour s'y rendre : 0,5 km à l'O du bourg, sur D 2205, rte d'Auron près de la Tinée et d'un lac

Nature : 🛶 🎣
Loisirs : 🍷 snack 🎦 🏇 🚴 🎣 🏞 pédalos, kayak
Services : ♿ 🚰 Ⓜ 🔧 ☕ 🛁
À prox. : 🎣

MANDELIEU-LA-NAPOULE

✉ 06210 – **341** C6 – G. Côte d'Azur – 17 870 h. – alt. 4

🛈 *Office de tourisme, avenue de Cannes* ℘ *04 92 97 99 27, Fax 04 93 93 64 66*

Paris 890 – Brignoles 86 – Cannes 9 – Draguignan 53 – Fréjus 30 – Nice 37 – St-Raphaël 32.

Les Cigales Permanent

℘ 04 93 49 23 53, *campingcigales@wanadoo.fr,*
Fax 04 93 49 30 45, *www.lescigales.com* – **R** conseillée
2 ha (115 empl.) plat, herbeux, gravier
Tarif : (Prix 2006) 👤 🚗 🅴 38,50 € (7) (6A) – frais de réservation 20 €
Location : 40 🚐 (4 à 6 pers.) 335 à 715 €/sem. – 8 appartements
🚐 1 borne – 10 🅴 28 €
Pour s'y rendre : 505, av. de la Mer
À savoir : Beau cadre de verdure au bord de la Siagne, ponton d'amarrage

Nature : 🌊 🗺 ⭕⭕
Loisirs : 🏓 🎿
Services : 🚿 🔌 (mars-oct.) 🅶🅱 🐕 🍴 🗄 🐾 🏧 ♨ 🚿 🔲
À prox. : 🥤 🍷 ✕ snack 🚣 ⛳ golf

Les Pruniers

℘ 04 92 97 00 44, *contact@bungalow-camping.com,*
Fax 04 93 49 37 45, *www.bungalow-camping.com* – places limitées pour le passage – **R** conseillée
0,8 ha (55 empl.) plat, herbeux, gravier
Location : 30 🏠
Pour s'y rendre : Par av. de la Mer et r. de Pinéa
À savoir : Au bord de la Siagne, ponton d'amarrage

Nature : 🗺 ⭕⭕
Loisirs : 🏠 🏓 🎿
Services : 🔌 🗄 🎣 ♨ 🔲 🐾
À prox. : 🍷 ✕ crêperie ⛳ golf

Le Plateau des Chasses 1er avr. -30 sept.

℘ 04 93 49 25 93, *plateau3@wanadoo.fr,*
Fax 04 93 49 25 93, *www.campingduplateaudeschasses.fr* – places limitées pour le passage – **R** conseillée
4 ha/2 campables (150 empl.) peu incliné, terrasses, sablonneux, pierreux, herbeux
Tarif : 👤 🚗 🅴 19,50 € – (7) (6A) 5 €
Location : 30 🚐 (4 à 6 pers.) 335 à 650 €/sem.
Pour s'y rendre : 0,8 km au N par rte de Grand Duc

Nature : ⭕⭕
Loisirs : 🍷 snack 🏠 🏓 🎿
Services : 🔌 🅶🅱 🐕 🍴 🗄 🐾 ♨ 🏧 🔲 🐾

714

Les indications d'accès à un terrain sont généralement indiquées, dans notre guide, à partir du centre de la localité.

Lac du Basto, vallée des Merveilles

B. Kaufmann/Michelin

MENTON

☒ 06500 – **341** F5 – G. Côte d'Azur – 28 812 h.
🛈 *Office de tourisme, 8, avenue Boyer ℰ 04 92 41 76 76, Fax 04 92 41 76 58*
Paris 966 – Marseille 218 – Nice 32 – Antibes 55 – Cannes 67.

⚠ **Municipal St-Michel** fête des citrons et avr.-oct.
ℰ 04 93 35 81 23, Fax 04 93 57 12 35 – accès difficile pour
caravanes et camping-car – **R̄**
2 ha (131 empl.) en terrasses, plat, herbeux, gravillons
Tarif : (Prix 2006) 🛉 3,55 € ⟵ 3,85 € 🗉 19,50 € – (ᵮ) 2,50 €
Pour s'y rendre : 1,5 km au NE, rte de Sospel et à dr. après la
voie ferrée, au plateau St-Michel

> Nature : ọọ (oliveraie)
> Loisirs : 🍴 snack, pizzeria, le soir uniquement
> Services : ⊶ ⊖ cV ⊕ 📓 ⤳ cases réfrigérées

ROQUEBILLIÈRE

☒ 06450 – **341** E3 – G. Côte d'Azur – 1 467 h. – alt. 650
🛈 *Office de tourisme, 26, avenue Corniglion Molinier ℰ 04 93 03 51 60*
Paris 889 – Lantosque 6 – L'Escarène 35 – Nice 57 – St-Martin-Vésubie 11.

⚠ **Les Templiers** 1er janv.-mi-nov.
ℰ 04 93 03 40 28, *camping.templiers@wanadoo.fr*,
Fax 04 93 03 40 28 – **R** conseillée
1,3 ha (76 empl.) plat et terrasses, herbeux, pierreux
Tarif : (Prix 2006) 🛉 ⟵ 🗉 9,20 € – (ᵮ) (10A) 10,60 €
Location (1er avr.-30 sept.) 🛇 : 🏚
Pour s'y rendre : 0,5 km au S du vieux village par D 69 et
chemin à gauche (forte pente)
À savoir : Cadre agréable, au bord de la Vésubie

> Nature : ⋟ ⇇ ⊏⊐ ọọ
> Loisirs : 🏚 🔾
> Services : ⅙ ⊶ cV ▥ 🖪 ⩘ ⊕ 📓
> À prox. : ✗

La ROQUETTE-SUR-SIAGNE

☒ 06550 – **341** C6 – 4 445 h. – alt. 12
Paris 912 – Marseille 165 – Nice 44 – Antibes 20 – Cannes 12.

715

⚠ **St-Louis** 1er avr.-30 sept.
ℰ 04 92 19 23 13, *caravaning.st-louis@wanadoo.fr*,
Fax 04 92 19 23 14, *www.campingsaintlouis.com* – places li-
mitées pour le passage – **R** indispensable
5 ha (200 empl.) en terrasses et peu incliné, herbeux
Tarif : 🛉 ⟵ 🗉 37 € (ᵮ) (6A)
Location : 32 🏚
Pour s'y rendre : 1 km au NO par D 9

> Nature : ⋟ ⊏⊐ ọọ
> Loisirs : 🍴 pizzeria, snack 🏚 ⚓
> Services : ⅙ ⊶ cV 🖪 ⊕ ⩘ ⩗ 📓 ⤳
> À prox. : 🛒 ✗

ST-ÉTIENNE-DE-TINÉE

☒ 06660 – **341** C2 – 1 528 h. – alt. 1 147
🛈 *Office de tourisme, 1, rue des communes de France ℰ 04 93 02 41 96*
Paris 788 – Grenoble 226 – Marseille 262 – Nice 90 – Valence 279.

⚠ **Municipal du Plan d'Eau** juin-sept.
ℰ 04 93 02 41 57, *mairiecompta.7@wanadoo.fr*,
Fax 04 93 02 46 93 – **R** conseillée
0,5 ha (23 empl.) terrasses, herbeux, pierreux
Tarif : (Prix 2006) 🛉 ⟵ 🗉 8,50 €
🏚 1 borne – 6 🗉 8,50 €
Pour s'y rendre : Au N du bourg
À savoir : Dominant un joli petit plan d'eau

> Nature : ⋟ ⇇ ⊏⊐
> Loisirs : 🛝 ⚱ (plage) 🔾
> Services : ⊶ 🄿 ⊖ cV Ⓜ
> À prox. : canoë, parcours de santé

Pour choisir et suivre un itinéraire
Pour calculer un kilométrage
Pour situer exactement un terrain (en fonction des
indications fournies dans le texte) :
*Utilisez les **cartes MICHELIN** détaillées à 1/150 000,*
compléments indispensables de cet ouvrage.

ST-MARTIN-D'ENTRAUNES

✉ 06470 – **341** B3 – 88 h. – alt. 1 050
Paris 778 – Annot 39 – Barcelonnette 50 – Puget-Théniers 44.

 Le Prieuré
       ℘ 04 93 05 54 99, *le.prieure@wanadoo.fr*,
Fax 04 93 05 53 74, *http://www.le-prieure.com* – alt. 1 070
– **R** conseillée
12 ha/1,5 campable (35 empl.) peu incliné à incliné, terrasse,
herbeux, pierreux
Tarif : 🏕 🚐 🔲 11,90 € – 🔌 (6A) 3,80 € – frais de réservation 10 €
Location (permanent) : 6 🏠 (4 à 6 pers.) 255 à
575 €/sem. – 6 bungalows toilés – 10 gîtes
Pour s'y rendre : E : 1 km par D 2202, rte de Guillaumes puis
1,8 km par chemin à gauche, après le pont du Var

> Nature : 🌲 ≤ ♀
> Loisirs : snack, (dîner seulement)
> 🏠 🛝 🏊 🎯 🏊 (petite piscine)
> Services : 🚰 GB 🗗 🕏 ⓦ 🔳 🔧

Donnez-nous votre avis
sur les terrains que nous recommandons.
Faites-nous connaître vos observations et vos découvertes.

ST-MARTIN-VESUBIE

✉ 06450 – **341** E3 – G. Alpes du Sud – 1 098 h. – alt. 1 000
🛈 *Office de tourisme, place Félix Faure* ℘ 04 93 03 21 28
Paris 899 – Marseille 235 – Nice 65 – Cuneo 140 – Cagnes-sur-Mer 64.

 A la Ferme St-Joseph 20 avr.-15 oct.
       ℘ 06 70 51 90 14, *contact@camping-alafermestjo*
seph.com, *www.camping-alafermestjoseph.com*
– **R** conseillée
0,6 ha (50 empl.) incliné, plat, herbeux
Tarif : 🏕 2,80 € 🚐 2,40 € 🔲 5 € – 🔌 (6A) 3,60 € – frais de
réservation 10 €
Pour s'y rendre : S : au stade par D 2565 et à gauche

> Nature : 🌲 ≤ ♀ (verger)
> Services : 🚰 🕏 🗗 🌊 ⓦ 🔳
> À prox. : 🎯 🏊

ST-SAUVEUR-SUR-TINÉE

✉ 06420 – **341** D3 – G. Alpes du Sud – 337 h. – alt. 500
🛈 *Syndicat d'initiative, Mairie* ℘ 04 93 02 00 22, Fax 04 93 02 05 20
Paris 816 – Auron 31 – Guillaumes 42 – Isola 2000 28 – Puget-Théniers 44 – St-Étienne-de-Tinée 28.

 Municipal 15 juin-15 sept.
       ℘ 04 93 02 03 20, *mairie.st-sauveur-sur-tinee@wanadoo.fr*,
Fax 04 93 02 05 20 – **R** conseillée
0,37 ha (20 empl.) plat et terrasses, pierreux, gravillons
Tarif : (Prix 2006) 🏕 🚐 🔲 15 € 🔌 (6A)
Location : gîte d'étape
Pour s'y rendre : 0,8 km au N sur D 30 rte de Roubion, avant
le pont, au bord de la Tinée, chemin piétonnier direct pour
rejoindre le village

> Nature : ≤ ♀♀
> Loisirs : 🎯
> Services : 🚰 🅿 (tentes) ⓦ
> À prox. : 🎣

TOURRETTES-SUR-LOUP

✉ 06140 – **341** D5 – G. Côte d'Azur – 3 870 h. – alt. 400
🛈 *Office de tourisme, 2, place de la Libération* ℘ 04 93 24 18 93, Fax 04 93 59 24 40
Paris 936 – Marseille 188 – Nice 35 – Antibes 25 – Cannes 37.

 La Camassade Permanent
       ℘ 04 93.59.31.54, *courrier@camassade.com*,
Fax 04 93 59 31 81, *www.camassade.com* – **R** conseillée
1,8 ha (40 empl.) en terrasses, plat, pierreux
Tarif : (Prix 2006) 🏕 4,25 € 🚐 2,95 € 🔲 9,40 € – 🔌 4,30 €
Location : 5 🏕 (4 à 6 pers.) 245 à 485 €/sem.
Pour s'y rendre : 2,5 km au SO par D 2210, rte de Grasse et
chemin à gauche, rte de l'ancienne gare

> Nature : 🌲 💨 ♀♀♀
> Loisirs : 🏠 🏊
> Services : 🛗 🚰 GB 🕏 🔳 🗗 ⓦ 🔳
> sèche-linge

716

SOSPEL

⊠ 06380 – **341** F4 – G. Côte d'Azur – 2 885 h. – alt. 360

🏢 *Office de tourisme, 19, avenue Jean Médecin* 🖉 *04 93 04 15 80, Fax 04 93 04 19 96*
Paris 967 – Breil-sur-Roya 21 – L'Escarène 22 – Lantosque 42 – Menton 19 – Nice 41.

Le Mas Fleuri (location exclusive de mobile homes et chalets) Permanent
🖉 *04 93 04 14 94, camping-le-mas-fleuri@wanadoo.fr,*
Fax *04 93 04 03 86, www.camping-mas-fleuri.com* – empl.
traditionnels également disponibles – **R** conseillée
11,5 ha plat, en terrasses
Location : 20 🚐 – 24 🏠 – gîtes
Pour s'y rendre : 2 km au NO par D 2566, route du col de Turini et à gauche

| Nature : 🌄 ≤ 🌳 |
| Loisirs : 🍴 ✗ snack 🎱 🏊 |
| Services : 🚿 ⬛ 🚮 🗑 🔥 🔌 ♨ 🧺 |

Domaine Ste-Madeleine 31 mars-30 sept.
🖉 *04 93 04 10 48, camp@camping-sainte-madeleine.com,*
Fax *04 93 04 18 37, www.camping-sainte-madeleine.com* –
R indispensable
3 ha (90 empl.) en terrasses, herbeux, pierreux
Tarif : 🧍 4,20 € – 🚗 2,50 € 🔲 8,10 € – 🔌 (16A) 2,90 €
Location 🏷 (14 juil.-19 août) : 10 🏠 (4 à 6 pers.) 275 à 575 €/sem. – 3 🛏
Pour s'y rendre : 4,5 km au NO par D 2566, rte du col de Turini

| Nature : 🌄 ≤ 🌳🌳 |
| Loisirs : 🚣 🏊 |
| Services : 🚿 ⚓ 🗑 🔥 ♨ 🔌 |

Municipal
🖉 *04 93 04 33 17, secretariatmaire-sospel@wanadoo.fr*
1 ha (32 empl.) plat, herbeux
Pour s'y rendre : NO : route du col de Turini, au stade, au bord de la rivière

| Nature : 🌄 🌳🌳 |
| Services : ⚓ 🔥 ♨ 🚽 🚰 |
| À prox. : ✗ 🎣 |

VENCE

⊠ 06140 – **341** D5 – G. Côte d'Azur – 16 982 h. – alt. 325

🏢 *Office de tourisme, 8, place du Grand Jardin* 🖉 *04 93 58 06 38, Fax 04 93 58 91 81*
Paris 923 – Antibes 20 – Cannes 30 – Grasse 24 – Nice 23.

Domaine de la Bergerie 25 mars-15 oct.
🖉 *04 93 58 09 36, info@camping-domainedelaberge*
rie.com, Fax 04 93 59 80 44, www.camping-domainedela
bergerie.com – **R** conseillée
30 ha/13 campables (450 empl.) plat et en terrasses, rocailleux, herbeux
Tarif : (Prix 2006) 🧍 🚗 🔲 25,80 € 🔌 (5A) – frais de réservation 15 €
🚐 1 borne 4 €
Pour s'y rendre : 4 km à l'O par D 2210, rte de Grasse et chemin à gauche
À savoir : Ancienne bergerie joliment restaurée

| Nature : 🌄 🏕 🌳🌳🌳 |
| Loisirs : 🍴 ✗ 🚣 🏐 🏊 parcours sportif |
| Services : 🚿 ⚓ ⬛ 🗑 🥘 🔥 ♨ 🚰 🚽 🔌 🧺 🚮 |

VILLENEUVE-LOUBET

⊠ 06270 – **341** D6 – G. Côte d'Azur – 12 935 h. – alt. 10

🏢 *Office de tourisme, 16, avenue de la Mer* 🖉 *04 92 02 66 16, Fax 04 92 02 66 19*
Paris 915 – Antibes 12 – Cagnes-sur-Mer 3 – Cannes 22 – Grasse 24 – Nice 15 – Vence 10.

à Villeneuve-Loubet-Plage S : 5 km – ⊠ 06270

La Vieille Ferme Permanent
🖉 *04 93 33 41 44, info@vieilleferme.com,*
Fax *04 93 33 37 28, www.vieilleferme.com* – **R** conseillée
2,9 ha (153 empl.) en terrasses, plat, gravillons, herbeux
Tarif : 🧍 🚗 🔲 34,76 € 🔌 (10A) – frais de réservation 25 €
Location (permanent) : 30 🏠 (4 à 6 pers.) 350 à 670 €/sem.
Pour s'y rendre : 2,8 km au S par N7, rte d'Antibes et à dr., bd des Groules

| Nature : 🏕 🌳🌳 |
| Loisirs : 🎱 🚣 🔌 🏊 (couverte l'hiver) |
| Services : 🚿 ⚓ ⬛ 🗑 🥘 🔥 ♨ 🚰 🚽 💧 🧺 sèche-linge 🧺 cases réfrigérées |
| À prox. : ✗ |

VILLENEUVE-LOUBET

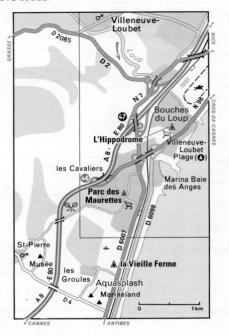

Parc des Maurettes 10 janv.-15 nov.
 ℘ 04 93 20 91 91, *info@parcdesmaurettes.com*,
Fax 04 93 73 77 20, *www.parcdesmaurettes.com*
– **R** conseillé
2 ha (140 empl.) en terrasses, pierreux, gravier
Tarif : ⋆ ⇌ ▣ 28,60 € – ⚡ (10A) 5,15 € – frais de réservation 24 €
Location : 10 ⌂ (4 à 6 pers.) 390 à 629 €/sem.
⛽ 1 borne 6 €
Pour s'y rendre : 730 av. du Dr.-Lefebvre par N 7
À savoir : Agréable espace relax'balnéo

Nature : ⌒ 🌳🌳
Loisirs : ▦ ≋ jacuzzi informations touristiques ⛹
Services : ⛵ ⚬ ⓟ (tentes) ⚷ ⚸
▦ ⛆ ⊕ ⛆ ⚶ ⚘ ⚙ ▣ sèche-linge
À prox. : 🍴

L'Hippodrome Permanent
 ℘ 04 93 20 02 00, *blsced@aol.com*, Fax 04 92 13 20 07,
www.meublecamping-hippodrome.com/– **R** conseillé
0,8 ha (46 empl.) plat, gravillons
Tarif : ⋆ 4,70 € ⇌ 3,10 € ▣ 20 € – ⚡ (10A) 5 € – frais de réservation 16 €
⛽ 1 borne – 5 ▣
Pour s'y rendre : 1 et 2 av. des Rives, à 400 m de la plage, derrière Géant Casino

Nature : ⌒ 🌳🌳
Loisirs : ▦ ⛹ ☂ (découverte en saison)
Services : ⛵ ⚬ ⚸ ▦ ⛆ ⊕ ⛆ ⚶
⚘ ▣ sèche-linge réfrigérateur
À prox. : 🍴 snack

Si vous recherchez :
👫 *Un terrain offrant des équipements et des loisirs adaptés aux enfants*
🌿 *Un terrain agréable ou très tranquille*
L - M *Un terrain effectuant la location de caravanes, de mobile homes, de bungalows ou de chalets*
P   *Un terrain ouvert toute l'année*
⛽ *Un terrain possédant une aire de services pour camping-cars*
Consultez le tableau des localités

AIX-EN-PROVENCE

⌧ 13090 – **340** H4 – G. Provence – 134 222 h. – alt. 206
🛈 *Office de tourisme, 2, place du Général-de-Gaulle* ✆ *04 42 16 11 61, Fax 04 42 16 11 62*
Paris 752 – Aubagne 39 – Avignon 82 – Manosque 57 – Marseille 30 – Salon-de-Provence 37 – Toulon 84.

Le Chantecler ♣♣ – Permanent
✆ 04 42 26 12 98, *info@campingchantecler.com*,
Fax 04 42 27 33 53, *www.campingchantecler.com* ⚡
8 ha (240 empl.) plat à peu incliné et en terrasses, pierreux,
herbeux
Tarif : ♦ 5,70 € ⟶ 3,50 € ▣ 6,90 € – ⚡ (5A) 3,50 €
Location : 23 ⟨⟩ (4 à 6 pers.) 450 à 600 €/sem. – 10 ⟨⟩ (4
à 6 pers.) 450 à 650 €/sem.
⟨⟩ 1 borne
Pour s'y rendre : par centre-ville : 2,5 km au SE, accès par
cours Gambetta, av. du Val St-André
À savoir : Vue sur la Montagne-Ste-Victoire. Location à la
nuitée hors sais.

Nature :
Loisirs : ♥ snack
Services : sèche-linge

ARLES

⌧ 13200 – **340** C3 – G. Provence – 50 513 h. – alt. 13
🛈 *Office de tourisme, boulevard des Lices* ✆ *04 90 18 41 20, Fax 04 90 18 41 29*
Paris 719 – Aix-en-Provence 77 – Avignon 37 – Cavaillon 44 – Marseille 94 – Montpellier 84 – Nîmes 32 –
Salon-de-Provence 46.

O : 14 km par N 572 rte de St-Gilles et D 37 à gauche

Crin Blanc ♣♣ – avr.-sept.
✆ 04 66 87 48 78, *camping-crin.blanc@wanadoo.fr*,
Fax 04 66 87 18 66, *www.camping-crin-blanc.com* – **R** indispensable
4,5 ha (153 empl.) plat, herbeux, pierreux
Tarif : ♦ ⟶ ▣ 23 € ⚡ (10A) – frais de réservation 10 €
Location (permanent) : 24 ⟨⟩ (4 à 6 pers.) 350 à
670 €/sem. – 6 ⟨⟩ (4 à 6 pers.) 350 à 670 €/sem.
Pour s'y rendre : Au SO de Saliers par D 37

Nature :
Loisirs : ♥ snack, pizzeria
Services :
À prox. :

719

CARRO

⌧ 13500 – **340** F6 – G. Provence
Paris 787 – Marseille 44 – Aix-en-Provence 51 – Martigues 13 – Aubagne 61.

L'Hippocampe, les Chalets de la Mer (location
exclusive de chalets) Permanent
✆ 04 42 80 73 46, *camping.hippocampe@wanadoo.fr*,
Fax 04 42 80 73 46 – **R** conseillée
3 ha plat, gravier
Location ⓟ : 60 ⟨⟩ (4 à 6 pers.) 247 à 954 €/sem.
Pour s'y rendre : rte de la Tramontane

Nature :
Loisirs : snack
Services :

CEYRESTE

⌧ 13600 – **340** I6 – 3 636 h. – alt. 60
Paris 804 – Aubagne 18 – Bandol 18 – La Ciotat 5 – Marseille 34 – Toulon 36.

Ceyreste
✆ 04 42 83 07 68, *campingceyreste@yahoo.fr*,
Fax 04 42 83 19 92, *www.campingceyreste.com* – **R** conseillée
3 ha (150 empl.) en terrasses, pierreux
Location : 10 ⟨⟩ – 65 ⟨⟩
Pour s'y rendre : N : 1 km par av. Eugène-Julien

Nature :
Loisirs : ♥
Services : cases réfrigérées
À prox. : **parcours de santé**

CHÂTEAURENARD

✉ 13160 – **340** E2 – G. Provence – 12 999 h. – alt. 37
🛈 *Syndicat d'initiative, 11, cours Carnot* ✆ *04 90 24 25 50*
Paris 692 – Avignon 10 – Carpentras 37 – Cavaillon 23 – Marseille 95 – Nîmes 44 – Orange 40.

⚠ **La Roquette** 1ᵉʳ mars-31 oct.
✆ *04 90 94 46 81, contact@camping-la-roquette.com,*
Fax *04 90 94 46 81, www.camping-la-roquette.com* – **R** indispensable
2 ha (75 empl.) plat, herbeux
Tarif : ✝ 4,70 € – ⇌ 2,50 € – 🅴 5,70 € – 🔋 (6A) 2,90 € – frais de
réservation 3,80 €
Location (1ᵉʳ avr.-31 oct.) ⚓ : 8 🏠 (4 à 6 pers.) 322 à
480 €/sem.
Pour s'y rendre : E : 1,5 km par D 28 rte de Noves et à droite,
près de la piscine - par A 7 sortie Avignon-Sud

Loisirs : ♈ snack 🛶 🚲 🛝
Services : 🚿 ⛽ 🆖 📺 ⑤ 🗑 ⚖ ◎ 🦽 🚾 🖼
À prox. : 🍴 🎣

Ne pas confondre :
⚠ ... à ... ⩘ *: appréciation* **MICHELIN**
et
★ ... à ... ★★★★ *: classement officiel*

La CIOTAT

✉ 13600 – **340** I6 – G. Provence – 31 630 h.
🛈 *Office de tourisme, boulevard Anatole France* ✆ *04 42 08 61 32, Fax 04 42 08 17 88*
Paris 802 – Aix-en-Provence 53 – Brignoles 62 – Marseille 32 – Toulon 36.

⩘ **St-Jean** 2 juin-22 sept.
✆ *04 42 83 13 01, stjean@easyconnect.fr,*
Fax *04 42 71 46 41, www.asther.com/stjean*
1 ha (80 empl.) plat, pierreux, herbeux
Tarif : ✝ ⇌ 🅴 31,50 € 🔋 (6A)
Location ⚓ : studios
Pour s'y rendre : NE : 2 km, av. de St-Jean, vers Toulon
À savoir : Au bord de mer

Nature : 🌳🌳
Loisirs : ♈ ✕ 🏠
Services : 🚿 ⛽ 🆖 🗑 ◎ 🖼 ⚖
À prox. : 🏬

720

La COURONNE

✉ 13500 – **340** F5 – G. Provence
Paris 786 – Marseille 42 – Aix-en-Provence 49 – Martigues 11 – Aubagne 59.

⩘ **Le Mas** ♣ – 3 mars-14 oct.
✆ *04 42 80 70 34, camping.le-mas@wanadoo.fr,*
Fax *04 42 80 72 82, www.camping-le-mas.com* – places limitées pour le passage – **R** conseillée
5,5 ha (300 empl.) en terrasses, plat, pierreux
Tarif : ✝ 6,30 € – ⇌ 4 € – 🅴 6,30 € – 🔋 (6A) 6 € – frais de
réservation 20 €
Location ⚓ : 150 🏠 (4 à 6 pers.) 182 à 805 €/sem. – 40
🏡 (4 à 6 pers.) 273 à 770 €/sem.
🚐 1 borne
Pour s'y rendre : 4 km au SE par D 49 rte de Sausset-les-Pins
et à dr., à la plage de Ste-Croix

Nature : 🌳🌳
Loisirs : ♈ snack, pizzeria 🏠 🏓 🛶 🛝
Services : 🚿 ⛽ 🆖 📺 🗑 🛁 ◎ 🦽 🖼 sèche-linge ⚖
À prox. : ⚓ ✕

⩘ **Municipal L'Arquet** mi-mars-fin oct.
✆ *04 42 42 81 00, camping.arquet@wanadoo.fr,*
Fax *04 42 42 34 50, www.semovim-martigues.com*
✉ 13500 MARTIGUES – **R** conseillée
6 ha (330 empl.) plat, terrasse, sablonneux, pierreux
Tarif : (Prix 2006) ✝ ⇌ 🅴 15,50 € – 🔋 3,80 €
Location : 18 🏠 (4 à 6 pers.) 163 à 565 €/sem.
🚐 1 borne 9,10 €
Pour s'y rendre : 1 km au S, chemin de la Batterie, à 200 m
de la mer

Nature : 🌳🌳
Loisirs : 🏠 🏓 🚲
Services : 🚿 ⛽ 🆖 📺 🗑 ◎ 🖼 sèche-linge ⚖

La COURONNE

Les Mouettes 31 mars-30 sept.
 ℘ 04 42 80 70 01, *campinglesmouettes@wanadoo.fr*,
Fax 04 42 80 70 01, *www.campinglesmouettes.fr*
– **R** conseillée
2 ha (131 empl.) terrasse, plat, pierreux
Tarif : ♣ ⟵ 目 12,20 € – 🅖 (6A) 4,30 € – frais de réservation 6 €
Location : 12 🚐 (4 à 6 pers.) 155 à 540 €/sem. – 17 🏠 (4 à 6 pers.) 200 à 550 €/sem. – 13 studios
Pour s'y rendre : Plage de Ste-Croix

Nature : 🔎	
Loisirs : 🍴 pizzeria, le soir seulement	
Services : ⊟ ♿ ⊙ 🚿 🚾 🗑	
À prox. : 🏊	

FONTVIEILLE

✉ 13990 – **340** D3 – G. Provence – 3 456 h. – alt. 20
🅱 *Office de tourisme, 5, rue Marcel Honorat* ℘ 04 90 54 67 49, Fax 04 90 54 69 82
Paris 712 – Arles 12 – Avignon 30 – Marseille 92 – St-Rémy-de-Provence 18 – Salon-de-Provence 37.

Municipal les Pins
 ℘ 04 90 54 78 69, *campingmunicipal.lespins@wanadoo.fr*,
Fax 04 90 54 81 25 – **R** conseillée
3,5 ha (150 empl.) plat et peu incliné, pierreux, herbeux
🚐 1 borne
Pour s'y rendre : Sortie E par D 17, rte de Maussane-les-Alpilles puis à dr. 0,9 km par r. Michelet et chemin
À savoir : Plaisante situation au coeur d'une pinède

Nature : 🔎 🌳	
Loisirs : 🏓 🏖	
Services : ♿ ⚡ 🗑 ⊙ 🚿 🚾 🗑 sèche-linge	
À prox. : 🏊 parcours sportif	

GRAVESON

✉ 13690 – **340** D2 – G. Provence – 3 188 h. – alt. 14
🅱 *Office de tourisme, cours National* ℘ 04 90 95 88 44
Paris 696 – Arles 25 – Avignon 14 – Cavaillon 30 – Nîmes 38 – Tarascon 12.

Les Micocouliers 15 mars-15 oct.
 ℘ 04 90 95 81 49, *micocou@free.fr, http://micocou.free.fr*
– **R** conseillée
3,5 ha/2 campables (60 empl.) plat, pierreux, herbeux
Tarif : ♣ 5,80 € ⟵ 2,20 € 目 5,70 € – 🅖 (8A) 4,50 € – frais de réservation 8 €
Location : 3 🚐 (4 à 6 pers.) 340 à 610 €/sem.
Pour s'y rendre : SE : 1,2 km par D 28, rte de Châteaurenard et D 5 à droite, rte de Maillane

Nature : 🌳	
Loisirs : 🏊	
Services : ♿ ⚡ ⊟ ♿ 🅼 🗑 ⊙ 📶 🗑	

721

MALLEMORT

✉ 13370 – **340** G3 – 4 984 h. – alt. 120
🅱 *Office de tourisme, avenue des Frères Roqueplan* ℘ 04 90 57 41 62, Fax 04 90 59 43 34
Paris 716 – Aix-en-Provence 34 – Apt 38 – Cavaillon 20 – Digne-les-Bains 124 – Manosque 72.

Durance Luberon 1er avr.-15 oct.
 ℘ 04 90 59 13 36, *duranceluberon@orange.fr*,
Fax 04 90 57 46 62, *www.campingduranceluberon.com* –
pour les caravanes, l'accès par le centre ville est déconseillé,
accès par N 7 et D 561, rte de Charleval – **R** conseillée
4 ha (110 empl.) plat, herbeux
Tarif : (Prix 2006) ♣ ⟵ 目 12,50 € – 🅖 (10A) 3,50 € – frais de réservation 10 €
Location : 6 🚐 (4 à 6 pers.) 370 à 480 €/sem.
Pour s'y rendre : SE : 2,8 km par D 23, à 200 m du canal, vers la centrale E.D.F. - par A7 sortie 26 et 7

Nature : 🌿 🌳 🎋	
Loisirs : snack 🏓 🏖 🚲 🎾 🏊 🐎	
Services : ⚡ ♿ 🚰 🗑 ⊙ 🚿 🚾 🗑 🛒	

Benutzen Sie
– zur Wahl der Fahrtroute
– zur Berechnung der Entfernungen
– zur exakten Lokalisierung eines Campingplatzes (mit Hilfe der Angaben im Ortstext)
*die für diesen Führer unentbehrlichen **MICHELIN-Karten** im Ma1 : 150 000.*

MAUSSANE-LES-ALPILLES

✉ 13520 – **340** D3 – 1 968 h. – alt. 32
🏛 *Office de tourisme, place Laugier de Monblan* 🕿 *04 90 54 52 04*
Paris 712 – Arles 20 – Avignon 30 – Marseille 81 – Martigues 44 – St-Rémy-de-Provence 10 –
Salon-de-Provence 29.

⚏ **Municipal les Romarins** 15 mars-15 oct.
🕿 04 90 54 33 60, *camping-municipal-maussane@wana*
doo.fr, Fax 04 90 54 41 22 – **R** conseillée
3 ha (144 empl.) plat, herbeux, pierreux
Tarif : (Prix 2006) 👤 🚐 🗉 17,10 € ⓗ (10A)
Pour s'y rendre : Sortie N par D 5, rte de St-Rémy-de-
Provence

Nature : ⌂ 00
Loisirs : 🎲 🏊 🍴
Services : 🚿 🔌 GB 🚲 🗉 ⊙ 🧺 🖳 📞 📷
À prox. : 🏊

MOURIÈS

✉ 13890 – **340** E3 – 2 752 h. – alt. 13
🏛 *Office de tourisme, 2, rue du Temple* 🕿 *04 90 47 56 58, Fax 04 90 47 67 33*
Paris 713 – Arles 29 – Les Baux-de-Provence 12 – Cavaillon 26 – Istres 24 – Salon-de-Provence 22.

⚏ **Le Devenson** 24 mars-15 sept.
🕿 04 90 47 52 01, *devenson@libertysurf.fr*,
Fax 04 90 47 63 09, *www.camping-devenson.com*
– **R** conseillée – séjour minimum 1 semaine
12 ha/3,5 campables (60 empl.) en terrasses, pierreux,
rocheux, oliveraie
Tarif : 👤 🚐 🗉 10 € – ⓗ (5A) 3 €
Pour s'y rendre : NO : 2 km par D 17 et D 5 à droite
À savoir : Agréable situation sous les pins et parmi les oliviers

Nature : 🌲 ← ⌂ 00 (pinède)
Loisirs : 🎲 🏊
Services : 🔌 🚲 🗉 🧺 ⊙ 📷 cases réfrigérées

PUYLOUBIER

✉ 13114 – **340** J4 – 1 473 h. – alt. 380
🏛 *Syndicat d'initiative, square Jean Casanova* 🕿 *04 42 66 34 45*
Paris 775 – Aix-en-Provence 26 – Rians 38 – St-Maximin-la-Ste-Baume 19.

⚏ **Municipal Cézanne** 1er avr.-15 nov.
🕿 04 42 66 36 33, *contact@le-cezanne.com*,
Fax 04 42 66 36 33, *www.le-cezanne.com* – **R** conseillée
1 ha (50 empl.) peu incliné et en terrasse, pierreux, herbeux
Tarif : 👤 4,50 € 🚐 2 🗉 6 € – ⓗ (10A) 2 €
Pour s'y rendre : Sortie E par D 57, au stade
À savoir : Au pied de la Montagne Ste-Victoire

Nature : 00
Loisirs : 🍴
Services : 🔌 🚲 ⊙ 📷

La ROQUE-D'ANTHÉRON

✉ 13640 – **340** G3 – G. Provence – 4 446 h. – alt. 183
🏛 *Office de tourisme, 3, cours Foch* 🕿 *04 42 50 70 74, Fax 04 42 50 70 76*
Paris 726 – Aix-en-Provence 29 – Cavaillon 34 – Manosque 60 – Marseille 58 – Salon-de-Provence 27.

⚏ **Silvacane en Provence** 16 juin-2 sept.
🕿 04 42 50 40 54, *www.silvacane@village-center.com*,
Fax 04 42 50 41 75, *www.village-center.com* – **R** conseillée
6 ha/4 campables (133 empl.) plat, peu incliné, en terrasses,
pierreux, herbeux
Tarif : 👤 🚐 🗉 19,50 € ⓗ (10A) – frais de réservation 26 €
Location : 6 🛏 (4 à 6 pers.) 225 à 580 €/sem.
Pour s'y rendre : sortie O par D 561, rte de Charleval, près
du canal

Nature : ← ⌂ 000
Loisirs : 🎲 🏊 🏊 mur d'escalade
Services : 🚿 🔌 GB 🚲 🗉 ⊙ 📷 🖳
À prox. : 🛒

ST-ÉTIENNE-DU-GRÈS

⊠ 13103 – **340** D3 – 2 103 h. – alt. 7

Paris 706 – Arles 16 – Avignon 24 – Les Baux-de-Provence 15 – St-Rémy-de-Provence 9 – Tarascon 8.

△ **Municipal du Grès** 1er avr.-fin oct.
    𝒫 04 90 49 00 03, *campingmunicipaldugres@wanadoo.fr*,
    mairie-saintetiennedugres.fr – **R** conseillée
    0,6 ha (40 empl.) plat, herbeux, pierreux
    Tarif : (Prix 2006) 🚶 2,20 € – 🚗 1 € – 🔲 2,50 € – [¿] (10A) 2,80 €
    Pour s'y rendre : Sortie NO par D 99, rte de Tarascon, près
    du stade, à 50 m de la Vigueira

Nature : 🏕 ọọ
Services : ⌐ 🅰 🛖 🚿

ST-RÉMY-DE-PROVENCE

⊠ 13210 – **340** D3 – G. Provence – 9 806 h. – alt. 59

🄳 *Office de tourisme, place Jean Jaurès* 𝒫 04 90 92 05 22, Fax 04 90 92 38 52

Paris 702 – Arles 25 – Avignon 20 – Marseille 89 – Nîmes 45 – Salon-de-Provence 39.

△△ **Mas de Nicolas** mi-mars-mi-févr.
    𝒫 04 90 92 27 05, *camping-masdenicolas@nerim.fr*,
    Fax 04 90 92 36 83, *www.camping-masdenicolas.com*
    – **R** conseillée
    4 ha (140 empl.) plat, peu incliné, herbeux, pierreux
    Tarif : (Prix 2006) 🚶 🚗 🔲 17 € – [¿] (6A) 3,30 € – frais de
    réservation 17 €
    Location : 21 ⊡ (4 à 6 pers.) 300 à 620 €/sem. – 13 🏠 (4
    à 6 pers.) 300 à 620 €/sem.
    Pour s'y rendre : Sortie N rte d'Avignon puis 1 km par D 99
    (déviation) rte de Cavaillon, à dr. et r. Théodore-Aubanel à gauche

Nature : 🏞 ≤ ⌐ ọọ
Loisirs : 🎮 🏋 🏊 hammam ja-
cuzzi 🏓 🎿
Services : ⅙ ⊶ GB ⅌ 🚽 🕴 🅰 🛖
🚿 🐾 💧 🎣

△△ **Monplaisir** 1er mars-31 oct.
    𝒫 04 90 92 22 70, *reception@camping-monplaisir.fr*,
    Fax 04 90 92 18 57, *www.camping-monplaisir.fr* – **R** conseillée
    2,8 ha (130 empl.) plat, herbeux, pierreux
    Tarif : 🚶 🚗 🔲 20,80 € – [¿] (6A) – frais de réservation 17 €
    Location 🏷 : 40 ⊡ – 2 🏠 (4 à 6 pers.) 320 à 580 €/sem.
    Pour s'y rendre : 0,8 km au NO par D 5 rte de Maillane et
    chemin à gauche
    À savoir : Agréable cadre fleuri autour d'un mas provençal

Nature : 🏞 ⌐ ọọ
Loisirs : 🍴 🏋 🏓 🎿
Services : ⅙ ⊶ GB ⅌ M 🕴 🅰 🛖
🚿 🐾 💧 🎣 sèche-linge 🧺 🍴
À prox. : 🛒

△△ **Pégomas**
    𝒫 04 90 92 01 21, *contact@campingpegomas.com*,
    Fax 04 90 92 01 21, *www.campingpegomas.com* – **R** conseillée
    2 ha (105 empl.) plat, herbeux
    Tarif : 🚶 🚗 🔲 11,50 € – [¿] (6A) 3,20 € – frais de réser-
    vation 17 €
    Location 🏷 : 6 ⊡ (4 à 6 pers.) 200 à 500 €/sem.
    🚐 1 borne
    Pour s'y rendre : Sortie E par D 99ᴬ rte de Cavaillon et à
    gauche, à l'intersection du chemin de Pégomas et av.
    Jean-Moulin (vers D 30, rte de Noves)

Nature : ⌐ ọọ
Loisirs : 🍴 🏓 🎿
Services : ⅙ ⊶ GB ⅌ 🕴 🅰 🛖 💧
🎣 sèche-linge cases réfrigérées
À prox. : 🍴

723

STES-MARIES-DE-LA-MER

✉ 13460 – **340** B5 – G. Provence – 2 478 h. – alt. 1
🛈 *Office de tourisme, 5, avenue Van Gogh* ℘ *04 90 97 82 55, Fax 04 90 97 71 15*
Paris 761 – Aigues-Mortes 31 – Arles 40 – Marseille 131 – Montpellier 67 – Nîmes 55 – St-Gilles 36.

⚲   **Le Clos du Rhône**
℘ 04 90 97 85 99, *leclos@saintesmaries.com*,
Fax 04 90 97 78 85 – **R** indispensable
7 ha (448 empl.) plat, sablonneux
Location : 50 🚐 – 6 🏠 – 10 bungalows toilés
🚐, 1 borne
Pour s'y rendre : 2 km à l'O par D 38 et à gauche
À savoir : Près du petit Rhône et de la plage

Nature : 𝒐
Loisirs : 🏠 🎣 🏊 🛶 🐟
Services : 🕭 🛒 🚿 🛗 🗑 🛢 ⊛ 🗑 🏧 📳
sèche-linge 🖾, cases réfrigérées
À prox. : 🐎

Ne prenez pas la route au hasard !
Michelin *vous apporte à domicile*
ses conseils routiers,
touristiques, hôteliers : **www.ViaMichelin.fr !**

SALON-DE-PROVENCE

✉ 13300 – **340** F4 – G. Provence – 37 129 h. – alt. 80
🛈 *Office de tourisme, 56, cours Gimon* ℘ *04 90 56 27 60, Fax 04 90 56 77 09*
Paris 720 – Aix-en-Provence 37 – Arles 46 – Avignon 50 – Marseille 54 – Nîmes 76.

⚲   **Nostradamus** 1er mars-31 oct.
℘ 04 90 56 08 36, *gilles.nostra@wanadoo.fr*,
Fax 04 90 56 65 05, *www.camping-nostradamus.com*
– **R** conseillée
2,7 ha (83 empl.) plat, herbeux
Tarif : 🛉 5,60 € – 🚗 1,90 € – 🔟 7 € – 🔌 (10A) 5,95 € – frais de
réservation 15 €
Location (permanent) : 12 🚐 (4 à 6 pers.) 297 à
581 €/sem.
Pour s'y rendre : NO : 5,8 km par D 17, rte d'Eyguière et
D 72D à gauche
À savoir : Au bord d'un canal

Nature : 🏞 ☐ 𝒐𝒐
Loisirs : 🏠 🏓 🏊
Services : 🕭 🛒 ⊖🖻 🗑 🛗 🗑 🏧 ⊛
🏧 🏧 🕯 ☯ 📳

724

Var (83)

Les ADRETS-DE-L'ESTEREL

✉ 83600 – **340** P4 – 2 063 h. – alt. 295
🛈 *Office de tourisme, place de la Mairie* ℘ *04 94 40 93 57*
Paris 881 – Cannes 26 – Draguignan 44 – Fréjus 17 – Grasse 30 – Mandelieu-la-Napoule 15 – St-Raphaël 18.

⚲   **Les Philippons** avr.-15 oct.
℘ 04 94 40 90 67, *info@philipponscamp.com*,
Fax 04 94 19 35 92, *www.philipponscamp.com* – **R** conseillée
5 ha (150 empl.) en terrasses, pierreux, herbeux, fort
dénivelé
Tarif : (Prix 2006) 🛉 🚗 🔟 22,50 € 🔌 (10A) – frais de réser-
vation 12 €
Location : 10 🏠 (4 à 6 pers.) 255 à 680 €/sem.
Pour s'y rendre : 3 km à l'E par D 237, rte de l'Église d'Adrets.
A8, sortie 39
À savoir : Cadre sauvage sous les oliviers, eucalyptus, chê-
nes-lièges

Nature : 🏞 ⪡ ☐ 𝒐𝒐
Loisirs : 🍴 pizzeria 🏓 🏊
Services : 🛒 ⊖🖻 🗑 🛗 🗑 🏧 ⊛ 📳
sèche-linge 🖾 réfrigérateurs

AGAY

⊠ 83530 – **340** Q5 – G. Côte d'Azur
🖪 *Syndicat d'initiative, place Giannetti* 🖉 *04 94 82 01 85, Fax 04 94 82 74 20*
Paris 880 – Cannes 34 – Draguignan 43 – Fréjus 12 – Nice 65 – St-Raphaël 9.

Esterel Caravaning ▲▲ – avr.-sept.
🖉 04 94 82 03 28, *contact@esterel-caravaning.fr*,
Fax 04 94 82 87 37, *www.esterel-caravaning.fr* – **R** indispensable
12,5 ha (485 empl.) en terrasses, peu incliné, pierreux
Tarif : (Prix 2006) 🛉 ⇌ 🅴 42 €
Location : 200 ⌷⌷⌷ (4 à 6 pers.) 280 à 770 €/sem.
⌷⌷, 1 borne
Pour s'y rendre : 4 km au NO
À savoir : Réservé aux caravanes

> Nature : 🏔 ⊏⊐ ⚬⚬
> Loisirs : 🍴 ✗ pizzeria ⌂ 🕹 ⚇ ⚶
> ⚶ ·ᵐ⚬ ⚘ ♞ 🐎 poneys squash,
> terrain omnisports, skate park
> Services : 🅰 🚰 ᴳᴮ 🅒 ⊞ 🗄 ♨ – 18
> sanitaires individuels (🍳 ⚌ wc) ⚇
> 🏊 ⚐ 🐾 🏤 sèche-linge ⚌, 🐟

Campéole le Dramont ▲▲ – mi-mars-mi oct.
🖉 04 94 82 07 68, *cpldramont@atciat.com*,
Fax 04 94 82 75 30, *www.campeole.com* – **R** conseillée
6,5 ha (400 empl.) vallonné, plat, sablonneux
Tarif : 🛉 ⇌ 🅴 38 € – ⚡ (10A) 4 € – frais de réservation 23,80 €
Location : 36 ⌷⌷ (2 à 4 pers.) 343 à 567 €/sem. – 55 ⌷⌷⌷
(4 à 6 pers.) 469 à 812 €/sem. – 65 bungalows toilés
⌷⌷, 1 borne 7 €
Pour s'y rendre : au Dramont, 5 km à l'O par RN 98, rte de St-Raphaël

> Nature : 🏔 ⚬⚬ ⚑
> Loisirs : 🍴 pizzeria, snack ⌂ 🕹 ♞
> ⚶ ⚶
> Services : 🅰 🚰 ᴳᴮ 🅒 🗄 ♨ ⚇ 🏤
> sèche-linge ⚌, 🐟
> À prox. : canoë-kayak, terrain omnisports, école de plongée

Vallée du Paradis ▲▲ – 15 mars-15 oct.
🖉 04 94 82 16 00, *contact@camping-vallee-du-paradis.fr*,
Fax 04 94 82 72 21, *www.camping-vallee-du-paradis.fr* –
places limitées pour le passage – **R** indispensable
3 ha (197 empl.) plat, herbeux
Tarif : (Prix 2006) 🛉 ⇌ 🅴 40 € – frais de réservation 26 €
Location : 128 ⌷⌷⌷ (4 à 6 pers.) 250 à 799 €/sem.
Pour s'y rendre : 1 km au NO, bord de l'Agay

> Nature : ⟨ ⊏⊐ ⚬
> Loisirs : 🍴 pizzeria, snack ⌂ 🕹 ♞
> ⚶ 🛶 ⚓ 🏊 ⚐ ponton d'amarrage, kayak
> Services : 🅰 🚰 ᴳᴮ 🅒 🗄 ♨ ⚇ 🏤
> sèche-linge ⚌, 🐟

Les Rives de l'Agay mars-début nov.
🖉 04 94 82 02 74, *reception@lesrivesdelagay.fr*,
Fax 04 94 82 74 14, *www.lesrivesdelagay.fr* – **R** conseillée
2 ha (171 empl.) plat, herbeux, sablonneux
Tarif : 🛉 ⇌ 🅴 34 € – ⚡ (6A) 3,20 € – frais de réservation 20 €
Location : 36 ⌷⌷⌷ (4 à 6 pers.) 252 à 640 €/sem.
Pour s'y rendre : 0,7 km au NO, bord de l'Agay et à 500 m de la plage

> Nature : ⊏⊐ ⚬⚬
> Loisirs : pizzeria ⌂ 🏊 ponton d'amarrage
> Services : 🅰 🚰 ᴳᴮ 🅒 ⊞ 🗄 ♨ ⚇ 🏊
> ⚐ 🏤 sèche-linge ⚌, 🐟

Azur Rivage
🖉 04 94 44 83 12, *azurivage@aol.fr*, Fax 04 94 44 84 39,
www.camping-azur-rivage.com – **R** conseillée
1 ha (66 empl.) plat, en terrasses, peu incliné, pierreux
Location : 25 ⌷⌷⌷
⌷⌷, 1 borne
Pour s'y rendre : À Anthéor-Plage, 5 km à l'E
À savoir : Près de la plage

> Nature : ⚬⚬
> Loisirs : 🍴 ✗ 🏊
> Services : 🅰 🚰 🗄 ⚇ 🏤 ⚌, 🐟

Royal-Camping mi-févr.-11 nov.
🖉 04 94 82 00 20, *contact@royalcamping.net*,
Fax 04 94 82 00 20, *www.royalcamping.net* – **R** conseillée
0,6 ha (45 empl.) plat, herbeux, gravier
Tarif : (Prix 2006) 🛉 ⇌ 🅴 28 € – ⚡ (6A) 3 € – frais de réservation 17 €
Location : 8 ⌷⌷⌷ (4 à 6 pers.) 300 à 600 €/sem.
Pour s'y rendre : 1,5 km au S, plage du camp Long

> Nature : ⚬⚬ ⚑
> Loisirs : ⌂
> Services : 🚰 🅒 🗄 ⚇
> À prox. : 🏤 ⚌ 🍴 ✗ 🐟

725

AGAY

⚠ **Agay-Soleil**
📞 04 94 82 00 79, *camping-agay-soleil@wanadoo.fr*,
Fax 04 94 82 88 70, *www.agay-soleil.com* – **R** conseillée ✻
0,7 ha (53 empl.) plat, peu incliné, terrasses, sablonneux
Location ✻ : 5 ⬚ – 2 ⬚
⬚ 1 borne
Pour s'y rendre : 0,7 km à l'E

| Nature : ← ⬚ 00 ⬚ |
| Loisirs : 🍴 pizzeria ⬚ |
| Services : ⬚ ⟶ Ⓜ ⬚ ⬚ ⬚ ⬚ ⬚ ⬚ |
| À prox. : ⬚ base nautique |

AUPS

✉ 83630 – **340** M4 – G. Côte d'Azur – 1 903 h. – alt. 496
🅳 *Syndicat d'initiative, place Frédéric Mistral* 📞 04 94 84 00 69
Paris 818 – Aix-en-Provence 90 – Castellane 71 – Digne-les-Bains 78 – Draguignan 29 – Manosque 59.

⚠ **International Camping** avr.-sept.
📞 04 94 70 06 80, *info@internationalcamping-aups.com*,
Fax 04 94 70 10 51, *www.internationalcamping-aups.com*
– **R** conseillée
4 ha (150 empl.) plat, pierreux, herbeux
Tarif : ⚹ 6,20 € ⬚ 🅴 5,40 € – 🔌 (10A) 4,90 €
Location : 20 ⬚ (4 à 6 pers.) 300 à 460 €/sem.
Pour s'y rendre : 0,5 km à l'O par D 60, rte de Fox-Amphoux
À savoir : Cadre pittoresque et soigné

| Nature : ⬚ ⬚ 🍴 |
| Loisirs : pizzeria discothèque ⬚ ⬚ |
| Services : ⟶ GB ⬚ ⬚ ⬚ ⬚ ⬚ |

BELGENTIER

✉ 83210 – **340** L6 – 1 724 h. – alt. 152
Paris 822 – Bandol 40 – Brignoles 27 – Cuers 14 – Hyères 23 – Toulon 23.

⚠ **Les Tomasses** avr.-sept.
📞 04 94 48 92 70, *camping.tomasses@wanadoo.fr*,
Fax 04 94 48 94 73 – **R** conseillée
2,5 ha (91 empl.) plat, pierreux, herbeux
Tarif : (Prix 2006) ⚹ ⬚ 🅴 17,10 € 🔌 (6A)
Location ✻ : ⬚ (4 à 6 pers.) 270 à 430 €/sem.
Pour s'y rendre : SE : 1,5 km par rte de Toulon puis 0,7 km
par chemin à droite, bord du Gapeau

| Nature : ⬚ 00 |
| Loisirs : snack, pizzeria ⬚ ⬚ ⬚ |
| Services : ⟶ GB ⬚ ⬚ ⬚ ⬚ ⬚ ⬚ |
| À prox. : ⬚ |

726

BORMES-LES-MIMOSAS

✉ 83230 – **340** N7 – G. Côte d'Azur – 6 324 h. – alt. 180
🅳 *Office de tourisme, 1, place Gambetta* 📞 04 94 01 38 38, Fax 04 94 01 38 39
Paris 871 – Fréjus 57 – Hyères 21 – Le Lavandou 4 – St-Tropez 35 – Ste-Maxime 37 – Toulon 39.

⚠ **Manjastre** Permanent
📞 04 94 71 03 28, *manjastre@infonie.fr*, Fax 04 94 71 63 62,
http://perso.infonie.fr/manjastre – **R** conseillée ✻
3,5 ha (120 empl.) en terrasses, pierreux, plat et peu incliné
Tarif : ⚹ ⬚ 🅴 12,05 € – 🔌 (10A) 4 € – frais de réservation 10 €
⬚ 1 borne 5 €
Pour s'y rendre : 5 km au NO, sur N 98, rte de Cogolin
À savoir : Bel ensemble de terrasses parmi les mimosas et
les chênes-lièges

| Nature : ⬚ ⬚ 00 |
| Loisirs : 🍴 ⬚ ⬚ |
| Services : ⬚ ⟶ GB ⬚ ⬚ ⬚ ⬚ ⬚ |
| ⬚ sèche-linge ⬚ |

⚠ **La Griotte** mi-avr.-sept.
📞 04 94 15 20 72, *lagriotte@free.fr*, *www.campingla
griotte.com* – **R** conseillée
0,7 ha (65 empl.) plat et peu incliné, herbeux, gravillons
Tarif : (Prix 2006) ⚹ ⬚ 🅴 23 € 🔌 (10A) – frais de réservation 10 €
Location ✻ : 3 ⬚ (2 à 4 pers.) 210 à 450 €/sem. – 11
⬚ (4 à 6 pers.) 295 à 599 €/sem. – 4 ⬚ – 4 bungalows
toilés
Pour s'y rendre : 4,5 km au SO par D 41, D 559 et rte du Fort
de Brégançon à dr., accès conseillé par D 559

| Nature : ⬚ 00 |
| Loisirs : ⬚ |
| Services : ⬚ ⟶ GB ⬚ ⬚ |

CADIÈRE-D'AZUR

✉ 83740 – **340** J6 – G. Côte d'Azur – 4 239 h. – alt. 144
🛈 Syndicat d'initiative, place Général-de-Gaulle ✆ 04 94 90 12 56, Fax 04 94 98 30 13
Paris 815 – Grenoble 310 – Marseille 45 – Nice 169 – Toulon 22 – Valence 260.

🏕 **La Malissonne** (location exclusive de mobile homes, bungalows et villas) mars-15 nov.
✆ 04 94 90 10 60, info@domainemalissonne.com, Fax 04 94 90 14 11, www.domainemalissonne.com – empl. traditionnels également disponibles – **R** conseillée
4,5 ha (200 empl.) en terrasses, peu incliné, pierreux, herbeux
Location 🚲 (juil.-août) : 24 ⊞ (4 à 6 pers.) 216 à 873 €/sem. – 17 ⌂ (4 à 6 pers.) 216 à 789 €/sem. – 20 villas

Pour s'y rendre : 1,8 km au NO sur D 66, rte de la Ciotat - accès conseillé par St-Cyr-sur-Mer

| Nature : ☐ ♀ |
| Loisirs : ♈ pizzeria, snack 🛖 🎠 🏊 ✂ 🎯 🛶 🏊 |
| Services : ♿ ⚡ GB ♒ 🛒 🍴 👶 🔌 🐕 📞 📧 🧺 🚿 |

CALLAS

✉ 83830 – **340** O4 – G. Côte d'Azur – 1 388 h. – alt. 398
🛈 Office de tourisme, place du 18 juin 1940 ✆ 04 94 39 06 77, Fax 04 94 39 06 79
Paris 872 – Castellane 51 – Draguignan 14 – Toulon 94.

🏕 **Les Blimouses** Pâques-Toussaint
✆ 04 94 47 83 41, camping.les.blimouses@wanadoo.fr, Fax 04 94 76 77 76, www.campinglesblimouses.com
– **R** conseillée
6 ha (170 empl.) plat à incliné, en terrasses, pierreux, herbeux
Tarif : (Prix 2006) 🚶 ⮌ 🚗 17,50 € – frais de réservation 20 €
Location : 10 ⊞ (4 à 6 pers.) 280 à 620 €/sem. – 5 ⌂ (4 à 6 pers.) 340 à 620 €/sem.

Pour s'y rendre : 3 km au S par D 25 et D 225 rte de Draguignan

| Nature : 🌳 ♀♀ |
| Loisirs : snack 🎠 🏊 ✂ |
| Services : ♿ ⚡ GB ♒ 🍴 👶 🏊 ⊕ 📧 🚿 |

Le CAMP-DU-CASTELLET

✉ 83330 – **340** J6
Paris 806 – Aubagne 20 – Bandol 17 – La Ciotat 17 – Marseille 37 – Toulon 29.

🏕 **Les Grands Pins** Permanent
✆ 04 94 90 71 44, granpin@aol.com, Fax 04 94 32 60 11, www.grandpin.com – places limitées pour le passage
– **R** conseillée
4,5 ha (200 empl.) plat, pierreux
Tarif : 🚶 ⮌ 🚗 15,80 € – ⚡ (10A) 3,80 € – frais de réservation 16 €
Location : 6 ⊞ (4 à 6 pers.) 220 à 575 €/sem. – 25 ⌂ (4 à 6 pers.) 210 à 490 €/sem.

Pour s'y rendre : 0,6 km au SE par D 26, rte du Brulat

| Nature : ♀♀ (pinède) |
| Loisirs : ♈ pizzeria 🎠 ✂ 🏊 |
| Services : ♿ ⚡ ♒ 🍴 👶 ⊕ 📧 🧺 🚿 |

727

CAVALAIRE-SUR-MER

✉ 83240 – **340** O6 – G. Côte d'Azur – 5 237 h. – alt. 2
🛈 Office de tourisme, Maison de la Mer ✆ 04 94 01 92 10, Fax 04 94 05 49 89
Paris 880 – Draguignan 55 – Fréjus 41 – Le Lavandou 21 – St-Tropez 20 – Ste-Maxime 22 – Toulon 61.

🏕 **Cros de Mouton** 15 mars-4 déc.
✆ 04 94 64 10 87, campingcrosdemouton@wanadoo.fr, Fax 04 94 64 63 12, www.crosdemouton.com – accès aux emplacements par forte pente, mise en place et sortie des caravanes à la demande – **R** conseillée
5 ha (199 empl.) en terrasses, pierreux, fort dénivelé
Tarif : 🚶 ⮌ 🚗 15 € – ⚡ (10A) 4,10 € – frais de réservation 20 €
Location : 29 ⊞ (4 à 6 pers.) 380 à 690 €/sem. – 37 ⌂ (4 à 6 pers.) 380 à 690 €/sem.

Pour s'y rendre : 1,5 km au NO

| Nature : 🌿 ☐ ♀♀ |
| Loisirs : ♈ ✗ pizzeria 🛖 🎠 🏊 |
| Services : ♿ ⚡ GB ♒ 🍴 👶 ⊕ 🛶 🏐 📧 🧺 🚿 |

CAVALAIRE-SUR-MER

Roux fin mars-sept.
 04 94 64 05 47, *camping.roux@wanadoo.fr*,
Fax 04 94 05 46 59, *www.campingroux.com* – **R** conseillée
4 ha (245 empl.) peu incliné, en terrasses, pierreux
Tarif : (Prix 2006) 🕴 ⇦ 🗐 24,50 € [₰] (10A)
Location : 8 studios – 6 appartements
Pour s'y rendre : 3 km au NE par D 559, rte de la Croix-Valmer et à gauche, rte du cimetière

Nature : 🌿 ୨୨
Loisirs : snack 🎮 ⚡
Services : 🚿 ⛽ 📶 🐕 🛗 🗄 ⛲ ⓐ 📞 🏠 🚮 🍴

La Pinède 15 mars-15 oct.
 04 94 64 11 14, Fax 04 94 64 19 25, *www.le-camping-la-pinede.com* – **R** conseillée
2 ha (165 empl.) plat, peu incliné, herbeux
Tarif : (Prix 2006) 🕴 ⇦ 🗐 21 € – [₰] (5A) 3 €
Pour s'y rendre : Sortie SO par rte du Lavandou et rte à dr.

Nature : 🗀 ୨୨
Loisirs : 🎮 ⚡
Services : 🚿 ⛽ 📶 🐕 🗄 ⛲ ⓐ 📦 sèche-linge

Benutzen Sie
– zur Wahl der Fahrtroute
– zur Berechnung der Entfernungen
– zur exakten Lokalisierung eines Campingplatzes (mit Hilfe der Angaben im Ortstext)
die für diesen Führer unentbehrlichen **MICHELIN-Karten** *im Ma1 : 150 000.*

La CROIX-VALMER

✉ 83420 – **340** O6 – G. Côte d'Azur – 2 734 h. – alt. 120
🛈 *Office de tourisme, esplanade de la Gare* 04 94 55 12 12, Fax 04 94 55 12 10
Paris 873 – Brignoles 70 – Draguignan 48 – Fréjus 35 – Le Lavandou 27 – Ste-Maxime 15 – Toulon 68.
Schéma à Grimaud

Sélection Camping ▲▪ – 15 mars-15 oct.
 04 94 55 10 30, *camping-selection@wanadoo.fr*,
Fax 04 94 55 10 39, *www.selectioncamping.com* – **R** indispensable 🚗 (1ᵉʳ juil.-1ᵉʳ sept.)
4 ha (215 empl.) en terrasses, pierreux, herbeux
Tarif : 🕴 ⇦ 🗐 31,50 € – [₰] (10A) 5 € – frais de réservation 27 €
Location 🚗 : 56 🏠 (4 à 6 pers.) 410 à 850 €/sem. – 6 studios – 8 appartements
🚐 1 borne – 10 🗐
Pour s'y rendre : 2,5 km au SO par D 559, rte de Cavalaire et au rond-point chemin à dr.

Nature : 🌿 🗀 ୨୨
Loisirs : 🍽 snack 🕐 diurne 🤾 salle d'animation ⚡ ⛲ 🛝
Services : 🚿 ⛽ 📶 🐕 🛗 🗄 ⛲ ⓐ 📞 📦 sèche-linge 🚮 🍴

La FAVIÈRE

✉ 83230 – **340** N7
Paris 882 – Marseille 105 – Toulon 44 – Cannes 102 – La Seyne 49.
Schéma au Lavandou

Le Camp du Domaine ▲▪ – avr.-oct.
 04 94 71 03 12, *mail@campdudomaine.com*,
Fax 04 94 15 18 67, *www.campdudomaine.com* – **R** conseillée 🚗 (2 juil.-20 août)
38 ha (1200 empl.) plat, accidenté et en terrasses, pierreux, rocheux
Tarif : (Prix 2006) 🕴 ⇦ 🗐 33 €
Location 🚗 : 18 🏠 – 70 🏡 (4 à 6 pers.) 640 à 860 €/sem.
🚐 1 borne
Pour s'y rendre : S : 2 km
À savoir : Hors juil.-août, excursions avec chauffeur

Nature : 🗀 ୨୨ ⛰
Loisirs : 🍽 🍴 pizzeria, snack 🎮 🕐 🤾 terrain omnisports ⚡ 🛝
Services : 🚿 ⛽ 📶 🗄 ⛲ 🚮 🍴 📞 📦 sèche-linge 🚮 🍴 cases réfrigérées
À prox. : 🛶 canoë, pédalos

FRÉJUS

✉ 83600 – **340** P5 – G. Côte d'Azur – 46 801 h. – alt. 20 – Base de loisirs
🛈 *Office de tourisme, 325, rue Jean Jaurès* ✆ *04 94 51 83 83, Fax 04 94 51 00 26*
Paris 868 – Brignoles 64 – Cannes 40 – Draguignan 31 – Hyères 90.

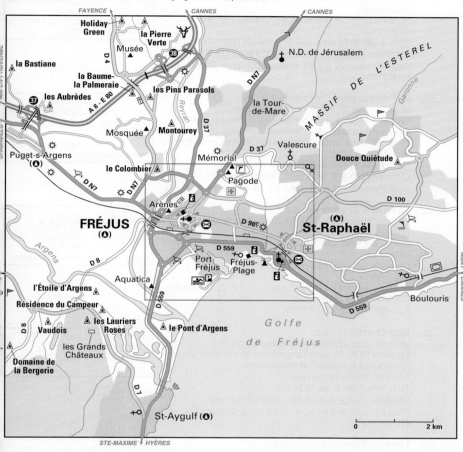

La Baume la Palmeraie 🚶🚲 – 31 mars-29 sept.
✆ 04 94 19 88 88, *reception@labaume-lapalmeraie.com*,
Fax 04 94 19 83 50, *www.labaume-lapalmeraie.com* – places
limitées pour le passage – **R** indispensable
26 ha/20 campables (780 empl.) plat et peu incliné, herbeux,
pierreux
Tarif : 🧍 🚗 🔲 39 € – 🔌 (10A) 6 € – frais de réservation 32 €
Location : 110 🚐 (4 à 6 pers.) 315 à 890 €/sem. – 180
bastidons (studios)
Pour s'y rendre : 4,5 km au N par D 4, rte de Bagnols-en-
Forêt
À savoir : Important espace aquatique

Nature : 🌳 ⚤
Loisirs : 🍷 🍴 snack, pizzeria 🏠 🎮
🏊 hammam jacuzzi discothèque 🏇 🚲 ⛳ 🏓 🏐 ♨ piste de
roller, skate, théâtre de plein air
Services : ♿ 🔌 GB 🐕 📷 🗄 🛒 🅿 ♻
🔧 🧺 📶 sèche-linge 🖥 🚿

Domaine du Colombier 🚶🚲 – 31 mars-15 oct.
✆ 04 94 51 56 01, *info@clubcolombier.com*,
Fax 04 94 51 55 57, *www.clubcolombier.com* – places limi-
tées pour le passage – **R** conseillée
10 ha (400 empl.) en terrasses, vallonné
Tarif : 🧍 🚗 🔲 46,50 € – 🔌 (16A) – frais de réservation 30 €
Location : 120 🚐 (4 à 6 pers.) 371 à 1 323 €/sem.
Pour s'y rendre : 2 km au N par D 4, rte de Bagnols-en-Forêt

Nature : ⬅ 🌳
Loisirs : 🍷 🍴 snack, pizzeria 🏠 🎮
🏊 discothèque 🏇 🏐 ♨
Services : ♿ 🔌 GB 🐕 📷 🗄 🛒 🅿 ♻
🔧 🧺 📶 sèche-linge 🖥 🚿

ⱮⱮ **La Pierre Verte** ♣♣ – 7 avr.-30 sept.
℘ 04 94 40 88 30, *info@campinglapierreverte.com*,
Fax 04 94 40 75 41, *www.campinglapierreverte.com*
– **R** conseillée
28 ha (440 empl.) en terrasses, et accidenté, pierreux, rochers
Tarif : ♣ ⇌ 🖭 28 € – 🔌 (6A) 4 € – frais de réservation 22 €
Location : 150 ⬜⬜ (4 à 6 pers.) 280 à 820 €/sem.
Pour s'y rendre : 6,5 km au N par D4, rte de Bagnols-en-Forêt et chemin à dr.

> Nature : 🍃 🌳 🌳
> Loisirs : 🍽 ✗ snack, pizzeria 🏠 🎮
> 🏃 🏊 🎯 🎱 ✗ 🎿 terrain omnisports
> Services : 🚿 🔌 GB 🐾 🗑 🛒 🅿 🚮
> 🍴 🚰 🖐 🛢 sèche-linge 🧺 🍼

ⱮⱮ **Holiday Green** 31 mars-30 sept.
℘ 04 94 19 88 30, *info@holiday-green.com*,
Fax 04 94 19 88 31, *www.holiday-green.com* – places limitées pour le passage – **R** indispensable ✄
15 ha (680 empl.) en terrasses, plat, herbeux, pierreux, fort dénivelé
Tarif : ♣ ⇌ 🖭 45 € 🔌 (15A) – frais de réservation 30 €
Location : 230 ⬜⬜ (4 à 6 pers.) 300 à 950 €/sem.
Pour s'y rendre : 6 km au N par D 4, rte de Bagnols-en-Forêt

> Nature : 🍃 🌳 🌳 (pinède)
> Loisirs : 🍽 snack, pizzeria 🏠 🎮 🏃
> discothèque 🚲 🎱 ✗ 🎿 terrain omnisports
> Services : 🚿 🔌 GB 🐾 🗑 🅿 🍴 🖐 🛢
> sèche-linge 🧺 🍼

Ɱ **Le Pont d'Argens** avr.-15 oct.
℘ 04 94 51 14 97, Fax 04 94 51 29 44 – **R** conseillée
7 ha (500 empl.) plat, herbeux
Tarif : ♣ 7,50 € ⇌ 7 € 🖭 7 € 🔌 (5A) – frais de réservation 35 €
Location : 36 ⬜⬜ (4 à 6 pers.) 300 à 750 €/sem.
⬜ 1 borne 5 €
Pour s'y rendre : 3 km au S par N 98, rte de Ste-Maxime (accès direct à la plage)
À savoir : Au bord de l'Argens

> Nature : 🌳 🌳
> Loisirs : 🍽 snack 🏠 🏊 🎿
> Services : 🚿 🔌 GB 🐾 🗑 🛒 🚮 🅿
> 🍴 🖐 sèche-linge 🧺 🍼
> À prox. : parc de loisirs aquatiques

Ɱ **Montourey** avr.-sept.
℘ 04 94 53 26 41, *info@campingmontourey.fr*,
Fax 04 94 53 26 75, *www.campingmontourey.com* – places limitées pour le passage – **R** indispensable
5 ha (200 empl.) plat, herbeux
Tarif : (Prix 2006) ♣ ⇌ 🖭 26 € 🔌 (6A)
Location : 130 ⬜⬜ (4 à 6 pers.) 231 à 721 €/sem.
Pour s'y rendre : 4 km au N par D4, rte de Bagnols-en-Forêt et chemin à dr.

> Nature : 🍃 🌳 🌳 (peupleraie)
> Loisirs : snack 🏠 🏃 ✗ 🎿
> Services : 🚿 🔌 GB 🐾 🗑 🛒 🅿
> sèche-linge 🍼

ⱮⱮ **Les Pins Parasols** 1er avr.-29 sept.
℘ 04 94 40 88 43, *lespinsparasols@wanadoo.fr*,
Fax 04 94 40 81 99, *www.lespinsparasols.com* – **R** conseillée
4,5 ha (189 empl.) plat et en terrasses, herbeux, pierreux
Tarif : ♣ ⇌ 🖭 32,20 € 🔌 (6A)
Location ✄ : 9 ⬜⬜ (4 à 6 pers.) 198 à 665 €/sem.
Pour s'y rendre : 4 km au N par D 4, rte de Bagnols-en-Forêt
À savoir : Beaux empl. en terrasses au milieu des pins parasols

> Nature : 🌳 🌳
> Loisirs : pizzeria 🏠 🏊 🎿 🎱
> Services : 🚿 🔌 🐾 🗄 🗑 🛒 – 48
> sanitaires individuels (🚿 🚽 🖐 wc)
> 🅿 🛢 🧺 🍼

GIENS

✉ 83400 – **340** L7 – G. Côte d'Azur
Paris 869 – Marseille 93 – Toulon 29 – La Seyne-sur-Mer 37 – Hyères 14.

Schéma à Hyères

⋀⋀ La Presqu'Île de Giens ♣♠ – 31 mars-30 sept.
      𝒫 04 94 58 22 86, *info@camping-giens.com,*
      Fax 04 94 58 11 63, *www.camping-giens.com* – **R** conseillée
      7 ha (460 empl.) plat, en terrasses, herbeux, pierreux
      Tarif : ♣ 🚗 🅴 20 € – 🔌 (16A) 4,60 € – frais de réservation 15 €
      Location : 56 🛏 (4 à 6 pers.) 310 à 750 €/sem. – 56 🏠 (4 à 6 pers.) 360 à 810 €/sem.
      🚐 1 borne
      Pour s'y rendre : 1 km à l'E

| Nature : 🏞 ᎧᎧ |
| Loisirs : 🍸 pizzeria 🏠 🎱 diurne 🏃 🛷 |
| Services : 🔌 🏧 🚗 🧴 🚿 🗑 ♨ 😊 🚰 📶 sèche-linge 🧺 ᵶ |
| À prox. : bowling, discothèque |

  🧺 ✗   *ATTENTION :*
  ᵶ   *these facilities are not necessarily available throughout*
  🛷 🏇   *the entire period that the camp is open - some are only*
       available in the summer season.

GRIMAUD

✉ 83310 – **340** O6 – G. Côte d'Azur – 3 780 h. – alt. 105
🏢 *Office de tourisme, 1, boulevard des Aliziers 𝒫 04 94 55 43 83, Fax 04 94 55 72 20*
Paris 861 – Brignoles 58 – Fréjus 32 – Le Lavandou 32 – St-Tropez 12 – Ste-Maxime 12 – Toulon 64.

Schéma à Ramatuelle

⋀⋀⋀ Domaine des Naïades ♣♠ – 31 mars-28 oct.
      𝒫 04 94 55 67 80, *naiades@lesnaiades.com,*
      Fax 04 94 55 67 81, *www.lesnaiades.com* – places limitées
      pour le passage – **R** conseillée
      27 ha/14 campables (306 empl.) en terrasses, herbeux, sablonneux, pierreux
      Tarif : ♣ 🚗 🅴 47 € 🔌 (10A)
      Location (8 mars-28 oct.) : 100 🛏 (4 à 6 pers.) 336 à 1 001 €/sem.
      🚐 1 borne – 10 🅴
      Pour s'y rendre : 5,5 km à l'E par D 14

| Nature : 🏞 ᎧᎧ |
| Loisirs : 🍸 snack, pizzeria 🎱 🏃 🛷 🛷 🏊 |
| Services : 🛗 🔌 🚗 🧴 🗑 ♨ 😊 📶 sèche-linge 🧺 ᵶ |

731

Site de Port-Miou

HYÈRES

☒ 83400 – **340** L7 – G. Côte d'Azur – 51 417 h. – alt. 40
🛈 *Syndicat d'initiative, 3, avenue Ambroise Thomas* ✆ *04 94 01 84 50, Fax 04 94 01 84 51*
Paris 851 – Aix-en-Provence 102 – Cannes 123 – Draguignan 78 – Toulon 19.

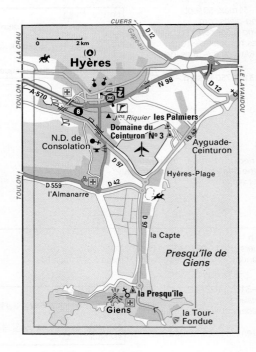

ᴧᴧᴧ **Les Palmiers** ♙♙ – 15 mars-15 oct.
   ✆ 04 94 66 39 66, *contact@camping-les-palmiers.fr*,
   Fax 04 94 66 47 30, *www.camping-les-palmiers.fr* – places limitées pour le passage – **R** conseillée
   5,5 ha (345 empl.) plat, herbeux, pierreux
   Tarif : ♀ 🚗 🔲 11,50 € – 🔌 (10A) 5 € – frais de réservation 28 €
   Location : 160 🏕 (4 à 6 pers.) 360 à 823 €/sem.
   Pour s'y rendre : à 800 m du Port de Hyères, dir. l'Ayguade

Nature : 🌳 🌊 ♤♤
Loisirs : 🍷 pizzeria 🏠 🎦 nocturne
🏓 ⚽ discothèque 🏄 🎾 ♒ 🏊
🏊 🛶
Services : 🚿 ⚡ (1er juil.-31 août) 🅿
🧺 🗑 ♨ ☺ 🚰 🔥 sèche-linge ⚖ 🚗

ᴧᴧ **Le Ceinturon 3** 31 mars-30 sept.
   ✆ 04 94 66 32 65, *ceinturon3@securmail.net*,
   Fax 04 94 66 48 43, *www.provence-campings.com/azur/*
   ceinturon3.htm – **R**
   2,5 ha (200 empl.) plat, herbeux, sablonneux
   Tarif : ♀ 🚗 🔲 17,15 € – 🔌 (10A) 4 €
   Location 🏄 : 36 🏠 (4 à 6 pers.) 230 à 520 €/sem.
   Pour s'y rendre : À Ayguade-Ceinturon, 5 km au SE, à 100 m
   de la mer

Nature : ♤♤
Loisirs : 🍷 snack 🏄
Services : 🚿 ⚡ 🍴 🗑 ♨ 🌊 ☺ 🚰 🔥
sèche-linge ⚖ 🚗
À prox. : 🍴

Benutzen Sie
– zur Wahl der Fahrtroute
– zur Berechnung der Entfernungen
– zur exakten Lokalisierung eines Campingplatzes (mit Hilfe der Angaben im Ortstext)
die für diesen Führer unentbehrlichen MICHELIN-Karten im Ma1 : 150 000.

Le LAVANDOU

✉ 83980 – **340** N7 – G. Côte d'Azur – 5 449 h. – alt. 1 – Base de loisirs
🅱 *Office de tourisme, quai Gabriel-Péri,* ✆ *04 94 00 40 50, Fax 04 94 00 40 59*
Paris 873 – Cannes 102 – Draguignan 75 – Fréjus 61 – Ste-Maxime 42 – Toulon 41.

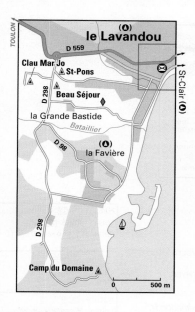

▲ **Beau Séjour** 20 avr.-sept.
✆ 04 94 71 25 30 – 🛱
1,5 ha (135 empl.) plat, gravier
Tarif : 🛉 4,90 € ⬟ 🔳 4 € – 🔋 3,60 €
Pour s'y rendre : SO : 1,5 km
À savoir : Beaux emplacements délimités et ombragés

> Nature : 🏕 💢
> Loisirs : 🍽 snack
> Services : 🚻 ⛽ 🐄 🍴 🔥 🛒 ⊙ 🚿

▲ **Clau Mar Jo** mi-mars-mi-oct.
✆ 04 94 71 53 39, *contact@camping-clau-mar-jo.fr,*
Fax 04 94 24 38 73, *www.camping-claumarjo.com*
– 🆁 conseillée
1 ha (71 empl.) plat, herbeux
Tarif : 🛉 ⬟ 🔳 28,65 € 🔋 (15A) – frais de réservation 23 €
Location : 21 🏠 (4 à 6 pers.) 373 à 711 €/sem.
Pour s'y rendre : SO : 2 km

> Nature : 🏕 💢
> Loisirs : 🎪 🏇
> Services : 🚻 ⛽ GB 🐄 🍴 ⊙ 🚿 ⚐
> 🔥

▲ **St-Pons** 28 avr.-30 sept.
✆ 04 94 71 03 93, *info@campingsaintpons.com,*
Fax 04 94 71 09 46, *www.campingsaintpons.com* – 🆁 indispensable
1,7 ha (140 empl.) plat, herbeux
Tarif : (Prix 2006) 🛉 ⬟ 🔳 25 € 🔋 (16A) – frais de réservation 18 €
Location : 26 🏠 (4 à 6 pers.) 245 à 680 €/sem.
Pour s'y rendre : SO : 1,3 km

> Nature : 💢
> Loisirs : ✗ 🏇
> Services : 🚻 ⛽ 🔥 ⊙ 🔲 sèche-linge 🛒

✉ 83250 – **340** M7 – 8 749 h. – alt. 24
🛈 *Office de tourisme, avenue Albert Roux* ✆ *04 94 01 53 10, Fax 04 94 01 53 19*
Paris 861 – Bormes-les-Mimosas 11 – Cuers 31 – Hyères 10 – Le Lavandou 13 – Toulon 29.

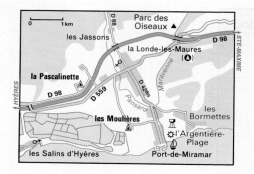

⚠ **La Pascalinette** juin-15 sept.
✆ 04 94 66 82 72 – **R** conseillée
5 ha (269 empl.) plat, herbeux, pierreux
Tarif : (Prix 2006) ☆ 🚗 🅴 20,80 €
Location : 12 🛖 (2 à 4 pers.) 165 à 450 €/sem. – 20 🛖
(4 à 6 pers.) 260 à 585 €/sem.
Pour s'y rendre : 1,5 km à l'O par N 98, rte d'Hyères

Nature : 🏞 ᴑᴑ
Loisirs : snack 🍴
Services : ⅋ ⟊ 🖥 🐕 🔳 ♨ ⊕ 🚿

⚠ **Les Moulières** 2 juin-2 sept.
✆ 04 94 01 53 21, *camping.les.moulieres@wanadoo.fr*,
Fax 04 94 01 53 22, *www.provence-campings.com/azur/
moulieres*
3 ha (250 empl.) plat, herbeux
Tarif : ☆ 5,50 € 🚗 3,50 € 🅴 9,50 € – ⚡ (6A) 5 €
Pour s'y rendre : 2,5 km au S par rte de Port-de-Miramar et
rte à dr.

Nature : ⋚ ᴑ
Loisirs : ☕ snack 🏖 🍴
Services : ⅋ ⟊ 🖥 🐕 🔳 ♨ ⊕ 🚿

✉ 83670 – **340** L4 – G. Côte d'Azur – 399 h. – alt. 480
Paris 832 – Marseille 88 – Toulon 87 – Draguignan 46 – Manosque 44.

⚠ **Château de l'Eouvière** 15 avr.-30 sept.
✆ 04 94 80 75 54, *contact@leouviere.com*,
Fax 04 94 80 75 54, *www.leouviere.com* – **R** conseillée
30 ha/5 campables (81 empl.) en terrasses, herbeux,
pierreux
Tarif : ☆ 🚗 🅴 16 € – ⚡ (10A) 4 €
Location : 2 🛖 (4 à 6 pers.) 450 à 650 €/sem. – 2
appartements
Pour s'y rendre : 0,5 km au S par D 13, rte de Cotignac

Nature : ⋚ ᴑᴑ
Loisirs : 🍴 ⛴
Services : ⅋ ⟊ 🐕 🔳 ⊕ 📞 🏧 🚿

*LES GUIDES VERTS **MICHELIN***
Paysages, monuments
Routes touristiques
Géographie
Histoire, Art
Itinéraire de visite
Plans de villes et de monuments

734

Le MUY

✉ 83490 – **340** O5 – 7 826 h. – alt. 27

🛈 *Office de tourisme, 6, route de la Bourgade* 𝒫 *04 94 45 12 79, Fax 04 94 45 06 67*
Paris 853 – Les Arcs 9 – Draguignan 14 – Fréjus 17 – Le Luc 26 – Ste-Maxime 23.

⟑⟑⟑   **Les Cigales** ▲ʑ – 1ᵉʳ avr.-31 oct.
    𝒫 04 94 45 12 08, *contact@les-cigales.com*,
    Fax 04 94 45 92 80, *www.les-cigales.com* – **R** conseil-
    lée
    10 ha/4 campables (199 empl.) en terrasses, pierreux,
    herbeux, fort dénivelé, rochers
    Tarif : 🚶 8 € ⟺ 3 € 🅴 9 € – 🔌 (10A) 5 € – frais de réser-
    vation 10 €
    Location : 6 ⟐ (4 à 6 pers.) 260 à 670 €/sem. – 35 ⌂ (4
    à 6 pers.) 190 à 670 €/sem.
    ⟐ 1 borne
    Pour s'y rendre : 3 km au SO, accès par l'échangeur de
    l'autoroute A 8 et chemin à dr. avant le péage
    À savoir : Agréable cadre boisé

Nature : 🗆 ΩΩ(pinède)
Loisirs : 🍴 snack, pizzeria 🎮 🏓 jacuzzi discothèque ⟿ 🚲 🏸 ⛵
🐎 terrain omnisports, accrobran-
ches
Services : 🚿 ⟻ GB ⟍ Ⓜ 🗗 ♨ ⩘
⊙ ⟟ ⟟ 🗷 sèche-linge ⟿ réfrigérateurs

NANS-LES-PINS

✉ 83860 – **340** J5 – 3 159 h. – alt. 380

🛈 *Office de tourisme, 2, cours Général-de-Gaulle* 𝒫 *04 94 78 95 91, Fax 04 94 78 60 07*
Paris 794 – Aix-en-Provence 44 – Brignoles 26 – Marseille 42 – Rians 35 – Toulon 71.

⟑⟑⟑   **Village Club La Sainte Baume** ▲ʑ – 31 mars-30 sept.
    𝒫 04 94 78 92 68, *ste-baume@wanadoo.fr*,
    Fax 04 94 78 67 37, *www.saintebaume.com* – **R** indispen-
    sable
    5 ha (160 empl.) plat, peu incliné, pierreux, gravier
    Tarif : 🚶 ⟺ 🅴 30 € 🔌 (10A)
    Location : 104 ⟐ (4 à 6 pers.) 240 à 896 €/sem. – 12 ⌂
    (4 à 6 pers.) 240 à 770 €/sem. – bungalows toilés
    Pour s'y rendre : N : 0,9 km par D 80 et à droite, Par A 8 :
    sortie St-Maximin-la-Ste-Baume

Nature : 🌲 🗆 ΩΩ
Loisirs : snack, pizzeria 🎡 🎮 🏓
jacuzzi discothèque ⟿ 🏸 ⛵ 🏊
Services : 🚿 ⟻ GB ⟍ 🗗 ♨ ⩘ ⟟
sèche-linge 🗷 ⟿
À prox. : 🐎 poneys

⟑   **Municipal la Petite Colle** 15 mars-15 oct.
    𝒫 04 94 78 65 98, *camping.denis@club-internet.fr*,
    Fax 04 94 78 65 98, *www.sudinfo7.com* – **R** conseillée
    1,1 ha (50 empl.) non clos, plat, pierreux, rochers, gravier
    Tarif : (Prix 2006) 🚶 4 € ⟺ 2 € 🅴 4 € – 🔌 (6A) 3,50 €
    Pour s'y rendre : S : 1,5 km par D 80, rte de la Ste-Baume et
    chemin à gauche
    À savoir : Cadre sauvage dans une forêt de chênes

Nature : 🌲 ΩΩ
Services : ⟻ ⟍ 🗗 ♨ 🗐

735

PUGET-SUR-ARGENS

✉ 83480 – **340** P5 – 6 368 h. – alt. 17
Paris 863 – Les Arcs 21 – Cannes 41 – Draguignan 26 – Fréjus 5 – Ste-Maxime 24.

Schéma à Fréjus

⟑⟑⟑   **La Bastiane** ▲ʑ – 24 mars-20 oct.
    𝒫 04 94 55 55 94, *info@labastiane.com*, Fax 04 94 55 55 93,
    www.labastiane.com – **R** conseillée
    4 ha (170 empl.) plat et terrasses, pierreux, herbeux
    Tarif : 🚶 6,60 € ⟺ 3,80 € 🅴 18 € – 🔌 (6A) 6,94 € – frais de
    réservation 28 €
    Location : 20 ⟐ (2 à 4 pers.) 161 à 497 €/sem. – 49 ⟐
    (4 à 6 pers.) 180 à 812 €/sem. – 6 ⌂ (4 à 6 pers.) 245 à
    763 €/sem.
    Pour s'y rendre : 2,5 km au N
    À savoir : Ensemble soigné

Nature : ΩΩ
Loisirs : 🍴 ✗ (le soir seulement)
pizzeria 🎡 🏓 discothèque ⟿
🚲 ⛳ 🏸 🏊 terrains omnisports
Services : 🚿 ⟻ GB ⟍ ⫿ 🗗 ♨ ⊙ ⟟
⟟ 🗐 🗷

PUGET-SUR-ARGENS

   Les Aubrèdes 1ᵉʳ mai-16 sept.
     04 94 45 51 46, *campingaubredes@wanadoo.fr*,
     Fax 04 94 45 28 92, *www.campingaubredes.com*
     – **R** conseillée
     3,8 ha (200 empl.) plat, peu incliné, herbeux
     Tarif : 🚶 5,30 € 🚗 5,95 € 🏠 5,95 € – 🔌 (8A) 4,30 € – frais de
     réservation 17 €
     Location (1ᵉʳ avr.-16 sept.) : 20 🚐 (4 à 6 pers.) 270 à
     630 €/sem.
     Pour s'y rendre : 1 km au N

Nature : 🌳🌳
Loisirs : 🍴 snack 🏠 🏊 🎮 🛶
Services : 🚿 GB 🅰 📮 🛒 🔁 ⊕ 🛒
🚽 🧺 💧 🛒

RAMATUELLE

✉ 83350 – **340** 06 – G. Côte d'Azur – 2 131 h. – alt. 136
🛈 *Office de tourisme, place de l'Ormeau* 🕿 04 98 12 64 00, Fax 04 94 79 12 66
Paris 873 – Fréjus 35 – Hyères 52 – Le Lavandou 34 – St-Tropez 10 – Ste-Maxime 15 – Toulon 70.

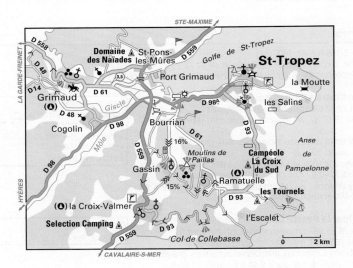

   Yelloh-Village les Tournels 👥 – 15 mars-9 janv.
     🕿 04 94 55 90 90, *info@tournels.com*, Fax 04 94 55 90 99,
     www.tournels.com – **R** conseillée
     20 ha (975 empl.) accidenté, en terrasses, herbeux, pierreux
     Tarif : 🚶 🚗 🏠 44 € 🔌 (10A) – frais de réservation 20 €
     Location : 120 🚐 (4 à 6 pers.) 224 à 952 €/sem. – 120 🏡
     (4 à 6 pers.) 224 à 1 043 €/sem.
     🚐, 1 borne 8 €
     Pour s'y rendre : 3,5 km à l'E, rte du Cap Camarat
     À savoir : Espace forme aquatique couvert de qualité

Nature : ⬅ 🌿 🌳🌳
Loisirs : 🍴 snack, pizzeria 🎮 🏊 🎣
🎠 hammam jacuzzi 🏊 🚴 🐎 🎳
🎾 🏓 🎿 terrain omnisports, amphi-
théâtre, discothèque
Services : 🅿 🚿 GB 🅰 🖥 🛒 🔁 ⊕ 🛒
🚽 💧 🧺 📮 sèche-linge 🍴 cases
réfrigérées
À prox. : 🛒

   Campéole la Croix du Sud 👥 – avr.-15 oct.
     🕿 04 94 55 51 23, *cplcroixdusud@atciat.com*,
     Fax 04 94 79 89 21, *www.camping-saint-tropez.com* –
     places limitées pour le passage – **R** conseillée
     3 ha (120 empl.) en terrasses, herbeux, pierreux, sablonneux
     Tarif : (Prix 2006) 🚶 🚗 🏠 35 € – 🔌 3,90 €
     Location : 15 🚐 (4 à 6 pers.) 476 à 868 €/sem. – 12 🏡 (4
     à 6 pers.) 406 à 868 €/sem. – 20 bungalows toilés – mobile
     homes (sans sanitaires)
     Pour s'y rendre : 3 km à l'E par D 93, rte de St-Tropez

Nature : 🌊 🌳🌳
Loisirs : 🍴 snack 🎮 🏊 🎿
Services : 🅿 🚿 GB 🅰 🔁 ⊕ 🍴 🛒
🛒

736

ROQUEBRUNE-SUR-ARGENS

✉ 83520 – **340** 05 – G. Côte d'Azur – 11 349 h. – alt. 13

🅱 *Syndicat d'initiative, 12, avenue Gabriel Péri* ✆ *04 94 19 89 89*
Paris 862 – Les Arcs 18 – Cannes 49 – Draguignan 23 – Fréjus 14 – Ste-Maxime 21.

Schéma à Fréjus

▵▵▵   **Domaine de la Bergerie** ⚑⚐ – 27 avr.-fin sept.
    ✆ 04 98 11 45 45, *info@domainelabergerie.com*,
Fax 04 98 11 45 46, *www.domainelabergerie.com* – places limitées pour le passage – **R** conseillée
60 ha (700 empl.) accidenté, en terrasses, pierreux
Tarif :   (Prix   2006)   ⚘ 7,90 € – ⇔ 3,30 €   🔲 13,70 € –
[¢] (10A) 3 € – frais de réservation 25 €
Location (15 févr.-15 nov.) : 🛏 – 80 🛖 (4 à 6 pers.) 260
à 1 030 €/sem.
Pour s'y rendre : 8 km au SE par D 7, rte de St-Aygulf et D 8 à
dr., rte du Col du Bougnon, bord d'étangs

> **Nature :** 🌳🌳
> **Loisirs :** 🍴 ✗ snack, pizzeria 🎦 📺
> 🏕 ⛱ hammam jacuzzi discothè-
> que, salle d'animation 🚗 🚲 🎣 🐎
> 🏊 🖼 💆 ⛳ 🎣 terrain omnisports,
> théâtre de plein air
> **Services :** ♿ 🔌 🅶🅱 🚿 🏧 🚻 🔭 ⚓
> 🖼 sèche-linge 💧 🛒

▵▵   **Les Pêcheurs** ⚑⚐ – 31 mars-30 sept.
    ✆ 04 94 45 71 25, *info@camping-les-pecheurs.com*,
Fax 04 94 81 65 13, *www.camping-les-pecheurs.com*
– **R** conseillée
3,3 ha (220 empl.) plat, herbeux
Tarif : ⚘ ⇔ 🔲 37,70 € [¢] (10A) – frais de réservation 20 €
Location : 28 🛖 (4 à 6 pers.) 260 à 765 €/sem.
🚐, 1 borne
Pour s'y rendre : 0,7 km au NO par D 7 (hors schéma)
À savoir : Agréable cadre boisé et fleuri au bord de l'Argens
et près d'un plan d'eau

> **Nature :** 🏞 🌳🌳
> **Loisirs :** snack 🎦 📺 diurne 🏕 ⛱
> hammam jacuzzi 🚗 🏊 💆 🎣 ca-
> noë
> **Services :** ♿ 🔌 🅶🅱 🚿 🏧 🚻 🔭 ⚓
> 🌙 🖼 sèche-linge 💧 🛒
> **À prox. :** 🏊

▵▵▵   **Lei Suves** 31 mars-14 oct.
    ✆ 04 94 45 43 95, *camping.lei.suves@wanadoo.fr*,
Fax 04 94 81 63 13, *www.lei-suves.com* – places limitées
pour le passage – **R** conseillée
7 ha (310 empl.) en terrasses, plat, pierreux, herbeux
Tarif : ⚘ ⇔ 🔲 37,20 € [¢] (6A) – frais de réservation 20 €
Pour s'y rendre : 4 km au N par D 7 et passage sous
l'autoroute A 8 (hors schéma)
À savoir : Cadre boisé agréable et soigné

> **Nature :** 🏔 🏞 🌳🌳
> **Loisirs :** 🍴 snack, pizzeria 📺 🏕 🎿
> 🏊 💆 terrain omnisports, théâtre
> de plein air
> **Services :** ♿ 🔌 🅶🅱 🚿 🏧 🚻 🔭 ⚓
> 🌙 🖼 💧 🛒

737

▵   **Moulin des Iscles** avr.-sept.
    ✆ 04 94 45 70 74, *moulin.iscles@wanadoo.fr*,
Fax 04 94 45 46 09 – **R** conseillée
1,5 ha (90 empl.) plat, herbeux
Tarif : ⚘ ⇔ 🔲 19,80 € – [¢] (6A) 2,70 € – frais de réser-
vation 15 €
Location : 5 🛏 (2 à 4 pers.) 220 à 410 €/sem. – 2 🛖 (4 à
6 pers.) 400 à 680 €/sem. – 5 studios
Pour s'y rendre : 1,8 km à l'E par D 7, rte de St-Aygulf et
chemin à gauche (hors schéma)
À savoir : Au bord de l'Argens

> **Nature :** 🏞 🌳🌳
> **Loisirs :** snack 🎦 🏊 🎣 canoë
> **Services :** ♿ 🅶🅱 🚿 🏧 🚻 🔭 🛒 ⚓
> 🔭 🌙 🖼 💧 🛒

---

*LES GUIDES VERTS **MICHELIN***
Paysages, monuments
Routes touristiques
Géographie
Histoire, Art
Itinéraire de visite
Plans de villes et de monuments

✉ 83370 – **340** P5 – G. Côte d'Azur
🏢 *Office de tourisme, place de la Poste* ☎ *04 94 81 22 09*
Paris 872 – Brignoles 69 – Draguignan 35 – Fréjus 6 – St-Raphaël 9 – Ste-Maxime 14.
                                        Schéma à Fréjus

L'Étoile d'Argens ▲▲ –
☎ 04 94 81 01 41, *info@etoiledargens.com*,
Fax 04 94 81 21 45, *www.etoiledargens.com* – **R** indispensable
11 ha (493 empl.) plat, herbeux
Tarif : 👤 ⟚ 🅴 49 € 🛊 (16A) – frais de réservation 25 €
Location 🏠 : 80 🚐 (4 à 6 pers.) 400 à 920 €/sem.
Pour s'y rendre : 5 km au NO par D 7, rte de Roquebrune-sur-Argens et D 8 à dr., bord de l'Argens
À savoir : Beaux emplacements spacieux et ombragés, ponton privatif. Navette fluviale pour les plages (durée : 30 mn)

> Nature : 🌊 ⌐ 🞇🞇
> Loisirs : 🍴 ✗ pizzeria 🎦 ☆🏋 jacuzzi
> discothèque 🏊 🚲 🎣 ✗ 🏓 🏊
> terrain omnisports, ponton d'amarrage
> Services : 🔧 ⊶ GB 🅰 ▥ 🍴🍴🍴
> 🗼 🐾 🔥 sèche-linge 🔌 ⛽
> **À prox. :** golf

Au Paradis des Campeurs 29 mars-16 oct.
☎ 04 94 96 93 55, Fax 04 94 49 62 99, *www.paradis-des-campeur.com* – **R**
6 ha/3,5 campables (180 empl.) terrasse, plat, herbeux
Tarif : (Prix 2006) 👤 6 € ⟚ 3,50 € 🅴 22 € – 🛊 (6A) 3,50 €
Location : 10 🚐 (4 à 6 pers.) 270 à 560 €/sem.
🚐, 1 borne
Pour s'y rendre : 2,5 km au S par N 98, rte de Ste-Maxime, à la Gaillarde, accès direct à la plage (hors schéma)

> Nature : ⌐ 🞇
> Loisirs : 🍴 ✗ 🎦 🏊
> Services : 🔧 ⊶ GB 🅰 ▥ 🍴🍴🍴
> 🞇 ⛽ 🗼 🐾 🔥 sèche-linge 🔌 ⛽
> **À prox. :** discothèque

Résidence du Campeur avr.-sept.
☎ 04 94 81 01 59, *info@residence-campeur.com*,
Fax 04 94 81 01 64, *www.residence-campeur.com* – places limitées pour le passage – **R** indispensable
10 ha (451 empl.) plat, gravier
Tarif : 👤 ⟚ 🅴 43,60 € 🛊 (10A) – frais de réservation 26 €
Location : 130 🚐 (4 à 6 pers.) 220 à 820 €/sem.
Pour s'y rendre : 3 km au NO par D 7, rte de Roquebrune-sur-Argens

> Nature : ⌐ 🞇🞇
> Loisirs : 🍴 ✗ pizzeria 🎦 ☆🏋 🏊
> ✗ 🏓 🏊
> Services : ⊶ GB 🅰 – 451 sanitaires
> individuels (▥ 🞇 🞇 wc) ☺ ⛽ 🗼 🐾
> 🔥 sèche-linge 🐾 ⛽
> **À prox. :** cinéma de plein air

Les Lauriers Roses 20 avr.-8 oct.
☎ 04 94 81 24 46, *camp.leslauriersroses@wanadoo.fr*,
Fax 04 94 81 79 63, *www.info-lauriersroses.com* – accès aux emplacements par forte pente, mise en place et sortie des caravanes à la demande – **R** conseillée
2 ha (95 empl.) en terrasses, fort dénivelé, plat, pierreux
Tarif : 👤 6,95 € ⟚ 1,30 € 🅴 12 € – 🛊 (6A) 3,50 € – frais de réservation 12 €
Location 🏠 : 9 🚐 (4 à 6 pers.) 495 à 635 €/sem.
Pour s'y rendre : 3 km au NO par D 7, rte de Roquebrune-sur-Argens

> Nature : 🌊 🞇 🞇
> Loisirs : 🎦 🏊 🏊
> Services : 🔧 ⊶ 🍴 ⛽ ☺ 🐾 🔥 ⛽
> **À prox. :** 🍴

Vaudois 1ᵉʳ mai-30 sept.
☎ 04 94 81 37 70, *camping.vaudois@wanadoo.fr*,
Fax 04 94 81 37 70 – **R** conseillée
3 ha (110 empl.) plat, herbeux
Tarif : 👤 4,80 € ⟚ 2,50 € 🅴 19,50 € – 🛊 (5A) 25 €
Pour s'y rendre : 4,5 km au NO par D 7, rte de Roquebrune-sur-Argens, à 300 m d'un plan d'eau

> Nature : 🞇 🞇
> Loisirs : 🎦 🏊
> Services : 🔧 ⊶ GB 🅰 ▥ 🍴 ☺ 🞇
> **À prox. :** 🎣

Om een reisroute uit te stippelen en te volgen,
om het aantal kilometers te berekenen,
om precies de ligging van een terrein te bepalen
(aan de hand van de inlichtingen in de tekst),
*gebruikt u de **Michelinkaarten** schaal 1 : 150 000 ;*
een onmisbare aanvulling op deze gids.

738

ST-CLAIR

⊠ 83980 – **340** N7 – G. Côte d'Azur
Paris 881 – Marseille 104 – Toulon 44 – Cannes 100 – La Seyne 49.

⚠ **St-Clair** avr.-15 oct.
   ℘ 04 94 01 30 20, Fax 04 94 71 43 64 – **R** conseillée
   2 ha (69 empl.) plat
   Tarif : ⭐ ⇔ 🄴 26,35 € – ⒥ (10A) 3,50 €
   Location : 31 studios
   Pour s'y rendre : Sortie E, à 150 m de la plage

Nature : ⌂ 🏖
Loisirs : 🏊
Services : & ⛗ ⚕ 🖃 ⊙ 🔥 🔥
À prox. : ✕ ✗

ST-CYR-SUR-MER

⊠ 83270 – **340** J6 – 8 898 h. – alt. 10
🖈 Office de tourisme, place de l'Appel du 18 Juin ℘ 04 94 26 73 73, Fax 04 94 26 73 74
Paris 810 – Bandol 8 – Brignoles 70 – La Ciotat 10 – Marseille 40 – Toulon 23.

⚠ **Le Clos Ste-Thérèse** 1er avr.-1er oct.
   ℘ 04 94 32 12 21, camping@clos-therese.com,
   Fax 04 94 32 29 62, www.clos-therese.com – accès aux emplacements par forte pente, mise en place et sortie des caravanes à la demande – places limitées pour le passage
   – **R** conseillée
   4 ha (123 empl.) accidenté et en terrasses, pierreux
   Tarif : ⭐ ⇔ 🄴 22 € – ⒥ (10A) 4,90 € – frais de réservation 20 €
   Location : 5 ⌂ (4 à 6 pers.) 325 à 680 €/sem. – 20 ⌂ (4 à 6 pers.) 287 à 850 €/sem. – 2 villas
   Pour s'y rendre : 3,5 km au SE par D 559 rte de Bandol

Nature : ⌂ 🏖
Loisirs : 🍴 🏊 Spa 🏓 🏊
Services : & ⛗ GB ⚕ 🖃 🔥 ⊙ 🔥
À prox. : ✗ golf

Benutzen Sie
– zur Wahl der Fahrtroute
– zur Berechnung der Entfernungen
– zur exakten Lokalisierung eines Campingplatzes (mit Hilfe der Angaben im Ortstext)
die für diesen Führer unentbehrlichen **MICHELIN-Karten** *im Ma1 : 150 000.*

739

ST-MANDRIER-SUR-MER

⊠ 83430 – **340** K7 – G. Côte d'Azur – 5 232 h. – alt. 1
🖈 Office de tourisme, place des Résistants ℘ 04 94 63 61 69, Fax 04 94 63 57 97
Paris 836 – Bandol 20 – Le Beausset 22 – Hyères 30 – Toulon 13.

⚠ **La Presqu'île** (location exclusive de mobile homes) 25 mars-1er oct.
   ℘ 04 94 30 74 70, info@homair-vacances.fr,
   Fax 04 94 30 70 14, www.homair-vacances.fr – **R**
   2,5 ha en terrasses, pierreux, fort dénivelé
   Location : 140 ⌂ (4 à 6 pers.) 231 à 770 €/sem.
   Pour s'y rendre : 2,5 km à l'O, carrefour D 18 et rte de la Pointe de Marégau, près du port de plaisance, 400 m de la plage

Nature : 🏖 (pinède)
Loisirs : 🍴 snack 🏓 🏊
Services : & ⛗ GB ⚕ 🔥 🔥
À prox. : 🐎 ✗

ST-MAXIMIN-LA-STE-BAUME

⊠ 83470 – **340** K5 – G. Provence – 12 402 h. – alt. 289
🖈 Office de tourisme, Hôtel de Ville ℘ 04 94 59 84 59, Fax 04 94 59 82 92
Paris 793 – Aix-en-Provence 44 – Brignoles 21 – Draguignan 75 – Marseille 51 – Rians 24 – Toulon 55.

⚠ **Provençal** avr.-sept.
   ℘ 04 94 78 16 97, camping.provençal@wanadoo.fr,
   Fax 04 94 78 00 22 – **R** indispensable
   5 ha (100 empl.) en terrasses, pierreux, gravier
   Tarif : (Prix 2006) ⭐ 4,50 € ⇔ 🄴 4,80 € – ⒥ (10A) 4,50 € – frais de réservation 10 €
   ⌂ 1 borne
   Pour s'y rendre : S : 2,5 km par D 64 rte de Mazaugues

Nature : 🌳 ⌂ 🏖
Loisirs : ✕ 🏊 discothèque 🏓 🏊
Services : ⛗ GB ⚕ 🖃 🔥 ⊙ 🔥

ST-PAUL-EN-FORÊT

⊠ 83440 – **340** P4 – 1 139 h. – alt. 310
Paris 884 – Cannes 46 – Draguignan 27 – Fayence 10 – Fréjus 23 – Grasse 31.

    Le Parc ▲▲ – 1er mars-15 oct.
     ℰ 04 94 76 15 35, campingleparc@wanadoo.fr,
     Fax 04 94 84 71 84, www.campingleparc.com – **R** indispensable
     3 ha (100 empl.) en terrasses, pierreux, herbeux
     Tarif : ★ ⇌ 🗉 18,50 € – (½) (10A) 4,20 € – frais de réservation 21 €
     Pour s'y rendre : 3 km au N par D 4 rte de Fayence puis chemin à dr.

Nature : 🍃 ⏣ (chênaie)
Loisirs : snack 🍴 ☕ diurne 🎯 🛝
🎱 🔼 🏊
Services : 🚿 ⛽ GB 🔒 🍴 🛒 🛁 ⓐ 🔲
sèche-linge 🧺

ST-RAPHAËL

⊠ 83700 – **340** P5 – G. Côte d'Azur – 30 671 h.
🛈 Office de tourisme, rue Waldeck Rousseau ℰ 04 94 19 52 52, Fax 04 94 83 85 40
Paris 870 – Aix-en-Provence 121 – Cannes 42 – Fréjus 4 – Toulon 93.
Schéma à Fréjus

    Douce Quiétude ▲▲ – avr.-oct.
     ℰ 04 94 44 30 00, sunelia@douce-quietude.com,
     Fax 04 94 44 30 30, www.douce-quietude.com – places limitées pour le passage – **R** indispensable
     10 ha (400 empl.) plat, vallonné, en terrasses, herbeux, pierreux
     Tarif : (Prix 2006) ★ ⇌ 🗉 46 € (½) (10A) – frais de réservation 30 €
     Location : 110 🏠 (4 à 6 pers.) 350 à 1 190 €/sem.
     Pour s'y rendre : Sortie NE vers Valescure puis 3 km par bd Jacques-Baudino

Nature : 🍃 🌲 ♋♋
Loisirs : 🍸 ✗ snack ☕ 🎯 🛝 ⛵
hammam jacuzzi discothèque 🎯
🚲 🎱 ✗ 🔼
Services : 🚿 ⛽ GB 🔒 🍴 🛁 ⓐ 🏊
🚐 🐾 🔲 sèche-linge 🧺 🧺

STE-ANASTASIE-SUR-ISSOLE

⊠ 83136 – **340** L5 – 1 532 h. – alt. 300
Paris 824 – Brignoles 16 – Draguignan 49 – Marseille 78 – Toulon 41.

    La Vidaresse 15 avr.-30 nov.
     ℰ 04 94 72 21 75, lavidaresse@wanadoo.fr,
     Fax 04 98 05 01 21, www.campinglavidaresse.com
     – **R** conseillée
     1,8 ha (100 empl.) plat et terrasses, herbeux, gravillons
     Tarif : ★ ⇌ 🗉 21,70 € – (½) (10A) 4 € – frais de réservation 15 €
     Location : 11 🏠 (4 à 6 pers.) 250 à 770 €/sem. – 8 🏠 (4 à 6 pers.) 280 à 710 €/sem.
     Pour s'y rendre : Au S du bourg par D 15

Nature : 🌲 ♋♋
Loisirs : 🍸 🎯 🎯 ✗ 🔲 (découverte en saison)
Services : 🚿 ⛽ GB 🔒 🍴 🏊 ⓐ
🔲 🧺

SALERNES

⊠ 83690 – **340** M4 – G. Côte d'Azur – 3 269 h. – alt. 209
🛈 Office de tourisme, place Gabriel Peri ℰ 04 94 70 69 02, Fax 04 94 70 73 34
Paris 830 – Aix-en-Provence 81 – Brignoles 33 – Draguignan 23 – Manosque 65.

    Municipal les Arnauds 2 mai-30 sept.
     ℰ 04 94 67 51 95, lesarnauds@ville-salernes.fr,
     Fax 04 94 70 70 55 57, www.village-vacances-lesarnauds.com
     – **R** conseillée
     2 ha (52 empl.) plat, herbeux
     Tarif : ★ ⇌ 🗉 16,40 € (½) (10A)
     Location (permanent) : 4 🏠 (4 à 6 pers.) 317 à 475 €/sem. – 21 appartements
     🚐 1 borne
     Pour s'y rendre : Sortie NO par D 560 rte de Sillans-la-Cascade et à gauche - accès au village par chemin piétonnier longeant la rivière
     À savoir : Belle décoration arbustive et florale, près de la Bresque

Nature : 🍃 🌲 ♋♋
Loisirs : 🍴 🎯 🔼 ≋ (plan d'eau)
Services : 🚿 ⛽ GB 🔒 🍴 🛁 ⓐ 🏊
🚐 🔲 sèche-linge cases réfrigérées

740

Les SALLES-SUR-VERDON

✉ 83630 – **340** M3 – G. Alpes du Sud – 186 h. – alt. 440

🛈 *Office de tourisme, place Font Freye* 𝒫 *04 94 70 21 84, Fax 04 94 84 22 57*
Paris 790 – Brignoles 57 – Digne-les-Bains 60 – Draguignan 49 – Manosque 62 – Moustiers-Ste-Marie 15.

Les Pins 1er avr.-20 oct.
𝒫 04 98 10 23 80, *camping.les.pins@wanadoo.fr*,
Fax 04 94 84 23 27, *www.campinglespins.com* – **R** indispensable
3 ha/2 campables (104 empl.) plat et en terrasses, gravier, pierreux, herbeux
Tarif : ✶ 👜 🅴 15,75 € ⓖ (6A) – frais de réservation 25 €
Pour s'y rendre : Sortie S par D 71 puis 1,2 km par chemin à droite, à 100 m du lac de Ste-Croix, accès direct pour piétons du centre bourg
À savoir : Agréable cadre ombragé, petite pinède attenante

La Source avr.-10 oct.
𝒫 04 94 70 20 40, Fax 04 94 70 20 74, *www.provence-campings.com//verdon//lasource* – **R** conseillée
2 ha (89 empl.) plat et en terrasses, gravier, pierreux, herbeux
Tarif : (Prix 2006) ✶ 4,75 € 👜 🅴 5,50 € – ⓖ (6A) 3,50 €
📻, 1 borne
Pour s'y rendre : Sortie S par D 71 puis 1 km par chemin à droite, à 100 m du lac de Ste-Croix, accès direct pour piétons du centre bourg

*LES GUIDES VERTS **MICHELIN***
Paysages, monuments
Routes touristiques
Géographie
Histoire, Art
Itinéraire de visite
Plans de villes et de monuments

741

SANARY-SUR-MER

✉ 83110 – **340** J7 – G. Côte d'Azur – 16 995 h. – alt. 1
Paris 824 – Aix-en-Provence 75 – La Ciotat 23 – Marseille 55 – Toulon 13.

Campasun Mas de Pierredon ♣ – 30 mars-sept.
𝒫 04 94 74 25 02, *pierredon@campasun.com*,
Fax 04 94 74 61 42, *www.campasun.com* – **R** conseillée
6 ha/2,5 campables (122 empl.) plat et en terrasses, pierreux, herbeux
Tarif : ✶ 👜 🅴 30 € ⓖ (10A) – frais de réservation 25 €
Location : 6 🛖 (4 à 6 pers.) 350 à 840 €/sem. – 40 🏠 (4 à 6 pers.) 217 à 619 €/sem. – 8 bungalows toilés
📻, 1 borne
Pour s'y rendre : 3 km au N par rte d'Ollioules et à gauche après le pont de l'autoroute (quartier Pierredon)

Campasun Parc Mogador 15 mars-4 nov. et 15 déc.-2 janv.
𝒫 04 94 74 53 16, *mogador@campasun.com*,
Fax 04 94 74 10 58, *www.campasun.com* – **R** conseillée
3 ha (180 empl.) terrasse, plat, herbeux, pierreux
Tarif : ✶ 👜 🅴 30 € ⓖ (10A) – frais de réservation 25 €
Location : 63 🛖 (4 à 6 pers.) 217 à 840 €/sem. – 6 🏠 (4 à 6 pers.) 260 à 715 €/sem.
📻, 1 borne 4,10 €
Pour s'y rendre : 167 chemin de Beaucours
À savoir : Location à la nuitée hors sais.

SIX-FOURS-LES-PLAGES

✉ 83140 – **340** K7 – G. Côte d'Azur – 32 742 h. – alt. 20

🛈 *Office de tourisme, promenade Charles-de-Gaulle* ℘ 04 94 07 02 21

Paris 830 – Aix-en-Provence 81 – La Ciotat 33 – Marseille 61 – Toulon 12.

⚞ **La Pinède** saison

℘ 04 94 34 06 39, *la-pinede83@orange.fr,*
Fax 04 94 74 99 94 – **R** conseillée
10 ha/3,5 campables (200 empl.) plat, pierreux, herbeux
Tarif : 🕴 ⇌ ▣ 10,70 € ⚡ (6A) – frais de réservation 54 €
Location : ⌂
Pour s'y rendre : 3,5 km au S par D 16, rte de Notre-Dame
du Mai, au Brusc

| Nature : ﹩ ☐ ΩΩ(pinède) |
| Loisirs : pizzeria |
| Services : ♿ ⊶ GB ⚡ 🖃 ⊕ ≞ |
| À prox. : 🐎 poneys |

VILLECROZE

✉ 83690 – **340** M4 – G. Côte d'Azur – 1 087 h. – alt. 300

🛈 *Office de tourisme, rue Amboise Croizat* ℘ 04 94 67 50 00, Fax 04 94 67 50 00

Paris 835 – Aups 8 – Brignoles 38 – Draguignan 21 – St-Maximin-la-Ste-Baume 48.

⚟ **Le Ruou** 🔺🔻

℘ 04 94 70 67 70, *info@leruou.com,* Fax 04 94 70 64 65,
www.leruou.com – places limitées pour le passage
– **R** conseillée
4,3 ha (100 empl.) en terrasses, plat, herbeux, fort dénivelé
Tarif : 🕴 ⇌ ▣ 23,50 € – ⚡ (10A) 3,30 € – frais de réservation 22 €
Location : 39 ⌂ (4 à 6 pers.) 215 à 645 €/sem. – 19 ⌂ (4 à 6 pers.) 245 à 755 €/sem. – 26 bungalows toilés
⛽, 1 borne 5 € – 10 ▣ 15 €
Pour s'y rendre : 5,4 km au SE par D 251, rte de Barbebelle
et D 560, rte de Flayosc, accès conseillé par D 560
À savoir : Beaux emplacements en terrasses

| Nature : ≼ ΩΩ(pinède) |
| Loisirs : 🍴 snack, pizzeria 🎱 🏓 🏊 🛝 ⚽ |
| Services : ♿ ⊶ GB ⚡ 🖳 ≞ ⊕ 🖃 sèche-linge 🔌 |

742

Vaucluse (84)

APT

✉ 84400 – **332** F10 – G. Provence – 11 172 h. – alt. 250

🛈 *Office de tourisme, 20, avenue Ph. de Girard* ℘ 04 90 74 03 18, Fax 04 90 04 64 30

Paris 728 – Aix-en-Provence 56 – Avignon 54 – Carpentras 49 – Cavaillon 33 – Digne-les-Bains 91.

⚟ **Le Lubéron** 1ᵉʳ avr.-20 oct.

℘ 04 90 04 85 40, *leluberon@wanadoo.fr,*
Fax 04 90 74 12 19, *www.camping-le-luberon.com*
– **R** conseillée
5 ha (110 empl.) plat et peu incliné, terrasses, gravillons, herbeux
Tarif : 🕴 ⇌ ▣ 18,95 € – ⚡ (6A) 4,50 € – frais de réservation 18 €
Location 🏠 : 9 ⌂ (4 à 6 pers.) 300 à 650 €/sem.
Pour s'y rendre : SE : 2 km par D 48 rte de Saignon

| Nature : ﹩ ≼ ΩΩ |
| Loisirs : snack 🏓 🛝 |
| Services : ♿ ⊶ GB ⚡ 🖃 ⊕ 🔌 📞 🖳 |

⚞ **Les Cèdres** mars-15 nov.

℘ 04 90 74 14 61, *lescedres@francecamping.fr,*
Fax 04 90 74 14 61, *www.francecamping.fr* – **R** conseillée
1,8 ha (75 empl.) plat, herbeux, pierreux
Tarif : (Prix 2006) 🕴 ⇌ ▣ 14 € ⚡ (10A) – frais de réservation 16 €
⛽, 1 borne 3 €
Pour s'y rendre : NO : sortie bourg, rte de Rustrel par D22

| Nature : Ω |
| Loisirs : mur d'escalade 🏓 |
| Services : ♿ ⊶ GB ⚡ M ⫿ 🖃 ≞ ⊕ 🖳 |

AUBIGNAN

✉ 84810 – **332** D9 – 3 837 h. – alt. 65

🇮 *Office de tourisme, Hôtel-Dieu* ☎ *04 90 62 65 36*

Paris 675 – Avignon 31 – Carpentras 7 – Orange 21 – Vaison-la-Romaine 25.

▲▲ Le Brégoux
☎ 04 90 62 62 50, *camping-lebregoux@wanadoo.fr*,
Fax 04 90 62 65 21, *www.camping-lebregoux.fr* – **R** conseillée
3,5 ha (170 empl.) plat, herbeux
Pour s'y rendre : 0,8 km au SE par D 55 rte de Caromb et chemin à dr.

Nature : 🌳
Loisirs : 🏠 🛝 🍽
Services : ⚡ 🏪 📷 🔧 ⓦ ♨ 🚿
sèche-linge

AVIGNON

✉ 84000 – **332** B10 – G. Provence – 85 935 h. – alt. 21

🇮 *Office de tourisme, 41, cours Jean Jaurès* ☎ *04 32 74 32 74, Fax 04 90 82 95 03*

Paris 682 – Aix-en-Provence 82 – Arles 37 – Marseille 98 – Nîmes 46 – Valence 126.

▲▲ Le Pont d'Avignon mi-mars-fin oct.
☎ 04 90 80 63 50, *info@camping-avignon.com*,
Fax 04 90 85 22 12, *www.camping-avignon.com* – **R** conseillée
8 ha (300 empl.) plat, herbeux, gravillons
Tarif : (Prix 2006) 👤 🚗 🅿 24,85 €
Location : 5 bungalows toilés
🚐 1 borne
Pour s'y rendre : Sortie NO rte de Villeneuve-lès-Avignon
par le pont Edouard-Daladier et à dr., dans l'île de la Barthelasse

Nature : 🌳 🌳
Loisirs : 🍴 snack 🏠 🛝 🍽 🎱
Services : ⚡ ⚡ 🏧 🔧 📷 ⓦ ☕ ♨
sèche-linge 🧺 🧼

▲ Les 2 Rhône
☎ 04 90 85 49 70, *contact@camping2rhone.com*,
Fax 04 90 85 91 75, *www.camping2rhone.com* – **R** conseillée
1,5 ha (100 empl.) plat, herbeux, gravier
Location 🎣 : 4 🚐 – 2 bungalows toilés
Pour s'y rendre : Sortie NO, rte de Villeneuve-lès-Avignon
par le pont Edouard-Daladier et à dr., au N de l'île de la
Barthelasse

Nature : 🌳 🌳
Loisirs : 🍴 snack 🏠 🚲 🎱 🎣
Services : ⚡ ⚡ 🔧 📷 ⓦ ♨ 🚙 🏧
sèche-linge 🧼

743

BEAUMES-DE-VENISE

✉ 84190 – **332** D9 – G. Provence – 2 051 h. – alt. 100

🇮 *Office de tourisme, place du Marché* ☎ *04 90 62 94 39*

Paris 666 – Avignon 34 – Nyons 39 – Orange 23 – Vaison-la-Romaine 23.

▲ Municipal de Roquefiguier
☎ 04 90 62 95 07, *sandrine.lesenne@fr.oleane.com* – **R**
1,5 ha (63 empl.) peu incliné et en terrasses, herbeux,
pierreux
🚐 1 borne
Pour s'y rendre : Sortie N par D 90, rte de Malaucène et à
droite, bord de la Salette

Nature : ⛰ 🌳 💧
Services : ⚡ ⚡ 📷 ⓦ ♨ 🏧
À prox. : 🍽 🎣 m

BEAUMONT-DU-VENTOUX

✉ 84340 – **332** E8 – 286 h. – alt. 360

Paris 676 – Avignon 48 – Carpentras 21 – Nyons 28 – Orange 40 – Vaison-la-Romaine 13.

▲ Mont-Serein 15 avr.-15 sept.
☎ 06 63 96 16 42, *info@ventoux.fr*, Fax 04 90 65 23 10,
www.ventoux.fr – alt. 1 400 – **R** conseillée
1,2 ha (60 empl.) plat, pierreux, herbeux
Tarif : (Prix 2006) 👤 4,20 € 🚗 🅿 5,50 € – 🔌 3,50 €
Location : 4 🏠 (4 à 6 pers.) 300 à 450 €/sem.
Pour s'y rendre : E : 20 km par D 974 et D 164ᴬ, rue du
Mont-Ventoux par Malaucène, accès conseillé par Malaucène
À savoir : Agréable situation dominante

Nature : 🏔 ≤ Mont-Ventoux et chaîne des Alpes 🌳
Loisirs : 🏠
Services : ⚡ 🏧 🔧 🏪 📷 ⓦ ♨ 🏧 🧺

BÉDOIN

✉ 84410 – **332** E9 – 2 609 h. – alt. 295
🛈 *Office de tourisme, Espace Marie-Louis Gravier* 𝄢 04 90 65 63 95
Paris 692 – Avignon 43 – Carpentras 16 – Vaison-la-Romaine 21.

   ⚠ Municipal la Pinède
     𝄢 04 90 65 61 03, *la-pinede.camping-municipal@wana
     doo.fr*, Fax 04 90 65 95 22 – **R**
     6 ha (121 empl.) terrasses, peu incliné, pierreux, herbeux
     🖼 1 borne
     Pour s'y rendre : Sortie Ouest par rte de Crillon-le-Brave et
     chemin à droite, à côté de la piscine municipale

> Nature : 🌳 (pinède)
> Services : 🚿 ⚡ 🗟 🔥 ⊕ 🏕 🌐
> À prox. : 🏊

BOLLÈNE

✉ 84500 – **332** B8 – G. Provence – 14 130 h. – alt. 40
🛈 *Office de tourisme, place Reynaud de la Gardette* 𝄢 04 90 40 51 45, Fax 04 90 40 51 44
Paris 634 – Avignon 53 – Montélimar 34 – Nyons 35 – Orange 26 – Pont-St-Esprit 10.

   ⚠ **La Simioune** Permanent
     𝄢 04 90 30 44 62, *la-simioune@wanadoo.fr*,
     Fax 04 90 30 44 77, *www.la-simioune.fr* – **R** conseillée
     2 ha (80 empl.) plat et en terrasses, sablonneux
     Tarif : (Prix 2006) 👤 🚗 🖾 12,60 € 🔌 (6A) – frais de réser-
     vation 10 €
     Location : 3 🛖 (4 à 6 pers.) 305 à 580 €/sem.
     Pour s'y rendre : 5 km au NE par rte de Lambisque (accès
     sur D 8 par ancienne rte de Suze-la-Rousse longeant le Lez)
     et chemin à gauche
     À savoir : Bâtiments en bois, style ranch

> Nature : 🌿 🌳 (pinède)
> Loisirs : 🍽 🏊 🐴 poneys (centre
> équestre)
> Services : 🚿 ⚡ 🗟 🔥 ⊕ 🏕 🌐 🚿

*Donnez-nous votre avis sur les terrains que nous recommandons.
Faites-nous connaître vos observations et vos découvertes.*

BONNIEUX

✉ 84480 – **332** E11 – G. Provence – 1 417 h. – alt. 400
🛈 *Office de tourisme, 7, place Carnot* 𝄢 04 90 75 91 90, Fax 04 90 75 92 94
Paris 721 – Aix-en-Provence 49 – Apt 12 – Cavaillon 27 – Salon-de-Provence 45.

   ⚠ **Municipal du Vallon** 25 mars-25 oct.
     𝄢 04 90 75 86 14, *campinglevallon@wanadoo.fr*,
     Fax 04 90 75 86 14 – **R** conseillée
     1,3 ha (80 empl.) plat et en terrasses, pierreux, herbeux, bois
     attenant
     Tarif : 👤 2,50 € 🚗 1,60 € 🖾 2,80 € – 🔌 (10A) 2,80 €
     Pour s'y rendre : Sortie S par D 3, rte de Ménerbes et chemin
     à gauche

> Nature : 🌿 ≤ 🏞 🌳
> Loisirs : 🏃
> Services : ⚡ 🗟 🔥 ⊕ 🏕 🚽 📞 🌐

CADENET

✉ 84160 – **332** F11 – G. Provence – 3 883 h. – alt. 170
🛈 *Office de tourisme, 11, place du Tambour d'Arcole* 𝄢 04 90 68 38 21
Paris 734 – Aix-en-Provence 33 – Apt 23 – Avignon 63 – Digne-les-Bains 109 – Manosque 49 –
Salon-de-Provence 34.

   ⚠ **Val de Durance** 31 mars-30 sept.
     𝄢 04 42 20 47 25, *info@homair.com*, Fax 04 90 68 16 34,
     www.homair.com – **R** indispensable 🐕
     10 ha/2,4 campables (232 empl.) plat, herbeux, pierreux
     Tarif : 👤 🚗 🖾 32 € 🔌 (5A) – frais de réservation 10 €
     Location : 153 🛖 (4 à 6 pers.) 203 à 665 €/sem. –
     bungalows toilés
     Pour s'y rendre : SO : 2,7 km par D 943 rte d'Aix, D 59 à
     droite et chemin à gauche
     À savoir : Au bord d'un plan d'eau, à 300 m de la Durance

> Nature : 🌿 ≤ 🏞 🌳
> Loisirs : 🍽 pizzeria 🎮 🏃 ⛷ 🏊
> 🏖 (plan d'eau et plage aménagée)
> Services : 🚿 ⚡ 🏧 📺 🗟 ⊕ 🏕 🚽
> 🖼 🏊 🚿

CAROMB

✉ 84330 – **332** D9 – 3 117 h. – alt. 95
🛈 *Office de tourisme, place du Cabaret* ✆ 04 90 62 36 21, Fax 04 90 62 36 22
Paris 683 – Avignon 37 – Carpentras 10 – Malaucène 10 – Orange 29 – Vaison-la-Romaine 19.

⚠ **Le Bouquier** fin mars-mi-oct.
✆ 04 90 62 30 13, *lebouquier@wanadoo.fr*,
Fax 04 90 62 30 13, *www.lebouquier.com* – **R** conseillée
1,5 ha (70 empl.) en terrasses, plat, gravier, pierreux
Tarif : (Prix 2006) ⚹ 3,50 € ⟵ 2,40 € 🅴 2,80 € – 🔌 (10A) 3 €
– frais de réservation 5 €
Location : 4 🚐 (4 à 6 pers.) 300 à 450 €/sem.
Pour s'y rendre : N : 1,5 km par D 13, rte de Malaucène

Nature : 〜 ♀
Loisirs : 🏊
Services : 🔥 ⚬ 🅿 (tentes) 🚮 ▥ 🔖 🔄 ⓐ 🅰 🔲

CARPENTRAS

✉ 84200 – **332** D9 – G. Provence – 26 090 h. – alt. 102
🛈 *Office de tourisme, place Aristide Briand* ✆ 04 90 63 00 78, Fax 04 90 60 41 02
Paris 679 – Avignon 30 – Cavaillon 28 – Orange 24.

⚠ **Municipal Lou Comtadou** 1ᵉʳ mars-31 oct.
✆ 04 90 67 03 16, *info@campingloucomtadou.com*,
Fax 04 90 46 01 81, *www.campingloucomtadou.com*
– **R** conseillée
1 ha (99 empl.) plat, pierreux, herbeux, petit plan d'eau
Tarif : ⚹ 10,50 € ⟵ 3 € 🅴 18,50 € – 🔌 (6A) 4 € – frais de
réservation 15 €
Location : 3 🚐 (2 à 4 pers.) 190 à 330 €/sem. – 3 🚐 (4 à
6 pers.) 230 à 390 €/sem. – 3 bungalows toilés
🔌 1 borne 0 €
Pour s'y rendre : 1,5 km au SE par D 4, rte de St-Didier et rte
à dr., près du complexe sportif

Nature : 〜 ♀♀
Loisirs : 🏠 🏊
Services : 🔥 ⚬ 🅶🅱 🚮 🔖 🔄 ⓐ 🅰 🔲
À prox. : 🍽 🏊 🏊

CUCURON

✉ 84160 – **332** F11 – G. Provence – 1 792 h. – alt. 350
🛈 *Office de tourisme, rue Léonce Brieugne* ✆ 04 90 77 28 37
Paris 739 – Aix-en-Provence 34 – Apt 25 – Cadenet 9 – Manosque 35.

⚠ **Le Moulin à Vent** 24 mars-6 oct.
✆ 04 90 77 25 77, *Camping_bressier@yahoo.fr*,
Fax 04 90 77 28 12 – **R** conseillée
2,2 ha (80 empl.) plat et peu incliné, en terrasses, pierreux
Tarif : ⚹ 4 € ⟵ 2,50 € 🅴 2,50 € – 🔌 (10A) 4 €
Location 🚫 : 3 🚐 (4 à 6 pers.) 370 à 480 €/sem.
🔌 1 borne 5 €
Pour s'y rendre : S : 1,5 km par D 182, rte de Villelaure puis
0,8 km par rte à gauche

Nature : 🏞 ⟵ 〜 ♀♀
Loisirs : 🏠 🏊
Services : 🔥 ⚬ 🅶🅱 🚮 🔖 🔄 🅰 ⓐ
🔲 🔄

FAUCON

✉ 84110 – **332** D8 – 380 h. – alt. 350
Paris 677 – Marseille 152 – Avignon 59 – Montélimar 68 – Orange 47.

⚠ **L'Ayguette** 1ᵉʳ avr.-30 sept.
✆ 04 90 46 40 35, *info@ayguette.com*, Fax 04 90 46 46 17,
www.ayguette.com – **R** conseillée
2,8 ha (100 empl.) plat, herbeux, vallonné, pierreux
Tarif : ⚹ 5,30 € ⟵ 2 € 🅴 7,90 € – 🔌 (10A) 2,50 € – frais de
réservation 10 €
Pour s'y rendre : 2 km à l'E par D 86, rte de Vaison-la-
Romaine
À savoir : Cadre sauvage

Nature : 🏞 〜 ♀♀ (pinède)
Loisirs : snack 🏊 🏊
Services : 🔥 ⚬ 🅶🅱 🚮 🔖 🔄 🔲 🔄

*En juin et septembre les campings sont plus calmes, moins fréquentés
et pratiquent souvent des tarifs " hors saison ".*

L'ISLE-SUR-LA-SORGUE

✉ 84800 – **332** D10 – G. Provence – 16 971 h. – alt. 57

🚹 *Office de tourisme, place de la Liberté* 📞 *04 90 38 04 78, Fax 04 90 38 35 43*

Paris 693 – Apt 34 – Avignon 23 – Carpentras 18 – Cavaillon 11 – Orange 35.

⚠ **Airotel La Sorguette** 15 mars-15 oct.
📞 04 90 38 05 71, *sorguette@wanadoo.fr,*
Fax 04 90 20 84 61, *www.camping-sorguette.com*
– **R** conseillée
2,5 ha (164 empl.) plat, herbeux, pierreux
Tarif : 🛉 ⟵ 🔳 13 € – 🔌 (6A) 4,20 € – frais de réservation 20 €
Location : 22 🛏 (4 à 6 pers.) 385 à 581 €/sem. – 8 🏠 (4 à 6 pers.) 427 à 609 €/sem.
🚐, 1 borne – 6 🔳
Pour s'y rendre : 1,5 km au SE par N 100, rte d'Apt, près de la Sorgue

> Nature : 🌳
> Loisirs : 🏠 🎣 🏊 🚴 🛶
> Services : ⚐ ⟵ ⊖🅑 ♨ 🗑 🍴 💧 🏠 🧊
> sèche-linge 🧺 cases réfrigérées
> À prox. : ✗ canoë

JONQUIÈRES

✉ 84150 – **332** C9 – 3 926 h. – alt. 56

Paris 663 – Avignon 28 – Carpentras 16 – Orange 8 – Vaison-la-Romaine 25.

⚠ **Municipal les Peupliers**
📞 04 90 70 67 09, Fax 04 90 70 59 01 – **R** conseillée
1 ha (78 empl.) plat, herbeux
Pour s'y rendre : Sortie E, rte de Carpentras, derrière la piscine

> Nature : 🌳🌳
> Services : ⚐⟵ 🗑 cases réfrigérées
> À prox. : ✗ 🏊

LOURMARIN

✉ 84160 – **332** F11 – G. Provence – 1 119 h. – alt. 224

🚹 *Syndicat d'initiative, 9, avenue Philippe de Girard* 📞 *04 90 68 10 77, Fax 04 90 68 11 01*

Paris 732 – Aix-en-Provence 37 – Apt 19 – Cavaillon 73 – Digne-les-Bains 114.

⚠ **Les Hautes Prairies** fin mars-fin oct.
📞 04 90 68 02 89, *leshautesprairies@wanadoo.fr,*
Fax 04 90 68 23 83, *www.campinghautesprairies.com*
– **R** conseillée
3,6 ha (158 empl.) peu incliné, plat, herbeux, pierreux
Tarif : 🛉 4,80 € ⟵ 2,80 € 🔳 4,40 € – 🔌 (10A) 4 € – frais de réservation 18 €
Location (permanent) : 16 🏠 (4 à 6 pers.) 392 à 735 €/sem.
Pour s'y rendre : E : 0,7 km par D 56, rte de Vaugines

> Nature : 🏕 🌳
> Loisirs : 🍴 ✗ snack 🎣 🏊 🎱
> Services : ⚐ ⟵ ♨ 🗑 🛒 🅿 🧊 🚿 🚻
> 🏠

MALEMORT-DU-COMTAT

✉ 84570 – **332** D9 – 1 203 h. – alt. 208

Paris 688 – Avignon 33 – Carpentras 11 – Malaucène 22 – Orange 33 – Sault 35.

⚠ **Font Neuve** 1er mai-30 sept.
📞 04 90 69 90 00, *camping.font-neuve@libertysurf.fr,*
Fax 04 90 69 91 77 – **R** conseillée
1,5 ha (54 empl.) plat et peu incliné, terrasses, herbeux, pierreux
Tarif : 🛉 4 € ⟵ 2 € 🔳 4,50 € – 🔌 (6A) 4,50 € – frais de réservation 4 €
Location : 4 🏠 (4 à 6 pers.) 378 à 420 €/sem.
Pour s'y rendre : 1,6 km au SE par D 5, rte de Méthanis et chemin à gauche

> Nature : 🏞 ⇐ 🏕 🌳🌳
> Loisirs : ✗ (dîner seulement) 🎱 🏊
> Services : ⚐ ⟵ ♨ Ⓜ 🗑 🎱 🅿 🚿 🚻
> 🏠 🧺

---

*La catégorie (1 à 5 tentes, **noires** ou rouges) que nous attribuons*
aux terrains sélectionnés dans ce guide est une appréciation qui nous est propre.
Elle ne doit pas être confondue avec le classement (1 à 4 étoiles)
établi par les services officiels.

MAUBEC

✉ 84660 – **332** D10 – 1 581 h. – alt. 120
Paris 706 – Aix-en-Provence 68 – Apt 25 – Avignon 32 – Carpentras 27 – Cavaillon 9.

⚠ **Les Royères du Prieuré** déb.avr.-mi-déc.
    𝄞 04 90 76 50 34, *camping.maubec.provence@wana
doo.fr*, Fax 04 32 52 91 57, *www.campingmaubec-lube
ron.com* – **R** conseillée
1 ha (93 empl.) plat et en terrasses, pierreux, herbeux
Tarif : (Prix 2006) ✝ 2,50 € ⇆ 1,30 € 🔲 1,30 € – ⅟₂ (10A) 4 €
– frais de réservation 10 €
Location (permanent) ⚥ : gîte d'étape
Pour s'y rendre : Au sud du bourg, chemin de la Combe de
St-Pierre
À savoir : Belles terrasses ombragées

| Nature : 🌲 ≤ 🎠 |
| Services : ⚌ GB ⚙ 🗟 ⚐ 🔳 |

Do not confuse :
⚠ ... to ... 🔺🔺🔺 : **MICHELIN** *classification*
and
★ ... to ... ★★★★ : *official classification*

MAZAN

✉ 84380 – **332** D9 – G. Provence – 4 943 h. – alt. 100
🛈 *Office de tourisme, 83, place du 8 Mai* 𝄞 04 90 69 74 27
Paris 684 – Avignon 35 – Carpentras 9 – Cavaillon 30 – Sault 34.

⚠ **Le Ventoux** 1ᵉʳ mars-15 nov.
    𝄞 04 90 69 70 94, *camping.le.ventoux@wanadoo.fr*,
Fax 04 90 69 70 94, *www.camping-le-ventoux.com*
– **R** conseillée
0,7 ha (49 empl.) plat, pierreux, herbeux
Tarif : (Prix 2006) ✝ ⇆ 🔲 19,10 € ⅟₂ (6A)
Location ⚥ : 5 🏠 (4 à 6 pers.) 335 à 480 €/sem.
Pour s'y rendre : N : 3 km par D 70, rte de Caromb puis
chemin à gauche, de Carpentras, itinéraire conseillé par
D 974, rte de Bédoin

| Nature : 🌲 ≤ 🎠 |
| Loisirs : 🍴 ⚒ 🏊 |
| Services : ⚒ ⚌ ⚙ 🏧 🗟 ⚐ 🔳 ⚑ ⚒ |

747

MONTEUX

✉ 84170 – **332** C9 – 9 564 h. – alt. 42
🛈 *Office de tourisme, place des Droits de l'Homme* 𝄞 04 90 66 97 52
Paris 677 – Avignon 22 – Carpentras 5 – Cavaillon 24 – Orange 23.

⚠ **Municipal Bellerive**
    𝄞 04 90 66 81 88, *ot-monteux@axit.fr, www.monteux.fr* –
R
1 ha (52 empl.) plat, herbeux, jardin public attenant
Pour s'y rendre : Au N du bourg par rte de Loriol-du-Comtat
et à droite après le pont
À savoir : Beaux emplacements délimités, au bord de l'Auzon

| Nature : 🌫 🎠 |
| Services : 🗟 ⚐ |

MURS

✉ 84220 – **332** E10 – G. Provence – 415 h. – alt. 510
Paris 704 – Apt 17 – Avignon 48 – Carpentras 26 – Cavaillon 27 – Sault 33.

⚠ **Municipal des Chalottes** 6 avr.-15 sept.
    𝄞 04 90 72 60 84, *mairiedemurs@wanadoo.fr*,
Fax 04 90 72 61 73 – **R** conseillée
4 ha (50 empl.) peu incliné à incliné et accidenté, pierreux
Tarif : ✝ 3 € ⇆ 1 € 🔲 4 € – ⅟₂ 2 €
Pour s'y rendre : Sortie S par D 4, rte d'Apt puis 1,8 km à
droite par rte et chemin, après le V.V.F.
À savoir : Cadre boisé et situation agréable

| Nature : 🌲 ≤ 🎠 |
| Loisirs : ⚒ |
| Services : ⚒ ⚌ (juil.-août) ⚙ 🗟 ⚐ |

ORANGE

✉ 84100 – **332** B9 – G. Provence – 27 989 h. – alt. 97
🛈 *Office de tourisme, 5, cours Aristide Briand ℰ 04 90 34 70 88, Fax 04 90 34 99 62*
Paris 655 – Alès 84 – Avignon 31 – Carpentras 24 – Montélimar 55 – Nîmes 56.

⚠ **Le Jonquier** 31 mars-sept.
ℰ 04 90 34 49 48, info@campinglejonquier.com,
Fax 04 90 51 16 97, www.campinglejonquier.com
– **R** conseillée
2,5 ha (75 empl.) plat, herbeux
Tarif : 🛉 ⇋ 🅴 26,70 € 🗓 (6A) – frais de réservation 15 €
Location : 3 🛏 (4 à 6 pers.) 285 à 770 €/sem. – 2
bungalows toilés
🚐 1 borne
Pour s'y rendre : 4 km au NO : par N 7 rte de Montélimar et
r. à gauche passant devant la piscine, quartier du Jonquier, r.
Alexis-Carrel - par A 7 : sortie N, D 17 rte de Caderousse et
chemin à dr.

> Nature : 🌿 🗠 ♀
> Loisirs : 🛁 jacuzzi 🎾 🏕 🏊 (petite piscine)
> Services : 🔲 ⚓ GB 🐾 🗄 🔄 ☺ 🔳 sèche-linge

PERNES-LES-FONTAINES

✉ 84210 – **332** D10 – G. Provence – 10 170 h. – alt. 75
🛈 *Office de tourisme, place Gabriel Moutte ℰ 04 90 61 34 04*
Paris 685 – Apt 43 – Avignon 23 – Carpentras 6 – Cavaillon 20.

⚠ **Municipal de la Coucourelle** 1ᵉʳ avr.-30 sept.
ℰ 04 90 66 45 55, camping@ville-pernes-les-fontaines.fr,
Fax 04 90 61 32 46 – **R** conseillée
1 ha (26 empl.) plat, herbeux
Tarif : 🛉 ⇋ 🅴 6,70 € – 🗓 (10A) 2,80 € – frais de réservation 30 €
Pour s'y rendre : E : 1 km par D 28, rte de St-Didier, au
complexe sportif
À savoir : Beaux emplacements délimités

> Nature : 🌿 🗠 ♀
> Services : 🔲 ⚓ 🐾 ☺ 🔄 🛒 🔳
> À prox. : 🎾 🏊 🚐

PERTUIS

✉ 84120 – **332** G11 – G. Provence – 17 833 h. – alt. 246
🛈 *Office de tourisme, place Mirabeau ℰ 04 90 79 15 56*
Paris 747 – Aix-en-Provence 23 – Apt 36 – Avignon 76 – Digne-les-Bains 97 – Manosque 36.

⚠ **Municipal les Pinèdes** 15 mars-15 oct.
ℰ 04 90 79 10 98, campinglespinedes@free.fr,
Fax 04 90 09 03 99, www.campinglespinedes.com
– **R** conseillée
5 ha (180 empl.) plat, peu incliné à incliné, terrasse, herbeux, pierreux
Tarif : (Prix 2006) 🛉 3,40 € ⇋ 2 € 🅴 2,50 € – 🗓 (10A) 3,50 €
Location : 10 🛏 (4 à 6 pers.) 160 à 470 €/sem.
🚐 1 borne 3 €
Pour s'y rendre : E : 2 km par D 973 et av. Pierre-Augier à
droite

> Nature : 🗠 ♀♀
> Loisirs : 🍸 snack 🛁 🎣
> Services : 🔲 ⚓ GB 🐾 🗄 🔄 ☺ 🔄 🛒 🔳
> À prox. : 🎾 🏊

Le PONTET

✉ 84130 – **332** C10 – 15 594 h. – alt. 40
Paris 688 – Marseille 100 – Avignon 5 – Aix 83 – Nîmes 50.

⚠ **Le Grand Bois** mai-15 sept.
ℰ 04 90 31 37 44, Fax 04 90 31 46 53 – **R** conseillée
1,5 ha (134 empl.) plat, herbeux
Tarif : 🛉 4 € ⇋ 1,50 € 🅴 8 € – 🗓 (5A) 2,50 €
Location : 🛏 – (hôtel)
Pour s'y rendre : NE : 3 km par D 62, rte de Vedène et rte à
gauche, au lieu-dit la Tapy, Par A 7 : sortie Avignon-Nord
À savoir : Agréable cadre boisé

> Nature : 🗠 ♀♀
> Loisirs : 🛁 🏊
> Services : 🔲 ⚓ GB 🐾 🔄 ☺ 🔄 🛒 🔳

748

ROUSSILLON

✉ 84220 – **332** E10 – G. Provence – 1 161 h. – alt. 360

🛈 *Office de tourisme, place de la poste* ℘ *04 90 05 60 25, Fax 04 90 05 63 31*
Paris 720 – Apt 11 – Avignon 46 – Bonnieux 12 – Carpentras 41 – Cavaillon 25 – Sault 31.

Arc-en-Ciel 15 mars-oct.
℘ 04 90 05 73 96, *campingarcenciel@wanadoo.fr*
– **R** conseillée
5 ha (70 empl.) accidenté et en terrasses
Tarif : (Prix 2006) ✛ 3 € – ⌖ 1,55 € – 🔲 1,55 € – [½] (6A) 2,10 € –
frais de réservation 10 €
Pour s'y rendre : SO : 2,5 km par D 105 et D 104 rte de Goult
À savoir : Agréable site dans une pinède

Nature : 🌳 ♤♤	
Loisirs : 🏠 🚲	
Services : & ⊶ ⊞ 🗗 🚿	
À prox. : 🐎	

Le THOR

✉ 84250 – **332** C10 – G. Provence – 6 619 h. – alt. 50
Paris 688 – Avignon 18 – Carpentras 16 – Cavaillon 14 – L'Isle-sur-la-Sorgue 5 – Orange 30.

Le Jantou 15 mars-30 janv.
℘ 04 90 33 90 07, *accueil@lejantou.com*,
Fax 04 90 33 79 84, *www.lejantou.com* – **R** conseillée
6 ha/4 campables (160 empl.) plat, herbeux
Tarif : (Prix 2006) ✛ ⌖ 🔲 22 € – [½] (10A) 4,70 € – frais de
réservation 23 €
Location (permanent) : 6 🛖 (4 à 6 pers.) 215 à
580 €/sem.
🚐 1 borne – 10 🔲
Pour s'y rendre : O : 1,2 km par sortie Nord vers Bédarrides,
accès direct à la Sorgue, Accès conseillé par D 1 (contourne-
ment)

Nature : 🌳 ♤	
Loisirs : 🏠 🎣 🚲 🏊 🚣	
Services : & ⊶ ⊞ 🚐 💧 🗗 🚿 ⚒	
🗑 🔲 réfrigérateurs	
À prox. : 🍴	

749

La TOUR-D'AIGUES

✉ 84240 – **332** G11 – G. Provence – 3 860 h. – alt. 250
🛈 *Office de tourisme, le Château* ℘ *04 90 07 50 29, Fax 04 90 07 35 91*
Paris 752 – Aix-en-Provence 29 – Apt 35 – Avignon 81 – Digne-les-Bains 92.

Municipal
℘ 04 90 07 41 08, *mairie.latour84@wanadoo.fr* – **R**
1 ha (50 empl.) plat, herbeux
Pour s'y rendre : sortie NE par D 956, rte de Forcalquier et
chemin à droite, bord de l'Eze

Nature : 🌳 ♤♤	
Services : ⊶ 🏊 🚿	
À prox. : ⚽ terrain omnisports	

VAISON-LA-ROMAINE

✉ 84110 – **332** D8 – G. Provence – 5 904 h. – alt. 193
🛈 *Office de tourisme, place du Chanoine-Sautel* ℘ *04 90 36 02 11, Fax 04 90 28 76 04*
Paris 664 – Avignon 51 – Carpentras 27 – Montélimar 64 – Pont-St-Esprit 41.

Carpe Diem ♣♣ – mi-mars-déb. nov.
℘ 04 90 36 02 02, *contact@camping-carpe-diem.com*,
Fax 04 90 36 36 90, *www.camping-carpe-diem.com*
– **R** conseillée
10 ha/6,5 campables (232 empl.) en terrasses, plat et peu
incliné, herbeux
Tarif : ✛ ⌖ 🔲 30,70 € [½] (10A) – frais de réservation 20 €
Location : 38 🛖 (4 à 6 pers.) 280 à 680 €/sem. – 14 🏠 (4
à 6 pers.) 280 à 680 €/sem. – 6 bungalows toilés
Pour s'y rendre : 2 km au SE, à l'intersection du D 938, rte
de Malaucène et du D 151, rte de St-Marcellin
À savoir : Originale reconstitution d'un amphythéâtre au-
tour de la piscine

Nature : 🌳 🗀 ♤♤	
Loisirs : 🍴 pizzeria 🌙 nocturne 🏇	
🎣 🏊	
Services : & ⊶ ⊞ 🚿 🗗 ⚒ 🔲 🛁	
🏊 🗑 cases réfrigérées	

VAISON-LA-ROMAINE

▲▲ **Le Soleil de Provence** 15 mars-31 oct.
      04 90 46 46 00, *info@camping-soleil-de-provence.fr*,
    Fax 04 90 46 40 37, *www.camping-soleil-de-provence.fr*
    – **R** conseillée
    4 ha (150 empl.) plat et en terrasses, peu incliné, herbeux,
    pierreux
    Tarif : (Prix 2006) ♣ 5,50 € – ⇔ 4 € – ▣ 5 € – (½) (10A) 3,50 € –
    frais de réservation 10 €
    Location ✼ : 12 (4 à 6 pers.) 279 à 580 €/sem.
    🚐 1 borne 3 € – 10 ▣
    Pour s'y rendre : 3,5 km au NE par D 938, rte de Nyons

> Nature : ≤ Ventoux et montagnes
> de Nyons ⌂ ♀
> Loisirs : 🛋 ⅄
> Services : ♿ ⚡ ♂ 📶 🖥 ♨ ☺ 🔅

▲▲ **Théâtre Romain** 15 mars-15 nov.
      04 90 28 78 66, *info@camping-theatre.com*,
    Fax 04 90 28 78 76, *www.camping-theatre.com* – **R** conseil-
    lée
    1,2 ha (75 empl.) plat, herbeux, gravillons
    Tarif : ♣ ⇔ ▣ 13,60 € – (½) (10A) 4 € – frais de réser-
    vation 11 €
    Location ✼ : 6 (4 à 6 pers.) 390 à 650 €/sem.
    🚐 1 borne 5 € –
    Pour s'y rendre : au NE de la ville, quartier des Arts, chemin
    du Brusquet, accès conseillé par rocade

> Nature : ⌂ ♀♀
> Loisirs : 🛋 ⅄ (petite piscine)
> Services : ♿ ⚡ GB ♂ 🖥 ♨ ☺ 🔅
> ♨ 📲
> À prox. : ✄

VEDÈNE

✉ 84270 – **332** C10 – 8 673 h. – alt. 34
Paris 677 – Avignon 13 – Carpentras 17 – Cavaillon 23 – Orange 25 – Roquemaure 21.

▲▲ **Flory** 15 mars-30 sept.
      04 90 31 00 51, *campingflory@wanadoo.fr*,
    Fax 04 90 23 46 19, *www.campingflory.com* – **R** conseillée
    6 ha (136 empl.) plat, peu incliné, accidenté, herbeux,
    sablonneux, rocheux
    Tarif : ♣ ⇔ ▣ 11,50 € – (½) (10A) 4 € – frais de réser-
    vation 10 €
    Location ✼ : 16 (4 à 6 pers.) 290 à 600 €/sem.
    🚐 1 borne
    Pour s'y rendre : NE : 1,5 km par D 53, rte d'Entraigues

> Nature : ♀♀
> Loisirs : ✗ 🛋 🏊 ⅄
> Services : ♿ ⚡ ♂ 🖥 ♨ ☺ 🔅 🛒 🏧 ⚓

VILLES-SUR-AUZON

✉ 84570 – **332** E9 – G. Alpes du Sud – 1 030 h. – alt. 255
Paris 694 – Avignon 45 – Carpentras 19 – Malaucène 24 – Orange 40 – Sault 24.

▲▲ **Les Verguettes** 1er avr.-mi-févr.
      04 90 61 88 18, *info@provence-camping.com*,
    Fax 04 90 61 97 87, *www.provence-camping.com*
    – **R** conseillée
    2 ha (88 empl.) plat, peu incliné et terrasses, herbeux,
    pierreux
    Tarif : ♣ ⇔ ▣ 21,90 € (½) (10A) – frais de réservation 23 €
    Location : 🏠 – 6 (4 à 6 pers.) 357 à 550 €/sem.
    Pour s'y rendre : Sortie O par D 942, rte de Carpentras

> Nature : 🌳 ⌂ ♀♀
> Loisirs : pizzéria (dîner) ✄ 🎣 ⅄
> Services : ♿ ⚡ ♂ 🖥 📶 🏧 ☺ 🔅 ♨
> ♨ 📲 ⚓ réfrigérateurs

VIOLÈS

✉ 84150 – **332** C9 – 1 536 h. – alt. 94
Paris 659 – Avignon 34 – Carpentras 21 – Nyons 33 – Orange 14 – Vaison-la-Romaine 17.

▲ **Les Favards** 27 avr.-1er oct.
      04 90 70 90 93, *favards@free.Fr*, Fax 04 90 70 97 28
    – **R** conseillée
    20 ha/1,5 campable (49 empl.) plat, herbeux
    Tarif : ♣ ⇔ ▣ 8,50 € – (½) (10A) 3 €
    Pour s'y rendre : 1,2 km à l'O par D 67, rte d'Orange
    À savoir : Au milieu des vignes

> Nature : ≤ ⌂ ♀
> Loisirs : 🛋 ⅄
> Services : ♿ Ⓜ ☺ 🔅

VISAN

✉ 84820 – **332** C8 – 1 612 h. – alt. 218
Paris 652 – Avignon 57 – Bollène 19 – Nyons 20 – Orange 27 – Vaison-la-Romaine 16.

⚠ **L'Hérein** 15 mars-15 oct.
    𝄞 04 90 41 95 99, *accueil@camping-visan.com*,
Fax 04 90 41 91 72, *www.camping-visan.com* – **R** conseillée
3,3 ha (75 empl.) plat, herbeux, pierreux
Tarif : 🏕 ⇦ 🅴 14,50 € – 🔌 (10A) 3,50 € – frais de réservation 10 €
Pour s'y rendre : O : 1 km par D 161, rte de Bouchet, près
d'un ruisseau

| Nature : 🏞 ⊏⊐ 〇〇 |
| Loisirs : snack 🎮 ⚓🏊 🎣 👁 |
| Services : ⅋ ⚲ GB 🔧 🏢 🗄 ♨ ⓐ |
| ♨ 🚿 📷 ⚒ |

RHÔNE-ALPES

S. Sauvignier/Michelin

Terre de contrastes et carrefour d'influences, la région Rhône-Alpes offre mille et une facettes. Du haut des montagnes alpines, la beauté touche au sublime : ce paradis des skieurs dominé par le mont Blanc, toit de l'Europe, déploie un spectacle unique de cimes immaculées et glaciers éblouissants. Quittez cette nature préservée, et vous plongez dans l'intense animation de la vallée du Rhône, symbolisée par la course puissante du fleuve. Des voies romaines au TGV, la principale artère de circulation entre Nord et Midi s'est forgé une réputation de locomotive économique. Sur cette « grand-route des vacances », les touristes bien inspirés s'échappent des bouchons routiers pour goûter la cuisine des bouchons lyonnais et celle des tables renommées qui ont fait de la capitale des Gaules un royaume du palais.

Rhône-Alpes is a land of contrasts and a crossroads of culture. Its lofty peaks are heaven on earth to skiers, climbers and hikers are drawn by the beauty of its glittering glaciers and tranquil lakes, and stylish Chamonix and Courchevel set the tone in alpine chic. Step down from the roof of Europe, past herds of cattle on the mountain pastures, and into the bustle of the Rhône valley: from Roman roads to TGVs, the main arteries between north and south have forged the region's reputation for economic drive. Holidaymakers rush through Rhône-Alpes in their millions every summer, but those in the know always stop to taste its culinary specialities. The region abounds in restaurants, the three-star trend-setters and Lyon's legendary neighbourhood *bouchons* making it a true kingdom of cuisine.

RHÔNE-ALPES

Ain (01)

ARS-SUR-FORMANS

01480 – **328** B5 – G. Lyon Drôme Ardèche – 1 102 h. – alt. 248
Office de tourisme, rue Jean-Marie Vianney ℘ 04 74 08 10 76, Fax 04 74 08 15 42
Paris 431 – Bourg-en-Bresse 45 – Lyon 38 – Mâcon 46 – Villefranche-sur-Saône 10.

Municipal le Bois de la Dame
℘ 04 74 00 77 23, mairie.ars-sur-formans@wanadoo.fr,
Fax 04 74 08 10 62 – **R** conseillée
1 ha (103 empl.) peu incliné et terrasse, herbeux, pierreux
Pour s'y rendre : 0,5 km à l'O du centre bourg, près d'un
étang

Nature :
Loisirs :
Services :
À prox. :

ARTEMARE

01510 – **328** H5 – 970 h. – alt. 245
Paris 506 – Aix-les-Bains 33 – Ambérieu-en-Bugey 47 – Belley 18 – Bourg-en-Bresse 82 – Nantua 43.

Municipal Au Vaugrais juin-août
℘ 04 79 87 37 34, artemare-yon@wanadoo.fr,
Fax 04 79 87 37 46 – **R** conseillée
1 ha (33 empl.) plat, herbeux
Tarif : (Prix 2006) ✚ 2 € – ⬅ 1,50 € – 🅴 1,60 € – 🔌 (6A) 2,70 €
Pour s'y rendre : O : 0,7 km par D 69D rte de Belmont, à
Cerveyrieu, bord du Séran

Nature :
Loisirs :
Services :
À prox. :

BOURG-EN-BRESSE

01000 – **328** E3 – G. Bourgogne – 40 666 h. – alt. 251
Office de tourisme, 6, avenue Alsace Lorraine ℘ 04 74 22 49 40, Fax 04 74 23 06 28
Paris 424 – Annecy 113 – Besançon 152 – Chambéry 120 – Genève 112 – Lyon 82 – Mâcon 38.

Municipal de Challes 1er avr.-15 oct.
℘ 04 74 45 37 21, camping-municipal-bourgenbresse@wa
nadoo.fr, Fax 04 74 22 92 29 – **R** conseillée
1,3 ha (120 empl.) plat, peu incliné, goudronné, herbeux
Tarif : (Prix 2006) ✚ ⬅ 🅴 6,25 € – 🔌 (6A) 2,11 €
Pour s'y rendre : Sortie NE par rte de Lons-le-Saunier, à la
piscine
À savoir : Emplacements agréablement ombragés

Nature :
Loisirs : snack
Services :
À prox. :

CHAMPDOR

01110 – **328** G4 – 425 h. – alt. 833
Paris 486 – Ambérieu-en-Bugey 38 – Bourg-en-Bresse 51 – Hauteville-Lompnes 6 – Nantua 28.

Municipal le Vieux Moulin Permanent
℘ 04 74 36 01 79, champdor@wanadoo.fr,
Fax 04 74 36 07 92, www.champdor.com – **R** conseillée
1,6 ha (60 empl.) plat, herbeux
Tarif : (Prix 2006) ✚ ⬅ 🅴 6,10 € 🔌 (8A)
Location : gîtes
Pour s'y rendre : NO : 0,8 km par D 57A, rte de Corcelles
À savoir : Près de deux plans d'eau

Nature :
Loisirs :
Services :
À prox. : (bassin)

CHAMPFROMIER

01410 – **328** H3 – 593 h. – alt. 640
Paris 498 – Bellegarde-sur-Valserine 13 – Mijoux 28 – Nantua 24 – Oyonnax 30.

Municipal les Georennes 1er juin-15 sept.
℘ 04 50 56 92 40, mairie.champfromier@wanadoo.fr,
Fax 04 50 56 96 05 – **R** conseillée
0,7 ha (30 empl.) plat et terrasse, herbeux, pierreux
Tarif : (Prix 2006) ✚ 3,20 € ⬅ 2 € 🅴 4 € – 🔌 (10A) 2 €
Pour s'y rendre : SE : 0,6 km par D 14, rte de Nantua et
chemin à gauche

Nature :
Services :

756

CHÂTILLON-SUR-CHALARONNE

✉ 01400 – **328** C4 – G. Lyon Drôme Ardèche – 4 137 h. – alt. 177
🛈 Office de tourisme, place du Champ de Foire ✆ 04 74 55 02 27, Fax 04 74 55 34 78
Paris 418 – Bourg-en-Bresse 28 – Lyon 55 – Mâcon 28 – Meximieux 35 – Villefranche-sur-Saône 27.

⚠ **Municipal du Vieux Moulin** avr.-oct.
✆ 04 74 55 04 79, Fax 04 74 55 13 11 – places limitées pour
le passage – **R** conseillée
3 ha (140 empl.) plat, herbeux
Tarif : ✶ 4,55 € ⟋ 2,45 € ⊡ 3,95 € – 〔✦〕 (10A) 3,95 € – frais
de réservation 10,30 €
🚐 1 borne 5,10 € – 17 ⊡
Pour s'y rendre : Sortie SE par D 7 rte de Chalamont, bord
de la Chalaronne, à 150 m d'un étang (accès direct)
À savoir : Cadre verdoyant et ombragé en bordure de
rivière

Nature : ⌇ 𝟋𝟋
Loisirs : ⌂ ⟋ ⟋
Services : ⚒ ⟋ ⊞ ⟋ ⟋ ⊛ 🏬
À prox. : 🍴 🍸 snack ⟋ ⟋ ⟋

CHAVANNES-SUR-SURAN

✉ 01250 – **328** F3 – 485 h. – alt. 312
Paris 442 – Bourg-en-Bresse 20 – Lons-le-Saunier 51 – Mâcon 57 – Nantua 37 – Pont-d'Ain 27.

⚠ **Municipal** 1er mai-30 sept.
✆ 04 74 51 70 52, denis.jdlc@wanadoo.fr,
Fax 04 74 51 71 83
1 ha (25 empl.) plat, herbeux
Tarif : ✶ ⟋ ⊡ 5,90 € – 〔✦〕 (5A) 2,20 €
Pour s'y rendre : Sortie Est par D 3 rte d'Arnans
À savoir : Cadre verdoyant au bord du Suran

Nature : ⌇ ⟋ ⌂
Loisirs : ⟍
Services : ⟋ ⊛

CORMORANCHE-SUR-SAÔNE

✉ 01290 – **328** B3 – 904 h. – alt. 172 – Base de loisirs
Paris 399 – Bourg-en-Bresse 44 – Châtillon-sur-Chalaronne 23 – Mâcon 10 – Villefranche-sur-Saône 33.

⚠ **La Pierre Thorion** 1er mai-30 sept.
✆ 03 85 23 97 10, contact@lac-cormoranche.com,
Fax 03 85 23 97 11, www.lac-cormoranche.com – **R** conseillée
48 ha/4,5 campables (117 empl.) plat, herbeux, sablonneux,
bois attenant
Tarif : ✶ ⟋ ⊡ 12 € – 〔✦〕 (10A) 1,50 € – frais de réservation 5 €
Location (1er avr.-30 déc.) ⟍ : 5 🛏 (4 à 6 pers.) 200 à
425 €/sem. – 12 🏠 (4 à 6 pers.) 220 à 460 €/sem.
Pour s'y rendre : Sortie O par D 51^A et 1,2 km par rte à dr.,
à la base de loisirs
À savoir : Décoration arbustive des emplacements, près
d'un beau plan d'eau

Nature : ⌂ ⟍
Loisirs : 🍸 salle d'animation ⟋ 🚲 🏋 ⟍ (plage) ⟍ 🛶
Services : ⚒ ⟋ ⊞ ⟋ ⟋ ⊛ ⟋ ⟍ 🏬 sèche-linge ⟍

757

CULOZ

✉ 01350 – **328** H5 – 2 622 h. – alt. 248
🛈 Syndicat d'initiative, 6, rue de la Mairie ✆ 04 79 87 00 30, Fax 04 79 87 09 73
Paris 512 – Aix-les-Bains 24 – Annecy 55 – Bourg-en-Bresse 88 – Chambéry 41 – Genève 67 – Nantua 63.

⚠ **Le Colombier** 14 avr.-23 sept.
✆ 04 79 87 19 00, camping.colombier@free.fr,
Fax 04 79 87 19 00, http://camping.colombier.free.fr
– **R** conseillée
1,5 ha (81 empl.) plat, gravillons, herbeux
Tarif : ✶ ⟋ ⊡ 10 € – 〔✦〕 (10A) 3 € – frais de réserva-
tion 10 €
Location : 8 🛏 (4 à 6 pers.) 200 à 480 €/sem.
Pour s'y rendre : E : 1,3 km, au carrefour du D 904 et
D 992, bord d'un ruisseau
À savoir : Près d'un centre de loisirs

Nature : ⟍ ⌂ ⟍
Loisirs : 🍸 🚲
Services : ⚒ ⟋ ⊞ ⟋ ⟋ ⊛ ⟋ ⟍ 🏬 ⟍
À prox. : ⟍ ⟍ 🏋 ⟍ (petit plan d'eau)

DIVONNE-LES-BAINS

✉ 01220 – **328** J2 – G. Franche-Comté Jura – 6 171 h. – alt. 486 – ♨ (mi mars-fin nov.)
🛈 *Office de tourisme, rue des Bains ℰ 04 50 20 01 22, Fax 04 50 20 00 40*
Paris 488 – Bourg-en-Bresse 129 – Genève 18 – Gex 9 – Lausanne 46 – Nyon 9 – Les Rousses 27 – Thonon-les-Bains 51.

⚠ **Le Fleutron** 31 mars-21 oct.
ℰ 04 42 20 47 25, info@homair.com, Fax 04 42 95 03 63,
www.homair.com – **R** indispensable
8 ha (253 empl.) incliné, en terrasses, pierreux, herbeux
Tarif : 🏕 ⛺ 🚐 📱 32 € 🔌 (10A) – frais de réservation 10 €
Location : 119 🛖 (4 à 6 pers.) 209 à 658 €/sem.
Pour s'y rendre : N : 3 km, après Villard
À savoir : Cadre boisé adossé à une montagne

| Nature : 🌿 ☾☾ |
| Loisirs : 🍴 snack 🎦 ⛹ 🏖 ⛴ |
| Services : ⚓ GB ⚒ 🧺 🚿 ♨ 🗑 |

DOMPIERRE-SUR-VEYLE

✉ 01240 – **328** E4 – 968 h. – alt. 285
Paris 439 – Belley 70 – Bourg-en-Bresse 18 – Lyon 58 – Mâcon 54 – Nantua 47 – Villefranche-sur-Saône 46.

⚠ **Municipal** 1er avr.-30 déc.
ℰ 04 74 30 31 81, mairiedompierre@wanadoo.fr,
Fax 04 74 30 36 61, *www.dompierre-sur-veyle.fr* – places li-
mitées pour le passage
1,2 ha (50 empl.) plat, herbeux
Tarif : (Prix 2006) 🏕 2,50 € ⛺ 1 € 📱 1,50 €
🔌 (10A) 1,50 €
Pour s'y rendre : Sortie O par D 17 et à gauche, bord de la
Veyle et à 150 m d'un étang
À savoir : Cadre champêtre

| Nature : 🌿 ☾ ☾ |
| Services : ⚓ ♨ |
| À prox. : ✂ |

Pour choisir et suivre un itinéraire
Pour calculer un kilométrage
Pour situer exactement un terrain (en fonction des
indications fournies dans le texte) :
Utilisez les cartes MICHELIN détaillées à 1/150 000,
compléments indispensables de cet ouvrage.

GEX

✉ 01170 – **328** J3 – G. Franche-Comté Jura – 7 733 h. – alt. 626
🛈 *Office de tourisme, square Jean Clerc ℰ 04 50 41 53 85, Fax 04 50 41 81 00*
Paris 490 – Genève 19 – Lons-le-Saunier 93 – Pontarlier 110 – St-Claude 42.

⚠ **Municipal les Genêts** fin mai-mi-sept.
ℰ 04 50 41 61 46, camp-gex-@cc-pays-de-gex.fr,
Fax 04 50 41 68 77, *www.pays-de-gex.org* – **R** conseillée
3,3 ha (140 empl.) peu incliné et plat, goudronné, gravillons,
herbeux
Tarif : (Prix 2006) 🏕 3,40 € ⛺ 📱 5,10 € – 🔌 (16A) 2,70 €
Pour s'y rendre : E : 1 km par D 984 rte de Divonne-les-
Bains et chemin à droite

| Nature : ☰ ☾ |
| Loisirs : snack 🎦 |
| Services : ♿ ⚓ ⚒ 🧺 🚿 ♨ 🗑 |
| À prox. : ✂ ⛴ |

HAUTECOURT

✉ 01250 – **328** F4 – 676 h. – alt. 370
Paris 442 – Bourg-en-Bresse 20 – Nantua 24 – Oyonnax 33 – Pont-d'Ain 15.

⚠ **L'Île de Chambod** 28 avr.-30 sept.
ℰ 04 74 37 25 41, camping.chambod@free.fr,
Fax 04 74 37 28 28, *www.camping-ile-chambod.com*
– **R** conseillée
2,4 ha (110 empl.) plat, herbeux
Tarif : 🏕 4,70 € ⛺ 2,70 € 📱 3,20 € – 🔌 (10A) 3,70 €
Pour s'y rendre : SE : 4,5 km par D 59 rte de Poncin puis
rte à gauche, à 300 m de l'Ain (plan d'eau)

| Nature : ☰ ☾ ☿ |
| Loisirs : 🍴 snack ⛴ |
| Services : ♿ ⚓ GB ⚒ 🧺 🚿 ♨ 🗑 |
| À prox. : 🎣 ⛵ 🚣 parcours sportif |

MASSIGNIEU-DE-RIVES

✉ 01300 – **328** H6 – 498 h. – alt. 295
Paris 516 – Aix-les-Bains 26 – Belley 10 – Morestel 37 – Ruffieux 16 – La Tour-du-Pin 41.

▲▲ **Le Lac du Lit du Roi** 14 avr.-3 oct.
℘ 04 79 42 12 03, *acamp@wanadoo.fr*, Fax 04 79 42 19 94,
www.camping-savoie.com – **R** conseillée
4 ha (120 empl.) en terrasses, herbeux
Tarif : ♦ 🚐 🗐 20 € 🔌 (6A) – frais de réservation 15 €
Location : 17 ▥ (4 à 6 pers.) 330 à 750 €/sem.
🚐 1 borne – 6 🗐 17 €
Pour s'y rendre : N : 2,5 km par rte de Belley et chemin à
droite
À savoir : Situation agréable au bord d'un plan d'eau
formé par le Rhône

| Nature : 🏞 ≤ lac et collines 🗒 ♀ 🔺 |
| Loisirs : ♟ snack 🏌 ※ 🏊 🎣 |
| Services : ᴋ ⊶ ⒼⒷ ᴄᵛ 🖥 ⊛ 🚿 🚾 |
| 🕻 🖾 |

MATAFELON-GRANGES

✉ 01580 – **328** G3 – 483 h. – alt. 453
Paris 460 – Bourg-en-Bresse 37 – Lons-le-Saunier 56 – Mâcon 75 – Oyonnax 15.

▲▲ **Les Gorges de l'Oignin** 1ᵉʳ avr.-30 sept.
℘ 04 74 76 80 97, *camping.lesgorgesdeloignin@wana*
doo.fr, Fax 04 74 76 80 97, *www.gorges-de-loignin.com*
– **R** conseillée
2,6 ha (128 empl.) en terrasses, gravier, herbeux
Tarif : ♦ 🚐 🗐 12,80 € 🔌 (10A) – frais de réservation 8 €
Location : 2 ▥ (4 à 6 pers.) 256 à 512 €/sem. – 10 🏠
(4 à 6 pers.) 266 à 532 €/sem.
Pour s'y rendre : À 0,9 km au Sud du bourg par chemin
À savoir : Près d'un lac

| Nature : ≤ |
| Loisirs : ♟ snack 🏌 🏊 |
| Services : ᴋ ⊶ ⒼⒷ ᴄᵛ Ⓜ 🎞 🖥 ⏚ |
| ⊛ 🚿 🚾 🖾 |
| À prox. : 🏊 🎣 |

MONTREVEL-EN-BRESSE

✉ 01340 – **328** D2 – 1 994 h. – alt. 215 – Base de loisirs
🄑 *Office de tourisme, place de la Grenette* ℘ 04 74 25 48 74
Paris 395 – Bourg-en-Bresse 18 – Mâcon 25 – Pont-de-Vaux 22 – St-Amour 24 – Tournus 36.

▲▲▲ **La Plaine Tonique** ♣♟ – 7 avr.-20 janv.
℘ 04 74 30 80 52, *plaine.tonique@wanadoo.fr*,
Fax 04 74 30 80 77, *www.laplainetonique.com* – **R** indispensable
27 ha/15 campables (548 empl.) plat, herbeux, pierreux
Tarif : ♦ 🚐 🗐 21,70 € 🔌 (10A)
Location 🏊 : 38 🏠 (4 à 6 pers.) 387 à 561 €/sem. – 18
appartements – gîte d'étape, gîtes
🚐 1 borne
Pour s'y rendre : E : 0,5 km par D 28, à la base de plein air
À savoir : Au bord d'un lac et d'un bel ensemble aquatique

| Nature : 🗒 ♀ 🔺 |
| Loisirs : ♟ ✗ snack 🚗 ☺ nocturne |
| 🏕 🏌 ᐧ ※ ♫ 🏊 🎣 🦆 🎶 |
| parcours sportif |
| Services : ᴋ ⊶ ⒼⒷ ᴄᵛ 🖥 ⏚ 🚿 |
| 🚾 🖾 🞂 🛒 point d'informations |
| touristiques |

MURS-ET-GELIGNIEUX

✉ 01300 – **328** G7 – 204 h. – alt. 232
Paris 509 – Aix-les-Bains 37 – Belley 17 – Chambéry 42 – Crémieu 41 – La Tour-du-Pin 24.

▲▲ **Île de la Comtesse** 17 avr.-1ᵉʳ sept.
℘ 04 79 87 23 33, *camping.comtesse@wanadoo.fr*,
Fax 04 79 87 23 33, *www.ile-de-la-comtesse.com*
– **R** conseillée 🏊
3 ha (100 empl.) plat, pierreux, herbeux
Tarif : ♦ 7,50 € 🚐 4,90 € 🗐 15 € – 🔌 (6A) 3,50 € – frais de
réservation 28 €
Location : 24 🏠 (4 à 6 pers.) 269 à 699 €/sem.
🚐 1 borne 5 €
Pour s'y rendre : SO : 1 km sur D 992, rte des Abrets
À savoir : Près du Rhône (plan d'eau)

| Nature : ≤ |
| Loisirs : ♟ snack 🚗 🏌 🚲 🏊 |
| Services : ᴋ ⊶ ⒼⒷ ᴄᵛ 🖥 ⏚ ⊛ 🖾 |
| 🚿 🛒 |
| À prox. : 🎣 |

PONCIN

✉ 01450 – **328** F4 – 1 360 h. – alt. 255

🛈 *Office de tourisme, 10, place Bichat* ✆ *04 74 37 23 14, Fax 04 74 37 23 14*
Paris 456 – Ambérieu-en-Bugey 20 – Bourg-en-Bresse 28 – Nantua 25 – Oyonnax 36 – Pont-d'Ain 7.

⚠ **Vallée de l'Ain** 1ᵉʳ avr.-30 sept.
✆ 04 74 37 20 78, *campingvalleedelain@wanadoo.fr,*
Fax 04 74 37 20 78, *www.chez.com/campingponcin* –
places limitées pour le passage – **R** conseillée
1,5 ha (89 empl.) plat, herbeux
Tarif : 🏕 3,70 € ⬅ 2 € 🅴 2,70 € – 🔌 (16A) 4 €
Location : 4 🛖 (4 à 6 pers.) 255 à 345 €/sem. – 3 🏠 (4
à 6 pers.) 285 à 405 €/sem.
🚐 1 borne – 6 🅴 15 €
Pour s'y rendre : NO : 0,5 km par D 91 et D 81 rte de
Meyriat, près de l'Ain

Nature : 🌳
Loisirs : 🍸 snack 🏊
Services : ⚡ GB 🗲 🗄 🔥 ⊕ 🔲
À prox. : 🎯 🚤 🎣

PONT-DE-VAUX

✉ 01190 – **328** C2 – G. Bourgogne – 2 004 h. – alt. 177

🛈 *Office de tourisme, 2, rue Maréchal de Lattre de Tassigny* ✆ *03 85 30 30 02, Fax 03 85 30 68 69*
Paris 380 – Bourg-en-Bresse 40 – Lons-le-Saunier 69 – Mâcon 24.

⚠ **Champ d'Été** 1ᵉʳ mai-15 oct.
✆ 03 85 23 96 10, *pdv.ain@wanadoo.fr*, Fax 03 85 23 99 12,
www.pontdevaux.com – **R** conseillée
3,5 ha (150 empl.) plat, herbeux
Tarif : 🏕 4 € ⬅ 5 € 🅴 8 € – 🔌 (10A) 13 €
Location (permanent) : 30 🏠 (4 à 6 pers.) 245 à
550 €/sem. – 🛏 – gîtes
Pour s'y rendre : NO : 0,8 km par D 933 direction Mâcon et
chemin à droite, près d'un plan d'eau

Loisirs : 🛶 🔲 🏊 🏓
Services : ♿ ⚡ GB 🗲 🗄 🔥 ⊕ 🏊 🚿
🔲
À prox. : 🎣 🐎 poneys

ST-PAUL-DE-VARAX

✉ 01240 – **328** D4 – G. Lyon Drôme Ardèche – 1 187 h. – alt. 240
Paris 436 – Bourg-en-Bresse 15 – Châtillon-sur-Chalaronne 18 – Pont-d'Ain 22 – Villars-les-Dombes 15.

⚠ **Intercommunal l'Étang du Moulin** 2 juin-2 sept.
✆ 04 74 42 53 30, *moulin@campingendombes.fr,*
Fax 04 74 42 51 57, *www.campingendombes.fr* – **R** conseillée 🚫
34 ha/4 campables (182 empl.) plat, herbeux, bois attenant
Tarif : (Prix 2006) 🏕 ⬅ 🅴 13,40 € 🔌 (6A)
Location : 10 🏠 (4 à 6 pers.) 285 à 485 €/sem.
Pour s'y rendre : À la base de plein air, SE : 2 km par D 70B
rte de St-Nizier-le-Désert puis 1,5 km par rte à gauche, près
d'un étang
À savoir : Superbe piscine géante (5500m²) dans un site
agréable

Nature : 🏞 🌳
Loisirs : 🍸 🛶 ⛳ 🏖 🔲 🏊 🏓 ⛵
Services : ♿ ⚡ GB 🗲 🗄 🏊 ⊕ 🔲

SERRIÈRES-DE-BRIORD

✉ 01470 – **328** F6 – 960 h. – alt. 218 – Base de loisirs
Paris 481 – Belley 29 – Bourg-en-Bresse 57 – Crémieu 24 – Nantua 69 – La Tour-du-Pin 33.

⚠ **Le Point Vert** 1ᵉʳ avr.-30 sept.
✆ 04 74 36 13 45, *nelly@camping-ain-bugey.com,*
Fax 04 74 36 71 66, *www.camping-ain-bugey.com* – places
limitées pour le passage – **R** conseillée
1,9 ha (137 empl.) plat, herbeux
Tarif : (Prix 2006) 🏕 ⬅ 🅴 12,50 € – 🔌 (6A) 3 €
Location : 6 🛖 (4 à 6 pers.) 400 à 530 €/sem.
Pour s'y rendre : O : 2,5 km, à la base de loisirs
À savoir : Au bord d'un plan d'eau

Nature : ⛰ 🌳 ⛏
Loisirs : 🛏 🏊 🎣
Services : ♿ ⚡ GB 🗲 🗄 ⊕ 🏊 🚿
🔲 🚿
À prox. : 🍸 🍴 ⛵ 🚤 (plage) 🚣

SEYSSEL

✉ 01420 – **328** H5 – G. Franche-Comté Jura – 801 h. – alt. 258
Paris 517 – Aix-les-Bains 33 – Annecy 41 – Genève 52 – Nantua 48.

Camping International 1er juin-30 sept.
℘ 04 50 59 28 47, *camp.inter@wanadoo.fr*,
Fax 04 50 59 28 47 – **R** conseillée
1,5 ha (45 empl.) en terrasses, herbeux
Tarif : ♦ ⇌ 🔲 16 € – 🔌 (10A) 3,50 € – frais de réservation 12 €
Location (28 avr.-31 janv.) : 12 ⸬ (4 à 6 pers.) 210 à 576 €/sem.
Pour s'y rendre : SO : 2,4 km par D 992, rte de Culoz et chemin à droite

Nature : 🌿 ⋖ 🏕 ⚲
Loisirs : snack ⚽ 🚲 🏊
Services : ⚐ GB ⚙ 🗓 🔆 🛒 🚰

VILLARS-LES-DOMBES

✉ 01330 – **328** D4 – G. Lyon Drôme Ardèche – 4 190 h. – alt. 281
🛈 Office de tourisme, 3, place de l'Hôtel de Ville ℘ 04 74 98 06 29, Fax 04 74 98 29 13
Paris 433 – Bourg-en-Bresse 29 – Lyon 37 – Villefranche-sur-Saône 29.

Mnicipal les Autières 28 avr.-9 sept.
℘ 04 74 98 00 21, *autieres@campingendombes.fr*,
Fax 04 74 98 05 82, *http://www.campingendombes.fr* –
places limitées pour le passage – **R** conseillée
5 ha (238 empl.) plat, peu incliné, herbeux
Tarif : (Prix 2006) ♦ ⇌ 🔲 14,50 € 🔌 (6A)
Pour s'y rendre : Sortie SO, rte de Lyon et à gauche, av. des Nations, près de la piscine
À savoir : Cadre agréable au bord de la Chalaronne

Nature : 🏕 ⚲
Loisirs : ▼ snack 🛖 ⚽
Services : ⚙ ⚐ GB ⚙ 🗓 ⊕ 🚰
À prox. : 🍴 🏓 🏊 ⛷

VIRIEU-LE-GRAND

✉ 01510 – **328** G5 – 949 h. – alt. 267
🛈 Syndicat d'initiative, avenue de la Gare ℘ 04 79 87 85 22
Paris 500 – Aix-les-Bains 39 – Ambérieu-en-Bugey 41 – Belley 14 – Bourg-en-Bresse 76 – Nantua 46.

Camping du Lac mai-15 sept.
℘ 06 13 27 18 84, *campingvirieu@aol.com*,
Fax 04 79 87 82 02, *www.campingvirieu.com* – **R** conseillée
1,7 ha (81 empl.) plat et en terrasses, pierreux, gravier, herbeux
Tarif : (Prix 2006) ♦ ⇌ 🔲 13,60 €
Pour s'y rendre : S : 2,5 km par D 904, rte d'Ambérieu-en-Bugey et chemin à gauche
À savoir : Au bord du lac

Nature : ⋖ ⚲
Loisirs : snack 🍃
Services : ⚙ ⚐ ⚙ 🗓 ⊕
À prox. : ⛱ (plage)

761

Ardèche (07)

ASPERJOC

✉ 07600 – **331** I5 – G. Lyon Drôme Ardèche – 361 h. – alt. 430
Paris 636 – Antraigues-sur-Volane 8 – Aubenas 14 – Privas 41 – Vals-les-Bains 9.

Vernadel
℘ 04 75 37 55 13, *vernadel@wanadoo.fr*, *www.domainedu vernadel.com* – accès par D 543 difficile pour caravanes, pente assez forte – alt. 500 – places limitées pour le passage – **R** conseillée
12 ha/5 campables (22 empl.) en terrasses, peu incliné, herbeux, pierreux
Location : 16 🏠 – 🛏
Pour s'y rendre : N : 3,7 km par D 243 et D 543 à droite, rte de Thieuré
À savoir : Belle situation dominant un cadre sauvage

Nature : 🌿 ⋖ vallée et montagnes 🏕 ⚲
Loisirs : ⚽ 🏊
Services : ⚙ ⚐ 🔆 ⊕ 🚿 🚰

AUBENAS

✉ 07200 – **331** I6 – G. Lyon Drôme Ardèche – 11 018 h. – alt. 330
🛈 *Office de tourisme, 4, boulevard Gambetta* ℘ *04 75 89 02 03, Fax 04 75 89 02 04*
Paris 627 – Alès 76 – Mende 112 – Montélimar 41 – Privas 32 – Le Puy-en-Velay 91.

La Chareyrasse 1er avr.-15 sept.
℘ 04 75 35 14 59, *camping-la-chareyrasse@wanadoo.fr*,
Fax 04 75 35 00 06, *www.camping-la-chareyrasse.fr*
– **R** conseillée
2,3 ha (90 empl.) plat, herbeux, pierreux
Tarif : 🛉 ⇌ 🅴 23,50 € – 🔌 (10A) 3,90 € – frais de réservation 15 €
Location (1er avr.-15 janv.) : 28 🚐 (4 à 6 pers.)
695 €/sem. – bungalows toilés
Pour s'y rendre : SE : 3,5 km par rte à partir de la gare, à
St-Pierre-sous-Aubenas
À savoir : Agréable cadre boisé, au bord de l'Ardèche

> Nature : 🌲 ♨
> Loisirs : 🍴 pizzeria 🏓 🏊 🎣
> Services : 🛁 ⚡ 🅶🅱 ⚙ 🗄 🏪 🧺 ♨ 🔆
> 😊 🌳 🚰 🐾 🚿 🛒 🧺 🐾
> À prox. : 🍽

BERRIAS ET CASTELJAU

✉ 07460 – **331** H7 – 566 h. – alt. 126
Paris 668 – Aubenas 40 – Largentière 29 – St-Ambroix 18 – Vallon-Pont-d'Arc 22 – Les Vans 10.

Les Cigales 1er avr.-30 sept.
℘ 04 75 39 30 33, *contact@camping-cigales-ardeche.com*,
Fax 04 75 39 30 33, *www.camping-cigales-ardeche.com*
– **R** conseillée
3 ha (70 empl.) plat et peu incliné, terrasses, herbeux
Tarif : 🛉 ⇌ 🅴 14,70 € – 🔌 (10A) 5 €
Location : 7 🏠 (4 à 6 pers.) 230 à 480 €/sem. – gîtes
Pour s'y rendre : NE : 1 km, à la Rouvière
À savoir : Cadre agréable et fleuri

> Nature : 🌲 ♀
> Loisirs : 🍴 snack 🏠 🏓 🍽 🎣
> Services : 🛁 ⚡ (10 juil.-25 août) ⚙
> 🗄 🧺 🐾 😊 🏪 🐾

La Source 27 avr.-16 sept.
℘ 04 75 39 39 13, *camping.la.source@wanadoo.fr*,
Fax 04 75 39 02 52, *http://perso.wanadoo.fr/cam
ping.la.source/* – **R** conseillée
2,5 ha (81 empl.) plat, pierreux, herbeux
Tarif : 🛉 ⇌ 🅴 17,90 € 🔌 (6A)
Location : 22 🚐 (4 à 6 pers.) 205 à 549 €/sem.
Pour s'y rendre : Sortie NE, rte de Casteljau

> Nature : 🌲 🖵 ♀
> Loisirs : snack, pizzeria 🏠 🏓 🎣
> 🎣
> Services : 🛁 ⚡ ⚙ 🗄 🧺 😊 🏪 🐾
> 🐾

Site du Pont d'Arc

BESSAS

✉ 07150 – **331** H7 – 166 h. – alt. 280
Paris 673 – Alès 35 – Florac 89 – Privas 78 – Vallon-Pont-d'Arc 17.

La Fontinelle mi-juin-16 sept.
 04 75 38 65 69, *la-fontinelle@wanadoo.fr*,
Fax 04 75 38 64 91, *www.camping-la-fontinelle.com*
– **R** conseillée
1,5 ha (12 empl.) en terrasses, plat, gravillons, herbeux
Tarif : 🏕 ⬅ 🅿 15 € – 🔌 (3A) 3 €
Location (permanent) : pavillons
Pour s'y rendre : SO : 1 km par D 202 et D 255, rte de
St-Sauveur-de-Cruzières

CASTELJAU

✉ 07460 – **331** H7
Paris 665 – Aubenas 38 – Largentière 28 – Privas 69 – St-Ambroix 30 – Vallon-Pont-d'Arc 32.

La Rouveyrolle 1er avr.-15 sept.
 04 75 39 00 67, *info@campingrouveyrolle.fr*, Fax .,
www.campingrouveyrolle.fr – **R** conseillée
3 ha (100 empl.) plat, herbeux, pierreux
Tarif : 🏕 ⬅ 🅿 22,70 € – 🔌 (6A) 3,80 € – frais de réservation 25 €
Location : 52 🛖 (4 à 6 pers.) 251 à 654 €/sem.
Pour s'y rendre : À l'E du bourg, à 100 m du Chassezac

Les Tournayres avr.-sept.
 04 75 39 36 39, *camping-tournayres@bigfoot.com*,
Fax 04 75 39 36 39 – **R** conseillée
1,3 ha (30 empl.) peu incliné et plat, herbeux
Tarif : (Prix 2006) 🏕 ⬅ 🅿 21 € 🔌 (5A)
Location 🏷 : 5 🛖 (4 à 6 pers.) 275 à 470 €/sem. – 🏠
(4 à 6 pers.) 375 à 570 €/sem.
Pour s'y rendre : N : 0,5 km rte de Chaulet plage

Chaulet Plage 31 mars-4 nov.
 04 75 39 30 27, *contact@chaulet-plage.com*,
Fax 04 75 39 35 42, *www.chaulet-plage.com* – **R** conseillée
1,5 ha (62 empl.) en terrasses, pierreux, herbeux
Tarif : 🏕 ⬅ 🅿 12 € – 🔌 (6A) 2,50 €
Location : 12 🏠 (4 à 6 pers.) 336 à 490 €/sem. – gîtes
Pour s'y rendre : N : 0,6 km, rte de Chaulet-Plage
À savoir : Site agréable, accès direct au Chassezac

763

CHASSAGNES

✉ 07140 – **331** H7
Paris 644 – Lyon 209 – Privas 67 – Nîmes 85 – Avignon 93.

Les Chênes 1er avr.-30 sept.
 04 75 37 34 35, *reception@domaine-des-chenes.fr*,
Fax 04 75 37 20 10, *www.domaine-des-chenes.fr*
– **R** conseillée
2,5 ha (122 empl.) en terrasses, herbeux, pierreux
Tarif : 🏕 ⬅ 🅿 24 € 🔌 (10A) – frais de réservation 20 €
Location : 23 🛖 (4 à 6 pers.) 240 à 740 €/sem. –
maisonnettes

Lou Rouchétou avr.-sept.
 04 75 37 33 13, *rouchetou@libertysurf.fr*,
Fax 04 75 94 95 28, *www.lou-rochetou.com* – **R** conseillée
1,5 ha (100 empl.) plat et peu incliné, herbeux, pierreux
Tarif : 🏕 ⬅ 🅿 17 € – 🔌 (10A) 3 €
Location : 12 🛖 (4 à 6 pers.) 376 à 570 €/sem.
À savoir : Au bord du Chassezac

CHASSIERS

07110 – **331** H6 – 866 h. – alt. 340
Paris 643 – Aubenas 16 – Largentière 4 – Privas 48 – Valgorge 22 – Vallon-Pont-d'Arc 24.

Les Ranchisses ♣♦ – 7 avr.-16 sept.
  ♪ 04 75 88 31 97, *reception@lesranchisses.fr*,
Fax 04 75 88 32 73, *www.lesranchisses.fr* – **R** indispensable
4 ha (150 empl.) plat, peu incliné, herbeux
Tarif : ♣ ⟵ ▣ 35 € ⓖ (10A) – frais de réservation 15 €
Location ⟲ : 60 ▭ (4 à 6 pers.) 322 à 910 €/sem. – 7
▣ (4 à 6 pers.) 343 à 973 €/sem. – bungalows toilés
Pour s'y rendre : NO : 1,6 km, accès par D 5, rte de
Valgorge
À savoir : Sur le domaine d'un mas de 1824, au bord de la
Ligne

> Nature : ▭ ♤♤ ⚘
> Loisirs : ♥ ✗ pizzeria ⚘ ⚘ ✗ ↗ m
> ⟲ ⟲ terrain omnisports
> Services : ⚅ ⊶ GB ⟆ Ⓜ ▭ ♌ ☺
> ⚘ ⟆ ▣ ⟆ ⟆

*Dieser Führer stellt kein vollständiges Verzeichnis aller Campingplätze dar,
sondern nur eine Auswahl der besten Plätze jeder Kategorie.*

CHAUZON

07120 – **331** I7 – 255 h. – alt. 128
Paris 649 – Aubenas 20 – Largentière 14 – Privas 51 – Ruoms 6 – Vallon-Pont-d'Arc 14.
                 Schéma à Vallon-Pont-d'Arc

La Digue 28 mars-2 nov.
  ♪ 04 75 39 63 57, *info@camping-la-digue.fr*,
Fax 04 75 39 75 17, *www.camping-la-digue.fr* – croisement
difficile pour caravanes – **R** conseillée
2 ha (106 empl.) plat et en terrasses, herbeux
Tarif : ♣ ⟵ ▣ 22,50 € – ⓖ (10A) 4 € – frais de réservation 8 €
Location : 12 ▭ (4 à 6 pers.) 259 à 600 €/sem. – 15 ▣
(4 à 6 pers.) 266 à 620 €/sem.
Pour s'y rendre : E : 1 km du bourg, à 100 m de l'Ardèche
(accès direct)

> Nature : ♤♤ ♤♤
> Loisirs : ♥ snack ⚘ ✗ ⟲
> Services : ⚅ ⊶ GB ⟆ ▥ ▭ ♌ ☺
> ⟲ ▣ ⟆
> À prox. : ⟆

Beaussement 10 mars-fin sept.
  ♪ 04 75 39 72 06, *beaussement@wanadoo.fr*,
Fax 04 75 39 71 97, *www.beaussement.com* – accès et croi-
sement difficiles pour caravanes – **R** conseillée
2,3 ha (83 empl.) plat et terrasses, peu incliné, pierreux,
herbeux
Tarif : (Prix 2006) ♣ ⟵ ▣ 17 € ⓖ (10A)
Location : 8 ▭ (4 à 6 pers.) 400 à 460 €/sem.
Pour s'y rendre : N : 0,7 km du bourg
À savoir : Au bord de l'Ardèche

> Nature : ♤♤ ♤♤
> Loisirs : ⟆
> Services : ⚅ ⊶ GB ⟆ ▭ ♌ ☺ ⚘
> ⟆ ⟲ ▣

Le CHEYLARD

07160 – **331** I4 – 3 514 h. – alt. 450
🛈 *Office de tourisme, rue du 5 Juillet 44* ♪ *04 75 29 18 71, Fax 04 75 29 46 75*
Paris 598 – Aubenas 50 – Lamastre 21 – Privas 47 – Le Puy-en-Velay 62 – St-Agrève 19 – Valence 59.

Municipal la Chèze déb.avr.-mi-nov.
  ♪ 04 75 29 09 53, *mosslercat@wanadoo.fr*,
Fax 04 75 29 09 53, *www.camping-de-la-cheze.com*
– **R** conseillée
3 ha (96 empl.) plat et en terrasses
Tarif : ♣ ⟵ ▣ 10,50 € – ⓖ (10A) 4 €
Pour s'y rendre : Sortie NE par D 120, rte de la Voulte puis
à droite, 1 km par D 204 et D 264, rte de St-Christol, au
château
À savoir : Belle situation dominante dans le parc d'un
château

> Nature : ♤ ⟨ le Cheylard et mon-
> tagnes ♤♤
> Loisirs : ▭ ⚘ parcours de santé
> Services : ⚅ ⊶ GB ⟆ ▭ ☺ ▣

CRUAS

07350 – **331** K6 – G. Lyon Drôme Ardèche – 2 400 h. – alt. 83

Office de tourisme, 9, place George Clemenceau ✆ 04 75 49 59 20, Fax 04 75 51 47 43
Paris 594 – Aubenas 49 – Montélimar 16 – Privas 24 – Valence 39.

Les Ilons Permanent
✆ 04 75 49 55 43, *contactcamping@wanadoo.fr*,
Fax 04 75 49 55 43, *www.campinglesilons.com* – **R** conseillée
2,5 ha (80 empl.) plat, herbeux, gravillons
Tarif : ✱ 🚐 🅴 11 € – (10A) 3,50 € – frais de réservation 20 €
Location (1er avr.-30 nov.) ⌖ : 5 (4 à 6 pers.) 350 à 500 €/sem.
1 borne
Pour s'y rendre : E : 1,4 km rte du Port, près d'un plan d'eau, à 300 m du Rhône

Nature : ⌀ ♀
Loisirs : 🍴 🏊 ⛹ 🎣 🛶
Services : 🚿 ⚡ (1er avr.-30 sept.)
🇬🇧 ✂ ⊞ 🗄 ⊛ 🛒 ♨ 🔥
À prox. : ✂

DARBRES

07170 – **331** J6 – 212 h. – alt. 450
Paris 618 – Aubenas 18 – Montélimar 34 – Privas 21 – Villeneuve-de-Berg 14.

Les Lavandes mi-avr.-mi-sept.
✆ 04 75 94 20 65, *sarl.leslavandes@online.fr*,
Fax 04 75 94 20 65, *www.les-lavandes-darbes.com* – **R** conseillée
1,5 ha (70 empl.) plat, en terrasses, herbeux, pierreux
Tarif : (Prix 2006) ✱ 🚐 🅴 20 € – (6A) – frais de réservation 15 €
Location : 12 🏠 (4 à 6 pers.) 240 à 570 €/sem.
Pour s'y rendre : Au bourg

Nature : ≤ ♀♀
Loisirs : 🍴 snack 🏊 🎣
Services : ⚡ 🇬🇧 ✂ 🗄 ♨ ⊛ 🔥 ♨

765

ECLASSAN

07370 – **331** K3 – 702 h. – alt. 420
Paris 534 – Annonay 21 – Beaurepaire 46 – Condrieu 42 – Privas 80 – Tournon-sur-Rhône 21.

L'Oasis mi-avr.-fin sept.
✆ 04 75 34 56 23, *oasis.camp@wanadoo.fr*,
Fax 04 75 34 47 94, *www.oasisardeche.com* – accès aux emplacements par forte pente, mise en place et sortie des caravanes à la demande – **R** conseillée
4 ha (59 empl.) en terrasses, pierreux, herbeux
Tarif : 🅴 19 € – (6A) 3,60 €
Location : 4 🏠 (2 à 4 pers.) 216 à 360 €/sem. – 16 🏠 (4 à 6 pers.) 300 à 600 €/sem.
Pour s'y rendre : NO : 4,5 km par rte de Fourany et chemin à gauche
À savoir : Agréable situation en terrasses, près de l'Ay

Nature : ⌀ ≤ ⌂ ♀
Loisirs : 🍴 🍽 snack, pizzeria 🏠 🏊 ⛹ 🎣 🛶
Services : 🚿 ⚡ 🇬🇧 ✂ 🗄 ♨ ⊛ ♨ 🛒 🔥 ♨

FÉLINES

07340 – **331** K2 – 1 106 h. – alt. 380
Paris 520 – Annonay 13 – Beaurepaire 31 – Condrieu 24 – Tournon-sur-Rhône 46 – Vienne 34.

Bas-Larin 31 mars-30 sept.
✆ 04 75 34 87 93, *camping.baslarin@wanadoo.fr*,
Fax 04 75 34 87 93, *www.bas-larin.com* – **R** conseillée
1,5 ha (67 empl.) incliné à peu incliné, en terrasses, herbeux
Tarif : ✱ 🚐 🅴 16 € – (10A) 3,50 €
Location : 4 (4 à 6 pers.) 250 à 520 €/sem.
Pour s'y rendre : SE : 2 km, par N 82 rte de Serrières et chemin à droite

Nature : ⌂ ♀
Loisirs : 🍴 snack 🏠 🏊 ⛹ 🎣
Services : 🚿 ⚡ ✂ 🗄 ♨ ⊛ 🛒 🔥 ♨

GRAVIÈRES

✉ 07140 – **331** G7 – G. Lyon et la vallée du Rhône – 369 h. – alt. 220
Paris 636 – Lyon 213 – Privas 71 – Nîmes 92 – Alès 48.

△ **Le Mas du Serre** 1er avr.-1er oct.
  𝄞 04 75 37 33 84, *camping-le-mas-du-serre@wanadoo.fr*,
  www.campinglemasduserre.com – **R** conseillée
  1,5 ha (75 empl.) plat, peu incliné, terrasses, herbeux
  Tarif : ✳ ⇔ 🅔 17 € – (⁑) (3A) 3 €
  Pour s'y rendre : SE : 1,3 km par D 113 et chemin à gauche,
  à 300 m du Chassezac
  À savoir : Belle situation autour d'un ancien mas

  Nature : ⌇ ≤ 🌳
  Loisirs : 🏊 🛝
  Services : 🚿 ⚡ ♻ 🗑 ⚒ 🛒 🚽 🍳
  À prox. : ≋

GROSPIERRES

✉ 07120 – **331** H7 – 624 h. – alt. 124
Paris 659 – Aubenas 32 – Largentière 22 – Privas 63 – St-Ambroix 27 – Vallon-Pont-d'Arc 14.

△ **Aire Naturelle les Chadenèdes** avr.-sept.
  𝄞 04 75 39 09 19, *les-chadenedes@wanadoo.fr*,
  Fax 04 75 39 09 19 – **R** conseillée
  1 ha (25 empl.) en terrasses, plat, peu incliné, herbeux
  Tarif : (Prix 2006) ✳ ⇔ 🅔 14,15 € (⁑) (5A)
  Location : gîtes
  🏕 1 borne
  Pour s'y rendre : Au S du bourg

  Nature : ⌇ ≤ 🌳
  Loisirs : 🏊 🛝
  Services : 🚿 ♻ 🗑 ⚒ 🛒 🍳

ISSARLÈS

✉ 07470 – **331** G4 – G. Lyon Drôme Ardèche – 166 h. – alt. 946
🛈 Syndicat d'initiative, le Village 𝄞 04 66 46 26 26, Fax 04 66 46 20 61
Paris 574 – Coucouron 16 – Langogne 36 – Le Monastier-sur-Gazeille 18 – Montpezat-sous-Bauzon 35 – Privas 71.

△ **La Plaine de la Loire** juin-15 sept.
  𝄞 04 66 46 25 77, *campinglaplainedelaloire@ifrance.com*,
  www.campinglaplainedelaloire.ifrance.com – alt. 900
  – **R** conseillée
  1 ha (55 empl.) plat, herbeux
  Tarif : ✳ ⇔ 🅔 10 € – (⁑) (15A) 3 €
  Pour s'y rendre : O : 3 km par D 16, rte de Coucouron et
  chemin à gauche avant le pont
  À savoir : Au bord de la Loire

  Nature : ⌇ ≤ 🌳
  Loisirs : 🏊 🎣
  Services : ⚡ ♻ ⚒ 🍳

Le Beaufortin

F. Isler/Michelin

JAUJAC

⊠ 07380 – **331** H6 – 1 065 h. – alt. 450
🛈 *Syndicat d'initiative, place du Champ de Mars* 📞 *04 75 93 28 54*
Paris 612 – Privas 44 – Le Puy-en-Velay 81.

⚠ **Bonneval** Pâques-fin sept.
📞 04 75 93 27 09, *bonneval.camping@wanadoo.fr*,
Fax 04 75 93 23 83, *www.campingbonneval.com* ⊠ 07380
Fabras – **R** conseillée
3 ha (60 empl.) plat, peu incliné et en terrasses, herbeux
Tarif : 🌟 🚗 🗉 18,50 € – 🔌 (5A) 3 €
Location (Pâques-fin oct.) : 3 🏠 (4 à 6 pers.) 340 à
540 €/sem.
Pour s'y rendre : NE : 2 km par D 19 et D 5, rte de
Pont-de-Labeaume, au lieu-dit les Plots, à 100 m du Lignon
et des coulées basaltiques

Nature : 🐾 ≤ Chaine du Tanargue
🎍🎍
Loisirs : 🍸 🏓 🛝
Services : 🛁 🚿 🚐 🏕 🏪 ⊙ 🔅
À prox. : ≋

JOANNAS

⊠ 07110 – **331** H6 – 304 h. – alt. 430
Paris 650 – Aubenas 23 – Largentière 8 – Privas 55 – Valgorge 15 – Vallon-Pont-d'Arc 30.

⛰ **Le Roubreau** 7 avr.-16 sept.
📞 04 75 88 32 07, *campingroubreau@aol.com*,
Fax 04 75 88 31 44, *www.leroubreau.com* – **R** conseillée
3 ha (100 empl.) plat et peu incliné à incliné, herbeux,
pierreux
Tarif : 🌟 🚗 🗉 20 € – 🔌 3 € – frais de réservation 7,50 €
Location : 10 🚃 (4 à 6 pers.) 350 à 500 €/sem. – 19 🏠
(4 à 6 pers.) 350 à 500 €/sem.
🚃 1 borne
Pour s'y rendre : O : 1,4 km par D 24, rte de Valgorge et
chemin à gauche
À savoir : Au bord du Roubreau

Nature : 🐾 ≤ 🌲 🎍🎍
Loisirs : 🍸 snack 🏓 🛶 🎿 🛝
Services : 🛁 🚿 GB 🏕 🚐 🏪 🌲 ⊙
🔅 🚿
À prox. : canoë

⛰ **La Marette** 1er mai-mi-sept.
📞 04 75 88 38 88, *nina@lamarette.com*, Fax 04 75 88 36 33,
www.lamarette.com – **R** conseillée
4 ha (55 empl.) en terrasses et accidenté, herbeux, bois
Tarif : (Prix 2006) 🌟 🚗 🗉 22 € – 🔌 (10A) 3,70 €
Location (29 avr.-fin oct.) : 23 🚃 (4 à 6 pers.) 250 à
600 €/sem.
Pour s'y rendre : O : 2,4 km par D 24, rte de Valgorge

Nature : 🐾 ≤ 🌲 🎍🎍
Loisirs : 🍸 🏓 🛶 🚲 🎿 🛝
Services : 🛁 🚿 GB 🏕 🚐 ⊙ 🔅 🚿

767

JOYEUSE

⊠ 07260 – **331** H7 – G. Lyon Drôme Ardèche – 1 483 h. – alt. 180
🛈 *Office de tourisme, montée de la Chastellane* 📞 *04 75 89 80 92, Fax 04 75 89 80 95*
Paris 650 – Alès 54 – Mende 97 – Privas 55.

⛰ **La Nouzarède** avr.-sept.
📞 04 75 39 92 01, *campingnouzarede@wanadoo.fr*,
Fax 04 75 39 43 27, *www.camping-nouzarede.fr*
– **R** conseillée
2 ha (103 empl.) plat, herbeux, pierreux
Tarif : 🌟 🚗 🗉 24 € – 🔌 (10A) 3,70 € – frais de réser-
vation 8 €
Location : 40 🚃 (4 à 6 pers.) 229 à 680 €/sem.
Pour s'y rendre : Au N du bourg par rte du stade, à 150 m
de la Beaume (accès direct)

Nature : 🌲 🎍
Loisirs : 🍸 ✗ snack, pizzeria 🏓
🛶 🎿 🛝
Services : 🛁 🚿 GB 🏕 🚐 🏪 ⊙ 🌲
🚿 🔅 🚿 🚿
À prox. : 🏊 ≋ 🎣 canoë

⛰ **Bois Simonet** (location exclusive de chalets) 19 mai-15
sept.
📞 04 75 39 58 60, *boissimo@aol.com*, Fax 04 75 39 46 79,
www.bois-simonet.com – **R** indispensable 🐕
2,5 ha en terrasses, pierreux
Location : 33 🏠 (4 à 6 pers.) 220 à 890 €/sem.
Pour s'y rendre : N : 3,8 km par D 203, rte de Valgorge

Nature : 🐾 ≤ vallée de la Beaume
🌲 🎍(pinède)
Loisirs : 🍸 snack 🛶 🚲 🎿
Services : 🚿 GB 🏕 🚐 🏪 ⊙ 🔅 🚿

LABLACHÈRE

✉ 07230 – **331** H7 – 1 520 h. – alt. 182
Paris 653 – Aubenas 27 – Largentière 16 – Privas 58 – St-Ambroix 31 – Vallon-Pont-d'Arc 22.

⚠ **Le Ch'ti Franoi** déb.mars-fin janv.
  𝒫 04 75 36 64 09, *campinglechti@wanadoo.fr*,
  Fax 04 75 36 64 09, *www.campinglechtifranoi.com*
  – **R** conseillée ⚒
  2,8 ha (40 empl.) plat et peu incliné, terrasses, pierreux,
  herbeux
  Tarif : 👤 🚐 🔲 22 € – [≴] (10A) 3,70 € – frais de réser-
  vation 30 €
  Location : 30 🛏 (4 à 6 pers.) 285 à 595 €/sem.
  Pour s'y rendre : NO : 4,3 km par D 4 rte de Planzolles

Nature : 🦢 ≤ 🖼
Loisirs : 🍴 snack 🎯 🏊 🛝
Services : 🚿 ⚡ GB 🚐 🗄 ⚒ ⊕ ♨ ▦
À prox. : canoë

LABEAUME

✉ 07120 – **331** H7 – G. Lyon Drôme Ardèche – 493 h. – alt. 116
Paris 659 – Lyon 197 – Privas 55 – Nîmes 99 – Avignon 93.
                                    Schéma à Vallon-Pont-d'Arc

⚠ **Le Peyroche** avr.-mi-sept.
  𝒫 04 75 39 79 39, *reception@camping-peyroche.com*,
  Fax 04 75 39 79 40, *www.camping-peyroche.com*
  – **R** conseillée
  8 ha/5 campables (160 empl.) plat, herbeux, sablonneux
  Tarif : (Prix 2006) 👤 🚐 🔲 18 €
  Location ⚒ : 19 🛏 (4 à 6 pers.) 229 à 649 €/sem. –
  bungalows toilés
  Pour s'y rendre : E : 4 km
  À savoir : Au bord de l'Ardèche

Nature : 🌳 ⛰
Loisirs : snack 🎯 🚲
Services : 🚿 ⚡ GB 🚐 🗄 ⚒ ⊕ ▦ 🍴

Utilisez le guide de l'année.

768

LAGORCE

✉ 07150 – **331** I7 – G. Lyon Drôme Ardèche – 700 h. – alt. 120
Paris 648 – Aubenas 23 – Bourg-St-Andéol 34 – Privas 54 – Vallon-Pont-d'Arc 6 – Viviers 46.
                                    Schéma à Vallon-Pont-d'Arc

⚠ **L'Ibie**
  𝒫 04 75 88 01 26, *camping-ibie@yahoo.fr*,
  Fax 04 75 88 06 58 – **R** conseillée
  8 ha/3 campables (48 empl.) plat et en terrasses, pierreux,
  herbeux
  Location : 5 🛏 – 6 🏠
  Pour s'y rendre : SE : 3 km par D 1, rte de Vallon-Pont-
  d'Arc, puis 2 km à gauche par D 558, rte de la Vallée de l'Ibie
  et chemin à gauche avant le pont, près de la rivière

Nature : 🦢 ≤ ⛰
Loisirs : snack 🍴 🛝
Services : 🚿 ⚡ 🗄 ⊕ ▦

LALOUVESC

✉ 07520 – **331** J3 – G. Lyon Drôme Ardèche – 494 h. – alt. 1 050
🅘 *Office de tourisme, rue Saint-Régis* 𝒫 04 75 67 84 20, Fax 04 75 67 80 09
Paris 553 – Annonay 24 – Lamastre 25 – Privas 80 – St-Agrève 32 – Tournon-sur-Rhône 39 – Valence 56 –
Yssingeaux 43.

⚠ **Municipal le Pré du Moulin** 12 mai-29 sept.
  𝒫 04 75 67 84 86, Fax 04 75 67 85 69 – **R** conseillée
  2,5 ha (70 empl.) en terrasses, peu incliné, herbeux
  Tarif : (Prix 2006) 👤 2,30 € 🚐 1,60 € 🔲 2,50 € – [≴] 3,10 €
  Location : 13 🛏 (4 à 6 pers.) 122 à 303 €/sem. – huttes
  Pour s'y rendre : Au N de la localité

Nature : 🦢
Loisirs : 🖼 🎯 🎣 🏊
Services : 🚿 ⚡ GB 🚐 ⊕ ♨ 🛒 ▦

LAMASTRE

✉ 07270 – **331** J4 – G. Lyon Drôme Ardèche – 2 467 h. – alt. 375
🛈 *Office de tourisme, place Montgolfier* 🖉 *04 75 06 48 99, Fax 04 75 06 37 53*
Paris 577 – Privas 55 – Le Puy-en-Velay 72 – Valence 38.

Le Retourtour 8 avr.-30 sept.
🖉 04 75 06 40 71, *campingderetourtour@wanadoo.fr,*
Fax 04 75 06 40 71, *www.campingderetourtour.com*
– **R** conseillée
2,9 ha (130 empl.) plat et peu incliné, herbeux, gravillons
Tarif : (Prix 2006) 👤 🚗 🅴 14,50 € – 🔌 (13A) 4,60 €
Location : 11 🛖 (4 à 6 pers.) 229 à 529 €/sem.
🚐 1 borne
Pour s'y rendre : NO : 2,6 km par D 533 et chemin à droite,
à Retourtour Plage
À savoir : Près d'un plan d'eau

> Nature : 🌿 🐟
> Loisirs : 🍴 snack, pizzeria 🏛 🎪
> nocturne 🏋 🎯 🛝
> Services : 🛁 🔌 📷 🗄 🛒 🏧 ♨ 🔲
> 🚿
> À prox. : 🍽 🏊 (plage)

LARNAS

✉ 07220 – **331** J7 – G. Lyon et la Vallée du Rhône – 90 h. – alt. 300
Paris 631 – Aubenas 41 – Bourg-St-Andéol 12 – Montélimar 24 – Vallon-pont-d'Arc 24.

Le Domaine d'Imbours 👥 – mi-mars-déb. oct.
🖉 04 75 54 39 50, *imbours@france-location.fr,*
Fax 04 75 54 39 20, *www.domaine-imbours.com*
– **R** conseillée
270 ha (250 empl.) plat, peu incliné à incliné, pierreux,
herbeux
Tarif : (Prix 2006) 👤 🚗 🅴 29,40 € 🔌 (6A)
Location : 117 🛖 (4 à 6 pers.) 189 à 1 015 €/sem. – 51
🏠 (4 à 6 pers.) 210 à 1 099 €/sem. – hôtel - gîtes
Pour s'y rendre : SO : 2,5 km par D 262. Pour caravanes, de
Bourg-St-Andéol passer par St-Remèze et Mas du Gras (D 4,
D 362 et D 262)

> Nature : 🌿 🌳🌳
> Loisirs : 🍴 🍽 snack 🏛 🎪 nocturne
> 🏋 🎯 🚴 🎣 🎿 🎱 🏊 🏑
> Services : 🛁 🔌 🅶🅱 📷 🗄 🛒 ♨ 🏧
> 🛒 🍴 🚿
> À prox. : 🐎 canoë

769

LAURAC-EN-VIVARAIS

✉ 07110 – **331** H6 – 784 h. – alt. 182
Paris 646 – Alès 60 – Mende 102 – Privas 50.
Schéma à Vallon-Pont-d'Arc

Les Châtaigniers 1er avr.-30 déc.
🖉 04 75 36 86 26, *chataigniers@hotmail.com,*
Fax 04 75 36 86 26, *www.chataigniers-laurac.com*
– **R** conseillée
1,2 ha (71 empl.) plat, peu incliné, herbeux
Tarif : 👤 🚗 🅴 14,50 € – 🔌 (10A) 2,50 € – frais de réser-
vation 35 €
Location (1er avr.-30 nov.) 🛖 : 7 🛖 (4 à 6 pers.) 250 à
500 €/sem.
Pour s'y rendre : Au SE du bourg, accès conseillé par D 104

> Nature : 🌳🌳
> Loisirs : 🏛 🎯 🎿
> Services : 🛁 🔌 🅶🅱 📷 🗄 🛒 ♨ 🔲

MAISON-NEUVE

✉ 07230 – **331** H7
Paris 662 – Aubenas 35 – Largentière 25 – Privas 67 – St-Ambroix 22 – Vallon-Pont-d'Arc 21.

Pont de Maisonneuve 1er avr.-30 sept.
🖉 04 75 39 39 25, *camping.pontdemaisonneuve@wana*
doo.fr, Fax 04 75 39 39 25, *www.camping-pontdemaison*
neuve.com ✉ 07460 Beaulieu – **R** conseillée
3 ha (100 empl.) plat, herbeux
Tarif : 👤 🚗 🅴 17,90 € 🔌 (6A)
Location : 11 🛖 (4 à 6 pers.) 260 à 480 €/sem.
Pour s'y rendre : Sortie S par D 104 rte d'Alès et à droite,
rte de Casteljau, après le pont
À savoir : Au bord du Chassezac

> Nature : 🌳🌳
> Loisirs : 🍴 🏛 🎯 🎿 🏊 🏑
> Services : 🛁 🔌 🅶🅱 📷 🗄 🛒 ♨ 🔲
> 🚿
> À prox. : canoë

MALARCE-SUR-LA-THINES

✉ 07140 – **331** G7 – 258 h. – alt. 340
Paris 626 – Aubenas 48 – Largentière 38 – Privas 79 – Vallon-Pont-d'Arc 42 – Villefort 21.

Les Gorges du Chassezac déb.mai-31 août
✆ 04 75 39 45 12, *campinggorgeschassezac@wanadoo.fr,
www.campinggorgeschassezac.com* – **R** conseillée
2,5 ha (80 empl.) plat, peu incliné et en terrasses, pierreux,
herbeux
Tarif : (Prix 2006) ✱ ⇔ 🔳 14 € – ⓖ (6A) 3 €
Location : 8 🚐 (4 à 6 pers.) 300 à 430 €/sem.
Pour s'y rendre : SE : 4 km par D 113, rte des Vans, lieu-dit
Champ d'Eynès
À savoir : Au bord du Chassezac (accès direct)

Nature : 🐟 ≤ ♀♀
Loisirs : 🏊 ⚓
Services : ⊶ (1ᵉʳ juil.-31 août) 🕸 🏠
♨ 🗄 🛁

MALBOSC

✉ 07140 – **331** G7 – 169 h. – alt. 450
Paris 644 – Alès 45 – La Grand-Combe 29 – Les Vans 19 – Villefort 27.

Le Moulin de Gournier
✆ 04 75 37 35 50, *moulindegournier@aol.com,*
Fax 04 75 37 35 50, *www.camping-moulin-de-gour
nier.com* – **R** conseillée
4 ha/1 campable (29 empl.) en terrasses, pierreux, herbeux
Tarif : (Prix 2006) ✱ ⇔ 🔳 7,50 € – ⓖ (10A) 3 € – frais de
réservation 5 €
Pour s'y rendre : NE : 7 km par D 216 rte des Vans
À savoir : Cadre agréable au bord de la Ganière

Nature : 🐟 🛶 ♀
Loisirs : snack 🚲 ⚓ 🏊
Services : ⅚ ⊶ 🕸 🏠 ♨ 🗄 🛁

Si vous recherchez :
👫 *Un terrain offrant des équipements et des loisirs adaptés aux enfants*
🐟 *Un terrain agréable ou très tranquille*
L - M *Un terrain effectuant la location de caravanes, de mobile homes,*
de bungalows ou de chalets
P *Un terrain ouvert toute l'année*
🚐 *Un terrain possédant une aire de services pour camping-cars*
Consultez le tableau des localités

770

MARCOLS-LES-EAUX

✉ 07190 – **331** I5 – 301 h. – alt. 730
Paris 616 – Aubenas 37 – Le Cheylard 24 – Le Monastier-sur-Gazeille 50 – Privas 35.

Municipal de Gourjatoux 15 juin-31 août
✆ 04 75 65 60 35, *mairie.marcols.les.eaux@inforoutes-ar
deche.fr,* Fax 04 75 65 65 21 – accès difficile pour véhicules
venant de Mézilhac – **R** conseillée
0,7 ha (28 empl.) en terrasses, herbeux
Tarif : (Prix 2006) ✱ ⇔ 🔳 7,50 € – ⓖ (6A) 2,60 €
Pour s'y rendre : S : à 0,5 km du bourg, près de la Glueyre

Nature : 🐟 ≤ ♀
Loisirs : 🏓 🏃 ✗ 🏊
Services : 🕸 ♨

MARS

✉ 07320 – **331** H3 – 216 h. – alt. 1 060
Paris 579 – Annonay 49 – Le Puy-en-Velay 44 – Privas 71 – Saint-Étienne 67.

Camping La Prairie 15 mai-15 sept.
✆ 04 75 30 24 47, *camplaprairie@aol.com,*
Fax 04 75 30 24 47 – **R** conseillée
0,6 ha (30 empl.) clos, plat, herbeux, sablonneux
Tarif : ✱ 2,90 € ⇔ 1,40 € 🔳 4 € – ⓖ (6A) 2,90 €
🚐 1 borne 4 €
Pour s'y rendre : Au NE du bourg par D 15, rte de St-
Agrève et chemin à gauche

Nature : 🐟 ≤
Loisirs : snack 🏃
Services : ⅚ ⊶ 🚽 ♨
À prox. : 🍴 ✗ ⚓ (plan d'eau) golf
(18 trous)

Les MAZES

✉ 07150 – **331** I7 – G. Lyon Drôme Ardèche
Paris 669 – Lyon 207 – Privas 58 – Nîmes 83 – Avignon 84.
Schéma à Vallon-Pont-d'Arc

La Plage Fleurie mai-15 sept.
  𝒫 04 75 88 01 15, *info@laplagefleurie.com*,
  Fax 04 75 88 11 31, *www.laplagefleurie.com* – **R** indispensable
  12 ha/6 campables (300 empl.) plat et peu incliné, terrasses, herbeux
  Tarif : (Prix 2006) 🛉 ⇌ 🅴 26,90 € – frais de réservation 25 €
  Location : 97 🛖 (4 à 6 pers.) 355 à 710 €/sem.
  Pour s'y rendre : O : 3,5 km
  À savoir : Au bord de l'Ardèche

| Nature : ≤ 00 ⚑ |
| Loisirs : 🍴 ✗ snack, pizzeria 🏕 |
| Services : 🔥 🛒 🖥 🛢 🚿 |

Beau Rivage 1ᵉʳ mai-15 fév.
  𝒫 04 75 88 03 54, *campingbeaurivage@wanadoo.fr*,
  Fax 04 75 88 03 54, *www.beaurivage-camping.com*
  – **R** conseillée
  2 ha (100 empl.) plat et terrasse, herbeux
  Tarif : 🛉 ⇌ 🅴 23 € – [𝔤] (6A) 3,70 € – frais de réservation 16 €
  Location : 14 🛖 (4 à 6 pers.) 275 à 600 €/sem.

| Nature : 🌳 00 ⚑ |
| Loisirs : snack 🏕 canoë |
| Services : 🔥 🛒 GB 🖥 🛢 |

Arc-en-Ciel 16 mai-8 sept.
  𝒫 04 75 88 04 65, *info@arcenciel-camping.com*,
  Fax 04 75 37 16 99, *www.arcenciel-camping.com*
  – **R** conseillée
  5 ha (218 empl.) plat et peu incliné, herbeux, pierreux
  Tarif : (Prix 2006) 🛉 ⇌ 🅴 23 € – [𝔤] (6A) 3,50 € – frais de réservation 12 €
  Location 🏚 (1er juil.-26 août) : 27 🛖 (4 à 6 pers.) 270 à 700 €/sem.
  À savoir : Au bord de l'Ardèche (plan d'eau)

| Nature : 🌳 00 ⚑ |
| Loisirs : 🍴 pizzeria 🏕 |
| Services : 🔥 🛒 GB 🖥 |

771

MEYRAS

✉ 07380 – **331** H5 – 775 h. – alt. 450
🛈 *Office de tourisme, Route Nationale 102* 𝒫 04 75 36 46 26, Fax 04 75 36 45 28
Paris 609 – Aubenas 17 – Le Cheylard 54 – Langogne 49 – Privas 46.

La Plage 1ᵉʳ avr.-31 oct.
  𝒫 04 75 36 40 59, *contact@lecampingdelaplage.com*,
  Fax 04 75 36 43 70, *www.lecampingdelaplage.com*
  – **R** conseillée
  0,8 ha (45 empl.) en terrasses et plat, herbeux, pierreux
  Tarif : 🛉 ⇌ 🅴 15,40 € – [𝔤] (10A) 4 €
  Location : 23 🛖 (4 à 6 pers.) 210 à 600 €/sem. – 7 🏠 (4 à 6 pers.) 210 à 500 €/sem. – appartements
  Pour s'y rendre : À Neyrac-les-Bains, SO : 3 km par N 102, rte du Puy-en-Velay
  À savoir : Agréable situation au bord de l'Ardèche

| Nature : 🌳 ≤ 🗗 00 |
| Loisirs : 🍴 🎬 salle d'animation 🏕 |
| Services : 🔥 🛒 GB 🖥 |
| À prox. : canoë |

Le Ventadour déb.avr.-fin sept.
  𝒫 04 75 94 18 15, *jplai2@wanadoo.fr*, Fax 04 75 94 18 15,
  www.leventadour.com – **R** conseillée
  3 ha (142 empl.) plat et peu incliné, herbeux
  Tarif : 🛉 ⇌ 🅴 17 € – [𝔤] (10A) – frais de réservation 15 €
  Location : 12 🛖 (4 à 6 pers.) 215 à 469 €/sem.
  Pour s'y rendre : SE : 3,5 km, par N 102 rte d'Aubenas, bord de l'Ardèche

| Nature : ≤ 🗗 9 ⚑ |
| Loisirs : 🍴 snack, pizzeria 🏕 |
| Services : 🔥 🛒 GB 🖥 |
| À prox. : canoë |

MONTRÉAL

⊠ 07110 – **331** H6 – 462 h. – alt. 180
Paris 649 – Aubenas 22 – Largentière 5 – Privas 53 – Vallon-Pont-d'Arc 22.
Schéma à Vallon-Pont-d'Arc

⚠ **Le Moulinage** saison
𝒫 04 42 54 27 68, *campingdumoulinage@wanadoo.fr*,
Fax 04 42 53 43 19, *www.ardeche-camping.com*
4 ha (90 empl.) peu incliné, terrasses, herbeux, pierreux
Tarif : ✦ ⟵ 🖻 24 € – 🔌 (10A) – frais de réservation 30 €
Location (1ᵉʳ avr.-1ᵉʳ nov.) : 18 🚐 (4 à 6 pers.) 300 à
500 €/sem. – 21 🏠 (4 à 6 pers.) 400 à 600 €/sem. –
bungalows toilés, maisonnettes
Pour s'y rendre : SE : 5,5 km par D 5, D 104 et D 4 rte de
Ruoms
À savoir : Au bord de la Ligne

Nature : ≤ ⚌⚌
Loisirs : 🍸 snack 🍴 ⚙ 🏓 🛶 ≋
Services : 🔥 ⚡ 🅶🅱 🐕 🍽 💧 🗑 ⓦ
♨
À prox. : canoë

Les OLLIÈRES-SUR-EYRIEUX

⊠ 07360 – **331** J5 – 797 h. – alt. 200
🛈 *Office de tourisme, le pont 𝒫* 04 75 66 30 21
Paris 593 – Le Cheylard 28 – Lamastre 33 – Montélimar 53 – Privas 19 – Valence 34.

⚠ **Le Mas de Champel** 21 avr.-22 sept.
𝒫 04 75 66 23 23, *masdechampel@wanadoo.fr*,
Fax 04 75 66 23 16, *www.masdechampel.com* – **R** conseil-
lée
4 ha (95 empl.) en terrasses, herbeux
Tarif : ✦ 6 € ⟵ 5,50 € 🖻 7,40 € – 🔌 (10A) 3 € – frais de
réservation 25 €
Location 🚲 : 40 🚐 (4 à 6 pers.) 260 à 827 €/sem. –
bungalows toilés
Pour s'y rendre : Au N du bourg par D 120, rte de la
Voulte-sur-Rhône et chemin à gauche, près de l'Eyrieux

Nature : ≤ ⚌
Loisirs : 🍸 snack 🍴 ⚙ 🏊 🚲 ⚙
≋
Services : 🔥 ⚡ 🅶🅱 🐕 🍽 💧 ⓦ 🗑
♨

⚠ **Domaine des Plantas** 🚹🚺 – 28 avr.-15 sept.
𝒫 04 75 66 21 53, *plantas.ardeche@wanadoo.fr*,
Fax 04 75 66 23 65, *www.domainedesplantas.com*
– **R** conseillée
27 ha/7 campables (100 empl.) en terrasses, pierreux,
herbeux
Tarif : ✦ ⟵ 🖻 28 € 🔌 (10A) – frais de réservation 20 €
Location : 30 🚐 (4 à 6 pers.) 230 à 580 €/sem. – 20 🏠
(4 à 6 pers.) 300 à 720 €/sem.
Pour s'y rendre : E : à 3 km du bourg par rte étroite, accès
près du pont, bord de l'Eyrieux

Nature : 🌳 ≤ 🏞 ⚌⚌ ⚠
Loisirs : 🍸 🍴 pizzeria 🍴 ⚙ 🏊
🚲 ⚒ ≋
Services : 🔥 ⚡ 🅶🅱 🐕 Ⓜ 💧 🗑 ⚒
ⓦ ⓦ 🗑 ⚒ ♨

⚠ **Eyrieux-Camping** 🚹🚺 – 31 mars-15 sept.
𝒫 04 75 66 30 08, *blotjm@aol.com*, Fax 04 75 66 63 76,
www.eyrieuxcamping.com – **R** conseillée
3 ha (94 empl.) en terrasses, plat, herbeux
Tarif : ✦ ⟵ 🖻 18,40 € – 🔌 (6A) 4,20 € – frais de réser-
vation 25 €
Location : 21 🚐 (4 à 6 pers.) 294 à 588 €/sem. – 29 🏠
(4 à 6 pers.) 278 à 511 €/sem.
Pour s'y rendre : Sortie E par D 120, rte de la Voulte-sur-
Rhône et chemin à droite, à 100 m de l'Eyrieux (accès direct)

Nature : ≤ 🏞 ⚌
Loisirs : 🍸 snack ⚙ 🏊 🚲 ⚙ 🏓
≋ ⚒ terrain omnisports
Services : 🔥 ⚡ 🅶🅱 🐕 🍽 💧 🗑
♨ réfrigérateurs

ORGNAC-L'AVEN

⊠ 07150 – **331** I8 – 341 h. – alt. 190
Paris 655 – Alès 44 – Aubenas 49 – Pont-St-Esprit 23 – Privas 84 – Vallon-Pont-d'Arc 18.
Schéma à St-Remèze

⚠ **Municipal** 1ᵉʳ juin-31 août
𝒫 04 75 38 63 68, *info@orgnacvillage.com*,
Fax 04 75 38 61 92, *www.orgnacvillage.com* – **R** conseillée
2,6 ha (150 empl.) plat, pierreux
Tarif : ✦ ⟵ 🖻 13,50 € – 🔌 (6A) 3,10 €
Pour s'y rendre : Au N du bourg par D 217, rte de Vallon-
Pont-d'Arc

Nature : ⚌⚌ (chênaie)
Loisirs : 🍴 ✂ 🏊
Services : 🔥 ⚡ 🅶🅱 🐕 🍽 💧 🗑
À prox. : ⚙

772

PRADONS

✉ 07120 – **331** I7 – 295 h. – alt. 124
Paris 647 – Aubenas 20 – Largentière 16 – Privas 52 – Ruoms 4 – Vallon-Pont-d'Arc 12.
Schéma à Vallon-Pont-d'Arc

⚠⚠ **Les Coudoulets** 29 avr.-15 sept.
  ℘ 04 75 93 94 95, *camping@coudoulets.com*,
  Fax 04 75 39 65 89, *www.coudoulets.com* – **R** conseillée
  3,5 ha/2,5 campables (123 empl.) plat et peu incliné,
  pierreux, herbeux
  Tarif : (Prix 2006) 🛉 ⬶ 🄴 22,50 € – 🔋 (6A) 3,70 € – frais de
  réservation 8 €
  Location (permanent) : 9 🚐 (4 à 6 pers.) 220 à
  570 €/sem. – gîtes
  Pour s'y rendre : Au NO du bourg
  À savoir : Accès direct à l'Ardèche

| Nature : 🏞 🗗 ⚲ 🌲 |
| Loisirs : 🍴 snack 🏊 ⛵ |
| Services : ⚃ ⛽ ⊞ ♻ 🗄 🔥 � ♨ |
| À prox. : ✂ canoë |

⚠⚠ **International**
  ℘ 04 75 39 66 07, *contact@cia-ardeche.com*,
  Fax 04 75 39 79 08, *www.cia-ardeche.com* – **R** conseillée
  1,5 ha (45 empl.) peu incliné, plat, herbeux
  Location : 14 🏠
  Pour s'y rendre : NE sur D 579, rte d'Aubenas
  À savoir : Accès direct à l'Ardèche (escalier)

| Nature : ⚲ |
| Loisirs : 🛖 🏊 ✂ ⛵ ≈ |
| Services : ⚃ ⛽ 🗄 ♨ � |
| À prox. : canoë |

⚠ **Laborie** mi-avr.-mi-sept.
  ℘ 04 75 39 72 26, *camping-de-laborie@wanadoo.fr*,
  Fax 04 75 39 72 26, *www.campingdelaborie.com*
  – **R** conseillée
  3 ha (100 empl.) plat, herbeux
  Tarif : 🛉 ⬶ 🄴 18 € – 🔋 (10A) 3,60 € – frais de réser-
  vation 6 €
  Location ✂ : 7 🚐 (4 à 6 pers.) 200 à 490 €/sem.
  Pour s'y rendre : NE : 1,8 km par rte d'Aubenas
  À savoir : Au bord de l'Ardèche

| Nature : ⚴ |
| Loisirs : 🍴 🛖 🏊 ⛵ ≈ 🐬 |
| Services : ⚃ ⛽ ⊞ ♻ 🗄 ♨ � |
| À prox. : canoë |

⚠ **Le Pont** 1er avr.-30 sept.
  ℘ 04 75 93 93 98, *campingdupont07@wanadoo.fr*,
  Fax 04 75 36 84 13, *www.ot-pays-ruomsois.com/camping
  dupont* – **R** conseillée
  1,2 ha (65 empl.) plat, herbeux, pierreux
  Tarif : (Prix 2006) 🛉 ⬶ 🄴 19,50 € – 🔋 (10A) 3,30 €
  Location : 8 🚐 (4 à 6 pers.) 220 à 570 €/sem. – (sans
  sanitaires)
  Pour s'y rendre : O : 0,3 km par D 308 rte de Chauzon
  À savoir : Accès direct à l'Ardèche (escalier)

| Nature : 🗗 ⚲⚲ |
| Loisirs : 🍴 🛖 🏊 ⛵ ≈ 🔱 |
| Services : ⚃ ⛽ ⊞ ♻ 🗄 🔥 ♨ � |
| À prox. : canoë |

773

PRIVAS

✉ 07000 – **331** J5 – G. Lyon Drôme Ardèche – 9 170 h. – alt. 300
🛈 Office de tourisme, 3, place du Général-de-Gaulle ℘ 04 75 64 33 35, Fax 04 75 64 73 95
Paris 596 – Alès 107 – Mende 140 – Montélimar 34 – Le Puy-en-Velay 91 – Valence 41.

⚠ **Ardèche Camping** 1er avr.-15 sept.
  ℘ 04 75 64 05 80, *jcray@wanadoo.fr*, Fax 04 75 64 59 68,
  www.ardechecamping.fr – **R** conseillée
  5 ha (166 empl.) plat, terrasses, peu incliné à incliné,
  herbeux
  Tarif : 🛉 ⬶ 🄴 19 € – 🔋 (9A) 3,50 € – frais de réservation 15 €
  Location : 9 🚐 (4 à 6 pers.) 231 à 609 €/sem. – 10 🏠
  (4 à 6 pers.) 214 à 686 €/sem.
  Pour s'y rendre : S : 1,5 km par D 2 rte de Montélimar et
  bd de Paste à droite, bord de l'Ouvèze

| Nature : ≤ ⚲ |
| Loisirs : 🏊 ⛵ |
| Services : ⚃ ⛽ ⊞ ♻ 🗄 🔥 🖐 ♨ � |
| À prox. : 🛒 ✂ 🎬 |

RIBES

✉ 07260 – **331** H7 – 284 h. – alt. 380
Paris 656 – Aubenas 30 – Largentière 19 – Privas 61 – St-Ambroix 39 – Vallon-Pont-d'Arc 28.

⚠ **Les Cruses** 7 avr.-16 sept.
 𝒫 04 75 39 54 69, *les-cruses@wanadoo.fr*,
 Fax 04 75 39 42 00, *www.campinglescruses.com*
 – **R** conseillée
 0,7 ha (37 empl.) en terrasses
 Tarif : 🛉 ⛺ 🅴 19,80 € – 🔌 (6A) 3,70 € – frais de réservation 16 €
 Location : 6 🛖 (4 à 6 pers.) 205 à 560 €/sem. – 12 🏠 (4 à 6 pers.) 280 à 618 €/sem.
 Pour s'y rendre : SE : 1 km du bourg, par D 450
 À savoir : Agréable sous-bois

Nature : 🌳 🎋	
Loisirs : 🏡 🏊 🚴 ⛸ (petite piscine)	
Services : ⚡ 🚿 🗑 🛁 ⚕ ♨ 🚮 ♻	
À prox. : 🎿 canoë	

⚠ **Les Châtaigniers** 1ᵉʳ avr.-30 sept.
 𝒫 04 75 39 50 73, *camping-les-chataigniers@wanadoo.fr*,
 Fax 04 75 39 50 73, *www.camping-chataigniers.com*
 – **R** conseillée
 0,35 ha (23 empl.) en terrasses, pierreux, herbeux
 Tarif : 🛉 ⛺ 🅴 11,50 € – 🔌 (10A) 3,10 €
 Location (15 mars-15 oct.) : 6 🛖 (2 à 4 pers.) 145 à 265 €/sem. – 3 🛖 (4 à 6 pers.) 180 à 500 €/sem. – 2 🏠 (4 à 6 pers.) 180 à 500 €/sem.
 Pour s'y rendre : Au NE du bourg, accès direct à la Beaume par chemin piétonnier
 À savoir : Belle situation dominante sur la vallée

Nature : 🌿 🌳	
Services : ⚡ 🚿 🚮 ♨ ♻ 🚮	
À prox. : canoë	

ROSIÈRES

✉ 07260 – **331** H7 – 993 h. – alt. 175
🛈 *Office de tourisme, le Grillou* 𝒫 04 75 39 51 98, Fax 04 75 39 51 12
Paris 649 – Aubenas 22 – Largentière 12 – Privas 54 – St-Ambroix 34 – Vallon-Pont-d'Arc 20.

⛰ **Arleblanc** 20 mars-11 nov.
 𝒫 04 75 39 53 11, *info@arleblanc.com*, Fax 04 75 39 93 98,
 www.arleblanc.com – **R** indispensable
 7 ha (167 empl.) plat, herbeux
 Tarif : (Prix 2006) 🛉 ⛺ 🅴 11,50 € – 🔌 (10A) 3,75 € – frais de réservation 16 €
 Location : 40 🛖 (4 à 6 pers.) 300 à 560 €/sem. – gîtes
 Pour s'y rendre : Sortie NE rte d'Aubenas et 2,8 km par chemin à droite, longeant le centre commercial Intermarché
 À savoir : Situation agréable au bord de la Beaume

Nature : 🌳	
Loisirs : 🍴 🍽 pizzeria 🏊 🎿 ⛸ 🏓	
Services : ♿ ⚡ 💳 🚿 🗑 🛁 🚮 ⚕ 🚮 ♨ ♻ 🔒 🚮	
À prox. : 🐎 canoë	

⛰ **La Plaine** avr.-20 sept.
 𝒫 04 75 39 51 35, *campinglaplaine@aol.com*,
 Fax 04 75 39 96 46, *www.campinglaplaine.com* – **R** conseillée
 4,5 ha/3,5 campables (128 empl.) plat, peu incliné, herbeux
 Tarif : 🛉 ⛺ 🅴 21 € – 🔌 (10A) 3,50 € – frais de réservation 18 €
 Location : 38 🛖 (4 à 6 pers.) 180 à 600 €/sem.
 Pour s'y rendre : NE : 0,7 km par D 104 rte d'Aubenas

Nature : 🌾 🌳	
Loisirs : 🍴 🏡 🏊 🎿 🏓 ⛸	
Services : ♿ ⚡ 🚿 🗑 🚮 ⚕ ♨	
À prox. : 🦴 canoë	

⛰ **Les Platanes** Pâques- sept.
 𝒫 04 75 39 52 31, *contact@campinglesplatanes-arde che.com*, Fax 04 75 39 90 86, *www.campinglesplatanes-ar deche.com* – **R** conseillée
 2 ha (90 empl.) plat, herbeux
 Tarif : (Prix 2006) 🛉 ⛺ 🅴 19 € – 🔌 (10A)
 Pour s'y rendre : Sortie NE rte d'Aubenas et 3,7 km par chemin à droite longeant le centre commercial Inter marché
 À savoir : Accès direct à la Beaume

Nature : 🌳 🌿 🌲	
Loisirs : 🍴 snack 🏡 🏊 ⛸ 🏓	
Services : ♿ ⚡ (juil.-août) 💳 🚿 🗑 🚮 ⚕ ♨ 🔒 🚮 🚮	
À prox. : 🐎 canoë	

ROSIÈRES

Les Acacias 15 mars-15 oct.
ℰ 04 75 39 95 85, *camping.acacias@wanadoo.fr*,
Fax 04 75 39 95 85 – **R** indispensable
1,2 ha (32 empl.) plat, herbeux
Tarif : (Prix 2006) ⚹ ⚌ 回 11,50 €
Location : 5 ⬚⬚⬚ (4 à 6 pers.) 380 à 510 €/sem.
Pour s'y rendre : NO : 1,5 km par D 104, rte de Joyeuse,
D 303, rte de Vernon à droite et chemin à gauche, accès
direct à Joyeuse par chemin piétonnier
À savoir : Au bord de la Beaume

> Nature : 〰 ⊏⊐ ᵒᵒ
> Loisirs : 🏠 ⊿ ≋ (plan d'eau) ⚲
> Services : ፅ ⊶ (15 juin-août) ⚲ 🗐
> 〰 ⊕ 📖 ⚬

Le Moulinet 15 avr.-15 sept.
ℰ 06 82 37 01 17 – **R** conseillée
5 ha/1,5 campable (40 empl.) en terrasses, peu incliné,
pierreux, herbeux
Tarif : ⚹ 4 € ⚌ 回 8 € – ⊠ 2 €
Location : 4 ⬚⬚⬚ (4 à 6 pers.) 155 à 285 €/sem.
Pour s'y rendre : N : 3 km par D 104 et par D 212, rte de
Laurac, puis chemin à droite
À savoir : Cadre sauvage et naturel

> Nature : 〰 ᵒᵒ
> Services : ፅ ⊶ (juil.-août) ⚲ 🗐 ⊕
> 📖

Camping Les Hortensias 1er mai-30 sept.
ℰ 04 75 39 91 38, *campingleshortensias@wanadoo.fr*,
www.camping-leshortensias.com – **R** conseillée
1 ha (34 empl.) plat, herbeux, sablonneux
Tarif : ⚹ ⚌ 回 17,50 € – ⊠ (10A) 3,50 €
Location : 22 ⬚⬚⬚ (4 à 6 pers.) 206 à 530 €/sem. – gîte
Pour s'y rendre : NO : 1,8 km par D 104, rte de Joyeuse,
D 303, rte de Vernon à droite, et chemin à gauche

> Nature : 〰 ⊏⊐ ᵒᵒ
> Loisirs : ⊿
> Services : ፅ ⊶ ⚲ 🗐 ⊕ ⚬ 📖
> À prox. : ≋ (plan d'eau) ⚲ canoë

RUOMS

✉ 07120 – **331** I7 – G. Lyon Drôme Ardèche – 2 132 h. – alt. 121
🄱 *Syndicat d'initiative, rue Alphonse Daudet* ℰ 04 75 93 91 90
Paris 651 – Alès 54 – Aubenas 24 – Pont-St-Esprit 49.

775

Schéma à St-Remèze

Domaine de Chaussy ♣♣ – 2 avr.-30 sept.
ℰ 04 75 93 99 66, *infos@domainedechaussy.net*,
Fax 04 75 93 90 56, *www.domainedechaussy.com*
– **R** conseillée
18 ha/5,5 campables (250 empl.) plat et peu accidenté,
herbeux, pierreux, sablonneux
Tarif : ⚹ ⚌ 回 35 € – ⊠ (10A) – frais de réservation 26 €
Location : 90 ⬚⬚⬚ (4 à 6 pers.) 224 à 840 €/sem. – hôtel -
17 pavillons
Pour s'y rendre : E : 2,3 km par D 559 rte de Lagorce

> Nature : 〰 ᵒᵒ(chênaie)
> Loisirs : 🍴 ✗ pizzeria 🏠 🎜 noc-
> turne ⚹ ⚬ ♢ ♫ ⌖ ⊿ ⚓
> parcours de santé
> Services : ፅ ⊶ (15 juin-31 août)
> GB ⚲ 🗐 ⚬ ⊕ 📖 ⚬ ⚬
> À prox. : canoë

Domaine de la Bastide ♣♣ – avr.-25 nov.
ℰ 04 75 39 64 72, *info@rcn-labastideenardeche.fr*,
Fax 04 75 39 73 28, *www.rcn-campings.fr* – **R** conseillée
7 ha (300 empl.) plat, herbeux, pierreux
Tarif : ⚹ ⚌ 回 44,50 € – frais de réservation 12,50 €
Location : 27 🏠 (4 à 6 pers.) 170 à 870 €/sem.
Pour s'y rendre : SO : 4 km, à Labastide
À savoir : Accès direct à l'Ardèche

> Nature : ◁ ᵒᵒ △
> Loisirs : 🍴 ✗ pizzeria ⚹ ♬ ≋
> ⚓ ♫ ⊿
> Services : ፅ ⊶ (juil.-août) GB ⚲
> 🗐 🗐 ⚬ ⊕ ⚬ ⚲ 📖 ⚬ ⚬
> À prox. : canoë

Yelloh-Village La Plaine
ℰ 04 75 39 65 83, *info@yellohvillage-la-plaine.com*,
Fax 04 75 39 74 38, *www.yellohvillage-la-plaine.com*
– **R** conseillé
4,5 ha (217 empl.) plat, peu incliné, sablonneux, herbeux
Tarif : ⚹ ⚌ 回 38 € – ⊠ (6A)
Location ⚲ : 55 ⬚⬚⬚ (4 à 6 pers.) 224 à 945 €/sem.
Pour s'y rendre : S : 3,5 km
À savoir : Au bord de l'Ardèche

> Nature : 〰 ◁ ⨯⨯⨯ △
> Loisirs : 🍴 ✗ ⚓ ⌖ ⊿ (beau
> complexe aquatique) ⚲
> Services : ፅ ⊶ GB ⚲ 🗐 🗐 ⚬ 〰
> ⊕ ⚬ ⚲ 📖 ⚬
> À prox. : canoë

RUOMS

▲ Les Paillotes 31 mars-29 sept.
    𝄞 04 75 39 62 05, *contact@campinglespaillotes.com*,
Fax 04 75 39 62 05, *www.campinglespaillotes.com* – places
limitées pour le passage – **R** indispensable
1 ha (45 empl.) plat, herbeux
Tarif : 🕴 ⟵ ▣ 28 € – [½] (10A) 4 €
Location : 29 ⟦▤⟧ (4 à 6 pers.) 220 à 690 €/sem. –
bungalows toilés
Pour s'y rendre : N : 0,6 km par D 579 rte de Pradons et
chemin à gauche

Nature : 🏞
Loisirs : 🍸 🛝 🏊
Services : ♿ ☎ ⟨⟩ 🏪 ☺ ⛺ ♨ 📶 🗑
À prox. : canoë

▲ La Grand'Terre 👥 – 31 mars-15 sept.
    𝄞 04 75 39 64 94, *grandterre@wanadoo.fr*,
Fax 04 75 39 78 62, *www.campinglagrandterre.com*
– **R** conseillée
10 ha (300 empl.) plat, sablonneux, herbeux
Tarif : 🕴 ⟵ ▣ 26,80 € – [½] (10A) 3 €
Location ☀ (30 juin-1er oct.) : 30 ⟦▤⟧ (4 à 6 pers.) 260
à 580 €/sem.
Pour s'y rendre : S : 3,5 km
À savoir : Au bord de l'Ardèche (accès direct)

Nature : 🌳
Loisirs : 🍸 snack, pizzeria 🏪 🎬 nocturne 🎪 🛝 🍽 🏊
Services : ♿ ☎ GB ⟨⟩ 🏪 🛁 ♨ ☺
📶 🗑 ⛲
À prox. : canoë

▲ Le Mas de Barry saison
    𝄞 04 42 54 27 68, *masdebarry@wanadoo.fr*,
Fax 04 42 53 43 19, *www.masdebarry.com*
1,5 ha (80 empl.) plat, peu incliné, herbeux
Tarif : (Prix 2006) 🕴 ⟵ ▣ 21 € [½] (10A)
Location (1er avr.-1er nov.) : 12 🏠 (4 à 6 pers.) 240 à
600 €/sem.
Pour s'y rendre : S : 2 km

Nature : ≷ 🌿
Loisirs : 🍸 snack 🏪 🏊
Services : ♿ ☎ GB ⟨⟩ 🏪 🛁 ☺ ♨
📶 🗑
À prox. : 🚴 🐎 🎿 canoë

▲ La Chapoulière mi-mars-fin oct.
    𝄞 04 75 39 64 98, *camping@lachapouliere.com*,
Fax 04 75 39 64 98, *www.lachapouliere.com* – **R** conseillée
2,5 ha (100 empl.) plat et peu incliné, herbeux
Tarif : 🕴 ⟵ ▣ 26 € – [½] (5A) 4 €
Location ☀ : 14 ⟦▤⟧ (4 à 6 pers.) 270 à 600 €/sem.
Pour s'y rendre : S : 3,5 km
À savoir : Au bord de l'Ardèche

Nature : 🍃 🌳
Loisirs : 🍸 pizzeria 🏪 🏊 🎿
Services : ♿ ☎ GB ⟨⟩ 🏪 🛁 ♨ ☺
🗑
À prox. : 🐎 🎿 canoë

▲ Le Petit Bois 1er avr.-30 sept.
    𝄞 04 75 39 60 72, *vacances@campinglepetitbois.fr*,
Fax 04 75 93 95 50, *www.campinglepetitbois.fr* – **R** conseillée
2,5 ha (84 empl.) peu incliné et plat, en terrasses, pierreux,
rochers, herbeux
Tarif : 🕴 ⟵ ▣ 21 € – [½] (6A) 4 € – frais de réservation 8 €
Location ☀ : 15 ⟦▤⟧ (4 à 6 pers.) 185 à 700 €/sem. – 14
🏠 (4 à 6 pers.) 185 à 700 €/sem. – gîtes
Pour s'y rendre : N : 0,8 km du bourg, à 80 m de l'Ardèche
- accès piétonnier à la rivière par une rampe abrupte

Nature : 🍃
Loisirs : 🍸 🏪 🛝 🏊 (couverte hors saison) 🏊
Services : ♿ ☎ GB ⟨⟩ 🏪 🛁 ♨ ☺
📶 🗑
À prox. : 🎿 canoë

▲ Le Carpenty 28 avr.-2 sept.
    𝄞 04 75 39 74 29, *jean-luc.blachere@wanadoo.fr*,
www.campinglecarpenty.com – **R** indispensable
0,7 ha (45 empl.) plat, pierreux, herbeux
Tarif : 🕴 ⟵ ▣ 13,50 € – [½] (10A) 3,50 €
Location ☀ : 14 ⟦▤⟧ (4 à 6 pers.) 330 à 480 €/sem.
Pour s'y rendre : S : 3,6 km
À savoir : Au bord de l'Ardèche (accès direct)

Nature : 🌿🌿
Loisirs : 🛝 🎿
Services : ♿ ☎ ⟨⟩ 🏪 ♨ ☺ 📶 🗑

Donnez-nous votre avis
sur les terrains que nous recommandons.
Faites-nous connaître vos observations et vos découvertes.

SABLIÈRES

 07260 – **331** G6 – 101 h. – alt. 450
Paris 629 – Aubenas 48 – Langogne 58 – Largentière 38 – Les Vans 25.

La Drobie avr.-oct.
ℰ 04 75 36 95 22, *ladrobie@tiscali.fr*, Fax 04 75 36 95 68,
www.ladrobie.com – **R** conseillée
1,5 ha (80 empl.) incliné, en terrasses, herbeux, pierreux
Tarif : (Prix 2006) ⚹ ⇐ 🅴 16 €
Location : 10 🏠 (2 à 4 pers.) 270 €/sem. – 10 🏠 (4 à 6
pers.) 390 à 515 €/sem.
Pour s'y rendre : O : 3 km par D 220 et rte à droite, bord
de rivière - pour caravanes : itinéraire conseillé depuis Labla-
chère par D 4

Nature : 🌿 ⪻
Loisirs : 🍹 🎯 🏊 🎱 🛶 ⚓ 🎣
Services : 🚿 ⊶ 🆖 🚙 🛒 🔥 ⚗ ⊕ 🔲 🫖 🛒

ST-AGRÈVE

 07320 – **331** I3 – 2 688 h. – alt. 1 050
🅑 Office de tourisme, Grand'Rue *ℰ* 04 75 30 15 06, Fax 04 75 30 60 93
Paris 582 – Aubenas 68 – Lamastre 21 – Privas 64 – Le Puy-en-Velay 51 – St-Étienne 69 – Yssingeaux 34.

Riou la Selle 1er mai-30 sept.
ℰ 04 75 30 29 28, *jmc-rolin@wanadoo.fr*,
Fax 04 75 30 29 28, *www.campinglerioulaselle.fr*
– **R** conseillée
1 ha (29 empl.) plat et peu incliné, terrasses, herbeux
Tarif : ⚹ ⇐ 🅴 18,90 € (10A)
Location : 2 🏠 (4 à 6 pers.) 295 à 530 €/sem.
Pour s'y rendre : SE : 2,8 km par D 120, rte de Cheylard,
D 21, rte de Nonières à gauche et chemin de la Roche, à
droite

Nature : 🌿 🛖 ⥀
Loisirs : 🍹 🏠 🎱
Services : 🚿 ⊶ 🆖 🚙 🛒 🔥 ⚗ ⊕ 🫖 🔲 🛒

Pour choisir et suivre un itinéraire
Pour calculer un kilométrage
Pour situer exactement un terrain (en fonction des
indications fournies dans le texte) :
Utilisez les **cartes MICHELIN** *détaillées à 1/150 000,*
compléments indispensables de cet ouvrage.

777

ST-ALBAN-AURIOLLES

 07120 – **331** H7 – 736 h. – alt. 108
Paris 656 – Alès 49 – Aubenas 28 – Pont-St-Esprit 55 – Ruoms 7 – Vallon-Pont-d'Arc 15.
Schéma à Vallon-Pont-d'Arc

Le Ranc Davaine 👥 – 30 mars-16 sept.
ℰ 04 75 39 60 55, *camping.ranc.davaine@wanadoo.fr*,
Fax 04 75 39 38 50, *www.camping-ranc-davaine.fr* – **R** in-
dispensable
13 ha (435 empl.) plat et peu incliné, rocailleux, herbeux
Tarif : ⚹ ⇐ 🅴 20,10 € (16A) – frais de réservation 30 €
Location 🚴 : 174 🏠 (4 à 6 pers.) 287 à 1 008 €/sem. –
14 🏠 (4 à 6 pers.) 392 à 1 008 €/sem.
Pour s'y rendre : SO : 2,3 km par D 208 rte de Chandolas
(hors schéma)
À savoir : Près du Chassezac

Nature : 🛖 ⥀
Loisirs : 🍹 🍴 pizzeria 🏠 🌙 nocturne 👦 🎱 🚌 discothèque 🎯
🚴 🎱 🚿 🏊 🎱 🛶 🎣 canoë
Services : 🚿 ⊶ 🆖 🚙 🔥 ⚗ ⊕ 🫖
🛒 🖤 🔲 🛒 🛒

Le Mas du Sartre mi-avr.-sept.
ℰ 04 75 39 71 74, *masdusartre@wanadoo.fr*,
Fax 04 75 39 71 74, *www.masdusartre.com* – **R** conseil-
lée
1,6 ha (49 empl.) plat et peu incliné, en terrasses, pierreux,
herbeux
Tarif : (Prix 2006) ⚹ ⇐ 🅴 23,30 € (10A)
Location : 🏠 (4 à 6 pers.) 250 à 480 €/sem. – 🏠 (4 à 6
pers.) 260 à 500 €/sem.
Pour s'y rendre : À Auriolles, NO : 1,8 km

Nature : ⥀
Loisirs : snack 🏠 🎯 🎱
Services : 🚿 ⊶ 🆖 🚙 🅼 ⚗ ⊕ 🔲
🛒
À prox. : canoë

ST-CIRGUES-EN-MONTAGNE

✉ 07510 – **331** G5 – G. Lyon Drôme Ardèche – 285 h. – alt. 1 044
🛈 *Syndicat d'initiative, place de l'Église* ℘ *04 75 38 96 37, Fax 04 75 38 94 95*
Paris 586 – Aubenas 40 – Langogne 31 – Privas 68 – Le Puy-en-Velay 55.

    ▲ **Les Airelles** 1er avr.-31 oct.
      ℘ 04 75 38 92 49, *mazoyer.airelles@wanadoo.fr*
      – **R** conseillée
      0,7 ha (50 empl.) en terrasses et peu incliné, pierreux,
      herbeux
      Tarif : ★ ⟵ 🔲 10 € – [¿] (6A) 2,80 €
      Location (1er juin-20 sept.) : ⊨
      Pour s'y rendre : Sortie N par D 160, rte du Lac-d'Issarlès,
      rive droite du Vernason

> Nature : 🌳 ≤ ♀
> Loisirs : ♟ snack, pizzeria 🏠 🏊
> Services : ⚡ 🗊 🔧 ☺ 👕 🖲
> À prox. : 🏇 ✗ 🐎 (centre éques-
> tre) 🚲

ST-ÉTIENNE-DE-LUGDARÈS

✉ 07590 – **331** F6 – 458 h. – alt. 1 037
🛈 *Office de tourisme, le village* ℘ *04 66 46 65 36, Fax 04 66 46 55 04*
Paris 589 – Aubenas 49 – Langogne 17 – Largentière 52 – Mende 62.

    ▲ **Municipal les Aygues Douces** mi-mai-mi-sept.
      ℘ 04 66 46 65 65, *mairie.st.etienne.de.lugdares@inforou*
      tes-ardeche.fr, Fax 04 66 46 65 95 – **R** conseillée
      0,6 ha (25 empl.) plat, herbeux, pierreux
      Tarif : (Prix 2006) ★ ⟵ 🔲 10,36 € [¿] (10A)
      Pour s'y rendre : SE : 2,5 km par D 19, rte d'Aubenas et
      D 301 à droite, rte de la Borne
      À savoir : Au bord du Masméjean

> Nature : 🌳 ≤
> Loisirs : 🏇 🏊
> Services : ᕀ ⚡ 🖉 ☺ 🏊

Benutzen Sie
– zur Wahl der Fahrtroute
– zur Berechnung der Entfernungen
– zur exakten Lokalisierung eines Campingplatzes (mit Hilfe der Angaben im Ortstext)
die für diesen Führer unentbehrlichen **MICHELIN-Karten** *im Ma1 : 150 000.*

778

ST-FORTUNAT-SUR-EYRIEUX

✉ 07360 – **331** K5 – 542 h. – alt. 145
Paris 586 – Aubenas 52 – Le Cheylard 35 – Crest 38 – Lamastre 30 – Privas 21 – Valence 27.

    ▲ **La Gare des Amis** 10 mai-10 sept.
      ℘ 04 75 65 22 80, *luxro@wanadoo.fr, Fax 04 75 65 22 80,*
      www.camping-st-fortunat.com – **R** conseillée
      0,7 ha (45 empl.) plat, et peu incliné, herbeux
      Tarif : ★ ⟵ 🔲 8 € – [¿] (6A) 3,60 €
      Pour s'y rendre : Sortie S par D 265 rte de St-Vincent-
      de-Durfort, à gauche après le pont, à proximité de
      l'Eyrieux

> Nature : ≤ ♀♀
> Loisirs : 🎣 🏊
> Services : ᕀ 🖉 ☺ 🏊
> À prox. : 🏇 ✗ 🏊 🛶

ST-JEAN-DE-MUZOLS

✉ 07300 – **331** K3 – 2 394 h. – alt. 123
Paris 541 – Annonay 34 – Beaurepaire 53 – Privas 62 – Romans-sur-Isère 22 – Tournon-sur-Rhône 4.

    ▲ **Le Castelet** 1er avr.-15 sept.
      ℘ 04 75 08 09 48, *courrier@camping-lecastelet.com,*
      Fax 04 75 08 49 60, www.camping-lecastelet.com
      – **R** conseillée
      3 ha (66 empl.) en terrasses, plat, herbeux, pierreux
      Tarif : ★ ⟵ 🔲 14,50 € – [¿] (5A) 3,20 €
      Location : 3 🛏 (4 à 6 pers.) 270 à 550 €/sem.
      Pour s'y rendre : SO : 2,8 km par D 238, rte de Lamastre,
      bord du Doux

> Nature : 🌳 ≤ 🏠 ♀
> Loisirs : ♟ 🏠 🏇 🏊 🛶
> Services : ᕀ 🖉 🗊 ☺ 🖲

ST-JEAN-LE-CENTENIER

✉ 07580 – **331** J6 – 573 h. – alt. 350
Paris 623 – Alès 83 – Aubenas 20 – Privas 24.

  ▲ **Les Arches** mai-15 sept.
    𝒫 04 75 36 75 45, info@camping-les-arches.com,
    Fax 04 75 36 75 45, www.camping-les-arches.com
    – **R** conseillée
    1,2 ha (47 empl.) en terrasses, plat, peu incliné, herbeux
    Tarif : (Prix 2006) 👤 ⛺ 🅴 19 € 🔌 (10A)
    Location (permanent) : 10 🏠 (4 à 6 pers.) 180 à
    550 €/sem.
    🚐 1 borne
    Pour s'y rendre : O : 1,2 km par D 458A et D 258, rte de
    Mirabel puis chemin à droite

Nature : ⛰
Loisirs : 🏕 🏊 (plan d'eau)
Services : 🚿 ⚡ GB 🐕 🏪 🔥 ♨ 🏧

*Raadpleeg, voordat U zich op een kampeerterrein installeert,
de tarieven die de beheerder verplicht
is bij de ingang van het terrein aan te geven.
Informeer ook naar de speciale verblijfsvoorwaarden.
De in deze gids vermelde gegevens kunnen
sinds het verschijnen van deze hereditie gewijzigd zijn.*

ST-JULIEN-EN-ST-ALBAN

✉ 07000 – **331** K5 – 1 022 h. – alt. 131
Paris 587 – Aubenas 41 – Crest 29 – Montélimar 35 – Privas 9 – Valence 32.

  ▲ **L'Albanou** 28 avr.-22 sept.
    𝒫 04 75 66 00 97, camping.albanou@wanadoo.fr,
    Fax 04 75 66 00 97, www.camping-albanou.com
    – **R** conseillée
    1,5 ha (60 empl.) plat, herbeux
    Tarif : 👤 ⛺ 🅴 16 € – 🔌 (6A) 3,50 €
    🚐 1 borne – 6 🅴
    Pour s'y rendre : E : 1,4 km par N 304, rte de Pouzin et
    chemin de Celliers à droite, près de l'Ouvèze

Nature : ⛰ 🌲
Loisirs : 🏕 🍴 🎣
Services : 🚿 ⚡ GB 🐕 🏪 🔥 ♨ 🏧

ST-JUST

✉ 07700 – **331** J8 – 1 161 h. – alt. 64
Paris 637 – Montélimar 36 – Nyons 51 – Pont-St-Esprit 6 – Privas 66.

  ▲▲▲ **La Plage** 15 avr.-9 sept.
    𝒫 04 75 04 69 46, info@campingdelaplage.com,
    Fax 04 75 04 69 46, www.campingdelaplage.com
    – **R** conseillée
    2,5 ha (117 empl.) plat, herbeux
    Tarif : 👤 ⛺ 🅴 17 € – 🔌 (10A) 3,50 €
    Location 🏠 : 4 🏠 (4 à 6 pers.) 250 à 460 €/sem.
    Pour s'y rendre : S : 2,2 km par N 86, rte de Pont-St-Esprit
    et à droite avant le pont, à 100 m de l'Ardèche

Nature : 🌊
Loisirs : 🏕 🏊
Services : ⚡ GB 🐕 🔥 ♨ 🏧
À prox. : 🏊

ST-LAGER-BRESSAC

✉ 07210 – **331** K5 – 663 h. – alt. 180
Paris 591 – Aubenas 45 – Montélimar 21 – Pont-St-Esprit 58 – Privas 14 – Valence 36.

  ▲ **Municipal les Civelles d'Ozon** mai-sept.
    𝒫 04 75 65 01 86, camping@saintlagerbressac.com,
    Fax 04 75 65 13 02, www.saintlagerbressac.com – **R** conseil-
    lée
    1,3 ha (40 empl.) plat, pierreux, herbeux
    Tarif : (Prix 2006) 👤 ⛺ 🅴 13 €
    Pour s'y rendre : E : 0,5 km par D 322, rte de Baix, bord
    d'un ruisseau

Nature : 🌳
Loisirs : 🏕 🏓 🏊
Services : 🚿 ⚡ (juil.-août) 🐕 ♨ 🎣
🚐 🏧

ST-LAURENT-DU-PAPE

✉ 07800 – **331** K5 – G. Lyon Drôme Ardèche – 1 295 h. – alt. 100
Paris 578 – Aubenas 56 – Le Cheylard 43 – Crest 29 – Privas 25 – Valence 19.

ᨆ **La Garenne** 1ᵉʳ mars-31 oct.
℘ 04 75 62 24 62, *info@lagarenne.org*, Fax 04 75 62 24 62,
www.lagarenne.org – **R** conseillée ❧
6 ha/4 campables (116 empl.) plat, en terrasses, pierreux,
herbeux
Tarif : ⋆ ⇔ 🗉 30,50 € (ᶃ) (4A) – frais de réservation 15 €
Pour s'y rendre : Au N du bourg, accès près de la
poste

> Nature : ♀
> Loisirs : ✗ snack 🏠 🏊 ※ 🏊
> Services : ♿ ⊶ 🗗 🖫 🔦 ☺ 🖩 🖭 🖳

ST-LAURENT-LES-BAINS

✉ 07590 – **331** F6 – G. Lyon Drôme Ardèche – 182 h. – alt. 840
🅱 *Office de tourisme, le village* ℘ 04 66 46 69 94
Paris 603 – Aubenas 64 – Langogne 30 – Largentière 52 – Mende 56.

ᨆ **Le Ceytrou** 1ᵉʳ avr.-15 nov.
℘ 04 66 46 02 03, *campingleceytrou@wanadoo.fr*,
Fax 04 66 46 02 03, *http://campingleceytrou.free.fr*
– **R** conseillée
2,5 ha (60 empl.) plat et peu incliné, terrasses, pierreux,
herbeux
Tarif : ⋆ ⇔ 🗉 17,30 € (ᶃ) (10A)
Pour s'y rendre : SE : 2,1 km par D4
À savoir : Agréable situation au coeur des montagnes du
Vivarais Cévenol

> Nature : 🐾 ≤ ♀
> Loisirs : 🏠 ※ 🎣 🏊 🛶
> Services : ♿ ⊶ 🐾 🗗 ☺ 🖵 🖩

St-MARTIAL

780

✉ 07310 – **331** H4 – 271 h. – alt. 850
Paris 591 – Aubenas 51 – Langogne 61 – Privas 55 – Le Puy-en-Velay 53.

ᨆ **Municipal le Lac**
℘ 04 75 29 20 32, *mairie-stmartial@wanadoo.fr*,
Fax 04 75 29 15 78 – **R** conseillée
13 ha/2 campables (50 empl.) plat, peu incliné, terrasse,
herbeux
Pour s'y rendre : NE : 1,5 km par D 215, rte de St-Martin-
de-Valamas et rte à gauche
À savoir : Près d'un plan d'eau

> Nature : 🐾 ≤ village et montagne
> Loisirs : snack 🏊 ※ 🎣 🏊 🛶
> Services : ♿ 🗗 ☺ 🖩

ST-MARTIN-D'ARDÈCHE

✉ 07700 – **331** I6 – 642 h. – alt. 46
🅱 *Office de tourisme, place de l'Église* ℘ 04 75 98 70 91
Paris 641 – Bagnols-sur-Cèze 21 – Barjac 27 – Bourg-St-Andéol 13 – Pont-St-Esprit 10 – Vallon-Pont-d'Arc 30.

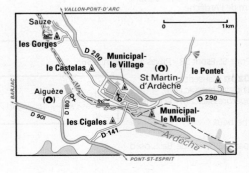

ST-MARTIN-D'ARDÈCHE

Le Pontet 1er avr.-fin sept.
  04 75 04 63 07, *contact@campinglepontet.com*,
  Fax 04 75 98 76 59, *www.campinglepontet.com*
  – **R** conseillée
  1,8 ha (100 empl.) plat et terrasse, herbeux
  Tarif : (Prix 2006) ★ 5,10 € – ⇔ 1,50 € – 圓 18,80 € –
  [½] (6A) 3,50 € – frais de réservation 8 €
  Location (permanent) : 8 ⊡ (4 à 6 pers.) 250 à
  495 €/sem. – 4 ⌂ (4 à 6 pers.) 320 à 550 €/sem.
  ⊡, 1 borne 3 €
  Pour s'y rendre : E : 1,5 km par D 290 rte de St-Just et
  chemin à gauche

Les Gorges avr.-15 sept.
  04 75 04 61 09, *info@camping-des-gorges.com*,
  Fax 04 75 04 61 09, *www.camping-des-gorges.com*
  – **R** conseillée
  1,2 ha (92 empl.) plat, terrasses, herbeux, pierreux
  Tarif : ★ ⇔ 圓 25 € – [½] 4 € – frais de réservation 30 €
  Location : 26 ⊡ (4 à 6 pers.) 300 à 680 €/sem.
  Pour s'y rendre : NO : 1,5 km, au lieu-dit Sauze
  À savoir : Près de l'Ardèche

Le Castelas 24 mars-11 nov.
  04 75 04 66 55, *camping-le-castelas@wanadoo.fr*,
  Fax 04 75 04 66 55, *www.camping-le-castelas.com* – **R** indispensable
  1,1 ha (65 empl.) peu incliné, herbeux
  Tarif : ★ ⇔ 圓 10,70 € – [½] (4A) 1,90 € – frais de réservation 10 €
  Pour s'y rendre : Sortie NO par D 290 et chemin à gauche,
  à 250 m de l'Ardèche

Municipal le Village déb.avr.-21 sept.
  04 75 04 65 25, *denislaurent1@free.fr* – **R** conseillée
  1,5 ha (70 empl.) plat et peu incliné, terrasses, herbeux,
  gravillons
  Tarif : ★ ⇔ 圓 11,90 € – [½] (13A) 2,80 €
  Location : 8 ⊡ (4 à 6 pers.) 220 à 430 €/sem.
  Pour s'y rendre : Au Nord du bourg, à 300 m de l'Ardèche

Municipal le Moulin mi-avr.-fin sept.
  04 75 04 66 20, *contact@camping-lemoulin.com*,
  Fax 04 75 04 60 12, *www.camping-lemoulin.com*
  – **R** conseillée
  6,5 ha (200 empl.) plat, peu incliné, sablonneux, herbeux
  Tarif : ★ ⇔ 圓 16 € – [½] (10A) 3 €
  Location : 6 ⊡ (4 à 6 pers.) 220 à 470 €/sem.
  Pour s'y rendre : Sortie SE par D 290 rte de St-Just et à
  droite (D 200), bord de l'Ardèche

781

ST-MAURICE-D'ARDÈCHE

✉ 07200 – **331** |6 – 241 h. – alt. 140
Paris 639 – Aubenas 12 – Largentière 16 – Privas 44 – Vallon-Pont-d'Arc 20 – Viviers 37.
Schéma à Vallon-Pont-d'Arc

Le Chamadou 1er avr.-30 sept.
  0 820 366 197, *reservations@camping-le-chama*
  dou.com, Fax 04 75 37 00 56, *www.camping-le-chama*
  dou.com ✉ 07120 Balazuc – **R** conseillée
  1 ha (86 empl.) peu incliné, plat, herbeux
  Tarif : (Prix 2006) ★ ⇔ 圓 21 € [½] (6A) – frais de réservation 13 €
  Location (permanent) : 17 ⌂ (4 à 6 pers.) 300 à
  720 €/sem. – gîtes
  Pour s'y rendre : SE : 3,2 km par D 579, rte de Ruoms et
  chemin à gauche, à 500 m d'un étang

Nature : Loisirs / Services panels (right column, per entry):

Le Pontet —
Nature : 🏞 ♀♀
Loisirs : 🍸 snack 🛋 🏊 🚣
Services : 🚿 ⚡ GB 🔧 🗑 ♨ ◎ 🔲 🚰

Les Gorges —
Nature : ⩽ ♀♀
Loisirs : 🍸 ✕ 🛋 🏊 🚣 🛶 🎣
Services : 🚿 ⚡ GB 🔧 🗑 🗑 ♨ 🚰 ◎ 🔲 🚿 🚰

Le Castelas —
Nature : ⩽ vieux village d'Aiguèze ♀
Loisirs : 🛋 🏊
Services : ⚡ GB 🔧 🗑 ◎ 🔲
À prox. : ✂ 🎣 🛶 🎣

Municipal le Village —
Nature : ♀
Services : 🚿 GB 🔧 🗑 🚿 ◎ 🔲
À prox. : 🛶 pédalos, canoë

Municipal le Moulin —
Nature : ♀
Loisirs : snack 🏊 🛶 🎣
Services : 🚿 ⚡ GB 🔧 🗑 🚿 ◎ 🚰 🔲 🚰

Le Chamadou —
Nature : 🏞 ⩽ ⊡ ♀
Loisirs : 🍸 pizzeria, snack 🛋 🎣 🏊
Services : 🚿 ⚡ (20 juil.-20 août)
GB 🔧 🗑 ♨ 🚿 ◎ 🔲
À prox. : 🎣

ST-MAURICE-D'IBIE

☒ 07170 – **331** I6 – 160 h. – alt. 220
Paris 636 – Alès 64 – Aubenas 23 – Pont-St-Esprit 63 – Ruoms 25 – Vallon-Pont-d'Arc 16.

Schéma à St-Remèze

⚠ **Le Sous-Bois** 30 avr.-30 sept.
     🕿 04 75 94 86 95, *camping.lesousbois@wanadoo.fr,*
     Fax 04 75 37 78 36, *www.le-sous-bois.com* – **R** conseillée
     2 ha (50 empl.) plat, herbeux, pierreux, non clos
     Tarif : 🛉 🚗 🔲 16 € – 🔌 (10A) 3,80 €
     Location : 6 🛖 (4 à 6 pers.) 265 à 567 €/sem.
     Pour s'y rendre : S : 2 km par D 558 rte de Vallon-Pont-
     d'Arc, puis chemin empierré à droite
     À savoir : Au bord de l'Ibie, agréable cadre sauvage

Nature : 🌳 ♀♀
Loisirs : ⛏ pizzeria, (dîner seule-ment) 🏕 🚲 🏊
Services : 🕹 ⚡ GB 🏧 🗄 🛁 🧺 ⊕ 🖳 🚿

Benutzen Sie
– zur Wahl der Fahrtroute
– zur Berechnung der Entfernungen
– zur exakten Lokalisierung eines Campingplatzes (mit Hilfe der Angaben im Ortstext)
die für diesen Führer unentbehrlichen **MICHELIN-Karten** *im Ma1 : 150 000.*

ST-PRIVAT

☒ 07200 – **331** I6 – 1 427 h. – alt. 304
Paris 631 – Lyon 169 – Privas 26 – Valence 65 – Alès 79.

⚠ **Le Plan d'Eau** 28 avr.-16 sept.
     🕿 04 75 35 44 98, *leplandeau@wanadoo.fr,*
     Fax 04 75 35 44 98, *www.campingleplandeau.com*
     – **R** conseillée
     3 ha (100 empl.) plat, pierreux, herbeux
     Tarif : 🛉 🚗 🔲 24 € – 🔌 (8A) 4,20 € – frais de réserva-
     tion 18 €
     Location 🚫 : 6 🛖 (2 à 4 pers.) 195 à 395 €/sem.
     Pour s'y rendre : SE : 2 km par D 259 rte de Lussas
     À savoir : Au bord de l'Ardèche

Nature : 🌳 ♀♀
Loisirs : ⛏ snack 🏊 🎣 🛶
Services : 🕹 ⚡ GB 🏧 🗄 🛁 🧺 ⊕ 🖳

782

ST-REMÈZE

☒ 07700 – **331** J7 – 555 h. – alt. 365
Paris 645 – Barjac 30 – Bourg-St-Andéol 16 – Pont-St-Esprit 27 – Privas 60 – Vallon-Pont-d'Arc 14.

⚠⚠ **Carrefour de l'Ardèche** déb.avr.-fin oct.
     🕿 04 75 04 15 75, *carrefourardeche@yahoo.fr,*
     Fax 04 75 04 35 05, *www.ardechecamping.net* – **R** conseil-
     lée
     1,7 ha (90 empl.) plat, peu incliné, herbeux, pierreux
     Tarif : 🛉 🚗 🔲 24 € – 🔌 (6A) 5 € – frais de réservation 18 €
     Location : 13 🛖 (4 à 6 pers.) 260 à 680 €/sem. – 5 🏚
     (4 à 6 pers.) 260 à 590 €/sem.
     Pour s'y rendre : Sortie E, par D 4, rte de Bourg-St-Andéol

Nature : ← 🏞
Loisirs : ⛏ snack 🎱 🏕 🏊
Services : 🕹 ⚡ GB 🏧 🗄 🧺 ⊕ 🖳 🚿
À prox. : canoë

⚠ **La Résidence** saison
     🕿 04 75 04 26 87, *mail@campinglaresidence.net,*
     Fax 04 75 04 39 52, *www.campinglaresidence.net*
     – **R** conseillée
     1,6 ha (60 empl.) peu incliné à incliné, en terrasses, herbeux,
     pierreux, verger
     Tarif : 🛉 🚗 🔲 9 € – 🔌 (5A) 4 € – frais de réserva-
     tion 10 €
     Location : 22 🛖 (4 à 6 pers.) 210 à 590 €/sem.
     Pour s'y rendre : Au bourg vers sortie E, rte de Bourg-St-Andéol

Nature : ← ♀
Loisirs : ✗ 🏕 🏊
Services : 🕹 ⚡ GB 🏧 🗄 ⊕ 🖳 🚿
À prox. : canoë

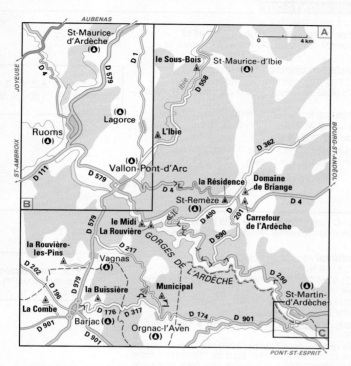

⚠ **Domaine de Briange** mai-sept.
🕿 04 75 04 14 43, *briange07@aol.com*, Fax 04 75 04 14 43, *www.campingdebriange.com* – **R** conseillée
4 ha (80 empl.) plat, peu incliné, herbeux, sablonneux, pierreux
Tarif : (Prix 2006) 🛉 🚗 🗐 19 € ⚡ (6A)
Location (avr.-15 nov.) : 17 🏠 (4 à 6 pers.) 260 à 630 €/sem.
Pour s'y rendre : N : 2 km par D 362, rte de Gras

Nature : 🌿 ⚲	
Loisirs : snack 🎯 🎿 🛶	
Services : & ⚡ 🔌 GB 🗑 ⚐ 🔄	
À prox. : canoë	

ST-SAUVEUR-DE-CRUZIÈRES

✉ 07460 – **331** H8 – 491 h. – alt. 150
Paris 674 – Alès 28 – Barjac 9 – Privas 81 – St-Ambroix 9 – Vallon-Pont-d'Arc 22.

⚠ **La Claysse** 1er avr.-30 oct.
🕿 04 75 35 40 65, *camping.claysse@wanadoo.fr*, Fax 04 75 36 68 65, *www.campingdelaclaysse.com* – **R** conseillée
5 ha/1 campable (60 empl.) plat et terrasses, herbeux
Tarif : 🛉 4,50 € 🚗 2,50 € 🗐 16 € – ⚡ (6A) 4 € – frais de réservation 10 €
Location 🏖 : 13 🏠 (4 à 6 pers.) 180 à 550 €/sem.
Pour s'y rendre : Au NO du bourg, bord de la rivière

Nature : ⚲	
Loisirs : snack 🏓 🎯 🚲 🛶 🏊 🛶	
Services : 🔄 🗑 🏊 ⚐ 🔄	
À prox. : site d'escalade	

ST-SAUVEUR-DE-MONTAGUT

✉ 07190 – **331** J5 – 1 248 h. – alt. 218
🛈 Syndicat d'initiative, quartier de la Tour 🖋 04 75 65 43 13
Paris 597 – Le Cheylard 24 – Lamastre 29 – Privas 24 – Valence 38.

▲▲▲ **L'Ardéchois Camping** 27 avr.-30 sept.
🖋 04 75 66 61 87, ardechois.camping@wanadoo.fr,
Fax 04 75 66 63 67, www.ardechois-camping.fr – **R** conseil-
lée
37 ha/5 campables (107 empl.) en terrasses, herbeux
Tarif : 🛉 ⬳ 🔲 26,50 € 🔋 (10A) – frais de réservation 23 €
Location : 20 🏚 – 9 🏠
Pour s'y rendre : O : 8,5 km par D 102, rte d'Albon
À savoir : Au bord de la Glueyre

Nature : 🦌 ≤ 🔾🔾
Loisirs : 🍴 ✗ 🎮 🏊 🚲 🎾 🏓
Services : 🚿 GB 🐾 🗄 🛁 ⊕ 🔲 🚗
À prox. : canoë

ST-THOMÉ

✉ 07220 – **331** J6 – G. Lyon Drôme Ardèche – 358 h. – alt. 140
Paris 619 – Montélimar 19 – Nyons 56 – Pont-St-Esprit 36 – Privas 45 – Vallon-Pont-d'Arc 33.

▲ **Le Médiéval** Pâques-début sept.
🖋 04 75 52 68 76, contact@campinglemedieval.com,
Fax 04 75 52 51 93, www.campinglemedieval.com – **R** indispensable
3,3 ha (119 empl.) plat, peu incliné, herbeux
Tarif : (Prix 2006) 🛉 ⬳ 🔲 20,40 €
Location : 32 🏚 (4 à 6 pers.) 210 à 590 €/sem. –
studios
Pour s'y rendre : N : 1,7 km par D 210, D 107, rte d'Alba-la-
Romaine et chemin à gauche, bord de l'Escoutay - accès
difficile en venant d'Alba-la-Romaine, faire demi-tour sur le
parking des Crottes
À savoir : Au bord de l'Escoutay

Nature : ≤ 🔾
Loisirs : 🍴 ✗ snack, pizzeria 🎮
🏊 m 🏊 (petite piscine) 🏓
Services : 🚿 ⚡ 🐾 🗄 🛁 ⊕ 🔲 🚗

SALAVAS

✉ 07150 – **331** I7 – 504 h. – alt. 96
Paris 668 – Lyon 206 – Privas 58 – Nîmes 77 – Avignon 79.
Schéma à Vallon-Pont-d'Arc

▲▲ **Le Péquelet** 1er avr.-fin sept.
🖋 04 75 88 04 49, info@lepequelet.com,
Fax 04 75 37 18 46, http://lepequelet.com – **R** conseillée
2 ha (60 empl.) plat, herbeux
Tarif : 🛉 ⬳ 🔲 18 € – 🔋 (10A) 4 € – frais de réservation 10 €
Location : 9 🏠 (4 à 6 pers.) 300 à 610 €/sem.
Pour s'y rendre : Sortie S par D 579, rte de Barjac et 2 km
par rte à gauche
À savoir : Au bord de l'Ardèche (accès direct)

Nature : 🦌 🚗 🔾🔾 ⛰
Loisirs : 🎮 ✗ 🏓 canoë
Services : 🚿 ⚡ GB 🐾 🗄 🛁 🗄 ⊕
🐾 🔲

▲ **Le Casque Roi** 1er avr.-13 nov.
🖋 04 75 88 04 23, casqueroi@aol.com, Fax 04 75 37 18 64,
www.casqueroi.com – **R** indispensable
0,4 ha (29 empl.) plat, herbeux
Tarif : (Prix 2006) 🛉 ⬳ 🔲 27 € 🔋 (10A) – frais de réservation 9 €
Location : 20 🏚 (4 à 6 pers.) 285 à 715 €/sem.
Pour s'y rendre : À la sortie N du bourg, rte de Vallon-
Pont-d'Arc

Nature : 🚗 🔾🔾
Loisirs : 🍴 snack 🎮 🏊
Services : 🚿 ⚡ 🐾 🖾 🗄 ⊕ 🚗 🐾
🔲

✉ 07120 – 183 h. – alt. 120
Paris 660 – Lyon 198 – Privas 56 – Nîmes 85 – Avignon 86.

Schéma à Vallon-Pont-d'Arc

Yelloh-Village Soleil Vivarais ♣♣ – 31 mars-15 sept.
℘ 04 75 39 67 56, *info@soleil-vivarais.com*,
Fax 04 75 39 64 69, *www.soleil-vivarais.com* – **R** indispensable
12 ha (350 empl.) plat, herbeux, pierreux
Tarif : ♣ 📬 🔳 42 € 🔌 (10A) – frais de réservation 30 €
Location : 207 🏚 (4 à 6 pers.) 259 à 903 €/sem. – 6 🏠 (4 à 6 pers.) 259 à 952 €/sem. – bungalows toilés
🏚 1 borne
À savoir : Au bord de l'Ardèche, sur la presqu'île de Sampzon, bel espace aquatique

Nature : ≤ ◯◯ ⚲
Loisirs : ⛴ ✗ pizzeria ⚐ nocturne ⚘ discothèque 🏊 ⚲⚲ 🎯 ✗ ⚲ ⚲
Services : ⚕ ⚲ ⚲ ⚲ ⚲ ⚲ ⚲ ⚲ ⚲ ⚲ ⚲ ⚲ ⚲ ⚲ ⚲
À prox. : canoë

Aloha Plage avr.-mi-sept.
℘ 04 75 39 67 62, *reception@camping-aloha-plage.fr*,
Fax 04 75 89 10 26, *www.camping-aloha-plage.fr*
– **R** conseillée
1,5 ha (120 empl.) plat, terrasses, peu incliné, herbeux, sablonneux
Tarif : (Prix 2006) ♣ 📬 🔳 29,50 € – frais de réservation 12 €
Location : 30 🏚 (4 à 6 pers.) 250 à 567 €/sem. – bungalows toilés
À savoir : Au bord de l'Ardèche, sur la presqu'île de Sampzon (accès direct)

Nature : ◯◯ ⚲
Loisirs : ⛴ ⚲ ⚲
Services : ⚕ ⚲ ⚲ ⚲ ⚲ ⚲ ⚲ ⚲
À prox. : canoë

Sun Camping 1er avr.-30 sept.
℘ 04 75 39 76 12, *sun.camping@wanadoo.fr*,
Fax 04 75 39 76 12, *www.suncamping.com* – **R** conseillée
1,2 ha (70 empl.) plat, terrasses, herbeux
Tarif : ♣ 📬 🔳 20,60 € – 🔌 (10A) 4 € – frais de réservation 8 €
Location : 8 🏚 (2 à 4 pers.) 189 à 346 €/sem. – 8 🏚 (4 à 6 pers.) 294 à 584 €/sem.
Pour s'y rendre : À 200 m de l'Ardèche
À savoir : Sur la presqu'île de Sampzon

Nature : ◯◯
Loisirs : ⛴ pizzeria 🏊
Services : ⚕ ⚲ ⚲ ⚲ ⚲ ⚲ ⚲ ⚲
À prox. : ⚲ ✗ ⚲ ⚲

785

Le Mas de la Source 1er avr.-30 sept.
℘ 04 75 39 67 98, *camping.masdelasource@wanadoo.fr*,
Fax 04 75 39 67 98, *www.campingmasdelasource.com* – **R** indispensable
1,2 ha (30 empl.) en terrasses, plat, herbeux
Tarif : ♣ 📬 🔳 25 € – 🔌 (6A) 4 € – frais de réservation 15,50 €
Location 🚫 : 4 🏚 (4 à 6 pers.) 190 à 595 €/sem.
À savoir : Sur la presqu'île de Sampzon, au bord de l'Ardèche (accès direct)

Nature : ⚲ ⚲ ◯◯ ⚲
Loisirs : 🏊 ⚲ ⚲
Services : ⚕ ⚲ ⚲ ⚲ ⚲ ⚲ ⚲ ⚲ ⚲ ⚲
À prox. : canoë

✉ 07290 – **331** J3 – 1 592 h. – alt. 485
Paris 542 – Annonay 13 – Lamastre 36 – Privas 87 – St-Vallier 21 – Tournon-sur-Rhône 29 – Valence 47 – Yssingeaux 54.

Municipal le Grangeon 10 juin-15 sept.
℘ 04 75 34 96 41, Fax 04 75 33 12 76 – **R** conseillée
1 ha (52 empl.) en terrasses, herbeux
Tarif : ♣ 2,50 € 📬 1,80 € 🔳 2,50 € – 🔌 (5A) 3,30 €
Location (permanent) : 5 🏠 (4 à 6 pers.) 200 à 370 €/sem.
Pour s'y rendre : SO : 1,1 km par D 578A, rte de Lalouvesc et à gauche
À savoir : Au bord du Ay

Nature : ≤ ⚲
Loisirs : ⛴ snack 🏊
Services : ⚕ ⚲ ⚲ ⚲ ⚲ ⚲ ⚲ ⚲
À prox. : ⚲ (plan d'eau aménagé)

TOURNON-SUR-RHÔNE

⊠ 07300 – **331** L3 – G. Lyon Drôme Ardèche – 9 946 h. – alt. 125
🛈 *Office de tourisme, 2, place Saint-Julien* 𝒫 *04 75 08 10 23*
Paris 545 – Grenoble 98 – Le Puy-en-Velay 104 – St-Étienne 77 – Valence 18 – Vienne 60.

▲ **Les Acacias** avr.-sept.
𝒫 04 75 08 83 90, *acacias-camping@wanadoo.fr, www.acacias-camping.com* – **R** conseillée
2,7 ha (80 empl.) plat, herbeux
Tarif : ★ ⇌ 🅴 15,50 € – ⅃ (6A) 3,20 €
Location : 15 ⬚ (4 à 6 pers.) 250 à 580 €/sem.
⬚, 1 borne
Pour s'y rendre : O : 2,6 km par D 532, rte de Lamastre, accès direct au Doux

Nature : ♤♤
Loisirs : snack ⬚ ⬚ ⬚ ⬚ ⬚
Services : ⬚ ⬚ GB ⬚ ⬚ ⬚ ⬚ ⬚
À prox. : ✗

▲ **Le Manoir** 1er avr.-30 sept.
𝒫 04 75 08 02 50, *info@lemanoir-ardeche.com*,
Fax 04 75 08 20 31, *www.lemanoir-ardeche.com*
– **R** conseillée
2 ha (80 empl.) plat, herbeux
Tarif : ★ ⇌ 🅴 16 € – ⅃ (10A) 3 €
Location : 6 ⬚ (4 à 6 pers.) 230 à 540 €/sem. – ⬚ – (hôtel)
Pour s'y rendre : O : 3 km par D 532, rte de Lamastre, bord du Doux

Nature : ♤♤
Loisirs : ♟ snack ⬚ ⬚ ⬚ ⬚
Services : ⬚ ⬚ GB ⬚ ⬚ ⬚ ⬚

UCEL

⊠ 07200 – **331** I6 – G. Lyon Drôme Ardèche – 1 750 h. – alt. 270
Paris 626 – Aubenas 6 – Montélimar 44 – Privas 31 – Vals-les-Bains 3 – Villeneuve-de-Berg 19.

▲▲▲ **Domaine de Gil** 14 avr.-23 sept.
𝒫 04 75 94 63 63, *info@domaine-de-gil.com*,
Fax 04 75 94 01 95, *www.domaine-de-gil.com* – **R** conseillée
4,8 ha/2 campables (80 empl.) plat, herbeux, pierreux
Tarif : ★ ⇌ 🅴 29 € – ⅃ (10A) 4 € – frais de réservation 20 €
Location : 40 ⬚ (4 à 6 pers.) 203 à 784 €/sem.
⬚, 1 borne
Pour s'y rendre : Sortie NO par D 578B, rte de Vals-les-Bains
À savoir : Au bord de l'Ardèche

Nature : ⬚ ⬚ ♤♤ ⬚
Loisirs : ♟ ✗ ⬚ ⬚ nocturne ⬚
⬚ ⬚ ⬚ golf (8 trous)
Services : ⬚ ⬚ GB ⬚ ⬚ ⬚ ⬚ ⬚
⬚ ⬚ ⬚

▲ **Les Pins** 1er juin-15 sept.
𝒫 04 75 37 49 20, *campinglespins-d-ucel@wanadoo.fr*,
Fax 04 75 37 49 20, *www.campinglespinsducel.com* – accès aux emplacements par forte pente, mise en place et sortie des caravanes à la demande – **R** conseillée
1 ha (34 empl.) en terrasses, plat, herbeux
Tarif : ★ ⇌ 🅴 13 € – ⅃ (6A) 3 €
Location : 9 ⬚ (4 à 6 pers.) 220 à 410 €/sem. – 11 ⬚ (4 à 6 pers.) 250 à 470 €/sem.
Pour s'y rendre : NE : 1,5 km par rte devant l'église, croisement difficile pour caravanes à certains endroits
À savoir : Joli cadre boisé

Nature : ⬚ ⬚ ♤♤
Loisirs : ⬚ ⬚ ⬚ (petite piscine)
Services : ⬚ ⬚ ⬚ ⬚ ⬚

LES GUIDES VERTS MICHELIN
Paysages, monuments
Routes touristiques
Géographie
Histoire, Art
Itinéraire de visite
Plans de villes et de monuments

VAGNAS

📧 07150 – **331** I7 – 430 h. – alt. 200
Paris 670 – Aubenas 40 – Barjac 5 – St-Ambroix 20 – Vallon-Pont-d'Arc 9 – Les Vans 37.
Schéma à St-Remèze

La Rouvière-Les Pins déb.avr.-mi-sept.
📞 04 75 38 61 41, *rouviere07@aol.com*, Fax 04 27 52 00 91,
www.rouviere07.com – **R** conseillée
2 ha (100 empl.) plat et peu incliné, terrasses, herbeux
Tarif : (Prix 2006) ★ 🚗 🅴 17,30 € – 🔌 (6A) 4,10 € – frais de
réservation 15 €
Pour s'y rendre : Sortie S par rte de Barjac puis 1,5 km par
chemin à droite

Nature : 🏞 ♀	
Loisirs : 🍽 pizzeria, snack 🏠 🐴 🏊	
Services : 🚰 🏧 ♻ 🚽 😊 🍽 ♨ 📶 🔌	

VALLON-PONT-D'ARC

📧 07150 – **331** I7 – G. Lyon Drôme Ardèche – 2 027 h. – alt. 117
ℹ️ *Office de tourisme, 1, place de l'ancienne gare* 📞 *04 75 88 04 01, Fax 04 75 88 41 09*
Paris 658 – Alès 47 – Aubenas 32 – Avignon 81 – Carpentras 95 – Montélimar 59.

L'Ardéchois 1er avr.-30 sept.
📞 04 75 88 06 63, *ardecamp@bigfoot.com*,
Fax 04 75 37 14 97, *www.ardechois-camping.com*
– **R** conseillée ⚡
5 ha (244 empl.) plat, herbeux
Tarif : ★ 🚗 🅴 39 € 🔌 (6A) – frais de réservation 35 €
Location ⚡ : 24 🏠 (4 à 6 pers.) 430 à 790 €/sem.
🚐 1 borne 7 €
Pour s'y rendre : SE : 1,5 km
À savoir : Accès direct à l'Ardèche

Nature : < 🌳 ♀♀ ⛰	
Loisirs : 🍽 🍴 snack 🏠 🎦 nocturne 🐴 🎱 🏊 ⛵ balnéo, canoë	
Services : ♿ 🚰 🏧 ♻ 🚿 😊 🍽 🏷 📶 💈 🛁	
À prox. : 🏕	

Mondial-Camping 24 mars-sept.
📞 04 75 88 00 44, *reserv-info@mondial-camping.com*,
Fax 04 75 37 13 73, *www.mondial-camping.com*
– **R** conseillée
4 ha (240 empl.) plat, herbeux
Tarif : (Prix 2006) ★ 🚗 🅴 32 € – 🔌 (10A) 4,50 € – frais de
réservation 30 €
Location ⚡ : 20 🏠 (4 à 6 pers.) 390 à 740 €/sem.
🚐 1 borne 5 €
Pour s'y rendre : SE : 1,5 km
À savoir : Accès direct à l'Ardèche

Nature : < ♀♀ ⛰	
Loisirs : 🍽 🍴 snack, pizzeria 🏠 discothèque 🐴 🎮 🎱 🏊 🛶 canoë	
Services : ♿ 🚰 🏧 ♻ 📶 🚿 😊 🍽 🏷 🛁	
À prox. : 🏕	

La Roubine 🛉 – 23 avr.-15 sept.
📞 04 75 88 04 56, *roubine.ardeche@wanadoo.fr*,
Fax 04 75 88 04 56, *www.camping-roubine.com*
– **R** conseillée
7 ha/4 campables (135 empl.) plat, herbeux, sablonneux
Tarif : ★ 🚗 🅴 32 € – 🔌 (6A) 4,20 € – frais de réserva-
tion 30 €
Location ⚡ : 21 🏠 (4 à 6 pers.) 230 à 810 €/sem.
Pour s'y rendre : O : 1,5 km
À savoir : Au bord de l'Ardèche (plan d'eau)

Nature : 🏞 🌳 ♀♀ ⛰	
Loisirs : 🍽 🍴 snack, pizzeria 🏠 🐴 🎮 🎱 🏊 ⛵	
Services : ♿ 🚰 🏧 ♻ 📶 🚽 😊 🍽 🏷 🛁 ⚓	

Le Provençal
📞 04 75 88 00 48, *camping.le.provencal@wanadoo.fr*,
Fax 04 75 88 02 00, *www.camping-le-provencal* – **R** conseil-
lée
3,5 ha (200 empl.) plat, herbeux
Location ⚡ : 22 🏠
Pour s'y rendre : SE : 1,5 km
À savoir : Accès direct à l'Ardèche

Nature : < 🌳 ♀♀ ⛰	
Loisirs : 🍽 🍴 🏠 🐴 🎮 🎱 🏊 ⛵	
Services : ♿ 🚰 📶 🍽 🏷 😊 ♻ 🔌 🛁	
À prox. : 🏕 canoë	

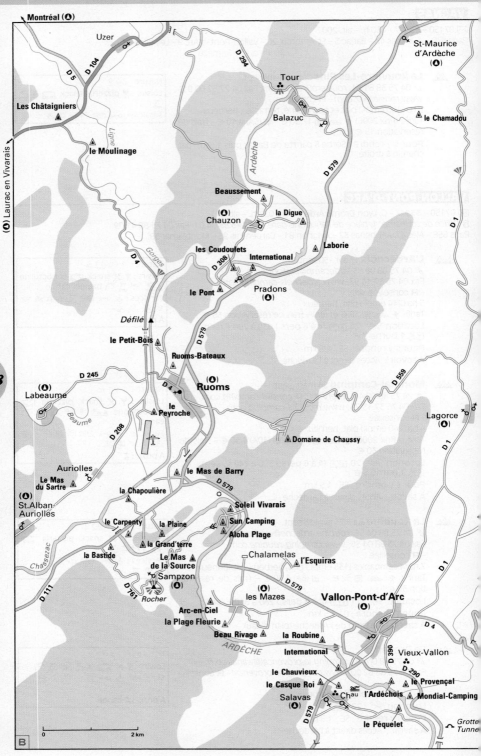

B

⚠⚠ **Le Chauvieux** 27 avr.-9 sept.
  ℰ 04 75 88 05 37, *camping.chauvieux@wanadoo.fr*,
  Fax 04 75 88 05 37, *www.camping-le-chauvieux.com*
  – **R** conseillée
  1,8 ha (100 empl.) plat et peu incliné, herbeux, sablonneux
  Tarif : 🏕 🚐 📧 23,50 € 🔌 (6A) – frais de réservation 8 €
  Pour s'y rendre : SO : 1 km, à 100 m de l'Ardèche

Nature : ♤♤
Loisirs : 🍽 snack, pizzeria 🏊 ⛴
Services : 🚿 🕳 ⊖ 🐕 📷 🏕 ⚗ ⊕
🍴 ⚲ 📷 🏖 ⚰
À prox. : 🐎

⚠⚠ **International** 1er mai-20 sept.
  ℰ 04 75 88 00 99, *inter.camp@wanadoo.fr*,
  Fax 04 75 88 05 67, *www.internationalcamping07.com*
  – **R** conseillée
  2,7 ha (130 empl.) plat, peu incliné, herbeux, sablonneux
  Tarif : 🏕 🚐 📧 28 € 🔌 (6A) – frais de réservation 15 €
  Location (1er mars-30 sept.) : 14 🏠 (4 à 6 pers.) 199 à 600 €/sem.
  Pour s'y rendre : SO : 1 km
  À savoir : Bord de l'Ardèche

Nature : ⊰ ⊡ ♤♤ ⚠
Loisirs : 🍽 snack 🏊 ⛴
Services : 🚿 🕳 ⊖ 🐕 📷 🏕 ⊕ 📞
📷 ⚰ 🏖

⚠ **La Rouvière** 👥 – mi-mars-fin sept.
  ℰ 04 75 37 10 07, *ardbat@aol.com*, Fax 04 75 88 03 99,
  www.campinglarouviere.com – **R** conseillée
  3 ha (152 empl.) en terrasses, peu incliné et plat,
  sablonneux, pierreux, herbeux
  Tarif : 🏕 🚐 📧 21 € 🔌 (6A)
  Location : 23 🏠 (4 à 6 pers.) 280 à 610 €/sem.
  Pour s'y rendre : SE : 6,6 km par D 290, rte des Gorges, à Chames (hors schéma)
  À savoir : Accès direct à l'Ardèche

Nature : 🌲 ⚠
Loisirs : snack 👫 🏊 🚣 canoë,
terrain omnisports
Services : 🕳 ⊖ 🐕 📷 🏕 ⊕ 📷 ⚰

⚠ **Le Midi** avr.-fin sept.
  ℰ 04 75 88 06 78, *info@camping-midi.com*,
  Fax 04 75 88 06 78, *www.camping-midi.com* – **R** conseillée
  1,6 ha (52 empl.) en terrasses, peu incliné, herbeux,
  sablonneux
  Tarif : (Prix 2006) 🏕 🚐 📧 23,50 € 🔌 (10A) – frais de réservation 10 €
  Pour s'y rendre : SE : 6,5 km par D 290, rte des Gorges, à Chames (hors schéma)
  À savoir : Accès direct à l'Ardèche

Nature : 🌲 ⊰ ⊡ ♤♤ ⚠
Loisirs : 🏊 🚣
Services : 🚿 🕳 🐕 📷 ⊕ 📷 ⚰

789

⚠ **L'Esquiras** avr.-sept.
  ℰ 04 75 88 04 16, *esquiras@wanadoo.fr*,
  Fax 04 75 88 04 16, *www.ardeche.com/tourism/esquiras/*
  – **R** conseillée
  0,5 ha (34 empl.) plat, peu incliné, herbeux, pierreux
  Tarif : 🏕 🚐 📧 18 € – 🔌 3,50 € – frais de réservation 5 €
  Location : 3 🏠 (4 à 6 pers.) 260 à 600 €/sem.
  🚐 1 borne 5 € – 5 📧 8 €
  Pour s'y rendre : NO : 2,8 km par D 579, rte de Ruoms et chemin à droite après la station-service Intermarché

Nature : 🌲 ⊰
Loisirs : snack 🏠 🏊 ⛴
Services : 🚿 🕳 (saison) ⊖ 🐕 📷
🏕 ⊕ 📷

Les VANS

📮 07140 – **331** G7 – G. Provence – 2 664 h. – alt. 170
🏢 *Office de tourisme, place Ollier* *ℰ* 04 75 37 24 48, Fax 04 75 37 27 46
Paris 663 – Alès 44 – Aubenas 37 – Pont-St-Esprit 66 – Privas 68 – Villefort 24.

⚠ **Le Pradal** 1er avr.-30 sept.
  ℰ 04 75 37 25 16, *camping.lepradal@free.fr*, *www.cam
  ping-lepradal.com* – **R** conseillée
  1 ha (36 empl.) en terrasses, peu incliné, herbeux, pierreux
  Tarif : 🏕 🚐 📧 15 € – 🔌 (6A) 3 €
  Pour s'y rendre : O : 1,5 km par D 901, rte de Villefort

Nature : 🌲 🌿
Loisirs : 🍽 🏠 ⛴
Services : 🚿 🕳 🐕 📷 ⚗ ⊕

VION

✉ 07610 – **331** K3 – G. Lyon Drôme Ardèche – 753 h. – alt. 128
Paris 537 – Annonay 30 – Lamastre 34 – Tournon-sur-Rhône 7 – Valence 25.

⚠ **L'Iserand** 1er avr.-30 sept.
  ℰ 04 75 08 01 73, *iserand@tele2.fr*, Fax 04 75 08 55 82,
  www.iserandcampingardeche.com – **R** conseillée
  1,3 ha (60 empl.) en terrasses, pierreux, herbeux
  Tarif : 🛉 ⟵ 🗐 10 € – 🔌 (10A) 3 €
  Location 🏠 : 8 🏠 (4 à 6 pers.) 360 à 550 €/sem.
  Pour s'y rendre : N : 1 km par N 86, rte de Lyon

> Nature : ≤ ♀
> Loisirs : snack, pizzeria 🏊 ⚒ 🛶
> Services : ᵴ ⟲ 😁 🗐 🎇 ⊕ 🗐 🛒

VIVIERS

✉ 07220 – **331** K7 – G. Lyon Drôme Ardèche – 3 413 h. – alt. 65
🛈 *Office de tourisme, 5, place Riquet* ℰ 04 75 52 77 00, Fax 04 75 52 81 63
Paris 618 – Montélimar 12 – Nyons 50 – Pont-St-Esprit 30 – Privas 42 – Vallon-Pont-d'Arc 35.

⚠ **SARL Rochecondrie** 1er avr.-15 oct.
  ℰ 04 75 52 74 66, *campingrochecondrie@wanadoo.fr*,
  Fax 04 75 52 74 66, *www.campingrochecondrie.com*
  – **R** conseillée
  1,5 ha (80 empl.) plat, herbeux
  Tarif : 🛉 ⟵ 🗐 18,30 € – 🔌 (6A) 3 €
  Location 🏠 : 10 🚐 (4 à 6 pers.) 230 à 510 €/sem.
  Pour s'y rendre : NO : 1,5 km par N 86, rte de Lyon, accès
  direct à l'Escoutay

> Nature : 🗀 ♀
> Loisirs : 🍽 🎱 🏊 ⚒ 🛶
> Services : ⟲ 😁 🐾 🗐 ⊕ 🗐
> À prox. : 🎣

⚠ **Municipal de Valpeyrouse** 1er avr.-30 janv.
  ℰ 04 75 52 82 95, *etatcivil@mairie-viviers.fr* – **R** conseillée
  1 ha (30 empl.) plat, terrasses, gravillons, herbeux
  Tarif : 🛉 ⟵ 🗐 8,10 € – 🔌 (16A) 2,65 €
  Pour s'y rendre : À l'O du bourg, à proximité du centre
  culturel

> Nature : 🌳 ≤ 🗀
> Loisirs : 🏛
> Services : ᵴ ⟲ 🐾 🗐 ⊕ 🛒 🚾
> À prox. : 🍴 🛶

VOGÜÉ

✉ 07200 – **331** I6 – G. Lyon Drôme Ardèche – 726 h. – alt. 150
🛈 *Syndicat d'initiative, quartier de la gare* ℰ 04 75 37 01 17
Paris 638 – Aubenas 9 – Largentière 16 – Privas 40 – Vallon-Pont-d'Arc 24 – Viviers 36.

⚠ **Domaine du Cros d'Auzon** 1er avr.-mi-sept.
  ℰ 04 75 37 75 86, *cros.d.auzon@wanadoo.fr*,
  Fax 04 75 37 01 02, *www.camping-cros-auzon.com*
  – **R** conseillée
  18 ha/6 campables (170 empl.) plat, pierreux, sablonneux,
  herbeux
  Tarif : 🛉 ⟵ 🗐 27,50 € 🔌 (6A) – frais de réservation 28 €
  Location : 28 🚐 (4 à 6 pers.) 205 à 780 €/sem. – hôtel,
  motel
  🚐 1 borne 2 €
  Pour s'y rendre : S : 2,5 km par D 579 et chemin à droite à
  Vogüé-Gare
  À savoir : Site et cadre agréables, au bord de l'Ardèche

> Nature : 🌳 🗀 ♀♀
> Loisirs : 🍽 snack 🎱 🎇 nocturne
> 🏓 🏊 🚲 ⚒ 🛶 🏓 🌊 🎿 🎱
> parcours sportif
> Services : ᵴ ⟲ (déb.juin-mi-sept.)
> 😁 🐾 🗐 ⊕ 🌊 🚾 🗐 🛒 🛒
> À prox. : canoë

⚠ **Les Peupliers**
  ℰ 04 75 37 71 47, *campingpeupliers@aol.com*,
  Fax 04 75 37 70 83 – **R** conseillée
  3 ha (100 empl.) plat, herbeux, sablonneux, pierreux
  Location : 🏠 – 🚐 – 🏠
  Pour s'y rendre : S : 2 km par D 579 et chemin à droite, à
  Vogüé-Gare
  À savoir : Au bord de l'Ardèche

> Nature : 🌳 ♀♀
> Loisirs : 🍽 snack 🏊 ⚒ 🛶 🌊 🎣
> Services : ⟲ 🗐 🎇 ⊕ 🗐 🛒
> À prox. : canoë

VOGÜÉ

◭ **Les Roches** 16 mai-1er sept.
 📞 04 75 37 70 45, *hm07@free.fr*, Fax 04 75 37 70 45,
 www.campinglesroches.fr – **R** conseillée
 2,5 ha (120 empl.) accidenté, plat, herbeux, rocheux
 Tarif : (Prix 2006) ✚ ⟋ 🄴 22,60 € [½] (10A)
 Location 🏠 : 8 ⛺ (4 à 6 pers.) 350 à 600 €/sem.
 ⛽, 1 borne 4 €
 Pour s'y rendre : S : 1,5 km par D 579, à Vogüé-Gare, à
 200 m de l'Auzon et de l'Ardèche
 À savoir : Cadre sauvage

Nature : 🌿 ⚲⚲
Loisirs : 🍽 🏠 ⛵ 🎱 🏊
Services : 🚿 ⟋ 🛒 🔥 🌳 ⚕ 🅿
À prox. : 🚤

◭ **Les Chênes Verts** 30 juin-2 sept.
 📞 04 75 37 71 54, *chenesverts2@wanadoo.fr*,
 Fax 04 75 37 71 54, *www.chenesverts.com* – accès aux emplacements par forte pente, mise en place et sortie des caravanes à la demande – **R** conseillée
 2,5 ha (42 empl.) en terrasses, pierreux, herbeux
 Tarif : ✚ ⟋ 🄴 17 € – [½] (10A) 4 € – frais de réservation 30 €
 Location (31 mars-30 févr.) : 23 ⛺ (4 à 6 pers.) 300 à
 640 €/sem.
 Pour s'y rendre : SE : 1,7 km par D 103, rte de St-Germain

Nature : ⚲⚲
Loisirs : snack ⛵ 🏊
Services : 🚿 ⟋ (30 mars-30 oct.) 🔧
⚕ 📞 🅿 🌳
À prox. : 🍴

◭ **L'Oasis des Garrigues**
 📞 04 75 37 03 27, *oasisdesgarrigues@wanadoo.fr*,
 Fax 04 75 37 16 32, *www.oasisdesgarrigues.com*
 – **R** conseillée
 1,2 ha (61 empl.) plat, herbeux, pierreux
 Location 🏠 : ⛺
 ⛽, 1 borne
 Pour s'y rendre : S : 2 km par D 579, au rond-point et à
 droite

Loisirs : 🍽
Services : 🚿 ⟋ 🔥 🌳 ⚕ 🌲 🅿
À prox. : 🚤 🛶 canoë

791

Drôme (26)

⛺ **Le Gallo-Romain** 1er mai-30 nov.
 📞 04 75 47 44 07, *info@legalloromain.net*,
 Fax 04 75 47 44 07, *www.legalloromain.net* – **R** conseillée
 3 ha (50 empl.) plat et peu incliné, terrasses, herbeux,
 pierreux
 Tarif : ✚ ⟋ 🄴 18,75 € – [½] (6A) 2,90 € – frais de réservation 15 €
 Location (1er mai-30 sept.) : 14 ⛺ (4 à 6 pers.) 300 à
 520 €/sem.
 Pour s'y rendre : SE : 1,2 km par D 101, rte du Col de
 Tourniol, bord de la Barberolle

Nature : 🌿 🌾 ⚲⚲
Loisirs : 🍽 pizzeria 🏠 🏊 🎣
Services : 🚿 ⟋ GB 🔧 🍴 🔥 🌳 ⚕
📞 📞 🅿 🌲

◭ **Municipal St-Martin** mai-sept.
 📞 04 75 21 38 05, Fax 04 75 21 38 05 – **R** conseillée
 1 ha (30 empl.) plat, herbeux, pierreux
 Tarif : ✚ 2,50 € ⟋ 1,50 € 🄴 2,50 € – [½] 2,50 €
 Pour s'y rendre : S : 0,5 km, bord d'un ruisseau

Nature : 🌿 ≤ ⚲
Loisirs : 🎣
Services : 🚿 🔧 🔥 ⚕ 🌲 🚰

BENIVAY-OLLON

✉ 26170 – **332** E8 – 57 h. – alt. 450
Paris 689 – Lyon 227 – Valence 126 – Avignon 71 – Salon 98.

△ **L'Écluse** 27 avr.-15 sept.
    ℘ 04 75 28 07 32, *camp.ecluse@wanadoo.fr*,
Fax 04 75 28 16 87, *www.campecluse.com* – **R** indispensable
4 ha (75 empl.) plat et en terrasses, accidenté, gravillons, pierreux, herbeux
Tarif : 🛉 4 € ⇔ 1,50 € ▤ 7 € – [½] (6A) 3,50 € – frais de réservation 20 €
Location (7 avr.-3 nov.) : 10 ⏢ (4 à 6 pers.) 240 à 620 €/sem. – 10 ⏢ (4 à 6 pers.) 240 à 620 €/sem.
Pour s'y rendre : S : 1 km sur D 347, bord d'un ruisseau
À savoir : Sous les cerisiers, au milieu d'une vigne

> Nature : 🦅 ← 🏕 ♀
> Loisirs : 🍽 snack, pizzeria 🏠 🏊
> 🏓 ⛸
> Services : 🚰 ♿ 🛒 ⊙ 🗑

BÉZAUDIN-SUR-BÎNE

✉ 26460 – **332** E6 – 55 h. – alt. 496
Paris 622 – Lyon 159 – Valence 57 – Avignon 102 – Gap 114.

△ **Aire Naturelle le Moulin** 15 avr.-30 sept.
    ℘ 04 75 53 37 21, *arnocampmoulin26@aol.com*,
Fax 04 75 53 37 21
2,5 ha (25 empl.) plat, herbeux
Tarif : 🛉 3,50 € ⇔ 2,50 € ▤ 2,50 € – [½] (4A) 2,50 €
Pour s'y rendre : Sortie O rte de Bourdeaux, bord de la Bîne

> Nature : 🦅 ←
> Loisirs : 🏠 🏊
> Services : 🚰 ♿ 🗑 ⊙ 🗑

BOURDEAUX

✉ 26460 – **332** D6 – 563 h. – alt. 426
🚹 *Office de tourisme, rue Droite* ℘ 04 75 53 35 90
Paris 608 – Crest 24 – Montélimar 42 – Nyons 40 – Pont-St-Esprit 83 – Valence 51.

⋀⋀ **Les Bois du Châtelas** 7 avr.-30 sept.
    ℘ 04 75 00 60 80, *contact@chatelas.com*,
Fax 04 75 00 60 81, *www.chatelas.com* – **R** indispensable
17 ha/6,5 campables (80 empl.) en terrasses, peu incliné, pierreux, herbeux
Tarif : 🛉 ⇔ ▤ 23 € [½] (10A) – frais de réservation 12 €
Location (permanent) : 36 ⏢ (4 à 6 pers.) 260 à 600 €/sem.
⏢, 1 borne 1 € – 5 ▤
Pour s'y rendre : SO : 1,4 km par D 538, rte de Dieulefit

> Nature : 🦅 ← 🏕
> Loisirs : 🍽 🍴 snack, pizzeria 🏠
> jacuzzi 🏊 🚲 🏊 🏊
> Services : ♿ 🚰 🏧 ♿ Ⓜ 🏧 🗑 ♨
> ⛸ ⊙ ♨ 🔦 📞 ♨ 🛒 ⚕ 🏊
> À prox. : ❌ 🐎

△ **Municipal le Gap des Tortelles** 1er avr.-30 sept.
    ℘ 04 75 53 30 45, *info@campingdebourdeaux.com*,
Fax 04 75 53 30 45, *www.campingdebourdeaux.com*
– **R** conseillée
0,7 ha (43 empl.) plat et terrasse, herbeux, pierreux
Tarif : 🛉 ⇔ ▤ 10 € – [½] (8A) 2,50 €
Pour s'y rendre : Sortie SE par D 70, rte de Nyons et chemin à droite, bord du Roubion

> Nature : 🦅 ← ♀♀
> Loisirs : 🏊 ♨♨
> Services : ♿ 🚰 ♿ 🗑 🏊 ⊙ 🗑
> À prox. : ❌ 🏊

BUIS-LES-BARONNIES

✉ 26170 – **332** E8 – G. Alpes du Sud – 2 226 h. – alt. 365
🚹 *Office de tourisme, 14, boulevard Eysserie* ℘ 04 75 28 04 59, Fax 04 75 28 13 63
Paris 685 – Carpentras 39 – Nyons 29 – Orange 50 – Sault 38 – Sisteron 72 – Valence 130.

⋀⋀ Les Éphélides
    ℘ 04 75 28 10 15, *ephelides@wanadoo.fr*,
Fax 04 75 28 13 04, *www.ephelides.com* – **R** indispensable
2 ha (40 empl.) plat, herbeux, pierreux
Location : ⏢ – ⏢ – bungalows toilés
Pour s'y rendre : SO : 1,4 km par av. de Rieuchaud
À savoir : Sous les cerisiers, au bord de l'Ouvèze

> Nature : 🦅 ← ♀
> Loisirs : snack 🏊 🏊
> Services : ♿ 🚰 🗑 🏊 ⊙ 🗑
> À prox. : ❌ 🐎 piste de skate-board

BUIS-LES-BARONNIES

⚠ **Municipal du Jalinier** saison
  🕾 04 75 28 04 96, *jmairie@wanadoo.fr* – **R** conseillée
  1,2 ha (55 empl.) plat, herbeux, gravier
  Tarif : (Prix 2006) 🛉 2,50 € – 🚐 1,80 € – 🔲 3,60 € –
  ⚡ (10A) 3,20 €
  Pour s'y rendre : Au NE du bourg vers rte de Séderon,
  près de la piscine et à 50 m de l'Ouvèze

| Nature : ≤ ♀ |
| Services : 🛆 🗄 ⊕ |
| À prox. : 🏊 |

⚠ **Domaine de la Gautière** 1er avr.-15 oct.
  🕾 04 75 28 02 68, *accueil@camping-lagautiere.com*,
  Fax 04 75 28 24 11, *www.camping-lagautiere.com*
  – **R** conseillée
  6 ha/3 campables (40 empl.) incliné à peu incliné, terrasses,
  pierreux, herbeux
  Tarif : 🛉 🚐 🔲 10,15 € – ⚡ (10A) 4,50 € – frais de réservation 10 €
  Location (1er mars-10 nov.) : 8 🛏 (4 à 6 pers.) 310 à
  550 €/sem.
  Pour s'y rendre : SO : 5 km par D 5, puis à droite, chemin
  du Domaine de Roustillan

| Nature : 🦅 ≤ ♀ |
| Loisirs : 🏄 🏊 |
| Services : 🛆 o🚿 ⊞ ♉ 🗄 ⊕ 🗄 |

✉ 26120 – **332** D4 – 5 861 h. – alt. 212
🔒 *Office de tourisme, place Génissieu* 🕾 04 75 59 28 67, Fax 04 75 59 28 60
Paris 569 – Crest 21 – Die 59 – Romans-sur-Isère 18 – Valence 12.

🛆🛆🛆 **Le Grand Lierne** 27 avr.-9 sept.
  🕾 04 75 59 83 14, *contact@grandlierne.com*,
  Fax 04 75 59 87 95, *www.grandlierne.com* – **R** conseillée 🚲
  (7 juil.-18 août)
  3,6 ha (160 empl.) plat, pierreux, herbeux
  Tarif : 🛉 🚐 🔲 21,70 € – ⚡ (10A) 5,70 € – frais de réservation 30 €
  Location 🚲 : 60 🛏 (4 à 6 pers.) 301 à 945 €/sem. – 7
  🛖 (4 à 6 pers.) 301 à 917 €/sem.
  Pour s'y rendre : NE : 5 km par D 68, rte de Peyrus, D 125 à
  gauche et D 143 à droite - par A 7 sortie Valence Sud et
  direction Grenoble

| Nature : 🦅 🗔 ♀♀ |
| Loisirs : 🍴 snack 🍹 nocturne 🏄 |
| 🚲 🛝 🏊 (petite piscine) 🏊 🛷 |
| Services : 🛆 o🚿 ⊞ ♉ 🗄 🗄 🗄 ⊕ |
| 🗄 🗄 🗄 🗄 cases réfrigérées |

793

✉ 26260 – **332** D3 – 713 h. – alt. 251
Paris 550 – Annonay 45 – Beaurepaire 28 – Romans-sur-Isère 16 – Tournon-sur-Rhône 22 – Valence 31.

⚠ **Les Falquets** 1er mai-2 sept.
  🕾 04 75 45 75 57, *lesfalquets@free.fr, www.lesfal*
  quets.com – **R** conseillée
  1 ha (75 empl.) plat, herbeux
  Tarif : 🛉 🚐 🔲 8,50 € – ⚡ (10A) 3,50 €
  Pour s'y rendre : Sortie SE, par D 121, rte de Margès, bord
  de l'Herbasse

| Nature : 🦅 ♀♀ |
| Loisirs : 🏄 🏊 |
| Services : 🛆 o🚿 ♉ 🗄 ⊕ 🗄 |

✉ 26330 – **332** C2 – 1 276 h. – alt. 253
Paris 531 – Annonay 29 – Beaurepaire 19 – Romans-sur-Isère 27 – St-Marcellin 41 – Tournon-sur-Rhône 25 –
Valence 41.

🛆🛆🛆 **Château de Galaure** avr.-sept.
  🕾 04 75 68 65 22, *www.galaure.com* – **R**
  12 ha (200 empl.) plat, herbeux
  Tarif : 🛉 🚐 🔲 22 € – ⚡ (7.5A) 5 €
  Pour s'y rendre : SO : 0,8 km par D 51, rte de St-Vallier
  À savoir : Bel ensemble de piscines

| Nature : ♀♀ |
| Loisirs : 🍴 🏠 🏄 🏊 🛷 skate |
| board |
| Services : 🛆 o🚿 🗄 🗄 🗄 ⊕ 🗄 |
| À prox. : 🎾 🎣 parcours de santé |

CHÂTEAUNEUF-DU-RHÔNE

✉ 26780 – **332** B7 – G. Lyon Drôme Ardèche – 2 220 h. – alt. 80
Paris 615 – Aubenas 42 – Grignan 23 – Montélimar 9 – Pierrelatte 15 – Valence 60.

Municipal la Graveline 7 juin-31 août
& 04 75 90 80 96, *chateauneufdurhone@wanadoo.fr*,
Fax 04 75 90 69 49, *www.chateauneuf-du-rhone.fr*
– **R** conseillée
0,6 ha (66 empl.) plat et peu incliné, herbeux
Tarif : 🕴 1,60 € – 🚗 1,10 € ▣ 1,10 € – 🔌 (5A) 1,60 €
Pour s'y rendre : Sortie N par D 73, rte de Montélimar puis
chemin à droite

Nature : 🦢 ♀
Services : ⛗ 🖃 ⊕
À prox. : ✕ ⏚

CHÂTILLON-EN-DIOIS

✉ 26410 – **332** F5 – 523 h. – alt. 570
🇮 *Office de tourisme, square Jean Giono* *&* 04 75 21 10 07
Paris 637 – Die 14 – Gap 79 – Grenoble 97 – La Mure 65.

Le Lac Bleu 1er avr.-30 sept.
& 04 75 21 85 30, *info@lacbleu-diois.com*,
Fax 04 75 21 82 05, *www.lacbleu-diois.com* – **R** indispensable
9 ha/3 campables (90 empl.) plat, herbeux, pierreux
Tarif : 🕴 5,60 € – 🚗 2,40 € ▣ 5 € – 🔌 (10A) 3,60 € – frais de
réservation 10 €
Location : 25 🛏 (4 à 6 pers.) 209 à 619 €/sem.
🚐 1 borne – 10 ▣ 8,50 €
Pour s'y rendre : SO : 4 km par D 539, rte de Die et D 140,
de Menglon, chemin à gauche, avant le pont

Nature : ≤ ♀ ⚠
Loisirs : 🍸 ✕ pizzeria 🛶 🐟
Services : ♿ ⛗ ⒼⒷ 🅒 🖃 ⊕ 🗚 🖳
🖰

Municipal les Chaussières Piemard
& 04 75 21 10 30, *camping.chatillonendiois@wanadoo.fr*
– **R** conseillée
2 ha (182 empl.) plat, herbeux, pierreux
Location : 6 🛏
🚐 1 borne
Pour s'y rendre : Au bourg

Nature : ≤ ♀
Loisirs : 🛶 ✕
Services : ♿ ⛗ 🖃 ⊕ 🖳
À prox. : 🏊 🖾 🎣 🔛 🐟

*Donnez-nous votre avis sur les terrains que nous recommandons.
Faites-nous connaître vos observations et vos découvertes.*

Le lac de Serre-Ponçon

B. Kaufmann/Michelin

✉ 26400 – **332** D5 – G. Lyon Drôme Ardèche – 7 739 h. – alt. 196
🛈 *Office de tourisme, place du Docteur Rozier* 🕿 *04 75 25 11 38, Fax 04 75 76 79 65*
Paris 585 – Die 37 – Gap 129 – Grenoble 114 – Montélimar 37 – Valence 28.

⩕ **Les Clorinthes** 1er avr.-30 sept.
🕿 04 75 25 05 28, *clorinthes@wanadoo.fr,*
Fax 04 75 76 75 09, *www.lesclorinthes.com* – **R** conseillée
4 ha (160 empl.) plat, peu incliné, herbeux
Tarif : ⚹ ⟵ 🅴 16,80 € – (6A) 3,60 € – frais de réservation 18,50 €
Location : 5 🚐 (4 à 6 pers.) 290 à 580 €/sem. – 4 🏚 (4 à 6 pers.) 270 à 560 €/sem.
Pour s'y rendre : Sortie S par D 538 puis chemin à gauche après le pont, près de la Drôme et du complexe sportif

Nature : ⩔ 🌳
Loisirs : 🍴 pizzeria 🏛 ⊿
Services : 🕭 ⊶ GB 🚗 📷 ♨ ⩗ ⊛ 🖫
À prox. : 🎿 🐎 poneys

✉ 26150 – **332** F5 – G. Alpes du Sud – 4 451 h. – alt. 415
🛈 *Office de tourisme, rue des Jardins* 🕿 *04 75 22 03 03, Fax 04 75 22 40 46*
Paris 623 – Gap 92 – Grenoble 110 – Montélimar 73 – Nyons 77 – Sisteron 103 – Valence 66.

⩕⩕ **La Pinède** 20 avr.-mi-sept.
🕿 04 75 22 17 77, *info@camping-pinede.com,*
Fax 04 75 22 22 73, *www.camping-pinede.com* – accès par chemin et pont étroits – **R** conseillée
8 ha/2,5 campables (110 empl.) plat et en terrasses, pierreux, herbeux
Tarif : (Prix 2006) ⚹ 7 € ⟵ 2 🅴 3 € – (¿) (10A) 5 € – frais de réservation 20 €
Location (déb.avr.-mi-nov.) : 32 🚐 (4 à 6 pers.) 350 à 742 €/sem. – 22 🏚 (4 à 6 pers.) 350 à 802 €/sem.
Pour s'y rendre : O : 1,7 km par D 93, rte de Crest puis 1 km par chemin à gauche
À savoir : Cadre agréable au bord de la Drôme

Nature : 🦌 ⩔ 🏕 🌳
Loisirs : 🍴 ✗ pizzeria ⟿ 🎿 ⬙ 🔸 ⊿ 🦆
Services : 🕭 ⊶ GB 🚗 📷 ♨ ⩗ ⊛ 🖫 ♨ ⬙

⩕ **Le Glandasse** 1er avr.-30 sept.
🕿 04 75 22 02 50, *camping-glandasse@wanadoo.fr,*
Fax 04 75 22 04 91, *www.camping-glandasse.com* – **R** conseillée
3,5 ha (90 empl.) plat, peu incliné, herbeux, pierreux
Tarif : (Prix 2006) ⚹ ⟵ 🅴 15 € – (¿) (10A) 4,70 € – frais de réservation 10 €
Location : 🚐
Pour s'y rendre : SE : 1 km par D 93, rte de Gap puis chemin à droite
À savoir : Au bord de la Drôme

Nature : 🦌 ⩔ 🏕 🌳🌳
Loisirs : snack, pizzeria 🏛 ⟿ 🚲 ⊿ 🍴
Services : 🕭 ⊶ GB 🚗 📷 ♨ ⩗ ⊛ 🖫 ⬙

✉ 26220 – **332** D6 – G. Lyon Drôme Ardèche – 3 096 h. – alt. 366
🛈 *Office de tourisme, 1, place Abbé Magnet* 🕿 *04 75 46 42 49, Fax 04 75 46 36 48*
Paris 614 – Crest 30 – Montélimar 29 – Nyons 30 – Orange 58 – Pont-St-Esprit 69 – Valence 57.

⩕ **Les Grands Prés Atmosphère** 15 mars-15 oct.
🕿 04 75 46 87 50, *info@camping-grandspres.com,*
www.camping-grandpres.com – **R** conseillée
1,8 ha (101 empl.) plat, herbeux
Tarif : (Prix 2006) ⚹ ⟵ 🅴 14,30 € – (¿) (10A) 2,40 € – frais de réservation 5 €
Pour s'y rendre : Sortie O par D 540, rte de Montélimar, près du Jabron, chemin piétonnier reliant directement le camping au bourg

Nature : 🦌 🌳🌳
Loisirs : 🏛 🍴
Services : 🕭 ⊶ (1er juil.-déb.sept.) GB 🚗 ▥ ⩗ ⊛ 🖫
À prox. : ⬙ 🎿 ⊿

795

DIEULEFIT

⚠ **La Source du Jabron** avr.-sept.
  📞 04 75 90 61 30, *lejabron@aol.com*, Fax 04 75 90 61 30,
  www.campinglasource.com – **R** indispensable
  4 ha (50 empl.) plat, peu incliné et en terrasses, herbeux,
  pierreux
  Tarif : (Prix 2006) ✦ ⇐⇒ 🅴 10,30 € [⚡] (6A)
  Location : 15 ⟦▦⟧ (4 à 6 pers.) 270 à 530 €/sem. – 6 🏠
  (4 à 6 pers.) 230 à 460 €/sem. – bungalows toilés
  Pour s'y rendre : NE : 3,5 km par D 538, rte de Bourdeaux
  et chemin à droite, bord du Jabron

> Nature : 🏔 ≤ 🌳
> Loisirs : 🏠 🏊
> Services : ⌒ ⟲ 🗑 🔥 ⊕ 🔲 🍴

GRANE

✉ 26400 – **332** C5 – 1 567 h. – alt. 175
🛈 *Syndicat d'initiative, route de La Roche-sur-Grâne* 📞 04 75 62 66 08
Paris 583 – Crest 10 – Montélimar 34 – Privas 29 – Valence 26.

⚠ **Les Quatre Saisons** Permanent
  📞 04 75 62 64 17, *camping.4saisons@wanadoo.fr*,
  Fax 04 75 62 69 06, *www.camping.4saisons.com*
  – **R** conseillée
  2 ha (80 empl.) en terrasses, herbeux, sablonneux, pierrieux
  Tarif : ✦ 5 € ⇐⇒ 3 € 🅴 3 € – [⚡] (16A) 4 € – frais de réser-
  vation 10 €
  Location (permanent) : 11 🏠 (4 à 6 pers.) 275 à
  405 €/sem.
  Pour s'y rendre : Sortie SE, 0,9 km par D 113, rte de la
  Roche-sur-Grâne

> Nature : 🏔 ≤ 🏞 🌳
> Loisirs : 🍸 🏊
> Services : ⅞ ⌒ GB ⟲ M ⚕ 🗑 🐎
> ⊕ 🔥 🚰 🕯 🔲 🍴
> À prox. : 🍴

GRIGNAN

✉ 26230 – **332** C7 – 1 353 h. – alt. 198
🛈 *Office de tourisme, place du jeu de Ballon* 📞 04 75 46 56 75, Fax 04 75 46 55 89
Paris 629 – Crest 46 – Montélimar 25 – Nyons 25 – Orange 52 – Pont-St-Esprit 38 – Valence 74.

⚠ **Les Truffières** 20 avr.-21 sept.
  📞 04 75 46 93 62, *info@lestruffieres.com*,
  Fax 04 75 46 93 62, *www.lestruffieres.com* – **R** conseillée
  🍴
  1 ha (85 empl.) plat, herbeux, pierreux, bois attenant
  Tarif : ✦ ⇐⇒ 🅴 20,20 € [⚡] (16A) – frais de réservation 12 €
  Location : 6 ⟦▦⟧ (4 à 6 pers.) 270 à 470 €/sem.
  Pour s'y rendre : SO : 2 km par D 541, rte de Donzère, D 71,
  rte de Chamaret à gauche et chemin
  À savoir : Cadre boisé

> Nature : 🏔 🏞 👁👁
> Loisirs : snack 🏠 🏌 🏊
> Services : ⅞ ⌒ 🗑 ⊕ 🔲

LUS-LA-CROIX-HAUTE

✉ 26620 – **332** H6 – G. Alpes du Sud – 437 h. – alt. 1 050
🛈 *Syndicat d'initiative, rue Principale* 📞 04 92 58 51 85
Paris 638 – Alès 207 – Die 45 – Gap 49 – Grenoble 75.

⚠ **Champ la Chèvre** 27 avr.-30 sept.
  📞 04 92 58 50 14, *info@campingchamplachevre.com*,
  Fax 04 92 58 55 92, *www.campingchamplachevre.com*
  – **R** conseillée
  3,6 ha (100 empl.) plat, en terrasses, peu incliné,
  incliné,herbeux
  Tarif : ✦ 3,60 € ⇐⇒ 2 € 🅴 3,10 € – [⚡] (6A) 3,10 € – frais de
  réservation 10 €
  Location (27 janv.-10 nov.) : 4 ⟦▦⟧ (4 à 6 pers.) 220 à
  420 €/sem. – 4 🏠 (4 à 6 pers.) 240 à 490 €/sem.
  ⟦▦⟧ 1 borne 3 €
  Pour s'y rendre : Au SE du bourg, près de la piscine

> Nature : 🏔 ≤ 🌳
> Loisirs : 🏠
> Services : ⅞ ⌒ GB ⟲ 🗑 ⊕ 🔲
> À prox. : 🏊 🐎

MENGLON

26410 – **332** F6 – 355 h. – alt. 550
Paris 645 – Lyon 183 – Valence 80 – Grenoble 90 – Gap 84.

L'Hirondelle ⚹⚹ – mi-avr.-mi-sept.
⌀ 04 75 21 82 08, *contact@campinghirondelle.com*,
Fax 04 75 21 82 85, *www.campinghirondelle.com* – **R** indispensable
7,5 ha/4 campables (100 empl.) non clos, plat et peu accidenté, herbeux
Tarif : ⚹ ⟷ 🅿 17,50 € – ⏘ (6A) 4,20 € – frais de réservation 18,50 €
Location (déb.avr.-fin sept.) : 16 🚐 (4 à 6 pers.) 273 à 707 €/sem. – 20 🏠 (4 à 6 pers.) 294 à 728 €/sem.
Pour s'y rendre : NO : 2,8 km par D 214 et D 140, rte de Die, près du D 539 (accès conseillé)
À savoir : Cadre et situation agréables au bord du Bez

> Nature : 🌳 ⟨ 🛶 🎋
> Loisirs : 🍴 ✕ snack, pizzeria 🎬 🎱 nocturne 🧗 🚴 ⛵ ≊ (plan d'eau) ⛷
> Services : 🛁 ⚡ GB ♻ 🛒 🛀 ⚙ ⊕ 🗄 🚿

MIRABEL-ET-BLACONS

26400 – **332** D5 – 815 h. – alt. 225
Paris 595 – Crest 7 – Die 30 – Dieulefit 33 – Grignan 48 – Valence 38.

Gervanne 1er avr.-30 sept.
⌀ 04 75 40 00 20, *info@gervanne-camping.com*,
Fax 04 75 40 03 97, *www.gervanne-camping.com* – **R** conseillée
3,7 ha (150 empl.) plat et peu incliné, herbeux
Tarif : ⚹ 5,30 € ⟷ 2,70 € 🅿 4,50 € – ⏘ (6A) 3,40 € – frais de réservation 12 €
Location (31 mars-4 nov.) ⚡ : 9 🏠 (4 à 6 pers.) 260 à 620 €/sem.
🚐 1 borne 4 € – 2 🅿
Pour s'y rendre : À Blacons, au confluent de la Drôme et de la Gervanne
À savoir : Cadre verdoyant au bord d'un plan d'eau

> Nature : 🌳 🎋 ⛰
> Loisirs : 🍴 pizzeria 🎬 🚴 🏊
> Services : 🛁 ⚡ GB ♻ 🛒 🛀 ⚙ ⊕ 📞 🗄 🛢 🚿
> À prox. : parcours de santé

La MOTTE-CHALANCON

26470 – **332** F7 – 395 h. – alt. 547
🛈 *Syndicat d'initiative, place du Bourg* ⌀ 04 75 27 24 67
Paris 643 – Aspres-sur-Buëch 49 – Die 47 – Nyons 37 – Rémuzat 10 – Serres 38.

Le Moulin 1er juin-30 sept.
⌀ 04 75 27 24 06, *campingmoulin@wanadoo.fr*,
Fax 04 75 27 24 06, *www.campingmoulin.net* – **R** conseillée
1,2 ha (48 empl.) plat, herbeux
Tarif : (Prix 2006) ⚹ 3 € ⟷ 2 € 🅿 3 € – ⏘ (20A) 4,90 €
Pour s'y rendre : Sortie S par D 61, rte de Rémuzat et à droite après le pont
À savoir : Au bord de l'Ayguebelle

> Nature : 🌳 ⟨ 🌿
> Loisirs : 🚴 🚲
> Services : 🛁 ⚡ ♻ 🛀 ⚙ ⊕ 🗄

NYONS

26110 – **332** D7 – G. Provence – 6 723 h. – alt. 271
🛈 *Office de tourisme, place de la Libération* ⌀ 04 75 26 10 35, Fax 04 75 26 01 57
Paris 653 – Alès 109 – Gap 106 – Orange 43 – Sisteron 99 – Valence 98.

L'Or Vert avr.-sept.
⌀ 04 75 26 24 85, *camping-or-vert@wanadoo.fr*,
Fax 04 75 26 17 89, *www.camping-or-vert.com* – **R** indispensable ⚡ (juil.-août)
1 ha (79 empl.) plat et en terrasses, pierreux, gravillons, herbeux, petit verger
Tarif : (Prix 2006) ⚹ ⟷ 🅿 16,80 € ⏘ (6A)
Pour s'y rendre : À Aubres, NE : 3 km par D 94, rte de Serres, bord de l'Eygues

> Nature : ⟨ 🛶 🎋
> Loisirs : snack 🎬 🚴 ≊ 🎣
> Services : ⚡ ♻ 🗄 🚿 ⊕ 🗄 réfrigérateurs

NYONS

⚠ **Les Terrasses Provençales** 1er avr.-30 sept.
  ℘ 04 75 27 92 36, *novezan@lesterrassesprovencales.com*,
  Fax 04 75 27 92 36, *www.lesterrassesprovencales.com*
  – **R** conseillée
  2,5 ha (70 empl.) terrasses, plat, gravillons, pierreux, herbeux
  Tarif : ★ ⇌ 🅴 18,70 € 🔌 (10A) – frais de réservation 8 €
  Location 🗸 (1er juill.-mi-fév.) : 3 🛏 (4 à 6 pers.) 280 à
  450 €/sem.
  Pour s'y rendre : NO : 7 km par D 538, puis D 232 à droite

  | Nature : 🌳 ⚲ |
  | Loisirs : 🛋 🏓 |
  | Services : ♿ ⛽ GB 🚗 🗄 🛁 ⊕ 🚿 🍴 |

PIERRELONGUE

✉ 26170 – **332** E8 – G. Alpes du Sud – 127 h. – alt. 285
Paris 679 – Buis-les-Baronnies 7 – Carpentras 32 – Nyons 22 – Vaison-la-Romaine 16 – Sault 39.

⚠ **Les Castors** avr.-sept.
  ℘ 04 75 28 74 67, *castorscamp@aol.com*,
  Fax 04 75 28 74 67, *www.campinglescastors.com* – **R** indis-
  pensable
  1,3 ha (50 empl.) plat et terrasses, pierreux, herbeux
  Tarif : ★ ⇌ 🅴 13,75 € – 🔌 3,40 €
  Location : 6 🛏 (4 à 6 pers.) 300 à 485 €/sem.
  Pour s'y rendre : SO : 0,6 km par D 5, rte de Mollans
  À savoir : Au pied des montagnes et au bord de l'Ouvèze

  | Nature : < ⚲ |
  | Loisirs : 🍹 snack 🏓 🎣 |
  | Services : ⛽ 🚗 🗄 🚿 ⊕ 🛒 🍴 |

POËT-CÉLARD

✉ 26460 – **332** D6 – 145 h. – alt. 590
Paris 618 – Lyon 156 – Valence 53 – Avignon 114 – Gap 118.

⚠⚠ **Le Couspeau** mi-mai-mi-sept.
  ℘ 04 75 53 30 14, *info@couspeau.com*, Fax 04 75 53 37 23,
  www.couspeau.com – alt. 600 – **R** conseillée
  6 ha (133 empl.) plat, en terrasses et peu incliné, herbeux
  Tarif : ★ ⇌ 🅴 26 € 🔌 (6A) – frais de réservation 16 €
  Location : 20 🛏 (4 à 6 pers.) 230 à 589 €/sem. – 20 🏠
  (4 à 6 pers.) 280 à 589 €/sem.
  Pour s'y rendre : SE : 1,3 km par D 328A

  | Nature : 🌳 < ⛺ ⚲ |
  | Loisirs : 🍹 ✗ snack 🌙 nocturne 🏇 🚲 🎯 🏓 🗡 (petite piscine) 🏓 |
  | Services : ♿ ⛽ GB 🚗 Ⓜ 🏧 🗄 🛁 ⊕ 🍴 📞 🖊 🛒 🚿 🍴 |

Le POËT-LAVAL

✉ 26160 – **332** D6 – G. Lyon Drôme Ardèche – 809 h. – alt. 311
Paris 619 – Crest 35 – Montélimar 25 – Nyons 35 – Orange 78 – Pont-St-Esprit 65 – Valence 61.

⚠ **Municipal Lorette** déb.mai-fin oct.
  ℘ 04 75 91 00 62, *camping.lorette@wanadoo.fr*,
  Fax 04 75 46 46 45 – **R** conseillée
  2 ha (60 empl.) peu incliné à incliné, herbeux
  Tarif : ★ ⇌ 🅴 6,10 € – 🔌 (6A) 1,85 €
  🛻 1 borne – 5 🅴
  Pour s'y rendre : E : 1 km par D 540, rte de Dieulefit
  À savoir : Au bord du Jabron

  | Nature : < ⚲ |
  | Loisirs : 🏓 🎣 |
  | Services : ♿ ⛽ GB 🚗 ⊕ 🚿 🗄 |
  | À prox. : ✗ |

POMMEROL

✉ 26470 – **332** F7 – 21 h. – alt. 916
Paris 656 – Carpentras 90 – Nyons 50 – Orange 92 – Sault 82 – Sisteron 69 – Valence 99.

⚠ **Aire Naturelle de Pommerol** 1er avr.-31 janv.
  ℘ 04 75 27 25 63, *pommerol.camping@wanadoo.fr*,
  Fax 04 75 27 25 63 – pour les caravanes, itinéraire conseillé par
  la Charce, D 338 et D 438 rte de Pommerol – **R** conseillée
  1 ha (25 empl.) en terrasses, peu incliné à incliné, plat,
  pierreux, herbeux
  Tarif : ★ 3 € ⇌ 2 € 🅴 2 € – 🔌 (6A) 2 €
  Pour s'y rendre : E : 1 km par D 438 et chemin à gauche
  À savoir : Au pied d'un beau village provençal accroché à la
  montagne

  | Nature : 🌳 < |
  | Loisirs : 🛋 |
  | Services : ⛽ 🚗 🗄 🚿 ⊕ 🗄 |

RECOUBEAU-JANSAC

✉ 26310 – **332** F6 – 207 h. – alt. 500
Paris 637 – La Chapelle-en-Vercors 55 – Crest 51 – Die 14 – Rémuzat 43 – Valence 80.

⛰ **Le Couriou** 1ᵉʳ mai-1ᵉʳ août
℘ 04 75 21 33 23, *camping.lecouriou@wanadoo.fr*,
Fax 04 75 21 38 42, *www.campinglecouriou.com*
– **R** conseillée
7 ha/4,5 campables (138 empl.) non clos, en terrasses, peu
incliné, herbeux, pierreux, gravier, bois
Tarif : ♦ ⇔ 🔲 14,70 € – 🄖 (6A) 3,95 €
Location (15 avr.-30 sept.) : 11 🛏 (4 à 6 pers.) 195 à
611 €/sem. – 15 🏠 (4 à 6 pers.) 195 à 611 €/sem.
Pour s'y rendre : NO : 0,7 km par D 93, rte de Die
À savoir : Espace aquatique et joli petit village de
chalets

Nature : ≤ ⊏⊐ ♀
Loisirs : ♟ snack 🎱 🛝 🏊
Services : 🚻 ⚡ ❷ ☒ 🗄 ♨ 🐾 🅿
🖼 🚮

*Raadpleeg, voordat U zich op een kampeerterrein installeert,
de tarieven die de beheerder verplicht
is bij de ingang van het terrein aan te geven.
Informeer ook naar de speciale verblijfsvoorwaarden.
De in deze gids vermelde gegevens kunnen
sinds het verschijnen van deze hereditie gewijzigd zijn.*

ROMANS-SUR-ISÈRE

✉ 26100 – **332** D3 – G. Lyon Drôme Ardèche – 32 667 h. – alt. 162
🅸 Office de tourisme, place Jean Jaurès ℘ 04 75 02 28 72
Paris 558 – Die 78 – Grenoble 81 – St-Étienne 121 – Valence 20 – Vienne 73.

⛰ **Les Chasses** avr.-15 oct.
℘ 04 75 72 35 27 – **R** conseillée
1 ha (40 empl.) plat, herbeux
Tarif : ♦ 2,10 € ⇔ 1,20 € 🔲 2,40 € – 🄖 3,80 €
Pour s'y rendre : NE : 3,5 km par N 92 rte de St-Marcellin
puis 0,9 km par rte à gauche, près de l'aérodrome

Nature : ⊏⊐ ♀
Services : 🚻 ⚡ ❷ 🅿 🖼
À prox. : ♟ ✕ ✂ 🖼

799

SAHUNE

✉ 26510 – **332** E7 – 292 h. – alt. 330
🅸 Syndicat d'initiative, Mairie ℘ 04 75 27 45 35, Fax 04 75 27 45 35
Paris 647 – Buis-les-Baronnies 27 – La Motte-Chalancon 22 – Nyons 16 – Rosans 25 – Vaison-la-Romaine 31.

⛰ **Vallée Bleue** avr.-sept.
℘ 04 75 27 44 42, *info@lavaleebleue.com*,
Fax 04 75 27 44 42, *www.lavaleebleue.com* – **R** conseillée
3 ha (45 empl.) plat, pierreux, herbeux
Tarif : (Prix 2006) ♦ ⇔ 🔲 19 € 🄖 (6A)
Pour s'y rendre : Sortie SO par D 94, rte de Nyons, bord de
l'Eygues

Nature : ≤ ♀
Loisirs : snack 🛝 🎯 🏊
Services : 🚻 ⚡ ❷ 🐾 🅿 🚮 🖼

ST-AVIT

✉ 26330 – **332** C2 – 242 h. – alt. 348
Paris 536 – Annonay 33 – Lyon 81 – Romans-sur-Isère 22 – Tournon-sur-Rhône 26.

⛰ **Domaine la Garenne** 21 avr.-16 sept.
℘ 04 75 68 62 26, *garenne.drome@wanadoo.fr*,
Fax 04 75 68 60 02, *www.domaine-la-garenne.com*
– **R** conseillée
14 ha/6 campables (100 empl.) incliné à peu incliné, plat et
en terrasses, herbeux
Tarif : ♦ ⇔ 🔲 19 € 🄖 (6A)
Location (permanent) ✂ : 10 🛏 (4 à 6 pers.) 280 à
520 €/sem. – 7 🏠 (4 à 6 pers.) 280 à 560 €/sem.
Pour s'y rendre : NO : par D 207 et D 53

Nature : 🌳 ≤ ♀♀
Loisirs : 🎱 🎯 🏊
Services : 🚻 ⚡ ❷ 🐾 🅿 📞 🖼
À prox. : 🎣

ST-DONAT-SUR-L'HERBASSE

✉ 26260 – **332** C3 – G. Lyon Drôme Ardèche – 3 132 h. – alt. 202

🛈 *Office de tourisme, 32, avenue Georges Bert* 🕾 *04 75 45 15 32, Fax 04 75 45 20 42*

Paris 545 – Grenoble 92 – Hauterives 20 – Romans-sur-Isère 13 – Tournon-sur-Rhône 18 – Valence 27.

⚠ **Les Ulèzes** 15 avr.-sept.

🕾 *04 75 45 10 91, camping.ulezes@wanadoo.fr,*
Fax 04 75 45 22 21, *www.domaine-des-ulezes.com*
– **R** conseillée
2,5 ha/0,7 campable (40 empl.) plat, herbeux, petit étang
Tarif : (Prix 2006) 👤 ⇌ 🅴 21,50 € [2] (10A)
Pour s'y rendre : Sortie SE par D 53, rte de Romans et
chemin à droite, près de l'Herbasse

Nature : ⌂ ♀
Loisirs : 🍽 🏠 🚣 ⛵ 🏊
Services : 🚿 🔌 🗄 ⊕ 🚐 ⚰ 🗑

⚠ **Domaine du Lac Champos** 1er mai-10 sept.

🕾 *04 75 45 17 81, contact@lacdechampos.com,*
Fax 04 75 45 03 63, *www.lacdechampos.com* – **R** conseillée
43 ha/6 campables (60 empl.) plat, en terrasses, herbeux
Tarif : 👤 ⇌ 🅴 14,30 € [2] (10A)
Location (1er mars-30 oct.) : 21 🏚 (4 à 6 pers.) 220 à
490 €/sem.
🚐 6 🅴
Pour s'y rendre : NE : 2 km par D 67
À savoir : Cadre agréable au bord du lac de Champos

Nature : ♀
Loisirs : 🍽 snack 🏠 🚣 ⛵ 🏊 🏊
⚓
Services : 🚿 🔌 ⊖📞 🚗 🛁 ⚰ ⊕ 🗑
À prox. : 🍴

ST-FERRÉOL-TRENTE-PAS

✉ 26110 – **332** E7 – 212 h. – alt. 417

Paris 634 – Buis-les-Baronnies 30 – La Motte-Chalancon 34 – Nyons 14 – Rémuzat 25 – Vaison-la-Romaine 29.

⚠ **Le Pilat** 1er avr.-30 sept.

🕾 *04 75 27 72 09, info@campinglepilat.com,*
Fax 04 75 27 72 34, *www.campinglepilat.com* – **R** conseillée
1 ha (70 empl.) plat, pierreux, herbeux
Tarif : 👤 ⇌ 🅴 13 € – [2] (6A) 3,20 €
Location (1er avr.-4 nov.) 🏖 : 2 🏕 (2 à 4 pers.) 247 à
352 €/sem. – 10 🏚 (4 à 6 pers.) 322 à 575 €/sem.
Pour s'y rendre : N : 1 km par D 70, rte de Bourdeaux,
bord d'un ruisseau
À savoir : Au milieu de la lavande

Nature : 🌳 ⪡ ⌂ ♀
Loisirs : snack 🏠 🚣 🏊 ⛵ 🏊
⚓
Services : 🚿 🔌 🚗 🗄 🛁 ⚰ ⊕ 🗑
⚓

ST-JEAN-EN-ROYANS

✉ 26190 – **332** E3 – G. Alpes du Nord – 2 895 h. – alt. 250

🛈 *Office de tourisme, 13, place de l'Église* 🕾 *04 75 48 61 39, Fax 04 75 47 54 44*

Paris 584 – Die 62 – Romans-sur-Isère 28 – Grenoble 71 – St-Marcellin 20 – Valence 44 – Villard-de-Lans 34.

⚠ **Municipal** 14 avr.-sept.

🕾 *04 75 47 74 60, Fax 04 75 48 66 40* – **R**
4 ha (135 empl.) plat, herbeux
Tarif : (Prix 2006) 👤 3 ⇌ 🅴 2,20 € – [2] (10A) 2 €
Location (permanent) : 🏚 (4 à 6 pers.) 190 à
400 €/sem.
🚐 1 borne
Pour s'y rendre : Sortie SO par D 70, rte d'Oriol-en-Royans,
bord de la Lyonne

Nature : 🌳 ⌂ ♀♀
Loisirs : 🚣
Services : ⊖ 🚗 🗄 ⊕ 🗑
À prox. : 🏊 🏊

ST-MARTIN-EN-VERCORS

✉ 26420 – **332** F3 – G. Alpes du Nord – 295 h. – alt. 780

Paris 601 – La Chapelle-en-Vercors 9 – Grenoble 51 – Romans-sur-Isère 46 – St-Marcellin 34 – Villard-de-Lans 20.

⚠ **La Porte St-Martin** fin avr.-fin sept.

🕾 *04 75 45 51 10, infos@camping-laportestmartin.com,*
www.camping-laportestmartin.com – **R** conseillée
1,5 ha (66 empl.) plat et en terrasses, incliné, herbeux,
gravier, pierreux
Tarif : 👤 ⇌ 🅴 13,70 € – [2] (10A) 2,80 €
Location (permanent) 🏖 : 4 bungalows toilés
Pour s'y rendre : Sortie N par D 103

Nature : ⪡
Loisirs : 🏠 🚲 🏊 (petite piscine)
Services : 🚿 🔌 🚗 ⊕ ⚱ 🗑

ST-NAZAIRE-EN-ROYANS

✉ 26190 – **332** E3 – G. Alpes du Nord – 498 h. – alt. 172
Paris 576 – Grenoble 69 – Pont-en-Royans 9 – Romans-sur-Isère 19 – St-Marcellin 15 – Valence 35.

⚠ **Municipal** 1er mai-30 sept.
    𝒫 04 75 48 41 18, mairie-stnazaire@wanadoo.fr,
Fax 04 75 48 44 32
1,5 ha (75 empl.) plat et peu incliné, herbeux
Tarif : 🏕 ⟵ 🅿 8,10 € – ⓖ (6A) 3,50 €
Pour s'y rendre : SE : 0,7 km rte de St-Jean-en-Royans
À savoir : Au bord de la Bourne (plan d'eau)

Nature : 🏞 ♀	
Loisirs : 🎣	
Services : 🚿 ⚷ 🚗 ⊕ 🗑	

ST-NAZAIRE-LE-DÉSERT

✉ 26340 – **332** E6 – 183 h. – alt. 552
🅱 *Office de tourisme, rue de la Poste 𝒫 04 75 27 53 10*
Paris 627 – Die 37 – Nyons 41 – Valence 70.

⚠ **Le Lavandin** Pâques-1er oct.
    𝒫 04 75 26 42 99, info@camping-stnazaire.com,
www.camping-stnazaire.com – **R** conseillée
0,85 ha (43 empl.) en terrasses et peu incliné, pierreux,
herbeux
Tarif : 🏕 ⟵ 🅿 10 € – ⓖ 2,50 €
Pour s'y rendre : SE : 1 km par D 135 rte de Volvent et à
gauche

Nature : 🌿 ⪡ ♀	
Loisirs : snack 🏠 🏓 🛝	
Services : 🚿 ⚷ 🚗 📶 🗑 🛁 ⊕ 🗑	

ST-VALLIER

✉ 26240 – **332** B2 – G. Lyon Drôme Ardèche – 4 154 h. – alt. 135
🅱 *Office de tourisme, avenue Désiré Valette 𝒫 04 75 23 45 33, Fax 04 75 23 44 19*
Paris 526 – Annonay 21 – St-Étienne 61 – Tournon-sur-Rhône 16 – Valence 35 – Vienne 41.

⚠ **Municipal les Îsles de Silon** 15 mars-15 nov.
    𝒫 04 75 23 22 17, armelle.anthoard@saintvallier.com – **R**
1,35 ha (92 empl.) plat, herbeux, pierreux
Tarif : (Prix 2006) 🏕 ⟵ 🅿 9,30 €
Pour s'y rendre : N par av. de Québec (N7) et chemin à
gauche, près du Rhône

Nature : ⪡ 🏞 ♀	
Services : ⚷ 📶 🗑 ⊕ 🗑	
À prox. : ✂ 🛝	

Site du Plan du Lac

TAIN-L'HERMITAGE

✉ 26600 – **332** C3 – 5 503 h. – alt. 124

🛈 *Office de tourisme, place du 8 mai 1945 ℘ 04 75 08 06 81, Fax 04 75 08 34 59*
Paris 545 – Grenoble 97 – Le Puy-en-Velay 105 – St-Étienne 76 – Valence 18 – Vienne 59.

⚹ **Municipal les Lucs** 15 mars-15 oct.
℘ 04 75 08 32 82, *camping.tainlhermitage@wanadoo.fr,*
Fax 04 75 08 32 06, *http://perso.wanadoo.fr/leslucs*
2 ha (98 empl.) plat, herbeux, pierreux
Tarif : (Prix 2006) ⋆ ⟚ 🗉 16,40 € 🔌 (20A)
🚐, 1 borne – 10 🗉
Pour s'y rendre : Sortie SE par N 7, rte de Valence, près du
Rhône

Nature : ⌑ ♀
Loisirs : ⌂⁺ ⟋
Services : 🛇 ⊶ GB ⊘ ⫛ 🗄 ⩘ ☺ ℘ 🗐
À prox. : ⦈ snack ⁒ 🗲

TULETTE

✉ 26790 – **332** C8 – 1 714 h. – alt. 147

🛈 *Syndicat d'initiative, place des Tisserands ℘ 04 75 98 34 53, Fax 04 75 98 36 16*
Paris 648 – Avignon 53 – Bollène 15 – Nyons 20 – Orange 23 – Vaison-la-Romaine 16.

⚹ **Les Rives de l'Aygues** 6 avr.-30 sept.
℘ 04 75 98 37 50, *camping.aygues@wanadoo.fr,*
Fax 04 75 98 36 70, *www.lesrivesdelaygues.com*
– **R** conseillée
3,6 ha (100 empl.) plat, pierreux, herbeux
Tarif : ⋆ ⟚ 🗉 16,50 € – 🔌 (6A) 3,85 € – frais de réser-
vation 10 €
Location 🏚 : 6 ⌂ (4 à 6 pers.) 270 à 620 €/sem.
Pour s'y rendre : S : 3 km par D 193, rte de Cairanne et
chemin à gauche
À savoir : Cadre sauvage au milieu des vignes

Nature : 🞖 ⌑ ♀♀
Loisirs : ⛊ pizzeria 🗲
Services : 🛇 ⊶ GB ⊘ 🗄 ☺ ⩘ 🗐 ⚟

Benutzen Sie
– zur Wahl der Fahrtroute
– zur Berechnung der Entfernungen
– zur exakten Lokalisierung eines Campingplatzes (mit Hilfe der Angaben im Ortstext)
die für diesen Führer unentbehrlichen **MICHELIN-Karten** *im Ma1 : 150 000.*

VASSIEUX-EN-VERCORS

✉ 26420 – **332** F4 – 290 h. – alt. 1 040

🛈 *Office de tourisme, avenue du Mémorial ℘ 04 75 48 27 40*
Paris 614 – Die 31 – Grenoble 70 – Romans-sur-Isère 57 – Valence 73.

⚹ **Aire Naturelle les Pins** 15 juin-15 sept.
℘ 04 75 48 28 82 – **R**
2,5 ha (25 empl.) plat, peu incliné, herbeux
Tarif : ⋆ ⟚ 🗉 10 € – 🔌 3 €
Pour s'y rendre : SE : 2 km par D 615, rte du Col de
Vassieux et rte à gauche

Nature : 🞖 ≤ ♀♀(pinède)
Loisirs : ⛊
Services : ⚟ ☺

VERCHENY

✉ 26340 – **332** E5 – 387 h. – alt. 400
Paris 611 – Crest 25 – Die 18 – Dieulefit 49 – Valence 54.

⚹ **Les Acacias** 28 mars-30 sept.
℘ 04 75 21 72 51, *infos@campinglesacacias.com,*
Fax 04 75 21 73 98, *www.campinglesacacias.com* – **R** indis-
pensable ⚘
3 ha (100 empl.) plat, en terrasses, pierreux, herbeux
Tarif : ⋆ ⟚ 🗉 14,50 € – 🔌 (10A) 3,10 € – frais de réser-
vation 15 €
Location : ⌂⊐
Pour s'y rendre : SO : 2 km sur D 93, rte de Crest
À savoir : Cadre et situation agréables au bord de la Drôme

Nature : ♀♀
Loisirs : ⛱ ⌂⁺ ⩉ ⟋
Services : ⊶ GB ⊘ 🗄 ⫛ ⚟ ☺ ℘ 🗐 ⚟

VINSOBRES

✉ 26110 – **332** D7 – 1 089 h. – alt. 247

🛈 *Syndicat d'initiative, place de la Mairie* 𝒞 04 75 27 36 63, Fax 04 75 27 69 20

Paris 662 – Bollène 29 – Grignan 24 – Nyons 9 – Vaison-la-Romaine 15 – Valence 107.

▲▲▲ **Sagittaire** ♣♦ – Permanent
𝒞 04 75 27 00 00, *camping.sagittaire@wanadoo.fr,*
Fax 04 75 27 00 39, *www.le-sagittaire.com* – **R** indispensable
14 ha/8 campables (270 empl.) plat, herbeux, gravillons
Tarif : ♦ ⇌ 🅴 31 € – ⚡ (6A) 4,80 € – frais de réservation 20 €
Location : 80 🏠 (4 à 6 pers.) 294 à 805 €/sem.
🚐 1 borne
Pour s'y rendre : Au Pont-de-Mirabel, angle des D 94 et D 4, près de l'Eygues (accès direct)

> Nature : ← ⌂ ♤♤
> Loisirs : ♈ ✗ snack 🎱 🏕 🎣
> ⛴ ✗ 🏓 🔲 ♒ ☀ (plan d'eau) 🏊
> Services : ♿ ⚡ GB 🅰 🗑 🗄 ⊘ ⊕
> 🚿 ♒ 🖼 🚾 🔧

▲ **Municipal Chez Antoinette** 31 mars-1ᵉʳ nov.
𝒞 04 75 27 61 65, *camping-municipal@club-internet.fr,*
Fax 04 75 27 61 65 – **R** conseillée
1,9 ha (70 empl.) plat, pierreux, herbeux
Tarif : ♦ 2,50 € ⇌ 1,60 € 🅴 1,60 € – ⚡ (8A) 2,70 €
Pour s'y rendre : Au S du bourg par D 190, au stade

> Nature : ← ♤♤
> Loisirs : 🏕
> Services : ♿ ⚡ GB 🅰 🖼

Isère (38)

Les ABRETS

803

✉ 38490 – **333** G4 – 2 705 h. – alt. 398

🛈 *Syndicat d'initiative, place Eloi Cuchet* 𝒞 04 76 32 11 24

Paris 514 – Aix-les-Bains 45 – Belley 31 – Chambéry 38 – Grenoble 49 – La Tour-du-Pin 13 – Voiron 22.

▲▲▲ **Le Coin Tranquille** ♣♦ – 1ᵉʳ avr.-1ᵉʳ nov.
𝒞 04 76 32 13 48, *contact@coin-tranquille.com,*
Fax 04 76 37 40 67, *www.coin-tranquille.com* – **R** conseillée
4 ha (180 empl.) plat, peu incliné, herbeux
Tarif : ♦ ⇌ 🅴 27 € – ⚡ (6A) 3 € – frais de réservation 16 €
Location 🅿 : 14 🏠 (4 à 6 pers.) 350 à 719,50 €/sem.
Pour s'y rendre : 2,3 km à l'E par N 6, rte du Pont-de-Beauvoisin et rte à gauche

> Nature : 🌿 ⌂ ♤♤
> Loisirs : ♈ ✗ 🎱 🕴 diurne 🏕 🎣
> 🚴 ⛳
> Services : ♿ ⚡ GB 🅰 🗄 🗑 🗄 ⊘ ⊕
> 🖼 sèche-linge 🚾 🔧

ALLEVARD

✉ 38580 – **333** J5 – G. Alpes du Nord – 3 081 h. – alt. 470 – ♨ (mi-avr.-fin oct.)

🛈 *Office de tourisme, place de la Résistance* 𝒞 04 76 45 10 11, Fax 04 76 97 59 32

Paris 593 – Albertville 50 – Chambéry 33 – Grenoble 40 – St-Jean-de-Maurienne 68.

▲▲ **Clair Matin** 1ᵉʳ mai-15 oct.
𝒞 04 76 97 55 19, *jdavallet1@aol.com,* Fax 04 76 45 87 15,
www.achatgrenoble.com/campingclairmatin – **R** conseillée
5,5 ha (200 empl.) plat, peu incliné et en terrasses, herbeux
Tarif : (Prix 2006) ♦ ⇌ 🅴 14,25 € – ⚡ (6A) 3,15 € – frais de réservation 7,62 €
Location : 20 🏠 (4 à 6 pers.) 231 à 630 €/sem.
Pour s'y rendre : Sortie Sud-Ouest par D 525, rte de Grenoble à droite

> Nature : 🌿 ← ♤♤
> Loisirs : 🎱 🔲
> Services : ♿ ⚡ GB 🅰 🗄 🏊 ⊕ ☀
> 🚾 🖼 sèche-linge
> À prox. : 🍴

AUBERIVES-SUR-VARÈZE

✉ 38550 – **333** B5 – 1 159 h. – alt. 195
Paris 500 – Annonay 32 – Grenoble 103 – Lyon 44 – St-Étienne 63 – Valence 61.

Les Nations Permanent
ℰ 04 74 84 97 17, *jacquet.g@wanadoo.fr*,
Fax 04 74 84 95 13 – **R** conseillée
1 ha (60 empl.) plat, herbeux
Tarif : ✦ ⇔ 🅴 17 € 🔌 (10A)
☕ 1 borne
Pour s'y rendre : S : 1 km sur N 7

> Nature : 🌢🌢
> Loisirs : ⛱ 🏠 ⊒
> Services : 🔧 ⊶ GB 🖥 ⅏ 🗟 ⊕ 🕿
> À prox. : ✗

AUTRANS

✉ 38880 – **333** G6 – 1 541 h. – alt. 1 050 – Sports d'hiver : 1 050/1 650 m ⛷13 ⚡
🛈 *Office de tourisme, rue du Cinéma* ℰ 04 76 95 30 70, Fax 04 76 95 38 63
Paris 586 – Grenoble 36 – Romans-sur-Isère 58 – St-Marcellin 47 – Villard-de-Lans 16.

Au Joyeux Réveil ♣♣ – 1er mai-30 sept.
ℰ 04 76 95 33 44, *camping-au-joyeux-reveil@wanadoo.fr*,
Fax 04 76 95 72 98, *www.camping-au-joyeux-reveil.fr*
– **R** conseillée
1,5 ha (100 empl.) plat, herbeux
Tarif : ✦ ⇔ 🅴 26 € 🔌 (6A) – frais de réservation 10 €
Location : 10 ☖ (4 à 6 pers.) 300 à 670 €/sem. – 4 ☖
(4 à 6 pers.) 300 à 690 €/sem.
☕ 1 borne – 14 🅴
Pour s'y rendre : Sortie Nord-Est par rte de Montaud et à
droite

> Nature : ❋ ≼
> Loisirs : 🏠 🏓 🏊 ⊒
> Services : 🔧 ⊶ GB 🖥 Ⓜ ⅏ 🗟 ♨
> ⊕ 🕿 🖭

Le Vercors saison
ℰ 04 76 95 31 88, *contact@camping-du-vercors.fr*,
Fax 04 76 95 36 82, *www.camping-du-vercors.fr*
– **R** conseillée
1 ha (90 empl.) non clos, en terrasses, herbeux, pierreux
Tarif : ✦ ⇔ 🅴 20 € – 🔌 (10A) 4,80 € – frais de réser-
vation 8 €
Location (17 mai-23 sept.) : 8 ☖ (4 à 6 pers.) 255 à
515 €/sem.
Pour s'y rendre : S : 0,6 km par D 106c rte de Méaudre

> Nature : ❋ ≼
> Loisirs : 🏠 🏊 ⊒
> Services : 🔧 ⊶ GB 🖥 ⅏ 🗟 ♨ ⊕
> 🕿 🖭
> À prox. : ✗ 🎿

Les AVENIÈRES

✉ 38630 – **333** G4 – 4 308 h. – alt. 245
🛈 *Office de tourisme, 23, rue de Ciers* ℰ 04 74 33 66 22, Fax 04 74 33 66 22
Paris 506 – Les Abrets 14 – Aix-les-Bains 48 – Belley 24 – Chambéry 42 – La Tour-du-Pin 18.

Les Épinettes Permanent
ℰ 04 74 33 92 92, *infos@camping.les.avenieres.com*,
Fax 04 74 33 92 92, *www.camping.les.avenieres.com* –
places limitées pour le passage – **R** indispensable
2,7 ha (84 empl.) plat et peu incliné, herbeux, gravier
Tarif : (Prix 2006) ✦ ⇔ 🅴 13,20 €
☕ 1 borne 3,40 €
Pour s'y rendre : À 0,8 km du centre bourg par D 40 rte de
St-Genix-sur-Guiers puis à gauche

> Nature : 🔲 🌢🌢
> Loisirs : 🏠 🚲 GB 🖥 ⅏ 🗟 ♨ ⊕
> Services : 🔧 ⊶ GB 🖥 ⅏ 🗟 ♨ ⊕
> 🏊 🚽 🖭 💧
> À prox. : ✗ 🏓 ⊒

BILIEU

✉ 38850 – **333** G5 – 922 h. – alt. 580
Paris 526 – Belley 44 – Chambéry 47 – Grenoble 38 – La Tour-du-Pin 24 – Voiron 11.

Municipal Bord du Lac 15 avr.-30 sept.
ℰ 04 76 06 67 00, *mairie.bilieu@paysvoironnais.com*,
Fax 04 76 06 67 15 – places limitées pour le passage
– **R** conseillée
1,3 ha (81 empl.) plat, herbeux, gravillons, en terrasses
Tarif : (Prix 2006) ✦ ⇔ 🅴 5,50 € – 🔌 (10A) 3,95 €
Pour s'y rendre : O : 1,9 km, accès conseillé par D 50ᴰ et
D 90
À savoir : Empl. en terrasses, au bord du lac de Paladru

> Nature : 🏞 ≼ 🌢🌢(boulaie) ⛰
> Loisirs : 🛶 ponton d'amarrage
> Services : 🔧 ⊶ 🖥 ⅏ 🗟 ⊕ 🖭

Le BOURG-D'ARUD

✉ 38520 – **333** J8 – G. Alpes du Nord – Base de loisirs
Paris 628 – L'Alpe-d'Huez 25 – Le Bourg-d'Oisans 15 – Les Deux-Alpes 29 – Grenoble 66.

Le Champ du Moulin 1ᵉʳ janv.-15 sept.
℘ 04 76 80 07 38, *christian.avallet@wanadoo.fr*,
Fax 04 76 80 24 44, *www.champ-du-moulin.com* – **R** conseillée
1,5 ha (80 empl.) non clos, plat, herbeux, pierreux
Tarif : ⁂ ⇦ 🅴 18,50 € – ⚡ (10A) 5 € – frais de réservation 15 €
Location : 4 ⸬ (4 à 6 pers.) 203 à 511 €/sem. – 10 ⌂ (4 à 6 pers.) 203 à 504 €/sem. – 4 appartements
🚐 1 borne
Pour s'y rendre : Sortie Ouest par D 530
À savoir : Entouré par les montagnes de l'Oisans, bord du Vénéon

> Nature : ❄ ⌂ ♀
> Loisirs : 🍴 snack, le soir uniquement ⛺ ⬑
> Services : 🛁 ⚡ GB ♻ ▦ 🗐 🛋 @ 📺 ⬛
> À prox. : à la base de loisirs : 🏇 ⛷ 🎿 ⛹ sports en eaux vives, parc aventure

Le BOURG-D'OISANS

✉ 38520 – **333** J7 – G. Alpes du Nord – 2 984 h. – alt. 720 – Sports d'hiver : ⛷
🅱 Office de tourisme, quai Girard ℘ 04 76 80 03 25, Fax 04 76 80 10 38
Paris 614 – Briançon 66 – Gap 95 – Grenoble 52 – St-Jean-de-Maurienne 72 – Vizille 32.

À la Rencontre du Soleil 5 mai-16 sept.
℘ 04 76 79 12 22, *rencontre.soleil@wanadoo.fr*,
Fax 04 76 80 26 37, *www.alarencontredusoleil.com* – **R** conseillée
1,6 ha (73 empl.) plat, herbeux
Tarif : ⁂ ⇦ 🅴 24,80 € – ⚡ (10A) 4,30 € – frais de réservation 15,25 €
Location (permanent) 🅿 : 6 ⸬ (4 à 6 pers.) 260 à 620 €/sem. – 10 ⌂ (4 à 6 pers.) 320 à 670 €/sem.
Pour s'y rendre : 1,7 km au NE, rte de l'Alpe-d'Huez

> Nature : ← ⌂ ♀♀
> Loisirs : pizzeria, snack ⛺ 🏓 🎿 terrain omnisports
> Services : ⚡ GB ♻ 🗐 🛋 @ ⬛ 📺
> À prox. : 🍴

Le Colporteur ♿ – 19 mai-16 sept.
℘ 04 76 79 11 44, *info@camping-colporteur.com*,
Fax 04 76 79 11 49, *www.camping-colporteur.com* – **R** conseillée
3,3 ha (135 empl.) plat, herbeux
Tarif : ⁂ ⇦ 🅴 17 € – ⚡ (15A) 4 € – frais de réservation 13 €
Location (permanent) : 30 ⌂ (4 à 6 pers.) 406 à 640 €/sem.
Pour s'y rendre : Au Sud de la localité, accès par rue de la piscine
À savoir : Au bord d'une petite rivière

> Nature : ⌂ ← ⌂ ♀♀
> Loisirs : 🍴 snack, pizzeria, uniquement le soir ⛺ 🏓 🏇
> Services : 🛁 ⚡ (mi-juin-16 sept.) GB ♻ 🗐 🛋 @ ⬛ 📺
> À prox. : 🍴 🎿 ⛹

La Cascade 1ᵉʳ janv.-30 sept.
℘ 04 76 80 02 42, *lacascade@wanadoo.fr*,
Fax 04 76 80 22 63, *http://lacascadesarenne.com* – **R** conseillée
2,4 ha (140 empl.) plat, herbeux, pierreux
Tarif : ⁂ ⇦ 🅴 18 € – ⚡ (16A) 4,20 € – frais de réservation 17 €
Location (permanent) : 18 ⌂ (4 à 6 pers.) 305 à 332 €/sem.
Pour s'y rendre : NE : 1,5 km rte de l'Alpe-d'Huez, près de la Sarennes

> Nature : ❄ ← ⌂ ♀♀
> Loisirs : ⛺ 🎿 ⛹
> Services : ⚡ GB ♻ ▦ 🗐 🛋 @ ⬛
> À prox. : 🍴

CHANAS

✉ 38150 – **333** B6 – 1 931 h. – alt. 150
Paris 512 – Grenoble 89 – Lyon 57 – St-Étienne 75 – Valence 51.

Beauséjour 15 avr.-fév.
℘ 04 74 84 31 01, *campingvernet@club-internet.fr*,
www.campingbeausejour.fr – **R** conseillée
1 ha (50 empl.) plat, herbeux
Tarif : ⁂ 3,60 € ⇦ 2 € 🅴 2,70 € – ⚡ (6A) 3,20 €
🚐 1 borne 3 €
Pour s'y rendre : au Sud du bourg, par rte de Grenoble.
Par A 7, sortie 12 Chanas

> Nature : ⌂ ♀
> Loisirs : 🎿 ⛹ (petite piscine)
> Services : ⚡ ♻ 🗐 ⬛ @

805

CHARAVINES

✉ 38850 – **333** G5 – 1 423 h. – alt. 500
🚺 *Office de tourisme, rue des Bains* 📞 *04 76 06 60 31, Fax 04 76 06 60 50*
Paris 534 – Belley 47 – Chambéry 49 – Grenoble 40 – La Tour-du-Pin 65 – Voiron 13.

⚠ **Les Platanes** 1ᵉʳ avr.-fév.
📞 04 76 06 64 70, *campinglesplatanes@wanadoo.fr*,
Fax 04 76 06 64 70, *www.campinglesplatanes.fr* – **R** conseillée
1 ha (67 empl.) plat, herbeux
Tarif : 👤 ⬛ 🚗 🔲 11,90 € – 🔌 (10A) 4,30 € – frais de réservation 12 €
Pour s'y rendre : Sortie Nord par D 50ᴰ, rte de Bilieu, à 150 m du lac

> Nature : 🌳🌳
> Loisirs : 🎰
> Services : 🚿 ⛟ 🚐 🏕 🔲 🗑 ☺ 🔲
> À prox. : 🍖 🍺 snack 🍽 🚤 (plage) 🦢 🦆 pédalos

CHORANCHE

✉ 38680 – **333** F7 – 130 h. – alt. 280
Paris 588 – La Chapelle-en-Vercors 24 – Grenoble 52 – Romans-sur-Isère 32 – St-Marcellin 20 – Villard-de-Lans 20.

⚠ **Le Gouffre de la Croix** fin avr.-mi-sept.
📞 04 76 36 07 13, *camping.gouffre.croix@wanadoo.fr*,
Fax 04 76 36 07 13, *www.camping-choranche.com* – **R** conseillée
2,5 ha (52 empl.) plat et en terrasses, herbeux, non clos
Tarif : (Prix 2006) 👤 🚗 🔲 15 € – 🔌 (6A) 3,50 € – frais de réservation 12,50 €
🚐 1 borne 4 €
Pour s'y rendre : Au Sud-Est du bourg, rte de Chatelas, bord de la Bourne
À savoir : Cadre sauvage et boisé au fond de la vallée

> Nature : 🌿 🌳🌳
> Loisirs : 🍺 🚿 🌳🌳
> Services : 🚿 ⛟ 🚐 ♨ 🔲 ☺ 🔲

ENTRE-DEUX-GUIERS

✉ 38380 – **333** H5 – G. Alpes du Nord – 1 477 h. – alt. 380
Paris 553 – Les Abrets 24 – Chambéry 24 – Grenoble 39 – Le Pont-de-Beauvoisin 16 – St-Laurent-du-Pont 5.

⚠ **L'Arc-en-Ciel** 1ᵉʳ mars-15 oct.
📞 04 76 66 06 97, *info@camping-arc-en-ciel.com*,
Fax 04 76 66 06 97, *www.camping-arc-en-ciel.com* – places limitées pour le passage – **R** conseillée
1 ha (50 empl.) plat, herbeux
Tarif : 👤 4,60 € 🚗 2 € 🔲 2,80 € – 🔌 (4A) 4,10 € – frais de réservation 5 €
Location : 5 🏠 (4 à 6 pers.) 210 à 470 €/sem.
🚐 1 borne 5 €
Pour s'y rendre : Au bourg, par rue piétonne vers les Échelles, près du vieux pont, bord du Guiers

> Nature : 🌳🌳
> Loisirs : 🎰 🚤 🏊 🐟
> Services : 🚿 ⛟ 📶 🚐 🏕 🗑 ♨ ☺ 📞 🔲 sèche-linge
> À prox. : 🍽 🐴

FARAMANS

✉ 38260 – **333** D5 – 734 h. – alt. 375
Paris 518 – Beaurepaire 12 – Bourgoin-Jallieu 35 – Grenoble 60 – Romans-sur-Isère 50 – Vienne 32.

⚠ **Municipal des Eydoches** Permanent
📞 04 74 54 21 78, *mairie.faramans@wanadoo.fr*,
Fax 04 74 54 20 00 – places limitées pour le passage – **R** conseillée
1 ha (60 empl.) plat, herbeux
Tarif : 👤 🚗 🔲 10,10 € – 🔌 (5A) 6,30 €
🚐 1 borne 7 €
Pour s'y rendre : Sortie Est par D 37, rte de la Côte-St-André

> Nature : 🌾
> Services : 🚿 ⛟ 🚐 🏕 🗑 ☺ 🔲
> À prox. : 🍽 🦢 golf, practice de golf

Les indications d'accès à un terrain sont généralement indiquées, dans notre guide, à partir du centre de la localité.

La FERRIÈRE

✉ 38580 – **333** J6 – 214 h. – alt. 926
Paris 613 – Lyon 146 – Grenoble 52 – Chambéry 47 – Annecy 95.

    ▲▲ **Neige et Nature** 15 mai-15 oct.
        𝒫 04 76 45 19 84, *contact@neige-nature.fr, www.neige-nature.fr* – alt. 900 – **R** conseillée
        1,2 ha (45 empl.) plat, peu incliné, terrasses, herbeux
        Tarif : ★ ⇌ 🖪 9,80 € – [½] (10A) 3,80 €
        Location (permanent) : 🔝
        Pour s'y rendre : À l'Ouest du bourg, bord du Bréda
        À savoir : Cadre verdoyant et soigné

> Nature : 🐟 ⇐ 🌳 ᴑ
> Loisirs : 🛋
> Services : ♿ ⚬ᴘ ᴄⱽ 🅼 🏢 🛄 ⚄ ☺ 🖼
> 🔧
> À prox. : ≋ (bassin)

Le FRENEY-D'OISANS

✉ 38142 – **333** J7 – 221 h. – alt. 926
🛈 *Syndicat d'initiative, Le Village* 𝒫 04 76 80 05 82
Paris 626 – Bourg-d'Oisans 12 – La Grave 16 – Grenoble 64.

    ▲ **Le Traversant** mai-oct.
        𝒫 04 76 80 18 84, *letraversant38@aol.com*,
        Fax 04 76 80 18 84 – **R** conseillée
        1,5 ha (67 empl.) non clos, en terrasses, plat, gravillons, herbeux
        Tarif : (Prix 2006) ★ ⇌ 🖪 21,50 € – frais de réservation 15 €
        Location (permanent) : 3 🏠 (4 à 6 pers.) 350 à 490 €/sem.
        Pour s'y rendre : S : 0,5 km par N 91 rte de Briançon

> Nature : ⇐ 🌳
> Loisirs : 🍹 🛋 🐬
> Services : ⚬ᴘ ᴄⱽ 🛄 ☺ ⚙ 🖼

*Ce guide n'est pas un répertoire de tous les terrains de camping
mais une sélection des meilleurs campings dans chaque catégorie.*

807

GRESSE-EN-VERCORS

✉ 38650 – **333** G8 – G. Alpes du Nord – 299 h. – alt. 1 205 – Sports d'hiver : 1 300/1 700 m ⅄16 ☃
🛈 *Office de tourisme, le Faubourg* 𝒫 04 76 34 33 40, Fax 04 76 34 31 26
Paris 610 – Clelles 22 – Grenoble 48 – Monestier-de-Clermont 14 – Vizille 43.

    ▲▲ **Les 4 Saisons** 1er mai-15 mars
        𝒫 04 76 34 30 27, *pieter.aalmoes@wanadoo.fr*,
        Fax 04 76 34 39 52, *www.camping-les4saisons.com*
        – **R** conseillée
        2,2 ha (90 empl.) en terrasses, plat, pierreux, gravillons, herbeux
        Tarif : ★ ⇌ 🖪 18,50 € [½] (10A) – frais de réservation 6 €
        Location (permanent) 🐾 : 7 🚐 (4 à 6 pers.) 304 à 465 €/sem. – 3 🏠 (4 à 6 pers.) 370 à 566 €/sem.
        🚐 1 borne – 9 🖪 19 €
        Pour s'y rendre : SO : 1,3 km, au lieu-dit la Ville
        À savoir : Situation agréable au pied du massif du Vercors

> Nature : ❄ 🐟 ⇐ massif du Vercors
> Loisirs : 🛋 🏓 🏊
> Services : ♿ ⚬ᴘ ᴳᴮ ᴄⱽ 🛄 ☺ 🖼
> À prox. : 🍹 snack 🔧 ⚬ 🍴 🎿

HIÈRES-SUR-AMBY

✉ 38118 – **333** E3 – 998 h. – alt. 216
Paris 489 – Lyon 60 – Grenoble 105 – Villeurbanne 48 – Vénissieux 52.

    ▲ **Municipal le Val d'Amby** juin-sept.
        𝒫 04 74 95 10 02, *mairie.hieres.sur.amby@wanadoo.fr*,
        Fax 04 74 95 10 02, *www.mairie-hieres-sur-amby.com*
        – **R** conseillée
        0,8 ha (42 empl.) plat, herbeux
        Tarif : (Prix 2006) ★ 3,70 € ⇌ 🖪 3,80 € – [½] 2 €
        Pour s'y rendre : NO : 1 km par D 52ᴬ à gauche direction Marignieu et au stade

> Nature : 🐟 ⇐
> Loisirs : 🛋
> Services : ♿ ⚬ᴘ ᴄⱽ 🅼 🛄 ⚄

LALLEY

⊠ 38930 – **333** H9 – 184 h. – alt. 850

🛈 *Syndicat d'initiative, Mairie* 📞 *04 76 34 70 39, Fax 04 76 34 75 02*

Paris 626 – Grenoble 63 – La Mure 30 – Sisteron 80.

    ⚠ Belle Roche 7 avr.-30 janv.
📞 04 76 34 75 33, *gildapatt@campingbelleroche.com*,
Fax 04 76 34 11 25, *www.campingbelleroche.com* – alt. 860
– **R** conseillée
2,4 ha (60 empl.) plat, terrasse, pierreux, herbeux
Tarif : **♣** 🚐 🅴 14,50 € – 🔌 (10A) 3,50 €
🚐 1 borne
Pour s'y rendre : Au Sud du bourg, par rte de Mens et chemin à droite
À savoir : Situation agréable face au village

Nature : 🌿 ← 🏞
Loisirs : 🍴 snack 🏊 🎣
Services : ♿ ⚡ GB 🐕 Ⓜ 🗄 ⊕ 🔒 🚿
À prox. : ✗

MÉAUDRE

⊠ 38112 – **333** G7 – G. Alpes du Nord – 1 039 h. – alt. 1 012 – Sports d'hiver : 1 000/1 600 m ⚡10 🎿

🛈 *Office de tourisme, le Village* 📞 *04 76 95 20 68*

Paris 588 – Grenoble 38 – Pont-en-Royans 26 – Tullins 53 – Villard-de-Lans 10.

    ⚠ Les Buissonnets Permanent
📞 04 76 95 21 04, *camping-les-buissonnets@wanadoo.fr*,
Fax 04 76 95 26 14, *www.camping-les-buissonnets.com* –
places limitées pour le passage – **R** conseillée
2,8 ha (100 empl.) peu incliné, herbeux et plat
Tarif : **♣** 🚐 🅴 22 € 🔌 (10A)
Location ℗ : 14 🚐 (4 à 6 pers.) 280 à 430 €/sem.
🚐 1 borne
Pour s'y rendre : NE : 0,5 km par D 106 et rte à droite, à 200 m du Méaudret

Nature : ❄ 🌿 ← ♨
Loisirs : 🏊 🎣
Services : ♿ ⚡ GB 🐕 🖎 🗄 ⊕ ⊕ 🔒
À prox. : ✗ 🎣

    ⚠ Les Eymes fermé vacances de printemps et de Toussaint
📞 04 76 95 24 85, *camping.les.eymes@free.fr*,
Fax 04 76 95 20 35, *www.camping-les-eymes.com*
– **R** conseillée
1,3 ha (40 empl.) en terrasses et peu incliné, herbeux, pierreux, bois attenant
Tarif : (Prix 2006) **♣** 🚐 🅴 16 €
Location : 6 🚐 (4 à 6 pers.) 275 à 430 €/sem. – 3 🏠 (4 à 6 pers.) 330 à 525 €/sem.
Pour s'y rendre : N : 3,8 km par D 106ᶜ, rte d'Autrans et rte à gauche

Nature : 🌿 ←
Loisirs : snack 🎣
Services : ♿ ⚡ GB 🐕 🖎 🗄 ⊕ 🔒 🛒 🖎 🔒 🚿

MEYRIEU-LES-ÉTANGS

⊠ 38440 – **333** E4 – 725 h. – alt. 430 – Base de loisirs

Paris 515 – Beaurepaire 31 – Bourgoin-Jallieu 14 – Grenoble 78 – Lyon 54 – Vienne 27.

    ⚠ Base de Loisirs du Moulin 15 avr.-30 sept.
📞 04 74 59 30 34, *contact@camping-meyrieu.com*,
Fax 04 74 58 36 12, *www.camping-meyrieu.com*
– **R** conseillée
1 ha (75 empl.) plat, peu incliné, en terrasses, herbeux
Tarif : (Prix 2006) **♣** 🚐 🅴 10,50 € – 🔌 (10A) 4,50 € – frais de réservation 3 €
Location 🎿 ℗ : 7 🏠 (4 à 6 pers.) 211 à 495 €/sem.
Pour s'y rendre : SE : 0,8 km par D 56ᴮ, rte de Châtonnoy et rte de Ste-Anne à gauche, à la base de loisirs, près d'un plan d'eau
À savoir : Les emplacements en terrasses dominent le lac

Nature : 🌿 🏞 ♨♨
Loisirs : 🏊 🎪 🎣
Services : ♿ ⚡ GB 🐕 🗄 ⊕ 🔒 🛒 🔒
À prox. : 🍴 snack 🔒 🏊 🔒 🛶 pédalos, canoë, kayak

    🔒 ✗ *ATTENTION...*

    🔒   *ces éléments ne fonctionnent généralement qu'en saison,*

    🎣 🐎 *quelles que soient les dates d'ouverture du terrain.*

MONESTIER-DE-CLERMONT

✉ 38650 – **333** G8 – G. Alpes du Nord – 921 h. – alt. 825 – Base de loisirs
🛈 *Office de tourisme, 103 bis, Grand Rue* ℘ *04 76 34 15 99*
Paris 598 – Grenoble 36 – La Mure 29 – Serres 72 – Sisteron 107.

⚠ **Municipal les Portes du Trièves** 1ᵉʳ mai-30 sept.
℘ 04 76 34 01 24, *camping.lesportesdutrieves@wana*
doo.fr, Fax 04 76 34 19 75, *http://monsite.wanadoo.fr/*
camping.monestier – **R** conseillée
1 ha (47 empl.) plat et en terrasses, gravillons, herbeux
Tarif : ♣ ⟲ 🅴 7,40 € – ⑭ (6A) 2,70 €
Pour s'y rendre : O : à 0,7 km de la localité, par chemin des
Chambons, derrière la piscine

Nature : ⌘ ⭠ ⌂ ♀
Loisirs : 🏠 🦌
Services : ⅄ ⟳ ⊖ 🆑 🍴 🏕 ⊕ 🕳 🗑
À prox. : ✗ ✗ ⚓

MONTALIEU-VERCIEU

✉ 38390 – **333** F3 – 2 178 h. – alt. 213 – Base de loisirs
🛈 *Office de tourisme, 1, rue du Rhône* ℘ *04 74 88 48 56*
Paris 478 – Belley 36 – Bourg-en-Bresse 54 – Crémieu 25 – Nantua 66 – La Tour-du-Pin 34.

⚠ **Vallée Bleue** 1ᵉʳ avr.-31 oct.
℘ 04 74 88 63 67, *ot.montalieu@wanadoo.fr*,
Fax 04 74 88 62 11, *www.paysdelapierre.org* – **R** conseillée
120 ha/1,8 campable (119 empl.) plat, peu incliné, herbeux,
gravier
Tarif : (Prix 2006) ♣ ⟲ 🅴 16,30 € – ⑭ (6A) – frais de réservation 12 €
Location : 5 🏠 (4 à 6 pers.) 200 à 450 €/sem.
Pour s'y rendre : Sortie Nord par N 75 rte de Bourg-en-
Bresse puis 1,3 km par D 52ᶠ à droite, à la base de plein air
et de loisirs
À savoir : Au bord du Rhône rive gauche (plan d'eau)

Nature : ⌘ ⭠ ♀
Loisirs : 🍽 snack 🦌 ⚓ 🦎
Services : ⅄ ⟳ 🆑 🗄 🏊 ⊕ ⚙ 🍳 🗑
À prox. : ✗ ⚓ 🚲 ✗ ⚓ ⚓ ⚓ 🏇 pédalos, jet ski, squad, ponton d'amarrage

Pour choisir et suivre un itinéraire
Pour calculer un kilométrage
Pour situer exactement un terrain (en fonction des
indications fournies dans le texte) :
Utilisez les **cartes MICHELIN** *détaillées à 1/150 000,*
compléments indispensables de cet ouvrage.

809

MORESTEL

✉ 38510 – **333** F3 – 3 034 h. – alt. 220
🛈 *Office de tourisme, 100, place des Halles* ℘ *04 74 80 19 59, Fax 04 74 80 56 71*
Paris 496 – Bourg-en-Bresse 72 – Chambéry 51 – Grenoble 67 – Lyon 63 – La Tour-du-Pin 16.

⚠ **Municipal la Rivoirette** 1ᵉʳ mai-30 sept.
℘ 04 74 80 14 97, *mairie@morestel.com* – **R** conseillée
1,3 ha (58 empl.) plat, herbeux
Tarif : (Prix 2006) ♣ ⟲ 🅴 4,50 € – ⑭ (8A) 2,50 €
Pour s'y rendre : Sortie Ouest par D 517, rte de Crémieu,
près du complexe sportif

Nature : ♀
Services : ⅄ ⟳ 🗄 🏊 ⊕
À prox. : ✗ ⚓

PALADRU

✉ 38850 – **333** G5 – G. Lyon Drôme Ardèche – 863 h. – alt. 503
Paris 523 – Annecy 84 – Chambéry 47 – Grenoble 43 – Lyon 72.

⚠ **Le Calatrin** avr.-sept.
℘ 04 76 32 37 48, *lecalatrin@wanadoo.fr*,
Fax 04 76 32 42 02, *www.paladru.com* – **R** indispensable
2 ha (60 empl.) en terrasses, plat, herbeux
Tarif : ♣ ⟲ 🅴 8,50 € – ⑭ (5A) 2 €
Pour s'y rendre : À la sortie du bourg, direction Charavines

Nature : ⌘ ⭠
Loisirs : 🏠 🦢
Services : ⅄ ⟳ 🆑 🍴 🗄 🏊 ⊕ 🗑
À prox. : 🍽 snack 🏊 (plage)

PÉTICHET

✉ 38119 – **333** H7
Paris 592 – Le Bourg-d'Oisans 41 – Grenoble 30 – La Mure 11 – Vizille 11.

� **Ser-Sirant** 1er mai-30 sept.
    ✆ 04 76 83 91 97, *campingsersirant@wanadoo.fr*,
Fax 04 76 30 83 69, *www.euro-campsite.com* – **R** conseillée
2 ha (100 empl.) plat, terrasse, herbeux, pierreux, bois
attenant
Tarif : 👤 ⬅ 🚗 🅴 12 € – ⚡ (10A) 5,10 € – frais de réservation 15 €
Location (1er mai-30 déc.) 🏠 : 6 🏠 (4 à 6 pers.) 400 à
610 €/sem.
🚐, 1 borne 2 € – 6 🅴 5 €
Pour s'y rendre : Sortie Est et chemin à gauche

Nature : 🌿 🌳 ⚠
Loisirs : 🍸 🍴 🏓 🎣 barques de
pêche
Services : 🔌 🚿 🗑 ☺ 🐾 ⚕ 📶
À prox. : ♨

ROCHETAILLÉE

✉ 38520 – **333** I7
Paris 613 – Lyon 146 – Grenoble 41 – Chambéry 96 – Gap 94.

� **Le Château** ♿🔥 – 15 mai-16 sept.
    ✆ 04 76 11 04 40, *jcp@camping-le-chateau.com*,
Fax 04 76 80 21 23, *www.camping-le-chateau.com* – **R** indispensable
2,6 ha (135 empl.) plat, herbeux
Tarif : 👤 ⬅ 🚗 🅴 25 € – ⚡ (10A) 4,30 € – frais de réservation 16 €
Location (26 mai-16 déc.) : 32 🏠 (4 à 6 pers.) 190 à
680 €/sem.

Nature : ≤ 🏞 🌳
Loisirs : 🍸 snack, pizzeria 🍴 🎮 🏓
🎱 🏊 jacuzzi 🏓 🛶 🧗 mur d'escalade
Services : ♿ 🔌 GB 🚿 Ⓜ 🗑 ☺ 🐾
🏖 🧺 ⚕ 🐾 📶 sèche-linge 🍽 ⚕

� **Belledonne** 15 mai-9 sept.
    ✆ 04 76 80 07 18, *belledon@club-internet.fr*,
Fax 04 76 79 12 95, *www.le-belledonne.com* – **R** conseillée
3,5 ha (180 empl.) plat, herbeux
Tarif : 👤 ⬅ 🚗 🅴 23,60 € – ⚡ (6A) 4 € – frais de réserva-
tion 15 €
Location : 17 🏠 (4 à 6 pers.) 210 à 605 €/sem.
À savoir : Ensemble très verdoyant et fleuri

Nature : ≤ 🌳
Loisirs : 🍸 snack, pizzeria 🍴 🎮 🎣
hammam 🏓 🚲 ⚽ 🏊 parcours
sportif
Services : ♿ 🔌 GB 🚿 🎽 🗑 🏖 🔧
☺ 📶 sèche-linge 🍽 ⚕

ROYBON

✉ 38940 – **333** E6 – 1 231 h. – alt. 518
🏢 *Office de tourisme, 114, Grand Rue* ✆ *04 76 36 25 86*
Paris 541 – Beaurepaire 25 – Grenoble 58 – Romans-sur-Isère 35 – St-Marcellin 17 – Voiron 38.

� **Le Roybon** 15 avr.-15 oct.
    ✆ 04 76 36 23 67, *info@campingroybon.com*,
Fax 04 76 36 33 02, *http://www.campingroybon.com/* –
places limitées pour le passage – **R** conseillée
2 ha (90 empl.) plat et peu incliné, terrasses, gravier,
herbeux
Tarif : (Prix 2006) 👤 ⬅ 🚗 🅴 7 € – ⚡ (16A) 3,50 €
Pour s'y rendre : S : 1,5 km par D 20, rte de St-Antoine
À savoir : Au bord d'un plan d'eau et d'un ruisseau

Nature : 🌿 🌳
Loisirs : 🍴 🏓 🎣
Services : ♿ 🔌 GB 🚿 🗑 🔧 ☺ 📶
🖥
À prox. : 🚣 pédalos

ST-CHRISTOPHE-EN-OISANS

✉ 38520 – **333** K8 – G. Alpes du Nord – 106 h. – alt. 1 470
🏢 *Office de tourisme, la Ville* ✆ *04 76 80 50 01*
Paris 635 – L'Alpe-d'Huez 31 – La Bérarde 12 – Le Bourg-d'Oisans 21 – Grenoble 73.

� **Municipal la Bérarde** juin-sept.
    ✆ 04 76 79 20 45, Fax 04 76 79 20 45 – croisement parfois
impossible hors garages de dégagement – alt. 1 738 – 🚫
2 ha (165 empl.) non clos, peu incliné et plat, en terrasses,
pierreux, herbeux, rocher
Tarif : 👤 ⬅ 🚗 🅴 6 € – ⚡ 2,50 €
Pour s'y rendre : SE : 10,5 km par D 535 à la Bérarde, accès
direct au hameau par petit pont de bois
À savoir : Très agréable site sauvage au bord du Vénéon

Nature : 🌿 ≤ Parc National des
Écrins 🌳
Loisirs : 🍴 🎣
Services : 🔌 🚿 🎽 🗑 ☺ 🐾 📶
À prox. : 🚵 🍸 ✖

810

ST-CLAIR-DU-RHÔNE

✉ 38370 – **333** B5 – G. Lyon Drôme Ardèche – 3 605 h. – alt. 160
Paris 501 – Annonay 35 – Givors 26 – Le Péage-de-Roussillon 10 – Rive-de-Gier 24 – Vienne 15.

⌂ **Le Daxia** avr.-sept.
𝒫 04 74 56 39 20, *info@campingledaxia.com*,
Fax 04 74 56 93 46, *www.campingledaxia.com* – **R** conseil-
lée
7,5 ha (120 empl.) plat, herbeux
Tarif : (Prix 2006) ⚹ 3,50 € – 🚗 1,85 € – 🔲 4,95 € –
⚡ (6A) 2,85 €
🚐 1 borne
Pour s'y rendre : S : 2,7 km par D 4 rte de Péage-du-
Roussillon et chemin à gauche, accès conseillé par N 7 et
D 37
À savoir : Beaux emplacements délimités, au bord de la
Varèze

> Nature : 🏞 🏕 ♨
> Loisirs : 🍽 pizzeria, le soir unique-
> ment 🎮 ⛹ ♒ 🏊 🎠 🎣
> Services : 🚿 ⚡ GB 🐕 🗑 🛁 🛒 ⊙
> 🏪 🛒

*Donnez-nous votre avis sur les terrains que nous recommandons.
Faites-nous connaître vos observations et vos découvertes.*

ST-LAURENT-DU-PONT

✉ 38380 – **333** H5 – G. Alpes du Nord – 4 222 h. – alt. 410
🏛 *Office de tourisme, place de la Mairie* 𝒫 04 76 06 22 55, Fax 04 76 06 21 21
Paris 560 – Chambéry 29 – Grenoble 34 – La Tour-du-Pin 42 – Voiron 15.

⌂ **Municipal les Berges du Guiers** 15 juin-15 déc.
𝒫 04 76 55 20 63, *tourisme.st-laurent-du-pont@wana
doo.fr*, Fax 04 76 06 21 21, *www.chartreuse-tourisme.com*
– **R** conseillée
1 ha (45 empl.) plat, herbeux
Tarif : ⚹ 🚗 🔲 10 € – ⚡ (5A) 3 € – frais de réservation 9,50 €
Pour s'y rendre : Sortie Nord par D 520, rte de Chambéry
et à gauche, bord du Guiers Mort, chemin et passerelle pour
piétons reliant le camp au village

> Nature : ⚞ ♀
> Services : 🚿 ⚡ GB 🐕 🗑 🛁 ⊙ 🏪
> À prox. : ⛹ ✗ ♒ 🏊

811

ST-LAURENT-EN-BEAUMONT

✉ 38350 – **333** I8 – 372 h. – alt. 900
Paris 613 – Le Bourg-d'Oisans 43 – Corps 16 – Grenoble 51 – Mens 22 – La Mure 10.

⌂ **Belvédère de l'Obiou** 1er avr.-15 oct.
𝒫 04 76 30 40 80, *info@camping-obiou.com*,
Fax 04 76 30 44 86, *www.camping-obiou.com* – **R** conseil-
lée
1 ha (45 empl.) plat, peu incliné, terrasses, herbeux
Tarif : ⚹ 🚗 🔲 23,50 € – ⚡ (10A) – frais de réservation 12 €
Location (1er mai-30 sept.) : 5 🏠 (4 à 6 pers.) 322 à
560 €/sem.
🚐 1 borne 5 € – 15 🔲
Pour s'y rendre : SO : 1,3 km par N 85, au lieu-dit les Egats

> Nature : ⚞ ♀
> Loisirs : snack 🎮 ⛹ 🚲 🎱 (pe-
> tite piscine découverte l'été)
> Services : 🚿 ⚡ GB 🐕 🍴 🗑 🛁 ⊙
> 🛴 🏪 🛒
> À prox. : 🍽

ST-MARTIN-DE-CLELLES

✉ 38930 – **333** G8 – 118 h. – alt. 750
Paris 616 – Lyon 149 – Grenoble 48 – Saint-Martin-d'Hères 49 – Échirolles 42.

⌂ **La Chabannerie** 1er avr.-15 nov.
𝒫 04 76 34 00 38, *camping-chabannerie@wanadoo.fr*,
Fax 04 76 34 00 38, *www.camping-chabannerie.eu*
– **R** conseillée
2,5 ha (49 empl.) en terrasses, plat, peu incliné, pierreux,
herbeux
Tarif : ⚹ 4 € – 🚗 3,50 € 🔲 4 € – ⚡ (10A) 3 €
Pour s'y rendre : N : 1 km sur D 252ᴬ et chemin à droite

> Nature : 🏞 ⚞ 🏕 ♨ (sapinière)
> Loisirs : 🎮 🏊
> Services : ⚡ GB 🐕 🍴 ⊙ 📞 🏪 🛒

ST-MARTIN-D'URIAGE

⌧ 38410 – **333** I7 – G. Alpes du Nord – 4 794 h. – alt. 600
🛈 *Office de tourisme, 5, av. des Thermes* 🔗 *04 76 89 10 27, Fax 04 76 89 26 68*
Paris 579 – Le Bourg-d'Oisans 45 – Chamrousse 16 – Grenoble 14 – Vizille 13.

⌂ **Camping le Luiset** 1ᵉʳ mai-30 sept.
🔗 04 76 89 77 98, *camping@leluiset.com, www.lelui
set.com* – **R** conseillée
1,5 ha (65 empl.) en terrasses, plat, peu incliné, herbeux
Tarif : 🛉 ⇦ 🗐 12,50 € – ⁅/⁆ (6A) 2,60 €
Pour s'y rendre : Au bourg, derrière l'église

| Nature : ⌇ ⩽ 99 |
| Loisirs : ⟿ |
| Services : ⟐ ⟐ ⟐ ☺ 🔲 |
| À prox. : ✗ ⟍ |

ST-PIERRE-DE-CHARTREUSE

⌧ 38380 – **333** H5 – G. Alpes du Nord – 770 h. – alt. 885 – Sports d'hiver : 900/1 800 m ⟘1 ⟘13 ⟍
🛈 *Office de tourisme, place de la Mairie* 🔗 *04 76 88 62 08, Fax 04 76 88 68 78*
Paris 571 – Belley 62 – Chambéry 39 – Grenoble 28 – La Tour-du-Pin 52 – Voiron 25.

⌂ **De Martinière** 28 avr.-16 sept.
🔗 04 76 88 60 36, *brice.gaude@wanadoo.fr,*
Fax 04 76 88 69 10, *www.campingdemartiniere.com*
– **R** conseillée
1,5 ha (100 empl.) non clos, plat et peu incliné, herbeux
Tarif : 🛉 ⇦ 🗐 17 € – ⁅/⁆ (6A) 3,90 € – frais de réserva-
tion 8 €
Location ⟍ : 4 ⟦⟧ (4 à 6 pers.) 243 à 460 €/sem.
⟐ 1 borne – 2 🔲
Pour s'y rendre : SO : 3 km par D 512, rte de Grenoble
À savoir : Site agréable au cœur de la Chartreuse

| Nature : ⩽ ♀ |
| Loisirs : ⟰ ⟿ ⟍ |
| Services : ⟒ GB ⟐ ⟱ 🔲 ☺ ☺ 🔲 |
| À prox. : ✗ |

ST-THÉOFFREY

⌧ 38119 – **333** H8 – 342 h. – alt. 936
Paris 595 – Le Bourg-d'Oisans 44 – Grenoble 33 – La Mure 10 – Villars-de-Lans 61.

⌂ **Les Mouettes** 1ᵉʳ juil.-25 août
🔗 04 76 83 02 49, *campmouettes@yahoo.fr, http://camp
mouettes.free.fr* – alt. 1 000 – **R** conseillée
1,5 ha (33 empl.) plat, peu incliné à incliné, herbeux
Tarif : 🛉 3,40 € ⇦ 1,70 € 🗐 3,50 € – ⁅/⁆ (6A) 2,95 € – frais
de réservation 10 €
Pour s'y rendre : SE : 2,8 km par N 85, rte de la Mure et
D 115 à gauche, au lieu-dit les Théneaux
À savoir : Agréable situation dominant le lac

| Nature : ⌇ ⩽ Sur le lac ⛰ |
| Loisirs : ⟰ ⟿ |
| Services : ⟐ ⟒ ⟐ 🔲 🔲 ☺ ☺ ☺ 🔲 |

La SALLE-EN-BEAUMONT

⌧ 38350 – **333** I8 – 241 h. – alt. 756
Paris 614 – Le Bourg-d'Oisans 44 – Gap 51 – Grenoble 52.

⌂ **Le Champ Long** 1ᵉʳ avr.-15 oct.
🔗 04 76 30 41 81, *champ.long@tiscali.fr,*
Fax 04 76 30 47 21, *www.camping-champlong.com* – accès
aux emplacements par forte pente, mise en place et sortie
des caravanes à la demande – **R** indispensable
5 ha (97 empl.) non clos, en terrasses, plat, vallonné,
accidenté, herbeux, pierreux
Tarif : 🛉 ⇦ 🗐 15 € – ⁅/⁆ (10A) 3,50 € – frais de réservation 11 €
Location (permanent) : 12 ⟦⟧ (4 à 6 pers.) 200 à
650 €/sem.
⟐ 1 borne 5 €
Pour s'y rendre : SO : 2,7 km par N 85, rte de la Mure et
chemin du Bas-Beaumont à gauche, mise en place des
caravanes pour les empl. à forte pente

| Nature : ⌇ ⩽ Vallée et lac ⟷ |
| 99(sapinière) |
| Loisirs : 🍷 snack ⟰ ⟿ 🚲 ⟍ |
| Services : ⟐ ⟒ GB ⟐ 🔲 ☺ 🔲 ⟱ |

THEYS

✉ 38570 – **333** I6 – G. Alpes du Nord – 1 572 h. – alt. 615
🛈 *Syndicat d'initiative,* ℘ 04 76 71 05 47
Paris 595 – Allevard 18 – Le Bourg-d'Oisans 75 – Chambéry 38 – Grenoble 30.

    ▲▲ **Les 7 Laux**
      ℘ 04 76 71 02 69, *camping.les7laux@wanadoo.fr,*
      Fax 04 76 71 08 85, *www.camping-7-laux.com* – alt. 920
      – **R** conseillée
      1 ha (61 empl.) plat, peu incliné, en terrasses, herbeux,
      pierreux
      Location ⚡ : 2 🚐 – 1 🏠
      🚐 1 borne
      Pour s'y rendre : 3,8 km au S, à 400 m du col des Ayes
      À savoir : Agréable structure fleurie et soignée, belle situation dominante

Nature : 🏞 ≤ 🏕 ♀
Loisirs : 🏠 🚴 🏊
Services : & ⚡ 🏪 🖃 ⊕ 🔞 sèche-linge 🧺

TREPT

✉ 38460 – **333** E3 – 1 540 h. – alt. 275 – Base de loisirs
Paris 495 – Belley 41 – Bourgoin-Jallieu 13 – Lyon 52 – Pérouges 35 – La Tour-du-Pin 21.

    ▲▲▲ **Les 3 Lacs du Soleil** 30 avr.-15 sept.
      ℘ 04 74 92 92 06, *info@les3lacsdusoleil.com,*
      Fax 04 74 834381, *www.les3lacsdusoleil.com* – **R** conseillée
      25 ha/3 campables (160 empl.) plat, herbeux
      Tarif : 🏕 🚐 🖃 31 € 🔌 (6A)
      Location : 8 🚐 (4 à 6 pers.) 250 à 784 €/sem. – 8 🏠 (4 à 6 pers.) 250 à 784 €/sem. – 27 bungalows toilés
      Pour s'y rendre : 2,7 km à l'E par D 517, rte de Morestel et chemin à dr., près de deux plans d'eau

Nature : 🏞 ♀ ≋
Loisirs : 🍹 snack 🏠 🖃 diurne 🏃 🚴 ✂ 🏓 🏊 ≋ (plage) 🎿 🛶
Services : & ⚡ GB 🐾 🖃 ⊕ 🔞 sèche-linge

VERNIOZ

813

✉ 38150 – **333** C5 – 888 h. – alt. 250
Paris 500 – Annonay 38 – Givors 25 – Le Péage-de-Roussillon 12 – Rive-de-Gier 41 – Vienne 14.

    ▲▲▲ **Le Bontemps** avr.-sept.
      ℘ 04 74 57 83 52, *info@campinglebontemps.com,*
      Fax 04 74 57 83 70, *www.campinglebontemps.com*
      – **R** conseillée
      6 ha (175 empl.) plat, herbeux, étangs
      Tarif : 🏕 6 € 🚐 2 € 🖃 7 € – 🔌 (6A) 3 € – frais de réservation 20 €
      Location ⚡ : 2 🚐 (4 à 6 pers.) 240 à 530 €/sem. – 3 🏠 (4 à 6 pers.) 300 à 470 €/sem.
      🚐 1 borne – 5 🖃 10 €
      Pour s'y rendre : 4,5 km à l'E par D 37, rte de Cour-et-Buis et chemin à dr., bord de la Varèze

Nature : 🏞 🏕 ♀♀
Loisirs : 🍹 snack 🏠 🖃 🏹 salle d'animation 🚴 🎣 ✂ 🏓 🏊 🛶 poneys
Services : & ⚡ GB 🐾 🖃 ♨ ⊕ 🔞 🛏 🛻 🔞 sèche-linge 🧺

VILLARD-DE-LANS

✉ 38250 – **333** G7 – G. Alpes du Nord – 3 798 h. – alt. 1 040 – Sports d'hiver : 1 160/2 170 m 🚠 2 🎿 27 🎿
🛈 *Office de tourisme, 101, place Mure Ravaud* ℘ 08 11 46 00 15, Fax 04 76 95 98 39
Paris 584 – Die 67 – Grenoble 34 – Lyon 123 – Valence 67 – Voiron 44.

    ▲▲ **L'Oursière**
      ℘ 04 76 95 14 77, *info@camping-oursiere.fr,*
      Fax 04 76 95 58 11, *www.camping-oursiere.fr* – **R** conseillée
      4 ha (186 empl.) plat, peu incliné, pierreux, gravier, herbeux
      Tarif : 🏕 🚐 🖃 20,40 € 🔌 (10A) – frais de réservation 8 €
      Location ⚡ : 14 🚐 (4 à 6 pers.) 229 à 599 €/sem.
      🚐 1 borne 5 €
      Pour s'y rendre : Sortie Nord par D 531, rte de Grenoble, chemin piétonnier reliant le camping au village

Nature : ❄ ≤
Loisirs : 🏠 🚴
Services : & ⚡ GB 🐾 🖃 🖃 ⊕ 🔞 🔞 🛻
À prox. : 🎿 🏊 🎿 bowling, patinoire

VIZILLE

✉ 38220 – **333** H7 – G. Alpes du Nord – 7 465 h. – alt. 270
🛈 *Office de tourisme, place du Château ℘ 04 76 68 15 16, Fax 04 76 78 94 49*
Paris 582 – Le Bourg-d'Oisans 32 – Grenoble 20 – La Mure 22 – Villard-de-Lans 49.

▲ **Le Bois de Cornage** 1er mai-1er oct.
℘ 04 76 68 12 39, *campingvizille@wanadoo.fr,*
Fax 04 76 68 12 39, *www.campingvizille.com* – **R** conseillée
2,5 ha (128 empl.) peu incliné, en terrasses, herbeux
Tarif : **⋆** ⇔ 🅴 7,50 € – 🔌 (10A) 2,80 € – frais de réservation 5 €
Location (permanent) : 14 ⛺ (4 à 6 pers.) 270 à
410 €/sem.
Pour s'y rendre : Sortie Nord vers N 85, rte de Grenoble et
av. de Venaria à droite
À savoir : En partie ombragé d'arbres centenaires

> Nature : 🏞 ≤ 💧💧
> Loisirs : pizzeria, le soir uniquement 🚲 ⚓
> Services : ⚡ 🚿 ⊞ 🍽 🔧 ⊛ 🔌 🗑 🚮

Loire (42)

BALBIGNY

✉ 42510 – **327** E5 – 2 616 h. – alt. 331
Paris 423 – Feurs 10 – Noirétable 44 – Roanne 29 – St-Étienne 56 – Tarare 28.

▲ **La Route Bleue** 1er avr.-30 sept.
℘ 04 77 27 24 97, *camping.balbigny@wanadoo.fr,*
Fax 04 77 27 24 97, *www.laroutebleue.com* – **R** conseillée
2 ha (100 empl.) plat, peu incliné, herbeux
Tarif : **⋆** ⇔ 🅴 6,80 € – 🔌 (6A) 2,80 €
⛺ 1 borne – 8 🅴 12,30 €
Pour s'y rendre : 2,8 km au NO par N 82 et D 56 à gauche,
rte de St-Georges-de-Baroille
À savoir : Site agréable au bord de la Loire

> Nature : 🏞 💧
> Loisirs : 🍴 snack 🏠 ⚓ 🎣
> Services : 🛁 ⚡ GB 🚿 🍽 ⊛ 🔧 🗑
> sèche-linge

BELMONT-DE-LA-LOIRE

✉ 42670 – **327** F3 – 1 501 h. – alt. 525
🛈 *Syndicat d'initiative, place des rameaux ℘ 04 77 63 64 27, Fax 04 77 63 64 27*
Paris 405 – Chauffailles 6 – Roanne 35 – St-Étienne 108 – Tarare 46 – Villefranche-sur-Saône 50.

▲ **Municipal les Écureuils** mai-sept.
℘ 04 77 63 72 25, *mairie@belmontdelaloire.fr,*
Fax 04 77 63 62 71, *www.belmontdelaloire.fr* – **R** conseillée
0,6 ha (28 empl.) peu incliné à incliné, en terrasses,
gravillons, herbeux
Tarif : **⋆** 2 € ⇔ 🅴 2,10 € – 🔌 2,10 €
Pour s'y rendre : O : 1,4 km par D 4, rte de Charlieu et
chemin à gauche, à 300 m d'un étang

> Nature : 🏞 🌳
> Services : ⚡ (juil.-août) 🚿 🔧 ⊛
> 🗑
> À prox. : ✂ 🎣

CHARLIEU

✉ 42190 – **327** E3 – G. Lyon Drôme Ardèche – 3 582 h. – alt. 265
🛈 *Office de tourisme, place Saint-Philibert, ℘ 04 77 60 12 42, Fax 04 77 60 16 91*
Paris 398 – Digoin 48 – Lapalisse 55 – Mâcon 77 – Roanne 18 – St-Étienne 102.

▲ **Municipal** 1er mai-30 sept.
℘ 04 77 69 01 70, *camp-charlieu@voila.fr* – **R** conseillée
2,7 ha (100 empl.) plat, herbeux
Tarif : **⋆** 2,65 € ⇔ 1,20 € 🅴 1,95 € – 🔌 (10A) 2,70 €
Pour s'y rendre : À l'Est de la ville, au stade, bord du
Sornin

> Nature : 🌳
> Loisirs : snack 🎯
> Services : ⚡ 🚿 ⊛ 🔧 ♨ 🗑
> À prox. : ✂ ⚓ 🎣

CORDELLE

✉ 42123 – **327** D4 – 779 h. – alt. 450
Paris 409 – Feurs 35 – Roanne 14 – St-Just-en-Chevalet 27 – Tarare 41.

    🏕 **Camping le Mars** 1er avr.-30 sept.
       🖉 04 77 64 94 42, *escampo@aol.com*, Fax 04 77 64 94 42,
       www.camping-de-mars.com – **R** conseillée
       1,2 ha (65 empl.) plat et en terrasses, peu incliné, herbeux
       Tarif : ⚹ 6 € ⟵⟶ 2 € ▣ 5 € – [⚡] (10A) 4 €
       Location (permanent) : 7 🏠 (4 à 6 pers.) 300 à
       500 €/sem.
       Pour s'y rendre : 4,5 km au S par D 56 et chemin à dr.
       À savoir : Agréable situation dominant les gorges de la
       Loire

> Nature : 🐟 ⋖ 🏕
> Loisirs : 🍴 ✕ snack, pizzeria 🏠 🏴
> nocturne ⤴ 🚴 🔥 ⏝
> Services : ⟝ GB ⟚ 🚿 ⓐ ⛱ 🚽 📷
> À prox. : 🐟

FEURS

✉ 42110 – **327** E5 – G. Lyon Drôme Ardèche – 7 669 h. – alt. 343
🅱 *Office de tourisme, place du Forum* 🖉 04 77 26 05 27, Fax 04 77 26 00 55
Paris 433 – Lyon 69 – Montbrison 24 – Roanne 38 – St-Étienne 47 – Thiers 68 – Vienne 93.

    🏕 **Municipal du Palais** 15 mars-oct.
       🖉 04 77 26 43 41, Fax 04 77 26 43 41 – **R** conseillée
       9 ha (385 empl.) plat, herbeux, petit étang
       Tarif : ⚹ 2,20 € ⟵⟶ 2 € ▣ 2,50 € – [⚡] (6A) 3 €
       🚐 1 borne 2 € –
       Pour s'y rendre : Sortie N par N 82 rte de Roanne et à dr.,
       rte de Civens

> Nature : 🌳🌳
> Loisirs : ⤴
> Services : ♿ ⟝ GB ⟚ 🚿 ▥ 🚽 ⛱ ⓐ
> ⛱ 🚽
> À prox. : ✕ ⏝

JEANSAGNIÈRE

✉ 42920 – **327** C5 – 103 h. – alt. 1 050
Paris 440 – Lyon 111 – Saint-Étienne 84 – Clermont-Ferrand 88 – Villeurbanne 114.

    🏕 **La Droséra** (location exclusive de chalets) Permanent
       🖉 04 77 24 81 44, *patrick@parc-de-la-drosera.fr*,
       Fax 04 77 24 81 44, *www.parc-de-la-drosera.fr*
       16 ha en terrasses, pierreux, herbeux, rochers
       Location : 10 🏠 (4 à 6 pers.) 490 à 725 €/sem.
       Pour s'y rendre : 5 km au N par D 101

> Nature : 🐟 ⋖ sur les Monts du
> Forez 🌳🌳
> Loisirs : ✕ 🏠 ⤴ ⏝ parc de
> promenade, sentiers de randonnée
> Services : ⟝ GB ⟚

MONTBRISON

✉ 42600 – **327** D6 – G. Lyon Drôme Ardèche – 14 589 h. – alt. 391
🅱 *Office de tourisme, cloître de Cordeliers* 🖉 04 77 96 08 69, Fax 04 77 96 20 88
Paris 444 – Lyon 103 – Le Puy-en-Velay 99 – Roanne 68 – St-Étienne 45 – Thiers 68.

    🏕 **Le Bigi** 31 mai-15 sept.
       🖉 04 77 58 06 39, Fax 04 77 58 06 39, *http://campingle
       bigi.site.voila.fr* – places limitées pour le passage
       – **R** conseillée
       1,5 ha (37 empl.) en terrasses et peu incliné, herbeux,
       gravillons
       Tarif : ⚹ 3,20 € ⟵⟶ 1,80 € ▣ 2,20 € – [⚡] 2,80 €
       Location : 6 🚛 (4 à 6 pers.) 360 à 450 €/sem.
       🚐 1 borne 6 €
       Pour s'y rendre : SO : 2 km par D 113 rte de Lérigneux

> Nature : ⋖ 🏕 🌿
> Loisirs : 🏠 ✕ ⏝
> Services : ⟝ GB ⟚ 📷

    🏕 **Municipal le Surizet**
       🖉 04 77 58 08 30, *cranc@ville-montbrison;fr*,
       Fax 04 77 58 08 30, *www.mairiemontbrison.fr* – places limi-
       tées pour le passage – **R** conseillée
       2,5 ha (96 empl.) plat, herbeux
       Pour s'y rendre : À Moingt, S : 3 km par D 8 rte de St-
       Étienne et rte à droite, bord du Moingt

> Nature : 🌳🌳
> Loisirs : ⤴ ⏝
> Services : ⟝ ⓐ 🚽 📷
> À prox. : 🏠

815

Les NOËS

✉ 42370 – **327** C3 – 163 h. – alt. 610
Paris 401 – Lyon 109 – Saint-Étienne 100 – Clermont-Ferrand 101 – Villeurbanne 113.

    Parc Résidentiel de Loisirs (location exclusive de
chalets) Permanent
     🖉 04 77 64 21 13, *gsndesnoes@free.fr*, Fax 04 77 66 46 52,
http://gsndesnoes.free.fr – **R** indispensable
1 ha en terrasses, herbeux
Location 🅿 : 8 🏠 (4 à 6 pers.) 180 à 400 €/sem. – 1
gîte
Pour s'y rendre : Au bourg

> Loisirs : 🚲 ⛵ ♨
> Services : 🛒
> À prox. : 🖥 sèche-linge ♟ ✕ ⚹ quad

NOIRÉTABLE

✉ 42440 – **327** B5 – G. Auvergne – 1 637 h. – alt. 720
🛈 *Office de tourisme, 8, rue des Tilleuls* 🖉 04 77 24 93 04
Paris 421 – Ambert 46 – Lyon 116 – Montbrison 45 – Roanne 45 – St-Étienne 90 – Thiers 25.

    Municipal de la Roche 1er avr.-31 oct.
     🖉 04 77 24 72 68, *noiretable-haut-forez@wanadoo.fr*,
Fax 04 77 24 92 20 – **R** indispensable ✍
0,6 ha (40 empl.) plat et en terrasses, peu incliné, herbeux
Tarif : (Prix 2006) ⋆ 1,75 € – ⇌ 1,05 € – 🅴 1,05 € –
⚡ (10A) 2,20 €
Pour s'y rendre : 1 km au S par N 89 et D 110 à dr.
À savoir : Au bord d'un plan d'eau

> Nature : ⬅ ☶ ⚲
> Loisirs : 🏛
> Services : ⛐ 🛒 ⚘
> À prox. : ♟ snack 🏂 ✕ ⚓ ⚲

La PACAUDIÈRE

✉ 42310 – **327** C2 – 1 168 h. – alt. 363
🛈 *Syndicat d'initiative, le Petit Louvre* 🖉 04 77 64 11 06
Paris 370 – Lapalisse 24 – Marcigny 21 – Roanne 25 – Thiers 89 – Vichy 48.

    Municipal Beausoleil 1er mai-30 sept.
     🖉 04 77 64 11 50, *lapacaudiere@wanadoo.fr*,
Fax 04 77 64 14 40, *www.lapacaudiere.fr* – **R** conseillée
1 ha (35 empl.) peu incliné, herbeux
Tarif : (Prix 2006) ⋆ 2,50 € – ⇌ 1,55 € – 🅴 1,85 € –
⚡ (6A) 2,65 €
Pour s'y rendre : 0,7 km à l'E par D 35, rte de Vivans et à
dr., près du terrain de sports et du collège

> Nature : ⚲
> Loisirs : 🏛 🏂 ✕ ⚓ ♨
> Services : ⛐ 🛒 🛒 📷 ⚓ ⚘ ⚓
> 🖥

PONCINS

✉ 42110 – **327** D5 – 754 h. – alt. 339
Paris 446 – Lyon 77 – Saint-Étienne 50 – Clermont-Ferrand 109 – Villeurbanne 81.

    Le Nid Douillet (location exclusive de chalets)
Permanent
     🖉 04 77 27 80 36, *salechaudron@wanadoo.fr*,
Fax 04 77 27 02 70, *www.le-nid-douillet.com* – **R** conseillée
2 ha plat, herbeux
Location : 8 🏠 (4 à 6 pers.) 325 à 500 €/sem.
Pour s'y rendre : 2 km au S par D 60 et 500 m par chemin
à dr.

> Nature : ⚲
> Loisirs : snack 🏛 ⛵
> Services : 🛒 GB 🛒
> À prox. : 🏇

POUILLY-SOUS-CHARLIEU

✉ 42720 – **327** D3 – 2 720 h. – alt. 264
Paris 393 – Charlieu 5 – Digoin 43 – Roanne 15 – Vichy 75.

    Municipal les Ilots
     🖉 04 77 60 80 67, *mairie.pouilly-sous-charlieu42@wana
doo.fr* – **R** conseillée
1,5 ha (57 empl.) plat, herbeux
Pour s'y rendre : Sortie Nord par D 482 rte de Digoin et à
droite, au stade, bord du Sornin

> Nature : ⚲ ⚲
> Services : 🛒 📷 ⚓ 🖥
> À prox. : ✕ ⚲

ST-GALMIER

✉ 42330 – **327** E6 – G. Lyon Drôme Ardèche – 5 293 h. – alt. 400

🛈 *Office de tourisme, 3, boulevard Cousin* 𝄞 *04 77 54 06 08*

Paris 457 – Lyon 82 – Montbrison 25 – Montrond-les-Bains 11 – Roanne 68 – St-Étienne 24.

⚏ **Val de Coise** 1ᵉʳ avr.-30 sept.
𝄞 04 77 54 14 82, *cplvaldecoise@atciat.com*,
Fax 04 77 54 02 45, *www.camping-valdecoise.com* – places
limitées pour le passage – **R** indispensable
3,5 ha (100 empl.) plat, en terrasses, peu incliné, herbeux
Tarif : 🧍 🚗 🅴 17,90 € ⚡ (10A)
Location : bungalows toilés
Pour s'y rendre : E : 2 km par D 6 rte de Chevrières et
chemin à gauche, bord de la Coise

Loisirs : 🏠 🏊 🛝 🎣	
Services : 🚿 ⒼⒷ 🐕 🚽 🗑 ♿ ⓐ 🔋	
À prox. : 🎣	

ST-GENEST-MALIFAUX

✉ 42660 – **327** F7 – 2 691 h. – alt. 980

🛈 *Office de tourisme, 1, rue du Feuillage* 𝄞 *04 77 51 23 84, Fax 04 77 51 23 85*

Paris 528 – Annonay 33 – St-Étienne 16 – Yssingeaux 46.

⚏ **Municipal de la Croix de Garry** 1ᵉʳ avr.-30 nov.
𝄞 04 77 51 25 84, *gite.camping@st-genest-malifaux.fr*,
Fax 04 77 51 26 71 – alt. 928 – places limitées pour le passage – **R** conseillée
2 ha (85 empl.) plat, terrasses, peu incliné, herbeux
Tarif : (Prix 2006) 🧍 3,40 € 🚗 2,50 € 🅴 4 € – ⚡ (6A) 3 €
Location (permanent) 🛖 : 8 🏠 (4 à 6 pers.) 250 à
450 €/sem. – gîte d'étape
Pour s'y rendre : Sortie Sud par D 501, rte de Montfaucon-
en-Velay, près d'un étang et à 150 m de la Semène

Nature : ⬿	
Services : ♿ 🚿 🐕 🚽 🗑 ♿ ⓐ 🔋	
À prox. : ✂ 🎣	

817

ST-PAUL-DE-VÉZELIN

✉ 42590 – **327** D4 – 299 h. – alt. 431

Paris 415 – Boën 19 – Feurs 30 – Roanne 26 – St-Just-en-Chevalet 27 – Tarare 39.

⚏ **Arpheuilles** déb.mai-6 sept.
𝄞 04 77 63 43 43, *arpheuilles@wanadoo.fr*,
Fax 04 77 63 48 83, *www.camping-arpheuilles.com* – croisement difficile pour caravanes – **R** conseillée
3,5 ha (80 empl.) peu incliné, en terrasses, herbeux
Tarif : 🧍 🚗 🅴 9 € – ⚡ (6A) 3 €
Pour s'y rendre : N : 4 km, à Port Piset, près du fleuve
(plan d'eau)
À savoir : Belle situation dans les gorges de la Loire

Nature : 🌊 ⬿ ♨ ⛰	
Loisirs : 🍴 🏠 🏊 🛝 🎣 canoë, catamaran	
Services : ♿ 🚿 🗑 ⓐ 🏕 🚮 📶 🔋 🚿	

ST-SAUVEUR-EN-RUE

✉ 42220 – **327** F8 – 1 105 h. – alt. 780

Paris 541 – Annonay 22 – Condrieu 39 – Montfaucon-en-Velay 24 – St-Étienne 29 – Vienne 61.

⚏ **Municipal des Régnières** 1ᵉʳ avr.-fin oct.
𝄞 04 77 39 24 71, *mairie.sauveur.en.rue@wanadoo.fr*,
Fax 04 77 39 24 71 – places limitées pour le passage
– **R** conseillée
1 ha (40 empl.) en terrasses, plat, herbeux, pierreux
Tarif : 🧍 🚗 🅴 13 € ⚡ (10A)
Pour s'y rendre : SO : 0,8 km par D 503 rte de Monfaucon,
près de la Deôme

Nature : ⬿ ▱	
Loisirs : 🍴 snack 🏠 ≋ (bassin)	
Services : 🚿 🐕 ⓐ 🏕 📶 🔋	
À prox. : 🛝	

ANSE

✉ 69480 – **327** H4 – 4 744 h. – alt. 170

🚩 *Office de tourisme, place du 8 mai 1945* 📞 *04 74 60 26 16, Fax 04 74 67 29 74*

Paris 436 – L'Arbresle 17 – Bourg-en-Bresse 57 – Lyon 27 – Mâcon 51 – Villefranche-sur-Saône 7.

▲▲ **Les Portes du Beaujolais** 1er mars-1er nov.
📞 04 74 67 12 87, *campingbeaujolais@wanadoo.fr*,
Fax 04 74 09 90 97, *www.camping-beaujolais@wanadoo.fr*
– **R** conseillée
7,5 ha (198 empl.) plat, herbeux
Tarif : 🧍 4,80 € – 🚗 2 € 🔲 6,40 € – 🔋 3,20 €
Location : 14 ▦ (4 à 6 pers.) 300 à 374 €/sem. – 31 ▦
(4 à 6 pers.) 300 à 374 €/sem.
🚐 1 borne – 30 🔲
Pour s'y rendre : sortie SE, rte de Lyon et 0,6 km par chemin à gauche avant le pont, au confluent de l'Azergues et de la Saône

Nature : 🔲 ♀
Loisirs : 🍴 snack 🔲 🏖 🚴 ⚪ 🎣
Services : 👤 ⚡ 🅶🅱 🚿 ▥ 🔲 🚰 🚮 🔲 ♨
À prox. : 🎣

CUBLIZE

✉ 69550 – **327** F3 – 1 047 h. – alt. 452

🚩 *Office de tourisme, lac des Sapins* 📞 *04 74 89 58 03, Fax 04 74 89 58 68*

Paris 422 – Amplepuis 7 – Chauffailles 29 – Roanne 30 – Villefranche-sur-Saône 41.

▲▲ **Intercommunal du Lac des Sapins** 1er avr.-30 sept.
📞 04 74 89 52 83, *camping@lacdessapins.fr*,
Fax 04 74 89 58 90, *www.lac-des-sapins.fr* – places limitées
pour le passage – **R** conseillée
4 ha (155 empl.) plat, herbeux, pierreux, gravillons
Tarif : 🧍 🚗 🔲 10 € – 🔋 2,50 €
Location (permanent) 🏖 : 22 ▦ (4 à 6 pers.) 199 à 379 €/sem.
Pour s'y rendre : S : 0,8 km, bord du Reins et à 300 m du lac (accès direct)

Nature : 🏞 < 🔲
Loisirs : 🏐 terrain omnisports
Services : 👤 ⚡ 🅶🅱 🚿 🔲 🚰 🚮 🔲 ♨
🚰 🔲
À la base de loisirs : 🏖 🎣 🚣 ♨

En juin et septembre les campings sont plus calmes, moins fréquentés et pratiquent souvent des tarifs " hors saison ".

DARDILLY

✉ 69570 – **327** H5 – 7 589 h. – alt. 338

Paris 457 – Lyon 13 – Villeurbanne 21 – Vénissieux 26 – Caluire-et-Cuire 17.

▲▲ **International**
📞 04 78 35 64 55, *camping-lyon@mairie-lyon.fr*,
Fax 04 72 17 04 26, *www.camping-lyon.com*
6 ha (150 empl.) plat, herbeux, gravillons
Location : 15 ▦ – 5 ▦
🚐 1 borne
Pour s'y rendre : Par A 6 : sortie Limonest

Nature : ♀
Loisirs : 🍴 snack 🔲 🏖 🏊
Services : 👤 ⚡ ▥ 🔲 🚮 ♨ 🚰 🔲
sèche-linge

FLEURIE

✉ 69820 – **327** H2 – G. Lyon Drôme Ardèche – 1 190 h. – alt. 320

Paris 410 – Bourg-en-Bresse 46 – Chauffailles 44 – Lyon 58 – Mâcon 22 – Villefranche-sur-Saône 27.

▲▲ **Municipal la Grappe Fleurie** fin mars-20 oct.
📞 04 74 69 80 07, *camping@fleurie.org*, Fax 04 74 69 85 18,
www.fleurie.org – **R** conseillée
2,5 ha (96 empl.) plat, herbeux
Tarif : (Prix 2006) 🧍 🚗 🔲 14 €
Location : 22 ▦
🚐 1 borne
Pour s'y rendre : 0,6 km au S du bourg par D 119E et à dr.
À savoir : Au coeur du vignoble

Nature : 🏞 < 🔲
Loisirs : 🏖 🏐 🏊
Services : 👤 ⚡ 🅶🅱 🚿 🔲 🚮 ♨
🚰 🔲 🔲 🔲 sèche-linge
À prox. : 🚣 ✕

MORNANT

✉ 69440 – **327** H6 – G. Lyon Drôme Ardèche – 4 672 h. – alt. 380
Paris 478 – Givors 12 – Lyon 26 – Rive-de-Gier 13 – St-Étienne 36 – Vienne 23.

⚠ **Municipal de la Trillonière** 1ᵉʳ mai-30 sept.
  𝄞 04 78 44 16 47, *communication@ville-mornant.fr*,
  Fax 04 78 44 91 70, *www.ville-mornant.fr* – **R** conseillée
  1,5 ha (60 empl.) peu incliné, plat, herbeux
  Tarif : (Prix 2006) 🏕 ⟵ 🔲 5,80 € – 🔌 (10A) 3,60 €
  Pour s'y rendre : Sortie S, carrefour D 30 et D 34, près d'un
  ruisseau
  À savoir : Au pied de la cité médiévale

Services : 👤 ⟵ 🚐 ☺
À prox. : 🍴 ♨ 🏊

POULE-LES-ÉCHARMEAUX

✉ 69870 – **327** F3 – 834 h. – alt. 570
Paris 446 – Chauffailles 17 – La Clayette 25 – Roanne 47 – Tarare 46 – Villefranche-sur-Saône 39.

⚠ **Municipal les Écharmeaux** mai-sept.
  𝄞 04 74 03 60 98 – **R** conseillée
  0,5 ha (24 empl.) en terrasses, gravillons, herbeux
  Tarif : 🏕 ⟵ 🔲 10 €
  Pour s'y rendre : À l'Ouest du bourg
  À savoir : Terrasses individuelles surplombant un étang

Nature : 🌳 ⟵ 🏞
Loisirs : 🍴
Services : ⟵ 🔲 🗼 ☺

PROPIÈRES

✉ 69790 – **327** F2 – 419 h. – alt. 680
Paris 449 – Chauffailles 16 – Lyon 67 – Mâcon 54 – Roanne 49 – Villefranche-sur-Saône 42.

⚠ **Municipal** 15 juin-15 sept.
  𝄞 04 74 03 60 08, *mairie@propieres.mairies69.net*,
  Fax 04 74 03 62 79 – croisement difficile – **R** conseillée ✂
  2 ha/0,3 campable (16 empl.) plat, terrasse, herbeux
  Tarif : 🏕 2 € ⟵ 1 € 🔲 2 € 🔌 (10A)
  Location (permanent) : gîtes
  Pour s'y rendre : S : à 1 km du bourg par chemin
  À savoir : Près d'un étang et d'un petit plan d'eau

Nature : 🌳 ⟵ 🏞
Loisirs : 🐴 poneys
Services : 👤 🚐 ☺ 🗼 🔲
À prox. : 🏊

819

ST-SYMPHORIEN-SUR-COISE

✉ 69590 – **327** F6 – G. Lyon Drôme Ardèche – 3 069 h. – alt. 558
Paris 489 – Andrézieux-Bouthéon 26 – L'Arbresle 36 – Feurs 30 – Lyon 40 – St-Étienne 33.

⚠ **Intercommunal Centre de Loisirs de Hurongues**
  𝄞 04 78 48 44 29, *camping.hurongues@wanadoo.fr*,
  Fax 04 78 48 44 29 – **R** conseillée
  3,6 ha (120 empl.) peu incliné et en terrasses, pierreux
  🔲 1 borne
  Pour s'y rendre : O : 3,5 km par D 2 rte de Chazelles-sur-
  Lyon, à 400 m d'un plan d'eau
  À savoir : Agréable cadre boisé autour d'un parc de loisirs

Nature : 🌳 🏞 ♨♨
Loisirs : 🔲
Services : ⟵ 🔲 🏖 ☺ 🔲
À prox. : 🚣 🍴 🏊 🔫

STE-CATHERINE

✉ 69440 – **327** G6 – 856 h. – alt. 700
Paris 488 – Andrézieux-Bouthéon 38 – L'Arbresle 37 – Feurs 43 – Lyon 37 – St-Étienne 38.

⚠ **Municipal du Châtelard** 1ᵉʳ mars-30 nov.
  𝄞 04 78 81 80 60, *mairie-ste-catherine@wanadoo.fr*,
  Fax 04 78 81 87 73, *www.cc-paysmornantais.fr* – alt. 800 –
  places limitées pour le passage – **R** conseillée
  4 ha (61 empl.) en terrasses, herbeux, gravier
  Tarif : (Prix 2006) 🏕 ⟵ 🔲 4,65 € 🔌 (6A)
  Pour s'y rendre : 2 km au S, lieu-dit le Châtelard

Nature : 🌳 ⟵ Mont Pilat et Monts
du Lyonnais 🏞
Loisirs : 🔲
Services : ⟵ 🚐 🔲 ☺ 🔲

VILLEFRANCHE-SUR-SAÔNE

✉ 69400 – **327** H4 – G. Lyon Drôme Ardèche – 30 647 h. – alt. 190
🛈 Office de tourisme, 96, rue de la sous-préfecture ☎ 04 74 07 27 40, Fax 04 74 07 27 47
Paris 432 – Bourg-en-Bresse 54 – Lyon 33 – Mâcon 47 – Roanne 73.

▲ **Municipal de la plage** 29 avr.-30 sept.
☎ 04 74 65 33 48, jpcally@villefranche.net,
Fax 04 74 60 68 18, – **R** conseillée
2 ha (127 empl.) plat, herbeux
Tarif : 🖭 15,30 €
Pour s'y rendre : SE : 3,5 km
À savoir : Emplacements agréablement ombragés, près de
la Saône et d'un plan d'eau

Nature : 💧💧
Loisirs : 🍷 ≌ (plage)
Services : 🚿 🔌 GB 🐕 🗑 ☺ 🔞

Savoie (73)

AIGUEBLANCHE

✉ 73260 – **333** M4 – 2 664 h. – alt. 461
Paris 641 – Lyon 174 – Chambéry 74 – Albertville 25 – Sallanches 69.

▲ **Marie-France** mars-fin oct.
☎ 04 79 24 22 21, Fax 04 79 22 94 81, www.camping-stu
dios-savoie.com – **R** conseillée
0,5 ha (30 empl.) plat, en terrasses, herbeux
Tarif : (Prix 2006) 🛉 2,40 € 🚙 🖭 3,80 € – 🔌 (10A) 3,55 €
Location (permanent) : 40 studios

Nature : ≤ 🗔 💧💧
Loisirs : 🎣
Services : 🚿 🔌 🐕 🗑 🔞
À la base de loisirs : 🍷 🗙 🚣 ❦ 🏊
🔲 🛥 🏄 rafting, canoë-kayak,
parcours sportif

820

AIX-LES-BAINS

✉ 73100 – **333** I3 – G. Alpes du Nord – 25 732 h. – alt. 200 – 🌡 (mi-janv.à mi-déc.)
🛈 Office de tourisme, place Maurice Mollard ☎ 04 79 88 68 00, Fax 04 79 88 68 01
Paris 539 – Annecy 34 – Bourg-en-Bresse 115 – Chambéry 18 – Lyon 107.

🗻 **International du Sierroz** 15 mars-15 nov.
☎ 04 79 61 21 43, campingsierroz@aixlesbains.com,
Fax 04 79 61 21 43, www.aixlesbains.com/campingsierroz
5 ha (290 empl.) plat, herbeux, gravier
Tarif : 🛉 🚙 🖭 18,60 € 🔌 (10A)
🖃 1 borne 7 €
Pour s'y rendre : 2,5 km au NO, bd Robert-Barrier
À savoir : Cadre boisé, proche du lac

Nature : 🗔 💧💧
Loisirs : 🍷 🖾
Services : 🚿 🔌 GB 🐕 🎱 🗑 ♨ ☺
🛁 🚾 🔞 sèche-linge 🔳 🍽
À prox. : 🎣 🦆

Les ALLUES

✉ 73550 – **333** M5 – 1 869 h. – alt. 1 125
Paris 615 – Albertville 35 – Annecy 80 – Bourg-St-Maurice 36 – Méribel-les-Allues 6 – Moûtiers 9.

▲ **Le Martagon** 26 avr.-nov.
☎ 04 79 00 56 29, Fax 04 79 00 44 92 – alt. 1 310 – **R** indispensable
0,5 ha (15 empl.) plat, terrasse, pierreux
Tarif : 🛉 🚙 🖭 25 € – 🔌 (10A) 5 €
Pour s'y rendre : S : 3,3 km par D 90, rte de Méribel, au
Raffort, près du Doron, à 100 m des télécabines

Nature : ❄ ≤
Loisirs : 🍷 🗙
Services : 🚿 🔌 GB M 🎱 🗑 ☺ 🛁
🚾 ♨ 🔞 sèche-linge 🍽

*Avant de vous installer, consultez les tarifs en cours,
affichés obligatoirement à l'entrée du terrain,
et renseignez-vous sur les conditions particulières de séjour.
Les indications portées dans le guide ont pu être modifiées depuis la mise à jour.*

AUSSOIS

✉ 73500 – **333** N6 – G. Alpes du Nord – 628 h. – alt. 1 489
🅱 *Office de tourisme, route des Barrages* ✆ *04 79 20 30 80, Fax 04 79 20 40 23*
Paris 670 – Albertville 97 – Chambéry 110 – Lanslebourg-Mont-Cenis 17 – Modane 7 – St-Jean-de-Maurienne 38.

▲▲ **Municipal la Buidonnière** Permanent
✆ 04 79 20 35 58, camping@aussois.com,
Fax 04 79 20 35 58, www.aussois.com – **R** conseillée
4 ha (160 empl.) en terrasses et peu incliné, pierreux,
herbeux
Tarif : (Prix 2006) 🛉 ⛺ 🅴 16 € 🔌 (10A)
Pour s'y rendre : Sortie S par D 215, rte de Modane et
chemin à gauche

| Nature : ⚜ 🦌 ≤ Parc de la Vanoise 🏕 |
| Loisirs : 🏠 🏓 ⚽ 🏹 🎿 (bassin) parcours sportif |
| Services : 🛁 ⛽ 🅶🅱 🧺 🏢 🛒 🔦 ⊙ 🏢 sèche-linge |

La BÂTHIE

✉ 73540 – **333** L4 – 2 022 h. – alt. 360
Paris 589 – Albertville 9 – Bourg-St-Maurice 46 – Méribel-les-Allues 32 – Moûtiers 18.

▲▲ **Le Tarin** Permanent
✆ 04 79 89 60 54 – **R** conseillée
1 ha (43 empl.) plat, herbeux
Tarif : 🛉 ⛺ 🅴 8 € – 🔌 5 €
Pour s'y rendre : O : 0,5 km par D 66, rte d'Esserts-Blay,
près N 90 (voie express : sortie 33)

| Nature : ≤ 🌳 |
| Loisirs : 🍽 ✗ discothèque |
| Services : 🛁 ⛽ 🅶🅱 🏢 🏢 ⊙ 🛒 🔦 📞 |

BEAUFORT

✉ 73270 – **333** M3 – G. Alpes du Nord – 1 985 h. – alt. 750
🅱 *Office de tourisme, Route du Grand Mont* ✆ *04 79 38 37 57, Fax 04 79 38 16 70*
Paris 601 – Albertville 21 – Chambéry 72 – Megève 37.

821

▲ **Municipal Domelin** juin-sept.
✆ 04 79 38 33 88 – **R** conseillée
2 ha (100 empl.) plat, peu incliné, herbeux
Tarif : (Prix 2006) 🛉 3 € ⛺ 1,95 € 🅴 2,70 € – 🔌 2,50 €
Pour s'y rendre : N : 1,2 km par rte d'Albertville et rte à
droite

| Nature : 🦌 ≤ 🌳 |
| Services : 🛁 ⛽ 🧺 🏢 ⊙ 🏢 sèche-linge |

▲ **Les Sources** mi-mai-mi-sept.
✆ 04 79 38 31 77, campingsources@roselend.com,
Fax 04 79 38 31 77, www.campingsources.com – alt. 1 000 –
R indispensable
0,9 ha (55 empl.) plat, herbeux
Tarif : (Prix 2006) 🛉 ⛺ 🅴 15 € 🔌 (6A)
Pour s'y rendre : SE : 5 km par D 925, rte de Bourg-St-
Maurice, à 100 m du Doron
À savoir : Dans un site agréable, au pied des cascades

| Nature : 🦌 ≤ 🌳 |
| Loisirs : 🏠 |
| Services : 🛁 ⛽ 🧺 🏢 ⊙ 🏢 |
| À prox. : 🚲 |

BOURGET-DU-LAC

✉ 73370 – **333** I4 – G. Alpes du Nord – 3 945 h. – alt. 240
🅱 *Office de tourisme, place Général Sevez* ✆ *04 79 25 01 99, Fax 04 79 26 10 76*
Paris 531 – Aix-les-Bains 10 – Annecy 44 – Chambéry 13 – Grenoble 67.

▲ **International l'Île aux cygnes**
✆ 04 79 25 01 76, camping@bourgetdulac.com,
Fax 04 79 25 32 94, www.bourgetdulac.com – **R** conseillée
2,5 ha (267 empl.) plat, herbeux, gravillons
Location : 4 🏠
🚐 1 borne
Pour s'y rendre : N : 1 km, au bord du lac

| Nature : ≤ 🌳🌳 ⚠ |
| Loisirs : snack 🏠 🎲 diurne 🏓 🚴 |
| Services : ⛽ 🏢 🛁 ⊙ 🛒 🔦 📦 sèche-linge 🚮 🚿 |
| À prox. : 🎣 🏹 🏊 🎿 🛶 🦆 ponton d'amarrage |

BOURG-ST-MAURICE

✉ 73700 – **333** N4 – G. Alpes du Nord – 6 747 h. – alt. 850 – Sports d'hiver : aux Arcs : 1 600/3 226 m ⛷6 ⛷54 🛷

🛈 *Office de tourisme, 105, place de la Gare* 𝄢 *04 79 07 04 92, Fax 04 79 07 24 90*
Paris 635 – Albertville 54 – Aosta 79 – Chambéry 103 – Chamonix-Mont-Blanc 74 – Moûtiers 28 – Val-d'Isère 33.

ⵯ **Le Versoyen** 26 mai-2 nov.
𝄢 *04 79 07 03 45, leversoyen@wanadoo.fr,*
Fax 04 79 07 25 41, *www.leversoyen.com* – **R** conseillée
3,5 ha (200 empl.) plat, herbeux, goudronné, pierreux, bois attenant
Tarif : ⚹ ⛺ 🅘 9,05 € – ⓰ (10A) 5,20 € – frais de réservation 10 €
Location 🛖 : 11 ⛺ (4 à 6 pers.) 280 à 540 €/sem.
⛺, 1 borne 3 € – 25 🅘
Pour s'y rendre : Sortie NE par N 90, rte de Séez puis 0,5 km par rte des Arcs à droite, près d'un torrent
À savoir : Navette gratuite pour le funiculaire

> Nature : ❄ 🌲 ≤ 🌊
> Loisirs : 🏠 🚣
> Services : ⊶ GB 🚿 🔦 🛒 ☺ ♨ 🗑
> sèche-linge
> Au parc de loisirs : 🛝 ✂ 🎿 🛶 🛷
> 🐎 parcours sportif

BRAMANS

✉ 73500 – **333** N6 – 362 h. – alt. 1 200
🛈 *Office de tourisme, Chef-lieu* 𝄢 *04 79 05 03 45, Fax 04 79 05 36 07*
Paris 673 – Albertville 100 – Briançon 71 – Chambéry 113 – St-Jean-de-Maurienne 41 – Torino 107 – Val-d'Isère 68.

ⵯ **Municipal Le Val d'Ambin**
𝄢 *04 79 05 03 05, campingdambin@aol.com,*
Fax 04 79 05 23 16, *www.bramans-tourisme.com*
– **R** conseillée
4 ha (166 empl.) non clos, plat et terrasses, vallonné, herbeux, petit étang
Pour s'y rendre : 0,7 km au NE de la commune, près de l'église et à 200 m d'un torrent, accès conseillé par le Verney, sur N6
À savoir : Belle situation panoramique

> Nature : 🌲 ≤
> Loisirs : 🏠 🚣 ✂ 🎣
> Services : ♿ ⊶ 🔦 🗄 ☺ 🚿 ♨ 🗑
> sèche-linge
> À prox. : ♨

BRIDES-LES-BAINS

✉ 73570 – **333** M5 – G. Alpes du Nord – 593 h. – alt. 580
🛈 *Office de tourisme, place du Centenaire* 𝄢 *04 79 55 20 64, Fax 04 79 55 20 40*
Paris 612 – Albertville 32 – Annecy 74 – Chambéry 81 – Courchevel 18.

ⵯ **La Piat** mi-avr.-mi-oct.
𝄢 *04 79 55 22 74, campinglapiat@wanadoo.fr,*
Fax 04 79 55 28 55 – **R** conseillée
2 ha (60 empl.) en terrasses, herbeux
Tarif : (Prix 2006) ⚹ 3,10 € ⛺ 🅘 3,80 € – ⓰ 3,60 €
Location : 5 ⛺ (4 à 6 pers.) 220 à 390 €/sem.
⛺, 1 borne 3 €
Pour s'y rendre : Au bourg, au S de la station, accès par centre ville

> Nature : ≤ 🌊
> Services : ♿ ⊶ (déb. mai-fin sept.)
> GB 🚿 🔦 🗄 ☺ ♨ 🗑 sèche-linge

CHALLES-LES-EAUX

✉ 73190 – **333** I4 – G. Alpes du Nord – 3 931 h. – alt. 310 – ♨ (début avril-fin oct.)
🛈 *Office de tourisme, avenue de Chambéry* 𝄢 *04 79 72 86 19, Fax 04 79 71 38 51*
Paris 566 – Albertville 48 – Chambéry 6 – Grenoble 52 – St-Jean-de-Maurienne 71.

ⵯ **Municipal le Savoy** 1ᵉʳ mai-30 sept.
𝄢 *04 79 72 97 31, camping73challes-les-eaux@wanadoo.fr,*
Fax 04 79 72 97 31, *www.ville-challesleseaux.com*
– **R** conseillée
2,8 ha (88 empl.) plat, herbeux, gravillons
Tarif : ⚹ 3,10 € ⛺ 1,30 € 🅘 2,65 € – ⓰ (10A) 5,05 € – frais de réservation 10,80 €
Pour s'y rendre : Par rue Denarié, à 100 m de la N 6
À savoir : Beaux emplacements bordés de haies, à proximité d'un plan d'eau

> Nature : ▭ 🌊
> Loisirs : 🏠 🚣
> Services : ♿ ⊶ GB 🚿 🔦 🗄 ☺ ♨
> 🗑
> À prox. : ✂ 🏊

CHANAZ

✉ 73310 – **333** H3 – 442 h. – alt. 232
Paris 521 – Aix-les-Bains 21 – Annecy 53 – Bellegarde-sur-Valserine 44 – Belley 18 – Chambéry 36.

⚠ **Municipal des Îles** 1er mars-15 déc.
    ✆ 04 79 54 58 51, *campingchanaz@yahoo.fr*,
Fax 04 79 54 58 51 – places limitées pour le passage
– **R** conseillée
1,5 ha (103 empl.) plat, gravier, herbeux
Tarif : (Prix 2006) ✶ ⛺ 🚗 9,60 € – [⚡] (10A) 4 €
Location (permanent) : 10 🏠 (4 à 6 pers.) 204 à
515 €/sem.

Pour s'y rendre : O : 1 km par D 921, rte de Culoz et
chemin à gauche après le pont, à 300 m du Rhône (plan
d'eau et port de plaisance)
À savoir : Près d'un pittoresque village et du canal de
Savière

Nature : ≤ 00	
Loisirs : 🍽️	
Services : 🔥 ⚽ 🚗 ⛺ 📋 ⊕ ♨ 🚿 📮	
À prox. : 🍴 snack 🏊 🎾 🏊 (petite piscine) ⚓ ponton d'amarrage	

Le CHÂTELARD

✉ 73630 – **333** J3 – G. Alpes du Nord – 546 h. – alt. 750
🚩 *Office de tourisme, place de la Grenette* ✆ 04 79 54 84 28
Paris 562 – Aix-les-Bains 30 – Annecy 30 – Chambéry 35 – Montmélian 35 – Rumilly 32.

⚠ **Les Cyclamens** 15 mai-15 sept.
    ✆ 04 79 54 80 19, *info@camping-cyclamens.com*,
www.camping-cyclamens.com – **R** conseillée
0,7 ha (34 empl.) plat, herbeux
Tarif : (Prix 2006) ✶ ⛺ 🚗 7,70 € – [⚡] (10A) 3,10 € – frais de
réservation 4 €
Pour s'y rendre : Vers sortie NO et chemin à gauche, rte
du Champet

Nature : ⌇ ≤ 00	
Loisirs : 🍽️ 🏊	
Services : 🔥 ⚽ 🚗 📋 ⊕ ♨ 📮	

CHINDRIEUX

✉ 73310 – **333** I3 – 1 092 h. – alt. 300
Paris 520 – Aix-les-Bains 16 – Annecy 48 – Bellegarde-sur-Valserine 39 – Bourg-en-Bresse 96 – Chambéry 33.

⚠ **Les Peupliers** avr.-sept.
    ✆ 04 79 54 52 36, *camping-les-peupliers@wanadoo.fr*,
Fax 04 79 52 20 45, *www.campinglespeupliers.net*
– **R** conseillée
1,5 ha (65 empl.) plat, herbeux, gravier
Tarif : (Prix 2006) ✶ ⛺ 🚗 15 €
Location (mai-sept.) 🏠 : 4 🚐 (4 à 6 pers.) 275 à
430 €/sem.

Pour s'y rendre : S : 1 km par D 991 rte d'Aix-les-Bains et
chemin à droite, à Chaudieu

Nature : ≤ 🛖 00	
Loisirs : 🏊 🎾	
Services : 🔥 ⚽ 🚗 📋 ⊕ ♨ 🚿 📮	

FLUMET

✉ 73590 – **333** M3 – G. Alpes du Nord – 769 h. – alt. 920
🚩 *Syndicat d'initiative, avenue de Savoie* ✆ 04 79 31 61 08, Fax 04 79 31 84 67
Paris 582 – Albertville 22 – Annecy 51 – Chambéry 73 – Chamonix-Mont-Blanc 43 – Megève 10.

⚠ **Le Vieux Moulin** fermé 15 avr.-mai, sept.-nov.
    ✆ 04 79 31 70 06, Fax 04 79 31 70 06 – alt. 1 000
– **R** conseillée
1,5 ha (80 empl.) non clos, plat, herbeux, gravier
Tarif : ✶ 4,30 € ⛺ 🚗 4,30 € – [⚡] (10A) 8,55 €
Pour s'y rendre : NE : 1,8 km par N 212, rte de Megève et
rte à droite, à 200 m du télésiège et des téléskis
À savoir : Au bord de l'Arly

Nature : ❄ ≤	
Loisirs : 🍽️	
Services : 🔥 ⚽ 🚗 ⛺ ⊕ 📮	
À prox. : 🍴 🍴	

823

LANDRY

✉ 73210 – **333** N4 – 628 h. – alt. 800
Paris 630 – Albertville 49 – Bourg-St-Maurice 7 – Moûtiers 23.

⚞ **L'Eden** Permanent
     ℘ 04 79 07 61 81, *info@camping-eden.net*,
     Fax 04 79 07 62 17, *www.camping-eden.net* – alt. 740
     – **R** conseillée
     2,5 ha (133 empl.) peu incliné, en terrasses, plat, herbeux,
     gravillons
     Tarif : ⚹ ⇔ ▣ 10 € – ⚡ (10A) 7 € – frais de réserva-
     tion 10 €
     Pour s'y rendre : 0,7 km au NO par D 87ᴱ, après le passage
     à niveau, près de l'Isère

> Nature : ✿ ≤ ▭ ♤♤
> Loisirs : 🍸 snack, le soir uniquement
> 🛏 ⚎ ⅃
> Services : ⚹ ⊶ ⌷ ⍅ Ⓜ 🗑 🔄 ☺
> ☂ ⚲ 🐾 🛢 🔄

LANSLEVILLARD

✉ 73480 – **333** O6 – G. Alpes du Nord – 431 h. – alt. 1 500 – Sports d'hiver : 1 400/2 800 m ⚞1 🎿21 🎿
🛈 *Office de tourisme, rue Sous Église* ℘ 04 79 05 99 15
Paris 689 – Albertville 116 – Briançon 87 – Chambéry 129 – Val-d'Isère 51.

⚞ **Caravaneige Municipal** Permanent
     ℘ 04 79 05 90 52, *mairielanslevillard@wanadoo.fr*,
     Fax 04 79 05 90 52, *http://www.camping-valcenis.com/*
     – **R** conseillée
     3 ha (100 empl.) plat, herbeux, pierreux
     Tarif : ⚹ ⇔ ▣ 9,20 € – ⚡ (16A) 15 € – frais de réser-
     vation 30 €
     ⛽ 1 borne – 8 ▣
     Pour s'y rendre : Sortie SO, rte de Lanslebourg, bord d'un
     torrent

> Nature : ✿ ≤
> Loisirs : 🍸 ✕ 🛏 ⚎ ⚎
> Services : ⚹ ⊶ ⍅ ⍿ 🗑 ☺ 🛢 sè-
> che-linge ⚲
> À prox. : ✕ ⅃

LÉPIN-LE-LAC

✉ 73610 – **333** H4 – 282 h. – alt. 400
🛈 *Office de tourisme, place de la Gare* ℘ 04 79 36 00 02
Paris 555 – Belley 36 – Chambéry 24 – Les Échelles 17 – Le Pont-de-Beauvoisin 12 – Voiron 33.

⚞ **Le Curtelet** mi-mai-sept.
     ℘ 04 79 44 11 22, *lecurtelet@wanadoo.fr*,
     Fax 04 79 44 11 22, *www.camping-le-curtelet.com*
     – **R** conseillée
     1,3 ha (94 empl.) peu incliné, herbeux
     Tarif : (Prix 2006) ⚹ 3,60 € – ⇔ 1,50 € – ▣ 2,70 € –
     ⚡ (6A) 2,90 € – frais de réservation 10 €
     Pour s'y rendre : NO : 1,4 km

> Nature : ≤ ♀ ⛰
> Loisirs : 🍸 ⚎⚎
> Services : ⚹ ⊶ (juil.-août) ⍅ Ⓜ 🗑
> ⚲ ⚲ ☺ 🛢 sèche-linge
> À prox. : ✕ ⅃

LESCHERAINES

✉ 73340 – **333** J3 – 556 h. – alt. 649 – Base de loisirs

🚹 *Office de tourisme, le Pont* 🖉 04 79 63 37 36

Paris 557 – Aix-les-Bains 26 – Annecy 26 – Chambéry 29 – Montmélian 39 – Rumilly 27.

Municipal l'Île 21 avr.-30 sept.
🖉 04 79 63 80 00, *camping-lescheraines@wanadoo.fr*,
Fax 04 79 63 80 00, *www.iles-du-cheran.com* – **R** conseillée
7,5 ha (250 empl.) non clos, plat, terrasses, herbeux
Tarif : 👤 🚗 🅴 5,90 € – 🔌 (10A) 2,50 € – frais de réservation 10 €
Location (permanent) : 9 🏠 (4 à 6 pers.) 258 à 474 €/sem. – 5 bungalows toilés
Pour s'y rendre : SE : 2,5 km par D 912, rte d'Annecy et rte à droite, à 200 m du Chéran
À savoir : Au bord d'un plan d'eau, entouré de montagnes boisées

> Nature : 🌊 ≤ 🌳
> Loisirs : 🎣
> Services : 👍 🚿 GB 🔧 🛒 🏪 ⊕ 🚮
> 🧺 sèche-linge
> À la base de loisirs : 🍴 snack 🎣 🎿
> 🏊 🚴 🏇 poneys pédalos, canoë

Informieren Sie sich über die gültigen Gebühren,
bevor Sie Ihren Platz beziehen. Die Gebührensätze
müssen am Eingang des Campingplatzes angeschlagen sein.
Erkundigen Sie sich auch nach den Sonderleistungen.
Die im vorliegenden Band gemachten Angaben
können sich seit der Überarbeitung geändert haben.

Les MARCHES

✉ 73800 – **333** I5 – 2 135 h. – alt. 328
Paris 572 – Albertville 43 – Chambéry 12 – Grenoble 44 – Montmélian 6.

La Ferme du Lac mi-avr.-sept.
🖉 04 79 28 13 48, *lafermedulac@wanadoo.fr*,
Fax 04 79 28 13 48 – **R** indispensable
2,6 ha (100 empl.) plat, herbeux
Tarif : (Prix 2006) 👤 4 € 🚗 🅴 4,60 € – 🔌 (10A) 2,70 €
🚐 1 borne 4 € – 6 🅴 9,40 €
Pour s'y rendre : SO : 1 km par N 90, rte de Pontcharra et D 12 à droite

> Nature : 🌳🌳
> Loisirs : 🎣 💧
> Services : 👍 🚿 🔧 🛒 🏪 🏊 ⊕ 🖥

825

MARTHOD

✉ 73400 – **333** L3 – 1 276 h. – alt. 520
Paris 577 – Albertville 7 – Annecy 42 – Bourg-Saint-Maurice 61 – Megève 28.

Municipal du Lac 30 juin-2 sept.
🖉 04 79 37 65 64, *mairie.marthod@wanadoo.fr*,
Fax 04 79 37 63 09 – **R** conseillée
1,5 ha (85 empl.) plat, herbeux
Tarif : 👤 🚗 🅴 9 € – 🔌 (10A) 3,50 €
Pour s'y rendre : SE : 2,2 km par D 103 et chemin à gauche avant le passage à niveau, bord d'un ruisseau et à 100 m d'un petit lac, à proximité de la voie rapide (N 212)

> Nature : ≤ 🔧 🛒 🏊 ⊕ 🖥
> Services : 👍 🔧 🛒 🏊 ⊕ 🖥
> À prox. : 🎿 🎣

MONTCHAVIN

✉ 73210 – **333** N4 – G. Alpes du Nord
🚹 *Office de tourisme, maison de Montchavin - des Coches* 🖉 04 79 07 82 82
Paris 672 – Lyon 206 – Chambéry 106 – Albertville 57 – Sallanches 101.

Caravaneige de Montchavin fermé oct.
🖉 04 79 07 80 18, *info@montchavin-lescoches.com*,
Fax 04 79 07 80 18, *www.montchavin-lescoches.com* –
alt. 1 250 – **R** conseillée
1,33 ha (90 empl.) herbeux, en terrasses
Tarif : (Prix 2006) 👤 🚗 🅴 12 € – 🔌 (10A) 7,25 €
Pour s'y rendre : au bourg
À savoir : Superbe situation dominante

> Nature : ❄ 🌊 ≤ Vallée et montagnes de la Tarentaise 🌳
> Loisirs : 🎣
> Services : 👍 🚿 GB 🔧 🍴 🛒 ⊕ 🖥
> sèche-linge
> À prox. : 🚲 🍴 ✖ 🎿 ⛸ patinoire

NOVALAISE-LAC

⊠ 73470 – 1 432 h. – alt. 427
Paris 524 – Belley 24 – Chambéry 21 – Les Échelles 24 – Le Pont-de-Beauvoisin 17 – Voiron 40.
Schéma à Lépin-le-Lac

 Le Grand Verney avr.-oct.
    ℘ 04 79 36 02 54, contact@camping-legrandverney.com,
    Fax 04 79 36 06 60, *www.camping-legrandverney.com* –
    places limitées pour le passage – **R** conseillée
    2,5 ha (112 empl.) plat, peu incliné et en terrasses, herbeux
    Tarif : (Prix 2006) ✝ ⇌ 🗉 16 € 🛦 (6A)
    Location : 12 ⊞ (4 à 6 pers.) 290 à 540 €/sem.
    Pour s'y rendre : SO : 1,2 km, au lieu-dit le Neyret

Nature : ≤ ⊏⊐ ♀
Loisirs : ⊒
Services : & ⊶ ♂̃ 🗉 ⚲ ☺ ⚙ 🖳
🖳

PRALOGNAN-LA-VANOISE

⊠ 73710 – **333** N5 – G. Alpes du Nord – 756 h. – alt. 1 425 – Sports d'hiver : 1 410/2 360 m ⛷ 1 ⚡ 13 ⚡
🅱 *Office de tourisme, avenue de Chasseforêt ℘ 04 79 08 79 08*
Paris 634 – Albertville 53 – Chambéry 103 – Moûtiers 28.

 Le Parc Isertan 23 déc.-21 avr., 26 mai-23 sept.
    ℘ 04 79 08 75 24, camping@camping-isertan.com,
    Fax 04 79 01 41 50, *www.camping-isertan.com* – **R** conseil-
    lée
    4,5 ha (180 empl.) non clos, en terrasses, herbeux, pierreux
    Tarif : ✝ ⇌ 🗉 18 € – 🛦 5,50 € – frais de réservation 5 €
    Location (26 mai-oct.) : 6 ⊞ (4 à 6 pers.) 255 à
    775 €/sem. – ⊨
    🖳 1 borne 3 € – 10 🗉
    Pour s'y rendre : Au S du bourg
    À savoir : Site agréable au bord d'un torrent

Nature : ❀ ⅋ ≤
Loisirs : ♀ ✗ pizzeria 🏠
Services : & ⊶ ⅁⅀ ♂̃ 🛒 ⚲ ☺ ☺
🗲
À prox. : ⛸ ⚡ ✗ ⚡ ⊒ ⚡ mur
d'escalade, patinoire

🅰 **Municipal le Chamois**
    ℘ 04 79 08 71 54, camping@pralognan.com,
    Fax 04 79 08 78 77 – **R** conseillée
    4 ha (200 empl.) non clos, plat, en terrasses, herbeux,
    pierreux
    Pour s'y rendre : Au S du bourg
    À savoir : Site agréable au bord d'un torrent

Nature : ⅋ ≤
Loisirs : ⚡
Services : ⊶ 🛒 ⚲ ☺
À prox. : ⚡ ✗ ⚡ ⊒ ⚡ patinoire,
mur d'escalade

826

La ROCHETTE

⊠ 73110 – **333** J5 – G. Alpes du Nord – 3 098 h. – alt. 360
🅱 *Office de tourisme, Maison des Carmes ℘ 04 79 25 53 12*
Paris 588 – Albertville 41 – Allevard 9 – Chambéry 28 – Grenoble 47.

🅰 **Municipal le Lac St-Clair** juin-sept.
    ℘ 04 79 25 73 55, st-clair.camping@orange.fr,
    Fax 04 79 25 78 25, *www.larochette.com* – **R** conseillée
    2,2 ha (65 empl.) plat et peu incliné, herbeux
    Tarif : (Prix 2006) ✝ 2,50 € – ⇌ 1,50 € 🗉 5,45 € – 🛦 2,50 €
    Location (permanent) ⚡ : 8 ⊞ (4 à 6 pers.) 188 à
    448 €/sem.
    Pour s'y rendre : SO : 1,4 km par D 202 et rte de Détrier à
    gauche

Nature : ≤ ♀
Services : & ⊶ ♂̃ ☺ ⚙ 🖳
À prox. : snack ⚡ ⚲

Si vous recherchez :
  👥 *Un terrain offrant des équipements et des loisirs adaptés aux enfants*
  ⅋ *Un terrain agréable ou très tranquille*
  L - M *Un terrain effectuant la location de caravanes, de mobile homes,*
        de bungalows ou de chalets
  P   *Un terrain ouvert toute l'année*
  🖳 *Un terrain possédant une aire de services pour camping-cars*
  Consultez le tableau des localités

La ROSIÈRE 1850

✉ 73700 – **333** O4 – G. Alpes du Nord – alt. 1 850 – Sports d'hiver : 1 100/2 600 m ≰20 ⚞
Paris 657 – Albertville 76 – Bourg-St-Maurice 22 – Chambéry 125 – Chamonix-Mont-Blanc 52 – Val-d'Isère 32.

△ **La Forêt** 23 juin-16 sept., 15 déc.-27 avr.
🖉 04 79 06 86 21, *campinglaforet@free.fr*,
Fax 04 79 40 16 25, *www.campinglaforet.free.fr* – alt. 1 730
– **R** conseillée
1,5 ha (67 empl.) non clos, en terrasses, peu incliné,
pierreux
Tarif : 🕴 ⬅ 🖻 13,40 € – 🔌 (10A) 4,60 € – frais de réservation 5 €
Location ⚤ : 2 🏚 (4 à 6 pers.) 360 à 570 €/sem. –
huttes
Pour s'y rendre : S : 2 km par N 90, rte de Bourg-St-Maurice, chemin piétonnier reliant le camping au village
À savoir : Agréable situation surplombant la vallée

> Nature : ❄ ⛷ ≤ 🎋(sapinière)
> Loisirs : 🍸 🏊 ⛵ (petite piscine)
> Services : 🔥 🚿 🖙 ↻ 🗄 🖳 🚽 ⊕ 🖲
> À prox. : ✂

RUFFIEUX

✉ 73310 – **333** I2 – 666 h. – alt. 282
🇮 *Office de tourisme, Saumont* 🖉 04 79 54 54 72
Paris 517 – Aix-les-Bains 20 – Ambérieu-en-Bugey 58 – Annecy 51 – Bellegarde-sur-Valserine 36.

▲ **Saumont** 5 mai-30 sept.
🖉 04 79 54 26 26, *camping.saumont@wanadoo.fr*,
Fax 04 79 54 24 74, *www.campingsaumont.com*
– **R** conseillée
1,6 ha (66 empl.) non clos, plat, herbeux, gravier
Tarif : 🕴 ⬅ 🖻 16 € – 🔌 (10A) 4,50 € – frais de réservation 10 €
Location (7 avr.-30 sept.) : 14 🏚 (4 à 6 pers.) 240 à
620 €/sem.
Pour s'y rendre : O : 1,2 km accès sur D 991, près du carrefour du Saumont, vers Aix-les-Bains et chemin à droite,
bord d'un ruisseau

> Nature : ⛱ 🎋
> Loisirs : 🍸 ✂ ⛵
> Services : 🔥 🚿 🖙 ↻ 🗄 🖳 🚽 ⚲
> ⊕ ⚿ ⚐ ↻ 🖲 sèche-linge

827

ST-ALBAN-DE-MONTBEL

✉ 73610 – **333** H4 – 447 h. – alt. 400
Paris 551 – Belley 32 – Chambéry 21 – Grenoble 74 – Voiron 33.
Schéma à Lépin-le-Lac

▲ **Base de Loisirs du Sougey** ♣♟ – mai-10 sept.
🖉 04 79 36 01 44, *info@camping-sougey.com*,
Fax 04 79 44 19 01, *www.camping-sougey.com* – **R** indispensable
4 ha (159 empl.) plat, terrasses, incliné, herbeux, gravillons
Tarif : 🕴 ⬅ 🖻 23,60 € 🔌 (10A) – frais de réservation 15 €
Pour s'y rendre : NE : 1,2 km, à 300 m du lac

> Nature : ⛱ 🎋
> Loisirs : 🕹 🏖 🏊 🚲
> Services : 🔥 🚿 🖙 ↻ Ⓜ 🗄 ⚲ ⊕
> ⚿ ⚐ 🖲 sèche-linge
> À prox. : 🏊 🍸 snack 🚣 ✂ 🏊
> pédalos

ST-COLOMBAN-DES-VILLARDS

✉ 73130 – **333** K6 – 195 h. – alt. 1 100
🇮 *Office de tourisme, chef-lieu* 🖉 04 79 56 24 53
Paris 643 – Lyon 176 – Chambéry 76 – Grenoble 106 – Saint-Martin-d'Hères 107.

△ **La Perrière** déb. juin-déb. sept.
🖉 04 79 59 16 07, *saint-colomdan@franceloc.fr*,
Fax 04 79 59 15 17 – **R** conseillée
2 ha (46 empl.) en terrasses, plat, herbeux, gravier, bois
attenant
Tarif : (Prix 2006) 🕴 3,50 € ⬅ 1,50 € 🖻 6,50 € – 🔌 3 €
Location : 6 appartements – 2 gîtes
🏚 1 borne – 14 🖻
Pour s'y rendre : SO : 0,7 km par rte du col du Glandon (D
9), à 100 m d'un petit plan d'eau

> Nature : ≤ montagnes et pic du Puy
> Gris (2 950 m) 🎋
> Services : 🔥 🗄 ⊕
> À prox. : 🏊 ⚒ terrain omnisports,
> escalade (via ferrata et mur)

ST-JEAN-DE-COUZ

✉ 73160 – **333** H5 – 215 h. – alt. 630
Paris 561 – Aix-les-Bains 31 – Chambéry 16 – Le Pont-de-Beauvoisin 24 – St-Laurent-du-Pont 14 – La Tour-du-Pin 44.

⚠ **La Bruyère** 20 avr.-8 oct.
🖊 04 79 65 74 27, *bearob@libertysurf.fr*,
Fax 04 79 65 74 27, *www.camping-labruyere.com*
– **R** conseillée
1 ha (60 empl.) plat, herbeux
Tarif : (Prix 2006) 🛉 ⇌ 🗐 6,10 € – ⅊ (6A) 2,90 €
Pour s'y rendre : S : 2 km par N 6 et rte de Côte Barrier
À savoir : Au pied du Massif de la Chartreuse

| Nature : 🐾 < ⌂ ♀ |
| Loisirs : 🛋 🚵 |
| Services : ⚬ ↻ ⊕ 🏄 |

ST-JEAN-DE-MAURIENNE

✉ 73300 – **333** L6 – G. Alpes du Nord – 8 902 h. – alt. 556
🅱 Office de tourisme, place de la Cathédrale 🖊 04 79 83 51 51, Fax 04 79 83 42 10
Paris 641 – Lyon 174 – Chambéry 75 – Saint-Martin-d'Hères 105 – Meylan 104.

⚠ **Municipal les Grands Cols** mai-15 sept.
🖊 04 79 64 28 02, *camping@saintjeandemaurienne.fr*,
Fax 04 79 64 28 02, *www.saintjeandemaurienne.fr/tou
risme/campfr.html* – **R** conseillée
2,5 ha (80 empl.) en terrasses, plat, herbeux
Tarif : (Prix 2006) 🛉 ⇌ 🗐 16 € – ⅊ (16A)
🚐 1 borne 4 €
Pour s'y rendre : Au SE de la ville par rte de St-Michel-de-Maurienne (av. du Mont-Cenis) et à droite avant le pont de l'Arvan

| Nature : < montagnes |
| Loisirs : snack 🛋 🚵 terrain omnisports |
| Services : ⚬ GB ↻ Ⓜ 🗐 ⊕ 🏄 ⚐ 🅿 |

*Benutzen Sie
– zur Wahl der Fahrtroute
– zur Berechnung der Entfernungen
– zur exakten Lokalisierung eines Campingplatzes (mit Hilfe der Angaben im Ortstext)
die für diesen Führer unentbehrlichen **MICHELIN-Karten** im Ma1 : 150 000.*

828

ST-PIERRE-D'ALBIGNY

✉ 73250 – **333** J4 – 3 269 h. – alt. 410
🅱 Office de tourisme, place de l'Europe 🖊 04 79 71 44 07, Fax 04 79 71 44 55
Paris 587 – Aix-les-Bains 43 – Albertville 27 – Annecy 52 – Chambéry 27 – Montmélian 13.

⚠ **Le Carouge** mi-juin-mi-sept.
🖊 04 79 28 58 16, *campingdecarouge@wanadoo.fr*,
www.campingdecarouge.com
1,6 ha (80 empl.) plat, herbeux
Tarif : 🛉 ⇌ 🗐 8,50 € – ⅊ (10A) 4 €
Pour s'y rendre : S : 2,8 km par D 911 et chemin à gauche, à 300 m de la N 6
À savoir : Au bord du lac

| Nature : < ⌂ ♀ |
| Loisirs : 🍸 |
| Services : 🔌 ⚬ GB ↻ 🗐 ⊕ 🏄 🅿 |
| À prox. : snack 🚵 ⛖ poneys pédalos |

SÉEZ

✉ 73700 – **333** N4 – 1 968 h. – alt. 904
🅱 Office de tourisme, rue Célestin Freppaz 🖊 04 79 41 00 15
Paris 638 – Albertville 57 – Bourg-St-Maurice 4 – Moûtiers 31.

⚠ **Le Reclus** déb.janv.-fin oct.
🖊 04 79 41 01 05, *campinglereclus@wanadoo.fr*,
Fax 04 79 41 01 05 – **R** conseillée
1,5 ha (108 empl.) peu incliné et en terrasses, herbeux, pierreux
Tarif : 🛉 ⇌ 🗐 7,40 € – ⅊ (13A) 3,80 €
Pour s'y rendre : Sortie NO par N 90, rte de Bourg-St-Maurice, bord du Reclus

| Nature : ❄ ♀♀ |
| Loisirs : 🛋 |
| Services : 🔌 ⚬ GB ↻ 🏛 🗐 ⊕ 🅿 sèche-linge |

SOLLIÉRES-SARDIÈRES

73500 – **333** N6 – 162 h. – alt. 1 350
☒ Office de tourisme, ℘ 04 79 20 52 45
Paris 678 – Bessans 21 – Chambéry 118 – Lanslebourg-Mont-Cenis 8 – Modane 16 – Susa 46.

⚊ **Le Chenantier** 1ᵉʳ juin-mi-sept.
℘ 06.63.84.19.16, veillem@wanadoo.fr, Fax 04 79 20 53 43,
www.lechenantier.fr – **R** conseillée
1,5 ha (58 empl.) non clos, en terrasses, herbeux, pierreux,
bois attenant
Tarif : ⚊ ⚊ 目 5,60 € – [½] (10A) 3,50 €
Pour s'y rendre : À l'entrée de Sollières-Envers, à 50 m de
l'Arc et de la N 6

| Nature : 🌳 ⚘ |
| Services : 🚿 ⚰ 🗑 🔌 🚮 |
| À prox. : 🎣 |

TERMIGNON

73500 – **333** N6 – G. Alpes du Nord – 426 h. – alt. 1 290
☒ Office de tourisme, place de la Vanoise ℘ 04 79 20 51 67, Fax 04 79 20 51 82
Paris 680 – Bessans 18 – Chambéry 120 – Lanslebourg-Mont-Cenis 6 – Modane 18 – Susa 43.

⚊ **La Fennaz** déb.juil.-fin août
℘ 04 79 20 51 41, info@campingtermignon.com,
Fax 04 79 20 52 46, www.campingtermignon.com
– **R** conseillée
1,5 ha (83 empl.) peu incliné et en terrasses, incliné,
herbeux, pierreux
Tarif : ⚊ 3 € ⚊ 1,50 € 目 2,60 € – [½] (10A) 7,20 €
Pour s'y rendre : À 0,8 km au Nord de la commune

| Nature : 🌳 ⚘ montagnes |
| Services : ⚰ (déb.juil.-fin août) ⚙ 🚮 |
| À prox. : 🏇 🍴 |

⚊ **Les Mélèzes** 1ᵉʳ janv.-déb.oct.
℘ 04 79 20 51 41, info@campingtermignon.com,
Fax 04 79 20 52 46, www.campingtermignon.com
– **R** conseillée
0,7 ha (66 empl.) plat, herbeux
Tarif : ⚊ 3 € ⚊ 1,50 € 目 2,60 € – [½] (10A) 7,20 €
Location (permanent) : 🛖 – 4 🏠 (4 à 6 pers.) 300 à
350 €/sem.
Pour s'y rendre : Au bourg, bord d'un torrent

| Nature : 🌳 ⚘ 🌿 |
| Loisirs : 🏓 ⚘ |
| Services : 🚿 ⚰ ⚙ 🎱 🔌 🚮 |

829

La TOUSSUIRE

73300 – **333** K6 – G. Alpes du Nord – alt. 1 690
Paris 651 – Albertville 78 – Chambéry 91 – St-Jean-de-Maurienne 16.

⚊ **Caravaneige du Col** 1ᵉʳ janv.-22 avr., saison
℘ 04 79 83 00 80, campingducol@free.fr,
Fax 04 79 83 03 67, www.camping-du-col.com – alt. 1 640 –
R indispensable
0,8 ha (40 empl.) plat, herbeux
Tarif : ⚊ ⚊ 目 7,30 € – [½] (10A) 7,65 € – frais de réser-
vation 5 €
Location : 3 🏠 (4 à 6 pers.) 425 à 540 €/sem. – 2
appartements
🚐 1 borne 6 €
Pour s'y rendre : À 1 km à l'E de la station, sur la rte de
St-Jean-de-Maurienne
À savoir : Navette gratuite pour la station

| Nature : ❄ 🌳 ⚘ Les Aiguilles d'Arves |
| Loisirs : 🍴 snack 🏓 ⚓ |
| Services : 🚿 ⚰ 🏧 ⚙ 🎱 🗑 🚳 🔌 🚮 sèche-linge |

VALLOIRE

73450 – **333** L7 – G. Alpes du Nord – 1 243 h. – alt. 1 430 – Sports d'hiver : 1 430/2 600 m ⚡2 ⚡31 ⚡
☒ Office de tourisme, rue des Grandes Alpes ℘ 04 79 59 03 96, Fax 04 79 59 09 66
Paris 664 – Albertville 91 – Briançon 52 – Chambéry 104 – Lanslebourg-Mont-Cenis 57 – Col du Lautaret 25.

⚊⚊ **Ste Thècle**
℘ 04 79 83 30 11, camping-caravaneige@valloire.net,
Fax 04 79 83 35 13 – **R** conseillée
1,5 ha (81 empl.) plat, peu incliné, terrasses, herbeux, pierreux
🚐 1 borne
Pour s'y rendre : Au N de la localité, au confluent de deux
torrents

| Nature : ❄ 🌳 ⚘ |
| Loisirs : 🏓 ⚓ |
| Services : 🚿 ⚰ 🎱 🗑 🔌 🚮 |
| À prox. : patinoire, bowling 🍴 ⚓ 🏕 terrain omnisports |

VILLAREMBERT

✉ 73300 – **333** K6 – 290 h. – alt. 1 296

🛈 *Office de tourisme, le Corbier* ✆ *04 79 83 04 04, Fax 04 79 83 02 90*

Paris 647 – Aiguebelle 49 – Chambéry 87 – St-Jean-de-Maurienne 12 – La Toussuire 7.

⚠ **Municipal la Tigny** 1er juil.-31 août

✆ 04 79 56 74 65, *mairie.villarembert@wanadoo.fr,*
Fax 04 79 83 03 64 – **R** conseillée
0,3 ha (27 empl.) non clos, plat et peu incliné, terrasses, gravier, herbeux
Tarif : 🏕 3,20 € 🚗 2,10 € 🔋 2,70 € – 🔌 (5A) 2,70 €
Pour s'y rendre : Sortie S par D 78 et chemin à gauche
À savoir : Cadre verdoyant près d'un ruisseau

Nature : ≤ 🌳
Loisirs : 🔀
Services : 🅰 🛫 📶

Haute-Savoie (74)

ALEX

✉ 74290 – **328** K5 – G. Alpes du Nord – 792 h. – alt. 589

Paris 545 – Albertville 42 – Annecy 12 – La Clusaz 20 – Genève 49.

Schéma à Doussard

⚠ **La Ferme des Ferrières** juin-sept.

✆ 04 50 02 87 09, *campingfermedesferrieres@voila.fr,*
Fax 04 50 02 80 54, *www.camping-des-ferrieres.com*
– **R** conseillée
5 ha (200 empl.) peu incliné à incliné, herbeux
Tarif : (Prix 2006) 🏕 🚗 🔋 12,40 € 🔌 (5A)
Pour s'y rendre : O : 1,5 km par D 909, rte d'Annecy et chemin à droite

Nature : 🦫 ≤ 🌳
Loisirs : 🍽 🏠 🔀
Services : 🚿 🔌 🚐 🛫 🅰 📶

AMPHION-LES-BAINS

✉ 74500 – **328** M2 – G. Alpes du Nord

🛈 *Office de tourisme, 215, rue de la Plage* ✆ *04 50 70 00 63, Fax 04 50 70 03 03*

Paris 573 – Annecy 81 – Évian-les-Bains 4 – Genève 40 – Thonon-les-Bains 6.

⚠ **La Plage** fermé 3 nov.-23 déc.

✆ 04 50 70 00 46, *info@camping-dela-plage.com,*
Fax 04 50 70 84 45, *www.campingdelaplage.fr* – **R** conseillée
0,7 ha (43 empl.) plat, herbeux
Tarif : 🏕 🚗 🔋 22 € – 🔌 (6A) 4,20 € – frais de réservation 15 €
Location (permanent) : 🏠 (4 à 6 pers.) 427 à 588 €/sem. – 🏡 (4 à 6 pers.) 427 à 588 €/sem. – studios – 3 bungalows toilés
Pour s'y rendre : À 200 m du lac Léman

Nature : 🌳
Loisirs : 🍽 🔀 🛝 (petite piscine)
Services : 🚿 🔌 🚐 🚐 🛫 🛒 🅰 📶 🅰 🛫 📶 📶
À prox. : ✂ 🅼 parcours sportif

ARGENTIÈRE

✉ 74400 – **328** O5 – G. Alpes du Nord – alt. 1 252 – Sports d'hiver : voir Chamonix

🛈 *Office de tourisme, 24, route du village* ✆ *04 50 54 02 14, Fax 04 50 54 06 39*

Paris 619 – Annecy 106 – Chamonix-Mont-Blanc 10 – Vallorcine 10.

⚠ **Le Glacier d'Argentière** 20 mai-sept.

✆ 04 50 54 17 36, Fax 04 50 54 03 73, *www.camping-chamonix.com* – **R**
1 ha (80 empl.) incliné à très incliné, herbeux
Tarif : 🏕 4,70 € 🚗 1,70 € 🔋 3,40 € – 🔌 (10A) 4,30 €
Pour s'y rendre : S : 1 km par rte de Chamonix, aux Chosalets, à 200 m de l'Arve

Nature : ≤ 🌳
Loisirs : 🏠
Services : 🚿 🚐 (15 juin-15 sept.) 🚐 🅰 📶 sèche-linge

830

LA BALME-DE-SILLINGY

✉ 74330 – **328** J5 – 3 729 h. – alt. 480
🛈 *Syndicat d'initiative, route de Choisy* ℰ 04 50 68 78 70, Fax 04 50 68 53 29
Paris 524 – Dijon 250 – Grenoble 111 – Lons-le-Saunier 136 – Lyon 141 – Mâcon 139.

    Camping de la Caille mai-sept.
    ℰ 04 50 68 85 21, *contact@aubergedelacaille.com*,
    Fax 04 50 68 74 56, *www.aubergedelacaille.com*
    – **R** conseillée
    4 ha/1 campable (30 empl.) plat, peu incliné, herbeux
    Tarif : ✱ ⇦ 🗉 19 € – ⨎ (12A) 5 €
    Location (permanent) 🅿 (chalets) : 10 🏠 (4 à 6 pers.)
    395 à 690 €/sem. – 7 ⨝ – 2 gîtes
    🖚 1 borne
    Pour s'y rendre : N : 4 km par N 508 rte de Frangy et
    chemin à droite

Nature :
Loisirs :
Services :

Les BOSSONS

✉ 74400 – **328** O5 – G. Alpes du Nord – alt. 1 005
Paris 614 – Lyon 222 – Annecy 89 – Thonon 99 – Annemasse 73.
Schéma à Chamonix-Mont-Blanc

    Les Deux Glaciers déb.janv.-15 nov.
    ℰ 04 50 53 15 84, *glaciers@clubinternet.fr*,
    Fax 04 50 53 15 84, *www.les2glaciers.com* – **R** conseillée
    1,6 ha (130 empl.) en terrasses, herbeux
    Tarif : ✱ ⇦ 🗉 19,70 € ⨎ (10A)
    Location ⨎ : 4 🏠 (4 à 6 pers.) 280 à 580 €/sem.
    Pour s'y rendre : Rte du tremplin olympique
    À savoir : À proximité des glaciers, cadre agréable

Nature :
Loisirs : snack
Services :
sèche-linge

*We recommend that you consult the up to date price list posted at the entrance of the site.
Inquire about possible restrictions.
The information in this Guide may have been modified since going to press.*

    Les Écureuils saison
    ℰ 04 50 53 83 11, *contact@campingdesecureuils.fr*,
    Fax 04 50 53 83 11, *www.campindesecureuils.fr* – **R** conseil-
    lée
    0,6 ha (45 empl.) non clos, plat et peu incliné, herbeux,
    gravillons
    Tarif : ✱ ⇦ 🗉 7,70 € – ⨎ (6A) 3 €
    Location : 3 🏠
    Pour s'y rendre : Au bourg, à 100 m de l'Arve
    À savoir : Cadre agréable au bord d'un torrent

Nature : massif du Mont-Blanc et glaciers
Loisirs :
Services :
sèche-linge

BOUT-DU-LAC

✉ 74210 – **328** K6
Paris 553 – Albertville 29 – Annecy 17 – Megève 43.
Schéma à Doussard

    International du Lac Bleu déb.avr.-fin sept.
    ℰ 04 50 44 30 18, *lac-bleu@nwc.fr*, Fax 04 50 44 84 35,
    www.camping-lac-bleu.com – **R** conseillée
    3,3 ha (221 empl.) plat, herbeux, pierreux
    Tarif : (Prix 2006) ✱ ⇦ 🗉 28,10 € ⨎ (8A) – frais de réser-
    vation 25 €
    Location : 26 🛏 (4 à 6 pers.) 340 à 690 €/sem. – ⨝ –
    studios – appartements
    Pour s'y rendre : Rte d'Albertville
    À savoir : Situation agréable au bord du lac (plage)

Nature :
Loisirs : snack
Services :
sèche-linge
À prox. : ponton d'amarrage, point d'informations touristiques, vol biplace, parapente

CHAMONIX-MONT-BLANC

✉ 74400 – **328** O5 – G. Alpes du Nord – 9 830 h. – alt. 1 040 – Sports d'hiver : 1 035/3 840 m – 🚡14 💺36 🎿
Tunnel du Mont-Blanc : péage en 2006, aller simple : autos 31,20, autos et caravanes 41,30, camions 113,20 à 240,60, motos 20,70 - Renseignements ATMB 🖉 04 50 55 55 00
🖪 *Office de tourisme, 85, place du Triangle de l'Amitié* 🖉 *04 50 53 00 24, Fax 04 50 53 58 90*
Paris 610 – Albertville 65 – Annecy 97 – Aosta 57 – Genève 82 – Lausanne 110.

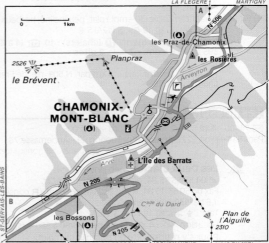

🏔 **Les Rosières** 8 juin-10 sept.
🖉 04 50 53 10 42, *info@campinglesrosieres.com*,
Fax 04 50 53 29 55, *www.campinglesrosieres.com*
– **R** conseillée
1,6 ha (147 empl.) plat, herbeux
Tarif : 🏕 ➔ 🗐 13 € – 🔌 (10A) 3,10 €
Location : 60 🛏 (4 à 6 pers.) 380 à 570 €/sem.
Pour s'y rendre : NE : 1,2 km par N 506, à 50 m de l'Arve

Nature : ≤ vallée et massif du Mont-Blanc ♀
Loisirs : snack 🛆 🚲
Services : ♿ ⚬⟲ 🛒 🗑 🖄 ⊕ 🖳 sèche-linge 🌡
À prox. : 🎣

🏔 **L'Île des Barrats** 15 mai-sept.
🖉 04 50 53 51 44, Fax 04 50 53 51 44 – **R**
0,8 ha (56 empl.) peu incliné et plat, herbeux
Tarif : 🏕 6,30 € ➔ 2,40 € 🗐 5,20 € – 🔌 (10A) 4,30 €
🛒 1 borne 7 €
Pour s'y rendre : Au SO de la ville, à 150 m de l'Arve

Nature : ≤ Massif du Mont-Blanc et glaciers 🗺 ♀
Loisirs : 🛆
Services : ♿ ⚬⟲ 🗑 ⊕ 🖳 🌡 sèche-linge

CHÂTEL

✉ 74390 – **328** O3 – G. Alpes du Nord – 1 190 h. – alt. 1 180 – Sports d'hiver : 1 200/2 100 m – 🚡2 💺52 🎿
🖪 *Office de tourisme, Chef-Lieu* 🖉 *04 50 73 22 44, Fax 04 50 73 22 87*
Paris 578 – Annecy 113 – Évian-les-Bains 34 – Morzine 38 – Thonon-les-Bains 39.

🏔 **L'Oustalet** 👥 – 23 juin-3 sept.
🖉 04 50 73 21 97, *oustalet@valdabondance.com*,
Fax 04 50 73 37 46, *www.oustalet.com* – alt. 1 110
– **R** conseillée – en hiver, séjour minimum 1 semaine
3 ha (100 empl.) plat et peu incliné, herbeux, pierreux, gravillons
Tarif : (Prix 2006) 🏕 ➔ 🗐 28,80 € 🔌 (10A) – frais de réservation 16 €
Location 🏠 : 10 🛏 (4 à 6 pers.) 380 à 730 €/sem.
🛒 1 borne 6 € – 14 🗐
Pour s'y rendre : SO : 2 km par la rte du col de Bassachaux, bord de la Dranse
À savoir : Site agréable de la vallée d'Abondance

Nature : ❄ ≤
Loisirs : 🍷 🛆 🎬 diurne 🧗 🎣
🏊 🎿 🏓 🎯
Services : ♿ ⚬⟲ 🛒 ⟲ 🗑 Ⓜ 🗑 🖳 ⊕ 🖳 sèche-linge
À prox. : 🎠 ✗ snack 🎣 🚲 🏇 poneys, practice de golf

CHOISY

⊠ 74330 – **328** J5 – 1 365 h. – alt. 626
Paris 523 – Annecy 18 – Bellegarde-sur-Valserine 29 – Bonneville 38 – Genève 40.

⚠ **Chez Langin** 20 avr.-30 nov.
   ℰ 04 50 77 41 65, *3s2@wanadoo.fr*, Fax 04 50 77 45 01
   – **R** conseillée
   4 ha/2 campables (54 empl.) peu incliné, herbeux
   Tarif : 🏕 ⟵ 🅴 24,40 € 🔌 (6A)
   Location 🏠 : 5 🏠 – (sans sanitaires)
   Pour s'y rendre : NE : 1,3 km par D 3, rte d'Allonzier-la-Caille puis 1,3 km par rte des Mégevands à gauche et chemin - par autoroute A 41 : sortie Cruseilles et D 3
   À savoir : Prairie à l'orée d'un bois, face aux montagnes

> Nature : 🌳 ⟞
> Loisirs : snack 🍴 🏓 🏊 (petite piscine), parcours panoramique avec table d'orientation
> Services : 🅾 🦽 🛒 ♨ 🌿 ⊕ 🏪 🛎

La CLUSAZ

⊠ 74220 – **328** L5 – G. Alpes du Nord – 2 023 h. – alt. 1 040 – Sports d'hiver : 1 100/2 600 m ⛷6 ⛷49 🎿
🛈 Office de tourisme, 161, place de l'église ℰ 04 50 32 65 00, Fax 04 50 32 65 01
Paris 564 – Albertville 40 – Annecy 32 – Bonneville 26 – Chamonix-Mont-Blanc 60 – Megève 27 – Morzine 65.

⛰ **Le Plan du Fernuy** mai-mi-déc. et été
   ℰ 04 50 02 44 75, *info@plandufernuy.com*,
   Fax 04 50 32 67 02, *www.plandufernuy.com* – **R** conseillée
   1,3 ha (60 empl.) en terrasses, peu incliné, gravier, herbeux
   Tarif : (Prix 2006) 🏕 ⟵ 🅴 35 € 🔌 (13A) – frais de réservation 11 €
   Location 🏠 : 10 🛖 (4 à 6 pers.) 350 à 670 €/sem. – 5 appartements
   🚐, 1 borne 5 €
   Pour s'y rendre : E : 1,5 km par rte des Confins
   À savoir : Belle piscine d'intérieur et site agréable au pied des Aravis

> Nature : 🌲 🌳 ⟞ 🗔 ♀
> Loisirs : 🍴 🍴 ⚙ diurne 🏓 🏊
> Services : 🦽 🅾 🅶🅱 🦽 🏧 🛒 ♨ ⊕
> 🌿 🚿 🕯 🏪 sèche-linge

833

CONTAMINE-SARZIN

⊠ 74270 – **328** I4 – 350 h. – alt. 450
Paris 516 – Annecy 25 – Bellegarde-sur-Valserine 22 – Bonneville 46 – Genève 29.

⚠ **Le Chamaloup** 15 juin-15 sept.
   ℰ 04 50 77 88 28, *camping@chamaloup.com*,
   Fax 04 50 77 99 79, *www.chamaloup.com* – **R** conseillée
   1,5 ha (75 empl.) non clos, plat, herbeux
   Tarif : 🏕 ⟵ 🅴 18 € – 🔌 (10A) 4 € – frais de réservation 10 €
   Location (permanent) 🏠 : 16 🏠 (4 à 6 pers.) 300 à 580 €/sem.
   Pour s'y rendre : S : 2,8 km par D 123, près de la N 508 et de la rivière les Usses

> Nature : 🗔 ♀♀
> Loisirs : 🍴 🏓 🏊
> Services : 🦽 🅾 🅶🅱 🦽 🛒 ⊕ 🕯 🏪

Les CONTAMINES-MONTJOIE

⊠ 74170 – **328** N6 – G. Alpes du Nord – 1 129 h. – alt. 1 164 – Sports d'hiver : 1 165/2 500 m ⛷4 ⛷22 🎿
🛈 Office de tourisme, 18, route de Notre-Dame de la Gorge ℰ 04 50 47 01 58, Fax 04 50 47 09 54
Paris 606 – Annecy 93 – Bonneville 50 – Chamonix-Mont-Blanc 33 – Megève 20 – St-Gervais-les-Bains 9.

⛰ **Le Pontet** hiver et été
   ℰ 04 50 47 04 04, *campingdupontet@wanadoo.fr*,
   Fax 04 50 47 18 10, *www.campinglepontet.fr* – **R** conseillée
   2,8 ha (157 empl.) plat, gravillons, herbeux
   Tarif : (Prix 2006) 🏕 ⟵ 🅴 15 € – 🔌 (10A) 9,90 €
   Location : gîte d'étape
   Pour s'y rendre : S : 2 km par D 902, bord du Bon Nant
   À savoir : Site agréable au départ des pistes de ski et de randonnée

> Nature : 🌲 ⟞ 🗔 ♀
> Loisirs : 🏚 🏓
> Services : 🦽 🅾 🅶🅱 🦽 🏧 🛒 ⊕ 🏪
> sèche-linge
> À prox. : 🍴 🍴 snack ⚡ ⚽ 🎣 🐎 practice de golf

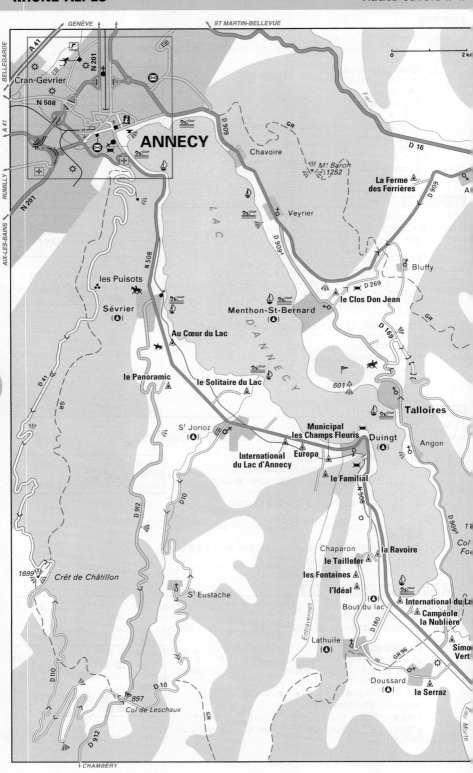

BELLEGARDE

A 41

N 508

Cran-Gevrier

N 201

ANNECY

RUMILLY

A 41

N 201

AIX-LES-BAINS

834

D 909

Chavoire

Mt Baron
1252

GR

D 16

D 909

La Ferme
des Ferrières

Veyrier

D 909A

Bluffy

les Puisots

N 508

D 41

GR

Sévrier
(O)

Menthon-St-Bernard
(O)

Au Cœur du Lac

le Clos Don Jean

D 269

D 169

GR

le Panoramic

le Solitaire du Lac

601

D'ANNECY

LAC

Talloires

St Jorioz
(O)

Municipal
les Champs Fleuris

Duingt
(O)

Angon

International
du Lac d'Annecy

Europa

le Familial

N 508

D 912

D 10

Chaparon

la Ravoire

le Taillefer

les Fontaines

D 909A

Col
Fo

1699

Crêt de Châtillon

St Eustache

l'Idéal

International du La

Bout du lac

Campéole
la Nublière

Entravernes

Lathuile
(O)

D 180

GR 96

Simo
Vert

D 110

D 10

897
Col de Leschaux

GR

Doussard
(O)

la Serraz

Eau Morte

D 912

0   2 km

DOUSSARD

✉ 74210 – **328** K6 – 2 781 h. – alt. 456
Paris 555 – Albertville 27 – Annecy 20 – La Clusaz 36 – Megève 42.

⚠ Campéole la Nublière ▲▲ –
𝒫 04 50 44 33 44, *nubliere@wanadoo.fr*,
Fax 04 50 44 31 78, *www.campeoles.fr* – **R** conseillée
9,2 ha (467 empl.) plat, herbeux, pierreux
Location : 50 ⬚ – 70 ⬚ – bungalows toilés
Pour s'y rendre : N : 1,8 km
À savoir : Situation agréable au bord du lac (plage)

> Nature : ⚠
> Loisirs : ▾ ✗ salle d'activité
> Services : ♿ ⛟ ⬚ ⬚ ⬚ ⬚ ⬚
> À prox. : ⬚ ✗ ⬚ ponton d'amarrage, point d'informations touristiques, vol biplace, parapente

⚠ La Serraz 1er mai-mi-sept.
𝒫 04 50 44 30 68, *info@campinglaserraz.com*,
Fax 04 50 44 81 07, *www.campinglaserraz.com* – **R** conseillée
3,5 ha (197 empl.) plat, herbeux
Tarif : ⚥ ⬚ ⬚ 24 € – ⬚ (10A) 3,50 € – frais de réservation 23 €
Location : 30 ⬚ (4 à 6 pers.) 240 à 680 €/sem.
Pour s'y rendre : Au bourg, sortie E près de la poste

> Nature : ⬚
> Loisirs : ▾ ⬚ ⬚ ⬚ ⬚
> Services : ♿ ⛟ GB ✎ ⬚ ⬚ ⬚ ⬚
> ⬚ ⬚

⚠ Simon de Verthier mai-sept.
𝒫 04 50 44 36 57 – **R**
1 ha (26 empl.) plat, herbeux
Tarif : ⚥ ⬚ ⬚ 14 € – ⬚ (4A) 2 €
Pour s'y rendre : NE : 1,6 km, à Verthier, près de l'Eau Morte

> Nature : ⬚ ⬚
> Services : ♿ ⛟ GB ⬚ ⬚ ⬚

DUINGT

✉ 74410 – **328** K6 – G. Alpes du Nord – 797 h. – alt. 450
🛈 *Office de tourisme, Mairie* *𝒫* 04 50 68 67 07, Fax 04 50 77 03 17
Paris 548 – Albertville 34 – Annecy 12 – Megève 48 – St-Jorioz 3.
Schéma à Doussard

835

⚠ Municipal les Champs Fleuris fin avr.-mi-sept.
𝒫 04 50 68 57 31, *camping@duingt.fr*, Fax 04 50 77 03 17,
www.camping-duingt.com – **R** conseillée
1,3 ha (112 empl.) plat et peu incliné, terrasses, herbeux
Tarif : (Prix 2006) ⚥ ⬚ ⬚ 18,05 € ⬚ (10A)
Location : 4 ⬚ (4 à 6 pers.) 355 à 475 €/sem.
Pour s'y rendre : O : 1 km

> Nature : ⬚
> Loisirs : ⬚
> Services : ♿ ⛟ ✎ ⬚ ⬚ ⬚ ⬚
> sèche-linge
> À prox. : ⬚

⚠ Le Familial avr.-20 oct.
𝒫 04 50 68 69 91, *contact@annecy-camping-famillial.com*,
Fax 04 50 68 69 91, *www.annecy-camping-famillial.com*
– **R** conseillée
0,5 ha (40 empl.) plat et peu incliné, herbeux
Tarif : ⚥ ⬚ ⬚ 12 € – ⬚ (6A) 3 €
Location ✗ : 3 ⬚ (4 à 6 pers.) 250 à 552 €/sem.
Pour s'y rendre : SO : 1,5 km

> Nature : ⬚ ⬚
> Loisirs : ⬚
> Services : ⛟ ⬚ ⬚

EXCENEVEX

✉ 74140 – **328** L2 – G. Alpes du Nord – 682 h. – alt. 375
🛈 *Office de tourisme, rue des Ecoles* *𝒫* 04 50 72 89 22
Paris 564 – Annecy 71 – Bonneville 42 – Douvaine 9 – Genève 27 – Thonon-les-Bains 13.

⚠ La Pinède 22 avr.-16 sept.
𝒫 04 50 72 85 05, *cplpinede@atciat.com*,
Fax 04 50 72 93 00, *www.campeoles.fr* – places limitées
pour le passage – **R** conseillée
12 ha (619 empl.) plat, peu incliné, herbeux
Tarif : ⚥ ⬚ ⬚ 19,90 € – ⬚ (16A) 3,90 € – frais de réservation 23 €
Location : 51 ⬚ (4 à 6 pers.) 259 à 658 €/sem. –
bungalows toilés
Pour s'y rendre : SE : 1 km par D 25
À savoir : Agréable site boisé en bordure d'une plage du
lac Léman

> Nature : ⬚ ⬚
> Loisirs : ⬚ ⬚ ✗ ⬚ ponton
> d'amarrage
> Services : ♿ ⛟ GB ✎ ⬚ ⬚ ⬚ ⬚
> ⬚ ⬚ sèche-linge ⬚
> À prox. : ▾ ✗ snack ⬚ ✗ ⬚ ⬚
> pédalos

Les GETS

🖂 74260 – **328** N4 – G. Alpes du Nord – 1 352 h. – alt. 1 170 – Sports d'hiver : 1 170/2 000 m 🎿5 ⛷47 🎿
🛈 *Office de tourisme, place Mairie* ☎ *04 50 75 80 80*
Paris 579 – Annecy 77 – Bonneville 33 – Chamonix-Mont-Blanc 60 – Cluses 19 – Morzine 7 – Thonon-les-Bains 36.

⚠ **Le Frêne** 30 juin-1ᵉʳ sept.
☎ 04 50 75 80 60, Fax 04 50 75 84 39 – alt. 1 315 – ⌦
0,3 ha (32 empl.) non clos, en terrasses, peu incliné,
herbeux
Tarif : 🧍 🚙 🔲 16 € – 🔌 (4A) 6 €
Pour s'y rendre : Sortie SO par D 902 rte de Taninges puis
2,3 km par rte des Platons à droite

> Nature : 🌿 ≤ Aiguille du Midi, mas-
> sif du Mt-Blanc 🏔
> Loisirs : 🏠 🏊
> Services : ♿ ⚡ ⌦ ♻ 🚿 🛁 ♨ 🚮
> 🔖 🖲

Le GRAND-BORNAND

🖂 74450 – **328** L5 – G. Alpes du Nord – 2 115 h. – alt. 934 – Sports d'hiver : 1 000/2 100 m 🎿2 ⛷37 🎿
🛈 *Office de tourisme, place de l'Église* ☎ *04 50 02 78 00, Fax 04 50 02 78 01*
Paris 564 – Albertville 47 – Annecy 31 – Bonneville 23 – Chamonix-Mont-Blanc 76 – Megève 34.

⚠ **L'Escale** 25 mai-23 sept.
☎ 04 50 02 20 69, *contact@campinglescale.com,*
Fax 04 50 02 36 04, *www.campinglescale.com* – **R** conseillée
2,8 ha (149 empl.) plat et peu incliné, terrasse, herbeux,
pierreux
Tarif : 🧍 🚙 🔲 22,80 € – 🔌 (10A) 8,50 € – frais de réservation 12 €
Location (permanent) : 8 🛏 – 7 studios – 19 appartements
🚐 1 borne – 5 🔲
Pour s'y rendre : À l'E du bourg, à proximité de l'église,
près du Borne
À savoir : Agréable complexe aquatique ludique

> Nature : ❄ 🌿 ≤
> Loisirs : 🍸 🍴 🏠 jacuzzi 🏊 💈
> 🏐 ⛷
> Services : ♿ ⚡ ⌦ ♻ 🏧 🚿 🛁 ♨
> 🚮 🔖 ♨ 🖲 sèche-linge 🧺
> À prox. : 🎣 🐴 🎿 parcours sportif

⚠ **Le Clos du Pin** fermé mi-mai-mi-juin et mi-sept.-nov.
☎ 04 50 02 70 57, *contact@le-clos-du-pin.com,*
Fax 04 50 02 27 61, *www.de-clos-du-pin.com* – alt. 1 015 –
places limitées pour le passage – **R** conseillée
1,3 ha (61 empl.) peu incliné, herbeux
Tarif : (Prix 2006) 🧍 🚙 🔲 23 € 🔌 (10A)
Pour s'y rendre : E : 1,3 km par rte du Bouchet, bord du
Borne

> Nature : ❄ 🌿 ≤ chaîne des Aravis
> Loisirs : 🏠
> Services : ♿ ⚡ ♻ 🅼 🗜 🗑 ♨ 🚮
> 🔖 🖲 sèche-linge

836

Vallée du Drac Blanc (05)

GROISY

74570 – **328** K4 – 2 605 h. – alt. 690
Paris 534 – Dijon 228 – Grenoble 120 – Lons-le-Saunier 146 – Lyon 154 – Mâcon 149.

Le Moulin Dollay mai-sept.
04 50 68 00 31, Fax 04 50 68 00 31 – **R** conseillée
3 ha (30 empl.) plat, herbeux, pierreux, bois attenant
Tarif : ♣ ⇔ 🄴 16 € – 🄹 (6A) 3 €
Location : 2 gîtes
🚐 1 borne 4 € – 6 🄴 13 €
Pour s'y rendre : 2 km au SE, au lieu-dit Le Plot, au bord de
la rivière

> Nature : ⌂ ♀
> Loisirs : 🄻 🏓
> Services : 🛁 ⊶ ♉ Ⓜ ▥ 🄶 🛎 ⊕ 🄰
> 🧺 🄰 sèche-linge

LATHUILE

74210 – **328** K6 – 729 h. – alt. 510
Paris 554 – Albertville 30 – Annecy 18 – La Clusaz 38 – Megève 45.
Schéma à Doussard

La Ravoire
04 50 44 37 80, info@camping-la-ravoire.fr,
Fax 04 50 32 90 60, www.camping-la-ravoire.fr – **R** indispensable
2 ha (110 empl.) plat, herbeux
Tarif : ♣ ⇔ 🄴 29,30 € – 🄹 (15A)
Location 🏱 : 4 🏠 (4 à 6 pers.) 420 à 710 €/sem.
Pour s'y rendre : N : 2,5 km
À savoir : Beau cadre de verdure près du lac

> Nature : ≪ ♀
> Loisirs : 🄻 🏓 🏊 🎿
> Services : 🛁 ⊶ GB ♉ Ⓜ 🄶 🛎 ⊕
> 🄰 🧺 🄰 sèche-linge
> À prox. : 🎣

Les Fontaines 12 mai-10 sept.
04 50 44 31 22, info@campinglesfontaines.com,
Fax 04 50 44 87 80, www.campinglesfontaines.com
– **R** conseillée
3 ha (170 empl.) plat, peu incliné, en terrasses, herbeux
Tarif : ♣ ⇔ 🄴 21,50 € – 🄹 (6A) 3,70 € – frais de réservation 16 €
Location (14 avr.-30 sept.) 🏱 : 40 🚐 (4 à 6 pers.) 320
à 680 €/sem. – 3 🏠 (4 à 6 pers.) 370 à 720 €/sem.
Pour s'y rendre : N : 2 km, à Chaparon

> Nature : 🏔 ≪ ♀♀
> Loisirs : 🍴 snack 🄻 🃏 🏊 🎿
> Services : 🛁 ⊶ GB ♉ Ⓜ 🄶 🛎 ⊕
> 🄻 🄰 sèche-linge 🄰 🄰

837

L'Idéal 1er mai-23 sept.
04 50 44 32 97, camping-ideal@wanadoo.fr,
Fax 04 50 44 36 59, www.camping-ideal.com – **R** conseillée
3,2 ha (300 empl.) plat et peu incliné, herbeux
Tarif : ♣ ⇔ 🄴 24,50 € – 🄹 (6A) – frais de réservation 15 €
Location (14 avr.-23 sept.) 🏱 : 54 🚐 (4 à 6 pers.) 210
à 600 €/sem.
Pour s'y rendre : N : 1,5 km

> Nature : 🏔 ≪ ♀
> Loisirs : 🍴 snack 🄻 🃏 diurne 🏓 🏊 🃏 🏊 🎿
> Services : 🛁 ⊶ GB ♉ 🄶 🛎 ⊕ 🄻
> 🄰 sèche-linge 🄰 🄰

Le Taillefer déb.mai-fin sept.
04 50 44 30 30, info@campingletaillefer.com,
Fax 04 50 44 30 30, www.campingletaillefer.com
– **R** conseillée
1 ha (32 empl.) plat, incliné, en terrasses, herbeux
Tarif : ♣ ⇔ 🄴 14 € – 🄹 (6A) 3,40 €
Pour s'y rendre : N : 2 km, à Chaparon

> Nature : ≪ ♀
> Loisirs : 🍴 🄻 🏓
> Services : 🛁 ⊶ ♉ ⊕ 🄰 sèche-linge

LES GUIDES VERTS MICHELIN
Paysages, monuments
Routes touristiques
Géographie
Histoire, Art
Itinéraire de visite
Plans de villes et de monuments

LUGRIN

✉ 74500 – **328** N2 – G. Alpes du Nord – 1 997 h. – alt. 413
🛈 Syndicat d'initiative, Mairie 𝒫 04 50 76 00 38, Fax 04 50 76 08 62
Paris 584 – Annecy 91 – Évian-les-Bains 8 – St-Gingolph 12 – Thonon-les-Bains 17.

⚠ Vieille Église 15 avr.-30 oct.
𝒫 04 50 76 01 95, campingvieilleeglise@wanadoo.fr,
Fax 04 50 76 13 12, www.camping-vieille-eglise.com
– **R** conseillée
1,6 ha (100 empl.) plat et peu incliné, terrasses, herbeux
Tarif : ✳ 5,20 € – ⬌ 2,50 € – 🅴 4,80 € – 🔌 (10A) 3,90 € – frais de réservation 5 €
Location : 12 🛖 (4 à 6 pers.) 360 à 600 €/sem.
Pour s'y rendre : O : 2 km, à Vieille Église

| Nature : ≤ 🌳 |
| Loisirs : 🎱 🏊 |
| Services : 🚿 ⚡ 🖳 🛒 ⚐ 🍳 ⊛ 🎣 |
| ♨ 🖩 sèche-linge |
| À prox. : 🛒 |

⚠ Les Myosotis 10 mai-20 sept.
𝒫 04 50 76 07 59, campinglesmyosotis@wanadoo.fr,
Fax 04 50 76 07 59 – **R** conseillée
1 ha (58 empl.) en terrasses, herbeux
Tarif : ✳ ⬌ 🅴 12,50 € – 🔌 (6A) 3,10 €
Pour s'y rendre : S : 0,6 km
À savoir : Belle situation dominante sur le lac Léman

| Nature : 🏞 ≤ 🌿 |
| Services : 🚰 ⚡ 🛒 🎣 ⊛ 🖩 |

En juillet et août, beaucoup de terrains sont saturés et leurs emplacements retenus longtemps à l'avance. N'attendez pas le dernier moment pour réserver.

MEGÈVE

✉ 74120 – **328** M5 – G. Alpes du Nord – 4 509 h. – alt. 1 113 – Sports d'hiver : 1 113/2 350 m 🚡9 🚠70 🎿
🛈 Office de tourisme, Maison des Frères 𝒫 04 50 21 27 28, Fax 04 50 93 09 09
Paris 598 – Albertville 32 – Annecy 60 – Chamonix-Mont-Blanc 33 – Genève 71.

⚠ Bornand 10 juin-31 août
𝒫 04 50 93 00 86, camping.bornand@tiscali.fr,
Fax 04 50 93 02 48, www.camping-megeve.com – alt. 1 060
– **R** conseillée
1,5 ha (80 empl.) non clos, incliné et en terrasses, herbeux
Tarif : ✳ ⬌ 🅴 7,80 € – 🔌 (6A) 3 €
Pour s'y rendre : NE : 3 km par N 212 rte de Sallanches et rte de la télécabine à droite

| Nature : ≤ 🌿 |
| Loisirs : 🍴 |
| Services : 🚿 ⚡ 🖳 ⚐ 🛒 ⊛ 🖩 |
| sèche-linge |
| À prox. : ✗ |

⚠ Gai-Séjour 20 mai-15 sept.
𝒫 04 50 21 22 58 – alt. 1 040 – **R** conseillée
1,2 ha (60 empl.) plat, peu incliné, herbeux, pierreux
Tarif : ✳ ⬌ 🅴 10,30 € – 🔌 (4A) 2,20 €
Pour s'y rendre : SO : 3,5 km par N 212, rte d'Albertville, à Cassioz, bord d'un ruisseau

| Nature : ≤ 🌿 |
| Services : 🚰 🖳 ⚡ 🎱 ⊛ |

MENTHON-ST-BERNARD

✉ 74290 – **328** K5 – G. Alpes du Nord – 1 659 h. – alt. 482
🛈 Office de tourisme, Chef-lieu 𝒫 04 50 60 14 30, Fax 04 50 60 22 19
Paris 552 – Lyon 148 – Annecy 9 – Genève 51 – Chambéry 59.
Schéma à Doussard

⚠ Le Clos Don Jean 1er juin-15 sept.
𝒫 04 50 60 18 66, donjean74@wanadoo.fr,
Fax 04 50 60 18 66, www.clos-don-jean.com – **R** conseillée
1 ha (60 empl.) peu incliné, plat, herbeux
Tarif : ✳ ⬌ 🅴 17 € – 🔌 (6A) 3 €
Location (1er mai-15 sept.) : 9 🛖 (4 à 6 pers.) 250 à 470 €/sem.
Pour s'y rendre : Sortie par rte de Veyrier-du-lac et chemin à droite, au sud des Moulins

| Nature : 🏞 ≤ 🌿 |
| Loisirs : 🍴 |
| Services : 🚰 🛒 ⊛ 🖩 |

MORZINE

✉ 74110 – **328** N3 – G. Alpes du Nord – 2 948 h. – alt. 960 – Sports d'hiver : 1 000/2 100 m ✦ 6 ✦ 61 ✦
🛈 *Office de tourisme, 23, Place du Baraty* ℘ *04 50 74 72 72, Fax 04 50 79 03 48*
Paris 586 – Annecy 84 – Chamonix-Mont-Blanc 67 – Cluses 26 – Genève 58 – Thonon-les-Bains 31.

△ **Les Marmottes** 23 juin-2 sept. et Noël-mi-avril
℘ *04 50 75 74 44, camping.les.marmottes@orange.fr,*
Fax 04 50 75 74 44, *http://perso.orange.fr/cam
ping.les.marmottes/* – alt. 938 – **R** conseillée
0,5 ha (26 empl.) plat, gravier, herbeux
Tarif : ♦ ⬅ 🅴 20 € ⚡ (10A) – frais de réservation 5 €
Location 🏠 : 1 🛏 (4 à 6 pers.) 310 à 497 €/sem. –
appartements
Pour s'y rendre : à Essert-Romand, NO : 3,7 km par D 902,
rte de Thonon-les-Bains et D 329 à gauche

| Nature : ✿ ≤ |
| Loisirs : 🎣 |
| Services : & ⚡ 🚗 M 🏧 🛒 ⚐ ⊛ ⚘ |
| ⚐ 🛗 sèche-linge |

*De categorie (1 tot 5 tenten, in **zwart** of rood) die wij aan de geselekteerde
terreinen in deze gids toekennen, is onze eigen indeling.
Niet te verwarren met de door officiële instanties gebruikte classificatie (1 tot 4 sterren).*

NEYDENS

✉ 74160 – **328** J4 – 1 100 h. – alt. 560
Paris 525 – Annecy 36 – Bellegarde-sur-Valserine 33 – Bonneville 34 – Genève 16 – St-Julien-en-Genevois 5.

⚠ **La Colombière** 20 mars-12 nov.
℘ *04 50 35 13 14, la.colombiere@wanadoo.fr,*
Fax 04 50 35 13 40, *www.camping-la-colombiere.com*
– **R** conseillée
2,2 ha (107 empl.) plat, herbeux, gravier
Tarif : ♦ 5,70 € ⬅ 🅴 25,50 € – ⚡ (6A) 4,70 € – frais de
réservation 12 €
Location (permanent) : 12 🛏 (4 à 6 pers.) 325 à
730 €/sem. – 10 🏠 (4 à 6 pers.) 370 à 830 €/sem. – gîtes
🚐 1 borne 5 € – 4 🅴
Pour s'y rendre : À l'E du bourg

| Nature : ≤ 🛒 ⚘ |
| Loisirs : 🍴 ✗ 🎣 ⚘ diurne ⚿ ⚲ |
| ⚐ |
| Services : & ⚡ 🆖 🚗 M 🏧 🛒 ⚐ |
| ⊛ ⚘ ⚐ ⚿ ⚲ 🛗 🍴 |

Les PRAZ-DE-CHAMONIX

✉ 74400 – **328** O5 – alt. 1 060
Paris 620 – Lyon 237 – Annecy 104 – Aosta / Aoste 61 – Cluses 44.
Schéma à Chamonix-Mont-Blanc

△ **La Mer de Glace** 27 avr.-1er oct.
℘ *04 50 53 44 03, info@chamonix-camping.com,*
Fax 04 50 53 60 83, *www.chamonix-camping.com*
2 ha (150 empl.) plat, herbeux, pierreux
Tarif : ♦ ⬅ 🅴 13,30 € – ⚡ (10A) 3,70 €
Pour s'y rendre : Aux Bois, à 80 m de l'Arveyron (accès
direct)

| Nature : 🏔 ≤ vallée et massif du |
| Mont-Blanc 🛒 ⚘ |
| Loisirs : 🎣 |
| Services : & ⚡ 🏧 🛒 ⚐ ⊛ ⚿ 🛗 |
| sèche-linge |

PRAZ-SUR-ARLY

✉ 74120 – **328** M5 – 1 081 h. – alt. 1 036
🛈 *Office de tourisme,* ℘ *04 50 21 90 57, Fax 04 50 21 98 08*
Paris 609 – Lyon 179 – Annecy 55 – Genève 75 – Aoste 91.

△ **Les Prés de l'Arly** Permanent
℘ *04 50 21 93 24, Fax 04 50 21 93 24* – places limitées pour
le passage – **R** conseillée
1 ha (81 empl.) non clos, plat, herbeux, pierreux
Tarif : ♦ 3,50 € ⬅ 🅴 3 € – ⚡ 7 €
Location : 4 appartements
🚐 1 borne 5 €
Pour s'y rendre : À 0,5 km au SE du bourg, à 100 m de
l'Arly

| Nature : ✿ 🏔 ≤ |
| Loisirs : 🎣 ⚿ |
| Services : ⚡ 🚗 🏧 🛒 ⊛ ⚘ ⚐ 🛗 |
| À prox. : ✗ 🎿 🏔 terrain multi- |
| sports, mur d'escalade |

PRÉSILLY

74160 – **328** J4 – 622 h. – alt. 683
Paris 530 – Annecy 29 – Bellegarde-sur-Valserine 38 – Bonneville 40 – Genève 21.

△ **Le Terroir** déb.mai-fin sept.
℘ 04 50 04 42 07, *camping.le.terroir@wanadoo.fr*,
Fax 04 50 04 55 53, *www.camping-le-terroir.fr* – **R** conseillée
1 ha (38 empl.) plat, herbeux, bois attenant
Tarif : ♣ ⇔ ▣ 6,60 € – ⒧ (10A) 2,50 €
Pour s'y rendre : NE : 2,3 km par D 218 et D 18 à gauche,
rte de Viry

Nature : 🌊 ♀♀
Services : ♿ ⚬ ♉ ☐ ♨ ⚨ 🔲

RUMILLY

74150 – **328** I5 – G. Alpes du Nord – 11 230 h. – alt. 334 – Base de loisirs
🛈 Office de tourisme, 4, place de l'Hôtel de Ville ℘ 04 50 64 58 32, Fax 04 50 01 03 53
Paris 530 – Aix-les-Bains 21 – Annecy 19 – Bellegarde-sur-Valserine 37 – Belley 45 – Genève 64.

▲▲▲ **Le Madrid** Permanent
℘ 04 50 01 12 57, *contact@camping-le-madrid.com*,
Fax 04 50 01 29 49, *www.camping-le-madrid.com*
– **R** conseillée
3,2 ha (109 empl.) plat, herbeux, pierreux
Tarif : ♣ ⇔ ▣ 15 € – ⒧ (10A) 10 € – frais de réservation 15 €
Location 🏠 : 23 ⌂ (4 à 6 pers.) 250 à 600 €/sem. – 7
studios
🚐 1 borne 3 € – 6 ▣
Pour s'y rendre : 3 km au SE par D 910 rte d'Aix-les-Bains
puis D 3 à gauche et D 53 à dr. rte de St-Félix, à 500 m d'un
plan d'eau

Nature : ▭ ♀
Loisirs : ♟ snack 🔲 ♣ ⤓
Services : ♿ ⚬ ☖ ♉ ▥ ☐ ♨ ⚨
🔥 ⚐ 🔲 sèche-linge ♨ cases ré-
frigérées
À prox. : ☞ ⟲

840

Benutzen Sie
– zur Wahl der Fahrtroute
– zur Berechnung der Entfernungen
– zur exakten Lokalisierung eines Campingplatzes (mit Hilfe der Angaben im Ortstext)
die für diesen Führer unentbehrlichen **MICHELIN-Karten** *im Ma1 : 150 000.*

ST-FERRÉOL

74210 – **328** K6 – 798 h. – alt. 516
Paris 564 – Albertville 19 – Annecy 28 – La Clusaz 29 – Megève 34.

△ **Municipal les Pins**
℘ 04 50 32 47 71, *st.ferreol@wanadoo.fr*,
Fax 04 50 44 49 76, *www.pays-defaverges.com* – **R** conseillée
1,5 ha (120 empl.) non clos, plat, herbeux
Pour s'y rendre : À l'E du bourg, près du stade

Nature : ⇐ ♀
Services : ♿ ⚬ ☐ ⚨ 🔲

ST-GERVAIS-LES-BAINS

74170 – **328** N5 – G. Alpes du Nord – 5 276 h. – alt. 820 – ♨ – Sports d'hiver : 1 400/2 000 m ❄2 ⚡25 ⚡
🛈 Office de tourisme, 43, rue du Mont-Blanc ℘ 04 50 47 76 08, Fax 04 50 47 75 69
Paris 597 – Annecy 84 – Bonneville 42 – Chamonix-Mont-Blanc 25 – Megève 12 – Morzine 54.

△ **Les Dômes de Miage** 12 mai-23 sept.
℘ 04 50 93 45 96, *info@camping-mont-blanc.com*,
Fax 04 50 78 10 75, *www.camping-mont-blanc.com* –
alt. 890 – **R** conseillée
3 ha (150 empl.) plat, herbeux
Tarif : ♣ ⇔ ▣ 20 € – ⒧ (10A) 3,90 € – frais de réservation 10 €
🚐 1 borne 2 €
Pour s'y rendre : S : 2 km par D 902, rte des Contamines-
Montjoie, au lieu-dit les Bernards

Nature : 🌊 ⇐
Loisirs : ♣⤓
Services : ♿ ⚬ ☖ ♉ ☐ ♨ ⚨ ⚲
⚐ 🔲 sèche-linge
À prox. : ♟ ✕ ♨

ST-JEAN-D'AULPS

74430 – **328** M3 – 1 022 h. – alt. 810

Office de tourisme, Chef-lieu ♪ 04 50 79 65 09, Fax 04 50 79 67 95
Paris 591 – Abondance 19 – Annecy 89 – Évian-les-Bains 31 – Morzine 8 – Thonon-les-Bains 24.

Le Solerey Permanent
♪ 04 50 79 64 69, *lesolerey@voila.fr*, Fax 04 50 79 64 69
– **R** conseillée
0,6 ha (35 empl.) peu incliné et en terrasses, gravillons,
herbeux
Tarif : ♟ ⇌ 🗐 16 € – [½] (10A) 6 €
Pour s'y rendre : Sortie SE par D 902 rte de Morzine, bord
de la Dranse

> Nature : ❀ ≤ ⌂ ⚲
> Loisirs : 🎡
> Services : ⚬ ⚡ 🍴 🖫 ⊛ ☎ 🖼 sè-
> che-linge
> À prox. : ✂

ST-JORIOZ

74410 – **328** J5 – G. Alpes du Nord – 5 002 h. – alt. 452
Office de tourisme, 92, route de l'Église ♪ 04 50 52 40 56
Paris 545 – Albertville 37 – Annecy 9 – Megève 51.

Schéma à Doussard

Europa ♣♦ –
♪ 04 50 68 51 01, *info@camping-europa.com*,
Fax 04 50 68 55 20, *www.camping-europa.com* – **R** indis-
pensable
3 ha (210 empl.) plat, herbeux, pierreux
Location ✼ : 68 🚐
Pour s'y rendre : 1,4 km au SE
À savoir : Bel ensemble aquatique

> Nature : ≤ ⚲
> Loisirs : ♟ snack, pizzeria 🎡 🏊 ⛵
> 🚲 🎿 🛶 terrain omnisports
> Services : ♿ ⚬ 🖫 🖨 🛒 ⊛ 🛒 ☇
> ♨ 🖼 sèche-linge ☂

Le Solitaire du Lac mi-avr.-mi-sept.
♪ 04 50 68 59 30, *campinglesolitaire@wanadoo.fr*,
Fax 04 50 68 59 30, *www.campinglesolitaire.com* – croise-
ment difficile – **R** conseillée
3,5 ha (200 empl.) plat, herbeux
Tarif : (Prix 2006) ♟ ⇌ 🗐 20 €
Location ✼ : 13 🚐 (4 à 6 pers.) 350 à 588 €/sem.
🚐 1 borne
Pour s'y rendre : N : 1 km
À savoir : Situation agréable près du lac (accès direct)

> Nature : ❀ ⚲⚲ ≜
> Loisirs : 🎡 🏊 🚲 ♨
> Services : ♿ ⚬ GB ⚡ 🖫 🛒 ⊛
> 🖼 sèche-linge ☂

841

International du Lac d'Annecy
♪ 04 50 68 67 93, *campannecy@wanadoo.fr*,
Fax 04 50 09 01 22, *www.campannecy.com* – **R** conseillée
2,5 ha (163 empl.) plat, herbeux
Location ✼ : 14 🚐
Pour s'y rendre : SE : 1 km

> Nature : ⚲
> Loisirs : ♟ 🎡 🏊 🚲 🎿 terrain
> omnisports
> Services : ♿ ⚬ 🖫 🛒 ⊛ 🛒 🖼

SAMOËNS

74340 – **328** N4 – 2 323 h. – alt. 710
Office de tourisme, gare routière ♪ 04 50 34 40 28, Fax 04 50 34 95 82
Paris 598 – Lyon 214 – Annecy 82 – Genève 63 – Lausanne 140.

Le Giffre Permanent
♪ 04 50 34 41 92, *camping.samoens@wanadoo.fr*,
Fax 04 50 34 98 84, *www.camping-samoens.com*
– **R** conseillée
7 ha (312 empl.) plat, herbeux, pierreux
Tarif : ♟ ⇌ 🗐 21,30 € [½] (10A)
Location : 6 appartements
Pour s'y rendre : SO : 1 km par D 4, rte de Morillon, bord
du Giffre
À savoir : Dans un site agréable, près d'un lac et d'un parc
de loisirs

> Nature : ❀ ≤ ⚲
> Loisirs : 🎡
> Services : ♿ ⚬ GB ⚡ 🍴 🖫 🛒 ⊛
> 🛒 🖼
> À prox. : ♟ snack 🏊 ⛵ ✂ 🎿 ⛵
> 🎿 🐎 patinoire, practice de golf,
> parcours sportif, parc aventure,
> base de rafting 🚐

SALLANCHES

✉ 74700 – **328** M5 – G. Alpes du Nord – 14 383 h. – alt. 550

🅱 *Office de tourisme, 32, quai de l'Hôtel de Ville ℰ 04 50 58 04 25, Fax 04 50 58 38 47*

Paris 585 – Annecy 72 – Bonneville 29 – Chamonix-Mont-Blanc 28 – Megève 14 – Morzine 42.

⚐ Municipal des Îles

℘ 04 50 58 45 36, *tourisme@mairie-passy.fr*,
Fax 04 50 93 67 61, *http://www.passy-mont-blanc.com*
– **R** conseillée ✿
4,6 ha (260 empl.) plat, herbeux, pierreux
Pour s'y rendre : SE : 2 km, bord d'un ruisseau et à 250 m d'un plan d'eau. Par A 40 : sortie Passy

| Nature : ← 🖼 🔎 |
| Loisirs : 🍸 🕉 diurne 🏃 |
| Services : ᕕ ⟿ 🛢 🖎 ☺ 🛒 ⛖ 🖳 🛁 |
| À prox. : 🖾 🐎 (centre équestre) |

SCIEZ

✉ 74140 – **328** L3 – 4 268 h. – alt. 406

🅱 *Syndicat d'initiative, port de Sciez ℰ 04 50 72 64 57*

Paris 561 – Abondance 37 – Annecy 69 – Annemasse 24 – Genève 25 – Thonon-les-Bains 9.

⚐ Le Chatelet 1er avr.-20 oct.

℘ 04 50 72 52 60, *info@camping-chatelet.com*,
Fax 04 50 72 37 67, *www.camping-chatelet.com* – places limitées pour le passage – **R** conseillée
2,5 ha (121 empl.) plat, herbeux, pierreux
Tarif : 🚶 🚐 🅴 15 € – 🔌 (10A) 5 € – frais de réservation 7 €
Location (permanent) : 10 🛖 (4 à 6 pers.) 268 à 589 €/sem.
🚐 1 borne 4 €
Pour s'y rendre : NE : 3 km par N 5, rte de Thonon-les-Bains et rte du port de Sciez-Plage à gauche, à 300 m de la plage

| Nature : 🏞 |
| Loisirs : 🏊 |
| Services : ᕕ ⟿ ⅁🅱 🖎 🖳 🖴 🖾 ☺ ✿ 🖳 sèche-linge |
| À prox. : ✗ 🖾 🐟 pédalos |

SÉVRIER

✉ 74320 – **328** J5 – 3 421 h. – alt. 456

🅱 *Office de tourisme, ℰ 04 50 52 40 56, Fax 04 50 52 48 66*

Paris 541 – Albertville 41 – Annecy 6 – Megève 55.

Schéma à Doussard

⚐ Le Panoramic mai-sept.

℘ 04 50 52 43 09, *info@camping-le-panoramic.com*,
Fax 04 50 52 73 09, *www.camping-le-panoramic.com*
– **R** conseillée
3 ha (209 empl.) plat, incliné, herbeux
Tarif : (Prix 2006) 🚶 🚐 🅴 21,20 € 🔌 (6A) – frais de réservation 10 €
Location : 16 🛖 (4 à 6 pers.) 260 à 595 €/sem. – 17 🛖 (4 à 6 pers.) 260 à 620 €/sem.
Pour s'y rendre : 3,5 km au S
À savoir : Situation surplombant le lac

| Nature : ← 🜄 |
| Loisirs : 🍸 snack 🖾 🕉 diurne 🏃 🚴 🏊 |
| Services : ᕕ ⟿ ⅁🅱 🖎 🖴 ☺ 🖳 sèche-linge 🖳 🛁 |
| À prox. : 🐎 |

⚐ Au Coeur du Lac avr.-sept.

℘ 04 50 52 46 45, *info@aucoeurdulac.com*,
Fax 04 50 19 01 45, *www.campingaucoeurdulac.com*
– **R** conseillée ✿ (20 juin-28 août)
1,7 ha (100 empl.) en terrasses et peu incliné, herbeux, gravillons
Tarif : (Prix 2006) 🚶 🚐 🅴 20,90 €
🚐 1 borne
Pour s'y rendre : S : 1 km
À savoir : Situation agréable près du lac (accès direct)

| Nature : ← 🖼 🜄 |
| Loisirs : 🖾 🕉 diurne 🏃 kayak |
| Services : ᕕ ⟿ 🖩 🖴 🖾 ☺ 🖳 🛁 |
| À prox. : 🖂 ✗ 🐟 🐎 |

SEYSSEL

✉ 74910 – **328** I5 – G. Franche-Comté Jura – 1 793 h. – alt. 252
🛈 *Office de tourisme, 2, chemin Fontaine* ☎ *04 50 59 26 56*
Paris 517 – Aix-les-Bains 32 – Annecy 40.

⚠ Le Nant-Matraz
  ☎ 04 50 59 03 68, Fax 04 50 59 03 68 – **R** conseillée
  1 ha (74 empl.) plat et peu incliné, herbeux
  Pour s'y rendre : Sortie N par D 992

| Nature : ≤ ⌂ 9 9 |
| Loisirs : 🍸 |
| Services : ⚬⇥ 🗐 ⊕ 🔳 |
| À prox. : 🛒 |

TANINGES

✉ 74440 – **328** M4 – G. Alpes du Nord – 3 140 h. – alt. 640
🛈 *Office de tourisme, avenue des Thézières* ☎ *04 50 34 25 05, Fax 04 50 34 83 96*
Paris 570 – Annecy 68 – Bonneville 24 – Chamonix-Mont-Blanc 51 – Cluses 10 – Genève 42 – Morzine 16.

⚠ **Municipal des Thézières** Permanent
  ☎ 04 50 34 25 59, *camping.taninges@wanadoo.fr*,
  Fax 04 50 34 39 78, *www.taninges.com* – **R** conseillée
  2 ha (113 empl.) plat, herbeux, pierreux
  Tarif : 🛉 🚗 🔳 7,80 € – [⚡] (10A) 3,60 €
  🚐, 1 borne – 3 🔳 7,65 €
  Pour s'y rendre : Sortie S rte de Cluses, bord du Foron et à
  150 m du Giffre

| Nature : 🏞 ≤ 9 9 |
| Services : 🕭 ⚬⇥ GB ⚙ ⬛ 🗐 ⊕ 🔳 sèche-linge |
| À prox. : 🛶 🏇 ✕ |

VALLIÈRES

✉ 74150 – **328** I5 – 1 277 h. – alt. 347
Paris 533 – Lyon 132 – Annecy 30 – Genève 59 – Chambéry 44.

⚠⚠ **Les Charmilles** saison
  ☎ 04 50 62 10 60, *les.charmilles.camping@wanadoo.fr*,
  Fax 04 50 62 19 45, *www.campinglescharmilles.com*
  – **R** conseillée
  3 ha (81 empl.) plat, herbeux
  Tarif : (Prix 2006) 🛉 🚗 🔳 17,30 € – [⚡] (6A) – frais de réser-
  vation 10 €
  Location (permanent) : 19 🏠 (4 à 6 pers.) 230 à
  542 €/sem.
  Pour s'y rendre : NO : 0,5 km par D 14, rte de Seyssel

| Nature : ≤ 9 9 |
| Loisirs : 🍸 snack 🛶 🏇 ✕ ⅃ |
| Services : 🕭 ⚬⇥ GB ⚙ 🗐 ⊕ 🔳 sèche-linge |

843

VALLORCINE

✉ 74660 – **328** O4 – G. Alpes du Nord – 390 h. – alt. 1 260 – Sports d'hiver : 1 260/1 400 m ⚡2 🎿
🛈 *Office de tourisme, Maison du Betté* ☎ *04 50 54 60 71, Fax 04 50 54 61 73*
Paris 628 – Annecy 115 – Chamonix-Mont-Blanc 19 – Thonon-les-Bains 96.

⚠ **Les Montets** 1er juin-mi-sept.
  ☎ 04 50 54 60 45, *camping.des.montets@wanadoo.fr*,
  Fax 04 50 54 60 45 – alt. 1 300 – **R** conseillée
  1,7 ha (75 empl.) non clos, plat, terrasse, peu incliné,
  herbeux, pierreux
  Tarif : 🛉 3,70 € 🚗 1,10 € 🔳 4,20 € – [⚡] (6A) 3 €
  Pour s'y rendre : SO : 2,8 km par N 506, rte de Chamonix-
  Mont-Blanc, au lieu-dit le Buet, accès par chemin de la gare
  À savoir : Site agréable au bord d'un ruisseau et près de
  l'Eau Noire

| Nature : 🏞 ≤ 9 |
| Loisirs : snack, (dîner seulement) |
| Services : 🕭 ⚬⇥ Ⓟ (tentes) ⚙ Ⓜ 🔳 |
| À prox. : ✕ ⌇ |

VERCHAIX

✉ 74440 – **328** N4 – 558 h. – alt. 800
🛈 *Office de tourisme, e Forum* ☎ *04 50 90 10 08*
Paris 580 – Annecy 74 – Chamonix-Mont-Blanc 59 – Genève 52 – Megève 47 – Thonon-les-Bains 54.

⚠ **Municipal Lac et Montagne** Permanent
  ☎ 04 50 90 10 12, Fax 04 50 54 39 60 – alt. 660 – **R** indispensable
  2 ha (107 empl.) non clos, plat, herbeux, pierreux
  Tarif : 🛉 2,10 € 🚗 1,20 € 🔳 3 € – [⚡] (10A) 7,40 €
  Pour s'y rendre : S : 1,8 km sur D 907, à Verchaix-Gare,
  bord du Giffre

| Nature : ≤ 9 |
| Loisirs : 🏇 ✕ |
| Services : ⚬⇥ ⚙ ⬛ 🗐 ⊕ 🔳 sè-che-linge |
| À prox. : 🍸 ✕ ⅃ |

Canillo

343 H9 – alt. 1 531
Andorra-la-Vella 13.

🔺 **Santa-Creu** 15 juin-15 sept.
   📞 (00-376) 85 14 62, Fax (00-376) 85 14 62 – **R** conseillée
   0,5 ha peu incliné et terrasse, herbeux
   Tarif : 🚶 3,60 € 🚗 3,60 € 📧 3,60 € [⚡] (3A)
   Pour s'y rendre : Au bourg, bord du Valira del Orient (rive gauche)

> Nature : ≤ ♀
> Loisirs : 🍷
> Services : 👤 ☎ 🅰 📷

🔺 **Jan-Ramon** 1er juin-15 sept.
   📞 (00-376) 75 14 54, *elsmeners@andorra.ad*,
   Fax (00-376)75 14 55 – **R** conseillée
   0,6 ha plat, herbeux
   Tarif : 🚶 3,70 € 🚗 3,70 € 📧 3,70 € – [⚡] (5A) 3,20 €
   Location : 19 🏠 – 16 appartements
   Pour s'y rendre : 0,4 km au NE par rte de Port d'Envalira, bord du Valira del Orient (rive gauche)

> Nature : ≤ ♀
> Loisirs : 🍷 ✕
> Services : ☎ 🅰 📷 🧺

845

La Massana

343 H9 – alt. 1 241
🅸 *Office de tourisme, avenue Sant-Antoni* 📞 *(00-376) 82 56 93, Fax (00-376) 82 86 93*
Andorra-la-Vella 6.

🔺🔺🔺 **Xixerella** 1er nov.-30 sept.
   📞 (00-376) 83 66 13, *c-xixerella@campingxixerella.com*,
   Fax (00-376) 83 91 13, *www.campingxixerella.com* –
   alt. 1 450 – **R** conseillée
   5 ha plat, peu incliné, en terrasses, pierreux, herbeux
   Tarif : 🚶 5 € 🚗 5 € 📧 5 € – [⚡] 5,20 € – frais de réservation 50 €
   Location (permanent) 🍽 (1er nov.-30 sept.) : 15 🏠 (4 à 6 pers.) 490 à 1 085 €/sem. – appartements
   Pour s'y rendre : 3,5 km au NO par rte de Pal, bord d'un ruisseau

> Nature : ≤ ♀(peupleraie)
> Loisirs : 🍷 ✕ snack 🎱 🏊 🎣 🚴
> Services : 👤 ☎ (1er nov.-30 sept.)
> 📶 Ⓜ 🏧 🗄 🧺 🅰 📷 🧼

Ordino

343 H9 – alt. 1 304
Andorra-la-Vella 8.

   ᴁᴁ   **Borda d'Ansalonga** week-ends de fin oct. à fin
avr., vac. de Noël, Pâques et 15 juin-15 sept.
      ℘ (00-376) 85 03 74, *campingansalonga@andorra.ad*,
Fax (00-376) 85 03 74 – **R** indispensable
3 ha plat, herbeux
Tarif : (Prix 2006) ⚹ ⇔ 𝐄 22,90 € ᵢ₎ (10A)
Location : appartements
Pour s'y rendre : 2,3 km au NO par rte du Circuit de
Tristaina, bord du Valira del Nord

> Nature : ⩽ ♀(peupleraie)
> Loisirs : ♟ snack 🖼 🏊 ⛷
> Services : ♿ ⚷ GB ▥ Ⓐ 🖼 sèche-
> linge 🚿

Sant-Julia-de-Loria

343 G10 – alt. 909
Andorra-la-Vella 7.

   ᴀ   **Huguet** Permanent
      ℘ (00-376) 84 37 18, *campinghuguet@hot-mail.com*,
Fax (00-376) 84 38 03 – **R**
1,5 ha plat, terrasses, herbeux, gravillons
Tarif : (Prix 2006) ⚹ 4,70 € ⇔ 4,70 € 𝐄 4,80 € – ᵢ₎ 5 €
Pour s'y rendre : Sortie S, bord du Gran Valira (rive droite)

> Nature : ⩽ ♀♀(peupleraie)
> Loisirs : 🖼 🏊 🎣
> Services : ⚷ (juil.-août) GB Ⓜ ▥
> 🖼 Ⓐ
> À prox. : ♟ snack

848

849

851

INDEX DES LOCALITÉS

852

853

857

Manufacture française des pneumatiques Michelin

Société en commandite par actions au capital de 304 000 000 EUR.
Place des Carmes-Déchaux – 63 Clermont-Ferrand (France)
R.C.S. Clermont-Fd B 855 200 507
© 2007 Michelin, Propriétaires-Éditeurs
Dépôt légal Février 2007

Printed in France

Toute reproduction, même partielle et quel qu'en soit le support
est interdite sans autorisation préalable de l'éditeur.

Compogravure : A.P.S.-Chromostyle, 37000 TOURS

Impression : I.S.T.R.A., Schiltigheim

Brochage : SIRC, Marigny-le-Châtel

Maquette de couverture : Laurent Muller

Photos de couverture :
    Le toboggan : Colin Paterson/Getty Images
    La tente : Jeremy Woohouse/Getty Images
    Camping car : Johner Images/Getty Images
    Bungalow : Camp du Domaine/MICHELIN

VOS COMMENTAIRES NOUS INTERESSENT !

Afin de nous aider à améliorer ce guide, merci de nous retourner ce questionnaire à l'adresse suivante :

Michelin
« Questionnaire Guide Michelin camping France 2007 »
Service Marketing informations touristiques
46 avenue de Breteuil, 75324 Paris Cedex 07

En remerciement, les auteurs des 100 premiers questionnaires recevront en cadeau la carte local Michelin de leur choix !

1. Vous êtes :

Homme	☐	Femme	☐	< 25 ans	☐
25-35 ans	☐	35-50 ans	☐	> 50 ans	☐

Etudiant ☐
Agriculteur, exploitant ☐
Employé ☐
Artisan, commerçant, chef d'entreprise ☐
Retraité ☐
Ouvrier ☐
Cadre ou profession libérale ☐
Sans activité professionnelle ☐
Enseignant ☐

Région administrative où vous résidez..

2. Quelle est votre fréquence d'achat du guide camping Michelin ?

Chaque année	☐	Tous les 3 ans	☐
Tous les 2 ans	☐	Tous les 4 ans et plus	☐

3. Achetez-vous d'autres guides camping ?

☐   Oui   ☐   Non

4. Si oui lesquels ?

....
....

5. Pour préparer vos week-ends ou vacances, quelle est votre fréquence d'utilisation d'Internet pour la recherche d'informations touristiques ?

Jamais	☐	Occasionnelle	☐
Régulière	☐	Importante	☐

6. En matière de pratique du camping, vous privilégiez plutôt :

Des randonnées de plusieurs jours pour aller d'un camping à l'autre ☐
Des séjours complets au sein d'un camping ☐

7. Utilisez-vous ce guide pour trouver : (plusieurs réponses possibles)

Des emplacements pour tentes ☐
Des adresses d'hébergement en bungalows, mobile homes, chalets ☐
Des adresses pour camping-cars ☐

8. Vous avez acheté ce guide (plusieurs réponses possibles) :

Pour programmer vos vacances avant votre départ ☐
Pour l'utiliser pendant vos vacances ou votre séjour ☐
Pour l'offrir ☐

9. Comment jugez-vous les différents éléments de ce guide ?

Nota : 1. Très Bien   2. Bien   3. Moyen   4. Mauvais   5. Très Mauvais

	1	2	3	4	5
Le nombre de campings sélectionnés	☐	☐	☐	☐	☐
Le nombre d'adresses pour camping-car	☐	☐	☐	☐	☐
Le nombre d'adresses chalets, mobile homes	☐	☐	☐	☐	☐
Le nombre de campings économiques	☐	☐	☐	☐	☐
La répartition géographique des campings	☐	☐	☐	☐	☐
Le classement par région	☐	☐	☐	☐	☐
Les cartes	☐	☐	☐	☐	☐
Le prix des campings	☐	☐	☐	☐	☐
Les symboles (Nature, Loisirs)	☐	☐	☐	☐	☐
Les photos	☐	☐	☐	☐	☐
Les index thématiques	☐	☐	☐	☐	☐
La couverture du guide	☐	☐	☐	☐	☐
Le prix du guide	☐	☐	☐	☐	☐
Le format du guide	☐	☐	☐	☐	☐
Le poids du guide	☐	☐	☐	☐	☐

10. Notez sur 20 ce guide   …. / 20

11. Quels sont vos souhaits d'amélioration ?

....
....
....

12. Vous avez particulièrement apprécié un camping ou vous n'êtes pas d'accord avec certains de nos choix.
Vous avez envie de nous faire découvrir une adresse de votre connaissance.
Faites-nous part de vos remarques et de vos suggestions :

....
....
....

Quelle carte Local Michelin souhaiteriez-vous recevoir ?
(nous préciser le département de votre choix)

....

Nom et prénom :...
Adresse :...

Offre proposée aux 100 premières personnes ayant renvoyé un questionnaire complet.
Une seule carte est offerte par foyer, dans la limite des stocks disponibles.

Les informations recueillies font l'objet d'un traitement informatique destiné à actualiser notre base de données clients et permettent l'élaboration de statistiques.
Ces données personnelles sont réservées à un usage strictement interne au groupe Michelin et ne feront l'objet d'aucune exploitation commerciale ni de transmission ou cession à quiconque pour des fins commerciales ou de prospection. Elles ne seront pas conservées au-delà du temps nécessaire pour traiter ce questionnaire et au maximum 6 mois, mais seulement utilisées pour y répondre.
Conformément à la loi « Informatique et libertés » du 6 janvier 1978, applicable sur le territoire français, vous bénéficiez d'un droit d'accès, de modification, de rectification ou suppression des données vous concernant. Si vous souhaitez exercer ce droit, veuillez vous adresser à MICHELIN, Guide Michelin Camping France, 46 avenue de Breteuil, 75324 Paris Cedex 07.

YOUR OPINION MATTERS!

To help us constantly improve this guide, please fill in this question-naire and return to:

Michelin
Questionnaire Guide Michelin camping France 2007
Service Marketing informations touristiques
46 avenue de Breteuil, 75324 Paris Cedex 07 FRANCE

The first 100 readers to return this questionnaire will receive a Michelin local map of the French region of their choice.

1. You are a

Man ☐   Woman ☐   < 25 years old ☐
25-35 years old ☐   35-50 years old ☐   > 50 years old ☐

Occupation ☐
Country of residence ☐

2. How often do you buy the Michelin Camping Guide?

Every year ☐   Every 3 years ☐
Every 2 years ☐   Every 4 years or more ☐

3. Do you buy other camping guides?

☐ Yes   No ☐

4. If yes, which ones do you buy?

....
....
....

5. How often do you use the internet when planning your weekends or holidays?

Never ☐   Occasionally ☐
Regularly ☐   Often ☐

6. When going camping, do you prefer:

Excursions and walks from a camp site to another one? ☐
Staying within the camp site? ☐

7. Do you use this guide to find: (several answers possible)

Camp sites with tent pitches? ☐
Camp sites with chalets, bungalows, mobile homes? ☐
Camping-cars sites? ☐

8. Did you get this guide (several answers possible):

To plan your holidays before your departure? ☐
To use during your holiday or stay? ☐
As a gift? ☐

9. How do you rate the different elements of this guide?

NB: 1. Very good   2. Good   3. Average   4. Poor   5. Very poor

	1	2	3	4	5
The number of camp sites selected	☐	☐	☐	☐	☐
The number of camping-car addresses	☐	☐	☐	☐	☐
The number of chalets, bungalows	☐	☐	☐	☐	☐
The number of budget camp sites	☐	☐	☐	☐	☐
The geographical spread of camping sites	☐	☐	☐	☐	☐
The classification by region	☐	☐	☐	☐	☐
The maps	☐	☐	☐	☐	☐
The price of the camp sites	☐	☐	☐	☐	☐
The symbols (Nature, Services etc.)	☐	☐	☐	☐	☐
The photos	☐	☐	☐	☐	☐
The thematic indexes	☐	☐	☐	☐	☐
The cover of the guide	☐	☐	☐	☐	☐
The price of the guide	☐	☐	☐	☐	☐
The format of the guide	☐	☐	☐	☐	☐
The weight of the guide	☐	☐	☐	☐	☐

10. Please rate this guide out of 20   .... / 20

11. Which aspects could we improve?

....
....
....

12. Was there a camp site you particularly liked or a choice you did not agree with?
Perhaps you have a favourite address of your own that you would like to tell us about? Please send us your remarks and suggestions:

....
....
....

Which Michelin local map would you like?

(Please specify the départment of your choice)?

....
....
....

Full name: ....
Address: ....

This offer is limited to the first 100 readers to return a completed questionnaire. One map per household, while stocks last.

864